Kapitalschutz der Aktiengesellschaft

BOCHUMER BEITRÄGE ZUR UNTERNEHMENSFÜHRUNG

Band 74

PETER LANG
Frankfurt am Main · Berlin · Bern · Bruxelles · New York · Oxford · Wien

Marc Richard

Kapitalschutz der Aktiengesellschaft

Eine rechtsvergleichende und ökonomische Analyse deutscher und US-amerikanischer Kapitalschutzsysteme

PETER LANG
Europäischer Verlag der Wissenschaften

Bibliografische Information der Deutschen Nationalbibliothek
Die Deutsche Nationalbibliothek verzeichnet diese Publikation in der Deutschen Nationalbibliografie; detaillierte bibliografische Daten sind im Internet über <http://www.d-nb.de> abrufbar.

Zugl.: Bochum, Univ., Diss., 2006

D 294
ISSN 1860-479X
ISBN 3-631-56066-4

Europäischer Verlag der Wissenschaften
Frankfurt am Main 2007

www.peterlang.de

Meinen Eltern

Geleitwort

Das in der Europäischen Union für die Aktiengesellschaft und ihr entsprechende Rechtsformen kodifizierte Kapitalschutzsystem ist unter Rechtfertigungsdruck geraten und steht vor möglichen tiefgreifenden Veränderungen. Es sieht bisher neben der Aufbringung eines Mindestkapitals vielfältige detaillierte Kapitalaufbringungs- und Kapitalerhaltungsregeln vor, die auf vom Vorsichtsprinzip geprägte Rechnungslegungsdaten im Einzelabschluss zurückgreifen. Auch das europäische Bilanzrecht ist im Wandel. Seit 2005 müssen alle kapitalmarktorientierten Mutterunternehmen ihren Konzernabschluss nach IFRS aufstellen und veröffentlichen. Es kann davon ausgegangen werden, dass sich der Trend zur IFRS-Bilanzierung in den nächsten Jahren fortsetzen und zunehmend auch den Einzelabschluss betreffen wird. Vor diesem Hintergrund hat die von der EU-Kommission eingesetzte High Level Group 2002 einen Vorschlag zur Reform des tradierten Gläubigerschutzsystems durch bilanzielle Kapitalerhaltung vorgelegt, der sich weitgehend an US-amerikanischen Kapitalschutzregulierungen orientiert. Neben der Abschaffung des festen Mindestkapitals soll ein wesentliches Kernelement des vorgeschlagenen Alternativsystems eine Solvenzprüfung sein, die aus einem Bilanztest und einer Liquiditätsprüfung besteht. Nach den Plänen der EU-Kommission könnte ein neues Kapitalschutzkonzept möglicherweise bereits 2009 umgesetzt werden.

Marc Richard untersucht in seiner Dissertation, ob die US-amerikanischen Kapitalschutzregeln für Europa eine Vorbildfunktion übernehmen können. Dazu analysiert er zum einen die in den USA bestehenden Regulierungen ausführlich und rechtsvergleichend. Zum anderen beurteilt er die verschiedenen Vorschriften kritisch aus ökonomischer Sicht. Hierfür hat er das Delaware General Corporation Law und den California Corporations Code auswählt. Darüber hinaus beleuchtet er die Vorschriften des Model Business Corporation Act, die von vielen Bundesstaaten der USA in ihr Gesellschaftsrecht übernommen worden sind.

Die vorliegende Arbeit beeindruckt durch eine umfassende und systematische Darstellung der US-amerikanischen Kapitalschutzsysteme und der vielfältigen in Europa diskutierten Reformvorschläge zur Kapitalerhaltung. Besonders hervorzuheben ist, dass sie auf Basis eines breiten Studiums der US-amerikanischen Primärliteratur, der Gesetzestexte und Gerichtsentscheidungen erfolgt. Herr Richard kommt zu dem Ergebnis, dass ein Solvenztest als Gläubigerschutzinstrument grundsätzlich geeignet ist, die unveränderte Übernahme des US-amerikanischen equity insolvency test jedoch für Europa nicht empfohlen werden kann. Er entwickelt daraufhin Kriterien, die ein Solvenztest erfüllen sollte, um Gläubiger wirksam zu schützen. Die in der deutschen Literatur bislang noch vorherrschende Ablehnung eines Solvenztests wird von Herrn Richard relativiert. Er zeigt weiterhin, dass ein zusätzlich zum Solvenztest durchzuführender Bilanztest grundsätzlich überflüssig erscheint. Die Untersuchung stellt damit einen wesentlichen Beitrag zur aktuellen Diskussion hinsichtlich der Reform des europäischen Kapitalschutzsystems dar.

Bochum, 25. August 2006 Bernhard Pellens

Vorwort

Die vorliegende Arbeit wurde im Februar 2006 von der Fakultät für Wirtschaftswissenschaft der Ruhr-Universität Bochum als Dissertation angenommen. Sie entstand während meiner Tätigkeit als wissenschaftlicher Mitarbeiter am Lehrstuhl für Internationale Unternehmensrechnung an der Ruhr-Universität Bochum. An dieser Stelle möchte ich denjenigen danken, die zum Gelingen der Arbeit beigetragen haben.

Mein besonderer Dank gilt meinem Doktorvater und akademischen Lehrer, Herrn Prof. Dr. Bernhard Pellens, der mich bereits zu Beginn meiner Assistentenzeit für das spannende Thema der Ausschüttungsregulierung begeistert hat. Ich danke ihm nicht nur für die engagierte und konstruktive Betreuung meiner Arbeit, sondern auch für die vielfältigen und abwechslungsreichen Projekte, an denen ich im Rahmen meiner Lehrstuhltätigkeit teilnehmen durfte. An dieser Stelle danke ich auch Herrn Prof. Dr. Hannes Streim für die Übernahme des Korreferats und seine konstruktiven Hinweise bei der Begutachtung.

Dem Direktorium des Instituts für Unternehmensführung (ifu) und dem Peter Lang Verlag bin ich für die Aufnahme meiner Arbeit in diese Schriftenreihe zu Dank verpflichtet. Zudem gilt mein Dank der KPMG Düsseldorf und der Alwin Reemtsma-Stiftung für die freundliche finanzielle Unterstützung während meiner Promotionszeit.

Ein besonderes Dankeschön geht an meine ehemaligen Kolleginnen und Kollegen am Lehrstuhl für Internationale Unternehmensrechnung: Holger Amshoff, Kerstin Basche, Dr. Andreas Bonse, Eva Brandt, Dr. Nils Crasselt, Karsten Detert, Prof. Dr. Rolf Uwe Fülbier, Prof. Dr. Joachim Gassen, Stefan Jannett, Dirk Jödicke, Ralf Jödicke, Stefan Neuhaus, Uwe Nölte, Beate Preuß, Dr. Franca Ruhwedel, André Schmidt, Dr. Ralf Schremper, Dr. Thorsten Sellhorn und Markus Weinreis. Sie alle haben dazu beigetragen, dass ich meine Lehrstuhlzugehörigkeit als eine wunderbare Zeit in Erinnerung behalten werde. Hervorheben möchte ich insbesondere Dr. Andreas Bonse, der mir während der gesamten Promotionszeit stets als angenehmer Diskussionspartner zur Verfügung stand und meine Arbeit in verschiedenen Phasen kritisch gelesen hat. Seine zahlreichen hilfreichen Anmerkungen und Tipps während dieser Zeit möchte ich nicht missen müssen. Dr. Nils Crasselt danke ich für das überaus zügige Lesen meiner Arbeit in der Schlussphase und die vielen konstuktiven Hinweise. Auch Eva Brandt danke ich herzlich für das Korrekturlesen meiner Arbeit. Ohne ihre große Unterstützung im Oktober 2005 hätte ich den Herbsttermin für die Abgabe der Dissertation nicht einhalten können. Stefan Neuhaus danke ich für die überaus professionelle und zeitintensive Unterstützung bei Fragen zum Layout und bei der Druckerstellung der Arbeit.

Auch außerhalb des Lehrstuhls ist mir große Hilfe zuteil geworden. Eine ganze Reihe von US-amerikanischen Professoren hat mir ausführlich und in unkomplizierter Weise auf viele Fragen zum US-amerikanischen Gesellschaftsrecht geantwortet. Bedanken möchte ich mich dafür insbesondere bei Alan J. Barton, Barbara Black, Richard A. Booth, William J. Carney, Jesse H. Choper, James D. Cox, James J. Hanks, Alan R. Palmiter, Larry D. Spurgeon, Terry D. Warfield und Stephen Zeff. Zusätzlich zu der Tatsache, dass ich mich auch von Deutschland aus mit der US-amerikanischen Fachliteratur eindecken konnte, haben ihre Antworten leider auch dazu geführt, dass ein Forschungsaufenthalt beispielsweise im schönen Kalifornien nicht notwendig war.

In meinem privaten Umfeld danke ich für viele sehr gute Anmerkungen Dr. Lars Micker, der sich trotz seines eigenen Dissertationsprojekts und der Vorbereitungen auf sein zweites juristisches Staatsexamen die Zeit genommen hat, meine Arbeit kritisch zu lesen. Für Hinweise zum Grundlagenteil meiner Arbeit danke ich auch Dr. Tina Koziol.

Abschließend und in besonderer Weise danke ich meinen Eltern Ursula und Dr. Harald Richardt. Auch sie haben meine Arbeit gelesen und mir viele hilfreiche Ratschläge gegeben. Ich danke ihnen aber vor allem dafür, dass sie mich – nicht nur während der Promotionszeit – in jeder Hinsicht unterstützt haben und immer für mich da sind. Ohne sie wären alle meine Anstrengungen sinnlos gewesen. Diese Arbeit habe ich daher meinen Eltern gewidmet.

Bochum und Düsseldorf, im September 2006 Marc Richard

Inhaltsverzeichnis

Abkürzungsverzeichnis

A.	Atlantic Reporter
a.A.	anderer Ansicht
Abb.	Abbildung
ABl.	Amtsblatt
ABR	Accounting and Business Research
Abs.	Absatz
abzgl.	abzüglich
AER	American Economic Review
AG	Aktiengesellschaft / Die Aktiengesellschaft (Zeitschrift)
AGB	Allgemeine Geschäftsbedingungen
AH	Accounting Horizons (Zeitschrift)
AICPA	American Institute of Certified Public Accountants
AJCL	Australian Journal of Corporate Law
AKEU	Arbeitskreis Externe Unternehmensrechnung der Schmalenbach-Gesellschaft
Akron L. Rev.	Akron Law Review
AktG	Aktiengesetz
aktiv.	aktivierte
Alb. L. Rev.	Albany Law Review
ALER	American Law and Economics Review
Ann.	Annotated
AnSVG	Anlegerschutzverbesserungs-Gesetz
AO	Abgabenordnung
APAG	Abschlussprüferaufsichtsgesetz
App.	Appendix
AR	The Accounting Review
Art.	Artikel
A.2d	Atlantic Reporter, Second Series
Aufl.	Auflage
BaFin	Bundesanstalt für Finanzdienstleistungsaufsicht
Bankr.D....	Bankruptcy Court for the District of .....(Bundesstaat)
BAR	British Accounting Review
BAV	Bundesaufsichtsamt für das Versicherungswesen
BB	Betriebs-Berater (Zeitschrift)
BetrVG	Betriebsverfassungsgesetz
BFH	Bundesfinanzhof
BFuP	Betriebswirtschaftliche Forschung und Praxis (Zeitschrift)
BG	Bilanzgewinn
BGB	Bundesgesetzbuch
BGBl.	Bundesgesetzblatt
BGH	Bundesgerichtshof
BGHZ	Amtliche Sammlung der Rechtssprechung des Bundesgerichtshofes in Zivilsachen
BilKoG	Bilanzkontrollgesetz
BilMoG	Bilanzrechtsmodernisierungsgesetz
BilReG	Bilanzrechtsreformgesetz
BilRL	Bilanzrichtlinie

BMJ	Bundesministerium der Justiz
BO	Börsenordnung
BörsG	Börsengesetz
BörsZulV	Börsenzulassungsverordnung
B.R.	Bankruptcy Reporter
BRD	Bundesrepublik Deutschland
BS	Bilanzsumme
Bus. Law	Business Lawyer
bzw.	beziehungsweise
ca.	circa
C.A.	Court of Appeal(s)
Cal.Corp.Code	California Corporations Code
Cal. L. Rev.	California Law Review
Cal. Rptr.	California Reporter
CAR	Contemporary Accounting Research
CCA	Capital Consumption Adjustment
CEO	Chief Executive Officer
Ch.	Chapter
Cir.	Circuit
CML Rev.	Common Market Law Review
Colum. L. Rev.	Columbia Law Review
Cornell L. Rev.	Cornell Law Review
Corp.	Corporation
DAI	Deutsches Aktieninstitut
DAV	Deutscher Anwaltverein
DAX	Deutscher Aktienindex
DB	Der Betrieb (Zeitschrift)
DBW	Die Betriebswirtschaft (Zeitschrift)
DCF	Discounted Cashflow
DCGK	Deutscher Corporate Governance Kodex
DDR	Deutsche Demokratische Republik
Del.GCL	Delaware General Corporation Law
Denv. J. Int'l L. & Pol'y	Denver Journal of International Law and Policy
D&O	Director and Officer Liability Insurance
DrittelbG	Drittelbeteiligungsgesetz
DSGV	Deutscher Sparkassen- und Giroverband
DStR	Deutsches Steuerrecht (Zeitschrift)
DSW	Deutsche Schutzvereinigung für Wertpapierbesitz
DTI	Department of Trade and Industry
EBIT	Earnings Before Interest and Taxes
EAR	European Accounting Review
EBLR	European Business Law Review
EBOR	European Business Organization Law Review
E-DRS	Deutscher Rechnungslegungsstandard (Entwurf)
E.E.C.	European Economic Community
e.G.	eingetragene Genossenschaft
EG	Europäische Gemeinschaft

EGV	Vertrag zur Gründung der Europäischen Gemeinschaft
EHUG	Gesetz über elektronische Handelsregister und Genossenschaftsregister sowie das Unternehmensregister
EK	Eigenkapital
EStG	Einkommensteuergesetz
et al.	et alii
EWG	Europäische Wirtschaftsgemeinschaft
e.V.	eingetragener Verein
EU	Europäische Union
EuGH	Europäischer Gerichtshof
EuR	Europarecht (Zeitschrift)
EuroEG	Euro-Einführungsgesetz
EWS	Europäisches Wirtschafts- und Steuerrecht (Zeitschrift)
FASB	Financial Accounting Standards Board
FAZ	Frankfurter Allgemeine Zeitung
FB	Finanzbetrieb (Zeitschrift)
ff.	folgende
FMC AG	Fresenius Medical Care AG
Fn.	Fußnote
FS	Festschrift
F.2d	Federal Reporter, Second Series
F.Supp.	Federal Supplement
F.3d	Federal Reporter, Third Series
GAAP	Generally Accepted Accounting Principles
GbR	Gesellschaft bürgerlichen Rechts
GD	Generaldirektion
gem.	gemäß
GesRZ	Der Gesellschafter, Zeitschrift für Gesellschafts- und Unternehmensrecht
GmbH	Gesellschaft mit beschränkter Haftung
GmbHG	GmbH-Gesetz
GmbHR	GmbH-Recht (Zeitschrift)
GoA	Grundsätze ordnungsmäßiger Abschlussprüfung
GoB	Grundsätze ordnungsmäßiger Buchführung
GoF	Grundsätze ordnungsmäßiger Unternehmensführung
GoU	Grundlagen und Systemstruktur von Führungsgrundsätzen für die Unternehmensleitung
GoÜ	Grundsätze ordnungsmäßiger Überwachung
GRL	Gewinnrücklagen
GVV	Gewinnverwendungsvorschlag
Halbs.	Halbsatz
Harv. L. Rev.	Harvard Law Review
HGB	Handelsgesetzbuch
Hrsg.	Herausgeber
hrsg.	herausgegeben
HV	Hauptversammlung

IAS	International Accounting Standards
IASB	International Accounting Standards Board
IAS-VO	IAS-Verordnung
IDW	Institut der Wirtschaftsprüfer
IFRS	International Financial Reporting Standards
Inc.	Incorporated
Int. Rev. L. Econ.	International Review of Law and Economics
IRC	Internal Revenue Code
IRS	Internal Revenue Service
i.V.m.	in Verbindung mit
JA	Juristische Arbeitsblätter (Zeitschrift)
JAaE	Journal of Accounting and Economics
JAAF	Journal of Accounting, Auditing and Finance
JAR	Journal of Accounting Research
Jg.	Jahrgang
JIBFL	Butterworths Journal of International Banking and Financial Law
JIBL	Journal of International Banking Law
JITE	Journal for Institutional and Theoretical Economics
J.L. & Econ.	Journal of Law and Economics
J. Legal Stud.	Journal of Legal Studies
JoA	Journal of Accountancy
JoCBL	The Journal of Commercial Bank Lending
JoFE	Journal of Financial Economics
JR	Juristische Rundschau (Zeitschrift)
JW	Juristische Wochenschrift (Zeitschrift)
JZ	Juristenzeitung
KA	Konzernabschluss
KAGG	Gesetz über Kapitalanlagegesellschaften
KapAEG	Kapitalaufnahmeerleichterungsgesetz
KapMuG	Kapitalmarktinformationshaftungsgesetz
KapRL	Kapitalrichtlinie
KG	Kommanditgesellschaft
KGaA	Kommanditgesellschaft auf Aktien
KOM	Kommission
KonTraG	Gesetz zur Verbesserung von Kontrolle und Transparenz im Unternehmensbereich
KoR	Zeitschrift für Kapitalmarktorientierte Rechnungslegung
KPMG	Klynveld, Peat, Marwick, Goerdeler
kurzfr.	kurzfristige
KWG	Kreditwesengesetz
L.A.B.J.	Los Angeles Business Journal
LLC	Limited Liability Company
LLP	Limited Liablilty Partnership
Loy. L.A. L. Rev.	Loyola of Los Angeles Law Review
LSE	London Stock Exchange
LT	Liquidity Test
lt.	laut
Ltd.	Limited

Mass.	Massachusetts
max.	maximal
MBCA	Model Business Corporation Act
MDAX	Mid Cap DAX
MD&A	Management`s Discussion and Analysis of Financial Condition and Results of Operations
MindestKapG	Gesetz zur Neuregelung des Mindestkapitals der GmbH
Minn.	Minnesota
Mio.	Millionen
MitbestG	Mitbestimmungsgesetz
MitbestErgG	Mitbestimmungsergänzungsgesetz
Mod. L. Rev.	Modern Law Review
MoMiG	Gesetzes zur Modernisierung des GmbH-Rechts und zur Bekämpfung von Missbräuchen
MontanMitbestG	Montan-Mitbestimmungsgesetz
MontanMitbestErgG	Montan-Mitbestimmungsergänzungsgesetz
Mrd.	Milliarden
m.w.N.	mit weiteren Nachweisen
NASDAQ	National Association of Securities Dealers Automated Quotation System
NCCUSL	National Conference of Commissioners on Uniform State Laws
N.E.	North Eastern Reporter
NEMAX	Neuer Markt Index
N.E.2d	North Eastern Reporter, Second Series
n.F.	neue Fassung
NJW	Neue Juristische Wochenschrift
No.	Number
NPA	The National Public Accountant
NPAEs	Non-Publicly Accountable Entities
Nr.	Nummer
N.W.2d	North Western Reporter, Second Series
Nw. U. L. Rev.	Northwestern University Law Review
N.Y. BCL	New York Business Corporation Law
NYCPA	New York Certified Public Accountant (Zeitschrift)
NYSE	New York Stock Exchange
N.Y.S.2d	West`s New York Supplement, Second Series
N.Y. Sup. Ct.	New York Supreme Court of Judicature
NZA	Neue Zeitschrift für Arbeitsrecht
NZG	Neue Zeitschrift für Gesellschaftsrecht
o.	ohne
OCBOA	Other Comprehensive Basis of Accounting
OHG	Offene Handelsgesellschaft
o.V.	ohne Verfasser
P	Pacific Reporters
Pa.	Pennsylvania

Pac. L.J.	Pacific Law Journal
PCAOB	Public Company Accounting Oversight Board
P.2d	Pacific Reporter, Second Series
PublG	Publizitätsgesetz
PwC	PricewaterhouseCoopers
QJE	The Quarterly Journal of Economics
QST	Quantitative Solvency Test
RablesZ	Zeitschrift für ausländisches und internationales Privatrecht
RAP	Rechnungsabgrenzungsposten
RIW	Recht der internationalen Wirtschaft (Zeitschrift)
RK.	Rahmenkonzept
Rs.	Rechtssache
RSDA	Revue Suisse du droit des affaires
RST	Rückstellungen
S.	Seite
SA	Securities Act
SDAX	Small Cap Index
SE	Societas Europaea
SEA	Securities Exchange Act
SEC	Securities and Exchange Commission
SE-RL	Societas Europea-Richtlinie
S.E.2d	Southern Reporter, Second Series
SFAC	Statement of Financial Accouting Concept
SFAS	Statement of Financial Accounting Standard
Slg.	Sammlung
SLIM	Simpler Legislation for the Internal Market
SMEs	Small and Medium-sized Entities
Sp.	Spalte
Stan. L. Rev.	Stanford Law Review
StGB	Strafgesetzbuch
StuB	Steuern und Bilanzen (Zeitschrift)
StückAG	Gesetz über die Zulassung von Stückaktien
StuW	Steuern und Wirtschaft (Zeitschrift)
S.W.2d	South Western Reporter, Second Series
SZW	Schweizerische Zeitschrift für Wirtschaftsrecht
Tab.	Tabelle
Tex. L. Rev.	Texas Law Review
TIL	Theoretical Inquiries in Law
TransPuG	Transparenz und Publizitätsgesetz
Tsd.	Tausend
TU	Tochterunternehmen
Tz.	Textziffer
u.a.	unter anderem
U.C. Davis L. Rev.	University of California at Davis Law Review

U. Chi. L. Rev.	University of Chicago Law Review
UCLA L. Rev.	University of California at Los Angeles Law Review
UFCA	Uniform Fraudulent Conveyance Act
UFTA	Uniform Fraudulent Transfer Act
UK	United Kingdom
UK-GAAP	UK-Generally Accepted Accounting Principles
UM	Unternehmensbewertung & Management
UMAG	Gesetz zur Unternehmensintegrität und Modernisierung des Anfechtungsrechts
U. Miami L. Rev.	University of Miami Law Review
U. Rich. L. Rev.	University of Richmond Law Review
US	United States (of America)
USA	United States of America
US-GAAP	US-Generally Accepted Accounting Principles
UV	Umlaufvermögen
Va.	Virginia
Va. L. Rev.	Virginia Law Review
Verb.	Verbindlichkeiten
Vgl.	Vergleiche
Vol.	Volume
Vor, Vorb.	Vorbemerkung
VorstOG	Vorstandsvergütungs-Offenlegungsgesetz
Wash. L. Rev.	Washington Law Review
WiSt	Wirtschaftswissenschaftliches Studium (Zeitschrift)
WISU	Das Wirtschaftsstudium (Zeitschrift)
WL	Westlaw
WM	Wertpapier-Mitteilungen (Zeitschrift)
WpDRiLi	Wertpapier-Dienstleistungsrichtlinie
WPg	Die Wirtschaftsprüfung (Zeitschrift)
WpHG	Wertpapierhandelsgesetz
WPO	Wirtschaftsprüferordnung
WpPG	Wertpapierprospektgesetz
WpÜG	Wertpapiererwerbs- und Übernahmegesetz
Yale L.J.	Yale Law Journal
z.B.	zum Beispiel
ZBB	Zeitschrift für Bankrecht und Bankwirtschaft
ZEW	Zentrum für Europäisches Wirtschaftsrecht
ZfB	Zeitschrift für Betriebswirtschaft
ZfbF	Zeitschrift für betriebswirtschaftliche Forschung
ZfhF	Zeitschrift für handelswissenschaftliche Forschung
ZfRV	Zeitschrift für Rechtsvergleichung
ZGR	Zeitschrift für Unternehmens- und Gesellschaftsrecht
ZHR	Zeitschrift für das gesamte Handels- und Wirtschaftsrecht
ZInsO	Zeitschrift für das gesamte Insolvenzrecht
ZIP	Zeitschrift für Wirtschaftsrecht
ZPO	Zivilprozessordnung
ZVglRWiss	Zeitschrift für vergleichende Rechtswissenschaft

Abbildungsverzeichnis

Tabellenverzeichnis

„Die Gewöhnung an eine Regulierung stellt noch keine Bewährung dar."

Dieter Schneider (1987), S. 106.

Kapitel I: Einführung

1 Problemstellung und Ziel der Untersuchung

„Dem tradierten deutschen Kapital- und Gläubigerschutz bläst derzeit auf europäischer wie internationaler Ebene ein eisiger Wind ins Gesicht."[1] Auslöser für diese bedrohlich anmutende Wetterlage sind insbesondere die grundlegenden Veränderungen auf dem Gebiet des europäischen Bilanzrechts und aktuelle Vorschläge zur Reform des Gesellschaftsrechts in Europa. Die seit vielen Jahrzehnten in Deutschland und zahlreichen weiteren Mitgliedstaaten der Europäischen Union (EU) angewandten Kapitalerhaltungsregeln, die auf vom Vorsichtsprinzip geprägte Rechnungslegungsdaten zugreifen, drohen zukünftig durch die zunehmende Internationalisierung der Rechnungslegung an Wirksamkeit einzubüßen. Zudem ist das hergebrachte europäische Kapitalschutzkonzept, das aus einem Mindestkapital sowie zahlreichen detaillierten Regeln zur Kapitalaufbringung und Kapitalerhaltung besteht, insgesamt unter Rechtfertigungsdruck geraten.

War bisher die Rechnungslegung für alle Kapitalgesellschaften innerhalb der EU durch die Vierte EU-Richtlinie (Bilanzrichtlinie)[2] und die Siebente EU-Richtlinie (Konzernabschlussrichtlinie)[3] geregelt, ist ein tiefgreifender Wandel auf dem Gebiet des europäischen Bilanzrechts mit der Verordnung der EU vom 19.07.2002 betreffend die Anwendung internationaler Rechnungslegungsstandards (IAS-Verordnung, IAS-VO) vollzogen worden[4]. Danach müssen

---

1 *Merkt* (2004b), S. 6.

2 Vgl. Vierte Richtlinie des Rates vom 25.07.1978 (78/660/EWG), ABl. EG Nr. L 222/11 vom 14.08.1978.

3 Vgl. Siebente Richtlinie des Rates vom 13.06.1983 (83/349/EWG), ABl. EG Nr. L 193/1 vom 18.07.1983.

4 Vgl. Verordnung (EG) Nr. 1606/2002 des europäischen Parlaments und des Rates vom 19.07.2002, ABl. EG L 243/1 vom 11.09.2002. Vgl. dazu z.B. *Busse von Colbe* (2002d); *Buchheim/Gröner* (2003); *Kirsch* (2003); *Prinz* (2003); *C. Ernst* (2004).

alle kapitalmarktorientierten Mutterunternehmen[5] in der EU seit 2005 (bzw. spätestens ab 2007)[6] ihren Konzernabschluss zwingend nach den International Financial Reporting Standards (IFRS)[7] aufstellen und veröffentlichen. Darüber hinaus können die nationalen Gesetzgeber nach Art. 5 IAS-VO die Rechnungslegung nach IFRS verpflichtend oder wahlweise auf den Konzernabschluss nicht kapitalmarktorientierter Konzerne sowie den Einzelabschluss kapitalmarkt- und nicht kapitalmarktorientierter Unternehmen ausweiten.

Der deutsche Gesetzgeber hat hierauf mit dem Bilanzrechtsreformgesetz (BilReG) vom 04.12.2004 reagiert[8]. Durch das BilReG ist das Handelsgesetzbuch (HGB) unter anderem um § 315a ergänzt worden, der die von der IAS-VO betroffenen Unternehmen zur Anwendung der IFRS-Rechnungslegungsstandards verpflichtet und von den handelsrechtlichen Vorschriften zur Konzernrechnungslegung weitgehend befreit (§ 315a Abs. 1-2 HGB). Der deutsche Gesetzgeber hat darüber hinaus die Mitgliedstaatenwahlrechte in Art. 5 IAS-VO umgesetzt. Gemäß § 315a Abs. 3 HGB dürfen alle konzernrechnungslegungspflichtigen Unternehmen ihren Konzernabschluss nach IFRS aufstellen, auch wenn sie nicht kapitalmarktorientiert sind[9]. Nach § 325 Abs. 2a HGB haben die Unternehmen weiterhin die Möglichkeit, anstelle eines handelsrechtlichen Einzelabschlusses einen Einzelabschluss nach IFRS zu veröffentli-

---

5 Als kapitalmarktorientiert gelten gemäß Art. 4 IAS-VO alle Unternehmen, deren Eigenkapital- und/oder Schuldtitel in einem beliebigen EU-Mitgliedstaat zum Handel in einem geregelten Markt zugelassen sind. Als geregelter Markt gilt gemäß Art. 4 Abs. 1 Nr. 14 der Richtlinie 2004/39/EG vom 21.04.2004 (ABl. EG L 145/1) ein von einem Marktbetreiber betriebenes und/oder verwaltetes multilaterales System, das die Interessen einer Vielzahl Dritter am Kauf und Verkauf von Finanzinstrumenten innerhalb des Systems und nach seinen nichtdiskretionären Regeln in einer Weise zusammenführt oder das Zusammenführen fördert, die zu einem Vertrag in Bezug auf Finanzinstrumente führt, die gemäß den Regeln und/oder den Systemen des Marktes zum Handel zugelassen wurden, sowie eine Zulassung erhalten hat und ordnungsgemäß und gemäß den Bestimmungen des Titels III funktioniert. Diese Bestimmungen finden sich in Art. 36-47 der Richtlinie 2004/39/EG.

6 Nach Art. 9 IAS-VO können die EU-Mitgliedstaaten eine Übergangsfrist bis 2007 für Unternehmen vorsehen, von denen lediglich Schuldtitel zum Handel in einem geregelten Markt eines Mitgliedstaates zugelassen sind. Gleiches gilt für Unternehmen, deren Wertpapiere sowohl in der EU als auch in einem Drittland gehandelt werden und die ihren Konzernabschluss bereits zum Zeitpunkt der Verabschiedung der IAS-VO nach anderen international anerkannten Rechnungslegungsgrundsätzen aufstellen. Diese Regelung, die bereits durch das Bilanzrechtsreformgesetz in deutsches Recht umgesetzt wurde, ist insbesondere für die in den USA gelisteten Unternehmen relevant, die von der US-amerikanischen Börsenaufsicht, der Securities and Exchange Commission (SEC), (noch) zur Bilanzierung nach US-amerikanischen Rechnungslegungsnormen (US-GAAP) verpflichtet werden.

7 Die IFRS umfassen gemäß IAS 1.11 auch die International Accounting Standards (IAS). Von den ursprünglich verabschiedeten 41 IAS sind noch 31 Standards in Kraft. Zusammen mit den bislang veröffentlichten 7 IFRS umfasst die IFRS-Rechnungslegung somit 38 Standards, die von der IAS-VO betroffene Unternehmen anwenden müssen (Stand: 01.06.2006).

8 Vgl. Gesetz zur Einführung internationaler Rechnungslegungsstandards und zur Sicherung der Qualität der Abschlussprüfung (Bilanzrechtsreformgesetz – BilReG) vom 04.12.2004, BGBl. I 2004, Nr. 65, S. 3166-3182. Vgl. zu diesem Gesetz ausführlich *Gabriel/Ernst* (2004); *Hoffmann/Lüdenbach* (2004); *Pfitzer/Oser/Orth* (2004); *Jessen/Weller* (2005); *Wendlandt/Knorr* (2005).

9 Dieses Wahlrecht kann nicht nur von Kapitalgesellschaften, sondern auch von bestimmten Personengesellschaften und Einzelkaufleuten genutzt werden. Voraussetzung ist, dass diese gemäß § 264a HGB oder § 11 PublG als Mutterunternehmen zur Konzernrechnungslegung verpflichtet sind. Gleiches gilt für Kreditinstitute und Versicherungsunternehmen unabhängig von ihrer Größe und Rechtsform (§§ 340i, 341i HGB). Vgl. auch *Pellens/Fülbier/Gassen* (2006), S. 49-51.

chen[10], wenn die in § 325 Abs. 2b HGB genannten Voraussetzungen erfüllt sind. Die befreiende Wirkung des IFRS-Abschlusses gilt allerdings ausschließlich für die Offenlegung. Zur Ausschüttungsbemessung und als Grundlage für die Besteuerung haben die Unternehmen unverändert einen traditionellen HGB-Einzelabschluss aufzustellen[11].

Der Einfluss der ausschließlich auf die Informationsfunktion ausgerichteten IFRS-Rechnungslegung auf den Einzelabschluss nimmt durch die IAS-VO europaweit deutlich zu und ist keineswegs nur auf große kapitalmarktorientierte Unternehmen beschränkt. Das liegt z.B. daran, dass alle in IFRS-Konzernabschlüsse einbezogenen Tochterunternehmen ihre Rechnungslegung zur Erstellung der Handelsbilanz II an die IFRS anpassen müssen, wovon auch viele nicht börsennotierte kleine und mittelgroße Unternehmen betroffen sind. Darüber hinaus erstellen bereits zahlreiche mittelständische Unternehmen auf freiwilliger Basis IFRS-Abschlüsse oder denken über eine baldige IFRS-Anwendung nach[12]. An das erhöhte Transparenzniveau ihrer Rechnungslegung knüpfen sie unter anderem die Hoffnung, ihre Verhandlungsposition gegenüber Kreditinstituten zu verbessern und auch für potentielle Investoren attraktiver zu werden[13]. Die IFRS-Bilanzierung mag weiterhin für diejenigen Unternehmen von Vorteil sein, die Zahlen des externen Rechnungswesens auch für die Unternehmenssteuerung nutzen möchten, um ein separates internes Rechnungswesen zu vermeiden[14].

Es wird prognostiziert, dass sich der Trend zur IFRS-Bilanzierung durch die neuen Vorschriften der internationalen Bankenregulierung noch weiter verfestigen wird. Die so genannten Baseler Eigenkapitalrichtlinien (Basel II) sehen vor, dass sich die Eigenkapitalunterlegung von Banken bei der Kreditvergabe an der Bonität ihrer Schuldner orientieren muss[15]. Die Kreditinstitute werden die Bonität ihrer Kunden auf Basis von internen oder externen Ratings beurteilen müssen, die sich insbesondere auf Zahlen der Rechnungslegung beziehen. Obwohl das Basel-II-Regelwerk keine IFRS-Abschlüsse fordert, erscheint es plausibel, dass Banken und Ratingagenturen verbreitet angewandte, möglichst vergleichbare und wahlrechtsfreie Rechnungslegungsdaten präferieren[16].

Die Verbreitung der IFRS wird zukünftig auch durch aktuelle Bestrebungen des International Accounting Standards Board (IASB) begünstigt. Im Rahmen des Projekts „Accounting Standards for Non-Publicly Accountable Entities (NPAEs)“ – bis zur Umbenennung im Januar 2005 unter dem Namen „Accounting Standards for Small and Medium-sized Entities (SMEs)“ bekannt – arbeitet das IASB an einem IFRS-Regelwerk für nicht kapitalmarktorientierte Unternehmen[17], das den Rechnungslegungsaufwand für die vielfach kleinen und mittel-

---

10 Davon betroffen sind neben Kapitalgesellschaften auch Nicht-Kapitalgesellschaften, die unter §§ 264a, 340l, 341l HGB oder § 9 PublG fallen.

11 Zur Begründung vgl. *BMJ* (2003), S. 6-9.

12 Vgl. zu diesem Ergebnis einer Befragung mittelständischer Unternehmen in Nordrhein-Westfalen *v. Keitz/Stibi* (2004), S. 424; und ausführlich *KPMG/Fachhochschule Münster* (Hrsg.) (2004).

13 Vgl. *v. Keitz/Stibi* (2004), S. 428.

14 Vgl. zu den Möglichkeiten und Grenzen einer Konvergenz von internem und externem Rechnungswesen ausführlich *Dirrigl* (1998).

15 Die Vorschriften von Basel II werden voraussichtlich Anfang 2007 in Kraft treten. Vgl. zu den geplanten Details *Paul/Stein* (2002); *Kümpel* (2004), S. 2506-2518; *Paul* (2004).

16 *Merkt* (2004a), S. 308, Fn. 15, weist auf Berichte aus der Praxis hin, nach denen Kreditinstitute ihre Mitarbeiter nur noch nach IFRS schulen. Vgl. auch *Ballwieser* (2001e), S. 160-162.

17 Vgl. zu den Beweggründen und vorläufigen Ansichten *IASB* (2004). Zu den Gründen der Umbenennung vgl. *IASB* (2005).

großen Gesellschaften reduzieren und den Bedürfnissen der Adressaten dieser Abschlüsse gerecht werden soll[18].

Es erscheint wahrscheinlich, dass mit steigender Anzahl der Unternehmen, die freiwillig einen zusätzlichen Einzelabschluss nach IFRS publizieren, mittelfristig die befreiende Wirkung eines solchen Abschlusses gefordert werden wird[19]. Einer solchen Forderung werden sich wohl insbesondere auch die kapitalmarktorientierten Konzerne in Deutschland anschließen, die zurzeit aufgrund der bestehenden Gesetzeslage mehrere Abschlüsse nach unterschiedlichen Rechnungslegungsnormen aufstellen müssen: einen Konzernabschluss nach IFRS, einen Einzelabschluss nach HGB und aus diesem – über die Maßgeblichkeit abgeleitet – eine Steuerbilanz. Darüber hinaus müssen diejenigen Unternehmen, die auch in den USA gelistet sind, zusätzlich eine Überleitungsrechung von IFRS auf US-GAAP erstellen[20].

Diese Bilanzierungsvielfalt führt bei den betroffenen Unternehmen aus ökonomischer Sicht zu kaum mehr zu rechtfertigenden finanziellen und zeitlichen Belastungen. Auch die für die Fortentwicklung der Rechnungslegung zuständigen Institutionen, die Rechtsprechung und die für die Rechnungslegungsausbildung Verantwortlichen werden in unverhältnismäßiger Weise in Anspruch genommen. Darüber hinaus kommt es durch die unterschiedlichen Rechnungslegungsnormen zu Einbußen bei der Vergleichbarkeit von Abschlüssen, und zwar nicht nur bei Gesellschaften innerhalb der EU insgesamt, sondern auch innerhalb der jeweiligen Mitgliedstaaten[21]. Vor diesem Hintergrund plädieren zahlreiche Autoren für die (wahlweise) Einführung der IFRS auch im Einzelabschluss[22]. Insbesondere mit dem Hinweis, das tradierte Gläubigerschutzkonzept durch bilanzielle Kapitalerhaltung sei mit einem befreienden IFRS-

---

18 Vgl. dazu ausführlich *Böcking/Herold/Müßig* (2004b); *Dallmann/Ull* (2004); *Haller/Eierle* (2004); *Knorr/Zeimes* (2005); *Zabel/Cairns* (2005).

19 Vgl. zu dieser Einschätzung auch *Merkt* (2004a), S. 309.

20 Die EU-Kommission und die SEC haben sich am 22.04.2005 für ihre weiteren Konvergenzbemühungen auf eine „Roadmap" mit dem Ziel geeinigt, dass Unternehmen, die einen IFRS-Konzernabschluss vorlegen, frühestens ab 2007 und spätestens ab 2009 keine Überleitungsrechnung mehr vorweisen müssen. Vgl. *EU-Kommission* (2005b). Vgl. zu den SEC-Anforderungen für eine Börsennotierung deutscher Unternehmen in den USA ausführlich *Harrer/Fisher/Evans* (2003); *Nahr* (2003); *Pellens/Fülbier/Gassen* (2006), S. 882-897.

21 Das „Bilanzierungswirrwarr" von HGB-, IFRS- und US-GAAP-Abschlüssen führt auch zu Schwierigkeiten bei der externen Bilanzanalyse. Vgl. *Pellens/Gassen* (2001), S. 137.

22 Für eine Pflicht sind *Budde* (1997), S. 121; *AKEU* (2001), S. 161 (allerdings Befreiungsmöglichkeit für nicht kapitalmarktorientierte kleine und mittelgroße Unternehmen); *Böcking* (2001), S. 1439; *Niehues* (2001), S. 1221-1222 (mit Ausnahme kleiner Unternehmen); *Böcking* (2002), S. 439; *IDW* (2002b), S. 985-986 (langfristig für alle in den Anwendungsbereich der Bilanzrichtlinie fallende Unternehmen); *AKEU* (2003), S. 1585-1587 (mit Ausnahme von Unternehmen ohne besondere wirtschaftliche Bedeutung); *Böcking/Busam/Dietz* (2003), S. 476; *Kübler* (2003b), S. 362; *Böcking* (2004), S. 178; *Böcking/Herold/Müßig* (2004a); *Grundmann* (2004), S. 288. Für ein Wahlrecht plädieren *Niehus* (2001), S. 741-742; *Pellens/Gassen* (2001), S. 142; *Buchholz* (2002), S. 1282, 1284; *Busse von Colbe* (2002a), S. 169; *Niehus* (2002), S. 1390.

Einzelabschluss nicht zu vereinbaren, wird dieser Vorschlag von einer ebenfalls großen Gruppe von Autoren abgelehnt[23].

Zumindet bezogen auf Scheinauslandsgesellschaften, d.h. Gesellschaften mit ausländischer Rechtsform und Verwaltungssitz in Deuschland, steht allerdings bereits fest, dass das „deutsche Kapitalschutzrecht (...) seine große Zukunft schon hinter sich“[24] hat. Der Grund dafür ist in der jüngeren Rechtsprechung des Europäischen Gerichtshofes (EuGH) zu sehen. In seinen Urteilen *Centros*[25], *Überseering*[26] und *Inspire Art*[27] hat sich der EuGH mit der Niederlassungsfreiheit von wirksam im Gründungsstaat gegründeten Gesellschaften in anderen EU-Mitgliedstaaten auseinander gesetzt[28]. Maßnahmen der Mitgliedstaaten, die darauf abzielen, Zweigniederlassungen ausländischer Gesellschaften den inländischen Kapitalschutzregeln zu unterwerfen, verstoßen nach dieser Rechtsprechung wohl gegen die Niederlassungsfreiheit. Unter dem Gesichtspunkt des Gläubigerschutzes stellt der EuGH klar, dass potentielle Gläubiger durch das Auftreten solcher Auslandsgründungen als Gesellschaften ausländischen Rechts in ausreichender Weise darüber informiert seien, dass andere Regeln als die des inländischen Gesellschaftsrechts anwendbar seien. Dazu zählten auch die Vorschriften zur Aufbringung und Erhaltung des Gesellschaftskapitals sowie der Haftung der Geschäftsführer. Weiterhin vertritt der EuGH die Ansicht, dass die Mindestkapitalregeln zum Schutz von Vertragsgläubigern überflüssig seien und ein Gläubigerschutzkonzept durch Publizität vorzuziehen sei.

Das europäische Kapitalschutzsystem, das vom deutschen Gesellschaftsrecht stark geprägt ist, wird auch im deutschen Schrifttum in zunehmender Weise kritisiert und seine Zweckmäßigkeit und Nützlichkeit in Frage gestellt[29]. Es wird bezweifelt, dass das gesetzliche Mindestnennkapital und die umfangreichen materiellrechtlichen Bestimmungen über die Kapitalaufbringung und -erhaltung in Verbindung mit dem vom Vorsichtsprinzip geprägten Bilanzrecht in der Lage sind, den angestrebten Gläubigerschutz zu erfüllen. Aus empirischen Untersu-

---

23 Vgl. *Baetge/Thiele* (1997), S. 22-24; *Schön* (1997b), S. 157; *Hommelhoff* (2000), S. 144-145; *Schön* (2000), S. 738-739; *Ekkenga* (2001), S. 2363; *Moxter* (2001), S. 606; *Watrin* (2001a), S. 234, 255; *Watrin* (2001b), S. 936-938; *Arbeitskreis Bilanzrecht der Hochschullehrer Rechtswissenschaft* (2002), S. 2373-2374; *Deutsche Bundesbank* (2002), S. 51; *Euler* (2002), S. 880; *Kahle* (2002b), S. 246-247; *Kirsch* (2002), S. 753-754; *Schildbach* (2002), S. 271-273; *Zabel* (2002), S. 919; *DAV* (2003a), S. 460; *Habersack* (2003), S. 239; *Kahle* (2003), S. 274; *Kirsch* (2003), S. 276-277; *Schulze-Osterloh* (2003a), S. 99; *Schulze-Osterloh* (2003b), S. 351; *Zeitler* (2003), S. 1529; *Arbeitskreis Bilanzrecht der Hochschullehrer Rechtswissenschaft* (2004), S. 546-547; *Hennrichs* (2004), S. 138; *Küting* (2004a), S. 686; *Küting* (2004b); *Moxter* (2004), S. 280; *Schulze-Osterloh* (2004b), S. 176-177; *Merschmeyer* (2005), S. 269; *Ekkenga* (2006), S. 397.

24 *Mülbert* (2004), S. 151.

25 Vgl. EuGH, Urteil vom 09.03.1999 – Rs. C-212/97, Slg. 1999, I-1459 – Centros.

26 Vgl. EuGH, Urteil vom 05.11.2002 – Rs. C-208/00, Slg. 2002, I-09919 – Überseering.

27 Vgl. EuGH, Urteil vom 30.09.2003 – Rs. C-167/01, Slg. 2003, I-10155 – Inspire Art.

28 Vgl. zu dieser Entscheidungskette ausführlich z.B. *Kern* (2004); *Sandrock/Wetzler* (Hrsg.) (2004). Vgl. zu einem prägnanten Überblick *Merkt* (2004b), S. 6. Zu umfangreichen weiteren Nachweisen vgl. auch *Merkt* (2004a), S. 309, Fn. 18-20.

29 Vgl. *Kübler* (1989), S. 29-35, 59-65; *Kübler* (1990); *Mertens* (1994), S. 432, 441; *Bauer* (1995), S. 118-128, 331-340; *Kübler* (1995b), S. 558-561; *Kübler* (1995c), S. 362-373; *Klose-Mokroß* (1997), S. 59-186; *Walter* (1998); *Bachmann* (2001), S. 365-368; *Escher-Weingart* (2001), S. 119-137, 235-254; *Grundmann* (2001), S. 816-820; *Halbhuber* (2001), S. 1417-1419; *Hopt* (2002a), S. 1018-1020; *Mülbert/Birke* (2002), S. 715-732; *Kübler* (2003c), S. 100-114; *Meilicke* (2003), S. 808; *Roth/Altmeppen* (2003), Einl., Tz. 24-32; *Grundmann* (2004), S. 143-145; *Micheler* (2004), S. 330-347; *Mülbert* (2004), S. 154-162; *Sandrock* (2004b), S. 64-71; *Grunewald/Noack* (2005).

chungen zur Gewinnverwendung von Konzernunternehmen in Deutschland wird in diesem Zusammenhang weiterhin dringender Reformbedarf der aktienrechtlichen Kompetenzverteilung gemäß § 58 Abs. 2 AktG abgeleitet[30].

Gleichwohl werden auch zahlreiche Stimmen laut, welche die Stärken des bestehenden Kapitalschutzkonzepts betonen und sich gegen grundlegende Eingriffe aussprechen[31]. International hingegen sind die angeführten Vorteile des Systems immer schwieriger vermittelbar. Dies belegen Abhandlungen und Reformdiskussionen in der ausländischen Literatur der jüngeren Vergangenheit[32]. Zudem ist festzustellen, dass eine Reihe von EU-Mitgliedstaaten das Mindestkapitalerfordernis in ihren – nicht durch europäisches Gesellschaftsrecht harmonisierten – GmbH-Gesetzen erheblich gelockert oder ganz abgeschafft haben[33]. Bemerkenswert ist auch, dass der deutsche Gesetzgeber die Absenkung der Kapitalziffer für die GmbH von 25.000 € auf 10.000 € seit kurzem ebenfalls ins Auge fasst[34].

Eine Reihe von Vereinfachungen der Kapitalaufbringungs- und -erhaltungsregeln, die seit 1976 durch die Zweite EU-Richtlinie (Kapitalrichtlinie) für die Aktiengesellschaft und ihr entsprechende Rechtsformen europaweit kodifiziert sind[35], hat eine Arbeitsgruppe im Rahmen der so genannten SLIM-Initiative[36] der EU-Kommission bereits 1999 vorgeschlagen[37]. Die Reformvorschläge wurden von der im Herbst 2001 durch die EU-Kommission eingesetzten High Level Group of Company Law Experts wieder aufgegriffen und leicht modifiziert

---

30 Vgl. *Linnhoff/Pellens* (1987), S. 994-1004; *Pellens* (1994), S. 119-136; *Pellens* (1996), S. 167-174; *Kühnberger/Schmidt* (1999), S. 1275-1282.

31 Vgl. *Hommelhoff* (1998), S. 399; *Lutter* (1998b); *Niederleithinger* (1998), S. 378; *Schön* (2001), S. 78; *Watrin* (2001a), S. 229; *Arbeitsgruppe Europäisches Gesellschaftsrecht* (2002), S. 1316-1317; *Baldamus* (2002), S. 85-89; *Schön* (2002), S. 3-5; *Arbeitsgruppe Europäisches Gesellschaftsrecht* (2003), S. 872, 874; *DAV* (2003b), S. 1013; *Bayer* (2004a), S. 8-9; *Hennrichs* (2004), S. 126-128; *Rammert* (2004), S. 591-592; *Schön* (2004a), S. 166-170; *Schön* (2004b), S. 438-448; *Bezzenberger* (2005), S. 184-199; *Hennrichs* (2005), S. 261-262; *Kuhner* (2005), S. 776-777, 787; *Moxter* (2006).

32 Vgl. *Cheffins* (1997), S. 524-534; *Davies* (1998); *Armour* (2000a); *Armour* (2000b); *Enriques/Macey* (2001), S. 1184-1204; *Wymeersch* (2001), S. 30-33; *Ferran* (2003); *Rickford* (2004).

33 So beträgt das Mindestkapital nach spanischem Recht nur noch 3.012 €, und nach französischem Recht ist gar keines mehr vorgeschrieben. Vgl. jeweils m.w.N. *Mülbert* (2004), S. 152; *Merkt* (2004a), S. 317.

34 Vgl. zum Referentenentwurf eines Gesetzes zur Neuregelung des Mindestkapitals im GmbH-Recht (MindestkapG) vom 29.04.2005 *BMJ* (2005b). Die ursprünglichen Planungen zur Einführung der Ein-Euro-GmbH bei gleichzeitigen Haftungsverschärfungen wurden nicht umgesetzt. Vgl. *Seibert* (2005). Vgl. zu einer kritischen Würdigung *Barta* (2005); *Eilmann/Seulen* (2005); *Hirte* (2005); *Ihrig* (2005); *K. Schmidt* (2005). Vgl. auch *Priester* (2005), S. 921: „Wer eine 1-€-GmbH mit dem Argument verlangt, 25.000 € bewirkten auch keinen Gläubigerschutz, erinnert an jemanden, der einem bei Eis und Schnee in der Badehose frierend herumlaufenden Manne rät, er solle diese auch noch ausziehen, sie wärme ohnehin nicht.“ Zum Referentenentwurf des Gesetzes zur Modernisierung des GmbH-Rechts und zur Bekämpfung von Missbräuchen (MoMiG) vom 29.05.2006, das Unternehmensgründungen erleichtern und beschleunigen soll, vgl. *BMJ* (2006). Vgl. dazu auch *o.V.* (2006).

35 Vgl. Zweite Richtlinie des Rates vom 13.12.1976 (77/91/EWG), ABl. EG Nr. L 26/1 vom 31.01.1977.

36 Zur Erläuterung des Begriffs vgl. Kapitel IV.2.1.

37 Vgl. *SLIM* (1999a). Die Vorschläge sehen unter anderem Erleichterungen bei der Wertprüfung von Sacheinlagen, erweiterte Möglichkeiten zum Rückkauf eigener Aktien sowie zum Bezugsrechtsausschluss bei börsennotierten Gesellschaften vor. Vgl. dazu ausführlich Kapitel IV.2.2.

(„SLIM-Plus")[38]. Bereits am 21.09.2004 hat die EU-Kommission diese Empfehlungen in einem Richtlinienvorschlag zur Änderung der Kapitalrichtlinie umgesetzt[39].

Die High Level Group hat es aber nicht bei Vorschlägen zur behutsamen Weiterentwicklung des Kapitalsystems auf Basis der modifizierten SLIM-Vorschläge bewenden lassen. Die europäischen Gesellschaftsrechtsexperten plädieren vielmehr dafür, ein vollständig neues Kapitalschutzkonzept zu entwickeln und den Mitgliedstaaten zu erlauben, das herkömmliche System durch das Alternativsystem zu ersetzen. Wenngleich nach Ansicht der Expertengruppe noch weitere Untersuchungen für die genaue Ausgestaltung notwendig sind, werden die Hauptmerkmale bereits kurz skizziert und erläutert[40]. Neben der Abschaffung des festen Mindestkapitals soll ein wesentliches Kernelement des vorgeschlagenen Kapitalsystems eine Solvenzprüfung sein, die aus einem Bilanztest und einer Liquiditätsprüfung bestehen soll. Die beschriebenen Testverfahren orientieren sich größtenteils an US-amerikanischen Ausschüttungsregulierungen. In zahlreichen Bundesstaaten der USA, welche die Ausschüttungsrestriktionen des Model Business Corporation Act (MBCA) in ihr Kapitalgesellschaftsrecht übernommen haben, existieren ähnliche Vorschriften[41]. Zum Teil erinnern die Ausschüttungsrestriktionen auch an das kalifornische Recht[42]. Weitere Charakteristika des Alternativsystems sind eine Solvenzbescheinigung, mit der die Unternehmensleitung die Zulässigkeit der Ausschüttung im Sinne der Testverfahren schriftlich zu bestätigen hat, sowie die Einführung einer Insolvenzverschleppungshaftung.

Die EU-Kommission hat auf den Abschlussbericht der High Level Group am 21.05.2003 mit dem Aktionsplan „Modernisierung des Gesellschaftsrechts und Verbesserung der Corporate Governance in der Europäischen Union"[43] reagiert und – bezogen auf das europäische Kapitalsystem – „sich in weiser Voraussicht des Widerstands aus Deutschland auf ein vorsichtiges Dreistufenprogramm beschränkt"[44]. Danach soll die Kapitalrichtlinie kurzfristig durch die nunmehr bereits vorliegende Änderungsrichtlinie auf Grundlage von „SLIM-Plus" vereinfacht werden. Mittelfristig, d.h. in den Jahren 2006 bis 2009, soll mit Hilfe einer Durchführbarkeitsstudie die Alternative zum Kapitalerhaltungskonzept geprüft werden, die je nach Ergebnis der Studie langfristig (ab 2009) umgesetzt werden könnte.

In der deutschen Literatur ist der Reformvorschlag der High Level Group nicht nur auf Zustimmung[45], größtenteils sogar auf erbitterten Widerstand gestoßen. Insbesondere eine mit prominenten Gesellschaftsrechtlern besetzte Arbeitsgruppe lehnt ein Alternativkonzept kate-

---

38 Vgl. *High Level Group* (2002c), S. 13-16, 88-93. Vgl. auch Kapitel IV.3.2.2.

39 Vgl. *EU-Kommission* (2004). Vgl. dazu im Einzelnen Kapitel IV.5.

40 Vgl. *High Level Group* (2002c), S. 94-97.

41 Vgl. *Ralston* (1983), S. 1030-1043; *Kummert* (1984), S. 242-256; *Manning* (1985), S. 1529-1535; *Keustermans* (1986), S. 276-283; *McGough* (1987); *Manning/Hanks* (1991), S. 177-193; *Dooley/Goldman* (2001); *MBCA Ann.* (2002), § 6.40; *Black* (2004), § 3.1-3.8. Vgl. dazu ausführlich Kapitel III.2.2.1.

42 Vgl. *Barton* (1975), S. 212-220; *Ackerman/Sterrett* (1976); *Anderson* (1976); *Dreyfuss* (1976); *Ben-Dror* (1983), S. 375-389; *Kummert* (1984), S. 226-242; *Ballantine/Sterling* (2004), Ch. 8; *Black* (2004), § 3.9-3.15; *Deering's* (2004), Ch. 5, *Marsh/Finkle/Sonsini* (2005), Ch. 14. Vgl. dazu ausführlich Kapitel III.2.3.2.

43 Vgl. *EU-Kommission* (2003a).

44 *Hopt* (2005), S. 464.

45 Vgl. *Sandrock* (2003), S. 472-473, 476-477; *Mülbert* (2004), S. 160; *Sandrock* (2004b), S. 68-72, 99. Vgl. die Vor- und Nachteile abwägend *Maul/Lanfermann/Eggenhofer* (2003), S. 1294.

gorisch ab[46]. In Großbritannien hingegen hat sich eine international besetzte Gruppe von Gesellschafts- und Bilanzrechtsexperten bereits im Jahr 2004 klar für einen Systemwechsel entschieden und einen eigenen detaillierten Vorschlag unterbreitet (*Rickford*-Bericht)[47]. Aber auch in Deutschland verspricht die Zukunft eine noch weiter andauernde kontroverse Diskussion über die Zukunft des europäischen Kapitalschutzes[48].

Vor dem Hintergrund der aufgezeigten Problematik einer abweichenden Beurteilung der sich abzeichnenden gesellschaftsrechtlichen Veränderungen auf europäischer Ebene stellt sich die Frage, ob die – zumindest von Teilen der Fachwelt präferierten – US-amerikanischen Kapitalschutzregeln in europäisches Recht übernommen werden sollen. Ziel dieser Arbeit ist es, einen Beitrag zur Beantwortung dieser Frage zu leisten. Dazu sollen zum einen die in den USA seit Jahrzehnten bestehenden Regulierungen ausführlich und rechtsvergleichend analysiert werden. Die verschiedenen Vorschriften sollen zum anderen aus ökonomischer Sicht kritisch beurteilt werden. Bei dieser Beurteilung des Kapitalsystems spielt das interne Corporate-Governance-System der Gesellschaft, z.B. die Machtverhältnisse ihrer Organe, die Gewinnverwendungskompetenz, Klagemöglichkeiten und Haftungsregeln, eine besondere Rolle. Da die innere Struktur der Aktiengesellschaft im europäischen Recht bisher nicht harmonisiert worden ist, wird für Europa ausschließlich auf die deutschen Regelungen abgestellt.

Eine dezidierte Darstellung der US-amerikanischen Regeln steht allerdings vor dem Problem, dass das Kapitalsystem als Bestandteil des Gesellschaftsrechts in den USA nicht in die Gesetzgebungskompetenz des Bundes, sondern in die der Einzelstaaten fällt[49]. Mithin müssten 50 verschiedene Rechtssysteme erörtert werden, um einen Vollständigkeitsanspruch erheben zu können. Dies kann im Rahmen dieser Arbeit nicht geleistet werden.

Allerdings gilt in den USA die so genannte Gründungstheorie. Danach haben die Unternehmen die gesellschaftsrechtlichen Vorschriften des Einzelstaates zu beachten, in dem sie gegründet worden sind. Im Hinblick auf die Problemstellung dieser Arbeit besteht ein großer Vorteil darin, dass die Einzelstaatenrechte von unterschiedlicher Bedeutung sind. So ist das Gesellschaftsrecht des zweitkleinsten Bundesstaates – Delaware – das mit Abstand wichtigste[50]. Auch in Kalifornien sind überdurchschnittlich viele Gesellschaften inkorporiert. Darüber hinaus folgen ca. 40 Staaten größtenteils den Vorschriften des MBCA[51], der von der American Bar Association zur Harmonisierung des US-amerikanischen Gesellschaftsrechts entwickelt worden ist und in regelmäßigen Abständen überarbeitet wird.

Die rechtsvergleichende Analyse konzentriert sich daher erstens auf die Kapitalschutzregeln des Delaware General Corporation Law und zweitens auf die des MBCA in seiner derzeit gültigen Fassung[52]. Drittens und schwerpunktmäßig werden die Bestimmungen des California Corporations Code beleuchtet. Der Grund dafür ist nicht nur darin zu sehen, dass Kalifornien

---

46 Vgl. *Arbeitsgruppe Europäisches Gesellschaftsrecht* (2003), S. 874. Vgl. zu ihrem Vorgehen kritisch *Hopt* (2005), S. 471-472.

47 Vgl. *Rickford* (2004). Vgl. dazu Kapitel IV.6.

48 Davon zeugt auch die Tatsache, dass für das Thema beim Deutschen Juristentag im September 2006 eine eigene Abteilung vorgesehen ist. Darüber hinaus hat jüngst der Arbeitskreis „Kapital in Europa" seine Ergebnisse veröffentlicht. Vgl. *Lutter* (Hrsg.) (2006).

49 Vgl. *Bainbridge* (2002), S. 14; *Merkt/Göthel* (2006), S. 153, Fn. 1.

50 Vgl. zur Bedeutung mit empirischen Nachweisen z.B. *Bebchuk/Cohen* (2003).

51 *Black* (2004), § 1.13, Fn. 16, listet 37 Staaten auf.

52 Es handelt sich dabei um den Model Business Corporation Act 2000/01/02 Supplement, 3rd Edition, welcher der Kommentierung des *MBCA Ann.* (2002) zugrunde liegt.

ebenfalls ein wichtiger Gründungsstaat ist. Ausschlaggebend ist vielmehr der in den USA einzigartige und innovative Ansatz seiner seit 1977 bestehenden Ausschüttungsrestriktionen. Aufgrund der Tatsache, dass die im kalifornischen Kapitalgesellschaftsrecht kodifizierten Testverfahren auf US-GAAP-Konzernabschlüssen basieren, ist die kalifornische Regulierung für die europäische Reformdebatte so interessant.

Da die Kapitalrichtlinie europaweit nur von Aktiengesellschaften und ihnen entsprechenden Rechtsformen anzuwenden ist und sich daran offensichtlich auch in Zukunft nichts ändern soll, wird im Folgenden ausschließlich diese Rechtsform betrachtet. Aus den Rechtsformen des US-amerikanischen Rechts wird zum Vergleich die corporation herangezogen. Diese Rechtsform ist am ehesten mit der Aktiengesellschaft vergleichbar und kann wie diese börsennotiert sein.

2 Gang der Untersuchung

Im folgenden zweiten Kapitel werden zunächst die rechtlichen Grundlagen der Aktiengesellschaft in Deutschland und der corporation in den USA dargestellt. Infolge des Rechtsvergleichs weist das Kapitel deshalb zwei identisch aufgebaute Teile auf. Eingangs wird die Aktiengesellschaft bzw. die corporation kurz in die möglichen Rechtsformen unternehmerischer Tätigkeit eingeordnet, um einen Eindruck von der zahlenmäßigen Verbreitung und der wirtschaftlichen Bedeutung zu vermitteln. Es schließen sich Betrachtungen zu den gesellschafts- und kapitalmarktrechtlichen Regulierungsgrundlagen der betrachteten Rechtsformen an. Dabei wird deutlich, dass die jeweilige Schwerpunktsetzung in Deutschland und in den USA grundsätzlich unterschiedlich ist; jedoch ist insbesondere durch europäische Reformmaßnahmen der letzten Jahre eine Annäherung der beiden Systeme festzustellen. Daran anschließend werden die Rechte und Pflichten der Gesellschaftsorgane und ihre Machtverteilung untereinander diskutiert. Bevor im weiteren Verlauf der Arbeit das Dividendenrecht der Aktionäre im Mittelpunkt steht, werden die sonstigen Herrschafts-, Informations- und Vermögensrechte kurz skizziert.

In Kapitel III werden die jeweiligen Bestandteile des Kapitalschutzsystems deutscher bzw. europäischer und US-amerikanischer Prägung im Einzelnen herausgearbeitet. Zunächst werden die aktuellen Kapitalaufbringungs- und Kapitalerhaltungsregeln der Aktiengesellschaft, wie sie in Deutschland seit dem Aktiengesetz von 1965 nahezu unverändert gelten, erläutert. Hier liegt der Fokus insbesondere auf dem zentralen Zusammenhang von Gewinnermittlungs- und Gewinnverwendungsregeln. Die Darstellung der Entwicklungen seit 1965 durch Einflüsse auf europäischer Ebene schließt den ersten Teil des dritten Kapitels ab. Zwar ist die Kapitalrichtlinie von 1976 stark vom deutschen Recht geprägt worden, dennoch unterscheiden sich manche Regelungen, insbesondere hinsichtlich des Zusammenhangs von Kapitalrichtlinie und den den bilanziellen Ausschüttungsrestriktionen zugrunde liegenden Rechnungslegungsregeln, die europaweit in der Bilanzrichtlinie mit zahlreichen Wahlrechten kodifiziert sind. Diese Ausführungen sind auch deshalb von Relevanz, weil sie in Kapitel V im Rahmen der kritischen Würdigung des bestehenden europäischen Kapitalregimes wieder aufgegriffen werden. Daneben wird kurz auf die seit dem 08.10.2004 rechtlich zulässige Europäische Aktiengesellschaft eingegangen.

Der zweite Teil des dritten Kapitels widmet sich den US-amerikanischen Kapitalschutzregeln. Da die Vorschriften in den USA früher nicht gesetzlich geregelt waren, werden zunächst von der Rechtsprechung entwickelte Theorien sowie darauf aufbauende bedeutsame Urteile erläutert. Den Schwerpunkt des Kapitels bilden dann die Kapitalschutzregeln des MBCA und der Kapitalgesellschaftsrechte Delawares und Kaliforniens. Im Einzelnen werden die Kapitalaufbringungs- und -erhaltungsregeln, der Zusammenhang der Ausschüttungsrestriktionen mit den Rechnungslegungsregeln, auf die sich die Testverfahren beziehen, die Sorgfaltspflichten, Haftungsregeln und Klagemöglichkeiten herausgearbeitet.

Kapitel IV wendet sich detailliert den Reformvorschlägen des europäischen Kapitalsystems zu. Einleitend wird die Notwendigkeit einer solchen Reform durch die Internationalisierung der Rechnungslegung thematisiert. Die aus der IAS-VO und dem BilReG resultierende aktuelle Bilanzierungsvielfalt im Einzel- und Konzernabschluss deutscher bzw. europäischer Unternehmen und die damit verbundenen Schwierigkeiten auf Seiten der Bilanzersteller sowie der Rechnungslegungsadressaten werden erörtert. Es wird ebenfalls aufgezeigt, welche Kapitalschutzprobleme mit der zunehmenden IFRS-Bilanzierung der letzten Jahre verbunden sind. Im Anschluss daran werden die Reformvorschläge auf europäischer Ebene in chronologischer Abfolge systematisiert und erläutert. Zusätzlich zu den Arbeiten der SLIM-Arbeitsgruppe (1999) und der High Level Group (2002) werden der Aktionsplan der EU-Kommission (2003), die Inhalte der vorgelegten Änderungsrichtlinie (2004) sowie interessante Reformvorschläge aus Großbritannien (2004) und Deutschland (2006) thematisiert. Dabei wird auch jeweils ein kurzer Überblick über die Zusammensetzung, die Aufgabenstellung und die zentralen Ergebnisse der verschiedenen Expertengruppen gegeben, bevor dann schwerpunktmäßig die auf die Kapitalrichtlinie bezogenen Reformvorschläge beleuchtet werden. Einen besonderen Stellenwert nehmen in diesem Kapitel die Vorschläge der High Level Group ein. Neben den kurzfristig zu realisierenden Maßnahmen („SLIM-Plus") werden insbesondere die Vorschläge zur langfristigen Entwicklung eines alternativen europäischen Kapitalsystems, die stark an US-amerikanische Vorschriften angelehnt sind, beleuchtet. Es werden die Ausschüttungsrestriktionen des vorgesehenen Bilanz- und Liquiditätstests und darüber hinaus die weiteren Bestandteile des Alternativkonzepts – Solvenzbescheinigung, Haftungsregeln und Aktionärsrechte – erläutert.

Im fünften Kapitel werden ausgewählte Reformmöglichkeiten aus ökonomischer Sicht analysiert. Zunächst wird der Frage nachgegangen, ob ein Eingriff des Staates in das Marktgeschehen und damit in das individuelle Entscheidungsverhalten der Wirtschaftssubjekte durch die gesetzliche Vorgabe von Kapitalschutzregeln überhaupt notwendig ist. In einem ersten Schritt werden dafür die wesentlichen potentiellen Interessenkonflikte in Unternehmen zwischen Managern, Anteilseignern und Gläubigern sowie besondere Konfliktsituationen im Konzern kurz skizziert. Aus dem umfangreichen Instrumentenkasten an wirtschaftstheoretischen Ansätzen zur Regulierungsrechtfertigung wird im zweiten Schritt das Vorgehen der Neuen Institutionenökonomik und der Marktprozesstheorie ausgewählt und auf die Kapitalschutzregeln angewandt. Im Anschluss an die theoretischen Betrachtungen werden die Ziele des europäischen Gesetzgebers auf dem Gebiet des aktienrechtlichen Kapitalschutzes sowie seine Zielvorstellungen bei der anstehenden Reform herausgearbeitet, die im weiteren Verlauf der Arbeit als Messlatte zur Beurteilung fungieren. Die in der Literatur zugunsten des bestehenden Kapitalschutzregimes vorgebrachten Argumente werden dargestellt und daraufhin geprüft, ob sie die angestrebten Ziele des EU-Gesetzgebers erreichen. Sodann werden grundlegende Mängel des europäischen Kapitalsystems aufgezeigt, wobei ein Schwerpunkt auf das problembehaftete Zusammenspiel von Ausschüttungsregeln und europäischem Bilanzrecht gelegt wird. Eine Analyse von Selbstschutzmöglichkeiten verschiedener Gläubigergruppen und eine Einschätzung der mit einem Systemwechsel verbundenen Kosten und Nutzen runden diesen Teil des Kapitels ab. Schließlich werden ausgewählte Reformmöglichkeiten für ein alternatives europäisches Kapitalsystem kritisch gewürdigt, wobei erneut die selbst gesteckten Ziele und Vorgaben des europäischen Gesetzgebers als Beurteilungsmaßstab herangezogen werden. Solvenztests[53], die in allen Bundesstaaten der USA aufgrund von gesellschafts- oder insolvenzrechtlichen Bestimmungen zu beachten sind und den Kern des *Rickford*-Reformvorschlags bilden, werden zunächst analysiert. Sodann werden die sonstigen Kapitalschutzregeln von Delaware, dem MBCA und von Kalifornien kritisch gewürdigt. Dabei stehen jeweils die Ausschüttungsrestriktionen der Bilanztestverfahren und die ihnen zugrunde liegenden Rechnungslegungsnormen im Mittelpunkt der Betrachtungen. Die kritische Würdigung des kalifornischen Kapitalgesellschaftsrechts umfasst auch Ergebnisse einer empirischen Untersuchung zum Gläubigerschutz sowie die beispielhafte Anwendung der kalifornischen Bilanztests auf die Unternehmen des DAX-30.

Kapitel VI schließt die Arbeit mit einer Zusammenfassung der wesentlichen Erkenntnisse und einem Ausblick auf weiteren Forschungsbedarf ab.

---

53 In der aktuellen Reformdebatte ist der Begriff „Solvenztest“ weit verbreitet. In den USA werden diese Testverfahren überwiegend als equity insolvency test bezeichnet und in der deutschsprachigen Literatur daher teilweise mit „Insolvenztest“ übersetzt. In dieser Arbeit werden die Begriffe synonym verwendet.

Kapitel II: Rechtliche Ausgestaltung der Aktiengesellschaft in Deutschland und der Corporation in den USA

1 Aktiengesellschaft in Deutschland

1.1 Einordnung der Aktiengesellschaft in die Rechtsformen unternehmerischer Tätigkeit

Zur Ausübung der unternehmerischen Tätigkeit steht im deutschen Gesellschaftsrecht eine Vielzahl von Rechtsformen zur Verfügung[54]. Die Aktiengesellschaft ist gemäß § 1 Abs. 1 AktG eine Gesellschaft mit eigener Rechtspersönlichkeit (juristische Person), für deren Verbindlichkeiten den Gläubigern nur das Gesellschaftsvermögen haftet. Sie gilt als Handelsgesellschaft (§ 3 AktG) und ist damit gemäß § 6 Abs. 1 HGB Formkaufmann. Von der gesetzlichen Struktur her ist die Aktiengesellschaft als Publikumsgesellschaft ausgestaltet, die als Sammelbecken größerer Kapitalmengen von zahlreichen anonymen Geldgebern besonders geeignet ist[55] und somit insbesondere von Großunternehmen als Rechtsform bevorzugt wird[56].

Im Vergleich zu anderen Rechtsformen ist die Aktiengesellschaft in Deutschland zahlenmäßig gering[57]. Nach der Kapitalmarktstatistik der Deutschen Bundesbank gab es im August 2005 lediglich 16.114 Aktiengesellschaften[58]. Im Hinblick auf das bei ihr insgesamt konzentrierte Kapital nimmt die Aktiengesellschaft aber die führende Stellung ein. Im August 2005 belief sich das Grundkapital dieser Gesellschaften auf ca. 165 Mrd. €[59]. Auch ein Blick in die Umsatzsteuerstatistik 2001 des Statistischen Bundesamtes zeigt die überragende wirtschaftliche Bedeutung der Aktiengesellschaft. Mit einem Anteil von gerade einmal 0,2 % der knapp 3

---

54 Vgl. zu den Rechtsformen im Überblick *Süchting* (1995), S. 34-47.

55 Vgl. *Kübler* (1999b), S. 7, 158. *Schmalenbach* (1950), S. 12, nennt die Aktiengesellschaft ein „Pumpwerk, das die Kapitalien aus aller Welt zu sammeln weiß".

56 Um die Rechtsform der Aktiengesellschaft auch für mittelständische Unternehmen attraktiver zu machen, wurde das AktG 1994 durch das „Gesetz über kleine Aktiengesellschaften und zur Deregulierung des Aktienrechts" geändert. Dieses Gesetz ermöglicht die Gründung der Einmann-AG und erleichtert die Einberufung und Durchführung der Hauptversammlung. Vgl. dazu ausführlich *Lutter* (1994a); *Claussen* (1996); *Priester* (1996). Vgl. zu den Besonderheiten der kleinen Aktiengesellschaft ausführlich *Seibert/Kiem* (Hrsg.) (2000). Der starke Anstieg von ca. 4.000 Aktiengesellschaften im Jahre 1995 auf ca. 15.000 im Jahre 2002 ist nicht nur auf dieses Gesetz, sondern insbesondere auf die positive Entwicklung der Börsen zurückzuführen. Vgl. *Leven* (2003), S. R192. Zu den Motiven mittelständischer Unternehmen bei der Rechtsformentscheidung für die Aktiengesellschaft vgl. *Helm* (2004b); *Helm* (2004c); ausführlich *Helm* (2004a), S. 56-77.

57 Vgl. zu einem Überblick über die Entwicklung der Anzahl der Aktiengesellschaften in Deutschland seit 1886 *Leven* (2003), S. R189-192.

58 Vgl. *Deutsches Aktieninstitut* (2005), S. 01-1-a (inklusive KGaA).

59 Vgl. *Deutsches Aktieninstitut* (2005), S. 01-1 (inklusive KGaA).

Mio. in die Auswertung einbezogenen Unternehmen erreicht sie 19,5 % der gesamten Umsätze (Durchschnittsumsatz: 121 Mio. €)[60].

Die Aktiengesellschaft[61] ist in Deutschland die einzige Rechtsform, die von den Vorschriften der Kapitalrichtlinie und somit von den möglichen Auswirkungen der aktuell diskutierten europäischen Gesellschaftsrechtsreform direkt betroffen ist. Vor dem Hintergrund der Tatsache, dass die GmbH in Deutschland stark verbreitet ist und im GmbH-Recht der Grundsatz der Aufbringung und Erhaltung eines Stammkapitals von mindestens 25.000 € zu beachten ist (§§ 5, 7, 29-31 GmbHG), der in den Grundzügen dem aktienrechtlichen Pendant entspricht, sind Reformüberlegungen für die GmbH ebenfalls von großer Relevanz[62].

1.2 Rechtliche Ausgestaltung der Aktiengesellschaft

1.2.1 Gesellschafts- und Kapitalmarktrecht als Regulierungsgrundlage

Das im ausgehenden 19. Jahrhundert in Deutschland erstmals kodifizierte Gesellschaftsrecht[63] war zunächst primär als dispositives Recht ausgestaltet. Durch Verträge oder Satzungsbestimmungen konnten die Unternehmensbeteiligten auf vielfältige Weise von den gesetzlichen Vorschriften abweichen. Das Gesellschaftsrecht hatte die Aufgabe, verschiedene Gesellschaftsformen (z.B. OHG, KG, AG) zur Verfügung zu stellen und Konflikte, für die die Satzung keine Lösung vorsah, zu schlichten[64].

Dieses auf dem Prinzip der Privatautonomie und dem Vertrauen auf Marktmechanismen basierende Gesellschaftsrecht hat sich im Laufe des 20. Jahrhunderts dahingehend gewandelt, dass es zunehmend auch wirtschafts- und verteilungspolitische Zwecke erfüllen sollte[65]. Im Bereich der Aktiengesellschaft ist diese Tendenz besonders deutlich in der durchgreifenden Reform des Aktienrechts von 1965 erkennbar[66]. Eine Vielzahl von Vorschriften im Aktiengesetz 1965 dient dem Schutz der Aktionäre, wobei der Schutz von Klein- und Minderheitsakti-

---

60 Vgl. *H. Hansen* (2004), S. 40-41. Von den zum Jahresende 2001 existierenden insgesamt 13.598 Aktiengesellschaften sind in der Umsatzsteuerstatistik nur 6.856 (50 %) erfasst. Eine im Jahre 2003 bundesweit durchgeführte Handels- und Vereinsregisteruntersuchung ergibt folgende Zahlen, die zum Teil aber auf Schätzungen beruhen: 172.000 Einzelunternehmen, 28.000 OHGs, 211.000 KGs, 950.000 GmbHs, 16.600 Aktiengesellschaften (davon 40 KGaA). Vgl. *Kornblum* (2004). Vgl. ausführlich *Kornblum* (2003a); *Kornblum* (2003b).

61 Die Besonderheiten der KGaA, die auf europäischer Ebene von der Bilanzrichtlinie, nicht hingegen von der Kapitalrichtlinie reguliert ist, werden in dieser Arbeit nicht behandelt. Vgl. zur KGaA etwa *K. Schmidt* (2002), S. 971-981; *Hueck/Windbichler* (2003), S. 446-450.

62 Vgl. zur aktuellen Diskussion des Kapitalsystems der GmbH z.B. *Eidenmüller/Engert* (2005); *Grunewald/Noack* (2005).

63 Vgl. *Kübler* (1995a), S. 223; zu den Ursprüngen des Gesellschaftsrechts vgl. *Kübler* (1999b), S. 5-6 m.w.N.

64 Vgl. *Kübler* (1999b), S. 7-9 und S. 280-283.

65 Vgl. *Kübler* (1999b), S. 9-17.

66 In der Begründung zum Regierungsentwurf des Aktiengesetzes 1965 heißt es: „Es ist daher ein Anliegen von hervorragender volkswirtschaftlicher und gesellschaftspolitischer Wichtigkeit, das Aktiengesetz, das die rechtliche Organisation der Aktiengesellschaft regelt, so zu gestalten, daß es mit den Grundsätzen unserer Wirtschaftsverfassung im Einklang steht." Vgl. *Kropff* (1965), S. 14.

onären im Vordergrund steht[67]. Der Kleinaktionär, der regelmäßig nur geringe Einflussmöglichkeiten auf die Geschäftspolitik der Gesellschaft hat, soll durch ein breites aktienrechtliches Instrumentarium sowie durch Vorschriften im Bilanzrecht vor der Willkür des Managements geschützt werden[68]. Durch das AktG 1965 ist erstmals ein eigenständiges Konzernrecht gesetzlich kodifiziert worden, das den speziellen Gefahren, denen die Minderheitsgesellschafter im Konzern ausgesetzt sind, Rechnung trägt[69].

Das deutsche Gesellschaftsrecht versucht damit, der in Deutschland vorherrschenden Eigentümerstruktur und Unternehmensorganisation gerecht zu werden. Insbesondere im Gegensatz zu den USA und Großbritannien befindet sich der größte Teil des Aktienkapitals in den Händen von anderen Unternehmen sowie Versicherungen und Banken[70]. Großaktionären kommt in Deutschland traditionell eine hohe Bedeutung zu, während die Anzahl der Aktiengesellschaften mit hohem Streubesitzanteil gering ist[71]. Der Konzernverbund stellt die dominierende Organisationsform dar[72], wobei der hohe Verflechtungsgrad der großen Konzerne untereinander (wechselseitige Beteiligungen, Überkreuzbeteiligungen, Pyramidenstrukturen) ein Charakteristikum der Beteiligungsstruktur in Deutschland darstellt. Diese Strukturen werden regelmäßig mit dem Schlagwort der „Deutschland AG" belegt[73].

Weiterhin spielt traditionell die Fremdkapitalfinanzierung über Banken eine maßgebliche Rolle bei der Unternehmensfinanzierung[74], was zu einer starken Ausprägung des Gläubigerschutzes im deutschen Recht geführt hat. Des Weiteren sind durch die enge Verzahnung von Aktien- und Mitbestimmungsrecht die Interessen der Arbeitnehmer unmittelbar in den Unternehmensorganen vertreten, was eine Erweiterung der gesellschaftlichen Organisationsregelung darstellt[75]. Schließlich kommt in dem stetig gewachsenen Einfluss des Steuerrechts auf das Gesellschaftsrecht das zu schützende Interesse des Staates an Steuereinnahmen zum Ausdruck[76].

---

67 In der Begründung zum Regierungsentwurf des Aktiengesetzes 1965 heißt es: „Besonderes Augenmerk schenkt der Entwurf entsprechend den oben dargelegten Grundgedanken der Reform auch der Rechtsstellung der einzelnen Aktionäre und der Aktionärsminderheiten." Vgl. *Kropff* (1965), S. 15. Vgl. auch *Hopt* (2002a), S. 1015; *Merkt* (2003), S. 127; *Coenenberg* (2005), S. 11.

68 Vgl. *Kübler* (1999b), S. 12; *Raiser* (2001), S. 65.

69 Vgl. *Großfeld* (1968), S. 42-43; *Richardt* (1974), S. 21; *Mülbert* (1996), S. 259; *Emmerich/Habersack* (2005), S. 5.

70 Vgl. *Pellens* (2001a), S. 26-27; *Hopt* (2002a), S. 1015; *Rudolph* (2003), S. 2054; *F. Ruhwedel* (2003), S. 43-47 m.w. N. zu zahlreichen empirischen Untersuchungen. Vgl. zur Bedeutung der verschiedenen Aktionärstypen in Deutschland, Frankreich, Japan, Großbritannien und den USA *Deutsches Aktieninstitut* (2005), S. 08.6-4. Zu empirischen Daten speziell für Deutschland vgl. *F. Ruhwedel* (2003), S. 201-222.

71 Vgl. *F. Ruhwedel* (2003), S. 43.

72 Nahezu alle Großunternehmen in Deutschland sind konzernverbunden. Bei den börsennotierten Unternehmen sind zahlenmäßig über 95 % und hinsichtlich der Marktkapitalisierung fast 100 % der Gesellschaften als Konzerne organisiert. Vgl. dazu *Busse von Colbe* (2002b), S. 358.

73 Vgl. grundlegend *Adams* (1994). Zu den erhofften Auswirkungen des Steuersenkungsgesetzes im Jahre 2000 auf die Beteiligungsstrukturen vgl. *Hillebrandt* (2001).

74 Vgl. *Rudolph* (2003), S. 2056; *Steiner/Mader/Starbatty* (2003), S. 524.

75 Die unternehmerische Mitbestimmung ergibt sich aus folgenden Gesetzen: MontanMitbestG vom 21.05.1951 (BGBl. I, 347); MontanMitbestErgG vom 07.08.1956 (BGBl. I, 707); MitbestG vom 04.05.1976 (BGBl. I, 1153); DrittelbG vom 18.05.2004 (BGBl. I, 974).

76 Vgl. *Kübler* (1999b), S. 269-271.

Die geschilderten Entwicklungen haben dazu geführt, dass das heutige Gesellschaftsrecht grundsätzlich als zwingendes Recht ausgestaltet ist. Dies soll verhindern, dass die verschiedenen gesetzlichen Ziele durch private Verträge konterkariert werden[77]. Klare gesetzliche Strukturen sollen zudem die unterschiedlichen Zielvorstellungen der Anspruchsgruppen schützen und zu einem Ausgleich bringen[78]. Besonders deutlich wird die aktienrechtliche Gesetzesstrenge in § 23 Abs. 5 AktG. Danach darf die Satzung von den Vorschriften des AktG nur abweichen, wenn es das Gesetz ausdrücklich zulässt. Ergänzende Satzungsbestimmungen sind nur zulässig, wenn das AktG keine abschließende Regelung enthält, wenn es also einen Sachverhalt unvollständig oder gar nicht geregelt hat[79]. Die Konzeption der gesetzlichen Normierung soll die aktuellen und potentiellen Aktionäre dadurch schützen, dass sie bei ihren Kapitalanlageentscheidungen auf vergleichbare, gesicherte Strukturen und Verfahrensweisen der Aktiengesellschaften vertrauen können. Die Rechtssicherheit und die Standardisierung sollen auch die Attraktivität des Aktienhandels und die Transparenz des Kapitalmarkts erhöhen[80].

Es kann also festgehalten werden, dass die Aktiengesellschaft in ein Gesellschaftsrecht eingebettet ist, das durch zwingende Regeln die vielfach unterschiedlichen Interessen der Unternehmensbeteiligten (so genannte Stakeholder)[81] schützen will. Dieser mehrdimensionale Ansatz ist das konstitutive Merkmal des in Deutschland und Kontinentaleuropa vorherrschenden Corporate-Governance-Modells[82]. Auch wenn seit Ende der 1980er Jahre Deregulierungstendenzen festzustellen sind[83], hat sich an dem zwingenden Gefüge des Aktienrechts grundlegend nichts geändert[84].

Es ist allerdings zu beobachten, dass der Einfluss des Kapitalmarktrechts[85] in Deutschland und Europa seit den 1990er Jahren immer mehr zunimmt[86]. Die kapitalmarktrechtlichen Regelungen verfolgen das Ziel, den Individualschutz des einzelnen Anlegers und insbesondere

---

77 Vgl. *Kübler* (1999b), S. 16.

78 Vgl. *Merkt* (2003), S. 127-128.

79 Zu Beispielen für Abweichungen und Ergänzungen der Satzung vgl. *Hüffer* (2006), § 23, Tz. 35-38.

80 Vgl. *Grunewald* (2005), S. 234-235. Zur Kritik, dass § 23 Abs. 5 AktG die Satzungsautonomie von nicht börsennotierten Gesellschaften zu stark einschränke und der gesellschaftsrechtliche Aktionärsschutz bei börsennotierten Gesellschaften nicht ausreiche, vgl. *Raiser* (2001), S. 66-67. *Mertens* (1994), S. 427, 431-432, 440-441, geht sogar davon aus, dass Wirtschaftshistoriker künftiger Generationen rätseln werden, ob es sich bei der Norm um ein „Produkt der BRD oder der DDR" handele, und fordert eine erweiterte Organisationsautonomie.

81 Vgl. zur Bedeutung und Abgrenzung von Shareholder- und Stakeholder-Interessen *Ballwieser* (1994), S. 1389-1390; *Busse von Colbe* (1997), S. 271-274; *Mülbert* (1997), S. 131-135; *R. Schmidt/Spindler* (1997), S. 517-540; *Speckbacher* (1997), S. 631-635; *Kübler* (1998a), S. 323-326.

82 Vgl. *Merkt* (2001a), S. 145-146; *Assmann* (2003), S. 2-5; *Merkt* (2003), S. 127.

83 Vgl. z.B. Gesetz für kleine Aktiengesellschaften und zur Deregulierung des Aktienrechts vom 02.08.1994 (BGBl. I 1994, 1961), das die Einmanngründung, einen erleichterten Bezugsrechtsausschluss und den Wegfall der Mitbestimmung nach § 76 ff. BetrVG 1952 für kleine Aktiengesellschaften mit weniger als 500 Arbeitnehmern ermöglicht; Gesetz über die Zulassung von Stückaktien (StückAG) vom 25.03.1998 (BGBl. I, 590), wonach so genannte unechte nennwertlose Aktien zugelassen werden; Gesetz zur Verbesserung von Kontrolle und Transparenz im Unternehmensbereich (KonTraG) vom 27.04.1998 (BGBl. I, 786), das das Verbot des Erwerbs eigener Aktien durch die Aktiengesellschaft lockert.

84 Vgl. *Spindler* (1998), S. 55; *Assmann* (2003), S. 4.

85 Vgl. zum Begriff und Gegenstand des Kapitalmarktrechts *Hopt* (1977), S. 431; *U. Schneider* (2001), S. 270-272; *Kümpel* (2004), S. 2.

86 Vgl. *Assmann* (2003), S. 4-5.

die Funktionsfähigkeit des Kapitalmarktes (Funktionenschutz) zu gewährleisten[87]. In vielfacher Hinsicht ergänzen sie nicht nur den traditionell im Gesellschaftsrecht geregelten Schutz von Gläubigern und Gesellschaftern[88]; es kann vielmehr „eine schleichende Verdrängung zwingenden Gesellschaftsrechts durch zwingendes Kapitalmarktrecht diagnostiziert"[89] werden. In der Absicht, den deutschen Kapitalmarkt in Zeiten hohen internationalen Wettbewerbsdrucks attraktiver zu machen, hat der deutsche Gesetzgeber mit einer Reihe von Regulierungen auf dem Gebiet des Kapitalmarktrechts reagiert[90]. Weitere Reformen sind geplant[91].

Die Akzentverschiebung vom Gesellschafts- zum Kapitalmarktrecht ist auch bei den gesetzlichen Publizitätspflichten zu erkennen. Orientierten sich diese Publizitätsvorschriften in Deutschland lange Zeit in erster Linie an Rechtsform, Größe und Branche der Unternehmen[92], so gewinnen in jüngerer Vergangenheit die Kapitalmarkt- und/oder Börsenorientierung als Publizitätskriterien immer mehr an Bedeutung[93].

Vor dem Hintergrund der zunehmenden kapitalmarktrechtlichen Regelungen für Aktiengesellschaften mit Kapitalmarktzugang nehmen die Unterschiede im Regelungsregime zwischen der kapitalmarktorientierten und der nicht kapitalmarktorientierten Aktiengesellschaft zu, so dass die börsennotierte Aktiengesellschaft sogar als eigener Typus qualifiziert wird[94].

Das für Aktiengesellschaften relevante Gesellschafts- und Kapitalmarktrecht unterliegt – wie bereits angedeutet – nicht nur Einflüssen des deutschen Gesetzgebers. Es wird seit Jahren zunehmend durch die Harmonisierung der nationalen Rechtssysteme innerhalb der EU bestimmt[95]. Die Rechtsangleichung vollzieht sich vornehmlich durch Richtlinien[96], seltener

---

87 Vgl. *Hopt* (1977), S. 431; *Schwark* (1979), S. 6; *Kiel* (1994), S. 7-9; *Fülbier* (1998), S. 159-162; *Escher-Weingart* (2001), S. 180-186; *Pellens* (2001a), S. 61.

88 Vgl. *Grunewald* (2005), S. 230-231.

89 *Merkt* (2003), S. 128. *Assmann* (2003), S. 5, sieht in diesem Prozess keine Annäherung der beiden Systeme, sondern die Erosion bzw. den Verfall des kontinentaleuropäisch-deutschen Corporate-Governance-Modells. Bereits *Kübler* (1995a), S. 227, merkt an, „daß sich das Kapitalmarktrecht als hinreichend profilierter newcomer neben dem älteren Gesellschaftsrecht erfolgreich etabliert hat."

90 Vgl. z.B. Wertpapierhandelsgesetz (WpHG) vom 26.07.1994 (BGBl. I 1994, S. 1749); Wertpapiererwerbs- und Übernahmegesetz (WpÜG) vom 20.12.2001 (BGBl. I 2001, S. 3822). Vgl. auch Erstes Finanzmarktförderungsgesetz vom 11.07.1989 (BGBl. I 1989, S. 1412); Zweites Finanzmarktförderungsgesetz vom 26.07.1994 (BGBl. I 1994, S. 1749); Drittes Finanzmarktförderungsgesetz vom 24.03.1998 (BGBl. I 1998, S. 529); Viertes Finanzmarktförderungsgesetz vom 21.06.2002 (BGBl. I 2002, S. 2010). Vgl. dazu im Überblick *Schwark* (2004) m.w.N.

91 Vgl. zum 10-Punkte-Programm der Bundesregierung zur Stärkung der Unternehmensintegrität und des Anlegerschutzes vom 25.02.2003 *Bundesregierung* (2003); dazu *Seibert* (2003a). Vgl. zu den Auswirkungen auf das Bilanzrecht *C. Ernst* (2003). Zum Stand der Reformgesetze in Deutschland vgl. *Hopt* (2005), S. 469-471.

92 Vgl. *Pellens* (2001b), Sp. 1744-1749.

93 Vgl. z.B. *Pellens/Crasselt* (2004), Sp. 1462.

94 Vgl. *Nobel* (1998), S. 309; *Assmann* (2003), S. 6. Vgl. auch *Merkt* (2003), S. 128 m.w.N., der darauf hinweist, dass der „tiefe Graben (...) demnach nicht zwischen AG und GmbH, sondern zwischen kapitalmarktorientierter Gesellschaft und Privatgesellschaft" verläuft. Zur Forderung nach Differenzierung der Rechnungslegungs- und Publizitätspflichten nach Börsennotierung vgl. bereits *Pellens/Fülbier* (2000).

95 Vgl. *Kübler* (1999b), S. 446-459; *Grundmann* (2004), S. 68-78.

durch Verordnungen[97]. Umfangreiche Reformen in diesen Rechtsgebieten sieht der Aktionsplan der Europäischen Kommission vom 21.05.2003 für die nächsten Jahre vor[98]. Dieser basiert auf einer Fülle von Vorschlägen, die eine hochrangige Expertengruppe auf dem Gebiet des Gesellschaftsrechts erarbeitet hat[99]. Darüber hinaus nimmt der EuGH zunehmend die Rolle des „Motors der europäischen Gesellschaftsrechtsangleichung“[100] ein. Als eindruckvolle Beispiele können die Entscheidungen *Centros*, *Überseering* und *Inspire Art* angeführt werden, in denen sich der EuGH mit der Niederlassungsfreiheit in Europa befasst und „der deutschen Sitztheorie jedenfalls innerhalb der Europäischen Union den Garaus gemacht“[101] hat.

Es erscheint wahrscheinlich, dass sich der europäische Gesetzgeber in der Zukunft bei einer Reihe von gesetzlichen Maßnahmen am US-amerikanischen Corporate-Governance-System orientieren wird. Damit wird das deutsche System der Unternehmensleitung und -kontrolle weiter unter Druck geraten. Darüber hinaus wirken sich schon aktuell Regelungen des US-amerikanischen Gesetzgebers direkt auf die interne Corporate Governance deutscher Unternehmen aus. So gelten viele Vorschriften des Sarbanes-Oxley Act, mit dem der US-amerikanische Gesetzgeber im Juli 2002 neben weiteren Regulierungen auf die Finanzskandale in den USA reagiert hat[102], auch für deutsche Gesellschaften, die in den USA gelistet sind, sowie deren Tochterunternehmen[103]. Sie stehen teilweise in Widerspruch zum deutschen Gesellschaftsrecht[104]. Vor diesem Hintergrund werden Forderungen nach harmonisierten Spielregeln für die weltweit zunehmend zusammenwachsenden Kapitalmärkte laut[105].

Die zahlreichen nationalen und internationalen, sich teilweise überlappenden Initiativen im Aktien- und Kapitalmarktrecht führen dazu, dass sich deutsche Aktiengesellschaften aktuell und zukünftig mit erheblichen Änderungen der Unternehmensverfassung auseinandersetzen

---

96 Vgl. zu den wesentlichen Richtlinieninhalten im Überblick *Kübler* (1999b), S. 450-457; *Habersack* (2003), S. 41-60; *Grundmann* (2004), S. 48-60. Richtlinien der jüngeren Vergangenheit sind z.B. die Marktmissbrauchsrichtlinie vom 28.01.2003 (ABl. EU L 96/16), die Modernisierungsrichtlinie vom 16.06.2003 (ABl. EU L 178/16), die Prospektrichtlinie vom 04.11.2003 (ABl. EU L 345/64), die Übernahmerichtlinie vom 21.04.2004 (ABl. EU L 142/12) und die Transparenzrichtlinie vom 15.12.2004 (ABl. EU L 390/38).

97 Eine Verordnung der jüngeren Vergangenheit ist – neben der IAS-VO – z.B. die Verordnung über das Statut der Europäischen Gesellschaft (SE) vom 08.10.2001 (ABl. EG L 294/1).

98 Vgl. *EU-Kommission* (2003a). Vgl. dazu auch Kapitel IV.4.

99 Vgl. *High Level Group* (2002c). Vgl. dazu auch Kapitel IV.3.

100 *Merkt* (2004b), S. 4.

101 *Hopt* (2005), S. 468. Zu den Konsequenzen dieser Rechtsprechung für das deutsche Steuerrecht vgl. etwa *Micker* (2003).

102 Vgl. *Sarbanes-Oxley Act* (2002).

103 Vgl. zu einer Übersicht der 19 deutschen Unternehmen, die an der NYSE und der NASDAQ gelistet sind, *Pellens/Fülbier/Gassen* (2006), S. 894 (Stand: September 2005).

104 Vgl. die Anforderungen des Sarbanes-Oxley Act für europäische Unternehmen als überzogen kritisierend *Merkt* (2004b), S. 2. Vgl. zu den Auswirkungen des Gesetzes auf deutsche Unternehmen ausführlich *Menzies* (Hrsg.) (2004). Für einen komprimierten Überblick vgl. z.B. *Pfitzer/Oser/Orth* (2005), S. 3-16; *Waldersee/Richardt* (2005), S. 469-486.

105 Vgl. *Pellens* (2003), S. 476.

müssen[106]. In den folgenden Kapiteln wird der vorstehend geschilderten Entwicklung Rechnung getragen. Ausführungen zum Kompetenzgefüge der Aktiengesellschaft aus der Perspektive des Aktienrechts werden um Ausführungen zu den kapitalmarktrechtlichen Vorschriften für die börsennotierte bzw. kapitalmarktorientierte Aktiengesellschaft ergänzt.

1.2.2 Zuständigkeiten der Organe

Die Struktur der Aktiengesellschaft zeichnet sich durch ein komplexes System von Rechtsbeziehungen der Unternehmensbeteiligten untereinander und vielfältige Interessengegensätze aus[107]. Die ausführlichen Vorschriften des Aktiengesetzes verfolgen das Ziel, diese Interessengegensätze zu einem Ausgleich zu bringen[108]. Die für die Aktiengesellschaft typische dreigliedrige Führungsorganisation (Vorstand, Aufsichtsrat, Hauptversammlung) ist dabei von herausragender Bedeutung.

1.2.2.1 Vorstand

Die Vorstandsmitglieder erhalten ihre Rechtsstellung im Vorstand als Organ der Aktiengesellschaft, indem sie nach § 84 Abs. 1 S. 1 AktG durch den Aufsichtsrat für maximal fünf Jahre bestellt werden. Von dem körperschaftlichen Akt der Bestellung zu unterscheiden ist der schuldrechtliche Anstellungsvertrag zwischen den Vorstandsmitgliedern und der Aktiengesellschaft, vertreten durch den Aufsichtsrat (§ 112 AktG)[109]. Der Anstellungsvertrag überträgt den Vorständen einen Anspruch auf Vergütung und verpflichtet sie zur Geschäftsführung. Darüber hinaus leiten sich aus dem Vertrag besondere Treuepflichten der Vorstandsmitglieder gegenüber der Aktiengesellschaft ab, die sich insbesondere in der Verschwiegenheitspflicht (§ 93 Abs. 1 S. 2 AktG) und im Wettbewerbsverbot (§ 88 AktG) konkretisieren und das Management insgesamt zur Wahrnehmung der Interessen der Gesellschaft verpflichten[110].

---

106 Zu den diesbezüglichen deutschen Unternehmensreformgesetzen zählen in chonologischer Abfolge insbesondere das Anlegerschutzverbesserungsgesetz (AnSVG) vom 28.10.2004 (BGBl. I 2004, 2630), das bereits erwähnte Bilanzrechtsreformgesetz (BilReG) vom 04.12.2004 (BGBl. I 2004, S. 3166), das Bilanzkontrollgesetz (BilKoG) vom 15.12.2004 (BGBl. I 2004, 3408), das Abschlussprüferaufsichtsgesetz (APAG) vom 27.12.2004 (BGBl. I 2004, 3846); das Kapitalanleger-Musterverfahrensgesetz (KapMuG) vom 16.09.2005 (BGBl. I 2005, 2437, das Gesetz zur Unternehmensintegrität und Modernisierung des Anfechtungsrechts (UMAG) vom 22.09.2005 (BGBl. I 2005, 2802). Im Entwurfsstadium befinden sich das Wertpapierprospektgesetz (WpPG), das Kapitalmarktinformationshaftungsgesetz (KapInHaG), das Bilanzrechtsmodernisierungsgesetz (BilMoG). Vgl. dazu im Überblick *Hopt* (2005), S. 469-471; *Pfitzer/Oser/Orth* (2005), S. 43-107, jeweils m.w.N. Speziell zu den kapitalmarktrechtlichen Entwicklungen vgl. *M. Weber* (2004).

107 Vgl. *Raiser* (2001), S. 126-127.

108 Vgl. *Kraft/Kreutz* (2000), S. 316.

109 Vgl. zur Bestellung und Anstellung ausführlich *Raiser* (2001), S. 148-155; *G. Henn* (2002), S. 276-299; *Lutter/Krieger* (2002), S. 131-166; *K. Schmidt* (2002), S. 416-418; *Hueck/Windbichler* (2003), S. 280-286; *Fonk* (2004), S. 491-501, 512-578.

110 Vgl. *Mertens* (1988c), § 93, Tz. 57-86; *Hueck/Windbichler* (2003), S. 285-286; *Fonk* (2004), S. 518-525; *Hüffer* (2006), § 84, Tz. 8-9. Zu einer Analyse der Treuepflichten der Vorstandsmitglieder vgl. *Schmitt* (2003), S. 27-120.

Dem Vorstand der Aktiengesellschaft ist die Vertretung (§ 78 AktG) und die Geschäftsführung (§ 77 AktG) übertragen[111]. Gemäß § 76 Abs. 1 AktG leitet der Vorstand die Gesellschaft eigenverantwortlich (weisungsfrei). Dies unterscheidet ihn von den Geschäftsführern einer GmbH, die den Weisungen der Gesellschafterversammlung unterliegen. Im Aktienrecht findet sich keine Legaldefinition der „Leitung". Es werden aber eine Reihe von Aufgaben besonders hervorgehoben (z.B. in §§ 83, 90-92, 170 AktG). Nach herrschender Meinung ist unter Leitung die Ausübung der Unternehmerfunktionen zu verstehen[112]. Der Vorstand bestimmt die Unternehmenspolitik, ergreift geschäftliche Initiativen und übernimmt die Führung der Gesellschaft.

Geschäftsführungsaufgaben können grundsätzlich nicht auf Dritte oder ein anderes Organ übertragen werden. In einer weniger restriktiven Interpretation des § 76 Abs. 1 AktG wird es allerdings als ausreichend erachtet, wenn der Vorstand bei einer Aufgabendelegation die Möglichkeit behält, die Entscheidungsbefugnis jederzeit zurückzuerlangen[113]. Das Ausmaß der Leitungsbefugnis findet seine Grenzen in der Satzung[114], in der Geschäftsordnung sowie in den Kompetenzen der anderen Organe[115]. Losgelöst von diesen rechtlichen Vorschriften wird der Umfang der Leitungsbefugnis in der Praxis maßgeblich von der Eigentümer- und Stimmrechtsstruktur der Gesellschaft bestimmt. Während der Einfluss des Vorstands bei einer Aktiengesellschaft mit hohem Streubesitzanteil vergleichsweise hoch sein wird, werden seine Entscheidungen bei Existenz eines Großaktionärs unter Umständen weitestgehend von der Hauptversammlung beeinflusst sein[116].

Diesen weitreichenden Befugnissen der Unternehmensleitung steht gemäß § 93 AktG eine zivilrechtliche Haftung gegenüber, die „nach dem Wortlaut des Gesetzes von außerordentlicher Strenge ist, sich aber seit längerem als für die Praxis wenig bedeutsam erwiesen hat"[117]. Der Vorstand ist nach § 93 Abs. 1 AktG bei der Geschäftsführung zur „Sorgfalt eines ordent-

---

111 Besteht der Vorstand aus mehr als einer Person, gelten die Grundsätze der Gesamtvertretung (§ 78 Abs. 2 AktG) und Gesamtgeschäftsführung (§ 77 Abs. 1 AktG), wobei insbesondere in der Satzung abweichende Regelungen getroffen werden können. Unter Vertretungsbefugnis ist die Durchführung von Prozesshandlungen sowie jedes nach außen gerichtete rechtsgeschäftliche Auftreten des Vorstands für die Gesellschaft zu verstehen. Vgl. *Hüffer* (2006), § 78, Tz. 3. Im Gegensatz zur Geschäftsführungsbefugnis kann die Vertretungsbefugnis des Vorstands (im Außenverhältnis) grundsätzlich nicht beschränkt werden (§ 82 Abs. 1 AktG).

112 Vgl. *Mertens* (1988a), § 76, Tz. 4. Zur Lehre der Unternehmerfunktionen aus betriebswirtschaftlicher Sicht vgl. *D. Schneider* (1995), S. 30-41; *D. Schneider* (1997b). Vgl. dazu im Überblick *Paul* (2005b).

113 Vgl. *Grunewald* (2005), S. 249.

114 Anders als nach der früher verbreiteten US-amerikanischen Ultra-Vires-Lehre kann die Vertretungsmacht allerdings nicht durch den Zweck der Gesellschaft beschränkt werden. Vgl. *Kropff* (1965), S. 103; *Mertens* (1988b), § 82, Tz. 2.

115 Die Mitwirkungsbefugnisse der anderen Organe sind allerdings eng umrissen. Zum einen sind bestimmte Geschäfte gemäß § 111 Abs. 4 S. 2 AktG nur mit Zustimmung des Aufsichtsrats durchzuführen. Zum anderen kann der Vorstand verlangen, dass die Hauptversammlung über Fragen der Geschäftsführung entscheidet (§ 119 Abs. 2 AktG).

116 Vgl. *Hueck/Windbichler* (2003), S. 277-279; *F. Ruhwedel* (2003), S. 39-43.

117 *Kübler* (1999b), S. 187. Zu einer umfassenden Darstellung der Haftungssituation von Vorstandsmitgliedern vgl. *Thümmel* (2003).

lichen und gewissenhaften Geschäftsleiters" verpflichtet[118]. Bei Pflichtverletzungen muss der Vorstand gemäß § 93 Abs. 2 AktG den entstandenen Schaden der Gesellschaft ersetzen, wenn er nicht nachweisen kann, dass er seinen Sorgfaltspflichten nachgekommen ist (Beweislastumkehr). Neben den im Gesetz formulierten Pflichten des Vorstands (z.B. §§ 93 Abs. 1 S. 2 und Abs. 3 Nr. 1-9 AktG) sind in der Literatur weitere Gruppen von haftungsauslösenden Pflichten herausgearbeitet worden[119]. Dazu zählen auch die aus dem US-amerikanischen Recht stammenden Sorgfalts- (duty of care) und Loyalitätspflichten (duty of loyalty) gegenüber der Gesellschaft.

Trotz dieser Pflichten wird dem Vorstand durch die Rechtsprechung insgesamt ein weiter Ermessensspielraum bei der Ausführung seiner Geschäftspolitik gewährt. In der *ARAG/Garmenbeck*-Entscheidung[120] hat der Bundesgerichtshof (BGH) Sorgfaltspflichtverletzungen von Fehleinschätzungen abgegrenzt und damit dem Vorstand die Möglichkeit gegeben, auch unternehmerische Risiken einzugehen[121]. Dies ist an die in den USA entwickelte business judgment rule angelehnt, nach der Ex-post-Beurteilungen von unternehmerischen Entscheidungen durch Gerichte ausgeschlossen sind, wenn die Unternehmensleitung bestimmte Mindestanforderungen eingehalten hat[122].

Die Ersatzpflicht besteht grundsätzlich gegenüber der Aktiengesellschaft, wobei sie entfällt, wenn die Handlung der Unternehmensleitung auf einem gesetzmäßigen Beschluss der Hauptversammlung beruht (§ 93 Abs. 4 AktG). Der Anspruch muss vom Aufsichtsrat (§ 112 AktG) oder unter bestimmten Voraussetzungen im so genannten Klagezulassungsverfahren von einer qualifizierten Aktionärsminderheit im eigenen Namen (§§ 148, 149 AktG) geltend gemacht werden[123]. Bei grober Pflichtverletzung eines Vorstandsmitglieds kann ausnahmsweise nach § 93 Abs. 5 AktG der Ersatzanspruch der Gesellschaft auch von den Gläubigern geltend gemacht werden, wenn sie von der Aktiengesellschaft keine Befriedigung erlangen können. Aktionäre können hingegen aus § 93 AktG keine Ansprüche herleiten[124].

Auch wenn die Zahl der Schadensersatzprozesse gegen Vorstandsmitglieder in letzter Zeit zunimmt, sind sie noch immer vergleichsweise selten[125]. Dies mag daran liegen, dass der Aufsichtsrat aus unternehmenspolitischen Gründen von Klagen gegen den Vorstand nach Mög-

---

118 Vgl. zu den Pflichten der Vorstandsmitglieder in Deutschland ausführlich *Ihlas* (1997), S. 74-84. Zur Verantwortlichkeit von Vorstandsmitgliedern bei Fehlverhalten von nachgeordneten Unternehmensangehörigen vgl. *Fleischer* (2003). Neben dem Vorstand können auch andere Personen der Aktiengesellschaft gegenüber schadensersatzpflichtig werden (§ 117 AktG). Vgl. zu dieser so genannten aktienrechtlichen Haftungsklausel *Würdinger* (1981), S. 155-157; *Kübler* (1999b), S. 188-189; *Hueck/Windbichler* (2003), S. 299-300.

119 Vgl. dazu ausführlich *Raiser* (2001), S. 158-168 m.w.N.

120 Vgl. BGH-Urteil vom 21.04.1997 – II ZR 175/95.

121 Vgl. zur Rechtslage in Deutschland den Überblick bei *Thümmel* (2004b), S. 471-472 m.w.N. und Verweis auf jüngere Gerichtsurteile.

122 Vgl. zu unternehmerischen Ermessensentscheidungen im deutschen Recht ausführlich *Paefgen* (2002), S. 171-256. Zu einer ökonomischen Einschätzung vgl. *Fleischer* (2001), S. 24-25. Vgl. zur business judgment rule im US-amerikanischen Recht *Clark* (1986), S. 123-125; *Gevurtz* (2000), S. 278-301. Vgl. auch Kapitel II.2.2.2.1.

123 Vgl. *Hüffer* (2006), §§ 148, 149. Vgl. zur Kritik an den erschwerten Klagevoraussetzungen gegen die Unternehmensleitung *Adams* (1994), S. 155; *Wenger* (1996), S. 442-445.

124 Vgl. *Hüffer* (2006), § 93, Tz. 19.

125 Vgl. *Ihlas* (1997), S. 310-325; *Hopt* (2002a), S. 1028.

lichkeit absieht. Wenn der Aufsichtsrat offensichtliche Pflichtverletzungen des Vorstands nicht verfolgt, macht er sich allerdings grundsätzlich selbst schadensersatzpflichtig[126].

Reformmaßnahmen des deutschen Gesetzgebers in der jüngeren Vergangenheit haben zu Erleichterungen von Schadensersatzklagen gegen Vorstandsmitglieder geführt[127]. Seit dem Gesetz zur Unternehmensintegrität und Modernisierung des Anfechtungsrechts (UMAG)[128] gilt das Minderheitenrecht bereits für Aktionäre, deren Anteilsbesitz 1 % des Grundkapitals oder einen Nennbetrag von 100.000 € umfasst (§ 148 Abs. 1 AktG)[129]. Den Haftungsmaßstab stellt die oben bereits angesprochene business judgment rule dar, die in § 93 Abs. 1 S. 2 AktG kodifiziert ist[130]. Hat eine Klage Erfolg, so muss das beklagte Vorstandsmitglied der geschädigten Aktiengesellschaft gemäß § 93 Abs. 2-3 AktG Schadensersatz zahlen (Innenhaftung). Werden Pläne zur Einführung der persönlichen Haftung von Vorstandsmitgliedern umgesetzt, könnten die Aktionäre zukünftig von den Managern Ansprüche auch für sich selbst geltend machen (Außenhaftung)[131].

1.2.2.2 Aufsichtsrat

Der Aufsichtsrat (§§ 95-116 AktG) besteht gemäß § 95 AktG aus mindestens drei und in Abhängigkeit von der Höhe des Grundkapitals und Bestimmungen in der Satzung maximal 21 Mitgliedern. In Unternehmen mit weniger als 500 Arbeitnehmern setzt sich der Aufsichtrat ausschließlich aus Anteilseignervertretern zusammen[132], die von der Hauptversammlung mit einfacher Mehrheit gewählt werden (§§ 101 Abs. 1, 119 Abs. 1 Nr. 1, 124 Abs. 3 S. 3, 133 Abs. 1 AktG)[133].

In Unternehmen mit mehr als 500 Beschäftigten ist der alleinige Einfluss der Aktionäre auf die Besetzung des Aufsichtsrats nicht mehr gegeben, so dass von einer Funktionserweiterung

---

126 Vgl. dazu *Raiser* (2001), S. 170 m.w.N.

127 Zu diesbezüglichen Vorschlägen vgl. bereits *Ulmer* (1999); *Baums* (Hrsg.) (2001); *Bundesregierung* (2003), Maßnahme 1.

128 Vgl. Gesetz zur Unternehmensintegrität und Modernisierung des Anfechtungsrechts (UMAG) vom 22.09.2005 (BGBl. I 2005, 2802). Vgl. dazu ausführlich *Fleischer* (2004a); *Kuthe* (2004); *Meilicke/Heidel* (2004); *Paefgen* (2004); *Seibert/Schütz* (2004); *Schütz* (2004); *Thümmel* (2004b).

129 Weitere Kernelemente des Gesetzes bilden die Schaffung eines Aktionärsforums im elektronischen Bundesanzeiger (§ 127a AktG), das bereits angesprochene Klagezulassungsverfahrens (§§ 148, 149 AktG) und die Ausdehnung des Freigabeverfahrens (§ 246a AktG).

130 Kritisiert wird unter anderem, dass der Haftungsfreiraum bei unternehmerischen Entscheidungen nicht explizit an die vorherige sorgfältige Ermittlung der Entscheidungsgrundlagen anknüpft und die Unternehmensvertreter erst bei grob fahrlässigem Verhalten haften. Vgl. z.B. *Meilicke/Heidel* (2004), S. 1481-1482; *Ulmer* (2004), S. 861-863.

131 Vgl. *Bundesregierung* (2003), Maßnahme 2.

132 Mitbestimmungsfrei sind zudem Familiengesellschaften, so genannte Tendenzunternehmen und Unternehmen der Religionsgemeinschaften (§ 1 Abs. 2 DrittelbG). Aktiengesellschaften, die vor dem 10.08.1994 eingetragen worden sind, sind nur dann mitbestimmungsfrei, wenn sie Familiengesellschaften sind (§ 1 Abs. 1 S. 1 DrittelbG). Vgl. dazu *Wellkamp* (2000), S. 42; *Semler* (2004), S. 77; *Hüffer* (2006), § 96, Tz. 10, 12.

133 Davon abweichend kann die Satzung gemäß § 101 Abs. 2 AktG bestimmten Aktionären oder Inhabern vinkulierter Namensaktien ein Entsendungsrecht für maximal ein Drittel der Aufsichtsratssitze einräumen. Vgl. dazu kritisch *Sandrock* (2004a), S. 61. Zu einem Überblick über Rechtsprechung und Literaturmeinung hinsichtlich der Listenwahl von Aufsichtsräten vgl. *Mutter* (2004).

des Aufsichtsrats gesprochen wird[134]. Diese Unternehmen unterliegen den Regeln der unternehmerischen Mitbestimmung, die den Arbeitnehmern und ihren Vertretern Einfluss auf die Geschäftspolitik verschaffen. Je nach Größe und Branche des Unternehmens kommen die Mitbestimmungsregeln des Drittelbeteiligungsgesetzes (DrittelbG) von 2004[135], des Mitbestimmungsgesetzes (MitbestG) 1976 oder des Montan-Mitbestimmungsgesetzes (Montan-MitbestG) 1951 bzw. bei Montan-Konzernen die des Mitbestimmungsergänzungsgesetzes (MitbestErgG) 1988 zur Anwendung[136]. Während den Arbeitnehmern gemäß § 4 Abs. 1 DrittelbG ein Drittel der Aufsichtsratssitze zustehen, greift nach dem MitbestG und dem Montan-MitbestG die paritätische Mitbestimmung[137], wobei zwei bis drei Sitze den Gewerkschaftsvertretern vorbehalten sind[138]. Anteilseigner- und Arbeitnehmervertreter müssen gleichbehandelt werden; die Anteilseignerseite hat aber zumindest in Konfliktsituationen ein Übergewicht[139].

Der Aufsichtsrat überwacht den Vorstand (§ 111 Abs. 1 AktG) und vertritt die Aktiengesellschaft gegenüber den Vorstandsmitgliedern (§ 112 AktG), die er bestellt und abberuft (§ 84 AktG). Für diese Tätigkeiten kann ihm eine Vergütung gewährt werden (§ 113 AktG) [140]. Innerhalb dieser Hauptaufgaben dominiert die Überwachungsfunktion[141]. Der Aufsichtsrat kontrolliert die formalen Pflichten des Vorstands sowie seine abgeschlossenen und geplanten unternehmerischen Entscheidungen. Die Intensität der Kontrolle ist abhängig von der wirtschaftlichen Lage des Unternehmens. Während sich seine Tätigkeit bei normalem Geschäftsverlauf durch kooperative Beratung und Diskussionen mit dem Vorstand auszeichnet, kann in Krisensituationen ein aktives Eingreifen nötig sein[142]. Die alleinige Geschäftsführungsbefugnis des Vorstands darf dadurch aber nicht angetastet werden (§ 111 Abs. 4 S. 1 AktG). Wie im vorherigen Kapitel bereits kurz skizziert, können bestimmte Geschäfte allerdings nur mit Zustimmung des Aufsichtsrats durchgeführt werden. Gemäß § 111 Abs. 4 S. 2 AktG müssen Satzung

---

134 Vgl. *Kübler* (1999b), S. 190.

135 Am 01.07.2004 ist das Gesetz über die Drittelbeteiligung der Arbeitnehmer im Aufsichtsrat (DrittelbG) in Kraft getreten, das die §§ 76 bis 87a Betriebsverfassungsgesetz (BetrVG) 1952 abgelöst hat. Zu den geringen materiell-rechtlichen Änderungen der bisherigen Rechtslage durch das DrittelbG vgl. *Huke/Prinz* (2004); *Melot de Beauregard* (2004); *Seibt* (2004).

136 Vgl. *Raiser* (2001), S. 182-184; *P. Ruhwedel* (2002), S. 46-48; *Hueck/Windbichler* (2003), S. 311-320. Von der unternehmerischen Mitbestimmung ist die betriebliche Mitbestimmung zu unterscheiden, die im DrittelbG geregelt ist. Vgl. *Niedenhoff* (2002), S. 28-34; *Richardi* (2002), § 1, Tz. 6-7; *Mag* (2003), S. 85-87.

137 Im Gegensatz zu dem bereits erwähnten Wahlverfahren der Anteilseignervertreter sind die Wahlvorschriften für die Arbeitnehmervertreter kompliziert. Vgl. dazu überblicksartig *Raiser* (2001), S. 188-189; *Lutter/Krieger* (2002), S. 6-8. Vgl. dazu ausführlich *Wienke* (1992).

138 Nach *Adams* (2004) handelt es sich um „ein lukratives Aufsichtsratpostenbeschaffungsprogramm für Gewerkschaftsfunktionäre."

139 Vgl. *Raiser* (2001), S. 195; *K. Schmidt* (2002), S. 835. Aufgrund dieser uneinheitlichen Regeln ist die Zusammensetzung des Aufsichtsrats in der Unternehmenspraxis vielfach zweifelhaft bzw. Veränderungen ausgesetzt. In solchen Fällen sind die §§ 97-99 AktG (Statusverfahren) zu beachten. Vgl. dazu *Göz* (1998); *Raiser* (2001), S. 184-185.

140 Die Vergütung kann in der Satzung festgelegt oder von der Hauptversammlung bewilligt werden. Zur Höhe der Aufsichtsratsvergütung vgl. *Helm* (2003); *Freudenberg* (2004). Zu einer kritischen Analyse einer variablen Vergütung vgl. *Fallgatter* (2003). Die Ausgabe von Aktienoptionen an Mitglieder des Aufsichtsrats ist nach der jüngsten BGH-Rechtsprechung mit dem Aktiengesetz nicht vereinbar. Vgl. BGH-Urteil vom 16.02.2004 – II ZR 316/02. Vgl. dazu *Paefgen* (2004a). Diesbezügliche Vorschläge in der Literatur schon früher kritisierend vgl. *Theisen* (1999), S. 1665.

141 Vgl. *Lutter/Krieger* (2002), S. 23; *K. Schmidt* (2002), S. 820-822.

142 Vgl. *Raiser* (2001), S. 178; *Lutter/Krieger* (2002), S. 33-35.

oder der Aufsichtsrat dafür einen Katalog zustimmungspflichtiger Geschäfte aufstellen[143]. Kann ein gesetzeswidriges Verhalten des Vorstands nicht anders verhindert werden, hat der Aufsichtsrat im Extremfall sogar das Recht, die Vornahme eines bestimmten Rechtsgeschäfts ad hoc an seine Zustimmung zu binden[144]. Hat der Vorstand gegen seine Pflichten verstoßen und sich gegenüber der Gesellschaft schadensersatzpflichtig gemacht, muss der Aufsichtsrat darüber hinaus den Schaden geltend machen[145].

Um seiner Überwachungsfunktion nachkommen zu können, stehen dem Aufsichtsrat umfangreiche Einsichts-, Prüfungs- und Informationsrechte zu. Ein Einsichts- und Prüfungsrecht besteht nach § 111 Abs. 2 AktG in Bezug auf die Bücher, Schriften und Vermögensgegenstände der Gesellschaft. Für bestimmte Bereiche darf der Aufsichtsrat Sachverständige (z.B. Wirtschaftsprüfer) heranziehen, z.B. zur Bilanzanalyse bei der Vorbereitung auf die Aufsichtsratssitzung[146]. In der Praxis ist es zudem üblich, dass für eine Reihe von Aufgaben aus den eigenen Reihen heraus Ausschüsse gemäß § 107 Abs. 3 AktG gebildet werden, die Verhandlungen und Beschlüsse des Gesamtaufsichtsrats vorbereiten oder selbst Beschlüsse fassen. Von einer Beschlussfassung ausgenommen sind die in § 107 Abs. 3 S. 2 AktG genannten Fälle, z.B. die Billigung des Jahresabschlusses. Auch die Überwachungsfunktion kann nicht delegiert werden (§ 111 Abs. 5 AktG)[147]. Seit einigen Jahren steigt die Verbreitung von Prüfungsausschüssen, die sich an dem Vorbild der US-amerikanischen audit committees orientieren[148].

Zusätzlich zu den dargestellten Hauptaufgaben des Aufsichtsrats existiert eine Reihe weiterer Aufgaben, beispielsweise die Festsetzung der Bezüge der Vorstandsmitglieder, die in einem angemessenen Verhältnis zu deren Aufgaben und zur wirtschaftlichen Lage der Aktiengesellschaft stehen müssen (§ 87 AktG)[149]. Im Rahmen dieser Arbeit sind insbesondere die in den §§ 171-172, 58 AktG genannten Aufgaben von Interesse. Der vom Vorstand aufgestellte und von einem Abschlussprüfer geprüfte Jahresabschluss ist dem Aufsichtsrat inklusive Lage- und Prüfungsbericht vorzulegen. Der Aufsichtsrat hat diese Unterlagen und den Vorschlag des Vorstands zur Verwendung des Bilanzgewinns zu prüfen und darüber der Hauptversammlung

---

143 Vgl. zu dieser durch das TransPuG (2002) eingeführten obligatorischen Regelung *Dietrich* (2003); *O. Lange* (2003); *Lieder* (2004).

144 Vgl. *Mertens* (1995), § 111, Tz. 65; *Grunewald* (2005), S. 260.

145 Vgl. dazu *Raiser* (2001), S. 214-215 m.w.N.

146 Vgl. *Raiser* (2001), S. 217.

147 Vgl. zu den Rechten und Pflichten von Aufsichtsratsauschüssen ausführlich *Lutter/Krieger* (2002), S. 242-261; *Siebel* (2004).

148 Vgl. *Kirsten* (2004), S. 173; *Kropff* (2004), S. 436-437. Die Einrichtung eines solchen Ausschusses wird in Ziffer 5.3.2 des Deutschen Corporate Governance Kodex (DCGK) explizit empfohlen. Vgl. dazu *Theisen* (2003), S. 501-502. Einer empirischen Untersuchung zur Folge haben im Geschäftsjahr 1999 ca. 40 % der DAX-30-Unternehmen und ca. 20 % der MDAX-Unternehmen einen Prüfungsausschuss. Vgl. *Fischbach* (2003), S. 43-54; *Veit* (2003). Zu den rechtlichen Unterschieden zwischen dem deutschen und dem angelsächsischen audit committee vgl. *Scheffler* (2003); *Schmitz* (2003), S. 182-183.

149 Vgl. zu Schwierigkeiten bei der Konkretisierung des angemessenen Verhältnisses *Spindler* (2004); *Hüffer* (2006), § 87, Tz. 2-3. Die mit § 87 AktG verbundenen Probleme haben durch den Mannesmann-Prozess im Jahre 2004 besondere Aktualität erlangt. Die Zahlungen an die ausgeschiedenen Vorstandsmitglieder als angemessen bezeichnend vgl. *Hüffer* (2003), S. 27, 38; *Hüffer* (2004); gleicher Ansicht ist Baums, vgl. dazu *o.V.* (2004), S. 13. A.A. *Bayer* (2004b); *Binz/Sorg* (2004); *Lutter/Zöllner* (2004). Nach dem Vorstandsvergütungs-Offenlegungsgesetzes (VorstOG) vom 03.09.2005 (BGBl. I 2005, 2267) sind ab dem Geschäftsjahr 2006 die Bezüge für jedes einzelne Vorstandsmitglied von börsennotierten Gesellschaften im Anhang zum Jahres- bzw. Konzernabschluss offen zu legen. Die Angaben können nur dann unterbleiben, wenn die Hauptversammlung dies mit Dreiviertelmehrheit beschlossen hat. Vgl. dazu *Spindler* (2005).

zu berichten (§ 171 Abs. 1 und 2 AktG). Billigt der Aufsichtsrat den Jahresabschluss, dann ist dieser festgestellt (§ 172 AktG). Diese Kompetenz ist von hoher Bedeutung, da die Hauptversammlung an den festgestellten Jahresabschluss gebunden ist und diesen in der Regel nicht mehr beeinflussen kann. Zudem können Vorstand und Aufsichtsrat das der Hauptversammlung zur Verwendung vorgeschlagene Ergebnis durch Thesaurierung gemäß den Bestimmungen in § 58 Abs. 2 AktG weiter mindern und damit dem Einfluss der Hauptversammlung entziehen.

Neben den geschilderten Einsichts- und Prüfungsrechten sind für eine effektive Überwachung die Informationsrechte von entscheidender Bedeutung. Nach § 90 AktG hat der Vorstand den Aufsichtsrat in umfassender Weise mit Informationen zur aktuellen Lage der Gesellschaft und zur beabsichtigten Geschäftspolitik zu versorgen[150]. Die Berichtspflicht besteht nicht nur auf Verlangen des Aufsichtsrats (§ 90 Abs. 3 AktG). Der Vorstand muss vielmehr von sich aus tätig werden[151]. Es wird in diesem Zusammenhang die Einschätzung vertreten, dass die Berichtspflicht trotz des Prinzips der Gewaltenteilung innerhalb der Verwaltung dazu führe, dass insbesondere der Aufsichtsratsvorsitzende in die Leitung des Unternehmens in vielen Fällen eng eingebunden sei[152].

Die Aufsichtsratsmitglieder haben gemäß § 116 i.V.m. § 93 AktG grundsätzlich dieselbe Sorgfaltspflicht zu beachten wie die Mitglieder des Vorstands. Die Rechtsprechung hat Mindestanforderungen herausgearbeitet, die an alle Aufsichtsratsmitglieder zu stellen sind[153]. Sie müssen z.B. über ausreichenden Sachverstand verfügen, um die Berichte des Vorstands und die Prüfungsberichte des Abschlussprüfers beurteilen zu können. Über die Mindestfähigkeiten hinaus wird hinsichtlich ihrer beruflichen Qualifikation und ihrer Funktion im Aufsichtsrat differenziert[154]. Bei Verletzung ihrer Sorgfaltspflicht haften sie auf Schadensersatz[155]. Schadensersatzprozesse sind aber selten, da der Schadensnachweis schwierig zu erbringen ist und der Vorstand tendenziell wenig Interesse hat, Ansprüche im Namen der Aktiengesellschaft geltend zu machen und damit indirekt eigenes Fehlverhalten einzugestehen[156].

Aufsichtsratsmitglieder unterliegen auch der Treue- bzw. Loyalitätspflicht und müssen daher private Interessen und die einzelner Gruppen (z.B. Anteilseigner, Arbeitnehmer, öffentliche Hand, Unternehmen, in deren Aufsichtsrat sie ebenfalls tätig sind) hinter das eher nebulöse Unternehmensinteresse[157] zurückstellen. Es wird einschränkend darauf hingewiesen, dass

---

150 § 90 AktG ist durch das KonTraG und das TransPuG präzisiert worden. Vgl. dazu *C. Ernst/Seibert/Stuckert* (1998), S. 51-52; *Baums/Stöcker* (2003), S. 8-10; *Seibert* (2003b), S. 53-54; *Strunk/Kolaschnik* (2003), S. 31-35.

151 Vgl. zu einer Systematisierung der verschiedenen Berichte *Lutter/Krieger* (2002), S. 78-91, 94-98.

152 Vgl. *Semler* (2000), S. 730; *Raiser* (2001), S. 196; *K. Schmidt* (2002), S. 869.

153 Vgl. zu zentralen Gerichtsurteilen *Theisen* (2003), S. 453-455.

154 Vgl. *Raiser* (2001), S. 216-218; *Doralt* (2004), S. 794-800; *Hüffer* (2006), § 116, Tz. 2-3.

155 Vgl. zur Haftungssituation von Aufsichtsratsmitgliedern umfassend *Thümmel* (2003).

156 Nach *Lutter* (1995c), S. 1134, zielt das Gesetz ab „auf den Vatermord und der ist – Gott sei Dank – höchst selten". Vgl. auch *Thümmel* (1999), S. 887; *Raiser* (2001), S. 216 mit Verweis auf Gerichtsurteile; *Grunewald* (2005), S. 265-266.

157 Vgl. zur Diskussion dieses Begriffs und was sich dahinter verbergen soll *Flume* (1983), S. 56-63; *Raiser* (2001), S. 218-222; *Marsch-Barner* (2004), S. 734-735; *v. Schenck* (2004), S. 339, 341-342; *Grunewald* (2005), S. 266-267, jeweils m.w.N.

Aufsichtsratsmitglieder vielfältigen, gesetzlich bedingten Interessenkonflikten ausgesetzt sind und sie im Gegensatz zu den Vorstandsmitgliedern nur ein Nebenamt innehaben[158].

Die Treuepflicht ist verletzt, wenn ein Aufsichtsratsmitglied den Vorstand aus Eigennutz zum Abschluss eines für die Aktiengesellschaft schädlichen Rechtsgeschäfts zwingt oder selbst unzulässigem Druck nachgibt[159]. Eine Pflichtverletzung liegt weiterhin vor, wenn ein Aufsichtsratsmitglied in den Kompetenzbereich des Vorstands eingreift bzw. Kompetenzübergriffe des Vorstands toleriert[160]. Nicht mit dem Unternehmensinteresse vereinbar ist es ferner, durch zu hohe Dividendenzahlungen die Investitionsfähigkeit und damit die wirtschaftliche Stabilität des Unternehmens zu gefährden[161]. Trotz der strengen gesetzlichen Ausgestaltung der Haftung sind Haftungsklagen gegen den Aufsichtsrat (noch) selten[162].

Die Wirksamkeit der Aufsichtsratstätigkeit sowie die Besonderheiten des deutschen Aufsichtsratsmodells (dualistisches System)[163] werden in der Literatur seit über 100 Jahren kritisch und kontrovers diskutiert[164]. Spätestens seit einer Reihe von Unternehmenskrisen und Fehlinvestitionen in den 1990er Jahren wird die Kontrolleffizienz der Aufsichtsräte erneut verstärkt angezweifelt. Kritisiert werden unter anderem die mangelnde Sachkenntnis und Professionalität sowie die unzureichende Informationsversorgung vieler Aufsichtsratsmitglieder, die geringe Tagungshäufigkeit und die zu hohe Anzahl der Mitglieder[165]. Des Weiteren wird es als problematisch angesehen, dass der Umfang der Überwachungsfunktion im Gesetz nur unzureichend dargestellt wird und in der Betriebswirtschaftslehre entwickelte Vorschläge von Führungs- und Überwachungsgrundsätzen[166] in der Praxis und Rechtsprechung bisher kaum aufgegriffen worden sind[167]. Andere Autoren hingegen beurteilen die Qualität der Aufsichtsratstätigkeit positiver[168].

---

158 Vgl. *Kübler* (1999b), S. 192 m.w.N.; *Raiser* (2001), S. 218-222.

159 Vgl. dazu mit Nachweisen zur Rechtsprechung *Raiser* (2001), S. 212, 220; *K. Schmidt* (2002), S. 827-828.

160 Vgl. *Raiser* (2001), S. 212.

161 Vgl. *Raiser* (2001), S. 221.

162 Vgl. *Theisen* (2003), S. 519-520. Vgl. zu den steigenden Haftungsrisiken der Aufsichtsratsmitglieder *Buchta/van Kann* (2003), S. 1668, mit Verweis auf Gerichtsurteile; *Thümmel* (2004a). Zum erhöhten Schadensersatzrisiko bei Nichtbeachtung von § 170 Abs. 3 S. 2 AktG vgl. *Bormann/Gucht* (2003), S. 1893.

163 Vgl. zur Entstehung des Aufsichtsrats in Deutschland *Passow* (1909). Zu einem historischen Abriss von 1861 bis 1994 vgl. *Lutter* (1995a), S. 7-10.

164 Vgl. bereits *Stier-Somlo* (1903), S. 31-74, zu Reformvorschlägen hinsichtlich der Zusammensetzung des Aufsichtsrats, der fachlichen Qualifikation seiner Mitglieder, der Begrenzung der Anzahl der Aufsichtsratsmandate, des Umfangs der Überwachungspflicht, der Haftpflicht und der Vergütung. Vgl. kritisch auch *Schmalenbach* (1910/11).

165 Vgl. *Lutter* (1994b); *Lutter* (1995b), S. 295; *Lutter* (1995c); *Kübler* (1999b), S. 194. Die Zweifel an der Funktionsfähigkeit deutscher Aufsichtsräte wird durch empirische Befunde gestützt. Vgl. *P. Ruhwedel/Epstein* (2003).

166 Vgl. insbesondere *Potthoff* (1961); *Theisen* (1987), S. 250-438; *v. Werder* (1996), S. 5-21; *P. Ruhwedel* (2002), S. 98-196.

167 Vgl. *Theisen* (2003), S. 520-521.

168 So weist z.B. *Raiser* (2001), S. 220, auf die gesamtwirtschaftlichen Vorteile des komplexen Beziehungsgeflechts im Aufsichtsrat hin. Vgl. auch *Bea/Scheurer* (1994), S. 2152; *Escher-Weingart* (2000), S. 400. Zu einem positiven Gesamturteil der Aufsichtsratstätigkeit vgl. bereits *Rießer* (1903), S. 299; *Stier-Somlo* (1903), S. 31.

In jüngerer Vergangenheit ist schließlich der Einfluss der Arbeitnehmer und der Gewerkschaftsvertreter im Aufsichtsrat erneut massiver Kritik ausgesetzt[169]. Namhafte Vertreter aus Theorie und Praxis sprechen sich sogar für die Substitution der unternehmerischen Mitbestimmung im Aufsichtsrat durch ein separates Organ (Konsultationsrat) aus[170]. Auch im Ausland stößt die Mitbestimmung in Deutschland auf Unverständnis und wird als Standortproblem angesehen[171].

Die bisherigen Bemühungen des deutschen Gesetzgebers, die Funktionsfähigkeit des Aufsichtsrats zu erhöhen, haben nur zu geringen Verbesserungen geführt[172]. Die Auswirkungen des Deutschen Corporate Governance Kodex (DCGK)[173] sowie weitere Reformvorhaben der Bundesregierung und der EU-Kommission[174] bleiben abzuwarten.

1.2.2.3 Hauptversammlung

Die Hauptversammlung ist die Versammlung aller Aktionäre der Gesellschaft, in der diese ihre Rechte ausüben (§ 118 AktG). Mindestens einmal im Jahr hat der Vorstand eine ordentliche Hauptversammlung einzuberufen (§§ 121 Abs. 1-2, 175 Abs. 1 S. 2 AktG). Außerordentliche Hauptversammlungen müssen stattfinden, wenn ein Verlust in Höhe der Hälfte des Grundkapitals auftritt (§ 92 Abs. 1 AktG) oder wenn es das Wohl der Gesellschaft erfordert; in letzterem Fall hat auch der Aufsichtsrat eine Einberufungspflicht (§ 111 Abs. 3 AktG). Schließlich können Minderheitsaktionäre, deren Anteile 5 % oder einen in der Satzung festgelegten geringeren Prozentsatz am Grundkapital ausmachen, die Einberufung verlangen (§ 122 Abs. 1 AktG).

Die Hauptversammlung ist mit einer Reihe von Befugnissen ausgestattet, die insbesondere in § 119 Abs. 1 Nr. 1-8 AktG sowie einigen weiteren Normen des AktG und des Umwandlungsgesetzes geregelt sind. Nur in engen Grenzen kann die Satzung der Hauptversammlung darüber hinausgehende Kompetenzen zuweisen. In der Literatur findet zumeist eine Einteilung der Zuständigkeiten in laufende Angelegenheiten und Grundlagenentscheidungen statt[175].

---

169 Vgl. z.B. *Kübler* (1999a), S. 419-421; *Hopt* (2002d), S. 42-46; *Schiessl* (2002), S. 595-597; *Schwark* (2002), S. 84-86; *Ulmer* (2002); *Wiesner* (2003), S. 217. Eine komprimierte Darstellung der zahlreichen Kritikpunkte an den mitbestimmungsrechtlichen Regelungen findet sich bei *Sandrock* (2004a), S. 60-62.

170 Vgl. *v. Werder* (2004). Vgl. ebenfalls *Schiessl* (2003), S. 255-256. Zu Gegenargumenten zu den wichtigsten Kritikpunkten vgl. *Hans Böckler Stiftung* (2004).

171 Vgl. *K. Schmidt* (2002), S. 479; *Bohl* (2003), S. 14; *Adams* (2004).

172 Vgl. zu den Reformansätzen hinsichtlich des Aufsichtsrats durch das KonTraG und das TransPuG ausführlich *Theisen* (2003), S. 437-491. Die durch das KonTraG in § 100 Abs. 2 AktG erneut reduzierte Höchstzahl an Aufsichtsratssitzen verhindert frühere Fälle von über 100 Posten einer Person. Vgl. dazu *Hueck* (1991), S. 219.

173 Dieser sieht gemäß Ziffer 5.6 DCGK Effizienzprüfungen des Aufsichtsrats vor. Vgl. dazu *Theisen* (2002), S. 74-75; *Seibt* (2003); *Schilling* (2004).

174 Diese Reformbestrebungen in Deutschland und in der EU sehen z.B. eine persönliche Außenhaftung von Aufsichtsräten bei Sorgfaltspflichtverletzungen, d.h. eine Schadensersatzpflicht nicht nur gegenüber der Gesellschaft, sondern unmittelbar gegenüber den Aktionären, vor. Vgl. *Bundesregierung* (2003), Maßnahme 2; *EU-Kommission* (2003a), S. 17-19.

175 Vgl. z.B. *Zöllner* (1973), § 119, Tz. 14-19; *Raiser* (2001), S. 225-227; *Hueck/Windbichler* (2003), S. 328-330; *Hüffer* (2006), § 119, Tz. 5-10.

Zu den laufenden Angelegenheiten gehört erstens die Wahl der Aufsichtsratsmitglieder, soweit diese nicht von der Arbeitnehmerseite gewählt bzw. entsendet werden. Die Hauptversammlung beeinflusst somit mittelbar die Besetzung des Vorstands. Sie entscheidet zweitens über die Verwendung des Bilanzgewinns. Diese Entscheidungskompetenz ist allerdings materiell stark eingeschränkt, da sie dabei im Regelfall an den durch den Vorstand aufgestellten und vom Aufsichtsrat gebilligten und damit festgestellten Jahresabschluss gebunden ist. Nur in den Ausnahmefällen, in denen der Aufsichtsrat den Jahresabschluss nicht billigt oder die Verwaltung die Feststellung des Jahresabschlusses der Hauptversammlung überlässt (§ 173 AktG), ist dieses Recht von Bedeutung.

Von größerer Tragweite ist hingegen drittens die Entlastung der Mitglieder des Vorstands und des Aufsichtsrats. Mit diesem gesellschaftsrechtlichen Institut billigt die Hauptversammlung die Verwaltung der Aktiengesellschaft für das abgelaufene Geschäftsjahr und spricht der zukünftigen Verwaltung ihr Vertrauen aus[176]. Fälle, in denen die Entlastung verweigert wird, finden in der Öffentlichkeit große Beachtung und führen meist zu einem erheblichen Imageverlust des betreffenden Verwaltungsmitglieds. Bei einem Vorstandsmitglied kann die Verweigerung die vorzeitige Abberufung aus wichtigem Grund gemäß § 84 Abs. 3 AktG rechtfertigen. Im Allgemeinen bestellt die Hauptversammlung viertens den Abschlussprüfer[177].

Zu den Grundlagenentscheidungen zählen z.B. Satzungsänderungen, Maßnahmen der Kapitalerhöhung und -herabsetzung, Abschluss und Änderungen von Unternehmensverträgen sowie weitere Eingriffe in die Struktur der Gesellschaft wie Eingliederung, Verschmelzung, Umwandlung, Ausschluss von Minderheitsaktionären (Squeeze-out) und Auflösung[178].

Soweit das Gesetz oder die Satzung nichts anderes vorschreiben, kommen Hauptversammlungsbeschlüsse gemäß § 133 Abs. 1 AktG mit einfacher Mehrheit der abgegebenen Stimmen zustande. Für Grundlagenbeschlüsse ist die qualifizierte Mehrheit von drei Viertel des bei der Abstimmung vertretenen Grundkapitals notwendig[179].

Neben den gesetzlich geregelten Befugnissen sind im Schrifttum und in der Rechtsprechung ungeschriebene Hauptversammlungszuständigkeiten entwickelt worden, die verhindern sollen, dass das auf Machtbalance gerichtete aktienrechtliche Kompetenzgefüge[180] gestört und Aktionärsrechte ausgehöhlt werden[181]. In seinem viel beachteten *Holzmüller*-Urteil[182] vom 25.02.1982 hat der BGH entschieden, dass der Vorstand verpflichtet ist, grundlegende Entscheidungen, die „tief in die Mitgliedsrechte der Aktionäre und deren im Anteilseigentum

176 Vgl. *Hüffer* (2006), § 120, Tz. 2.

177 Vgl. zu den Ausnahmen § 318 Abs. 3-4 HGB.

178 Daneben findet sich im Gesetz eine Reihe weiterer Zuständigkeiten, beispielsweise die Abberufung von Anteilseignervertretern im Aufsichtsrat (§ 103 AktG), die Festsetzung der Vergütung von Aufsichtsratsmitgliedern (§ 113 Abs. 1-2 AktG) und die Bestellung von Sonderprüfern (§ 142 AktG).

179 Bei Eingliederungen und bestimmten Umwandlungsfällen sind noch höhere Mehrheiten erforderlich. Vgl. zu einer detaillierten Übersicht über die jeweiligen Stimmquoten *Klunzinger* (2004), S. 177-178.

180 Vgl. *Hüffer* (2006), § 118, Tz. 4.

181 Vgl. dazu bereits *Lutter* (1974a), S. 208-217. Vgl. auch *Kaiser* (2001), S. 227-231 m.w.N. Zu einer ausführlichen Analyse und Kritik der ungeschriebenen Hauptversammlungskompetenzen vgl. z.B. *Warschkow* (1991), S. 19-156.

182 Vgl. BGH-Urteil vom 25.02.1982 – II ZR 174/80. In der Literatur ist die *Holzmüller*-Entscheidung auf ein breites Echo gestoßen. Zu einem komprimierten Überblick über die verschiedenen Meinungen vgl. *Hüffer* (2006), § 119, Tz. 16-17. Für Nachweise zur überaus umfangreichen Literatur vgl. auch *Koppensteiner* (2004a), Vorb. § 291, Tz. 43. Aus der jüngeren Vergangenheit vgl. insbesondere *Henze* (2003).

verkörpertes Vermögensinteresse eingreifen"[183], der Hauptversammlung vorzulegen; anderenfalls verletzte der Vorstand seine Sorgfaltspflicht[184].

Aufgrund der aufgezeigten Kompetenzen wird die Hauptversammlung auch als „das ‚Parlament' der Gesellschaft"[185], der „Sitz der Aktionärsdemokratie"[186] oder das „oberste Organ"[187] bezeichnet. Dies darf allerdings nicht darüber hinwegtäuschen, dass die Einflussmöglichkeiten der Hauptversammlung auf die Unternehmensführung nur begrenzt sind. Auch kommt es in der Praxis nur selten vor, dass der Vorstand die Hauptversammlung gemäß § 119 Abs. 2 AktG explizit über Fragen der Geschäftsführung entscheiden lässt[188].

1.2.3 Rechte und Pflichten der Aktionäre

Die bisherigen Ausführungen haben die Kompetenzen der Organe der Aktiengesellschaft sowie ihr Verhältnis untereinander beleuchtet. Die Rechte und Pflichten des einzelnen Aktionärs standen dabei nicht im Mittelpunkt; lediglich die Hauptversammlung als Willensbildungsorgan der Aktionäre wurde betrachtet.

Die Rechte und Pflichten ergeben sich aus der Mitgliedschaft, die die Aktionäre durch Übernahme von Aktien bei der Gründung (§§ 2, 29 AktG), durch Zeichnung von Aktien im Zuge einer Kapitalerhöhung (§ 185 AktG) oder im Wege der Gesamtrechtsnachfolge (z.B. Erbschaft) bzw. Einzelnachfolge (z.B. Börsenhandel) erwerben[189]. Für die Mitgliedschaftsrechte und -pflichten gilt der im Aktienrecht seit langem anerkannte[190] und seit 1979 in § 53a AktG verankerte Gleichbehandlungsgrundsatz, nach dem die Aktionäre unter gleichen Voraussetzungen gleich zu behandeln und willkürliche Differenzierungen unzulässig sind[191]. Hauptver-

---

183 BGHZ 83, 131.

184 Mit zwei grundlegenden Urteilen hat der BGH im April 2004 seine 22 Jahre alten Aussagen präzisiert und einige Unsicherheiten in der Praxis beseitigt. Vgl. BGH-Urteile vom 26.04.2004 – II ZR 154/02 und II ZR 155/02 („Gelatine"). Eine ungeschriebene Zuständigkeit der Hauptversammlung bestehe nur bei strukturverändernden Maßnahmen im Kernbereich der Unternehmenstätigkeit, die in ihrer Bedeutung dem Schwellenwert von 80 % im *Holzmüller*-Fall nahe komme. Der BGH legt weiterhin fest, dass der Hauptversammlungsbeschluss mit Dreiviertelmehrheit des vertretenen Grundkapitals gefasst werden müsse. Vgl. ausführlich *Bungert* (2004); *Fleischer* (2004b); *Fuhrmann* (2004); *Götze* (2004); *Koppensteiner* (2004c).

185 *G. Henn* (2002), S. 380.

186 *K. Schmidt* (2002), S. 837.

187 *Klunzinger* (2004), S. 173. Für *v. Rechenberg* (1986), S. 162-163, ist die Hauptversammlung zwar nicht das oberste Organ im Sinne einer weisungsabhängigen Hierarchie. Die Hauptversammlung sei aber im Hinblick auf die innere Verfassung der Aktiengesellschaft das wichtigste Organ. *Wiethölter* (1961), S. 92-93, weist hingegen darauf hin, dass es in der aktienrechtlichen Praxis vielmehr um „die Wirkung und die Struktur des in der AG maßgebenden Einflusses" gehe und es das oberste Organ somit nicht gebe.

188 Vgl. *Raiser* (2001), S. 129.

189 Vgl. *Kraft/Kreutz* (2000), S. 348; *Staake* (2004), S. 248.

190 Vgl. *Hueck* (1958), S. 35, 44-58.

191 Vgl. *Hüffer* (2006), § 53a, Tz. 1-12. Im Aktiengesetz kommt dieser Grundsatz an vielen Stellen zum Ausdruck, so z.B. bei der Verteilung der Dividende (§§ 58 Abs. 4, 60 AktG), bei der Auskunftserteilung (§ 131 AktG), beim Stimmrecht (§§ 12, 134 Abs. 1 und 2 AktG), beim Bezugsrecht (§ 186 AktG), bei der Kapitalerhöhung aus Gesellschaftsmitteln (§ 212 AktG), bei der Anfechtungsbefugnis (§ 245 AktG) und bei der Verteilung des Restvermögens (§ 271 AktG). Die Satzung kann allerdings die Aktien mit unterschiedlichen Rechten (§§ 11, 12, 60 Abs. 3 AktG) und Pflichten (§ 55 AktG) ausstatten.

sammlungsbeschlüsse, die gegen das Gleichheitsgebot verstoßen, sind nach § 243 Abs. 1 AktG anfechtbar.

1.2.3.1 Aktionärspflichten

Bevor sich die weiteren Ausführungen auf die Aktionärsrechte konzentrieren, sollen zunächst die Pflichten der Anteilseigner kurz skizziert werden. Diese lassen sich in Haupt-, Neben- und Treuepflichten unterteilen[192].

Die primäre und in vielen Fällen einzige Pflicht besteht in der Leistung der Einlage, die durch den Ausgabebetrag der Aktie begrenzt ist (§ 54 Abs. 1 AktG). Um die Kapitalaufbringung und -erhaltung sicherzustellen, sieht das Gesetz strenge Regelungen zur Durchsetzung des Anspruchs der Gesellschaft vor, die im Extremfall zum Ausschluss des säumigen Aktionärs durch das so genannte Kaduzierungsverfahren (§ 64 AktG) führen können[193]. Die unter bestimmten Voraussetzungen bestehenden Nebenleistungspflichten gemäß § 55 AktG haben kaum praktische Bedeutung[194]. Schließlich trifft den Aktionär aufgrund der Rechtsbeziehung zu seiner Aktiengesellschaft eine Treuepflicht, die weit über den in § 242 BGB kodifizierten Grundsatz von „Treu und Glauben" hinausgeht[195]. Die Intensität der Treuepflicht ist abhängig von der Struktur der Aktiengesellschaft und der Stellung des Aktionärs in ihr. Ein Kleinaktionär, der insgesamt nur in sehr eingeschränktem Umfang einer Treuepflicht unterliegt, handelt beispielsweise treuwidrig, wenn er mit einer für das Unternehmen besonders nachteiligen Anfechtungsklage Zahlungen von der Aktiengesellschaft für die Rücknahme der Klage erpressen will.

Obwohl zwischen den Aktionären kein rechtsgeschäftliches Verhältnis besteht, sind sie nach aktueller Rechtsprechung und nach herrschender Meinung auch untereinander durch eine Treuepflicht verbunden. Großaktionäre dürfen danach ihren Einfluss nicht ohne Rücksicht auf die Interessen der Minderheitsaktionäre ausüben. Die Treuepflicht dient aber nicht nur dem Minderheitenschutz[196]; einzelne Aktionäre oder eine Aktionärsgruppe dürfen ihre Herrschaftsrechte ebenfalls nicht grob eigennützig ausüben (z.B. Verhinderung einer Sanierung durch eine Sperrminorität). Die Treuepflicht stellt somit eine rechtliche Generalklausel dar, nach der jeder Aktionär seine Rechte unter angemessener Berücksichtigung der gesellschaftsbezogenen Interessen der anderen Aktionäre auszuüben hat.

Während die Haupt- und Nebenpflichten, die sich auf die Gründungsphase der Aktiengesellschaft konzentrieren, für den weiteren Gang der Untersuchung von untergeordneter Bedeutung sind, ist die Treuepflicht von besonderer Relevanz. Sie beeinflusst die Ausübung der Aktionärsrechte, indem sie z.B. die Ausübung des Stimmrechts und die Möglichkeit von Anfechtungsklagen beschränkt[197]. Die Treuepflicht hat zudem eine Schrankenfunktion hinsicht-

---

[192] Vgl. z.B. *Hueck/Windbichler* (2003), S. 365-369.

[193] Vgl. zur Einlagepflicht ausführlich *Grunewald* (2005), S. 235-242.

[194] Vgl. *Lutter* (1988a), § 55, Tz. 2.

[195] Vgl. zur Treuepflicht und ihrer Entwicklung in der Rechtsprechung und im Schrifttum ausführlich *Wilhelm* (1998), S. 217-229; *Wellkamp* (2000), S. 82-115; *Escher-Weingart* (2001), S. 206-227; *Raiser* (2001), S. 109-116; *K. Schmidt* (2002), S. 799-803; *Eisenhardt* (2003), S. 364-367; *Hueck/Windbichler* (2003), S. 365-367; *Grunewald* (2005), S. 245-248 *Hüffer* (2006), § 53a, Tz. 13-22.

[196] Vgl. *Wiedemann* (1980), S. 431-437, der diesen Aspekt betont.

[197] Vgl. *Wellkamp* (2000), S. 82.

lich der eigennützigen Mitgliedschaftsrechte und verbietet beispielsweise die unverhältnismäßige, die Interessen anderer Anteilseigner nicht berücksichtigende Ausübung des Dividendenrechts[198].

1.2.3.2 Aktionärsrechte

Die einzelnen Rechte des Aktionärs lassen sich nach verschiedenen Kriterien klassifizieren. Wird danach differenziert, welchen Aktionären die Rechte zustehen, existieren Rechte, die grundsätzlich allen gleichermaßen (allgemeine Mitgliedschaftsrechte, z.B. Auskunftsrecht), einer Gruppe (Gattungsvorrechte, z.B. Dividendenvorrecht gemäß §§ 139-141 AktG) oder nur einzelnen Aktionären (Sonderrechte, z.B. Entsendungsrecht gemäß § 101 Abs. 2 AktG) zustehen[199]. Aus verbandsrechtlicher Sichtweise werden diese Aktionärsrechte aus der Mitgliedschaft an der Gesellschaft abgeleitet. Dahingegen werden aus kapitalmarktrechtlicher Perspektive Rechte für aktuelle (und potentielle) Aktionäre in ihrer Eigenschaft als Anleger formuliert. Im Weiteren sollen beide Sichtweisen berücksichtigt werden. Nach dem Inhalt der Rechte werden Herrschafts-, Informations- und Vermögensrechte unterschieden[200].

1.2.3.2.1 Herrschaftsrechte

Die Herrschaftsrechte werden von den Aktionären grundsätzlich in der Hauptversammlung ausgeübt und dienen der Durchsetzung ihrer Vermögensrechte. Das Teilnahmerecht an der Hauptversammlung steht jedem Aktionär zu (§ 118 Abs. 1 AktG), unabhängig davon, ob er stimmberechtigt ist. Der Aktionär muss nicht persönlich anwesend sein, um sein Teilnahmerecht auszuüben, sondern kann sich z.B. durch einen Bevollmächtigten vertreten lassen[201]. Bestandteil des Teilnahmerechts ist auch das Recht, sich zu Gegenständen der Tagesordnung sachdienlich zu äußern sowie Anträge und Gegenanträge (§ 126 AktG) zu stellen[202].

Das Stimmrecht als das wichtigste Herrschaftsrecht verleiht dem Aktionär „die Möglichkeit, [sich] im Rahmen der Zuständigkeiten der HV [Hauptversammlung] an der Verwaltung der

---

198 Vgl. *Hüffer* (2006), § 53a, Tz. 16.

199 Vgl. *Kübler* (1999b); S. 180-181; *Kraft/Kreutz* (2000), S. 348-349; *Hueck/Windbichler* (2003), S. 361-362.

200 Vgl. zu dieser Einteilung *Pellens* (1994), S. 47-51; *Pellens/Bonse* (1999), S. 853-854; ferner auch *Wellkamp* (1998), S. 1. In der juristischen Literatur wird herkömmlicherweise nur zwischen Herrschafts- bzw. Verwaltungsrechten einerseits und Vermögensrechten andererseits differenziert, wobei das Auskunftsrecht unter die Herrschaftsrechte subsumiert wird. Vgl. dazu z.B. *Kraft* (1986), § 11, Tz. 11; *Kübler* (1999b), S. 181; *Raiser* (2001), S. 99; *G. Henn* (2002), S. 16; *K. Schmidt* (2002), S. 797; *Hüffer* (2006), § 11, Tz. 3.

201 Wird die Hauptversammlung audiovisuell übertragen (§ 118 Abs. 3 AktG), gilt das Verfolgen der Hauptversammlung über das Internet nach herrschender Meinung allerdings nicht als Teilnahme. Vgl. *Hueck/Windbichler* (2003), S. 336. Vgl. zur Zulässigkeit von Internet-Hauptversammlungen *Hirte* (2000b).

202 Vgl. *Hüffer* (2006), § 118, Tz. 9. Vgl. zu möglichen Einschränkungen des Teilnahme- und Rederechts, die einen geordneten Ablauf der Hauptversammlung gewährleisten sollen, *Wellkamp* (1998), S. 33-43; *K. Schmidt* (2002), S. 840-841. Zum Ablauf der Hauptversammlung ausführlich vgl. *Obermüller/Werner/Winden* (2001), S. 117-160; *Martens* (2003). Der Versammlungsleiter kann ermächtigt werden, das Frage- und Rederecht angemessen zu begrenzen (§ 131 Abs. 2 S. 2 AktG). Vgl. dazu auch *Seibert/Schütz* (2004), S. 255-256.

Gesellschaft (...) zu beteiligen und mitbestimmend auf ihr Schicksal einzuwirken"[203]. Im Grundsatz steht das Stimmrecht nach § 12 AktG jedem Aktionär entsprechend seiner Beteiligung zu und bestimmt sich bei Nennbetragsaktien nach ihrem Nennbetrag, bei Stückaktien nach deren Anzahl[204]. Eine Ausnahme des Grundsatzes „Eine Aktie – eine Stimme" stellen Vorzugsaktien ohne Stimmrecht (§§ 12 Abs. 1 S. 2, 139-141 AktG) dar[205]. Inhaber dieser Aktiengattung erhalten nur dann ein Stimmrecht, wenn und solange die Vorzugsdividende zwei Jahre im Rückstand ist. „Mehrstimmrechtsaktien, die in den Wirtschaftskrisen nach dem Ersten Weltkrieg eine beträchtliche, aber nicht segensreiche Rolle spielten"[206], sind seit dem KonTraG von 1998 verboten (§ 12 Abs. 2 AktG). Dahingegen sind Beschränkungen des Stimmrechts durch Höchststimmrechte gemäß § 134 Abs. 1 AktG erlaubt, seit dem KonTraG allerdings nur bei nicht börsennotierten Gesellschaften.

Da die Beteiligung an der Hauptversammlung zeitintensiv ist und in keinem Verhältnis zu den daraus resultierenden Vorteilen steht[207], nehmen viele Kleinaktionäre nicht an der Hauptversammlung teil. Nach einer Erhebung der Deutschen Schutzvereinigung für Wertpapierbesitz (DSW) lag die Hauptversammlungspräsenz im Jahr 2005 bei den DAX-30-Unternehmen im Durchschnitt nur bei 45,87 % (1998: 60,95 %)[208].

Hauptversammlungsbeschlüsse, die gegen Gesetz oder Satzung verstoßen und damit mangelhaft sind, können zur Nichtigkeit oder Anfechtbarkeit führen[209]. Ein nichtiger und nicht nach § 242 AktG zu heilender Beschluss führt dazu, dass die beabsichtigte Rechtswirkung nicht eintritt. Zur Wahrung der Rechtssicherheit im Interesse der Gesellschaft, ihrer Aktionäre und Gläubiger zählt das Gesetz in § 241 AktG und in den Sondervorschriften der §§ 250, 253, 256 AktG die Nichtigkeitsgründe abschließend auf. Es soll vermieden werden, dass aufgrund eines geringfügigen Verstoßes gegen eine aktienrechtliche Vorschrift unter Umständen noch

---

203 *Würdinger* (1981), S. 71. Vgl. zu den Problemen und Reformüberlegungen der grenzüberschreitenden Stimmrechtsausübung (cross-border voting) *Noack* (2002).

204 Der Aktionär kann sein Stimmrecht auch durch Dritte ausüben lassen. In Deutschland weit verbreitet ist die Bevollmächtigung von Kreditinstituten durch das so genannte Banken- oder Depotstimmrecht, das in §§ 125-128, 135 AktG geregelt und in der Literatur nicht unumstritten ist. Vgl. z.B. *Wiethölter* (1961), S. 322-336; *Süchting/Paul* (1998), S. 124-134; *Grunewald* (2005), S. 277 m.w.N. Vgl. zur Regulierungsbegründung *Kropff* (1965), S. 194-195.

205 Zur Kritik an Vorzugsaktien vgl. z.B. *Pellens/Hillebrandt* (2001). Stimmrechtsverbote bestehen unter anderem für eigene Aktien der Gesellschaft (§§ 56 Abs. 3, 71b, 71d AktG) und bei Interessenkollision (§ 136 AktG). Vgl. dazu *Raiser* (2001), S. 252-255.

206 *K. Schmidt* (2002), S. 849.

207 Vgl. *Kübler* (1999b), S. 171. Vgl. bereits ausführlich zu den Gründen der Passivität *Wiethölter* (1961), S. 316-319; *Pross* (1965), S. 126-150; *Großfeld* (1968), S. 16-21. Diese aus ökonomischer Sicht sinnvolle Passivität wird vielfach mit dem Begriff „rationale Apathie" beschrieben. Vgl. z.B. *Picot/Michaelis* (1984), S. 256; *Bott* (2002), S. 22-23 m.w.N; *Palmiter* (2003), S. 107.

208 Bei der Continental AG lag die Präsenz 2005 sogar nur bei 23,55 %. Vgl. *DSW* (2005). Zu einem Überblick über weitere Erhebungen der letzen Jahre für deutsche Unternehmen vgl. *Bott* (2002), S. 411. Zu Vorschlägen zur Steigerung der Hauptversammlungspräsenz vgl. *Pellens/Gassen/Neuhaus/Schmidt* (2006), S. 29-34: *Klühs* (2006).

209 Zudem können Beschlüsse auch schwebend unwirksam sein, z.B. wenn sie noch der Zustimmung bestimmter Aktionäre bedürfen. Vgl. dazu und zu den Klagemöglichkeiten der Aktionäre ausführlich z.B. *Wilhelm* (1998), S. 237-262; *Raiser* (2001), S. 265-290; *G. Henn* (2002), S. 504-542; *K. Schmidt* (2002), S. 855-866.

nach Jahren ein weitreichender Beschluss (z.B. Kapitalerhöhung, Satzungsänderung, Aufsichtsratswahl) für nichtig erklärt und damit rückgängig gemacht werden muss[210].

Im Rahmen dieser Arbeit ist die Nichtigkeit gemäß § 256 AktG von Bedeutung. Danach ist der festgestellte Jahresabschluss nichtig, wenn z.B. die Bestimmungen im Gesetz oder in der Satzung zur Einstellung in oder zur Entnahme aus den Kapital- und Gewinnrücklagen verletzt worden sind (§ 256 Abs. 1 Nr. 4 AktG). Gleiches gilt, wenn eine nach den Vorschriften des HGB unzulässige Über- oder Unterbewertung von Bilanzpositionen stattgefunden hat und damit die Vermögens- und Ertragslage der Gesellschaft vorsätzlich unrichtig dargestellt wird (§ 256 Abs. 5 AktG).

Wenn Anlass zu der Annahme besteht, dass bestimmte Positionen des festgestellten Jahresabschlusses unangemessen hohe stille Reserven beinhalten, kommt eine Sonderprüfung wegen unzulässiger Unterbewertung durch gerichtlich bestellte Wirtschaftsprüfer gemäß §§ 258-261 AktG in Betracht[211]. Einen solchen Antrag können Aktionäre, die zusammen über 1% des Grundkapitals oder den anteiligen Betrag von 100.000 € verfügen, innerhalb eines Monats nach der Hauptversammlung stellen (§ 258 Abs. 2 i.V.m. § 142 Abs. 2 AktG). Haben die Sonderprüfer unangemessen hohe stille Reserven ermittelt, so bleibt der festgestellte Jahresabschluss dennoch wirksam. Es sind aber bei den einzelnen Bilanzpositionen Unterschiedsbeträge zu vermerken, um die die Aktiva zu niedrig bzw. die Passiva zu hoch angesetzt worden sind (§ 261 Abs. 1 S. 5 AktG). Die Summe der Unterschiedsbeträge ist als „Ertrag aufgrund höherer Bewertung gemäß dem Ergebnis der Sonderprüfung“ sowohl in der Gewinn- und Verlustrechnung als auch auf der Passivseite der Bilanz gesondert auszuweisen (§ 261 Abs. 1 S. 6 AktG). Nach § 261 Abs. 3 AktG zählt dieser Ertrag nicht zum Jahresüberschuss, der durch Vorstand und Aufsichtsrat in die Gewinnrücklagen eingestellt werden könnte. Die Vorschrift verfolgt den Zweck, die Verfügungsmasse der Hauptversammlung und damit das mitgliedschaftliche Dividendenrecht zu schützen[212].

Ein Gewinnverwendungsbeschluss ist ebenfalls nichtig, wenn der Jahresabschluss, auf dem er beruht, nichtig ist (§ 253 AktG). Als Rechtsbehelf kommt die Nichtigkeitsklage gemäß § 249 AktG in Betracht[213], wobei je nach Nichtigkeitsgrund unterschiedliche Fristen zwischen sechs Monaten und drei Jahren zu beachten sind[214].

Alle anderen Verstöße gegen das Gesetz oder die Satzung machen einen Hauptversammlungsbeschluss lediglich unter einschränkenden Voraussetzungen anfechtbar (§ 243 AktG). Die Klage ist innerhalb eines Monats nach der Beschlussfassung gegen die Gesellschaft, vertreten durch Vorstand und Aufsichtsrat, zu erheben (§ 246 AktG). Anfechtungsbefugt sind Aktionäre grundsätzlich nur dann, wenn sie auf der Hauptversammlung anwesend waren und gegen den Beschluss Widerspruch erklärt haben (§ 245 AktG). Die Anfechtung ist ausge-

---

[210] Nichtigkeit tritt im Aktienrecht damit nur in besonders gravierenden Fällen ein, wohingegen nach den allgemeinen Grundsätzen des Privatrechts jedes Rechtsgeschäft nichtig ist, das gegen ein Gesetz oder die guten Sitten verstößt (§§ 134, 138 BGB).

[211] Vgl. *Claussen* (1974); *Hueck/Windbichler* (2003), S. 390-391; *Hüffer* (2006), §§ 258-261. Vgl. zu einer Fixierung dessen, was „nicht unwesentliche“ Unterbewertung gemäß § 258 Abs. 1 Nr. 1 AktG bedeutet, *Frey* (1966), S. 634.

[212] Vgl. *Claussen* (1974), S. 320-322. Ein Ausschüttungszwang in Höhe des Ertrags ist vom Gesetzgeber diskutiert, aber nicht verwirklicht worden. Vgl. *Kropff* (1965), S. 342-343.

[213] Wenn deren Voraussetzungen nicht erfüllt sind, kommt die allgemeine Feststellungsklage nach § 256 ZPO in Betracht. Vgl. *Raiser* (2001), S. 285.

[214] Vgl. zu den Fristen im Einzelnen *Hüffer* (2006), § 242, Tz. 3-5, § 256, Tz. 30.

schlossen, wenn der Verstoß für den Aktionär kaum von Relevanz ist[215] oder die Gesellschaft nachweisen kann, dass der Anfechtungsgrund auf das Zustandekommen des Beschlusses keinen Einfluss gehabt hat[216]. Die Anfechtungsgründe lassen sich danach unterscheiden, ob sie auf Verfahrensmängeln (z.B. Verstöße im Abstimmungsverfahren oder bei der Beschlussfeststellung, Fehler bei der Einberufung der Hauptversammlung) oder Inhaltsmängeln (Verletzung des Gleichbehandlungsgebotes oder der Treuepflicht) basieren[217].

Neben den in § 243 Abs. 1 AktG genannten Anfechtungsmöglichkeiten bestehen weitere gemäß §§ 243 Abs. 2, 251, 254, 255 AktG. Im Rahmen dieser Arbeit ist insbesondere der Anfechtungsgrund nach § 254 AktG von Interesse. Danach haben Aktionäre, die zusammen 5 % des Grundkapitals oder den anteiligen Betrag von 500.000 € erreichen, ein besonderes Anfechtungsrecht, wenn die ausgeschüttete Dividende weniger als 4 % des Grundkapitals beträgt. Voraussetzung dafür ist, dass die Hauptversammlung höhere Beträge in die Gewinnrücklagen einstellt oder als Gewinn vorträgt, obwohl sie dazu weder durch Gesetz oder Satzung noch aufgrund wirtschaftlicher Notwendigkeiten gezwungen ist. Diese Norm soll vor einer Aushungerungspolitik der Aktionärsminderheit durch die Mehrheit schützen; sie wird aufgrund der geringen Mindestdividendenhöhe aber als wenig effektiv kritisiert[218].

Die Vorschriften zum Anfechtungsrecht sollen gewährleisten, dass sich die Verwaltung möglichst früh auf eine Anfechtungsklage einstellen kann und ansonsten Rechtssicherheit besteht. Eine Anfechtungsklage kann für die Aktiengesellschaft nämlich gravierende wirtschaftliche Risiken bergen, wenn sich beispielsweise der Anfechtungsprozess über Jahre hinzieht und dazu führt, dass eine beschlossene Kapitalerhöhung nicht durchgeführt werden kann. In diesem Fall sieht § 244 AktG die Möglichkeit der nachträglichen Bestätigung des angefochtenen Beschlusses durch die Hauptversammlung vor. Das ist dann nicht möglich, wenn der Kläger ein rechtliches Interesse daran hat, dass der anfechtbare Beschluss bis zur Bestätigung für nichtig erklärt wird (§ 244 S. 2 AktG).

Aufgrund der hohen Tragweite der Anfechtungsklage für die Gesellschaft, ist es nicht weiter verwunderlich, dass das Klagerecht mitunter missbraucht und von der Aktiengesellschaft wie ein „Damoklesschwert" gefürchtet wird[219]. In zahlreichen Fällen haben sich Aktionäre ihr Anfechtungsrecht abkaufen lassen oder eine Anfechtungsklage nur mit dem Ziel erhoben, von der Gesellschaft Leistungen für die Rücknahme der Klage zu erpressen[220]. Die Rechtsprechung hat daraufhin Missbrauchstatbestände entwickelt, bei deren Vorliegen Anfechtungsklagen als unbegründet abgewiesen werden[221]. Die missbräuchliche Ausnutzung des Anfech-

---

215 Vgl. *Raiser* (2001), S. 277-278.

216 Vgl. *Kübler* (1999b), S. 203; *Hueck/Windbichler* (2003), S. 350. Seit Verabschiedung des UMAG kann gemäß § 243 Abs. 4 AktG wegen eines Verstoßes gegen das Auskunftsrecht nur angefochten werden, wenn ein „objektiv urteilender Aktionär" sein Verhalten vom Inhalt dieser Informationen abhängig gemacht hätte. Vgl. *Schütz* (2004), S. 419-420; *Seibert/Schütz* (2004), S. 256.

217 Vgl. *Raiser* (2001), 277-282; *Hueck/Windbichler* (2003), S. 349-350; *Grunewald* (2005), S. 283-284.

218 Vgl. *Raiser* (2001), S. 280; *Hueck/Windbichler* (2003), S. 392.

219 Vgl. *Paefgen* (2002), S. 269-277.

220 Vgl. *Lutter* (1988c), S. 194; *Martens* (1992), S. 1678; *Volhard* (1998), S. 398; *Hüffer* (2006), § 245, Tz. 22. Zu den Auswirkungen des deutschen Anfechtungsrechts auf die Zusammenschlüsse von Krupp/Hoesch, Krupp/Thyssen und Daimler-Benz/Chrysler vgl. *Paefgen* (2002), S. 271.

221 Vgl. dazu im Einzelnen *Windbichler* (2000); *Hüffer* (2006), § 245, Tz. 22-27. Nach *Paefgen* (2002), S. 274, stellt die Rechtsprechung allerdings kein ausreichendes Korrektiv dar.

tungsrechts soll durch das so genannte Freigabeverfahren gemäß § 246a AktG, das durch das UMAG eingeführt wurde, weiter eingeschränkt werden[222].

1.2.3.2.2 Informationsrechte

Damit die Aktionäre die bisher beschriebenen Herrschaftsrechte sinnvoll ausüben können, benötigen sie Informationen über die Aktiengesellschaft[223]. Auch den Stellenwert ihrer Vermögensrechte können sie nur beurteilen, wenn sie über die wirtschaftliche Lage der Gesellschaft informiert sind.

Jedem Aktionär steht gemäß §§ 131, 132 AktG ein Auskunftsrecht in der Hauptversammlung zu. Auf Verlangen hat der Vorstand die Aktionäre mit Informationen zur Geschäftspolitik des Unternehmens und seiner Tochterunternehmen zu versorgen, die sie zur sachgemäßen Ausübung ihres Stimmrechts benötigen. Das Auskunftsrecht soll dem Aktionär zudem eine Entscheidungsgrundlage dafür bieten, ob eine Anfechtungsklage gegen einen Hauptversammlungsbeschluss erhoben werden soll. Nur in den engen Grenzen des § 131 Abs. 3 AktG kann der Vorstand die Auskunft verweigern, beispielsweise wenn sie zu einem nicht unerheblichen Nachteil für die Aktiengesellschaft oder einem verbundenen Unternehmen führen könnte (§ 131 Abs. 3 Nr. 1 AktG)[224]. Weiterhin braucht der Vorstand, wenn er zusammen mit dem Aufsichtsrat den Jahresabschluss feststellt, keine Angaben über die Höhe der stillen Reserven zu machen (§ 131 Abs. 3 Nr. 3 AktG)[225]. Dahingegen kann der Vorstand die Auskunft nicht mit der Begründung verweigern, der Aktionär verfolge eigennützige Interessen, z.B. die Erhöhung der Dividende[226]. Die Verweigerung der Auskunft stellt in der Praxis den häufigsten Grund für Anfechtungsklagen gegen Hauptversammlungsbeschlüsse dar[227].

Über das bloße Auskunftsrecht als Individualrecht in der Hauptversammlung hinaus stehen den Aktionären weitere Informationen zu. Im Rahmen der so genannten Unternehmenspublizität stellen Aktiengesellschaften – teils freiwillig, teils aufgrund gesetzlicher Verpflichtungen – Unternehmensinformationen bereit. Dazu gehören insbesondere Rechnungslegungsdaten, aber auch vielfältige weitere Unternehmensdaten, die z.B. über das Internet zur Verfügung gestellt werden[228]. Als vorrangiges Ziel der gesetzlich erzwungenen Publizität wird die Reduktion der asymmetrischen Informationsverteilung zwischen den besser informierten Managern und den schlechter informierten Unternehmensexternen (Aktionäre, Gläubiger, Lieferan-

---

222 Danach kann die Gesellschaft bei Anfechtungsklagen gegen weitreichende Hauptversammlungsbeschlüsse in einem Eilverfahren die „Freigabe" des Beschlusses, d.h. die Eintragung ins Handelsregister, beantragen. Bekommt der Anfechtungskläger später Recht, erhält er Schadensersatz. Vgl. dazu auch *Seibert/Schütz* (2004), S. 256-258.

223 Vgl. *Kübler* (1999b), S. 198; *Raiser* (2001), S. 240; *K. Schmidt* (2002), S. 842; *Hueck/Windbichler* (2003), S. 337; *Hüffer* (2006), § 131, Tz. 1. Zur diesbezüglichen Motivation des Gesetzgebers vgl. *Kropff* (1965), S. 184.

224 Vgl. zu den Verweigerungsgründen ausführlich *Obermüller/Werner/Winden* (2001), S. 253-261; *Hüffer* (2006), § 131, Tz. 24-32. Wird die begehrte Auskunft verweigert, kann der Aktionär ein Auskunftserzwingungsverfahren nach § 132 AktG einleiten.

225 Vgl. dazu kritisch *Siegel/Bareis/Rückle/Schneider/Sigloch/Streim/Wagner* (1999).

226 Vgl. *Kübler* (1999b), S. 198.

227 Vgl. *Wiedemann/Frey* (2002), S. 416.

228 Vgl. *Fülbier* (1998b), S. 22-23; *Merkt* (2001b), S. 22-26; *Pellens* (2001b), Sp. 1742; *Pellens/Crasselt* (2004), Sp. 1461-1466; *Pellens/Fülbier/Gassen* (2006), S. 840-845.

ten, Kunden etc.) angesehen[229]. Aktionäre sollen auf der Basis von aktuellen Unternehmensinformationen ihre Chance/Risiko-Position besser abschätzen können. Da die Informationsmöglichkeiten nicht auf die aktuellen Aktionäre beschränkt sind, sondern auch den potentiellen Aktionären offen stehen, wird von einem Kollektivgut[230] gesprochen, das Teil des Anlegerschutzes[231] ist. Auch Gläubiger profitieren von der Unternehmenspublizität, weil sie mit den umfangreichen Informationen das Ausfallrisiko ihres Engagements besser abschätzen können[232].

Wie bereits ausgeführt, sind Publizitätsvorschriften in Deutschland traditionell im Gesellschaftsrecht angesiedelt. Hinsichtlich des Umfangs der Publizität knüpfen gesellschaftsrechtliche Regelungen primär an die Rechtsform, Größe und Branchenzugehörigkeit an. Hinsichtlich Börsennotierung bzw. Kapitalmarktorientierung wird im Gesellschaftsrecht nur vereinzelt differenziert. Sämtliche Anteilseigner der Aktiengesellschaft haben gemäß §§ 175 Abs. 2, 176 Abs. 1 AktG ein Recht auf Vorlage bzw. Abschrift von Jahresabschluss und Lagebericht (bzw. Konzernabschluss und Konzernlagebericht bei bestehender Konzernrechnungslegungspflicht gemäß §§ 290-293 HGB)[233], Bericht des Aufsichtsrats und Vorschlag des Vorstands für die Verwendung des Bilanzgewinns. Eine jährliche Publizitätspflicht für diese Unterlagen besteht nach § 325 HGB, wobei die §§ 326-327 HGB größenabhängige Erleichterungen gewähren. Die Dokumente sind zum zuständigen Handelsregister einzureichen und im Bundesanzeiger bekannt zu machen, bei großen Aktiengesellschaften ist die Reihenfolge gemäß § 325 Abs. 2 HGB umgekehrt. Dafür haben die gesetzlichen Vertreter zwölf Monate Zeit.

Zusätzlich zu den regelmäßigen Publizitätspflichten haben Aktiengesellschaften fallweise rechtlich bedeutende Tatsachen bekannt zu machen, wie z.B. Kapitalmaßnahmen (§§ 184, 195, 201, 210, 223, 227, 239 AktG), Unternehmensverträge (§§ 294, 298 AktG), Eingliederungen (§§ 319 Abs. 4, 327 Abs. 3 AktG), Ausschluss von Minderheitsaktionären (§ 327e AktG), Auflösung (§§ 263, 398 AktG) und Insolvenzantrag (§ 32 HGB).

Börsennotierte Unternehmen haben gemäß § 285 Nr. 11 HGB erweiterte Anhangangaben zu machen und müssen gemäß § 161 AktG eine Entsprechungserklärung zum Deutschen Corporate Governance Kodex abgeben. Börsennotierte Mutterunternehmen müssen schon seit längerem ihren Konzernabschluss um eine Kapitalflussrechnung, eine Segmentberichterstattung[234] und einen Eigenkapitalspiegel erweitern[235]. Für kapitalmarktorientierte Aktiengesell-

---

229 Vgl. *Pellens/Fülbier/Gassen* (2006), S. 841.

230 Vgl. *Groß* (1997), S. 100.

231 Vgl. *Ewert* (1998), S. 45. Vgl. zur historischen Entwicklung des Anlegerschutzes in Deutschland ausführlich *Pellens* (1994), S. 18-46.

232 Vgl. insbesondere *Kübler* (1995b), S. 558-563.

233 Erhöhte Anforderungen an den Lagebericht bzw. den Konzernlagebericht stellen die Fair-Value- und die Modernisierungsrichtlinie, die in Deutschland durch das BilReG in §§ 289, 315 HGB umgesetzt worden sind. Vgl. zu den Änderungen ausführlich *Kajüter* (2004a); *Kajüter* (2004b); *K. Lange* (2004); *Kaiser* (2005). Zu den aus der Übernahmerichtlinie resultierenden zusätzlichen Angaben im Lagebericht vgl. *Lanfermann/Maul* (2004), S. 1518-1520.

234 Zur Praxis der Segmentberichterstattung von nach IFRS bilanzierenden Konzernen des Prime Standard vgl. *Langguth/Engelmann* (2005).

235 Seit dem BilReG sind die Kapitalflussrechnung und der Eigenkapitalspiegel Bestandteile des Konzernabschlusses aller Mutterunternehmen, der um eine Segmentberichterstattung erweitert werden kann (§ 297 Abs. 1 HGB). Kapitalmarktorientierte Mutterunternehmen sind durch die IAS-VO zur Segmentberichterstattung verpflichtet.

schaften entfallen sämtliche größenabhängige Erleichterungen (§§ 267 Abs. 3 S. 2, 293 Abs. 5 HGB).

Während die genannten gesellschaftsrechtlichen Vorschriften primär dem Gläubigerschutzgedanken entspringen und das Korrelat für die Haftungsbeschränkung darstellen[236], sollen die im Kapitalmarktrecht begründeten Publizitätsregeln für börsennotierte bzw. kapitalmarktorientierte Unternehmen vorrangig dem Anlegerschutz dienen. Wie in Kapitel II.1.2.1 bereits erläutert, hat sich das Kapitalmarktrecht auf der Ebene der EU und in Deutschland in den letzten Jahren erheblich weiterentwickelt.

Unternehmen werden als kapitalmarktorientiert bezeichnet, wenn ihre Eigen- und/oder Fremdkapitaltitel an einem organisierten Kapitalmarkt i.S.d. § 2 Abs. 5 WpHG zugelassen sind bzw. eine Zulassung hierzu beantragt ist[237]. Börsennotierte Gesellschaften stellen eine Teilmenge der kapitalmarktorientierten Unternehmen dar. Es handelt sich gemäß § 3 Abs. 2 AktG um Gesellschaften, deren Aktien an einem Markt zugelassen sind, der von staatlich anerkannten Stellen geregelt und überwacht wird, regelmäßig stattfindet und für das Publikum zugänglich ist. Als solche Märkte gelten in Deutschland der amtliche Markt (§§ 30 ff. BörsG) und der geregelte Markt (§§ 49 ff. BörsG), nicht jedoch der Freiverkehr (§ 57 BörsG) und andere außerbörsliche Handelsplätze.

Für kapitalmarktorientierte Gesellschaften bestehen umfangreichere regel- und unregelmäßige Publizitätsvorschriften[238]. Somit verfügen Aktionäre solcher Unternehmen über erweiterte Informationsrechte. Alle kapitalmarktorientierten Mutterunternehmen, für die bis zum 31.12.2004 das Wahlrecht gemäß § 292a HGB bestand, anstelle eines HGB-Konzernabschlusses einen Abschluss nach IFRS oder US-GAAP zu erstellen, müssen seit dem Jahre 2005 aufgrund der IAS-VO grundsätzlich ihren Konzernabschluss nach IFRS aufstellen.

Im Gegensatz zum Jahresabschluss ist die Zwischenberichterstattung in Deutschland ausschließlich kapitalmarktrechtlich reguliert[239]. § 44b BörsG i.V.m. §§ 53-62 BörsZulV verpflichtet börsennotierte Aktiengesellschaften zur Veröffentlichung eines Halbjahresberichtes auf Basis des Einzel- oder Konzernabschlusses innerhalb einer Frist von zwei Monaten. Während dieser Halbjahresbericht ausreichend ist für Unternehmen, die zum Börsensegment des General Standard zugelassen sind, haben Unternehmen im Börsensegment des Prime Standard[240] eine Quartalsberichterstattung zu befolgen (§ 63 der Börsenordnung (BO) der Frankfurter Wertpapierbörse). Nach § 63 Abs. 4 Nr. 1 BO ist auch über im Quartal gezahlte oder vorgeschlagene Dividendenzahlungen zu berichten.

---

236 Vgl. dazu ausführlich Kapitel V.5.1 und V.5.2.

237 Es handelt sich dabei um die Umsetzung von Art. 1 Nr. 13 WpDRiLi (Richtlinie 93/22/EWG des Rates vom 10.05.1993 über Wertpapierdienstleistungen, ABl. EG 1993 L 141/27), wobei der deutsche Gesetzgeber zur Vermeidung von Missverständnissen von der Übernahme des dort verwendeten Begriffs „geregelter Markt" abgesehen hat. Vgl. dazu *Beck* (2004), § 2, Tz. 45-46. Wie bereits erwähnt, ist die WpDRiLi mittlerweile durch die Richtlinie 2004/39/EG vom 21.04.2004 (ABl. EG L 145/1) ersetzt worden.

238 Vgl. im Überblick *Pellens* (2001b), Sp. 1747-1749; *Pellens/Crasselt* (2004), Sp. 1461-1466.

239 Vgl. für einen komprimierten Überblick über die Zwischenberichterstattung *Pellens/Gassen* (2002); *Coenenberg* (2005), S. 924-943.

240 Im Rahmen der Neuordnung der Auswahlindizes der Deutschen Börse AG ist seit Anfang 2003 die Zulassung zum Börsensegment des Prime Standard Voraussetzung für die Zugehörigkeit zu DAX, MDAX, SDAX und TecDAX. Vgl. zu den Zulassungsvoraussetzungen und Zulassungsfolgepflichten der beiden Börsensegmente *Mitental/Anders* (2003); *Schlitt* (2003).

Kapitalmarktrechtlich fundiert ist zudem eine Reihe von unregelmäßigen Publizitätspflichten. Mit der Börsenzulassung muss gemäß §§ 30 Abs. 3, 4 und 32 Abs. 1 Nr. 2 BörsG i.V.m. §§ 13-47 BörsZulV je nach Börsensegment ein Börsenzulassungsprospekt, ein Unternehmensbericht oder ein Verkaufsprospekt veröffentlicht werden. Weiterhin besteht nach § 15 WpHG die Pflicht zur Ad-hoc-Publizität[241]. Hiernach sind alle im Unternehmensbereich eingetretenen, den Anlegern nicht bekannten Tatsachen unverzüglich zu veröffentlichen, die wegen ihrer Auswirkungen auf die Vermögens-, Finanz- und Ertragslage oder den allgemeinen Geschäftsverlauf zu erheblichen Aktienkursänderungen führen bzw. im Fall von Schuldverschreibungen die Zahlungsfähigkeit des Emittenten beeinträchtigen können. Beispielhaft können hier Gewinnwarnungen genannt werden, die bekannt gegeben werden müssen, wenn die Unternehmensleitung der Ansicht ist, die Markterwartungen nicht mehr erfüllen zu können. Gemäß §§ 21-30 WpHG sind weiterhin Änderungen der Anteilseignerstruktur unverzüglich zu veröffentlichen, wodurch die Aktionäre über die Eigentümer- und Stimmrechtstruktur ihrer Aktiengesellschaft und daraus resultierend über mögliche Interessenkonflikte informiert werden[242].

Nach der EU-Transparenzrichtlinie[243] sollen zukünftig alle Kapitalmarktunternehmen den IFRS-Konzernabschluss oder, soweit ein Unternehmen über keine Tochterunternehmen verfügt, den nach nationalen Vorschriften aufgestellten Einzelabschluss als einen Bestandteil eines Jahresfinanzberichts veröffentlichen. Dieser beinhaltet darüber hinaus den Lagebericht und eine Erklärung der verantwortlichen Personen zur Richtigkeit und Vollständigkeit der Unterlagen. Zudem sieht die Richtlinie vor, dass kapitalmarktorientierte Unternehmen einen Halbjahresfinanzbericht publizieren, der einen konsolidierten Zwischenbericht nach IAS 34, eine Aktualisierung des Lageberichts und eine Erklärung zur Richtigkeit und Vollständigkeit der Unterlagen enthält. Börsennotierte Unternehmen sollen zusätzlich zur Veröffentlichung bestimmter Quartalsangaben verpflichtet werden[244].

Als Fazit kann festgehalten werden, dass den Aktionären umfangreiche Informationsrechte zustehen. Dabei sind die kapitalmarktrechtlichen Publizitätspflichten im Vergleich zu den gesellschaftsrechtlichen umfangreicher und zeitnäher. Bei den kapitalmarktorientierten Unternehmen sind die Veröffentlichungspflichten mittlerweile sogar mit denen in den USA vergleichbar[245]. Von der Informationsversorgung profitieren nicht nur die Aktionäre, sondern alle

---

241 Vgl. für einen komprimierten Überblick über die Ad-hoc-Publizität *Fülbier* (1998a); *Fülbier* (1999); *Hirth/Neus* (2001); *Pellens/Fülbier/Gassen* (2006), S. 877-879. Vgl. zu einer ökonomischen Analyse der Ad-hoc-Publizität ausführlich *Fülbier* (1998b). Zur Kurserheblichkeit von Ad-hoc-Mitteilungen nach § 15 WpHG vgl. z.B. *Nowak* (2001). Vgl. zu den seit Oktober 2004 verschärften Ad-hoc-Pflichten durch das AnSVG z.B. *S. Schneider* (2005). Zur diesbezüglichen Verunsicherung in der Praxis vgl. auch *o.V.* (2005b); *Simon/Leuering* (2005).

242 Vgl. zu den Mitteilungs- und Veröffentlichungspflichten hinsichtlich der Aktionärsstruktur nach deutschem Recht sowie zum Publizitätsverhalten der DAX-100-Unternehmen ausführlich *F. Ruhwedel* (2003), S. 50-58.

243 Vgl. *Buchheim* (2003), *Möllers* (2003), S. 395-396; *Buchheim/Burger/Ulbrich* (2004).

244 Unternehmen, deren Wertpapiere an der Frankfurter Börse zum Börsensegment des Prime Standards zugelassen sind, haben schon seit Anfang 2003 Publizitätspflichten der öffentlich-rechtlichen Börsenordnung zu beachten, die der EU-Transparenzrichtlinie weitgehend entsprechen, zum Teil sogar über die Anforderungen der Richtlinie hinausgehen. Vgl. *Pellens/Crasselt* (2004), Sp. 1465.

245 Vgl. *Pellens/Fülbier/Gassen* (2006), S. 869.

Unternehmensbeteiligten. Insbesondere aktuelle und potentielle Gläubiger können sich durch die Auswertung der Informationen möglicherweise wirksam schützen[246].

1.2.3.2.3 Vermögensrechte

Durch seine Mitgliedschaft in der Aktiengesellschaft erwirbt der Aktionär eine Reihe vermögensbezogener Rechte. Dabei stellt das Dividendenrecht „das wichtigste mitgliedschaftliche Vermögensrecht des Aktionärs“[247] dar. Im Allgemeinen besteht die Dividende in einer Geldzahlung. Seit dem TransPuG 2002 kann die Hauptversammlung gemäß § 58 Abs. 5 AktG aber auch eine Sachausschüttung beschließen, wenn die Satzung eine entsprechende Ermächtigung vorsieht. Der Gesetzgeber lässt damit in Anlehnung an zahlreiche ausländische Rechtsordnungen und in Einklang mit der Kapitalrichtlinie die Sachdividende als Alternative zur Barausschüttung explizit zu[248]. Auch wenn die Bedeutung der Sachdividende in Deutschland zunimmt[249], wird sie im weiteren Verlauf dieser Arbeit nicht mehr gesondert betrachtet, da die Sachausschüttungshöhe grundsätzlich denselben Gewinnermittlungs- und Gewinnverwendungsregeln wie die Barausschüttung unterliegt[250].

Dividendenzahlungen oder sonstige Leistungen, die gegen die aktienrechtlichen Vorschriften verstoßen haben, sind von den Aktionären grundsätzlich gemäß § 62 Abs. 1 AktG der Gesellschaft zurück zu gewähren. Rückerstattungsansprüche der Gesellschaft bestehen z.B. bei einem Verstoß gegen die Gewinnverteilungsregel des § 60 AktG oder bei fehlendem Gewinnverwendungsbeschluss gemäß § 174 AktG[251]. Gläubiger können gemäß § 62 Abs. 2 S. 1 AktG den Anspruch der Gesellschaft geltend machen, soweit sie von ihr keine Befriedigung

---

246 Darauf wird in Kapitel V.5.4.1 ausführlich eingegangen.

247 *Lutter* (1988b), § 58, Tz. 79.

248 Nach Ansicht des Gesetzgebers kann eine Sachausschüttung in Form von börsengehandelten Werten eine mehrheitliche und sogar ausschließliche Sachdividende rechtfertigen. Nicht börsengehandelte Werte hingegen können nur dann die herkömmliche Bardividende ersetzen, wenn alle Aktionäre zustimmen. Vgl. *BMJ* (2002), S. 26-27.

249 Viele Satzungen sehen mittlerweile diese Möglichkeit vor. Vgl. z.B. die Nachweise bei *Schnorbus* (2003), S. 509, Fn. 7. In der Praxis dominiert die Ausgabe von Aktien, z.B. von Tochtergesellschaften oder Beteiligungsbesitz. Es finden sich aber auch Unternehmen, die Produkte der Gesellschaft ausschütten. So bietet die Königsegger WalderBräu AG ihren Aktionären fünf Kästen Bier pro Aktie an. Vgl. *Königsegger WalderBräu AG* (2003). Die Vorzugsaktionäre der Mosel Weinberg AG erhalten alle zwei Jahre als „flüssige“ Dividende 0,75 Liter Qualitätswein der Anbaugebiete, in denen die Gesellschaft Weinbergbesitz hat. Vgl. *Mosel Weinberg AG* (2003).

250 Vgl. zu den verschiedenen Aspekten der Sachdividende, insbesondere den Problemen bei der handels- und steuerrechtlichen Bewertung *Hasselbach/Wicke* (2001); *Lutter/Leinekugel/Rödder* (2002); *W. Müller* (2002), S. 757-759; *Schüppen* (2002), S. 1276-1277; *Holzborn/Bunnemann* (2003); *Menner/Broer* (2003), S. 1077-1079; *Prinz/Schürner* (2003); *Schnorbus* (2003); *Strunk* (2003); *Waclawik* (2003); *Orth* (2004).

251 Vgl. *Hüffer* (2006), § 62, Tz. 7-8.

erlangen können[252]. Von einer Rückzahlungspflicht ausgenommen sind aber Aktionäre, die Dividenden in gutem Glauben empfangen haben (§ 62 Abs. 1 S. 2 AktG)[253].

Das Dividendenrecht ist in Deutschland geprägt vom Zusammenspiel von den aktienrechtlichen Kapitalaufbringungs- und Kapitalerhaltungsregeln einerseits und den handelsrechtlichen Gewinnermittlungsbestimmungen andererseits. Darüber hinaus ist es beeinflusst von der aktienrechtlichen Kompetenzverteilung zwischen der Verwaltung und der Hauptversammlung. Diese Zusammenhänge sowie Besonderheiten im Konzernverbund werden in Kapitel III.1.2 ausführlich beleuchtet.

Das Recht auf einen Anteil am Liquidationserlös (§ 271 Abs. 1 AktG) sichert dem Aktionär im Falle der Auflösung der Gesellschaft die Auszahlung des Restvermögens nach Befriedigung der anderen Kapitalgeber entsprechend seiner Anteilsquote. Im Rahmen der Zwangsliquidation ist dieser Zahlungsanspruch allerdings in der Regel wertlos[254]. Zu Auszahlungen von Teilen des Gesellschaftskapitals an die Aktionäre kommt es ebenfalls, wenn die Hauptversammlung mit Dreiviertelmehrheit eine ordentliche Kapitalherabsetzung gemäß §§ 222-228 AktG beschlossen hat und die Gläubigerschutzmaßnahmen des § 225 AktG beachtet worden sind.

Bei Kapitalerhöhungen gegen Einlagen (§§ 182-191 AktG) soll das Bezugsrecht gemäß § 186 Abs. 2 AktG sicherstellen, dass die Beteiligungs- und Stimmrechtsquote der Altaktionäre nicht verwässert wird. Indem die jungen Aktien den Altaktionären zur Zeichnung angeboten werden, können diese durch Ausübung des Bezugsrechts ihre bisherige Quote am Grundkapital aufrechterhalten. Weiterhin stellt das Bezugsrecht einen Ausgleich für die Vermögensverwässerung dar, die sich regelmäßig dadurch ergibt, dass die neuen Aktien unter dem Kurs der alten Aktien emittiert werden und sich nach Durchführung der Kapitalerhöhung ein niedrigerer Mischkurs einstellt[255]. Im Rahmen einer genehmigten Kapitalerhöhung (§§ 202-206 AktG) kann die Satzung den Vorstand für maximal fünf Jahre dazu ermächtigen, das Grundkapital um höchstens 50 % zu erhöhen. In diesen Fällen gelten gemäß § 203 Abs. 1 AktG grundsätzlich dieselben Vorschriften hinsichtlich des Bezugsrechts wie bei der Kapitalerhöhung gegen Einlagen (§§ 185-191 AktG). Ist eine bedingte Kapitalerhöhung (§§ 192-201) beschlossen worden, besteht das Bezugsrecht gemäß § 221 Abs. 4 AktG ebenfalls analog § 186 AktG für Inhaber von Wandelschuldverschreibungen[256]. Bei der Kapitalerhöhung aus Gesellschaftsmitteln (§§ 207-220 AktG) erfolgt lediglich ein Passivtausch innerhalb des Ei-

---

[252] Im Insolvenzverfahren übt der Insolvenzverwalter oder Sachwalter das Recht der Gläubiger aus (§ 62 Abs. 2 S. 2 AktG).

[253] Seit der Angleichung des AktG an die Kapitalrichtlinie liegt Bösgläubigkeit bereits bei einfacher Fahrlässigkeit vor, wobei die Gesellschaft für das Vorliegen der Kenntnis oder der fahrlässigen Unkenntnis die Beweislast trägt. Vgl. *Nienhaus* (2002), S. 5-6. An die Gutgläubigkeit werden in Abhängigkeit von den Lebens- und Berufskreisen unterschiedliche Anforderungen an die Aktionäre gestellt. Vgl. *Hüffer* (2006), § 62, Tz. 11.

[254] Vgl. *Süchting* (1995), S. 84. *Strobl* (1996), S. 408, weist darauf hin, dass in Deutschland die durchschnittliche Quote der nicht bevorrechtigten Forderungen in der Insolvenz bei lediglich 3 % bis 4 % liegt. Vgl. ebenso *Merkt* (2006b), S. 97.

[255] Vgl. *Süchting* (1995), S. 89, 92; *Perridon/Steiner* (2004), S. 379.

[256] Dahingegen ist das Bezugsrecht der Altaktionäre ausgeschlossen, wenn eine bedingte Kapitalerhöhung gemäß § 192 Abs. 2 Nr. 3 AktG vorgenommen wird, um Arbeitnehmern und Vorstandsmitgliedern Aktienoptionen (Stock Options) zu gewähren. Verwässerungseffekte halten sich aber in Grenzen, da das bedingte Kapital in diesem Fall 10 % des Grundkapitals nicht übersteigen darf und die Eckpunkte des Aktienoptionsplans von der Hauptversammlung mit Dreiviertelmehrheit beschlossen werden müssen.

genkapitals, indem die Kapital- und Gewinnrücklagen zugunsten des Grundkapitals vermindert werden. Durch die Ausgabe von Zusatzaktien gemäß § 212 AktG bleibt die Beteiligungsquote der Aktionäre unverändert.

Das Bezugsrecht kann gemäß § 186 Abs. 3-4 AktG ganz oder teilweise eingeschränkt werden. Dazu müssen aber eine Reihe von Voraussetzungen beachtet werden, die einerseits formeller Natur und im Gesetz geregelt und andererseits materieller Gestalt und von Rechtsprechung und Schrifttum entwickelt worden sind[257]. Mit dem „Gesetz für kleine Aktiengesellschaften und zur Deregulierung des Aktienrechts" von 1994 wurde für börsennotierte Aktiengesellschaften in § 186 Abs. 3 S. 4 AktG eine Sonderregelung geschaffen[258]. Danach wird der Ausschluss des Bezugsrechts als verhältnismäßig erachtet, wenn die Kapitalerhöhung durch Bareinlagen 10 % des Grundkapitals nicht überschreitet und der Ausgabepreis den Börsenkurs nicht wesentlich unterschreitet. Der erleichterte Bezugsrechtsausschluss soll bei den Gesellschaften zu niedrigeren Kapitalkosten infolge von geringerem Verwaltungsaufwand und höheren, kurzfristig erzielbaren Erlösen führen. Dadurch sollen Wettbewerbs- und Standortnachteile deutscher Gesellschaften im internationalen Vergleich vermieden werden, ohne die Vermögensrechte der Altaktionäre zu sehr zu beeinträchtigen[259].

Eine Alternative zu Dividendenzahlungen können Aktienrückkäufe darstellen[260]. Für den Erwerb eigener Aktien hat der Gesetzgeber mit dem KonTraG in § 71 Abs. 1 Nr. 8 AktG erweiterte Möglichkeiten geschaffen[261]. Voraussetzung für den Rückkauf ist ein mit einfacher Stimmenmehrheit (§ 133 Abs. 1 AktG) vorliegender Ermächtigungsbeschluss der Hauptversammlung. Dieser kann innerhalb von 18 Monaten vom Vorstand ausgeübt werden, um ma-

---

257 Vgl. dazu ausführlich *Lutter* (1989), § 186, Tz. 50-88; *Wellkamp* (1998), S. 142-145; *Hüffer* (2006), § 186, Tz. 20-43.

258 Vgl. zur Neuregulierung der §§ 192-193 AktG durch das KonTraG *C. Ernst/Seibert/Stuckert* (1998), S. 78-82; *Seibert* (1998), S. 40-48; *Pellens/Bonse* (1999), S. 861-862; *Hüffer* (2006), § 192, Tz. 15-22, § 193, Tz. 7-10.

259 Vgl. *Nippel/Schweizer* (1996), S. 531; *Seibert/Köster/Kiem* (1996), S. 108-110. Das Bezugsrecht im Allgemeinen und die Neuregelung im Jahre 1994 für börsennotierte Unternehmen im Besonderen werden im rechts- und wirtschaftswissenschaftlichen Schrifttum unterschiedlich beurteilt. Vgl. zu einem Überblick über die Literaturmeinungen und zu den Schwierigkeiten einer ökonomischen Beurteilung des Bezugsrechtsausschlusses gemäß § 186 Abs. 3 S. 4 AktG *Pellens/Bonse* (1999), S. 854-857. Der Richtlinienvorschlag zur Änderung der Kapitalrichtlinie vom 21.09.2004 sieht auf europäischer Ebene Erleichterungen des Bezugsrechtsauschlusses für börsennotierte Gesellschaften vor. Vgl. dazu Kapitel IV.5.

260 Empirische Untersuchungen in Deutschland nähren bislang allerdings Zweifel daran, dass Dividenden in Deutschland ähnlich häufig wie in den USA durch Aktienrückkäufe substituiert werden. Einer Ende 1998 bis Anfang 1999 durchgeführten Befragungsstudie von Aktiengesellschaften, deren Hauptversammlungen im Jahre 1998 einen Ermächtigungsbeschluss nach § 71 Abs. 1 Nr. 8 AktG erteilten, zufolge stellt dieses Instrumentarium keine echte Alternative zu Dividendenzahlungen dar. Vgl. *Pellens/Schremper* (2000), S. 142, 153. Auch die Vorstände der DAX-100-, NEMAX-50- und SDAX-Gesellschaften, die im Frühjahr 2002 zur Ausschüttungspolitik befragt wurden, messen dem Aktienrückkauf nur eine untergeordnete Bedeutung bei und planen, auch in der Zukunft Aktienrückkäufe nur vergleichsweise selten durchzuführen. Manche Unternehmensvertreter sprechen dem Rückkauf gänzlich die Qualität eines Ausschüttungsinstruments ab. Vgl. dazu *Pellens/Gassen/Richard* (2003), S. 317. Zu einer Übersicht angezeigter Ermächtigungsbeschlüsse vgl. *BaFin* (2006).

261 Vgl. dazu im Einzelnen *Pellens/Schremper* (2000), S. 134-135, 137-140; *Schremper* (2002), S. 16-52; *Hüffer* (2006), § 71, Tz. 19c-19p. Die geplante Änderungsrichtlinie sieht die Abschaffung der 10 %-Regel und eine Verlängerung des Zeitraums vor. Vgl. dazu ebenfalls Kapitel IV.5.

ximal 10 % des Grundkapitals zurückzukaufen[262]. Das Management hat damit die Möglichkeit, in den gesetzlichen Grenzen Kurspflege zu betreiben, indem die Nachfrage nach eigenen Aktien erhöht und der Aktienkurs daraus resultierend gesteigert wird[263]. Soll bei einer späteren Veräußerung der eigenen Aktien das Bezugsrecht der Aktionäre ausgeschlossen werden, bedarf es einer Dreiviertelmehrheit der Hauptversammlung entsprechend § 186 Abs. 3 AktG.

Bei Strukturänderungen (z.B. Verschmelzung, Spaltung, Formwechsel) und in verschiedenen konzernrechtlichen Konstellationen (Abschluss von Beherrschungs- und Gewinnabführungsverträgen, Eingliederung, Squeeze-out) haben die Aktionäre weiterhin zahlreiche Ausgleichs-, Umtausch- und Abfindungsansprüche[264]. Es ist festzustellen, dass die konzernspezifischen Vorschriften der §§ 291-328 AktG den Schutz der Vermögensrechte der Aktionäre in den Vordergrund stellen, während der Schutz der Herrschaftsrechte weniger stark ausgeprägt ist[265].

1.3 Zwischenergebnis

Als Ergebnis der Ausführungen kann festgehalten werden, dass in Deutschland die Struktur der Aktiengesellschaft durch zwingende Regelungen im Aktiengesetz vorgegeben ist. Die Aktiengesellschaft hat mit dem Vorstand, dem Aufsichtsrat und der Hauptversammlung drei Organe, deren aktienrechtlich kodifizierten Kompetenzen eine Machtbalance untereinander sicherstellen sollen. Dem Vorstand obliegt die eigenverantwortliche und weisungsungebunde Geschäftsführung und Vertretung der Gesellschaft. Der Aufsichtsrat bestellt die Vorstandsmitglieder und überwacht die Geschäftsführung. Dazu stehen ihm verschiedene Einsichts- und Prüfungsrechte zu. Außerdem dürfen bestimmte Geschäftsführungsmaßnahmen nur mit der Zustimmung des Aufsichtsrats durchgeführt werden. Eine nicht unumstrittene Besonderheit des deutschen Aufsichtsrats besteht in der Mitbestimmung durch Arbeitnehmer- und Gewerkschaftsvertreter bei Aktiengesellschaften bestimmter Größe.

Der Hauptversammlung als Versammlung aller Aktionäre sind Fragen der Geschäftsführung grundsätzlich entzogen. Ihr stehen aber grundlegende Entscheidungen zu, so z.B. die Wahl und Abberufung der Aktionärsvertreter im Aufsichtsrat, die Entlastung der Mitglieder der Verwaltung, Satzungsänderungen und Maßnahmen der Kapitalbeschaffung. Die Machtverteilung zwischen den Organen kann in der Unternehmenspraxis allerdings vom aktienrechtlichen Ideal der Machtbalance abweichen. Dies zeigt sich z.B. dann, wenn eine vom Großaktionär dominierte Hauptversammlung dem Vorstand das Misstrauen ausspricht und der Aufsichtsrat daraufhin den Vorstand abberuft.

---

262 Mit § 71b AktG wird sichergestellt, dass der Gesellschaft aus den eigenen Aktien keine Mitgliedschaftsrechte zustehen. § 71 Abs. 2 S. 2 bestimmt aus Gläubigerschutzgesichtspunkten, dass nur solche Mittel für den Erwerbsvorgang genutzt werden, die auch in Form von Dividenden an die Aktionäre ausgezahlt werden könnten.

263 Zur Kapitalmarktrelevanz von Aktienrückkäufen deutscher Unternehmen vgl. *Schremper* (2003).

264 Vgl. *Raiser* (2001), S. 100; *Hirte* (2003), S. 182. Vgl. zu den jeweiligen Schutzmaßnahmen der Vermögensposition der Aktionäre ausführlich *Mülbert* (1996), S. 193-200, 259-303, 338-359, 406-513.

265 Vgl. *Mülbert* (1996), S. 99. Vgl. zu demselben Ergebnis bezogen auf das AktG 1937 *Mestmäcker* (1958), S. 346. Bereits *v. Gierke* (1887), S. 240, weist – bezogen auf das Aktienrecht des HGB 1884 – darauf hin, dass das Mitgliedschaftsrecht im engeren Sinne „nur die Rolle eines unselbständigen Annexes spielt."

Den Aktionären stehen nach dem Aktiengesetz zahlreiche Herrschafts-, Informations- und Vermögensrechte zu. Folglich ist auch das Dividendenrecht im Aktienrecht dezidiert geregelt. Die Aktionäre beschließen demnach auf der Hauptversammlung über die Verwendung des Bilanzgewinns. Dabei sind sie allerdings an den vom Vorstand aufgestellten, von Abschlussprüfer und Aufsichtsrat geprüften und im Regelfall von Vorstand und Aufsichtsrat festgestellten Jahresabschluss gebunden. Zur Beurteilung der Angemessenheit des Gewinnverwendungsvorschlags können die Aktionäre umfangreiche Informationen nutzen, die ihnen durch die gesetzlichen Publizitätspflichten der Aktiengesellschaft zur Verfügung stehen. Davon profitieren gleichzeitig andere Unternehmensbeteiligte, z.B. Gläubiger. Schließlich können die Aktionäre unter bestimmten Voraussetzungen die Verwendung des Bilanzgewinns anfechten bzw. eine Klage auf Feststellung der Nichtigkeit des festgestellten Jahresabschlusses erheben.

Als Ergebnis der bisherigen Ausführungen bleibt weiterhin festzuhalten, dass die Ausgestaltung des in- und externen Corporate-Governance-Systems der Aktiengesellschaft in zunehmender Weise durch das Kapitalmarktrecht, den europäischen Gesetzgeber und die Rechtsprechung des EuGH beeinflusst wird. Auch das Tempo der Reformmaßnahmen im Gesellschafts- und Kapitalmarktrecht hat in den letzten Jahren stark zugenommen[266]. Durch den Aktionsplan der EU-Kommission vom 21.05.2003 und zusätzliche Initiativen des deutschen Gesetzgebers wird das Reformtempo in den nächsten Jahren wohl auch beibehalten. Aktiengesellschaften müssen sich daher auf weitere erhebliche Änderungen und Mehraufwand einstellen.

Im folgenden Kapitel II.2 werden die rechtlichen Grundlagen der US-amerikanischen corporation dargestellt. Im Vergleich zum deutschen Recht, das den Aufbau und die Struktur der Aktiengesellschaft einheitlich im Aktiengesetz regelt, fällt das Gesellschaftsrecht in den USA in die Gesetzgebungskompetenz der Einzelstaaten mit der Folge, dass das Recht der corporation von Staat zu Staat teilweise beachtliche Unterschiede aufweist. Die Ausführungen werden sich daher zunächst auf die Grundzüge, wie sie in den meisten Staaten der USA vorzufinden sind, beschränkten. Erst in Kapitel III.2 werden wesentliche gesellschaftsrechtliche Aspekte, die im Zusammenhang mit Dividendenentscheidungen stehen, wie z.B. Sorgfaltspflichten des Managements und Haftungsvorschriften, für ausgewählte Einzelstaatenrechte detailliert analysiert.

2 Corporation in den USA

2.1 Einordnung der Corporation in die Rechtsformen unternehmerischer Tätigkeit

Zur Ausübung der unternehmerischen Tätigkeit stehen im US-amerikanischen Recht zahlreiche Rechtsformen zur Verfügung[267]. Bevor im Weiteren ausschließlich die corporation analysiert wird, sollen die wesentlichen Merkmale der anderen Organisationsformen kurz skizziert werden.

---

[266] Vgl. dazu auch die amüsanten Ausführungen von *M. Weber* (2004), S. 3674: „Mitterweile ist selbst neuesten Texten ihre Verfallszeit geradezu mit eingebaut, und zuweilen könnten sie zuverlässiger noch angeben, wann sie (alsbald wieder) außer Kraft treten als (wenn davor überhaupt noch) ‚in Kraft'."

[267] Vgl. im Überblick *Gevurtz* (2000), S. 2-5; *Merkt/Göthel* (2006), S. 128-151.

Die einfachste Form stellt die sole proprietorship[268] dar, die keine eigene Rechtspersönlichkeit besitzt, sondern einer einzelnen Person gehört, die unbeschränkt haftet und anfallende Gewinne auch selbst versteuert. Die sole proprietorship ist mit dem Einzelunternehmen in Deutschland vergleichbar, und auch die gesetzlichen Regelungen sind weitgehend deckungsgleich[269].

Die general partnership und die limited partnership[270] sind die Hauptformen der US-amerikanischen Personengesellschaften. Die general partnership ist ein mit Gewinnerzielungsabsicht gemeinschaftlich geführter Zusammenschluss von zwei oder mehr Personen. Gesellschafter können natürliche oder juristische Personen sein, welche die partnership vertreten und jeweils persönlich und unbeschränkt für Gesellschaftsschulden haften. Besteht keine abweichende gesellschaftsvertragliche Regelung, haben alle Gesellschafter einen Anspruch auf gleiche Gewinnverteilung. Im Vergleich zum deutschen Gesellschaftsrecht weist die general partnership Ähnlichkeiten mit der OHG und der GbR auf.

Bei der limited partnership haften eine oder mehrere Personen unbeschränkt (general partner) und eine oder mehrere Personen beschränkt auf ihre Einlagen (limited partner). Die Geschäftsführung obliegt grundsätzlich den general partners, während die limited partners die Rolle stiller Teilhaber einnehmen. Die Gewinnverteilung ist im Gründungszertifikat (certificate) zu regeln bzw. wird in Abhängigkeit vom jeweiligen Anteil an der Gesellschaft vorgenommen. Die limited partnership ähnelt der deutschen KG bzw. der GmbH & Co. KG in den Fällen, in denen eine Kapitalgesellschaft Komplementär ist.

Neben diesen Hauptformen der partnership kommen mit der limited liability company (LLC), der limited liability partnership (LLP) und der mining partnership verschiedene Variationen vor[271]. Zudem existieren Mischformen aus Kapital- und Personengesellschaft, wie z.B. der business trust, die professional corporation und die joint stock company[272].

Die corporation tritt in der Form der public corporation und der close corporation auf[273]. Eine allgemein gültige Definition der close corporation existiert nicht. Sie zeichnet sich typischerweise durch einen kleinen Kreis von Anteilseignern, fehlende Marktgängigkeit der Anteile und wesentliche Beteiligung der (Mehrheits-) Anteilseigner an der Unternehmensleitung aus[274]. Gesetzliche Regelungen stellen häufig auf eine bestimmte geringe Anzahl von Anteilseignern und in der Satzung festgelegte Anteilsübertragungsverbote bzw. -beschränkungen

---

268 Vgl. zur sole proprietorship ausführlich *Klein/Coffee* (2002), S. 5-51.

269 Vgl. *Pellens* (2001a), S. 39.

270 Vgl. zu den partnerships ausführlich *Klein/Coffee* (2002), S. 52-105. Eine Besonderheit ist darin zu sehen, dass nahezu alle Bundesstaaten die von der National Conference of Commissioners on Uniform State Laws herausgegebenen Uniform Acts vollständig oder nur mit geringen Abweichungen angenommen haben, so dass bei dieser Rechtsform eine vergleichsweise hohe Rechtsvereinheitlichung besteht. Vgl. *Bungert* (2003), S. 2.

271 Vgl. *Klein/Coffee* (2002), S. 101-105. Die LLP ist insbesondere bei großen Rechtsanwaltskanzleien und Wirtschaftsprüfungsgesellschaften als Rechtsform weit verbreitet.

272 Vgl. *Hay* (2002), S. 234-235; *Merkt/Göthel* (2006), S. 140-143, 150-151.

273 Ebenfalls gebräuchlich sind die Beichnungen publicly held und closely held corporation.

274 Vgl. zu dieser Beschreibung die einschlägige Gerichtsentscheidung in Donahue v. Rodd Electrotype Co. of New England, Inc., 367 Mass. 578, 328 N.E.2d 505 (Mass.1975).

ab[275]. In der close corporation kann somit das Pendant zur deutschen GmbH gesehen werden[276].

Die public corporation ist eine gewerblich tätige juristische Person, die im eigenen Namen Rechte und Pflichten hat und unter eigenem Namen klagen und verklagt werden kann. Ihre Anteile sind in der Regel weit gestreut und frei übertragbar. Für ihre Verbindlichkeiten haftet grundsätzlich nur das Gesellschaftsvermögen, die Gesellschafter sind haftungsbeschränkt. In bestimmten Ausnahmesituationen kann von diesem Haftungskonzept durch die von der Rechtsprechung entwickelte Durchgriffshaftung (piercing the corporate veil) abgewichen werden[277]. Ein Durchgriff kann z.B. zugelassen werden, wenn das Gesellschaftsvermögen zum Schaden der Gläubiger an die Gesellschafter oder Dritte verteilt oder die juristische Person missbraucht wurde, um eine Täuschung oder ein Delikt zu begehen. Da allerdings mehrere Voraussetzungen erfüllt sein müssen, wird vor dem Fehlschluss gewarnt, „US-amerikanische Richter seien besonders schnell mit dem Dolch bei der Hand, um den ‚Schleier' zwischen Gesellschaft und Gesellschaftern zu zerschneiden."[278] Darüber hinaus ist festzustellen, dass bisher noch kein Gericht den Haftungsdurchgriff auf die Aktionäre einer public corporation zugelassen hat[279].

Da die corporation das US-amerikanische Äquivalent zur Aktiengesellschaft darstellt[280], wird sie im Folgenden ausschließlich behandelt[281]. Tab. 1 vermittelt abschließend einen Eindruck von der zahlenmäßigen und insbesondere wirtschaftlichen Bedeutung der corporation in den USA[282].

Rechtsform	**Anzahl**	**Anteil** (in %)	**Umsatz** (in Mrd. US-$)	**Beschäftigte**
Corporation	4.369.903	21,0	16.869	92.428.028
Sole proprietorship	15.122.882	72,6	871	5.698.881
Partnership	1.226.455	5,9	621	3.917.924
Sonstige	102.694	0,5	190	1.314.982
Summe	**20.821.934**	**100,0**	**18.551**	**103.359.851**

Tab. 1: Aufteilung der Rechtsformen in den USA
Quelle: *Pellens* (2001a), S. 40.

275 Vgl. *Bungert* (2003), S. 56. Nach § 342(a)(1) Delaware General Corporation Law darf eine close corporation nicht mehr als 30, nach § 158(a) California Corporations Code nicht mehr als 35 Anteilseigner aufweisen. Nach dem bundesstaatlichen Kapitalmarktrecht darf eine close corporation nicht mehr als 500 registrierte Aktionäre und ein Gesellschaftsvermögen von mehr als 10 Mio. US-$ haben (§ 12(g) SEA i.V.m. SEC Rule 12g-1).

276 Vgl. *Bungert* (2003), S. 57; *Merkt/Göthel* (2006), S. 144.

277 Vgl. dazu ausführlich *Palmiter* (2003), S. 539-556; *Merkt/Göthel* (2006), S. 236-253.

278 *Merkt/Göthel* (2006), S. 237.

279 Vgl. *Palmiter* (2003), S. 540. Auch die Tatsache, dass die Durchgriffshaftung in Delaware vergleichsweise unterentwickelt ist, wird damit begründet, dass dort börsennotierte Gesellschaften vorherrschen. Vgl. *Bainbridge* (2002), S. 164. Zu einer Darstellung und Analyse der Durchgriffshaftung in Delaware vgl. auch *Fleischer* (2005), S. 95-97 m.w.N.

280 Vgl. *Bungert* (2003), S. 3, 31.

281 In Anlehnung an die US-amerikanische Literatur wird diese Gesellschaftsform in dieser Arbeit nur noch als corporation bezeichnet, der Zusatz „public" wird weggelassen.

282 Vgl. dazu auch *Merkt/Göthel* (2006), S. 128 m.w.N.

2.2 Rechtliche Ausgestaltung der Corporation

2.2.1 Gesellschafts- und Kapitalmarktrecht als Regulierungsgrundlage

Das US-amerikanische Rechtssystem hat seine historischen Wurzeln im englischen Recht[283]. Es ist maßgeblich geprägt vom common law-System, das von den ersten englischen Siedlern eingeführt wurde. Als common law wird das ursprüngliche Richterrecht der common law courts in England bezeichnet. Für die Fälle, in denen common law-Rechtsbehelfe unzureichend waren, entstand zusätzlich zur Rechtsprechung durch die common law-Gerichte ein System von equity-Rechtsprechung und -Rechtsmitteln[284]. Wenngleich die beiden Normenkomplexe später verschmolzen, existiert in Delaware mit dem bedeutenden Chancery Court noch heute ein equity court[285].

Seit dem Ende des 19. Jahrhunderts nimmt in den USA die Bedeutung des bundes- und einzelstaatlichen Gesetzesrechts (statutory law) zu. Dennoch ist das US-amerikanische Rechtssystem primär durch Richterrecht geprägt, und selbst Gesetze unterliegen der bindenden Auslegung durch die Rechtsprechung[286]. Rechtssicherheit wird dadurch erreicht, dass die Richter frühere Entscheidungen übergeordneter Gerichte zu identischen oder vergleichbaren Sachverhalten (precedents) zu berücksichtigen haben[287]. Neues Recht entsteht in der Regel dann, wenn das jeweils höchste Gericht von seinem Präjudiz abweicht oder es aufhebt. Nur in Ausnahmefällen werden untere Gerichtsinstanzen absichtlich von einem bestehenden Präjudiz in der Überzeugung abweichen, dass auch das ranghöhere Gericht es als veraltet betrachtet. In dieses System der richterlichen Rechtsfortbildung kann der Gesetzgeber eingreifen, indem er Gesetze verabschiedet. Die Auslegung der Gesetze erfolgt dann aber erneut durch die Gerichte, und die erlassene Rechtsprechung bindet wiederum die rangniederen Gerichte[288].

Ein weiteres grundlegendes Charakteristikum des US-amerikanischen Rechts stellt die weitgehende Rechtsetzungskompetenz der Einzelstaaten dar. In der Verfassung der USA (US Constitution) ist geregelt, dass die 50 Bundesstaaten grundsätzlich souverän sind und sämtliche Hoheitsrechte besitzen, sofern die Verfassung die Gesetzgebungskompetenz nicht dem Bund zuschreibt. Nach Art. I § 8 US Constitution fällt z.B. der Wirtschaftsverkehr mit dem Ausland (foreign commerce) und zwischen den Einzelstaaten (interstate commerce) in den

---

283 Das englische und US-amerikanische Recht bilden eine Rechtsfamilie. Vgl. *Rheinstein* (1987), S. 88, 92; *David/Grasmann* (1988), S. 59-62, 508; *Zweigert/Kötz* (1996), S. 177, 233.

284 Die Ursprünge der equity gehen zurück auf das Billigkeitsrecht der englischen Krone. Wer sich aufgrund der Formstrenge der Klagearten des common law im Stich gelassen fühlte, konnte sich an den König als „Quelle aller Gerechtigkeit und Gnade" wenden (equity leitet sich von lat. „aequitas" ab). Später wurde diese Funktion vom König delegiert, und es entstanden die so genannten equity courts. Vgl. ausführlich *Fulda* (1966), S. 31-35; *David/Grasmann* (1988), S. 448-553; *Blumenwitz* (2003), S. 14-18.

285 Vgl. *Blumenwitz* (2003), S. 33. Common law und equity zusammen werden als case law bezeichnet. Dieses Fall- bzw. Richterrecht wird dem gesetzten Recht (statutory law) gegenüber gestellt. Die synonyme Verwendung von common und case law ist daher ungenau. Vgl. *Hay* (2002), S. 6. Vgl. dazu auch *Rheinstein* (1987), S. 89; *Zweigert/Kötz* (1996), S. 185.

286 Vgl. *Hay* (2002), S. 6, 8; *Blumenwitz* (2003), S. 5.

287 Vgl. *Pellens* (2001a), S. 37.

288 Vgl. zum Ganzen *Hay* (2002), S. 8-11; *Blumenwitz* (2003), S. 38-40, 63.

Hoheitsbereich des Bundes[289]. Vorschläge, nach denen die Gesetzgebungskompetenz für die Inkorporation von Gesellschaften ebenfalls dem Bund zustehen sollte, konnten sich bei den Beratungen zur Verfassung im Jahre 1787 nicht durchsetzen[290]. Das Gesellschaftsrecht ist damit Sache der Einzelstaaten, so dass eine „Einführung in das US-amerikanische business corporation law (...) steng genommen – je nachdem, wie man es sieht – eine Einführung ins Nichts oder eine fünfzigfache Einführung“[291] ist.

Nach der Gründungstheorie unterliegen die corporations dem Kapitalgesellschaftsrecht des Gründungsstaates[292]. Die Gründer können sich daher einen Bundesstaat als Inkorporationsstaat aussuchen, dessen Gesellschaftsrecht ihnen am vorteilhaftesten erscheint. Dieses System hat zu einem Wettbewerb der Einzelstaaten um die meisten Gesellschaftsgründungen geführt, den mittlerweile Delaware für sich entschieden hat[293]. Eine möglichst hohe Anzahl von Unternehmensgründungen aufzuweisen, ist für die Bundesstaaten deshalb attraktiv, weil die Gesellschaften eine Gründungsgebühr (incorporation oder filing fees) und eine periodische Konzessionssteuer (franchise tax)[294] an den Gründungsstaat zu zahlen haben[295]. Darüber hinaus ziehen die bedeutendsten Inkorporationsstaaten Rechtsanwaltskanzleien und Rechtsberatungsunternehmen an, wodurch Arbeitsplätze entstehen und Steuereinnahmen erhöht werden können[296]. Vor diesem Hintergrund erscheint es aus Sicht der Bundesstaaten ökonomisch rational zu sein, ein Gesellschaftsrecht zu entwickeln, das viele Gesellschaften anlockt.

In der Literatur wird der Wettbewerb zwischen den Bundesstaaten unterschiedlich beurteilt. Es wird die Meinung vertreten, er verleite die Bundesstaaten zur Schaffung eines Gesellschaftsrechts, das vorrangig den Interessen der Unternehmensvertreter entspreche. Die Entwicklung von besonders liberalen, unternehmensfreundlichen Gesellschaftsrechten, z.B. indem Mindestkapitalvorschriften abgeschafft, Unternehmensübernahmen erschwert und weit-

---

289 Durch zwei Generalklauseln – interstate commerce clause und necessary and proper clause – werden die Befugnisse des Bundes teilweise sehr weit ausgelegt. Daraus resultiert in vielen Bereichen ein Nebeneinander von bundes- und einzelstaatlichen Normen, die von den Unternehmen parallel zu befolgen sind. Vgl. dazu *Pellens* (2001a), S. 38.

290 Vgl. *H. Henn/Alexander* (1983), S. 25; *Merkt* (1996), S. 3. *Merkt* (2001), S. 143, weist darauf hin, dass der historische Verfassungsgeber die „weitreichenden und überaus segensreichen Folgen dieser Aufgabenteilung (...) im Jahre 1787 überhaupt nicht absehen (konnte). Aber wahre gesetzgeberische Größe manifestiert sich nicht zuletzt in intuitiv-prognostischen Fähigkeiten.“

291 *Merkt/Göthel* (2006), S. 153. Vgl. auch *Bungert* (2003), S. 1: „Streng genommen gibt es kein US-amerikanisches Gesellschaftsrecht.“

292 Vgl. *Pellens* (2001a), S. 40; *Merkt/Göthel* (2006), S. 154.

293 Über 50 % der an der NYSE gelisteten corporations und knapp 60 % der Fortune 500-corporations sind in Delaware gegründet. Vgl. *Bainbridge* (2002), S. 16; *Choper/Coffee/Gilson* (2004), S. 238; *Pinto/Branson* (2004), S. 15. Der Wettbewerb der Einzelstaaten wird in der deutschen Literatur als „Delaware-Effekt“ bezeichnet. Vgl. dazu insbesondere *Merkt* (1995), S. 549-554; *Merkt* (1996), S. 11; *Merkt* (2001), S. 143-144. Vgl. auch *Zimmer* (1996), S. 187; *Hay* (2002), S. 235.

294 Vgl. dazu *Romano* (1993), S. 6-8; *Merkt* (1995), S. 553

295 In Delaware machen die Einnahmen, die aus Unternehmensgründungen resultieren, ca. 30 % der Steuereinnahmen aus. Vgl. zur Bedeutung dieser Einnahmen im Zeitablauf *Cary* (1974), S. 668-669; *Romano* (1993), S. 6-12; *Bebchuk/Hamdani* (2002), S. 556, 583.

296 Vgl. *Bebchuk/Hamdani* (2002), S. 583. Zur Höhe dieser indirekten Auswirkungen aufgrund von Unternehmensgründungen in Delaware vgl. *Kahan/Kamar* (2002).

reichende Haftungsausschlussklauseln für das Management zugelassen werden, wird schlagwortartig als „race to the bottom" bezeichnet[297].

Die Gegenmeinung lehnt diese negative Sichtweise ab. Der Wettbewerb der Bundesstaaten führe im Gegenteil zu gesellschaftsrechtlichen Rahmenbedingungen, die sich positiv auf den Unternehmenswert der Gesellschaften auswirken würden[298]. Dementsprechend wird die Entwicklung als „race to the top" interpretiert[299]. Diese positive Interpretation kann in der US-amerikanischen Literatur aktuell als die herrschende Meinung bezeichnet werden[300].

Bebchuk/Cohen untersuchen empirisch, wodurch die Gründungsentscheidung von Unternehmen beeinflusst wird und welche Eigenschaften eines Gesellschaftsrechtssystems es mehr oder weniger attraktiv für Unternehmensgründungen machen[301]. In ihre Analyse gehen alle 6.530 börsennotierten Unternehmen des Nichtfinanzsektors ein, die Ende 1999 sowohl in den USA gegründet waren als auch dort ihren Hauptsitz hatten. Die Autoren finden heraus, dass der Hauptsitz der Gesellschaften einen entscheidenden Einfluss auf die Wahl des Inkorporationsstaates hat. Die Bundesstaaten weisen einen signifikanten „Heimvorteil" auf, d.h. viele Unternehmen bevorzugen die Gründung im Staat des Unternehmenssitzes. Selbst Bundesstaaten, die kaum Unternehmen von außerhalb anlocken, haben einen hohen Anteil an den Gründungen ihrer innerstaatlichen Gesellschaften. Während beispielsweise Oregon von 72,22 % der Gesellschaften, die dort ihren Sitz haben, als Gründungsstaat gewählt wird, unterwerfen sich diesem Gesellschaftsrecht lediglich 0,11 % der Gesellschaften von außerhalb. Dieser Befund steht im Gegensatz zu der herkömmlichen Sicht in der Literatur, nach der alle Gesellschaftsrechtssysteme im Wettbewerb zueinander stehen und derjenige Gründungsstaat gewählt wird, dessen Gesellschaftsrecht für das jeweilige Unternehmen am vorteilhaftesten ist.

Bebchuk/Cohen identifizieren mehrere Faktoren, die dazu führen, dass Unternehmen sich im Staat ihres Hauptsitzes gründen. Insbesondere kleinere Gesellschaften wollen zusätzliche Kosten, die mit der Gründung außerhalb des Sitzstaates verbunden sein können, vermeiden. Die Gründungsgebühren und Konzessionssteuern unterscheiden sich lediglich in ihrer Höhe, da sie in allen Bundesstaaten erhoben werden. Zusätzliche Transaktionskosten entstehen hingegen, wenn überregional arbeitende Rechtsanwaltskanzleien gebraucht werden[302].

Für große Gesellschaften, bei denen diese Kosten von untergeordneter Bedeutung sind[303] und die sich vielfach ohnehin von überregionalen Rechtsanwaltskanzleien beraten lassen, gilt dieser Zusammenhang nicht. Große Unternehmen gründen sich insbesondere dann in ihrem Sitzstaat, wenn dieser klein ist und sie aufgrund ihrer wirtschaftlichen Bedeutung mit wohlwollender Behandlung der öffentlichen Institutionen rechnen können[304]. Ohnehin schon beste-

---

297 Vgl. *Cary* (1974), S. 666; *Bebchuk* (1992), S. 1444-1445; *Bebchuk/Ferell* (1999), S. 1170; *Bebchuk/Cohen* (2003), S. 384.

298 Vgl. zu neueren empirischen Untersuchungen, die den Wettbewerb positiv bewerten, *Daines* (2001); *Romano* (2001); *Bhagat/Romano* (2002). Vgl. dazu kritisch *Bebchuk/Cohen/Ferrell* (2002).

299 Vgl. *Winter* (1977); *Fischel* (1982); *Winter* (1989); *Easterbrook/Fischel* (1991); *Romano* (1993).

300 So *Bebchuk/Cohen* (2003), S. 384.

301 Vgl. hier und im Folgenden *Bebchuk/Cohen* (2003).

302 Diese Hypothese wird – bezogen auf kanadische Unternehmen – auch von *Cumming/MacIntosh* (2002), S. 287-296, bestätigt.

303 Im Jahre 1999 zahlten die an der NYSE gelisteten Unternehmen durchschnittlich 134.000 US-$ an franchise tax. Vgl. *Bebchuk/Hamdani* (2002), S. 590.

304 *Bebchuk/Cohen* (2003), S. 399, bezeichnen diesen Sachverhalt treffend als „the big fish in a small pond phenomenon". Vgl. auch *Sitkoff* (2002), S. 1109-1113.

hende Vorteile, die kleine Bundesstaaten aus wirtschaftspolitischen Gründen diesen Gesellschaften als Anreiz gewähren – z.B. Zuschüsse und Subventionen, Kreditvergabe in Krisensituationen – können durch die dortige Gründung auch auf gesellschaftsrechtliche Angelegenheiten ausgedehnt werden. Darüber hinaus haben nicht überregional arbeitende Anwaltskanzleien einen Anreiz, dass die von ihnen betreuten Unternehmen im Sitzstaat gegründet sind[305]. Allerdings wählen Unternehmen, die in jüngerer Zeit an die Börse gegangen sind, eher Gründungsstaaten außerhalb ihres Unternehmenssitzes.

Der Markt für Unternehmensgründungen außerhalb des Sitzstaates wird mit weitem Abstand von Delaware dominiert[306]. Von den insgesamt 4.393 Unternehmen des Untersuchungssamples, die außerhalb ihres Sitzstaates gegründet sind, haben 3.744 (85,23 %) Delaware als Inkorporationsstaat gewählt. Nevada und Colorado folgen weit abgeschlagen mit 172 (3,92 %) bzw. 58 (1,32 %) Gesellschaften auf den Plätzen zwei und drei. Mit Ausnahme von Unternehmen mit Sitz in Montana zieht Delaware Gesellschaften aus allen Bundesstaaten an. Selbst in Kalifornien haben 898 (71,61 %) der insgesamt 1.254 Gesellschaften Delaware als Gründungsstaat gewählt. Es stellt sich also heraus, dass die überwältigende Mehrheit der corporations entweder in ihrem Heimatstaat oder in Delaware gegründet wird[307].

Als ein weiteres interessantes Ergebnis der Untersuchung von *Bebchuk/Cohen* kann festgehalten werden, dass solche Bundesstaaten als Gründungsstaaten beliebt sind, die einen hohen Schutz vor Unternehmensübernahmen bieten. Aufgrund dieses Befunds wird der Wettbewerb zwischen den Bundesstaaten auch als „race to protect managers from takeovers" bezeichnet[308]. Zu diesen Staaten gehört auch Delaware, wenngleich die dortigen Anti-Übernahmegesetze weniger restriktiv sind als die in Massachusetts, Ohio und Pennsylvania, die extreme Hürden für Übernahmen aufgebaut haben. Dafür weist Delaware eine umfangreiche Fallrechtssammlung zu Übernahmen auf, nach der z.B. der Einsatz von so genannten poison pills zulässig ist[309]. Unter poison pills sind solche Maßnahmen zu subsumieren, die in Kraft treten, wenn der Bieter eine bestimmte Mehrheit an der Zielgesellschaft erlangt, und die Übernahme wirtschaftlich unattraktiv machen[310]. Somit weist auch Delaware einen wirkungsvollen Schutz vor Übernahmen auf, der zur Beliebtheit dieses Staates für Unternehmensgründungen beiträgt. Umgekehrt wird die Tatsache, dass Kalifornien keine Anti-Übernahmegesetze aufweist, als Grund dafür gesehen, dass dort nur knapp 22 % der Heimatgesellschaften gegründet sind. Es zeigt sich, dass viele Bundesstaaten auf einfache Weise die Zahl der Unternehmensgründungen steigern könnten, wenn sie restriktivere Gesetze zur Abwehr von Übernahmen verabschieden würden. Somit scheinen nicht alle Bundesstaaten das Ziel zu verfolgen, die Anzahl der Gründungen zu maximieren.

Eine Reihe von Einflussfaktoren führt dazu, dass die dominierende Stellung Delawares wenig gefährdet ist[311]. Durch die große Anzahl an Gründungen bestehen in Delaware Netzwerkef-

---

305 Vgl. dazu auch *Carney* (1998), S. 720-728; *Coates* (2001), S. 1308-1311.

306 Vgl. *Bebchuk/Cohen* (2003), 394-396 (Tab. 5 auf S. 395 weist Rechenfehler bei den Prozentangaben auf).

307 So auch *Epstein/Freer/Roberts* (2002), S. 151.

308 Vgl. bereits *Bebchuk/Ferrell* (1999), S. 1168.

309 Vgl. insbesondere die Entscheidung des Delaware Supreme Court in Moran v. Household International, Inc., 500 A.2d 1348 (S.Ct.Del. 1985).

310 Vgl. *Merkt/Göthel* (2006), S. 629, 657-664.

311 Vgl. zur folgenden Argumentation ausführlich *Bebchuk/Hamdani* (2002), S. 585-595; *Kahan/Kamar* (2002), S. 724-735.

fekte[312]. Einerseits hat eine Vielzahl von Gerichtsentscheidungen zu einem detaillierten und verlässlichen case law-System geführt. Andererseits herrscht in Delaware eine hohe Konzentration an Rechtsexperten auf dem Gebiet des dortigen Gesellschaftsrechts. Beide Vorteile vergrößern sich mit der Zunahme an Unternehmensgründungen, wodurch hohe Eintrittsbarrieren für die anderen Bundesstaaten auf dem Markt für Unternehmensgründungen entstehen. Weiterhin bietet Delaware eine ausgeprägte institutionelle Infrastruktur mit spezialisierten Gerichten, Sachverständigen, Rechtsdiensten und Gesellschaftsrechtsexperten, deren Aufbau durch einen Wettbewerber mit hohen Kosten einhergehen würde[313]. Die vorteilhaften Eigenschaften Delawares führen auch dazu, dass selbst deutlich niedrigere Gebühren nicht ausreichen würden, Unternehmen von Delaware abzuwerben. Insgesamt scheint der Wettbewerbsdruck auf Delaware somit erheblich schwächer ausgeprägt als vielfach behauptet wird[314].

Neben den erwähnten gesellschaftsrechtlichen Vorschriften und Grundsätzen des common law sind seit den frühen 1930er Jahren kapitalmarktrechtliche Regulierungen von besonderer Bedeutung. Durch den Börsenzusammenbruch von 1929 und die dadurch resultierende Weltwirtschaftskrise geriet die weitgehende Deregulierung im Gesellschaftsrecht der Einzelstaaten in die Kritik. Das Vertrauen der Anleger war infolge von gewaltigen Aktienkursverlusten und zahlreichen Bankzusammenbrüchen nachhaltig erschüttert. In den liberalen Wertpapiergesetzen der Einzelstaaten, den so genannten blue sky laws[315], sah der Bundesgesetzgeber nur einen unzureichenden Schutz der Anleger vor Manipulationen des Börsenhandels. Um die Vertrauenskrise zu überwinden, verabschiedete der Bund 1933 den Securities Act (SA) und 1934 den Securities Exchange Act (SEA)[316]. Diese zentralen Kapitalmarktgesetze sind der Roosevelt'schen Gesetzgebung des New Deal zur Bekämpfung der Großen Depression entsprungen und werden als Geburtstunde des Kapitalmarktrechts gesehen[317].

Während der SA den Primärmarkt reguliert, d.h. die Erstausgabe öffentlich gehandelter Wertpapiere, bezieht sich der SEA auf den Sekundärmarkt, also den Handel von bereits emittierten Wertpapieren. Beide Regulierungen zielen darauf ab, die Funktionsfähigkeit des öffentlichen Kapitalmarkts zu schützen, indem den Wertpapieremittenten weitgehende Registrierungs-, Offenlegungs- und Verhaltenspflichten auferlegt werden, die bei einem Verstoß zivil- und strafrechtliche Sanktionen nach sich ziehen. Den Schwerpunkt bildet die Unternehmenspublizität. Durch die umfangreichen Informationen sollen sich die aktuellen und potentiellen Kapitalanleger ein Bild von der wirtschaftlichen Lage und Entwicklung des Unternehmens machen und anschließend ihre (Des-)Investitionsentscheidung treffen können. Die beiden Kapitalmarktgesetze enthalten darüber hinaus Regelungen zum Insiderhandel, zur Prospekt- und Insiderhaftung, Erteilung von Stimmrechtsvollmachten (proxies) und zu Übernahmeangebo-

---

312 Vgl. zu einer Analyse von Netzwerkeffekten auf dem Markt für Unternehmensgründungen grundlegend *Klausner* (1995), S. 841-847.

313 Vgl. dazu ausführlich *Bebchuk/Ferrell* (2001), S. 135-140; *Bebchuk/Hamdani* (2002), S. 580-589.

314 Vgl. *Bebchuk/Cohen* (2003), S. 420. *Bebchuk/Hamdani* (2002), S. 586, sprechen daher anstelle von „race" treffend von „leisurely walk".

315 Die Bezeichnung spielt auf die Zielsetzung der Gesetze an zu verhindern, dass Aktien für Gegenleistungen von zweifelhaftem Wert, wie z.B. den blauen Himmel, ausgegeben werden. Vgl. *Bauer* (1995), S. 300, Fn. 4; *Gassen* (2000), S. 62.

316 Vgl. hier und im Folgenden zum SA und SEA ausführlich *Pellens* (2001a), S. 64-69. Neben diesen grundlegenden Primary Acts existieren auf Bundesebene weitere Secondary Acts, die spezielle Problembereiche des Wertpapierrechts regeln. Zu einer Übersicht über die Secondary Acts vgl. *Pellens* (2001a), S. 62.

317 So *Kübler* (1995a), S. 224. Vgl. auch *Pellens/Fülbier/Gassen* (2006), S. 844.

ten[318]. Zusätzlich zu den kapitalmarktrechtlichen Vorschriften des Bundes- und Einzelstaatenrechts sind insbesondere die Börsenordnungen[319] und die kapitalmarktrelevante Rechtsprechung von großer praktischer Bedeutung[320].

Mit dem SEA wurde 1934 auch die Securities and Exchange Commission (SEC) als unabhängige Börsenaufsichtsbehörde geschaffen. Diese mächtige und einflussreiche Behörde ist lediglich dem Kongress unterstellt und ist mit weitreichenden und gewaltenübergreifenden Kompetenzen ausgestattet[321]. Die Hauptaufgabe der SEC besteht darin, die bundesgesetzlichen Regelungen des US-amerikanischen Kapitalmarktrechts auszulegen und durchzusetzen. Die Behörde verpflichtet alle registrierten Unternehmen zu einer detaillierten und standardisierten Berichterstattung. Die der SEC bereit zu stellenden Informationen umfassen insbesondere testierte Jahres- bzw. Konzernabschlüsse mit Angaben der Werte für die letzten zwei bzw. drei Jahre, zahlreiche Daten zur Kapital-, Liquiditäts- und Ertragssituation der letzen fünf Geschäftsjahre, Markt-, Kurs- und Dividendeninformationen, bestimmte Quartalsdaten und Segmentinformationen, qualitative und quantitative Angaben über Marktrisiken sowie den Management's Discussion and Analysis of Financial Condition and Results of Operations (MD&A), der dem Lagebericht gemäß §§ 289, 315 HGB ähnelt. Dieses so genannte Basis-Informations-Paket ist die Grundlage der Emissionspublizität und der jährlichen Berichtspflichten, das je nach Anlass noch erweitert und den Aktionären und der interessierten Öffentlichkeit zeitnah[322] zur Verfügung gestellt wird. Darüber hinaus besteht eine Pflicht zur Quartalsberichterstattung und Ad-hoc-Publizität[323].

Im Rahmen ihrer legislativen Kompetenz ist die SEC ermächtigt, Rechnungslegungsvorschriften für kapitalmarktorientierte Unternehmen zu entwickeln und zu erlassen. Die Regulierungskompetenz für die Rechnungslegung hat die SEC bereits früh – zunächst an den Berufsstand der Wirtschaftsprüfer und seit 1973 an das zur Unabhängigkeit und Neutralität verpflichtete Financial Accounting Standards Board (FASB)[324] – delegiert. Bei der Entwicklung von Rechnungslegungsstandards hat das FASB grundsätzlich die verschiedenen Interessen aller durch die Rechnungslegung berührten Personengruppen zu berücksichtigen. Die SEC nimmt allerdings großen Einfluss auf die Arbeit des FASB, indem sie die FASB-Verlautbarungen nur dann den kapitalmarktorientierten Unternehmen vorschreibt, wenn sie mit dem substantial authoritative support der SEC ausgestattet sind. Die vom FASB verabschiedeten Statements of Financial Accounting Standards (SFAS) und Interpretationen bilden zusammen mit den noch gültigen Verlautbarungen der Vorgängerorganisationen die US-GAAP im engeren Sinne[325]. Die US-GAAP haben für sämtliche kapitalmarktorientierten Gesellschaften Verpflichtungscharakter, da die SEC grundsätzlich nur US-GAAP-konforme Ab-

---

318 Vgl. im Überblick *Merkt/Göthel* (2006), S. 178.

319 Vgl. zum Company Manual der NYSE z.B. *Merkt/Göthel* (2006), S. 181-182.

320 Vgl. *Pellens* (2001a), S. 63.

321 Vgl. dazu *Pellens/Fülbier/Gassen* (2006), S. 58-60.

322 Der Jahresbericht ist bei der SEC bereits 90 Tage nach Ende des Geschäftsjahrs einzureichen. Für Unternehmen mit einem Streubesitz von mehr als 75 Mio. US-$ gilt sogar eine Frist von 60 Tagen. Vgl. *Pellens/Fülbier/Gassen* (2006), S. 857.

323 Vgl. zu der Fülle an Detailinformationen im Rahmen der SEC-Publizitätspflichten ausführlich *Pellens/Fülbier/Gassen* (2006), S. 850-867.

324 Zu Organisation, Arbeitsweise und Standardsetzungsprozess des FASB vgl. *Pellens/Fülbier/Gassen* (2006), S. 60-66.

325 Vgl. zu einer Systematisierung der US-GAAP insbesondere *Rubin* (1984). Vgl. auch *Pellens/Fülbier/Gassen* (2006), S. 68-71.

schlüsse mit uneingeschänktem Bestätigungsvermerk akzeptiert. Wirtschaftsprüfer wiederum sind verpflichtet, ein uneingeschränktes Testat nur bei Einhaltung der US-GAAP zu erteilen[326].

Um zu vermeiden, dass die SEC eigene Vorschriften erlässt, orientiert sich das FASB bei der Erstellung von Rechnungslegungsnormen insbesondere an den Informationsinteressen der Kapitalmarktteilnehmer. Diese Fokussierung findet sich auch im Rahmenkonzept (Conceptual Framework) des FASB. In SFAC 1.24 (Statement of Financial Accounting Concept) werden eine Reihe von Abschlussadressaten und ihre jeweiligen Informationsbedürfnisse aufgelistet. Da die zum Teil divergierenden Informationsbedürfnisse nicht vollständig zu befriedigen seien, erfolgt nach SFAC 1.30 eine primäre Orientierung der Rechnungslegung an den Informationsbedürfnissen der Investoren. Dieses Vorgehen wird damit begründet, dass die Informationen für Investoren auch die Informationsbedürfnisse der anderen Adressaten weitgehend befriedigen dürften.

Ein Beispiel dafür, dass sich der US-Gesetzgeber nicht nur unmittelbar im Anschluss an die Weltwirtschaftskrise, sondern auch in der jüngeren Vergangenheit durch Krisen zur Regulierung gezwungen sieht[327], stellt der Sarbanes-Oxley Act aus dem Jahre 2002 dar[328]. Damit reagierte der Gesetzgeber auf den Enron-Skandal und weitere Bilanzfälschungen der vorangegangenen Zeit[329]. Um dem Vertrauensschwund der Anleger entgegenzuwirken und die Rechnungslegung börsennotierter Unternehmen zu verbessern, wurden die Pflichten der für die Rechnungslegung und Prüfung verantwortlichen Personen deutlich ausgeweitet[330]. Zudem wurden die Wirtschaftsprüfer der neu gegründeten staatlichen Berufsaufsichtsbehörde, dem Public Company Accounting Oversight Board (PCAOB), unterstellt.

Die bereits in den 1930er Jahren entstandenen und seitdem weiterentwickelten Kapitalmarktregulierungen weisen auch eine sozialpolitische Komponente auf[331]. Anders als in Deutschland nach dem Ersten Weltkrieg wurde der Kapitalmarkt in den USA früh von großen Bevölkerungsgruppen über Pensionsfonds als ein bedeutender Baustein der privaten Altersversorge genutzt. Das Kapitalmarkt- und Wertpapierrecht soll daher auch das Vertrauen der Bevölkerungsteile sicherstellen, die den Kapitalmarkt nicht zu Spekulationszwecken, sondern aufgrund der nur schwach ausgeprägten staatlichen Sozialgesetzgebung primär zur Vorsorge in Anspruch nehmen.

Im Gegensatz zum deutschen Corporate-Governance-Modell, das sich um die Berücksichtigung der unterschiedlichen Interessen aller Unternehmensbeteiligten bemüht, stellt das kapitalmarktrechtliche Modell der USA allein auf den Schutz der Anlegerinteressen ab[332]. Die Leitung und Kontrolle von Unternehmen hat sich primär an den Interessen der Eigenkapital-

---

326 Vgl. Rule 203 des Code of Professional Ethics des AICPA.

327 Vgl. zum krisentheoretischen Erklärungsansatz für Regulierungen im Rahmen der positiven Regulierungstheorie *Fülbier* (1998), S. 222 m.w.N.

328 Vgl. *Sarbanes-Oxley Act* (2002).

329 Vgl. zu den Bilanzskandalen in den USA und Deutschland im Überblick *Ballwieser* (2003).

330 Der Sarbanes-Oxley Act ist von allen bei der SEC registrierten Unternehmen zu beachten, also auch von deutschen Unternehmen, die den US-amerikanischen Kapitalmarkt in Anspruch nehmen. Auch deutsche Tochterunternehmen von SEC-registrierten Gesellschaften sind von den zusätzlichen Anforderungen teilweise betroffen. Zu den Auswirkungen auf die Rechnungslegung und Abschlussprüfung deutscher Unternehmen vgl. z.B. *Lanfermann/Maul* (2003).

331 Vgl. *Kübler* (1995a), S. 224.

332 Vgl. *Merkt* (2001a), S. 145; *Assmann* (2003), S. 3-4; *Merkt* (2003), S. 127.

geber zu orientieren. Dieser eindimensionale Ansatz ist auch auf die dominierende Rolle der öffentlichen Kapitalmärkte bei der Eigen- und Fremdkapitalbeschaffung US-amerikanischer Unternehmen zurückzuführen[333].

Zusammenfassend kann das Verhältnis von gesellschafts- und kapitalmarktrechtlichen Regulierungen in den USA wie folgt charakterisiert werden[334]: Das in die Gesetzgebungskompetenz der Einzelstaaten fallende Gesellschaftsrecht ist im Vergleich zu Deutschland weitgehend dereguliert. Die privatvertragliche Gestaltungsfreiheit für die Corporate Governance der Unternehmen wird kaum durch zwingende gesellschaftsrechtliche Vorschriften eingeschränkt. Das Kapitalmarktrecht auf Bundesebene gibt einen zwingenden Rahmen nicht verhandelbarer Vorschriften vor und sorgt insofern für einen Ausgleich zur einzelstaatlichen Deregulierung. Der kapitalmarktrechtliche Regulierungsansatz rückt die Interessen der Anleger in den Mittelpunkt, die durch zwingende und mit Sanktionen bewehrte Offenlegungspflichten der Unternehmen mit den erforderlichen Informationen versorgt werden sollen, um ihre (Des-)Investitionsentscheidungen treffen zu können. Kennzeichnend für das Rechtssystem der USA ist zudem die hohe Bedeutung des Richterrechts als Rechtsquelle. Aufgrund der gesellschaftsrechtlichen Gesetzgebungskompetenz der Einzelstaaten weichen die gesellschaftsrechtlichen Vorschriften der Bundesstaaten teilweise erheblich voneinander ab. Um der Rechtszersplitterung entgegenzuwirken, haben sowohl die National Conference of Commissioners on Uniform State Laws als auch das Committee on Corporate Laws der American Bar Association (Amerikanischer Bundesverband der Anwaltschaft) Mustergesetzentwürfe (Uniform Laws, Model Acts) erarbeitet und den Parlamenten der Einzelstaaten zur Übernahme in ihr Recht empfohlen[335], worauf im weiteren Verlauf dieser Arbeit noch genauer eingegangen wird. Wenngleich einige dieser Mustergesetze von zahlreichen Bundesstaaten übernommen worden sind, darf jedoch das Ausmaß an Rechtsvereinheitlichung nicht überbewertet werden. Denn einerseits haben viele Gesetzgeber bestimmte Änderungen gegenüber den Entwürfen vorgenommen, und andererseits werden die Modellgesetze von der einzelstaatlichen Rechtsprechung zum Teil unterschiedlich ausgelegt[336].

2.2.2 Zuständigkeiten der Organe

Wie die vorstehenden Ausführungen gezeigt haben ist das Gesellschaftsrecht in den USA weitgehend dispositives Recht[337]. Im Gegensatz zur deutschen Aktiengesellschaft, deren Struktur durch zwingende Vorschriften im Aktiengesetz überwiegend starr und einheitlich vorgegeben ist, besteht bei der Ausgestaltung der corporation in den USA ein großer Gestaltungsspielraum für privatautonome Regelungen. Trotz der unterschiedlichen Gesetzgebungskompetenz ist das Grundmuster der Zuständigkeitsverteilung zwischen den Organen, d.h. dem

---

333 Vgl. *F. Ruhwedel* (2003), S. 44-47; *Heintges* (2005), S. 67-71.

334 Vgl. *Assmann* (2003), S. 3-4; *Merkt* (2003), S. 127.

335 Vgl. *Pellens* (2001a), S. 41; *Hay* (2002), S. 8; *Blumenwitz* (2003), S. 70-71.

336 Vgl. auch *Zweigert/Kötz* (1996), S. 245.

337 Vgl. auch *Kübler* (1995a), S. 226.

board of directors, den leitenden Angestellten (officers) und den Anteilseignern (shareholders) in etwa gleich ausgestaltet[338].

Das Ziel der folgenden Ausführungen ist es, die Kompetenzverteilung der Organe in den Grundzügen darzustellen. Diejenigen Rechte und Pflichten, die in dieser Arbeit von zentraler Bedeutung sind – so z.B. Sorgfaltspflichten, die directors bei der Dividendenentscheidung zu beachten haben, Dividendenrecht der Aktionäre, Haftungsvorschriften bei unzulässigen Dividendenzahlungen, Klagemöglichkeiten –, werden schwerpunktmäßig in Kapitel III unter expliziter Berücksichtigung der Kapitalgesellschaftsrechte Delawares, Kaliforniens und der Bestimmungen des MBCA erörtert.

2.2.2.1 Board of Directors

Dem board of directors ist die Geschäftsführung, Überwachung und Vertretung der corporation anvertraut. Es handelt sich demnach um ein aktives Gesellschaftsorgan, das die Funktionen von Aufsichtsrat und Vorstand einer deutschen Aktiengesellschaft in sich vereinigt[339]. Die directors werden direkt von den Aktionären auf der Gesellschafterversammlung in der Regel für ein Jahr gewählt. Sie können sich unbegrenzt oft zur Wiederwahl stellen. Eine Mindestanzahl an board-Mitgliedern ist in den meisten Einzelstaatenrechten nicht mehr vorgegeben, sie kann von den Anteilseignern in den articles of incorporation oder in den bylaws festgelegt werden[340]. Empirischen Studien zufolge beträgt die durchschnittliche Anzahl 13 bis 14 Personen[341].

Die directors treten nur wenige Male im Geschäftsjahr zusammen[342] und legen im Wesentlichen die elementaren Leitlinien der Unternehmenspolitik fest[343]. Auch geht die Initiative zu grundlegenden strukturellen und organisatorischen Veränderungen der corporation häufig vom board of directors aus, zu deren Durchsetzung aber die Zustimmung der Anteilseigner

---

338 Vgl. *Escher-Weingart* (2000), S. 394-395. In Abhängigkeit von der Größe der corporation kommt es in der Praxis allerdings häufig zu Abweichungen von diesem so genannten statutory scheme. Vgl. *Hamilton* (2000), S. 228-240; *Merkt/Göthel* (2006), S. 311-314.

339 Vgl. *Hay* (2002), S. 230. Aufgrund der Mischung von Kontroll- und Managementfunktionen wird auch von one tier-system gesprochen.

340 Die articles of incorporation, die der Satzung einer Aktiengesellschaft entsprechen, werden von den Unternehmensgründern entworfen, von einem Notar beglaubigt und beim Secretary of State des Gründungsstaates eingereicht (filing). Der Secretary of State ist in etwa mit dem Handelsregister vergleichbar und darf nicht mit dem synonymen Außenminister der USA verwechselt werden. Vgl. dazu *Kübler* (1989), S. 23. Nach der Überprüfung des notwendigen Inhalts (z.B. Firma, Gesellschaftszweck, Sitz, Anzahl der von ihr auszugebenden Aktien) und nach Begleichung der Gründungsgebühren (filing fees) wird eine Gründungsurkunde (certificate of incorporation) ausgestellt als Beweis ihrer Eigenschaft als juristische Person. In der formellen Gründungsversammlung werden die officers ernannt und die bylaws erlassen. Die bylaws ähneln der Geschäftsordnung einer Aktiengesellschaft und regeln in ausführlicher Weise das Innenverhältnis der corporation. Sie sind im Vergleich zu den articles of incorporation einfacher zu ändern, Letztere gehen im Konfliktfall aber vor. Vgl. *Bungert* (2003), S. 32-33.

341 Vgl. *Pellens* (2001a), S. 51 m.w.N.

342 In vielen Staaten sind auch Entscheidungen im schriftlichen Verfahren unter Verwendung von elektronischen Medien und in Gestalt von Telefon- bzw. Videokonferenzen erlaubt. Vgl. *Hamilton* (2000), S. 315; *Bainbridge* (2002), S. 215.

343 Vgl. hier und im Folgenden *Gevurtz* (2000), S. 190-195; *Hamilton* (2000), S. 304-321; *Bainbridge* (2002), S. 208-231; *Emanuel* (2005), S. 59-73.

notwendig ist. Zu den Hauptaufgaben der directors gehören die Bestellung, Kontrolle und Abberufung der officers, die Zustimmung zum Abschluss bedeutender Verträge der Gesellschaft mit Dritten und die Entscheidung über Dividendenausschüttungen. Zur Beschlussfassung reicht grundsätzlich die einfache Mehrheit der Mitglieder des board of directors aus. In vielen Bundesstaaten darf eine Zahl unterhalb der Mehrheit in der Satzung oder in den bylaws, eine qualifizierte Mehrheit ausschließlich in der Satzung festgelegt werden. Das board of directors handelt eigenverantwortlich und ist nicht an Weisungen der Anteilseignerversammlung gebunden. Sind die Aktionäre mit der Arbeit des board nicht einverstanden, können sie dies primär durch die Wahl eines anderen board auf der nächsten Gesellschafterversammlung zum Ausdruck bringen. Darüber hinaus ist in vielen Bundesstaaten die Abberufung von directors durch die Gesellschafter ohne besonderen Grund möglich.

Zur Erledigung der Aufgaben des board of directors können verschiedene board committees eingesetzt werden, die mit einzelnen board-Mitgliedern besetzt und insbesondere bei größeren corporations üblich sind. Diese auf Beschluss der Mehrheit der board-Mitglieder eingerichteten Ausschüsse übernehmen einen speziellen Aufgabenbereich des board of directors und sind mit eigener Entscheidungsbefugnis ausgestattet. Eine Reihe von Aufgaben können allerdings nicht delegiert werden, so beispielsweise Änderungen der Satzung oder der bylaws und die Ausgabe oder der Rückerwerb von Aktien.

In der Unternehmenspraxis verbreitet sind Ausschüsse, die potentielle Kandidaten für das board und das leitende Management auswählen (nominating committees), Gehaltsausschüsse (compensation committees), die die Vergütung des Spitzenmanagements festlegen, executive committees, die für die Unternehmensleitung zwischen den board-Sitzungen zuständig sind und Prüfungsausschüsse (audit committees), die mit der Prüfung und Kontrolle der Geschäftsführung durch die officers betraut werden, die Funktionsfähigkeit des internen Überwachungssystem sowie des Rechnungswesens gewährleisten sollen und den Abschlussprüfer vorschlagen. Audit committees sind gesellschaftsrechtlich nur von wenigen Bundesstaaten vorgeschrieben. Für kapitalmarktorientierte Unternehmen hat die SEC audit committees als kapitalmarktrechtlich vorgeschriebenes Kontrollsystem (§ 13(b)(2)(B) SEA) anerkannt. Zudem ist die Einrichtung eines Prüfungsausschusses eine Voraussetzung für die Börsenzulassung an der NYSE[344].

Im Gegensatz zu anderen Ausschüssen sind audit committees mehrheitlich oder sogar ausschließlich mit outside directors besetzt, d.h. mit board-Mitgliedern, die weder Geschäftsführungsaufgaben innerhalb der corporation wahrnehmen noch Angestellte der Gesellschaft sind. Da ein gutgläubiges Mitglied des board of directors nicht für die Fahrlässigkeit der sorgfältig ausgewählten Mitglieder des Prüfungsausschusses haftet, geht die Einrichtung eines solchen Ausschusses mit einer Verminderung der Haftung der übrigen board-Mitglieder einher.

Für ihre Tätigkeit als director sehen viele corporations in den bylaws oder in der Satzung eine Vergütung sowie Aufwandsentschädigungen für die Teilnahme an board-Sitzungen oder die Mitgliedschaft in Ausschüssen vor[345]. Nach dem Gesellschaftsrecht zahlreicher Bundesstaaten kann das board die Vergütung der directors sogar selbst festlegen.

---

344 Vgl. *Emanuel* (2005), S. 72.

345 Vgl. *Merkt/Göthel* (2006), S. 332. Nach common law steht den directors hingegen keine Vergütung zu mit der Begründung, sie seien zugleich Gesellschafter, so dass sich ihr Entgelt aus der Kursentwicklung ergäbe.

Bei der Erfüllung ihrer Aufgaben haben die directors eine Sorgfalts- (duty of care) und eine Treuepflicht (duty of loyalty bzw. fiduciary duty) gegenüber der Gesellschaft zu beachten[346]. Die Sorgfaltspflicht erfordert, dass sie ihre Aufgaben in der Weise erfüllen, wie dies von einer vernünftigen Person in entsprechender Lage jeweils zu erwarten wäre. Ein Verstoß gegen die Sorgfaltspflicht liegt beispielsweise vor, wenn der director eine nicht nachvollziehbare, extrem risikoreiche Maßnahme beschließt oder er sich vor einer Entscheidung nicht hinreichend informiert.

Die Sorgfaltspflicht wird jedoch durch den großzügigen gerichtlichen Kontrollmaßstab der so genannten business judgment rule abgeschwächt[347]. Danach sehen Gerichte von einer materiellen Überprüfung von Entscheidungen des board of directors ab, wenn die directors ohne Eigeninteresse und auf Grundlage eines angemessenen Maßes an Informationen eine Entscheidung getroffen haben, die nach ihrer Überzeugung und gemessen an einem Vernünftigkeitsmaßstab im Interesse der Gesellschaft liegt.

Die Treuepflicht erfordert von den directors Entscheidungen in gutem Glauben und ein faires Handeln. Die Treuepflicht, die ursprünglich von der Rechtsprechung entwickelt worden und heute in einigen Einzelstaaten gesetzlich kodifiziert ist, konkretisiert sich in verschiedenen Fallkonstellationen. Aus den Treuepflichten folgt z.B., dass der director grundsätzlich nicht mit der Gesellschaft in Wettbewerb treten darf, wenn ein Schaden für die Gesellschaft wahrscheinlich ist. Allerdings kann sich der director vor einer Anfechtung schützen, indem er eine formgültige Genehmigung durch das board oder die Aktionärsversammlung einholt. Ebenfalls nicht mit der Treuepflicht zu vereinbaren ist es, die der Gesellschaft zustehende Gelegenheit zum Geschäftsabschluss auszunutzen, es sei denn, ein neutrales board beschließt nach vollständiger Offenlegung, die Gelegenheit der Gesellschaft nicht zu nutzen. Treuepflichten sind weiterhin bei Insichgeschäften zu beachten. Hierbei handelt es sich um Geschäfte, bei denen sich der director und die Gesellschaft (vertreten durch den director) gegenüberstehen, und fraglich ist, ob der director im Interesse der Gesellschaft gehandelt hat. Ein Spezialproblem im Zusammenhang mit den Treuepflichten der directors ergibt sich beim insider trading, d.h. beim Kaufen und Verkaufen von Aktien der corporation aufgrund von wesentlichen, der Öffentlichkeit nicht zugänglichen Informationen über diese Gesellschaft. Beschränkungen ergeben sich insbesondere aus den insider trading-Vorschriften des bundesstaatlichen Kapitalmarktrechts[348].

Im Rahmen dieser Arbeit sind die Pflichten der directors bei der Ausschüttungsentscheidung von besonderem Interesse. Im Gegensatz zum Vorstand einer deutschen Aktiengesellschaft entscheidet das board of directors allein darüber, ob und gegebenenfalls in welcher Höhe eine Dividende gezahlt wird[349]. Die board-Mitglieder müssen allerdings eine Reihe von Beschränkungen beachten[350]. Zum einen sind die gesetzlichen Restriktionen im Gesellschaftsrecht des Gründungsstaates sowie die diesbezügliche Rechtsprechung zu berücksichtigen. Einschränkungen können sich zum anderen aus der Satzung oder den bylaws ergeben. In der Satzung kann beispielsweise geregelt sein, dass eine Aktiengattung mit einem Dividendenvorrecht

---

346 Vgl. im Überblick *Bungert* (2003), S. 41, 43-44.

347 Vgl. dazu ausführlich z.B. *Eisenberg* (2000), S. 536-568; *Gevurtz* (2000), S. 278-320; *Bainbridge* (2002), S. 251-304. Vgl. im Überblick *Palmiter* (2003), S. 197-208; *Emanuel* (2005), S. 185-193; *Merkt/Göthel* (2006), S. 426-428.

348 Wichtige Verbotsnormen sind §§ 10(b), 16(b) SEA.

349 Vgl. *Gevurtz* (2000), S. 153; *Bainbridge* (2002), S. 793; *Emanuel* (2005), S. 537.

350 Vgl. *Gevurtz* (2000), S. 153-154.

ausgestattet ist oder einer bestimmten Aktiengattung in regelmäßigen Abständen eine Dividende zu zahlen ist, wenn als Nebenbedingung die gesetzlichen Ausschüttungsvorschriften eingehalten werden[351]. Außerdem können sich direkte oder indirekte Ausschüttungsbeschränkungen aus den Kreditverträgen der corporation ergeben[352]. Schließlich können insolvenzrechtliche Vorschriften und weitere gesetzliche Regelungen Einfluss auf die Dividendenhöhe haben. Die vorstehend nur überblicksartig genannten Restriktionen werden in Kapitel III.2 ausführlich beleuchtet.

Anders als nach § 92 Abs. 2 AktG besteht in den USA keine gesetzlich geregelte Insolvenzantragspflicht. Von der Rechtsprechung in Delaware sind allerdings Geschäftsleiterpflichten in Insolvenznähe entwickelt worden, nach denen die board-Mitglieder in einer solchen Situation nicht nur den Aktionären, sondern auch den Gläubigern gegenüber verpflichtet sind[353].

Bei einem Verstoß gegen die der Gesellschaft gegenüber obliegenden Sorgfalts- und Treuepflichten greifen umfangreiche Haftungsvorschriften, wobei sowohl das board of directors als Organ als auch die directors persönlich haftbar gemacht werden können[354]. In den Fällen der gesetzlichen Haftung, haften die Mitglieder des board gesamtschuldnerisch. Wird ein director in Anspruch genommen, findet im Innenverhältnis ein Ausgleich statt. Als Haftungsgrund explizit verankert ist in vielen Einzelstaatenrechten darüber hinaus der gesetzes- bzw. satzungswidrige Verstoß gegen die Ausschüttungsrestriktionen, worauf in Kapitel III.2 ebenfalls noch ausführlich eingegangen wird.

Ist ein director der Ansicht, dass eine Entscheidung des board unzulässig ist, kann er unter bestimmten Voraussetzungen einer Haftung dadurch entgehen, dass er einen schriftlichen Widerspruch einlegt. Der Widerspruch wird grundsätzlich nur dann wirksam, wenn er im Sitzungsprotokoll festgehalten wird; anderenfalls wird vermutet, dass das board-Mitglied zugestimmt hat[355]. Ist der Widerspruch nicht protokolliert worden, kann der director aber in der Regel die Haftung vermeiden, indem er dem Protokollführer den Widerspruch zuschickt. In Delaware kann eine Haftung für Verletzungen der Sorgfaltspflicht sogar in der Satzung ausgeschlossen werden. In einigen anderen Einzelstaaten werden directors von der Haftung befreit, wenn sie nachweisen können, dass sie sich bei ihrer Entscheidung gutgläubig auf das Urteil anderer vertraut haben[356].

Wird ein director von einem Aktionär oder Dritten erfolglos gerichtlich in Anspruch genommen, steht ihm nach den Kapitalgesellschaftsrechten eine Entschädigung (indemnification) für die Kosten einer Prozessverteidigung zu. Darüber hinaus kann die Gesellschaft den director entschädigen, wenn er gutgläubig im Interesse der Gesellschaft zu handeln glaubte. Die meisten Einzelstaatenrechte gestatten es der corporation, eine Versicherung zur Entschädigung der Manager, die so genannte director and officer liability insurance (D&O insurance) abzu-

---

351 Vgl. *Gevurtz* (2000), S. 153, Fn. 5.

352 Vgl. zu den Ergebnissen empirischer Untersuchungen von Vereinbarungen in Kreditverträgen Kapitel V.5.4.1.

353 Vgl. dazu die Leitentscheidung in Credit Lyonnais Bank Nederland N.V. v. Pathe Communications Corp., WL 277613 (Del.Ch.1991). Vgl. dazu z.B. *Eisenberg* (2000), S. 150-151, 933; *Choper/Coffee/Gilson* (2004), S. 47-49, 233-235. Vgl. auch *Fleischer* (2005), S. 95 m.w.N.

354 Vgl. *Gevurtz* (2000), S. 288-304; *Palmiter* (2003), S. 208-209.

355 Vgl. *Hamilton* (2000), S. 316-317.

356 Vgl. *Merkt/Göthel* (2006), S. 321 m.w.N.

schließen. Sie bietet einen Versicherungsschutz gegen Haftung für Fahrlässigkeit, nicht betrügerisches Fehlverhalten und Verletzungen gegen Offenlegungsvorschriften[357].

2.2.2.2 Officers

Die officers werden vom board of directors bestellt. Sie tätigen als die leitenden Angestellten – allerdings unter Aufsicht des board – die operativen Tagesgeschäfte der corporation[358]. In der Regel werden bei den officers verschiedene Ämter unterschieden, deren Kompetenzen üblicherweise in den bylaws geregelt sind. Bei größeren Unternehmen gibt es meist einen chief executive officer (CEO), teilweise auch als president bezeichnet, einen oder mehrere vice presidents, einen secretary und einen treasurer. Der CEO ist unter anderem zuständig für die Unterzeichnung von Verträgen und sonstigen zeichnungsbedürftigen Dokumenten der corporation sowie für die Einstellung und Kündigung von Angestellten unterhalb der Ebene der officers. Häufig hat der Vorsitzende des board of directors, der chairman, gleichzeitig das Amt des CEO inne. Die Hauptaufgabe des secretary besteht darin, wichtige Dokumente gegenzuzeichnen, Sitzungs- und Versammlungsprotokolle anzufertigen, board-Beschlüsse zu beglaubigen und für die rechtzeitige Benachrichtigung von Mitgliedern des board und der Anteilseigner vor Sitzungen und Versammlungen zu sorgen. Der treasurer bekleidet das Finanzressort, verwaltet also sämtliche Konten und Guthaben und hat die Erfüllung von Zahlungsverpflichtungen sowie das Eintreiben der Forderungen sicherzustellen.

Von besonderer Bedeutung in der Praxis sind Fragen der Vertretungsmacht der officers[359]. Probleme resultieren daraus, dass die directors die eigentlichen Entscheidungsträger der corporation sind und den officers folglich nur eine begrenzte Vertretungsmacht zusteht. Allerdings findet insbesondere bei großen Gesellschaften eine immer stärkere Verlagerung der Geschäftsführungsaufgaben auf die officers statt. Um ihr operatives Tagesgeschäft sinnvoll erledigen zu können, ist die Vertretung der Gesellschaft in vielen Fällen notwendig. In den bylaws werden gewöhnlich die Möglichkeiten zur Vertretung grob umrissen. Danach sind die officers spezieller Ressorts zur Vertretung der Gesellschaft gegenüber Dritten kraft ihres Amtes befugt, soweit sie im Rahmen ihrer Ressortzuständigkeiten tätig werden. Einer ausdrücklich eingeräumten Vertretungsmacht bedarf es insofern nicht.

Officers haben nach common law-Grundsätzen einen Anspruch auf Vergütung in Höhe des Wertes der von ihnen erbrachten Dienste[360]. In der Praxis besteht die Vergütung in der Regel neben dem vertraglich vereinbarten Grundgehalt überwiegend aus variablen Bestandteilen, die sich am bilanziellen Jahresergebnis oder anderen Erfolgsgrößen orientieren. Hinzu kommen häufig zusätzliche Vergütungen, wie z.B. Lebens-, Unfall- und Krankenversicherungen,

---

[357] In der US-amerikanischen Praxis machen Spitzenmanager den Abschluss einer solchen Versicherung zur Bedingung für die Übernahme einer Spitzenposition. Die D&O-Versicherung beinhaltet aber eine Eigenbeteiligung und umfasst z.B. keine vorsätzlichen Pflichtverletzungen oder wissentliche Verstöße gegen die insider trading-Vorschriften. Vgl. dazu ausführlich z.B. *Gevurtz* (2000), S. 447-448; *Palmiter* (2003), S. 256-263; *Emanuel* (2005), S. 382-384.

[358] Vgl. hier und im Folgenden *Eisenberg* (2000), S. 210-214; *Gevurtz* (2000), S. 180-186; *Hamilton* (2000), S. 322-342; *Bainbridge* (2002), S. 231-240; *Emanuel* (2005), S. 77-84.

[359] Vgl. dazu *Merkt/Göthel* (2006), S. 327-331.

[360] Vgl. *Eisenberg* (2000), S. 664-670; *Gevurtz* (2000), S. 357-362; *Palmiter* (2003), S. 241-246.

Erwerbsunfähigkeitsrenten, betriebliche Altersversorgung und sonstige Sozialleistungen. Weit verbreitet sind in den USA auch aktienkursbasierte Entlohnungsformen.

Officers haben bei der Erfüllung ihrer Aufgaben der Gesellschaft gegenüber Sorgfalts- und Treuepflichten zu beachten[361]. Sie ergeben sich einerseits aus ihrem Anstellungsverhältnis und andererseits aufgrund ihrer Eigenschaft als Vertreter der Gesellschaft und entsprechen in etwa den oben bereits erläuterten Pflichten der board-Mitglieder. Unterschiede ergeben sich in Abhängigkeit von den jeweiligen Hierarchieebenen der officers. Eine Minderung der Sorgfalts- und Treuepflichten kann sich für Teilzeit-officers ergeben. Hinsichtlich der Treuepflichten ist ferner zu beachten, dass officers im Vergleich zu den directors geringere Entscheidungsfreiheiten haben. Kommen officers ihren Pflichten nach, gilt die bereits angesprochene business judgment rule für sie analog. Gleiches gilt für mögliche Entschädigungen durch die Gesellschaft und den Schutz durch die D&O-Versicherung.

Eine persönliche Haftung im Zusammenhang mit Geschäften der Gesellschaft scheidet für officers grundsätzlich aus, wenn sie die Grenzen ihres Verantwortungs- und Tätigkeitsbereichs beachtet haben[362]. Etwas anderes gilt ausnahmsweise in den Fällen, in denen der officer eine Garantie abgibt, dass er für die Erfüllung einer Verbindlichkeit persönlich einsteht. Eine persönliche Haftung ist weiterhin dann möglich, wenn er gegenüber einem Dritten den Eindruck erweckt, er handele im eigenen und nicht im Namen der corporation. Schließlich kann sich aus Gesetzen eine Haftung ergeben, wenn der zuständige officer beispielsweise die Lohnsteuer nicht abführt, die franchise tax nicht bezahlt oder gegen kapitalmarktrechtliche Vorschriften verstößt.

2.2.2.3 Shareholders' Meeting

Die gesetzlichen Regelungen zur Gesellschafterversammlung sind in allen Einzelstaaten nahezu identisch[363]. Mindestens einmal jährlich hat eine Versammlung der Gesellschafter (annual shareholders' meeting) stattzufinden. Sonstige Anteilseignerversammlungen (special shareholders' meeting) können auf Antrag des board of directors, in machen Bundesstaaten auch vom chief executive officer oder von den Gesellschaftern mit einer bestimmten Mindestbeteiligung (zumeist 10 %) einberufen werden.

Auf der Gesellschafterversammlung wird das alte board of directors abberufen und ein neues gewählt. Die Gesellschafterversammlung ist darüber hinaus mit einer Reihe von weiteren grundlegenden Rechten ausgestattet[364]. Sie kann Änderungen und Ergänzungen der Satzung und der bylaws beschließen und somit die innere Struktur der corporation bestimmen. Ihr steht die Entscheidungsbefugnis bei Angelegenheiten außerhalb der gewöhnlichen Geschäftstätigkeit zu, z.B. bei Veräußerung wesentlicher Teile des Geschäftsvermögens, bei einem Zusammenschluss mit einer anderen Gesellschaft oder bei Auflösung der Gesellschaft. Die Aktionäre können auf der Gesellschafterversammlung ferner bestimmte Entscheidungen der directors und der officers durch einen Ratifikationsbeschluss vor der Nichtigkeit oder Anfechtbarkeit bewahren.

---

361 Vgl. *Hamilton* (2000), S. 334; *Bainbridge* (2002), S. 285-286; *Emanuel* (2005), S. 177.

362 Vgl. hier und im Folgenden *Merkt/Göthel* (2006), S. 339-343.

363 Vgl. *Merkt/Göthel* (2006), S. 351-356.

364 Vgl. dazu *Gevurtz* (2000), S. 195-198, 210-219; *Hamilton* (2000), S. 254-258.

Auf der Gesellschafterversammlung sind Aktionäre stimmberechtigt, die bis zu einem bestimmten Zeitpunkt (record date) vor der Versammlung als Aktionäre registriert waren[365]. Die Gesellschafterversammlung ist nur dann beschlussfähig, wenn das erforderliche quorum, d.h. der erforderliche Anteil ausstehender Anteile, anwesend ist. In vielen Einzelstaaten ist die Versammlung beschlussfähig, wenn die Inhaber einer einfachen Mehrheit der ausgegebenen und stimmberechtigten Anteile anwesend sind. Manche Staaten erlauben, dass in der Satzung oder in den bylaws ein niedrigeres quorum festgelegt wird[366]. Bei Anwesenheit der vorgeschriebenen Mindestzahl kann in der Regel deren einfache Mehrheit wirksame Beschlüsse fassen. In der Satzung oder in den bylaws kann allerdings grundsätzlich oder für bestimmte Entscheidungen eine qualifizierte Mehrheit vorgesehen werden.

Um dem Problem einer Beschlussunfähigkeit aufgrund mangelnder Teilnehmer entgegenzuwirken, besteht für die Aktionäre die Möglichkeit der Erteilung von Stimmrechtsvollmachten (proxies)[367]. Dadurch können (Klein-)Aktionäre ihr Stimmrecht von den Mitgliedern des Managements ausüben lassen. Dazu verschickt das Management proxy-Vordrucke, die Einzelheiten der Bevollmächtigung (z.B. Namen der Kandidaten, für die das Management stimmen wird, Wirtschaftsprüfungsgesellschaft, die den Prüfungsauftrag erhalten soll) beinhalten, und bittet um Unterzeichnung und Rücksendung. Die Aktionäre können auch von einzelnen Gesellschaftern um die Erteilung der Stimmrechtsvollmacht gebeten werden[368]. Unter bestimmten Voraussetzungen unterliegen die proxy-Aufforderungen den kapitalmarktrechtlichen Vorschriften der SEC, die verschiedene Registrierungs- und Offenlegungspflichten beinhalten und bei Verstößen eine von der Rechtsprechung entwickelte proxy-Haftung nach sich ziehen.

2.2.3 Rechte und Pflichten der Aktionäre

2.2.3.1 Aktionärspflichten

Neben den Mitgliedern des board of directors und den officers haben auch die Aktionäre bestimmte Pflichten zu beachten. Da allerdings die Aktionäre weder eine Geschäftsführungsbefugnis besitzen noch Dienste für die corporation erbringen, unterscheiden sich ihre Pflichten von denen der board-Mitglieder und officers grundlegend. Nach der herrschenden Meinung unterliegen die Mehrheitsgesellschafter einer Treuepflicht gegenüber den Minderheitsgesellschaftern, den Vorzugsaktionären und den Gesellschaftsgläubigern[369]. Begründet werden diese Pflichten in der Rechtsprechung zum einen mit der überlegenden Stellung des Mehrheitsaktionärs. Zum anderen wird angeführt, eine Treuepflicht müsse auch denjenigen treffen, der aufgrund seiner Stimmenmehrheit Einfluss auf das Management nehmen kann.

Die Treuepflicht der Minderheitsgesellschafter besteht insbesondere darin, dass sie ihr Stimmrecht nicht missbrauchen dürfen. Treuwidrig ist beispielsweise der Verkauf des Stimmrechts.

---

365 Vgl. *Hamilton* (2000), S. 258-262.

366 Teilweise werden aber auch besonders hohe quorum-Erfordernisse festgeschrieben, mit denen Minderheitsgesellschaftern Vetorechte gewährt werden. Vgl. *Bungert* (2003), S. 46-47.

367 Vgl. zum proxy-System etwa *Hamilton* (2000), S. 273-277, 418-437; *Bainbridge* (2002), S. 472-495; *Palmiter* (2003), S. 145-171; *Emanuel* (2005), S. 125-129; *Merkt/Göthel* (2006), S. 398-415.

368 Vgl. *Emanuel* (2005), S. 126.

369 Vgl. *H. Henn/Alexander* (1983), S. 654-656.

Diesen Aktionärspflichten steht eine Reihe von Rechten gegenüber, die im Folgenden im Überblick dargestellt werden. Dabei wird insbesondere auf die wesentlichen Gemeinsamkeiten und Unterschiede im Vergleich zu den Aktionären einer deutschen Aktiengesellschaft hingewiesen. Analog zu Kapitel II.1.2.3.2 wird nach Herrschafts-, Informations- und Vermögensrechten differenziert.

2.2.3.2 Aktionärsrechte

2.2.3.2.1 Herrschaftsrechte

Mit dem Teilnahme-, Rede- und Stimmrecht im Rahmen der Gesellschafterversammlung und dem Klagerecht stehen den Aktionären Herrschaftsrechte zu, mit denen sie ihre Vermögensrechte absichern können.

Wie bereits erwähnt, können Aktionäre ihr Stimmrecht auf der Gesellschafterversammlung selbst ausüben oder eine Stimmrechtsvollmacht (proxy) ausstellen. Inwieweit einem Aktionär ein Stimmrecht zusteht, hängt von der von ihm gehaltenen Aktie ab, wobei die Einzelstaatengesetze im Gegensatz zum deutschen Aktienrecht sehr weitgehende Freiheiten bei der Ausgestaltung der Aktien vorsehen. Von dem Prinzip des one share-one vote kann in vielfältiger Weise abgewichen werden. Viele Einzelstaatengesetze erlauben die Ausgabe von stimmrechtslosen Aktien (non voting stock)[370], Mehrstimmrechtsaktien und Höchststimmrechtsaktien, die nur mit einem Bruchteil einer Stimme ausgestattet sind[371]. Mindestens eine Aktiengattung muss allerdings mit einem uneingeschränkten Stimmrecht ausgestaltet sein. Weit verbreitet sind verschiedene Formen von Vorzugsaktien (preferred shares), die z.B. mit einem Vorrecht auf Dividendenzahlungen oder auf den Liquidationserlös ausgestattet sind[372].

Um den Minderheitsgesellschaftern eine gewisse Repräsentation zu sichern, sehen manche Einzelstaaten das so genannte cumulative voting als Abstimmungsverfahren bei der Wahl des board of directors vor, in anderen Staaten muss es in der Satzung verankert werden. Im Gegensatz zum straight voting, bei dem jeder stimmberechtigte Anteil je Kandidat einmal gezählt wird und die einfache Mehrheit entscheidet, können die Anteilseigner beim cumulative voting ihre Stimmen kumulieren[373].

---

370 Soweit es aber um grundlegende Änderungen der Gesellschaftsstruktur geht, sind stimmrechtslose Aktien nach den meisten Einzelstaatenrechten stimmberechtigt. Vgl. *Merkt/Göthel* (2006), S. 275.

371 Stammaktien werden folglich häufig in verschiedene Gattungen (classes of common stock) unterteilt, die dann üblicherweise als class A stock, class B stock usw. bezeichnet werden.

372 Satzungsbestimmungen sehen bei Vorzugsaktien häufig ein Einziehungsrecht (redemption right) der Gesellschaft vor. Danach kann die corporation die Vorzugsaktien einziehen, wofür die betreffenden Aktionäre einen festgelegten redemption price erhalten. Nach vielen Einzelstaatenrechten können Gesellschaften im Rahmen einer so genannten recapitalization kumulierte Dividendenrückstände durch Einziehung der alten Vorzugsaktien und Ausgabe neuer Vorzugsaktien beseitigen. Dazu muss allerdings die Mehrheit der auf die betreffenden Vorzugsaktien entfallenden Stimmen zustimmen, wobei den überstimmten Aktionären eine angemessene Abfindung zusteht. Vgl. *Merkt/Göthel* (2006), S. 605-607.

373 Vgl. dazu ausführlich *Merkt*/Göthel (2006), S. 314-317. Zu einem anschaulichen Beispiel vgl. auch *Pellens* (2001a), S. 54; *Ross/Westerfield/Jaffe* (2005), S. 387.

Darüber hinaus können die Aktionäre untereinander Stimmbindungsvereinbarungen eingehen, wobei zwischen voting agreements und voting trusts unterschieden wird[374]. Voting agreements stellen formlose Absprachen unter zwei oder mehreren Aktionären dar, in denen sie sich z.B. verpflichten, ihre Stimmrechte bei bestimmten Tagesordnungspunkten in einer festgelegten Weise auszuüben. Bei einem voting trust wird der Eigentumstitel bezüglich der Anteile vom Treuhänder (trustee) gehalten, der das Stimmrecht in Übereinstimmung mit den Vereinbarungen ausübt, während den Aktionären als beneficial owners die Dividende sowie sonstige Vermögensrechte zustehen.

Den Aktionären stehen verschiedene Klageformen zur Verfügung, von denen im Folgenden die direct suit, die derivative suit und die class action kurz erläutert werden[375]. Die direct suit stellt eine Klage des Aktionärs aus eigenem Recht dar, mit der er gegen gesetzes- und satzungswidrige Beschlüsse und Maßnahmen der Verwaltungsorgane vorgehen kann, durch die er sich z.B. in seinen Vorzugs-, Bezugs-, Stimm- oder Minderheitsrechten verletzt sieht. Eine direct suit ist weiterhin die richtige Klageart, wenn er Einsichtsrechte wahrnehmen oder Verstöße gegen einen voting trust geltend machen will. Im Wege einer direct suit kann er auch seinen Anspruch auf eine vom board bereits beschlossene Dividende geltend machen. Einzelne Aktionäre können ferner auf Auflösung der Gesellschaft klagen (involuntary dissolution), wenn das Management oder der Mehrheitsaktionär ihre Machtstellung zu betrügerischen Zwecken missbraucht haben, das Gesellschaftsvermögen zweckwidrig verwendet wurde oder im board of directors eine Pattsituation mit der Folge entstanden ist, dass die Gesellschaft nicht mehr entscheidungsfähig ist[376].

Die derivative suit stellt eine Klage aus abgeleitetem Recht dar, mit der ein Aktionär im eigenen Namen Ansprüche der Gesellschaft geltend machen kann, die aus unterschiedlichen Gründen nicht von der corporation bzw. von dem dafür zuständigen Organ selbst eingeklagt werden[377]. In der Regel handelt es sich bei dem Schädiger um ein Mitglied des board oder einen officer. In solchen Fällen kann nicht davon ausgegangen werden, dass diejenige Person, die selbst eine Pflichtverletzung (z.B. Verstoß gegen die Sorgfalts- und Treuepflichten oder gegen das Verbot des self-dealing) begangen hat oder dem Ersatzpflichtigen kollegial verbunden ist, die gerichtliche Verfolgung von Ansprüchen der Gesellschaft anstrengen wird. Im Konzern existiert zudem die double bzw. multiple derivative suit, bei der ein Aktionär des Mutterunternehmens aus abgeleitetem Recht des Tochterunternehmens klagt.

Um den Missbrauch des Instruments der Klage zu verhindern, sehen die meisten Einzelstaatenrechte verschiedene Klagevoraussetzungen vor. Danach muss der Kläger bereits zum Zeitpunkt der Schädigung Aktionär gewesen sein und während des gesamten Verfahrens Aktionär bleiben. Vor Erhebung der Klage muss das board of directors erfolglos aufgefordert worden sein, die Klage selbst zu erheben. Schließlich hat der Kläger eine Sicherheit für die Prozesskosten der corporation zu hinterlegen. Hat eine derivative suit Erfolg, fließt der zugesprochene Schadensersatz ins Gesellschaftsvermögen und kommt dem klagenden Aktionär wie allen übrigen Aktionären nur indirekt über Kurssteigerungen oder Gewinnausschüttungen zugute. Gestützt auf empirische Untersuchungen wird die derivative suit als Instrument zur Kontrolle

---

374 Vgl. *Merkt/Göthel* (2006), S. 356-360.

375 Vgl. dazu ausführlich *Merkt/Göthel* (2006), S. 506-557.

376 Vgl. *Bungert* (2003), S. 53; *Merkt/Göthel* (2006), S. 706-709.

377 Vgl. hierzu ausführlich *Eisenberg* (2000), S. 928-994; *Gevurtz* (2000), S. 386-425; *Hamilton* (2000), S. 535-555; *Emanuel* (2005), S. 347-374; *Merkt/Göthel* (2006), S. 506-557.

der Unternehmensleitung in großen Teilen der Literatur für ungeeignet und unwirtschaftlich gehalten[378].

Die class suit ist in den USA aus praktischen Notwendigkeiten heraus für die Fälle entwickelt worden, in denen die Zahl der möglichen Kläger so groß ist, dass eine Beteiligung aller Kläger unverhältnismäßig aufwendig oder sogar unmöglich wäre[379]. Anstelle dessen erhebt ein Aktionär aus eigenem Recht eine Klage, die stellvertretend auch für alle anderen möglichen Kläger gilt.

2.2.3.2.2 Informationsrechte

Um ihre vorstehend beschriebenen Herrschaftsrechte zielgerichtet ausüben zu können, sind die Aktionäre auf Informationsrechte angewiesen. Nach den common law-Grundsätzen hat jeder ordnungsgemäß eingetragene Aktionär das Recht auf Einsichtnahme in sämtliche Geschäftsbücher und -unterlagen[380]. Dafür muss der Aktionär allerdings einen hinreichenden Grund (proper purpose) anführen können, wie z.B. Einsichtnahme in das Aktienbuch zur Kontaktaufnahme mit anderen Gesellschaftern in der Absicht, eine derivative suit vorzubereiten, zur Erteilung von proxy-Stimmrechten aufzufordern oder Informationen hinsichtlich einer geplanten Fusion zu verbreiten. Viele corporations wiesen lange Zeit Gesellschafter, die ihr Einsichtnahmerecht geltend machen wollten, ab, von denen auch nur wenige den Aufwand einer Klage auf sich nahmen[381].

Mittlerweile haben zahlreiche Einzelstaaten das Einsichtnahmerecht gesetzlich kodifiziert, das weder in der Satzung noch in den bylaws eingeschränkt werden kann[382]. Darüber hinaus sehen viele Einzelstaatengesetze vor, dass den Anteilseignern ein Jahresabschluss der Gesellschaft vorzulegen ist, der aus Gewinn- und Verlustrechnung, Bilanz und Eigenkapitalveränderungsrechnung bestehen muss. Wird der Jahresabschluss von einem Wirtschaftsprüfer testiert, muss dieser auch den Bestätigungsvermerk enthalten. Ist dies nicht der Fall, muss im Jahresabschluss darüber berichtet werden, ob die US-GAAP angewandt bzw. welche anderen Rechnungslegungsmethoden herangezogen wurden und inwiefern es zu Abweichungen bei der Vorgehensweise im Vergleich zum Vorjahr gekommen ist. Im Gegensatz zum deutschen Aktiengesetz existiert im US-amerikanischen Recht kein gesetzlich kodifiziertes Auskunftsrecht der Anteilseigner mit der Möglichkeit eines Auskunftserzwingungsverfahrens[383].

Während die gesellschaftsrechtlich kodifizierte Rechnungslegungspflicht – mit Ausnahme des kalifornischen Rechts – weder formal noch materiell besonderen Vorschriften unterliegt, ergeben sich aus dem bundesstaatlichen Kapitalmarktrecht detaillierte und zwingend zu beachtende Rechnungslegungs- und Offenlegungspflichten. Wie in Kapitel II.2.2.1 bereits im Einzelnen erläutert, werden Anteilseigner von kapitalmarktorientierten und bei der SEC regist-

---

378 Vgl. *Merkt/Göthel* (2006), S. 552-557 m.w.N.

379 Vgl. zur class suit z.B. *Hamilton* (2000), S. 556-574; *Palmiter* (2003), S. 303-304.

380 Vgl. zu den Einsichtnahmerechten ausführlich *Hamilton* (2000), S. 599-608; *Merkt/Göthel* (2006), S. 367-371. Vgl. auch *Bungert* (2003), S. 47.

381 Vgl. *Merkt/Göthel* (2006), S. 369.

382 Vgl. *Hamilton* (2000), S. 602-603; *Palmiter* (2003), S. 112-113.

383 Vgl. *Bungert* (2003), S. 47.

rierten corporations mit umfassenden, regelmäßigen und zeitnah veröffentlichen Informationen versorgt.

2.2.3.2.3 Vermögensrechte

Die Vermögensrechte von Aktionären einer corporation umfassen im Wesentlichen das Recht auf anteilige Beteiligung an Gewinnausschüttungen, das Recht auf anteilige Berücksichtigung bei der Verteilung des Liquidationserlöses im Falle der Auflösung der Gesellschaft und – abhängig von den Vorschriften in der Satzung – gegebenenfalls das Bezugsrecht.

Im Gegensatz zu Deutschland leitet sich der Anspruch der Aktionäre auf Dividendenzahlungen bei einer corporation nicht aus dem verteilungsfähigen Jahresüberschuss im festgestellten Jahresabschluss ab[384]. Ob und gegebenenfalls in welcher Höhe eine Dividende gezahlt wird, ergibt sich aus dem Ausschüttungsbeschluss des board of directors. Bei seiner Entscheidung wird das board von der business judgment rule geschützt, d.h. sein Beschluss wird keiner gerichtlichen Kontrolle unterzogen, wenn die board-Mitglieder bestimmte Sorgfalts- und Treuepflichten beachtet haben. Zusätzlich zu etwaigen Ausschüttungsbeschränkungen, die sich aus Kreditvereinbarungen und sonstigen vertraglichen Abreden ergeben können, muss das board of directors verschiedene gesetzliche Restriktionen beachten, die die zulässige Höchstausschüttung determinieren[385]. Verbotswidrig gezahlte Dividenden können dazu führen, dass die Mitglieder des board zum Schadensersatz verpflichtet werden. Auch Aktionäre können sich haftbar machen, wenn sie unzulässige Dividenden erhalten haben[386]. Gesetzliche Mindestausschüttungsregeln existieren hingegen nicht. Die Aktionäre einer corporation haben somit grundsätzlich keinen Anspruch auf Dividendenausschüttungen[387]. Gleichwohl weisen empirische Untersuchungen zur Ausschüttungspolitik börsennotierter Gesellschaften auf deutlich höhere Ausschüttungsquoten in den USA im Vergleich zu Deutschland hin[388]. Hat das board of directors die Ausschüttung einer Dividende beschlossen, erwerben die Aktionäre einen Anspruch auf Auszahlung der Dividende[389].

---

384 Vgl. *Pellens* (2001a), S. 55.

385 Hierauf ist in Kapitel II.2.2.2.1 bereits überblicksartig hingewiesen worden. Die Einzelheiten werden in Kapitel III.2 detailliert dargestellt.

386 Vgl. dazu im Überblick *Merkt/Göthel* (2006), S. 302-303. Vgl. zu den Haftungsregeln ausführlich die Kapitel III.2.2.1.4 (MBCA), III.2.3.1.3 (Delaware), III.2.3.2.4 (Kalifornien).

387 Vgl. *Bainbridge* (2002), S. 793; *Black* (2004), § 1.2, S. 9 jeweils mit zahlreichen Rechtsprechungsnachweisen. Etwas anderes gilt allenfalls dann, wenn den Aktionären im Rahmen einer Garantieerklärung Dividendenausschüttungen versprochen worden sind. Vgl. *Merkt/Göthel* (2006), S. 298, Fn. 250 m.w.N. Ausnahmen gelten darüber hinaus für closely held corporations, bei denen Gerichte teilweise die Zahlung von Dividenden angeordnet haben, insbesondere dann, wenn sie vom Management aus unredlichen Motiven (z.B. unangemessen hohe Vergütungen für board-Mitglieder und officers) versagt wurden. Teilweise wird den Gesellschaftern von closely held corporations ein Dividendenanspruch selbst dann zugesprochen, wenn die Geschäftslage für eine Rücklagenbildung spricht. Begründet wird dieses Vorgehen damit, dass Anteile an einer closely held corporation nur eingeschränkt handelbar sind und Anteilseigner solcher Gesellschaften in besonderer Weise auf ein Einkommen in Form von Dividenden angewiesen sind.

388 Vgl. *Kronstein/Claussen* (1960), S. 135; *Ziemann* (1993), S. 138-139, 144-146; *Augustin* (1994), S. 661-662.

389 Vgl. z.B. McLaren v. Crescent Planing Mill Co., 117 Mo. App. 40, 93 S.W. 819 (1906); Caleb & Co. v. Dupont de Nemours & Co., 615 F.Supp. 96 (S.D. N.Y. 1985).

In den meisten Einzelstaatengesetzen ist ein weit gefasster Ausschüttungsbegriff kodifiziert, der nicht nur Dividenden, sondern jede Form der direkten oder indirekten Übertragung von Vermögenswerten an die Aktionäre umfasst. Den gesellschaftsrechtlichen Ausschüttungsregeln unterliegen damit auch Aktienrückkäufe, die in den USA neben Dividendenzahlungen seit langem ein verbreitetes Ausschüttungsinstrument darstellen[390].

Führt die corporation eine Kapitalerhöhung durch, werden die derzeitigen Aktionäre nach den Grundsätzen des common law durch ein Bezugsrecht (preemptive right) geschützt[391]. Dadurch soll es den Altaktionären ermöglicht werden, bei der Ausgabe neuer Aktien keine Kapital- und Stimmrechtsverwässerung zu erleiden. Das Bezugsrecht unterliegt allerdings in vielen Bundesstaaten wesentlichen Beschränkungen. In manchen Einzelstaatengesetzen ist ein Bezugsrecht zwar vorgesehen, kann aber in der Satzung abbedungen werden. Andere Staaten schreiben ein Bezugsrecht gesetzlich nicht vor, gewähren den Unternehmen aber die Möglichkeit, es in der Satzung zu verankern. In der Praxis ist die Gewährung von Bezugsrechten bei public corporations unüblich[392], da in der kostspieligen und zeitraubenden Abwicklung des Bezugsrechts eine Beeinträchtigung der flexiblen Eigenkapitalbeschaffung gesehen wird. Die Altaktionäre werden nach der Rechtsprechung durch die Verpflichtung des board, die neuen Aktien nicht unter ihrem Marktwert auszugeben, geschützt. Eine Treuepflicht gegenüber den Minderheitsgesellschaftern haben auch die Mehrheitsaktionäre zu beachten[393].

Bei der Liquidation einer corporation steht den Aktionären ein Anteil am verbleibenden Gesellschaftsvermögen zu. Vorher sind allerdings die Ansprüche Dritter sowie etwaige in der Satzung vorgesehene Liquidationsvorrechte bestimmter Aktiengattungen zu befriedigen[394].

2.3 Zwischenergebnis

Als Ergebnis der Ausführungen zur corporation ist festzuhalten, dass sie in allen Bundestaaten der USA nach einem ähnlichen Grundmuster aufgebaut ist. Danach legen die Mitglieder des board of directors die wesentlichen Leitlinien der Geschäfts- und Unternehmenspolitik fest. Die officers werden vom board bestellt und führen als leitende Angestellte – unter der Aufsicht des board – die operativen Tagesgeschäfte der Gesellschaft. Der Gesellschafterversammlung (shareholders' meeting) obliegt die Bestellung und Abberufung des board of directors und Entscheidungen in grundlegenden oder außergewöhnlichen Angelegenheiten.

Den Aktionären steht eine Reihe von mitgliedschaftlichen Rechten zu. Im Rahmen ihrer Herrschaftsrechte stellt die Möglichkeit der (multiple) derivative suit eine Besonderheit des US-amerikanischen Rechts dar. Im Gegensatz zu den Aktionären einer deutschen Aktiengesellschaft haben die Gesellschafter einer corporation grundsätzlich keinen Anspruch auf die Zuteilung einer Dividende. Die Ausschüttungsentscheidung fällt in die alleinige Kompetenz des board of directors, das dabei allerdings bestimmte Sorgfalts- und Treuepflichten sowie gesetzliche, satzungsmäßige und vertragliche Ausschüttungsrestriktionen zu beachten hat. Zur ziel-

---

390 Vgl. *Schremper* (2002), S. 2; *Jaeger* (2004), S. 32-33, jeweils m.w.N. Vgl. zur ungebremsten Popularität von Aktienrückkäufen in den USA in der jüngeren Vergangenheit *o.V.* (2005a).

391 Vgl. *Gevurtz* (2000), S. 134-139; *Bainbridge* (2002), S. 79-80; *Emanuel* (2005), S. 571-574; *Merkt/Göthel* (2006), S. 279-281.

392 Vgl. *Kübler* (1989), S. 50 m.w.N; *Gevurtz* (2000), S. 136; *Hamilton* (2000), S. 200-201.

393 Vgl. *Gevurtz* (2000), S. 137-139; *Merkt/Göthel* (2006), S. 281, jeweils m.w.N.

394 Vgl. *Gevurtz* (2000), S. 118; *Merkt/Göthel* (2006), S. 713.

gerichteten Ausübung der Herrschaftsrechte und zur Beurteilung der Dividendenpolitik des Managements können die Aktionäre insbesondere von kapitalmarktorientierten corporations die umfangreichen und zeitnah bereitgestellten Informationen nutzen, die ihnen aufgrund der Publizitätspflichten von SEC-registrierten Unternehmen zur Verfügung gestellt werden müssen.

Im Vergleich zum Corporate-Governance-System in Deutschland fällt die unterschiedliche Schwerpunktsetzung von Regulierungen im Kapital- und Gesellschaftsrecht der USA auf. Im Gegensatz zu Deutschland ist das Gesellschaftsrecht weitgehend dereguliert und lässt den Gesellschaftern große Spielräume bei der Ausgestaltung der Unternehmensverfassung. Da das Gesellschaftsrecht in den Kompetenzbereich der Einzelstaaten fällt, weichen die gesellschaftsrechtlichen Vorschriften von Staat zu Staat teilweise erheblich voneinander ab, was durch die Auslegung des Rechts durch einzelstaatliche Gerichte noch verstärkt wird. Zwingend zu beachtende Vorschriften ergeben sich für die kapitalmarktorientierte corporation aus dem Kapitalmarktrecht, wobei sich diese insbesondere in umfangreichen Publizitätspflichten konkretisieren.

Aufbauend auf den rechtlichen Grundlagen der Aktiengesellschaft und der corporation wird im nachfolgenden Kapitel III das Kapitalsystem dieser Gesellschaften im Detail herausgearbeitet. Vor dem Hintergrund der aufgezeigten Besonderheiten des US-amerikanischen Rechtssystems wird hinsichtlich des Einzelstaatenrechts mit Delaware und Kalifornien eine Auswahl getroffen. Darüber hinaus werden die Regeln des MBCA, dessen Ausschüttungsregeln von vielen Staaten der USA übernommen worden sind, sowie die wesentlichen Kapitalschutzregeln weiterer Gesetze dargestellt.

Kapitel III: Kapitalschutzsysteme in Deutschland und in den USA

1 Kapitalschutzsystem in Deutschland

1.1 Aktien- und handelsrechtliche Regelungen

1.1.1 Einleitung

Das deutsche Kapitalschutzsystem der Aktiengesellschaft ist durch ein Zusammenspiel von Kapitalaufbringungs- und Kapitalerhaltungsregeln sowie handelsrechtlicher Bilanzierung gekennzeichnet. Dieses Konzept stellt ein Beispiel für den mehrdimensionalen Ansatz gesellschaftsrechtlicher Regulierung in Deutschland dar, der die Interessen verschiedener Gruppen zu berücksichtigen versucht[395]. Dem Interesse der Anteilseigner an angemessenen Dividendenzahlungen stehen die Interessen anderer Unternehmensbeteiligter – insbesondere der Gläubiger – an Gewinnthesaurierung zur Erhöhung der Haftungsmasse entgegen.

Die handelsrechtlichen Rechnungslegungsregeln versuchen, einen Ausgleich dieser beiden Interessenlagen herbeizuführen. Zum einen werden die Interessen der Aktionäre berücksichtigt, indem Bilanzansatzpflichten für bestimmte Aktiva und Bilanzansatzverbote für bestimmte Passiva sowie Bewertungsuntergrenzen für Aktiva und Bewertungsobergrenzen für Passiva zu beachten sind. Damit wird der Gewinn zum Zwecke des Anlegerschutzes nach unten hin begrenzt (Mindestausschüttung). Zum anderen werden die Interessen der Gläubiger durch Bilanzansatzverbote für bestimmte Aktiva und Bilanzansatzpflichten für bestimmte Passiva sowie Bewertungsobergrenzen für Vermögensgegenstände und Bewertungsuntergrenzen für Schulden geschützt, wodurch der Gewinn nach oben hin begrenzt wird (Höchstausschüttung). Wie die weiteren Ausführungen zeigen werden, stellen die Gewinnermittlungsregeln in Deutschland das Gläubigerschutzprinzip in den Vordergrund[396]. Auch der Grundsatz der Aufbringung und Erhaltung des Grundkapitals soll primär dem Gläubigerschutz dienen[397].

1.1.2 Kapitalaufbringung

Aktiengesellschaften müssen ein gesetzliches Mindestkapital in Höhe von 50.000 € (§ 7 AktG)[398] aufweisen, das traditionell als Korrelat zum Privileg der Haftungsbeschränkung der

---

395 Vgl. *Merkt* (2001a), S. 145; *Merkt* (2003), S. 127.

396 Vgl. *Moxter* (1986), S. 67; *Adler/Düring/Schmaltz* (1997b), § 264, Tz. 88; *Beater* (2001), § 264, Tz. 23; *Winkeljohann/Schellhorn* (2006), § 264, Tz. 35. Vgl. ausführlich Kapitel III.1.1.3.2.

397 Vgl. *Kübler* (1999b), S. 153-154; *Hueck/Windbichler* (2003), S. 252.

398 Ein höheres Eigenkapital müssen Kreditinstitute aufweisen, die Unternehmen als Emissionsbegleiter bei der Börsenzulassung beraten. Ihre Mindestkapitalausstattung muss gemäß § 30 BörsG 730.000 € betragen. Die Emittenten selbst erhalten gemäß § 2 BörsZulV eine Börsenzulassung nur unter der Voraussetzung, dass der voraussichtliche Kurswert ihrer Aktien mindestens 1,25 Mio. € betragen wird. Ist eine Schätzung nicht möglich, muss die Gesellschaft ein bilanzielles Eigenkapital in dieser Höhe aufweisen. Für die Zulassung anderer Wertpapiere gilt ein Mindestnennbetrag von 250.000 € (§ 2 Abs. 2 BörsZulV).

Aktionäre gesehen wird[399]. Die Gläubiger sollen dadurch geschützt werden, dass ihnen die auf der Aktivseite der Bilanz ausgewiesenen Vermögensgegenstände in wirtschaftlichen Krisenzeiten zur Erfüllung ihrer Ansprüche zur Verfügung stehen und zwar mindestens in der Höhe, in der Eigenkapital, wie es auf der Passivseite ausgewiesen wird, zwingend vorzuhalten ist.

Zum Schutz des Grundkapitals sieht das Aktienrecht vielfältige Vorschriften vor, von denen die wichtigsten im Folgenden der Vollständigkeit halber kurz genannt werden sollen, im weiteren Verlauf der Arbeit aber nicht weiter vertieft werden[400]. Das Verbot der Unterpariemission stellt sicher, dass Aktien nicht unter ihrem Nennbetrag bzw. rechnerischen Wert ausgegeben werden (§ 9 Abs. 1 AktG). Die Gründer der Aktiengesellschaft müssen sich zur Übernahme aller Aktien verpflichtet haben, damit die Gesellschaft rechtsfähig wird (§§ 2, 29 AktG). Von der Verpflichtung, ihre Einlage zu leisten, dürfen die Aktionäre nicht befreit werden (§ 66 AktG), und die Einlagenrückgewähr ist verboten (§ 57 AktG). Der Erwerb eigener Aktien durch die Aktiengesellschaft ist nur unter sehr restriktiven Voraussetzungen erlaubt (§§ 71-71e AktG), weil auch dadurch Vermögen der Gesellschaft an die Aktionäre zurückfließt, was wirtschaftlich gesehen einer Einlagenrückgewähr entspricht[401]. Bareinlagen müssen bei der Gründung grundsätzlich zu mindestens 25 % des Nennbetrags bzw. des rechnerischen Wertes geleistet werden (§§ 36 Abs. 2, 36a Abs. 1 AktG). Bei Sachgründungen ist der Gründungsbericht gemäß § 33 AktG nicht nur durch Vorstand und Aufsichtsrat, sondern auch durch vom Gericht bestellte unabhängige Sachverständige (in der Regel Wirtschaftsprüfer) zu begutachten. Sacheinlagen müssen innerhalb von fünf Jahren erbracht sein (§ 36a Abs. 2 AktG). Eine deutsche Besonderheit zur Sicherung der Kapitalaufbringung stellt ferner die Lehre von der verdeckten Sacheinlage dar[402].

1.1.3 Kapitalerhaltung

1.1.3.1 Gewinnverwendungsregeln

Die Rechte der Aktionäre auf Dividendenzahlungen und der Schutz der Gläubiger vor zu hohen Ausschüttungen sind in den letzten 150 Jahren starken Wandlungen unterlegen[403]. Sie sehen heute bei der Aktiengesellschaft wie folgt aus: Zunächst ist der über die handelsrechtlichen Grundsätze ordnungsmäßiger Buchführung (GoB) ermittelte und in der Gewinn- und Verlustrechnung ausgewiesene Jahresüberschuss gegebenenfalls um Einstellungen in die gesetzliche Rücklage zu kürzen (§ 150 Abs. 1 AktG). Gemäß § 150 Abs. 2 AktG sind solange 5 % des um einen Verlustvortrag geminderten Jahresüberschusses in die gesetzliche Rücklage

---

399 Vgl. *Lutter* (1964), S. 41; *Wiedemann* (1980), S. 557-558. Zu weiteren Funktionen des Kapitalsystems vgl. z.B. *Lutter* (1998); dazu kritisch etwa *Grundmann* (2004), S. 142-145. Vgl. dazu ausführlich Kapitel V.5.1-V.5.3.

400 Vgl. zu diesen Vorschriften ausführlich *Grunewald* (2005), S. 235-245, 290-293. Vgl. überblicksartig auch *Hueck/Windbichler* (2003), S. 252-254; *Klunzinger* (2004), S. 154-156.

401 Vgl. *Kübler* (1999b), S. 154; *Hueck/Windbichler* (2003), S. 253, 356.

402 Vgl. dazu umfassend *Klose-Mokroß* (1997); *Hüffer* (2006), § 27, Tz. 9-19 m.w.N. Zur strittigen Europarechtskonformität vgl. ausführlich z.B. *Schwarz* (2000), S. 375-378 m.w.N. Zur Kritik vgl. auch Kapitel V.5.3.2.

403 Vgl. dazu insbesondere *Kohl* (1991), S. 90-149. Zu einem Überblick vgl. auch *Frodermann* (1994), S. 29-31. Vgl. zu einem geschichlichen Überblick speziell zum Konzernrecht *Pellens* (1994), S. 18-37.

einzustellen, bis diese zusammen mit der Kapitalrücklage 10 % oder einen in der Satzung festgelegten höheren Anteil am gezeichneten Kapital erreicht[404].

Im Regelfall der Feststellung des Jahresabschlusses durch Vorstand und Aufsichtsrat (§ 172 AktG) darf die Verwaltung anschließend höchstens die Hälfte des verbleibenden Jahresüberschusses den Gewinnrücklagen zuweisen (§ 58 Abs. 2 S. 1 AktG). Die Satzung kann die Verwaltung allerdings dazu ermächtigen, einen größeren oder kleineren Teil[405] zu thesaurieren, solange die anderen Rücklagen die Hälfte des Grundkapitals nicht übersteigen (§ 58 Abs. 2 S. 2 und 3 AktG)[406]. Die aus früheren Jahresüberschüssen gebildeten Gewinnrücklagen können – mit Ausnahme der Beträge zur Bildung der gesetzlichen und satzungsmäßigen Rücklage, die den Bindungen gemäß § 150 Abs. 3 AktG unterliegen – aufgelöst und zur Gewinnausschüttung verwandt werden.

Die Hauptversammlung entscheidet demnach über die Verwendung des um Einstellungen und Auflösungen von Gewinnrücklagen modifizierten Jahresüberschusses, den Bilanzgewinn (§ 58 Abs. 4 AktG). Lediglich im Ausnahmefall, dass die Feststellung des Jahresabschlusses nicht durch Vorstand und Aufsichtsrat erfolgt, erlangt die Hauptversammlung eine größere Gewinnverwendungskompetenz. In diesem Fall obliegt der Hauptversammlung die Feststellung des Jahresabschlusses (§ 173 AktG) und somit die vollständige Gewinnverwendung. In der Satzung kann aber vereinbart werden, dass bis zu 50 % des Jahresüberschusses in die anderen Gewinnrücklagen einzustellen sind (§ 58 Abs. 1 AktG).

Das deutsche Aktiengesetz reguliert folglich zum einen eine Mindestausschüttung an die Aktionäre in Höhe des halben Jahresüberschusses. Die von den Aktionären in der Hauptversammlung mit qualifizierter Mehrheit beschlossene Satzung kann diesen Betrag nach herrschender Meinung allerdings so lange bis auf Null reduzieren[407], wie die anderen Gewinnrücklagen die Hälfte des Grundkapitals nicht übersteigen. Die Hauptversammlung hat bei ihrem Beschluss über die Verwendung des Bilanzgewinns zu beachten, dass in Jahren, in denen eine Thesaurierung oder ein Gewinnvortrag bei vernünftiger kaufmännischer Beurteilung zum Schutz der Gesellschaft nicht erforderlich erscheinen, die Aktionäre eine Dividende von mindestens 4 % des durch Einlagen belegten Grundkapitals erhalten müssen. Anderenfalls kann der Beschluss über die Verwendung des Bilanzgewinns gemäß § 254 Abs. 1 AktG angefochten werden[408].

Zum anderen wird die Höchstausschüttung an die Aktionäre durch das Zusammenspiel der GoB und gesellschaftsrechtlicher Vorschriften begrenzt. So knüpfen die strengen Kapitalerhaltungsregeln der §§ 150, 174 AktG sowie die Ergebnisverwendung nach § 58 AktG an ein Jahresergebnis an, das nach den vom Gläubigerschutzgedanken geprägten HGB-Regelungen ermittelt wird und somit von den angewandten Bilanzansatz- und -bewertungsregeln abhängig ist. Auf diese Rechnungslegungsregeln wird im Folgenden ausführlich eingegangen.

---

404 Vgl. hier und im Folgenden z.B. auch *Dirrigl/Wagner* (1993), S. 263-266; *Hueck/Windbichler* (2003), S. 362-364, 379-380, 387-388.

405 Die bisherige Einschränkung, dass die Satzung von börsennotierten Gesellschaften Vorstand und Aufsichtsrat nur zur Einstellung eines größeren Teils ermächtigen darf, ist durch das TransPuG abgeschafft worden.

406 Diese Grenze gilt allerdings nur für den Thesaurierungsbetrag, der die 50%-Grenze des § 58 Abs. 2 S. 1 AktG übersteigt. Vorstand und Aufsichtsrat können also unabhängig von der Höhe der Gewinnrücklagen und des gezeichneten Kapitals jedes Jahr 50 % des korrigierten Jahresüberschusses den Rücklagen zuführen. Vgl. dazu *Adler/Düring/Schmaltz* (1997a), § 58, Tz. 60, 67.

407 Vgl. z.B. *Hüffer* (2006), § 58, Tz. 12.

408 Vgl. dazu bereits Kapitel II.1.2.3.2.1.

1.1.3.2 Gewinnermittlungsregeln

Die soeben erläuterten aktienrechtlichen Gewinnverwendungsregeln greifen auf ein Geschäftsjahresergebnis zurück, das sich unter Befolgung der Rechnungslegungsvorschriften des HGB als Differenz zwischen Erträgen und Aufwendungen ergibt. Bei der Erstellung des Jahresabschlusses müssen gemäß § 243 Abs. 1 HGB die GoB beachtet werden. Die GoB stellen einen „Normbehelf in der Form eines unbestimmten Rechtsbegriffes"[409] dar, der durch die (Steuer-)Rechtsprechung, das Fachschrifttum und Praktiker ausgefüllt wird und die Weiterentwicklung der Rechnungslegungsregeln und deren Anpassung an sich verändernde Bedingungen ermöglicht.[410]. Zur Gewinnung der GoB werden zwei Methoden diskutiert[411]. Nach der induktiven Methode werden die GoB aus den in der Praxis zu beobachtenden Bilanzierungsweisen ordentlicher und ehrbarer Kaufleute abgeleitet[412]. Bei der deduktiven Methode werden die GoB aus den Jahresabschlusszwecken hergeleitet[413]. Die herrschende Meinung plädiert für die deduktive Ermittlung[414].

Die Basis für die Gewinnung der handelsrechtlichen GoB bilden danach die Zwecke, die mit der gesetzlichen Rechnungslegung verfolgt werden. Diese Zwecke müssen selbst wiederum aus der Entstehungsgeschichte des Gesetzes, den Absichten des Gesetzgebers, den Ansichten der Anwender und Adressaten, Entscheidungen der Rechtsprechung sowie betriebswirtschaftlichen Überlegungen hergeleitet werden[415].

1.1.3.2.1 Zwecke des handelsrechtlichen Jahresabschlusses

In der Literatur werden überwiegend drei Zwecke bzw. Funktionen des handelsrechtlichen Jahresabschlusses unterschieden[416]. Dem Jahresabschluss wird erstens eine Dokumentationsfunktion zugeschrieben[417]. Die zahlenmäßige Abbildung der Geschäftsvorfälle während der Berichtsperiode sowie der Stand von Vermögen und Schulden am Ende der Periode sollen

---

409 *Leffson* (1987), S. 21 (im Original kursiv).

410 Vgl. *Coenenberg* (2005), S. 38.

411 Zu einem Überlick vgl. *Leffson* (1987), S. 29-31; *D. Schneider* (1997a), S. 107-109; *Baetge/Kirsch/Thiele* (2005), S. 106-107.

412 Vgl. *Schmalenbach* (1933), S. 231-233; *Trumpler* (1950), S. 80.

413 Vgl. *Döllerer* (1959), S. 1218-1221. Je nach dem, ob als Deduktionsbasis betriebswirtschaftlich abgeleitete oder gesetzlich festgelegte Jahresabschlusszwecke herangezogen werden, wird weiter zwischen betriebswirtschaftlich deduktiver und handelsrechtlich deduktiver Methode unterschieden. Vgl. zu dieser Unterscheidung *D. Schneider* (1983), S. 158; *Baetge/Kirsch* (1995), S. 138-140. Schließlich wird zur Auslegung gesetzlicher GoB die hermeneutische Methode bemüht. Zur hermeneutischen Methode vgl. *Baetge/Kirsch* (1995), S. 140-145; *Ballwieser* (1995), S. 46; *Baetge/Kirsch/Thiele* (2005), S. 107-113.

414 Vgl. *Leffson* (1987), S. 29; *Adler/Düring/Schmaltz* (1998), § 243, Tz. 14; *Förschle* (2006), § 243, Tz. 14.

415 Vgl. *Baetge* (2002), Sp. 637-638.

416 Vgl. ausführlich *Leffson* (1987), S. 28-63; *Baetge/Kirsch/Thiele* (2005), S. 94-104; *Coenenberg* (2005), S. 12-16; *Pellens/Fülbier/Gassen* (2006), S. 10-13. Für einen prägnanten Überblick vgl. *Pellens* (1998); *Bonse/Linnhoff/Pellens* (2002a), S. 316-317; *Busse von Colbe* (2002c); *Wöhe* (2005), S. 836-838. Zu den Zielkonflikten vgl. z.B. *Busse von Colbe* (1994), S. 44-49. *Stützel* (1967), S. 322-332, identifiziert zehn Zwecke. Zur Kritik daran, dass der Gesetzgeber den Zweck des gesetzlichen Rechnungswesens nicht explizit vorgibt, vgl. *Streim* (1986), S. 12-14.

417 Diese Ansicht kann insofern kritisiert werden, als durch die Erstellung des Jahresabschlusses zwangsläufig eine Dokumentation von Geschäftsvorfällen erfolgt.

vollständig und nachprüfbar dokumentiert werden. Damit kann der Jahresabschluss in Insolvenz- oder Vergleichsfällen sowie in möglichen Rechtstreitigkeiten als Beweisinstrument herangezogen werden. Die Dokumentation des Unternehmensgeschehens dient zudem der Rechenschaft der Unternehmensvertreter gegenüber ihnen selbst und insbesondere gegenüber den außenstehenden Unternehmensbeteiligten.

Der Jahresabschluss hat zweitens eine Informationsfunktion. Die Jahresabschlussdaten sollen für einen großen Kreis von Nutzern (z.B. Eigen- und Fremdkapitalgeber, Lieferanten, Kunden, Arbeitnehmer) eine Entscheidungshilfe für ihre weiteren oder potentiellen Geschäftsbeziehungen mit dem Unternehmen bieten. In der Literatur wird die Informationsfunktion aber primär dem Konzernabschluss zugeschrieben[418].

Nach verbreiteter Ansicht dient der Jahresabschluss in Deutschland drittens und in erster Linie der Einkommensbemessungsfunktion[419]. Durch die Vorschriften zur Ermittlung des Gewinns einer Kapitalgesellschaft sollen zum einen die Kapitalgeber, d.h. die Gläubiger und die Gesellschafter, geschützt werden[420]. Dabei wird der Gläubigerschutz in den Vordergrund gestellt[421]. Der im Jahresabschluss ermittelte Gewinn ist zum anderen Basis für Steuerzahlungen an den Fiskus.

Während die Ansprüche der meisten anderen Unternehmensbeteiligten vertraglich abgesichert sind (z.B. Zinszahlungen an die Fremdkapitalgeber gemäß Kreditvertrag, Lohn- und Gehaltszahlungen an die Arbeitnehmer gemäß Arbeitsvertrag, Zahlung des Kaufpreises an die Lieferanten gemäß Kaufvertrag), haben die Anteilseigner des Unternehmens keinen vertraglich festgelegten Anspruch als Gegenleistung für ihr Eigenkapital, das sie dem Unternehmen überlassen haben. Sie sind so genannte Residualanspruchsberechtigte[422], die nur befriedigt werden können, wenn nach Erfüllung aller vertraglichen Verpflichtungen ein Restbetrag übrig bleibt. Im Jahresabschluss wird dieses Residualeinkommen nach festgelegten Regeln ermittelt, das dann für Ausschüttungen an die Aktionäre zur Verfügung steht.

---

418 Vgl. zu den grundsätzlichen Mängeln des handelsrechtlichen Einzelabschlusses als Informationsinstrument z.B. *D. Schneider* (1963), S. 467; *Busse von Colbe* (1966b), S. 88-96; *Moxter* (1986), S. 64-68; *Ballwieser* (1987), S. 57; *Clemm* (1987), S. 100-106; *Pellens* (1989), S. 33-40; *D. Schneider* (1997a), S. 10-11, 200-207; *Schildbach* (2004), S. 27-31. Zur Abkopplungsthese, nach der Informationsverzerrungen in Bilanz und Gewinn- und Verlustrechnung durch Zusatzinformationen im Anhang zu beseitigen sind, vgl. *Moxter* (1979), S. 141-142; *Beisse* (1989), S. 22-23; diese These ablehnend vgl. z.B. *Merkt* (2006a), § 264, Tz. 9 m.w.N.

419 Vgl. *Busse von Colbe* (2002c), Sp. 892. Zu dem Begriff „Einkommensbemessungsfunktion" sowie der Kritik an den in der Literatur gebräuchlichen Begriffen Ausschüttungs- oder Zahlungsbemessungsfunktion vgl. *D. Schneider* (1997a), S. 8-9 und 84-86. In dieser Arbeit werden die drei Begriffe synonym verwendet.

420 Vgl. zur Notwendigkeit des Kapitalgeberschutzes *Streim* (1988), S. 23-25.

421 Vgl. *Streim* (1988), S. 20-21.

422 In Anlehnung an den englischen Sprachgebrauch vgl. z.B. *Fama/Jensen* (1983), S. 302; *Klein/Coffee* (2002), S. 120. *Stützel* (1981), S. 208-209, spricht von Restbetragsbeteiligten und grenzt diese von Festbetragsbeteiligten ab. Vgl. auch *D. Schneider* (1992), S. 620-624, 631-632.

1.1.3.2.2 Auswirkungen der Grundsätze ordnungsmäßiger Buchführung auf den ausschüttungsfähigen Gewinn

Im Folgenden werden einige GoB[423], die auf die Höhe des zu ermittelnden Gewinns einen zentralen Einfluss haben, kurz erläutert.

Gemäß § 246 Abs. 1 HGB hat der Jahresabschluss grundsätzlich sämtliche Vermögensgegenstände, Schulden, Rechnungsabgrenzungsposten, Aufwendungen und Erträge zu enthalten (Vollständigkeitsgebot)[424]. Die Begriffe des Vermögensgegenstandes und der Schulden sind gesetzlich nicht definiert, sondern werden durch die GoB bestimmt. Der Begriff des Vermögensgegenstandes umfasst nach herrschender Meinung wirtschaftliche Werte, die selbständig bewertbar und selbständig verkehrsfähig, d.h. einzeln veräußerbar sind[425]. Hinsichtlich der Zuordnung von Vermögensgegenständen zum Unternehmen kommt es nicht auf das zivilrechtliche, sondern das wirtschaftliche Eigentum an[426]. Unter die Schulden werden Verbindlichkeiten und Rückstellungen subsumiert. Voraussetzungen für den Ansatz einer Schuld in der Bilanz sind, dass eine rechtliche oder wirtschaftliche Verpflichtung zu einer Leistung besteht, diese am Bilanzstichtag eine wirtschaftliche Belastung begründet und quantifizierbar ist[427]. Unabhängig von der Qualifizierung eines Sachverhalts als Vermögensgegenstand oder Schuld und des damit infolge des Vollständigkeitsgrundsatzes einhergehenden Bilanzansatzes (abstrakte Aktivierungs- bzw. Passivierungsfähigkeit) existieren im HGB eine Reihe von Bilanzierungswahlrechten, z.B. die Aktivierungswahlrechte für den derivativen Geschäfts- oder Firmenwert gemäß § 255 Abs. 4 HGB und für das Disagio gemäß § 250 Abs. 3 HGB[428]. Eine Besonderheit des deutschen Bilanzrechts stellen die Aufwandsrückstellungen nach §§ 249 Abs. 1 S. 3, 249 Abs. 2 HGB dar, die unter den Begriff der Schulden fallen und wahlweise passiviert werden dürfen. Ferner wird das Vollständigkeitsgebot durch explizite Bilanzierungsverbote durchbrochen, so z.B. im Falle von immateriellen Vermögensgegenständen des Anlagevermögens, die nicht entgeltlich erworben wurden (§ 248 Abs. 2 HGB). Die abstrakte und konkrete Aktivierungs- bzw. Passivierungsfähigkeit weichen damit teilweise voneinander ab.

Neben den Regelungen zur Bilanzierung dem Grunde nach (Bilanzansatz) sind die Bestimmungen zur Bilanzierung der Höhe nach (Bilanzbewertung) zu beachten. Die Bewertungsvorschriften nach HGB verfolgen das Ziel der nominalen Kapitalerhaltung[429]. Sie ergeben sich für Aktiengesellschaften aus den §§ 240, 252-256, 279-283 HGB, wobei die allgemeinen Bewertungsgrundsätze in § 252 HGB kodifiziert sind[430]. Für die Gewinnermittlung sind das

---

423 Vgl. zu einer Systematisierung der GoB ausführlich *Leffson* (1987), S. 157-492. Zu einem Überblick über die im HGB kodifizierten und die unkodifizierten GoB vgl. *Ballwieser* (2001b), § 243, Tz. 8-13 m.w.N. Zur Unterscheidung formeller und materieller GoB vgl. *D. Schneider* (1997a), S. 88.

424 Vgl. dazu und zu weiteren Grundsätzen z.B. *Streim* (1988), S.31-35.

425 Vgl. *Coenenberg* (2005), S. 76. Vgl. zu den Kriterien ausführlich *Adler/Düring/Schmaltz* (1998), § 246, Tz. 15-30; *Ballwieser* (2001c), § 246, Tz. 11-59; *Baetge/Kirsch/Thiele* (2005), S. 156-1167.

426 Vgl. *Förschle/Kroner* (2006), § 246, Tz. 5.

427 Vgl. ausführlich *Adler/Düring/Schmaltz* (1998), § 246, Tz. 102-109.

428 Vgl. zur Wahlrechtsproblematik kritisch *Streim* (1998), S. 330-333, 340.

429 Vgl. *Wenger* (1981), S. 75-76, 204-223; *Baetge/Kirsch/Thiele* (2005), S. 99-102.

430 Im Folgenden steht insbesondere das Vorsichtsprinzip im Vordergrund. Zudem sind in § 252 HGB die Prinzipien der Bilanzkontinuität, der Unternehmensfortführung (going concern), der Einzelbewertung, des Stichtags, der Periodisierung und der Stetigkeit geregelt.

Realisationsprinzip, das Prinzip der Abgrenzung der Sache und der Zeit nach sowie das Imparitätsprinzip von herausragender Bedeutung. Diese Prinzipien zusammen bilden die Grundsätze periodengerechter Erfolgsermittlung[431].

Das Realisationsprinzip gemäß § 252 Abs. 1 Nr. 4 HGB besagt, dass Erträge in der Gewinn- und Verlustrechnung erst dann zu erfassen sind, wenn sie realisiert sind, d.h. der Umsatzakt auf dem Absatzmarkt erfolgt ist[432]. Rechtlich gilt eine Leistung im Zeitpunkt des Gefahrenübergangs als erbracht[433]. Bis dahin sind die Leistungen unter Beachtung des Anschaffungskostenprinzips in der Bilanz höchstens zu ihren historischen Anschaffungs- oder Herstellungskosten anzusetzen (§ 253 i.V.m. § 255 HGB). Bei strenger Befolgung des Realisationsprinzips ist eine vorzeitige Teilgewinnrealisierung auch im Rahmen langfristiger Auftragsfertigung nicht möglich[434].

Den realisierten Erträgen sind die ihnen zurechenbaren Aufwendungen gegenüberzustellen (Abgrenzung der Sache nach). Ist eine sachliche Zuordnung nicht möglich, greift der Grundsatz der Abgrenzung der Zeit nach. Danach sind zeitraumbezogene Aufwendungen zeitproportional auf die Perioden zu verteilen. Nicht zeitraumbezogene Aufwendungen sind der Periode zuzurechnen, in der sie anfallen[435].

Während Gewinne erst berücksichtigt werden, wenn sie realisiert sind, müssen § 252 Abs. 1 Nr. 4 1. Halbs. HGB entsprechend antizipierbare Risiken und Verluste bereits vor dem Realisationszeitpunkt ergebniswirksam erfasst werden (Imparitätsprinzip). Somit werden Gewinne und Verluste imparitätisch behandelt. Imparitätsprinzip und Realisationsprinzip stellen die beiden Ausprägungen des Vorsichtsprinzips[436] (§ 252 Abs. 1 Nr. 4 HGB) dar, dem in Deutschland vielfach eine übergeordnete Stellung zugesprochen wird[437]. Daraus resultierend sind Vermögensgegenstände am Abschlussstichtag mit dem niedrigeren Betrag von Buchwert und tatsächlichem Wert anzusetzen (Niederstwertprinzip). Zudem sind drohende Verluste aus schwebenden Geschäften durch Bildung einer Rückstellung ergebnismindernd zu berücksichtigen (§ 249 Abs. 1 HGB). Nach dem Vorsichtsprinzip ist darüber hinaus bei Vorliegen einer Bandbreite mehrerer denkbarer Wertansätze ein eher pessimistischer Wert anzusetzen, wenngleich es nicht gestattet ist, unzulässige stille Reserven zu legen[438].

Die Vermögensgegenstände sind gemäß § 253 HGB höchstens mit ihren Anschaffungs- oder Herstellungskosten anzusetzen, die in § 255 Abs. 1-3 HGB definiert sind. Bei der Ermittlung der Herstellungskosten steht dem Management der Aktiengesellschaft ein erheblicher bilanz-

---

431 Vgl. *Coenenberg* (2005), S. 41-44. Vgl. die amüsante Kritik des Begriffs „periodengerechte Erfolgsermittlung" von *D. Schneider* (1997a), S. 172-173, der ihn als „Lumpenjargon der Jetztzeit" im Schopenhauer'schen Sinne bezeichnet.

432 Vgl. *D. Schneider* (1997a), S. 37, 119. Vgl. zum Realisationsprinzip grundlegend *Schmalenbach* (1962), S. 76-78; *Leffson* (1987), S. 247-299.

433 Vgl. §§ 323, 446, 447, 644 BGB. Vgl. zu Einzelheiten auch *Adler/Düring/Schmaltz* (1995), § 252, Tz. 82-85; *Moxter* (1999), S. 48-69.

434 Vgl. *Baetge/Kirsch/Thiele* (2005), S. 690; *Pellens/Fülbier/Gassen* (2006), S. 385.

435 Vgl. dazu ausführlich *Leffson* (1987), S. 299-331.

436 Vgl. *Beisse* (1999), S. 2182; *Winkeljohann/Geißler* (2006), § 252, Tz. 29.

437 Vgl. dazu kritisch z.B. *Budde/Steuber* (1996), S. 544-545; *Weber-Grellet* (1996), S. 2090; *Kübler* (2000), S. 556-557.

438 Vgl. *Leffson* (1987), S. 479; *Adler/Düring/Schmaltz* (1995), § 252, Tz. 68; *Ballwieser* (2001d), § 252, Tz. 57; *Winkeljohann/Geißler* (2006), § 252, Tz. 32-33.

politischer Spielraum zur Verfügung[439]. Werden alle Wahlrechte ausgeübt, ist ein herstellungsbezogener Vollkostenansatz möglich. Werden allerdings nur die Einzelkosten als Pflichtbestandteil aktiviert, mindern bei Lagererhöhungen die dementsprechend höheren Aufwendungen das handelsrechtliche Ergebnis. Bei Vermögensgegenständen des Umlaufvermögens ist am Abschlussstichtag das strenge Niederstwertprinzip gemäß § 253 Abs. 3 S. 1-2 HGB zu beachten, nach dem bei einer Wertminderung zwingend auf den niedrigeren Wert abzuschreiben ist. Bei Vermögensgegenständen des Anlagevermögens muss ebenfalls abgeschrieben werden, wenn die Wertminderung voraussichtlich dauerhaft ist; bei nur vorübergehender Wertminderung besteht lediglich für Finanzanlagen ein Wahlrecht (§§ 253 Abs. 2 S. 3 i.V.m. 279 Abs. 1 S. 2 HGB). Die Bewertung der Schulden ist in § 253 Abs. 1 S. 2 HGB geregelt. Verbindlichkeiten werden danach mit ihrem Rückzahlungsbetrag und Rentenverpflichtungen, für die eine Gegenleistung nicht mehr zu erwarten ist, mit ihrem Barwert angesetzt. Rückstellungen werden mit dem Betrag nach vernünftiger kaufmännischer Beurteilung angesetzt, wobei eine Abzinsung nur dann zulässig ist, wenn die ihnen zugrunde liegenden Verbindlichkeiten einen Zinsanteil enthalten.

Charakteristisch für die HGB-Bilanzierung sind des Weiteren die zahlreichen expliziten Bewertungswahlrechte[440]. Das handelsrechtliche Ergebnis kann beispielsweise durch Aufwandsvorverlagerungen stark gemindert werden, indem die degressive Abschreibungsmethode angewandt wird (Wahlrecht gemäß § 253 Abs. 2 S. 1-2 HGB), Abschreibungen auf den niedrigeren Zukunftswert im Umlaufvermögen vorgenommen werden (Wahlrecht gemäß § 253 Abs. 3 S. 3 HGB) und der derivative Geschäfts- oder Firmenwert trotz längerer Nutzungsdauer frühzeitig abgeschrieben wird (Wahlrecht gemäß § 255 Abs. 4 S. 2-3 HGB). Es zeigt sich also, dass die handelsrechtlichen Ansatz- und Bewertungsvorschriften dem bilanzierenden Unternehmen zahlreiche Möglichkeiten bieten, das Jahresergebnis zu beeinflussen. Darüber hinaus verfügt das bilanzierende Unternehmen über vielfältige bilanzielle Ermessenspielräume[441], da z.B. die Nutzungsdauer von Vermögensgegenständen oder die Rückstellungshöhe bei Prozesskostenrisiken geschätzt werden müssen. Diese Ermessensspielräume können ergebnismindernd zur Legung stiller Reserven genutzt werden[442]. Eingeschränkt werden die Instrumente der Bilanzpolitik lediglich durch den Grundsatz der Bewertungsstetigkeit gemäß § 252 Abs. 1 Nr. 6 HGB, nach dem einmal ausgeübte Bewertungswahlrechte grundsätzlich beizubehalten sind[443]. Zudem müssen Aktiengesellschaften Durchbrechungen des Stetigkeitsprinzips gemäß § 284 Abs. 2 Nr. 3 HGB im Anhang angeben und begründen sowie die Auswirkungen auf die Vermögens-, Finanz- und Ertragslage gesondert darstellen. Neben Angaben zu Abweichungen von Bewertungsmethoden muss auch über Abweichungen von den Bilanzierungsgrundsätzen im Rahmen der Ansatzwahlrechte berichtet werden.

Zu berücksichtigen ist, dass der handelsrechtliche Jahresabschluss gemäß § 264 Abs. 2 HGB unter Beachtung der GoB ein den tatsächlichen Verhältnissen entsprechendes Bild der Vermögens-, Finanz- und Ertragslage der Gesellschaft zu vermitteln hat[444]. Diese Vorschrift stellt allerdings keine übergeordnete Generalnorm dar, sondern ist lediglich bei gesetzlichen Lü-

---

439 Vgl. *Pellens* (2001a), S. 168; *Coenenberg* (2005), S. 101.

440 Vgl. zu den Bewertungswahlrechten des HGB, die zur Gewinnreduzierung genutzt werden können, *Pellens/Bonse* (1998), S. 388; *Streim* (1998), S. 332.

441 Vgl. z.B. *D. Schneider* (1997a), S. 194-195; *Coenenberg* (2005), S. 321-323.

442 Vgl. z.B. *Pellens/Bonse* (1998), S. 388-389. Vgl. zur Kritik der stillen Reserven Kapitel V.2.

443 Zu den Ausnahmefällen vgl. *Winkeljohann/Geißler* (2006), § 252, Tz. 59-64.

444 Gleiches gilt bezogen auf den Konzernabschluss gemäß § 297 Abs. 2 HGB.

cken und Zweifelsfragen heranzuziehen[445]. Im Konfliktfall gehen daher die gesetzlichen Einzelvorschriften vor. Die Norm schränkt zudem die Ausübung der handelsrechtlichen Wahlrechte nicht ein[446]. Aktiengesellschaften sind somit nicht gezwungen, von den zur Wahl stehenden Bilanzierungsmöglichkeiten diejenige auszuwählen, welche die tatsächlichen Verhältnisse am besten widerspiegelt. Schließlich scheidet für die Auslegung der Norm ein Rückgriff auf das true-and-fair-view-Prinzip des englischen Rechts aus, obwohl § 264 Abs. 2 HGB entstehungsgeschichtlich auf die Verankerung der englischen Wünsche in der Bilanzrichtlinie zurückgeht[447].

1.1.3.2.3 Auswirkungen der Verknüpfung von handels- und steuerrechtlicher Bilanzierung

Eine deutsche Besonderheit – zumindest im Vergleich zum anglo-amerikanischen Rechtsraum[448] – stellt die Verknüpfung von handels- und steuerrechtlicher Bilanzierung dar[449]. Nach § 5 Abs. 1 EStG sind die handelsrechtlichen Rechnungslegungsvorschriften einschließlich der nicht kodifizierten GoB grundsätzlich maßgeblich für die steuerliche Gewinnermittlung[450]. Danach führen in der Regel Aktivierungs- und Passivierungsge- und -verbote im Handelsrecht zu entsprechenden Ge- bzw. Verboten in der Steuerbilanz. Der Grundsatz der Maßgeblichkeit wird allerdings in vielfältiger Hinsicht eingeschränkt[451]. Zum einen gehen gemäß § 5 Abs. 6 EStG abweichende Bestimmungen des Steuerrechts den Vorschriften des HGB und den GoB vor (steuerlicher Bewertungsvorbehalt). Zum anderen werden nicht alle handelsrechtlichen Wahlrechte steuerlich anerkannt. Nach der Rechtsprechung des Bundesfinanzhofes (BFH) werden handelsrechtliche Wahlrechte prinzipiell zu steuerrechtlichen Geboten auf der Aktivseite und zu Verboten auf der Passivseite[452].

Von „umgekehrter Maßgeblichkeit" wird gesprochen[453], wenn das bilanzierende Unternehmen aus wirtschaftspolitischen Gründen gewährte steuerliche Bilanzierungsvergünstigungen nur dann nutzen kann, wenn sie in gleicher Weise auch in der Handelsbilanz ausgeübt werden

---

445 Vgl. z.B. *Busse von Colbe* (1987b), S. 120.

446 Vgl. *Streim* (1994), S. 396-398.

447 Vgl. *Winkeljohann/Schellhorn* (2006), § 264, Tz. 21, 24. Zur unterschiedlichen Ausprägung des Grundsatzes des true and fair view nach HGB, IFRS und US-GAAP vgl. ausführlich *Bonse* (2004), S. 25-31.

448 In mehreren kontinentaleuropäischen Ländern bestehen ähnliche Verknüpfungen von handels- und steuerrechtlicher Bilanzierung. Vgl. zu einem Rechtsvergleich von Frankreich, der Schweiz, Großbritannien, den Niederlanden und den USA ausführlich *Broer* (2001), S. 125-173.

449 Vgl. zum Maßgeblichkeitsprinzip ausführlich *Brönner/Bareis* (1991); *Stobbe* (1991); *Vogt* (1991); *L. Schmidt* (1994); *Pannen* (2000).

450 Das Maßgeblichkeitsprinzip geht in Deutschland auf Steuergesetze in Sachsen und Bremen im Jahre 1874 zurück, die aus Vereinfachungsgründen die Aufstellung nur einer Bilanz für handels- und steuerrechtliche Zwecke vorsahen. Für das gesamte Reichsgebiet fand das Maßgeblichkeitsprinzip seinen Niederschlag in § 33 Abs. 2 EStG 1920 bzw. in § 13 EStG 1925. Vgl. zu den historischen Ursprüngen *Pohl* (1983), S. 11-127; *D. Schneider* (1991), S. 185-190. Vgl. überblicksartig auch *Dziadkowski/Henselmann* (2004), S. 3-5 m.w.N.

451 Vgl. *Hennrichs* (1999a), S. 141-148; *D. Schneider* (1999), S. 107-110. Vgl. zu den Durchbrechungen der Maßgeblichkeit detailliert *Pannen* (2000), S. 34-44; *Dziadkowski/Henselmann* (2004), S. 10-18.

452 Vgl. BFH-Beschluss vom 03.02.1969, BStBl. II, 291, hier S. 293.

453 Vgl. *Knobbe-Keuk* (1993), S. 28.

(§ 5 Abs. 1 S. 2 EStG). Damit die Unternehmen die steuerlichen Vergünstigungen auch dann in Anspruch nehmen können, wenn die HGB-Vorschriften entsprechende Wahlrechte nicht enthalten, erlauben die §§ 247 Abs. 3, 254, 273, 279 Abs. 2, 280 Abs. 2 HGB ein Abweichen von den handelsrechtlichen Bilanzierungsvorschriften.

Das Maßgeblichkeitsprinzip sowie die umgekehrte Maßgeblichkeit werden seit langem stark kritisiert[454]. Vermehrt wird die vollständige Abkopplung von Handels- und Steuerbilanz gefordert[455]. Um einen Steuerstundungseffekt zu realisieren, haben Unternehmen einen Anreiz, durch geschickte Nutzung der Bilanzierungswahlrechte einen möglichst niedrigen Gewinnausweis zu erzielen. Eine so motivierte Bilanzierungsweise steht aber einer zutreffenden Darstellung der tatsächlichen wirtschaftlichen Lage des Unternehmens entgegen. Insbesondere durch die umgekehrte Maßgeblichkeit beeinflussen Vorschriften des Steuerrechts die Handelsbilanz, so dass zu Recht von einer „Deformierung der handelsrechtlichen Rechnungslegung“[456] gesprochen wird.

1.1.3.3 Besonderheiten im Konzern

Wie eingangs bereits erwähnt, sollen die Kapitalschutzregeln in Deutschland sowohl die Interessen der Aktionäre an angemessenen Dividendenzahlungen berücksichtigen als auch dem Schutz der Gläubiger vor zu hohen Ausschüttungen und einer willkürlichen Schmälerung des Gesellschaftsvermögens dienen. Das Ziel der folgenden Ausführungen ist es, auf die Besonderheiten im Konzern hinzuweisen, die dazu führen können, dass das Kapitalschutzsystem auf legale Weise ausgehöhlt wird. Weiterhin werden Lösungsmöglichkeiten, die in der Literatur entwickelt worden sind, kurz skizziert. Die Konzernproblematik ist insofern von herausragender praktischer Relevanz, als die überwiegende Mehrzahl der Aktiengesellschaften in Deutschland konzernverbunden ist[457].

§ 58 AktG bezieht sich auf den Einzelabschluss der Gesellschaft[458]. Die isolierte Anwendung dieser Norm auf den Einzelabschluss eines Konzern-Mutterunternehmens und auf die Jahresabschlüsse der in den Konzernabschluss einbezogenen Konzernunternehmen kann aber der Fiktion der rechtlichen Einheit des Konzerns nicht gerecht werden.

---

[454] Vgl. *Karsten* (1967), S. 428: „gesetzgeberische(...) Schizophrenie“; *Flämig* (1968); *Knobbe-Keuk* (1993), S. 30-33; *Küting* (1997), S. 84; *Weber-Grellet* (1999); *Schildbach* (2004), S. 178-181, 407-410.

[455] Vgl. insbesondere *D. Schneider* (1997a), S. 90-91; *Weber-Grellet* (1999), S. 2666; *Wagner* (2000), S. 200; *Herzig* (2001), S. 155-159. *Streim* (1990), S. 527-545, hingegen plädiert für die Einheitsbilanz; ähnlich *AKEU* (2003); *Küting* (2004b): „Angestrebt wird somit eine im Mittelstand durchgehend praktizierte steuerlich geprägte Einheitsbilanz“; und *Schulze-Osterloh* (2004c), S. 1137: „Die inzwischen nicht mehr realisierbare Einheitsbilanz könnte zum Segen der Praxis wiederbelebt werden.“. Vgl. zu einer ausführlichen Abwägung der Vor- und Nachteile *Söffing* (1995), S. 650-673. Zu einer pragmatischen Sicht vgl. *Ballwieser* (1990), S. 489-495.

[456] *Karsten* (1967), S. 425. Vgl. ebenfalls *Streim* (1988), S. 163; *Knobbe-Keuk* (1993), S. 31 m.w.N.; *Herzig* (2001), S. 158; *Schulze-Osterloh* (2004c), S. 1134-1135; *Coenenberg* (2005), S. 113. Auch *D. Schneider* (1997a), S. 90, sieht die Informationsfunktion des Jahresabschlusses beeinträchtigt, „denn wer liest schon den Anhang, in dem das Ausmaß solcher Wahlrechte anzugeben ist (§ 285 Nr. 5 HGB)?“. Empirische Hinweise, dass diese etwas provokante These zumindest aus Sicht von Kleinaktionären zuzutreffen scheint, liefern *E. Ernst/Gassen/Pellens* (2005), S. 22-23. *Schildbach* (1999a), S. 424, hingegen relativiert die steuerrechtlichen Verzerrungen der Handelsbilanz.

[457] Vgl. *Busse von Colbe* (2000), S. 501 m.w.N.; *Busse von Colbe* (2002b), S. 358.

[458] Vgl. *Adler/Düring/Schmaltz* (1997a), § 58, Tz. 85.

Ökonomisch besteht das Problem einerseits darin, dass das Management einer Konzern-Obergesellschaft im Vergleich zu dem eines Einzelunternehmens über erleichterte Innenfinanzierungsmöglichkeiten verfügt[459]. Es kann gewinnbringende unternehmerische Aktivitäten in Tochterunternehmen verlagern und die dort anfallenden Gewinne – durch Ausübung seines Stimmrechts auf den Hauptversammlungen der Tochterunternehmen – mit dem Ergebnis thesaurieren, dass die Gewinnverwendungskompetenz der Hauptversammlung des Mutterunternehmens erheblich oder sogar vollständig beschnitten wird. Das Management eines Konzern-Mutterunternehmens kann andererseits durch konzerninterne Erfolgsverlagerungen im Einzelabschluss des Mutterunternehmens noch ausschüttbare Gewinne generieren, obwohl der Konzern bereits hohe Verluste aufweist[460].

Die Gefahr, dass im Konzernverbund das Dividendenrecht der Aktionäre des Mutterunternehmens ausgehöhlt werden kann, ist ein im Schrifttum seit langem bekanntes Problem[461]. Im Anschluss an die grundlegenden Arbeiten von *Lutter*[462] ist diese Beeinträchtigung der Aktionärsrechte in der Literatur intensiv beleuchtet worden. Durch die bereits erwähnte *Holzmüller*-Entscheidung[463] des BGH aus dem Jahre 1982 wurde das Interesse an dieser Problematik noch verstärkt. Nach Auffassung des BGH haben die Aktionäre des Mutterunternehmens das Recht, bei „grundlegenden, für ihre Rechtsstellung bedeutsamen Entscheidungen in der Tochtergesellschaft über ihre Hauptversammlung so beteiligt zu werden wie wenn es sich um eine Angelegenheit der Obergesellschaft selbst handelte“[464].

Seit mittlerweile mehr als drei Jahrzehnten wird die Rücklagenbildung im Konzern in den Rechts- und Wirtschaftswissenschaften kontrovers diskutiert. Die in der Literatur entwickelten Vorschläge und Auffassungen lassen sich in vier Gruppen einteilen[465], die in Abb. 1 im Überblick dargestellt werden.

---

459 Vgl. zur Innenfinanzierung im Konzern *Pellens/Bonse* (1998).

460 Vgl. *Busse von Colbe* (1993), S. 25.

461 Vgl. *Netter* (1928), S. 31; *Quassowski* (1931), S. 2919; *Hannemann* (1934), S. 27; *Mestmäcker* (1958), S. 272; *Busse von Colbe* (1960), S. 146; *H. Weber* (1972), S. 487.

462 Vgl. insbesondere *Lutter* (1974b), S. 361-364; *Lutter* (1974a), S. 210-214. Zur späteren Weiterentwicklung vgl. *Lutter* (1987), S. 331-348; *Lutter* (1988b), § 58, Tz. 38-60; *Lutter* (1998a), S. 411-415.

463 Vgl. BGH-Urteil vom 25.02.1982 – II ZR 174/80, BGHZ 83, 122.

464 BGHZ 83, 140. Auch wenn der *Holzmüller*-Entscheidung eine andere Fallkonstellation (Ausgliederung des wertvollsten Betriebsteils auf ein dafür gegründetes Tochterunternehmen ohne Zustimmung der Hauptversammlung und anschließende Kapitalerhöhung) zugrunde lag, wird sie zur Beurteilung der Rücklagenbildung und Gewinnverwendung im Konzern herangezogen.

465 Vgl. zur Darstellung des Meinungsstandes z.B. *Linnhoff/Pellens* (1987), S. 992-993; *Busse von Colbe* (1987a), S. 65-69; *Pellens* (1994), S. 95-105; *Hoffmann-Becking* (1999), S. 613-614; *Theisen* (2000), S. 480-485; *Hinz* (2002), S. 268-285. In der juristischen Literatur werden die in der Betriebswirtschaftslehre entwickelten Vorschläge regelmäßig nicht erwähnt. Vgl. z.B. *Bayer* (2003), § 58, Tz. 63-65; *Hüffer* (2006), § 58, Tz. 16. Vgl. anders aber *Lutter* (1988b), § 58, Tz. 55; *Großfeld* (1998), S. 162.

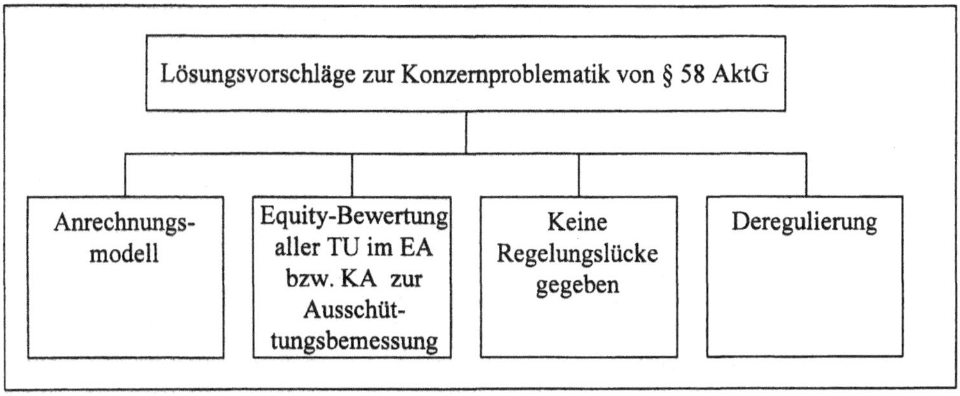

Abb. 1: Lösungsvorschläge zur Konzernproblematik von § 58 AktG

Die erste Gruppe von Autoren identifiziert in der Regelung des § 58 AktG eine verdeckte Regelungslücke[466], die über eine Rechtsfortbildung zu schließen sei[467]. § 58 AktG müsse konsequent auf den Konzernverbund angewandt werden, indem die bereits bei den Untergesellschaften gebildeten Rücklagen bei der Rücklagenbildung auf der Ebene der Muttergesellschaft angerechnet würden (Anrechnungsmodell)[468]. Maßgeblich für die Gewinnverwendung wäre danach zwar weiterhin der Einzelabschluss des Mutterunternehmens. Die Unternehmensvertreter der Konzernmutter dürften aber „nicht mehr an Gewinnrücklagen bilden, als sie hätten bilden können, wären ihre Konzerngesellschaften in Wirklichkeit ein unausgegliederter Teil von ihnen selbst gewesen (Fiktion der Einheit)“[469].

Unterschiedliche Meinungen bestehen hinsichtlich der Frage, welche Rechtsfolgen an ein Nichtbefolgen dieser Obergrenze zu knüpfen sind. Einerseits wird vertreten, ein Verstoß gegen das Anrechnungsmodell führe zur Nichtigkeit des Jahresabschlusses gemäß § 256 Abs. 1 Nr. 4 AktG[470]. Eine vermittelnde Auffassung andererseits sieht von der strikten Durchrechnung der Rücklagenbildung in untergeordneten Konzernebenen auf die der Verwaltung zur Disposition stehende Gesamtquote ab und plädiert lediglich für eine Pflicht zur angemessenen Berücksichtigung der im Konzern gebildeten Rücklagen. Eine Verletzung dieser Pflicht führe nicht zur Nichtigkeit, sondern biete nur die Grundlage einer Sonderprüfung analog § 258 AktG[471].

---

466 Vgl. zum Begriff der Regelungslücke grundlegend *Sauer* (1940), S. 280-286; *Larenz* (1991), S. 370-381. Vgl. insbesondere den Literaturüberblick und die ausführliche Analyse von *Frodermann* (1994), S. 54-79, der zu dem Ergebnis kommt, dass § 58 AktG hinsichtlich der Rücklagenbildung im Konzern eine verdeckte Regelungslücke enthält.

467 Vgl. *Lutter* (1974b), S. 362; *Timm* (1980), S. 90, 160; *Hefermehl/Bungeroth* (1983), § 58, Tz. 8; *Götz* (1984), S. 93 ; *Geßler* (1985a), S. 25-29; *Geßler* (1985b), S. 259; *Hübner* (1985), S. 798-799; *Lee* (1987), S. 136-137; *Lutter* (1987), S. 334-348; *Lutter* (1988b), § 58, Tz. 38-60; *Gollnick* (1991), S. 171-200; *Kohl* (1991), S. 195-254; *Gollnick* (1992), S. 23-25; *Götz* (1994), S. 587-599; *Lutter* (1998a), 411-416; *Schön* (2000), S. 740; *Bayer* (2003), § 58, Tz. 69-70; *Koppensteiner* (2004a), Vorb. § 291, Tz. 33.

468 Dieser Begriff geht auf *Götz* (1984), S. 93, und *Lutter* (1988b), § 58, Tz. 50, zurück.

469 *Lutter* (1987), S. 340.

470 Vgl. *Götz* (1984), S. 93-94; *Geßler* (1985b), S. 258-259.

471 Vgl. *Lutter* (1987), S. 338; *Lutter* (1988b), § 58, Tz. 41; *Bayer* (2003), § 58, Tz. 69.

Die zweite Gruppe von Autoren fordert Gesetzesänderungen[472]. Danach soll die Norm des § 58 AktG zwar beibehalten werden. Als Ermittlungsgrundlage soll aber entweder ein um die Equity-Bewertung aller Tochterunternehmen verändertes Einzelabschlussergebnis des Mutterunternehmens[473] oder direkt das Ergebnis des (gegebenenfalls modifizierten) Konzernabschlusses[474] verwandt werden[475].

Die dritte Gruppe von Autoren lehnt die Anwendung des § 58 AktG auf den Konzernsachverhalt ab[476]. Die Existenz einer Regelungslücke wird bestritten, und eine Rechtsfortbildung wird als nicht gangbar abgelehnt. Teilweise wird argumentiert, dass die Anwendung der Norm auf den Konzernverbund nicht im Sinne des historischen Gesetzgebers sei[477]. Vereinzelt wird sogar behauptet, eine Anwendung sei mangels eines beobachtbaren Missbrauchs in der Geschäftspraxis nicht notwendig[478]. Die Auffassung dieser dritten Gruppe stellt die herrschende (juristische) Meinung des Schrifttums dar. Vor dem Hintergrund der vorherrschenden Organisationsform des Konzerns als wirtschaftlicher Einheit mehrerer rechtlich selbständiger Unternehmen können die vorgetragenen Argumente aus ökonomischer Sicht allerdings nicht überzeugen. Zudem bestätigen empirische Studien keinesfalls die Vermutung, dass „nichts darauf hin(deutet), daß durch Thesaurierungsmaßnahmen bei den Tochtergesellschaften den Aktionären der Obergesellschaft erhebliche Teile des Konzernjahresüberschusses entzogen werden."[479]

Die bisher für Deutschland durchgeführten empirischen Untersuchungen[480] über die Gewinnverwendungspolitik im Konzern kommen im Gegenteil zu dem Ergebnis, dass eine Novellie-

---

472 Vgl. *Böhm* (1979), S. 102-185; *U. Schneider* (1984), S. 519-521; *Kirchner* (1985), S. 233; *Pick* (1985), S. 255-275; *Busse von Colbe* (1986), S. 367; *Lehertshuber* (1986a), S. 151-205; *Lehertshuber* (1986b), S. 337-340; *Ordelheide* (1986), S. 309; *Pausenberger* (1986), S. 368; *U. Schneider* (1986), S. 1997; *Busse von Colbe* (1987a), S. 72-77; *Ordelheide* (1987), S. 985-986; *Lehertshuber* (1989), S. 1535; *Warschkow* (1991), S. 89-118; *Kretschik* (1992), S. 64-66, 86-87; *Theisen* (1992), S. 182-184; *Busse von Colbe* (1993), S. 24-27; *Frodermann* (1994), S. 127-152; *Pellens* (1994), S. 231-258; *Prantl* (1994), S. 285-338; *Ordelheide* (1998), S. 557-558; *Hinz* (2002), S. 285-313; *Busse von Colbe/Ordelheide/Gebhardt/Pellens* (2003), S. 31-32.

473 Vgl. dazu insbesondere *Pick* (1985), S. 255-275.

474 Vgl. zu den Modifikationen im Einzelnen *Busse von Colbe* (1987a), S. 72-76.

475 Zu Zweifeln an der Eignung des Konzernabschlusses zur Ausschüttungsbemessung aus ökonomischer Sicht vgl. *Faß* (1992), S. 114-184; *Schildbach* (1993), S. 57-63, 94-98. A.A. *Busse von Colbe* (1994), S. 56-57.

476 Vgl. *Thomas* (1985), S. 369-385; *Werner* (1985), S. 940-953; *Goerdeler* (1986), S. 231-237; *Westermann* (1986), S. 437-443; *Beusch* (1987), S. 31-44; *Ebenroth* (1987), S. 42-46; *Ebenroth* (1988), S. 4; *Piltz* (1988), S. 650-651; *Beckmann* (1989), S. 941-943; *Werner* (1990), S. 10-12; *H.-P. Müller* (1991), S. 346; *Eichholz* (1993), S. 182-183; *Adler/Düring/Schmaltz* (1997a), § 58, Tz. 85-88; *Krieger* (1999), S. 977-978; *Hüffer* (2006), § 58, Tz. 17.

477 Vgl. *Werner* (1985), S. 945; *Westermann* (1986), S. 441-442. Vgl. auch *Kropff* (1991), S. 32, nach dem die Rücklagenbildung im Konzern „ein vom Aktiengesetz nicht gelöstes und wohl nicht einmal gesehenes Problem" darstellt. In der Begründung zum AktG 1965 heißt es allerdings, dass zur Beurteilung „der Angemessenheit einer Gewinnausschüttung[,] aus dem Konzernabschluß gewonnene Erkenntnisse mit zu berücksichtigen sind", so *Kropff* (1965), S. 437. Vgl. auch den Bericht der *Unternehmensrechtskommission* (1980), S. 661-665, in dem Lösungsmöglichkeiten der Gewinnverwendungsproblematik diskutiert werden.

478 Vgl. *Thomas* (1985), S. 383; *Werner* (1985), S. 946; und *Beusch* (1987), S. 36-37, die ihre Behauptungen aber nicht belegen. *Piltz* (1988), S. 651, wiederum zieht falsche Schlüsse aus der empirischen Untersuchung von *Linnhoff/Pellens* (1987).

479 *Beusch* (1987), S. 36-37.

480 Vgl. *Linnhoff/Pellens* (1987), S. 994-1004; *Pellens* (1994), S. 119-136; *Pellens* (1996), S. 167-174; *Kühnberger/Schmidt* (1999), S. 1275-1282.

rung des § 58 AktG, nach der das vom Konzern erwirtschaftete Ergebnis die Grundlage für die Ausschüttung an die Anteilseigner des Konzernmutterunternehmens bildet, für einige Unternehmen zu signifikant höheren Ausschüttungsbeträgen führen würde, die gleiche Ausschüttungsquote vorausgesetzt[481]. Dies würde zu einer entsprechenden Reduktion des Innenfinanzierungspotentials führen. Der in der Literatur beschriebene Tresoreffekt[482], der darin besteht, dass Tochterunternehmen „zu ‚Spardosen' des Konzerns gemacht werden"[483], indem bei ihnen anfallende Gewinne thesauriert werden und somit den Aktionären des Mutterunternehmens verschlossen bleiben, wird also empirisch bestätigt.

Die empirischen Ergebnisse bilden den Ausgangspunkt für eine vierte Auffassung. Danach könnte die Regulierung des § 58 AktG – zumindest für börsennotierte Aktiengesellschaften – im Vertrauen auf eine Marktlösung abgeschafft werden[484]. Eine aktionärsschädigende Dividendenpolitik im Sinne zu hoher Thesaurierungen könnte durch Marktkräfte (z.B. Aktienverkäufe der Anteilseigner, sinkende Aktienkurse, steigende Übernahmegefahr, möglicher Reputations- und Arbeitsplatzverlust der Manager) bestraft und letztlich verhindert werden. Weiterhin deuten Ergebnisse einer Befragung von Unternehmensvorständen börsennotierter Unternehmen in Deutschland darauf hin, dass § 58 AktG lediglich der Charakter einer Nebenbedingung zukommt. Im rechtlich zulässigen Rahmen orientieren sich die Manager bei ihrer Dividendenpolitik insbesondere an der Konzernertragslage und stellen dann – z.B. durch konzerninterne Gewinnverlagerungen – sicher, dass das Jahresergebnis im Einzelabschluss des Mutterunternehmens mit § 58 AktG im Einklang steht[485].

Die vorstehend aufgezeigten Probleme und Lösungsmöglichkeiten von Kapitalschutzregeln im Konzern werden bei der Darstellung und Beurteilung des kalifornischen Rechts erneut aufgegriffen. Wie noch zu zeigen ist, hat der kalifornische Gesetzgeber Regelungen getroffen, mit denen sowohl die Aktionäre und Gläubiger des Mutterunternehmens als auch diejenigen der Tochterunternehmen geschützt werden sollen[486].

---

481 Das Ausmaß der Einbußen in der Gewinnverwendungskompetenz der Anteilseigner der Mutterunternehmen lässt sich auch quantifizieren. Vgl. dazu *Pellens* (1994), S. 136.

482 Vgl. *U. Schneider* (1984), S. 501-502.

483 *Ordelheide* (1986), S. 308. *Busse von Colbe* (1993), S. 24-25, spricht von Sparschweinen des Mutterunternehmens, die in schlechten Zeiten geplündert werden können.

484 Vgl. *Pellens/Bonse* (1998), S. 398; *Pellens/Gassen* (2001), S. 140; *Pellens/Gassen/Richard* (2003), S. 328; *Pellens/Fülbier/Gassen* (2006), S. 916. Vgl. zu diesen Überlegungen bereits früher *Busse von Colbe* (1987a), S. 64; ferner *Schildbach* (1986), S. 75. Vgl. auch *Albach/Corte/Friedewald/Lutter/Richter* (1988), S. 126-127, die vorschlagen, die gesetzliche Regelung durch Satzungsautonomie zu ersetzen.

485 Vgl. *Pellens/Gassen/Richard* (2003), S. 326.

486 Vgl. zum kalifornischen Kapitalschutzsystem Kapitel III.2.3.2. Zu einer kritischen Würdigung sowie einer Anwendung der kalifornischen Ausschüttungsregeln auf die DAX-30-Unternehmen vgl. Kapitel V.6.5.

1.2 Europarechtliche Entwicklungen

1.2.1 Europäisches Kapitalschutzsystem von 1976

1.2.1.1 Aufbau und Anwendungsbereich der Kapitalrichtlinie

Wie bereits in Kapitel II.1.2.1 erläutert, hat die EU zur Harmonisierung des Gesellschaftsrechts unter anderem eine Reihe von Richtlinien erlassen. Detaillierte Vorschriften zur Kapitalaufbringung, -erhaltung und -änderung für Aktiengesellschaften und die ihnen entsprechenden Gesellschaftsformen der anderen Rechtsordnungen enthält die im Jahre 1976 erlassene Zweite EU-Richtlinie, die aus diesem Grund auch als Kapitalrichtlinie bezeichnet wird[487]. Sie wurde 1978 in deutsches Recht transformiert[488] und „zementiert für das Aktienrecht das überlieferte System des Nennkapitals"[489]. Da die Enstehung der Kapitalrichtlinie weitgehend vom deutschen Recht geprägt wurde, sind die Auswirkungen auf das deutsche Aktienrecht überschaubar geblieben[490]. Die Normen des Aktiengesetzes sind allerdings richtlinienkonform auszulegen[491].

Entgegen den ursprünglichen Überlegungen, den Anwendungsbereich der Richtlinie auf alle Kapitalgesellschaften auszudehnen[492], werden die GmbH und ähnliche Rechtsformen nicht erfasst. Trotz des rechtsformübergreifenden Charakters ihres Inhalts betrifft die Umsetzung der Kapitalrichtlinie daher in den Staaten der EU eine unterschiedliche Anzahl von Gesellschaften. Während in Deutschland nur ca. 16.000 existierende Aktiengesellschaften betroffen sind und die zahlenmäßig stark dominierenden GmbH von der Transformation der Kapitalrichtlinie unberührt bleiben, wird in Frankreich die von der Kapitalrichtlinie erfasste Rechtsform der „Societé anonyme" von ca. 150.000 Unternehmen unterschiedlicher Größe genutzt[493]. Insofern verwundert es, dass in der Kapitalrichtlinie die Harmonisierungsnotwendigkeit insbesondere damit begründet wird, dass „in der Wirtschaft der Mitgliedstaaten die Tä-

---

487 Vgl. Zweite Richtlinie des Rates vom 13.12.1976 (77/91/EWG), ABl. EG Nr. L 26/1 vom 31.01.1977. Nach Art. 1 Abs. 2 Kapitalrichtlinie (KapRL) brauchen die Mitgliedstaaten diese Richtlinie auf bestimmte Investmentgesellschaften und Genossenschaften nicht anzuwenden. Zu den diesbezüglichen Sonderregeln vgl. *Mülbert* (2000), S. 547-549.

488 Vgl. Gesetz zur Durchführung der Zweiten Richtlinie des Rates der Europäischen Gemeinschaften zur Koordinierung des Gesellschaftsrechts vom 13.12.1978, BGBl. I 1595. Es ist am 01.07.1979 in Kraft getreten. Ein Durchführungsgesetz zur Richtlinie 92/101/EWG des Rates vom 23.11.1992 zur Änderung der Richtlinie 77/91/EWG, ABl. EG Nr. L 347/64 vom 28.11.1992, war nicht erforderlich, da der deutsche Gesetzgeber mit § 71d AktG bereits eine Art. 24a KapRL entsprechende Vorschrift zum Erwerb eigener Aktien durch Tochterunternehmen erlassen hatte.

489 *Kübler* (1999b), S. 450.

490 Vgl. *Ganske* (1978), S. 2461; *Hüffer* (1979), S. 1070; *Wiedemann* (1980), S. 558; *Lutter* (1996), S. 48; *Röhricht* (1996), § 27, Tz. 4; *Kübler* (1999b), S. 450; *Schwarz* (2000), S. 363; *Nienhaus* (2002), S. 3. A.A. wohl *Habersack* (2003), S. 108. Der Erwerb eigener Aktien (§§ 71-71e AktG) ist durch die Kapitalrichtlinie allerdings erheblich eingeschränkt worden. Vgl. dazu *Lutter* (1975), S. 58-60; *W. Müller* (1978), S. 569-573; *Habersack* (2003), S. 129-133.

491 Vgl. dazu ausführlich *Lutter* (1978), S. 617-620; *Habersack* (2003), S. 32-38; *Koziol* (2004), S. 35-36, jeweils m.w.N.

492 Vgl. *Grundmann* (2004), S. 141 m.w.N.

493 Zur Verbreitung der Aktiengesellschaft und der GmbH sowie der mit ihnen vergleichbaren Rechtsformen in Europa vgl. *Schwarz* (2000), S. 338-343; *Grundmann* (2004), S. 49-50. Vgl. auch *Deutsches Aktieninstitut* (2005), S. 01-1-a, 01-3.

tigkeit dieser Gesellschaften vorherrscht“[494]. Obwohl beispielsweise in der deutschen Literatur selbst in der jüngeren Vergangenheit noch immer die Ausdehnung auf das GmbH-Recht gefordert wird[495] und die Problematik auch der EU-Kommission bewusst ist, gibt es keine Anzeichen für eine solche Regulierung in naher Zukunft[496].

Die Kapitalrichtlinie verankert das Prinzip des Mindestkapitals in der EU. Den Erwägungsgründen der Kapitalrichtlinie zur Folge sollen die Vorschriften ein Mindestmaß an Gleichwertigkeit beim Schutz der Aktionäre[497] und der Gläubiger gewährleisten[498]. Durch strenge Vorschriften zur Leistung von Bar- und Sacheinlagen, zur Kapitalerhaltung sowie zum erschwerten Erwerb eigener Aktien wird dem Gläubigerschutz allerdings besondere Bedeutung beigemessen[499].

1.2.1.2 Kapitalaufbringung

Art. 6 Abs. 1 KapRL schreibt ein Grundkapital von mindestens 25.000 € vor. Die Höhe dieses Betrages soll auf Vorschlag der EU-Kommission durch den Ministerrat alle fünf Jahre überprüft und gegebenenfalls angepasst werden (Art. 6 Abs. 3 KapRL). Eine Anpassung ist bisher allerdings ausgeblieben, obwohl allein zum Ausgleich der Inflation mittlerweile ein Mindestkapital in mehr als doppelter Höhe angemessen wäre[500]. Neben dem Verbot der Unterpariemission gemäß Art. 8 KapRL enthält die Richtlinie strenge Vorgaben hinsichtlich der Leistung von Bar- und Sacheinlagen. Nach Art. 9 KapRL müssen die Aktionäre bei Bareinlagen im Zeitpunkt der Gründung mindestens 25 % des Nennbetrags bzw. des rechnerischen Werts der Aktien geleistet haben. Sacheinlagen müssen ferner spätestens fünf Jahre nach der Gründung vollständig erbracht worden sein. Art. 7 KapRL sieht vor, dass es sich bei Sacheinlagen um Vermögensgegenstände handeln muss, deren wirtschaftlicher Wert feststellbar ist, mit der bedeutenden Einschränkung, dass es sich nicht um „Verpflichtungen zu Arbeits- oder Dienst-

---

494 Vgl. KapRL, Präambel, erster Erwägungsgrund.

495 Vgl. z.B. *Ulmer* (1999), S. 664; *Lutter* (2000a), S. 9-10; *Lutter* (2000b), S. 137; *Schön* (2000), S. 728. Vgl. abwägend *Fleischer* (2000), S. 1020-1021. Vgl. zu dieser Forderung bereits *Lutter* (1964), S. 502 m.w.N. Zu einer strikt ablehnenden Sichtweise vgl. hingegen *Enriques/Macey* (2001), S. 1168; und bezogen auf die private limited company in Großbritannien ebenfalls ablehnend *Davies* (1998).

496 Vgl. *Schwarz* (2000), S. 364; *Habersack* (2003), S. 44; *Grundmann* (2004), S. 142.

497 Dies kommt in der Kapitalrichtlinie insbesondere in den Informationspflichten bei schweren Verlusten (Art. 17), der Beteiligung der Hauptversammlung bei Kapitalmaßnahmen (Art. 25, 30), dem eingeführten Bezugsrecht der Aktionäre bei Kapitalerhöhungen (Art. 29) und der Verankerung des Gleichbehandlungsgrundsatzes der Aktionäre (Art. 42) zum Ausdruck.

498 KapRL, Präambel, zweiter und fünfter Erwägungsgrund. Zu den unterschiedlichen Schwerpunkten des Gesellschafter- und Gläubigerschutzes vgl. *Arbeitsgruppe Europäisches Gesellschaftsrecht* (2002), S. 1316-1317.

499 Vgl. *Ganske* (1978), S. 2461; *Gansen* (1992), S. 6; *Kübler* (1999b), S. 450; *Schön* (2000), S. 709; *Niehues* (2001), S. 1214; *Wymeersch* (2001), S. 30; *Habersack* (2003), S. 114.

500 Wird eine durchschnittliche Inflationsrate im Zeitraum von 1977 bis 2006 in Höhe von 5 % unterstellt, ergibt sich ein Wert von 102.903,39 €. Bei einer Inflationsrate von 3 % ergeben sich 58.914,14 €. Vgl. dazu auch *Baldamus* (2002), S. 88. *Drinkuth* (1998), S. 137, sieht hingegen in einem deutlich über 25.000 € hinausgehenden Betrag einen Verstoß gegen die Niederlassungsfreiheit. Vgl. dazu kritisch *Grundmann* (2004), S. 147, Fn. 39. Vgl. anschaulich bezogen auf das Mindestkapital der GmbH *Priester* (1992), S. 161: „Für die 20000,- Goldmark des Jahres 1892 konnte man sich eine relativ noble Villa kaufen, für die 50000,- DM des Jahres 1980 dagegen allenfalls eine kleine Eigentumswohnung.“

leistungen" handeln darf. Als Sacheinlagen in Betracht kommen z.B. Patente, Urheber- und Nutzungsrechte, Forderungen, Grundstücke, Maschinen, Beteiligungen und ganze Unternehmen[501].

Gemäß Art. 3h KapRL müssen die Gegenstände, ihr Wert und der Name des Einlegers in der – gemäß Art. 3 Publizitätsrichtlinie offenzulegenden – Satzung angegeben werden. Vor der Gründung der Aktiengesellschaft sind die Sacheinlagen nach Art. 10 KapRL Gegenstand eines besonderen Berichts, der von einem oder mehreren öffentlich bestellten und von der Gesellschaft unabhängigen Sachverständigen erstellt wird und der ebenfalls offenzulegen ist. Der Sachverständigenbericht muss jede Einlage beschreiben, die herangezogenen Bewertungsmethoden nennen und angeben, ob die ermittelten Werte mindestens dem Nennwert bzw. dem rechnerischen Wert der ausgegebenen Aktien entsprechen[502].

1.2.1.3 Kapitalerhaltung

1.2.1.3.1 Ausschüttungsrestriktionen

Um zu verhindern, dass das von den Aktionären aufgebrachte Kapital an diese zurückfließt, beinhaltet Art. 15 KapRL Ausschüttungsrestriktionen[503]. Der Ausschüttungsbegriff wird nicht ausführlich definiert. In Art. 15 Abs. 1d KapRL wird lediglich darauf hingewiesen, dass er Dividendenzahlungen und Zinsen für Aktien umfasst[504]. Ausschüttungen dürfen gemäß Art. 15 Abs. 1a KapRL nur erfolgen, solange das „Nettoaktivvermögen" – so die wenig glückliche Übersetzung von net assets (also Aktiva abzüglich Schulden[505]) – die Summe aus gezeichnetem Kapital und Rücklagen, deren Ausschüttung durch Gesetz[506] oder Satzung[507] unzulässig ist, vor und nach der Ausschüttung zumindest deckt. In der englischsprachigen Literatur wird dieser Bilanztest als net asset test bezeichnet[508].

Zusätzlich zur Ermittlung der Höchstausschüttung über Bilanzpositionen kann der maximale Ausschüttungsbetrag auch über die Gewinn- und Verlustrechnung hergeleitet werden. Nach Art. 15 Abs. 1c KapRL darf die Ausschüttung nicht höher sein als der Jahresüberschuss des abgelaufenen Geschäftsjahrs zuzüglich eines Gewinnvortrags und Entnahmen aus dafür ver-

---

501 Vgl. *Hueck/Windbichler* (2003), S. 270. Zu weiteren Details vgl. insbesondere *K. Schmidt* (2002), S. 573-577 m.w.N.

502 Vgl. zu den strengeren Vorgaben des deutschen Aktienrechts, insbesondere hinsichtlich verdeckter Sacheinlagen, *Schwarz* (2000), S. 375-378; *Habersack* (2003), S. 118-121; *Hueck/Windbichler* (2003), S. 269-273, jeweils m.w.N. Zu einer kritischen Analyse der Gründungsmodalitäten vgl. Kapitel V.5.3.2.

503 Davon ausgenommen sind Kapitalherabsetzungen (Art. 15 Abs. 1a KapRL).

504 Unter den Auschüttungsbegriff fallen auch Sachdividenden. Vgl. *Leinekugel* (2001), S. 23-31. Der Aktienrückkauf ist hingegen in Art. 19-24a KapRL gesondert geregelt.

505 So auch *Rickford* (2004), S. 963. In der Kapitalrichtlinie findet sich keine Definition des Nettoaktivvermögens. Vgl. zur Kritik des Begriffs bereits *Lutter* (1975), S. 57.

506 Z.B. durch Art. 37 Abs. 2 KapRL (Rücklage bei Kapitalherabsetzungen durch Einziehung von Aktien), Art. 33 Abs. 2 BilRL (Bildung einer Neubewertungsrücklage), § 150 Abs. 2 AktG (Einstellung in die gesetzliche Rücklage nach deutschem Recht). Vgl. zu weiteren Beispielen *Leinekugel* (2001), S. 20-21.

507 Z.B. durch § 58 Abs. 1 AktG (Verwendung des Jahresüberschusses, wenn die Hauptversammlung den Jahresabschluss feststellt). Vgl. zur Kritik an der Berücksichtigung von satzungsmäßigen Rücklagen *Lutter* (1975), S. 57.

508 Vgl. *Rickford* (2004), S. 938.

fügbaren Rücklagen, abzüglich von Verlusten aus früheren Geschäftsjahren und Beträgen, die gemäß Satzung oder Gesetz in die Rücklagen eingestellt werden. Es dürfen also das aktuelle Periodenergebnis und die in vorherigen Geschäftsjahren thesaurierten, frei verfügbaren Gewinne ausgeschüttet werden. Demzufolge wird diese Voraussetzung auch treffend als earned surplus test bezeichnet[509]. Eine Ausschüttungsbegrenzung auf den Gewinn des letzten Geschäftsjahrs, wie sie in Teilen der Literatur gesehen wird[510], ist mit dem Wortlaut der Kapitalrichtlinie nicht vereinbar[511].

Ist gegen die Ausschüttungsrestriktionen verstoßen worden, sind die Aktionäre gemäß Art. 16 KapRL zur Rückzahlung der unzulässigen Ausschüttung verpflichtet. Voraussetzung dafür ist jedoch, dass die Gesellschaft nachweisen kann, dass die Aktionäre von dem Verstoß gegen Art. 15 KapRL wussten oder „sie darüber nach den Umständen nicht in Unkenntnis sein konnten". Des Weiteren besteht nach Art. 17 KapRL bei „schweren Verlusten des gezeichneten Kapitals" die Pflicht, die Hauptversammlung einzuberufen, damit die Aktionäre über das weitere Schicksal der Gesellschaft entscheiden können. Diese Norm ist aber lückenhaft[512]. So müssen die Mitgliedstaaten die Einberufungsfrist festlegen und die Höhe des als schwer zu erachtenden Verlustes bestimmen, der allerdings unter Beachtung von Art. 17 Abs. 2 KapRL nicht auf mehr als 50 % des gezeichneten Kapitals festgesetzt werden darf. Problematisch ist, dass die Kapitalrichtlinie hinsichtlich der Ermittlung des Verlustes keine genaueren Vorgaben macht und zudem keine Sanktionen für die Fälle vorsieht, in denen die Geschäftsleitung der Einberufungs- und Anzeigepflicht nicht nachkommt[513].

Eine Auslegung des Art. 17 KapRL unter expliziter Berücksichtigung der Grundsätze in Art. 15 KapRL legt nahe, dass der „Verlust" mit dem Jahresfehlbetrag gleichzusetzen und dieser dem gezeichneten Kapital gegenüberzustellen ist[514]. Die herrschende Meinung hingegen stellt darauf ab, dass das Vermögen nur noch die Hälfte des gezeichneten Kapitals deckt und somit eine Unterbilanz eingetreten ist[515]. Kommt die Geschäftsleitung ihrer Einberufungs- und Anzeigepflicht nicht nach, macht sie sich nach § 93 Abs. 2 AktG der Gesellschaft gegenüber schadensersatzpflichtig[516].

1.2.1.3.2 Rechnungslegungsregeln

In materieller Hinsicht sind die Rechnungslegungsregeln von entscheidender Bedeutung für die Ausschüttungsrestriktionen der Kapitalrichtlinie. Die Ansatz- und Bewertungsvorschriften determinieren die Höhe von „Nettoaktivvermögen" und Jahresergebnis und somit den maxi-

---

509 Vgl. *Rickford* (2004), S. 938.

510 Vgl. so *Schwarz* (2000), S. 379; missverständlich auch *Ankele* (1970), S. 990; *Nienhaus* (2002), S. 111; *Habersack* (2003), S. 121-122.

511 Vgl. dies klarstellend *Grundmann* (2004), S. 153. Vgl. auch *Schön* (1997a), S. 291; *Drinkuth* (1998), S. 183; *Fankhauser* (2001), S. 171-172; *Leinekugel* (2001), S. 13-23; *Niehues* (2001), S. 1212; *Baldamus* (2002), S. 16.

512 Vgl. zur Kritik des Art. 17 KapRL *Habersack* (2003), S. 127.

513 Vgl. zu Letzterem *Lutter* (1975), S. 57-59.

514 So *Habersack* (2003), S. 128.

515 Vgl. *Schwarz* (2000), S. 381; *Hüffer* (2006), § 92, Tz. 2.

516 Vgl. *Hüffer* (2006), § 92, Tz. 15. Für eine Schadensersatzpflicht der Vorstandsmitglieder auch gegenüber den Aktionären plädiert *Habersack* (2003), S. 128-129.

mal zulässigen Ausschüttungsbetrag. Da die Kapitalrichtlinie selbst keine Bilanzierungsvorschriften enthält, sind die in der Bilanzrichtlinie[517] kodifizierten Ansatz- und Bewertungsregeln zu beachten[518]. Wie im Folgenden näher dargelegt wird, bilden die Kapital- und die Bilanzrichtlinie zusammen „ein einheitliches kapitalschützendes Richtlinienkonzept“[519] im Aktienrecht der EU-Mitgliedstaaten[520].

Als zentralen Rechnungslegungsgrundsatz haben die Unternehmen das Vorsichtsprinzip gemäß Art. 31 Abs. 1c Bilanzrichtlinie (BilRL) zu beachten. Gewinne sind danach erst dann auszuweisen, wenn sie realisiert sind. Neben dem Realisationsprinzip ist als weitere Ausprägung des Vorsichtsprinzips das Imparitätsprinzip zu befolgen, nach dem ein Verlust oder eine Verbindlichkeit bereits bei Wahrscheinlichkeit des Bestehens auszuweisen ist (Art. 20 Abs. 1 BilRL). Alle Bilanzpositionen sind gemäß Art. 32 BilRL grundsätzlich mit den Anschaffungs- und Herstellungskosten zu bewerten, die in Art. 35 Abs. 2 bis 4 BilRL definiert werden. Hinsichtlich der Folgebewertung ist zu beachten, dass Gegenstände des Anlagevermögens mit begrenzter Nutzungsdauer planmäßig über die Nutzungsdauer abzuschreiben sind (Art. 35 Abs. 1b BilRL). Darüber hinaus ist das Anlagevermögen gemäß Art. 35 Abs. 1c(bb) BilRL außerplanmäßig auf den niedrigeren beizulegenden Wert abzuschreiben, wenn es sich voraussichtlich um eine dauerhafte Wertminderung handelt (gemildertes Niederstwertprinzip). Im Gegensatz dazu ist das Umlaufvermögen gemäß Art. 39 Abs. 1b BilRL bei einer Wertminderung immer auf den niedrigeren Marktpreis bzw. „in Sonderfällen“ auf einen „anderen niedrigeren Wert“ abzuschreiben (strenges Niederstwertprinzip).

Art. 33 BilRL eröffnet als ein an die Unternehmen übertragbares Mitgliedstaatenwahlrecht[521] die Möglichkeit, von den Anschaffungs- und Herstellungskosten als Bewertungsobergrenze abzuweichen. Die Mitgliedstaaten können danach ihren Gesellschaften gestatten oder vorschreiben,

- Sachanlagen mit zeitlich begrenzter Nutzungsdauer und Vorräte mit Wiederbeschaffungswerten zu bewerten (Art. 33 Abs. 1a BilRL),
- alle Bilanzpositionen, inklusive des Eigenkapitals, mit einer Methode zum Ausgleich der Inflation zu bewerten (Art. 33 Abs. 1b BilRL),
- für das gesamte Anlagevermögen eine Neubewertung[522] durchzuführen (Art. 33 Abs. 1c BilRL).

---

517 Vgl. Vierte Richtlinie des Rates vom 25.07.1978 (78/660/EWG), ABl. EG Nr. L 222/11 vom 14.08.1978. Im Unterschied zur Kapitalrichtlinie gilt die Bilanzrichtlinie nicht nur für die Aktiengesellschaft, sondern auch für die KGaA und die GmbH.

518 Vgl. *Hennrichs* (1999b), S. 95-96; *Fédération des Experts Comptables Européens* (2001), S. 9; *Niehues* (2001), S. 1212-1213.

519 *Schön* (2001), S. 77.

520 Die Ausführungen beschränken sich auf die besonderen Charakteristika der Bilanzrichtlinie. Zu einer ausführlichen Analyse der Rechnungslegungsgrundsätze nach HGB, die EU-richtlinienkonform sein müssen, vgl. bereits Kapitel III.1.1.3.2.

521 Der deutsche Gesetzgeber hat von dieser Möglichkeit keinen Gebrauch gemacht. Zur Systematisierung der Wahlrechte in Mitgliedstaatenwahlrechte, übertragbare Mitgliedstaatenwahlrechte, weitergeleitete und originäre Unternehmenswahlrechte vgl. *Schwarz* (2000), S. 281-283.

522 Vor Inkrafttreten der Anpassungsrichtlinie 2003/51/EG (Modernisierungsrichtlinie) war die Neubewertung nur von Sach- und Finanzanlagen, nicht hingegen von immateriellen Vermögenswerten möglich. Vgl. *Bieker/Schmidt* (2002), S. 211; *Busse von Colbe* (2002d), S. 1533; *Niehus* (2002), S. 1387; *Böcking/Herold/Wiederhold* (2003), S. 399-400.

Wird von diesen Methoden Gebrauch gemacht, muss einerseits darüber im Anhang berichtet werden. Andererseits ist der Unterschiedsbetrag, der sich im Vergleich zur Bewertung mit Anschaffungs- und Herstellungskosten ergibt, in der Position „Neubewertungsrücklage" auf der Passivseite im Eigenkapital gesondert auszuweisen (Art. 33 Abs. 2a BilRL). Die Neubewertungsrücklage kann gemäß Art. 33 Abs. 2b BilRL jederzeit ganz oder teilweise in gezeichnetes Kapital umgewandelt werden; sie ist aufzulösen, wenn sie ganz oder teilweise nicht mehr erforderlich ist (Art. 33 Abs. 2c BilRL). Die Neubewertungsrücklage ist gemäß Art. 33 Abs. 2c BilRL ausschüttungsgesperrt: „Die Neubewertungsrücklage darf, außer wenn sie einen realisierten Gewinn darstellt, weder unmittelbar noch mittelbar auch nicht zum Teil ausgeschüttet werden." Die Ausschüttungssperre verhindert somit, dass der mit der Kapitalrichtlinie bezweckte Gläubigerschutz durch eine fair value-Bewertung nach Art. 33 BilRL ausgehöhlt wird, indem unrealisierte Gewinne an die Aktionäre ausgeschüttet werden.

Die Bilanzrichtlinie enthält darüber hinaus drei weitere Ausschüttungssperren. Werden Aufwendungen zur Errichtung und Erweiterung des Unternehmens aktiviert, dürfen gemäß Art. 34 Abs. 1b BilRL Gewinne nur bis zur Höhe des noch aktivierten Teils ausgeschüttet werden, wenn die ausschüttungsfähigen Rücklagen und der Gewinnvortrag mindestens so hoch wie der noch nicht abgeschriebene Teil des aktivierten Betrages sind. Gleiches gilt grundsätzlich für aktivierte Forschungs- und Entwicklungskosten nach Art. 37 Abs. 1 BilRL, wobei Mitgliedstaaten in Ausnahmefällen davon abweichen dürfen. Schließlich dürfen bei der Equity-Bewertung von Beteiligungen die übersteigenden Beträge, die noch nicht als Dividenden eingegangen sind oder auf deren Zahlung noch kein Anspruch besteht, nicht an die Aktionäre ausgeschüttet werden (Art. 59f BilRL).

Bemerkenswert ist, dass der europäische Gesetzgeber durch Reformen auf dem Gebiet des Bilanzrechts in jüngerer Vergangenheit das Kapitalerhaltungskonzept aufgeweicht hat[523]. Durch die Fair-Value-Richtlinie[524] im Jahre 2001 wurde die Bilanzrichtlinie um Art. 42a bis 42d ergänzt. Mitgliedstaaten können seitdem ihren Gesellschaften gestatten oder vorschreiben, bestimmte Finanzinstrumente einschließlich derivativer Finanzinstrumente zum beizulegenden Zeitwert zu bewerten (Art. 42a Abs. 1 BilRL)[525]. Als Zeitwert kommt der Marktwert oder, wenn sich ein verlässlicher Markt für die Finanzinstrumente nicht ermitteln lässt, ein Wert unter Verwendung allgemein anerkannter Bewertungsmodelle und -methoden in Betracht (Art. 42b BilRL). Gemäß Art. 42c BilRL sind Wertänderungen von zum Zeitwert bewerteten Finanzinstrumenten unter Missachtung des Vorsichtsprinzips ergebniswirksam zu behandeln. Lediglich bei Sicherungsinstrumenten, die im Rahmen einer Bilanzierung von Sicherungsgeschäften erfasst werden, bei der Wertänderungen nicht oder nur teilweise ergebniswirksam behandelt werden, und bei Wechselkursdifferenzen von Auslandsbeteiligungen sind die Wertänderungen in einer so genannten Zeitwert-Rücklage zu erfassen (Art. 42c Abs. 1a und b BilRL). Bei sonstigen Finanzinstrumenten können die Mitgliedstaaten die Bildung der Zeitwert-Rücklage gemäß Art. 42c Abs. 2 BilRL vorschreiben oder zulassen. Eine Ausschüttungssperre der in der Zeitwert-Rücklage erfassten Wertänderungen findet sich in

---

523 Vgl. dazu *Gelter* (2004), S. 185.

524 Vgl. Richtlinie 2001/65/EG vom 27.09.2001, ABl. EG Nr. L 283/28 vom 27.10.2001. Vgl. dazu *Kirsch* (2005), S. 13-21.

525 Ausnahmen sind in Art. 42a Abs. 2 bis 4 BilRL geregelt. Z.B. ist die Zeitwertbilanzierung für bis zur Fälligkeit gehaltene nicht derivative Finanzinstrumente und Anteile an Tochtergesellschaften ausgeschlossen.

der Richtlinie nicht[526]. Es liegt damit weitgehend im Belieben der EU-Mitgliedstaaten, wie weit der Kapitalschutz im Hinblick auf die Bewertung von Finanzinstrumenten geht.

Darüber hinaus können die Mitgliedstaaten seit der Modernisierungsrichtlinie[527] aus dem Jahr 2003 nach Art. 42e BilRL allen oder bestimmten Gruppen von Gesellschaften gestatten oder vorschreiben, bestimmte Arten von Vermögensgegenständen mit Ausnahme von Finanzinstrumenten zum fair value zu bewerten. Nach Art. 42f BilRL dürfen die Differenzbeträge ergebniswirksam behandelt werden.

Hintergrund dieser Maßnahmen ist die Angleichung der Bilanzrichtlinie an die IFRS[528] mit dem Ziel, potentielle Konflikte im Rahmen des Anerkennungsverfahrens (so genannter Endorsement Mechanism) nach Art. 3 IAS-VO vorzubeugen. Ob nämlich ein neuer oder überarbeiteter IFRS in europäisches Recht umgesetzt wird, ist davon abhängig, dass die EU-Kommission die Übereinstimmung mit den EU-Richtlinien und den europäischen Interessen gewahrt sieht und ihn dem EU-Parlament zur Anerkennung in einem Verordnungsentwurf vorschlägt[529].

1.2.1.4 Gewinnverwendungskompetenz

Die Gewinnverwendungskompetenz ist im EU-Gesellschaftsrecht nicht geregelt. Gemäß Art. 2d KapRL wird lediglich vorgeschrieben, dass die Satzung der Gesellschaft die Anzahl und die Bestellung der Mitglieder von Geschäftsführungs- und Aufsichtsorgan sowie die Kompetenzverteilung zwischen den Organen regeln muss. Überlegungen zur Ausstattung der Hauptversammlung mit weitgehenden Kompetenzen zur Feststellung des Jahresabschlusses und zur Gewinnverwendung, wie sie im Vorschlag einer Fünften Richtlinie (Strukturrichtlinie)[530] zum Ausdruck kommen[531], haben sich nicht durchsetzen können und werden wohl in dieser Form auch nicht mehr weiter verfolgt[532].

---

526 Darauf weist auch *Niehues* (2001), S. 1217, hin. A.A. wohl *Grundmann* (2004), S. 249: „keineswegs auch für eine Ausschüttung derselben."

527 Vgl. Richtlinie 2003/51/EG vom 18.06.2003, ABl. EU L 178/16 vom 17.07.2003.

528 Vgl. dazu kritisch *Hennrichs* (2004), S. 122: „Es besteht die Gefahr, dass das Europäische Bilanzrecht zu einem unstimmigen Prinzipiendurcheinander verkommt und damit seine Ordnungskraft verliert."

529 Vgl. zum Anerkennungsverfahren (Komitologieverfahren) der IFRS ausführlich und kritisch *Buchheim/ Gröner/Kühne* (2004); *Pellens/Fülbier/Gassen* (2006), S. 90-93.

530 Zum ursprünglichen Vorschlag einer Fünften Richtlinie vgl. ABl. EG Nr. C 131 vom 13.12.1972; zum geänderten Vorschlag vgl. ABl. EG Nr. C 240 vom 09.09.1983; zur dritten Änderung des Vorschlags vgl. ABl. EG Nr. C 321 vom 12.12.1991.

531 Vgl. hiezu im Einzelnen *Kaminski* (1972), S. 636-637; *Sonnenberger/Coester* (1974), S. 184-185; *H.-P. Müller* (1977), S. 1886-1888; *Kolvenbach* (1983), S. 2240-2241; *Chmielewicz* (1984), S. 404-408; *Niedernhuber* (1985); *Niedernhuber* (1988), S. 228-230; *Kostrzewa* (1995), S. 13-21, 68-69, 104-105, 130; *Lutter* (1996), S. 171-195. Vgl. zu einer ökonomischen Analyse der Ausschüttungsregeln des Entwurfs der Strukturrichtlinie im Vergleich zum Aktiengesetz *Wagner* (1988).

532 Vgl. *van Hulle* (2000), S. 522; *Wagenhofer/Ewert* (2003), S. 188. Die Gewinnverwendungskompetenz liegt damit weiterhin in den Händen der Nationalstaaten. Vgl. zur Situation in Deutschland Kapitel III.1.1.3.1. Vgl. zu einem ausführlichen europäischen Rechtsvergleich *Grundmann* (2004), S. 163-224.

1.2.2 Europäische Aktiengesellschaft

Nach jahrzehntelangen Verhandlungen[533] sind am 08.10.2001 die Verordnung über das Statut der Europäischen Gesellschaft (Societas Europaea, SE)[534] und die sie ergänzende Richtlinie[535] verabschiedet worden. Seit dem 08.10.2004 steht damit den Unternehmen die supranational-europäische Rechtsform der Europäischen Aktiengesellschaft zur Verfügung[536]. Während ursprünglich über 400 Vorschriften vorgesehen waren, wird die neue Rechtsform nunmehr in lediglich 70 Artikeln geregelt, wobei vielfach auf die Bestimmungen nationalen Sitzrechts verwiesen wird[537].

Im Gegensatz zur deutschen Aktiengesellschaft kann eine Europäische Aktiengesellschaft nicht von natürlichen Personen gegründet werden. Es werden vielmehr mit der Verschmelzung, der Gründung einer Holding-Gesellschaft und einer Tochtergesellschaft sowie der Umwandlung vier detailliert geregelte Gründungsarten unterschieden[538]. Hinsichtlich der Struktur der Rechtsform besteht die Besonderheit darin, dass die Unternehmen das Wahlrecht haben, ob die Europäische Aktiengesellschaft nur einen Vorstand (monistisches System) oder Vorstand und Aufsichtsrat (dualistisches System) haben soll. In beiden Systemen führt das Leitungsorgan die Geschäfte in eigener Verantwortung. Überwachungsaufgaben übernehmen der Aufsichtsrat bzw. die nicht geschäftsführenden Vorstände im monistischen System. Die Hauptversammlung bestellt den Vorstand im monistischen und den Aufsichtsrat im dualistischen System[539]. In welchem Umfang die Gesellschaft der Mitbestimmung unterliegt, kann grundsätzlich im Wege der Verhandlung von Unternehmensleitung und Arbeitnehmervertretung festgelegt werden (Art. 3-6 SE-RL). Dafür wird ein besonderes Verhandlungsgremium geschaffen, „dessen Zusammensetzung und Beschlussmodalitäten mit einer die Grenzen der Skurrilität streifenden Akribie festgelegt worden sind“[540]. Es kann mit absoluter Mehrheit bestimmen, dass das bisher höchste Mitbestimmungsniveau in den beteiligten Unternehmen erhalten oder ausgebaut wird. Mit Zweidrittelmehrheit kann es das Mitbestimmungsniveau mindern. Wird keine Einigung erzielt, greift nach Ablauf der Verhandlungsfrist die Auffanglösung gemäß Art. 7 SE-RL, nach welcher der höchste Standard in den beteiligten Gesell-

---

533 Vgl. zur Entstehungsgeschichte *Theisen/Wenz* (2005), S. 27-36.

534 Vgl. Verordnung (EG) Nr. 2157/2001 des Rates vom 08.10.2001 über das Statut der Europäischen Gesellschaft (SE), ABl. EG, L 294/1 vom 10.11.2001. Angelehnt an den lateinischen Begriff wurde die Rechtsform in der verabschiedeten Fassung nur noch als Europäische Gesellschaft bezeichnet. Vgl. *Grundmann* (2004), S. 481.

535 Vgl. Richtlinie 2001/86/EG des Rates vom 08.10.2001 zur Ergänzung des Statuts der Europäischen Gesellschaft hinsichtlich der Beteiligung der Arbeitnehmer, ABl. EG, L 294/22 vom 10.11.2001.

536 Vgl. zur Europäischen Aktiengesellschaft im Überblick etwa *Hommelhoff* (2001); *Hirte* (2002); *Grundmann* (2004), S. 480-502. Vgl. umfassend *Theisen/Wenz* (Hrsg.) (2005). Vgl. zu Nachweisen zur überaus umfangreichen Literatur *Grundmann* (2004), S. 478-479.

537 Vgl. *Grundmann* (2004), S. 483. Zur so genannten Rechtsquellenpyramide vgl. *Theisen/Wenz* (2005), S. 50-52 m.w.N.

538 Vgl. dazu ausführlich *Neun* (2005).

539 Vgl. zu den Organen der Europäischen Aktiengesellschaft ausführlich *Theisen/Hölzl* (2005), S. 278-312.

540 *Kübler* (2003a), S. 224.

schaften zur Anwendung kommt. In dem Grundsatz der mitbestimmungsrechtlichen Besitzstandswahrung wird ein Wettbewerbsnachteil für deutsche Unternehmen gesehen[541].

Zu Fragen der Finanzverfassung finden sich kaum eigenständige Vorschriften. Das Mindestkapital muss gemäß Art. 4 Abs. 2 SE-VO mindestens 120.000 € betragen[542]. Hinsichtlich der sonstigen Kapitalaufbringungs- und -erhaltungsregeln wird in Art. 5 SE-VO auf die im jeweiligen Sitzland umgesetzten Regeln der Kapitalrichtlinie verwiesen.

1.3 Zwischenergebnis

Als Ergebnis der bisherigen Analyse ist festzuhalten, dass das deutsche bzw. europäische Kapitalschutzsystem danach trachtet, die divergierenden Interessen von Aktionären und Gläubigern zu einem Ausgleich zu bringen. Das Interesse der Aktionäre an angemessenen Dividendenzahlungen wird zum einen dadurch berücksichtigt, dass das Management gesetzlich kodifizierte Rechnungslegungsregeln zu beachten hat und den Gewinn insofern nicht willkürlich schmälern kann. Zum anderen gewährt der deutsche Gesetzgeber der Hauptversammlung als Organ aller Aktionäre die Kompetenz zur Verwendung des Bilanzgewinns.

Das primäre Ziel der detaillierten und gesetzlich verankerten Kapitalaufbringungs- und -erhaltungsregeln besteht im Schutz der Gläubiger. Vor dem Hintergrund der Haftungsbeschränkung der Gesellschafter von Aktiengesellschaften sollen diese Vorschriften sicherstellen, dass die Gesellschaft möglichst über ein bestimmtes Mindestvermögen dauerhaft verfügt, das zur Erfüllung der Ansprüche der Gläubiger zur Verfügung steht.

Die Ziele des Gesetzgebers werden allerdings dadurch eingeschränkt, dass die Rechnungslegungsregeln zahlreiche explizite Bilanzierungswahlrechte und Ermessensspielräume enthalten, die der Unternehmensleitung bei der Gewinnermittlung weitreichende Einflussmöglichkeiten gewähren. Darüber hinaus ist deutlich geworden, dass die Kapitalschutzregeln im Konzern durch das Management des Konzern-Mutterunternehmens sowohl zum Nachteil der Aktionäre als auch der Gläubiger auf legale Weise umgangen werden können.

Diese und weitere Kritikpunkte an den bestehenden deutschen bzw. europäischen Kapitalschutzregeln haben insbesondere auf europäischer Ebene zu Reformvorschlägen geführt. Dabei ist verschiedentlich auf US-amerikanische Vorschriften verwiesen worden, die im nachfolgenden Kapitel III.2 detailliert dargestellt werden. Im späteren Verlauf der Arbeit werden diese einer kritischen Würdigung unterzogen und daraufhin überprüft, ob sie bei der anstehenden europäischen Gesellschaftsrechtsreform als Vorbild dienen sollten.

Den Besonderheiten des US-amerikanischen Rechtssystems wird im Folgenden dadurch Rechnung getragen, dass mit dem Delaware General Corporation Law und dem California

---

541 Vgl. *Hirte* (2002), S. 6. *Kübler* (2003a), S. 228, weist allerdings darauf hin, dass sich ein Unternehmen der Mitbestimmung dadurch entziehen kann, dass es beispielweise nach Großbritannien fusioniert und sich nach zwei Jahren von der Rechtsform der Europäischen Aktiengesellschaft in eine Gesellschaft britischen Rechts umwandelt. Als erstes deutsches Großunternehmen hat im September 2005 die Allianz AG den Wechsel der Rechtsform in die Europäische Aktiengesellschaft angekündigt. Vgl. *o.V.* (2005c); *o.V.* (2005d).

542 Nach Art. 4 Abs. 3 SE-VO sind nationale Rechtsvorschriften, die ein höheres Mindestkapital von Gesellschaften bestimmter Branchen vorschreiben, auch auf die Europäische Aktiengesellschaft anzuwenden. Zu den diesbezüglichen Regeln in Deutschland und ausgewählten EU-Staaten vgl. *Mayer* (2005), Art. 4, Tz. 17-20.

Corporations Code die Kapitalschutznormen von zwei bedeutenden Einzelstaatengesetzen dargestellt werden. Darüber hinaus werden die Vorschriften des MBCA beleuchtet, dessen Vorschriften von vielen Bundesstaaten der USA in das Gesellschaftsrecht übernommen worden sind. Dabei wird jeweils auch auf Gerichtsurteile hingewiesen, die im Hinblick auf Dividendenausschüttungen zu beachten sind und gesetzliche Vorschriften konkretisieren. Auf Kapitalschutzregeln, die sich aus anderen Rechtsgebieten, wie z.B. dem Insolvenzrecht und dem Steuerrecht, ergeben können, wird ebenfalls kurz eingegangen.

2 Kapitalschutzsysteme in den USA

Vorschriften zur Kapitalaufbringung und -erhaltung der corporation sind im Wesentlichen in zwei Regelwerken kodifiziert[543]. Sie ergeben sich zum einen aus den Einzelstaatengesetzen bzw. den zur Rechtsvereinheitlichung entwickelten Modellgesetzen. Zum anderen sind die Gläubigerschutzregeln des creditors' rights oder fraudulent conveyance law zu berücksichtigen. Die Dividendenentscheidung des board of directors wird darüber hinaus auch von anderen Gesetzen indirekt beeinflusst. Schließlich wirken sich Gerichtsentscheidungen und von der Rechtsprechung entwickelte Doktrinen auf den Kapitalschutz der corporation aus. Diese vielfältigen, unterschiedlichen und sich teilweise überlappenden Regelungen und Einflussfaktoren werden im Folgenden systematisiert und detailliert herausgearbeitet.

2.1 Common Law und Rechtsprechung

In den USA sind von der Rechtsprechung früh Grundsätze entwickelt worden, die bei der Aufbringung und Erhaltung des Kapitals der corporation zu beachten sind. Obwohl in der Folgezeit gesetzliche Regelungen entstanden sind, haben viele common law-Grundsätze nicht an Relevanz verloren, weil sie zur Auslegung der Gesetze heranzuziehen sind[544].

Im Gegensatz zu Deutschland wurde in den USA nie ein Mindestkapital in nennenswerter Höhe vorgeschrieben. Ende des 19. Jahrhunderts führten einige Bundesstaaten zum Schutz der Gläubiger ein Mindestkapital zwischen 200 US-$ und 1.000 US-$ ein[545]. Die Aufbringung des entsprechenden Vermögens war aber keine Voraussetzung für die Eintragung der Gesellschaft, sondern je nach Bundesstaat in unterschiedlicher Weise mit Sanktionen bewehrt. Nach common law hafteten die Gesellschafter für die Verbindlichkeiten der corporation unbeschränkt, wenn das Mindestkapital nicht in voller Höhe erbracht worden war[546]. Aufgrund dieser als unverhältnismäßig erachteten Rechtsprechung schafften in der Folgezeit die meisten Einzelstaaten das Mindestkapitalerfordernis ab.

Im US-amerikanischen common law entwickelten sich ebenfalls Kapitalaufbringungsregeln, die sicherstellen sollen, dass die corporation im Zeitpunkt der Gründung oder der Kapitalerhöhung über Vermögenswerte in Höhe des Aktiennennwerts verfügt. Es soll verhindert werden, dass Aktien unter Nennwert bzw. gegen überbewertete Sacheinlagen ausgegeben werden.

543 Vgl. *Eisenberg* (2000), S. 1244-1245.

544 Vgl. bezogen auf die Ausschüttungsrestriktionen *Bauer* (1995), S. 215-216.

545 Vgl. *Drobnig* (1959), S. 11, Fn. 1; *H. Henn/Alexander* (1983), S. 295; *Gevurtz* (2000), S. 129.

546 Vgl. *Bauer* (1995), S. 133 mit Rechtsprechungsnachweisen.

Zu diesem Zweck wurde das Verbot des so genannten stock watering[547] entwickelt, das auch heute noch zu beachten ist[548]. Den Schwierigkeiten bei der Bewertung von Sacheinlagen versuchten einige Gerichte zunächst dadurch zu begegnen, dass sie lediglich Bargeld für einlagefähig erachteten[549]. Es wurde aber bald der Grundsatz entwickelt, nach dem Bargeld, bereits erbrachte Dienstleistungen und tatsächlich erhaltene Vermögenswerte einlagefähig sind. Hinsichtlich der Einlagefähigkeit von Vermögenswerten verfolgen die Gerichte zumeist einen sehr liberalen Ansatz und stellen lediglich darauf ab, dass die Vermögenswerte einen wirtschaftlichen Wert haben[550].

Im Gegensatz zu Deutschland unterliegen Sacheinlagen keiner Bewertungskontrolle durch unabhängige Sachverständige im Gründungszeitpunkt. Die Wertansätze der directors werden in den USA erst dann durch Gerichte überprüft, wenn die Gesellschaft insolvent ist und der Insolvenzverwalter oder Gläubiger Ansprüche aufgrund von überbewerteten Sacheinlagen geltend machen. Von der Rechtsprechung sind allerdings keine allgemeingültigen Bewertungskriterien entwickelt worden, es wird vielmehr in Einzelfallentscheidungen auf den konkreten Nutzen der Einlage für die jeweilige Gesellschaft abgestellt[551]. Nach der im common law entwickelten good faith rule haften die directors bei einer Überbewertung nur dann, wenn die Gläubiger das Verschulden der directors nachweisen können[552].

Lange Zeit bevor die Einzelstaaten gesetzliche Regelungen schufen, entwickelten sich in der Rechtsprechung verschiedene Theorien zur Kapitalerhaltung[553]. Die trust fund theory wurde im Jahre 1824 vom Bundesberufungsrichter *Story* in der Sache Wood v. Dummer[554] begründet[555]. In diesem Fall schütteten die directors einer Bank trotz ausstehender Schuldverschreibungen und absehbarer Zahlungsschwierigkeiten der Gesellschaft 75 % des Gesellschaftsvemögens als Dividenden aus. Da die Gesellschaft bei Fälligkeit der Schuldverschreibungen insolvent war, verklagten die Gläubiger die Aktionäre aufgrund unzulässiger Ausschüttung von Gesellschaftsvermögen. Das Gericht verurteilte die Beklagten zur Zahlung an die Kläger mit der Begründung, das Nennkapital stelle einen trust fund dar. Das dem Nennkapital entsprechende Vermögen sei treuhänderisch zugunsten der Gläubiger gebunden und trete an die

---

547 Der Begriff spielt auf unlautere Praktiken im Viehhandel an, nach denen die Tiere vor dem Verkauf getränkt wurden, um das Gewicht zu erhöhen. Unter dem Oberbegriff watered stock werden erstens Aktien, die unentgeltlich ausgegeben werden (bonus stock), zweitens Aktien, die unter pari emittiert werden (discount stock), und drittens Aktien, die gegen überbewertete Sacheinlagen verkauft werden (watered stock), gefasst. Vgl. dazu *Bauer* (1995), S. 140.

548 Vgl. etwa *Bainbridge* (2002), S. 771.

549 Vgl. *Bauer* (1995), S. 140 mit Rechtsprechungsnachweisen.

550 Vgl. *Bauer* (1995), S. 142, der zu dem Ergebnis kommt, dass Fälle, in denen Gerichte die Einlagefähigkeit ablehnen, selten sind und „in den Bereich der Kuriositäten" fallen, wie z.B. eine nicht erprobte Geheimformel zur Verminderung der Explosionsgefahr von Benzin.

551 Vgl. *Bauer* (1995), S. 166.

552 Die von der Rechtsprechung nur selten angewandte true value rule stellt hingegen allein auf die objektive Überbewertung ab. Vgl. *Bauer* (1995), S. 168-170. Vgl. zum good faith-Prinzip im US-amerikanischen Recht ausführlich *Rezori* (2004), S. 42-64 m.w.N.

553 Diese Theorien sind später in unterschiedlichem Umfang in den einzelstaatlichen Gesellschaftsrechten kodifiziert worden. Vgl. *H. Henn/Alexander* (1983), S. 431, 433.

554 Vgl. Wood v. Dummer, 30 F.Cas. 435, No. 17944 (C.C.D.Me.1824).

555 Vgl. zur trust fund theory *Kehl* (1941), S. 8, 15-16, 23-25; *Ballantine* (1946), S. 803-806; *H. Henn/Alexander* (1983), S. 431-432; *Friedman* (1985), S. 199, 516-517; *Maier* (1986), S. 133-134; *Kübler* (1989), S. 18-19; *Manning/Hanks* (1990), S. 50-51; *Bauer* (1995), S. 185-190, 214 m.w.N.; *Gevurtz* (2000), S. 130-131; *Bainbridge* (2002), S. 769-770; *Klein/Coffee* (2002), S. 215.

Stelle der persönlichen Haftung der Aktionäre[556]. Ihren Höhepunkt erreichte die trust fund theory durch die ca. 50 Jahre später ergangene Entscheidung im Fall Sawyer v. Hoag[557].

Gegen Ende des 19. Jahrhunderts nahm die Bedeutung der Theorie ab. So führte der Supreme Court der USA in der Sache Handley v. Stutz[558] aus, dass nur Gläubiger, die nach einer Aktienemission der Gesellschaft Kredit gewähren, durch die trust fund theory geschützt werden. Darüber hinaus hielt das Gericht die Ausgabe von Aktien unter dem Nennwert bei einer schlechten wirtschaftlichen Lage der Gesellschaft zum Zwecke der Sanierung für zulässig. Im Jahre 1892 verwarf der Minnesota Supreme Court in der Sache Hospes v. Northwestern Manufacturing and Car Corporation[559] als erstes Gericht die trust fund theory. Die Haftung der Aktionäre bei der Ausgabe von watered stock wurde nicht mehr mit Grundsätzen des Trustrechts, sondern mit Hilfe des Deliktsrechts begründet. Ersatzansprüche der Gläubiger gegenüber den Aktionären im Fall der Insolvenz der Gesellschaft werden damit gerechtfertigt, dass sie durch die nicht voll eingezahlten Aktien über die Höhe des Nennkapitals getäuscht werden. Die Gerichtsentscheidung markiert somit den Beginn der holding out theory[560]. Wenngleich die holding out theory dogmatische Schwächen der trust fund theory löst, ist sie selbst nicht unproblematisch. Sie fußt einerseits auf der unrealistischen Annahme, dass das Nennkapital die Grundlage für die Kreditentscheidung darstellt. Andererseits ist sie mit praktischen Schwierigkeiten bei einer größeren Anzahl von Gläubigern und Aktionären verbunden, da es sich um individuelle, deliktische Ansprüche der Gläubiger gegenüber individuellen Aktionären handelt, die nicht vom Insolvenzverwalter geltend gemacht werden können.

Zu Beginn des 20. Jahrhunderts griffen Gerichte die gesellschaftsrechtlichen Anspruchsgrundlagen, die in einigen Bundesstaaten geschaffen worden waren, auf und entwickelten die statutory obligation theory[561], nach der die Gläubiger einen Anspruch gegen die Aktionäre auf vollständige Einzahlung des Aktiennennbetrags haben.

Die materielle Bedeutung der aufgezeigten Kapitalaufbringungs- und Kapitalerhaltungsregeln des common law nahm zu Beginn des 20. Jahrhunderts insofern ab, als Gesellschaften begannen, Aktien mit sehr niedrigen Nennwerten (low par stock) auszugeben[562]. New York ging

---

556 Vgl. dazu die Kritik von *Bauer* (1995), S. 186, der darauf hinweist, dass das Gesellschaftsvermögen keinen trust darstellt, da es nicht der Zweck einer Gesellschaft sei, ihr Vermögen treuhänderisch im alleinigen Interesse der Gläubiger zu halten. Vgl. auch *Maier* (1986), S. 134 m.w.N.; *Böckmann* (2005), S. 39. Im Ergebnis ist die trust fund theory mit dem Verbot der Einlagenrückgewähr gemäß § 57 Abs. 1 AktG vergleichbar. Vgl. *Wüstemann* (1999), S. 54, Fn. 216.

557 Vgl. Sawyer v. Hoag, 84 U.S. 610 (1873). Vgl. dazu *Kübler* (1989), S. 19.

558 Vgl. Handley v. Stutz, 139 U.S. 417 (1891). Vgl. dazu *Ballantine* (1946), S. 470, 804-805; *Kübler* (1989), S. 19-20; *Manning/Hanks* (1990), S. 27-28; *Bauer* (1995), S. 198-199; *Böckmann* (2005), S. 41-43.

559 Vgl. Hospes v. Northwestern Manufacturing & Car Co., 48 Minn. 174, 50 N.W. 1117 (1892). Vgl. dazu *Kübler* (1989), S. 20-21; *Manning/Hanks* (1990), S. 51; *Bauer* (1995), S. 190.

560 Vgl. zur holding out theory, die auch als fraud oder misrepresentation theory bezeichnet wird, *Ballantine* (1946), S. 806-808; *H. Henn/Alexander* (1983), S. 432; *Kübler* (1989), S. 21-22; *Manning/Hanks* (1990), S. 51-52; *Bauer* (1995), S. 190-193; *Gevurtz* (2000), S. 131; *Böckmann* (2005), S. 39-40.

561 Vgl. zur statutory obligation theory, die auch als statutory liability theory bezeichnet wird, mit Rechtsprechungsnachweisen *Ballantine* (1946), S. 810-812; *Kübler* (1989), S. 22-23; *Manning/Hanks* (1990), S. 52; *Bauer* (1995), S. 194-196.

562 Während im 19. Jahrhundert ein Aktiennennwert von 100 US-$ als Zeichen der Solidität der Gesellschaft üblich war, wurden nun Aktien mit einem Nennwert von 1 US-$ oder sogar nur 1 Cent ausgegeben. Vgl. *Manning/Hanks* (1990), S. 28-29; *Bauer* (1995), S. 294-295; *Marsh/Finkle/Sonsini* (2005), § 5.13[A], S. 49.

bereits 1912 einen Schritt weiter und ließ die Ausgabe von nennwertlosen Aktien (no par stock) zu[563], dem sich in der Folgezeit nahezu alle Bundesstaaten anschlossen[564].

Im Hinblick auf Dividendenausschüttungen bildete sich in den USA bereits im 17. Jahrhundert der Grundsatz heraus, nach dem nur Gewinne (profits) der Gesellschaft und nicht die Einlagen (capital) an die Aktionäre ausgeschüttet werden dürfen[565]. Dieser Grundsatz wurde im 19. Jahrhundert vom common law übernommen, wie die oben bereits angesprochene Entscheidung Wood v. Dummer zeigt. Die darin entwickelte trust fund theory bildete auch die Grundlage für die ersten gesetzlichen Ausschüttungsregulierungen[566]. Die alleinige Unterscheidung von profits und capital und die Beschränkung der Ausschüttungen auf die profits der Gesellschaft wurde durch die Verbreitung von low par und no par stock weitgehend unbrauchbar[567]. In den Einzelstaatengesetzen entstanden daraufhin Definitionsversuche verschiedener Eigenkapitalkonten[568], die allerdings von der Rechtsprechung nicht einheitlich ausgelegt wurden. Weitere Rechtsunsicherheit bestand hinsichtlich der anzuwendenden Rechnungslegungsregeln und der etwaigen Berücksichtigung von Wertsteigerungen der Vermögenswerte, der zu beachtenden Gläubigerschutzmechanismen bei Kapitalherabsetzungen sowie der Ansprüche der Gläubiger bei unrechtmäßigen Dividendenzahlungen[569].

Wie bereits erwähnt[570], haben die Aktionäre einer corporation grundsätzlich keinen gesetzlichen Anspruch auf Dividendenausschüttungen. Die Kompetenz zur Festlegung einer Dividende liegt beim board of directors, der bestimmte Sorgfalts- und Treuepflichten zu beachten hat, ansonsten aber durch die business judgment rule vor einer gerichtlichen Überprüfung seiner Dividendenentscheidung geschützt ist. Die Chancen für die Aktionäre einer börsennotierten corporation, auf dem Klageweg eine Dividende durchzusetzen, sind somit eher gering[571]. Anders sieht die Situation von (Minderheits-)Aktionären von closely held corporations aus. Gerichte sind bei closely held corporations traditionell eher geneigt, in die Dividendenpolitik einzugreifen[572]. Gerichte berücksichtigen bei ihren Entscheidungen, dass Aktionäre solcher Gesellschaften, die nicht gleichzeitig Angestellte sind, auf Dividendenzahlungen zur

---

563 Nach anfänglichen kontroversen Diskussionen in der US-amerikanischen Literatur zu den resultierenden Auswirkungen auf den Gläubigerschutz zeigte sich in der Praxis, dass „weder die Befürchtungen der Gläubiger, nun betrügerischen Gesellschaftsgründern hilflos ausgeliefert zu sein, noch die Hoffnung der Gesellschafter auf völlige Narrenfreiheit bei der Gesellschaftsfinanzierung in dem erwarteten Ausmaß zutrafen." So *Bauer* (1995), S. 296.

564 Lediglich Nebraska und North Dakota sehen keine nennwertlosen Aktien vor. Vgl. *MBCA Ann.* (2002), § 6.21, S. 80B.

565 Vgl. *Bauer* (1995), S. 213-214 m.w.N. Vgl. zu den historischen Ursprüngen ausführlich *Kehl* (1941), S. 3-13.

566 Vgl. *Kehl* (1941), S. 55-56.

567 Vgl. *Bauer* (1995), S. 216.

568 Vgl. dazu Kapitel III.2.2.1.1.

569 Vgl. dazu ausführlich *Bauer* (1995), S. 216-224, 237-238, 246-247.

570 Vgl. Kapitel II.2.2.2.1 und II.2.2.3.2.3.

571 Vgl. *Clark* (1986), S. 602, 604; *Eisenberg* (2000), S. 1242-1243; *Cox/Hazen* (2003), S. 1206; *Emanuel* (2005), S. 552.

572 Vgl. insofern missverständlich *Wüstemann* (1999), S. 51, der den Eindruck vermittelt, auch Aktionäre einer public corporation hätten „einen durch *case law* erhärteten Anspruch auf eine Mindestausschüttung". Vgl. hingegen *Eisenberg* (2000), S. 1242: „It is hard to imagine a real-life scenario, today, in which the courts would order a publicly held corporation to pay a dividend." Vgl. auch *Warrikoff* (1963), S. 62-65, der 13 Fälle identifiziert, in denen Dividendenzahlungen durch die Gerichte angeordnet wurden, die ausschließlich closely held corporations betrafen.

Einkommenssicherung angewiesen sind[573]. In seltenen Fällen sind closely held corporations selbst dann zur Verteilung einer Dividende verpflichtet worden, wenn plausible wirtschaftliche Gründe (z.B. Erweiterungsinvestitionen) dagegen sprechen[574]. Im Allgemeinen muss der Aktionär aber nachweisen, dass eine Ausschüttung aus unredlichen Motiven[575] heraus unterblieben und der Dividendenverzicht nicht durch einen plausiblen betriebswirtschaftlichen Grund zu rechtfertigen ist[576].

Die wohl berühmteste Gerichtsentscheidung auf dem Gebiet der Ausschüttungspolitik ist bereits im Jahre 1919 durch den Michigan Supreme Court im Fall Dodge v. Ford Motor Co.[577] ergangen. Nachdem die closely held corporation im Zeitraum von 1911 bis 1915 zusätzlich zur jährlichen Dividende in Höhe von 1,2 Mio. US-$ Sonderdividenden von insgesamt 41 Mio. US-$ ausgeschüttet hatte, kündigte *Henry Ford* an, die Gesellschaft werde in der Zukunft keine Sonderdividenden mehr zahlen. Die Gewinne sollten vielmehr verwandt werden, um noch mehr Arbeiter einzustellen und die Preise der Autos bei gleich bleibender oder steigender Qualität zu senken. Zu diesem Zeitpunkt wies die Gesellschaft ein surplus von ca. 112 Mio. US-$ und flüssige Mittel von über 50 Mio. US-$ auf. Die Gebrüder *Dodge* klagten auf Dividendenzahlung in Höhe von 75 % der liquiden Mittel der Gesellschaft[578]. Ein aus der Sicht der beiden Minderheitsaktionäre positives Urteil war insofern wahrscheinlich, als *Ford* keinen unternehmerischen Grund für die veränderte Dividendenpolitik vorbrachte, sondern sich sogar öffentlich zu seinen altruistischen Zielen bekannt hatte. Das Gericht führte aus, dass in einer corporation nicht soziale Motive, sondern primär die Interessen der Aktionäre zu

---

573 Vgl. *Gevurtz* (2000), S. 155; *Bauman/Weiss/Palmiter* (2003), S. 283; *Black* (2004), § 4.13, S. 39; *Merkt/Göthel* (2006), S. 298.

574 Vgl. Miller v. Magline, Inc., 76 Mich.App. 284, 256 N.W.2d 761 (1977). Das Gericht ordnete eine Dividende in Höhe von 75 US-$ pro Aktie für den Zeitraum von 1963 bis 1968 mit der Begründung an, die Verweigerung von Dividendenzahlungen stehe im Widerspruch zu einem der wesentlichen Ziele einer auf Gewinn angelegten Gesellschaft, Gewinne zu erwirtschaften und diese unter allen Anteilseignern zu verteilen. Der Dividendenverzicht könne nicht gerechtfertigt werden, wenn die Gesellschaft andererseits große Teile der Gewinne in Form von Gehältern an einige der Aktionäre zahle. Vgl. auch das ähnlich gelagerte Gerichtsurteil in Patton v. Nicholas, 154 Tex. 385, 279 S.W.2d 848 (1955), das ebenfalls eine jährliche Dividendenzahlung anordnete. Gerichte können in solchen Situationen alternativ auch die Auflösung der Gesellschaft oder eine zwingende Abfindung anordnen. Vgl. dazu *Eisenberg* (2000), S. 1244 und ausführlich S. 444-477 m.w.N.

575 Ein Katalog von Faktoren, die auf bad faith hinweisen, ist in Gottfried v. Gottfried, 73 N.Y.S.2d 692 (N.Y.Sup.Ct.1947), S. 695, entwickelt worden. Dazu gehören große Feindseligkeiten zwischen Mehrheits- und Minderheitsaktionären, Ausschluss der Minderheitsaktionäre von einer Beschäftigung innerhalb der Gesellschaft, hohe Gehälter und sonstige Vergütungen an die officers, hohe persönliche Einkommensteuerzahlungen der Mehrheitsaktionäre im Falle von Dividendenzahlungen und der Wunsch der Mehrheitsaktionäre, die Anteile der Minderheiten so billig wie möglich zu erwerben. Vgl. auch *Black* (2004), § 4.13, S. 39-40.

576 Vgl. *Ballantine* (1946), S. 554; *Warrikoff* (1963), S. 64; *Clark* (1986), S. 602; *Hamilton* (2000), S. 593; *Cox/Hazen* (2003), S. 1205-1206; *Black* (2004), § 4.12 mit umfassenden Rechtsprechungsnachweisen; *Choper/Coffee/Gilson* (2004), S. 212; *Emanuel* (2005), S. 551.

577 Vgl. Dodge v. Ford Motor Co., 204 Mich. 459, 170 N.W. 668 (1919). Nach *Clark* (1986), S. 602, handelt es sich um den „classic American case in which a court did order the payment of dividends." *Eisenberg* (2000), S. 139, bezeichnet den Fall als „One of the most famous of all corporation-law cases". Zu einer sehr lesenswerten Zusammenfassung der Gerichtsentscheidung vgl. *Clark* (1986), S. 602-604.

578 Vor dem Hintergrund, dass die Brüder die Dividendenzahlungen für die Erweiterung ihres eigenen Automobilunternehmens einsetzen wollten, spekuliert *Clark* (1986), S. 604, dass *Henry Ford* nicht primär altruistische Motive verfolgt hat, sondern vielmehr einen Wettbewerber vermeiden wollte. Vgl. ähnlich *Palmiter* (2003), S. 188. Vgl. dazu bereits *Kronstein/Claussen* (1960), S. 119.

verfolgen seien[579]. Die Gesellschaft wurde daraufhin verpflichtet, eine Dividende in Höhe von 19,3 Mio. US-$ zu zahlen.

2.2 Harmonisierungstendenzen durch Model Acts und Bundesgesetze

2.2.1 Model Business Corporation Act

2.2.1.1 Ursprünge und ältere Model Business Corporation Acts

Bestrebungen, die gesellschaftsrechtlichen Vorschriften für corporations in den USA bundesstaatenübergreifend zu vereinheitlichen, reichen bis in die 1920er Jahre zurück[580]. Die National Conference of Commissioners on Uniform State Laws veröffentlichte nach mehrjährigen Vorarbeiten im Jahre 1928 den Uniform Business Corporation Act, der als Einheitsgesetz konzipiert war und von den Einzelstaaten möglichst ohne Veränderungen in ihr jeweiliges einzelstaatliches Recht übernommen werden sollte. In den folgenden Jahren wurde er von Louisiana, Washington und Kentucky vollständig und von Idaho teilweise übernommen. Andere Staaten, die gleichzeitig an der Modernisierung ihres Gesellschaftsrechts arbeiteten, schlossen sich nicht an, so dass sich bereits in den 1930er Jahren abzeichnete, dass eine vollständige Vereinheitlichung nicht zu erreichen war[581].

In den frühen 1940er Jahren unternahm die American Bar Association – der US-amerikanische Bundesverband der Anwaltschaft – einen weiteren Versuch zur Vereinheitlichung des Gesellschaftsrechts und legte 1946 den ersten Entwurf eines Model Business Corporation Act (MBCA) vor. Eine endgültige Version des MBCA wurde 1950 veröffentlicht. Seitdem ist der MBCA in regelmäßigen Abständen ergänzt oder überarbeitet worden, wobei größere Veränderungen insbesondere in den Jahren 1953, 1959, 1969 und 1984 vorgenommen wurden. Im Gegensatz zum Uniform Business Corporation Act hat der MBCA seit seiner Veröffentlichung die gesellschaftsrechtliche Gesetzgebung der Einzelstaaten stark beeinflusst und wurde von einer Vielzahl von Bundesstaaten ganz oder zumindest teilweise übernommen. Dabei ist allerdings zu berücksichtigen, dass die Einzelstaaten teilweise mit erheblicher zeitlicher Verzögerung Änderungen des MBCA umgesetzt haben[582].

Bevor im weiteren Verlauf dieser Arbeit ausschließlich die Vorschriften des MBCA in der aktuellen Fassung behandelt werden, soll im Folgenden ein kurzer Überblick zu den Kapitalschutzregeln des MBCA (1969) gegeben werden, die zahlreiche einzelstaatliche Gesellschaftsrechte über lange Zeit stark beeinflusst haben. Auch wenn sie in der Folgezeit erheblicher Kritik ausgesetzt waren und durch den grundlegend überarbeiteten und im Jahre 1984

---

579 Vgl. dazu auch *Ballantine* (1946), S. 228, 552-553.

580 Vgl. hier und im Folgenden *Eisenberg* (1974); *Booth* (2000); *MBCA Ann.* (2002), Introduction, S. 27-30; *Merkt/Göthel* (2006), S. 144, 170-174.

581 Der Uniform Business Corporation Act wurde daraufhin 1943 von der National Conference of Commissioners on Uniform State Laws in Model Business Corporation Act umbenannt und 1958 zurückgezogen. Vgl. *Booth* (2000), S. 63-64. Nicht zu verwechseln ist dieser Model Act mit dem MBCA der American Bar Association.

582 Die Ausschüttungsregulierung von South Dakota folgt z.B. noch heute dem MBCA von 1969. Vgl. *Black* (2004), § 1.3, Fn. 12.

veröffentlichten MBCA abgeschafft wurden, existieren sie in ähnlicher Weise in Delaware noch heute[583].

Der MBCA 1969 in der Fassung von verfolgt das Konzept des legal capital. Danach werden drei Eigenkapitalkonten unterschieden[584].

- **Stated capital:** In das stated capital (auch legal capital oder paid-in capital bezeichnet) wird das Kapital zum Zeitpunkt der Gründung eingestellt. Die Höhe dieses Grundkapitals ergibt sich, indem die ausgegebenen Aktien mit ihrem Nennwert (par value) multipliziert werden (§ 2(j) MBCA (1969)). Ein Mindestnennkapital ist im Modellgesetz seit 1960 nicht mehr vorgeschrieben[585]. Sind nennwertlose Aktien ausgegeben worden, können die directors die Höhe des stated capital festlegen[586].
- **Earned surplus:** Die Eigenkapitalposition earned surplus umfasst die akkumulierten Gewinne seit der Gründung der Gesellschaft abzüglich angefallener Verluste und gezahlter Dividenden sowie sonstiger Ausschüttungen.
- **Capital surplus:** Als capital surplus wird schließlich das Eigenkapital bezeichnet, das weder stated capital noch earned surplus ist. Es wird auch als unearned surplus bezeichnet und kann in drei Kategorien unterteilt werden[587].

  (1) **Paid-in surplus:** Hat die Gesellschaft Aktien über Nennwert ausgegeben, stellt der den Nennwert übersteigende Betrag (Agio) multipliziert mit der Aktienanzahl paid-in surplus dar. Im nennwertlosen System ergibt sich das paid-in capital, indem von dem bei der Gründung eingezahlten Kapital das von der Geschäftsleitung festgelegte stated capital abgezogen wird.

  (2) **Revaluation surplus:** Soweit Vorschriften in den Kapitalgesellschaftsrechten oder einschlägige Gerichtsentscheidungen die Bewertung der Vermögenswerte über ihre historischen Anschaffungs- oder Herstellungskosten hinaus zulassen, ist der höhere Betrag auf der Passivseite als revaluation surplus auszuweisen[588].

  (3) **Reduction surplus:** Hat das Management im Falle von nennwertlosen Aktien eine Kapitalherabsetzung gemäß § 69 MBCA (1969) beschlossen, der die Aktionäre mit einfacher Mehrheit zugestimmt haben, wird das stated capital um einen bestimmten Betrag reduziert und das capital surplus um denselben Betrag erhöht[589]. Bei Aktien mit Nennwert kann ein reduction surplus ebenfalls kreiert werden. Um den Nennwert der Aktien zu vermindern, muss allerdings die Satzung geändert werden, worüber die Aktionäre in der Hauptversammlung abzustimmen haben.

---

583 Vgl. *Bainbridge* (2002), S. 776.

584 Vgl. im Folgenden *Palmiter* (2003), S. 523-524; *Emanuel* (2005), S. 539-540, 542-543.

585 § 51 MBCA (1950) sah noch ein Mindestkapital von 1.000 US-$ vor. Vgl. dazu auch *MBCA Ann.* (2002), § 6.21, S. 77-78.

586 Vgl. *Palmiter* (2003), S. 523 ; *Emanuel* (2005), S. 539.

587 Vgl. *Emanuel* (2005), S. 542-543.

588 Vgl. *Palmiter* (2003), S. 527.

589 § 70 MBCA (1969) weist diesen Betrag also nicht in einem separaten Eigenkapitalkonto aus. Nach manchen Einzelstaatenrechten wird jedoch in solchen Fällen ein separates Konto mit der Bezeichnung „reduction surplus" explizit gefordert. Vgl. *Palmiter* (2003), S. 528.

Unter der Nebenbedingung, dass die corporation durch die Ausschüttung nicht insolvent im Sinne von § 2(n) MBCA (1969)[590] wird, ist zur Bestimmung der maximal zulässigen Ausschüttungshöhe gemäß § 45(a) MBCA (1969) ein earned surplus test durchzuführen. Danach dürfen Dividenden grundsätzlich nur aus dem earned surplus ausgeschüttet werden[591]. Auf den ersten Blick scheint der MBCA (1969) also das von den Anteilseignern eingezahlte Kapital vor Ausschüttungen zu schützen. Weitere Bestimmungen des MBCA (1969) verwässern diesen Schutz jedoch. Nach § 45 [Alternative](a) (1969) können beispielsweise Dividenden aus dem Gewinn des aktuellen Geschäftsjahres gezahlt werden, selbst wenn kein earned surplus existiert. Darüber hinaus kann ein Defizit im earned surplus-Konto ausgeglichen werden, indem Teile des capital surplus dorthin transferiert werden (§ 70 MBCA (1969)).

Unzulässig ist eine Dividendenzahlung grundsätzlich aus dem capital surplus. Aber auch diese Ausschüttungsrestriktion kann auf legale Weise einfach umgangen werden. § 46 MBCA (1969) eröffnet nämlich dem board of directors unter bestimmten Voraussetzungen[592] die Möglichkeit, auch aus dem capital surplus auszuschütten, wenn dies in der Satzung ausdrücklich vorgesehen ist oder die Aktionäre mehrheitlich zustimmen. Eine solche Ausschüttung wird lediglich nicht als Dividende, sondern als capital distribution bezeichnet[593].

Es bleibt daher festzuhalten, dass die Vorschriften des MBCA (1969) insgesamt nicht verhindern können, dass das von den Aktionären investierte Kapital in Form von Dividenden an sie zurückfließt[594].

Die Neufassung der Ausschüttungsregeln des im Jahre 1984 in Kraft getretenen MBCA war in den Augen ihrer Verfasser notwendig, da die vorstehend erläuterten Ausschüttungsrestriktionen seines Vorgängers als zu kompliziert und manipulationsanfällig und folglich als Schutzinstrument ungeeignet angesehen wurden[595]. Die als überflüssig und unzweckmäßig erachtete Unterscheidung verschiedener surplus-Konten und die daran geknüpften unterschiedlichen Ausschüttungsrestriktionen, das Mindestkapital und die Pflicht zur Ausgabe von Nennwertaktien wurden abgeschafft. Lediglich der Solvenztest wurde als zweckmäßig erach-

---

590 § 2(n) MBCA (1969): „Insolvent means inability of a corporation to pay its debts as they become due in the usual course of its business."

591 *Solomon/Schwartz/Baumann/Weiss* (1994), S. 258, beschreiben die Logik dieses Testverfahrens einprägsam wie folgt: „Dividends are supposed to be the fruit of the tree, and unless fruit has been borne, nothing can be picked." Siehe auch *Emanuel* (2005), S. 541.

592 Zu beachten sind insbesondere die Ansprüche etwaiger Vorzugsaktionäre gemaß § 46(c), (d) MBCA (1969).

593 Vgl. auch *Bainbridge* (2002), S. 776.

594 Vgl. *Gevurtz* (2000), S. 162.

595 „It has long been recognized that the traditional ‚par value' and ‚stated capital' statutes do not provide significant protection against distributions of capital to shareholders." So *MBCA Ann.* (2002), § 6.40, S. 197. Zu einem komprimierten Überblick über die Ausschüttungsegeln des MBCA (1969) vgl. *MBCA Ann.* (2002), § 6.40, S. 209-211.

tet und ins neue Recht übernommen[596]. Mittlerweile haben 37 Staaten der USA den MBCA in der aktuellen Fassung in ihr Gesellschaftsrecht übernommen[597].

2.2.1.2 Kapitalaufbringung

Im Gegensatz zu den früheren Regelungen lässt der MBCA die Kapitalaufbringung und damit die Bildung des Gesellschaftsvermögens weitgehend außer Acht. Es ist weder ein Mindestkapital noch ein Mindestausgabepreis für die Aktien vorgesehen. Die Gesellschafter müssen lediglich die vertraglich vereinbarte Einlage erbringen, wobei die directors aufgrund ihrer Treuepflicht für einen angemessenen Ausgabepreis sorgen müssen[598]. Auch die Beschränkungen der Sacheinlagefähigkeit wurden aufgehoben. Nach § 6.21(b) MBCA sind materielle und immaterielle Vermögenswerte sowie alle vermögenswerten Vorteile für die Gesellschaft (benefit to the corporation) einlagefähig. Explizit genannt werden z.B. Bargeld, verbriefte Geldforderungen (promissory notes), erbrachte Dienstleistungen sowie vertragliche Verpflichtungen zu zukünftigen Dienstleistungen. Es wird betont, dass der Begriff des benefit to the corporation weit auszulegen ist[599]. Darüber hinaus sei es – unter Berücksichtigung der Sorgfaltspflichten gemäß § 8.30 MBCA – die Sache der directors, den Wert der Gegenleistung festzulegen[600].

2.2.1.3 Kapitalerhaltung

2.2.1.3.1 Ausschüttungsrestriktionen

Die Ausschüttungsregeln sind in § 6.40 MBCA („Distributions to Shareholders") kodifiziert. Im Gegensatz zu seinen Vorgängern sind die Bestimmungen des aktuellen MBCA auf jede Form von distribution anzuwenden[601]. Dazu gehören gemäß § 1.40(6) MBCA direkte oder indirekte[602] Vermögensübertragungen von der Gesellschaft auf ihre Aktionäre in bar oder in Form von anderen Vermögenswerten. Im Einzelnen werden genannt: Dividenden, Aktienrückkäufe im Wege des repurchase, der redemption oder einer anderen Art von Kauf, Aus-

---

596 Vgl. *MBCA Ann.* (2002), § 6.40, S. 198, 208.

597 Nach *Black* (2004), § 1.3, Fn. 16, sind es die folgenden Bundesstaaten: Alabama, Arizona, Arkansas, Colorado, Connecticut, Florida, Georgia, Hawaii, Idaho, Illinois, Indiana, Iowa, Kentucky, Maine, Maryland, Michigan, Minnesota, Mississippi, Montana, Nebraska, Nevada, New Hampshire, New Jersey, New Mexico, North Carolina, Oregon, Pennsylvania, Rhode Island, South Carolina, Tennessee, Utah, Vermont, Virginia, Washington, West Virginia, Wisconsin und Wyoming. Vgl. auch den Überblick zu den Ausschüttungsregeln der Bundesstaaten der USA in *MBCA Ann.* (2002), § 6.40, S. 212-216.

598 Vgl. *Manning/Hanks* (1990), S. 180-181; *Bauer* (1995), S. 318.

599 Vgl. *MBCA Ann.* (2002), § 6.21, S. 66. Vgl. auch *Manning/Hanks* (1990), S. 180: „For purposes of buying shares, John Rockefeller's promissory note and Barbra Streisand's contract for a future concert performance are now recognized as the valuable economic assets that everyone but lawyers always knew they were."

600 Vgl. *MBCA Ann.* (2002), § 6.21, S. 66-68

601 Vgl. *Hamilton* (2000), S. 589.

602 Damit ist beispielsweise der Rückkauf von Aktien des Mutterunternehmens durch ein Tochterunternehmen, das unter der Kontrolle des Mutterunternehmens steht, gemeint. Vgl. *MBCA Ann.* (2002), § 1.40, S. 84C.

schüttungen in Form von Zahlungszusagen an die Anteilseigner (indebtedness)[603] und auf sonstige Weise. Stock dividends, d.h. Dividenden in der Form von Gratisaktien, fallen hingegen nicht mehr unter den Ausschüttungsbegriff des Modellgesetzes.

An die Stelle der zahlreichen Ausschüttungsrestriktionen in den früheren Versionen des MBCA, die sich in Abhängigkeit von den verschiedenen Eigenkapitalkonten unterschieden, sind zwei Testverfahren getreten[604]: der traditionelle equity insolvency test (§ 6.40(c)(1) MBCA) und ein balance sheet test (§ 6.40(c)(2) MBCA). Darüber hinaus müssen etwaig bestehende zusätzliche Ausschüttungsrestriktionen, die in der Satzung der Gesellschaft festgelegt sind, beachtet werden (§ 6.40(a) MBCA).

2.2.1.3.1.1 Equity Insolvency Test

Die Grundvoraussetzung für eine Ausschüttung besteht darin, dass die Gesellschaft den so genannten equity insolvency test[605] erfüllt, der in § 6.40(c)(1) MBCA kodifiziert ist: „No distribution may be made if, after giving it effect, the corporation would not be able to pay its debts as they become due in the usual course of business". Eine Dividendenausschüttung ist demnach nur dann erlaubt, wenn die Gesellschaft anschließend ihre im gewöhnlichen Geschäftsverlauf fällig werdenden Verbindlichkeiten zurückzahlen kann[606].

Der Test versucht, das zentrale Interesse der Fremdkapitalgeber zu berücksichtigen. Fremdkapitalgeber sind daran interessiert, dass die Gesellschaft über ausreichend liquide Mittel verfügt, damit sie ihre Kredite inklusive Zinsen entsprechend der Tilgungs- und Zinszahlungsmodalitäten zurückzahlen kann[607]. Fraglich ist aber, unter welchen Umständen von der Solvenz des Unternehmens im Sinne des § 6.40(c)(1) MBCA auszugehen ist. Ein erster Anhaltspunkt für die Solvenz wird darin gesehen, dass die liquiden Mittel die kurzfristigen Verbindlichkeiten übersteigen[608]. Eine rein stichtagsbezogene Betrachtung auf Basis von Bilanzdaten

---

603 Unter „indebtedness issued as a distribution" fallen z.B. Schuldverschreibungen und verbriefte Geldforderungen (promissory notes). Beispiel: Eine Gesellschaft verfügt über einen ausschüttungsfähigen Gewinn von 1.000 US-$, den sie an die Aktionäre in der Folgezeit ausschütten möchte. Die Gesellschaft gibt ein schriftliches Zahlungsversprechen (note) an die Aktionäre, in dem es die Zahlung von 200 US-$ über die nächsten fünf Jahre zusichert. Die Aktionäre erhalten dadurch die Stellung von Gläubigern.

604 Vgl. *MBCA Ann.* (2002), § 6.40, S. 197.

605 Vgl. z.B. *Palmiter* (2003), S. 521. *Ben-Dror* (1983), S. 376, bezeichnet ihn als equitable insolvency test. Vgl. zu einer Erläuterung des Begriffs und den historischen Ursprüngen des Testverfahrens ausführlich Kapitel III.2.2.2.1. Der Insolvenztest des MBCA ähnelt dem des Uniform Fraudulent Transfer Act (UFTA), ist aber nicht mit ihm identisch. Darauf wird insbesondere in *MBCA Ann.* (2002), § 6.40, S. 199, hingewiesen. Vgl. zum UFTA ausführlich ebenfalls Kapitel III.2.2.2.1.

606 Weder im Gesetz noch in der offiziellen Kommentierung findet sich ein Hinweis auf die genaue Länge des Zeitraums. Vgl. *MBCA Ann.* (2002), § 6.40, S. 199 („sufficient period of time"). Vgl. dazu kritisch *Murphy* (1981), S. 870-871.

607 Vgl. etwa *Baetge/Kirsch/Thiele* (2004a), S. 16. Vgl. auch *Manning/Hanks* (1990), S. 67.

608 Vgl. *Emanuel* (2005), S. 559.

reicht gleichwohl nicht aus[609]. Wenn das Management z.B. weiß, dass ein Lieferant für eine umfangreiche Rohstofflieferung in Kürze eine hohe Rechnung ausstellen wird, zu deren fristgerechter Begleichung dem Unternehmen nach Ausschüttung der geplanten Dividende nicht genügend liquide Mittel verbleiben, gilt die Gesellschaft als insolvent im Sinne des Testverfahrens, selbst wenn aktuell der Kassenbestand die kurzfristigen Verbindlichkeiten übersteigt. Im umgekehrten Fall ist es denkbar, dass die Gesellschaft trotz aktuell zu geringer Kassenbestände die Voraussetzung für Dividendenzahlungen erfüllt, weil kurzfristig von hohen Einzahlungen aus dem operativen Geschäft hinreichend sicher ausgegangen werden kann.

Nach Ansicht der offiziellen Kommentierung des Modellgesetzes kann in den meisten Fällen von der Solvenz im Sinne des § 6.40(c)(1) MBCA ausgegangen werden, wenn das Unternehmen in regelmäßigen Abständen von Abschlussprüfern geprüfte Bilanzen vorlegt, der jüngste Bestätigungsvermerk die Annahme der Unternehmensfortführung nicht einschränkt und es seitdem zu keinen wirtschaftlich ungünstigen Ereignissen gekommen ist[610].

Liegen hingegen Hinweise vor, die auf wirtschaftliche Schwierigkeiten oder Liquiditätsengpässe des Unternehmens hindeuten, müssen die Mitglieder des board of directors weitergehende Untersuchungen zur Beurteilung der Solvenz durchführen. Indikatoren für mögliche zukünftige Liquiditätsprobleme könnten z.B. Einbrüche der Konjunktur, starke Umsatzrückgänge oder eingeleitete Klagen mit existenzbedrohendem Streitwert darstellen[611]. In solchen Situationen muss das Management zur Klärung der Frage, ob der equity insolvency test eingehalten ist, die zukünftige finanzielle Lage der Gesellschaft genauer analysieren[612]. Die Unternehmensleitung muss beurteilen, ob durch die bestehende und zukünftig erwartete Nachfrage nach Produkten und Dienstleistungen des Unternehmens in ausreichender Höhe Einzahlungen erwirtschaftet werden, um die aktuell und in der Zukunft bestehenden Verpflichtungen bei Fälligkeit erfüllen zu können. Weiterhin muss abgeschätzt werden, ob von einer Refinanzierung kurzfristig auslaufender Kredite vernünftigerweise ausgegangen werden kann. Bei diesen Prognosen sind auch Eventualschulden explizit zu berücksichtigt.

Schließlich wird darauf hingewiesen, dass es in manchen Situationen nützlich sein könne, für Zwecke des Solvenztests eine detaillierte Cashflow-Rechnung auf Basis eines Businessplans

---

609 Vgl. aber Brownstein v. Fiberonics Industries, Inc., 110 N.J. Super. 43, 264 A.2d 262, 7 U.C.C. Rep. Serv. 866 (Ch. Div. 1970). Das Gericht diagnostiziert die Insolvenz der Gesellschaft, indem sie die kurzfristigen Schulden mit dem Umlaufvermögen vergleicht und feststellt, dass die Gesellschaft die kurzfristigen Schulden nur durch den Verkauf von betriebsnotwendigen Maschinen tilgen könnte. Vgl. dazu kritisch *Black* (2004), § 3.7, S. 9. In dem Fall In re R.M.L., Inc., 92 F3d 139 (3d Cir. 1996) hat das Gericht ein negatives Eigenkapital in beträchtlicher Höhe als Indiz für die Insolvenz der Gesellschaft gewertet.

610 Vgl. *MBCA Ann.* (2002), § 6.40, S. 198. Vgl. zu dieser Einschätzung auch In re Omni Mechanical Contractors, Inc., 114 B.R. 518 (Bankr. E.D. Tenn. 1990), S. 530-531. Das Kapitalgesellschaftsrecht von North Dakota sieht einen safe harbor vor, wenn die directors sich bei der Ausschüttungsentscheidung auf testierte Abschlüsse verlassen. Vgl. § 10-19.1-92(2) North Dakota Century Code.

611 Nach Ansicht des Gerichts in F.T.C. v. Med Resorts Intern., Inc., 2000 WL 1889635 (N.D. Ill. 2000) sind solche Faktoren bei der Beurteilung der Solvenz zwingend zu berücksichtigen.

612 Vgl. *MBCA Ann.* (2002), § 6.40, S. 198-199.

für einen angemessenen Zeitraum durchzuführen[613]. Dadurch soll sichergestellt werden, dass auch langfristige Verbindlichkeiten in die Betrachtung einbezogen werden.

2.2.1.3.1.2 Balance Sheet Test

Hat die Gesellschaft den Solvenztest erfüllt, muss als zweite Voraussetzung für eine Ausschüttung der balance sheet test nach § 6.40(c)(2) MBCA durchgeführt werden[614]. Während der equity insolvency test die Liquiditätssituation des Unternehmens analysiert, berücksichtigt der balance sheet test die zweite in den USA weit verbreitete Definition der Insolvenz, die Insolvenz aufgrund von Überschuldung (bankruptcy meaning). Aus diesem Grund wird dieser Bilanztest auch als bankruptcy insolvency test bezeichnet[615].

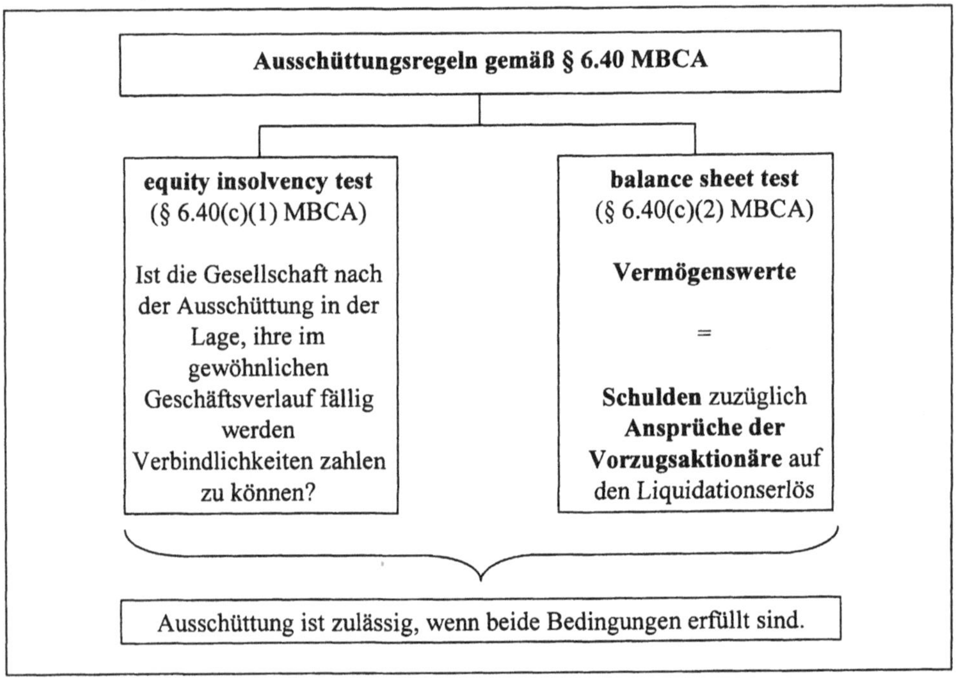

Abb. 2: Ausschüttungsregeln gemäß § 6.40 MBCA

---

613 Vgl. *MBCA Ann.* (2002), § 6.40, S. 199. Eine detaillierte Cashflow-Analyse wird allerdings von kleinen closely held corporations nicht notwendigerweise gefordert. Vgl. *Black* (2004), § 3.3, S. 4. Es existieren zahlreiche insolvenzrechtliche Fälle, in denen Gerichte Cashflow-Rechnungen zur Bestimmung der equity insolvency bei der Urteilsfindung herangezogen haben. Vgl. z.B. U.S. v. Gleneagles Inv. Co., Inc., 565 F.Supp.556 (MD Pa 1983); Telefest, Inc. v. VU-TV, Inc., 591 F. Supp. 1368 (D.C.N.J. 1984); Credit Managers Ass'n of Southern California v. Federal Company, 629 F. Supp. 175 (C.D. Cal. 1985).

614 Vgl. *Palmiter* (2003), S. 525.

615 Vgl. z.B. *Ben-Dror* (1983), S. 380; *Palmiter* (2003), S. 525. Zu einer Erläuterung des Begriffs und den historischen Ursprüngen des Testverfahrens vgl. Kapitel III.2.2.2.1. Die beiden Testverfahren des § 6.40(c) MBCA zusammen werden unter dem Begriff des dual (insolvency) test subsumiert. Vgl. *Hamilton* (2000), S. 589.

Wie in Abb. 2 verdeutlicht, bestimmt der balance sheet test, dass nach der Ausschüttung die Vermögenswerte (total assets) sowohl die Schulden (total liabilities) als auch die Ansprüche der Vorzugsaktionäre auf den Liquidationserlös (preferential rights upon dissolution) übersteigen müssen. Zur Bestimmung der maximalen Ausschüttungshöhe werden derartige Vorrechte somit wie Schulden behandelt[616].

Wenn die Satzung nichts anderes bestimmt, stellen die Ansprüche der Vorzugsaktionäre denjenigen Betrag dar, der im fiktiven Falle einer Liquidation der Gesellschaft zum Zeitpunkt der Ausschüttung gebraucht würde, um die Vorzugsrechte auf den Liquidationserlös zu befriedigen. Mit anderen Worten darf die Ausschüttung nicht größer als das Eigenkapital abzüglich der Ansprüche der Vorzugsaktionäre auf den Liquidationserlös sein. Bei einem solventen Unternehmen, das keine Vorzugsaktien ausgegeben hat, darf demzufolge die Dividendenzahlung maximal das komplette Eigenkapital aufzehren[617].

Beschließt die Gesellschaft Ausschüttungen in Form von Zahlungszusagen an die Aktionäre (indebtedness), gelten diese gemäß § 6.40(g) MBCA bei Durchführung des balance sheet test nicht als Schulden. Dafür muss allerdings vertraglich festgelegt sein, dass die Zahlungen nur zu einem Zeitpunkt geleistet werden können, in dem die Ausschüttungsrestriktionen des § 6.40(c) MBCA erfüllt sind[618].

2.2.1.3.2 Rechnungslegungsregeln

Die Ausschüttungsrestriktion des balance sheet test steht und fällt mit dem ihm zugrunde liegenden Rechnungslegungssystem[619]. Nach § 6.40(d) MBCA stehen den Unternehmen hinsichtlich der Rechnungslegung drei Vorgehensweisen zur Verfügung. Die Testverfahren können erstens auf Grundlage von Jahresabschlüssen durchgeführt werden, die auf der Basis vernünftiger Rechnungslegungspraktiken (financial statements prepared on the basis of accounting practices and principles that are reasonable in the circumstances) erstellt worden sind. Die Tests können sich zweitens auf Jahresabschlüsse beziehen, die auf der Grundlage einer Bewertung zum aktuellen Marktwert (on a fair valuation (...) method) ergeben. Die Jahresabschlüsse können drittens nach einer anderen Bilanzierungsmethode erstellt werden, wenn diese unter den Umständen vernünftig ist (other method that is reasonable in the circumstances).

Somit ist eine Bewertung der Vermögenswerte über die historischen Anschaffungs- bzw. Herstellungskosten hinaus zu aktuellen Marktwerten möglich, wenn die Unternehmensleitung dabei gutgläubig handelt[620] und von der Unternehmensfortführung ausgegangen werden

---

616 Dies ist allerdings in der Satzung abdingbar (§ 6.40(c)(2) MBCA). Vgl. auch *MBCA Ann.* (2002), § 6.40, S. 202-2003.

617 Vgl. *Gevurtz* (2000), S. 162.

618 Vgl. zur indebtedness ausführlich *MBCA Ann.* (2002), § 6.40, S. 205.

619 Dies betonen auch *Manning/Hanks* (1990), S. 65. Während 90 % der Tätigkeiten eines Anwalts für Gesellschaftsrecht nicht sonderlich kreativ seien, betont *Bainbridge* (2002), S. 778, dass „Figuring out ways for a company to pay a dividend despite the literal terms of the statute and the present state of the firm's balance sheet, however, is one item that falls within the 10 percent or so where creativity is desirable. And lawyers have gotten quite good at what accountants would see as juggling the books."

620 Vgl. *Palmiter* (2003), S. 527.

kann[621]. Entscheidet sich das Management der Gesellschaft für eine Bilanzierung zu aktuellen Marktwerten, sollte dies grundsätzlich für alle Vermögenswerte und Schulden gelten[622].

Die Verfasser des MBCA wollten den Unternehmen keine zwingenden Bilanzierungsregeln vorgeben, sondern Ansatz und Bewertung der Vermögenswerte und Schulden in das Ermessen des board of directors stellen[623]. Zudem müssen die Testverfahren im Konzern nicht zwingend auf Basis des Konzernabschlusses durchgeführt werden[624]. Die US-GAAP sind explizit mit der Begründung nicht vorgeschrieben, die Ausschüttungsregulierung solle ein hohes Maß an Flexibilität für die betroffenen Unternehmen bieten[625]. Es wird somit der Tatsache Rechnung getragen, dass die Ausschüttungsrestriktionen des MBCA für jede corporation gelten, also nicht nur für börsennotierte Gesellschaften, die aufgrund des SEA (1934) zur Bilanzierung nach US-GAAP verpflichtet sind, sondern auch für kleine closely held corporations. Bei einer US-GAAP-Rechnungslegungspflicht wären diese Gesellschaften vielfach auf die Mitwirkung eines Wirtschaftsprüfers angewiesen[626]. Die US-GAAP gelten aber immer als „reasonable in the circumstances" im Sinne von § 6.40(d) MBCA[627].

Es ist davon auszugehen, dass auch Abschlüsse, die nach den verschiedenen Varianten des so genannten „other comprehensive basis of accounting" (OCBOA)[628] aufgestellt werden, in den Anwendungsbereich von § 6.40(d) MBCA fallen. Insbesondere kleinere Unternehmen in den USA erstellen Abschlüsse nach OCBOA anstelle von US-GAAP, um Zeit und Kosten zu sparen[629]. Die Vorschriften nach OCBOA können z.B. den steuerrechtlichen Bilanzierungsvorschriften[630] ähneln oder eine Rechnungslegung vorsehen, die weitgehend auf Ein- und Auszahlungen basiert. Vereinfachungen gegenüber den US-GAAP werden insbesondere im Rahmen der Bewertung und weniger in den Offenlegungspflichten gesehen[631].

2.2.1.3.3 Zeitpunkt der Durchführung der Testverfahren

Eine Dividende wird an diejenigen Aktionäre ausgeschüttet, die zu einem bestimmten Stichtag (record date) Aktien der Gesellschaft halten[632]. Der record date wird in der Regel gemäß

---

621 Vgl. *MBCA Ann.* (2002), § 6.40, S. 202.

622 Ausnahmen von diesem Grundsatz scheinen nach Auffassung von *MBCA Ann.* (2002), § 6.40, S. 202, zulässig zu sein: „Ordinarily a corporation should not selectively revalue assets."

623 Vgl. *MBCA Ann.* (2002), § 6.40, S. 200.

624 Vgl. *MBCA Ann.* (2002), § 6.40, S. 200.

625 Vgl. hier und im Folgenden *MBCA Ann.* (2002), § 6.40, S. 201-202.

626 Vgl. *Hamilton* (2000), S. 590.

627 Vgl. *MBCA Ann.* (2002), § 6.40, S. 201.

628 Vgl. zu den verschiedenen Ausprägungen von OCBOA (cash basis, modified cash basis, tax basis) ausführlich *Grice* (2003); *Ratcliffe* (2003).

629 *Ratcliffe* (2003), S. 72, schätzt die Einsparungen auf 20 % bis 30 % und weist zudem darauf hin, dass OCBOA-Abschlüsse für viele Bilanzersteller und ihre Bilanzadressaten verständlicher als US-GAAP-Abschlüsse sind und viele Banken und Versicherungen diese Abschlüsse bereits akzeptieren.

630 Im Gegensatz zu Deutschland ist die gesellschaftsrechtliche Rechnungslegung in den USA nicht über ein Maßgeblichkeitsprinzip mit der steuerrechtlichen Rechnungslegung verknüpft. Vgl. zum Verhältnis der US-GAAP zu steuerrechtlichen Vorschriften in den USA *Haller* (1994), S. 246-254; *Schreiber* (2000), S. 61-88.

631 Vgl. *Grice* (2003), S. 17.

632 Vgl. *Hamilton* (2000), S. 583; *MBCA Ann.* (2002), § 6.40, S. 203.

§ 7.07(a) MBCA in den bylaws oder vom board of directors bestimmt[633]. Ist kein record date festgelegt worden, ist gemäß § 6.40(b) MBCA der Tag der Beschlussfassung (date of authorization) maßgeblich. § 6.40(e) MBCA sieht vor, dass die Legalität der Ausschüttung im Zeitpunkt der Beschlussfassung zu prüfen ist, wenn die Auszahlung innerhalb von 120 Tagen nach diesem Stichtag erfolgen soll. Vergehen mehr als 120 Tage, müssen die Voraussetzungen für eine rechtmäßige Ausschüttung am Tag der Auszahlung gegeben sein. Bei einer Ausschüttung in Form von Zahlungszusagen an die Aktionäre müssen die Testverfahren am jeweiligen Auszahlungstag eingehalten werden (§ 6.40(g) MBCA).

Ist die Dividende vom board of directors beschlossen worden, stellt sie eine Verbindlichkeit der Gesellschaft gegenüber den Aktionären dar[634]. Eine beschlossene Dividendenzahlung kann grundsätzlich nicht rückgängig gemacht werden, wenn sich beispielsweise noch vor dem vereinbarten Tag der Ausschüttung herausstellt, dass das Eigenkapital niedriger als ursprünglich angenommen ist. Es ist allerdings möglich, dass ein Gericht die Rücknahme der Dividendenzahlung akzeptiert, wenn zwingende wirtschaftliche Gründe vorliegen[635]. Soll die beschlossene Dividende ratenweise gezahlt werden, wird gemäß § 6.40(f) MBCA ebenfalls auf das Datum des Beschlusses abgestellt. Sollte die Gesellschaft zwischenzeitlich insolvent werden, haben die Aktionäre genauso wie die Gläubiger einen Anspruch gegenüber der Gesellschaft.

2.2.1.4 Haftungsregeln bei unzulässigen Dividendenzahlungen

2.2.1.4.1 Haftungsregeln für Directors

Der MBCA enthält ausführliche Vorschriften, unter welchen Voraussetzungen die directors aufgrund von unzulässigen Ausschüttungen haften. Sie sind im Wesentlichen in § 8.33 MBCA („Directors' Liability for Unlawful Distributions") kodifiziert, der den allgemeinen Haftungsvoraussetzungen in § 8.31 MBCA ähnelt. Die Haftungsbestimmungen in § 8.33 MBCA können gemäß § 2.02(b)(4)(C) MBCA in der Satzung der Gesellschaft nicht abgemildert werden.

Nach § 8.33(a) MBCA haftet ein director persönlich gegenüber der Gesellschaft in Höhe der unzulässigen Dividendenzahlung[636], wenn er einer Ausschüttung zugestimmt hat, die gegen die Ausschüttungsrestriktionen des MBCA verstößt[637]. Seine Zustimmung zur illegalen Dividendenzahlung wird gemäß § 8.24(d) MBCA unterstellt, wenn er nicht zu Beginn der betreffenden board-Sitzung gegen sie Widerspruch eingelegt hat und seine Ablehnung oder Stimmenenthaltung im Sitzungsprotokoll festgehalten wird oder er dem Protokollführer der betreffenden Sitzung einen schriftlichen Widerspruch zuschickt. Die directors haften in Höhe des

---

633 Vgl. dazu mit ausführlichen Rechtsprechungsnachweisen *MBCA Ann.* (2002), § 7.07.

634 Vgl. *Hamilton* (2000), S. 583.

635 Vgl. *Palmiter* (2003), S. 532.

636 Vgl. hierzu *Bainbridge* (2002), S. 777.

637 Gleiches gilt, wenn er gegen § 14.09(a) MBCA verstoßen hat, er also bei Auflösung der Gesellschaft Ausschüttungen an die Aktionäre veranlasst hat, bevor die sonstigen Ansprüche bedient worden sind. Vgl. auch Com. Transp. Com'r v. Matyiko, 253 Va. 1, 481 S.E.2d 468 (1997); F.T.C. v. Med Resorts Intern., Inc., 2000 WL 1889635 (N.D. Ill. 2000).

Betrags, der über die maximal zulässige Ausschüttung gemäß § 6.40(a) MBCA hinausgeht, also in Höhe des rechtswidrig ausgeschütteten Betrags.

Das Modellgesetz lässt allerdings offen, wer unter welchen Umständen klagebefugt ist[638]. Anders als beispielsweise nach dem Recht Delawares (§ 174(a) Del.GCL) haftet der director nach dem MBCA nicht zusätzlich gegenüber den Gläubigern. Gläubiger sind somit auf den Insolvenzverwalter im Falle der Insolvenz der Gesellschaft angewiesen[639]. Der Kläger (party asserting liability)[640] muss weiterhin innerhalb von zwei Jahren (§ 8.33(c) MBCA) nachweisen, dass der director zum Zeitpunkt des Dividendenbeschlusses gegen die Verhaltensanforderungen in § 8.30 MBCA („Standards of Conduct for Directors")[641] verstoßen hat.

Nach § 8.30(a), (b) MBCA muss jedes Mitglied des board of directors seine Pflichten als director

- gutgläubig,
- in einer Art und Weise, die nach seiner Ansicht im besten Interesse der Gesellschaft ist, und
- mit einer Sorgfalt, die eine Person in ähnlicher Position und unter vergleichbaren Umständen vernünftigerweise für angemessen halten würde, erfüllen[642].

Darüber hinaus ist jeder director ausdrücklich verpflichtet, sich zur Vorbereitung von Entscheidungen zu informieren und sachkundig zu machen[643]. Insgesamt gesehen formuliert § 8.30 MBCA den Anspruch, der an das Verhalten der Verwaltungsmitglieder zu stellen ist, die in ihrer Eigenschaft als Mitglied des board of directors Führungsverantwortung übernehmen. In § 8.30 MBCA ist hingegen nicht die business judgment rule gesetzlich kodifiziert, deren Inhalt und Anwendung weiterhin von der Rechtsprechung bestimmt und weiter entwickelt wird[644].

Unter Beachtung seiner oben beschriebenen Verhaltenspflichten kann der Geschäftsführer nach § 8.30(c) MBCA einzelne Aufgaben an einen bestimmten Personenkreis delegieren und auf ihre Erfüllung vertrauen. Dies gilt allerdings nur so lange, wie er keine Hinweise hat, die ein solches Vertrauen ungerechtfertigt erscheinen lassen[645]. Das Recht, Aufgaben zu delegieren, ist bis auf die im Modellgesetz oder sonstigen Rechtsvorschriften explizit vorgesehenen Ausnahmen nicht beschränkt. § 8.30(e) MBCA zählt drei Personenkreise auf, die für eine

---

638 Vgl. mit ausführlichen Rechtsprechungsnachweisen *Black* (2004), § 4.10, S. 29-30.

639 Vgl. *Gevurtz* (2000), S. 166.

640 „Party" ist in § 8.50(7) MBCA als natürliche Person definiert.

641 § 8.30 MBCA ist 1998 stark überarbeitet worden. Vgl. dazu *MBCA Ann.* (2002), § 8.30, S. 175-176. Derzeit wird § 8.30 MBCA erneut überarbeitet. Die ursprünglich für Mitte 2004 geplanten Änderungen sind bisher noch nicht verabschiedet worden. Zu der wahrscheinlich zukünftigen Fassung vgl. *Eisenberg* (2004), S. 387-389.

642 In § 8.33(b) MBCA ist somit die so genannte duty of care normiert. Vgl. dazu und zu einer detaillierten Kommentierung der zentralen Begrifflichkeiten *MBCA Ann.* (2002), § 8.30, S. 162-163, 166-170.

643 Vgl. dazu im Einzelnen *MBCA Ann.* (2002), § 8.30, S. 168-169.

644 So *MBCA Ann.* (2002), § 8.30, S. 163. Vgl. auch *Black* (2004), § 4.1, S. 6, Fn. 12.

645 *MBCA Ann.* (2002), § 8.30, S. 164, kommentiert dies wie folgt: „Section 8.30 expressly prevents a director from ‚hiding his or her head in the sand'...". Vgl. auch Commonwealth Transportation Commissioner v. Matyiko, 253 Va. 1, 481 S.E.2d 468 (1997).

Aufgabendelegation grundsätzlich in Frage kommen, wenn der director sie berechtigterweise als vertrauenswürdig und sachkundig auf dem betreffenden Gebiet einschätzt[646]:

(1) Officers und sonstige Angestellte des Unternehmens.

(2) Unternehmensexterne Berater und Experten, wie z.B. Rechtsanwälte und Wirtschaftsprüfer.

(3) Ein Ausschuss (committee) des board of directors, dem der director selbst nicht angehört[647]. Gemäß § 8.25(e)(1) MBCA darf die Ausschüttungsentscheidung selbst nicht an einen Ausschuss delegiert werden. Das board of directors kann aber z.B. eine Bandbreite hinsichtlich der Höhe und des Zeitpunkts der Dividendenzahlung vorgeben und dem Ausschuss die Entscheidung innerhalb des vorgegebenen Rahmens überlassen[648].

Der director kann sich schließlich gemäß § 8.30(d) MBCA auf Informationen, die von den oben genannten Personen zusammengestellt oder vorgetragen werden, verlassen. Explizit einbezogen sind davon Jahresabschlüsse und andere Finanzdaten. Letzteres wird bezogen auf die Ausschüttungsentscheidung – wie in Kapitel III.2.2.1.4.2 ausführlich dargelegt – in § 6.40(d) MBCA präzisiert. Es ist allerdings notwendig, dass sich der Geschäftsführer mit den Inhalten der präsentierten Informationen vertraut macht[649].

Bezogen auf die Gefahr eines director, eine unzulässige Dividendenzahlung an die Gesellschaft zurückzahlen zu müssen, kann also festgehalten werden, dass ihm eine Reihe von Verteidigungsmöglichkeiten zur Verfügung steht[650]. Er kann einen Regressanspruch abwehren, indem er erstens bei seinen Tätigkeiten eine angemessene Sorgfalt beachtet und zweitens bei der Delegation von Aufgaben ein berechtigtes Vertrauen in die beauftragten Personen setzen kann. Schließlich wird er durch die business judgment rule nach common law geschützt. Auf den letzteren Schutz braucht in den meisten Fällen aber dann nicht zurückgegriffen werden, wenn die Vorschriften des § 8.30 MBCA eingehalten worden sind[651].

Ist ein director auf Zurückzahlung der unzulässigen Dividende an die Gesellschaft verurteilt worden, hat er gegenüber allen anderen directors, die ebenfalls nach § 8.30(a) MBCA haftbar gemacht werden könnten, Ausgleichsansprüche (contribution) gemäß § 8.30(b)(1) MBCA. Zudem kann er von denjenigen Aktionären, die wussten, dass die Ausschüttung gegen § 6.40(a) MBCA verstoßen hat, eine anteilige Entschädigung (recoupment) verlangen (§ 8.30(b)(2) MBCA)[652]. Das Modellgesetz nimmt dabei keine Aufteilung der Rückzahlungsverpflichtung auf Aktionäre und directors vor, sondern überlässt dieses Problem der Recht-

646 Vgl. dazu ausführlich *MBCA Ann.* (2002), § 8.33, S. 172-175.

647 Vgl. dazu auch Dellastatious v. Williams, 242 F.3d 191 (4th Cir. 2001).

648 Vgl. *MBCA Ann.* (2002), § 8.25, S. 140-141.

649 Vgl. *MBCA Ann.* (2002), § 8.30, S. 172. Vgl. auch Baker v. Mutual Loan & Investment Co., 213 S.C. 558, 50 S.E.2d 692 (1948). In diesem Fall begründet das Gericht die Haftung der directors aufgrund einer unzulässigen Dividendenzahlung damit, dass sie sich nicht in ausreichender Weise mit der finanziellen Lage – die Bilanz wies einen Verlust aus – auseinandergesetzt hätten. Vgl. auch Cornell v. Seddinger, 237 Pa. 389, 85 A. 446 (1912).

650 Vgl. im Folgenden *MBCA Ann.* (2002), § 8.33, S. 216QQ-216RR.

651 Vgl. *Black* (2004), § 4.1, S. 8.

652 Beide Ansprüche sind innerhalb eines Jahres nach Urteilsverkündung geltend zu machen (§ 8.33(c)(2) MBCA).

sprechung[653]. Hat der Aktionär von der Unzulässigkeit der erhaltenen Dividende nicht gewusst, ist eine Rückzahlung ausgeschlossen[654].

2.2.1.4.2 Haftungsregeln für Aktionäre

Im Gegensatz zum kalifornischen Corporations Code, in dem die Voraussetzungen einer Haftung der Aktionäre detailliert geregelt sind[655], findet sich im MBCA keine vergleichbare eigenständige Norm. Wie im letzten Abschnitt erörtert, können die Aktionäre zur Rückzahlung indirekt verpflichtet werden, wenn ein director aufgrund einer illegalen Dividendenzahlung in Anspruch genommen worden ist und von den Aktionären fristgerecht eine Entschädigung verlangt[656]. § 8.33(b)(2) MBCA setzt dafür allerdings voraus, dass die Aktionäre von dem Verstoß gegen die Ausschüttungsregeln tatsächlich gewusst haben[657]. Die Voraussetzung ist somit noch restriktiver als es beispielsweise in Delaware oder Kalifornien der Fall ist[658].

Trotz der fehlenden gesetzlichen Norm existieren Gerichtsentscheidungen, die einen Anspruch der Gläubiger gegen die Ausschüttungsempfänger für zulässig gehalten haben[659]. Die Gerichte wenden dabei zumeist im common law entwickelte Grundsätze an. Aktionäre, die in gutgläubiger Weise von der Rechtmäßigkeit der Ausschüttung ausgingen, haften danach nicht. Es existieren weiterhin Urteile von Insolvenzgerichten (bankruptcy courts), nach denen Insolvenzverwalter im Namen von Gläubigern illegale Dividenden von den Aktionären zurückverlangen konnten[660]. Der MBCA enthält keine Hinweise, ob eine Haftung der Aktionäre bei rechtswidrig erhaltenen Dividendenzahlungen zusätzlich nach anderen Gesetzen in Frage kommt.

2.2.2 Kapitalschutzregeln anderer Model Acts und Gesetze

2.2.2.1 Creditors' Rights Laws

Die Dividendenpolitik der corporation kann auch durch insolvenzrechtliche Vorschriften, die zum Schutz der Gläubiger die Handlungsspielräume der Schuldner unabhängig von gesellschaftsrechtlichen Regelungen und vertraglichen Vereinbarungen einschränken, beeinflusst werden. Regelungen, die Schuldner daran hindern sollen, ihre Vermögenswerte zu transferieren und somit vor dem Zugriff der Gläubiger zu bewahren, sind in England bereits 1571 im Statute of Elizabeth festgeschrieben worden, das von vielen Staaten der USA übernommen

---

653 Vgl. *MBCA Ann.* (2002), § 8.33, S. 216RR; *Black* (2004), § 4.35.

654 Vgl. *MBCA Ann.* (2002), § 8.33, S. 216RR.

655 Vgl. § 506 Cal.Corp.Code. Vgl. dazu ausführlich Kapitel III.2.3.2.4.2.

656 Es handelt sich also um eine sekundäre gesetzliche Aktionärshaftung. Vgl. *Merkt/Göthel* (2006), S. 303.

657 Zum knowledge-Begriff vgl. auch Resolution Trust Corp. v. Dean, 854 F. Supp. 626, (D. Ariz. 1994), hier S. 652.

658 Vgl. *Black* (2004), § 4.35.

659 Vgl. dazu mit Rechtsprechungsnachweisen *Black* (2004), § 4.35. Vgl. aus der jüngeren Rechtsprechung z.B. In re Lake Country Investments, 255 B.R. 588 (Bankr. D. Idaho 2000).

660 Vgl. z.B. In re Hoffman Associates, Inc., 194 B.R. 943 (Bankr. D. S.C. 1995).

wurde[661]. Das englische Recht war auch Vorbild für den im Jahre 1918 von der National Conference of Commissioners on Uniform State Laws (NCCUSL) verkündeten Uniform Fraudulent Conveyance Act (UFCA). Der überarbeitete und in Uniform Fraudulent Transfer Act (UFTA) umbenannte Nachfolger wurde 1984 zur Übernahme in alle Bundesstaaten empfohlen. Mittlerweile haben 42 Staaten der USA den UFTA in ihr Recht transformiert; der UFCA gilt noch in drei Staaten[662].

Die §§ 7-8 UFTA räumen den Gläubigern das Recht ein, auf dem Klageweg gegen bestimmte im UFTA als betrügerisch (fraudulent) klassifizierte Transaktionen mit dem Ziel vorzugehen, solche Transaktionen zu vermeiden oder die transferierten Vermögenswerte beschlagnahmen zu lassen. Gemäß §§ 4-5 UFTA werden Vermögensverschiebungen oder eingegangene Verpflichtungen des Schuldners als betrügerisch angesehen, wenn:

- sie mit der Absicht durchgeführt wurden, die Gläubiger zu behindern (hinder), aufzuhalten oder zu betrügen (§ 4(a)(1) UFTA)[663], oder
- der Schuldner im Gegenzug dafür keinen angemessenen Wert erhält und
  (1) ihm für seine aktuelle oder geplante Geschäftstätigkeit unverhältnismäßig wenig Vermögen verbleibt (§ 4(a)(2)(i) UFTA)[664], oder
  (2) er seine Verbindlichkeiten bei Fälligkeit nicht mehr erfüllen kann (§ 4(a)(2)(ii) UFTA), oder
  (3) er zu diesem Zeitpunkt insolvent ist oder durch die Übertragung bzw. durch die eingegangene Verpflichtung insolvent wird (§ 5(a) UFTA).

Nach § 2(a) UFTA liegt Insolvenz dann vor, wenn die Schulden die Vermögenswerte auf fair value-Basis übersteigen. Es handelt sich also um den bankruptcy insolvency test. Da der Insolvenztatbestand in § 2(a) UFTA regelmäßig nur schwierig nachzuweisen sei, wird die Insolvenz darüber hinaus widerlegbar vermutet, wenn der Schuldner seine Verbindlichkeiten bei Fälligkeit im Allgemeinen nicht zahlt (§ 2(b) UFTA)[665] und er mithin den equity insolvency test nicht erfüllt[666]. Bemerkenswert ist, dass nach § 4 UFTA nicht nur aktuelle, sondern auch zukünftige Gläubiger anspruchsberechtigt sind. Bei Sachverhalten, die unter § 5 UFTA fallen, müssen die aktuellen Gläubiger die betrügerische Absicht des Schuldners nicht nachweisen.

---

661 Vgl. *NCCUSL* (1984), S. 1-5; *Palmiter* (2003), S. 551-552.

662 So *Black* (2004), § 4.37.

663 Eine nicht abschließende Auflistung von elf Konstellationen, die auf „actual intent" hinweisen, findet sich in § 4(b) UFTA.

664 Zur Auslegung der Norm durch die Rechtsprechung vgl. ausführlich *Black* (2004), § 4.40. „Unreasonably small" wird im deutschen Schrifttum teilweise auch mit „unvernünftig gering" übersetzt. Vgl. *Mülbert* (2004), S. 160; *Fleischer* (2005), S. 94.

665 Vgl. zur Begründung dieser Norm *NCCUSL* (1984), S. 13-14. Nichtzahlung liegt beispielsweise vor, wenn Zahlungen in signifikanter Höhe ausbleiben oder 30 Tage nach Fälligkeit nicht gezahlt wurden.

666 Die Bezeichnungen der beiden Testverfahren deuten auf ihre historischen Wurzeln im Richterrecht Englands hin. Die englischen law courts wandten in Insolvenzverfahren den so genannten bankruptcy insolvency test an. Danach ist eine Gesellschaft insolvent, wenn ihre Schulden die Vermögenswerte übersteigen. Die englischen equity courts hingegen gingen von der Insolvenz des Unternehmens aus, wenn es nicht in der Lage war, seine Verbindlichkeiten bei Fälligkeit zu tilgen. In Anspielung auf diese Gerichte wird das Testverfahren als equity insolvency test bezeichnet. Vgl. dazu *Manning/Hanks* (1991), S. 63-65. Zum Begriff „equity" vgl. bereits Kapitel II.2.2.

Die beiden Insolvenzdefinitionen des UFTA unterscheiden sich grundlegend. Der bankrupty insolvency test untersucht, ob die Gesellschaft überschuldet ist und stellt dafür auf Bilanzdaten ab. Im Gegensatz dazu geht der equity insolvency test der Frage nach, ob das Unternehmen insolvent aufgrund von Illiquidität ist und zieht dafür Plan-Gewinn- und Verlustrechnungen bzw. Plan-Kapitalflussrechnungen heran. Aufgrund der unterschiedlichen Herangehensweisen kommen die beiden Testverfahren nicht notwendigerweise zum selben Ergebnis[667]. Verfügt beispielsweise ein Unternehmen über wertvolle, aber wenig liquide Vermögenswerte und einen nur geringen Kassenbestand, kann Insolvenz wegen Illiquidität eintreten, obwohl das Unternehmen noch Eigenkapital aufweist und somit keine Insolvenz aufgrund von Überschuldung vorliegt.

Nach der herrschenden Meinung sind die Vorschriften des UFTA bzw. seines Vorgängers auch auf Dividendenzahlungen anwendbar und stellen somit neben den gesellschaftsrechtlichen Ausschüttungsrestriktionen einen zusätzlichen Schutz für die Gläubiger dar[668]. Die Auffassung wird unter anderem damit begründet, dass die Unternehmen für ihre Dividendenausschüttung keine Gegenleistung erhalten[669]. Weiterhin wird angeführt, dass gemäß § 1(12) UFTA die Auszahlung von Geld explizit zu den Vermögensübertragungen gezählt wird.

Dividendenzahlungen, die nach dem Gesellschaftsrecht des betreffenden Einzelstaates zulässig sind, können durch die im Einzelfall strengeren Vorschriften des UFTA verhindert werden, wenn im Anschluss an die Ausschüttung der Gesellschaft nur noch unverhältnismäßig wenig Vermögenswerte verbleiben würden[670]. Die herrschende Ansicht ist von zahlreichen Gerichtsentscheidungen bestätigt worden, in denen die Unrechtmäßigkeit von Dividendenzahlungen mit Verstößen gegen die Bestimmungen des UFTA bzw. des UFCA begründet worden

---

667 Vgl. *Manning/Hanks* (1990), S. 64; *Marsh/Finkle/Sonsini* (2005), Ch. 14, S. 43. Vgl. dazu auch *Süchting* (1995), S. 459.

668 Vgl. grundlegend *Clark* (1977), S. 554-560; *Clark* (1986), S. 86-90, 624-625. Vgl. auch *H. Henn/Alexander* (1983), S. 890; *McDaniel* (1986), S. 432; *Manning/Hanks* (1990), S. 64-65; *Eisenberg* (2000), S. 1246; *Kahan* (2003), S. 146-147; *Black* (2004), § 4.55; *Choper/Coffee/Gilson* (2004), S. 228; *Emanuel* (2005), S. 544; *Marsh/Finkle/Sonsini* (2005), Ch. 14, S. 68-70. Die Anwendbarkeit der fraudulent conveyance-Regeln auf Dividendenausschüttungen ist im Schrifttum bereits früh erörtert worden. Vgl. *Kehl* (1941), S. 35-37.

669 „The specific restraints on corporate distributions simply remove all doubts as to whether a dividend to shareholders is a ‚transfer without fair consideration' within the meaning of general fraudulent conveyance law." So *Clark* (1977), S. 555. „Fair consideration" ist in § 4(a)(2) UFTA mittlerweile durch „reasonably equivalent value" ersetzt worden. Zur Begründung vgl. *NCCUSL* (1984), S. 19. Streng genommen könnte argumentiert werden, dass die zeitlich vorgelagerte Überlassung von Kapital die Gegenleistung der Aktionäre darstellt.

670 Vgl. die Regelungen des UFTA als ineffektiv kritisierend *Kummert* (1984), S. 281-282; *Bauer* (1995), S. 253; *Böckmann* (2005), S. 83

sind[671]. Lediglich eine Mindermeinung lehnt die Anwendung der fraudulent conveyance laws auf Dividendenausschüttungen ab[672].

Eine Dividendenausschüttung, die gegen den bankruptcy insolvency test verstößt, kann weiterhin auch von den bundesrechtlich kodifizierten Bestimmungen des Bankruptcy Reform Act of 1978[673] betroffen sein[674]. Der Insolvenzverwalter kann alle betrügerischen Vermögensverschiebungen eines Unternehmens in seiner Eigenschaft als Schuldner, die innerhalb des letzten Jahres vor dem Tag des Insolvenzantrags stattgefunden haben, für ungültig erklären. Die in § 548 Bankruptcy Code kodifizierten Voraussetzungen dafür stimmen im Wesentlichen mit denen des UFTA überein[675]. Die Transaktionen werden zum einen als betrügerisch eingestuft, wenn der Schuldner sie mit Absicht durchgeführt hat. Gleiches gilt zum anderen, wenn die Gesellschaft keine angemessene Gegenleistung erhalten hat oder sie insolvent ist bzw. es durch die Transaktion wird, ihr unangemessen wenig Vermögenswerte verbleiben oder sie ihre Verbindlichkeiten bei Fälligkeit nicht mehr tilgen kann. Das Insolvenzgericht kann ferner gemäß § 510(c)(1) Bankruptcy Code bestimmen, dass die Ansprüche der Gesellschafter gegenüber dem Unternehmen im Rang hinter die Forderungen anderer Gesellschaftsgläubiger zurücktreten[676].

Die insolvenzrechtlichen Regelungen unterscheiden sich in mehrerer Hinsicht von den gesellschaftsrechtlichen Ausschüttungsregulierungen[677]. Nach dem UFTA bzw. UFCA können Gläubiger in eigenem Namen gegen betrügerische Dividendenzahlungen vorgehen. Nach dem Gesellschaftsrecht der Einzelstaaten hingegen haften die Geschäftsführer und die Aktionäre in der Regel gegenüber der Gesellschaft und nur in seltenen Fällen gegenüber den Gläubigern[678]. Die Dividendengesetze sehen eine gesamtschuldnerische Haftung der Geschäftsführer vor. Aktionäre können nur dann verpflichtet werden, die erhaltene Dividende zurückzuzahlen, wenn sie von der Unrechtmäßigkeit wussten. Nach den Uniform Acts können auch Aktionäre, die von der Gesetzwidrigkeit nichts gewusst haben, zur Rückzahlung verpflichtet werden. Da der UFTA die Rückabwicklung unzulässiger Rechtsgeschäfte regelt, ist selbst der gutgläubige Empfänger einer „betrügerischen" Dividende zur Rückgabe verpflichtet.

Die fraudulent conveyance laws führen weiterhin in bestimmten Konstellationen zu strengeren Ausschüttungsrestriktionen. Eine Dividendenausschüttung, durch die das Unternehmen im Anschluss nur noch ein unangemessen niedriges Vermögen aufweist, kann im Einklang mit

---

671 Vgl. z.B. Powers v. Heggie, 268 Mass. 233, 167 N.E. 314, 317 (1929); In re Kettle Fried Chicken of America, Inc., 513 F.2d 807 (6th Cir. 1975); U.S. v. Gleneagles Investment Co., Inc., 565 F.Supp.556 (MD Pa 1983). Vgl. zur diesbezüglichen Rechtsprechung umfassend *Black* (2004), § 4.56-58.

672 Vgl. *Kehl* (1941), S. 36; *Kummert* (1984), S. 281. Es wird einerseits argumentiert, dass es sich bei den gesellschaftsrechtlichen Ausschüttungsregeln um abschließende Spezialnormen handele. Die insolvenzrechtlichen Vorschriften werden andererseits nur auf Schenkungen für anwendbar gehalten. Vgl. auch *Committee on Corporate Laws* (1979), S. 1882-1883. § 152 MBCA (1979) wies dementsprechend noch explizit darauf hin, dass die Bestimmungen des MBCA andere Einzelstaatengesetze in Bezug auf die Rechtmäßigkeit von Ausschüttungen ersetzen. In *MBCA Ann.* (2002), § 6.40, S. 199, wird hingegen die unterschiedliche Zielsetzung der jeweiligen Insolvenztests betont.

673 Vgl. dazu den aktuellen Überblick von *Meyer-Löwy/Poertzgen/Eckhoff* (2005).

674 Vgl. *Hamilton* (2000), S. 585. Insolvenz liegt nach § 101(32) Bankruptcy Code vor, wenn „the sum of such entity's debts is greater than all of such entity's property, at a fair valuation".

675 Vgl. *Black* (2004), § 4.43-48; *Mülbert* (2004), S. 160.

676 Vgl. dazu auch *Fleischer* (2005), S. 94.

677 Vgl. *Black* (2004), § 4.36, 4.50-54.

678 Vgl. *Bauer* (1995), S. 252.

den Ausschüttungsgesetzen stehen. Nach dem UFTA hingegen ist eine solche Ausschüttung als betrügerisch anzusehen. Somit bietet erst diese allgemeine Vorschrift den Schutz, den viele einzelstaatliche Ausschüttungsrestriktionen seit der Einführung von Aktien ohne oder lediglich mit niedrigem Nennwert nicht mehr bieten.

Schließlich ist es für Gläubiger einfacher, bei unrechtmäßigen Dividenden ihre Ansprüche nach den Vorschriften des UFTA durchzusetzen[679]. Während nämlich im Kapitalgesellschaftsrecht die Kläger die Beweislast trifft, kehrt sich die Beweislast nach dem UFTA zumindest dann um, wenn der Gläubiger eine Vermögensübertragung der Gesellschaft ohne Gegenleistung nachweisen kann. Anfechtungsberechtigt sind in dem Fall, in dem der Schuldner zum Zeitpunkt der Vermögensübertragung insolvent ist oder es durch die Transaktion wird, die Gläubiger, die bereits vorher einen Anspruch hatten. In den anderen Fällen sind alle Gläubiger anfechtungsberechtigt, unabhängig davon, wann ihr Anspruch entstanden ist.

2.2.2.2 Accumulated Earnings Tax des Internal Revenue Code

Seit 1936 existiert in den USA mit der accumulated earnings tax eine Strafsteuer für corporations, die Gewinnthesaurierungen vornehmen, um der Besteuerung von Dividenden mit Einkommensteuer auf der Ebene der Aktionäre zu entgehen[680]. Ist die US-amerikanische Finanzverwaltung, der Internal Revenue Service (IRS), der Ansicht, die Gesellschaft verfüge über unangemessen hohe Gewinnrücklagen, wird gemäß §§ 531-537 Internal Revenue Code (IRC) eine Zusatzsteuer in Höhe von aktuell 15 % des akkumulierten steuerpflichtigen Jahreseinkommens (accumulated taxable income) bei einem Freibetrag von 250.000 US-$ erhoben[681].

Die Unternehmen haben zwar vielfältige Möglichkeiten, der Strafsteuer zu entgehen, indem sie den IRS überzeugen, dass sie die einbehaltenen Gewinne für Investitionszwecke benötigen[682]. Dennoch existieren Fälle, in denen Unternehmen zur Zahlung dieser Steuer verpflichtet worden sind[683]. Einen Beleg dafür ergibt sich beispielsweise aus der im gesellschaftsrechtlichen Fachschrifttum viel beachteten Gerichtsentscheidung in der Sache Smith v. Atlantic Properties, Inc.[684]. In dem Fall ging es um die Frage, ob ein Minderheitsaktionär einer closely held corporation seine Treuepflicht verletzt, wenn er sein Vetorecht dazu nutzt, um Dividendenausschüttungen zu verhindern. Die 1951 gegründete Immobiliengesellschaft Atlantic Properties, Inc., war zu jeweils 25 % im Besitz von vier Aktionären. In der Satzung war festgelegt, dass für alle Unternehmensentscheidungen des board of directors eine Zustimmung von 80 % des Aktienkapitals notwendig war. Jeder Aktionär hatte folglich ein Vetorecht.

Die Gesellschaft wirtschaftete sehr profitabel und wies bereits im Jahre 1961 Gewinnrücklagen in Höhe von 172.000 US-$ auf. Während sich die anderen Anteilseigner für Dividendenzahlungen aussprachen, nutzte ein Aktionär sein Vetorecht, um diese mit dem Argument zu verhindern, die einbehaltenen Gewinne seien für Instandhaltungs- und Erweiterungsmaßnah-

---

679 Vgl. dazu *Black* (2004), § 4.55, S. 99.

680 Vgl. *H. Henn/Alexander* (1983), S. 948-949 m.w.N.

681 Vgl. *Pellens* (2001a), S. 75 m.w.N. Vor Verabschiedung des „Jobs and Growth Tax Relief Act of 2003" betrug der Steuersatz 39,6 %.

682 Vgl. *Kroschel* (2000), S. 317-318, 408-419; *o.V.* (2001).

683 Vgl. *Cox/Hazen* (2003), S. 1202 m.w.N.

684 Vgl. Smith v. Atlantic Properties, Inc., 12 Mass.App.Ct. 201, 422 N.E.2d 798 (1981). Vgl. dazu z.B. *Clark* (1986), S. 604-605; *Eisenberg* (2000), S. 395-400; *Gevurtz* (2000), S. 462; *Bauman/Weiss/Palmiter* (2003), S. 1228-1231; *Blatt* (Hrsg.) (2003), S. 87-88; *Emanuel* (2005), S. 167-168.

men an Gebäuden und Einrichtungen der Gesellschaft zu verwenden. Auch in den folgenden Jahren stimmte er gegen Dividendenzahlungen. Gleichzeitig unternahm er keinen ernsthaften Versuch, den IRS von der wirtschaftlichen Notwendigkeit der Gewinnthesaurierungen zu überzeugen. Folglich musste die Gesellschaft in den Jahren 1962 bis 1968 accumulated earnings taxes wegen unangemessen hoher Gewinnrücklagen zahlen.

Schließlich reichten die übrigen drei Aktionäre eine Klage in dem Bestreben ein, den die Dividendenzahlung verweigernden Aktionär aus dem board auszuschließen, die Ausschüttung von Dividenden durchzusetzen und die von der Gesellschaft geleisteten Strafsteuern durch ihn erstattet zu bekommen. Das Gericht entschied, der Beklagte habe seine Treuepflicht gegenüber den anderen Aktionären verletzt und müsse die Strafsteuern inklusive Zinsen an die Gesellschaft zurückzahlen[685]. Darüber hinaus wurden die directors der Gesellschaft angewiesen, eine angemessene jährliche Dividende festzulegen.

Nachdem sich die bisherigen Ausführungen zum US-amerikanischen Kapitalschutzsystem auf die Grundsätze des common law sowie die Vorschriften des MBCA und ausgewählter weiterer Model Acts bzw. Gesetze konzentriert haben, werden im Folgenden abschließend die Kapitalschutzregeln der gesellschaftsrechtlichen Einzelstaatengesetze von Delaware und Kalifornien beleuchtet.

2.3 Kapitalschutzsysteme bedeutender Inkorporationsstaaten

2.3.1 Delaware

2.3.1.1 Kapitalaufbringung

Das Gesellschaftsrecht Delawares schreibt seit 1967 kein Mindestkapital mehr vor[686]. Bei der Ausgabe von Aktien kann grundsätzlich das board of directors nach § 154 Del.GCL festlegen, dass nur ein Teil des Verkaufserlöses als capital und der Rest als surplus ausgewiesen wird. Handelt es sich ausschließlich um Nennwertaktien, darf das capital aber nicht niedriger als die Summe der Nennwerte sein. Sind sowohl Nennwertaktien als auch nennwertlose Aktien ausgegeben worden, muss das capital die Summe der Nennwerte übersteigen. Hat die Gesellschaft beispielsweise 1 Mio. Aktien mit einem Nennwert von 1 US-$ zu einem Emissionspreis von 10 US-$ je Aktie verkauft, kann das Management als capital einen Betrag zwischen 1 Mio. US-$ und 10 Mio. US-$ frei wählen. Bei einer Emission von ausschließlich nennwertlosen Aktien kann sogar ein capital von Null ausgewiesen werden[687]. Ein ähnliches Ergebnis lässt sich auch bei Aktien mit Nennwert erzielen, wenn dieser sehr niedrig festgesetzt wird (z.B. 1 Cent).

---

685 Das Gericht kam zu der Einschätzung, dass der Aktionär durch sein Vetorecht Dividendenzahlungen verhindert hatte, weil er zum einen die anderen Aktionäre nicht mochte und zum anderen hohe persönliche Steuerzahlungen auf Dividenden vermeiden wollte. Vgl. auch *Bainbridge* (2002), S. 821; *Black* (2004), § 4.13, Fn. 9.

686 Vgl. *Folk/Ward/Welch* (1988), § 102.5, S. 13.

687 Vgl. *Gevurtz* (2000), S. 158.

Nimmt die Unternehmensleitung eine Aufteilung des von den Aktionären einzuzahlenden Kapitals in capital und surplus nicht bereits bei der Aktienausgabe[688] vor, sind im capital die Summe der Nennbeträge aller Nennwertaktien sowie der komplette Verkaufserlös für die nennwertlosen Aktien auszuweisen[689]. Das Kapital kann gemäß § 152 Del.GCL sowohl in Form von Bareinlagen als auch durch Sacheinlagen erbracht werden. Als Sacheinlagen kommen bereits erbrachte Dienstleistungen, bewegliche und unbewegliche Sachen sowie Nutzungsrechte an Grundstücken in Betracht. Im Gegensatz zu § 6.21(b) MBCA sind zukünftige Dienstleistungen jedoch nicht einlagefähig. Bei der Bewertung haben die directors die good faith rule in § 152 Del.GCL zu beachten. Sie allein entscheiden danach über den Wert der eingebrachten Vermögenswerte[690]. Die Einlagebewertung ist für die Gesellschaft, ihre Aktionäre und Gläubiger bindend, es sei denn, es liegt ein tatsächlicher Betrug (actual fraud) oder ein gerichtlich festgestellter so genannter constructive fraud vor[691].

In der Folgezeit kann die Unternehmensleitung Beträge vom surplus ins capital transferieren (§ 154 Del.GCL).

2.3.1.2 Kapitalerhaltung

2.3.1.2.1 Ausschüttungsrestriktionen

Als Ausschüttungsrestriktionen sieht das Gesellschaftsrecht Delawares zwei alternative Testverfahren vor: den surplus test und den net profits test. Weitere Beschränkungen können sich aus der Satzung ergeben (§ 170(a) Del.GCL)[692]. Im Gegensatz zu den meisten anderen Einzelstaaten und dem MBCA ist in Delaware ein Solvenztest nicht explizit vorgeschrieben[693]. Allerdings verstoßen die directors gegen ihre Treuepflicht gegenüber den Gläubigern, wenn sie die Ausschüttung einer Dividende veranlassen, obwohl die Gesellschaft insolvent ist[694].

2.3.1.2.1.1 Surplus Test

Der surplus test[695] gemäß § 170(a) Del.GCL soll sicherstellen, dass eine Dividendenausschüttung das capital der Gesellschaft nicht vermindert, und wird daher auch als capital impairment

---

688 Bei Sacheinlagen verlängert sich die Frist für die Aufteilung um 60 Tage (§ 154 Del.GCL).

689 Vgl. dazu auch *Bainbridge* (2002), S. 774.

690 Vgl. *Bainbridge* (2002), S. 772. Vgl. zu dieser Regelung kritisch auch *Fleischer* (2005), S. 93.

691 Vgl. zur Unterscheidung von actual und constructive fraud mit zahlreichen Rechtsprechungsnachweisen *Bainbridge* (2002), S. 772.

692 Formulierungen in der Satzung können dazu führen, dass eine Dividende ausschließlich aus dem surplus ausgeschüttet werden darf und der net profits test nicht zur Anwendung kommt. Vgl. z.B. Jones v. First Nat. Bldg. Corp., 155 F.2d 815 (C.C.A. 10th Cir. 1946); Weinberg v. Baltimore Brick Co., 35 Del. Ch. 225, 114 A.2d 812 (1955).

693 Vgl. *Kreidmann* (1957), S. 374; *Black* (2004), § 1.3, S. 13, Fn. 3.

694 Vgl. LaSalle Nat. Bank v. Perelman, 82 F. Supp. 2d 279 (D. Del. 2000); Pereira v. Cogan, 294 B.R. 449 (S.D. N.Y. 2003).

695 Vgl. zu diesem Begriff z.B. *Hamilton* (2000), S. 585; *Black* (2004), § 2.23. Der surplus test stellt eine Ausprägung des balance sheet test dar. Vgl. *Palmiter* (2003), S. 524.

test[696] bezeichnet. Folglich sind Dividendenzahlungen grundsätzlich nur aus dem surplus zulässig. Surplus ist nach § 154 Del.GCL definiert als der Überschuss der Netto-Vermögenswerte (Vermögenswerte abzüglich Schulden) über das capital[697]. Da das Gesellschaftsrecht Delawares keine Ansatz- und Bewertungsregeln für die Vermögenswerte und Schulden vorschreibt, sind Entscheidungen der Rechtsprechung bei der Ermittlung des surplus von besonderer Bedeutung. Ältere Gerichtsentscheidungen propagieren eine konservative Bilanzierung, nach der unrealisierte Gewinne nicht ausgewiesen werden dürfen und Vermögenswerte bei eingetretenen Wertminderungen auf ihren niedrigeren aktuellen Wert abgeschrieben werden müssen[698].

Zu einem grundlegenden Wandel der Rechtsprechung in Delaware kam es durch die viel beachtete Entscheidung des Delaware Supreme Court in der Sache Klang v. Smith's Food & Drug Centers, Inc.[699], aus dem Jahre 1997. Das Gericht musste entscheiden, ob ein Aktienrückkauf, der zu einem negativen Eigenkapital von mehr als 100 Mio. US-$ geführt hatte, gegen den surplus test gemäß § 160 Del.GCL verstieß. Da die Vorschrift im Wesentlichen derjenigen entspricht, die auf Dividendenausschüttungen anzuwenden ist (§ 170 Del.GCL), ist die Gerichtsentscheidung auf Dividendenzahlungen nach dem Recht Delawares analog anwendbar[700].

Nach Auffassung des Gerichts ist die Gesellschaft bei der Durchführung des surplus test nicht an die Bilanz gebunden, da sie nicht notwendigerweise den aktuellen Wert der Vermögenswerte und Schulden widerspiegele[701]. Es sei der Zweck von § 160 Del.GCL, das Management daran zu hindern, durch zu hohe Ausschüttungen von Vermögenswerten die Gläubiger zu schädigen und die wirtschaftliche Überlebensfähigkeit der Gesellschaft zu gefährden. Dass die aktuellen Marktwerte der Vermögenswerte noch nicht realisiert seien oder sich in der Bilanz noch nicht niedergeschlagen hätten, sei in diesem Zusammenhang irrelevant. Entscheidend sei vielmehr der tatsächliche ökonomische Wert der Gesellschaft, der sich in der Neubewertung zeige. Die Unternehmensleitung darf daher für Ausschüttungszwecke die Bilanzpositionen zum aktuellen Marktwert neu bewerten, wenn sie dabei in gutem Glauben vorgeht

---

696 Vgl. *Eisenberg* (2000), S. 1249; *Gevurtz* (2000), S. 157; *Palmiter* (2003), S. 524.

697 § 154 Del.GCL: „The excess, if any, at any given time, of the net assets of the corporation over the amount so determined to be capital shall be surplus. Net assets means the amount by which total assets exceed total liabilities. Capital and surplus are not liabilities for this purpose.“

698 Vgl. zu den diesbezüglichen Gerichtsurteilen *Black* (2004), § 2.24, Fn. 1-2.

699 Vgl. Klang v. Smith's Food & Drug Centers, Inc., 702 A.2d 150 (Del. 1997). In jüngeren Gerichtsentscheidungen wird die Bewertung zum aktuellen Marktwert ebenfalls für zulässig erklärt. Vgl. Angelo, Gordon & Co. v. Allied Riser Communications Corp., 805 A.2d 221 (Del. Ch. 2002); Pereira v. Cogan, 294 B.R. 449 (S.D. N.Y. 2003). Zu weiteren wichtigen Gerichtsentscheidungen vgl. *Balotti/Finkelstein* (2004), § 170, S. 166-167.

700 So *Eisenberg* (2000), S. 1255.

701 Vgl. Klang v. Smith's Food & Drug Centers, Inc., 702 A.2d 150 (Del.Supr.1997), hier S. 154.

und nachvollziehbare Bewertungsmethoden heranzieht[702]. Ein auf der Passivseite der Bilanz resultierender surplus steht dann für Ausschüttungen zur Verfügung[703].

Bei der Festlegung der Dividende darf sich die Unternehmensleitung gemäß § 172 Del.GCL in gutem Glauben auf Berichte und Informationen von Unternehmensangehörigen und externen Experten stützen. Die Unternehmensleitung braucht keine Haftung zu befürchten, wenn sie berechtigterweise davon ausgehen kann, dass diese Personen über das nötige Fachwissen verfügen und sie mit angemessener Sorgfalt ausgewählt wurden. Somit kann sich der director bei der Dividendenentscheidung z.B. auf einen surplus verlassen, der in einer von einem Wirtschaftsprüfer geprüften Bilanz ausgewiesen wird[704]. Er kann sich ebenfalls auf ein surplus beziehen, das sich aufgrund einer Bewertung zum aktuellen Marktwert ergibt, wenn die Bewertung z.B. von einer Investmentbank oder einem Gutachter durchgeführt wurde[705].

2.3.1.2.1.2 Kapitalherabsetzung

Die Unternehmensleitung kann mit einfacher Mehrheit weitere ausschüttungsfähige Beträge kreieren, indem sie eine Kapitalherabsetzung gemäß § 244 Del.GCL beschließt[706]. Dazu ist in den meisten Fällen weder die Zustimmung der Aktionäre erforderlich[707] noch muss sie öffentlich bekannt gegeben werden[708]. Die einzige Zulässigkeitsbeschränkung besteht darin, dass die Vermögenswerte im Anschluss an die Kapitalherabsetzung zur Tilgung der Schulden ausreichen müssen (§ 244(b) Del.GCL). Diese Restriktion ist aber nur von eingeschränkter praktischer Bedeutung, da eine solche Form der Kapitalherabsetzung lediglich einen Passivtausch darstellt und die Vermögenswerte nicht berührt[709]. Ist das capital im Extremfall auf Null redu-

---

702 Vgl. Klang v. Smith's Food & Drug Centers, Inc., 702 A.2d 150 (Del.Supr.1997), hier S. 152. Dieser Grundsatz findet sich bereits in Morris v. Standard Gas & Electric Co., 31 Del.Ch. 20, 63 A.2d 577 (1949). Das Fallrecht Delawares führt daher hinsichtlich der Rechnungslegung zu demselben Ergebnis wie § 6.40(d) MBCA. Vgl. so auch *Bainbridge* (2002), S. 779.

703 Der Delaware Supreme Court kommt zu demselben Ergebnis wie der Supreme Court von New York in der bereits in den 1940er Jahren ergangenen, in der Fachwelt stark beachteten Entscheidung Randall v. Bailey, 23 N.Y.S.2d 173 (N.Y.Sup.1940), aff'd, 288 N.Y. 280, 43 N.E.2d 43 (1942). Eine in New York gegründete Gesellschaft hatte eine Immobilie mit einem Buchwert von 1,5 Mio. US-$ auf einen Wert von 8,7 Mio. US-$ zugeschrieben und aus dem resultierenden revaluation surplus eine Dividende in Höhe von 3,7 Mio. US-$ ausgeschüttet. Das Gericht hielt Zuschreibungen zu diesem Zweck für zulässig und stützte seine Ansicht zum Teil auf die Formulierung im damals gültigen Kapitalgesellschaftsrecht von New York, nach dem Dividenden lediglich das Grundkapital nicht vermindern durften. Vgl. dazu auch *Clark* (1986), S. 618-619; *Bauer* (1995), S. 220; *Eisenberg* (2000), S. 1255-1256; *Hamilton* (2000), S. 586.

704 Vgl. Prince v. Bensinger, 244 A.2d 89 (Del. Ch. 1968), hier S. 94.

705 Vgl. Kahn v. United States Sugar Corp., No. 7313 (Del. Ch. Dec. 10, 1985); Black & Decker Corp. v. American Standard, Inc., 682 F. Supp. 772, 778 (D. Del. 1988); Southdown, Inc. v. Moore McCormack Resources, Inc., 686 F. Supp. 595, 599 (S.D. Tex. 1988). In Farland v. Wills, 1 Del. J. Corp. L. 467, 1975 WL 1960 (Del. Ch. 1975), S. 476, vertritt das Gericht die Auffassung, dass die Unternehmensleitung die Vermögenswerte zum aktuellen Marktwert anzusetzen hat.

706 Vgl. auch *Bauer* (1995), S. 224, der darauf hinweist, dass „das Nennkapital oft ohnehin so niedrig (ist), daß es nicht mehr viel herabzusetzen gibt."

707 Vgl. *Black* (2004), § 2.26.

708 Eine entsprechende Vorschrift ist im Jahre 1983 aus dem Gesetz gestrichen worden. Vgl. *Balotti/Finkelstein* (2004), § 244, S. 220.

709 Vgl. *Gevurtz* (2000), S. 159.

ziert worden, kann die Gesellschaft so lange Dividenden zahlen, wie die Vermögenswerte die Schulden zumindest decken.

Durch die Kapitalherabsetzung vermindert sich das capital um einen bestimmten Betrag. Gleichzeitig erhöht sich das surplus um denselben Betrag. Nach § 244(a)(1) bis (4) Del.GCL werden verschiedene Fallkonstellationen unterschieden[710]. So kann das capital z.B. dadurch verringert werden, dass ausgegebene Aktien eingezogen werden (§ 244(a)(1) Del.GCL). Weiterhin können Aktien mit hohem Nennwert in solche mit niedrigem oder ohne Nennwert umgewandelt werden, sofern noch nicht ausgegebene Aktien vorhanden sind und zusätzlich ein Ermächtigungsbeschluss der Hauptversammlung zur Umwandlung der Aktien vorliegt (§ 244(a)(3) Del.GCL). Darüber hinaus können gemäß § 244(a)(4) Del.GCL Beträge vom capital zum surplus transferiert werden. Dazu gehören beispielsweise der Teil des capital, der die Summe der Aktiennennwerte übersteigt, sowie der komplette im capital ausgewiesene Anteil des Verkaufserlöses der nennwertlosen Aktien.

Eine weitere Möglichkeit, das capital zu verringern, eröffnet § 242(a)(3) Del.GCL. Durch eine Satzungsänderung können die Nennwerte der Aktien herabgesetzt und Nennwertaktien in nennwertlose Aktien umgewandelt werden. Einem entsprechenden Beschluss des board of directors müssen aber die Aktionäre entweder auf einer außerordentlichen oder auf der nächsten regulären Hauptversammlung mehrheitlich zustimmen (§ 242(b)(1) Del.GCL). Ebenfalls im Wege einer Satzungsänderung kann die Zahlung von in Rückstand geratenen Vorzugsdividenden vermieden werden, indem das in der Satzung verankerte Recht der Vorzugsaktionäre auf Vorzugsdividende eliminiert wird (§ 242(a)(4) Del.GCL)[711].

2.3.1.2.1.3 Net Profits Test (Nimble Dividends)

Die bisherigen Ausführungen haben gezeigt, dass die gesellschaftsrechtliche Ausschüttungsregulierung Delawares dem Management vielfältige Möglichkeiten bietet, ein surplus zu kreieren, aus dem Dividenden gezahlt werden können. Darüber hinaus kann die bei der Aktienausgabe von den Aktionären gezahlte Gegenleistung im Extremfall in voller Höhe als surplus ausgewiesen werden, so dass das investierte Kapital durch Dividendenausschüttungen an die Aktionäre auf legale Weise zurückfließen kann. Dennoch existiert in Delaware neben dem surplus test noch ein weiteres alternatives Testverfahren. Nach § 170(a)(2) Del.GCL können Gewinne (net profits) des aktuellen und vorhergehenden Geschäftsjahrs als Dividende ausgeschüttet werden, selbst wenn kein surplus besteht[712]. Delaware war 1927 der erste Bundes-

---

[710] Vgl. dazu *Black* (2004), § 2.26-30.

[711] Vgl. dazu sowie zur alternativ zulässigen Vermeidungsstrategie durch Unternehmenszusammenschluss und anschließender Umwandlung von Vorzugs- in Stammaktien ausführlich *Black* (2004), § 5.6-8.

[712] „The directors (...) may declare and pay dividends (...) in case there shall be no such surplus, out of its net profits for the fiscal year in which the dividend is declared and/or the preceding fiscal year." Zur Kritik an dem mangelhaften Sprachstil und den zahlreichen unpräzisen Formulierungen in § 170(a) Del.GCL vgl. *Manning/Hanks* (1990), S. 83-84; *Black* (2004), § 2.46. Im Gesellschaftsrecht Delawares werden „net profits" nicht näher definiert. Zur diesbezüglichen Rechtsprechung vgl. *Black* (2004), § 2.33.

staat, der solche Dividenden gesetzlich ermöglichte[713]. Sie werden als nimble dividends[714] („schnelle, flinke Dividenden“) bezeichnet, da das Management die Ausschüttung der in der jüngeren Vergangenheit angefallenen Gewinne[715] schnell beschließen muss. Anderenfalls verfällt dieses Privileg und die Gewinne müssen dazu genutzt werden, das bestehende Defizit im surplus-Konto auszugleichen oder zu reduzieren. Darüber hinaus wird es als zulässig erachtet, dass eine Gesellschaft mit positivem surplus eine Dividende ausschüttet, die über den Betrag des surplus hinaus auch die Gewinne der jüngeren Vergangenheit umfasst[716].

Nach § 170(a) Del.GCL wird die Zahlung von nimble dividends allerdings durch eine Schutzvorschrift für Vorzugsaktionäre eingeschränkt. Danach dürfen nimble dividends nicht ausgeschüttet werden, wenn die Netto-Vermögenswerte niedriger sind als die Summe der Nennwerte der Vorzugsaktien bzw. das vom board bestimmte stated capital im Falle von nennwertlosen Vorzugsaktien. Sobald das Verhältnis ausgeglichen ist, sind nimble dividends wieder zulässig[717]. Erstaunlicherweise wird demnach als Ausschüttungsrestriktion nicht die Höhe der vorrangigen Liquidationsansprüche herangezogen[718]. Vorzugsaktionäre werden folglich unzureichend geschützt, wenn ihr Liquidationsanspruch größer ist als der Nennwert oder der vom Management festgelegte Wert (stated value) ihrer Aktien[719].

2.3.1.2.2 Sonderregeln für Wasting Asset Corporations

Die Ausschüttungsregulierung in Delaware weist in § 170(b) Del.GCL eine Besonderheit für so genannte wasting assets corporations auf[720]. Als wasting asset corporation werden Gesellschaften bezeichnet, deren Unternehmenszweck in dem Abbau nicht erneuerbarer Vermögenswerte (wasting assets) besteht[721]. Darunter fallen z.B. Unternehmen, die Kohle-, Erdöl- oder Erdgasvorkommen ausbeuten, sowie Kupfer- oder Goldminen. Diese auf den ersten Blick exotisch anmutende Regelung erlangt insofern große praktische Bedeutung, als nach dem Recht Delawares auch Patente zu den wasting assets zählen (§ 170(b) Del.GCL). Somit ist es zulässig, dass ein Unternehmen aufgrund von Patenten die wasting asset-Regel anwen-

---

713 Vgl. *Weiner* (1929b), S. 909; *Baker/Cary* (1959), S. 1229; *Manning/Hanks* (1990), S. 83. Nach anderen Quellen ist New Jersey 1904 der erste Staat mit einer entsprechenden gesetzlichen Vorschrift gewesen. Vgl. *Kehl* (1941), S. 31; *Black* (2004), § 2.42, S. 43. Bereits davor gab es diese Möglichkeit allerdings in manchen Bundesstaaten gemäß common law. Vgl. z.B. Goodnow v. American Writing Paper, 73 N.J.Eq. 692, 69 A. 1014 (N.J.1908). Vgl. dazu ausführlich *Kehl* (1941), S. 59-64.

714 Dieser Begriff wird dem Harvard-Professor *Ralph J. Baker* zugeschrieben. Vgl. *o.V.* (1948), S. 130; *McCormick* (1949), S. 196; *Baker/Cary* (1959), S. 1228; *Kreidmann* (1957), S. 374; *Zeff* (1961), S. 754, Fn. 7.

715 Die Vorschrift wird daher auch als current earnings test bezeichnet. Vgl. *Eisenberg* (2000), S. 1257.

716 Vgl. *Bainbridge* (2002), S. 775, Fn. 1.

717 *Black* (2004), § 2.46, weist darauf hin, dass diese Bedingung unverständlicherweise nicht nach, sondern lediglich vor der Dividendenausschüttung erfüllt sein muss.

718 Darauf weisen *Manning/Hanks* (1990), S. 83, Fn. 32; und *Black* (2004), § 2.46, hin. Dies ist umso verwunderlicher, als es im Gesetz von 1927 noch anders war.

719 Vgl. *Black* (2004), § 2.46.

720 Eine ähnliche Regelung enthält § 510(b) N.Y.BCL. In Kalifornien wurde eine entsprechende Vorschrift (§ 1503 Cal.Corp.Code) durch die Gesellschaftsrechtsreform 1977 abgeschafft.

721 Vgl. *Kehl* (1941), S. 125; *Eisenberg* (2000), S. 1258; *Cox/Hazen* (2003), S. 1237; *Black* (2004), § 2.48. Zum Teil wird auch von consuming-asset corporations gesprochen. Vgl. *Zeff* (1961), S. 741; *H. Henn/Alexander* (1983), S. 897

det, obwohl sich seine wirtschaftlichen Tätigkeiten auch auf andere, nicht erschöpfliche Vermögenswerte erstrecken[722].

Solche Gesellschaften brauchen bei der Ermittlung der net profits keine Abschreibungen aufgrund der kontinuierlichen Wertminderung ihrer Vermögenswerte (depletion) zu berücksichtigen, es sei denn, die Satzung bestimmt etwas anderes. Folglich stehen die kumulierten Abschreibungen[723] für Dividendenzahlungen zur Verfügung.

Die wasting asset-Doktrin wurde Ende des 19. Jahrhunderts von *Morawetz* entwickelt und von englischen Gerichten angewandt[724]. Eine Reihe von Gerichten in den USA hielt diese Regel auch ohne gesetzliche Verankerung im Gesellschaftsrecht für anwendbar[725]. Der Delaware Supreme Court hingegen entschied, dass sie mit den gesetzlichen Ausschüttungsrestriktionen in Delaware nicht zu vereinbaren sei, da diese keine Ausnahmen für bestimmte Gesellschaftstypen vorsähen. Auch die bereits ergangene common law-Rechtsprechung sei nicht anwendbar. Das Gericht wies aber darauf hin, dass eine gesetzliche Regelung geschaffen werden könne[726]. Der Gesetzgeber reagierte auf diese Entscheidung umgehend, so dass Delaware 1927 der erste Staat war, der die wasting assets-Vorschrift ins Gesetz aufnahm[727]. Im US-amerikanischen Schrifttum wird betont, dass die Norm ausschließlich bei der Ermittlung der net profits, nicht hingegen im Rahmen des surplus-Tests zulässig sei[728].

Die Möglichkeit, das von den Aktionären eingezahlte Kapital in der Form von Dividenden ausschütten und somit vom Kapitalerhaltungsgrundsatz abweichen zu können, wird mit den besonderen Merkmalen von wasting asset-Unternehmen begründet. Ihr Gesellschaftszweck sei es, ihre Aktiva in einem definitionsgemäß begrenzten Zeitraum auszubeuten und dabei anfallende Gewinne auszuschütten. Aufgrund der begrenzten Lebensdauer solcher Gesellschaften gingen die Unternehmensbeteiligten auch nicht von der Erhaltung des capital aus[729].

---

722 Vgl. *Eisenberg* (2000), S. 1258; *Marsh/Finkle/Sonsini* (2005), § 14.03, S. 10.

723 „Depletion" ist gleichbedeutend mit „depreciation". Vgl. *H. Henn/Alexander* (1983), S. 898, Fn. 63. In der juristischen Literatur ist der Ausdruck „depletion reserve" weit verbreitet. Vgl. z.B. *Kehl* (1941), S. 128; *Cox/Hazen* (2003), S. 1237. Dieser Begriff wird von *Maier* (1986), S. 146, und *Bauer* (1995), S. 232, mit „Substanzverringerungsreserve" übersetzt. Im Sprachgebrauch der Rechnungslegung ist hingegen die Bezeichnung „accumulated depletion" gebräuchlich. Vgl. *Carpenter* (1970), S. 1733, Fn. 1.

724 Vgl. *Morawetz* (1886), S. 415-417; Lee v. Neuchatel Asphalte Co., 41 Ch.Div. 1 (C.A.1889). „The origin is no doubt in the confused ideas of the English judges as to corporate capital". So *Ballantine* (1946), S. 586, Fn. 14; wortwörtlich auch *Cox/Hazen* (2003), S. 1238, Fn. 11.

725 Vgl. zu Rechtsprechungsnachweisen *Maier* (1986), S. 147, Fn. 78.

726 Vgl. Wittenberg v. Federal Mining & Smelting Co., 15 Del.Ch. 147, 133 A. 48 (1926).

727 Vgl. *Kehl* (1941), S. 127; *Ballantine* (1946), S. 585; *Carpenter* (1970), S. 1737; *Black* (2004), § 2.50.

728 Vgl. *Kehl* (1941), S. 128-129; *Ballantine* (1946), S. 586, Fn. 12: „It is absurd to speak of ‚surplus' when capital is impaired". Vgl. auch das Urteil in Petroleum Rights Corporation v. Midland Royalty Corporation, 167 Atl. 835 (1933), nach dem ein surplus nur vorliegt, wenn Abschreibungen berücksichtigt wurden. Vgl. insofern unzutreffend *Bauer* (1995), S. 232.

729 *Morawetz* (1886), S. 415-416, führt zur Begründung der von ihm entwickelten Doktrin Folgendes aus: „The capital of a mining company is not designed to be used, like that of a banking or manufacturing company, in carrying on business permanently. The working of a mine necessarily causes it to become exhausted and to depreciate in value, and this depreciation cannot be repaired. There would be no object in accumulating the money obtained by the company through working the mine, so as to keep up the original amount of capital. It is implied from the character of the speculation of a mining company, that the income derived from working the mine shall be distributed among the shareholders as dividends, after deducting the expenses, and making reasonable provisions for contingencies".

Der Grundgedanke und die Funktionsweise dieser Sonderregel sollen abschließend an einem Beispiel verdeutlicht werden[730]: Ein Unternehmen gibt Aktien im Wert von 1 Mrd. US-$ aus und erwibt mit diesem Kapital eine Diamantmine. Die Mine hat eine Nutzungsdauer von zehn Jahren. Über diesen Zeitraum wird in jedem Jahr ein Zehntel des Diamantvorkommens abgebaut. Der Restwert betrage 0. Es werden in jeder Periode Erträge in Höhe von 180 Mio. US-$ erwirtschaftet, und es fallen zahlungswirksame Aufwendungen von jeweils 30 Mio. US-$ an. Aufgrund der linearen Abschreibung der Mine von jährlich 100 Mio. US-$ wird in der Gewinn- und Verlustrechnung jedes Jahr ein Gewinn von 50 Mio. US-$ ausgewiesen. Da es sich um eine wasting asset corporation handelt, braucht sie die Abschreibung in Höhe von 100 Mio. US-$ bei der Ermittlung der net profits nach § 170(b) Del.GCL nicht vorzunehmen; sie kann somit jedes Jahr 150 Mio. US-$ an die Aktionäre ausschütten. Das Prinzip der Nominalkapitalerhaltung wird also durchbrochen. Gäbe es diese Regel nicht, könnte die Gesellschaft unter Beachtung des surplus test in § 170(a) Del.GCL lediglich 50 Mio. US-$ ausschütten. Am Ende der Nutzungsdauer wäre das eingezahlte Kapital in Höhe von 1 Mrd. US-$ erhalten, das definitionsgemäß nicht für weitere Investitionsprojekte gebraucht würde und nur durch Auflösung der Gesellschaft an die Aktionäre fließen könnte.

2.3.1.3 Haftungsregeln bei unzulässigen Dividendenzahlungen

Gemäß § 174(a) Del.GCL haften die Mitglieder des board of directors persönlich und gesamtschuldnerisch bei einem vorsätzlichen oder fahrlässigen Verstoß gegen die gesetzlichen Ausschüttungsrestriktionen (§ 173 Del.GCL). Die Haftung kann in der Satzung nicht abgemildert oder ausgeschlossen werden, worauf in § 102(b)(7)(iii) Del.GCL explizit hingewiesen wird, und sie verjährt erst nach sechs Jahren. Die directors haften in Höhe der unrechtmäßig gezahlten Dividende inklusive Zinsen seit dem Entstehungszeitpunkt der Verpflichtung sowohl gegenüber der Gesellschaft als auch gegenüber den Gläubigern im Falle der Unternehmensauflösung oder Insolvenz (§ 174(a) Del.GCL)[731].

Ein Mitglied der Unternehmensleitung haftet dann nicht, wenn es der rechtswidrigen Dividendenzahlung nicht zugestimmt hat. § 174(a) Del.DCL schreibt vor, dass der director seine Ablehnung gegen die Dividendenentscheidung im Sitzungsprotokoll schriftlich festhalten lassen muss. Ist er auf der entsprechenden Sitzung nicht anwesend, muss er dies unmittelbar nach Kenntnisnahme des dort gefassten Dividendenbeschlusses nachholen. Eine Haftung kann ferner unter bestimmten Voraussetzungen auch dann vermieden werden, wenn das board-Mitglied einer Dividende zugestimmt hat, die sich im Nachhinein als unrechtmäßig herausstellt. Für einen Haftungsausschluss müssen zwei Bedingungen erfüllt sein (§ 172 Del.GCL):

- Zum einen muss sich das board-Mitglied bei seiner Dividendenentscheidung in gutgläubiger Weise auf die Jahresabschlusszahlen und sonstigen Unternehmensinformationen gestützt haben.
- Zum anderen müssen diese Unternehmensdaten von Fachleuten zusammengestellt worden sein, vorausgesetzt, die Fachleute sind mit angemessener Sorgfalt von dem Unternehmen

---

730 Ein ähnliches Beispiel findet sich auch bei *Marsh/Finkle/Sonsini* (2005), § 14.03.

731 Vgl. z.B. Pereira v. Cogan, 294 B.R. 449 (S.D. N.Y. 2003). Anspruchsberechtigt sind in Delaware nur die Gläubiger, die der corporation bereits vor der unrechtmäßigen Ausschüttung einen Kredit gewährt haben (prior creditors) Vgl. z.B. Johnston v. Wolf, 487 A.2d 1132 (Del. 1985).

ausgewählt worden. Dazu zählen officers, sonstige Angestellte des Unternehmens, committees aus den Reihen des board of directors sowie sonstige Experten.

Ein director, der erfolgreich verklagt worden ist[732] und der der Gesellschaft den Schaden zurückgezahlt hat, kann gegenüber den anderen board-Mitgliedern, die der unzulässigen Dividendenzahlung ebenfalls zugestimmt haben, Ausgleichsansprüche (contribution) geltend machen (§ 174(b) Del.GCL). Zudem hat er das in § 174(c) Del.GCL normierte Recht, sich gegebenenfalls bestehende Ansprüche der Gesellschaft abtreten zu lassen[733]. Die Gesellschaft hat einen Anspruch gegen die Aktionäre auf Rückzahlung der Dividende, wenn diese von Tatsachen wussten, die auf die Unzulässigkeit der Dividende nach den gesetzlichen Vorschriften Delawares hindeuteten. Somit können nach dem Recht Delawares auch Aktionäre haftbar gemacht werden.

Wie oben bereits erwähnt, sieht § 174 Del.GCL nicht ausdrücklich vor, dass außer den directors weitere Personengruppen die Ansprüche der Gesellschaft geltend machen können[734]. Nach einer jüngeren Gerichtsentscheidung kann aber ein Insolvenzverwalter gegen Aktionäre einer public corporation vorgehen, die wissentlich eine unerlaubte Dividendenzahlung erhalten haben[735].

2.3.2 Kalifornien

2.3.2.1 Einleitung und Überblick

Die kalifornischen Kapitalschutzregeln in der heutigen Form sind im Zuge einer Reform des California Corporations Code Mitte der 1970er Jahre entwickelt worden und am 01.01.1977 in Kraft getreten[736]. Ausgangspunkt für die Reform der Kapitalaufbringungs- und –erhaltungsregeln war die Einschätzung, dass sowohl die Gläubiger als auch die (Vorzugs-)Aktionäre durch die vorherigen Regeln nur unzureichend geschützt wurden[737]. Die Reformmaßnah-

---

[732] Vgl. zu den wenigen erfolgreichen Klagen *Kummert* (1980), S. 394.

[733] § 174(c) Del.GCL „(...) shall be entitled (...) to be subrogated to the rights of the corporation against stockholders who received the dividend on (...) their stock with knowledge of facts indicating that such dividend (...) was unlawful under this chapter (...)."

[734] Vgl. *Bainbridge* (2002), S. 775-776; *Black* (2004), § 4.33, S. 83.

[735] Vgl. In re Integra Realty Resources, Inc., 198 B.R. 352 (Bankr. D. Colo. 1996). Zu einem ähnlichen Ergebnis kommen ältere Urteile, die vor der Verabschiedung von § 174 Del.GCL ergangen sind. Vgl. Wood v. National City Bank, 24 F.2d 661 (C.C.A. 2d Cir. 1928), Fried v. Cano, 167 F. Supp. 625 (S.D. N.Y. 1958). Siehe dazu auch *Black* (2004), § 4.33.

[736] Die Reform wurde aber bereits am 12.09.1975 verabschiedet. Vgl. *Barton* (1975), S. 210.

[737] Vgl. *Report of Assembly Select Committee* (1975), § 500, abgedruckt bei *Marsh/Finkle/Sonsini* (2005), App. A-118. Zur Darstellung und Kritik der in Kalifornien bis zum 01.01.1977 gültigen Kapitalschutzregeln vgl. *Dreyfuss* (1976), S. 840-844. Zu den Ursprüngen der gesetzlichen Kapitalaufbringungs- und -erhaltungsregeln in Kalifornien vgl. *Marsh/Finkle/Sonsini* (2005), § 14.01.

men verfolgten primär das Ziel, die Gläubiger besser zu schützen[738]. Es sollten Vorschriften entwickelt werden, die sicherstellen, dass die Gesellschaft auch nach einer Ausschüttung die Ansprüche der Kreditgeber erfüllen kann.

Im Rahmen der Ausschüttungsregulierung wurden die traditionellen Testverfahren ersetzt durch einen innovativen und eigenständigen Ansatz[739], der sich in vielen Details stark von den Vorschriften des MBCA[740] oder denen anderer Bundesstaaten, die dem MBCA nicht folgen[741], unterscheidet. Das kalifornische Kapitalsystem zeichnet sich durch die folgenden Hauptmerkmale aus, die im weiteren Verlauf ausführlich dargestellt werden:

- Es besteht kein Mindestkapitalerfordernis und keine Pflicht zur Ausgabe von Nennwertaktien.
- Die Anwendung der US-GAAP zur Ermittlung des Ausschüttungsbetrags ist mit wenigen Ausnahmen zwingend vorgeschrieben.
- Bei konzernverbundenen Unternehmen beziehen sich die Ausschüttungsrestriktionen auf den US-GAAP-Konzernabschluss.
- Die Ausschüttungsregeln beziehen sich mit Ausnahme von Gratisaktien auf alle Ausschüttungsvarianten (Bar- und Sachdividenden, Aktienrückkauf).
- Es ist ein equity insolvency test zu beachten, der sich durch eine Besonderheit von den herkömmlichen Insolvenztests unterscheidet.
- Es sind weitere Ausschüttungsbeschränkungen kodifiziert, welche die finanzielle Gesamtsituation des Unternehmens berücksichtigen und vergleichsweise starr ausgestaltet sind, so dass dem Management relativ geringe Ermessensspielräume und wenig Möglichkeiten für Ausweichhandlungen verbleiben.
- Ausschüttungen, die über die in vergangenen Perioden einbehaltenen Gewinne der Gesellschaft hinausgehen, sind nur möglich, wenn bestimmte Bilanzkennzahlen eingehalten werden, für die feste Grenzwerte vorgegeben sind. Die kalifornischen Ausschüttungsregeln ähneln insoweit dem Vorgehen der Insolvenzprognose[742].

---

738 Die Ausschüttungsrestriktionen, die Sorgfaltspflichten der directors und die Haftungsregeln für directors und Aktionäre bei unzulässigen Dividendenzahlungen (§§ 309, 316, 500-506) sind gemäß § 2115(b) Cal.Corp.Code auch von so genannten foreign corporations anzuwenden. Als foreign corporation gilt nach § 2115 Cal.Corp.Code eine Gesellschaft, wenn sie erstens mehr als die Hälfte ihrer Geschäftstätigkeit in Kalifornien tätigt und zweitens mehr als die Hälfte ihrer stimmberechtigten, ausgegebenen Aktien von Einwohnern Kaliforniens gehalten werden. Von dieser Regel ausgenommen sind gemäß § 2115(c) Cal.Corp.Code Gesellschaften, deren Aktien an einer nationalen Börse gehandelt werden. Vgl. dazu auch *Barton* (1975), S. 219-220; *Marsh/Finkle/Sonsini* (2005), § 26.04.

739 *Ackerman/Sterrett* (1976), S. 1052, sehen in der neuen Ausschüttungsregulierung „One of the most revolutionary aspects of the new California General Corporation Law". *Dreyfuss* (1976), S. 863, bezeichnet sie als „substantial innovation". Das kalifornische Recht „became the leader of the ‚new wave' of corporate dividend provisions." So *Black* (2004), § 3.9.

740 So auch die Einschätzung in *MBCA Ann.* (2002), § 6.40, S. 214. Unzutreffend ist die Behauptung von *Wüstemann* (1996), S. 424, Kalifornien habe den MBCA in den Grundzügen übernommen.

741 Soweit ersichtlich, hat bisher lediglich Alaska die kalifornischen Regeln weitgehend übernommen. Vgl. AS 10.06.358-10.06.390. Der entscheidende Unterschied zum kalifornischen Recht besteht allerdings darin, dass in Alaska eine Bilanzierung nach US-GAAP nicht zwingend vorgeschrieben ist. Vgl. insofern ungenau *Peterson/Hawker* (1997), S. 195.

742 Dieser Aspekt wird insbesondere von *Ben-Dror* (1983), S. 376, betont.

- Es finden sich im Kapitalgesellschaftsrecht explizite Haftungsregeln sowohl für die directors als auch für die Aktionäre.

2.3.2.2 Kapitalaufbringung

Im Rahmen der Reform des Kapitalsystems schaffte Kalifornien als erster Bundesstaat das legal capital-Konzept ab[743]. Zusätzlich zum gesetzlichen Mindestkapital wurde das Institut der Nennwertaktie mit der Folge aufgegeben, dass im California Corporations Code seit 1977 nicht mehr zwischen Nennwertaktien und nennwertlosen Aktien differenziert wird[744]. Die vor 1977 üblichen Bezeichnungen stated capital, paid-in surplus, earned surplus und reduction surplus existieren ebenfalls nicht mehr. Das Eigenkapital der Gesellschaft wird nunmehr gesellschaftsrechtlich nur noch in capital und retained earnings unterteilt. Das capital braucht nicht weiter aufgespalten zu werden[745].

Den einzigen verbliebenen Hinweis auf das Nennwertsystem enthält § 205 Cal.Corp.Code[746]. Danach gilt für alle zur Ausgabe zugelassenen Aktien (authorized shares) ein Nennwert von 1 US-$, wenn ein Gesetz Steuerzahlungen oder Gebühren von der Kapitalausstattung der Gesellschaft abhängig macht. Kalifornien selbst legt die Anmeldegebühr für Satzungen seit 1974 unabhängig vom Nennwert fest[747]. Die Vorschrift trägt aber der Tatsache Rechnung, dass andere Bundesstaaten, z.B. Nevada und Virginia, Gebühren von foreign state corporations auf Basis ihres Nennwerts erheben.

Unterliegt die Gesellschaft einem speziellen Gesetz, das Aktien mit Nennwert vorschreibt, ist der Nennbetrag gemäß § 205 Cal.Corp.Code vom board of directors festzulegen. So nehmen beispielsweise verschiedene Regulierungen von Versicherungsunternehmen auf Nennwertaktien Bezug. Ist in der Satzung kein Nennwert enthalten, erlaubt es diese Vorschrift den Verwaltungsmitgliedern, einen solchen ohne bürokratischen Aufwand oder Änderung der Satzung zu beschließen.

Die Gegenleistung für die Ausgabe der Aktien wird vom board of directors oder, wenn die Satzung dies vorsieht, von den Aktionären festgelegt. Einlagefähig sind gemäß § 409(a)(1) Cal.Corp.Code nicht nur Bargeld, sondern z.B. auch bereits erbrachte Dienstleistungen und immaterielle Vermögenswerte, welche die corporation oder ein 100%iges Tochterunternehmen erhalten hat. Im Gegensatz zum MBCA sind verbriefte Geldforderungen (promissory notes) und zukünftige Dienstleistungen nicht einlagefähig.

---

743 Vgl. *Ackerman/Sterrett* (1976), S. 1052.

744 In § 202 Cal.Corp.Code, der bestimmte Angaben zu den ausgegebenen Aktien in der Satzung vorschreibt, findet sich weder ein Hinweis auf Nennwertaktien noch auf nennwertlose Aktien. Dem steht aber nicht entgegen, dass Gesellschaften freiwillig Aktien mit Nennwert ausgeben. Vgl. *Marsh/Finkle/Sonsini* (2005), Ch. 5, S. 48.

745 Vgl. *Dreyfuss* (1976), S. 846.

746 Vgl. dazu *Marsh/Finkle/Sonsini* (2005), Ch. 5, S. 50-51.

747 Bis 1974 wurden Aktien ohne Nennwert im Vergleich zu Aktien mit (geringem) Nennwert durch weitaus höhere Anmeldegebühren diskriminiert. Vgl. *Marsh/Finkle/Sonsini* (2005), Ch. 5, S. 47-48.

2.3.2.3 Kapitalerhaltung

2.3.2.3.1 Rechnungslegungsregeln

Als einziger Bundesstaat macht Kalifornien eindeutige Vorgaben, auf welcher Basis die Testverfahren zur Festlegung der maximalen Ausschüttungshöhe durchzuführen sind[748]. Nach § 114 Cal.Corp.Code müssen Jahresabschlüsse und alle Rechnungslegungselemente, auf die im California Corporations Code Bezug genommen wird, nach US-GAAP aufgestellt werden[749]. Der Tatsache, dass sich die US-GAAP kontinuierlich fortentwickeln, wird dadurch Rechnung getragen, dass auf die jeweils gültige Fassung verwiesen wird. Daraus folgt unter anderem, dass frühere Entscheidungen übergeordneter Gerichte in identischen oder vergleichbaren Fällen nicht anwendbar sind, wenn die Gerichtsentscheidungen auf der Basis mittlerweile nicht mehr gültiger Rechnungslegungsvorschriften ergingen[750].

Losgelöst von der Vorgehensweise nach US-GAAP ist aber ausnahmsweise die Bilanzierung von Tauschgeschäften in § 500(b)(2) Cal.Corp.Code explizit vorgeschrieben[751]. Etwaige Gewinne, die beim Tausch der Vermögenswerte anfallen, dürfen nur dann den Wertansatz des erhaltenen Vermögenswerts erhöhen, wenn dieser kurzfristig liquidierbar ist. Tauscht beispielsweise ein Unternehmen eine Beteiligung an einem Softwareunternehmen mit einem Buchwert von 100.000 US-$ und einem Marktwert von 1 Mio. US-$ gegen eine Beteiligung an einem Automobilzulieferer, die ebenfalls einen Marktwert von 1 Mio. US-$ hat, ist die neu erworbene Beteiligung nach US-GAAP mit einem Wert von 1 Mio. US-$ in der Bilanz auszuweisen[752]. In der Gewinn- und Verlustrechnung ist ein Ertrag von 900.000 US-$ zu erfassen. Wird unterstellt, dass dieser eingetauschte Vermögenswert – beispielsweise mangels Börsennotierung – nicht als kurzfristig liquidierbar gilt, muss das Unternehmen die Beteili-

---

748 Vgl. *Ballwieser* (2001a), Vor § 238, Tz. 4. *Marsh/Finkle/Sonsini* (2005), Ch. 14, S. 15, führen dazu aus: „However, the law has generally been unwilling to recognize that accountants are experts in accounting and lawyers and courts are not. Therefore, the statutes and the cases have created various inconsistencies between the manner in which the corporation was required to account for its business transactions by its auditors, and by the Securities and Exchange Commission with respect to all filings with it, and the determination of the same accounting items for the purpose of these restrictions on distributions."

749 Bereits vor der Gesellschaftsrechtsreform haben Gerichte zur Auslegung von Rechnungslegungsbegriffen im Gesetzestext die US-GAAP herangezogen. Siehe dazu z.B. UMF Systems, Inc. v. Eltra Corporation et al., 17 Cal.3d 753, 553 P.2d 225, 132 Cal.Rptr. 129 (1976). Die US-GAAP-Pflicht in Kalifornien übersieht *Schildbach* (1999a), S. 424. Im Staat Alaska, in dem die kalifornischen Testverfahren weitgehend übernommen worden sind, können gemäß AS 10.06.358(e) entweder die US-GAAP die Grundlage der Testverfahren darstellen oder andere Rechnungslegungsregeln, die „fair and reasonable in the circumstances" sind. Wendet das Unternehmen andere Rechnungslegungsregeln an, muss es gemäß AS 10.06.358(f) beweisen, dass diese Charakterisierung zutrifft, wohingegen sie für die US-GAAP unterstellt wird.

750 Darauf weisen *Ackerman/Sterrett* (1976), S. 1080, hin.

751 Darüber hinaus existiert ein Bewertungswahlrecht im Umlaufvermögen für Zwecke des liquidity test. Vgl. dazu Kapitel III.2.3.2.3.2.3.2.

752 Vgl. Accounting Principles Board Opinion No. 29 „Accounting for Nonmonetary Transactions" (APB 29.18). Ausschlaggebend für eine Bewertung von Tauschgeschäften zum fair value nach US-GAAP ist, dass es sich um nicht gleichartige Vermögenswerte handelt. Vgl. dazu auch *KPMG* (2003), S. 29.

gung für Ausschüttungszwecke auf 100.000 US-$ abschreiben und insofern von den US-GAAP abweichen[753].

Der ursprüngliche Gesetzestext sah darüber hinaus noch vor, dass die Bewertung der Vermögenswerte grundsätzlich nicht zu einem Ausweis von unrealisierten Gewinnen führen dürfe[754]. Diese Vorschrift widersprach in Einzelfällen den US-GAAP und war im Gesetzgebungsverfahren heftig umstritten[755]. Eine Ausnahme war allerdings für verkehrsfähige Wertpapiere (readily marketable securities) vorgesehen, die zum aktuellen Marktwert bewertet werden konnten[756]. Die Passage wurde aus § 500(b)(2) Cal.Corp.Code bereits im Jahre 1977 gestrichen[757]. Seitdem kommt es zu einem Ausweis unrealisierter Gewinne unter den nach US-GAAP geregelten Voraussetzungen. In ihrer aktuellen Fassung können die US-amerikanischen Rechnungslegungsvorschriften z.B. bei der Bilanzierung von bestimmten Wertpapieren des Umlaufvermögens (SFAS 115), Fremdwährungsforderungen und -verbindlichkeiten (SFAS 52) und Derivaten (SFAS 133) zu einem Ansatz der Vermögenswerte über die historischen Anschaffungs- oder Herstellungskosten und damit zum Ausweis unrealisierter Gewinne führen[758].

Nicht zur Rechnungslegung nach US-GAAP verpflichtet sind gemäß § 1501 i.V.m. § 605 Cal.Corp.Code solche Gesellschaften, die weniger als 100 Aktionäre haben. Sie müssen lediglich die Vermögenswerte und Schulden, Gewinne und Verluste der Gesellschaft darstellen und die dazu benutzten Bilanzierungsvorschriften offen legen. Diejenigen, die sich im Gesetzgebungsverfahren für die generelle Freistellung der so genannten small corporations von der US-GAAP-Pflicht aussprachen, konnten sich hingegen nicht durchsetzen[759].

Eine weitere zentrale Besonderheit des kalifornischen Rechts besteht darin, dass sich die Ausschüttungsrestriktionen bei Unternehmen, die Tochterunternehmen halten, auf den Konzernabschluss nach US-GAAP beziehen (§ 114 Cal.Corp.Code)[760]. Gemäß § 189(a) Cal.Corp.Code wird eine Gesellschaft als Tochtergesellschaft bezeichnet, wenn mehr als 50 % ihrer Stimmrechte (voting power) von einer anderen Gesellschaft direkt oder indirekt

---

753 So auch *Marsh/Finkle/Sonsini* (2005), Ch. 14, S. 33-34, die darauf hinweisen, dass bislang keine Rechtsprechung zur Frage, welche Vermögenswerte unter „currently realizable in cash“ zu subsumieren sind, existiert.

754 § 500(b)(2) Cal.Corp.Code beinhaltete folgenden Einschub:„(...) provided, however, that in determining the amount of the assets of the corporation no appreciation in value not yet realized shall in any event be included, except with respect to readily marketable securities, (...)“. Abgedruckt z.B. bei *Dreyfuss* (1976), S. 849, Fn. 54. Dies führte zu der wenig plausiblen Konstellation, dass angefallene Gewinne beim Barkauf von Anlagevermögen nicht ausgewiesen werden konnten, wohl aber Gewinne bei Tauschgeschäften unter der oben genannten Voraussetzung, vgl. *Ackerman/Sterrett* (1976), S. 1066.

755 Vgl. dazu *Ackerman/Sterrett* (1976), S. 1064-1065 m.w.N.

756 Dies wiederum widersprach den damals gültigen US-GAAP. Vgl. dazu und zur problematischen Abgrenzung dieser Wertpapiere *Ackerman/Sterrett* (1976), S. 1064-1065.

757 Vgl. *Deering's* (2004), Ch. 5, § 500; *Marsh/Finkle/Sonsini* (2005), App. A-119. Dies übersehen *Roberts/Samson/Dugan* (1990), S. 43; *Bauer* (1995), S. 328; *Leuz/Deller/Stubenrath* (1998), S. 114.

758 Vgl. *KPMG* (2003), S. 27.

759 Vgl. *Marsh/Finkle/Sonsini* (2005), Ch. 14, S. 18.

760 Darin wird ein bedeutender Unterschied zur alten Rechtslage in Kalifornien gesehen. Vgl. *Barton* (1975), S. 213. Auf diesen zentralen Punkt geht *Kahle* (2002b), S. 155-157, bei seiner kurzen Darstellung der kalifornischen Ausschüttungsregulierung nicht ein.

über eine oder mehrere Tochtergesellschaften gehalten werden. Voting power wiederum ist in § 194.5 Cal.Corp.Code definiert als das Recht, die directors zu wählen[761].

Ein Mutter-Tochter-Verhältnis im Sinne des kalifornischen Gesellschaftsrechts führt aber nicht notwendigerweise zur Konzernrechnungslegungspflicht nach US-GAAP. Ausnahmen von der Konsolidierungspflicht bestehen, wenn die tatsächliche Kontrolle nicht beim Mutterunternehmen liegt, weil das Unternehmen beispielsweise Zahlungsbeschränkungen oder sonstigen staatlichen Restriktionen unterliegt[762]. Die Vorschriften zum Konsolidierungskreis nach US-GAAP werden in solchen Zweifelsfällen als maßgeblich erachtet[763]. § 166 Cal.Corp.Code schreibt vor, dass die Ausschüttungsrestriktionen für jede einzelne Gesellschaft greifen[764]. Das bedeutet, dass in einem mehrstufigen Konzern die Ausschüttungsregeln bei der Konzernmutter auf den Konzernabschluss anzuwenden sind. Bei einem Mutterunternehmen eines Teilkonzerns beziehen sie sich auf den Teilkonzernabschluss. Auf der untersten Stufe der Konzernhierarchie stehende Tochterunternehmen schließlich wenden die Regeln auf Basis ihres Einzelabschlusses an. Erfüllen solche Tochterunternehmen die Voraussetzungen des Cal.Corp.Code, können sie demnach eine Dividende ausschütten, selbst wenn ihr Mutterunternehmen zahlungsunfähig ist[765].

Die Bedeutung der Rechnungslegung nach US-GAAP kommt auch in der Wortwahl des California Corporations Code zum Ausdruck. Konsequent werden Fachbegriffe der US-Rechnungslegung verwendet, deren Bedeutungen vergleichsweise feststehen. Die verschiedenen, vor der Reform auch im kalifornischen Gesellschaftsrecht verwendeten surplus-Konten wurden abgeschafft[766]. Die Bezeichnung earned surplus wurde durch den nach US-GAAP festgelegten Begriff retained earnings ersetzt[767].

2.3.2.3.2 Ausschüttungsrestriktionen

Die Ausschüttungsregeln sind im fünften Kapitel des Cal.Corp.Code kodifiziert (§§ 500-511 Cal.Corp.Code). Im Gegensatz zum alten Recht sind diese Vorschriften gemäß § 500 Cal.Corp.Code auf jede Ausschüttungsform anzuwenden[768]. Diese Aussage wird in § 166

---

761 Vgl. dazu ausführlich *Marsh/Finkle/Sonsini* (2005), Ch. 14, S. 41-42.

762 Vgl. zum Konsolidierungskreis nach US-GAAP ausführlich *Sürken* (1999), S. 54-57; *Niehus/Thyll* (2000), S. 30-45.

763 Vgl. *Dreyfuss* (1976), S. 847.

764 Vgl. *Ackerman/Sterrett* (1976), S. 1082; *Marsh/Finkle/Sonsini* (2005), Ch. 14, S. 40.

765 Vgl. *Ackerman/Sterrett* (1976), S. 1082.

766 Vgl. *Anderson* (1976), S. 650.

767 Nach US-GAAP stellen die retained earnings einbehaltene Gewinne dar, die losgelöst von satzungsmäßigen, vertraglichen oder gesetzlichen Bestimmungen für Ausschüttungen an die Aktionäre zur Verfügung stehen. Im Gegensatz zum HGB geben die US-GAAP keine bestimmten Gliederungsvorschriften für die retained earnings und die sonstigen Eigenkapitalpositionen vor. Börsennotierte Unternehmen haben bestimmte Mindestangaben nach SEC Regulation S-X Rule 5-02 zu beachten. Vgl. dazu z.B. *Förschle/Holland/Kroner* (2001), S. 31-33; *KPMG* (2003), S. 130-132; *Kieso/Weygandt/Warfield* (2004), S. 144-145, 182, 747-748.

768 Die besonderen Ausnahmen von den Ausschüttungsregeln für regulated investment companies, real estate investment trusts und registered open-end investment companies gemäß § 504 Cal.Corp.Code werden nicht dargestellt. Vgl. dazu ausführlich *Marsh/Finkle/Sonsini* (2005), § 14.15. Nach § 508 Cal.Corp.Code sind die Vorschriften des fünften Kapitels nicht auf Gesellschaften anzuwenden, die sich in Auflösung befinden.

Cal.Corp.Code konkretisiert. Danach ist unter einer Ausschüttung die Übertragung von Geld oder von sonstigen Vermögenswerten von der Gesellschaft auf ihre Aktionäre in der Form von Dividenden oder Aktienrückkäufen zu verstehen. Unter diese Definition fallen auch Vermögensübertragungen und Aktienrückkäufe durch Tochtergesellschaften. Explizit ausgeschlossen sind hingegen Gratisaktien (dividend in shares)[769].

Entscheidend für die Anwendung von § 166 Cal.Corp.Code ist, dass es sich um eine Transaktion handelt, durch die das Unternehmen Vermögenswerte hergibt, ohne dafür eine äquivalente Gegenleistung zu erhalten. Gerichte werden daher anhand von wirtschaftlichen Kriterien prüfen, ob im Zweifelsfall eine Ausschüttung vorliegt oder nicht. Folglich können auch angebliche Gehaltszahlungen an einen Anteilseigner der Ausschüttungsregulierung unterliegen, wenn dieser keine Dienstleistungen für die Gesellschaft erbringt[770].

Grob skizziert knüpft das kalifornische Recht folgende Bedingungen an eine legale Dividendenausschüttung:

- Grundvoraussetzung ist, dass die Gesellschaft sowohl zum Zeitpunkt der Ausschüttung als auch im Anschluss daran solvent sein muss (§ 501 Cal.Corp.Code).
- Eine Dividende kann dann einerseits aus den retained earnings gezahlt werden (§ 500(a) Cal.Corp.Code).
- Sie ist andererseits auch über die retained earnings hinaus zulässig, wenn bestimmte Bilanztests kumulativ erfüllt werden (§ 500(b) Cal.Corp.Code).

2.3.2.3.2.1 Equity Insolvency Test

Der equity insolvency test[771] des kalifornischen Kapitalgesellschaftsrechts ist in § 501 Cal.Corp.Code wie folgt geregelt: „Neither a corporation nor any of its subsidiaries shall make any distribution to the corporation's shareholders (...) if the corporation or the subsidiary making the distribution is, or as a result thereof would be, likely to be unable to meet its liabilities (except those whose payment is otherwise adequatcly provided for) as they mature."

Auch in Kalifornien ist demnach zwingende Voraussetzung für eine Ausschüttung, dass die Gesellschaft solvent ist und auch nach der geplanten Dividendenzahlung solvent bleibt[772]. Eine Besonderheit des § 501 Cal.Corp.Code besteht darin, dass Konzernbeziehungen explizit geregelt werden: Auch Tochterunternehmen müssen die Solvenzprüfung bestehen und können

---

769 *Marsh/Finkle/Sonsini* (2005), Ch. 14, S. 13, weisen zutreffend darauf hin, dass genau genommen diese Einschränkung überflüssig ist, da eine Ausschüttung in Form von zusätzlichen Aktien keine Übertragung von Vermögenswerten darstellt, sondern lediglich das bestehende Eigenkapital auf eine größere Anzahl von Aktien verteilt.

770 Vgl. *Marsh/Finkle/Sonsini* (2005), Ch. 14, S. 12-13.

771 Vgl. zu dieser Bezeichnung z.B. *Ackerman/Sterrett* (1976), S. 1057; *Black* (2004), § 3.10. Gesellschaften, die überschuldet sind, dürfen ebenfalls keine Dividenden zahlen, da sie – wie noch gezeigt wird – die Voraussetzungen gemäß § 500 Cal.Corp.Code nicht erfüllen. Vgl. dazu *Dreyfuss* (1976), S. 854-855; *Ben-Dror* (1983), S. 376. Die übergeordnete Bedeutung dieses Testverfahrens betonen *Ballantine/Sterling* (2004), Ch. 8, § 141.03[3], und bezeichnen es als overriding solvency test.

772 Es kommt dabei auf die Solvenz der Gesellschaft unmittelbar nach der Ausschüttung an. In dem Fall In re Tufts Electronics, Inc., 746 F.2d 915 (1st Cir. 1984) entschied das Gericht, dass die Insolvenz 1 ½ Jahre nach der Ausschüttung keinen Verstoß gegen den Insolvenztest von Massachusetts darstellt.

folglich keine Dividenden an ihr Mutterunternehmen ausschütten, wenn sie dadurch insolvent würden. Durch die Formulierung „likely to be unable to meet its liabilities" stellt die kalifornische Regelung im Vergleich zum Testverfahren des MBCA eine Verschärfung dar, indem Dividenden bereits dann ausgeschlossen sind, wenn die Gesellschaft dadurch *wahrscheinlich* nicht in der Lage wäre, ihre Verbindlichkeiten bei Fälligkeit zu begleichen[773].

Der kalifornische Solvenztest unterscheidet sich von dem des Modellgesetzes weiterhin dadurch, dass Ausschüttungen ausnahmsweise auch dann zulässig sind, wenn die Gesellschaft zwar aus eigenen Mitteln ihre Zahlungsverpflichtungen bei Fälligkeit nicht begleichen kann, die Zahlung aber anderweitig hinreichend sichergestellt ist. Der Klammerausdruck in § 501 Cal.Corp.Code stellt offensichtlich darauf ab, dass Gläubiger, deren Ansprüche gesichert sind, nicht gegen Ausschüttungen der Gesellschaft an die Aktionäre vorgehen können. Die Vorschrift wird allerdings dahingehend kritisiert, dass Ausschüttungen in den Fällen, in denen nicht alle Verbindlichkeiten gesichert sind, die Wahrscheinlichkeit der Erfüllung der ungesicherten Gläubigeransprüche senkt[774].

§ 501 Cal.Corp.Code selbst enthält keine Hinweise, was unter „adequately provided for" zu verstehen ist. Eine Erläuterung ergibt sich aber aus § 2005 Cal.Corp.Code, der zur Auslegung von § 501 Cal.Corp.Code herangezogen werden kann[775]. Im Kern besagt diese Vorschrift, dass die Zahlung in zwei Situationen als „adequately provided for" gilt. Dies ist einerseits der Fall, wenn die Zahlung von einer dafür verantwortlichen Gesellschaft bzw. Person oder von der US-amerikanischen Regierung garantiert worden ist und die Höhe der garantierten Verpflichtung vom board of directors in gutgläubiger Weise und mit angemessener Sorgfalt bestimmt worden ist. Die Vorschrift ist andererseits erfüllt, wenn diese Beträge beim California State Treasurer oder einem Kreditinstitut hinterlegt sind. In der Literatur wird zudem die Auffassung vertreten, dass Ausschüttungen nach § 501 Cal.Corp.Code zulässig sind, wenn die Stellung der Gläubiger nicht beeinträchtigt wird[776]. Danach könnte ein Unternehmen z.B. eine Dividende ausschütten, wenn sein übergeordnetes Mutterunternehmen die Zahlung der Verbindlichkeiten garantiert hat. Nach Auffassung der Rechtsprechung fallen unter „adequately provided for" nicht nur Garantien, sondern auch Verbindlichkeiten, die durch eine Hypothek oder eine Verpfändung gesichert sind[777].

2.3.2.3.2.2 Retained Earnings Test

Erfüllt die Gesellschaft den Insolvenztest, kann sie Dividenden grundsätzlich immer dann zahlen, wenn unmittelbar vor der Ausschüttung die retained earnings dem Betrag der vorgeschlagenen Dividende entsprechen oder ihn überschreiten (§ 500(a) Cal.Corp.Code). Diese Ausschüttungsrestriktion wird als retained earnings test bezeichnet[778]. Die retained earnings

---

773 Vgl. *Black* (2004), § 3.10, S. 15. Die Formulierung führt dazu, dass den directors bei der Durchführung des Testverfahrens ein Ermessensspielraum eingeräumt wird. Vgl. *Anderson* (1976), S. 658.

774 Vgl. *Marsh/Finkle/Sonsini* (2005), § 14.13, S. 44.

775 So *Ballantine/Sterling* (2004), § 141.03[3].

776 Vgl. *Ackerman/Sterrett* (1976), S. 1059.

777 Vgl. Flynn v. California Casket Co., 105 Cal.App.2d 196, 233 P.2d 131 (1951), hier S. 206.

778 Vgl. *Ackerman/Sterrett* (1976), S. 1063; *Ballantine/Sterling* (2004), Ch. 8, § 141.03[2][b]; *Black* (2004), § 3.11.

umfassen die Summe der in der Vergangenheit einbehaltenen und zwischenzeitlich nicht ausgeschütteten Gewinne.

Die Ausschüttungsrestriktion ist im Vergleich zu Gesetzen, die anstelle dessen Dividendenzahlungen aus dem earned surplus zulassen, weitaus strenger[779]. Im Gegensatz zur alten Rechtslage können Gesellschaften keine Dividenden aus dem paid-in surplus oder reduction surplus[780] ausschütten. Zudem kann ein Defizit im earned surplus nicht durch Beträge im paid-in surplus oder reduction surplus ausgeglichen werden[781]. Bei isolierter Betrachtung des retained earnings test muss die Gesellschaft negative retained earnings zunächst durch operative Gewinne ausgleichen. Erst wenn die retained earnings wieder positiv sind, stehen sie für Dividendenzahlungen zur Verfügung. Die folgenden Ausführungen werden aber noch zeigen, dass unter bestimmten Voraussetzungen Beträge ausgeschüttet werden können, obwohl keine oder sogar negative retained earnings vorliegen[782]. Verboten sind hingegen nach aktuellem kalifornischen Recht nimble dividends, die vor der Reform in Kalifornien aus dem Gewinn des letzten Geschäftsjahrs bestritten werden konnten. Ebenso existieren die geringeren Ausschüttungsrestriktionen für so genannte wasting asset corporations nicht mehr[783]. Schließlich stellt das von den Aktionären eingezahlte Kapital in voller Höhe capital dar, das nicht auf andere Konten transferiert und grundsätzlich auch nicht verringert werden kann.

Bei Sachausschüttungen bestimmt sich deren Höhe nach dem Wert der jeweiligen Vermögenswerte auf Basis der US-GAAP-Bilanz (§ 500(c) Cal.Corp.Code). Hat das Management beispielsweise beschlossen, Vermögenswerte mit einem aktuellen Marktwert von 1 Mio. US-$ und einem Buchwert von 200.000 US-$ auszuschütten, brauchen die retained earnings folglich nur mindestens 200.000 US-$ zu betragen[784].

2.3.2.3.2.3 Balance Sheet Tests

Existieren keine retained earnings oder übersteigt die vorgeschlagene Dividende die retained earnings, kann eine Dividendenausschüttung nur durchgeführt werden, wenn die beiden in § 500(b)(1) und (2) Cal.Corp.Code kodifizierten Bilanztests – quantitative solvency test und

---

779 Vgl. zu dieser Einschätzung auch *Bauer* (1995), S. 326. Die Unterschiede zwischen earned surplus und retained earnings sind daher gerade nicht nur terminologischer Natur, wie *Ben-Dror* (1983), S. 383, Fn. 47, behauptet. Vgl. im Folgenden zu den materiellen Unterschieden ausführlich *Ackerman/Sterrett* (1976), S. 1061-1063. Vgl. ferner *Black* (2004), § 3.11.

780 Zur Definition dieser Eigenkapitalpositionen vgl. Kapitel III.2.2.1.1.

781 *Ackerman/Sterrett* (1976), S. 1062, weisen darauf hin, dass der Cal.Corp.Code offen lässt, wie die Unternehmen beim Übergang auf das neue Recht diese Beträge zu behandeln haben. Sie plädieren dafür, dass die Gesellschaften ihre Jahresabschlüsse anpassen und diese Beträge als capital ausweisen müssen.

782 Auf den ersten Blick daher missverständlich *Bauer* (1995), S. 326. Vgl. hingegen die präzise Darstellung der Rechtslage bei *Marsh/Finkle/Sonsini* (2005), Ch. 14, S. 28.

783 „Because these doctrines relating to ‚nimble dividends' and to ‚wasting assets' were even more irrational than the basic prohibitions, they have been discarded in the 1977 Law along with these prohibitions." So *Marsh/Finkle/Sonsini* (2005), Ch. 14, S. 10.

784 Vgl. auch *Dreyfuss* (1976), S. 850; *Black* (2004), § 3.13.

liquidity test[785] – kumulativ erfüllt werden. Zudem müssen die Aktionäre gemäß § 507 Cal.Corp.Code darauf hingewiesen werden, wenn die Dividendenausschüttung aus einer anderen Quelle als den retained earnings bestritten wird. Die Mitteilung hat zusammen mit der Ausschüttung oder innerhalb von drei Monaten nach Ende des Geschäftsjahrs zu erfolgen und muss die bilanzielle Auswirkung erläutern[786].

2.3.2.3.2.3.1 Quantitative Solvency Test

Der quantitative solvency test bestimmt, dass nach einer Ausschüttung die Summe der Vermögenswerte mindestens 125 % der Schulden ausmachen muss (§ 500(b)(1) Cal.Corp.Code). Folglich muss die Gesellschaft nach der Ausschüttung eine Eigenkapitalquote von mindestens 20 % aufweisen[787]. Wie bereits erläutert, sind für die Ermittlung der Bilanzpositionen grundsätzlich die Ansatz-, Bewertungs- und (bei konzernverbundenen Unternehmen) Konsolidierungsregeln nach US-GAAP zu befolgen. Das kalifornische Gesellschaftsrecht sieht allerdings eine Reihe von zwingend zu beachtenden Ausnahmen von den US-GAAP vor.

Von der Summe der Vermögenswerte sind der goodwill, die capitalized research and development expenses und die deferred charges abzuziehen. Hinsichtlich der capitalized research and development expenses (Forschungs- und Entwicklungskosten) ist allerdings anzumerken, dass sie nach SFAS 2.12 grundsätzlich sowieso als Aufwand der laufenden Periode zu behandeln sind. Eine Ausnahme vom generellen Verbot der Aktivierung von selbsterstellten immateriellen Vermögenswerten besteht für Auszahlungen für Softwareprodukte ab dem Zeitpunkt ihrer so genannten technischen Ausführbarkeit (technical feasibility) nach SFAS 86[788]. Deferred charges sind Auszahlungen, die ihren Nutzen in Perioden nach dem Bilanzstichtag entfalten und keine Vorauszahlungen darstellen. Sie fallen unter die asset-Definition nach US-GAAP und entsprechen im Wesentlichen den aktiven Rechnungsabgrenzungsposten nach HGB[789].

Von den Schulden sind die deferred taxes, das deferred income und other deferred credits zum Abzug zu bringen. Deferred taxes sind passive latente Steuern, die aus Differenzen zwischen dem steuerlichen Wertansatz eines Vermögenswerts oder einer Schuld und den im Abschluss

---

785 Die Begriffe finden sich nicht im Gesetz, sondern gehen auf *Barton* (1975), S. 212, zurück. Vgl. auch *Ackerman/Sterrett* (1976), S. 1063; *Ben-Dror* (1983), S. 385. *Ben-Dror* (1983), S. 376, bezeichnet die Testverfahren auch als total und current ratio test und *Black* (2004), § 3.12, als asset/liabilities test. *Marsh/Finkle/Sonsini* (2005), § 14.09, fassen beide Verfahren unter dem Begriff asset-liability ratio tests zusammen. *Ballantine/Sterling* (2004), Ch. 8, § 141.03[2][c], sprechen von remaining assets test.

786 Vgl. *Marsh/Finkle/Sonsini* (2005), Ch. 14, S. 86.

787 Unzutreffend ist daher die Aussage von *Lutter* (1983), S. 174, das Eigenkapital müsse „an der Bilanzsumme mehr als 1/4 betragen". Vgl. ebenfalls unrichtig *Bauer* (1995), S. 329; *Watrin* (2001a), S. 189. Wie die Ausführungen zum retained earnings test gezeigt haben, kann die corporation vielmehr eine Ausschüttung in Höhe der retained earnings vornehmen, ohne eine bestimmte Eigenkapitalquote einhalten zu müssen. Eine Eigenkapitalquote von 20 % ist nur dann vorgeschrieben, wenn die Gesellschaft mehr als die retained earnings ausschütten möchte.

788 Zur Bilanzierung selbsterstellter immaterieller Vermögenswerte nach US-GAAP vgl. *Fülbier/Honold/Klar* (2000), S. 835-836; *Pellens* (2001a), S. 178-182; *Kieso/Weygandt/Warfield* (2004), S. 584-590.

789 Vgl. *Huller* (1994), S. 291-292; *KPMG* (2003), S. 21, 35, 44.

bilanzierten Werten resultieren und zu künftigen Steuermehrbelastungen führen[790]. Beim deferred income handelt es sich um Vorauszahlungen der Kunden vor Erbringung der Leistung des bilanzierenden Unternehmens[791]. Other deferred credits bezeichnen schließlich andere Abgrenzungsposten für Auszahlungen, die erst in späteren Perioden anfallen, wirtschaftlich aber dem aktuellen Geschäftsjahr zuzurechnen sind. Sie sind unter den liability-Begriff nach US-GAAP zu subsumieren und entsprechen weitestgehend den passiven Rechnungsabgrenzungsposten nach HGB[792].

Die Abweichungen von US-GAAP auf der Aktivseite der Bilanz werden damit begründet[793], dass sich der Bilanztest nur auf solche Vermögenswerte beziehen solle, mit denen die Gesellschaft im fiktiven Liquidationsfall am Tag der Ausschüttung mit hoher Wahrscheinlichkeit einen Liquidationserlös realisieren kann. Es wird argumentiert, dass die genannten immateriellen Vermögenswerte und Abgrenzungsposten im Zeitpunkt der Auflösung einer Gesellschaft keinen Wert darstellten und abgeschrieben werden müssten. Bei den Abweichungen auf der Passivseite der Bilanz wird angeführt, die Abgrenzungsposten stellten den Liquidationswert falsch dar. Auch diese Positionen erschienen in der Bilanz ausschließlich aus Gründen der periodengerechten Erfolgsermittlung und nicht, weil sie eine unmittelbare zukünftige Zahlungsverpflichtung darstellten[794].

2.3.2.3.2.3.2 Liquidity Test

Der liquidity test als zweiter Bilanztest schreibt vor, dass im Anschluss an die Dividendenausschüttung das Umlaufvermögen die kurzfristigen Verbindlichkeiten mindestens decken muss (§ 500(b)(2) Cal.Corp.Code)[795]. Die Anforderungen an eine Dividendenausschüttung erhöhen sich, wenn die Gesellschaft im Durchschnitt der vorangegangenen beiden Geschäftsjahre operative Ergebnisse vor Zinsen und Steuern erwirtschaftet hat, die geringer als die durchschnittlichen Zinsaufwendungen des Betrachtungszeitraumes sind, d.h. der Zinsdeckungsgrad < 1 ist[796]. Dann muss das Umlaufvermögen mindestens 125 % der kurzfristigen Verbindlichkeiten ausmachen[797].

---

790 Vgl. zum Konzept der latenten Steuern und ihrer Bilanzierung nach SFAS 109 z.B. *Pellens* (2001a), S. 254-269.

791 Vgl. *KPMG* (2003), S. 38.

792 Vgl. *Gräfer* (1992), S. 46-47; *KPMG* (2003), S. 81.

793 Vgl. dazu *Ben-Dror* (1983), S. 384; *Marsh/Finkle/Sonsini* (2005), Ch. 14, S. 16, 29-30.

794 Vgl. *Marsh/Finkle/Sonsini* (2005), Ch. 14, S. 29.

795 Der liquidity test ist gemäß § 500(b)(2) Cal.Corp.Code von solchen Unternehmen nicht anzuwenden, die ihre Vermögenswerte gemäß US-GAAP nicht in Anlage- und Umlaufvermögen unterteilen. Dies trifft beispielsweise auf Banken zu. Vgl. *Marsh/Finkle/Sonsini* (2005), Ch. 14, S. 34.

796 Zum Zinsdeckungsgrad bzw. zur Interest-Coverage-Ratio vgl. *Coenenberg* (2005), S. 1077.

797 Unzutreffend ist in diesem Zusammenhang die Behauptung von *Ben-Dror* (1983), S. 384, Fn. 50, die Erfüllung der quantitativen Vorgaben des liquidity test führe dazu, dass die Gesellschaft auch den Solvenztest bestehe. Vgl. zur Begründung bereits Kapitel III.2.2.2.1.

Im Gesetzgebungsverfahren wurde die strikte Befolgung von US-GAAP hinsichtlich des liquidity test als problematisch erachtet[798]. Zu den kurzfristigen Verbindlichkeiten zählt nämlich nach US-GAAP auch der Teil der langfristigen Verbindlichkeiten, die innerhalb eines Jahres fällig werden[799]. Wahrscheinliche Einzahlungen des Unternehmens innerhalb der folgenden zwölf Monate, die aus langfristigen Kundenbeziehungen resultieren und die zur Tilgung der kurzfristigen Verbindlichkeiten erwartungsgemäß genutzt werden könnten, stellen hingegeben kein Umlaufvermögen nach US-GAAP dar[800].

Vor diesem Hintergrund sieht der Cal.Corp.Code eine Ausnahme von den US-GAAP vor. Für Zwecke des liquidity test darf das Umlaufvermögen gemäß § 500(b)(2) Cal.Corp.Code um Nettobeträge erhöht werden, die von Kunden auf vertraglicher Basis erwartungsgemäß gezahlt werden[801]. Die genaue Höhe der Einzahlungen aus bestehenden Schuldverhältnissen ist vom board of directors für den zwölfmonatigen Zeitraum, der bei der Berechnung der kurzfristigen Verbindlichkeiten zugrunde gelegt wird, gutgläubig zu bestimmen. Die Beträge müssen auf vertraglichen Vereinbarungen basieren, in denen sich die Kunden zu festen oder regelmäßig wiederkehrenden Zahlungen während dieses Zeitraums verpflichten. Dazu zählen z.B. vereinbarte Leasingratenzahlungen. Zukünftige Kosten, die der Gesellschaft bei der Erfüllung ihres Vertragsteils voraussichtlich noch entstehen werden, sind von diesen Beträgen abzuziehen. Die erwarteten Einzahlungen sind weiterhin in angemessener Höhe zu kürzen, um dem Ausfallrisiko der Kunden Rechnung zu tragen[802]. Öffentliche Versorgungsbetriebe dürfen Beträge, die sie aufgrund von Dienstleistungsbeziehungen mit ihren Kunden erhalten werden, als Umlaufvermögen einstufen[803].

2.3.2.3.3 Zeitpunkt der Durchführung der Testverfahren

Wie bereits erwähnt, muss die Gesellschaft die Ausschüttungsanforderungen unmittelbar vor bzw. unmittelbar nach (§ 500(a) bzw. § 500(b) Cal.Corp.Code) der Ausschüttung erfüllen. Das bedeutet aber nicht, dass das Unternehmen den zugrunde liegenden US-GAAP-Abschluss genau zu diesem Zeitpunkt aufstellen muss[804]. § 166 Cal.Corp.Code legt fest, dass annahme-

---

798 So *Dreyfuss* (1976), S. 853, der als Mitglied des Committee on Corporations of the State Bar of California an der Reform des Cal.Corp.Code mitgewirkt hat. Einige der Verfasser des Cal.Corp.Code (1977) waren der Ansicht, dass beispielsweise öffentliche Versorgungsbetriebe (public utilities) oder Immobilienunternehmen (real estate) vielfach nicht in der Lage wären, das geforderte Verhältnis von Umlaufvermögen zu kurzfristigen Verbindlichkeiten von 1:1 zu erfüllen, und folglich trotz ausreichender Liquidität keine Dividende zahlen könnten. Die beiden Industriezweige zeichnen sich dadurch aus, dass sie einen Großteil ihrer Einzahlungen aufgrund von Dauerschuldverhältnissen erzielen.

799 Vgl. Accounting Research Bulletin (ARB) 43 Ch. 3A7. Vgl. dazu auch *Kieso/Weygandt/Warfield* (2004), S. 620.

800 Vgl. zu den Bestandteilen des Umlaufvermögens nach US-GAAP ausführlich *Kieso/Weygandt/Warfield* (2004), S. 173-177.

801 Vgl. *Ackerman/Sterrett* (1976), S. 1066-1067; *Dreyfuss* (1976), S. 853-854; *Marsh/Finkle/Sonsini* (2005), Ch. 14, S. 34-35.

802 Vgl. *Ackermann/Sterrett* (1976), S. 1066.

803 Vgl. *Dreyfuss* (1976), S. 853.

804 „(…) since it is obviously impossible to have a balance sheet available to the directors which is prepared as of the very morning on which they are meeting to consider the declaration of a dividend(…)". So *Marsh/Finkle/Sonsini* (2005), Ch. 14, S. 60.

gemäß der Tag des Dividendenbeschlusses als Zeitpunkt der Ausschüttung gilt[805]. Die Gesellschaft muss demnach die Ausschüttungsrestriktionen am Tag der Beschlussfassung einhalten, obwohl die Ausschüttung im Normalfall erst zu einem späteren Zeitpunkt stattfindet[806]. In der Regel folgen der record date und der payment date in einem Zeitraum von zwei bis drei Monaten nach dem Tag der Beschlussfassung[807]. Börsennotierte Unternehmen müssen den record date der Börse mitteilen, damit diese den so genannten ex-dividend date festlegen kann[808].

Gesetzlich festgelegt ist, dass der payment date nicht später als 60 Tage nach dem record date liegen darf (§ 701 Cal.Corp.Code)[809]. Zu dem maximal zulässigen Zeitraum zwischen dem Tag des Dividendenbeschlusses und dem record date existiert keine gesetzliche Vorschrift. Legt das board of directors den record date und damit auch den payment date auf einen Tag in ferner Zukunft (z.B. zwölf Monate nach der Beschlussfassung), kann darin unter Umständen ein Verstoß gegen die Treuepflicht gesehen werden, wenn die directors im Einzelfall nicht so weit im Voraus die wirtschaftliche Lage des Unternehmens und damit die Zulässigkeit der Dividendenzahlung seriös abschätzen können[810]. Weiterhin kann auch ein Verstoß gegen § 501 Cal.Corp.Code in Betracht kommen, wenn die Geschäftsleitung in dem Zeitraum bis zum payment date mit Verlusten rechnet, die zur Illiquidität führen. Die directors müssen somit ihre Entscheidung auf Basis des letzten Jahresabschlusses und unter Berücksichtigung der wirtschaftlichen Entwicklung der Gesellschaft seit dem Bilanzstichtag treffen[811].

Fraglich ist, ob eine vom board beschlossene Dividendenzahlung rückgängig gemacht werden kann. Während ältere Gerichtsurteile zu dem Ergebnis kamen, dass die Aktionäre bereits zum Zeitpunkt der Beschlussfassung einen Dividendenanspruch erhalten[812], entsteht dieses Recht nach aktuell herrschender Meinung erst am record date[813]. Eine rechtmäßig beschlossene Di-

---

805 Gemäß § 311(f) Cal.Corp.Code kann das board of directors die Beschlussfassung grundsätzlich nicht delegieren. Ist eine bestimmte Dividendenpolitik einmal festgelegt worden, muss das board aber nicht bei jeder Quartalsdividendenzahlung einen erneuten Entscheidungsprozess durchlaufen. Vgl. dazu auch *Marsh/Finkle/Sonsini* (2005), Ch. 14, S. 78-79.

806 Vgl. *Dreyfuss* (1976), S. 848.

807 Vgl. *Marsh/Finkle/Sonsini* (2005), Ch. 14, S. 55.

808 Der record date wird vom board festgelegt, um den Kreis der Aktionäre zu bestimmen, der dividendenberechtigt ist. Der payment date ist der Tag, an dem die Gesellschaft die Dividende überweist. Ab dem ex-dividend date werden die Aktien ohne Dividendenrecht gehandelt. Der ex-dividend date ist in der Regel fünf Tage vor dem record date. Vgl. dazu *Marsh/Finkle/Sonsini* (2005), Ch. 14, S. 79-81. Ein Käufer von Aktien hat so lange keinen Anspruch auf die Dividende, wie die Aktien bei einem Treuhänder hinterlegt sind oder die Aktien erst nach dem record date transferiert werden, es sei denn, es ist vertraglich anders vereinbart. Vgl. Richards v. Pacific Southwest Discount Corporation, 44 Cal. App.2d 551, 112 P.2d 698 (1941); Cates v. Consolidated Realty Company, 25 Cal.App. 531, 144 P. 301 (1914); Smith v. Taecker, 133 Cal.App. 351, 24 P.2d 182 (1933); MacDermot v. Hayes, 175 Cal. 95, 170 P. 616 (1917).

809 Ist kein record date festgelegt worden, dann gilt als record date entweder der Tag der Beschlussfassung oder der 60. Tag vor dem payment date, je nachdem welcher später ist (§ 701(b)(3) Cal.Corp.Code).

810 Vgl. *Marsh/Finkle/Sonsini* (2005), Ch. 14, S. 56.

811 Vgl. *Marsh/Finkle/Sonsini* (2005), Ch. 14, S. 60. Bei Aktienrückkäufen und redemptions liegen in der Regel lange Zeiträume zwischen Beschlussfassung und Durchführung des Rückkaufs. § 166 Cal.Corp.Code schreibt folgerichtig vor, dass die Testverfahren zum Zeitpunkt der Durchführung erfüllt sein müssen. Vgl. dazu ausführlich *Marsh/Finkle/Sonsini* (2005), Ch. 14, S. 57-60. Zur besonderen Problematik bei Vorliegen von vertraglichen Vereinbarungen zum Rückkauf von Aktien vgl. mit Rechtsprechungsnachweisen *Marsh/Finkle/Sonsini* (2005), § 14.19.

812 Vgl. z.B. Smith v. Taecker, 133 Cal.App. 351, 24 P.2d 182 (1933); Meyers v. El Tejon Oil and Refining Co., 29 Cal.2d 184, 174 P.2d 1 (1946).

813 Vgl. *Marsh/Finkle/Sonsini* (2005), Ch. 14, S. 84-85.

vidende darf aber auch dann ausgeschüttet werden, wenn die Gesellschaft nach dem Tag des Beschlusses die Testverfahren nicht mehr erfüllt[814].

2.3.2.3.4 Besonderheiten bei Vorzugsaktien

Die §§ 502-503 Cal.Corp.Code enthalten zwei weitere Testverfahren mit strengeren Ausschüttungsrestriktionen zum Schutz der Vorzugsaktionäre[815]. Hat die Gesellschaft Vorzugsaktien ausgegeben, die einen bevorrechtigten Anspruch auf den Liquidationserlös verbriefen (senior shares), ist § 502 Cal.Corp.Code zu beachten. Danach können Dividenden erst dann an andere Aktiengattungen (junior shares) gezahlt werden, wenn im Anschluss daran die Vermögenswerte (abzüglich Goodwill, aktivierter Forschungs- und Entwicklungskosten und aktiver Rechnungsabgrenzungsposten) ausreichen, um nicht nur 100 % der Schulden (abzüglich passiver latenter Steuern, passiver Rechnungsabgrenzungsposten und anderer Abgrenzungsposten), sondern auch die Ansprüche der Vorzugsaktionäre auf den Liquidationserlös zu decken. Die Vorschrift kann dazu führen, dass bei Vorhandensein von Vorzugsaktien keine Dividenden gezahlt werden können, obwohl die Gesellschaft retained earnings aufweist und somit die Anforderung an Dividendenausschüttungen gemäß § 500(a) Cal.Corp.Code erfüllt. Ein solcher Fall tritt beispielsweise ein, wenn das Unternehmen in seiner US-GAAP-Bilanz einen hohen Goodwill ausweist, und die Vermögenswerte im Sinne von § 502 Cal.Corp.Code – also nach Abzug des Goodwill – nicht mehr 100 % der (korrigierten) Schulden decken[816].

Existieren Vorzugsaktien, die einen kumulativen Dividendenanspruch besitzen, müssen nicht gezahlte Mindestdividenden in den Folgeperioden an die Vorzugsaktionäre nachgezahlt werden. Dividenden an Aktiengattungen ohne Vorrecht (junior shares) dürfen in solchen Fällen gemäß § 503 Cal.Corp.Code erst dann ausgeschüttet werden, wenn nach der Ausschüttung die retained earnings die Summe der in Rückstand geratenen Dividenden der Vorzugsaktien (senior shares) decken. Die Gesellschaft ist somit gezwungen, finanzielle Mittel anzusammeln, um in der Zukunft die Ansprüche der Aktionäre mit kumulativem Dividendenanspruch erfüllen zu können[817].

Auch in Kalifornien können in Rückstand geratene Vorzugsdividenden durch eine Satzungsänderung eliminiert werden (§ 900(a) Cal.Corp.Code). Einer solchen Änderung muss allerdings die Mehrheit der Aktionäre inklusive der betroffenen Vorzugsaktionäre zustimmen (§ 903(a)(7) Cal.Corp.Code). Darüber hinaus können akkumulierte Vorzugsdividenden durch einen Unternehmenszusammenschluss wegfallen, wenn die Aktionäre diesem mehrheitlich zustimmen (§ 1101 Cal.Corp.Code). Aktionäre, die dem Zusammenschluss nicht zustimmen,

814 Vgl. *Ackerman/Sterrett* (1976), S. 1087.

815 *Marsh/Finkle/Sonsini* (2005), Ch. 14, S. 46, weisen darauf hin, dass in der Praxis zumeist beide Verfahren gleichzeitig zu beachten sind.

816 Vgl. *Dreyfuss* (1976), S. 855, der vermutet, dass diese Problematik im Gesetzgebungsverfahren wahrscheinlich nicht bedacht worden ist.

817 Vgl. *Ackerman/Sterrett* (1976), S. 1073.

können von der Gesellschaft verlangen, dass sie ihre Aktien zum aktuellen Marktwert zurückkauft (§ 1300(a) Cal.Corp.Code)[818].

Es wird darauf hingewiesen, dass die gesellschaftsrechtlichen Vorschriften insgesamt nur einen Mindestschutz für Vorzugsaktionäre bieten und vertragliche Vereinbarungen im Regelfall strengere Ausschüttungsrestriktionen beinhalten[819]. Solche Verträge können beispielsweise vorsehen, dass Dividenden nur aus den retained earnings ab dem Zeitpunkt der Ausgabe der Vorzugsaktien gezahlt werden dürfen und vorher angesammelte Gewinnrücklagen als Verlustpuffer eingefroren werden. Weiterhin sind Dividenden vielfach ausgeschlossen, wenn die Gesellschaft mit der Zahlung von Vorzugsdividenden in Rückstand geraten ist. Vertraglich ausgehandelte zusätzliche Ausschüttungsbeschränkungen sind gemäß § 505 Cal.Corp.Code explizit zulässig. Es kann daher festgehalten werden, dass die Gesellschaft bei ihrer Dividendenentscheidung neben den gesetzlichen Vorschriften auch die Satzung (§ 204(d) Cal.Corp.Code), die Geschäftsordnung (§ 212(b)(1) Cal.Corp.Code) und die Kreditvereinbarungen auf zusätzlich einzuhaltene Ausschüttungsbegrenzungen prüfen muss.

2.3.2.4 Haftungsregeln bei unzulässigen Dividendenzahlungen

2.3.2.4.1 Haftungsregeln für Directors

Directors, die einer Dividende zugestimmt haben, welche gegen die Vorschriften der §§ 500-503 Cal.Corp.Code verstößt, haften grundsätzlich gemäß § 316(a)(1) Cal.Corp.Code gesamtschuldnerisch gegenüber der Gesellschaft zum Nutzen der Gläubiger oder der Vorzugsaktionäre. Voraussetzung ist zum einen, dass diese Anspruchsberechtigten der Ausschüttung nicht zugestimmt haben. Bedingung ist zum anderen, dass sie klagebefugt sind. Dafür verweist § 316(c) Cal.Corp.Code auf § 506(b) Cal.Corp.Code, wonach es sich um Personen handeln muss, die zum Zeitpunkt der Ausschüttung Gläubiger oder Vorzugsaktionäre waren und dem Dividendenbeschluss nicht zugestimmt haben[820]. Es sollen also diejenigen klagen können, die durch die gesellschaftsrechtliche Ausschüttungsregulierung geschützt werden sollen[821].

---

818 Der aktuelle Marktwert bezieht sich gemäß § 1300(a) Cal.Corp.Code auf den Tag vor der erstmaligen Bekanntgabe der Bedingungen des Zusammenschlusses. Die so genannten dissenters' rights stehen den Aktionären nicht zu, deren Aktien an einer nationalen Börse oder der NASDAQ gehandelt werden (§ 1300(b)(1) Cal.Corp.Code). Vgl. dazu im Einzelnen *Black* (2004), § 5.13-14. Ist der Rückkauf von Aktien solcher dissenting shareholders aufgrund der Ausschüttungsrestriktionen des California Corporations Code nicht möglich, werden diese Aktionäre gemäß § 1306 Cal.Corp.Code wie Fremdkapitalgeber behandelt. Sie haben dann einen – im Vergleich zu anderen Fremdkapitalgebern nachrangigen – Anspruch auf den Zeitwert zuzüglich Zinsen. Vgl. dazu *Marsh/Finkle/Sonsini* (2005), § 14.20.

819 Vgl. *Marsh/Finkle/Sonsini* (2005), Ch. 14, S. 46, 48, 77-78.

820 Vgl. dazu auch Kapitel III.2.3.2.4.2.

821 Vgl. *Marsh/Finkle/Sonsini* (2005), Ch. 14, S. 74. Vgl. auch Fenolio v. McDonald, 171 Cal.App.2d 508, 340 P.2d 657 (1959). Ein ehemaliger Aktionär kann aber auf dem Klageweg eine Ausschüttung rückgängig machen lassen, wenn er im Nachhinein von der Unrechtmäßigkeit erfährt. Vgl. Tiedje v. Aluminum Taper Milling Co., Inc., 46 Cal.2d 450, 296 P.2d 554 (1956). Vgl. dazu auch *Marsh/Finkle/Sonsini* (2005), Ch. 14, S. 76-77.

Eine Haftung scheidet gemäß § 309(c) Cal.Corp.Code aber aus, wenn die directors ihre in § 309(a) und (b) Cal.Corp.Code näher bestimmten Sorgfaltspflichten beachtet haben. Nach § 309(a) Cal.Corp.Code muss ein director seine Aufgaben

- gutgläubig,
- in einer Art und Weise, die nach seiner Ansicht im besten Interesse der Gesellschaft und ihrer Aktionäre ist, und
- mit einer Sorgfalt, die eine durchschnittlich begabte Person[822] in ähnlicher Position und unter vergleichbaren Umständen angewandt hätte, erfüllen[823].

Die directors schulden den Gläubigern in Kalifornien somit keine Treuepflicht, die sich allein aus dem common law ableiten lässt[824].

§ 309(b)(1) bis (3) Cal.Corp.Code listet Personen auf, auf deren Informationen ein director vertrauen darf:

- Officers und Angestellte, die der director in den vorliegenden Angelegenheiten für zuverlässig und kompetent hält,
- Rechtsanwälte, unabhängige Wirtschaftsprüfer und andere Sachverständige,
- Mitglieder eines Ausschusses des board, dem der director selbst nicht angehört, und die nach seiner Ansicht Vertrauen verdienen.

Erneut werden Sorgfaltsmaßstäbe formuliert, die ein director beachten muss, wenn er sich auf Informationen und Urteile dieser Personenkreise stützt. Er muss gutgläubig handeln, angemessene Erkundigungen durchführen, wenn die Umstände es erfordern, und er darf keine Kenntnisse haben, die ein solches Vertrauen ungerechtfertigt erscheinen ließen. In § 309 Cal.Corp.Code ist folglich die business judgment rule gesetzlich kodifiziert[825].

Um eine gesetzlich zulässige Dividende festlegen zu können, sind die directors in besonderer Weise auf Jahresabschlüsse angewiesen. Wie oben dargelegt, können sie sich nach kalifornischem Recht auf Jahresabschlussinformationen verlassen, die vom Management der Gesellschaft vorgelegt und von Wirtschaftsprüfern geprüft worden sind[826]. Um ihr Vertrauen in die Tätigkeiten dieser Personen rechtfertigen zu können, wird es als ratsam erachtet, die Qualität der erhaltenen Informationen zu überprüfen. Das gilt auch für die von unabhängigen Wirtschaftsprüfern erbrachen Leistungen[827].

Kommt ein director seinen Pflichten gemäß § 309(a) und (b) Cal.Corp.Code nicht nach und stimmt einer unrechtmäßigen Dividendenzahlung zu, haftet er für den unzulässigen Ausschüt-

---

822 Zur Kritik an der Ungenauigkeit der Redewendung „ordinarily prudent person“ vgl. *MBCA Ann.* (2002), § 8.30, S. 162-163, 167. In der aktuellen Version des MBCA ist sie deshalb in § 8.30(b) MBCA durch den Ausdruck „person in a like position“ ersetzt worden.

823 Vgl. zu § 309(a) Cal.Corp.Code ausführlich *Stern* (1976), S. 1273-1280.

824 Vgl. *Black* (2004), § 4.8, Fn. 2. Vgl. auch In re Jacks, 243 B.R. 385 (Bankr. C.D. Cal. 1999).

825 Vgl. *Black* (2004), § 4.8, Fn. 10. Vgl. auch Gaillard v. Natomas Co., 208 Cal. App. 3d 1250, 1264 (1st Dist. 1989).

826 Dies war vor der Reform von 1977 umstritten. Vgl. ablehnend England v. Christensen, 243 Cal.App.2d 413, 52 Cal.Rptr. 402 (1966); bejahend hingegen Nash v. Rosesteel, 7 Cal.App. 504, 94 P. 850 (1908).

827 Vgl. *Dreyfuss* (1976), S. 859.

tungsbetrag (§ 316(d) Cal.Corp.Code)[828]. Um der Haftung zu entgehen, reicht es nicht aus, dass der director sich der Stimme enthält; er muss gemäß § 316(b) Cal.Corp.Code gegen den unrechtmäßigen Dividendenbeschluss stimmen. In ihrer Höhe ist die Haftung allerdings beschränkt auf die Summe der Verbindlichkeiten gegenüber den Gläubigern bzw. den erlittenen Schaden der Vorzugsaktionäre.

Ist ein director verklagt worden, kann er den übrigen directors, die der unrechtmäßigen Dividendenausschüttung ebenfalls zugestimmt haben, den Streit verkünden (implead) und Ausgleichsansprüche (contribution) geltend machen (§ 316(e) Cal.Corp.Code). Der director kann die übrigen directors in das laufende Verfahren einbeziehen oder sie in einem separaten Prozess verklagen. Darüber hinaus hat er nach § 316(f) Cal.Corp.Code. das Recht, sich die eventuell bestehenden Ansprüche der Gesellschaft gegenüber den Ausschüttungsempfängern abtreten zu lassen. Der director kann in diesem Fall gegen Personen, die aufgrund der Abtretung ihm gegenüber haften, in einem cross-complaint oder in einem davon unabhängigen Verfahren vorgehen. Da jedoch die Aktionäre nicht haftbar gemacht werden können, wenn sie von der Unzulässigkeit der Ausschüttung nichts gewusst haben, ist der Abtretungsanspruch nur von geringem Wert[829].

2.3.2.4.2 Haftungsregeln für Aktionäre

Die Haftung der Aktionäre ist in § 506(a) Cal.Corp.Code geregelt. Danach haften sie bei Erhalt unzulässiger Dividenden gegenüber der Gesellschaft zum Nutzen aller klagebefugten Gläubiger oder Aktionäre, wenn sie von Tatsachen wussten, die auf die Unzulässigkeit hindeuteten (with knowledge of facts indicating the impropriety thereof)[830]. Infolgedessen ist eine Haftung von Kleinaktionären börsennotierter Unternehmen, die über keine Insiderinformationen verfügen, in der Regel unwahrscheinlich[831].

Klageberechtigt sind gemäß § 506(b) Cal.Corp.Code zum einen Gläubiger. Ihre Ansprüche müssen bereits vor der unzulässigen Dividendenzahlung entstanden sein[832], und ihre Klage muss auf einem Verstoß gegen die §§ 500-501 Cal.Corp.Code basieren. Zum anderen können Vorzugsaktionäre klagen, um Ansprüche bei Verstößen gegen die §§ 502-503 Cal.Corp.Code geltend zu machen. Eine Klage kommt nur in Betracht, wenn sie bereits zum Zeitpunkt des Dividendenbeschlusses Vorzugsaktien besaßen. Weitere Voraussetzung für Klagen von Gläubigern und Vorzugsaktionären ist, dass sie dem Dividendenbeschluss nicht zugestimmt haben (§ 506(b) Cal.Corp.Code). Mit anderen Worten kann die Haftung der Aktionäre reduziert oder

---

828 Bei Sachdividenden besteht eine Haftung in Höhe des aktuellen Marktwerts („fair market value") der Sachmittel im Zeitpunkt der Ausschüttung, § 316(d) Cal.Corp.Code.

829 Vgl. *Dreyfuss* (1976), S. 859.

830 Zur Auslegung von „with knowledge of the facts" und „impropriety" vgl. ausführlich England v. Christensen, 243 Cal.App.2d 413, 52 Cal.Rptr. 402 (1966). Vgl. auch Federal Sav. and Loan Ins. Corp. v. Molinaro, 901 F.2d 1490 (9th Cir. 1990).

831 Vgl. *Ackerman/Sterrett* (1976), S. 1091; *Marsh/Finkle/Sonsini* (2005), Ch. 14, S. 72. Vgl. ferner Hanson v. Kake Tribal Corp., 939 P2d 1320 (Alaska 1997).

832 Selbst ein Bevollmächtigter des Gläubigers kann keinen Anspruch im Namen des Gläubigers geltend machen. Vgl. dazu Credit Managers Ass'n of Southern California v. Federal Company, 629 F. Supp. 175 (C.D. Cal. 1985).

ausgeschlossen werden, wenn die Gesellschaft die Zustimmung (nahezu) aller Gläubiger bzw. Vorzugsaktionäre eingeholt hat[833].

Die Haftung der Aktionäre ist begrenzt auf den Betrag der unzulässigen Dividendenzahlung zuzüglich Zinsen[834] und darf die Höhe der Verbindlichkeiten der Gesellschaft gegenüber den Gläubigern oder den tatsächlich erlittenen Schaden der Vorzugsaktionäre nicht übersteigen. § 506(d) Cal.Corp.Code weist zudem explizit darauf hin, dass die Vorschriften in § 506 Cal.Corp.Code einer Haftung der Aktionäre für Ansprüche, die unter dem UFTA geltend gemacht werden, nicht entgegenstehen[835]. Eine Dividendenzahlung kann folglich sowohl gegen die §§ 500-503 Cal.Corp.Code als auch gegen den UFTA verstoßen. Die jeweiligen Bestimmungen sind separat und unabhängig voneinander zu sehen, so dass ein Kläger zwei Anspruchsgrundlagen hat[836]. Dividenden, die von einer insolventen Gesellschaft gezahlt werden oder die zur Insolvenz führen, verstoßen gegen den UFTA mit der Folge, dass der Empfänger gegenüber den Gläubigern haftet. Obwohl Insolvenz nach dem UFTA grundsätzlich im Sinne von Überschuldung (bankruptcy meaning) definiert ist (§ 3439.02 California Civil Code), wird in solchen Fällen häufig auch ein Verstoß gegen § 501 Cal.Corp.Code – Insolvenz aufgrund von Illiquidität – vorliegen. Darüber hinaus kommt eine Haftung der Aktionäre gemäß § 3439.04(b)(1) California Civil Code selbst bei Beachtung der gesellschaftsrechtlichen Bestimmungen in Betracht, wenn die der Gesellschaft nach der Ausschüttung verbleibenden Vermögenswerte im Hinblick auf die Geschäftstätigkeit als zu gering eingeschätzt werden. Schließlich kann sich aus § 3439.04(b)(2) California Civil Code ein Anspruch ergeben, wenn der Kreditnehmer sich so stark verschuldet, dass er seine Verbindlichkeiten nicht tilgen kann[837].

Zu einer Rückzahlung der unrechtmäßig erlangten Dividendenausschüttung durch die Aktionäre kann es – wie oben bereits erwähnt – auch dadurch kommen, dass sich die verklagten directors die bestehenden Ansprüche der Gesellschaft gegenüber den Ausschüttungsempfängern abtreten lassen (§ 316(f) Cal.Corp.Code). Die Aktionäre, die erfolgreich verklagt worden sind, haben ihrerseits gegen alle anderen Aktionäre, die unter die Haftungsbestimmungen von § 506 Cal.Corp.Code fallen, einen Ausgleichsanspruch aus § 506(c) Cal.Corp.Code.

2.4 Zwischenergebnis

Im Gegensatz zum deutschen bzw. europäischen Recht sind die Kapitalaufbringungs- und -erhaltungsregeln in den USA nicht für alle corporations in einem Regelwerk einheitlich kodifiziert. Diesbezügliche Vorschriften finden sich vielmehr in den Kapitalgesellschaftsrechten der Einzelstaaten, den creditors' rights laws auf Ebene der Bundesstaaten bzw. des Bundes,

---

833 Vgl. *Marsh/Finkle/Sonsini* (2005), Ch. 14, S. 67.

834 Zur strittigen Frage, ab welchem Zeitpunkt die Zinsen zu berechnen sind, vgl. *Dreyfuss* (1976), S. 856, Fn. 86.

835 Der UFTA ist in Kalifornien in §§ 3439-3439.12 California Civil Code umgesetzt worden. Vgl. zum UFTA ausführlich Kapitel III.2.2.2.1. Zu einem ausführlichen Vergleich der Haftungsregeln des California Civil Code mit denen des Cal.Corp.Code vgl. *Marsh/Finkle/Sonsini* (2005), Ch. 14, S. 68-70.

836 Vgl. *Peters* (2003), S. A-15.

837 „This section of the Uniform Fraudulent Transfer Act introduces the concept of equity insolvency, and a concept of future equity insolvency, as a basis for liability of the transferee receiving assets of a debtor without consideration." So *Marsh/Finkle/Sonsini* (2005), Ch. 14, S. 70.

im Steuerrecht sowie im common law. Somit ist auch der Gläubigerschutz in den USA „auf sehr viele Säulen gestellt“[838].

Zusammenfassend ist festzuhalten, dass sich ca. drei Viertel der Bundesstaaten bei den gesellschaftsrechtlichen Kapitalschutzregeln in ihren Einzelstaatengesetzen an den Vorgaben des MBCA in der aktuellen Fassung orientieren. Danach wird weder ein bestimmtes Mindestkapital noch die Ausgabe von Nennwertaktien vorgeschrieben. Auch die Kapitalaufbringungsregeln sehen kaum Restriktionen vor, so dass unter anderem sogar vertragliche Verpflichtungen zu zukünftigen Dienstleistungen einlagefähig sind. Ein Charakteristikum der Kapitalerhaltungsregeln besteht in dem weit gefassten Ausschüttungsbegriff, der nicht nur Dividenden, sondern weitere Formen von direkten und indirekten Vermögensübertragungen und somit auch Aktienrückkäufe umfasst. Grundvoraussetzung für eine Ausschüttung ist, dass die corporation den equity insolvency test besteht. Danach ist eine Ausschüttung nur möglich, wenn die Gesellschaft anschließend in der Lage ist, ihre im gewöhnlichen Geschäftsverlauf fällig werdenden Verbindlichkeiten zu begleichen. Darüber hinaus ist als weitere Ausschüttungsrestriktion der balance sheet test zu beachten, nach dem die Vermögenswerte im Anschluss an die Ausschüttung die Schulden und die Ansprüche der Vorzugsaktionäre auf den Liquidationserlös decken müssen. Hat die Gesellschaft keine Vorzugsaktien ausgegeben, kann – unter Beachtung des equity insolvency test – das Eigenkapital mithin durch Ausschüttungen bis auf Null reduziert werden. Im Gegensatz zu dem in der Kapitalrichtlinie kodifizierten Bilanztest, der auf ein Zahlenmaterial zugreift, das im Einklang mit der Bilanzrichtlinie zu erstellen ist, schreibt der MBCA für den balance sheet test keine bestimmten Rechnungslegungsregeln vor.

Diesen flexiblen und liberalen Ausschüttungsrestriktionen stehen allerdings bestimmte Sorgfaltspflichten der Mitglieder des board of directors bei der Ausschüttungsentscheidung gegenüber. Verstoßen sie gegen diese Pflichten und stimmen einer unzulässigen Ausschüttung zu, machen sie sich der Gesellschaft gegenüber haftbar. In solchen Fällen können auch die Aktionäre zur Rückzahlung der erhaltenen Vermögenswerte verpflichtet werden, wenn sie von der Unzulässigkeit der Ausschüttung gewusst haben.

Aufgrund der vorherrschenden Gründungstheorie ist in den USA eine Reihe von Einzelstaatengesetzen, in denen die Bestimmungen des Modellgesetzes nicht bzw. nur eingeschränkt umgesetzt worden sind, von besonderer Bedeutung. Den Kern der Kapitalschutzregeln in Delaware bildet der surplus test, der grundsätzlich verhindern soll, dass das von den Aktionären einbezahlte Kapital durch Ausschüttungen an sie zurückfließt. Dieses Ziel kann allerdings auf legale Weise umgangen werden und zwar erstens durch unkompliziert durchführbare Kapitalherabsetzungen, zweitens durch die Zulässigkeit von Dividenden aus aktuellen Gewinnen selbst bei negativem Eigenkapital (nimble dividends) und drittens durch den weiten Anwendungsbereich der wasting assets-Regelung, nach der Abschreibungen von nicht erneuerbaren Vermögenswerten bei der Gewinnermittlung nicht zu berücksichtigen sind. Schließlich wird es nach der Leitentscheidung in Klang v. Smith's Food & Drug Centers, Inc., aus dem Jahre 1997 für zulässig erachtet, für Zwecke des surplus test eine Bilanz auf fair value-Basis aufzustellen.

Die Besonderheit der kalifornischen Regulierung kann aus europäischer Sicht darin gesehen werden, dass die dortigen Testverfahren zwingend auf (Konzern-) Bilanzen zugreifen, die – abgesehen von bestimmten Modifizierungen – nach US-GAAP aufzustellen sind, d.h. nach einem Rechnungslegungssystem, das wie die IFRS-Rechnungslegungsnormen ausschließlich

---

838 *Merkt* (2004a), S. 315.

der Informationsfunktion dienen soll. Sofern eine in Kalifornien gegründete Gesellschaft den equity insolvency test erfüllt, kann sie eine Ausschüttung aus den retained earnings vornehmen. Über die retained earnings hinaus sind Ausschüttungen nur dann zulässig, wenn die corporation im Anschluss daran erstens eine Eigenkapitalquote von mindestens 20 % aufweist und zweitens ihr Umlaufvermögen die kurzfristigen Verbindlichkeiten deckt bzw. – im Falle eines Zinsdeckungsgrads < 1 – um 25 % übersteigt. Die verbindlich vorgegebenen Rechnungslegungsregeln sowie die Verwendung von Bilanzkennzahlen weisen darauf hin, dass sich der kalifornische Gesetzgeber bei der Regulierung der Ausschüttungsregeln von privatvertraglichen Abreden in Kreditvereinbarungen (covenants) hat inspirieren lassen[839].

Einen zusätzlichen Schutz für Gläubiger von US-amerikanischen corporations können insolvenzrechtliche Vorschriften bieten. Danach ist eine Ausschüttung schon dann unzulässig, wenn anschließend der Gesellschaft nur noch unverhältnismäßig geringe Vermögenswerte verblieben. Darüber hinaus können die Gläubiger ihre Ansprüche bei „betrügerischen“ Dividendenzahlungen leichter durchsetzen und zwar in eigenem Namen und nicht im Namen der Gesellschaft. Selbst Aktionäre, die von der Gesetzwidrigkeit der Ausschüttung nichts gewusst haben, können zur Rückzahlung verpflichtet werden.

Weiterhin ist festzustellen, dass die gesetzlichen Kapitalschutznormen durch die durchzuführenden Testverfahren bestimmte Höchstausschüttunggrenzen setzen, eine Mindestausschüttung hingegen nicht vorschreiben. Auch auf dem Klageweg bestehen für Aktionäre von public corporations kaum Chancen, Dividendenzahlungen durchzusetzen. Lediglich bei closely held corporations existieren Entscheidungen, in denen die Gerichte Gewinnausschüttungen angeordnet haben. Darüber hinaus existiert mit der accumulated earnings tax des IRC ein indirekter Anreiz, eine Mindestausschüttung vorzunehmen, da bei unangemessen hohen Gewinnthesaurierungen eine Strafsteuer erhoben wird.

In der Gesamtschau fällt ebenfalls auf, dass die dargesellten gesellschafts- und insolvenzrechtlichen Testverfahren zur Festlegung der Höchstausschüttung dem Management weitreichende Spielräume gewähren. Dies liegt – mit Ausnahme der kalifornischen Regulierung – zum einen daran, dass die den Bilanztests zugrunde liegenden Rechnungslegungsregeln nicht vorgeschrieben sind. Zum anderen geben die Gesetze keine konkreten Handlungsempfehlungen für die Durchführung der equity insolvency tests[840]. Auch in der Rechtsprechung haben sich bislang keine allgemein gültigen Methoden entwickelt.

Im folgenden vierten Kapitel werden die auf europäischer Ebene diskutierten Vorschläge zur Reform des Kapitalschutzsystems in Europa detailliert dargestellt, die zum Teil eng an US-amerikanische Regulierungen angelehnt sind.

---

839 Vgl. zu den typischen Ausgestaltungsformen von covenants in den USA und den diesbezüglichen Veränderungen in den letzten Jahrzehnten bis in die jüngere Vergangenheit ausführlich Kapitel V.5.4.1.

840 Vgl. zu einem Vorschlag dazu, wie ein Solvenztest zum Zwecke des Gläubigerschutzes ausgestaltet sein sollte, *Pellens/Jödicke/Richard* (2005), S. 1398, 1400-1401.

Kapitel IV: Reformvorschläge für das Kapitalsystem in Europa

1 Notwendigkeit einer Reform durch die Internationalisierung der Rechnungslegung

In Europa besteht mit der IAS-VO und ihrer Umsetzung durch die nationalen Gesetzgeber zurzeit – darauf ist bereits zu Beginn der Arbeit hingewiesen worden – ein Nebeneinander mehrerer Rechnungslegungssysteme. Alle kapitalmarktorientierten Mutterunternehmen sind seit 2005 europaweit gezwungen, einen IFRS-Konzernabschluss aufzustellen[841]. Aufgrund des BilReG müssen diese Unternehmen in Deutschland weiterhin einen Einzelabschluss nach HGB und eine Steuerbilanz – die aufgrund der mittlerweile stark eingeschränkten Maßgeblichkeit de facto ein weitgehend eigenständiges Rechenwerk darstellt[842] – aufstellen. Dabei dient der Einzelabschluss nach HGB von solchen Gesellschaften im Wesentlichen nur noch der Ausschüttungsbemessung. Unternehmen müssen den handelsrechtlichen Einzelabschluss aber nicht veröffentlichen, wenn sie von der Möglichkeit des § 325 Abs. 2a HGB Gebrauch machen und unter Beachtung von § 325 Abs. 2b HGB ihren IFRS-Einzelabschluss offen legen. Das Nebeneinander verschiedener und sich kontinuierlich fortentwickelnder Rechnungslegungssysteme geht nicht nur mit erheblichen unternehmensinternen[843], sondern auch mit externen Kosten einher[844]. Letztere ergeben sich beispielsweise bei der Bilanzanalyse, die durch die eingeschränkte Harmonisierung der Rechnungslegung in Europa erschwert wird.

Der aus den vielfältigen Rechnungslegungspflichten resultierende Aufwand ließe sich reduzieren, wenn die IFRS von allen Unternehmen, die von der Kapitalrichtlinie betroffen sind, auch im Einzelabschluss verpflichtend anzuwenden wären[845]. Fraglich ist aber, ob und inwieweit die Vorschriften der Kapitalrichtlinie, die insbesondere den Gläubigerschutz gewährleisten sollen[846], mit einer IFRS-Rechnungslegung kompatibel sind[847]. Um dies zu prüfen, werden im Folgenden die wesentlichen Charakteristika der IFRS sowie die Hauptunterschiede im Vergleich zur HGB-Rechnungslegung[848] als deutsche Ausprägung der Bilanzrichtlinie kurz dargestellt, bevor im weiteren Verlauf des IV. Kapitels die bereits existierenden Vorschläge zur Reform des europäischen Kapitalschutzsystems beleuchtet werden.

Im Gegensatz zu einem Einzelabschluss nach HGB, der verschiedene Zwecke erfüllen soll, besteht die Zielsetzung der IFRS-Rechnungslegungsnormen gemäß dem Rahmenkonzept des

---

[841] Zu den zeitlich befristeten Ausnahmen vgl. bereits Kapitel I.1.

[842] Vgl. *Dziadkowski/Henselmann* (2004), S. 5.

[843] Diese bestehen z.B. darin, dass kapitalmarktorientierte Aktiengesellschaften in Deutschland für Zwecke der Rechnungslegung IFRS-, Steuerrechts- und HGB-Experten beschäftigen müssen. *Merkt* (2004a), S. 308, Fn. 15, weist darauf hin, dass Mitarbeiter von Banken inzwischen nur noch nach IFRS geschult werden.

[844] Vgl. aber *Ekkenga* (2006), S. 396-397, der das Kostenargument in Frage stellt.

[845] In der Literatur mehren sich die Stimmen, die davon ausgehen, dass der IFRS-Einzelabschluss zukünftig den HGB-Abschluss ersetzen wird. Vgl. etwa *AKEU* (2001), S. 161; *Streim/Bieker/Esser* (2004), S. 229.

[846] Vgl. z.B. *Habersack* (2003), S. 114.

[847] Im Gegensatz zu Deutschland haben sich andere EU-Mitgliedstaaten entschieden, ihren Unternehmen die IFRS im Einzelabschluss vorzuschreiben oder befreiend zu gestatten. Eine IFRS-Pflicht besteht in Dänemark (ab 2009), Estland, Griechenland, Italien, Litauen, Malta, der Slowakei, Slowenien und der Tschechischen Republik. Ein IFRS-Wahlrecht sehen Finnland, Großbritannien, Island, Liechtenstein, Luxemburg, die Niederlande, Norwegen und Polen vor. In vielen Ländern dürfen auch nicht kapitalmarktorientierte Gesellschaften die IFRS im Einzel- und Konzernabschluss anwenden. Vgl. *EU-Kommission* (2005a).

[848] Vgl. dazu Kapitel III.1.1.3.2.

IASB (RK.12) und IAS 1.13 ausschließlich in der Vermittlung entscheidungsrelevanter Informationen[849]. Unabhängig von der rechnungslegenden Einheit sollen die Unternehmens- bzw. Konzernbeteiligten ein möglichst aktuelles und wahrheitsgetreues Bild der Vermögens-, Finanz- und Ertragslage sowie der Cashflows des (Konzern-)Unternehmens erhalten, das sie in die Lage versetzt, künftige Entwicklungen abzuschätzen. Das IASB listet in RK.9 eine Reihe von Abschlussadressaten und ihre jeweiligen Informationsbedürfnisse auf[850]. Da die zum Teil divergierenden Informationsbedürfnisse von Investoren, Fremdkapitalgebern, Arbeitnehmern, Lieferanten, Kunden, staatlichen Institutionen sowie von der allgemein interessierten Öffentlichkeit nicht vollständig zu befriedigen seien, orientiert sich die Rechnungslegung nach IFRS gemäß RK.10 primär an den Informationsbedürfnissen der Investoren. Diese benötigen nach Auffassung des IASB detaillierte Unternehmensinformationen, um die Rendite-Risiko-Struktur ihrer Investition abschätzen zu können. Die Fokussierung der Rechnungslegung auf die Belange der Investoren wird vom IASB damit begründet, dass dadurch auch die Informationsbedürfnisse der meisten anderen Abschlussadressaten befriedigt würden.

Zur Sicherstellung der Informationsorientierung sind bei der Erstellung des Jahresabschlusses[851] bestimmte Rechnungslegungsgrundsätze[852] einzuhalten. Von herausragender Bedeutung im Hinblick auf die Zielsetzung der IFRS sind die Primärgrundsätze der Relevanz und der Verlässlichkeit[853]. Informationen gelten gemäß RK.26 dann als relevant, wenn sie bei der Beurteilung vergangener, aktueller oder künftiger Ereignisse helfen und somit die wirtschaftlichen Entscheidungen der Adressaten beeinflussen. Der Grundsatz der Relevanz wird in RK.29-30 und IAS 1.29 durch den Sekundärgrundsatz der Wesentlichkeit dahingehend konkretisiert, dass nur solche Informationen als relevant eingestuft werden, die sich auf zentrale Abschlusspositionen wesentlich auswirken. Nach RK.31 gilt eine Jahresabschlussinformation als verlässlich, wenn sie frei von materiellen Fehlern und bewusster Verzerrung ist. Das Kriterium der Verlässlichkeit wird gemäß RK.33-38 konkretisiert durch die Sekundärgrundsätze der glaubwürdigen Darstellung, der wirtschaftlichen Betrachtungsweise, der Neutralität, der Vorsicht und der Vollständigkeit[854]. Aus deutscher Sicht ist insbesondere das Vorsichtsprin-

---

849 Auch eine Verknüpfung der IFRS-Rechnungslegung mit der steuerlichen Gewinnermittlung im Sinne der Maßgeblichkeit und Umkehrmaßgeblichkeit existiert nach IFRS nicht. Die Fähigkeit der IFRS-Rechnungslegung, auch mittels Gewinn- und Verlustrechnung und Bilanz und nicht nur durch sonstige (Konzen-)Jahresabschlussbestandteile (z.B. Kapitalflussrechnung, Segmentberichterstattung) entscheidungsnützliche Informationen für die Investoren vermitteln zu können, wird in der Literatur teilweise bestritten. Vgl. dazu z.B. *Streim* (1998), S. 333-340; *Streim* (2000), S. 113-129; *Streim/Esser* (2003a).

850 Vgl. dazu im Überblick *Streim/Bieker/Leippe* (2001), S. 179-182; *Pellens/Fülbier/Gassen* (2006), S. 105-106. Zu einem ausführlichen Vergleich der Jahresabschlussadressaten nach HGB, IFRS und US-GAAP vgl. *Bonse* (2004), S. 20-24.

851 Bestandteile des Jahresabschlusses sind nach RK.7 Bilanz, Gewinn- und Verlustrechnung, Kapitalflussrechnung, Eigenkapitalveränderungsrechnung nach IAS 1.86-89, Anhang (notes) sowie weitere Rechnungen und erläuternde Angaben, wie z.B. die Segmentberichterstattung nach IAS 14 von kapitalmarktorientierten Unternehmen.

852 Vgl. dazu ausführlich etwa *Pellens/Fülbier/Gassen* (2006), S. 107-113. Zu einem Vergleich der Grundsätze nach HGB, IFRS und US-GAAP vgl. im Überblick *Hayn/Waldersee* (2004), S. 58-63.

853 Weitere Primärgrundsätze sind der Grundsatz der Verständlichkeit (RK.25) und der Grundsatz der Vergleichbarkeit (RK.39-42).

854 Die Primärgrundsätze der Relevanz und Verlässlichkeit werden durch die Nebenbedingungen der Zeitnähe, der Abwägung von Kosten und Nutzen und der Abwägung der qualitativen Anforderungen an den Abschluss (RK.43-45) ergänzt.

zip[855] von Interesse. Nach RK.37 soll es nicht zu einer Überbewertung von Vermögenswerten, einer Unterbewertung von Schulden oder zu einem zu hohen Ausweis des Periodenergebnisses kommen. Es wird explizit darauf hingewiesen, dass der Grundsatz der Vorsicht nicht zur bewussten Bildung stiller Reserven führen darf. Konkretisiert wird das Vorsichtsprinzip z.B. durch die in IAS 36 normierten Abschreibungsvorschriften bei Wertminderungen des Anlage- und Umlaufvermögens[856] sowie die Bilanzierung von drohenden Verlusten aus schwebenden Geschäften gemäß IAS 10. Insgesamt ist das Vorsichtsprinzip im Vergleich zur HGB-Rechnungslegung eher schwach ausgeprägt[857].

Während das IASB lange Zeit davon ausging, dass bei Beachtung der Rechnungslegungsstandards und der vorstehend skizzierten Rechnungslegungsgrundsätze automatisch ein den tatsächlichen Verhältnissen entsprechendes Bild der Vermögens-, Finanz- und Ertragslage gewährleistet ist, ist seit 1997 in IAS 1.13 die Generalnorm der fair presentation normiert. Gemäß IAS 1.17 ist allerdings nur in äußerst seltenen Ausnahmefällen ein Abweichen von einzelnen IFRS möglich, wobei dann umfangreiche Anhangangaben zu machen sind[858].

Die verschiedenen Posten eines IFRS-Abschlusses werden ebenfalls im Rahmenkonzept definiert. Der Begriff des Vermögenswerts (asset) nach RK.49(a) stellt auf den künftigen ökonomischen Nutzen einer in der Verfügungsmacht des Unternehmens stehenden Ressource ab und ist daher weiter gefasst als der des Vermögensgegenstands nach HGB[859]. Ein Nutzen besteht in dem Potential eines Vermögenswerts, einen direkten oder indirekten zukünftigen Zufluss von liquiden oder zahlungsmitteläquivalenten Mitteln zu gewährleisten. Unter die Definition des Vermögenswerts fallen sowohl materielle als auch immaterielle Vermögenswerte. Die bilanzielle Abbildung eines Vermögenswerts bleibt allerdings aus, wenn z.B. der Nutzenzufluss nicht ausreichend wahrscheinlich ist oder ein bestimmter IFRS dies verbietet.

Eine Schuld ist nach RK.49(b) eine gegenwärtige Verpflichtung des Unternehmens, die zu einem voraussichtlichen Abfluss von Ressourcen mit wirtschaftlichem Nutzen führt. Unter dieser Definition werden sowohl Verbindlichkeiten als auch Rückstellungen subsumiert. Im Gegensatz zum deutschen Handelsrecht werden Aufwandsrückstellungen von der Definition nicht erfasst, da sie keine Verpflichtung gegenüber Dritten darstellen[860].

Vermögenswerte und Schulden sind in der Bilanz anzusetzen, wenn sie erstens die angesprochenen Definitionen erfüllen, es zweitens wahrscheinlich ist, dass ein wirtschaftlicher Nutzen dem Unternehmen zufließt bzw. von ihm abfließt und der Sachverhalt drittens verlässlich bewertbar ist (RK.83). Mangels einer konkreten Angabe des IASB hinsichtlich der Wahrschein-

---

855 Vgl. zur unterschiedlichen Ausgestaltung des Vorsichtsprinzips nach HGB, IFRS und US-GAAP *Bonse* (2004), S. 36-40.

856 Nicht in den Anwendungsbereich von IAS 36 fallen unter anderem Vorräte und die meisten finanziellen Vermögenswerte (IAS 36.2). Vgl. dazu auch *Pellens/Fülbier/Gassen* (2006), S. 245.

857 Vgl. *Bonse* (2004), S. 39-40; *Pellens/Fülbier/Gassen* (2006), S. 110.

858 Vgl. *Bonse* (2004), S. 28-29; *Pellens/Fülbier/Gassen* (2006), S. 112-113.

859 Vgl. *Schulze-Osterloh* (2003a), S. 95; *Baetge/Kirsch/Thiele* (2005), S. 182.

860 Vgl. *Pellens/Fülbier/Gassen* (2006), S. 114.

lichkeit des Nutzenzu- und -abflusses wird im Schrifttum von dem Erfordernis einer mehr als 50%igen Wahrscheinlichkeit ausgegangen[861].

Im Rahmen der Bewertung der Abschlusspositionen führt das IASB in RK.100 vier verschiedene Bewertungsgrundlagen an, die zur Anwendung kommen können: die historischen Anschaffungs- oder Herstellungskosten (historical cost), die Wiederbeschaffungskosten (current cost), der Veräußerungswert/Erfüllungsbetrag (realisable/settlement value) und der Barwert (present value). Allerdings findet in RK.100 keine Zuordnung der Bewertungsmaßstäbe zu den Abschlusspositionen statt. Darüber hinaus finden sich mit dem beizulegenden Zeitwert (fair value), dem Marktwert (market value), dem Nutzungswert (value in use) und dem Nettoveräußerungspreis (net selling price) in einzelnen IFRS weitere Wertmaßstäbe[862].

Im Hinblick auf die Gewinnermittlung besteht ein wesentlicher Unterschied zum HGB in der weiter gefassten Interpretation des Realisationsprinzips, nach dem nicht nur tatsächlich realisierte, sondern auch realisierbare Erträge in der Gewinn- und Verlustrechnung erfasst werden[863]. Dadurch kann es zu einem Ausweis unrealisierter Gewinne kommen. Liegen beispielsweise die Voraussetzungen zur Bilanzierung langfristiger Fertigungsaufträge nach dem Leistungsfortschritt (percentage of completion-Methode) gemäß IAS 11.22-24 vor, kommt es regelmäßig zu einer Gewinnrealisierung bereits zu einem Zeitpunkt, zu dem der Gefahrenübergang der Leistung auf den Käufer noch nicht stattgefunden hat[864]. Diese Vorgehensweise ist Ausdruck der bereits angesprochenen Zielsetzung des IASB, die wirtschaftliche Lage zutreffend abzubilden. Eine solche Bilanzierung stellt die periodengerechte Erfolgsermittlung zu Lasten des Realisationsprinzips in den Vordergrund.

Auch bestimmte Finanzinstrumente können bzw. müssen nach IAS 39 zum beizulegenden Zeitwert bilanziert werden, wodurch gegebenenfalls unrealisierte Gewinne ausgewiesen werden. Zu einer Zeitwertbilanzierung und damit zu einem Abweichen vom Anschaffungs- bzw. Herstellungskostenprinzip kommt es z.B. ebenfalls bei Fremdwährungstransaktionen (IAS 21.23), im Rahmen der Equity-Bewertung von Beteiligungen nach IAS 28, bei Immobilien, die als Finanzinvestitionen gehalten werden (IAS 40.33) und bei biologischen Vermögenswerten und bestimmten landwirtschaftlichen Erzeugnissen (IAS 41.12-13)[865].

---

861 Vgl. z.B. *Baetge/Kirsch/Thiele* (2005), S. 184; *Coenenberg* (2005), S. 79; *Wagenhofer* (2005), S. 135; *Pellens/Fülbier/Gassen* (2006), S. 117. Nach IAS 37.23 wird bei der Bilanzierung von Schulden „ein Abfluss von Ressourcen oder ein anderes Ereignis als wahrscheinlich angesehen, wenn mehr dafür als dagegen spricht; d.h. die Wahrscheinlichkeit, dass das Ereignis eintritt, ist größer als die Wahrscheinlichkeit, dass es nicht eintritt." Es wird dort allerdings darauf hingewiesen, dass der Wahrscheinlichkeitsbegriff von IAS 37.23 nicht zwingend auf andere IFRS übertragbar ist.

862 Vgl. *Mujkanovic* (2002), S. 108-136; *Baetge/Kirsch/Thiele* (2005), S. 260-264. Zu den verschiedenen Ausprägungen des fair value in den IFRS vgl. *Streim/Bieker/Esser* (2003), S. 459-469; *Ballwieser/Küting/Schildbach* (2004), S. 532-534.

863 Vgl. *Pellens/Fülbier/Gassen* (2006), S. 115.

864 Vgl. *Pellens/Fülbier/Gassen* (2006), S. 371.

865 Die mögliche Bilanzierung von Sachanlagen (IAS 16.31), immateriellen Vermögenswerten (IAS 38.75) und von Vermögenswerten aus Exploration und Evaluierung von mineralischen Ressourcen (IFRS 6.12) zum Zeitwert über die Anschaffungs- oder Herstellungskosten hinaus ist hingegen ergebnisneutral zu behandeln. Vgl. IAS 16.39, IAS 38.85 und IFRS 6.12.

Im Gegensatz zur HGB-Rechnungslegung existieren in den IFRS keine expliziten Ansatzwahlrechte[866]. Die IFRS enthalten aber eine Reihe von Bewertungswahlrechten, z.B. hinsichtlich der Bewertungsvereinfachungsverfahren des Vorratsvermögens gemäß IAS 2.25, der Fremdkapitalkosten gemäß IAS 23.11, der Verrechnung versicherungsmathematischer Gewinne und Verluste bei leistungsorientierten Versorgungsplänen gemäß IAS 19.92-95 und der Bewertung von Sachanlagen (IAS 16.29) und immateriellen Vermögenswerten (IAS 38.72)[867]. Insgesamt weisen die IFRS im Vergleich zum HGB deutlich weniger explizite Wahlrechte auf[868].

Ermessensspielräume, die sich dem bilanzierenden Unternehmen dadurch eröffnen, dass das Management bei der Bilanzierung auf Schätzungen angewiesen ist (z.B. Festlegung der Abschreibungsmethode und -dauer), bestehen auch nach IFRS. Für die IFRS-Rechnungslegung typische Ermessensspielräume existieren z.B. bei den Ansatzkriterien von Vermögenswerten und Schulden, den unterschiedlichen nicht näher konkretisierten Wahrscheinlichkeitsbegriffen, der Schätzung von Auftragserlösen und -kosten von Fertigungsaufträgen nach IAS 11 und IAS 18, dem Ansatz aktiver latenter Steuern auf Verlustvorträge nach IAS 12.34, der Segmentabgrenzung nach IAS 14, der Abgrenzung von Finanzierungsleasing und Operating Leasing nach IAS 17, der versicherungsmathematischen Annahmen im Rahmen der Bewertung von Pensionsrückstellungen nach IAS 19 und der Festlegung der funktionalen Währung bei der Währungsumrechnung nach IAS 21[869].

Die alleinige Ausrichtung auf die Informationsfunktion und damit einhergehend die stärkere Gewichtung der Relevanz gegenüber der Verlässlichkeit von Abschlussinformationen sowie die zunehmende Zeitbewertung führen zu weiteren Ermessensspielräumen nach IFRS. Beispielhaft können hier die Ansatzkriterien von Entwicklungskosten gemäß IAS 38.45, die Ermittlung des erzielbaren Betrags und der zahlungsmittelgenerierenden Einheiten beim Impairment-Test nach IAS 36.5-7 und die Ermittlung des beizulegenden Zeitwerts nach IAS 39, IAS 40, IAS 41, IFRS 2, IFRS 3 und IFRS 5 genannt werden. Diese Vorschriften sind in der Literatur zum Teil auf erhebliche Kritik gestoßen[870]. Bemängelt wird zum einen, dass die Unternehmensleitung durch geschickte Sachverhaltsgestaltungen die Erfüllung oder Nicht-Erfüllung der Kriterienkataloge, die nach vielen IFRS für den Ansatz von Abschlusspositionen kumulativ zu erfüllen sind, steuern kann. Kritisiert werden zum anderen weitere bilanzpolitische Möglichkeiten, die sich aus dem zunehmenden fair value-Konzept ergeben. Liegen zur Bestimmung des beizulegenden Zeitwerts keine objektivierbaren Marktpreise (z.B. Börsenkurse) oder den Marktpreisen vergleichbare Werte vor, sind Schätzungen z.B. auf Basis von

---

866 Vgl. *Wagenhofer* (2005), S. 554. Nach dieser Ansicht wird der wahlweise Einbezug der Fremdkapitalkosten in die Anschaffungs- oder Herstellungskosten gemäß IAS 2.17 i.V.m. IAS 23.11 als Bewertungswahlecht interpretiert.

867 Vgl. dazu umfassend *Wagenhofer* (2005), S. 555-556. Die Zahl der Wahlrechte ist durch das im Mai 2002 gestartete so genannte Improvements Project des IASB erheblich reduziert worden. Vgl. zu den durch das Improvements Project hervorgerufenen Änderungen ausführlich *Zülch* (2004). Zu einem Überblick zu den Wahlrechten vor Verabschiedung des Improvements Project vgl. *Pellens/Sürken* (1998), S. 203-209.

868 Vgl. *Küting/Reuter* (2005), S. 710-711; *Wagenhofer* (2005), S. 557-558.

869 Zu einem ausführlicheren Überblick zu den wesentlichen Ermessensspielräumen nach IFRS vgl. *Wagenhofer* (2005), S. 558-560.

870 Vgl. etwa *Lüdenbach/Hoffmann* (2002), S. 1172-1174; *Mujkanovic* (2002), S. 259-263; *Baetge* (2003), S. 481-482; *Streim/Bieker/Esser* (2003), S. 469-478; *Ballwieser/Küting/Schildbach* (2004), S. 534-548; *Baetge* (2005); *Hitz* (2005); *Küting* (2005). Zu den Schwierigkeiten bei der Prüfung von beizulegenden Zeitwerten vgl. z.B. *Niehus* (1998), S. 495-498; *Ruhnke/Schmidt* (2003), S. 1041-1051.

Discounted-Cashflow-Verfahren durchzuführen[871], die zahlreiche subjektive Annahmen erfordern.

Die Ermessensspielräume werden in den Folgeperioden allerdings insofern begrenzt, als auch nach IFRS das Stetigkeitsprinzip zu beachten ist (RK.39, IAS 1.27, IAS 8.41). Darüber hinaus werden die bilanzpolitischen Spielräume de facto dadurch eingeschränkt, dass nach IFRS umfangreiche und über die handelsrechtlichen Pflichten hinausgehende Anhangangaben zu den angewandten Bilanzierungsmethoden verlangt werden[872]. Schließlich wird bezweifelt, dass die IFRS-Rechnungslegung insgesamt mehr Ermessensspielräume als das HGB gewährt[873].

Fraglich ist nun, inwiefern sich die vorstehend skizzierten Unterschiede zur HGB-Rechnungslegung in einem IFRS-Abschluss auswirken. Im juristischen Schrifttum wird bisweilen der Eindruck vermittelt, die Bilanzierung nach IFRS führe im Vergleich zum HGB grundsätzlich zu einer Vorverlagerung des Gewinnausweises, einem höheren Ansatz der Vermögenswerte, einem niedrigeren Ansatz der Schulden und einem höheren Eigenkapital[874]. Allgemeingültige Aussagen zum Umstellungseffekt sind jedoch nur bedingt möglich. Auf der einen Seite führt die Umstellung der Rechnungslegung von HGB auf IFRS[875] tendenziell zu höheren Ansätzen der Sachanlagen, der immateriellen Vermögenswerte, der aktiven latenten Steuern und der Finanzinstrumente, woraus auch ein höheres Eigenkapital resultiert. Auf der anderen Seite kommt es tendenziell zu einem höheren Ausweis der Pensionsrückstellungen und folglich einem niedrigeren Eigenkapital[876]. Ob und inwieweit es zu wesentlichen Unterschieden kommt, ist unternehmensindividuell verschieden und hängt insbesondere von der Branche und der Geschäftstätigkeit des Unternehmens sowie der bisherigen Ausnutzung von bilanzpolitischen Möglichkeiten nach HGB ab[877].

Losgelöst von den Einmaleffekten bei der Umstellung kommt es bei Anwendung der IFRS zu laufenden Unterschieden. Sie resultieren im Wesentlichen aus der weniger strikten Ausgestaltung des Realisations- und Vorsichtsprinzips und führen in der Regel zu einem zeitlich früheren Gewinnausweis. Allerdings gibt es auch Beispiele für IFRS-Bilanzierungsregeln, die im Vergleich zum HGB als vorsichtiger einzustufen sind, wie z.B. die Bewertung von Pensionsrückstellungen nach IAS 19 und das Aktivierungsverbot von Ingangsetzungs- und Erweite-

---

871 Die IFRS beinhalten bislang keine allgemein gültige Ermittlung des beizulegenden Zeitwerts (fair value). Zur Ermittlung des beizulegenden Zeitwerts abzüglich der Verkaufskosten findet sich in IAS 36.25-27 eine Hierarchie möglicher Informationsquellen. Vgl. auch IAS 36.BCZ9-BCZ30. Zu einem in der Literatur vorgeschlagenen Stufenkonzept zur Ermittlung von fair values vgl. *Baetge/Zülch* (2001), S. 546-547, 554-558. Vgl. zur fair value-Hierarchie nach US-GAAP ausführlich *Sellhorn* (2004), S. 177-186; *Bieker* (2006), S. 173-177.

872 Vgl. *Pellens/Sürken* (1998), S. 224.

873 Vgl. *Wagenhofer* (2005), S. 561: „Gleichzeitig sollte man nicht aus den Augen verlieren, was das HGB in solchen Fällen vorsieht. Zwei Beispiele: Beim Ansatz von Rückstellungen schweigt es überhaupt, womit sich der Bilanzierende die Kommentarmeinung aussuchen kann, die er gerade benötigt. Und bei den latenten Steuern wird ein ‚voraussichtlicher' künftiger Ausgleich gefordert. Die Spielräume, die dabei entstehen, sind noch einen Quantensprung höher als nach IFRS."

874 Vgl. *Arbeitskreis Bilanzrecht der Hochschullehrer Rechtswissenschaft* (2002), S. 2373; *Merkt* (2003), S. 132; *Schulze-Osterloh* (2003a), S. 97; *Merkt* (2004a), S. 307-308.

875 Zu den Regeln nach IFRS 1, die bei der erstmaligen Umstellung zu beachten sind, vgl. etwa *Pellens/Detert* (2003), S. 370-375.

876 Vgl. *Wagenhofer* (2005), S. 510.

877 Vgl. *Wagenhofer* (2005), S. 514. Vgl. zu den bilanzpolitischen Möglichkeiten im Jahr der Umstellung der Rechnungslegung von HGB auf IFRS kritisch *Hoffmann/Zeimes* (2004), § 6, Tz. 135-149.

rungsaufwendungen gemäß IAS 38.6(a)[878]. Der stärkere Einfluss von Zeitwerten in der IFRS-Rechnungslegung kann dazu führen, dass die Periodenergebnisse im Zeitablauf stärker schwanken als nach HGB. Allerdings führen die IFRS teilweise auch zu gegenläufigen Effekten. Glättungseffekte ergeben sich z.B. dadurch, dass die Gewinne aus Fertigungsaufträgen auf die Dauer des Fertigungsauftrags verteilt oder Entwicklungskosten aktiviert werden. Folglich lassen sich allgemeingültige Aussagen hinsichtlich der Volatilität der Periodenergebnisse ebenfalls nicht treffen[879].

Zusammenfassend bleibt festzuhalten, dass ein mögliches Zusammenspiel der bisherigen Kapitalschutzregeln mit einer IFRS-Rechnungslegung im Einzelabschluss problematisch erscheint[880]. Aufgrund des weiter gefassten Realisationsprinzips und des geringeren Stellenwerts des Vorsichtsprinzips kann es nach IFRS zu einem Ausweis unrealisierter Gewinne kommen, die für Ausschüttungen zur Verfügung stünden. In der Literatur sind Lösungsmöglichkeiten für diese Problematik entwickelt worden. Vorgeschlagen werden beispielsweise Ausschüttungssperren, die sich entweder auf alle noch nicht realisierten Ergebnisse im Einzelnen[881] oder zumindest pauschal auf Vermögenswerte in Höhe eines bestimmten Prozentsatzes des Eigenkapitals nach IFRS beziehen[882]. Vorgeschlagen wird ferner, die Ausschüttungsbemessung an die Steuerbilanz zu koppeln[883]. Die Lösungsvorschläge sind allerdings auch mit Nachteilen verbunden. Fraglich ist beispielsweise, ob der Gesetzgeber angesichts der kontinuierlichen und schnellen Fortentwicklung der IFRS-Rechnungslegung in der Lage wäre, zeitnah mit neuen Ausschüttungssperren auf neue Bilanzierungsregeln zu reagieren. Darüber hinaus besteht die Gefahr, dass mit der zunehmenden Anzahl von Ausschüttungssperren de facto ein Ausschüttungsabschluss und mithin ein dreigleisiges Rechnungslegungssystem erforderlich wird[884]. Pauschale Ausschüttungssperren wiederum vermeiden zwar die Kosten der Erstellung eines zusätzlichen Ausschüttungsabschlusses, können aber den unternehmensindividuellen Gegebenheiten nicht Rechnung tragen[885], so dass möglicherweise Dividendenzahlungen verhindert würden, obwohl keine unrealisierten Gewinne bestehen. Die Anbindung an das steuerrechtliche Ergebnis ist schließlich problematisch, weil Ausschüttungs- und Steuerbemessung unterschiedliche Zwecke verfolgen[886].

---

878 Vgl. zu zahlreichen Beispielen für die unterschiedliche Ausprägung des Vorsichtsprinzips nach IFRS und HGB *Wagenhofer* (2005), S. 527.

879 Vgl. hierzu *Wagenhofer* (2005), S. 568-570.

880 Vgl. z.B. *Schön* (2001), S. 76; *Hennrichs* (2005), S. 258-259; *Ekkenga* (2006), S. 395. Vgl. hingegen *Streim/Esser* (2003b); *Streim/Esser* (2003c), welche die These der Unvereinbarkeit der IFRS-Rechnungslegung zum Zwecke der Zahlungsbemessung relativieren. Vgl. ähnlich *Schreiber* (1999), S. 890; *Wagenhofer/Ewert* (2003), S. 180. Vgl. auch *Busse von Colbe* (2002a), S. 170: „Die Behauptung, mit der Anwendung der IAS auf den Jahresabschluss werde das Gläubigerschutzprinzip aufgegeben, ist so nicht haltbar."

881 Vgl. *Krumnow* (1994), S. 694; *Böcking* (2001), S. 1439; *Buchholz* (2002), S. 1283, *Kahle* (2002a), S. 703, 707; *Peemöller/Spanier/Weller* (2002), S. 1801.

882 Vgl. *Schulze-Osterloh* (1995), S. 137-138.

883 Vgl. dazu *Pellens* (2001a), S. 608, 610; *Pellens/Gassen* (2001), S. 140.

884 Vgl. *Pellens* (2001a), S. 609; *Busse von Colbe* (2002a), S. 170; *Hennrichs* (2004), S. 128.

885 Vgl. *Strobl* (1996), S. 409; *Siegel* (1997), S. 140.

886 Vgl. *Moxter* (2001), S. 606; *Pellens* (2001a), S. 609; *Schön* (2001), S. 79.

2 Vorschläge der SLIM-Arbeitsgruppe von 1999

2.1 Aufgabe und Überblick zu den Ergebnissen

Die SLIM-Initiative wurde von der EU-Kommission im Jahre 1996 ins Leben gerufen. Die Abkürzung steht für „Simpler Legislation for the Internal Market" und deutet auf das von der EU-Kommission verfolgte Ziel hin. Es besteht darin, die Rechtsvorschriften in der EU zu vereinfachen und die Effizienz des europäischen Binnenmarktes zu erhöhen. Die behandelten Themengebiete sind breit angelegt[887]. Gegenstand der vierten Phase der SLIM-Initiative war das Gesellschaftsrecht. Die SLIM-Arbeitsgruppe zum Gesellschaftsrecht bestand aus insgesamt elf Mitgliedern – fünf Ministerialbeamte und fünf Praxisvertreter unter dem Vorsitz von Prof. *Wymeersch* von der Universität Gent –, die von der EU-Kommission im Jahre 1999 bestellt wurden[888].

Die Arbeitsgruppe sollte sich nicht als bloßes „Streichorchester"[889] verstehen, das lediglich Vorschläge erarbeitet, wie die gesellschaftsrechtlichen Vorschriften verringert und die Formulierungen der Gesetzestexte gestrafft werden können. Das Ziel der „Schlankheitskur für das EU-Gesellschaftsrecht"[890] sollte vielmehr darin bestehen, den bürokratischen Aufwand materiell zu verringern und die Flexibilität der Unternehmenspraxis zu erhöhen. Wie von der EU-Kommission vorgeschlagen, befasste sich die Arbeitsgruppe schwerpunktmäßig mit der Kapitalrichtlinie. Andere bearbeitete Themen betrafen die Erste EU-Richtlinie (Publizitätsrichtlinie)[891] und die Elfte EU-Richtlinie (Zweigniederlassungsrichtlinie)[892]. Die 1999 im Abschlussbericht[893] der Arbeitsgruppe unterbreiteten Empfehlungen zu diesen beiden Richtlinien wurden von den Mitgliedstaaten weitgehend befürwortet, so dass die EU-Kommission zügig einen Richtlinienvorschlag erarbeiten[894] und die entsprechende Richtlinie bereits im Jahre 2003 in Kraft treten konnte[895]. Spätestens ab dem 01.01.2007 müssen danach gemeinschaftsweit zugängliche elektronische Handelsregister eingeführt worden sein, bei denen die betroffenen Kapitalgesellschaften ihre offen zu legenden Jahresabschlussdaten und Urkunden in elektronischer Form einzureichen haben, um eine schnelle und bequeme Abfrage über das Internet zu ermöglichen[896]. Darüber hinaus wird die zusätzliche freiwillige Offenlegung in anderen Sprachen ermöglicht. Zudem werden den Unternehmen Vorgaben zu Mindestinformationen auf ihren Internetseiten gemacht.

---

887 Die Themen reichen von Zierpflanzen und Kosmetika über Umsatzsteuer bis hin zu radioaktivem Müll. Vgl. dazu *Baldamus* (2002), S. 38, Fn. 6 m.w.N.

888 Aus Deutschland waren als Vertreter der Anwendungspraxis *Kallmeyer* und *Rasner* beteiligt. Zu genaueren Angaben vgl. *Baldamus* (2002), S. 41.

889 *Kallmeyer* (2001), S. 407.

890 *Neye* (1999), S. 1944, in Anspielung auf die deutsche Übersetzung von „slim" (schlank).

891 Vgl. Erste Richtlinie des Rates vom 09.03.1968 (68/151/EWG), ABl. EG Nr. L 65 vom 14.03.1968.

892 Vgl. Elfte Richtlinie des Rates vom 22.12.1989 (89/666/EWG), ABl. EG Nr. L 395 vom 30.12.1989.

893 Zum Abschlussbericht siehe *SLIM* (1999a). Die deutsche Übersetzung des Berichts – *SLIM* (1999b) – wird als fehlerhaft kritisiert. Vgl. *Kallmeyer* (2001), S. 407; *Baldamus* (2002), S. 2, Fn. 3.

894 Vgl. *Baldamus* (2002), S. 43; *Scholz* (2004), S. 173.

895 Vgl. Richtlinie 2003/58/EG, ABl. EU Nr. L 221 vom 04.09.2003. Vgl. zu ihren Inhalten ausführlich *Scholz* (2004).

896 In Deutschland sind davon alle Aktiengesellschaften, KGaA und GmbH betroffen. Vgl. zum Referentenentwurf eines Gesetzes über elektonische Handels- und Unternehmensregister *BMJ* (2005a). Vgl. dazu *Spindler* (2006).

2.2 Vorschläge zur Reform der Kapitalrichtlinie

Die SLIM-Arbeitsgruppe hat den Schwerpunkt ihrer Tätigkeit auf die Erarbeitung von Vereinfachungsmöglichkeiten der Kapitalrichtlinie gelegt. Wie der nachfolgenden Tab. 2 zu entnehmen ist, hat die Arbeitsgruppe sechs Vorschläge gemacht, die zu einer beachtlichen Deregulierung der Kapitalrichtlinie führen würden[897].

	Thema	Inhalt des Vorschlags
1	Sacheinlagen	• Ein bereits existierender Bericht eines unabhängigen Sachverständigen über den Wert der Einlage hat befreiende Wirkung, wenn er hinreichend aktuell und qualitativ vergleichbar ist. • Eine Wertprüfung ist entbehrlich, wenn Anteile börsennotierter Gesellschaften zu Börsenkursen eingebracht werden.
2	Nennwert	• Die Einführung echter nennwertloser Aktien soll geprüft werden.
3	Zwangseinziehung	• Mehrheitsaktionäre, die mindestens 90 % der Aktien halten, bekommen die Möglichkeit, die Minderheitsaktionäre gegen Barabfindung auszuschließen (Squeeze-out).
4	Rückkauf eigener Aktien	• Der Ermächtigungszeitraum des Vorstands zum Erwerb eigener Aktien durch die Hauptversammlung wird von 18 Monaten auf fünf Jahre ausgeweitet. • Der Erwerb eigener Aktien ist bis in Höhe der ausschüttungsfähigen Rücklagen zulässig.
5	Finanzielle Unterstützung	• Die finanzielle Unterstützung des Aktienerwerbs durch Dritte in Form von Vorschüssen, Darlehen oder Sicherheiten ist in Höhe der ausschüttungsfähigen Rücklagen zulässig. • Alternativ soll sich das Verbot der finanziellen Unterstützung auf die Zeichnung neuer Aktien beschränken.
6	Bezugsrechte	• Bei börsennotierten Gesellschaften kann die Hauptversammlung den Vorstand für einen Zeitraum von maximal fünf Jahren dazu ermächtigen, das Bezugsrecht bei einer Barkapitalerhöhung auszuschließen. • Voraussetzung dafür ist, dass die neuen Aktien zum Marktpreis oder leicht darunter emittiert werden.

Tab. 2: Reformvorschläge der SLIM-Arbeitsgruppe (1999) zur Kapitalrichtlinie

Im Rahmen dieser Arbeit ist insbesondere der Reformvorschlag zum Aktienrückkauf interessant. Vergleichbar mit dem Recht Kaliforniens und den Vorschriften des MBCA würde danach der Aktienrückkauf denselben Ausschüttungsregeln unterliegen wie Dividendenzahlungen. Dies erscheint sinnvoll, da für die Gesellschaft beide Ausschüttungsvarianten aus ökonomischer Perspektive mit denselben Konsequenzen verbunden sind[898]. Der Reformvorschlag hätte zur Folge, dass der Aktienrückkauf als Ausschüttungsinstrument attraktiver und flexib-

897 Vgl. zur ausführlichen Darstellung und Kritik der sechs Vorschläge insbesondere *Baldamus* (2002), S. 91-249. Vgl. ferner *Drygala* (2001), S. 292-298; *Kallmeyer* (2001), S. 407-409; *Wymeersch* (2001), S. 30-36; *Stühmer* (2003), S. 49-199.

898 Vgl. so auch *Martens* (1996), S. 341; *Lutter* (1997), S. 56; *Escher-Weingart/Kübler* (1998), S. 558; *Mülbert/Birke* (2002), S. 703; *Choper/Coffee/Gilson* (2004), S. 225, Fn. 83.

ler würde, ohne den Gläubigerschutz zu beschneiden[899]. Auch die Anhebung der bestehenden wenig praktikablen Ermächtigungsfrist von 18 Monaten auf fünf Jahre ist zu begrüßen[900]. Da beispielsweise Aktienoptionsprogramme in der Regel für eine Dauer von fünf Jahren aufgelegt werden, muss bisher der Ermächtigungsbeschluss in jeder ordentlichen Hauptversammlung neu beschlossen werden.

Im Gegensatz zu den sonstigen Vorschlägen der Arbeitsgruppe sind die zur Kapitalrichtlinie auf ein unterschiedliches Echo gestoßen[901]. Die Anregungen haben sich daher auch nicht unmittelbar in einem Richtlinienvorschlag niedergeschlagen. Sie sind aber von der im September 2001 eingesetzten High Level Group wieder aufgenommen worden.

3 Vorschläge der High Level Group von 2002

3.1 Zusammensetzung und Aufgabe

Im September 2001 setzte die EU-Kommission die so genannte „High Level Group of Company Law Experts" mit dem Ziel ein, Vorschläge für eine weitere Modernisierung des Gesellschaftsrechts in der EU zu erarbeiten. Die Expertengruppe bestand aus sieben Juristen unter dem Vorsitz von Prof. *Winter* von der Universität Rotterdam[902]. Sie erhielt ein zweiteiliges Mandat. Die Experten sollten zum einen – im Rahmen dieser Arbeit nicht weiter beachtete – Vorschläge für eine Dreizehnte Richtlinie zur Regelung von Übernahmeangeboten erarbeiten, nachdem der existierende Richtlinienvorschlag im Juli 2001 vom Europäischen Parlament abgelehnt worden war[903]. Zum anderen wurde die Gruppe beauftragt, Empfehlungen für moderne gesellschaftsrechtliche Rahmenbedingungen in Europa zu unterbreiten.

Im Rahmen des zweiten Teils ihres Mandats veröffentlichte die Gruppe im April 2002 ein umfangreiches Konsultationspapier[904] und bat alle am Gesellschaftsrecht interessierten Kreise

---

899 Vgl. den Reformvorschlag dennoch kritisierend *Drygala* (2001), S. 297; *Baldamus* (2002), S. 180-187; *Bayer* (2004a), S. 8. Für eine Abschaffung der 10%-Grenze pladieren *Kübler* (1989), S. 63; *Escher-Weingart/Kübler* (1998), S. 558-559; *Escher-Weingart* (2001), S. 285, 288; *Schremper* (2002), S. 20; *Kübler* (2003c), S. 102; *Oechsler* (2006), S. 77. A.A. *Arbeitsgruppe Europäisches Gesellschaftsrecht* (2003), S. 873.

900 Vgl. so auch *Kallmeyer* (2001), S. 407-408. Vgl. die 18-Monatsgrenze ebenfalls kritisierend *Martens* (1996), S. 339; *Benckendorff* (1998), S. 304; *Hirte* (2000a), S. 242; *Oechsler* (2006), S. 79-81. A.A. *Baldamus* (2002), S. 173-178.

901 Vgl. überblicksartig *Baldamus* (2002), S. 43-44 m.w.N.

902 Die weiteren Mitglieder waren *Christensen*, *Garcia*, *Hopt*, *Rickford*, *Rossi* und *Simon*. Zu genaueren Angaben vgl. *High Level Group* (2002c), S. 143. Aufgrund ihres Vorsitzenden wird die Extpertengruppe in der Literatur auch als „Winter-Gruppe" bezeichnet. Die offizielle deutsche Übersetzung lautet „Hochrangige Gruppe von Experten auf dem Gebiet des Gesellschaftsrechts".

903 Vgl. zu den bis in die 1970er Jahre zurückreichenden Bemühungen um eine Regulierung von Übernahmeangeboten in der EU bis zum vorläufigen Scheitern im Jahre 2001 *Hopt* (2001); *Hopt* (2002c), S. 1-10; *Habersack* (2003), S. 348-350; *Grundmann* (2004), S. 436-437. Im Januar 2002 legte die Winter-Gruppe ihren Bericht über den ersten Teil ihres Mandats vor. Vgl. *High Level Group* (2002a); dazu *Hopt* (2002b), S. 383; *Hopt* (2002c), S. 10-13; *Wiesner* (2002). Auf Basis eines Kompromisses wurde schließlich die Richtlinie 2004/25/EG des Europäischen Parlaments und des Rates vom 21.04.2004 betreffend Übernahmeangebote, ABl. EU 2004 L 142/12, verabschiedet. Vgl. zu ihren Inhalten *Grundmann* (2004), S. 438-459; *Maul/Muffat-Jeandet* (2004).

904 Vgl. *High Level Group* (2002b).

um Stellungnahmen und Anregungen bis Ende Juni 2002. Der Abschlussbericht der High Level Group über „Moderne gesellschaftsrechtliche Rahmenbedingungen in Europa" wurde der EU-Kommission am 04.11.2002 vorgelegt[905]. Er basiert auf den über 2.500 Seiten[906] umfassenden ca. 170 Stellungnahmen und Kommentaren[907], einer Anhörung von Vertretern europäischer Wirtschafts- und Berufsvereinigungen sowie insbesondere auf den eigenen Erörterungen der Expertengruppe.

Auf knapp 180 Seiten bietet der Abschlussbericht ein breit gefächertes Themenspektrum[908]. Neben allgemeinen Themen (z.B. Maßnahmen zur Förderung effizienter und wettbewerbsfähiger Unternehmen in Europa, Bevorzugung von Publizitätserfordernissen anstelle von weiteren Regulierungen, stärkere Differenzierung nach börsennotierten, offenen und geschlossenen Gesellschaften, Einsatz neuer Informationstechnologien) werden spezifische Corporate-Governance-Angelegenheiten[909] (unter anderem Corporate-Governance-Erklärung, virtuelle Hauptversammlungen, grenzüberschreitende Stimmrechtsausübung), Unternehmensgruppen und Unternehmenspyramiden, Unternehmensrestrukturierungen und Unternehmensmobilität, der mögliche Bedarf an neuen Rechtsformen (z.B. die Europäische Privatgesellschaft) sowie Genossenschaften und andere Unternehmensformen erörtert. Darüber hinaus besteht ein zentrales Thema des Abschlussberichts in der möglichen Vereinfachung des Gesellschaftsrechts vor dem Hintergrund des SLIM-Berichts zur Kapitalrichtlinie, worauf im Folgenden ausschließlich eingegangen wird.

3.2 Vorschläge zur Reform der Kapitalrichtlinie

3.2.1 Überblick

Überlegungen zum Reformbedarf der Kapitalaufbringungs- und Kapitalerhaltungsregeln enthält das vierte Kapitel des Abschlussberichts der High Level Group[910]. Die Expertengruppe stimmt mit der großen Mehrheit der eingegangenen Stellungnahmen darin überein, dass das bestehende Kapitalsystem nicht in der Lage ist, die ihm zugeschriebenen Aufgaben zu erfül-

[905] Vgl. *High Level Group* (2002c).

[906] So *Wiesner* (2003), S. 213.

[907] Vgl. von deutscher Seite insbesondere *Arbeitsgruppe Europäisches Gesellschaftsrecht* (2002). Mitglieder dieser Arbeitsgruppe sind *Bayer*, *Fleischer*, *Hoffmann-Becking*, *Lutter*, *Noack*, *Röhricht*, *K. Schmidt*, *Ulmer*, *Wiedemann*, *Winter* und *Zöllner*. Vgl. auch *Bundesregierung* (2002); *IDW* (2002a). Zu einer statistischen Auswertung aller Stellungnahmen vgl. *High Level Group* (2002c), S. 145-175.

[908] Zu einem Überblick über die Inhalte des Abschlussberichts vgl. *Haberer* (2003); *Maul* (2003); *Wiesner* (2003). Zu einer ausführlichen kritischen Stellungnahme vgl. *Arbeitsgruppe Europäisches Gesellschaftsrecht* (2003). Vgl. dazu kritisch *Hopt* (2005), S. 471-472: „Diese Letztere ist allerdings, nicht deutschen Stimmen zufolge, aus europäischer Sicht wenig geschickt, weil sie primär das deutsche Recht verteidigt. Ob im Einzelnen sachlich zu Recht oder Unrecht, droht – wenn sich erst ein solcher Eindruck breit gemacht hat –, dass sie nicht mehr zur Kenntnis genommen wird."

[909] Vgl. dazu ausführlich *Baums* (2002).

[910] Vgl. *High Level Group* (2002c), S. 84-101.

len, und sieht insofern Verbesserungspotential[911]. Für eine Reform zieht die Expertengruppe grundsätzlich drei Optionen in Erwägung[912].

Nach dem ersten Vorschlag wird an dem bestehenden Kapitalsystem im Grundsatz festgehalten. Es wird aber auf Basis der SLIM-Vorschläge, die von der Expertengruppe durch weitere Empfehlungen ergänzt werden („SLIM-Plus"), vereinfacht und modernisiert. Im Gegensatz zu diesem vergleichsweise geringen Eingriff in das bestehende System führt der zweite Ansatz zu einer radikalen Abkehr vom bisherigen Konzept gestützt „auf die Erfahrungen der US-Bundesstaaten, die Gesetze auf der Grundlage des *Model Business Corporations Act* angenommen haben."[913] Der dritte Vorschlag sieht ebenfalls die Abschaffung des Mindestkapitalsystems vor, erhebt aber den Anspruch, „ein neues System zu erarbeiten, das in den Aufbau des europäischen Gesellschaftsrechts passt"[914].

Die große Mehrheit (ca. 90 %) der Stellungnahmen zum Konsultationspapier der High Level Group spricht sich für eine grundsätzliche Reform der Kapitalrichtlinie aus[915]. Gefragt nach den drei Konzepten plädieren ca. 45 % der Befragten für die Weiterentwicklung des bestehenden Systems auf Basis von „SLIM-Plus". Ca. 26 % befürworten die Entwicklung eines neuen Systems, das an das US-amerikanische Kapitalsystem angelehnt ist, aber auf europäische Verhältnisse angepasst wird. Ca. 9 % sprechen sich für die komplette Übernahme des US-amerikanischen Systems aus[916]. Ca. 10 % der Befragten sehen keinen Reformbedarf, weitere ca. 10 % verweisen auf andere Ansätze bzw. äußern keine Präferenz.

3.2.2 Kurzfristige Reformvorschläge („SLIM-Plus")

Vor dem Hintergrund dieser Ergebnisse empfiehlt die High Level Group die Reform der Kapitalrichtlinie in zwei Etappen[917]. In einem ersten Schritt sollen kurzfristig die modifizierten und ergänzten Vorschläge der SLIM-Arbeitsgruppe („SLIM-Plus") umgesetzt werden. Die Einzelheiten der vorgeschlagenen Maßnahmen sind der folgenden Tabelle zu entnehmen[918].

	Thema	Inhalt des Vorschlags
1	Mindesteigen-kapital	• Das vorgeschriebene Mindesteigenkapital soll weder abgeschafft noch angehoben werden.
2	Nennwert	• Die Einführung echter nennwertloser Aktien soll geprüft werden.

911 Vgl. *High Level Group* (2002c), S. 84, 97, 161-162.

912 Vgl. *High Level Group* (2002c), S. 86, 94-96, 162. Zur Darstellung der drei Konzepte vgl. ferner bereits *High Level Group* (2002b), S. 28-29.

913 *High Level Group* (2002c), S. 86 (Hervorhebung im Original).

914 *High Level Group* (2002c), S. 94.

915 Vgl. zu diesen Angaben *High Level Group* (2002c), S. 162.

916 Erneut muss darauf hingewiesen werden, dass es strenggenommen *das* US-amerikanische Kapitalsystem nicht gibt.

917 Vgl. *High Level Group* (2002c), S. 14, 87.

918 Vgl. *High Level Group* (2002c), S. 13-16, 88-93.

	Thema	Inhalt des Vorschlags
3	Sacheinlagen	• Das Erfordernis der Bewertung durch Sachverständige soll für die Fälle entfallen, in denen bereits ein Marktpreis vorhanden ist, eine noch aktuelle Bewertung vorliegt oder die Werte aus geprüften Abschlüssen stammen. • Die EU-Kommission soll die Zulässigkeit der Erbringung von Dienstleistungen als Sacheinlagen mit entsprechenden Sicherheiten (z.B. treuhänderische Hinterlegung der Aktien bis zur vollständigen Erbringung der Dienstleistung, Versicherung) prüfen.
4	Bezugsrechte	• Bei börsennotierten Gesellschaften kann die Hauptversammlung den Vorstand dazu ermächtigen, Bezugsrechte bei einer Barkapitalerhöhung einzuschränken oder auszuschließen. • Voraussetzung dafür ist, dass die neuen Aktien zum unmittelbar vor der Ausgabe geltenden Börsenkurs oder leicht darunter emittiert werden. • Bei einer Einführung echter nennwertloser Aktien (Thema 2) muss die Einschränkung neu überdacht werden.
5	Kapitalherabsetzung	• Das bestehende Gläubigerschutzsystem bei Kapitalherabsetzungen (Recht auf gerichtliche Beantragung angemessener Sicherheiten) wird auf alle Formen der Umstrukturierung angewandt. • Die Beweislast soll bei den Gläubigern liegen. Sie müssen nachweisen, dass ihnen eine Kapitalherabsetzung schadet. • Die Notwendigkeit von Sicherheiten für die Gläubiger bei einer Kapitalherabsetzung zur Anpassung des Mindestnennbetrags an Verluste soll überdacht werden.
6	Rückkauf eigener Aktien	• Der Erwerb eigener Aktien wird bis in Höhe der ausschüttungsfähigen Rücklagen zugelassen. • Gleiches soll für die Verwendung eigener Aktien als Sicherheiten gelten.
7	Finanzielle Unterstützung	• Die finanzielle Unterstützung des Aktienerwerbs durch Dritte in Form von Vorschüssen, Darlehen oder Sicherheiten soll in Höhe der ausschüttungsfähigen Rücklagen zulässig sein. • Voraussetzung sind ein Aktionärsbeschluss und die Offenlegung. Die Hauptversammlung kann den Vorstand für einen Zeitraum von maximal fünf Jahren dazu ermächtigen.
8	Zwangseinziehung	• Mehrheitsaktionäre, die mindestens 90 % der Aktien halten, bekommen die Möglichkeit, die Minderheitsaktionäre gegen Barabfindung auszuschließen (Squeeze-out).
9	Insolvenzverschleppungshaftung	• Die Verantwortung von Vorstandsmitgliedern bei einer drohenden Insolvenz wird ausgeweitet. • Eine europäische Rahmenbestimmung über die Insolvenzverschleppungshaftung wird eingeführt.
10	Ansprüche von Insidern	• Die Ansprüche von Insidern (bestimmte Aktionäre, Vorstandsmitglieder) werden nachrangig behandelt, wenn das Vermögen des Unternehmens für seine Aktivitäten nicht ausreicht.

Tab. 3: Kurzfristige Reformvorschläge der High Level Group (2002) zur Kapitalrichtlinie („SLIM-Plus“)

3.2.3 Langfristige Entwicklung eines alternativen Kapitalsystems

In einem zweiten Schritt soll die EU-Kommission nach Ansicht der High Level Group prüfen, ob ein alternatives europäisches Kapitalsystem eingeführt werden sollte, das den EU-Mitgliedsstaaten als Option angeboten wird. Die Mitgliedstaaten könnten dann selbst entscheiden, ob sie den Unternehmen das Alternativmodell vorschreiben oder am bestehenden – lediglich auf Basis von SLIM-Plus reformierten – Konzept festhalten. Aufgrund der in den Stellungnahmen zum Konsultationspapier geäußerten schwerwiegenden Kritik am bestehenden Kapitalsystem plädiert die Expertengruppe dafür, ein Alternativsystem für einen effizienten Gläubiger- und Aktionärsschutz zu schaffen[919]. Dazu seien aber noch weitere Untersuchungen und Konsultationen erforderlich. Die möglichen Kernelemente eines solchen neuen Kapitalsystems werden von der High Level Group in den Grundzügen dargestellt[920].

Das Ziel des Alternativsystems soll darin bestehen, „moderne Lösungen für den Gläubigerschutz in Unternehmen europäischen Zuschnitts zu integrieren und die Befugnisse der Aktionäre beizubehalten“[921]. Weiterhin müsse das Niveau des Gläubiger- und Aktionärsschutzes mindestens gleich bleiben. Die Expertengruppe vertritt aber die Ansicht, dass Mechanismen existieren, die diese Ziele in effizienterer Weise erreichen können. Ein zweckmäßiger und überlegener Schutz der Gläubiger und Aktionäre wird in der vorgesehenen Solvenzprüfung gesehen, die vermeiden soll, dass ein zahlungsunfähiges Unternehmen Ausschüttungen vornimmt.

Die Solvenzprüfung soll aus einer Prüfung der Bilanz und einer Liquiditätsprüfung bestehen[922]. Nach dem vorgeschlagenen Bilanztest kann eine Ausschüttung nur vorgenommen werden, wenn im Anschluss daran die Aktiva die Schulden vollständig decken. Alternativ wird vorgeschlagen, dass nach der Ausschüttung die Aktiva die Schulden um eine bestimmte Marge übersteigen müssen. Die High Level Group sieht darin „einen zweckmäßigen Mechanismus zum Einbau von gesetzlichen Rücklagen in ein System ohne Mindestnennbetrag“[923]. Auch wenn die Expertengruppe darauf nicht explizit hinweist, sind Paralellen zu bestimmten US-amerikanischen Ausschüttungsrestriktionen offensichtlich. Ein Bilanztest, der Vermögenswerte mindestens in Höhe der Schulden vorschreibt, entspricht dem balance sheet test gemäß § 6.40(c)(2) MBCA. Ein Bilanztest, der die Einhaltung einer bestimmten Marge vorsieht, erinnert an den quantitative solvency test nach § 500(b)(1) Cal.Corp.Code.

Die Liquiditätsprüfung als zweiter Bestandteil der Solvenzprüfung besagt, dass das Umlaufvermögen des Unternehmens ausreichend sein muss, um die (kurzfristigen) Verbindlichkeiten bei Fälligkeit in einem Zeitraum von z.B. zwölf Monaten zu tilgen. Auch hier wird alternativ eine Liquiditätsmarge vorgeschlagen, nach der das Umlaufvermögen die kurzfristigen Verbindlichkeiten um einen bestimmten Prozentsatz übersteigen muss. Eine solche Liquiditätsprüfung ähnelt dem liquidity test nach § 500(b)(2) Cal.Corp.Code.

Ein Unterschied zur weit verbreiteten Vorgehensweise in den USA ist darin zu sehen, dass dort die Bilanztests nicht unter den Oberbegriff der Solvenzprüfung subsumiert werden. Vielmehr sehen – mit Ausnahme Delawares – alle Bundesstaaten der USA neben bestimmten

---

919 Vgl. *High Level Group* (2002c), S. 87.

920 Vgl. *High Level Group* (2002c), S. 94-97.

921 *High Level Group* (2002c), S. 94.

922 Vgl. *High Level Group* (2002c), S. 95.

923 *High Level Group* (2002c), S. 95.

Bilanztests einen separaten Insolvenztest vor, der nicht auf Bilanzdaten abstellt, so z.B. der equity insolvency test nach § 6.40(c)(1) MBCA bzw. nach § 501 Cal.Corp.Code[924].

Hinsichtlich der anzuwendenden Bilanzierungsregeln im Rahmen der Solvenzprüfung beinhalten die Ausführungen der Expertengruppe weder einen konkreten Vorschlag noch einen Hinweis, ob die Testverfahren auf der Basis von Einzel- oder Konzernabschlüssen durchzuführen sind. Die Gruppe verweist diesbezüglich auf weiteren Untersuchungsbedarf. Lediglich im Zusammenhang mit dem Bilanztest wird festgestellt, dass die angewandte Bewertungsmethode der jeweiligen Unternehmenssituation (Fortführung, Liqidation) angemessen sein muss. Übereinstimmend mit der Regulierung in Kalifornien und des MBCA sollen die vorgeschlagenen Testverfahren ausdrücklich „für jede Ausschüttung von Dividenden oder andere Zahlungen, einschließlich Aktienrückkäufe und Kapitalherabsetzungen mit Rückzahlung an die Aktionäre"[925] gelten.

Als weitere Neuerung wird für das Alternativsystem eine Solvenzbescheinigung vorgesehen[926]. Eine Ausschüttung ist nur dann möglich, wenn die Unternehmensleitung schriftlich bestätigt, dass die beschlossene Ausschüttung die Solvenzprüfungen erfüllt. Die Unternehmensleitung ist verantwortlich dafür, dass die Solvenzbescheinigung richtig ist. Die EU-Mitgliedstaaten werden aufgefordert, für irreführende Solvenzbescheinigungen angemessene Sanktionen (z.B. persönliche Haftung, Verbot der Tätigkeit als Vorstand[927]) vorzusehen. Schließlich soll das neue System auch eine Insolvenzverschleppungshaftung (wrongful trading) beinhalten. Im Gegensatz zur Haftung bei Insolvenzverschleppung nach deutschem Recht, hat die wrongful trading rule nach britischem Recht (§ 214 Insolvency Act 1986) präventiven Charakter. Der director haftet danach gegenüber der Gesellschaft, wenn er von der drohenden Insolvenz der Gesellschaft wusste oder hätte wissen müssen und er nicht alles unternommen hat, um die Nachteile für die Gläubiger zu minimieren[928]. Die vorgeschlagene Insolvenzverschleppungshaftung geht daher über die Anforderungen in § 92 AktG hinaus, wonach der Vorstand spätestens drei Wochen nach Eintritt der Zahlungsunfähigkeit bzw. der Überschuldung der Aktiengesellschaft einen Insolvenzantrag stellen muss.

In einem eigenen Abschnitt wendet sich die Expertengruppe abschließend den Aktionärsrechten im alternativen System zu, die nach ihrer Ansicht „ohne das Konzept des Mindestnennbetrags erheblich verbessert werden"[929] kann. Zum einen soll das Bezugsrecht nur durch einen auf objektiven Kriterien beruhenden Aktionärsbeschluss ausgeschlossen oder beschränkt werden. Zum anderen dürfen neue Aktien nur zu einem „fairen Wert" ausgegeben werden. Diesbezüglich schlägt die Expertengruppe eine Differenzierung von börsennotierten und nicht börsennotierten Gesellschaften vor. Bei Ersteren soll der faire Wert auf dem durchschnittlichen Aktienkurs in einer Zeitspanne unmittelbar vor der Emission basieren. Bei Letzteren soll der Wert der Aktien aus dem geprüften Jahresabschluss als Mindestkurs entnommen werden.

---

924 Massachusetts sieht ausschließlich einen Solvenztest vor. Vgl. *MBCA Ann.* (2002), § 6.40, S. 214; *Black* (2004), § 1.3, S. 15, Fn. 11.

925 *High Level Group* (2002c), S. 95.

926 Vgl *High Level Group* (2002c), S. 95-96.

927 Nach deutschem Strafrecht kann ein Berufsverbot gegen den Vorstand einer Aktiengesellschaft unter den Voraussetzungen von § 70 StGB verhängt werden, wenn er sich im Zusammenhang mit seiner Tätigkeit strafbar gemacht hat (z.B. Insolvenzverschleppung nach § 92 Abs. 2 AktG, Bankrott gemäß §§ 283, 283a StGB, Verletzung der Buchführungspflicht gemäß § 283b StGB).

928 Vgl. *Baums* (2002), S. 9; *Maul* (2003), S. 29.

929 *High Level Group* (2002c), S. 96.

Schließlich sollen für Sacheinlagen bestimmte Sicherheiten eingeführt werden. Die Gruppe schlägt vor, bei jeder Aktienemission, die zu Sacheinlagen führt, entweder einen Aktionärsbeschluss oder eine Bescheinigung von den Vorständen auf Angemessenheit der Einlage zu verlangen.

4 Aktionsplan der Europäischen Kommission vom 21.05.2003

Nach Veröffentlichung des Abschlussberichts der High Level Group wurde die EU-Kommission aufgefordert, möglichst schnell einen Aktionsplan auszuarbeiten[930]. Dieser Aufforderung ist die EU-Kommission am 21.05.2003 durch die Veröffentlichung ihres Aktionsplans „Modernisierung des Gesellschaftsrechts und Verbesserung der Corporate Governance in der Europäischen Union" nachgekommen[931]. Das erklärte Ziel der EU-Kommission ist es, ein „gutes Gesellschaftsrecht und gute Corporate-Governance-Praktiken"[932] zu schaffen, um die weltweite Leistungs- und Wettbewerbsfähigkeit der EU-Unternehmen zu steigern sowie die Aktionärsrechte zu stärken und den Schutz Dritter zu verbessern. Der Aktionsplan will darüber hinaus auch einen Beitrag leisten, das durch eine Reihe von spektakulären Bilanzskandalen und Unternehmenszusammenbrüchen verlorene Vertrauen der Anleger in den Kapitalmarkt wieder herzustellen. Die Ziele können nach Ansicht der EU-Kommission nur durch „ein voll integriertes Konzept"[933] erreicht werden. Bestandteile dieses Konzepts sind neben dem Aktionsplan selbst der Aktionsplan für Finanzdienstleistungen aus dem Jahr 1999[934], die Rechnungslegungsstrategie aus dem Jahr 2000, die zur IAS-Verordnung von 2002 führte, die Mitteilungen über die soziale Verantwortung der Unternehmen und zur Industriepolitik in einem erweiterten Europa aus dem Jahr 2002[935] sowie der ebenfalls am 21.05.2003 veröffentlichte Aktionsplan zur Stärkung der Abschlussprüfung[936].

Der Aktionsplan umfasst insgesamt 24 Maßnahmen, die kurzfristig (2003 bis 2005), mittelfristig (2006 bis 2008) und langfristig (ab 2009) umgesetzt werden sollen. Den Kern des Aktionsplans stellen Maßnahmen zur Verbesserung der Corporate Governance (z.B. erhöhte Offenlegungspflichten in Bezug auf die Unternehmensleitung und -überwachung, der Bezüge der Organmitglieder sowie der Rolle von institutionellen Anlegern, Stärkung der Aktionärsrechte), dar[937]. Weiterhin werden Rahmenregelungen zu Konzernen, Vereinfachungen hinsichtlich grenzüberschreitender Unternehmensumstrukturierungen und Vorschläge zur Einführung neuer Rechtsformen behandelt. Einen Schwerpunkt bildet schließlich die Modernisie-

---

930 Vgl. *EU-Kommission* (2003a), S. 4.

931 Vgl. *EU-Kommission* (2003a). Vgl. zur Darstellung und kritischen Würdigung des Aktionsplans *DAV* (2003a); *Hopt* (2003), S. 424-427; *Maul/Lanfermann/Eggenhofer* (2003); *Bayer* (2004a), S. 5-11; *van Hulle/Maul* (2004). Zu einer Zusammenfassung von 114 Stellungnahmen im Rahmen der öffentlichen Konsultation zu den Vorschlägen des Aktionsplans vgl. *GD Binnenmarkt* (2003). Vgl. ferner zu einem Vortrag von *Hopt* zum Aktionsplan im Rahmen eines Workshops an der Ruhr-Universität Bochum *Horsch/Richard* (2003), S. 360-361.

932 *EU-Kommission* (2003a), S. 3.

933 *EU-Kommission* (2003a), S. 3.

934 Vgl. *EU-Kommission* (1999).

935 Vgl. *EU-Kommission* (2002a); *EU-Kommission* (2002b).

936 Vgl. *EU-Kommission* (2003b). Vgl. dazu *van Hulle/Lanfermann* (2003); *Lanfermann* (2004).

937 Vgl. zu diesem Themenkreis ausführlich *Habersack* (2004). Vgl. als Überblick dazu auch *Müller-Thiemens* (2004).

rung der Kapitalrichtlinie. Der Aktionsplan sieht diesbezüglich kurz-, mittel- und langfristige Maßnahmen vor.

Überaus positiv schätzt die EU-Kommission die von der High Level Group erweiterten SLIM-Empfehlungen („SLIM-Plus") ein[938]. Die Vereinfachung der Kapitalrichtlinie könne einen wesentlichen Beitrag zur Steigerung der Effizienz und Wettbewerbsfähigkeit der Unternehmen leisten, ohne dass der Schutz von Gläubigern und Aktionären verringert würde. Daher sollen die Vorschläge der Experten kurzfristig in einer Änderungsrichtlinie münden. Ein Vorschlag für eine Änderungsrichtlinie ist bereits im Jahr 2004 vorgelegt worden, worauf im nächsten Gliederungspunkt eingegangen wird. Das von der High Level Group in den Grundzügen vorgestellte Alternativsystem soll intensiv geprüft werden. Mittelfirstig will die EU-Kommission eine Machbarkeitsstudie in Auftrag geben, in der einerseits die Details eines solchen Konzepts ausgearbeitet werden und andererseits geprüft wird, ob es Aktionäre und Dritte zuverlässig schützen und zusätzlichen Nutzen bieten kann. Je nach Ergebnis der Durchführbarkeitsstudie könnte das Alternativmodell ab 2009 in die Kapitalrichtlinie aufgenommen werden.

Der Aktionsplan sieht weiterhin Maßnahmen vor, die bei einer etwaigen Neugestaltung des Kapitalsystems von wesentlicher Bedeutung wären[939]. So soll kurzfristig die kollektive Verantwortung aller Organmitglieder auf EU-Ebene über eine Richtlinie bestätigt werden. Danach sollen die Mitglieder der Verwaltung kollektiv für die Richtigkeit des Jahresabschlusses, der Corporate-Governance-Erklärung sowie weiterer wesentlicher Erklärungen verantwortlich sein und bei Verstößen auch haften. Davon wäre auch die mögliche Solvenzbescheinigung betroffen. Zur Stärkung der Verantwortung der Mitglieder des Vorstands ist mittelfristig ein entsprechender Richtlinienvorschlag geplant. Es sollen Regelungen über die Insolvenzverschleppung erarbeitet werden, nach denen Vorstände für die Insolvenz persönlich haftbar gemacht werden können, wenn sie bei drohender Insolvenz weder Maßnahmen zur Rettung des Unternehmens und zur Zahlung der Verbindlichkeiten einleiten noch die Insolvenz anmelden. Auch ein EU-weites Verbot der Tätigkeit als Vorstand als Strafe für irreführende Unternehmensabschlüsse und andere Formen des Fehlverhaltens wird erwogen.

5 Richtlinienvorschlag zur Änderung der Kapitalrichtlinie vom 21.09.2004

Am 21.09.2004 hat die EU-Kommission einen Richtlinienvorschlag zur Änderung der Kapitalrichtlinie vorgelegt[940], mit dem kapitalbezogene Maßnahmen von Aktiengesellschaften erleichtert werden sollen. Die Richtlinie soll 20 Tage nach ihrer Veröffentlichung in Kraft treten und von den EU-Mitgliedstaaten bis zum 31.12.2006 in nationales Recht umgesetzt werden. Erneut wird betont, dass die vorgeschlagene Modernisierung der Kapitalrichtlinie die Leistungs- und Wettbewerbsfähigkeit der EU-Unternehmen bei gleichzeitiger Aufrechterhaltung des Aktionärs- und Gläubigerschutzes stärken soll[941]. Tab. 4 gibt einen Überblick über die vorgeschlagenen Änderungen.

---

938 Vgl. *EU-Kommission* (2003a), S. 21.

939 Vgl. *EU-Kommission* (2003a), S. 19. Vgl. dazu *Habersack* (2004), S. 6; *van Hulle/Maul* (2004), S. 495-496.

940 Vgl. *EU-Kommission* (2004). Vgl. dazu *Maul/Eggenhofer/Lanfermann* (2004); *IDW* (2005); *Oechsler* (2006).

941 Vgl. *EU-Kommission* (2004), S. 2, 6, 8.

	Thema	Inhalt des Vorschlags
1	Sacheinlagen	• Mitgliedstaaten sollen ihren Aktiengesellschaften gestatten können, bei der Einbringung von Sacheinlagen auf eine Bewertung durch Sachverständige zu verzichten, wenn es für die Bewertung einen klaren Anhaltspunkt gibt. • Ein klarer Anhaltspunkt liegt vor, wenn Wertpapiere eingebracht und diese zum gewichteten Durchschnittspreis der letzten drei Monate bewertet werden. Gleiches gilt, wenn Vermögensgegenstände eingebracht werden, die nicht länger als drei Monate vorher durch einen unabhängigen Sachverständigen zum fair value bewertet wurden oder ihr Wert einem nach EU-Recht aufgestellten und geprüften Abschluss zu entnehmen ist. • Erfolgt eine Einbringung von Sacheinlagen ohne Sachverständigenbericht, muss eine Erklärung mit verschiedenen Angaben zur Offenlegung beim Handelsregister eingereicht werden. • Minderheitsaktionäre, die mindestens 5 % am gezeichneten Kapital der Gesellschaft halten, können eine Neubewertung verlangen.
2	Rückkauf eigener Aktien	• Die Genehmigung über den Erwerb eigener Aktien muss von der Hauptversammlung erteilt werden, welche unter anderem die Höchstzahl der zu erwerbenden Aktien und die Geltungsdauer, die fünf Jahre nicht überschreiten darf, festlegt. • Die Mitgliedstaaten können den Erwerb eigener Aktien bis in Höhe der ausschüttungsfähigen Rücklagen zulassen.
3	Finanzielle Unterstützung	• Mitgliedstaaten sollen vorsehen können, dass die Gesellschaften bei einem Erwerb ihrer Aktien durch einen Dritten Vorschüsse geben, Darlehen gewähren oder Sicherheiten leisten dürfen, wenn diese Geschäfte zu marktüblichen Konditionen erfolgen. Die Kreditwürdigkeit des Dritten muss überprüft worden sein, und die Gesellschaft muss ihre Solvenz für die nächsten fünf Jahre durch eine detaillierte Cash-flow-Rechnung nachgewiesen haben. • Die Verwaltung muss der Hauptversammlung einen schriftlichen Bericht zur Genehmigung vorlegen und ihn offen legen. • Die finanzielle Unterstützung darf nicht dazu führen, dass das Nettoaktivvermögen unter den Betrag aus gezeichnetem Kapital und nicht ausschüttungsfähigen Rücklagen sinkt. • Aktionäre haben das Recht, den Hauptversammlungsbeschluss anzufechten.
4	Bezugsrechte	• Die Verwaltung einer börsennotierten Gesellschaft kann bei Befugnis zur Beschränkung oder Ausschluss des Bezugsrechts bei Kapitalerhöhungen auf die Vorlage des schriftlichen Berichts an die Hauptversammlung verzichten, wenn die neuen Aktien zum Marktpreis ausgegeben werden.
5	Kapitalherabsetzung	• Gläubiger, deren Forderungen vor der Bekanntmachung der Entscheidung über die Kapitalherabsetzung entstanden sind, haben das Recht, eine Sicherheit für die im Zeitpunkt der Bekanntmachung fälligen Forderungen zu erhalten. • Die Gläubiger trifft diesbezüglich die Nachweispflicht.
6	Zwangseinziehung	• Mehrheitsaktionäre, die mindestens 90 % bzw. 95 % (Mitgliedstaatenwahlrecht) der Aktien halten, bekommen die Möglichkeit, die Minderheitsaktionäre gegen angemessene Barabfindung auszuschließen (Squeeze-out). • Die Minderheitsaktionäre können die Überprüfung der Angemessenheit des Preises innerhalb von drei Monaten beantragen. • Die Minderheitsaktionäre einer börsennotierten Gesellschaft können vom Mehrheitsaktionär verlangen, dass er ihre Aktien zu einem angemessenen Preis erwirbt (Sell-out).

Tab. 4: Richtlinienvorschlag zur Änderung der Kapitalrichtlinie vom 29.09.2004

Die Maßnahmen des Richtlinienvorschlags fußen größtenteils auf den SLIM-Plus-Empfehlungen, bleiben zum Teil aber auch hinter ihnen zurück. So werden weder die Einbringung von Dienstleistungen noch die Ausgabe echter nennwertloser Aktien ermöglicht. Für Letztere bleibt daher abzuwarten, ob sie im Anschluss an die Machbarkeitsstudie ab 2009 in europäisches Recht aufgenommen werden.

6 Rickford-Bericht „Reforming Capital"

6.1 Zusammensetzung und Aufgabe

Bevor im übernächsten Kapitel die bestehende Ausschüttungsregulierung von Aktiengesellschaften in Europa und ausgewählte Alternativkonzepte ökonomisch analysiert werden, soll im Folgenden kurz auf zwei beachtenswerte aktuelle Beiträge zur Reformdiskussion in Europa aus Großbritannien und Deutschland eingegangen werden.

Im Mai 2003 wurde auf Initiative des Accounting Standards Board, dem privatrechtlichen britischen Standardsetter auf dem Gebiet der Rechnungslegung, und dem Company Law Centre at the British Institute of International and Comparative Law die „Interdisciplinary Group on Capital Maintenance" gegründet, um die europäischen Kapitalaufbringungs- und -erhaltungsvorschriften zu überprüfen und – wie von der High Level Group angeregt – einen Reformvorschlag auf Basis einer eingehenderen Untersuchung[942] zu erarbeiten. Dieser international besetzten Gruppe gehören Rechnungslegungs- und Gesellschaftsrechtsexperten aus Wissenschaft und Praxis, Vertreter der Wirtschafts- und Rechtswissenschaft sowie Vertreter von Verbänden und Ministerien unter dem Vorsitz von Prof. *Rickford* an[943].

Bereits im April 2004 hat die Expertengruppe ihren Abschlussbericht[944] veröffentlicht und der EU-Kommision zugeleitet. Darin wird zunächst das bestehende Kapitalsystem ausführlich analysiert und seine Wirksamkeit grundsätzlich in Frage gestellt[945]. Die Gruppe weist auf Verzerrungen des europäischen Kapitalsystems hin, die darin bestünden, dass Ausschüttungs- und Bilanzierungsregeln eng miteinander verknüpft seien, obwohl diese jeweils unterschiedliche Zwecke erfüllten. Ausschüttungsregeln sollten primär die Gläubiger schützen, wohingegen die Rechnungslegungsregeln der bestmöglichen Informationsvermittlung auf Basis weitgehend historischer Daten dienten[946]. Die Gruppe ist der Ansicht, dass Bilanzen und Gewinn- und Verlustrechnungen eine unvollständige und unzuverlässliche Basis für Ausschüttungsentscheidungen darstellten. Es wird die These vertreten, dass der Trend zur fair value-

---

942 Vgl. *High Level Group* (2002c), S. 87.

943 Mitgewirkt haben unter anderem *Cheffins*, *Davies* und *Hanks*. Letzterer ist Ko-Autor des US-amerikanischen Standardwerks zum „Legal Capital" von *Manning/Hanks* (1990). Zu weiteren Angaben vgl. *Rickford* (2004), S. 996-997. *Rickford* war auch – wie bereits erwähnt – Mitglied der High Level Group.

944 Vgl. *Rickford* (2004). Vgl. dazu *Pellens/Jödicke/Richard* (2005), S. 1397-1398. Vgl. ferner *Schön* (2004b), S. 431, 444; *Hopt* (2005), S. 464; *Merkt* (2006b), S. 100. Die Ausführungen von *Micheler* (2004), S. 338-341, beziehen sich auf eine Vorversion aus dem Januar 2004, der danach noch wesentlich überarbeitet worden ist. Vgl. *Rickford* (2004), S. 922.

945 Die Analyse umfasst auch einen knappen Überblick über die Ausschüttungsregulierung in Großbritannien, Deutschland, Frankreich, Italien, Spanien, den USA (MBCA, Delaware, Kalifornien), Kanada und Neuseeland. Vgl. *Rickford* (2004), S. 998-1027.

946 Vgl. *Rickford* (2004), S. 966.

Bilanzierung und die daraus resultierenden zunehmenden Ergebnisschwankungen eine konstante Ausschüttungspolitik verhinderten[947]. Die Konsequenz seien höhere Kapitalkosten der Unternehmen und eine Schädigung von Investoren, Beschäftigten und anderen Unternehmensbeteiligten[948].

Um diese Probleme zu beseitigen, wird ein detaillierter Reformvorschlag unterbreitet, der bei einem Scheitern auf Ebene der EU zumindest für nicht von der Kapitalrichtlinie erfasste Rechtsformen (private companies) in Großbritannien Anwendung finden soll[949]. Der *Rickford*-Bericht ist damit der aktuelle Höhepunkt einer Reformdiskussion zum Gesellschaftsrecht in Großbritannien, die im Frühjahr 1998 vom dortigen Wirtschaftsministerium initiiert worden ist[950]. Es wurde unter anderem eine „Company Law Steering Group" gegründet, die von *Rickford* geleitet wurde, und im Jahr 1999 einen Bericht zur Gesellschaftsgründung und Kapitalerhaltung vorlegte[951], der im Jahr 2000 um einen zweiten Bericht zur Kapitalerhaltung ergänzt wurde[952]. Das Konsultationsverfahren wurde durch den Abschlussbericht im Jahr 2001 beendet[953]. Daraufhin veröffentlichte die britische Regierung im Juli 2002 ihr „Modernising Company Law White Paper"[954], das konkrete Vorschläge für einen neuen Companies Act enthält und zudem darauf abzielt, die Reform der Kapitalrichtlinie zu beeinflussen.

6.2 Two Part Solvency Test

Die Überprüfung der Solvenz der Gesellschaft stellt das Kernstück der von der *Rickford*-Gruppe vorgeschlagenen Ausschüttungsregulierung dar[955]. Nach dem two part solvency test muss die Gesellschaft nach Ansicht der directors erstens unmittelbar nach der Ausschüttung in der Lage bleiben, ihre Schulden zu tilgen. Sie muss zweitens unter der Prämisse der Unternehmensfortführung wirtschaftlich fähig sein, ihre im folgenden Geschäftsjahr fällig werdenden Zahlungsverpflichtungen erfüllen zu können.

Der zweistufige Solvenztest wird nicht auf Basis von Bilanzdaten durchgeführt, wie es beispielsweise beim bankruptcy insolvency test der Fall ist. Anders als nach den Vorschriften des MBCA oder nach dem Recht Kaliforniens ist auch kein zusätzlicher Bilanztest vorgesehen. Bilanzdaten sind aber gleichwohl nicht irrelevant. Die Ausschüttung ist nämlich nur dann zulässig, wenn die Unternehmensleitung der Meinung ist, dass der Solvenztest unter Berücksichtigung des letzten geprüften Jahresabschlusses erfüllt ist. In den Fällen, in denen der

---

947 Vgl. *Rickford* (2004), S. 921. Dies wird am Beispiel ausgewählter Bilanzierungsvorschriften verdeutlicht. Vgl. *Rickford* (2004), S. 948-965.

948 Vgl. *Rickford* (2004), S. 925.

949 Vgl. *Rickford* (2004), S. 922, 996.

950 Vgl. *DTI* (1998). Zu einem Überblick über die Entwicklung in Großbritannien vgl. auch *Micheler* (2004), S. 337-338; *Schön* (2004b), S. 430-431.

951 Vgl. *DTI* (1999).

952 Vgl. *DTI* (2000).

953 Vgl. *DTI* (2001).

954 Vgl. *DTI* (2002). Vgl. dazu ausführlich *Goddard* (2003).

955 Vgl. dazu ausführlich *Rickford* (2004), S. 921-922, 968-988, insbesondere 979-981.

surplus[956], den die Bilanz ausweist, die Sichtweise des Vorstands nicht rechtfertigt, muss er auf diese Tatsache hinweisen und erläutern, warum er dennoch den Solvenztest für erfüllt hält. Eine Beweislastumkehr, nach der der Vorstand bei einem Rechtsstreit beweisen muss, dass ein Abweichen von der Bilanz gerechtfertigt war, soll nicht eingeführt werden[957]. Der Reformvorschlag enthält allerdings keine genauen Handlungsanweisungen zur Durchführung der Testverfahren für die directors und zwar mit der Begründung, zur Analyse der Solvenz könnten keine allgemeingültigen Regeln aufgestellt werden[958]. Aus demselben Grund sei es auch nicht möglich, einen safe harbor für die Geschäftsleitung im Gesetz zu installieren.

Bei jeder Ausschüttung soll die Geschäftsleitung verpflichtet werden, in einer Solvenzbescheinigung (solvency certification) schriftlich die Einhaltung des Solvenztests zu bestätigen und diese offen zu legen. Die Solvenzbescheinigung soll nach Ansicht der *Rickford*-Gruppe aber nicht obligatorisch von einem Wirtschaftsprüfer geprüft werden müssen; vielmehr sollen effiziente Sanktionen bei Verstößen gegen pflichtgemäßes Verhalten greifen[959]. Vorstände sollen zivilrechtlich und in besonders schweren Fällen strafrechtlich haften, wenn sie ihre Sorgfaltspflichten schuldhaft nicht eingehalten haben. Auch Aktionäre sollen bei Verschulden verpflichtet werden, unrechtmäßig erhaltene Ausschüttungen an die Gesellschaft zurückzuzahlen. Darüber hinaus sprechen sich die Experten für erhöhte Verantwortlichkeiten der Vorstände bei einer drohenden Insolvenz aus, wie sie auch von der High Level Group vorgeschlagen werden.

Die Reformvorschläge führen mithin auch zur Abschaffung des Mindestkapitals, der Bilanztests und der Pflicht zur Ausgabe von Nennwert- bzw. Stückaktien, wobei die Unternehmen auf vertraglicher Basis oder durch Bestimmungen in der Satzung entsprechende Regelungen freiwillig vereinbaren könnten. Die Ausschüttungsregeln wären auf alle Ausschüttungsvarianten inklusive Aktienrückkäufe und Kapitalherabsetzungen anzuwenden[960]. Während die Solvenzbescheinigung und Bestimmungen zur Insolvenzverschleppungshaftung nach Ansicht der *Rickford*-Gruppe EU-weit verpflichtend eingeführt werden sollten, könnten die EU-Mitgliedstaaten wahlweise am bestehenden Kapitalsystem festhalten dürfen[961].

7 Vorschläge des Arbeitskreises „Kapital in Europa"

7.1 Zusammensetzung und Aufgabe

Ende des Jahres 2004 wurde in Deutschland der Arbeitskreis „Kapital in Europa" gegründet. Mit dem Ziel, die anstehenden gesellschaftsrechtlichen Reformen auf Ebene der EU zu beeinflussen, untersuchte diese international besetzte Expertengruppe von Rechts- und Wirtschaftswissenschaftlern[962] unter dem Vorsitz von Prof. *Lutter* zahlreiche Instrumente des tra-

956 In diesem Zusammenhang ist unter surplus offensichtlich der Überschuss der Netto-Vermögenswerte (Vermögenswerte abzüglich Schulden) über das gezeichnete Kapital und die nicht ausschüttungsfähigen Rücklagen gemeint, mit anderen Worten: die Summe aus aktuellem Jahresüberschuss und ausschüttungsfähigen Rücklagen.

957 Vgl. *Rickford* (2004), S. 977.

958 Vgl. *Rickford* (2004), S. 981.

959 Vgl. *Rickford* (2004), S. 973-975.

960 Vgl. *Rickford* (2004), S. 986.

961 Vgl. *Rickford* (2004), S. 921.

dierten europäischen Kapitalschutzsystems auf ihren Reformbedarf. Unter anderem beschäftigte sich der Arbeitskreis intensiv mit den Vorschriften des Mindestkapitals, der Kapitalaufbringung durch Bar- und Sacheinlagen, der Ausgestaltung von Ausschüttungssperren, der verdeckten Gewinnausschüttung, der Geschäftsleiter- und Gesellschafterpflichten bei Verlust des hälftigen Garantiekapitals, der Haftung bei Insolvenzverschleppung, der Durchgriffshaftung, der Insolvenzanfechtung, des vertraglichen Gläubigerschutzes sowie mit ausgewählten Kapitalschutzsystemen anderer europäischer Staaten und der USA[963]. Die folgenden Ausführungen konzentrieren sich auf die Kernergebnisse der Arbeitsgruppe „Rechnungslegung und Kapital", die insbesondere alternative Ausschüttungsregeln als Teil einer reformierten Kapitalrichtlinie vorschlägt[964].

7.2 Vorschläge zur Reform der Kapitalrichtlinie

Den Ausgangspunkt der Reformüberlegungen des Arbeitskreises „Kapital in Europa" bilden die umfangreichen Rechnungslegungspflichten kapitalmarktorientierter Mutterunternehmen in Deutschland[965]. Nach Ansicht des Arbeitskreises sollen diese Unternehmen im Hinblick auf die Rechnungslegung entlastet werden[966].

Vor diesem Hintergrund schlägt der Arbeitskreis vor, dass alle Unternehmen, die aufgrund der „IAS-Verordnung" oder auf freiwilliger Basis nach IFRS bilanzieren, anstelle des bisher zusätzlich zu erstellenden HGB-Einzelabschlusses wahlweise den IFRS-Einzelabschluss als Grundlage der durch die Kapitalrichtlinie vorgeschriebenen Ausschüttungsregeln heranziehen können. Darüber hinaus sollen sie jedoch zur Durchführung eines liquiditäts- und zukunftsorientierten Solvenztests verpflichtet werden. Nach diesem Test sollen Ausschüttungen nur dann zulässig sein, wenn sichergestellt ist, dass die Gesellschaft in einem Zeitraum von mindestens 24 Monaten nach der geplanten Ausschüttung in der Lage ist, ihre fälligen Verbindlichkeiten zu erfüllen[967]. Im Konzern wäre dabei die konzernweite Vermögens-, Finanz- und Ertragslage explizit zu berücksichtigen[968]. An den bestehenden Mindestkapitalvorschriften soll festgehlten werden. Die Prüfung des Solvenztests durch Wirtschaftsprüfer soll obligatorisch sein; von einer Veröffentlichung des dem Solvenztest zugrunde liegenden Finanzplans wird aber abgesehen. Der Vorstand soll für die Richtigkeit der Solvenzerklärung haften[969].

Darüber hinaus würden die vorgeschlagenen Maßnahmen nach Ansicht des Arbeitskreises auch zu einer Verbesserung des Gläubigerschutzes führen, der in der Zukunft auf drei Säulen

---

962 Zu den Mitgliedern zählen *Bachner, Bayer, Booth, Conac, Drygala, Eidenmüller, Ekkenga, Embid Irujo, Engert, Fleischer, Grunewald, Habersack, Hirte, Huber, Kalss, Kidyba, Kleindiek, de Kluiver, Kuhner, Lutter, Mankowski, Maul, Merkt, Micheler, Miola, Noack, Paulus, Pellens, Pentz, Priester, Rammeloo, Röhricht, K. Schmidt, Schwanna, Sellhorn, Soltysinski, Spindler, Szumánski, Urbain-Parleani, Veil.* Zu weiteren Angaben vgl. auch *ZEW* (2006).

963 Vgl. *Lutter* (Hrsg.) (2006).

964 Vgl. dazu ausführlich *Pellens/Sellhorn* (2006).

965 Vgl. dazu ausführlich Kapitel IV.1.

966 Vgl. *Lutter* (2006), S. 10; *Pellens/Sellhorn* (2006), S. 484, 486.

967 Vgl. *Lutter* (2006), S. 11; *Pellens/Sellhorn* (2006), S. 484-487.

968 Vgl. *Pellens/Sellhorn* (2006), S. 484.

969 Vgl. *Pellens/Sellhorn* (2006), S. 477, 483-484.

stehen würde[970]: Die Gläubiger würden erstens durch die bilanzielle Kapitalerhaltung auf Basis von IFRS-Abschlüssen geschützt, zweitens durch Solvenztests anhand von zukunftsorientierten Cashflow-Prognosen und drittens durch die Informationsfunktion der Jahres- bzw. Konzernabschlüsse, die nach verbreiteter Ansicht auf Basis von IFRS im Vergleich zu den Vorschriften der Bilanzrichtlinie verbessert wird[971]. Das vorgesehene Unternehmenswahlrecht ist allerdings kritisch zu sehen, da es dem Ziel, den Gläubiger- und Aktionärsschutz EU-weit stärker zu harmonisieren, entgegenläuft. Wird unterstellt, dass das alternative Kapitalsystem insbesondere aufgrund des enthaltenen Solvenztests einen effektiveren Schutzmechanismus darstellt[972], könnten die europäischen Aktiengesellschaften auch zukünftig das Ausmaß des Kapitalschutzes zum Nachteil der Gläubiger und Aktionäre selbst festlegen.

8 Zwischenergebnis

Die Verpflichtung aller kapitalmarktorientierter Mutterunternehmen in Europa zur Konzernrechnungslegung nach IFRS führt bei diesen Unternehmen zu einem Nebeneinander mehrerer Rechnungslegungssysteme. Die dadurch verursachten externen und unternehmensinternen Kosten haben in Teilen der Literatur zu Überlegungen geführt, die IFRS auch im Einzelabschluss vorzuschreiben oder zu gestatten. Wie eingangs dieses Kapitels ausgeführt, erscheint eine Verknüpfung von aktienrechtlichen Kapitalschutzregeln mit einer Rechnungslegung nach IFRS anstelle des HGB problematisch. Eine Lösung dieser Problematik könnte sich in den nächsten Jahren dadurch ergeben, dass das in der Kapitalrichtlinie für Aktiengesellschaften kodifizierte System des Gläubigerschutzes durch bilanzielle Kapitalerhaltung grundlegend reformiert werden soll.

Zusammenfassend kann festgehalten werden, dass erste Reformvorhaben des europäischen Kapitalsystems bereits eingeleitet worden sind. Aufbauend auf Arbeiten der SLIM-Initiative aus dem Jahre 1999 und deren Fortentwicklung durch die High Level Group im Jahre 2002 („SLIM-Plus“) hat die EU-Kommission am 21.09.2004 einen Vorschlag zur kurzfristigen Änderung der Kapitalrichtlinie unterbreitet. Die Änderungsrichtlinie sieht unter anderem vor, dass die Einbringung von Sacheinlagen erleichtert wird, die Gesellschaft durch die Hauptversammlung für bis zu fünf Jahre zum Rückkauf eigener Aktien ermächtigt werden kann und der Aktienrückkauf denselben Restriktionen wie Dividendenausschüttungen unterliegt.

Nach dem Aktionsplan der EU-Kommission vom Mai 2003 sind langfristig weitergehende Reformmaßnahmen der Kapitalrichtlinie geplant. Dazu sollen mittelfristig die Vorschläge der High Level Group im Rahmen einer Machbarkeitsstudie geprüft werden. Die Gesellschaftsrechtsexperten der High Level Group plädieren für ein neues Kapitalschutzkonzept und haben dafür bereits einige Kernelemente skizziert. Nach dem Alternativkonzept soll in Anlehnung an US-amerikanische Regulierungen eine Ausschüttung nur dann erlaubt sein, wenn im Anschluss daran die Solvenz der Gesellschaft für einen bestimmten Zeitraum sichergestellt ist. Zur Beurteilung der Solvenz soll das Management bestimmte Liquiditäts- bzw. Bilanztests durchführen und in einer Solvenzbescheinigung schriftlich bestätigen, dass die Ausschüttung nicht gegen die Testverfahren verstößt. Bei unzulässigen Ausschüttungen sollen die Mitglie-

---

970 Vgl. *Pellens/Sellhorn* (2006), S. 485.

971 Vgl. zu dieser Fragestellung umfassend *Bonse* (2004).

972 Vgl. *High Level Group* (2002c), S. 94; *Pellens/Jödicke/Richard* (2005), S. 1401.

der der Unternehmensleitung haften. Zudem ist die Einführung einer Insolvenzverschleppungshaftung geplant.

Ein erster konkreter Vorschlag für ein zukünftiges europäisches Kapitalschutzsystem ist in der jüngeren Vergangenheit von britischen Gesellschaftsrechtsexperten unter dem Vorsitzenden *Rickford* unterbreitet worden. Der *Rickford*-Bericht sieht ausschließlich einen auf Zahlungsgrößen basierenden Solvenztest vor, der gewährleisten soll, dass die Gesellschaft auch nach der Ausschüttung ihre im folgenden Geschäftsjahr fällig werdenden Verbindlichkeiten zahlen kann. Auch nach diesem Vorschlag soll die Geschäftsleitung verpflichtet werden, die Rechtmäßigkeit der Ausschüttung in einer Solvenzbescheinigung zu bestätigen.

Von deutscher Seite hat jüngst der Arbeitskreis „Kapital in Europa" einen Reformvorschlag erarbeitet. Im Gegensatz zum *Rickford*-Bericht können danach die von der Kapitalrichtlinie betroffenen und nach IFRS bilanzierenden Gesellschaften wahlweise am bestehenden System festhalten. Wenden sie zur Vermeidung einer eigenständigen Ausschüttungsbilanz die bisherigen Kapitalerhaltungsregeln auf einen IFRS-Abschluss an, sind sie zusätzlich zur Erstellung eines Solvenztests verpflichtet. Ausschüttungen wären nur dann möglich, wenn das Unternehmen sowohl die Vorschriften der bilanziellen Kapitalerhaltung als auch den Solvenztest erfüllt.

Das Hauptanliegen der Ausführungen des fünften Kapitels besteht nun insbesondere darin, aus ökonomischer Sicht zu prüfen, ob die im dritten Kapitel ausführlich dargestellten US-amerikanischen Kapitalschutzsysteme bei der anstehenden, grundlegenden Reform der Kapitalrichtlinie als Vorbild dienen können.

Kapitel V: Ökonomische Analyse der Kapitalschutzregeln und Schlussfolgerungen für deren Reform

1 Einleitung und Überblick

Im Folgenden wird zunächst untersucht, ob ein staatlicher Eingriff in das Marktgeschehen und damit in das individuelle Entscheidungsverhalten der Wirtschaftssubjekte durch gesetzlich regulierte Kapitalschutzregeln für Aktiengesellschaften notwendig ist. Dazu werden zum einen die wesentlichen Konfliktpotentiale zwischen Management, Anteilseignern und Gläubigern in (Konzern-)Unternehmen skizziert. Zum anderen werden ausgewählte wirtschaftstheoretische Ansätze zur Regulierungsrechtfertigung auf die Kapitalschutzregeln angewandt.

An die theoretischen Betrachtungen schließen sich Ausführungen zu den Zielen des europäischen Gesetzgebers auf dem Gebiet des aktienrechtlichen Kapitalschutzes an. Der Anspruch des europäischen Kapitalsystems wird herausgearbeitet und kritisch hinterfragt. Dabei werden die zuvor dargestellten Ziele des EU-Gesetzgebers als Beurteilungsmaßstab herangezogen. Weiterhin werden die grundlegenden Mängel des tradierten Konzepts erörtert. Selbstschutzmöglichkeiten verschiedener Gläubigergruppen sowie die mit einem Systemwechsel verbundenen Kosten und Nutzen werden zudem aufgezeigt.

Schwerpunktmäßig werden dann ausgewählte Reformmöglichkeiten für ein alternatives Kapitalsystem kritisch gewürdigt, wobei erneut die selbst gesteckten Ziele und Vorgaben des europäischen Gesetzgebers als Messlatte fungieren. Im Einzelnen werden Solvenztests, die in allen Bundesstaaten der USA aufgrund von gesellschafts- oder insolvenzrechtlichen Bestimmungen zu beachten sind und den Kernbestandteil des *Rickford*-Berichts bilden, sowie die sonstigen Kapitalschutzregeln von Delaware, dem MBCA und Kalifornien kritisch gewürdigt. Im Mittelpunkt stehen dabei die Ausschüttungsrestriktionen der Bilanztestverfahren und die ihnen zugrunde liegenden Rechnungslegungsnormen.

2 Agency-Konflikte in Unternehmen

Unternehmen stellen aus ökonomischer Sicht Vertragsgeflechte zwischen den auf unterschiedlichen Märkten agierenden Unternehmensbeteiligten, wie z.B. dem Management, den Eigen- und Fremdkapitalgebern, den Lieferanten und des Arbeitnehmern, dar[973]. Zwischen den Beteiligten kann es zu Interessenkonflikten kommen, wobei im Allgemeinen potentielle Eigner-Gläubiger-, Eigner-Manager- und Eigner-Eigner-Konflikte unterschieden werden[974]. Sie resultieren insbesondere daraus, dass die Beteiligten unterschiedliche Interessen verfolgen und die verfügbaren Informationen asymmetrisch verteilt sind[975]. Sie werden in der Literatur regelmäßig als Agency-Probleme analysiert[976]. Im Folgenden sollen diese Konflikte bei Unternehmen in der Rechtsform der Aktiengesellschaft skizziert werden.

---

973 Vgl. z.B. *Jensen/Meckling* (1976).

974 Vgl. z.B. *Schildbach* (1986), S. 59; *Pfaff* (1989), S. 40; *Pellens* (1994), S. 70-71; *Wagenhofer/Ewert* (2003), S. 143.

975 Vgl. z.B. *Streim* (1988), S. 11-12; *Elschen* (1998), S. 557.

976 Vgl. *Pfaff* (1989), S. 40-41 m.w.N.

Die Ursache für Konflikte zwischen Eignern und Gläubigern kann darin gesehen werden, dass den Gläubigern von haftungsbeschränkten Aktiengesellschaften nur das Unternehmensvermögen haftet. Ausschüttungen an die Aktionäre reduzieren diese Haftungsmasse und erhöhen daher unter Umständen das Risiko der Gläubiger, die vereinbarten Zins- und Tilgungsleistungen nicht zu erhalten[977]. Wird vereinfachend unterstellt, dass die von den Eignern beauftragte Unternehmensleitung im Interesse der Eigner handelt, ergeben sich für die Gläubiger unter anderem die folgenden Risiken[978]:

- Stellt das Management fest, dass die Ausschüttung des Liquidationserlöses des Unternehmens an die Anteilseigner höher ist als die nach Berücksichtigung der Gläubigeransprüche anfallenden Einzahlungsüberschüsse bei Unternehmensfortführung, könnte es das Unternehmen liquidieren, wodurch die Ansprüche der Gläubiger wertlos würden.
- Die Unternehmensleitung könnte weiteres Fremdkapital aufnehmen und es in Form von Dividenden an die Eigner ausschütten. Dadurch würde sich die Position der Altgläubiger verschlechtern und eine Vermögensverlagerung zu den Anteilseignern stattfinden.
- Die Unternehmensleitung könnte unmittelbar im Anschluss an die Fremdkapitalaufnahme das Investitionsprogramm ändern und die Mittel in ein risikoreicheres Projekt investieren. Dadurch erhielten die Gläubiger keine risikoadäquate Verzinsung.
- Die Unternehmensleitung könnte Investitionsprojekte mit positivem Kapitalwert nicht durchführen, weil die daraus resultierenden Vorteile teilweise den Gläubigern zugute kämen.

Eigner-Manager-Konflikte entstehen aus der Trennung von Eigentum und Geschäftsführung[979]. Während die Eigner primär an den finanziellen Vorteilen aus ihrem Investment in der Form von Kurssteigerungen und Dividendenzahlungen interessiert sind, spielen für das Management neben finanziellen Anreizen (Entlohnung) auch nicht finanzielle Anreize (z.B. Prestige, Macht) eine Rolle[980]. Die oben getroffene Annahme, die Manager agierten im Interesse der Eigner, wird dadurch aufgehoben. Ausschüttungen an die Anteilseigner sind in dieser Konfliktsituation insofern von Bedeutung, als sie die frei verfügbaren liquiden Mittel, die dem Management zur Verfügung stehen, verringern. Für die Eigner ergeben sich beispielsweise die folgenden Risiken[981]:

- Wenn die Manager aus ihrer Tätigkeit für die Gesellschaft nicht finanzielle Vorteile ziehen können, die mit einem Verbrauch von Unternehmensressourcen einhergehen (z.B. teure Bürogebäude und Dienstwagen), mindert sich der Unternehmenswert zum Nachteil der Aktionäre.

---

977 Vgl. *Wagenhofer/Ewert* (2003), S. 144.

978 Vgl. zum Folgenden ausführlich *Ewert* (1986), S. 10-20 m.w.N.; *Schildbach* (1986), S. 62-64; *Streim* (1988), S. 12-14; *R. Schmidt/Terberger* (1997), S. 415-421; *Franken* (2001), S. 43-57; *Leippe* (2002), S. 39-45; *Wagenhofer/Ewert* (2003), S. 153-158. Vgl. zu den speziellen Risiken für die Gläubiger von Konzernunternehmen *Pellens* (1994), S. 77-79; *Theisen* (2000), S. 620-622, jeweils m.w.N.

979 Vgl. etwa *Wagenhofer/Ewert* (2003), S. 183.

980 Vgl. *Wagenhofer/Ewert* (2003), S. 146 m.w.N.

981 Vgl. zum Folgenden ausführlich *Schildbach* (1986), S. 72-74; *Streim* (1988), S. 14-15; *Pfaff* (1989), S. 5-6, 41-44 m.w.N.; *Faß* (1992), S. 63-66; *D. Schneider* (1992), S. 630; *Leippe* (2002), S. 46-50; *Wagenhofer/Ewert* (2003), S. 182-185.

- Um die Periodenergebnisse zu steigern, könnte die Unternehmensleitung auch Investitionen mit negativem Kapitalwert durchführen. Dadurch würden finanzielle Mittel im Unternehmen gebunden, für welche die Aktionäre außerhalb des Unternehmens möglicherweise eine höhere Alternativrendite erwirtschaften könnten (Überinvestition).
- Manager könnten aus Sicht der Aktionäre zu einer zu risikoscheuen Investitionspolitik neigen, weil sie das Unternehmensrisiko im Gegensatz zu den Aktionären in der Regel nicht durch Diversifizierung ihres Portfolios eliminieren können (Unterinvestition).
- Aufgrund von Informationsvorsprüngen der Manager gegenüber den Aktionären könnten die aktuellen und potentiellen Aktionäre über die wirtschaftliche Lage des Unternehmens mit der Folge getäuscht werden, dass sie Unternehmensanteile zu teuer erwerben bzw. zu billig veräußern.

Die soeben skizzierten Eigenkapitalgeberrisiken erhöhen sich für Aktionäre von Konzernunternehmen, da Konzernleitungen noch größere Möglichkeiten haben, die Gesellschafter durch eigennütziges Handeln zu schädigen[982]. Zudem führt die Konzernbildung dazu, dass die Herrschafts-, Informations- und Vermögensrechte der Aktionäre des Mutterunternehmens weitgehend ausgehöhlt werden können[983], worauf am Beispiel von § 58 AktG bereits ausführlich hingewiesen worden ist[984].

Eigner-Eigner-Konflikte[985] werden im Folgenden nicht weiter analysiert. Sie können dadurch verursacht werden, dass die verschiedenen Eigentümergruppen z.B. unterschiedliche Konsumpräferenzen, Anlagestrategien und Einkommensteuerlasten aufweisen. Interessenkonflikte sind insbesondere zwischen Mehrheits- und Minderheitsaktionären[986] sowie Alt- und Neuaktionären[987] denkbar.

Weder die Gläubiger noch die Aktionäre stehen den Kapitalgeberrisiken völlig schutzlos gegenüber. Rational handelnde Fremdkapitalgeber werden die potentiellen Vermögensverlagerungen antizipieren und ihre Kreditkonditionen dementsprechend anpassen[988]. In Abhängigkeit von ihrer jeweiligen Verhandlungsmacht stehen den Gläubigern zahlreiche Selbstschutzmöglichkeiten zur Verfügung[989]. Im Gegenzug besteht für die Unternehmenseigner bzw. die Unternehmensleitung ein Anreiz, das Misstrauen bedeutender Gläubiger zu reduzieren, um die Fremdkapitalkosten zu mindern[990]. Ähnliches gilt für den Manager-Eigner-Konflikt. Potentielle Anteilseigner werden rationale Erwartungen über das Verhalten der Manager bilden, wodurch diese in ihrem eigenen Interesse Maßnahmen zur Verminderung des Konfliktpotentials ergreifen werden[991]. Dazu stehen zahlreiche unternehmensinterne Instrumente zur Verfü-

---

982 Vgl. dazu ausführlich *Pellens* (1994), S. 70-77. Zu zahlreichen Beispielen für gewinnverändernde und gewinnverlagernde Transaktionen vgl. auch *Lehertshuber* (1986a), S. 100-110.

983 Vgl. dazu ausführlich *Pellens* (1994), S. 52-69.

984 Vgl. Kapitel III.1.1.3.3.

985 Vgl. *Schildbach* (1986), S. 74-75; *Pfaff* (1989), S. 40-41. Vgl. ferner *F. Ruhwedel* (2003), S. 85-86.

986 Vgl. z.B. *Dirrigl/Wagner* (1993), S. 264.

987 Vgl. dazu z.B. *Schildbach* (1986), S. 75, 79-80; *Faß* (1992), S. 65-66.

988 Vgl. zum Gläubigerschutz durch rationale Erwartungen der Gläubiger ausführlich *Wagenhofer/Ewert* (2003), S. 158-160, 190.

989 Vgl. dazu etwa *Streim* (1988), S. 16-18; *R. Schmidt/Terberger* (1997), S. 427-432. Vgl. zu den Selbstschutzmöglichkeiten verschiedener Gläubigergruppen ausführlich Kapitel V.5.4.

990 Vgl. *Schildbach* (1986), S. 64; *Pellens* (1994), S. 78-79; *Wagenhofer/Ewert* (2003), S. 166.

991 Vgl. *Wagenhofer/Ewert* (2003), S. 183-184.

gung, wie z.B. Risikomanagementsysteme, erfolgsabhängige Entlohnungssysteme und wertorientierte Managementsysteme[992]. Darüber hinaus hat der Gesetzgeber verschiedene Regelungen getroffen, mit denen die aufgezeigten Konflikte reduziert werden sollen[993].

Im Folgenden wird der gesetzliche Kapitalschutz von Aktiengesellschaften als ein Beispiel für Eingriffe des Gesetzgebers in das Marktgeschehen näher betrachtet. Der deutsche bzw. europäische Gesetzgeber greift dabei in zweierlei Weise regulierend ein. Zum einen werden Kapitalaufbringungs- und Ausschüttungsregeln vorgegeben, die auf Rechnungslegungsdaten im Einzelabschluss zugreifen, die zwingend nach den Vorschriften des HGB bzw. der Bilanzrichtlinie zu erstellen sind[994]. Zum anderen legen die deutschen aktienrechtlichen Bestimmungen die Gewinnverwendungskompetenz fest[995]. Danach wird für den Regelfall der Feststellung des Jahresabschlusses durch Vorstand und Aufsichtsrat (§ 172 AktG) die Kompetenz zur Verwendung des Jahresüberschusses je zur Hälfte in die Hände von Verwaltung und Hauptversammlung gelegt[996]. Ohne gesellschaftsrechtliche Vorgaben würden die Unternehmensbeteiligten über die Kompetenz der Verwendung des erwirtschafteten Periodenerfolgs des Unternehmens frei entscheiden. Wird hingegen die aktienrechtlich festgelegte Aufgabenverteilung zwischen den Organen von Aktiengesellschaften in Betracht gezogen, stünde ohne § 58 AktG die Gewinnverwendungskompetenz zweifellos ausschließlich der Verwaltung zu[997]. Der Vorstand könnte somit auf Basis seiner weitgehenden Geschäftsführungsbefugnis aus §§ 76 Abs. 1, 77 AktG unter Einbeziehung des Aufsichtsrats den Jahresüberschuss allein nach Vorteilhaftigkeitserwägungen verwenden. Dafür spricht auch die Tatsache, dass in der Bildung von Gewinnrücklagen eine Geschäftsführungsmaßnahme gesehen wird[998]. Insgesamt kann festgehalten werden, dass die individuelle Handlungs- und Vertragsfreiheit eingeschränkt wird; dies ist in einer marktwirtschaftlichen Ordnung kritisch zu hinterfragen und bedarf einer besonderen Rechtfertigung[999].

Das Ziel der folgenden Ausführungen ist es, mit Hilfe einer regulierungstheoretischen Vorgehensweise zu überprüfen, ob eine staatliche Regulierungsnotwendigkeit für Kapitalschutzregeln abgeleitet werden kann, wobei die gesetzlichen Ausschüttungsregeln im Mittelpunkt stehen. Aus dem umfangreichen Instrumentenkasten von wirtschaftstheoretischen Ansätzen werden mit der Principal-Agent-Theorie und dem Transaktionskostenansatz zwei Ausprägun-

---

992 Vgl. zu möglichen unternehmensinternen und marktbezogenen Instrumenten im Überblick *F. Ruhwedel* (2003), S. 75-80 m.w.N. Vgl. auch *Fülbier* (1998b), S. 187-192; *Franken* (2001), S. 58-76.

993 Dazu zählen beispielsweise die umfangreichen Publizitätspflichten von Aktiengesellschaften sowie die in Kapitel II.1.2 behandelten Rechte und Pflichten der Organe von Aktiengesellschaften. Zu den aktienrechtlichen Schutzvorkehrungen im Konzern vgl. ausführlich *Emmerich/Habersack* (2005), S. 131-452. Vgl. zu einer ökonomischen Analyse der Schutzwirkung der aktienrechtlichen Bestimmungen der §§ 311-318 AktG für Minderheitsaktionäre im faktischen Konzern ausführlich *Richardt* (1974).

994 Vgl. zu den Gewinnermittlungsregeln ausführlich Kapitel III.1.1.3.2 und III.1.2.1.3.

995 Vgl. zu den Gewinnverwendungskompetenzen ausführlich Kapitel III.1.1.3.1. Die Gewinnverwendungskompetenz ist europarechtlich bisher nicht harmonisiert worden. Vgl. dazu Kapitel III.1.2.1.4.

996 § 58 Abs. 2 AktG sieht allerdings eine Öffnungsklausel für abweichende privatvertragliche Marktlösungen vor. Vgl. Kapitel III.1.1.3.1.

997 Vgl. zu den Kompetenzen der Organe ausführlich Kapitel II.1.2.

998 Vgl. *Lutter* (1988b), § 58, Tz. 34.

999 Vgl. *Grossekettler* (1989), S. 140.

gen der Neuen Institutionenökonomie[1000] herangezogen. Darüber hinaus werden marktprozesstheoretische Überlegungen angestellt.

3 Analyse von Kapitalschutzregeln auf Basis ausgewählter Theorieansätze

3.1 Principal-Agent-Theorie

Wie im vorherigen Kapitel bereits angedeutet, analysiert die Principal-Agent-Theorie vertragliche Auftragsbeziehungen zweier Personen, in der sich der Beauftragte (Agent) gegen eine Entlohnung zur Erbringung bestimmter Leistungen für den Auftraggeber (Principal) verpflichtet[1001]. Die Problematik dieser Beziehung besteht darin, dass die Interessen der Beteiligten asymmetrisch verteilt sind und der Beauftragte einen Wissensvorsprung hat, den er zu Ungunsten des Auftraggebers nutzen kann[1002]. Die in solchen Konstellationen anfallenden Vertretungskosten (agency costs) setzen sich aus den Überwachungskosten (monitoring costs) des Auftraggebers, den Rechenschafts- und Bindungskosten (bonding costs) des Beauftragten und dem verbleibenden Wohlfahrtsverlust trotz Überwachung und Rechenschaftslegung (residual loss) zusammen[1003].

In der Beziehung zwischen Aktionären (Principal) und Management (Agent) bzw. zwischen Gläubigern (Principal) und Management (Agent) kann eine für diese Theorierichtung typische Auftragsbeziehung gesehen werden[1004]. Fraglich ist, ob die im vorstehenden Kapitel erörterten Konflikte durch Kapitalschutzregulierungen gelöst bzw. zumindest vermindert werden können. Die gesetzlichen Vorschriften bezwecken, dass der aus Sicht der Unternehmensleitung frei verfügbare Cashflow und damit das Potential, liquide Mittel zu verschwenden, reduziert werden[1005]. Dies ergibt sich daraus, dass den Aktionären nach § 58 AktG auf der Hauptversammlung die Entscheidung über die Verwendung von in der Regel 50 % des Jahresüberschusses zusteht[1006]. Darüber hinaus kann in der Anfechtungsmöglichkeit gemäß § 254 AktG ein Instrument zur Minderung der Eigner-Eigner-Konflikte gesehen werden[1007]. Danach kann eine qualifizierte Minderheit von Aktionären den Beschluss über die Verwendung des Bilanzgewinns anfechten, wenn die Hauptversammlung Beträge in die Gewinnrücklagen einstellt oder als Gewinn vorträgt, obwohl die Thesaurierung wirtschaftlich nicht notwendig ist und nicht einmal eine Dividende in Höhe von 4 % des Grundkapitals (abzüglich nicht eingeforderter Einlagen) ausgeschüttet wird.

1000 Vgl. zu den verschiedenen Teilgebieten der Neuen Institutionenökonomie *Erlei/Leschke/Sauerland* (1999), S. 42-44; *Richter/Furubotn* (2003), S. 39-45; *Wolf* (2005), S. 259-280.

1001 Vgl. *Jensen/Meckling* (1976), S. 308. Vgl. zu Vorläufern, Entstehung und Modellrichtungen der Principal-Agent-Theorie z.B. *D. Schneider* (1995), S. 42-52; *Meinhövel* (2005).

1002 Vgl. *D. Schneider* (1992), S. 618. Vgl. dazu ausführlich auch *Crasselt* (2003), S. 78-82.

1003 Vgl. grundlegend *Jensen/Meckling* (1976), S. 308. Vgl. dazu auch *Bieker* (2006), S.43.

1004 Vgl. *D. Schneider* (1992), S. 619.

1005 Vgl. so auch *Gassen* (2000), S. 99.

1006 Wie an anderer Stelle bereits erläutert, kann die Satzung allerdings die Verwaltung dazu ermächtigen, mehr als 50 % des Jahresüberschusses in die anderen Gewinnrücklagen einzustellen, solange die anderen Gewinnrücklagen die Hälfte des Grundkapitals nicht übersteigen (§ 58 Abs. 2 S. 2-3 AktG).

1007 Vgl. so auch *Wagenhofer/Ewert* (2003), S. 147.

Aus Sicht der Gläubiger bieten die gesetzlichen Bestimmungen insofern einen Schutz, als sie den ausschüttungsfähigen Gewinn auf die Höhe des nach handelsrechtlichen Bilanzierungsnormen errechneten Bilanzgewinns beschränken. Zudem wird dem Management die Einstellung von Teilen des Jahresüberschusses in die Gewinnrücklagen ermöglicht, wodurch finanzielle Mittel für Investitionszwecke im Unternehmen gebunden und Haftungsfondsmittel erhöht werden. Darüber hinaus erscheint die gläubigerschützende Wirkung der durch das Vorsichtsprinzip geprägten HGB-Rechnungslegung unmittelbar einsichtig. Aktiva werden tendenziell niedriger und Passiva tendenziell höher als der Erwartungswert angesetzt, und erkennbare Verluste werden bereits am Bilanzstichtag berücksichtigt. Die enge Auslegung des Realisationsprinzips nach HGB verhindert die Ausschüttung unrealisierter Gewinne. Das Imparitätsprinzip führt in den Fällen, in denen ursprünglich antizipierte Verluste nicht eintreten, dazu, dass potentielle Ausschüttungen in die Zukunft verlagert werden, was im Hinblick auf die Interessen der Aktionäre als vertretbar angesehen wird[1008].

Die aufgezeigten Argumentationslinien stellen aber keine hinreichende Regulierungsrechtfertigung dar. In der Literatur ist gezeigt worden, dass die zunehmende Verlagerung der Gewinnverwendungskompetenz von der Verwaltung auf die Aktionäre bei risikoscheuen Managern zu einer abnehmenden Investition in risikobehaftete Projekte mit entsprechend höherer Verzinsung führen kann (managementbedingtes Unterinvestitionsproblem)[1009]. Zudem existieren z.B. mit anreiz- und wertorientierten Entlohnungsverträgen zur Regulierung alternative Marktmechanismen, mit denen das eigennutzorientierte Handeln der Unternehmensleitung mit den Interessen der Anteilseigner in Einklang gebracht werden kann[1010]. Darüber hinaus besteht die Hoffnung, dass möglicherweise durch die zunehmende Entflechtung deutscher börsennotierter Gesellschaften die Funktionsfähigkeit der „Kontrollmärkte" mit der Folge erhöht wird, dass sich die Principal-Agent-Konflikte zwischen Unternehmensleitung und Aktionären mildern[1011]. Bei funktionierenden Kontrollmärkten werden die Aktionäre auf eine aktionärsfeindliche Unternehmenspolitik mit dem Verkauf ihrer Aktien reagieren, wodurch der Aktienkurs des Unternehmens sinken wird. Mit sinkendem Aktienkurs steigt die Übernahmegefahr und aus Sicht des Managements das Risiko des Arbeitsplatzverlustes. Schließlich nimmt auch die Reputation der Manager Schaden. Insgesamt ergeben sich aus diesen Zusammenhängen für die Unternehmensleitung Anreize, eine aktionärsfreundliche Unternehmenspoltik zu verfolgen. Um potentielle Aktionäre zum Kauf der Aktien zu bewegen und durch Informationsasymmetrien möglicherweise verursachte negative Ausleseprozesse (adverse selection)[1012] zu vermeiden, wird die Unternehmensleitung im eigenen Interesse versuchen, die asymmetrische Information abzubauen (signaling)[1013]. Auch der Dividendenpolitik kann in diesem Zusammenhang ein Signal-Charakter zukommen; mit ihr kann das Management einen Beitrag zur Reduzierung der Informationsasymmetrie leisten. Eine gesetzliche Regulierung, z.B. in der Form einer (teilweisen) Verwendungsgarantie des Jahresüber-

---

1008 Vgl. *Schildbach* (2004), S. 43.

1009 Vgl. dazu *Pfaff* (1989), S. 150-167. Vgl. auch *Wagenhofer/Ewert* (2003), S. 162. Vgl. zu den üblichen Annahmen, die diesen Modellen zugrunde liegen, ausführlich *Pfaff* (1989), S. 64-66, 150-155; *Wagenhofer/Ewert* (2003), S. 151-158.

1010 Vgl. *Pellens/Crasselt/Rockholtz* (1998), S. 7-19 m.w.N.

1011 Unterschieden werden der Aktienmarkt als Kontollmarkt, der Markt für Unternehmenskontrolle und der Markt für Manager. Vgl. grundlegend *Jensen/Ruback* (1983). Vgl. dazu auch *Fülbier* (1998b), S. 189-192; *Pellens* (2001a), S. 136 jeweils m.w.N.

1012 Vgl. hierzu grundlegend *Akerlof* (1970).

1013 Vgl. *Richter/Furubotn* (2003), S. 260-262, 294-299 m.w.N schusses für die Aktionäre, ist mithin kontraproduktiv. Kann die Unternehmensleitung die Ausschüttungshöhe nicht mehr frei wählen, büßen die Ausschüttungen ihren Signal-Charakter ein.

Aus der Perspektive der Gläubiger ist die Verwendungskompetenz der Hauptversammlung über einen Teil des Gewinns eher kritisch zu sehen. Modelltheoretisch ist aufgezeigt worden, dass eingeschränkte Thesaurierungsmöglichkeiten der Unternehmensleitung zu reduzierten Kreditspielräumen führen können, die aus einem verschuldungsbedingten Unterinvestitionseffekt resultieren[1014]. Aber auch aus diesem Befund ist keine Regulierungsnotwendigkeit ableitbar, da sich mit den Über- und Unterinvestitionsproblemen gegenläufige Effekte gegenüberstehen, die selbst unter Modellbedingungen keine eindeutigen Handlungsempfehlungen ermöglichen[1015].

Ähnliches gilt für die Beurteilung der vermeintlich gläubigerschützenden HGB-Rechnungslegungsnormen. Ausführliche ökonomische Wirkungsanalysen[1016] kommen zu dem Ergebnis, dass sich Ausschüttungsrestriktionen unternehmenswertmindernd auswirken können. Die vorsichtige Bilanzierung kann sich auch auf die Position der Gläubiger ungünstig auswirken und die diesbezüglichen Agency-Probleme verstärken. Aus den Analysen kann gefolgert werden, dass eine allgemeine Vorziehenswürdigkeit des Vorsichtsprinzips in Bezug auf den Gläubigerschutz nicht abzuleiten ist und effiziente Ausschüttungsbeschränkungen nur unternehmensindividuell unter Berücksichtigung sonstiger Restriktionen (z.B. Vereinbarungen in den Kreditverträgen) zu bestimmen sind[1017].

Zusammenfassend bleibt festzuhalten, dass sich aus den agencytheoretischen Überlegungen keine eindeutige Regulierungsrechtfertigung für die deutschen bzw. europäischen gesetzlichen Kapitalschutznormen ableiten lässt.

3.2 Transaktionskostentheorie

Aufgrund der Tatsache, dass die Informationen zwischen den Unternehmensbeteiligten unvollständig und ungleich verteilt sind, müssen die Individuen ökonomische Ressourcen zur Informationsgewinnung, -überprüfung und -verarbeitung einsetzen, um ihren Wissensstand und die Möglichkeiten, untereinander Transaktionen abzuwickeln, zu verbessern[1018]. Die bei der Anbahnung, Durchführung und Überprüfung von Transaktionen anfallenden Such-, Verhandlungs-, Durchsetzungs- und Überwachungskosten werden unter dem Begriff der Transaktionskosten zusammengefasst[1019]. Mit Hilfe der Transaktionskostentheorie[1020] können ökonomische Organisationen und Aktivitäten daraufhin analysiert werden, inwiefern sie Transaktionskosten verursachen. Durch eine vergleichende Betrachtung kann dann eine Aus-

---

1014 Vgl. *Pfaff* (1989), S. 168-200.

1015 Vgl. *Pfaff* (1989), S. 206-207.

1016 Vgl. dazu sowie den ihnen zugrunde liegenden Modellannahmen anschaulich *Wagenhofer/Ewert* (2003), S. 168-182 m.w.N.

1017 Vgl. *Wagenhofer/Ewert* (2003), S. 191.

1018 Vgl. *Fülbier* (1998b), S. 125.

1019 Vgl. *Erlei/Jost* (2001), S. 38-41; *Richter/Furubotn* (2003), S. 57-63 m.w.N.

1020 Vgl. dazu umfassend z.B. *Richter/Furubotn* (2003), S. 53-86 m.w.N.

sage getroffen werden, welche Transaktion effizienter als eine andere in dem Sinne ist, dass sie ökonomische Ressourcen weniger stark beansprucht bzw. verschwendet.

Mit transaktionskostentheoretischen Überlegungen eng verbunden ist die Theorie der Eigentums- bzw. Verfügungsrechte (property rights theory), welche die Beziehungen zwischen Individuen und Ressourcen erforscht[1021]. Zu den Verfügungsrechten der Individuen an einem ökonomischen Gut zählen Nutzungsrechte (usus), Gestaltungs- und Veränderungsrechte (abusus), Nutznießungsrechte (usus fructus) und Veräußerungsrechte[1022]. Mit der Theorie der Eigentumsrechte kann die Vorteilhaftigkeit alternativer Verteilungen von Verfügungsrechten an Unternehmensressourcen hinsichtlich ihrer ökonomischen Effizienz beurteilt werden[1023].

In einer auf Privateigentum aufbauenden marktwirtschaftlichen Ordnung ist es ein verfassungsrechtlich abgesichertes Prinzip, dass die Anteilseigner die Eigentumsrechte am Gewinn des Unternehmens halten[1024]. Somit stünde den Aktionären die Verwendungskompetenz über den Jahresüberschuss und etwaige Gewinnrücklagen zu[1025]. Da eine Eigentumsordnung nur dann als effizient zu bezeichnen ist, wenn Transaktionskosten minimiert werden, ist zu klären, ob die alleinige Gewinnverwendungskompetenz der Aktionäre Transaktionskosten verursacht. Transaktionskosten fallen bei einer solchen Kompetenzverteilung beispielsweise dadurch an, dass die Unternehmensleitung am Tag des Hauptversammlungsbeschlusses liquide Mittel in voller Höhe des im vorherigen Geschäftsjahr erwirtschafteten Jahresüberschusses für Ausschüttungszwecke vorhalten müsste. Mithin wüsste die Unternehmensleitung erst mehrere Monate nach dem Bilanzstichtag, ob sie Teile des Jahresüberschusses für Investitionen verwenden kann. Transaktionskosten sind in den resultierenden Opportunitätskosten der entgangenen bzw. verzögerten Investitionsprojekte zu sehen.

Die alleinige Gewinnverwendungskompetenz der Aktionäre könnte Transaktionskosten weiterhin dadurch verursachen, dass sie zu Unsicherheiten bei den übrigen Unternehmensbeteiligten (z.B. Gläubiger, Arbeitnehmer) im Hinblick auf die Erfüllung ihrer Ansprüche führt. Von der Regulierung des § 58 AktG geht insofern eine transaktionskostensenkende Wirkung aus, als sie die Unsicherheit der übrigen Akteure bezüglich der Gewinnverwendung und des maximal an die Anteilseigner ausschüttungsfähigen Betrags reduziert. Allerdings ist darin keine ausreichende Begründung für einen staatlichen Eingriff zu sehen. Die transaktionskostenmindernde Wirkung stellt nämlich für die Beteiligten einen Anreiz dar, die Gewinnverwendungskompetenz der Anteilseigner auf privatvertraglichem Wege, z.B. in der Satzung, zu vereinbaren. Es könnte aber argumentiert werden, dass eine gesetzliche Regelung mit einer höheren Stabilität und folglich auch mit einer höheren Sicherheit für die übrigen Beteiligten einhergeht[1026]. Die in der 50%-Regel des § 58 AktG zum Ausdruck kommende Kompetenzverteilung könnte als ein effizientes Arrangement der Eigentumsrechte angesehen werden, die den Interessen der Unternehmensbeteiligten gleichermaßen Rechnung trägt.

1021 Vgl. *Richter/Furubotn* (2003), S. 87-144 m.w.N.

1022 Vgl. z.B. *Picot/Schuller* (2001), S. 83; *Richter/Furubotn* (2003), S. 23.

1023 Vgl. *Pellens* (1994), S. 190.

1024 Vgl. ähnlich *Gassen* (2001), S. 405.

1025 Vgl. *Gassen* (2001), S. 406.

1026 Vgl. *Gassen* (2001), S. 406, der in einer Satzungsautonomie Unsicherheiten für die Unternehmensbeteiligten sieht, da sich die Mehrheitsverhältnisse innerhalb des Gesellschafterkreises ändern und Satzungsänderungen folglich nicht ausgeschlossen werden können.

Durch die bereits mehrmals angesprochene Öffnungsklausel des § 58 AktG, durch welche die Thesaurierungsmöglichkeiten der Verwaltung erhöht und die Gewinnverwendungskompetenzen der Hauptversammlung bis auf Null reduziert werden können, werden Unsicherheiten auf Seiten der Minderheitsaktionäre induziert. Von diesen Unsicherheiten sind sowohl die aktuellen als auch die potentiellen Minderheitsaktionäre betroffen, da eine Satzungsänderung jederzeit mit Dreiviertelmehrheit (§ 179 Abs. 2 AktG) beschlossen werden kann und ihre Interessen dabei unberücksichtigt bleiben können. Im Gegensatz zu Gesellschaftern einer GmbH sind aber die Aktionäre von börsennotierten Aktiengesellschaften nicht „in der Transaktion mit dem Unternehmensmanagement gefangen"[1027], da bei einem gut funktionierenden Sekundärmarkt eine jederzeitige Veräußerung ihrer Anteile möglich ist[1028]. Somit erscheint die Öffnungsklausel bei börsennotierten Aktiengesellschaften unproblematisch und weitere Regulierungen zum Minderheitenschutz, wie z.B. der nicht sehr weitreichende Schutzmechanismus des § 254 AktG, unnötig.

Erneut ist auf alternative institutionelle Arrangements hinzuweisen, die ebenfalls in der Lage sind, den Interessen der Unternehmensbeteiligten gerecht zu werden. Zusätzlich zu den bereits angesprochenen Vereinbarungen in der Satzung sind hier verschiedene Formen von Beherrschungs- und Überwachungssystemen, wie z.B. ein mitbestimmter Aufsichtsrat oder privatautonom ausgestaltete Kreditverträge, die auf Eigeninteressen beruhende Sicherungs- und Sanktionsmechanismen beinhalten, zu nennen. Es kann zwar argumentiert werden, die Kapitalschutzregeln als gesetzlich vorgegebener Standardvertrag entfalteten eine transaktionskostensenkende Wirkung. Die Unternehmenspraxis zeigt aber, dass sich z.B. bestimmte Gläubigergruppen trotz der bestehenden gesetzlichen Vorschriften durch detailliert ausgehandelte und den unternehmensindividuellen Gegebenheiten dezidiert Rechnung tragende Kreditvereinbarungen zusätzlich schützen[1029].

Abschließend sind die Auswirkungen der gesetzlich vorgegebenen HGB-Rechnungslegung auf die Transaktionskosten der Akteure zu beurteilen. Wären die Rechnungslegungsregeln für Aktiengesellschaften nicht gesetzlich vorgeschrieben, müssten sich sowohl die Aktionäre als auch die sonstigen Akteure, insbesondere die Fremdkapitalgeber, auf die anzuwendenden Regeln verständigen. Solche vertraglichen Vereinbarungen würden zu Verhandlungskosten führen, die umso höher ausfallen würden, je größer der Aktionärskreis und je detaillierter die Regeln wären. Durch die gesetzliche Standardisierung werden diese Verhandlungskosten gespart. Zudem kann sich die Standardisierung transaktionskostenmindernd auf die externe Bilanzanalyse auswirken, da sie zu einer erhöhten Vergleichbarkeit der Abschlüsse führt[1030]. Die gläubigerschützende und damit transaktionskostensenkende Wirkung der HGB-Rechnungslegung ist indes aufgrund der zahlreichen Bilanzierungswahlrechte zu relativieren. Wie bereits ausführlich aufgezeigt wurde, gewähren die Gewinnermittlungsregeln dem Management erhebliche bilanzpolitische Spielräume, so dass weder die Aktionäre vor ungerechtfertigten Gewinnverkürzungen noch Gläubiger und Aktionäre vor einer absichtlichen Fehlinformation über die wirtschaftliche Lage des Unternehmens wirksam geschützt werden[1031]. Schließlich ist festzustellen, dass Fremdkapitalgeber in Kreditvereinbarungen in vielfältiger Weise von

---

1027 *Gassen* (2001), S. 407.

1028 Allerdings verursacht der Aktienverkauf selbst (geringe) Transaktionskosten. Zudem kommt es zu einer Besteuerung des Veräußerungsgewinns, wenn die Anteile innerhalb der Spekulationsfrist verkauft werden.

1029 Vgl. zu Kreditvereinbarungen in den USA, Großbritannien und Deutschland ausführlich Kapitel V.5.4.1.

1030 Vgl. dazu z.B. *Streim* (1988), S. 24.

1031 Vgl. *Streim* (1988), S. 158. Vgl. zu den Gewinnermittlungsregeln nach HGB ausführlich Kapitel III.1.1.3.2.

den handelsrechtlichen Regeln abweichen[1032]. Mithin ist die transaktionskostenmindernde Wirkung zumindest für die Gruppe der verhandlungsstarken Gläubiger als eher gering einzuschätzen. Sofern die gesetzlichen Vorschriften aus Sicht der Vertragsparteien als zu streng angesehen werden, ist zudem eine davon abweichende vertragliche Übereinkunft unmöglich[1033].

Im Ergebnis bleibt festzuhalten, dass sich auch aus den transaktionskostentheoretischen Überlegungen eine eindeutige Regulierungsnotwendigkeit für die bestehenden Kapitalschutzregeln von Aktiengesellschaften – insbesondere, wenn sie börsennotiert sind – nicht ableiten lässt.

3.3 Marktprozesstheorie

Nachdem in den vorangegangen beiden Kapiteln Denkrichtungen der Neuen Institutionenökonomie zur Beurteilung der Regulierungsnotwendigkeit herangezogen wurden, werden abschließend Ansätze der prozessorientierten Evolutions- und Koordinationstheorie[1034] bemüht, die auch als Marktprozesstheorie bezeichnet werden können[1035]. In dieser Theoriewelt, der insbesondere Vertreter der Österreichischen Schule um *Schumpeter*, *v. Mises*, *Kirzner* und vor allem *v. Hayek* zugerechnet werden[1036], stehen Koordinationsinstrumente im Vordergrund, die vor dem Hintergrund sich ständig verändernder Umweltbedingungen Anpassungs- und Entdeckungsprozesse ermöglichen. Die Intensität, Geschwindigkeit und Kosten dieser Prozesse werden als Effizienzmaßstab betrachtet[1037]. Unvollkommene und asymmetrisch verteilte Informationen werden nicht als Problem angesehen, sondern als grundlegende Voraussetzung für Anpassungsprozesse[1038]. Die Anpassungsprozesse werden mit dem individuellen Streben der Wirtschaftssubjekte nach Wettbewerbsvorteilen durch Erweiterung der subjektiven Informationsmenge erklärt[1039]. Es entsteht ein Wettbewerb, der die Informationsaufdeckung und -verbreitung fördert, findiges und innovatives Verhalten und folglich die Herausbildung neuen Wissens begünstigt[1040]. Das wichtigste Koordinationsinstrument für die Wirtschaftssubjekte stellt dabei der Markt- und Preismechanismus dar[1041], dessen Funktionsfähigkeit zur Vermittlung von Informationen zu sichern ist. Als Ergebnis des Wettbewerbs als „Entdeckungsverfahren"[1042] können sich Institutionen herausbilden, die Unsicherheiten und Transaktionskosten reduzieren und ein Zeichen für die Selbstorganisationsfähigkeit des Marktes darstellen[1043]. Staatliche Eingriffe in die Handlungsfreiheiten der Akteure werden folglich kritisch

---

1032 Vgl. *Wagenhofer/Ewert* (2003), S. 163 m.w.N., und ausführlich Kapitel V.5.4.1.

1033 Vgl. *Wagenhofer/Ewert* (2003), S. 182, die daher bilanzielle Ausschüttungsbeschränkungen des Gesetzgebers als dispositives Recht vorschlagen.

1034 Vgl. zu dieser Begriffsbildung *Kunz* (1985), S. 1-8, 62, 145.

1035 Vgl. *Paul/Horsch* (2005), S. 138.

1036 Vgl. zu den Grundzügen dieser Theorierichtung z.B. *Pellens* (1994), S. 207-209; *Fülbier* (1998b), S. 135-141; *D. Schneider* (2001), S. 447-467; *Paul/Horsch* (2005), S. 137-144, jeweils m.w.N.

1037 Vgl. *v. Hayek* (1945), S. 524-528; *v. Hayek* (1952b), S. 53.

1038 Vgl. *v. Hayek* (1969b), S. 171.

1039 Vgl. *v. Mises* (1940), S. 245-249, 261-276; *Kirzner* (1978), S. 24-70.

1040 Vgl. ausführlich *v. Hayek* (1952a); *v. Hayek* (1969), S. 167-168.

1041 Vgl. *v. Hayek* (1945), S. 526-530.

1042 *v. Hayek* (1968), S. 3.

1043 Vgl. *Kunz* (1985), S. 1-4.

gesehen. Dem Staat wird vielmehr die Aufgabe zugesprochen, die Freiheit der Individuen zu schützen, damit Wettbewerbshandlungen entstehen können[1044]. Positive Rechtsetzungen werden allenfalls dann für zulässig erachtet, wenn sie stabilisierende Wirkung entfalten, indem sie Koordinations- und Anpassungskosten sparen und die Erwartungsbildung der Unternehmensbeteiligten erleichtern[1045].

Indem die Vorschrift des § 58 AktG eine bestimmte Handlung erzwingt, stellt sie eine positive Rechtsetzung dar. Durch § 58 AktG ist die Geschäftsleitung grundsätzlich gezwungen, der Hauptversammlung mindestens 50 % des Jahresüberschusses zur Verwendung vorzuschlagen. Fraglich ist nun, ob von dieser Kompetenzverteilungsregel eine stabilisierende Wirkung ausgeht. Vor dem Hintergrund regelmäßiger Veränderungen in der personellen Zusammensetzung der Eigentümerstruktur und der wirtschaftlichen Lage von Aktiengesellschaften mag § 58 AktG die Erwartungsbildung der Anteilseigner hinsichtlich künftiger Liquiditätszuflüsse aus ihrem Aktienengagement erleichtern. Ähnliches gilt für die sonstigen Unternehmensbeteiligten, deren Erwartungsbildung über die der Aktiengesellschaft maximal entziehbaren Mittel erleichtert wird. Dem ist allerdings zum einen entgegenzuhalten, dass die Hauptversammlung jederzeit mit Dreiviertelmehrheit die Gewinnverwendungskompetenz der Verwaltung ausweiten oder einschränken kann. Zum anderen wird die Erwartungsbildung dadurch beeinträchtigt, dass die Unternehmensleitung im Rahmen der Gewinnermittlung einen erheblichen bilanzpolitischen Spielraum hat, mit dem sie die Höhe der ausschüttungsfähigen Beträge gezielt beeinflussen kann. Dies gilt in besonderer Weise für Konzernunternehmen[1046].

Eine Regulierungsnotwendigkeit ist auch vor dem Hintergrund der Fähigkeit des Markts zur Selbstorganisation nicht abzuleiten. In der hier herangezogenen Theoriewelt werden Märkte als spontane und evolutorische Ordnungen verstanden, denen die Tendenz zum Abbau von Koordinations- und Anpassungskosten immanent ist. § 58 AktG steht wettbewerblichen Entdeckungsprozessen entgegen. Die bereits angesprochenen institutionellen Alternativen zur aktienrechtlichen Verteilung der Gewinnverwendungskompetenz sind hier ebenso zu nennen wie die möglichen Kosteneinsparpotentiale noch unbekannter, sich evolutorisch entwickelnder „Neuentdeckungen".

Ein etwas anderes Bild ergibt sich bei der marktprozesstheoretischen Beurteilung der HGB-Rechnungslegung als Teil des Kapitalschutzkonzepts für Aktiengesellschaften. Eine stabilisierende Wirkung kann sich insofern entfalten, als sich die Unternehmensbeteiligten auf ein vorgegebenes Regelset zur Ermittlung des ausschüttungsfähigen Gewinns verlassen können[1047]. Durch die Prinzipienbasiertheit der HGB-Rechnungslegung[1048] besteht weiterhin die Möglichkeit, evolutorisch sich herauskristallisierende neue Geschäftsmodelle und Finanzkonstrukte bilanziell abzubilden, ohne dass zunächst eine Bilanzierungsregel geschaffen werden muss. Fraglich ist allerdings, ob die Unternehmensbeteiligten in einem weniger regulierten Umfeld die handelsrechtlichen Bilanzierungsregeln ausgehandelt hätten. Zweifel bestehen hier insbesondere hinsichtlich der vielfältigen expliziten HGB-Bilanzierungswahlrechte, die den Handlungsspielraum des Managements zu Lasten der sonstigen Unternehmensbeteiligten

---

1044 Vgl. *v. Hayek* (1969a), S. 113-117; *v. Hayek* (1981), S. 58-62.

1045 Vgl. *v. Hayek* (1981), S. 47-49. Zu weiteren Ausnahmen vgl. *Fülbier* (1998b), S. 197 m.w.N.

1046 Zur Begründung vgl. Kapitel III.1.1.3.3.

1047 Zu einer Analyse des Markts für Rechnungslegungssysteme und der Gefahr des Marktversagens vgl. *Pellens/Gassen* (1998), S. 635-645; *Pellens* (2001a), S. 600-604.

1048 Vgl. *Moxter* (1986), S. 7-8; *Leffson* (1987), S. 19; *Schildbach* (2004), S. 133-134; *Baetge/Kirsch/Thiele* (2005), S. 104-105.

ausweiten. Zudem ist festzustellen, dass Fremdkapitalgeber deutscher Unternehmen in Kreditverträgen häufig die HGB-Regeln modifizieren[1049].

Werden die deutschen Kapitalschutznormen insgesamt betrachtet, ist ebenfalls zweifelhaft, ob sie sich auf einem unregulierten Markt in dieser Form durchgesetzt hätten. Obschon ein Vergleich mit den Gegebenheiten in den USA aufgrund unterschiedlicher sozio-ökonomischer Faktoren[1050] nur eingeschränkt möglich ist[1051], ist die Entwicklung der Kapitalschutzregeln in den USA in den letzten Jahrzehnten aus marktprozesstheoretischer Sicht interessant. Wie bereits aufgezeigt worden ist, existierten in den USA vor ca. 100 Jahren mit Nennwertaktien, einem Mindestkapitalerfordernis, dem Verbot des stock watering und der trust fund theory Kapitalaufbringungs- und -erhaltungsregeln[1052], die den aktuellen deutschen bzw. europäischen Vorschriften ähneln[1053]. Im 20. Jahrhundert wurden viele dieser gesetzlichen Vorschriften im Rahmen des Wettbewerbs der einzelstaatlichen Gesellschaftsrechte in der Überzeugung abgeschafft, dass sie als Schutzinstrument für die Unternehmensbeteiligten unbrauchbar seien. Wie ausführlich dargestellt, existiert heutzutage in den meisten Bundesstaaten der USA gesellschaftsrechtlich nur noch ein Mindestschutz, der durch insolvenzrechtliche Schutzmechanismen ergänzt wird[1054]. Im Vergleich zur Situation in Deutschland werden die unternehmerischen Handlungsspielräume im Vorhinein viel weniger eingeschränkt, und Missbräuche werden nachträglich bestraft[1055]. Privatvertraglich ausgehandelte Ausschüttungsrestriktionen in Kreditverträgen haben in den USA hingegen eine lange Tradition[1056] und können als eine Ausprägung der individualistisch organisierten US-amerikanischen Gesellschaft gesehen werden[1057]. Ein Indiz dafür, dass die aktuellen gesetzlichen Kapitalschutzregeln zumindest aus US-amerikanischer Sicht für zweckmäßig und ausreichend angesehen werden, ist darin zu sehen, dass der Wandel „in den USA kaum je kontrovers war und mittlerweile jedem Zweifel enthoben ist. Theorie und Praxis, Juristen und Ökonomen stimmen überein, daß der neue Zustand dem alten entschieden vorzuziehen ist“[1058].

Zusammenfassend bleibt festzuhalten, dass auch aus marktprozesstheoretischer Sicht eine Regulierungsnotwendigkeit von Kapitalschutzregeln nicht zu erkennen ist.

3.4 Zwischenergebnis

Die regulierungstheoretischen Ausführungen unter Berücksichtigung der Principal-Agent-Theorie, des Transaktionskostenansatzes und der Marktprozesstheorie haben ergeben, dass

---

1049 Vgl. dazu und der Infragestellung der These, in US-amerikanischen Kreditverträgen würden regelmäßig Rechnungslegungsregeln vereinbart, die mit HGB weitgehend übereinstimmen, Kapitel V.5.4.1.4.

1050 Vgl. dazu *Pellens* (2001a), S. 21-28.

1051 Zu den Schwierigkeiten von rechtsvergleichenden Betrachtungen vgl. z.B. *Großfeld* (1996), S. 106-125.

1052 Vgl. Kapitel III.2.1.

1053 Vgl. auch *Kübler* (1989), S. 64; *Kübler* (1994), S. 146.

1054 Vgl. Kapitel III.2.2-III.2.4.

1055 Vgl. auch *Kübler* (1989), S. 33.

1056 Vertraglich Ausschüttungsrestriktionen waren bereits weit verbreitet als das legal capital-Regime noch existierte. Vgl. *Mülbert* (2004), S. 157.

1057 Vgl. zur Gegenüberstellung von individualistischen und kollektiven Gesellschaften *Pellens* (2001a), S. 22.

1058 *Kübler* (1998b), S. 345. Vgl. ähnlich auch *Ackerman/Sterrett* (1976), S. 1052, Fn. 2; *Peterson/Hawker* (1997), S. 176-177 m.w.N.; *Grundmann* (2001), S. 817; *Kübler* (2003c), S. 103; *Mülbert* (2004), S. 157.

der regulierende Eingriff des deutschen bzw. europäischen Gesetzgebers in die Gewinnermittlung und Gewinnverwendung kaum zu rechtfertigen ist. Die theoretischen Betrachtungen sprechen zumindest für börsennotierte Aktiengesellschaften und bei gut funktionierendem Sekundärmarkt vielmehr für eine weitgehende Deregulierung der bestehenden gesetzlichen Vorschriften.

Eine Deregulierung auf europäischer Ebene erscheint allerdings in der näheren Zukunft mehr als unwahrscheinlich. Weder die vorgeschlagene Richtlinie vom 21.09.2004 zur Änderung der Kapitalrichtlinie noch der im Mai 2003 vorgestellte Aktionsplan der EU-Kommission enthalten Hinweise darauf, dass der europäische Gesetzgeber zukünftig auf regulierende Eingriffe in das Kapitalsystem der Aktiengesellschaft verzichten und ausschließlich auf Marktkräfte vertrauen will. Insofern sähen sich Reformvorschläge, die ausschließlich aus den vorstehenden ökonomischen Theorien abgeleitet sind, der berechtigten Kritik ausgesetzt, einen Mangel an Realitätssinn aufzuweisen.

Im weiteren Verlauf der Arbeit soll daher das Augenmerk auf die Ziele gelenkt werden, die der europäische Gesetzgeber bei der ursprünglichen Entwicklung des europäischen Kapitalsystems und dem in den letzten Jahren eingeleiteten Reformprozess verfolgt. Es soll kritisch hinterfragt werden, ob der bestehende Kapitalschutz den selbst gesetzten Ansprüchen des europäischen Gesetzgebers genügt. Die durch die EU-Kommission fomulierten Ziele der Reformmaßnahmen werden sodann den Maßstab bilden, mit dem verschiedene konkrete Reformvorschläge für ein langfristig zu etablierendes Alternativmodell beurteilt werden sollen.

4 Zielsetzungen des europäischen Gesetzgebers

4.1 Ziele des bestehenden Kapitalsystems

Die beabsichtigten Zwecke des europäischen Kapitalsystems sind bereits an verschiedenen Stellen der Arbeit angeklungen und werden nun noch einmal kurz zusammengefasst. Die Regulierungsnotwendigkeit der Kapitalaufbringung und Kapitalerhaltung der Aktiengesellschaft wird in den Erwägungsgründen der Kapitalrichtlinie erläutert[1059]. Die Kapitalrichtlinie stützt sich auf Art. 44 Abs. 2g EGV[1060]. Bei dieser Norm handelt es sich um die Ermächtigungsgrundlage, nach welcher der Europäische Rat und die Europäische Kommission in einem durch Art. 251 EGV näher geregelten Verfahren Richtlinien erlassen können, indem sie „soweit erforderlich die Schutzbestimmungen koordinieren, die in den Mitgliedstaaten den Gesellschaften im Sinne des Artikels 48 Absatz 2 im Interesse der Gesellschafter sowie Dritter vorgeschrieben sind, um diese Bestimmungen gleichwertig zu gestalten."[1061] Die Kapitalrichtlinie ist somit als ein Teil des europäischen Sekundärrechts zu sehen, das der Verwirklichung des europäischen Primärrechts, insbesondere der Vorschriften zur Niederlassungsfreiheit, dient[1062].

Art. 44 Abs. 2g EGV zielt aber nicht nur auf die Verwirklichung der Niederlassungsfreiheit ab, sondern auch auf die Herstellung gleichartiger Rahmenbedingungen für die Gesellschaften

[1059] Die Erwägungsgründe sind gemäß Art. 253 EGV Bestandteil der Richtlinie.

[1060] Dies enspricht Art. 54 Abs. 3g a.F. EGV.

[1061] Art. 44 Abs. 1 EGV.

[1062] Vgl. *Habersack* (2003), S. 1-2.

in der EU[1063]. Die Notwendigkeit der Koordinierung der gesellschaftsrechtlichen Vorschriften und des Abbaus der Niederlassungsschranken im Hinblick auf das Kapitalsystem von Aktiengesellschaften wird damit begründet, dass „in der Wirtschaft der Mitgliedstaaten die Tätigkeit dieser Gesellschaften vorherrscht und häufig die Grenzen des nationalen Hoheitsgebiets überschreitet."[1064] Darüber hinaus handelt es sich um diejenige Rechtsform, in der Unternehmen die organisierten Kapitalmärkte in Anspruch nehmen können[1065].

Die Harmonisierung soll jeden Interessierten in der EU in die Lage versetzen, sich durch die Satzung der Aktiengesellschaft über ihre wesentlichen Eigenschaften und die Zusammensetzung ihres Kapitals zu informieren[1066]. Die Vorschriften über die Gründung der Aktiengesellschaft, die Kapitalerhaltung sowie die Kapitalerhöhungen und -herabsetzungen bezwecken, die Aktionäre der Gesellschaft einerseits und die Gläubiger andererseits gemeinschaftsweit gleich zu behandeln[1067]. Der Schutz der Gläubiger wird besonders hervorgehoben. Um zu gewährleisten, dass das Kapital als Sicherheit für die Gläubiger erhalten bleibt, sollen Ausschüttungen des eingezahlten Kapitals an die Aktionäre verhindert und die Möglichkeiten der Gesellschaften, eigene Aktien zu erwerben, eingeschränkt werden[1068].

Im Hinblick auf die Ausschüttungsregulierung der Aktiengesellschaft ist die Kapitalrichtlinie in engem Zusammenhang mit der Bilanzrichtlinie zu sehen, denn sie enthält die Rechnungslegungsvorschriften und determiniert damit die Basis, auf welche die Vorschriften der Kapitalrichtlinie anzuwenden sind. Gäbe es die Bilanzrichtlinie nicht, könnten die Ziele der Kapitalrichtlinie nur eingeschränkt oder gar nicht erreicht werden. In den Mitgliedstaaten der EU könnten dann unterschiedliche Rechnungslegungssysteme zur Anwendung kommen, die dem angestrebten Mindestmaß an gemeinschaftsweiter Gleichwertigkeit von Aktionären und Gläubigern zuwiderlaufen und gegebenenfalls die Schutzfunktion des Kapitals aushöhlen würden.

Auch die Bilanzrichtlinie stützt sich auf Art. 44 Abs. 2g EGV. Wie bei der Kapitalrichtlinie wird die Harmonisierungsnotwendigkeit mit der wirtschaftlichen Bedeutung der betroffenen Gesellschaften[1069] begründet[1070]. Durch die Vorschriften zum Inhalt und zur Offenlegung von Jahresabschluss und Lagebericht sollen die Gesellschafter und Dritte geschützt werden[1071]. Um für die im Wettbewerb miteinander stehenden Gesellschaften gleichwertige rechtliche Mindestbedingungen zu gewährleisten, müssen laut Bilanzrichtlinie der Umfang der zu publizierenden Daten harmonisiert und die Bewertungsmethoden, „soweit erforderlich", vereinheitlicht werden[1072]. Bedeutsam ist in diesem Zusammenhang auch, dass die vorgeschriebe-

---

1063 Darauf ist auch vom EuGH in seiner „Daihatsu"-Entscheidung vom 09.12.1997 hingewiesen worden. Vgl. zum Ganzen *Schön* (1998); *Schwarz* (2000), S. 124-128; *Habersack* (2003), S. 22-24; *Grundmann* (2004), S. 44-46. Vgl. auch *EU-Kommission* (2003a), S. 6.

1064 Vgl. KapRL, Präambel, erster Erwägungsgrund.

1065 Zur Kritik, dass die EU-Kommission keine rechtsformübergreifende Regelung getroffen hat, siehe bereits Kapitel III.1.2.1.1.

1066 Vgl. KapRL, Präambel, dritter Erwägungsgrund.

1067 Vgl. KapRL, Präambel, zweiter und fünfter Erwägungsgrund.

1068 Vgl. KapRL, Präambel, vierter Erwägungsgrund.

1069 Wie bereits erwähnt, sind von der Bilanzrichtlinie in Deutschland neben der Aktiengesellschaft die KGaA und die GmbH betroffen.

1070 Vgl. BilRL, zweiter Erwägungsgrund.

1071 Vgl. BilRL, erster Erwägungsgrund.

1072 Vgl. BilRL, dritter und fünfter Erwägungsgrund.

nen Gliederungsschemata und die Mindestinhalte von Anhang und Lagebericht dem Zweck dienen, mit dem Jahresabschluss ein den tatsächlichen Verhältnissen entsprechendes Bild der Vermögens-, Finanz- und Ertragslage der Gesellschaft zu vermitteln[1073]. Trotz der Verankerung dieses true and fair view-Prinzips britischen Rechts[1074] in den Erwägungsgründen und insbesondere in Art. 2 Abs. 3 bis 5 ist der Text der Bilanzrichtlinie auch erheblich vom Gläubigerschutzprinzip deutscher Herkunft geprägt, so dass der explizite Vorrang eines der beiden Prinzipien nicht festzustellen ist[1075]. Die grundsätzlich zu beachtenden Anschaffungs- und Herstellungskosten als Wertobergrenze für Vermögensgegenstände sind beispielsweise eine Ausprägung des Vorsichtsprinzips, wodurch es zu einem Verstoß gegen den Grundsatz des true and fair view kommen kann. Es ist allerdings festzustellen, dass die Rechtsprechung des EuGH zur phasengleichen Gewinnvereinnahmung[1076] und die Reformen durch die Fair-Value- und die bereits angesprochene Modernisierungsrichtlinie dazu führen, dass die Bilanzrichtlinie in den letzten Jahren zunehmend von angloamerikanischen Vorstellungen geprägt wird. Durch die große Anzahl an Mitgliedstaatenwahlrechten und Ausschüttungssperren kann auf nationaler Ebene aber weitgehend am bestehenden Kapitalschutzsystem festgehalten werden.

4.2 Ziele der eingeleiteten Reformmaßnahmen des Kapitalsystems

Mit einer ganzen Reihe von Maßnahmen im Bereich des Gesellschaftsrechts und der Corporate Governance verfolgt die EU-Kommission das Ziel, die Leistungs- und Wettbewerbsfähigkeit der EU-Unternehmen zu steigern, die Aktionärsrechte zu stärken und den Schutz Dritter zu verbessern[1077]. Eine Reform der Kapitalrichtlinie, einem der „Eckpfeiler des europäischen Gesellschaftsrechts“[1078], ist Teil dieses Konzepts. Bei der Modernisierung der Gläubigerschutzvorschriften im Rahmen des Kapitalsystems soll ausdrücklich sichergestellt werden, dass „ein hoher Qualitätsstandard beibehalten“[1079] wird.

Der im September 2004 vorgelegte Vorschlag einer Änderungsrichtlinie trägt diesen Grundsätzen Rechnung. Wie bereits in Kapitel IV.5 im Einzelnen dargestellt, soll kurzfristig eine Reihe von moderaten Korrekturen vorgenommen werden, damit die Unternehmen in der EU kostengünstiger und flexibler auf Marktentwicklungen reagieren können. Damit soll ein Beitrag geleistet werden, die Unternehmen der Gemeinschaft in ihrer Leistungs- und Wettbe-

---

1073 Vgl. BilRL, vierter Erwägungsgrund.

1074 Vgl. § 226 Abs. 2 Companies Act 1985.

1075 So auch *Habersack* (2003), S. 223; *Grundmann* (2004), S. 235. A.A. *Schwarz* (2000), S. 292-293. *Hennrichs* (1999b), S. 133-151, sieht in dem true and fair view-Grundsatz die Hauptzielsetzung der Bilanzrichtlinie, die bei ihrer Auslegung zu berücksichtigen ist.

1076 Vgl. EuGH, Urteil vom 27.06.1996 – Rs. C-234/94, Slg. 1996, I-3145 – Tomberger. Im vorliegenden Fall ging es um die Frage, ob die Aktivierung von Gewinnansprüchen in der Bilanz des Mutterunternehmens bereits in dem Geschäftsjahr, in dem der Gewinn im Tochterunternehmen angefallen ist, gegen das Vorsichtsprinzip verstößt. Das Gericht hält die phasengleiche Aktivierung für vereinbar mit dem Realisationsprinzip gemäß Art. 31 Abs. 1 BilRL und begründet dies mit dem Grundsatz des true and fair view. Vgl. dazu ausführlich *Habersack* (2003), S. 232-236 m.w.N.

1077 Vgl. *EU-Kommission* (2003a), S. 3-4, 9-11.

1078 *EU-Kommission* (2003a), S. 20.

1079 *EU-Kommission* (2003a), S. 9.

werbsfähigkeit zu stärken, ohne dass der Gläubigerschutz verringert wird[1080]. Bis mindestens zum Jahre 2009 wird am System des Mindestkapitals und der Nennwertaktien festgehalten.

Werden die Reformvorschläge für die Kapitalrichtlinie und die bereits durchgeführten Reformen der Bilanzrichtlinie zusammen betrachtet, ist aber zumindest eine Akzentverschiebung innerhalb des europäischen Kapitalsystems zu beobachten. Es zeigt sich, dass die Anzahl der Mitgliedstaatenwahlrechte zunimmt, wodurch sich der Gestaltungsspielraum der nationalen Gesetzgeber erhöht. Der größer werdende Spielraum für einen Wettbewerb der nationalen Gesetzgeber untereinander geht einher mit Einbußen bei der europaweiten Harmonisierung des Gesellschaftsrechts. Weiterhin wird bei Regulierungsmaßnahmen in zunehmend stärkerem Maße nicht nur nach Rechtsform und Größe, sondern auch nach Börsennotierung unterschieden.

Als zentrales Ergebnis der vorstehenden Ausführungen kann schließlich Folgendes festgehalten werden: Der EU-Gesetzgeber ist einerseits der festen Ansicht, dass das bestehende Kapitalsystem die Gläubiger in zuverlässiger Weise schützt. Ein Alternativmodell soll andererseits nur eingeführt werden, wenn es die Gläubiger ebenso wirksam schützt und darüber hinaus einen zusätzlichen Nutzen stiftet. Dies gilt es im nachfolgenden Kapitel ökonomisch zu analysieren.

5 Ökonomische Analyse des europäischen Kapitalsystems

5.1 Anspruch des europäischen Kapitalsystems

In der Literatur werden zahlreiche Funktionen und Stärken des europäischen Kapitalsystems diskutiert. Im Wesentlichen werden die folgenden Funktionen und Merkmale des Kapitals genannt:

- **Korrelat der Haftungsfreistellung:** Die gesetzlichen Kapitalaufbringungs- und Kapitalerhaltungsregeln werden traditionell als Korrelat der Haftungsbeschränkung der Gesellschafter gesehen[1081]. Für die Verbindlichkeiten einer deutschen Aktiengesellschaft haftet nur das Gesellschaftsvermögen (§ 1 Abs. 2 AktG), so dass die Gläubiger sich mangels einer persönlichen Haftung grundsätzlich nicht an die Aktionäre halten können. Durch das gesetzlich vorgeschriebene Mindestkapital von 25.000 € (Art. 6 Abs. 1 KapRL) bzw. 50.000 € (§ 7 AktG) sind die Aktionäre verpflichtet, eine Art „Prämie" für den Genuss der Haftungsfreistellung zu leisten[1082].
- **Seriositätsfunktion:** Ein Rechtfertigungsgrund für das Mindestkapitalerfordernis wird darin gesehen, dass es die Funktion eines Seriositätstests für Unternehmensgründungen

[1080] Vgl. *EU-Kommission* (2004), S. 2, 6, 8.

[1081] Vgl. *Müller-Erzbach* (1928), S. 246; *Lutter* (1964), S. 41; *Wiedemann* (1968), S. 6, 18; *Wiedemann* (1980), S. 557-558; *Lutter* (1983), S. 167-168; *Niedernhuber* (1988), S. 37; *Kübler* (1991), S. 397, 403-412; *Gansen* (1992), S. 3-4; *Kübler* (1995b), S. 552; *U. Hansen* (1996), S. 133; *Lutter* (1998b), S. 375; *Bayer* (2000), S. 1016; *Fleischer* (2000), S. 1015; *Schwarz* (2000), S. 369; *Watrin* (2001a), S. 212; *Baldamus* (2002), S. 79; *K. Schmidt* (2002), S. 540-541; *Habersack* (2003), S. 113; *Hueck/Windbichler* (2003), S. 252; *Hennrichs* (2004), S. 125; *Merkt* (2004a), S. 312; *Schön* (2004a), S. 166; *Hüffer* (2006), § 1, Tz. 10.

[1082] Vgl. *Lutter* (1983), S. 167.

wahrnimmt[1083]. Gesellschafter, die nicht in der Lage sind, den gesetzlich vorgesehenen Kapitalbetrag für die Gründung einer Aktiengesellschaft aufzubringen, sollen das Haftungsprivileg nicht in Anspruch nehmen dürfen. Da unternehmerische Tätigkeit für Gläubiger und sonstige Unternehmensbeteiligte auch mit Risiken verbunden ist, soll dazu nur derjenige befugt sein, der bei einem wirtschaftlichen Zusammenbruch auch sein eigenes Kapital aufs Spiel setzt. Die zwingende Ausstattung mit Eigenkapital soll auf diese Weise zum einen das wirtschaftliche Umfeld, insbesondere die Gläubiger der Aktiengesellschaft, schützen und zum anderen unternehmerisch Unbedarfte vor eigenem Schaden bewahren[1084]. Das Mindestkapital soll auch verhindern, dass Kleinstunternehmen die Rechtsform einer Kapitalgesellschaft für ihre wirtschaftliche Tätigkeit wählen[1085].

- **Betriebskapitalfunktion:** Das von den Aktionären eingezahlte Kapital steht der Gesellschaft als Startkapital zur Aufnahme der Geschäftstätigkeit und für Investitionszwecke zur Verfügung und hat damit die Eigenschaft von Betriebskapital[1086]. Dieses Betriebskapital ist insbesondere in der Anfangsphase eines Unternehmens notwendig, da die üblicherweise anfallenden Anlaufverluste bei vollständiger Fremdkapitalfinanzierung zur Insolvenz durch Überschuldung führen würden. Es wird zudem darauf hingewiesen, dass die Kapitalregeln einen – wenn auch unzureichenden – Beitrag zur angemessenen Eigenkapitalausstattung der Aktiengesellschaft leisten[1087].
- **Verlustpufferfunktion:** Das Mindestkapital schützt nicht nur in der Start- und Anlaufphase der Aktiengesellschaft vor einer unmittelbaren Überschuldung, sondern stellt auch in der Folgezeit einen gewissen Risikopuffer für eine unerwartet auftretende negative wirtschaftliche Entwicklung dar[1088]. Dahinter verbirgt sich die These, dass die Gläubiger bei Verlusten der Gesellschaft umso besser vor einem Ausfall ihrer Ansprüche geschützt werden, je höher dieser Puffer ist.
- **Warnlampenfunktion:** *Lutter* weist auf eine nützliche Eigenschaft des Eigenkapitals hin, die eng mit der Pufferfunktion verknüpft ist und das Management in Krisensituationen frühzeitig zum Handeln zwingt[1089]. Die wirtschaftliche Situation der Aktiengesellschaft wird mit einer Ampel verglichen. Solange das Unternehmen über Rücklagen verfügt, steht sie auf grün. Haben die Verluste die Rücklagen aufgezehrt, springt die Ampel auf gelb, da nun Teile des eingezahlten Eigenkapitals aufgebraucht werden. Die Ampel zeigt gelb-rot,

---

1083 Vgl. *Ballerstedt* (1971), S. 385; *Wiedemann* (1980), S. 565; *Lutter* (1983), S. 168; *Lutter* (1998b), S. 375; *Fleischer* (2000), S. 1020; *Hirte* (2000c), S. 221; *Lutter* (2000b), S. 136-137; *Fleischer* (2001), S. 13; *Merkt* (2001a), S. 148; *Arbeitsgruppe Europäisches Gesellschaftsrecht* (2002), S. 1316; *Baldamus* (2002), S. 85; *High Level Group* (2002c), S. 88; *K. Schmidt* (2002), S. 523, 540; *Priester* (2005), S. 921; *Hüffer* (2006), § 7, Tz. 1. Diese Funktion wird zum Teil auch im britischen Schrifttum akzeptiert. Vgl. *Freedman* (2000), S. 337-338 m.w.N.

1084 Auf das letztere Argument weist *Micheler* (2004), S. 333, hin und stellt es sodann in Frage.

1085 So *Wiedemann* (1980), S. 565.

1086 Vgl. *Müller-Erzbach* (1928), S. 246; *Lutter* (1964), S. 51; *Gansen* (1992), S. 8; *Süchting* (1995), S. 80; *U. Hansen* (1996), S. 133-134; *Klose-Mokroß* (1997), S. 172 m.w.N.; *Lutter* (1998b), S. 375.

1087 Vgl. *Lutter* (1998b), S. 375.

1088 Vgl. *Lutter* (1964), S. 50; *Wiedemann* (1980), S. 557; *Lutter* (1982), S. 249; *Lutter* (1983), S. 168; *Lutter* (1998b), S. 375-376; *Walter* (1998), S. 370; *Baldamus* (2002), S. 82-83; *Böckmann* (2005), S. 53-54; *Priester* (2005), S. 921. Vgl. zu dieser Argumentation in Bezug auf gesetzliche Vorschriften zur Eigenkapitalunterlegung von Kreditinstituten *Süchting* (1982), S. 399-400.

1089 Vgl. *Lutter* (1998b), S. 376. Vgl. auch *Escher-Weingart* (2001), S. 238; *Arbeitsgruppe Europäisches Gesellschaftsrecht* (2002), S. 1317; *Priester* (2005), S. 921.

wenn schwere Verluste des gezeichneten Kapitals (Art. 17 Abs. 1 KapRL) – nach deutschem Aktienrecht ein Verlust in Höhe des hälftigen Grundkapitals (§ 92 Abs. 1 AktG) – eingetreten ist und die Aktionäre durch den Vorstand darüber informiert werden müssen. Die Ampel springt schließlich bei Eintritt der Überschuldung mit der Konsequenz auf rot, dass der Vorstand ein Insolvenzverfahren einleiten muss, keine Zahlungen mehr leisten darf (§ 92 Abs. 2-3 AktG) und über Sanierung oder Liquidation entschieden werden muss. Dem Kapitalsystem kommt somit auch eine Stabilitätsfunktion zu, da eine Krise frühzeitig angezeigt wird und Zeit für unternehmerische Gegenmaßnahmen bleibt[1090].

- **Signaling-Funktion:** Während die Warnlampenfunktion insbesondere auf die Selbstinformation der Unternehmensleitung abstellt, soll die Signaling-Funktion des bei der Gründung eingezahlten Eigenkapitals zu einem Abbau von Informationsasymmetrien in der Principal-Agent-Beziehung zwischen den unternehmensexternen Geldgebern (Principals) und den Unternehmensgründern (Agents) führen können[1091]. Indem die Unternehmensgründer einen hohen Eigenkapitalbetrag festlegen, senden sie nach dieser Ansicht ein Bonitätssignal, das potentielle Kreditgeber von den guten Zukunftsaussichten des Unternehmens und dem hohen Arbeitseinsatz der Unternehmensgründer und ihrem Handeln im Interesse der außenstehenden Geldgeber überzeugt.

- **Garantiefunktion:** Eine weitere grundlegende Funktion des Eigenkapitals wird darin gesehen, dass sich die aktuellen und zukünftigen Gläubiger auf die Existenz des in der Satzung und in der Bilanz ausgewiesenen Grundkapitals verlassen können[1092]. Zum Schutz des Grundkapitals verfügt das Aktienrecht über „ein ganzes Arsenal von Instrumenten"[1093], von denen die wichtigsten bereits genannt worden sind (z.B. Verbot der Unterpariemission nach Art. 8 Abs. 1 KapRL bzw. § 9 Abs. 1 AktG, Verbot der Einlagenrückgewähr gemäß Art. 15 Abs. 1a KapRL bzw. § 57 AktG)[1094].

  Schließlich fungiert das Grundkapital als Ausschüttungssperre[1095]. Erst wenn die Aktiva der Gesellschaft die Schulden zuzüglich des Grundkapitals übersteigen, kann ein Gewinn ausgeschüttet werden. Das Garantiekapital wird aus diesem Grund anschaulich mit einer Staumauer verglichen[1096]. Indem das Grundkapital in der Bilanz der Aktiengesellschaft als gezeichnetes Kapital auf der Passivseite der Bilanz zum Nennwert bewertet ausgewiesen

---

1090 Vgl. *Lutter* (1983), S. 168.

1091 Vgl. *v. Weizsäcker* (1980), S. 131-136; *Schön* (2004a), S. 166-167; *Schön* (2004b), S. 440.

1092 Vgl. *Lutter* (1964), S. 50 m.w.N.; *Wiedemann* (1980), S. 556-557; *U. Hansen* (1996), S. 134; *Hueck/Windbichler* (2003), S. 252-254; *Schön* (2004a), S. 168. Auch die US-amerikanischen Ausschüttungsrestriktionen sollen grundsätzlich dem Zweck dienen, dass das Grundkapital der Gesellschaft nicht an die Aktionäre zurückfließt. Vgl. dazu z.B. *Hamilton* (2000), S. 585.

1093 *Merkt* (2004a), S. 312. Vgl. dazu auch den Überblick bei *Klunzinger* (2004), S. 154-156.

1094 Vgl. ausführlicher Kapitel III.1.1.2 und III.1.2.1.2.

1095 Vgl. *Moxter* (1984), S. 93-94; *Kübler* (1995b), S. 552; *Kübler* (1995c), S. 363; *Schildbach* (2004), S. 195-196.

1096 Vgl. *Würdinger* (1981), S. 32. Der Vergleich wird von *Wiedemann* (1980), S. 557, erweitert: „Nur ‚Überschuß' darf abfließen. Auch eine hohe Staumauer kann nicht verhindern, daß es nicht regnet. Trocknet das Staubecken aus, so ist nur dafür gesorgt, daß das ursprüngliche Kapitalniveau erst wieder erreicht sein muß, bevor die Gesellschafter Dividenden erhalten. (…) Die Schleuse läßt sich durch provisorische Maßnahmen erhöhen – in der Bilanz durch Einstellen freier Rücklagen – (…). Der Stausee läßt sich tiefer ausbaggern; dadurch entstehen ‚stille' Reserven, deren Umfang ein Außenstehender kaum zu beurteilen vermag."

wird (§ 152 Abs. 1 AktG, §§ 266 Abs. 3 A I, 272 Abs. 1, 283 HGB), „ordnen die Gesetze einen ‚bilanztechnischen Sparstrumpf' an."[1097]

Die Garantiefunktion des Grundkapitals wird zudem durch das Zusammenspiel von Kapital- und Bilanzrichtlinie – bzw. von aktienrechtlichen Gewinnverwendungsvorschriften und handelsrechtlichen Gewinnermittlungsregeln – gestärkt. Der für Dividenden zur Verfügung stehende „Überschuss" wird durch das vom Vorsichtsprinzip geprägte Bilanzrecht begrenzt, indem die Aktiva der Gesellschaft tendenziell unterbewertet, Schulden tendenziell überbewertet und nur realisierte Gewinne ausgewiesen werden. Da die daraus resultierenden stillen Reserven die Gläubiger in der wirtschaftlichen Krise wie ein Kissen vor dem harten Aufprall schützen sollen, spricht *Kübler* anschaulich von der „Kissenfunktion"[1098] des deutschen Bilanzrechts.

- Schließlich existieren zahlreiche weitere Funktionen des Grundkapitals, so z.B. seine Bedeutung für die Bestimmung des Stimmrechts und der Beteiligungsquote, die Höhe des Gewinn- und Liquidationsanteils und den Schutz des Gleichbehandlungsgebots der Anteilseigner[1099].

Die vorstehend genannten Eigenschaften des Kapitals dienen primär dem Schutz der Gläubiger. Die herausragende Bedeutung des gesetzlichen Kapitalschutzes wird darin gesehen, dass er alle Gläubigergruppen ex ante in gleicher Weise zu schützen vermag und somit die negativen Folgen des Marktversagens für verhandlungsschwache Gläubiger und Deliktsgläubiger verhindert[1100]. Im nun folgenden Kapitel werden die dargestellten Argumente kritisch gewürdigt.

5.2 Infragestellung der Argumente zugunsten des europäischen Kapitalsystems

Die vorstehenden Rechtfertigungsgründe für die europäischen Mindestkapitalregeln sind in vielfältiger Weise zu kritisieren. Die Seriositätsfunktion des gesetzlichen Garantiekapitals vermag nicht zu überzeugen[1101], da ihre qualitätsichernde Wirkung empirisch nicht nachgewiesen ist. Zum einen ist nicht belegt, dass die Fähigkeit, den vergleichsweise geringen Betrag von 25.000 bzw. 50.000 € aufzubringen, für unternehmerische Qualifikation bürgt. Zum anderen erscheint es denkbar, dass unternehmerischer Erfolg auch mit einem geringeren oder gar keinem Eigenkapital als Startkapital möglich ist. In solchen Fällen werden möglichweise sogar Kleinstunternehmer durch die zwingende Kapitalaufbringung abgeschreckt, was aus

---

1097 *Wiedemann* (1980), S. 557.

1098 *Kübler* (1995b), S. 553. Vgl. auch *Kübler* (1995c), S. 363 mit Verweis auf *Gernon/Meek* (2001), S. 4. Auch im US-amerikanischen Schrifttum wird der theoretische Anspruch des Nennwertsystems darin gesehen, „a cushion to protect creditors" zu bieten. So *Klein/Coffee* (2003), S. 218. Vgl. z.B. auch *Ballantine* (1946), S. 570; *Ralston* (1983), S. 1025, *Bainbridge* (2002), S. 769.

1099 Vgl. dazu z.B. *Gansen* (1992), S. 7; *U. Hansen* (1996), S. 136; *Klose-Mokroß* (1997), S. 60-61, 171-176. Vgl. auch *Hennrichs* (2004), S. 129-130, der auf die Bedeutung des Eigenkapitals im Bankaufsichtsrecht und in der Versicherungsbranche hinweist.

1100 Vgl. z.B. *Schön* (2001), S. 78.

1101 Die Seriositätsfunktion wird ebenfalls kritisiert von *Bauer* (1995), S. 136-137; *Roth/Altmeppen* (2003), Einl., Tz. 26; *Merkt* (2004a), S. 317-318; *Micheler* (2004), S. 333-334; *Schön* (2004a), S. 165; *Schön* (2004b), S. 436-437. Auch *Mülbert/Birke* (2002), S. 721, relativieren die Wirksamkeit des Mindestkapitals als Zulassungstest für Unternehmensgründer: „hardly serves as an effective deterrent". Vgl. auch *Fleischer* (2000), S. 1020.

volkswirtschaftlicher Sicht von Nachteil wäre[1102]. Eine Hürde in bestimmten Branchen kann ferner in dem Verbot von Sacheinlagen in der Form von Verpflichtungen zu Arbeits- oder Dienstleistungen gemäß Art. 7 KapRL bzw. § 27 Abs. 2 AktG gesehen werden[1103].

Gegen die Betriebskapitalfunktion lässt sich vorbringen, dass eine „angemessene" Höhe des Eigenkapitals betriebswirtschaftlich nicht zu bestimmen ist[1104]. Zwar erscheint es intuitiv einsichtig, dass das Vorhandensein von Eigenkapital gerade erst gegründete Unternehmen vor dem Ausscheiden aus dem Markt wegen Überschuldung durch Anfangsverluste bewahren kann. Auch ist es sinnvoll, im Rahmen der Unternehmensplanung Eigenkapital zum Schutz vor Verlusten durch unvorhersehbare Umweltlagen vorzuhalten[1105]. Allerdings ist es gerade aufgrund dieser Unsicherheit nicht möglich, eine gesamtwirtschaftlich effiziente Eigenkapitalausstattung zu bestimmen. Somit entpuppen sich die gesetzlichen Vorgaben als willkürlich, was auch von den Befürwortern des gesetzlichen Mindestkapitals eingeräumt wird[1106].

Darüber hinaus ist zu bezweifeln, dass die Hypothese, eine höhere Eigenkapitalquote mindere das Insolvenzrisiko[1107], empirisch überhaupt nachprüfbar ist[1108]. Die Zweifel liegen erstens darin begründet, dass das Insolvenzrisiko nicht messbar ist. Sie resultieren zweitens daraus, dass die Eigenkapitalausstattung eines Unternehmens in praxi nicht zwingend einen wirksamen Verlustpuffer darstellt[1109]. Die These trifft z.B. dann nicht zu, wenn sich das kreditnehmende Unternehmen vertragswidrig verhält und die rechtlichen Ansprüche der Gläubiger nach einem betrügerischen Bankrott nicht durchsetzbar sind. Weiterhin kann es zu Vertragsverletzungen durch Ex-post-Verluste kommen. Die Fremdkapitalgeber sind trotz der Eigenkapitalausstattung des Unternehmens alleinige Leidtragende einer Insolvenz, wenn die Eigenkapitalgeber in den Vorperioden mehr als ihre ursprünglich zur Verfügung gestellten Mittel in

---

1102 Vgl. *Micheler* (2004), S. 334. Vgl. ähnlich auch *Mülbert/Birke* (2002), S. 721; *Grunewald/Noack* (2005), S. 190.

1103 Vgl. dazu Kapitel V.5.3.3.

1104 Vgl. insbesondere *D. Schneider* (1986a), S. 564-565; *D. Schneider* (1986b), S. 2297-2298; *D. Schneider* (1987), S. 93-98; *D. Schneider* (1992), S. 574-576. Vgl. auch *Kübler/Schmidt* (1988), S. 115-156, insbesondere S. 133-134; *Kübler* (1989), S. 15, Fn. 52; *Bauer* (1995), S. 112-114, 119-128; *Klose-Mokroß* (1997), S. 69; *Walter* (1998), S. 371; *Schreiber* (1999), S. 884; *Escher-Weingart* (2001), S. 149, 249-250; *Fleischer* (2001), S. 10-11; *Kahle* (2002b), S. 137-138; *Baetge/Kirsch/Thiele* (2004a), S. 234; *Coenenberg* (2005), S. 995.

1105 In einer solchen Situation bestehen Informationsrisiken. Der Handelnde kann sich nicht sicher sein, dass in seinem Entscheidungsmodell alle denkbaren zukünftigen Umweltzustände enthalten sind, so dass es zu Expost-Überraschungen kommen kann. Vgl. dazu ausführlich *D. Schneider* (1992), S. 38-40. Vgl. auch *Klose-Mokroß* (1997), S. 86, Fn. 10, die in diesem Zusammenhang auf die erheblichen Schadenssummen der Katastrophen von Seweso, Bhopal und dem Tankerunglück der Exxon Valdez vor Alaska hinweist.

1106 Vgl. *Lutter* (1983), S. 169; *Priester* (1992), S. 160. Nichtsdestotrotz ist beispielsweise *Lutter* (1998b), S. 375, der Ansicht, die bestehenden Kapitalregeln seien „doch mehr als nichts".

1107 Dies wird z.B. behauptet von *K. Schmidt* (1984), S. 772-773; *Walter* (1998), S. 370; *Mülbert* (2001), S. 1942; *Mülbert/Birke* (2002), S. 719; *Helm* (2004a), S. 7; *Mülbert* (2004), S. 154; *Kuhner* (2005), S. 772.

1108 Vgl. hier und im Folgenden *D. Schneider* (1986a), S. 561-562, 565-567; *D. Schneider* (1986b), S. 2296-2297; *D. Schneider* (1987), S. 89-93, 99-100; *D. Schneider* (1992), S. 588-592; *D. Schneider* (1997a), S. 222-224. A.A. wohl *Baetge/Kirsch/Thiele* (2004a), S. 232: „Die herausragende Bedeutung des Eigenkapitals für die Beurteilung der finanziellen Stabilität von Unternehmen kann auch empirisch unterstrichen werden."

1109 Bei normalem Geschäftsverlauf kann allerdings die Insolvenz aufgrund von Überschuldung durch eine höhere Eigenkapitalausstattung länger herausgezögert werden.

Form von Gewinnausschüttungen erhalten haben[1110]. Schließlich trifft die Hypothese auch dann nicht zu, wenn bei steigendem Verschuldungsgrad das leistungswirtschaftliche Risiko der durchgeführten Investitionen stärker fällt als das Kapitalstrukturrisiko – annahmegemäß aufgrund der höheren Verschuldung – steigt.

Auch die Tatsache, dass Kreditinstitute trotz des Theoriedefizits bei der Kreditvergabeentscheidung regelmäßig auch kennzahlenbasierte Kreditwürdigkeitsanalysen durchführen oder bestimmte Finanzierungsregeln als eine Art „Beruhigungsdroge"[1111] vorschreiben, vermag als Rechtfertigung einer gesetzlichen Regulierung nicht zu überzeugen. Denn zum einen berücksichtigen auch Banken zusätzlich subjektive und qualitative Faktoren. Zum anderen existieren zahlreiche verschiedene Kennzahlensysteme, welche die Besonderheiten des Einzelfalls berücksichtigen sollen – wie z.B. Branche und Größe des Unternehmens, Laufzeit und Höhe des Kredits – und von Bank zu Bank unterschiedlich sind[1112]. Es ist daher nahezu unmöglich, diese umfangreichen und differenzierten Regelungen auf privatvertraglicher Ebene gesetzlich zu verankern.

Auch versicherungsaufsichtsrechtliche Bilanzkennzahlen der Bundesanstalt für Finanzdienstleistungsaufsicht (BaFin), die inländische Unternehmen erfüllen müssen, damit Versicherungsunternehmen ihnen Schuldscheindarlehen vergeben dürfen[1113], sind für ein Gesetz ungeeignet. Unter Vernachlässigung von bestimmten Modifizierungen schreiben diese Kriterien im Kern eine Eigenkapitalquote von mindestens 20 %, eine Gesamtkapitalrendite von mehr als 6 %, einen Finanzierungskoeffizienten von ≤ 2 und eine Entschuldungsdauer von ≤ 7 Jahre vor. Vor dem Hintergrund von durchschnittlichen Eigenkapitalquoten im deutschen Mittelstand von ca. 7,5 %[1114] wird unmittelbar deutlich, dass solche Bestimmungen für eine Gesetzesnorm als zu undifferenziert und in vielen Fällen als zu strikt abzulehnen sind.

Neben der unzulänglichen Verlustpufferfunktion des Mindestkapitals ist auch die Warnlampenfunktion kritsch zu hinterfragen. Nicht nur die gesetzlich vorgeschriebenen absoluten Mindestbeträge, sondern auch die tatsächlichen Eigenkapitalquoten der Unternehmen sind in der Regel so gering, dass sie durch Verluste schnell aufgebraucht sein können. Somit verbleibt in wirtschaftlichen Krisenzeiten für das Einleiten von unternehmerischen Gegenmaßnahmen wenig Zeit. Es ist zu bezweifeln, das Management könne so lange warten, über die weiteren Perspektiven des Unternehmens nachzudenken, bis die „gelbe Ampel" leuchtet. Selbst bei „grünem Licht" ist die Sicherheit gegebenenfalls trügerisch. Um langfristig erfolgreich zu sein, wird es vielmehr in den meisten Fällen dringend notwendig sein, negative Entwicklungen viel früher zu erkennen und Strategien zu ihrer Überwindung einzuleiten.

Auch die Signaling-Funktion kann nicht überzeugen. Allein die Bereitstellung von Eigenkapital kann nicht verhindern, dass die Gründerunternehmer einen Informationsvorsprung gegenüber den unternehmensexternen Geldgebern behalten und diesen zu ihrem Vorteil nutzen können[1115]. Da die gesetzlichen Mindestkapitalvorschriften nicht am Vermögenseinsatz der

---

1110 *Watrin* (2001a), S. 216, sieht hingegen in dem Mindestkapitalerfordernis einen „Selbstbehalt" der Eigenkapitalgeber.

1111 *D. Schneider* (1992), S. 580; *D. Schneider* (1997a), S. 221.

1112 Vgl. *Paul* (2003a).

1113 Vgl. insbesondere *Bald et al.* (2000), S. 12-14, 28-29. Vgl. auch *Linnhoff/Pellens* (1994); *Bonse/Linnhoff/Pellens* (2002b), S. 391-397.

1114 Vgl. dazu *DSGV* (2005), S. 4, 23.

1115 Vgl. insbesondere *D. Schneider* (1987), S. 103; *D. Schneider* (1992), S. 653. Vgl. auch *Bitz/Hemmerde/Rausch* (1986), S. 143-149.

Unternehmensleitung anknüpfen, ist ihre Anreizwirkung für ein Handeln im Sinne der Geldgeber eher gering. Selbst wenn von einer Signaling-Wirkung ausgegangen wird, kann sie nicht zur Rechtfertigung der existierenden Mindestnormen herangezogen werden. Handelte es sich nämlich aus Gründer- oder Unternehmenssicht um ein nützliches Instrument, würde es sich auch ohne gesetzlichen Zwang auf vertraglicher Basis durchsetzen[1116]. Eine gesetzliche Vorgabe wäre zudem sogar kontraproduktiv, da sie den Spielraum für ein Bonitätssignal zur Verminderung von Informationsnachteilen einschränkt[1117]. Selbstverständlich können bei der Unternehmensgründung – in der Hoffnung auf eine positive Signalwirkung – auch bedeutend höhere Beträge als Eigenkapital ausgewiesen werden. Die gesetzliche Regelung ist dafür allerdings entbehrlich.

Gegen die Garantiefunktion des Eigenkapitals lässt sich schließlich vorbringen, dass sich die Gläubiger lediglich im Zeitpunkt der Unternehmensgründung sicher sein können, dass das Kapital – sofern es bereits vollständig einbezahlt ist – zu ihrem Schutz zur Verfügung steht. In der Folgezeit wird es hingegen für Investitionszwecke eingesetzt[1118]. Die Aktivseite der Bilanz gibt dabei Auskunft darüber, in welchen Vermögenswerten das Kapital gebunden ist[1119]. Die Passivseite wiederum informiert darüber, in welchem Verhältnis diese Vermögenswerte mit Eigen- und Fremdkapital finanziert sind. Weder das bei der Gründung aufgebrachte Mindestkapital noch die in den folgenden Geschäftsperioden angesammelten Eigenkapitalbeträge stellen einen in bar jederzeit zur Befriedigung der Gläubigeransprüche bestehenden Haftungsfonds dar. Es ist vielmehr notwendig, dass – sofern die liquiden Mittel der Gesellschaft nicht ausreichen – weitere Kredite aufgenommen oder Vermögenswerte verkauft werden, um mit dem Verkaufserlös die Ansprüche der Fremdkapitalgeber bedienen zu können. Möglicher Verwertungsgegenstand im Liquidations- oder Insolvenzfall ist mithin nicht das Eigenkapital, sondern das Vermögen der Gesellschaft[1120]. Dies ist aus Gläubigersicht in den Fällen problematisch, in denen die in Frage kommenden Vermögenswerte nur eingeschränkt liqidierbar sind. Weiterhin können die gesetzlichen Kapitalaufbringungs- und Kapitalerhaltungsregeln nicht verhindern, dass das bei der Gründung der Gesellschaft eingezahlte Garantiekapital durch Verluste infolge von Rezessionen, Managementfehlern oder überraschenden Marktänderungen aufgezehrt wird[1121].

Darüber hinaus kann die bilanzielle Abbildung der Vermögenswerte und Schulden den Interessen der Gläubiger entgegenstehen. Wie an anderen Stellen der Arbeit bereits ausführlich herausgestellt worden ist, soll das im HGB auf der Grundlage der Bilanzrichtlinie verankerte Vorsichtsprinzip zwar Gläubiger schützen, indem eine frühzeitige Ausschüttung unrealisierter Gewinne verhindert und durch die Bildung stiller Reserven ein zusätzlicher Verlustpuffer

---

1116 Vgl. *Mülbert/Birke* (2002), S. 729.

1117 Vgl. *D. Schneider* (1987), S. 103; *D. Schneider* (1992), S. 653. Vgl. auch *Enriques/Macey* (2001), S. 1186, Fn. 98.

1118 Vgl. *Fabricius* (1970), S. 139-140; *Kübler* (1989), S. 30; *Bauer* (1995), S. 135, 212-213; *Klose-Mokroß* (1997), S. 62-64; *Escher-Weingart* (2001), S. 236-237; *Kahle* (2002b), S. 137; *Mülbert/Birke* (2002), S. 719.

1119 Die Bilanzinformationen werden allerdings in der Regel unvollständig sein, da nicht alle wirtschaftlichen Güter, in die das Management Kapital investiert, die Ansatzkriterien für die Aufnahme in die Bilanz erfüllen. Als Beispiele seien bestimmte Leasingverträge, Forschungs- und Entwicklungskosten, selbsterstellte Patente, Mitarbeiterschulungen genannt.

1120 Vgl. *Süchting* (1995), S. 80.

1121 Darauf ist bereits früh hingewiesen worden. Vgl. *Müller-Erzbach* (1928), S. 246. Vgl. auch *Kübler* (1989), S. 30; *Klose-Mokroß* (1997), S. 63; *Kübler* (1999b), S. 153.

angelegt wird. Die stillen Reserven können aber ebenso still wieder aufgelöst werden, indem z.B. zur Herstellungskostenuntergrenze bewertete Gegenstände des Vorratsvermögens verkauft werden[1122]. Die Gewinnsituation kann darüber hinaus – in den Grenzen des Stetigkeitsprinzips gemäß Art. 31 Abs. 1b BilRL bzw. § 252 Abs. 1 Nr. 6 HGB – dadurch verschleiert werden, dass die handelsrechtlichen Bewertungswahlrechte geschickt ausgenutzt und Bewertungsverfahren geändert werden (z.B. Wechsel von degressiver zu linearer Abschreibung). Solange die Gläubiger keine Jahresabschlussanalyse durchführen und den Anhang zum Jahresabschluss nicht studieren, können sie über die tatsächliche wirtschaftliche Lage des Schuldnerunternehmens getäuscht werden. Es kann somit viel Zeit verstreichen, bis ungünstige Unternehmensentwicklungen, Verluste im operativen Kerngeschäft und mangelhafte Kreditwürdigkeit offensichtlich werden[1123].

Insgesamt wird deutlich, dass die dem gesetzlichen Mindestkapitalsystem zugeschriebenen positiven Funktionen einzuschränken sind. Damit ist ihre vielfach behauptete gläubigerschützende Wirkung erheblich zu relativieren. Im folgenden Kapitel soll nun genauer untersucht werden, welche Kosten und weiteren Nachteile mit dem europäischen Kapitalsystem verbunden sind.

5.3 Mängel des europäischen Kapitalsystems

5.3.1 Einleitung und Überblick

Die bisherigen Ausführungen haben ergeben, dass die vorgebrachten vielfältigen Vorzüge der Mindestkapitalnormen nur eingeschränkt bestehen und die Gläubiger in unzulänglicher Weise geschützt werden. Aus Sicht der normativen Regulierungstheorie, nach der Eingriffe des Gesetzgebers in die Handlungs- und Vertragsfreiheit der Wirtschaftssubjekte zu begründen sind[1124], wäre dieses Resultat allein schon ein deutliches Anzeichen für eine zweifelhafte Rechtfertigung und eine Deregulierungsnotwendigkeit.

In der Literatur wird aber vielfach die Auffassung vertreten, die bisherige Argumentation könne nicht ausreichen, um das Kapitalsystem grundlegend zu reformieren und die Mindestnennkapitalziffer abzuschaffen. So vertritt beispielsweise die High Level Group die Ansicht, „dass die einzige Funktion des Mindesteigenkapitals in der Abschreckung vor einer leichtfertigen Gründung von Aktiengesellschaften besteht. Wir sind nicht davon überzeugt, dass das

[1122] In der Literatur wird vielfach der Begriff der stillen Reserven auf unrealisierte Gewinne ausgedehnt. Danach stellt z.B. die Differenz zwischen Buch- und höherem Marktwert eines Grundstücks eine stille Reserve dar. Vgl. so z.B. *Kübler* (1999b), S. 273; *Coenenberg* (2005), S. 321; *Großfeld/Luttermann* (2005), S. 130. *D. Schneider* (1997a), S. 195, kritisiert dies als sinnwidrige Erweiterung des Begriffs. Vgl. zu einer ausführlichen Begriffsbestimmung und einem Literaturüberblick auch *Hennrichs* (1999b), S. 8-13; *Thiele* (1999), S. 7-12.

[1123] Auf diese Zusammenhänge ist vielfach hingewiesen worden. Vgl. z.B. *Passow* (1922), S. 276-280; *Stützel* (1967), S. 1967, S. 329-330; *D. Schneider* (1981), S. 32-33; *Süchting* (1981), S. 209-211; *Leffson* (1987), S. 84-88, 466; *Streim* (1988), S. 158; *Budde* (1994), S. 48-49; *Busse von Colbe* (1994), S. 46; *Schildbach* (1994), S. 704; *Kübler* (1995b), S. 563; *Schulze-Osterloh* (1995), S. 128; *Walz* (1997), S. 558; *Hommelhoff* (1998), S. 389; *Hennrichs* (1999b), S. 12-13, 70-71; *Thiele* (1999), S. 59-62, 95-96; *Grundmann* (2004), S. 143, 235; *Baetge/Kirsch/Thiele* (2005), S. 138; *Bezzenberger* (2005), S. 149-150; *Großfeld/Luttermann* (2005), S. 155-156, 179; *Wöhe* (2005), S. 1048-1049.

[1124] Vgl. *Fülbier* (1998), S. 19 m.w.N.

Mindesteigenkapital in seiner derzeitigen Höhe irgendeine andere nützliche Funktion erfüllt, aber es gibt auch keine Belege dafür, dass es ein Hindernis für die Geschäftstätigkeit darstellt", und zieht daraus folgenden Schluss: „Das vorgeschriebene Mindesteigenkapital sollte weder abgeschafft noch angehoben werden."[1125]

Die mit namhaften Vertretern der Rechtswissenschaft besetzte Arbeitsgruppe Europäisches Gesellschaftsrecht schließt sich dieser Sichtweise an: „Es entspricht Lebenserfahrung und Pfadabhängigkeit, im Zweifel an der bisherigen Rechtsordnung oder Rechtsprechung festzuhalten, wenn sie trotz gewisser Schwächen keine wesentlichen Nachteile mit sich bringt und die Alternativen ihrerseits keine erhebliche Verbesserung versprechen."[1126]

Im Folgenden wird zunächst ein Versuch unternommen, eine Reihe von Schwächen und Nachteilen des bestehenden Kapitalsystems aufzuzeigen, die für eine Reform spricht. Im Anschluss daran werden Reformmöglichkeiten diskutiert.

5.3.2 Komplexität und Kosten

Das hergebrachte System ist kompliziert, zeitaufwendig und kostenintensiv. Wie bereits angesprochen, haben die Unternehmensgründer bei der Kapitalaufbringung eine ganze Reihe von strikten Bestimmungen zu beachten, wodurch die Gründung von Aktiengesellschaften erschwert wird[1127]. Dies liegt unter anderem darin begründet, dass Verpflichtungen zu Arbeits- und Dienstleistungen nicht Gegenstand einer Sacheinlage sein können (Art. 7 S. 2 KapRL, § 27 Abs. 2 AktG). Das beeinträchtigt Unternehmensgründungen in der Rechtsform der Aktiengesellschaft beispielsweise in der Hochtechnologiebranche, weil die Gründer ihre innovativen Ideen nicht als Einlage in Form von zukünftigen Diensten erbringen können[1128].

Besonders zeit- und kostenintensiv sind weiterhin die Modalitäten der Sacheinlagenprüfung[1129]. Die in den Kapitel III.1.1.2 und III.1.2.1.2 bereits erläuterterten Gründungsvoraussetzungen bei Sacheinlagen (Art. 10 KapRL bzw. § 33 AktG) nehmen Zeit in Anspruch und verursachen Beurkundungs-, Gerichts- und durch die Hinzuziehung von Sachverständigen – in der Regel von Wirtschaftsprüfern bzw. Wirtschaftsprüfungsgesellschaften[1130] – Prüfungskosten. Zeitaufwand, Kosten sowie die Offenlegungspflicht der Sachgründung führen dazu, dass in der Praxis die eigentliche Sacheinlage häufig aufgesplittet wird in eine Bareinlage und

---

1125 *High Level Group* (2002c), S. 88 (beide Zitate). Vgl. zur Kritik dieser Auffassung *Rickford* (2004), S. 931, Fn. 33: „In our view useless provisions are always worth repealing." Vgl. ebenfalls kritisch *Micheler* (2004), S. 334: „An den Hausverstand appellierende Argumente reichen zum Beweis der Sinnhaftigkeit einer Mindestkapitalregel nicht aus. Gefragt ist ein substantieller Nachweis, dass einerseits bestimmte Interessen gefährdet sind und andererseits die getroffene Maßnahme diesen Interessen in angemessener Weise Rechnung trägt."

1126 *Arbeitsgruppe Europäisches Gesellschaftsrecht* (2003), S. 872. Vgl. zu einer ähnlichen Argumentation auch *Matschke* (1981), S. 556; *Niederleithinger* (1998), S. 378; *Rammert* (2004), S. 592.

1127 Vgl. *Kübler* (1989), S. 33; *Enriques/Macey* (2001), S. 1195; *Kübler* (2003c), S. 102-103.

1128 Vgl. *Enriques/Macey* (2001), S. 1195; *High Level Group* (2002c), S. 90; *Mülbert/Birke* (2002), S. 722; *Kübler* (2003c), S. 108; *Grundmann* (2004), S. 144, 149; *Rickford* (2004), S. 937. A.A. *Niederleithinger* (1998), S. 378; *Fleischer* (2001), S. 13-14.

1129 Vgl. dazu kritisch *Kübler* (1993), S. 207-211; *Priester* (1994); *Klose-Mokroß* (1997), S. 193-195; *Kübler* (2003c), S. 98-99, 101-102; *Grundmann* (2004), S. 144; *Micheler* (2004), S. 335; *Rickford* (2004), S. 934-936. A.A. *Schön* (2004b), S. 442.

1130 Vgl. *K. Schmidt* (2002), S. 786

ein Verkehrsgeschäft über die Einlagegegenstände[1131]. Die in Deutschland von Wissenschaft und Rechtsprechung entwickelte Lehre von der verdeckten Sacheinlage führt dazu, dass bei einem Verstoß gegen die Sachgründungsvorschriften die Geldleistungspflicht fortdauert. Die Rechtsfolgen sind für die Einleger insbesondere bei Insolvenz der Gesellschaft dramatisch, da der Insolvenzverwalter die Zahlung der Bareinlage verlangen kann. Die betroffenen Aktionäre haben zwar einen Bereicherungsanspruch auf Rückgewähr der Leistung; dieser ist allerdings mit der Insolvenzquote zu bedienen und folglich in der Regel wirtschaftlich wertlos[1132].

Aber selbst bei Bareinlagen kann es zu Verzögerungen kommen[1133]. In Deutschland entsteht die Aktiengesellschaft als juristische Person erst durch die Eintragung ins Handelsregister (§ 41 AktG). Der Eintragung vorgelagert ist ein in mehreren Schritten verlaufender Gründungsvorgang (§§ 23-53 AktG)[1134]: Die Gründer haben über den Gründungsvorgang einen Gründungsbericht zu erstatten, der zusammen mit weiteren Unterlagen Grundlage der Gründungsprüfung durch Vorstand und Aufsichtsrat ist. In den in § 33 Abs. 2 AktG genannten Fällen schließt sich eine Prüfung durch einen gerichtlich bestellten Gründungsprüfer an. Anschließend wird die Gesellschaft zur Eintragung bei dem zuständigen Registergericht angemeldet. Daraufhin findet die gerichtliche Prüfung der Anmeldung statt. Anmeldevoraussetzung ist unter anderem der Nachweis, dass der eingezahlte Betrag endgültig zur freien Verfügung des Vorstands steht (§ 37 Abs. 1 S. 2 AktG)[1135]. Im Fall der Überweisung ist eine Bankbestätigung notwendig, für deren Richtigkeit die Bank der zukünftigen Aktiengesellschaft verantwortlich ist (§ 37 Abs. 1 S. 3-4 AktG). Sieht das Kreditinstitut unkalkulierbare Haftungsrisiken, ist zu befürchten, dass es die Bestätigung verweigert.

Die Kapitalaufbringungsregeln wirken sich auch in den folgenden Geschäftsperioden bei Kapitalerhöhungen negativ aus, da sie den Prozess der Kapitalbeschaffung verlangsamen. Die Flexibilität der Aktiengesellschaft bei der Aufnahme von zusätzlichem Eigenkapital ist somit erheblich eingeschränkt. Gleichfalls begrenzt sind die Möglichkeiten zur Durchführung von Aktienrückkäufen, wodurch das Management unter Umständen gehindert wird, die sich bietenden Rendite- und Kurspotentiale der Gesellschaft vollständig zu nutzen[1136].

Sowohl die Kapitalschutzregeln im Allgemeinen als auch die Vorschriften zum Aktienrückkauf im Besonderen können zudem dazu führen, dass Unternehmen trotz mangelnder unternehmensinterner Investitionsprojekte mit positivem Kapitalwert und überschüssiger Liquidität den Free Cashflow nicht ausschütten können bzw. zur Durchführung einer Kapitalherabsetzung gezwungen sind[1137]. Dies wiederum kann die Eigenkapitalfinanzierung verteuern.

1131 Vgl. *Hüffer* (2006), § 27, Tz. 9.

1132 Vgl. dies kritisierend *Kübler* (1999b), S. 176. Nach *Merkt* (2004a), S. 311, haben die Regeln „zur verschleierten Sacheinlage im Laufe der Zeit nach verbreiteter Ansicht selbst jener, die dem deutschen Modell im Prinzip positiv gegenüberstehen, ein Maß an Überzüchtung erreicht, das sich durch den Zweck des Gläubigerschutzes kaum rechtfertigen lässt."

1133 Vgl. *Kübler* (1999b), S. 174-175; *Kübler* (2003c), S. 102.

1134 Vgl. dazu überblicksartig *Süchting* (1995), S. 41-42. Vgl. ausführlich z.B. *K. Schmidt* (2002), S. 784-796; *Hueck/Windbichler* (2003), S. 262-277; *Grunewald* (2005), S. 231-245. Zu den Formalitäten, den Kosten und der Dauer der Gründung einer Aktiengesellschaft im Vergleich zur Delaware Corporation vgl. überblicksartig *Mellert* (2006), S. 8-9.

1135 Vgl. zu den damit einhergehenden Problemen ausführlich *Kübler* (1993).

1136 Vgl. *Schremper* (2002), S. 20; *Kübler* (2003c), S. 102; *Micheler* (2004), S. 335-336.

1137 Vgl. *Armour* (2000b), S. 374; *Enriques/Macey* (2001), S. 1196-1197; *Mülbert/Birke* (2002), S. 721-722. Vgl. dazu kritisch *Kuhner* (2005), S. 773, Fn. 65.

Das Nennkapitalsystem kann darüber hinaus weitere ökonomisch sinnvolle Transaktionen behindern. So erschwert das gesetzlich vorgeschriebene Nennkapital in Verbindung mit dem Verbot der Unterpariemission die Sanierung von Gesellschaften, deren Aktiva im Wert unter das in der Satzung festgelegte Grundkapital gesunken sind[1138]. Da kein Investor bereit sein wird, Aktien zu zeichnen, deren Marktwert unter dem zu bezahlenden Nennwert liegt, muss zunächst das Grundkapital herabgesetzt werden[1139]. Das Verzögern von Sanierungen steht in offensichtlichem Widerspruch zu den Interessen der Gläubiger[1140].

5.3.3 Mangelnde Flexibilität

Um einen wirksamen Gläubigerschutz zu gewährleisten, müsste das als Risikopuffer gedachte (Mindest-)Eigenkapital in kausalem Zusammenhang zum leistungswirtschaftlichen Risiko des jeweiligen Schuldnerunternehmens stehen. Vor dem Hintergrund der Ausführungen in Kapitel V.5.2 handelt es sich dabei vom theoretischen Standpunkt aus um ein aussichtsloses Unterfangen. Aufgrund von bisher ungelösten Messproblemen kann die betriebswirtschaftliche Theorie keine Antwort auf die Frage nach der angemessenen Eigenkapitalausstattung liefern[1141]. Trotz der mangelnden theoretischen Begründbarkeit erscheint es allerdings intuitiv sinnvoll, wenn Gesellschaften mit höheren unternehmerischen Risiken auch ein höheres Eigenkapital vorhalten, damit die tendenziell größer ausfallenden Verluste durch Ex-post-Überraschungen absorbiert werden können.

Im Gegensatz dazu schreibt das europäische Kapitalschutzregime allen Aktiengesellschaften dasselbe Mindestkapital und dieselben Ausschüttungsrestriktionen vor. Differenzierungen nach Geschäftstätigkeit, Konjunkturanfälligkeit oder spezifischen unternehmensindividuellen Risiken werden grundsätzlich ebenso wenig vorgeschrieben wie gröbere Unterscheidungen hinsichtlich Größe oder Branche[1142] der Unternehmen. Aufgrund der Tatsache, dass die Kapitalrichtlinie an Aktiengesellschaften z.B. in der Atom- und Tabakindustrie dieselben Anforderungen wie an solche in der Energieversorgungswirtschaft, der Lebensmittelbranche oder im Verlagswesen stellt, und darüber hinaus keine Eigenkapitalausstattung in Relation zur Bilanzsumme, sondern absolute Beträge vorsieht, sind die Vorschriften vielfach als zu starr und un-

---

1138 Vgl. *Kübler* (1989), S. 12; *Enriques/Macey* (2001), S. 1198; *Mülbert/Birke* (2002), S. 721; *Meilicke* (2003), S. 808; *Micheler* (2004), S. 334-335; *Rickford* (2004), S. 934; *Sandrock* (2004b), S. 64.

1139 Diese Probleme existieren in einem nennwertlosen System nicht, da dort neue Aktien auch zu einem Preis ausgegeben werden dürfen, der weit unter dem ursprünglichen Emissionskurs liegt. Vgl. dazu und zur Forderung der Einführung nennwertloser Aktien und Abschaffung des Nennkapitals *Kübler* (1989), S. 10-12, 59-62 m.w.N.

1140 Vgl. zu einer noch weitergehenden Kritik an den deutschen Kapitalaufbringungsregeln *Meilicke* (2003), S. 808: „Sie sind dem Gläubigerschutz sogar schädlich, weil sie die Sanierung durch Umwandlung von Fremdkapital in Eigenkapital behindern und unter wirtschaftlich vernünftigen Bedingungen unmöglich machen." Zur These, verhandlungsstarke Gläubiger könnten in bestimmten Situationen die Kosten der Kapitalregeln an die kleinen und verhandlungsschwachen Gläubiger überwälzen, vgl. *Enriques/Macey* (2001), S. 1198.

1141 Vgl. insbesondere *D. Schneider* (1997a), S. 222-224.

1142 Besondere Vorschriften existieren aber z.B. für Kreditinstitute und Versicherungen. Vgl. dazu *Mayer* (2005), Art 4, Tz. 18.

flexibel kritisiert worden[1143]. Dieser Einschätzung stimmen grundsätzlich auch die Verfechter des europäischen Kapitalsystems zu[1144].

Der in Art. 15 KapRL kodifizierte Bilanztest wird weiterhin als ineffizient kritisiert, da er zur Ermittlung der zulässigen Höchstausschüttung ausschließlich auf historische Buchwerte abstellt. Der Marktwert des Eigenkapitals sei besser in der Lage, den „wahren“ Wert des Unternehmens anzuzeigen, so dass in Zeiten hoher Markt-/Buchwert-Verhältnisse ökonomisch unbedenkliche Ausschüttungen verhindert würden[1145]. Das gesetzlich festgeschriebene Mindestkapital und die Ausschüttungsregeln bieten darüber hinaus auch deshalb nur einen ineffizienten Schutz, weil sie die wirtschaftlichen Besonderheiten des Einzelfalles nicht berücksichtigen können[1146]. Wollen sich die Gläubiger vor unternehmensspezifischen Risiken schützen, werden sie sich in aller Regel zu einer weiteren vertraglichen Absicherung gezwungen fühlen. Daher ist die transaktionskostensenkende Wirkung des gesetzlichen Kapitalschutzes als eher gering einzuschätzen. Gläubiger, die ausschließlich auf die Garantiefunktion des Kapitals vertrauen, befinden sich in der Regel in einer Scheinsicherheit.

Es verwundert daher nicht, dass insbesondere Kreditinstitute in ihrem Firmenkundengeschäft differenzierte Verfahren zur besseren Abschätzung des Ausfallrisikos entwickelt haben. Der Befund, dass die Nennkapitalziffer bei der Kreditvergabeentscheidung kaum eine Rolle spielt, wird auch durch Aussagen von Vertretern der Praxis[1147] sowie durch empirische Studien[1148] gestützt. Aber auch andere Gläubigergruppen bedienen sich zusätzlicher Schutzmaßnahmen, ziehen weitere Informationen über das jeweilige Unternehmen heran oder orientieren sich an extern erstellten Ratingurteilen. Auf alle diese Selbstschutzmöglichkeiten wird in Kapitel V.5.4 noch näher eingegangen.

1143 Vgl. *Klose-Mokroß* (1997), S. 65-66; *Davies* (1998), S. 353; *Armour* (2000b), S. 371; *Enriques/Macey* (2001), S. 1186; *Niehues* (2001), S. 1215-1216; *Mülbert/Birke* (2002), S. 718; *Kübler* (2003c), S. 100; *Grundmann* (2004), S. 142; *Micheler* (2004), S. 332-333; *Mülbert* (2004), S. 154; *Rickford* (2004), S. 931; *Grunewald/Noack* (2005), S. 190. Zu ähnlichen Kritikpunkten am legal capital-System im US-amerikanischen Schrifttum vgl. die Nachweise in Kapitel III.2.2.1.1.

1144 Vgl. *Wiedemann* (1968), S. 18; *Wiedemann* (1980), S. 565; *Lutter* (1983), S. 169; *Priester* (1992), S. 160; *Watrin* (2001a), S. 216; *Arbeitsgruppe Europäisches Gesellschaftsrecht* (2003), S. 874; *Rammert* (2004), S. 582; *Schön* (2004a), S. 165; *Schön* (2004b), S. 437; *Kuhner* (2005), S. 773.

1145 Vgl. *Enriques/Macey* (2001), S. 1196.

1146 Vgl. *Fabricius* (1970), S. 140; *Gansen* (1992), S. 4; *Bauer* (1995), S. 136; *Cheffins* (1997), S. 533, 537; *Klose-Mokroß* (1997), S. 176; *Armour* (2000a), S. 11; *Niehues* (2001), S. 1216; *Mülbert/Birke* (2002), S. 731; *Grundmann* (2004), S. 143; *Micheler* (2004), S. 332; *Mülbert* (2004), S. 160; *Sandrock* (2004b), S. 65. A.A. *Schön* (2004b), S. 441: „The traditional system of capital protection is therefore able to offer an efficient contractual instrument to companies and their creditors“.

1147 Vgl. *Walter* (1998), S. 372: „Insgesamt bleibt somit festzuhalten, daß die derzeitigen Regelungen zum Mindesteigenkapital aus Sicht einer Bank unnötig und unzweckmäßig sind.“ Vgl. auch *Schuster* (1998), S. 380: „für Gläubigerbanken von Hoechst dürfte das Grundkapital in Höhe von 2,9 Mrd. DM bei der Kreditvergabe keine Bedeutung haben. Allein von Interesse ist hier die Erwartung, wie das Unternehmen aus dem zukünftigen freien Cashflow den Kapitaldienst erfüllen kann.“ Vgl. bezogen auf die Kreditvergabe an corporations in den USA *Kübler* (1989), S. 31.

1148 Vgl. die Befragungsstudien zur Kreditvergabe von Banken in Großbritannien von *Berry/Faulkner/Hughes/Jarvis* (1993); *Deakins/Hussain* (1994); und zu einer Einschätzung der Ergebnisse auch *Armour* (2000a), S. 13; *Micheler* (2004), S. 334.

5.3.4 Einfluss durch Lobbyismus

Da die Kapitalaufbringungsregeln Kosten und Ineffizienzen verursachen und ihr Beitrag zum Schutz der Gläubiger, wie bereits im vorherigen Kapitel gezeigt wurde, gering ist, stellt sich die Frage, ob andere Unternehmensbeteiligte von den Vorschriften profitieren. Es könnte beispielsweise argumentiert werden, dass sie einen Beitrag zum Schutz der Aktionäre leisten. Die Kapitalschutzregeln stellen sicher, dass Aktionäre auf ihre Gleichbehandlung vertrauen können. Allerdings ist darin nur eine sehr schwache Regulierungsrechtfertigung zu sehen. Denn zum einen sind auch die Aktionäre unmittelbar von der geringeren Rendite infolge der Regulierungskosten betroffen. Zum anderen wäre zunächst zu prüfen, ob die Gleichbehandlung nicht auf effizientere Weise ohne Eingriff des Staates zu erreichen ist[1149]. Zu denken wäre beispielsweise an eine persönliche Ex-post-Haftung für die ordnungsmäßige Einlageerbringung[1150].

Es existieren hingegen Hinweise auf „eine ‚Gefangennahme' des Gesetzgebers und der Behörden durch Einzelgruppen von Finanzmarktunternehmungen zu deren Einkommenssicherung"[1151]. Verschiedene Berufsgruppen profitieren nämlich von den komplexen Regeln. Dazu gehören z.B. Rechnungslegungsexperten, die von den Gerichten als Sachverständige bestellt werden. Darüber hinaus werden in der Regel sowohl bei der Gründung als auch bei Kapitalmaßnahmen auf freiwilliger Basis unternehmensexterne Experten, insbesondere Rechtsanwälte und Wirtschaftsprüfer, hinzugezogen, die über die notwendigen gesellschaftsrechtlichen Kenntnisse verfügen. Es ist daher nicht verwunderlich, dass die komplizierten Regeln „– nicht ohne Eigeninteresse – von Rechtsanwälten und Akademikern vehement verteidigt" [1152] werden.

Auch die Kredit- und Versicherungswirtschaft gehört in Deutschland traditionell zu den Befürwortern und Nutznießern der bestehenden Regulierungsdichte[1153]. Ihr Einfluss hat entscheidend dazu beigetragen, dass sich insbesondere in Deutschland ein Rechnungslegungssystem entwickelt hat, das den Gläubigerschutz durch vorsichtige Gewinnermittlungsregeln und nicht die Informationsvermittlung der Eigenkapitalgeber in den Mittelpunkt stellt. Fremdkapitalgeber werden demnach traditionell gegenüber Eigenkapitalgebern privilegiert[1154]. Allerdings ist festzustellen, dass insbesondere die deutschen Großbanken zunehmend das Ertrags-

---

1149 Vgl. *Grundmann* (2004), S. 144.

1150 Vgl. *Klose-Mokroß* (1997), S. 194. Vgl. auch den nach Größe und Börsennotierung der Gesellschaften differenzierenden Vorschlag von *Escher-Weingart* (2001), S. 243-245.

1151 *D. Schneider* (1987), S. 85, in Bezug auf den vermeintlichen Gläubigerschutz von Mindestnormen zur Eigenkapitalausstattung. Vgl. auch *D. Schneider* (1992), S. 650-653.

1152 *Hopt* (2002a), S. 1018. Vgl. so auch *o.V.* (2006b). Vgl. zu dieser Argumentation ebenfalls zu Recht *Enriques/Macey* (2001), S. 1202-1203; und dazu die scharfe Kritik von *Kuhner* (2005), S. 756, der den Autoren Polemik, analytischen Zynismus und mangelnde Kenntnis der europäischen Gesellschaftsrechte attestiert. Auch im US-amerikanischen Schrifttum ist auf die materiellen Vorteile für diese Berufsgruppen im legal capital-Regime hingewiesen worden. Vgl. z.B. *Kummert* (1984), S. 210; *Peterson/Hawker* (1997), S. 200.

1153 Vgl. dazu *D. Schneider* (1987), S. 102 m.w.N. *D. Schneider* (1992), S. 652, argumentiert, dass die Gefahr eines Bankrun als Regulierungsrechtfertigung von der Kreditwirtschaft übertrieben worden ist, denn solange „ein Einlagensicherungsfonds und die Notenbank als ‚lender of the last resort' bereitstehen, wird mit dem Verweis auf die Gefahr eines Bankruns der Bankkundschaft ein Ausmaß an finanzieller Unvernunft unterstellt, das (falls begründet) die Bankenaufsicht auch nicht durch noch schärfere Mindestnormen zur Eigenkapitalausstattung verringern könnte."

1154 Vgl. *Mülbert* (2004), S. 153 m.w.N.

potential des Kreditsicherungsgeschäfts erkennen und sich verstärkt für einen mehr markt- und informationsorientierten Gläubigerschutz interessieren[1155].

5.3.5 Probleme des Zusammenspiels von Auschüttungsregeln und EU-Bilanzrecht

Wie in Kapitel V.4 bereits ausgeführt wurde, besteht ein zentrales Motiv der europäischen Gesetzgebung darin, den Kapitalschutz der Aktiengesellschaft und ihr entsprechende Rechtsformen in den EU-Mitgliedstaaten zu harmonisieren. Fraglich ist, ob diesem Ziel rechtstatsächlich entsprochen wird. Dazu wäre es notwendig, dass die Regelungen der Kapitalrichtlinie zum Kapitalschutz auf vergleichbare Rechnungslegungsdaten zugreifen. Das gilt insbesondere für die Durchführung der Bilanztests zum Zwecke der Ausschüttungsbegrenzung sowie für die Ermittlung der Höhe des Eigenkapitals. Die Vorschriften der Bilanzrichtlinie müssten folglich sicherstellen, dass sich wirtschaftlich gleiche Sachverhalte in den Jahresabschlüssen der Unternehmen in der EU auch in vergleichbarer Weise niederschlagen. In Anbetracht der unterschiedlichen sozio-ökonomischen und kulturellen Rahmenbedingungen in den EU-Mitgliedsstaaten ist hingegen eine vollständige Standardisierung bzw. Vereinheitlichung des Bilanzrechts weder das Ziel des europäischen Gesetzgebers noch wäre dies ökonomisch sinnvoll[1156]. Das Ziel besteht folglich darin, die Vergleichbarkeit im Sinne von Gleichwertigkeit der Rechnungslegungsinformationen zu erreichen[1157]. In der Unternehmenspraxis ließe sich ferner auch deshalb eine völlige Standardisierung nicht erreichen, weil jedes Rechnungslegungssystem den Bilanzerstellern zwangsläufig Ermessensspielräume eröffnet, so z.B. bei der Festlegung von Nutzungsdauern von Vermögenswerten oder der Bewertung von langfristigen Rückstellungen.

Die Bilanzrichtlinie – auch das ist oben bereits ausführlicher besprochen worden – gewährt allerdings eine Reihe von expliziten Mitgliedstaatenwahlrechten (z.B. Art. 33 BilRL: Ausnahmen vom Anschaffungs- und Herstellungskostenprinzip; Art. 42a BilRL: Bewertung von Finanzinstrumenten zum beizulegenden Zeitwert), die von den nationalen Gesetzgebern auch in unterschiedlicher Weise genutzt worden sind[1158]. Es ist offensichtlich, dass dadurch die Vergleichbarkeit leidet, weil von Mitgliedstaat zu Mitgliedstaat unterschiedlich hohe Anforderungen an die Höhe des zu schützenden Kapitals gestellt werden[1159]. Weiterhin existieren zahllose Unternehmenswahlrechte[1160] (z.B. Art. 35 Abs. 3-4 BilRL: Wahlrechte hinsichtlich der Höhe der Herstellungskosten; Art. 37 BilRL: Aktivierungswahlrecht von Forschungs- und

---

[1155] Vgl. *Hopt* (2002a), S. 1019; *Kübler* (2003c), S. 107, mit Verweis auf *Walter* (1998), S. 372; *Merkt* (2004a), S. 314. Vgl. zu einer ähnlichen Einschätzung *Schuster* (1998), S. 380. Vgl. auch *M. Schneider* (1998).

[1156] Vgl. zu einer Analyse der Harmonisierung der Rechnungslegungsregeln unter Berücksichtigung von Kosten-Nutzen-Überlegungen *Pellens* (2001a), S. 388-393.

[1157] Vgl. zu unterschiedlichen Harmonisierungsgraden und einer Begriffsabgrenzung von „Vergleichbarkeit", „Gleichwertigkeit" und „Einheitlichkeit" *Pellens* (2001a), S. 385-388.

[1158] Vgl. dazu ausführlich *Niehus* (1985), S. 543-564; *Niessen* (1995), S. 986-994; *Pellens* (2001a), S. 405-409.

[1159] Das gilt für die Wahlrechte, wie z.B. das des Art. 42a BilRL, die keine Ausschüttungssperren vorsehen.

[1160] *Baetge/Kirsch/Thiele* (2005), S. 27, sprechen von ca. 40 nationalen Wahlrechten. *Habersack* (2003), S. 224, zufolge hat der „deutsche Gesetzgeber (...) nicht nur von 41 Wahlrechten, die die Richtlinie den Mitgliedstaaten eröffnet, Gebrauch gemacht; er hat vielmehr auch die 35 Wahlrechte, die der nationale Gesetzgeber den betroffenen Gesellschaften einräumen kann, an diese weitergegeben." Vgl. so auch *Niehus* (1985), S. 537; *Küting* (1993), S. 31. Die bei dieser Zählweise enthaltenen Ausweiswahlrechte spielen für die hier diskutierte Problematik allerdings keine Rolle.

Entwicklungskosten, Wahlrecht bezüglich des Abschreibungszeitraums von Geschäfts- und Firmenwerten), so dass die Aktiengesellschaften in der EU in die wenig zielführende Lage versetzt werden, „das Maß ihrer Kapitalerhaltung selbst zu beeinflussen.“[1161] Eng damit verbunden ist die gläubigerschädigende Wirkung der gesetzlich erlaubten Bildung und Auflösung von stillen Reserven[1162].

Eine Lücke im europäischen Kapitalschutzsystem ist auch darin zu sehen, dass die Bilanzrichtlinie lediglich in bestimmten Fällen Ausschüttungssperren vorschreibt, aber keine grundsätzliche Ausschüttungssperre für unrealisierte Gewinne vorsieht. Entstehen unter expliziter Beachtung von Art. 2 Abs. 3 BilRL unrealisierte Gewinne, weil von einzelnen Vorschriften der Bilanzrichtlinie aufgrund des übergeordneten true and fair view-Grundsatzes abgewichen werden muss, wird die Ausschüttung dieser Gewinne durch keine Ausschüttungssperre verhindert. Die Vergleichbarkeit ist in den letzten Jahren durch Reformmaßnahmen auf dem Gebiet der Bilanzrichtlinie sogar noch weiter eingeschränkt worden. Die Möglichkeit, bestimmte Finanzinstrumente zum beizulegenden Zeitwert zu bewerten, die durch die Fair-Value-Richtlinie[1163] eingeführt worden ist, sieht überhaupt keine Ausschüttungssperre vor. Schließlich ist eine Reihe von bedeutenden Bilanzierungsproblemen, wie z.B. die Bilanzierung von Leasingverträgen, Aktienoptionen und Pensionsverpflichtungen, nicht bzw. nicht abschließend geregelt[1164]. Insgesamt ist somit zu konstatieren, dass „eine substantielle Angleichung des Bilanzrechts bislang nicht erreicht ist“[1165]. Somit ist auch der Kapitalschutz in Europa im Ergebnis unterschiedlich ausgeprägt.

Die im Schrifttum vielfach vorgetragene Auffassung, an den europäischen bzw. handelsrechtlichen Gewinnermittlungsregeln zum Zwecke des Gläubigerschutzes bedingungslos festhalten zu müssen, ist in diesem Zusammenhang nochmals zu kritisieren. Zusammen mit den Gewinnverwendungsregeln sind diese Vorschriften kaum in der Lage, die Ansprüche der Gläubiger im Verhältnis zu denen der Aktionäre besser zu stellen.

In Wirklichkeit verbleibt der Unternehmensleitung ein erheblicher Spielraum „zur Täuschung über Geschehenes“[1166] zu Lasten der Kapitalgeber aus. Die Möglichkeiten des Managements, „eine Verschleierung in gesetzlich zulässiger Weise“[1167] zu bewerkstelligen, werden im Konzernverbund sogar noch erheblich erweitert. In der Principal-Agent-Beziehung zwischen den Kapitalgebern als Auftraggeber und den zur Unternehmensleitung Beauftragten führen die gesetzlichen Kapitalschutzregelungen somit zu einer Machtverschiebung zugunsten der Be-

---

1161 *Niehues* (2001), S. 1216. A.A. *Schön* (2000), S. 718: „ohne den einheitlichen Kapitalschutz zu gefährden.“

1162 Vgl. zu dieser Problematik ausführlich Kapitel V.5.2.

1163 Vgl. *Habersack* (2003), S. 220.

1164 Vgl. *Küting* (1993), S. 31; *Pellens* (2001a), S. 405-406. Vgl. auch *Rost* (1991), S. 185-201.

1165 *Habersack* (2003), S. 223. Vgl. zu dieser Einschätzung auch *Lanfermann* (1992), S. 442; *Niehus* (1992), S. 443-444; *Streim* (1992), S. 444; *Busse von Colbe* (1993), S. 21; *Küting* (1993), S. 31-32, 38; *Ordelheide* (1995), S. 486; *Schön* (1997b), S. 153-154; *Hopt* (2000), S. 792-793; *Schwarz* (2000), S. 269; *Pellens* (2001a), S. 405-409; *Niehus* (2002), S. 1389-1390. A.A. *Lutter* (2000b), S. 128: „Insgesamt haben diese Richtlinien zu einer hohen Standardisierung des Rechenwerks (...) in Europa geführt.“ Vgl. zu einer positiveren (frühen) Einschätzung *Niehus* (1985), S. 565; und die Problematik relativierend *Grundmann* (2004), S. 228, 261.

1166 *D. Schneider* (1987), S. 107. Die gesetzlich zulässigen „Täuschungsmöglichkeiten“ sind besonders ausgeprägt bei Kreditinstituten. Vgl. dazu *D. Schneider* (1992), S. 656, mit Verweis auf die Bewertungswahlrechte für Kreditinstitute in § 340f HGB.

1167 *D. Schneider* (1987), S. 106.

auftragten[1168]. Das vorrangige Ziel der zukünftigen Regulierung des Kapitalsystems der Aktiengesellschaft in Europa sollte folglich darin bestehen, eine bessere Informationsverteilung zwischen den beiden Gruppen sicherzustellen, so dass die Aktionäre die Dividendenpolitik der Unternehmensleitung besser beurteilen können[1169]. Eine Reform der starren Vorschriften der Kapitalrichtlinie könnte ferner die Effizienz des europäischen Kapitalmarkts steigern[1170].

5.4 Selbstschutzmöglichkeiten verschiedener Gläubigergruppen

Aufgrund der geschilderten Defizite des Kapitalsystems als Instrument des Gläubigerschutzes werden in der Unternehmenspraxis häufig zusätzliche Schutzmaßnahmen auf privatvertraglicher Basis vereinbart. Darüber hinaus existieren neben den Vorschriften zum gesetzlichen Garantiekapital weitere Mechanismen, durch die Gläubiger geschützt werden. Vor diesem Hintergrund drängt sich daher die Frage auf, ob die als schwerfällig und kostenintensiv empfundenen Kapitalaufbringungs- und Kapitalerhaltungsregeln nicht überflüssig sind.

Ziel der folgenden Ausführungen ist es, die wichtigsten Selbstschutzmöglichkeiten der Gläubiger aufzuzeigen und auf ihre Wirksamkeit hin zu überprüfen. Da die Gläubiger keine homogene Gruppe darstellen, werden sie nach ihrer jeweiligen Verhandlungsmacht in verhandlungsstarke, vergleichsweise verhandlungsschwache und unfreiwillige Gläubiger unterteilt[1171]. Die Analyse beschränkt sich dabei weitestgehend auf das rechtliche Umfeld in Deutschland; lediglich der Überblick über die Wirkungsweise von Kreditverträgen schließt Angaben zu den Besonderheiten der in den USA weit verbreiteten covenants mit ein.

5.4.1 Verhandlungsstarke Gläubiger

5.4.1.1 Überblick

Kreditinstitute und weitere Finanzgläubiger[1172] verfügen in der Regel über vielfältige und weitreichende Möglichkeiten, sich vor Forderungsausfällen selbst zu schützen[1173]. Sie sind in

---

[1168] Vgl. *D. Schneider* (1987), S. 106-108; *D. Schneider* (1992), S. 656-657. Vgl. ähnlich auch *Budde* (1994), S. 48; *Kübler* (1995b), S. 563; *Kübler* (1995c), S. 373; *Busse von Colbe* (2000), S. 489-491; *Enriques/Macey* (2001), S. 1202; *Kübler* (2003c), S. 101.

[1169] Vgl. ähnlich *D. Schneider* (1992), S. 657. Vgl. auch den darüber hinaus gehenden Vorschlag zur grundsätzlichen Verbesserung der Allokation auf den Arbeits- und Finanzmärkten von *D. Schneider* (1987), S. 107, unter Verweis auf Arbeiten von *Böhm* und *Schüller*. Danach wären Aktien in Kapitalentzugsrechte einerseits und in Stimmrechte zur Bestellung des Managements andererseits aufzuspalten.

[1170] Darauf weisen *Enriques/Macey* (2001), S. 1203, hin.

[1171] Vgl. zu einer sehr breit angelegten Analyse der Selbstschutzmöglichkeiten von verschiedenen Zwangsgläubigern einerseits und zahlreichen Vertragsgläubigern andererseits *Klose-Mokroß* (1997), S. 79-167.

[1172] Zu den Finanzgläubigern können neben den Kreditinstituten, die in Deutschland in § 1 Kreditwesengesetz (KWG) definiert sind, z.B. auch Finanzierungsleasingunternehmen und Factoring-Institute gezählt werden. Vgl. *Klose-Mokroß* (1997), S. 94-95 m.w.N.

[1173] Offensichtlicherweise ist die Verhandlungsmacht in dieser Gläubigergruppe unterschiedlich stark ausgeprägt. Beispielsweise wird eine kleine Stadtsparkasse eine geringere Marktmacht aufweisen als ein international operierender Bankkonzern. Darüber hinaus können neben den Finanzgläubigern im Einzelfall auch andere Gläubiger über erhebliche Verhandlungsmacht verfügen, wie z.B. wirtschaftlich und strategisch bedeutende Zulieferer.

der Lage, sich bereits vor Vertragsabschluss ein genaues Bild der wirtschaftlichen Verhältnisse des potentiellen Schuldnerunternehmens zu machen und das eingeschätzte Risiko bei der Vertragsgestaltung zu berücksichtigen[1174]. Bei der Kreditvergabe an Aktiengesellschaften profitieren sie von den Berichtspflichten dieser Unternehmen. Die in Kapitel II ausführlich erläuterten Informationen, die (börsennotierte) Aktiengesellschaften bzw. corporations zur Erfüllung der Informationsrechte ihrer Aktionäre veröffentlichen müssen, stehen den Aktionären nicht exklusiv zur Verfügung. Finanzgläubiger verfügen in der Regel über die notwendige Zeit und Expertise, die Fülle an Unternehmensinformationen auszuwerten. Auch während der Laufzeit des Kreditvertrags können sie die jährlichen und unterjährigen, häufig zeitnah erstellten[1175] Informationen nutzen, die Unternehmen entweder in gesetzlich erzwungener Weise oder auch freiwillig, z.B. auf den Internetseiten, zur Verfügung stellen. Wenngleich eine umfassende Informationsversorgung der Unternehmensexternen grundsätzlich wünschenswert erscheint, so muss darauf hingewiesen werden, dass die Informationsbereitstellung der Aktiengesellschaft Kosten verursacht und im Einzelfall mit Wettbewerbsnachteilen einhergehen kann[1176]. Diese Nachteile der Unternehmenspublizität können die Vorteile kompensieren und sich negativ auf den Wert des Eigenkapitals auswirken. Aus regulierungstheoretischer Sicht ist weiterhin zu bezweifeln, dass eine staatliche Regulierung der Unternehmenspublizität einer freiwilligen Offenlegung vorzuziehen ist[1177]. Vor dem Hintergrund der aktuellen Bestrebungen zu erneut umfangreicheren Publizitätspflichten stellt sich schließlich die Frage, ob die Adressaten die Masse an Informationen überhaupt noch sinnvoll verarbeiten können[1178].

Verhandlungsstarke Finanzgläubiger können für ihre Kreditwürdigkeitsanalyse von den kreditsuchenden Unternehmen ausführliche Informationen verlangen, die über die angesprochenen öffentlich zugänglichen Daten hinausgehen. Mit Hilfe der zusätzlichen Informationsquellen versuchen die Kreditinstitute, „sich eine Vorstellung von der künftigen Entwicklung des Kreditnehmers zu machen, und sich von seiner Fähigkeit, ausreichende Finanzüberschüsse zu erwirtschaften, um die vereinbarten Zins- und Tilgungsleistungen aufbringen zu können, zu überzeugen."[1179] In Extremfällen kann die Macht der Großbanken so weit gehen, dass sie die unternehmerischen Entscheidungen im Schuldnerunternehmen mittels verschiedener Einwirkungs- und Gestaltungsrechte oder über Aufsichtsratsmandate beeinflussen können[1180].

Weder der gesetzliche Zwang, ein bestimmtes Mindesteigenkapital zu erhalten, noch das vergangenheitsorientierte Zahlenmaterial in Bilanz und Gewinn- und Verlustrechnung können zu diesem Zweck allein weiterhelfen. Anstelle dessen verlangen Banken in der Regel zu unternehmensinternen Steuerungszwecken erstellte Finanz- bzw. Businesspläne, d.h. mehrjährige

---

1174 Nach § 18 KWG sind Kreditinstitute bei einem Kredit von über 250.000 € grundsätzlich verpflichtet, sich vor und während der Kreditlaufzeit die wirtschaftlichen Verhältnisse des Kreditnehmers insbesondere durch Vorlage von Jahresabschlüssen offen legen zu lassen und sie zukunftsgerichtet auszuwerten. Vgl. dazu etwa *Wittig* (2003), S. 63-64.

1175 Vgl. zu den Veröffentlichungsfristen nach HGB, IFRS und US-GAAP im Vergleich *Hayn/Waldersee* (2004), S. 54-55, 302-303

1176 Vgl. *Ewert/Wagenhofer* (1992), S. 311-314; *Fülbier* (1998b), S. 179; *Wagenhofer/Ewert* (2003), S. 292-323; *Pellens/Crasselt* (2004), Sp. 1467.

1177 Vgl. *Feldhoff* (1992), S. 150-151, 184. Vgl. zu Zweifeln an der Regulierungsnotwendigkeit einer Ad-hoc-Publizität ausführlich *Fülbier* (1998b), S. 107-235.

1178 Vgl. *Pellens/Crasselt* (2004), Sp. 1467; *M. Weber* (2004), S. 3674; *Clement* (2005), S. 363.

1179 *Walter* (1998), S. 370.

1180 Vgl. dazu *Süchting* (1995), S. 207; *Franken* (2001), S. 71-74; *Franke/Hax* (2004), S. 48-51.

Prognoserechnungen auf Basis von Cashflows, um die Kreditwürdigkeit zu beurteilen[1181]. Da ausführliche Kreditwürdigkeitsanalysen für die Banken zeit- und kostenintensiv sind und folglich den Gewinn aus dem Kreditgeschäft schmälern, wird der Analyseumfang auch von der Kredithöhe abhängig gemacht[1182]. Bei niedrigen Kreditvolumina wird die Bank daher die zukünftige Ertrags- und Finanzkraft des Kreditnehmers aus der vergangenen Unternehmensentwicklung ableiten und lediglich auf Plausibilität hin überprüfen[1183].

Hinweise auf die starke Verhandlungsposition der Banken geben auch empirische Untersuchungen, nach denen Kreditinstitute in Deutschland mehr als zwei Drittel ihrer kurz- und mittelfristigen Kredite besichern[1184]. Zu den vielfältigen Sicherungsmöglichkeiten zählen zum einen die vom Gesetzgeber vorgegebenen Sicherungsrechte: die Bürgschaft (§§ 765-778 BGB), das Grundpfandrecht der Hypothek (§§ 1113-1190 BGB), die Grundschuld (§§ 1191-1198 BGB) und das Pfandrecht an beweglichen Sachen und Rechten (§§ 1204-1296 BGB). Zum anderen sind in der Praxis weitere Sicherungsrechte entwickelt worden, so z.B. die Sicherungsübereignung von beweglichen Sachen und die Sicherungszession. Darüber hinaus existieren personale Sicherungsformen, wie z.B. die Schuldmitübernahme, das abstrakte Schuldanerkenntnis bzw. -versprechen, der Garantievertrag, der Kreditauftrag und der Depotakzept. Schließlich kommt im Konzern den Patronatserklärungen, den Organschaftserklärungen und den Abkaufverpflichtungen eine Kreditsicherungsfunktion zu[1185]. Kreditsicherheiten oder auch vorzeitige Tilgungsverpflichtungen bei sich anbahnenden Liquiditätsproblemen sind häufig auch in den Allgemeinen Geschäftsbedingungen (AGB) der Kreditinstitute festgelegt[1186].

Bei hohen und langfristigen Krediten stellt der Kreditvertrag ein umfangreiches Regelwerk dar, in dem unter anderem die Höhe und die Laufzeit des Kredits, der Zinssatz, Sicherheiten und Sanktionsmechanismen bei Vertragsverletzungen geregelt sind. Klassischer Bestandteil insbesondere in den US-amerikanischen Kreditverträgen[1187] sind so genannte covenants, die die herkömmlichen Kreditsicherheiten ergänzen oder ersetzen. Auch in Deutschland werden

---

1181 Vgl. *Bauer* (1995), S. 306; *Day/Taylor* (1995), S. 398; *Cheffins* (1997), S. 517, 532; *Eidenmüller* (1997), S. 49-50; *Schuster* (1998), S. 380; *Walter* (1998), S. 371.

1182 Kreditgeber werden daher versuchen, die entstehenden Kosten der Informationsbeschaffung und –auswertung mit den möglicherweise geringeren Verlusten aufgrund des verbesserten Informationsstands zu vergleichen. Vgl. *Süchting* (1995), S. 209.

1183 Vgl. *Walter* (1998), S. 370. Hinzu kommt, dass viele kleine und mittlere Unternehmen nicht über brauchbare Planungsdaten verfügen. Vgl. *Süchting* (1995), S. 208.

1184 Vgl. zu Ergebnissen von Befragungen von Banken, Warenkreditgebern und kreditnehmenden Unternehmen *Klose-Mokroß* (1997), S. 79-83 m.w.N. Zu einem aktuelleren Überblick über empirische Forschungsergebnisse zur Kreditbesicherung vgl. *Bigus/Langer/Schiereck* (2004).

1185 Vgl. zu den aufgezählten und zu weiteren Kreditsicherungsmöglichkeiten im Einzelnen *Streim* (1988), S. 16-18; *Süchting* (1995), S. 154-155, 207-218; *Klose-Mokroß* (1997), S. 94-124.

1186 Vgl. *Schuster* (1998), S. 380.

1187 Im US-amerikanischen Schrifttum wird zwischen loan agreement und corporate indenture (bond oder debenture indenture) unterschieden. Bei loan agreements handelt es sich um Kreditverträge von Banken oder Versicherungen. Die Vertragswerke bei der Begebung von öffentlich gehandelten Schuldverschreibungen werden als indentures bezeichnet. Bonds sind dinglich gesicherte und debentures sind ungesicherte Schuldverschreibungen. Notes unterscheiden sich von debentures durch die Laufzeit, die bei notes in der Regel zehn Jahre oder weniger und bei debentures mehr als zehn Jahre beträgt. Vgl. dazu z.B. *Eisenberg* (2000), S. 109-111. Vgl. auch *Bauer* (1995), S. 307.

covenants seit einigen Jahren mit offensichtlich wachsender Tendenz vereinbart[1188]. Für die Zukunft wird den covenants eine weiter zunehmende Bedeutung für die deutsche Kreditpraxis vorhergesagt[1189].

5.4.1.2 Covenants als Vertragsbestandteil

Als covenants werden Vertragsklauseln bezeichnet, durch die der Kreditnehmer für die Dauer des Kredits dem Gläubiger gegenüber zu einem bestimmten Verhalten verpflichtet wird[1190]. Aufgrund der großen Bandbreite unterschiedlicher Vertragsgestaltungen in der Praxis ist eine Systematisierung mit Schwierigkeiten verbunden. Häufig werden positive (affirmative) covenants, die dem Kreditnehmer die Verfolgung und Einhaltung bestimmter Ziele auferlegen, und negative covenants, die ein Unterlassen bestimmter Handlungen festlegen, unterschieden[1191]. Die Klauseln schränken den Handlungsspielraum des Kreditnehmers ein, indem z.B. wichtige Investitions-, Personal- und Gewinnverwendungsentscheidungen nur mit der Zustimmung des Kreditgebers umgesetzt werden dürfen.

Einen Eindruck von den vielfältigen Schutzklauseln vermitteln die so genannten Commentaries on Model Debenture Indenture Provisions[1192]. Es handelt sich dabei um eine von der American Bar Foundation kommentierte Vertragsklauselsammlung, die von zahlreichen erfahrenen Vertragspartnern von Kreditverträgen und Beratern bereits in den 1960er Jahren – und damit lange Zeit vor Abschaffung des legal capital-Systems im MBCA[1193] – zusammengestellt wurde und in der Praxis bei der unternehmensindividuellen Vertragsgestaltung häufig herangezogen wird. Einzelne Vertragsbestandteile sind darin bereits als „Schablone" vorformuliert. Einige besonders typische covenants dieses Regelwerks werden im Folgenden kurz skizziert[1194].

Die Kreditverträge sehen regelmäßig covenants vor, durch die die weitere Kreditaufnahme des Schuldners detailliert geregelt wird. Die Aufnahme zusätzlicher gesicherter Kredite ist entweder verboten oder nur unter der Bedingung möglich, dass sich die Sicherheiten auch auf den ursprünglichen Kredit erstrecken. Die Aufnahme ungesicherter Kredite wird dadurch li-

---

1188 Vgl. *Thießen* (1996), S. 143; *Fleischer* (1998), S. 313; *Busse von Colbe* (2002a), S. 170; *Wittig* (2003), S. 68.

1189 Vgl. *Kästle* (2003), S. 233. *Schackmann/Behling* (2004), S. 789, bezeichnen covenants als ein „in der Praxis inzwischen etabliertes Mittel der nachhaltigen Kreditsicherung".

1190 Vgl. *Süchting* (1995), S. 181; *Alberth* (1997), S. 745; *Kästle* (2003), S. 27. Zur Abgrenzung von covenants zu Klauseln in den AGBs deutscher Kreditinstitue, wie z.B. bestimmten Informationspflichten, Kündigungs- und Negativklauseln, vgl. *Kästle* (2003), S. 41-42.

1191 Vgl. z.B. *Manning/Hanks* (1990), S. 103; *Press/Weintrop* (1990), S. 67; *Mülbert/Birke* (2002), S. 723; *Ross/Westerfield/Jaffe* (2005), S. 573. *Kästle* (2003), S. 53, 62-71, behandelt als dritte Kategorie financial covenants. *Smith/Warner* (1979), S. 125, unterscheiden production/investment, dividend, financing und bonding covenants.

1192 Vgl. *American Bar Foundation* (1986). Es handelt sich dabei um den unveränderten Nachdruck der Ausgabe von 1971.

1193 Darauf weist auch *Mülbert* (2004), S. 157, hin. Dessen ungeachtet wird in der Literaur teilweise der Eindruck vermittelt, covenants seien eine Reaktion der US-amerikanischen Gläubiger auf die Abschaffung des Nennkapitals durch die Reform des MBCA.

1194 Vgl. dazu insbesondere *Smith/Warner* (1979), S. 125-152; *Bauer* (1995), S. 307-312; *Alberth* (1997), S. 745-749.

mitiert, dass die Gesellschaft bestimmte Bilanzkennzahlen einhalten muss. Vorgegeben werden beispielsweise Kennzahlen zur Kapitalstruktur. Ist ein bestimmtes Verhältnis von langfristigen Verbindlichkeiten zu den ohne Berücksichtigung von immateriellen Vermögenswerten berechneten Aktiva (net tangible assets) einzuhalten, wird die Kennziffer als gearing bezeichnet. Werden die Verbindlichkeiten ins Verhältnis zu den gesamten Vermögenswerten gesetzt, ist die Bezeichnung leverage ratio üblich. Festgelegt werden weiterhin Gewinn- oder Cashflow-Größen im Verhältnis zu den Zinsaufwendungen (interest coverage ratio) oder die Relation von kurzfristigen Verbindlichkeiten zum Umlaufvermögen (current ratio bzw. working capital). Bei der Ermittlung der Verbindlichkeiten sind zumeist auch nicht in der Bilanz ersichtliche Verpflichtungen, wie z.B. Garantien, Bürgschaften und Leasingverpflichtungen, zu berücksichtigen. Häufig muss über die Vertragslaufzeit ein bestimmtes Mindestniveau an Eigenkapital (net worth) erhalten werden. Unter net worth ist eine Eigenkapitalgröße zu verstehen, bei deren Ermittlung bestimmte immaterielle Vermögenswerte (z.B. Goodwill) und andere Bilanzpositionen (z.B. aktive latente Steuern, Minderheitenanteile) zu eliminieren sind.

Zur Kontrolle der ausgehandelten Restriktionen sehen die Kreditverträge regelmäßig umfangreiche Informationspflichten vor, die über die gesetzlichen Publizitätspflichten hinausgehen und auch interne Prognoserechnungen umfassen. Darüber hinaus werden die Rechtsfolgen bei einem Verstoß des Schuldnerunternehmens gegen die covenants geregelt. Verstöße können z.B. zur Folge haben, dass der Kredit sofort oder vorzeitig zurückgezahlt werden muss oder der Gläubiger ein Mitspracherecht bei der Geschäftsführung erhält. In der Praxis werden Verstöße häufig zum Anlass genommen, die Vertragsbedingungen neu auszuhandeln[1195].

Die vorstehenden Ausführungen können nur einen ersten Eindruck von der Detailliertheit und Komplexität derartiger Vereinbarungen vermitteln, mit denen die Rechte des Schuldnerunternehmens beschränkt werden[1196]. Es wird aber unmittelbar deutlich, dass gesetzliche Kapitalschutzregeln nicht in der Lage sind, den umfassenden Gläubigerschutz durch vertragliche Regelungen zu substituieren. Es liegt in der Natur der Sache, dass eine gesetzlich kodifizierte Vorschrift nicht allen unternehmensindividuell höchst unterschiedlichen Bedürfnissen gerecht werden kann[1197].

Von besonderem Interesse sind in dieser Arbeit die dividend covenants, die ebenfalls einen Bestandteil von US-amerikanischen Kreditverträgen darstellen können[1198]. Durch dividend covenants werden Ausschüttungen an die Aktionäre beschränkt. Teilweise wird die zulässige Höchstausschüttung in einem über die Kreditlaufzeit variablen Betrag (inventory of payable funds) abgebildet, der aus den kumulierten thesaurierten Gewinnen (teilweise auch nur ein bestimmter Prozentsatz davon) und Eigenkapitalerhöhungen seit der Kreditaufnahme, abzüg-

---

1195 Vgl. zu diesbezüglichen empirischen Befunden bei private debt agreements *Dichev/Skinner* (2002), S. 1122.

1196 *Bauer* (1995), S. 313, weist in diesem Zusammenhang darauf hin, in „Deutschland würden viele dieser amerikanischen Regelungen aber von der Rechtsprechung wohl als sittenwidrige Knebelverträge angesehen werden, die gem. § 138 Abs. 1 BGB nichtig sind." Vgl. zu den Auswirkungen der deutschen Rechtsprechung auf die Anwendbarkeit von covenants in Deutschland *Thießen* (1996), S. 150-154.

1197 Vgl. auch *Bauer* (1995), S. 315. *Castle* (1980), S. 26, weist darauf hin, dass covenants nach einer intensiven Prüfung der finanziellen Lage in Abhängigkeit von der Bonität und der Branche des Kreditnehmers sowie der Art des Kredits vereinbart werden.

1198 Vgl. zu dividend covenants insbesondere *Smith/Warner* (1979), S. 131-136; *Bauer* (1995), S. 310-311; *Alberth* (1997), S. 745-746. Zu einem ausführlich erläuterten Praxisbeispiel eines dividend covenant vgl. *Manning/Hanks* (1990), S. 105-112.

lich bereits geleisteter Ausschüttungen und zuzüglich bestimmter fixer Beträge besteht. Durch Desinvestitionen oder Kreditaufnahme generierte flüssige Mittel können dann nicht ausgekehrt werden. Andere Vertragsklauseln verbieten sämtliche Ausschüttungen oder machen sie von der Einhaltung bestimmter Kapitalstruktur- oder Liquiditätskennzahlen abhängig, wobei in vielen Fällen Dividenden an Vorzugsaktionäre möglich sind. Nach einer weiteren Variante darf nur der Cashflow der laufenden Geschäftsperiode ausgeschüttet werden.

5.4.1.3 Empirische Verbreitung von Covenants

Die Ausgestaltung von dividend covenants in der US-amerikanischen Praxis ist vielfach analysiert worden[1199]. Empirische Untersuchungen zu den vereinbarten Ausschüttungsrestriktionen und Rechnungslegungsregeln sind im Rahmen dieser Arbeit von Interesse einerseits, weil sie Aufschluss über die Schutzbedürfnisse der Gläubiger geben können. Andererseits liefern sie Hinweise, ob und inwiefern die gesetzlichen Kapitalschutzregeln den vertraglichen Abreden ähneln, die in weniger regulierten Rechtssystemen getroffen werden. Ließe sich nachweisen, dass gesetzliche Regeln mit weit verbreiteten Vorschriften in Kreditverträgen vergleichbar sind, könnte darin ein Hinweis gesehen werden, dass das gesetzliche Kapitalregime einen Beitrag zur Senkung der Transaktionskosten leisten kann[1200]. Im Folgenden werden die zentralen Ergebnisse der empirischen Forschung dargestellt, wobei sich die Ausführungen nicht nur auf die USA beschränken. Es werden mit Großbritannien und Deutschland bewusst auch Länder betrachtet, die vom europäischen Kapitalschutzkonzept betroffen sind.

Zahlreiche empirische Untersuchungen in den USA deuten auf eine weite Verbreitung direkter, gewinnbasierter Ausschüttungsrestriktionen hin[1201]. Die Befunde zeigen auch, dass Unternehmen häufig zusätzlich indirekte Ausschüttungsbeschränkungen in der Form von bestimmten Kennzahlen zu beachten haben. Verbreitet sind insbesondere Vermögens-, Liquiditäts- und Kapitalstrukturkennzahlen, wie z.B. net (tangible) worth, working capital, current ratio und leverage ratio, wobei diese allerdings unterschiedlich definiert werden. Vielfach ähneln die vereinbarten Ausschüttungsrestriktionen denen, die in der oben bereits angesprochenen Musterfassung eines Kreditvertrags der American Bar Foundation empfohlen werden[1202].

Empirische Untersuchungen liefern weiterhin interessante Erkenntnisse über die kreditvertraglich vereinbarten Rechnungslegungsregeln, die die Bemessungsgrundlage für die Ausschüttungsrestriktionen determinieren. Danach basieren die covenants grundsätzlich auf testierten US-GAAP-(Konzern-) Abschlüssen[1203]. Die Kreditverträge sehen allerdings in der Regel ausdrückliche Modifizierungen von den US-GAAP vor, die tendenziell zu einer niedri-

---

1199 Vgl. zu einem Überblick über zahlreiche bis zum Jahr 1996 entstandene empirische Untersuchungen *Leuz/Deller/Stubenrath* (1998), S. 115-117. Zu neueren Ergebnissen für die USA vgl. z.B. *Begley/Freedman* (2004); *Chava/Kumar/Warga* (2004); *Reisel* (2004).

1200 Vgl. ähnlich *Kuhner* (2005), S. 784.

1201 Vgl. z.B. *Smith/Warner* (1979), S. 123 (23 % der untersuchten Kreditverträge enthalten gewinnabhängige Ausschüttungsrestriktionen); *Castle* (1980), S. 32-33 (62 %); *Kalay* (1982), S. 214 (90 %); *McDaniel* (1986), S. 426, 457-460 (35 %); *El-Gazzar/Lilien/Pastena* (1989), S. 222 (58 %); *Duke/Hunt* (1990), S. 55 (55,1 %); *El-Gazzar/Pastena* (1990), S. 386 (80 %); *Press/Weintrop* (1990), S. 74 (61 %); *El-Gazzar/Pastena* (1991), S. 140 (74 %); *Mohrmann* (1996), S. 86 (50 %).

1202 Vgl. *Kalay* (1982), S. 216, Fn. 9.

1203 Vgl. *Leuz/Deller/Stubenrath* (1998), S. 115.

geren Bewertung der Aktiva und einem späteren Gewinnausweis führen. Die folgenden Abweichungen von den US-GAAP scheinen weit verbreitet zu sein[1204]: Beteiligungen werden nicht mit der Equity-Methode, sondern mit den Anschaffungskosten bewertet, wodurch Beteiligungserträge erst bei Ausschüttung als realisiert ausgewiesen werden. Unsichere Verbindlichkeiten (contingencies) werden passiviert, selbst wenn ihr Eintritt nicht wahrscheinlich (probable) ist. Goodwill und weitere immaterielle Vermögenswerte werden nicht aktiviert. Wahlrechte bei der Bilanzierung von Leasinggeschäften werden mit der Maßgabe eingeschränkt, dass durch Leasing genutzte Vermögenswerte beim Leasingnehmer aktiviert werden. Aufgrund der kontinuierlichen Fortentwicklung der US-amerikanischen Rechnungslegung werden häufig die bei Abschluss des Kreditvertrags gültigen US-GAAP festgeschrieben („fixed GAAP")[1205].

Im Gegensatz zu den Befunden für die USA zeigen empirische Untersuchungen von dividend covenants in britischen[1206] Kreditverträgen, dass sowohl in private debt contracts (Bank- und Versicherungskreditverträge) als auch in in public debt contracts (Kreditverträge bei öffentlich gehandelten Schuldverschreibungen) nur selten direkte Ausschüttungsbeschränkungen auf Basis des bilanziellen Gewinns festgelegt werden[1207]. Indirekte Ausschüttungsrestriktionen werden hingegen häufig in der Form von Bilanzkennzahlen vereinbart, nach denen das Schuldnerunternehmen eine bestimmte Kapital- und Liquiditätsstruktur einhalten muss[1208]. Bemerkenswerterweise scheinen cashflow-orientierte Größen in den Kreditverträgen kaum eine Rolle zu spielen[1209]. Auffällig ist schließlich, dass die Berechnung der Kennzahlen in den Kreditverträgen zwar dezidiert definiert wird, die der Berechnung zugrunde liegende Rechnungslegung nach UK-GAAP aber nur selten modifiziert wird[1210].

In der – soweit ersichtlich – für Deutschland bislang einzigen empirischen Untersuchung haben *Leuz/Deller/Stubenrath* Interviews mit Vertretern von acht Banken durchgeführt und 19 Kreditverträge zu öffentlich gehandelten Schuldverschreibungen analysiert[1211]. Die befragten Banken sehen keine direkten Ausschüttungsrestriktionen in ihren Kreditverträgen vor. Auch indirekte Beschränkungen werden von ihnen nur in besonderen Situationen, wie z.B. bei Management-Buy-outs, Projektfinanzierungen und niedrigem Rating vereinbart. Die Rechnungslegung nach HGB wird vertraglich nicht modifiziert. Lediglich zwei der untersuchten Kredit-

---

1204 Vgl. *Leftwich* (1983), S. 31-35, 39; *Frost/Bernard* (1989), S. 795-796; *El-Gazzar/Lilien/Pastena* (1989), S. 222-225; *El-Gazzar/Pastena* (1990), S. 387-390.

1205 Vgl. *Mohrman* (1996), S. 84-87. 52 % der von ihr untersuchten Kreditverträge mit accounting-based covenants schreiben die US-GAAP fest. Im Untersuchungszeitraum, der schwerpunktmäßig die Jahre 1983 bis 1990 umfasst, ist eine zunehmende Verbreitung festzustellen. Vgl. auch *Beatty/Ramesh/Weber* (2002), S. 211-212, die in 55 % der untersuchten Kreditverträge in den Jahren 1994 bis 1996 eine solche Vorschrift finden. *Leftwich* (1983), S. 36, spricht von „frozen GAAP".

1206 Die empirischen Untersuchungen beziehen sich strenggenommen auf Kreditverträge im United Kingdom (UK), also im Vereinigten Königreich von Großbritannien und Nordirland.

1207 Vgl. *Citron* (1992a), S. 23-24; *Citron* (1992b), S. 326; *Citron* (1995), S. 144-145; *Day/Taylor* (1995), S. 397-398; *Day/Taylor* (1996), S. 320-322.

1208 Verbreitet sind die Kennzahlen net (tangible) worth, interest cover ratio (Zinsdeckungsgrad), gearing, current ratio und leverage ratio. Zu typischen Definitionen dieser Kennzahlen in den Kreditverträgen vgl. z.B. *Citron* (1992a), S. 25-30; *Rich* (1992), S. 518-519.

1209 Vgl. *Day/Taylor* (1995), S. 397.

1210 Vgl. *Citron* (1992a), S. 24-25; *Day/Taylor* (1995), S. 400.

1211 Vgl. *Leuz/Deller/Stubenrath* (1998), S. 122-125.

verträge schreiben die Einhaltung verschiedener Bilanzkennzahlen vor und weisen somit indirekte Ausschüttungsrestriktionen auf[1212].

Im Gegensatz zu diesen empirischen Befunden finden sich vereinzelte Hinweise in der Literatur, nach denen die covenants in deutschen Kreditverträgen den US-amerikanischen ähneln[1213]. Demnach scheinen auch deutsche Kreditverträge üblicherweise eine Mindesteigenkapitalausstattung sowie Kennzahlen vorzuschreiben, die bestimmte Anforderungen an die Kapitalstruktur, die Liquiditätslage und den Zinsdeckungsgrad stellen. Bemerkenswerterweise wird empfohlen, zur Ermittlung des Eigenkapitals von dem in der HGB-Bilanz ausgewiesenen Betrag einige Positionen abzuziehen, wie z.B. aktivierte Aufwendungen für die Ingangsetzung und Erweiterung des Geschäftsbetriebs, immaterielle Vermögensgegenstände, Zuschreibungen, Anteile und Ausleihungen an sowie Forderungen gegenüber verbundenen Unternehmen und Beteiligungsunternehmen, Verbindlichkeiten im Sinne von § 251 HGB (z.B. Bürgschaften). Auch für die Berechnung des Verschuldungs- und Zinsdeckungsgrads sollen die HGB-Zahlen modifiziert werden[1214].

5.4.1.4 Kritische Würdigung

Die in empirischen Untersuchungen festgestellten Unterschiede zwischen den kreditvertraglichen Ausschüttungsrestriktionen in den USA auf der einen Seite und Großbritannien und Deutschland auf der anderen Seite werden von einigen deutschen Autoren darauf zurückgeführt, dass europäische Unternehmen bereits einer direkten gesetzlichen Ausschüttungsrestriktion unterlägen und vertragliche Regelungen mithin überflüssig seien[1215]. Die gesetzlichen Vorschriften in Europa substituierten die kreditvertraglichen Vereinbarungen[1216]. In den USA hingegen bestehe eine offensichtliche Nachfrage nach vertraglichen Absprachen, die dem gesetzlichen Kapitalschutzkonzept in Europa ähnelten. Weiterhin wird darauf hingewiesen, dass in den US-amerikanischen Kreditverträgen regelmäßig bestimmte Modifizierungen von den US-GAAP mit der Konsequenz formuliert würden, dass die zur Ausschüttungsbe-

---

1212 Gleiches gilt grundsätzlich für die Kreditvergabe von Versicherungsgesellschaften. Diese müssen unter bestimmten Voraussetzungen von ihren Schuldnern die Einhaltung bestimmter Kennzahlen verlangen. Vgl. *Leuz/Deller/Stubenrath* (1998), S. 124. Vgl. zu diesen so genannten BaFin-Kennzahlen bereits Kapitel V.5.2.

1213 Vgl. *Wittig* (1996), S. 1382-1390; *Wittig* (2003), S. 67-81 jeweils m. w. N; *Schackmann/Behling* (2004), S. 789-793. Vgl. dazu im Überblick auch *Watrin* (2001a), S. 205-207.

1214 Vgl. zu den Modifizierungen ausführlich *Wittig* (2003), S. 70-73.

1215 Vgl. *Leuz* (1996), S. 240; *Leuz* (1998), S. 580-581; *Leuz/Deller/Stubenrath* (1998), S. 120-121; *Schön* (2000), S. 727; *Schön* (2001), S. 78; *Schön* (2002), S. 4; *Kuhner* (2005), S. 785. Vgl. dazu kritisch *Armour* (2000a), S. 15; *Armour* (2000b), S. 374; *Enriques/Macey* (2001), S. 1192-1193; *Niehues* (2001), S. 1215; *Mülbert* (2004), S. 156-157. Sowohl die deutschen Aktiengesellschaften als auch die britischen public limited companies müssen die Ausschüttungsrestriktionen gemäß Art. 15 KapRL beachten. Die als Grundlage der Testverfahren dienende Gewinnermittlung muss im Einklang mit der Bilanzrichtlinie stehen. Vgl. dazu detailliert Kapitel III.1.1.3 und Kapitel III.1.2.1.3. Während in Deutschland zur Ausschüttungsbemessung die Rechnungslegungsvorschriften des HGB herangezogen werden, müssen haftungsbeschränkte Unternehmen in Großbritannien nach § 263-264 Companies Act 1985 ihren im Jahresabschluss ausgewiesenen Periodengewinn (accounting profit) in einen ausschüttbaren Gewinn (distibutable profit) überleiten. Vgl. dazu *Leuz* (1996), S. 239-240.

1216 Vgl. zu dieser so genannten Substitutionsthese *Leuz* (1996), S. 240.

messung vorgeschriebene Bilanzierung der HGB-Rechnungslegung sehr nahe komme[1217]. Daraus wird der Schluss gezogen, die vom Vorsichtsprinzip geprägte deutsche Rechnungslegung stelle ein zweckmäßiges Gläubigerschutzinstrument dar[1218].

Die vorstehende Argumentation vermag aus zweierlei Gründen nicht zu überzeugen. Erstens überwiegen – trotz gewisser Gemeinsamkeiten – die grundlegenden Unterschiede zwischen den gesetzlichen und vertraglichen Vorschriften[1219]. Während nach den gesetzlich kodifizierten Regelungen in Europa die seit der Unternehmensgründung erwirtschafteten kumulierten Gewinne ausgeschüttet werden können[1220], beschränken die US-amerikanischen Kreditverträge die Ausschüttung in der Regel auf die Gewinne seit Beginn des Kreditvertrags. Folglich dürfen corporations häufig keine Ausschüttungen durch die Auflösung von Gewinnrücklagen vornehmen, was in Europa selbst dann möglich ist, wenn die Unternehmen in der abgelaufenen Periode einen Verlust erlitten haben. Kreditverträge beschränken nicht nur Dividendenzahlungen, sondern insbesondere auch die zusätzliche Kreditaufnahme, die durch das statische gesetzliche Kapitalregime nicht geregelt wird. Die kreditvertraglichen Bestimmungen berücksichtigen konsequent die unternehmensindividuellen Gegebenheiten und Zukunftseinschätzungen zum Zeitpunkt der Vertragsschließung, während die Kapitalaufbringungs- und Kapitalerhaltungsregeln keinen Bezug zum spezifischen Unternehmensrisiko aufweisen[1221]. Die Zukunftsorientierung der vertraglichen Gläubigerschutzmechanismen zeigt sich zudem darin, dass sie der Insolvenzprophylaxe dienen[1222]. Im Gegensatz dazu verfolgt das gesetzliche Kapitalsystem primär das Ziel, für den Insolvenzfall genügend Vermögenswerte zur Begleichung der Gläubigeransprüche vorzuhalten. Die vertraglichen Klauseln zeichnen sich auch durch eine höhere Flexibilität aus, da Vertragsverletzungen nicht notwendigerweise das vorzeitige Ende des Kreditengagements bedeuten, sondern vielfach lediglich zu Nachverhandlungen führen. Schließlich ist empirisch zu beobachten, dass Kreditgeber dem durch die Aktienemission eingezahlten Nennkapital bei der Kreditvergabeentscheidung kaum Bedeutung beimessen[1223]. Während die Banken vor Vertragsabschluss die wirtschaftliche Lage und die künftige Finanz- und Ertragskraft des Unternehmens mehr oder weniger intensiv analysieren und das Risiko im Zinssatz berücksichtigen oder gegebenenfalls keinen Kredit vergeben, un-

---

1217 Vgl. *Alberth* (1997), S. 747; *Alberth* (1998), S. 804; *Schildbach* (1998a), S. 10; *Schildbach* (1999b), S. 360; *Schildbach* (2000), S. 194; *Schön* (2000), S. 729; *Franken* (2001), S. 218; *Schön* (2001), S. 78; *Kahle* (2002b), S. 164-165; *Merschmeyer* (2005), S. 288.

1218 Vgl. *Schildbach* (1998b), S. 78-80; *Streim* (1998), S. 340, der allerdings die Wahlrechte und Ermessensspielräume kritisiert; *Kahle* (2002a), S. 701-702; *Kahle* (2002b), S. 166; *Hennrichs* (2004), S. 129-130; *Küting/Ranker/Wohlgemuth* (2004), S. 99; *Hennrichs* (2005), S. 260.

1219 Vgl. zum Folgenden insbesondere *Ralston* (1983), S. 1025-1028; *Manning/Hanks* (1990), S. 113-114; *Bauer* (1995), S. 312-316; *Niehues* (2001), S. 1215.

1220 Mit Ausnahme der Gewinne, die in die gesetzlichen und satzungsmäßigen Rücklagen einzustellen sind.

1221 Vgl. dazu ausführlich bereits Kapitel V.5.3.3.

1222 In dem früheren Auslösezeitpunkt wird auch ein Vorteil gegenüber der deutschen Insolvenzordnung gesehen. Vgl. *Thießen* (1996), S. 154-157. A.A. *Wittig* (1996), S. 1391. Zu einem Vergleich des Gläubigerschutzes durch covenants und Insolvenzrecht vgl. *Burger/Buchhart* (2001). Vgl. die Vor- und Nachteile von covenants aus ökonomischer Sicht abwägend *Eidenmüller* (1997), S. 62-65.

1223 Bezogen auf Großbritannien kann *Day* (1986), S. 298, nur eine untergeordnete Bedeutung der Nennkapitalziffer feststellen. Den Untersuchungen von *Berry/Faulkner/Hughes/Jarvis* (1993) und *Deakins/Hussain* (1994) zufolge spielt sie gar keine Rolle. Vgl. zu ähnlichen Einschätzungen für Deutschland Kapitel V.5.3.2 und die in Fn. 1132 angegebene Literatur sowie dazu gegensätzlich die Interviewergebnisse von *Leuz/Deller/Stubenrath* (1998), S. 122.

terstellt das gesetzliche Kapitalsystem dem eingezahlten Kapital der Aktionäre eine gläubigerschützende Wirkung.

Zweitens ist zu bezweifeln, dass die empirischen Erkenntnisse, die der Argumentation zugrunde liegen, noch die aktuellen Gepflogenheiten der US-amerikanischen Kreditvergabepraxis widerspiegeln. Ein gravierendes Manko der herangezogenen empirischen Untersuchungen liegt darin, dass sie weit zurückliegende Untersuchungszeiträume analysieren[1224]. Die zum Teil 30 bis 50 Jahre alten Befunde als Beweis für die Zweckmäßigkeit des gesetzlichen Nennkapitalsystems zu benutzen, setzt voraus, dass sich die kreditvertraglichen Regelungen in den letzten Jahrzehnten nicht wesentlich verändert haben. Angesichts der rasanten Entwicklungen in der Informationstechnologie, der Datenverarbeitungssysteme, der Rechnungslegung und der Prognosetechniken in diesem Zeitraum ist diese Annahme kritisch zu hinterfragen. Darüber hinaus steht zu vermuten, dass sich die zu beobachtenden Veränderungen im Finanzierungs-, Investitions- und Ausschüttungsverhalten von Unternehmen im Zeitablauf auf die Vertragsgestaltungen auswirken.

Die Zweifel an der weiterhin bestehenden Gültigkeit werden durch aktuellere Studien bekräftigt[1225]. *Begley/Freedman* untersuchen US-amerikanische Kreditverträge zu Schuldverschreibungen (public debt contracts), die in den Zeiträumen 1975 bis 1979, 1989 bis 1993 und 1999 bis 2000 begeben wurden[1226]. Die Autoren stellen einen erheblichen Rückgang von dividend covenants in den Kreditvereinbarungen von 44 % in den 1970er Jahren über 25 % in den Jahren 1989 bis 1993 auf lediglich noch 9 % im Zeitraum 1999 bis 2000 fest[1227]. Der Rückgang wird auch für Unternehmen nachgewiesen, die Schuldverschreibungen in mehreren der untersuchten Zeiträume begeben haben. Für Unternehmen, die beispielsweise im ersten (1975 bis 1979) und zweiten Zeitraum (1989 bis 1993) Schuldverschreibungen platziert haben, sinkt der Anteil von bilanziellen Ausschüttungsrestriktionen von 20 % auf 9 %[1228].

Die Autoren untersuchen darüber hinaus die Modalitäten der dividend covenants[1229]. Der bedeutendste Unterschied der vereinbarten Ausschüttungsrestriktionen in den Jahren 1989 bis 1993 und 1999 bis 2000 im Vergleich zu den 1970er Jahren besteht darin, dass nicht mehr das komplette Periodenergebnis (net income) ausgeschüttet werden darf. In der Regel zählen nur 50 % eines Periodengewinns zu den für Ausschüttungen verfügbaren Mitteln, während Verluste in voller Höhe abgezogen werden. In jüngeren Jahren sind Dividendenausschüttungen auch dann verboten, wenn ein bestimmter Zinsdeckungsgrad auf Basis von Cashflows nicht

---

1224 *Smith/Warner* (1979) untersuchen die Jahre 1974 bis 1975, *Kalay* (1982) analysiert die Jahre 1956 bis 1975, *Press/Weintrop* (1990) das Jahr 1985, *Mohrman* (1996) die Jahre 1963 bis 1990. Der viel zitierte Aufsatz von *Leftwich* (1983) analysiert primär die kreditvertraglichen Vereinbarungen der Commentaries on Indentures der American Bar Foundation und zusätzlich lediglich zehn Bank- bzw. Versicherungskreditverträge, die vor 1977 abgeschlossen wurden. Aus dieser Untersuchung allein können kaum repräsentative Aussagen über die tatsächliche Verbreitung von die US-GAAP modifizierenden Rechnungslegungsregeln in der Praxis getroffen werden. Dessen ungeachtet wird der Aufsatz im deutschen Schrifttum häufig als Beleg für die These herangezogen, eine vorsichtige Rechungslegung sei im Interesse der Gläubiger.

1225 Vgl. *Begley/Freedman* (2004); *Chava/Kumar/Warga* (2004); *Reisel* (2004).

1226 Vgl. zum Untersuchungssample ausführlich *Begley/Freedman* (2004), S. 83-85. Der erste Zeitraum (1970er Jahre) beinhaltet nur debentures, die beiden anderen sowohl debentures als auch notes.

1227 Vgl. *Begley/Freedman* (2004), S. 86-87. Werden ausschließlich debentures betrachtet, ist der Rückgang von bilanziellen Ausschüttungsrestriktionen noch dramatischer: Ihre Verbreitung in den Vertragswerken nimmt von 44 % (1975 bis 1979) über 3 % (1989 bis 1993) auf 0 % (1999 bis 2000) ab.

1228 Vgl. *Begley/Freedman* (2004), S. 87-88.

1229 Vgl. *Begley/Freedman* (2004), S. 90-92.

erreicht wird[1230]. Über den 25jährigen Untersuchungszeitraum insgesamt gesehen ist eine abnehmende Bedeutung der Daten aus Bilanz und Gewinn- und Verlustrechnung zugunsten von Cashflows festzustellen[1231].

Chava/Kumar/Warga analysieren die covenants von über 9.000 Schuldverschreibungen, die in den Jahren 1983 bis 2003 ausgegeben wurden[1232]. Sie stellen einen erheblichen Rückgang von dividend covenants fest. Sind sie im Zeitraum von 1980 bis 1989 noch in 32,54 % der Kreditverträge enthalten, geht ihr Anteil in den Zeiträumen 1990 bis 1994 (32,13 %), 1995 bis 1999 (23,76 %) und 2000 bis 2003 (11,04 %) kontinuierlich zurück[1233]. Umgekehrt ist in den 1990er Jahren ein steigender Anteil von Restriktionen für Aktienrückkäufe festzustellen, der im letzten Zeitraum aber wieder auf das Niveau der 1980er Jahre zurückgeht. Covenants, die Unternehmenszusammenschlüsse beschränken, nehmen hingegen von unter 70 % (1980 bis 1989) auf über 90 % (2000 bis 2003) zu[1234]. Die Veränderungen lassen sich mit dem Boom von Unternehmensübernahmen in den 1980er bis Mitte der 1990er Jahre, der abnehmenden Bedeutung von Dividenden und der zunehmenden Verbreitung von Aktienrückkäufen in den USA in diesem Zeitraum erklären[1235].

Als Ergebnis der Ausführungen zu den kreditvertraglichen Ausschüttungsrestriktionen bleibt festzuhalten, dass sie sich in vieler Hinsicht systematisch von den in Europa gesetzlich kodifizierten Bestimmungen unterscheiden. Folglich ist die geäußerte Prognose, „die Bankpraxis würde das tradierte gesetzliche System möglicherweise kautelarisch wiederherstellen"[1236], sollte das aus gesellschaftsrechtlichen Kapitalschutzvorschriften und handelsrechtlichen Bilanzierungsregeln bestehende Gläubigerschutzkonzept abgeschafft werden, wenig realistisch[1237].

5.4.2 Verhandlungsschwache Gläubiger

Neben den im vorherigen Kapitel analysierten einflussreichen Kreditinstituten und sonstigen Gläubigern mit Marktmacht existieren weitere rechtsgeschäftliche Gläubiger, die tendenziell als verhandlungsschwach zu bezeichnen sind. Im Gegensatz zu den verhandlungsstarken Gläubigergruppen haben die kleineren, verhandlungsschwachen Gläubiger kaum Möglichkei-

1230 Interessanterweise wird dazu nicht der operative Cashflow, der in der Kapitalflussrechnung nach SFAS 95 ausgewiesen wird, verwendet, sondern es wird ein Cashflow eigens definiert. Vgl. *Begley/Freedman* (2004), S. 89-90,

1231 Vgl. *Begley/Freedman* (2004), S. 90-92, 95.

1232 Vgl. zum Untersuchungssample ausführlich *Chava/Kumar/Warga* (2004), S. 11, 32.

1233 Vgl. *Chava/Kumar/Warga* (2004), S. 13, 34. Werden Restriktionen von Dividenden und sonstigen Ausschüttungsformen zusammen betrachtet, ergibt sich folgender Verlauf: 35,70 % (1980 bis 1989), 34,59 % (1990 bis 1994), 27,15 % (1995 bis 1999), 14,98 % (2000 bis 2003). Vgl. auch *Reisel* (2004), S. 10, 34, die ca. 8.000 Schuldverschreibungen untersucht und für den Zeitraum von 1989 bis 2001 in nur 18,68 % der Kreditverträge ausschüttungsbeschränkende covenants feststellt.

1234 Ein ähnlicher Trend ist für covenants, die Sale-and-leaseback-Transaktionen und die Aufnahme nachrangiger Verbindlichkeiten einschränken, festzustellen. Vgl. *Chava/Kumar/Warga* (2004), S. 33-34.

1235 Vgl. *Chava/Kumar/Warga* (2004), S. 13.

1236 *Hennrichs* (2004), S. 129-130. Vgl. ähnlich auch *Schildbach* (1998b), S. 81; *Schön* (2001), S. 78.

1237 Auch *Watrin* (2001a), S. 208-209, weist darauf hin, dass aufgrund der heterogen Präferenzen der Kreditgeber ein allgemein anerkanntes Regelset an Rechnungslegungsvorschriften nicht existiere.

ten, Einwirkungsrechte oder Kreditverträge durchzusetzen[1238]. Zu dieser Gruppe von Gläubigern werden unter anderem Lieferanten, Handwerker, Freiberufler, Arbeitnehmer und Kunden gezählt[1239].

Die verhandlungsschwachen Gläubiger sind allerdings den Risiken, die mit der Geschäftsbeziehung zu ihrem Schuldnerunternehmen verbunden sind, nicht schutzlos ausgeliefert. Wie die verhandlungsstarken Gläubiger auch, können sie sich dadurch schützen, dass sie die umfangreichen Informationen auswerten, die Aktiengesellschaften aufgrund ihrer gesetzlichen Publizitätspflichten oder auf freiwilliger Basis primär zur Befriedigung der Informationsrechte der Aktionäre zeitnah bereitstellen. Sie können sich darüber hinaus auch mittels weiterer Informationskanäle ein Bild über die wirtschaftliche Lage des Unternehmens machen, wie z.B. durch aktuelle Berichte in der Wirtschaftspresse oder Rating-Urteile[1240]. Die Wirksamkeit dieses auf Eigeninitiative basierenden Gläubigerschutzes durch Informationen wird in der Praxis aber gegebenenfalls dadurch eingeschränkt, dass die hier betrachteten Gläubiger – insbesondere im Gegensatz zu großen Finanzinstituten – in vielen Fällen weder über das notwendige Know-how zur Auswertung der Informationen noch die nötige Zeit[1241] für eine gründliche Analyse haben.

Weiterhin nutzen z.B. Lieferantenkreditgeber und Dienstleistungsgläubiger in der Regel verschiedene vertragliche Sicherungsinstrumente. Verbreitet sind unter anderem dingliche oder persönliche Sicherheiten, Lieferungen unter Eigentumsvorbehalt und die Vereinbarung bestimmter Zahlungsmodalitäten[1242]. Auch ist grundsätzlich davon auszugehen, dass auch diese Gläubiger versuchen werden, das Geschäftsrisiko bei der Kalkulation ihrer Angebotspreise zu berücksichtigen[1243]. Schließlich existieren zahlreiche gesetzliche Sicherungsrechte, auf die im Rahmen dieser Arbeit nicht näher eingegangen werden kann[1244].

Darüber hinaus werden die verhandlungsschwachen Gläubiger indirekt in den Fällen geschützt, in denen das Unternehmen kreditvertraglichen Restriktionen unterliegt, die Großgläubiger mit Marktmacht durchgesetzt haben[1245]. Die Möglichkeit, als Trittbrettfahrer von

---

1238 Vgl. *Hopt* (2002a), S. 1019.

1239 Diese Gläubiger stellen keine homogene Gruppe dar, sondern weisen unterschiedliche Risikopositionen auf. Vgl. z.B. *Streim* (1988), S. 18. Erneut ist darauf hinzuweisen, dass die aufgezählten Gläubiger im Einzelfall sehr wohl über Verhandlungsmacht verfügen, wie dies z.B. bei Großkunden und strategisch wichtigen Zulieferen häufig der Fall sein wird. Vgl. so auch *Enriques/Macey* (2001), S. 1189.

1240 Vgl. *Kübler* (2003c), S. 109-110. *Mülbert/Birke* (2002), S. 714, weisen in diesem Zusammenhang auf die Dienstleistungen des Vereins Creditreform in Deutschland hin. Zu weiteren Informationsquellen und empirischen Befunden vgl. auch *Klose-Mokroß* (1997), S. 161-166 m.w.N.

1241 Das gilt insbesondere bei eiligen Reparaturarbeiten, beispielsweise durch einen Klempner nach einem Wasserrohrbruch. Es wird allerdings bezweifelt, dass das deutsche Kapitalschutzkonzept eine adäquate Lösung bietet. Vgl. z.B. *Kübler* (1989), S. 32: „(…) es gibt keinerlei Anhalt dafür, daß die Lage des deutschen Klempners generell besser ist als die des amerikanischen plummers."

1242 Vgl. *Kübler* (1989), S. 32; *Kübler* (1995b), S. 559.

1243 Vgl. zu den diesbezüglichen Gepflogenheiten im Handwerk ausführlich *Klose-Mokroß* (1997), S. 81, 144-145 m.w.N., die daraus folgendes Fazit zieht: „Der vielzitierte ‚Handwerkernotfall' erweist sich mithin als Scheinproblematik." Vgl. auch *Enriques/Macey* (2001), S. 1172, 1188.

1244 Vgl. z.B. die in §§ 647 ff. BGB normierten Sicherungsrechte für Werkvertragsgläubiger. Vgl. zu den gesetzlichen und in der Praxis weit verbreiteten sonstigen Sicherungsmöglichkeiten detailliert *Klose-Mokroß* (1997), S. 124-161.

1245 Vgl. *Enriques/Macey* (2001), S. 1172, 1194; *Hopt* (2002a), S. 1019; *Mülbert/Birke* (2002), S. 714; *Mülbert* (2004), S. 157. Vgl. dazu kritisch *Schön* (2001), S. 78; *Hennrichs* (2005), S. 260; *Kuhner* (2005), S. 763-764.

der Überwachungsfunktion der verhandlungsstarken Gläubiger zu profitieren, gilt allerdings nur so lange wie das Schuldnerunternehmen nicht in eine wirtschaftliche Krise gerät oder gegen die vertraglichen Absprachen verstößt. In solchen Situationen ist anzunehmen, dass die betreffenden Großgläubiger nur im eigenen Interesse handeln und z.B. eine frühzeitige Tilgung des Kredits durchsetzen, was für die Position der übrigen Gläubiger von Nachteil sein kann[1246].

5.4.3 Unfreiwillige Gläubiger

Zur Gruppe der unfreiwilligen Gläubiger werden insbesondere Deliktsgläubiger gezählt[1247]. Sie zeichnen sich dadurch aus, dass sie sich die Gesellschaft als Schuldner nicht freiwillig ausgesucht haben, sondern ein Opfer unerlaubter Handlungen oder ungerechtfertigter Bereicherung geworden sind[1248]. Ein außenstehender Dritter wird zum Deliktsgläubiger, wenn er beispielsweise durch eine vom Unternehmen verursachte Umweltkatastrophe geschädigt wird, die aufgrund grober Fahrlässigkeit der Unternehmensführung verursacht wurde. Deliktsgläubiger ist auch ein Kunde, der z.B. aufgrund falscher Beratung durch eine Wirtschaftsprüfungsgesellschaft einen Vermögensschaden erleidet, für den er gegenüber der Gesellschaft einen Schadensersatzanspruch geltend machen kann. Folglich haben die unfreiwilligen Gläubiger keine Möglichkeit, sich im Vorhinein durch Auswertung von Informationen ein Bild von der aktuellen und zukünftigen wirtschaftlichen Lage des Unternehmens zu machen und das dabei identifizierte Risiko bei Preis- oder Vertragsgestaltungen zu berücksichtigen. Die Gefahr dieser Gläubiger besteht darin, dass die Gesellschaft in Verzug gerät oder insolvent wird, und unterscheidet sich nicht wesentlich von derjenigen, die von einer rechtswidrig handelnden natürlichen Person ausgeht[1249].

Die Schutzvorkehrungen der unfreiwilligen Gläubiger sind im Vergleich zu den in den letzten beiden Kapiteln analysierten Selbstschutzmöglichkeiten der anderen Gläubigergruppen weniger umfangreich. Sie haben aber die Möglichkeit, gegen den unmittelbar rechtswidrig Handelnden als unbeschränkt haftende natürliche Person vorzugehen[1250]. Ein wirksames Schutzinstrument besteht darüber hinaus in Pflichtversicherungen[1251], die in vielen Bereichen gesetzlich vorgeschrieben sind[1252]. Hinzu kommen in der Praxis weit verbreitete freiwillige Haft-

---

1246 Vgl. *Mülbert/Birke* (2002), S. 730-731; *Merkt* (2004a), S. 314; *Schön* (2004b), S. 441.

1247 Daneben werden auch Steuergläubiger und bestimmte rechtsgeschäftliche Gläubiger (z.B. Arbeitnehmer, kleine Dienstleistungsgläubiger) zu den unfreiwilligen Gläubigern gezählt. Zu Ersteren vgl. *Klose-Mokroß* (1997), S. 90-93. Zu Letzteren vgl. *Kübler* (1991), S. 408-409.

1248 Vgl. *Klose-Mokroß* (1997), S. 86; *Mülbert/Birke* (2002), S. 714; *Sandrock* (2004b), S. 59-60.

1249 Vgl. *Mülbert/Birke* (2002), S. 714; *Sandrock* (2003), S. 478.

1250 Vgl. *Kübler* (1989), S. 32; *Klose-Mokroß* (1997), S. 86-87; *Blaurock* (2005), S. 11.

1251 Dies wird auch von *Mülbert* (2004), S. 157, betont, der darauf hinweist, dass die Versicherungslösung „über die Prämienzahlung zudem eine zielgenaue Internalisierung der aus der beschränkten Haftung resultierenden externen Effekte bewirkt."

1252 So müssen z.B. Wirtschaftsprüfer und Wirtschaftsprüfungsgesellschaften gemäß § 54 WPO i.V.m. § 323 Abs. 2 HGB eine Berufshaftpflichtversicherung abschließen. Zu weiteren Beispielen vgl. *Klose-Mokroß* (1997), S. 87-88.

pflichtversicherungen[1253]. Es ist daher festzustellen, dass es sich beim Schutz von Deliktsgläubigern „um ein Problem handelt, das die Praxis bereits befriedigend gelöst hat."[1254]

Zusammenfassend bleibt festzuhalten, dass den verhandlungsstarken, den -schwachen und den unfreiwilligen Gläubigern zahlreiche Schutzinstrumente zur Verfügung stehen, worin zumindest ein Indiz für die Entbehrlichkeit des bestehenden Kapitalschutzsystems zu sehen ist[1255]. Die rechtsgeschäftlichen Gläubiger können von der umfangreichen und aktuellen Unternehmensberichterstattung, zu der Aktiengesellschaften gesetzlich verpflichtet sind, profitieren. Indem sie die Unternehmensinformationen auswerten, können sie sich ein Bild von der wirtschaftlichen Lage der (potentiellen) Schuldner machen und das identifizierte Risiko unternehmensindividuell z.B. im Zinssatz, der Risikoprämie oder im Verkaufspreis berücksichtigen, gegebenenfalls Kreditverträge schließen oder im Extremfall auf eine Geschäftsbeziehung verzichten. Die Unternehmensanalyse mag zeit- und kostenintensiv sein und im Einzelfall aufgrund von Kosten-Nutzen-Überlegungen unterbleiben. Dies kann aber nicht darüber hinwegtäuschen, dass die gesetzlichen Kapitalschutzregeln keine echte Alternative darstellen. Wie die Analyse des europäischen bzw. deutschen Kapitalschutzkonzepts ergeben hat[1256], bietet es keinen wirksamen Gläubigerschutz[1257]. Zudem sind rational agierende Gläubiger in der zunehmend integrierten und globalisierten Wirtschaftswelt geradezu gezwungen, sich auch mit ausländischen Gesellschaften, die anderen Kapitalschutzregeln unterliegen, auseinandersetzen[1258]. Das gilt nicht nur für grenzüberschreitende Transaktionen, sondern auch im Verhältnis zu den im Inland zahlreicher werdenden Unternehmen mit ausländischer Rechtsform, wie z.B. der englischen Limited[1259].

Ein leicht abweichendes Bild ergibt sich lediglich im Hinblick auf die unfreiwilligen Gläubiger, die vom Informationsmodell nicht profitieren können und denen das Kapitalsystem weitestgehend nur eine Scheinsicherheit bietet. Anstatt den gesetzlichen Kapitalschutz auszuweiten, wäre hier aber eher zu überlegen, etwaig bestehende, gravierende Schutzlücken durch die Einführung weiterer Pflichtversicherungen zu schließen[1260].

1253 Vgl. dazu *Klose-Mokroß* (1997), S. 88-89 m.w.N.

1254 *Klose-Mokroß* (1997), S. 90.

1255 Vgl. ähnlich auch *Klose-Mokroß* (1997), S. 84

1256 Vgl. Kapitel V.5.2-V.5.3.

1257 Andere Autoren geben hingegen dem bestehenden gesetzlichen Kapitalschutz den Vorzug, da es alle Gläubigergruppen gleichermaßen schütze. Vgl. so z.B. *Hommelhoff* (2000), S. 150; *Schön* (2001), S. 78; *Watrin* (2001b), S. 936; *Arbeitsgruppe Europäisches Gesellschaftsrecht* (2002), S. 1317; *Arbeitskreis Bilanzrecht der Hochschullehrer Rechtswissenschaft* (2002), S. 2375-2376; *Hennrichs* (2005), S. 260.

1258 Vgl. so auch *Grundmann* (2001), S. 817. „Die Aufgabe des Wirtschaftsrechts sollte es jedenfalls nicht sein, Teilnehmer am Rechtsverkehr und insbesondere Kaufleute davor zu schützen, daß sie auf erkennbare Gefahren nicht reagieren: ‚Gleichgültigkeit gegenüber Risiken und Schlafmützigkeit sollten nicht belohnt werden'." So *Kübler* (1991), S. 403 mit Verweis auf *Lehmann*.

1259 Schätzungen zur Folge existierten im Jahre 2004 bereits mehr als 15.000 englische Limiteds in Deutschland. Vgl. *Stiller* (2004), S. 20. Mittlerweile sind es ca. 30.000. Vgl. *o.V.* (2006b). Vgl. zu den Besonderheiten sowie den Vor- und Nachteilen der Limited *v. Bernstorff* (2004), S. 501-502; *Bäuml/Gageur* (2005); *Triebel/Otte/Kimpel* (2005); *Zöllner* (2006). Vgl. zum Gläubigerschutz bei der Limited ausführlich *Schall* (2005). Zur wohl ersten Landgerichtsentscheidung, nach der einem director einer Limited bei Verstößen gegen deutsches Insolvenzrecht persönliche Haftung und Strafverfahren drohen, vgl. *o.V.* (2006c).

1260 Vgl. zu dieser Forderung auch *Grundmann* (2001), S. 819-820; *Kahle* (2002a), S. 705; *Schön* (2004b), S. 438.

5.5 Kosten und Nutzen eines Systemwechsels

Vor dem Hintergrund der aktuellen Diskussion über die Reform der Kapitalrichtlinie steht möglicherweise in den nächsten Jahren ein grundlegender Systemwechsel hinsichtlich des europäischen Kapitalschutzregimes an[1261]. Setzen sich die Vorschläge der High Level Group durch, wird zum einen die bisherige Pflicht zur Aufbringung eines Mindestkapitals abgeschafft werden. Zum anderen wird ein Bilanztest zur Überschuldungsmessung um einen Solvenztest ergänzt werden. Dieser soll sicherstellen, dass die Gesellschaft nur dann eine Ausschüttung vornehmen kann, wenn die Tilgung der Unternehmensverbindlichkeiten bei Fälligkeit in einem bestimmten Zeitraum nach der Ausschüttung gewährleistet ist. Ungeklärt ist bisher noch, welche Bilanzierungsregeln für Zwecke des Bilanztests anzuwenden wären. In Anbetracht der Tatsache, dass alle kapitalmarktorientierten Konzern-Mutterunternehmen in der EU aufgrund der IAS-Verordnung zur Konzernrechnungslegung nach IFRS gezwungen sind und bereits heutzutage Gesellschaften vieler EU-Staaten die IFRS auch für den Einzelabschluss wahlweise oder verpflichtend anwenden, erscheint eine allgemeine IFRS-Pflicht für alle von einer reformierten Kapitalrichtlinie betroffenen Unternehmen plausibel. Alternativ wäre zu überlegen, nur die kapitalmarktorientierten Unternehmen auch zur Anwendung der IFRS im Einzelabschluss zu verpflichten und das neue Kapitalschutzkonzept ebenfalls nur diesen Unternehmen vorzuschreiben. Bevor in Kapitel V.6 ausgewählte alternative Kapitalschutzregeln zu analysieren sind, sollen im Folgenden die grundsätzlich mit einem Systemwechsel verbundenen Kosten und Nutzen kurz beleuchtet werden. Nur wenn verlässliche Hinweise dafür existieren, dass der Nutzen die Kosten übersteigt, erscheint ein Wechsel sinnvoll.

Befürworter des bisherigen Kapitalschutzsystems machen geltend[1262], dass es Transaktionskosten spare, indem es für alle Gläubigergruppen einen standardisierten, kollektiven und ex ante wirkenden Schutz biete. Für die Beibehaltung sprächen auch Gründe der Rechtskontinuität und Pfadabhängigkeit[1263] sowie die hohen Kosten, die ein „abrupter"[1264], „umstürzlerischer"[1265] Systemwechsel nach sich zöge[1266]. Die Kosten setzen sich dabei zum einen aus den Gesetzgebungs- und Implementierungskosten[1267] eines neuen Modells sowie den gegebenenfalls veränderten Kosten der gerichtlichen Durchsetzung der neuen Rechtsinstitute zusammen. Teilweise wird sogar argumentiert, das Alternativsystem könne die Schutzbedürftigkeit be-

---

1261 Vgl. zu den Reformvorschlägen im Einzelnen Kapitel IV.

1262 Vgl. zu einem prägnanten Überblick über die wesentlichen Vor- und Nachteile eines Systemwechsels *Fleischer* (2002), S. 575-576; *Merkt* (2004a), S. 320-322 jeweils m.w.N.

1263 Vgl. zur Pfadabhängigkeit *North* (1990), S. 93-104; *Richter/Furubotn* (2003), S. 32-34. Vgl. dazu anschaulich *Kübler* (1998b), S. 345: „Unsere amerikanischen Kollegen sprechen von der „path dependency", der Pfadabhängigkeit rechtlicher Ordnungen; dahinter steht das Bild von dem Indianerpfad, der einen großen Bogen um die Höhle des bösen Bären machte. Aus ihm wurde ein Weg und später eine Straße, die sich nicht mehr begradigen läßt, weil das den Abriß all' der Hochhäuser verlangte, die in dem längst nicht mehr sinnvollen Bogen um die Bärenhöhle entstanden sind."

1264 *Fleischer* (2001), S. 13.

1265 *Hennrichs* (2005), S. 262.

1266 Vor dem Hintergrund der Tatsache, dass über eine Reform der Kapitalrichtlinie bereits seit 1999 (SLIM-Initiative) diskutiert wird und das Alternativkonzept frühestens im Jahr 2009 (wahlweise) anzuwenden sein wird, erscheint diese Wortwahl übertrieben.

1267 Zusätzlich zum AktG müssten Änderungen z.B. im KWG, KAGG, im Steuer- und Versicherungsrecht vorgenommen werden. Vgl. *Kübler* (1989), S. 61; *Assmann* (1992), Einl., Tz. 487; *Hennrichs* (2004), S. 129-130; *Merkt* (2004a), S. 322.

stimmter Gläubiger mit der Folge erhöhen, dass die Verbreitung von covenants zunehme. Dies könne zu dem negativen Effekt führen, dass Gesellschaften, die den strengeren Ausschüttungsbeschränkungen der Kreditvereinbarungen unterliegen, für risikofreudige Anlegergruppen (z.B. Venture Capital-Geber) uninteressant würden[1268].

Für ein alternatives Kapitalschutzkonzept sprechen beispielsweise Kostenvorteile, die darin bestehen, dass Unternehmensgründungen und die Eigenkapitalbeschaffung vereinfacht werden. So entfallen bei Abschaffung des Mindestkapitals die im bisherigen Konzept bei der Gründung und Kapitalerhöhungen anfallenden Gerichts-, Gutachter-, Notar- und Anwaltskosten[1269]. Dieser Vorteil wird gegebenenfalls durch gerichtliche Ex-post-Kontrollen bei Verstößen des Managements gegen ihre Sorgfaltspflichten und die dabei entstehenden Kosten geschmälert. Befürchtungen, nach denen erhöhte Haftungsanforderungen an die Mitglieder der Unternehmensführung z.B. bei der Festlegung der Ausschüttungshöhe zu mit erheblichen Nachteilen verbundenen Unsicherheiten auf Seiten des Managements führen[1270], kann zumindest bei der Mehrheit der in Deutschland von der Kapitalrichtlinie betroffenen Aktiengesellschaften bezweifelt werden. Es handelt sich in der Regel um Großunternehmen mit Rechnungswesen- und Controlling-Abteilungen, die sowohl für Rechnungslegungs- als auch für interne Steuerungszwecke regelmäßig Cashflow-basierte und zukunftsgerichtete Zahlenwerke (z.B. Kapitalflussrechnungen, Finanzpläne) anfertigen, die für die Solvenzbescheinigung benötigt werden und bei ordnungsgemäßer Erstellung eine nachträgliche Haftung ausschließen.

Die Hauptvorteile eines Alternativkonzepts sind aber in einem wirkungsvolleren Gläubigerschutz und einer erhöhten Harmonisierung des Kapitalsystems in Europa zu sehen. Gläubiger werden insofern eher geschützt, als die bei einer Dividendenzahlung vom Management auszustellende Solvenzbescheinigung ein zukunftsorientiertes Element enthält, das dem Interesse der Gläubiger an künftigen Zins- und Tilgungszahlungen des Unternehmens eher entspricht. Wenngleich ein optimaler Gläubigerschutz nur unternehmensindividuell und nicht durch standardisierte gesetzliche Regelungen zu gewährleisten ist[1271], sprechen überzeugende Gründe gegen die These, ein wirkungsvoller Gläubigerschutz sei nur im bestehenden Kapitalregime sichergestellt. Wie in dieser Arbeit ausführlich herausgearbeitet worden ist, bietet die vermeintlich gläubigerschützende handelsrechtliche Rechnungslegung in Deutschland dem Management erhebliche bilanzpolitische Spielräume[1272]. Durch geschicktes Ausnutzen von Wahlrechten und Ermessensspielräumen und die Möglichkeit, stille Reserven zu legen und zu heben, kann der ausschüttungsfähige Gewinn erheblich beeinflusst werden. Einen noch größeren Spielraum – darauf wird im Schrifttum zur aktuellen Reformdebatte zumeist nicht hingewiesen[1273] – gewähren die aktien- und handelsrechtlichen Regelungen dem Management einer Konzern-Muttergesellschaft, so dass der Gläubigerschutz im Konzern auf legale Weise weitestgehend ausgehöhlt werden kann. Vor diesem Hintergrund ist die Vehemenz, mit der zahl-

---

1268 Vgl. *Merkt* (2004a), S. 321. Dem ist entgegen zu halten, dass auch in Deutschland covenants verbreitet sind, so dass es sich nicht um ein spezifisch mit dem jeweiligen Kapitalschutzsystem in Verbindung stehendes Problem handelt.

1269 Vgl. z.B. *Enriques/Macey* (2001), S. 1195-1199; *Merkt* (2004a), S. 311; *Kuhner* (2005), S. 774. Vgl. auch Kapitel V.5.3.2.

1270 Vgl. *Lutter* (1998b), S. 377; *Watrin* (2001b), S. 938.

1271 Vgl. *Wagenhofer/Ewert* (2003), S. 191.

1272 Vgl. Kapitel III.1.1.3.2.

1273 Vgl. aber *Pellens/Jödicke/Richard* (2005), S. 1394.

reiche Autoren für die Beibehaltung der tradierten Kapitalaufbringungs- und -erhaltungsregeln plädieren, nicht nachzuvollziehen.

Ein alternatives Kapitalschutzkonzept, das einhergeht mit einer verpflichtenden IFRS-Rechnungslegung aller Aktiengesellschaften und ihr entsprechender Rechtsformen in Europa, würde auch der Zielsetzung des europäischen Gesetzgebers, EU-weit gleichartige Rahmenbedingungen für die Gesellschaften und eine gemeinschaftsweite Gleichbehandlung der Unternehmensbeteiligten zu erreichen[1274], weit mehr entsprechen als das bestehende Zusammenspiel von Vorschriften der Kapitalrichtlinie und der Bilanzrichtlinie, die den bilanzierenden Unternehmen zahllose Wahlrechte einräumen. Kapitalmarktorientierte Mutterunternehmen könnten in einem solchen System Kosten sparen, weil sie zusätzlich zur IFRS-Rechnungslegung keinen HGB-Einzelabschluss mehr erstellen müssten[1275]. Zusätzliche Kosten durch die Umstellung der Rechnungslegung auf IFRS kämen auf die nicht kapitalmarktorientierten Gesellschaften in Europa zu, die bisher weder freiwillig noch im Einzelfall aufgrund nationalen Rechts gesetzlich verpflichtet nach IFRS bilanzieren. Dabei fallen diese Kosten im Wesentlichen einmalig im Rahmen der Umstellung an. Für die Zukunft erscheint es plausibel, dass die laufenden Kosten der IFRS-Bilanzierung nicht wesentlich höher als die der bisherigen Bilanzierung nach nationalen Vorschriften sind. Dafür spricht zum einen die zunehmende Verbreitung und Akzeptanz der IFRS[1276] und zum anderen die aktuellen Bestrebungen des IASB, die Rechnungslegung für nicht kapitalmarktorientierte Unternehmen insbesondere hinsichtlich der Publizitätspflichten zu vereinfachen. Dadurch, dass das Alternativkonzept frühestens ab dem Jahre 2009 anzuwenden wäre, verbliebe den Unternehmen für die Umstellung auch genügend Zeit.

Ein ungelöstes Problem stellt die mangelnde Quantifizierbarkeit der aufgezeigten Kosten und Nutzen der beiden Kapitalregime dar[1277]. Wird unterstellt, dass die Kosten des Systemwechsels, die aus den notwendigen Gesetzesanpassungen resultieren, mittel- bis langfristig kaum ins Gewicht fallen[1278] und die Kosten der Rechtsdurchsetzung in beiden Systemen in etwa identisch sind, kann der Vergleich auf den jeweiligen Nutzen der Modelle beschränkt werden. Wie ausführlich aufgezeigt worden ist, ist das bestehende System weder bei konzernunverbundenen noch bei Aktiengesellschaften in der vorherrschenden Organisationsform des Konzerns in der Lage, Gläubiger wirksam zu schützen. Das Alternativsystem mit einem auf zukünftigen Cashflows basierenden Solvenztest, Haftungsregeln und Ex-post-Kontrollmechanismen scheint für Gläubigerschutzzwecke grundsätzlich besser geeignet zu sein. Bilanztests auf der Basis von IFRS-Einzel- und/oder -Konzernabschlüssen anstelle einer Rechnungslegung, die lediglich der Bilanzrichtlinie mit ihren zahlreichen expliziten Bilanzierungswahlrechten genügen muss, würden die europäische Vergleichbarkeit des Kapitalschutzes erheb-

1274 Vgl. Kapitel V.4.

1275 Dies gilt insbesondere auch deshalb, weil die Steuerbilanz – wie bereits angesprochen – aufgrund vielfältiger Durchbrechungen der Maßgeblichkeit ein weitgehend eigenständiges Rechenwerk darstellt.

1276 Mit zunehmender Verbreitung der IFRS könnte es für die Unternehmen in der Zukunft sogar schwieriger und mithin kostspieliger werden, HGB-Experten zu finden.

1277 Vgl. etwa *Merkt* (2004a), S. 322: „Wir können also gar nicht sagen, dieses (oder kein) System ist effizienter als das andere." Vgl. auch *Eidenmüller/Engert* (2005), S. 437.

1278 Vgl. ähnlich *Kübler* (2000), S. 559-560; *Kübler* (2003c), S. 106.

lich erhöhen[1279]. Der höhere Grad der Harmonisierung dürfte auch im Interesse der Aktionäre sein, die europaweit investieren. Schließlich würden die Gesellschaften möglicherweise von der höheren Flexibilität bei der Unternehmensfinanzierung und dem Finanzmanagement profitieren, was sich tendenziell positiv auf den Unternehmenswert auswirken kann und damit im Interesse aller Unternehmensbeteiligten ist. Zusammenfassend kann daher festgehalten werden, dass Kosten-Nutzen-Überlegungen tendenziell für einen Systemwechsel sprechen[1280].

6 Ökonomische Analyse von alternativen Kapitalschutzregeln

6.1 Vorgehensweise im Überblick

Im Folgenden werden ausgewählte alternative Kapitalschutzregeln, die in den Kapiteln III.2 und IV.6 ausführlich dargestellt worden sind, daraufhin überprüft, ob sie bei der anstehenden Reform des europäischen Kapitalsystems als Vorbild herangezogen werden sollten. Den Beurteilungsmaßstab bilden erneut die selbst gesteckten Ziele und Vorgaben des europäischen Gesetzgebers[1281].

In einem ersten Schritt werden Solvenztests, die in allen Bundesstaaten der USA aufgrund von gesellschafts- oder insolvenzrechtlichen Bestimmungen zu beachten sind und den Kern des *Rickford*-Reformvorschlags bilden, analysiert. Dabei wird auch auf die überall geltenden Sorgfaltspflichten und Haftungsregeln kurz eingegangen. Sodann werden die sonstigen Kapitalschutzregeln des MBCA, von Delaware und von Kalifornien kritisch gewürdigt. Dabei stehen jeweils die Ausschüttungsrestriktionen der Bilanztestverfahren und die ihnen zugrunde liegenden Rechnungslegungsnormen im Mittelpunkt der Betrachtungen. Auf eine ausführliche Würdigung der jeweiligen Kapitalaufbringungsregeln wird dem Fokus dieser Arbeit entsprechend verzichtet.

6.2 Solvenztests

Die US-amerikanischen Solvenztests werden von großen Teilen des deutschen Schrifttums kritisch beurteilt und als alternatives Gläubigerschutzinstrument überwiegend kategorisch abgelehnt[1282]. Kritisiert wird zum einen das Fehlen einer allgemein gültigen und einheitlichen Definition der equity insolvency. Zum anderen wird bemängelt, dass in den USA kein kon-

---

1279 Sollte das Alternativmodell als Mitgliedstaatenwahlrecht in der Kapitalrichtlinie verankert werden, stünde dies gegebenenfalls der europaweiten Harmonisierung des Kapitalschutzes entgegen. Ein solches Wahlrecht könnte indes zu mehr Wettbewerb der nationalen Gesetzgeber in der EU führen. Vgl. dazu auch *Mülbert/Birke* (2002), S. 731-732, die auf die diesbezüglichen Vorteile hinweisen.

1280 Andere Autoren sehen hingegen insgesamt ein argumentatives Patt. Vgl. *Fleischer* (2001), S. 13; *Rammert* (2004), S. 592; *Hennrichs* (2005), S. 261; *Kuhner* (2005), S. 787.

1281 Vgl. dazu Kapitel V.4.

1282 Vgl. hier und im Folgenden z.B. *Bauer* (1995), S. 235-237, 320; *Wüstemann* (1996), S. 426; *Schildbach* (1998b), S. 76; *Wüstemann* (1999), S. 56-57; *Schön* (2001), S. 77-78; *Watrin* (2001a), S. 231-232; *Watrin* (2001b), S. 937-938; *Arbeitskreis Bilanzrecht der Hochschullehrer Rechtswissenschaft* (2002), S. 2375-2376; *Kahle* (2002b), S. 157; *Arbeitsgruppe Europäisches Gesellschaftsrecht* (2003), S. 874; *Rammert* (2004), S. 590-591; *Baetge/Kirsch/Thiele* (2005), S. 152; *Bezzenberger* (2005), S. 194; *Hennrichs* (2005), S. 259-262; *Kuhner* (2005), S. 777-780; *Moxter* (2006).

kretes Verfahren zur Bestimmung der Solvenz vorgegeben wird und die Gesetzestexte eine Vielzahl von unbestimmten Rechtsbegriffen aufweisen. Die Ausgestaltung des Testverfahrens obliege vielmehr der Rechtsprechung, die aufgrund der einzelstaatlichen Kompetenz auf dem Gebiet des Gesellschaftsrechts in den USA von Staat zu Staat unterschiedlich sei. Zum Teil wird der Eindruck vermittelt, der Solvenztest sehe lediglich „situative Ausschüttungssperren“[1283] in der Form „eines ad hoc aufgestellten Überschuldungsstatus, der die Tageswerte des Gesellschaftsvermögens unter Einschluss stiller Reserven ausweist“[1284], vor.

Der gegebenenfalls anzufertigende Finanzplan auf Basis von zukünftig erwarteten Cashflows eröffne der Unternehmensleitung einen erheblichen Ermessensspielraum, so dass ein wirksamer Gläubigerschutz nicht gegeben sei. Die mangelnde Objektivierbarkeit der US-amerikanischen Solvenztests führe weiterhin dazu, dass sie in Gerichtsverfahren nicht justitiabel seien und folglich eine Ex-post-Kontrolle des Managements im Hinblick auf die Dividendenpolitik mit erheblichen Schwierigkeiten verbunden wäre. In der Praxis sei ein kausaler Zusammenhang von zu hohen Ausschüttungen und der in der Folgezeit eingetretenen Insolvenz der Gesellschaft kaum nachweisbar. Das Fehlen von expliziten Handlungsanweisungen führe auch zu erheblichen Unsicherheiten auf Seiten der Geschäftsführung. Das Management müsse jederzeit mit gerichtlich angeordneten Sanktionen rechnen, wodurch ein risikoaverses Verhalten provoziert werde. Sollte der Solvenztest den Kern eines reformierten europäischen Kapitalsystems darstellen, müssten sich die Unternehmensleitungen europäischer Gesellschaften ebenfalls auf eine ausgeweitete persönliche Geschäftsführerhaftung einstellen.

Die vorgetragenen Argumente überzeugen nicht. Es ist zwar richtig, dass die gesellschafts- und insolvenzrechtlichen Vorschriften in den USA keine konkreten Handlungsempfehlungen für die Durchführung des Solvenztests geben. Eine gerichtliche Überprüfung ist dadurch aber nicht gänzlich ausgeschlossen. Wie im Rahmen der Ausführungen zu den equity insolvency tests in den USA gezeigt wurde[1285], haben zahlreiche Gerichte eine Überprüfung vorgenommen, bestimmte Verfahrensweisen gebilligt und andere als unzureichend abgelehnt. Schwierigkeiten bei der gerichtlichen Nachprüfbarkeit in den USA sprechen auch nicht gegen die grundsätzliche Eignung dieses Testverfahrens. Es erscheint beispielsweise denkbar, dass der europäische Gesetzgeber den Grundgedanken dieses Schutzinstruments übernimmt und gleichzeitig eine bestimmte Methodik im Sinne von „Grundsätzen ordnungsmäßiger Solvenzberichterstattung“ vorgibt[1286]. Erste Vorschläge, wie ein Solvenztest ausgestaltet sein könnte, sind in der Literatur bereits unterbreitet worden, worauf im weiteren Verlauf noch eingegangen wird[1287]. Sollten diese oder andere konkrete Vorschläge Eingang in das zukünftige europäische Gesellschaftsrecht finden, wären die Schwierigkeiten der gerichtlichen Kontrolle zumindest abgemildert. Ebenfalls wären sowohl die Ermessensspielräume als auch die Unsicherheiten der Unternehmensleitung bei der Durchführung des Tests reduziert. Selbst wenn eine reformierte Kapitalrichtlinie im Zusammenhang mit der Solvenzprüfung noch unbestimmte Rechtsbegriffe aufweisen würde[1288], kann dies nicht als entscheidendes Argument

1283 *Hennrichs* (2005), S. 259.

1284 *Schön* (2001), S. 78. Vgl. ähnlich auch *Arbeitskreis Bilanzrecht der Hochschullehrer Rechtswissenschaft* (2002), S. 2375.

1285 Vgl. Kapitel III.2.2.1.3.1.1 (MBCA), III.2.2.2.1 (UFCA, UFTA), III.2.3.2.3.2.1 (Kalifornien).

1286 Vgl. dazu bereits *Müchler* (1992), S. 218-239.

1287 Vgl. *Rickford* (2004), S. 921-922, 968-988; *Pellens/Jödicke/Richard* (2005), S. 1398-1401; *Engert* (2006), S. 325-333.

1288 Dies wird von *Kuhner* (2005), S. 777, in Bezug auf § 4(a)(2) UFTA kritisiert.

gegen eine solche Regulierung angeführt werden, denn auch die bestehenden aktien- und bilanzrechtlichen Vorschriften in Deutschland und Europa weisen zahlreiche unbestimmte Rechtsbegriffe auf, die durch die Anwendungspraxis, die Kommentarliteratur und die Rechtsprechung ausgefüllt werden[1289].

Damit der Solvenztest seine gläubigerschützende Wirkung entfalten kann, müssen Verstöße des Managements Sanktionen nach sich ziehen[1290]. Dass mögliche Sanktionen die Unternehmensleitung zu einer übervorsichtigen und aus Aktionärssicht zu restriktiven Dividendenpolitik verleiten würden, leuchtet nicht ein. Wie die Ausführungen zu ausgewählten US-amerikanischen Haftungsregeln gezeigt haben[1291], brauchen directors nachträgliche Sanktionen nicht zu befürchten, wenn sie bestimmte Sorgfaltspflichten eingehalten haben. Ihre Entscheidungen werden von der business judgment rule geschützt, und eine Haftung für unvorhersehbare negative Entwicklungen ist explizit ausgeschlossen. Auch die Aktionäre haften nach den gesellschaftsrechtlichen Vorschriften nur dann, wenn sie von der Unzulässigkeit der Ausschüttung wussten.

Schließlich ist die Charakterisierung des equity insolvency test als ein ad hoc aufzustellender Überschuldungsstatus zurückzuweisen[1292]. Nach den US-amerikanischen Gesetzen ist der equity insolvency test vom Grundsatz her nur erfüllt, wenn die Gesellschaft im Anschluss an die Ausschüttung weiterhin in der Lage ist, ihre im gewöhnlichen Geschäftsverlauf fällig werdenden Verbindlichkeiten zu begleichen. Eine ausschließlich stichtagsbezogene Betrachtung auf Basis von Bilanzdaten reicht dabei nicht aus. Die genaue Länge des zu berücksichtigenden Zeitraums ist gesetzlich zwar nicht geregelt. Hinweise im Fachschrifttum weisen aber auf die Dauer eines Geschäftsjahres hin. Einschlägigen Gerichtsurteilen ist zu entnehmen, dass in der Unternehmenspraxis teilweise erheblich längere Zeiträume betrachtet werden. Darüber hinaus haben sowohl die High Level Group als auch die *Rickford*-Gruppe einen mindestens zwölf Monate umfassenden Analysezeitraum vorgeschlagen[1293]. Der Arbeitskreis „Kapital in Europa" sieht einen Zeitraum von 24 Monaten vor[1294].

Wie bereits erwähnt, hat die Unternehmensleitung nach Ansicht des US-amerikanischen Fachschrifttums zur Beurteilung der Solvenz im Zweifelsfall eine Plan-Cashflow-Rechnung durchzuführen. Auch die Reformvorschläge der High Level Group, der *Rickford*-Gruppe und des Arbeitskreises „Kapital in Europa" sehen im Kern einen solchen Finanzplan vor. In der betriebswirtschaftlichen Literatur besteht seit langem die einstimmige Ansicht, dass ein Finanzplan als zukunftsorientiertes Rechenschaftsinstrument theoretisch besser geeignet ist, Gläubiger zu schützen[1295]. „Die aktuellen und potentiellen Gläubiger interessieren sich vor

---

1289 Vgl. dazu z.B. *Leffson* (1987), S. 21-26.

1290 Vgl. so auch *Niehues* (2001), S. 1218; *Micheler* (2004), S. 343-344.

1291 Vgl. dazu Kapitel III.2.2.1.4 (MBCA), III.2.3.1.3 (Delaware), III.2.3.2.4 (Kalifornien).

1292 Unzutreffend ist in diesem Zusammenhang auch die Einschätzung von *Merschmeyer* (2005), S. 291, der Solvenztest gemäß § 6.40(c)(1) MBCA könne auf Basis einer IFRS-Rechnungslegung nicht gläubigerschützend sein. Da dieser Solvenztest auf Zahlungsgrößen basiert, ist er von Bilanzdaten unabhängig. Zudem ist anzumerken, dass der MBCA nicht das Einzelstaatenrecht von Massachusetts darstellt.

1293 Vgl. *High Level Group* (2002c), S. 95; *Rickford* (2004), S. 921. Gleiches gilt für den Vorschlag von *Pellens/Jödicke/Richard* (2005), S. 1398.

1294 Vgl. *Pellens/Sellhorn* (2006), S. 485.

1295 Vgl. z.B. *Busse von Colbe* (1966a), S. 96-99, 109-112, der prospektive Kapitalflussrechnungen vorschlägt; *Moxter* (1984), S. 151-155; *Leffson* (1987), S. 88-89; *Ballwieser* (1996), S. 16-17; *D. Schneider* (1997a), S. 220; *Schreiber* (1999), S. 881; *Streim* (2000), S. 120.

allem dafür, inwieweit das Unternehmen die vertraglich vereinbarten Zins- und Tilgungsauszahlungen fristgerecht leisten kann und wie groß die Wahrscheinlichkeit einer künftigen Insolvenz sowie der Höhe der Kreditverluste ist. (...) Über diese Fähigkeit informiert am besten ein Finanzplan."[1296] Auch im US-amerikanischen Schrifttum werden die Vorzüge des auf Prognosezahlen basierenden Solvenztests betont[1297]. Der equity insolvency test analysiere die zukünftige Liquiditätssituation der Gesellschaft und stelle damit im Gegensatz zu den bilanziellen Ausschüttungsrestriktionen auf das primäre Interesse der Gläubiger ab.

Die in der aktuellen Reformdebatte vielfach vorgetragene pauschale Ablehnung des Solvenztests auf Basis eines Finanzplans aufgrund von zu hoher Manipulationsanfälligkeit und mangelnder Nachprüfbarkeit erscheint in mehrfacher Hinsicht überzogen. Zunächst ist darauf hinzuweisen, dass auch der handelsrechtliche Jahresabschluss zukunftsorientierte Elemente enthält[1298]. Bilanz und Gewinn- und Verlustrechnung sind zwar insofern vergangenheitsorientiert, als sie die wirtschaftliche Lage des Unternehmens zum Geschäftsjahresende darstellen und in der Regel erst einige Monate später veröffentlicht werden. Bei der Abbildung vieler Bilanz- und Gewinn- und Verlustrechnungspositionen fließen aber Einschätzungen über den weiteren Verlauf in der Zukunft mit ein. So muss das bilanzierende Unternehmen beispielsweise für Vermögensgegenstände des Anlagevermögens Nutzungsdauern schätzen und der Abnutzung entsprechende Abschreibungsmethoden heranziehen. Die Unternehmensleitung hat weiterhin z.B. die Werthaltigkeit von Forderungen und des Vorratsvermögens zu beurteilen. Vielfältige Schätzungen sind auch hinsichtlich der zu bildenden Rückstellungen durchzuführen, die in der Regel eine bedeutende Bilanzposition darstellen und teilweise Verpflichtungen abbilden, welche die folgenden Jahre und sogar Jahrzehnte betreffen (z.B. Rückstellungen für Pensionsverpflichtungen, Restrukturierungen, Entsorgungsverpflichtungen und Prozessrisiken). Weitere prognoseorientierte Informationen sind im Rahmen der Lageberichterstattung gemäß §§ 289, 315 HGB anzugeben[1299]. Die vorstehenden Beispiele verdeutlichen den der Rechnungslegung immanenten Ermessens- und Beurteilungsspielraum. Sie zeigen auch, dass Abschlussprüfer bereits bei der Prüfung von handelsrechtlichen Jahresabschlüssen Einschätzungen der Unternehmensleitung über die zukünftige Entwicklung zu beurteilen haben und dazu unter anderem fundierte Kenntnisse über das Unternehmen, seine Branche und die konjunkturelle Lage benötigen. Die mit der Erstellung und Prüfung verbundenen Schwierigkeiten nehmen bei nach IFRS oder US-GAAP erstellten Abschlüssen in der Regel noch zu, weil z.B. durch die im Vergleich zum HGB häufigere fair value-Bewertung oder den Goodwill-Impairment-Test detaillierte Cashflow-Prognosen durchzuführen und zu prüfen sind[1300].

Die Ermittlung und Verwendung zukunftsorientierter Zahlenwerke ist darüber hinaus in der Unternehmenspraxis weit verbreitet, wie die folgenden Beispiele zeigen[1301]. Im Rahmen der Kreditwürdigkeitsanalyse beurteilen Banken und spezialisierte Ratinggesellschaften die zu-

---

1296 *Streim* (1995), S. 718. Zur Finanzplanung und der Ausgestaltung von Finanzplänen vgl. ausführlich *Süchting* (1995), S. 275-292; *Franke/Hax* (2004), S. 101-114, 127-130; *Perridon/Steiner* (2004), S. 623-667.

1297 Vgl. z.B. *Eisenberg* (1983), S. 202; *Ralston* (1983), S. 1035; *Clark* (1986), S. 616; *Palmiter* (2003), S. 521.

1298 Vgl. hierzu auch *Moxter* (2003), S. 252-253.

1299 Gesellschaften müssen z.B. hinsichtlich ihrer Finanzinstrumente die Preisänderungs-, Ausfall- und Liquiditätsrisiken sowie die Risiken aus Zahlungsstromschwankungen, denen die Gesellschaft zukünftig ausgesetzt sind, angeben (§ 289 Abs. 2 Nr. 3b HGB).

1300 Vgl. zum Vorgehen von Wirtschaftsprüfern bei der Prüfung von geschätzten Werten und fair values *Bieker* (2006), S. 207-213 m.w.N. Vgl. zu den Problemen der Prognoseprüfung grundlegend *Rückle* (1984).

1301 Vgl. im Folgenden ausführlich *Pellens/Jödicke/Richard* (2005), S. 1398-1400 m.w.N.

künftige Ertragskraft bzw. Bonität von Unternehmen. Die Gesellschaften selbst müssen regelmäßig die Fähigkeit zur Unternehmensfortführung prüfen. Wirtschaftsprüfer haben sodann die Angemessenheit der Prämisse der Unternehmensfortführung innerhalb der Abschlussprüfung zu beurteilen und darüber hinaus fallweise den Eintritt oder das Drohen einer Zahlungsunfähigkeit zu prüfen[1302]. Bestehen Zweifel am Fortbestand des Unternehmens haben sie dazu den unternehmensintern erstellten Finanzplan heranzuziehen[1303]. Zur Beurteilung einer drohenden Zahlungsunfähigkeit ist schließlich ein Finanzplan zu prüfen, dessen Prognosezeitraum in der Regel das laufende und kommende Geschäftsjahr umfasst[1304].

Neben der Unternehmensleitung, Wirtschaftsprüfern und weiteren Unternehmensbeteiligten sind auch Gerichte mit dem Umgang von Plandaten vertraut. Gerichte haben beispielsweise bei der Überprüfung der Angemessenheit von Abfindungszahlungen für ausscheidende Anteilseigner oder bei der Prüfung eines Verschmelzungsberichts Zukunftsprognosen zu beurteilen. Dazu werden regelmäßig investitionstheoretische Verfahren herangezogen[1305], die im Vergleich zu einem Solvenztest weitaus schwieriger zu beurteilen sind. Einerseits umfassen diese Methoden erheblich längere Prognosezeiträume[1306], und andererseits müssen zusätzlich angemessene Kalkulationszinsfüße bestimmt werden[1307]. Insgesamt ist daher festzustellen, dass zukunftsorientierte Instrumente zur Bewertung und Solvenzeinschätzung von Unternehmen in der Praxis bereits weit verbreitet sind.

Für einen Solvenztest spricht auch, dass von der Verfügbarkeit der dazu benötigten Informationen bei den in Deutschland von der Kapitalrichtlinie betroffenen Gesellschaften wohl sicher auszugehen ist. Einerseits sind Aktiengesellschaften beispielsweise aufgrund der durch das BilReG erweiterten Lageberichterstattungsanforderungen nach §§ 289, 315 HGB gesetzlich zur Angabe prognoseorientierter Daten gezwungen. Andererseits sollte jede Aktiengesellschaft zur Sicherung ihrer Rentabilität und Liquidität über interne Plandaten, wie z.B. Plan-Bilanzen und Plan-Kapitalflussrechnungen, im Rahmen ihres Controllingsystems verfügen. Die Erstellung eines Finanzplans für Zwecke des Solvenztests aus dem internen Rechnungswesen dürfte daher ohne wesentliche Zusatzkosten möglich sein.

Aufgrund der bisherigen Ausführungen kann somit festgehalten werden, dass ein Solvenztest als Gläubigerschutzinstrument grundsätzlich geeignet erscheint. Damit Gläubiger wirksam geschützt werden, sollte er allerdings bestimmte Kriterien erfüllen[1308]. Neben der bereits ausführlich erwähnten Zukunfts- und Cashflow-Orientierung sollte der Verfälschungsgefahr zukunftsorientierter Rechenwerke entgegengewirkt und konzernspezifische Risiken explizit berücksichtigt werden. Da ein Solvenztest wie jede Form der Rechenschaftslegung manipulationsanfällig ist, sollte dem Management eine bestimmte Methodik vorgegeben werden[1309]. Der

1302 Vgl. IDW PS 270. Vgl. dazu auch *Marten/Quick/Ruhnke* (2003), S. 387-395.

1303 Vgl. IDW PS 270.10, 270.29.

1304 Vgl. IDW PS 800.12.

1305 Vgl. zu einem ausführlichen Überblick zu den Bewertungsverfahren, die Grundlage richterlicher Wertfindung waren, *Richardt* (2000), S. 1927-1928. Vgl. auch *Großfeld* (2002), S. 44-45; *Olbrich* (2005), S. 414-417.

1306 Darauf weist auch *Engert* (2006), S. 321, 335, hin.

1307 Vgl. zu den investitionstheoretischen Verfahren ausführlich *Dirrigl* (1988), S. 229-319; *Mandl/Rabel* (1997), S. 31-42, 108-257, 285-385; *Tomaszewski* (2000), S. 13-20, 57-84; *Siepe* (2002), S. 87-125; *Drukarczyk* (2003), S. 119-337; *Ballwieser* (2004), S. 12-180; *Baetge/Niemeyer/Kümmel* (2005).

1308 Vgl. *Pellens/Jödicke/Richard* (2005), S. 1398.

1309 Vgl. hier und im Folgenden *Pellens/Jödicke/Richard* (2005), S. 1400.

Finanzplan könnte z.B. hinsichtlich des Aufbaus an die Kapitalflussrechnung nach IAS 7 angelehnt werden. Im Hinblick auf den zu berücksichtigenden Zeitraum könnte er in Anlehnung an das übliche Vorgehen bei Unternehmensbewertungen zwei Phasen umfassen. Dabei sollte der mindestens zwölf Monate berücksichtigende Detailprognosezeitraum um eine zweite Phase, die eine langfristige, grobe Kapitalbedarfsplanung beinhaltet, ergänzt werden. Ausschüttungen wären so lange möglich, wie die Gesellschaft trotz der Ausschüttung im Detailprognosezeitraum auf Basis des Finanzplans über ausreichende liquide Mittel zur Fortführung der Geschäftstätigkeit verfügt und aus der langfristigen Kapitalbedarfsplanung keine existenzbedrohenden Risiken abzuleiten sind. In Anlehnung an das kalifornische Gesellschaftsrecht sollte der Solvenztest sowohl auf Ebene der rechtlich selbständigen Einzelunternehmen als auch auf Konzernebene durchzuführen sein.

Die Unternehmensleitung sollte in Höhe der unzulässigen Ausschüttung persönlich haften, wenn sie bei der Durchführung des Solvenztests ihre Sorgfaltspflichten fahrlässig oder vorsätzlich missachtet hat. Der Solvenztest sollte weiterhin zwingend durch Wirtschaftsprüfer auf Plausibilität der Planungsannahmen hin geprüft und testiert werden. Aufgrund der unternehmensinternen, vertraulichen Daten des Finanzplans sollte lediglich das Testergebnis in Form einer Solvenzbescheinigung, nicht hingegen der dem Testverfahren zugrunde liegende Finanzplan selbst offenlegungspflichtig sein. Bei einer Insolvenz der Gesellschaft im Anschluss an eine Ausschüttung könnten geschädigte Gläubiger ausgehend von der letzten Solvenzbescheinigung die ordnungsgemäße Durchführung des Solvenztests gerichtlich überprüfen lassen.

Zusammenfassend kann festgehalten werden, dass ein solcher Solvenztest dem tradierten Kapitalschutzkonzept überlegen ist. Durch seine zukunfts- und liquiditätsorientierte Ausrichtung beruht der Solvenztest auf einem Datenmaterial, das aus Gläubigersicht eine höhere Relevanz aufweist, und berücksichtigt somit konsequent das primäre Interesse der Gläubiger. Bei ordnungsmäßiger Durchführung kann er die Gläubiger wirkungsvoller schützen, weil Ausschüttungen nur dann möglich sind, wenn sämtliche Ansprüche der Gläubiger in dem festgelegten Zeitraum erfüllt werden können. Die Prognose der künftigen Cashflows ist einer intersubjektiven Überprüfung nicht zugänglich, sehr wohl aber die Plausibilität der Prognose-Prämissen. Einen perfekten Schutz der Gläubiger kann allerdings auch ein Solvenztest nicht bieten, weil Ex-post-Überraschungen selbst bei gewissenhaftester Planung nicht auszuschließen sind. Die hier vorgeschlagene Ausgestaltung des Solvenztests verringert aber den Spielraum, den die US-amerikanischen Regulierungen der Unternehmensleitung bei der Durchführung des Testverfahrens gewähren. Durch die zwingende Testierung der Solvenzbescheinigung durch Wirtschaftsprüfer wird die Vertrauenswürdigkeit dieses Instruments ebenfalls erhöht.

In Anbetracht dieses Ergebnisses erscheint ein daneben durchzuführender Bilanztest überflüssig. Die Reformvorschläge der High Level Group und des Arbeitskreises „Kapital in Europa“ sehen aber einen Bilanztest vor. Zudem kann zum jetzigen Zeitpunkt nicht ausgeschlossen werden, dass der europäische Gesetzgeber bei Einführung eines Solvenztests an einem traditionellen Bilanztest als zweiten Bestandteil der Solvenzprüfung festhalten will. Daher werden im Folgenden ausgewählte US-amerikanische Vorgehensweisen daraufhin überprüft, ob sie bei der möglichen Regulierung eines europäischen Bilanztests berücksichtigt werden sollten. Dies wäre dann geboten, wenn dadurch die in dieser Arbeit aufgezeigten Mängel des bestehenden europäischen Bilanztests vermieden oder zumindest verringert würden.

6.3 Model Business Corporation Act

Fraglich ist, ob die in Kapiel II.2.2.1.3 ausführlich erläuterte Ausgestaltung des Bilanztests des MBCA ein Vorbild für das zukünftige europäische Kapitalsystem sein könnte. Erfüllt die Gesellschaft den Solvenztest nach § 6.40(c)(1) MBCA, sind Ausschüttungen nach dem balance sheet test des § 6.40(c)(2) MBCA zulässig, solange im Anschluss daran die Vermögenswerte die Schulden und die Ansprüche der Vorzugsaktionäre auf den Liquidationserlös decken. Hat die Gesellschaft keine Vorzugsaktionäre, kann die Eigenkapitalquote im Extremfall bis auf 0 % sinken. Der Test verhindert somit lediglich die Überschuldung der Gesellschaft im Anschluss an eine Ausschüttung; ein bilanzieller Puffer ist nicht vorgeschrieben.

Die Beibehaltung des balance sheet test war im Zuge der grundlegenden Überarbeitung des MBCA Anfang der 1980er Jahre umstritten[1310]. Die Kritiker wandten ein, eine bilanzielle Ausschüttungsrestriktion stehe in keinem Zusammenhang zum Liquiditätsinteresse der Gläubiger und sei damit als Gläubigerschutzinstrumentarium unzweckmäßig. Der Bilanztest wurde letztendlich beibehalten, um einerseits die Chance einer zahlreichen Übernahme des MBCA in die einzelstaatlichen Gesellschaftsrechte nicht zu schmälern. Andererseits wiesen die Befürworter auf die vermeintliche Objektivität der bilanziellen Ausschüttungsrestriktion hin. Vor dem Hintergrund der Tatsache, dass der MBCA kein Rechnungslegungssystem vorschreibt und der Bilanztest somit in Abhängigkeit von der jeweiligen Bilanzierungsweise der Unternehmen auf eine unterschiedliche Datenbasis zugreift, ist dieses Argument nicht sonderlich überzeugend. Es ist nicht ausgeschlossen, dass die Ausschüttungsrestriktionen bei zwei wirtschaftlich identischen Unternehmen, die sich nur durch ihr angewandtes Rechnungslegungssystem unterscheiden, zu abweichenden Ergebnissen führen.

Die Vorschrift des MBCA kann insofern positiv beurteilt werden, als sie unternehmerische Flexibilität durch eine einzige, leicht nachvollziehbare und transparente Bestimmung sicherstellt. Auch die Rechnungslegungsvorschriften des § 6.40(d) MBCA, welche die Grundlage der Ausschüttungsrestriktionen bilden, gewähren dem Management einen erheblichen Spielraum. Dieser Regelung ist weiterhin zugute zu halten, dass sie es allen corporations ermöglicht, an den jeweils genutzen Rechnungslegungspraktiken auch für Ausschüttungszwecke festhalten zu können. Insbesondere kleinere und nicht börsennotierte Gesellschaften sind daher nicht gezwungen, allein aufgrund der Ausschüttungsregulierung ihren Jahresabschluss z.B. nach US-GAAP aufzustellen. Darüber hinaus ist es allen Gesellschaften gestattet, den balance sheet test auf eine Bilanz anzuwenden, die von der herkömmlichen Bilanzierung des Unternehmens abweicht und z.B. durchgehend auf Marktwertbasis erstellt ist.

Aufgrund der erheblichen Spielräume ist ein Schutz der Gläubiger durch den Bilanztest, der über den des Solvenztests hinausginge, nicht ersichtlich[1311]. Durch die zulässige Bilanzierungsvielfalt wirken sich die Ausschüttungsrestriktionen des Bilanztests im Unternehmensvergleich zudem in unterschiedlicher Weise aus, so dass eine Harmonisierung der Ausschüttungsbeschränkungen nicht erreicht wird. Denkbare Differenzierungen hinsichtlich der Branche, der Größe oder dem Risikoprofil der Gesellschaften werden ebenfalls nicht formuliert. Somit hat beispielsweise ein Unternehmen mit hoher Kreditwürdigkeit, das in einer konjunkturunanfälligen Branche tätig ist, dieselbe Möglichkeit, den bilanziellen Verlustpuffer durch Ausschüttungen bis auf Null zu reduzieren, wie ein konjunkturanfälliges Technologieunter-

---

1310 Vgl. hier und im Folgenden *Committee on Corporate Laws* (1986), S. 259.

1311 Vgl. zu dieser Einschätzung auch *Bauer* (1995), S. 321-322.

nehmen. Würde der balance sheet test des MBCA in geltendes europäisches Recht bei ansonsten unveränderten Regelungen übertragen, wäre eine Rechnungslegung im Einklang mit europäischem Bilanzrecht zu beachten und somit ein höherer Grad an Harmonisierung erreicht. Die zahlreichen Wahlrechte der Bilanzrichtlinie, die einem gleichartigen Kapitalschutz aller Aktiengesellschaften in der EU zuwider laufen, würden aber zu ähnlichen Problemen führen wie in den USA.

Folglich können die Vorschriften des MBCA zum Bilanztest die bestehenden Mängel der europäischen Vorgehensweise nicht beheben, so dass sie in einem künftigen europäischen Alternativsystem nicht berücksichtigt werden sollten.

6.4 Delaware

Nach Auffassung des Delaware Supreme Court verfolgen die gesellschaftsrechtlichen Ausschüttungsbeschränkungen von Delaware das Ziel: „to prevent boards from draining corporations of assets to the detriment of creditors and the long-term health of the corporation.“[1312] Es ist allerdings zweifelhaft, ob die Vorschriften Delawares dieses Ziel erfüllen können[1313]. Gegen die Bestimmungen lässt sich beispielsweise vorbringen, dass die directors das bei der Ausgabe von Aktien erhaltene Kapital willkürlich auf die Eigenkapitalpositionen capital und surplus aufteilen können. Je nachdem wie die Aufteilung ausfällt, kann es in der Folge zu legalen Dividendenzahlungen kommen, die den bilanziellen Verlustpuffer aus Gläubigersicht auf ein bedrohliches Minimum reduzieren. Es kann aber auch eine Konstellation eintreten, in der das Unternehmen keine Dividende zahlen darf, obwohl eine Ausschüttung die Risikoposition der Gläubiger kaum verändern würde. Das folgende Beispiel soll diese Problematik verdeutlichen[1314].

Betrachtet wird eine Gesellschaft, die durch die Ausgabe von 1 Mio. Aktien (Nennwert: 10 US-$) zu einem Emissionskurs von 10 US-$ je Aktie gegründet worden ist. Nach einigen Geschäftsjahren verfügt sie über assets in Höhe von 15 Mio. US-$ und liabilities von 5 Mio. US-$[1315].

Bilanz (in Tsd. US-$)

Assets	15.000	Liabilities	5.000
		Shareholders' Equity	
		Capital	10.000
		Surplus	0
	15.000		**15.000**

[1312] Klang v. Smith's Food & Drug Centers, Inc., 702 A.2d 150 (Del. 1997), hier S. 154. Vgl. zu diesem Urteil auch die Ausführungen in Kapitel III.2.3.1.2.1.1.

[1313] Vgl. dazu ausführlich Kapitel III.2.3.1.

[1314] Ein ähnliches Beispiel zum legal capital-System in Kalifornien vor der Gesellschaftsrechtsreform von 1977 findet sich bei *Marsh/Finkle/Sonsini* (2005), § 14.02.

[1315] Aus Gründen der Genauigkeit werden die Bilanzpositionen im Rahmen dieses Beispiels nicht ins Deutsche übersetzt. Zur Bedeutung der Eigenkapitalpositionen im Gesellschaftsrecht von Delaware vgl. Kapitel III.2.2.1.1 und III.3.3.1.

Die Gesellschaft weist demnach eine Fremdkapitalquote von ca. 33 % auf. Bei einer gewünschten Dividendenzahlung von 1 Mio. US-$ würde sich die Fremdkapitalquote nur unwesentlich auf ca. 36 % erhöhen. Eine Ausschüttung ist aber bei ausschließlicher Betrachtung des surplus test nach § 170(a) Del.GCL nicht möglich, da kein surplus existiert.

Das Beispiel wird nun modifiziert: Die ansonsten identische Gesellschaft hat Aktien mit einem Nennwert von von 1 Cent ausgegeben. Damit hat die Bilanz folgendes Aussehen:

Bilanz (in Tsd. US-$)

Assets	15.000	Liabilities	5.000
		Shareholders' Equity	
		Capital	10
		Surplus	9.990
	15.000		**15.000**

In einer solchen Situation kann die Unternehmensleitung zulässigerweise 9,99 Mio. US-$ ausschütten, obwohl sich dadurch die Fremdkapitalquote von ca. 33 % auf mehr als 99 % erhöht. Anders ausgedrückt verschlechtert sich das Verhältnis von Fremdkapital zu Eigenkapital von 1:2 auf 500:1 mit der Maßgabe, dass der verbleibende Verlustpuffer gegen Null tendiert. Das Beispiel zeigt den erheblichen Spielraum, den der Gesetzgeber Delawares dem Management bei seiner Dividendenpolitik gewährt. Selbst wenn die Unternehmensleitung im Zeitpunkt der Gründung der Gesellschaft einen geringeren Anteil des erhaltenen Kapitals im surplus ausgewiesen hat, kann sie in der Folgezeit gemäß § 244 Del.GCL ohne Zustimmung der Aktionäre Beträge vom capital ins surplus transferieren[1316]. Zu berücksichtigen ist allerdings, dass ein solcher Schritt von den Aktionären und den übrigen Unternehmensbeteiligten im veröffentlichten Jahresabschluss nachzuvollziehen ist und von ihm gegebenenfalls eine negative Signalwirkung ausgeht.

Der unternehmerische Spielraum wird dadurch noch vergrößert, dass die directors für Ausschüttungszwecke die Bilanzpositionen über die Anschaffungs- und Herstellungskosten hinaus zum aktuellen Marktwert bewerten dürfen und der daraus resultierende surplus für Ausschüttungen zur Verfügung steht. In diesem Zusammenhang ist es auch als problematisch anzusehen, dass im Jahresabschluss nicht offen gelegt werden muss, wie viel die Gesellschaft maximal ausschütten darf und welche Ausschüttungsrestriktionen sie zu beachten hat[1317].

Der Spielraum der Unternehmensführung wird darüber hinaus durch den alternativen net profits test gemäß § 170(a)(2) Del.GCL erweitert. Die darin vorgesehene Möglichkeit, nimble dividends auszuschütten, wird in der US-amerikanischen Literatur weitgehend positiv beurteilt. Ein Vorteil der Regelung wird z.B. darin gesehen, dass sie einen Ausgleich zu dem als

---

[1316] Vgl. zu den Möglichkeiten der Kapitalherabsetzung in Delaware Kapitel III.2.3.1.2.1.2.

[1317] Dies kann an folgendem Praxisbeispiel verdeutlicht werden kann: Die in Delaware gegründete Holiday Corporation wies für das Geschäftsjahr 1987 ein Eigenkapital in Höhe von 639 Mio. US-$ aus. Der Jahresabschluss des Jahres 1988 offenbarte ein negatives Eigenkapital (deficit) von 770 Mio. US-$. Die Gesellschaft hatte während des Jahres zur Abwehr einer feindlichen Übernahme eine Dividende von 65 US-$ je Aktie und damit insgesamt 1,55 Mrd. US-$ ausgeschüttet. Da die Vermögenswerte auf Marktwertbasis die Verbindlichkeiten nach der Ausschüttung überstiegen, stand die Ausschüttung im Einklang mit dem Recht Delawares. Vgl. *Kieso/Weygandt/Warfield* (2001), S. 814.

statisch und wenig flexibel angesehenen surplus test bietet[1318]. Wäre der surplus test allein maßgeblich, könnten Unternehmen, die einen hohen Verlust erlitten haben und kein oder sogar ein negatives surplus aufweisen, keine Dividenden zahlen, selbst wenn sie aktuell wieder einen Gewinn erwirtschaften. Unter Umständen könnte ein profitabel wirtschaftendes Unternehmen über Jahre hinweg keine Dividende zahlen, obwohl es solvent ist, d.h. seine Verbindlichkeiten bei Fälligkeit zahlen kann. Durch die Möglichkeit, nimble dividends auszuschütten, könne die Gesellschaft hingegen das Defizit über einen längeren Zeitraum hinweg schrittweise abbauen und gleichzeitig die Aktionäre an den erwirtschafteten Gewinnen beteiligen[1319]. Zudem könne die Zahlung von vereinbarten Vorzugsdividenden fortgesetzt werden, so dass die Gesellschaft mit dem Vorzugsbetrag nicht (weiter) in Rückstand gerät[1320]. Nimble dividends können darüber hinaus von Bedeutung sein, wenn das Unternehmen für Sanierungszwecke neues Eigenkapital aufnehmen möchte und sich durch die Aussicht baldiger Dividendenzahlungen bei potentiellen Investoren attraktiv machen kann[1321].

In dem Instrumentarium wird auch ein „fairer" Ausgleich zwischen Gläubiger- und Anteilseignerinteressen gesehen[1322]. Nach dieser Ansicht interessieren sich Gläubiger primär dafür, dass das Unternehmen die Kredite inklusive Zinsen zurückzahlen kann. Aus Gläubigerperspektive sei insbesondere der Solvenztest und weniger ein auf historischen Daten basierender surplus test relevant. Die Aktionäre wiederum strebten eher nach einer hohen Rendite in Form von Dividenden und Kurssteigerungen als nach einem möglichen Liquidationserlös. Nimble dividends werden darüber hinaus auch deshalb für unproblematisch gehalten, weil sie die wirtschaftliche Lage des Unternehmens im Vergleich zur Situation vor dem aktuellen Gewinn nicht verschlechtern[1323].

Diesen Argumenten kann gefolgt werden, solange tatsächlich von einer (wieder) erfolgversprechenden Unternehmensfortführung ausgegangen werden kann. Ein Schaden für die Gläubiger tritt allerdings ein, wenn die Gesellschaft aufgelöst werden muss[1324]. Dann weist die Gesellschaft eine geringere Haftungsmasse auf, als wenn sie anstelle der nimble dividends die Gewinne einbehalten und ihr Eigenkapital erhöht hätte. Jedoch ist darauf hinzuweisen, dass das capital in vielen Fällen von vornherein nur einen Bruchteil des ursprünglich eingezahlten Kapitals ausmacht. Nimble dividends stellen damit nichts anderes dar als Auszahlungen aus dem capital. Selbst wenn nimble dividends unzulässig wären, ließe sich auf legale Weise ökonomisch gesehen dasselbe Ergebnis durch eine Kapitalherabsetzung mit anschließender Dividendenzahlung aus dem reduction surplus erzielen. Die zeit- und kostenintensiven Formalitäten einer Kapitalherabsetzung[1325] können allerdings vermieden werden, was wiederum für die nimble dividends-Regel spricht.

Es gibt aber auch kritische Stimmen. Sie weisen z.B. darauf hin, dass Geschäftsrisiken durch die Unternehmensleitung auf die Gläubiger verlagert werden und ein Defizit im surplus dau-

---

1318 Vgl. *Ballantine/Hills* (1935), S. 247-248; *o.V.* (1948), S. 130; *Rain* (1948), S. 286; *Tauber* (2004), § 140.05. Vgl. zu den Vor- und Nachteilen auch *Black* (2004), § 2.43-2.45.

1319 Vgl. *Clark* (1986), S. 617; *Black* (2004), § 2.43.

1320 Vgl. *Black* (2004), § 2.43.

1321 Vgl. *Manning/Hanks* (1990), S. 83.

1322 Vgl. *Ballantine/Hills* (1935), S. 247; *o.V.* (1948), S. 130; *Tauber* (2004), § 140.05.

1323 Vgl. *Gevurtz* (2000), S. 160, Fn. 28.

1324 Vgl. *Tauber* (2004), § 140.05.

1325 Vgl. *Kehl* (1941), S. 32; *McCormick* (1949), S. 197; *Kreidmann* (1957), S. 374; *H. Henn/Alexander* (1983), S. 893; *Black* (2004), § 2.43; *Tauber* (2004), § 140.05.

erhaft bestehen kann[1326]. Daher plädieren selbst grundsätzliche Befürworter von nimble dividends schon seit langem für bestimmte Restriktionen, die bisher allerdings nur teilweise von den Gesetzgebern verwirklicht worden sind[1327]. Insgesamt zeigt sich sehr deutlich, dass der ohnehin schon geringe Gläubigerschutz des surplus test durch die Zulässigkeit von nimble dividends nahezu vollständig ausgehöhlt wird[1328]. Die vorstehend aufgezeigten Vor- und Nachteile der nimble dividends-Vorschrift sollen abschließend an einem Beispiel verdeutlicht werden. Abermals wird eine Gesellschaft unterstellt, die über ein capital von 10 Mio. US-$ verfügt. Aufgrund von erheblichen Anlaufschwierigkeiten in den ersten Jahren der Geschäftstätigkeit weist das Unternehmen ein Defizit im surplus von 7 Mio. US-$ auf. Die Bilanz hat somit folgendes Aussehen:

Bilanz (in Tsd. US-$)

Assets	8.000	Liabilities	5.000
		Shareholders' Equity	
		Capital	10.000
		Surplus	-7.000
	8.000		**8.000**

Annahmegemäß hat die Gesellschaft in der abgelaufenen Periode erstmals einen Gewinn in Höhe von 2 Mio. US-$ erwirtschaftet, den das Management in voller Höhe in Form von nimble dividends an die Anteilseigner ausschüttet. Die Gesellschaft weist somit eine Fremdkapitalquote von 62,5 % auf. Die nimble dividends-Vorschrift verhindert somit, dass sich in diesem Fall die Haftungsmasse zum Schutz der Gläubiger erhöht. Wäre der Gewinn verwendet worden, um das Defizit zu verringern, hätte sich die Fremdkapitalquote auf 50 % verringert.

Zusätzlich zu den bereits sehr liberalen Ausschüttungsrestriktionen des surplus und net profits test sowie zu der unkomplizierten Durchführung von Kapitalherabsetzungen nach § 244 Del.GCL existieren für wasting asset corporations noch weitergehende Ausschüttungsmöglichkeiten. Wie in Kapitel III.2.3.1.2.2 dargestellt, brauchen diese Gesellschaften bei der Ermittlung von net profits Abschreibungen der Vermögenswerte nicht zu berücksichtigen und können dadurch den potentiellen Ausschüttungsbetrag erhöhen. Diese Regelung wird überwiegend kritisch gesehen[1329]. Es wird darauf hingewiesen, dass sich die Risikoposition der Gläubiger und der Vorzugsaktionäre erhöhe. Gerade weil die Auflösung der Gesellschaft zu befürchten sei, müssten die Unternehmensbeteiligten besonders geschützt werden[1330].

Dass die wasting asset-Vorschrift zu einer vollständigen Aushöhlung des Gläubigerschutzes führen kann, zeigt sich, indem das Beispiel aus Kapitel III.2.3.1.2.2 wieder aufgegriffen wird. In Abwandlung der Ausgangssituation finanziert das Unternehmen den Kaufpreis der Dia-

---

1326 Vgl. *Berle* (1929), S. 575-576; *Hills* (1935), S. 1364; *Buxbaum* (1954), S. 252; *Black* (2004), § 2.44.

1327 Vgl. insbesondere *Ballantine* (1946), S. 582. Vgl. dazu auch *Black* (2004), § 2.45.

1328 Vgl. *Manning/Hanks* (1990), S. 83; *Eisenberg* (2000), S. 1257; *Palmiter* (2003), S. 525; *Black* (2004), § 2.44; *Emanuel* (2005), S. 545.

1329 Vgl. *Weiner* (1929a), S. 477-482; *Ballantine/Hills* (1935), S. 248-252; *Carpenter* (1970), S. 1734; *Black* (2004), § 2.52.

1330 Vgl. *Carpenter* (1970), S. 1734.

mantmine in Höhe von 1 Mrd. US-$ aber nicht mehr ausschließlich mit Eigenkapital, sondern es nimmt Fremdkapital in Höhe von 600 Mio. US-$ auf. Die Nutzungsdauer beträgt unverändert zehn Jahre, jedes Jahr wird ein Zehntel des Diamantvorkommens abgebaut und der Restbetrag beträgt 0. Der Kredit ist in voller Höhe nach zehn Jahren zu tilgen und verursacht jährliche Zinszahlungen von 45 Mio. US-$. Von dem jährlichen Ertrag von 180 Mio. US-$ verbleibt unter Berücksichtigung von Zinsaufwand (45 Mio. US-$), sonstigem Aufwand (30 Mio. US-$) und Abschreibungsaufwand (100 Mio. US-$) ein Gewinn von 5 Mio. US-$. Da der Abschreibungsaufwand bei der Festlegung der ausschüttungsfähigen net profits gemäß § 170(b) Del.GCL irrelevant ist, kann jedes Jahr eine Dividende von 105 Mio. US-$ an die Aktionäre ausgeschüttet werden. Daraus resultiert zum einen eine kontinuierlich steigende Fremdkapitalquote von 60 % zu Beginn der Geschäftstätigkeit auf 67 % nach einem Jahr, 75 % nach 2 Jahren, 86 % nach 3 Jahren und 100 % nach 4 Jahren. Ab dem 5. Jahr führen die Dividendenzahlungen zu einem Defizit im Eigenkapital, das jährlich um 100 Mio. US-$ anwächst. Die Fremdkapitalquote steigt folglich von 120 % im 6. Jahr auf 600 % im 9. Jahr. Nach zehn Jahren beträgt die Bilanzsumme 0, so dass keine Aktiva verbleiben, mit denen der Kredit zurückgezahlt werden könnte.

Das Beispiel lässt zwar die Möglichkeit der Fremdkapitalgeber außer Acht, sich bei der Kreditvergabe vertraglich abzusichern und z.B. die schrittweise Rückzahlung des Kredits ab dem zweiten Jahr zu vereinbaren. Ebenfalls unberücksichtigt bleiben sowohl möglicherweise bestehende Ansprüche der Gläubiger aufgrund von Verstößen der Gesellschaft gegen die Vorschriften des UFTA als auch eine eventuell in Frage kommende Haftung des board of directors gemäß § 174 Del.GCL. Das Beispiel verdeutlicht aber, dass die wasting asset-Regelung des § 170(b) Del.GCL die Zielsetzung der gesellschaftsrechtlichen Ausschüttungsregulierung, die Gläubiger zu schützen, ad absurdum führt.

Vor dem Hintergrund der aufgezeigten Mängel der gesellschaftrechtlichen Regelungen Delawares aus Gläubigersicht verwundert die Einschätzung der Arbeitsgruppe Europäisches Gesellschaftsrecht: „Wichtige und für das Gesellschaftsrecht führende Staaten wie Delaware und New York haben an dem überkommenen und offenbar auch in Amerika für bewährt erachteten System des *legal capital* festgehalten.“[1331] Wie vorstehend gezeigt wurde, sichern die Kapitalschutzregeln den directors einer in Delaware gegründeten corporation einen überaus großen Handlungsspielraum. Dies mag im Hinblick auf die unternehmerische Flexibilität im Finanzmanagement positiv zu sehen sein[1332]. Als Gläubigerschutzinstrument ist das legal capital-System Delawares hingegen weitestgehend ungeeignet, weil es nicht sicherstellt, dass das von den Aktionären eingezahlte Kapital dem Unternehmen als Verlustpuffer erhalten bleibt. Der Beitrag dieser Kapitalschutznormen zum Gläubigerschutz zusätzlich zu den übrigen Schutzmechanismen (z.B. Insolvenzrecht, common law)[1333] ist daher als sehr gering einzustufen. Dies wird auch im US-amerikanischen Schrifttum überwiegend so gesehen[1334].

1331 *Arbeitsgruppe Europäisches Gesellschaftsrecht* (2003), S. 874 (Hervorhebung im Original).

1332 Vgl. *Manning/Hanks* (1990), S. 83.

1333 Vgl. dazu umfassend *Fleischer* (2005).

1334 Vgl. z.B. *Gevurtz* (2000), S. 159: „All told, the traditional balance sheet approach typified by Delaware's statute is something of a joke.“ Vgl. anschaulich auch *Palmiter* (2003), S. 522: „But it is a small comfort to today's law students that legal capital is on its deathbed. The concept of legal capital survives in many jurisdictions – most notably Delaware – and promises to torment at least one more generation of corporate lawyers.“ Vgl. ebenfalls kritisch *Manning/Hanks* (1990), S. 82-83; *Bainbridge* (2002), S. 779-780.

Somit kann festgehalten werden, dass die Bilanztests im Gesellschaftsrecht Delawares bei der Reform des europäischen Kapitalsystems nicht berücksichtigt werden sollten[1335].

6.5 Kalifornien

Abschließend wird die Ausgestaltung der kalifornischen Testverfahren, denen für Ausschüttungszwecke zusätzlich zum Solvenztest genügegetan werden muss und die auf Bilanzdaten basieren[1336], kritisch gewürdigt. Dazu zählen neben den beiden in § 500(b)(1) und (2) Cal.Corp.Code normierten balance sheet tests auch der retained earnings test gemäß § 500(a) Cal.Corp.Code[1337].

Die wichtigste Besonderheit der kalifornischen Regulierung ist darin zu sehen, dass die bilanzorientierten Testverfahren auf (Konzern-)Abschlüsse nach US-GAAP anzuwenden sind. Im Gegensatz zu den gesellschaftsrechtlichen Kapitalschutzregulierungen aller anderen Bundesstaaten der USA ist damit die Rechnungslegung einheitlich vorgegeben. Aus Sicht der Gläubiger ist dies grundsätzlich positiv zu beurteilen, weil die Testverfahren nicht durch eine breite Palette von gesetzlich zulässigen Bilanzierungsweisen ausgehölt werden können. Zwar beinhalten auch die US-GAAP – wie wohl jedes Rechnungslegungssystem – Wahlrechte und Ermessensspielräume. Im Vergleich zu den Vorschriften des MBCA oder des Gesellschaftsrechts Delawares wird der Spielraum des Managements aber erheblich eingeschränkt. Es ist in Kalifornien beispielsweise nicht möglich, für Ausschüttungsbemessungszwecke eine durchgehend auf Marktwertbasis erstellte Bilanz zu verwenden und die aus der Höherbewertung der Vermögenswerte resultierenden Erträge an die Aktionäre auszuschütten. Auch die Aktionäre profitieren von der US-GAAP-Bilanzierung, weil das Management unterbleibende Dividendenzahlungen viel weniger leicht mit der Beachtung gesetzlicher Ausschüttungsrestriktionen auf Basis willkürlicher Bilanzierungspraktiken begründen kann.

Durch das zwingend vorgesehene Regelset ist auch eher gewährleistet, dass die Ausschüttungsrestriktionen im Zeitablauf eine vergleichbare Strenge aufweisen. Die Vergleichbarkeit wird lediglich dadurch eingeschränkt, dass sich die US-GAAP kontinuierlich fortentwickeln. Diese Problematik hätte vermieden werden können, wären die im Zeitpunkt des Inkrafttretens des California Corporations Code gültigen US-GAAP festgeschrieben worden, wie es in machen US-amerikanischen Kreditvereinbarungen üblich ist[1338]. Eine solche Regulierung wäre allerdings aus Unternehmenssicht kritisch zu sehen, weil sich die Bilanzierungsregeln der US-GAAP in dem Zeitraum von fast drei Jahrzehnten seit Bestehen des Gesetzes insgesamt gesehen erheblich geändert haben. Müssten die Gesellschaften noch immer die im Jahre 1977 gültigen US-GAAP anwenden, wären sie mittlerweile für Ausschüttungszwecke de facto zu einer parallelen Rechnungslegung gezwungen, was mit zusätzlichen Transaktionskosten einherge-

---

1335 Dies gilt im Übrigen nicht nur für das materielle Recht, sondern auch für den sprachlichen Stil der Gesetzestexte. Selbst Muttersprachler müssen wohl angesichts der Vielzahl an begrifflichen Ungenauigkeiten und Kleist'schen Satzungetümen fast verzweifeln. Dies ist vor dem Hintergrund der herausragenden Bedeutung und dem Vorbildcharakter des Gesellschaftsrechts Delawares verwunderlich. Vgl. kritisch auch *Manning/Hanks* (1990), S. 83-84.

1336 Vgl. zur ausführlichen Darstellung dieser Testverfahren Kapitel III.2.3.2.3.

1337 Die Besonderheiten bei Vorliegen von Vorzugsaktien werden hingegen vernachlässigt. Vgl. dazu Kapitel III.2.3.2.3.4.

1338 Vgl. zu empirischen Ergebnissen zu US-amerikanischen Kreditverträgen Kapitel V.5.4.1.3

hen würde. Zudem ist die Problematik aus Sicht der Gläubiger und der übrigen Unternehmensbeteiligten nicht als gravierend einzuschätzen. Wesentliche Änderungen der Rechnungslegung kündigen sich aufgrund des Standardsetzungsprozesses in der Regel lange Zeit vor ihrer Verabschiedung an, so dass sich die Unternehmensbeteiligten auf die Veränderungen einstellen und ihr Verhalten gegebenenfalls anpassen können.

Die im Rahmen des quantitative solvency test durchzuführenden Modifizierungen der US-GAAP (z.B. Eliminierung des Goodwill, aktivierter Forschungs- und Entwicklungskosten und bestimmter Abgrenzungsposten)[1339] sind hingegen kritisch zu sehen. Im deutschen Schrifttum wird vielfach die These vertreten, das Herausrechnen weise auf die mangelnde Werthaltigkeit und Objektivierbarkeit dieser Bilanzpositionen hin[1340]. Dem ist entgegenzuhalten, dass die zu eliminierenden immateriellen Vermögenswerte bei vielen Unternehmen einen erheblichen Wert darstellen und für die künftige Ertragskraft von besonderer Bedeutung sind. Zuzustimmen ist hingegen der verbreiteten Meinung im US-amerikanischen Schrifttum, diese Vermögenswerte könnten im Liquidationsfall der Gesellschaft gegebenenfalls zu geringen oder gar keinen Liquidationserlösen führen[1341]. Trotzdem sind die Modifikationen der US-GAAP abzulehnen. In Übereinstimmung mit dem HGB (§ 252 Abs. 1 Nr. 2 HGB) und den IFRS (IAS 1.23) ist bei der Bilanzierung nach US-GAAP von der Fortführung des Unternehmens auszugehen (SFAC 1.42). Die aufgezeigten Abweichungen von den US-GAAP stellen somit einen Verstoß gegen die Prämisse der Unternehmensfortführung dar und verkennen die wirtschaftliche Bedeutung dieser Bilanzpostionen für Unternehmen, die nicht unmittelbar vor der Liquidation stehen. Eine durchgehende Bilanzierung zu Liquidationswerten, die den Wert des Unternehmens im fiktiven Liquidationsfall anzeigen würde, wird ebensowenig erreicht. Schließlich ist eine Eliminierung bestimmter Bilanzpositionen auch deshalb nicht geboten, weil die Bilanztestverfahren nur in den Fällen zur Anwendung kommen, in denen die Gesellschaft den zukunfts- und liquiditätsorientierten Solvenztest besteht, was ebenfalls für die Richtigkeit der Prämisse der Unternehmensfortführung spricht.

Aus europäischer Perspektive ist die Anwendung der Testverfahren auf den Konzernabschluss besonders positiv hervorzuheben. Wie in Kapitel III.1.1.3.3 ausgeführt, können die europäischen Regeln nicht verhindern, dass der angestrebte Kapitalschutz im Konzern auf legale Weise ausgehöhlt wird. Dies liegt darin begründet, dass die Kapitalschutznormen auf die Einzelabschlüsse der Gesellschaften zugreifen, die durch gewinnverändernde und gewinnverlagernde Transaktionen der Konzernleitung erheblich beeinflusst werden können. In Kalifornien hingegen wird den konzernspezifischen Risiken explizit Rechnung getragen, indem die Testverfahren auf einem Abschluss basieren, der durch die Konsolidierungsmaßnahmen um konzerninterne Transaktionen bereinigt ist. Die kalifornische Regelung würde auch die besondere Problematik von § 58 AktG im Konzern lösen. Fälle, in denen die Konzernleitung den Aktionären des Konzern-Mutterunternehmens trotz hoher Gewinne im Konzernabschluss keine Dividende zur Ausschüttung anbieten muss, weil der Einzelabschluss des Mutterunternehmens keinen Gewinn ausweist, wären nicht mehr möglich. Das Dividendenrecht dieser Aktionäre wäre mithin erheblich aufgewertet.

Der auf US-GAAP-Zahlen basierende retained earnings test ermöglicht in einem ersten Schritt Ausschüttungen in Höhe der retained earnings. Die balance sheet tests erlauben es dem

---

1339 Vgl. dazu im Detail Kapitel III.2.3.2.3.2.3.1.

1340 Vgl. *Wüstemann* (1996), S. 427; *Wüstemann* (1999), S. 62; *Kahle* (2002a), S. 698-699.

1341 Vgl. z.B. *Ben-Dror* (1983), S. 384; *Marsh/Finkle/Sonsini* (2005), Ch. 14, S. 16, 29-30.

Management in einem zweiten Schritt, unter bestimmten Voraussetzungen Ausschüttungen über die retained earnings hinaus vorzunehmen. Unter Berücksichtigung der genannten Abweichungen von den US-GAAP sind nach dem quantitative solvency test Ausschüttungen so lange zulässig, wie die Eigenkapitalquote nicht unter 20 % sinkt. Der liquidity test sieht zusätzlich vor, dass das Umlaufvermögen die kurzfristigen Verbindlichkeiten decken bzw. bei einem Zinsdeckungsgrad < 1 um 25 % übersteigen muss. Im Vergleich zur starren Ausschüttungssperre in Höhe des zwingend vorgeschriebenen Mindestkapitals in Europa existiert in Kalifornien somit eine flexible Ausschüttungssperre. Der kalifornische Gesetzgeber hat sich erkennbar an ökonomischen Vorgehensweisen in der Unternehmenspraxis orientiert. In den vorgesehenen Kennzahlen kann ein Element zur Insolvenzprophylaxe gesehen werden, das bei Kreditwürdigkeitsanalysen zum Einsatz kommt[1342]. Wie die Auswertung der empirischen Ergebnisse zu den Bestandteilen von Kreditverträgen ergeben hat[1343], ähneln die dort vereinbarten Kennzahlen den im California Corporations Code kodifizierten. Vor dem Hintergrund des Umfangs und der Detailliertheit der Kreditverträge ist die transaktionskostensenkende Wirkung des kalifornischen Rechts dennoch als eher gering einzuschätzen. Hinzu kommt, dass die vorgegebenen Kennzahlen der Höhe nach aus theoretischer Sicht nicht zu begründen sind. Nichtsdestotrotz werden die in der Praxis zu beobachtenden Interessen der Gläubiger durch das kalifornische Recht besser berücksichtigt als durch die europäischen Kapitalschutznormen. Durch die Einhaltung einer bestimmten Eigenkapitalquote anstelle eines festen Eigenkapitalbetrags werden zwar keine unternehmensindividuellen Risiken, wohl aber der Geschäftsumfang des einzelnen Unternehmens berücksichtigt. Gleichzeitig lässt die kalifornische Regulierung weite unternehmerische Freiräume im Hinblick auf die Dividendenpolitik und die Flexibilität des Finanzmanagements, indem zumindest die Ausschüttung in Höhe der retained earnings ohne Einhaltung von Bilanzkennzahlen möglich ist.

Die gläubigerschützende Wirkung des California Corporations Code ist von *Ben-Dror* in einer sowohl im US-amerikanischen[1344] als auch im deutschen Schrifttum[1345] viel beachteten empirischen Untersuchung überprüft worden[1346]. *Ben-Dror* analysiert die Fähigkeit des kalifornischen Rechts, Ausschüttungen insolvenzgefährdeter Unternehmen zu verhindern. Zu diesem Zweck wendet er die Testverfahren des § 500 Cal.Corp.Code auf die Bilanzen von 100 in den USA börsennotierten Industrieunternehmen an, die zwischen 1970 und 1976 Insolvenz angemeldet haben. Er untersucht, wie viele der 100 Unternehmen ein, zwei und drei Jahre vor der Insolvenz durch die kalifornischen Vorschriften an Ausschüttungen gehindert worden wären. Überprüft wird ferner, wie häufig die kalifornischen Ausschüttungsrestriktionen im Untersuchungssample zu Fehlklassifizierungen führen, d.h. wie häufig solvente Gesellschaften als insolvenzgefährdet eingestuft werden und somit keine Dividende ausschütten dürften. Dazu werden die Testverfahren bei einer Kontrollgruppe von 755 im Betrachtungszeitraum solventen, börsennotierten US-Industrieunternehmen durchgeführt.

Folgende Kernergebnisse können festgehalten werden: Die beiden Bilanztests in § 500(b) Cal.Corp.Code verhindern bezogen auf das Untersuchungssample Ausschüttungen bei 68 %

1342 Vgl. *Bauer* (1995), S. 325. Unzutreffend ist aber die Aussage von *Lutter* (1983), S. 174, das kalifornische Recht zwinge die Gesellschaften „zu einer seriösen Finanzierung mit dem Ziel, Eigenkapital und Fremdkapital ständig in einem Verhältnis von mindestens 1:3 zu halten".

1343 Vgl. zu den gängigen vertraglich festgelegten Kennzahlen Kapitel V.5.4.1.3.

1344 Vgl. z.B. *Black* (2004), § 3.12; *Marsh/Finkle/Sonsini* (2005), § 14.01, S. 3.

1345 Vgl. z.B. *Kübler* (1989), S. 40; *Bauer* (1995), S. 329-330; *Kuhner* (2005), S. 784.

1346 Vgl. *Ben-Dror* (1983), S. 390-412.

der Unternehmen ein Jahr vor der Insolvenz. Die Quote sinkt auf 40 % zwei Jahre bzw. 24 % drei Jahre vor Eintritt der Insolvenz. Es stellt sich weiterhin heraus, dass sich der quantitative solvency test zur Insolvenzprognose besser eignet als der liquidity test[1347]. Bei Anwendung der Testverfahren auf die Kontrollgruppe der solventen Gesellschaften zeigt sich, dass im Beobachtungszeitraum durchschnittlich 9,14 % der Unternehmen falsch klassifiziert werden[1348].

Zudem wird die Wirksamkeit des retained earnings test nach § 500(a) Cal.Corp.Code untersucht und somit auch die ihm zugrunde liegende implizite Annahme, retained earnings seien ein Indikator für eine geringere Insolvenzwahrscheinlichkeit eines Unternehmens[1349]. Die Untersuchung ergibt, dass von den insolventen Unternehmen ein Jahr vor der Insolvenz noch 34 % retained earnings aufweisen; zwei Jahre vorher sind es 63 %, drei Jahre vorher 74 %. Mit anderen Worten werden nur 66 % der insolventen Unternehmen ein Jahr, 37 % zwei Jahre und 26 % drei Jahre vor der Insolvenz gehindert, Ausschüttungen gemäß § 500(a) Cal.Corp.Code vorzunehmen. Die Annahme, retained earnings könnten auf die finanzielle Stabilität eines Unternehmens hinweisen, ist nach diesen Ergebnissen eher kritisch zu hinterfragen. Interessant ist weiterhin, dass der retained earnings test die Wirksamkeit der Ausschüttungsrestriktionen insgesamt schmälert.

Ben-Dror zeigt ferner, dass sich die Insolvenzprognosewahrscheinlichkeit erhöhen lässt, wenn die Testverfahren des § 500(a) und (b) Cal.Corp.Code nicht alternativ, sondern kumulativ erfüllt werden müssen[1350]. Dann hätten 77 % der Gesellschaften ein Jahr, 52 % zwei Jahre und 39 % drei Jahre vor ihrer Insolvenz nichts mehr ausschütten können. Der vorgeschlagene kumulative Test klassifiziert allerdings zwischen 8,79 % und 14,79 % der Unternehmen der Kontrollgruppe fälschlicherweise als insolvenzgefährdet ein.

Der kumulative Test ist differenziert zu beurteilen. Aus Gläubigersicht stellt er eine Verbesserung dar, da ein höherer Anteil der möglicherweise insolvent werdenden Unternehmen daran gehindert wird, Dividenden auszuschütten, wodurch die Gläubiger besser geschützt werden. Aus Sicht des Managements ist es allerdings als problematisch anzusehen, dass noch mehr Unternehmen falsch eingestuft werden. Folglich steigt die Wahrscheinlichkeit, dass die Dividendenpolitik der Unternehmensführung eingeschränkt wird, obwohl das Unternehmen gar nicht insolvenzgefährdet ist. Auch aus dem Blickwinkel der Aktionäre kann dies als unangemessene Beeinträchtigung ihres Dividendenrechts gesehen werden.

Gegen den letzten Kritikpunkt wird in der Literatur teilweise vorgebracht, durch die einbehaltenen Gewinne steige der Unternehmenswert und die Aktionäre könnten einen Teil ihrer Aktien zu dem höheren Kurs verkaufen. Der Schaden der Aktionäre aufgrund einer potentiellen Fehlklassifizierung sei daher allenfalls minimal[1351]. Eine solche Argumentation vernachlässigt aber mögliche Situationen, in denen in einem Unternehmen keine lohnenden Investitionspro-

---

1347 Vgl. *Ben-Dror* (1983), S. 394-396.

1348 Vgl. *Ben-Dror* (1983), S. 400. Anzumerken ist, dass die Interpretation als Fehlklassifizierung nicht unproblematisch ist. Es ist beispielsweise vorstellbar, dass das Management eines insolvenzgefährdeten Unternehmens aufgrund eines rückläufigen Geschäfts Liquiditätsprobleme antizipiert, auf eine Ausschüttung verzichtet und nur deshalb solvent bleibt, weil es neue Geschäftsfelder erschlossen hat. In einem solchen Fall hätten die Testverfahren ein richtiges Ergebnis geliefert; in der Studie wäre dieses Unternehmen dennoch zu den falsch klassifizierten gezählt worden.

1349 Vgl. *Ben-Dror* (1983), S. 404-408.

1350 Vgl. *Ben-Dror* (1983), S. 408-412.

1351 Vgl. zu dieser Argumentation *Ben-Dror* (1983), S. 410-411.

jekte mehr durchgeführt werden können, die unternehmensinterne Verzinsung der Mittel also geringer als die der alternativen Renditemöglichkeiten der Aktionäre ist. In diesen Fällen würde eine zwangsweise Einbehaltung von Gewinnen zur Fehlallokation der Mittel führen. Darüber hinaus besteht insbesondere bei nicht börsennotierten Unternehmen die Gefahr, dass es nur einen eingeschränkt liquiden Markt für Aktien gibt und die Aktionäre somit nicht ohne weiteres die ausbleibende Dividendenzahlung kompensieren können[1352]. Insgesamt scheinen die Nachteile einer kumulativen Anwendung der bilanziellen Testverfahren die Vorteile zu überwiegen.

Im Hinblick auf die Kennzahlen, die der kalifornische Gesetzgeber zur Insolvenzprophylaxe ausgewählt hat, ist festzustellen, dass mit Hilfe neuerer statistischer Verfahren und Ansätze künstlicher Intelligenz in der Form neuronaler Netze mittlerweile Kennzahlen mit höherer Trenngenauigkeit ermittelt worden sind[1353]. Wird von der grundsätzlichen Kritik der mangelnden betriebswirtschaftlich-theoretischen Fundierung[1354] dieser statistischen Verfahren abgesehen, könnten sie zu einer Verbesserung des Gläubigerschutzes führen. Die höhere Trenngenauigkeit geht allerdings in der Regel auch mit einer höheren Fehlklassifikation der solventen Unternehmen einher[1355], wodurch – wie bereits ausgeführt – die Vorteile überkompensiert werden können.

Um die praktischen Auswirkungen der Einführung der kalifornischen Ausschüttungsregulierung aufzuzeigen, werden abschließend die kalifornischen Testverfahren gemäß § 500(a), (b) Cal.Corp.Code auf die Unternehmen des DAX-30 (mit Ausnahme von Banken und Versicherungen) für die Geschäftsjahre 2003 und 2004 angewandt. Zur Durchführung der balance sheet tests werden die Konzernbilanzen der Unternehmen um aktivierte Entwicklungsaufwendungen, Goodwill, Rechnungsabgrenzungsposten und latente Steuern bereinigt[1356]. Da die Anwendung des kalifornischen Solvenztests ohne interne Plandaten nicht durchgeführt werden kann, wird unterstellt, dass alle Unternehmen des DAX-30 ihn erfüllen und die Ausschüttungshöhe allein durch die übrigen Testverfahren beschränkt wird. Aus Vereinfachungsgründen werden die speziellen Bilanzierungsregeln im Rahmen des liquidity test nach § 500(b)(2) Cal.Corp.Code (Berücksichtigung von erwarteten Nettobeträgen bei der Ermittlung des Umlaufvermögens) sowie die besonderen Vorschriften für Vorzugsaktien gemäß §§ 502-503 Cal.Corp.Code nicht berücksichtigt[1357]. Schließlich ist anzumerken, dass die DAX-30-Unternehmen sowohl IFRS- als auch US-GAAP-Bilanzierer aufweisen, wodurch die Vergleichbarkeit aufgrund bestehender Unterschiede in den beiden Rechnungslegungssystemen (z.B. Wahlrecht zur Neubewertung des Sachanlagevermögens nach IAS 16.31ff., Bilanzierung von Aktienoptionen nach IFRS 2) teilweise eingeschränkt ist.

Tab. 5 zeigt die zulässige Maximalausschüttung bei Anwendung des kalifornischen Rechts und die maximale Ausschüttung unter Berücksichtigung des europäischen Rechts. Zur Ermitt-

---

1352 Darauf weist auch *Ben-Dror* (1983), S. 410, Fn. 151, hin.

1353 Vgl. *Baetge/Kirsch/Thiele* (2004a), S. 535-586 m.w.N.

1354 Vgl. *D. Schneider* (1992), S. 603; *Ballwieser* (1996), S. 19.

1355 So werden 33,55% der solventen Unternehmen durch das Künstliche Neuronale Netz BP-14 fälschlicherweise als insolvent klassifiziert. Vgl. *Baetge/Kirsch/Thiele* (2004a), S. 562.

1356 Wie bereits erläutert, sind passive latente Steuern gemäß § 500(b)(1) Cal.Corp.Code von den Schulden abzuziehen. Aktive latente Steuern werden im Gesetz nicht explizit genannt. Sie werden im Folgenden wie die *deferred charges* von der Summe der Vermögenswerte subtrahiert.

1357 Die Einzelheiten der Berechnung sind dem Anhang zu dieser Arbeit zu entnehmen.

lung der Letzteren wurden die Gewinnrücklagen und die Jahresergebnisse des Jahres 2003 bzw. 2004 auf Basis der Einzelabschlüsse addiert.

Konzern (angewandtes Rechnungslegungssystem)	**A(max)** Cal.Corp.Code **2003** **Mio €**	**A (max)** KapRL **2003** **Mio €**	**A(max)** Cal.Corp.Code **2004** **Mio €**	**A(max)** KapRL **2004** **Mio €**
Adidas-Salomon AG (IFRS)	1.265	1.314	1.534	1.306
Altana AG (IFRS)	1.477	1.751	1.755	1.801
BASF AG (IFRS)	11.276	7.082	12.253	6.952
Bayer AG (IFRS)	10.479	3.655	8.753	2.728
BMW (IFRS)	12.671	2.609	14.501	2.964
Continental AG (US-GAAP)	963	106	1.567	163
DaimlerChrysler AG (US-GAAP)	29.085	7.805	30.032	5.776
Deutsche Börse AG (IFRS)	760	510	1.096	675
Deutsche Lufthansa AG (IFRS)	949	402	1.386	667
Deutsche Post AG (IFRS)	4.924	5.225	4.451	6.036
Deutsche Telekom AG (US-GAAP)	0	11.116	0	13.997
E.ON AG (US-GAAP)	16.976	3.790	20.003	5.401
Henkel KG aA (IFRS)	2.955	3.004	4.544	3.024
FMC AG (US-GAAP, in Mio. $)	378	441	658	443
Infineon Technologies AG (US-GAAP)	2.639	0	589	0
Linde AG (IFRS)	1.134	645	1.283	659
MAN AG (IFRS)	1.547	497	1.795	591
Metro AG (IFRS)	775	1.029	1.353	1.240
RWE AG (IFRS)	4.856	1.712	6.290	2.253
SAP AG (US-GAAP)	3.761	2.624	4.830	3.133
Schering AG (IFRS)	2.685	1.034	2.859	1.078
Siemens AG (US-GAAP)	23.020	6.392	23.020	7.595
ThyssenKrupp AG (US-GAAP)	2.790	656	3.478	709
TUI AG (IFRS)	1.001	414	1.294	414
Volkswagen AG (IFRS)	18.890	4.942	18.325	5.238

Tab. 5: Maximalausschüttung der DAX-30-Unternehmen auf Basis des California Corporations Code im Vergleich zur Kapitalrichtlinie

Bei Betrachtung der Untersuchungsergebnisse fällt auf, dass in der Mehrzahl der Fälle die zulässige Ausschüttung nach den kalifornischen Testverfahren das maximale Ausschüttungsvolumen nach europäischem Recht übersteigt. Es ist allerdings darauf hinzuweisen, dass sich möglicherweise nach kalifornischem Recht weitere Beschränkungen durch den hier nicht durchführbaren Solvenztest ergeben würden. Unter Vernachlässigung dieser Einschränkung zeigt sich, dass die bilanzorientierten kalifornischen Verfahren vielfach die Ausschüttung sehr hoher Kapitalbeträge ermöglichen würden. Die höheren Ausschüttungen nach kalifornischem Recht resultieren im Wesentlichen daraus, dass die Konzernabschlüsse erheblich größere Gewinnrücklagen als die Einzelabschlüsse aufweisen. Der liquidity test oder der quantitative solvency test sind bei den meisten Gesellschaften nicht erfüllt, so dass eine über die retained earnings hinausgehende Ausschüttung unmöglich ist[1358].

[1358] Vgl. zu weiteren Details die Berechnungen im Anhang dieser Arbeit.

Interessant ist das Ergebnis für die Deutsche Telekom AG. Aufgrund hoher negativer Gewinnrücklagen in den Konzernabschlüssen der Jahre 2003 und 2004 wären nach kalifornischem Recht keine Ausschüttungen möglich. Nach den Vorschriften der Kapitalrichtlinie sind hingegen Ausschüttungen von über 11 Mrd. € (2003) bzw. knapp 14 Mrd. € (2004) zulässig, die auf positive Gewinnrücklagen im Einzelabschluss zurückzuführen sind. Tatsächlich haben Vorstand und Aufsichtsrat der Deutschen Telekom AG der Hauptversammlung vorgeschlagen, aus dem Jahresüberschuss 2004 eine Dividende in Höhe von 2,6 Mrd. € auszuschütten. Im Jahr davor wurde keine Dividende gezahlt[1359]. Bei kumulativer Anwendung der drei Testverfahren könnten zwölf Unternehmen in 2003 bzw. 2004 keine Dividende zahlen, weil sie entweder den quantitative solvency test oder den liquidity test nicht erfüllen. Die Deutsche Lufthansa AG, die Deutsche Telekom AG, die Metro AG, die TUI AG und die Volkswagen AG bestehen im Jahre 2003 sogar weder den quantitative solvency test noch den liquidity test.

Zusammenfassend kann festgehalten werden, dass die kalifornische Regulierung der bilanziellen Ausschüttungsrestriktionen im Hinblick auf die europäische Reform des Kapitalsystems beachtenswert ist. Wie bereits im Rahmen der Analyse des Solvenztests ausgeführt[1360], kann zwar der zusätzliche Nutzen eines Bilanztests sowohl aus Gläubigersicht als auch aus der Perspektive der übrigen Unternehmensbeteiligten bezweifelt werden. Sollte der europäische Gesetzgeber dennoch an einem Bilanztest festhalten wollen, ist der kalifornische Ansatz dem bestehenden europäischen System aus ökonomischer Sicht entschieden vorzuziehen. Die Stärken der Regelungen des California Corporations Code liegen beispielsweise darin, dass die Testverfahren auf Konzernabschlüsse anzuwenden sind und somit den konzernspezifischen Risiken explizit Rechnung getragen wird. Die Regelung hat zudem den Charme, das in Deutschland seit Jahrzehnten kontrovers diskutierte Problem des Dividendenrechts der Aktionäre von Konzern-Mutterunternehmen aufgrund von § 58 AktG zu lösen. Ein Vorteil ist weiterhin darin zu sehen, dass das kalifornische Recht bei Ausschüttungen über die retained earnings hinaus mit der zwingend einzuhaltenden Eigenkapitalquote von 20 % eine variable Ausschüttungssperre beinhaltet, die der starren und vollkommen undifferenzierten Ausschüttungsschranke in Form des Mindestkapitals in Europa vorzuziehen ist, obwohl auch sie in ihrer konkreten Höhe normativ nicht begründbar ist. Eine kumulative Anwendung der Testverfahren, wie sie von *Ben-Dror* vorgeschlagen wird, ist abzulehnen. Ein kumulativer Test erhöht die Gefahr von Fehlklassifikationen solventer Unternehmen und folglich die Fehlallokation von Kapital. Überlegenswert erscheint allenfalls die Verwendung anderer, trennschärferer Kennzahlen im Rahmen des liquidity test. Dabei ist aber zu berücksichtigen, dass gesetzlich kodifizierte Kennzahlen möglichst einfach und insbesondere nachvollziehbar sein sollten. Ein solcher Bilanztest wird privatvertragliche Abreden in Kreditvereinbarungen nicht ersetzen können. Er wird aber den empirisch beobachtbaren Verhaltensweisen und Interessen der Gläubiger viel eher gerecht als die bisherigen europäischen Kapitalschutznormen und kommt somit insbesondere auch den verhandlungsschwachen Gläubigergruppen zugute.

7. Zwischenergebnis

Ausgehend von der Einschätzung, dass der europäische Gesetzgeber – trotz fraglicher Regulierungsrechtfertigung – auch in der Zukunft in die Gewinnermittlung und die Gewinnver-

---

[1359] Vgl. *Deutsche Telekom* (2004), S. U2, 59, 201.

[1360] Vgl. Kapitel V.6.2.

wendung von Aktiengesellschaften regulierend eingreifen will, wurden seine Ziele bei der anstehenden Reform des Kapitalschutzsystems herausgearbeitet. Eine Betrachtung der in der Literatur vielfach vorgetragenen Stärken des Kapitalsystems kommt zu dem Ergebnis, dass sie einer kritischen Analyse weitgehend nicht standhalten und die gläubigerschützende Wirkung des tradierten Kapitalschutzkonzepts zweifelhaft ist. Eine weitergehende Untersuchung des bestehenden Kapitalsystems offenbart zahlreiche Mängel. Insbesondere die enge Verzahnung der Ausschüttungsregeln mit dem europäischen bzw. deutschen Bilanzrecht führt dazu, dass der angestrebte Gläubigerschutz durch das Management – insbesondere im Konzernverbund – auf legale Weise erheblich geschmälert werden kann. Durch die vielen Mitgliedsstaaten- und Unternehmenswahlrechte der Bilanzrichtlinie leidet darüber hinaus die EU-weite Harmonisierung des Kapitalschutzes. Ferner ist festzustellen, dass die Gläubiger über zahlreiche Selbstschutzmöglichkeiten verfügen bzw. in vielen Fällen durch Pflichtversicherungen bereits geschützt werden. Die ausführlichen Kosten-Nutzen-Überlegungen sprechen trotz eingeschränkter exakter Quantifizierbarkeit tendenziell für einen Systemwechsel.

Die Analyse ausgewählter US-amerikanischer Regelungen, die in der aktuellen Reformdebatte zum europäischen Gläubiger- und Kapitalschutzsystem vielfach anklingen, kommt zu dem Ergebnis, dass deren unveränderte Übernahme in EU-Recht nicht zu empfehlen ist. Losgelöst von der Tatsache, dass die isolierte Übertragung einer als effizient beurteilten Regel aus einem anderen Land unter Vernachlässigung der übrigen Regulierungen und der möglicherweise unterschiedlichen sozio-ökonomischen Verhältnisse problematisch ist[1361], weisen die betrachteten US-Kapitalschutzregeln neben spezifischen Vorteilen auch jeweils bestimmte Nachteile auf, wodurch die aufgezeigten Mängel des europäischen Systems nicht zufriedenstellend behoben werden können.

Aus der Untersuchung der US-amerikanischen Regulierungen lassen sich aber für das zukünftige europäische Kapitalschutzregime wichtige Kriterien ableiten, die einen wirkungsvolleren und effizienteren Gläubigerschutz sicherstellen könnten. Erstens sollte das neue Konzept in Anlehnung an die primären Interessen der Gläubiger eine liquiditäts- und zukunftsorientierte Komponente aufweisen. Die Vorschriften der bestehenden Kapitalrichtlinie stellen lediglich sicher, dass die Gesellschaft trotz Ausschüttung einen Verlustpuffer in Höhe des gesetzlichen Mindestkapitals aufweist und das Testverfahren zur Überprüfung ausreichenden Eigenkapitals auf Bilanzdaten basiert, die auf Basis der Prämisse der Unternehmensfortführung erstellt und vom Abschlussprüfer testiert worden sind. Die in allen Bundesstaaten der USA aufgrund von gesellschafts- oder insolvenzrechtlichen Vorschriften zu beachtenden Solvenztests erfüllen hingegen grundsätzlich das genannte Kriterium. Eingeschränkt wird die Zukunfts- und Liquiditätsorientierung allerdings dadurch, dass in den USA zur Bestimmung der Solvenz unter bestimmten Voraussetzungen von der Aufstellung eines Finanzplans abgesehen werden kann.

Das zukünftige Kapitalsystem sollte bei Beibehaltung eines Bilanztests zweitens auf Rechnungslegungsregeln verweisen, die idealerweise keine Wahlrechte beinhalten, so dass einerseits die Unternehmensleitung nicht durch geschicktes Ausnutzen der Wahlrechte das Ausmaß des materiellen Kapitalschutzes beeinflussen kann und andererseits die Anforderungen an die Aktiengesellschaften EU-weit harmonisiert sind. Aufgrund der zahllosen Wahlrechte der Bilanzrichtlinie ist dieses Kriterium bisher kaum erfüllt. Ein Blick in die USA zeigt, dass die Vorschriften des MBCA und des Gesellschaftsrechts Delawares diese Anforderung ebenfalls nicht erfüllen, da ein bestimmtes Rechnungslegungssystem nicht vorgegeben wird. Die-

1361 Vgl. *Pellens* (1994), S. 322.

sem Vorgehen kann zugute gehalten werden, dass es die Flexibilität des Finanzmanagements erhöht und den Gesellschaften die Aufstellung einer ansonsten gegebenenfalls notwendigen Ausschüttungsbilanz erspart. Ein über den Solvenztest hinausgehender Gläubigerschutz ist indes nicht erkennbar. Das Kriterium wird allein in Kalifornien durch die Vorgabe von US-GAAP als Basis der Bilanztests erfüllt. Gegenüber der Bilanzrichtlinie sehen die US-GAAP wie die IFRS weniger explizite Wahlrechte vor, so dass die Ergebnisse von Bilanztests eher vergleichbar sind. Eingeschränkt wird diese Vergleichbarkeit durch die auch bei den internationalen Rechnungslegungsregeln bestehenden Ermessensspielräumen. Da diese in allen real existierenden Rechnungslegungssystemen bestehen, sprechen sie gegen die Nützlichkeit von Bilanztests im Allgemeinen und nicht gegen die kalifornische Regulierung im Speziellen.

Um zu verhindern, dass der Kapitalschutz im Konzern ad absurdum geführt werden kann, sollte das europäische Konzept drittens konzernspezifische Risiken explizit berücksichtigen. Dazu sollten alle Testverfahren nicht nur auf Ebene der rechtlich selbständigen Einzelunternehmen, sondern auch auf Ebene des Konzerns bzw. auf Basis des Konzernabschlusses durchgeführt werden. Ein Vergleich der Systeme zeigt, dass diese Anforderung bisher weder in der EU, noch in Delaware oder den Bundesstaaten, die den MBCA umgesetzt haben, erfüllt ist. Erneut kommt der kalifornischen Regulierung ein Vorbildcharakter zu.

Viertens sollten die vorgesehenen Testverfahren nachprüfbar sein, damit Verstöße ex post aufgedeckt werden und Sanktionen nach sich ziehen können. Hinsichtlich der Bilanztests kann die Nachprüfbarkeit zumindest in den Fällen unterstellt werden, in denen Abschlüsse herangezogen werden, die von Wirtschaftsprüfern zu testieren sind. Dies ist somit sowohl in der EU als auch in Kalifornien und darüber hinaus in der Regel auch in Delaware und in den US-Bundesstaaten, die den MBCA umgesetzt haben, der Fall. Im Hinblick auf den Solvenztest sind die Nachprüfbarkeit und die mögliche Sanktionierung nur gegeben, wenn ein konkretes Verfahren zur Durchführung des Solvenztests gegeben ist. Dies ist in den in dieser Arbeit betrachteten Regulierungen bisher nicht der Fall.

Kapitel VI: Zusammenfassung und Ausblick

Das in der EU für die Aktiengesellschaft und ihr entsprechende Rechtsformen bereits seit Jahrzehnten kodifizierte Kapitalschutzsystem ist unter Rechtfertigungsdruck geraten und steht vor tiefgreifenden Veränderungen. Es sieht bisher neben einem Mindestkapital von 25.000 € bzw. 50.000 € vielfältige detaillierte Kapitalaufbringungs- und Kapitalerhaltungsregeln vor, die auf vom Vorsichtsprinzip geprägte Rechnungslegungsdaten im Einzelabschluss zurückgreifen. Auch das Bilanzrecht in Europa ist im Wandel. Seit 2005 (bzw. in Ausnahmefällen spätestens ab 2007) müssen alle kapitalmarktorientierten Mutterunternehmen in der EU ihren Konzernabschluss nach IFRS aufstellen und veröffentlichen. Es kann davon ausgegangen werden, dass sich der Trend zur IFRS-Bilanzierung in den nächsten Jahren fortsetzen und zunehmend auch den Einzelabschluss betreffen wird. Vor diesem Hintergrund hat die von der EU-Kommission eingesetzte High Level Group 2002 einen Vorschlag zur Reform des tradierten Gläubigerschutzsystems durch bilanzielle Kapitalerhaltung vorgelegt, der sich weitgehend an den US-amerikanischen Kapitalschutzregulierungen orientiert und möglicherweise bereits 2009 umgesetzt wird.

Ausgangspunkt dieser Arbeit war die Frage, ob ausgewählte, aus dem US-amerikanischen (Gesellschafts-)Recht entlehnte Kapitalschutzregeln bei der anstehenden Reform des europäischen Gesellschaftsrechts berücksichtigt werden sollten. Im Folgenden werden die wichtigsten Untersuchungsergebnisse thesenförmig zusammengefasst:

1. Die regulierungstheoretische Analyse unter Berücksichtigung der Principal-Agent-Theorie, des Transaktionskostenansatzes und der Marktprozesstheorie ergibt, dass der regulierende Eingriff des deutschen bzw. europäischen Gesetzgebers in die Gewinnermittlung und Gewinnverwendung kaum zu rechtfertigen ist. Die theoretischen Betrachtungen sprechen zumindest für börsennotierte Aktiengesellschaften und bei gut funktionierendem Sekundärmarkt vielmehr für eine weitgehende Deregulierung der bestehenden gesetzlichen Vorschriften. Da derzeit aber nicht damit zu rechnen ist, dass der europäische Gesetzgeber bei der bevorstehenden Reform der Kapitalrichtlinie die Kapitalschutzregeln im Zuge von Deregulierungsmaßnahmen abschafft, sind bei der Beurteilung der Reformvorschläge die selbst gesteckten Ziele des europäischen Gesetzgebers als Beurteilungskriterium heranzuziehen. Ziel ist es, den Gläubiger- und Aktionärsschutz mindestens genauso zuverlässig zu gewährleisten wie bisher. Darüber hinaus sollen gleichartige Rahmenbedingungen für die Gesellschaften in der EU erreicht werden.
2. Das in- und externe Corporate-Governance-System der Aktiengesellschaft in Deutschland ist bislang weitgehend gesellschaftsrechtlich geregelt, wird aber zunehmend durch das anglo-amerikanisch geprägte Kapitalmarktrecht beeinflusst. Durch eine Vielzahl von bereits eingeleiteten Reformmaßnahmen und durch weitere Initiativen der europäischen und deutschen Gesetzgeber müssen sich die Aktiengesellschaften auf weitere Veränderungen einstellen.
3. Die Analyse der dem Kapitalsystem in Europa zugeschriebenen Funktionen kommt zu dem Ergebnis, dass seine gläubigerschützende Wirkung erheblich zu relativieren ist. Es erreicht lediglich, dass das von den Aktionären einbezahlte Kapital nicht an sie durch Ausschüttungen zurückfließt und somit ein minimaler Verlustpuffer zum Schutz der Gläubiger aufrechterhalten bleibt. Das Vorhandensein eines Mindesteigenkapitals sorgt ferner dafür, dass gerade erst gegründete Unternehmen durch Anfangsverluste nicht wegen Überschuldung die Insolvenz anmelden müssen. Insbesondere die Seriositäts-, die

Warnlampen-, die Garantie- und die Signaling-Funktion überzeugen aber nicht. Gegen das bestehende Kapitalsystem ist weiterhin einzuwenden, dass es kompliziert, zeitaufwendig und kostenintensiv ist und folglich Unternehmensgründungen und Kapitalbeschaffungen erschwert.

4. Ein Indiz für die weitgehende Entbehrlichkeit des bestehenden Kapitalschutzsystems ist in den zahlreichen Schutzinstrumenten der Gläubiger zu sehen. Den rechtsgeschäftlichen Gläubigern stehen vielfältige vertragliche Sicherungsrechte zur Verfügung. Zudem können sie von der umfangreichen und aktuellen Unternehmensberichterstattung, zu der Aktiengesellschaften gesetzlich verpflichtet sind, profitieren. Durch die Auswertung der Informationen können sie sich ein Bild von der wirtschaftlichen Lage ihres (potentiellen) Schuldners machen und das identifizierte Risiko unternehmensindividuell berücksichtigen oder im Extremfall auf eine Geschäftsbeziehung verzichten. Unfreiwillige Gläubiger profitieren von dem Informationsmodell nicht. Ihnen bietet aber der gesetzliche Kapitalschutz nur eine Scheinsicherheit, so dass vielmehr über die Einführung weiterer Pflichtversicherungen zu ihrem Schutz nachzudenken wäre.

5. Die Kapitalschutzregeln setzen auf den Rechnungslegungsregeln der Bilanzrichtlinie auf. Eine Analyse der mit der Bilanzrichtlinie in Einklang stehenden Rechnungslegungsregeln nach HGB zeigt, dass die Ziele des Gesetzgebers nur in eingeschränkter Weise zu erreichen sind. Die Bilanzierungsnormen enthalten zahlreiche explizite Wahlrechte und Ermessensspielräume, die der Unternehmensleitung bei der Gewinnermittlung weitreichende Einflussmöglichkeiten gewähren. Das Management von Aktiengesellschaften wird dadurch in die Lage versetzt, das Ausmaß des Kapitalschutzes selbst zu bestimmen.

6. Die Kapitalschutzregeln können im Konzern auf legale Weise umgangen werden. Besonderheiten der Konzernorganisation, von der in Deutschland die überwiegende Mehrzahl der Aktiengesellschaften betroffen ist, führen einerseits dazu, dass das Management von Konzern-Mutterunternehmen durch konzerninterne Erfolgsverlagerungen im Einzelabschluss des Mutterunternehmens noch ausschüttbare Gewinne generieren kann, obwohl der Konzern bereits hohe Verluste aufweist. Andererseits verfügt das Management im Vergleich zu dem eines Einzelunternehmens über erleichterte Innenfinanzierungsmöglichkeiten. Es kann gewinnbringende unternehmerische Aktivitäten in Tochterunternehmen verlagern und die dort anfallenden Gewinne mit der Folge einbehalten, dass die Gewinnverwendungskompetenz der Hauptversammlung des Mutterunternehmens erheblich oder sogar vollständig beschnitten wird. Obwohl diese Problematik im rechts- und wirtschaftswissentschaftlichen Schrifttum seit mehr als 30 Jahren kontrovers diskutiert wird, ist sie bisher vom Gesetzgeber nicht aufgegriffen worden.

7. Das Gesellschaftsrecht fällt in den USA in die Gesetzgebungskompetenz der Einzelstaaten. Daher weichen die gesellschaftsrechtlichen Vorschriften der Bundesstaaten teilweise erheblich voneinander ab. Um der Rechtszersplitterung entgegenzuwirken, sind verschiedene Mustergesetzentwürfe (Uniform Laws, Model Acts) erarbeitet und den Einzelstaaten zur Übernahme in ihr Recht empfohlen worden. Zu einer weitgehenden Vereinheitlichung ist es aber bislang nicht gekommen. Vielmehr herrscht ein Wettbewerb der Systeme.

8. Im Vergleich zu Deutschland ist das Gesellschaftsrecht der USA weitgehend dereguliert. Die vertragliche Gestaltungsfreiheit für die Corporate Governance der corporations wird kaum durch zwingende gesellschaftsrechtliche Vorschriften eingeschränkt. Das Kapitalmarktrecht auf Bundesebene gibt hingegen einen zwingenden Rahmen nicht verhandelba-

rer Vorschriften für kapitalmarktorientierte Unternehmen vor und sorgt insofern für einen Ausgleich zur einzelstaatlichen Deregulierung.

9. Der Gläubigerschutz steht in den USA auf vielen Standbeinen. Vorschriften zur Kapitalaufbringung und Kapitalerhaltung finden sich in den Kapitalgesellschaftsrechten der Einzelstaaten (z.B. California Corporations Code, Delaware General Corporation Law), den creditors' rights laws auf Ebene der Bundesstaaten bzw. des Bundes, im Steuerrecht (Accumulated Earnings Tax) sowie im common law.

10. Nach den in drei Viertel der Bundesstaaten umgesetzten gesellschaftsrechtlichen Kapitalschutzregeln des MBCA existiert kein Mindestkapital. Als Schutzmechanismus dienen stattdessen verschiedene Testverfahren. Nach dem equity insolvency test ist eine Ausschüttung nur möglich, wenn die Gesellschaft anschließend noch in der Lage ist, ihre im gewöhnlichen Geschäftsverlauf fällig werdenden Verbindlichkeiten zu begleichen. Als weitere Ausschüttungsrestriktion ist der balance sheet test zu beachten, nach dem die Vermögenswerte im Anschluss an die Ausschüttung die Schulden und die Ansprüche der Vorzugsaktionäre auf den Liquidationserlös decken müssen. Hat die Gesellschaft keine Vorzugsaktien ausgegeben, kann das Eigenkapital durch Ausschüttungen bis auf Null reduziert werden.

11. Anders als nach den Vorschriften des MBCA existiert im Gesellschaftsrecht von Delaware noch immer das legal capital-System. Allerdings ist ein Mindestkapital gesetzlich nicht vorgeschrieben. Den Kern der Kapitalschutzregeln des Delaware General Corporation Law bildet der surplus test, der grundsätzlich verhindern soll, dass das von den Aktionären einbezahlte Kapital durch Ausschüttungen an sie zurückfließt. Dieses Ziel kann allerdings auf legale Weise umgangen werden und zwar erstens durch unkompliziert durchführbare Kapitalherabsetzungen, zweitens durch die Zulässigkeit von Dividenden aus aktuellen Gewinnen selbst bei negativem Eigenkapital (nimble dividends) und drittens durch den weiten Anwendungsbereich der wasting assets-Regelung, nach der Abschreibungen von nicht erneuerbaren Vermögenswerten bei der Gewinnermittlung nicht zu berücksichtigen sind.

12. Als erster Bundesstaat schaffte Kalifornien 1977 das legal capital-System ab und ersetzte es durch einen innovativen und in den USA einzigartigen Ansatz. Die Besonderheit des California Corporations Code ist darin zu sehen, dass die Testverfahren zwingend auf (Konzern-)Abschlüsse anzuwenden sind, die – abgesehen von bestimmten Modifizierungen – nach US-GAAP aufzustellen sind, d.h. nach einem Rechnungslegungssystem, das wie die IFRS-Rechnungslegungsregeln ausschließlich der Informationsfunktion dienen soll. Sofern eine in Kalifornien gegründete Gesellschaft den equity insolvency test erfüllt, kann sie eine Ausschüttung aus den retained earnings vornehmen. Darüber hinaus sind Ausschüttungen nur zulässig, wenn die corporation im Anschluss daran unter anderem eine Eigenkapitalquote von mindestens 20 % aufweist.

13. Unter Rückgriff auf empirische Untersuchungen von US-amerikanischen Kreditverträgen der 1960er und 1970er Jahre wird von einigen Autoren die These vertreten, die gesetzlichen Kapitalschutzregeln in Europa würden in den USA in ähnlicher Weise privatvertraglich vereinbart. Zudem würden die vielfach vorgenommenen Modifizierungen der US-GAAP zu einer Annäherung an die zur Ausschüttungsbemessung vorgeschriebene HGB-Bilanzierung führen. Diese Ansichten sind abzulehnen. Zum einen bestehen grundlegende Unterschiede zwischen den gesetzlichen und den vertraglichen Vorschriften. Zum anderen kommt eine Analyse aktueller empirischer Untersuchungen zu dem Ergebnis, dass sich

die Gepflogenheiten der US-amerikanischen Kreditvergabepraxis in den letzten Jahrzehnten wohl verändert haben. Diese Untersuchungen stellen einen erheblichen Rückgang von vertraglich vereinbarten bilanziellen Ausschüttungsrestriktionen in der Form von dividend covenants fest. Weiterhin wird eine abnehmende Bedeutung der Daten aus Bilanz und Gewinn- und Verlustrechnung zugunsten von Cashflows nachgewiesen.

14. Viele Elemente der US-amerikanischen Regeln finden sich in den europäischen Reformvorschlägen wieder. Aufbauend auf den Arbeiten der SLIM-Initiative von 1999 und der High Level Group von 2002 hat die EU-Kommission am 21.09.2004 einen Vorschlag zur kurzfristigen Änderung der Kapitalrichtlinie unterbreitet. Die Änderungsrichtlinie sieht unter anderem vor, dass die Einbringung von Sacheinlagen erleichert wird, die Gesellschaft durch die Hauptversammlung für bis zu fünf Jahre zum Rückkauf eigener Aktien ermächtigt werden kann und Aktienrückkäufe und Dividendenausschüttungen wie in den USA denselben Restriktionen unterliegen. Nach dem Aktionsplan der EU-Kommission vom Mai 2003 soll die langfristige Einführung eines neuen Kapitalschutzkonzepts geprüft werden. Nach dem Alternativkonzept soll eine Ausschüttung nur dann erlaubt sein, wenn im Anschluss daran die Solvenz der Gesellschaft für einen Zeitraum von zwölf Monaten sichergestellt ist. Zur Beurteilung der Solvenz soll das Management bestimmte Liquiditäts- bzw. Bilanztests durchführen und deren Einhaltung in einer Solvenzbescheinigung schriftlich bestätigen. Bei unzulässigen Ausschüttungen sollen die Mitglieder der Unternehmensleitung haften. Zudem ist die Einführung einer Insolvenzverschleppungshaftung geplant. Der von britischen Gesellschaftsrechtsexperten unterbreitete Vorschlag für ein zukünftiges europäisches Kapitalschutzsystem (*Rickford*-Bericht) sieht ausschließlich einen auf Zahlungsgrößen basierenden Solvenztest vor. Die Besonderheit der Vorschläge des Arbeitskreises „Kapital in Europa" besteht schließlich darin, dass die nach IFRS bilanzierenden Unternehmen wahlweise am bestehenden Konzept festhalten können. Alternativ können sie die Kapitalerhaltungsregeln auf Grundlage des IFRS-Einzelabschlusses anwenden. Sie müssen dann aber zusätzlich einen Solvenztest durchführen.

15. Ein Solvenztest erscheint als Gläubigerschutzinstrument grundsätzlich geeignet. Er analysiert die zukünftige Liquiditätssituation der Gesellschaft und stellt damit im Gegensatz zu bilanziellen Ausschüttungsrestriktionen auf das primäre Interesse der Gläubiger ab. Die unveränderte Übernahme des equity insolvency test kann aber nicht empfohlen werden. Wie die ausführliche Untersuchung der US-amerikanischen Solvenztests gezeigt hat, werden weder in den betrachteten gesellschaftsrechtlichen Einzelstaatengesetzen noch durch die Rechtsprechung oder die Kommentarliteratur konkrete Vorgaben für die Durchführung des Solvenztests gegeben. Dadurch ergibt sich für die Unternehmensleitung bei der Ausschüttungsentscheidung ein sehr weiter Ermessensspielraum mit der Konsequenz, dass ein Verstoß des Managements gegen seine Sorgfaltspflichten gerichtlich nur mit Schwierigkeiten nachzuweisen ist. Die gläubigerschützende Wirkung wird dadurch geschmälert.

16. Damit Gläubiger wirksam geschützt werden, sollte der Solvenztest bestimmte Kriterien erfüllen. Er sollte zukunfts- und Cashflow-orientiert sein und konzernspezifische Risiken explizit berücksichtigen. Um der Manipulationsgefahr, die bei einem Solvenztest – wie bei anderen Formen der Rechenschaftslegung in ähnlicher Weise auch – besteht, entgegenzuwirken, sollte dem Management eine bestimmte Methodik vorgegeben werden. Der zu erstellende Finanzplan könnte sich hinsichtlich des Aufbaus an der Kapitalflussrechnung nach IAS 7 orientieren. Im Hinblick auf den zu berücksichtigenden Zeitraum könnte er in Anlehnung an das übliche Vorgehen bei Unternehmensbewertungen zwei Phasen

umfassen. Dabei sollte der mindestens zwölfmonatige Detailprognosezeitraum um eine zweite Phase, die eine langfristige, grobe Kapitalbedarfsplanung beinhaltet, ergänzt werden. Ausschüttungen wären so lange möglich, wie die Gesellschaft trotz der Ausschüttung im Detailprognosezeitraum über ausreichende liquide Mittel zur Fortführung der Geschäftstätigkeit verfügt und aus der langfristigen Kapitalbedarfsplanung keine existenzbedrohenden Risiken abzuleiten sind. Wie nach kalifornischem Gesellschaftsrecht sollte der Solvenztest sowohl auf Ebene der rechtlich selbständigen Einzelunternehmen als auch auf Konzernebene durchzuführen sein.

17. Die zum Zwecke des Solvenztests vom Management durchzuführenden Zukunftsprognosen, die in einem Finanzplan zu verdichten sind, entziehen sich einer intersubjektiven Nachprüfbarkeit. Die den Prognoserechnungen zugrunde liegenden Prämissen können aber von Experten auf ihre Plausibilität hin überprüft werden. Aktiengesellschaften sollten daher zur Prüfung ihres Solvenztests durch Wirtschaftsprüfer gesetzlich verpflichtet werden.

18. Aufgrund der unternehmensinternen, vertraulichen Daten des Finanzplans sollte lediglich das testierte Ergebnis des Solvenztests in Form einer Solvenzbescheinigung, nicht hingegen der dem Testverfahren zugrunde liegende Finanzplan selbst offenlegungspflichtig sein. Bei einer Insolvenz der Gesellschaft im Anschluss an eine Ausschüttung könnten geschädigte Gläubiger ausgehend von der letzten Solvenzbescheinigung die ordnungsgemäße Durchführung des Solvenztests gerichtlich überprüfen lassen. Bei fahrlässigen oder vorsätzlichen Verstößen gegen ihre Sorgfaltspflichten sollte die Unternehmensleitung in Höhe der unzulässigen Ausschüttung persönlich haften.

19. Ein zusätzlich zum Solvenztest durchzuführender Bilanztest erscheint überflüssig. Zum jetzigen Zeitpunkt kann aber nicht ausgeschlossen werden, dass der europäische Gesetzgeber bei Einführung eines Solvenztests an einem traditionellen Bilanztest als zweiten Bestandteil der Solvenzprüfung festhalten will. Die Vorgehensweisen der verschiedenen US-amerikanischen balance sheet tests sollten bei der möglichen Regulierung eines neuen europäischen Bilanztests nur dann berücksichtigt werden, wenn dadurch die in dieser Arbeit aufgezeigten Mängel des bestehenden europäischen Bilanztests vermieden oder zumindest verringert würden.

20. Die gläubigerschützende Wirkung der bilanziellen Testverfahren von Delaware ist als sehr gering einzuschätzen. Die detaillierten Regelungen können nicht verhindern, dass das von den Aktionären einbezahlte Kapital vollständig an sie zurückfließt. Da keine bestimmten Bilanzierungsregeln vorgeschrieben sind, ergeben sich einerseits für die Unternehmensleitung sehr große Spielräume und andererseits wird die Vergleichbarkeit der Anforderungen an den Kapitalschutz im Unternehmensvergleich erheblich eingeschränkt. Ähnliche Kritikpunkte gelten für den balance sheet test des MBCA, der daher ebenfalls unbeachtet bleiben sollte.

21. Beachtenswert erscheinen allein die bilanzorientierten Testverfahren des kalifornischen Rechts. Sie sehen eine variable Ausschüttungssperre vor, was gegenüber der bestehenden starren Ausschüttungssperre in Europa vorzuziehen ist. Weitere Vorzüge sind darin zu sehen, dass die den Testverfahren zugrunde liegende Rechnungslegung eindeutig vorgeschrieben ist und konzernspezifische Sachverhalte explizit berücksichtigt werden. Zu kritisieren sind hingegen einzelne Modifizierungen der grundsätzlich zu beachtenden informationsorientierten Rechnungslegung nach US-GAAP. Auch die vereinzelt vorgeschlagene Kumulierung der Testverfahren ist als zu restriktiv abzulehnen.

Zusammenfassend lässt sich also feststellen, dass die Abkehr vom traditionellen europäischen Kapitalschutzkonzept zu einem wirkungsvolleren und effizienteren Gläubigerschutz führen kann. Hierzu wäre ein konkret ausgestalteter Solvenztest als Kern des neuen Regimes vorzuschreiben und gegebenenfalls um einen auf dem Konzernabschluss nach IFRS basierenden Bilanztest zu erweitern. Dies würde auch die Chance eröffnen, die EU-weite Harmonisierung der Rechnungslegung im Vergleich zum Status quo erheblich zu erhöhen, indem alle von der Kapitalrichtlinie betroffenen Gesellschaften zur einheitlichen IFRS-Bilanzierung in Einzel- und Konzernabschluss verpflichtet werden. Aktiengesellschaften in Deutschland, die bereits freiwillig oder aufgrund der IAS-Verordnung nach IFRS bilanzieren, bräuchten dann keinen Einzelabschluss nach HGB mehr aufzustellen. Die steuerrechtlichen Vorschriften in Deutschland könnten einheitlich und losgelöst von den informationsorientierten Rechenwerken im Einkommensteuergesetz kodifiziert werden. Damit wäre auch eine mögliche Verzerrung der informationsorientierten Rechnungslegung durch steuerrechtliche Einflüsse vermieden.

Ungelöst bliebe das Schicksal der zahlenmäßig dominierenden GmbHs und ihr entsprechende Rechtsformen. Die deutschen GmbHs müssten weiterhin an der HGB-Rechnungslegung und den bestehenden Kapitalschutznormen festhalten. Trifft die Vermutung zu, dass die meisten kleinen und mittelgroßen Gesellschaften keine Planrechnungen durchführen (können)[1362], wäre das neue Kapitalschutzkonzept nur mit Schwierigkeiten auf diese Gesellschaften übertragbar.

Mit Spannung bleiben das Ergebnis der angekündigten Machbarkeitsstudie und das weitere Vorgehen der EU-Kommission abzuwarten. Die langfristige Einführung eines neuen Kapitalschutzsystems erscheint – soweit die gänzliche Deregulierung nicht als realistische Alternative gesehen wird – wünschenswert und wahrscheinlich. Auch für Verfechter der bestehenden Kapitalschutzregeln „ist der Zusammenbruch des kontinentalen Konzepts eine realistische Perspektive geworden. Gesellschaftsrechtler sollten sich daran erinnern, dass Brüssel nicht weit von Waterloo entfernt liegt."[1363] Es spricht aber vieles dafür, die Übernahme eines liquiditäts- und zukunftsorientierten Kapitalsystems in europäisches Recht nicht aus der Perspektive Napoleons als Niederlage, sondern vielmehr aus der Sicht von Blücher, Gneisenau und Wellington zu würdigen. Die Antwort auf die sich anschließende Frage, ob und inwiefern dieser Systemwechsel als „Sternstunde[n] der Menschheit"[1364] in die Geschichte eingehen wird, ist entscheidend von der noch ausstehenden konkreten Ausschüttungsregulierung der EU abhängig und wird abschließend wohl erst von folgenden Generationen beantwortet werden können.

1362 Vgl. so die Einschätzung von *Süchting* (1995), S. 208.

1363 *Schön* (2004a), S. 164.

1364 So der Titel des Buchs von *Stefan Zweig*, in dem er unter anderem die „Weltminute von Waterloo" literarisch aufarbeitet. Vgl. *Zweig* (1927), S. 5-22.

Anlagen

Anlage 1: Ergebnis der Bilanztests des § 500 (b) Cal.Corp.Code vor Ausssschüttung (2003)

Konzern (Rechnungslegungs-vorschrift)	QST	EBIT Durchschnitt (2 Jahre) Mio €	Zinssaldo Durchschnitt (2 Jahre) Mio €	EBIT abzgl. Zinssaldo Mio €	LT
Adidas-Salomon AG IFRS	**125%**	468	-66	402	**196%**
Altana AG IFRS	**249%**	541	13	554	**243%**
BASF AG IFRS	**168%**	2.562	-158	2.404	**179%**
Bayer AG IFRS	**135%**	-118	-401	-519	**192%**
BMW AG IFRS	**138%**	3.498	-247	3.251	**178%**
Continental AG US-GAAP	**111%**	775	-149	626	**112%**
DaimlerChrysler AG US-GAAP	**127%**	3.616	-355	3.261	**100%**
Deutsche Börse AG IFRS	**121%**	407	4	411	**113%**
Deutsche Lufthansa AG IFRS	**114%**	462	-378	84	**95%**
Deutsche Post AG IFRS	**100%**	2.574	-688	1.886	**139%**
Deutsche Telekom AG US-GAAP	**107%**	-8.964	-3.912	-12.876	**59%**
E.ON AG US-GAAP	**128%**	5.345	-740	4.605	**109%**
Henkel KGaA IFRS	**98%**	762	-147	615	**115%**
Fresenius Medical Care AG US-GAAP	**100%**	726	-220	507	**156%**
Infineon Technologies AG US-GAAP	**200%**	-717	-39	-756	**249%**
Linde AG IFRS	**115%**	472	-150	322	**102%**
MAN AG IFRS	**135%**	434	-173	261	**108%**
Metro AG IFRS	**96%**	1.225	-402	824	**71%**
RWE AG IFRS	**94%**	3.310	-888	2.423	**112%**
SAP AG US-GAAP	**257%**	1.433	34	1.466	**220%**
Schering AG IFRS	**198%**	944	-24	921	**235%**
Siemens AG US-GAAP	**129%**	3.098	282	3.379	**136%**
ThyssenKrupp AG US-GAAP	**118%**	765	-238	528	**141%**
TUI AG IFRS	**87%**	428	-192	237	**45%**
Volkswagen AG IFRS	**119%**	2.916	-177	2.740	**92%**

Anlage 2: Ergebnis der Bilanztests des § 500 (b) Cal.Corp.Code vor Aussschüttung (2004)

Konzern (Rechnungslegungs-vorschrift)	QST	EBIT Durchschnitt (2 Jahre) Mio €	Zinssaldo Durchschnitt (2 Jahre) Mio €	EBIT abzgl. Zinssaldo Mio €	LT
Adidas-Salomon AG IFRS	128%	503	-59	444	202%
Altana AG IFRS	272%	593	11	604	258%
BASF AG IFRS	174%	3.462	-226	3.236	188%
Bayer AG IFRS	146%	84	-314	-230	197%
BMW (IFRS) IFRS	138%	3.664	-284	3.380	183%
Continental AG US-GAAP	122%	976	-118	858	140%
DaimlerChrysler AG US-GAAP	125%	2.411	-345	2.066	92%
Deutsche Börse AG IFRS	125%	456	-6	450	121%
Deutsche Lufthansa AG IFRS	126%	239	-336	-97	108%
Deutsche Post AG IFRS	101%	2.812	-776	2.036	144%
Deutsche Telekom AG US-GAAP	118%	7.533	-3.564	3.969	56%
E.ON AG US-GAAP	134%	7.120	-1.124	5.996	116%
Henkel KG aA IFRS	101%	753	-152	601	114%
Fresenius Medical Care AG (in Mio. USD) US-GAAP	107%	805	-198	607	126%
Infineon Technologies AG US-GAAP	137%	-22	-47	-69	187%
Linde AG IFRS	119%	531	-130	401	103%
MAN AG IFRS	131%	551	-173	378	106%
Metro AG IFRS	99%	1.526	-455	1.071	76%
RWE AG IFRS	100%	5.661	-1.131	4.530	130%
SAP AG US-GAAP	263%	1.875	50	1.925	249%
Schering AG IFRS	196%	703	-19	684	249%
Siemens AG US-GAAP	196%	3.431	259	3.690	138%
ThyssenKrupp AG US-GAAP	138%	1.327	-205	1.122	148%
TUI AG IFRS	123%	608	-175	433	56%
Volkswagen AG IFRS	87%	1.284	107	1.391	114%

Anlage 3: Ermittlung der Maximalausschüttung nach den Regeln des Cal.Corp.Code für das Geschäftsjahr 2003 (Teil 1)

Konzern Rechnungslegungsvorschrift Werte in Mio €	BS Aktiva	Korrekturen Aktiva			BS Aktiva korrigiert	BS Passiva ohne EK	Korrekturen Passiva		BS Passiva korrigiert	Eigenkapital lt. Bilanz	Eigenkapital korrigiert	GRL(KA) (einschl. Bilanzgewinn)
		Goodwill/ aktiv. Entwicklungskosten	RAP	Latente Steuern			Latente Steuern	RAP				
Adidas-Salomon AG IFRS	4.188	591	184	179	3.234	2.832	66	1	2.765	1.356	469	1.265
Altana AG IFRS	2.532	93	19	79	2.341	1.087	33	112	942	1.445	1.399	1.477
BASF AG IFRS	33.601	2.038	514	1.247	29.802	18.062	484	370	17.208	15.540	12.595	12.055
Bayer AG IFRS	37.445	1.936	242	1.298	33.969	25.232	1.462	634	23.136	12.213	10.833	11.258
BMW IFRS	61.475	3.011	488	175	57.801	45.325	2.501	847	41.977	16.150	15.824	12.671
Continental AG US-GAAP	8.299	1.424	0	175	6.700	6.315	253	0	6.062	1.983	637	963
DaimlerChrysler AG US-GAAP	178.268	1.816	1.095	2.688	172.669	143.787	2.736	5.331	135.720	34.481	36.949	29.085
Deutsche Börse AG IFRS	8.289	1.173	19	16	7.080	5.948	92	1	5.855	2.341	1.225	760
Deutsche Lufthansa AG IFRS	16.732	828	84	194	15.626	14.079	208	210	13.661	2.653	1.965	949
Deutsche Post AG IFRS	154.933	5.653	705	916	147.659	148.827	885	567	147.375	6.106	284	4.924
Deutsche Telekom AG US-GAAP	116.079	24.513	772	0	90.794	86.321	919	703	84.699	29.758	6.095	-23.063
E.ON AG US-GAAP	111.850	13.955	398	1.525	95.972	82.076	6.265	1.080	74.731	29.774	21.241	16.976
Henkel KGaA IFRS	9.362	2.280	27	296	6.759	6.050	181	0	5.869	3.311	889	2.955
Fresenius Medical Care AG (in Mio $) US-GAAP	7.503	3.288	0	215	4.000	4.259	277	0	3.982	3.244	18	378
Infineon Technologies AG US-GAAP	10.805	216	0	818	9.771	5.139	71	180	4.888	5.666	4.883	-1.261

Konzern Rechnungslegungsvorschrift Werte in Mio €	BS Aktiva	Korrekturen Aktiva			BS Aktiva korrigiert	BS Passiva ohne EK	Korrekturen Passiva		BS Passiva korrigiert	Eigenkapital lt. Bilanz	Eigenkapital korrigiert	GRL(KA) (einschl. Bilanzgewinn)
		Goodwill/ aktiv. Entwicklungskosten	RAP	Latente Steuern			Latente Steuern	RAP				
Linde AG IFRS	11.915	3.004	30	132	**8.749**	8.064	266	218	**7.580**	3.851	1.169	**1.134**
MAN AG IFRS	9.955	372	29	408	**9.146**	7.235	391	52	**6.792**	2.720	2.354	**1.547**
Metro AG IFRS	26.580	4.095	149	1.456	**20.880**	22.419	526	129	**21.764**	4.161	-884	**775**
RWE AG IFRS	99.142	15.783	383	4.325	**78.651**	92.129	4.526	3.819	**83.784**	7.013	-5.133	**4.856**
SAP AG US-GAAP	6.326	345	68	265	**5.648**	2.616	112	305	**2.199**	3.710	3.449	**3.761**
Schering AG IFRS	5.389	420	0	173	**4.796**	2.483	17	0	**2.466**	2.902	2.326	**2.685**
Siemens AG US-GAAP	77.605	6.501	0	4.359	**66.745**	53.890	1.404	921	**51.565**	23.715	15.180	**23.020**
ThyssenKrupp AG US-GAAP	30.141	3.152	204	1.290	**25.495**	22.510	732	108	**21.670**	7.631	3.825	**2.790**
TUI AG IFRS	12.989	3.808	252	183	**8.741**	10.507	209	65	**10.233**	2.482	-1.492	**1.001**
Volkswagen AG IFRS	119.136	7.676	277	1.515	**109.668**	94.706	2.472	322	**91.912**	24.430	17.756	**18.890**

Anlage 4: Ermittlung der Maximalausschüttung nach den Regeln des Cal.Corp.Code für das Geschäftsjahr 2003 (Teil 2)

Konzern Rechnungslegungsvorschrift Werte in Mio €	UV kurzfr.	kurzfr. Verbindlichkeiten Verb.	 sonstige RST	Kurzfr.Verb. gesamt	EBIT 2003	EBIT 2002	EBIT Durchschnitt	Zins- ergebnis 2003	Zins- ergebnis 2002	Zins- ergebnis Durchschnitt	GVV lt. EA
Adidas-Salomon AG IFRS	2.776	731	612	1.343	486	450	**468**	-59	-73	**-66**	45
Altana AG IFRS	**1.589**	490	163	**653**	568	514	**541**	13	12	**13**	117
BASF AG IFRS	**12.892**	5.118	2.320	**7.438**	2.391	2.733	**2.562**	-223	-92	**-158**	779
Bayer AG IFRS	**17.673**	6.939	2.448	**9.387**	-1.641	1.405	**-118**	-353	-449	**-401**	365
BMW (IFRS) IFRS	**40.600**	18.917	3.879	**22.796**	3.486	3.509	**3.498**	-281	-212	**-247**	392
Continental AG US-GAAP	**3.449**	2.243	831	**3.074**	855	694	**775**	-133	-165	**-149**	70
DaimlerChrysler AG US-GAAP	**65.051**	47.619	17.289	**64.908**	986	6.245	**3.616**	-390	-320	**-355**	1.519
Deutsche Börse AG IFRS	**5.907**	5.026	198	**5.224**	453	361	**407**	-5	13	**4**	135
Deutsche Lufthansa AG IFRS	**5.569**	2.533	3.299	**5.832**	-444	1.367	**462**	-341	-415	**-378**	0
Deutsche Post AG IFRS	**138.060**	97.564	1.453	**99.017**	2.646	2.501	**2.574**	-731	-645	**-688**	490
Deutsche Telekom AG US-GAAP	**19.656**	22.325	11.247	**33.572**	5.174	-23.102	**-8.964**	-3.776	-4.048	**-3.912**	2.035
E.ON AG US-GAAP	**24.912**	16.118	6.728	**22.846**	6.878	3.811	**5.345**	-1.107	-372	**-740**	1.312
Henkel KG aA IFRS	**4.343**	1.956	1.056	**3.012**	706	818	**762**	-140	-154	**-147**	167
Fresenius Medical Care AG (in Mio $) US-GAAP	**2.206**	1.412	0	**1.412**	757	695	**726**	-212	-227	**-220**	100
Infineon Technologies AG US-GAAP	**5.306**	1.490	644	**2.134**	-299	-1.135	**-717**	-52	-25	**-39**	0

Konzern Rechnungslegungsvorschrift Werte in Mio €	UV kurzfr.	kurzfr. Verbindlichkeiten		Kurzfr.Verb. gesamt	EBIT 2003	EBIT 2002	EBIT Durchschnitt	Zins- ergebnis 2003	Zins- ergebnis 2002	Zins- ergebnis Durchschnitt	GVV lt. EA
		Verb.	sonstige RST								
Linde AG IFRS	**3.802**	2.541	1.187	**3.728**	417	526	**472**	-130	-170	**-150**	135
MAN AG IFRS	**4.622**	2.781	1.060	**3.841**	477	391	**434**	-174	-172	**-173**	110
Metro AG IFRS	**9.769**	13.488	324	**13.812**	1.242	1.208	**1.225**	-425	-378	**-402**	334
RWE AG IFRS	**30.239**	18.737	8.272	**27.009**	5.346	3.366	**4.356**	-1.131	-644	**-888**	703
SAP AG US-GAAP	**4.207**	649	1.264	**1.913**	1.733	1.132	**1.433**	43	24	**34**	249
Schering AG IFRS	**3.170**	688	660	**1.348**	720	1.168	**944**	-22	-25	**-24**	180
Siemens AG US-GAAP	**43.489**	23.144	8.884	**32.028**	3.067	3.128	**3.098**	245	318	**282**	980
ThyssenKrupp AG US-GAAP	**13.275**	6.435	2.999	**9.434**	855	675	**765**	-191	-284	**-238**	249
TUI AG IFRS	**2.718**	5.127	891	**6.018**	399	457	**428**	-153	-230	**-192**	138
Volkswagen AG IFRS	**50.495**	41.936	4.885	**46.821**	1.381	4.451	**2.916**	125	-478	**-177**	409

Anlage 5: Ermittlung der Maximalausschüttung nach den Regeln des Cal.Corp.Code für das Geschäftsjahr 2003 (Teil 3)

Konzern (Rechnungslegungs-vorschrift)	QST*	EK/BS (KA)	EBIT Durchschnitt (2 Jahre) Mio €	Zinssaldo Durchschnitt (2 Jahre) Mio €	EBIT abzgl. Zinssaldo** Mio €	LT***	Maximalausschüttung QST Mio €	Maximalausschüttung LT Mio €	A (max) § 500 (b) Cal.Corp.Code**** Mio €	GRL(KA) Mio €	A (max) Cal.Corp.Code Mio €	BG (EA) Mio €	GRL (EA) Mio €	A (max) KapRL Mio €
adidas-Salomon AG IFRS	71%	32%	468	-66	402	113%	0	1.433	0	1.265	**1.265**	577	737	**1.314**
Altana AG IFRS	92%	57%	541	13	554	17%	0	0	0	1.477	**1.477**	138	1.613	**1.751**
BASF AG IFRS	108%	46%	2.562	-158	2.404	22%	0	0	0	11.276	**11.276**	779	6.303	**7.082**
Bayer AG IFRS	102%	33%	-118	-401	0	77%	0	0	0	10.479	**10.479**	365	3.290	**3.655**
BMW (IFRS) IFRS	108%	26%	3.498	-247	3.251	123%	0	17.804	0	12.671	**12.671**	392	2.217	**2.609**
Continental AG US-GAAP	95%	24%	775	-149	626	81%	0	0	0	963	**963**	71	35	**106**
DaimlerChrysler AG US-GAAP	106%	19%	3.616	-355	3.261	55%	0	0	0	29.085	**29.085**	1.519	6.286	**7.805**
Deutsche Börse AG IFRS	108%	28%	407	4	411	99%	0	0	0	760	**760**	135	375	**510**
Deutsche Lufthansa AG IFRS	107%	16%	462	-378	84	79%	0	0	0	949	**949**	0	402	**402**
Deutsche Post AG IFRS	97%	4%	2.574	-688	1.886	134%	0	39.043	0	4.924	**4.924**	1.349	3.876	**5.225**
Deutsche Telekom AG US-GAAP	107%	26%	-8.964	-3.912	-12.876	59%	0	0	0	-23.063	**0**	2.035	9.081	**11.116**
E.ON AG US-GAAP	106%	27%	5.345	-740	4.605	35%	0	0	0	16.976	**16.976**	1.312	2.478	**3.790**
Henkel KG aA IFRS	26%	43%	863	-147	716	46%	0	0	0	2.955	**2.955**	167	2.837	**3.004**
Fresenius Medical Care AG (in Mio $) US-GAAP	130%	35%	726	-220	507	129%	0	1.331	0	378	**378**	139	302	**441**
Infineon Technologies AG US-GAAP	200%	52%	-717	-39	-756	249%	3.661	2.639	2.639	-1.261	**2.639**	-1.339	32	**0**

* Ergebnisse des QST nach vollständiger Ausschüttung der GRL
** Ist die Größe negativ gilt die verschärfte Restriktion des LT.
*** Ergebnisse des LT nach vollständiger Ausschüttung der GRL
**** Da beide Restriktionen gleichzeitig erfüllt sein müssen, stellt der niedrigere Betrag eine Beschränkung dar.

Konzern (Rechnungslegungs-vorschrift)	QST*	EK/BS (KA)	EBIT Durchschnitt (2 Jahre) Mio €	Zinssaldo Durchschnitt (2 Jahre) Mio €	EBIT abzgl. Zinssaldo** Mio €	LT***	Maximalausschüttung QST Mio €	Maximalausschüttung LT Mio €	A(max) § 500 (b) Cal.Corp.Code**** Mio €	GRL(KA) Mio €	A (max) Cal.Corp.Code Mio €	BG (EA) Mio €	GRL (EA) Mio €	A (max) KapRL Mio €
Linde AG IFRS	100%	32%	472	-150	322	72%	0	0	0	1.134	**1.134**	135	510	**645**
MAN AG IFRS	112%	27%	434	-173	261	80%	0	0	0	1.547	**1.547**	110	387	**497**
Metro AG IFRS	92%	16%	1.225	-402	824	85%	0	0	0	775	**775**	345	684	**1.029**
RWE AG IFRS	88%	7%	3.310	-888	2.423	94%	0	0	0	4.856	**4.856**	703	1.009	**1.712**
SAP AG US-GAAP	86%	59%	1.433	34	1.466	23%	0	0	0	3.761	**3.761**	950	1.674	**2.624**
Schering AG IFRS	88%	54%	944	-24	921	36%	0	0	0	2.685	**2.685**	223	811	**1.034**
Siemens AG US-GAAP	85%	31%	3.098	282	3.379	64%	0	0	0	23.020	**23.020**	980	5.412	**6.392**
ThyssenKrupp AG US-GAAP	105%	25%	765	-238	528	111%	0	3.841	0	2.790	**2.790**	257	399	**656**
TUI AG IFRS	76%	19%	428	-192	237	29%	0	0	0	1.001	**1.001**	138	276	**414**
Volkswagen AG IFRS	99%	21%	2.916	-177	2.740	58%	0	0	0	18.890	**18.890**	413	4.529	**4.942**

* Ergebnisse des QST nach vollständiger Ausschüttung der GRL
** Ist die Größe negativ gilt die verschärfte Restriktion des LT.
*** Ergebnisse des LT nach vollständiger Ausschüttung der GRL
**** Da beide Restriktionen gleichzeitig erfüllt sein müssen, stellt der niedrigere Betrag eine Beschränkung dar.

Anlage 6: Ermittlung der Maximalausschüttung nach den Regeln des Cal.Corp.Code für das Geschäftsjahr 2004 (Teil 1)

Konzern Rechnungslegungsvorschrift Werte in Mio €	BS Aktiva	Korrekturen Aktiva			BS Aktiva korrigiert	BS Passiva ohne EK	Korrekturen Passiva		BS Passiva korrigiert	Eigenkapital lt. Bilanz	Eigenkapital korrigiert	GRL(KA) (einschl. Bilanzgewinn)
		Goodwill/ aktiv. Entwicklungskosten	RAP	Latente Steuern			Latente Steuern	RAP				
Adidas-Salomon AG IFRS	4.427	572	214	160	3.481	2.799	78	11	2.710	1.628	771	1.534
Altana AG IFRS	2.699	92	14	46	2.547	1.038	8	95	935	1.661	1.612	1.755
BASF AG IFRS	33.916	1.829	172	1.211	30.704	18.483	453	351	17.679	15.433	13.025	12.253
Bayer AG IFRS	37.804	1.877	167	1.235	34.525	25.536	1.247	644	23.645	12.268	10.880	9.356
BMW IFRS	67.415	3.495	543	296	63.081	49.898	2.596	1.576	45.726	17.517	17.355	14.501
Continental AG US-GAAP	9.684	1.425	0	162	8.097	6.842	217	0	6.625	2.842	1.472	1.567
DaimlerChrysler AG US-GAAP	182.696	2.003	1.030	4.130	175.533	149.155	2.189	6.250	140.716	33.541	34.817	30.032
Deutsche Börse AG IFRS	8.603	1.105	12	19	7.467	6.058	63	3	5.992	2.545	1.475	1.096
Deutsche Lufthansa AG IFRS	18.070	685	82	166	17.137	14.096	285	164	13.647	3.974	3.490	1.386
Deutsche Post AG IFRS	153.357	5.856	853	764	145.884	146.140	927	487	144.726	7.217	1.158	4.451
Deutsche Telekom AG US-GAAP	107.816	21.930	727	0	85.159	73.898	1.243	624	72.031	33.918	13.128	-23.063
E.ON AG US-GAAP	114.062	14.454	344	1.551	97.713	80.502	6.605	1.102	72.795	33.560	24.918	20.003
Henkel KGaA IFRS	13.138	4.588	36	327	8.187	8.550	455	0	8.095	4.588	92	4.544
Fresenius Medical Care AG (in Mio $) US-GAAP	7.962	3.445	0	185	4.332	4.327	282	0	4.045	3.635	287	658
Infineon Technologies AG US-GAAP	10.864	151	0	541	10.172	4.886	21	191	4.674	5.978	5.498	-1.200

Konzern Rechnungslegungsvorschrift Werte in Mio €	BS Aktiva	Korrekturen Aktiva			BS Aktiva korrigiert	BS Passiva ohne EK	Korrekturen Passiva		BS Passiva korrigiert	Eigenkapital lt. Bilanz	Eigenkapital korrigiert	GRL(KA) (einschl. Bilanzgewinn)
		Goodwill/ aktiv. Entwicklungskosten	RAP	Latente Steuern			Latente Steuern	RAP				
Linde AG IFRS	11.591	3.045	35	123	8.388	7.548	294	203	7.051	4.043	1.337	1.238
MAN AG IFRS	11.724	381	42	350	10.951	8.779	352	53	8.374	2.945	2.577	1.795
Metro AG IFRS	28.092	3.932	188	1.527	22.445	23.353	509	115	22.729	4.739	-284	1.353
RWE AG IFRS	93.370	14.379	309	3.243	75.439	83.714	4.134	4.170	75.410	9.656	29	6.290
SAP AG US-GAAP	7.585	457	70	206	6.852	2.991	64	325	2.602	4.594	4.250	4.830
Schering AG IFRS	5.590	409	0	156	5.025	2.581	13	0	2.568	3.009	2.457	2.859
Siemens AG US-GAAP	79.518	6.476	0	4.811	68.231	52.663	2.091	999	49.573	26.855	18.658	25.477
ThyssenKrupp AG US-GAAP	31.141	3.176	220	1.148	26.597	22.814	977	183	21.654	8.327	4.943	3.478
TUI AG IFRS	12.319	3.763	251	233	8.072	9.566	223	55	9.288	2.753	-1.216	1.294
Volkswagen AG IFRS	126.972	5.421	0	2.056	119.495	103.107	2.251	0	100.856	23.865	18.639	18.325

Anlage 7: Ermittlung der Maximalausschüttung nach den Regeln des Cal.Corp.Code für das Geschäftsjahr 2004 (Teil 2)

Konzern Rechnungslegungsvorschrift Werte in Mio €	UV kurzfr.	kurzfr. Verbindlichkeiten		Kurzfr. Verb. gesamt	EBIT 2004	EBIT 2003	EBIT Durchschnitt	Zins-ergebnis 2004	Zins-ergebnis 2003	Zins-ergebnis Durchschnitt	GVV lt. EA
		Verb.	sonstige RST								
Adidas-Salomon AG IFRS	3.035	776	725	1.501	578	486	532	-58	-59	-59	60
Altana AG IFRS	1.651	455	186	641	617	568	593	9	13	11	133
BASF AG IFRS	15.010	5.413	2.592	8.005	4.856	2.391	3.624	-228	-223	-226	919
Bayer AG IFRS	19.547	6.674	2.969	9.643	1.808	-1.641	84	-275	-353	-314	402
BMW (IFRS) IFRS	43.823	20.224	3.772	23.996	3.841	3.486	3.664	-287	-281	-284	419
Continental AG US-GAAP	4.508	2.416	810	3.226	1.097	855	976	-103	-133	-118	116
DaimlerChrysler AG US-GAAP	67.593	55.031	18.649	73.680	3.835	986	2.411	-300	-390	-345	1.519
Deutsche Börse AG IFRS	6.440	5.232	111	5.343	459	453	456	-7	-5	-6	227
Deutsche Lufthansa AG IFRS	6.588	2.618	3.488	6.106	922	-444	239	-331	-341	-336	137
Deutsche Post AG IFRS	136.565	92.860	1.719	94.579	2.977	2.646	2.812	-821	-731	-776	445
Deutsche Telekom AG US-GAAP	16.652	17.230	12.250	29.480	9.892	5.174	7.533	-3.351	-3.776	-3.564	2.602
E.ON AG US-GAAP	25.839	15.746	6.511	22.257	7.361	6.878	7.120	-1.141	-1.107	-1.124	1.549
Henkel KG aA IFRS	5.411	3.249	1.513	4.762	800	706	753	-163	-140	-152	185
Fresenius Medical Care AG (in Mio $) US-GAAP	2.446	1.938	0	1.938	852	757	805	-184	-212	-198	56
Infineon Technologies AG US-GAAP	5.376	2.315	555	2.870	256	-299	-22	-41	-52	-47	0

Konzern Rechnungslegungsvorschrift Werte in Mio €	UV kurzfr.	kurzfr. Verbindlichkeiten		Kurzfr.Verb. gesamt	EBIT 2004	EBIT 2003	EBIT Durchschnitt	Zins-ergebnis 2004	Zins-ergebnis 2003	Zins-ergebnis Durchschnitt	GVV lt. EA
		Verb.	sonstige RST								
Linde AG IFRS	3.595	2.375	1.107	3.482	644	417	531	-129	-130	-130	149
MAN AG IFRS	4.513	3.055	1.217	4.272	624	477	551	-171	-174	-173	154
Metro AG IFRS	11.059	14.247	310	14.557	1.809	1.242	1.526	-484	-425	-455	334
RWE AG IFRS	29.145	14.707	7.779	22.486	5.976	5.346	5.661	-1.130	-1.131	-1.131	844
SAP AG US-GAAP	5.685	695	1.589	2.284	2.017	1.733	1.875	56	43	50	342
Schering AG IFRS	3.179	562	713	1.275	686	720	703	-15	-22	-19	194
Siemens AG US-GAAP	45.946	24.132	9.240	33.372	3.794	3.067	3.431	272	245	259	1.114
ThyssenKrupp AG US-GAAP	14.406	6.860	2.859	9.719	1.798	855	1.327	-218	-191	-205	299
TUI AG IFRS	2.561	3.899	665	4.564	817	399	608	-196	-153	-175	138
Volkswagen AG IFRS	55.391	42.679	5.990	48.669	1.187	1.381	1.284	88	125	107	409

Anlage 8: Ermittlung der Maximalausschüttung nach den Regeln des Cal.Corp.Code für das Geschäftsjahr 2004 (Teil 3)

Konzern (Rechnungslegungs-vorschrift)	QST*	EK/BS (KA)	EBIT Durchschnitt (2 Jahre) Mio €	Zinssaldo Durchschnitt (2 Jahre) Mio €	EBIT abzgl. Zinssaldo** Mio €	LT***	Maximalausschüttung QST Mio €	Maximalausschüttung LT Mio €	A(max) § 500 (b) Cal.Corp.Code**** Mio €	GRL(KA) Mio €	A (max) Cal.Corp.Code Mio €	BG (EA) Mio €	GRL (EA) Mio €	A (max) KapRL Mio €
Adidas-Salomon AG IFRS	72%	37%	503	-59	444	100%	0	0	0	1.534	**1.534**	69	1.237	**1.306**
Altana AG IFRS	85%	62%	593	11	604	-16%	0	0	0	1.755	**1.755**	133	1.668	**1.801**
BASF AG IFRS	104%	46%	3.462	-226	3.236	34%	0	0	0	12.253	**12.253**	919	6.033	**6.952**
Bayer AG IFRS	106%	32%	84	-314	-230	51%	0	0	0	9.356	**9.356**	402	2.326	**2.728**
BMW (IFRS) IFRS	106%	26%	3.664	-284	3.380	122%	0	19.827	0	14.501	**14.501**	419	2.545	**2.964**
Continental AG US-GAAP	99%	29%	976	-118	858	91%	0	0	0	1.567	**1.567**	117	46	**163**
DaimlerChrysler AG US-GAAP	103%	18%	2.411	-345	2.066	51%	0	0	0	30.032	**30.032**	1.519	4.257	**5.776**
Deutsche Börse AG IFRS	106%	30%	456	-6	450	100%	0	1.097	0	1.096	**1.096**	227	448	**675**
Deutsche Lufthansa AG IFRS	115%	22%	239	-336	-97	85%	0	0	0	1.386	**1.386**	137	530	**667**
Deutsche Post AG IFRS	98%	5%	2.812	-776	2.036	140%	0	41.986	0	4.451	**4.451**	1.301	4.735	**6.036**
Deutsche Telekom AG US-GAAP	118%	31%	7.533	-3.564	3.969	56%	0	0	0	-23.063	**0**	2.881	11.116	**13.997**
E.ON AG US-GAAP	107%	29%	7.120	-1.124	5.996	26%	0	0	0	20.003	**20.003**	1.549	3.852	**5.401**
Henkel KG aA IFRS	45%	35%	753	-152	601	18%	0	0	0	4.544	**4.544**	185	2.839	**3.024**
Fresenius Medical Care AG (in Mio $) US-GAAP	91%	46%	805	-198	607	145%	0	1.942	0	658	**658**	56	387	**443**
Infineon Technologies AG US-GAAP	164%	35%	-22	-47	-69	187%	4.330	1.789	1.789	-1.200	**589**	-1.209	32	**0**

* Ergebnisse des QST nach vollständiger Ausschüttung der GRL
** Ist die Größe negativ gilt die verschärfte Restriktion des LT.
*** Ergebnisse des LT nach vollständiger Ausschüttung der GRL
**** Da beide Restriktionen gleichzeitig erfüllt sein müssen, stellt der niedrigere Betrag eine Beschränkung dar.

Konzern (Rechnungslegungs-vorschrift)	QST*	EK/BS (KA)	EBIT Durchschnitt (2 Jahre) Mio €	Zinssaldo Durchschnitt (2 Jahre) Mio €	EBIT abzgl. Zinssaldo** Mio €	LT***	Maximalausschüttung QST Mio €	Maximalausschüttung LT Mio €	A (max) § 500 (b) Cal.Corp.Code**** Mio €	GRL(KA) Mio €	A (max) Cal.Corp.Code Mio €	BG (EA) Mio €	GRL (EA) Mio €	A (max) KapRL Mio €
Linde AG IFRS	101%	35%	531	-130	401	68%	0	0	0	1.283	**1.283**	149	510	**659**
MAN AG IFRS	109%	25%	551	-173	378	64%	0	0	0	1.795	**1.795**	154	437	**591**
Metro AG IFRS	93%	17%	1.526	-455	1.071	67%	0	0	0	1.353	**1.353**	356	884	**1.240**
RWE AG IFRS	92%	10%	5.661	-1.131	4.530	102%	0	6.659	0	6.290	**6.290**	844	1.409	**2.253**
SAP AG US-GAAP	78%	61%	1.875	50	1.925	37%	0	0	0	4.830	**4.830**	1.351	1.782	**3.133**
Schering AG IFRS	84%	54%	703	-19	684	25%	0	0	0	2.859	**2.859**	194	884	**1.078**
Siemens AG US-GAAP	86%	34%	3.431	259	3.690	61%	0	0	0	25.447	**25.447**	1.114	6.481	**7.595**
ThyssenKrupp AG US-GAAP	107%	27%	1.327	-205	1.122	112%	0	4.687	0	3.478	**3.478**	309	400	**709**
TUI AG IFRS	73%	22%	608	-175	433	28%	0	0	0	1.294	**1.294**	138	276	**414**
Volkswagen AG IFRS	100%	19%	1.284	107	1.391	76%	0	0	0	18.325	**18.325**	419	4.819	**5.238**

* Ergebnisse des QST nach vollständiger Ausschüttung der GRL
** Ist die Größe negativ gilt die verschärfte Restriktion des LT.
*** Ergebnisse des LT nach vollständiger Ausschüttung der GRL
**** Da beide Restriktionen gleichzeitig erfüllt sein müssen, stellt der niedrigere Betrag eine Beschränkung dar.

Literaturverzeichnis

Ackerman, Thomas C./Sterrett, James K. (1976), California's New Approach to Dividends and Reacquisitions of Shares, in: UCLA L. Rev., Vol. 23, S. 1052-1093.

Adams, Michael (1994), Die Usurpation von Aktionärsbefugnissen mittels Ringverflechtung in der „Deutschland AG", in: AG, 39. Jg., S. 148-158.

Adams, Michael (2004), Das Ende der Mitbestimmung, in: WiSt, 33. Jg., S. 693.

Adler, Hans/Düring, Walther/Schmaltz, Kurt (1995), Rechnungslegung und Prüfung der Unternehmen. Teilband 1, 6. Aufl., Stuttgart.

Adler, Hans/Düring, Walther/Schmaltz, Kurt (1997a), Rechnungslegung und Prüfung der Unternehmen. Teilband 4, 6. Aufl., Stuttgart.

Adler, Hans/Düring, Walther/Schmaltz, Kurt (1997b), Rechnungslegung und Prüfung der Unternehmen. Teilband 5, 6. Aufl., Stuttgart.

Adler, Hans/Düring, Walther/Schmaltz, Kurt (1998), Rechnungslegung und Prüfung der Unternehmen. Teilband 6, 6. Aufl., Stuttgart.

Akerlof, George A. (1970), The Market for „Lemons": Quality Uncertainty and the Market Mechanism, in: QJE, Vol. 84, S. 488-500.

AKEU (2001), Arbeitskreis Externe Unternehmensrechnung der Schmalenbach-Gesellschaft für Betriebswirtschaft, Die Zukunft der Rechnungslegung aus Sicht von Wissenschaft und Praxis - Fachprogramm des Arbeitskreises Externe Unternehmensrechnung im Rahmen des 54. Deutschen Betriebswirtschafter-Tags, in: DB, 54. Jg., S. 160-161.

AKEU (2003), Arbeitskreis Externe Unternehmensrechnung der Schmalenbach-Gesellschaft für Betriebswirtschaft, International Financial Reporting Standards im Einzel- und Konzernabschluss unter der Prämisse eines Einheitsabschlusses für unter Anderem steuerliche Zwecke - Empfehlungen des Arbeitskreises, in: DB, 56. Jg., S. 1585-1588.

Albach, Horst/Corte, Christiane/Friedewald, Rolf/Lutter, Marcus/Richter, Wolf (1988), Deregulierung des Aktienrechts: Das Drei-Stufen-Modell, Gütersloh.

Alberth, Markus R. (1997), USA: Vertraglicher Gläubigerschutz und Ausschüttungsbemessung durch Covenants als Vorbild zur Änderung des deutschen Bilanzrechts, in: WPg, 50. Jg., S. 744-750.

Alberth, Markus R. (1998), US-amerikanische Gläubigerbilanzen durch Covenants in Verträgen, der Versuch einer weltweiten Kategorisierung der Rechnungslegung und Folgen für die internationale Harmonisierungsdiskussion, in: ZfB, 68. Jg., S. 803-824.

American Bar Foundation (1986), Commentaries on Model Debenture Indenture Provisions, Buffalo.

Anderson, Andrew B. III (1976), California's New General Corporation Law: Dividends and Reacquisitions of Shares, in: Pac. L.J., Vol. 7, S. 645-672.

Ankele, Jörg (1970), Zum Vorschlag der Kommission der Europäischen Gemeinschaften für eine Zweite gesellschaftsrechtliche Richtlinie, in: BB, 25. Jg., S. 988-992.

Arbeitsgruppe Europäisches Gesellschaftsrecht (2002), Zur Entwicklung des Europäischen Gesellschaftsrechts: Stellungnahme der Group of German Experts on Corporate Law zum Konsultationsdokument der High Level Group of Experts on Corporate Law, in: ZIP, 23. Jg., S. 1310-1324.

Arbeitsgruppe Europäisches Gesellschaftsrecht (2003), Zur Entwicklung des Europäischen Gesellschaftsrechts: Stellungnahme der Arbeitsgruppe Europäisches Gesellschaftsrecht (Group of German Experts on Corporate Law) zum Report of the High Level Group of Company Law Experts on a modern Regulatory Framework for Company Law in Europe, in: ZIP, 24. Jg., S. 863-880.

Arbeitskreis Bilanzrecht der Hochschullehrer Rechtswissenschaft (2002), Zur Fortentwicklung des deutschen Bilanzrechts, in: BB, 57. Jg., S. 2372-2381.

Arbeitskreis Bilanzrecht der Hochschullehrer Rechtswissenschaft (2004), Stellungnahme zum Referentenentwurf eines Bilanzrechtsreformgesetzes, in: BB, 59. Jg., S. 546-548.

Armour, John (2000a), Chapter 6: Capital Maintenance, in: http://www.dti.gov.uk/cld/esrc6.pdf (Stand: 31.01.2005).

Armour, John (2000b), Share Capital and Creditor Protection: Efficient Rules for a Modern Company Law, in: Mod. L. Rev., Vol. 63, S. 355-378.

Assmann, Heinz-Dieter (1992), Einl., in: Großkommentar Aktiengesetz, hrsg. von Hopt, Klaus J./Wiedemann, Herbert, 4. Aufl., Berlin.

Assmann, Heinz-Dieter (2003), Corporate Governance im Schnittfeld von Gesellschaftsrecht und Kapitalmarktrecht, in: Bankrecht und Kapitalmarktrecht in der Entwicklung, Festschrift für Siegfried Kümpel, hrsg. von Ekkenga, Jens/Hadding, Walther/Hammen, Horst, Berlin, S. 1-17.

Augustin, Reinhard R. (1994), Ausschüttungspolitik deutscher und amerikanischer börsennotierter Unternehmen, in: RIW, 40. Jg., S. 659-662.

Bachmann, Gregor (2001), Grundtendenzen der Reform geschlossener Gesellschaften in Europa. Dargestellt am Beispiel des britischen Reformprozesses und der Europäischen Privatgesellschaft, in: ZGR, 30. Jg., S. 351-384.

Baetge, Jörg (2002), Grundsätze ordnungsmäßiger Buchführung, in: Handwörterbuch Unternehmensrechnung und Controlling, hrsg. von Küpper, Hans-Ulrich/Wagenhofer, Alfred, 4. Aufl., Stuttgart, Sp. 635-647.

Baetge, Jörg (2003), Meinungsspiegel, in: BFuP, 55. Jg., S. 480-490.

Baetge, Jörg (2005), Januskopf: DCF-Verfahren in der Unternehmensbewertung und in der Bilanzierung, in: BB-Special 7/2005, 60. Jg., S. 1.

Baetge, Jörg/Kirsch, Hans-Jürgen (1995), Grundsätze ordnungsmäßiger Buchführung, in: Handbuch der Rechnungslegung. Band Ia, hrsg. von Küting, Karlheinz/Weber, Claus-Peter, 4. Aufl., Stuttgart, S. 135-173.

Baetge, Jörg/Kirsch, Hans-Jürgen/Thiele, Stefan (2005), Bilanzen, 8. Aufl., Düsseldorf.

Baetge, Jörg/Kirsch, Hans-Jürgen/Thiele, Stefan (2004a), Bilanzanalyse, 2. Aufl., Düsseldorf.

Baetge, Jörg/Kirsch, Hans-Jürgen/Thiele, Stefan (2004b), Konzernbilanzen, 7. Aufl., Düsseldorf.

Baetge, Jörg/Niemeyer, Kai/Kümmel, Jens (2005), Darstellung der Discounted-Cashflow-Verfahren (DCF-Verfahren) mit Beispiel, in: Praxishandbuch der Unternehmensbewertung, hrsg. von Peemöller, Volker H., 3. Aufl., Herne/Berlin, S. 265-362.

Baetge, Jörg/Thiele, Stefan (1997), Gesellschafterschutz versus Gläubigerschutz - Rechenschaft versus Kapitalerhaltung, in: Handelsbilanzen und Steuerbilanzen: Festschrift zum 70. Geburtstag von Prof. Dr. h.c. Heinrich Beisse, hrsg. von Budde, Wolfgang D./Moxter, Adolf/Offerhaus, Klaus, Düsseldorf, S. 11-24.

Baetge, Jörg/Zülch, Henning (2001), Fair Value-Accounting, in: BFuP, 53. Jg., S. 543-562.

Bäuml, Sven O./Gageur, Patrick (2005), Die GmbH alter Prägung als Auslaufmodell? - Bundesregierung reagiert mit einer Reform des GmbH-Gesetzes auf den Wettbewerb zwischen Ltd. und GmbH -, in: StuB, 7. Jg., S. 477-483.

BaFin (2006), Angezeigte Ermächtigungen der Hauptversammlung (HV) zum Erwerb eigener Aktien, in: http://www.bafin.de/datenbanken/wa_hv_export.htm (Stand: 05.06.2006).

Bainbridge, Stephen M. (2002), Corporation Law and Economics, New York.

Baker, Ralph J./Cary, William L. (1959), Cases and Materials on Corporations, 3. Aufl., Brooklyn.

Bald, Ernst-Joachim/Blanik, Karl/Determann, Michael/Hien, Heinz M./Knauth, Klaus-Wilhelm/Wachsmuth, Michael/Wickenkamp, Rolf/Wildhagen, Jürgen (2000), Leitfaden für die Vergabe von Unternehmenskrediten - Schuldscheindarlehen - (Kreditleitfaden), 3. Aufl., Karlsruhe.

Baldamus, Ernst-August (2002), Reform der Kapitalrichtlinie, Köln u.a.

Ballantine, Henry W. (1946), Ballantine on Corporations, Chicago.

Ballantine, Henry W./Hills, George S. (1935), Corporate Capital and Restrictions upon Dividends under Modern Corporation Laws, in: Cal. L. Rev., Vol. 23, S. 229-263.

Ballantine, Henry W./Sterling, Graham L. (2004), California Corporation Law, 4. Aufl., Newark (Stand: Release No. 87, May 2004).

Ballerstedt, Kurt (1971), Gesellschaftsrechtliche Probleme der Reform des GmbH-Rechts, in: ZHR, 135. Jg., S. 383-409.

Ballwieser, Wolfgang (1987), Die Analyse von Jahresabschlüssen nach neuem Recht, in: WPg, 40. Jg., S. 57-68.

Ballwieser, Wolfgang (1990), Ist das Maßgeblichkeitsprinzip überholt?, in: BFuP, 42. Jg., S. 477-498.

Ballwieser, Wolfgang (1994), Adolf Moxter und der Shareholder Value-Ansatz, in: Bilanzrecht und Kapitalmarkt, Festschrift zum 65. Geburtstag von Prof. Dr. Dr. h.c. Dr. h.c. Adolf Moxter, hrsg. von Ballwieser, Wolfgang/Böcking, Hans-Joachim/Drukarczyk, Jochen/Schmidt, Reinhard H., Düsseldorf, S. 1379-1405.

Ballwieser, Wolfgang (1995), Zur Frage der Rechtsform-, Konzern- und Branchenunabhängigkeit der Grundsätze ordnungsmäßiger Buchführung, in: Rechenschaftslegung im Wandel, Festschrift für Wolfgang Dieter Budde, hrsg. von Förschle, Gerhart/Kaiser, Klaus/Moxter, Adolf, München, S. 43-66.

Ballwieser, Wolfgang (1996), Zum Nutzen handelsrechtlicher Rechnungslegung, in: Rechnungslegung - warum und wie, Festschrift für Hermann Clemm zum 70. Geburtstag, hrsg. von Ballwieser, Wolfgang/Moxter, Adolf/Nonnenmacher, Rolf, München, S. 1-25.

Ballwieser, Wolfgang (2001a), Vor § 238 HGB, in: Münchener Kommentar zum Handelsgesetzbuch, Band 4, hrsg. von Schmidt, Karsten, München.

Ballwieser, Wolfgang (2001b), § 243 HGB, in: Münchener Kommentar zum Handelsgesetzbuch, Band 4, hrsg. von Schmidt, Karsten, München.

Ballwieser, Wolfgang (2001c), § 246 HGB, in: Münchener Kommentar zum Handelsgesetzbuch, Band 4, hrsg. von Schmidt, Karsten, München.

Ballwieser, Wolfgang (2001d), § 252 HGB, in: Münchener Kommentar zum Handelsgesetzbuch, Band 4, hrsg. von Schmidt, Karsten, München.

Ballwieser, Wolfgang (2001e), Anforderungen des Kapitalmarkts an Bilanzansatz- und Bilanzbewertungsregeln, in: KoR, 1. Jg., S. 160-164.

Ballwieser, Wolfgang (2003), Enron und die Folgen für die Jahresabschlussprüfung, in: Wirtschaftsprüfer Jahrbuch 2003, hrsg. vom Institut Österreichischer Wirtschaftsprüfer, Wien, S. 9-19.

Ballwieser, Wolfgang (2004), Unternehmensbewertung, Stuttgart.

Ballwieser, Wolfgang/Küting, Karlheinz/Schildbach, Thomas (2004), Fair value - erstrebenswerter Wertansatz im Rahmen einer Reform der handelsrechtlichen Rechnungslegung?, in: BFuP, 56. Jg., S. 529-549.

Balotti, R. Franklin/Finkelstein, Jesse A. (2004), The Delaware Law of Corporations & Business Organizations. Statutory Deskbook, New York.

Barta, Sebastian (2005), Das Kapitalsystem von GmbH und AG - Inhalt und Zweck der Regelungen über Stamm- bzw. Grundkapital. Zugleich Anmerkungen zum Referentenentwurf eines „Gesetzes zur Neuregelung des Mindestkapitals der GmbH (MindestKapG)", in: GmbHR, 96. Jg., S. 657-662.

Barton, Alan J. (1975), A Brief Look at the New California General Corporation Law, in: L.A.B.J., Vol. 51, S. 210-220.

Bauer, Markus (1995), Gläubigerschutz durch eine formelle Nennkapitalziffer - Kapitalgesellschaftsrechtliche Notwendigkeit oder überholtes Konzept?, Frankfurt am Main u.a.

Baumann, Jeffrey D./Weiss, Elliott J./Palmiter, Alan R. (2003), Corporations. Law and Policy. Materials and Problems, 5. Aufl., St. Paul.

Baums, Theodor (Hrsg.) (2001), Bericht der Regierungskommission Corporate Governance. Unternehmensführung, Unternehmenskontrolle, Modernisierung des Aktienrechts, Köln.

Baums, Theodor (2002), Die Europäische Corporate Governance - Empfehlungen des Winter II-Papiers aus deutscher Perspektive. Institut für Bankrecht, Arbeitspapier Nr. 105, in: http://www.kpmg.de/audit-committee-institute/bin/CorporateGovernance-Winter2.pdf (Stand: 20.02.2005).

Baums, Theodor/Stöcker, Mathias (2003), Die Vorschläge der Regierungskommission Corporate Governance und ihre bisherige Umsetzung durch den Deutschen Corporate Governance Kodex und das TransPuG, in: Reform des Aktienrechts, der Rechnungslegung und der Prüfung, hrsg. von Dörner, Dietrich/Menold, Dieter/Pfitzer, Norbert/Oser, Peter, 2. Aufl., Stuttgart, S. 1-39.

Bayer, Walter (2000), Zentrale Konzernfinanzierung, Cash Management und Kapitalerhaltung, in: Deutsches und europäisches Gesellschafts-, Konzern- und Kapitalmarktrecht. Festschrift für Marcus Lutter zum 70. Geburtstag, hrsg. von Schneider, Uwe H./Hommelhoff, Peter/Schmidt, Karsten/Timm, Wolfram/Grunewald, Barbara/Drygala, Tim, Köln, S. 1011-1032.

Bayer, Walter (2003), § 58, in: Münchener Kommentar zum Aktiengesetz, hrsg. von Kropff, Bruno/Semler, Johannes, 2. Aufl. des Geßler/Hefermehl/Eckardt/Kropff, Aktiengesetz, München.

Bayer, Walter (2004a), Aktuelle Entwicklungen im Europäischen Gesellschaftsrecht, in: BB, 59. Jg., S. 1-11.

Bayer, Walter (2004b), Mannesmann-Prämien verletzen das Aktienrecht. Vergleich mit Aktienoptionen an Arbeitnehmer unzulässig, in: FAZ, Nr. 99 vom 28.04.2004, S. 23.

Bea, Franz X./Scheurer, Steffen (1994), Die Kontrollfunktion des Aufsichtsrats, in: DB, 47. Jg., S. 2145-2152.

Beater, Axel (2001), § 264 HGB, in: Münchener Kommentar zum Handelsgesetzbuch, Band 4, hrsg. von Schmidt, Karsten, München.

Beatty, Anne/Ramesh, K./Weber, Joseph (2002), The Imporatnce of Accounting Changes in Debt Contracts: The Cost of Flexibility in Covenant Calculations, in: JAaE, Vol. 33, S. 205-227.

Bebchuk, Lucian A. (1992), Federalism and the Corporation: The Desirable Limits on State Competition in Corporate Law, in: Harv. L. Rev., Vol. 105, S. 1437-1510.

Bebchuk, Lucian A./Cohen, Alma (2003), Firms' Decisions Where to Incorporate, in: J.L. & Econ., Vol. 46, S. 383-425.

Bebchuk, Lucian A./Cohen, Alma/Ferrell, Allen (2002), Does the Evidence Favor State Competition in Corporate Law?, in: Cal. L. Rev., Vol. 90, S. 1775-1821.

Bebchuk, Lucian A./Ferrell, Allen (1999), Federalism and Corporate Law: The Race to Protect Managers from Takeovers, in: Colum. L. Rev., Vol. 99, S. 1169-1199.

Bebchuk, Lucian A./Ferrell, Allen (2001), A New Approach to Takeover Law and Regulatory Competition, in: Va. L. Rev., Vol. 87, S. 111-164.

Bebchuk, Lucian A./Hamdani, Assaf (2002), Vigorous Race or Leisurely Walk: Reconsidering the Competition over Corporate Charters, in: Yale L.J., Vol. 112, S. 553-615.

Beck, Heiko (2004), § 2 WpHG, in: Kapitalmarktrechts-Kommentar, hrsg. von Schwark, Eberhard, 3. Aufl., München.

Beckmann, Ralph (1989), Zur Rücklagenbildung im Konzern, in: DB, 42. Jg., S. 940-943.

Begley, Joy/Freedman, Ruth (2004), The Changing Role of Accounting Numbers in Public Lending Agreements, in: AH, Vol. 18, S. 81-96.

Beisse, Heinrich (1989), Die Generalnorm des neuen Bilanzrechts und ihre steuerrechtliche Bedeutung, in: Handelsbilanz und Steuerbilanz. Beiträge zum neuen Bilanzrecht, Band 2, hrsg. von Mellwig, Winfried/Moxter, Adolf/Ordelheide, Dieter, Wiesbaden, S. 15-31.

Beisse, Heinrich (1993), Gläubigerschutz - Grundprinzip des deutschen Bilanzrechts, in: Festschrift für Karl Beusch zum 68. Geburtstag, hrsg. von Beisse, Heinrich/Lutter, Marcus/Närger, Heribald, Berlin/New York.

Beisse, Heinrich (1999), Normqualität und Normstruktur von Bilanzvorschriften und Standards, in: BB, 54. Jg., S. 2180-2186.

Ben-Dror, Yoav (1983), An Empirical Study of Distribution Rules under California Corporations Code § 500: Are Creditors Adequately Protected?, in: U.C. Davis L. Rev., Vol. 16, S. 375-418.

Benckendorff, Andreas (1998), Erwerb eigener Aktien im deutschen und US-amerikanischen Recht, Baden-Baden.

Berle, Adolf A. (1929), Investors and the Revised Delaware Act, in: Colum. L. Rev., Vol. 29, S. 563-581.

Bernstorff, Christoph Graf von (2004), Das Betreiben einer englischen Limited in Deutschland, in: RIW, 50. Jg., S. 498-502.

Berry, A. J./Faulkner, S./Hughes, M./Jarvis, R. (1993), Financial Information, the Banker and the Small Business, in: BAR, Vol. 25, S. 131-150.

Beusch, Karl (1987), Rücklagenbildung im Konzern, in: Bilanz- und Konzernrecht, Festschrift zum 65. Geburtstag von Dr. Dr. h.c. Reinhard Goerdeler, hrsg. von Havermann, Hans, Düsseldorf, S. 25-44.

Bezzenberger, Tilman (2005), Das Kapital der Aktiengesellschaft. Kapitalerhaltung, Vermögensbindung, Konzernrecht, Köln.

Bhagat, Sanjai/Romano, Roberta (2002), Event Studies and the Law: Part II: Empirical Studies of Corporate Law, in: ALER, Vol. 4, S. 380-423.

Bieker, Marcus (2006), Ökonomische Analyse des Fair Value Accounting, Frankfurt am Main u.a.

Bieker, Marcus/Schmidt, Lars (2002), Der Vorschlag der Europäischen Kommission zur Änderung der Bilanzrichtlinien. Darstellung und Beurteilung des Umsetzungsbedarfs für den deutschen Gesetzgeber, in: KoR, 2. Jg., S. 206-219.

Bigus, Jochen/Langer, Thomas/Schiereck, Dirk (2004), Wie werden Kreditsicherheiten in der Praxis eingesetzt? - Ein Überblick über empirische Befunde, in: ZBB, 16. Jg., S. 465-480.

Binz, Mark/Sorg, Martin (2004), Esser und Ackermann müssen Pyrrhussiege fürchten, in: FAZ, Nr. 105 vom 06.05.2004, S. 12.

Bitz, Michael/Hemmerde, Wilhelm/Rausch, Werner (1986), Gesetzliche Regelungen und Reformvorschläge zum Gläubigerschutz. Eine ökonomische Analyse, Berlin u.a.

Black, Barbara (2004), Corporate Dividends and Stock Repurchases, Eagan (Stand: 12/2004).

Blatt, Dana L. (Hrsg.) (2003), High Court Case Summaries, Eagan.

Blaurock, Uwe (2005), Mindestkapital und Haftung bei der GmbH, in: Festschrift für Thomas Raiser zum 70. Geburtstag am 20. Februar 2005, hrsg. von Damm, Reinhard/Heermann, Peter W./Veil, Rüdiger, Berlin.

Blumenwitz, Dieter (2003), Einführung in das anglo-amerikanische Recht, 7. Aufl., München.

BMJ (2002), Bundesministerium der Justiz, Entwurf eines Gesetzes zur weiteren Reform des Aktien- und Bilanzrechts, zu Transparenz und Publizität (Transparenz- und Publizitätsgesetz), in: http://www.bmj.bund.de/media/archive/301.pdf (Stand: 29.03.2004), S. 1-79.

BMJ (2003), Bundesministerium der Justiz, Referentenentwurf Gesetz zur Einführung internationaler Rechnungslegungsstandards und zur Sicherung der Qualität der Abschlussprüfung (Bilanzrechtsreformgesetz - BilReG), in: http://www.bmj.bund.de/media/archive/512.pdf (Stand: 17.05. 2005).

BMJ (2005a), Bundesministerium der Justiz, Referentenentwurf eines Gesetzes über elektronische Handelsregister und Genossenschaftsregister sowie das Unternehmensregister (EHUG), in: http://www.bmj.bund.de/media/archive/890.pdf (Stand: 29.08.2005).

BMJ (2005b), Bundesministerium der Justiz, Referentenentwurf. Entwurf eines Gesetzes zur Neuregelung des Mindestkapitals der GmbH (MindestkapG), in: http://www.bmj.de/media/ archive/908. pdf (Stand: 19.05.2005).

BMJ (2006), Bundesministerium der Justiz, Zeit für Gründer – die GmbH-Reform, in: http://www.bmj.bund.de/enid/7cdc7100e4daafb512593dcd54df2fa3,c6eeea70726573736561727469 6b656c5f6964092d0932343639093a096d795f79656172092d0932303036093a096d795f6d6f6e7468092d093035093a095f7472636964092d0932343639/Presse/Pressemitteilungen_58.html (Stand: 05.06.2006).

Böcking, Hans-Joachim (2001), IAS für Konzern- und Einzelabschluss?, in: WPg, 54. Jg., S. 1433-1440.

Böcking, Hans-Joachim (2002), IAS/IFRS und Corporate Governance, in: Vom Financial Accounting zum Business Reporting - Kapitalmarktorientierte Rechnungslegung und integrierte Unternehmenssteuerung, Stuttgart, S. 423-443.

Böcking, Hans-Joachim (2004), Internationalisierung der Rechnungslegung und ihre Auswirkungen auf die Grundprinzipien des deutschen Rechts, in: Der Konzern, 2. Jg., S. 177-183.

Böcking, Hans-Joachim/Busam, Dirk/Dietz, Stephanie (2003), IFRS 1. First-time Adoption of International Financial Reporting Standards vom 19.6.2003 - Zur Umstellung der Rechnungslegung von HGB auf IFRS und zur Bedeutung des Framework -, in: Der Konzern, 1. Jg., S. 457-476.

Böcking, Hans-Joachim/Herold, Christian/Müßig, Anke (2004a), IFRS für nicht kapitalmarktorientierte Unternehmen - unter besonderer Berücksichtigung mittelständischer Belange -, in: Der Konzern, 2. Jg., S. 664-672.

Böcking, Hans-Joachim/Herold, Christian/Müßig, Anke (2004b), Zur Notwendigkeit modifizierter IFRS für kleine und mittelgroße Unternehmen - Das IASB-Diskussionspapier „Preliminary Views on Accounting Standards for Small and Medium-sized Entities" -, in: Der Konzern, 2. Jg., S. 789-796.

Böcking, Hans-Joachim/Herold, Christian/Wiederhold, Philipp (2003), Modernisierung des HGB in Richtung IAS/IFRS - Auswirkungen der Änderungen der 4. und 7. EU-Richtlinie vom 6.5.2003 -, in: Der Konzern, 1. Jg., S. 394-409.

Böckmann, Tobias (2005), Gläubigerschutz bei GmbH und close corporation. Eine rechtsvergleichende Untersuchung nach deutschem und US-amerikanischem Recht unter besonderer Berücksichtigung des Rechts von Delaware, Kalifornien und New York, Köln u.a.

Böhm, Steffen (1979), Der Konzerngewinn als Grundlage für Dividendenausschüttung und Steuerbemessung - Ein Vorschlag für eine Neuregelung -, Göttingen.

Bohl, Elke (2003), Die Mitbestimmung irritiert die ausländischen Investoren, in: FAZ vom 20.09.2003, Nr. 219, S. 14.

Bonse, Andreas (2004), Informationsgehalt von Konzernabschlüssen nach HGB, IAS und US-GAAP. Eine empirische Analyse aus Sicht der Eigenkapitalgeber, Frankfurt am Main u.a.

Bonse, Andreas/Linnhoff, Ulrich/Pellens, Bernhard (2002a), Jahresabschluss, in: Betriebswirtschaft für Führungskräfte, hrsg. von Busse von Colbe, Walther/Coenenberg, Adolf G./Kajüter, Peter/Linnhoff, Ulrich, 2. Aufl., Stuttgart, S. 315-354.

Bonse, Andreas/Linnhoff, Ulrich/Pellens, Bernhard (2002b), Jahresabschlussanalyse, hrsg. von Busse von Colbe, Walther/Coenenberg, Adolf G./Kajüter, Peter/Linnhoff, Ulrich, Stuttgart, S. 389-412.

Booth, Richard A. (2000), A Chronology of the Evolution of the MBCA, in: Bus. Law., Vol. 56, S. 63-67.

Bormann, Michael/Gucht, Christiane (2003), Übermittlung des Prüfungsberichts an den Aufsichtsrat - ein Beitrag zu § 170 Abs. 3 S. 2 AktG, in: BB, 58. Jg., S. 1887-1894.

Bott, Claudia (2002), Aktionärsstruktur, Kontrolle und Erfolg von Unternehmen, Wiesbaden.

Brealey, Richard A./Myers, Stewart C. (2000), Principles of Corporate Finance, 6. Aufl., Boston u.a.

Brönner, Herbert/Bareis, Peter (1991), Die Bilanz nach Handels- und Steuerrecht, 9. Aufl., Stuttgart.

Broer, Frank Daniel (2001), Maßgeblichkeitsprinzip und Harmonisierung der Rechnungslegung, Baden-Baden.

Buchheim, Regine, Die Jahres- und Zwischenberichterstattung im Entwurf der EU-Transparenz-Richtlinie, in: KoR, 3. Jg., S. 241-248.

Buchheim, Regine/Burger, Anton/Ulbrich, Philipp (2004), Publizitätspflichten aufgrund der Transparenz-Richtlinie, in: WISU, 33. Jg., S. 1389-1395.

Buchheim, Regine/Gröner, Susanne (2003), Anwendungsbereich der IAS-Verordnung an der Schnittstelle zu deutschem und zu EU-Bilanzrecht, in: BB, 58. Jg., S. 953-955.

Buchheim, Regine/Gröner, Susanne/Kühne, Mareike (2004), Übernahme von IAS/IFRS in Europa: Ablauf und Wirkung des Komitologieverfahrens auf die Rechnungslegung, in: BB, 59. Jg., S. 1783-1788.

Buchholz, Rainer (2002), IAS für mittelständische Unternehmen? - Vor- und Nachteile neuer Rechnungslegungsvorschriften in Deutschland, in: DStR, 40. Jg., S. 1280-1284.

Buchta, Jens/Kann, Jürgen van (2003), Die Haftung des Aufsichtsrats einer Aktiengesellschaft - aktuelle Entwicklungen in Gesetzgebung und Rechtsprechung, in: DStR, 41. Jg., S. 1665-1670.

Budde, Wolfgang D. (1994), Rechenschaftslegung im Spannungsfeld des Grundgesetzes, in: Bilanzrecht und Kapitalmarkt. Festschrift zum 65. Geburtstag von Professor Dr. Dr. h.c Dr. h.c. Adolf Moxter, hrsg. von Ballwieser, Wolfgang/Böcking, Hans-Joachim/Drukarczyk, Jochen/Schmidt, Reinhard H., Düsseldorf, S. 35-59.

Budde, Wolgang D. (1997), Konzernrechnungslegung nach IAS und US-GAAP und ihre Rückwirkungen auf den handelsrechtlichen Einzelabschluß, in: Handelsbilanzen und Steuerbilanzen. Festschrift zum 70. Geburtstag von Prof. Dr. h.c. Heinrich Beisse, hrsg. von Budde, Wolfgang D./Moxter, Adolf/Offerhaus, Klaus, Düsseldorf, S. 105-121.

Budde, Wolfgang D./Steuber, Elgin (1996), Rechnungslegung im Spannungsfeld zwischen Gläubigerschutz und Information der Gesellschafter, in: AG, 41. Jg., S. 542-550.

Bundesregierung (2002), Stellungnahme der Bundesregierung zu dem Konsultationspapier der Hochrangigen Expertengruppe auf dem Gebiet des Gesellschaftsrechts: „Moderne gesellschaftsrechtliche Rahmenbedingungen in Europa“, in: http://www.rws-verlag.de/volltext-2002/02lutter3. htm (Stand: 17.01.2005).

Bundesregierung (2003), Bundesregierung stärkt Anlegerschutz und Unternehmensintegrität. Mitteilung für die Presse, Nr. 10/03, in: http://www.bmj.bund.de/ger/service/gesetzgebungsvorhaben/10000668 (Stand: 25.02.2003).

Bungert, Hartwin (2003), Gesellschaftsrecht in den USA, 3. Aufl., München/Berlin.

Bungert, Hartwin (2004), Festschreibung der ungeschriebenen „Holzmüller“-Hauptversammlungszuständigkeiten bei der Aktiengesellschaft, in: BB, 59. Jg., S. 1345-1352.

Burger, Anton/Buchhart, Anton (2001), Financial Covenants statt Insolvenzordnung?, in: FB, 3. Jg., S. 99-104.

Busse von Colbe, Walther (1960), Der Jahresabschluß des Konzerns. Unter Berücksichtigung des Regierungsentwurfs eines Aktiengesetzes, in: AG, 5. Jg., S. 145-148 (Teil I), S. 181-186 (Teil II).

Busse von Colbe (1966a), Aufbau und Informationsgehalt von Kapitalflußrechnungen, in: ZfB, 36. Jg., S. 82-114.

Busse von Colbe, Walther (1966b), Der Konzernabschluß nach neuem Aktienrecht, in: AG, 11. Jg., S. 269-274 (Teil I), S. 308-319 (Teil II), S. 350-353 (Teil III).

Busse von Colbe, Walther (1986), Meinungsspiegel, in: BFuP, 38. Jg., S. 357-372.

Busse von Colbe, Walther (1987a), Der Konzernabschluß als Bemessungsgrundlage für die Gewinnverwendung, in: Bilanz- und Konzernrecht: Festschrift zum 65. Geburtstag von Dr. Dr. h.c. Reinhard Goerdeler, hrsg. von Havermann, Hans, Düsseldorf, S. 61-77.

Busse von Colbe, Walther (1987b), Die neuen Rechnungslegungsvorschriften aus betriebswirtschaftlicher Sicht, in: WPg, 40. Jg., S. 117-126.

Busse von Colbe, Walther (1993), Die Entwicklung des Jahresabschlusses als Informationsinstrument, in: ZfbF-Sonderheft 32, Ökonomische Analyse des Bilanzrechts – Entwicklungslinien und Perspektiven –, hrsg. von Wagner, Franz W., Düsseldorf/Frankfurt am Main, S. 11-29.

Busse von Colbe, Walther (1994), Unternehmenskontrolle durch Rechnungslegung, in: Internationale Unternehmenskontrolle und Unternehmenskultur. Beiträge zu einem Symposium. Professor Dr. Bernhard Großfeld zum 60. Geburtstag, hrsg. von Sandrock, Otto/ Jäger, Wilhelm, Tübingen, S. 37-57.

Busse von Colbe, Walther (1997), Was ist und was bedeutet Shareholder Value aus betriebswirtschaftlicher Sicht?, in: ZGR, 27. Jg., S. 271-290.

Busse von Colbe, Walther (2000), Rechnungslegungsziele und Ansätze zur internationalen Harmonisierung der Rechnungslegung deutscher Unternehmen, in: US-amerikanische Rechnungslegung. Grundlagen und Vergleiche mit deutschem Recht, hrsg. von Ballwieser, Wolfgang, 4. Aufl., Stuttgart, S. 485-508.

Busse von Colbe, Walther (2002a), Die deutsche Rechnungslegung vor einem Paradigmawechsel, in: ZfbF, 54. Jg., S. 159-172.

Busse von Colbe, Walther (2002b), Internationalisierung und Erweiterung der Rechnungslegung, in: Betriebswirtschaft für Führungskräfte, hrsg. von Busse von Colbe, Walther/ Coenenberg, Adolf G./Kajüter, Peter/Linnhoff, Ulrich, Stuttgart, S. 355-388.

Busse von Colbe, Walther (2002c), Jahresabschluss, in: Handwörterbuch Unternehmensrechnung und Controlling, hrsg. von Küpper, Hans-Ulrich/Wagenhofer, Alfred, 4. Aufl., Stuttgart, Sp. 887-895.

Busse von Colbe, Walther (2002d), Vorschlag der EG-Kommission zur Anpassung der Bilanzrichtlinien an die IAS - Abschied von der Harmonisierung?, in: BB, 57. Jg., S. 1530-1536.

Busse von Colbe, Walther/Ordelheide, Dieter/Gebhardt, Günther/Pellens, Bernhard (2003), Konzernabschlüsse, 7. Aufl., Wiesbaden.

Buxbaum, Richard M. (1954), Preferred Stock - Law and Draftsmanship, in: Cal. L. Rev., Vol. 42, S. 243-309.

Carney, William J. (1998), The Production Of Corporate Law, in: S. Cal. L. Rev., Vol. 71, S. 715-780.

Carpenter, Charles G. (1970), A Critical Evaluation of the Wasting Asset Distribution, in: Bus. Law., Vol. 25, S. 1733-1739.

Cary, William L. (1974), Federalism and Corporate Law: Reflections upon Delaware, in: Yale L.J., Vol. 83, S. 663-705.

Castle, Grover R. (1980), Term Lending - A Guide to Negotiating Term Loan Covenants and Other Financial Restrictions, in: JoCBL, Vol. 63, S. 26-39.

Chava, Sudheer/Kumar, Praveen/Warga, Arthur (2004), Agency Costs and the Pricing of Bond Covenants, in: http://ssrn.com/abstract=611801 (Stand: 08.06.2005).

Cheffins, Brian R. (1997), Company Law: Theory, Structure, and Operation, Oxford.

Chmielewicz, Klaus (1984), Der Neuentwurf einer 5. EG-Richtlinie (Struktur der AG) - Darstellung und Kritik, in: DBW, 44. Jg., S. 393-409.

Choper, Jesse H./Coffee, John C./Gilson, Ronald J. (2004), Cases and Materials on Corporations, 6. Aufl., New York.

Citron, David B. (1992a), Accounting Measuement Rules in UK Bank Loan Contracts, in: ABR, Vol. 23, S. 21-30.

Citron, David B. (1992b), Financial Ratio Covenants in UK Bank Loan Contracts and Accounting Policy Choice, in: ABR, Vol. 22, S. 322-335.

Citron, David B. (1995), The Incidence of Accounting-based Covenants in UK Public Debt Contracts: An Empirical Analysis, in: ABR, Vol. 25, S. 139-150.

Clark, Robert C. (1977), The Duties of the Corporate Debtor to Its Creditors, in: Harv. L. Rev., Vol. 90, S. 505-562.

Clark, Robert C. (1986), Corporate Law, Boston/Toronto.

Claussen, Carsten P. (1974), Sinngehalt und Ausformung der Sonderprüfung wegen Unterbewertung, in: Wirtschaftsfragen der Gegenwart, Festschrift für Carl H. Barz zum 65. Geburtstag, hrsg. von Fischer, Robert/Möhring, Philipp/Westermann, Harry, Berlin/New York, S. 317-333.

Claussen, Carsten P. (1996), Das Gesetz über die kleine Aktiengesellschaft - und die ersten praktischen Erfahrungen, in: WM, 50. Jg., S. 609-619.

Clement, Reiner (2005), Anlegerschutz aus Sicht der Principal-Agent-Theorie, in: WISU, 34. Jg., S. 360-367.

Clemm, Hermann (1987), Unternehmerische Rechnungslegung - Aufgaben, Möglichkeiten und Grenzen -, in: Bilanz- und Konzernrecht, Festschrift zum 65. Geburtstag von Dr. Dr. h.c. Reinhard Goerderler, hrsg. von Havermann, Hans, Düsseldorf, S. 93-126.

Coates, John C. IV. (2001), Explaining Variation in Takeover Defenses: Blame the Lawyers, in: Cal. L. Rev., Vol. 89, S. 1301-1421.

Coenenberg, Adolf G. (2005), Jahresabschluss und Jahresabschlussanalyse, 20. Aufl., Stuttgart.

Committee on Corporate Laws (1979), Changes in the Model Business Corporation Act Affecting Indemnification of Corporate Personnel, in: Bus. Law., Vol. 34, S. 1595-1615.

Committee on Corporate Laws (1986), Changes in the Model Business Corporation Act - Amendments Pertaining to Distributions, in: Bus. Law., Vol. 42, S. 259-269.

Cox, James D./Hazen, Thomas L. (2003), Cox & Hazen on Corporations, Volume III, 2. Aufl., New York.

Crasselt, Nils (2003), Wertorientierte Managemententlohnung, Unternehmensrechnung und Investitionssteuerung, Frankfurt am Main u.a.

Cumming, Douglas J./MacIntosh, Jeffrey G. (2002), The Rationales Underlying Reincorporation and Implications for Canadian Corporations, in: Int. Rev. L. Econ., Vol. 22, S. 277-330.

Daines, Robert (2001), Does Delaware Law Improve Firm Value?, in: JoFE, Vol. 62, S. 525-558.

Dallmann, Holger/Ull, Thomas (2004), IFRS-Rechnungslegung für kleine und mittlere Unternehmen - Das Diskussionspapier des IASB -, in: KoR, 4. Jg., S. 321-331.

DAV (2003a), Stellungnahme zum Aktionsplan der EU-Kommission zur Modernisierung des Gesellschaftsrechts und Verbesserung der Corporate Governace in der Europäischen Union, in: NZG, 6. Jg., S. 1008-1014.

DAV (2003b), Stellungnahme zum Bilanzrecht: IAS-VO und Reform des HGB, in: ZIP, 24. Jg., S. 459-460.

David, René/Grasmann, Günther (1988), Einführung in die großen Rechtssysteme der Gegenwart, 2. Aufl., München, auf der Grundlage „Les grands systèmes de droit contemporais“ von David, René/Spinosi, Camille J., 8. Aufl., Paris, 1982.

Davies, Paul (1998), Legal Capital in Private Companies in Great Britain, in: AG, 43. Jg., S. 346-354.

Day, Judith F. (1986), The Use of Annual Reports by UK Investment Analysts, in: ABR, Vol. 16, S. 295-307.

Day, Judy F./Taylor, Peter J. (1995), Evidence on the Practices of UK Bankers in Contracting for Medium-term Debt, in: JIBL, o. Vol., S. 394-401.

Day, Judy F./Taylor, Peter J. (1996), Loan Contracting by UK Corporate Borrowers, in: JIBL, o. Vol., S. 318-325.

Deakins, David/Hussain, Guhlum (1994), Financial Information, the Banker and the Small Business: A Comment, in: BAR, Vol. 26, S. 323-335.

Deering's (2004), Deering's California Codes Annotated, Newark (Stand: Mai 2004).

Deutsche Bundesbank (2002), Rechnungslegungsstandards für Kreditinstitute im Wandel, in: Deutsche Bundesbank Monatsbericht Juni 2002, 54. Jg., S. 41-57.

Deutsche Telekom (2004), Geschäftsbericht.

Deutsches Aktieninstitut (2005), DAI-Factbook 2005, Frankfurt am Main.

Dichev, Ilia D./Skinner, Douglas J. (2002), Large-Sample Evidence on the Debt Covenant Hypothesis, in: JAR, Vol. 40, S. 1091-1123.

Dietrich, Christian (2003), Der neue § 111 Abs. 4 Satz 2 AktG. Zustimmungsvorbehaltspflicht auch für unternehmerisches Unterlassen?, in: DStR, 41. Jg., S. 1577-1579.

Dirrigl, Hans (1988), Die Bewertung von Beteiligungen an Kapitalgesellschaften - Betriebswirtschaftliche Methoden und steuerlicher Einfluß -, Hamburg.

Dirrigl, Hans (1998), Wertorientierung und Konvergenz in der Unternehmensrechnung, in: BFuP, 50. Jg., S. 540-579.

Dirrigl, Hans/Wagner, Franz W. (1993), Ausschüttungspolitik unter Berücksichtigung der Besteuerung, in: Handbuch des Finanzmanagements, hrsg. von Gebhardt, Günther/Gerke, Wolfgang/ Steiner, Manfred, München, S. 261-286.

Döllerer, Georg (1959), Grundsätze ordnungsmäßiger Bilanzierung, deren Entstehung und Ermittlung, in: BB, 14. Jg., S. 1217-1221.

Dooley, Michael P./Goldman, Michael D. (2001), Some Comparisons Between the Model Business Corporation Act and the Delaware General Corporation Law, in: Bus. Law., Vol. 56, S. 737-766.

Doralt, Peter (2004), Haftung und Schadensersatz, in: Arbeitshandbuch für Aufsichtsratsmitglieder, hrsg. von Semler, Johannes/Schenck, Kersten von, 2. Aufl., München, S. 787-839.

Dreyfuss, Gilbert (1976), Distributions to Shareholders under the New California General Corporation Law, in: Loy. L.A. L. Rev., Vol. 9, S. 839-864.

Drinkuth, Henrik (1998), Die Kapitalrichtlinie - Mindest- oder Höchstnorm?, Köln.

Drobnig, Ulrich (1959), Haftungsdurchgriff bei Kapitalgesellschaften, Frankfurt am Main/ Berlin.

Drukarczyk, Jochen (2003), Unternehmensbewertung, 4. Aufl., München.

Drygala, Tim (2001), Die Vorschläge der SLIM-Arbeitsgruppe zur Vereinfachung des Europäischen Gesellschaftsrechts, in: AG, 46. Jg., S. 291-299.

DSGV (2005), Deutscher Sparkassen- und Giroverband, Diagnose Mittelstand 2005. Mittelstand stärken - Breitere Basis für Wachstum schaffen, in: http://www.dsgv.de/owx_medien/media11/ 1187.pdf (Stand: 23.05.2005).

DSW (2005), HV-Präsenzen der DAX 30-Unternehmen (1998-2005), in: http://www.dsw-info.de/uploads/media/HV-Praesenz_2005.pdf (Stand: 05.06.2006).

DTI (1998), Department of Trade and Industry, Modern Company Law for a Competitive Economy, in: http://www.dti.gov.uk/cld/comlaw/comlaw.pdf (Stand: 29.08.2005).

DTI (1999), Department of Trade and Industry, Modern Company Law for a Competitive Economy. Company Formation and Capital Maintenance, in: http://www.dti.gov.uk/cld/ 1843cptl.pdf (Stand: 29.08.2005).

DTI (2000), Department of Trade and Industry, Modern Company Law for a Competitive Economy. Capital Maintenance: Other Issues, in: http://www.dti.gov.uk/cld/capm.pdf (Stand: 29.08.05).

DTI (2001), Department of Trade and Industry, Modern Company Law for a Competitive Economy. Final Report, in: http://www.dti.gov.uk/cld/final_report/index.htm (Stand: 29.08.2005).

DTI (2002), Department of Trade and Industry, Modernising Company Law, Presented to Parliament by the Secretary of State for Trade and Industry by Command of Her Majesty, in: http://www.dti.gov.uk/companiesbill/whitepaper.htm (Stand: 29.08.2005).

Duke, Joanne C./Hunt III, Herbert G. (1990), An Empirical Examination of Debt Covenant Restrictions and Accounting-Related Debt Proxies, in: JAaE, Vol. 12, S. 45-63.

Dziadkowski, Dieter/Henselmann, Klaus (2004), Verhältnis von Handelsbilanz und Steuerbilanz, in: Beck'sches Handbuch der Rechnungslegung, Band I, hrsg. von Castan, Edgar/Böcking, Hans-Joachim/Heymann, Gerd/Pfitzer, Norbert/Scheffler, Eberhard, München, B 120.

Easterbrook, Frank H./Fischel, Daniel R. (1991), The Economic Structure of Corporate Law, Cambridge, Mass./London.

Ebenroth, Carsten-Thomas (1987), Konzernbildungs- und Konzernleitungskontrolle - Ein Beitrag zu den Kompetenzen von Vorstand und Hauptversammlung, Konstanz.

Ebenroth, Carsten-Thomas (1988), Die Kompetenzen des Vorstands und der Aktionärsschutz in der Konzernobergesellschaft, in: AG, 33. Jg., S. 1-7.

Eichholz, Rainer (1993), Das Recht konzerninterner Darlehen, Berlin.

Eidenmüller, Horst (1997), Vertragliche Vorkehrungen gegen Insolvenzrisiken, in: Privatrecht im „Risikostaat", hrsg. von Hart, Dieter, Baden-Baden, S. 43-72.

Eidenmüller, Horst/Engert, Andreas (2005), Rechtsökonomik des Mindestkapitals im GmbH-Recht, in: GmbHR, 96. Jg., S. 433-438.

Eilmann, Götz/Seulen, Günther (2005), Die Reform des GmbH-Rechts bleibt wirkungslos. Erst weitere Änderungen können Attraktivität steigern, in: FAZ, Nr. 103 vom 04.05.2005, S. 25.

Eisenberg, Melvin A. (1974), The Model Business Corporation Act and the Model Business Corporation Act Annotated, in: Bus. Law., Vol. 29, S. 1407-1428.

Eisenberg, Melvin A. (1983), The Modernization of Corporate Law: An Essay for Bill Cary, in: U. Miami L. Rev., Vol. 37, S. 187-212.

Eisenberg, Melvin A. (2000), Corporations and other Business Organizations, 8. Aufl., New York.

Eisenberg, Melvin A. (2004), Die Sorgfaltspflicht im amerikanischen Gesellschaftsrecht, in: Der Konzern, 2. Jg., S. 386-405.

Eisenhardt, Ulrich (2003), Gesellschaftsrecht, 11. Aufl., München.

Ekkenga, Jens (2001), Neuordnung des Europäischen Bilanzrechts für börsennotierte Unternehmen: Bedenken gegen die Strategie der EG-Kommission, in: BB, 56. Jg., S. 2362-2369.

Ekkenga, Jens (2006), Einzelabschlüsse nach IFRS – Ende der aktien- und GmbH-rechtlichen Kapitalerhaltung?, in: AG, 51. Jg., S. 389-397.

El-Gazzar, Samir/Lilien, Steven/Pastena, Victor (1989), The Use of Off-Balance Sheet Financing to Circumvent Financial Covenant Restrictions, in: JAAF, Vol. 4, S. 217-231.

El-Gazzar, Samir/Pastena, Victor (1990), Negotiated Accounting Rules in Private Financial Contracts, in: JAaE, Vol. 12, S. 381-396.

El-Gazzar, Samir/Pastena, Victor (1991), Factors Affecting the Scope and Initial Tightness of Covenant Restrictions in Private Lending Agreements, in: CAR, Vol. 8, S. 132-151.

Elschen, Rainer (1998), Principal-Agent, in: Lexikon des Rechnungswesens, hrsg. von Busse von Colbe, Walther/Pellens, Bernhard, 4. Aufl., München/Wien, S. 557-560.

Emanuel, Steven L. (2005), Corporations, 5. Aufl., New York.

Emmerich, Volker /Habersack, Mathias (2005), Konzernrecht, 8. Aufl., München.

Engert, Andreas (2006), Solvenzanforderungen als gesetzliche Ausschüttungssperre bei Kapitalgesellschaften, in: ZHR, 170. Jg., S. 296-335.

Enriques, Luca/Macey, Jonathan R. (2001), Creditors versus Capital Formation: The Case against the European Legal Capital Rules, in: Cornell L. Rev., Vol. 86, S. 1166-1204.

Epstein, David G./Freer, Richard D./Roberts, Michael J. (2002), Business Structures, St. Paul.

Erlei, Mathias/Jost, Peter-J. (2001), Theoretische Grundlagen des Transaktionskostenansatzes, in: Der Transaktionskostenansatz in der Betriebswirtschaftslehre, hrsg. von Jost, Peter-J., Stuttgart, S. 35-75.

Erlei, Mathias/Leschke, Martin/Sauerland, Dirk (1999), Neue Institutionenökonomik, Stuttgart.

Ernst, Christoph (2003), Auswirkungen des 10-Punkte-Programms „Unternehmensintegrität und Anlegerschutz" auf das Bilanzrecht, in: BB, 58. Jg., S. 1487-1491.

Ernst, Christoph (2004), Die Wahlrechte der EU-Verordnung zur IAS-Anwendung und Umsetzungsmöglichkeiten in Deutschland, in: Übergang der Rechnungslegung vom HGB zu den IFRS. Vorträge und Diskussionen zum 19. Münsterischen Tagesgespräch des Münsteraner Gesprächskreis Rechnungslegung und Prüfung e.V. am 22. Mai 2003, hrsg. von Baetge, Jörg, Düsseldorf, S. 25-41.

Ernst, Christoph/Seibert, Ulrich/Stuckert, Fritz (1998), KonTraG, KapAEG, StückAG, EuroEG, Düsseldorf.

Ernst, Edgar/Gassen, Joachim/Pellens, Bernhard (2005), Verhalten und Präferenzen deutscher Aktionäre. Eine Befragung privater und institutioneller Anleger zu Informationsverhalten, Dividendenpräferenz und Wahrnehmung von Stimmrechten, Studien des Deutschen Aktieninstituts, Heft 29, hrsg. von Rosen, Rüdiger von, Frankfurt am Main.

Escher-Weingart, Christina (2000), Corporate Governance Strukturen - ein deutsch-U.S.-amerikanischer Rechtsvergleich, in: ZVglRWiss, 99. Jg., S. 387-409.

Escher-Weingart, Christina (2001), Reform durch Deregulierung im Kapitalgesellschaftsrecht. Eine Analyse der Reformmöglichkeiten unter besonderer Berücksichtigung des Gläubiger- und Anlegerschutzes, Tübingen.

Escher-Weingart, Christina/Kübler, Friedrich (1998), Erwerb eigener Aktien. Deutsche Reformbedürfnisse und europäische Fesseln?, in: ZHR, 162. Jg., S. 537-562.

EU-Kommission (1999), Finanzdienstleistungen: Umsetzung des Finanzmarktrahmens: Aktionsplan, KOM (1999) 232, in: http://europa.eu.int/comm/internal_market/finances/docs/actionplan/index/action_de.pdf (Stand: 29.08.2005).

EU-Kommission (2002a), Mitteilung der Kommission betreffend die soziale Verantwortung der Unternehmen: ein Unternehmensbeitrag zur nachhaltigen Entwicklung, KOM (2002) 347, in: http://europa.eu.int/comm/employment_social/soc-dial/csr/csr2002_de.pdf (Stand: 29.08.2005).

EU-Kommission (2002b), Mitteilung der Kommission. Industriepolitik in einem erweiterten Europa, KOM (2002) 714, in: http://europa.eu.int/comm/enterprise/enterprise_policy/industry/doc/com 714_2002_de.pdf (Stand: 29.08.2005).

EU-Kommission (2003a), Modernisierung des Gesellschaftsrechts und Verbesserung der Corporate Governance in der Europäischen Union - Aktionsplan, in: http://eur-lex.europa.eu/LexUriServ/site/de/com/2003/com2003_0284de01.pdf (Stand: 01.06.2006).

EU-Kommission (2003b), Mitteilung der Kommission. Stärkung der Abschlussprüfung in der EU, KOM (2003) 286, in: http://europa.eu.int/eur-lex/lex/LexUriServ/site/de/com/2003/com2003_0286 de01.pdf (Stand: 29.08.2005).

EU-Kommission (2004), Vorschlag für eine Richtlinie des europäischen Parlaments und des Rates zur Änderung der Richtlinie 77/91/EWG des Rates in Bezug auf die Gründung von Aktiengesellschaften und die Erhaltung und Änderung ihres Kapitals, in: http://europa.eu.int/comm/internal_market/company/docs/capital/2004-proposal/proposal_de.pdf (Stand: 17.05.2005).

EU-Kommission (2005a), Planned Implementationof the IAS Regulation (1606/2002) in the EU and EEA, in: http://europa.eu.int/comm/internal_market/accounting/docs/ias/ias-use-of-options_ en.pdf (Stand: 24.08.2005).

EU-Kommission (2005b), Rechnungslegungsstandards: EU-Kommissionsmitglied McCreevy sieht Vereinbarung mit der US-amerikanischen SEC als Fortschritt auf dem Gebiet der Gleichwertigkeit, in: Pressemitteilung IP/05/469 vom 22.04.2005, http://www.europa.eu.int/rapid/.

Euler, Roland (2002), Paradigmenwechsel im handelsrechtlichen Einzelabschluss: Von den GoB zu den IAS?, in: BB, 57. Jg., S. 875-880.

Ewert, Ralf (1986), Rechnungslegung, Gläubigerschutz und Agency-Probleme, Wiesbaden.

Ewert, Ralf (1998), Anlegerschutz, in: Lexikon des Rechnungswesens, hrsg. von Busse von Colbe, Walther/Pellens, Bernhard, 4. Aufl., München/Wien, S. 45-48.

Ewert, Ralf/Wagenhofer, Alfred (1992), Unternehmenspublizität und Konkurrenzwirkungen, in: ZfB, 62. Jg., S. 297-324.

Fabricius, Fritz (1970), Das Stammkapital der GmbH - Zur Frage seiner Rechtfertigung und der Rechtfertigung seiner Höhe. Gedanken zum Referentenentwurf eines GmbH-Gesetzes 1969, in: GmbHR, 61. Jg., S. 137-144.

Fallgatter, Michael J. (2003), Variable Vergütung von Mitgliedern des Aufsichtsrates: Resultiert eine verbesserte Unternehmensüberwachung?, in: DBW, 63. Jg., S. 703-713.

Fama, Eugene F./Jensen, Michael C. (1983), Separation of Ownership and Control, in: J. L. & Econ., Vol. 26, S. 301-325.

Fankhauser, Roger (2001), Gemeinschaftsrechtliche Publizitäts- und Kapital-Richtlinie: Anpassungsbedarf des Schweizer Rechts. Ein Beitrag zur Diskussion über die Europaverträglichkeit des Schweizer Aktienrechts, Bern.

Faß, Joachim (1992), Konzernierung und konsolidierte Rechnungslegung. Eine Analyse der Eignung des Konzernabschlusses als Informationsinstrument und als Grundlage der Ausschüttungsbemessung konzernverbundener Unternehmen, Frankfurt am Main u.a.

Fédération des Experts Comptables Européens (2001), Discussion Paper on Modernisation of the Accounting Directives, in: http://www.iasplus.com/resource/feepaper.pdf (Stand: 13.10.2005).

Feldhoff, Michael (1992), Die Regulierung der Rechnungslegung. Eine systematische Darstellung der Grundlagen mit einer Anwendung auf die Frage der Publizität, Frankfurt am Main u.a.

Ferran, Eilís (2003), Legal Capital Rules and Modern Securities Markets - the Case for Reform, as Illustrated by the U.K. Equity Markets, in: Capital Markets and Company Law, hrsg. von Hopt, Klaus J./Wymeersch, Eddy, Oxford, S. 115-143.

Fischbach, Dorian (2003), Der Bilanzprüfungsausschuss des Aufsichtsrats und seine Zusammenarbeit mit dem Abschlussprüfer, Lohmar/Köln.

Fischel, Daniel R. (1982), The „Race to the Bottom" Revisited: Reflections on Recent Developments in Delaware's Corporation Law, in: Nw. U. L. Rev., Vol. 76, S. 913-945.

Flämig, Christian (1968), Die Umkehrung des Maßgeblichkeitsprinzips der Handelsbilanz für die Steuerbilanz, in: DB, 21. Jg., S. 2045-2048.

Fleischer Holger(1998), Covenants und Kapitalersatz, in: ZIP, 19. Jg., S. 313-321.

Fleischer, Holger (2000), Gläubigerschutz in der kleinen Kapitalgesellschaft: Deutsche GmbH versus englische private limited company, in: DStR, 38. Jg., S. 1015-1021.

Fleischer, Holger (2001), Grundfragen der ökonomischen Theorie im Gesellschafts- und Kapitalmarktrecht, in: ZGR, 30. Jg., S. 1-32.

Fleischer, Holger (2002), Systematische Darstellung 6. Die Finanzierung der GmbH, in: GmbHG. Kommentar, hrsg. von Michalski, Lutz, München, S. 547-588.

Fleischer, Holger (2003), Vorstandsverantwortlichkeit und Fehlverhalten von Unternehmensangehörigen - Von der Einzelüberwachung zur Errichtung einer Compliance-Organisation, in: AG, 48. Jg., S. 291-300.

Fleischer, Holger (2004a), Die „Business Judgement Rule": Vom Richterrecht zur Kodifizierung, in: ZIP, 25. Jg., S. 685-692.

Fleischer, Holger (2004b), Ungeschriebene Hauptversammlungszuständigkeiten im Aktienrecht: Von „Holzmüller" zu „Gelatine", in: NJW, 57. Jg., S. 2335-2339.

Fleischer, Holger (2005), Gläubigerschutz im Recht der Delaware corporation, in: RIW, 51. Jg., S. 92-97.

Flume, Werner (1983), Allgemeiner Teil des Bürgerlichen Rechts. Erster Band. Zweiter Teil. Die juristische Person, Berlin u.a.

Förschle, Gerhart (2006), § 243 HGB, in: Beck'scher Bilanzkommentar, hrsg. von Ellrott, Helmut/Förschle, Gerhart/Hoyos, Martin/Winkeljohann, Norbert, 6. Aufl., München.

Förschle, Gerhart/Holland, Bettina/Kroner, Matthias (2001), Internationale Rechnungslegung: US-GAAP, HGB und IAS, 5. Aufl., Heidelberg.

Förschle, Gerhart/Kroner, Matthias (2006), § 246 HGB, in: Beck'scher Bilanz-Kommentar, hrsg. von Ellrott, Helmut/Förschle, Gerhart/Hoyos, Martin/Winkeljohann, Norbert, 6. Aufl., München.

Folk, Ernest L./Ward, Rodman/Welch, Edward P. (1988), Folk on the Delaware General Corporation Law, 2. Aufl., Boston/Toronto.

Fonk, Hans-Joachim (2004), Personalentscheidungen des Aufsichtsrats, in: Arbeitshandbuch für Aufsichtsratsmitglieder, hrsg. von Semler, Johannes/Schenck, Kersten von, 2. Aufl., München, S. 479-656.

Franke, Günter/Hax, Herbert (2004), Finanzwirtschaft des Unternehmens und Kapitalmarkt, 5. Aufl., Berlin u.a.

Franken, Lars (2001), Gläubigerschutz durch Rechnungslegung nach US-GAAP, Frankfurt am Main u.a.

Freedman (2000), Limited Liability: Large Company Theory and Small Firms, in: Mod. L. Rev., Vol. 63, S. 317-354.

Freudenberg, Tobias (2004), Noch kein fundamentaler Wandel in der Aufsichtsratsvergütung, in: AG, 49. Jg., S. R48.

Frey, Günther (1966), Die Sonderprüfung wegen unzulässiger Unterbewertung nach §§ 258 ff. AktG, in: WPg, 19. Jg., S. 633-641.

Friedman, Lawrence M. (1985), A History of American Law, 2. Aufl., New York.

Frodermann, Jürgen (1994), Möglichkeiten und Grenzen der Gewinnthesaurierung im Konzern, Berlin.

Frost, Carol A./Bernard, Victor L. (1989), The Role of Debt Covenants in Assesing the Economic Consequences of Limiting Capitalization of Exploration Costs, in: AR, Vol. 64, S. 788-808.

Fulda, Carl H. (1966), Einführung in das Recht der USA, Baden-Baden.

Fülbier, Rolf Uwe (1998a), Ad-hoc-Publizität, in: Lexikon des Rechnungswesens, hrsg. von Busse von Colbe, Walther/Pellens, Bernhard, 4. Aufl., München/Wien, S. 15-18.

Fülbier, Rolf Uwe (1998b), Regulierung der Ad-hoc-Publizität. Ein Beitrag zur ökonomischen Analyse des Rechts, Wiesbaden, 1998.

Fülbier, Rolf Uwe (1999), 5 Jahre Ad-hoc-Publizität: Ein Zwischenergebnis, in: StuB, 1. Jg., S. 1260-1267.

Fülbier, Rolf Uwe/Honold, Dirk/Klar, Alexander (2000), Bilanzierung immaterieller Vermögenswerte. Möglichkeiten und Grenzen der Bilanzierung nach US-GAAP und IAS bei Biotechnologieunternehmen, in: RIW, 46. Jg., S. 833-844.

Fuhrmann, Lambertus (2004), „Gelatine" und die Holzmüller-Doktrin: Ende einer juristischen Irrfahrt?, in: AG, 49. Jg., S. 339-342.

Gabriel, Claudia/Ernst, Christoph (2004), Die Entwürfe des Bilanzkontrollgesetzes und des Bilanzrechtsreformgesetzes: Stärkung von Unternehmensintegrität und Anlegerschutz, in: Der Konzern, 2. Jg., S. 102-109.

Gansen, Georg (1992), Harmonisierung der Kapitalaufbringung im englischen und deutschen Kapitalgesellschaftsrecht. Vergleichende Studie zur Zweiten Gesellschaftsrechtlichen EG-Richtlinie, Frankfurt am Main u.a.

Ganske, Joachim (1978), Das Zweite gesellschaftsrechtliche Koordinierungsgesetz vom 13. Dezember 1978, in: DB, 31. Jg., S. 2461-2465.

Gassen, Joachim (2000), Datenbankgestützte Rechnungslegungspublizität. Ein Beitrag zur Evolution der Rechnungslegung, Frankfurt am Main u.a.

Gassen, Joachim (2001), Rechnungslegung, in: Der Transaktionskostenansatz in der Betriebswirtschaftslehre, hrsg. von Jost, Peter-J., Stuttgart, S. 395-413.

GD Binnenmarkt (2003), Zusammenfassung der Antworten auf die Mitteilung der Kommission an den Rat und das Europäische Parlament „Modernisierung des Gesellschaftsrechts und Verbesserung der Corporate Governance in der Europäischen Union - Aktionsplan", in: http://europa.eu.int/comm/internal_market/en/company/company/modern/governance-consult-responses_de.pdf (Stand: 19.05.05).

Gelter, Martin (2004), Kapitalerhaltung und internationale Rechnungslegung, in: GesRZ, 33. Jg., S. 177-188.

Gernon, Helen/Meek, Gary K. (2001), Accounting. An International Perspective, 5. Aufl., Boston u.a.

Geßler, Ernst (1985a), Rücklagenbildung bei Gewinnabführungsverträgen, in: Beiträge zum Zivil-, Steuer- und Unternehmensrecht. - Festschrift für Heinz Meilicke -, hrsg. vom Fachinstitut der Steuerberater e.V., Berlin u.a., S. 18-30.

Geßler, Ernst (1985b), Rücklagenbildung im Konzern, in: AG, 30. Jg., S. 257-263.

Gevurtz, Franklin A. (2000), Corporation Law, St. Paul/Minn.

Gierke, Otto von (1887), Die Genossenschaftstheorie und die Deutsche Rechtsprechung, Berlin.

Goerdeler, Reinhard (1986), Rücklagenbildung nach § 58 Abs. 2 AktG 1965 im Konzern, in: WPg, 39. Jg., S. 229-237.

Götz, Heinrich (1984), Die Sicherung der Rechte der Aktionäre der Konzernobergesellschaft bei Konzernbildung und Konzernleitung - zugleich auch eine Besprechung der „Holzmüller"-Entscheidung des Bundesgerichtshofs -, in: AG, 29. Jg., S. 85-94.

Götze, Cornelius (2004), „Gelatine" statt „Holzmüller" - Zur Reichweite ungeschriebener Mitwirkungsbefugnisse der Hauptversammlung, in: NZG, 7. Jg., S. 585-589.

Göz, Philipp (1998), Statusverfahren bei Änderungen in der Zusammensetzung des Aufsichtsrats, in: ZIP, 19. Jg., S. 1523-1528.

Goddard, Robert (2003), „Modernising Company Law": The Government's White Paper, in: Mod. L. Rev., Vol. 66, S. 402-424.

Gollnick, Axel (1991), Gewinnverwendung im Konzern, Köln u.a.

Gollnick, Axel (1992), Gewinnverwendung im Konzern, in: JA, 24. Jg., S. 18-25.

Gräfer, Horst (1992), Annual Report - der US-amerikanische Jahresabschluß, Stuttgart.

Grice, John S. (2003), Other Comprehensive Basis of Accounting Methods: Non-GAAP-Based Financial Statements, in: NPA, Vol. 48, S. 16-19.

Grossekettler, Heinz (1989), Deregulierung und Privatisierung. Erscheinungsformen, Legitimationskriterien und politische Verhaltenstendenzen, in: WiSt, 18. Jg., S. 437-445.

Groß, Wolfgang (1997), Informations- und Auskunftsrecht des Aktionärs, in: AG, 42. Jg., S. 97-107.

Großfeld, Bernhard (1968), Aktiengesellschaft, Unternehmenskonzentration und Kleinaktionär, Tübingen.

Großfeld, Bernhard (1996), Kernfragen der Rechtsvergleichung, Tübingen.

Großfeld, Bernhard (1998), Bilanzrecht, 3. Aufl., Heidelberg.

Großfeld, Bernhard (2002), Unternehmens- und Anteilsbewertung im Gesellschaftsrecht, 4. Aufl., Köln.

Großfeld, Bernhard/Luttermann, Claus (2005), Bilanzrecht, 4. Aufl., Heidelberg.

Grundmann, Stefan (2001), Wettbewerb der Regelgeber im Europäischen Gesellschaftsrecht - jedes Marktsegment hat seine Struktur, in: ZGR, 30. Jg., S. 783-832.

Grundmann, Stefan (2004), Europäisches Gesellschaftsrecht. Eine systematische Darstellung unter Einbeziehung des Europäischen Kapitalmarktrechts, Heidelberg.

Grunewald, Barbara (2005), Gesellschaftsrecht, 6. Aufl., Tübingen.

Grunewald, Barbara/Noack, Ulrich (2005), Zur Zukunft des Kapitalsystems der GmbH - Die Ein-Euro-GmbH in Deutschland, in: GmbHR, 96. Jg., S. 189-195

Haberer, Thomas (2003), The Road Ahead: Zur Zukunft des europäischen Gesellschaftsrechts, in: GesRZ, 32. Jg., S. 211-220.

Habersack, Mathias (2003), Europäisches Gesellschaftsrecht, 2. Aufl., München.

Habersack, Mathias (2004), Europäisches Gesellschaftsrecht im Wandel - Bemerkungen zum Aktionsplan der EG-Kommission betreffend die Modernisierung des Gesellschaftsrechts und die Verbesserung der Corporate Governance in der Europäischen Union, in: NZG, 7. Jg., S. 1-9.

Halbhuber, Harald (2001), National Doctrinal Structures and European Company Law, in: CML Rev., Vol. 38, S. 1385-1420.

Haller, Axel (1994), Die Grundlagen der externen Rechnungslegung in den USA. Unter besonderer Berücksichtigung der rechtlichen, institutionellen und theoretischen Rahmenbedingungen, 4. Aufl., Stuttgart.

Haller, Axel/Eierle, Brigitte (2004), Accounting Standards for Small and Medium-sized Entities - erste Weichenstellungen durch das IASB, in: BB, 59. Jg., S. 1838-1845.

Hamilton, Robert W. (2000), The Law of Corporations, 5. Aufl., St. Paul, Minn.

Hannemann, Wilhelm (1934), Das Bewertungsproblem in den Konzernbilanzen vom Standpunkt der Aktienrechtsreform, Königsberg in Preußen.

Hans Böckler Stiftung (2004), Zur aktuellen Kritik der Mitbestimmung im Aufsichtsrat, in: http://www.boeckler.de/pdf/mitbestimmung_2004.pdf (Stand: 05.03.2004).

Hansen, Herbert (2004), Der gestiegene wirtschaftliche Stellenwert der GmbH, in: GmbHR, 95. Jg., S. 39-42.

Hansen, Ulrike (1996), Die verdeckten Sacheinlagen in Frankreich, Belgien und Deutschland und ihre Behandlung durch die zweite EU-Gesellschaftsrechtsrichtlinie, Frankfurt am Main u.a.

Harrer, Herbert/Fischer, Raymond/Evans, Jasper (2003), Der amtliche Markt an der Frankfurter Wertpapierbörse im Vergleich zur Notierung an der NYSE und an der LSE, in: RIW, 49. Jg., S. 81-97.

Hasselbach, Kai/Wicke, Hartmut (2001), Sachausschüttungen im Aktienrecht, in: NZG, 4. Jg., S. 599-602.

Hay, Peter (2002), US-amerikanisches Recht, 2. Aufl., München.

Hayek, Friedrich A. von (1945), The Use of Knowledge in Society, in: AER, Vol. 35, S. 519-530.

Hayek, Friedrich A. von (1952a), Der Sinn des Wettbewerbs, in: Individualismus und wirtschaftliche Ordnung, hrsg. von Hayek, Friedrich A., Erlenbach-Zürich, S. 122-140.

Hayek, Friedrich A. von (1952b), Wirtschaftstheorie und Wissen, hrsg. von Hayek, Friedrich A., Erlenbach-Zürich, S. 49-77.

Hayek, Friedrich A. von (1968), Der Wettbewerb als Entdeckungsverfahren, in: Kieler Vorträge gehalten im Institut für Weltwirtschaft an der Universität Kiel, hrsg. von Schneider, Erich, Nr. 56, Kiel.

Hayek, Friedrich A. von (1969a), Grundzüge einer liberalen Gesellschaftsordnung, in: Freiburger Studien. Gesammelte Aufsätze von F. A. von Hayek, hrsg. vom Walter Eucken Institut, Tübingen, S. 108-125.

Hayek, Friedrich A. von (1969b), Rechtsordnung und Handelsordnung, in: Freiburger Studien. Gesammelte Aufsätze von F. A. von Hayek, hrsg. vom Walter Eucken Institut, Tübingen, S. 161-198.

Hayek, Friedrich A. von (1981), Recht, Gesetzgebung und Freiheit. Band 2: Die Illusion der sozialen Gerechtigkeit, Landberg am Lech.

Hayn, Sven/Waldersee, Georg Graf (2004), IFRS/US-GAAP/HGB im Vergleich. Synoptische Darstellung für den Einzel- und Konzernabschluss, 5. Aufl., Stuttgart.

Hefermehl, Wolfgang/Bungeroth, Erhard (1983), § 58 AktG, in: Aktiengesetz, Band 1, hrsg. von Geßler, Ernst/Hefermehl, Wolfgang/Eckardt, Ulrich/Kropff, Bruno, München.

Heintges, Sebastian (2005), Bilanzkultur und Bilanzpolitik in den USA und in Deutschland. Einflüsse auf die Bilanzpolitik börsennotierter Unternehmen, 3. Aufl., Sternenfels.

Helm, Ronald (2003), Vergütungsstrukturen des Aufsichtsrats mittelständischer, nicht börsennotierter Aktiengesellschaften, in: DB, 56. Jg., S. 2718-2723.

Helm, Roland (2004a), Die Aktiengesellschaft und ihr Aufsichtsrat im Mittelstand, Lohmar/Köln.

Helm, Roland (2004b), Motive der Rechtsformwahl: Die Aktiengesellschaft als Rechtsform mittelständischer Unternehmen, in: AG, 49. Jg., S. R369-371.

Helm, Roland (2004c), Zufriedenheit mit der Entscheidung für die Aktiengesellschaft als Rechtsform bei mittelständischen Unternehmen, in: AG, 49. Jg., S. R407-410.

Henn, Günter (2002), Handbuch des Aktienrechts, 7. Aufl., Heidelberg.

Henn, Harry G./Alexander, John R. (1983), Laws of Corporations and other Business Enterprises, 3. Aufl., St. Paul.

Hennrichs, Joachim (1999a), Der steuerrechtliche sog. Maßgeblichkeitsgrundsatz gem. § 5 EStG - Stand und Perspektiven, in: StuW, 76. Jg., S. 138-153.

Hennrichs, Joachim (1999b), Wahlrechte im Bilanzrecht der Kapitalgesellschaften unter besonderer Berücksichtigung der EG-Bilanz-Richtlinie, Köln.

Hennrichs, Joachim (2004), IAS für die Einzelbilanz? - Nationale und europarechtliche Aspekte, in: Gesellschaftsrecht 2003. Tagungsband zum RWS-Forum am 8. und 9. Mai 2003 in Berlin, hrsg. von Henze, Hartwig/Hoffmann-Becking, Michael, Köln, S. 101-138.

Hennrichs, Joachim (2005), Bilanzgestützte Kapitalerhaltung, HGB-Jahresabschluß und Maßgeblichkeitsprinzip - Dinosaurier der Rechtsgeschichte?, in: StuW, 82. Jg., S. 256-264.

Henze, Hartwig (2003), Holzmüller vollendet das 21. Lebensjahr, in: Festschrift für Peter Ulmer zum 70. Geburtstag, hrsg. von Habersack, Mathias/Hüffer, Uwe/Hommelhoff, Peter/Schmidt, Karsten, Berlin, S. 211-242.

Herzig, Norbert (2001), Notwendigkeit und Umsetzungsmöglichkeiten eines gespaltenen Rechnungslegungsrechts (Handels- und Steuerbilanz), in: KoR, 1. Jg., S. 154-159.

High Level Group (2002a), Bericht der Hochrangigen Gruppe von Experten auf dem Gebiet des Gesellschaftsrechts über die Abwicklung von Übernahmeangeboten, Brüssel, 10. Januar 2002, in: http://europa.eu.int/comm/internal_market/company/docs/takeoverbids/2002-01-hlg-report_de.pdf (Stand: 29.05.2005).

High Level Group (2002b), Moderne gesellschaftsrechtliche Rahmenbedingungen in Europa: Ein Konsultationspapier der Hochrangigen Expertengruppe auf dem Gebiet des Gesellschaftsrechts, in: http://europa.eu.int/comm/internal_market/de/company/company/modern/consult/consult_de.pdf (Stand: 17.05.2005).

High Level Group (2002c), Bericht der Hochrangigen Gruppe von Experten auf dem Gebiet des Gesellschaftsrechts über moderne gesellschaftsrechtliche Rahmenbedingungen in Europa, Brüssel, 4. November 2002, in: http://ec.europa.eu/internal_market/company/docs/modern/report_de.pdf (Stand: 01.06.2006).

Hillebrandt, Franca (2001), Entflechtung der „Deutschland AG" durch Steuerfreiheit von Veräußerungsgewinnen?, in: DBW, 61. Jg., S. 711-726.

Hills, George S. (1935), Model Corporation Act, in: Harv. L. Rev., Vol. 48, S. 1334-1380.

Hinz, Michael (2002), Der Konzernabschluss als Instrument zur Informationsvermittlung und Ausschüttungsbemessung, Wiesbaden.

Hirte, Heribert (2000a), Ausgewählte Fragen zu Stock-option-Plänen und zum Erwerb eigener Aktien, in: Gesellschaftsrecht 1999. Tagungsband zum RWS-Forum am 13. und 14. September 1999 in Berlin, hrsg. von Schmidt, Karsten/Riegger, Bodo, Köln, S. 211-249.

Hirte, Heribert (2000b), Der Einfluß neuer Informationstechniken auf das Gesellschaftsrecht und die corporate-governance-Debatte, in: Corporations, Capital Markets and Business in the Law, Liber Amicorum Richard M. Buxbaum, hrsg. von Baums, Theodor/Hopt, Klaus J./Horn, Norbert, London et al., S. 283-297.

Hirte, Heribert (2000c), Kapitalschutz (Gläubiger- und Eignerschutz) im Europäischen Recht, in: Systembildung und Systemlücken in Kerngebieten des Europäischen Privatrechts, hrsg. von Grundmann, Stefan, Tübingen, S. 211-234.

Hirte, Heribert (2002), Die Europäische Aktiengesellschaft, in: NZG, 5. Jg., S. 1-10.

Hirte, Heribert (2003), Kapitalgesellschaftsrecht, 4. Aufl., Köln.

Hirte, Heribert (2005), Was bringt das abgesenkte Startkapital bei GmbHs?, in: FAZ, Nr. 148 vom 29.06.2005, S. 23.

Hirth, Hans/Neus, Werner (2001), Ad-hoc-Publizität und Wettbewerb beim Insiderhandel, in: WiSt, 30. Jg., S. 101-104.

Hitz, Jörg-Markus (2005), Fair value in der IFRS-Rechnungslegung - Konzeption, Inhalt und Zweckmäßigkeit -, in: WPg, 58. Jg., S. 1013-1027.

Hoffmann, Wolf-Dieter/Lüdenbach, Norbert (2004), Bilanzrechtsreformgesetz - Seine Bedeutung für den Einzel- und Konzernabschluß der GmbH, in: GmbHR, 95. Jg., S. 145-150.

Hoffmann, Wolf-Dieter/Zeimes, Markus (2004), § 6: Erstmalige Anwendung, in: Haufe IAS/ IFRS-Kommentar, hrsg. von Lüdenbach, Norbert/Hoffmann, Wolf-Dieter, 2. Aufl., Freiburg im Breisgau.

Hoffmann-Becking, Michael (1999), Gewinnverwendung, in: Münchener Handbuch des Gesellschaftsrechts. Band 4. Aktiengesellschaft, hrsg. von Hoffmann-Becking, Michael, 2. Aufl., München, S. 610-618.

Holzborn, Timo/Bunnemann, Jan (2003), Gestaltung einer Sachausschüttung und Gewährleistung im Rahmen der Sachdividende, in: AG, 48. Jg., S. 671-678.

Hommelhoff, Peter (1998), Europäisches Bilanzrecht im Aufbruch, in: RabelsZ, 62. Jg., S. 381-404.

Hommelhoff, Peter (2000), Konzeptionelle Grundfragen einer Bilanzrechtsreform, in: Die Zukunft des deutschen Bilanzrechts im Zeichen internationaler Rechnungslegung und privater Standardsetzung, hrsg. von Kleindiek, Detlef/Oehler, Wolfgang, Köln, S. 141-159.

Hommelhoff, Peter (2001), Einige Bemerkungen zur Organisationsverfassung der Europäischen Aktiengesellschaft, in: AG, 46. Jg., S. 279-288.

Hopt, Klaus J. (1977), Vom Aktien- und Börsenrecht zum Kapitalmarktrecht? Teil 2: Die deutsche Entwicklung im internationalen Vergleich, in: ZHR, 141. Jg., S. 389-441.

Hopt, Klaus J. (2000), Gemeinsame Grundsätze der Corporate Governance in Europa? Überlegungen zum Einfluß der Wertpapiermärkte auf Unternehmen und ihre Regulierung und zum Zusammenwachsen von common law und civil law im Gesellschafts- und Kapitalmarktrecht, in: ZGR, 29. Jg., S. 779-818.

Hopt, Klaus J. (2001), Auf dem Weg zum deutschen Übernahmegesetz. - Gemeinsamer Standpunkt des Rates zur 13. Richtlinie und Diskussionsentwurf des Übernahmegesetzes -, in: Festschrift für Hans Georg Koppensteiner zum 65. Geburtstag, hrsg. von Kramer, Ernst, Wien, S. 61-89.

Hopt, Klaus J. (2002a), Gesellschaftsrecht im Wandel, in: Festschrift für Herbert Wiedemann zum 70. Geburtstag, hrsg. von Wank, Ralf/Hirte, Heribert/Frey, Kaspar, München, S. 1013-1032.

Hopt, Klaus J. (2002b), Grundsatz- und Praxisprobleme nach dem Wertpapiererwerbs- und Übernahmegesetz, in: ZHR, 166. Jg., S. 383-432.

Hopt, Klaus J. (2002c), Takeover Regulations in Europe - The Battle for the 13th directive on takeovers, in: AJCL, Vol. 15., S. 1-18.

Hopt, Klaus J. (2002d), Unternehmensführung, Unternehmenskontrolle, Modernisierung des Aktienrechts - Zum Bericht der Regierungskommission Corporate Governance, in: Corporate Governance, hrsg. von Hommelhoff, Peter/Lutter, Marcus/Schmidt, Karsten/ Schön, Wolfgang/Ulmer, Peter, Heidelberg, S. 27-67.

Hopt, Klaus J. (2003), Corporate Governance und Gesellschaftsrecht in Europa: Der Rahmenplan der Europäischen Kommission, in: Wirtschaftsdienst, 83. Jg., S. 423-427.

Hopt, Klaus J. (2005), Europäisches Gesellschaftsrecht und deutsche Unternehmensverfassung - Aktionsplan und Interdependenzen, in: ZIP, 26. Jg., S. 461-474.

Horsch, Andreas/Richard, Marc (2003), Perspektiven der internationalen Kapitalmarktregulierung. Bericht über einen Workshop an der Ruhr-Universität Bochum anlässlich des 75. Geburtstags von Prof. Dr. Dr. h.c. mult. Walther Busse von Colbe sowie des 70. Geburtstags von Prof. Dr. Dr. h.c. Joachim Süchting, in: KoR, 3. Jg., S. 360-364.

Hübner, Ulrich (1985), Die Ausgliederung von Unternehmensteilen in aktien- und aufsichtsrechtlicher Sicht, in: Festschrift für Walter Stimpel zum 68. Geburtstag, hrsg. von Lutter, Marcus/Mertens, Hans-Joachim/Ulmer, Peter, Berlin/New York, S. 791-809.

Hueck, Götz (1991), Gesellschaftsrecht, 19. Aufl., München.

Hueck, Götz/Windbichler, Christine (2003), Gesellschaftsrecht, 20. Aufl., München.

Hüffer, Uwe (1979), Harmonisierung des aktienrechtlichen Kapitalschutzes. Die Durchführung der Zweiten EG-Richtlinie zur Koordinierung des Gesellschaftsrechts, in: NJW, 32. Jg., S. 1065-1070.

Hüffer, Uwe (2003), Mannesmann/Vodafone: Präsidiumsbeschlüsse des Aufsichtsrats für die Gewährung von „Appreciation Awards“ an Vorstandsmitglieder, in: BB, Beilage 7 zu Heft 43, 58. Jg., S. 1-38.

Hüffer, Uwe (2004), Die Kritik der Staatsanwaltschaft bleibt im Allgemeinen stecken und trifft auch nicht zu, in: FAZ, Nr. 17 vom 21.01.2004, S. 16.

Hüffer, Uwe (2006), Aktiengesetz, 7. Aufl., München.

Huke, Rainer/Prinz, Thomas (2004), Das Drittelbeteiligungsgesetz löst das Betriebsverfassungsgesetz 1952 ab, in: BB, 59. Jg., S. 2633-2639.

Hulle, Karel van (2000), Aktuelle Entwicklungen im europäischen Gesellschaftsrecht, in: EWS, 11. Jg., S. 521-526.

Hulle, Karel van/Lanfermann, Georg, Mitteilung der Europäischen Kommission zur Stärkung der Abschlussprüfung, in: BB, 58. Jg., S. 1323-1328.

Hulle, Karel van/Maul, Silja (2004), Aktionsplan zur Modernisierung des Gesellschaftsrechts und Stärkung der Corporate Governance, in: ZGR, 33. Jg., S. 484-505.

IASB (2004), Preliminary Views on Accounting Standards for Small and Medium-sized Entities. Discussion Paper, June 2004, in: http://www.iasb.org/uploaded_files/documents/8_891_pv-sme.pdf (Stand: 09.05.2005).

IASB (2005), Accounting Standards for Non-Publicly Accountable Entities (NPAEs), in: IASB Update, February 2005, S. 1.

IDW (2002a), IDW Stellungnahme: A Modern Regulatory Framework for Company Law in Europe: A Consultative Document of the High Level Group of Company Law Experts, in: WPg, 55. Jg., S. 776-777.

IDW (2002b), IDW Stellungnahme: EU-Verordnung zur Anwendung internationaler Rechnungslegungsstandards; Vorschlag für eine Richtlinie zur Änderung der EU-Bilanzrichtlinien; Empfehlungen der EU-Kommisssion zur Unabhängigkeit des Abschlussprüfers, in: WPg, 55. Jg., S. 983-990.

IDW (2005), IDW Stellungnahme: Vorschläge der EU-Kommission zur Änderung der 2. EU-Richtlinie (77/91/EWG), in: WPg, 58. Jg., S. 178-181.

Ihlas, Horst (1997), Organhaftung und Haftpflichtversicherung, Berlin.

Ihrig, Hans-Christoph (2005), Reform des GmbH-Rechts: MindestkapG - Papiertiger oder praxisgerechte Gesetzgebung? BB-Kurzinterview, in: BB, 60. Jg., Heft 20, S. IV-VI.

Jaeger, Michael (2004), Aktienrückerwerb bei asymmetrischer Informartionsverteilung, Frankfurt am Main u.a.

Jensen, Michael C./Meckling, William H. (1976), Theory of the Firm: Managerial Behavior, Agency Costs and Ownership Structure, in: JoFE, Vol. 3, S. 305-360.

Jensen, Michael C./Ruback, Richard S. (1983), The Market for Corporate Control: The Scientific Evidence, in: JoFE, Vol. 11, S. 5-50.

Jessen, Ulf/Weller, Heino (2005), Fortentwicklung des deutschen Bilanzrechts - Die Möglichkeiten eines Bilanzrechtsmodernisierungsgesetzes für den Einzelabschluss (Teil I), in: DStR, 43. Jg., S. 489-493.

Kästle, Martina (2003), Rechtsfragen der Verwendung von Covenants in Kreditverträgen, Berlin.

Kahan, Marcel (2003), Legal Capital Rules and the Structure of Corporate Law: Some Observations on the Differences Between European and U.S. Approaches, in: Capital Markets and Company Law, hrsg. von Hopt, Klaus J./Wymeersch, Eddy, Oxford, S. 145-149.

Kahan, Marcel/Kamar, Ehud (2002), The Myth of State Competition in Corporate Law, in: Stan. L. Rev., Vol. 55, S. 679-749.

Kahle, Holger (2002a), Bilanzieller Gläubigerschutz und internationale Rechnungslegungsstandards, in: ZfB, 72. Jg. 2002, H. 7, S. 695-711.

Kahle, Holger (2002b), Internationale Rechnungslegung und ihre Auswirkungen auf Handels- und Steuerbilanz, Wiesbaden.

Kahle, Holger (2003), Zur Zukunft der Rechnungslegung in Deutschland: IAS im Einzel- und Konzernabschluss?, in: WPg, 56. Jg., S. 262-275.

Kaiser, Karin (2005), Erweiterung der zukunftsorientierten Lageberichterstattung: Folgen des Bilanzrechtsreformgesetzes für Unternehmen, in: DB, 58. Jg., S. 345-353.

Kajüter, Peter (2004a), Berichterstattung über Chancen und Risiken im Lagebericht. Auswirkungen des Referentenentwurfs für das Bilanzrechtsreformgesetz, in: BB, 59. Jg., S. 427-433.

Kajüter, Peter (2004b), Der Lagebericht als Instrument einer kapitalmarktorientierten Rechnungslegung - Umfassende Reformen nach dem Entwurf zum BilReG und E-DRS 20 -, in: DB, 57. Jg., S. 197-203.

Kalay, Avner (1982), Stockholder-Bondholder Conflict and Dividend Constraints, in: JoFE, Vol. 10, S. 211-233.

Kallmeyer, Harald (2001), SLIM. Schlankheitskur für das EU-Gesellschaftsrecht, in: AG, 46. Jg., S. 406-409.

Kaminski, Horst (1972), Vorschlag einer 5. Richtlinie der Kommission der Europäischen Gemeinschaften, in: WPg, 25. Jg., S. 633-638.

Karsten, Johann-Friedrich (1967), Die Deformierung der handelsrechtlichen Rechnungslegung durch steuerliche Maßnahmen der Wirtschaftsförderung, in: BB, 22. Jg., S. 425-428.

Kehl, Donald (1941), Corporate Dividends. Legal and Accounting Problems Pertaining to Corporate Distributions, New York.

Keitz, Isabel von/Stibi, Bernd (2004), Rechnungslegung nach IAS/IFRS - auch ein Thema für den Mittelstand? - Ergebnisse einer Befragung mittelständischer Unternehmen -, in: KoR, 4. Jg., S. 423-429.

Kern, Konrad (2004), Überseering - Rechtsangleichung und gegenseitige Anerkennung. Eine Untersuchung zum Wettbewerb der Gesetzgeber im Europäischen Gesellschaftsrecht, Berlin.

Keustermans, Jeff (1986), Countertrends in Financial Provisions for the Protection of Corporate Creditors: The Model Business Corporation Act and the E.E.C. Corporate Directives, in: Denv. J. Int'l L. & Pol'y, Vol. 14, S. 275-298.

Kiel, Peter (1994), Internationales Kapitalanlegerschutzrecht, Berlin/New York.

Kieso, Donald E./Weygandt, Jerry J./Warfield, Terry D. (2001), Intermediate Accounting, 10. Aufl., New York u.a.

Kieso, Donald E./Weygandt, Jerry J./Warfield, Terry D. (2004), Intermediate Accounting, 11. Aufl., New York u.a.

Kirchner, Christian (1985), Ökonomische Überlegungen zum Konzernrecht, in: ZGR, 14. Jg., S. 214-234.

Kirsch, Hans-Jürgen (2002), Vom Bilanzrichtlinien-Gesetz zum Transparenz- und Publizitätsgesetz - Die Entwicklung der deutschen Bilanzierungsnormen in den vergangenen 20 Jahren -, in: WPg, 55. Jg., S. 743-755.

Kirsch, Hans-Jürgen (2003), Zur Frage der Umsetzung der Mitgliedstaatenwahlrechte der EU-Verordnung zur Anwendung der IAS/IFRS, in: WPg, 56. Jg., S. 275-278.

Kirsch, Hans-Jürgen (2005), Die Umsetzung der Fair Value-Richtlinie, in: Anpassung des deutschen Bilanzrechts an internationale Standards – Bilanzrechtsreformgesetz und Bilanzkontrollgesetz –, Vorträge und Diskussionen zum 20. Münsterischen Tagesgespräch des Münsteraner Gesprächskreis Rechnungslegung und Prüfung e.V. am 27. Mai 2004, hrsg. von Baetge, Jörg/Kirsch, Hans-Jürgen, Düsseldorf, S. 11-33.

Kirsten, Roland (2004), Deutscher Corporate Governance-Kodex: Die rechtmäßige Besetzung von Aufsichtsratsausschüssen am Beispiel des Prüfungsausschusses, in: BB, 59. Jg., S. 173-175.

Kirzner, Israel M. (1978), Wettbewerb und Unternehmertum, Tübingen.

Klausner, Michael (1995), Corporations, Corporate Law, and Networks of Contracts, in: Va. L. Rev., Vol. 81, S. 757-852.

Klein, William A./Coffee, John C. Jr (2002), Business Organisation and Finance. Legal and Economic Principles, 8. Aufl., Westbury.

Kleindiek, Detlef (2001), Entstehung und Fälligkeit des Verlustausgleichsanspruchs im Vertragskonzern, in: ZGR, 30. Jg., S. 479-496.

Klose-Mokroß, Lydia (1997), Gläubigerschutz im Kapitalgesellschaftsrecht am Beispiel der Lehre von der verdeckten Sacheinlage, Frankfurt am Main u.a.

Klühs, Hannes (2006), Präsenzbonus für die Teilnahme an der Hauptversammlung, in: ZIP, 27. Jg., S. 107-118.

Klunzinger, Eugen (2004), Grundzüge des Gesellschaftsrechts, 13. Aufl., München.

Knobbe-Keuk, Brigitte (1993), Bilanz- und Unternehmenssteuerrecht, 9. Aufl., Köln.

Knorr, Liesel/Zeimes, Markus (2005), IASB-Projekt zu Accounting Standards for Non-Publicly Accountable Entities: Status der Diskussion, in: BB-Beilage 3, 60. Jg., S. 20-22.

Königsegger WalderBräu AG (2003), Geschäftsbericht vom 01.04.-31.12.2003.

Kohl, Reinhard (1991), Die Kompetenz zur Bildung von Gewinnrücklagen im Aktienkonzern. Eine Untersuchung unter Einschluß methodologischer und rechtshistorischer Aspekte, Berlin.

Kolvenbach, Walter (1983), Die Fünfte EG-Richtlinie über die Struktur der Aktiengesellschaft (Strukturrichtlinie), in: DB, 36. Jg., S. 2235-2241.

Koppensteiner, Hans-Georg (2004a), Vorb. § 291, in: Kölner Kommentar zum Aktiengesetz, hrsg. von Zöllner, Wolfgang/Noack, Ulrich, 3. Aufl., Köln u.a.

Koppensteiner, Hans-Georg (2004b), Vorb. § 300, in: Kölner Kommentar zum Aktiengesetz, hrsg. von Zöllner, Wolfgang, 2. Aufl., Köln u.a.

Koppensteiner, Hans-Georg (2004c), „Holzmüller“ auf dem Prüfstand des BGH, in: Der Konzern, 2. Jg., S. 381-386.

Kornblum, Udo (2003a), Aktuelle bundesweite Rechtstatsachen zum Unternehmens- und Gesellschaftsrecht, in: GmbHR, 94. Jg., S. 1157-1173.

Kornblum, Udo (2003b), Bemerkungen zum e.V., in: NJW, 56. Jg., S. 3671-3673.

Kornblum, Udo (2004), Gesellschaften in Bewegung, in: BB, 59. Jg., Heft 25, S. I.

Kostrzewa, Beate (1995), Feststellung des Jahresabschlusses und Gewinnverwendung bei Kapitalgesellschaften nach geplantem EG-Recht, Aachen.

Koziol, Tina (2004), Der Überweisungsvertrag. Eine rechtliche Analyse unter besonderer Berücksichtigung der Rechte und Pflichten aus dem Verhältnis zwischen Überweisendem und überweisendem Kreditinstitut, Hamburg.

KPMG (2003), Rechnungslegung nach US-amerikanischen Grundsätzen. Grundlagen der US-GAAP und SEC-Vorschriften, 3. Aufl., Düsseldorf.

KPMG/Fachhochschule Münster (Hrsg.) (2004), Rechnungslegung nach IAS/IFRS - auch ein Thema für den Mittelstand? Ergebnisse einer empirischen Befragung des (gehobenen) Mittelstands in Nordrhein-Westfalen, in: http://www.kpmg.de/library/pdf/ 040702_ Rechnungslegung_nach_IAS_IFRS_fuer_den_mittelstand_de.pdf (Stand:13.10.2005).

Kraft, Alfons (1986), § 11, in: Kölner Kommentar zum Aktiengesetz, hrsg. von Zöllner, Wolfgang, 2. Aufl., Köln u.a.

Kraft, Alfons/Kreutz, Peter (2000), Gesellschaftsrecht, 11. Aufl., Neuwied.

Kreidmann, Arthur M. (1957), Dividends - Changing Patterns, in: Colum. L. Rev., Vol. 57, S. 372-385.

Kretschik, Klaus (1992), Die Gewinnverwendung im Konzern unter Berücksichtigung konzernhaftungsrechtlicher Rahmenbedingungen, Bochum.

Krieger, Gerd (1999), Abhängige Unternehmen und faktische Konzerne, in: Münchener Handbuch des Gesellschaftsrechts. Band 4. Aktiengesellschaft, hrsg. von Hoffmann-Becking, Michael, 2. Aufl., München, S. 950-1015.

Kronstein, Heinrich/Claussen, Carsten P. (1960), Publizität und Gewinnverteilung im neuen Aktienrecht, Frankfurt am Main.

Kropff, Bruno (1965), Aktiengesetz, Düsseldorf.

Kropff, Bruno (1991), 25 Jahre Aktiengesetz - was waren die Ziele und was wurde erreicht?, in: 25 Jahre Aktiengesetz. Ein Symposium der Deutschen Schutzvereinigung für Wertpapierbesitz e.V. (DSW) am 30. Oktober 1990 in Bonn, hrsg. von Lutter, Marcus, Düsseldorf, S. 19-51.

Kropff, Bruno (2004), Mitwirkung des Aufsichtsrats bei einzelnen Maßnahmen der Geschäftsführung, in: Arbeitshandbuch für Aufsichtsratsmitglieder, hrsg. von Semler, Johannes/Schenck, Kersten von, 2. Aufl., München, S. 379-478.

Kroschel, Jörg (2000), Die Federal Income Tax der Vereinigten Staaten von Amerika, Düsseldorf.

Krumnow, Jürgen (1994), Die deutsche Rechnungslegung auf dem Weg ins Abseits? Ein Ausblick nach der vorläufig abgeschlossenen EG-Harmonisierung, in: Bilanzrecht und Kapitalmarkt, Festschrift zum 65. Geburtstag von Prof. Dr. Dr. h.c. Dr. h.c., hrsg. von Ballwieser, Wolfgang/Böcking, Hans-Joachim/Drukarczyk, Jochen/Schmidt, Reinhard H., Düsseldorf, S. 681-698.

Kübler, Friedrich (1989), Aktie, Unternehmensfinanzierung und Kapitalmarkt, Köln.

Kübler, Friedrich (1990), Kapitalmarktgerechte Aktien?, in: WM, 44. Jg., S. 1853-1858.

Kübler, Friedrich (1991), Haftungstrennung und Gläubigerschutz im Recht der Kapitalgesellschaften. - Zur Kritik der „Autokran"-Doktrin des Bundesgerichtshofes -, in: Festschrift für Theodor Heinsius zum 65. Geburtstag, hrsg. von Kübler, Friedrich/Mertens, Hans-Joachim/Werner, Winfried, Berlin/New York, S. 397-424.

Kübler, Friedrich (1993), Bankenhaftung als Notbehelf der präventiven Kapitalaufbringungskontrolle? Überlegungen zum Anwendungsbereich von § 37 Abs. 1 S. 4 AktG, in: ZHR, 157. Jg., S. 196-212.

Kübler, Friedrich (1994), Aktienrechtsreform und Unternehmensverfassung, in: AG, 39. Jg., S. 141-148.

Kübler, Friedrich (1995a), Gesellschaftsrecht versus Kapitalmarktrecht - zwei Ansätze?, in: SZW/ RSDA, 67. Jg., S. 223-227.

Kübler, Friedrich (1995b), Institutioneller Gläubigerschutz oder Kapitalmarkttransparenz? Rechtsvergleichende Überlegungen zu den „stillen Reserven", in: ZHR, 159. Jg., S. 550-566.

Kübler, Friedrich (1995c), Vorsichtsprinzip versus Kapitalmarktinformation - Bilanzprobleme aus der Perspektive der Gesellschaftsrechtsvergleichung -, in: Rechenschaftslegung im Wandel, Festschrift für Wolfgang Dieter Budde, hrsg. von Förschle, Gerhart/Kaiser, Klaus/Moxter, Adolf, München, S. 361-375.

Kübler, Friedrich (1998a), Shareholder Value: Eine Herausforderung für das Deutsche Recht?, in: Festschrift für Wolfgang Zöllner zum 70. Geburtstag, hrsg. von Lieb, Manfred/Noack, Ulrich/Westermann, Harm P., Köln u.a., S. 321-335.

Kübler, Friedrich (1998b), Unternehmensfinanzierung und gesetzliches Garantiekapital in Europa. Einführung, in: AG, 43. Jg., S. 345.

Kübler, Friedrich (1999a), Aufsichtsratsmitbestimmung im Gegenwind der Globalisierung, in: The International Lawyer, Freudesgabe für Wulf H. Döser, hrsg. von Kübler, Friedrich/Scherer, Joachim/Treek, Joachim, Baden-Baden.

Kübler, Friedrich (1999b), Gesellschaftsrecht, 5. Aufl., Heidelberg.

Kübler, Friedrich (2000), Fragen und Wünsche des Gesellschafts- und Kapitalmarktrechts an das Recht der Rechnungslegung, in: ZGR, 29. Jg., S. 550-564.

Kübler, Friedrich (2002), The Organization of Global Financial Markets, in: JITE, Vol. 158, S. 5-23.

Kübler, Friedrich (2003a), Leitungsstrukturen der Aktiengesellschaft und die Umsetzung des SE-Statuts, in: ZHR, 167. Jg., S. 222-234.

Kübler, Friedrich (2003b), Rechnungslegung im Dienste finanzieller Stabilität?, in: NZG, 6. Jg., S. 358-362.

Kübler, Friedrich (2003c), The Rules of Capital Under Pressure of the Securities Markets, in: Capital Markets and Company Law, hrsg. von Hopt, Klaus J./Wymeersch, Eddy, Oxford, S. 95-114.

Kübler, Friedrich/Schmidt, Reinhard H. (1988), Gesellschaftsrecht und Konzentration, Berlin.

Kühnberger, Manfred/Schmidt, Thorsten (1999), Der Konzernabschluß als Ausschüttungsbemessungsgrundlage. Eine theoretische Analyse und eine empirische Bestandsaufnahme zur Ausschüttungspolitik deutscher Aktienkonzerne, in: ZfB, 69. Jg., S. 1263-1291.

Kümpel, Siegfried (2004), Bank- und Kapitalmarktrecht, 3. Aufl., Köln.

Küting, Karlheinz (1993), Europäisches Bilanzrecht und Internationalisierung der Rechungslegung, in: BB, 48 Jg., S. 30-38.

Küting, Karlheinz (1997), Der Wahrheitsgehalt deutscher Bilanzen, in: DStR, 35. Jg., S. 84-91.

Küting, Karlheinz (2004a), Die Bilanzierung im Umbruch - Einführungsreferat zum Experten-Streitgespräch in Saarbrücken am 30.6.2004, in: StuB, 6. Jg., S. 683-686.

Küting, Karlheinz (2004b), Saarbrücker Thesen zur Fortentwicklung des deutschen Bilanzrechts, in: BB, 59. Jg., Heft 30, S. I.

Küting, Karlheinz (2005), Fair value - ein Garant für Fair play, in: FAZ, Nr. 194 vom 22.08.2005, S. 20.

Küting, Karlheinz/Ranker, Daniel/Wohlgemuth, Frank (2004), Auswirkungen von Basel II auf die Praxis der Rechnungslegung - Ist eine ausschließlich ratinginduzierte Umstellung der Rechnungslegung auf IFRS sinnvoll? -, in: FB, 6. Jg., S. 93-104.

Küting, Karlheinz/Reuter, Michael (2005), Werden stille Reserven in Zukunft (noch) stiller? - Machen die IFRS die Bilanzanalyse überflüssig oder weitgehend unmöglich?, in: BB, 60. Jg., S. 706-713.

Küting, Karlheinz/Weber, Claus-Peter (2005), Der Konzernabschluss, 9. Aufl., Stuttgart.

Kuhner, Christoph (2005), Zur Zukunft der Kapitalerhaltung durch bilanzielle Ausschüttungssperren im Gesellschaftsrecht der Staaten Europas, in: ZGR, 34. Jg., S. 753-787.

Kummert, Richard O. (1980), State Statutory Restrictions on Financial Distributions by Corporations to Shareholders, Part I, in: Wash. L. Rev., Vol. 55, S. 359-403.

Kummert, Richard O. (1984), State Statutory Restrictions on Financial Distributions by Corporations to Shareholders, Part II, in: Wash. L. Rev., Vol. 59, S. 187-287.

Kunz, Harald (1985), Marktsystem und Information. ‚Konstitutionelle Unwissenheit' als Quelle von ‚Ordnung', Tübingen

Kuthe, Thorsten (2004), Die Fortsetzung der Aktienrechtsreform durch den Entwurf eines Gesetzes zur Unternehmensintegrität und Modernisierung des Anfechtungsrechts, in: BB, 59. Jg., S. 449-451.

Lanfermann, Georg (2004), Vorschlag der EU-Kommission zur Modernisierung der EU-Prüferrichtlinie, in: DB, 57. Jg., S. 609-613.

Lanfermann, Georg/Maul, Silja (2003), SEC-Ausführungsregelungen zum Sarbanes-Oxley Act - Auswirkungen auf Rechnungslegung und Abschlussprüfung europäischer Unternehmen -, in: DB, 56. Jg., S. 349-355.

Lanfermann, Georg/Maul, Silja (2004), EU-Übernahmerichtlinie: Aufstellung und Prüfung des Lageberichts, in: BB, 59. Jg., S. 1517-1521.

Lanfermann, Josef (1992), Meinungsspiegel, in: BFuP, 44. Jg., S. 441-455.

Lange, Knut W. (2004), Berichterstattung in Lagebericht und Konzernlagebericht nach dem geplanten Bilanzrechtsreformgesetz, in: ZIP, 25. Jg., S. 981-987.

Lange, Oliver (2003), Zustimmungsvorbehaltspflicht und Kataloghaftung des Aufsichtsrats nach neuem Recht, in: DStR, 41. Jg., S. 376-381.

Langguth, Heike/Engelmann, Andreas (2005), Empirische Untersuchung zur Segmentberichterstattung am deutschen Kapitalmarkt, in: DB, 58. Jg., S. 621-628.

Larenz, Karl (1991), Methodenlehre der Rechtswissenschaft, 6. Aufl., Berlin u.a.

Lee, Won-Ho (1987), Der Schutz der Minderheitsaktionäre der Obergesellschaft, Münster.

Leffson, Ulrich (1987), Die Grundsätze ordnungsmäßiger Buchführung, 7. Aufl., Düsseldorf.

Leftwich, Richard (1983), Accounting Information in Private Markets: Evidence from Private Lending Agreements, in: AR, Vol. 58., S. 23-42.

Lehertshuber, Bonaventura (1986a), Unternehmensvertragsrecht und Konzernhandelsbilanz, Frankfurt am Main u.a.

Lehertshuber, Bonaventura (1986b), Unternehmensvertragsrecht und Konzernhandelsbilanz, in: BFuP, 38. Jg., S. 326-340.

Lehertshuber, Bonaventura (1989), Rücklagenbildung im Konzern - Regelungslücke des Aktienrechts? - Erwiderung zu dem Beitrag von Beckmann, DB 1989 S. 940 -, in: DB, 42. Jg., S. 1534-1535.

Leinekugel, Magdalena (2001), Die Sachdividende im deutschen und europäischen Aktienrecht, Köln u.a.

Leippe, Britta (2002), Die Bilanzierung von Leasinggeschäften nach deutschem Handelsrecht und US-GAAP, Frankfurt am Main u.a.

Leuz, Christian (1996), Rechnungslegung und Kreditfinanzierung. Zum Zusammenhang von Ausschüttungsbegrenzung, bilanzieller Gewinnermittlung und vorsichtiger Rechnungslegung, Frankfurt am Main u.a.

Leuz, Christian (1998), The Role of Accrual Accounting in Restricting Dividends to Shareholders, in: EAR, Vol. 7, S. 579-604.

Leuz, Christian/Deller, Dominic/Stubenrath, Michael, An International Comparison of Accounting-Based Payout Restrictions in the United States, United Kingdom and Germany, in: ABR, Vol. 28., S. 111-129.

Leven, Franz-Josef (2003), Aktiengesellschaften in Deutschland, in: AG, 48. Jg., S. R189-192.

Lieder, Jan (2004), Zustimmungsvorbehalte des Aufsichtsrats nach neuer Rechtslage, in: DB, 57. Jg., S. 2251-2255.

Linnhoff, Ulrich/Pellens, Bernhard (1987), Ausschüttungspolitik deutscher Konzerne. Eine empirische Untersuchung zum Ausschüttungsverhalten deutscher Konzernobergesellschaften, in: ZfbF, 39. Jg., S. 987-1006.

Linnhoff, Ulrich/Pellens, Bernhard (1994), Kreditwürdigkeitsprüfung mit den neuen Jahresabschlußkennzahlen des Bundesaufsichtsamts für das Versicherungswesen (BAV), in: DB, 47. Jg., S. 589-594.

Lüdenbach, Norbert/Hoffmann, Wolf-Dieter (2002), Enron und die Umkehrung der Kausalität bei der Rechnungslegung, in: DB, 55. Jg., S. 1169-1175.

Lutter, Marcus (1964), Kapital, Sicherung der Kapitalaufbringung und Kapitalerhaltung in den Aktien- und GmbH-Rechten der EWG, Karlsruhe.

Lutter, Marcus (1974a), Teilfusionen im Gesellschaftsrecht, in: Wirtschaftsfragen der Gegenwart, Festschrift für Carl Hans Barz zum 65. Geburtstag, hrsg. von Fischer, Robert/ Möhring, Philipp/Westermann, Harry, Berlin/New York, S. 199-218.

Lutter, Marcus (1974b), Zur Binnenstruktur des Konzerns, in: Festschrift für Harry Westermann zum 65. Geburtstag, hrsg. von Hefermehl, Wolfgang/Gmür, Rudolf/Brox, Hans, Karlsruhe, S. 347-368.

Lutter, Marcus (1975), Die Entwicklung des Gesellschaftsrechts in Europa, in: EuR, 10. Jg., S. 44-72.

Lutter, Marcus (1978), Zur Europäisierung des deutschen Aktienrechts, in: Konflikt und Ordnung. Festschrift für Murad Ferid zum 70. Geburtstag, hrsg. von Heldrich, Andreas/Henrich, Dieter/Sonnenberger, Hans Jürgen, München, S. 599-620.

Lutter, Marcus (1982), Die zivilrechtliche Haftung in der Unternehmensgruppe, in: ZGR, 11. Jg., S. 244-275.

Lutter, Marcus (1983), Vom formellen Mindestkapital zu materiellen Finanzierungsregeln im Recht der Kapitalgesellschaften, in: Festschrift für Stefan Riesenfeld aus Anlass seines 75. Geburtstages, hrsg. von Jayme, Erik/Kegel, Gerhard/Lutter, Marcus, Heidelberg, S. 165-185.

Lutter, Marcus (1987), Rücklagenbildung im Konzern, in: Bilanz- und Konzernrecht, Festschrift zum 65. Geburtstag von Dr. Dr. h. c. Reinhard Goerdeler, hrsg. von Havermann, Hans, Düsseldorf, S. 327-348.

Lutter, Marcus (1988a), § 55, in: Kölner Kommentar zum Aktiengesetz, hrsg. von Zöllner, Wolfgang, 2. Aufl., Köln u.a.

Lutter, Marcus (1988b), § 58, in: Kölner Kommentar zum Aktiengesetz, hrsg. von Zöllner, Wolfgang, 2. Aufl., Köln u.a.

Lutter, Marcus (1988c), Zur Abwehr räuberischer Aktionäre, in: Festschrift 40 Jahre Der Betrieb, Stuttgart, S. 193-210.

Lutter, Marcus (1989), § 186, in: Kölner Kommentar zum Aktiengesetz, hrsg. von Zöllner, Wolfgang, 2. Aufl., Köln u.a.

Lutter, Marcus (1994a), Das neue „Gesetz für kleine Aktiengesellschaften und zur Deregulierung des Aktienrechts", in: AG, 39. Jg., S. 429-447.

Lutter, Marcus (1994b), Der Aufsichtsrat: Konstruktionsfehler, Inkompetenz seiner Mitglieder oder normales Risiko?, in: AG, 39. Jg., S. 176-177.

Lutter, Marcus (1995a), Das dualistische System der Unternehmensverwaltung, in: Schriften zur Unternehmensführung - Corporate Governance, hrsg. von Scheffler, Eberhard, Wiesbaden, S. 5-26.

Lutter, Marcus (1995b), Defizite für eine effiziente Aufsichtsratstätigkeit und gesetzliche Möglichkeiten der Verbesserung, in: ZHR, 159. Jg., S. 287-309.

Lutter, Marcus (1995c), Professionalisierung der Aufsichtsräte, in: NJW, 48. Jg., S. 1133-1134.

Lutter, Marcus (1996), Europäisches Unternehmensrecht. ZGR-Sonderheft, 4. Aufl., Berlin/New York.

Lutter, Marcus (1997), Stellungnahme zur Aktienrechtsreform 1997, in: AG-Sonderheft August 1997, 42. Jg., S. 52-57.

Lutter, Marcus (1998a), Das Recht der Gewinnverwendungspolitik im Konzern, in: Handbuch der Konzernfinanzierung, hrsg. von Lutter, Marcus/Scheffler, Eberhard/Schneider, Uwe H., Köln, S. 400-420.

Lutter, Marcus (1998b), Gesetzliches Garantiekapital als Problem europäischer und deutscher Rechtspolitik, in: AG, 43. Jg., S. 375-377.

Lutter, Marcus (2000a), Das Europäische Unternehmensrecht im 21. Jahrhundert, in: ZGR, 29. Jg., S. 1-18.

Lutter, Marcus (2000b), Konzepte, Erfolge und Zukunftsaufgaben Europäischer Gesellschaftsrechtsharmonisierung, in: Systembildung und Systemlücken in Kerngebieten des Europäischen Privatrechts, hrsg. von Grundmann, Stefan, Tübingen, S. 121-143.

Lutter, Marcus (2006), Das (feste Grund-)Kapital der Aktiengesellschaft in Europa. Zusammenfassung der Überlegungen des Arbeitskreises „Kapital in Europa", in: ZGR-Sonderheft 17, Das Kapital der Aktiengesellschaft in Europa, Berlin, S. 1-14.

Lutter, Marcus (Hrsg.) (2006), ZGR-Sonderheft 17, Das Kapital der Aktiengesellschaft in Europa, Berlin.

Lutter, Marcus/Krieger, Gerd (2002), Rechte und Pflichten des Aufsichtsrats, 4. Aufl., Köln.

Lutter, Marcus/Leinekugel, Magdalena/Rödder, Thomas (2002), Die Sachdividende - Gesellschaftsrecht und Steuerrecht -, in: ZGR, 31. Jg., S. 204-240.

Lutter, Marcus/Zöllner, Wolfgang (2004), „Die Mannesmann-Prämien durften nicht gezahlt werden", in: FAZ, Nr. 34 vom 10.02.2004, S. 12.

Mag, Wolfgang (2003), Personalplanung und Mitbestimmung, Teil 1, in: WiSt, 32. Jg., S. 83-87.

Maier, Arno (1986), Der Grundsatz der Kapitalerhaltung und die Durchgriffshaftung wegen Unterkapitalisierung im deutschen und amerikanischen Gesellschaftsrecht. Unter besonderer Berücksichtigung des Rechts von New York, Kalifornien und Delaware sowie des Model Business Corporation Act, Frankfurt am Main u.a.

Mandl, Gerwald/Rabel, Klaus (1997), Unternehmensbewertung, Wien.

Manning, Bayless (1985), Assets in and Assets out: Chapter VI of the Revised Model Business Corporation Act, in: Tex. L. Rev., Vol. 63, S. 1527-1535.

Manning, Bayless/Hanks, James J. Jr. (1990), Legal Capital, 3. Aufl., Westbury.

Marsch-Barner, Reinhard (2004), Schutz der Gesellschaft und der Anteilseigner, in: Arbeitshandbuch für Aufsichtsratsmitglieder, hrsg. von Semler, Johannes/Schenck, Kersten von, 2. Aufl., München, S. 705-785.

Marsh, Harold/Finkle, R. Roy/Sonsini, Larry W. (2005), Marsh's California Corporation Law, 4. Aufl., New York.

Marten, Kai-Uwe/Quick, Reiner/Ruhnke, Klaus (2003), Wirtschaftsprüfung, 2. Aufl., Stuttgart.

Martens, Klaus-Peter (1992), Der Ausschluß des Bezugsrechts, in: ZIP, 13. Jg., S. 1677-1697.

Martens, Klaus-Peter (1996), Erwerb und Veräußerung eigener Aktien im Börsenhandel. Überlegungen de lege ferenda, in: AG, 41. Jg., S. 337-349.

Martens, Klaus-Peter (2003), Leitfaden für die Leitung der Hauptversammlung einer Aktiengesellschaft, 3. Aufl., Köln.

Matschke, Manfred J. (1981), Die Maßnahmen zur Verbesserung des Gläubigerschutzes bei der GmbH nach der GmbH-Novelle 1980, in: DBW, 41. Jg., S. 553-570.

Maul, Silja (2003), Vorschläge der Expertengruppe zur Reform des EU-Gesellschaftsrechts, in: DB, 56. Jg., S. 27-31.

Maul, Silja/Eggenhofer, Erich/Lanfermann, Georg (2004), Deregulierung der EU-Regelungen zur Kapitalaufbringung und -erhaltung, in: BB-Special 6/2004, 59. Jg., S. 5-8.

Maul, Silja/Lanfermann, Georg/Eggenhofer, Erich (2003), Aktionsplan der Europäischen Kommission zur Reform des Europäischen Gesellschaftsrechts, in: BB, 58. Jg., S. 1289-1295.

Maul, Silja/Muffat-Jeandet, Daniéle (2004), Die EU-Übernahmerichtlinie - Inhalt und Umsetzung in nationales Recht, in: AG, 49. Jg., S. 221-234 (Teil I) und S. 306-318 (Teil II).

Mayer, Barbara (2005), Art. 4, in: Europäische Aktiengesellschaft SE. Nomos Kommentar, hrsg. von Manz, Gerhard/Mayer, Barbara/Schröder, Albert, Baden-Baden.

MBCA Ann. (2002), Model Business Corporation Act Annotated, 3. Aufl., Chicago.

McCormick, Eleanor (1949), Nimble Dividends: Some States Do Permit Dividends Despite Deficit in Accumulated Earnings, in: JoA, Vol. 88, S. 196-207.

McDaniel, Morey W. (1986), Bondholders and Corporate Governance, in: Bus. Law, Vol. 41, S. 413-460.

McGough, Philip (1987), Statutory Limits on a Corporations's Right to Make Distributions to Shareholders: The Law of Distribution in the 1984 Revised Model Business Corporation Act, in: Akron L. Rev., Vol. 21, S. 27-44.

Meilicke, Wienand (2003), Die Niederlassungsfreiheit nach „Überseering". Rückblick und Ausblick nach Handelsrecht und Steuerrecht, in: GmbHR, 94. Jg., S. 793-809.

Meilicke, Wienand/Heidel, Thomas (2004), UMAG: „Modernisierung" des Aktienrechts durch Beschränkung des Eigentumsschutzes der Aktionäre, in: DB, 57. Jg., S. 1479-1487.

Meinhövel, Harald (2005), Grundlagen der Principal-Agent-Theorie, in: Institutionenökonomie und Betriebswirtschaftslehre, hrsg. von Horsch, Andreas/Meinhövel, Harald/Paul, Stephan, München, S. 65-80.

Mellert, Christofer R. (2006), Ausländische Kapitalgesellschaften als Alternative zu AG und GmbH – eine Synopse, in: BB, 61. Jg., S. 8-11.

Melot de Beauregard, Paul (2004), Das Zweite Gesetz zur Vereinfachung der Wahl der Arbeitnehmervertreter in den Aufsichtsrat, in: DB, 57. Jg., S. 1430-1431.

Menner, Stefan/Broer, Frank (2003), Steuerliche Gestaltungsmöglichkeiten bei Umstrukturierungen im Konzern - Alternativen zur Spaltung von Kapitalgesellschaften unter besonderer Berücksichtigung von Sachdividenden, in: DB, 56. Jg., S. 1075-1080.

Menzies, Christof (Hrsg.) (2004), Sarbanes-Oxley Act. Professionelles Management interner Kontrollen, Stuttgart.

Merkt, Hanno (1995), Das Europäische Gesellschaftsrecht und die Idee des „Wettbewerbs der Gesetzgeber", in: RabelsZ, 59. Jg., S. 545-568.

Merkt, Hanno (1996), Vom Konzessionssystem zum Delaware-Effekt: Die Entwicklung des US-amerikanischen Gesellschaftsrechts, in: ZfRV, 37. Jg., S. 1-11.

Merkt, Hanno (2001a), Entwicklungen des Gesellschafts- und Kapitalmarktrechts in den USA - Vorbild für Deutschland und Europa?, in: KoR, 1. Jg., S. 142-150.

Merkt, Hanno (2001b), Unternehmenspublizität. Offenlegung von Unternehmensdaten als Korrelat der Marktteilnahme, Tübingen, 2001.

Merkt, Hanno (2003), Zum Verhältnis von Kapitalmarktrecht und Gesellschaftsrecht in der Diskussion um die Corporate Governance, in: AG, 48. Jg., S. 126-136.

Merkt, Hanno (2004a), Der Kapitalschutz in Europa - ein rocher de bronze?, in: ZGR, 33. Jg., S. 305-323.

Merkt, Hanno (2004b), Die Pluralisierung des europäischen Gesellschaftsrechts, in: RIW, 50. Jg., S. 1-7.

Merkt, Hanno (2006a), § 264 HGB, in: Handelsgesetzbuch, hrsg. von Hopt, Klaus J./Merkt, Hanno, 32. Aufl., München.

Merkt, Hanno (2006b), IFRS und die Folgen für den Kapitalschutz im Gesellschaftsrecht, in: IFRS in Rechnungswesen und Controlling. Kongress-Dokumentation. 59. Deutscher Betriebswirtschafter-Tag 2005, hrsg. von Börsig, Clemens/Wagenhofer, Alfred, Stuttgart, S. 89-109.

Merkt, Hanno/Göthel, Stephan R. (2006), US-amerikanisches Gesellschaftsrecht, 2. Aufl., Frankfurt am Main.

Merschmeyer, Marc (2005), Die Kapitalschutzfunktion des Jahresabschlusses und Übernahme der IAS/IFRS für die Einzelbilanz, Frankfurt am Main u.a.

Mertens, Hans-Joachim (1988a), § 76, in: Kölner Kommentar zum Aktiengesetz, hrsg. von Zöllner, Wolfgang, 2. Aufl., Köln u.a.

Mertens, Hans-Joachim (1988b), § 82, in: Kölner Kommentar zum Aktiengesetz, hrsg. von Zöllner, Wolfgang, Band 2, 2. Aufl., Köln u.a. 1988.

Mertens, Hans-Joachim (1988c), § 93, in: Kölner Kommentar zum Aktiengesetz, hrsg. von Zöllner, Wolfgang, 2. Aufl, Köln u.a.

Mertens, Hans-Joachim (1994), Satzungs- und Organisationsautonomie im Aktien- und Konzernrecht, in: ZGR, 23. Jg., S. 426-441.

Mertens, Hans-Joachim (1995), § 111, in: Kölner Kommentar zum Aktiengesetz, hrsg. von Zöllner, Wolfgang, 2. Aufl., Köln u.a.

Mestmäcker, Ernst-Joachim (1958), Verwaltung, Konzerngewalt und Rechte der Aktionäre. Eine rechtsvergleichende Untersuchung nach deutschem Aktienrecht und dem Recht der Corporations in den Vereinigten Staaten, Karlsruhe.

Meyer-Löwy, Bernd/Poertzgen, Christoph/Eckhoff, Lars (2005), Einführung in das US-amerikanische Insolvenzrecht, in: ZInsO, 8. Jg., S. 735-740.

Micheler, Eva (2004), Gläubigerschutz im englischen Gesellschaftsrecht. Reformvorschläge mit Implikationen für Europa, in: ZGR, 33. Jg., S. 324-347.

Micker, Lars (2003), Europarechtswidrigkeit der Organschaftsbesteuerung im Körperschaft- und Gewerbesteuerrecht?, in: DB, 56. Jg., S. 2734-2738.

Mises, Ludwig von (1940), Nationalökonomie: Theorie des Handelns und Wirtschaftens, Genf.

Mitental, Daniel/Anders, Dietmar (2003), Erste Erfahrungen mit den neuen Aktienmarktsegmenten der Frankfurter Wertpapierbörse, in: DStR, 41. Jg., S. 1893-1900.

Möllers, Thomas M. J. (2003), Das europäische Kapitalmarktrecht im Umbruch. Ein Zwischenbericht zu den kapitalmarktrechtlichen Informationspflichten unter rechtsvergleichender Perspektive, in: ZBB, 15. Jg., S. 390-409.

Mohrman, Mary B. (1996), The Use of Fixed GAAP Provisions in Debt Contracts, in: AH, Vol. 10, S. 78-91.

Morawetz, Victor (1886), A Treatise on the Law of Private Corporations, 2. Aufl., Boston.

Mosel Weinberg AG (2003), Satzung der Mosel Weingberg AG. AG Trier 14 HR B 3852 v. 25.02.2003.

Moxter, Adolf (1979), Die Jahresabschlußaufgaben nach der EG-Bilanzrichtlinie: Zur Auslegung von Art. 2 EG-Bilanzrichtlinie, in: AG, 24. Jg., S. 141-146.

Moxter, Adolf (1984), Bilanzlehre. Band I: Einführung in die Bilanztheorie, 3. Aufl., Wiesbaden.

Moxter, Adolf (1986), Bilanzlehre. Band II: Einführung in das neue Bilanzrecht, 3. Aufl., Wiesbaden.

Moxter, Adolf (1999), Bilanzrechtsprechung, 5. Aufl., Tübingen.

Moxter, Adolf (2001), Die Zukunft der Rechnungslegung? - Anmerkungen zu den Thesen eines Arbeitskreises der Schmalenbach-Gesellschaft -, in: DB, 54. Jg., S. 605-607.

Moxter, Adolf (2003), Grundsätze ordnungsgemäßer Rechnungslegung, Düsseldorf.

Moxter, Adolf (2004), Gewinnrealisierung nach den IAS/IFRS: Erosion des HGB-Realisationsprinzips, in: ZVglRWiss, 103. Jg., S. 268-280.

Moxter, Adolf (2006), Absehbarer Abschied von der HGB-Bilanzierung?, in: BB, 61. Jg., Heft 13, S. I.

Müchler, Thomas (1992), Der Solvenzbericht. Ein Informationsinstrument zur Verbesserung des Gläubigerschutzes im Insolvenzverfahren, Frankfurt am Main u.a.

Mülbert, Peter O. (1996), Aktiengesellschaft, Unternehmensgruppe und Kapitalmarkt. Die Aktionärsrechte bei Bildung und Umbildung einer Unternehmensgruppe zwischen Verbands- und Anlegerschutzrecht, 2. Aufl., München.

Mülbert, Peter O. (1997), Shareholder Value aus rechtlicher Sicht, in: ZGR, 26. Jg., S. 129-172.

Mülbert, Peter O. (2000), Kapitalschutz und Gesellschaftszweck bei der Aktiengesellschaft, in: Deutsches und europäisches Gesellschafts-, Konzern- und Kapitalmarktrecht. Festschrift für Marcus Lutter zum 70. Geburtstag, hrsg. von Schneider, Uwe H./Hommelhoff, Peter/Schmidt, Karsten/Timm, Wolfram/Grunewald, Barbara/Drygala, Tim, Köln, S. 535-555.

Mülbert, Peter O. (2001), Abschied von der „TBB"-Haftungsregel für den qualifiziert faktischen GmbH-Konzern, in: DStR, 39. Jg., S. 1937-1947.

Mülbert, Peter O. (2004), Zukunft der Kapitalaufbringung/Kapitalerhaltung, in: Der Konzern, 2. Jg., S. 151-162.

Mülbert, Peter O./Birke, Max (2002), Legal Capital - Is There a Case against the European Legal Capital Rules?, in: EBOR, Vol. 3, S. 695-732.

Müller, Hans-Peter (1977), Änderungen in der Organisation der deutschen Aktiengesellschaft durch die Angleichung des Aktienrechts in der EG? - Zum Kommissionsvorschlag einer 5. EG-Richtlinie, in: DB, 30. Jg., S. 1883-1888.

Müller, Hans-Peter (1991), Bilanzrecht und Organverantwortung, in: Festschrift für Karlheinz Quack zum 65. Geburtstag, hrsg. von Westermann, Harm P./Rosener, Wolfgang, Berlin/New York, S. 345-357.

Müller, Welf (1978), Zum Entwurf eines Gesetzes zur Durchführung der Zweiten Richtlinie des Rates der Europäischen Gemeinschaften zur Koordinierung des Gesellschaftsrechts (Kapitalschutzrichtlinie), in: WPg, 31. Jg., S. 565-574.

Müller, Welf (2002), Die Änderungen im HGB und die Neuregelung der Sachdividende durch das Transparenz- und Publizitätsgesetz, in: NZG, 5. Jg., S. 752-759.

Müller-Erzbach, Rudolf (1928), Deutsches Handelsrecht, 2./3. Aufl, Tübingen.

Müller-Thiemens, Friederike (2004), Vortragsveranstaltung der Juristischen Gesellschaft zu Berlin, in: JR, o. Jg., S. 60-61.

Mujkanovic, Robin (2002), Fair Value im Financial Statement nach International Accounting Standards, Stuttgart.

Murphy, Daniel T. (1981), Equity Insolvency and the New Model Business Corporation Act, in: U. Rich. L. Rev., Vol. 15, S. 839-871.

Mutter, Stefan (2004), Plädoyer für die Listenwahl von Aufsichtsräten, in: AG, 49. Jg., S. 305-306.

Nahr, J. Christian (2003), Publizitätspflicht in den USA, in: RIW, 49. Jg., S. 115-118.

NCCUSL (1984), Uniform Fraudulent Transfer Act, in: http://www.law.upenn.edu/bll/ulc/fnact99/ 1980s/ufta84.pdf (Stand: 18.10.2004).

Netter, Oskar (1928), Die aktienrechtliche Auskunftspflicht, Berlin.

Neun, Josef (2005), Gründung, in: Die Europäische Aktiengesellschaft. Recht, Steuern und Betriebswirtschaft der Societas Europaea (SE), hrsg. von Theisen, Manuel R./Wenz, Martin, 2. Aufl., Stuttgart, S. 57-187.

Neye, Hans-Werner (1999), SLIM - Schlankheitskur für EU-Gesellschaftsrecht. Einführung, in: ZIP, 20. Jg., S. 1944.

Niedenhoff, Horst-Udo (2002), Mitbestimmung in der Bundesrepublik Deutschland, 13. Aufl., Köln.

Niederleithinger, Ernst (1998), Gesetzliches Garantiekapital als Problem europäischer und deutscher Rechtspolitik, in: AG, 43. Jg., S. 377-379.

Niedernhuber, Günter (1985), Zur Reform der Gewinnverwendung von Aktiengesellschaften im Entwurf der 5. EG-Richtlinie, in: WPg, 38. Jg., S. 6-14.

Niedernhuber, Günter (1988), Ausschüttungsregelungen für Aktiengesellschaften. Eine ökonomische Analyse, Hamburg.

Niehues, Michael (2001), EU-Rechnungslegungsstrategie und Gläubigerschutz, in: WPg, 54. Jg., S. 1209-1222.

Niehus, Rudolf J. (1985), Zur Transformation der 4. EG-(Bilanz-)Richtlinie in den Mitgliedstaaten der Europäischen Gemeinschaft - Überblick und erste Würdigung -, in: ZGR, 14. Jg., S. 536-566.

Niehus, Rudolf J. (1992), Meinungsspiegel, in: BFuP, 44. Jg., S. 441-455.

Niehus, Rudolf J. (1998), Die Prüfung der internationalen Rechnungslegung von deutschen Kapitalgesellschaften - Zu Auswirkungen für den Abschlussprüfer und seinen Berufsstand - , in: Unternehmensberatung und Wirtschaftsprüfung, Festschrift für Professor Dr. Günter Sieben zum 65. Geburtstag, hrsg. von Matschke, Manfred J./Schildbach, Thomas, Stuttgart, S. 483-514.

Niehus, Rudolf J. (2001), „Auch für Einzelabschlüsse gelten grundsätzlich die IAS"? - Ein Beitrag zu den (möglichen) Grenzen einer „Internationalisierung" der Rechnungslegung im Einzelabschluss -, in: WPg, 54. Jg., S. 737-752.

Niehus, Rudolf J. (2002), Der EU-Vorschlag für eine „Modernisierung" der Bilanzrichtlinien - Überblick und erste Wertung -, in: DB, 55. Jg., S. 1385-1390.

Niehus, Rudolf J./Thyll, Alfred (2000), Konzernabschluß nach U.S. GAAP. Grundlagen und Gegenüberstellung mit den deutschen Vorschriften, 2. Aufl., Stuttgart.

Nienhaus, Julia (2002), Kapitalschutz in der Aktiengesellschaft mit atypischer Zwecksetzung. Eine rechtsvergleichende/europarechtliche Untersuchung für Deutschland, Frankreich, Belgien, Großbritannien und Irland, Köln u.a.

Niessen, Hermann (1995), Bindungen und Freiheiten der Mitgliedsstaaten der Europäischen Union bei der Umsetzung von Richtlinien am Beispiel der Angleichung des Bilanzrechts, in: Festschrift für Ulrich Everling, Band II, hrsg. von Due, Ole/Lutter, Marcus/Schwarze, Jürgen, Baden-Baden, S. 971-1000.

Nippel, Peter/Schweizer, Thilo (1996), Bezugsrechtsausschluß, Kapitalverwässerung und Ankündigungseffekt, in: WiSt, 25. Jg., S. 531-534.

Noack, Ulrich (2002), Erleichterungen grenzüberschreitender Stimmrechtsausübung - Bericht über eine Initiative der niederländischen Regierung und der Europäischen Union, in: ZIP, 23. Jg., S. 1215-1216.

Nobel, Peter (1998), Börsengesellschaftsrecht?, in: Aktienrecht 1992-1997. Versuch einer Bilanz. Zum 70. Geburtstag von Rolf Bär, hrsg. von Büren, Roland von/Hausheer, Heinz/Wiegand, Wolfgang, Bern, S. 301-310.

North, Douglass C. (1990), Institutions, Institutional Change and Economic Performance, Cambridge u.a.

Nowak, Eric (2001), Eignung von Sachverhalten in Ad-hoc-Mitteilungen zur erheblichen Kursbeeinflussung, in: ZBB, 13. Jg., S. 449-465.

Obermüller, Walter/Werner, Winfried/Winden, Kurt (2001), Die Hauptversammlung der Aktiengesellschaft, 4. Aufl., Stuttgart.

Oechsler, Jürgen (2006), Die Änderung der Kapitalrichtlinie und der Rückerwerb eigener Aktien, in: ZHR, 170. Jg., S. 72-89.

Olbrich, Michael (2005), Zur Unternehmensbewertung bei Scheidung des Unternehmers, in: DBW, 65. Jg., S. 411-426.

Ordelheide, Dieter (1986), Der Konzern als Gegenstand betriebswirtschaftlicher Forschung, in: BFuP, 38. Jg., S. 293-312.

Ordelheide, Dieter (1987), Konzernerfolgskonzeptionen und Risikokoordination. - Grundlagen handels- und steuerrechtlicher Erfolgsermittlung für Konzerne -, in: ZfbF, 39. Jg., S. 975-986.

Ordelheide, Dieter (1995), Entwicklung und Arbeit des Accounting Advisory Forums der EU-Kommission, in: Rechenschaftslegung im Wandel. Festschrift für Wolfgang Dieter Budde, hrsg. von Förschle, Gerhart/Kaiser, Klaus/Moxter, Adolf, München, S. 483-504.

Ordelheide, Dieter (1998), Externes Rechnungswesen, in: Vahlens Kompendium der Betriebswirtschaftslehre. Band 1, hrsg. von Bitz, Michael/Dellmann, Klaus/Domsch, Michel/Wagner, Franz W., München.

Orth, Manfred (2004), Sachdividenden - Zu deren Kodifizierung und den offen gebliebenen aktienrechtlichen, bilanzrechtlichen und steuerrechtlichen Fragen, in: WPg, 57. Jg., S. 777-793 (Teil 1), S. 841-855 (Teil 2).

o.V. (1948), Corporations - Dividends - Virginia Statute Construed to Allow Dividends from Current Profits Despite Capital Deficit, in: Harv.L.Rev., Vol. 62, S. 130-131.

o.V. (2001), Mit Strafsteuern erzwingt Amerika eine Ausschüttung von Gewinnen. - Unternehmen sollen von übermäßiger Thesaurierung abgehalten werden / Der Mittelstand wird bevorzugt -, in: FAZ, Nr. 5 vom 06.01.2001, S. 23.

o.V. (2004), Staatsanwaltschaft will Esser Widersprüche nachweisen, in: FAZ, Nr. 25 vom 30.01.2004, S. 13.

o.V. (2005a), Aktienrückkäufe in Amerika populär wie nie. Unternehmen geben an der Wall Street Milliarden für eigene Aktien aus, in: FAZ, Nr. 190 vom 17.08.2005, S. 19.

o.V. (2005b), Anlegerschutz verunsichert die Unternehmen. Unklare Gesetzeslage verwirrt Emittenten und Anleger. Mehr Aktionärsklagen möglich, in: FAZ, Nr. 42 vom 19.02.2005, S. 19.

o.V. (2005c), Allianz SE, in: FAZ, Nr. 213 vom 13.09.2005, S. 13.

o.V. (2005d), Die Allianz ist Vorreiter bei der Europa AG. Das hohe Maß an Mitbestimmung der Arbeitnehmer gilt als unattraktiv. Originär europäischer Charakter, in: FAZ, Nr. 213 vom 13.09.2005, S. 21.

o.V. (2006a), Weniger Vorschriften für die GmbH. Bundesjustizministerin Zypries will Gründungen beschleunigen und den Betrieb erleichtern, in: FAZ, Nr. 124 vom 30.05.2006, S. 11.

o.V. (2006b), Markt & Meinung. Die GmbH lebt, in: FAZ, Nr. 124 vom 30.05.2006, S. 18.

o.V. (2006c), Ltd.-Geschäftsführer haften persönlich. Landgericht: Bei Zahlungsunfähigkeit gilt deutsches GmbH-Recht, in: FAZ, Nr. 116 vom 19.05.2006, S. 14.

Palmiter, Alan R. (2003), Corporations. Examples and Explanations, 4. Aufl., New York.

Paefgen, Walter G. (2002), Unternehmerische Entscheidungen und Rechtsbindung der Organe in der AG, Köln.

Paefgen, Walter G. (2004a), Börsenpreisorientierte Vergütung und Überwachungsaufgabe des Aufsichtsrats, in: WM, 58. Jg. 2004, S. 1169-1175.

Paefgen, Walter G. (2004b), Dogmatische Grundlagen, Anwendungsbereich und Formulierung einer Business Judgment Rule im künftigen UMAG, in: AG, 49. Jg., S. 245-261.

Pannen, Michael (2000), Meßtheoretische Grundprobleme des Maßgeblichkeitsprinzips, Lohmar/Köln.

Passow, Richard (1903), Die Entstehung des Aufsichtsrats der Aktiengesellschaft, in: ZHR, 64. Jg., S. 27-57.

Passow, Richard (1922), Die Aktiengesellschaft. Eine wirtschaftswissenschaftliche Studie, Jena.

Paul, Stephan (2004), Basel II im Überblick, in: Basel II und MaK - Regulatorische Vorgaben, bankinterne Verfahren, Bewertungen, hrsg. von Hofmann, Gerhard, 2. Aufl., Frankfurt am Main, S. 5-55.

Paul, Stephan (2005a), Rückfallgefahr. Die deutschen Banken haben ihre Krise noch nicht überwunden - insbesondere die ungelöste Preispolitik birgt noch erhebliche Risiken, in: FAZ, Nr. 79 vom 06.04.2005, S. B1.

Paul, Stephan (2005b), Unternehmerfunktionen und Wettbewerbsfähigkeit. Die zentrale Rolle von Ressourcen, Kompetenzen und Innovationen, in: Institutionenökonomie und Betriebswirtschaftslehre, hrsg. von Horsch, Andreas/Meinhövel, Harald/Paul, Stephan, München, S. 157-175.

Paul, Stephan/Horsch, Andreas (2005), Evolutorische Ökonomik und Lehre von den Unternehmerfunktionen, in: Institutionenökonomie und Betriebswirtschaftslehre, hrsg. von Horsch, Andreas/Meinhövel, Harald/Paul, Stephan, München, S. 137-156.

Paul, Stephan/Stein, Stefan (2002), Rating, Basel II und die Unternehmensfinanzierung, Köln.

Pausenberger, Ehrenfried (1986), Meinungsspiegel, in: BFuP, 38. Jg., S. 357-372.

Peemöller, Volker H./Spanier, Günter/Weller, Heino (2002), Internationalisierung der externen Rechnungslegung: Auswirkungen auf nicht kapitalmarktorientierte Unternehmen, in: BB, 57. Jg., S. 1799-1803.

Pellens, Bernhard (1989), Der Informationswert von Konzernabschlüssen. Eine empirische Untersuchung deutscher Börsengesellschaften, Wiesbaden.

Pellens, Bernhard (1994), Aktionärsschutz im Konzern. Empirische und theoretische Analyse der Reformvorschläge der Konzernverfassung, Wiesbaden.

Pellens, Bernhard (1996), Berücksichtigung der Aktionärsinteressen bei der Gewinnverwendung im Konzern, in: Unternehmenssicherung und Unternehmensentwicklung, hrsg. von Elschen, Rainer, Stuttgart, S. 163-191.

Pellens, Bernhard (1998), Jahresabschluß (Funktionen), in: Lexikon des Rechnungswesens, hrsg. von Busse von Colbe, Walther/Pellens, Bernhard, 4. Aufl., München/Wien, S 367-370.

Pellens, Bernhard (2001a), Internationale Rechnungslegung, 4. Aufl., Stuttgart.

Pellens, Bernhard (2001b), Publizität, in: Handwörterbuch des Bank- und Finanzwesens, hrsg. von Gerke, Wolfgang/Steiner, Manfred, 3. Aufl., Stuttgart, Sp. 1742-1754.

Pellens, Bernhard (2003), Editorial. Überregulierung der Kapitalmärkte?, in: DBW, 63 Jg., S. 473-476.

Pellens, Bernhard/Bonse, Andreas (1998), Die Innenfinanzierung und die Gewinnverwendungspolitik, in: Handbuch der Konzernfinanzierung, hrsg. von Lutter, Marcus/Scheffler, Eberhard/Schneider, Uwe H., Köln, S. 378-399.

Pellens, Bernhard/Bonse, Andreas (1999), Annäherung des deutschen Aktionärsschutzes an US-amerikanische Vorstellungen, in: Festschrift für Bernhard Großfeld zum 65. Geburtstag, hrsg. von Hübner, Ulrich/Ebke, Werner F., Heidelberg, S. 851-874.

Pellens, Bernhard/Bonse, Andreas/Gassen, Joachim (1998), Perspektiven der deutschen Konzernrechnungslegung. - Auswirkungen des Kapitalaufnahmeerleichterungsgesetzes und des Gesetzes zur Kontrolle und Transparenz im Unternehmensbereich - , in: DB, 51. Jg., S. 785-792.

Pellens, Bernhard/Crasselt, Nils (2004), Transparenz der Unternehmensführung, in: Handwörterbuch Unternehmensführung und Organisation, hrsg. von Schreyögg, Georg/Werder, Axel von, 4. Aufl., Stuttgart.

Pellens, Bernhard/Crasselt, Nils/Rockholtz, Carsten (1998), Wertorientierte Entlohnungssysteme für Führungskräfte - Anforderungen und empirische Evidenz -, in: Unternehmenswertorientierte Entlohnungssysteme, hrsg. von Pellens, Bernhard, Stuttgart, S. 1-28.

Pellens, Bernhard/Detert, Karsten (2003), IFRS 1 „First-time Adoption of International Financial Reporting Standards". Neue Regelung zur erstmaligen Anwendung der IFRS, in: KoR, 3. Jg., S. 369-376.

Pellens, Bernhard/Fülbier, Rolf Uwe (2000), Differenzierung der Rechnungslegung nach Börsenzulassung, in: ZGR, 29. Jg., S. 572-593.

Pellens, Bernhard/Fülbier, Rolf Uwe/Gassen, Joachim (2006), Internationale Rechnungslegung, 6. Aufl., Stuttgart.

Pellens, Bernhard/Gassen, Joachim (1998), Die Bereitstellung von Rechnungslegungssystemen - Eine Aufgabe des Staates oder des Marktes?, in: Festschrift für Professor Dr. Dr. h.c. Adolf G. Coenenberg zum 60. Geburtstag, hrsg. von Möller, Hans Peter/Schmidt, Franz, Stuttgart, S. 633-650.

Pellens, Bernhard/Gassen, Joachim (2001), EU-Verordnungsentwurf zur IAS-Konzernrechnungslegung - Gestaltungsmöglichkeiten des deutschen Gesetzgebers -, in: KoR, 1. Jg., S. 137-142.

Pellens, Bernhard/Gassen, Joachim (2002), Zwischenbericht, in: Handwörterbuch Unternehmensrechnung und Controlling, hrsg. von Küpper, Hans-Ulrich/Wagenhofer, Alfred, Stuttgart, Sp. 2187-2198.

Pellens, Bernhard/Gassen, Joachim/Neuhaus, Stefan/Schmidt, André (2006), Die Zukunft der Unternehmensberichterstattung, in: IFRS in Rechnungswesen und Controlling. Kongress-Dokumentation. 59. Deutscher Betriebswirtschafter-Tag 2005, hrsg. von Börsig, Clemens/Wagenhofer, Alfred, Stuttgart, S. 19-35.

Pellens, Bernhard/Gassen, Joachim/Richard, Marc (2003), Ausschüttungspolitik börsennotierter Unternehmen in Deutschland, in: DBW, 63. Jg., S. 309-332.

Pellens, Bernhard/Hillebrandt, Franca (2001), Vorzugsaktien vor dem Hintergrund der Corporate Governance-Diskussion, in: AG, 46. Jg., S. 57-67.

Pellens, Bernhard/Jödicke, Dirk/Richard, Marc (2005), Solvenztests als Alternative zur bilanziellen Kapitalerhaltung?, in: DB, 58. Jg., S. 1393-1401.

Pellens, Bernhard/Schremper, Ralf (2000), Theorie und Praxis des Aktienrückkaufs in den USA und in Deutschland, in: BFuP, 52. Jg., S. 132-156.

Pellens, Bernhard/Sellhorn, Thorsten (2006), Zukunft des bilanziellen Kapitalschutzes, in: ZGR-Sonderheft 17, Das Kapital der Aktiengesellschaft in Europa, hrsg. von Lutter, Marcus, Berlin, S. 451-487.

Pellens, Bernhard/Sürken, Silke (1998), Rechnungslegungspolitische Spielräume im Rahmen der International Accounting Standards, in: Rechnungslegungspolitik, hrsg. von Freidank, Carl-Christian, Berlin u.a., S. 195-228.

Perridon, Louis/Steiner, Manfred (2004), Finanzwirtschaft der Unternehmung, 13. Aufl., München.

Peters, Philip W. (2003), The California Corporation: Legal Aspects of Organization and Operation, Washington, D.C.

Peterson, Craig A./Hawker, Norman W. (1997), Does Corporate Law Matter? Legal Capital Restrictions on Stock Distributions, in: Akron L. Rev., Vol. 31, S. 175-227.

Pfaff, Dieter (1989), Gewinnverwendungsregelungen als Instrument zur Lösung von Agency-Problemen, Frankfurt am Main u.a.

Pfitzer, Norbert/Oser, Peter/Orth, Christian (2004), Offene Fragen und Systemwidrigkeiten des Bilanzrechtsreformgesetzes (BilReG) - Erste Handlungsempfehlungen für eine normkonforme Umsetzung -, in: DB, 57. Jg. 2004, S. 2593-2602.

Pfitzer, Norbert/Oser, Peter/Orth, Christian (2005), Reform des Aktien-, Bilanz-, und Aufsichtsrechts. BilReG, BilKoG, APAG, AnSVG, UMAG sowie weitere Reformgesetze, Stuttgart 2005.

Pick, Johannes J. (1985), Ausschüttungsregelung bei Konzernverflechtung. Versuch einer Deduktion von Ausschüttungsregeln für Konzerngesellschaften, Frankfurt am Main.

Picot, Arnold/Michaelis, Elke (1984), Verteilung von Verfügungsrechten in Großunternehmungen und Unternehmungsverfassung, in: ZfB, 54. Jg., S. 252-272.

Picot, Arnold/Schuller, Susanne (2001), Corporate Governance, in: Der Transaktionskostenansatz in der Betriebswirtschaftslehre, hrsg. von Jost, Peter-J., Stuttgart, S. 79-105.

Piltz, Klaus (1988), Gewinnverwendungspolitik der Aktiengesellschaft, in: Finanzierungshandbuch, hrsg. von Christians, F. Wilhelm, 2. Aufl., Wiesbaden, S. 627-660.

Pinto, Arthur R./Douglas M. Branson (2004), Understanding Corporate Law, 2. Aufl., Newark.

Pohl, Klaus F. (1983), Die Entwicklung des ertragsteuerlichen Maßgeblichkeitsprinzips, Köln.

Potthoff, Erich (1961), Prüfung und Überwachung der Geschäftsführung, in: ZfhF, 13. Jg., S. 563-580.

Prantl, Johannes (1994), Konzernbildung, Konzernrecht und Minderheitenschutz in Deutschland. Eine ökonomische Analyse, Frankfurt am Main u.a.

Press, Eric G./Weintrop, Joseph B. (1990), Accounting-Based Constraints in Public and Private Debt Agreements. Their Association with Leverage and Impact on Accounting Choice, in: JAaE, Vol. 12, S. 65-95

Priester, Hans-Joachim (1992), Kapitalaufbringung, in: Festschrift 100 Jahre GmbH-Gesetz, hrsg. von Lutter, Marcus/Ulmer, Peter/Zöllner, Wolfgang, Köln, S. 159-187.

Priester, Hans-Joachim (1994), Wertgleiche Deckung statt Bardepot? Die Verwendung von Geldeinlagen bei Kapitalerhöhung, in: ZIP, 15. Jg., S. 599-604.

Priester, Hans-Joachim (1996), Die kleine AG - ein neuer Star unter den Rechtsformen?, in: BB, 51. Jg., S. 333-338.

Priester, Hans-Joachim (2005), „GmbH light" - ein Holzweg! in: ZIP, 26. Jg., S. 921-922.

Prinz, Ulrich (2003), Reform der deutschen Rechnungslegung. Gedanken und Anregungen an den Gesetzgeber zur Umsetzung der Mitgliedstaatenwahlrechte der IAS/IFRS-Verordnung aus Praktikersicht, in: DStR, 41. Jg., S. 1359-1364.

Prinz, Ulrich/Schürner, Carl T. (2003), Tracking Stocks und Sachdividenden - ein neues Gestaltungsinstrument für spartenbezogene Gesellschaftsrechte?, in: DStR, 41. Jg., S. 181-189.

Pross, Helge (1965), Manager und Aktionäre in Deutschland. Untersuchungen zum Verhältnis von Eigentum und Verfügungsmacht, Frankfurt am Main.

Quassowski, Leo (1931), Die Vorschriften der Aktienrechtsnovelle über Publizität, eigene Aktien und Einziehung von Aktien, in: JW, 60. Jg., S. 2914-2925.

Rain, Talbot (1948), The Fund Available for Corporate Dividends in Texas, in: Tex. L. Rev., Vol. 26, S. 273-302.

Raiser, Thomas (2001), Recht der Kapitalgesellschaften, 3. Aufl., München.

Ralston, William H. (1983), The 1980 Amendments to the Financial Provisions of the Model Business Corporation Act: A Positive Alternative to the New York Statutory Approach, in: Alb. L. Rev., Vol. 47, S. 1019-1049.

Ratcliffe, Thomas A. (2003), OCBOA Financial Statements, in: JoA, Vol. 196, S. 71-75.

Rammert, Stefan (2004), Lohnt die Erhaltung der Kapitalerhaltung?, in: BFuP, 56. Jg., S. 578-595.

Rechenberg, Wolf-Georg Freiherr von (1986), Die Hauptversammlung als oberstes Organ der Aktiengesellschaft, Heidelberg.

Regierungskommission Corporate Governance (2001), Abschlussbericht, in: http://www.kpmg.de/audit-committee-institute/bin/RegKGesamt.pdf (Stand: 11.02.2004).

Reisel, Natalia (2004), On the Value of Restrictive Covenants: An Empirical Investigation of Public Bond Issues, in: http://ssrn.com/abstract=644522 (Stand: 17.03.2005).

Rezori, Alexander (2004), Die Ausführlichkeit U.S.-amerikanischer Vertragsgestaltung im Vergleich zu Deutschland, Hamburg.

Rheinstein, Max (1987), Einführung in die Rechtsvergleichung, München.

Rich, Matthew (1992), Financial Covenants Revisited - The Banks' Perspective, in: JIBFL, Vol. 12, S. 518-521.

Richardi, Reinhard (2002), § 1, in: Betriebsverfassungsgesetz mit Wahlordnung. Kommentar, hrsg. von Richardi, Reinhard, 8. Aufl., München.

Richardt, Harald (1974), Der aktienrechtliche Abhängigkeitsbericht unter ökonomischen Aspekten, Wiesbaden.

Richardt, Harald (2000), Unternehmensbewertung, in: Beck'sches Steuerberater-Handbuch 2000/2001, München, S. 1911-1974.

Richter, Rudolf/Furubotn, Eirik G. (2003), Neue Institutionenökonomik, 3. Aufl., Tübingen.

Rickford, Jonathan (2004), Reforming Capital. Report of the Interdisciplinary Group on Capital Maintenance, in: EBLR, Vol. 15, S. 919-1027.

Rießer, Jacob (1903), Zur Aufsichtsratsfrage, in: Festgabe für Richard Koch, hrsg. von der Juristischen Gesellschaft zu Berlin, Berlin, S. 293-326.

Roberts, Michael L./Samson, William D./Dugan, Michael T. (1990), The Stockholders' Equity Section: Form Without Substance?, in: AH, Vol. 4, S. 35-46.

Röhricht, Volker (1996), § 27, in: Großkommentar Aktiengesetz, hrsg. von Hopt, Klaus J./Wiedemann, Herbert, 4. Aufl., Berlin.

Romano, Roberta (1993), The Genius of American Corporate Law, Washington, D.C.

Romano, Roberta (2001), The Need for Competition in International Securities Regulation, in: TIL, Vol. 2, S. 387-562.

Ross, Stephen A./Westerfield, Randolph W./Jaffe, Jeffrey (2005), Corporate Finance, 7. Aufl., Boston u.a.

Rost, Peter (1991), Der internationale Harmonisierungsprozeß der Rechnungslegung, Frankfurt am Main u.a.

Roth, Günter H./Altmeppen, Holger (2003), Einleitung, in: GmbHG. Kommentar, hrsg. von Altmeppen, Holger/Roth, Günter H., 4. Aufl., München.

Rubin, Steven (1984), The House of GAAP, in: JoA, Vol. 157, S. 122-129.

Rudolph, Bernd (2003), Unternehmensfinanzierung und Corporate Governance - Entwicklungen und weiterer Anpassungsbedarf, in: BB, 58. Jg., S. 2053-2060.

Rückle, Dieter (1984), Externe Prognosen und Prognoseprüfung, in: DB, 37. Jg., S. 57-69.

Ruhnke, Klaus/Schmidt, Martin (2003), Überlegungen zur Prüfung von beizulegenden Zeitwerten, in: WPg, 56. Jg., S. 1037-1051.

Ruhwedel, Franca (2003), Eigentümerstruktur und Unternehmenserfolg. Eine theoretische und empirsche Analyse deutscher börsennotierter Unternehmen, Frankfurt am Main u.a.

Ruhwedel, Peter (2002), Aufsichtsratsplanungssysteme. Theoretische Grundlagen und praktische Ausgestaltung in Publikumsaktiengesellschaften, Frankfurt am Main u.a.

Ruhwedel, Peter/Epstein, Rolf (2003), Eine empirische Analyse der Strukturen und Prozesse in den Aufsichtsräten deutscher Aktiengesellschaften, in: BB, 58. Jg., S. 161-166.

Sandrock, Otto (2003), Die Schrumpfung der Überlagerungstheorie. Zu den zwingenden Vorschriften des deutschen Sitzrechts, die ein fremdes Gründungsstatut überlagern können, in: ZVglRWiss, 102. Jg., S. 447-504.

Sandrock, Otto (2004a), Gehören die deutschen Regelungen über die Mitbestimmung auf Unternehmensebene wirklich zum deutschen ordre public?, in: AG, 49. Jg., S. 57-66.

Sandrock, Otto (2004b), Was ist erreicht? Was bleibt zu tun? Eine kollisions- und materiellrechtliche Bilanz, in: Deutsches Gesellschaftsrecht im Wettbewerb der Rechtsordnungen. Nach Centros, Überseering und Inspire Art, hrsg. von Sandrock, Otto/Wetzler, Christoph F., Heidelberg, S. 33-100.

Sandrock, Otto/Wetzler, Christoph F. (Hrsg.) (2004), Deutsches Gesellschaftsrecht im Wettbewerb der Rechtsordnungen. Nach Centros, Überseering und Inspire Art, Heidelberg 2004.

Sarbanes-Oxley Act of 2002, http://news.findlaw.com/hdocs/docs/gwbush/sarbanesoxley 072302. pdf (Stand: 13.10.2005).

Sauer, Wilhelm (1940), Juristische Methodenlehre, Stuttgart.

Schackmann, Markus/Behling, Nils (2004), Die Bedeutung von Covenants bei der Akquisitions- und Unternehmensfinanzierung, in: FB, 6. Jg., S. 789-799.

Schall, Alexander (2005), Englischer Gläubigerschutz bei der Limited in Deutschland, in: ZIP, 26. Jg., S. 965-975.

Scheffler, Eberhard (2003), Aufgaben und Zusammensetzung von Prüfungsausschüssen (Audit Committees), in: ZGR, 32. Jg., S. 236-263.

Schenck, Kersten von (2004), Die Überwachung der Geschäftsführung, in: Arbeitshandbuch für Aufsichtsratsmitglieder, hrsg. von Semler, Johannes/Schenck, Kersten von, 2. Aufl., München, S. 303-378.

Schiessl, Maximilian (2002), Deutsche Corporate Governance post Enron, in: AG, 47. Jg., S. 593-604.

Schiessl, Maximilian (2003), Leitungs- und Kontrollstrukturen im internationalen Wettbewerb - Dualistisches System und Mitbestimmung auf dem Prüfstand -, in: ZHR, 167. Jg., S. 235-256.

Schildbach, Thomas (1986), Jahresabschluß und Markt, Berlin u.a.

Schildbach, Thomas (1993), Der Konzernabschluß als Ausschüttungsbemessungsgrundlage, in: WPg, 46. Jg., S. 53-63 (Teil I) und S. 94-98 (Teil II).

Schildbach, Thomas (1994), Internationale Rechnungslegungsstandards auch für deutsche Einzelabschlüsse?, in: Bilanzrecht und Kapitalmarkt, Festschrift zum 65. Geburtstag von Prof. Dr. Dr. h.c. Dr. h.c. Adolf Moxter, hrsg. von Ballwieser, Wolfgang/Böcking, Hans-Joachim/Drukarczyk, Jochen/Schmidt, Reinhard H., Düsseldorf, S. 699-721.

Schildbach, Thomas (1998a), Harmonisierung der Rechnungslegung - ein Phantom, in: BFuP, 50. Jg., S. 1-22.

Schildbach, Thomas (1998b), Rechnungslegung nach US-GAAP - ein Fortschritt für Deutschland?, in: ZfbF-Sonderheft 40, Rechnungslegung und Steuern international, hrsg. von Ballwieser, Wolfgang/Schildbach, Thomas, Düsseldorf, S. 55-81.

Schildbach, Thomas (1999a), Öffnung der Jahresabschlüsse für IAS und US-GAAP - ein Fortschritt?, in: StuB, 1. Jg., S. 421-428.

Schildbach, Thomas (1999b), Rechnungslegung nach US-GAAP: Hoffnung und Wirklichkeit, in: BB, 54. Jg., S. 359-365 (Teil I), S. 411-415 (Teil II).

Schildbach, Thomas (2000), Reichweite, Eigenschaften und Legitimation der US-GAAP: Vor überzogenen Erwartungen wird gewarnt!, in: StuB, 2. Jg., S. 192-201.

Schildbach, Thomas (2001), Der Konzernabschluß nach HGB, IAS und US-GAAP, 6. Aufl., München/Wien, 2001.

Schildbach, Thomas (2002), IAS als Rechnungslegungsstandards für alle, in: BFuP, 54. Jg., S. 263-278.

Schildbach, Thomas (2004), Der handelsrechtliche Jahresabschluß, 7. Aufl., Herne/Berlin.

Schilling, Florian (2004), Beurteilung von Aufsichtsräten, in: FAZ, Nr. 39 vom 16.02.2004, S. 22.

Schlitt, Michael (2003), Die neuen Marktsegmente der Frankfurter Wertpapierbörse: Struktur, Zulassungsvoraussetzungen und Folgepflichten, in: AG, 48. Jg., S. 57-69.

Schmalenbach, Eugen (1910/11), Die Überwachungspflicht des Aufsichtsrats, in: ZfhF, 5. Jg., S. 271-283.

Schmalenbach, Eugen (1933), Grundsätze ordnungsmäßiger Bilanzierung, in: ZfhF, 27. Jg., S. 225-233.

Schmalenbach, Eugen (1950), Die Aktiengesellschaft, 7. Aufl., Köln/Opladen.

Schmalenbach, Eugen (1962), Dynamische Bilanz, 13. Aufl., Köln/Opladen.

Schmidt, Karsten (1984), Die Eigenkapitalausstattung der Unternehmen als rechtspolitisches Problem, in: JZ, 39. Jg., S. 771-786.

Schmidt, Karsten (2002), Gesellschaftsrecht, 4. Aufl., Köln u.a.

Schmidt, Karsten (2005), … ut aliquid fiat - Von der „GmbH-Reform 2005" zum Referentenentwurf eines Mindestkapitalgesetzes, in: DB, 58. Jg., S. 1095-1097.

Schmidt, Lutz (1994), Maßgeblichkeitsprinzip und Einheitsbilanz. Geschichte, Gegenwart und Perspektiven des Verhältnisses von Handels- und Steuerbilanz, Heidelberg.

Schmidt, Reinhard H./Terberger, Eva (1997), Grundzüge der Investitions- und Finanzierungstheorie, 4. Aufl., Wiesbaden.

Schmidt, Reinhard H./Spindler, Gerald (1997), Shareholder-Value zwischen Ökonomie und Recht, in: Wirtschafts- und Medienrecht in der offenen Demokratie. Freudesgabe für Friedrich Kübler zum 65. Geburtstag, hrsg. von Assmann, Heinz-Dieter/Brinkmann, Tomas/Gounalakis, Georgios/Kohl, Helmut/Walz, Rainer, Heidelberg, S. 515-555.

Smith, Clifford W./Warner, Jerold B. (1979), On Financial Contracting. An Analysis of Bond Covenants, in: JoFE, Vol. 7, S. 117-161.

Schmitt, Christian (2003), Treuepflichten der Vorstandsmitglieder einer konzernunabhängigen Aktiengesellschaft nach deutschem und U.S.-amerikanischen Recht. Eine vergleichende Analyse zur Treuepflichtverletzung - insbesondere durch Bestechlichkeit, Frankfurt am Main u.a.

Schmitz, Ronaldo (2003), Konzeption und Praxis des Audit Committee, in: Internationalisierung der Rechnungslegung und Corporate Governance, Festschrift für Klaus Pohle, hrsg. von Werder, Axel von/Wiedmann, Harald, Stuttgart, S. 177-197.

Schneider, Dieter (1963), Bilanzgewinn und ökonomische Theorie, in: ZfhF, 15. Jg., S. 457-474.

Schneider, Dieter (1981), Kapitalmarkteffizienz durch Jahresabschlußreformen?, in: Schriften des Verbandes öffentlicher Banken, Heft 8, hrsg. von Becker, Wolf-Dieter/Falk, Reinhold, Göttingen.

Schneider, Dieter (1983), Rechtsfindung durch Deduktion von Grundsätzen ordnungsmäßiger Buchführung aus gesetzlichen Jahresabschlußzwecken?, in: StuW, 60. Jg., S. 141-160.

Schneider, Dieter (1986a), „Angemessenes haftendes Eigenkapital" für Euronotes-Fazilitäten?, in: Die Bank, o. Jg., S. 560-568.

Schneider, Dieter (1986b), Lücken bei der Begründung einer „Eigenkapitallücke", in: DB, 39. Jg., S. 2293-2298.

Schneider, Dieter (1987), Mindestnormen zur Eigenkapitalausstattung als Beispiele unbegründeter Kapitalmarktregulierung?, in: Kapitalmarkt und Finanzierung, hrsg. von Schneider, Dieter, Schriften des Vereins für Socialpolitik, Neue Folge, Band 165, Berlin, S. 85-108.

Schneider, Dieter (1991), Die Anfänge der „Steuerbilanz" und die Entstehung des Maßgeblichkeitsprinzips. Ein Beitrag zur Betriebswirtschaftlichen Steuerlehre vor der akademischen Betriebswirtschaftslehre, in: Betriebswirtschaftliche Steuerlehre und Steuerberatung. Gerd Rose zum 65. Geburtstag, hrsg. von Herzig, Norbert, Wiesbaden, S. 175-190.

Schneider, Dieter (1992), Investition, Finanzierung und Besteuerung, 7. Aufl., Wiesbaden.

Schneider, Dieter (1995), Betriebswirtschaftslehre. Band 1: Grundlagen, 2. Aufl., München/Wien.

Schneider, Dieter (1997a), Betriebswirtschaftslehre. Band 2: Rechnungswesen, 2. Aufl., München/Wien.

Schneider, Dieter (1997b), Betriebswirtschaftslehre. Band 3: Theorie der Unternehmung, München/Wien.

Schneider, Dieter (1999), Abbau von Steuervergünstigungen durch Skalpierung der Maßgeblichkeit und Verlustverrechnung als „Stärkung der Investitionskraft"?, in: DB, 52. Jg., S. 105-110.

Schneider, Dieter (2001), Betriebswirtschaftslehre. Band 4: Geschichte und Methoden der Wirtschaftswissenschaft, München/Wien.

Schneider, Mareen (1998), Diskussionsbericht: Gesetzliches Garantiekapital und Kreditentscheidung der Banken, in: AG, 43. Jg., S. 373-375.

Schneider, Sven H. (2005), Selbstbefreiung von der Pflicht zur Ad-hoc-Publizität, in: BB, 60. Jg., S. 897-902.

Schneider, Uwe H. (1984), Das Recht der Konzernfinanzierung, in: ZGR, 13. Jg., S. 497-537.

Schneider, Uwe H. (1986), Die vertragliche Ausgestaltung der Konzernverfassung. - Zur Anpassung von Gesellschaftsverträgen, Geschäftsordnungen, Stimmbindungsverträgen und Konsortialverträgen an die Konzernlage -, in: BB, 41. Jg., S. 1993-1999.

Schneider, Uwe H. (2001), Internationales Kapitalmarktrecht. - Regelungsprobleme, Methoden und Aufgaben - , in: AG, 46. Jg., S. 269-278.

Schnorbus, York (2003), Die Sachdividende, in: ZIP, 24. Jg., S. 509-518.

Schön, Wolfgang (1997a), Deutsches Konzernprivileg und europäischer Kapitalschutz - ein Widerspruch?, in: Aktien- und Bilanzrecht. Festschrift für Bruno Kropff, hrsg. von Forster, Karl-Heinz/Grunewald, Barbara/Lutter, Marcus/Semler, Johannes, Düsseldorf, S. 285-300.

Schön, Wolfgang (1997b), Entwicklung und Perspektiven des Handelsbilanzrechts: vom ADHGB zum IASC, in: ZHR, 161. Jg., S. 133-159.

Schön, Wolfgang (1998), Anmerkung zu EuGH, Urteil v. 4.12.1997 - Rs. C-97/96 Daihatsu, in: JZ, 53. Jg., S. 194-195.

Schön, Wolfgang (2000), Gesellschafter-, Gläubiger- und Anlegerschutz im Europäischen Bilanzrecht, in: ZGR, 29. Jg., S. 706-742.

Schön, Wolfgang (2001), Internationalisierung der Rechnungslegung und Gläubigerschutz, in: WPg-Sonderheft, 54. Jg., S. S74-S79.

Schön, Wolfgang (2002), Editorial. Wer schütz den Kapitalschutz?, in: ZHR, 166. Jg., S. 1-5.

Schön, Wolfgang (2004a), Die Zukunft der Kapitalaufbringung/-erhaltung, in: Der Konzern, 2. Jg., S. 162-170.

Schön, Wolfgang (2004b), The Future of Legal Capital, in: EBOR, Vol. 5, S. 429-448.

Scholz, Oliver (2004), Die Einführung elektronischer Handelsregister im Europarecht, in: EuZW, 15. Jg., S. 172-176.

Schreiber, Ulrich (1999), Rechnungslegung im Einzelabschluß nach internationalen Grundsätzen?, in: Unternehmenspolitik und internationale Besteuerung, Festschrift für Lutz Fischer zum 60. Geburtstag, hrsg. von Kleineidam, Hans-Jochen, Berlin, S. 879-912.

Schreiber, Ulrich (2000), Die Bedeutung der US-amerikanischen Rechnungslegung für die Besteuerung von Gewinnen und Ausschüttungen, in: US-amerikanische Rechnungslegung. Grundlagen und Vergleiche mit deutschem Recht, hrsg. von Ballwieser, Wolfgang, 4. Aufl., Stuttgart, S. 49-98.

Schremper, Ralf (2002), Aktienrückkauf und Kapitalmarkt. Eine theoretische und empirische Analyse deutscher Aktienrückkaufprogramme, Frankfurt am Main u.a.

Schremper, Ralf (2003), Kapitalmarktrelevanz deutscher Aktienrückkaufprogramme, in: ZfbF, 55. Jg., S. 578-605.

Schüppen, Matthias (2002), To comply or not to comply - that's the question! „Existenzfragen" des Transparenz- und Publizitätsgesetzes im magischen Dreieck kapitamarktorientierter Unternehmensführung, in: ZIP, 23. Jg., S. 1269-1279.

Schütz, Carsten (2004), Neuerungen im Anfechtungsrecht durch den Referentenentwurf des Gesetzes zur Unternehmensintegrität und Modernisierung des Anfechtungsrechts (UMAG), in: DB, 57. Jg., S. 419-426.

Schulze-Osterloh, Joachim (1995), Fortentwicklung der Rechnungslegung auf Kosten gesellschaftsrechtlicher Kapitalschutzmechanismen?, in: Neuorientierung der Rechenschaftslegung, Bericht über die IDW-Fachtagung 1994, Düsseldorf, S. 123-139.

Schulze-Osterloh, Joachim (2003a), Internationale Rechnungslegung für den Einzelabschluß und für Unternehmen, die den öffentlichen Kapitalmarkt nicht in Anspruch nehmen. Zur Ausübung des Mitgliedstaatenwahlrechts nach Art. 5 der IAS-Verordnung, in: ZIP, 24. Jg., S. 93-101.

Schulze-Osterloh, Joachim (2003b), Rückzahlungsbetrag und Abzinsung von Rückstellungen und Verbindlichkeiten - Überlegungen zur Reform des HGB-Bilanzrechts, in: BB, 58. Jg., S. 351-355.

Schulze-Osterloh, Joachim (2004a), HGB-Reform: Der Einzelabschluß nicht kapitalmarktorientierter Unternehmen unter dem Einfluß von IAS/IFRS, in: BB, 59. Jg., S. 2567-2570.

Schulze-Osterloh, Joachim (2004b), Internationalisierung der Rechnungslegung und ihre Auswirkungen auf die Grundprinzipien des deutschen Rechts, in: Der Konzern, 2. Jg., S. 173-177.

Schulze-Osterloh, Joachim (2004c), Vorschläge für ein Bilanzrechtsmodernisierungsgesetz, in: ZIP, 25. Jg., S. 1128-1137.

Schuster, Peter (1998), Gesetzliches Garantiekapital als Problem europäischer und deutscher Rechtspolitik, in: AG, 43. Jg., S. 379-381.

Schwark, Eberhard (1979), Anlegerschutz durch Wirtschaftsrecht. Entwicklungslinien, Prinzipien und Fortbildung des Anlegerschutzes, zugleich ein Beitrag zur Überlagerung bürgerlich-rechtlicher Regelung und gewerbepolizeilicher Überwachung durch Wirtschaftsrecht, München.

Schwark, Eberhard (2002), Corporate Governance: Vorstand und Aufsichtsrat, in: Corporate Governance, hrsg. von Hommelhoff, Peter/Lutter, Marcus/Schmidt, Karsten/Schön, Wolfgang/Ulmer, Peter, Heidelberg, S. 27-67.

Schwark, Eberhard (2004), Börsengesetz. Einleitung, in: Kapitalmarktrechts-Kommentar, hrsg. von Schwark, Eberhard, 3. Aufl., München.

Schwarz, Günter C. (2000), Europäisches Gesellschaftsrecht. Ein Handbuch für Wissenschaft und Praxis, Baden-Baden.

Seibert, Ulrich (1998), Stock Options für Führungskräfte - zur Regelung im Kontrolle- und Transparenzgesetz (KonTraG), in: Unternehmenswertorientierte Entlohnungssysteme, hrsg. von Pellens, Bernhard, Stuttgart, S. 29-52.

Seibert, Ulrich (2003a), Das 10-Punkte-Programm „Unternehmensintegrität und Anlegerschutz", in: BB, 58. Jg., S. 693-698.

Seibert, Ulrich (2003b), Transparenz- und Publizitätsgesetz (TransPuG) und Corporate Governance - Zum aktienrechtlichen Teil des TransPuG, in: Reform des Aktienrechts, der Rechnungslegung und der Prüfung, hrsg. von Dörner, Dietrich/Menold, Dieter/Pfitzer, Norbert/Oser, Peter, 2. Aufl., Stuttgart, S. 41-66.

Seibert, Ulrich (2005), Entwurf eines Mindestkapitalgesetzes (MindestkapG) - Substanzielle Absenkung des Mindeststammkapitals, in: BB, 60. Jg., S. 1061-1062.

Seibert, Ulrich/Kiem, Roger (Hrsg.) (2000), Handbuch der kleinen AG, 4. Aufl., Köln.

Seibert, Ulrich/Köster, Beate-Katrin/Kiem, Roger (1996), Die kleine AG, 3. Aufl., Köln.

Seibert, Ulrich/Schütz, Carsten (2004), Der Referntenentwurf eines Gesetzes zur Unternehmensintegrität und Modernisierung des Anfechtungsrechts - UMAG, in: ZIP, 25. Jg., S. 252-258.

Seibt, Christoph H. (2003), Effizienzprüfung der Aufsichtsratstätigkeit - Hinweise zur Anwendung von Ziff. 5.6 Deutscher Corporate Governance Kodex - , in: DB, 56. Jg., S. 2107-2112.

Seibt, Christoph H. (2004), Drittelbeteiligungsgesetz und Fortsetzung der Reform des Unternehmensmitbestimmungsrechts. Analyse des Zweiten Gesetzes zur Vereinfachung der Wahl der Arbeitnehmervertreter in den Aufsichtsrat, in: NZA, 21. Jg., S. 767-776.

Sellhorn, Thorsten (2004), Goodwill Impairment. An Empirical Investigation of Write-Offs under SFAS 142, Frankfurt am Main u.a.

Semler, Johannes (2000), Rechtsvorgabe und Realität der Organzusammenarbeit in der Aktiengesellschaft, in: Deutsches und europäisches Gesellschafts-, Konzern- und Kapitalmarktrecht, FS für Marcus Lutter zum 70. Geburtstag, hrsg. von Schneider, Uwe H./ Hommelhoff, Peter/Schmidt, Karsten/Timm, Wolfram/Grunewald, Barbara/Drygala, Tim, Köln, S. 721-734.

Semler, Johannes (2004), Vorschlags- und Wahlverfahren, Entsendung, Ausscheiden, in: Arbeitshandbuch für Aufsichtsratsmitglieder, hrsg. von Semler, Johannes/Schenck, Kersten von, 2. Aufl., München, S. 76-99.

Siebel, Ulf (2004), Arbeit von Ausschüssen, in: Arbeitshandbuch für Aufsichtsratsmitglieder, hrsg. von Semler, Johannes/Schenck, Kersten von, 2. Aufl., München, S. 239-302.

Siegel, Theodor (1997), Mangelnde Ernsthaftigkeit des Gläubigerschutzes als offene Flanke der deutschen Rechnungslegungsvorschriften, in: Jahresabschluß und Jahresabschlußprüfung. Probleme, Perspektiven, internationale Einflüsse, Festschrift zum 60. Geburtstag von Jörg Baetge, hrsg. von Fischer, Thomas R./Hömberg, Reinhold, Düsseldorf, S. 117-149.

Siegel, Theodor/Bareis, Peter/Rückle, Dieter/Schneider, Dieter/Sigloch, Jochen/Streim, Hannes/Wagner, Franz W. (1999), Stille Reserven und aktienrechtliche Informationspflichten, in: ZIP, 20. Jg., S. 2077-2085.

Siepe, Günter (2002), Unternehmensbewertung, in: Wirtschaftsprüfer-Handbuch 1998, Band II, hrsg. vom Institut der Wirtschaftsprüfer, 12. Aufl., Düsseldorf, S. 1-149.

Simon, Stefan/Leuering, Dieter (2005), Emittenten erhalten mehr Eigenverantwortung. Eine Befreiung von der Ad-hoc-Pflicht birgt Risiken, in: FAZ, Nr. 15 vom 19.01.2005, S. 25.

Sitkoff, Robert H. (2002), Corporate Political Speech, Political Extortion, and the Competition for Corporate Charters, in: U. Chi. L. Rev., Vol. 69, S. 1103-1166.

SLIM (1999a), Recommendations by the Company Law SLIM Working Group on the Simplification of the First and Second Company Law Directives, in: http://europa.eu.int/comm/internal_market/en/company/company/official/6037en.pdf (Stand: 19.05.2005).

SLIM (1999b), Empfehlungen der Arbeitsgruppe zur Vereinfachung des Gesellschaftsrechts bezüglich der Vereinfachung der Ersten und Zweiten Gesellschaftsrechts-Richtlinie, in: ZIP, 20. Jg., S. 1944-1948.

Söffing, Günter (1995), Für und Wider den Maßgeblichkeitsgrundsatz, in: Rechenschaftslegung im Wandel, Festschrift für Wolfgang Dieter Budde, hrsg. von Förschle, Gerhart/Kaiser, Klaus/Moxter, Adolf, München, S. 635-673.

Solomon, Lewis D./Schwartz, Donald E./Baumann, Jeffrey D./Weiss, Elliott J. (1994), Corporations. Law and Policy. Materials and Problems, 3. Aufl., St. Paul.

Sonnenberger, Hans Jürgen/Coester, Michael (1974), Feststellung und Prüfung des Jahresabschlusses der Aktiengesellschaften im Gemeinsamen Markt. Kommissionsvorschlag einer 5. Richtlinie zur Angleichung des Gesellschaftsrechts (IV. Kapitel), in: AG, 19. Jg., S. 177-185.

Speckbacher, Gerhard (1997), Shareholder Value und Stakeholder Ansatz, in: DBW, 57. Jg., S. 630-639.

Spindler, Gerald (1998), Deregulierung des Aktienrechts?, in: AG, 43. Jg., S. 53-74.

Spindler, Gerald (2004), Vergütung und Abfindung von Vorstandsmitgliedern, in: DStR, 42. Jg., S. 36-45.

Spindler, Gerald (2005), Das Gesetz über die Offenlegung von Vorstandsvergütungen - VorstOG, in: NZG, 8. Jg., S. 689-692.

Spindler, Gerald (2006), Abschied vom Papier? Das Gesetz über elektronische Handelsregister und Genossenschaftsregister sowie das Unternehmensregister, in: WM, 60. Jg., S. 109-116.

Staake, Marco (2004), Das Recht der Aktie, in: JA, 36. Jg., S. 247-254.

Steiner, Manfred/Mader, Wolfgang/Starbatty, Nikolaus (2003), Aktuelle Entwicklungen in der Unternehmensfinanzierung, in: FB, 5. Jg., S. 513-524.

Stern, Henry L. (1976), The General Standard of Care Imposed on Directors under the New California General Corporation Law, in: UCLA L. Rev., Vol. 23, S. 1269-1281.

Stier-Somlo, Fritz (1903), Die Reform des Aufsichtsraths der Aktiengesellschaft, in: ZHR, 53. Jg., S. 20-78.

Stiller (2004), Die englische Limited mit Verwaltungssitz in Deutschland, in: PWC, Juli-Heft, o. Jg., S. 20-21.

Stobbe, Thomas (1991), Die Verknüpfung handels- und steuerrechtlicher Rechnungslegung. Maßgeblichkeitsausprägungen de lege lata et ferenda, Berlin.

Streim, Hannes (1986), Grundsätzliche Anmerkungen zu den Zwecken des Rechnungswesens, in: Entwicklungsperspektiven des öffentlichen Rechnungswesens, Speyerer Forschungsberichte, Band 48, hrsg. von Lüder, Klaus, Speyer, S. 1-27.

Streim, Hannes (1988), Grundzüge der handels- und steuerrechtlichen Bilanzierung, Stuttgart u.a.

Streim, Hannes (1990), Ein Plädoyer für die Einheitsbilanz, in: BFuP, 42. Jg., S. 527-545.

Streim, Hannes (1992), Meinungsspiegel, in: BFuP, 44. Jg., S. 441-455.

Streim, Hannes (1994), Die Generalnorm des § 264 Abs. 2 HGB - Eine kritische Analyse, in: Bilanzrecht und Kapitalmarkt, Festschrift zum 65. Geburtstag von Professor Dr. Dr. h.c. Dr. h.c. Adolf Moxter, hrsg. von Ballwieser, Wolfgang/Böcking, Hans-Joachim/Drukarczyk, Jochen/ Schmidt, Reinhard H., Düsseldorf, S. 391-406.

Streim, Hannes (1995), Zum Stellenwert des Lageberichts im System der handelsrechtlichen Rechnungslegung, in: Unternehmenstheorie und Besteuerung, Festschrift zum 60. Geburtstag von Dieter Schneider, hrsg. von Elschen, Rainer/Siegel, Theodor/Wagner, Franz W., Wiesbaden, S. 703-721.

Streim, Hannes (1998), Internationalisierung von Gewinnermittlungsregeln zum Zwecke der Informationsvermittlung. Zur Konzeptionslosigkeit der Fortentwicklung der Rechnungslegung, in:Unternehmensrechnung und -besteuerung. Grundfragen und Entwicklungen. Festschrift für Dietrich Börner zum 65. Geburtstag, hrsg. von Meffert, Heribert/Krawitz, Norbert, Wiesbaden, S. 323-343.

Streim, Hannes (2000), Die Vermittlung von entscheidungsnützlichen Informationen durch Bilanz und GuV - Ein nicht einlösbares Versprechen der internationalen Standardsetter, in: BFuP, 52. Jg., S. 111-131.

Streim, Hannes/Bieker, Marcus/Esser, Maik (2003), Vermittlung entscheidungsnützlicher Informationen durch Fair Values - Sackgasse oder Licht am Horizont?, in: BFuP, 55. Jg., S. 457-479.

Streim, Hannes/Bieker, Marcus/Esser, Maik (2004), Der schleichende Abschied von der Ausschüttungsbilanz - Grundsätzliche Überlegungen zum Inhalt einer Informationsbilanz, in: Steuern, Rechnungslegung und Kapitalmarkt, Festschrift für Franz W. Wagner zum 60. Geburtstag, hrsg. von Dirrigl, Hans/Wellisch, Dietmar/Wenger, Ekkehard, Wiesbaden, S. 229-244.

Streim, Hannes/Bieker, Marcus/Leippe, Britta (2001), Anmerkungen zur theoretischen Fundierung der Rechnungslegung nach International Accounting Standards, in: Wolfgang Stützel: Moderne Konzepte für Finanzmärkte, Beschäftigung und Wirtschaftsverfassung, hrsg. von Schmidt, Hartmut/Ketzel, Eberhart/Prigge, Stefan, Tübingen, S. 177-206.

Streim, Hannes/Esser, Maik (2003a), Rechnungslegung nach IAS/IFRS - Ein geeignetes Instrument zur Informationsvermittlung?, in: StuB, 5. Jg., S. 836-840.

Streim, Hannes/Esser, Maik (2003b), Rechnungslegung nach IAS/IFRS - Ein geeignetes Instrument zur Zahlungsbemessung?: Ansatzfragen, in: StuB, 5. Jg., S. 736-742.

Streim, Hannes/Esser, Maik (2003c), Rechnungslegung nach IAS/IFRS - Ein geeignetes Instrument zur Zahlungsbemessung?: Bewertungsfragen, in: StuB, 5. Jg., S. 781-786.

Strobl, Elisabeth (1996), IASC-Rechnungslegung und Gläubigerschutzbestimmungen nach deutschem Recht, in: Festschrift für Hermann Clemm zum 70. Geburtstag, hrsg. von Ballwieser, Wolfgang, München, S. 389-412.

Strunk, Günther (2003), Sachdividenden im Spannungsfeld von Gesellschafts-, Bilanz- und Steuerrecht, in: UM, o. Jg., S. 45-51.

Strunk, Günther/Kolaschnik, Helge F. (2003), TransPuG und Corporate Governance Kodex. Neue gesellschafts-, bilanz- und steuerrechtliche Anforderungen für die Unternehmenspraxis, Berlin.

Stühmer, Jens (2003), SLIM - eine Schlankheitskur für das EU-Gesellschaftsrecht. Die Vorschläge der SLIM-Kommission zur Modifizierung der Zweiten Gesellschaftlichen Richtlinie, Hamburg.

Stützel, Wolfgang (1967), Bemerkungen zur Bilanztheorie, in: ZfB, 37. Jg., S. 314-340.

Stützel, Wolfgang (1981), Die Aktie und die volkswirtschaftliche Allokation, in: Geld und Versicherung. Analysen, Thesen, Perspektiven im Spannungsfeld liberaler Theorie. Festgabe für Wilhelm Seuß, hrsg. von Jung, Michael/Lucius, Ralph Rene/Seifert, Werner, Karlsruhe, S. 193-211.

Süchting, Joachim (1981), Scheinargumente in der Diskussion um stille Reserven bei Kreditinstituten, in: DBW, 41. Jg., S. 207-220.

Süchting, Joachim (1982), Zum Problem des „angemessenen" Eigenkapitals von Kreditinstituten, in: ZfbF, 34. Jg., S. 397-415.

Süchting, Joachim (1995), Finanzmanagement. Theorie und Politik der Unternehmensfinanzierung, 6. Aufl., Wiesbaden.

Süchting, Joachim/Paul, Stephan (1998), Bankmanagement, 4. Aufl., Stuttgart.

Sürken, Silke (1999), Abgrenzung der wirtschaftlichen Einheit nach US-GAAP, Frankfurt am Main.

Tauber, Laurence S. (2004), Chapter 140: Permissible Sources of Dividends, in: Cavitch, Zolman, Business Organizations with Tax Planning, hrsg. von Matthew Bender & Company, Albany (Stand: Release No. 134, August 2004).

Theisen, Manuel R. (1987), Die Überwachung der Unternehmungsführung. Betriebswirtschaftliche Ansätze zur Entwicklung erster Grundsätze ordnungsmäßiger Überwachung, Stuttgart.

Theisen, Manuel R. (1992), Rücklagenbildung im Konzern, in: ZHR, 156 Jg., S. 174-184.

Theisen, Manuel R. (1999), Zusammensetzung und Struktur der Vergütungen für den Aufsichtsrat nach dem KontraG, in: DB, 52. Jg., S. 1665-1672.

Theisen, Manuel R. (2000), Der Konzern, 2. Aufl., Stuttgart.

Theisen, Manuel R. (2002), Grundsätze einer ordnungsmäßigen Information des Aufsichtsrats, 3. Aufl., Stuttgart.

Theisen, Manuel R. (2003a), Herausforderung Corporate Governance, in: DBW, 63. Jg., S. 441-464.

Theisen, Manuel R. (2003b), Zur Reform des Aufsichtsrats - Eine betriebswirtschaftliche Bestandsanalyse und Perspektive, in: Reform des Aktienrechts, der Rechnungslegung und der Prüfung. KonTraG - Corporate Governance - TransPuG, hrsg. von Dörner, Dietrich/Menold, Dieter/Pfitzer, Norbert/Oser, Peter, 2. Aufl., Stuttgart, S. 431-522.

Theisen, Manuel R./Hölzl, Michael (2005), Corporate Governance, in: Die Europäische Aktiengesellschaft. Recht, Steuern und Betriebswirtschaft der Societas Europaea (SE), hrsg. von Theisen, Manuel R./Wenz, Martin, 2. Aufl., Stuttgart, S. 269-330.

Theisen, Manuel R./Wenz, Martin (2005), Hintergründe, historische Entwicklung und Grundkonzeption, in: Die Europäische Aktiengesellschaft. Recht, Steuern und Betriebswirtschaft der Societas Europaea (SE), hrsg. von Theisen, Manuel R./Wenz, Martin, 2. Aufl., Stuttgart, S. 1-56.

Theisen, Manuel R./Wenz, Martin (Hrsg.) (2005), Die Europäische Aktiengesellschaft. Recht, Steuern und Betriebswirtschaft der Societas Europaea (SE), 2. Aufl., Stuttgart.

Thiele, Konstanze (1999), Stille Reserven in der Rechnungslegung. Vergleich von HGB, US-GAAP und IAS, Wiesbaden.

Thießen, Friedrich (1996), Covenants: Durchsetzungsprobleme und die Folgen, in: Regulierung und Unternehmenspolitik. Methoden und Ergebnisse der betriebswirtschaftlichen Rechtsanalyse, hrsg. von Sadowski, Dieter/Czap, Hans/Wächter, Hartmut, Wiesbaden, S. 143-159.

Thomas, Jürgen (1985), Rücklagenbildung im Konzern, in: ZGR, 14. Jg., S. 365-385.

Thümmel, Roderich C. (1999), Aufsichtsräte in der Pflicht? - Die Aufsichtsratshaftung gewinnt Konturen, in: DB, 52. Jg., S. 885-888.

Thümmel, Roderich C. (2003), Persönliche Haftung von Managern und Aufsichtsräten. Haftungsrisiken bei Managementfehlern, Risikobegrenzung und D & O-Versicherungen, 3. Aufl., Stuttgart u.a.

Thümmel, Roderich C. (2004a), Aufsichtsratshaftung vor neuen Herausforderungen - Überwachungsfehler, unternehmerische Fehlentscheidungen, Organisationsmängel und andere Risikofelder, in: AG, 49. Jg., S. 83-91.

Thümmel, Roderich C. (2004b), Organhaftung nach dem Referentenentwurf des Gesetzes zur Unternehmensintegrität und Modernisierung des Anfechtungsrechts (UMAG) - Neue Risiken für Manager?, in: DB, 57. Jg., S. 471-474.

Timm, Wolfram (1980), Die Aktiengesellschaft als Konzernspitze - Die Zuständigkeitsordnung bei der Konzernbildung -, Köln u.a.

Tomaszewski, Claude (2000), Bewertung strategischer Flexibilität beim Unternehmenserwerb. Der Wertbeitrag von Realoptionen, Frankfurt am Main u.a.

Triebel, Volker/Otte, Sabine/Kimpel, Bert (2005), Die englische Limited Liability Partnership in Deutschland: Eine attraktive Rechtsform für deutsche Beratungsgesellschaften?, in: BB, 60. Jg., S. 1233-1241.

Trumpler, Hans (1950), Die Bilanz der Aktiengesellschaft nach deutschem Aktien- und Steuerrecht unter Hinweisen auf das Recht der Vereinigten Staaten, Englands und der Schweiz, Basel.

Ulmer, Peter (1999), Die Aktionärsklage als Instrument zur Kontrolle des Vorstands- und Aufsichtsratshandelns. Vor dem Hintergrund der US-Erfahrungen mit der shareholders' derivative action, in: ZHR, 163. Jg., S. 290-342.

Ulmer, Peter (2002), Editorial. Paritätische Arbeitnehmermitbestimmung im Aufsichtsrat von Großunternehmen - noch zeitgemäß?, in: ZHR, 166. Jg., S. 271-277.

Ulmer, Peter (2004), Haftungsfreistellung bis zur Grenze grober Fahrlässigkeit bei unternehmerischen Fehlentscheidungen von Vorstand und Aufsichtsrat? - Kritische Bemerkungen zur geplanten Kodifizierung der business judgement rule im UMAG-Entwurf (§ 93 Abs. 1 Satz 2 AktG) -, in: DB, 57. Jg., S. 859-863.

Unternehmensrechtskommission (1980), Bericht über die Verhandlungen der Unternehmensrechtskommission, hrsg. vom Bundesministerium der Justiz, Köln.

Veit, Klaus-Rüdiger (2003), Verbreitung von Bilanzprüfungsausschüssen in Deutschland, in: DB, 56. Jg., S. 2021-2023.

Vogt, Stefan (1991), Die Maßgeblichkeit des Handelsbilanzrechts für die Steuerbilanz - Reichweite, Rechtfertigung und Perspektiven eines Eckpfeilers unseres Bilanzrechts -, Düsseldorf.

Volhard, Rüdiger (1998), „Siemens/Nold": Die Quittung, in: AG, 43. Jg., S. 397-404.

Waclawik, Erich (2003), Die neue Sachdividende: Was ist sie wert?, in: WM, 57. Jg., S. 2266-2277.

Wagenhofer, Alfred (2005), Internationale Rechnungslegungsstandards - IAS/IFRS, 5. Aufl., Frankfurt am Main.

Wagenhofer, Alfred/Ewert, Ralf (2003), Externe Unternehmensrechnung, Berlin u.a.

Wagner, Franz W. (1988), Allokative und distributive Wirkungen der Ausschüttungskompetenzen von Hauptversammlung und Verwaltung einer Aktiengesellschaft - Eine ökonomische Analyse des Art. 50 des Entwurfs einer 5. EG-Richtlinie -, in: ZGR, 17. Jg., S. 210-239.

Wagner, Franz W. (2000), Welche Kriterien bestimmen die internationale Wettbewerbsfähigkeit der Methoden steuerlicher Gewinnermittlung?, in: BFuP, 52. Jg., S. 183-203.

Waldersee, Georg Graf/Richardt, Yvonne (2005), Internationale Rahmenbedingungen deutscher Corporate Governance, in: Deutscher Corporate Governance Kodex, hrsg. von Pfitzer, Norbert/ Oser, Peter/Orth, Christian, 2. Aufl., Stuttgart, S. 469-500.

Walter, Bernhard (1998), Gesetzliches Garantiekapital und Kreditentscheidung der Banken, in: AG, 43. Jg., S. 370-372.

Walz, W. Rainer (1997), Strategien zur Überwindung des bilanzrechtlichen Anpassungsbedarfs, in: Wirtschafts- und Medienrecht in der offenen Demokratie. Freudesgabe für Friedrich Kübler zum 65. Geburtstag, hrsg. von Assmann, Heinz-Dieter/Brinkmann, Tomas/Gounalakis, Georgios/Kohl, Helmut/Walz, Rainer, Heidelberg, S. 557-581.

Warschkow, Kirsten (1991), Schutz der Aktionäre der Konzernobergesellschaft, München.

Warrikoff, Alexander (1963), Der Rechtsanspruch der Aktionäre auf Dividende im Vergleich mit dem Recht der Vereinigten Staaten, in: AG, 8. Jg., S. 34-37 (Teil 1), S. 60-66 (Teil 2).

Watrin, Christopf (2001a), Internationale Rechnungslegung und Regulierungstheorie, Wiesbaden.

Watrin, Christoph (2001b), Sieben Thesen zur künftigen Regulierung der Rechnungslegung - Anmerkungen zu den Vorschlägen des Arbeitskreises Externe Rechnungslegung der Schmalenbach-Gesellschaft -, in: DB, 54. Jg., S. 933-938.

Weber, Harald (1972), Zu einigen Grundfragen der Besteuerung verbundener Unternehmen. Zugleich eine Stellungnahme zum Gutachten von Prof. Dr. Harold Rasch zum 49. Deutschen Juristentag 1972, in: JZ, 27. Jg., S. 482-488.

Weber, Martin (2004), Die Entwicklung des Kapitalmarktrechts im Jahre 2004, in: NJW, 57. Jg., S. 3674-3681.

Weber-Grellet, Heinrich (1996), Bilanzrecht im Lichte, Bilanzsteuerrecht im Schatten des EuGH, in: DB, 49. Jg., S. 2089-2092.

Weber-Grellet, Heinrich (1999), Der Maßgeblichkeitsgrundsatz im Lichte aktueller Entwicklungen, in: BB, 54. Jg., S. 2659-2666.

Weiner, Joseph L. (1929a), Theory of Anglo-American Dividend Law: American Statutes and Cases, in: Colum. L. Rev., Vol. 29, S. 461-482.

Weiner, Joseph L. (1929b), The Amount Available for Dividends where No-Par Shares Have Been Issued, in: Colum. L. Rev., Vol. 29, S. 906-917.

Weizsäcker, C. C. von (1980), Barriers to Entry, Berlin u.a.

Wellkamp, Ludger (1998), Aktionärsschutz, Bonn.

Wellkamp, Ludger (2000), Vorstand, Aufsichtsrat und Aktionär, 2. Aufl., Bonn.

Wendlandt, Klaus/Knorr, Liesel (2005), Das Bilanzrechtsreformgesetz - Zeitliche Anwendung der wesentlichen bilanzrechtlichen Änderungen des HGB und Folgen für die IFRS-Anwendung in Deutschland -, in: KoR, 5. Jg., S. 53-57.

Wenger, Ekkehard (1981), Unternehmenserhaltung und Gewinnbegriff. Die Problematik des Nominalwertprinzips in handels- und steuerrechtlicher Sicht, Wiesbaden.

Wenger, Ekkehard (1996), Kapitalmarktrecht als Resultat deformierter Anreitzstrukturen, in: Regulierung und Unternehmenspolitik - Methoden und Ergebnisse der betriebswirtschaftlichen Rechtsanalyse, hrsg. von Sadowski, Dieter/Czap, Hans/Wächter, Hartmut, Wiesbaden, S. 419-458.

Werder, Axel von (1996), Grundsätze ordnungsmäßiger Unternehmensführung (GoF) - Zusammenhang, Grundlagen und Systemstruktur von Führungsgrundsätzen für die Unternehmungsleitung (GoU), Überwachung (GoÜ) und Abschlussprüfung (GoA), in: Grundsätze ordnungsmäßiger Unternehmungsführung (GoF) für die Unternehmungsleitung (GoU), Überwachung (GoÜ) und Abschlussprüfung (GoA), hrsg. von Werder, Axel von, Düsseldorf/Frankfurt am Main, S. 1-26.

Werder, Axel von (2004), Modernisierung der Mitbestimmung, in: DBW, 64. Jg., S. 229-243.

Werner, Winfried (1985), Gewinnverwendung im Konzern, in: Festschrift für Walter Stimpel zum 68. Geburtstag, Berlin, S. 935-953.

Werner, Winfried (1990), Ausgewählte Fragen zum Aktienrecht. Zum Erscheinen der 2. Auflage des Kölner Kommentars zum AktG, in: AG, 35. Jg., S. 1-19.

Westermann, Harm P. (1986), Grundfragen der Rechtsfortbildung im Aktienkonzernrecht, in: Festschrift für Klemens Pleyer zum 65. Geburtstag, hrsg. von Hofmann, Paul/Meyer-Cording, Ulrich/Wiedemann, Herbert, Köln u.a., S. 421-444.

Wiedemann, Herbert (1968), Haftungsbeschränkung und Kapitaleinsatz in der GmbH - Unter Berücksichtigung des amerikanischen, deutschen und französischen Gesellschaftsrechts -, in: Die Haftung des Gesellschafters in der GmbH, hrsg. von Caemmerer, Ernst von, Frankfurt am Main/Berlin, S. 5-61.

Wiedemann, Herbert (1980), Gesellschaftsrecht. Band I: Grundlagen, München.

Wiedemann, Herbert/Frey, Kaspar (2002), Gesellschaftsrecht, 6. Aufl., München.

Wienke, Dieter (1992), Die Wahlordnungen zum Mitbestimmungsgesetz, 4. Aufl., Bergisch Gladbach.

Wiesner, Peter M. (2002), Binnenmarkt und Wettbewerb bleiben auf der Strecke - Zum Kommissionsvorschlag für eine neue Übernahmerichtlinie, in: ZIP, 23. Jg., S. 1967.

Wiesner, Peter M. (2003), Neue Brüsseler Impulse für Corporate Governance und Gesellschaftsrecht. Zum Endbericht der Hochrangigen Expertengruppe (Winter-Gruppe), in: BB, 58. Jg., S. 213-217.

Wiethölter, Rudolf (1961), Interessen und Organisation der Aktiengesellschaft im amerikanischen und deutschen Recht, Karlsruhe.

Wilhelm, Jan (1998), Kapitalgesellschaftsrecht, Berlin/New York.

Windbichler, Christine (2000), Alternative Dispute Resolution v. Shareholders' Suits?, in: Corporations, Capital Markets and Business in the Law, Liber Amicorum Richard M. Buxbaum, hrsg. von Baums, Theodor/Hopt, Klaus J./Horn, Norbert, London u.a., S. 617-627.

Winkeljohann, Norbert/Geißler, Horst (2006), § 252 HGB, in: Beck'scher Bilanz-Kommentar, hrsg. von Ellrott, Helmut/Förschle, Gerhart/Hoyos, Martin/Winkeljohann, Norbert, 6. Aufl., München.

Winkeljohann, Norbert/Schellhorn, Mathias (2006), § 264 HGB, in: Beck'scher Bilanz-Kommentar, hrsg. von Ellrott, Helmut/Förschle, Gerhart/Hoyos, Martin/Winkeljohann, Norbert, 6. Aufl., München.

Winter, Ralph K. (1977), State Law, Shareholder Protection, and the Theory of the Corporation, in: J. Legal Stud., 6. Jg. 1977, S. 251-292.

Winter, Ralph K. (1989), The „Race for the Top" Revisited: A Comment on Eisenberg, in: Colum. L. Rev., Vol. 89, S. 1526-1529.

Wittig, Arne (1996), Financial Covenants im inländischen Kreditgeschäft, in: WM, 50. Jg., S. 1381-1391.

Wittig, Arne (2003), Früherkennung der Krise durch Kreditinstitute, in: Die GmbH in Krise, Sanierung und Insolvenz, hrsg. von Schmidt, Karsten/Uhlenbruck, Wilhelm, 3. Aufl., Köln, S. 60-85.

Wöhe, Günter (2005), Einführung in die Allgemeine Betriebswirtschaftslehre, 22. Aufl., München.

Wolf, Joachim (2005), Organisation, Management, Unternehmensführung, 2. Aufl., Wiesbaden.

Würdinger, Hans (1981), Aktienrecht und das Recht der verbundenen Unternehmen, 4. Aufl., Heidelberg/Karlsruhe.

Wüstemann, Jens (1996), US-GAAP: Modell für das deutsche Bilanzrecht?, in: WPg, 49. Jg., S. 421-431.

Wüstemann, Jens (1999), Generally Accepted Accounting Principles. Zur Bedeutung und Systembildung der Rechnungslegungsregeln der USA, Berlin.

Wymeersch, Eddy (2001), Company Law in Europe and European Company Law, in: http://ssrn.com/abstract=273876 (Stand: 17.03.2005).

Zabel, Martin (2002), IAS zwingend für den Konzern- und Einzelabschluss? - Stellungnahme zu Böcking, WPg 2001, S. 1433 ff.; zugleich ein Plädoyer für eine intensive Diskussion der Vor- und Nachteile kapitalmarktorientierter Rechnungslegungs- und Publizitätsgrundsätze für nicht kapitalmarktorientierte Unternehmen -, in: WPg, 55. Jg., S. 919-924.

Zabel, Martin/Cairns, David (2005), Vereinfachte IFRS für ausgewählte Unternehmen des Mittelstands - Ein Diskussionsbeitrag und eine Bestandsaufnahme zu Bedeutung, Prozess und Lösungsansätzen des IASB-Projekts „Accounting Standards for Small and Medium-sized Entities" -, 5. Jg., S. 207-216.

Zeff, Stephen (1961), Legal Dividend Sources - A National Survey and Critique, in: NYCPA, Vol. 31, S. 741-755 (Teil 1), S. 802-816 (Teil 2).

Zeitler, Franz Christoph (2003), Rechnungslegung und Rechtsstaat - Übernahme der IAS oder Reform des HGB? -, in: DB, 56. Jg., S. 1529-1534.

ZEW (2006), Zentrum für Europäisches Wirtschaftsrecht, Arbeitskreis Kapital in Europa, in: http://www.zew.uni-bonn.de/index.htm?/arbeitskreis.htm (Stand: 05.06.2006).

Ziemann, Wolfgang (1993), Dividendenpolitik International, in: Die deutsche Aktie. Unternehmensfinanzierung und Vermögenspolitik vor neuen Herausforderungen, hrsg. von Fritsch, Ulrich/ Liener, Gerhard/Schmidt, Reinhart, Stuttgart, S. 137-155.

Zimmer, Daniel (1996), Internationales Gesellschaftsrecht, Heidelberg.

Zöllner, Wolfgang (1973), § 119, in: Kölner Kommentar zum Aktiengesetz, hrsg. von Zöllner, Wolfgang, Köln u.a.

Zöllner, Wolfgang (2006), Konkurrenz für inländische Kapitalgesellschaften durch ausländische Rechtsträger, insbesondere durch die englische Private Limited Company, in: GmbHR, 97. Jg., S. 1-12.

Zülch, Henning (2004), Das IASB Improvement Project - Wesentliche Neuerungen und ihre Würdigung -, in: KoR, 4. Jg., S. 153-167.

Zweig, Stefan (1927), Sternstunden der Menschheit. Fünf historische Miniaturen, Leipzig.

Zweigert, Konrad/Kötz, Hein (1996), Einführung in die Rechtsvergleichung auf dem Gebiete des Privatrechts, 3. Aufl., Tübingen.

Rechtsprechungsverzeichnis

Bundesgerichtshof (BGH)

25.02.1982, Urteil	II ZR 174/80
21.04.1997, Urteil	II ZR 175/95
16.02.2004, Urteil	II ZR 316/02
26.04.2004, Urteil	II ZR 154/02
26.04.2004, Urteil	II ZR 155/02

Europäischer Gerichtshof (EuGH)

27.06.1996, Urteil	Rs. C-234/94, Slg. 1996, I-3145-Tomberger
09.03.1999, Urteil	Rs. C-212/97, Slg. 1999, I-1459-Centros
05.11.2002, Urteil	Rs. C-208/00, Slg. 2002, I-09919-Überseering
30.09.2003, Urteil	Rs. C-167/01, Slg. 2003, I-10155-Inspire Art

US-amerikanische Urteile

Angelo, Gordon & Co. v. Allied Riser Communications Corp., 805 A.2d 221 (Del. Ch. 2002)

Baker v. Mutual Loan & Investment Co., 213 S.C. 558, 50 S.E.2d 692 (1948)

Black & Decker Corp. v. American Standard, Inc., 682 F. Supp. 772, 778 (D. Del. 1988)

Com. Transp. Com'r v. Matyiko, 253 Va. 1, 481 S.E.2d 468 (1997)

Commonwealth Transportation Commissioner v. Matyiko, 253 Va. 1, 481 S.E.2d 468 (1997)

Cornell v. Seddinger, 237 Pa. 389, 85 A. 446 (1912)

Credit Lyonnais Bank Nederland N.V. v. Pathe Communications Corp., WL 277613 (Del. Ch. 1991)

Credit Managers Ass'n of Southern California v. Federal Company, 629 F. Supp. 175 (C.D. Cal. 1985)

Dellastatious v. Williams, 242 F.3d 191 (4th Cir. 2001)

Dodge v. Ford Motor Co., 204 Michigan 459, 170 N.W. 668 (1919)

Donahue v. Rodd Electrotype Co. of New England, Inc., 367 Mass. 578, 328 N.E.2d 505 (Mass 1975)

England v. Christensen, 243 Cal.App.2d 413, 52 Cal.Rptr. 402 (1966)

Farland v. Wills, 1 Del. J. Corp. L. 467, 1975 WL 1960 (Del. Ch. 1975)

Federal Sav. and Loan Ins. Corp. v. Molinaro, 901 F.2d 1490 (9th Cir. 1990)

Flynn v. California Basket Co., 105 Cal. Abb.2d 196, 233 P2d. 131 (1951)

Fried v. Cano, 167 F. Supp. 625 (S.D. N.Y. 1958)

F.T.C. v. Med Resorts Intern., Inc., 2000 WL 1889635 (N.D. Ill. 2000)

Gaillard v. Natomas Co., 208 Cal. App. 3d 1250, 256 Cal. Rptr. 702 (1st Dist. 1989)

Goodnow v. American Writing Paper, 73 N.J.Eq. 692, 69 A. 1014 (N.J.1908)

Gottfried v. Gottfried, 73 N.Y.S.2d 692 (N.Y.Sup.Ct.1947)

Handley v. Stutz, 139 U.S. 417 (1891)

Hanson v. Kake Tribal Corp., 939 P2d 1320 (Alaska 1997)

Hospes v. Northwestern Manufacturing & Car Co., 48 Minn. 174, 50 N.W. 1117 (1892)

In re Hoffman Associates, Inc., 194 B.R. 943 (Bankr. D. S.C. 1995)

In re Integra Realty Resources, Inc., 198 B.R. 352 (Bankr. D. Colo. 1996)

In re Jacks, 243 B.R. 385 (Bankr. C.D. Cal. 1999). Aber 2001

In re Kettle Fried Chicken of America, Inc., 513 F.2d 807 (6th Cir. 1975)

In re Lake Country Investments, 255 B.R. 588 (Bankr. D. Idaho 2000)

In re Omni Mechanical Contractors, Inc., 114 B.R. 518, 530-531 (Bankr. E.D. Tenn. 1990)

In re R.M.L., Inc., 92 F.3d 139 (3d Cir. 1996)

Jones v. First Nat. Bldg. Corp., 155 F.2d 815 (C.C.A. 10th Cir. 1946)

Johnston v. Wolf, 487 A.2d 1132 (Del. 1985)

Kahn v. United Staates Sugar Corp., No. 7313 (Del. Ch. Dec. 10, 1985)

Klang v. Smith's Food & Drug Centers, Inc., 702 A.2d 150 (Del.Supr.1997)

Lee v. Neuchatel Asphalte Co., 41 Ch.Div. 1 (C.A.1889)

MacDermot v. Hayes, 175 Cal. 95, 170 P. 616 (1917)

McLaren v. Crescent Planing Mill Co., 117 Mo. App. 40, 93 S.W. 819 (1906)

Meyers v. El Tejon Oil and Refining Co., 29 Cal.2d 184, 174 P.2d 1 (1946)

Miller v. Magline, Inc., 76 Mich.App. 284, 256 N.W.2d 761 (1977)

Moran v. Household International, Inc., 500 A.2d 1348 (S.Ct.Del. 1985)

Morris v. Standard Gas & Elec. Co., 31 Del.Ch. 20, 63 A.2d 577 (1949)

Nash v. Rosesteel, 7 Cal.App. 504, 94 P. 850 (1908)

Patton v. Nicholas, 154 Tex. 385, 279 S.W.2d 848 (1955)

Pereira v. Cogan, 294 B.R. 449 (S.D. N.Y. 2003)

Petroleum Rights Corporation v. Midland Royalty Corporation, 167 Atl. 835 (1933)

Powers v. Heggie, 268 Mass. 233, 167 N.E. 314 (1929)

Randall v. Bailey, 23 N.Y.S.2d 173 (N.Y.Sup.1940)

Realty Company, 25 Cal.App. 531, 144 P. 301 (1914)

Resolution Trust Corp. v. Dean, 854 F. Supp. 626 (D. Ariz.1994)

Richards v. Pacific Southwest Discount Corporation, 44 Cal. App.2d 551, 112 P.2d 698 (1941)

Smith v. Atlantic Properties, Inc., 12 Mass.App.Ct. 201, 422 N.E.2d 798 (1981)

Smith v. Taecker, 133 Cal.App. 351, 24 P.2d 182 (1933)

Southdown, Inc. v. Moore McCormack Resources, Inc., 686 F. Supp. 595, 599 (S.D. Tex. 1988)

Telefest, Inc. v. VU-TV, Inc., 591 F. Supp. 1368 (D.N.J. 1984)

Tiedje v. Aluminum Taper Milling Co., Inc., 46 Cal.2d 450, 296 P.2d 554 (1956)

UMF Systems, Inc. V. Eltra Corporation et al., 17 Cal.3d 753, 553 P.2d 225, 132 Cal.Rptr. 129 (1976)

U.S. v. Gleneagles Inv. Co., Inc., 565 F.Supp.556 (MD Pa 1983)

Weinberg v. Baltimore Brick Co., 35 Del. Ch. 225, 114 A.2d 812 (1955)

Wittenberg v. Federal Mining & Smelting Co., 15 Del.Ch. 147, 133 A. 48 (1926)

Wood v. Dummer, 30 F.Cas. 435 (C.C.D.Me.1824)

Wood v. National City Bank, 24 F.2d 661 (C.C.A. 2d Cir. 1928)

Bochumer Beiträge zur Unternehmensführung

Herausgegeben vom Direktorium des Instituts
für Unternehmensführung der Ruhr-Universität Bochum

Band 1 Busse von Colbe, Walther/Mattessich, Richard (Hrsg.): Der Computer im Dienste der Unternehmungsführung (1968)

Band 2 Busse von Colbe, Walther/Meyer-Dohm, Peter (Hrsg.): Unternehmerische Planung und Entscheidung (1969)

Band 3 Anthony, Robert N.: Harvard-Fälle aus der Praxis des betrieblichen Rechnungswesens. Herausgegeben von Richard V. Mattessich unter Mitarbeit von Klaus Herrnberger und Wolf Lange (1969)

Band 4 Mattessich, Richard: Die wissenschaftlichen Grundlagen des Rechnungswesens (1970)

Band 5 Schweim, Joachim: Integrierte Unternehmungsplanung (1969)

Band 6 Busse von Colbe, Walther (Hrsg.): Das Rechnungswesen als Instrument der Unternehmungsführung (1969)

Band 7 Domsch, Michel: Simultane Personal- und Investitionsplanung im Produktionsbereich (1970)

Band 8 Leunig, Manfred: Die Bilanzierung von Beteiligungen. Eine bilanztheoretische Untersuchung (1970)

Band 9 Franke, Reimund: Betriebsmodelle. Rechensystem für Zwecke der kurzfristigen Planung, Kontrolle und Kalkulation (1972)

Band 10 Wittenbrink, Hartwig: Kurzfristige Erfolgsplanung und Erfolgskontrolle mit Betriebsmodellen (1975)

Band 11 Lutter, Marcus (Hrsg.): Recht und Steuer der internationalen Unternehmensverbindungen (1972)

Band 12 Niebling, Helmut: Kurzfristige Finanzrechnung auf der Grundlage von Kosten- und Erlösmodellen (1973)

Band 13 Perlitz, Manfred: Die Prognose des Unternehmenswachstums aus Jahresabschlüssen deutscher Aktiengesellschaften (1973)

Band 14 Niggemann, Walter: Optimale Informationsprozesse in betriebswirtschaftlichen Entscheidungssituationen (1973)

Band 15 Richardt, Harald: Der aktienrechtliche Abhängigkeitsbericht unter ökonomischen Aspekten (1974)

Band 16 Backhaus, Klaus: Direktvertrieb in der Investitionsgüterindustrie – Eine Marketing-Entscheidung (1974)

Band 17 Plinke, Wulff: Kapitalsteuerung in Filialbanken (1975)

Band 18 Steffen, Rainer: Produktionsplanung bei Fließbandfertigung (1977)

Band 19 Kolb, Jürgen: Industrielle Erlösrechnung – Grundlagen und Anwendungen (1978)

Band 20 Busse von Colbe, Walther/Lutter, Marcus (Hrsg.): Wirtschaftsprüfung heute: Entwicklung oder Reform? (1977)

Band 21 Uphues, Peter: Unternehmerische Anpassung in der Rezession (1979)

Band 22 Gebhardt, Günther: Insolvenzprognosen aus aktienrechtlichen Jahresabschlüssen (1980)

Band 23 Domsch, Michel: Systemgestützte Personalarbeit (1980)

Band 24 Schmied, Volker: Alternativen der Arbeitsgestaltung und ihre Bewertung (1982)

Band 25 Wäscher, Gerhard: Innerbetriebliche Standortplanung bei einfacher und mehrfacher Zielsetzung (1982)

Band 26 Weber, Martin: Entscheidungen bei Mehrfachzielen – Verfahren zur Unterstützung von Individual- und Gruppenentscheidungen (1983)

Band 27 Kroesen, Alfred: Instandhaltungsplanung und Betriebsplankostenrechnung (1983)

Band 28 Plinke, Wulf: Erlösplanung im industriellen Anlagengeschäft (1985)

Band 29 Chamoni, Peter: Simulation störanfälliger Systeme (1986)

Band 30 Arning, Andreas: Die wirtschaftliche Bewertung der Zentrenfertigung – Dargestellt am Beispiel einer Fertigungsinsel (1987)

Band 31 Gebhardt, Günther: Finanzielle Planung und Kontrolle bei internationaler Unternehmenstätigkeit

Band 32 Markiewicz, Michael: Ersatzteildisposition im Maschinenbau – Betriebswirtschaftliche Methoden der Planung und Überwachung (1988)

Band 33 Pellens, Bernd: Der Informationswert von Konzernabschlüssen – Eine empirische Untersuchung deutscher Börsengesellschaften (1989)

Band 34 Mrotzek, Rüdiger: Bewertung direkter Auslandsinvestitionen mit Hilfe betrieblicher Investitionskalküle (1989)

Band 35 Deppe, Joachim: Quality Circle und Lernstatt – Ein integrativer Ansatz (1989, 3. Auflage 1993)

Band 36 Rademacher, Michael: Arbeitszeitverkürzung und -flexibilisierung – Formen und betriebliche Auswirkungen (1990)

Band 37 Kaiser, Klaus: Kosten- und Leistungsrechung bei automatisierter Produktion (1991, 2. Auflage 1993)

Band 38 Müller, Hermann: Industrielle Abfallbewältigung – Entscheidungsprobleme aus betriebswirtschaftlicher Sicht (1991)

Band 39 Schörner, Peter: Gesetzliches Insiderhandelsverbot – Eine ordnungspolitische Analyse (1991)

Band 40 Bentler, Martin: Grundsätze ordnungsmäßiger Bilanzierung für die Equitymethode (1991)

Band 41 Brüggerhoff, Jürgen: Management von Desinvestitionen (1992)

Band 42 Bröker, Erich W.: Erfolgsrechnung im industriellen Anlagengeschäft – Ein dynamischer Ansatz auf Zahlungsbasis – (1993)

Band 43 Frankenberg, Peter: Transnationale Analyse US-amerikanischer und deutscher Jahresabschlüsse – Eine theoretische und empirische Untersuchung (1993)

Band 44 Kleinaltenkamp, Michael: Standardisierung und Marktprozeß – Entwicklungen und Auswirkungen im CIM-Bereich (1993)

Band 45 Pellens, Bernhard: Aktionärsschutz im Konzern – Empirische und theoretische Analyse der Reformvorschläge der Konzernverfassung (1994)

Band 46 Reckenfelderbäumer, Martin: Marketing-Accounting im Dienstleistungsbereich – Konzeption eines prozeßkostengestützten Instrumentariums (1995)

Band 47 Knittel, Friedrich: Technikgestützte Kommunikation und Kooperation im Büro. Entwicklungshindernisse – Einsatzstrategien – Gestaltungskonzepte (1995)

Band 48 Riezler, Stephan: Lebenszyklusrechnung – Instrument des Controlling strategischer Projekte (1996)

Band 49 Schulte, Jörn: Rechnungslegung und Aktienkursentwicklung – Erklärung und Prognose von Aktienrenditen durch Einzel- und Konzernabschlußdaten (1996)

Band 50 Muhr, Martin: Zeitsparmodelle in der Industrie – Grundlagen und betriebswirtschaftliche Bedeutung mehrjähriger Arbeitszeitkonten (1996)

Band 51 Brotte, Jörg: US-amerikanische und deutsche Geschäftsberichte. Notwendigkeit, Regulierung und Praxis jahresabschlußergänzender Informationen (1997)

Band 52 Gersch, Martin: Vernetzte Geschäftsbeziehungen. Die Nutzung von EDI als Instrument des Geschäftsbeziehungsmanagement (1998)

Band 53 Währisch, Michael: Kostenrechnungspraxis in der deutschen Industrie. Eine empirische Studie (1998)

Band 54 Völkner, Peer: Modellbasierte Planung von Geschäftsprozeßabläufen (1998)

Band 55 Fülbier, Rolf Uwe: Regulierung der Ad-hoc-Publizität. Ein Beitrag zur ökonomischen Analyse des Rechts (1998)

Band 1 - 55 erschienen beim Gabler Verlag Wiesbaden

Band 56 Ane-Kristin Reif-Mosel: Computergestützte Kooperation im Büro. Gestaltung unter Berücksichtigung der Elemente *Aufgabe, Struktur, Technik* und *Personal* (2000)

Band 57 Claude Tomaszewski: Bewertung strategischer Flexibilität beim Unternehmenserwerb. Der Wertbeitrag von Realoptionen (2000)

Band 58 Thomas Erler: Business Objects als Gestaltungskonzept strategischer Informationssystemplanung (2000)

Band 59 Joachim Gassen: Datenbankgestützte Rechnungslegungspublizität. Ein Beitrag zur Evolution der Rechnungslegung (2000)

Band 60 Frauke Streubel: Organisatorische Gestaltung und Informationsmanagement in der lernenden Unternehmung. Bausteine eines Managementkonzeptes organisationalen Lernens (2000)

Band 61 Andreas von der Gathen: Marken in Jahresabschluß und Lagebericht (2001)

Band 62 Lars Otterpohl: Koordination in nichtlinearen dynamischen Systemen (2002)

Band 63 Ralf Schremper: Aktienrückkauf und Kapitalmarkt. Eine theoretische und empirische Analyse deutscher Aktienrückkaufprogramme (2002)

Band 64 Peter Ruhwedel: Aufsichtsratsplanungssysteme. Theoretische Grundlagen und praktische Ausgestaltung in Publikumsaktiengesellschaften (2002)

Band 65 Jens Thorn: Taktisches Supply Chain Planning. Planungsunterstützung durch deterministische und stochastische Optimierungsmodelle (2002)

Band 66 Dirk Beier: Informationsmanagement aus Sicht der Betriebswirtschaftslehre. Theoretische Ansätze und das Beispiel Mobile Business. (2002)

Band 67 Nils Crasselt: Wertorientierte Managemententlohnung, Unternehmensrechnung und Investitionssteuerung. Analyse unter Berücksichtigung von Realoptionen. (2003)

Band 68 Franca Ruhwedel: Eigentümerstruktur und Unternehmenserfolg. Eine theoretische und empirische Analyse deutscher börsennotierter Unternehmen. (2003)

Band 69 Andreas Bonse: Informationsgehalt von Konzernabschlüssen nach HGB, IAS und US-GAAP. Eine empirische Analyse aus Sicht der Eigenkapitalgeber. (2004)

Band 70 Thorsten Sellhorn: Goodwill Impairment. An Empirical Investigation of Write-Offs under SFAS 142. (2004)

Band 71 Bernd Slaghuis: Vertragsmanagement für Investitionsprojekte. Quantitative Projektplanung zur Unterstützung des Contract Managements unter Berücksichtigung von Informationsasymmetrie. (2005)

Band 72 Stephanie Freiwald: Supply Chain Design. Robuste Planung mit differenzierter Auswahl der Zulieferer. (2005)

Band 73 Rolf Uwe Fülbier: Konzernbesteuerung nach IFRS. IFRS-Konsolidierungsregeln als Ausgangspunkt einer konsolidierten steuerlichen Gewinnermittlung in der EU? (2006)

Band 74 Marc Richard: Kapitalschutz der Aktiengesellschaft. Eine rechtsvergleichende und ökonomische Analyse deutscher und US-amerikanischer Kapitalschutzsysteme. (2007)

www.peterlang.de

FSC
www.fsc.org
MIX
Papier | Fördert
gute Waldnutzung
FSC® C083411

Kolibri 360 GmbH
Ferdinand-Jühlke-Straße 7
99095 Erfurt, Deutschland
produktsicherheit@kolibri360.de

Druck:
CPI Druckdienstleistungen GmbH
im Auftrag der
Kolibri 360 GmbH
Ferdinand-Jühlke-Str. 7
99095 Erfurt

Halal Perspectives in Medicinal Chemistry

Quamrul Hasan · Jawad Alzeer · Fairuzeta Ja'afar ·
Eiichi Tamiya
Editors

Halal Perspectives in Medicinal Chemistry

Springer

Editors
Quamrul Hasan
Institute for International Initiatives
The University of Osaka
Osaka, Japan

Jawad Alzeer
Swiss Scientific Society for Developing Countries
Zürich, Switzerland

Fairuzeta Ja'afar
Faculty of Science
Universiti Brunei Darussalam
Gadong, Brunei Darussalam

Eiichi Tamiya
Institute of Industrial Chemistry
The University of Osaka
Osaka, Japan

ISBN 978-981-95-6377-7 ISBN 978-981-95-6378-4 (eBook)
https://doi.org/10.1007/978-981-95-6378-4

This Springer imprint is published by the registered company Springer Nature Singapore Pte Ltd.
The registered company address is: 152 Beach Road, #21-01/04 Gateway East, Singapore 189721, Singapore

Dedicated to the students and researchers who will carry forward the vision of science rooted in both excellence and ethics. May their discoveries heal diseases, uphold values, and build trust across cultures.

Preface

The call for science that unites technical excellence with ethical clarity has never been stronger. In the life sciences, patients and societies are increasingly asking not only what works, but also what aligns with values, culture, and trust. Within medicinal chemistry, one of the most compelling responses has been the rise of halal perspectives—an approach that integrates the principles of Halal (permissibility) and Tayyib (wholesomeness, safety, and purity) into every stage of discovery, development, and delivery. These perspectives show that scientific rigor and ethical responsibility are not competing demands, but forces that provide a complementary framework that can elevate research and practice to higher standards of transparency, safety, and public confidence.

This book, *Halal Perspectives in Medicinal Chemistry*, is the first of its kind to explore that path in depth. Its chapters follow a natural progression. Vaccines show how prevention and public health can be strengthened by early ethical choices. Diagnostics demonstrate how compliance can be measured, verified, and made transparent. Cutting-edge treatments—from biologics to regenerative medicine—illustrate how therapeutic innovation can be harmonized with cultural and religious values. And sourcing, whether from marine life or medicinal plants, reminds us that discovery itself is shaped by choices of environment, method, and respect for creation.

What unites these themes is a simple but transformative insight: Halal–Tayyib is not a constraint but a compass. It directs science toward outcomes that are safer, more transparent, and more trusted—not only by Muslim communities, but by patients and stakeholders everywhere. Indeed, the protocols of traceability, purity, and auditing highlighted in these pages often exceed conventional regulatory demands, setting higher standards for everyone.

Equally important, this vision is inclusive. It acknowledges the diversity within Islam, respects parallel frameworks such as kosher, and recognizes the three-quarters of the world's population that is not Muslim. By situating halal within a broader ethic of responsibility and care, this book shows that cultural alignment strengthens, rather than weakens, scientific innovation.

Halal Perspectives in Medicinal Chemistry is written for students who will shape the next generation of research, for scientists and clinicians seeking to align innovation with values, and for regulators and industry leaders who must navigate the intersection of ethics and enterprise. Above all, it is written with the conviction that medicines should heal not only the body, but also bring a sense of trust that connects science and society.

Osaka, Japan — Quamrul Hasan
Zürich, Switzerland — Jawad Alzeer
Gadong, Brunei Darussalam — Fairuzeta Ja'afar
Osaka, Japan — Eiichi Tamiya

Acknowledgments

The completion of this book would not have been possible without the generous support and contributions of several individuals. The editors would like to express their deepest gratitude to Prof. Joe Mac Regenstein for kindly undertaking the role of proof editor and for his meticulous attention to detail. We also wish to extend our sincere thanks to Dr. Fatin Sauli for her valuable assistance with document formatting, which greatly enhanced the clarity and presentation of the work. Finally, we are especially grateful to Mr. David Mark Edwards for his careful English proofing, ensuring precision and readability throughout the manuscript.

Their expertise and dedication have been instrumental in bringing this book to its final form, and we remain deeply appreciative of their efforts.

About This Book

In an era of remarkable scientific advancement, humanity faces an equally great responsibility: to ensure that progress is guided by ethical principles, cultural respect, and a commitment to human well-being. Medicine is not merely a technical pursuit; it is a bridge between knowledge and trust, between innovation and human values.

Halal Perspectives in Medicinal Chemistry is a visionary contribution to this evolving dialogue. It offers a unique framework where rigorous science meets deeply rooted ethical foundations. By integrating halal principles with modern medicinal chemistry, this work invites readers to rethink how scientific discovery can be aligned with transparency, safety, and public trust.

This book is not just about substances, methods, or technologies; it is about principles that elevate science to a higher purpose. It encourages future researchers, students, and innovators to build a healthcare landscape that respects diversity, protects dignity, and fosters trust between science and society.

May this work serve as an inspiration for a new generation of ethical scientists and leaders, those who understand that the true power of science lies not only in its ability to cure diseases but also in its capacity to unite people through shared values.

Contents

Editors and Contributors

About the Editors

Professor Dr. Quamrul Hasan is a Specially Appointed Professor at the Institute for International Initiatives, the University of Osaka, Japan. Previously, he served as a Professor at the College of Business, Universiti Utara Malaysia, Kedah, Malaysia, and at the School of Knowledge Science, Japan Advanced Institute of Science and Technology, Ishikawa, Japan. Before entering academia, he worked at Procter & Gamble as an R&D Scientist and later as a Manager.

Professor Hasan was awarded the Procter & Gamble Innovation Award and the Kyoto Shimbun (Newspaper) Award. He holds a Ph.D. in Biotechnology from Kyoto University, Japan, a Postgraduate Diploma in Microbiology and Biotechnology from the University of Osaka, Japan, and a Postgraduate Diploma in Industrial Biotechnology from GBF, Germany. He has authored more than 50 research publications, including several book chapters including in Halal Science, and holds multiple patents. Professor Hasan is also the successful inventor of the global home-care product Febreze House Dust Clear (Japan) / Febreze Allergen Reducer (USA and Europe).

Professor Hasan cofounded the Japan Halal Research Institute (JAHARI) for Products and Services in Kobe in 2014 and has served as its Founder and Chairman since its establishment. He is also one of the founding Directors of the Japan Society for Halal Science and

Technology (JAHAS), established in 2018, where he currently serves as Vice-Chairman.

Since 2020, Professor Hasan has been managing the International Certificate Program on Halal Science, Technology and Innovation at the University of Osaka. He has also been leading the University of Osaka ASEAN Campus Sustainable Development Goals (SDGs) Co-creation Forum for Halal Innovation since its inception in 2021.

Dr. Jawad Alzeer is a medicinal chemist and researcher known for bridging groundbreaking work in organic chemistry with innovative therapeutic frameworks. He earned his Ph.D. from the Swiss Federal Institute of Technology (ETH) in Zurich; his career spans significant contributions to medicinal chemistry (including antimalarial drug development at Roche) and advanced research in gene therapy and cancer treatment at the Universities of Michigan and Zurich. Dr. Alzeer's profound understanding of entropy and potential energy led him to establish the transformative healthcare models: Lifestylopathy and Halalopathy. He remains dedicated to mentoring future professionals as Adjunct Professor at Palestine Polytechnic University (PPU), focusing his current research on integrating Halal pharmaceuticals into personalized medicine and shaping the future of ethical, sustainable healthcare solutions.

Dr. Fairuzeta Ja'afar is an Assistant Professor in Physical Chemistry at Universiti Brunei Darussalam (UBD), teaching courses such as Chemical Thermodynamics and Quantum Chemistry. She was recognized with the "Teaching Excellence Award in Sciences" in 2020. In addition to her academic role, she serves as Director of Studies under the Office of Assistant Vice Chancellor (Education), overseeing academic matters from undergraduate to postgraduate programs. She also leads curriculum reviews to address emerging challenges like Generative AI. Previously, as Deputy Director of Research, she chaired UBD's inaugural TEDx event. Dr. Fairuzeta is actively involved in research, particularly in natural product and biomass utilization, collaborating with the University of Osaka and Prof. Masayoshi Arai. She is also involved in teaching the Osaka University International Certificate Programme: Halal Science, Technology and Innovation contributing to the Biodiversity and Bioresource lecture. She earned her Ph.D. in Chemistry from Imperial College London in 2015, following an MRes in Bioimaging Sciences (2010) and a B.Sc. in Chemistry (2009). With her expertise in teaching, administration, and research, she is committed to shaping the academic and research landscape at UBD and beyond.

Professor Dr. Eiichi Tamiya is currently a Specially Appointed Professor at the Institute of Industrial Chemistry, the University of Osaka. After earning Ph.D. degree in Engineering from the Tokyo Institute of Technology, he became an Associate Professor at the University of Tokyo and later a Professor at the Japan Advanced Institute of Science and Technology in 1992. In 2007, he moved to the University of Osaka as a Professor in the Department of Applied Physics. Professor Tamiya's specialties include analytical science and nanobiotechnology. He has co-authored over 300 original journal articles, more than 200 reviews, book chapters and books, and holds over 100 patents in his areas of interest.

Professor Tamiya received several awards from academic societies, including the Chemical Society of Japan Award for Creative Work (1989), the Fellow Award from the Japan Society of Applied Physics (2020), and the Japan Society for Analytical Chemistry Award (2021). He also received the Invention Encouragement Award from the Japanese Ministry of Education, Culture, Sports, Science and Technology (MEXT) (2010), and the University of Osaka Presidential Award for Achievement (2014).

Professor Tamiya has been one of the founder Directors of the Japan Society for Halal Science and Technology (JAHAS) since 2018. He served as its Chairman from July 2022 to June 2025. Since 2020, he has been lecturing in the International Certificate Program on Halal Science, Technology and Innovation at the University of Osaka.

Contributors

Mosaad A. Abdel-Wahhab Department of Food Toxicology and Contaminants, National Research Centre, Cairo, Egypt

Engy M. Akl Department of Fats and Oils, National Research Centre, Cairo, Egypt

Fawzi Al-Razem Medicine, College of Medicine and Health Sciences, Palestine Polytechnic University, Hebron, Palestine

Jawad Alzeer Swiss Scientific Society for Developing Countries, Dübendorf-Zürich, Switzerland;
College of Medicine and Health Sciences, Palestine Polytechnic University, Hebron, Palestine

Masayoshi Arai Graduate School of Pharmaceutical Sciences, The University of Osaka, Suita, Osaka Prefecture, Japan;
The University of Osaka ASEAN Campus Brunei Darussalam, Bandar Seri Begawan, Brunei Darussalam

Aziza A. El-Nekeety Department of Food Toxicology and Contaminants, National Research Centre, Cairo, Egypt

Hisham E. Hasan Department of Clinical Pharmacy, Faculty of Pharmacy, Jordan University of Science and Technology, Irbid, Jordan

Deema Jaber Department of Clinical Pharmacy, Faculty of Pharmacy, Zarqa University, Zarqa, Jordan

Fairuzeta Ja'afar Chemical Sciences Programme, Faculty of Science, Universiti Brunei Darussalam, Gadong, Brunei Darussalam

Fathy M. Mehaya Department of Food Technology, National Research Centre, Dokki, Cairo, Egypt

Mohamed Osman Senior Lecturer, Module Lead for Biomedical Sciences Vaccinology/Immunology, Leeds Trinity University, Horsforth, Leeds, UK

Fatin Sauli Chemical Sciences Programme, Faculty of Science, Universiti Brunei Darussalam, Gadong, Brunei Darussalam;
The University of Osaka ASEAN Campus Brunei Darussalam, Bandar Seri Begawan, Brunei Darussalam

Tatsuo Shioda Department of Viral Infections, Research Institute for Microbial Diseases, The University of Osaka, Suita, Osaka, Japan

Amanina Yusrina Taufik Chemical Sciences Programme, Faculty of Science, Universiti Brunei Darussalam, Gadong, Brunei Darussalam

Mohammed Ali Alsheikh Wace The Standards and Metrology Institute for Islamic Countries, Istanbul, Turkey

Abbreviations

5-HETE	5-hydroxyeicosatetraenoic acid
ACF	Aberrant crypt foci
ACTH	Adrenocorticotropic hormone
AD	Alzheimer's disease
ADC	Antibody-drug conjugate
ADH	Antidiuretic hormone
ADME	Adsorption, distribution, metabolism, and excretion
AFIC	Australian Federation of Islamic Councils
AIDS	Acquired Immune Deficiency Syndrome
ALS	Amyotrophic lateral sclerosis
AMPK	AMP-activated protein kinase
AP-1	Activating protein-1
API	Active pharmaceutical ingredient
ART	Anti-retroviral treatment
ATP	Adenosine triphosphate
AuNPs	Gold nanoparticles
AVS	Association Rituelle de la Viande Halal-France
BCL2L11	Bcl-2-like protein 11
Bcl-xL	B-cell lymphoma-extra large
BCS	Biopharmaceutics classification system
BDDCS	Biopharmaceutics drug disposition classification system
BDNF	Brain-derived neurotrophic factor
BFGF	Basic fibroblast growth factor
BNT162b2	The Pfizer-BioNTech vaccine
BPH	Benign prostatic hypertrophy
BTs	Biological therapies
But	Butein
CAR	Chimeric antigen receptor
CD20	Cluster differentiation 20
CDKN1A	Cyclin-dependent kinase Inhibitor 1A
Cel	Celastrol

CLL	Chronic lymphocytic leukemia
CML	Chronic myeloid leukemia
c-Myc	Cellular-master regulator of cell cycle entry
CNS	Central nervous system
COVID-19	Coronavirus Infectious Disease 2019
COX-2	Cyclooxygenase-2
CPD	Continuous professional development
CRISPR	Clustered regularly interspaced short palindromic repeats
CRS	Cytokine release syndrome
CSE	Conserved sequence elements
CSFs	Colony stimulating factors
CT	Computed tomography
CTLA-4	Cytotoxic T-lymphocyte antigen 4
Cur	Curcumin
Cur-NPs	Curcumin nanoparticles
CVD	Cardiovascular diseases
CYP	Cytochrome P450
DAPK1	Death-associated protein kinase 1
DLBCL	Diffuse large B-cell lymphoma
DNA	Deoxyribonucleic acid
DNMT1	DNA methyltransferase 1
dNTPs	Deoxynucleotide triphosphates
dsDNA	Double-stranded deoxyribonucleic acid
DV	Dengue virus
eEF1A2	Eukaryotic elongation factor 1A2
EGCG	Epigallocatechin gallate
EGFR	Epidermal growth factor receptor
ELISA	Enzyme-linked immunosorbent assay
EMA	European Medicines Agency
EPR	Enhanced permeability and retention
ER	Endoplasmic reticulum
ESC	Embryonic stem cell
ESMA	Emirates Authority for Standardization and Metrology
FDA	Food and Drug Administration
Fis	Fisetin
FOXO3a	Forkhead box class O3a
FPI	Flaxseed protein isolate
FTD	Frontotemporal dementia
GA	Gambogic acid
GADD45B	Growth arrest and DNA-damage-inducible, beta
GDNF	Glial cell line-derived neurotrophic factor
GDP	Gross domestic product
GMP	Good manufacturing practices
GSO	Gulf Standards Organization
HCT-116 cell line	Human colon carcinoma cell line

HD	Huntington's disease
HDAC1	Histone deacetylase 1
HDAC2	Histone deacetylase 2
HepG2 cells	Hepatoblastoma cell line
HER2	Human Epidermal Receptor 2
HFA	Halal Food Authority-UK
HI	Halal India
hiPSCs	Human induced pluripotent stem cells
HIV	Human immunodeficiency virus
HL60	Human leukemia cell line
HMA	Halal Monitoring Authority-Canada
HMS	Halal Management System
HNSCC	Head and neck squamous cell carcinoma
HPA	Hypothalamic-pituitary-adrenal
HPLC	High performance liquid chromatography
HPMC	Hydroxypropyl methylcellulose
HPV	Human papillomavirus
HPV16	HPV16-derived tumor antigens
HRT	Hormone replacement therapy
HSC	Hematopoietic stem cell
IFANCA	Islamic Food and Nutrition Council of America
IFN	Interferon
IGF-1	Insulin-like Growth Factor-1
IHAF	International Halal Accreditation Forum
IIUM	International Islamic University Malaysia
IL	Interleukin
INAAT	Isothermal nucleic acid amplification technique
IP	Intellectual property
iPSC	Induced pluripotent stem cell
ISC	Intestinal stem cell
IκB kβ	Inhibitory kappa B kinase beta
JAK/STAT	Janus Kinase/Signal Transducer and Activator of Transcription
JKIM	Jabatan Kemajuan Islam Malaysia
K562	Erythroleukemia cell
KBHC	The Kenya Bureau of Halal Certification
LAMP	Loop-mediated isothermal amplification
mAb	Monoclonal antibodies
MAPK	Mitogen-activated protein kinase
MCF-7	Breast cancer cell line
MCL-1	Myeloid leukemia 1
MIP-NG	Molecularly imprinted polymer nanogels
MMP-9	Matrix metalloproteinase-9
MO	*Moringa oleifera*
MOF	Metal-organic framework

MRI	Magnetic resonance imaging
mRNA-1273	The Moderna vaccine
MS	Multiple sclerosis
MSC	Mesenchymal stem cell
MTT	3-(4, 5-dimethylthiazolyl-2)-2, 5-diphenyltetrazolium bromide
MUI	Majelis Ulama Indonesia
MUIS	Majlis Ugama Islam Singapura
NCI	National Cancer Institute
ncRNA	Non-coding RNA
NDD	Neurodegenerative disease
NFKBIA	Nuclear factor-kappa-B inhibitor alpha
NF-κB	Nuclear factor kappa B
NGS	Next-generation sequencing
NK	Natural killer
NPC	Neural progenitor cell
NSC	Neural stem cell
nsP 1-4	Non-structural proteins 1-4
NY-ESO-1	New York esophageal squamous cell carcinoma 1
P53	Tumor suppressor protein
PA	Palmitic acid
PAP	Papanicolaou test
PCR	Polymerase chain reaction
PD	Parkinson's disease
PD-1	Programmed Death-1
PD-L1	Programmed Death-Ligand 1
PD	Pharmacodynamic
PERT	Pancreatic enzyme replacement therapy
PGE2	Prostaglandin E2
PI3K-AKT	Phosphatidylinositol-3-Kinase
PK	Pharmacokinetics
PKC	Protein kinase C
PMAIP1	Pol-12-myristate-13-acetate-induced protein-1
PNS	Peripheral nervous system
PPAR	Peroxisome proliferator-activated receptor
PSA	Prostate specific antigen
PSQCA	Pakistan Standards and Quality Control Authority
qPCR	Quantitative real-time PCR
Que	Quercetin
Res	Resveratrol
RNA	Ribonucleic acid
RNAi	Ribonucleic acid interfering
ROS	Reactive oxygen species
RPA	Recombinase polymerase amplification
RSV	Respiratory syncytial virus
SARS-CoV-2	Severe acute respiratory syndrome Coronavirus 2

scFv	Single-chain fragment variable
sgRNA	Single-guide RNA
siRNA	Small interfering RNA
SKOV-3	Subcutaneous ovarian cancer cell line
SOCl	Store-operated calcium channels
ssDNA	Single-stranded deoxyribonucleic acid
TAA	Tumor-associated antigens
TCM	Traditional Chinese Medicine
TGF	Transforming growth factor
TGF-β	Transforming growth factor beta
Th1	T-helper 1
THP1	Human leukemia monocytic cell line
Tm	Melting temperature
TNF	Tumor necrosis factor
TNF-α	Tumor necrosis factor α
TPTE	Transmembrane phosphatase with tensin homology
TSA	Tumor-specific antigens
TSH	Thyroid stimulating hormone
UA	Ursolic acid
UAE	United Arab Emirates
USD	The United States dollar
UV	Ultraviolet
VEE	Venezuelan equine encephalitis virus
VEGF	Vascular endothelial growth factor
WHC	World Halal Council
WHO	World Health Organization
Wnt/β-catenin	Wingless–Int/beta-catenin
XIAP	X-linked inhibitor of apoptosis protein

Introduction

Jawad Alzeer

Abstract This chapter introduces the Halal–Tayyib framework as a core design principle for medicinal chemistry, integrating Shariah values with scientific rigor across the entire process, from drug discovery to patient delivery, thus positioning Halal not merely as a final regulatory check but as a driver of safer, more transparent, and culturally respectful health care. The framework mandates the development of vaccines, diagnostics, and therapeutics with lawful sourcing, Tayyib purity, and transparent traceability, with compliance verified using modern platforms like mRNA technology, monoclonal antibodies, nano-biosensors, genetic sequencing, and AI oversight. These technical choices are explicitly linked to improving patient acceptance and public trust by enhancing traceability, lowering risk, and strengthening market confidence. Furthermore, the model extends its lens to crucial sourcing details (e.g., marine actives, botanicals, solvent selection) and introduces Halalopathy, a values-based framework connecting lifestyle, biocompatibility, and immune resilience, ultimately setting the foundation for harmonized standards and cross-disciplinary training that enable Halal principles to enhance innovation.

Keywords Halal · Tayyib · Shariah · Medicinal chemistry · Vaccines · Diagnostics · Biopharmaceuticals · Halalopathy

In today's world of life sciences, scientific innovation succeeds not only through technical excellence but also through cultural and ethical alignment. The fast-growing field of Halal pharmaceuticals reflects this convergence of science and values. At the heart of this integration lies the concept of Shariah—the Islamic legal and ethical framework that governs all aspects of life, including health, diet, and treatments. Shariah emphasizes two important principles: Halal (permissibility) and Tayyib (wholesomeness, purity, and safety). These principles are increasingly relevant in

J. Alzeer (✉)
Swiss Scientific Society for Developing Countries, Dübendorf-Zürich, Switzerland
e-mail: zeer@ppu.edu

College of Medicine and Health Sciences, Palestine Polytechnic University, Hebron, Palestine

Q. Hasan et al. (eds.), *Halal Perspectives in Medicinal Chemistry*,
https://doi.org/10.1007/978-981-95-6378-4_1

the development of modern medicines. Halal Perspectives in Medicinal Chemistry equips students and researchers to respond to this need by showing how Shariah values can be embedded early in the drug discovery and development process—from compound design and molecular modeling to formulation strategies and regulatory planning. Rather than treating Halal standards as late-stage obstacles, this book suggests that they ought to be early-stage drivers of development which provide the additional benefits of greater traceability, improved patient safety, and heightened market confidence.

The discussion begins with a focus on vaccines as essential preventive tools. They are one of the best examples of how advanced biotechnologies can be aligned with cultural and ethical expectations. The section explores the progression of vaccine science, from classical attenuated and inactivated formulations to recombinant proteins, viral vectors, and cutting-edge mRNA platforms. Historic successes in combating smallpox, rabies, and most recently SARS-CoV-2 are highlighted, alongside the persistent scientific and ethical challenges posed by highly mutable viruses such as HIV and seasonal influenza. A step-by-step examination of the vaccine manufacturing process—including cell substrates, growth media, stabilizers, and filling operations—identifies critical points where porcine-derived or otherwise non-Halal inputs can be found that need to be substituted or eliminated. The central message is clear: efficacy, safety, and religious compliance can be pursued simultaneously, starting from the earliest stages of vaccine development.

Building upon the foundation of prevention, diagnostics serve as the analytical gatekeepers that uphold the integrity of the Halal paradigm within the increasingly complex pharmaceutical and biotechnology landscapes. This section opens with state-of-the-art nano-biosensors capable of femtomolar protein detection on portable microchips, enabling point-of-care screening to rapidly confirm whether a vaccine batch, food ingredient, or finished pharmaceutical product contains any potentially expected non-Halal contaminants. It then surveys the full range of nucleic acid–based technologies, from classical PCR to CRISPR-assisted assays and next-generation sequencing, highlighting how the same molecular tools used to detect emerging pathogens can also authenticate raw materials, determine fraudulent substitutions, and identify counterfeit medications. The discussion further extends to artificial intelligence systems that integrate sensor outputs, material traceability data, and regulatory thresholds in real time—an automated framework that has the potential to make Halal compliance as quantifiable and transparent as sterility or potency. Taken together, these developments underscore that rigorous analytical science is not only consistent with Shariah principles but is also the mechanism by which such principles can be monitored, verified, and institutionalized at scale.

Having addressed prevention and verification, the focus shifts to treatment—the point where therapeutic design and compound development intersect with real-world patient needs. The discussion opens with next-generation immunotherapies, showing how monoclonal antibodies, checkpoint inhibitors, and CAR-T cells can be produced, cultured, and formulated without porcine-derived enzymes or animal sera, preserving both therapeutic efficacy and Halal integrity. Regenerative and genetic engineering approaches—such as stem cell transplants, CRISPR gene editing, and

3D-bioprinted tissues—are also discussed, with attention to culture media selection, equitable access, and documentation practices that meet the standards of both regulatory authorities and religious scholars. Small molecule medicinal chemistry is addressed through an AI-enabled workflow that screens virtual compound libraries not only for physicochemical properties and pharmacokinetics but also for ingredient acceptability—streamlining the discovery process while aligning with Islamic ethical and regulatory criteria, including the avoidance of prohibited ingredients and materials. Finally, a holistic framework known as Halalopathy is introduced, connecting lifestyle determinants, metabolic potentials, and immune resilience—positioning Halal compliance not as a restrictive regulatory formality but as an integral part of personalized, values-based healthcare.

The narrative then turns upstream to drug discovery and sourcing, the central hub where molecular ideas are first extracted, developed, and commercialized. It begins beneath the waves with the mapping of a pharmacological treasure of marine actives—from fucoidan-rich algae to cone snail peptides—and the unveiling of a Halal assessment matrix that weighs the permissibility of species, aquaculture feed, and environmental impact before a single milligram is put to the test. Back to herbal remedies, the focus shifts to medicinal plants, where the choice of solvent can push an otherwise healthy extract into the non-Halal domain; detailed strategies for solvent substitution show how to preserve bioactivity while avoiding ethanol-related pitfalls. The section culminates in a wide-angle look at the Halal pharmaceutical ecosystem: certification bottlenecks, regional regulatory disparities, and the ethical doctrine of necessity (*darurah*) that governs treatment when no Halal alternative exists. By advocating for harmonized standards, curriculum reform, and interdisciplinary collaboration, it positions Halal-compliant procurement not as a niche issue, but as a model for transparent, ethics-based innovation across the life sciences enterprise.

Overall, this collection shows that scientific rigor and Shariah observance are not parallel paths, but interconnected tracks that elevate research toward higher standards of safety, transparency, and public trust. The traceability protocols, purity thresholds, and risk mitigation strategies mandated by Halal principles often exceed conventional regulatory requirements, resulting in therapies and diagnostics of demonstrably greater integrity. For scientists, the chapters offer workflow models and screening tools that can inform grant proposals and accelerate discovery; for clinicians and pharmacists, they provide actionable guidance on prescribing, patient counseling, and consent processes; and for manufacturers, regulators, and investors, they outline certification pathways and highlight the market potential of Halal-compliant healthcare products. Halal Perspectives in Medicinal Chemistry sets a forward-looking agenda for students, researchers, and industry partners—one that encourages the development of a new generation of medicines, vaccines, and diagnostics that are not only innovative and effective but also ethically grounded and culturally respectful.

Vaccines

Novel Vaccine Development

Tatsuo Shioda

Abstract A vaccine is a substance that protects humans or animals from infectious and non-infectious diseases after intake into the body. In the modern period, vaccine development was successful to protect against several infectious diseases such as smallpox, rabies, poliomyelitis, and measles, although we are facing difficulty in developing an efficacious human immunodeficiency virus vaccine. We still have difficulty obtaining long-term protective effects by a vaccine against seasonal influenza viruses due to their continuous antigenic changes. More recently, novel coronavirus disease caused by a severe acute respiratory syndrome virus type 2 (SARS-CoV-2) emerged in 2019, and an mRNA-based vaccine was developed that showed certain protective effects against SARS-CoV-2 diseases. In this chapter, I provide outlines of novel vaccine development, factors affecting acceptance of novel vaccines in several populations, and efforts towards development of vaccines acceptable for all populations regardless of ethnicity and religion.

Keywords Vaccine · Halal certification · COVID-19 · Vaccine hesitancy · Alternatives

1 Introduction

1.1 Islamic Perspective of Vaccine

A vaccine is a substance that protects humans or animals from infectious and non-infectious diseases after intake into the body. Upon the question from the followers asking "Should we have medical treatment?", the Prophet Mohammad immediately replied "You should have medical treatment, since Allah did not create a disease

T. Shioda (✉)
Department of Viral Infections, Research Institute for Microbial Diseases, The University of Osaka, Suita, Osaka, Japan
e-mail: shioda@biken.osaka-u.ac.jp

Q. Hasan et al. (eds.), *Halal Perspectives in Medicinal Chemistry*,
https://doi.org/10.1007/978-981-95-6378-4_2

without preparing medical treatment for it. Only one exception is aging" (Huda E. Zainudin et al. 2018). When a group of people including a sick man visited Medina, the second holiest place in Islam, the Prophet Mohammad visited him and strongly suggested that he should take oil of black seeds, a common treatment at that time (Alsuwaidi et al. 2023). When the Prophet Mohammad was asked whether or not taking medication contradicted destiny and fate of Allah, the Prophet Mohammad replied that seeking treatment is actually from destiny and fate of Allah. These Islamic homilies illustrated how the Prophet Mohammad was eager to seek medical treatment. Nowadays, many Islamic scholars and researchers believe that vaccination is a religious obligation of Muslims. It should also be emphasized here that the Prophet Mohammad was also very keen on the social responsibility of preventing the spread of epidemics. When a delegation from an Arab tribe including one person with an abhorred communicable disease at that time visited Medina to convert to Islam, the Prophet Mohammad allowed his conversion to Islam, but never allowed him to enter Medina. This Islamic homily also illustrates the Prophet Mohammad's advanced sense of the need for quarantine to prevent the spread of infectious diseases. From these points of view, Islam can be regarded as one of the most generous religions for medication and vaccination.

1.2 Halal and Vaccine

The Arabic word Halal means "permissible". In the Quran, the opposite of Halal is Haram, which means "forbidden". Islamic dietary laws define pork and alcohol as Haram. Furthermore, Halal meat has to be slaughtered according to the Islamic guidelines. In 2001, there was one incident in which Ajinomoto, a big Japanese food seasoning company ("Ajinomoto" means "element of taste" in Japanese), apologized to Muslims in Indonesia, since Ajinomoto's monosodium glutamate products appeared to contain a trace amount of pig enzyme, which was used to produce bacterial media. The medium was used to cultivate bacteria for fermentation to produce the monosodium glutamate. Ajinomoto had to withdraw all of the products from the market in Indonesia.

Differentiating between Halal and Haram is usually "suggested" by a board of high Islamic scholars called Mufti as a form of Fatwa, an Arabic word meaning "recommendation", "opinion", or "decision". A Fatwa sometimes has stronger compelling force than a law. In an exceptional emergency situation, such as a terrible temporary food shortage, Haram foods are allowed for survival. Nevertheless, many Muslims still need a Fatwa allowing intake of Haram even in an emergency situation. Such an emergency Fatwa was issued in 2004, when a huge earthquake hit Sumatra, Indonesia.

Halal and Haram are also applied to the whole of daily life of Muslims, including cosmetics, pharmaceuticals, and vaccines. Despite Islam's generosity for vaccination described in the previous section, there are concerns about the permissibility of certain ingredients in vaccines. In 2017, Indonesia started to use measles and rubella (MR) vaccine produced in India. Within 9 months, coverage on Java Island reached 95%, and measles and rubella cases in the island dropped by more than 90%. However, even after the request that the new MR vaccine should be regarded as Halal from the health minister, who promoted the new MR vaccine, the Indonesian Ulma (Islamic scholar) Council (IUC or MUI) issued a Fatwa that the MR vaccine was Haram because the vaccine was thought to contain a trace amount of pig components. The MR vaccine viruses were grown in cell culture that was prepared after passage using porcine trypsin. It also contained gelatine prepared from pig skin as a stabilizer for storage. In the case of pharmaceuticals and vaccines, exceptional treatment involving Haram ingredients was also allowed in an emergency situation. The IUC therefore allowed parents to have their children vaccinated to protect public health, but coverage of other islands reached only 68% and just 8% in Aceh, a province where Islamic law ruled (Rochmyaningsih 2018). This negative experience in Indonesia with the MR vaccine illustrated how diverse people recognize the situation of "emergency". I am writing this manuscript in January 2025, the declaration of COVID-19 emergency was made more than 3 years ago, and current circulating SRAS-CoV-2 strains are attenuated compared with the original strains that emerged in 2019 and spread widely in 2020. However, I do not feel that the current situation is "normal", since more and more pieces of evidence have now accumulated that repeated infections with SARS-CoV-2 increase the risk of more severe COVID-19 and post-acute sequelae of COVID-19 (long COVID) (Nakayama and Shioda 2024). It should also be noted here that the Islamic Religious Council of Singapore declared a rotavirus vaccine Halal despite the use of pig trypsin in the process of preparation of this vaccine in 2014.

2 Recent Vaccine Development

In this section, I review vaccine development for AIDS, dengue fever, and respiratory syncytial virus. An AIDS vaccine is not yet established, but I would like readers to understand why an AIDS vaccine is so difficult to develop. However, dengue fever and respiratory syncytial virus vaccines are already in use.

2.1 AIDS Vaccine

Acquired immune deficiency syndrome (AIDS) was first documented in 1981, and a retrovirus, human immunodeficiency virus (HIV), was isolated as the causative agent of AIDS in 1983 and 1984. Since then, nearly 90 million individuals have been infected with this virus, and more than 40 million individuals have died from AIDS-related illnesses. Currently, nearly 40 million individuals are living with HIV. Annually, 1.3 million individuals are newly infected with HIV, and 630,000 individuals die from AIDS-related illnesses (UNAIDS). Today, anti-retroviral treatment (ART) using potent inhibitors of HIV enzymes can suppress AIDS-related illnesses, and

HIV infection is no longer a deadly disease, because infected individuals have appropriate ART. One HIV enzyme inhibitor was also used as pre-exposure prophylaxis. However, ART is expensive, and an anti-HIV vaccine is still needed.

HIV vaccine development has a long history, beginning soon after virus isolation, but an effective vaccine has not been successfully developed so far, at least partly due to extensive mutations and variations in HIV glycoproteins gp120, which evolved in infected individuals over a long time. Studies on broadly neutralizing antibodies against HIV showed that such antibodies could be generated as results of long-term co-evolution of HIV gp120 and human antibodies (Liao et al. 2013). In 2024, however, two articles were published that showed successful generation of vaccine-induced antibody evolution towards broadly neutralizing antibody against HIV. One study explored gp41, another HIV glycoprotein, which showed less variation than gp120 (Williams et al. 2024). In a clinical trial, HVTN133, 20 participants were immunized four times with a liposome containing a peptide of the gp41 membrane-proximal external region in one year. The analysis of B cells obtained from vaccines 6 months after the initial immunization showed that they reacted not only to the immunized sequence, but also to heterologous HIV strains, clearly showing evolution of the antibody into a vaccine-induced broadly neutralizing antibody within 6 months. Another study was done in rhesus monkeys targeting gp120 (Steichen et al. 2024). Monkeys were immunized six times in 13 weeks with a germline-targeting immunogen based on the trimeric structure of gp120, which exposes a potent human broadly neutralizing antibody epitope, namely N332. Periodic lymph biopsy node showed a gradual increase of germ line B cells reactive with the N332, which plateaued at week 10. These studies show priming of a rare precursor to the potent epitope and vaccine-induced antibody evolution, leading to successful development of an AIDS vaccine.

2.2 *Dengue Vaccine*

Dengue fever is caused by dengue virus (DV), a member of the flavivirus family. There are four serotypes of DV, types 1–4, and each serotype is further divided into several genotypes. Although sera from infected individuals show a certain degree of cross-reaction among all DV serotypes, infection with one serotype of DV cannot induce protective immunity against other serotypes of DV. DV is transmitted by Aedes mosquitoes, and over 100 countries in tropical and subtropical regions and approximately four billion people are at risk of infection. It is estimated that 400,000,000 infections occur annually. Of them, 100,000,000 cases are symptomatic, and 500,000 severe cases and 20,000 deaths occur annually. Unlike most other infectious diseases, severe dengue usually occurs when a patient is infected a second time with a different serotype of DV from that at the primary infection.

The first approved dengue vaccine, Dengvaxia, was launched by Sanofi Pasteur (Capeding et al. 2014). This tetravalent vaccine was composed of four recombinant live attenuated viruses, and each contained an envelope protein-coding region of one serotype of DV in the backbone of the vaccine strain of yellow fever virus. Dengvaxia was shown to reduce severe dengue and hospitalization due to DV infection in endemic areas (Villar et al. 2015). However, after wide approval and use in endemic countries, it was reported that the efficacy of Dengvaxia varied depending on the serostatus of the vaccines (Sridhar et al. 2018). If a vaccine had a previous DV infection, Dengvaxia showed excellent protective effects against severe dengue and hospitalization due to subsequent DV infection. However, if a vaccine lacked a previous DV infection, Dengvaxia not only failed to show protective effects against later DV infection, but it also augmented risks of severe dengue and hospitalization. Vaccination with Dengvaxia seems to mimic the primary infection and subsequent real primary DV infection became the secondary infection, in which severe dengue often occurs, as described above. Therefore, the World Health Organization strongly recommended pre-vaccination screening for previous DV infection to avoid vaccination of individuals seronegative for DV (WHO 2018).

QDENGA, the second approved dengue vaccine, was launched by TAKEDA. This is also a tetravalent vaccine composed of four recombinant attenuated live viruses, each containing an envelope-coding region of one of the four serotypes of DV in the background of attenuated DV type 2. Four-and-a-half year follow-up of more than 20,000 participants in the phase III trial of this vaccine showed that, unlike Dengvaxia, apparent protective effects against DV infection and hospitalization due to DV infection for DV1 and DV2 were observed even in individuals seronegative at the time of vaccination (Tricou et al. 2024). In individuals with previous DV infection, apparent protective effects were observed against all four DV serotypes. Unfortunately, due to a small number of DV3 and DV4 breakthrough infections in both the placebo and vaccine groups of seronegative individuals, significant protective effects were not observed in seronegative vaccines against DV3 and DV4. However, detrimental vaccine effects in Dengvaxia-vaccinated seronegative individuals were not observed in QDENGA vaccines, so far. Therefore, QDENGA can be used without the restrictions required for Dengvaxia vaccination for a wider age range. Currently, the reason for the different effects in seronegative vaccines between Dengvaxia and QDENGA is not clear. It is possible that background virus, yellow fever virus for Dengvaxia and DV2 for QDENGA, affected the levels of protective immunity, but it may be necessary to elucidate the mechanisms of severe dengue to know the reason for the different effects in seronegative individuals between Dengvaxia and QDENGA.

Dengvaxia needs three inoculations, whereas QDENGA needs two inoculations. In contrast, the third promising vaccine candidate, Butantan, submitted for approval in Brazil in December 2024, needs only one inoculation. Butantan is also a tetravalent vaccine composed of live attenuated DV1, DV3, and DV4 with a live attenuated recombinant virus with a DV2 envelope-coding region in the background of attenuated DV4 (Kallas et al. 2024). In a phase III trial in which more than 16,000 individuals participated and were followed up for a mean of 3.7 years, Butantan showed apparent protective effects against DV infections regardless of previous DV infection history in a broader age range, from 2 years of age, than Dengvaxia and QDENGA (Nogueira et al. 2024). In terms of age range and number of vaccinations, Butantan may be better than Dengvaxia and QDENGA. However, it is necessary to carefully follow up Butantan vaccines for a longer period to draw a definite conclusion.

2.3 Respiratory Syncytial Virus Vaccine

Respiratory syncytial virus (RSV) causes an acute lower respiratory tract illness, sometimes fatal, in infants younger than 6 months of age, with 2–3 months as a peak. RSV belongs to the pneumovirus family. It is generally believed that 2–3-month-old infants still possess naturally acquired maternal antibodies. The idea of maternal vaccination to protect infants from COVID-19 was tested in approximately 1000 case infants and showed significant protective effects (Halasa et al. 2022). A similar approach was undertaken in approximately 7000 mother-infant pairs to determine whether maternal vaccination could protect infants from RSV infection (Kampmann et al. 2023). The vaccine was a recombinant fusion protein (F) of RSV with several mutations including an artificial disulfide bond to stabilize the prefusion conformation of F protein (Krarup et al. 2015). The viral fusion glycoproteins including RSV F protein and SARS-CoV-2 Spike protein undergo conformational change after virions attach the target cells, and the prefusion conformation exposes the most potent neutralizing epitopes of viral fusion proteins (McLellan et al. 2013). Therefore, the stabilized prefusion conformation of RSV F proteins is thought to be the ideal immunogen for a vaccine. The vaccine is also divalent, with two circulating antigenic groups of RSV, RSV-A and RSV-B. The results showed that vaccine efficacy against severe lower tract RSV infection in infants was 81.8%. With respect to adverse effects of the vaccine, only mild injection site pain was seen in 40% of the vaccinated mothers. The idea of using the stabilized conformations of viral glycoproteins as vaccine immunogens was initially proposed in HIV vaccine development in the mid-1990s, but it has never been substantiated as an anti-HIV vaccine so far.

3 Vaccine Development Against COVID-19

Respiratory Coronavirus Infectious Disease 2019 (COVID-19) emerged in 2019 in China and spread worldwide immediately after its emergence. COVID-19 is one of the worst infectious diseases in human history and has greatly affected our daily life. We experienced repeated emergency declarations, city lockdowns, and shortage of medical resources in 2020–2021. In this section, approved vaccine development against COVID-19 is reviewed.

3.1 mRNA Vaccine

The emergency state of our world provided a chance for a new vaccine technology, the mRNA vaccine. The concept of this new technology itself was already completed before the emergence of COVID-19.

Comirnaty or BNT162b2 was launched by Pfizer and BioNTech. This vaccine is an mRNA encoding the spike protein of SARS-CoV-2, the causative agent of COVID-19, encapsulated in lipid nanoparticles. The spike protein contains two proline mutations that stabilize the prefusion conformation of the expressed spike protein. The mRNA also contains modified nucleotides to evade the vaccine's innate immune sensing, thus relieving inflammation and augmenting expression levels of the spike protein. The efficacy of Comirnaty was evaluated in a randomized phase 3 clinical trial including approximately 43,000 individuals, and a two-dose regimen showed 95% efficacy to protect against symptomatic SARS-CoV-2 infection within seven days after the second dose (Polack et al. 2020). This result was published just one year after the first official report of pneumonia patients by a public health authority of Wuhan city, China, in December 2019.

Spikevax or mRNA-1273 was launched by Moderna. Similar to Comirnaty, Spikevax also consists of lipid nanoparticles containing mRNA encoding the prefusion-stabilized spike protein of SARS-CoV-2. The efficacy of Spikevax was evaluated in a phase 3 clinical trial including approximately 30,000 individuals, and a two-dose regimen showed 94.1% efficacy to protect against symptomatic SARS-CoV-2 infection within 14 days after the second injection (Baden et al. 2021). This result was published one year and two weeks after the first official report of pneumonia by Wuhan city.

Rapid development of mRNA vaccines against COVID-19 was achieved because all the components of this vaccine were synthesized in vitro. The accumulation of information on viral envelope glycoprotein structures mentioned above to stabilize the prefusion form and innate immune sensing of nucleic acids also contributed to the speed of developing mRNA vaccines. After the emergence of the Omicron variant of SARS-CoV-2, both mRNA vaccines showed apparently reduced efficacy against infection, and efforts to catch up to the circulating SARS-CoV-2 evolution by vaccine modification have been done continuously (Tseng et al. 2023).

3.2 Inactivated Whole Virion Vaccine

Using inactivated virus as an immunogen is one of the conventional methods to produce virus vaccine and was also used in COVID-19 vaccine development. CoronaVac was launched by Sinovac and contained β-propiolactone inactivated SARS-CoV-2. In January 2021, CoronaVac was approved as Halal by Indonesia's top

Muslim body IUC just before the permission from Food and Drug Administration of Indonesia for emergency use (Rufinaldo 2021). Adverse reactions in CoronaVac vaccines were mostly mild (Zhang et al. 2021). Due to its relatively mild adverse effects, some other pharmaceutical companies are also developing inactivated whole virion vaccines against COVID-19 using the Omicron variant as immunogen. However, it should be noted here that efficacy and levels of immune responses against SARS-CoV-2 in CoronaVac vaccines were somehow lower than those in mRNA vaccine vaccines (Leung et al. 2023; McMenamin et al. 2022). One report even showed that vaccination with inactivated COVID-19 vaccine targeting the original strain of SARS-CoV-2 could increase the risk of subsequent Omicron variant infection compared with unvaccinated individuals, whereas vaccination with non-inactivated vaccine could protect against Omicron variant infection (Xiong et al. 2024). The observed inferiority of CoronaVac to mRNA vaccines may be at least partly due to the lack of the proline mutations that stabilize the prefusion conformation of spike protein, since such mutations are not allowed in the replication-competent SARS-CoV-2.

3.3 Virus Vector Vaccine

Using recombinant virus vectors as an antigen-expressing tool is also a relatively new methodology in vaccine development. ChAdOx1 nCoV-19 was launched by AstraZeneca and Oxford University and consists of replication-deficient chimpanzee adenovirus expressing the spike protein of SARS-CoV-2. A phase III clinical trial, in which approximately 11,500 individuals participated, showed that efficacy of ChAdOx1 nCoV-19 against SARS-CoV-2 infection was 70.4% compared with the control group who received meningococcal vaccine (Voysey et al. 2021). Similar to mRNA and inactivated vaccines, ChAdOx1 nCoV-19 showed apparently reduced efficacy against the Omicron variant (Andrews et al. 2022).

3.4 Recombinant Protein Vaccine

Recombinant protein technology was previously used in the hepatitis B virus vaccine. For COVID-19, NVX-CoV2373 was launched by Novavax and consisted of a recombinant spike protein of SARS-CoV-2 that lacked the S1/S2 cleavage site and saponin-based adjuvant (Keech et al. 2020). Like mRNA vaccines, the recombinant spike protein also possessed two proline mutations at the top of the heptad repeat in S2, which stabilize the prefusion conformation. The phase III clinical trial, in which approximately 14,000 individuals participated, showed that the efficacy of NVX-CoV2373 against SARS-CoV-2 infection was 86.3% (Heath et al. 2021). Adverse effects of NVX-CoV2373 were mostly mild, and the incidence of severe adverse effects was low and not different from that found in the control placebo group. Since the recombinant protein vaccine possessed high levels of efficacy with mild adverse effects, Takeda recently launched a modified Novavax vaccine based on the JN.1 lineage of the Omicron variant in 2024.

3.5 Replicon Vaccine

The most up-to-date "next-generation" technology utilized in the COVID-19 vaccine is the replicon or self-amplifying mRNA vaccine. ARCT-154 was developed by Arcturus Therapeutics and encodes the SARS-CoV-2 Spike protein with similar modifications to those found in the recombinant protein vaccine NVX-CoV2373 described above. ARCT-154 carries the Venezuelan equine encephalitis virus (VEE) genome, in which structural protein-coding region of VEE was replaced with the sequence coding the modified SARS-CoV-2 Spike protein. VEE non-structural proteins would be translated from this recombinant VEE genome and allow self-amplification of the ARCT-154 mRNA. The efficacy of ARCT-154 was assessed in approximately 16,000 individuals when the Delta variants were circulating (Ho et al. 2024). The results showed that efficacy against symptomatic SARS-CoV-2 infection was 56.6%, and that against severe pneumonia was 95.3%. Adverse events were mostly mild, probably due to the small amount of RNA in the vaccine formula of ARCT-154 compared with those in the mRNA vaccines. In 2024, Meiji Seika Pharma in Japan started to produce and distribute a divalent replicon vaccine targeting both the original strain and the JN.1 lineage of the Omicron variant of SARS-CoV-2.

Unfortunately, however, this replicon vaccine is not well accepted in Japan. This is largely due to misunderstandings that amplified mRNA may be encapsidated in exosomes, extracellular vesicles secreted from cells, and that the secreted mRNA within exosomes may be transmitted to non-vaccinated individuals. Currently, some clinics and restaurants in Japan refuse entry of replicon vaccine recipients. Three academic associations related to COVID-19 in Japan, The Japanese Association for Infectious Diseases, The Japanese Respiratory Society, and The Japanese Society for Vaccinology stated that the replicon vaccine is safe in October 2024. This negative experience with the novel replicon vaccine in Japan illustrated how difficult it is to convince all individuals with diverse backgrounds and information sources, some of whom would have an undisputed distrust of the science and the scientific community.

Approved novel vaccines discussed in this and previous sections are summarized in Table 1.

4 Vaccine Hesitancy Before the COVID-19 Era

There have been many studies of vaccine hesitancy in Muslims. In Malaysia, where three ethnicities, Malay, Chinese, and Indian, live together, nearly half of Malays (46.1%) were concerned about the Halal status of the 2009 H1N1 influenza vaccine,

Table 1 Approved novel vaccines discussed in this manuscript

Pathogen	Vaccine	Supplier	Type	Dose	Note
Dengue virus	Dengvaxia®	Sanofi Pasteur	Tetravalent live attenuated viruses recombined with yellow fever virus	3	Not to be used for those who have never infected with dengue virus
	QDENGA®	TAKEDA	Tetravalent recombinant live attenuated viruses	2	
	Butantan-DV	Butantan Institute	Tetravalent recombinant live attenuated viruses	1	
Respiratory syncytial virus	ABRYSVO®	Pfizer	Recombinant fusion glycoprotein with prefusion form	1	
SARS-CoV-2	Comirnaty® (BNT162b2)	Pfizer	mRNA encoding prefusion conformation of Spike protein	2	Periodorical booster vaccinations needed
	Spikevax® (mRNA-1273)	Moderna	mRNA encoding prefusion conformation of Spike protein	2	Periodorical booster vaccinations needed
	CoronaVac®	Sinovac	Inactivated whole virus	2	Periodorical booster vaccinations needed
	AZD1222 (ChAdOx1 nCOV-19)	AstraZeneca	Chimpanzee adenovirus expressing SARS-CoV-2 Spike protein	2	Periodorical booster vaccinations needed

(continued)

Table 1 (continued)

Pathogen	Vaccine	Supplier	Type	Dose	Note
	NVX-CoV2372	Novavax	Recombinant Spike protein with prefusion form lacking cleavage site	2	Periodorical booster vaccinations needed
	KOSTAIVE® (ARCT-154)	Arcturus Therapeutics	Self-amplifying replicon expressing Spike protein with perfusion conformation	2	Periodorical booster vaccinations needed

since most Malays are Muslims. In contrast, the major concerns of Chinese (98.6%) and Indian (95.9%) persons were safety, efficacy, or side effects of this vaccine (Wong and Sam 2010). In 2018, a fatal diphtheria case of a four-year-old boy was reported (Syafinaz Amin et al. 2013). The parent doubted the safety, efficacy, and Halal status of the diphtheria-tetanus-pertussis (DTP) vaccine and did not allow him to receive the vaccine, although there is more than 95% coverage of DTP vaccine in Malaysia (Tok et al. 2022). In a survey conducted in 2019, most Malaysian Muslim parents did not believe that Islam prohibits vaccine. They also disagreed with the belief that all vaccines are non-Halal and hence should be avoided (Ansari et al. 2021).

In southern Thailand where many Muslims live, measles outbreak occurred in 2018 (Sirithammaphan et al. 2023). In 2020, 89% of the measles patients in southern Thailand were shown to be non-vaccinated. An interview of 22 healthcare workers engaged in measles, mumps, and rubella vaccination in southern Thailand identified four issues behind the refusal of this vaccine: (1) Haram (prohibited); (2) the will of Allah; (3) spousal disagreement; and (4) disagreement from a religious leader. Therefore, perceived religious prohibition was the most important in refusing the vaccine in Muslim parents.

In Afghanistan, a study of 1980 caregivers showed that 21% of them were uncommitted to accepting oral polio vaccine (OPV) (SteelFisher et al. 2017). Factors associated with their negative attitude to OPV were as follows: (1) they did not trust OPV; (2) they did not know that polio spreads through contaminated water; and (3) they believed rumours that OPV is not Halal, although 21% of committed caregivers also believed the rumours.

5 Vaccine Hesitancy in the Era of COVID-19

After the emergence of COVID-19, vaccination against SARS-CoV-2 was urgently needed and mainly mRNA vaccines developed by two pharmaceutical companies were widely used as described. Since this was the first time that the mRNA vaccines were actually used, online surveys of 22,500 participants from 23 mainly non-Muslim counties showed that COVID-19 vaccine hesitancy was associated with lack of trust in vaccine safety and efficacy (Lazarus et al. 2022). However, within Muslim countries, the Halal issue was again one of the main reasons for vaccine hesitancy as described below.

In Malaysia, an online survey of 2028 Malaysian showed that the risk of severe side effects, vaccine effectiveness, and its Halal status influenced public uptake of COVID-19 vaccine (Teh et al. 2022). Another online survey of 1091 participants in Malaysia showed that barriers to vaccination were unknown long-term side effects, rapid vaccine production, inadequate information, and concerns about the Halal status of the vaccine (Rani et al. 2022). An analysis of Malaysian social media warned that the most prevalent theme of Twitter users from February 2020 to February 2021 was the constructed religious narratives to justify scientifically false and misleading claims about COVID-19 vaccines (Mohd Jenol and Ahmad Pazil 2023). An analysis of 1195 Malaysian comments appeared in another social media Facebook in January 2021, just before the introduction of COVID-19 vaccines, showed that they were concerned about unknown long-term side effects, new mRNA technology, effectiveness, favoring treatment over vaccination, and Halal status of the COVID-19 vaccine (Wong et al. 2023).

In Indonesia, in a larger survey of 11,611 participants conducted in May 2021, 92.99% (10,797) were positive for vaccination against COVID-19 (Hidayana et al. 2022). Needle fears, Halal concerns, vaccine side effects, and doubt about the efficacy of the vaccines were reasons for vaccine hesitancy in the small number of participants (7.01%; 814). In another study of 2935 individuals who had already received the primary series of the COVID-19 vaccination, mostly Sinovac inactivated vaccines, participants were surveyed for their acceptance of the booster dose (Harapan et al. 2022). Nearly 94% of them accepted the booster dose. Of the participants, 28.0% showed no concern about the Halal status of the vaccine, and 97.8% of them accepted the booster dose. However, more than one-third (34.1%) of the participants were strongly worried about the Halal status of the booster vaccine, and a significantly lower proportion (90.1%) of them accepted the booster dose.

In Bangladesh, an online, cross-sectional survey of 697 adults in January 2021 showed that 31% of the participants were either definitely or probably negative against COVID-19 vaccination (Kabir et al. 2021). Of several concerns about the vaccines pointed out by the participants, a definite negative attitude was significantly associated with their concern that the COVID-19 vaccine might not be Halal.

In Pakistan, a cross-sectional survey of 474 parents for their willingness to vaccinate their children against COVID-19 demonstrated that more than half 53.2% of the parents were willing to vaccinate their children (Hayat et al. 2023). Many of them expressed concerns about efficacy (74.1%), safety (74.1%), and Halal status (65.2%) of the vaccine.

In Thailand, a study of 12 vaccine-accepting and 7 vaccine-hesitant or refusal Muslim parents was conducted in September to November 2021 in a rural Muslim community in Southern Thailand (Jinarong et al. 2023). Four important points emerged from this study: (1) positive vaccine belief including knowledge and awareness of vaccine, trust in efficacy, and religious beliefs; (2) accessibility to reliable sources, following-up of religious leaders in the community, and health-community network promoted positive vaccine belief; (3) negative vaccine belief including doubts about efficacy and safety, personal belief about sources of vaccine, and religious misconception regarding the value and Halal status of the vaccine; and (4) perception of vaccines spread by word-of-mouth, trust in a person over empirical evidence, religious views based on self-interpretation, and lack of public information on Halal status enhanced negative vaccine belief.

Most of these mentioned studies pointed out the urgent needs of education-based intervention to improve vaccine acceptance in these countries.

6 Experience of a Japan International Cooperation Agency (JICA) Coordinator for Vaccines, a Case Report from Pakistan

Figure 1 shows world reported cases of poliomyelitis in the previous 12 months, from 27 October 2020 to 26 October 2021. There are two countries where the wild-type poliovirus type 1 is endemic, Afghanistan and Pakistan. Circulating vaccine-derived poliovirus type 2 cases were also frequently reported in these countries. Live attenuated polio vaccines have been used for a long time in Pakistan, but vaccine-derived poliomyelitis cases increased in 2014, and the Pakistan government started to use inactivated polio vaccine in 2015.

In the insert of Fig. 1, an enlarged map of Pakistan with the regional risks of poliomyelitis is shown. One of my colleagues spent one year in Khyber Pakhtunkhwa Province in Pakistan. He participated in the Japan International Cooperation Agency (JICA) Project for Strengthening Routine Immunization in 2017. The mountain region of this province has many non-vaccinated individuals, and the vaccine coverage of this region was only 42.8%.

The goal of the JICA project was to reduce the morbidity of vaccine-preventable diseases in Khyber Pakhtunkhwa Province, Pakistan. There were four outputs to be strengthened in the routine immunization services:

1. Capacity for effective vaccine management, including cold chain management and vaccine logistics.
2. Capacity of staff for service delivery including newly introduced antigens.
3. Capacity for surveillance systems.
4. Capacity for social mobilization activities for the communities.

My colleague was involved in all these outputs, and he did not feel any difficulties in vaccine delivery with respect to Halal during his stay in Pakistan. However, apparently, people in Pakistan are concerned about Halal in vaccines, as described in the previous section (Hayat et al. 2023). The reason for this discrepancy is not clear

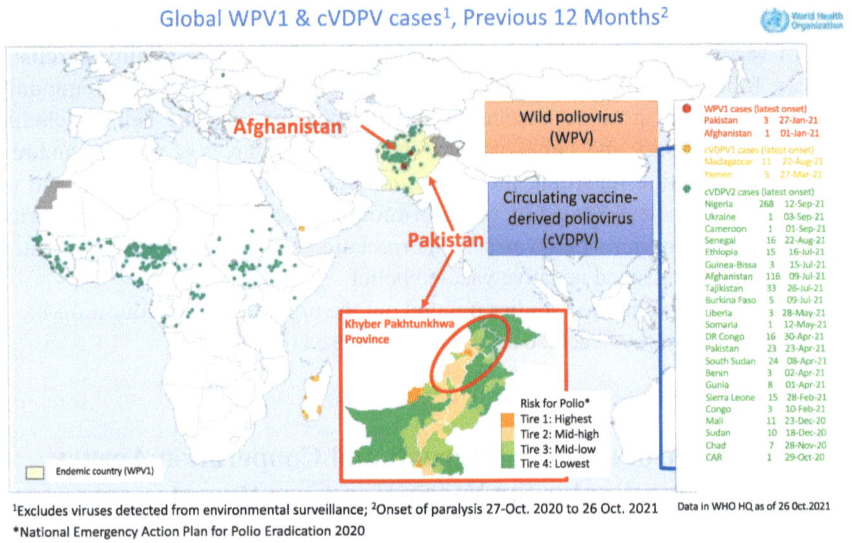

Fig. 1 Global wild-type poliovirus and vaccine-derived poliovirus cases from 27 October 2020 to 26 October 2021 [Illustration obtained from World Health Organization (WHO), URL: https://www.who.int/news/item/08-04-2024-statement-following-the-thirty-eighth-meeting-of-the-ihr-emergency-committee-for-polio, accessed 31/10/2021]. Wild-type poliovirus infection was observed in Pakistan and Afghanistan. An insert in red shows regional risks of poliovirus in Pakistan in 2020

at present, but it is possible that people in Khyber Pakhtunkhwa Province felt more seriously that the poliomyelitis situation was emergency than people in the other province did. It is also possible that my colleague failed to catch negative feelings on polio vaccine due to a language problem or modesty of Pakistan people to a foreigner.

7 Towards Halal Vaccines: An Actual Process for Halal Certification in Indonesia

In order to produce Halal vaccines, we need to use Halal ingredients. If some materials in vaccines widely used in non-Muslim countries are Haram, we need to use Halal alternatives. For example, porcine trypsin commonly used to detach cultured cells from dishes or flasks can be substituted by bovine trypsin. However, the bovines have to be slaughtered according to the Islamic guidelines (Zulkarnain et al. 2021). Another problematic material is porcine gelatine used as a stabilizer of lyophilized vaccine. An alternative to porcine gelatine can be gelatine obtained from bovines slaughtered according to the Islamic guidelines. MDCK cells are widely used to grow influenza virus but are also Haram, since this cell line was established from a dog kidney. Alternative cell lines to MDCK cells could be duck or chicken cell lines, such as EB66 or PBS-1.

This section also describes the actual process for Halal certification in Indonesia. As background information, Indonesia is the largest Muslim country, and 87% of the population, 230 million people, are Muslim. It should also be mentioned that approximately one-fourth of the world population was Muslim in 2020. The Global demand for Halal products was 3.2 trillion US dollars in 2024, and 134 billion US dollars were used for Halal pharmaceuticals in the same year. The ever-growing complexity of production processes in consumer goods has increased the risk of contamination by non-Halal ingredients of Halal products. In the past, there was a case that non-Halal products were widely sold and unknowingly consumed by Muslim countries, as described in the previous section.

With the increase in global trade, specifically between Indonesia and non-Muslim countries, the Indonesian Government started a Halal Product Assurance Law to protect Muslim consumers in Indonesia on 17 October 2014. The law requires all products imported, distributed, and sold as Halal in Indonesia to be Halal-certified and labelled. Non-Halal goods should be labelled as such in a clearly visible fashion. Foodstuff, beverages, cosmetics, pharmaceutical drugs, clothing, basically everything used and consumed by the public should be under this regulation. The final deadline initially proposed in the Law for mandatory certification of Prescription Drugs was 17 October 2034. However, after discussion among several related authorities, the deadline may become sometime between 2026 and 2028. It should be noted here that the usage by Muslims of pharmaceutical drugs that are life-saving, but do not meet Halal requirements, would be acceptable until their Halal alternatives become available.

Figure 2 shows a flowchart of Halal Certification in Indonesia. An applicant company first submits its documents to BPJPH, the Halal Product Assurance Agency. BPJPH then requests LPPOM MUI, the Food and Drug Supervisory Agency of the Indonesian Ulama Council, for an audit of the applicant, as well as the foreign supplier. LPPOM MUI sends the audit report to MUI, the Indonesian Ulama Council, which is Indonesia's top Islamic scholars body. LPPOM MUI also sends a copy of the audit report to BPJPH. BPJPH then requests Fatwa assembly to MUI. MUI then makes a decision based on the Audit report from LPPOM MUI and transmits their Fatwa decision to BPJPH. BPJPH transmits the decision to the applicant, and a Halal Certificate would be issued if the Fatwa decision was positive.

BPJPH was established by the government under the Ministry of Religious Affairs. It is in charge of overseeing the entire Halal Product Assurance System. BPBJ cooperates with two major non-governmental organizations: Indonesian Ulama Council (MUI) and LPPOM MUI. Auditing tasks are being outsourced to LPPOM MUI. The applicant company has the responsibility to ensure that all information is correct before submitting them to BPJPH. In case the audit by LPPOM MUI finds that there has been a mistake in the information provided, the applicant would only be held legally responsible for this issue. In the case of Islamic legal opinions changing in future, with the result of previously Halal-certified ingredients then being deemed non-Halal, there is no legal risk of penalties and sanctions. In such an event, however,

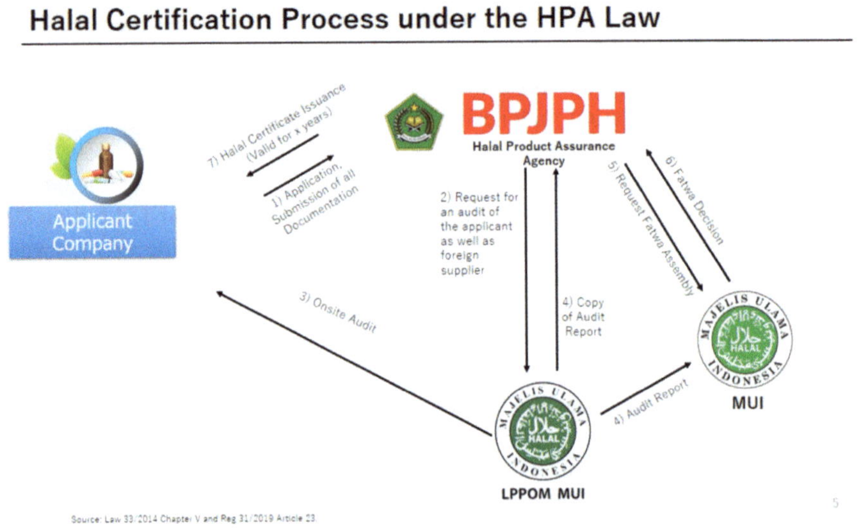

Fig. 2 Halal certification process in Indonesia

the applicant would likely be given a certain time frame to recall affected products from the market and decide how to proceed. If it would be detected in future that through an unintentional mistake in reporting by the applicant the end product is not Halal, but has already been supplied widely into the market, the applicant firm is likely to face financial effects (drop in sales) and reputation risk. Any deliberate misinformation (i.e. non-reporting of changes in ingredients or production process of supplied active ingredients), if detected, could lead to a wider range of repercussions to both firms and would likely affect the trade relationship.

According to LPPOM MUI, under normal circumstances they would not conduct an audit of an active ingredient supplier that is not applying for a Halal certificate. The most likely reason for a supplier to get audited would be that any submitted documentation was not satisfactory in terms of letting BPJPH staff confirm beyond any doubt that all used ingredients, as well as production processes, are free of non-Halal and/or cross-contamination risks. The sole purpose of this audit is to ensure that the final product of the Indonesian vaccine company is fulfilling all Halal requirements. There is also a possibility that the auditor in charge would simply like to confirm whether all provided information matches the actual state on the ground. Depending on the reason and results of the audit, there is a possibility that it will be requested that a Halal Management Team be established within a non-Halal applicant. If this is the case, an obligation for periodic reporting may be attached to the main applicant. There would be no direct responsibility towards BPJPH, LPPOM MUI, etc.

Risks to the foreign vaccine makers and ingredients suppliers can be summarized as follows. (1) If an applicant Halal-certified vaccine were found out to not be Halal compliant due to an information mistake, there is a primary monetary and reputation risk. (2) In the event of getting unwanted attention through media and SNS, this may negatively affect the sentiment of the public towards the applicant and other suppliers. (3) Depending on the seriousness of the issue, the applicant may be forced to look for different suppliers as a corrective action. However, possible benefits or opportunities may be as follows. (1) It is likely that other Muslim countries will follow the move of Indonesia. (2) Halal certification should be considered in the business strategy. (3) If the applicant passes the audit, it would mean that offering Halal products becomes an option, which could be used to appeal to Muslim governments and potential business partners. (4) Halal certification could be used to gain market share from other suppliers that are not Halal-certified to Muslim countries. (5) Halal-related efforts by non-Muslim firms often get rewarded with possible media attention leading to marketing in Muslim regions.

After the efforts to clear these procedures, an influenza virus vaccine submitted by an Indonesian vaccine company was approved as Halal. The Indonesian government announced that they would aim to produce more vaccines in the near future.

8 Conclusions

It is apparent that Halal/Haram status is one of the factors affecting vaccine coverage, which directly affects the spread of targeted infectious diseases. Therefore, efforts towards producing Halal vaccines should be continued for all vaccines.

Acknowledgements The author would like to express sincere gratitude to Dr. Emi E. Nakayama for her critical reading of the manuscript and Dr. Koichi Yamanishi, Dr. Yasuyuki Gomi, and Dr. Tadahiro Sasaki for providing valuable information. The authors declare that no funds, grants, or other support was received during the preparation of this manuscript.

Conflict of Interest The authors declare no conflicts of interest.

References

Alsuwaidi AR, Hammad HAA, Elbarazi I, Sheek-Hussein M (2023) Vaccine hesitancy within the Muslim community: Islamic faith and public health perspectives. Hum Vaccin Immunother 19(1):2190716. https://doi.org/10.1080/21645515.2023.2190716

Andrews N, Stowe J, Kirsebom F, Toffa S, Rickeard T, Gallagher E, Gower C, Kall M, Groves N, O'Connell AM, Simons D, Blomquist PB, Zaidi A, Nash S, Iwani Binti Abdul Aziz N, Thelwall S, Dabrera G, Myers R, Amirthalingam G, et al (2022) Covid-19 vaccine effectiveness against the omicron (B.1.1.529) variant. N Engl J Med 386(16):1532–1546. https://doi.org/10.1056/NEJMoa2119451

Ansari MT, Jamaluddin NN, Ramlan TA, Zamri N, Majeed S, Badgujar V, Sami F, Hasnain MS, Balbir Singh HK (2021) Knowledge, attitude, perception of Muslim parents towards vaccination in Malaysia. Hum Vaccin Immunother 17(3):785–790. https://doi.org/10.1080/21645515.2020.1800325

Baden LR, El Sahly HM, Essink B, Kotloff K, Frey S, Novak R, Diemert D, Spector SA, Rouphael N, Creech CB, McGettigan J, Khetan S, Segall N, Solis J, Brosz A, Fierro C, Schwartz H, Neuzil K, Corey L et al (2021) Efficacy and Safety of the mRNA-1273 SARS-CoV-2 Vaccine. N Engl J Med 384(5):403–416. https://doi.org/10.1056/NEJMoa2035389

Capeding MR, Tran NH, Hadinegoro SR, Ismail HI, Chotpitayasunondh T, Chua MN, Luong CQ, Rusmil K, Wirawan DN, Nallusamy R, Pitisuttithum P, Thisyakorn U, Yoon IK, van der Vliet D, Langevin E, Laot T, Hutagalung Y, Frago C, Boaz M et al (2014) Clinical efficacy and safety of a novel tetravalent dengue vaccine in healthy children in Asia: a phase 3, randomised, observer-masked, placebo-controlled trial. Lancet 384(9951):1358–1365. https://doi.org/10.1016/S0140-6736(14)61060-6

Halasa NB, Olson SM, Staat MA, Newhams MM, Price AM, Pannaraj PS, Boom JA, Sahni LC, Chiotos K, Cameron MA, Bline KE, Hobbs CV, Maddux AB, Coates BM, Michelson KN, Heidemann SM, Irby K, Nofziger RA, Mack EH et al (2022) Maternal vaccination and risk of hospitalization for Covid-19 among Infants. N Engl J Med 387(2):109–119. https://doi.org/10.1056/NEJMoa2204399

Harapan H, Fathima R, Kusuma HI, Anwar S, Nalapraya WY, Wibowo A, Wati KDK, Medina A, Defrita AH, Astri Y, Prasetyowati A, Nurfarahin N, Khusna A, Oktariana S, Anwar S, Yussar MO, Khotimah S, Nainggolan BWM, Badri PRA et al (2022) Drivers of and barriers to COVID-19 vaccine booster dose acceptance in Indonesia. Vaccines (Basel) 10(12). https://doi.org/10.3390/vaccines10121981

Hayat K, Farooq Umer M, Mujtaba H, Babar Kawish A, Azam Tahir M, Ullah Khan F, Ullah Khan F, Omer Iqbal M, Hussain T, Ur Rehman A, Fang Y (2023) Evaluation of willingness to accept COVID-19 vaccine and willingness to pay among Pakistani parents for their children aged 5 to 11 years: findings and implications. Am J Trop Med Hyg 109(1):69–75. https://doi.org/10.4269/ajtmh.22-0363

Heath PT, Galiza EP, Baxter DN, Boffito M, Browne D, Burns F, Chadwick DR, Clark R, Cosgrove C, Galloway J, Goodman AL, Heer A, Higham A, Iyengar S, Jamal A, Jeanes C, Kalra PA, Kyriakidou C, McAuley DF et al (2021) Safety and efficacy of NVX-CoV2373 covid-19 vaccine. N Engl J Med 385(13):1172–1183. https://doi.org/10.1056/NEJMoa2107659

Hidayana I, Amir S, Pelupessy DC, Rahvenia Z (2022) Using a health belief model to assess COVID-19 vaccine intention and hesitancy in Jakarta, Indonesia. PLOS Glob Public Health 2(10):e0000934. https://doi.org/10.1371/journal.pgph.0000934

Ho NT, Hughes SG, Ta VT, Phan LT, Do Q, Nguyen TV, Pham ATV, Thi Ngoc Dang M, Nguyen LV, Trinh QV, Pham HN, Chu MV, Nguyen TT, Luong QC, Tuong Le VT, Nguyen TV, Tran LT, Thi Van Luu A, Nguyen AN et al (2024). Safety, immunogenicity and efficacy of the self-amplifying mRNA ARCT-154 COVID-19 vaccine: pooled phase 1, 2, 3a and 3b randomized, controlled trials. Nat Commun 15(1):4081. https://doi.org/10.1038/s41467-024-47905-1

Huda E. Zainudin EN, Khairool AM, Aris A, hahdan IA (2018) Vaccination: influencing factors and view from an Islamic perspective. IIUM Med J Malaysia 17(2):273–280. https://doi.org/10.31436/imjm.v17i2.997

Jinarong T, Chootong R, Vichitkunakorn P, Songwathana P (2023) Muslim parents' beliefs and factors influencing complete immunization of children aged 0–5 years in a Thai rural community: a qualitative study. BMC Public Health 23(1):1348. https://doi.org/10.1186/s12889-023-15273-y

Kabir R, Mahmud I, Chowdhury MTH, Vinnakota D, Jahan SS, Siddika N, Isha SN, Nath SK, Hoque Apu E (2021) COVID-19 vaccination intent and willingness to pay in Bangladesh: a cross-sectional study. Vaccines (Basel) 9(5). https://doi.org/10.3390/vaccines9050416

Kallas EG, Cintra MAT, Moreira JA, Patino EG, Braga PE, Tenorio JCV, Infante V, Palacios R, de Lacerda MVG, Batista Pereira D, da Fonseca AJ, Gurgel RQ, Coelho IC, Fontes CJF, Marques ETA, Romero GAS, Teixeira MM, Siqueira AM, Barral AMP et al (2024) Live, attenuated, tetravalent Butantan-dengue vaccine in children and adults. N Engl J Med 390(5):397–408. https://doi.org/10.1056/NEJMoa2301790

Kampmann B, Madhi SA, Munjal I, Simoes EAF, Pahud BA, Llapur C, Baker J, Perez Marc G, Radley D, Shittu E, Glanternik J, Snaggs H, Baber J, Zachariah P, Barnabas SL, Fausett M, Adam T, Perreras N, Van Houten MA et al (2023) Bivalent prefusion F vaccine in pregnancy to prevent RSV illness in infants. N Engl J Med 388(16):1451–1464. https://doi.org/10.1056/NEJMoa2216480

Keech C, Albert G, Cho I, Robertson A, Reed P, Neal S, Plested JS, Zhu M, Cloney-Clark S, Zhou H, Smith G, Patel N, Frieman MB, Haupt RE, Logue J, McGrath M, Weston S, Piedra PA, Desai C et al (2020) Phase 1–2 trial of a SARS-CoV-2 recombinant spike protein nanoparticle vaccine. N Engl J Med 383(24):2320–2332. https://doi.org/10.1056/NEJMoa2026920

Krarup A, Truan D, Furmanova-Hollenstein P, Bogaert L, Bouchier P, Bisschop IJM, Widjojoatmodjo MN, Zahn R, Schuitemaker H, McLellan JS, Langedijk JPM (2015) A highly stable prefusion RSV F vaccine derived from structural analysis of the fusion mechanism. Nat Commun 6:8143. https://doi.org/10.1038/ncomms9143

Lazarus JV, Wyka K, White TM, Picchio CA, Rabin K, Ratzan SC, Parsons Leigh J, Hu J, El-Mohandes A (2022) Revisiting COVID-19 vaccine hesitancy around the world using data from 23 countries in 2021. Nat Commun 13(1):3801. https://doi.org/10.1038/s41467-022-31441-x

Leung NHL, Cheng SMS, Cohen CA, Martin-Sanchez M, Au NYM, Luk LLH, Tsang LCH, Kwan KKH, Chaothai S, Fung LWC, Cheung AWL, Chan KCK, Li JKC, Ng YY, Kaewpreedee P, Jia JZ, Ip DKM, Poon LLM, Leung GM et al (2023) Comparative antibody and cell-mediated immune responses, reactogenicity, and efficacy of homologous and heterologous boosting with CoronaVac and BNT162b2 (Cobovax): an open-label, randomised trial. Lancet Microbe 4(9):e670–e682. https://doi.org/10.1016/S2666-5247(23)00216-1

Liao HX, Lynch R, Zhou T, Gao F, Alam SM, Boyd SD, Fire AZ, Roskin KM, Schramm CA, Zhang Z, Zhu J, Shapiro L, Program NCS, Mullikin JC, Gnanakaran S, Hraber P, Wiehe K, Kelsoe G, Yang G et al (2013) Co-evolution of a broadly neutralizing HIV-1 antibody and founder virus. Nature 496(7446):469–476. https://doi.org/10.1038/nature12053

McLellan JS, Chen M, Joyce MG, Sastry M, Stewart-Jones GBE, Yang Y, Zhang B, Chen L, Srivatsan S, Zheng A, Zhou T, Graepel KW, Kumar A, Moin S, Boyington JC, Chuang G-Y, Soto C, Baxa U, Bakker AQ et al (2013) Structure-based design of a fusion glycoprotein vaccine for respiratory syncytial virus. Science 342(6158):592–598. https://doi.org/10.1126/science.1243283

McMenamin ME, Nealon J, Lin Y, Wong JY, Cheung JK, Lau EHY, Wu P, Leung GM, Cowling BJ (2022) Vaccine effectiveness of one, two, and three doses of BNT162b2 and CoronaVac against COVID-19 in Hong Kong: a population-based observational study. Lancet Infect Dis 22(10):1435–1443. https://doi.org/10.1016/S1473-3099(22)00345-0

Mohd Jenol NA, Ahmad Pazil NH (2023) Halal or Haram? The COVID-19 vaccine discussion among Twitter users in Malaysia. J Relig Health 62(4):2933–2946. https://doi.org/10.1007/s10943-023-01798-4

Nakayama EE, Shioda T (2024) Detrimental effects of anti-nucleocapsid antibodies in SARS-CoV-2 infection, reinfection, and the post-acute sequelae of COVID-19. Pathogens 13(12). https://doi.org/10.3390/pathogens13121109

Nogueira ML, Cintra MAT, Moreira JA, Patino EG, Braga PE, Tenorio JCV, de Oliveira Alves LB, Infante V, Silveira DHR, de Lacerda MVG, Pereira DB, da Fonseca AJ, Gurgel RQ, Coelho IC, Fontes CJF, Marques ETA, Romero GAS, Teixeira MM, Siqueira AM et al (2024) Efficacy and safety of Butantan-DV in participants aged 2–59 years through an extended follow-up: results from a double-blind, randomised, placebo-controlled, phase 3, multicentre trial in Brazil. Lancet Infect Dis 24(11):1234–1244. https://doi.org/10.1016/S1473-3099(24)00376-1

Polack FP, Thomas SJ, Kitchin N, Absalon J, Gurtman A, Lockhart S, Perez JL, Perez Marc G, Moreira ED, Zerbini C, Bailey R, Swanson KA, Roychoudhury S, Koury K, Li P, Kalina WV, Cooper D, Frenck RW Jr, Hammitt LL et al (2020) Safety and efficacy of the BNT162b2 mRNA Covid-19 vaccine. N Engl J Med 383(27):2603–2615. https://doi.org/10.1056/NEJMoa2034577

Rani MDM, Mohamed NA, Solehan HM, Ithnin M, Ariffien AR, Isahak I (2022) Assessment of acceptability of the COVID-19 vaccine based on the health belief model among Malaysians—a qualitative approach. PLoS ONE 17(6):e0269059. https://doi.org/10.1371/journal.pone.0269059

Rochmyaningsih D (2018) Indonesian fatwa causes immunization rates to drop. Science 362(6415):628–629. https://doi.org/10.1126/science.362.6415.628

Rufinaldo RC (2021) Indonesia: Muslim body declares Chinese vaccine halal. Anadolu Ajansi. https://www.aa.com.tr/en/asia-pacific/indonesia-muslim-body-declares-chinese-vaccine-Halal/2103519

Sirithammaphan U, Chaisang U, Pongrattanamarn K (2023) Barriers to measles mumps rubella vaccine acceptance in the three southern border provinces of Thailand. Clin Exp Vaccine Res 12(4):298–303. https://doi.org/10.7774/cevr.2023.12.4.298

Sridhar S, Luedtke A, Langevin E, Zhu M, Bonaparte M, Machabert T, Savarino S, Zambrano B, Moureau A, Khromava A, Moodie Z, Westling T, Mascarenas C, Frago C, Cortes M, Chansinghakul D, Noriega F, Bouckenooghe A, Chen J et al (2018) Effect of dengue serostatus on dengue vaccine safety and efficacy. N Engl J Med 379(4):327–340. https://doi.org/10.1056/NEJMoa1800820

SteelFisher GK, Blendon RJ, Guirguis S, Lodge W 2nd, Caporello H, Petit V, Coleman M, Williams MR, Parwiz SM, Corkum M, Gardner S, Ben-Porath EN (2017) Understanding threats to polio vaccine commitment among caregivers in high-priority areas of Afghanistan: a polling study. Lancet Infect Dis 17(11):1172–1179. https://doi.org/10.1016/S1473-3099(17)30397-3

Steichen JM, Phung I, Salcedo E, Ozorowski G, Willis JR, Baboo S, Liguori A, Cottrell CA, Torres JL, Madden PJ, Ma KM, Sutton HJ, Lee JH, Kalyuzhniy O, Allen JD, Rodriguez OL, Adachi Y, Mullen TM, Georgeson E et al (2024). Vaccine priming of rare HIV broadly neutralizing antibody precursors in nonhuman primates. Science 384(6697):eadj8321. https://doi.org/10.1126/science.adj8321

Syafinaz Amin N, Faridah I, Rukman AH, Fathinul Fakri AS, Malina O, Fadzillah G, Ilina I (2013) Parental refusal to diphtheria vaccine: a fatal outcome. Med J Malaysia 68(5):435–436

Teh HS, Woon YL, Leong CT, Hing NYL, Mien TYS, Roope LSJ, Clarke PM, Lim LL, Buckell J (2022) Malaysian public preferences and decision making for COVID-19 vaccination: a discrete choice experiment. Lancet Reg Health West Pac 27:100534. https://doi.org/10.1016/j.lanwpc.2022.100534

Tok PSK, Jilani M, Misnar NF, Bidin NS, Rosli N, Toha HR (2022) A diphtheria outbreak in Johor Bahru, Malaysia: public health investigation and response. J Infect Dev Ctries 16(7):1159–1165. https://doi.org/10.3855/jidc.16076

Tricou V, Yu D, Reynales H, Biswal S, Saez-Llorens X, Sirivichayakul C, Lopez P, Borja-Tabora C, Bravo L, Kosalaraksa P, Vargas LM, Alera MT, Rivera L, Watanaveeradej V, Dietze R, Fernando L, Wickramasinghe VP, Moreira ED, Jr, Fernando AD et al (2024) Long-term efficacy and safety of a tetravalent dengue vaccine (TAK-003): 4.5-year results from a phase 3, randomised, double-blind, placebo-controlled trial. Lancet Glob Health 12(2):e257–e270. https://doi.org/10.1016/S2214-109X(23)00522-3

Tseng HF, Ackerson BK, Sy LS, Tubert JE, Luo Y, Qiu S, Lee GS, Bruxvoort KJ, Ku JH, Florea A, Takhar HS, Bathala R, Zhou CK, Esposito DB, Marks MA, Anderson EJ, Talarico CA, Qian L (2023) MRNA-1273 bivalent (original and Omicron) COVID-19 vaccine effectiveness against COVID-19 outcomes in the United States. Nat Commun 14(1):5851. https://doi.org/10.1038/s41467-023-41537-7

UNAIDS. Fact sheet—latest global and regional statistics on the status of the AIDS epidemic. https://www.unaids.org/sites/default/files/media_asset/UNAIDS_FactSheet_en.pdf

Villar L, Dayan GH, Arredondo-Garcia JL, Rivera DM, Cunha R, Deseda C, Reynales H, Costa MS, Morales-Ramirez JO, Carrasquilla G, Rey LC, Dietze R, Luz K, Rivas E, Miranda Montoya MC, Cortes Supelano M, Zambrano B, Langevin E, Boaz M et al (2015) Efficacy of a tetravalent dengue vaccine in children in Latin America. N Engl J Med 372(2):113–123. https://doi.org/10.1056/NEJMoa1411037

Voysey M, Clemens SAC, Madhi SA, Weckx LY, Folegatti PM, Aley PK, Angus B, Baillie VL, Barnabas SL, Bhorat QE, Bibi S, Briner C, Cicconi P, Collins AM, Colin-Jones R, Cutland CL, Darton TC, Dheda K, Duncan CJA et al (2021) Safety and efficacy of the ChAdOx1 nCoV-19 vaccine (AZD1222) against SARS-CoV-2: an interim analysis of four randomised controlled trials in Brazil, South Africa, and the UK. Lancet 397(10269):99–111. https://doi.org/10.1016/S0140-6736(20)32661-1

WHO (2018) Dengue vaccine: WHO position paper—September 2018. http://www.who.int/wer

Williams WB, Alam SM, Ofek G, Erdmann N, Montefiori DC, Seaman MS, Wagh K, Korber B, Edwards RJ, Mansouri K, Eaton A, Cain DW, Martin M, Hwang J, Arus-Altuz A, Lu X, Cai F, Jamieson N, Parks R et al (2024) Vaccine induction of heterologous HIV-1-neutralizing antibody B cell lineages in humans. Cell 187(12):2919–2934 and 2920. https://doi.org/10.1016/j.cell.2024.04.033

Wong LP, Alias H, Wong YL, Megat Hashim M, Lin Y, Hu Z (2023) COVID-19 anti-vaccine sentiments in Malaysia: narratives of comments from Facebook post. Vaccines (Basel) 11(4). https://doi.org/10.3390/vaccines11040834

Wong LP, Sam IC (2010) Factors influencing the uptake of 2009 H1N1 influenza vaccine in a multi-ethnic Asian population. Vaccine 28(28):4499–4505. https://doi.org/10.1016/j.vaccine.2010.04.043

Xiong H, Meng X, Song Y, Zhong J, Liu S, Zhu X, Ye X, Zhong Y, Zhang D (2024) Have previous COVID-19 vaccinations shaped the potential enhancing infection of variant strains? Vaccines (Basel) 12(6). https://doi.org/10.3390/vaccines12060567

Zhang Y, Zeng G, Pan H, Li C, Hu Y, Chu K, Han W, Chen Z, Tang R, Yin W, Chen X, Hu Y, Liu X, Jiang C, Li J, Yang M, Song Y, Wang X, Gao Q, Zhu F (2021) Safety, tolerability, and immunogenicity of an inactivated SARS-CoV-2 vaccine in healthy adults aged 18–59 years: a randomised, double-blind, placebo-controlled, phase 1/2 clinical trial. Lancet Infect Dis 21(2):181–192. https://doi.org/10.1016/S1473-3099(20)30843-4

Zulkarnain NN, Anuar N, Abd Rahman N, Sheikh Abdullah SR, Alias MN, Yaacob M, Ma Z, Ding G (2021) Cell-based influenza vaccine: current production, halal status assessment, and recommendations towards Islamic-compliant manufacturing. Hum Vaccin Immunother 17(7):2158–2168. https://doi.org/10.1080/21645515.2020.1865044

Tatsuo Shioda is a professor and chairman of Department of Viral Infections, Research Institute for Microbial Diseases, Osaka University. He received a Ph.D. from the University of Tokyo in 1990 for his findings on Human immunodeficiency virus (HIV) particle formation. In 1989–1991, he was a post-doctoral fellow in University of California San Francisco where he found HIV's genetic determinant for cell tropism. In 1997, he was promoted to be an associate professor of Institute of Medical Science, University of Tokyo. In 2000, he was promoted to be the full professor of Osaka University. In 2015, he has an additional post of the director of Mahidol-Osaka Center of Infectious Diseases in Faculty of Tropical Medicine, Mahidol University of Thailand, and started research on mosquito-borne viral diseases such as dengue and chikungunya virus. He has been consistently working on virus and host factors in replication and pathogenesis of paramyxovirus, HIV, dengue virus, chikungunya virus, and severe acute respiratory syndrome virus type 2.

Diagnostics

Molecular Approaches for Halal Authentication in Medicine: DNA, RNA, and Immunodiagnostic Techniques

Fawzi Al-Razem

Abstract In an era of rapid globalization, many countries have started offering Halal-certified food, pharmaceuticals, medicine, health supplements, and beauty products to cater to their Muslim communities. Providing Halal food and medicine to an increasing number of consumers who ask for reliable products that comply with their needs has become a strong market with increased economic value. Food and medicine adulteration are critical issues that affect faith-practicing individuals and have health, religious, and socio-economic implications in relevant societies worldwide. For the previously mentioned products to be considered Halal and permissible for use, certain factors must be taken into account. These include the presence of pork-derived ingredients such as meat, fat, gelatine, amino acids in supplements, or other non-Halal components. While food adulteration receives the most attention from governments and consumers, the issue becomes more complex when it comes to medicine, pharmaceuticals, medicinal supplements, and beauty products, largely due to the challenges associated with diagnostic methods. Medicine adulteration and mixing with non-Halal ingredients, counterfeit drugs, and falsified vaccines pose even graver consequences on public health and socio-economic standards. The vulnerable population in developing countries with weak regulatory procedures often bears the brunt. This highlights the urgency of addressing this issue. This review highlights recent advances in diagnostic techniques that utilize DNA, RNA, and immune-linked assays. Diagnostics using nucleic acid techniques are the cornerstone of modern molecular diagnosis, even though chemical and analytical approaches are commonly used. The primary objective is to highlight molecular techniques that have demonstrated effectiveness in detecting nucleic acids and proteins, and to explore the potential role of artificial intelligence in advancing diagnostic methods. Advantages and limitations for each technique will be explored. These techniques will include Polymerase Chain Reaction (PCR), Real-time PCR, Next-Generation Sequencing (NGS), Isothermal Nucleic Acid Amplification Techniques

F. Al-Razem (✉)
Medicine, College of Medicine and Health Sciences, Palestine Polytechnic University, Hebron, Palestine
e-mail: razemf@ppu.edu

Q. Hasan et al. (eds.), *Halal Perspectives in Medicinal Chemistry*,
https://doi.org/10.1007/978-981-95-6378-4_3

(INAATs), Clustered Regularly Interspaced Short Palindromic Repeats (CRISPR)-based detection methods, Microarrays, and Enzyme-linked Immuno-Sorbent Assay (ELISA).

Keywords Molecular diagnosis · Molecular techniques · Halal-certified medicine · Food and medicine adulteration

1 Introduction

The demand for Halal-certified food, pharmaceuticals, cosmetics, medicines, and related products is growing, driven primarily by Muslim consumers. However, in recent years, these products have also gained popularity among non-Muslims who value their quality and safety (Gul et al. 2020; Muflihah et al. 2023). The Halal economy is witnessing remarkable growth, driven by the rising demand for Halal-certified products. This expansion is fueled by the global Muslim population, which constitutes roughly one-quarter of the world's population, with many strictly adhering to Halal standards (World Population: https://countrymeters.info/en/World#religion). Over 96% of Muslims traveling abroad demand, for example, Halal food as reported in a survey representing 38,000 Muslims (Akbar et al. 2023). Consumers of Halal products, including food, pharmaceuticals, cosmetics, medicine, and related items, must ensure that the ingredients used in Halal-certified products are sourced from Halal origins and remain free from contamination by non-Halal substances, such as pork, alcohol, or their derivatives (Fadzlillah et al. 2011; Mortas et al. 2022; Fathima et al. 2024).

Food mixing, whether accidentally or purposely, is very common in a global open market due to the lack of awareness, insufficient control and poor handling during the manufacturing process (Shahimi et al. 2021). It could also be intentionally done by the manufacturer to reduce costs by using cheaper non-Halal substitutes. In medicine and pharmaceutical industries, non-Halal ingredients may include alcohol, pork-derived gelatine stabilizers, capsule shells for tablets and vitamin coating, enzymes (e.g., pepsin from porcine), blood plasma substitutes, gel-forming component in dental pharmaceuticals, vaccines, thickeners in liquid dosage forms, ointments for mucosal membranes of the mouth, soaps, shaving creams, gelatine sponges, pastilles, globules, chemical additives, lipids or lard, which is used in the manufacturing of several medicinal and pharmaceutical products, and other baked goods etc. (Wahyudi et al. 2023; Hussain 2024). To ensure compliance with Halal standards, several countries with Muslim majorities in addition to Muslim communities living in non-Muslim countries have established Halal certification bodies and organizations. These bodies have been involved in monitoring and issuing Halal certifications for food products, and to a lesser extent to pharmaceuticals, healthcare, medicine, and related products. These Halal standard bodies include: International Halal Accreditation Forum (IHAF), World Halal Council (WHC), Halal India (HI), Gulf Standards Organization (GSO), Emirates Authority for Standardization and Metrology (ESMA), Jabatan

Kemajuan Islam Malaysia (JKIM), Majelis Ulama Indonesia (MUI), Majlis Ugama Islam Singapura (MUIS), South African National Halal Authority (SANHA), The Kenya Bureau of Halal Certification (KBHC), Halal Food Authority-UK (HFA), Association Rituelle de la Viande Halal-France (AVS), Islamic Food and Nutrition Council of America (IFANCA), Halal Monitoring Authority-Canada (HMA), Australian Federation of Islamic Councils (AFIC), and Pakistan Standards and Quality Control Authority (PSQCA).

Standardizing Halal certification in medicine and pharmaceutical industries poses significant challenges, as it requires facing the complexities of aligning religious requirements with scientific and regulatory considerations (Fadzlillah et al. 2011; Gul et al. 2020; Majdina Nordin et al. 2021; Akbar et al. 2023). These include the complexities associated with "Halal" interpretations among the standardization bodies. For example, although it is possible to detect proteins and determine their origin in healthcare and pharmaceutical products, it is difficult to tell whether the animal was initially slaughtered according to Islamic procedures, which usually leads to a debate whether these difficult-to-recognize ingredients are Halal or not (Shah and Yusof 2014; Ng et al. 2022; Usman et al. 2023; Mustapha et al. 2024). Furthermore, pharmaceutical products, particularly pharmaceutical formulations are often containing complex ingredients (e.g., gelatine, enzymes, stabilizers, preservatives, and flavoring agents) that are difficult to detect and synthetically manufactured from non-Halal sources (Alwi 2019; Herdiana et al. 2023; Tedjakusuma et al. 2023; Ang 2024) (Table 1).

The use of alcohol in these formulations is also challenging particularly that its use is very common in pharmaceutical, healthcare and cosmetic industries (Fadzlillah et al. 2011; Shah and Yosef 2014; Rohman and Windarsih 2020; Mortas et al. 2022; Isa et al. 2023; Hussain 2024). While Halal certification standards for food and beverages are largely consistent across Muslim Halal standardization organizations, the same cannot be said for medicine and pharmaceutical products. There are no universally accepted Halal standards in the pharmaceutical sector, making standardization more challenging than in the food industry. This underscores the importance of ensuring compliance through meticulous ingredient sourcing and thorough traceability from raw materials to the final product (Fadzlillah et al. 2011; Sarriff et al. 2013; Gul et al. 2020; Lian et al. 2021; Majdina Nordin et al. 2021; Mortas et al. 2022; Akbar et al. 2023; Hendrickson et al. 2023; Herdiana et al. 2023; Isa et al. 2023; Mohd Jenol and Ahmed Pazil 2023; Nuraeni et al. 2023; Usman et al. 2023; Ang et al. 2024; Hussain 2024). Halal perspectives in medicine and pharmaceuticals integrates the principles of Halal compliance with modern diagnostic methods to ensure that medicine related products are free from non-Halal contaminants and adhere to Islamic laws. The detection of non-Halal contaminants in medicine and pharmaceutical products often relies on analytical, molecular, and biotechnological techniques (Lian et al. 2021; Hossain et al. 2022; Windarsih et al. 2022; Hendrickson et al. 2023; Kashim et al. 2023; Mohd Jenol and Ahmed Pazil 2023; Muflihah et al. 2023; Nuraeni et al. 2023; Hassan et al. 2024) (Fig. 1). This review will focus exclusively on carefully selected molecular and immune-sorbent diagnostic approaches that have been utilized in

Table 1 Ingredients sourced from pigs used in medicine, pharmaceuticals, and other healthcare products

Porcine tissue	Ingredient examples	Key applications in medicine and pharmaceutical industry
Proteins (enzymes, hormone, etc.)		
Blood	Albumins	Stabilizers
	Fibrin, plasmin	Blood clotting, wound healing
Skin	Collagen, gelatine	Capsules, wound dressings
Pituitary gland	ACTH	Stimulation of adrenal gland
	TSH	Thyroid function testing
	Prolactin	Deficiency treatment, hormonal studies
	Oxytocin	Stimulation of uterine contraction
	ADH	Drug screening, antidote development
	Calcitonin	Osteoporosis, hypercalcemia, bone pain
Thyroid gland	Thyroglobin	Thyroid diagnostic tests
Stomach	Pepsin	Digestive aids
	Mucin	Formulation of oral medications, wound healing
Intestine	Heparin	Anticoagulant, blood thinner
	Enterogastrone	Regulating digestive motility and gastric acid secretions
	Secretin	Diagnosis and treatment of certain GI diseases
Pancreas	Insulin	Managements of diabetes
	Glucagon	Treatment of hypoglycemia
	Lipase	Pancreatic enzyme replacement therapy (PERT)
	Trypsin, chymotrypsin	Digestive aid, wound healing
Ovaries	Relaxin	Labor induction, arthritis, and soft tissue injuries
Liver	Catalase	Wound healing, antioxidant therapy
Non-protein hormones		
Adrenal gland:		
Steroids	Corticosteroids	–Treatment of inflammation, autoimmune disorders –Allergic reactions, asthma, adrenal insufficiency
Catecholamines	Epinephrine	Allergic reactions, asthma attacks, hypotension

(continued)

Table 1 (continued)

Porcine tissue	Ingredient examples	Key applications in medicine and pharmaceutical industry
	Norepinephrine	Hypotension management
Thyroid gland	Thyroxin (T4, T3)	Treatment of hypothyroidism
Ovaries	Estrogens	–Hormone replacement therapy (HRT) –Relief of flashes, vaginal dryness, and bone loss
	Progesterone	HRT, pregnancy support, regulating menstrual cycles
Brain	Melatonin	Regulation of sleep/wake cycle, sleep disorders
Other non-protein metabolites		
	Lard and lubricants	Emollient and moisturizing agents, anti-inflammatory
	Cholesterol	Steroid synthesis, production of Vitamin D and vaccines
	Squalene	Adjuvants in vaccine production
	Glycerine (glycerol)	Moisturizer, cough syrups, ointments, suppositories
	Other pork fats (steric, lecithin, tallow)	Coatings, emulsifiers, lubricants

Halal food and show strong potential for application in Halal pharmaceutical testing (Table 2).

2 Standard Polymerase Chain Reaction (PCR)

2.1 Background

The Polymerase Chain Reaction (PCR) as a method for amplifying nucleic acids took nearly 20 years to reach its current shape (Mullis et al. 1986). Despite the emergence of various techniques that are based on the same principles, PCR remains a master technique in its category and widely used in molecular biology laboratories, not only in scientific research, but also in diagnosis (e.g., pathogens, cancer detection, contaminations, etc.), forensics (e.g., DNA fingerprinting and paternity testing), medicine (e.g., genetic testing), and food Halal authentications (Mutalib et al. 2015). It is still regarded a powerful tool for amplifying specific in vitro DNA sequences taking its exceptional sensitivity, specificity, and ability to quickly detect genetic material from various DNA sources (Rolando et al. 2024). Over the past 40–50 years, its adoption

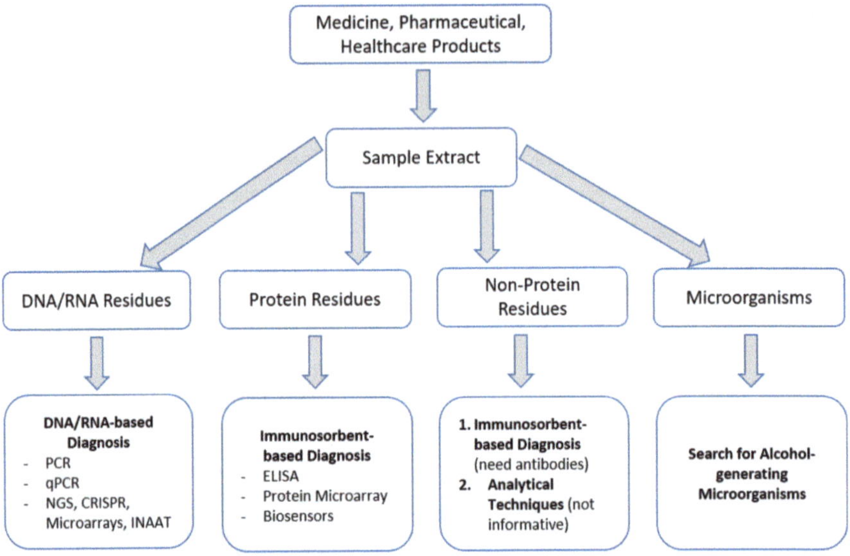

Fig. 1 Halal authentication flowchart in medicine, pharmaceutical, and healthcare products emphasizes techniques applicable to Halal standardization. While various methods exist, the focus here is on those relevant to Halal compliance. Analytical techniques, such as HPLC, are generally unsuitable for Halal testing as they cannot definitively determine ingredient sourcing

has resulted in a standardized reaction protocol with easy access to reagents from numerous suppliers. The method is relatively simple to perform, requiring only a few essential components: a DNA template, deoxynucleotide triphosphates (dNTPs), magnesium ions (Mg^{2+}), a thermostable DNA polymerase, and a pair of forward and reverse primers designed to target the specific region for amplification (Mullis et al. 1986; Rolando et al. 2024). Specificity for the targeted DNA sequence, such as a pork-specific gene in a Halal meat sample, is usually taken into account when these primers are designed (Salamah et al. 2019).

The reaction is typically conducted in small, thin-walled tubes with a volume range from 0.2 to 0.5 mL, and the reaction mixture usually ranges from 10 to 200 μL. A thermal cycler is used to regulate the temperature, performing heat-cool cycles at each step of the reaction (as described below). Most PCR applications rely on heat-stable DNA polymerases, such as Taq polymerase, originally isolated from the thermophilic bacterium Thermus aquaticus (Rolando et al. 2024).

To generate sufficient DNA, a PCR reaction typically involves 20–40 cycles of temperature changes, known as thermal cycles. These cycles are usually initiated with an initial high-temperature step (>90 °C) and concluded with a final hold at 72 °C, the enzyme's optimal extension temperature, to ensure complete product extension. The specific temperatures and durations for each step depend on factors such as the DNA polymerase used, the concentration of dNTPs and Mg^{2+} in the reaction mix, and the melting temperature (Tm) of the primers.

Table 2 Molecular and enzyme-based diagnostic methods employed in Halal authentication testing are summarized. The references illustrate their application in detecting adulteration. This table highlights only the primary advantages and disadvantages; further details are provided in the text

Method	Advantages	Disadvantages	References
Polymerase chain reaction-based methods			
PCR (standard)	–Affordable –Speed reaction –Amplify DNA from different sources	–Sensitive to contamination –No quantitative information –Amplicon size limitations	Malik et al. (2016), Nikzad et al. (2017), Montiel-Sosa et al. (2000)
Duplex/multiplex PCR	–High efficiency –High throughput –Allows internal control	–Primer design challenges –Optimization complexity –Limited target number	Khatun et al. (2021), Che et al. (2011)
Real-time PCR	–Quantitative analysis –Highly sensitive –No post-PCR processing	–Costly –Requires technical expertise –Primer design challenges	Mostafa et al. (2022)
Next-generation DNA sequencing			
NGS	–High throughput and scalability –Speedy –Precision and quantitative	–High initial cost –Complex data analysis –Sample preparation complexity	Kappel et al. (2023)
Isothermal nucleic acid amplification techniques			
LAMP	–Does not require thermal cycling –Rapid results –Sensitive and specific	–Primer design complexity –Limited quantification –Target sequence constraints	Cai et al. (2020), Yusop et al. (2022)
RPA	–Does not require thermal cycling –Rapid results –Sensitive and specific	–Higher cost than LAMP –Limited multiplexing –Temperature sensitivity	
Clustered regularly interspaced short palindromic repeats (CRISPR) technology			
CRISPR-Cas	–Precision and accuracy –Multiplexing capability –Cost effective	–Off-target effects –Variable efficiency –Dependence on PAM	Che Man et al. (2011), Mostafa et al. (2022), Kappel et al. (2023)
DNA microarrays technology			

(continued)

Table 2 (continued)

Method	Advantages	Disadvantages	References
Microarrays	–High-throughput analysis –Affordable for large-scale tests –Time efficient	–Data analysis challenges –Cross-hybridization –Limited sensitivity	Jaluria et al. (2007)
Enzyme-linked immuno-Sorbent assay (ELISA) technology			
ELISA	–High sensitivity and specificity –Provide quantitative results –Scalable	–Risk of cross-reactivity –High dependence on antibodies –Potential for false positives	Ayaz and Erol (2006), Raja Nhari et al. (2019), Mandli et al. (2018), El-Batawy et al. (1993)

2.2 Methods

- *Initial Denaturation*

The template strand is allowed to be heated at (90–98 °C) for 1–5 minutes. This is needed to ensure that all double-stranded DNA (dsDNA) have been dissociated to two single-stranded (ssDNA) to allow primer binding (annealing) to each single template DNA.

- *Amplification*

The thermocycler is set to repeat the following steps 20–40 cycles to increase the amount of DNA for subsequent work. Each cycle doubles the number of DNA molecules, resulting in exponential amplification of the target DNA sequence. The three steps in each cycle are:

Denaturation

This step is identical to the initial denaturation, except that it is allowed to run for a shorter time at each cycle, usually for 30 seconds.

Annealing

The temperature is reduced from the denaturation step to ~50–65 °C, depending on the composition of the primers used. This step, which usually last for 30 seconds, is needed to allow primers to anneal or bind their target DNA. The primers define the length (start to end) of the amplicon, which is the amplified section of the DNA.

Elongation

This step is needed to allow the DNA polymerase copying the template strand by adding nucleotides (dNTPs) starting from the annealed primers. This extension step is carried out at ~72 °C, and the duration is determined by the amplicon length, usually 1 minute per 1000 bp.

- *Final Extension (or Elongation)*

This step in identical to the elongation step in each cycle, except that it is set to run for a longer time, usually 10 minutes to make sure that all amplified amplicons are completed.

2.3 Advantages and Applications

Polymerase Chain Reaction has proven to be a powerful molecular biology technique for diagnosing non-Halal ingredients (Malik et al. 2016; Nikzad et al. 2017; Sakalar and Abasiyanik 2011; Aprilia et al. 2022) (see Table 2). While its primary applications focus on Halal food and beverages, PCR is also invaluable in the broader field of medicine and pharmaceutical industries (Malik et al. 2016; Nikzad et al. 2017). This technique aids in the identification and detection of non-Halal ingredients and contaminants, such as DNA from pork and other non-Halal sources, such as dogs, donkeys etc. (Mutalib et al. 2015; Malik et al. 2016; Nikzad et al. 2017). PCR plays a significant role in ensuring that food products and ingredients are Halal. With its ability to identify genetic markers of non-Halal contaminants, it provides a robust tool for Halal certification and monitoring in food and other industries. This technology contributes to maintaining trust and integrity in the Halal market. These applications include:

- *Pork Traces:* Pork is one of the most common non-Halal ingredients in Islamic dietary and consumptions, including medicine, healthcare and pharmaceutical products, cosmetics etc. A PCR reaction can target pork-specific DNA markers, using porcine-specific primers, to ensure that pharmaceutical products are pork-free. Since pork is prohibited (non-Halal) in Islam, detecting even small amounts of pork contamination is crucial and will render it non-Halal to use. Specific primers targeting pork DNA sequences can be designed for PCR to confirm whether pork or pork derivatives are present in a product (Table 3).
- *Gelatine (from Non-Halal Sources):* Gelatine is often derived from pigs or non-Halal slaughtered animals. Gelatine is widely used in medicine and pharmaceutical products, particularly for coating products (Malik et al. 2016; Nikzad et al. 2017). Multiplex PCR can differentiate between gelatine derived from Halal sources (e.g., bovine) and non-Halal sources (e.g., porcine) by targeting species-specific genetic markers retained in the gelatine.
- *Medicinal Proteins:* Enzymes, vaccines, and medicinal proteins may be contaminated with non-Halal protein residues during pharmaceutical or vaccine manufacturing. PCR can be employed to determine the origin of these enzymes by amplifying DNA sequences specific to the source organism, provided DNA is present in the enzyme preparations.
- *Alcohol:* The use of alcohol is widespread in cosmetics and pharmaceutical products manufacturing. Although alcohol itself is not a genetic material that can be directly detected by PCR, and therefore very difficult to detect in pharmaceutical

Table 3 Species-specific primers used in PCR-based applications

Reference	Primer	Sequence (5 '– 3 ')	References
Pork	Mt-D-loopF Mt-D-loopR	AACCCTATGTACGTCGTGCAT ACCATTGACTGAATAGCACCT	Che Man et al. (2011)
	Sus-loopFWD Sus-loopRVS	CACACCCTATAACGCCTTGC GATTGGCGTAAAAATCTAGGG	Khatum et al. (2021), Che Man et al. (2011)
	12 S RNA-tRNA valgene-F 12 S RNA-tRNA valgene-R	CTACATAAGAATATCCACCACA ACATTGTGGGATCTTCTAGGT	Mostafa et al. (2022)
	Cytochrome B-F Cytochrome B-R	CGGAACAGACCTCGTAGAATG GGTAATGATGAATGGCAGGATAAAG	Malik et al. (2016)
Dog	Cytochrome b-F Cytochrome b-R	AAACCCTTCTTCCCTCCCCT TGCATTCGGTTACTGCTGACA	Mostafa et al. (2022)
Horse	Cytochrome b-F Cytochrome b-R	CTATCCGACACACCCAGAAGTAAAG GATGCTGGGAAATATGATGATCAGA	
Donkey	ND2-F ND2-R	CATCCTACTAACTATAGCCGTGCTA CAGTGTTGGGTTGTACACTAAGATG	
Sheep	Cytochrome b-F Cytochrome b-R	ATGAAAGAGGCAAATAGATTTTCG ATGAAAGAGGCAAATAGATTTTCG	
Poultry	12S RNA-F 12S RNA-R	TGAGAACTACGAGCACAAAC GGGCTATTGAGCTCACTGTT	
Cat	ND4-F	CATGCCTATCGAAACCTAACATAA	

products, PCR can still help detect alcohol-based ingredients in certain products. By detecting DNA of microorganisms used in the fermentation process (such as yeast), PCR can indirectly indicate the presence of alcohol or fermentation by-products (Fig. 1).

- *Species Authentication*: PCR can help verifying the species origin of the genetic contaminates, ensuring that they are from Halal sources. For example, PCR, using species-specific primers, can differentiate between beef, chicken, and non-Halal animals (e.g., from porcine or dog) that might be introduced intentionally or unintentionally (Table 3). PCR can identify contaminants in raw materials or finished products that could affect their Halal status. For example, if non-Halal substances such as gelatine (often derived from pork) are used in capsules, PCR can detect their source if there is a genetic contamination in the product. This is particularly useful in mixed or processed meat products, where accurate species identification is essential for Halal certification.

2.4 Limitations

While PCR offers numerous advantages over other molecular diagnostic techniques proved by its widely use in molecular diagnostics, particularly for detecting food adulteration, it does have certain limitations (Aprilia et al. 2022). These challenges become more apparent when PCR is used to detect adulterated medicines with non-Halal ingredients, counterfeit drugs, and falsified vaccines, primarily due to the requirement for genetic contamination to be present.

In addition, while traditional PCR is relatively affordable, advanced techniques like Real-Time PCR (qPCR) and multiplex PCR require more sophisticated and expensive equipment. Nonetheless, PCR remains a highly effective diagnostic tool, especially when combined with other complementary techniques to enhance result confirmation and diagnostic accuracy (Table 2).

- *Sensitivity to Contamination and Internal Inhibitors*: Contaminations from external sources can usually lead to false positives, whereas substances in medical samples (e.g., blood, sputum) can cause inhibition to the reaction and give a false negative. Furthermore, Variations in sample preparation, reagent quality, or thermal cycling conditions can affect reproducibility and accuracy.
- *Quantitative and Scope Limitations*: Traditional PCR is qualitative, as it cannot differentiate between high and low levels of target DNA without the use of quantitative PCR (qPCR), which is more complex and expensive. Additionally, designing primers becomes more challenging if the exact sequence of the target DNA is unknown, further limiting its scope.
- *Interpretation Challenges*: Results must be interpreted carefully, as PCR can amplify non-specific sequences or pseudogenes, potentially leading to ambiguity. A positive amplification may not always indicate accurate result, as it might detect residual DNA from past contaminations.

2.5 Future Perspectives

Since the establishment of the traditional PCR method, several modifications to the original technique have been developed, which resulted in new polymerase-based methods that can provide additional advantages. These include Nested-, Digital-, Multiplex-, and quantitative PCR (qPCR) (Sakalar and Abasiyanik 2011; Rolando et al. 2024). These innovations enable detailed analysis even from minute amounts of DNA and support high-throughput detection. The qPCR is most promising method among PCR techniques in Halal authentication, and the one will be discussed below.

3 Quantitative PCR (qPCR)

3.1 Background

Quantitative Polymerase Chain Reaction (qPCR), also known as real-time PCR, is a widely adopted molecular biology technique used for the detection and quantification of nucleic acids (both DNA or RNA) (Cai et al. 2012; Kim et al. 2022). Unlike traditional PCR, which focuses solely on amplifying DNA, qPCR offers quantitative data by measuring the amount of target nucleic acid in real time. Its precision, sensitivity, and reliability make it indispensable in various applications, including gene expression analysis, genotyping, medical diagnostics, pathogen detection, biomarker discovery, and GMO detection. Additionally, qPCR shows great potential for identifying food and pharmaceutical adulteration.

3.2 Methods

The qPCR combines the principles of traditional PCR with real-time detection of amplified products (Fig. 2). Unlike conventional PCR, which relies on endpoint analysis, qPCR monitors the amplification process during each cycle using fluorescent dyes or probes. The key components include:

- *DNA Template*: The DNA sequence of interest, for example, a porcine-specific gene.
- *Primers*: Short sequences that flank the target region to be amplified.
- *DNA Polymerase*: An enzyme that synthesizes new DNA strands.
- *Nucleotides*: Similar to standard PCR, needed as building blocks for the targeted sequence.
- *Fluorescent Probes/Dyes*: Enable real-time detection. This is mainly the only principle that differs from the standard PCR.

3.3 Advantages and Applications

Quantitative Polymerase Chain Reaction (qPCR) offers the significant advantage of detecting and quantifying minute amounts of targeted DNA sequences (Cai et al. 2012; Tedjakusuma et al. 2023). Its applications in Halal pharmaceuticals are largely similar to those of standard PCR discussed above (Sect. 2.3), with the added benefit of providing quantitative measurements (Cai et al. 2012; Haynes et al. 2019; Kim et al. 2022; Tedjakusuma et al. 2023; Ang et al. 2024; Song et al. 2024). This ability to quantify is highly valuable in fields like forensics, gene expression analysis, and the authentication of food and pharmaceuticals for Halal certification. Certification bodies for food and drugs are increasingly demanding such quantitative data.

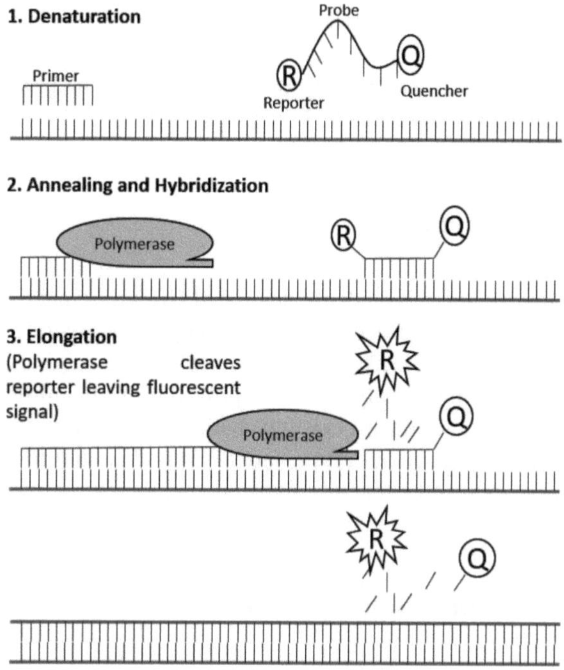

Fig. 2 TaqMan real-time PCR. The TaqMan probe functions as a hydrolysis probe, consisting of a fluorescent reporter (R) dye attached to its 5′ end and a quencher (Q) dye at its 3′ end. When the probe remains intact, fluorescence resonance energy transfer (FRET) occurs, causing the reporter dye's fluorescence to be absorbed by the quencher dye. Upon encountering the target sequence, the fluorogenic probe binds downstream of one of the primer sites. During the elongation phase of real-time PCR, the probe is cleaved by the 5′ nuclease activity of the Taq polymerase enzyme. This cleavage separates the reporter and quencher dyes, resulting in the emission of a fluorescence signal

qPCR's higher sensitivity, specificity, and ability to produce rapid, high-throughput quantitative data make it particularly advantageous for Halal pharmaceutical authentication. Additionally, its applications in Halal pharmaceuticals extend beyond authentication to include gene expression studies, genotyping, copy number variation analysis, drug development, and diagnostic purposes.

3.4 Limitations

- *Specificity*: Primer-dimer formation and non-specific amplification can lead to inaccurate and false-positive results.
- *Sensitivity*: As there is always a possibly for cross contamination with DNA, this can affect the detection of low-abundance targets.

- *Standardization*: Variability between experiments and protocols require strict and continuous standardization.
- *Affordability*: qPCR has a high cost, for both the system and reagents needed to run a test compared to standard PCR.

3.5 Future Perspectives

Despite its limitations, there is no doubt that the qPCR will remain an indispensable tool in molecular diagnosis, research, and beyond offering unparalleled quantitative capabilities. Ongoing technological advancements, such as digital PCR, multiplex q PCR, high-resolution melt analysis, and improved probe chemistries, continue to expand its applications and address existing challenges. The use of qPCR will likely increase in Halal pharmaceutical testing and will possibly start to replace standard PCR testing due to its specific features, namely quantification.

4 Next-Generation Sequencing (NGS)

4.1 Background

More recently, efforts to ensure product authenticity have focused on analyzing DNA sequences at specific loci, as these provide higher reliability and are more straightforward to present during the process of Halal certification or other legal settings. Species identification for numerous products can often be achieved by sequencing of short gene fragments. However, these methods are limited by the number of targets that can be identified and differentiated simultaneously.

Next-Generation Sequencing (NGS) has emerged as a promising technique in Halal standardization, particularly for food authentication (Haynes et al. 2019) and an increasing potential in Halal pharmaceutical product certification as well.

4.2 Methods

NGS refers to a group of modern sequencing modifications that allow for the rapid and parallel sequencing of DNA or RNA molecules (Satam et al. 2024). Unlike traditional Sanger sequencing, NGS produces millions of short DNA sequences in a single run, providing specific details into genetic material. This high-throughput ability makes it ideal for complex genetic analysis, enabling the detection of even trace quantities of adulterants or contaminants (Satam et al. 2024). The key components include:

1. Sample Preparation

Step 1: Extract DNA or RNA from the pharmaceutical product and convert it into a library of sequencing-ready fragments.

Step 2: Perform associated steps such as fragmentation, adapter ligation, and amplification to prepare the library.

2. Sequencing

Step 1: Load the prepared library onto a sequencing platform.

Step 2: Common approaches include sequencing-by-synthesis (e.g., Illumina) and sequencing-by-ligation (e.g., SOLiD).

3. Data Analysis

Step 1: Process raw sequencing data to generate reads, which are then aligned to a reference genome or assembled de novo.

Step 2: Conduct downstream analyses such as variant calling, gene expression profiling, and functional annotation.

4.3 Advantages and Applications

In a Halal perspective, this advanced technology theoretically enables the accurate identification of a larger range of genetic markers, including trace amounts of porcine and other animal DNA that potentially contaminate medicine, pharmaceutical, healthcare and cosmetic products. Despite its potential, the application of NGS to address Halal authenticity in medicine and pharmaceutical industries faces several challenges, including high costs, the need for often-expensive equipment, and the requirement for technical expertise.

The application of NGS in Halal certification, whether for food, medicine, pharmaceuticals, or cosmetics, remains limited compared to other DNA-based techniques. However, NGS holds significant potential due to several key advantages:

4. *Sensitivity and Accuracy*: This is one of the advantages of this technique as it can detect minute amounts of genetic adulterants or contaminants and thus provide high-confidence results.
5. *Multiplexing Abilities and Scalability*: NGS can simultaneously identify multiple genetic adulterants or contaminants. This significantly reduces the need for multiple tests. NGS therefore has a high-throughput ability, which makes it suitable for large-scale testing, particularly useful for Halal applications.
6. *Comprehensive Analysis*: NGS offers detailed genomic profiles, which is essential for verifying the full composition of a food product.
7. *Non-destructive*: NGS-based methods can be applied to small amounts of prepared ingredients and spare the rest for further analysis.

4.4 Limitations

Although NGS shows a significant potential to revolutionize Halal pharmaceuticals in the near future, several challenges could still limit its broader adoption in this field (see Table 2):

1. *Cost Affordability*: One of the major limitations, particularly in low-income Muslim countries, is the high cost of initial setup for NGS technologies. This expense can make it difficult to use NGS routinely for Halal certification testing.
2. *Data Analysis Complexity*: NGS generates vast sets of data that require advanced bioinformatics tools and skilled expertise for proper interpretation. The requirement for highly skilled personnel to operate and analyze the data presents a major challenge.
3. *Regulatory and Standardization Issues*: Standardized protocols for employing NGS in Halal food and pharmaceutical product testing are still in development. Establishing consistent guidelines across countries, Muslim communities, and certification bodies is essential to ensure the reliability and acceptance of results.
4. *Detection of Processed or Transformed Adulterants*: NGS technology may struggle to identify adulterants that have undergone extensive processing or heat treatment, which could limit its effectiveness in detecting certain types of contamination.

4.5 Future Perspectives

The future of NGS in Halal pharmaceuticals and Halal food testing is undeniably promising. Its capacity to detect diverse genetic adulterants, accurately identify mixed species, and provide detailed ingredient composition profiles makes it an essential tool in combating fraud and mislabeling across pharmaceuticals, cosmetics, food, and other Halal-certified products. As sequencing technologies continue to advance, NGS is expected to become more cost-effective and user-friendly. However, challenges such as high costs, complex data analysis, and regulatory compliance must be addressed. Enhanced bioinformatics tools and machine learning algorithms will play a critical role in streamlining data analysis and maximizing the potential of NGS use in these fields.

5 Isothermal Nucleic Acid Amplification Techniques (INAATs)

5.1 Background

Isothermal Nucleic Acid Amplification Techniques (INAATs) are a set of molecular biology methods that amplify nucleic acids (DNA or RNA) at a fixed temperature, eliminating the thermal cycling needed in polymerase chain reaction (PCR) (Notomi et al. 2000; Rolando et al. 2024). These techniques are especially useful in situations that demand quick, portable, and resource-efficient diagnostic tools, such as point-of-care testing and field studies (Rolando et al. 2024). Isothermal techniques are gaining popularity due to their simplicity and ability to deliver accurate results in varied and resource-constrained environments. INAATs can detect non-Halal contaminants, such as porcine DNA in medicine and pharmaceutical products. LAMP assays, for example, have been used to identify porcine-derived gelatine in capsules with high sensitivity and specificity (Cai et al. 2020; Tasrip et al. 2021).

5.2 Methods

In recent years, various Isothermal Nucleic Acid Amplification Techniques (INAATs) have been developed, with two of the most prominent being Loop-Mediated Isothermal Amplification (LAMP) and Recombinase Polymerase Amplification (RPA). These techniques belong to a broader category of INAAT methods, which also include Helicase-Dependent Amplification, Nicking Enzyme Amplification Reaction, Strand Displacement Amplification, Rolling Circle Amplification, and Transcription-Mediated Amplification (Rolando et al. 2024). All INAAT methods share several common principles, including:

1. *Fixed/Constant Temperature*: Amplification occurs at a single temperature. Here there is no need for a thermocycler or any equipment more than a water bath or a heating block.
2. *Rapid Amplification*: Several INAATs can provide results in less than an hour.
3. *Sensitivity and Specificity*: Comparable to PCR, they can detect small amounts of target nucleic acids.
4. *Broad Versatility*: Adaptable to a wide range of applications, including Halal food and medicine and pharmaceutical applications.

Loop-Mediated Isothermal Amplification (LAMP) Principles:

1. Amplification requires a set of primers (inner, outer and a loop primer set) in addition to DNA polymerase with strand displacement activity.
2. Ability to produce good amount of DNA that can be detected visually (e.g., turbidity, color change) or with fluorescence.

3. Although it is primarily used for pathogen detection in clinical and agricultural samples, it is possible to use it in Halal medicine and pharmaceutical testing.

Recombinase Polymerase Amplification (RPA) Principles:

1. Amplification requires a recombinase enzyme to facilitate primer binding to the template, followed by strand displacement and DNA synthesis.
2. Functions at low temperatures (e.g., 37–42 °C) and is ideal for portable devices.
3. Useful for quick detection in resource-limited settings.
4. Capability of using Halal medicine and pharmaceutical testing.

5.3 Advantages and Applications

INAAT is a highly powerful and efficient molecular diagnostic technique. Unlike conventional PCR methods, it functions under isothermal conditions, removing the requirement for thermal cycling. Below are its key advantages and applications:

1. *Speed*: INAATs can produce results in as little as 20–60 min, compared to traditional PCR, which can take several hours.
2. *Cost-Effectiveness*: These techniques require less expensive equipment and can be performed without a need for complex laboratory setups.
3. Field Portability: INAAT devices are portable and do not require sophisticated thermal cyclers, ideal for on-site Halal compliance checks.
4. *High Sensitivity and Specificity*: Enables detection of minute quantities of non-Halal materials or contaminants.
5. *Cost-Effectiveness*: Reduces the need for extensive lab-based testing.
6. *No Need for Complex Infrastructure*: The lack of requirement for expensive and specialized equipment (such as thermal cyclers for PCR) makes INAATs an attractive option for resource-limited settings.

5.4 Limitations

INAAT methods, like LAMP (Loop-Mediated Isothermal Amplification) and RPA (Recombinase Polymerase Amplification), offer notable advantages over traditional PCR (e.g., no need for thermal cycling), they also come with certain limitations, such as:

1. *Enzyme Sourcing*: Some INAAT enzymes may be derived from non-Halal sources. It is crucial to ensure the enzymes used are Halal-certified or synthesized through permissible means.
2. *Cross-contamination Risks*: Stringent measures must be implemented to avoid false-positive results from contamination in Halal testing workflows.

3. *Detection Limits*: While INAATs are sensitive, their limits of detection might not be suitable for all medicine and pharmaceutical matrices, especially when dealing with complex products with low levels of adulteration.
4. *Complexity in Primer Design*: The design of specific primers for each adulterant can be challenging, particularly for complex adulterants or when the adulterant is not well-characterized.
5. *Regulatory Acceptance*: Despite their potential, INAATs may not yet be widely accepted by pharmaceutical regulatory bodies as standard testing methods, particularly in comparison to PCR-based methods, which have a long track record in Halal food testing.

5.5 Future Perspectives

In conclusion, INAATs provide an efficient, reliable, and practical toolset for addressing critical aspects of Halal medicine and pharmaceuticals, including quality assurance, contamination detection, and ingredient authentication. These techniques can play a pivotal role in ensuring that Halal pharmaceuticals maintain their integrity and compliance in an increasingly demanding regulatory procedure (Table 2). With continued advancements in the techniques and broader adoption in regulatory frameworks, INAATs have the potential to become a cornerstone of Halal medicine and pharmaceutical testing in the future. Their use in medicine and pharmaceutical Halal certification would become more popular if issues related to enzyme source, is solved. This may encourage the Development of Halal-Certified INAAT Kits; Kits explicitly designed for Halal industries, using Halal-certified reagents, would perhaps encourage widespread uses. Another advancement in this field is the Integration with portable devices; advances in microfluidics and biosensor technology could make INAATs even more accessible for Halal compliance verification. Furthermore, establishing standardized protocols for INAAT-based Halal testing could enhance global acceptance and reliability.

6 Clustered Regularly Interspaced Short Palindromic Repeats (CRISPR) Technology

6.1 Background

CRISPR technology is a powerful genome-editing tool that continues to evolve as an active field of research and development (Rolando et al. 2024). Its simplicity, precision, and cost-effectiveness have driven its growing popularity, facilitating extensive research and diverse applications, including its emerging role in Halal certification and standardization (Sultana et al. 2024).

CRISPR-Cas9, derived from a bacterial defense system against viral infections, functions by using a synthetic guide RNA to direct the Cas9 nuclease to specific DNA sequences (Li et al. 2023). This allows for precise cutting and subsequent genome modification, positioning CRISPR as a cornerstone technology in modern genome editing.

6.2 Methods

Target sequences are initially amplified isothermally using methods such as RPA or LAMP. Following amplification, the Cas complex—comprising an endonuclease and a guide RNA—identifies and binds to a complementary ~ 25-mer sequence within the amplified template (Rolando et al. 2024). CRISPR systems operate as a two-component system: the CRISPR array, which contains short repeat sequences interspaced with unique spacers derived from foreign DNA, and Cas proteins, which function as nucleic acid-cleaving enzymes. Among these proteins, Cas9 (from *Streptococcus pyogenes*) is the most extensively studied. In addition to Cas9, other Cas proteins, such as Cas12, Cas13, and Cas14, have been discovered, expanding CRISPR's applications to include DNA editing, RNA targeting, and molecular diagnostics (Li et al. 2023; Rolando et al. 2024).

Step 1: A single-guide RNA (sgRNA) that is complementary to the target DNA sequence is prepared.

Step 2: The Cas9 protein, guided by the sgRNA, binds to the target site near a Protospacer Adjacent Motif (PAM).

Step 3: Cas9 induces a double-stranded DNA break at the specified site.

Step 4: The cell repairs the DSB via Non-Homologous End Joining or Homology-Directed Repair, facilitating gene disruption, editing, or replacement.

6.3 Advantages and Application

CRISPR-based technology combines the benefits of isothermal amplification with enhanced reaction specificity by utilizing Cas enzymes for targeted DNA modification. Specifically, CRISPR-Cas9 systems offer a precise, efficient, and versatile platform with applications spanning from fundamental research to therapeutic development. This includes gene therapy, pharmaceutical advancements targeting disease pathways, cell line development, and drug discovery.

In molecular diagnostics, CRISPR-based tools such as SHERLOCK (Specific High-sensitivity Enzymatic Reporter unLOCKing) and DETECTR have been developed for the rapid detection of pathogens (e.g., SARS-CoV-2) and genetic biomarkers. In the realm of Halal medicine and pharmaceutical industry, this technology holds promise, particularly in pharmaceutical and cosmetics authentication processes, in addition to Halal food authentication (Wu et al. 2021, 2022), which both adhere to virtually similar guidelines.

6.4 Limitations

CRISPR technology has undoubtedly revolutionized genetic editing, but it is not without challenges. Firstly, its application in Halal medicine and pharmaceuticals is still in its infancy, if at all present, and full integration into Halal authentication processes, such as vaccine development, will likely require time. Some of the key challenges associated with its use include:

1. *Off-Target Effects*: CRISPR can sometimes binds to unintended sites in the genome, resulting in editing errors that may lead to harmful consequences, especially in therapeutic contexts.
2. *Delivery Challenges*: Delivery vectors, such as adeno-associated viruses, often trigger immune responses and have limited capacity for carrying large genetic material.
3. *Editing Efficiency*: Not all intended genetic edits are successfully incorporated, leading to a mixture of edited and unedited cells.
4. *Ethical Concerns:*There is ongoing debate about using CRISPR for non-therapeutic purposes, such as altering physical or cognitive traits.
5. *Technological Limitations*: Current CRISPR tools struggle with precise edits, particularly for complex modifications like large insertions or deletions.
6. *Cost and Accessibility*: Despite its transformative potential, CRISPR remains costly and resource-intensive, limiting its use in low-resource settings or underfunded laboratories.

6.5 Future Perspectives

Despite its growing potential, CRISPR technology faces several limitations. One key challenge is the possibility of off-target effects, as Cas enzymes may bind to and cleave unintended sites. Furthermore, the integration of LAMP-based CRISPR diagnostics is complicated by the need to conduct LAMP reactions at approximately 65 °C. This requires the use of thermostable Cas variants, which are not yet commercially available (Rolando et al. 2024). Although CRISPR systems were initially designed to enhance analytical specificity, the Cas enzyme exhibits a notable tolerance to mismatches, enabling partially matched guides and sequences to produce signals. Additionally, like other isothermal amplification techniques, CRISPR-based methods are still in active development and have not yet been widely adopted for routine diagnostics, particularly in Halal Medicine and pharmaceutical testing (Rolando et al. 2024).

7 Microarrays

7.1 *Background*

Microarray is a nucleic acid-based technique (gene chip, DNA chip, or biochip) that principally measures DNA or uses DNA as a part of its detection approach (Bumgarner 2013). Protein microarrays, which are less used particularly in species authentications, have also been developed to detect traces of proteins. Briefly, a protein microarray is probed with a complex protein solution such as a cell lysate mixture. Analysis of the resulting binding reactions using various detection systems can provide information about expression levels of particular proteins in the sample as well as measurements of binding affinities and specificities. DNA microarrays, on the other hand are more widespread, involve a DNA hybridization, where two complementary strands of a DNA are joined together by hydrogen bonds to form a double-stranded molecule and thus allow analyses of DNA or RNA molecules of identical sequences. It consists of a small chip onto which thousands of microscopic DNA or RNA, attached in an organized grid pattern (Bumgarner 2013). A significant advantage of Microarrays is its ability to simultaneously analyze a large number of samples and provide detailed information about the presence of specific genes or molecules (Bumgarner 2013).

7.2 *Methods*

1. *Collection of Samples*: A sample of the targeted ingredient suspected to be contaminated with non-Halal porcine nucleic acids, along with a non-contaminated (Halal-compliant) sample for comparison, is required.
2. *Isolation of mRNA*: RNA is isolated from the two samples by using readily available mRNA methods.
3. *Creation of Labeled cDNA*: To create complementary DNA strand (cDNA), reverse transcription of the mRNA is done. Both the samples are then incorporated with different fluorescent dyes for producing fluorescent cDNA strands. This helps in distinguishing the sample category of the cDNAs.
4. *Hybridization*: The labeled cDNAs from both samples are applied to the DNA microarray, allowing each cDNA to hybridize with its complementary strand. The array is then carefully washed to remove any unbound sequences.
5. *Data Collection and Analysis*: Data collection is performed using a microarray scanner, which includes a laser, a computer, and a camera. The laser excites the fluorescence of the cDNA, producing signals. The variation in color intensity for each spot indicates the specific gene present at that location.

7.3 Advantages and Applications

Microarrays provide significant technical benefits in the realm of Halal medicine and pharmaceuticals, particularly in verifying that medications and treatments comply with Islamic principles. Here are some of their key advantages:

1. *Sensitivity*: When it comes to sensitivity, microarrays can detect very small amounts of DNA or protein. This makes microarrays highly sensitive tools for identifying minute amounts of non-Halal contaminants or additives in targeted samples.
2. *Multiplexing Capability*: A single microarray can test for the presence of multiple contaminants simultaneously, increasing efficiency in Halal-certified testing.
3. *Rapid Results*: Microarray-based testing can provide results relatively quickly compared to traditional testing methods, which is important for Halal certifications.
4. *Non-destructive Testing*: Microarrays typically require only small sample amounts for testing.

In addition to its widespread use in research (e.g., gene expression, transcriptomes and proteomes) and medical and pathological diagnosis (e.g., genetic diseases, microbe identifications), it has the potential to be used in Halal certification and authentications (Table 2). Some of these applications may include:

1. *Species Identification of Pork and Its Derivatives*: DNA microarrays are highly effective for identifying the species of origin of meat or other animal-based products in food, medicine and pharmaceutical products. By hybridizing DNA from the targeted sample to probes specific to different species (e.g., pig, cow, chicken), a microarray can quickly determine if a product contains any non-Halal species.
2. *Detecting Cross-contaminations*: Contamination can occur through shared equipment or improper handling, leading to the unintentional inclusion of non-Halal ingredients in a food, medicine, and pharmaceutical products. DNA microarrays can detect traces of pork DNA in a product that is supposed to be Halal.
3. *Detection of Non-Halal Additives*: Such additives may include enzymes, flavors, and gelatines are often derived from non-Halal sources. By using DNA or protein microarrays, it is possible to detect traces of these additives in medicine and pharmaceutical products. For example, certain enzymes used in cheese production may be derived from animal rennet, which is not Halal if it comes from non-Halal animals. Microarray technology can help identify the specific source of the enzyme, ensuring compliance with Halal guidelines. This ensures that Halal food items are free from any non-Halal substances, including hidden pork or alcohol-based ingredients.

7.4 *Limitations*

Despite the numerous advantages of microarrays, there are several challenges and limitations associated with microarray adoption in Halal-certified testing:

1. *Cost and Limited Accessibility*: Microarray technology in general can be expensive, compared to ELISA and PCR, both in terms of equipment and the cost of testing per sample, which may limit its use in smaller-scale Halal certification.
2. *Complexity and Technical Requirements*: Preparing samples for microarray analysis is a complex process that demands specialized expertise for both executing the reaction and interpreting the results. Additionally, the results are not always reproducible or quantitative.
3. *Lengthy Technique*: The results require time to analyze and the amount of work from sample preparation until interpretation is quite long.
4. *False Positives/Negatives*: While microarrays are highly sensitive, improper handling or contamination of samples may lead to false positives or false negatives, which could undermine the accuracy of Halal certification.

7.5 *Future Perspectives*

Microarray technology holds significant potential for their application in Halal certification of food, medicine, and pharmaceutical manufacturing. By allowing for rapid, high-throughput testing of the potential inclusions of non-Halal ingredients and contaminants, microarrays can definitely add a value for supporting the integrity of Halal certification. While challenges such as cost and complexity remain, advancements in the field could make microarrays a valuable tool for Halal medicine and pharmaceutical manufacturing. A particular avenue for advancements is the development of more affordable and efficient microarray technologies, which will likely expand microarray roles in Halal certification. Advances that lead to simpler, faster testing protocols may help address the cost and complexity challenges. Additionally, the integration of microarrays with other analytical technologies, such as mass spectrometry or next-generation sequencing, could further enhance the accuracy and efficiency of Halal food testing.

8 Enzyme-Linked Immuno-Sorbent Assay (ELISA)

8.1 *Background*

The Enzyme-Linked Immunosorbent Assay (ELISA) is a widely used immunodetection technique for detecting and quantifying specific antigens, such as proteins, peptides, hormones, or antibodies in a sample. Renowned for its high sensitivity and specificity, ELISA is commonly applied in clinical diagnostics, research, and industrial settings (Lian et al. 2021; Hayrapetyan et al. 2023). The method is based on the specific interaction between an antigen and its corresponding antibody. It employs an enzyme-labeled antibody or antigen that produces a measurable signal—typically a color change—in the presence of the target molecule. ELISA holds significant potential in Halal authentication. By preparing antibodies specific to various non-Halal contaminants, this assay can effectively detect and confirm contamination, providing reliable results needed for Halal certifications.

8.2 Methods

To help authentication approaches for Halal-certified products, several biotechnology manufacturers make ELISA kits available, which allow fairly easy measurement of the targeted—contaminants with confidence, reliability, and consistency. A variety of ELISA kit types are available which include complete, ready-to-use kits as well as preoptimized reagents to design the needed approach. ELISA kits and antibody pairs can be found for a range of different species of interest in Halal food, medicine, and pharmaceutical products, including for porcine and other species. It is also possible with some venders to ask for customer-designed kits as a special service. All ELISA types need reagents, such as buffers and enzymes (e.g., horseradish peroxidase), coating material and substrates, such as plastic microplates, and antibodies and antigens.

8.2.1 Direct ELISA

This is considered the easiest method among the four main types. In direct ELISA, an antigen, which is the suspected non-Halal contaminant, is immobilized directly on the microplate and a conjugated-detection antibody binds to the target protein. Substrate is then added, producing a signal that is proportional to the amount of contaminant in the reaction. Since only one antibody is used in a direct ELISA, they are less specific than a sandwich ELISA.

Advantages:

1. It is considered affordable, quick, and simple method to use.
2. The elimination of the possibility of cross-reactivity with secondary antibody.

Disadvantages:

1. Less specific since one antibody is used.
2. Potential for high background if all proteins from a sample are immobilized in well.
3. Signal amplification is minimal.

4. Required that primary antibodies being labeled individually, which is time-consuming.

8.2.2 Indirect ELISA

This is fairly similar to the direct ELISA in that an antigen is immobilized on the microplate, but this one includes an additional amplification detection step. First, an unconjugated primary detection antibody is added and binds to the specific antigen. A conjugated secondary antibody directed against the host species of the primary antibody is then added. Substrate then produces a signal proportional to the amount of antigen bound in the well.

Advantages:

1. Amplification using a secondary antibody, which gives a higher sensitivity than the direct ELISA.
2. It is still easy, flexible, and affordable.

Disadvantages:

1. Potential for cross-reactivity due to the presence of the secondary antibody, which increases the potential of non-specific signals.
2. Require little bit more time, as an extra incubation step is required.

8.2.3 Sandwich ELISA

This type is considered the most common among the four types of ELISA. Two specific matched antibody pairs are used to sandwich the targeted contaminant (antigen). First the antibody is captured by coating on a microplate, sample is added, and the protein of interest binds and is immobilized on the plate. A conjugated-detection antibody is then added and binds to an additional epitope on the target protein. Substrate is added and produces a signal that is proportional to the amount of contaminant present in the sample. Sandwich ELISAs are highly specific, since two antibodies are required to bind to the targeted non-Halal contaminant.

Advantages:

1. Highest specificity and sensitivity.
2. Compatible with complex sample (or crude/impure) contaminants.

Disadvantages:

1. Longer protocol, challenging to develop.
2. Risk of false-positive results, need validation.

8.2.4 Competitive ELISA

Competitive ELISAs are better suited for the detection of small non-Halal ingredients. For example, protein contaminants that are not big enough to be effectively captured by the two antibodies in a sandwich format, competitive ELISA proves more sensitive than other types. Like a sandwich ELISA, a capture antibody is coated onto a microplate. However, instead of using a conjugated-detection antibody, a conjugated antigen is rather used to compete for binding with the antigen in the sample. The greater the amount of antigen in the sample, the less conjugated antigen will bind to the capture antibody. A substrate is then added, and the resulting signal is inversely proportional to the amount of protein in the sample.

Advantages:

1. Ability to quantitate small molecules.
2. It has a high sensitivity.
3. Flexible and sensitive for small contaminants.

Disadvantages:

1. Less specific since you only one antibody is used.
2. Requires a conjugated antigen.

8.3 Advantages and Applications

Enzyme-Linked Immuno-Sorbent Assay (ELISA) has been frequently used as an authentication approach in the detection of non-Halal ingredients in food, medicine and pharmaceutical products (Ayaz et al. 2006; Mandli et al. 2018; Raja Nhari et al. 2019; Hayrapetyan et al. 2023). Usually targeting non-nucleic acid contaminants, allowing the possibility of covering a wider scope than the conventional PCR which is mainly restricted to nucleic acids. Its applications exceed detection of adulterations in Halal food to also cover Halal medicine, pharmaceuticals, cosmetics, and other healthcare products. ELISA can be used to detect protein contaminants, such as enzymes (e.g., pepsin from porcine), blood, gelatine, or lard, which is used in the manufacturing of several medicine and pharmaceutical products. Pharmaceutical and cosmetic products including tablets, soft and hard capsules, vitamin coating, blood plasma substitutes, gel-forming component in dental pharmaceuticals, vaccines, thickeners in liquid dosage forms, ointments for mucosal membranes of the mouth, soaps, shaving creams, gelatine sponges, pastilles, globules, chemical additives, and other baked goods etc. This method is a biochemical technique that is widely used in diagnostics based on the availability of antibodies raised against the targeted ingredient (Doi et al. 2009; Mandli et al. 2018). It is dependent on the specific binding between the targeted contaminant and its corresponding antibody. The assay uses an enzyme linked to the antibody-antigen to produce a detectable color signal, that indicates the presence of the target ingredient.

8.4 Limitations

Despite its many advantages, ELISA has several limitations, including:

1. Sample Quality: Degraded samples can yield inaccurate results.
2. Detection Range: ELISA is less effective at detecting very low concentrations of contaminants.
3. Cross-reactivity: Antibody cross-reactivity may result in false-positive outcomes.
4. Limited Multiplexing: Standard ELISA can measure only one analyte per well. Advanced techniques like multiplex immunoassays are needed for the simultaneous detection of multiple targets.
5. Susceptibility to Operator Errors: Variations in pipetting, incubation times, or washing steps—particularly in manual setups—can lead to errors.

8.5 Future Perspectives

ELISA's sensitivity, specificity, and adaptability make it an ideal choice for the detection of non-Halal substances such as pork proteins, alcohol, vaccines, drugs, cosmetics, and prohibited additives. While ELISA is traditionally utilized in Halal food adulterations, its role in medicine and pharmaceutical industries is essential, especially in developing and testing pharmaceutical products. The application of ELISA in Halal medicine and pharmaceutical requires careful consideration of appropriate protocols to deal which detection limits and cross-reactivity. Perhaps, ELISA technologies need to consider developing a specific kit for Halal certification and approaches that can handle multiple ingredients at the same time, similar to a multiplex ELISA.

9 Conclusions

Molecular diagnostics are set to transform Halal medicine and pharmaceutical testing by offering highly accurate, rapid, and cost-effective methods for verifying pharmaceutical compliance with Halal standards. Advances in bioinformatics, DNA sequencing, robotics, biosensor technologies, nucleic acid preparations, and the integration of artificial intelligence and machine learning are accelerating this progress, enabling faster, more precise, and efficient Halal authentication methods.

Despite their groundbreaking accuracy, molecular diagnostics face challenges such as high costs for advanced tools and a lack of standardized global regulations. However, collaboration between scientists, Halal certification bodies, and the pharmaceutical industry can address these hurdles, paving the way for broader adoption of molecular techniques in Halal medicine and pharmaceuticals.

Emerging platforms promise greater efficiency by requiring smaller amounts of DNA and reagents, reducing costs while enabling the detection of minute contaminants. These systems are also becoming increasingly portable, facilitating their use in diverse diagnostic and field settings. The future lies in scalable, user-friendly, and affordable diagnostic technologies designed to meet stringent Halal compliance requirements, fostering trust and innovation in the global Halal pharmaceutical market.

Recent advancements in PCR-based diagnostic methods and Immuno-Sorbent Assays have significantly improved the accurate detection of non-Halal-derived substances, particularly addressing concerns related to porcine gelatine, enzymes, and other derivatives. Given the benefits of both approaches, it is likely that PCR, qPCR, and ELISA will remain the most widely accepted diagnostic techniques for Halal authentication for the foreseeable future. Artificial intelligence-powered algorithms and machine learning models further enhance efficiency by analyzing large molecular datasets to identify Halal and non-Halal markers. Point-of-care testing devices equipped with molecular sensors provide real-time Halal compliance verification, benefiting pharmaceutical manufacturing and supply chain monitoring. Additionally, blockchain technology ensures transparent documentation and traceability of Halal-certified ingredients, strengthening trust across the industry.

Acknowledgements The authors declare that no funds, grants, or other support was received during the preparation of this manuscript.

Conflict of Interest The authors declare no conflicts of interest.

References

Akbar J, Gul M, Jahangir M, Adnan M, Saud S, Hassan S, Nawaz T, Fahad S (2023) Global trends in halal food standards: a review. Foods 12:4200. https://doi.org/10.3390/foods12234200

Alwi Z (2019) Halal analysis principle for food and pharmaceutical: a case study of gelatin. AICIS 2019, October 01-04. Jakarta, Indonesia Copyright © 2020 EAI. https://doi.org/10.4108/eai.1-10-2019.2291692

Ang WC, Khadir NA, Lahazir NAS, Baharudin AH (2024) Understanding Halal pharmaceuticals: views from outpatients in a Malaysian state hospital. Med J Malays 79(5):512–516 PMID: 39352151

Aprilia P, Ummami R, Airin CM, Aziz F, Astuti P (2022) Comparison of ELISA and PCR assays for detection of pork adulteration in halal-labelled beef products. J Food Qual Hazards Control 9:112–117. https://doi.org/10.18502/jfqhc.9.2.10648

Ayaz Y, Ayaz ND, Erol I (2006) Detection of species in meat and meat products using enzyme-linked immunosorbent assay. J Muscle Foods 17(2):214–220. https://doi.org/10.1111/j.1745-4573.2006.00046

Bumgarner R (2013) DNA microarrays: types, applications and their future. Curr Protoc Mol Biol 22:1. https://doi.org/10.1002/0471142727.mb2201s101

Cai H, Gu X, Scanlan MS, Ramatlapeng DH, Lively CR (2012) Real-time PCR assays for detection and quantification of porcine and bovine DNA in gelatin mixtures and gelatin capsules. J Food Compos Anal 25:83–87. https://doi.org/10.1016/j.jfca.2011.06.008

Cai S, Kong F, Xu S (2020) Detection of porcine-derived ingredients from adulterated meat based on real-time loop-mediated isothermal amplification. Mol Cell Probes 53:101609. https://doi.org/10.1016/j.mcp.2020.101609

Che Man Y, Mustafa S, Khairil Mokhtar NF, Nordin R, Sazili AQ (2011) Porcine-specific polymerase chain reaction assay based on mitochondrial D-loop gene for identification of pork in raw meat. Int J Food Prop 15(1):134–144. https://doi.org/10.1080/10942911003754692

Doi H, Watanabe E, Shibata H, Tanabe S (2009) A reliable enzyme-linked immunosorbent assay for the determination of bovine and porcine gelatin in processed foods. J Agric Food Chem 57:1721–1726

El-Batawy M, Zahran AS, Madkor SA, Smith CJ (1993) Development of an enzyme-linked immunosorbent assay (ELISA) for the detection of porcine pepsin as a milk clotting enzyme. Food Hydrocolloids 5:57–60

Fadzlillah NA, Che Man YB, Aizat Jamaludin M, Rahman SA, Al-Kahtani H (2011) Halal food issues from Islamic and modern science perspectives. In: 2011 2nd International conference on humanities, historical and social sciences IPEDR © (2011) IACSIT Press. Singapore vol 17

Fathima AM, Rahmawati L, Windarsih A, Suratno S (2024) Advanced halal authentication methods and technology for addressing non-compliance concerns in halal meat and meat products supply chain: a review. Food Sci Anim Resour 44(6):1195–1212. https://doi.org/10.5851/kosfa.2024.e75

Gul M, Akbar J, Ikramullah M, Hayat Khan M (2020) A research overview of challenges in the global halal market. Ilkogretim Online Elem Educ Online 19(4):7893–7903. https://doi.org/10.17051/ilkonline.2020.04.765186

Hassan M, Hussain D, Kanwal T, Xiao HM, Ghulam Musharraf S (2024) Methods for detection and quantification of gelatin from different sources. Food Chem 438:137970. https://doi.org/10.1016/j.foodchem.2023.137970. Epub 2023 Nov 17 PMID: 37988934

Haynes E, Jimenez E, Pardo MA, Helyar SJ (2019) The future of NGS (next generation sequencing) analysis in testing food authenticity. Food Control 101:134–143

Hayrapetyan H, Tran T, Tellez-Corrales E, Madiraju C (2023) Enzyme-linked immunosorbent assay: types and applications. Methods Mol Biol 2612:1–17. https://doi.org/10.1007/978-1-0716-2903-1_1. PMID: 36795355

Hendrickson OD, Zvereva EA, Dzantiev BB, Zherdev AV (2023) Highly sensitive immunochromatographic detection of porcine myoglobin as biomarker for meat authentication using prussian blue nanozyme. Foods 12(23):4252. https://doi.org/10.3390/foods12234252.PMID:38231679; PMCID:PMC10706380

Herdiana Y, Sofian FF, Shamsuddin S, Rusdiana T (2023) Towards halal pharmaceutical: exploring alternatives to animal-based ingredients. Heliyon 10(1):e23624. https://doi.org/10.1016/j.heliyon.2023.e23624. PMID: 38187251; PMCID: PMC10770512

Hossain MAM, Uddin SMK, Sultana S, Wahab YA, Sagadevan S, Johan MR, Ali ME (2022) Authentication of Halal and Kosher meat and meat products: analytical approaches, current progresses and future prospects. Crit Rev Food Sci Nutr 62(2):285–310. https://doi.org/10.1080/10408398.2020.1814691. Epub 2020 Sep 11 PMID: 32914638

Hussain A (2024) Exploring the concepts of halal and non-halal in Islam and their scientific perspective: a systematic literature review. J Halal Ind Serv 7(1):a0000559. https://doi.org/10.36877/jhis.a0000559

Isa RM, Man S, Rahman NNA, Aziz A (2023) Determinants of consumer adoption of halal cosmetics: a systematic literature review. J Cosmet Dermatol 22(3):752–762. https://doi.org/10.1111/jocd.15486. Epub 2023 Jan 26 PMID: 36700377

Jaluria P, Konstantopoulos K, Betenbaugh M, Shiloach J (2007) A perspective on microarrays: current applications, pitfalls, and potential uses. Microb Cell Fact 6:4. https://doi.org/10.1186/1475-2859-6-4.PMID:17254338;PMCID:PMC1796898

Kappel K, Gadelmeier A, Denay G, Gerdes L, Graff A et al (2023) Detection of adulterated meat products by a next-generation sequencing-based metabarcoding analysis within the framework of the operation OPSON X: a cooperative project of the German National Reference Centre for

Authentic Food (NRZ-Authent) and the competent German food control authorities. J Consum Prot Food Saf 2023(18):375–391. https://doi.org/10.1007/s00003-023-01437-w

Kashim MI, Haris AA, Mutalib SA, Anuar N, Shahimi S (2023) Scientific and Islamic perspectives in relation to the Halal status of cultured meat. Saudi J Biol Sci 30(1):103501. https://doi.org/10.1016/j.sjbs.2022.103501

Khatun MA, Hossain A, Hossain MS, Munshi MK, Huque R (2021) Detection of species adulteration in meat products and Mozzarella-type cheeses using duplex PCR of mitochondrial cyt b gene: a food safety concern in Bangladesh. Food Chem: Mol Sci 2:100017

Kim Y, Lee H-S, Lee K-G (2022) Detection of porcine DNA in Korean processed foods by real-time PCR. Food Sci Biotechnol 32(1):21–26. https://doi.org/10.1007/s10068-022-01169-x

Li T, Yang Y, Qi H et al (2023) CRISPR/Cas9 therapeutics: progress and prospects. Signal Transduct Target Therapy 8:36. https://doi.org/10.1038/s41392-023-01309-7

Lian Z, Liu J, Liu P, Zhu Z, Yao X, Yuan L, Hu D, Jiang Y, Chen C, Chen N, Li X (2021) Development and application of an indirect ELISA for the detection of antibody to porcine circovirus 4 in pigs. Transbound Emerg Dis 68(6):2975–2979. https://doi.org/10.1111/tbed.14267. Epub 2021 Aug 11 PMID: 34328270

Majdina Nordin FN, Radzi CWJWM (2021) Religion and cosmetics: guidelines for preparing products aimed at the Muslim world based on the interpretation of halal cosmetics in Malaysia. J Cosmet Sci 72(2):139–154

Malik A, Sutantyo ML, Hapsari I, Sinurat AV, Purwati EM, Jufri M, Suryadi H (2016) Simultaneous identification and verification of gelatin type in capsule shells by electrophoresis and polymerase chain reaction. J Pharm Investig 46(5):475–485. https://doi.org/10.1007/s40005-016-0245-0

Mandli J, El Fatimi I, Seddaoui A (2018) Amine, enzyme immunoassay (ELISA/immunosensor) for a sensitive detection of pork adulteration in meat. Food Chem 255:380–389. https://doi.org/10.1016/j.foodchem.2018.01.184

Mohd Jenol NA, Ahmad Pazil NH (2023) Halal or non-halal? The COVID-19 vaccine discussion among twitter users in Malaysia. J Relig Health 62(4):2933–2946. https://doi.org/10.1007/s10943-023-01798-4. PMID: 36964281; PMCID: PMC10038381

Montiel-Sosa JF, Ruiz-Pesini E, Montoya J, Roncales P, Lopez-Perez MJ, Pérez-Martos A (2000) Direct and highly species-specific detection of pork meat and fatin meat products by PCR amplification of mitochondrial DNA. J Agric Food Chem 48:2829–2832

Mortas M, Awad N, Ayvaz H (2022) Adulteration detection technologies used for halal/kosher food products: an overview. Discov Food 2(1):15. https://doi.org/10.1007/s44187-022-00015-7

Mostafa AA, Abu-Hassiba AG, Elrouby MT, Abou-Hashim FA, Omar HS (2022) Food adulteration with genetically modified soybeans and maize, meat of animal species and ractopamine residues in different food products. Electron J Biotechnol 55:65–77

Muflihah M, Hardianto A, Kusumaningtyas P, Prabowo S, Hartati YW (2023) DNA-based detection of pork content in food. Heliyon 9(3):e14418. https://doi.org/10.1016/j.heliyon.2023.e14418

Mullis K, Faloona F, Scharf S, Saiki R, Horn G, Erlich H (1986) Specific enzymatic amplification of DNA in vitro: the polymerase chain reaction cold spring harbor symp. Quant Biol 51:263–273

Mustapha A, Ishak I, Zaki NNM, Ismail-Fitry MR, Arshad S, Sazili AQ (2024) Application of machine learning approach on halal meat authentication principle, challenges, and prospects: a review. Heliyon 10(12):e32189. https://doi.org/10.1016/j.heliyon.2024.e32189

Mutalib SA, Muin NM, Abdullah A, Hassan O, Mustapha WAW, Sani NA, Maskat MY (2015) Sensitivity of polymerase chain reaction (PCR)-southern hybridization and conventional PCR analysis for Halal authentication of gelatin capsules. LWT Food Sci Technol 63(1):714–719. https://doi.org/10.1016/j.lwt.2015.03.006

Ng PC, Ahmad Ruslan NAS, Chin LX, Ahmad M, Abu Hanifah S, Abdullah Z, Khor SM (2022) Recent advances in halal food authentication: challenges and strategies. J Food Sci 87(1):8–35. https://doi.org/10.1111/1750-3841.15998. Epub 2021 Dec 26 PMID: 34954819

Nikzad J, Shahhosseini S, Tabarzad M, Nafissi-Varcheh N, Torshabi M (2017) Simultaneous detection of bovine and porcine DNA in pharmaceutical gelatin capsules by duplex PCR assay for Halal authentication. DARU J Pharm Sci 25(1):3. https://doi.org/10.1186/s40199-017-0171-3

Notomi T, Okayama H, Masubuchi H, Yonekawa T, Watanabe K, Amino N, Hase T (2000) Loop mediated isothermal amplification of DNA. Nucleic Acids Res 28(12):E63. https://doi.org/10.1093/nar/28.12.e63

Nuraeni U, Malau J, Astuti RT, Dewantoro A, Apriori D, Lusiana ED, Prasetya B (2023) Droplet digital PCR versus real-time PCR for in-house validation of porcine detection and quantification protocol: an artificial recombinant plasmid approach. PLoS ONE 18(7):e0287712. https://doi.org/10.1371/journal.pone.0287712

Raja Nhari RMH, Hanish I, Khairil Mokhtar NF, Hamid M, El Sheikha AF (2019) Authentication approach using enzyme-linked immunosorbent assay for detection of porcine substances. Qual Assur Saf Crops Foods 11(5):449–457

Rohman A, Windarsih A (2020) The application of molecular spectroscopy in combination with chemometrics for halal authentication analysis: a review. Int J Mol Sci 21(14):5155. https://doi.org/10.3390/ijms21145155.PMID:32708254;PMCID:PMC7403989

Rolando JC, Melkonian AV, Walt DR (2024) The present and future landscapes of molecular diagnostics. Annu Rev Anal Chem 17:459–474

Sakalar E, Abasiyanik MF (2011) Qualitative analysis of meat and meat products by multiplex polymerase chain reaction (PCR) technique. Afr J Biotech 10(46):9379–9386. https://doi.org/10.5897/ajb10.1683

Salamah N, Martono S, Erwanto Y, Rohman A (2019) Porcine-specific primer based on cytochrome B by real-time polymerase chain reaction method for identification in raw meat. Adv Health Sci Res 18:139–143

Sarriff A, Abdul Razzaq HA (2013) Exploring the halal status of cardiovascular, endocrine, and respiratory group of medications. Malays J Med Sci 20(1):69–75

Satam H, Joshi K, Mangrolia U, Waghoo S, Zaidi G, Rawool S, Thakare RP, Banday S, Mishra AK, Das G, Malonia SK (2024) Next-generation sequencing technology: current trends and advancements. Biology 12:997. https://doi.org/10.3390/biology12070997

Shah H, Yusof F (2014) Gelatin as an ingredient in food and pharmaceutical products: an Islamic perspective. Adv Environ Biol 8(3):774–780

Shahimi S, Abd Mutalib S, Ismail N, Elias A, Hashim H, Kashim MI (2021) Species-specific identification of porcine blood plasma in heat-treated chicken meatballs. Saudi J Biol Sci 28(4):2447–2452. https://doi.org/10.1016/j.sjbs.2021.01.043

Song W, Feng Y, Zhang J, Kong D, Fan J, Zhao M, Hua L, Xiang J, Tang X, Xiao S, Peng Z, Wu B (2024) Development of a multiplex reverse transcription-quantitative PCR (qPCR) method for detecting common causative agents of swine viral diarrhea in China. Porcine Health Manage 10(1):12. https://doi.org/10.1186/s40813-024-00364-y

Sultana S, Azlan A, Mohd Desa MN, Mahyudin NA, Anburaj A (2024) A review of CRISPR-Cas and PCR-based methods for the detection of animal species in the food chain-current challenges and future prospects. Food Addit Contam Part A Chem Anal Control Expo Risk Assess 41(3):213–227. https://doi.org/10.1080/19440049.2024.2304577. Epub 2024 Jan 29 PMID: 38284970

Tasrip NA, Mohd Desa MN, Khairil Mokhtar NF, Sajali N, Mohd Hashim A, Ali ME, Kqueen CY (2021) Rapid porcine detection in gelatin-based highly processed products using loop mediated isothermal amplification. J Food Sci Technol 58(12):4504–4513. https://doi.org/10.1007/s13197-020-04932-2

Tedjakusuma AP, Au Yong HN, Andajani E, Mohamad ZZ (2023) Intention to purchase halal health supplement online: lessons learned from the health crisis. Heliyon 9(9):e19840. https://doi.org/10.1016/j.heliyon.2023.e19840

Usman I, Sana S, Afzaal M, Imran A, Saeed F, Ahmed A, Shah YA, Munir M, Ateeq H, Afzal A, Azam I, Ejaz A, Nayik GA, Khan MR (2023) Advances and challenges in conventional and modern techniques for halal food authentication: a review. Food Sci Nutr 12(3):1430–1443. https://doi.org/10.1002/fsn3.3870

Wahyudi A, Utami CR, Monasyifa R, Pratiwi SA, Ali B, Muhammad A, Srifyan JH (2023) Halal certification of drugs and food in normative and health review. Solo Int Collab Publ Soc Sci Human 1(3):154–162. https://doi.org/10.61455/sicopus.v1i01.56

Windarsih A, Riswanto FDO, Bakar NKA, Yuliana ND, Dachriyanus AR (2022) Detection of pork in beef meatballs using LC-HRMS based untargeted metabolomics and chemometrics for halal authentication. Molecules 27(23):8325. https://doi.org/10.3390/molecules27238325.PMID:36500423;PMCID:PMC9740294

World Population. Available online: https://countrymeters.info/en/World#religion

Wu Y, Dong Y, Shi Y, Yang H, Zhang J, Khan MR, Deng S, He G, He Q, Lv Y, Deng R (2021) CRISPR-Cas 12-based rapid authentication of halal food. J Agric Food Chem 69(35):10321–10328

Wu Y, Liu J, Li H-T, Zhang T, Dong Y, Deng S, Lv Y, He Q, Deng R (2022) CRISPR-Cas system meets DNA barcoding: development of a universal nucleic acid test for food authentication. Sens Actuators B Chem 353:131138. https://doi.org/10.1016/j.snb.2021.131138

Yusop MH, AbuBakar MF, Kamarudin KR, Mokhtar NF, Hossain MA, Johan MR, Noor NQ (2022) Rapid detection of porcine DNA in meatball using recombinase polymerase amplification couple with lateral flow immunoassay for halal authentication. Molecules 27:8122. https://doi.org/10.3390/molecules27238122

Fawzi Al-Razem is an associate professor of biochemistry and molecular biology at the College of Medicine and Health Sciences at Palestine Polytechnic University, Hebron Palestine. He earned his Ph.D. from the University of Western Ontario, Canada. His research focuses on disease diagnosis, with particular emphasis on developing diagnostic tests for detecting food contaminations and identifying genetic markers for human diseases. Dr. Al-Razem's studies also explore the isolation and detection of bacteriophages targeting various diseases and the investigation of genes related to innate immunity against metabolic disorders. He has authored numerous research articles and secured several research grants from both local and international agencies, including the World Bank and the EU. His graduate and undergraduate students have been honored with multiple prestigious awards for excellence and innovation.

Treatment

Biological Therapies: A New Frontier in Health Care

Mosaad A. Abdel-Wahhab, Engy M. Akl, Aziza A. El-Nekeety, and Fathy M. Mehaya

Abstract Biological therapies (BTs) refer to using live creatures or compounds produced from living organisms to cure illness. BTs are effective in treating a variety of diseases, such as cancer, rheumatoid arthritis, psoriasis, and inflammatory bowel disease among others. Monoclonal antibodies, vaccine therapies, cytokine therapies, gene therapies, dendritic cell-based therapies, adoptive T-cell therapies, oncolytic virus therapies, RNA oligonucleotide therapies, and DNA oligonucleotide therapies were among the most often utilized biological treatments for cancer therapy. Additionally, stem cell therapy, tissue engineering 3D bioprinting, and phytochemicals have attracted attention in recent decades. However, due to their high cost, there are huge disparities in their use internationally, in addition to some social or religious norms that may be one of the obstacles to the use of BTs. This chapter explores the Halal implications of biological therapies in medicinal chemistry, particularly in stem cell therapy, gene modification, and vaccine production, and their compliance with Islamic principles.

Keywords Biological therapy · Halal therapies · Natural products therapy · Halal pharmacology

M. A. Abdel-Wahhab (✉) · A. A. El-Nekeety
Department of Food Toxicology and Contaminants, National Research Centre, Cairo, Egypt
e-mail: ma.abdelwahab@nrc.sc.eg

E. M. Akl
Department of Fats and Oils, National Research Centre, Cairo, Egypt

F. M. Mehaya
Department of Food Technology, National Research Centre, Dokki, Cairo, Egypt

Q. Hasan et al. (eds.), *Halal Perspectives in Medicinal Chemistry*,
https://doi.org/10.1007/978-981-95-6378-4_4

1 Introduction

Biological therapy uses live organisms or their derivatives to treat ailments. Several common biological therapies used in cancer treatment included cytokine and vaccine therapies, adoptive T-cell and dendritic cell-based therapies, monoclonal antibodies, gene therapies, oncolytic virus therapies, DNA and RNA oligonucleotide therapies. Over fifty percent of biological therapy is dependent on the immune system, with the remainder focused on cell signaling. As a result, the immune system plays an important role in biological therapies, determining therapeutic outcomes. Biological therapies attack cancer cells by boosting immune system function. Since their launch in the late 1990s, biologics have significantly improved patient outcomes, including symptoms, job productivity, and quality of life (Isaacs et al. 2016). Despite the risk of infection and rare adverse events, biologics have a favorable benefit-to-risk ratio. Registry studies confirm their long-term safety and tolerability (Garcia-Doval et al. 2017). Today, one-quarter of the world's population is Muslim. This figure is projected to increase by 35% over the next two decades, from 1.6 billion to 2.2 billion by 2030 (PRC 2011). Even in markets where Muslims constitute a minority when measured by GDP at buying price parity, major or developed countries such as the USA, Russia, the UK, Germany, and France are among the top ten economies with Muslim purchasing power (Hunter 2012). However, from the standpoint of Muslim customers, the demand is whether a medicine is halal or allowed in Islam. For Muslims, halal status ensures that a product is free of banned elements like pork and alcohol. Furthermore, it ensures the customer that the product was prepared and processed with halal pharmaceutical-specific equipment. It is also expected that any animal products or derivatives are obtained from animals slaughtered by Islamic law (Halim and Salleh 2012). The greatest challenge for biological therapies for Muslims may be the necessity to have a well-regulated and standardized accreditation and halal management system that is internationally acceptable. In this chapter, we reviewed previous research and methodologies used in biological therapies to provide an overview of possible applications for enhancing treatment and diagnostics, as well as challenges associated with their development and wider deployment from a halal perspective.

2 Types of Biological Therapies

2.1 *Monoclonal Antibodies and Chimeric Antigen Receptor Therapy*

2.1.1 Monoclonal Antibodies (mAbs)

Monoclonal antibodies (mAbs) are proteins produced in a laboratory to boost the immune system. mAbs therapies are most often given as intravenous solutions, generally in an infusion facility. Table 1 shows some examples of FDA-approved monoclonal antibody therapies. Nowadays mAb-based immunotherapy is a major modality in cancer treatment besides chemotherapy, radiation, and surgery. It is approved for a plethora of cancers, either solid tumors or blood-based malignancies, whereas antibodies can directly target tumor cells and elevate the induction of long-term anti-tumor immune reactions so that it is considered a modern cancer treatment approach that will have major impacts on cancer care (Kumar et al. 2020). Current studies have revealed that antibody-dependent cellular cytotoxicity represents a major role in mediating mAb responses and hence an engineering approach that increases antibody-dependent cellular cytotoxic activity that acts as a promising future approach. Combinations of tumor-targeted mAbs with immune checkpoint blockade have elucidated that there are various methods to maximize the clinical impact of mAb therapy (Zahavi and Weiner 2020). Moreover, mutations of both the antibody target and any associated signaling pathways are essential biomarkers of mAb activity and resistance. Trastuzumab, the first monoclonal anti-cancer antibody effective against solid tumors, is well tolerated in patients. The mechanism leading to TNF resistance in most tumor cell lines showed that macrophages destroy tumor cells primarily by secreting TNF (Alim et al. 2024).

2.1.2 Chimeric Antigen Receptor (CAR)

In the past decade, chimeric antigen receptor T-cell therapy has been developed (Wu et al. 2020). CART cell therapy is a promising approach to immunotherapy that harnesses the power of the body's immune system in treating hematological cancer. It has demonstrated promise in the treatment of chronic lymphocytic leukemia (CLL), diffuse large B-cell lymphoma (DLBCL), and mantle-cell lymphoma (Davids et al. 2022). CART treatment involves reprogramming autologous T lymphocytes or other immune cells (such as natural killer cells, dendritic cells, or macrophages) to recognize, eliminate, or modify target cells. There are five generations of CART cells. First-generation CART cells are produced when a single-chain fragment variable (scFv) of an antibody binds to a transmembrane domain and an intracellular signaling unit known as chain CD3 zeta (Fig. 1).

Table 1 FDA approval of certain monoclonal antibodies in the 2020s

Name trade	Name target	Antigen	Antibody format	Indication	FDA approval date
Isatuximab	Sarclisa	CD38	Chimeric IgG1	Multiple myeloma	2020
Sacituzumab govitecan	Trodelvy	TROP-2	Humanized IgG1 ADC	Triple-negative breast cancer	2020
Tafasitamab	Monjuvi	CD19	Humanized IgG1	Diffuse large B-cell lymphoma	2020
Belantamab mafodotin	BLENREP	BCMA	Humanized IgG1 ADC	Multiple myeloma	2020
Naxitamab	DANYELA	GD2	Humanized IgG1	High-risk neuroblastoma and refractory osteomedullary disease	2020
Dostarlimab	Jemperli	PD-1	Humanized IgG4	Endometrial cancer	2021
Amivantamab	Rybrevant	EGFR, cMET	Human bispecific IgG1	NSCLC with EGFR exon 20 insertion mutations	2021
Loncastuximab tesirine	Zynlonta	CD19	Humanized IgG1 ADC	Diffuse large B-cell lymphoma	2021

Therefore, mAb active scFv element activates the modified T cells and improves recognition of the particular epitope on target cells. Hence, immunity is triggered independently of histocompatibility molecules complex for the same. Second-generation CART therapy has extra co-stimulating molecules (such as CD28) required for signal transduction. It reveals obvious T-cell proliferation. Third-generation CART has two stimulatory chains of CD28 and CD134 or CD137. Later generations demonstrate enhanced profit through the Akt/protein kinase B intracellular signaling pathway, which regulates the cell cycle for growth and has a longer-lasting effect when compared to the second-generation CART (Wilkins et al. 2017). The 4th generation of CART is more beneficial in solid tumor treatment because of the secretion of cytokines (Interleukin-12) in the target cells, thereby enhancing the T-cell response and host natural immunity and leading to the enucleation of antigen-negative cancer cells (Zhao and Cao 2019). However, cytokine release syndrome (CRS) and neurological events are the critical systemic inverse reactions of CART therapy. Both CRS and neurological events can be fatal. FDA has approved steroids and tocilizumab for the treatment of CART-cell-induced CRS in children. Other side effects are low blood pressure, renal damage, increased risk of infections, and hypoxia (Wilkins et al. 2017). CART cell therapy has a variety of challenges in the treatment of solid malignancies. Physical obstacles, such as surrounding stroma and

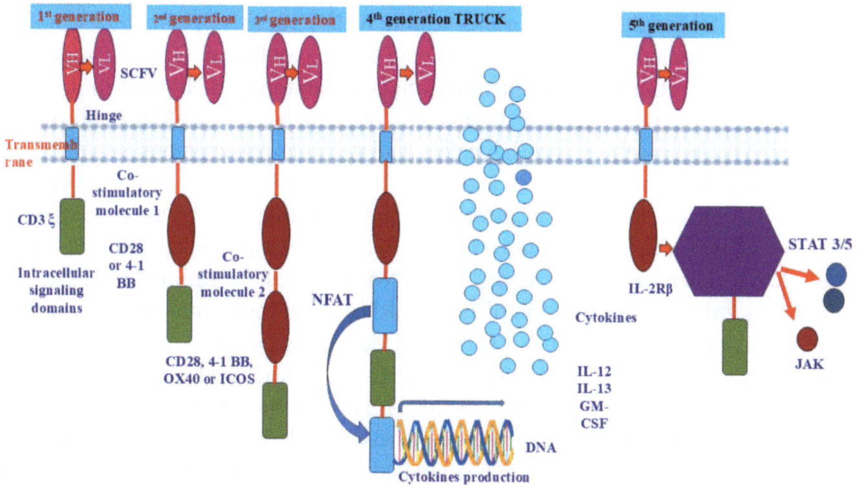

Fig. 1 Structure and generation of CART cells. From the first to the fifth CART generation. scFv with the VH and VL forms the antigen recognition domain. The transmembrane domain is depicted as the green rectangle inserted into the lipidic membrane, and the intracellular signaling domains change with each CART generation. Double chain represents DNA, blue dots cytokines production [Figure was modified after (Uscanga-Palomeque et al. 2023)]

cells, can prevent CARs from infiltrating tumors enough. To overcome these limitations, Wang et al. (2014) created FAP-CART cells to target fibroblasts in the tumor microenvironment (TME), resulting in the reduction of tumor fibroblasts and the prevention of tumor development.

2.2 *Halal Perspective for mAbs and CAR Therapy*

Because mAbs and CAR employ plasma materials, and hence, the use of innovative detection methods rather than molecularly imprinted polymer nanogels (MIP-NG)-based sensors is urgently needed to detect any porcine products in both CAR and mAbs used in chemotherapy. Such procedures are critically needed to ensure that all mAbs and CAR components are halal for Muslimas and should be evaluated as options by halal certification organizations and other stakeholders.

3 Vaccine Therapy

Globally, vaccination has played a crucial role in public health in preventing the spread of infectious diseases and reducing the impact and risk of outbreaks. It has contributed to enumerate life-threatening illnesses, including smallpox and polio

(Pollard and Bijker 2021). According to the WHO, vaccines prevent 2–3 million deaths from influenza, measles, pertussis, and tetanus each year. Because traditional vaccines require complex manufacturing methods and may be limited in development speed, scalability, and adaptation to emerging pathogens, a unique approach is required to overcome these issues. Nucleic acid vaccines based on mRNA conceived safe and versatile vaccines viable and efficient. The mRNA vaccines act a modern kind of vaccines that utilize the body's cellular machinery to create specific antigens, which will trigger the immune responses against the produced antigens (Freyn et al. 2020). There are three classes of mRNA vaccines: Traditional mRNA, self-amplifying mRNA, and trans-amplifying mRNA. The traditional mRNA contains the un-translated pieces (5′UTR, 3′UTR) and the coding pieces of mRNA that can be transcribed to one copy of immunogenic protein so it is known as the non-amplifying or non-replicating mRNA (Bloom et al. 2021). The immune response depends on the number of transcribed mRNAs, which may need a high dose of mRNA owing to its unamplified behavior that leads to repeated administration of mRNA (Bloom et al. 2021). The self-amplifying mRNA vaccine is a genetically modified mRNA formed by adding engineered replicons generated from the self-replicating RNA viruses. According to this study, both self-amplifying mRNA and trans-amplifying mRNA contain 50 and 30 conserved sequence elements (CSE) and the principal difference between them is that the self-amplifying mRNA has non-structural proteins 1–4 (nsP 1–4) sequence, whereas the trans-amplifying mRNA needs two RNA genes to be co-delivered, the mRNA without nsP 1–4 and the mRNA that encodes nsP 1–4 genes (Papukashvili et al. 2022).

3.1 *Effect of Vaccines on Infectious Diseases and Cancer Immunotherapy*

The mRNA vaccines have been developed to prevent a variety of illnesses, including infectious disorders and cancer. The FDA approved two rapid-response mRNA vaccines against COVID-19, which was a noteworthy achievement that has helped the admission of other mRNA-based vaccinations into clinical trials for diverse medicinal purposes (Barbier et al. 2022). As a result, the number of clinical studies for the mRNA vaccine has expanded dramatically in recent years.

3.2 *The mRNA Vaccines for Infectious Diseases*

The COVID-19 pandemic has stimulated significantly the potentiality of mRNA infectious disease vaccines, which have long been under development. The most eminent and extensively used models are the Pfizer-BioNTech and Moderna COVID-19 vaccines that encode the spike protein of SARS-CoV-2 to prompt an immune response against the virus (Shang et al. 2020). The mRNA vaccine protects the infected individuals from this life-minatory infection because it encodes the antigen of the spike protein. The FDA approved the first two mRNA vaccines for SARS-CoV-2, the Pfizer-BioNTech vaccine (BNT162b2) and the Moderna vaccine (mRNA-1273). Both vaccines were formulated as LNPs encapsulating the mRNA using ionizable lipids. However, two doses of BNT162b2 were confirmed to be effective at preventing hospitalizations, preventing symptomatic COVID-19, and preventing COVID-19 generally (Dagan et al. 2021).

3.3 The mRNA Vaccines Against Cancers

The targets of mRNA cancer vaccines rely on the tumor antigens to induce cellular immune responses. Tumor antigens can be distinguished into two types: tumor-specific antigens (TSA), which indicate tumor cells, and tumor-associated antigens (TAA), which refer to the antigen molecules present in normal or tumor cells (Xu et al. 2020). One mRNA cancer vaccine that targets four melanoma TAAs is the FixVac BNT111 vaccine. These include tyrosinase, melanoma antigen family A3 (MAGE A3), New York esophageal squamous cell carcinoma 1 (NY-ESO-1), and transmembrane phosphatase with tensin homology (Forchhammer et al. 2024). In a preclinical study, mRNA vaccines BNT111 prompt anti-tumor immune responses in a phase 1/2 trial, where 75% of the patients exhibited immune responses against at least one of the four TAAs following a series of eight injections, and CD8 + T-cells were critical in the T-cell responses. Additionally, mRNA vaccines BNT112 and BNT113 (i.e., individualized vaccines) are tailored to the certain mutations found in an individual patient's tumor and encode five prostate cancer-specific antigens (PAP, PSA, and three undisclosed antigens) and HPV16-derived tumor antigens (HPV16 E6 and E7 oncoproteins), respectively. Furthermore, a BNT122 is a combination vaccine that is designed to encode individual tumor mutations and a personalized set of pre-manufactured non-mutated shared tumor-associated antigens (BNT114), which is currently being estimated in clinical trials for its safety, tolerability, and performance in treatment wide range of cancer (Lorentzen et al. 2022). Many cancers, including melanoma, pancreatic cancer, and breast cancer are targeted by the different vaccinations.

3.4 Halal Perspective for Vaccine Therapy

Religious affiliation is connected with decreased vaccination rates, particularly in more strict Muslim nations. Sporadic outbreaks of vaccine-preventable illnesses such as polio, diphtheria, measles, tetanus, and pertussis have lately occurred in Muslim-majority nations owing to Muslim parents' unwillingness to vaccinate their children. The vaccine hesitancy is mostly due to the views of religious and community leaders because of the use of porcine trypsin during the manufacturing process, raising concern about the rotavirus vaccine being non-permissible (non-halal). Generally, vaccine hesitancy is widespread among Muslims and causes outbreaks of vaccine-preventable diseases. Although core Islamic teachings promote vaccination, misinterpretations by some religious leaders negatively impact Muslim attitudes and decisions regarding vaccination. Consequently, understanding core Islamic beliefs regarding vaccination is critical for public health officials when addressing issues of vaccine hesitancy and refusal among Muslims. Hence, religious leaders should be involved in decision-making regarding immunization programs, as they are instrumental in reducing vaccine hesitancy and improving community uptake of vaccinations, provided that the vaccine is halal and free of any porcine derivatives.

4 Gene Therapy

4.1 Application of Gene Therapy

Gene therapy is a promising medical technique for preventing or curing illness by repairing a faulty gene or replacing it with a healthy one. It applies in the treatment of different and incurable diseases, including cancer, hemophilia, heart disease, diabetes, and AIDS (NCI 2023). Gene therapies not only target somatic cells but also germ cells. In contrast to somatic cell gene therapy, germ cell gene therapy is non-prevalent and inheritable (Goswami et al. 2019). There are 2 possible techniques in gene therapy transfer (Fig. 2), as follows: (i) ex vivo gene therapy, which involves removing cells from the patient's body to repair genetic materials, then re-injected into the patient or (ii) in vivo gene therapy by encapsulating materials (plasmid, DNA, RNA, and antisense oligonucleotides) to alter systemically. The gene therapy approach is determined by some factors, including type of illness, target organ, fault gene, and tolerable risk of infection. One challenge associated with gene therapy is the limited availability of patients. This problem exists because of the high costs of research and development incurred by pharmaceutical corporations, academic institutions, and others in the development of these medical innovations, as well as the expectation of high returns on investment upon commercialization. Furthermore, therapies target a small number of people who suffer from scarce or ultra-quick diseases; consequently, the manufacturers' anticipation of large profits is based on high individual costs (Muigai 2022).

4.2 Challenges for Gene Therapy Application

The host immune responses, especially T lymphocyte-mediated immune responses and humoral immunological responses, are critical factors in the challenges in gene

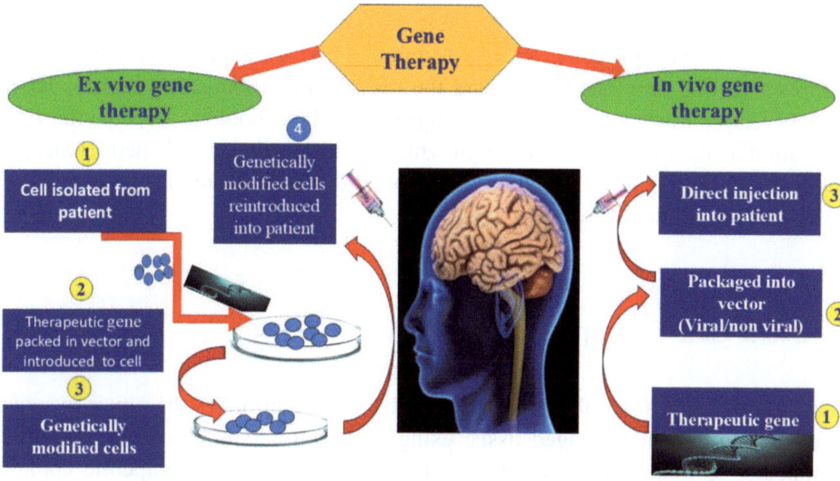

Fig. 2 Schematic of two gene therapy approaches: in vivo, and ex vivo. In in vivo therapy, genetic material is delivered directly to the patient's cells using viral or non-viral vectors. In ex vivo therapy, cells are extracted, genetically modified outside the body, and reintroduced into the patient

therapy. Some gene delivery techniques, such as viral and non-viral vectors, have the potential to stimulate the immune system. When foreign genes are transmitted into targeted tissues, viral gene products, transgene products, viral proteins produced from viral particles essential for dead-end infection, and CpG DNA in plasmids may all play crucial roles in eliciting host immune responses. Immune responses are expected to cause several challenges in gene therapy, including transitory expression of therapeutic genes, inefficient re-administration of the same vectors, and significant adverse effects in clinical trials. Though RNAi can function as a gene therapeutic agent by suppressing particular gene expression, little attention has been paid to the possible non-specific consequences that may be caused. It has been observed that small interfering RNAs (siRNAs) can elicit the host interferon response when transfected into mammalian cells. Faced with these obstacles, a variety of research have been conducted to address them, including immunosuppression, the selection of alternative delivery routes and vector doses, the use of tissue-specific promoters, and vector modification.

4.3 Halal Perspective for Gene Therapy

Gene therapy is one of the modern issues approved by Muslim jurists as long as it is done in accordance with the objectives of the Shari'ah. There are certain conditions and guidelines that govern the use of gene therapy, one of which is that there should be no harm inflicted in the course of conducting such therapy. It should be used solely for treatment purposes (i.e., it should not be used to promote destructive purposes).

Also, it is not permissible to use that gene therapy in a way that leads to any future bad effect on man's progeny. The most important principle in gene therapy should comply with the religious rulings and the overall religio-ethical system of Islam, namely Sharia. Furthermore, Muslim religious scholars should respect the marriage institution as the only channel through which family can be established. Hence, no children can be procreated without having a valid marital relationship between the prospective biological parents.

5 Stem Cell Therapies

Stem cell therapy, also called regenerative therapy, ameliorates the repair response of dysfunctional and damaged tissue using stem cells. Stem cell therapy, a novel therapeutic approach, has revolutionized medicine due to its therapeutic applications, which have provided vital and attractive choices for treating various diseases, including neurodegenerative diseases, cardiovascular diseases, fatty liver, arthritis, and cancer (Barisic and Childs 2022).

5.1 Stem Cell Classifications

There are four different kinds of stem cells (Fig. 3), embryonic stem cells (ESCs), human-induced pluripotent stem cells (hiPSCs), mesenchymal stem cells (MSCs), and neural stem cells (NSCs). The basis of this classification is the methods of cell type production and derivation. Therefore, it is necessary to understand the characteristics of the different stem cell types and the potential effect of cellular therapies on disease mechanisms. The rationale for using each type of stem cell depends on the desired implementation and outcomes because each type has individual qualities and advantages.

5.2 Stem Cell Therapy for Neurodegenerative Diseases

Neurodegenerative diseases (NDDs), including Parkinson's disease (PD), Alzheimer's disease (AD), Huntington's disease (HD), amyotrophic lateral sclerosis (ALS), and frontotemporal dementia (FTD), are a group of neurological diseases that negatively affect a certain percentage of the world's population and involve the progressive loss of neurons in the central nervous system (CNS) or peripheral nervous

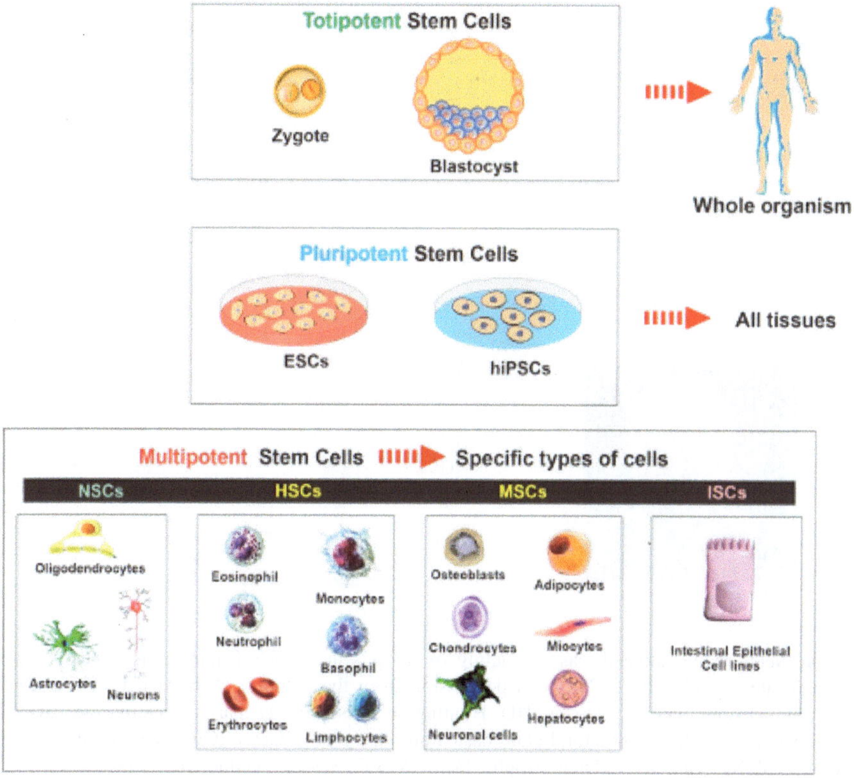

Fig. 3 Classification of stem cells: ESCs-embryonic stem cells, hiPSCs-human-induced pluripotent stem cells, NSCs-neural stem cells, HSCs-hematopoietic stem cells, MSCs-mesenchymal stem cells, ISCs-intestinal stem cells [Figure was obtained from (Sivandzade and Cucullo 2021), with permission from the authors]

system (PNS). This pathogenic process causes a gradual loss of sensation, recognition, motor neurons, and slow paralysis. Such diseases can be treated using stem cells, as these cells differentiate into neural progenitor cells (NPCs) and pluripotent stem cells, from which brain cells such as oligodendrocytes, astrocytes, and various neuronal and glial lineages can be generated. It is also noted that the trophic effect of pluripotent stem cells, including the secretion of growth factors and neurotrophins, can act as an adjuvant for neural tissue regeneration by promoting angiogenesis, neurogenesis, and immunomodulation (Fig. 4).

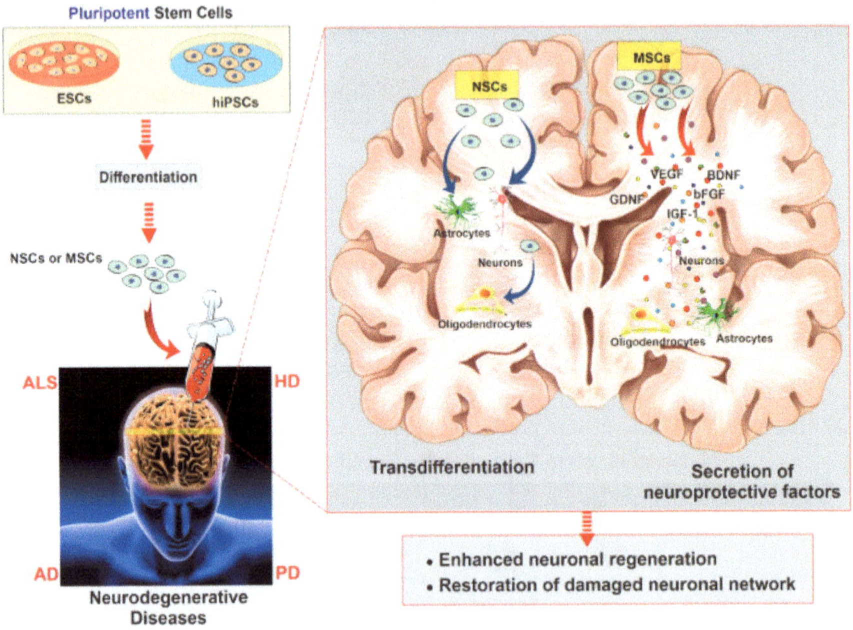

Fig. 4 Neurodegenerative disease modeling of hiPSCs and ESCs [Figure was obtained from (Sivandzade and Cucullo 2021), with permission from the authors]. AD: Alzheimer's disease, ALS: amyotrophic lateral sclerosis, HD: Huntington's disease, PD: Parkinson's disease; BDNF: brain-derived neurotrophic factor, bFGF: basic fibroblast growth factor, IGF-1: insulin-like growth factor 1, GDNF: glial-derived neurotrophic factor, VEGF: vascular endothelial growth factor

5.3 The Mechanisms of Action of Stem Cells in Neurological Disorders

Stem cells have remarkable properties that make them useful in regenerative medicine and the treatment of a variety of disorders. Their ability to produce growth hormones, move to wounded areas of the body, and differentiate into diverse cell types makes them a promising tool for organ and tissue regeneration. During transplantation, the synthesis of growth factors and chemokines allows stem cells to travel and establish themselves in injured brain areas. When stem cells differentiate into host tissue cells, they replace damaged and necrotic brain tissue at the site of injury. As shown in Fig. 5, stem cells release neuroprotective growth factors that activate various signaling pathways, enhancing differentiation, survival, and neuronal function. Stem cells use paracrine processes to minimize damage and induce endogenous cells to repair and restore neuronal function. Stem cells generate growth factors and interleukin, which influence angiogenesis, immunomodulation, and anti-inflammatory responses. Stem cells may self-renew and develop into various cell lineages. There are several types of stem cells, including neural stem cells (NSCs), embryonic stem cells (ESCs), induced pluripotent stem cells (iPSCs), and adult mesenchymal stem cells. Many

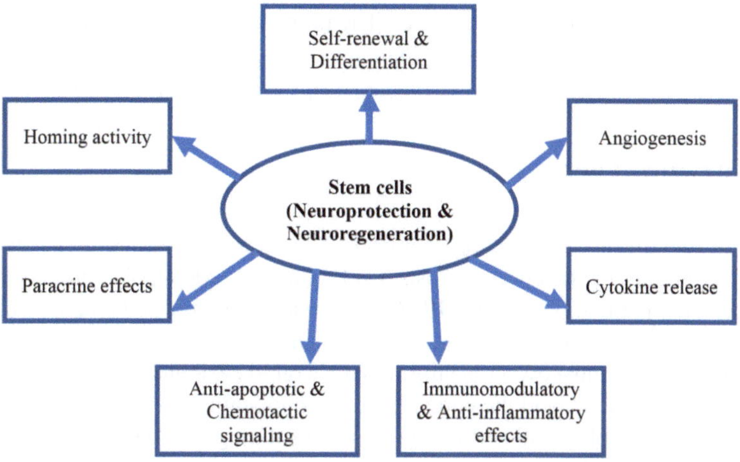

Fig. 5 Potential therapeutic actions of stem cells as "neurodegenerative and or neuroprotective" effect in neurological disorders [Figure was obtained from (Hachimi-Idrissi 2023), with permission from the author]

approaches use stem cells to provide de novo synthesis and delivery of neuroprotective growth factors (such as GDNF, BDNF, IGF-1, and VEGF) to the site. Many cancers, including melanoma, pancreatic cancer, and breast cancer are targeted by the different vaccinations.

5.4 Halal Perspective for Stem Cell Therapy

Although stem cell therapy introduces a new hope for the treatment of serious diseases, it raises complex ethical, legal, social, and religious issues. This field causes debate and challenge, not only among scientists but also among ethicists, religious scholars, governments, and politicians. In countries in which religion has a strong influence on political decision-making, the moral status of the human embryo is at the center of the debate. Because of the inevitable consequences of reproductive cloning, it is prohibited in Islam. However, stem cell research for therapeutic purposes is permissible with full consideration and all possible precautions in the pre-ensoulment stages of early fetus development, if the source is legitimate. The use of embryonic stem cells raises ethical concerns under Halal principles, as their derivation often involves embryo destruction. The use of induced pluripotent stem cells (iPSCs) could offer a Halal-compliant alternative. Human-induced pluripotent stem cells may be extracted from somatic cells without destroying embryos, eliminating the ethical issues associated with embryo destruction. However, stem cells can become malignancies during their use in therapy due to the abnormal reprogramming of human-induced pluripotent stem cells. Therefore, human-induced pluripotent stem cells should not be utilized to create human clones, germ cells, or embryos.

6 Enzymes Therapy

Enzyme therapy is an emerging approach to treating a wide range of illnesses, including metabolic disorders, fibrosis, CVD, cancer, SARS-CoV-2 infections, and its associated pathology, COVID-19. Administration of enzyme therapies occurs in different ways, such as intravenous, oral, topical, or respiratory (Robinson 2002). Enzyme therapies must overcome the enzyme's rapid clearance in vivo, unfavorable off-target interactions, and the patient's immunological response. However, several ways are being explored to address this issue, including enzyme encapsulation and modification, as well as monitoring patients' immune reactions. Enzyme encapsulation methods such as liposomes, erythrocytes, membrane vesicles, and nanoparticles improve in vivo half-life, and tissue selectivity, and reduce enzyme immunogenicity. Targeted enzyme modification technique increases functional bioavailability while decreasing immunogenicity. Finally, monitoring patients' immune responses has the potential to considerably enhance patient care in terms of safety and therapeutic performance. The microarray approach is emerging as a useful tool for better monitoring of anti-enzyme immune responses in ERT patients. Given the high therapeutic potential of enzymes as medications, additional study is needed to expand their application to treat a wide range of disorders.

6.1 Halal Perspective for Enzyme Therapy

Enzymes may deteriorate the Halal status of the product if they are sourced from non-Halal sources or made using non-Halal or questionable ingredients, even if a firm is a Halal-certified manufacturer. Therefore, investigation of the source and the production method of enzymes used in the medical therapy are crucial to ensure Halal status of the final product. The General Guidelines for Halal Industries emphasize enzymes and their labeling, indicating a step forward in enzyme regulation for Halal certification. It stipulates that enzyme utilized as raw materials, processing aids, or in finished products must be from Halal sources and be mentioned on the product label. Among all enzymes implied for medical therapy, those taken from animal organs such as the stomach may spark a heated debate among Muslims if the animals were Haram or suspected. The evaluation of halal certification takes into account both the sources used and the synthesis/fabrication process of active components and excipients. In this context, if the source is halal and the method does not include haram substances, the product is considered Halal. Halal and Haram are completely different and apparent, whereas anything in between is questionable and must be assessed. Three major points should be considered when determining the Halal status of enzymes: (a) whether the components used as processing aids or raw materials in enzyme production are prohibited or doubtful by Islam, (b) whether the enzymes were obtained from animals not permitted for consumption, such as pork, and (c) whether the enzymes were derived from animals not slaughtered in accordance with Islamic liabilities.

The majority of enzymes are produced by microorganisms; hence, specific attention is required for procedures such as fermentation in terms of processing aids and raw materials to guarantee that the end product adheres to Islamic law in order to obtain Halal certification. Some important steps must be taken before the fermentation process begins. It is vital to clean all equipment, particularly if it was previously used to create non-Halal items. Risks associated with cross-contamination with any non-Halal components, personal hygiene, and waste management must be identified and addressed accordingly. Furthermore, Halal certification for all components and processing aids utilized during manufacture is essential. Microbial cultures or bacteria can be naturally occurring or genetically engineered throughout the fermentation process. If the culture medium is Halal, then all indigenous cultures are permitted. However, if the biological organism was subjected to biotechnological treatment, the original genetic material employed for this purpose is critical. Enzymes originating from non-slaughtered animals such as pigs are not considered halal under Islamic law. To guarantee that the enzymes used in medical therapies are sourced from halal sources, enzymes produced by microorganisms through fermentation must be utilized, as long as the raw ingredients and growing medium adhere to Islamic regulations.

7 Cytokines Therapy

Cytokines are soluble proteins with a low molecular weight that are secreted by many different cells (lymphocytes, macrophages, natural killer (NK) cells, mast cells, and stromal cells). They contribute to the immune response and contain critical mediators linked with the immune system's communication network (Liu et al. 2021a, b). Cytokines have an important role in the dynamic control of immune cell maturation, development, and response, making them essential for health. They have diverse bioactivities because a single cytokine can be secreted by several cell types and operate on many cell types. Cytokine levels in various biological fluids, such as serum, saliva, blood, feces, and sweat, provide useful information for illness diagnosis, staging, and prognosis. Abnormal or excessive cytokine production can result in organ failure and death. Such as cytokine storm syndrome, which is responsible for the poor prediction of critical (COVID-19) patients (Moore and June 2020). As a result, cytokine levels are considered an essential indicator for preventing clinical disruption. Exact cytokine quantification provides valuable information in the clinical context for monitoring patient immunity and determini6, rheumatoid arthritis, sepsis, CVD, AIDS, renal injury, and cancer.

7.1 Classification of Cytokines

Cytokines are categorized into various groups, including interleukins (ILs), lymphokines, tumor necrosis factors (TNFs), monokines, interferons (IFNs), colony-stimulating factors (CSFs), and transforming growth factors (TGFs). Cytokines are classified as type 1 and type 2 based on their cellular source. Type 1 cytokines are secreted by CD4 + T-helper 1 (Th1) cells and include IL-2, IL-12, IFN-γ, and TNF-β, while type 2 cytokines are excreted by CD4 + Th2 cells and include IL-4, IL-5, IL-6, IL-10, and IL-13. They can also be classified as pro- or anti-inflammatory depending on their function.

Pro-inflammatory cytokines including IL-1β, IL-6, IL-8, IL-12, TNF-α, and interferon promote inflammation while suppressing immune cells. Anti-inflammatory cytokines, such as IL-4, IL-6, IL-10, IL-11, IL-13, IL-1 receptor antagonist (IL-1RA), and TGF-β, decrease inflammation while stimulating immune cells (Boshtam et al. 2017). Interestingly, certain cytokines (such as IL-6) can operate as both pro- and anti-inflammatory agents. These cytokine categories provide several perspectives for understanding the pathways activated by the host response. As a result, a dynamic and constantly shifting balance of pro- and anti-inflammatory cytokines plays a crucial function in the host immune system by intermediating and controlling inflammation. Pro-inflammatory cytokines contribute to the initiation and progression of autoimmune inflammation, whereas anti-inflammatory cytokines help to reduce inflammation and heal the autoimmune illness. Cytokine measurement is very effective and can give general insights into illness detection and therapy. The current methodologies have effectively demonstrated their ability to give highly crucial and time-efficient determination using various signal readouts for in vitro or in vivo deployment. Recent research has demonstrated the many functions of cytokines in immunological and inflammatory responses, as well as their stability under various settings, which is critical for accurate and realistic cytokine measurement. There are unmet demands for the creation of a system capable of performing real-time measurements with high efficiency and precision, identifying and distinguishing between many cytokines at once, and producing output signals rapidly and efficiently in a point-of-care setting. However, establishing a method that offers all of these benefits is difficult. It is fair to expect that new techniques and breakthroughs in multidisciplinary fields like as nanotechnology, biotechnology, and molecular and device engineering will result in significant improvements in cytokine quantification.

7.2 Halal Perspective for Cytokine Therapy

Dietary intervention may be effective in balancing cytokine levels in the human body and enhancing the immune response. Therefore, a complete diet can provide essential micronutrients, and nutritional supplements can be useful if necessary. Many studies have been conducted to find out the effect of food components in this regard. Therefore, following the teachings of Islam and the recommendations of the Prophet by using the medicinal plants mentioned in prophetic medicine has a major role in improving immunity and staying away from all that is forbidden in Islam from synthetic food additives. Most of these plants contain bioactive components such as alkaloids, flavonoids, tannins, phytosterols, vitamin E and iron, which are well known to induce immunomodulatory activity.

8 Medicinal Plants and Bioactive Phytochemicals in Biological Therapy

The Holy Quran mentions at least nineteen medicinal herbs. The Holy Quran references at least 19 medicinal herbs, including date palm, camphor, fig, grape, ginger, garlic, olive, lentil, onion, sweet basil, pomegranate, athel tamarisk, summer squash, arak, mustard, toothbrush tree, acacia, cedrus, cucumber, and leek. Pomegranate has hypotensive, antimicrobial, and cancer-preventive qualities. Grapes and grape seeds have been linked to a variety of cardiovascular benefits, while ginger can help with nausea and vomiting. Clinical investigations have shown that olive oil and leaves can be used to treat hypoglycemia, hypotension, low cholesterol, antiviral, antibacterial, and immunostimulant conditions. Rodríguez-Negrete et al. (2024) found that these plants have potent therapeutic activity due to their high content of bioactive phytochemicals that modulate inflammatory cytokines like prostaglandin E2, TNF-α, nitric oxide, and interleukins, leading to an anti-inflammatory effect. Epidemiological studies have linked phytochemicals to a reduced risk of developing cancer and other chronic diseases, as well as preserving good health. Rodríguez-Negrete et al. (2024) found that modulating inflammatory cytokines, such as prostaglandin E2 (a non-cytokine mediator) and TNF-α, nitric oxide, and interleukins, results in an anti-inflammatory effect. Table 2 summarizes the effects of some bioactive compounds on different cancer types and their possible mechanisms.

8.1 Selected Bioactive Phytochemicals Used in Biological Therapy

8.1.1 Epigallocatechin Gallate (EGCG)

EGCG is known for its ability to scavenge radicals, control gene expression, suppress oxidative stress, and have anti-inflammatory activities. EGCG has also been shown to boost the autophagy gene, Atg5, in acute promyelocytic leukemia cells (Moradzadeh et al. 2018), increase the expression of CD15 cells, which is a neutrophil differentiator, and may trigger apoptosis (Della Via et al. 2021). It possesses immunomodulatory and anti-angiogenic properties. EGCG inhibits the proliferation of retinoic-resistant

Table 2 Effect of some bioactive compounds on different cancer types and their possible mechanism

Bioactive compounds	Cancer types	Possible mechanism
Curcumin	Colorectal	Dose-dependent decrease in PGE2 levels decreased serum levels of TNF-α, increased expression of *p53* in colorectal tissue
	Prostate cancer	Mitogen-activated protein kinase (MAPK), epidermal growth factor receptor (EGFR), and nuclear factor κ (NFκB)
	Brain cancer and glioblastoma	Suppress glioma angiogenesis through inhibiting MMP-9 and down regulating endothelial cell markers (CD31 and CD105 mRNA) inhibits STAT3 and NF-κB and activates caspase-3
	Breast epithelial cells (H-*Ras* MCF10A)	Inhibiting of NF-κB, activator protein 1 (AP-1), cyclooxygenase II (COX-2), nitric oxide synthase, matrix metalloproteinase-9 (MMP-9), and STAT3
	Head and neck squamous cell carcinoma	Downregulate NF-κB and inhibit the interleukin-6 (IL-6)-mediated phosphorylation of STAT3,
Resveratrol	Breast cancer	↑Cellular influx of doxorubicin enhanced Dox-induced cytotoxicity in MCF-7/adr and MDA-MB-231 cells
	Lungs of nude mice	
	Colon cancer	↑The levels of miR-663 ↓Oncogenic miRNAs
	Prostate cancer cell line	NA
	HPV E6 + tumors	NA
Quercetin	Gastric cancer	↑Apoptosis ↑Necrosis Cell cycle arrest in G2/M phase
	Non-small cell Lung cancer	↓Growth ↑Apoptosis cell cycle arrest in sub-G1 phase
	Breast cancer	↓ Growth and ↓clonogenic ↑Apoptosis ↑STAT3
	Cervical cancer	↓Cancer cells proliferation, ↓migration, ↓invasion, ↑apoptosis, ↑autophagy, ↓xenograft growth and development, cell cycle arrest in G2/M phase
	Human colon Cancer cell lines	↑Wnt/β-catenin ↓Cyclin D1, ↓survivin
	HepG2 cell line inoculate BALB/c female mice	Inhibit the growth and proliferation of HepG2 cells by regulating the gene expression of cyclin D1

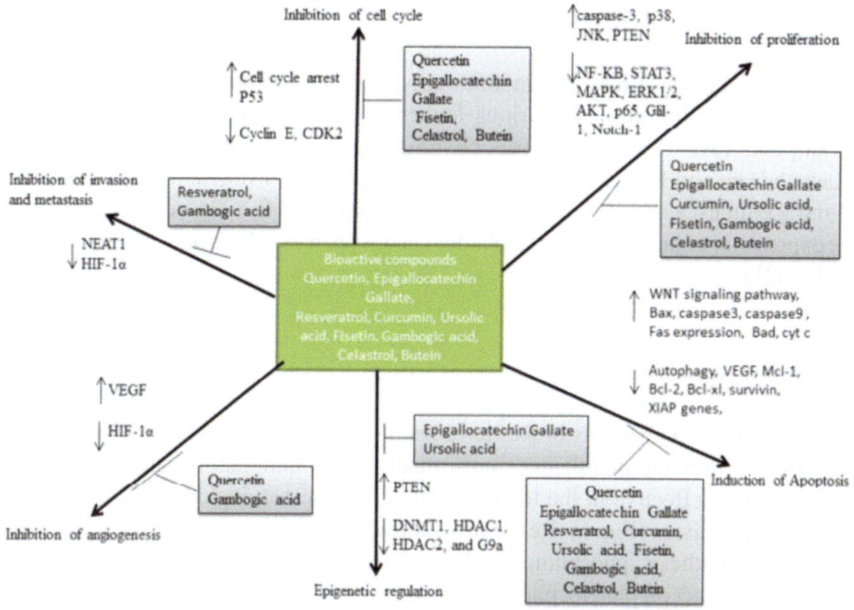

Fig. 6 Proposed molecular mechanism of selected bioactive compounds against various types of hematological cancer models [Figure was obtained from (Iweala et al. 2023) with permission from the author]. ↑ indicate downregulation and ↓ indicate upregulation

acute promyelocytic leukemia cells through mitochondria damage, ROS activation, and caspase activation, and downregulation of epigenetic modifiers such as DNMT1, HDAC1, HDAC2, and G9a in acute myelocytic leukemia cells (Borutinskaitė et al. 2018). Figure 6 depicts the hypothesized pathways for EGCG's anti-cancer effects.

8.1.2 Curcumin (Cur)

Cur is widely used in various pharmacological and therapeutic applications, including anti-inflammatory, antibacterial, anti-cancer, and antioxidant activities. Cur activates AMPK, which is required to regulate ERK1/2, p38, and COX-2 in cancer cells. The NF-κB factor regulates the production of many proteins, including interferons and cytokines and reduces the formation or differentiation of cancer cells and adipocytes, it reduces COX-2 in MCF-7 cells and decreased PPAR (peroxisome proliferator-activated receptor)-gamma in 3T3-L1 adipocytes. It is effective in ameliorating hematological malignancies through different mechanisms (Fig. 6).

8.1.3 Ursolic Acid (UA)

UA inhibits cell proliferation, induces apoptosis, and treats leukemia (Fig. 6). It inhibits cell proliferation in various leukemia cell lines including HL60, U937, Jurkat, and THP-1, and suppresses phytohemagglutinin-induced IL-2 and TNF-α (Kaewthawee and Brimson 2013). UA also revealed a considerable downregulation of intracellular-catenin levels in multiple myeloma RPMI-8226 cells and diminish the expression of target-catenin-dependent genes such as c-Myc and cyclin D1 (Song et al. 2021).

8.1.4 Resveratrol (Res)

Several therapeutic benefits of Res have been identified such as its neuroprotective, antioxidant, immunomodulatory, anti-cancer, anti-inflammatory, and anti-platelet activities. It is effective in the treatment of certain hematological malignancies via several mechanisms (Fig. 6). Res reduces intracellular calcium mobilization, thromboxane A2 synthesis, phosphoinositide breakdown, and protein kinase C activation and has an impact on platelet phospholipase C and SOCl calcium channels (Marumo et al. 2020).

8.1.5 Fisetin (Fis)

Fis is an anti-diabetic, antimicrobial, antioxidant, and anti-inflammatory (Zhang et al. 2018), and it has been shown to have anti-cancer activity against hematological malignancies through many pathways (Fig. 6). Fis regulates the expression of genes involved in apoptosis and cell proliferation, and upregulates the expression of PMAIP1, NFKBIA, GADD45B, CDKN1A, THP-1, and TFNIP genes, which decrease cell survival, restrict cell growth, and cause growth arrest (Tsai et al. 2019).

8.1.6 Quercetin (Que)

Que has anti-cancer properties by inhibiting tumor invasion, development, and metastases. Que controls a variety of signaling pathways within cancer cells. This process involves several pathways, including apoptosis, NF-κB, p53, MAPK, PI3K/AKT, JAK/STAT, and Wnt/β-catenin. Que controls not just these pathways, but also oncogenic and tumor suppressor ncRNA activity. As a result, Que is required for the elimination of cancer cells as well as the regulation of immune cell activity (Oo et al. 2022). It was reported that Que may positively regulate miR-146a, causing apoptosis and inhibiting invasion in breast cancer cells by modulating EGFR and cleaved caspase-3 expression. Que therapy is also effective in treating hematological malignancies (Fig. 6), and affect the growth of leukemia and lymphoma in different leukemia cell lines, including NB4, HL60, K562, K562, Jurkat, and Daudi (Kawahara et al. 2009). Several mechanisms have been hypothesized for the apoptotic action of quercetin, including (1) the ability of Que to demethylate DAPK1 and BCL2L11 genes, which led to the development of B-lymphoma, myelodysplastic syndrome, and acute myeloid leukemia; (2), demethylation of these pro-apoptotic genes; (3) suppression of VEGF signaling, which is an important prognostic factor in the progression of acute myeloid leukemia (Wang et al. 2015); (4) hypermethylation of DNA at the BCL2L11 promoter region leads to downregulation of the gene, which contributes to the survival of chronic myeloid leukemia, (5) autophagocytic potential, and the ability to induce cell arrest (Chang et al. 2017).

8.1.7 Gambogic Acid (GA)

GA is effective against hematological malignancies (Fig. 6), as evidenced by a considerable decrease in AKT, Erk1/2, and Stat 5 phosphorylation, indicating that GA has an influence on the primary cell growth signaling pathways. GA treatment regulates pro-apoptotic and anti-apoptotic proteins such as PARP, p53, Bcl-2, Bax, caspase-3, and cell cycle arrest in the G2/M phase (Chen et al. 2017).

8.1.8 Celastrol (Cel)

Cel has been used to treat a variety of disorders, including cancer, obesity, and neurological diseases (Ng et al. 2019). It is utilized to treat multiple myeloma because of its efficacy as a proteasome inhibitor (Mateos et al. 2013), and other hematological malignancies via several pathways (Fig. 6). Cel demonstrated antiproliferative activity in human myeloma cell lines, as shown by a rise in apoptotic cells and cell cycle arrest during the G0/G1 phase. Additionally, it suppressed caspase, trypsin, and chymotrypsin-like proteasome activities in the cells, reflecting Cel's effect on proteasome activity. It also downregulates Bcr-Abl genes, which have been identified as additional oncogenes in chronic myeloid cells and so serve as a viable therapeutic target (Lu et al. 2010). Furthermore, it activates caspase-3 and regulates pro- and anti-apoptotic genes such as Bcl-2, Bcl-Xl, survivin, XIAP, and Mcl-1.

8.1.9 Butein (But)

But it is efficacious against several hematological malignancies through multiple mechanisms (Fig. 6). It suppresses cell cycle progression by downregulating cyclin E and CDK2, while increasing caspase-3 expression (Tang et al. 2016). These alterations are mostly related to the regulation of the FOXO3a signaling pathway, which is known to induce apoptosis in cells (Yan et al. 2018). But also controls other signaling pathways, namely NF-kB, AP-1, P53, and Akt, indicating that But has pro-apoptotic potential (Ishikawa et al. 2017).

8.2 Halal Perspective for Phytochemical Therapy

People in Islam are required to take medication when they are unwell. However, the medicine used must be certified, halal, or made using halal components. Treatment is a human endeavor to cure and restore health, but the ultimate healer is God. Thus, a combination of initiative and supplication is essential. The Muslim community refers to the medical beliefs practiced throughout the early Islamic era as "Prophetic Medicine." Many traditional prophetic medicinal plants include bioactive chemicals and biological activity that may be exploited to create various medications.

9 Nanotechnology in Cancer Therapy

The development of novel nanomaterials and nanocarriers has allowed a major drive to improve drug delivery in cancer (Aslan et al. 2013). These include non-specific toxicity, which harms healthy cells alongside cancerous ones, systemic side effects that affect the entire body, and multidrug resistance, where tumors become unresponsive to treatment. Among these, nanotechnology has emerged as a cutting-edge approach in oncology, providing innovative solutions to improve the precision, efficacy, and safety of cancer treatments. Nanomedicine, the application of nanotechnology in medicine, has emerged as a transformative approach in cancer therapy offering innovative solutions such as improving the efficacy of drug delivery, minimizing systemic toxicity of conventional treatments, and enhances therapeutic outcomes in chemotherapy, radiotherapy, and immunotherapy. This section explores the role of nanotechnology in optimizing cancer treatment modalities and its potential impact on future therapeutic strategies.

9.1 Nanomedicine in Chemotherapy

Chemotherapy, a cornerstone of cancer treatment, is often associated with severe side effects due to the non-specific distribution of cytotoxic agents. Nanomedicine addresses this challenge through the development of nanocarriers, such as liposomes, polymeric nanoparticles, and dendrimers, which enable targeted drug delivery to tumor tissues. These nanocarriers exploit the enhanced permeability and retention (EPR) effect, allowing for the accumulation of therapeutic agents in the tumor microenvironment while minimizing exposure to healthy tissues (Shen et al. 2020). Recent advancements include the use of stimuli-responsive nanoparticles that release their payload in response to tumor-specific triggers, such as pH, redox potential, or enzymatic activity. For instance, pH-sensitive nanoparticles have been designed to release chemotherapeutic drugs selectively in the acidic tumor microenvironment, thereby improving therapeutic efficacy and reducing systemic toxicity (Wang et al. 2021). Additionally, the co-delivery of chemotherapeutic agents with immune-modulators using nanocarriers has shown promise in overcoming drug resistance and enhancing anti-tumor immune responses (Zhang et al. 2022).

9.2 *Nanomedicine in Radiotherapy*

Nanomedicine has introduced novel strategies to enhance the precision and efficacy of radiotherapy. One such approach involves the use of radiosensitizers, such as gold nanoparticles (AuNPs), which amplify the effects of radiation by increasing localized energy deposition within tumors (Hainfeld et al. 2020). AuNPs have been shown to improve tumor control rates while sparing normal tissues, making them a promising adjunct to conventional radiotherapy. Another innovative application is the use of nanoscale metal-organic frameworks (MOFs) as carriers for radiosensitizers and radioprotectors (Liu et al. 2021a, b). Furthermore, the integration of nanotechnology with imaging modalities, such as computed tomography (CT) and magnetic resonance imaging (MRI), has enabled real-time monitoring of radiation delivery, ensuring precise targeting of tumors (Chen et al. 2023).

9.3 *Nanomedicine in Immunotherapy*

Nanomedicine offers innovative solutions to enhance the delivery and effectiveness of immunotherapeutic agents. For example, nanoparticle-based vaccines have been developed to deliver tumor-associated antigens and adjuvants to dendritic cells, thereby stimulating robust anti-tumor immune responses (Kuai et al. 2020). Checkpoint inhibitors, a class of immunotherapeutic agents, have also benefited from nanotechnology. Nanoparticles engineered to co-deliver checkpoint inhibitors and chemotherapeutic drugs have demonstrated synergistic effects in enhancing anti-tumor immunity and overcoming resistance (Guo et al. 2021). Additionally, the use of exosomes as natural nanocarriers for immune-modulating molecules has shown potential in promoting targeted immune activation while minimizing off-target effects (Zhang et al. 2023).

9.4 *Halal Perspective for Nanotechnology Used in Biological Therapy*

The legal basis for regulating nano-based items under the Halal law framework is essential for Muslims. The halal status of a product, including nano-type, is consistent with the goal of preserving public health and well-being. Nano-based goods are regulated in the same way as conventional products are, with particular Halal monitoring and enforcement in place. This is also consistent with the notion of Halal Thoyyiban, which allows any commodities for ingesting as long as they are safe and do not cause injury. Generally, from the halal point of view, the specifications of nanomaterials used in biotherapy should be as follows:

(a) The ingredient is approved as a therapeutic under the regulations.
(b) The fraction of the dosage does not exceed the maximum residue limit.
(c) The overall fraction of ingredients does not exceed the maximum residue limitations.
(d) The medical therapy contains no more additives rather than those made under appropriate technological conditions and in accordance with sound production practices.
(e) The amount of additive present in the medical therapy is significantly lower than what is typically required to achieve an efficient technological function in its own right.
(f) The medical treatment does not contain any portion of an animal or object banned by Islamic law for Muslims to utilize, nor is it slaughtered in compliance with Islamic law.
(g) Is free from any material that is considered unclean (najs) under Islamic law.
(h) Safe for consuming, non-intoxicating, or non-hazardous under Islamic law.

10 Conclusions

Biological therapy represents a new frontier in the treatment of cancer and other serious diseases and their Halal implications. These biological therapies have shown beneficial in the treatment of cancer, neurological disorders, and infectious diseases and represent future research directions. However, from the standpoint of Islam and Muslims, these therapies must be examined to verify their Halal status, adhere to Sharia norms, and avoid suspicion. As a result, healthcare providers must develop a culturally appropriate strategy that supports Muslim patients who choose biological therapy, explains its practical application, and seeks legitimate solutions to mitigate the challenges associated with biological therapy in order to maximize benefits and protect Muslims' health, in accordance with Islamic teachings.

Acknowledgements The authors declare that no funds, grants, or other support was received during the preparation of this manuscript.

Conflict of Interest There is no conflict of interest in this work.

References

Alim LF, Keane K, Souza-Fonseca-Guimaraes F (2024) Molecular mechanisms of tumour necrosis factor signalling via TNF receptor 1 and TNF receptor 2 in the tumour microenvironment. Curr Opin Immunol 86:102409. https://doi.org/10.1016/j.coi.2023.102409

Aslan B, Ozpolat B, Sood AK, Lopez-Berestein G (2013) Nanotechnology in cancer therapy. J Drug Target 21(10):904–913. https://doi.org/10.3109/1061186X.2013.837469

Barbier AJ, Jiang AY, Zhang P, Wooster R, Anderson DG (2022) The clinical progress of mRNA vaccines and immunotherapies. Nat Biotechnol 40(6):840–854. https://doi.org/10.1038/s41587-022-01294-2

Barisic S, Childs RW (2022) Graft-versus-solid-tumor effect: from hematopoietic stem cell transplantation to adoptive cell therapies. Stem Cells (Dayton, Ohio) 40(6):556–563. https://doi.org/10.1093/stmcls/sxac021

Bloom K, van den Berg F, Arbuthnot P (2021) Self-amplifying RNA vaccines for infectious diseases. Gene Ther 28(3–4):117–129

Borutinskaitė V, Virkšaitė A, Gudelytė G, Navakauskienė R (2018) Green tea polyphenol EGCG causes anti-cancerous epigenetic modulations in acute promyelocytic leukemia cells. Leuk Lymphoma 59(2):469–478. https://doi.org/10.1080/10428194.2017.1339881

Boshtam M, Asgary S, Kouhpayeh S, Shariati L, Khanahmad H (2017) Aptamers against pro- and anti-inflammatory cytokines: a review. Inflammation 40(1):340–349. https://doi.org/10.1007/s10753-016-0477-1

Chang JL, Chow JM, Chang JH, Wen YC, Lin YW, Yang SF, Lee WJ, Chien MH (2017) Quercetin simultaneously induces G0/G1-phase arrest and caspase-mediated crosstalk between apoptosis and autophagy in human leukemia HL-60 cells. Environ Toxicol 32(7):1857–1868. https://doi.org/10.1002/tox.22408

Chen R, Zhang H, Liu P, Wu X, Chen B (2017) Gambogenic acid synergistically potentiates bortezomib-induced apoptosis in multiple myeloma. J Cancer 8(5):839–851. https://doi.org/10.7150/jca.17657

Chen X, Zhang Y, Liu Y (2023) Nanoscale metal-organic frameworks for enhanced radiotherapy. Adv Mater 35(12):2201234

Dagan N, Barda N, Kepten E, Miron O, Perchik S, Katz MA, Hernán MA, Lipsitch M, Reis B, Balicer RD (2021) BNT162b2 mRNA Covid-19 vaccine in a nationwide mass vaccination setting. N Engl J Med 384(15):1412–1423. https://doi.org/10.1056/NEJMoa2101765

Davids MS, Kenderian SS, Flinn IW, Hill BT, Maris M, Ghia P, Pinilla Ibarz J (2022) ZUMA-8: A phase 1 study of KTE-X19, an anti-cd19 chimeric antigen receptor (CAR) T-cell therapy, in patients with relapsed/refractory chronic lymphocytic leukemia. Blood 140:7454–7456

Della Via FI, Shiraishi RN, Santos I, Ferro KP, Salazar-Terreros MJ, Franchi Junior GC, Rego EM, Saad STO, Torello CO (2021) (-)-Epigallocatechin-3-gallate induces apoptosis and differentiation in leukaemia by targeting reactive oxygen species and PIN1. Sci Rep 11(1):9103. https://doi.org/10.1038/s41598-021-88478-z

Forchhammer S, Pop OT, Hahn M, Aebischer V, Seitz CM, Schroeder C, Liebmann A, Abele M, Wild H, Bien E, Kunc M, Schneider DT, Cuk K, Büttel I, Flemmig C, Peters M, Laible M, Brück P, Türeci Ö, Sahin U, Brecht IB (2024) Expression of the tumor antigens NY-ESO-1, tyrosinase, MAGE-A3, and TPTE in pediatric and adult melanoma: a retrospective case control study. Virchows Arch Int J Pathol 485(2):335–346. https://doi.org/10.1007/s00428-024-03846-0

Freyn AW, Ramos da Silva J, Rosado VC, Bliss CM, Pine M, Mui BL, Tam YK, Madden TD, de Souza Ferreira LC, Weissman D, Krammer F, Coughlan L, Palese P, Pardi N, Nachbagauer R (2020) A multi-targeting, nucleoside-modified mRNA influenza virus vaccine provides broad protection in mice. Mol Ther 28(7):1569–1584

Garcia-Doval I, Cohen AD, Cazzaniga S, Feldhamer I, Addis A, Carretero G, Ferrándiz C, Stern RS, Naldi L, Network P (2017) Risk of serious infections, cutaneous bacterial infections, and granulomatous infections in patients with psoriasis treated with anti-tumor necrosis factor agents versus classic therapies: prospective meta-analysis of Psonet registries. J Am Acad Dermatol 76(2):299-308.e16. https://doi.org/10.1016/j.jaad.2016.07.039

Goswami R, Subramanian G, Silayeva L, Newkirk I, Doctor D, Chawla K, Chattopadhyay S, Chandra D, Chilukuri N, Betapudi V (2019) Gene therapy leaves a vicious cycle. Front Oncol 9:297. https://doi.org/10.3389/fonc.2019.00297

Guo Y, Wang X, Li J (2021) Nanoparticle-mediated co-delivery of checkpoint inhibitors and chemotherapeutic agents for enhanced cancer immunotherapy. J Control Release 330:1–12

Hachimi-Idrissi S (2023) Stem cell therapy in neurological disorders: promises and concerns. Explor Neuroprot Ther 3:346–362. https://doi.org/10.37349/ent.2023.00055

Hainfeld JF, Smilowitz HM, O'Connor MJ (2020) Gold nanoparticles as radiosensitizers in cancer therapy. Radiat Res 193(4):389–400

Halim MAA, Salleh MMM (2012) The possibility of uniformity on halal standards in Organization of Islamic Countries (OIC) country. World Appl Sci J 17:6–10

Hunter M (2012) The emerging halal cosmetic and personal care market. Personal Care, 34–39

Isaacs JD, Cutolo M, Keystone EC, Park W, Braun J (2016) Biosimilars in immune-mediated inflammatory diseases: initial lessons from the first approved biosimilar antitumor necrosis factor monoclonal antibody. J Intern Med 279:41–59. https://doi.org/10.1111/joim.12432

Ishikawa C, Senba M, Mori N (2017) Butein inhibits NF-κB, AP-1 and Akt activation in adult T-cell leukemia/lymphoma. Int J Oncol 51(2):633–643. https://doi.org/10.3892/ijo.2017.4026

Iweala EJ, Oluwapelumi AE, Dania OE, Ugbogu EA (2023) Bioactive phytoconstituents and their therapeutic potentials in the treatment of haematological cancers: a review. Life (Basel, Switzerland) 13(7):1422. https://doi.org/10.3390/life13071422

Kaewthawee N, Brimson S (2013) The effects of ursolic acid on cytokine production via the MAPK pathways in leukemic T-cells. EXCLI J 12:102–114

Kawahara T, Kawaguchi-Ihara N, Okuhashi Y, Itoh M, Nara N, Tohda S (2009) Cyclopamine and quercetin suppress the growth of leukemia and lymphoma cells. Anticancer Res 29:4629–4632

Kuai R, Ochyl LJ, Moon JJ (2020) Nanoparticle-based vaccines for cancer immunotherapy. Nat Nanotechnol 15(8):646–655

Kumar M, Thangavel C, Becker RC, Sadayappan S (2020) Monoclonal antibody-based immunotherapy and its role in the development of cardiac toxicity. Cancers 13(1):86. https://doi.org/10.3390/cancers13010086

Liu Y, Zhang X, Chen Z (2021b) Stimuli-responsive nanocarriers for targeted drug delivery in cancer therapy. Nano Today 39:101223

Liu C, Chu D, Kalantar-Zadeh K, George J, Young HA, Liu G (2021) Cytokines: from clinical significance to quantification. Adv Sci (Weinheim, Baden-Wurttemberg, Germany) 8(15):e2004433. https://doi.org/10.1002/advs.202004433

Lorentzen CL, Haanen JB, Met Ö, Svane IM (2022) Clinical advances and ongoing trials on mRNA vaccines for cancer treatment. Lancet Oncol 23(10):e450–e458. https://doi.org/10.1016/S1470-2045(22)00372-2

Lu Z, Jin Y, Qiu L, Lai Y, Pan J (2010) Celastrol, a novel HSP90 inhibitor, depletes Bcr-Abl and induces apoptosis in imatinib-resistant chronic myelogenous leukemia cells harboring T315I mutation. Cancer Lett 290(2):182–191. https://doi.org/10.1016/j.canlet.2009.09.006

Marumo M, Ekawa K, Wakabayashi I (2020) Resveratrol inhibits Ca^{2+} signals and aggregation of platelets. Environ Health Prev Med 25:70. https://doi.org/10.1186/s12199-020-00905-1

Mateos MV, Ocio EM, San Miguel JF (2013) Novel generation of agents with proven clinical activity in multiple myeloma. Semin Oncol 40(5):618–633. https://doi.org/10.1053/j.seminoncol.2013.07.005

Moore JB, June CH (2020) Cytokine release syndrome in severe COVID-19. Science (New York, N.Y.) 368(6490):473–474. https://doi.org/10.1126/science.abb8925

Moradzadeh M, Roustazadeh A, Tabarraei A, Erfanian S, Sahebkar A (2018) Epigallocatechin-3-gallate enhances differentiation of acute promyelocytic leukemia cells via inhibition of PML-RARα and HDAC1. Phytother Res 32(3):471–479. https://doi.org/10.1002/ptr.5990

Muigai AWT (2022) Expanding global access to genetic therapies. Nat Biotechnol 40(1):20–21. https://doi.org/10.1038/s41587-021-01191-0

National Cancer Institute (NCI) (2023) Gene therapy. https://www.cancer.gov/publica¬tions/dictionaries/cancer-terms/def/gene-therapy. Accessed 31 May 2023

Ng SW, Chan Y, Chellappan DK, Madheswaran T, Zeeshan F, Chan YL, Collet T, Gupta G, Oliver BG, Wark P, Hansbro N, Hsu A, Hansbro PM, Dua K, Panneerselvam J (2019) Molecular modulators of celastrol as the keystones for its diverse pharmacological activities. Biomed Pharmacother 109:1785–1792. https://doi.org/10.1016/j.biopha.2018.11.051

Oo AM, Nor MNM, Lwin OM, Simbak N (2022) Flavonol quercetin: immunomodulatory and anticancer properties. Asian J Med Biomed 6(1):17–31

Papukashvili D, Rcheulishvili N, Liu C, Ji Y, He Y, Wang PG (2022) Self-amplifying RNA approach for protein replacement therapy. Int J Mol Sci 23(21):12884. https://doi.org/10.3390/ijms232112884

Pollard AJ, Bijker EM (2021) A guide to vaccinology: from basic principles to new developments. Nat Rev Immunol 21(2):83–100

Pew Research Center (PRC) (2011) The future of the global Muslim population. Pew Research Center

Robinson PJ (2002) Dornase alfa in early cystic fibrosis lung disease. Pediatr Pulmonol 34(3):237–241. https://doi.org/10.1002/ppul

Rodríguez-Negrete EV, Morales-González Á, Madrigal-Santillán EO, Sánchez-Reyes K, Álvarez-González I, Madrigal-Bujaidar, Valadez-Vega C, Chamorro-Cevallos G, Garcia-Melo LF, Morales-González JA (2024) Phytochemicals and their usefulness in the maintenance of health. Plants 13(4):523. https://doi.org/10.3390/plants13040523

Shang J, Wan Y, Luo C, Ye G, Geng Q, Auerbach A, Li F (2020) Cell entry mechanisms of SARS-CoV-2. Proc Natl Acad Sci USA 117(21):11727–11734. https://doi.org/10.1073/pnas.2003138117

Shen J, Kim HC, Mu C (2020) PH-sensitive nanoparticles for targeted drug delivery in cancer therapy. Biomaterials 250:120058

Sivandzade F, Cucullo L (2021) Regenerative stem cell therapy for neurodegenerative diseases: an overview. Int J Mol Sci 22:2153. https://doi.org/10.3390/ijms22042153

Song GR, Choi YJ, Park SJ, Shin S, Lee G, Choi HJ, Lee DY, Song GY, Oh S (2021) Root bark of *Morus alba* L. and its bioactive ingredient, ursolic acid, suppress the proliferation of multiple myeloma cells by inhibiting Wnt/β-catenin pathway. J Microbiol Biotechnol 31(11):1559–1567. https://doi.org/10.4014/jmb.2109.09002

Tang YL, Huang LB, Lin WH, Wang LN, Tian Y, Shi D, Wang J, Qin G, Li A, Liang YN, Zhou HJ, Ke ZY, Huang W, Deng W, Luo XQ (2016) Butein inhibits cell proliferation and induces cell cycle arrest in acute lymphoblastic leukemia via FOXO3a/p27kip1 pathway. Oncotarget 7(14):18651–18664. https://doi.org/10.18632/oncotarget.7624

Tsai YH, Lin JJ, Ma YS, Peng SF, Huang AC, Huang YP, Fan MJ, Lien JC, Chung JG (2019) Fisetin inhibits cell proliferation through the induction of G0/G1 phase arrest and caspase-3-mediated apoptosis in mouse leukemia cells. Am J Chin Med 47:841–863

Uscanga-Palomeque AC, Chávez-Escamilla AK, Alvizo-Báez CA, Saavedra-Alonso S, Terrazas-Armendáriz LD, Tamez-Guerra RS, Rodríguez-Padilla C, Alcocer-González JM (2023) CAR-T cell therapy: from the shop to cancer therapy. Int J Mol Sci 24:15688. https://doi.org/10.3390/ijms242115688

Wang LCS, Lo A, Scholler J, Sun J, Majumdar RS, Kapoor V et al (2014) Targeting fibroblast activation protein in tumor stroma with chimeric antigen receptor T cells can inhibit tumor growth and augment host immunity without severe toxicity. Cancer Immunol Res 2:154–166

Wang L, Zhang W, Ding Y, Xiu B, Li P, Dong Y, Zhu Q, Liang A (2015) Up-regulation of VEGF and its receptor in refractory leukemia cells. Int J Clin Exp Pathol 8(5):5282–5290

Wang Y, Zhang L, Li X (2021) Co-delivery of chemotherapeutic agents and immune-modulators using nanocarriers for enhanced cancer therapy. ACS Nano 15(3):4567–4580

Wilkins O, Keeler AM, Flotte TR (2017) CAR T-cell therapy: progress and prospects. Human Gene Therapy Methods 28(2):61–66. https://doi.org/10.1089/hgtb.2016.153
Wu W, Zhou Q, Masubuchi T, Shi X, Li H, Xu X, Huang M, Meng L, He X, Zhu H, Gao S, Zhang N, Jing R, Sun J, Wang H, Hui E, Wong CC, Xu C (2020) Multiple signaling roles of CD3ε and its application in CAR-T cell therapy. Cell 182(4):855-871.e23. https://doi.org/10.1016/j.cell.2020.07.018
Xu S, Yang K, Li R, Zhang L (2020) MRNA vaccine era-mechanisms, drug platform and clinical prospection. Int J Mol Sci 21(18):6582. https://doi.org/10.3390/ijms21186582
Yan F, Liao R, Lin S, Deng X, Little PJ, Zheng W (2018) Forkhead box protein O3 suppresses uveal melanoma development by increasing the expression of Bcl 2 like protein 11 and cyclin dependent kinase inhibitor 1B. Mol Med Rep 17(2):3109–3114. https://doi.org/10.3892/mmr.2017.8215
Zahavi D, Weiner L (2020) Monoclonal antibodies in cancer therapy. Antibodies (Basel) 9(3):34. https://doi.org/10.3390/antib9030034
Zhang Y, Zong B, Wang X, Zhu Y, Hu L, Li P, Zhang A, Chen H, Liu M, Tan C (2018) Fisetin lowers *Streptococcus suis* serotype 2 pathogenicity in mice by inhibiting the hemolytic activity of suilysin. Front Microbiol 9:1723. https://doi.org/10.3389/fmicb.2018.01723
Zhang H, Li Y, Wang Z (2022) Exosome-based nanocarriers for cancer immunotherapy. Nat Rev Cancer 22(5):269–283
Zhang X, Chen Y, Liu Z (2023) Nanoparticle-mediated delivery of checkpoint inhibitors for cancer immunotherapy. Adv Drug Deliv Rev 180:114082
Zhao L, Cao YJ (2019) Engineered T cell therapy for cancer in the clinic. Front Immunol 10:2250. https://doi.org/10.3389/fimmu.2019.02250

Prof. Dr. Mosaad A. Abdel-Wahhab works as a professor at the National Research Center's Department of Food Toxicology and Contamination. He earned his Ph.D. in Toxicology from Texas A&M University in Texas, USA. He established the Egyptian Society of Science and Halal Products in 2016 and currently serves as its president till now. He served as a visiting professor at different universities in several countries. His main interests are toxicology and food safety. He worked on over 15 research projects in pharmacology, toxicology, food safety, food contamination, nanotechnology, and natural products, which were supported by national and international authorities. He published over 250 research publications in peer-reviewed journals and many book chapters. He supervised over 65 M.Sc. and Ph.D. theses and has been an invited or keynote speaker at 80 international conferences. He has received honors and awards from numerous international and national organizations, including the State Appreciation Award in Advanced Technological Sciences from the Egyptian Academy of Scientific Research and Technology in 2019 and the UNESCO-Equatorial Guinea International Prize for Research in the Life Sciences in 2023. He holds a basic membership in various professional organizations.

Immunotherapy and Halal Compliance: Bridging Medical Innovation with Religious Principles

Mohamed Osman

Abstract Integrating immunotherapy with Halal compliance is essential to provide medical treatments that align with Islamic principles, thereby enhancing acceptance among Muslim patients. This chapter explores the intersection of advanced immunotherapeutic approaches and Halal guidelines, aiming to harmonize cutting-edge medical treatments with religious observance. I begin by defining immunotherapy and its significance in modern medicine, detailing various types such as monoclonal antibodies, cancer vaccines, checkpoint inhibitors, and CAR T-cell therapy. Subsequently, I delve into the concept of Halal, its importance in Islamic practice, and its application across food, medicine, and consumer products. The core objective is to address the need for Halal-compliant medical treatments, focusing on how immunotherapeutic agents can be developed and administered in accordance with Halal standards. This includes examining the sourcing of biological materials, manufacturing processes, and the use of excipients to ensure they meet Halal requirements. By integrating immunotherapy with Halal compliance, healthcare providers can enhance patient trust and adherence to treatment plans, leading to improved health outcomes within Muslim communities. This approach not only respects religious beliefs but also promotes inclusivity and cultural sensitivity in medical practice. In conclusion, the chapter underscores the importance of aligning medical innovations with religious principles, advocating for collaborative efforts among healthcare professionals, religious scholars, and regulatory bodies to develop Halal-compliant immunotherapeutic options.

Keywords Immunotherapy · Halal certification · Monoclonal antibodies · Tayyib · Vaccines

M. Osman (✉)
Senior Lecturer, Module Lead for Biomedical Sciences Vaccinology/Immunology, Leeds Trinity University, Horsforth, Leeds LS18 5HD, UK
e-mail: m.osman@leedstrinity.ac.uk

Q. Hasan et al. (eds.), *Halal Perspectives in Medicinal Chemistry*,
https://doi.org/10.1007/978-981-95-6378-4_5

1 Introduction

The convergence of modern medical innovation and religious observance presents a critical frontier in global health care, particularly for the world's 1.9 billion Muslims. As immunotherapy revolutionizes the treatment of diseases like cancer and autoimmune disorders, its alignment with Islamic principles—specifically Halal (permissible) and Tayyib (pure, ethical)—has emerged as both a necessity and a challenge. The global Halal pharmaceutical market, projected to exceed $200 billion by 2024 (Ridho 2025), underscores the urgency of reconciling cutting-edge therapies with faith-based requirements to ensure equitable access and adherence among Muslim populations.

Immunotherapy, which harnesses the body's immune system to combat disease, often relies on biological agents such as monoclonal antibodies, cell-based therapies, and vaccines. However, components like porcine-derived gelatine, non-Halal animal byproducts, or alcohol-based stabilizers frequently render these treatments religiously non-compliant. For Muslim patients, this creates an ethical dilemma: balancing the imperative to preserve life (ḥifẓ al-nafs) with adherence to divine law (Sharia). Compounding this challenge is the principle of Tayyib, which demands not only permissibility but also purity, safety, and ethical integrity in medical interventions—a standard that transcends mere ingredient sourcing to encompass production ethics and supply chain transparency.

This chapter explores the multifaceted journey to harmonize immunotherapy with Halal compliance. It examines the scientific, theological, and regulatory dimensions of this integration, addressing critical questions: How can biologics be reformulated to meet Islamic guidelines without compromising efficacy? What role do religious scholars play in validating medical innovations? And how can global stakeholders collaborate to bridge gaps in certification and trust? By weaving together insights from immunology, Islamic jurisprudence, and policy design, this work advocates for a patient-centered approach that respects religious identity while advancing equitable health care.

The following sections delve into the mechanisms of immunotherapy, the foundations of Halal compliance, and actionable strategies to align these domains. Through this exploration, the chapter aims to catalyze dialogue and innovation, ensuring that medical progress remains inclusive for all faith communities (Waldman et al. 2020; Kirouac and Zandstra 2008; Domachowske 2021; Lestari et al. 2019; Baserat and Enayat 2024; Amin and Günay 2023).

2 Immunotherapy: An Overview

Immunotherapy has emerged as a transformative approach in modern medicine, particularly in the treatment of various cancers. By harnessing the body's immune system, immunotherapy offers targeted strategies to combat diseases that were previously challenging to treat.

2.1 Definition and Importance in Modern Medicine

Immunotherapy refers to treatments that utilize the body's immune system to fight diseases, including cancer. Unlike traditional therapies that directly target disease cells, immunotherapy empowers the immune system to recognize and eliminate these cells, potentially leading to more effective and durable responses. This approach has become a cornerstone in oncology, offering new avenues for treatment and hope for patients with various types of cancer and infectious diseases (Naran et al. 2018).

2.2 Types of Immunotherapy

Several forms of immunotherapy have been developed, each employing unique mechanisms to enhance the immune system's ability to combat cancer (Fig. 1 and Table 1).

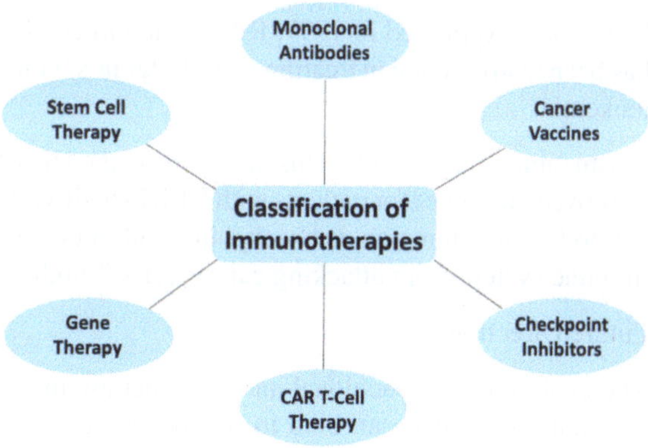

Fig. 1 Classification of immunotherapies: different types of immunotherapies

Table 1 Comparison of immunotherapy types

Type	Mechanism	Approved indications	Halal concerns
Monoclonal antibodies	Targeted antigen binding	Lymphoma, breast cancer	Cell line origin, culture media
Cancer vaccines	Immune activation via antigens	HPV, COVID-19, experimental cancer vaccines	Gelatine, preservatives, stabilizers
CAR T-cell therapy	Genetically modified T-cells to attack cancer	Leukemia, lymphoma	Viral vectors, media components
Checkpoints inhibitors	Blocks inhibitory pathways to activate T-cells	Melanoma, lung cancer, renal cell carcinoma	Formulation ingredients, manufacturing aids
Gene therapy	Gene insertion/ correction to treat disease	SMA, vision loss disorders	Vector origin, animal-derived components
Stem cell therapy	Regenerative therapy using stem cells	Leukemia, autoimmune conditions	Source ethics, culture conditions

2.2.1 Monoclonal Antibodies

Monoclonal antibodies (mAbs) are laboratory-produced molecules engineered to serve as substitute antibodies that can restore, enhance, or mimic the immune system's attack on cells. The concept emerged in the 1970s with the development of hybridoma technology by Georges Köhler and César Milstein, enabling the production of identical antibody molecules.

Successful Examples

Rituximab: Approved in 1997, Rituximab targets the CD20 antigen on B-cells and has been instrumental in treating non-Hodgkin's lymphoma and chronic lymphocytic leukemia.

Trastuzumab (Herceptin): This mAb targets the HER2 receptor and has significantly improved outcomes for patients with HER2-positive breast cancer. Some monoclonal antibodies also function as checkpoint inhibitors, blocking proteins that prevent the immune system from attacking cancer cells (Singh et al. 2018).

Future Directions

The evolution of monoclonal antibody therapy includes the development of bispecific antibodies that can bind to two different antigens simultaneously, enhancing targeting precision. Additionally, antibody-drug conjugates (ADCs) combine mAbs with cytotoxic agents to deliver targeted therapy directly to cancer cells, minimizing damage to healthy tissues.

2.2.2 Cancer Vaccines

Vaccination stands as one of the most significant achievements in medical history. The concept dates back to the late eighteenth century when Edward Jenner introduced the smallpox vaccine using material from cowpox lesions. This pioneering work laid the foundation for immunoprophylaxis. Over the centuries, vaccines have been developed against various infectious diseases, leading to the eradication of smallpox and significant reductions in diseases like polio and measles.

Successful Examples

Human Papillomavirus (HPV) Vaccine: The development of vaccines against HPV has significantly reduced the incidence of cervical and other related cancers. By targeting the virus responsible for these malignancies, the vaccine has become a critical tool in cancer prevention.

COVID-19 Vaccines: The rapid development and deployment of vaccines against SARS-CoV-2, the virus causing COVID-19, exemplify the advancements in vaccine technology. Utilizing platforms like mRNA, these vaccines have been pivotal in controlling the global pandemic (Sousa et al. 2022; Harapan et al. 2022; Padmawati et al. 2019; Rusmil et al. 2024).

Future Directions

The future of vaccines lies in personalized approaches and the development of therapeutic vaccines. Research is ongoing to create vaccines that not only prevent diseases but also treat existing conditions, such as cancer vaccines tailored to individual tumor profiles. Advancements in mRNA technology and vector-based platforms hold promise for more rapid and effective vaccine development.

Cancer vaccines are designed to elicit an immune response against specific antigens associated with cancer cells. Unlike preventive vaccines, therapeutic cancer vaccines aim to treat existing cancer by strengthening the body's natural defenses against the disease. These vaccines can be composed of tumor cells, tumor antigens, or dendritic cells loaded with tumor antigens, and they work by stimulating the immune system to recognize and attack cancer cells.

2.2.3 Checkpoint Inhibitors

Checkpoint inhibitors are drugs that help the immune system recognize and attack cancer cells. They work by blocking checkpoint proteins from binding with their partner proteins, preventing the "off" signal from being sent, allowing the T-cells to kill cancer cells. Examples of checkpoint inhibitors include drugs that target PD-1, PD-L1, and CTLA-4 proteins (Patel and Minn 2018).

2.2.4 CAR T-Cell Therapy

Chimeric Antigen Receptor (CAR) T-cell therapy is a type of treatment in which a patient's T-cells are changed in the laboratory so they will attack cancer cells. T-cells are taken from a patient's blood. The gene for a special receptor that binds to a certain protein on the patient's cancer cells is added to the T-cells in the laboratory (Pagel and West 2017). The special receptor is called a chimeric antigen receptor (CAR). Large numbers of the CAR T-cells are grown in the laboratory and given to the patient by infusion. CAR T-cell therapies have shown remarkable success in treating certain types of blood cancers, leading to their approval for clinical use.

These diverse immunotherapeutic strategies represent significant advancements in medical science, offering new hope for patients and reshaping the future of disease treatment.

Chimeric Antigen Receptor (CAR) T-cell therapy represents a significant advancement in adoptive cell transfer techniques. The journey began in the late 1980s when Zelig Eshhar introduced the concept of genetically modifying T-cells to express chimeric receptors, combining antigen-binding and T-cell activating functions.

Successful Examples

Kymriah, this therapy became the first FDA-approved CAR T-cell treatment for pediatric and young adult patients with refractory or relapsed acute lymphoblastic leukemia.

Yescarta, approved for certain types of large B-cell lymphoma, this therapy has demonstrated significant efficacy in patients who have not responded to traditional treatments.

Future Directions

Future developments aim to enhance the efficacy of CAR T-cell therapies against solid tumors, which have been more challenging to treat. Strategies include modifying the tumor microenvironment to support T-cell activity and utilizing gene editing tools like CRISPR-Cas9 to improve T-cell function and persistence. Additionally, efforts are underway to develop "off-the-shelf" CAR T-cell products using allogeneic cells, potentially increasing accessibility and reducing costs.

2.2.5 Gene Therapy

Gene therapy involves the introduction, removal, or alteration of genetic material within a patient's cells to treat disease. The first approved gene therapy experiment occurred in 1990, targeting a genetic disorder called severe combined immunodeficiency. Since then, the field has evolved with advancements in vector development and delivery methods (Dunbar et al. 2018).

Successful Examples

Luxturna: Approved in 2017, Luxturna treats a specific inherited form of vision loss by delivering a functional copy of the RPE65 gene directly to retinal cells.

Zolgensma: This gene therapy addresses spinal muscular atrophy by providing a functional copy of the SMN1 gene, significantly improving motor function in affected infants.

Future Directions

The future of gene therapy is focused on expanding treatments to a broader range of genetic disorders and improving delivery mechanisms. Advancements in viral and non-viral vectors aim to enhance specificity and reduce immune responses. Additionally, integrating gene editing technologies like CRISPR-Cas9 holds promise for precise corrections of genetic mutations.

2.2.6 Stem Cell Therapy

Stem cell therapy utilizes the unique properties of stem cells to repair or replace damaged tissues. The first successful bone marrow transplant in the 1950s laid the groundwork for stem cell therapies. The discovery of induced pluripotent stem cells (iPSCs) in 2006 by Shinya Yamanaka further revolutionized the field by enabling the reprogramming of adult cells into a pluripotent state (Trounson and McDonald 2015).

Hematopoietic Stem Cell Transplantation, widely used to treat blood cancers like leukemia and lymphoma, this therapy involves replacing diseased bone marrow with healthy stem cells.

3 Halal Compliance in Medical Treatments

While immunotherapy offers groundbreaking therapeutic potential, its acceptance among Muslim patients hinges on alignment with Halal principles (Herdiana et al. 2023). This section explores the foundations of Halal compliance in health care, emphasizing its dual focus on permissibility (Halal) and ethical integrity (Tayyib).

3.1 Understanding Halal and Tayyib in Health Care

In Islamic terminology, "Halal" denotes what is permissible or lawful, while "Tayyib" refers to that which is pure, wholesome, and beneficial (Kamali 2021). In the context of health care, these concepts emphasize that medical treatments should not only be free from prohibited substances but also be safe, effective, and produced ethically.

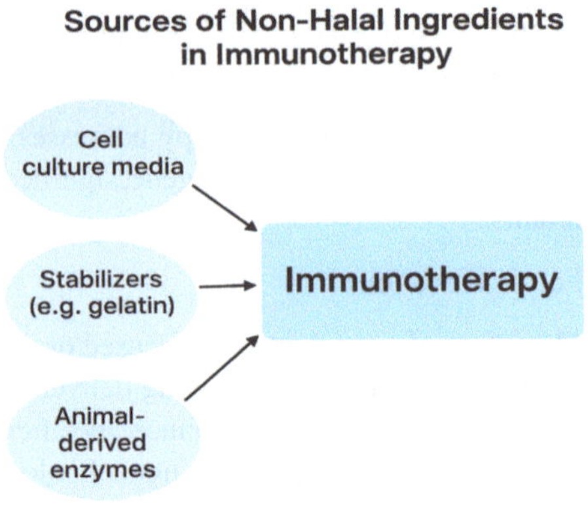

Fig. 2 Common non-Halal ingredients

This holistic approach ensures that treatments align with both religious guidelines and health considerations.

3.2 Application of Halal Principles in Pharmaceuticals

Applying Halal principles in the pharmaceutical sector involves careful consideration of ingredient sourcing, manufacturing processes, and obtaining proper certification to ensure compliance with Islamic law (Norazmi and Lim 2015).

3.3 Ingredient Sourcing

The selection of ingredients is a critical aspect of Halal compliance. Pharmaceuticals must avoid components derived from sources prohibited in Islam, such as pork or improperly slaughtered animals. Common non-Halal ingredients include gelatine, glycerine, and certain enzymes (Fig. 2). To address this, manufacturers are exploring alternatives like plant-based or synthetically derived substances. For instance, plant-based gelatine substitutes can replace porcine-derived gelatine in capsule production (Alwi 2020).

3.4 Manufacturing Processes

Beyond ingredient selection, the manufacturing process must prevent contamination with non-Halal substances. This includes ensuring that equipment is free from impurities and that cross-contamination is avoided during production. Implementing a Halal Management System (HMS) can help maintain these standards by providing guidelines on hygiene, handling, and storage procedures (Rahman and Rahman 2024).

3.5 Economic and Global Implications of Halal Pharmaceuticals

The global Halal pharmaceutical market, projected to exceed $200 billion by 2024 (Ridho 2025), reflects not only religious adherence but also economic opportunity. Muslim-majority countries stand to gain strategically by investing in domestic Halal-certified production reducing dependency on foreign suppliers while addressing ethical concerns. For instance, Malaysia's Duopharma Biotech has pioneered Halal-certified cancer treatments, demonstrating how compliance can drive market expansion and public trust. This economic potential aligns with broader goals of health equity, ensuring Muslim populations access therapies that respect their values.

4 Challenges and Innovations in Halal Certification

Despite the clear demand for Halal-compliant therapies, achieving certification remains fraught with scientific, logistical, and theological challenges. These challenges encompass the identification of non-Halal components in immunotherapeutic, ethical and religious considerations, and regulatory and certification barriers.

4.1 Identification of Non-Halal Components in Immunotherapeutics

Immunotherapeutic treatments, such as monoclonal antibodies, cancer vaccines, checkpoint inhibitors, and CAR T-cell therapies, often involve the use of biological materials that may not comply with Halal standards. For instance, some vaccines and therapeutic agents utilize gelatine derived from porcine sources as stabilizers, which is prohibited in Islam. Additionally, certain cell lines used in the production of monoclonal antibodies may originate from non-Halal animals or be cultured using media containing non-Halal components. Identifying and assessing these non-Halal elements within complex pharmaceutical formulations require meticulous scrutiny of sourcing, processing, and formulation practices (Table 2).

Table 2 Halal versus non-Halal ingredients in pharma

Ingredient	Halal source	Non-Halal source	Alternatives
Gelatine	Halal-slaughtered bovine, fish	Porcine or non-Halal-slaughtered animals	Plant-based, fish-derived gelatine
Glycerine	Vegetable-based	Animal fat (non-Halal)	Synthetic glycerine
Culture media	Plant-based or synthetic	Fetal bovine serum	Serum-free plant-based media
Enzymes	Microbial or plant-derived	Pancreatic extracts (porcine)	Recombinant or microbial enzymes
Stabilizers	Halal-certified polysorbates	Alcohol-based or porcine origin	Plant-based or Halal-certified agents
Capsules	Cellulose (plant-based)	Gelatine (porcine-derived)	Hydroxypropyl methylcellulose (HPMC)

4.2 Ethical and Religious Considerations

The use of non-Halal components in immunotherapeutic raises significant ethical and religious concerns for Muslim patients. The principle of Istihalah (transformation) in Islamic jurisprudence allows for certain impurities to be considered permissible if they undergo a complete transformation into a new substance. However, the application of this principle to pharmaceutical products is subject to varying interpretations among Islamic scholars. Furthermore, the concept of Darurah (necessity) permits the use of otherwise prohibited substances in life-threatening situations where no Halal alternatives are available. Balancing these principles requires careful ethical deliberation and consultation with religious authorities to ensure that treatments align with patients' beliefs.

4.3 Regulatory and Certification Barriers

Achieving Halal certification for immunotherapeutic products involves navigating complex regulatory frameworks and certification processes. Currently, there is a lack of standardized guidelines for Halal compliance in pharmaceuticals, leading to inconsistencies in certification criteria across different regions and certifying bodies. Manufacturers must engage with Halal certification authorities to develop clear standards that encompass the entire production process, from sourcing raw materials to final product packaging. Additionally, regulatory agencies need to collaborate with religious scholars and industry stakeholders to establish comprehensive guidelines that facilitate the development and approval of Halal-compliant immunotherapies.

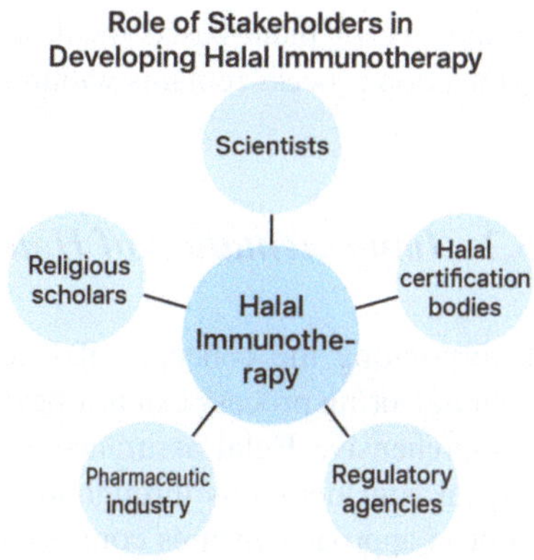

Fig. 3 Role of stakeholders in developing Halal immunotherapy

Addressing these challenges requires a multidisciplinary approach involving collaboration among scientists, religious scholars, regulatory authorities, and pharmaceutical companies (Fig. 3). By working together, it is possible to develop immunotherapeutic treatments that are both effective and compliant with Halal principles, thereby ensuring acceptance and adherence among Muslim patients.

5 Strategies for Developing Halal-Compliant Immunotherapies

Navigating these challenges requires bridging scientific innovation with theological expertise—a task demanding robust collaboration with Islamic scholars, in the following sections, I will highlight some strategies that may enhance immunotherapeutic that comply with Halal principles.

5.1 Alternative Sourcing of Biological Materials

A critical step in ensuring Halal compliance is the identification and utilization of permissible alternatives to non-Halal components commonly used in immunotherapeutic. For instance, gelatine, often derived from porcine sources, is frequently used as a stabilizer in vaccine formulations. To adhere to Halal standards, manufacturers can explore gelatine alternatives sourced from Halal-slaughtered animals, fish, or plant-based substitutes. Research indicates that plant-based and marine-derived gelatines are viable options, offering similar functional properties without compromising religious guidelines (Ali et al. 2022; Soliman et al. 2022).

Additionally, the culture media used in the production of monoclonal antibodies and other cell-based therapies may contain non-Halal components. Developing serum-free or plant-based media can mitigate this issue, ensuring that the entire production process remains within Halal parameters.

5.2 *Implementation of Halal-Tayyib Standards in Production*

Incorporating the concepts of Halal and Tayyib (pure and wholesome) into the manufacturing process extends beyond ingredient selection. It involves establishing comprehensive Halal assurance systems that encompass hygiene, sanitation, and ethical considerations throughout the production lifecycle. Implementing a Halal built-in approach ensures continuous compliance with specific Halal requirements, including product safety, performance, efficacy, quality, and hygienic conditions in production and management (Othman et al. 2023).

This approach requires manufacturers to (Table 3):

- Conduct Thorough Audits: Regular inspections of facilities and processes to identify potential sources of contamination or non-compliance.
- Train Personnel: Educate staff on Halal principles and the importance of maintaining purity and cleanliness in all aspects of production.
- Establish Traceability Systems: Implement mechanisms to track all ingredients and materials used, ensuring their Halal status is verified and maintained.

Table 3 Halal certification challenges and proposed solutions

Challenge	Cause	Proposed solution
Inconsistent standards	Varying interpretations among certifying bodies	Establish unified international Halal standards
Ingredient traceability	Opaque or undocumented sourcing practices	Use blockchain or digital traceability systems
Lack of scholar-scientist collaboration	Limited biomedical understanding among scholars	Create interdisciplinary training and working groups
Complex supply chains	Globalized production with multiple jurisdictions	Develop regional Halal hubs and clear guidelines
Limited awareness in health care	Healthcare professionals not trained on Halal issues	Include Halal compliance in medical education
Delayed certification timelines	Bureaucratic and fragmented certification systems	Streamline processes and digitalize certification steps

5.3 *Collaboration with Religious Scholars and Certification Bodies*

Engaging with Islamic scholars and recognized Halal certification authorities is essential to navigate the complexities of religious compliance in pharmaceutical development (Fig. 4). These collaborations can provide guidance on:

- Interpretation of Religious Texts: Offering insights into the permissibility of certain ingredients or processes, particularly in cases where consensus may vary.
- Certification Processes: Assisting in obtaining Halal certification by evaluating products and processes against established standards.
- Public Education: Helping to inform Muslim communities about the safety and acceptability of Halal-compliant immunotherapies, thereby enhancing trust and acceptance.

By fostering open communication and partnership with these authorities, manufacturers can ensure that their immunotherapeutic products not only comply with Halal requirements but also gain broader acceptance within Muslim populations.

In summary, the development of Halal-compliant immunotherapies involves a comprehensive strategy that addresses alternative sourcing of materials, stringent adherence to Halal-Tayyib production standards, and active collaboration with religious and certification bodies. This integrated approach ensures that advanced medical treatments are both effective and permissible for Muslim patients, thereby promoting inclusivity and ethical integrity in health care.

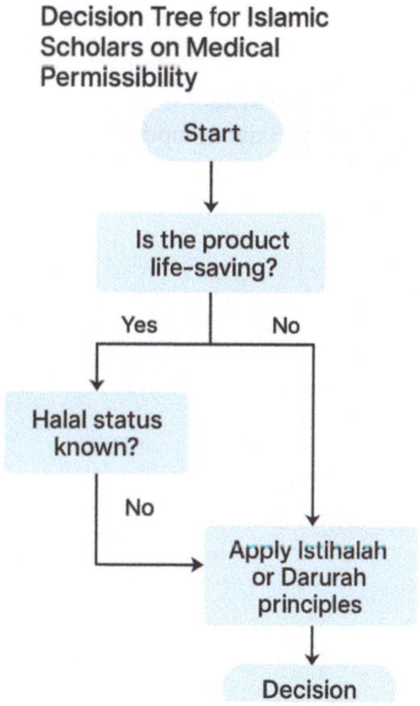

Fig. 4 Decision tree for Islamic scholars on medical permissibility

6 Case Studies and Success Stories

The integration of Halal compliance in immunotherapeutic products is an emerging field, with limited documented case studies. However, hypothetical scenarios can illustrate the potential pathways and benefits of developing Halal-compliant immunotherapies (Fig. 5).

Examples of Halal-Compliant Immunotherapeutic Products

Hypothetical Case Study: Halal-Compliant Monoclonal Antibody Development

A pharmaceutical company, "BioHalal Therapeutics," embarks on developing a monoclonal antibody treatment for a specific type of cancer. Recognizing the importance of Halal compliance for Muslim patients, the company undertakes the following steps:

1. Ingredient Sourcing: The company ensures that all raw materials, including cell lines and culture media, are free from non-Halal substances. They opt for plant-based culture media and verify that all additives and stabilizers are derived from Halal-certified sources.
2. Manufacturing Process: BioHalal Therapeutics implements stringent purification processes to prevent cross-contamination with non-Halal substances. The facility undergoes regular audits to maintain cleanliness and adherence to Halal standards.
3. Halal Certification: The company collaborates with recognized Halal certification bodies to review and certify the entire production process, from sourcing to packaging.

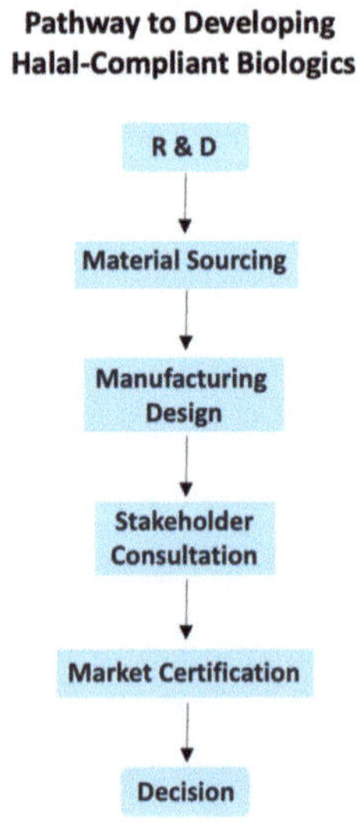

Fig. 5 Pathway to developing Halal-compliant biologics

Upon successful development and certification, the monoclonal antibody is marketed as a Halal-compliant immunotherapeutic option.

Patient Outcomes and Acceptance

Following the introduction of the Halal-certified monoclonal antibody, BioHalal Therapeutics conducts a post-market study to assess patient outcomes and acceptance:

- Patient Trust and Compliance: Muslim patients express increased trust in the treatment, knowing it aligns with their religious beliefs. This trust translates into higher adherence rates to the prescribed therapy regimen.
- Clinical Outcomes: Patients receiving the Halal-compliant immunotherapy demonstrate clinical outcomes comparable to those observed with non-Halal counterparts, indicating that adherence to Halal standards does not compromise efficacy.
- Market Expansion: The availability of Halal-certified immunotherapeutic opens new markets in Muslim-majority regions, addressing an unmet need and enhancing the company's reputation for cultural sensitivity and inclusivity.

This hypothetical case underscores the feasibility and benefits of developing Halal-compliant immunotherapeutic products. By aligning medical treatments with religious principles, pharmaceutical companies can improve patient acceptance and adherence, ultimately leading to better health outcomes within Muslim communities.

7 Future Directions and Recommendations

To realize the full potential of Halal-compliant immunotherapy, coordinated efforts in policy, research, and global equity are essential which will be discussed in the following sections.

7.1 Research and Development in Halal Immunotherapy

Advancing Halal-compliant immunotherapies requires dedicated research to identify and develop alternatives to non-Halal components traditionally used in these treatments. This includes exploring plant-based or synthetic substitutes for animal-derived ingredients and innovating new methodologies that align with Halal principles (Mazlan et al. 2025). For instance, developing plant-based culture media for cell therapies can eliminate the reliance on animal-derived serum, thereby adhering to Halal standards (Golshan et al. 2025). Collaborations between pharmaceutical companies, academic institutions, and Halal certification bodies are essential to drive innovation and ensure that new treatments meet both medical and religious criteria.

7.2 *Policy Development and Standardization*

The absence of standardized guidelines for Halal compliance in pharmaceuticals poses challenges for manufacturers and consumers alike. Developing comprehensive policies that define Halal standards specific to immunotherapeutic is crucial. This involves establishing clear criteria for ingredient sourcing, manufacturing processes, and certification procedures. Regulatory authorities should collaborate with religious scholars and industry stakeholders to create universally accepted standards that facilitate the development and approval of Halal-compliant immunotherapies. Such standardization will not only streamline the certification process but also instill confidence among Muslim patients regarding the permissibility of their treatments (Norazmi and Lim 2015).

7.3 *Educational Initiatives for Healthcare Providers*

Educating healthcare providers about Halal principles and their application in medical treatments is vital for culturally competent care. Training programs should be developed to enhance providers' understanding of Halal compliance, enabling them to offer informed guidance to Muslim patients. This includes knowledge about permissible ingredients, awareness of certified Halal pharmaceuticals, and sensitivity to patients' religious concerns. Studies have shown that healthcare professionals often lack awareness regarding Halal pharmaceuticals, underscoring the need for targeted educational initiatives. By equipping providers with this knowledge, healthcare systems can improve patient trust, adherence to treatment plans, and overall health outcomes within Muslim communities.

In conclusion, the future of Halal-compliant immunotherapy hinges on concerted efforts in research, policy formulation, and education. By addressing these areas, the medical community can develop effective treatments that respect religious beliefs, thereby promoting inclusivity and ethical integrity in health care.

8 Encouraging Muslim-Majority Countries to Invest in Vaccine and Immunotherapy Production

The global landscape of vaccine and immunotherapy production is predominantly led by companies based in non-Muslim-majority countries (Khoo et al. 2019). This dynamic presents both challenges and opportunities for Muslim-majority nations. By investing in the development and manufacturing of these critical medical interventions, these countries can address specific religious and cultural considerations, enhance public health sovereignty, and contribute to global healthcare advancements.

Current Landscape and Challenge

Many vaccines and immunotherapeutic products currently available are produced without explicit adherence to Halal standards, leading to concerns among Muslim populations regarding the permissibility of these medical interventions. This situation has, in some instances, contributed to vaccine hesitancy within Muslim communities (Bussink-Voorend et al. 2022). For example, apprehensions about the Halal status of certain vaccine components have been identified as significant factors influencing vaccination decisions in countries like Malaysia and Indonesia (Trangerud 2023).

9 Opportunities for Muslim-Majority Countries

Investing in the production of vaccines and immunotherapies offers several advantages for Muslim-majority countries:

1. Halal-Certified Medical Products: By establishing local manufacturing capabilities (Halal for health: scaling up halal pharmaceuticals—economist impact n.d.), these nations can ensure that vaccines and immunotherapies are developed in compliance with Halal standards, addressing religious concerns and increasing acceptance among Muslim populations (Trabelsi et al. 2020).
2. Public Health Sovereignty: Local production reduces dependence on foreign suppliers, ensuring more reliable access to essential medical products, especially during global health crises.
3. Economic Growth: Developing a domestic pharmaceutical industry can stimulate economic development, create jobs, and foster innovation within the country (Tannoury and Attieh 2017).

Successful Initiatives

Several Muslim-majority countries and companies have already taken significant steps in this direction:

- Malaysia: Duopharma Biotech has pioneered the production of Halal-certified health supplements and has achieved a milestone with the first Halal-certified cancer treatment.
- Indonesia: PT CKD OTTO Pharmaceuticals became the first oncology pharmaceutical company in Indonesia to obtain Halal certification, demonstrating the feasibility of aligning advanced medical treatments with Halal standards.

Strategies for Advancement

To further encourage the development of vaccine and immunotherapy production in Muslim-majority countries, the following strategies can be implemented:

1. Government Support: Governments can provide incentives such as tax breaks, grants, and favorable regulations to encourage local companies to invest in pharmaceutical manufacturing.

2. International Collaboration: Partnering with established pharmaceutical companies and research institutions can facilitate technology transfer, capacity building, and adherence to international quality standards.
3. Halal Certification Frameworks: Developing clear and consistent Halal certification processes for pharmaceuticals will provide guidance to manufacturers and assure consumers of the products' compliance with Islamic principles.
4. Public Engagement and Education: Engaging with religious leaders and communities to raise awareness about the importance of locally produced, Halal-certified medical products can enhance public trust and acceptance.

By investing in the production of vaccines and immunotherapies, Muslim-majority countries can address religious concerns, strengthen public health infrastructure, and contribute to global efforts in combating diseases. Such initiatives not only align with Islamic principles of preserving life and health but also promote self-reliance and economic development within these nations.

10 Immunotherapy and Vaccines: National Security and the Role of Vaccine Diplomacy

The COVID-19 pandemic underscored the critical importance of immunotherapies and vaccines as pillars of national security (Pennisi et al. 2024). Nations with robust vaccine development and manufacturing capabilities were better equipped to protect their populations, maintain economic stability, and uphold public health. Conversely, countries lacking such infrastructure faced significant challenges, including delayed access to vaccines and increased vulnerability to the virus's impacts (Duroseau et al. 2023).

Vaccines as National Security Assets

Vaccines are not merely public health tools; they are strategic assets integral to national security. The ability to rapidly develop, produce, and distribute vaccines enables a nation to respond effectively to emerging infectious diseases, thereby safeguarding its citizens and economy. The COVID-19 crisis highlighted disparities in vaccine access, with some countries prioritizing domestic needs and restricting exports, leading to global supply shortages. This scenario emphasized the necessity for nations to invest in domestic vaccine manufacturing capabilities to ensure preparedness for future health emergencies.

11 Addressing Vaccine Hesitancy Through Halal Compliance

Vaccine hesitancy in Muslim communities, often rooted in religious doubts, underscores the urgency of Halal-compliant medical solutions.

Root Causes: Non-Halal ingredients (e.g., porcine gelatine in vaccines) and distrust in Western-produced pharmaceuticals fuel hesitancy, leading to outbreaks in regions like Afghanistan and Malaysia.

Strategic Responses

- **Reformulation**: IndoVac®'s plant-based design eliminated animal-derived components, increasing acceptance in Indonesia.
- **Transparent Labeling**: Clear Halal certification logos on packaging, as implemented by Malaysia's Halal Development Corporation, reassure patients.
- **Community Partnerships**: In Nigeria, collaborations with imams improved polio vaccination rates by 40% through mosque-based education campaigns.

12 Vaccine Diplomacy: Bridging Nations Through Health Initiatives

Beyond national borders, vaccines have served as instruments of diplomacy, fostering international collaboration and goodwill—a practice known as "vaccine diplomacy." By sharing vaccines with other nations, especially those with limited access, countries can strengthen diplomatic ties and enhance their global standing. For instance, during the COVID-19 pandemic, nations like China and India engaged in vaccine diplomacy by supplying vaccines to various countries, thereby bolstering their international influence and contributing to global health efforts.

13 Islamic Teachings and the Imperative of Saving Lives

The ethos of vaccine diplomacy aligns closely with Islamic principles, which emphasize the sanctity of human life and the moral obligation to save lives. The Quran states, "Whoever saves a life, it will be as if they saved all of humanity." This profound teaching underscores the importance of actions that preserve life, positioning the sharing of life-saving vaccines as a manifestation of Islamic values.

The COVID-19 pandemic illuminated the dual role of vaccines as both national security assets and instruments of international diplomacy. For Muslim-majority countries, investing in vaccine development and engaging in vaccine diplomacy not only enhances national preparedness but also embodies the Islamic imperative to save lives and foster global solidarity. By aligning public health initiatives with these principles, nations can contribute to a more equitable and compassionate world.

14 Conclusion

Integrating immunotherapy with Halal compliance is essential to provide medical treatments that align with Islamic principles, thereby enhancing acceptance among Muslim patients. This chapter explores the intersection of advanced immunotherapeutic approaches and Halal guidelines, aiming to harmonize cutting-edge medical treatments with religious observance. We began by defining immunotherapy and its significance in modern medicine, detailing various types such as monoclonal antibodies, cancer vaccines, checkpoint inhibitors, and CAR T-cell therapy. Subsequently, we delved into the concept of Halal, its importance in Islamic practice, and its application across food, medicine, and consumer products. The core objective is to address the need for Halal-compliant medical treatments, focusing on how immunotherapeutic agents can be developed and administered in accordance with Halal standards. This includes examining the sourcing of biological materials, manufacturing processes, and the use of excipients to ensure they meet Halal requirements. By integrating immunotherapy with Halal compliance, healthcare providers can enhance patient trust and adherence to treatment plans, leading to improved health outcomes within Muslim communities. This approach not only respects religious beliefs but also promotes inclusivity and cultural sensitivity in medical practice. In conclusion, the chapter underscores the importance of aligning medical innovations with religious principles, advocating for collaborative efforts among healthcare professionals, religious scholars, and regulatory bodies to develop Halal-compliant immunotherapeutic options.

Acknowledgements The authors declare that no funds, grants, or other support was received during the preparation of this manuscript.

Conflict of Interest The authors declare that they have no conflicts of interest to disclose.

References

A Comprehensive Guide to Halal and Haram Ingredients (n.d.) Accessed 18 Apr 2025. https://halalfoundation.org/halal-and-haram-ingredients-list/

A Glimpse into The Global Halal Industry (2023) (n.d.)

Ali SW, Bairagi S, Banerjee S, Banerjee S (2022) Plant and marine-based biopolymers for efficient nutrient delivery. In: Biopolymers in nutraceuticals and functional foods. The Royal Society of Chemistry, pp 306–328. https://doi.org/10.1039/9781839168048-00306

Alwi Z (2020) Halal analysis principle for food and pharmaceutical: a case study of gelatin. In: Proceedings of the proceedings of the 19th annual international conference on Islamic studies, AICIS 2019, Jakarta, Indonesia, 1–4 Oct 2019. https://doi.org/10.4108/eai.1-10-2019.2291692

Amin AM, Günay HM (2023) The role of Istihalah (transformation) and Istihlak (consumption) in the permissibility of vaccines derived from forbidden origins: an Islamic law perspective. Helal Etik Araştırmalar Derg 5(2):1–23. https://doi.org/10.51973/head.1338259

Baserat FR, Enayat A (2024) The concept of "Istihalah" (transformation) in Islamic jurisprudence and its contemporary applications. Int J Cult Relig Stud 4(1). https://doi.org/10.32996/ijcrs.2024.4.1.5

Bussink-Voorend D, Hautvast JLA, Vandeberg L, Visser O, Hulscher MEJL (2022) A systematic literature review to clarify the concept of vaccine hesitancy. Nat Hum Behav 6(12):1634–1648. https://doi.org/10.1038/S41562-022-01431-6

CKD-Otto. Accessed 13 Oct 2025. https://ckd-otto.com/

Domachowske J (2021) Vaccine additives and excipients. In: Vaccines. Springer International Publishing, pp 49–76. https://doi.org/10.1007/978-3-030-58414-6_4

Dunbar CE, High KA, Joung JK, Kohn DB, Ozawa K, Sadelain M (2018) Gene therapy comes of age. Science 359(6372). https://doi.org/10.1126/science.aan4672

Duo Pharma Biotech. Accessed 13 Oct 2025. https://duopharmabiotech.com

Duroseau B, Kipshidze N, Limaye RJ (2023) The impact of delayed access to COVID-19 vaccines in low- and lower-middle-income countries. Front Public Health 10:1087138. https://doi.org/10.3389/FPUBH.2022.1087138/FULL

Global halal market (n.d.) Statistics & Facts | Statista. Accessed 18 Apr 2025. https://www.statista.com/topics/4428/global-halal-market/#topicOverview

Golshan M, Dortaj H, Rajabi M, Omidi Z, Golshan M, Pourentezari M, Rajabi A (2025) Animal origins free products in cell culture media: a new frontier. Cytotechnology 77(1):12. https://doi.org/10.1007/s10616-024-00666-7

Halal Certification—HMA—Halal Monitoring Authority (n.d.) Accessed 18 Apr 2025. https://hmacanada.org/halal-certification-an-international-marketing-issues-and-challenges/

Halal Certification Process Simple Steps with HCE (n.d.) Accessed 18 Apr 2025. https://halalce.com/halal-certification-process/

Halal for health: scaling up halal pharmaceuticals—economist impact (n.d.) Accessed 19 Apr 2025. https://impact.economist.com/perspectives/health/halal-health-scaling-halal-pharmaceuticals

Harapan H, Anwar S, Yufika A, Sharun K, Gachabayov M, Fahriani M, Husnah M, Raad R, Abdalla RY, Adam RY, Khiri NME, Ismaeil MIH, Ismail AY, Kacem W, Dahman NBH, Teyeb Z, Aloui K, Hafsi M, Ferjani M et al (2022) Vaccine hesitancy among communities in ten countries in Asia, Africa, and South America during the COVID-19 pandemic. Pathogens Glob Health 116(4):236–243. https://doi.org/10.1080/20477724.2021.2011580

Herdiana Y, Sofian FF, Shamsuddin S, Rusdiana T (2023) Towards halal pharmaceutical: exploring alternatives to animal-based ingredients. Heliyon 10(1):e23624. https://doi.org/10.1016/J.HELIYON.2023.E23624

Kamali MH (2021) Halal and Tayyib compared. In: Shariah and the Halal industry, pp 38–48. https://doi.org/10.1093/OSO/9780197538616.003.0005

Khoo YSK, Ghani AA, Navamukundan AA, Jahis R, Gamil A (2019) Unique product quality considerations in vaccine development, registration and new program implementation in Malaysia. Hum Vaccin Immunother 16(3):530. https://doi.org/10.1080/21645515.2019.1667206

Kirouac DC, Zandstra PW (2008) The systematic production of cells for cell therapies. Cell Stem Cell 3(4):369–381. https://doi.org/10.1016/j.stem.2008.09.001

Lestari W, Octavianti F, Jaswir I, Hendri R (2019) Plant-based substitutes for gelatin. In: Contemporary management and science issues in the Halal industry. Springer Singapore, pp 319–322. https://doi.org/10.1007/978-981-13-2677-6_26

Liu L, Huang Y, Jin J (2022) China's vaccine diplomacy and its implications for global health governance. Healthcare (Basel, Switzerland) 10(7):1276. https://doi.org/10.3390/healthcare10071276

Mazlan FA, Wasmuth MAJ, Nesbeth-Bain MEM, Nesbeth DN (2025) Halal considerations that signpost a cellular agriculture compatible with world religions. Trends Food Sci Technol 105015. https://doi.org/10.1016/J.TIFS.2025.105015

Naran K, Nundalall T, Chetty S, Barth S (2018) Principles of immunotherapy: implications for treatment strategies in cancer and infectious diseases. Front Microbiol 9. https://doi.org/10.3389/fmicb.2018.03158

Nasir SG, Aliyu G, Ya'u I, Gadanya M, Mohammad M, Zubair M, El-Kamary SS (2014) From intense rejection to advocacy: how Muslim clerics were engaged in a polio eradication initiative in northern Nigeria. PLoS Med 11(8):e1001687. https://doi.org/10.1371/JOURNAL.PMED.1001687

Norazmi MN, Lim LS (2015) Halal pharmaceutical industry: opportunities and challenges. Trends Pharmacol Sci 36(8):496–497. https://doi.org/10.1016/J.TIPS.2015.06.006

Othman Y, Awang MN, Abdul Rahman Shah H (2023) Legal and regulatory challenges of Halal certification: insights from cosmetic manufacturers on Halal built-in implementation. Int J Acad Res Bus Soc Sci 13(1). https://doi.org/10.6007/IJARBSS/V13-I1/15785

Padmawati RS, Heywood A, Sitaresmi MN, Atthobari J, MacIntyre CR, Soenarto Y, Seale H (2019) Religious and community leaders' acceptance of rotavirus vaccine introduction in Yogyakarta, Indonesia: a qualitative study. BMC Public Health 19(1):368. https://doi.org/10.1186/s12889-019-6706-4

Pagel JM, West H (Jack) (2017) Chimeric antigen receptor (CAR) T-cell therapy. JAMA Oncol 3(11):1595. https://doi.org/10.1001/jamaoncol.2017.2989

Patel SA, Minn AJ (2018) Combination cancer therapy with immune checkpoint blockade: mechanisms and strategies. Immunity 48(3):417–433. https://doi.org/10.1016/j.immuni.2018.03.007

Pennisi F, Genovese C, Gianfredi V (2024) Lessons from the COVID-19 pandemic: promoting vaccination and public health resilience, a narrative review. Vaccines 12(8):891. https://doi.org/10.3390/VACCINES12080891

Qur'an. Al-Ma'idah 5:32. Accessed 13 Oct 2025. https://quran.com/en/al-maidah/32

Rahman SA, Rahman UHA (2024) A systematic literature review on success factors, issues and challenges in Halal assurance management system (HAS) implementation in the production of Halal products. Curr Trends Biotechnol Pharm 18(3s):50–70. https://doi.org/10.5530/ctbp.2024.3s.4

Ridho A (2025) Integrating artificial intelligence and blockchain to improve the accuracy of Halal certification. J Halal Rev. https://doi.org/10.70764/gdpu-jhr.2025.1(1)-02

Rusmil K, Fadlyana E, Girsang RT, Adrizain R, Reza Rahmadi A, Suryadinata H, Dwi Putra MG, Fulendry FP, Nashsyah DT, Utami RK, Zahra Mardiah B, Trisna Windiani IGA, Sugitha Adnyana IGAN, Sukma Pratiwi Murti NL, Agus Somia IK, Utama IMS, Soetjiningsih S, Mutiara ULN, Puspita M (2024) Immunogenicity and safety of SARS-CoV-2 protein subunit recombinant vaccine (IndoVac®) as a booster dose against COVID-19 in Indonesian adults. Vaccines 12(5):540. https://doi.org/10.3390/vaccines12050540

Singh S, Kumar NK, Dwiwedi P, Charan J, Kaur R, Sidhu P, Chugh VK (2018) Monoclonal antibodies: a review. Curr Clin Pharmacol 13(2):85–99. https://doi.org/10.2174/1574884712666170809124728

Soliman AM, Teoh SL, Das S (2022) Fish gelatin: current nutritional, medicinal, tissue repair applications, and as a carrier of drug delivery. Curr Pharm Des 28(12):1019–1030. https://doi.org/10.2174/1381612828666220128103725

Sousa Â, Soares CP, Venuti A (2022) Vaccines against infectious diseases and cancer. Vaccines 10(5):648. https://doi.org/10.3390/vaccines10050648

Tannoury M, Attieh Z (2017) The influence of emerging markets on the pharmaceutical industry. Curr Ther Res Clin Exp 86:19. https://doi.org/10.1016/J.CURTHERES.2017.04.005

The Guardian. Britain vaccine manufacturing COVID inquiry Matt Hancock. Accessed 13 Oct 2025. https://www.theguardian.com/uk-news/2025/jan/16/britain-vaccine-manufacturing-covid-inquiry-matt-hancock

Trabelsi L, Bahloul S, Mathlouthi F (2020) Performance analysis of Islamic and conventional portfolios: the emerging markets case. Borsa Istanbul Rev 20(1):48–54. https://doi.org/10.1016/j.bir.2019.09.002

Trangerud HA (2023) "What is the problem with vaccines?" A typology of religious vaccine skepticism. Vaccine: X 14:100349. https://doi.org/10.1016/J.JVACX.2023.100349

Trounson A, McDonald C (2015) Stem cell therapies in clinical trials: progress and challenges. Cell Stem Cell 17(1):11–22. https://doi.org/10.1016/j.stem.2015.06.007

Waldman AD, Fritz JM, Lenardo MJ (2020) A guide to cancer immunotherapy: from T cell basic science to clinical practice. Nat Rev Immunol 20(11):651–668. https://doi.org/10.1038/s41577-020-0306-5

Professor Mohamed Osman is a distinguished immunologist and a leading voice in global health, currently serving as a principal investigator and senior immunologist at the University of York, UK, where he spearheads pioneering research into vaccine development, notably integrating cutting-edge RNA technology to target infectious diseases and cancer. Reflecting his dedication to both science and education, Prof. Osman holds the academic foundation of a B.Sc., M.Sc., and Ph.D. and maintains roles as an adjunct professor at the University of Khartoum, Sudan, and LAUTECH in Nigeria, where he fosters biomedical research and mentorship. Beyond academia, his global leadership is evident as a co-founder of both the PANDOR-ID-Network and the International Alliance for Clinical Cancer and Infectious Disease, alongside his role as the founding director of MOTECK LTD, dedicated to therapeutic innovation. Professor Osman is particularly recognized for his advocacy of Halal ingredients in therapeutic development, ensuring that medical advancements are both scientifically robust and ethically inclusive, driving a vision for safer, more effective, and accessible global health solutions.

Small-Molecule Drug Discovery: Evolution of Medicinal Chemistry and Holistic Approaches

Jawad Alzeer

Abstract Throughout the twentieth century, the development of rational drug design revolutionized medicine, enabling the precise targeting of specific biological pathways using synthetic compounds. While this advancement has offered significant therapeutic breakthroughs, challenges such as drug toxicity, resistance, and regulatory complexities remain prevalent. However, cutting-edge technologies, such as computational biology and artificial intelligence, are pushing the boundaries of drug discovery, particularly in the treatment of complex diseases like cancer and infectious diseases. Drugs can be classified in various ways, including their chemical structure, mode of action, or therapeutic application. One important classification is based on their acidity or basicity, which significantly impacts pharmacokinetics and the potential for drug interactions. This chapter delves into the evolution of medicinal chemistry, tracing its roots from the traditional use of medicinal plants to the modern focus on single-molecule synthetic drugs. It also highlights the growing significance of personalized medicine and explores the integration of Halal-Tayyib principles, aiming to create a more inclusive and holistic approach to healthcare.

Keywords Rational drug design · Drug discovery · Medicinal chemistry · Holistic approaches · Personalized medicine

1 Introduction

The history of medicine is a fascinating narrative that reveals humanity's enduring quest to understand and utilize the natural world to promote health and prevent illness. This exploration began thousands of years ago with early humans experimenting with medicinal plants and has evolved into the modern practice of creating complex

J. Alzeer (✉)
Swiss Scientific Society for Developing Countries, Dübendorf-Zürich, Switzerland
e-mail: zeer@ppu.edu

Medicine, College of Medicine and Health Sciences, Palestine Polytechnic University, Hebron, Palestine

Q. Hasan et al. (eds.), *Halal Perspectives in Medicinal Chemistry*,
https://doi.org/10.1007/978-981-95-6378-4_6

medicines in advanced laboratories. The story of medicine reflects not only the growth of medical knowledge but also how advancements in biology, chemistry, and pharmacology have intertwined over time. It highlights human resilience and creativity in the face of disease (Zagotto and Bortoli 2021).

In ancient times, people discovered that certain plants could treat diseases and relieve pain. For example, they learned that willow bark could ease pain and that foxglove could help with heart problems. These early findings formed the basis for traditional medical systems, such as Ayurveda, Traditional Chinese Medicine, Unani, and various indigenous healing practices across the world (Saad et al. 2005). As science progressed, modern research confirmed the effectiveness of many of these remedies, demonstrating that ancient knowledge remains relevant today. A major shift in medical history occurred during the Renaissance, when scholars began to emphasize observation and experimentation over traditional beliefs. This change laid the foundation for modern scientific methods and the development of systematic medicine.

During the Golden Age of Islamic Civilization, spanning from the eighth to the thirteenth centuries, alchemists played a pivotal role in laying the groundwork for modern chemistry and, in particular, medicinal chemistry. They developed fundamental principles, introduced essential chemical compounds, and pioneered laboratory techniques like extraction, distillation, and filtration (Syed et al. 2021; Montazeritabar and Fang 2020). Jābir ibn Hayyān (Geber) was a prominent figure in this field, whose work influenced later chemists and laid the foundation for the study of chemistry (Komaruddin 2023). His contributions to medicinal chemistry included the development of new methods for preparing and purifying medicinal substances, such as the use of distillation to extract active ingredients from plants, and the discovery of new chemical compounds with therapeutic properties (Affi et al. 2021; Amr and Tbakhi 2007). The knowledge gained by alchemists led to the development of new pharmaceutical preparations and medical practices.

The eighteenth and nineteenth centuries saw the birth of modern pharmacology, with scientists isolating active ingredients from plants and creating synthetic drugs. A turning point was William Henry Perkin's accidental discovery of a synthetic dye, which demonstrated the potential of chemistry to create useful medicinal compounds (Zagotto and Bortoli 2021). Around the same time, the development of germ theory by scientists like Louis Pasteur and Robert Koch revolutionized medicine by identifying microorganisms as the cause of many diseases. This discovery led to life-saving advances like vaccines and antiseptics, greatly improving public health (Atanasov et al. 2021).

In the twentieth century, the development of synthetic drugs accelerated, driven by advancements in chemistry and pharmacology. Alexander Fleming's discovery of penicillin marked the beginning of the antibiotic era, transforming the treatment of bacterial infections (Zagotto and Bortoli 2021). Today, medicine continues to evolve with the advent of personalized treatments, gene therapy, and other cutting-edge technologies, aiming to make healthcare more effective and tailored to individual needs.

Modern medicine, which relies heavily on small-molecule drugs, has encountered limitations in treating complex diseases like cancer, as many types of cancer have developed resistance to these treatments, often accompanied by severe side effects (Sultana 2011). Despite recent advancements in drug development, new cancer therapies have not demonstrated significant therapeutic advantages over existing options, highlighting the need for a more comprehensive healthcare approach. The shift toward holistic medicine acknowledges the importance of factors beyond biological mechanisms in disease treatment. Lifestylopathy, also known as halalopathy, is a holistic approach that links a patient's lifestyle with their medical treatment, aiming to optimize outcomes and improve overall well-being by personalizing drug therapy based on individual lifestyle factors (Alzeer 2023). In this context, we will examine the evolution of medicinal chemistry, from the traditional use of medicinal plants to the modern development of single-molecule drugs. We will discuss the extraction of natural products, the rational drug design process, and the effectiveness and limitations of each approach. Additionally, we will explore the halal status of single small molecules.

2 The Evolution of Drug Discovery

The development of medicinal compounds has evolved significantly over time, from the use of traditional medicinal plants to the extraction of active ingredients from natural products, and more recently, to the rational design of drugs in the laboratory. Each approach has its strengths and limitations in terms of effectiveness, safety, and application in modern medicine (Newman and Cragg 2016).

2.1 Traditional Medicine

Medicinal plants have been integral to healing practices for thousands of years, forming the backbone of traditional medicine systems like Ayurveda, Traditional Chinese Medicine, and various indigenous therapies across the globe (Yuan et al. 2016). The cinchona tree, a historical remedy for malaria, is a notable example of a plant-based medicine with a long-standing tradition of use (Newman and Cragg 2016). These plants are rich in bioactive compounds that often work synergistically to produce therapeutic effects (Junio et al. 2011). However, the complexity of these mixtures can make standardization and quality control difficult (Chen et al. 2016). The effectiveness of plant-based medicines is influenced by numerous variables, including the species of the plant, the conditions in which it was grown, the timing of its harvest, and the methods used in its preparation (Gu et al. 2013).

Despite their long-standing use and potential benefits, plant-based medicines have notable limitations. One key issue is the natural variability inherent in plant materials, which can result in inconsistent dosages and unpredictable therapeutic effects, especially compared to highly standardized pharmaceutical products. Additionally, there is the risk of contamination from pesticides, heavy metals, or other harmful substances, which can undermine both the safety and efficacy of these remedies (Ravichandran et al. 2023). While many medicinal plants have shown effectiveness, the precise mechanisms by which they work are often not fully understood. This lack of detailed knowledge limits the ability to refine their use for maximum therapeutic benefit and poses challenges in integrating these remedies into modern healthcare practices (Neeta 2017).

2.2 Extracting Nature's Medicine

Natural product-based medicines focus on isolating specific active ingredients from plants, fungi, marine life, and other biological sources, enabling targeted therapeutic effects (Newman and Cragg 2016; Alzeer et al. 2017). This precision in extraction allows for more consistent and potent medications compared to using whole medicinal plants. Notable examples include quinine, extracted from the cinchona tree, and penicillin, derived from mold, which have revolutionized healthcare and saved countless lives (Fig. 1). These compounds undergo rigorous scientific testing to ensure their efficacy and safety. In some cases, natural products contain multiple bioactive components that work synergistically, enhancing their therapeutic potential even after extraction (Junio et al. 2011).

Despite these benefits, natural product-based medicines come with significant challenges. Extraction, purification, and quality control processes are often labor-intensive and costly, which can limit accessibility and drive up prices (Chen et al. 2016). Traditional extraction methods may require harsh conditions, such as high temperatures and toxic solvents, that can degrade the bioactive compounds (Alzeer et al. 2014). Additionally, overuse or excessive reliance on these medicines can lead to issues like antibiotic resistance, reducing their long-term effectiveness. Moreover,

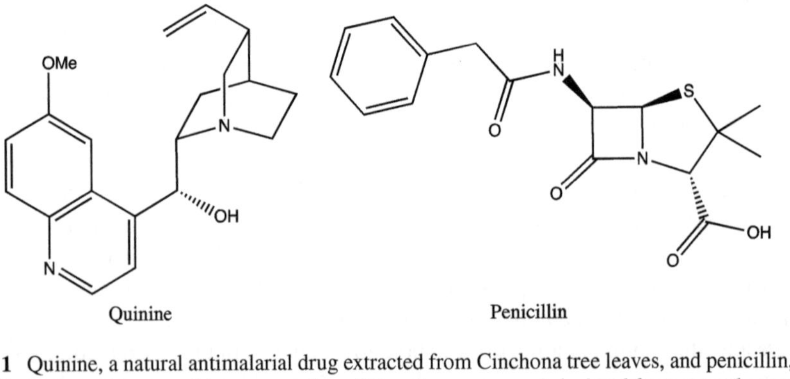

Fig. 1 Quinine, a natural antimalarial drug extracted from Cinchona tree leaves, and penicillin, an antibiotic derived from mold, are examples of bioactive compounds isolated from natural sources

the overharvesting of resources and habitat destruction pose threats to biodiversity and the sustainability of these medicinal sources (Ravichandran et al. 2023). Patenting extracts derived from natural sources can be challenging due to existing knowledge and prior use. Natural products, being part of the natural environment, often lack novelty or inventiveness, making them difficult to qualify for patent protection (Rahman 2022). As the demand for treatments based on natural products increases, it is crucial to combine therapeutic progress with sustainable sourcing and environmental protection (Izhar and Ahmed 2016).

2.3 *Rational Drug Design*

Rationally designed medicines use advanced techniques like computer modeling, molecular dynamics simulations, and high-throughput screening to create targeted therapies (Newman and Cragg 2016). These methods allow for precise drug development by focusing on specific biological pathways or receptors involved in disease processes. The ability to design drug molecules with specific characteristics results in treatments that can be highly effective while minimizing unwanted side effects (Neeta 2017). A notable example of rationally designed medicines is the development of quinine analogs, which are synthetic compounds derived from the natural product quinine. By retaining the core quinoline pharmacophore of quinine, researchers have successfully developed more effective antimalarial drugs like chloroquine, mefloquine, and quinidine (Fig. 2). These drugs have played a crucial role in combating malaria, especially in regions where the parasite has developed resistance to quinine.

Despite their benefits, rationally designed medicines also come with limitations. The development process is often challenging, more time-intensive, and costly, involving extensive research, complex testing, and multiple stages of refinement before reaching the market. Even with precise targeting, unexpected side effects may arise, especially when the drug interacts with multiple biological pathways or when long-term effects are difficult to predict (Rahman 2022).

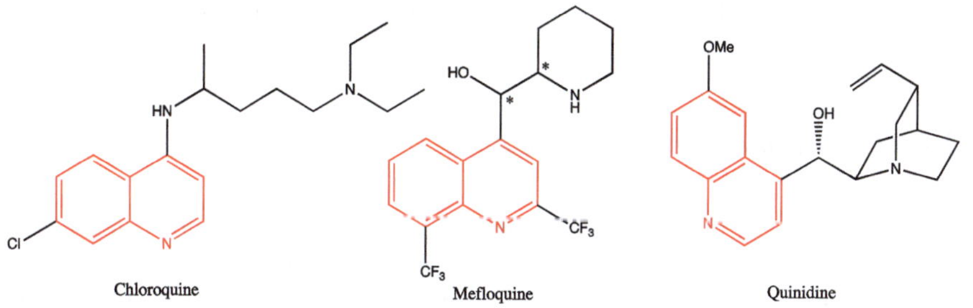

Fig. 2 Structures of chloroquine, mefloquine, and quinidine, where quinoline pharmacophore (red) left untouched

3 Challenges in Drug Development

Small-molecule drug design is a complex and multidisciplinary process with a high failure rate. Challenges arise at every stage of the development process, from target identification to the final stages of drug development and approval. Here are some of the key challenges in small-molecule drug design:

3.1 Target Identification and Validation

The first crucial step in drug development involves identifying a biological target, such as a protein, enzyme, or DNA, that is critical to the disease process and can be modulated by a therapeutic agent. When developing drugs against microorganisms like bacteria or viruses, it is important to target vital biological processes necessary for the organism's survival, growth, or reproduction. These processes include cellular metabolism, DNA or RNA synthesis, protein production, and cell wall or membrane formation. By disrupting these essential functions, researchers can create drugs that hinder the life cycle of microorganisms, effectively preventing their growth and spread (Jp et al. 2011). This step is fundamental because the success of the entire drug development process depends heavily on the accurate identification and validation of these targets (Hann and Keserü 2012). However, this process is complex, as not all targets, such as membrane proteins, are easily modulated by small molecules due to their inaccessibility and structural complexity (Meanwell 2011). While small molecules are often selective, they can still interact with multiple targets, potentially causing side effects, unlike macromolecules like antibodies, which are typically more selective (Hedrich et al. 2017). Target validation is equally critical, requiring confirmation that the selected target is directly involved in the disease mechanism and that its modulation will have therapeutic benefits. Various methods, including in vitro assays, animal models, and genetic studies, are employed for target validation, and emerging technologies like computational biology and artificial intelligence are increasingly revolutionizing this process by enabling the analysis of vast datasets, predicting potential drug targets, and assessing their druggability (Gupta et al. 2021).

3.2 Lead Compound Identification

After identifying a biological target, the discovery of a small molecule that can interact with it effectively becomes a challenging and resource-intensive process. Researchers must screen vast libraries of existing compounds or design entirely new molecules to identify potential "lead compounds" (Svilenov et al. 2023). High-throughput screening technologies enable the testing of thousands of compounds, but not all identified hits are suitable for further development. Lead optimization involves modifying the chemical structure of lead compounds to improve their properties and address any identified deficiencies. This process often requires iterative cycles of synthesis, testing, and optimization. The integration of structural insights into the design process can significantly enhance the likelihood of success in lead optimization (Taylor et al. 2021).

3.3 Optimization of Drug-Like Properties

Once a promising lead compound is identified, it's essential to optimize its properties. This involves preserving the pharmacophore, the core structure responsible for biological activity, while modifying other parts of the molecule (Nadin et al. 2012). The structural tuning aims to enhance factors like potency, selectivity, solubility, metabolic stability, and bioavailability (Meanwell 2011). This optimization requires a careful balance, maintaining the compound's therapeutic efficacy while improving its drug-like properties. Poor properties can limit a compound's stability, reduce its effectiveness in the body, or cause adverse side effects. Medicinal chemistry techniques such as analog design, fragment-based drug design, and computational chemistry are integral to this process (Templeton et al. 2015). These methods help adjust non-essential moieties while keeping the core pharmacophore intact, guiding the compound from early discovery through to clinical trials (Gao et al. 2020).

3.4 Toxicity and Safety

Predicting and minimizing toxicity is one of the most formidable challenges in drug development. Small molecules can induce both on-target toxicity, affecting the intended site of action, and off-target toxicity, impacting unintended sites, both of which can result in adverse effects. Toxicity concerns, including genetic toxicity, heart toxicity, liver toxicity, and nerve toxicity, are among the leading causes of drug failure during clinical trials. These adverse effects can lead to serious health consequences and may necessitate discontinuation of drug development (Meanwell 2011). Ensuring a drug's safety and efficacy necessitates extensive preclinical testing, thorough risk assessments, and strategic modifications to the compound's structure (Hedrich et al. 2017). Preclinical evaluations, involving in vitro assays, animal models, and other methods, are critical for assessing toxicity and identifying potential safety concerns early in development (Jp et al. 2011). Fine-tuning these aspects is essential for a drug's clinical success and for safeguarding patient safety. This challenge is especially acute in cancer therapy, where the dose required to effectively eliminate cancer cells is often inadequate, and increasing the dose can lead to lethal side effects and severe toxicity (Maurer et al. 2020).

3.5 Pharmacokinetics and Pharmacodynamics (PK/PD)

Optimizing a drug's pharmacokinetic (PK) profile, which includes key processes such as absorption, distribution, metabolism, and excretion, is crucial for ensuring that the drug reaches and maintains therapeutic concentrations at its intended target site (Meanwell 2011). A well-optimized PK profile allows the drug to be absorbed efficiently, distributed appropriately within the body, metabolized at a rate that supports its therapeutic action, and excreted without causing harm or losing efficacy prematurely. Equally important is a thorough understanding of the drug's pharmacodynamics (PD), which involves how the drug interacts with its biological targets at the molecular level to produce its desired effects. Poorly optimized PK/PD properties, such as an unsuitable half-life that leads to rapid clearance or insufficient accumulation at the target site, can result in subtherapeutic drug levels (Hann and Keserü 2012). This can necessitate inconvenient or less effective dosing schedules, increase the risk of adverse effects, and ultimately compromise the drug's efficacy and safety.

3.6 Resistance Development

In conditions such as cancer and infectious diseases, the effectiveness of small-molecule drugs can diminish over time due to the development of resistance. This resistance often arises through genetic mutations in the target protein, the overexpression of efflux pumps that expel drugs from cells, or alterations in metabolic pathways (Jin 2023). Resistance poses a significant challenge in drug development, as it can render previously effective treatments obsolete, leading to increased morbidity, mortality, and the need for more aggressive therapies (Wang et al. 2019). To combat resistance, researchers are exploring various strategies, including combination therapy, which involves using multiple drugs simultaneously to reduce the likelihood of resistance (Chen et al. 2022), drug repurposing, which seeks new applications for existing drugs to target resistant pathogens or cancer cells, and the development of novel drug classes with distinct pharmacophores that target alternative pathways or mechanisms of action (Yang et al. 2020).

3.7 Intellectual Property (IP)

Securing intellectual property rights is crucial for the commercial success of a new drug, with patents providing exclusive rights to manufacture, use, and sell the drug for a limited time (Gonçalves et al. 2022). However, the crowded patent landscape and challenges from competitors pose significant risks, including patent disputes and weak protection, which can lead to early generic competition and reduced profitability (Gonçalves et al. 2022). Understanding and proactively managing IP law complexities is essential to safeguarding the investment in drug development and enhancing the chances of commercial success (Jarrell et al. 2015).

3.8 Scalability and Manufacturing

The manufacturing process is crucial for commercial drug production, with challenges often arising from complex chemical reactions that are difficult to scale, purification issues in isolating the drug substance, and regulatory hurdles for facility approval. Addressing these challenges during research and development is vital, particularly given the large quantities required for in vivo evaluations and clinical trials. This involves optimizing the process to ensure high-quality, cost-effective production under suitable conditions and within a reasonable timeframe, which may require developing new synthetic routes, refining purification techniques, and using high-quality reagents (Januchowski et al. 2016). Scaling up from small to large-scale production must maintain consistency in quality, yield, and safety. Overcoming these challenges is essential to making the drug widely accessible and affordable for patients (Wang et al. 2019).

3.9 Formulation

Formulation is a critical step in drug development, involving the design of a suitable delivery system to ensure the active ingredient reaches its target site effectively and safely (Yang et al. 2020). Key aspects of formulation include determining the appropriate dosage form, selecting suitable excipients, developing efficient manufacturing processes, and ensuring appropriate packaging (Chen et al. 2022). A well-formulated drug must be stable, bioavailable, and compatible with the intended route of administration.

3.10 Clinical Trials

Clinical trials are the final stage of drug development, where new drugs or treatments are rigorously tested on humans to assess their safety, efficacy, and appropriate dosage. This follows extensive preclinical testing, which typically involves in vitro experiments and in vivo studies using animal models like mice, rats, dogs, or monkeys. However, it's crucial to remember that the human body is a complex system, and results from animal studies may not always accurately predict the outcomes in humans (Schmitt et al. 2015). This is particularly evident in cancer therapy, where drugs that show promise in animal models may not have the same efficacy or safety profile in patients. Therefore, clinical trials are essential for ensuring the safety and effectiveness of new drugs before they are made available to the public. They provide valuable data that helps inform regulatory decisions and guide the development of new treatments (Gonçalves et al. 2022).

3.11 Regulatory Approval

Regulatory agencies like the Food and Drug Administration (FDA) in the USA and European Medicines Agency (EMA) in the European Union require rigorous evidence of safety, efficacy, and quality before approving drugs. The regulatory pathway varies by region, and global requirements can differ. By understanding these challenges and proactively addressing regulatory requirements, drug developers can increase the likelihood of successful drug approval and commercialization (Jarrell et al. 2015).

4 Drug Classification by Acidity and Basicity

Drugs can be classified in various ways, including their chemical structure, mode of action, or therapeutic use. One particularly insightful classification is based on a drug's acidity or basicity, which helps predict its absorption, distribution, and overall behavior within the body. This classification is closely related to the basic building blocks of life, amino acids. Of the 20 amino acids, some are acidic, others are basic, and some are neutral (Lazar et al. 2015). Understanding whether a drug is acidic, basic, or neutral provides crucial information about its chemistry, structure, functionality, and solubility (Kovalevsky et al. 2018). These factors are vital for comprehending how a drug will be metabolized and excreted. This knowledge not only helps optimize drug formulation, dosing, and administration but also highlights potential drug-drug interactions and other factors that could influence a drug's efficacy and safety (Hemmateenejad et al. 2012).

4.1 Acidic Drugs

Acidic drugs, characterized by functional groups such as carboxylic acids, phenols, and sulfonic acids, with carboxylic acid groups (-COOH) being the most prevalent, have their solubility, absorption, and distribution significantly influenced by these acidic groups (Fig. 3) (Huang et al. 2012). In the acidic environment of the stomach, these groups typically remain protonated and neutral, which enhances their solubility and facilitates absorption across the stomach lining.

However, as the drug transitions into the basic pH environment of the small intestine and other body tissues, these groups deprotonate, forming salts that increase

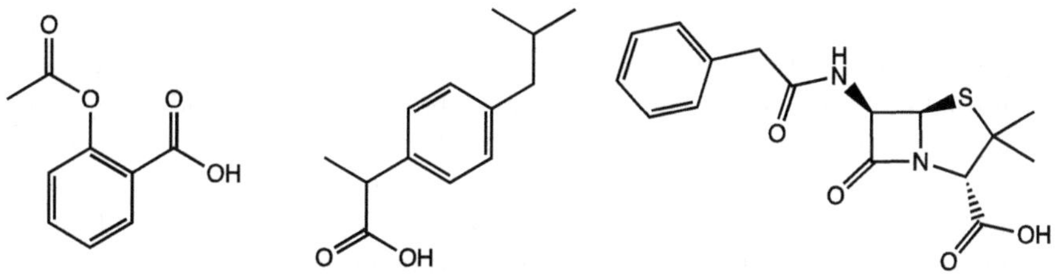

Aspirin Ibuprofen Penicillin

Fig. 3 Chemical structures of three common acidic drugs: aspirin, ibuprofen, and penicillin

water solubility and promote excretion via the kidneys. The deprotonation process also impacts the drug's half-life; as acidic drugs become more water-soluble, they are more readily excreted, often leading to a shorter half-life. This interplay between protonation and deprotonation, influencing solubility, absorption, and elimination, is crucial for optimizing the formulation, dosing, and administration of acidic drugs in clinical practice to ensure both efficacy and safety. Figure 4 illustrates the acid–base equilibrium of aspirin in aqueous solution and how the pH of the environment affects the relative concentrations of its unionized and ionized forms. In the intestinal wall (pH 6–7), aspirin exists primarily in its ionized form, which can limit its absorption. In the more acidic environment of the stomach (pH 1–3), aspirin is predominantly in its unionized form, which promotes its absorption (Hemmateenejad et al. 2012).

Acidic drugs are mainly metabolized by liver enzymes, particularly those in the cytochrome P450 (CYP) family. These enzymes mediate various reactions such as

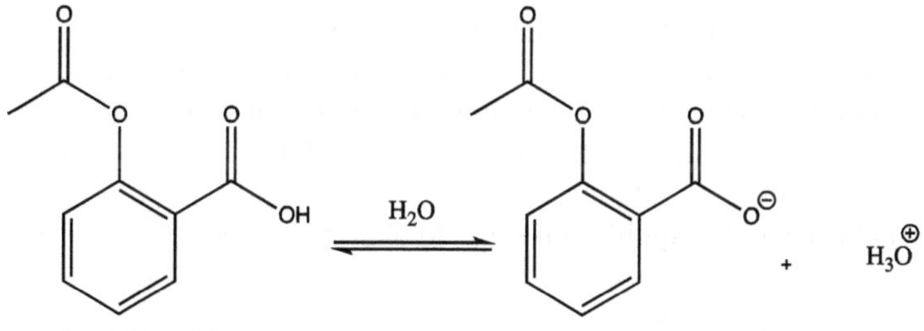

Aspirin, pKa = 3.5

pH = 6.5	1		1000
pH = 5.5	1		100
pH = 4.5	1		10
pH = 3.5	1	:	1
pH = 2.5	10		1
pH = 1.5	100		1
pH = 0.5	1000		1

Fig. 4 Chemical equation depicting the equilibrium between protonated and deprotonated forms of aspirin in aqueous solution. The pKa of aspirin is 3.5. A table shows the ratio of protonated to deprotonated aspirin at pH values ranging from 6.5 to 0.5, highlighting the 1:1 ratio at pH 3.5

oxidation, hydrolysis, and conjugation processes like glucuronidation and sulfation. Oxidation involves the addition of oxygen atoms to the drug molecule, increasing water solubility for easier excretion. Hydrolysis breaks chemical bonds using water, often converting the drug into inactive metabolites. Conjugation with glucuronic acid or sulfate similarly enhances water solubility, aiding in the drug's elimination from the body (Kovalevsky et al. 2018). Understanding these metabolic pathways is essential for predicting the pharmacokinetics and optimizing the therapeutic use of acidic drugs.

4.2 Basic Drugs

Basic drugs, characterized by functional groups such as amines (alkaloids) or amides, exhibit unique absorption and elimination patterns due to their chemical nature (Fig. 5) (Chen et al. 2013). In the acidic environment of the stomach, these basic groups are protonated, forming water-soluble salts that can limit the amount of drug absorbed into the bloodstream (Kou et al. 2017). However, when these drugs reach the slightly alkaline environment of the small intestine, they undergo deprotonation, becoming more neutral and lipophilic, which significantly enhances their absorption across the intestinal wall (Varma et al. 2012). Once absorbed, the distribution of basic drugs throughout the body is influenced by factors like protein binding and lipid solubility (Bereda 2022).

The degree of protonation also impacts the drug's half-life; those with a higher tendency to protonate are eliminated more quickly due to their increased water solubility, resulting in shorter half-lives (Shah 2019). Understanding these processes is crucial for optimizing the formulation, dosing, and administration of basic drugs to ensure therapeutic efficacy and safety. Figure 6 illustrates the acid–base equilibrium of amitriptyline in aqueous solution. The ionization state of amitriptyline affects its absorption in the gastrointestinal tract. At a pH higher than the pKa (9.7), the equilibrium shifts to the left, favoring the unionized form of amitriptyline. At a pH lower than the pKa, the equilibrium shifts to the right, favoring the ionized form (Matsui et al. 2015).

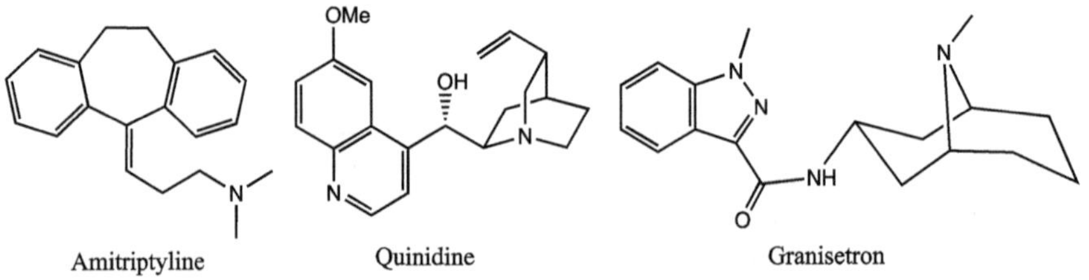

Fig. 5 Chemical structures of three common basic drugs: amitriptyline, quinidine, granisetron

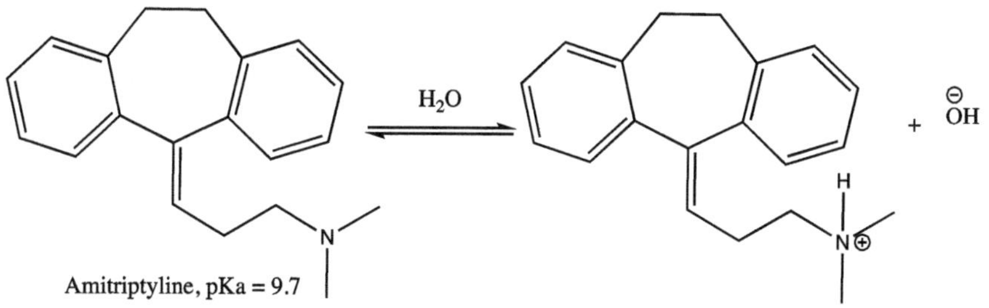

pH = 12.7	1000	1
pH = 11.7	100	1
pH = 10.7	10	1
pH = 9.7	1 :	1
pH = 8.7	1	10
pH = 7.7	1	100
pH = 6.7	1	1000

Fig. 6 Chemical equation depicting the equilibrium between deprotonated and protonated forms of amitriptyline in aqueous solution. The pKa of amitriptyline is 9.7. A table shows the ratio of deprotonated to protonated amitriptyline at pH values ranging from 12.7 to 6.7, highlighting the 1:1 ratio at pH 9.7

Basic drugs, like acidic drugs, are mainly metabolized in the liver by enzymes belonging to the cytochrome P450 (CYP) family (Akamine et al. 2019). These enzymes catalyze several chemical reactions, such as oxidation, reduction, and dealkylation, which can significantly alter the drug's structure and properties (Ferl et al. 2016). For instance, reduction involves the removal of an oxygen atom, which may impact the drug's activity or stability, whereas dealkylation involves the removal of an alkyl group, which can similarly alter the drug's properties. Understanding these metabolic pathways is crucial for optimizing drug formulation, dosing, and administration.

4.3 Neutral Drugs

Neutral drugs, characterized by the absence of acidic or basic functional groups, can exhibit distinct pharmacokinetic properties compared to acidic or basic drugs. Their neutral behavior significantly impacts absorption, distribution, metabolism, and excretion (Varma et al. 2012). In some cases, neutral drugs can exist in a zwitterionic form, where both acidic and basic functional groups are present within the same molecule, further influencing their properties (Nath et al. 2011) (Fig. 7).

Bilastine, a neutral drug, exhibits zwitterionic properties due to the presence of both a carboxylic acid group (COOH) and an amine group within its structure, allowing it to carry both a positive and a negative charge. The carboxylic acid group has a pKa of 4.06, while the amine group has a pKa of 9.43. This indicates that the

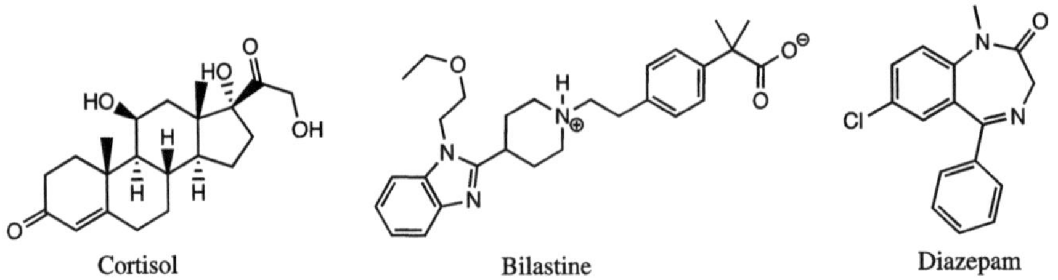

Fig. 7 Chemical structures of three common neutral drugs: cortisol, bilastine, diazepam

carboxylic acid and amino groups are more likely to lose a proton (H^+) at higher pH values, while the carboxylic acid is more likely to remain protonated at lower pH values (Fig. 8). At physiological pH (approximately 7.4), bilastine predominantly exists in its zwitterionic form, with the carboxylic acid deprotonated (COO^-) and the amine group protonated (NH^+). This form can significantly influence the drug's solubility, absorption, and interactions with biological targets (Dukhanin and Сергеевич 2021).

Neutral drugs, unlike their acidic or basic counterparts, can be absorbed across various environments in the gastrointestinal tract, including both the stomach and small intestine. The absorption of these drugs is largely influenced by their lipid solubility and molecular weight, with higher lipid solubility and lower molecular weight facilitating better absorption (Stepensky 2013). Once absorbed, their distribution throughout the body is affected by factors such as protein binding, regional blood flow, and lipid solubility. Drugs that are highly lipophilic tend to accumulate in tissues with high lipid content, while those with significant protein binding may potentially have reduced free concentrations in the bloodstream (Kawai et al. 2010). The half-life of neutral drugs is heavily dependent on their metabolic stability and rate of excretion. Drugs with higher lipid solubility and lower protein binding may have prolonged half-lives due to slower elimination, whereas drugs that are quickly metabolized or excreted may have shorter half-lives. Their metabolism and excretion are similar to those of acidic and basic drugs, involving liver enzymes and renal clearance (Toomula et al. 2011).

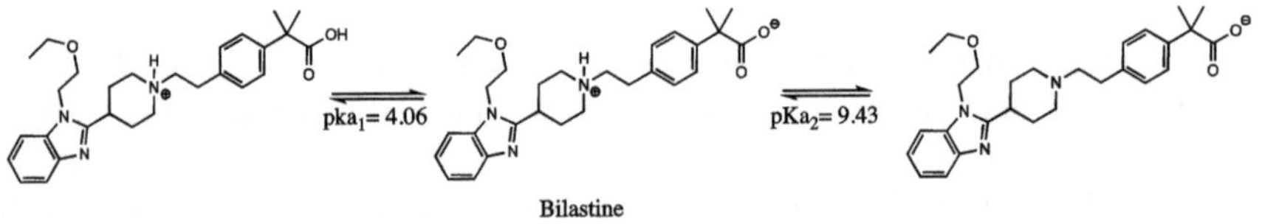

Fig. 8 Dissociation of bilastine, showing two pKa values (4.06 and 9.43) and the chemical structures at different protonation states

5 Halal Status of Medicines

The halal status of a medicine is determined by the nature and origin of its ingredients, as well as the production processes involved. The evaluation is guided by the principles of "Halal" (permissible) and "Tayyib" (pure and wholesome) (Alzeer et al. 2018). To qualify as halal, a medicine's ingredients and production methods must strictly adhere to halal standards, ensuring that the product is not only permissible but also pure and safe for consumption (Hehanussa 2022).

Ingredients are classified into three categories based on their origin and processing: non-critical, critical, and highly critical. Non-critical ingredients are usually derived from natural sources and undergo minimal processing, requiring less scrutiny. Critical ingredients, whether sourced naturally or synthesized in laboratories, necessitate a more rigorous evaluation to ensure compliance with halal standards. Highly critical ingredients, often derived from animal sources or involving complex processing, demand the most stringent verification, including on-site inspections of production facilities, thorough documentation reviews, and certification to confirm that all components, particularly those from animal sources, meet halal requirements. Additionally, for single-molecule components, it's essential to consider their potential toxicity, ensuring that the recommended dosage falls within halal standards for safety.

The halal status of a medicine is determined by both its active pharmaceutical ingredients (APIs) and the formulation process. APIs can be either derived from natural sources or synthesized in laboratories (Alzeer et al. 2021). However, formulation ingredients such as excipients and additives, particularly those derived from animal sources, also play a crucial role in determining the halal status of a medicine. The entire production process, from sourcing to final product, must adhere to Islamic dietary laws to ensure the medicine is considered halal.

Ingredients from natural sources or those subjected to chemical reactions, fermentation, or extraction are considered critical and require thorough evaluation for halal compliance. A detailed questionnaire is necessary to assess the halal status of these ingredients, covering the ingredient's origin (plant, animal, or synthetic), production process (including chemical reactions, solvents, and equipment), potential contaminants (such as non-halal substances), and halal certification of any animal-derived raw materials. For single-molecule components, which can pose toxicity risks if misused, it is important to ensure that the recommended dosage meets halal standards by providing safety assessments, risk–benefit analyses, and ensuring compliance with regulatory and halal certification requirements. Addressing these factors helps in maintaining the safety and permissibility of the medicine under halal guidelines (Alzeer and Abou Hadeed 2020).

Formulation ingredients, especially those derived from animal sources like gelatin, alcohol, or stearates, are deemed highly critical and necessitate even more stringent scrutiny. The certification process for such medicines involves a comprehensive review of the formulation and manufacturing processes, including an on-site audit of facilities to verify compliance with halal standards. Additionally, the final product may require testing to confirm it is free from non-halal substances. Thus, while certifying APIs may be relatively straightforward, the inclusion of highly critical formulation ingredients demands a more thorough and rigorous evaluation to ensure complete adherence to halal standards.

6 Personalized Medicine

Personalized medicine, which customizes healthcare to meet individual needs and circumstances, marks a significant advancement in modern medicine. By integrating medical treatment with aspects of a patient's lifestyle—such as their cultural, religious, and dietary practices—this approach goes beyond standardized care to offer a more individualized and effective healthcare experience. The synergy between medical science and personal lifestyle choices allows healthcare providers to address not only the biological factors of disease but also the non-physical aspects of the patient, ultimately leading to more comprehensive, patient-centered care.

A key aspect of personalized medicine is building a system that is fully compatible with the patient's values and day-to-day life. This means aligning treatments and medications with individual lifestyle factors, including religious and dietary preferences (Siau et al. 2021). For Muslim patients, offering Halal-Tayyib medicines—those that adhere to Islamic dietary laws and ethical production standards—creates a powerful synergy between the patient's faith and their treatment (Alzeer 2024a). This alignment fosters trust and confidence in the medical process, which can lead to improved adherence to treatment plans and more favorable outcomes. Personalized medicine acknowledges that health and healing are not solely physical processes; they encompass the whole person, including beliefs, values, and cultural practices (Bazzano et al. 2018). When healthcare providers respect and incorporate these factors, they create a more effective, respectful, and harmonious healing environment.

Moreover, the integration of personalized care with supportive lifestyle choices can enhance the therapeutic effect of the medicine itself (Svensson et al. 2019). When patients feel that their treatment is aligned with their beliefs and values, they experience a greater sense of trust and psychological comfort, which can improve health outcomes. This holistic approach, combining the precision of medicine with the power of cultural and emotional support, unlocks transformative possibilities for health and healing (Alzeer 2023).

7 Discussion

Medicinal plants and their extracts have been fundamental to traditional medicine, providing natural remedies for a wide range of health issues. These natural sources have greatly influenced the development of small-molecule drugs, which are synthesized in laboratories to offer more targeted and effective treatments (Mulzer and

Bohlmann 2000). Many modern drugs are either derived from natural products or designed to replicate their structures and functions. Despite their diversity in chemical composition and therapeutic use, these lab-prepared drugs can be effectively classified based on their acidic, basic, or neutral properties.

This classification is vital for understanding and predicting how a drug will be absorbed, distributed, metabolized, and excreted in the body. Classifying drugs as acidic, basic, or neutral provides valuable insights into their chemical behavior. Acidic drugs, which possess acidic functional groups, generally dissolve better in acidic environments like the stomach, leading to more efficient absorption in this region. Basic drugs, with basic functional groups, tend to struggle with solubility in acidic conditions but are better absorbed in the alkaline environment of the small intestine. Neutral drugs, lacking these specific functional groups, usually exhibit a more balanced solubility profile. Although acidic drugs are often better absorbed in the stomach due to their neutral behavior in this environment, they can still cause irritation. To reduce this, strategies such as protecting acidic functional groups, like the phenolic hydroxyl group in aspirin, through acetylation or esterification can decrease the drug's acidity, improving gastrointestinal tolerability. Prodrug formulations also help by masking the acidic group, making the drug inactive until absorbed, thereby reducing irritation (Santos et al. 2012). Acidic drugs can also be absorbed in the small intestine, particularly when present in high concentrations. Passive diffusion facilitates their absorption; however, the slightly higher pH of the small intestine may promote ionization of the drug, potentially reducing its absorption efficiency.

In the small intestine, where the pH is around 6, basic drugs containing amine groups are predominantly in their protonated (NH_3^+) form due to the pKa of amines, which typically ranges between 9 and 10. At this pH, the environment favors the protonated state. However, even though the ionized form prevails, basic drugs can still be absorbed via passive diffusion, though absorption is more efficient in the unionized form. This process is driven by a concentration gradient between the intestinal lumen and the bloodstream. As the unionized drug molecules are absorbed, their concentration decreases, prompting a shift in equilibrium according to Le Chatelier's principle. This shift favors the deprotonation of more drug molecules to maintain a balance between the ionized and unionized forms. The rate at which unionized molecules are absorbed influences the equilibrium, driving further deprotonation to replenish the supply of absorbable unionized molecules.

The large surface area and efficient transport mechanisms in the small intestine make it an ideal environment for drug absorption. Factors such as lipid solubility and molecular weight also influence drug absorption. Lipophilic drugs cross cell membranes more easily, while drugs with higher molecular weight may struggle to pass through, limiting absorption. Active transport mechanisms, such as transport proteins in the intestinal lining, also play a significant role in drug absorption. Furthermore, prodrug formulations can enhance absorption by masking amine groups, allowing easier passage through the intestinal barrier before converting into the active drug form. In addition to these considerations, drug formulations (e.g., tablets, capsules) can affect bioavailability by protecting the drug from stomach acid or controlling its release. Drug-drug interactions, particularly for drugs metabolized by liver enzymes, can also impact pharmacokinetics, potentially altering efficacy or increasing toxicity. Understanding these factors is key to optimizing drug absorption and therapeutic outcomes.

Relying solely on small-molecule drugs poses several challenges. Their limited target range makes them less effective against complex diseases involving large biomolecules or multi-protein interactions. Resistance can develop over time, reducing their effectiveness (Najjar and Karaman 2018). Small molecules may also cause off-target effects and require frequent dosing due to short half-lives, impacting patient compliance. Additionally, they may be inadequate for certain diseases, where biologics or gene therapies might be more effective. Thus, exclusive reliance on small molecules can restrict treatment options.

Due to these challenges, medicine is increasingly looking back to traditional approaches for a better future. Complementary medicine is experiencing a resurgence as an alternative to conventional treatments, offering holistic approaches that recognize humans as a combination of spirit, mind, and body. This integrative perspective is particularly valuable in combating complex diseases like cancer, where addressing the physical, mental, and spiritual aspects of patient care can lead to more effective and comprehensive care. The growing popularity of complementary therapies highlights the need for a more nuanced and personalized approach to healing.

Recent research highlights the importance of boosting the immune system to aid recovery from various illnesses, with an approach described by Lifestylopathy (halalopathy) focusing on increasing potential energy and reducing entropy. This method emphasizes personalized treatments tailored to individual lifestyles, enhancing the body's efficiency. For Muslim patients, Halal-Tayyib medicine aligns with this approach by ensuring that treatments adhere to religious and cultural values, particularly drugs that meet Halal and Tayyib standards. Evaluating the halal status of small-molecule drugs requires assessing their ingredients and formulations to ensure compliance with Islamic dietary laws. Labeling these drugs as Halal-Tayyib fosters trust and compatibility, enriching the patient experience. By integrating personalized medicine with Halal-Tayyib principles, this approach creates a more holistic and inclusive system, boosting treatment effectiveness while promoting harmony with the patient's beliefs (Alzeer 2024b).

8 Conclusion

The evolution of medicinal chemistry, from traditional plant-based remedies to modern synthetic drug development, reflects humanity's enduring quest to combat disease through innovation. While the extraction of natural products has yielded effective treatments, challenges such as variability, cost, and environmental sustainability have emerged. The transition to rational drug design, utilizing advanced techniques like molecular modeling and high-throughput screening, has facilitated the development of more precise and targeted therapies. However, significant challenges remain, including drug resistance, toxicity, and the high cost and complexity of development. To improve small-molecule design in medicinal chemistry, researchers could enhance the integration of artificial intelligence and machine learning to predict molecular interactions and optimize lead compounds more efficiently. Classifying small-molecule drugs based on their acidity or basicity offers valuable insights into their behavior within the body, particularly regarding absorption, solubility, and metabolism. Acidic drugs tend to be absorbed more efficiently in acidic environments like the stomach, while basic drugs are better absorbed in alkaline environments such as the small intestine. Neutral drugs exhibit a more balanced absorption profile. Understanding these characteristics is essential for optimizing drug design and therapeutic use. The personalized approach to medicine, including the assessment of a drug's halal status, presents a holistic path forward, particularly for patients with specific religious or dietary needs, ensuring both efficacy and alignment with individual lifestyles. Ultimately, the integration of holistic approaches and cutting-edge technologies will be essential for addressing the ongoing challenges in drug development and advancing medicine into the future.

Acknowledgements The authors declare that no funds, grants, or other support were received during the preparation of this manuscript.

Conflict of Interest The authors declare that they have no conflicts of interest to disclose.

References

Affi E, Soleymani S, Zargaran A (2021) Rhazes' contributions to alchemy and pharmacy. Shiraz E-Med J 23(2). https://doi.org/10.5812/semj.111526

Akamine Y, Yasui-Furukori N, Uno T (2019) Drug-drug interactions of p-gp substrates unrelated to cyp metabolism. Curr Drug Metab 20(2):124–129. https://doi.org/10.2174/1389200219666181003142036

Alzeer J, Vummidi BR, Arafeh R, Rimawi WH, Saleem H, Luedtke NW (2014) The influence of extraction solvents on the anticancer activities of Palestinian medicinal plants. J Med Plants Res 8(9):408–415. https://doi.org/10.5897/jmpr2013.5044

Alzeer J, Hadeed KA, Basar H, Al-Razem F, Abdel-Wahhab MA, Alhamdan Y (2021) Cannabis and its permissibility status. Cannabis and Cannabinoid Res 6(6):451–456. https://doi.org/10.1089/can.2020.0017

Alzeer J, Abou Hadeed K (2020). Halal certification of food, nutraceuticals, and pharmaceuticals in the Arab World. In: Laher I (eds) Handbook of healthcare in the Arab World. Springer, Cham. https://doi.org/10.1007/978-3-319-74365-3_36-1

Alzeer J, Arafeh R, Al-Gubory KH (2017) Antioxidants in the prevention and treatment of cancer. In: Nutritional antioxidant therapies: treatments and perspectives, pp 493–521. https://doi.org/10.1007/978-3-319-67625-8_19

Alzeer J, Rieder U, Abou Hadeed KA (2018) Rational and practical aspects of halal and Tayyib in the context of food safety. Trends in Food Sci Technol 71:264–267. https://doi.org/10.1016/j.tifs.2017.10.020

Alzeer J (2023) Lifestylopathy: unlocking potential by embracing duality and homeostasis for improved healthcare. Int J Regenerat Med 1–6. https://doi.org/10.31487/j.rgm.2023.02.02

Alzeer J (2024a) Holistic approach to personalised medicine: a focus on Halalopathy. Halalsphere 4(2):22–28. https://doi.org/10.31436/hs.v4i2.97
Alzeer J (2024b) Lifestylopathy: a holistic approach to healthcare. J Alter Med Ther 1:1–4. https://doi.org/10.59462/jamt.1.1.101
Amr S, Tbakhi A (2007) Jabir ibn hayyan. Ann Saudi Med 27(1):53. https://doi.org/10.4103/0256-4947.51533
Atanasov A, Zotchev S, Dirsch V, Supuran C (2021) Natural products in drug discovery: advances and opportunities. Nat Rev Cancer 20(3):200–216. https://doi.org/10.1038/s41573-020-00114-z
Bazzano A, Potts K, Mulugeta A (2018) How do pregnant and lactating women, and young children, experience religious food restriction at the community level? a qualitative study of fasting traditions and feeding behaviors in four regions of Ethiopia. PLoS ONE 13(12):e0208408. https://doi.org/10.1371/journal.pone.0208408
Bereda G (2022) What the body does to a drug: pharmacokinetics. Clinical Endocrinol Metabolism 1(1):01–09. https://doi.org/10.31579/2834-8761/006
Chen Y, Xu Y, Shao Z, Yu K (2022) Resistance to antibody-drug conjugates in breast cancer: mechanisms and solutions. Cancer Commun 43(3):297–337. https://doi.org/10.1002/cac2.12387
Chen H, Liang Y, Ren X, Xiong D, Wang S, Wu L, Chen C, Ye L (2013) Effect of acid-base property in conjunction with molecular descriptors for chemical drugs and bioactive ingredients of traditional Chinese medicine on prediction of oral absorption by biopartioning micellar chromatography. Asian J Chem 25(15):8431–8443. https://doi.org/10.14233/ajchem.2013.14774
Chen S, Yu H, Luo H, Wu Q, Li C, Steinmetz A (2016) Conservation and sustainable use of medicinal plants: problems, progress, and prospects. Chinese Med 11(1). https://doi.org/10.1186/s13020-016-0108-7
Dukhanin A, Сергеевич Д (2021) Pharmacological profile of antihistamines: focus on unwanted drug interactions. Russian J Allergy 17(4):46–56. https://doi.org/10.36691/rja1407
Ferl G, Theil F, Wong H (2016) Physiologically based pharmacokinetic models of small molecules and therapeutic antibodies: a mini-review on fundamental concepts and applications. Biopharm Drug Dispos 37(2):75–92. https://doi.org/10.1002/bdd.1994
Gao K, Nguyen D, Tu M, Wei G (2020) Generative network complex for the automated generation of drug-like molecules. J Chem Inf Model 60(12):5682–5698. https://doi.org/10.1021/acs.jcim.0c00599
Gonçalves F, Demirci E, Zwiers A (2022) A detailed analysis of expedited regulatory review time of marketing authorization applications for new anticancer drugs in the US and EU. Clin Transl Sci 15(8):1959–1967. https://doi.org/10.1111/cts.13308
Gu J, Chen L, Yuan G, Xu X (2013) A drug-target network-based approach to evaluate the efficacy of medicinal plants for type ii diabetes mellitus. Evid-Based Complement Alternat Med 2013:1–7. https://doi.org/10.1155/2013/203614
Gupta R, Srivastava D, Sahu M, Tiwari S, Ambasta R, Kumar P (2021) Artificial intelligence to deep learning: machine intelligence approach for drug discovery. Mol Diversity 25(3):1315–1360. https://doi.org/10.1007/s11030-021-10217-3
Hann M, Keserü G (2012) Finding the sweet spot: the role of nature and nurture in medicinal chemistry. Nat Rev Cancer 11(5):355–365. https://doi.org/10.1038/nrd3701
Hedrich W, Fandy T, Ashour H, Wang H, Hassan H (2017) Antibody–drug conjugates: pharmacokinetic/pharmacodynamic modeling, preclinical characterization, clinical studies, and lessons learned. Clin Pharmacokinet 57(6):687–703. https://doi.org/10.1007/s40262-017-0619-0
Hehanussa U (2022) Analysis of non-halal drug use in the perspective of maqashid syariah. Jurnal Ilmiah Ekonomi Islam 8(1):437. https://doi.org/10.29040/jiei.v8i1.4602
Hemmateenejad B, Esfandiyari F, Nekoeinia M (2012) Determination of the acidity constant of drugs using the hard–soft net analyte signal method. J Chem Eng Data 57(10):2802–2810. https://doi.org/10.1021/je3007309

Huang J, Cooper M, Baker M, Azad M, Nation R, Li J, Velkov T (2012) Drug-binding energetics of human α-1-acid glycoprotein assessed by isothermal titration calorimetry and molecular docking simulations. J Mol Recognit 25(12):642–656. https://doi.org/10.1002/jmr.2221

Izhar S, Ahmed D (2016) Carissa opaca: a plant with great potential for future drugs for degenerative and infectious diseases. ChemistrySelect 1(12):3005–3011. https://doi.org/10.1002/slct.201600462

Januchowski R, Sterzyńska K, Zaorska K, Sosińska P, Klejewski A, Brązert M, Nowicki M, Zabel M (2016) Analysis of mdr genes expression and cross-resistance in eight drug resistant ovarian cancer cell lines. J Ovarian Res 9(1). https://doi.org/10.1186/s13048-016-0278-z

Jarrell D, Hamrick M, Good M, Chopp A, Brown M (2015) Navigating commercial approval of therapeutics: the evolution of the united states food and drug administrations. Integrat Cancer Sci Therapeut 2(3). https://doi.org/10.15761/icst.1000136

Jin W (2023) L-theanine inhibits cancer stem cell-mediated chemoresistance in lung cancer by regulating stat3/notch1-bmal1 signaling. https://doi.org/10.21203/rs.3.rs-3450804/v1

Jp H, Rees S, Kalindjian S, Philpott K (2011) Principles of early drug discovery. Br J Pharmacol 162(6):1239–1249. https://doi.org/10.1111/j.1476-5381.2010.01127.x

Junio H, Sy-Cordero A, Ettefagh K, Burns J, Micko K, Graf T, Richtr S, Cannon R, Oberlies N, Cech N (2011) Synergy-directed fractionation of botanical medicines: a case study with goldenseal (hydrastis canadensis). J Nat Prod 74(7):1621–1629. https://doi.org/10.1021/np200336g

Kawai Y, Fujii Y, Akimoto K, Takahashi M (2010) Evaluation of serum protein binding by using *in vitro* pharmacological activity for the effective pharmacokinetics profiling in drug discovery. Chem Pharm Bull 58(8):1051–1056. https://doi.org/10.1248/cpb.58.1051

Komaruddin M (2023) The contribution of muslim scientists to the development of modern science. Jurnal Konseling Pendidikan Islam 4(1):201–208. https://doi.org/10.32806/jkpi.v4i1.342

Kou D, Dwaraknath S, Fischer Y, Nguyen D, Kim M, Yiu H, Patel P, Ng T, Mao C, Durk M, Chinn L, Winter H, Wigman L, Yehl P (2017) Biorelevant dissolution models for a weak base to facilitate formulation development and overcome reduced bioavailability caused by hypochlordyria or achlorhydria. Mol Pharm 14(10):3577–3587. https://doi.org/10.1021/acs.molpharmaceut.7b00593

Kovalevsky A, Aggarwal M, Velazquez H, Cuneo M, Blakeley M, Weiss K, Smith J, Fisher SZ, McKenna R (2018) To be or not to be" protonated: atomic details of human carbonic anhydrase-clinical drug complexes by neutron crystallography and simulation. Structure 26(3):383-390.e3. https://doi.org/10.1016/j.str.2018.01.006

Lazar A, Lenkey N, Pesti K, Fodor L, Mike A (2015) Different ph-sensitivity patterns of 30 sodium channel inhibitors suggest chemically different pools along the access pathway. Front Pharmacol 6. https://doi.org/10.3389/fphar.2015.00210

Matsui K, Tsume Y, Amidon G, Amidon G (2015) *in vitro* dissolution of fluconazole and dipyridamole in gastrointestinal simulator (gis), predicting *in vivo* dissolution and drug–drug interaction caused by acid-reducing agents. Molecul Pharmaceut 12(7):2418–2428. https://doi.org/10.1021/acs.molpharmaceut.5b00135

Maurer T, Smith D, Beaumont K, Di L (2020) Dose predictions for drug design. J Med Chem 63(12):6423–6435. https://doi.org/10.1021/acs.jmedchem.9b01365

Meanwell N (2011) Improving drug candidates by design: a focus on physicochemical properties as a means of improving compound disposition and safety. Chem Res Toxicol 24(9):1420–1456. https://doi.org/10.1021/tx200211v

Montazeritabar M, Fang Z (2020) The place of study of nature in jabir ibn hayyan's classification of science. Adv Histor Stud 09(03):85–91. https://doi.org/10.4236/ahs.2020.93007

Mulzer J, Bohlmann R (2000) The role of natural products in drug discovery. https://doi.org/10.1007/978-3-662-04042-3

Nadin A, Hattotuwagama C, Churcher I (2012) Lead-oriented synthesis: a new opportunity for synthetic chemistry. Angew Chem 51(5):1114–1122. https://doi.org/10.1002/anie.201105840

Najjar A, Karaman R (2018) The prodrug approach in the era of drug design. Expert Opin Drug Deliv 16(1):1–5. https://doi.org/10.1080/17425247.2019.1553954

Nath N, Kumar S, Nangia A (2011) Neutral and zwitterionic polymorphs of 2-(p-tolylamino)nicotinic acid. Cryst Growth des 11(10):4594–4605. https://doi.org/10.1021/cg200853u

Neeta N (2017) Molecular docking and its application towards modern drug discovery. World J Pharmacy Pharmaceut Sci 691–696. https://doi.org/10.20959/wjpps20179-10070

Newman D, Cragg G (2016) Natural products as sources of new drugs from 1981 to 2014. J Nat Prod 79(3):629–661. https://doi.org/10.1021/acs.jnatprod.5b01055

Rahman M (2022) Editorial: natural products as potential therapeutics to tackle life-threatening infections: from field to market. Front Pharmacol 13. https://doi.org/10.3389/fphar.2022.1099181

Ravichandran S, Alinia-Ahandani E, Özdemir B, Hajipour S, Selamoğlu Z, Riaz A, Issa H, Bhargavi K, Sri R (2023) Use of natural products in preventive medicine and healthy life. J Prevent Med Holistic Health 9(1):5–9. https://doi.org/10.18231/j.jpmhh.2023.003

Saad B, Azaizeh H, Саид O (2005) Tradition and perspectives of Arab herbal medicine: a review. Evidence-Based Complementary Alternat Med 2(4):475–479. https://doi.org/10.1093/ecam/neh133

Santos J, Moreira V, Campos M, Chelucci R, Barbieri K, Souto P, Matsubara M, Teixeira C, Bosquesi P, Prccinini R, Chin C (2012) Pharmacological evaluation and preliminary pharmacokinetics studies of a new diclofenac prodrug without gastric ulceration effect. Int J Mol Sci 13(11):15305–15320. https://doi.org/10.3390/ijms131115305

Schmitt M, Loeb L, Salk J (2015) The influence of subclonal resistance mutations on targeted cancer therapy. Nat Rev Clin Oncol 13(6):335–347. https://doi.org/10.1038/nrclinonc.2015.175

Shah R (2019) Pharmacokinetics: drug absorption, distribution, metabolism, and excretion (adme). The Pharma Innov 8(1):865–869. https://doi.org/10.22271/tpi.2019.v8.i1n.25492

Siau C, Wee L, Wahab S, Visvalingam U, Yeoh S, Halim N, Ibrahim N (2021) The influence of religious/spiritual beliefs on malaysian hospital healthcare workers' attitudes towards suicide and suicidal patients: a qualitative study. J Res Nurs 26(8):723–740. https://doi.org/10.1177/17449871211008520

Stepensky D (2013) Prediction of drug disposition on the basis of its chemical structure. Clin Pharmacokinet 52(6):415–431. https://doi.org/10.1007/s40262-013-0042-0

Sultana N (2011) Clinically useful anticancer, antitumor, and antiwrinkle agent, ursolic acid and related derivatives as medicinally important natural product. J Enzyme Inhib Med Chem 26(5):616–642. https://doi.org/10.3109/14756366.2010.546793

Svensson N, Hvidt N, Nissen S, Storsveen M, Hvidt E, Søndergaard J, Thilsing T (2019) Religiosity and health-related risk behaviours in a secular culture—is there a correlation? J Relig Health 59(5):2381–2396. https://doi.org/10.1007/s10943-019-00919-2

Svilenov H, Arosio P, Menzen T, Tessier P, Sormanni P (2023) Approaches to expand the conventional toolbox for discovery and selection of antibodies with drug-like physicochemical properties. Mabs 15(1). https://doi.org/10.1080/19420862.2022.2164459

Syed N, Syed A, Naqvi S (2021) The 'art' of science and research: jabir ibn hayyan laid the foundation. Int J Endorsing Health Sci Res (Ijehsr) 9(1):101–117. https://doi.org/10.29052/ijehsr.v9.i1.2021.101-117

Taylor S, Abeywardane A, Liang S, Xiong Z, Proudfoot J, Farmer B, Gao D, Heim-Riether A, Smith-Keenan L, Muegge I, Yu Y, Zhang Q, Souza D, Panzenbeck M, Goldberg D, Hill-Drzewi M, Margarit M, Collins B, Li J, Zuvela-Jelaska L, Li J, Farrow N (2021) Indole inhibitors of mmp-13 for arthritic disorders. ACS Omega 6(29):18635–18650. https://doi.org/10.1021/acsomega.1c01320

Templeton A, Byrn S, Haskell R, Prisinzano T (2015) In: Discovering and developing molecules with optimal drug-like properties. https://doi.org/10.1007/978-1-4939-1399-2

Nishant T, Sathish Kumar D, Arun Kumar PM (2011). Role of pharmacokinetic studies in drug discovery. J Bioequivalence Bioavailability 03(11). https://doi.org/10.4172/jbb.1000097

Varma M, Gardner I, Steyn S, Nkansah P, Rotter C, Whitney-Pickett C, Zhang H, Di L, Cram M, Fenner K, El-Kattan A (2012) Ph-dependent solubility and permeability criteria for provisional biopharmaceutics classification (BCS and BDDCS) in early drug discovery. Mol Pharm 9(5):1199–1212. https://doi.org/10.1021/mp2004912

Wang X, Zhang H, Chen X (2019) Drug resistance and combating drug resistance in cancer. Cancer Drug Resistance. https://doi.org/10.20517/cdr.2019.10

Yang L, Shi P, Zhao G, Xu J, Peng W, Zhang J, Zhang G, Wang X, Dong Z, Chen F, Cui H (2020) Targeting cancer stem cell pathways for cancer therapy. Signal Transduct Targeted Therapy 5(1). https://doi.org/10.1038/s41392-020-0110-5

Yuan H, Ma Q, Li Y, Piao G (2016) The traditional medicine and modern medicine from natural products. Molecules 21(5):559. https://doi.org/10.3390/molecules21050559

Zagotto G, Bortoli M (2021) Drug design: where we are and future prospects. Molecules 26(22):7061. https://doi.org/10.3390/molecules26227061

Jawad Alzeer is a chemist and researcher whose groundbreaking work in organic chemistry has significantly advanced medical science. He earned his Ph.D. from the Swiss Federal Institute of Technology (ETH) in Zurich, where he revolutionized cellulose synthesis. At Roche, Dr. Alzeer played a pivotal role in developing a new pharmacophore for an antimalarial drug, contributing to advancements in medicinal chemistry. His research continued at the University of Michigan and the University of Zurich (UZ), where he explored gene therapy and cancer treatment, further shaping modern therapeutic approaches. Beyond conventional medicine, Dr. Alzeer's profound understanding of entropy and potential energy has led to transformative healthcare models, including *Lifestylopathy* and *Halalopathy*. These innovative frameworks integrate biological, psychological, and environmental factors to optimize health and disease prevention. As an adjunct professor at Palestine Polytechnic University (PPU), he is dedicated to mentoring future healthcare professionals. In addition to his academic contributions, Dr. Alzeer is a prominent figure in halal research, he focuses on integrating halal pharmaceuticals into personalized medicine, emphasizing holistic healing and preventive care. His work continues to shape the future of medicine, bridging scientific innovation with ethical and sustainable healthcare solutions.

Halalopathy: Integrating Traditional Healing and Modern Medicine for Holistic Healthcare

Jawad Alzeer

Abstract Halalopathy, a novel medical philosophy, seeks to link the gap between traditional healing practices and modern medicine by emphasizing the concept of "halal" (permissible), extending it beyond dietary restrictions to encompass all aspects of life. This approach highlights the interplay between physical and non-physical dimensions of health, promoting a state of harmony for optimal well-being. Drawing on concepts from physics and psychology, Halalopathy views health through the lens of entropy (disorder) and potential energy (order), positing that conscious choices and a balanced personality, characterized by positive traits, contribute to potential energy and a robust immune system. Conversely, negative choices and stress can lead to entropy, hindering the body's natural healing mechanisms. Exploring the core principles of duality, homeostasis, and personality development, Halalopathy delves into the connection between quantum mechanics and human behavior, suggesting that our choices shape our reality. Halalopathy emphasizes the synergy of holistic personalization by integrating medicine with lifestyle considerations and creating favorable conditions for healing that transcend traditional disease-focused approaches, promoting a patient-centered approach to well-being.

Keywords Halalopathy · Holistic medicine · Traditional healing · Modern medicine · Personalized medicine

1 Introduction

Humans possess a remarkable ability to recognize limitations and devise innovative solutions, which has driven progress across various fields, including medicine, life sciences, and technology. This ability to identify problems and craft new methods to

J. Alzeer (✉)
Swiss Scientific Society for Developing Countries, Dübendorf-Zürich, Switzerland
e-mail: zeer@ppu.edu

Medicine, College of Medicine and Health Sciences, Palestine Polytechnic University, Hebron, Palestine

Q. Hasan et al. (eds.), *Halal Perspectives in Medicinal Chemistry*,
https://doi.org/10.1007/978-981-95-6378-4_7

overcome them is essential for both individual growth and societal advancement (Alzeer and Benmerabet 2023a). In healthcare, this has led to the development of diverse medical treatments, such as drugs, surgery, and radiation, which focus primarily on managing symptoms rather than addressing the root causes of diseases. As a result, many treatments fail to provide complete recovery, especially in cases of complex conditions like cancer, Alzheimer's, and autoimmune disorders (Anantha Krishna and Sheelam 2023). The mechanistic approach to the body, which focuses on treating individual organs and systems separately, can lead to fragmented care that often fails to consider the broader context of health.

Over centuries, traditional healing has evolved alongside modern medicine, offering a rich array of preventive measures and treatments for various illnesses. Traditional healing encompasses a wide variety of culturally rooted practices, including natural remedies like herbs, minerals, and plant-based treatments, alongside spiritual rituals and energy-based techniques (Maluleka and Ngulube 2017; Singh and Madhavan, 2015). These practices are often founded on the belief that health is the result of balance between the mind, body, and spirit. Many traditional systems, such as Ayurveda, Traditional Chinese Medicine, and Unani, emphasize not just curing disease but maintaining overall well-being through holistic, preventive approaches (Elendu 2024). Despite advancements in medical science, these traditional healing practices remain relevant, especially for complex illnesses where conventional methods may fall short. Medical devices and advanced diagnostics assist in symptom management, but achieving full recovery from diseases like cancer and neurodegenerative disorders often remains a challenge (Landa-Avila et al. 2020).

Rationality in healthcare, which relies on scientific evidence and structured methodologies, provides a robust framework for diagnosing and treating diseases. However, its narrow focus on empirical data and measurable outcomes can sometimes overlook the emotional, psychological, and spiritual dimensions of health (Molen and Brown 2021; Hoenders et al. 2012; Leach et al. 2018). Rational approaches are essential for understanding causal relationships and developing hypotheses for treatment, yet they can fall short in fully addressing the multifaceted nature of illnesses. Here, logical thinking and analogical reasoning become essential to solve unobservable or unmeasurable issues by applying insights from one situation to another, fostering creative problem-solving in cases that defy conventional understanding. Integrating rationality with broader, holistic perspectives allows for a more comprehensive and patient-centered approach, addressing not only the physical symptoms of a disease but also the emotional and spiritual factors that contribute to overall health (Benites et al. 2021).

Conventional medicine, while effective in treating many conditions, frequently struggles to achieve complete recovery, particularly in the face of chronic or complex diseases. This highlights the need for a more holistic approach that integrates both modern medical advancements and traditional healing practices. This approach should combine logic with rationality, offering logical perspectives grounded in scientific foundations. Halalopathy, a transformative healthcare model, links this gap by combining personalized medicine with cultural and religious principles, focusing on lifestyle, prevention, and a patient-centered approach to care (Jaber et al. 2024).

Traditional healing methods, which emphasize natural remedies, spiritual practices, and holistic well-being, complement the scientific rigor of modern medicine. By integrating these approaches, Halalopathy provides a healthcare system that respects cultural beliefs, particularly in Muslim communities, while ensuring the efficacy and safety of treatments. This synergistic approach not only addresses the limitations of conventional medicine but also fosters a deeper understanding of the complex interplay between biological, psychological, social, and spiritual health, promoting more effective and sustainable healthcare.

2 Lifestyle

Human existence is characterized by a complex balance between individual uniqueness, free will, and the capacity for deep reflection. To thrive, we need a framework that aligns with these traits and promotes consistency and wise choices. Prophet Muhammad emphasized the importance of making wise choices, likening society to a ship with individuals on different decks. When those on the lower deck need water, they ask those above to provide it. If the people on the lower deck decide to make a hole in the ship to access water directly, it would endanger everyone on board. If the residents prevent them, everyone survives. This analogy teaches us that while it is important to exercise our freedom to choose, our choices must be wise and considerate of the well-being of ourselves and others (Riyad As-Salihin).

Establishing guidelines or adopting a structured system in life helps us distinguish between choices that promote health and those that may cause harm (Malatskey et al. 2022). These self-imposed guidelines, which include lifestyle choices, act as a personal buffer system, aligning our behaviors with concepts that promote well-being. Lifestyle, therefore, involves a series of careful decisions individuals make to address health concerns or adhere to their fundamental beliefs, fostering personal growth and development (Bossek et al. 2023). Within societies, there is a diverse array of individuals with varying lifestyles and dietary preferences. Some individuals, driven by core beliefs like halal or kosher, or specific sensitivities like gluten or lactose, adopt specialized diets tailored to their needs. Similarly, others sensitive to animal products may choose a vegetarian or vegan lifestyle. This diversity highlights the significance of tailoring decisions to individual needs and values, emphasizing the importance of customization in decision-making processes. Organizing these elements within a compatible system generates synergy, promoting creativity and innovation, and facilitating harmonious operations essential for achieving goals with clarity and purpose.

The concept of lifestyle extends beyond influencing individual behaviors; it plays an essential role in guiding thoughts and actions in response to external stimuli (Borillo et al. 2020) A well-rounded lifestyle, enriched with knowledge and wisdom, equips individuals to navigate challenges effectively, solve problems, and manage stressors, both mental and physical (Susilo et al. 2023). This enriched lifestyle serves as a foundation for optimal functioning, enabling individuals to maintain balance and well-being amidst various challenges.

Synergistic outcomes are closely linked to the activation of compatible systems within individuals, communities, and societies (Chatterjee et al. 2021). By aligning lifestyle choices with personal values and beliefs, individuals can harness the power of synergy, activate potential, and sustain growth (Esen and İşçioğlu 2017). This alignment not only enhances personal development but also contributes to the collective advancement of communities and societies.

3 Halal Lifestyle

Halal, meaning permissible in Islam, is not solely a dietary restriction but a comprehensive guideline extending to various aspects of life. It urges Muslims to align their actions and behaviors with a halal lifestyle, serving as a bridge between the present life and the life after. This lifestyle aids individuals in managing and structuring all facets of their existence while enhancing material, human, moral, and spiritual values. Central to halal is the establishment of a cohesive system that harmonizes beliefs with actions, ensuring a unified integration of behavior with faith (Alzeer et al. 2020).

Islamic teachings emphasize that Allah has provided all things in the universe for human use and benefit, with the default status being halal unless explicitly deemed impermissible. This principle extends not only to the permissibility of items but also to actions and processes, which must adhere to Islamic legal guidelines. Halal considerations permeate every aspect of life, dictating what can be consumed, worn, spoken, and engaged with. For instance, while various foods are allowed, pork consumption is strictly prohibited, and while many beverages are permissible, consuming blood is forbidden. Similarly, men can wear various types of clothing but are prohibited from donning silk and gold, and while freedom of speech is encouraged, harmful or impure speech is discouraged.

A significant focus within halal relates to consumption, encompassing not only food but also medicine. The Quran underscores the importance of consuming not just halal but also tayyib (pure and wholesome) items, emphasizing the quality and purity of what is consumed (Arwani et al. 2022). Halal certification involves verifying the permissibility of ingredients and ensuring that the preparation processes align with Islamic principles. For example, while fish is generally considered halal, if raised in unhygienic conditions, it loses its tayyib status, making the fish non-halal-tayyib despite the general concept of fish being halal. Conversely, even if pork is raised in maximum hygiene and minimum contamination, although the process is tayyib, the use of pork as an ingredient makes the outcome non-halal-tayyib (Alzeer et al. 2018).

The historical simplicity of determining the halal-tayyib status of products has been complicated by industrial food production geared toward maximizing profits. Modern food manufacturing processes involve numerous ingredients, making it challenging to ascertain the halal status without careful inspection of both production methods and individual components (Alzeer and Abou Hadeed 2016). This complexity underscores the critical need for stringent halal certification processes to ensure compliance with Islamic dietary laws and principles. The industrialization of food production necessitates a thorough evaluation of products to guarantee their adherence to halal standards, highlighting the importance of certification bodies in upholding the integrity of halal products.

In essence, Halal is not merely a superficial business concept but a profound principle deeply ingrained in the lives of Muslims, guiding their actions and behaviors in accordance with Islamic teachings. The concept of halal extends far beyond dietary restrictions, encompassing various aspects of life and serving as a bridge between worldly existence and spiritual fulfillment. With the increasing complexity of modern food production, the role of halal certifying bodies becomes paramount in ensuring the integrity and compliance of products with Islamic dietary laws. By upholding halal principles in all facets of life, individuals can strive to lead a lifestyle that is not only permissible but also pure and wholesome, in alignment with Islamic teachings.

4 Overcoming Challenges in Medical Sciences

Science faces various challenges and limitations across different disciplines. In medical sciences, despite advancements in understanding the human body and developing treatments, complexities, variabilities, ethical considerations, technological constraints, and funding limitations hinder further breakthroughs. Similarly, human sciences encounter obstacles such as subjectivity, complexity, and the absence of a unified theory in understanding human personality and its connection to health. Physics faces limitations at the microstate level due to factors like the uncertainty principle, inconsistencies between quantum and classical mechanics, incomplete knowledge, experimental complexities, and the complicated nature of particle behavior, leaving many questions unanswered (Alzeer and Benmerabet 2023a).

In cancer research and treatment, challenges arise from the heterogeneity of cancer, late detection, treatment resistance, side effects, lack of effective treatments for certain types, and the risk of recurrence, making complete recovery from cancer challenging. The COVID-19 pandemic has highlighted the boundaries of scientific understanding, revealing deficiencies in global health systems and prompting a reevaluation of fundamental principles guiding human lives (Alzeer and Al-Razem 2021). Individuals dealing with the pandemic face uncertainties despite medical interventions, leading to persistent anxieties about mortality (Ramezani et al 2022).

Advancements in medical research are crucial for effectively addressing human diseases, yet the complex nature of the human body and barriers to understanding health issues present significant challenges. Innovative approaches considering both physical and mental aspects of human nature are essential for substantial progress. A comprehensive understanding of human personality and the body's homeostatic mechanisms is vital for personalized medicine and immune system activation, which can improve prevention and treatment strategies, ultimately enhancing health outcomes. Overcoming obstacles in medical research and practice requires enhanced collaboration, communication, incorporation of new thinking perspectives, and the use of technology and data-driven methodologies to improve disease understanding and treatment efficacy.

Halalopathy emerges as a medical approach recognizing these limitations and proposing potential solutions to overcome them. It advocates for innovative ideas and strategies to advance medical research and practice and enhance human health. Adopting holistic approaches, incorporating rational and logical thinking, and advancing research and practice can lead to significant advances in understanding the human body, both on a physical and non-physical level, which in turn will further enhance our abilities to overcome the challenges and complexities of the medical sciences.

5 Halalopathy

Halalopathy prioritizes active patient participation in recovery. It uses clear and motivating language to empower patients to understand and participate in their own healing process (Alzeer 2018). This approach combines logic with reason, making complex medical concepts more comprehensible. By integrating preventive medicine, behavioral science, and holistic health principles, Halalopathy aims to address chronic diseases and improve quality of life through sustainable lifestyle changes. Central to this philosophy is the belief in the power of informed choice. Halalopathy empowers individuals to make decisions that positively impact their health and well-being (Alzeer 2019).

Halalopathy takes a unique approach by exploring the link between quantum mechanics and human psychology. It proposes that the probabilistic nature of quantum mechanics, where outcomes exist as possibilities until measured, can shed light on human behavior and decision-making. By viewing choices through this lens, Halalopathy suggests that even small, positive changes can have a significant ripple effect, ultimately leading to major improvements in a person's overall health.

Halalopathy personalized healthcare, crafting interventions that fit each individual's needs and preferences. It goes beyond a one-size-fits-all approach by considering metabolics, genetics, environment, and even personal beliefs. This holistic perspective allows for comprehensive treatment plans designed for long-term health and well-being. Halalopathy often fosters collaboration between healthcare professionals like nutritionists, exercise physiologists, psychologists, and primary care physicians, to create a supportive and cohesive care environment.

5.1 Entropy and Potential Energy

Halalopathy, a concept that integrates principles of potential energy and entropy, plays a crucial role in disease prevention and healing. Entropy, associated with disorder, reflects the natural inclination of systems to lose organization, potentially leading to increased heat accumulation within the body. On the other hand, potential energy represents the active aspect of matter, serving as stored energy available for work and associated with non-spontaneous, voluntarily acquired energy (Alzeer 2020).

Chemical reactions significantly influence entropy and potential energy dynamics. Exothermic reactions, releasing heat, lead to increased entropy, resulting in less organized molecules and the liberation of usable energy. This means molecules become less organized, often due to changes in structure (constitution, configuration, conformation) or increased movement (vibration, rotation, translation). In contrast, endothermic reactions absorb energy from their surroundings, often leading to the formation of more complex and organized structures. This increase in order corresponds to a higher potential energy within the system, which is crucial for many biological processes. The energy absorbed in endothermic reactions is stored in the bonds, spatial arrangements, and self-assembly of molecules (Alzeer 2022b).

Disorder in systems manifests in various ways, including structural, functional, and informational disorder, impacting the organization and function of molecules. Structural disorder involves changes in how molecules are built (constitution), arranged (configuration), and shaped (conformation). Functional disorder arises from misaligned molecules or disrupted electron distribution, leading to impaired performance. Informational disorder results from mutations or deletions in the building blocks of well-defined macromolecules like DNA and proteins. A well-defined or loosely structured conformation may reflect the quality of information suggesting whether it is supportive or distractive. Supportive information promotes growth and potential, while distractive information leads to more disorder or entropy. These examples highlight the multifaceted nature of entropy, which drives disorder, and potential energy, which promotes structure and function, within systems (Alzeer 2022a). The interplay between these two forces governs the behavior and function of system, from the microscopic level of molecules to the macroscopic state of organisms.

Entropy, as a measure of disorder, restricts the energy available for constructing well-defined structures, while potential energy facilitates these constructive processes. The interplay between entropy and potential energy is fundamental in understanding the behavior of matter, from chemical reactions to complex biological processes, emphasizing the delicate balance between disorder and order in the natural world. Halalopathy aims to rationalize circumstances that enhance potential energy accumulation and reduce entropy, thereby promoting health and preventing disease (Alzeer 2023a). By harnessing potential energy, living systems counteract the natural trend toward disorder, enabling the maintenance of complex structures and functions. Understanding the concepts of potential energy and entropy in medicine

Fig. 1 Visualization of a system moving from a state of high potential energy (ordered spiral) to a state of high entropy (disordered rings), demonstrating the interplay between structure and disorder

could offer a new perspective on biological processes, potentially improving disease prevention and treatment (Alzeer 2024b, 2024d). In essence, the integration of potential energy and entropy concepts in Halalopathy underscores the intricate balance between disorder and well-defined structure in biological systems, offering insights into how to optimize health through the manipulation of energy dynamics (Fig. 1).

5.2 *Anabolic and Catabolic Processes*

Understanding entropy and potential energy provides deeper insight into the metabolic processes of anabolic and catabolic reactions in biological systems. Potential energy and entropy are crucial for understanding how metabolic reactions sustain life. Anabolic and catabolic processes exemplify the balance between order and disorder (Laurie 2023).

Anabolic processes build complex molecules from simpler ones, reducing entropy and requiring energy input. These processes are essential for growth, repair, and maintenance, involving the synthesis of complex molecules like proteins from amino acids. The macromolecules produced by anabolic reactions have well-defined constitutions and configurations with a limited number of conformations, representing high potential energy, rich in structure, function, and information. These highly ordered molecules have decreased entropy and require energy to be produced, usually sourced from ATP generated during catabolic reactions (Alzeer 2022a).

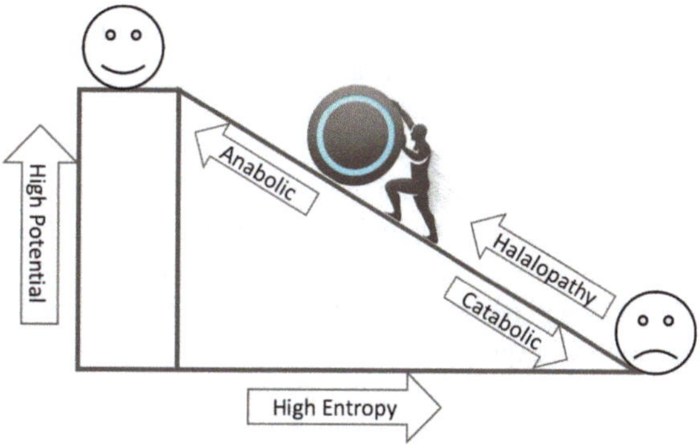

Fig. 2 Halalopathy model depicting a process of moving from catabolic (high entropy) to anabolic (high potential) states through potential energy management, represented by a person moving a sphere up a slope, with "Halalopathy" as the balanced state

Conversely, catabolic processes break down complex molecules into simpler ones, increasing entropy and releasing energy. For example, glucose oxidation breaks down glucose molecule to generate smaller molecules like water and carbon dioxide. These micromolecules have less-defined constitutions and configurations, and a higher number of conformations, which are represented by low potential energy. They are usually less ordered and have increased entropy. As potential energy is lost during catabolic processes, energy difference is released in the form of ATP and heat; ATP supports anabolic processes, while heat maintains body temperature at 37°. During catabolic reactions, the resulting micromolecules either exit the body as waste or are reused as building blocks in anabolic reactions to synthesize new macromolecules.

In Halalopathy, the human body is viewed in two phases. The first phase involves a dominant self-healing process driven by the need for growth. During this phase, anabolic processes continue until growth is completed. Once growth slows down, the body enters the second phase, where the self-healing process slows, and self-degradation or catabolic processes become more dominant. This phase, associated with aging, sees a shift toward increased catabolic activity over anabolic processes (Alzeer 2022d). Although this process cannot be reversed or stopped, it can be slowed by enriching potential energy, which in turn reactivates anabolic processes and enhances the self-healing process. As we enter the second phase, we start losing structure, function, and information, leading to a loss of potential energy. In essence, managing the interplay between entropy and potential energy allows us to optimize our health and well-being (Fig. 2).

5.3 *Neurotransmitters*

Halalopathy recognizes the crucial role of neurotransmitters, chemical messengers in the brain that govern communication within the nervous system and influence various bodily functions. These neurotransmitters can be either excitatory, like dopamine, which increase neural activity, or inhibitory, such as serotonin, which decrease neural activity and lead to a more stable state. The balance between excitatory and inhibitory neurotransmitters significantly influences mental health by modulating entropy and potential energy levels (Parajulee 2023).

Prolonged exposure to excitatory neurotransmitters, often triggered by stressors like tension and fear, can lead to excessive neural activity. This leads to an energy spike, dispersing potential energy, and increasing entropy. Such a state can result in symptoms of anxiety, including hyperactivity and sleep disturbances. In the context of Halalopathy, this dispersion of potential energy is seen as an imbalance that disrupts the body's natural order and increases disorder, or entropy. Conversely, prolonged exposure to inhibitory neurotransmitters can excessively lower action potential energy, leading to a suppressed state, increased disorder, and thus increased entropy. This state can result in symptoms of depression, such as despair and grief. This suppression reflects a significant reduction in potential energy, which is essential for maintaining the body's structural and functional integrity (Huang and Wu 2021).

An imbalance in neurotransmitters can lead to disorders like anxiety and depression, which are often interconnected. Patients with depression frequently exhibit symptoms of anxiety, and vice versa. Both conditions are resistant to treatment and can lead to a state of high entropy, impacting overall well-being. Anxiety can increase the risk of heart-related issues due to accelerated biological processes. Depression can slow down brain activity and biological processes, increasing the risk of heart disease (Alzeer 2022f).

In essence, maintaining a balance between excitatory and inhibitory neurotransmitters is crucial for overall well-being and mental health. This balance ensures efficient brain function, productive responses, and effective bodily processes. By regulating entropy and potential energy through neurotransmitter balance, individuals can strive to prevent anxiety and depression and promote mental health. In Halalopathy, achieving this balance is seen as essential for maintaining the body's natural order, enhancing self-healing processes, and preventing the detrimental effects of high entropy on health and vitality (Fig. 3).

5.4 Duality

Halalopathy integrates traditional healing practices with modern medicine, emphasizes the concept of duality. This principle, found in many scientific fields, acknowledges the existence of two contrasting forces within a system (Khoury et al. 2024). Duality is crucial for maintaining balance and health in Halalopathy, much like the yin and yang in traditional Chinese medicine, where opposing forces interact to create harmony in the body. Just as in chemistry, where acids and bases work together to stabilize pH levels, the idea of buffering agents exemplifies how opposing elements can cooperate to maintain balance, which is a key principle in Halalopathy (Alzeer 2023d).

The impact of duality in Halalopathy extends beyond maintaining physiological balance. It has the potential to revolutionize medical practice by promoting

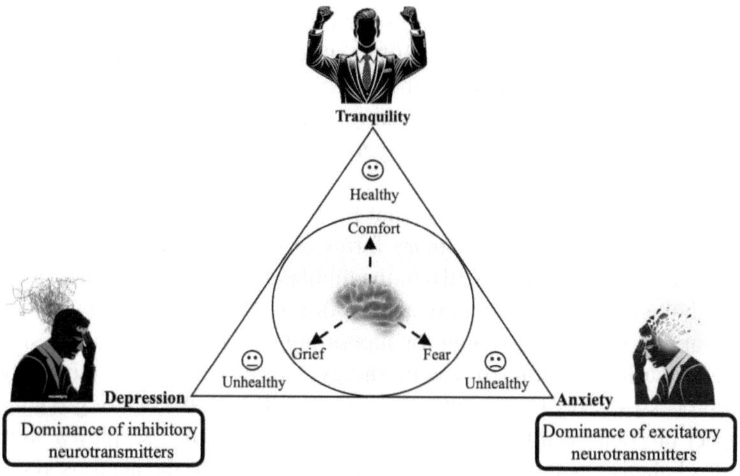

Fig. 3 Impact of neurotransmitter imbalance on mental health, showing a triangle with "Dominance of inhibitory neurotransmitters" leading to "Depression" and "Dominance of excitatory neurotransmitters" leading to "Anxiety," with "Tranquility' at the balanced peak

a more holistic approach to health and healthcare. Halalopathy encourages us to consider all aspects of a person's health, not just physical symptoms, but also mental, emotional, and spiritual factors. This comprehensive understanding can lead to more effective and personalized treatment plans.

In Halalopathy, duality is evident in regulating various physiological processes, such as balancing potential energy and entropy, anabolic and catabolic processes, and excitatory and inhibitory neurotransmitters (Alzeer 2023c). This focus on duality underscores the importance of equilibrium in Halalopathy. It's not about eliminating opposing forces, but rather finding a harmonious balance between them. By understanding this dynamic interaction, Halalopathy offers a unique perspective on health and healing, where even seemingly contrasting elements play vital roles in maintaining well-being.

5.5 Homeostasis

In Halalopathy, homeostasis is a fundamental process crucial for maintaining internal stability despite external fluctuations. This stability is achieved through the cooperation of various body systems, including the nervous, endocrine, and immune systems, which regulate physiological processes such as body temperature, blood pressure, and chemical levels. Disruptions in homeostasis can lead to health issues, emphasizing the critical importance of preserving the internal balance (Alzeer 2023c). Within Halalopathy, the body's ability to self-regulate biological processes is essential for sustaining internal stability. Cells and organs function optimally when homeostasis is maintained, ensuring ideal conditions for processes like temperature regulation, pH balance, and energy metabolism. Buffer systems play a vital role in maintaining this balance, effectively regulating imbalances within the body.

Duality, the coexistence of contrasting yet interrelated forces, is central to preserving homeostasis. This principle permeates various dimensions of physical, mental, and energetic states, emphasizing the intrinsic balance necessary for optimal health and well-being. Energy is essential for biochemical reactions, with potential energy and entropy serving as primary forms of internal energy crucial for maintaining homeostasis (Alzeer 2023d). In the human body, blood maintains a constant pH through the interaction of acidity and alkalinity. The interplay between anabolic and catabolic processes is essential for supporting growth, repair, and physiological functions, ensuring the efficient use of energy and resources. Maintaining balance in these processes is key to preventing excessive tissue breakdown or growth, which can impact physical health and stability. Neurotransmitters also play a significant role in this balance, essential for the optimal functioning of the nervous system and overall health. Furthermore, personal balance goes beyond the physical aspect and has a significant influence on personality and healthcare. Achieving balance involves aligning material and non-material values, such as professional success with moral and spiritual enrichment. Setting boundaries and guidelines based on lifestyles that help determine what is and is not allowed can help individuals make choices that benefit their health and serve as a buffer system that promotes stability and maintains homeostasis. Personal stability is essential for unlocking full potential and activating the immune system's fight mode, enabling individuals to face challenges with resilience and promote an efficient immune response. By balancing opposing forces in physiological and personal aspects, individuals can achieve overall health and enhanced health outcomes (Fig. 4).

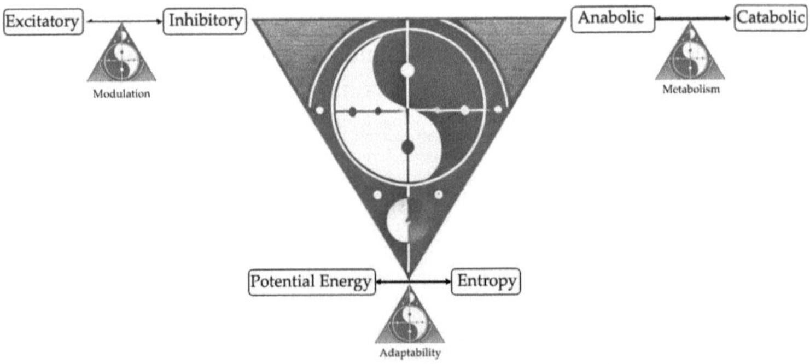

Fig. 4 Duality and homeostasis, showing a balanced system with "Excitatory" and "Inhibitory" modulating each other, "Anabolic" and "Catabolic" representing metabolic balance, and "Potential Energy" and "Entropy" balancing at the base, with a Yin and Yang symbol in the center

5.6 Personality

The development of the human mind and consciousness begins in childhood and continues to evolve throughout life. Personality, a dynamic and multifaceted aspect of human nature, plays a significant role in achieving goals and leading meaningful lives. In Halalopathy, the development of human personality is influenced by three key elements: mentality, psyche, and values. Mentality involves our ability to rationalize, make informed decisions, and form accurate judgments about the world. An enlightened approach, which goes beyond superficial observations, is essential for effective reality assessment. This often involves guidance from a trusted reference point, such as a respected individual or a higher power. Aligning one's lifestyle with this reference enhances judgment and fosters personal growth (Alzeer and Benmerabet 2023b).

The psyche encompasses inner motivations and driving forces that drive actions. Fundamental needs such as sleep, food, and water, along with essential instincts related to survival, procreation (maintaining humankind), and appreciation, play a crucial role. The survival instinct motivates us to avoid harm and seek beneficial experiences, while the procreation instinct drives efforts to preserve humanity, such as building a family. The appreciation instinct involves seeking support to overcome limitations, often turning to a higher power when necessary. Nurturing the psyche through positive experiences and healthy relationships strengthens beneficial traits and maintains mental well-being.

Values significantly influence our personality and interactions. Balancing material values (wealth, possessions) with non-material values (human, moral, spiritual) is essential. Pursuing material goals like education and business success is important, but without non-material values, it can lead to psychological and health issues. Establishing a lifestyle aligned with balanced values promotes stability and prevents collapse. Personal stability, cultivated through self-reflection, mindfulness, and positive relationships, enhances mental and physical potential, contributing to overall health and resilience. Halalopathy integrates these concepts, emphasizing rationality, healthy lifestyle practices, and stress reduction. It highlights the role of personality traits in health outcomes, suggesting that positive, tranquil traits enhance coping mechanisms and immune function, while depression and anxiety increase susceptibility to illness. Understanding the interplay of entropy (disorder) and potential energy (order) in human behavior and bodily processes is central to Halalopathy. Positive actions and compatible systems activate potential energy and generate tranquility, whereas negative traits and disordered actions increase entropy. Thus, Halalopathy aims to improve prevention and recovery by fostering a balanced and harmonious personality.

5.7 *Quantum Concepts for Human Behavior*

The connection between quantum mechanics and psychology offers a compelling framework for understanding human behavior. Quantum mechanics, which examines the behavior of matter at the atomic and subatomic levels, introduces the concept of superposition. This principle suggests that particles can exist in multiple states simultaneously. Halalopathy extends this idea to human traits, proposing that they exist on a spectrum encompassing both positive and negative aspects, which can be activated or suppressed through conscious choices and actions. This model challenges the traditional view of fixed traits, emphasizing the dynamic nature of human development. Similar to quantum mechanics, where particles exist in different states until observed, individuals have the potential to express a range of traits. By consciously cultivating positive traits, personal growth can be directed, while neglecting to do so may allow negative aspects to take over. This perspective underscores the vital role of self-awareness and intentional action in shaping one's character and behavior (Alzeer and Benmerabet 2024).

Quantum mechanics also utilizes the concept of wave-function collapse, which means a particle exists in multiple possibilities until a measurement forces it into a single state. Halalopathy suggests a parallel in human decision-making. Before making a choice, we hold various possibilities, like choosing between honesty and dishonesty. The act of choosing, similar to taking a measurement in quantum mechanics, collapses these possibilities into one reality. This emphasizes the power of conscious choices in determining the direction of our lives and fostering personal growth.

In quantum mechanics, "potentiality" and "actuality" describe the shift from possibilities to reality, a concept that Halalopathy applies to human behavior by emphasizing the importance of deliberate actions in shaping our potential. For instance, if we consciously activate honesty by consistently choosing truthful actions, honesty becomes an integral part of our character and relationships. Conversely, neglecting this conscious activation allows dishonesty to emerge involuntarily, as the mind defaults to reactive patterns shaped by external influences or past conditioning. This process of choosing or ignoring traits parallels how we manage positive energy. Voluntary activation, like practicing honesty, strengthens character in the same way that consistent exercise builds muscle. On the other hand, when we avoid making conscious choices, involuntary traits like dishonesty can take over, depleting our inner resources much like a catabolic process breaks down energy reserves. Just as neglected muscles weaken without regular exercise, failing to practice honesty allows negative traits to dominate. Over time, these unchecked involuntary responses can lead to harmful habits that may result in mental or physical health issues. This decline can be compared to entropy in physics, where a lack of structure and intention leads to chaos and disorder.

Halalopathy posits that our actions reflect our dominant traits, which are shaped by life experiences and conscious choices. By actively cultivating positive traits, we can unlock our potential and foster a healthy personality. This approach strengthens

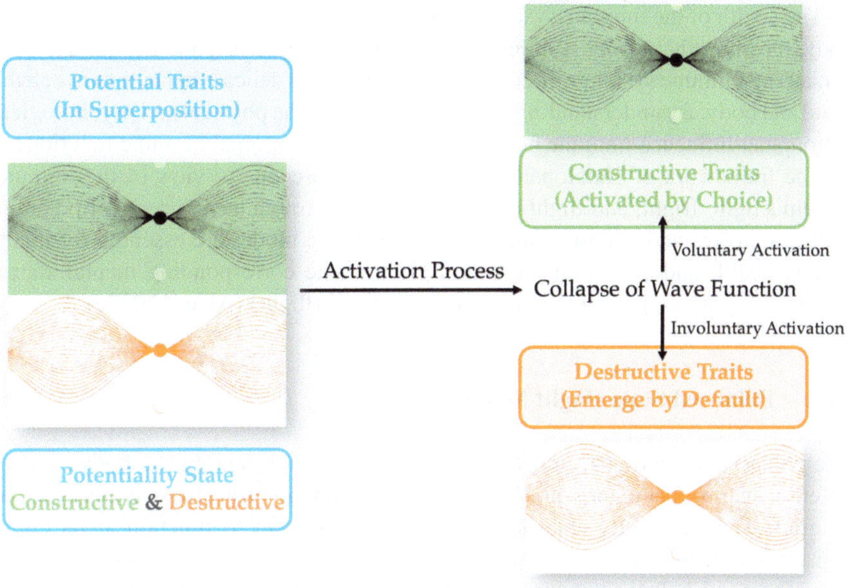

Fig. 5 Quantum mechanics in human psychology. The diagram illustrates how potential human traits are activated through choice or default, transitioning from a superposition state to either constructive or destructive traits, akin to the collapse of a wave function

the body's natural defenses. On the other hand, neglecting positive traits can lead to the dominance of negative ones, limiting our potential and triggering stress responses (Fig. 5).

By integrating concepts from quantum mechanics, such as the idea of potential existing before activation, Halalopathy aims to offer new perspectives in psychology. This approach aligns with its holistic principles, seeking innovative ways to intervene and promote psychological health.

5.8 Immune System

Unlike the heart or lungs, which have defined locations in the body, the immune system is distributed throughout the entire body. It's a complex network of cells and tissues working together to defend against diseases. Despite its importance, it has often been misunderstood and overlooked. Recently, however, immune system has gained more attention due to its critical role in combating aging-related diseases like cancer, multiple sclerosis (MS), and Alzheimer's. Understanding why the immune system becomes less effective with age and disease requires a comprehensive examination from both physical and non-physical perspectives.

The health of the immune system is intrinsically linked to the overall health of the body, meaning that a robust immune system is indicative of good health, and vice versa. The immune system's effectiveness depends on a delicate balance between the mind and body. By understanding and addressing both the physical and psychological factors that influence immune health, we can promote optimal immune function.

The framework of Halalopathy provides a comprehensive view of the immune system's fight, fright, and flight modes, explained through the concepts of potential energy, entropy, and neurotransmitter balance. These modes are essential for maintaining health and addressing threats, reflecting the corresponding mental states: balanced (fight), dispersed (fright), and suppressed (flight) (Alzeer 2022e).

5.8.1 Balanced State (Fight Mode)

The balanced mental state mirrors the fight mode, representing the body's active defense against pathogens and requiring a personality free from excessive fear or grief. The tranquility state leads the immune system to function at its effective threshold, potentially leading to effective immune response. This state exists when there is a balance between excitatory and inhibitory neurotransmitters. In this balanced state, the body channels its energy reserves into the immune response, increasing order and reducing entropy. Proper nutrition, exercise, and stress management are crucial for maintaining this balance, ensuring the immune system can effectively respond to threats, much like how maintaining consistency in a system prevents energy loss.

5.8.2 Dispersed State (Fright Mode)

The dispersed mental state corresponds to the fright mode, characterized by the dominance of anxiety and resulting from an imbalance where excitatory neurotransmitters dominate. Anxiety leads the immune system to function beyond its effective threshold, potentially leading to autoimmune diseases. This imbalance increases entropy through the body's stress response. Triggered by perceived threats, this mode is mediated by the hypothalamic–pituitary–adrenal (HPA) axis and the release of stress hormones like cortisol and adrenaline (Jeanneteau et al. 2012). Initially, this mode increases potential energy for rapid movement through adrenaline release, which leads to energy spike. Short-term activation of fright mode increases potential energy temporarily but can lead to higher entropy if prolonged. Chronic anxiety suppresses the immune system, akin to a system losing consistency over time.

5.8.3 Suppressed State (Flight Mode)

The suppressed mental state mirrors the flight mode, marked by the dominance of depression and occurring when inhibitory neurotransmitters dominate. Depression causes the immune system to function below its effective threshold, potentially leading to reduced immune efficacy. This state involves the body's attempt to escape overwhelming threats, leading to avoidance behaviors or psychological withdrawal. Initially, this mode decreases potential energy for slow movement through the release of inhibitory neurotransmitters. Similar to a system in a low-energy state, short-term activation of flight mode decreases potential energy temporarily but can lead to suppressed potential energy, increasing disorder and thus higher entropy if prolonged. Chronic flight mode, characterized by social withdrawal and increased depression.

Understanding the equilibrium between balanced, dispersed, and suppressed mental states in terms of potential energy, entropy, and neurotransmitter balance is crucial for maintaining a robust immune system and overall health. Supporting the balanced state through a balance of excitatory and inhibitory neurotransmitters, managing anxiety to prevent increased entropy in the dispersed state, and addressing depressive behaviors in the suppressed state are all essential. Maintaining a balanced immune system requires a holistic approach that integrates mental, emotional (spiritual), and physical health. By inspiring the mind with supportive information, adjusting and balancing human psychology, enriching values, and ensuring the body receives essential nutrients, we can promote a state of tranquility and optimal immune function. This comprehensive strategy helps keep the immune system within its effective threshold, protecting the body from diseases while avoiding the pitfalls of overactivity or underperformance. This holistic approach, integral to Halalopathy, emphasizes the integration of physical, mental, and spiritual health for optimal health (Fig. 6).

5.9 Personalized Medicine

For personalized medicine in the context of Halalopathy, the concept of synergy is central to promoting holistic healing and optimal health. This innovative approach views individuals not merely as patients with symptoms but as multifaceted entities with diverse needs. By fostering strong connections between patients and healthcare providers and aligning therapeutic interventions with patients' lifestyles, Halalopathy aims to create favorable circumstances conducive to healing that transcends traditional disease-centric methods (Alzeer 2022c). This visionary strategy highlights the importance of addressing lifestyle to enhance treatment efficacy and promote overall wellness (Alzeer Benmerabet 2023a).

Halalopathy utilizes a collaborative model that incorporates cultural and spiritual practices into treatment plans and promotes trust, respect and the active participation of the patient in the treatment process. This leads to personalized treatment

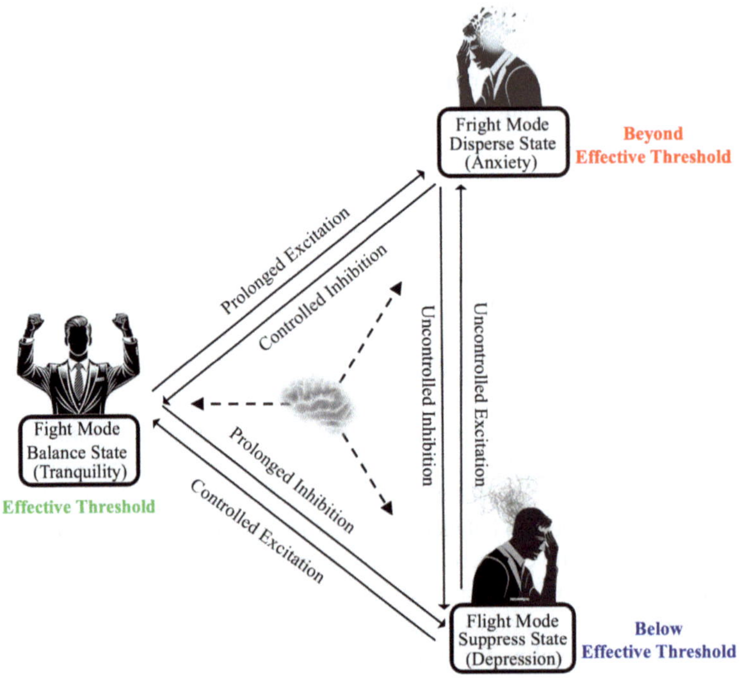

Fig. 6 Triangle diagram with "Fight Mode Balance State" at the left, "Fright Mode Disperse State" at the top, and "Flight Mode Suppress State" at the bottom

strategies that are tailored to individual preferences and needs (Alzeer 2021). In this context, the placebo effect, in which positive expectations and cognitive processes influence therapeutic responses, is important. However, the use of placebos as a primary therapeutic approach is controversial. Building trust between patients and healthcare providers is critical to utilizing the placebo effect to improve treatment outcomes. Therefore, the integration of placebo effects and drug effects can improve the overall efficacy of treatment. This underlines the importance of the trust-building process in the physician–patient relationship for optimizing treatment effectiveness and promoting positive healthcare effects (Alzeer 2023b).

Compatibility is another key concept in personalized medicine within the Halalopathy framework. It emphasizes harmonizing treatments with individual lifestyles to promote positive health outcomes. Aligning therapy with an individual's lifestyle and beliefs establishes a stable and integrated system that enhances treatment responses and reduces the risk of adverse effects. This personalized compatibility approach not only optimizes treatment results but also contributes to overall health by promoting tolerance and reducing the likelihood of rejection (Alzeer 2023b).

In Halalopathy, the integration of medicine and lifestyle represents a transformative approach to healthcare that prioritizes individual needs and preferences (Fig. 7).

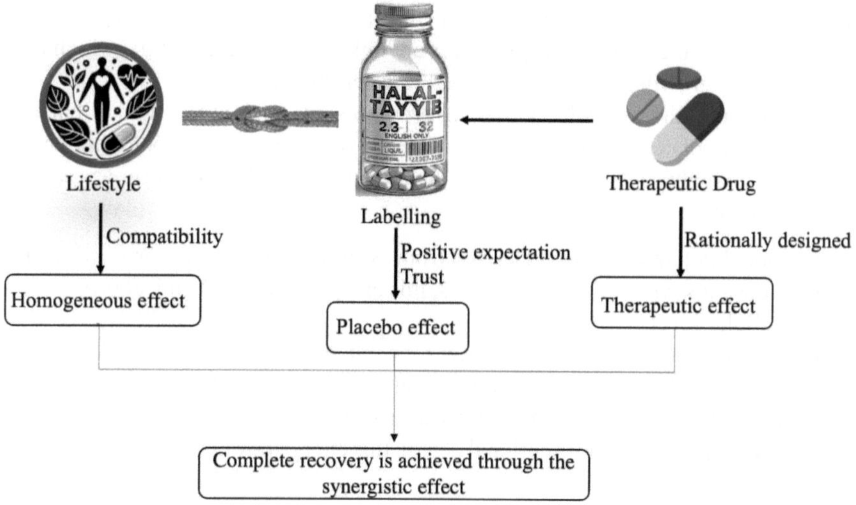

Fig. 7 Personalized medicine. The diagram highlights how Halal compliance, indicated by a labeled bottle, integrates with lifestyle and therapeutic drugs to enhance recovery through trust and positive expectations

This comprehensive approach represents a shift in healthcare that places the individual at the center of their health development and focuses on comprehensive care beyond symptom management (Alzeer and Abou Hadeed 2020). Through the synergy between placebo effect, therapeutic effect and homogeneous effect shared within healthcare providers and patients, Halalopathy harnesses the potential of holistic healing by creating a collaborative environment that supports personalized treatment plans and the patient's active participation in the healing process (Alzeer 2024a).

6 Discussion

Halalopathy, also known as lifestylopathy, is a comprehensive healthcare framework that integrates principles from chemistry, physics, and human science to understand human health. It examines the body's metabolic processes, focusing on the dynamic interplay between anabolism (building up) and catabolism (breaking down). In the early stages of life, anabolism dominates as the body grows and develops. However, as we age, catabolism becomes more prevalent. This shift is influenced by entropy, a measure of disorder, which is a fundamental concept in thermodynamics. According to the second law of thermodynamics, entropy tends to increase over time, meaning systems naturally progress from order to disorder. However, counterbalancing forces within various systems, including biological organisms, work to resist this entropic pull, helping maintain order and function for extended periods, preventing a rapid descent into disarray. In biological systems, the progression of entropy is gradual, suggesting the existence of counterbalancing forces working to maintain order. In the human body, these anti-entropic forces are linked to potential energy, which fuels processes like growth, repair, and renewal (Alzeer 2024a).

To counteract the catabolic and aging processes and maintain a state of balance, it's crucial to bolster anabolic activities. This involves increasing potential energy within the body through various means. Halalopathy identifies four primary sources of potential energy:

1. Chemical Potential Energy: Derived from essential nutrients like proteins, carbohydrates, fats, vitamins, and minerals, this energy fuels biochemical processes at the cellular level.
2. Elastic (Physical) Potential Energy: Generated through physical activity, this energy is crucial for muscle development and overall bodily function.
3. Action (Mental) Potential Energy: Cultivated through supportive information, positive expression, and emotional health, this energy powers cognitive processes and mental clarity.
4. Voluntary (Spiritual) Potential Energy: Nurtured through values, beliefs, and connections, this energy provides purpose, resilience, and overall life satisfaction.

By harmonizing these four energy sources, individuals can optimize their health and counterbalance the effects of entropy. Halalopathy emphasizes the importance of duality in maintaining optimal health. This principle recognizes the coexistence of opposing forces within the body. Achieving homeostasis, the body's internal balance, requires careful management of opposing forces. Potential energy, essential for bodily functions, must be maintained at optimal levels. Excessive accumulation can lead to anxiety and autoimmune disorders, while a deficiency can result in depression and impaired immune function. Striking the right balance is crucial for overall health.

To maintain a healthy equilibrium, Halalopathy advocates for a balanced approach encompassing physical, mental, and spiritual health. This holistic perspective ensures optimal energy management and strengthens the body's natural defenses. A crucial aspect of this balance is maintaining an optimal fight mode, a state of readiness to respond to challenges. Excessive or insufficient potential energy can disrupt this state, leading to conditions like anxiety or depression, which can shift the fight mode to fight or flight mode.

Additionally, Halalopathy promotes personalized medicine by tailoring medications to individual needs and preferences. This approach ensures that medication aligns with patients' lifestyles, dietary restrictions, and personal beliefs, fostering a harmonious relationship between medication and individual health. In essence, Halalopathy encourages individuals to harness their potential energy while managing entropy, the natural tendency toward disorder, to create a harmonious internal environment. This balance empowers the body's natural defense mechanisms, fostering resilience and promoting longevity.

7 Conclusion

Halalopathy offers a transformative vision for the future of healthcare by integrating the physical, mental, and spiritual dimensions of human existence to optimize health and healthcare throughout life. By emphasizing the interplay between entropy and potential energy, it provides a unique perspective on the body's self-healing mechanisms and the influence of lifestyle choices on overall health. Halalopathy explores the parallels between quantum mechanics and human behavior, opening new avenues for research into the connection between conscious choices and the activation of positive traits, thereby offering powerful tools for personal growth and resilience. Its focus on maintaining a balanced personality, free from excessive negative emotions, has the potential to revolutionize mental health interventions. While more research is needed to confirm the clinical efficacy of Halalopathy, the potential of Halalopathy to empower patients and promote a more collaborative approach to healthcare is beyond dispute. By harmonizing treatments with individual lifestyles and leveraging the placebo effect, Halalopathy aims to create favorable circumstances for healing that transcend traditional methods, ultimately optimizing treatment efficacy and promoting overall wellness. By encouraging active patient participation in the healing process and prioritizing preventative measures, Halalopathy could significantly reduce the burden on the healthcare system and improve the quality of life for individuals and communities. As medicine continues to evolve, Halalopathy, with its holistic approach, is a valuable addition to the healthcare sector and offers a path to a healthier future for all.

Acknowledgements The authors declare that no funds, grants, or other support were received during the preparation of this manuscript.

Conflict of Interest The authors declare that they have no conflicts of interest to disclose.

References

Alzeer J (2019) Halalopathy: a science of trust in medicine. J Integrat Med 17(3):150–154. https://doi.org/10.1016/j.joim.2019.03.005

Alzeer J (2022f) Halalopathy: anxiety and depression from logic and energetic perspectives. Am J Biomed Sci Res 16:378–384

Alzeer J (2023c) Lifestylopathy: unlocking potential by embracing 498 duality and homeostasis for improved healthcare. Int J Regenr Med 6(2):1–6. https://doi.org/10.31487/j.RGM.2023.02.02

Alzeer J (2023c) Integrating medicine with lifestyle for personalised and holistic healthcare. J Public Health Emerg 7:33. https://doi.org/10.21037/jphe-23-71

Alzeer J (2024b) Harnessing the power of choice: how to thrive in a universe of entropy. Am J Med Chem 5(1):2–6. https://doi.org/10.31487/j.AJMC.2024.01.02

Alzeer J (2024d) Beyond disorder: a new perspective on entropy in chemistry. Am J Med Chemos 5:1–5

Alzeer J, Abou Hadeed K (2016) Ethanol and its halal status in food industries. Trends Food Sci Technol 58:14–20. https://doi.org/10.1016/j.tifs.2016.10.018

Alzeer J, Rieder U, Abou Hadeed K (2020) Good agricultural practices and its compatibility with halal standards. Trends Food Sci Technol 102:237–241. https://doi.org/10.1016/j.tifs.2020.02.025

Alzeer J, Abou Hadeed K (2020) Halal certification of food, nutraceuticals, and pharmaceuticals in the Arab world. In: Laher I (eds) Handbook of healthcare in the Arab World. Springer, Cham. https://doi.org/10.1007/978-3-319-74365-3_36-1

Alzeer J, Al-Razem F (2021) Hypotheses: implementation of Le Chatelier's principle as a potential integrative method to prevent and or cure coronavirus. J Public Health Emerg 5:17. https://doi.org/10.21037/jphe-20-132

Alzeer J, Benmerabet H (2023a) Recognizing limitations: overcoming challenges in enhancing health and preventing disease. Europ J General Med 1–7. https://doi.org/10.31487/j.ejgm.2023.01.01

Alzeer J, Benmerabet H (2023b) The development of human personality: a comprehensive overview. Psychol Disorders Res 1–8. https://doi.org/10.31487/j.pdr.2023.01.01

Alzeer J, Benmerabet H (2024) Exploring the intersection of quantum mechanics and human psychology. Psychol Dis Res 7(1):1–6. https://doi.org/10.31487/j.pdr.2024.01.01

Alzeer J, Rieder U, Abou Hadeed KA (2018) Rational and practical aspects of halal and Tayyib in the context of food safety. Trends in Food Sci Technol 71:264–267. https://doi.org/10.1016/j.tifs.2017.10.020

Alzeer J (2018) Halalopathic: a new concept in medicine. J Molecul Genetic Med 12(2). https://doi.org/10.4172/1747-0862.1000353

Alzeer J (2020) Entropy and potential energy as a key role of Halalopathy in disease prevention and cure. Longhua Chinese Med 3:20–20. https://doi.org/10.21037/lcm-20-40

Alzeer J (2021) Permissible medicine and rationalization of halal pharma. Halalsphere 1(1):43–52. https://doi.org/10.31436/hs.v1i1.18

Alzeer J (2022a) Directionality of chemical reaction and spontaneity of biological process in the context of entropy. Int J Regenerat Med 1–7. https://doi.org/10.31487/j.rgm.2022.02.06

Alzeer J (2022b) Halalopathy: improving potential energy and minimising entropy offer an integrative approach for more effective treatment. MCMS. https://doi.org/10.55162/mcms.02.027

Alzeer J (2022c) Halalopathy: revival of miraculous cure and creation of favourable circumstances for cancer therapy. MCMS. https://doi.org/10.55162/mcms.02.021

Alzeer J (2022d) Halalopathy: role of entropy in the aging process. Amer J Biomed Sci Res 16(2):147–154. https://doi.org/10.31487/j.ajmc.2023.01.02

Alzeer J (2022e) Halalopathy: stimulation of the immune system through enrichment of potential energy. Int J Regenerat Med 1–5. https://doi.org/10.31487/j.rgm.2022.01.02

Alzeer J (2023a) Exploring the dynamics of nucleophilic substitution reactions: understanding the role of entropy and potential energy in sn1 and sn2 pathways. Amer J Med Chem 1–4

Alzeer J (2023b) Halalopathy: integrating halal pharmaceuticals for holistic healing. J Halal Quality Certificat 19(1):13–19

Alzeer J (2023d) The role of buffers in establishing a balance of homeostasis and maintaining health. Am J Med Chem 4(1):1–6. https://doi.org/10.31487/j.ajmc.2023.01.01

Alzeer J (2024a) Lifestylopathy: a holistic approach to healthcare. J Alter Med Ther 1:1–4. https://doi.org/10.59462/jamt.1.1.101

Alzeer J (2024c) Holistic approach to personalised medicine: a focus on Halalopathy. Halalsphere 4(2):22–28. https://doi.org/10.31436/hs.v4i2.97

Anantha Krishna BS, Sheelam PK (2023) Harmonizing healing: the vital role of integrated yoga and wellness therapy in cancer care–a concise overview. Int J Indian Med 04(11):01–13. https://doi.org/10.55552/ijim.2023.41101

Arwani W, Jaelani A, Firdaus S, Hanim T (2022) Halal-thayyib, food products, and the halal industry: a thematic analysis on the verses of the Qur'an. Al-Amwal Jurnal Ekonomi Dan Perbankan Syari Ah 14(1):99. https://doi.org/10.24235/amwal.v14i1.10830

Benites A, Rodin G, Leite A, Nascimento L, Santos M (2021) The experience of spirituality in family caregivers of adult and elderly cancer patients receiving palliative care: a meta-synthesis. Europ J Cancer Care 30(4). https://doi.org/10.1111/ecc.13424

Borillo C, Tamanal J, Kim C (2020) Determining the cut off score of the healthy lifestyle screening tool among high school students. J Lifestyle Med 10(2):92–101. https://doi.org/10.15280/jlm.2020.10.2.92

Bossek D, Bach V, Finkbeiner M (2023) Lifestyle-lca: challenges and perspectives. Sustainability 15(14):11313. https://doi.org/10.3390/su151411313

Chatterjee A, Bajpai R, Gerdes M (2021) Analyze the impact of healthy behavior on weight change with a mathematical model using the Harris-benedict equations. https://doi.org/10.21203/rs.3.rs-584141/v1

Elendu C (2024) The evolution of ancient healing practices: from shamanism to hippocratic medicine: a review. Medicine 103(28):e39005. https://doi.org/10.1097/md.0000000000039005

Esen A, İşçioğlu T (2017) Lifestyle entrepeneurship in technology start-ups: the case of "piri" mobile application. Pressacademia 4(3):271–278. https://doi.org/10.17261/pressacademia.2017.489

Hoenders R, Appelo M, Jong J (2012) Integrative medicine: a bridge between biomedicine and alternative medicine fitting the spirit of the age. Sociol Mind 02(04):441–446. https://doi.org/10.4236/sm.2012.24057

Huang F, Wu X (2021) Brain neurotransmitter modulation by gut microbiota in anxiety and depression. Front Cell Developm Biol 9.https://doi.org/10.3389/fcell.2021.649103

Jaber D, Hasan H, Alkaderi A, Alkilani A, El-Sharif A (2024) Assessment of the knowledge, attitude, and perception of healthcare providers regarding halal pharmaceuticals. Open Public Health J 17:e18749445296459. https://doi.org/10.2174/0118749445296459240322064212

Jeanneteau F, Lambert WM, Ismaïli N, Bath KG, Lee FS, Garabedian MJ, Chao MV (2012) BDNF and glucocorticoids regulate corticotrophin-releasing hormone (CRH) homeostasis in the hypothalamus. Proc National Acad Sci 109(4):1305–1310. https://doi.org/10.1073/pnas.1114122109

Khoury B, Rafeh M, Bou Dargham Z (2024) Traditional healing for physical and mental problems in the Arab region: past and current practices. Bjpsych Int 21(2):44–46. https://doi.org/10.1192/bji.2024.3

Landa-Avila, C., Escobar-Tello, C., Jun, G., & Cain, R. (2020). A holistic outcome-based approach to co-create healthcare systems. https://doi.org/10.21606/drs.2020.127

Laurie H (2023) A class of models that support a maximum entropy principle for age structure. https://doi.org/10.20944/preprints202305.2151.v1

Leach M, Wiese M, Agnew T, Thakkar M (2018) Health consumer and health provider preferences for an integrative healthcare service delivery model: a national cross-sectional study. Int J Clin Pract 72(6):e13204. https://doi.org/10.1111/ijcp.13204

Malatskey L, Essa-Hadad J, Eldar R, Filipov I, Eilat-Tsanani S, Rudolf M (2022) Medical student lifestyle counselling for non-communicable disease: impact on students' competence and patients' health behaviours. Israel J Health Policy Res 11(1). https://doi.org/10.1186/s13584-022-00532-x

Maluleka J, Ngulube P (2017) The preservation of knowledge of traditional healing in the Limpopo province of South Africa. Inf Dev 34(5):515–525. https://doi.org/10.1177/0266666917723956

Molen M, Brown P (2021) Following Dutch healthcare professionals' experiences during covid-19: tensions in everyday practices and policies amid shifting uncertainties. Current Sociol 001139212199001.https://doi.org/10.1177/0011392121990019

Parajulee A (2023) Structural studies of serotonin receptor family. BMB Rep 56(10):527–536. https://doi.org/10.5483/bmbrep.2023-0147

Ramezani G, Aalaa M, Zahedi F, Arabshahi S, Rasouli D, Keshavarzi M (2022) Exploring the challenges and ethical requirements of medical sciences education during covid-19: a qualitative study. J Med Ethics History of Med. https://doi.org/10.18502/jmehm.v14i30.8366

Riyad As-Salihin, Book 1, Hadith 187

Singh A, Madhavan H (2015) Traditional versus non-traditional healing for minor and major morbidities in India: uses, cost and quality comparisons. Tropical Med Int Health 20(9):1223–1238. https://doi.org/10.1111/tmi.12540

Susilo A, Sulistyawati E, Hakiki D, Hariadi H, Astro H, ANGGARA C, Surahman D (2023) Physicochemical properties of snackbar canna edulis Ker with additional butterfly pea extract as functional food. Food Sci Technol 43. https://doi.org/10.1590/fst.122422

Jawad Alzeer is a chemist and researcher whose groundbreaking work in organic chemistry has significantly advanced medical science. He earned his Ph.D. from the Swiss Federal Institute of Technology (ETH) in Zurich, where he revolutionized cellulose synthesis. At Roche, Dr. Alzeer played a pivotal role in developing a new pharmacophore for an antimalarial drug, contributing to advancements in medicinal chemistry. His research continued at the University of Michigan and the University of Zurich (UZ), where he explored gene therapy and cancer treatment, further shaping modern therapeutic approaches. Beyond conventional medicine, Dr. Alzeer's profound understanding of entropy and potential energy has led to transformative healthcare models, including *Lifestylopathy* and *Halalopathy*. These innovative frameworks integrate biological, psychological, and environmental factors to optimize health and disease prevention. As an adjunct professor at Palestine Polytechnic University (PPU), he is dedicated to mentoring future healthcare professionals. In addition to his academic contributions, Dr. Alzeer is a prominent figure in halal research, he focuses on integrating halal pharmaceuticals into personalized medicine, emphasizing holistic healing and preventive care. His work continues to shape the future of medicine, bridging scientific innovation with ethical and sustainable healthcare solutions.

Drug Discovery

Issues on Halal Pharmaceuticals: Education, Practice, and Islamic Pharmaceutical Ethics

Deema Jaber, Hisham E. Hasan, and Mohammed Ali Alsheikh Wace

Abstract The convergence of religion and modern medicine has catalyzed growing interest in halal pharmaceuticals—medicinal products formulated in accordance with Islamic law (Shariah), free from prohibited substances such as alcohol, porcine derivatives, and impure materials. As the global Muslim population approaches 2.2 billion by 2030, demand for halal-certified pharmaceuticals is rising, fueled by religious awareness, chronic disease burden, and consumer preferences for ethical and transparent healthcare products. This paper explores the multifaceted ecosystem of halal pharmaceuticals, examining market dynamics, consumer behavior, and industry responses. It highlights the challenges of ingredient sourcing, halal certification, and regulatory inconsistencies across regions. Central to the development of halal-compliant therapeutics is education—spanning curriculum development for medical and pharmacy students, continuing professional development for healthcare providers, and public health initiatives aimed at raising awareness. Ethical considerations rooted in Islamic bioethics—such as the sanctity of life, autonomy, and the permissibility of treatment under necessity (darurah)—are essential in shaping a culturally sensitive and morally sound pharmaceutical landscape. Furthermore, interdisciplinary collaboration among scholars, clinicians, regulators, and the pharmaceutical industry is critical for addressing complex bioethical dilemmas in drug development and therapeutic decision-making. The paper concludes by emphasizing the need for enhanced investment in research and education, curricular reform, and global cooperation to advance halal pharmaceutical science and practice. By integrating ethical, scientific, and cultural principles, halal pharmaceuticals offer a transformative model for inclusive and patient-centered healthcare.

D. Jaber (✉)
Department of Clinical Pharmacy, Faculty of Pharmacy, Zarqa University, Zarqa, Jordan
e-mail: dsuleiman@zu.edu.jo

H. E. Hasan
Department of Clinical Pharmacy, Faculty of Pharmacy, Jordan University of Science and Technology, Irbid, Jordan

M. A. A. Wace
The Standards and Metrology Institute for Islamic Countries, Istanbul, Turkey

Q. Hasan et al. (eds.), *Halal Perspectives in Medicinal Chemistry*,
https://doi.org/10.1007/978-981-95-6378-4_8

Keywords Halal pharmaceuticals · Islamic bioethics · Halal certification · Culturally competent care · Istihalah

1 Introduction

The intersection between faith and pharmaceutical science has emerged as a significant area of concern in contemporary healthcare. Interest in halal pharmaceuticals is often more visible in Muslim-minority contexts, where awareness of religious sensitivities is heightened and individuals cannot assume automatic compliance with Islamic principles. In contrast, in many Arab and Muslim-majority countries, public awareness of halal pharmaceuticals remains limited, partly due to the assumption that state authorities or regulatory agencies already ensure compliance. Nonetheless, across both contexts, halal pharmaceuticals—defined as medicinal products that comply with Islamic legal (Shariah) requirements—are rapidly gaining traction in response to increasing consumer demand for treatments that align with religious beliefs. These products must be free from haram (prohibited) substances, such as alcohol, porcine derivatives, and materials considered najis (ritually impure), and must also be manufactured using permissible methods that avoid contamination and uphold Islamic ethical principles (Herdiana et al. 2024; Norazmi and Lim 2015).

What distinguishes pharmaceuticals from other halal sectors, such as food or cosmetics, is the complexity of drug formulations, globalized supply chains, and often opaque ingredient sourcing. Medications may contain hidden or unclear components, such as excipients derived from non-halal sources, or use processing agents not disclosed on labels (Herdiana et al. 2024; Hussain-Gambles 2020; Sugibayashi et al. 2019). The challenges of transparency, traceability, and certification are compounded by regional inconsistencies in halal regulatory frameworks, leading to uncertainty for both consumers and providers (Norazmi and Lim 2015; Pehin Dato Musa et al. 2025).

Despite these challenges, the rise in religious literacy and chronic disease burdens among Muslim populations has placed increased pressure on healthcare systems and pharmaceutical industries to offer halal-compliant options. This has implications not only for market dynamics but also for patient trust, treatment adherence, and ethical healthcare delivery. Moreover, the lack of adequate education among healthcare professionals regarding halal principles, combined with the limited inclusion of Islamic ethical perspectives in medical curricula, contributes to a gap in culturally competent care.

This chapter explores the evolving landscape of halal pharmaceuticals by addressing educational strategies, clinical practice, and Islamic pharmaceutical ethics. It highlights the pressing need for interdisciplinary collaboration, policy harmonization, and the integration of religious ethics into pharmaceutical science. In doing so, it contributes to the development of an ethically grounded, culturally aware, and inclusive model of pharmaceutical care that respects the values of Muslim patients and communities.

2 The Rise of Halal Pharmaceuticals and Consumer Preferences

2.1 Demographic and Market Drivers

The increasing demand for halal pharmaceuticals is closely linked to the demographic growth of the global Muslim population. Currently exceeding 1.9 billion, this population is projected to surpass 2.2 billion by 2030, representing more than 26% of the world's total. This growth has fueled a parallel expansion in demand for religiously acceptable goods, including healthcare products that align with Islamic teachings. Halal pharmaceuticals, once a niche concept, are now at the forefront of ethical and culturally sensitive healthcare innovation (New Pew Forum Report Projects Global Muslim Population to Increase Approximately 35% in Next 20 Years 2011; The Future of the Global Muslim Population 2011).

Market projections reflect this trend. According to Thomson Reuters and Dinar-Standard, the halal pharmaceutical market is expected to exceed USD 130 billion by 2025. However, it is important to note that these widely cited estimates do not exclusively represent certified halal medicines. Rather, they calculate overall pharmaceutical consumption by Muslim populations and present it as a proxy for the "halal pharmaceutical market." In practice, the proportion of pharmaceuticals that are actually halal-certified constitutes only a small fraction of this total. This methodological limitation has been highlighted by scholars and industry observers, as it risks overstating market size and presenting investors, policymakers, and researchers with inflated figures. Nonetheless, the reports remain a common reference point in the absence of alternative global data sources (Halal Pharmaceuticals Market to Hit $174.59 Billion by 2025—Global Insights On Source Material, Products, Drug Class, Regulatory Framework, Vendor Landscape and Value Chain Analysis 2019; Halal Pharmaceuticals Sector Snapshot 2024/25 2025).

2.2 Consumer Behavior and Perception

Religious values significantly influence medication usage patterns among Muslim patients. Studies have shown that many Muslims actively inquire about the halal status of prescribed drugs and express discomfort when confronted with products containing haram ingredients. For instance, a national survey in Malaysia found that nearly 68% of Muslim respondents preferred halal-certified medications and would avoid treatment if no halal options were available (Sadeeqa et al. 2013). Similar attitudes have been documented in Indonesia, Pakistan, Saudi Arabia, and the United Arab Emirates.

In the broader Arab world, several countries have made notable strides in aligning pharmaceutical markets with Islamic values. In Saudi Arabia, initiatives such as *SaudiVax* focus primarily on strengthening national vaccine production capacity and biopharmaceutical independence, with halal certification considered an additional long-term goal rather than the immediate priority (Merck 2021). At the Organization of Islamic Cooperation (OIC) level, a consortium of 16 vaccine manufacturing facilities has been established with similar objectives, where the emphasis remains on ensuring vaccine availability first, with halal compliance to follow as capacity expands. Similarly, the United Arab Emirates has implemented fast-track licensing procedures (reducing approval timelines to around 180 days) and is encouraging innovation in animal-free pharmaceutical ingredients. These regulatory and industrial efforts illustrate growing institutional engagement with halal principles, though in many cases the practical priority is securing production and supply, with halal certification evolving as a secondary but important consideration (Halal Pharmaceuticals Market Size and Share Analysis 2025).

In Kuwait, some companies have launched halal-certified medication lines, including gelatin-free capsules, further expanding options for observant Muslim consumers. Egypt, while showing strong consumer interest and a rapidly growing halal pharmaceuticals market (with a projected compound annual growth rate of 9.1% from 2025 to 2032), faces challenges due to a lack of unified certification standards and regulatory fragmentation (Inkwood Research 2025). Pharmacies in Egypt, especially major chains, have started offering halal-labeled products and serve as influential sources of guidance, though formal documentation of patient inquiry into halal status remains limited (Ali et al. 2024).

Meanwhile, Jordan reflects a different dynamic. A national survey revealed that although many Jordanians turn to religious authorities and pharmacists for guidance, general awareness of what constitutes halal or haram pharmaceuticals remains low. Over 60% of respondents could not define halal pharmaceuticals, and many were unaware of common non-halal ingredients, such as animal-derived gelatin or alcohol in elixirs (Jaber et al. 2025; Jaber et al. 2024b). This suggests that halal compliance is often assumed culturally but not explicitly verified or regulated.

Beyond the Arab world, neighboring MENA countries like Turkey, South Africa, and Nigeria are also beginning to recognize the market potential of halal pharmaceuticals, though their regulatory systems and public awareness vary significantly.

When patients perceive a disconnect between their religious beliefs and the treatment options offered, trust in the healthcare system may erode. This mismatch can result in medication nonadherence, delays in seeking medical care, or a reliance on traditional remedies. Thus, understanding consumer behavior is essential not only for public health but also for upholding ethical medical practice in diverse societies.

2.3 Pharmaceutical Industry Response

Pharmaceutical manufacturers have begun adapting to this emerging demand by partnering with halal certification bodies and adjusting production practices. Innovations include the replacement of porcine gelatin with bovine or plant-based alternatives, ethanol-free formulations, and the development of halal vaccines. Countries like

Malaysia, Indonesia, and the UAE have pioneered national halal standards for pharmaceuticals, such as the Malaysian Standard MS 2424 (initially published in 2012 and updated in 2019) (Ab Latiff et al. 2024).

A critical step toward global harmonization is being led by the Standards and Metrology Institute for Islamic Countries (SMIIC), a body under the OIC. SMIIC's Technical Committee TC16 focuses specifically on halal pharmaceuticals, offering guidance on everything from production and handling to labeling, in accordance with Islamic principles. It has published key standards such as OIC/SMIIC 50-1:2022 and OIC/SMIIC 50-2. Additionally, SMIIC provides reference lists of halal, haram, and doubtful ingredients, along with ethical guidelines (TC16 Halal Medical Products Issues 2019).

Despite these advancements, standardization remains a global challenge. While some countries have established clear halal pharmaceutical frameworks, others still lack regulatory clarity, resulting in inconsistencies in certification and labeling. These disparities complicate efforts by multinational pharmaceutical companies, who often struggle to source halal-certified raw materials and must navigate fragmented regulatory systems across different markets.

The industry's response to halal consumer needs reflects a growing recognition that religious and cultural sensitivities are integral to patient care. Addressing these expectations requires not only technical reformulations but also international policy alignment, regulatory cooperation, educational outreach, and ethical accountability across the entire pharmaceutical supply chain. Institutions like SMIIC are helping pave the way toward greater consistency and transparency in this evolving field.

3 Education, Awareness, and Capacity Building

3.1 Gaps in Academic Curriculum

Despite the growing relevance of halal pharmaceuticals in both clinical and commercial contexts, formal education on this topic remains limited in most medical, pharmacy, and health sciences curricula (Jaber et al. 2024a). Islamic perspectives on pharmaceutical ethics, drug sourcing, and permissible treatment options are often absent from undergraduate and postgraduate programs. This curricular gap can leave future healthcare professionals ill-equipped to advise Muslim patients on religiously sensitive treatment decisions (Khan and Shaharuddin 2015).

In Muslim-majority countries such as Malaysia, Indonesia, and Saudi Arabia, some progress has been made through elective modules and short courses addressing Islamic medical jurisprudence (fiqh al-tibb), but these initiatives are neither widespread nor standardized (Saudi Scientific Society for Medical Jurisprudence Studies 2023; The Fiqh of Halal and Haram Medication, Prescribing and Pharmacy, n.d.). In Western institutions, the integration of religious and cultural dimensions into pharmacotherapy education is even more limited, despite increasing student diversity and globalized healthcare systems.

Sustainable halal pharmaceutical practice requires formal incorporation of relevant mandatory courses into medical and pharmacy curricula, addressing Islamic medical jurisprudence, pharmacognosy of halal sources, and ethical considerations in prescribing. Institutions in Malaysia and Saudi Arabia have pioneered such educational programs; for example, the International Islamic University Malaysia offers modules on Islamic pharmacology and ethical drug use, equipping students with the interdisciplinary knowledge necessary to navigate culturally sensitive clinical scenarios (Alserhan et al. 2020; Ngah et al. 2023).

To ensure culturally competent care, universities and professional schools must consider incorporating structured content on halal pharmaceuticals, bioethics, and faith-informed medical practice into their core curricula. This would empower students to understand the ethical implications of pharmaceutical ingredients, recognize patients' religious concerns, and engage in informed clinical decision-making. Table 1 presents a proposed framework of teaching modules to support such educational efforts.

Table 1 Suggested teaching modules for halal pharmaceutical education

Module title	Key topics covered	Target audience	Learning outcomes
Introduction to halal pharmaceuticals	Basic concepts of halal/haram, halal certification, case examples	Pharmacy and Medical Students	Define halal pharmaceuticals and distinguish them from conventional products
Islamic bioethics in pharmaceutical practice	Maqasid al-Shariah, darurah, autonomy, ethical fatwas on medicines	Ethics, Public Health, Medicine	Analyze Islamic ethical reasoning in drug formulation, testing, and patient care
Comparative halal regulatory frameworks	Overview of JAKIM, BPJPH, IIFA, SMIIC, WHO perspectives	Graduate-level Pharmacists and Regulators	Evaluate differences and implications of halal pharmaceutical regulations globally
Case-based clinical decision-making	Scenarios: vaccines, porcine excipients, organ extracts, necessity clauses	Pharmacy Practice Courses	Apply halal decision-making to clinical settings through interdisciplinary discussion
Halal certification and supply chain auditing	Ingredient traceability, contamination risk, halal logistics	Industrial Pharmacy and QA/QC	Assess halal integrity along the pharmaceutical supply chain
Interdisciplinary fatwa simulation workshop	Role-play between scholars, ethicists, pharmacists in issuing rulings	Biomedical Ethics and Shariah Students	Practice collective ijtihad by navigating complex ethical-pharmaceutical dilemmas

3.2 *Continuing Professional Development (CPD)*

Beyond academia, stakeholders including manufacturers, policymakers, and regulatory agencies must gain expertise in halal compliance principles—covering areas such as raw material sourcing, contamination prevention, permissible excipients, and certification standards applied by authorities like JAKIM (Malaysia) and ESMA (UAE). Industry workshops, symposia, and certification trainings foster collaboration among pharmacists, religious scholars, and halal auditors. An exemplar is the annual Halal Pharmaceuticals Symposium in Kuala Lumpur, which convenes diverse stakeholders for knowledge exchange and standard harmonization (Alserhan et al. 2020).

Practicing healthcare professionals (e.g., pharmacists and clinicians) often face real-time ethical dilemmas related to halal compliance—such as prescribing drugs that contain ethanol or porcine-derived gelatine, or counseling patients who refuse treatment based on religious grounds. However, few CPD programs offer training on how to navigate these issues within the framework of Islamic ethics.

Professional bodies and licensing authorities should support CPD activities that promote knowledge of halal principles, halal-certified alternatives, and the concept of darurah (necessity), which permits the use of prohibited substances in life-threatening situations. Such education would not only support ethical practice but also strengthen patient–provider trust by delivering culturally competent care, particularly in Muslim communities where religious concerns heavily influence healthcare choices.

3.3 *Public Health Literacy and Community Engagement*

Raising public awareness is equally important for fostering an informed Muslim patient population. Misinformation, misconceptions, and stigma surrounding halal pharmaceutical products persist across various societies (Jaber et al. 2025). Community-based education—delivered through mosques, health centers, and digital platforms—can play a pivotal role in bridging the knowledge gap between science and faith.

Faith-based organizations and religious scholars (ulama') can contribute meaningfully by providing fatwas (legal opinions) and public guidance rooted in Islamic jurisprudence. Public health authorities, in turn, should work with these stakeholders to promote accurate, evidence-based messaging about halal medicine and clarify the permissible use of medications in emergency or necessity scenarios.

Public health campaigns are vital for educating Muslim communities about halal medication use, encompassing clear labeling of halal-certified products, bioethical consultation, and provision of accessible resources (e.g., mobile applications, pharmacy helplines) for verifying halal status. Collaborations between healthcare providers and religious institutions—such as mosque-based health clinics and dissemination during Friday sermons—can effectively combat misinformation, build trust, and promote adherence to both medical and religious guidelines (Herdiana et al. 2024).

Interdisciplinary collaboration among Islamic scholars, pharmacists, clinicians, bioethicists, and regulatory experts is crucial for the development of effective educational frameworks. By combining expertise from religious, scientific, and policy perspectives, such models can help build a competent workforce capable of addressing the halal pharmaceutical sector's unique ethical and clinical challenges.

Incorporating real-world case studies, ethical simulations, and workshops into academic and professional settings can further enhance critical thinking and applied ethical reasoning in this emerging domain. Ultimately, education remains the cornerstone of developing an equitable, religiously sensitive, and patient-centered pharmaceutical system.

4 Islamic Pharmaceutical Ethics: Principles and Applications

4.1 Foundations of Islamic Bioethics

Islamic pharmaceutical ethics is grounded in the broader tradition of Islamic bioethics, which derives its moral authority from the Shariah principles, which provide a comprehensive moral compass for navigating the complexities of modern healthcare. Rooted in the Quran, Sunnah, and juristic interpretations (ijtihad) by qualified scholars, this ethical framework extends beyond physical healing to encompass spiritual, psychological, and social well-being. Unlike secular biomedical ethics, which often emphasizes individual autonomy and utility, Islamic ethics integrates both divine commandments and human welfare (maslahah), offering a holistic framework that balances spiritual, moral, and clinical imperatives (Farhan Abdul Rahman et al. 2025; Sa'aid et al. 2024).

Key ethical principles in Islam include the sanctity of life (ḥifẓ al-nafs), the pursuit of benefit (jalb al-maslahah), the avoidance of harm (dar' al-mafsadah), and the alleviation of hardship (rafʿ al-ḥaraj). These principles guide ethical decision-making in contexts such as treatment permissibility, patient counseling, and pharmaceutical formulation. Central to this approach is the concept of halal pharmaceuticals (Hasan 2025). A detailed breakdown of ethical considerations relevant to halal pharmaceuticals is provided in Table 2. This table outlines key ethical challenges, stakeholders involved, and actionable recommendations grounded in both Islamic principles and practical realities of pharmaceutical practice.

Table 2 Ethical considerations in halal pharmaceuticals

Ethical issue	Description	Practical implications	Stakeholders involved	Actionable recommendations	Scientific references
Ingredient sourcing	Halal pharmaceuticals must source ingredients permissible under Islamic law. Ingredients from haram sources, such as pork-derived gelatin or alcohol-based solvents, raise significant ethical issues	Companies must source ingredients from halal-certified suppliers and use permissible alternatives	Healthcare providers, pharmaceutical companies, suppliers, religious scholars	Ensure halal certification for all ingredients; adopt alternatives where possible	Herdiana et al. (2024)
Manufacturing process	Halal production requires strict guidelines to prevent cross-contamination. Facilities must implement halal protocols and obtain halal certification	Regular audits and proper segregation protocols are necessary	Pharmaceutical companies, regulatory bodies, auditors	Implement stringent segregation measures; undergo regular halal audits	Norazmi and Lim (2015)
Blockchain technology in halal certification	Blockchain's decentralized and immutable ledger system offers a solution for ensuring the integrity of halal certifications, making the certification process transparent and secure	Tamper-proof certification records accessible to all stakeholders	Certification bodies, pharmaceutical companies, consumers	Implement blockchain-based halal certification systems to ensure transparency and security	Zakari et al. (2022)
Artificial intelligence in ethical assessment	AI under halal specialists' supervision can analyze large datasets to identify patterns and detect unethical sourcing practices in halal pharmaceuticals, helping to ensure ethical sourcing of ingredients	Use AI to monitor and assess compliance with halal sourcing standards	AI developers, pharmaceutical companies, regulatory bodies	Develop AI tools to support ethical sourcing practices, ensuring compliance with halal standards and sustainability	Hasan et al. (2024)
Halal labeling standards	Clear labeling is essential to allow consumers to make informed decisions. Halal-certified products should disclose all ingredient sources	Ensure clear and honest labeling for Muslim consumers	Pharmaceutical companies, consumers, regulatory bodies	Provide full disclosure on ingredients; maintain transparency	Norazmi and Lim (2015)

(continued)

Table 2 (continued)

Ethical issue	Description	Practical implications	Stakeholders involved	Actionable recommendations	Scientific references
Healthcare professionals' moral responsibility	Healthcare professionals should advocate for halal-compliant alternatives, educate patients about medication halal status, and engage in ethical research to expand halal pharmaceuticals availability	Active engagement with religious scholars and stakeholders	Healthcare professionals, researchers, religious scholars, consumers	Advocate for halal alternatives; involve stakeholders in development; engage with Muslim communities	Butler et al. (2018)
Informed consent and patient autonomy	Informed consent in halal pharmaceuticals requires understanding both medical and religious implications. Autonomy should be balanced with community values in Muslim-majority societies	Balance individual autonomy with communal norms; respect cultural values	Healthcare professionals, religious scholars, patients, families	Educate patients on halal status of treatments; respect religious guidelines	Packer (2012)
Safety and risk–benefit considerations	Islamic ethics prioritize life preservation. Pharmaceutical products must be safe and effective, with careful analysis of risks and benefits. In life-saving situations, the principle of darurah allows the use of haram substances	Prioritize safety and efficacy; consider darurah in emergency situations	Healthcare professionals, pharmaceutical companies, religious scholars	Ensure that the principle of necessity is applied responsibly; prioritize development of halal alternatives	Afifi (2007)
Regulatory oversight	Regulatory bodies and certification organizations must ensure clear halal standards. Collaboration with scholars ensures guidelines align with religious teachings	Collaborate with scholars and regulators to define halal standards	Government regulation bodies (Ministry of Health, FDA), pharmaceutical companies	Ensure certification bodies follow clear guidelines; encourage regular updates and scholarly input	Jailani (2024)
Accessibility and equity	Halal medications should be accessible to all, with fair pricing and wide distribution. High costs could limit access, violating Islamic principles of justice and fairness	Ensure equitable access; avoid exploiting vulnerable populations	Pharmaceutical companies, governments, distributors, consumers	Implement fair pricing strategies, expand distribution networks, ensure accessibility to all socioeconomic groups	Ab Latiff (2020)

4.2 *The Doctrine of Necessity (Darurah) in Pharmaceutical Contexts*

A pivotal concept in Islamic pharmaceutical ethics is darurah—the legal maxim that permits otherwise prohibited substances when no lawful alternatives are available and when withholding treatment would cause harm or death.

In practice, darurah allows for the temporary use of medications containing haram ingredients if the therapeutic benefit outweighs the harm and no halal substitute exists. However, the application of darurah must be guided by medical expertise, documented need, and consultation with religious scholars, especially when alternatives are ambiguous or under development.

A critical challenge today is the overextension of this principle. In many healthcare systems, darurah has become a default justification, slowing the growth of the halal pharmaceutical sector. Even when halal-certified or permissible alternatives are available, non-halal products may continue to be used under the assumption of necessity. This reflects a gap in compliance with the conditions that should limit darurah—namely, that it only applies in the absence of suitable alternatives. As a result, reliance on darurah has inadvertently reduced pressure on industry and regulators to accelerate halal certification and adoption.

This principle underscores both the ethical flexibility of Islamic law and the responsibility of healthcare professionals to actively seek and recommend halal alternatives whenever possible. It also necessitates transparent communication with patients about risks, available substitutes, and religious permissibility. Clearer fatwa guidance and regulatory reinforcement are needed to ensure that darurah is applied only when truly necessary, so that demand for halal-certified alternatives is not undermined.

Islamic bioethics is built upon the sanctity of life, the duty to seek treatment, and the preservation of human dignity. In the context of pharmaceuticals, these principles demand a holistic approach that integrates medical efficacy with spiritual integrity. Ethical considerations extend across the entire supply chain—from sourcing raw materials to manufacturing, labeling, and distribution—requiring transparency, accountability, and adherence to halal certification standards.

However, contemporary medical advances present ethical dilemmas that are not always easily addressed by traditional interpretations of Shariah. For example, the sourcing of animal-derived pharmaceutical ingredients raises questions of permissibility, while innovations in biotechnology and genetic engineering introduce new moral challenges. To navigate these complexities, honesty, justice, compassion, and patient autonomy remain central guiding values.

Collaboration between Islamic scholars, healthcare professionals, and the pharmaceutical industry is essential to bridge religious ethics and modern science. Notable examples include partnerships such as Duopharma Biotech's cooperation with Malaysia's JAKIM and HDC to maintain halal certification, and academic initiatives like the University of Chicago's interdisciplinary dialogues on vaccine ethics.

These joint efforts ensure that healthcare solutions are both scientifically sound and culturally respectful.

4.3 Ethical Sourcing and Transparency in Drug Manufacturing

From an Islamic ethical standpoint, the integrity of the supply chain—from sourcing raw materials to manufacturing processes—is critical. The use of porcine-derived excipients, alcohol-based solvents, or cross-contaminated machinery may render a product haram unless justified by darurah. Therefore, pharmaceutical companies have a moral and legal obligation to ensure transparency in their formulations and production lines.

The concept of ṭayyib—meaning pure, wholesome, and ethically sound—further elevates the ethical standard for halal pharmaceuticals. A product that is technically halal but produced unethically or without transparency may not fully satisfy Islamic ethical expectations. This is particularly relevant in globalized pharmaceutical markets, where ingredient traceability can be opaque.

Yet, one of the most persistent challenges in advancing halal pharmaceuticals is the limited public awareness and engagement in bioethics. In many Islamic societies, ethical discourse is largely confined to academic and regulatory circles, creating a disconnect between policy-making and the lived experiences of the public. National bioethics committees could serve as platforms for expert consultation and public participation, fostering more inclusive decision-making that reflects community values.

The global nature of healthcare also means that halal pharmaceutical ethics must address cross-cultural realities. In Muslim-minority countries, regulatory and logistical challenges in halal certification can hinder access to compliant medications. For example, the Philippines has faced hurdles in implementing halal pharmaceutical standards due to technical, regulatory, and supply chain constraints. Likewise, multinational pharmaceutical companies grapple with the absence of standardized halal certification systems, making international trade and compliance more complex.

4.4 Ethical Challenges in Research and Development

Halal pharmaceutical development also faces bioethical challenges at the research and innovation level. These include the use of animal-derived testing models, genetically modified organisms (GMOs), or novel excipients of uncertain religious status. Islamic ethical evaluation of such technologies must consider their necessity, safety, impact on human dignity, and availability of permissible alternatives.

The inclusion of Muslim bioethicists in research ethics committees and institutional review boards (IRBs) can ensure that product development aligns with both universal ethical standards and Islamic moral perspectives. This inclusion enhances trust, improves patient acceptance, and supports the global integration of Islamic bioethics into biomedical innovation.

Despite these challenges, there is growing momentum toward integrating Islamic bioethics with universal human rights principles, ensuring that healthcare respects both religious obligations and individual freedoms. Countries like Iran have demonstrated the potential of harmonizing religious, legal, and scientific perspectives to produce bioethical guidelines for advanced medical practices, such as organ transplantation and assisted reproductive technologies.

Ultimately, strengthening halal pharmaceutical ethics requires public engagement, robust institutional support, and international cooperation. By integrating educational initiatives, national bioethics committees, and global halal certification frameworks, Islamic societies can ensure that healthcare practices uphold both the letter and spirit of Islamic teachings while meeting the evolving demands of modern medicine.

4.5 Pharmaceutical Ethicists as Co-muftis

Islamic bioethics has undergone a profound epistemological shift—one that has institutionalized the participation of biomedical experts in ethical-legal deliberation. This evolution has given rise to a new model: the pharmaceutical ethicist as co-mufti. No longer mere informants offering technical input, biomedical and pharmaceutical scientists now participate as equal contributors in the formulation of religious rulings and ethical guidance (Ghaly 2015).

This transformation is most visible in the growing use of ijtihād jamāʿī (collective legal reasoning), championed by scholars such as Yūsuf al-Qaraḍāwī. Recognizing the epistemic complexity of modern science—especially in fields like pharmacology, medicinal chemistry, genetics, and biotechnology—traditional jurisprudential tools alone have proven insufficient (Mohamed 2025). As a result, institutions such as the International Islamic Fiqh Academy (IIFA) and the Islamic Organization for Medical Sciences (IOMS) have formalized collaborative frameworks in which religious scholars and scientists jointly deliberate and co-author legal opinions (International Islamic Fiqh Academy 2021; Moosapour et al. 2018).

Figure 1 illustrates a conceptual framework that maps the interaction between Islamic ethical principles, biomedical science, and regulatory bodies in shaping halal pharmaceutical practices. It highlights the central role of co-muftis in integrating these domains to support ethical rulings and clinical decisions.

Crucial to the success of this model is the dual legitimacy held by many biomedical ethicists. Scientists such as Muḥammad ʿAlī al-Bār embody a hybrid authority: they are trained in Western biomedical institutions while remaining grounded in Islamic jurisprudential and ethical traditions (Al-Bar and Chamsi-Pasha 2015). Their presence in both spheres allows them to function not just as translators of scientific data

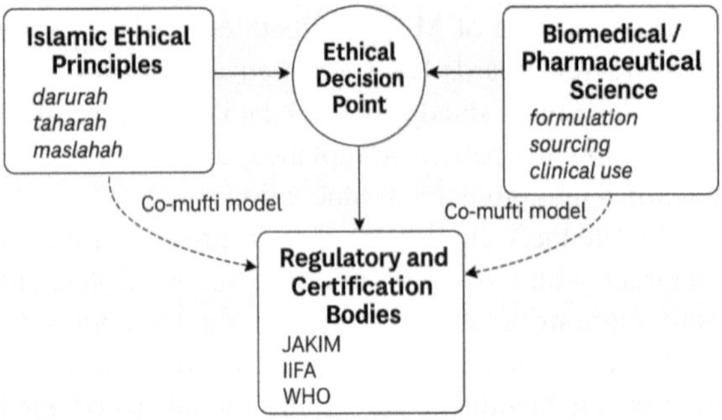

Fig. 1 Conceptual framework illustrating the interplay between Islamic ethical principles, biomedical science, and regulatory bodies in shaping halal pharmaceutical practices

but as ethical interlocutors, capable of interpreting Islamic sources within biomedical contexts.

In practice, these co-muftis shape not only the content of bioethical rulings but the very framing of the questions being asked. In several documented cases, it was the scientists who introduced novel or controversial issues—such as genetically engineered therapies or porcine-derived vaccines—to the fatwa councils, often against initial resistance (Padela et al. 2014). Their contributions thus reflect a shifting landscape of epistemic authority in which religious and scientific knowledge are increasingly co-constitutive.

This integration also brings challenges. Some traditional jurists have expressed concern about the possibility of overreach by biomedical professionals or undue pressure on the fatwa process. However, the institutionalization of co-mufti roles—such as through equal representation on fatwa drafting committees—has helped balance these dynamics and preserve scholarly integrity while expanding scientific relevance.

In the context of halal pharmaceuticals, the implications are profound. The permissibility of ingredients such as gelatin, synthetic hormones, or biologics derived from impure or ambiguous sources cannot be determined by scriptural reasoning alone. They require a deep understanding of molecular structures, pharmacodynamics, pharmacokinetics, and manufacturing processes. Consequently, interdisciplinary ijtihad—combining Sharia with biomedical and pharmaceutical expertise—is not just useful but essential.

The co-mufti model thus legitimizes fatwas grounded in scientific consensus and allows ethical rulings to evolve in tandem with technological innovation. It provides a flexible yet principled framework for addressing complex halal pharmaceutical questions in a manner that is both religiously sound and scientifically informed.

Ultimately, the rise of the pharmaceutical ethicist as co-mufti marks a paradigm shift in Islamic pharmaceutical ethics. It reflects a movement from seminary-dominated reasoning to a collaborative ethics that is more responsive to modern realities. As the halal pharmaceutical industry grows in scope and sophistication, the cultivation of scholars and scientists who are fluent in both scientific and Islamic moral vocabularies will be critical to shaping its ethical future.

5 Regulatory Standards and Global Certification Challenges

5.1 Fragmentation of Halal Pharmaceutical Standards

Unlike the food sector, which suffers from competing national halal standards, the pharmaceutical industry is still at an early stage of standardization. In fact, only two countries currently have their own national halal pharmaceutical standards, which makes global harmonization more feasible. The OIC, through the SMIIC, has already introduced the OIC/SMIIC 50 series—covering general requirements (50-1), biologics and vaccines (50-2), and nutraceuticals (50-3). Since no competing national frameworks exist for most of these categories, these standards present a unique opportunity for international alignment from the outset. If widely adopted, OIC/SMIIC 50 could provide a unified reference, reduce compliance costs, and facilitate cross-border trade in halal pharmaceuticals.

For instance, Malaysia's Department of Islamic Development (JAKIM) developed the MS 2424:2012 standard, later updated in 2019, which sets out detailed requirements for the production, handling, and labeling of halal pharmaceuticals. Pakistan has also issued a national halal pharmaceutical standard, making it—alongside Malaysia—one of only two countries with such formalized frameworks. Indonesia's Halal Product Assurance Law (Law No. 33/2014) mandates halal certification for all consumable products, including medicines, but does not yet have a dedicated pharmaceutical standard. In contrast, other Muslim-majority countries, such as Egypt, rely on voluntary or less formalized approaches.

These inconsistencies hinder international trade, limit consumer access to halal options, and complicate regulatory compliance for multinational pharmaceutical firms. At the same time, the number of companies pursuing halal pharmaceutical certification remains limited due to structural barriers within the certification system itself. Halal certification bodies must register pharmaceuticals as a new field and pay additional evaluation fees, which significantly increases costs. Industry demand has also been modest, with most early certifications concentrated in dietary supplements rather than full pharmaceutical products, since regulations for supplements are less complex. Furthermore, OIC/SMIIC 50-1 requires dedicated halal-only production facilities, meaning that no najis or non-halal materials can share the same production line—a requirement that many manufacturers find prohibitive.

5.2 Role of Halal Certification Bodies

Halal certification bodies (HCBs) play a critical role in bridging religious requirements with scientific standards. However, their operations vary widely in terms of methodology, theological orientation, and technical expertise. In principle, the adoption of international standards provides clear auditing guidelines that, if properly applied, should prevent major inconsistencies. The more pressing challenge is that some HCBs lack qualified experts with pharmaceutical backgrounds, which limits their ability to conduct rigorous audits and technical verifications. While certain HCBs maintain robust systems involving ingredient audits, manufacturing inspections, and ongoing compliance checks, others compensate for this expertise gap by relying primarily on documentation review, often without sufficient laboratory testing or traceability verification.

In the case of pharmaceuticals, the main barrier to wider halal certification has been the high cost of accreditation and limited industry demand, rather than conflicting national standards. Unlike the food sector—where multiple national requirements coexist—the pharmaceutical field remains largely open, since only Malaysia and Pakistan currently have national halal pharmaceutical standards. This creates a unique opportunity for the sector to adopt a unified framework from the outset. The OIC/SMIIC 50 series now represents the world's only international halal pharmaceutical standard. If widely implemented, it could provide the consistency and credibility needed to build trust, reduce costs, and enable cross-border acceptance. Capacity-building programs for halal auditors with pharmaceutical expertise are essential to complement industry training and ensure robust certification.

5.3 *Challenges for the Pharmaceutical Industry*

From a manufacturing perspective, achieving halal compliance is often complex. Pharmaceutical companies must identify and source halal-certified raw materials, validate cross-contamination controls, and segregate production lines to meet halal purity requirements. In global supply chains, many active pharmaceutical ingredients, excipients, and processing agents are sourced from nontransparent suppliers, making it difficult to verify origin and religious permissibility.

Additionally, many companies view halal certification as a costly, burdensome process that lacks commercial incentive unless mandated by national regulations. A major source of this cost arises from the requirement that production lines must be dedicated exclusively to halal manufacturing, with no najis or non-halal materials allowed on the same line. For pharmaceutical producers—many of whom rely on multi-purpose facilities—this condition represents a significant investment barrier. However, recent developments, including SMIIC's new standard on cleaning and purification procedures, may help address this challenge by providing validated methods that allow for shared facilities under strict decontamination protocols. This adjustment could reduce costs while maintaining the integrity of halal certification.

5.4 Need for Regulatory Harmonization and Policy Innovation

To promote wider adoption and equitable access to halal pharmaceuticals, international harmonization of halal standards is essential. Aligning certification criteria, definitions of haram materials, labeling practices, and enforcement mechanisms would facilitate cross-border collaboration, improve consumer trust, and streamline industry compliance.

Policymakers should also consider integrating halal compliance into broader pharmaceutical regulatory frameworks, such as good manufacturing practices (GMP), pharmacovigilance, and quality assurance protocols. Doing so would legitimize halal standards as part of mainstream pharmaceutical governance, rather than treating them as niche or supplementary.

Moreover, digital traceability tools—such as blockchain-enabled ingredient verification and centralized halal databases—could improve transparency and accountability across the halal pharmaceutical ecosystem. These innovations would support both ethical sourcing and regulatory oversight, thereby strengthening consumer confidence.

6 Toward an Islamic Ethic of Intellectual Property in Halal Pharmaceutical Innovation

As the pharmaceutical landscape evolves through biotechnology, AI, and genomic medicine, ethical questions around access, ownership, and innovation have become increasingly urgent. In this context, intellectual property (IP)—especially patents on drugs or biological processes and technologies—plays a decisive role in shaping access to healthcare globally (Fu and Chen 2025; Poddar and Rao 2024). While conventional IP frameworks are based on utilitarian and proprietary logics, there is a growing call to reframe pharmaceutical IP through Islamic moral and jurisprudential principles.

In Islamic tradition, knowledge—particularly that which preserves life and alleviates suffering—is a collective trust (amānah), not merely a private asset. This theological orientation compels a rethinking of IP regimes, especially when patents result in delayed access to essential medicines or unaffordable treatments in Muslim-majority countries. An "Islamic IP" framework emphasizes ethical stewardship, equity, and public benefit (maṣlaḥah), while still acknowledging the legitimate need for innovation incentives (Ebrahim 2024, 2025).

The Islamic intellectual property ethic, as applied to halal pharmaceuticals, can be understood through three interrelated principles.

- Ethical Boundaries on Patentable Subject Matter: While Islamic jurisprudence permits ownership of tangible and intangible goods (māl), it also places limits

to prevent monopolistic harm (ḍarar). Certain innovations—such as essential medicines or life-saving treatments—should not be rendered inaccessible due to exclusive patent protection. Ethical boundaries, grounded in the objectives of sharīʿah (maqāṣid), may guide regulators in narrowing what constitutes protectable biomedical knowledge.
- Moral Intent and Compassionate Use: Pharmaceutical companies and inventors are called upon to reflect not only on the profitability of innovation but also on its societal consequences. This includes both ex ante (before protection) intentions and ex post (after commercialization) outcomes. From an Islamic ethical standpoint, compassion (raḥmah) and justice (ʿadl) should inform decisions about licensing, pricing, and distribution, especially in resource-limited settings.
- Knowledge Endowment (Waqf of IP): Building on the Islamic tradition of waqf (charitable endowment), scholars and policymakers have proposed endowing intellectual property rights—such as drug formulations or manufacturing licenses—as a means of promoting access. This concept can support voluntary licensing or differential pricing schemes, particularly for Muslim countries facing public health emergencies or pharmaceutical dependence.

Applying this ethical framework does not reject intellectual property altogether, but rather calls for its moral recalibration. Muslim-majority countries, many of which mirror Western IP systems without local adaptation, may benefit from policy models that incorporate Islamic ethics, equity, and innovation capacity. Regulatory frameworks for halal pharmaceuticals should not only evaluate the physical sources and manufacturing processes but also the justice and accessibility of drug ownership and distribution.

In line with the broader goals of halal pharmaceutical ethics, Islamic IP serves as a complementary pillar—one that aligns the commercial structures of pharmaceutical innovation with moral imperatives derived from the Quran, Prophetic traditions, and classical fiqh. Ultimately, it helps reconcile the tension between innovation and access, offering a principled middle path that upholds both public health and ethical ownership.

7 Conclusions

Halal pharmaceuticals occupy a distinctive intersection between religion, science, and ethics, demanding a framework that integrates Shariah principles with modern pharmaceutical standards. This chapter has highlighted the multifaceted challenges and opportunities in this field, ranging from educational preparedness and clinical practice to regulatory governance and ethical innovation. The central theme emerging across these dimensions is the need for coherence—both in how halal compliance is defined and in how it is operationalized across global markets.

A major barrier to progress remains the high cost and limited demand for halal pharmaceutical certification. Others may be the lack of enforcement mechanisms, manufacturers face increased complexity, consumers encounter inconsistent product claims, and regulators struggle to build trust. At the same time, pharmaceuticals offer a unique opportunity for global unification, since only two countries currently have national standards and the OIC/SMIIC 50 series stands as the sole international reference framework enhancing equitable access and industry growth. Addressing these gaps requires coordinated international policy-making, informed by both scientific rigor and religious legitimacy.

Halal certification bodies play a pivotal role as mediators between theology and technology. However, their varying capacities, methodologies, and oversight mechanisms create inconsistencies in credibility. Establishing universal accreditation criteria, potentially under an internationally recognized authority, could enhance reliability and foster greater cross-border acceptance of halal-certified pharmaceuticals.

Ethical considerations extend beyond product composition to include questions of ownership, accessibility, and innovation. The Islamic ethic of intellectual property offers an important recalibration of prevailing patent systems, grounding them in principles of justice, compassion, and public welfare. Concepts such as ethical limits on patentable subject matter, compassionate-use obligations, and the waqf of intellectual property introduce pathways for aligning innovation with equitable access—particularly relevant for essential medicines in Muslim-majority contexts.

Technology and policy innovation also hold promise in addressing transparency and compliance challenges. Digital traceability tools, integrated halal-GMP frameworks, and the embedding of halal standards into mainstream pharmaceutical regulation could normalize halal compliance as a universal quality marker rather than a niche market requirement.

Ultimately, the future of halal pharmaceuticals depends on bridging divides—between diverse regulatory landscapes, between commercial incentives and moral imperatives, and between scientific practice and religious ethics. By fostering harmonization, strengthening certification credibility, and embedding Islamic ethical principles into governance models, the industry can evolve into a globally trusted, morally grounded, and commercially sustainable sector. The enduring task is to ensure that halal pharmaceuticals not only meet religious requirements but also advance the broader goals of public health, equity, and ethical stewardship in an increasingly interconnected world.

Acknowledgements The authors declare that no funds, grants, or other support were received during the preparation of this manuscript.

Conflict of Interest The authors declare no conflicts of interest.

References

Ab Latiff J (2020) Halal certification procedure in Malaysia and Indonesia. PETITA: Jurnal Kajian Ilmu Hukum Dan Syariah 5(2). https://doi.org/10.22373/petita.v5i2.102

Ab Latiff J, Zakaria Z, Man S (2024) Malaysian standard MS 2424: 2019 Halal pharmaceutical general requirements: an escalating transition towards halal vaccine certification in Malaysia. In: Abstracts of the international conference on business, accounting and finance 2023: embracing new business paradigm shifts, vol 18

Afifi RY (2007) Biomedical research ethics: an Islamic view—Part I. Int J Surg 5(5):292–296. https://doi.org/10.1016/j.ijsu.2006.04.011

Al-Bar MA, Chamsi-Pasha H (2015) Introduction. In: Contemporary Bioethics. Springer, Berlin, pp 3–17. https://doi.org/10.1007/978-3-319-18428-9_1

Ali HT, Barakat M, Abdelhalim AR, Al-Kurd IN, Muhammad MK-E, Sharkawy MM, Elbahnasawy M, Amer SA, Masoud M, Rabea MA, Aboelala A, Nada EA, Khalil SA, Sharaf AM, Ibrahim BA, Rabea HA, Omar N, AboEl-Azm YH, Hedawy S, Hendawy A (2024) Unravelling the dilemma of self-medication in Egypt: a cross-sectional survey on knowledge, attitude, and practice of the general Egyptian population. BMC Public Health 24(1):652. https://doi.org/10.1186/s12889-024-17913-3

Alserhan BA, Bayirli M, Zakzouk F (2020) Awareness towards Halal pharmaceuticals: an analysis of pharmacists' views. Int J Islamic Market Branding 5(1):43. https://doi.org/10.1504/IJIMB.2020.109065

Butler L, Mai T, Santanello C (2018) Assessing pharmacists' knowledge of halal medications to support the health beliefs of patients. Innov Pharm 9(2):18. https://doi.org/10.24926/iip.v9i2.1350

Ebrahim TY (2024) Islamic intellectual property. Seton Hall Law Rev 54(4):56. https://papers.ssrn.com/sol3/papers.cfm?abstract_id=4811521

Ebrahim TY (2025) Bioethics of patents and licensing. North Carolina J Law Technol 26(3):297–344. https://scholarship.law.unc.edu/ncjolt/vol26/iss3/2

Farhan Abdul Rahman M, Rofiah N, Nurbaiti N (2025) Islamic bioethics construction. J Compr Sci (JCS) 4(3):1163–1176. https://doi.org/10.59188/jcs.v4i3.3091

Fu C, Chen Q (2025) The future of pharmaceuticals: artificial intelligence in drug discovery and development. J Pharm Anal 101248. https://doi.org/10.1016/j.jpha.2025.101248

Ghaly M (2015) Biomedical scientists as co-muftis: their contribution to contemporary Islamic bioethics. Die Welt des Islams 55(3–4):286–311. https://doi.org/10.1163/15700607-05534p03

Halal pharmaceuticals market size and share analysis (2025) Mordor intelligence. https://www.mordorintelligence.com/industry-reports/halal-pharmaceuticals-market

Halal pharmaceuticals market to hit $174.59 billion by 2025—global insights on source material, products, drug class, regulatory framework, vendor landscape and value chain analysis (2019) Adroit market research. https://www.globenewswire.com/news-release/2019/07/30/1893486/0/en/Halal-Pharmaceuticals-Market-to-Hit-174-59-Billion-by-2025-Global-Insights-On-Source-Material-Products-Drug-Class-Regulatory-Framework-Vendor-Landscape-and-Value-Chain-Analysis-Adr.html

Halal pharmaceuticals sector snapshot 2024/25 (2025) Salaam gateway. https://salaamgateway.com/story/halal-pharmaceuticals-sector-snapshot-202425

Hasan HE (2025) Review of ethics in pharmacy practice: a practical guide. J Bioethical Inq. https://doi.org/10.1007/s11673-025-10461-4

Hasan HE, Jaber D, Khabour OF, Alzoubi KH (2024) Ethical considerations and concerns in the implementation of AI in pharmacy practice: a cross-sectional study. BMC Med Ethics 25(1):55. https://doi.org/10.1186/s12910-024-01062-8

Herdiana Y, Sofian FF, Shamsuddin S, Rusdiana T (2024) Towards halal pharmaceutical: exploring alternatives to animal-based ingredients. Heliyon 10(1):e23624. https://doi.org/10.1016/j.heliyon.2023.e23624

Hussain-Gambles M (2020) Halal personal hygiene and cosmetics. In: The halal food handbook. Wiley, New Jersey, pp 183–196. https://doi.org/10.1002/9781118823026.ch12

Inkwood research (2025) Egypt halal pharmaceuticals market forecast 2025–2032. https://www.asdreports.com/market-research-report-673357/egypt-halal-pharmaceuticals-market-forecast

International Islamic Fiqh Academy (2021) Resolutions and recommendations of the international Islamic Fiqh academy: official edition (2nd English Issue, 1406–1441 H/1985–2019). https://iifa-aifi.org/wp-content/uploads/2021/12/Resolutions-Recommendations-of-the-IIFA-Official-Edition-Oct-2021.pdf

Jaber D, Al Tabbah SA, Elsalem L, Zaid Alkilani A, Bani Omar E, Abu Hammour K, Hasan HE, Salman N (2024a) Knowledge, perception, and practice of health professions students and academics regarding halal pharmaceuticals: a cross-sectional study. J Infrastr Policy Dev 8(7):4296. https://doi.org/10.24294/jipd.v8i7.4296

Jaber D, Hasan HE, Alkaderi A, Alkilani AZ, El-Sharif A-R (2024b) Assessment of the knowledge, attitude, and perception of healthcare providers regarding halal pharmaceuticals. Open Public Health J 17(1). https://doi.org/10.2174/0118749445296459240322064212

Jaber D, Salman N, Al Tabbah S, El-Sharif A-R, Alkilani AZ, Qourshah A (2025) Evaluating the knowledge, attitude, and practices of Jordanian society towards halal pharmaceuticals. Open Public Health J 18(1). https://doi.org/10.2174/0118749445359631250105142907

Jailani N (2024) Halal standards and regulations: implications for producers and consumers in literature studies. Asian J Sci Technol Eng Art 2(4):493–516. https://doi.org/10.58578/ajstea.v2i4.3306

Khan T, Shaharuddin S (2015) Need for contents on halal medicines in pharmacy and medicine curriculum. Arch Pharm Pract 6(2):38. https://doi.org/10.4103/2045-080X.155512

Merck (2021) Merck to Support SaudiVax in becoming first developer and manufacturer of halal vaccines and biotherapeutics in Saudi Arabia. PR Newswire. https://www.prnewswire.com/ae/news-releases/merck-to-support-saudivax-in-becoming-first-developer-and-manufacturer-of-halal-vaccines-and-biotherapeutics-in-saudi-arabia-867450962.html

Mohamed G (2025). Sheikh al-Qaraḍāwī's independent reasoning (Ijtihād) in reformulating contemporary islamic criminal jurisprudence within the framework of the modern state. J College Sharia Islamic Stud 43(1). https://doi.org/10.29117/jcsis.2025.0408

Moosapour H, Mashayekhi J, Zahedi F, Soltani A, Larijani B (2018) General approaches to ethical reasoning in Islamic biomedical ethics discourse. J Med Ethics Hist Med 11:11

New pew forum report projects global muslim population to increase approximately 35% in next 20 years (2011). https://www.pewresearch.org/religion/2011/01/27/new-pew-forum-report-projects-global-muslim-population/

Ngah AH, Ramayah T, Iranmanesh M, Zailani S (2023) Editorial: Halal production, services, consumption, and consumer behavior. Front Psychol 13. https://doi.org/10.3389/fpsyg.2022.1104099

Norazmi MN, Lim LS (2015) Halal pharmaceutical industry: opportunities and challenges. Trends Pharmacol Sci 36(8):496–497. https://doi.org/10.1016/j.tips.2015.06.006

Packer S (2012) Informed consent with a focus on Islamic views. J Islamic Med Assoc N Am 43(3). https://doi.org/10.5915/43-3-9040

Padela AI, Furber SW, Kholwadia MA, Moosa E (2014) Dire Necessity and transformation: entry-points for modern science in Islamic bioethical assessment of porcine products in vaccines. Bioethics 28(2):59–66. https://doi.org/10.1111/bioe.12016

Pehin Dato Musa SF, Sumardi WH, Idris R (2025) The halal pharmaceutical supply chain traceability system: Malaysia, Japan and Brunei Darussalam. In: The halal industry in Asia. Springer, Singapore, pp 371–387. https://doi.org/10.1007/978-981-96-0393-0_19

Poddar A, Rao SR (2024) Evolving intellectual property landscape for AI-driven innovations in the biomedical sector: opportunities in stable IP regime for shared success. Front Artif Intell 7. https://doi.org/10.3389/frai.2024.1372161

Sa'aid HB, Azman A, Ramli SI, Kasim NH, Maon SS, Hasan HA, Zakaria AB (2024) Islamic bioethics in health technology assessment: a review of key ethical frameworks. Int J Res Innov Soc Sci VIII(X):83–101. https://doi.org/10.47772/IJRISS.2024.8100008

Sadeeqa S, Sarriff A, Masood I, Atif M, Farooqi M (2013) Evaluation of knowledge, attitude, and perception regarding Halal pharmaceuticals, among general medical practitioners in Malaysia. Arch Pharm Pract 4(4):139. https://doi.org/10.4103/2045-080X.123209

Saudi scientific society for medical jurisprudence studies (2023) Islamic medical jurisprudence, 1st edn. Imam Mohammad Ibn Saud Islamic University, College of Medicine. https://units.imamu.edu.sa/assoc/medical_jurisprudence/fileslibrary/Documents/%D9%83%D8%AA%D8%A7%D8%A8%20%D8%A7%D9%84%D9%81%D9%82%D9%87%20%D8%A7%D9%84%D8%B7%D8%A8%D9%8A%20%D9%83%D8%A7%D9%85%D9%84.pdf

Sugibayashi K, Yusuf E, Todo H, Dahlizar S, Sakdiset P, Arce FJ, See GL (2019) Halal cosmetics: a review on ingredients, production, and testing methods. Cosmetics 6(3):37. https://doi.org/10.3390/cosmetics6030037

TC16 Halal medical products issues (2019) SMIIC. https://smiic.org/en/technical-committees/55

The Fiqh of Halal and Haram Medication, Prescribing and Pharmacy (n.d.) Al Balagh academy. Retrieved 11 Aug 2025, from https://www.albalaghacademy.org/course/fiqh-of-halal-and-haram-medication/

The future of the global Muslim population (2011). https://www.pewresearch.org/religion/2011/01/27/the-future-of-the-global-muslim-population/

Zakari N, Al-Razgan M, Alsaadi A, Alshareef H, Al saigh H, Alashaikh L, Alharbi M, Alomar R, Alotaibi S (2022) Blockchain technology in the pharmaceutical industry: a systematic review. PeerJ Comput Sci 8:e840. https://doi.org/10.7717/peerj-cs.840

Deema Jaber is an associate professor in the Clinical Pharmacy Department at Zarqa University, Jordan. She holds a PhD in clinical pharmacy from the University of Jordan. Dr. Jaber is also certified by the American College of Clinical Pharmacy and the Board of Pharmacy Specialties in Pharmacotherapy. Her academic expertise encompasses pharmacotherapy, clinical pharmacy practice, and hospital-based training for PharmD and clinical master's students. Dr. Jaber's research interests include halal pharmaceuticals, pharmaceutical care, management of treatment-related problems in chronic diseases, drug misuse and abuse, and infectious diseases. She is particularly engaged in advancing the understanding and integration of halal pharmaceutical principles within clinical practice and pharmaceutical education in the Middle East. She has contributed extensively to pharmacy education through course development and clinical training, while also actively engaging in national and international research collaborations and presentations. Dr. Jaber's work bridges clinical practice and pharmaceutical education with a focus on improving patient outcomes and advancing pharmaceutical care in Jordan.

Halal Considerations and Therapeutic Promise of Marine-Derived Natural Products in Drug Development

Fatin Sauli and Masayoshi Arai

Abstract Marine ecosystems are a rich source of bioactive natural products with remarkable therapeutic properties. Several marine-derived compounds—such as trabectedin, eribulin, bryostatin, ziconotide, and fucoidan—have demonstrated efficacy in treating cancer, infections, neurological disorders, and inflammation. As the interest in marine pharmacology expanded, the need to align drug development with ethical and religious frameworks becomes increasingly relevant, particularly in Muslim-majority contexts where Halal compliance is essential. This chapter explores the intersection of marine-based drug discovery and Halal pharmaceutical standards. It categorizes key marine organisms according to their Halal criticality—ranging from widely accepted sources like fish oils and algae to high-risk organisms such as pufferfish and cone snails. The discussion includes perspective from various Islamic schools of thought, highlighting jurisprudential differences in the permissibility of marine life. Additionally, the chapter emphasizes the significance of aquaculture, which supplies a substantial portion of marine-derived ingredients used in pharmaceuticals. It addresses the importance of feed composition, farming practices, and processing methods in relation to their impact on Halal integrity. Additionally, a structured framework for Halal evaluation in marine-based drug development is proposed, covering aspects such as source permissibility, processing agents, additives, contamination risk, environmental sustainability, spiritual compatibility, and certification procedures. By integrating pharmacological insight with Islamic bioethical principles, this chapter offers guidance for ensuring both therapeutic efficacy and

F. Sauli
Chemical Sciences Programme, Faculty of Science, Universiti Brunei Darussalam, Jalan Tungku Link, Gadong BE1410, Brunei Darussalam

M. Arai (✉)
Graduate School of Pharmaceutical Sciences, The University of Osaka, Suita 556-0871, Osaka Prefecture, Japan
e-mail: araim@phs.osaka-u.ac.jp

F. Sauli · M. Arai
The University of Osaka ASEAN Campus Brunei Darussalam, Kg Mabohai, Bandar Seri Begawan BA1111, Brunei Darussalam

Q. Hasan et al. (eds.), *Halal Perspectives in Medicinal Chemistry*,
https://doi.org/10.1007/978-981-95-6378-4_9

Halal compliance. It promotes inclusive, ethically grounded drug development for a diverse global market.

Keywords Marine-derived natural products · Islamic bioethics · Aquaculture · Marine biotechnology · Halal pharmaceuticals

1 Introduction

The marine environment, which covers over 70% of the Earth's surface, is one of the most biologically diverse ecosystems on the planet (Santhiravel et al. 2025). This vast aquatic realm offers an extraordinary array of organisms ranging from microorganisms and algae to mollusks, sponges, and deep-sea invertebrates that produce structurally unique and biologically potent compounds. To date, over 30,000 compounds have been identified from marine organisms (Lindequist 2016). These natural products have been increasingly recognized as valuable sources of novel drug candidates, particularly in the fields of oncology, infectious diseases, pain management, and inflammation. Several marine-derived compounds have already gained regulatory approval and are used clinically, such as trabectedin for soft tissue sarcoma (Grünwald et al. 2022), cytarabine for leukemia (Löwenberg et al. 2011), ziconotide for chronic pain (Lin et al. 2024), and omega-3 fatty acids for cardiovascular and inflammatory disorders (Kar et al. 2023). The success of these marine-derived drugs underlines the ocean's promise as a frontier for drug discovery. However, as pharmaceutical development extends deeper into marine bioprospecting, new questions arise not only regarding environmental sustainability and biodiversity preservation but also concerning ethical sourcing and religious acceptability. In particular, the Halal status of marine-derived pharmaceuticals has emerged as a critical consideration, especially in regions with large Muslim populations and growing interest in Halal-certified healthcare products.

In Islamic law, the concept of Halal extends beyond dietary permissibility to include pharmaceuticals, cosmetics, and other consumer goods (Soon et al. 2017). Halal pharmaceuticals must adhere to specific criteria related to the permissibility of the source organism, the processing methods used, the excipients and additives included, and the prevention of cross-contamination. While most marine life is broadly considered Halal in some Islamic schools of thought, others such as the Hanafi school apply more restrictive criteria, particularly to non-fish marine animals like shellfish or marine reptiles (Kamali 2003). Additionally, modern pharmaceutical processes often introduce Halal-critical components such as porcine-derived gelatine, alcohol-based solvents, or non-Halal feed in aquaculture, all of which complicate the Halal evaluation of the final product. Given the complexity and diversity of marine organisms, coupled with variations in Islamic jurisprudential interpretations, there is a pressing need for clearer guidelines and interdisciplinary collaboration between scientists, regulatory bodies, Islamic scholars, and Halal-certifying agencies. This becomes even more relevant in the context of aquaculture, which supplies a significant portion of the marine-derived materials used in pharmaceuticals today. The use of non-Halal feed additives, growth hormones, or unethical farming practices can affect the religious status of the product, making it essential to consider the entire production chain.

This chapter provides a comprehensive examination of marine-derived natural products within the context of Halal drug discovery. It presents an overview of key bioactive compounds currently in use or development, categorizes marine sources based on their Halal criticality, and explores the implications of aquaculture and industrial processing. The chapter also discusses the diversity of Fiqh (Islamic jurisprudence) perspectives and proposes a framework for evaluating Halal compliance in marine-based drug production. By integrating pharmacological insights with Islamic bioethical principles, this chapter aims to support the development of inclusive, ethically responsible, and culturally relevant pharmaceuticals that address the therapeutic needs of diverse populations in a globalized market.

2 Key Marine-Derived Compounds in Drug Development

The marine environment represents a vast and largely untapped reservoir of bioactive compounds with distinctive chemical structures and significant pharmacological potential. In recent years, marine-derived substances have gained considerable attention as promising leads in drug development, particularly for conditions such as cancer, infectious diseases, and inflammatory disorders. This section highlights key marine-derived compounds that have progressed through various stages of drug discovery, focusing on their biological activities, mechanisms of action, and relevance to modern therapeutic strategies.

2.1 Anticancer Agents

Cancer is a major global health challenge characterized by the uncontrolled growth and spread of abnormal cells. While conventional treatments have improved patient outcomes, issues such as side effects and drug resistance remain. Marine-derived compounds have gained significant attention as potential anticancer agents due to their unique structures and bioactivities. Several marine-based drugs are already in clinical use, offering new avenues for more effective therapies. From a halal perspective, the use of marine organisms is generally permissible, especially when derived from halal-certified or non-controversial sources, making them a valuable and acceptable option for drug development in Muslim communities. This has paved the way for the development of several approved marine-derived anticancer drugs, which serve as successful examples of nature-inspired therapeutics.

2.1.1 Trabectedin

Trabectedin is a well-known marine-derived anticancer agent originally isolated from the sea squirt *Ecteinascidia turbinata* (Son et al. 2024). It has received regulatory approval for the treatment of soft tissue sarcoma (Grünwald et al. 2022) and recurrent ovarian cancer (Gadducci and Cosio 2022), particularly in patients who have limited response to conventional therapies. Trabectedin exerts its anticancer effects by binding to the minor groove of deoxyribonucleic acid (DNA), causing a structural distortion that interferes with transcription and DNA repair mechanisms. This ultimately leads to cell cycle arrest and apoptosis in cancer cells. Beyond its therapeutic potential, trabectedin also raises interest from a halal perspective. Marine invertebrates such as sea squirts are generally considered permissible in many Islamic schools of thought, as they are part of the broad category of marine life, which is allowed unless proven harmful. Moreover, trabectedin's origin does not involve porcine derivatives or intoxicating substances, making it more likely to comply with halal pharmaceutical guidelines. Confirmation would still require full traceability of its manufacturing process and excipients.

2.1.2 Eribulin

Eribulin mesylate is an excellent example of how marine natural products inspire modern cancer therapy. It is a synthetic analogue of halichondrin B, a complex compound originally isolated from the marine sponge *Halichondria okadai* (Grimaudo et al. 2025). Although the natural molecule itself is difficult to obtain in large quantities, chemists were able to design and synthesize eribulin, which preserves the critical features responsible for its biological activity. Clinically, eribulin has been approved for the treatment of metastatic breast cancer and liposarcoma, cancers that are often resistant to standard therapies (Cortes et al. 2011; Ohno et al. 2011). Its mechanism of action involves disrupting microtubule dynamics, thereby preventing proper cell division, which leads to cell cycle arrest and ultimately triggers apoptosis, or programmed cell death. This success story not only demonstrates the therapeutic value of marine-derived compounds but also illustrates how synthetic chemistry can transform complex natural structures into practical, life-saving medicines.

2.1.3 Cytarabine

Cytarabine is a classic example of a marine-derived anticancer drug that has had a profound impact on chemotherapy. It is a nucleoside analogue originally derived from the Caribbean sponge *Cryptotethya crypta*, which provided the structural blueprint for its development (Ghareeb et al. 2020). Clinically, cytarabine is widely used in the treatment of acute myeloid leukemia and certain lymphomas, such as non-Hodgkin's lymphoma (Newman and Cragg 2016). Its mode of action is based on interfering with DNA synthesis: cytarabine becomes incorporated into DNA during replication, where it inhibits the activity of DNA polymerase, ultimately disrupting cell division and leading to cancer cell death. The introduction of cytarabine marked a landmark achievement, as it was one of the first successful marine-derived compounds to be developed into an effective chemotherapeutic agent, paving the way for further exploration of the ocean as a source of novel anticancer drugs.

2.1.4 Salinosporamide

Salinosporamide A, also known as marizomib, is a secondary metabolite produced by the marine bacterium *Salinispora tropica* (Sülzen et al. 2025). It acts as a highly potent and irreversible proteasome inhibitor, disrupting the controlled degradation of proteins within cancer cells. By impairing this essential pathway, salinosporamide A induces cellular stress and apoptosis, making it a promising therapeutic candidate. The compound is currently undergoing clinical evaluation, with encouraging results reported for multiple myeloma and glioblastoma. Its development underscores the potential of marine microorganisms as valuable sources of novel anticancer agents.

2.1.5 Plitidepsin

Plitidepsin (Aplidin) is a synthetic cyclic depsipeptide originally isolated from the marine tunicate *Aplidium albicans*, now produced via total synthesis (Ali et al. 2025; Galmarini et al. 2014). It exerts notable antitumor activity, primarily by targeting the host protein eukaryotic elongation factor 1A2 (eEF1A2), which is overexpressed in multiple myeloma and various cancers. This inhibition induces apoptosis through mechanisms involving oxidative and endoplasmic reticulum (ER) stress pathways, c-Jun N-terminal kinases (JNK) and p38 mitogen-activated protein kinases (p38/MAPK) activation, and suppression of angiogenesis via reduction of VEGF and other pro-survival factors. Clinically, plitidepsin combined with dexamethasone has received approval in Australia for relapsed or refractory multiple myeloma, offering a new therapeutic option in later-line settings. Additionally, preclinical studies have demonstrated its potent antiviral and immunomodulatory effects, including against severe acute respiratory syndrome corona virus 2 (SARS-CoV-2), achieved by the same eEF1A-targeting mechanism, with marked reductions in viral replication and inflammatory cytokines such as IL-6 in cellular and animal models. Plitidepsin is now fully synthetic and does not rely on animal-derived sources in its manufacture, minimizing concerns about halal permissibility.

2.2 *Antiviral Agent*

2.2.1 Bryostatin

Bryostatin-1 is a macrolide lactone originally isolated from the marine bryozoan *Bugula neritina* (Tian et al. 2023). Its biological activity is primarily linked to the modulation of protein kinase C (PKC), a key enzyme involved in regulating cell growth, differentiation, and survival. Because of this mechanism, bryostatin-1 has been extensively investigated in diverse therapeutic areas, including oncology, neurodegenerative disorders such as Alzheimer's disease, and viral infections like human immunodeficiency virus (HIV). Although clinical trial outcomes have been mixed and its development has faced challenges, bryostatin-1 continues to attract significant research interest. Its distinctive mode of action and broad potential applications highlight the promise of marine natural products as sources of innovative therapeutic agents. Bryostatin is sourced from a marine invertebrate, which is generally permissible in Islam; nonetheless, the methods used for its extraction, synthesis, and formulation must be evaluated to confirm that no haram substances or processing aids are involved.

2.3 *Pain Management and Neurological Applications*

2.3.1 Ziconotide

Ziconotide is a synthetic peptide modeled after a toxin from the cone snail *Conus magus* (Lin et al. 2024). It is approved for severe chronic pain and acts by selectively blocking N-type voltage-sensitive calcium channels, thereby preventing pain signal transmission. Administered intrathecally, ziconotide serves as a non-opioid alternative without risks of tolerance or dependence. From a halal perspective, its fully synthetic production and absence of animal-derived components minimize concerns related to permissibility, provided that supporting excipients and delivery systems also comply with halal pharmaceutical standards.

2.3.2 Tetrodotoxin

Tetrodotoxin is a highly potent marine neurotoxin most famously associated with pufferfish, but it is also produced by other marine organisms through symbiotic bacterial pathways (Zhang et al. 2024). Its principal mechanism of action involves the selective and reversible blockade of voltage-gated sodium channels, which prevents the initiation and propagation of action potentials along excitable membranes. This targeted disruption of neuronal conduction renders tetrodotoxin lethal at remarkably low concentrations. Paradoxically, the same property has attracted biomedical interest: when administered in carefully titrated, ultra-low doses, tetrodotoxin has shown promising analgesic effects in otherwise intractable pain states, particularly cancer-related pain because it suppresses peripheral nerve excitability without activating the μ-opioid receptor pathways that lead to tolerance and dependence (Wang and Zheng 2023). Current clinical investigations therefore position tetrodotoxin as a prototype for non-opioid analgesics, illustrating the dual character of natural toxins as both dangerous poisons and potential therapeutic agents. Tetrodotoxin from pufferfish raises significant halal concerns due to the toxic nature of the source, which is generally regarded as haram in most Islamic jurisprudence.

2.4 Anti-inflammatory and Immunomodulatory Agents

2.4.1 Omega-3 Fatty Acids

Omega-3 fatty acids, with eicosapentaenoic acid and docosahexaenoic acid as the most biologically active members, occur in particularly high concentrations in marine fish oils (Patted et al. 2024). These long-chain polyunsaturated fatty acids exert well-documented anti-inflammatory and immunomodulatory effects, influencing both innate and adaptive immune responses. Mechanistically, they alter the composition of cell membranes, serve as precursors for specialized pro-resolving lipid mediators such as resolvins and protectins, and regulate transcription factors including nuclear factor kappa B, thereby attenuating the production of pro-inflammatory cytokines. Clinically, supplementation with omega-3 fatty acids has been associated with improved outcomes in cardiovascular disease, rheumatoid arthritis, and a range of chronic inflammatory disorders. Their favorable safety profile has led to their incorporation into diverse therapeutic formulations, from prescription lipid-lowering agents to adjunctive treatments aimed at reducing systemic inflammation. Omega-3 fatty acids are generally considered halal when obtained from permissible fish species, though attention must be paid to the source of soft gel capsules to avoid porcine-derived gelatine.

2.4.2 Fucoidan

Fucoidan is a sulfated polysaccharide predominantly isolated from the cell walls of brown seaweeds, where it functions as a structural and protective component (Anisha et al. 2022). Chemically, fucoidan is composed primarily of fucose and sulfate ester groups arranged in a complex, branched configuration, a structure that underlies its diverse biological activities. Extensive *in vitro* and *in vivo* investigations have demonstrated potent anti-inflammatory, anticoagulant, and anticancer properties (Zayed et al. 2024). Fucoidan modulates immune responses by influencing macrophage activation, enhancing natural killer cell cytotoxicity, and regulating key cytokine networks. In oncology models, it interferes with tumor progression through multiple mechanisms, including inhibition of angiogenesis, induction of apoptosis, and suppression of metastasis. These multifaceted actions position fucoidan as a promising natural scaffold for therapeutic development in both oncology and immunology, and ongoing studies continue to explore its potential as an adjunct or lead compound for drug discovery (Batista et al. 2024). Fucoidan extracted from brown seaweeds is widely regarded as halal, provided that any solvents or additives used in processing remain within permissible limits.

2.5 Dermatological and Antioxidant Agents

2.5.1 Astaxanthin

Astaxanthin is a naturally occurring red–orange carotenoid synthesized primarily by certain species of microalgae, from which it bioaccumulates in marine organisms such as salmon, trout, krill, and shrimp, imparting their characteristic pigmentation (Dutta et al. 2023). Structurally, astaxanthin possesses a conjugated polyene chain flanked by keto and hydroxyl groups, a configuration that confers exceptional singlet-oxygen quenching and free-radical scavenging capacities. Through these mechanisms it protects cellular lipids, proteins, and DNA from oxidative damage and modulates key signaling pathways involved in inflammation and apoptosis (Si and Zhu 2022). Clinical and preclinical studies have linked astaxanthin intake with a range of health benefits, notably improved dermal integrity and resilience. In the context of skin care, it has been incorporated into nutraceutical and topical cosmetic formulations where regular supplementation has been associated with reduced wrinkle formation, enhanced skin elasticity, and mitigation of ultraviolet-induced photoaging. These properties position astaxanthin as a promising bioactive compound at the interface of nutrition, dermatology, and preventive medicine. Astaxanthin is considered halal when sourced from microalgae or halal-certified marine organisms and processed without haram solvents or additives.

2.5.2 Chitosan

Chitosan is a naturally occurring polysaccharide obtained through the partial deacetylation of chitin, the structural biopolymer that forms the exoskeletons of crustaceans such as shrimp and crabs (Harugade et al. 2023). This chemical modification imparts a cationic character, enabling chitosan to interact with negatively charged biological membranes and to form stable hydrogels and films. Owing to its intrinsic biocompatibility, biodegradability, and low toxicity, chitosan has emerged as a versatile material in biomedical and pharmaceutical applications. It promotes wound healing by maintaining a moist environment, stimulating hemostasis, and providing a barrier against microbial invasion. In drug-delivery systems, chitosan's mucoadhesive properties enhance the residence time and absorption of therapeutic agents, while its capacity to form nanoparticles allows for controlled release profiles (Harugade et al. 2023; Saeed et al. 2021). Beyond clinical settings, chitosan's antimicrobial activity and film-forming ability have led to its incorporation into skin-care formulations and other personal-care products, underscoring its broad potential as a sustainable, multifunctional biopolymer (Wu et al. 2024). Chitosan derived from crustacean shells is generally acceptable, but its halal status depends on the chemicals used during processing and the absence of any animal-derived additives.

The structures of the marine-derived compounds discussed above are presented in Table 1, with additional compounds included for supplementary context.

3 Halal Criticality of Marine Sources

The permissibility of marine-derived substances in the context of Halal drug development is a critical aspect of Islamic bioethics (Wijianto et al. 2023). Islamic dietary laws, particularly those concerning what is Halal and haram, play an important role in shaping Muslim consumer behavior, not only in food choices but also increasingly in pharmaceuticals and cosmetics (Riaz and Chaudry 2003). The marine environment, while rich in bioactive compounds with therapeutic potential, presents a unique set of challenges and ambiguities when viewed through the lens of Halal standards (Newman and Cragg 2020). Marine organisms are a diverse and complex group, including vertebrates like fish, invertebrates such as mollusks and crustaceans, microorganisms like marine fungi and bacteria, and plant-like entities such as algae and seaweed. Islamic scholars have traditionally interpreted the permissibility of these organisms based on the nature of the species, the method of harvest, and the principles derived from Quranic verses and Hadith (Herdiana et al. 2024; Quraishi and Kamali 2000). In the context of Halal assessment, marine sources vary in their level of criticality. For clarity, they are grouped into three categories: high-critical, critical, and non-critical. A detailed explanation of each category is provided in the subsequent subsection.

3.1 High-Critical Sources

Certain marine organisms fall into a high-critical category from a Halal perspective, either due to a lack of clear guidance or potential risks in their classification and processing. This category includes species such as cone snails, pufferfish (which contain tetrodotoxin), and various marine sponges (Noguchi and Arakawa 2008). These organisms are often exotic, potentially toxic, and not commonly consumed in Muslim-majority cultures. Their ambiguity arises from two main issues—unclear Halal classification and potential harm or danger. The organisms that fall under the unclear Halal classification are those who do not fall clearly into the "fish" category, which is universally accepted as Halal, and are rarely consumed, making

Table 1 Selected bioactive marine-derived drugs and compounds, their source organisms, target biological activity, mechanisms of action, and halal considerations

Drug/compound	Source organism	Target biological activity	Mechanism of action	Halal consideration
Trabectedin (Yondelis®) 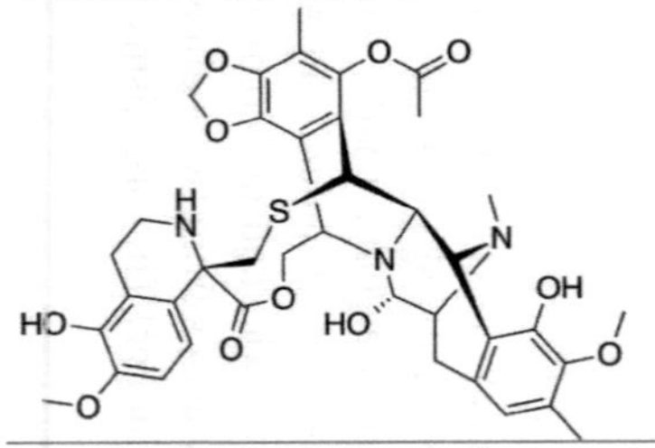	*Ecteinascidia turbinata* (tunicate)	Soft tissue sarcoma, ovarian cancer	DNA minor groove binder; interferes with transcription and DNA repair	Likely Halal; tunicates not explicitly prohibited
Eribulin mesylate (Halaven®) 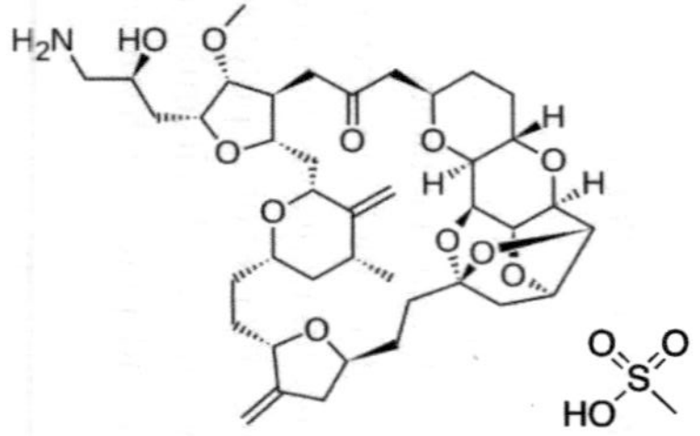	Synthetic analog of *Halichondrin B* (sponge *Halichondria okadai*)	Breast cancer, liposarcoma	Microtubule destabilizer (anti-mitotic)	Synthetic form; halal if excipients are permissible

(continued)

Table 1 (continued)

Drug/compound	Source organism	Target biological activity	Mechanism of action	Halal consideration
Plitidepsin (Aplidin®) 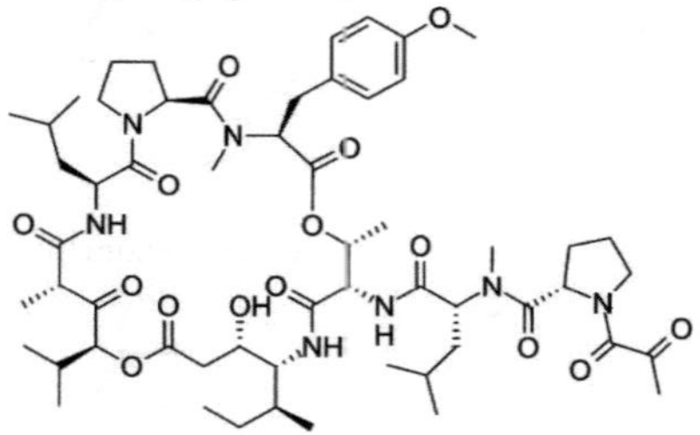	*Aplidium albicans* (tunicate)	Multiple myeloma	Inhibits eEF1A2; apoptosis induction	Halal with source transparency
Salinosporamide A (Marizomib) 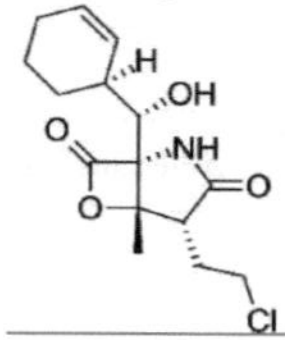	*Salinispora tropica* (marine actinomycete)	Glioblastoma, multiple myeloma	Proteasome inhibitor	Halal; derived from microorganism

(continued)

Table 1 (continued)

Drug/compound	Source organism	Target biological activity	Mechanism of action	Halal consideration
Bryostatin-1 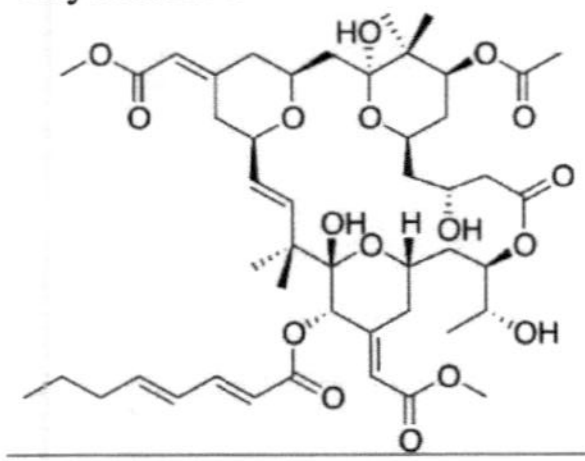	*Bugula neritina* (bryozoan)	Under study for cancer and virus infection	Modulates PKC activity	Source may raise halal concerns unless biosynthetically produced
Cytarabine (Ara-C) 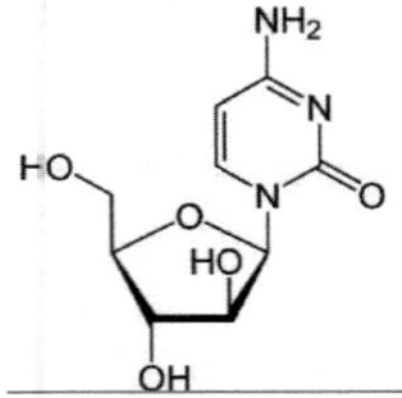	*Cryptotethya crypta* (sponge)	Leukemia	DNA polymerase inhibitor	Synthetic; halal if formulation is clean
Vidarabine (Ara-A) 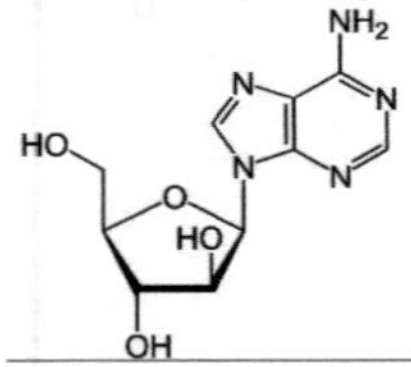	Same as above	Herpes infections	Inhibits viral DNA polymerase	Same as above

(continued)

Table 1 (continued)

Drug/compound	Source organism	Target biological activity	Mechanism of action	Halal consideration
Didemnin B 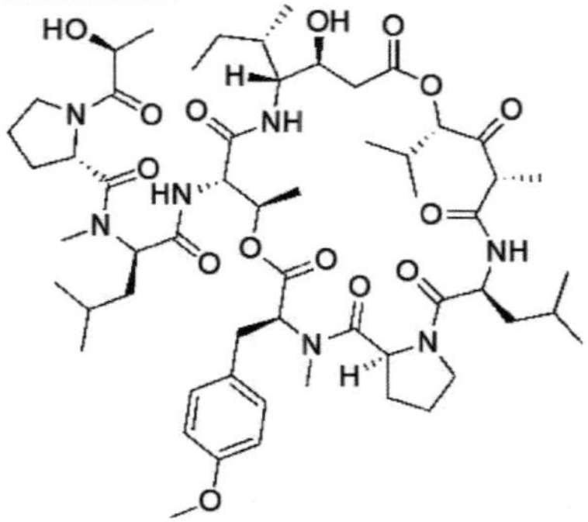	*Trididemnum solidum* (tunicate)	Antiviral, anticancer (trials)	Inhibits protein synthesis	Source needs halal clarification
Marinopyrrole A (Maritoclax) 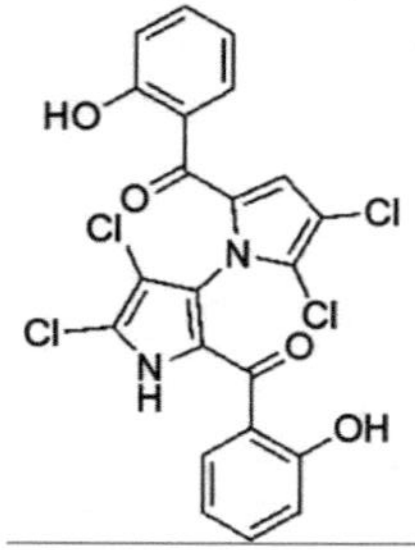	*Streptomyces* (marine actinomycete)	Antibacterial	Inhibits bacterial growth	Halal, microbial source

(continued)

Table 1 (continued)

Drug/compound	Source organism	Target biological activity	Mechanism of action	Halal consideration
Bengamide A 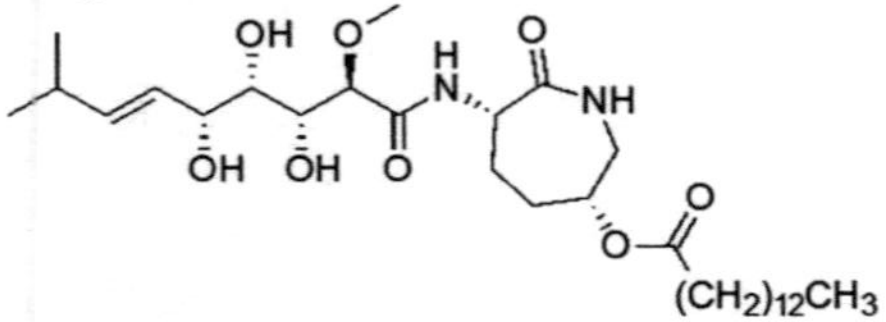	*Jaspis* sp. (sponge)	Antibacterial, antitumor	Proteasome inhibition	Sponge origin, generally halal unless otherwise specified
Ziconotide (Prialt®) 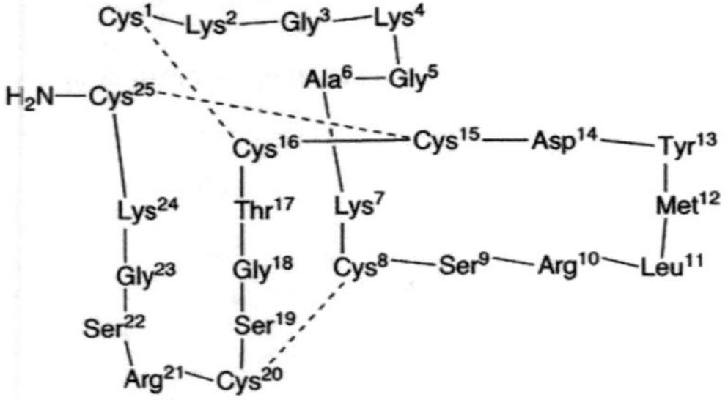	*Conus magus* (cone snail)	Chronic severe pain	N-type calcium channel blocker (intrathecal)	Peptide-based; halal if produced synthetically

(continued)

Table 1 (continued)

Drug/compound	Source organism	Target biological activity	Mechanism of action	Halal consideration
Largazole 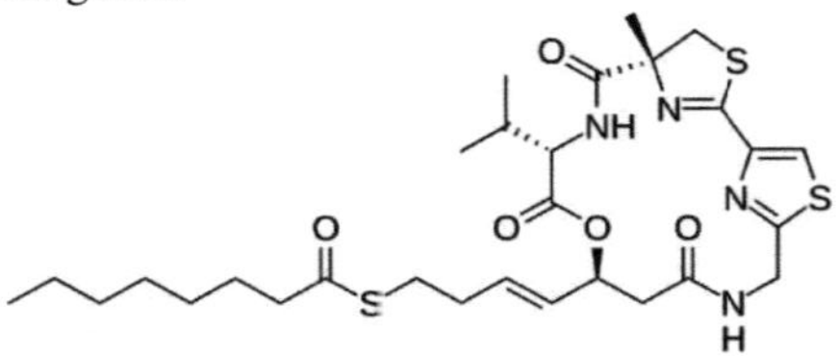	*Symploca* sp. (cyanobacteria)	Potential in neurodegenerative diseases	HDAC inhibitor	Halal, microbial origin
Pseudopterosin A 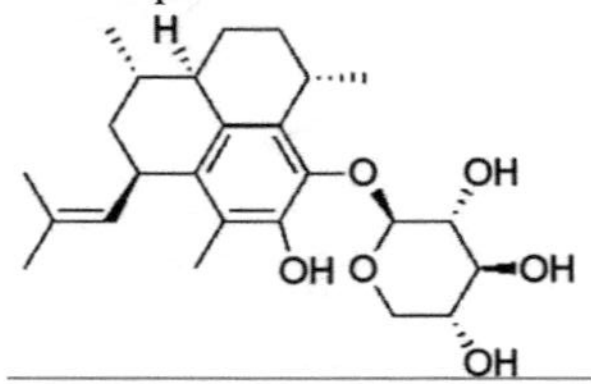	*Pseudopterogorgia elisabethae* (soft coral)	Anti-inflammatory, wound healing	Inhibit eicosanoid synthesis; anti-inflammatory effect	Likely halal; marine coral source
Contignasterol 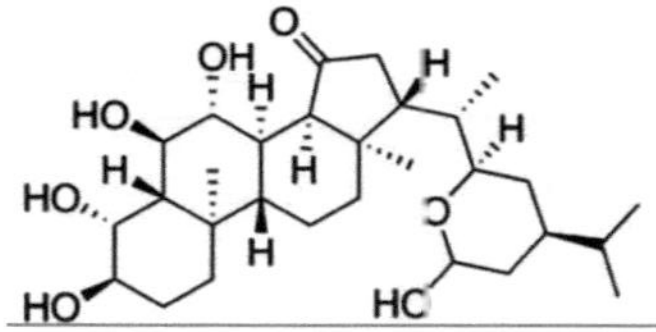	*Petrosia contignata* (sponge)	Asthma, allergy	Mast cell stabilization; histamine release inhibition	Halal if derived synthetically

(continued)

Table 1 (continued)

Drug/compound	Source organism	Target biological activity	Mechanism of action	Halal consideration
Scytonemin 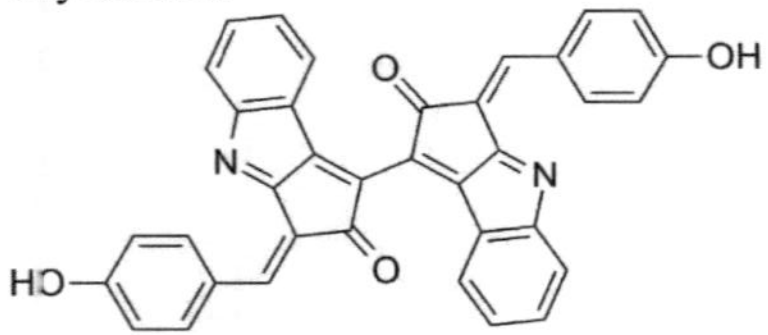	Marine cyanobacteria	UV protection, anti-inflammatory	Inhibits pro-inflammatory mediators	Halal; microbial origin
Manzamine A 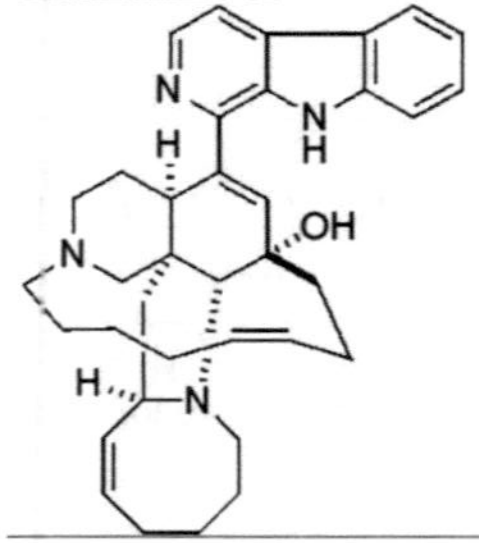	*Haliclona* sp. (sponge)	Anti-inflammatory, antimalarial	NF-κB inhibition, cytokine modulation	Likely halal; sponge origin

(continued)

Table 1 (continued)

Drug/compound	Source organism	Target biological activity	Mechanism of action	Halal consideration
Mycosporine-glycine 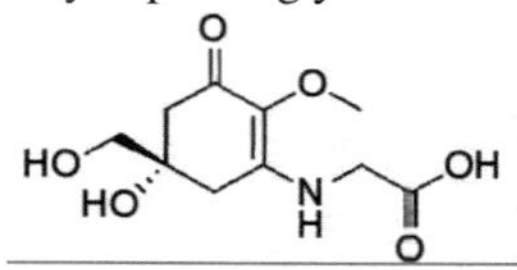	Marine algae and cyanobacteria	Photoprotection, antioxidant	UV absorption, antioxidant effect	Halal; microbial/algal origin
Astaxanthin 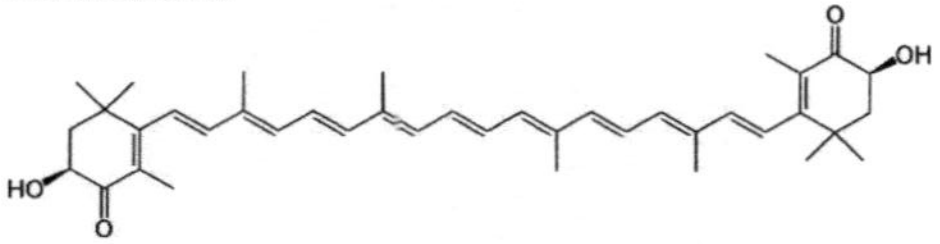	Microalgae (e.g., *Haematococcus pluvialis*)	Skin aging, antioxidant	Quenches singlet oxygen, reduces oxidative stress	Halal if algae-derived

their status less familiar to scholars and consumers. The Quran and Hadith emphasize the principle of avoiding harmful or impure substances. For example, pufferfish contain lethal toxins that could pose health risks if improperly handled, complicating their acceptance as Halal (Noguchi and Arakawa 2008). In such cases, precautionary measures are advised, and many scholars may adopt a conservative stance, classifying products derived from these organisms as non-Halal unless proven otherwise through extensive evaluation and processing documentation.

3.2 Critical Sources

Marine-derived substances such as crustaceans, mollusks, and marine fungi fall into a critical category where the Halal status remains subject to scholarly debate. In particular, the Hanafi school of thought, which is widely followed in South and Central Asia, tends to restrict permissibility to fish that possess scales. As a result, crustaceans such as shrimp, crab, and lobster may be deemed questionable or impermissible by some Hanafi scholars, while others may allow their consumption. In contrast, the Shafi'i, Maliki, and Hanbali schools generally consider all sea creatures to be Halal, provided they are not inherently harmful or intoxicating. This variation highlights the complexity of interpreting Halal status across different Islamic legal traditions and underscores the need for flexibility and interdisciplinary consultation when evaluating marine-based ingredients in pharmaceutical applications. Marine fungi and bacteria, often used in biotechnological drug development, add further complexity due to their limited discussion in classical Islamic texts. Their permissibility typically depends on factors such as the original source organism, the method of fermentation or cultivation, and whether any impure substances are involved in the production process.

3.3 Non-critical Sources

Marine sources considered widely permissible in Islam are classified as non-critical. This group includes fish oils (such as omega-3 fatty acids derived from species like salmon and anchovies), algae-based compounds (such as carrageenan and agar), seaweed (which is commonly used for its antioxidant properties), and microalgae (such as *Haematococcus pluvialis*, a source of astaxanthin). These substances are generally accepted as Halal by all major Islamic schools, especially when no non-Halal additives are used in their extraction, formulation, or preservation. The permissibility of these substances is largely supported by the Quranic verse stating,

> Lawful to you is what you catch from the sea and use for food …. (Surah Al-Ma'idah 5:96)

Table 2 Halal considerations for marine-derived compounds and associated biotechnological or animal-based components, including relevance to Islamic dietary laws and guidance for ensuring permissibility

Issue	Relevance	Guidance
Marine invertebrates (e.g., sponge, tunicate)	Not explicitly mentioned in Qur'an or hadith	Generally halal unless known to be toxic or harmful
Marine mollusks (e.g., sea hares)	Some scholars consider haram if not scaled fish	Use synthetic analogues to ensure permissibility
Biotechnology-derived compounds	Often produced in cell cultures or fermentation	Halal if medium and excipients are halal-certified
Animal-derived excipients	Gelatine, enzymes, carriers	Must be checked for source; alternatives exist

Because they are plant-like or derived from fish—both of which are traditionally viewed as Halal—their use in pharmaceuticals, supplements, and cosmetics is widely embraced, particularly when processed under hygienic and ethical standards.

Recognizing the Halal criticality of different marine sources is essential not only for ensuring religious compliance but also for promoting consumer trust and expanding the Halal pharmaceutical market. Products derived from high- or medium-critical marine sources require rigorous evaluation, including proper identification of source organisms and detailed documentation of harvesting and processing methods. Developers must engage with Islamic jurists to seek authoritative rulings and collaborate with accredited Halal certification bodies to ensure transparency and compliance throughout the product lifecycle. When possible, sourcing from non-critical marine organisms may offer a simpler pathway to compliance. In cases where the original source may be questionable, the principle of *istihalah*, or transformation, may apply, allowing for the permissibility of a compound that has undergone complete chemical change and no longer retains its original impure nature. Additionally, consideration of the final product's purity and safety is paramount, and developers are encouraged to evaluate potential alternatives from Halal-assured sources. The halal status of marine-derived compounds, along with any biotechnological or animal-based components, and guidance for ensuring their permissibility under Islamic dietary laws, is presented in Table 2.

4 Halal Considerations in Aquaculture (Fish Farming)

Aquaculture, a controlled cultivation of aquatic organisms including fish, shellfish, and algae, has emerged as a key component of the global marine biotechnology and pharmaceutical industries. As demand for marine-derived compounds in drug development increases, aquaculture offers a scalable, sustainable alternative to wild harvesting, ensuring both environmental preservation and consistency in bioactive yield. However, as with any biotechnological system that interfaces with Islamic ethical and dietary requirements, the Halal status of aquaculture products must be carefully evaluated. The Halal compliance of marine-derived drugs does not depend solely on the species used, but also on the conditions in which these organisms are farmed and processed. This section explores the critical factors in aquaculture that influence Halal status, including the source of feed, farming practices, and post-harvest processing.

4.1 Importance of Aquaculture in Marine Drug Production

The pharmaceutical relevance of aquaculture lies in its ability to provide a stable and controllable environment for producing marine organisms known for their bioactive properties. Several marine-derived drugs such as omega-3 fatty acids, fucoidan, and astaxanthin are now sourced from aquaculture-based fish, seaweed, and microalgae. For instance, fish like anchovy and salmon are farmed specifically for high-yield omega-3 extraction, while microalgae such as *Haematococcus pluvialis* are cultivated in bioreactors for astaxanthin, an antioxidant compound used in both pharmaceuticals and nutraceuticals. Aquaculture not only addresses the issue of overfishing and ecological degradation associated with wild harvesting but also allows for standardized conditions that improve the consistency and reproducibility of drug production. From a Halal perspective, the shift toward farmed sources introduces additional ethical layers, particularly in relation to inputs like feed and additives, which may affect the final product's compliance with Islamic law. As such, the Halal integrity of aquaculture-derived marine products must begin with a scrutiny of what goes into the cultivation process.

4.2 Feed Composition and Halal Compliance

One of the most scrutinized elements in Halal aquaculture is the composition of the feed used to rear aquatic species. In Islamic jurisprudence, the principle of *istihalah* may permit certain impure substances if they are chemically altered beyond recognition. *Istihalah* refers to a transformation process in Islamic jurisprudence, where a substance undergoes a complete change in its essential properties, rendering it pure and permissible (Halal), even if its original form was impure or prohibited (Wijayant and Kaukab 2019). However, if non-Halal or impure materials are present in the feed and remain unchanged or impact the biological characteristics of the animal, then the resulting product may be rendered non-Halal. Common concerns arise when fish are fed with by-products containing non-Halal animal derivatives such as porcine-based hemoglobin powder, blood meal, or animal fats derived from haram species. Even if the farmed organism itself belongs to a Halal species, the use of impermissible feed may compromise its Halal status according to many scholars. Some Islamic jurists adopt a strict interpretation, suggesting that what an animal consumes can influence its permissibility, particularly if the feed contains elements that are considered impure. Others argue that as long as the animal remains biologically the same and the feed does not fundamentally alter its properties, the organism remains Halal. To ensure compliance, aquaculture operators targeting Halal markets are advised to use feed composed of Halal-certified ingredients, including fishmeal from Halal fish species, plant-based proteins, marine algae, and Halal vitamins or supplements. The use of such clean and ethical feed sources not only assures religious adherence but may also enhance the marketability of marine pharmaceuticals in Muslim-majority countries.

4.3 Farming and Processing Practices

Beyond feed, various aquaculture practices may influence the Halal integrity of marine-derived compounds. The use of synthetic hormones for accelerated growth, antibiotics, and genetically modified organisms (GMOs) raises concerns among scholars and consumers alike. While not all interventions are explicitly forbidden in Islamic law, transparency and safety are central to Islamic bioethics. Hormones or additives derived from non-Halal sources—such as porcine insulin or growth factors—may compromise the status of the end product. Additionally, the slaughtering and harvesting methods used in fish farming may also be subject to Halal evaluation. While the majority of scholars agree that fish do not require ritual slaughter (dhabihah), the method of killing must still avoid cruelty and excessive harm, aligning with the Islamic principle of rahmah (compassion). Practices that result in mass asphyxiation, chemical euthanasia, or prolonged suffering may be considered unethical and raise doubts about the spiritual purity of the product. Processing facilities must also guard against cross-contamination with non-Halal substances. This includes the use of equipment previously used for haram materials without proper purification and the inclusion of non-Halal excipients (such as ethanol or porcine gelatine) during formulation. A comprehensive Halal assurance system encompassing sourcing, farming, processing, and packaging is thus critical to maintain the integrity and traceability of marine-based pharmaceuticals.

In conclusion, aquaculture offers a promising pathway for sustainable and scalable marine drug development, but its compatibility with Halal standards hinges on holistic management. From ethical feed sourcing and humane farming practices to clean processing and transparent certification, each step must be aligned with Islamic principles to ensure that the final product meets both scientific and spiritual criteria.

5 Scholarly Diversity and Fiqh Considerations

Marine biodiversity encompasses a vast array of organisms, from fish and mollusks to sponges, crustaceans, algae, and marine-derived microorganisms. This ecological richness forms the foundation of marine-based drug discovery, offering compounds with significant therapeutic properties. However, the permissibility of using these organisms—especially in pharmaceuticals intended for Muslim populations—requires nuanced consideration within Islamic jurisprudence (Fiqh). The diversity of Islamic legal opinions across different schools of thought (madhāhib) reflects not only theological interpretations but also varying historical interactions with marine ecosystems. Understanding these scholarly perspectives is essential for researchers and pharmaceutical developers aiming to ensure Halal compliance while leveraging marine biodiversity in drug innovation.

5.1 Overview of Islamic Jurisprudential Schools on Marine Life

Islamic jurisprudence comprises several schools of thought, each interpreting religious texts through its legal methodology. Regarding marine life, the Shafi'i, Maliki, and Hanbali schools adopt relatively permissive stances. These schools generally hold that all animals extracted from the sea are Halal and do not require ritual slaughter. This view is largely based on the Quranic verse: "Lawful to you is the game of the sea and its food as provision for you and for the travelers …" (Qur'an 5:96). According to these interpretations, marine biodiversity—regardless of whether it includes fish, shellfish, or invertebrates—is broadly permissible for consumption and use, provided the species is not inherently harmful or intoxicating.

In contrast, the Hanafi school adopts a more restrictive approach. Hanafi scholars maintain that only "fish" (samak) are clearly Halal, and even then, the fish must possess scales to meet the definition of lawful sea creatures. Under this interpretation, marine organisms such as prawns, crabs, lobsters, oysters, squid, and octopuses are considered either makruh (discouraged) or haram (forbidden), due to their deviation from the classical characteristics of samak. This view introduces considerable complexity for the use of marine invertebrates—many of which are essential to marine pharmacology—in Halal-certified drug development. For example, compounds like bryostatin (from bryozoans), fucoidan (from brown algae), and salinosporamide (from marine bacteria) may raise concerns among Hanafi adherents if the organism's permissibility is unclear or if its source strays too far from the traditional definition of Halal sea creatures.

This divergence in jurisprudential interpretations means that the Halal classification of marine organisms is not uniform across Muslim populations. The implications are particularly significant in global drug development, where ingredients must often be approved for diverse markets, some of which adhere strictly to Hanafi rulings while others follow the more inclusive positions of the Shafi'i, Maliki, or Hanbali schools.

5.2 *Implications for Drug Development*

Marine-based drug discovery is inherently interdisciplinary, combining fields such as marine biology, chemistry, pharmacology, and biotechnology. When these scientific advances intersect with Islamic bioethics, an additional dimension is added—one that requires interfaith literacy and legal pluralism. The richness of marine biodiversity offers immense potential for discovering novel therapeutic agents. However, researchers and developers must be mindful that not all organisms from this biodiverse pool are equally acceptable across all Islamic traditions.

This necessitates early-stage collaboration between scientists, Islamic scholars, and Halal certification bodies. By incorporating Fiqh considerations into initial research and development phases, unnecessary resource expenditure can be avoided, and more ethically aligned innovations can be achieved. For example, if a promising bioactive compound is discovered in a sponge species that is non-scaly and lacks a clear Halal status, developers might seek an alternative source from algae or scaly fish to appeal to a broader Islamic audience.

Moreover, transparency in sourcing, ethical collection methods, and the use of alternative permissible organisms can serve as proactive measures to address scholarly diversity. In situations where the organism's status is debated, Islamic legal principles such as *istihsan* (juristic preference) or *istihalah* (transformation) may be employed to find middle ground. Engaging with a multidisciplinary advisory panel that includes Islamic bioethicists ensures that innovations respect both the therapeutic goals of modern science and the moral frameworks of the communities they aim to serve.

Ultimately, navigating scholarly diversity in Halal assessment is not an obstacle but an opportunity—an invitation to approach marine drug development with greater sensitivity, inclusivity, and ethical rigor. Through dialogue and mutual understanding, it becomes possible to harness the full potential of marine biodiversity while upholding the principles of Halal integrity and consumer trust.

6 Halal Evaluation Guidelines for Marine-Derived Drugs

As marine-derived compounds increasingly shape the landscape of modern pharmaceutical innovation, ensuring their Halal compliance requires a structured and holistic approach. Unlike food, where the focus may center on ingredient sourcing and preparation, Halal pharmaceuticals must also address the complexities of molecular origin, processing technologies, and ethical production chains. The evaluation of marine-based drugs through a Halal lens involves not only religious rulings (Fiqh) but also scientific validation, manufacturing standards, and consumer perceptions. This section outlines essential guidelines across key stages of the drug development pipeline to ensure that marine-derived therapeutics align with both Islamic principles and global regulatory expectations.

6.1 Source Integrity and Ethical Collection

The Halal status of a marine-derived drug begins with the permissibility of its biological source. Organisms must be permissible in Islamic law (Halal al-'ayn), and their collection must not involve unethical or environmentally harmful practices. For instance, drugs derived from organisms like fish, algae, or seaweed—generally accepted by all schools of thought—present minimal religious concern. However, compounds sourced from organisms such as sponges, mollusks, or certain invertebrates may raise issues depending on their classification by different Islamic jurisprudential schools. In addition, methods of capture must avoid cruelty and ecological damage. Harvesting endangered species or disrupting delicate ecosystems contravenes the Islamic principle of Mizan (balance), which calls for stewardship of nature. Ensuring source integrity thus requires both scholarly consultation and adherence to marine conservation ethics.

6.2 Processing and Purification

After collection, marine-derived compounds undergo extensive chemical processing and purification to isolate bioactive components. During this stage, the use of solvents, enzymes, or carriers must be carefully examined. Islamic law permits the use of certain impure substances under the principle of *istihalah* (transformation), wherein a forbidden substance becomes chemically altered into a completely new form. However, if such substances (e.g., alcohol or animal-derived enzymes) are used and remain traceable in the final product, the drug may not qualify as Halal. Manufacturers must ensure that all processing agents are either Halal-certified or completely removed through validated purification techniques. Technologies such as high-performance liquid chromatography (HPLC) and mass spectrometry play a key role in confirming purity levels and ensuring that no residual haram components are present.

6.3 Additives and Excipients

In many pharmaceutical formulations, bioactive compounds are combined with additives and excipients to improve stability, absorption, or delivery. These may include gelatine capsules, emulsifiers, flavoring agents, or preservatives. One of the most common Halal concerns in this area is the use of porcine-derived gelatine or alcohol-based solvents. Even if the active marine ingredient is Halal, the use of non-Halal excipients can compromise the entire product. Pharmaceutical developers must ensure that all additives are either Halal-certified or replaced with permissible alternatives, such as plant-based gelatine or vegetable-derived emulsifiers. Detailed documentation of the source, function, and transformation of each excipient is essential for Halal certification.

6.4 Contamination and Manufacturing Controls

Maintaining the purity and integrity of a Halal drug throughout the production process requires stringent contamination controls. Cross-contamination with haram substances—whether from shared equipment, packaging, or airborne particles—can occur if good manufacturing practices (GMP) are not rigorously followed. Facilities must implement cleanroom protocols, dedicated production lines, and validated cleaning procedures to prevent impurity transfer. Regular audits and monitoring by Halal-certifying bodies help verify that the manufacturing environment upholds religious standards alongside pharmaceutical safety.

6.5 Environmental and Ethical Sustainability

Islamic ethics emphasize not only the purity of what is consumed but also the manner in which it is obtained. Marine pharmaceutical production should align with the principle of khilafah (stewardship), promoting sustainable practices that preserve biodiversity and protect marine ecosystems. Overharvesting, pollution, or the destruction of coral habitats for bioresource extraction contradicts Islamic environmental ethics. Moreover, fair labor practices and respect for indigenous knowledge in bioprospecting are vital. Ethical sourcing and sustainability are therefore not just regulatory concerns but integral to Halal evaluation, reinforcing the alignment of science with Islamic moral values.

6.6 Spiritual Compatibility and Consumer Trust

In Islam, the concept of tayyib (wholesome and pure) extends beyond legality to encompass spiritual well-being and public trust. Muslim consumers are increasingly aware of what they consume—not only in terms of ingredients but also the intentions, ethics, and transparency behind their development. A marine-derived drug may meet all technical Halal criteria yet fall short of earning public trust if produced in secrecy or marketed without clear information. Pharmaceutical companies must engage in transparent communication, inclusive product labeling, and public education to assure spiritual compatibility. Building trust ensures not only market acceptance but also consumer confidence in the ethical integrity of science-driven solutions.

6.7 Halal Verification and Traceability

Achieving and maintaining Halal certification is a comprehensive process involving detailed documentation, third-party audits, and traceability systems. From the initial sourcing of marine organisms to the final packaging of the pharmaceutical product, each stage must be recorded, reviewed, and approved by a recognized Halal certification body. Blockchain technology and digital traceability platforms are emerging tools that can help maintain transparency in supply chains and provide real-time verification to both regulators and consumers. Ensuring traceability reinforces the accountability of producers and bridges the gap between scientific advancement and religious adherence.

7 Conclusions

The exploration of marine-derived compounds in drug development represents a frontier rich with therapeutic promise, addressing critical medical needs ranging from cancer and infectious diseases to neurological and inflammatory conditions. This chapter has highlighted a selection of key marine-based drugs—such as trabectedin, eribulin, ziconotide, and fucoidan—demonstrating the immense pharmacological value embedded within ocean biodiversity. As scientific interest in these natural resources continues to grow, integrating religious and ethical frameworks, particularly Islamic bioethics, becomes essential for broadening their applicability in diverse, multicultural markets. A major focus of this chapter was the Halal criticality of marine sources, where marine organisms were categorized based on their permissibility according to Islamic jurisprudence. It was shown that while many marine sources like fish and algae are widely accepted, others—such as sponges, mollusks, and cone snails—require deeper scrutiny due to variations in interpretations across different schools of Islamic thought. These jurisprudential differences emphasize the need for informed, inclusive approaches in Halal assessment and regulatory compliance. The discussion on aquaculture underscored the significance of sustainable and ethically sound farming practices, particularly in ensuring Halal compliance through Halal-certified feed and processing methods. Similarly, the review of scholarly diversity among the four major Islamic legal schools revealed the profound influence of Fiqh on the acceptability of marine-based ingredients. These considerations become particularly relevant when marine biodiversity intersects with religious values, consumer expectations, and pharmaceutical ethics. To operationalize these insights, a set of Halal evaluation guidelines was proposed, covering source integrity, processing, additives, contamination control, environmental sustainability, spiritual compatibility, and traceability. These guidelines are intended to serve as a practical framework for researchers, industry stakeholders, and regulatory bodies committed to producing marine-based pharmaceuticals that are both scientifically robust and religiously permissible. In summary, this chapter argues for an integrative model of drug development that respects both biomedical innovation and Islamic ethical considerations. By fostering interdisciplinary collaboration among marine scientists, pharmacologists, and Islamic scholars, the pharmaceutical industry can promote therapeutic innovation that aligns with the spiritual and moral values of Muslim communities. This not only enhances the inclusivity of marine bioprospecting but also strengthens trust, transparency, and sustainability in global healthcare systems.

Acknowledgements The authors declare that no funds, grants, or other support was received during the preparation of this manuscript.

Conflict of Interest The authors declare no conflicts of interest.

References

Ali MA, Khan AU, Ali A, Khaliq M, Khan N, Mujahid S, Calina D, Püsküllüoğlu M, Sharifi-Rad J (2025) Didemnins as marine-derived anticancer agents: mechanistic insights and clinical potential. Med Oncol 42(2):43. https://doi.org/10.1007/s12032-024-02594-0

Anisha GS, Padmakumari S, Patel AK, Pandey A, Singhania RR (2022) Fucoidan from marine macroalgae: biological actions and applications in regenerative medicine, drug delivery systems and food industry. Bioengineering 9(9)

Batista P, Cunha SA, Ribeiro T, Borges S, Baptista-Silva S, Oliveira-Silva P, Pintado M (2024) Fucoidans: exploring its neuroprotective mechanisms and therapeutic applications in brain disorders. Trends Food Sci Technol 143. https://doi.org/10.1016/j.tifs.2023.104300

Cortes J, O'Shaughnessy J, Loesch D, Blum JL, Vahdat LT, Petrakova K, Chollet P, Manikas A, Diéras V, Delozier T, Vladimirov V, Cardoso F, Koh H, Bougnoux P, Dutcus CE, Seegobin S, Mir D, Meneses N, Wanders J, Twelves C (2011) Eribulin monotherapy versus treatment of physician's choice in patients with metastatic breast cancer (EMBRACE): a phase 3 open-label randomised study. Lancet 377(9769):914–923. https://doi.org/10.1016/S0140-6736(11)60070-6

Dutta S, Kumar SPJ, Banerjee R (2023) A comprehensive review on astaxanthin sources, structure, biochemistry and applications in the cosmetic industry. Algal Res 74:103168. https://doi.org/10.1016/j.algal.2023.103168

Gadducci A, Cosio S (2022) Trabectedin and lurbinectedin: mechanisms of action, clinical impact, and future perspectives in uterine and soft tissue sarcoma, ovarian carcinoma, and endometrial carcinoma. Front Oncol 12:1–9. https://doi.org/10.3389/fonc.2022.914342

Galmarini CM, D'Incalci M, Allavena P (2014) Trabectedin and plitidepsin: drugs from the sea that strike the tumor microenvironment. Mar Drugs 12(2):719–733. https://doi.org/10.3390/md12020719

Ghareeb MA, Tammam MA, El-Demerdash A, Atanasov AG (2020) Insights about clinically approved and preclinically investigated marine natural products. Curr Res Biotechnol 2:88–102. https://doi.org/10.1016/j.crbiot.2020.09.001

Grimaudo MS, D'Orazio F, Renne SL, D'Incalci M, Maki RG, Colombo P, Balzarini L, Laffi A, Santoro A, Bertuzzi AF (2025) Assessment of the mechanisms of action of eribulin in patients with advanced liposarcoma through the evaluation of radiological, functional, and tissue responses: a prospective monocentric study (Malibu study). Cancers 17(6). https://doi.org/10.3390/cancers17060976

Grünwald V, Pink D, Egerer G, Schalk E, Augustin M, Deinzer CKW, Kob V, Reichert D, Kebenko M, Brandl S, Hahn D, Lindner LH, Hoiczyk M, Ringsdorf U, Hanker LC, Hempel D, De Rivas B, Wismann T, Ivanyi P (2022) Trabectedin for patients with advanced soft tissue sarcoma: a non-interventional, prospective, multicenter, phase IV trial. Cancers 14(21):1–15. https://doi.org/10.3390/cancers14215234

Harugade A, Sherje AP, Pethe A (2023) Chitosan: a review on properties, biological activities and recent progress in biomedical applications. React Funct Polym 191:105634. https://doi.org/10.1016/j.reactfunctpolym.2023.105634

Herdiana Y, Sofian FF, Shamsuddin S, Rusdiana T (2024) Towards halal pharmaceutical: exploring alternatives to animal-based ingredients. Heliyon 10(1):e23624. https://doi.org/10.1016/j.heliyon.2023.e23624

Kamali MH (2003) Principles of Islamic jurisprudence. Islamic Texts Society. https://books.google.com.bn/books?id=Eb-JMQEACAAJ

Kar A, Ghosh P, Patra P, Chini DS, Nath AK, Saha JK, Chandra Patra B (2023) Omega-3 fatty acids mediated cellular signaling and its regulation in human health. Clin Nutr Open Sci 52:72–86. https://doi.org/10.1016/j.nutos.2023.10.004

Lin J, Chen S, Butt UD, Yan M, Wu B (2024) A comprehensive review on ziconotide. Heliyon 10(10):e31105. https://doi.org/10.1016/j.heliyon.2024.e31105

Lindequist U (2016) Marine-derived pharmaceuticals—challenges and opportunities. Biomol Therap 24(6):561–571. https://doi.org/10.4062/biomolther.2016.181

Löwenberg B, Pabst T, Vellenga E, van Putten W, Schouten HC, Graux C, Ferrant A, Sonneveld P, Biemond BJ, Gratwohl A, de Greef GE, Verdonck LF, Schaafsma MR, Gregor M, Theobald M, Schanz U, Maertens J, Ossenkoppele GJ (2011) Cytarabine dose for acute myeloid leukemia. N Engl J Med 364(11):1027–1036. https://doi.org/10.1056/nejmoa1010222

Newman DJ, Cragg GM (2016) Natural products as sources of new drugs from 1981 to 2014. J Nat Prod 79(3):629–661. https://doi.org/10.1021/acs.jnatprod.5b01055

Newman DJ, Cragg GM (2020) Natural products as sources of new drugs over the nearly four decades from 01/1981 to 09/2019. J Nat Prod 83(3):770–803. https://doi.org/10.1021/acs.jnatprod.9b01285

Noguchi T, Arakawa O (2008) Tetrodotoxin–distribution and accumulation in aquatic organisms, and cases of human intoxication. Mar Drugs 6(2):220–242. https://doi.org/10.3390/md20080011

Ohno O, Chiba T, Todoroki S, Yoshimura H, Maru N, Maekawa K, Imagawa H, Yamada K, Wakamiya A, Suenaga K, Uemura D (2011) Halichonines A, B, and C, novel sesquiterpene alkaloids from the marine sponge *Halichondria okadai* Kadota. Chem Commun 47(46):12453–12455. https://doi.org/10.1039/c1cc15557a

Patted PG, Masareddy RS, Patil AS, Kanabargi RR, Bhat CT (2024) Omega-3 fatty acids: a comprehensive scientific review of their sources, functions and health benefits. Future J Pharm Sci 10(1). https://doi.org/10.1186/s43094-024-00667-5

Quraishi A, Kamali MH (2000) Principles of Islamic jurisprudence. J Law Relig 15(1/2):385. https://doi.org/10.2307/1051529

Riaz MN, Chaudry MM (2003) Halal food production, vol 4, no 1. CRC Press. https://doi.org/10.1201/9780203490082

Saeed AFUH, Su J, Ouyang S (2021) Marine-derived drugs: recent advances in cancer therapy and immune signaling. Biomed Pharmacother 134:111091. https://doi.org/10.1016/j.biopha.2020.111091

Santhiravel S, Dave D, Shahidi F (2025) Bioactives from marine resources as natural health products: a review. Pharmacol Rev 77(1):100006. https://doi.org/10.1124/pharmrev.123.001227

Si P, Zhu C (2022) Biological and neurological activities of astaxanthin (review). Mol Med Rep 26(4). https://doi.org/10.3892/mmr.2022.12816

Son K, Takhaveev V, Mor V, Yu H, Dillier E, Zilio N, Püllen NJL, Ivanov D, Ulrich HD, Sturla SJ, Schärer OD (2024) Trabectedin derails transcription-coupled nucleotide excision repair to induce DNA breaks in highly transcribed genes. Nat Commun 15(1). https://doi.org/10.1038/s41467-024-45664-7

Soon JM, Chandia M, Regenstein JM (2017) Halal integrity in the food supply chain. Br Food J 119(1):39–51

Sülzen H, Fajtova P, Donoghue AJO, Silhan J (2025) Structural insights into salinosporamide A mediated inhibition of the human 20S proteasome. Molecules 30(1386):1–12

Tian Z, Lu XT, Jiang X, Tian J (2023) Bryostatin-1: a promising compound for neurological disorders. Front Pharmacol 14:1–14. https://doi.org/10.3389/fphar.2023.1187411

Wang Z, Zheng H (2023) The therapeutic value of tetrodotoxin. Theor Nat Sci 4(1):673–677. https://doi.org/10.54254/2753-8818/4/20220678

Wijayant R, Kaukab M (2019) Istihalah issue of halal food, medicine, and cosmetics. J Islam Soc Econ Dev 4:203–213

Wijianto DW, Nurinnafi'a AMU, Luthfitah A, Firdaus MW, Suryandaru S, Febriani RE (2023) Implementation of Islamic ethics in pharmaceutical services: a literature review approach. Solo Int Collab Publ Soc Sci Humanit 1(3):181–188. https://journal.walideminstitute.com/index.php/sicopus/article/view/64

Wu K, Yan Z, Wu Z, Li J, Zhong W, Ding L, Zhong T, Jiang T (2024) Recent advances in the preparation, antibacterial mechanisms, and applications of chitosan. J Funct Biomater 15(11). https://doi.org/10.3390/jfb15110318

Zayed A, Al-Saedi DA, Mensah EO, Kanwugu ON, Adadi P, Ulber R (2024) Fucoidan's molecular targets: a comprehensive review of its unique and multiple targets accounting for promising bioactivities supported by in silico studies. Mar Drugs 22(1). https://doi.org/10.3390/md22010029

Zhang X, Qiao K, Cui R, Xu M, Cai S, Huang Q, Liu Z (2024) Tetrodotoxin: the state-of-the-art progress in characterization, detection, biosynthesis, and transport enrichment. Mar Drugs 22(12):1–27. https://doi.org/10.3390/md22120531

Professor Masayoshi Arai received his Ph.D. degree from Kitasato University, and his career as a researcher began at the Kitasato Institute. There, he worked with Dr. Satoshi Omura, who was awarded the Nobel Prize in Physiology or Medicine in 2015, and studied bioactive natural products from terrestrial microorganisms. In 2004, he moved to Albert Einstein College of Medicine (NY, USA) as a postdoctoral fellow, where he studied the target molecule of isoniazid, an anti-tuberculosis drug. In 2007, he was appointed as a faculty member at the University of Osaka and was promoted to his current position in 2020. After joining the University of Osaka, he began searching for bioactive compounds, especially anti-tuberculosis and anticancer substances, from marine organisms and marine-derived microorganisms. His research interests also include the identification of molecular targets of isolated bioactive compounds using techniques in chemical biology.

Medicinal Plants: Exploring Halal-Compliant Drug Discovery

Amanina Yusrina Taufik and Fairuzeta Ja'afar

Abstract The use of plant extracts in traditional medicine has been utilized for therapeutic purposes across various cultures. In the production of plant extracts, the choice of extraction methods and solvents is critical to ensure efficacy, safety, and compliance with Halal principles. Ethanol is commonly used as a solvent due to its efficiency in extracting bioactive compounds; however, its Halal status remains a subject of debate, particularly when derived from fermentation. This article explores various extraction techniques used in traditional medicine, evaluates the suitability of different solvents, and examines scholarly discussions on the permissibility of ethanolic herbal extracts. This chapter aims to provide clarity on Halal-compliant approaches in herbal extraction, ensuring that traditional medicine aligns with Islamic dietary and ethical guidelines.

Keywords Traditional · Halal medicinal plants · Herbal · Extraction · Solvents

1 Traditional Medicinal Plants

Medicinal plants contain a diverse amount of natural compounds and structural complexity, which offer the possibility of targeting limitless biological macromolecules in a highly selective manner (Carlson 2010). Many studies have demonstrated that plant-derived bioactive compounds can be utilized to alleviate and treat numerous diseases, such as cancer, diabetes, and inflammation (Balunas and Kinghorn 2005). A few examples of phytochemical components include flavonoids, phenolic acids, isoflavones, terpenoids, and alkaloids, which are all thought to have protective health benefits (Segneanu et al. 2017).

A. Y. Taufik · F. Ja'afar (✉)
Chemical Sciences Programme, Faculty of Science, Universiti Brunei Darussalam, Gadong, Brunei Darussalam
e-mail: fairuzeta.jaafar@ubd.edu.bn

Q. Hasan et al. (eds.), *Halal Perspectives in Medicinal Chemistry*,
https://doi.org/10.1007/978-981-95-6378-4_10

The use of medicinal plants for therapeutic purposes can be traced back hundreds or even thousands of years. Some examples of traditional medical practices include Traditional Chinese Medicine (TCM), Ayurvedic Medicine, Unani Medicine, Kampo, and traditional Korean medicine (Yuan et al. 2016). Different cultures and societies traditionally created numerous methods to fight various health- and life-threatening diseases. Most of these practices are based on historical experience, systematic knowledge, and conventional approaches that are passed on through verbal exchanges from generation to generation (Yuan et al. 2016). Traditional herbal medicine has now gradually gained recognition as a complementary and alternative medicine in many countries today (Yuan et al. 2016). Many of these natural products are low cost, easily accessible, and effective as therapeutic remedies for treating inflammation, migraine, diabetes, and wounds (Mushtaq et al. 2018). Moreover, they are known to have a broad range of effects on the biological system, and thus, they are often considered to contain valuable information in the development of drug research and discovery (Bhat and Bhat 2021). From a Halal perspective, plants are generally considered permissible as mentioned in the Quran, in Surah Al-Baqarah (2:168), which states, "*O mankind, eat from whatever is on earth [that is] lawful and good, and do not follow the footsteps of Satan. Indeed, he is to you a clear enemy.*" The verse conveys that everything on earth, including plants, is allowed to be consumed unless they are harmful, intoxicating, or used for prohibited purposes (Kamali 2013).

One notable example of herbal medicine can be seen in TCM, where a herb known as *Astragalus membranaceus* is used to make medicine for reducing inflammation (Adesso et al. 2018), lowering blood sugar level (Agyemang et al. 2013), and strengthening the immune system (Qin et al. 2012). In most cases, practitioners boil the dried root of this plant to make herbal medicinal tea, while others combine the ground root with other herbs using traditional formulas to create herbal decoctions like *bu zhong yi qi tang* and *yu ping feng san* (Cheng et al. 2011; Gou et al. 2016; Yang et al. 2016). Furthermore, an Ayurvedic herb called Brahmi or *Bacopa monnieri* is recognized for its properties as an antidepressant (Sairam et al. 2002), memory enhancer (Jadiya et al. 2011), and antimicrobial agent (Chaudhuri et al. 2004). In Ayurveda practices, the leaves and stems of the herb are made into a paste or juice and subsequently consumed for treating bronchitis, diarrhea, rheumatism, and snake bites (Singh et al. 2021).

Looking at various ethnomedicinal practices across different cultures, especially within Muslim communities, the use of Halal traditional medicine could offer invaluable insight into treating a range of global diseases (Li and Weng 2017). However, it is worth noting that the scientific validation of the pharmacological capacities of Halal-compliant plants used in traditional medicine is often limited, and understanding their interactions with numerous biological targets is crucial for ensuring their suitability across diverse dietary practices. Therefore, it is important to conduct further studies to understand the role of these bioactive compounds in the prevention of diseases while considering extraction and application methods that comply with Islamic law.

Asian countries are considered as important centers for medicinal biodiversity, with over 38,660 identified species (Astutik et al. 2019). The majority of the countries have high biological diversity, cultural diversity, and raw materials that have been utilized in herbal medicine (Chapman and Chomchalow 2005). One example of a medicinal plant that has been traditionally used for therapeutic purposes is *Kaempferia galanga* L. (Kumar 2020). The plant is an important Indian medicinal herb and is widely utilized in other Asian countries, including Malaysia, Thailand, Vietnam, China, and Japan (Kumar 2020). Traditionally, *K. galanga* is effective in the treatment of skin diseases, arthritis, joint fractures, headaches, fever, wounds, inflammation, mouth sores, and wounds (Kumar 2020). Additionally, local practitioners in Northeast and South India, such as Kuruma, Manipur, Malayali, Kurichiya, Mullu kuruma, and Meghalaya tribes, use the plant for treating gastroenteritis, indigestion, menstrual pain, intestinal wounds, and snake venoms (Khairullah et al. 2021). Meanwhile, in China, *K. galanga* is known for its medical applications toward hypertension, depression, anxiety, stress, toothaches, coughs, and inflammatory tumor (Ali et al. 2015).

Zingiber officinale, commonly known as ginger, is another medicinal plant with notable pharmaceutical values in Asian herbal medicine. The rhizome of *Zingiber officinale* (see Fig. 1) is commonly used for both medicinal and culinary applications (Dissanayake et al. 2020). The spice has a wide variation of species, which include red ginger (*Zingiber officinale* var. Rubrum), black ginger (*Kaempferia parviflora*), and white ginger (*Hedychium coronarium*) (Shahrajabian et al. 2019b). In Southeast Asia countries such as Malaysia and Indonesia, red ginger decoction is recommended for new mothers after their delivery to help remove impurities in the body (Moghaddasi and Kashani 2012). Additionally, the versatile spice has a remedial reputation for osteoporosis, asthma, coughs, stomach disorders, and cramps (Shahrajabian et al. 2019a, b). Meanwhile, Chinese medicine uses *Z. officinale* rhizome in the treatment of diarrhea, nausea, cholera, hemorrhage, rheumatism, and toothaches, and is now an important ingredient in about half of all herbal prescriptions (Shahrajabian et al. 2019a). TCM practices also utilize white ginger to supply qi and improve physical fitness and resistance against diseases, while red ginger provides yang and a warming effect to the body (Shahrajabian et al. 2019b). Previous reported findings have suggested that the medicinal properties of ginger could be attributed to their bioactive components such as gingerol, shogaol, ginger protease, capsaicin, and sesquiterpenes like zingiberol, zingiberene (Moghaddasi and Kashani 2012).

Brunei Darussalam has a rich biodiversity, containing a wide range of medicinal plants (Goh et al. 2017). Many of these plants have been used in traditional medicine for generations to treat various diseases (Goh et al. 2017). One example is *Dillenia suffruticosa* (Griff.) Mast, locally known as "Simpor bini" (see Fig. 2a). Its sap from the leaves and stalk is traditionally used as a styptic to stop external bleeding (Goh et al. 2017). Additionally, the leaves of this plant were used to promote wound healing and to treat rheumatism and fever. Another plant, *Vitex pinneta*, commonly known as "Kulimpapa" (see Fig. 2b), is known for its medicinal properties, particularly in relieving jaundice and stomachaches (Ata et al. 2009; Taha et al. 2021). Traditionally,

Fig. 1 *Zingiber officinale* rhizome. Image retrieved from Radice et al. (2022)

the leaves of the plant are utilized to enhance wound treatment by preparing them into a poultice (Shafie et al. 2020).

These plants have been reported for their medicinal uses in traditional medicine. However, using different solvents for extraction can enhance their potency by isolating bioactive compounds that can exert various biological effects. Solvent extraction methods enable specific compounds (polar or nonpolar) to be extracted by selecting the appropriate solvent. This enhances the efficacy of medicinal products sourced from these plants and opens up new opportunities for scientific research and potential pharmaceutical uses.

Fig. 2 **a** Flowers and leaves of *Simpor bini*, **b** calyx and flowers of *Kulimpapa*. Images obtained from Goh et al. (2017)

2 Extraction of Medicinal Plants

2.1 Methods

Extraction of medicinal plants involves the separation of bioactive compounds or secondary metabolites such as alkaloids, flavonoids, terpenes, steroids, and glycosides using suitable extraction methods and solvent systems (Abubakar and Haque 2020). Some of the most common conventional methods that have been carried out by traditional healers include maceration, decoction, infusion, and percolation (El Maaiden et al. 2022). These techniques are widely used to extract medicinal plants due to their simple preparation and application, low cost, and remedial efficacy (Miao et al. 2019). Nevertheless, conventional methods often result in lower yields, require extended extraction times, involve large amounts of solvents, and can cause the decomposition or degradation of heat-sensitive phytochemicals (Bitwell et al. 2023). Maceration is a solid–liquid extraction process that is suggested to be one of the most convenient methods for extracting phenolics and thermolabile components (Zhang et al. 2018). Finely powdered samples are soaked in the solvent in a closed vessel and are kept to stand for 2–3 days, with occasional shaking or stirring. The liquid is separated from the solid residue at the end of the extraction and then evaporated in an oven or on top of a water bath. Another traditional extraction method is decoction, which involves the use of heat and water as solvents. This process is most suitable for extracting tough and fibrous plants with water-soluble and heat-stable compounds (Rasul 2018). Powdered plant samples are usually mixed in water at a specified solid-to-solvent ratio, for example 1:4 or 1:16 (Abubakar and Haque 2020). The mixture is constantly stirred under heat for a period of time and subsequently filtered after cooling, where the filtrate is collected and further evaporated (Rasul 2018). Furthermore, a conventional method with a long efficacy history is known as Soxhlet extraction (see Fig. 3). This method involves a Soxhlet extractor and hot solvent to extract valuable bioactive compounds from a broad range of natural products (Jha and Sit 2022). Extraction solvent in a round-bottom flask is heated and vaporized into the thimble packed with ground plant samples and is subsequently condensed in the condenser before dripping back to the extractor chamber (Bitwell et al. 2023). The siphon arm progressively fills to the top, allowing the liquid content to plunge back into the round-bottom flask (Fotsing Yannick Stéphane et al. 2022). Soxhlet extraction is an automatic continuous extraction process and requires a shorter time compared to maceration (Zhang et al. 2018). However, because of the higher temperature, this extraction method increases the possibility of degradation of thermolabile compounds (Bitwell et al. 2023).

While traditional processes are regarded as successful methods for extracting bioactive compounds, modern extraction procedures have since been developed to improve product quality, extraction efficiency, and greener extraction techniques (Jha and Sit 2022). These methods also offer the potential for higher yields with enhanced purity and greater selectivity (Bhadange et al. 2024). Nevertheless, these modern methods have certain disadvantages, which include significant costs and challenges

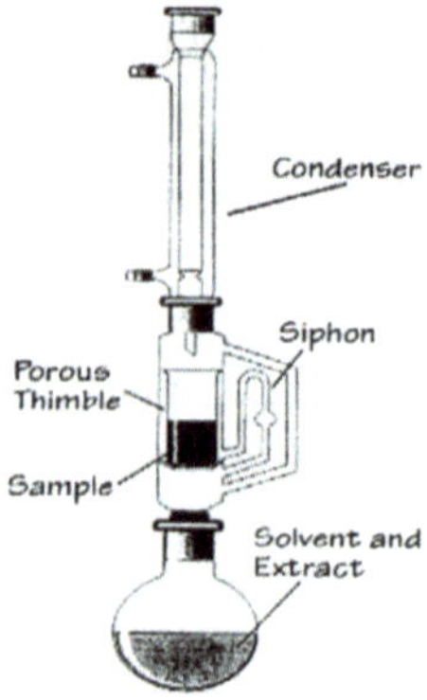

Fig. 3 Soxhlet apparatus set-up. Image obtained from Bhargavi et al. (2018)

in scaling up for commercial production (Popova and Bankova 2023). One example of a non-conventional extraction process that is deemed to be sustainably promising is supercritical fluid extraction. Supercritical fluids are highly compressed fluids that share the physical properties of gases and liquids at its critical point (Sapkale et al. 2010). The supercritical fluid solvent is introduced to the sample and dissolves target compounds based on solubility differences (Jha and Sit 2022). Supercritical carbon dioxide (CO_2) is commonly used in this method due to its strong solvation power for nonpolar active components (Zhang et al. 2018). Moreover, the solubility of polar compounds could be adjusted by adding a small amount of methanol, water, and acetone, resulting in an increased phytochemical yield (Bitwell et al. 2023). Figure 4 shows an illustration of supercritical carbon dioxide extraction method.

Another modern extraction method is microwave-assisted extraction, which uses electromagnetic radiation in frequencies between 300 MHz and 300 GHz and wavelength between 1 cm^{-1} and 1 m^{-1} (Fotsing Yannick Stéphane et al. 2022). This technique involves the mechanism of dipole rotations and ionic transfer by displacement of charged ions that exist in the solvent and sample (Abubakar and Haque

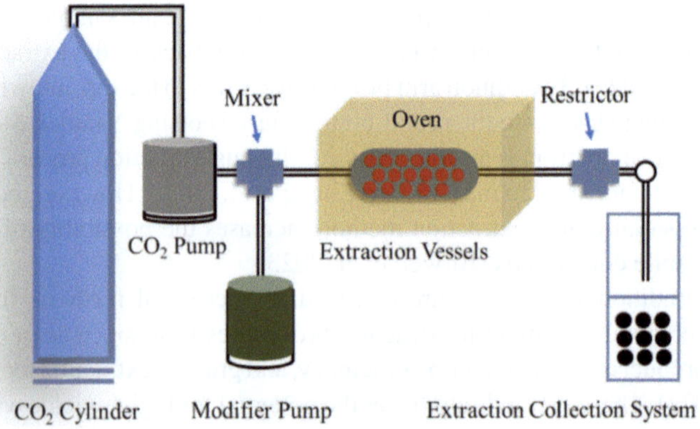

Fig. 4 Supercritical carbon dioxide extraction. Image obtained from El Hamd et al. (2022)

Table 1 Comparisons of conventional and modern extraction methods

	Conventional extraction methods	Modern extraction methods
Examples	Maceration, decoction, infusion and percolation (El Maaiden et al. 2022)	Supercritical fluids, microwave-assisted extraction, ultrasonic-assisted extraction and pressurized hot water extraction (Bitwell et al. 2023)
Energy requirement	Higher due to extended heating or refluxing (Osorio-Tobón 2020)	Lower (Mahato et al. 2019)
Temperature dependency	High temperatures (Mahato et al. 2019)	Can operate at lower or controlled temperatures
Time required	Long hours (Bitwell et al. 2023)	Shorter (Osorio-Tobón 2020)
Cost of equipment	Lower cost (basic equipment) (Bitwell et al. 2023)	More expensive (Osorio-Tobón 2020)
Solvent usage	Large volumes (Bitwell et al. 2023)	Less amount (Mahato et al. 2019)
Degradation of thermolabile compounds	Higher risk due to extended exposure to heat (Bitwell et al. 2023)	Lower risk (Osorio-Tobón 2020)

2020). The application of microwave-assisted extraction is suggested to be most suitable for extracting polar molecules, phenolics, flavonoids, and saponins due to their dielectric properties (Bitwell et al. 2023). The method is a strong and efficient approach that produces a high extraction yield using smaller amount of solvents and a shorter extraction time (Fotsing Yannick Stéphane et al. 2022). Table 1 illustrates comparisons between conventional and modern extraction methods, describing the differences in energy, temperature, solvent, time usage, cost of equipment, and the degradation of thermolabile compounds.

Modern extraction techniques offer efficiency, selectivity, and higher-quality yield. Nevertheless, conventional methods remain prevalent in herbal medicine due to their simplicity and affordability. Ultimately, the significance of modern and conventional methods depends on the target compounds, available resources, and intended use. Additionally, factors such as solvent selection, equipment cleanliness, and proper storage and handling are crucial for adhering to the Halal standard.

2.2 *Solvents*

Traditional methods of extracting medicinal plants without solvents commonly involve crushing, boiling, soaking, and consuming orally or applying topically (Teka et al. 2020). These methods may be less efficient than modern techniques, as they can result in lower yields, longer extraction time, and a limited range of extracted compounds (Bitwell et al. 2023). Using solvent-based extractions allows for a more efficient, selective, and adaptable approach to extracting bioactive compounds (Bitwell et al. 2023). Furthermore, the selection of solvent systems is essential for optimizing the extraction of these valuable compounds (Popova and Bankova 2023). In general, different organic solvents have different polarities ranging from nonpolar to highly polar; for example, ethanol, methanol, and water are polar solvents, while hexane, butanol, chloroform, and ethyl acetate are nonpolar solvents (Popova and Bankova 2023). Each solvent has specific properties that influence the extraction of active components of certain polarity and physicochemical properties (Popova and Bankova 2023). For instance, polar solvents (water, ethanol, methanol, and their mixtures) are more susceptible to dissolving highly hydroxylated aglycone forms of phenolic compounds (hydrophilic), whereas less polar solvents (ethyl acetate, acetone, and chloroform) have a stronger affinity for methoxylated aglycone formed compounds (lipophilic) (Kaczorová et al. 2021).

Further examples from previously compiled studies found that ethanol is efficient in extracting polyphenols, tannins, flavonols, terpenoids, and alkaloids (Cravotto et al. 2022; Jha and Sit 2022), while methanol can extract lower molecular weight of polyphenols, anthocyanins, flavones, saponins, tannins, and terpenoids (Do et al. 2014). However, a less polar solvent, hexane, is frequently recommended for extracting nonpolar compounds such as alkaloids, terpenoids, aromatic hydrocarbons, and fatty acids (Cravotto et al. 2022; Jha and Sit 2022). Table 2 shows some common solvents with different polarities used to extract bioactive compounds.

However, with the development of clean chemistry, utilizing greener alternative solvents in extraction processes is ideal as they are non-toxic and non-harmful to the ecosystem (Choi and Verpoorte 2019). Additionally, these solvents are generally Halal-compliant, as they do not lead to concerns regarding contamination or

Table 2 Influence of solvent choice on the extraction of bioactive compounds

Solvent	Polarity index[a]	Bioactive compounds	References
Hexane	0.1	Essential oils, terpenoids (nonpolar), alkaloids, lipids and waxes	Athukorala and Mazza (2010) and Cravotto et al. (2022)
Chloroform	4.1	Tannins, flavonoids, terpenoids, quinones	Nortjie et al. (2022) and Tiwari et al. (2011)
Ethanol	4.3	Phenol compounds, tannins, alkaloids, flavonoids, lipids, fatty acids, glycosides, terpenoids, and steroids	Cravotto et al. (2022), Lee et al. (2024) and Nortjie et al. (2022)
Methanol	5.1	Phenols, saponins, quinones, flavonoids, anthocyanins, lignans	Lee et al. (2024) and Nortjie et al. (2022)
Water	10.2	Lectins, polypeptides, terpenoids, saponins	Lee et al. (2024) and Nortjie et al. (2022)

[a]Thermo Fisher Scientific Inc. (2025)

intoxication (Elgharbawy et al. 2020). Among the suggested green solvents, water, ionic liquids, deep eutectic solvents, and supercritical fluids are gaining attention for modern solvent innovation (Choi and Verpoorte 2019). Water is the most used and readily available solvent system for extraction of diverse polyphenols, which include anthocyanins, saponins, tannins, and terpenoids. It is considered Halal due to its natural purity and non-intoxicating properties (Knierim et al. 2024; Pangesti et al. 2023). This solvent medium is also frequently mixed with organic solvents to optimize the yield of polar and nonpolar bioactive compounds compared to using a single solvent. This was shown in the study by Waszkowiak and Gliszczyńska-Świgło (2016), where increasing the water concentration in ethanol–water solvent mixture in the extraction of flaxseed increased the content of phenolic compounds, including secoisolariciresinol diglucoside, phenolic acids, and their glucosides. Furthermore, water has also attracted researchers for its ability to change its physicochemical properties from ambient to near-critical conditions, under which subcritical water extraction can be carried out (Castro-Puyana et al. 2017).

Another Halal-compliant green solvents, ionic liquids, are molten salts from combinations of organic cations with organic or inorganic anions (Elgharbawy et al. 2020; Socas-Rodríguez et al. 2021). They are liquid at room temperature and have optimal thermal, chemical, and electrochemical stability, nonflammability, and negligible volatility properties (Lim et al. 2022). The use of ionic liquids in extraction processes has shown effective extraction of bioactive compounds ranging from small organic compounds, such as phenolic compounds, flavonoids, glycosides, alkaloids, saponins, fats, aromatic compounds, essential oils, vitamins, and amino acids, to more complex molecules, such as nucleic acids, proteins, enzymes, and antibodies (Faisal and Saeed 2020; Lim et al. 2022; Ventura et al. 2017). Some of the common cations in ionic liquids include imidazolium-, pyrrolidinium-, pyridinium-, and quaternary ammonium, combined with halide anions (Cl^-, Br^-, F^-), nitrate (NO_3^-), tetrafluoroborate (BF_4^-), etc. (Lim et al. 2022).

A contemporary extraction solvent known as deep eutectic solvents is ionic fluids that consist of two or three substances that can self-associate to create a eutectic mixture (Botelho Junior et al. 2022). This solvent has emerged as a favorable choice among green solvents and is regarded as Halal-compliant due to its high stability, low volatility, low cost, high biodegradability, and nontoxicity (Hansen et al. 2021). Deep eutectic solvents have shown their ability to extract bioactive compounds from various plants, including flavonoids, phenolic acids, anthocyanins, alkaloids, polysaccharides, proteins, and hydrophobic compounds (Socas-Rodríguez et al. 2021; Zainal-Abidin et al. 2019). Furthermore, the solvent is commonly used in extraction methods such as ultrasonication, microwave, homogenizer, and high hydrostatic pressure-assisted extractions (Socas-Rodríguez et al. 2021). Deep eutectic solvents can be easily prepared by mixing two or more substances, for example, choline chloride:urea (1:2), choline chloride:imidazole (3:7) and triethylbenzyl ammonium chloride:lactic acid (1:9) (Erdocia et al. 2021).

The use of solvents in extracting herbal medicine significantly enhances the efficiency, selectivity, and consistency of bioactive compound extraction. Solvent-based extractions can yield a wide range of bioactive compounds in substantial amounts and enhance bioavailability. For a Halal-compliant extraction, the process must adhere to Islamic guidelines, where the raw materials, solvents, equipment, and handling are clean, safe, non-toxic, and free from any Haram substances. These guidelines ensure that the extracted products remain permissible and suitable for Muslim consumers.

3 Extracted Bioactive Compounds

Plants contain various bioactive compounds that exhibit diverse biological activities, such as antimicrobial, antioxidant, anti-inflammatory, and anticancer activities. These effects are closely attributed to their chemical structures and different mechanisms of action at the molecular and cellular levels. Numerous polyphenols, including flavonoids, phenolics, tannins, and ligands, are powerful antioxidants that counteract reactive oxygen species and reduce cellular oxidative stress (Rudrapal et al. 2022). Their aromatic structure, multiple hydroxyl groups, and extensive conjugated systems enable them to donate electrons or hydrogen atoms, effectively neutralizing free radicals (Rudrapal et al. 2022). Flavonoids are known to improve endothelial function in cardiovascular diseases and lower inflammation by scavenging free radicals (Panche et al. 2016). They have also shown to exhibit metal chelation properties, which can bind to transition metals such as iron and copper, further inhibiting metal-induced oxidative stress (Panche et al. 2016).

The polyphenol quercetin has been demonstrated to inhibit enzymes, such as cyclooxygenase and lipoxygenase, produced by oxidative stress (Zahra et al. 2024). This can help regulate inflammatory mediators and lower the risk of cardiac disease (Zahra et al. 2024). Quercetin has also been found to be a potential inhibitor of severe acute respiratory syndrome coronavirus 2 (SARS-CoV-2). Its ex vivo study showed that the compound inhibited the SARS-CoV-2 replication in Vero E6 cells and Caco-2 cells by blocking the fusion process and propagation (Roy et al. 2024). Additionally, quinones, which consist of aromatic rings and two ketone substitutions, can inactivate enzymes by interacting with the cell wall and binding to proteins (Nortjie et al. 2022). This was shown in the activity of the quinone plumbagin, which effectively inhibited the growth of *Staphylococcus aureus* (Bie et al. 2024). Moreover, plumbagin also exhibited antidiabetic properties, as shown in a reported molecular docking study by Tuli et al. (2020), which demonstrated a strong binding affinity to α-glucosidase with binding energy of -6.7 kcal.

In drug development, a compound's permeability is critical to ensure its efficacy to be absorbed and reach systematic circulation (O'Shea et al. 2022). The selection of extraction solvent impacts the physicochemical characteristics of the bioactive compounds, which subsequently affects their adsorption, distribution, metabolism, and excretion (ADME) profile (Wu et al. 2024). Polar solvents (e.g., ethanol and methanol) tend to extract hydrophilic compounds, which typically struggle to penetrate the nonpolar cell membrane, limiting their absorption and distribution (Yang and Hinner 2015). This uptake limitation enables them to be eliminated easily from the body through urine or bodily fluids (Byers and Sarver 2009). Nonetheless, these hydrophilic compounds exhibit better solubility in gastrointestinal fluids; however, specialized strategies such as drug delivery systems and formulation adjustments are needed to enhance their bioavailability (Walsh et al. 2011). In contrast, lipophilic compounds can easily permeate membranes and tend to accumulate in fatty tissues, the brain, and the phospholipid bilayers of cell membranes (Cooper 2000). Therefore, the physicochemical properties of solubility, lipophilicity, and molecular size or weight significantly affect the optimal bioavailability of bioactive compounds (Wu et al. 2024). The selection of extraction solvents and conditions is essential for producing a wide range of desirable compounds while also considering their ADME effects within biological systems.

4 Halal Perspective on Ethanolic Herbal Extracts

In herbal medicine, it is common to use alcoholic solvents, particularly ethanol, to extract plant samples (Lee et al. 2024). These solvents are effective in dissolving a wide range of bioactive compounds, such as phenols, flavonoids, and alkaloids, which may not be readily soluble in water alone (Lee et al. 2024). When considering the Halal perspective, the use of alcohol solvents for herbal extractions raises concerns within the Muslim community (Hanni and Aghwan 2022). This is because ethanol is the primary component of alcoholic beverages (khamr), which is forbidden in Islam (Haram) (Deuraseh and Deuraseh 2024). Khamr refers to any substance that causes intoxication, affecting a person's ability to control their actions. The Maliki, Shafi'i, and Hanbali schools of jurisprudence consider khamr to be intoxicating drinks made from grapes, dates, and raisins (Deuraseh and Deuraseh 2024). Furthermore, Hadith Bukhari and Muslim identify five key components of khamr, which include grapes, dates, wheat, barley, and honey (Deuraseh and Deuraseh 2024).

The prohibition of khamr is clearly stated in the Quran, in Surah Al-Baqarah verse 219: "*They ask you about Wine and Gambling. Say: In them, there is a great sin and means of profit for men, but their sin is greater than their profit.*" Additionally, in Surah Al-Maaidah verse 90, it is stated: "*O Ye who believe! Intoxicants and Gambling, Sacrificing to Stones, and (divination by) Arrows, are an abomination, of Satan's handiwork; Keep away from such, that Ye may prosper.*"

However, according to The Fatwa of Brunei Government's Mufti Year 2005 (Jabatan Mufti Kerajaan 2007), "*It is prohibited to drink synthetic alcohols made from a mixture of chemicals because of its harmful and poisonous nature. As for cosmetics that contain alcohol produced synthetically or artificially from chemical mixtures, it is permissible, as it is not considered as najis. Furthermore, the prayer of someone that wears clothing that has been sprayed with the perfume that contains alcohol produced synthetically or artificial alcohol produced from chemical mixtures is valid for it is not considered as najis.*" This indicates that not all types of alcohol are classified as khamr and deemed Haram. Therefore, the use of synthetic ethanol produced from petrochemical substances as a solvent for herbal extractions is permissible, provided that it does not result in intoxication and is meant for external use.

Similarly, the Muzakarah of the Fatwa Committee of the National Council for Islamic Religious Affairs Malaysia has also stated that medicines and fragrances containing alcoholic ingredients are permissible (Zulkifli et al. 2024). Moreover, the Fatwa Commission of the Indonesian Council of Ulama decrees that using non-khamr alcohol for medicinal purposes is permitted under specific conditions. The drugs must be safe, not harmful, used correctly, and not misused for intoxication (Qomariah et al. 2021).

According to the findings of Alzeer and Abou Hadeed (2016), any ethanol produced through anaerobic fermentation that ranges from 1 to 15% is considered Haram, while ethanol produced from natural fermentation with less than 1% ethanol content is deemed permissible. Additionally, ethanolic solutions prepared by dilution from absolute or denatured ethanol are permitted for industrial use but are toxic for human consumption, and any concentration between 0.1 and 100% intended for beverages is regarded as non-Halal (Alzeer and Abou Hadeed 2016). However, according to the study by Hanni and Aghwan (2022), some countries have different interpretations and standards regarding permissible alcohol content in food and beverages. Table 3 shows the comparison of the Halal limit of alcohol content in food and beverages for Brunei Darussalam, Malaysia, Indonesia, and Singapore.

The use of ethanol in the extraction process presents significant implications, which require a thorough examination to ensure full compliance with Halal principles. The source, concentration, and intended purpose of ethanol must be examined to ensure that it is not obtained from prohibited substances and does not lead to intoxication. Ensuring verification and following scholarly guidelines are essential to maintaining religious and ethical integrity in using such extracts.

Table 3 Permitted percentages of naturally produced alcohol in food and beverages for Brunei Darussalam, Malaysia, Indonesia, and Singapore (Hanni and Aghwan 2022)

Country	Permitted percentages of naturally produced alcohol	References
Brunei Darussalam	Allowed with the condition that it is below the level of intoxication, no specific limitation on the Halal limit is stated	Hanni and Aghwan (2022)
Malaysia	Below 1%	
Indonesia	Below 1%	
Singapore	Allowed but no specific limitation is stated	

5 Proposed Framework for Standardized Halal-Compliant Herbal Extraction

To support the integration of Halal principles into the standardized processes of herbal medicine production, we propose a scientifically robust and religiously compliant extraction framework. This framework may include the following components:

1. Raw Material and Solvent Verification: Ensure all ingredients and solvents are free from non-Halal substances and conform to Islamic dietary guidelines.
2. Permissible Ethanol Use: Allow the use of synthetic or denatured ethanol derived from non-khamr sources, within strict limits (e.g., $< 1\%$), as endorsed by recognized fatwa councils for pharmaceutical purposes.
3. Sustainable Extraction Methods: Promote eco-friendly and Halal-compatible techniques such as supercritical fluid extraction, deep eutectic solvents, and other green chemistry approaches that align with both environmental and religious standards.
4. Halal-Tailored Good Manufacturing Practices (GMP): Implement GMP customized for Halal production, including the use of dedicated equipment, robust cross-contamination prevention, and comprehensive traceability across all production stages.
5. Certified Halal Compliance: Follow internationally accepted Halal certification protocols, managed through accredited certification bodies to ensure global regulatory approval and consumer trust. These protocols guarantee that the products and services align with the necessary Islamic legal requirements.
6. Transparent Documentation and Quality Assessment Systems: Establish clear quality assurance procedures and documentation to facilitate regulatory audits and support the international trade of Halal-certified herbal products.

This proposed framework aims to harmonize traditional medicinal knowledge with modern scientific consistency and religious requirements, promoting the ethical and globally recognized commercialization of Halal herbal therapeutics.

6 Conclusion

Traditional medicine has been essential in healthcare, particularly in regions where herbal remedies are closely linked to cultural and religious practices. The growing interest in herbal extracts has enabled advancements in extraction methods to ensure efficacy, safety, and compliance with ethical and religious standards. Various extraction techniques, including maceration, Soxhlet extraction, ultrasound-assisted extraction, and supercritical fluid extraction, have been investigated to optimize the yield and bioactivity of plant-derived compounds.

The choice of extraction solvent significantly plays a role in the composition and quality of herbal extracts. Ethanol is a commonly used extraction solvent due to its efficiency in extracting bioactive compounds. However, its Halal status has been a topic of discussion. The ethanol derived from non-khamr sources and used in non-intoxicating amounts for medicinal purposes may be permissible, depending on the interpretation by Islamic scholars. However, when formulating herbal extracts for Muslim consumers, alternative solvents such as water, glycerol, or an acceptable percentage of ethanol content should be considered to ensure compliance with Halal standards.

Future research aimed at developing and validating Halal-certified extraction techniques for potential medicinal herbal extracts is valuable. The standardization of Halal certification for herbal products will enhance consumer trust and promote the global acceptance of Halal herbal medicine. Moreover, integrating scientific advancements with religious values will enable the herbal industry to meet the various consumer preferences while maintaining the integrity of traditional medicine.

Acknowledgements Amanina Yusrina Taufik is a Ph.D. student funded by the Universiti Brunei Darussalam Graduate Research Scholarship.

Conflict of Interest The authors declare no conflicts of interest.

References

Abubakar AR, Haque M (2020) Preparation of medicinal plants: basic extraction and fractionation procedures for experimental purposes. J Pharm Bioallied Sci 12(1):1. https://doi.org/10.4103/JPBS.JPBS_175_19

Adesso S, Russo R, Quaroni A, Autore G, Marzocco S (2018) *Astragalus membranaceus* extract attenuates inflammation and oxidative stress in intestinal epithelial cells via NF-κB activation and Nrf2 response. Int J Mol Sci 19(3). https://doi.org/10.3390/IJMS19030800

Agyemang K, Han L, Liu E, Zhang Y, Wang T, Gao X (2013) Recent advances in *Astragalus membranaceus* anti-diabetic research: pharmacological effects of its phytochemical constituents. Evid-Based Complement Altern Med ECAM 2013. https://doi.org/10.1155/2013/654643

Ali MS, Dash PR, Nasrin M (2015) Study of sedative activity of different extracts of *Kaempferia galanga* in Swiss albino mice. BMC Complement Altern Med 15(1):1–5. https://doi.org/10.1186/S12906-015-0670-Z/TABLES/3

Alzeer J, Abou Hadeed K (2016) Ethanol and its Halal status in food industries. Trends Food Sci Technol 58:14–20. https://doi.org/10.1016/j.tifs.2016.10.018

Astutik S, Pretzsch J, Kimengsi JN (2019) Asian medicinal plants' production and utilization potentials: a review. Sustainability 11(19):5483. https://doi.org/10.3390/SU11195483

Ata A, Mbong N, Iverson CD, Samarasekera R (2009) Minor chemical constituents of *Vitex pinnata*. Nat Prod Commun 4(1). https://doi.org/10.1177/1934578X0900400102

Athukorala Y, Mazza G (2010) Supercritical carbon dioxide and hexane extraction of wax from triticale straw: content, composition and thermal properties. Ind Crops Prod 31(3):550–556. https://doi.org/10.1016/j.indcrop.2010.02.011

Balunas MJ, Kinghorn AD (2005) Drug discovery from medicinal plants. Life Sci 78(5):431–441. https://doi.org/10.1016/J.LFS.2005.09.012

Bhadange YA, Carpenter J, Saharan VK (2024) A comprehensive review on advanced extraction techniques for retrieving bioactive components from natural sources. ACS Omega 9(29):31274–31297. https://doi.org/10.1021/acsomega.4c02718

Bhargavi G, Nageswara Rao P, Renganathan S (2018) Review on the extraction methods of crude oil from all generation biofuels in last few decades. IOP Conf Ser Mater Sci Eng 330:012024. https://doi.org/10.1088/1757-899X/330/1/012024

Bhat SG, Bhat SG (2021) Medicinal plants and its pharmacological values. In: Natural medicinal plants. https://doi.org/10.5772/INTECHOPEN.99848

Bie S, Mo Q, Shi C, Yuan H, Li C, Wu T, Li W, Yu H (2024) Interactions of plumbagin with five common antibiotics against *Staphylococcus aureus* in vitro. PLoS ONE 19(1):e0297493. https://doi.org/10.1371/journal.pone.0297493

Bitwell C, Indra SS, Luke C, Kakoma MK (2023) A review of modern and conventional extraction techniques and their applications for extracting phytochemicals from plants. Sci Afr 19:e01585. https://doi.org/10.1016/J.SCIAF.2023.E01585

Botelho Junior AB, Pavoski G, da Silva MDCR, da Silva WL, Bertuol DA, Espinosa DCR (2022) Promising technologies under development for recycling, remanufacturing, and reusing batteries: an introduction. In: Nano technology for battery recycling, remanufacturing, and reusing. Elsevier, pp 79–103. https://doi.org/10.1016/B978-0-323-91134-4.00006-6

Byers JP, Sarver JG (2009) Pharmacokinetic modeling. In: Pharmacology. Elsevier, pp 201–277. https://doi.org/10.1016/B978-0-12-369521-5.00010-5

Carlson EE (2010) Natural products as chemical probes. ACS Chem Biol 5(7):639–653. https://doi.org/10.1021/cb100105c

Castro-Puyana M, Marina ML, Plaza M (2017) Water as green extraction solvent: principles and reasons for its use. Curr Opin Green Sustain Chem 5:31–36. https://doi.org/10.1016/j.cogsc.2017.03.009

Chapman K, Chomchalow N (2005) Production of medicinal plants in Asia. Acta Hortic 679:45–59. https://doi.org/10.17660/ActaHortic.2005.679.6

Chaudhuri PK, Srivastava R, Kumar S, Kumar S (2004) Phytotoxic and antimicrobial constituents of *Bacopa monnieri* and *Holmskioldia sanguinea*. Phytother Res 18(2):114–117. https://doi.org/10.1002/PTR.1278

Cheng Y, Tang K, Wu S, Liu L, Qiang C, Lin X, Liu B (2011) Astragalus polysaccharides lowers plasma cholesterol through mechanisms distinct from statins. PLoS ONE 6(11). https://doi.org/10.1371/JOURNAL.PONE.0027437

Choi YH, Verpoorte R (2019) Green solvents for the extraction of bioactive compounds from natural products using ionic liquids and deep eutectic solvents. Curr Opin Food Sci 26:87–93. https://doi.org/10.1016/J.COFS.2019.04.003

Cooper GM (2000) The cell: a molecular approach, 2nd edn. Sinauer Associates

Cravotto C, Fabiano-Tixier AS, Claux O, Abert-Vian M, Tabasso S, Cravotto G, Chemat F (2022) Towards substitution of hexane as extraction solvent of food products and ingredients with no regrets. Foods 11(21). https://doi.org/10.3390/FOODS11213412

Deuraseh A, Deuraseh N (2024) The status of alcohol in contemporary products according to Islamic law and scientific aspect. J Halal Sci Technol 3(1):28–40. https://doi.org/10.59202/jhst.v3i1.726

Dissanayake GKC, Waliwata ACLW, Liyanage RP (2020) A review on medicinal uses of *Zingiber officinale* (ginger). Int J Health Sci Res 10(6). www.ijhsr.org

Do QD, Angkawijaya AE, Tran-Nguyen PL, Huynh LH, Soetaredjo FE, Ismadji S, Ju YH (2014) Effect of extraction solvent on total phenol content, total flavonoid content, and antioxidant activity of *Limnophila aromatica*. J Food Drug Anal 22(3):296–302. https://doi.org/10.1016/J.JFDA.2013.11.001

El Hamd MA, El-Maghrabey MH, El-Shaheny RN, Allam AE, Belal F (2022) Correction to: supercritical fluid extraction as a green approach for essential oil extraction. In: Green chemical analysis and sample preparations. Springer International Publishing, p C1. https://doi.org/10.1007/978-3-030-96534-1_14

El Maaiden E, Bouzroud S, Nasser B, Moustaid K, El Mouttaqi A, Ibourki M, Boukcim H, Hirich A, Kouisni L, El Kharrassi Y (2022) A comparative study between conventional and advanced extraction techniques: pharmaceutical and cosmetic properties of plant extracts. Molecules 27(7):2074. https://doi.org/10.3390/MOLECULES27072074

Elgharbawy AAM, Azmi NAN, Mohd-Salleh H (2020) Ionic liquids: promising solvents for halal industry. Food Res 4(S1):52–62. https://doi.org/10.26656/fr.2017.4(S1).S27

Erdocia X, Hernández-Ramos F, Morales A, Izaguirre N, de Hoyos-Martínez PL, Labidi J (2021) Lignin extraction and isolation methods. In: Lignin-based materials for biomedical applications. Elsevier, pp 61–104. https://doi.org/10.1016/B978-0-12-820303-3.00004-7

Faisal M, Saeed A (2020) The role of ionic liquid in medicinal chemistry. In: Green approaches in medicinal chemistry for sustainable drug design. Elsevier, pp 143–180. https://doi.org/10.1016/B978-0-12-817592-7.00006-X

Fotsing Yannick Stéphane F, Kezetas Jean Jules B, El-Saber Batiha G, Ali I, Ndjakou Bruno L (2022) Extraction of bioactive compounds from medicinal plants and herbs. In: Natural medicinal plants. IntechOpen. https://doi.org/10.5772/intechopen.98602

Goh MPY, Basri AM, Yasin H, Taha H, Ahmad N (2017) Ethnobotanical review and pharmacological properties of selected medicinal plants in Brunei Darussalam: *Litsea elliptica*, *Dillenia suffruticosa*, *Dillenia excelsa*, *Aidia racemosa*, *Vitex pinnata* and *Senna alata*. Asian Pac J Trop Biomed 7(2):173–180. https://doi.org/10.1016/j.apjtb.2016.11.026

Gou H, Gu LY, Shang BZ, Xiong Y, Wang C (2016) Protective effect of Bu-Zhong-Yi-Qi decoction, the water extract of Chinese traditional herbal medicine, on 5-fluorouracil-induced intestinal mucositis in mice. Hum Exp Toxicol 35(12):1243–1251. https://doi.org/10.1177/0960327115627686

Hanni SN, Aghwan ZA (2022) Issues of halal products containing alcohol concerning regulations in Brunei Darussalam. J Halal Sci Technol 1(1):74–85

Hansen BB, Spittle S, Chen B, Poe D, Zhang Y, Klein JM, Horton A, Adhikari L, Zelovich T, Doherty BW, Gurkan B, Maginn EJ, Ragauskas A, Dadmun M, Zawodzinski TA, Baker GA, Tuckerman ME, Savinell RF, Sangoro JR (2021) Deep eutectic solvents: a review of fundamentals and applications. Chem Rev 121(3):1232–1285. https://doi.org/10.1021/ACS.CHEMREV.0C00385/ASSET/IMAGES/MEDIUM/CR0C00385_0009.GIF

Jabatan Mufti Kerajaan B (2007) Fatwa Mufti Kerajaan 2005. Jabatan Mufti Kerajaan, Jabatan Perdana Menteri, Negara Brunei Darussalam

Jadiya P, Khan A, Sammi SR, Kaur S, Mir SS, Nazir A (2011) Anti-Parkinsonian effects of *Bacopa monnieri*: insights from transgenic and pharmacological *Caenorhabditis elegans* models of Parkinson's disease. Biochem Biophys Res Commun 413(4):605–610. https://doi.org/10.1016/J.BBRC.2011.09.010

Jha AK, Sit N (2022) Extraction of bioactive compounds from plant materials using combination of various novel methods: a review. Trends Food Sci Technol 119:579–591. https://doi.org/10.1016/J.TIFS.2021.11.019

Kaczorová D, Karalija E, Dahija S, Bešta-Gajević R, Parić A, Ćavar Zeljković S (2021) Influence of extraction solvent on the phenolic profile and bioactivity of two *Achillea* species. Molecules 26(6). https://doi.org/10.3390/MOLECULES26061601

Kamali MH (2013) The parameters of ḥalāl and ḥarām in Shari'ah and the ḥalāl industry. International Institute of Islamic Thought; International Institute of Advanced Islamic Studies (IAIS) Malaysia

Khairullah AR, Solikhah TI, Ansori ANM, Hanisia RH, Puspitarani GA, Fadholly A, Ramandinianto SC (2021) Medicinal importance of *Kaempferia galanga* L. (Zingiberaceae): a comprehensive review. J HerbMed Pharmacol 10(3):281–288. https://doi.org/10.34172/JHP.2021.32

Knierim L, Uhl A, Schmidt A, Flemming M, Höß T, Treutwein J, Strube J (2024) Pressurized hot water extraction as green technology for natural products as key technology with regard to hydrodistillation and solid-liquid extraction. ACS Omega 9(29):31998–32010. https://doi.org/10.1021/acsomega.4c03771

Kumar A (2020) Phytochemistry, pharmacological activities and uses of traditional medicinal plant *Kaempferia galanga* L.—an overview. J Ethnopharmacol 253:112667. https://doi.org/10.1016/J.JEP.2020.112667

Lee J-E, Jayakody J, Kim J-I, Jeong J-W, Choi K-M, Kim T-S, Seo C, Azimi I, Hyun J, Ryu B (2024) The influence of solvent choice on the extraction of bioactive compounds from Asteraceae: a comparative review. Foods 13(19):3151. https://doi.org/10.3390/foods13193151

Li FS, Weng JK (2017) Demystifying traditional herbal medicine with modern approach. Nat Plants 3(8):1–7. https://doi.org/10.1038/nplants.2017.109

Lim JR, Chua LS, Mustaffa AA (2022) Ionic liquids as green solvent and their applications in bioactive compounds extraction from plants. Process Biochem 122:292–306. https://doi.org/10.1016/J.PROCBIO.2022.10.024

Mahato N, Sinha M, Sharma K, Koteswararao R, Cho MH (2019) Modern extraction and purification techniques for obtaining high purity food-grade bioactive compounds and value-added co-products from citrus wastes. Foods 8(11):523. https://doi.org/10.3390/foods8110523

Miao WG, Tang C, Ye Y, Quinn RJ, Feng Y (2019) Traditional Chinese medicine extraction method by ethanol delivers drug-like molecules. Chin J Nat Med 17(9):713–720. https://doi.org/10.1016/S1875-5364(19)30086-X

Moghaddasi MS, Kashani HH (2012) Ginger (*Zingiber officinale*): a review. J Med Plants Res 6(26):4255–4258. https://doi.org/10.5897/JMPR11.787

Mushtaq S, Abbasi BH, Uzair B, Abbasi R (2018) Natural products as reservoirs of novel therapeutic agents. EXCLI J 17:420–451. Leibniz Research Centre for Working Environment and Human Factors. https://doi.org/10.17179/excli2018-1174

Nortjie E, Basitere M, Moyo D, Nyamukamba P (2022) Extraction methods, quantitative and qualitative phytochemical screening of medicinal plants for antimicrobial textiles: a review. Plants 11(15):2011. https://doi.org/10.3390/plants11152011

O'Shea JP, Augustijns P, Brandl M, Brayden DJ, Brouwers J, Griffin BT, Holm R, Jacobsen A-C, Lennernäs H, Vinarov Z, O'Driscoll CM (2022) Best practices in current models mimicking drug permeability in the gastrointestinal tract—an UNGAP review. Eur J Pharm Sci 170:106098. https://doi.org/10.1016/j.ejps.2021.106098

Osorio-Tobón JF (2020) Recent advances and comparisons of conventional and alternative extraction techniques of phenolic compounds. J Food Sci Technol 57(12):4299–4315. https://doi.org/10.1007/s13197-020-04433-2

Panche AN, Diwan AD, Chandra SR (2016) Flavonoids: an overview. J Nutr Sci 5:e47. https://doi.org/10.1017/jns.2016.41

Pangesti IF, Susilo A, Al Awwaly KU, Cahyati M, Nurjannah, Pranowo D (2023) Physical quality of halal propolis extract using the ultrasonic as an active drug ingredients, pp 361–370. https://doi.org/10.2991/978-94-6463-116-6_46

Popova M, Bankova V (2023) Contemporary methods for the extraction and isolation of natural products. BMC Chem 17(1). https://doi.org/10.1186/S13065-023-00960-Z

Qin Q, Niu J, Wang Z, Xu W, Qiao Z, Gu Y (2012) *Astragalus membranaceus* extract activates immune response in macrophages via heparanase. Molecules 17(6):7232. https://doi.org/10.3390/MOLECULES17067232

Qomariah R, Roswiem AP, Suseno D (2021) Analysis of alcohol content in a herbal medicine of noni using gas chromatography method. Int J Halal Res 3(1):1–7. https://doi.org/10.18517/ijhr.3.1.1-7.2021

Radice M, Maddela NR, Scalvenzi L (2022) Biological activities of *Zingiber officinale* Roscoe essential oil against *Fusarium* spp.: a minireview of a promising tool for biocontrol. Agronomy 12(5):1168. https://doi.org/10.3390/agronomy12051168

Rasul MG (2018) Conventional extraction methods use in medicinal plants, their advantages and disadvantages. Int J Basic Sci Appl Comput

Roy AV, Chan M, Banadyga L, He S, Zhu W, Chrétien M, Mbikay M (2024) Quercetin inhibits SARS-CoV-2 infection and prevents syncytium formation by cells co-expressing the viral spike protein and human ACE2. Virol J 21(1):29. https://doi.org/10.1186/s12985-024-02299-w

Rudrapal M, Khairnar SJ, Khan J, Dukhyil AB, Ansari MA, Alomary MN, Alshabrmi FM, Palai S, Deb PK, Devi R (2022) Dietary polyphenols and their role in oxidative stress-induced human diseases: insights into protective effects, antioxidant potentials and mechanism(s) of action. Front Pharmacol 13. https://doi.org/10.3389/fphar.2022.806470

Sairam K, Dorababu M, Goel RK, Bhattacharya SK (2002) Antidepressant activity of standardized extract of *Bacopa monniera* in experimental models of depression in rats. Phytomedicine 9(3):207–211. https://doi.org/10.1078/0944-7113-00116

Sapkale GN, Patil SM, Surwase US, Bhatbhage PK (2010) Supercritical fluid extraction. Int J Chem Sci 8(2)

Segneanu A, Velciov SM, Olariu S, Cziple F, Damian D, Grozescu I (2017) Bioactive molecules profile from natural compounds. In: Amino acid—new insights and roles in plant and animal. https://doi.org/10.5772/INTECHOPEN.68643

Shafie NA, Suhaili NA, Taha H, Ahmad N (2020) Evaluation of antioxidant, antibacterial and wound healing activities of *Vitex pinnata*. F1000Research 9:187. https://doi.org/10.12688/f1000research.21310.2

Shahrajabian MH, Sun W, Cheng Q (2019a) Clinical aspects and health benefits of ginger (*Zingiber officinale*) in both traditional Chinese medicine and modern industry. Acta Agric Scand Sect B Soil Plant Sci 69(6):546–556. https://doi.org/10.1080/09064710.2019.1606930

Shahrajabian MH, Sun W, Cheng Q (2019b) Pharmacological uses and health benefits of ginger (*Zingiber officinale*) in traditional Asian and ancient Chinese medicine, and modern practice. Not Sci Biol 11(3):309–319. https://doi.org/10.15835/nsb11310419

Singh P, Singh V, Tiwari RC (2021) Brahmi (*Bacopa monnieri*): a mental illness drug. J Ayurveda Integr Med Sci 6(4):312–321. https://doi.org/10.21760/JAIMS.V6I4.1430

Socas-Rodríguez B, Torres-Cornejo MV, Álvarez-Rivera G, Mendiola JA (2021) Deep eutectic solvents for the extraction of bioactive compounds from natural sources and agricultural by-products. Appl Sci (Switzerland) 11(11). https://doi.org/10.3390/APP11114897

Taha H, Awang-Jamil Z, Aminuddin MF, Basri AM, Zaidi BQ, Ahmad N (2021) Phytochemicals and antimicrobial analysis of selected medicinal plants from Brunei Darussalam. Biodivers J Biol Divers 22(2). https://doi.org/10.13057/biodiv/d220211

Teka A, Asfaw Z, Demissew S, Van Damme P (2020) Traditional medicinal plant use of indigenous communities in Gurage Zone, Ethiopia. Ethnobot Res Appl 19. https://doi.org/10.32859/era.19.41.1-31

Tiwari P, Kumar B, Kaur M, Kaur G, Kaur H (2011) Phytochemical screening and extraction: a review. Int Pharm Sci 1(1). http://www.ipharmsciencia.com

Tuli HS, Bhatia GK, Sood S, Debnath P, Aggarwal D, Upadhyay SK (2020) In silico analysis and molecular docking studies of plumbagin and piperine ligands as potential inhibitors of alpha-glucosidase receptor. Biointerface Res Appl Chem 11(2):9629–9637. https://doi.org/10.33263/BRIAC112.96299637

Ventura SPM, e Silva FA, Quental MV, Mondal D, Freire MG, Coutinho JAP (2017) Ionic-liquid-mediated extraction and separation processes for bioactive compounds: past, present, and future trends. Chem Rev 117(10):6984–7052. https://doi.org/10.1021/ACS.CHEMREV.6B00550/ASSET/IMAGES/LARGE/CR-2016-00550T_0030.JPEG

Walsh EG, Adamczyk BE, Chalasani KB, Maher S, O'Toole EB, Fox JS, Leonard TW, Brayden DJ (2011) Oral delivery of macromolecules: rationale underpinning gastrointestinal permeation enhancement technology (GIPET®). Ther Deliv 2(12):1595–1610. https://doi.org/10.4155/tde.11.132

Waszkowiak K, Gliszczyńska-Świgło A (2016) Binary ethanol–water solvents affect phenolic profile and antioxidant capacity of flaxseed extracts. Eur Food Res Technol 242(5):777–786. https://doi.org/10.1007/S00217-015-2585-9

Wu K, Kwon SH, Zhou X, Fuller C, Wang X, Vadgama J, Wu Y (2024) Overcoming challenges in small-molecule drug bioavailability: a review of key factors and approaches. Int J Mol Sci 25(23):13121. https://doi.org/10.3390/ijms252313121

Yang NJ, Hinner MJ (2015) Getting across the cell membrane: an overview for small molecules, peptides, and proteins, pp 29–53. https://doi.org/10.1007/978-1-4939-2272-7_3

Yang ZS, Yan JY, Han NP, Zhou W, Cheng Y, Zhang XM, Li N, Yuan JL (2016) Anti-inflammatory effect of Yu-Ping-Feng-San via TGF-β1 signaling suppression in rat model of COPD. Iran J Basic Med Sci 19(9):993. https://doi.org/10.22038/ijbms.2016.7600

Yuan H, Ma Q, Ye L, Piao G (2016) The traditional medicine and modern medicine from natural products. Molecules 21(5):559. https://doi.org/10.3390/molecules21050559

Zahra M, Abrahamse H, George BP (2024) Flavonoids: antioxidant powerhouses and their role in nanomedicine. Antioxidants 13(8):922. https://doi.org/10.3390/antiox13080922

Zainal-Abidin MH, Hayyan M, Ngoh GC, Wong WF, Hayyan A (2019) Extraction of bioactive compounds. In: Deep eutectic solvents: synthesis, properties, and applications, pp 217–233. https://doi.org/10.1002/9783527818488.CH11

Zhang QW, Lin LG, Ye WC (2018) Techniques for extraction and isolation of natural products: a comprehensive review. Chin Med 13(1):20. https://doi.org/10.1186/S13020-018-0177-X

Zulkifli M, Sahari NH, Mohd Aris S (2024) Consumers' acceptance towards alcohol-based cosmetic product. J Contemp Islam Stud 10(1):1–14. https://doi.org/10.24191/jcis.v10i1.10

Fisher Scientific (2025) Summary of key physical data for solvents. Fisher Scientific UK. Retrieved Apr 30 2025, from https://www.fishersci.co.uk/gb/en/scientific-products/technical-tools/summary-key-physical-data-solvents.html

Dr. Fairuzeta Ja'afar is an Assistant Professor in Physical Chemistry at Universiti Brunei Darussalam (UBD), teaching courses such as Chemical Thermodynamics and Quantum Chemistry. She was recognized with the "Teaching Excellence Award in Sciences" in 2020. In addition to her academic role, she serves as Director of Studies under the Office of Assistant Vice Chancellor (Education), overseeing academic matters from undergraduate to postgraduate programs. She also leads curriculum reviews to address emerging challenges like Generative AI. Previously, as Deputy Director of Research, she chaired UBD's inaugural TEDx event. Dr. Fairuzeta is actively involved in research, particularly in natural product and biomass utilization, collaborating with the University of Osaka and Professor Masayoshi Arai. She earned her Ph.D. in Chemistry from Imperial College London in 2015, following an M.Res. in Bioimaging Sciences (2010) and a B.Sc. in Chemistry (2009). With her expertise in teaching, administration, and research, she is committed to shaping the academic and research landscape at UBD and beyond.

Conclusion

Jawad Alzeer

Swiss Scientific Society for Developing Countries, Dübendorf-Zürich, Switzerland

College of Medicine and Health Sciences, Palestine Polytechnic University, Hebron, Palestine

e-mail: zeer@ppu.edu

Abstract
The conclusion establishes Halal–Tayyib as a continuous principle extending from molecule to market, serving as a practical compass across the medical continuum: prevention (vaccine inputs and processes), verification (diagnostics, digital traceability, AI-assisted oversight), and treatment (biologics, cell and gene therapies). This integration actively strengthens safety, transparency, and patient trust. We emphasize the need for auditable sourcing, lawful excipients, and measurable compliance, while highlighting Halalopathy as a clinical opportunity that seamlessly aligns therapeutic intervention with patient values without compromising scientific rigor. When unavoidable ethical or material constraints arise, the principle of necessity provides a principled path forward that neatly parallels conventional risk–benefit reasoning. The chapter closes by outlining a forward program based on shared standards, accredited methods, rigorous audits, digitized supply chains, capacity building, and respectful engagement with parallel frameworks (like Kosher). This strategy facilitates regulatory convergence and bolsters broader patient confidence, affirming that Halal–Tayyib is not an end-label but a design philosophy that advances scientific quality and inclusive ethics.

Keywords
Ethical sourcing, Compatibility, Traceability, Necessity, Transparency, Trust.

Halal Perspectives in Medicinal Chemistry set out to show that scientific innovation is most powerful when technical rigor is guided by cultural and ethical clarity. In

Q. Hasan et al. (eds.), *Halal Perspectives in Medicinal Chemistry*,
https://doi.org/10.1007/978-981-95-6378-4

medicinal chemistry, this clarity is embodied in the principles of Halal (permissible) and Tayyib (wholesome, safe, and ethically sound). The important conclusion is clear: Halal–Tayyib should not be seen as a label added at the end of development but as a guiding principle woven into every stage of the process, from the molecule to the market. By integrating these principles early, traceability is strengthened, risks are reduced, and trust is built across diverse patient communities, both Muslim and non-Muslim.

In prevention, the vaccine chapters show that when technologies and processes are guided by Halal–Tayyib principles from the start—selecting cell substrates, growth media, and stabilizers with both scientific and ethical expectations in mind—acceptance and coverage rise naturally. This early alignment ensures that no patient must choose between receiving care and preserving their values, translating good public health into smart, ethical design.

In verification, diagnostics serve as the quality gatekeepers. Modern tools such as PCR and sequencing for identity, immunoassays for detection, and portable biosensors for rapid checks make ethical compliance as measurable as sterility or potency. When these technologies are combined with digital traceability and AI-driven oversight, they transform compliance into a clear, data-backed process. This creates a level of transparency that both regulators and patients can trust, reinforcing the idea that if you can measure it, you can manage it.

In treatment, the book shows how advanced therapies—from biologics to cell and gene treatments—can be developed with clear sourcing, controlled excipients, and auditable manufacturing steps. The concept of Halalopathy, therapy aligned with a patient's beliefs and lifestyle, adds a human dimension to science. It is the simple yet powerful idea that when a treatment feels right and respects a person's core values, they are more likely to engage with it and stay on course with their treatment plan. This is when positive clinical outcomes often follow. This is not just about being considerate of cultural differences; it's a genuine clinical opportunity—one that can be tested without compromising scientific rigor or regulatory discipline.

At the fundamental level of sourcing, Halal principles are not a limitation but a guide. While marine compounds and medicinal plants remain vital resources for innovation, their permissibility hinges on a variety of factors—from the species and its origin to farming practices and the integrity of additives. This book offers a practical matrix to navigate these complexities, ensuring that a product's ethical acceptability and its scientific effectiveness evolve together. And in those rare instances where an unavoidable trade-off emerges, the principle of necessity (*darūrah*) provides a sensible framework for making decisions, aligning with the conventional risk–benefit assessments that scientists already use. Ultimately, this approach proves that scientific excellence and ethical integrity are not mutually exclusive; they are, in fact, complementary.

Taken together, these insights point toward a unified path forward: define shared standards, validate methods in accredited labs, ensure rigorous auditing, digitize traceability, build capacity through targeted training, and foster regulatory convergence. The principle of Halal–Tayyib can serve as a compass—not as a constraint—guiding vaccines, diagnostics, and therapeutics toward safety, integrity, and trust.

At the same time, respect for parallel frameworks such as kosher, and sensitivity to the ethical needs of other religious and cultural groups, is essential before drawing universal conclusions. By embedding these values from the earliest stages of discovery to the point of care, medicinal chemistry can contribute to medicines that are stronger, safer, and ethically aligned, supported by systems built for transparency, sustainability, and broad public confidence. In doing so, the world moves closer to a healthcare ecosystem that acknowledges the diversity within Islam while also respecting the three-quarters of the world's population that is not Muslim—an ecosystem where innovation serves humanity with both scientific excellence and inclusive ethical clarity.

MIX
Papier aus verantwortungsvollen Quellen
Paper from responsible sources
FSC® C105338

If you have any concerns about our products,
you can contact us on
ProductSafety@springernature.com

In case Publisher is established outside the EU,
the EU authorized representative is:
Springer Nature Customer Service Center GmbH
Europaplatz 3, 69115 Heidelberg, Germany

Printed by Libri Plureos GmbH
in Hamburg, Germany

Functional Soft Matter I

Masahiro Funahashi
Editor

Functional Soft Matter I

Basic Principles

Springer

Editor
Masahiro Funahashi
Department of Chemical Science
and Engineering
Kobe University
Kobe, Hyogo, Japan

ISBN 978-981-92-0107-5 ISBN 978-981-92-0108-2 (eBook)
https://doi.org/10.1007/978-981-92-0108-2

This Springer imprint is published by the registered company Springer Nature Singapore Pte Ltd.
The registered company address is: 152 Beach Road, #21-01/04 Gateway East, Singapore 189721, Singapore

Preface

In the traditional materials science, substances with rigid structures have been investigated long time. Metals and ceramics are typical examples. These rigid materials have been mainly utilized for structural materials used in machinery, architecture, containers, and so on. On the other hand, human beings have utilized soft materials, such as textiles, fibers, and leathers. Most of them have been obtained from natural resources.

The assumption of macromolecules by Staudinger in 1920 and subsequent invention of Nyron by Carothers in 1935 brought industrial production of synthetic polymers and many kinds of synthetic plastics, resins, and fibers are available for practical usage now.

Not only structural materials, soft materials with electronic, optical, and other functions (functional soft matter) have been studied these 50 years. The observation of the electronic conduction in violanthrone crystals in 1950 by Akamatsu and Inokuchi was epoch-making discovery. The synthesis of polyacetylene films with the high electric conductivity in 1977 by Shirakawa, MacDiarmid, and Heeger extended electronics to soft matter.

In addition to polymers, display application of liquid crystals had remarkably grown since the announcement of dynamic scattering display by Heilmeyer of RCA in 1968. In the liquid crystal displays, optical anisotropy coupled with mobility of liquid crystal molecules, to create a light-shuttering function.

Now, soft materials with optoelectronic functions are extensively studied for the applications to flexible displays, wearable sensors, and printed devices. For example, organic transistors and sensors are integrated on flexible polymer substrates by printing method. Many materials are under study while some are applied for practical usage. The significance of functional soft materials is just increasing for creation of new technologies. A few review articles on this topic have been published in top journals. However, textbooks covering basic science, applications, and characterization methods have been very limited so far. This textbook covers the basic concepts of functional soft matter, characterization methods of nanostructures and physical properties of soft matter, functions of soft matter, and device applications, including photoreactive liquid crystals, liquid crystalline semiconductors, photoalignment polymers, circularly polarized luminescent materials, ionic liquids, conjugated polymers, and so on.

This book consists of two volumes: *Functional Soft Matter I: Basic Principles*, and *Functional Soft Matter II: Analytical Methods and Topics. Functional Soft Matter I* describes the basic principles of functional soft matter in order to understand the chemical and physical basis. This volume includes thermodynamics, ordering, mechanical properties, electronic properties, magnetic properties, aromaticity, and photochemistry and photophysics of soft matter. Graduate students can acquire chemical and physical basis of functional soft matter, such as liquid crystals. Moreover, chapters related to biomaterials, ionic liquids, and conjugated polymers are effective to learn how to design new functional materials. Readers will build the scientific base, imaging specific materials. The authors and editor hope that the reader should gain great insights into functional soft matter from this volume as well as the second volume, *Functional Soft Matter II: Analytical Methods and Topic.*

The editor expresses my sincere gratitude to all authors for their valuable contributions to Functional Soft Matter—Electronic and Optical Functions. The editor hopes this book will serve as a valuable resource for advanced studies in functional materials fields.

Kobe, Japan Masahiro Funahashi

Contents

Thermodynamics and Statistics of Soft Matter

Shunto Arai

1 Molecular World Viewed from Intermolecular Interaction

Molecular materials form various macroscopic structures through intermolecular interactions [1]. The interaction distances and magnitudes have a significant influence on the macroscopic properties. In this section, we will learn several types of interactions and the magnitude of each interaction. One of the reference values for energy in intermolecular interactions is the thermal energy k_BT at room temperature, where k_B is Boltzmann's constant and T is the absolute temperature. The energy corresponding to a room temperature of 25 °C (298.15 K) is 4.116×10^{-21} J. If the energy of the bond is sufficiently higher than k_BT, the bond is difficult to break and is regarded as a chemical bond. On the other hand, if the energy of the bond is equal to or slightly greater than k_BT, there is a finite chance that the bond will break, and this is a temporary bond or physical bond.

Covalent Bonds

When an atom and another atom provide respective valence electrons and share an electron pair, the energy of the bond becomes lower than that of individual atoms. This lowering of energy gives rise to a covalent bonding between atoms. This bond is directional and strong, with magnitudes ranging from $30 - 100 \times 10^{-20}$ J. The magnitude of the interaction is so large compared to thermal fluctuations that a molecule composed of stable covalent bonds can be considered to move as a unit by itself without breaking unless a large amount of energy from the outside is given.

S. Arai (✉)
National Institute for Materials Science (NIMS), Tsukuba, Ibaraki, Japan
e-mail: ARAI.Shunto@nims.go.jp

M. Funahashi (ed.), *Functional Soft Matter I*,
https://doi.org/10.1007/978-981-92-0108-2_1

Metallic Bonds

When two or more atoms are brought closer together, the electrons bound to the atoms can be distributed over a broader area. This delocalization of electrons results in a lower energy than in the case of individual atoms. This is called a metallic bond. A metallic bond can be regarded as a special case of covalent bonds. The magnitude of the interaction is comparable to that of a covalent bond, but the directionality is somewhat lost.

Ionic Interactions

In ionic solids, like NaCl, the ions interact directly via the Coulomb potential U_{C}. For two charges q_{A} and q_{B} separated by a distance r, this potential can be written as

$$U_C = \frac{q_A q_B}{4\pi\varepsilon r} \tag{1}$$

where ϵ is the dielectric constant. This interaction potential is spherically symmetric and direction-independent. For ion pairs in crystals, the magnitude of the interaction is typically of the order of 100×10^{-20} J.

In contrast to the situation envisaged from this large interaction energy, the interaction in liquid is considerably shielded by the presence of a large number of moving charges (or ions), resulting in a large attenuation. Consider small particles in a liquid, namely colloidal dispersion. For two spheres of diameter σ, separated by a center-to-center distance r, the interaction energy can be written by Yukawa-type potential:

$$U_{\mathrm{Yuk}} = \varepsilon_{\mathrm{Y}} \frac{\exp[-\kappa\sigma(r/\sigma - 1)]}{r/\sigma} \tag{2}$$

where κ is called the inverse Debye screening length. As the Yukawa potential is proportional to $\exp(-\kappa r)$, the Debye length is a quantity characterizing the effect of screening the Coulomb interaction by the ions. Suppose a fluid of relative permittivity ϵ_r contains monovalent ions of a concentration n, the inverse Debye screening length can be calculated as

$$\kappa = \sqrt{\frac{e^2 n}{\varepsilon_0 \varepsilon_r k_{\mathrm{B}} T}} = \sqrt{4\pi\lambda_{\mathrm{B}} n} \tag{3}$$

where e is the elementary charge, and ϵ_0 is the vacuum permittivity. In this equation, we defined Bjerrum length λ_{B} as

$$\lambda_{\mathrm{B}} = \frac{e^2}{4\pi\varepsilon_0\varepsilon_r k_{\mathrm{B}} T} \tag{4}$$

The magnitude of Yukawa potential can be characterized by ϵ_{Y}, and this can be calculated by the following form:

$$\varepsilon_Y = k_B T \left(\frac{Z}{1 + \kappa\sigma/2} \right)^2 \cdot \frac{\lambda_B}{\sigma} \tag{5}$$

where Z is the charge of each particle, expressed in units of the elementary charge.

The theory of colloidal stability with this potential was developed by Derjaguin et al. [2, 3] and is called DLVO theory after their initials. This theory demonstrates that even for particles with a large charge Z, the screening length κ^{-1} dramatically decreases at high ion concentration n, and the magnitude of the interparticle interaction rapidly decays as a function of distance r.

Hydrogen Bonds

Hydrogen bonds emerge when a hydrogen atom is connected to an electronegative O or N atom. As hydrogen atoms are small and have a single electron, their positive charge is not shielded far from the electronegative atom. This results in strong intermolecular interaction with an electronegative atom in another neighboring molecule. The magnitude of the interaction is $2 - 6 \times 10^{-20}$ J.

This interaction strongly depends on the direction of bonding. Hydrogen has only one electron, used to form the covalent bond. This leads to an anisotropy in the distribution of electrons along the bonding direction. As a result, the exchange repulsive force is weaker for atoms contacting from the opposite side of the bond (direction A) than direction B, as shown in Fig. 1a. Such interactions are thought to play an essential role in the assembly of biomolecules.

Similarly, the exchange repulsion of halogen atoms is also known to be strongly anisotropic [4, 5]. For halogen atoms such as iodine, a positively charged (δ^+) region is produced on the opposite side of the covalent bond with another atom, as shown in Fig. 1b. This region is called σ-hole and strongly interacts with the Lewis base, resulting in a halogen bond [5].

Dispersion Interaction

Attractive interactions occur even between electrically neutral molecules. Within these molecules, the charge distribution fluctuates with time. When molecules come close to each other, the fluctuations are correlated, which causes an attractive interaction between neighboring molecules. The magnitude of the interaction U_{dis} is written using polarizability α and distance r as

$$U_{\text{dis}} \sim -\frac{\alpha^2}{r^6}. \tag{6}$$

This is not a directional interaction and is comparable to the thermal energy $k_B T$ at room temperature, i.e., the order of ~1×10^{-20} J.

Most organic molecules are electrically neutral, and the contribution of dispersion forces is crucial in molecular assembly. However, the dispersion force cannot be calculated simply by the Hartree–Fock method because this interaction is based on the correlated motion of electrons, and it requires correction for electron correlation by using the Møller-Plesset second-order perturbation (MP2) or the coupled cluster

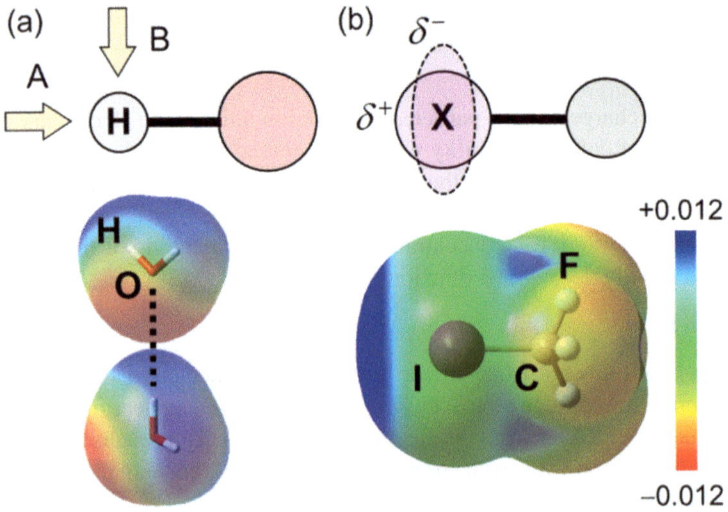

Fig. 1 Origin of the strongly directional dependence in hydrogen and halogen bonds. **a** (top) Anisotropy of exchange repulsion of H atom bonded with another atom. (bottom) Schematic illustration of charge distribution and hydrogen bonding of water molecules. **b** (top) Schematic illustration of charge distribution of halogen atom (X) bonded with another atom. (bottom) Calculated charge distribution of CF_3I. Blue and red colors show positively and negatively charged regions, respectively

(CCSD(T)) method. However, the computational cost using these methods considerably increases for the large molecules. The density functional theory (DFT) method accounts for electron correlations with lower computational costs, but the dispersion interaction cannot be calculated straightforwardly. In view of these issues, the dispersion-corrected DFT method has been developed, in which the contribution of dispersion interaction is corrected by a potential function. Among them, the correction method proposed by Grimme et al. exhibits similar results to CCSD(T)-level calculation in many cases and is widely used to calculate intermolecular interaction energies [6 – 8].

Solvatophobic Effects

The representative of solvatophobic effects is the hydrophobic effect. Liquid water forms a three-dimensional hydrogen bonding network. Consider that a molecule that is incompatible with the bonds and the molecule participates in this network. To minimize the contribution to the breakage of the hydrogen bonding network, water molecules form an ordered structure around the molecule. Therefore, two molecules approach each other to reduce the effect of bond breakage. This leads to an attractive interaction between these two molecules. This is the mechanism of the hydrophobic effect. The magnitude of the interaction is on the order of ~1×10^{-20} J. In the hydrophobic effect, the breakage and formation of hydrogen bond networks have been considered critically important. For ions, the ability to structure water is known as the Hofmeister series [9].

2 Intermolecular Interactions and the Stiffness of Materials

In this section, we will discuss a fundamental question: "Why is soft matter soft?" based on the intermolecular interactions. In solid systems, molecules are positioned subject to attractive and repulsive interactions from the surrounding molecules. Figure 2a presents a typical two-body interaction potential. We can approximate the interaction between neighboring molecules as a harmonic potential near the potential minimum. For simplicity, the solid system is modeled as shown in Fig. 2b where point masses are connected by springs. For the system with a larger spring constant,k, the deformation should be small even if the same external force is applied, and namely, the material is hard. For a solid system, we can rewrite the displacement and force by the strain and stress (force per unit area) σ as follows

$$\sigma \sim F/L^2 = -\frac{k}{L} \cdot \frac{\Delta x}{L}. \tag{7}$$

Here we assume that each point mass is in an equilibrium position. The interaction potential $U(r)$ can be expanded as a function of position r as

$$U(r) = U(L) + \frac{1}{2}\left(\frac{\mathrm{d}^2 U}{\mathrm{d}r^2}\right)(r-L)^2 + O\big((r-L)^3\big) \tag{8}$$

where $O\big((r-L)^3\big)$ denotes the third and higher-order terms of the expansion. Note that the first-order term is not included because it leads to a directional motion. From an analogy with the elastic energy of a spring, the second-order coefficient of the

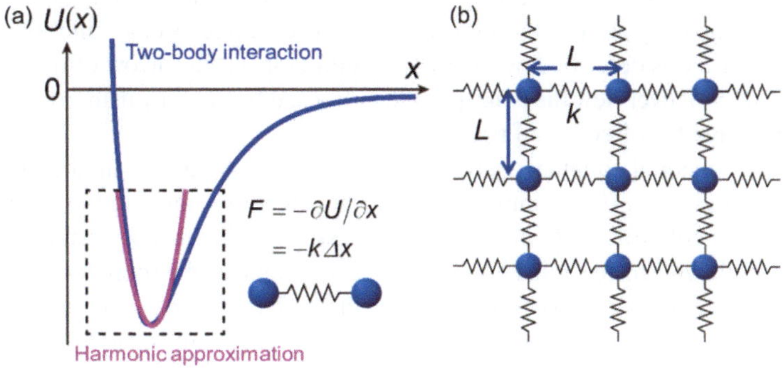

Fig. 2 **a** Typical two-body interaction potential. Near the energy minimum, a harmonic approximation is possible. **b** Model of a solid with springs and beads

expansion is related to the spring constant k. Suppose that the intermolecular potential is minimized at $U(L) = -\epsilon$, it can be written as $U(r) = \epsilon f(r/L)$, where $f(x)$ is a dimensionless function and satisfies $f(1) = -1$. Differentiating this function by r, we can obtain the following relation:

$$k \sim \left(\frac{\mathrm{d}^2 U}{\mathrm{d}r^2}\right)\Bigg|_{r=L} \sim \frac{\varepsilon}{L^2}. \tag{9}$$

This leads to Eq. 10.

$$\sigma \sim -\frac{\varepsilon}{L^3} \cdot \frac{\Delta x}{L} \tag{10}$$

This means that the hardness of the material is determined by the distance between the masses and the magnitude of the interaction energy. The weaker the interaction energy and the greater the distance between the masses (characteristic length scale), the softer the material tends to be. In many soft materials, molecules weakly interact and the distances between individual molecules are large (in some cases they create a more macroscopic order and interact with each other). This situation leads to the softness of molecular materials.

3 Thermodynamics and the Arrow of Time

Can the state of a system be determined solely by the intermolecular interaction energy? Even for the same substance, different conditions of temperature and pressure will result in different structures (i.e., phases) at equilibrium. For example, water becomes solid (ice) when the temperature is lowered, and water vapor when the temperature is high. These changes from one phase to another are called phase transitions. Thermodynamics determines the stability of these phases and the direction of phase transition. Interestingly, these changes are unidirectional, even though the microscopic equations of motion are symmetric with respect to time. This asymmetry of time was described by Sir Arthur Eddington as "the arrow of time." In this section, we will overview the concepts of entropy and free energy in thermodynamics that determine the direction of transitions.

When a material spontaneously transforms from one state to another, there is a direction of change. For example, consider the situation shown in Fig. 3a that you brew a cup of coffee at 65 °C and leave it on a desk (under room temperature of 25 °C). After a while, the coffee cools down to 25 °C, the same as the room temperature, as we experience on a daily basis. Conversely, the coffee will not warm up on its own. As another example, consider the case where two gases are separately partitioned in a box, as shown in Fig. 3b. When this partition is removed, one can imagine that the two types of gases would spontaneously mix. On the other hand, the two gases

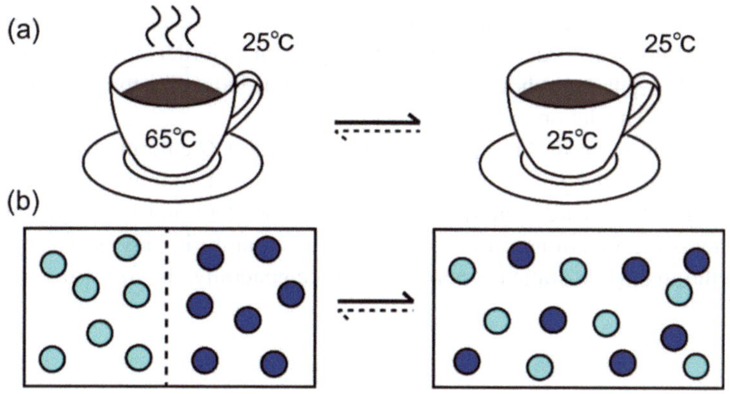

Fig. 3 Typical examples of the asymmetry of time. **a** Coffee in a cup approaches (cools down) to room temperature. **b** Mixing of two components of gases that were initially partitioned separately in a box

should not separate from each other in the absence of specific interaction or external forces.

One of the physical quantities associated with the direction of these changes is entropy. Based on statistical mechanics, entropy S is defined by Boltzmann's principle:

$$S = k_{\mathrm{B}} \ln W \tag{11}$$

where k_{B} shows Boltzmann's constant and W is the number of possible microscopic states. The left-hand side is a macroscopic quantity as we will see below, while the right-hand side is calculated using a microscopic quantity. From this equation, entropy is often interpreted as "the amount of disorder," since the number of possible states is intuitively associated with the disorder of the system.

Once the state of the system is determined, the value of W is determined in principle and thus the value of S can also be calculated. This quantity is thus independent of the process during the transformation, and this kind of value is called the state function. In thermodynamics, when a system changes from one state to another sufficiently slowly as if it maintains thermal equilibrium (called a quasi-static process), the change in entropy, dS, can be related to the incoming heat d'Q as follows:

$$\mathrm{d}S = \frac{d'Q}{T} \text{ (quasi static process)} \tag{12}$$

where T shows the absolute temperature. Here we will try to intuitively capture the meaning of this equation, although it will be somewhat less precise. The heat d'Q entering the system can be treated as a factor that increases the degree of disorder. However, this alone does not determine the change in the degree of disorder in the system. For example, the change in disorder attributed to the additional heat is relatively small for the originally disordered system. However, when heat is added to an originally well-ordered system, the degree of disorder is perceived to have increased. Thus, the heat should be scaled by the value indicating the original disorder in the system. The denominator, T, plays this role.

What is important in this equation is that the heat $d'Q$ entering the system does not represent a "change" before or after the system, but simply a "given (minute) amount." In other words, the quantity is path-dependent and these quantities are called non-state functions. In fact, the previous equality is only applicable to the change through quasi-static processes, and more generally, the following inequality is satisfied:

$$\mathrm{d}S \geq \frac{d'Q}{T_{\mathrm{ex}}} \tag{13}$$

where T_{ex} represents the temperature of the external surroundings. As is well-demonstrated in this example, thermodynamics is a discipline in which non-state functions are expressed in terms of changes in state functions by restricting the path of the process.

If there is no heat entering or leaving the system (adiabatic process), we can set $\mathrm{d}'Q = 0$ and find

$$\mathrm{d}S \geq 0 \, (\text{adiabatic process}). \tag{14}$$

The equal sign holds for quasi-static processes. This inequality is known as the second law of thermodynamics or the law of increasing entropy. This rule determines the direction of state change in adiabatic processes and is also an indicator of irreversibility.

4 Free Energy

A system where heat exchange is blocked from the outside is called an isolated system. From the second law of thermodynamics, we learn that the change proceeds spontaneously in the direction $\Delta S \geq 0$ in an isolated system. However, we are basically interested only in the subsystem where the phase transition takes place. Thus, even if the entire laboratory can be regarded as an isolated system, as schematically shown in Fig. 4, it is not realistic to consider the entropy change of the entire laboratory to know how this change takes place, and you will want to predict the direction of change from only the state functions of the system of interest. To do this, we will learn the concept of free energy in this section to describe the direction of spontaneous change only from the information of the subsystem of interest.

Isothermal-Isochoric Processes and Helmholtz Free Energy

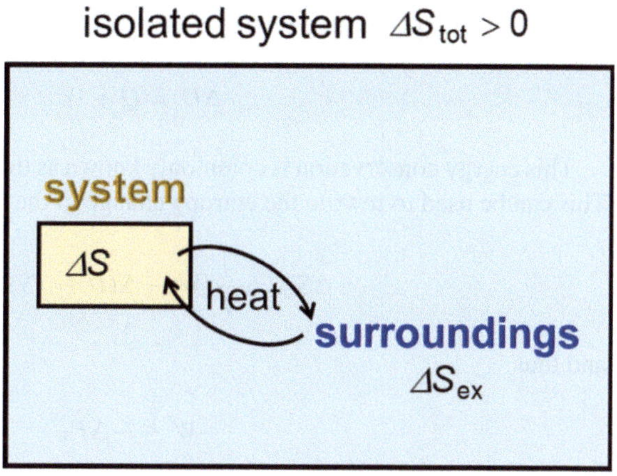

Fig. 4 Isolated system composed of the (sub)system we focus on and its surroundings

First, let us restrict ourselves to isothermal-isochoric processes. We call the outside of the system "surroundings" and state functions in the surroundings are denoted by the subscript "ex." Suppose the surrounding system is sufficiently large, the effect of phase transition occurring in the system on the surroundings is small and the change can be regarded as a quasi-static process. Therefore, the entropy change ΔS_{ex} can be written as $\Delta S_{\text{ex}} = -Q/T_{\text{ex}}$. This is equal to $\Delta S_{\text{ex}} = -\Delta U/T_{\text{ex}}$ because there is no expansion work in the isochoric process and the given heat is only used for the internal energy change ΔU. Therefore, the entropy ΔS_{tot} of the isolated system can be written by using the entropy ΔS of the subsystem as

$$\Delta S_{\text{tot}} = -\frac{\Delta U}{T_{\text{ex}}} + \Delta S = -\frac{1}{T}\Delta(U - TS) \tag{15}$$

where the temperature T of the system is identical to the temperature of the surroundings at the beginning and final states. From the second law of thermodynamics, the entropy change of the isolated system is positive, so we can obtain the following inequality by replacing$U - TS = F$.

$$\Delta F = \Delta(U - TS) < 0\,(\text{isothermal} - \text{isochoric process}) \tag{16}$$

F is a state function that can be determined by specifying the system, and the change in the system proceeds in the direction of decreasing this physical quantity. This function is called the Helmholtz free energy. In an isothermal-isochoric process, the direction of spontaneous change is$\Delta F < 0$. It can also be shown that F is a convex function and that the equilibrium condition is attained when F becomes a minimum. (Note that it is not a "local minimum.").

This argument can be extended to isothermal processes, where the work done to the system, W, is included. Since the entropy change in the external environment can be seen as quasi-static, the change in internal energy ΔU can be written as the sum of a given heat Q and work W.

$$\Delta U = Q + W \tag{17}$$

This energy conservation is commonly known as the first law of thermodynamics. This can be used to rewrite the entropy change in the external surroundings as

$$\Delta S_{\text{tot}} = \frac{1}{T}(W - \Delta(U - TS)) \geq 0 \tag{18}$$

and thus

$$-W \leq -\Delta F, \tag{19}$$

W shows the work done to the system, indicating that $-W$ represents work that can be taken out of the system. This means that the maximum work that can be extracted is subject to an upper limit by the change in F. This also indicates that the change in internal energy cannot be entirely converted into work and that the process involves heat and dissipation. This result shows that the energy that can be freely extracted (with maximum effort) in a quasi-static process is related to F. This is why F is called "free energy."

Isothermal-Isobaric Processes and Gibbs Free Energy

Most of the actual experiment will be conducted in an isobaric process. In this section, we consider the direction of spontaneous change of the system in isothermal isobaric processes. The work done to the external surroundings from the system is expressed by $W_{\text{ex}} = -P_{\text{ex}}\Delta V$, where ΔV is the change in volume of the system and has a negative sign. Using the first law of thermodynamics, the total entropy change of the isolated system is

$$\Delta S_{\text{tot}} = -\frac{1}{T_{\text{ex}}}(\Delta U + P_{\text{ex}}\Delta V) + \Delta S > 0. \tag{20}$$

In the initial and final states, the external temperature T_{ex} and pressure P_{ex} can be considered equal to the temperature T and pressure P of the system, respectively. Thus, we can obtain the following inequality:

$$\Delta(U - TS + PV) < 0. \tag{21}$$

The function $G = U - TS + PV$ is a state function and determines the direction of spontaneous change by $\Delta G < 0$ in the isothermal isobaric process. This function is called the Gibbs free energy. As in the case of Helmholtz free energy, G can be shown to be a convex function, and G will take a minimum value in equilibrium.

As a more general case, the total work W_{tot} includes a component W^* other than the work associated with the volume expansion of the system. We refer to W^* here as the non-expansion work. Non-expansion work includes, for example, electrochemical work in batteries. Here, we can write $W_{\text{tot}} = W + W^*$, and we can rewrite the entropy-increasing law for an isolated system as

$$-W^* \leq -\Delta G. \tag{22}$$

The equality holds for quasi-static processes. This inequality indicates that the upper limit of non-expansion work is determined by the Gibbs free energy and that the maximum (equal sign condition) is achieved by a quasi-static process.

Phase Equilibrium and Chemical Potential

So far, we have overviewed the quantities that determine the equilibrium state in a limited situation where materials do not enter or leave the system. Such a system is called a closed system. On the other hand, chemical reactions and phase transitions generally occur in open systems where substances enter and leave the system. In this section, we will discuss chemical potential as a concept that determines the equilibrium state in an open system.

For simplicity, let us consider a one-component system shown in Fig. 5a. We assume that phases α and β are in contact with each other, and the change in the amount of material in each phase is expressed as δn_α and δn_β, respectively. For example, consider the case where water vapor and liquid water are in the α and β phases, respectively. Considering the case where the external temperature T and pressure P are constant, the change in Gibbs energy of the whole system δG associated with the change in the amount of materials can be written as:

$$\delta G = \left(\frac{\partial G}{\partial n_\alpha}\right)_{T,P} \delta n_\alpha + \left(\frac{\partial G}{\partial n_\beta}\right)_{T,P} \delta n_\beta = \mu_\alpha \delta n_\alpha + \mu_\beta \delta n_\beta \tag{23}$$

where we defined $\mu_i = \left(\frac{\partial G}{\partial n_i}\right)_{T,P} (i = \alpha, \beta)$. In this one-component system, we can assume the number of materials is conserved, and the total amount of materials n

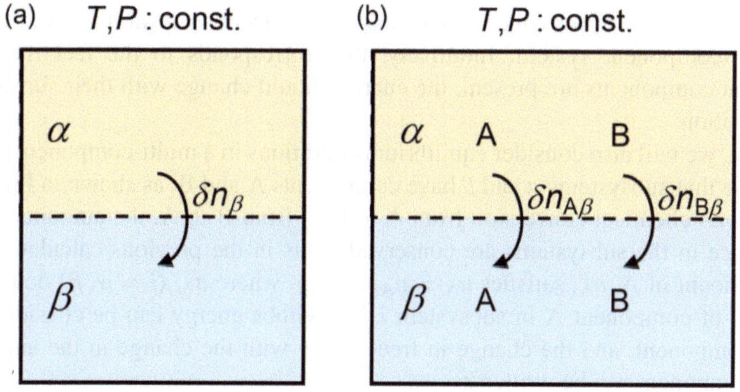

Fig. 5 Example of open systems. **a** One-component system. **b** Multi-component system

satisfies $n = n_\alpha + n_\beta$. This leads to $\delta n_\alpha = -\delta n_\beta$, and we can obtain the following equation.

$$\delta G = (\mu_\beta - \mu_\alpha)\delta n_\beta \tag{24}$$

The materials in the phase α and β move to satisfy$\delta G < 0$, and δn_β must be larger than 0 for$\mu_\alpha > \mu_\beta$. This implies that there is a flow of matter from phase α to β. From the same argument, there is a flow of material from the β to α phase for$\mu_\alpha < \mu_\beta$. This means that the flow of matter occurs from the phase with higher μ to the lower one. From the analogy with the potential energy in classical mechanics, μ is called the chemical potential. Note that when the chemical potential of each subsystem satisfies$\mu_\alpha = \mu_\beta$, there is no apparent flow of materials. This represents the phase equilibrium condition in an open system.

Let us consider the physical meaning of chemical potential in the case of the one-component system. In the example above, the Gibbs free energy in each subsystem can be written as $G_i = U_i - TS_i + PV_i (i = \alpha, \beta)$. As the state functions U_i, S_i, and V_i are additive, we can obtain the free energy in the whole system as $G_{\text{tot}} = (U_\alpha + U_\beta) - T(S_\alpha + S_\beta) + P(V_\alpha + V_\beta) = G_\alpha + G_\beta$. This means that the Gibbs energy is additive when the temperature and pressure of each subsystem are the same. Physical quantities proportional to the size, volume, and mass of a system are called extensive quantities. Gibbs free energy has this property, and for a one-component system, the Gibbs energy satisfies

$$G(T, P, n) = nG(T, P, 1), \tag{25}$$

$G(T, P, 1)$ on the right side is no longer a function of n. According to the definition of chemical potential, the derivative of G is calculated as

$$\mu = G(T, P, 1). \tag{26}$$

This means that the chemical potential μ is regarded as the Gibbs free energy per unit amount of substance. Note that this concept is invalid for the case of a multi-component system. Intuitively, this corresponds to the fact that when different components are present, the energy should change with their surrounding composition.

Next, we will also consider equilibrium conditions in a multi-component system. Suppose that subsystems α and β have components A and B, as shown in Fig. 5b. If there is no chemical conversion from A to B or from B to A, the amounts of each substance in the subsystems are conserved, as is in the previous calculation. The total amount of A, n_{A}, satisfies $n_{\text{A}} = n_{\text{A}\alpha} + n_{\text{A}\beta}$, where $n_{\text{A}i}$ $(i = \alpha, \beta)$ denotes the amount of component A in subsystem i. The Gibbs energy can be considered for each component, and the change in free energy with the change in the amount of each component can be written as

$$\delta G_{\text{A}} = \mu_{\text{A}\alpha}\delta n_{\text{A}\alpha} + \mu_{\text{A}\beta}\delta n_{\text{A}\beta} = (\mu_{\text{A}\beta} - \mu_{\text{A}\alpha})\delta n_{\text{A}\beta}. \tag{27}$$

This affords the same argument with a one-component system, and the relationship between the chemical potentials $\mu_{A\alpha}$ and $\mu_{A\beta}$ determines the flow of material in the system.

Notably, even if involving chemical reactions, the direction of spontaneous change in a system can be predicted using the chemical potential of the subsystems. For example, consider the case where a system contains four components, A, B, C, and D, which undergo the following chemical reactions:

$$aA + bB \rightarrow cC + dD \tag{28}$$

where *a*, *b*, *c*, and *d* represent the stoichiometric coefficients. Without going into details, the chemical potentials of the reacting and producing systems are respectively defined as

$$\begin{cases} \mu_1 = a\mu_A + b\mu_B \\ \mu_2 = c\mu_C + d\mu_D \end{cases}. \tag{29}$$

The direction of spontaneous chemical reaction is determined by the relation of μ_1 and μ_2.

5 Phase Transition

A diagram showing what phases can be obtained with parameters specifying macroscopic properties, such as temperature *T* and pressure *P*, is called a phase diagram. A typical phase diagram of water is shown schematically in Fig. 6. The region separating each phase is called the phase boundary. Changing parameters across the phase boundary causes a phase transition. For example, liquid water becomes vapor when the temperature is increased at a constant pressure.

Although phase transitions represent changes in macroscopic properties, they can be understood theoretically as "singularities" of functions representing physical quantities. For example, consider the case where the Gibbs free energy changes, as shown in Fig. 7a. This energy diagram indicates that phase A is selected at a lower (B at a higher) temperature than the critical temperature T_C, where Gibbs free energies of both phases, G_A and G_B, are crossed. In this situation, the free energy functions have different slopes at $T = T_C$ that satisfy the following inequality:

$$\left(\frac{\partial G_A}{\partial T}\right)_P > \left(\frac{\partial G_B}{\partial T}\right)_P \tag{30}$$

This inequality indicates that the first derivative of the free energy is discontinuous at the phase boundary($T = T_C$). This discontinuity is related to the latent heat associated with the phase transition. Indeed, thermodynamics tells us the following relations:

Fig. 6 Schematic representation of the phase diagram of water

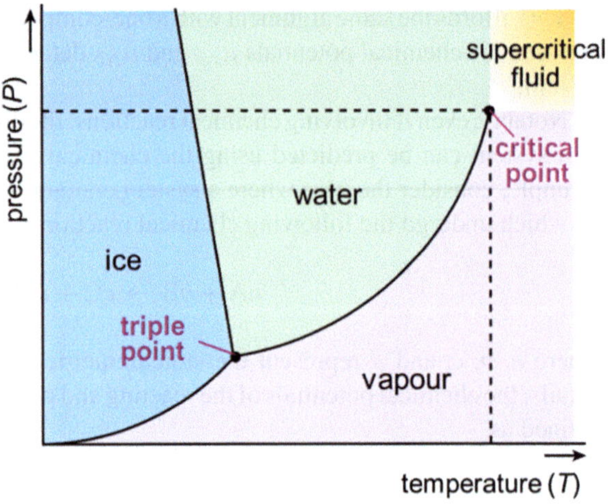

Fig. 7 Gibbs energy diagrams of two different phases. Typical energy diagrams of **a** first- and **b** second-order transition

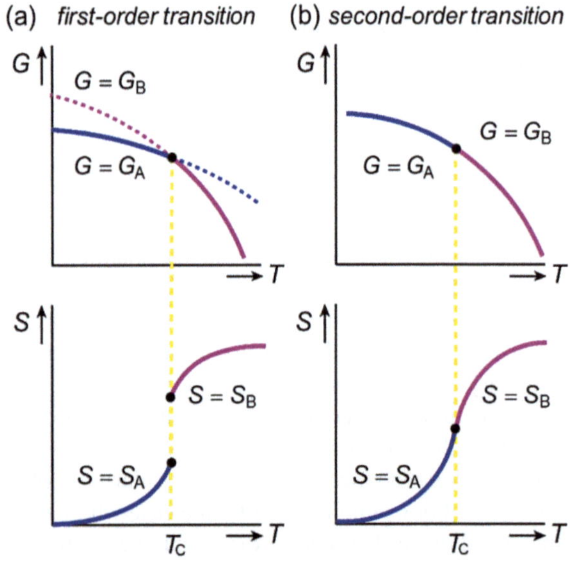

$$-S_{\mathrm{A}} = \left(\frac{\partial G_{\mathrm{A}}}{\partial T}\right)_P, -S_{\mathrm{B}} = \left(\frac{\partial G_{\mathrm{B}}}{\partial T}\right)_P \tag{31}$$

where S_{A} and S_{B} are the entropies in phases A and B, respectively. The inequality on the difference in slope leads to $S_{\mathrm{A}} < S_{\mathrm{B}}$. This difference in entropy means that a phase transition from phase A to B requires a latent heat $d'Q = T\Delta S = T(S_{\mathrm{B}} - S_{\mathrm{A}})$.

In contrast, there is a different type of phase transition where the first-order derivative of the free energy is continuous, while the second-order or higher derivatives are discontinuous or diverge as schematically shown in Fig. 7b. This type of phase transition is called a second-order transition or continuous transition, seen in the superfluid transition of liquid helium and the paramagnetic-ferromagnetic phase transition of magnets. Such phase transitions were classified by Landau et al. [10].

Phase Growth

In isothermal and isobaric processes, an equilibrium phase is determined by the Gibbs free energy. In the transition process from phase A to B, on the other hand, there inevitably exists an interface between A and B. The existence of such a surface or interface requires additional free energy proportional to the area of the interface. The free energy per unit area is called surface free energy. For an isotropic liquid, the value is constant for a given temperature and pressure of the system and is equivalent to the surface tension γ.

Consider a spherical drop of radius r as an example. The Gibbs energy is given by

$$G = \frac{4}{3}\pi r^3 g + 4\pi r^2 \gamma \tag{32}$$

where g is the Gibbs energy per unit volume. As the radius r increases, the contribution from the surface free energy becomes sufficiently small compared to the first term from the bulk. On the other hand, it cannot be negligible in the early stages of the phase transition. For simplicity, we will consider the case where the phase transition occurs between two isotropic fluids. We denote the difference in free energy per unit volume between the two phases as Δg and the interfacial tension as γ again. Considering a case where a single spherical phase emerges during the transition, the change in free energy ΔG becomes

$$\Delta G = \frac{4}{3}\pi r^3 \Delta g + 4\pi r^2 \gamma. \tag{33}$$

For the phase transition to proceed, $\Delta g < 0$ is required. In this case, the third-order coefficient of r in ΔG becomes negative, and ΔG has a local maximum at $r > 0$. The value of r at the maximum of ΔG can be calculated as

$$r_{\mathrm{C}} = -\frac{2\gamma}{\Delta g}. \tag{34}$$

By substituting this value into the equation for ΔG, the height of the energy barrier ΔG^* can be expressed as

$$\Delta G^* = \frac{16\pi}{3}\frac{\gamma^3}{(\Delta g)^2}, \tag{35}$$

ΔG^* is a function of temperature T, and phase growth proceeds when the barrier is exceeded due to thermal fluctuation. This type of phase transition undergoes through

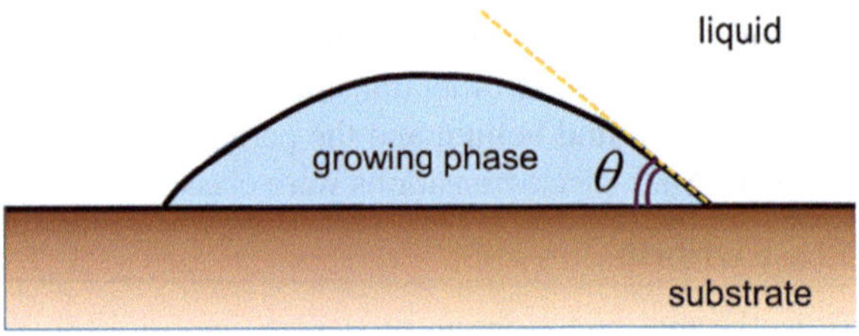

Fig. 8 Nucleus of a new phase heterogeneously nucleated on a solid surface. The contact angle θ represents the wettability of the new phase on a solid surface

an activation process and is called nucleation-growth type transition. Notably, it is known that in actual systems, the barrier is greatly reduced by the presence of walls or other surfaces.

Consider the situation shown in Fig. 8, where the phase arising from the liquid is a segment of a sphere. The volume of the spherical segment V_{seg} and the interfacial area between new and mother phases S_{seg} can be written as follows:

$$V_{seg} = \frac{\pi}{3} r^3 (1 - \cos\theta)^2 (2 + \cos\theta), \tag{36}$$

$$S_{seg} = 2\pi r^2 (1 - \cos\theta). \tag{37}$$

Using these relations, the free energy barrier ΔG^*_{hetero} can be written as follows.

$$\Delta G^*_{hetero} = \frac{16\pi}{3} \frac{\gamma^3}{(\Delta g)^2} \frac{(1 - \cos\theta)^2 (2 + \cos\theta)}{4} = \Delta G^* f(\theta) \tag{38}$$

where the function $f(\theta)$ is monotonically increasing in the range of $0 < \theta < \pi$. This indicates that the activation barrier is considerably reduced at a small θ. This situation corresponds to the condition that the new phase is easily wettable on the substrate. For this reason, the formation of a phase uniformly from the mother phase (homogeneous nucleation) is rare compared with heterogeneous nucleation.

The nucleation process affects the kinetics and even the occurrence of the phase transition itself. However, there are some cases where the nucleation process is not involved in the transition that occurs as a consequence of the destabilization of the original phase. In other words, thermodynamic stability is lost at the phase transition point, and the phase transition proceeds without barriers. This type of transition is known as spinodal decomposition, which can be observed in the phase separation of two fluids.

It should also be noted here that the above discussion on phase growth assumes that both the new and mother phases are isotropic. However, if the new phase is anisotropic as a crystalline phase, the phase transition will proceed anisotropically. This implies that the growth rate of crystals varies with the crystal (or facet) orientation, due to the difference in surface free energies. This difference is closely related to the shape of crystals, or crystal habits. Additionally, there are also phase transitions where different crystalline phases arise from a mother crystal. In this case, the phase transition kinetics is often described by the Avrami equation [11–13]:

$$\varphi = 1 - \exp\left(-Zt^n\right) \tag{39}$$

where φ and t show the transformed fraction and time, respectively. The Avrami parameter n involves the information on the dimension of phase transition d, and it can be generally written as

$$n = h + kd \tag{40}$$

where k is chosen as unity in most cases, and h is associated with the nucleation mechanism. The value takes unity ($h = 1$) for the homogeneous nucleation, and it vanishes ($h = 0$) for the inhomogeneous case, where the nucleus exists at $t = 0$, and after that, no other nucleus emerges. We can evaluate the value of n from the time-dependent change in the volume fraction (φ) of the new phase. This model is used for precipitation from supersaturated solid solution and diffusion-type solid phase transformation.

6 Critical Phenomena and Universality

The phase diagram of water in Fig. 6 demonstrates that the gas–liquid phase boundary ends at a certain point C. This point is called the critical point and indicates that the distinction between the two phases continuously disappears when a certain parameter is changed. In the phase diagram of water, the critical point occurs at around $T_c = 647$ K (374 °C) and $P_c = 22$ MPa. In the vicinity of the critical point, slight fluctuations can produce significant responses in physical quantities.

Considering the gas–liquid phase transition as an example, a region of extremely thin density appears in the liquid through the temperature that is brought close to the critical point C from the liquid. This indicates the density of liquid considerably fluctuates near the critical point. The density fluctuation then increases over a wide range of length scales, and it eventually reaches the wavelength of visible light. As a result, the liquid turbulently reflects light and loses its transparency, appearing cloudy white. This phenomenon is known as critical opalescence and is interpreted physically as originating from the divergence of density fluctuations of a liquid per unit volume near the critical point.

Similar effects near the critical point are also observed in second-order phase transitions. Consider the paramagnetic to ferromagnetic transition in magnetic materials as an example. When we approach the critical temperature T_C from the higher temperature side with an external magnetic field setting to $H = 0$, the magnetization remains $m = 0$. However, m becomes a nonzero value for $T > T_C$, so that a small field H produces a macroscopic response of m even at temperatures slightly above T_C. This means that the susceptibility χ diverges near T_C, as the magnetization can be written as $m = \chi H + O\left(H^3\right)$. This divergence behavior can be written in terms of power exponents (which have the strongest influence) of a magnetic field as $m \propto H^{1/\delta}$. These exponents are called critical exponents and indicate the degree of divergence.

To express singularities in physical quantities, the deviation of the parameter from the critical point is expressed using a dimensionless parameter t. In the case of temperature, it can be expressed as $t = (T - T_C)/T_C$. The behavior of several physical parameters near the critical point is described as follows:

$$\begin{cases} C \propto |t|^{-\alpha}(T > T_C), C \propto |t|^{-\alpha'}(T < T_C) \\ \chi \propto |t|^{-\gamma}(T > T_C), \chi \propto |t|^{-\gamma'}(T < T_C) \\ \xi \propto |t|^{-\nu}(T > T_C), \xi \propto |t|^{-\nu'}(T < T_C) \end{cases} \tag{41}$$

where C, χ, and ξ are heat capacity, susceptibility, and correlation length, respectively. Note that the critical exponents for $t > 0$ and $t < 0$ usually take the same value, but should be determined in each case. The heat capacity and susceptibility are described by the dispersion of physical parameters as

$$\begin{cases} C = \frac{1}{k_B T^2}(U - U)^2 = \frac{1}{k_B T^2}\left(U^2 - U^2\right), \\ \chi \propto \frac{1}{k_B T}(\sigma - \sigma)^2 = \frac{1}{k_B T}\left(\sigma^2 - \sigma^2\right), \end{cases} \tag{42}$$

where $\langle\cdot\rangle$ means the ensemble average over the system, and U and σ are internal energy and order parameter, respectively. Although the details will be discussed in later sections, the order parameter is the parameter that determines the phase transition, corresponding to m in the case of magnets. This parameter is zero in one phase but has a finite value in another phase. The correlation length ξ is defined as the length that characterizes the decay of the spatial correlation expressed using the local order parameter. The correlation function $G(r)$ is defined as a function of distance r as:

$$G(r) = \sigma_i\sigma_{i+r} - \sigma_i\sigma_{i+r} \tag{43}$$

where σ_i is an order parameter at site i, and σ_{i+r} represents the value at distance r away from the site i. The decay of $G(r)$ can also be written as

$$G(r) \propto r^{-\tau}e^{-r/\xi}(T \neq T_C). \tag{44}$$

The correlation length ξ can be determined from the exponential component of this formula. As we have already seen, the paramagnetic to ferromagnetic transition exhibits $m(\text{or}\sigma) \propto H^{1/\delta}$ for $T = T_C$. The other critical indices are defined for $T = T_C$ as

$$\begin{cases} \sigma \propto |H|^{1/\delta}(T = T_C) \\ G(r) \propto r^{-d+2-\eta}(T = T_C) \end{cases} \tag{45}$$

Additionally, there is another critical index for $T < T_C$, that is associated with a critical behavior of the order parameter:

$$\sigma \propto |t|^{\beta} (T < T_C). \tag{46}$$

It is believed that such critical behaviors can be classified into a limited number of classes, called universality classes. To characterize each critical phenomenon, it is important to determine the critical exponents. It is also widely believed that the critical exponents satisfy the following relations regardless of the different universality classes.

$$\begin{cases} \alpha + 2\beta + \gamma = 2 \\ \beta(\delta - 1) = \gamma \\ (2 - \eta)\nu = \gamma \end{cases} \tag{47}$$

These formulas are known as scaling relations. The concept of "scaling" refers to the idea of tracking how physical quantities change when the spatial scale of observation is gradually changed. Here we will try to explain the first two equations based on some simple assumptions.

Consider the case where the length scale is scaled by a factor of $1/b$. As the number of elements should vary in the same way as the volume, let N and N' be the number of degrees of freedom before and after the scale transformation, respectively. These values satisfy the following equation.

$$N' = \frac{1}{b^d} N \tag{48}$$

where d shows the spatial dimension. Suppose that the free energy per degree of freedom f is a function of the deviation from the critical point t and the external field h. Through the scaling transformation, t and h can be assumed to become $b^l t$ and $b^m h$, respectively. The free energy should be transformed as follows:

$$f(t', h') = f(b^l t, b^m h) \sim b^d f(t, h). \tag{49}$$

Note that only the part related to the critical index is extracted in the above relation. Repeating this scale transformation yields the following equation:

$$f(t, h) = b^{-nd} f(b^{nl} t, b^{nm} h). \tag{50}$$

By taking appropriate n, we can take $b^{nl} t = 1$ (or $b^{nl}|t| = 1$ for $T < T_C$). Using this relation, we can eliminate b from the expression of free energy and obtain

$$f(t, h) = t^{d/l} f(1, h t^{m/n}). \tag{51}$$

Using this formula, each physical quantity associated with the critical exponent can be calculated based on statistical mechanics as follows:

Besides these relations, the dependence of m on the external field h can be calculated by choosing n so that $hb^{nm} = 1$, yielding

$$\begin{cases} m(t,0) \sim \left.\frac{\partial f(t,h)}{\partial h}\right|_{h=0} \propto t^{(d-m)/n} = t^{\beta} \\ C(t,0) \sim \frac{\partial^2 f(t,0)}{\partial t^2} \propto t^{d/n-2} = t^{-\alpha} \\ \chi(t,0) \sim \left.\frac{\partial^2 f(t,h)}{\partial h^2}\right|_{h=0} \propto t^{(d-2m)/n} = t^{-\gamma} \end{cases} . \tag{52}$$

$$m(0,h) \sim \left.\frac{\partial f}{\partial h}\right|_{t=0} \propto h^{(d-m)/m} = t^{1/\delta}. \tag{53}$$

The equations for the critical exponents can be summarized as follows:

$$\begin{cases} \alpha = 2 - d/n \\ \beta = (d-m)/n \\ \gamma = (2m-d)/n \\ \delta = m/(d-m) \end{cases} \tag{54}$$

As there are two independent variables, n and m, eliminating them yields an equation for the two critical exponents.

$$\begin{cases} \alpha + 2\beta + \gamma = 2 \\ \beta(\delta - 1) = \gamma \end{cases} \tag{55}$$

In the same way, the other scaling relations for the correlation function can also be obtained. They are also called hyper-scaling.

7 Summary

In this section, we have overviewed several topics of chemical thermodynamics. First, we learned the types of interactions and their magnitudes. Even in the case of electrically neutral molecules, there is an attractive dispersion interaction between molecules, and its order of magnitude is comparable to the scale of thermal fluctuation (i.e., $k_B T$). The magnitude of the interaction energy is also related to the hardness of the material, indicating that the weak intermolecular interactions and the length scale between components in soft matter determine the "softness."

In addition to interaction energy, physical quantities called entropy and free energy were introduced for discussing phase transitions. We have seen that these are important in determining both the direction of transition and the equilibrium state. We have shown that, as a practical example, when a phase change occurs in an isotropic system, the competition between the interfacial free energy and the bulk free energy creates a barrier to nucleation. Finally, we discussed the divergence of physical quantities near the critical point associated with the phase transition and introduced the scaling relations. The chemical thermodynamic approach presented here is the basis for considering the properties of functional soft materials.

References

1. J.N. Israelachvili, Intermolecular and Surface Forces. 3rd Edn. Academic Press (2011)
2. B. Derjaguin, L.D. Landau, Theory of the stability of strongly charged lyophobic sols and of the adhesion of strongly charged particles in solutions of electrolytes. Acta Physicochim. URSS **14**, 633–662 (1941)
3. E.J.W. Verwey, J. Th., G. Overbeek, *Theory of the Stability of Lyotropic Colloids* (Elsevier, Amsterdam, 1948)
4. A.J. Stone, Are halogen bonded structures electrostatically driven? J. Am. Chem. Soc. **135**, 7005–7009 (2013)
5. S. Tsuzuki, A. Wakisaka, T. Ono, T. Sonoda, Magnitude and origin of the attraction and directionality of the halogen bonds of the complexes of C_6F_5X and C_6H_5X ($X = I$, Br, Cl and F) with pyridine. Chem. Eur. J. **18**(3), 951–960 (2012)
6. S. Grimme, Semiempirical GGA-type density functional constructed with a long-range dispersion correction. J. Comput. Chem. **27**(15), 1787–1799 (2006)
7. S. Grimme, J. Antony, S. Ehrlich, H. Krieg, A consistent and accurate ab initio parametrization of density functional dispersion correction (DFT-D) for the 94 elements H-Pu. J. Chem. Phys. **132**, 154104 (2010)
8. S. Grimme, S. Ehrlich, L. Goerigk, J. Comput. Chem. **32**(7), 1456–1465 (2011)
9. F. Hofmeister, Arch. Exp. Pathol. Pharmacol. **24**, 247–260 (1888). This is written in German, and see also W. Kunz, J. Henle, B.W. Ninham, Zur Lehre von der Wirkung der Salze (about the science of the effect of salts): Franz Hofmeister's historical papers. Curr. Opin. Colloid Interface Sci. **9**, 19–37 (2004)
10. L.D. Landau, E.M. Lifshitz, *Statistical Physics*, 3rd edn. (Butterworth-Heinemann, Oxford, 1980)
11. M. Avrami, Kinetics of phase change. I. General Theory. J. Chem. Phys. **7**, 1103–1112 (1939)
12. M. Avrami, Kinetics of phase change. II Transformation—Time relations for random distribution of nuclei. J. Chem. Phys. **8**, 212–224 (1940)
13. M. Avrami, Granulation, phase change, and microstructure kinetics of phase change. III. J. Chem. Phys. **9**, 177–184 (1941)

Liquid Crystals with Orientational and Positional Orders

Tsuneaki Sakurai

1 Introduction

In this chapter, we introduce the fundamental concept of liquid crystals—a fascinating class of materials that exhibit properties intermediate between those of conventional liquids and solid crystals. Unlike ordinary liquids, which lack any long-range molecular order, or crystalline solids, which maintain a rigid structure throughout, liquid crystals combine both fluidity and structural order (Fig. 1a). Although their behavior depends on the specific phase structure (see Sect. 5), they can generally flow like a liquid while retaining a degree of orientational or positional organization typical of a crystal. This dual nature is what gives liquid crystals their name: liquid + crystal = liquid crystal. The key to this unique behavior lies in the molecular structure of their constituent compounds, known as mesogens. A typical liquid crystalline molecule consists of a mesogenic core, which induces anisotropic order, and one or more flexible side chains that modulate properties such as solubility, phase stability, and thermal behavior (Fig. 1b). Mesogens are typically elongated (rod-like) or flattened (disk-like) molecules (see Sect. 4) that promote anisotropic molecular assemblies due to their shape. These molecules tend to align in a preferred direction under certain physical conditions—usually temperature or concentration (see Sect. 3)—giving rise to ordered phases with varying degrees of symmetry (Fig. 1b). Importantly, this order does not come at the expense of mobility: mesogens retain the ability to move and reorient, enabling the material to flow.

Liquid crystal is a representative example of soft matter, a broad category of materials that also includes polymers, gels, colloids, surfactants, and biological macromolecules such as proteins and DNA (Fig. 2). What distinguishes liquid crystals from many other soft materials is their combination of molecular order and relatively low molecular weight. Most liquid crystalline materials are composed of small

T. Sakurai (✉)
Faculty of Molecular Chemistry and Engineering, Kyoto Institute of Technology, Kyoto, Japan
e-mail: sakurai@kit.ac.jp

M. Funahashi (ed.), *Functional Soft Matter I*,
https://doi.org/10.1007/978-981-92-0108-2_2

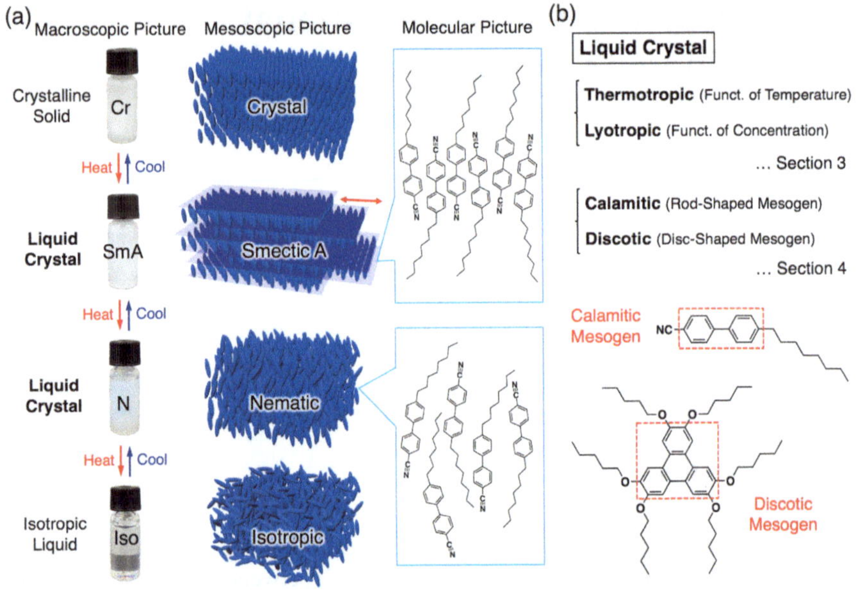

Fig. 1 **a** Macroscopic, mesoscopic, and molecular pictures of thermotropic phase transitions for 4-octyl-4'-cyanobiphenyl (8CB). **b** Classification of liquid crystals and examples of liquid crystalline molecules with calamitic and discotic mesogens

molecules, in contrast to the long-chain architecture of polymers or the particulate nature of colloids. Gels, for instance, exhibit viscoelasticity due to network-like structures that restrict flow, whereas liquid crystals can exhibit directional fluidity without such permanent connectivity. Nevertheless, the boundaries within soft matter are not strict. For example, liquid crystalline polymers (LCPs) incorporate mesogenic units into polymer backbones [1] or side chains [2] (Fig. 3), resulting in materials that combine the orientational order of liquid crystals with the mechanical strength and processability of polymers. Liquid crystalline elastomers are also hybrid materials that integrate mesogenic units into lightly cross-linked polymer networks, enabling them to exhibit both anisotropic order and elastic deformability [3]. These materials can undergo reversible shape changes in response to external stimuli such as temperature, light, or electric fields. These hybrid materials are especially valuable in high-performance applications, such as heat-resistant fibers and responsive materials. Liquid crystals also play a significant role in biological systems. Many biomacromolecules, such as lipid bilayers [4] and DNA [5], do not exhibit liquid crystalline behavior on their own, but can do so under certain conditions—often depending on their concentration in aqueous environments (i.e., lyotropic liquid crystals). This highlights the relevance of liquid crystalline phases not only in synthetic systems, but also in nature.

Because of their ability to respond sensitively to external stimuli—such as temperature changes, electric or magnetic fields, or mechanical stress—liquid crystals have

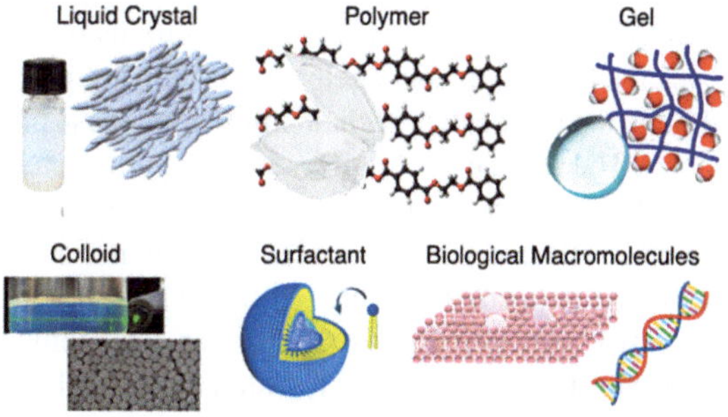

Fig. 2 Schematic illustrations showing the classification of representative soft matter

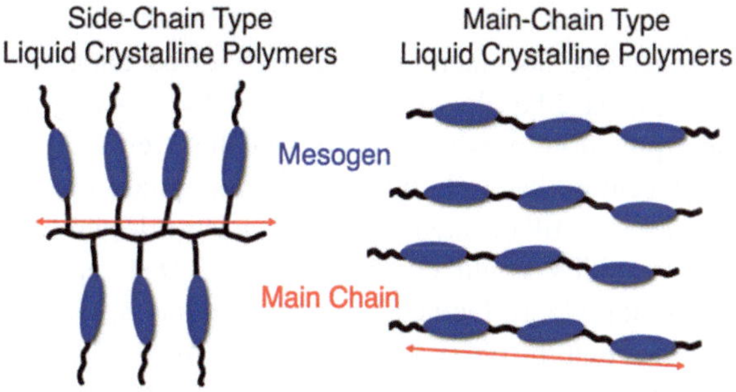

Fig. 3 Schematic illustrations of side-chain and main-chain type liquid crystalline polymers

found widespread use in a variety of applications. The most familiar example is the liquid crystal display, but liquid crystals are also employed in tunable optics, chemical and physical sensors, soft actuators, and smart windows.

This chapter lays the groundwork for understanding the core physical properties of liquid crystals. In subsequent sections, we will explore their classification, phase structures, and the historical discovery of liquid crystals in detail.

2 History of Liquid Crystals

The discovery of liquid crystals dates back to the late nineteenth century and is closely linked to the study of organic compounds exhibiting anomalous melting behavior. In 1888, the Austrian botanist Friedrich Reinitzer observed a peculiar phenomenon—two melting points—while heating cholesteryl benzoate [6]. He noted that the compound did not transition directly from solid to liquid, as expected, but instead passed through a cloudy, milky intermediate state before becoming fully clear. This unexpected phase, which appeared to be both ordered and fluid, marked the first recorded observation of what would later be known as a liquid crystal. Reinitzer's findings were communicated to the physicist Otto Lehmann, who had been developing advanced polarizing microscopy techniques. Lehmann further investigated the material and coined the term "Flüssige Kristalle" (Liquid Crystals) to describe this intermediate phase [7]. His meticulous observations and detailed publications over the following years helped to establish the field of liquid crystal research, even though the molecular mechanisms behind these phenomena were not yet fully understood. The substance Reinitzer studied—cholesteryl benzoate—belongs to a class of liquid crystals now known as cholesteric liquid crystals (also referred to as chiral nematic phases; see Sect. 5.2). These materials are composed of chiral mesogens (or chiral side chains), which give rise to a helical superstructure due to the absence of mirror symmetry in the molecular arrangement. Cholesteryl benzoate contains multiple stereogenic centers, which collectively impart molecular chirality, thereby enabling it to function as a chiral mesogen (Fig. 4).

Although the term "liquid crystal" was coined by Lehmann, its acceptance required time and was fraught with difficulty [8]. From 1889 onward, he published extensively, documenting textures viewed under polarized light and introducing expressions like "flowing crystals" and "viscous crystalline liquids." [9] However, his interpretations provoked skepticism: the scientific community at the turn of the twentieth century had only begun to explore phase transitions, and the atomic theory of matter was still debated. Many physicists rejected Lehmann's claim that crystallinity and liquidity could coexist. Between 1890 and 1905, Lehmann's opponents—including Georg Quincke, Gustav Tammann, Georg Wulff, and Walther Nernst—insisted that the observed effects arose from colloidal suspensions or emulsions, not a new phase of matter. They argued that the materials were impure or composed

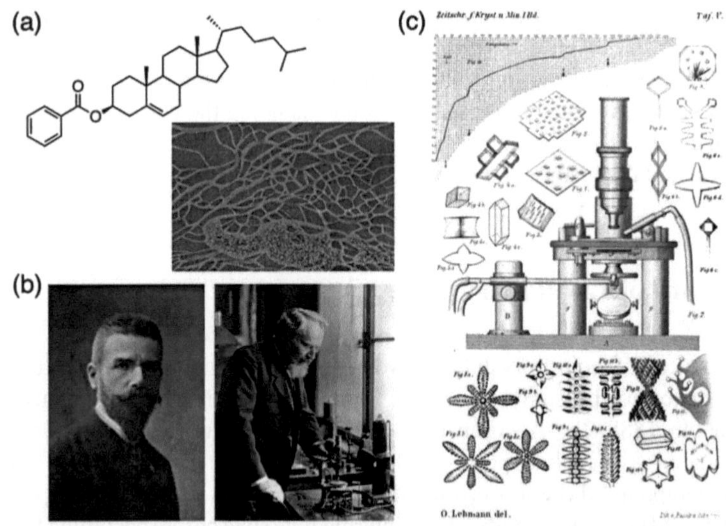

Fig. 4 **a** Chemical structure of cholesteryl benzoate and the first image of a planar texture with an array of oily streaks for a cholesteric liquid crystal phase. The image is reproduced with permission from Reference 8. **b** Photographs of Reinitzer (left) and Lehmann (right). **c** Picture of Lehmann's crystallization microscope together with his own drawings of textures. The picture is reproduced from O. Lehmann, Über Physikalische Isomerie, Inaugural Dissertation, Straßburg (1877)

of suspended microcrystals. This "colloidal hypothesis" dominated early discussions. Nevertheless, chemical syntheses by Ludwig Gattermann and A. Ritschke in 1889 produced pure compounds such as para-azoxyanisole, refuting impurity arguments and confirming that the unusual properties were intrinsic. Lehmann's advocacy, combined with his association with the controversial biologist Ernst Haeckel, who mystically linked "crystal souls" with the origins of life, further complicated acceptance. Yet experimental evidence accumulated. In 1904, electrophoresis experiments disproved the colloidal theory, and in 1905, Rudolf Schenck demonstrated discontinuities in density and viscosity at the clearing point—behavior impossible for emulsions. By then, resistance was fading, and the existence of the liquid crystalline state was widely acknowledged.

The next phase of research, led by Daniel Vorländer, shifted focus to chemical structure. In 1907, Vorländer showed that most liquid crystal-forming compounds contained rod-like molecules, and Emil Bose offered the first theoretical model. French mineralogist Frédéric Wallerant hailed the discovery as one of the most important of the century for advancing knowledge of crystalline matter. After 1908, Lehmann promoted the field internationally, lecturing in Paris and inspiring a French school of liquid crystal science centered on Charles Mauguin, Georges Friedel, and François Grandjean. Friedel synthesized decades of research in his monumental 1922 paper, introducing the enduring classification of nematic, cholesteric, and smectic phases. He also replaced "liquid crystal" with "mesomorphic state," recognizing these as true phases of matter intermediate between solids and liquids. By 1922, liquid crystal science had evolved from a disputed curiosity to an accepted branch of physics and chemistry. The foundational work of Reinitzer, Lehmann, and Friedel had permanently expanded the conception of matter, establishing the groundwork for one of the twentieth century's most transformative materials.

It was not until the mid-twentieth century that theoretical advances and improved synthetic methods began to expand the field significantly. During the 1960s and 1970s, breakthroughs in materials chemistry, especially the development of thermotropic nematic liquid crystals with suitable electro-optic properties, led to the emergence of LCDs—a revolutionary technology that brought liquid crystals into mainstream engineering and consumer electronics. Today, liquid crystals continue to attract significant interest not only from a fundamental scientific perspective but also as functional materials in modern electronics and optics, ranging from flat-panel displays and tunable lenses to optical filters and photonic devices. As fabrication technologies and molecular design strategies advance, liquid crystals are increasingly being explored for next-generation devices that demand adaptive, reconfigurable, or lightweight optical elements.

3 Thermotropic and Lyotropic Liquid Crystals

Liquid crystals are commonly classified based on the physical conditions under which their mesophases appear. Among the most fundamental classifications are thermotropic and lyotropic liquid crystals. This distinction reflects not only the mechanism of mesophase formation—temperature versus concentration—but also the presence or absence of solvents.

Thermotropic liquid crystals are solvent-free systems in which mesophases form solely as a function of temperature. As the temperature increases, these materials typically undergo a sequence of phase transitions: from a crystalline solid—or in some cases, a glassy solid—to one or more liquid crystalline phases, and eventually to an isotropic liquid, provided the compound does not thermally decompose. For example, during phase transitions such as solid–liquid crystal and liquid crystal–liquid, the Gibbs free energy curves of the involved phases shift as temperature changes (Fig. 5a). At a given temperature and pressure, the system adopts the phase whose Gibbs free energy is the lowest. Thus, once the free energy curve of a different phase falls below that of the current phase, the material transforms to that lower-energy phase. To emphasize, the stabilization and actual manifestation of thermotropic liquid crystalline phases generally require not only anisotropic mesogens but also alkyl chains, which serve as an essential "entropy reservoir" in real liquid crystal systems (Fig. 5b) [10, 11]. Thermotropic systems exhibit a wide range of phase structures—such as nematic, smectic, columnar, and cubic phases (in Sect. 5). These features, combined with sharp thermal responses and fast reorientation under external fields (though depending on the phase and temperature), make thermotropic liquid crystals particularly useful in electro-optic applications.

In contrast, lyotropic liquid crystals form in systems that contain a solvent, most often water, along with amphiphilic molecules. Lyotropic liquid crystals are known from before the time of the discovery of thermotropics by Reinitzer (Sect. 2). In the work before this time the liquid crystalline properties were described, but without the

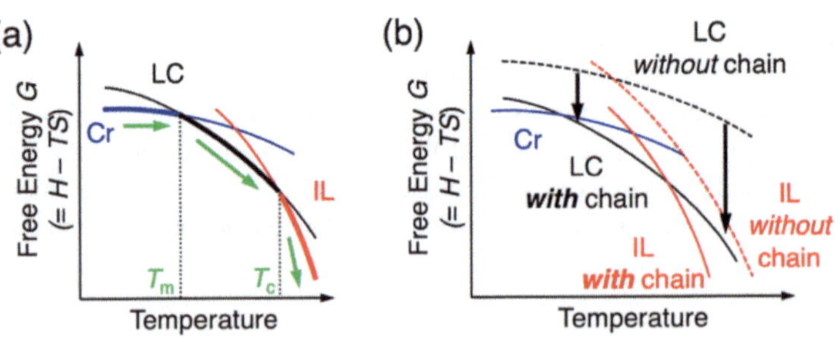

Fig. 5 **a** Schematic diagram of Gibbs free energy versus temperature for Cr, LC, and IL phases. The actual phase-transition behavior proceeds along the path indicated by the bold line with green arrows. **b** Thermodynamic stabilization of LC and IL phases by entropy reserved in alkyl chains. Cr, LC, and IL represent crystalline, liquid crystalline, and isotropic liquid phases, respectively. T_{m} and T_{c} denote melting and clearing temperatures, respectively

explicit realization that this constituted a novel state of matter. The term "lyotropic" derives from ancient Greek λύω "to dissolve" and τροπικός "change," and has been used since the 1930s. Lyotropic liquid crystals are broadly categorized into amphiphilic lyotropic systems and chromonic lyotropic systems, based on the solute type and self-assembly mechanism.

Amphiphilic lyotropic systems are composed of molecules with distinct hydrophilic and hydrophobic segments that self-assemble into micelles, bilayers, or higher-order structures via hydrophobic interactions. The micro-phase segregation of two incompatible components on a nanometer scale results in different types of solvent-induced extended anisotropic arrangements, depending on the volume balance between the hydrophilic part and the hydrophobic part. In turn, they generate the long-range order of the phases, with the solvent molecules filling the space around the compounds to provide fluidity to the system. The formation of mesophases in lyotropic systems is governed primarily by concentration, although temperature can also play a role [12] (Fig. 6). Amphiphilic lyotropic liquid crystals are widely used in drug delivery systems, where their self-assembled nanostructures enable encapsulation and controlled release of therapeutic agents. They also play important roles in cosmetics, enhancing the stability and performance of emulsions. In nanomaterials synthesis, these liquid crystals act as structural templates, guiding the formation of mesoporous materials and ordered nanostructures.

Chromonic lyotropic liquid crystals normally consist of planar, rigid aromatic molecules such as dyes that stack face-to-face in water through π–π interactions, forming columnar aggregates at sufficiently high concentrations (Fig. 7). In 1915,

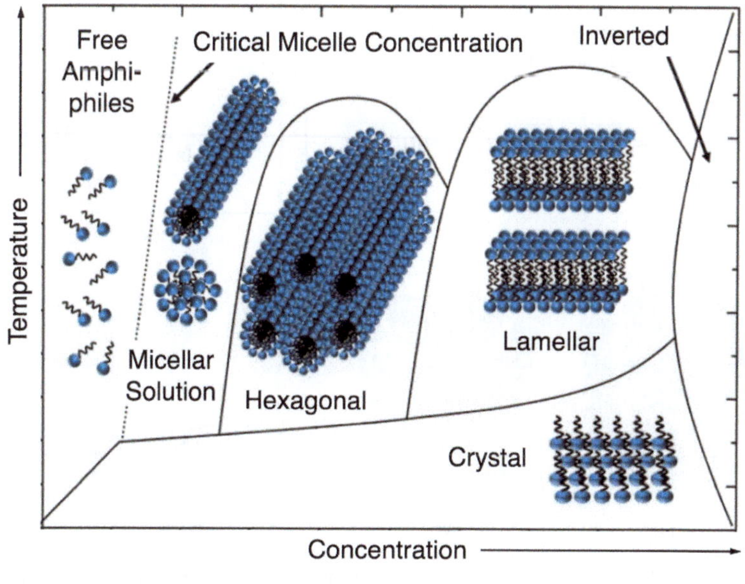

Fig. 6 Schematic phase diagram of an amphiphilic lyotropic system. The image is reproduced from Ref 12 under the CC BY license

Sandquist described what we would now recognize as the unmistakable optical texture, of a chromonic N phase (Fig. 7c), in aqueous solution of a phenanthrene sulfonic acid [13]. The investigation of the mesophases of disodium cromoglycate (DSCG: Fig. 7a), famous as an anti-asthmatic drug, forms a key part of the story. It was examined initially by Woodard and Hartshorne [14]. Hartshorne noted the characteristic nematic schlieren texture of the more dilute mesophase in optical microscopy and accordingly labeled it the N phase. He also noted that the more concentrated phase formed a distinctive herringbone texture, and then assigned it to the M phase (Fig. 7). The name "chromonic" was first used by Lydon and co-workers [15, 16] because it possesses the connotations of both color and chromosomes. They investigated these systems including DSCG extensively and established the basis of this research field.

Despite these distinctions explained so far, both thermotropic and lyotropic liquid crystals exhibit long-range orientational or positional order and anisotropic physical properties, which set them apart from isotropic liquids. Both types can display significant structural versatility, although the mechanisms and contexts differ: thermotropic systems achieve this through temperature-dependent packing of mesogens, while lyotropic systems rely on solvent-mediated self-assembly. This thermotropic–lyotropic classification provides a foundational understanding of how liquid crystalline phases emerge under different physical and chemical conditions. Amphotropic liquid crystals are a class of materials that exhibit both thermotropic and lyotropic

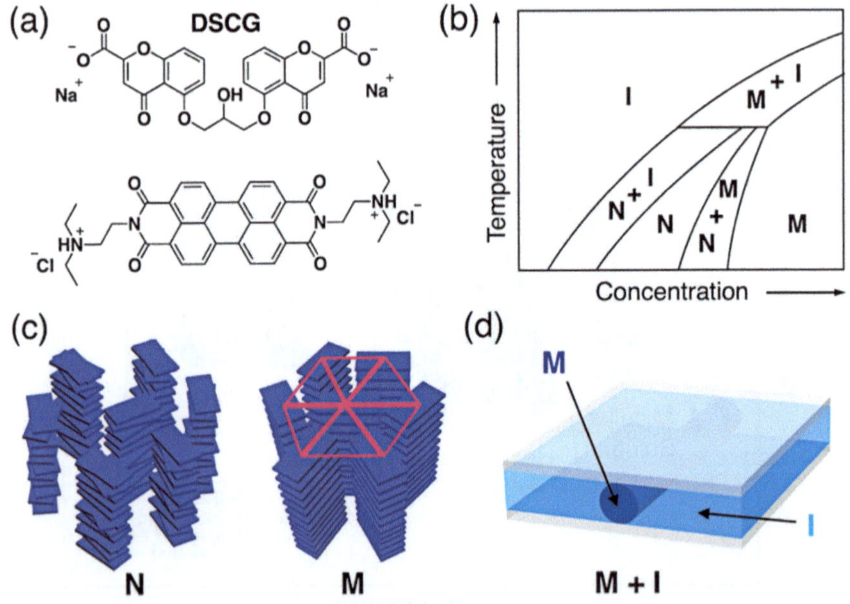

Fig. 7 **a** Examples of molecular structure, **b** typical phase diagram, and **c** illustrations of mesophase structures for chromonic liquid crystals. N and M represent phases with nematic and hexagonal ordering of columns, respectively. I denotes isotropic solution phase

mesophases depending on environmental conditions [17]. This dual behavior arises from molecular structures that include both rigid mesogenic cores and flexible amphiphilic components, allowing them to respond to multiple types of stimuli. In the following sections, we will explore how the shape of mesogenic molecules (Sect. 4) and their supramolecular arrangements (Sect. 5) give rise to the rich diversity of liquid crystal phases.

4 Classification of Mesogen Shapes

4.1 Calamitic and Discotic Liquid Crystals

Liquid crystals can be classified not only by the physical conditions under which their mesophases form but also by the shape of the mesogenic molecules. The molecular geometry plays a critical role in determining the type of mesophase that emerges, the symmetry of the structure, and the physical properties of the material. Among the most well-known shape-based classifications are calamitic (rod-like) and discotic (disk-like) mesogens (Figs. 1b and 8.). In addition, recent advances in molecular design have introduced a range of nonconventional mesogens with unusual geometries, leading to new mesophases.

Calamitic mesogens are linear, rod-like molecules characterized by a rigid central core—usually consisting of aromatic rings or other conjugated units—flanked by flexible alkyl or alkoxy chains. The anisotropic shape of these molecules promotes alignment along a common axis, leading to various thermotropic mesophases, most notably the nematic and smectic phases. In the nematic phase, the molecules exhibit long-range orientational order but no positional order, meaning they tend to point in the same direction (along the director) but are distributed randomly in space. In contrast, smectic phases exhibit both orientational order and partial translational order, with molecules arranged into discrete layers. Depending on the degree of in-layer organization, several smectic subtypes exist (see Sect. 5). Calamitic liquid crystals form the structural basis of most LCD technologies due to their well-defined molecular orientation and their fast response under electric fields.

Discotic mesogens, by contrast, possess a flat, disk-like geometry. Typically, they consist of a planar aromatic core surrounded by flexible side chains that enhance solubility and prevent crystallization. These molecules tend to stack into columns, stabilized by π–π interactions between the aromatic cores. The columns then pack into two-dimensional lattices, resulting in columnar mesophases with either hexagonal or rectangular symmetry. Discotic liquid crystals are known for their anisotropic charge and thermal transport properties along the column axis, making them attractive for organic semiconductors, light-emitting materials, and photovoltaic devices. Certain atypical discotic mesogens, more precisely described as partial-disc structures or V-shaped mesogens, are known in the literature. Some of these molecules can be classified as dendritic mesogens, as discussed in Sect. 4.2. Others, however, contain

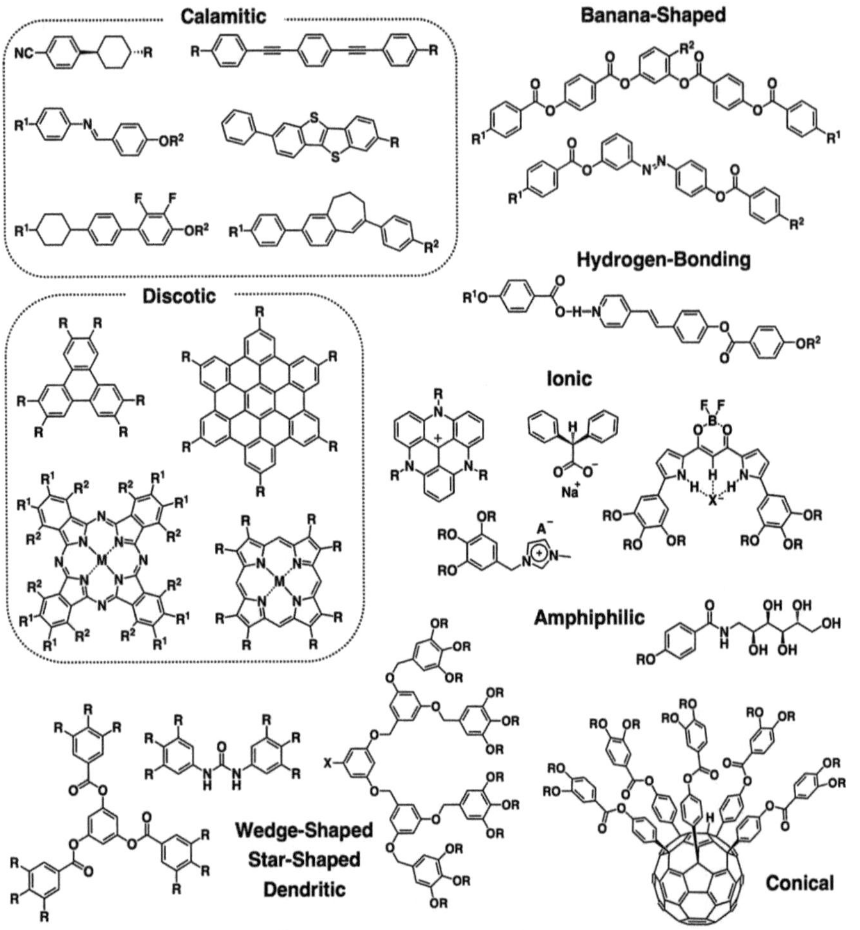

Fig. 8 Representative chemical structures of conventional and nonconventional mesogens. R represents linear chain structure such as alkyl group

hydrogen-bonding motifs such as urea groups at their center and assemble into one-dimensional columnar structures through dominant intermolecular hydrogen bonding. Although these hydrogen-bonded columns are generally unsuitable for charge transport due to the lack of π–π stacking continuity, they offer opportunities for the development of ferroelectric liquid crystals, taking advantage of the strong dipole moment of the urea units [18].

4.2 Nonconventional Mesogens and Flexible Chains

In addition to these two canonical classes, a variety of nonconventional mesogens have been designed to explore new forms of self-organization and functionality (Fig. 8). Bent-core mesogens, also known as banana-shaped mesogens, consist of two rigid arms connected at a fixed angle, producing a V-shaped or bent structure [19]. This geometry introduces asymmetry into the molecular arrangement, often leading to spontaneous polarization in the bulk phase. As a result, bent-core mesogens can exhibit ferroelectric or antiferroelectric smectic phases, even in the absence of chirality. Their ability to form polar structures has made them promising candidates for nonlinear optical materials, memory devices, and electromechanical sensors.

Dendritic mesogens are highly branched molecules designed around a central core, with mesogenic units located either at the periphery or within the interior [20]. Depending on their size, flexibility, and architectural symmetry, these molecules can exhibit two distinct modes of mesophase formation. In some cases, a single dendritic molecule possesses sufficient anisotropy and rigidity to organize directly into a periodic mesophase. Here, the mesogen itself behaves as a discrete structural unit that defines the symmetry and packing of the liquid crystalline phase—such as in certain columnar or cubic arrangements. Alternatively, dendritic or wedge-shaped mesogens may self-assemble into larger supramolecular entities before exhibiting mesomorphic behavior. For instance, multiple dendritic molecules may cooperatively stack or laterally associate into a disc-like or umbrella-like supramolecular core, which then acts as a mesogenic unit. These supramolecular discs can further organize into columnar or lamellar arrays, driven by π–π stacking, van der Waals forces, or entropic considerations.

There are also examples of liquid crystals incorporating spherical molecules such as fullerenes as part of the mesogenic unit. For instance, fullerene derivatives functionalized with long alkyl chains and calamitic units adopt a conical shape, enabling them to stack into columnar assemblies in a manner reminiscent of "shuttlecocks" piling on top of one another [21].

Amphiphilic mesogens incorporate both hydrophobic and hydrophilic segments, enabling self-assembly in the presence of solvents, typically water. These molecules often form lyotropic liquid crystalline phases, such as lamellar, hexagonal, or bicontinuous cubic phases, depending on concentration and temperature. Amphiphilic mesogens are especially relevant to biomimetic systems, drug delivery, and soft nanotechnology, as they bridge the gap between molecular-scale organization and macroscopic function [22].

Hydrogen-bonded mesogens rely on non-covalent interactions—particularly hydrogen bonds—between complementary functional groups such as carboxylic acids, amides, or pyridines, to stabilize liquid crystalline phases. These interactions may occur intramolecularly or intermolecularly, giving rise to supramolecular mesogens that can self-assemble into ordered structures analogous to those formed by covalently bonded liquid crystals. One of the most historically well-known examples is the carboxylic acid dimer, where two carboxyl groups form a cyclic hydrogen-bonded pair. Moreover, heterotropic hydrogen bonding, such as that between pyridine and carboxylic acid groups, has been found to enable the design of more directional and stronger assemblies, facilitating the formation of thermotropic mesogens with enhanced thermal stability and tunability [23]. The reversibility, specificity, and directionality of hydrogen bonding make these systems particularly attractive for stimuli-responsive materials, self-healing systems, and dynamic optical applications. A similar concept of forming mesogens through non-covalent interactions has been proposed using intermolecular halogen bonding [24].

Ionic mesogens contain charged groups—such as quaternary ammonium, sulfonate, or imidazolium moieties—either on the core or in side chains [25, 26]. These ions are often paired with counterions to maintain neutrality. The presence of electrostatic interactions introduces new self-assembly behavior, giving rise to ionic columnar, smectic, or bicontinuous cubic phases. Ionic mesogens are being explored for ion-conducting materials, electrolytes, and ionic soft crystals, where traditional van der Waals interactions are supplemented or dominated by Coulombic forces. [27–29].

5 Classification of Liquid Crystal Phase Structures

5.1 Overview

Liquid crystal phases are classified according to the types and degrees of molecular ordering they exhibit. Two principal types of order are considered: orientational order, in which the long axes of anisotropic molecules are aligned in a common direction, and positional order, in which the centers of mass of the molecules follow a regular spatial pattern. These orders can be independent or coexisting, and their combination determines the symmetry and dimensionality of the resulting phase structure. Orientational order is typically described by a unit vector field known as the director, denoted $\boldsymbol{n}$, which represents the average orientation of the long axes of molecules within a local volume. This ordering distinguishes liquid crystalline phases from isotropic liquids (Fig. 9). Positional order, in contrast, involves translational periodicity in one, two, or three dimensions. For example, molecules may be arranged in layers (1D), columns (2D), or three-dimensional (3D) lattices, depending on the phase.

The symmetry of liquid crystal phases can range from uniaxial or biaxial in nematics to hexagonal, rectangular, or cubic in more ordered phases. The dimensionality of the positional order further classifies phases into one-dimensional (1D) (e.g., smectic layers), two-dimensional (2D) (e.g., columnar lattices), and three-dimensional (3D) (e.g., cubic networks). Understanding these structural aspects is

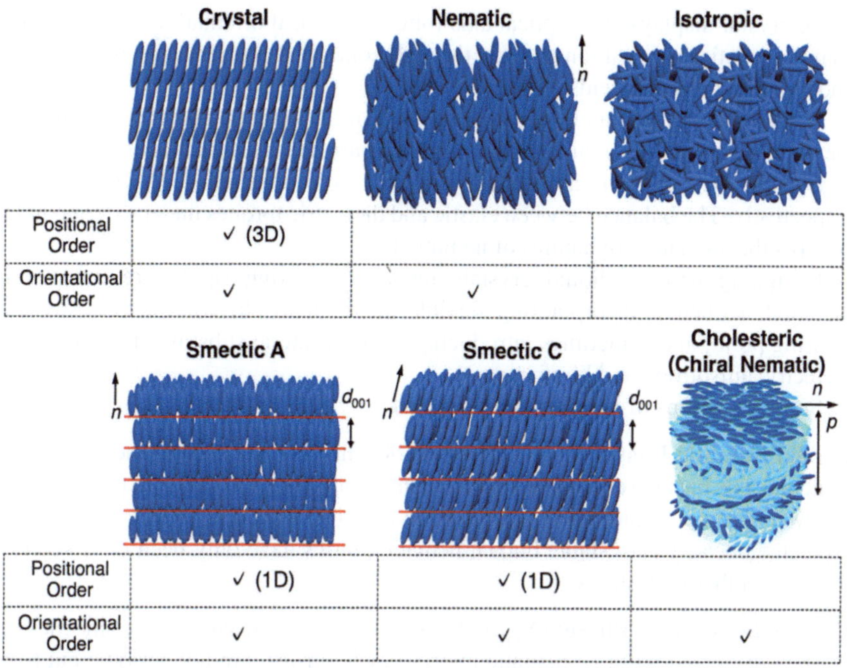

Fig. 9 Schematic illustrations of molecular arrangement of calamitic mesogens in nematic and smectic phases together with crystalline and isotropic liquid phases. Presence of positional (with dimensions) and orientational orders is described for each phase. d_{001} represents the periodic spacing of the lamellar structures while p indicates helical pitch of the spiral structure

essential for correlating phase behavior with physical properties such as birefringence, elasticity, viscosity, and response to external fields. In the sections that follow, these phase types are introduced in detail.

5.2 Nematic Phases

The nematic phase is the most fundamental liquid crystalline state and is characterized by the presence of orientational order without positional order. In a nematic phase, the elongated mesogenic molecules are free to move and flow like in a liquid, but their long axes are statistically aligned along a common direction—the director $\boldsymbol{n}$. This director is uniform on a mesoscopic scale but can be distorted under external forces, forming the basis for elastic and electro-optical effects.

In physical terms, the nematic phase exhibits uniaxial optical anisotropy. Light propagating through the material experiences two distinct refractive indices: one along the director ($n_{\parallel}$) and one perpendicular to it ($n_{\perp}$). The difference between these indices, $\Delta n = n_{\parallel} - n_{\perp}$, is the basis for birefringence, which is exploited in liquid crystal displays. The optical axis follows the local orientation of the director, enabling spatial modulation of light through controlled reorientation of molecules under applied electric fields.

From a theoretical standpoint, the elasticity of the nematic phase is described by the Frank elastic theory, which defines three primary deformation modes: splay, twist, and bend. Each mode is associated with an elastic constant— K_1, K_2, and K_3, respectively. The balance between elastic and dielectric torques under external fields governs the switching dynamics of nematic LCs.

Designing nematic liquid crystals involves selecting rigid core units (*e.g.*, biphenyl, stilbene), incorporating flexible alkyl chains to control viscosity and clearing point, and sometimes introducing polar or lateral substituents to modulate dielectric anisotropy and birefringence.

Some variations of nematic phases include:

Biaxial Nematic Phases [30, 31]: Here, molecules are not only aligned along one principal axis but also exhibit preferred orientations along secondary axes. This leads to lower symmetry and anisotropy in more than one direction. While theoretically predicted decades ago, stable biaxial nematic phases have only been observed in a limited number of systems.

Cybotactic Nematic Phases (N_{cyb}) [32, 33]: These exhibit short-range smectic-like clusters dispersed within a nematic matrix. Such clusters are not periodic but form transiently, often detectable via pre-transitional effects in X-ray diffraction (XRD) or calorimetry. Cybotactic behavior reflects an underlying tendency toward positional ordering even within an overall nematic state.

Twist-Bend Nematic Phases (N_{TB}) [34, 35]: Twist-bend nematics are a remarkable class of nematic phases observed in bent-core or dimeric mesogens with odd-numbered flexible spacers. Unlike conventional nematics, where the director is uniform, the N_{TB} phase exhibits a spontaneous nanoscale modulation of the director in a heliconical fashion—combining both twist and bend deformations. The resulting structure has no long-range positional order but features a periodic variation of the director with a pitch on the order of a few nanometers. This phase lacks chiral centers but forms a chiral superstructure spontaneously, representing a striking example of spontaneous symmetry breaking in soft matter. Molecules such as CB7CB (a symmetric dimer) are well-known to exhibit this phase.

Splay-Bend Nematic Phases [36, 37]: Still under theoretical and experimental development, the splay-bend nematic phase is predicted to exhibit periodic splay and bend modulations of the director, in contrast to the twist-bend structure. It arises in systems where the splay elastic constant K_1 is sufficiently small or negative, leading to spontaneous formation of splay-bend textures. Experimental verification remains challenging due to the subtle distinction from twist-bend and cybotactic textures, but such phases could open new possibilities in flexoelectric and responsive materials.

5.3 *Ferroelectric Nematic Phases*

Although not a classification based strictly on phase structure, the ferroelectric nematic phase has recently emerged as one of the hottest topics in liquid crystal research, and is therefore introduced here as an important extension of the nematic family.

A recently discovered and intensively studied class of nematic phases is the ferroelectric nematic (N_F) phase, which exhibits spontaneous polarization aligned with the nematic director. Unlike conventional (apolar) nematics—where the average molecular dipole moment is canceled due to head–tail symmetry—the ferroelectric nematic phase breaks this symmetry, allowing the emergence of macroscopic polarization in a fluid environment. This striking combination of orientational order, fluidity, and ferroelectricity challenges classical notions of liquid crystal behavior.

The N_F phase was first experimentally confirmed in 2017 with the discovery of suitable mesogens such as DIO (4'-(3,4-difluoro-2-(1,3-dioxolan-2-yl)phenyl)-[1,1'-biphenyl]-4-yl 4-ethoxybenzoate) [38], and soon after, the structurally related RM734 (4-[(2,4-dimethoxybenzoyl)oxy]phenyl 4-methoxybenzoate) [39]. Both molecules share key structural features: a large longitudinal dipole moment (typically 9–11 D), a rod-like core, and polar substituents that break mirror symmetry along the long axis. These attributes are essential for stabilizing polar alignment in the absence of positional ordering.

RM734, in particular, has become a model compound for studying ferroelectric nematics due to its well-characterized phase behavior, relatively broad N_F temperature range, and suitability for device-oriented studies. Its dipole moment is enhanced by the combined electron-donating/withdrawing groups, and its molecular architecture supports strong polar interactions and efficient packing.

Ferroelectric nematic phases exhibit distinct physical properties such as (i) macroscopic polarization, often measurable via pyrocurrent or second-harmonic generation, (ii) large dielectric anisotropy and low viscosity, enabling fast electro-optic switching, (iii) spontaneous formation of polar domains, textures, and defect structures observable under polarized light microscopy. These characteristics render ferroelectric nematics promising for novel device concepts, such as fast-response displays, soft actuators, reconfigurable optics, and potentially even nonlinear photonic applications.

The emergence of the N_F phase in small-molecule systems like DIO and RM734 marks a significant breakthrough in soft matter physics. It opens new directions for molecular design, theoretical modeling, and the search for broader classes of polar soft matter, including polymeric and lyotropic analogs.

5.4 Cholesteric (Chiral Nematic)

The cholesteric phase, also known as the chiral nematic phase, is a variant of the nematic phase that arises when the mesogenic molecules are chiral or contain chiral substituents. This chirality induces a helical twist in the orientation of the director across space. Rather than pointing uniformly in one direction, the director gradually rotates around an axis perpendicular to its orientation, forming a helical superstructure (Fig. 9). This helicoidal organization is characterized by a parameter called the pitch (P), defined as the distance over which the director completes one full 360° rotation. On a molecular level, the pitch results from the competition between chiral twisting tendencies and the elastic resistance of the nematic phase to deformation. The handedness of the helix is determined by the chirality of the constituent molecules. One of the most important features of cholesteric phases is their ability to selectively reflect circularly polarized light with the same handedness as the helical structure. This occurs when the pitch is comparable to the wavelength of visible light. The central reflection wavelength λ is given by:

$$\lambda = np \tag{1}$$

where n is the average refractive index of the material. By adjusting the pitch through temperature changes, concentration of chiral dopants, or chemical structure, one can tune the reflected color. This property is utilized in thermochromic materials, optical sensors, and reflective displays.

From a structural perspective, the cholesteric phase can be thought of as a nematic phase with a spatially modulated director field. The orientational order is preserved locally, but the global symmetry is reduced due to the periodic twist. XRD typically shows the same diffuse pattern as nematic phases but may reveal weak layering if cybotactic clusters are present.

An important aspect of cholesteric liquid crystals is that they can be generated by doping achiral nematic liquid crystals with chiral dopant molecules. In other words, a helical superstructure can emerge even if the host liquid crystal molecules themselves are not intrinsically chiral, as long as a small amount of an appropriate chiral additive is present. This approach is widely used in both experimental and applied contexts because it allows fine-tuning of the helical pitch and optical properties of the resulting cholesteric phase.

The chiral dopants are typically enantiomerically pure organic molecules possessing some form of chirality, such as point chirality, planar chirality, or axial chirality. When the dopant's molecular structure is compatible with the host nematic liquid crystal in terms of shape and intermolecular interactions, high miscibility is achieved, which can raise the critical doping concentration (*i.e.*, the maximum concentration at which the dopant remains homogeneously mixed in the host phase without phase separation).

The ability of a chiral dopant to induce helical twisting in a nematic host is quantified by the parameter known as the helical twisting power (HTP). This is defined by the following relationship:

$$HTP = 1/(P \cdot c) \qquad (2)$$

where c is the molar concentration of the chiral dopant. A higher HTP indicates a stronger twisting ability per unit concentration. This concept is crucial for designing cholesteric systems with desired selective reflection properties, particularly in reflective display technologies, tunable photonic devices, and temperature- or solvent-sensitive sensors.

Applications of cholesteric LCs go beyond displays and include anti-counterfeit films, optical notch filters, and temperature indicators. Due to their non-trivial photonic behavior, cholesteric LCs are also studied as 1D photonic crystals.

5.5 Blue Phases

Blue phases (BPs) are a unique class of liquid crystalline phases that appear in highly chiral systems within a narrow temperature range, typically between the isotropic and cholesteric phases. These phases are distinguished by their three-dimensional cubic symmetry, optical isotropy, and presence of an unusual defect lattice formed by double-twist cylinders. In a double-twist structure, the director rotates simultaneously around multiple radial directions within a cylindrical domain. While this configuration locally minimizes elastic free energy, it cannot fill space continuously without introducing defects. As a result, the system self-organizes into a cubic lattice of disclination lines (regions of disrupted order) separating the double-twist regions. The periodicity of this defect network gives rise to Bragg reflections in the visible range, causing vivid iridescent colors—hence the name "blue phase."

Three main blue phases are recognized:

BPI and **BPII**: True cubic phases with distinct unit cell sizes and symmetries (body-centered and simple cubic, respectively).

BPIII: Sometimes called the “blue fog,” it is a non-crystalline or amorphous blue phase, lacking long-range periodicity.

Blue phases exhibit ultrafast electro-optic responses due to their intrinsic cubic symmetry and lack of birefringence. However, their practical use has long been hindered by their thermodynamic instability, with temperature windows typically narrower than 1–2 °C. This limitation has been significantly overcome by the development of polymer-stabilized blue phases (PSBPs) [40]. In this approach, a small fraction of reactive monomers is added to the blue phase and then polymerized in situ, forming a polymer network that preserves the delicate structure over a much wider temperature range—sometimes up to 50 °C. PSBPs are now being explored for use in fast-response displays, adaptive optics, and photonic devices with tunable bandgaps.

The study of blue phases also intersects with topological soft matter, as the defect networks can be described using principles from mathematical knot theory and liquid crystal topology. Advanced optical and electro-optical techniques continue to uncover the fascinating interplay between chirality, elasticity, and defect dynamics in these systems.

5.6 Smectic Phases

Smectic phases represent a class of liquid crystalline states that exhibit both orientational order and one-dimensional positional order. In these phases, molecules are organized into distinct layers, within which they maintain a certain degree of alignment and spatial organization. The layering gives rise to additional symmetry and anisotropic properties not present in nematic phases.

Structurally, a smectic phase can be visualized as a stack of molecular sheets. Within each sheet, the molecules may be arranged loosely or tightly, and their orientation may be perpendicular, tilted, or even disordered relative to the layer normal. This leads to the classification into a variety of smectic subphases, which are typically identified using polarized optical microscopy (POM), differential scanning calorimetry (DSC), and small-angle X-ray scattering (SAXS).

Among the most commonly studied smectic subphases are:

Smectic A (SmA): Molecules are on average oriented perpendicular to the layer plane, and their centers of mass are randomly distributed within each layer (Fig. 9). This phase exhibits uniaxial symmetry and relatively high fluidity. The XRD pattern typically shows a single sharp peak corresponding to the layer spacing d, which is roughly equal to the molecular length. The observed d-spacing values follow the relationship given by the equation below,

$$d_{001} = md_{00m} \tag{3}$$

where m is a positive integer.

Smectic C (SmC): Molecules are tilted with respect to the layer normal (Fig. 9). This tilt introduces in-plane anisotropy and alters the optical texture under crossed polarizers. The tilt angle can be temperature-dependent, and in some cases, chirality leads to the Smectic C* phase, which is ferroelectric and has spontaneous polarization perpendicular to the tilt direction.

Smectic B (SmB): Molecules are arranged in hexagonally packed layers, exhibiting short-range in-plane positional order (Fig. 10). This phase behaves like a two-dimensional hexatic crystal, with increased viscosity and reduced fluidity. XRD patterns show peaks corresponding to both interlayer spacing and lateral molecular distances individually. Namely, 1D + 2D positional orders are present in SmB phases. The observed d-spacing values follow the relationship given by the equation below,

$$d_{001} = m d_{00m} \tag{3}$$

$$1/(d_{hk0})^2 = (4/3)\{h^2 + k^2 + hk/a^2\} \tag{4}$$

$$\left(\sqrt{3}/2\right)a = d_{100} = \sqrt{3}d_{110} = 2d_{200} = \sqrt{7}d_{210} = \ldots \tag{5}$$

where m is a positive integer, h and k are Miller indices, and a is the unit cell parameter of the hexagonal packing. The in-plane packing is rather fluctuated, thus often exhibiting only d_{100} peak in XRD.

Smectic E (SmE): This phase exhibits both layered structure and long-range in-plane order, often forming a rectangular or oblique lattice within the layers (Fig. 10). Molecules in the SmE phase are tilted and tightly packed, giving rise to sharp wide-angle XRD peaks corresponding to lateral intermolecular distances. The SmE phase typically appears at lower temperatures and is more rigid than SmA or SmC. It is often stabilized by specific molecular architectures, such as long alkyl chains or lateral fluorination. The observed d-spacing values follow the relationship given by the equation below,

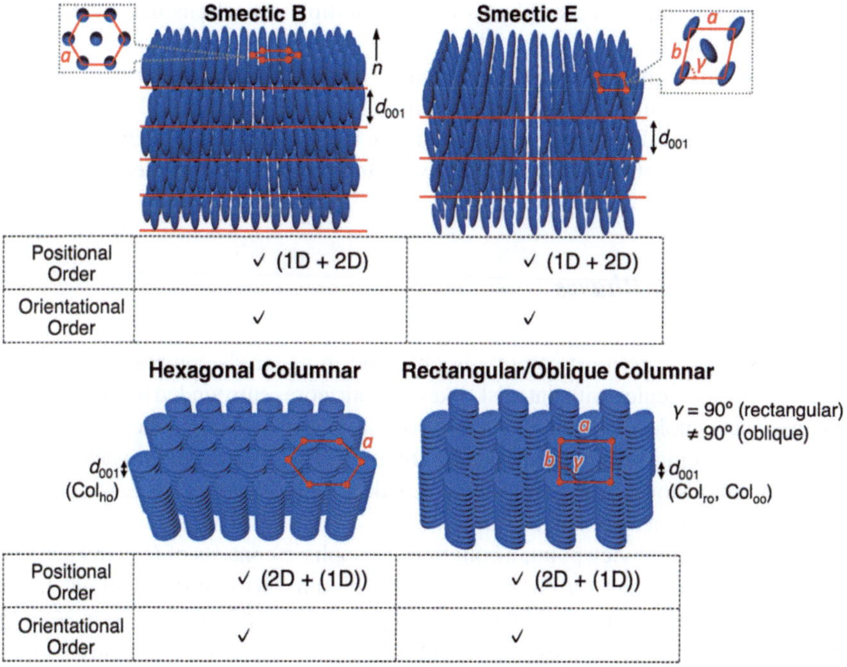

Fig. 10 Schematic illustrations of molecular arrangement of calamitic or discotic mesogens in smectic and columnar phases. Presence of positional (with dimensions) and orientational orders is described for each phase

$$d_{001} = m d_{00m} \tag{3}$$

$$1/(d_{hk0})^2 = \left(1/\sin^2\gamma\right)\left(h^2/a^2 + k^2/b^2 - 2h\cos\gamma/ab\right) \tag{6}$$

where a and b and γ are the unit cell parameters of oblique packing. When $\gamma = 90°$, the lattice adopts a rectangular structure, allowing Eq. (6) to be expressed in a simplified form.

Smectic F, I, G, H: These are higher-order smectic phases with varying degrees of tilt and in-plane order, sometimes approaching crystalline organization. They are less common and are usually stabilized at low temperatures or in specially designed materials.

Smectic phases are sensitive to subtle changes in molecular structure. The introduction of lateral substituents, dipolar groups, or chiral centers can stabilize or destabilize specific smectic phases. For instance, flexible terminal chains may promote layer fluidity, while rigid cores enhance in-plane packing.

The thermal behavior of smectic phases is often characterized by sharp phase transitions, which can be monitored via DSC. X-ray scattering is a powerful tool for distinguishing between subphases based on the number, sharpness, and positions of diffraction peaks. For example, SmA typically shows only one principal reflection, while SmB and higher-order phases exhibit multiple reflections due to increased positional order.

Functionally, smectic phases are used in ferroelectric liquid crystal displays (FLCDs), polarization control devices, and memory applications. Their relatively high viscosity and directional anisotropy make them attractive for technologies that require stable, orientation-retaining behavior under mechanical or electrical stress.

5.7 Columnar Phases

Columnar phases are most commonly observed in materials composed of discotic mesogens—molecules with flat, disk-like aromatic cores surrounded by flexible alkyl chains. These molecules tend to stack face-to-face due to π–π interactions between the cores, forming linear assemblies or columns. The columns then pack laterally into two-dimensional arrays, leading to a wide variety of mesophases with distinct symmetry and dimensionality.

From a structural viewpoint, a columnar mesophase consists of (i) axial stacking of mesogenic units into a one-dimensional column, (ii) two-dimensional lateral packing of these columns into regular arrays, and (iii) optional inclusion of long-range orientational order along the column axis. The resulting mesophase exhibits one-dimensional positional order along the column axis and two-dimensional order in the plane perpendicular to it. Several types of columnar phases have been identified, based on their lateral symmetry.

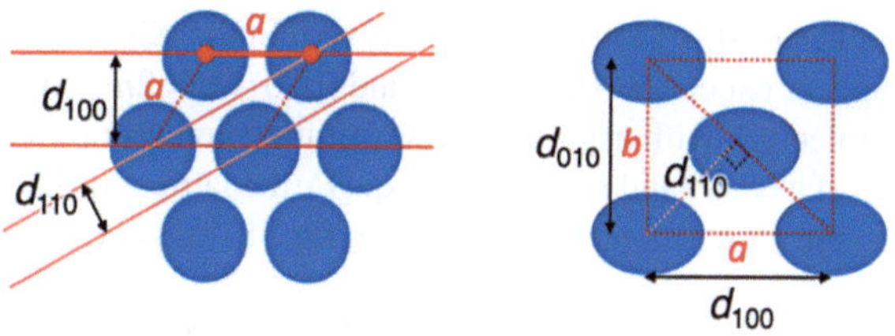

Fig. 11 Schematic illustrations of relationships among major *d*-spacings in hexagonal (left) and rectangular (right) lattices

Hexagonal columnar (Col_h): Columns are arranged in a hexagonal lattice (Figs. 10 and 11). This looks like a honeycomb structure and is the most symmetric columnar phase. It exhibits high mobility for charge carriers along the columns and is often seen in materials with symmetric discotic cores and evenly spaced side chains. The observed *d*-spacing values follow the relationship given by the equation below,

$$1/(d_{hk0})^2 = (4/3)\{h^2 + k^2 + hk/a^2\} \tag{4}$$

$$\left(\sqrt{3}/2\right)a = d_{100} = \sqrt{3}d_{110} = 2d_{200} = \sqrt{7}d_{210} = \ldots \tag{5}$$

where h and k are Miller indices, and a is the unit cell parameter of the hexagonal packing. Periodicity along the columnar axis is sometimes observed in X-ray diffraction as a d_{001} reflection, which corresponds to the π–π stacking distance in π-conjugated discotic systems. Such a phase exhibiting well-defined intracolumnar order is commonly referred to as a hexagonal ordered columnar phase (Col_{ho}), whereas Col_{hd} denotes columnar phases characterized by a broader distribution of intracolumnar order.

Rectangular (Col_r), Tetragonal (Col_t), and Oblique (Col_{ob}): Columns are arranged in a rectangular, square, or parallelogram shape (Figs. 10 and 11). These lower-symmetry phases result from anisotropic interactions between columns or asymmetries in molecular shape. In some cases, these phases appear at temperatures higher than that of the Col_h phase. The observed *d*-spacing values follow the relationship given by the equation below,

$$1/(d_{hk0})^2 = \left(1/\sin^2\gamma\right)\left(h^2/a^2 + k^2/b^2 - 2h\cos\gamma/ab\right) \tag{6}$$

where a and b and γ are the unit cell parameters of oblique packing. When $\gamma = 90°$, the lattice adopts a rectangular geometry, simplifying Eq. (6) into Eq. (7).

$$1/(d_{kh0})^2 = h^2/a^2 + k^2/b^2 \tag{7}$$

Then, assuming that low-angle two main diffraction peaks are assigned as (*hkl*) = (110) and (200), or (200) and (110), analysis of rectangular lattices is possible. More importantly, we have to take care of the extinction rule depending on the 2D space symmetry. In the *c2mm* space group, only reflections satisfying $h + k = 2n$

(n is a positive integer) are observed. In the $p2gg$ symmetry, all the ($hk0$) reflections appear except ($h00$) ($h = 2n$) and ($0k0$) ($k = 2n$). Although it is a rare case, discotic molecules with asymmetric substitution sometimes adopt a $p2mg$ symmetric lattice.

If $\gamma = 90°$ and $a = b$ in the Eq. (7), the lattice further exhibits tetragonal symmetry. In the case of a tetragonal lattice, Eq. (8) specifically applies instead of Eq. (4).

$$a = d_{100} = \sqrt{2}d_{110} = 2d_{200} = \sqrt{5}d_{210} = \ldots \tag{8}$$

Columnar nematic (N_{Col}): An intermediate phase where columns are present but lack long-range positional order in the 2D plane. This phase combines features of nematic and columnar ordering.

Columnar phases are particularly notable for their anisotropic electronic, thermal, and ionic transport properties. The π-stacked core facilitates charge delocalization along the column axis, while the flexible side chains hinder transverse transport. This has led to increasing interest in columnar LCs for use in organic semiconductors, field-effect transistors, photovoltaic devices, and anisotropic ion-conducting membranes.

From a design perspective, molecular features that promote columnar mesophases include (i) planar aromatic cores (e.g., triphenylene, hexa-*peri*-hexabenzocoronene), (ii) symmetric substitution patterns to encourage uniform stacking, and (iii) flexible side chains for steric stabilization and phase tunability. The self-assembly behavior of columnar mesogens can also be tuned through hydrogen bonding, metal–ligand coordination, or ionic interactions, leading to supramolecular columnar phases. For example, umbrella-shaped or dendritic supramolecular assemblies often generate columnar packing despite lacking intrinsic discotic geometry.

XRD is the primary technique for identifying columnar phases. The resulting patterns show a series of reflections in the small-angle region corresponding to inter-columnar distances, as well as broad wide-angle scattering from the stacked cores. Complementary techniques such as differential scanning calorimetry and optical microscopy (especially under polarized light) help characterize thermal transitions and texture morphologies.

5.8 Cubic Phases

Cubic phases represent some of the most structurally complex and highly ordered liquid crystalline states. These phases exhibit three-dimensional positional order, often with isotropic macroscopic properties. Although thermotropic cubic phases are relatively rare, cubic ordering is frequently observed in lyotropic liquid crystals, especially those composed of amphiphilic molecules, supramolecular assemblies, or block copolymers.

Cubic mesophases can be broadly categorized into two types:

Micellar cubic phases: Formed by spherical micelles arranged into cubic crystal lattices (*e.g.*, body-centered cubic (BCC) or face-centered cubic (FCC)). Each micelle typically consists of hydrophobic cores surrounded by hydrophilic coronas or π-conjugated cores surrounded by long hydrophobic/hydrophilic chains. These structures resemble crystalline solids in symmetry but retain molecular mobility and solvent plasticity. In thermotropic liquid crystals, discotic systems typically form columnar phases but sometimes they form micellar cubic phases. The volume balance between mesogenic cores and peripheral chains mainly determines the stability of their columnar and micellar cubic phases (Fig. 12). When the chain volume is relatively large, a micellar cubic phase is preferred to form. Some discotic systems form both columnar and micellar cubic phases, where the temperature range of the latter phase is higher than that of the former.

The phase assignment of micellar cubic phases relies on the absence of birefringence in POM and a set of characteristic Bragg peaks in XRD, which reveals a highly symmetric, 3D isotropic structure. The XRD peaks observable for FCC phases with *Pm*3*n* symmetry and BCC phases with *Im*3*m* symmetry are shown in Table 1. Additional insight into internal topology is often obtained using cryo-transmission electron microscopy (cryo-TEM) and scattering simulations.

Bicontinuous cubic phases: More complex architectures consisting of interpenetrating, continuous hydrophilic and hydrophobic domains separated by a periodic

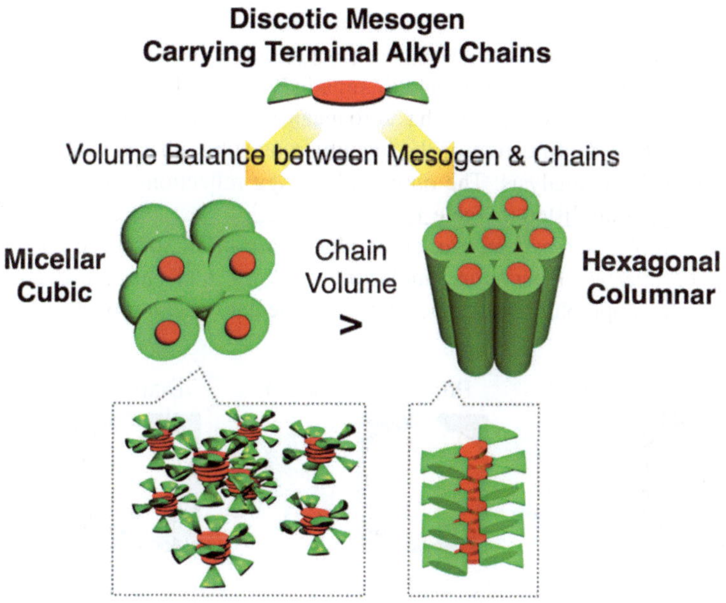

Fig. 12 Schematic illustrations of self-organization of discotic molecules (red) carrying terminal alkyl chains (green). The larger volume of alkyl chains tends to stabilize a cubic phase than a columnar phase

Table 1 Summary of observable Bragg reflections with spacing ratio and Miller indices for micellar cubic phase with *Pm*3*n* symmetry and bicontinuous cubic phases with *Ia*3*d*, *Im*3*m*, and *Pn*3*m* symmetry

	Miller Indices (*hkl*)			
Spacing ratio	*Pm*3*n*	*Ia*3*d*	*Im*3*m*	*Pn*3*m*
1				
$1/\sqrt{2}$	110		110	110
$1/\sqrt{3}$				111
$1/\sqrt{4}$ (1/2)	200		200	200
$1/\sqrt{5}$	210			
$1/\sqrt{6}$	211	211	211	211
$1/\sqrt{8}$	220	220	220	220
$1/\sqrt{9}$ (1/3)				221
$1/\sqrt{10}$	310		310	310
$1/\sqrt{11}$				311
$1/\sqrt{12}$	222		222	222
$1/\sqrt{13}$	320			
$1/\sqrt{14}$	321	321	321	321
$1/\sqrt{16}$ (1/4)	400	400	400	400

interface. These structures are based on triply periodic minimal surfaces, such as the gyroid (*Ia*3*d*), primitive (*Im*3*m*), and diamond (*Pn*3*m*) surfaces (Fig. 13) [41]. The interface between the two domains has zero mean curvature, minimizing the system's free energy. The identification of the bicontinuous cubic phases is also performed by means of XRD analysis. The observable Bragg reflections for the above three symmetry types are listed in Table 1.

From a molecular perspective, cubic phases are often stabilized by a delicate balance of interfacial curvature, molecular packing, and entropic contributions. For instance, amphiphilic molecules with intermediate packing parameters tend to

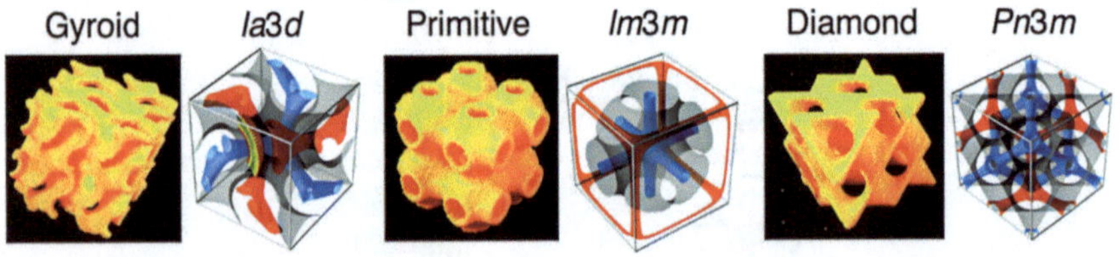

Fig. 13 Three types of bicontinuous cubic structures and their unit cells constructed from amphiphilic lipid-like molecules. Two independent channels of hydrophilic parts, drawn with red and blue colors, are separated by a hydrophobic bilayer, where the bilayer mid-planes are represented by the orange structures in the left images and gray on the right. The image is adapted with permission from ref. 41

favor bicontinuous cubic structures, as do certain hydrogen-bonded systems and self-assembled ionic mesogens.

Cubic liquid crystals have gained considerable attention for their functional potential as (i) nanostructured templates in the fabrication of mesoporous materials, (ii) as biomimetic membranes, due to their resemblance to lipidic cubic phases found in nature (*e.g.*, endoplasmic reticulum and mitochondrial membranes), and (iii) as ionic conductors and drug delivery vehicles, given their high internal surface area and interconnected diffusion pathways.

5.9 *Order Parameters of Liquid Crystals*

In liquid crystals, the transition from isotropic to anisotropic phases is characterized not by abrupt structural changes as in crystalline solids, but by gradual development of molecular order. To quantify this order—particularly orientational order—physicists and chemists introduce scalar quantities known as order parameters. These provide a statistical measure of the alignment of molecules with respect to a preferred direction, commonly called the director ***n***.

The most commonly used order parameter for uniaxial nematic phases is the second-rank Legendre polynomial average:

$$S = \frac{1}{2}\left(3\,cos^2\theta - 1\right) \tag{9}$$

where θ is the angle between a molecule's long axis and the director ***n***, and the angular brackets denote an ensemble average over all molecules (Fig. 14). The value of S ranges from 0 (completely disordered, isotropic) to 1 (perfect alignment); in real nematic systems, typical values range between 0.3 and 0.8.

For more complex systems such as biaxial nematics, discotic phases, or chiral smectics, higher-rank or tensorial order parameters are employed. For instance, biaxial nematics require at least two independent parameters to describe order along two orthogonal axes.

Order parameters are not directly measurable, but they can be inferred from various experimental techniques such as (i) birefringence measurements relate optical anisotropy to orientational order, (ii) NMR spectroscopy can probe the angular distribution of molecular axes via chemical shift anisotropy, (iii) X-ray diffraction yields information on both orientational and positional correlations.

On the other hand, molecular dynamics (MD) simulations provide a powerful computational approach to evaluate order parameters, especially when direct experimental access is limited or when the system involves complex interactions. In MD simulations, the trajectories of all atoms or coarse-grained particles in a system are computed over time using interatomic potential functions. From these trajectories, the instantaneous orientations of individual molecules or mesogens can be extracted and

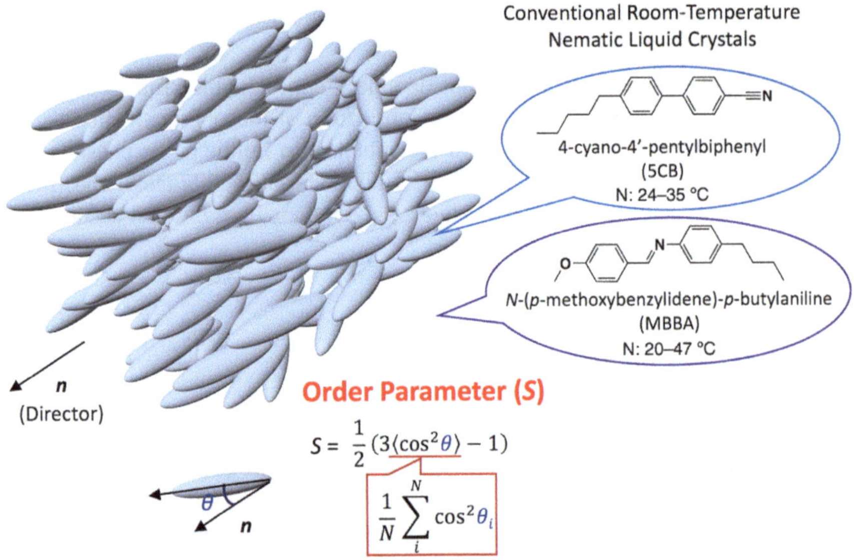

Fig. 14 Schematic illustration of nematic liquid crystal and its order parameter S

statistically analyzed. The orientational order parameter S, for example, can be calculated by averaging the angular distribution of molecular axes with respect to a defined director, just as in experiments—but with far greater spatial and temporal resolution. Moreover, MD allows for direct computation of higher-rank tensors needed for complex phases such as biaxial nematics or tilted smectics. It also facilitates the study of local fluctuations, dynamic correlation functions, and the effects of confinement or external fields. Because the simulation environment can be precisely controlled, MD offers insights not only into equilibrium properties, but also into phase transitions, defect formation, and the microscopic origins of anisotropic elasticity.

Understanding order parameters is fundamental for describing phase transitions, such as the nematic–isotropic or smectic–nematic transition, and for modeling liquid crystal behavior using mean-field theories like the Maier–Saupe or Landau–de Gennes formalism.

6 Distribution Functions

While order parameters provide a macroscopic scalar summary of molecular alignment, a deeper and more complete description of orientational structure in liquid crystals is given by orientational distribution functions (ODFs). These functions describe the probability density $f(\theta, \phi)$ that a molecule's axis is oriented at angles θ and ϕ with respect to a laboratory frame or the director. In uniaxial nematic phases, the ODF simplifies to $f(\theta)$ due to cylindrical symmetry around the director. A typical form is:

$$f(\theta) = \frac{1}{Z}\exp(\alpha\cos^2\theta) \tag{10}$$

where α is a parameter related to the strength of ordering, and Z is a normalization constant ensuring $\int f(\theta)\sin\theta d\theta = 1$. This form connects directly to the order parameter S via:

$$S = \int f(\theta)\left(\frac{3\cos^2\theta - 1}{2}\right)\sin\theta d\theta. \tag{11}$$

ODFs are especially useful in computer simulations, statistical mechanics, and continuum theories of liquid crystals, where spatial and orientational correlations must be treated in detail. For smectic and columnar phases, combined orientational–positional distribution functions may be defined to describe molecular layering or packing, often in the form $f(\boldsymbol{r},\theta)$. These more general distributions become essential in analyzing pre-transitional fluctuations, defect structures, and nonequilibrium dynamics.

Experimentally, ODFs are harder to extract directly, but they can be approximated from NMR spectral line shapes, small-angle neutron or X-ray scattering, fluorescence polarization anisotropy. Ultimately, the combination of order parameters and distribution functions provides a dual framework: scalar simplicity for practical modeling, and functional depth for accurate statistical descriptions of anisotropic molecular assemblies.

References

1. A. Roviello, A. Sirigu, Mesophasic structures in polymers. A preliminary account on the mesophases of some poly-alkanoates of *p,p*'-di-hydroxy-α,α'-di-methyl benzalazine. J. Polym. Sci. Polym. Lett. Ed. **13**, 455–463 (1975)
2. H. Finkelmann, M. Happ, M. Portugal, H. Ringsdorf, Liquid crystalline polymers with biphenyl-moieties as mesogenic group. Makromol. Chem. **179**, 2541–2544 (1978)
3. H. Finkelmann, H.-J. Kock, G. Rehage, Investigations on liquid crystalline polysiloxanes 3. Liquid crystalline elastomers—a new type of liquid crystalline material, Makromol. Chem. Rapid Commun. **2**, 317–322 (1981)
4. J. Seelig, H. Limacher, P. Bader, Molecular architecture of liquid crystalline bilayers. J. Am. Chem. Soc. **94**, 6364–6371 (1972)
5. T.E. Strzelecka, M.W. Davidson, R.L. Rill, Multiple liquid crystal phases of DNA at high concentrations. Nature **331**, 457–460 (1988)
6. F. Reinitzer, Beiträge zur Kenntniss des Cholesterins. Monatsh. Chem. **9**, 421–441 (1888)
7. O. Lehmann, Flüssige Kristalle sowie Plastizität von Kristallen im allgemeinen, molekulare Umlagerungen und Aggregatzustandsänderungen. Wilhelm Engelmann, Lepizig (1904)
8. M. Mitov, Liquid-crystal science from 1888 to 1922: Building a revolution. ChemPhysChem **15**, 1245–1250 (2014)

9. O. Lehmann, Über fliessende krystalle. Z. Phys. Chem. **4**, 462–472 (1889)
10. M. Sorai, K. Saito, Alkyl chains acting as entropy reservoir in liquid crystalline materials. Chem. Rec. **3**, 29–39 (2003)
11. K. Saito, Stability of real liquid crystals, in *Gibbs Energy and Helmholtz Energy: Liquids, Solutions and Vapours*, ed. by E. Wilhelm, T. M. Letcher, pp. 449–463 (2021)
12. I. Dierking, A.M.F. Neto, Novel trends in lyotropic liquid crystals. Crystals **10**, 604 (2020)
13. H. Sandquist, Anisotropic aqueous solution. Ber. Dtsch. Chem. Ges. **48**, 2054–2055 (1915)
14. N.H. Hartshorne, G.D. Woodard, Mesomorphism in the system disodium chromoglycate-water. Mol. Cryst. Liq. Cryst. **23**, 343–368 (1973)
15. T.K. Attwood, J.E. Lydon, F. Jones, The chromonic phases of dyes. Liq. Cryst. **1**, 499–507 (1986)
16. T.K. Attwood, J.E. Lydon, C. Hall, G.J.T. Tiddy, Liq. Cryst. **7**, 657–668 (1990)
17. C. Tschierske, Amphotropic liquid crystals. Curr. Opin. Colloid Interface Sci. **7**, 355–370 (2002)
18. K. Kishikawa, S. Nakahara, Y. Nishikawa, S. Kohmoto, M. Yamamoto, A ferroelectrically switchable columnar liquid crystal phase with achiral molecules: Superstructures and properties of liquid crystalline ureas. J. Am. Chem. Soc. **127**, 2565–2571 (2004)
19. T. Niori, T. Sekine, J. Watanabe, T. Furukawa, H. Takezoe, Distinct ferroelectric smectic liquid crystals consisting of banana shaped achiral molecules. J. Mater. Chem. **6**, 1231–1233 (1996)
20. B.M. Rosen, C.J. Wilson, D.A. Wilson, M. Peterca, M.R. Imam, V. Percec, Dendron-mediated self-assembly, disassembly, and self-organization of complex systems. Chem. Rev. **109**, 6275–6540 (2009)
21. M. Sawamura, K. Kawai, Y. Matsuo, K. Kanie, T. Kato, E. Nakamura, Stacking of conical molecules with a fullerene apex into polar columns in crystals and liquid crystals. Nature **419**, 702–705 (2002)
22. C. Tschierske, Development of structural complexity by liquid- crystal self-assembly. Angew. Chem. Int. Ed. **52**, 8828–8878 (2013)
23. T. Kato, J.M.J. Frechet, A new approach to mesophase stabilization through hydrogen bonding molecular interactions in binary mixtures. J. Am. Chem. Soc. **111**, 8533–8534 (1989)
24. H.L. Nguyen, P.N. Horton, M.B. Hursthouse, A.C. Legon, D.W. Bruce, Halogen bonding: A new interaction for liquid crystal formation. J. Am. Chem. Soc. **126**, 16–17 (2004)
25. G.A. Knight, B.D. Shaw, Long-chain Alkylpyridines and their derivatives. New examples of liquid crystals. J. Chem. Soc. 682– 683 (1938)
26. K. Goossens, K. Lava, C.W. Bielawski, K. Binnemans, Ionic liquid crystals: Versatile materials. Chem. Rev. **116**, 4643–4807 (2016)
27. M. Yoshio, T. Mukai, H. Ohno, T. Kato, One-dimensional ion transport in self-organized columnar ionic liquids. J. Am. Chem. Soc. **126**, 994 (2004)
28. K. Ohta, T. Shibuya, M. Ando, Flying-seed-like liquid crystals. J. Mater. Chem. **16**, 3635–3639 (2006)
29. Y. Haketa, S. Sasaki, N. Ohta, H. Masunaga, H. Ogawa, N. Mizuno, F. Araoka, H. Takezoe, H. Maeda, Oriented salts: Dimension-controlled charge-by-charge assemblies from planar receptor–anion complexes. Angew. Chem. Int. Ed. **49**, 10079–10083 (2010)
30. L.J. Yu, A. Saupe, Observation of a biaxial nematic phase in potassium laurate-1-decanol-water mixtures. Phys. Rev. Lett. **45**, 1000–1003 (1980)
31. C. Tschierske, D.J. Photinos, Biaxial nematic phases. J. Mater. Chem. **20**, 4263–4294 (2010)
32. A. De Vries, X-ray photographic studies of liquid crystals I. A cybotactic nematic phase. Mol. Cryst. Liq. Cryst. **10**, 219–236 (1970)
33. A.K. Nasir, M. Rahman, Cybotactic nematic liquid crystal—an overview. Liq. Cryst. **51**, 503–535 (2024)

34. M. Cestari, S. Diez-Berart, D.A. Dunmur, A. Ferrarini, M.R. de La Fuente, D.J.B. Jackson, D.O. Lopez, G.R. Luckhurst, M.A. Perez-Jubindo, R.M. Richardson, J. Salud, B.A. Timimi, H. Zimmermann, Phase behavior and properties of the liquid-crystal dimer 1",7"-bis(4-cyanobiphenyl-4'-yl) heptane: a twist-bend nematic liquid crystal. Phys. Rev. E **84**, 031704 (2011)
35. Y. Shimoura, Y. Arakawa, Cyanobiphenyl- and Cyanoterphenyl-based liquid crystal dimers (CBnCT): The enantiotropic twist-bend nematic phase. Crystals **15**, 120 (2025)
36. C. Fernández-Rico, M. Chiappini, T. Yanagishima, H. de Sousa, D.G.A.L. Aarts, M. Dijkstra, R.P.A. Dullens, Shaping colloidal bananas to reveal biaxial, splay-bend nematic, and smectic phases. Science **369**, 950–955 (2020)
37. G. Cinacchi, On the inexistence of a "splay(-bend)" nematic phase. J. Chem. Phys. **163**, 114903 (2025)
38. H. Nishikawa, K. Shiroshita, H. Higuchi, Y. Okumura, Y. Haseba, S. Yamamoto, K. Sago, H. Kikuchi, A fluid liquid-crystal material with highly polar order. Adv. Mater. **29**, 1702354 (2017)
39. R.J. Mandle, S.J. Cowling, J.W. Goodby, A nematic to nematic transformation exhibited by a rod-like liquid crystal. Phys. Chem. Chem. Phys. **19**, 11429–11435 (2017)
40. H. Kikuchi, M. Yokota, Y. Hisakado, H. Yang, T. Kajiyama, Polymer-stabilized liquid crystal blue phases. Nature Mater. **1**, 64–68 (2002)
41. S.S.W. Leung, C. Lea, The stabilization of primitive bicontinuous cubic phases with tunable swelling over a wide composition range. Soft Matter **15**, 1269–1277 (2019)

Photochemistry of Functional Soft Matter

Atsushi Seki

1 Introduction

In this chapter, we introduce the photo-triggered chemical reactions and photo-induced physical behaviors in functional soft matters such as polymers, supramolecular gels, and liquid crystals. The term of "photochemistry" comprehensively indicates the phenomena of those photo-induced chemical changes. The "photochemistry" is based on a series of processes from photoexcitation to chemical change. Focused on the photophysical behavior, the simplest one photon photophysical phenomenon can be explained as follows. At the beginning, the reactant molecule (R) absorbs a photon which has appropriate frequency (ν). The light energy activates the reactant molecule to form the excited molecular specie (R*). Then, the excited specie loses the energy by non-radiative relaxation and light emission so that initial reactant molecule at ground state is regenerated. In the photophysical behavior, the overall process is closed and cycled without any chemical reactions. While photophysical process recovers the initial chemical species, photochemical reaction affords the products which are different from initial species. The typical processes of photochemical reactions are schematically described in Scheme 1. The formation of activated species by the light absorption, that is photoexcitation, is essential and universal process to all photophysical and photochemical behaviors. However, several mechanisms are considered for the generation process of a product (P) from the activated chemical species [1]. The pathway without the formation of any intermediate species is a typical generation process of the product. In the photochemical reaction pathway, the excited molecular specie of R* is directly converted to the corresponding product. In contrast, the product is obtained via the intermediate

A. Seki (✉)
Material & Biological Engineering Course, Department of Industrial Systems Engineering, National Institute of Technology (KOSEN), Hachinohe College, Hachinohe, Japan
e-mail: aseki-c@hachinohe.kosen-ac.jp; a_seki_3@rs.tus.ac.jp

Department of Chemistry, Faculty of Science, Tokyo University of Science, Tokyo, Japan

M. Funahashi (ed.), *Functional Soft Matter I*,
https://doi.org/10.1007/978-981-92-0108-2_3

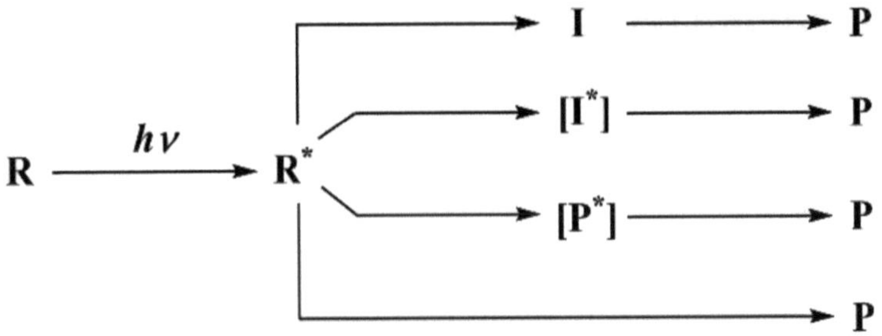

Scheme 1 Schematic diagram of organic photochemical reactions

specie (I), activated intermediate specie (I*), or product molecule at the excited state (P*) in indirectly pathways. Most of organic photochemical reaction systems are based on the R* → I → P pathway among these four possibilities. A radical pair, a biradical, or zwitterion are representative reactive intermediates (I) in the photochemical reaction process. Because the thermodynamic energy potentials of each chemical specie are dominant factors for photophysical and photochemical behaviors, molecular structure, molecular substructure, and structural transition dynamics are of enormous importance to the photochemistry.

2 Photoisomerization

Photoisomerization is the most typical and basic phenomenon in the photochemistry. The classic photophysical behavior results from conformation change and/or rearrangement of chemical bonds in energy relaxation process after the photoexcitation [2–5]. The representative photoisomerization systems are shown in Fig. 1. Each of the *E*-*Z* photoisomerization of stilbenes (Fig. 1a), photo-induced ring-opening of spiropyrans (Fig. 1b), and photocyclization of diarylethenes are typical distinct photoisomerization reactions (Fig. 1c). Fulgides exhibit multi-steps photochemical reactions composed of *E*-*Z* photoisomerization and subsequent photocyclization [6]. Since each of the initial species and photoisomerized product absorb the different colored light, these compounds exhibit photochromism.

2.1 *E-Z Photoisomerization*

The *E*-*Z* photoisomerization in olefins is one of the simple examples. Especially, the distribution control of *E*- and *Z*-isomer by light irradiation was achieved in the various systems of azobenzene derivatives. Figure 2 depicts the simplified diagram of *E*-*Z* photoisomerization process in an azobenzene system. When the UV light whose wavelength λ_1 is illuminated to the most thermodynamically stable *E*-isomer

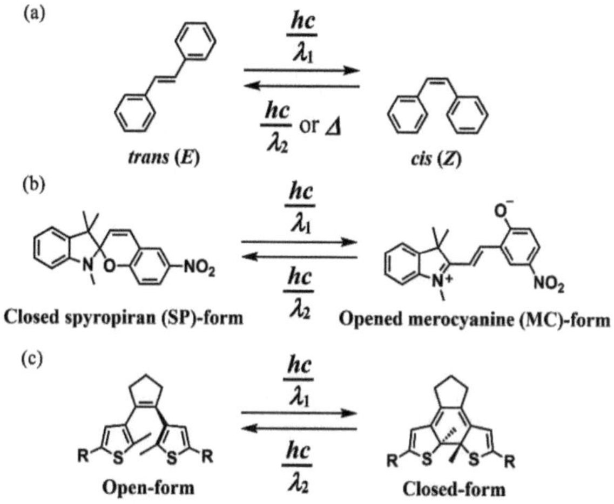

Fig. 1 Schematic illustrations of several types of photoisomerization. **a** *E-Z* photoisomerization of stilbenes, **b** photo-induced ring-opening isomerization of spyropirans, and **c** reversible photocyclization of diarylethenes

of azobenzenes, the S_0-S_1 electronic transition results in the generation of excitons. During the exoergic relaxation of activated species, the metastable *Z*-isomer is produced at a certain ratio. The continuous irradiation of the stationary UV light leads to the increase of *Z*-isomer content until equilibrium is established. After reaching the equilibrium under the light illumination, the molar fractions of each isomer settle down at a constant ratio. The lifetime of the generated *Z*-isomer depends on the ambient conditions. Once the excitation light is shut out, the *E*-isomer can be regenerated by the supply of the thermal or light energies over the threshold level from outside of the system. In the case of the photoisomerization system whose relatively small activation energy of the reverse reaction, the *Z*-isomer can be steadily changed to the initial *E*-isomer even at room temperature without the light illumination. In other words, the high energy barrier lengthens the lifetime of the *Z*-isomer. Because the *E-Z* photoisomerization of azobenzenes results from competitive and cooperative behaviors of rotation and inversion on the azo unit, the mechanism is generally complicated. The predominant factor in the photoisomerization depends upon the 1 substituent on benzene rings as well as solvent polarity and viscosity [2]. Although the exact explanation in the previous discussion of Fig. 1 was omitted, S_0-S_2 excitation and S_2-S_1 relaxation also contribute to photoisomerization in many cases. As a unique example, the *E-Z* photoisomerization is interfered in the system of hydroxyazobenzenes due to the competing tautomerization and H-bond formation [7–9]. The substituent effects on *E-Z* photoisomerization are similarly found in the system of stilbene derivatives [10].

Various functional soft materials exhibiting *E-Z* photoisomerization in the bulk states have been developed [11–18]. From the initial stages of photo-functional polymer chemistry to present, many researchers investigated the mixture system in which organic photochromic dyes dissolved in polymer matrices [6, 19–21]. In the incipient study, some azobenzene derivatives were doped in poly(vinyl alcohol) (PVA) [22, 23], polymethacrylates (PMMA) [24, 25], poly(*N*-vinyl carbazole) (PVC)

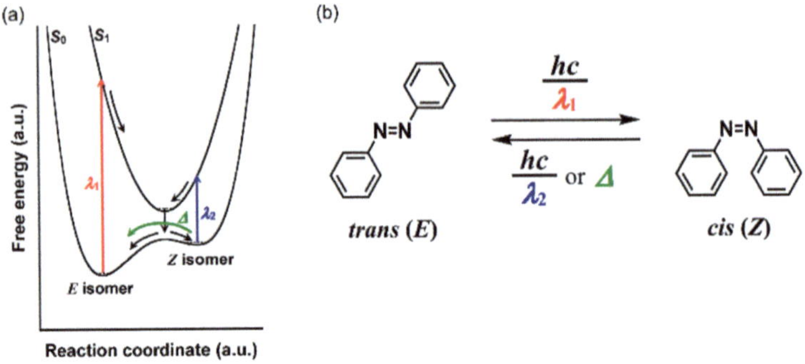

Fig. 2 **a** Schematic energy diagram of electronic transition and b configuration change in photoisomerization of azobenzene

[20], polystyrene (PS) [26], and polyimide (PI) [27] for improving the photo- and optical functions including birefringence, photorefractive effect, and nonlinear optical effect [28–30]. Thereafter, great many side-chain polymers bearing photoisomerizable units such as azobenzene and stilbene have been developed [5, 31–33]. The *E-Z* photoisomerization also induces the drastic change in physical properties other than photo and optical features. Since the *E-Z* photoisomerization is generally reversible process, the precise control of physical characteristics such as viscosity [34–38], solubility [33–35, 39], wettability [34, 35] elasticity [34, 35], polarity [33–35, 40], free volume [34, 35], phase transition temperature [34, 35, 41–46], and so on [34, 35, 47–51], has been achieved by tuning of incident light and thermal conditions. The controlled reversible physical change is fundamental to the beneficial functions including molecular orientation control [12, 34, 35, 52], formation of fine relief structures [12, 34, 35, 53, 54], reversible adhesion [12, 34, 35, 46, 55], and macroscopic shape change [56].

In 1988, Ichimura, Seki, and coworkers reported the reversible photoswitching between homeotropic and planar alignment modes of nematic liquid crystals by the "command surfaces," which indicates the substrate surfaces modified with azobenzene at the outset (Fig. 3) [57]. They established the photoalignment control methods of liquid crystalline (LC) molecules by the "command surfaces" of azobenzene monolayer [57] and Langmuir–Blodgett films [58]. The in-plane orientation control by isomer switching was also achieved [27, 59].

The photoisomerization in amorphous and LC polymers can be applicable to holographic recording based on the surface relief gratings [11, 31, 52, 53, 60–63]. The formation of fine relief structures resulted from controlled light irradiation due to the anisotropic light absorption of photochromic dyes (Fig. 4).

Recently, reversible adhesive materials have attracted much attention with an expectation of broad practical applications [12, 46, 55, 64]. The availability of reversible isothermal photo-induced crystal-liquid phase transition of multi-functionalized sugar alcohols with azobenzene units for the reusable and reversible adhesion was indicated by Akiyama and Yoshida in 2012 [65]. Wu and coworkers

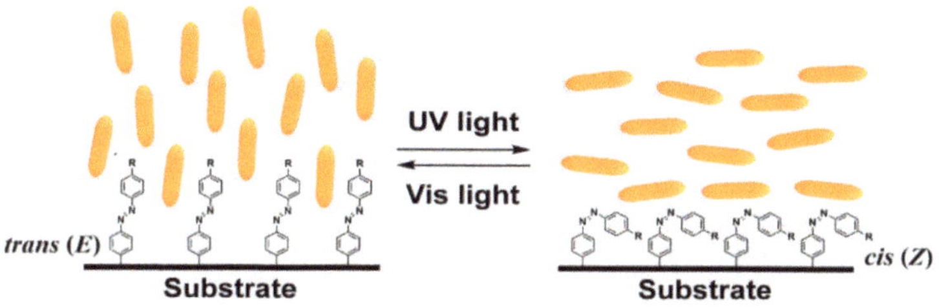

Fig. 3 Schematic illustrations of the reversible orientation control systems for nematic liquid crystals based on "command surfaces" [57]

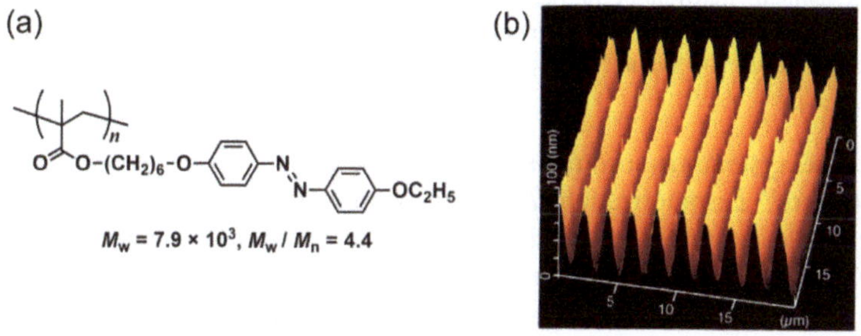

Fig. 4 **a** Chemical structure of polymethacrylate bearing photoresponsive azobenzene units. The abbreviations M_n and M_w denote number-average molecular weight and weight-average molecular weight, respectively. **b** Three-dimensional atomic force microscopy image of the gratings recorded in the glassy state of the photoresponsive polymethacrylate. Adapted with permission from ref. 62. Copyright 1999 American Chemical Society

developed azobenzene-containing polymers, which can be beneficial for the reusable adhesive and self-healing materials based on the solid-to-liquid transitions [45]. Because the photo-switchable adhesive materials exhibiting high adhesive strength, excellent repeatability, good reusability, and appropriate recyclability are one of the promising candidates for advanced future materials; various studies on the novel adhesive materials were conducted from 2012 to the date [66]. The functional requirement of photo-switchable adhesive materials is drastically changing of adhesion force in response to light. In many cases, a substantial transformation of intermolecular interactions is caused by photo-induced phase transition (Fig. 5) [45, 65, 67] or photo-triggered host–guest complexation [68].

Dendrimers having the *E-Z* photoisomerizable moieties have also been synthesized [31, 69–71]. The application for photoresponsive dendrimers as demonstrative molecules in the search for reactive singlet species has been reported [70].

In addition, various supramolecular gelators bearing the photochromic units exhibiting *E-Z* isomerization are known [72, 73]. Shinkai and collaborators synthesized azobenzene-functionalized cholesterol derivatives that gelated to cyclohexane and butanol (Fig. 6a). The photocontrol of light transmittance in the cholesterol-based

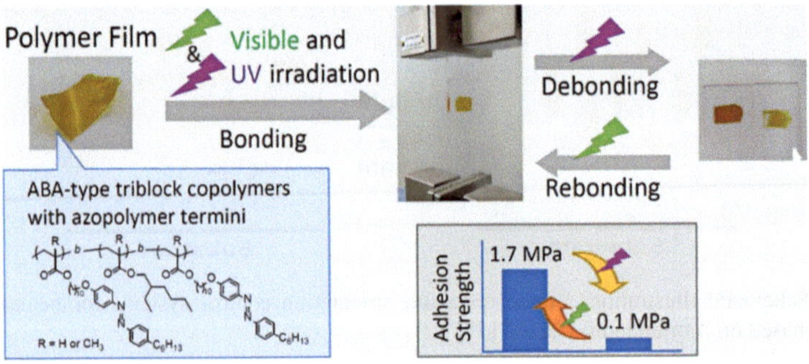

Fig. 5 Schematic illustrations of photo-switchable adhesion behaviors of ABA-type triblock copolymers bearing photoisomerizable azobenzene moieties. Reprinted with permission from ref. 67. Copyright 2018 American Chemical Society

physical gel system was accomplished by photo-induced sol–gel phase transition triggered by the *E*-*Z* isomerization [74]. Kato, Moriyama, and coworkers developed LC physical gels composed of chiral photochromic gelator and cyanobiphenyl derivative (Fig. 6b) [75]. As the LC gel exhibited four distinct states tuned by temperature and photoisomerization behaviors, the primitive photon-mode rewritable information memory system was proposed.

Since the great number of studies on the photoisomerizable compounds and their physical properties prevent the full detailed explanation in this section, the unique functionalities related to the photoisomerization have been widely considered from low molecular weight compounds to macromolecules. The examples described above are just a small part of lots of studies. Because physical properties related to the photoisomerization in crystalline state as well as amorphous, liquid crystal and gel

Fig. 6 Chemical structures of **a** cholesterol-based gelator modified with azobenzene moiety, **b** azobenzene-functionalized cyclohexanediamide (Azo-gelator) and nematic liquid crystal (5CB)

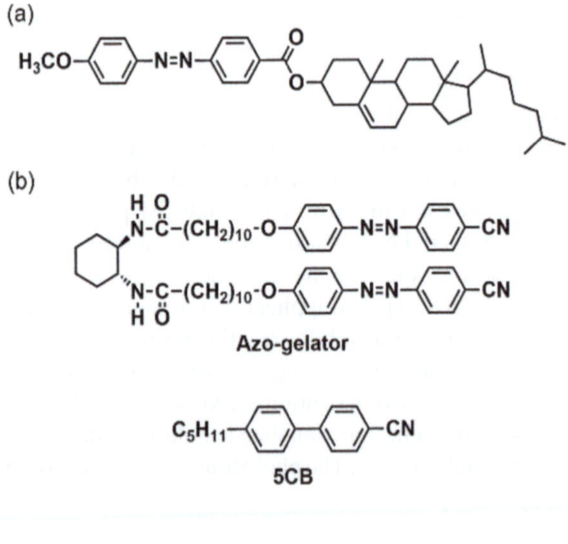

states are still open to exploration, many scientists are actively working on the study as yet. For more information, please refer to the cited review article [1–6].

2.2 *Photo-Induced Ring-Opening and Cyclization*

The photo-induced ring-opening isomerizations of spiropyranes, spirooxazines, 2*H*-chromene, and dihydroazulene are one of the significant and valuable photochemical reactions [76–83]. Since the photoisomerization process always involves intramolecular cleavage of carbon–oxygen or carbon–carbon covalent bonds, the photophysical and other features can be altered as well as the *E-Z* isomerization system. In the spiropyran-merocyanine photoswitching system, the UV-light irradiation causes the transformation from colorless ring-closed spiropyran form to colored ring-opened merocyanine forms. In the system of unsubstituted spiropyrans, there are eight distinct isomers for the ring-opened species (Fig. 7). Because the substitution on chromophore and the polarity of the solvating media affects the ring-opening process, the photo-induced intramolecular ring-opening reactions comply with strictly different mechanisms in each condition [76, 84]. The mechanisms of the photoreactions are generally categorized several types based on the substituent and solvating media.

The ring-opening isomerization by photoexcitation proceeds via a singlet excited state pathway in the case of unsubstituted spiropyrans in both polar and nonpolar solvents (Fig. 8a). As the unsubstituted spiropyrans at ground state (*g*-SP) absorb the UV light, the *g*-SP molecule is activated to singlet excited species ($^1SP^*$). The photoexcitation resulted in the weakening of single bond between sp^3-carbon (C_{sp}) and oxygen on six-membered heterocycles. The following C_{sp}-O bond cleavage

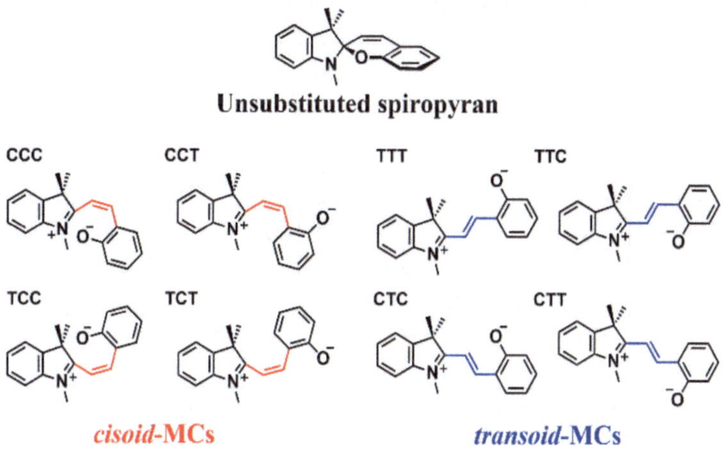

Fig. 7 Chemical structures of the unsubstituted spiropyran and eight isomers of merocyanine forms after the photo-induced ring-opening reaction

in the ^{1}SP* state by the fast electronic motion makes it possible to free rotation around C = C double bond. Then, the intersystem crossing from ^{1}SP* to ^{1}MC* leads to the generation of metastable XXX-^{1}MC* via "species X" which is similar to CCC-^{1}MC*. The XXX-^{1}MC* species is subsequently deactivated to yield either *cisoid*-merocyanines (*cisoid*-MCs) or *transoid*-merocyanines (*transoid*-MCs) forms. As *cisoid*-MC is promptly subjected to intramolecular ring-closing reaction due to the short lifetime originated from its low stability, the initial *g*-SP species is reproduced. Since the contrastive *transoid*-MC is thermodynamically more stable than *cisoid*-MC, the reverse reaction from the merocyanine forms to the *g*-SP requires the supply of larger thermal energy than the activation energy, or the appropriate photon energy [76, 84]. The existence of several isomers of ring-opened MC forms shown in Fig. 7 is experimentally proved by the resonance Raman spectroscopy, because each merocyanine isomer shows different Raman bands.

Besides, the ring-opening reaction in polar solvent under inert gas atmosphere proceeds via the triplet state in the system of substituted spiropyrans modified with nitro group at 6- or 8-positions on the aromatic ring (Fig. 8b) [84–91]. The ring-opening isomerization through singlet and triplet states revealed by time-resolved spectroscopy measurement of some substituted spiropyrans [85, 86, 90]. In the nitrogen-purged solution, the access to singlet–triplet intersystem crossing through n-π* transition is actually enhanced by nitro-substitution. As the triplet species is quenched in the presence of oxygen, the lifetime of triplet species is affected by the ambient atmosphere. The triplet intermediate should be deactivated in the dye solution dissolved oxygen at high concentration [85]. In addition, the functionalization by electron-withdrawing nitro unit results in the elongation of C_{sp}-O single bond on the heterocycles so that the ring-opening efficiency becomes higher. In the case of the nitro-functionalized spiropyrans in nonpolar media under nitrogen or argon atmosphere, the generation of polar merocyanine-form species is triggered by UV-light irradiation via the triplet transition state [88]. Although the process of

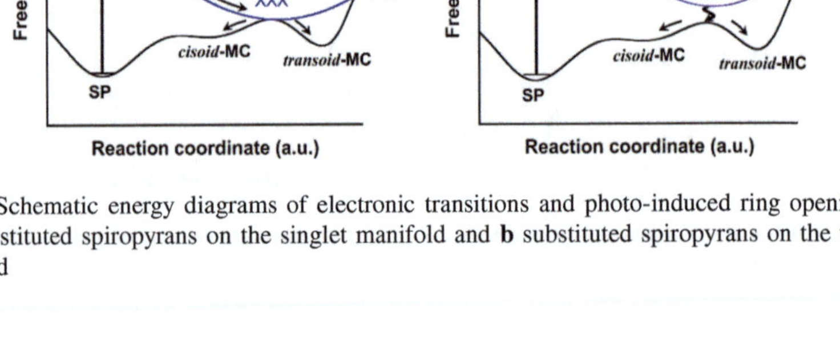

Fig. 8 Schematic energy diagrams of electronic transitions and photo-induced ring opening in **a** unsubstituted spiropyrans on the singlet manifold and **b** substituted spiropyrans on the triplet manifold

the photoreactions in nonpolar environment is similar to that in the polar solvent, there is a clear gap in the quantum efficiencies of the elementary reaction processes between the solution of the substituted spiropyrans in polar and nonpolar solvents [88]. The spiropyran analogue substituted with nitro group at 6-position in nonpolar solvating media forms triplet merocyanine species in higher quantum efficiencies so that efficiently transit to *transoid*-MC than the substituted spiropyran diluted with polar solvents [88]. The polarity of the solvents strongly impacts on the lifetime of triplet species and the rate constants of *transoid*-MC generation and the reverse reaction [89]. In the photoswitching system of spiropyran-merocyanine in the solution state, the thermodynamically stable cyclic isomer changes to the metastable acyclic isomers by the photoreaction involving the ring opening. The subsequent thermal excitation and photo-excitations of the ring-opened merocyanines promote the reproduction of the initial spiropyran species [89].

Some diarylethene derivatives, especially dithienylethene analogues, are another type of photochromic substances exhibiting the intramolecular ring-closing and ring-opening reactions [92–94]. The reversible photoisomerization of diarylethene derivatives generally involves two primary forms. The switching between open and closed forms are caused upon exposure to light of specific wavelengths. Because the open form of simple diarylethenes without the substitution to central alkene unit and two aryl wings lacks the extended π-conjugation, the open form is typically colorless chemical species [95–97]. In contrast, the π-conjugated system spreads the entire molecule in the closed form after formation of cyclohexadiene ring fused with two aryl units by photocyclization. Thus, the photochemical product absorbs the visible light so that the closed form is colored species [95–97]. The stabilities of the closed-ring and open forms can be influenced by substitutions on the photochromic unit. Therefore, the thermodynamically favorable isomer in which form depends on the balance of the steric factor and substituent effects [98].

Numerous studies on the introduction of the photo-functional units, which exhibits photo-induced ring-opening and closing reactions, to macromolecules and molecular assemblies have been reported [32]. Many chemists have investigated a variety of polymers bearing the spiropyran moieties for tuning the physical properties based on the photoisomerization [99–101]. For example, the wettability control by photoisomerization of spiropyran unit was achieved [99]. Samanta and Locklin reported the reversible wettability control by light on the spiropyran-modified photochromic polymer brushes grafted from oxide surfaces (Fig. 9) [102]. Focused on another function, several photo-controlled metal complexation systems have been established based on the reversible polarity change between spiropyrans and merocyanine transformation [100]. Nothing to say, the spiropyrane-based photo-functional polymers have also been applied to stimuli-responsive materials exhibiting photo-induced phase transitions similar to polymers incorporating the *E*-*Z* photoisomerizable units [101].

The diarylethene motif has been incorporated to main-chain polymers, side-chain polymers, and crosslinked polymers as another type of the photoresponsive units [103]. While several photo-switchable adhesive and self-healable materials comprised of polymeric derivatives of diarylethene have been reported [104–107],

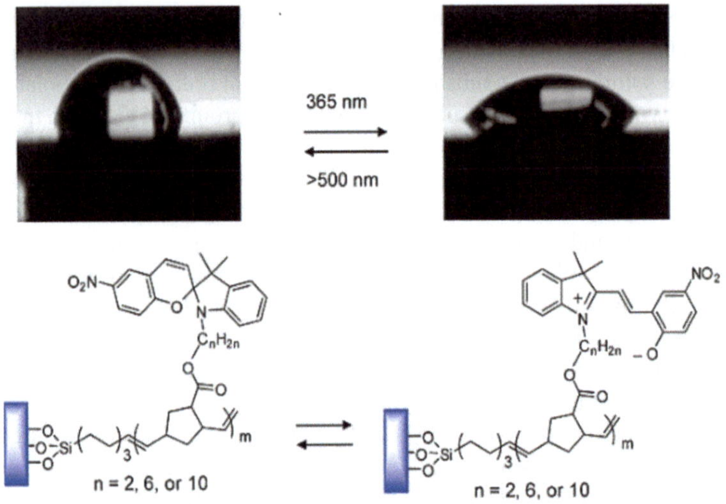

Fig. 9 (Top) Representative photographs of water droplets on the surface of a spiropyran-modified polymer brush before and after UV irradiation. (Bottom) Typical scheme of photoisomerization of a spiropyran-modified polymer brush. Reprinted with permission from ref. 102. Copyright 2008 American Chemical Society

some diarylethene-based polymers have potentials for the application of advanced security technologies for information encryptions [108, 109] and anti-counterfeiting [110]. Zhao and collaborators prepared the Eu^{3+} and Tb^{3+} ions single- and co-doped luminescent hydrogels composed of diarylethene-bridged polymers. Each of the polymer hydrogels exhibited different light absorption and emission behaviors.

Since no overlaps were found between the fluorescence bands of lanthanide species and the absorption band of open form of diarylethene, the fluorescence resonance energy transfer (FRET) did not occur in the initial stage. At this time, the hydrogels exhibited the characteristic light emission corresponding to each of the lanthanide complexes under 254 nm UV light. In contrast, the fluorescence spectra of lanthanide ions and the absorption spectra of the ring-closed form generated by illumination of 300 nm UV light to diarylethene greatly overlapped. Therefore, the FRET was caused from lanthanide ions to the photochromic unit after the photocyclization of diarylethene units. Basically, the FRET behavior in the polymer hydrogels can be controlled by the photoswitching of the diarylethene moieties. On the basis of the controllable FRET system, Zhao et al. constructed code arrays assembled with the hydrogel blocks with various luminescence emission colors for security applications. The subsequent experiment surely demonstrated that a series of the diarylethene-based polymer hydrogels doped with some lanthanide ions with the appropriate content is a promising material for confidential information protection (Fig. 10) [108]. Jiang and coworkers independently devised

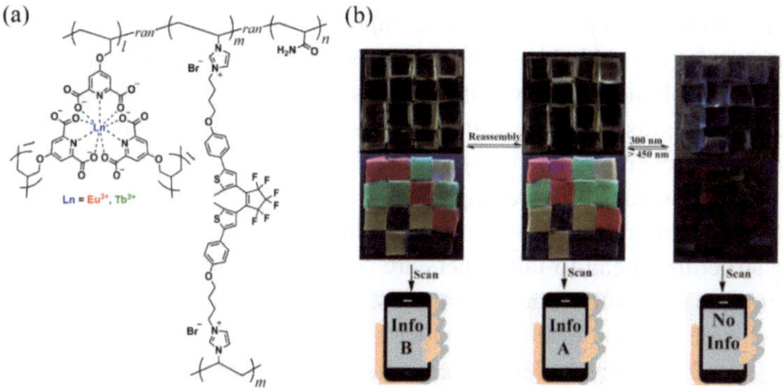

Fig. 10 **a** Chemical structures of the lanthanides-doped photochromic polymers for constructing the information encryption system. **b** Photographs of code arrays assembled by a series of luminescent hydrogels composed of the photochromic polymers on a black substrate under (top) daylight and (middle) 254 nm UV light with (bottom) schematic illustrations of the recording and reading the confidential information. Adapted with permission from ref. 108. Copyright 2019 Wiley–VCH GmbH

the information protective material combined with non-fluorescent base polymer and three photo-switchable fluorescent polymers [109]. Zhu et al. developed the security ink composed of diarylethene-containing polymers additionally exhibiting aggregation-induced emission [110].

3 Photo-Induced Cycloaddition Reactions

In this section, photo-induced cycloadditions as typical intermolecular reactions is described separately from intramolecular ring-opening and ring-closing reactions as explained in the last part of former section. The cycloaddition reactions triggered by light and the subsequent transformations of the photocycloadducts have played key roles in building frameworks of various organic functional compounds [111, 112]. Some unsaturated organic substances involving carbon–carbon double bond in the molecular skeleton typically undergo intermolecular [2 + 2], [4 + 2], or [4 + 4] photocycloaddition reactions to yield homo- or hetero-dimers [113]. The photo-induced homodimerizations of cinnamates, *E*-stilbenes, and coumarins are representatives based on intermolecular [2 + 2] photocycloadditions in the aggregated states (Fig. 11) [114–120]. Since these photochemical cycloaddition reactions in the condensed states like a crystal phase are a kind of topochemical reactions, the reaction efficiency of dimerization and conformation of the major product are strongly affected by the molecular packing in the aggregated states [114]. In fact, the α-form crystal of cinnamates proceeds the photodimerization to give the α-torulillates as main product while the two cinnamates molecules in β-form crystalline phase are mainly transformed to β-toruxinates through the intermolecular [2 + 2] photocycloaddition reaction [115, 116]. The relationships between the major photoreaction products and polymorphic crystalline forms were similarly studied for the other photoreactive olefins including stilbenes [117–119] and coumarins [120]. The intermolecular photochemical reactions of coumarin derivatives substituted by chlorine at the 6- or 7-positions on chromophore afford the *syn* head-to-head dimers [120]. Since the substitution on the core impacts to the thermodynamically stable molecular packing structures, head-to-tail dimers are obtained by the intermolecular photocycloadditions in some substituted-coumarins. The [4 + 4] photocycloaddition reaction is another type of photoreactions. Under a deoxygenated atmosphere, anthracenes and the related heterocycle derivatives, which are sensitive to visible light, undergo the [4 + 4] photocycloaddition between two molecules in solution as well as solid states [121–124]. In contrast, the photochemical reaction between singlet molecularly oxygen and a molecule of anthracene analogue in the presence of oxygen tends to get preference over the [4 + 4]-type homodimerization [125]. However, the photooxidation to produce the endoperoxide can be effectively suppressed in the intercalated state into host molecule [126], and the dense crystal phase [127]. Besides, the [4 + 2] photocycloaddition competes to the [4 + 4] cycloaddition reaction under certain circumstances [128, 129]. For instance, 9-phenylethynylanthracene derivatives undergo the intermolecular [4 + 2] reaction rather than the [4 + 4] photocycloaddition because the non-covalently bonded dimer in the transient state prefers slipped anti-parallel π-stacked arrangement [128]. Although various types of photocycloaddition reactions other than the [2 + 2], [4 + 4], [4 + 2] reactions described above are known, these photo-induced reactions in the crystal states can be considered as one of topochemical reactions [130–133]. Since the molecular packing in the crystal phase directly impacts on the interactions between electrons in the molecular orbitals that define chemical reactivities, the solid-state photoreactions are severely constrained by the molecular orientation and ordering in the crystals. As the reaction selectivity and efficiency of photochemical reactions in solutions are often low, a target substance is obtained with several kinds of undesired species by some competing reactions at low yield. In contrast, the intermolecular photocycloaddition reactions in the crystalline phase proceed efficiently to give the desired compound with less side products. The solid-state photoreactions are also superior to stereoselectivity as well as regioselectivity on the basis of dense packing and well-organized crystal structure [130, 132, 134]. Furthermore, since the crystal polymorphism provides some different molecular environments corresponding to the crystal structures, the polymorph control can be helpful to develop the unique photoreaction switching system [135–137]. The regioselective photocycloaddition can be also successfully achieved in the supramolecular host–guest complex system on the basis of molecular recognition by co-operative intermolecular interactions and spatial constraints [138].

As is the case with photoisomeric moieties, the functional units exhibiting photocycloaddition reaction has been also employed into various soft matter systems [16, 113, 139–141]. In the 1990s, Coursan and collaborators evaluated the photo reversibility of the [4 + 4] dimerization in the degassed tetrahydrofuran (THF) solution of ω-anthrylpolystyrene [142]. Penelle et al. studied on photocleavage

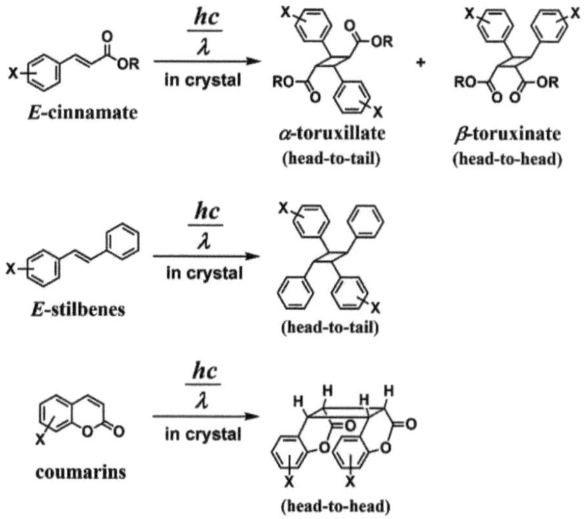

Fig. 11 Schematic illustrations of [2 + 2] photocycloaddition reactions in the crystal phases of *E*-cinnamates, *E*-stilbenes, and coumarins

behavior of PS-*block*-PMMA diblock copolymers bridged with [4 + 4] anthracene photodimers. The diblock copolymer was synthesized by photoreaction between two types of the anthracene-endcapped polymers under the irradiation of 330 nm UV light. The photodimer-containing copolymer was cleaved to a pair of homopolymer blocks by thermal treatment or 280 nm UV-light illumination. The photodimerization and photocleavage can be cycled due to the photorevesibility of the anthracene groups [143]. Besides, various side-chain polymers and star polymers incorporating the photoreactive units have been reported [144, 145]. Truong et al. synthesized a series of multi-armed poly(ethylene grycol)s (MA-PEGs) which are modified with photoreactive anthracene units at the terminals. The visible light-triggered [4 + 4] dimerization reaction of anthracene-capped MA-PEGs in the aqueous media gave the hydorogels for the biological applications. In the systems, the crosslinking by the [4 + 4] photocycloaddition was fast even under illumination of low-intensity visible light [146]. They also prepared the hydrogel crosslinked with styrylpyrene-substituted MA-PEG. The rheological study and simple applied tests for photoresponsive self-healing materials were performed for the hydrogel [147]. Landfester and coworkers developed self-healing materials composed of hyperbranched polyglycerols (HB-PGs) bearing the anthracenes. The reversible [4 + 4] photocycloaddition reaction between anthracene moieties reflected to good self-healing ability in the cast film [148]. Among many LC polymers including the crosslinkable moieties that undergo the photocycloaddition reaction, side-chain polynorbornenes pendanted with α-cyanostilbene unit exhibited distinctive fluorescence color switching by combination of *E*-*Z* isomerization and intermolecular [2 + 2] photocycloaddition. The irradiation of 365 nm UV light upon the spin-coated films of functionalized side-chain polynorbornenes afforded three different products by the competition of photoisomerization and photodimerization in the films (Fig. 12). Since the structural changes by the UV-light irradiation

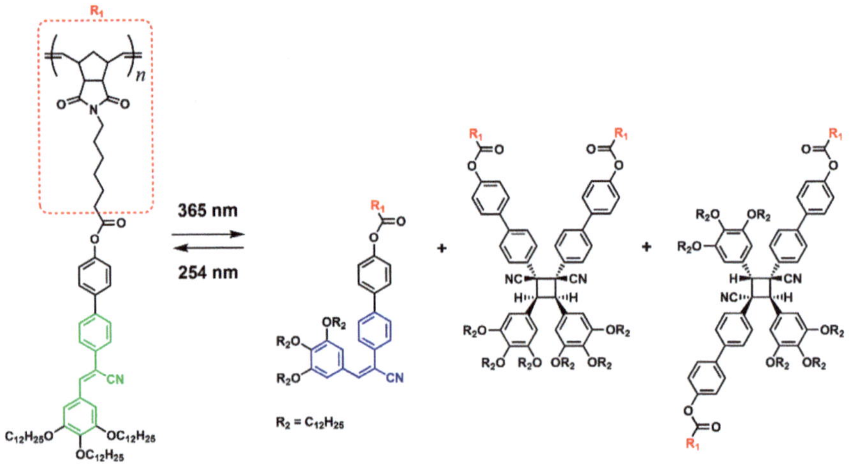

Fig. 12 Schematic illustrations of the *E-Z* photoisomerization and competing [2 + 2] photocycloaddition in a side-chain polynorbornenes pendanted with α-cyanostilbene [149]

caused a blue shift of the light emission peak approximately 15 nm, photoluminescent color changed after the UV-light illumination. Thus, the fluorescence patterns with dual emission colors were easily obtained by the patterning technique by using a photomask and dual wavelength light source [149].

Tang and coworkers synthesized MPPMNAN-PF_6 as an analogous compound to cyanostilbenes. The MPPMNAN-PF_6 exhibited not only characteristic photochemical properties, namely *Z-E* photoisomerization, photocyclization, and photodimerization but also aggregation-induced emission enhancement (AIEE) behavior (Fig. 13). Since each of the photochemical reaction products exhibited different light absorption and emission properties, they prepared the two-dimensional fluorescent arrays to demonstrate the multiple photoswitching system [150]. In their following study, they employed the slightly water-soluble MPPMNAN-I, which is a counteranion-exchanged analogue of water-insoluble MPPMNAN-PF_6, into supramolecular self-assembling systems-integrated host–guest complex with topological gel for tuning the photophysical properties. While the solubility in water was different between these two salts, their photochemical and photophysical properties were similar. Because the MPPMNAN-I was encapsulated in β-cyclodextrin (β-CD) and γ-cyclodextrin (γ-CD) by the hydrophobic interaction to form host–guest complexes, Tang et al. prepared topological hydrogels encapsulating the photoresponsive guest molecules by immersing the porous cyclodextrin-based hydrogels in aqueous solution of the MPPMNAN-I. Although the guest inclusion complex of β-CD-based hydrogel (β-CD-gel $\supset$ **G**) showed the strong green-colored monomer emission, the luminescent color of the hydrogel complexed γ-CD-gel with MPPMNAN-I (γ-CD-gel $\supset$ **G**) was yellow. The gap of the emission color was due to the difference in complexation styles. While one cation of the $MPPMNAN^+$ was encapsulated into a β-CD unit in the β-CD-gel $\supset$ **G** system, the emissive guest was isolated in a host, γ-CD-gel formed γ-CD:**G** = 2:2 complex that displayed AIE-based yellow-colored luminescence. When the 365 nm UV light irradiated to γ-CD-gel ⊃ **G**, the photodimerization proceeded in several minutes to be observed green luminescence of the dimeric products (**P**). Thus, they demonstrated that the integrated supramolecular self-assembling systems might be possible to provide a platform of solid-state microreactor (Fig. 14) [151].

Since the additional explanation covered with the numerous studies on the photocycloaddition system unfortunately is restricted due to the space limitations of this article, please refer to several selected review articles for more details [16, 59, 113, 139–141].

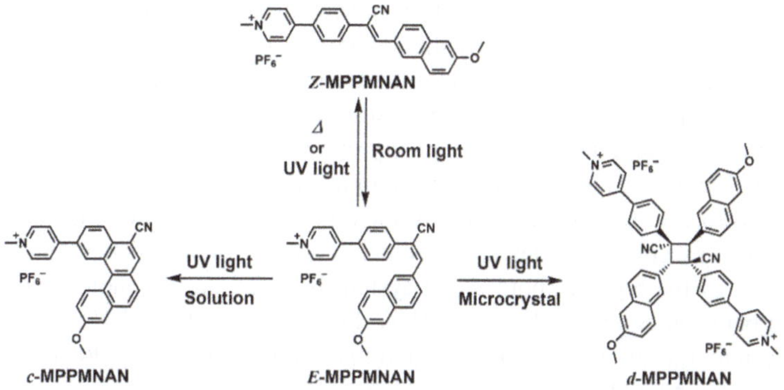

Fig. 13 Schematic illustrations of reaction flows from Z-PPMNAM to each product by the photochemical reactions [150]

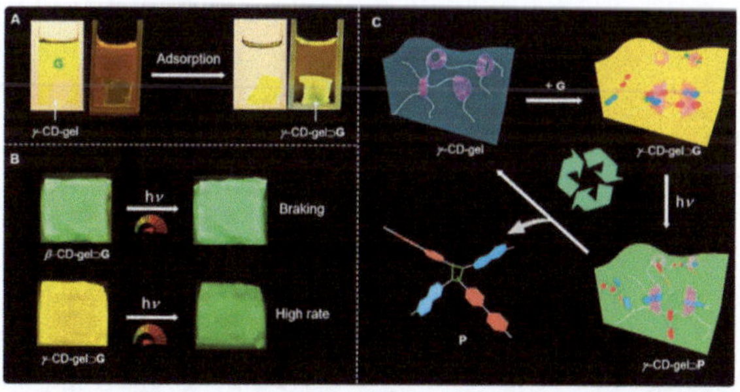

Fig. 14 **a** Photographs of the appearance under daylight and UV light in the preparation process of γ-CD-gel ⊃ G. **b** Varying fluorescence color of β-CD-gel ⊃ G and γ-CD-gel ⊃ G by UV-light irradiation. **c** Schematic illustrations of the photodimerization in integrated supramolecular self-assembling system based on γ-CD-gel. Reprinted with permission from ref. 151. Copyright 2019 American Chemical Society

4 Photodynamic Effects

"Photosalient effects" signify unique macroscopic dynamic behaviors resulting in moving, bending, breaking, and jumping of bulk crystals in response to strong light illumination. The macroscopic actions are based on molecularly structural transformations triggered by photoreactions such as photoisomerization, photocycloaddition, and photo-triggered rearrangement of intermolecular interactions. As the molecularly transformations by photoreactions arise at the light-irradiated surface, the structural strain and mechanical stress are caused in the crystal. If the influence of the local structural change gradually spread from the surface to the bulk, the crystal can be bent by a photoreaction. The immediate relaxation of the stress associated with distortion should result in the crystal bending without perfectly crystal breaking. In contrast, an excessive accumulation of strain by the continuous photoreaction without relaxing leads to the release of large stored internal energy a limit point of strain so that the crystal is breaking or jumping. The interesting light-responsive phenomena can be applicable for sensing devices and remotely operated actuators.

Although the evocative description of photosalient effect in an α-santonin crystal by Trommsdorff in 1834 [152], Naumov and coworkers properly defined the characteristic effect as a photoresponsive phenomenon called "photosalient effect" in 2013 [153]. One of the typical photosalient system is based on the photocycloaddition reaction between a pair of olefins [154] as shown in Figs. 15 and 16. In the olefin-based system, the strict topological limitation of undergoing the cycloaddition upon UV illumination yields cyclic products [155 – 163].

Diarylethene is a thermally stable photochromic dye unit that undergoes ring-closing upon the UV-light illumination and the ring-opening reactions upon the

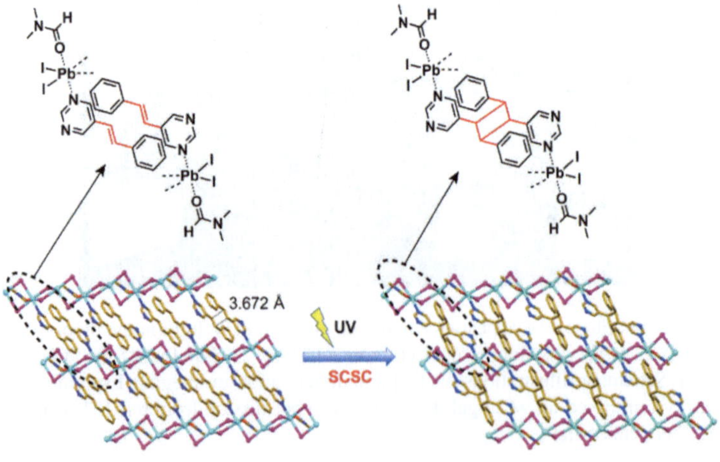

Fig. 15 [2 + 2] Photocycloaddition reaction of the olefin-based coordination polymer. Reference Reproduced with permission from 154. Copyright 2020 American Chemical Society

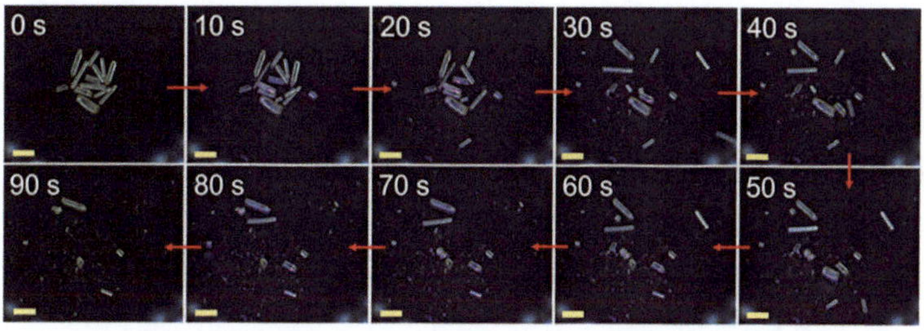

Fig. 16 Photocycloaddition reaction of the olefin-based coordination polymer. Adapted with permission from ref. 154. Copyright 2020 American Chemical Society

following irradiation with visible light [164]. Photo-induced dynamic phenomena are also observed in bulk crystals of diarylethene derivatives [165–167].

The photoisomerization as another type of photoreaction also contributes to the dynamic effect in molecular assemblies. Photo-induced intramolecular linkage isomerization of nitropentaamminecobalt(III) complexes with various anions contributes to the photosalient effects [153]. Naumov, Nath, and their collaborators reported photosalient effect induced by photoisomerization of acylhydrazones (Fig. 17). The size-dependent crystal bending behavior that synchronized *E-Z* isomerization on the irradiated surface was found in the monohydrated crystals of acylhydrazone derivatives [168]. In the crystal system of hemithioindigo-anthracene, the reactivity upon the stimuli-responsive dynamic phenomena can be controlled by the simply switching of the irradiation light color based on the wavelength selective *E-Z* isomerization behavior (Fig. 18) [169].

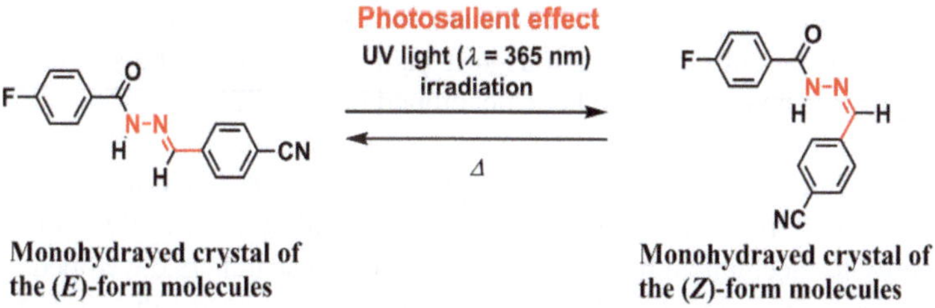

Fig. 17 Isomerization behaviors of the acylhydrazone derivatives in ref. 168

Fig. 18 Isomerization behaviors of the hemithioindigo-anthracene derivatives in ref. 169

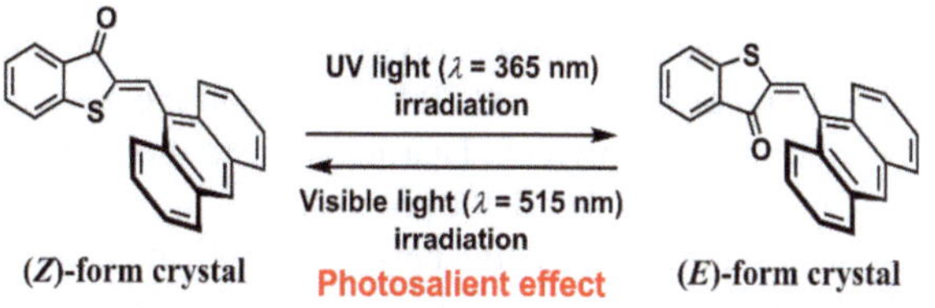

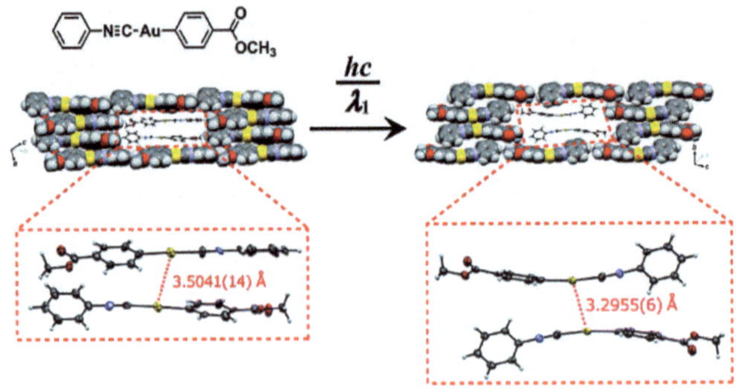

Fig. 19 Isomerization behaviors of the gold (I) isocyanide complex in ref. 170. Reference Reproduced from 170 with permission from the Royal Society of Chemistry

Seki, Ito, and coworkers discovered the photosalient effect influenced by the photo-triggered rearrangement of intermolecular interactions between gold(I) isocyanide complexes (Fig. 19). The martensitic-type transition of the metal complexes in response to incident light causes the crystal jumping and splitting not accompanied by chemical structural changes [170].

Aside from the type of photoreaction, the photosalient effects are generally found in single crystals [155]. The unique phenomena are conducted in a photoresponsive transition from a single crystal phase to the other single crystal phase whose different molecular packing mode. The single-crystal to single-crystal (SCSC) transition associated with macroscopic structural changes can cause physical effects outside the system such that the energy balance is balanced. Therefore, the application of photosalient phenomena for actuation and soft robotics have been studied [155]. While single crystalline materials are used for most of the study on the characteristic photosalient effects, various soft matters exhibiting the similar dynamic photoresponsive behaviors have been developed [171–177].

A lot of stimuli-responsive polymers exhibiting the reversible macroscopic shape change by photoreactions have been reported [178–180]. Even in the polymer systems, organic dyes exhibiting the photoisomerization are useful to convert from light energy to mechanical motions. In fact, various researchers developed the polymeric materials including the photochromic moieties exhibiting the photo-triggered dynamic effects. Ikeda and coworkers reported the light-directed bending behaviors in LC polymer containing photoresponsive azobenzene unit (Fig. 20). In the polymer system, the bending direction could be precisely controlled by the linearly polarized light because the sensitivity for photoisomerization depends on the direction of light polarization [178]. Takashima and the associates clarified that the hydrogel of multi-armed polymers bearing stilbene moieties exhibited bending behaviors in water accompanied with the photoisomerization of stilbene, which can be controlled by the irradiation switching between UV-A and UV-C light [179]. Schatz, Stupp, and their collaborators also reported that the hydrogel films of supramolecular–covalent

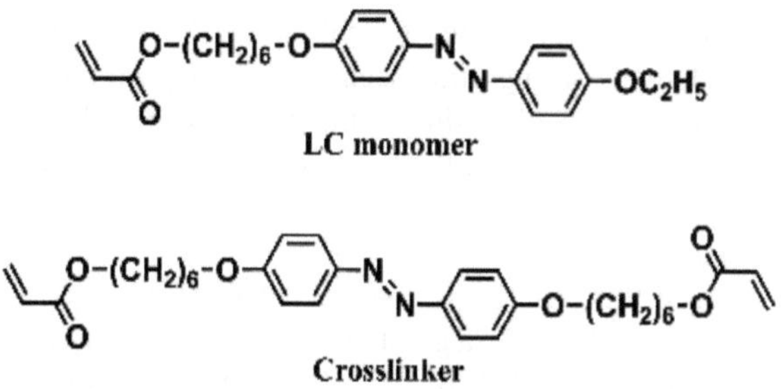

Fig. 20 Chemical structures of LC monomer and crosslinker for preparing the polymer film exhibiting the light-directed bending behaviors

hybrid polymers containing spiropyran units exhibited the light-controlled repetitive bending-flattening motions [180].

The unique dynamic effects based on isomerization are (quasi-)reversible process. Since the reversible conformation change by the photoisomerization causes a change of net volume or rearrangements of molecular order in a unit cell, mechanical stress for expanding or compressing in the appropriate direction should be generated in the aggregates. The following destressing contributes to such photo-induced macroscopic shape changes in similar to the photosalient effect in the crystalline materials.

5 Photo-Induced-Proton Transfer

Photo-induced proton transfer (PIPT) is an important photoreaction which is universally found in various biological and chemical systems. It is well-known that the wild-type green fluorescent protein (w-GFP) exhibits PIPT. Thus, the topics on PIPT has attracted much attention in a wide range of fields [181–183]. Since PIPT affects the electronic structure of the molecule, the characteristic absorption and emission bands are appeared [184]. Especially, photo-induced excited state proton transfer (ESPT) reactions of aromatic compounds are one of the fundamental and representative PIPT reactions [185–187]. The ESPT as a vital underlying process is found in various biological systems [182, 183, 188–190]. Furthermore, a large number of novel ESPT-active compounds have been also developed and studied for the application to optic and optoelectronic materials [191–194]. The basic scientific principles of ESPT in organic molecules were begun to establish at the middle of the twentieth century. Förster and Weller as pioneers contributed greatly to build the basic theories [195–199]. Currently, two distinct classes of ESPT, which are identified as excited state intermolecular proton transfer and excited state intramolecular proton transfer (ESIPT), were recognized. In most cases, antagonistic effect of intermolecular or intramolecular hydrogen bonds between several electronegative atoms (e.g., N, O) contributes to the ESPT behavior. The ambient environment of the ESPT-active molecules typically affects to the energy barrier [192]. Thus, dual fluorescence can be observed for the molecular systems whose appropriate energy barrier of ESPT.

When the energy barrier is small, the ESPT should be efficiently progressed so that the relatively strong fluorescence from the proton transfer tautomer is observed. The resulted large Stokes shift is the most notable photophysical property of the ESPT system. Nevertheless, the experimental and theoretical studies are still ongoing to clarify the detailed mechanism of ESPT process because the whole ESPT process is intricated [200].

Since the ESIPT as a beneficent PIPT process was first discovered on methyl salicylate [198, 201], a great many of ESIPT chromophores have been developed and characterized [182, 186, 192–194, 200, 202–204]. The representative ESIPT-active compounds are flavones [205], anthraquinones [206], quinolines [207], benzazoles [208], azoles [209], salicylidene anilines [209], and their related derivatives [194], which exhibit photo-tautomerization. The typical scheme of electronic transition and ESIPT based on photo-induced enol-keto tautomerization is shown in Fig. 21. The ESIPT-active molecules at the ground state generally exists in enol-form (E), which is further stabilized by intramolecular hydrogen bond between proton-accepting atom and hydrogen atom. After the photoexcitation, the singlet excited species of the enol-form (E*) is formed. In the E* state, the electronic charge is redistributed to increase the acidity of proton donor (H-donor) as well as basicity of proton acceptor (H-acceptor). Since the acidity changes in proton donor and acceptor promotes the ESIPT, the excited species of enol-form E* promptly undergoes proton transfer reaction from the H-donor to H-acceptor along the excited state potential energy surface via the intramolecular hydrogen bond in sub-picosecond order. Through the ESIPT, the excited tautomer E* transits to the keto-form excited species (K*). The generated K* typically deactivates to the keto-form (K) tautomer at the ground state by light emission. As the K tautomer of ESIPT-active molecules is metastable, the thermodynamically stable initial species, that is E tautomer, is regenerated by reverse proton transfer reaction due to the thermal stabilization effect. The large Stokes shift that is a characteristic and vital phenomenon in the ESIPT system is originated from the relationship between the energy levels of E*, K*, K, and E species as shown in Fig. 21b. The significantly red-shifted emission results from big energy gaps between E* and K* as well as between K and E [194].

As the feature of large Stokes shift in the ESIPT system is helpful for the application in fluorescence imaging and organic photonics [194], ESIPT chromophores have been used for laser dyes [210], sensitizer for organic solar cells [211], fluorescent bioimaging probes [212], etc. Among a great number of studies on basics and application of ESIPT, various polymers containing the photo-tautomerizable moieties have been invented [213]. Sakai and coworkers examined several types of polymer thin films doped with ESIPT-active molecules such as 2-(2-hydroxyphenyl)benzothiazole (HBT). The thin film sample of HBT-doped in polycarbonate (PC-BisZ) matrix exhibited amplified spontaneous emission (ASE) performance, which can contribute to the improvement of organic laser diodes [210]. Araki et al. reported the ESIPT fluorescent dye-doped polymer films exhibiting tunable luminescence color by altering the dopant content and surrounding polymer matrices. They prepared spin-coated films containing 2-(2'-hydroxyphenyl)imidazo[1,2-*a*]pyridine (HPIP) derivatives in PS, PMMA, PEG, PVA, poly(vinyl acetate) (PVAC), and poly(bisphenol A

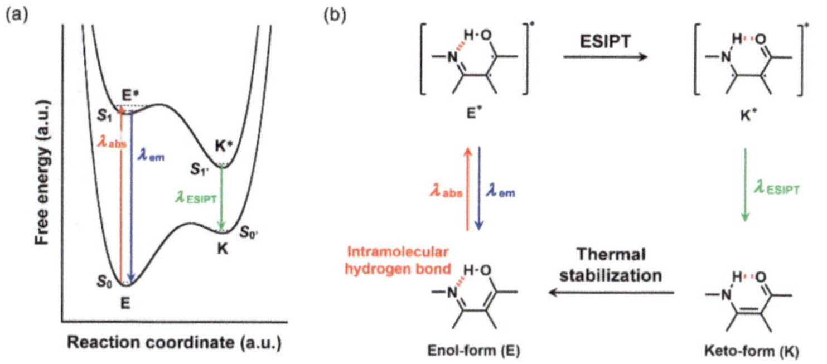

Fig. 21 **a** Schematic energy diagram of electronic transition in ESIPT process. **b** Schematic representation of ESIPT cycle based on photo-induced enol-keto tautomerization

carbonate) (PC). The HPIP derivatives **1**, **2** within spin-coated films show multi-colored luminescence based on the balance of fluorescence from local excited state and ESIPT emission depending on the matrices (Fig. 22) [214]. The ESIPT fluorescent compounds were also employed as dopant to the other host materials such as liquid crystals [215–218]. Sakurai and collaborators synthesized a series of HBT derivatives shown in Fig. 23a [215, 216]. They also made a few types of HBT derivatives dope into 4-cyano-4'-pentylbiphenyl (5CB) as a host liquid crystal to prepare several kinds of LC binary mixtures. Although non-LC HBT derivatives lacked the miscibility to the host nematic liquid crystal, the nematic LC HBT analogue C_6Ph-HBT showed nice miscibility to 5CB up to 6 wt%. The high miscibility of C_6Ph-HBT with 5CB guaranteed the homogeneous room-temperature LC mixture system 5CB/C_6Ph-HBT (95/5; w/w). The LC binary mixtures 5CB/C_6Ph-HBT exhibited anisotropic fluorescence based on the strong ESIPT emission. Furthermore, the control of molecular orientation was successfully accomplished because the mixtures were responsive to an electric field [215]. Thereafter, they demonstrated the utility of LC binary mixtures comprised of conventional nematic liquid crystal and ESIPT fluorescent dopant for the application to electro-optic devices such as light emitting liquid crystal displays (Fig. 23b) [216]. In another independent studies, some LC compounds exhibiting ESIPT have been developed [219, 220]. In 2007, the research group of Park developed a columnar liquid crystal that exhibits strong fluorescence-contributed ESIPT in an elliptical-shape core nicknamed DOXG. The LC DOXG derivative formed *J*-aggregate in the rectangular columnar and hexagonal columnar LC phases. The LC DOXG analogues showing the efficient fluorescent emission would be promising to novel opto-physical applications [219]. Sahoo et al. reported the ESIPT behavior of two sorts of bent-core liquid crystals containing salicylaldimine skeleton as a partial unit of central mesogenic core [220].

Among a lot of organic functional low molecular weight gelators, there are some substances including ESIPT-active moiety in the molecular structure [221–224]. In the first report by Park et al. on the supramolecular gelators showing ESIPT behavior, the enhancement of ESIPT-based fluorescence emission in the aggregate

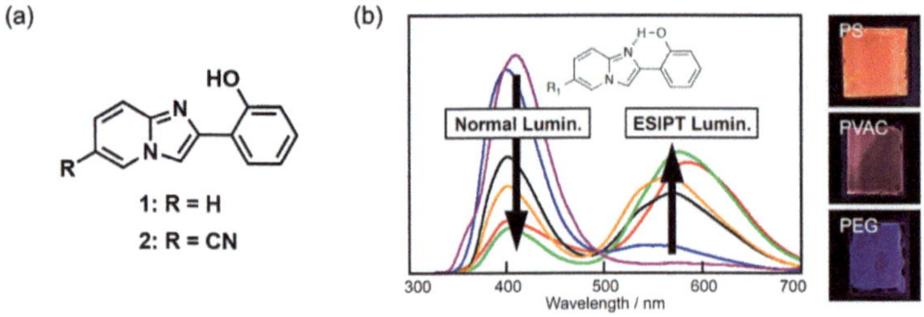

Fig. 22 **a** Chemical structures of HBT derivatives 1 and 2. **b** Normalized emission spectra (λ_{ex} = 333 nm) of spin-coated films containing 0.5 wt% of HBT derivative 2 in PS (red) PVAC (black), PC (green), PMMA (orange), PVA (blue), and PEG (purple). Adapted with permission from ref. 214. Copyright 2014 American Chemical Society

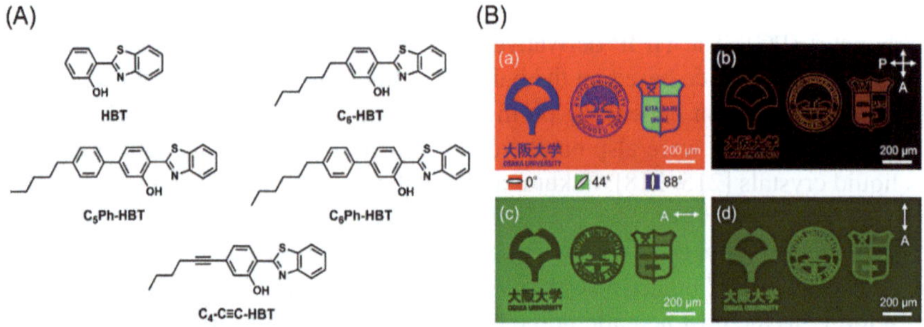

Fig. 23 **a** Chemical structures of a series of HBT derivatives [215, 216]. **b** Demonstration of light emitting liquid crystal display using the LC mixture 5CB/C4-C≡C-HBT. **a** Original design of the patterned alignment. **b** Cross-polarized optical image of the patterned cell. Polarized fluorescence images with analyzer angles of **c** 0° and **d** 90° under excitation by non-polarized light. Reprinted with permission from ref. 216. Copyright 2019 American Chemical Society

states was found. They considered that the higher photoluminescent intensity in the gel state more than an order of magnitude than that in the solution resulted from the suppression of non-radiative relaxation via an intramolecular charge transfer state in the supramolecular assembly forming the organogel [221]. After several years from the Park's report, Das and coworkers developed a unique light emissive gelling agent which exhibits ESIPT as well as aggregation-induced emission enhancement (AIEE). The function-integrated gelator showed color-tunable photoluminescence over a wide wavelength range with the change in the THF–H_2O ratio. While the ESIPT-based fluorescence was predominant for the solutions in THF–H_2O with low H_2O content ($\leq$ 40%), the yellow-colored AIEE fluorescence band became conspicuous in THF–H_2O mixture containing H_2O in high volume percentage ($\geq$ 50%) [223]. Other examples of self-assembled molecular systems harnessing ESIPT and AIEE features have been recently reported by many groups so far [215, 225].

References

1. N.J. Turro, V. Ramamurthy, J.C. Scaiano, Molecular photochemistry of organic compounds: An overview, in *Principles of Molecular Photochemistry: An Introduction* (University Science Books, Sausalito, CA, USA, 2009)
2. H.M.D. Bandara, S.C. Burdette, Photoisomerization in different classes of azobenzene. Chem. Soc. Rev. **41**, 1809–1825 (2012)
3. D.H. Waldeck, Photoisomerization dynamics of stilbenes. Chem. Rev. **91**, 415–436 (1991)
4. A. Fihey, A. Perrier, W.R. Browned, D. Jacquemin, Multiphotochromic molecular systems. Chem. Soc. Rev. **44**, 3719–3759 (2015)
5. M.-M. Russew, S. Hecht, Photoswitches: From molecules to materials. Adv. Mater. **22**, 3348–3360 (2010)
6. Y. Yokoyama, Fulgides for memories and switches. Chem. Rev. **100**, 1717–1740 (2000)
7. W.R. Brode, J.H. Gould, G.M. Wyman, The relation between the absorption spectra and the chemical constitution of dyes. XXV. Phototropism and cis-trans isomerism in aromatic azo compounds. J. Am. Chem. Soc. **74**, 4641–4646 (1952)
8. M. Emond, T. Le Saux, S. Maurin, J.-B. Baudin, R. Plasson, L. Jullien, 2-Hydroxyazobenzenes to tailor pH pulses and oscillations with light. Chem. Eur. J. **16**, 8822–8831 (2010)
9. A. Douhal, M. Sanz, L. Tormo, Femtochemistry of orange II in solution and in chemical and biological nanocavities. Proc. Natl. Acad. Sci. U. S. A. **102**, 18807–18812 (2005)
10. G. Likhtenshtein, Stilbene Photoisomerization, in *Stilbenes*, G. Likhtenshtein (Ed.)
11. T. Ikeda, Photomodulation of liquid crystal orientations for photonic applications. J. Mater. Chem. **13**, 2037–2057 (2003)
12. H.K. Bisoyi, Q. Li, Light-driven liquid crystalline materials: From photo-induced phase transitions and property modulations to applications. Chem. Rev. **116**, 15089–15166 (2016)
13. H.K. Bisoyi, Q. Li, Light-directed dynamic chirality inversion in functional self-organized helical superstructures. Angew. Chem. Int. Ed. **55**, 2994–3010 (2016)
14. C. Cojocariu, P. Rochon, Light-induced motions in azobenzene-containing polymers. Pure Appl. Chem. **76**, 1479–1497 (2004)
15. Y. Ohashi, T. Hosoya, T. Ohhara, Hydrogen migration mechanism in crystalline-state photoisomerization by analyzed neutron diffraction. Crystallogr. Rev. **12**, 83–123 (2006)
16. S.-L. Huang, T.S.A. Hor, G.-X. Jin, Photodriven single-crystal-to-single-crystal transformation. Coord. Chem. Rev. **346**, 112–122 (2017)
17. A. Gonzalez, E.S. Kengmana, M.V. Fonseca, G.G.D. Han, Solid-state photoswitching molecules: Structural design for isomerization in condensed phase. Mater. Today Adv. **6**, 100058 (2020)
18. S. Lin, K.G. Gutierrez-Cuevas, X. Zhang, J. Guo, Q. Li, Fluorescent photochromic α-Cyanodiarylethene molecular switches: An emerging and promising class of functional diarylethene. Adv. Funct. Mater. **31**, 2007957 (2021)
19. G. Berkovic, V. Krongauz, V. Weiss, Spiropyrans and Spirooxazines for memories and switches. Chem. Rev. **100**, 1741–1754 (2000)
20. P.-A. Blanche, Ph.C. Lemaire, M. Dumont, M. Fischer, Photoinduced orientation of azo dye in various polymer matrices. Opt. Lett. **24**, 1349–1351 (1999)
21. T. Fukaminato, T. Umemoto, Y. Iwata, S. Yokojima, M. Yoneyama, S. Nakamura, M. Irie, Photochromism of Diarylethene single molecules in polymer matrices. J. Am. Chem. Soc. **129**, 5932–5938 (2007)
22. T. Todorov, L. Nikolova, N. Tomova, Polarization holography. 1: A new high-efficiency organic material with reversible photoinduced birefringence. Appl. Opt. **23**, 4309–4312 (1984)
23. V. Mateev, P. Markovsky, L. Nikolova, T. Todorov, Temperature dependence of photoinduced anisotropy in rigid solutions of azo dyes. J. Phys. Chem. **96**, 3055–3058 (1992)
24. E. Dubini-Paglia, P.L. Beltrame, B. Marcandalli, P. Carniti, A. Seves, L. Vicini, Thermal cis-trans isomerization and photofading of some azo dyes in poly(ethylene terephthalate) matrices: A kinetic study. J. Appl. Polym. Sci. **31**, 1251–1260 (1986)

25. R. Birabassov, N. Landraud, T.V. Galstyan, A. Ritcey, C.G. Bazuin, T. Rahem, Thick dye-doped poly(methyl methacrylate) films for real-time holography. Appl. Opt. **37**, 8264–8269 (1998)
26. W.J. Priest, M.M. Sifain, Photochemical and thermal isomerization in polymer matrices: Azo compounds in polystyrene. J. Polym. Sci. A-1 Polym. Chem. **9**, 3161–3168 (1971)
27. W.M. Gibbons, P.J. Shannon, S.-T. Sun, B.J. Swetlin, Surface-mediated alignment of nematic liquid crystals with polarized laser light. Nature **351**, 49–50 (1991)
28. K. Ichimura, Photoalignment of liquid-crystal systems. Chem. Rev. **100**, 1847–1873 (2000)
29. N. Tsutsumi, Molecular design of photorefractive polymers. Polym. J. **48**, 571–588 (2016)
30. K.D. Singer, J.E. Sohn, S.J. Lalama, Second harmonic generation in poled polymer films. Appl. Phys. Lett. **49**, 248–250 (1986)
31. A. Natansohn, P. Rochon, Photoinduced motions in azo-containing polymers. Chem. Rev. **102**, 4139–4176 (2002)
32. R. Klajn, Spiropyran-based dynamic materials. Chem. Soc. Rev. **43**, 148–184 (2014)
33. G.S. Kumar, D.C. Neckers, Photochemistry of azobenzene-containing polymers. Chem. Rev. **89**, 1915–1925 (1989)
34. Z. Sekkat, W. Knoll, Photoisomerization and photo-orientation of azo dye in films of polymer: Molecular interaction, free volume, and polymer structural effects, in *Photoreactive Organic Thin Films*. (Academic Press, Cambridge, MA, USA, 2002), pp.107–143
35. K. Ichimura, Photochromic materials and photoresists, in *Photochromism Molecules and Systems*. ed. by H. Dürr, H. Bouas-Laurent (Elsevier, Amsterdam, Netherlands, 1990), pp.903–917
36. G.S. Kumar, P. DePra, D.C. Neckers, Chelating copolymers containing photosensitive functionalities. Macromolecules **17**, 1912–1917 (1984)
37. G.S. Kumar, P. DePra, K. Zhang, D.C. Neckers, Chelating copolymers containing photosensitive functionalities. 2. Macromolecules **17**, 2463–2467 (1984)
38. M. Irie, Y. Hirano, S. Hashimoto, K. Hayashi, Photoresponsive polymers. 2. Reversible solution viscosity change of polyamides having azobenzene residues in the main chain, Macromolecules **14**, 262–267 (1981)
39. M. Irie, H. Tanaka, Photoresponsive polymers. 5. Reversible solubility change of polystyrene having azobenzene pendant groups. Macromolecules **16**, 210–214 (1983)
40. X. Tong, G. Wang, A. Soldera, Y. Zhao, How can Azobenzene block copolymer vesicles be dissociated and reformed by light? J. Phys. Chem. B **109**, 20281–20287 (2005)
41. Y. Norikane, E. Uchida, S. Tanaka, K. Fujiwara, E. Koyama, R. Azumi, H. Akiyama, H. Kihara, M. Yoshida, Photoinduced crystal-to-liquid phase transitions of Azobenzene derivatives and their application in photolithography processes through a solid-liquid patterning. Org. Lett. **16**, 5012–5015 (2014)
42. Y. Norikane, S. Tanaka, E. Uchida, Azobenzene crystals swim on water surface triggered by light. Cryst. Eng. Comm. **18**, 7225–7228 (2016)
43. Y. Hao, S. Huang, Y. Guo, L. Zhou, H. Hao, C.J. Barrett, H. Yu, Photoinduced multi-directional deformation of azobenzene molecular crystals. J. Mater. Chem. C **7**, 503–508 (2019)
44. C. Appiah, G. Woltersdorf, R.A. Perez-Camargo, A.J. Muller, W.H. Binder, Crystallization behavior of precision polymers containing azobenzene defects. Eur. Polym. J. **97**, 299–307 (2017)
45. H. Zhou, C. Xue, P. Weis, Y. Suzuki, S. Huang, K. Koynov, G.K. Auernhammer, R. Berger, H.-J. Butt, S. Wu, Photoswitching of glass transition temperatures of Azobenzene-containing polymers induces reversible solid-to-liquid transitions. Nat. Chem. **9**, 145–151 (2017)
46. W.-C. Xu, S. Sun, S. Wu, Photoinduced reversible solid-to-liquid transitions for Photoswitchable materials. Angew. Chem. Int. Ed. **58**, 9712–9740 (2019)
47. E. Uchida, K. Sakaki, Y. Nakamura, R. Azumi, Y. Hirai, H. Akiyama, M. Yoshida, Y. Norikane, Control of the orientation and Photo induced phase transitions of Macrocyclic Azobenzene. Chem. Eur. J. **19**, 17391–17397 (2013)
48. H. Zha, G. Vantomme, J.A. Berrocal, R. Gosens, B. de Waal, S. Meskers, E.W. Meijer, Photoswitchable nanomaterials based on hierarchically organized siloxane oligomers. Adv. Funct. Mater. **28**, 1703952 (2018)

49. S. Wu, F. Shi, Q. Zhang, C. Bubeck, Stable hydrogen-bonding complexes of Poly(4-vinylpyridine) and Polydiacetylenes for photolithography and sensing. Macromolecules **42**, 4110–4117 (2009)
50. J. Huang, S. Beckemper, S. Wu, J. Shen, Q. Zhang, K. Wang, A. Gillner, Light driving force for surface patterning on azobenzene-containing polymers. Phys. Chem. Chem. Phys. **13**, 16150–16158 (2011)
51. S. Wu, J. Huang, One-step fabrication of hierarchically ordered structures on photoresponsive azobenzene-containing polymers with phase masks. RSC Adv. **2**, 12084–12087 (2012)
52. T. Seki, Dynamic Photoresponsive functions in organized layer systems comprised of Azobenzene-containing Polymers. Polym. J. **36**, 435–454 (2004)
53. N.K. Viswanathan, D.Y. Kim, S. Bian, J. Williams, W. Liu, L. Li, L. Samuelson, J. Kumar, S.K. Tripathy, Surface relief structures on azo polymer films. J. Mater. Chem. **9**, 1941–1955 (1999)
54. K.G. Yager, C.J. Barrett, All-optical patterning of azo polymer films. Curr. Opin. Solid State Mater. Sci. **5**, 487–494 (2001)
55. G. Xu, S. Li, C. Liu, S. Wu, Photoswitchable adhesives using Azobenzene-containing materials. Chem. Asian J. **15**, 547–554 (2020)
56. Z. Wen, K. Yang, J.-M. Raquez, A review on liquid crystal polymers in free-standing reversible shape memory materials. Molecules **25**, 1241 (2020)
57. K. Ichimura, Y. Suzuki, T. Seki, A. Hosoki, K. Aoki, Reversible change in alignment mode of nematic liquid crystals regulated photochemically by command surfaces modified with an azobenzene monolayer. Langmuir **4**, 1214–1216 (1988)
58. T. Seki, M. Sakuragi, Y. Kawanishi, T. Tamaki, R. Fukuda, K. Ichimura, Y. Suzuki, Command surfaces of Langmuir-Blodgett films. Photoregulations of liquid crystal alignment by molecularly tailored surface azobenzene layers. Langmuir **9**, 211–218 (1993)
59. M. O'Neill, S.M. Kelly, Photoinduced surface alignment for liquid crystal displays. J. Phys. D Appl. Phys. **33**, R67–R84 (2000)
60. P. Rochon, E. Batalla, A. Natanhson, Optically induced surface gratings on azoaromatic polymer films. Appl. Phys. Lett. **66**, 136–138 (1995)
61. M. Hasegawa, T. Yamamoto, A. Kanazawa, T. Shiono, T. Ikeda, A dynamic grating using a photochemical phase transition of polymer liquid crystals containing Azobenzene derivatives. Adv. Mater. **11**, 675–677 (1999)
62. T. Yamamoto, M. Hasegawa, A. Kanazawa, T. Shiono, T. Ikeda, Phase-type gratings formed by photochemical phase transition of polymer Azobenzene liquid crystals: Enhancement of diffraction efficiency by spatial modulation of molecular alignment. J. Phys. Chem. B **103**, 9873–9878 (1999)
63. O.N. Oliveira Jr., D.S. dos Santos Jr., D.T. Balogh, V. Zucolotto, C.R. Mendonça, Optical storage and surface-relief gratings in Azobenzene-containing nanostructured films. Adv. Colloid Interface Sci. **116**, 179–192 (2005)
64. D.K. Hohl, C. Weder, (De)bonding on demand with optically switchable adhesives. Adv. Optical Mater. **7**, 1900230 (2019)
65. H. Akiyama, M. Yoshida, Photochemically reversible liquefaction and solidification of single compounds based on a sugar alcohol scaffold with multi azo-arms. Adv. Mater. **24**, 2353–2356 (2012)
66. F.A. Jerca, V.V. Jerca, R. Hoogenboom, Advances and opportunities in the exciting world of Azobenzenes. Nat. Rev. Chem. **6**, 51–69 (2022)
67. S. Ito, H. Akiyama, R. Sekizawa, M. Mori, M. Yoshida, H. Kihara, Light-induced reworkable adhesives based on aba-type triblock copolymers with Azopolymer termini. ACS Appl. Mater. Interfaces **10**, 32649–32658 (2018)
68. Y. Takashima, T. Sahara, T. Sekine, T. Kakuta, M. Nakahata, M. Otsubo, Y. Kobayashi, A. Harada, Supramolecular adhesives to hard surfaces: Adhesion between host hydrogels and guest glass substrates through molecular recognition. Macromol. Rapid Commun. **35**, 1646–1652 (2014)

69. A. Momotake, T. Arai, Synthesis, excited state properties, and dynamic structural change of photoresponsive dendrimers. Polymer **45**, 5369–5390 (2004)
70. A. Momotake, T. Arai, Photochemistry and photophysics of stilbene dendrimers and related compounds. J. Photochem. Photobiol. C: Photochem. Rev. **5**, 1–25 (2004)
71. R. Deloncle, A.-M. Caminade, Stimuli-responsive dendritic structures: The case of light-driven azobenzene-containing dendrimers and dendrons. J. Photochem. Photobiol. C: Photochem. Rev. **11**, 25–45 (2010)
72. E.R. Draper, D.J. Adams, Photoresponsive gelators. Chem. Commun. **52**, 8196–8206 (2016)
73. T. Yamamoto, Y. Norikane, H. Akiyama, Photochemical liquefaction and softening in molecular materials, polymers, and related compounds. Polym. J. **50**, 551–562 (2018)
74. K. Murata, M. Aoki, T. Nishi, A. Ikeda, S. Shinkai, New cholesterol-based gelators with light- and metal-responsive functions. J. Chem. Soc. Chem. Commun. 1715–1718 (1991)
75. M. Moriyama, N. Mizoshita, T. Yokota, K. Kishimoto, T. Kato, Photoresponsive anisotropic soft solids: Liquid-crystalline physical gels based on a chiral photochromic gelator. Adv. Mater. **15**, 1335–1338 (2003)
76. J. Hobley, M.J. Lear, H. Fukumura, Photo-switching spiropyrans and related compounds, in *Molecular and Supramolecular Photochemistry*. ed. by E.V. Ramamuthy, K.S. Schanze (Marcel Dekker, New York, NY, USA, 2003), pp.353–404
77. B.S. Lukyanov, M.B. Lukyanova, Spiropyrans: Synthesis, properties, and application. (Review). Chem. Heterocycl. Compd. **41**, 281–311 (2005)
78. E. Deniz, M. Tomasulo, J. Cusido, S. Sortino, F.M. Raymo, Fast and stable photochromic Oxazines for fluorescence switching. Langmuir **27**, 11773–11783 (2011)
79. H. Xia, K. Xie, G. Zou, Advances in Spiropyrans/Spirooxazines and applications based on fluorescence resonance energy transfer (FRET) with fluorescent materials. Molecules **22**, 2236 (2017)
80. A. Vlasceanua, M. Cacciarinib, M.B. Nielsen, Photo/Thermochromic macrocycle based on Dihydroazulenes, Dithienylethenes, and Spiropyrans. Tetrahedron **74**, 6635–6646 (2018)
81. H. Bouas-Laurent, Heinz Dürr. Pure Appl. Chem. **73**, 639–665 (2001)
82. S.A. Ahmed, X. Sallenave, F. Fages, G. Mieden-Gundert, W.M. Müller, U. Müller, F. Vögtle, J.-L. Pozzo, Multiaddressable self-assembling Organogelators based on 2*H*-Chromene and *N*-Acyl-1,ω-amino acid units. Langmuir **18**, 7096–7101 (2002)
83. A.R. Katritzky, R. Sakhuja, L. Khelashvili, K. Shanab, J. Org. Chem. **74**, 3062–3065 (2009)
84. L. Kortekaas, W.R. Browne, The evolution of spiropyran: fundamentals and progress of an extraordinarily versatile photochrome. Chem. Soc. Rev. **48**, 3406–3424 (2019)
85. C. Lenoble, R.S. Becker, Photophysics, photochemistry, kinetics, and mechanism of the photochromism of 6'-nitroindolinospiropyran. J. Phys. Chem. **90**, 62–65 (1986)
86. H. Takahashi, H. Murakawa, Y. Sakaino, T. Ohzeki, J. Abe, O. Yamada, Time-resolved resonance raman studies of the photochromic reaction of 6-nitro-1',3',3'-trimethylspiro[2*H*-1-benzopyran-2,2'-indoline]. J. Photochem. Photobiol. A: Chem. **45**, 233–241 (1988)
87. A.K. Chibisov, H. Görner, Singlet versus triplet Photoprocesses in Indodicarbocyanine dyes and Spiropyran-derived Merocyanines. J. Photochem. Photobiol. A: Chem. **105**, 261–267 (1997)
88. H. Görner, Photochemical ring opening in nitrospiropyrans: Triplet pathway and the role of singlet molecular oxygen. Chem. Phys. Lett. **282**, 381–390 (1998)
89. H. Görner, Photochromism of nitrospiropyrans: Effects of structure, solvent and temperature. Phys. Chem. Chem. Phys. **3**, 416–423 (2001)
90. A.-K. Holm, O.F. Mohammed, M. Rini, E. Mukhtar, E.T.J. Nibbering, H. Fidder, Sequential Merocyanine product isomerization following femtosecond UV excitation of a Spiropyran. J. Phys. Chem. A **109**, 8962–8968 (2005)
91. O.V. Demina, P.P. Levin, N.E. Belikov, A.V. Laptev, A. Yu. Lukin, V.A. Barachevsky, V.I. Shvets, S.D. Varfolomeev, A.A. Khodonov, Synthesis and photochromic reaction kinetics of unsaturated spiropyran derivatives. J. Photochem. Photobiol. A: Chem. **270**, 60–66 (2013)
92. M. Irie, K. Sayo, Solvent effects on the photochromic reactions of Diarylethene derivatives. J. Phys. Chem. **96**, 7671–7674 (1992)

93. S.L. Gilat, S.H. Kawai, J.-M. Lehn, Light-triggered molecular devices: Photochemical switching of optical and electrochemical properties in molecular wire type Diarylethene species. Chem. Eur. J. **1**, 275–284 (1995)
94. M. Irie, Diarylethenes for memories and switches. Chem. Rev. **100**, 1685–1716 (2000)
95. M. Irie, K. Uchida, Synthesis and properties of photochromic Diarylethenes with Heterocyclic Aryl groups. Bull. Chem. Soc. Jpn **71**, 985–996 (1998)
96. J.J.D. de Jong, L.N. Lucas, R. Hania, A. Pugzlys, R.M. Kellogg, B.L. Feringa, K. Duppen, J.H. van Esch, Photochromic properties of Perhydro- and Perfluorodithienylcyclopentene molecular switches. Eur. J. Org. Chem. 1887–1893 (2003)
97. L.N. Lucas, J. van Esch, R.M. Kellogg, B.L. Feringa, A new class of photochromic 1,2-diarylethenes; synthesis and switching properties of bis(3-thienyl)cyclopentenes. Chem. Commun. 2313–2314 (1998)
98. M. Li, W.-H. Zhu, Sterically hindered Diarylethenes with a Benzobis(thiadiazole) bridge: Enantiospecific transformation and reversible Photosuperstructures. Acc. Chem. Res. **55**, 3136–3149 (2022)
99. N. Wagner, P. Theato, Light-induced wettability changes on polymer surfaces. Polymer **55**, 3436–3453 (2014)
100. S.V. Paramonova, V. Lokshinb, O.A. Fedorova, Spiropyran, chromene or spirooxazine ligands: Insights into mutual relations between complexing and photochromic properties. J. Photochem. Photobiol. C: Photochem. Rev. **12**, 209–236 (2011)
101. A. Abdollahi, H. Roghani-Mamaqani, B. Razavia, M. Salami-Kalajahi, The light-controlling of temperature-responsivity in stimuli-responsive polymers. Polym. Chem. **10**, 5686–5720 (2019)
102. S. Samanta, J. Locklin, Formation of photochromic Spiropyran polymer brushes via surface-initiated, ring-opening metathesis polymerization: Reversible photocontrol of wetting behavior and solvent dependent morphology changes. Langmuir **24**, 9558–9565 (2008)
103. J. Jiang, Q. Chen, M. Xu, J. Chen, S. Wu, Photoresponsive Diarylethene-containing polymers: Recent advances and future challenges. Macromol. Rapid Commun. **44**, 2300117 (2023)
104. A.M. Asadirad, S. Boutault, Z. Erno, N.R. Branda, Controlling a polymer adhesive using light and a molecular switch. J. Am. Chem. Soc. **136**, 3024–3027 (2014)
105. H. Nie, N.S. Schauser, J.L. Self, T. Tabassum, S. Oh, Z. Geng, S.D. Jones, M.S. Zayas, V.G. Reynolds, M.L. Chabinyc, C.J. Hawker, S. Han, C.M. Bates, R.A. Segalman, J. Read de Alaniz, Light-switchable and self-healable polymer electrolytes based on dynamic Diarylethene and metal-Ion coordination. J. Am. Chem. Soc. **143**, 1562–1569 (2021)
106. A. Fuhrmann, R. Göstl, R. Wendt, J. Kötteritzsch, M.D. Hager, U.S. Schubert, K. Brademann-Jock, A.F. Thünemann, U. Nöchel, M. Behl, S. Hecht, Conditional repair by locally switching the thermal healing capability of dynamic covalent polymers with light. Nat. Commun. **7**, 13623 (2016)
107. M. Kathan, P. Kovaříček, C. Jurissek, A. Senf, A. Dallmann, A.F. Thünemann, S. Hecht, Control of imine exchange kinetics with Photoswitches to modulate self-healing in Polysiloxane networks by light illumination. Angew. Chem. Int. Ed. **55**, 13882–13886 (2016)
108. Z. Li, H. Chen, B. Li, Y. Xie, X. Gong, X. Liu, H. Li, Y. Zhao, Photoresponsive luminescent polymeric hydrogels for reversible information encryption and decryption. Adv. Sci. **6**, 1901529 (2019)
109. J. Jiang, P. Zhang, Y. Tian, Z. Lin, C. Zhang, J. Cui, J. Chen, X. Chen, Reconfigurable photoswitchable multistate fluorescent polymer-based information encryption toolbox. Sci. China Mater. **66**, 1949–1958 (2023)
110. H. Yang, M. Li, W. Zhao, Z. Guo, W.-H. Zhu, Chin. Chem. Lett. **32**, 3882–3885 (2021)
111. C. Huang, M. Zheng, J. Xu, Y. Zhang, Molecules **18**, 2942–2966 (2013)
112. M.D. Kärkäs, J.A. Porco Jr., C.R.J. Stephenson, Photochemical approaches to complex Chemotypes: Applications in natural product synthesis. Chem. Rev. **116**, 9683–9747 (2016)
113. X. Ping, J. Pan, X. Peng, C. Yao, T. Li, H. Feng, Z. Qian, Recent advances in photoresponsive fluorescent materials based on [2+2] photocycloaddition reactions. J. Mater. Chem. C **11**, 7510–7525 (2023)

114. K. Biradha, R. Santra, Crystal engineering of topochemical solid state reactions. Chem. Soc. Rev. **42**, 950–967 (2013)
115. G.M.J. Schmidt, Photodimerization in the solid state. Pure Appl. Chem. **27**, 647–678 (1971)
116. M.D. Cohen, The photochemistry of organic solids. Angew. Chem. Int. Ed. Engl. **14**, 386–393 (1975)
117. G.W. Coates, A.R. Dunn, L.M. Henling, J.W. Ziller, E.B. Lobkovsky, R.H. Grubbs, Phenyl−Perfluorophenyl stacking interactions: Topochemical [2+2] Photodimerization and Photopolymerization of Olefinic compounds. J. Am. Chem. Soc. **120**, 3641–3649 (1998)
118. G. Marras, P. Metrangolo, F. Meyer, T. Pilati, G. Resnati, A. Vij, New J. Chem. **30**, 1397–1402 (2006)
119. A. Papagni, P.D. Buttero, C. Bertarelli, L. Miozzo, M. Moret, M.T. Pryce, S. Rizzato, Novel fluorinated amino-stilbenes and their solid-state photodimerization. New J. Chem. **34**, 2612–2621 (2010)
120. K. Gnanaguru, N. Ramasubbu, K. Venkatesan, V. Ramamurthy, A study on the photochemical dimerization of Coumarins in the solid state. J. Org. Chem. **50**, 2337–2346 (1985)
121. E.J. Bowen, The photochemistry of aromatic hydrocarbon solutions, in *Advances in Photochemistry*. ed. by W.A. Noyes, G.S. Hammond, J.N. Pitts (Wiley-Interscience Publishers, New York, NY, USA, 1963), pp.23–42
122. *Photophysics of Aromatic Molecules,* J. B. Birks (Ed.) (Wiley-Interscience Publishers, New York, NY, USA, 1970)
123. J. Bendig, J. Fischer, D. Kreysig, Desaktivierungsverhalten von arenen und heteroarenen—XXX: Die photodimerisierung und photochemische dimerenspaltung von benzo[g]chinolin und n-methylbenzo[g]chinolinium in lösung. Tetrahedron **37**, 1397–1401 (1981)
124. H. Ihmels, J. Luo, The reversible [4 + 4] photocycloaddition of acridizinium derivatives. J. Photochem. Photobiol. A: Chem. **200**, 3–9 (2008)
125. J.-M. Aubry, C. Pierlot, J. Rigaudy, R. Schmidt, Reversible binding of oxygen to aromatic compounds. Acc. Chem. Res. **36**, 668–675 (2003)
126. J. Svoboda, B. König, Templated photochemistry: Toward catalysts enhancing the efficiency and selectivity of photoreactions in homogeneous solutions. Chem. Rev. **106**, 5413–5430 (2006)
127. E. Berni, C. Dolain, B. Kauffmann, J.-M. Léger, C. Zhan, I. Huc, Expanding the registry of aromatic amide foldamers: Folding, photochemistry and assembly using Diaza-anthracene units. J. Org. Chem. **73**, 2687–2694 (2008)
128. H.-D. Becker, K. Andersson, Photochemical Diels−alder dimerization of 9-phenylethylnylanthracene. J. Photochem. **26**, 75–77 (1984)
129. J. Tanabe, D. Taura, N. Ousaka, E. Yashima, Remarkable acceleration of template-directed photodimerisation of 9-phenylethynylanthracene derivatives assisted by complementary salt bridge formation. Org. Biomol. Chem. **14**, 10822–10832 (2016)
130. M. Sakamoto, Absolute asymmetric synthesis from achiral molecules in the chiral crystalline environment. Chem. Eur. J. **3**, 684–689 (1997)
131. T. Itoh, F. Kondo, T. Uno, M. Kubo, N. Tohnai, M. Miyata, Exclusive formation of bridge-substituted [2.2] Paracyclophane by Topochemical Photocycloaddition reaction of unsymmetrical substituted *p*-Quinodimethane. Cryst. Growth Des. **17**, 3606–3610 (2017)
132. L.G. Kuz'mina, A.I. Vedernikov, S.P. Gromov, M.V. Alfimov, Crystallographic approach to the [2 + 2] Photocycloaddition topochemical reactions of unsaturated compounds with single crystal retention. Crystallogr. Rep. **64**, 691–712 (2019)
133. F. Hu, X. Bi, X. Chen, Q. Pan, Y. Zhao, Single-crystal-to-single-crystal transformations for the preparation of small molecules, 1D and 2D polymers single crystals. Chem. Lett. **50**, 1015–1029 (2021)
134. Y. Sonoda, Solid-state [2+2] Photodimerization and Photopolymerization of α,ω-Diarylpolyene monomers: Effective utilization of noncovalent intermolecular interactions in crystals. Molecules **16**, 119–148 (2011)
135. X. Wei, B. Li, Z. Yang, R. Zhong, Y. Wang, Y. Chen, Z. Ding, G. Men, Z. Yang, H. Zhang, B. Yang, W. Xu, S. Jiang, Programmable photoresponsive materials based on a single molecule via distinct topochemical reactions. Chem. Sci. **12**, 15588–15595 (2021)

136. T.J. Gately, C. Cook, R. Almuzarie, I. Islam, Z. Gardner, R.J. Iuliucci, R.O. Al-Kaysi, G.J.O. Beran, C.J. Bardeen, Effect of fluorination on the polymorphism and photomechanical properties of Cinnamalmalononitrile crystals. Cryst. Growth Des. **22**, 7298–7307 (2022)
137. Y.-J. Ma, G. Xiao, X. Fang, T. Chen, D. Yan, Leveraging crystalline and amorphous states of a metal-organic complex for transformation of the Photosalient effect and positive-negative Photochromism. Angew. Chem. Int. Ed. **62**, e202217054 (2023)
138. M. Pattabiraman, J. Sivaguru, V. Ramamurthy, Cucurbiturils as reaction containers for photocycloaddition of olefins. Isr. J. Chem. **58**, 264–275 (2018)
139. M. Nagarathinam, J.J. Vittal, A rational approach to Crosslinking of coordination polymers using the photochemical [2+2] cycloaddition reaction. Macromol. Rapid Commun. **27**, 1091–1099 (2006)
140. C. Cardenas-Daw, A. Kroeger, W. Schaertl, P. Froimowicz, K. Landfester, Reversible photocycloadditions, a powerful tool for tailoring (Nano)materials. Macromol. Chem. Phys. **213**, 144–156 (2012)
141. J.T. Offenloch, M. Gernhardt, J.P. Blinco, H. Frisch, H. Mutlu, C. Barner-Kowollik, Contemporary Photoligation chemistry: The visible light challenge. Chem. Eur. J. **25**, 3700–3709 (2019)
142. M. Coursan, J.P. Desvergne, A. Deffieux, Reversible photodimerisation of ω-anthrylpolystyrenes. Macromol. Chem. Phys. **197**, 1599–1608 (1996)
143. J.T. Goldbach, T.P. Russell, J. Penelle, Synthesis and thin film characterization of Poly(styrene-block-methyl methacrylate) containing an anthracene dimer Photocleavable junction point. Macromolecules **35**, 4271–4276 (2002)
144. J. Matsui, Y. Ochi, K. Tamaki, Photodimerization of Anthryl moieties in a Poly(methacrylic acid) derivative as reversible cross-linking step in molecular imprinting. Chem. Lett. **35**, 80–81 (2006)
145. Y. Zheng, F.M. Andreopoulos, M. Micic, Q. Huo, S.M. Pham, R.M. Leblanc, A novel Photoscissile Poly(ethylene glycol)-based hydrogel. Adv. Funct. Mater. **11**, 37–40 (2001)
146. V.X. Truong, F. Li, J.S. Forsythe, Versatile Bioorthogonal hydrogel platform by catalyst-free visible light initiated Photodimerization of Anthracene. ACS Macro Lett. **6**, 657–662 (2017)
147. V.X. Truong, F. Li, F. Ercole, J.S. Forsythe, Wavelength-selective coupling and decoupling of polymer chains via reversible [2 + 2] Photocycloaddition of Styrylpyrene for construction of cytocompatible photodynamic hydrogels. ACS Macro Lett. **7**, 464–469 (2018)
148. P. Froimowicz, H. Frey, K. Landfester, Towards the generation of self-healing materials by means of a reversible photo-induced approach. Macromol. Rapid Commun. **32**, 468–473 (2011)
149. Y. Wu, S. Zhang, J. Pei, X.-F. Chen, Photochromic fluorescence switching in liquid crystalline polynorbornenes with α-cyanostilbene side-chains. J. Mater. Chem. C **8**, 6461–6469 (2020)
150. P. Wei, J.-X. Zhang, Z. Zhao, Y. Chen, X. He, M. Chen, J. Gong, H.H.-Y. Sung, I.D. Williams, J.W.Y. Lam, B.Z. Tang, Multiple yet controllable Photoswitching in a single AIEgen system. J. Am. Chem. Soc. **140**, 1966–1975 (2018)
151. P. Wei, Z. Li, J.-X. Zhang, Z. Zhao, H. Xing, Y. Tu, J. Gong, T.S. Cheung, S. Hu, H.H.-Y. Sung, I.D. Williams, R.T.K. Kwok, J.W.Y. Lam, B.Z. Tang, Molecular transmission: Visible and rate-controllable Photoreactivity and synergy of aggregation-induced emission and host−guest assembly. Chem. Mater. **31**, 1092–1100 (2019)
152. H. Trommsdorff, U. Santonin, Ann. Chem. Pharm. **11**, 190–207 (1834)
153. P. Naumov, S.C. Sahoo, B.A. Zakharov, E.V. Boldyreva, Dynamic single crystals: Kinematic analysis of Photoinduced crystal jumping (The Photosalient effect). Angew. Chem. Int. Ed. **52**, 9990–9995 (2013)
154. B.B. Rath, J.J. Vittal, Single-crystal-to-single-crystal [2 + 2] photocycloaddition reaction in a Photosalient one-dimensional coordination polymer of Pb(II). J. Am. Chem. Soc. **142**, 20117–20123 (2020)
155. B.B. Rath, J.J. Vittal, Photoreactive crystals exhibiting [2 + 2] photocycloaddition reaction and dynamic effects. Acc. Chem. Res. **55**, 1445–1455 (2022)

156. R. Medishetty, A. Husain, Z. Bai, T. Runčevski, R.E. Dinnebier, P. Naumov, J.J. Vittal, Single crystals popping under UV light: A photosalient effect triggered by a [2+2] cycloaddition reaction. Angew. Chem. Int. Ed. **53**, 5907–5911 (2014)
157. R. Medishetty, S.C. Sahoo, C.E. Mulijanto, P. Naumov, J.J. Vittal, Photosalient behavior of photoreactive crystals. Chem. Mater. **27**, 1821–1829 (2015)
158. K. Yadava, J.J. Vittal, Solid-state photochemical [2+2] cycloaddition reaction of Mn^{II} complexes. Chem. Eur. J. **25**, 10394–10399 (2019)
159. M.M. Hedayetullah, D. Basudeb, I. Sakhiul, K. Samim, Solid-state photodimerization via [2+2] cycloaddition in metal complexes and CPs. J. Indian Chem. Soc. **96**, 1297–1301 (2019)
160. F. Tong, W. Xu, T. Guo, B.F. Lui, R.C. Hayward, P. Palffy-Muhoray, R.O. Al-Kaysi, C.J. Bardeen, Photomechanical molecular crystals and nanowire assemblies based on the [2+2] photodimerization of a phenylbutadiene derivative. J. Mater. Chem. C **8**, 5036–5044 (2020)
161. Y. Ding, J. Guo, X. He, W. Tao, Y. Shi, J. Xu, L. Xu, M. Tang, D. Shen, H. Bi, Z.-Q. Wu, K. Yang, Z. Zeng, P. Wei, Tuned intra- and intermolecular photoreactions of tridentate Cyanostilbenes with distinct aggregated-state photomechanical and dispersed-state photochromic behaviors. Adv. Funct. Mater. **33**, 2212886 (2023)
162. T.S. Kannan, S. Munan, M. Kathiresan, A. Samanta, G.K. Kole, Solid-state Photodimerization reaction with Photosalient effect and Photophysical and electrochemical properties of N-Methylated 1-Naphthylvinyl-4-Quinoline. Cryst. Growth Des. **23**, 8261–8269 (2023)
163. S. Kusumoto, K. Sato, K. Rakumitsu, Y. Kim, Y. Koide, Photodimerization and Photosalient effects of 4-Styrylpyridine Cocrystals using aromatic Poly(carboxylic acid)s as hydrogen bonding templates. Cryst. Growth Des. **23**, 8972–8977 (2023)
164. M. Irie, T. Fukaminato, K. Matsuda, S. Kobatake, Photochromism of Diarylethene molecules and crystals: Memories, switches, and actuators. Chem. Rev. **114**, 12174–12277 (2014)
165. S. Kobatake, S. Takami, H. Muto, T. Ishikawa, M. Irie, Rapid and reversible shape changes of molecular crystals on photoirradiation. Nature **446**, 778–781 (2007)
166. K. Uchida, S. Sukata, Y. Matsuzawa, M. Akazawa, J.J.D. de Jong, N. Katsonis, Y. Kojima, S. Nakamura, J. Areephong, A. Meetsma, B.L. Feringa, Photoresponsive rolling and bending of thin crystals of chiral diarylethenes. Chem. Commun. 326−328 (2008)
167. E. Hatano, M. Morimoto, K. Hyodo, N. Yasuda, S. Yokojima, S. Nakamura, K. Uchida, Photosalient effect of a Diarylethene with a Perfluorocyclohexene ring. Chem. Eur. J. **22**, 12680–12683 (2016)
168. P. Gupta, T. Panda, S. Allu, S. Borah, A. Baishya, A. Gunnam, A. Nangia, P. Naumov, N.K. Nath, Crystalline Acylhydrazone Photoswitches with multiple mechanical responses. Cryst. Growth Des. **19**, 3039–3044 (2019)
169. D. Hean, L.G. Alde, M.O. Wolf, Photosalient and thermosalient crystalline hemithioindigo-anthracene based isomeric photoswitches. J. Mater. Chem. C **9**, 6789–6795 (2021)
170. T. Seki, K. Sakurada, M. Muromoto, H. Ito, Photoinduced single-crystal-to-single-crystal phase transition and photosalient effect of a gold(I) isocyanide complex with shortening of intermolecular aurophilic bonds. Chem. Sci. **6**, 1491–1497 (2015)
171. H. Koerner, T.J. White, N.V. Tabiryan, T.J. Bunning, R.A. Vaia, Photogenerating work from polymers. Mater. Today **11**, 34–42 (2008)
172. M. Irie, Photochromism and molecular mechanical devices. Bull. Chem. Soc. Jpn **81**, 917–926 (2008)
173. T. Ube, T. Ikeda, Photomobile polymer materials with crosslinked liquid-crystalline structures: Molecular design, fabrication, and functions. Angew. Chem. Int. Ed. **53**, 10290–10299 (2014)
174. S. Sun, S. Liang, W.-C. Xu, G. Xu, S. Wu, Photoresponsive polymers with multi-azobenzene groups. Polym. Chem. **10**, 4389–4401 (2019)
175. M. Herath, J. Epaarachchi, M. Islam, L. Fang, J. Leng, Light activated shape memory polymers and composites: A review. Eur. Polym. J. **136**, 109912 (2020)
176. P. Yang, F. Zhu, Z. Zhang, Y. Cheng, Z. Wang, Y. Li, Stimuli-responsive polydopamine-based smart materials. Chem. Soc. Rev. **50**, 8319–8343 (2021)
177. M.R.A. Bhatti, A. Kernin, M. Tausif, H. Zhang, D. Papageorgiou, E. Bilotti, T. Peijs, C.W.M. Bastiaansen, Light-driven actuation in synthetic polymers: A review from fundamental concepts to applications. Adv. Optical Mater. **10**, 2102186 (2022)

178. Y. Yu, M. Nakano, T. Ikeda, Directed bending of a polymer film by light. Nature **425**, 145 (2003)
179. M. Osaki, K. Ito, Y. Ikemoto, H. Yamaguchi, Y. Chujo, A. Harada, K. Tanaka, Y. Takashima, Photoresponsive polymeric actuator cross-linked by an 8-armed polyhedral oligomeric silsesquioxane. Eur. Polym. J. **134**, 109806 (2020)
180. C. Li, A. Iscen, H. Sai, K. Sato, N.A. Sather, S. Chin, Z. Álvarez, L.C. Palmer, G.C. Schatz, S.I. Stupp, Supramolecular–covalent hybrid polymers for light-activated mechanical actuation. Nat. Matter. **19**, 900–909 (2020)
181. M.G. Kuzmin, Proton transfer photoreactions in supramolecular systems, in *Supramolecular Chemistry.,* V. Balzani, L. De Cola (Eds.), NATO ASI Series, vol. 371. Springer, Dordrecht
182. K.I. Priyadarsini, Photophysics, photochemistry and photobiology of curcumin: Studies from organic solutions, bio-mimetics and living cells. J. Photochem. Photobiol. C: Photochem. Rev. **10**, 81–95 (2009)
183. J.T. Hynes, T.-H. Tran-Thi, G. Granucci, Intermolecular photochemical proton transfer in solution: New insights and perspectives. J. Photochem. Photobiol. A: Chem. **154**, 3–11 (2002)
184. A. Douhal, F. Lahmani, A.H. Zewail, Proton-transfer reaction dynamics. Chem. Phys. **207**, 477–498 (1996)
185. H. Shizuka, Excited-state proton-transfer reactions and proton-induced quenching of aromatic compounds. Acc. Chem. Res. **18**, 141–147 (1985)
186. P. Zhou, K. Han, Unraveling the detailed mechanism of excited-state proton transfer. Acc. Chem. Res. **51**, 1681–1690 (2018)
187. N. Agmon, Elementary steps in excited-state proton transfer. J. Phys. Chem. A **109**, 13–35 (2005)
188. D.R. Weinberg, C.J. Gagliardi, J.F. Hull, C.F. Murphy, C.A. Kent, B.C. Westlake, A. Paul, D.H. Ess, D.G. McCafferty, T.J. Meyer, Proton-coupled electron transfer. Chem. Rev. **112**, 4016–4093 (2012)
189. S. Hayashi, E. Tajkhorshid, K. Schulten, Structural changes during the formation of early intermediates in the bacteriorhodopsin Photocycle. Biophys. J. **83**, 1281–1297 (2002)
190. D. Jacquemin, J. Zúñiga, A. Requena, J.P. Ceron-Carrasco, Assessing the importance of proton transfer reactions in DNA. Acc. Chem. Res. **47**, 2467–2474 (2014)
191. P. Chou, D. McMorrow, T.J. Aartsma, M. Kasha, The proton-transfer laser. Gain spectrum and amplification of spontaneous emission of 3-hydroxyflavone. J. Phys. Chem. **88**, 4596–4599 (1984)
192. J.Z. Zhao, S.M. Ji, Y.H. Chen, H.M. Guo, P. Yang, Excited state intramolecular proton transfer (ESIPT): From principal photophysics to the development of new chromophores and applications in fluorescent molecular probes and luminescent materials. Phys. Chem. Chem. Phys. **14**, 8803–8817 (2012)
193. H.-W. Tseng, J.-Q. Liu, Y.-A. Chen, C.-M. Chao, K.-M. Liu, C.-L. Chen, T.-C. Lin, C.-H. Hung, Y.-L. Chou, T.-C. Lin, T.-L. Wang, P.-T. Chou, Harnessing excited-state intramolecular proton-transfer reaction via a series of amino-type hydrogen-bonding molecules. J. Phys. Chem. Lett. **6**, 1477–1486 (2015)
194. J.E. Kwon, S.Y. Park, Advanced organic optoelectronic materials: Harnessing excited-state intramolecular proton transfer (ESIPT) process. Adv. Mater. **23**, 3615–3642 (2011)
195. T. Förster, Fluoreszenzspektrum und Wasserstoffionen-konzentration. Naturwissenschaften **36**, 186–187 (1949)
196. T. Förster, Die pH-Abhängigkeit der Fluoreszenz von Naphthalinderivaten. Z. Elektrochem. Angew. Phys. Chem. **54**, 531–535 (1950)
197. A. Weller, Quantitative Untersuchungen der Fluoreszenzumwandlung bei Naphtholen. Z. Elektrochem. Ber. Bunsenges. Phys. Chem. **56**, 662–668 (1952)
198. A. Weller, Über die Fluoreszenz der Salizylsäure und verwandter Verbindungen. Naturwissenschaften **42**, 175–176 (1955)
199. A. Weller, Protolytische Reaktionen angeregter Oxyverbindungen. Z. Phys. Chem. (Frankfurt am Main) **17**, 224–245 (1958)

200. P.K. Sengupta, Exploring flavonoid-DNA interactions via photoinduced proton transfer and two color fluorescence studies: Perspectives and emerging frontiers. Indian J. Chem. **58B**, 227–237 (2019)
201. J. Goodman, L.E. Brus, Proton transfer and tautomerism in an excited state of methyl salicylate. J. Am. Chem. Soc. **100**, 7472–7474 (1978)
202. A.C. Sedgwick, L. Wu, H.-H. Han, S.D. Bull, X.-P. He, T.D. James, J.L. Sessler, B.Z. Tang, H. Tian, J. Yoon, Excited-state intramolecular proton-transfer (ESIPT) based fluorescence sensors and imaging agents. Chem. Soc. Rev. **47**, 8842–8880 (2018)
203. V.S. Padalkar, S. Seki, Excited-state intramolecular proton-transfer (ESIPT)-inspired solid state emitters. Chem. Soc. Rev. **45**, 169–202 (2016)
204. C.-C. Hsieh, C.-M. Jiang, P.-T. Chou, Recent experimental advances on excited-state intramolecular proton coupled electron transfer reaction. Acc. Chem. Res. **43**, 1364–1374 (2010)
205. D. McMorrow, M. Kasha, Intramolecular excited-state proton transfer in 3-hydroxyflavone. Hydrogen-bonding solvent perturbations. J. Phys. Chem. **88**, 2235–2243 (1984)
206. M.H. Van Benthem, G.D. Gillispie, Intramolecular hydrogen bonding. 4. Dual fluorescence and excited-state proton transfer in 1,5-dihydroxyanthraquinone. J. Phys. Chem. **88**, 2954–2960 (1984)
207. P.-T. Chou, Y.-C. Chen, W.-S. Yu, Y.-H. Chou, C.-Y. Wei, Y.-M. Cheng, Excited-state intramolecular proton transfer in 10-Hydroxybenzo[h]quinoline. J. Phys. Chem. A **105**, 1731–1740 (2001)
208. A. Mordzinski, A. grabowska, W. Kuhnle, A. Krowczynski, Intramolecular single and double proton transfer in benzoxazole derivatives. Chem. Phys. Lett. **101**, 291–296 (1983)
209. S.I. Druzhinin, G.M. Rodchenkov, B.M. Uzhinov, Intermolecular excited state proton transfer reactions of diaryloxazoles. Chem. Phys. **128**, 383–394 (1988)
210. K.-I. Sakai, T. Tsuzuki, Y. Itoh, M. Ichikawa, Y. Taniguchi, Using proton-transfer laser dyes for organic laser diodes. Appl. Phys. Lett. **86**, 081103 (2005)
211. D.-Y. Chen, C.-L. Chen, Y.-M. Cheng, C.-H. Lai, J.-Y. Yu, B.-S. Chen, C.-C. Hsieh, H.-C. Chen, L.-Y. Chen, C.-Y. Wei, C.-C. Wu, P.-T. Chou, Design and synthesis of Trithiophene-bound excited-state intramolecular proton transfer dye: Enhancement on the performance of bulk heterojunction solar cells. ACS Appl. Mater. Interfaces **2**, 1621–1629 (2010)
212. Z. Song, R.T.K. Kwok, E. Zhao, Z. He, Y. Hong, J.W.Y. Lam, B. Liu, B.Z. Tang, A ratiometric fluorescent probe based on ESIPT and AIE processes for alkaline phosphatase activity assay and visualization in living cells. ACS Appl. Mater. Interfaces **6**, 17245–17254 (2014)
213. R.M. Tarkka, S.A. Jenekhe, Excited-state intramolecular proton transfer in polymers. MRS Online Proc. Libr. **413**, 97–102 (1995)
214. S. Furukawa, H. Shono, T. Mutai, K. Araki, Colorless, transparent, dye-doped polymer films exhibiting tunable luminescence color: Controlling the dual-color luminescence of 2-(2'-Hydroxyphenyl)imidazo[1,2-*a*]pyridine derivatives with the surrounding matrix. ACS Appl. Mater. Interfaces **6**, 16065–16070 (2014)
215. W. Zhang, T. Sakurai, M. Aotani, G. Watanabe, H. Yoshida, V.S. Padalkar, Y. Tsutsui, D. Sakamaki, M. Ozaki, S. Seki, Highly fluorescent liquid crystals from excited-state intramolecular proton transfer molecules. Adv. Opt. Mater. **7**, 1801349 (2019)
216. W. Zhang, S. Suzuki, S. Cho, G. Watanabe, H. Yoshida, T. Sakurai, M. Aotani, Y. Tsutsui, M. Ozaki, S. Seki, Highly miscible hybrid liquid-crystal systems containing fluorescent excited-state intramolecular proton transfer molecules. Langmuir **35**, 14031–14041 (2019)
217. W. Zhang, S. Suzuki, T. Sakurai, H. Yoshida, Y. Tsutsui, M. Ozaki, S. Seki, Extended conjugation of ESIPT-type dopants in nematic liquid crystalline phase for enhancing fluorescence efficiency and anisotropy. Phys. Chem. Chem. Phys. **22**, 28393–28400 (2020)
218. Y. Tsutsui, T. Sakurai, S. Seki, Amplified spontaneous emission from a liquid crystalline phase: anisotropic property and active modulation. Faraday Discuss. **250**, 271–280 (2024)
219. J. Seo, S. Kim, S.H. Gihm, C.R. Park, S.Y. Park, Highly fluorescent columnar liquid crystals with elliptical molecular shape: oblique molecular stacking and excited-state intramolecular proton-transfer fluorescence. J. Mater. Chem. **17**, 5052–5057 (2007)

220. A.K. Satapathy, S.K. Behera, R. Kumar, K.L. Sandhya, C.V. Yelamaggad, B. Sahoo, Excited state intramolecular proton transfer emission in bent core liquid crystals. J. Photochem. Phtobiol. A: Chem. **358**, 186–191 (2018)
221. M.K. Nayak, B.-H. Kim, J.E. Kwon, S. Park, J. Seo, J.W. Chung, S.Y. Park, Gelation-induced enhanced fluorescence emission from Organogels of Salicylanilide-containing compounds exhibiting excited-state intramolecular proton transfer: Synthesis and self-assembly. Chem. Eur. J. **16**, 7437–7447 (2010)
222. Y. Qian, S. Li, Q. Wang, X. Sheng, S. Wu, S. Wang, J. Li, G. Yang, A nonpolymeric highly emissive ESIPT organogelator with neither dendritic structures nor long alkyl/alkoxy chains. Soft Matter **8**, 757–764 (2012)
223. A. Maity, F. Ali, H. Agarwalla, B. Anothumakkool, A. Das, Tuning of multiple luminescence outputs and white-light emission from a single gelator molecule through an ESIPT coupled AIEE process. Chem. Commun. **51**, 2130–2133 (2015)
224. M. Luo, S. Wang, M. Wang, S. Huang, C. Li, L. Chen, X. Ma, Novel organogel harnessing excited-state intramolecular proton transfer process with aggregation induced emission and photochromism. Dyes Pigm. **132**, 48–57 (2016)
225. P. Zhou, K. Han, ESIPT-based AIE luminogens: Design strategies, applications, and mechanisms. Aggregate **3**, e160 (2022)

Photophysics of Organic Dye Molecules

Noriaki Tsurumachi and Shuhei Morishita

1 Interaction Between Light and Matter—Classical Theory

1.1 Light as Electromagnetic Waves and Optical Constants

In this section, the interaction between light and matter is discussed using the classical theory. When light, or electromagnetic wave, is irradiated onto a material, various phenomena occur such as reflection, scattering, refraction, absorption, and light emission. Here, light is considered as electromagnetic waves, that is, electric and magnetic fields that propagate through space while oscillating, while matter is considered as an ensemble of charged particles. The interaction between light and matter is mainly caused by the movement of charged particles after an electric field acts on them. In particular, electromagnetic waves in the ultraviolet, visible, and infrared spectra are important for organic dye molecules.

Refractive index and absorption coefficient are important physical quantities that characterize the optical properties of material. The refractive index n is defined as the ratio $n = c/v$ of the speed of light v in a material and the speed of light c in vacuum and is expressed as a function of the angular frequency of the incident light $n = n(\omega)$, which is called a dispersion. In addition, the absorption coefficient α is defined as the absorbed power per unit length when light passes through a matter. The light intensity I when transmitted over a distance z is expressed as $I = I_0 \exp(-\alpha z)$ using the incident intensity I_0. This is known as the Lambert–Beer law. Other expressions of absorption include absorbance (optical density) A, molar absorption coefficient $\mathcal{E}_{\text{mol}}$, and extinction coefficient κ, and the light intensity after passing through a material is expressed as $I = I_0 10^{-A} = I_0 10^{-\mathcal{E}_{\text{mol}} Cz} = I_0 \exp\left(-\frac{4\pi\kappa}{\lambda_0} z\right)$. Here, C is the

N. Tsurumachi (✉) · S. Morishita
Department of Advanced Materials Science, Faculty of Engineering and Design, Kagawa University, Takamatsu, Kagawa, Japan
e-mail: tsurumachi.noriaki@kagawa-u.ac.jp

M. Funahashi (ed.), *Functional Soft Matter I*,
https://doi.org/10.1007/978-981-92-0108-2_4

molar concentration and λ_0 is the wavelength of light in vacuum. Here, the complex refractive index $\tilde{n} = n + i\kappa$ can be defined by setting the refractive index n as the real part and the extinction coefficient κ as the imaginary part [1].

1.2 Dielectric Function

From Maxwell's equation, the complex refractive index $\tilde{n}$ can be written as $\tilde{n} = \sqrt{\tilde{\varepsilon}_r}\sqrt{\tilde{\mu}_r}$ using the complex relative permittivity $\tilde{\varepsilon}_r$ and the complex relative permeability $\tilde{\mu}_r$. However, when considering the response of organic dye molecules in the optical region, the complex relative permeability $\tilde{\mu}_r$ can be approximated to 1, so $\tilde{n} = \sqrt{\tilde{\varepsilon}_r}$. From this relationship, the real part and imaginary part of the complex relative permittivity $\tilde{\varepsilon}_r$ are expressed as $\varepsilon_1 = n^2 - \kappa^2$ and $\varepsilon_2 = 2n\kappa$ using the refractive index n and the extinction coefficient κ, respectively. In solving these equations, the refractive index and extinction coefficient can be expressed as

$$n = \frac{1}{\sqrt{2}}\left(\varepsilon_1 + \left(\varepsilon_1^2 + \varepsilon_2^2\right)^{1/2}\right)^{1/2} \tag{1}$$

$$\kappa = \frac{1}{\sqrt{2}}\left(-\varepsilon_1 + \left(\varepsilon_1^2 + \varepsilon_2^2\right)^{1/2}\right)^{1/2} \tag{2}$$

Similar to the complex refractive index, the relative permittivity is a function of the angular frequency $\tilde{\varepsilon}_r = \tilde{\varepsilon}_r(\omega)$, which is called the dielectric function. When considering the interaction between light and matter, the shape of this dielectric function is extremely important. As mentioned above, matter is an ensemble of charged particles, and when an oscillating electric field of electromagnetic waves is applied to it, a dielectric response occurs. The permittivity (dielectric function) is a physical quantity that expresses the ease of dielectric response. The dielectric response can be mainly classified into those related to electrons, ions, and molecular orientation, especially in the ultraviolet and visible light region, the contribution of electrons is the main one. When ultraviolet or visible light is incident, the distribution of the positive charge (atomic nucleus) and negative charge (electrons) within the molecule becomes deviated, and an electric dipole moment $\boldsymbol{p} = -e\boldsymbol{r}(t)$ is induced. Here, $\boldsymbol{r}(t)$ is the displacement of the electron, expressed as the relative position vector of the electron seen from the center of mass. The polarization $\boldsymbol{P}$ is the vectorial summation of this microscopic electric dipole moment $\boldsymbol{p}$ per unit volume of the material. If there are N_m molecules in a unit volume, it can be written as $\boldsymbol{P} = N_m\boldsymbol{p}$. Therefore, materials can be thought of as an ensemble of electric dipole with various natural frequencies for an electric field oscillation.

A model based on this idea is the Lorentz model. The Lorentz model can be applied to electrons bound to the nucleus of atoms, molecules, dielectrics, etc. [1].

This is owing to the oscillation of the charges when an oscillating optical electric field $\mathcal{E}$ is applied to a harmonic oscillator (electric dipole) with a natural frequency ω_0. In general, atomic nucleus is sufficiently heavy, so this can be thought of as a model in which electrons are connected to a spring and oscillate. The electron's equation of motion is as follows:

$$m\ddot{\mathbf{r}} + m\gamma\dot{\mathbf{r}} + m\omega_0^2\mathbf{r} = -e\mathcal{E} \tag{3}$$

Here, m is the mass of the electron, e is the charge of the electron, and γ is a damping constant. In solving this derivative Eq. (3), the displacement of the electron becomes

$$\mathbf{r}(t) = \frac{-e\mathcal{E}/m}{\omega_0^2 - \omega^2 - i\omega\gamma}\exp(-i\omega t). \tag{4}$$

Here, ω is the angular frequency of the incident light. Therefore, a microscopic electric dipole moment $\boldsymbol{p}$ is generated, and they gather to form a macroscopic polarization $\boldsymbol{P}$. When the incident light and the oscillator in the material resonate at $\omega = \omega_0$, the phase of this polarization $\boldsymbol{P}$ is shifted by $\pi/2$ from the incident light electric field $\mathcal{E}$. Furthermore, a new optical electric field $\mathcal{E}'$ is emitted from the oscillating polarization $\boldsymbol{P}$. This new optical electric field $\mathcal{E}'$ has the same frequency, wave number, and polarization, and the phase is shifted by $\pi/2$ from the polarization $\boldsymbol{P}$, so the final phase difference between the incident optical electric field $\mathcal{E}$ and the emitted optical electric field $\mathcal{E}'$ is π (opposite phase). In other words, they cancel each other out, and the incident light intensity appears to have decreased. This is the phenomenon called absorption.

Also, since the electric flux density can be written as $\boldsymbol{D} = \varepsilon_0\mathcal{E} + \boldsymbol{P} = \varepsilon_0\varepsilon_r\mathcal{E}$, and $\boldsymbol{P} = -N_\mathrm{m}e\boldsymbol{r}(t)$, so using Eq. (4), the complex dielectric function is expressed as

$$\tilde{\varepsilon}_r(\omega) = \varepsilon_1(\omega) + i\varepsilon_2(\omega) = 1 + \chi + \frac{N_\mathrm{m}e^2/\varepsilon_0 m}{\omega_0^2 - \omega^2 - i\omega\gamma}. \tag{5}$$

Here, ε_0 is the permittivity of the vacuum and χ is the electric susceptibility. From Eq. (5), we derive the refractive index $n(\omega)$ and extinction coefficient $\kappa(\omega)$ using Eqs. (1) and (2), and plot them as functions of the angular frequency ω, which can be schematically expressed as shown in Fig. 1. We can see that the extinction coefficient (absorption) is maximum around a certain natural frequency ω_0. Additionally, the refractive index also changes with the angular frequency ω, which is the dispersion mentioned in the previous section.

The absorption spectrum of an organic dye molecules cannot be represented by a simple Lorentz model using a single oscillator, as will be explained later, but it can be considered as a summation of oscillators with different natural frequencies. This model is very important because it provides various knowledge and information.

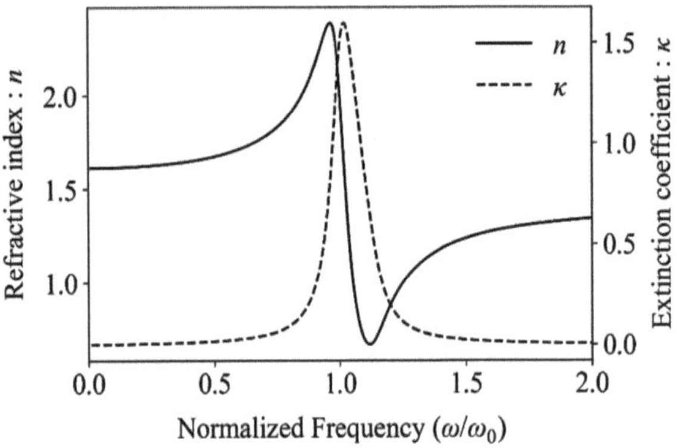

Fig. 1 Angular frequency dependence of the refractive index $n(\omega)$ and extinction coefficient $\kappa(\omega)$

2 Interaction between Light and Matter—Quantum Theory

2.1 Einstein Coefficient

Regarding the interaction between light and matter, Einstein in 1916 discussed the transition probability of light absorption and light emission (spontaneous emission and stimulated emission) in matter, known as Einstein's A and B coefficients [2]. Here, we consider a two-level system with two energy states, the ground state with energy E_0 and the excited state with energy E_1., as shown in Fig. 2 and assume that light absorption and emission occur between these two levels. At that time, light (angular frequency ω) with energy equal to the energy difference between the levels

$$\hbar\omega = E_1 - E_0 \tag{6}$$

is input and/or output. Here, $\hbar$ is Planck's constant h divided by 2π. The A coefficient represents the transition probability of spontaneous emission of light, and the B coefficient represents that of absorption and stimulated emission of light. Assume here that there are N two-level systems per unit volume, of which N_0 are in the ground state and N_1 are in the excited state.

First, consider the spontaneous emission. Suppose that the electrons in the material have somehow obtained energy and exist at a higher energy level E_1. As shown in Fig. 2 a, when the E_0 level is vacant, electrons "spontaneously" transition to the E_0 level at a certain probability. At this time, this two-level system emits light with the energy of the difference in levels, as shown in Eq. (6). This is called spontaneous emission. The probability that this spontaneous emission occurs per unit time is Einstein's A coefficient. Using this A coefficient, the number of excited states N_1 changes over time as $\frac{dN_1}{dt} = -AN_1$. In solving this differential equation (rate equation) yields $N_1(t) = N_1(0)\exp(-At) = N_1(0)\exp\left(-\frac{t}{\tau}\right)$. This τ is called the spontaneous emission lifetime. This spontaneous emission process cannot be explained

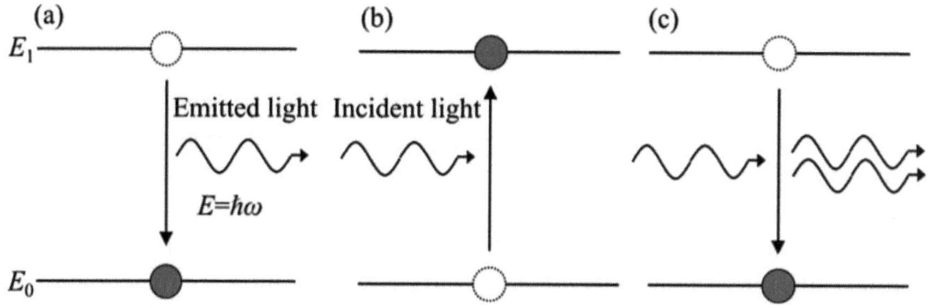

Fig. 2 Optical transition between two levels in matter: **a** spontaneous emission, **b** absorption, **c** stimulated emission

using classical theory and is explained for the first time in the framework of quantum electrodynamics, which quantizes electromagnetic fields. Although not discussed in detail here, spontaneous emission is understood to arise from fluctuations in the vacuum [3].

Next, let's consider absorption. Light absorption is a phenomenon in which light energy is transferred to a material as a result of the interaction between light and matter. In classical theory, it is caused by the resonance phenomenon between harmonic oscillators in the material and electromagnetic waves, as described in the previous section. Normally, electrons in materials exist at a lower energy level E_0. When light with an energy corresponding to $\hbar\omega$ is incident there, as shown in Fig. 2 (b), the electrons at the low energy level E_0 receive energy from the incident light and transition to the energy level E_1. This is the mechanism of the light absorption process. The transition probability that this absorption occurs per unit time is Einstein's B coefficient. Using this B coefficient, the number of ground states N_0 changes over time as $\frac{dN_0}{dt} = -BN_0u(\omega)$. Here, $u(\omega)$ is the spectral energy density at the transition frequency of the incident light. Although in the case of spontaneous emission, this $u(\omega)$ does not exist, in the case of the phenomenon of absorption, light incidence is necessary, and it can be seen that this occurs only when light exists.

Finally, stimulated emission is a concept discovered by Einstein and is also an emission phenomenon that occurs only when the light is incident. Consider the case where electrons in a material exist at a higher energy level E_1 and light is incident there. In this case, as shown in Fig. 2 (c), the material interacts with the incident light with an energy corresponding to $\hbar\omega$, and electrons are forced to transition from the high energy level E_1 to the low energy level E_0. Furthermore, it can emit light with energy $\hbar\omega$. At this time, light with the same frequency, wave number, phase, and polarization as the incident light is emitted, making it possible to amplify the light. This is stimulated emission, and the transition probability per unit time of the stimulated emission is the same as that of the absorption and is expressed by the B coefficient. Using this B coefficient, the number of excited states N_1 changes over time as $\frac{dN_1}{dt} = -BN_1u(\omega)$. From thermodynamic considerations, it is known that there is a relationship between the A and B coefficients: $A = \frac{\hbar\omega^3}{\pi^2c^3}B$.

2.2 Transition Probability

In quantum mechanics, the absorption and emission of light is expressed as a transition from a certain initial state ψ_i to a certain final state ψ_f. This transition probability is calculated by time-dependent perturbation theory in quantum mechanics and is calculated as $W = \frac{2\pi}{\hbar}\left|\int \psi_f^*(\mathbf{r})H_{\text{int}}\psi_i(\mathbf{r})d^3\mathbf{r}\right|^2 D(\hbar\omega)$. This is a relationship known as Fermi's golden rule. Here, H_{int} is the perturbation part of the Hamiltonian and represents the interaction. In addition, $\boldsymbol{r}$ is the electron position vector, ψ_i and ψ_f are the wave functions of the initial state and final state, respectively, and $D(\hbar\omega)$ is the density of states [2].

Here, we consider the Hamiltonian H_{int} that represents the interaction. In the transition caused by the interaction between light and matter, the transition caused by electric dipoles in the material is generally dominant. Although there are other contributions from magnetic dipoles and electric quadrupoles, the case where only electric dipoles are considered is called electric dipole approximation. In this approximation, the Hamiltonian is expressed as $H_{\text{int}} = -\boldsymbol{er} \cdot \mathcal{E}_0$. Here, $-\boldsymbol{er}$ is the electric dipole moment mentioned in Sect. **1.2**. If the incident light is linearly polarized in the x direction, one can define a quantity called the transition dipole moment $d = \int \psi_f^*(-ex)\psi_i d^3\mathbf{r} = -e\int \psi_f^* x \psi_i d^3\mathbf{r}$. This transition dipole moment is an important parameter that determines the magnitude of the transition in the electric dipole approximation. By using this, Einstein's A and B coefficients introduced in the previous section are $A = \frac{\omega^3}{3\pi\varepsilon_0\hbar c^3}|d|^2$, $B = \frac{\pi}{3\varepsilon_0\hbar^2}|d|^2$. Also, the transition dipole moment has a relationship with the transition oscillator strength $f = \frac{2m\omega}{3\hbar e^2}|d|^2$.

This transition dipole moment determines whether the transition is possible. This is called a selection rule; if d takes a non-zero value, the transition is an allowed transition, and if the value is 0, it is a forbidden transition. In atoms and molecules with high central symmetry, if the two levels involved in the transition have the same parity, the transition dipole moment becomes 0 and no transition occurs. This is called Laporte's rule [4]. This is because the integrand in d is expressed as the product of " x," which is an odd function, and two wave functions. In other words, if the wave functions ψ_i and ψ_f have the same parity, the integrand will be odd, so the integration will become 0, which is forbidden. As explained later, there is also a spin selection rule, which states that the spin multiplicity must be the same before and after the transition.

2.3 Spectral Shape and Relaxation

As mentioned in the previous section, light corresponding to the energy difference between the two levels is absorbed or emitted. In other words, if we consider Eq. (6), the frequency of the light is strictly and uniquely determined, and it is completely monochromatic. However, actual absorption and emission spectra do not resemble such delta function shapes and instead have a finite frequency width. This is because a phenomenon called relaxation exists in real materials, and we will provide an overview of these below.

(1) *Homogeneous Broadening: Natural Width (Population Relaxation)*
Electrons in an excited state do not stay in that state forever; they have a lifetime and eventually relax to the ground state. This is called population relaxation or energy relaxation. In other words, since there is a time ambiguity Δt corresponding to the lifetime, and from the uncertainty principle $\Delta E \Delta t \geq \hbar$ in quantum mechanics, the broadening of energy or frequency $\Delta E \geq \frac{\hbar}{\Delta t}$, $\Delta\omega \geq \frac{1}{\Delta t}$ exists, and the spectrum has a finite width.

Classically, the width of this spectrum can be understood by considering the equation of motion excluding the external force term owing to the incident electric field in the Lorentz model shown in Eq. (3). This equation includes a damping term $m\gamma\dot{\mathbf{r}}$, so in solving this equation of motion, the electron displacement is $\mathbf{r}(t) = A\exp(-\frac{\gamma t}{2})\cos\omega_0 t$. Here, we assumed $\omega_0 \gg \gamma$. An oscillating optical electric field $\mathscr{E}'(t)$ that decays exponentially with time is emitted from the electric dipole moment. By performing Fourier transform, a spectrum is obtained as

$$\tilde{\mathcal{E}}(\omega) = \sqrt{\frac{1}{2\pi}} \int_0^{\infty} \mathcal{E}'(t)\exp(-i\omega t)dt. \quad (7)$$

Its shape is a so-called Lorentzian function called $g_L(\omega) = \frac{1}{\pi}\frac{\frac{\gamma}{2}}{(\omega_0^2-\omega^2)^2-(\frac{\gamma}{2})^2}$, which is proportional to the square of the absolute value of $\tilde{\mathcal{E}}(\omega)$. The spectral width takes an intrinsic value when each atom or molecule is placed in free space [5].

(2) *Homogeneous Broadening: Collision Width (Phase Relaxation)*
In the previous section, we described that the incident optical electric field generates polarization and that polarization generates a new electric field. There is a clear phase relationship between them, in other words, coherence is maintained. However, practically, this phase relationship is destroyed owing to various factors such as collisions between individual atoms in atomic gases, and collisions with phonons or electrons or between excitons in condensed systems.

The average time of the collision τ_c is generally faster than the population relaxation (energy relaxation) mentioned above. This is called the phase relaxation (dephasing) time and can be thought of as the time when coherence with the incident light disappears. The rate of these collisions depends on the temperature of the material and the number of collisions. In that case, the integral range of Eq. (7) becomes shorter as $\tilde{\mathcal{E}}(\omega) = \sqrt{\frac{1}{2\pi}}\int_0^{\tau_c}\mathcal{E}'(t)\exp(-i\omega t)dt$ and the spectral width increases correspondingly, but it still takes a Lorentzian spectral shape. This *(1)* population relaxation and *(2)* phase relaxation give each atom or molecule a characteristic spectral width, which is called a homogeneous width Δ_{homo} [5].

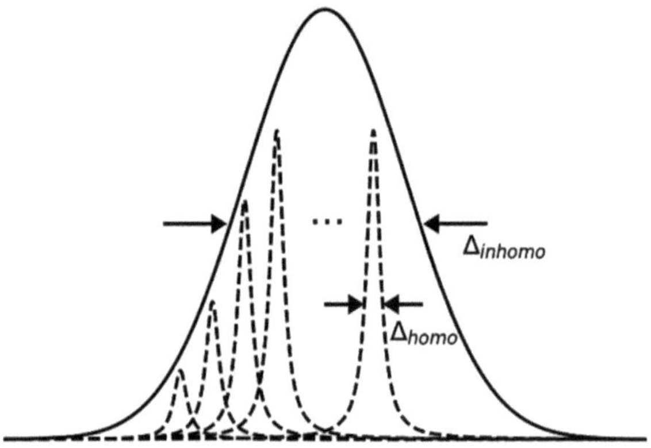

Fig. 3 Schematic diagram explaining homogeneous broadening and inhomogeneous broadening of spectrum

(3) Inhomogeneous Broadening
Each atom/molecule has a homogeneous width, but when they exist as a large ensemble, a new mechanism of spectral broadening emerges. In the case of atomic gases, they move around in all directions in space, and their relative speed changes as seen by the observer, causing a Doppler shift in the frequency of the emitted light. Furthermore, in the case of a system in which molecules are dispersed in an amorphous material, the resonance frequency shifts owing to differences in the environment in which each molecule is placed. In such cases, it is necessary to perform statistical processing to determine the overall properties. Normally, if we assume that the distribution of atoms and molecules follows a normal distribution, it is expected that the spectrum will take a Gaussian shape $g_G(\omega) = \frac{2}{\Delta_{\text{inhomo}}}\sqrt{\frac{\ln 2}{\pi}}\exp\left[-\ln 2\left(\frac{\omega-\omega_0}{\Delta_{\text{inhomo}}/2}\right)^2\right]$ with spectral width Δ_{inhomo} and such a spectrum is often observed [5].

As a result, the spectrum of an atom/molecule assembles looks like Fig. 3 because of the overlapping effects of (1) to (3). Although the discussion so far has concerned a simple two-level system or their ensemble, in the case of real organic dye molecules, the spectral shape becomes even more complex as individual electronic states are reflected. We will look at this in the following sections.

3 Optical Properties of Organic Molecules

3.1 Electronic States of Atoms

Because molecules are composed of atoms, their electronic states inherit the characteristics of atoms. First, let us give an overview of the electronic states of atoms. In quantum mechanics, the energy state of the electron of the hydrogen atom, which is the simplest atom, can be obtained by solving the steady-state Schrödinger equation

$\left(-\frac{\hbar^2}{2m}\nabla^2 + \frac{e^2}{4\pi\varepsilon_0 r}\right)\psi = E\psi$ under the Coulomb potential. As a result, the energy eigenvalue of the electron in a hydrogen atom is $E_n = -\frac{me^4}{8\pi^2\varepsilon_0{}^2\hbar^2}\frac{1}{n^2}$, which is the same as the result calculated from Bohr's model [6].

In addition, the eigenfunction can be written by separating the variable in polar coordinates as $\psi_{n,l,m}(r,\theta,\varphi) = R_{n,l}(r)P_l^m(\cos\theta)\Phi_m(\varphi)$. Here, *n*, *l*, and *m* are the principal quantum number, azimuthal quantum number, and magnetic quantum number, respectively. It is well known that the energy states of the electrons in hydrogen atoms are thus discrete. Furthermore, an electron has an angular momentum of 1/2 owing to an internal degree of freedom called spin, which is given by the spin quantum number *s*. Taking this spin into consideration, the Pauli exclusion law has been proposed, which states that at most one electron can occupy each quantum state.

In other atoms with multiple electrons, the energy states are also basically discrete. However, owing to many-body effects, the energy state cannot be obtained analytically from the Schrödinger equation, and calculations based on various approximations are required. For example, even helium (He), which is the next simplest atom after hydrogen, cannot be calculated analytically.

When there are multiple electrons, there are more issues to consider. Let us now consider the electronic state of He. In a He atom with two electrons, there are two electrons in the 1 s orbit in the ground state, and their spins are one upward (↑) and one downward (↓). On the other hand, in the excited state, one electron enters the 1s orbital, and one electron enters the 2s orbital. Letting each electron be ϕ_1 and ϕ_2, there are four combinations: $\phi_1\uparrow\phi_2\uparrow$, $\phi_1\uparrow\phi_2\downarrow$, $\phi_1\downarrow\phi_2\uparrow$, and $\phi_1\downarrow\phi_2\downarrow$. If the position vectors of each electron are $\boldsymbol{r}_1, \boldsymbol{r}_2$, the wave function of the system is expressed as $\psi(\boldsymbol{r}_1, \boldsymbol{r}_2)$, but $\psi(\boldsymbol{r}_2, \boldsymbol{r}_1)$ with the electrons exchanged is also considered to be in the same state. Since a phase shift is allowed, one can describe it as $\psi(\boldsymbol{r}_2, \boldsymbol{r}_1) = \pm\,\psi(\boldsymbol{r}_1, \boldsymbol{r}_2)$. If the sign is +, it is symmetric concerning the exchange of particles, and if the sign is −, it is antisymmetric. According to this point of view of electron exchange, there are three symmetrical combinations, $\phi_1\uparrow\phi_2\uparrow$, $\frac{1}{\sqrt{2}}(\phi_1\uparrow\phi_2\downarrow + \phi_1\downarrow\phi_2\uparrow)$, and $\phi_1\downarrow\phi_2\downarrow$, and one antisymmetrical combination, $\frac{1}{\sqrt{2}}(\phi_1\uparrow\phi_2\downarrow - \phi_1\downarrow\phi_2\uparrow)$, which are called triplet and singlet, respectively [7]. A similar concept can also be applied to molecules and is particularly important in the selection rules of optical processes, as described later.

3.2 *Electronic State of Molecules*

A molecule is composed of multiple atoms. Therefore, the relative positions between two or more atomic nuclei can change, which changes the electronic state. When considering the properties of molecules, the Born–Oppenheimer approximation, which assumes that the nucleus is stationary, is effective because the mass of the atomic nucleus is much larger than that of the electron. As an example, consider the simplest molecule, the hydrogen molecule. A hydrogen molecule is formed of two hydrogen atoms bonded together, but when it becomes a molecule, it has lower energy and is more stable than when it is an individual atom. When calculated based on the Born–Oppenheimer approximation, the energy of a hydrogen molecule is expressed schematically as shown in Fig. 4, and this is called the adiabatic potential. The horizontal axis is the internuclear distance, and the vertical axis is the energy difference between the hydrogen molecule and the isolated hydrogen atom [8]. As the two atoms approach from the infinite distance, the energy decreases owing to Coulomb's attractive force and reaches a minimum at position R_0. When they get closer, the energy increases owing to Coulomb's repulsive force between the electrons. Therefore, the position of R_0 becomes the equilibrium internuclear distance and gives the size of the molecule. In the case of general molecules composed of more atoms, one can also consider them in the same way as in the case of this hydrogen molecule.

Because molecules are composed of multiple atoms, they have degrees of freedom of movement such as "rotation" and "vibration" that do not exist with a single atom. Although these are quantized and discretized like electronic states, their excitation energy is 0.001 to 0.01 eV (microwave region) for rotation and 0.01 to 0.1 eV (infrared region) for vibration. This is small compared to the electronic excitation of 1 to 10 eV (visible/ultraviolet). Therefore, in an environment with thermal energy k_BT~0.025eV, which is about room temperature, rotational states are excited, and most of the vibrational states are vibrational ground states, but there are also a few vibrational excited states. Here, k_B is Boltzmann's constant and T is the absolute temperature. These rotational and vibrational states exist with each electronic state.

Similar to the electronic ground state shown in Fig. 4, the energy of the electronic excited state changes depending on the internuclear distance, but the equilibrium internuclear distance generally is different as shown in Fig. 5 a. Here, we

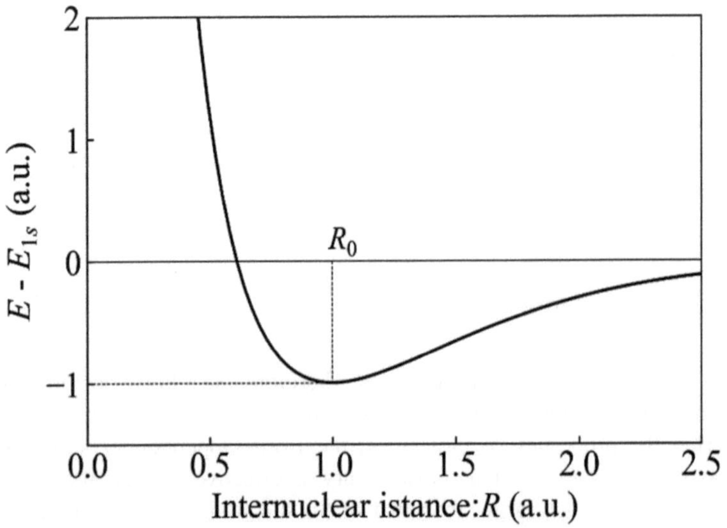

Fig. 4 Dependence of the bonding energy between hydrogen atoms on the internuclear distance

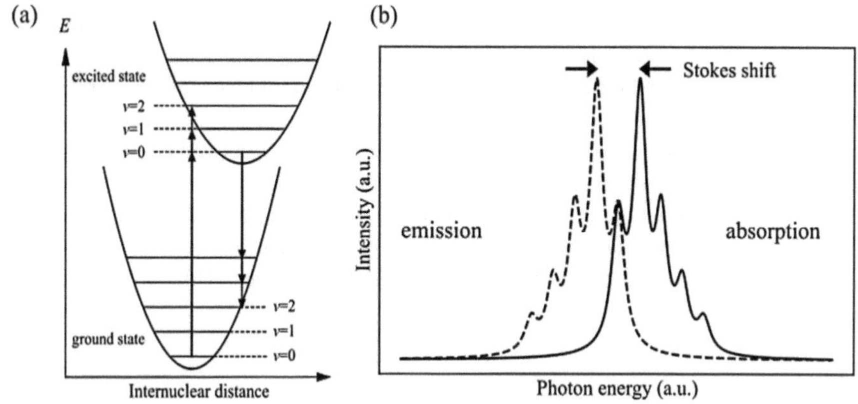

Fig. 5 Absorption and emission in molecules. Energy diagram **a** and corresponding spectra **b**

approximated the small oscillation near the equilibrium internuclear distance using a harmonic oscillator model. Transitions between electronic states via light occur in an extremely short time compared to the time scale of nuclear motion. Therefore, the internuclear distance (relative position of the atoms) immediately after the electronic transition remains the same as before the transition. This is called Frank–Condon principle. This is because the mass of the nucleus is large, so it cannot follow changes in the electronic wave function, and is based on the Born–Oppenheimer approximation mentioned above. In other words, light absorption and emission are represented by vertical arrows (adiabatic transition) as shown in Fig. 5 a.

Generally, molecules are in the vibrational ground state of the electronic state in thermal equilibrium, so when light is absorbed, the transition starts from the lowest vibrational level of the electronic ground state. The destination is various vibrational levels within the electronic "excited" state. Therefore, as shown in Fig. 5 b, a vibrational structure is observed in the absorption spectrum of some molecules. This is called progression. The interval between these peaks corresponds to the vibrational interlevel energy of the electronic "excited" state. On the other hand, during light emission, the transition generally starts from the lowest vibrational level among the electronic excited states that are in thermal equilibrium, and its destination becomes various vibrational levels of the electronic "ground" state. In other words, a vibrational structure is also observed in the emission spectrum, and the peak spacing corresponds to the vibrational interlevel energy of the electronic "ground" state. Since the adiabatic potential shapes of the electronic ground state and electronic excited state are generally not the same, the spacing between these peaks differs slightly in absorption and emission. Also, the transition between $v = 0$ vibrational levels (0–0 transition) of the electronic ground state and the excited state occurs at the lowest energy in absorption, whereas it occurs at the highest energy in emission. Therefore, there is a mirror image relationship between these spectra with the 0–0 transition energy as the boundary. However, the vibrational structure of this spectrum is not always observed. Influenced by the molecular structure and constituent elements, the spectral width often broadens and the progression disappears.

In addition, when the overlap integral of the vibrational levels of the ground state and excited state, called the Franck–Condon factor, is large, the transition probability becomes large. When the equilibrium internuclear distance between the ground state and the excited state deviates, the transition probability does not reach its maximum at the 0–0 transition, but occurs at the transition in the non-zero vibrationally excited state. Therefore, the maximum transition energies of absorption and emission of organic dye molecules generally occur at different energies. This is called Stokes shift.

3.3 *Jablonski Diagram*

After molecules transit to an excited state, electrons relax to the ground state through various processes as shown in Fig. 6 called a Jablonski diagram. Here, S_0 is the electron singlet ground state, S_1 is the first electron singlet excited state, S_2 is the second electron singlet excited state, T_1 is the first electron triplet excited state, and T_2 is the second electron triplet excited state. There are also higher-order states, but they are omitted here. The ground state of most molecules is the singlet state, but as mentioned in Sect. 3.1, there are two excited states: singlet and triplet. First, consider a molecule that has transitioned to a higher-order vibrational level ($v \neq 0$), which is the Franck–Condon state of S_1, owing to optical absorption (A: $S_0 \rightarrow S_1$). From here, the electron relaxes to the lowest vibrational level in a very short time. This is called vibrational relaxation (VR).

After reaching the lowest vibrational level ($v = 0$) of S_1, the electron relaxes to S_0 through a radiative transition or a non-radiative transition. Here, the radiative transition is a process of emitting light corresponding to the energy difference between transitioning levels in the form of luminescence and relaxing to the electronic ground state (F: $S_1 \rightarrow S_0$). Although there are exceptions, fluorescence generally occurs from the lowest vibrational level of S_1 ($v = 0$), regardless of the excitation energy, and this is called Kasha's law. Non-radiative transitions include energy release owing to heat release or structural changes, internal conversion (IC), and intersystem crossing (ISC). IC is a transition without emission between electronic states with the same spin multiplicity, and in this case, it is a non-radiative process from S_1 to S_0. After that, it is relaxed to the lowest vibration level in S_0 by VR. ISC is the transition between electronic states with a different multiplicity, and in this case, it is the process from S_1 to T_1. Then, after reaching the lowest vibrational state ($v = 0$) from the higher-order vibrational state ($v \neq 0$) in T_1 by VR, the electron is relaxed to the ground state by the radiative process of phosphorescence (P: $T_1 \rightarrow S_0$) or the non-radiative process of ISC. After reaching a higher-order excited state such as S_2 owing to optical absorption (A), the same process is followed and it relaxes to S_0 eventually. There are also spin-forbidden absorptions (A) such as from S_0 to T_1, but their transition probabilities are not high.

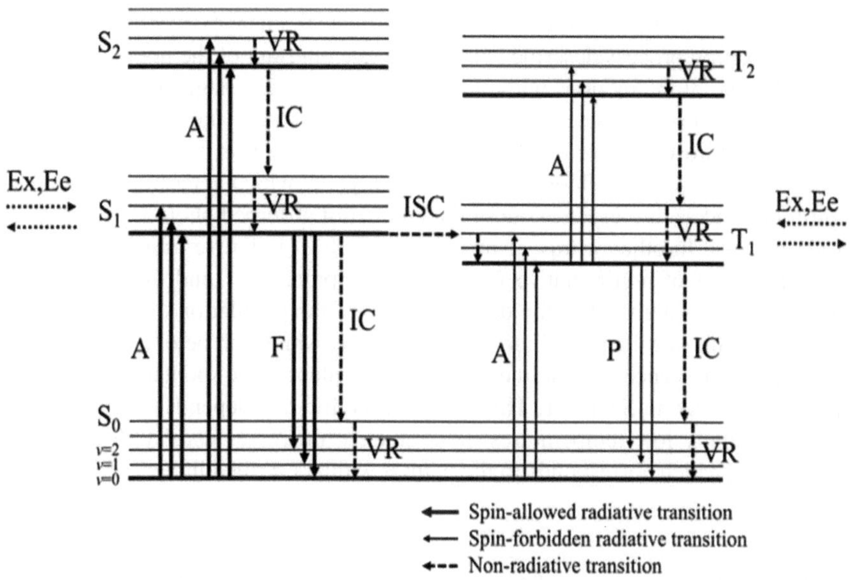

Fig. 6 Schematic diagram of various relaxation processes in molecules known as Jablonski diagram

This diagram shows the relaxation process within one molecule. Detailing will not be pursued here, excited states S_1, T_1, etc. may react with other molecules through the processes of (excitation) energy transfer E_x and electron transfer Ee.

In actual molecules, these processes occur in competition. The speed of these processes determines properties such as the ease with which light is emitted and with which chemical reactions occur. First, absorption is extremely fast, with a rate constant (transition probability per unit time) k_A of approximately 10^{15} s^{-1}, which is thought to occur instantaneously. There are various relaxation processes after excitation, and in the fluorescence which is a radiative process, the rate constant k_F is approximately 10^7 to 10^9 s^{-1}. Since this process is a transition between the same spin multiplicity (singlet-singlet), it is a spin-allowed transition as described in Sect. 2.2. On the other hand, phosphorescence is a transition between different spin multiplicities (singlet-triplet), so it is a spin-forbidden transition, and the rate constant k_P is about 10^3 s^{-1}, which is very small compared to that of the fluorescence. Next, the vibration relaxation, which is a non-radiative process, the rate constant k_{VR} is very fast at about 10^{12} s^{-1}. Therefore, it can be seen that there is a rapid transition from the Franck–Condon state immediately after excitation to the thermal equilibrium state. Furthermore, the rate constant k_{IC} of the internal conversion is large at about 10^{11} to 10^{12} s^{-1} between excited states, but from the excited state to the ground state it is about 10^6 s^{-1}. In addition, the rate constant of intersystem crossing varies greatly depending on the molecule, and k_{ISC} takes a wide range of values from 10^3 to 10^{12} s^{-1}, which greatly affects the ease of light emission.

Since the population of the electronic excited state S_1 changes over time according to the relaxation process described above, the rate constant of the population decay in the absence of interactions with other molecules (E_x, E_e) is given by $k_F + k_{IC} + k_{ISC}$. The first term is related to radiative transition and becomes $k_r = k_F$, and the second and third terms are related to non-radiative transition and can be rewritten as $k_{nr} = k_{IC} + k_{ISC}$. The fluorescence quantum yield, which determines how much light is emitted as fluorescence out of the number of absorbed photons, is expressed as $Q = \frac{k_r}{k_r + k_{nr}}$. In other words, if the rate constant of radiative transition is much larger than that of non-radiative transition, Q approaches 1 and the fluorescence quantum yield is high. Also, the decay lifetime of the population of S_1 is given by $\tau = \frac{1}{k_r + k_{nr}}$. This is called the fluorescence lifetime, which can be obtained by time-resolved luminescence measurements and is equivalent to the spontaneous emission lifetime described in Sect. 2.1. This fluorescence lifetime depends on temperature, but at extremely low temperatures, non-radiative processes usually disappear, so $\tau = \frac{1}{k_r} = \tau_r$, which corresponds to the natural width described in Sect. 2.3 (1).

4 Optical Properties of Organic Molecule Aggregates

4.1 Dimer and Aggregates

In this section, we will discuss the optical properties of aggregates formed by interactions between molecules such as van der Waals force. A dimer formed by two molecules has a different energy state than an isolated single molecule. The energy state of the dimer was discussed by Kasha [9]. Let the ground state wave functions of two monomer molecules be ψ_1 and ψ_2, respectively, and in the excited state, we will write them as ψ_1^* or ψ_2^*. When these form a dimer, the ground state can be written as $\psi_G = \psi_1\psi_2$, and by solving the Schrödinger equation, we find that the energy decreases by D_G owing to van der Waals interaction and becomes stable. Also, in the excited state, there is a state in which only one of the two molecules is excited, and this can be expressed as a linear combination like $\psi_E = c_1\psi_1^*\psi_2 + c_2\psi_1\psi_2^*$. Although without delving into details, it is known that there are two types of interactions between these two molecules, called van der Waals interactions and exciton interactions. In the excited state of the dimer, the energy is stabilized by D_E owing to van der Waals interaction, and two energy eigenvalues are obtained owing to exciton interaction, resulting in energy splitting $2E_{ex}$. Each wave function can be written as $\psi_{EU} = \frac{1}{\sqrt{2}}(\psi_1^*\psi_2 - \psi_1\psi_2^*)$ and $\psi_{EL} = \frac{1}{\sqrt{2}}(\psi_1^*\psi_2 + \psi_1\psi_2^*)$. Here, U and L indicate the upper level and lower level in splitting, respectively. This situation is shown in Fig. 7. This energy splitting corresponds to Davydov splitting, which is the splitting of exciton absorption bands observed in solid crystals [10].

This phenomenon indicates that excitation delocalization occurs within the dimer-forming molecules. This is owing to the exciton interaction mentioned above, and let us consider this energy E_{ex}. Let d_{ex} be the magnitude of the transition dipole moment

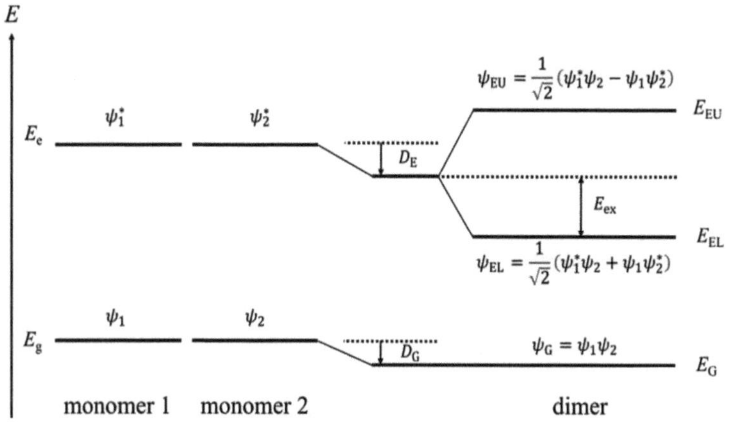

Fig. 7 Energy diagram for intermolecular interactions in dimers

in each molecule forming a dimer, and assume that these are arranged in parallel or antiparallel. If the distance between their center of mass is r_{ex}, and the angle between the molecular orientation axis and the transition dipole moment is β, then the exciton interaction energy can be written as $E_{ex} = |d_{ex}|^2(1 - 3\cos^2\beta)/r_{ex}^3$. At this time, $|d_{ex}|^2$ is proportional to the absorption coefficient and the oscillator strength, indicating the ease with which delocalization of the excited state occurs. In other words, the exciton interaction becomes large in a system with a large absorption coefficient.

When the angle β changes, the splitting energy $2E_{ex}$ changes. As shown in Fig. 8, $\beta = 0°$ is the case where the transition dipole moments of the molecules are lined up in series (head-to-tail), and E_{ex} is the maximum. On the other hand, when $\beta = 90°$, they are arranged in parallel, and E_{ex} is the minimum. Also, when $\beta = 54.7°$, $E_{ex} = 0$, and there is no splitting. In this way, there are two excited states, which correspond to the transition dipole moments pointing in the same direction or opposite directions, and which state has higher energy depends on the configuration. In addition, the transition probability of a dimer can be considered as the vector sum of the transition dipole moments of monomers, so the ease of transition differs between parallel and antiparallel. In the case of series with $\beta = 0°$, the energy is low in the case of parallel, and high in the case of antiparallel. In addition, the vector sum of the transition dipole moments has a finite value and is allowed when they are parallel, but it becomes 0 and is forbidden when they are antiparallel. In other words, in such a case, the absorption band shifts to lower energy (redshift) compared to the monomer. On the other hand, when $\beta = 90°$, the energy is high when parallel, and low when antiparallel. If we also consider the selection rule for the vector sum of transition dipole moments, the absorption shifts to higher energies (blueshift). For other angles, the transition dipole moment has a finite value for both energy states, so it often has two absorption bands.

The above discussion regarding dimers is also applicable to cases where many molecules form aggregates. When molecules are bonded in series ($\beta = 0°$), they are called J-aggregates, and when in parallel ($\beta = 90°$), H-aggregates, which are often

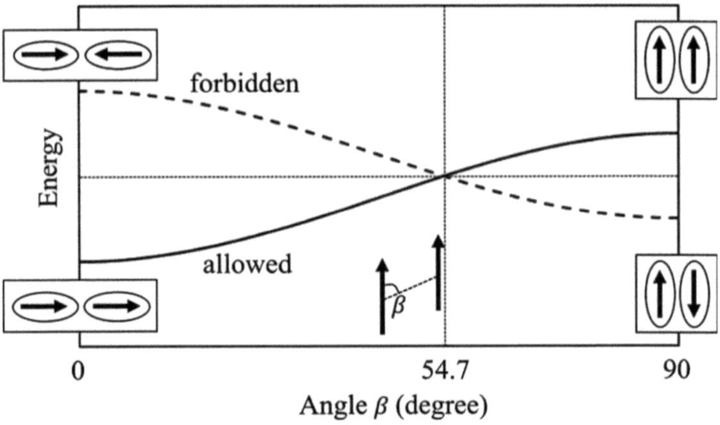

Fig. 8 Schematic diagram of the relationship between molecular arrangement and transition selection rule in a dimer

seen in ionic organic dye molecules. J-aggregates were first reported by Jelly and Scheibe et al. in the 1930s using cyanine-based dyes [2, 3]. It is known that the formation of J-aggregates causes a redshift in absorption energy and sharpening of absorption peaks. This means that delocalization of the excitation (Frenkel exciton) occurs, and the excited state is transferred to other molecules before exciting vibrations within the molecule. Therefore, the Stokes shift is very small in the J aggregate, and absorption and emission originating from the 0–0 transition are observed. On the other hand, in H-aggregates, it is known that the absorbed energy undergoes a blueshift and the emission disappears (fluorescence quenching). This is because a non-radiative deactivation occurs very quickly from a high excited state, which is an allowed transition, to a low excited state, which is a forbidden transition.

4.2 Excited Dimer

As shown in Fig. 9, after molecule M_1 becomes excited state M_1^* by light irradiation, it may form an association $(M_1M_2)^*$ with adjacent molecule M_2 in the ground state. When M_1 and M_2 are the same kind of molecules, the resulting aggregate is called an excimer because it is an excited dimer. On the other hand, when M_1 and M_2 are different molecules, it is called an exciplex because it is an excited state complex. It is known that these excited dimers are easily formed in highly concentrated solutions or thin films where molecules are densely aggregated, and emit light at longer wavelengths (excimer emission, exciplex emission) compared to monomers [11]. Another characteristic of the light emitted from the excited dimer is that it exhibits a longer luminescence lifetime than that of the monomer and that no progression is observed.

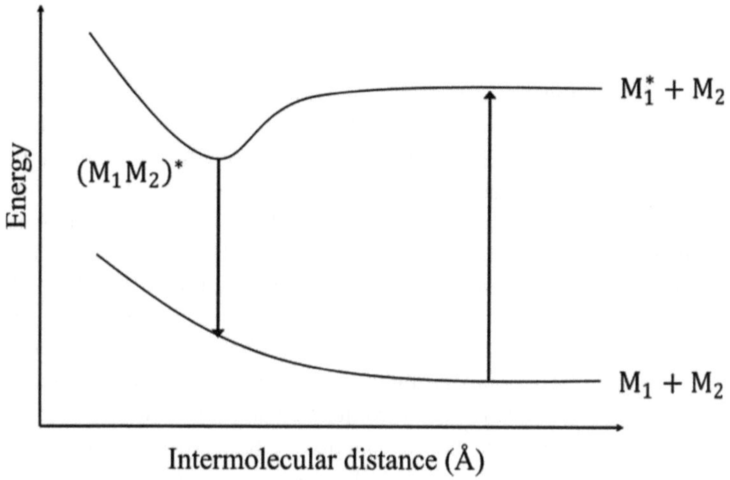

Fig. 9 Schematic energy diagram in excimer formation

5 Optical Properties of Organic Chiral Molecules

5.1 Chiral Molecules and Circularly Polarized Light

In this section, we will discuss the interaction between chiral molecules and circularly polarized light. When a material structure does not overlap with its mirror image, it is said to be "chiral," and when it overlaps, it is "achiral." Structures that are mirror images of each other are called enantiomers. For example, amino acids and saccharides have D and L-enantiomers, but most of the amino acids that are constituents of a living organism are L-enantiomers, while saccharides are only D-enantiomers. In this way, the distinction between enantiomers is very important in fields such as medicine and agriculture, but since their physical and chemical properties such as melting point, density, and polarity are the same, it is generally not possible to distinguish between enantiomers.

On the other hand, chirality can also be considered for light, which is circularly polarized light. Circularly polarized light consists of two linearly polarized lights, and when the phase difference between them is $\pm \pi/2$, the electric field vector draws a circular orbit. Depending on the sign of the phase difference, there is left-handed circularly polarized light and right-handed circularly polarized light, and these have a mirror image relationship. Chiral molecules exhibit chiral optical effects such as circular dichroism and optical rotation because the absorption coefficient and refractive index differ between left-handed and right-handed circularly polarized light [12]. By measuring these, it becomes possible to identify and estimate the structure of chiral molecules.

5.2 Circularly Polarized Light Emission

Chiral molecules exhibit circular dichroism, which has different absorption properties for left- and right-handed circularly polarized light, and exhibit circularly polarized light emission, which has different emission properties. Circularly polarized light emission has attracted attention in recent years for its applications in various fields such as polarized light sources for high-brightness liquid crystal displays, 3D displays, and optical information and communications. There is a g_e value as an index of circularly polarized light emission, and it is expressed by $g_e = 2\frac{I_L - I_R}{I_L + I_R}$. Here, I_L and I_R are the emission intensities of left- and right-handed circularly polarized light, respectively, and the g_e value takes a value from a minimum of 0 to a maximum of 2 [13]. To date, circularly polarized light emission has been reported in conjugated polymers with chiral side chains, chiral conjugated oligomers, and complexes of rare earth elements. However, since the wavelength of circularly polarized light is generally very large compared to the size of chiral molecules, the quality of circularly polarized light emission is low, and the g_e value remains on the order of 10^{-2}. This small circular polarization property is similar to circular dichroism.

To address this problem, research is currently being conducted using molecular aggregates such as excimers and research using the electromagnetic field enhancement effect at hot spots between metal nanostructures in plasmonics. Furthermore, although there are reports of electrically driven circularly polarized light emitting devices, low g_e is still a problem. On the other hand, it has been known that circularly polarized light emission properties can be obtained with g_e close to 2.0 by utilizing the selective reflection properties of a one-dimensional periodic helical structure called cholesteric liquid crystal, and future progress is expected.

References

1. M. Fox, *Optical Properties of Solids* (Oxford University Press, New York, 2001)
2. M. Fox, *Quantum Optics* (Oxford University Press, New York, 2006)
3. R. Loudon, *The Quantum Theory of Light* (Oxford University Press, New York, 2000)
4. O. Laporte, W.F. Meggers, Some rules of spectral structure. J. Opt. Soc. Am. **11**, 459 (1925)
5. S. Hooker, C. Webb, *Laser Physics* (Oxford University Press, New York, 2010)
6. H. Haken, H.C. Wolf, *The Physics of Atoms and Quanta*, 6th edn. (Springer, Berlin, Heidelberg, 2004)
7. W. Demtröder, *Atoms, Molecules and Photons* (Springer, Berlin, Heidelberg, 2010)
8. H. Haken, H.C. Wolf, *Molecular Physics and Elements of Quantum Chemistry*, 2nd edn. (Springer, Berlin, Heidelberg, 2004)
9. M. Kasha, *Molecular Excitons in Small Aggregates, Spectroscopy of the Excited State* (Springer, New York, 1976), p. 337
10. A.S. Davydov, *Theory of Molecular Excitons* (Plenum Press, NewYork London, 1971)
11. B. Wardle, *Principles and Applications of Photochemistry* (Willy, West Sussex, 2010)

12. E. Hecht, *Optics*, 5th edn. (Pearson, San Francisco, California, 2015)
13. D.S. Kliger, J.W. Lewis, C.E. Randall, *Polarized Light in Optics and Spectroscopy* (Academic Press, London, 1990)

Electronic Processes in Organic Molecular Systems

Masahiro Funahashi

1 Carrier Transport

1.1 Band Scheme

1.1.1 Wave Functions in Periodical Potentials

In conventional semiconductors, electronic states are described as a band scheme in which electrons are delocalized over a whole crystal. Figure 1a shows a simple band scheme for a one-dimensional crystal. Inner shells of atoms or molecules located periodically in a crystal form a periodical electrostatic potential (crystal potential). Electrons interact with the periodic potential and are diffracted to form stationary waves when the periodicity coincides with the wavelength of the electrons. In a one-dimensional system, two nonequivalent stationary waves are produced when the wavenumber of the electron k is $\pm\pi/a$, where a is the lattice constant. The electron density is proportional to a square of a wave function. For one stationary electron wave function described as a sine curve, electrons distribute between neighboring lattice points while electrons distribute on lattice points for that described as a cosine curve [1].

In a free space, dispersion relation for an electron is described as a parabola function, so that the kinetic energy of an electron E is proportional to the square of the wavenumber of the electron k. However, the dispersion relation curve splits at $\pm\pi/a$; the upper branch indicates a stationary wave described by a cosine function and the lower one exhibits that described by a sine function. Therefore, an energy

M. Funahashi (✉)
Department of Chemical Science and Engineering, Graduate School of Engineering, Kobe University, Kobe, Hyogo, Japan
e-mail: funahashi.masahiro@phoenix.kobe-u.ac.jp

Health and Medical Research Institute, National Institute of Advanced Industrial Science and Technology, Takamatsu, Kagawa, Japan

M. Funahashi (ed.), *Functional Soft Matter I*,
https://doi.org/10.1007/978-981-92-0108-2_5

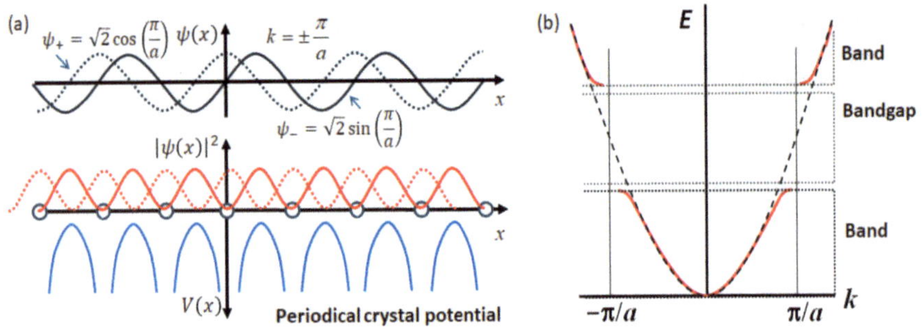

Fig. 1 **a** Stationary waves (black solid and dotted lines) generated from an electron wave function diffracted by a periodic electrostatic potential in a one-dimensional crystal with a lattice constant a (blue solid line), and the resulting electron density ($|\psi(x)|^2$, red solid and dotted lines). Blue lines in the lower graph indicate the periodic crystal potential. **b** Dispersion relation for a one-dimensional electronic system (red solid line), consisting of two bands and a bandgap. A parabola (black broken line) for that of an electron in a free space is superimposed on it

region where electrons cannot exist appears in the dispersion relation curve. This energy region is called an energy gap or a band gap. The region where electrons can exist is called as an energy band or a band simply. On the dispersion line in the energy band region (indicated by red solid lines in Fig. 1b), there are many quantum states of electrons with various wave numbers. The number of the quantum states is determined by the number of electrons in a crystal, which is on the order of the Avogadro number. Therefore, we can regard that the quantum states distribute continuously on the red curves in Fig. 1b.

1.1.2 Carrier Mobility and Effective Mass

In the band model for a crystal, electron motion is affected by a periodical electrostatic potential produced by positively charged inner shells of atoms or molecules. This deviation from the electrons motion in a free space can be regarded as modulation of the electron mass. This modulated electron mass is called effective mass. An effective mass m^* is given by Eq. (1), where ε, $\boldsymbol{k}$, and $\hbar$ are energy of electrons, electron wavenumber, and the Plank constant/2π, respectively [1, 2].

$$m^* = \left\{ \frac{1}{\hbar^2} \frac{\partial^2 \varepsilon(\boldsymbol{k})}{\partial \boldsymbol{k}^2} \right\}^{-1} \tag{1}$$

In a simple Drude scattering model [1, 3], electrons move under a constant electric field, resulting motion with constant acceleration although the electrons are scattered by collisions with phonons, defects, or impurities periodically. The electron mobility, μ, is described by Eq. (2), where e and τ are an element charge and an average collision time, respectively.

$$\mu = \frac{e\tau}{m^*} \tag{2}$$

As indicated in Eq. (2), an electron mobility is proportional to an inverse of an effective mass. The term $\partial^2\varepsilon(\boldsymbol{k})/\partial \boldsymbol{k}^2$ in Eq. (1) indicates a band curvature. An effective mass decreases and the resulting electron mobility increases when the band curvature becomes sharp.

1.1.3 Tight Binding Model

Another approach to a band model is a tight-binding model based on a linear combination of atomic orbitals (LCAO) method, as shown in Fig. 2. For two-atom molecule, two molecular orbitals distributing over the whole two atoms are formed from the two atomic orbitals. The energy level of the original atom wave function splits into two levels for the molecular orbitals. The energy levels ($E_{\pm}$) are indicated to be $(\varepsilon \pm t)/(1 + S)$, as shown in Fig. 2a, where ε, t, and S are Coulomb integral (the energy level of the original atom), transfer integral (intermolecular overlap expressed in energy), and overlap integral, respectively. The splitting of the molecular orbitals is around t, because S is usually much less than 1.

In one-dimensional system consisting of N atoms, N orbitals extended over the one-dimensional chain are produced within an energy width of 4 t. Since N is on the order of the Avogadro number, the energy levels of the molecular orbitals continuously distributed within the energy band with the width of 4 t, as shown in Fig. 2b.

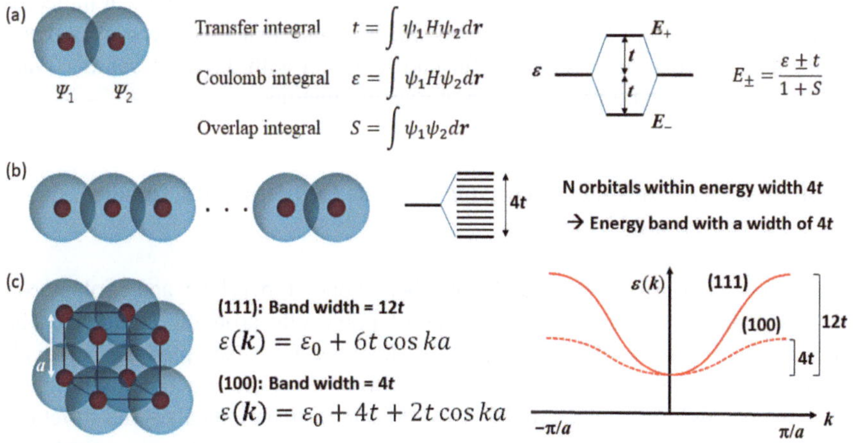

Fig. 2 **a** Formation of molecular orbitals and the energy levels in a two-atom molecule consisting of spherical atomic orbitals. Definitions of transfer, Coulomb, and overlap integrals are also indicated. **b** Formation of an energy band in a one-dimensional system consisting of spherical atomic orbitals. **c** Band dispersion relation curves in a simple cubic lattice consisting of spherical atomic orbitals. Dispersion relations for (111) and (100)directions are also indicated

Figure 2c shows an illustration of a simple cubic lattice and the dispersion relation curves in the simple cubic lattice consisting of spherical atomic orbitals. In a Hückel approximation, the band dispersion relation is determined by mainly transfer integral t and a coordination number around an atom. For a simple cubic lattice, energy bands with widths of 12 t and 4 t are formed for (111) and (100) directions, respectively [1, 4].

Here, relation between transfer integral and electron mobility is obtained considering this tight-binding model. For example, in a simple cubic lattice consisting of spherical atomic orbitals indicated in Fig. 2c, the band dispersion relation in the (111) direction is described by Eq. (3), where ε_0 and a are a Coulomb integral of the spherical atomic orbital and lattice constant, respectively.

$$\varepsilon(\boldsymbol{k}) = \varepsilon_0 + 6t\cos \boldsymbol{k}a \quad (3)$$

The effective mass of the electrons along (111) direction is provided by Eq. (4), using Eqs. (1) and (3). Based on Eq. (2) assuming a simple Drude model, the electron mobility is expressed by Eq. (5).

$$m^* = -\frac{\hbar^2}{6t\cos ka} \quad (4)$$

$$\mu = -6t\frac{e\tau}{\hbar^2} \quad (5)$$

Equation (5) indicates that an electron mobility is proportional to the transfer integral in this simple approximation based on a LCAO model. Generally, an increase of a transfer integral enhances the electronic charge carrier transport. In molecular designs of organic semiconductors and synthetic metals, extended π-conjugated units containing heteroatoms, such as sulfur and selenium with the large van der Waals ratios, are considered for the increase of transfer integral.

1.1.4 Carrier Transport in Organic Crystals Consisting of Extended π-Conjugated Molecules

Since the discovery of semiconductive behaviors of perylene and violanthrone crystals [5], carrier transport in crystals of polycyclic aromatic compounds has been studied extensively [6]. Figure 3 shows a few examples of polycyclic aromatic compounds exhibiting semiconductive behaviors. Except for fullerene, these molecules have planar structures and stack to form periodical crystal structures.

Carrier transport in organic molecular crystals consisting of extended π-conjugated units are usually described as a band scheme, in which charge carriers are delocalized over several molecules [7]. However, it should be noted that the band width is usually several ten meV, which is comparable to the thermal energy at room temperature [8]. Fluctuation of transfer integrals generates temporal trapping sites

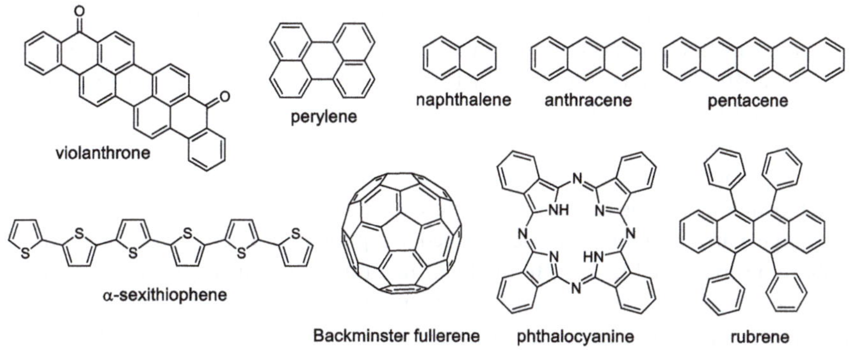

Fig. 3 A few examples of polycyclic aromatic compounds which exhibit semiconductive behaviors

for electronic charge carriers, resulting in transient localization of charge carriers, as shown in Fig. 4a. Localization of charge carriers decreases the charge carrier mobility and causes a temperature- and field-dependence of the mobility. Figure 4b shows an illustration for formation of a polaron from a charge carrier in a crystal. Electronic polarization of molecules surrounding a charge carrier which is an anion radical or a cation radical in substance affects the energy level of the charge carrier to form a polaron. Distortion of charged molecules also produces polarons because it stabilizes the charged state, resulting in localization of the charges.

Karl and coworkers purified naphthalene by a repeated zone melt method and produced ultrapure naphthalene single crystals by a Bridgeman method. They

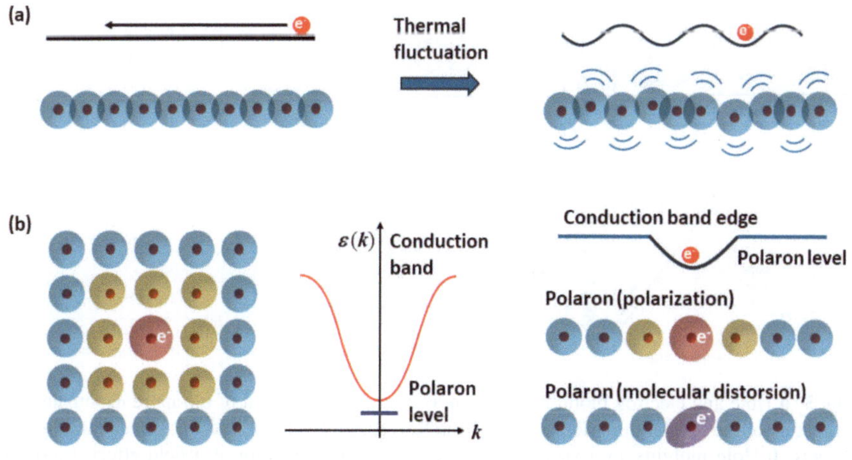

Fig. 4 **a** Localization of a charge carrier in a thermally fluctuated band scheme. **b** Schematic illustrations for formation of a polaron level in a crystal and localization of a charge carrier onto a polaron level. A charge in a crystal lattice induce polarization around the charge, resulting in formation of a polaron level below the bottom of the conduction band in a graph for dispersion relation. Not only a polarization but also a molecular distortion forms a polaron level

measured hole and electron mobilities in the single crystal by a time-of-flight method. The hole and electron mobilities increased by decreasing the temperature, as shown in Fig. 5a [9]. The hole mobility reached 200 cm^2V^{-1} s^{-1} at 20 K. This behavior is attributed to the pure band transport affected by phonon scattering. Polycyclic aromatic hydrocarbons including heteroaromatic compounds exhibit "band-like" transport, in which the band transport of delocalized electrons is perturbed by polaron effect localizing charge carriers. In the pure band transport, temperature-dependence of charge carrier mobility is determined by phonon scattering, resulting in the mobility proportional to T^{-n}. In the band-like transport, this negative temperature-dependence is cancelled by thermal activation process from the polaron level to the energy band, causing deviation from the pure band transport. Figure 5b shows an example of such a band-like transport. In field-effect transistors using vacuum-deposited polycrystalline thin films of pentacene, temperature-dependence of field-effect mobilities for holes changed depending upon the deposition condition and crystallinity of the films [10]. Temperature-independent hole mobility over 2 cm^2V^{-1} s^{-1} was obtained in the thin film with large crystalline grains and low defect density. In this case, band transport indicating negative temperature-dependence should be cancelled by thermal activation from trapping sites.

In conjugated polymers, extended π-conjugated units form crystallites to cause delocalization of charge carriers. However, conjugated polymers contain not only crystallized domains but also non-crystalline regions where charge carriers localize, due to static disorders for energy levels and transfer integrals. Polaron effect on the π-conjugated units in the main chains is remarkable because of the strong coupling between charge carriers and distortion of the π-conjugated units [11]. Figure 5c displays an example of temperature-dependent mobilities of conjugated polymer

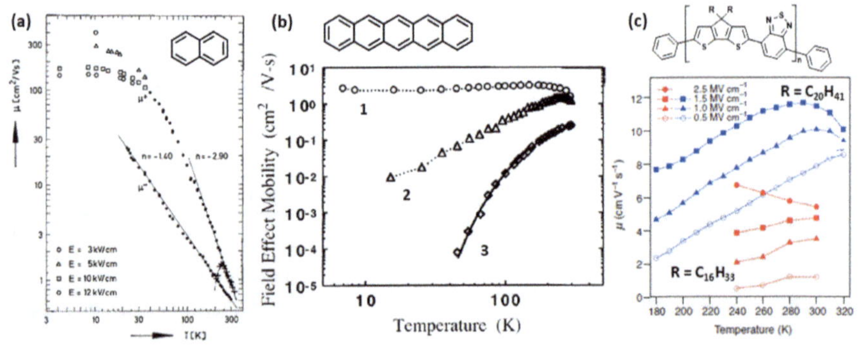

Fig. 5 **a** Hole and electron mobilities along ***a*** axis of a single crystal of ultrapure naphthalene as a function of the temperature. Reproduced from Ref. [9] by permission of The American Physical Society. **b** Hole mobility in a vacuum-deposited pentacene thin film of a field-effect transistor, depending upon a growth condition. Reproduced from Ref. [10] by permission of The American Institute of Physics. **c** Temperature-dependent hole mobility in thin films of donor–acceptor-type conjugated polymers of field-effect transistors. Reproduced from Ref. [12] by permission of The American Chemical Society

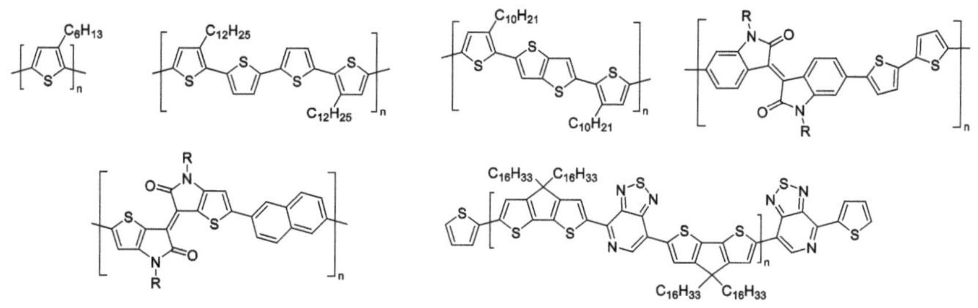

Fig. 6 Examples of conjugated polymers exhibiting high carrier mobilities in field-effect transistors. R indicates a linear or branched alkyl chain

thin films, determined by field-effect transistors. Above room temperature, the hole mobilities decrease with an increase in the temperature above 290 K, suggesting a band-like mechanism, while they reveal thermal activation behavior below that temperature, indicating localization of charge carriers even in conjugated polymers exhibiting high carrier mobilities over 10 cm^2V^{-1} s^{-1} [12].

Recently, various conjugated polymers comprising of heteroaromatic rings, such as thienothiophene units exhibiting high carrier mobilities comparable to those of aromatic molecular crystals, have been reported and applied to optoelectronic devices such as field-effect transistors and solar cells [13]. Figure 6 shows a few examples of conjugated polymers which exhibit good carrier transport characteristics. They have long planar π-conjugated main chains which stack to form crystalline structures. Lateral alkyl chains increase their solubilities and promote self-organization of the polymer main chains.

1.2 Hopping Transport

1.2.1 Incoherent Transport Between Localized States

In amorphous semiconductors such as oligomers of triphenylamine and poly(vinylcarbazole), electronic charge carriers localize on π-conjugated units and move to neighboring sites instantaneously, assisted by thermal motion and electric field [14]. This resulting incoherent process is denoted hopping transport. Molecular structures of typical organic amorphous semiconductors are displayed in Fig. 7. Different from conventional organic crystalline semiconductors as indicated in Fig. 3, amorphous organic semiconductors have nonplanar molecular structures to inhibit stacking of π-conjugated units [15]. Therefore, these compounds form non-periodical and disordered supramolecular structures.

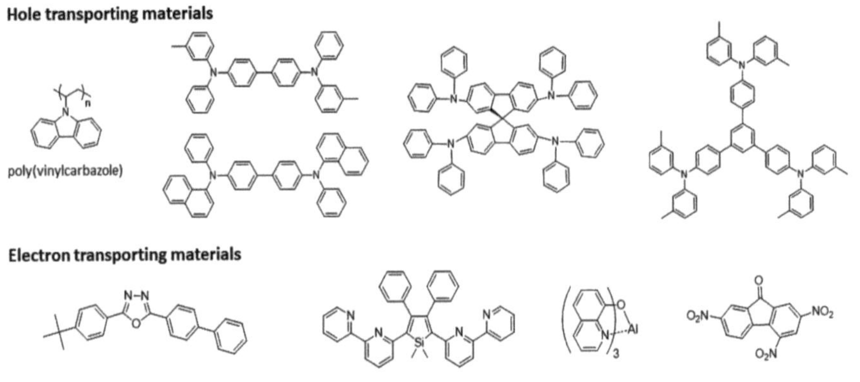

Fig. 7 Molecular structures of hole- and electron-transporting organic semiconductors forming amorphous thin films

1.2.2 Polaron Transport

Without structural disorder and no fluctuation of energy sites for charge carrier hopping, the origin of the activation energy for charge carrier hopping is described by the Marcus charge transfer theory [16]. The activation energy is derived from molecular distortion and polarization of molecules surrounding the charge, as shown in Fig. 4b. In solid states, molecular distortion is a main contribution to the activation energy. Figure 8 shows a schematic illustration for polaron transport. When an electronic charge moves from one site to another site, molecular distortion and polarization are induced (Fig. 8a), resulting in parabolic potential for molecular configuration coordinate Q. As shown in Fig. 8b, an electronic charge moves from Q_1 to Q_2, molecule 1 distorts to increase the potential energy to be reorganization energy λ. However, the charge can shift to molecule 2 intersecting the crossing point between two parabolic potential curves, resulting in a lowered barrier with $1/4\lambda$. Polaron binding energy can be modelized using this parabolic potential as shown in Fig. 8c. Adding molecular distortion term $-BQ$ to the parabolic potential AQ^2, the potential energy E is expressed by $AQ^2 - BQ$. The energy minimum at Q_0 is polaron binding energy E_{pol}. From $\partial E/\partial Q = 0$, Q_0 is $B/2A$ and E_{pol} is calculated to be AQ_2.

In Marcus theory, E_{pol} corresponds to $1/2\lambda$ and the activation energy for the electronic charge hopping is $1/2E_{\text{pol}}$. The hopping rate k_{ET} is expressed in Eq. (6), where k, T, and t are the Boltzmann constant, temperature, and transfer integral.

$$k_{\text{ET}} = \frac{t^2}{\hbar}\sqrt{\frac{\pi}{2E_{\text{pol}}kT}}\exp\left(-\frac{E_{\text{pol}}}{2kT}\right) \tag{6}$$

A carrier mobility is related with a diffusion constant D via the Einstein equation, $\mu = eD/kT$. The hopping rate is derived from the diffusion constant through $D = (1/2n)k_{\text{ET}}a^2$, where n is dimension of the system and a is the inter-site distance. Therefore, carrier mobility μ is indicated by Eq. (7).

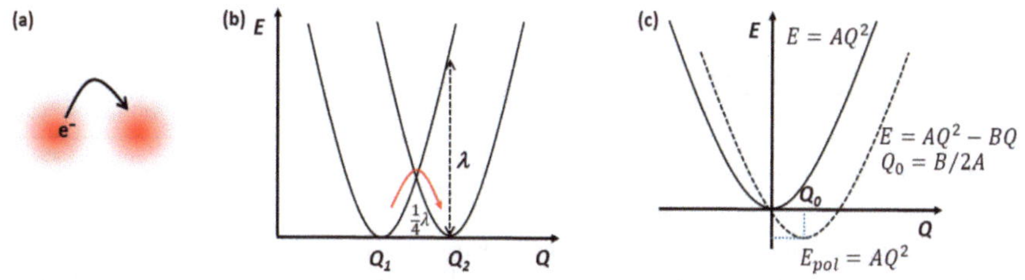

Fig. 8 **a** Illustration for electron transfer between two molecules. **b** Potential energy between two sites as a function of molecular configuration coordinate Q, where Q_1 and Q_2 are the coordinates of the two sites. Parameter λ denotes a reorganization energy. **c** Polaron binding energy based on a model considering a parabolic potential and a linear molecular distortion

$$\mu = \frac{ea^2t^2}{6\hbar(kT)^{\frac{3}{2}}}\sqrt{\frac{\pi}{2E_{\mathrm{pol}}}}\exp\left(-\frac{E_{\mathrm{pol}}}{2kT}\right) \tag{7}$$

At room temperature, a carrier mobility is mainly determined by the exponential term and can be regarded to be proportional to $\exp(-E_{\mathrm{pol}}/2kT)$ [17].

1.2.3 Disorder Models for Hopping Transport

In amorphous organic semiconductors including low molecular weight and polymeric materials, each hopping site, which is usually a π-conjugated unit, is located in different circumstances. The energy levels of the hopping sites are perturbed by a local electric field produced by electrical dipoles of surrounding molecules, resulting in energy levels distributing within a certain width, as shown in Fig. 9a. The inter-site distance is also distributed to induce fluctuation of the transfer integral (Fig. 9b) [18]. In an intrinsic state and even in photoexcited state, only small portion of the density of states (DOS) is occupied by charge carriers. Charge carriers are localized in the tail part of the DOS, in which hopping rate is low because of an uphill motion requiring thermal activation. In contrast, hopping probability is high at the center of DOS, due to the high density of hopping sites. For a long-range transport, charge carriers thermalized in the tail part of the DOS are averagely excited to the central region of the DOS (transport level) by thermal activation and electric field assistance. Therefore, carrier mobility usually depends upon the temperature and the electric field in the hopping process in energetically and positionally disordered systems.

The Gaussian disorder model (GDM) was proposed by Bässler [19]. Assuming a Gaussian DOS with a width σ, generated charge carriers are thermalized from higher energy states in a DOS. The depth of the thermalized charge carrier from the center of the DOS is $-\sigma^2/kT$, as indicated in Fig. 10a. At a lower temperature, deeper sites are occupied by the thermalized charge carriers. Miller–Abrahams-type hopping is assumed, as indicated in Eq. (8), where γ is an inverse of a localization length of a wave function and r_{ij} is an inter-site distance between sites i and j [20]. Parameters ε_{i} and ε_{j} are energies of sites i and j. An uphill hopping ($\varepsilon_j > \varepsilon_i$) requires thermal

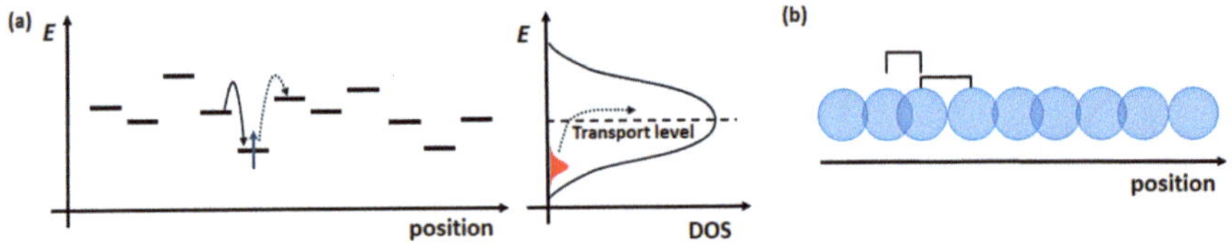

Fig. 9 **a** Schematic illustrations for distributed energy levels and the resulting DOS. Red area indicates distribution of thermalized charge carriers in a DOS. **b** Schematic illustration for distributed inter-site distance and a resulting distribution of transfer integrals. Black signs indicate long and short intersite distances, reslting large and small transfer integrals

activation while a downhill hopping does not require it.

$$w_{ij} = \nu_0 \exp(-2\gamma r_{ij}) \times \begin{cases} \exp\left(-\frac{\varepsilon_j - \varepsilon_i}{kT}\right), & \varepsilon_j > \varepsilon_i \\ 1, & \varepsilon_j < \varepsilon_i \end{cases} \tag{8}$$

Charge carrier hopping process proceeds mainly around the transport level and charge carriers are excited to the transport level averagely by thermal activation, resulting in the dependence of the hopping rate on $\exp((\sigma/kT)^2)$. On the other hand, positional disorder of the hopping sites induces distribution of transfer integrals. The positional disorder is denoted by a dimensionless parameter Σ. A barrier height for charge carrier migration is reduced in the presence of an electric field to promote the hopping process. Considering these factors, a Monte Carlo simulation reveals Eqs. (9) and (10) expressing dependences of carrier mobility on the temperature and electric field F. C' is a parameter depending on the inter-site distance and μ_0 is a pre-exponential factor corresponding to a virtual mobility without disorder [19].

$$\mu = \mu_0 \exp\left\{-\left(\frac{2\sigma}{3kT}\right)^2\right\} \exp\left[C'\left\{\left(\frac{\sigma}{kT}\right)^2 - \Sigma^2\right\}\sqrt{F}\right] \quad \text{for } \Sigma \geq 1.5 \tag{9}$$

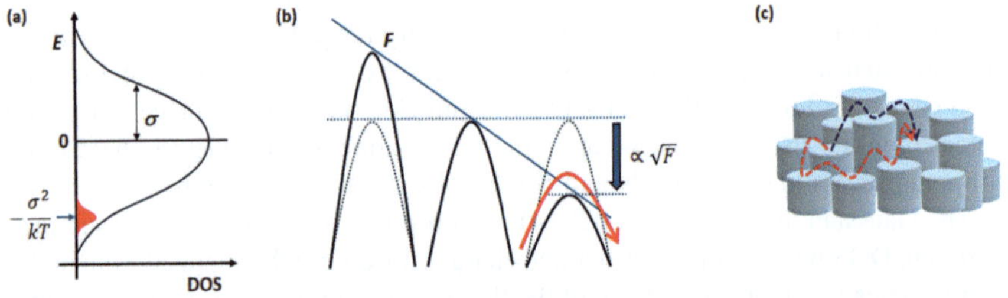

Fig. 10 **a** Distribution of thermalized charge carriers in a Gaussian DOS. **b** Schematic for Poole–Frenkel-type dependence on the electric field in a charge hopping process. Dotted curves indicated the original potentials and solid curves indicated the modulated potentials by the electric field. The red curved arrow means an enhanced charge transfer. **c** Schematic for a backside hopping process between distributed energy levels illustrated by columns with various height

$$\mu = \mu_0 \exp\left\{-\left(\frac{2\sigma}{3kT}\right)^2\right\}\exp\left[C'\left\{\left(\frac{\sigma}{kT}\right)^2 - 2.25\right\}\sqrt{F}\right] \quad \text{for } \Sigma \leq 1.5 \tag{10}$$

This formalism explains the temperature-dependence of carrier mobility, $\ln\mu \propto 1/T^2$, in amorphous organic semiconductors. For an electric field, the Poole–Frenkel-type dependence, $\ln \mu \propto \sqrt{F}$ (Fig. 10b), is derived from this simulation. This dependence is also valid for various amorphous organic semiconductors. Negative field-dependence in materials with large structural disorders can be described by this formalism. Under the condition, $\sigma/kT \leq \Sigma$, carrier mobility indicates negative dependence on the electric field. This process is explained by backside hopping against the electric field, as shown in Fig. 10c. When a high energy site exists in the forward direction, a charge carrier can go over the site through a detour route including backward migrations. Backward migration is suppressed under a strong electric field, resulting in a negative field-dependence of the carrier mobility.

In amorphous materials, DOS can be approximated as a Gaussian function, but the distribution of the energy levels of the hopping sites is not completely random. Considering correlation between the energy levels, the correlated disorder model (CDM) is proposed [21]. In this model, carrier mobility is described as in Eq. (11).

$$\mu = \mu_0 \exp\left\{-\left(\frac{3\sigma}{5kT}\right)^2\right\}\exp\left[C_0'\left\{\left(\frac{\sigma}{kT}\right)^{1.5} - \Gamma\right\}\sqrt{\frac{eaF}{\sigma}}\right] \tag{11}$$

Figure 11a shows a molecular structure of an amorphous organic semiconductor and temperature- and field-dependence of the hole mobility [22]. The hole transport in a vacuum-deposited film of a triphenylamine derivative, 1,1-bis(di-4-toluylaminophenyl)cyclohexane (TAPC), and a spin-coated film of a composite of TAPC and bisphenol A polycarbonate (3:1 mixture) was studied by a time-of-flight method. Both in the pure TAPC film and TAPC/polymer mixture, a $1/T^2$-dependence was observed as indicated in the GDM and CDM (Fig. 11b). A dependence on a square root of the electric field is also exhibited in the composite film, as indicated in Fig. 11c. Curve fitting based on the GDM reveals that μ_0, σ, and Σ are 2×10^{-2} $cm^2V^{-1}\ s^{-1}$, 95 meV, and 3.25, respectively, for the composite film.

The GDM and CDM are also applicable to liquid crystals comprising extended π-conjugated units (liquid crystalline semiconductors). Mechanisms of electronic charge carrier transport in liquid crystalline semiconductors are reviewed in Vol. II of Chap. 12.

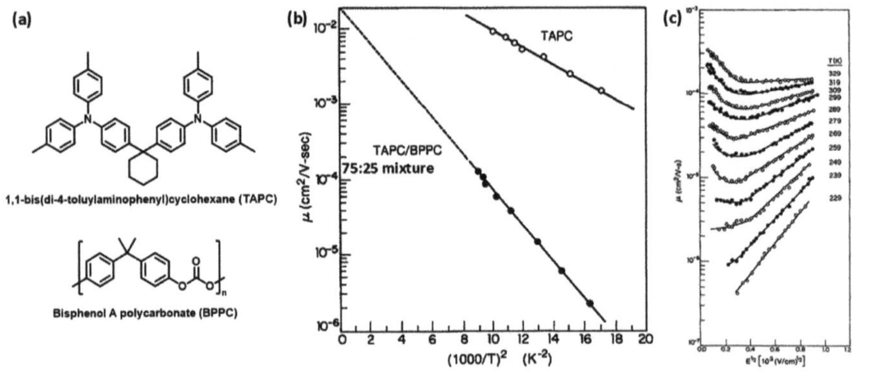

Fig. 11 **a** Molecular structures of a hole transporting material which forms an amorphous solid and matrix polymer. **b** The hole mobility determined by a time-of-flight method as a function of $(1000/T)^2$ in the amorphous solids. **c** Dependence of the hole mobility in the TAPC/BPPC mixture on the electric field at various temperatures. Reproduced from Ref. [22] by permission of The American Institute of Physics

2 Carrier Generation

2.1 *Intrinsic State and Doping*

In a band scheme, the valence band of an intrinsic semiconductor is completely occupied by electrons and no electrons are mobile in the band at 0 K. On the other hand, the conduction band is completely empty. At the temperature $T > 0$ K, a few electrons are thermally excited from the valence band to the conduction band. Distribution of electrons in a conduction band is described as a product of DOS, $D(\varepsilon)$ and Fermi–Dirac distribution function, $f(\varepsilon)$. As indicated in Fig. 12a, the chemical potential of electrons μ_F is located at the center of the bandgap and $f(\varepsilon) \sim 0$ in the conduction band, resulting in $D(\varepsilon) \sim 0$, except for near the bottom of the band. The electron density in the conduction band (consequently, hole density in the valence band) n_i is expressed by Eq. (12) using the bandgap ε_g, where m_c and m_v are effective masses of the electrons in the conduction band and the holes in the valence band, respectively. This equation indicates that charge carrier density increases with the temperature, depending upon $\varepsilon_g/2$ [1, 23, 24].

$$n_i = 2\left(\frac{k_B T}{2\pi \hbar^2}\right)^{\frac{3}{2}} \left(m_C^* m_v^*\right)^{\frac{3}{4}} \exp\left(-\frac{\varepsilon_g}{2k_B T}\right) \tag{12}$$

When an electron-donating impurity is doped into the semiconductor, the impurity forms a donor level just below the bottom of the conduction band and electrons are donated from the impurity to the conduction band (n-type doping), as shown in Fig. 12b [25]. In this case, μ_F increases to shift the Fermi–Dirac distribution function

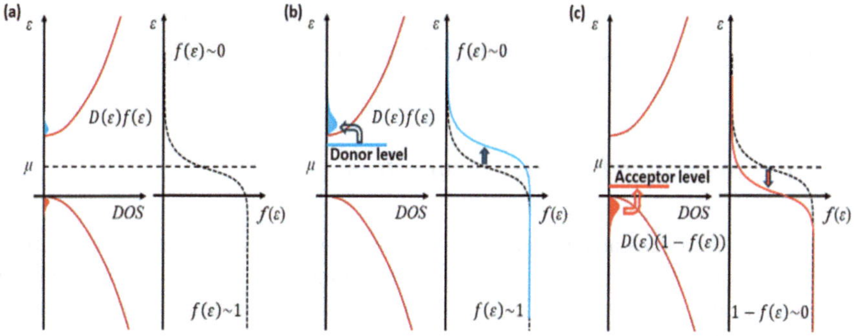

Fig. 12 Density of states and Fermi–Dirac distribution function in a band scheme for **a** intrinsic, **b** n-doped, and **c** p-doped state. Areas paited in red and blue indicate distribution of holes and electrons, respectively

upward, resulting in an increase in the density of mobile electrons in the conduction band. The density of the mobile electrons in the conduction band is expressed by Eq. (13), where ε_C is the energy of the bottom of the conduction band. The electron density increases with μ_F.

$$n_e = 2\left(\frac{m_C^* k_B T}{2\pi\hbar^2}\right)^{\frac{3}{2}} \exp\left(-\frac{\varepsilon_C - \mu_F}{2k_B T}\right) \tag{13}$$

For electron-accepting impurity, electrons are abstracted from the valence band to the acceptor level produced by the impurity, producing holes in the valence band (p-type doping), as shown in Fig. 12c [25]. A hole distribution is described by a product of DOS of the valence band and $1 - f(\varepsilon)$. For p-type doping, lowered μ_F shifts the Fermi–Dirac distribution function downward, resulting in an increase in the density of mobile holes in the valence band. The hole density n_h in the valence band is indicated by Eq. (14), where ε_V is the energy of the top of the valence band. The hole density increases with a decrease in μ_F.

$$n_h = 2\left(\frac{m_V^* k_B T}{2\pi\hbar^2}\right)^{\frac{3}{2}} \exp\left(-\frac{\varepsilon_V - \mu_F}{2k_B T}\right) \tag{14}$$

In organic semiconductors in which a charge carrier hopping process is dominant, the carrier generation in intrinsic and doped states is regarded as the analogous process in the band scheme [26]. Halogens and quinone derivatives are usually used as p-type dopants. First report on doping in organic semiconductor was enhanced electrical conductivity of perylene crystals doped with bromine, in which oxidation of perylene molecules produced holes in the valence band [27]. Typical conductive polymer PEDOT/PSS conducts holes through the main chains. Holes generate by oxidation of oligo(ethylenedioxythiophene) units and stabilized styrene sulfonate groups [28]. For n-type doping, alkaline metals and thiafulvalene derivatives are usually used [29]. Fullerene crystals are doped with sodium, potassium, or cesium vapors under vacuum and exhibit superconductivity below 100 K [30].

2.2 Photo-Induced Carrier Generation

Photo-induced charge carrier generation is a significant process in Xerographic applications and organic solar cells. When the photon energy exceeds the bandgap, the photons are absorbed by a semiconductor in which electrons are excited from the valence band to the conduction band, assuming a band scheme. The excited electron in the conduction band binds with a hole in the valence band electrostatically. The excited electrons form an "exciton" level just below the conduction band, due to an electrostatic interaction between the hole and electron, as shown in Fig. 13a [1]. The exciton binding energy, difference between the bottom of the conduction band and the exciton level, is several meV. Only in low-temperature region, a peak originated from excitons appears in the absorption spectrum, as exhibited in Fig. 14b. It is usually ambiguous at room temperature by thermal fluctuation.

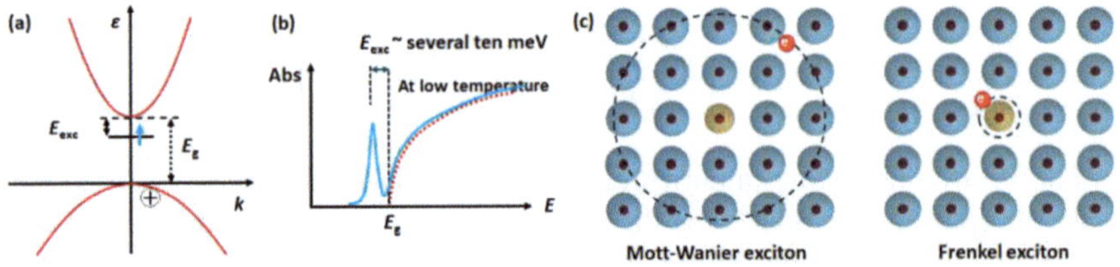

Fig. 13 **a** Exciton level in a band dispersion relation. The blue arrow indicates an electron localized in an exciton level. A gap labelled E_{exc} denotes exciton binding energy. **b** Schematic illustration for an exciton peak in an absorption spectrum at low temperature. **c** Schematic illustrations for Mott–Wannier and Frenkel excitons

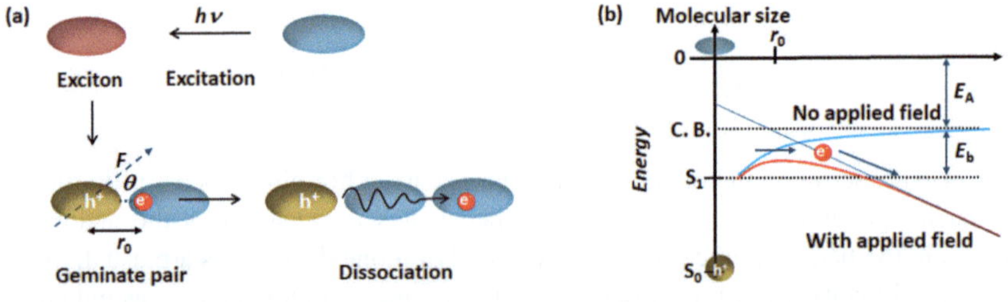

Fig. 14 **a** Formation and dissociation of a geminate pair. **b** Schematic illustration for potential diagram for Onsager model. S_0 and S_1 denote singlet ground and excited states, respectively. E_A indicates an electron affinity which is equivalent to the bottom of a conduction band. E_b is an exciton binding energy

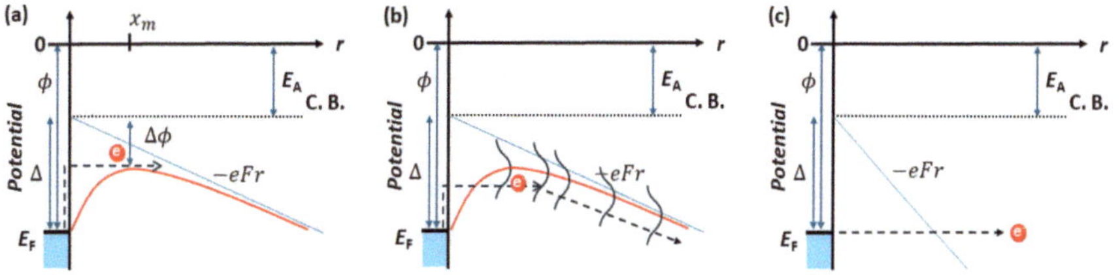

Fig. 15 Schematic illustrations for charge carrier injection from a metal to a semiconductor. **a** Richardson–Schottky model. **b** Richardson–Schottky model for a disordered system. **c** Fowler–Nordheim model. A coordinate axis, *r*, is set perpendicular to the electrode surface

There are two types of excitons as indicated in Fig. 15c. Relative permittivity of inorganic semiconductors is typically over 10 and the electrostatic force for the electron–hole pair is weakened by polarization. Excitons in intrinsic semiconductors with the band conduction are delocalized over ten nm (Mott–Wannier exciton) [31].

In organic molecular systems with weak intermolecular coupling, an exciton is also produced by a HOMO-LUMO transition of an electron in the excited molecule. The band scheme is not valid for the weakly coupled systems and a produced exciton is localized near the excited molecule different from strongly coupled systems with large relative permittivity. Even in organic molecular crystals with strong intermolecular coupling, an exciton has a tendency to localize around the excited molecule, because the low permittivity (usually ~ 3) causes a strong Coulomb force between the electron and the hole (Frenkel exciton) [32].

In inorganic semiconductors, excitons are delocalized and dissociate to mobile electrons and holes immediately. In contrast, excitons in organic semiconductors are usually the Frenkel type and they localize on the excited molecules, resulting in sequential process of mobile charge carrier generation [7]. After the formation of an exciton, the electron is transferred to neighboring molecule to create a geminate pair in which positive and negative charged molecules interact mutually (Fig. 14a). In the presence of an electric field, the geminate pair is stabilized while the electron and hole recombine in the absence of the electric field. In binary systems comprising donor and acceptor components, such a geminate pair is easily produced by photo-induced charge transfer from a donor molecule to an acceptor molecule, creating a charge transfer exciton.

In the presence of an electric field, geminate pairs dissociate to produce mobile electronic charges, escaping from a Coulombic interaction between the positive and negative charges (Fig. 14b). This process which is promoted by the electric field and thermal activation was formulated by Onsager [33]. An electron–hole dissociation occurs when the thermal energy k_BT is larger than the Coulombic energy. The Coulombic capture radius r_C between the electron and the hole is determined by Eq. (14), where ε_r and ε_0 are relative permittivity and vacuum dielectric constant, respectively.

$$r_C = \frac{e^2}{4\pi\varepsilon_r\varepsilon_0 k_B T} \tag{14}$$

The probability for dissociation of a geminate pair φ is expressed by Eq. (15) as a function of the electric field F, temperature T, initial distance of the geminate pair r_0, and angle between the electric field and the dipole moment of the geminated pair θ.

$$\varphi(F, T, r_0, \theta) = \exp\left(-\frac{r_C}{r_0}\right)\left\{1 + \frac{e^3 F(1+\cos\theta)}{8\pi\varepsilon_r\varepsilon_0(k_B T)^2}\right\} \tag{15}$$

This model can explain the field-dependence of photoconductivity of anthracene single crystals. In the case of excitation of the S_2 state, r_0 was 5 nm. It should be noted that the hole and the electron are bound loosely with a separation over several lattices. For binary systems consisting of donor and acceptor components, mobile charge carriers are produced from charge transfer excitons which have longer lifetime. A modified Onsager model for charge generation in donor–acceptor systems was provided by Braun [34].

2.3 Charge Carrier Injection from an Electrode

A charge carrier injection is also a significant process in electronic devices such as organic light-emitting diodes and organic thin-film solar cells. At interfaces between metals and organic semiconductors, there are various perturbing factors such as structural defects, impurities, and chemical interactions to make charge carrier injection processes complicated. For most cases, injection models analogous to those for inorganic semiconductors are considered. Richardson–Schottky model [35, 36] and Fowler–Nordheim tunneling mechanism [37] are adopted for the processes from electrodes to organic semiconductors.

For electron injection, an injection barrier with a height $\Delta = E_A - E_F$ is formed at the interface between the electrode and the semiconductor, where E_A is a bottom of a conduction band or LUMO level of the semiconductor and E_F is a Fermi level of the metal electrode. In the Richardson–Schottky model, the barrier height Δ is reduced by potentials based on an image force and an applied electric field, as shown in Fig. 15a. The image potential is $-e^2/16\pi\varepsilon_r\varepsilon_0 x$ and applied electrostatic potential is $-eFx$ at $r = x$. The total potential $V(x)$ is expressed in Eq. (16).

$$V(x) = (\phi - E_A) - \frac{e^2}{16\pi\varepsilon_r\varepsilon_0 x} - eFx \tag{16}$$

$V(x)$ exhibits the maximum at distance from the electrode x_m which can be determined from $dV(x)/dx = 0$. The distance is provided by $x_m = \sqrt{e/16\pi\varepsilon_0\varepsilon_r F}$. At x_m, the injection barrier is lowered by $\Delta\phi = \sqrt{eF/4\pi\varepsilon_0\varepsilon_r}e$. The injection current j is given by Eq. (17), with $\beta_{RS} = \sqrt{e^3/4\pi\varepsilon_0\varepsilon_r}$.

$$j \propto T^2 \exp\left(-\frac{\Delta - \Delta\phi}{k_B T}\right) = T^2 \exp\left(-\frac{\phi - E_A - \beta_{RS}\sqrt{F}}{k_B T}\right) \quad (17)$$

In organic amorphous semiconductors, charge carriers can be injected from the electrode via low energy sites in the DOS, resulting in reduction of the injection barrier height, as indicated in Fig. 15b [38].

In the high electric field, the injection current is sometimes independent of the temperature. Figure 15c shows a schematic illustration for tunneling charge injection. In such a case, the behavior of the injection current is described by the Fowler–Nordheim model based on tunneling effect at the interface. The tunneling current is given by Eq. (18), where m^* is an effective mass of charge carriers.

$$j = F^2 \exp\left(-\frac{4\sqrt{2m^*\Delta^3}}{3\hbar eF}\right) \quad (18)$$

In the Fowler–Nordheim model, the effect of an image force is not considered. Moreover, the width of potential barrier is usually so thick in organic semiconductors that charge carriers could not tunnel over 10 nm under the electric field in conventional organic electronic devices. This model is more effective for phenomena under stronger electric fields, such as a scanning tunneling microscopy.

3 Summary

In this chapter, the transport and generation processes of electronic charge carriers in organic π-conjugated materials including molecular crystals, conjugated polymers, and amorphous solids are reviewed. Carrier transport processes strongly depend upon the supramolecular aggregation of functional π-conjugated units. In single crystals of highly purified polycyclic aromatic compounds, band transport has been confirmed although the transport processes of most organic crystalline semiconductors are usually perturbed by polaron effects. A few π-conjugated polymers exhibit high carrier mobilities comparable to those of polycyclic aromatic crystals although their band-like transport processes are affected by polaron effects and inhomogeneities of the polymers. In organic amorphous solids, the carrier transport processes are described by the charge carrier hopping in structurally and energetically disordered systems.

In intrinsic thermal carrier generation, carrier density is determined by a classical band scheme or analogous models. In photocarrier generation, a photogenerated exciton usually localizes on a molecule, due to a low dielectric constant of an organic material. The excitons dissociate to form mobile electronic carriers via geminate pairs in which a hole and an electron bind weakly. This process is assisted by thermal activation and electric field, resulting in the field- and temperature-dependence of photocarrier generation efficiency. Charge carrier injection process is roughly described by classical Richardson–Schottky model and Fowler–Nordheim tunneling scheme although the influence from localization of charge carriers and energetical disorder is not negligible.

References

1. C. Kittel, Standard textbook on solid state physics, in *Introduction to Solid State Physics*, eighth edn. (Wiley, New York, 2005)
2. M.A. Green, J. Appl. Phys. **67**, 2944–2954 (1990)
3. P. Drude, Zur Elektronentheorie der Metalle. Ann. Phys. **306**, 566–613 (1900)
4. J.C. Slater, G.F. Koster, Simplified LCAO method for the periodic potential problem. Phys. Rev. **94**, 1498–1524 (1954)
5. H. Akamatsu, H. Inokuchi, On the electrical conductivity of violanthrone, iso-violanthrone, and pyranthrone. J. Chem. Phys. **18**, 810–811 (1950)
6. C. Wang, H. Dong, L. Jiang, W. Hu, Organic semiconductor crystals. Chem. Soc. Rev. **47**, 422–500 (2018)
7. A. Kohler, H. Bassler, Standard textbook on organic electronic materials, in *Electronic Processes in Organic Semiconductors* (Wiley-VCH Verlag GmbH & Co. KGaA, Weinheim, 2015)
8. N. Koch, A. Vollmer, I. Salzmann, B. Nickel, H. Weiss, J.P. Rabe, Evidence for temperature-dependent electron band dispersion in Pentacene. Phys. Rev. Lett. **96**, 156803 (2006)
9. W. Warta, N. Karl, Hot holes in naphthalene: High, electric-field-dependent mobilities. Phys. Rev. B **32**, 1172–1182 (1985)
10. S.F. Nelson, Y.-Y. Lin, D.J. Gundlach, T.N. Jackson, Temperature-independent transport in high-mobility pentacene transistors. Appl. Phys. Lett. **72**, 1854–1856 (1998)
11. S. Fratini, M. Nikolka, A. Salleo, G. Schweicher, H. Sirringhaus, Charge transport in high-mobility conjugated polymers and molecular semiconductors. Nat. Mater. **19**, 491–502 (2020)
12. Y. Yamashita, F. Hinkel, T. Marszalek, W. Zajaczkowski, W. Pisula, M. Baumgarten, H. Matsui, K. Müllen, J. Takeya, Mobility exceeding 10 $cm^2/(V\ s)$ in donor−acceptor polymer transistors with band-like charge transport. Chem. Mater. **28**, 420–424 (2016)
13. X. Guo, M. Baumgarten, K. Müllen, Designing π-conjugated polymers for organic electronics. Prog. Polym. Sci. **38**, 1832–1908 (2013)
14. H. Bässler, Localized states and electronic transport in single component organic solids with diagonal disorder. Phys. Stat. Solid. B **107**, 9–54 (1981)
15. Y. Shirota, H. Kageyama, Charge carrier transporting molecular materials and their applications in devices. Chem. Rev. **107**, 953 (2007)
16. R.A. Marcus, On the theory of oxidation-reduction reactions involving electron transfer. J. Chem. Phys. **24**, 966–871 (1956)
17. T. Holstein, Studies of polaron motion part II. The "small" polaron. Ann. Phys. **8**, 343–389 (1959). Reprinted form is available in Ann. Phys. **281**, 725–773 (2000)
18. P.M. Borsenberger, H. Bässler, Concerning the role of dipolar disorder on charge transport in molecularly doped polymers. J. Chem. Phys. **95**, 5327–5331 (1991)
19. H. Bässler, Charge transport in disordered organic photoconductors—a Monte Carlo simulation study. Phys. Stat. Solid. B **175**, 15–56 (1993)
20. A. Miller, E. Abrahams, Impurity conduction at low concentrations. Phys. Rev. **120**, 745 (1960)
21. S.V. Novikov, D.H. Dunlap, V.M. Kenkre, P.E. Parris, A.V. Vannikov, Essential role of correlations in governing charge transport in disordered organic materials. Phys. Rev. Lett. **81**, 4472–4475 (1998)

22. P.M. Borsenberger, L. Pautmeier, H. Bässler, Charge transport in disordered molecular solids. J. Chem. Phys. **94**, 5447–5454 (1991)
23. P.A.M. Dirac, On the theory of quantum mechanics. Proc. R. Soc. A. **112**, 661–677 (1926)
24. E. Fermi, Sulla quantizzazione del gas perfetto monoatomico. Rend. Lincei **3**, 145–149 (1926) English Version by A. Zannoni is available on this site: https://arxiv.org/pdf/cond-mat/991 2229.pdf
25. A.B. Sproul, M.A. Green, Improved value for the silicon intrinsic carrier concentration from 275 to 375 K. J. Appl. Phys. **70**, 846–854 (1991)
26. B. Lüssem, M. Riede, K. Leo, Doping of organic semiconductors. Phys. Stat. Solid. A **210**, 9–43 (2013)
27. H. Akamatsu, H. Inokuchi, Y. Matsunaga, Electrical conductivity of the perylene–bromine complex. Nature **173**, 168–169 (1954)
28. H. Shi, C. Liu, Q. Jiang, J. Xu, Effective approaches to improve the electrical conductivity of PEDOT:PSS: a review. Adv. Electron. Mater. **1**, 1500017 (2015)
29. H. Guo, C.-Y. Yang, X. Zhang, A. Motta, K. Feng, Y. Xia, Y. Shi, Z. Wu, K. Yang, J. Chen, Q. Liao, Y. Tang, H. Sun, H.Y. Woo, S. Fabiano, A. Facchetti, X. Guo, Transition metal-catalysed molecular n-doping of organic semiconductors. Nature **599**, 67–73 (2021)
30. R.C. Haddon, A.F. Hebard, M.J. Rosseinsky, D.W. Murphy, S.J. Duclos, K.B. Lyons, B. Miller, J.M. Rosamilia, R.M. Fleming, A.R. Kortan, S.H. Glarum, A.V. Makhija, A.J. Muller, R.H. Eick, S.M. Zahurak, R. Tycko, G. Dabbagh, F.A. Thiel, Conducting films of C_{60} and C_{70} by alkali-metal doping. Nature **350**, 320–322 (1991)
31. G.H. Wannier, The structure of electronic excitation levels in insulating crystals. Phys. Rev. **52**, 191–197 (1937)
32. J. Frenkel, On the transformation of light into heat in solids. I. Phys. Rev. **37**, 17–44 (1931)
33. L. Onsager, Initial recombination of ions. Phys. Rev. **54**, 554–557 (1938)
34. C.L. Braun, Electric-field assisted dissociation of charge-transfer states as a mechanism of photocarrier production. J. Chem. Phys. **80**, 4157–4161 (1984)
35. O.W. Richardson, The distribution of the molecules of gas in a field of force, with applications to the theory of electrons. Philos. Mag. **28**, 633–647 (1914)
36. W. Schottky, Vereinfachte und erweiterte Theorie der Randschicht-gleichrichter. Z. Phys. **118**, 539–592 (1942)
37. R.H. Fowler, L. Nordheim, Electron emission in intense electric fields. Proc. R. Soc. Lond., Ser. A **119**, 173 (1982)
38. V.I. Arkhipov, U. Wolf, H. Bässler, Current injection from a metal to a disordered hopping system. II. Comparison between analytic theory and simulation. Phys. Rev. B **59**, 7514 (1999)

Mechanical Properties of Soft Matter

Kosuke Kaneko

1 Introduction to Rheology

Welcome to the fascinating world of rheology, which is the scientific study of the flow and deformation of materials [1]. Rheology explores how substances respond to forces, whether they are liquids that flow or solids that deform. Although the term "rheology" might sound complex, its principles are deeply embedded in the materials and products we encounter in our daily lives.

Rheology, the study of the flow and deformation of materials, plays a crucial role in our everyday lives, often in ways we might not immediately recognize. The principles of rheology are deeply embedded in many products and processes that we encounter daily, as shown in Fig. 1. Rheology covers more than just thick liquids. It also involves how solids can bend, stretch, or compress. For instance, think about the flexible, stretchy material of a rubber band. When you pull it, it stretches and changes shape, showing another aspect of rheology called elasticity. Understanding these behaviors is important not only for everyday objects but also for various industries, including food, pharmaceuticals, construction, and manufacturing.

Consider, for example, the ketchup bottle in your kitchen. Ketchup exhibits what is known as Bingham plastic behavior. This means that it behaves like a solid until a certain amount of force is applied, at which point it starts to flow smoothly. This property is particularly useful in making it easier to squeeze the ketchup out of the bottle without too much effort, while still maintaining its thicker consistency when at rest. Similarly, many of the lotions and creams we use rely on rheological principles to achieve their desired texture and ease of application. The formulation of these products ensures they have the right balance of viscosity and spreadability, allowing them to be applied smoothly to the skin. The consistency needs to be just

K. Kaneko (✉)
Center for Natural Sciences, College of Liberal Arts and Sciences, Kitasato University, Minami, Sagamihara, Kanagawa, Japan
e-mail: kaneko.kosuke@kitasato-u.ac.jp

M. Funahashi (ed.), *Functional Soft Matter I*,
https://doi.org/10.1007/978-981-92-0108-2_6

Fig. 1 Rheology in daily life

right to avoid a greasy or sticky feel, making rheology crucial in cosmetic product design. Household cleaning products, such as detergents and shampoos, also rely on rheological principles. These products must have the right consistency to be effective and easy to use. For instance, a shampoo should be thick enough to stay on the hair and not run off too quickly, but not so thick that it becomes difficult to spread evenly.

In construction, materials like cement and concrete are designed with rheology in mind. These substances need to be workable while being poured, ensuring that they flow easily into molds or around reinforcement structures. Once set, they must solidify into a strong, durable form. The ability to control the flow and setting characteristics of these materials is vital for creating robust and lasting structures. Even in the realm of sports, rheology plays a role. The design of sports shoes and protective gear involves understanding the material properties to ensure optimal performance. For example, the cushioning in running shoes needs to have the right balance of elasticity and shock absorption to provide comfort and support.

As we delve into the field of rheology, we will uncover how different materials, whether they are liquids, gases, or solids, respond to various types of stress. This understanding helps scientists and engineers design better products, improve manufacturing processes, and solve practical problems. By learning about rheology, you will gain insight into why certain materials behave the way they do and how these behaviors can be harnessed to create products that meet specific needs.

In this chapter, fundamental concepts of rheology such as viscosity and elasticity are explored. We will also discuss how these concepts apply to real-world scenarios and the ways in which they impact our daily lives. Whether you are interested in the science behind the shampoo you use, the paint on your walls, or the concrete in your buildings, rheology provides a key to understanding the flow and deformation of materials.

Embarking on this journey into rheology will not only expand your scientific knowledge, but also enhance your appreciation for the materials that surround us. Through a blend of theory and practical examples, we will uncover the underlying principles that govern the behavior of materials and how these principles can be applied to solve real-world challenges. So, let's dive into the world of rheology, where the flow of liquids and the deformation of solids reveal the fascinating principles that shape our world.

2 History of Rheology

Rheology, the study of the flow and deformation of materials, boasts a rich history that mirrors humanity's evolving understanding of material behavior. This journey began long before the term "rheology" was coined, evolving through significant scientific discoveries and technological advancements.

The origins of rheology can be traced back to ancient times, when early scientists and engineers first observed and described the behavior of materials. Greek and Roman scholars made early observations about the flow of liquids and the deformation of solids. For example, Archimedes (circa 287–212 BCE) made pivotal contributions to the understanding of buoyancy and fluid mechanics, laying foundational principles for subsequent rheological studies [1].

The formalization of rheology began in the nineteenth century, with advancements in classical mechanics and thermodynamics [2]. The term "rheology" was introduced in 1929 by American scientist Marcus Reiner [3]. He derived the term from the Greek words "rheo," meaning "to flow," and "logos," meaning "study," to define the science of flow and deformation [4].

Before Reiner's work, fundamental principles related to materials were already being explored [5]. Sir Isaac Newton, in the late seventeenth century, described viscosity in his seminal work "Philosophiæ Naturalis Principia Mathematic (1687)" [3]. Newton's law of viscosity, which states that shear stress is proportional to shear rate, provided a foundational understanding of how fluids resist flow [4].

The early twentieth century saw significant advancements in rheology, driven by the work of several scientists [2]. C. J. H. Johnson and D. C. M. Blackwell, among others, helped formalize the study of viscoelastic materials [6]. Their research expanded the understanding of materials that exhibit both viscous and elastic behaviors, leading to notable advancements in the field [7].

A major milestone in rheology was the development of the first rheometer in the twentieth century [2]. Rheometers are instruments designed to measure the flow and deformation properties of materials. The introduction of these tools enabled scientists to systematically study how different materials respond to applied forces and to quantify properties such as viscosity, elasticity, and plasticity.

The mid-twentieth century saw further progress with the rise of polymer science and the study of complex fluids [8]. Researchers like Maurice Morton and John R. G. Woodward made significant contributions to understanding the rheological properties of polymers, which are critical in industries such as plastics and rubber [9]. Their work revealed how polymers exhibit unique flow behaviors under various conditions, deepening the understanding of soft matter.

The latter part of the twentieth century and early twenty-first century continued to bring innovations in rheological research [10]. The development of advanced measurement techniques, such as Dynamic Mechanical Analysis (DMA) and Atomic Force Microscopy (AFM), allowed scientists to explore materials at increasingly finer scales. These advancements offered insights into molecular-level interactions influencing material behavior and expanded rheology's applications in fields ranging from biotechnology to materials science.

Today, rheology remains a crucial field of study with diverse applications across numerous industries [11]. It plays an essential role in designing and processing materials in sectors such as food [12], pharmaceuticals [13], and cosmetics [14]. By understanding material flow and deformation properties, researchers and engineers can develop new products, optimize manufacturing processes, and enhance product performance [15].

3 Rheometers

In the study of rheology, rheometers are essential tools for analyzing how materials flow and deform under various conditions. These sophisticated instruments measure the rheological properties of materials, providing critical data that helps scientists and engineers understand material behavior. Whether dealing with liquids, pastes, gels, or some solid materials, rheometers offer valuable insights into how a material responds to applied forces.

Rheometers are specialized devices used to quantify the flow and deformation characteristics of materials. They are crucial for measuring properties such as viscosity, elasticity, and plasticity, which are fundamental to predicting how materials will behave in real-world applications. Accurate measurement of these properties is vital for designing products and processes across a range of industries. Several types of rheometers exist, each tailored for specific measurements and materials. Two of the most common types are rotational rheometers and oscillatory rheometers.

Rotational rheometers are very important tools used to measure the viscosity and flow properties of materials by applying rotational shear forces. In these devices, a sample is placed between two surfaces, typically a rotating spindle and a stationary or slowly rotating cup. As the spindle turns, it creates a shear stress on the material. The resistance of the material to this shear force—measured as the torque applied to the spindle—is used to calculate viscosity.

Rotational rheometers can handle a wide range of materials, from low-viscosity liquids to high-viscosity pastes and semi-solids. They provide valuable insights into how materials flow under different conditions, including varying shear rates and temperatures. This makes them useful in industries such as food, pharmaceuticals,

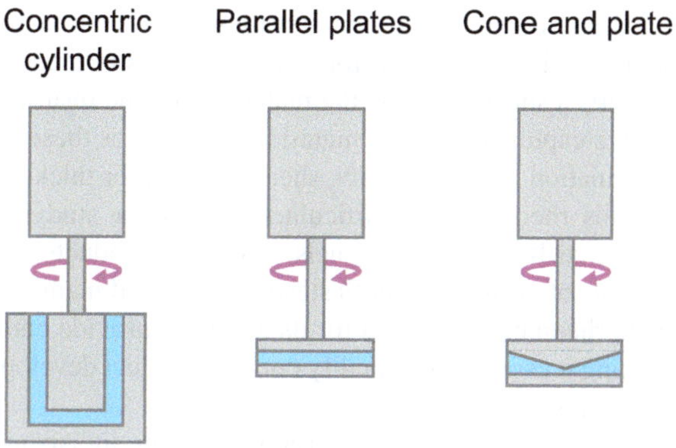

Fig. 2 Configurations of rheometers

and polymers, where understanding material flow is crucial for quality control and process optimization.

These devices can be equipped with various geometries, such as concentric cylinders, parallel plates, or cone-and-plate setups as shown in Fig. 2, depending on the type of sample and the specific measurements required. Additionally, rotational rheometers can perform both steady-state and dynamic tests, offering a comprehensive analysis of material properties.

Oscillatory rheometers are specialized instruments designed to measure the viscoelastic properties of materials by applying an oscillatory or sinusoidal stress. In these devices, a sample is subjected to periodic deformation through oscillatory shear forces, usually applied between a stationary plate and an oscillating plate or cone.

The primary advantage of oscillatory rheometers is their ability to differentiate between the elastic (storage) and viscous (loss) components of a material's response. The elastic component reflects the material's ability to store and recover energy, while the viscous component indicates how much energy is dissipated as heat. By analyzing the phase shift between the applied stress and the resulting strain, oscillatory rheometers provide insights into the material's complex viscosity, storage modulus, and loss modulus.

These rheometers are particularly useful for studying materials with complex rheological behaviors, such as polymers, gels, and biological fluids. They offer detailed information about the material's response to small deformations, making them invaluable for applications in industries like cosmetics, pharmaceuticals, and food science. By understanding how materials behave under oscillatory stress, manufacturers can better control product texture, stability, and performance.

Cone-and-plate rheometers are precision instruments designed to measure the viscosity and shear properties of fluids. The setup consists of a cone with a very fine angle (usually 1°) that is positioned above a flat plate, creating a small gap between the two surfaces. The sample material is placed in this gap, and the cone rotates while the plate remains stationary or rotates at a slower speed.

The cone-and-plate configuration allows for a uniform shear rate across the sample, which is crucial for accurate viscosity measurements. As the cone rotates, it exerts a shear stress on the material, and the resulting shear rate is measured. The device captures how the material flows under these conditions, providing detailed information on its viscosity, shear thinning, or thickening behavior.

This rheometer is particularly useful for studying low to moderate viscosity fluids, such as polymers, gels, and food products. It offers high precision and is capable of performing both steady-state and dynamic measurements. The cone-and-plate rheometer is valued for its ability to provide consistent and reproducible data, making it essential for quality control, product development, and research in various industries.

In practical applications, rheometers are indispensable across various fields. In the food industry, they are used to develop and refine products like sauces, dressings, and dairy products, ensuring the desired texture and consistency. In the pharmaceutical industry, rheometers aid in formulating gels, creams, and other products with the correct flow properties for effective and pleasant application. In manufacturing, rheometers are employed to control the quality of paints, coatings, and adhesives, ensuring these materials have consistent and predictable properties.

Proper interpretation of the data obtained from rheological measurements is also key. Rheometers provide detailed information on material properties such as viscosity, elasticity, and plasticity. However, interpreting this data requires a solid understanding of rheological principles and the specific behavior of the material being studied. Analyzing the data in the context of the material's application and behavior under different conditions is essential. Consulting relevant literature and seeking advice from experts can assist in accurate data interpretation and application.

4 Rheology Basics

In rheology, shear stress is a fundamental concept that describes how forces are transmitted through materials. Shear stress is crucial in understanding how different materials deform under various forces, especially in fluids and soft solids. Here's a clear explanation of shear stress and its significance.

4.1 What is Shear Stress?

Shear stress occurs when a force is applied parallel to the surface of a material. Unlike normal stress, which acts perpendicular to a surface (like pressure on a balloon), shear stress involves forces that act parallel to the surface, causing different layers of the material to slide past each other. Imagine pushing a deck of cards sideways; the force you apply causes the cards to slide over each other. This action exemplifies shear stress.

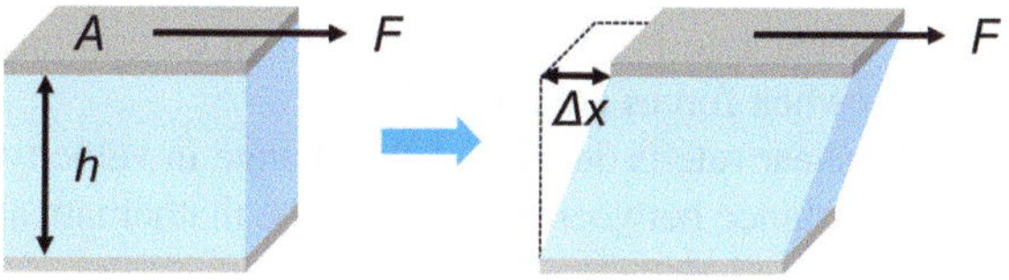

Fig. 3 Illustration of the material's deformation before and after the application of shear strain

4.2 How is Shear Stress Measured?

Shear stress (τ) is quantified as the force (F) applied parallel to the surface area (A) of the material as shown in Fig. 3. The formula to calculate shear stress is as follows:

$$\tau = \frac{F}{A} \tag{1}$$

where τ is the shear stress, F is the applied force, and A is the area over which the force is distributed.

4.3 What is Shear Strain?

To quantify shear strain (γ), we need to understand how the material deforms relative to its original dimensions. Shear strain is defined as the amount of deformation divided by the original dimension of the material in the direction of the force. It is given by:

$$\gamma = \frac{\Delta x}{h} \tag{2}$$

where γ is the shear strain, Δx is the displacement of the layers parallel to the applied force, and h is the original height or thickness of the material.

Shear strain is a measure of how much a material deforms when a shear force is applied. Unlike normal strain, which measures deformation perpendicular to a surface (such as stretching or compressing a rubber band), shear strain deals with deformations parallel to the surface.

4.4 What Is Shear Rate?

Shear rate ($\dot{\gamma}$) is a measure of how quickly a material is being deformed under shear stress. It represents the rate at which adjacent layers of a material slide past each other. Shear rate is an essential factor in determining how a material will flow or deform when forces are applied.

The shear rate is defined as the change in velocity of the material layers divided by the distance between them. It can be mathematically expressed as follows:

$$\dot{\gamma} = \frac{v}{h} \tag{3}$$

where $\dot{\gamma}$ is the shear rate, v is the change in velocity, and h is the distance between the layers over which the velocity change occurs.

In simpler terms, if you have a fluid flowing between two parallel plates, the shear rate tells you how quickly the velocity of the fluid changes from one plate to the other. For example, if the top plate is moving at a velocity of v and the bottom plate is stationary, and the distance between the plates is h, then the shear rate is the velocity difference divided by the distance.

5 Stress-Strain Curves

The stress-strain curve is a fundamental tool in rheology and materials science, providing a detailed graphical representation of how materials respond to applied forces. This curve is essential for understanding the mechanical properties of materials, whether they are solids, liquids, or soft matter. It plots stress on the vertical axis and strain on the horizontal axis, illustrating the relationship between the force applied to a material and the resulting deformation.

Stress is defined as the force applied per unit area of a material, quantified in units such as Pascals (Pa). Strain, on the other hand, measures deformation, representing the displacement of a material relative to its original length. It is a dimensionless quantity, often expressed as a percentage or fraction of the original length.

The stress-strain curve is divided into several key regions that reveal different aspects of material behavior. Initially, when stress is applied, the material typically deforms in an elastic manner, meaning it will return to its original shape once the stress is removed. In this ***elastic region***, the relationship between stress and strain is linear, and the curve follows a straight line (Fig. 4a). The slope of this line represents the material's modulus of elasticity, also known as ***Young's modulus***. This modulus indicates the material's stiffness, reflecting how much it deforms under a given amount of stress.

As stress increases, the material may enter a non-linear region where it starts to exhibit plastic behavior. This is known as the ***plastic region***, where the material undergoes plastic deformation, a permanent change in shape that does not reverse when the stress is removed. The point at which this transition occurs is known as the ***yield point*** or ***yield stress*** (Fig. 4b). This feature is crucial because it signifies the limit beyond which the material undergoes irreversible deformation. For many materials, this yield point is followed by a region of strain hardening, where the

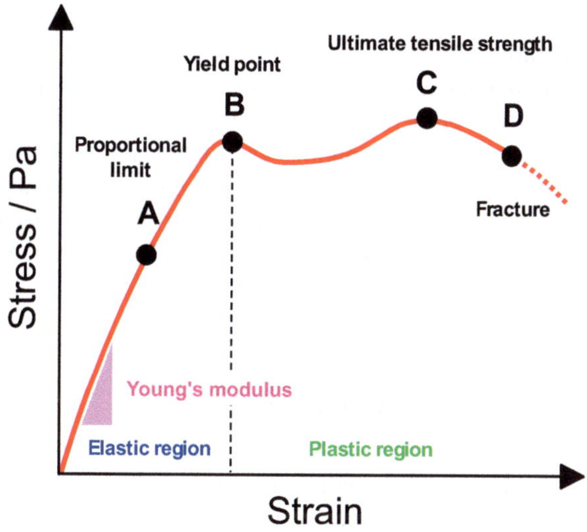

Fig. 4 Stress-strain curve

material becomes stronger and more resistant to further deformation as it is stretched or compressed. This behavior is common in metals and some polymers, where the material's internal structure becomes more organized and resistant to flow under continued stress.

Conversely, some materials exhibit strain softening after yielding. In this case, the material becomes weaker and more susceptible to deformation as strain increases. This phenomenon is observed in materials such as certain gels and foams, which can lose their structural integrity and become more deformable with increased stress.

In addition to these regions, the stress-strain curve may show a plateau or a region of constant stress, known as the ***Ultimate Tensile Strength*** (UTS). The UTS represents the maximum stress that the material can withstand before failing. Beyond this point (Fig. 4c), the material may experience necking, where it begins to thin and elongate in a localized area, leading to eventual fracture or rupture (Fig. 4d). The curve often ends with a steep drop, indicating the point of ***failure*** or ***fracture***.

The shape of the stress-strain curve can vary significantly depending on the type of material. For instance, ductile materials, such as many metals, exhibit a pronounced plastic region with clear yield points and significant strain hardening before failure. Brittle materials, like ceramics and some glasses, have a much shorter plastic region and fail more abruptly after reaching their ultimate tensile strength. Polymers and other soft materials may display more complex curves with multiple transitions between elastic, plastic, and viscoelastic behaviors.

Understanding the stress-strain curve is crucial for various practical applications. In engineering, the curve helps in designing structures and components that can withstand specific loads and stresses without failing. In manufacturing, it is used to select materials with appropriate properties for different products, ensuring durability and performance. In materials science, analyzing stress-strain curves provides insights into the fundamental properties of materials, such as their elasticity, strength, and ductility.

In summary, the stress-strain curve is an essential tool for characterizing the mechanical properties of materials. By examining the different regions of the curve, including the elastic region, yield point, plastic deformation, and ultimate tensile strength, one can gain valuable insights into how a material responds to applied forces. This understanding is critical for selecting materials for various applications, ensuring that they meet the required performance standards and behave predictably under different conditions.

6 Newtonian Behavior

In rheology, understanding how different materials flow is crucial, and one of the most fundamental types of flow behavior is known as Newtonian behavior. This concept is named after Sir Isaac Newton, who first described it in the seventeenth century. Newtonian behavior provides a simple yet essential framework for studying how fluids and other materials respond to forces.

Newtonian behavior describes a specific and predictable type of flow where the relationship between shear stress and shear rate is linear. To break this down, shear stress is the force that acts parallel to the surface of a material, causing different layers of the material to slide past each other. Shear rate, on the other hand, is the speed at which these layers are moving relative to each other.

In a Newtonian fluid, the viscosity—the measure of a fluid's resistance to flow—remains constant regardless of how much force is applied or how quickly the layers of the fluid are sliding past one another. This means that if you apply a small force, you get a certain rate of flow, and if you apply a larger force, the flow rate increases proportionally. This linear relationship is what defines Newtonian fluids (Fig. 5).

Imagine a glass of water. When you stir the water with a spoon, the effort required to stir it remains relatively constant whether you are stirring slowly or quickly. This is because water is a Newtonian fluid; its viscosity doesn't change with the rate

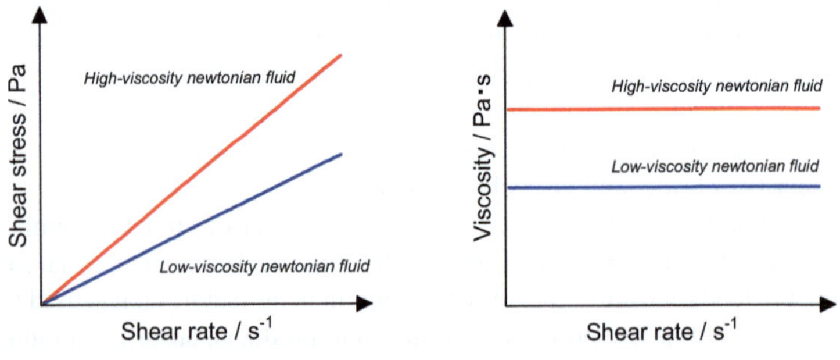

Fig. 5 Rheological behavior of a Newtonian fluid

of stirring. The resistance you feel while stirring is consistent, making the water's behavior predictable and straightforward to analyze.

This constant viscosity in Newtonian fluids is what makes them so important in scientific and engineering contexts. Viscosity is a key property that describes how "thick" or "thin" a fluid is. Fluids with high viscosity, like honey, resist flow more than fluids with low viscosity, like water. Because Newtonian fluids maintain a constant viscosity, their flow can be easily modeled and understood using simple mathematical equations.

Newtonian behavior stands in contrast to *non-Newtonian behavior* (described in the next section), where the viscosity of the material changes depending on the shear rate or stress applied. For instance, if you mix cornstarch with water, you create a non-Newtonian fluid known as oobleck. Oobleck behaves differently under varying conditions; it becomes more resistant to flow when subjected to sudden force, such as a quick stir, but flows more easily when handled gently. This variable viscosity makes oobleck a non-Newtonian fluid.

Understanding Newtonian behavior is foundational in rheology. It serves as a baseline for comparing more complex behaviors exhibited by non-Newtonian materials. By mastering the concept of Newtonian fluids, one can better appreciate and analyze the diverse range of material behaviors encountered in practical applications, from industrial processes to everyday products.

In summary, Newtonian behavior describes a type of fluid flow where viscosity remains constant regardless of the shear rate or stress. This predictable relationship simplifies the analysis and modeling of fluid behavior, providing a critical foundation for exploring more complex rheological phenomena.

7 Non-Newtonian Behavior

In the study of rheology, we encounter a fascinating variety of materials that do not adhere to the simple, predictable behavior of Newtonian fluids. While Newtonian fluids like water maintain a constant viscosity regardless of how much force is applied or how quickly they are stirred, non-Newtonian fluids exhibit more complex behaviors. These materials can change their flow properties depending on the shear rate, shear stress, or even the duration of stress applied. Understanding these behaviors helps us to design better products and processes in many industries.

Non-Newtonian behavior can be broadly classified into two categories based on their response to shear stress: ***shear-thinning (pseudoplastic)*** and ***shear-thickening (dilatant)*** fluids.

Shear-thinning fluids (pseudoplastic) exhibit a decrease in viscosity as the shear rate increases (Fig. 6a). This means that these fluids flow more easily under higher stress. Many everyday substances display shear-thinning behavior. For instance, ketchup is a familiar example. When you first try to pour ketchup from a bottle, it may seem thick and resistant to flow. However, when you shake the bottle or squeeze it,

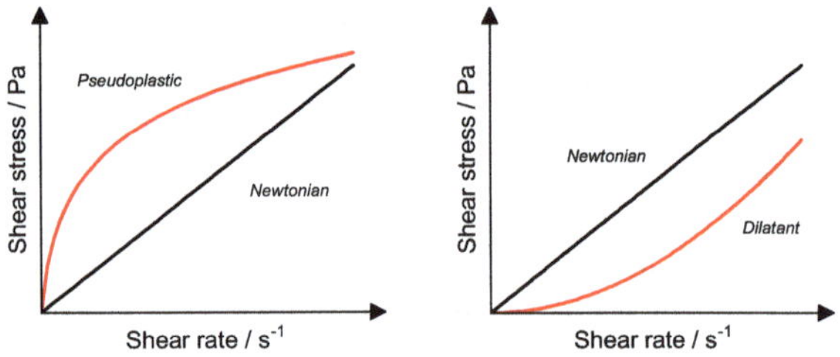

Fig. 6 Rheological behavior of **a** shear-thinning (pseudoplastic) and **b** shear-thickening (dilatant) fluids

the ketchup flows more freely. This behavior is advantageous in applications where ease of application is desired, such as in paints and coatings.

On the other hand, shear-thickening fluids (dilatant) exhibit an increase in viscosity as the shear rate increases (Fig. 6b). This means that the fluid becomes more resistant to flow when stirred or agitated rapidly. A classic example of a shear-thickening fluid is oobleck, a mixture of cornstarch and water. When you handle oobleck gently, it flows like a liquid. However, when you apply a sudden force, such as punching it or stirring it quickly, it temporarily behaves like a solid. This occurs because the particles in oobleck come closer together and form a network that resists movement, leading to increased viscosity.

Viscoelastic materials are another category that combines both viscous and elastic properties. These materials can stretch and return to their original shape, showing a blend of fluid-like and solid-like behavior. Rubber bands and some biological fluids, like blood, exhibit viscoelastic properties. They can deform under stress but also have the ability to recover their shape once the stress is removed.

Understanding non-Newtonian behavior is crucial for a wide range of practical applications. In the food industry, knowing how materials like sauces and dressings behave under different conditions helps in designing better packaging and processing methods. In pharmaceuticals, it is important to control the flow properties of gels and pastes to ensure they are effective and easy to use. In manufacturing, the behavior of non-Newtonian fluids can influence the design of equipment and processes, such as those used in the production of paints and coatings.

In summary, non-Newtonian fluids demonstrate complex and variable behaviors that deviate from the simple, constant viscosity of Newtonian fluids. These materials can change their flow properties depending on the shear rate, stress, or time, leading to a rich variety of flow behaviors. By exploring and understanding these non-Newtonian characteristics, we can better tailor materials and processes to meet specific needs and solve practical problems in numerous fields.

8 Dynamic Viscoelasticity

8.1 Introduction to Dynamic Viscoelasticity Measurement

Dynamic viscoelasticity measurement is a technique used to understand how materials respond to dynamic, or oscillatory, forces. This method is fundamental in characterizing materials that exhibit both *elastic* and *viscous* behaviors. By applying dynamic forces and measuring the resulting responses, researchers and engineers can gain valuable insights into a material's performance in real-world applications, where materials are subjected to varying stresses and strains.

Dynamic viscoelasticity is crucial for understanding materials that do not behave purely elastically (like rubber bands) or purely viscously (like honey), but rather show a combination of both properties. Elastic materials return to their original shape after deformation, while viscous materials continuously deform and do not fully recover their original shape. Many materials in practical use, including polymers, biological tissues, and complex fluids, exhibit such mixed behavior, making dynamic viscoelasticity a versatile and essential tool for analysis.

8.2 Basic Principles of Dynamic Viscoelasticity

Dynamic viscoelasticity measurements involve applying an oscillatory stress to a material and analyzing the resulting oscillatory strain. This analysis helps in understanding how materials store and dissipate energy. The applied stress and resulting strain can be described using sinusoidal functions, which are easier to handle mathematically and interpret physically.

When a material is subjected to an oscillatory force, the stress and strain responses are typically sinusoidal but can differ in phase. The phase difference between stress and strain provides critical information about the material's viscoelastic properties. The response of the material is characterized by two primary components: the storage modulus (G') and the loss modulus (G'').

- **Storage Modulus** (G') represents the material's ability to store energy elastically. It quantifies the amount of energy stored in the material during deformation, which can be recovered once the force is removed. A high storage modulus indicates a material that behaves more like an elastic solid.
- **Loss Modulus** (G'') represents the energy dissipated as heat due to internal friction within the material. This component quantifies the amount of energy lost during deformation, reflecting the material's viscous behavior. A high loss modulus indicates a material that exhibits significant internal friction and energy dissipation.

8.3 Applying Strain in Dynamic Measurements

Strain application is a critical aspect of dynamic viscoelasticity measurements. Strain refers to the deformation experienced by the material when stress is applied. Different methods of applying strain provide various insights into the material's behavior.

Oscillatory strain is the most common method in dynamic viscoelasticity measurements. An oscillatory strain is applied to the material, typically in the form of a sinusoidal function. The strain amplitude and frequency are varied to study how the material responds under different dynamic conditions. By analyzing the material's stress response to this oscillatory strain, researchers can determine the material's storage and loss moduli. This method provides a comprehensive understanding of the material's behavior across a range of frequencies and amplitudes.

In dynamic rheology, the strain applied to a material during testing is typically a ***sinusoidal wave*** (sine wave). This type of strain allows for the measurement of the material's response under oscillatory conditions, which is crucial for assessing its viscoelastic properties.

The applied strain (γ) is described mathematically as a sinusoidal function:

$$\gamma(t) = \gamma_0 \sin(\omega t) \tag{4}$$

where

- γ_0 is the **strain amplitude**, representing the maximum deformation applied to the material.
- ω is the **angular frequency**, which determines how fast the oscillations occur (related to the frequency of the applied strain).
- t is time.

By applying a sinusoidal strain, the material is deformed back and forth in a controlled manner, and the resulting stress is measured. This oscillatory strain allows researchers to analyze both the ***elastic*** (storage) and ***viscous*** (loss) responses of the material.

The sinusoidal strain is beneficial because it provides a ***periodic*** input, enabling the material to be tested across various frequencies, and helps determine how the material behaves under different time scales, from solid-like to liquid-like responses, as shown in Fig. 7.

8.4 Phase Difference in Dynamic Viscoelasticity

In dynamic viscoelasticity, when a material is subjected to oscillatory forces (like periodic stresses), the resulting stress does not always match the strain exactly in time. The *phase difference* between stress and strain is very important in understanding

Fig. 7 Schematic image of sinusoidal strains applied to a material

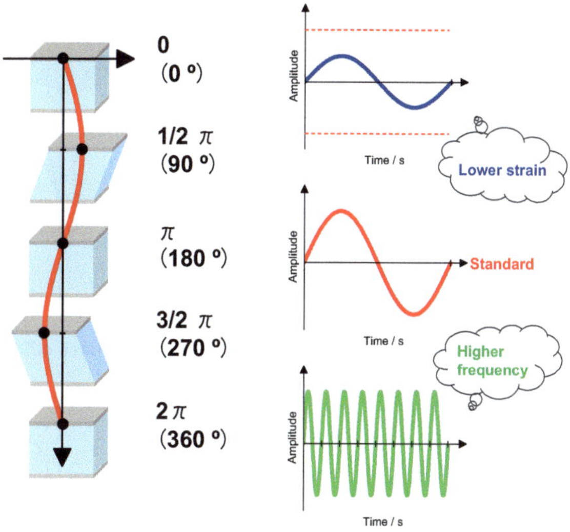

the material's behavior. This phase difference tells us whether the material behaves more elastically, more viscously, or somewhere in between, as shown in Fig. 8.

An ***ideal elastic material*** (like rubber) responds to deformation by storing energy and returning to its original shape once the applied force is removed. In this case, stress and strain are perfectly synchronized, meaning there is *no phase difference*. Both reach their maximum and minimum values at the same time, indicating that the material stores energy without loss. Elastic materials are useful in applications that require energy recovery, such as springs or shock absorbers.

An ***ideal viscous material*** (like syrup or oil) behaves differently. When force is applied, the material resists deformation and flows slowly. The stress and strain in a viscous material are *out of phase by 90°*. This means that when strain is at its maximum, stress is at its minimum, and vice versa. The material dissipates energy as heat, and it does not return to its original shape after the force is removed. Viscous materials are useful where energy dissipation, such as damping or fluid resistance, is needed.

Most real materials are ***viscoelastic***, meaning they exhibit both elastic and viscous behavior. The phase difference between stress and strain for a viscoelastic material ranges from *0° to 90°*, depending on the material's properties. If the material behaves more elastically, the phase difference is closer to 0°, and if it behaves more viscously, the phase difference is closer to 90°. In many real-world materials (like rubber, biological tissues, or polymers), the phase difference is somewhere in between, meaning the material stores some energy and dissipates some.

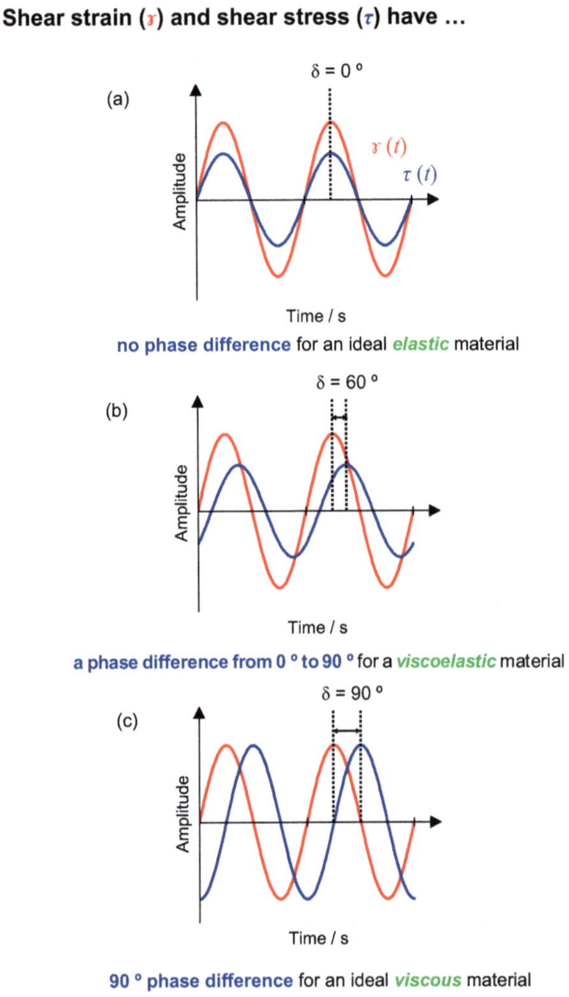

Fig. 8 Response to oscillatory strain for **a** an ideal elastic material, **b** a viscoelastic material, and **c** an ideal viscous material

8.5 Understanding Tan δ (Tangent Delta)

In dynamic viscoelasticity measurements, ***tan δ*** (tangent delta) is a key parameter that provides insights into the balance between a material's elastic and viscous responses. It is defined as the ratio of the loss modulus (G'') to the storage modulus (G'):

$$\tan(\delta) = \frac{G''}{G'} \tag{5}$$

As described in Sect 8.2., G' (the storage modulus) represents the ***elastic*** component of the material's response, describing how much energy is stored and can be recovered when the material is deformed. In contrast, G'' (the loss modulus) represents the ***viscous*** component, describing how much energy is lost as heat (i.e., the material's resistance to flow).

Tan δ provides a measure of the relative contributions of the elastic and viscous components to the material's overall response. A high tan δ value indicates that the material exhibits more viscous behavior, with a significant amount of energy being dissipated as heat. This is typical of materials like gels, liquids, and soft elastomers, where internal friction is more pronounced.

Conversely, a low tan δ value suggests that the material behaves more elastically, with a higher amount of energy being stored rather than dissipated. This characteristic is typical for solid-like materials, such as hard rubbers or certain polymers, where the elastic behavior predominates.

It is used to quantify the *relative importance* of the material's elastic and viscous behavior.

- When **tan(**δ**) < 1**, the material behaves more ***like a solid*** (elastic), where the storage modulus G' dominates.
- When **tan(**δ**) > 1**, the material behaves more ***like a liquid*** (viscous), where the loss modulus G'' dominates.
- When **tan(**δ**) = 1**, the material is ***in a perfect balance*** between elasticity and viscosity, often seen in materials like gels or soft solids.

In summary, ***tan(δ)*** helps to assess the balance between the elastic and viscous behaviors of a material, providing insights into whether the material behaves more like a solid or a liquid under dynamic conditions.

8.6 Complex Numbers in Dynamic Viscoelasticity

The use of complex numbers greatly simplifies the analysis of dynamic viscoelastic measurements. When studying materials under oscillatory stress and strain, the ***complex modulus*** G^* is used to combine both the storage and loss moduli into a single complex quantity:

$$G^* = G' + iG'' \tag{6}$$

where i is the imaginary unit. The magnitude of the complex modulus G^* is calculated as follows:

$$|G^*| = \sqrt{(G')^2 + (G'')^2} \tag{7}$$

This magnitude represents the overall stiffness of the material under oscillatory conditions. Additionally, the ***phase angle*** δ, which represents the phase difference between the applied stress and the resulting strain, is given by the following:

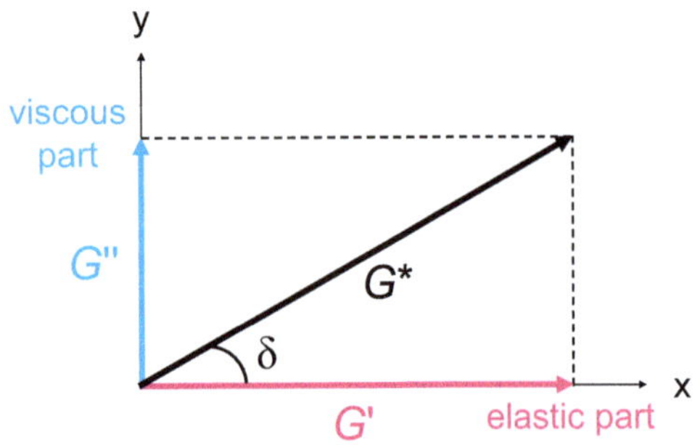

Fig. 9 Complex representation of the dynamic modulus (G^*) including $G^{'}$ (storage modulus) and $G^{''}$ (loss modulus) in rheological analysis

$$\delta = \arctan\left(\frac{G''}{G'}\right) \tag{8}$$

The phase angle δ indicates how much the strain is delayed relative to the stress, providing insights into the material's viscoelastic behavior. The tangent of this phase angle is known as tan δ.

By representing stress and strain as complex quantities, researchers can more easily separate and analyze the ***elastic*** (storage) and ***viscous*** (loss) components of a material's response. This approach provides a clearer understanding of how materials behave under oscillatory conditions (Fig. 9).

9 Summary

By mastering the fundamentals of rheology, you'll gain fresh perspectives on how to evaluate, design, and optimize soft materials in everyday life. Soft materials, which often exhibit complex and unpredictable behaviors, become much easier to understand when you apply the principles of rheology. This deeper understanding can reveal insights into material properties that may have been overlooked before, offering new avenues for innovation. As you continue to learn, you'll see how rheology not only opens up new possibilities for material design but also enhances your ability to analyze and improve the materials that we rely on in various industries. Embrace this journey of discovery, and you'll gain a profound appreciation for how materials behave in the world around you—whether it's the way a gel responds to pressure, how paint spreads on a surface, or how food textures change under different conditions. Keep exploring—there's so much more to discover!

Acknowledgments The author would like to thank Prof. Tomonori Hanasaki, Prof. Naotake Nakamura, Dr. Phillipe Martinoty, Dr. Daniel Rogez, Dr. Dominique Collin, Prof. Riadh Zouali, Prof. Hiroshi Orihara, Prof. Yoshinori Takikawa for their contribution to the rheological studies of soft materials.

References

1. G.E.R. Lloyd, *Greek Science after Aristotle* (Norton, 1973)
2. C.W. Macosko, *Rheology: Principles, Measurements, and Applicaions* (Wiley, 1994)
3. M. Reiner, The definition of rheology. Rheology (1929)
4. G. Astarita, Rheology of polymeric systems. J. Non-Newtonian Fluid Mech. (2007)
5. S. Timoshenko, J.N. Goodier, *Theory of Elasticity* (McGraw-Hill, 1970)
6. C.J.H. Johnson, D.C.M. Blackwell, The mechanical properties of viscoelastic materials. J. Appl. Phys. **19**(9), 965–970 (1948)
7. I.M. Kreiger, *Advances in Rheology* (Academic Press, 1972)
8. M. Morton, The role of rheology in polymer science. Polym. Rev. **47**(4), 617–644 (2007)
9. J.R.G. Woodward, Rheological properties of polymers. J. Rheol. **38**(5), 1019–1035 (1994)
10. H. Brenner, J. Sitaraman, Advances in the rheology of complex fluids. Annu. Rev. Fluid Mech. **40**, 173–202 (2008)
11. J. Mewis, N.J. Wagner, *Colloidal Suspension Rheology* (Cambridge University Press, 2012)
12. T.K. Ghosh, Rheology of food materials. Food Eng. Rev. **2**(2), 98–109 (2007)
13. J. Niskanen et al., Rheological properties of pharmaceutical suspensions. Int. J. Pharm. **339**(1–2), 50–57 (2007)
14. S. D'Addio et al., The role of rheology in cosmetic formulations. Int. J. Cosmet. Sci. **41**(3), 203–215 (2019)
15. G. Schramm, *Applied Polymer Rheology: Polymeric Fluids with Industrial Applications* (Wiley, 2000)

Aromaticity for Functional Soft Materials

Hiroshi Katagiri

1 Hückel's Rule

Hückel's rule is a principle used to determine whether planar cyclic molecules exhibit aromatic behavior [1]. It states that for a planar cyclic molecule to be classified as aromatic, the number of delocalized π electrons in the ring system must equal $4n + 2$, where n is a positive integer or zero. This rule provides a straightforward method for evaluating the potential aromaticity of a given cyclic conjugated system solely by the number of π electrons present. Molecules that fulfill the $4n + 2$ π-electron number are predicted to have enhanced thermodynamic stability due to the delocalization of these π electrons in cyclic molecular orbitals. This enhanced stability manifests itself in properties characteristic of aromatic compounds, such as reduced reactivity and anomalous intra-ring bond length equalization. Hückel's rule has proven invaluable in rationalizing and predicting the aromaticity of numerous planar cyclic molecules encountered in organic chemistry and related fields.

Aromatic compounds have greater thermodynamic stability than their acyclic counterparts with an equivalent number of π electrons. For example, the aromatic hydrocarbon benzene has greater stability than the non-aromatic linear polyene 1,3,5-hexatriene (Fig. 1a). On the other hand, planar cyclic molecules that are fully conjugated but contain $4n$ π electrons, where n is a positive integer, are classified as antiaromatic. These antiaromatic species are characterized by properties that contrast with those of aromatic analogs, making them less stable than analogous acyclic polyenes with the same number of π electrons. An illustrative example is cyclobutadiene, which is less stable than its non-cyclic isomer 1,3-butadiene (Fig. 1b). Hückel's rule

H. Katagiri (✉)
Graduate School of Organic Materials Science, Yamagata University, 4-3-16 Jonan, Yonezawa, Yamagata 992-8510, Japan
e-mail: kgri7078@yz.yamagata-u.ac.jp

M. Funahashi (ed.), *Functional Soft Matter I*,
https://doi.org/10.1007/978-981-92-0108-2_7

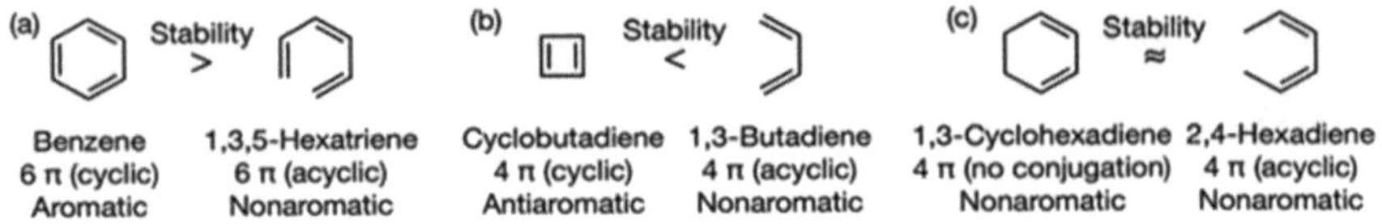

Fig. 1 Aromatic system: relationship between cyclic and acyclic compounds

is derived from simplified quantum chemical considerations of delocalized molecular orbitals, and its predictive power extends to molecules with numerous delocalized π electrons. Conversely, compounds that violate the criteria for aromaticity, such as being non-cyclic or non-planar or lacking continuous conjugation despite being cyclic and planar, are classified as non-aromatic. These species have stabilities comparable to those of acyclic polyenes with an equivalent number of π electrons. The non-aromatic cyclic polyene 1,3-cyclohexadiene is an example, having a stability analogous to that of the acyclic *cis,cis*-2,4-hexadiene (Fig. 1c).

Figure 2 depicts the molecular-orbital energy-level diagrams and π electron configurations for a series of neutral, planar, fully conjugated monocyclic compounds containing between 3 and 10 carbon atoms. According to Hückel's rule, the lowest energy level is $\alpha + 2\beta$, where α represents the Coulomb integral and β denotes the resonance integral, which is always negative. Furthermore, the energy α, which corresponds to the energy of an isolated p orbital, is associated with the non-bonding energy level. In accordance with Hund's rule, odd-membered rings are represented as radical species with unpaired electrons occupying degenerate molecular orbitals. The quantity and relative energies of these molecular orbitals are governed by the number of carbon atoms constituting the ring and the molecular symmetry inherent to each system. The population of π electrons within these molecular orbitals adheres to the Pauli exclusion principle, dictating a maximum occupancy of 2 electrons per orbital, with paired electrons having opposite spin quantum numbers.

In aromatic compounds, the molecular orbital with the lowest energy is occupied by 2 electrons, while each successive energy level accommodates 4 electrons, with the number of these higher energy levels denoted by the integer n. This electronic configuration gives rise to a total of $(4n + 2)$ π electrons in aromatic systems. The delocalized molecular orbitals of benzene, the quintessential aromatic molecule, are constructed from the linear combination of 6 atomic p orbitals. Benzene has 6 π electrons, the 2 lowest energy electrons occupying the bonding molecular orbital of lowest energy, and the remaining 4 populating the next 2 degenerate bonding orbitals. This complete filling of all bonding molecular orbitals results in a closed-shell electron configuration, conferring significant thermodynamic stability on the molecule. Consequently, benzene and other aromatic compounds are characterized by the complete occupancy of bonding orbitals and the absence of electrons in anti-bonding orbitals. This electronic structure is a fundamental determinant of the unique properties of aromatic systems, including their enhanced stability, reduced reactivity, and distinct spectroscopic signatures compared with their non-aromatic counterparts.

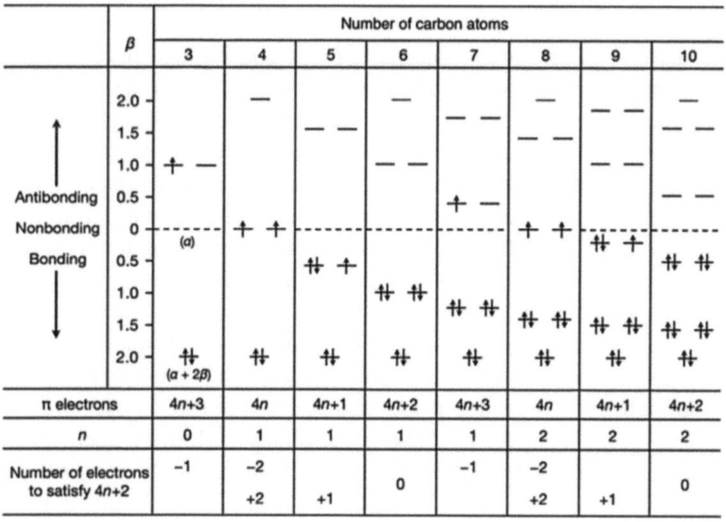

Fig. 2 π-Electron structure and energy level of monocyclic conjugated polyenes from Hückel system. The lowest energy orbital is $\alpha + 2\beta$. The energy α, the isolated π-orbital energy, corresponds to the nonbonded level

Portella et al. [10] Annulene, a monocyclic conjugated polyene with 10 π electrons, would be expected to have an aromatic character on the basis of its electronic structure (Fig. 3a). However, it adopts a non-planar, distorted geometry due to the steric repulsion between the hydrogen atoms attached to the sp^2-hybridized carbon atoms. This deviation from planarity disrupts the continuous orbital overlap and precludes the effective delocalization of the π electrons, resulting in a non-aromatic system. In contrast, bridging [10] annulene with a methylene group yields methano [10] annulene [2], a structural variant that alleviates the steric strain and allows the molecule to attain a planar conformation. The restored planarity and contiguous π-orbital overlap in methano [10] annulene enable the delocalization of the 10 π electrons, conferring aromatic properties on the molecule [3].

Polycyclic Aromatic Hydrocarbons (PAHs) such as naphthalene and anthracene also satisfy Hückel's rule for aromaticity (Fig. 3b). Naphthalene composed of 2 fused benzene rings has 10 π electrons while anthracene comprising 3 linearly fused benzene rings has 14 π electrons. Both molecules fulfill the $4n + 2$ criterion for aromaticity where n is a non-negative integer. The extended π-conjugation

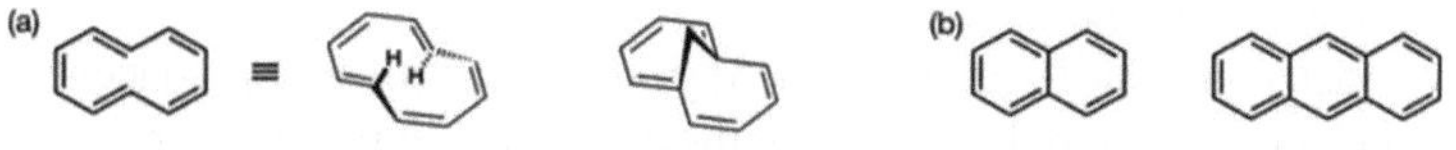

[10]Annulene
10 π (if planar) Aromatic
10 π (not planar) Nonaromatic
Methano[10]annulene 10 π (planar) Aromatic
Naphthalene 10 π (planar) Aromatic
Anthracene 14 π (planar) Aromatic

Fig. 3 Aromatic system: planarity and polycyclic compounds and the ability of these molecules to maintain a planar geometry contribute to their aromatic character resulting in enhanced stability and distinct spectroscopic properties. However it is crucial to recognize that Hückel's rule in its strictest sense applies only to monocyclic conjugated systems. The extension of this rule to polycyclic aromatic compounds such as naphthalene and anthracene is based on the assumption that these molecules can be treated as a composite of individual aromatic rings. While this approach provides a useful approximation for predicting the aromatic character of PAHs more sophisticated theoretical approaches are required for a thorough understanding of their electronic structure and properties

Conjugated monocyclic systems with $4n$ π electrons, where n is a positive integer (e.g., 4, 8, 12), not only lack the characteristic properties of aromatic compounds, but are also less stable and more reactive than their acyclic counterparts. This behavior can be rationalized by examining the molecular-orbital energy-level diagrams of these systems (Fig. 2). In cyclobutadiene and planar cyclooctatetraene, the Highest Occupied Molecular Orbital (HOMO) is a non-bonding, doubly degenerate orbital. Consequently, the ground-state electronic configuration of these molecules is a diradical, with 2 unpaired electrons occupying the degenerate orbitals. This open-shell configuration precludes the stabilizing effects associated with a closed-shell electronic structure, which is a hallmark of aromatic systems.

To satisfy Hückel's rule and achieve a closed-shell configuration, these $4n$ π electron systems would need to either gain or lose 2 electrons. The addition of 2 electrons would lead to the complete filling of the non-bonding orbitals, while the removal of 2 electrons would result in the complete depletion of these orbitals. However, in their neutral state, both cyclobutadiene and planar cyclooctatetraene are inherently unstable and are classified as antiaromatic compounds. The presence of unpaired electrons in the non-bonding orbitals renders such molecules highly reactive and prone to structural distortions that alleviate the antiaromatic character.

In fact, cyclooctatetraene adopts a non-planar, tub-shaped conformation to minimize the destabilizing effects of antiaromaticity (Fig. 4a). This geometric distortion breaks the conjugation between the double bonds, lifting the degeneracy of the non-bonding orbitals and splitting them into 2 distinct orbitals with different energies. As a result, the 2 π electrons occupy the lower-energy orbital, leading to an electronic configuration analogous to that of an isolated alkene. Consequently, tub-shaped cyclooctatetraene is classified as a non-aromatic compound.

Similarly, heptalene [4], a bicyclic system with 12 π electrons ($4n$, where n = 3), would be predicted to be antiaromatic if it were planar (Fig. 4b). However, the molecule undergoes a geometric distortion, adopting a twisted conformation that disrupts the continuous conjugation and alleviates the antiaromatic character, resulting in a non-aromatic system.

In contrast, pentalene (8 π electrons) [5], biphenylene [6], and s-indacene [7] (both with 12 π electrons) are polycyclic systems that maintain planar geometries despite their $4n$ π electron count (Fig. 4c). These molecules are classified as antiaromatic compounds, exhibiting the destabilizing effects associated with the occupation of antibonding orbitals. Their antiaromatic character is manifested in their reduced stability, increased reactivity, and distinct spectroscopic properties.

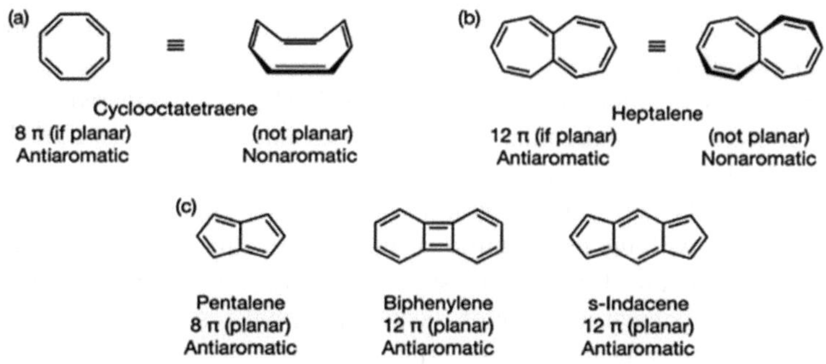

Fig. 4 Antiaromatic system: planarity and polycyclic compounds

The concept of antiaromaticity, as exemplified by $4n$ π electron systems, underscores the importance of electronic structure and molecular geometry in determining the properties of conjugated cyclic compounds. The destabilizing effects of antiaromaticity arise from the occupation of antibonding orbitals and the presence of unpaired electrons, leading to open-shell electronic configurations. The interplay between electronic structure and geometric constraints dictates the ultimate fate of these systems, whether they retain their antiaromatic character or undergo structural distortions to attain a more stable, non-aromatic state.

The stabilizing effect of closed-shell electron configurations, as predicted by Hückel's rule, extends beyond neutral molecules to encompass charged species as well (Fig. 5). The presence of a formal charge on a compound does not negate the applicability of the $4n + 2$ π electron rule, as long as the total number of π electrons satisfies this criterion.

Consider the case of C_5H_5, a monocyclic system composed of 5 sp^2-hybridized carbon atoms. The molecular-orbital diagram of this system features 3 bonding orbitals and 2 antibonding orbitals. With 5 π electrons, C_5H_5 falls into the $4n + 1$ category (where $n = 1$), resulting in a radical species (Fig. 2). In the cyclopentadienyl radical, the 5 π electrons populate the 3 bonding orbitals, leaving 1 electron unpaired. Consequently, the radical does not achieve a closed-shell electronic structure. However, the addition of 1 more π electron to this system, forming the cyclopentadienyl anion, leads to a total of 6 π electrons, satisfying the $4n + 2$ rule (Fig. 5a). This closed-shell configuration enhances the stability of the anion, as evidenced by the acidic character of the methylene hydrogen in cyclopentadiene. Similarly, the

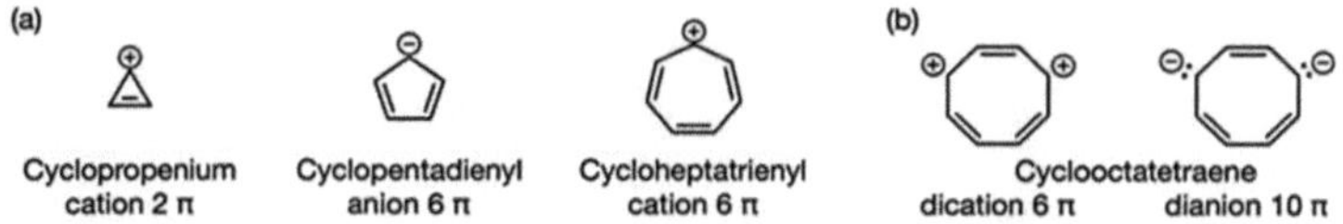

Fig. 5 Aromatic ions

cyclopropenyl cation, with its 2 π electrons, fulfills the $4n + 2$ criterion and shows remarkable stability.

An analogous situation arises in the case of C_7H_7, a 7-membered ring with 3 bonding orbitals and 4 antibonding orbitals. Possessing 7 π electrons, C_7H_7 belongs to the $4n + 3$ category (where $n = 1$) and adopts a radical electronic configuration (Fig. 2). In the cycloheptatrienyl radical, the 7 π electrons occupy all 3 bonding orbitals, with the last electron occupying an antibonding orbital. To attain a closed-shell structure, 1 electron must be removed from this antibonding orbital. The resulting cycloheptatrienyl cation, bearing a formal positive charge, contains 6 π electrons and conforms to the $4n + 2$ rule (Fig. 5a).

Cyclooctatetraene has 8 π electrons, falling into the $4n$ category (where $n = 2$) (Fig. 5b). The neutral cyclooctatetraene is inherently unstable owing to its antiaromatic character and undergoes geometric distortion to a non-planar conformation to alleviate this instability. To satisfy Hückel's rule and attain a closed-shell configuration, cyclooctatetraene must either gain or lose 2 π electrons. The addition of 2 electrons would generate the aromatic cyclooctatetraenide dianion, while the removal of 2 would yield the antiaromatic cyclooctatetraene dication.

Compounds containing heteroatoms within their ring systems can have an aromatic character, provided they meet the necessary criteria for aromaticity. These molecules, known as heterocyclic compounds, incorporate 1 or more non-carbon atoms into their cyclic framework. Furan, pyrrole, and thiophene are quintessential examples of 5-membered heterocyclic compounds, respectively featuring oxygen, nitrogen, and sulfur heteroatoms (Fig. 6a). In these systems, 6 π electrons are delocalized over the 5 atoms constituting the ring, resulting in an electron-rich character for the carbon atoms. Notably, all carbon atoms in these rings are sp^2-hybridized, along with the heteroatoms, with their lone pair electrons occupying the 2p orbital. The combination of these lone pair electrons and the π electrons contributed by the carbon atoms gives rise to a 5-membered ring π-conjugated system with 6 π electrons, fulfilling the $4n + 2$ Hückel's rule. Consequently, furan, pyrrole, and thiophene display aromatic properties, being isoelectronic with the cyclopentadienide anion.

Similarly, 6-membered aromatic heterocyclic compounds, such as pyridine, diazine, and triazine, incorporate nitrogen atoms into their ring systems (Fig. 6b). The presence of 3 conjugated double bonds within the ring gives rise to a 6-membered π-conjugated system with 6 π electrons, satisfying the $4n + 2$ rule. In these compounds, the lone pair of electrons on the nitrogen atom resides in an sp^2 hybrid orbital and does not participate in the conjugated system. The electron-withdrawing nature of the nitrogen atom leads to an electron-rich character at the nitrogen position, while

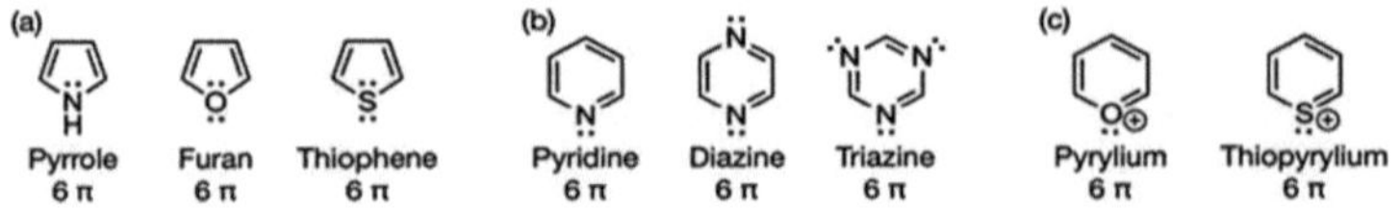

Fig. 6 Heterocyclic aromatic compounds

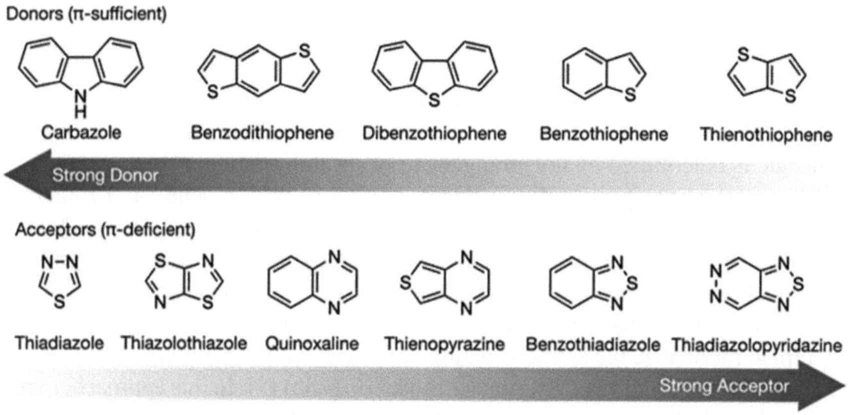

Fig. 7 Schematic representation of heterocyclic aromatic compounds functioning as electron donors and electron acceptors. The strength of the donor and acceptor follows the HOMO and LUMO levels obtained through DFT (B3LYP/6-31 g) calculations

the carbon atoms in the ring become relatively electron-deficient. Charged species, such as pyrylium and thiopyrylium ions, also have aromatic properties (Fig. 6c).

The electronic properties of heterocyclic compounds are dictated by factors such as ring size, the position and number of heteroatoms, and the overall electronic distribution. These compounds can be classified as π-excessive aromatic (donor) or π-deficient aromatic (acceptor) systems on the basis of their electronic characteristics. Heterocyclic compounds have emerged as crucial building blocks for π-conjugated materials targeted at various applications, including Organic Field-Effect Transistors (OFETs), Organic Photovoltaics (OPVs), and organic fluorescent dyes. Figure 7 illustrates the donor–acceptor properties of some representative heterocyclic compounds, highlighting their significance in the design and development of functional organic materials.

The incorporation of heteroatoms into aromatic ring systems introduces a new level of complexity and tunability to the electronic properties of these compounds. The interplay between the heteroatoms and the carbon framework, along with the resulting electronic distribution, governs the reactivity, stability, and optoelectronic characteristics of heterocyclic aromatic compounds. Understanding the fundamental principles underlying the aromaticity and electronic properties of these systems is crucial for the rational design and optimization of heterocyclic compounds for various applications in organic electronics and materials science.

2 Clar's Rule

Hückel's rule, in its original formulation, is strictly applicable to monocyclic π-conjugated rings, and PAHs may not always adhere to it. The aromaticity of a molecule is determined by the arrangement of its atoms and not solely by the total number of electrons present. For instance, tetracene and chrysene, both containing 18 π electrons, are aromatic compounds that satisfy the $4n + 2$ criterion and can be described by Hückel's rule (Fig. 8a). Conversely, pyrene, a historically significant functional molecule known for its excimer behavior, is chemically aromatic despite possessing 16 π electrons, which does not conform to Hückel's $4n + 2$ rule. The first attempt to rationalize the aromatic nature of pyrene was made through the extension of Hückel's rule using Platt's perimeter model (Fig. 8b) [8]. In this approach, pyrene is treated as a [14] annulene by disregarding the central double bond and considering only the perimeter of the molecule. This model allows for the explanation of pyrene's aromatic character within the framework of Hückel's rule. Another important empirical rule that correlates the chemical stability and aromaticity of PAHs is Clar's rule [9]. According to this rule, the resonance structure with the highest number of disjoint aromatic π-sextets, known as the Clar structure, is the most significant in determining its chemical and physical properties. In the case of pyrene, there are 2 distinct ways to depict the Clar sextets (Fig. 8c). Form 1 has 2 Clar sextets, while Form 2 has only 1, making Form 1 the preferred representation. To elucidate the location of electron delocalization in pyrene, Nucleus-Independent Chemical Shifts (NICS) calculations can be used. These calculations reveal a higher degree of delocalization in rings A and D than in rings B and C, providing insights into the electronic structure and aromatic character of pyrene.

Clar's aromatic sextet rule has been extensively used to predict the reactivity and stability of PAHs with closed-shell electron configurations. Both anthracene and phenanthrene, containing 14 π electrons, are classified as aromatic compounds (Fig. 8d), but phenanthrene has greater stability. The anthracene molecule can be represented by 3 resonance structures, each featuring a Clar sextet (depicted as a circle) in 1 ring and 2 sets of double bonds in the remaining rings. Anthracene is best described by a superposition of these 3 equivalent structures, with an arrow indicating the presence of a migrating π-sextet. In contrast, phenanthrene has 2 resonance structures. The dominant structure has 2 peripheral rings, each containing a Clar sextet, and a central ring with 1 double bond. This resonance structure, with the highest number of disjoint aromatic π-sextets, makes the most significant contribution to the characteristics of phenanthrene. The alternative structure, featuring a Clar sextet in the central ring and 2 double bonds in each adjacent ring, is less favored. The stability and realistic nature of a PAH's mesomeric descriptor increase with the number of Clar sextets present.

Clar's aromatic sextet rule provides a theoretical framework to elucidate the enhanced thermodynamic stability of picene relative to pentacene, suggesting that phenacene-type extension confers greater stability compared to linear acene-type

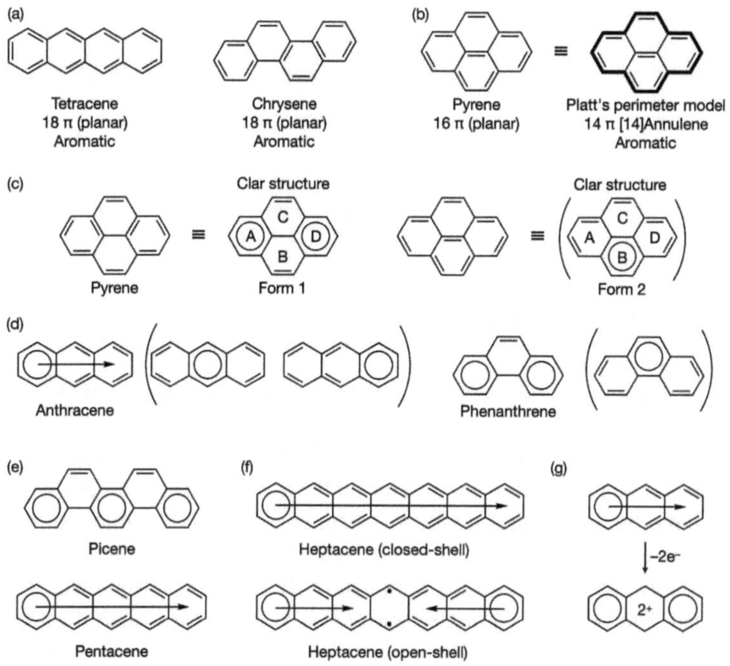

Fig. 8 Hückel's 4n + 2, Platt's perimeter, and Clar's sextet rule for polycyclic aromatic hydrocarbons

extension (Fig. 8e) [10]. The applicability of Clar's rule extends beyond closed-shell Polycyclic Aromatic Hydrocarbons (PAHs), offering insights into the electronic structure and stability of open-shell and charged species. For instance, higher-order oligoacenes, specifically from hexacene to decacene, exhibit open-shell singlet biradical ground states rather than closed-shell configurations (Fig. 8f) [11, 12]. This concept can be extrapolated to analyze the stability of open-shell biradicals or polyradical structures in other extended PAHs [13, 14]. Moreover, Clar's rule proves valuable in elucidating the molecular structure and aromaticity of PAHs in their singlet dicationic states (Fig. 8g) [15, 16]. The number of aromatic sextets plays a crucial role in determining the ground-state electronic configuration of these systems.

Understanding the aromaticity of PAHs is crucial for predicting their chemical reactivity, stability, and optoelectronic properties. The interplay between Hückel's rule, Platt's perimeter model, Clar's rule, and computational approaches offers a comprehensive framework for exploring the aromatic nature of these compounds. By combining these different perspectives, researchers can gain a deeper understanding of the factors governing the aromaticity and properties of PAHs, enabling the rational design and development of novel functional materials based on these fascinating molecular structures.

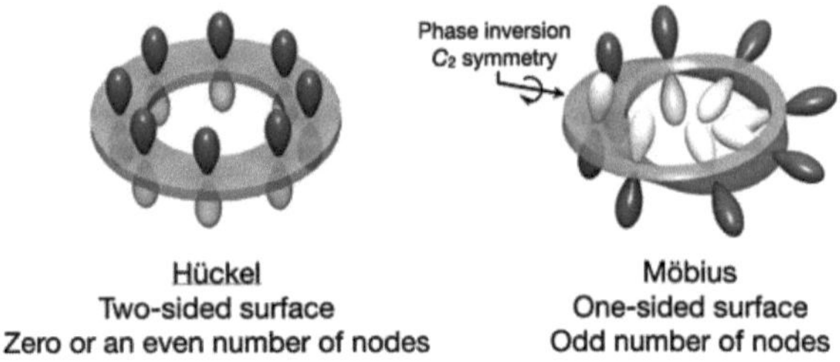

Fig. 9 Topologies of conjugated π-electron systems with Hückel (2-sided) and Möbius (1-sided) systems

3 Möbius Aromaticity

Möbius aromaticity is observed in cyclic-conjugated systems with molecular topology similar to a Möbius strip [17, 18]. A Möbius strip is a 1-sided surface obtained by cutting a closed band into a single strip, twisting 1 end through 180°, and then rejoining the 2 ends (Fig. 9). Thus, if the π-conjugation framework is twisted so that the p orbitals constituting the π system contain an odd number of nodes, the molecule can gain Möbius aromatic stabilization. The p orbitals themselves become twisted as they twist around the π-conjugation framework, introducing nodes into the orbitals. The twisted p orbitals form a C_2-symmetric π system located on the surface of the Möbius strip. In contrast, Hückel molecules are 2-sided surfaces, and the p orbitals constituting the π system have 0 or an even number of nodes.

Figure 10 shows the molecular orbitals, energy levels, and aromaticity of Hückel and Möbius systems. In ordinary planar annulenes such as benzene, the overall stability of the molecule is provided by the presence of $4n + 2$ electrons in the delocalized π electron system, accompanied by a closed-shell Hückel occupancy. On the other hand, when $4n$ electrons are present, Hückel molecular-orbital analysis results in an open-shell configuration, which leads to destabilization of the molecule, contrary to the case where there is no delocalization of electrons. This destabilization is known as the "antiaromatic" characteristic. However, in the case of Möbius systems with a 180° phase shift introduced into the sequence, a closed-shell electron configuration is obtained for $4n$ electrons and an open-shell electron configuration for $4n + 2$ electrons, reversing the stabilization pattern.

The secular equations for both Hückel and Möbius systems differ only in the sign of the β term highlighted in the box: the $-\beta$ in the secular equation of the Möbius annulene represents the sign inversion (Fig. 11). In Hückel systems, there is no degeneracy in the lowest energy-level orbitals, whereas in Möbius systems, the lowest energy level is doubly degenerate. The stability of each energy level is lower than in the case of no twisting, because the overlap of pπ–pπ resonance decreases. In the case of the Möbius strip, it is only when the twists are distributed evenly around the ring that it is clear from energy calculations of the π electrons on the twisted p orbitals that the energy lost owing to orbital overlap reduction is equal to the energy gained by combining the 2 electrons on the non-bonding orbitals into the lowest energy-molecular orbital ($\alpha + 2\beta$). In other words, to realize the "aromatic" electron configuration, which is predicted to be particularly stable when the bonding

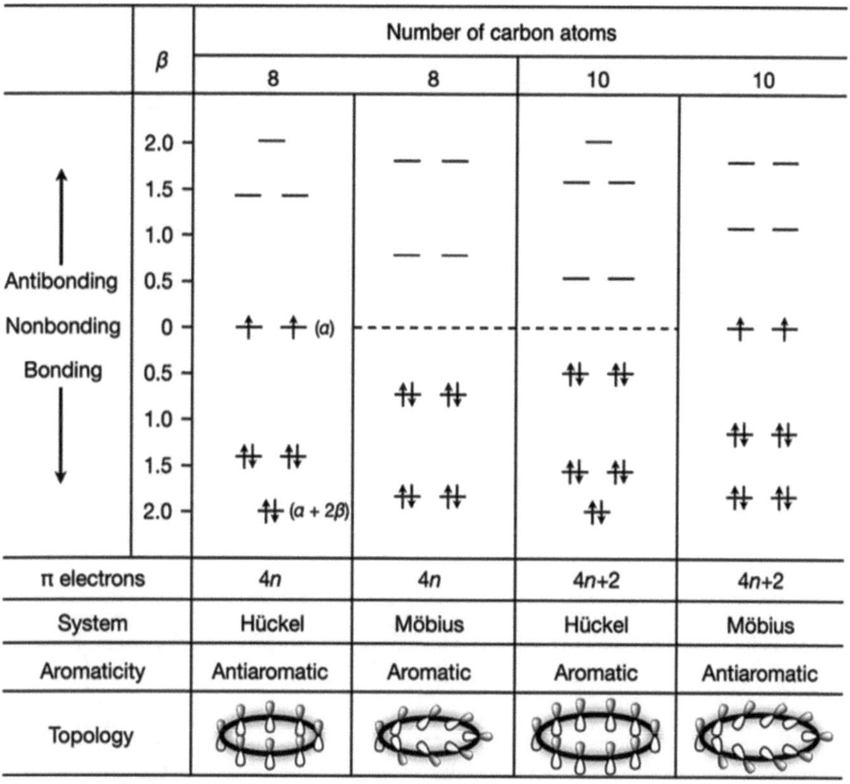

Fig. 10 π-electron structure and energy level of monocyclic-conjugated polyenes from Hückel and Möbius systems. The lowest energy orbital in a Hückel annulene is $\alpha + 2\beta$. The energy α, the isolated p-orbital energy, corresponds to the nonbonded level

orbitals are filled to form a closed shell, $4n + 2$ electrons are required in the former case and $4n$ electrons in the latter case. Therefore, the conditions for aromaticity and antiaromaticity in Hückel and Möbius molecules are reversed.

Several Möbius aromatic molecules have been synthesized to date. Notably, the use of porphyrins, which are ubiquitous as functional aromatic scaffolds, has garnered significant attention. In contrast to the robust porphyrin skeleton itself, wherein 4 pyrrole rings are interconnected via meso-methine bridges, expanded porphyrins with a greater number of pyrrole units have such flexibility that they readily undergo conformational changes. This characteristic renders them attractive for investigating variations in aromaticity across diverse molecular topologies.

A seminal report in this field concerns A, D-di-*p*-benz [28] hexaphyrin (1.1.1.1.1), which has dynamic Hückel–Möbius aromaticity (Fig. 12) [19, 20]. This compound has a 28 π electron conjugation pathway. Its single-crystal X-ray structure reveals a Fig. 8 conformation with C_2 symmetry (Fig. 12 center). The 2 *para*-phenylene rings (A and D) are inequivalent; one is parallel to the C_2 symmetry axis, the other

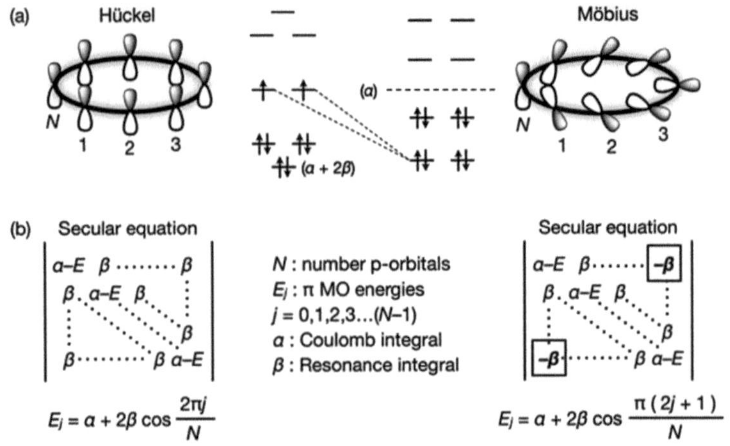

Fig. 11 General solution for the orbital energies of Hückel-type (left) and Möbius-type (right) annulenes: **a** π-electron energy levels for $4n$ ($n = 2$) electron occupancy. **b** The secular equations and solutions for the orbital energies

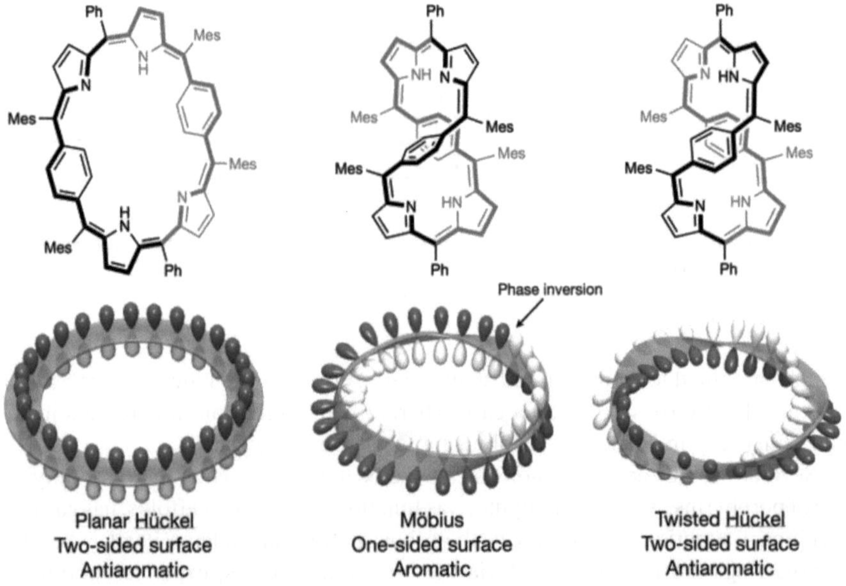

Fig. 12 Molecular structure of A, D-di-*p*-benzi [28] hexaphyrin (1.1.1.1.1.1). Bold lines indicate the 28 π electron conjugation pathway. Planar Hückel (left), Möbius (center), and twisted (Fig. 8) Hückel (right) conformations

perpendicular. However, in solution, this compound exists in equilibrium between the Möbius and twisted-Hückel conformations (Fig. 12 center and right), in which the 2 rotatable *para*-phenylene rings act as a topology selector. Interestingly, the Möbius conformer displays chemical shifts characteristic of large cyclic aromatic molecules, as anticipated from its 28 π electron conjugated circuit and Möbius topology. Conversely, the Hückel conformer displays typical paratropic ring current effects observed in monocyclic $4n$ π antiaromatic species.

The discovery that this molecule can toggle between Hückel aromaticity and Möbius aromaticity depending on solvent polarity and temperature represents the first example of an organic molecule with reversible topology switching from an antiaromatic Hückel state to an aromatic Möbius state—in other words, from a 2-sided Hückel to a 1-sided Möbius symmetry. The ability to dynamically switch between Hückel and Möbius topologies, which have distinct electronic structures and properties, by introducing slight changes in environmental conditions (temperature, solvent, pH) or ring structure is one of the most compelling applications of [28] hexaphyrins. The potential application of Hückel–Möbius aromaticity switching in expanded porphyrins has been reported, such as their function as conductance switching devices [21, 22] or efficient non-linear optical switches [23].

4 Alternant and Non-alternant Hydrocarbons

Conjugated hydrocarbons can be classified into alternant and non-alternant types by alternately labeling the conjugated carbon atoms with asterisks using the starring approach (Fig. 13). This classification represents one of the most useful general applications of Hückel molecular-orbital theory, providing a straightforward means to elucidate and understand the characteristics of conjugated hydrocarbon systems. Alternant hydrocarbons are those where starred carbons (*) bond exclusively with unstarred carbons (°), and vice versa. Non-alternants comprise hydrocarbons with bonds between 2 starred or 2 unstarred carbons. All linear (acyclic), even-membered cyclic, and combined even-membered cyclic/acyclic systems are alternant hydrocarbons. Alternant hydrocarbons are further subdivided into even alternants, with equal numbers of starred and unstarred carbons (typically neutral species), and odd alternants, with unequal numbers (generally carbocations, carbanions, or radicals). This classification elucidates the salient features of molecular orbital energies and clearly delineates their distinct differences (Fig. 14) [24]. For alternant systems, both odd and even alternants have equal bonding and antibonding molecular orbital energies, and odd alternants additionally have a number of non-bonding molecular orbitals equal to the difference between the number of starred and unstarred carbons. In contrast, non-alternant conjugated hydrocarbons, containing at least 1 odd-membered ring, have unequal bonding and non-bonding molecular orbital energies and an asymmetric charge distribution leading to a large dipole moment.

The classification of alternating and non-alternating sequences proves useful for elucidating and predicting the physical properties of polycyclic conjugated

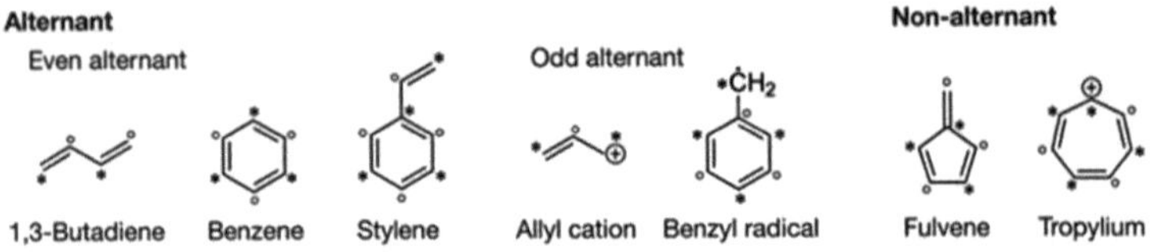

Fig. 13 Classification of alternant and non-alternant conjugation systems by the starring approach

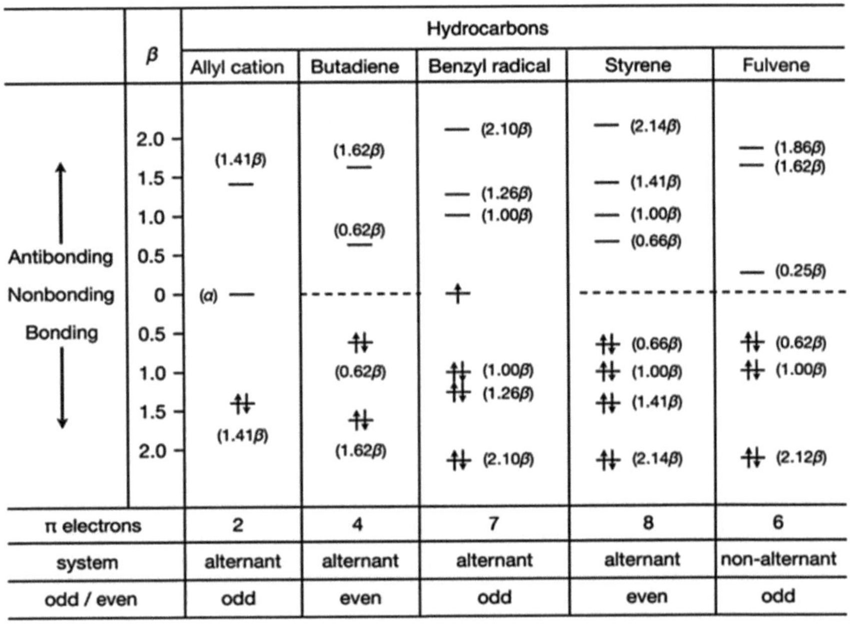

Fig. 14 π-electron structure and energy level of alternant and non-alternant hydrocarbons from Hückel system

compounds (Fig. 15). Naphthalene and azulene are structural isomers, both with the molecular formula $C_{10}H_8$, with 10 π electrons in an aromatic system. However, despite their identical chemical compositions, they have strikingly different physical properties. While naphthalene is colorless, azulene is a distinctive blue [25]. This stark contrast in optical characteristics between the 2 isomeric compounds can be elucidated by considering the differing natures of their delocalized π systems (Fig. 16). As an alternant hydrocarbon, naphthalene has bonding/antibonding molecular orbital levels that are symmetrically disposed about the non-bonding energy level (α), with a uniform population of π electrons lacking a dipole moment. The coefficients of the Highest Occupied and Lowest Unoccupied Molecular Orbitals (HOMO and LUMO) in naphthalene have a mirror-image relationship about a specific carbon center, such that the HOMO and LUMO coefficients have equal magnitudes but opposite algebraic signs at corresponding positions within the alternant molecular

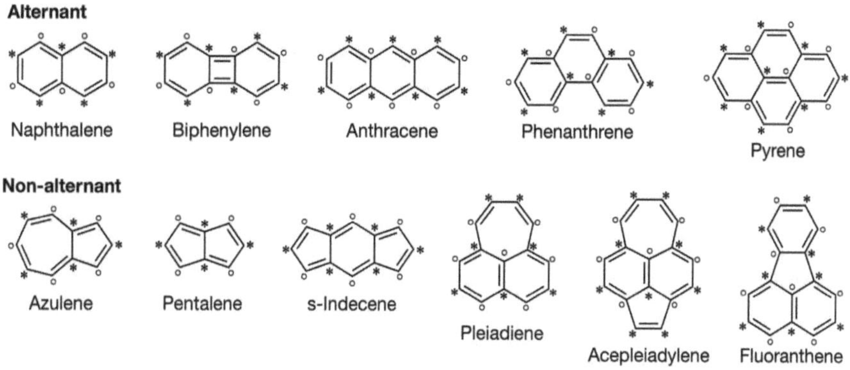

Fig. 15 Classification of alternant and non-alternant polycyclic aromatic hydrocarbons by the starring approach

framework. In contrast, the non-alternant hydrocarbon azulene has an asymmetrical arrangement of its bonding and antibonding molecular orbital levels. The π-electron population in azulene is asymmetrically distributed among the different atomic centers, resulting in a relatively large dipole moment of 1.08 D. The HOMO and LUMO molecular orbitals of azulene do not have a mirror-image relationship, and their atomic orbital coefficients differ significantly across the skeletal atoms. This reduced electron–electron repulsion in the first excited state gives azulene a lower transition energy ($\lambda_{max} = 580$ nm) in the blue region than would be predicted from the HOMO–LUMO gap, in stark contrast to the colorless naphthalene ($\lambda_{max} = 275$ nm) [26, 27]. Similarly, the non-alternant hydrocarbons pleiadiene and acepleiadylene are red (Fig. 15) [28].

The structural extensions of non-alternant hydrocarbons have been a significant motivating factor in research owing to their unique optoelectronic properties and (anti) aromaticity not typically available in traditional alternant hydrocarbon systems. Terazulenes, oligomers composed of 3 azulene units linked at either the 2- or 6-position, behave as organic semiconductors, with a key feature being the ability for their polarity to be controlled through the asymmetric distribution of molecular orbitals (Fig. 17a) [29]. Bicyclic non-alternant hydrocarbons comprising heptalene subunits hybridized with azulene exhibit antiaromaticity from the planar central 12 π-electron heptalene core, with singlet biradical character contributions arising from the conflict with aromaticity (Fig. 17b) [30]. Azulene-fused acenes show a local aromaticity shift in the dications due to the formation of an aromatic tropylium ring, with 1 dication having open-shell diradical characteristics (Fig. 17c) [31]. The potential applications of these non-alternant hydrocarbons span a wide range of fields, from organic electronics to soft-matter science. Their unique electronic properties make them promising candidates for next-generation materials in areas such as organic photovoltaics, field-effect transistors, and sensors.

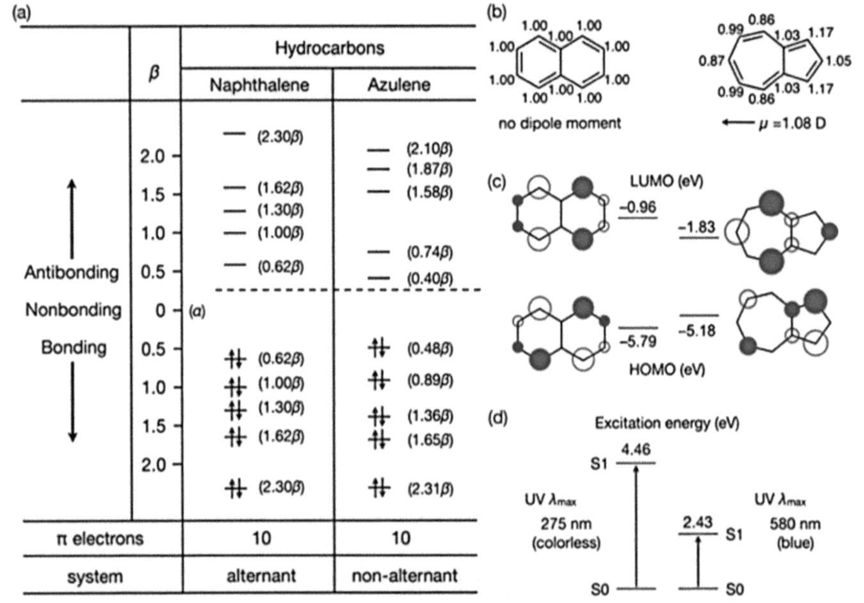

Fig. 16 **a** π-electron structure and energy level, **b** π-electron populations, **c** frontier orbitals of naphthalene and azulene according to Hückel theory, and **d** excitation energies obtained through TD-DFT (B3LYP/6-31 g) calculations

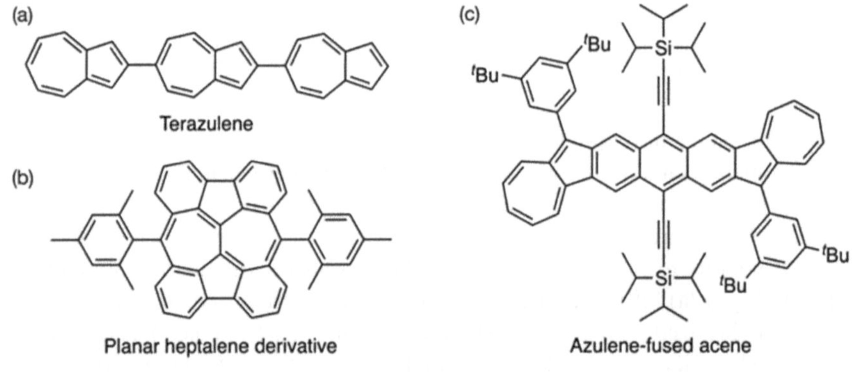

Fig. 17 Example of π-extended non-alternant hydrocarbons

References

1. E. Hückel, Quantentheoretische Beiträge zum Benzolproblem. Z. Phys. **70**, 204–286 (1931)
2. E. Vogel, H.D. Roth, The cyclodecapentaene system. Angew. Chem. Int. Ed. Engl. **3**, 228–229 (1964)
3. H.R. Blattmann, W.A. Boll, E. Heilbronner, G. Hohlneicher, J.P. Weber, E. Vogel, Die Elektronenspektren 1,6-überbrückter [10]-Annulene. Helv. Chim. Acta **49**, 2017–2038 (1966)

4. J.F.M. Oth, K. Müllen, H. Königshofen, J. Wassen, E. Vogel, The Dianion of Heptalene. Helv. Chim. Acta **57**, 2387–2398 (1974)
5. T. Bally, S.Y. Chai, M. Neuenschwander, Z.D. Zhu, Pentalene: Formation, electronic, and vibrational structure. J. Am. Chem. Soc. **119**, 1869–1875 (1997)
6. J. Waser, C.-S. Lu, The crystal structure of Biphenylene. J. Am. Chem. Soc. **66**, 2035–2042 (1944)
7. K. Hafner, Structure and aromatic character of non-benzenoid cyclically conjugated systems. Angew. Chem. Int. Ed. Engl. **3**, 165–173 (1964)
8. J.R. Platt, Classification of spectra of Cata-condensed hydrocarbons. J. Chem. Phys. **17**, 484–495 (1949)
9. E. Clar, The aromatic sextet, in *Mobile Source Emissions Including Policyclic Organic Species*, ed. by D. Rondia, M. Cooke, R.K. Haroz, (Springer, Dordrecht, 1983), pp. 49–58
10. G. Portella, J. Poater, M. Solà, Assessment of Clar's aromatic π-sextet rule by means of PDI, NICS and HOMA indicators of local aromaticity. J. Phys. Org. Chem. **18**, 785–791 (2005)
11. M. Bendikov, H.M. Duong, K. Starkey, K. Houk, E.A. Carter, F. Wudl, Oligoacenes: Theoretical prediction of open-shell singlet diradical ground states. J. Am. Chem. Soc. **126**, 7416–7417 (2004)
12. J. Poater, J.M. Bofill, P. Alemany, M. Solà, Local aromaticity of the lowest-lying singlet states of [n] Acenes (n = 6–9). J. Phys. Chem. A **109**, 10629–10632 (2005)
13. T.-A. Chen, R.-S. Liu, Synthesis of Polyaromatic hydrocarbons from Bis(biaryl)diynes: Large PAHs with low Clar sextets. Chemistry—A Eur. J. **17**, 8023–8027 (2011)
14. Z. Sun, S. Lee, K.H. Park, X.J. Zhu, W.H. Zhang, B. Zheng, P. Hu, Z.B. Zeng, S. Das, Y. Li, C.Y. Chi, R.W. Li, K.W. Huang, J. Ding, D. Kim, J.S. Wu, Dibenzoheptazethrene isomers with different Biradical characters: An exercise of Clar's aromatic sextet rule in singlet Biradicaloids. J. Am. Chem. Soc. **135**, 18229–18236 (2013)
15. J. Dominikowska, M. Palusiak, Does the concept of Clar's aromatic sextet work for dicationic forms of polycyclic aromatic hydrocarbons?—Testing the model against charged systems in singlet and triplet states. Phys. Chem. Chem. Phys. **13**, 11976–11984 (2011)
16. R. Einholz, H.F. Bettinger, Heptacene: Increased persistence of a 4n+2 π-electron polycyclic aromatic hydrocarbon by oxidation to the 4n π-electron Dication. Angew. Chem. Int. Ed. **52**, 9818–9820 (2013)
17. E. Heilbronner, Hűckel molecular orbitals of Mőbius-type conformations of annulenes. Tetrahedron Lett. **5**, 1923–1928 (1964)
18. R. Herges, Topology in chemistry: Designing Möbius molecules. Chem. Rev. **106**, 4820–4842 (2006)
19. M. Stępień, L. Latos-Grażyński, N. Sprutta, P. Chwalisz, L. Szterenberg, Expanded porphyrin with a split personality: A Hückel–Möbius aromaticity switch. Angew. Chem. Int. Ed. **46**, 7869–7873 (2007)
20. M. Stepien, B. Szyszko, L. Latos-Grazynski, Three-level topology switching in a molecular Mobius band. J. Am. Chem. Soc. **132**, 3140–3152 (2010)
21. T. Stuyver, M. Perrin, P. Geerlings, F. De Proft, M. Alonso, Conductance switching in expanded porphyrins through aromaticity and topology changes. J. Am. Chem. Soc. **140**, 1313–1326 (2018)
22. T. Stuyver, P. Geerlings, F. De Proft, M. Alonso, Toward the design of bithermoelectric switches. J. Phys. Chem. C **122**, 24436–24444 (2018)
23. T. Woller, P. Geerlings, F. De Proft, B. Champagne, M. Alonso, Fingerprint of aromaticity and molecular topology on the Photophysical properties of Octaphyrins. J. Phys. Chem. C **123**, 7318–7335 (2019)
24. F.A. Carroll, *Perspectives on Structure and Mechanism in Organic Chemistry*, 2nd edn. (Wiley, 2011)
25. D.M. Lemal, G.D. Goldman, Synthesis of Azulene, a blue hydrocarbon. J. Chem. Educ. **65**, 923–925 (1988)
26. S.V. Shevyakov, H.R. Li, R. Muthyala, A.E. Asato, J.C. Croney, D.M. Jameson, R.S.H. Liu, Orbital control of the color and excited state properties of Formylated and fluorinated derivatives of Azulene. J. Phys. Chem. A **107**, 3295–3299 (2003)

27. R. Weast, M. Astle, *CRC Handbook of Chemistry and Physics*, 60th edn. (CRC Press, Boca Raton, FL, 1979)
28. E. Clar, *Polycyclic Hydrocarbons*, vol 2 (Springer, Berlin, Heidelberg, 1964)
29. Y. Yamaguchi, M. Takubo, K. Ogawa, K.-i. Nakayama, T. Koganezawa, H. Katagiri, Terazulene isomers: Polarity change of OFETs through molecular orbital distribution contrast. J. Am. Chem. Soc. **138**, 11335–11343 (2016)
30. A. Konishi, K. Horii, D. Shiomi, K. Sato, T. Takui, M. Yasuda, Open-Shell and Antiaromatic character induced by the highly symmetric geometry of the planar Heptalene structure: Synthesis and characterization of a nonalternant isomer of Bisanthene. J. Am. Chem. Soc. **141**, 10165–10170 (2019)
31. A. Ong, T. Tao, Q. Jiang, Y. Han, Y. Ou, K.-W. Huang, C. Chi, Azulene-fused acenes. Angew. Chem. Int. Ed. **61**, e202209286 (2022)

Components of Biomaterials

Hiroshi Inaba and Kazunori Matsuura

1 Introduction

Living systems comprise a diverse range of biomaterials including peptides, proteins, sugars, nucleic acids, and lipids. These biomaterials form, dissociate, interact, and self-assemble to exert dynamic and balanced homeostasis in living systems. They can be isolated from nature or synthesized by established techniques. Naturally derived biomaterials are unique soft matter building blocks because of their biocompatibility, self-assembly properties, and ability to recognize targets [1]. The self-assembly of these biomaterials generates various nano- and micro-architectures including fibers [2], nanotubes [3], nanocages [4, 5], crystals [6, 7], coacervates [8, 9], and hydrogels [10, 11], as summarized in numerous comprehensive reviews [12–24]. The assembled structures markedly affect the functions of the materials. The inherent properties of the biomaterials and tailored functional assemblies mean that biomaterial-based soft matter is widely used for various applications such as tissue engineering [25–27], drug delivery [28], and bioelectronics [29]. Tailoring the chemistry of these biomaterials can enable the "on-demand" construction of nano- and micro-architectures [30] with specific functions such as stimuli-responsive formation/dissociation [31–34] and targetability. In addition, the dynamic behavior of specific biomaterials has recently been attracting attention for the construction of motile nanomaterials, molecular robots, and active matter, as described in Sect. 3.1 [35–39].

H. Inaba (✉) · K. Matsuura
Department of Chemistry and Biotechnology, Graduate School of Engineering, Tottori, Japan
e-mail: hinaba@hiroshima-u.ac.jp

Centre for Research on Green Sustainable Chemistry, Tottori University, Tottori, Japan

K. Matsuura
e-mail: ma2ra-k@tottori-u.ac.jp

H. Inaba
Graduate School of Integrated Sciences for Life, Hiroshima University, Higashi-Hiroshima, Japan

M. Funahashi (ed.), *Functional Soft Matter I*,
https://doi.org/10.1007/978-981-92-0108-2_8

This chapter focuses on three types of biomaterials for soft matter assembly: peptides, proteins, and sugars. However, other biomaterials such as nucleic acids and lipids are also important soft matter components. The notable properties of DNAs—nucleic acids that are frequently used—are molecular recognition and sequence programmability. Based on the Watson–Crick base-paring principle, two single-stranded DNA molecules form a double-helix by interaction of the specific complementary guanine–cytosine and adenine–thymine pairs. By purpose designing DNA sequences, various DNA assemblies with distinct shapes can be tailored [40–42]. An example is DNA origami, a sophisticated DNA nano-architecture. DNA origami is constructed by hybridization between a long single-stranded DNA (scaffold strand) and hundreds of short, engineered DNA oligonucleotides (staple strands). DNA origami is not only attracting attention because of its high designability, which allows the construction of complex structures such as smiley faces, but also owing to the wide range of applications including molecular robotics, biophysics analysis, and as nanoreactors and templates for nanomaterial patterning [41]. Lipids are another important component of living systems. Liposomes (vesicles) are a well-known lipid-based soft matter that are hollow assembled structures and can be used as versatile nanocarriers for drug delivery [43, 44]. Phospholipids, amphipathic lipids consisting of a polar phosphate head and two hydrophobic fatty acid tails, are common liposome components. Hydrophilic molecules can be incorporated into the aqueous interior of liposomes, while hydrophobic molecules can be entrapped in the fatty acid membrane. Surface modification of liposomes can introduce properties such as targetability (modification with ligands such as peptides and monoclonal antibodies) and suppression of the body's immune response (modification with poly(ethylene glycol) (PEG)).

In this chapter, we introduce biomaterial-based soft matter comprising peptides, proteins, and sugars (Fig. 1). Sect. 2 describes self-assembling peptide-based soft matter that exhibits various assembling mechanisms and responses to stimuli. Section 3 describes protein-based soft matter classified as cytoskeletons and other protein assemblies with diverse structures and functions. Section 4 describes sugar-based soft matter comprising natural and artificial sugar molecules.

2 Peptide-Based Soft Matter

Peptides are useful building blocks for biomaterials because of their designability and self-assembly properties and are therefore widely used for various applications such as tissue engineering, drug delivery, cell culture, and nanofabrication [4, 10, 11, 13–15, 18–22, 31, 34, 45]. A simple example is diphenylalanine extracted from Alzheimer's β-amyloid (Fig. 2) [46]. Diphenylalanine exhibits self-assembly and the derivatives can be used to form various nanostructures including nanofibers, nanotubes, and vesicles [47]. For example, the self-assembling transition of Boc-diphenylalanine to form spheres, fibers, and tubes has been analyzed in detail [48].

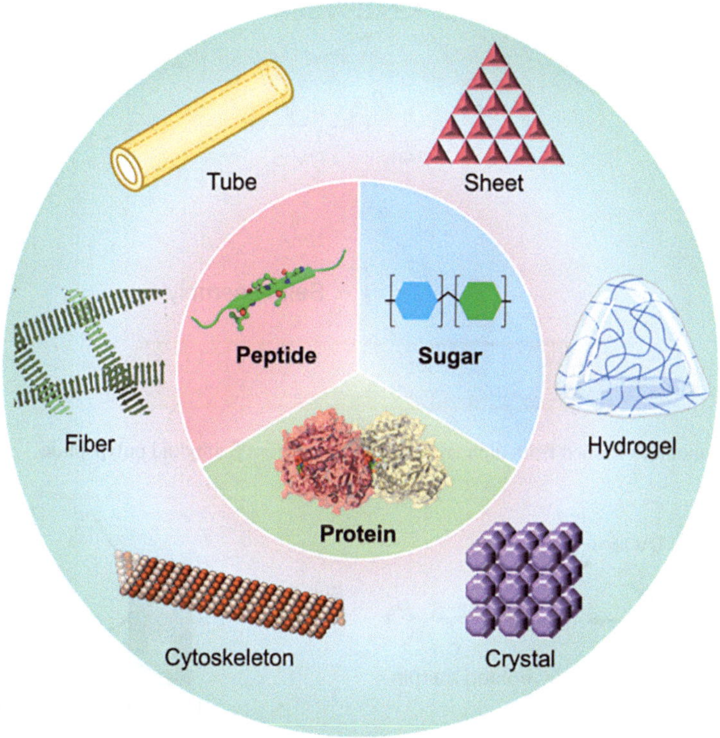

Fig. 1 Overview of soft matter based on peptides, proteins, and sugars

Diphenylalanine-based building blocks have potential for various applications such as cell culture, antibacterial activity, and drug delivery [47, 49].

Designed peptides that form defined secondary structures such as α-helices and β-sheets are useful self-assembling materials. Stimuli-responsive peptides have been widely developed toward the control of their self-assembled structures and properties [31–34]. By designing peptides that react to external stimuli such as pH, temperature, enzymes, and light, on-demand control of their self-assembled structures can be achieved. Light is a particularly useful stimulus because of the ease with which ON/OFF, direction, and intensity can be controlled. Light-induced formation/dissociation of peptide nanofiber-based hydrogels has been reported [50–52]. One example is the photocleavage reaction-induced formation of peptide nanofibers and hydrogels (Fig. 3) [51]. The self-assembly of photocaged peptide (peptide with protective groups that are cleaved by light stimuli) was inhibited owing to its being in the unfolded state. Upon light-induced decaging, the peptide forms the β-hairpin structure and self-assembles to form nanofibers and hydrogels. Light-induced peptide nanofiber growth was useful for spatiotemporal control of peptide nanofiber growth.

Peptide amphiphiles (PAs) that consist of a peptide linked to a hydrophobic alkyl tail are useful self-assembling units for forming nanofiber structures. Self-assembly

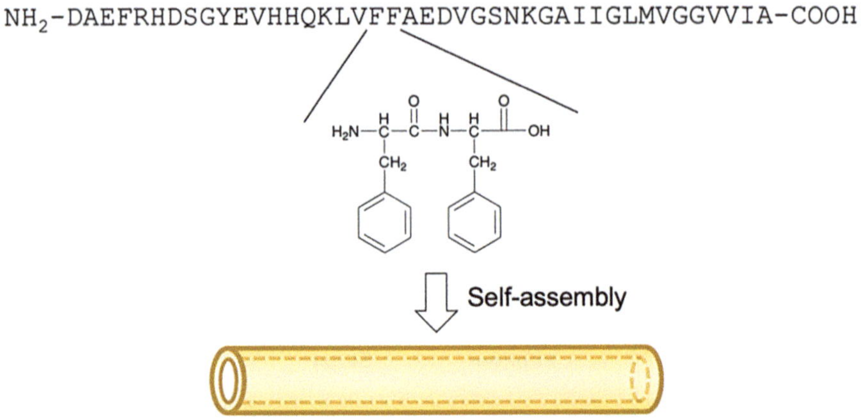

Fig. 2 Nanotubes formed from diphenylalanine peptide from β-amyloid polypeptide

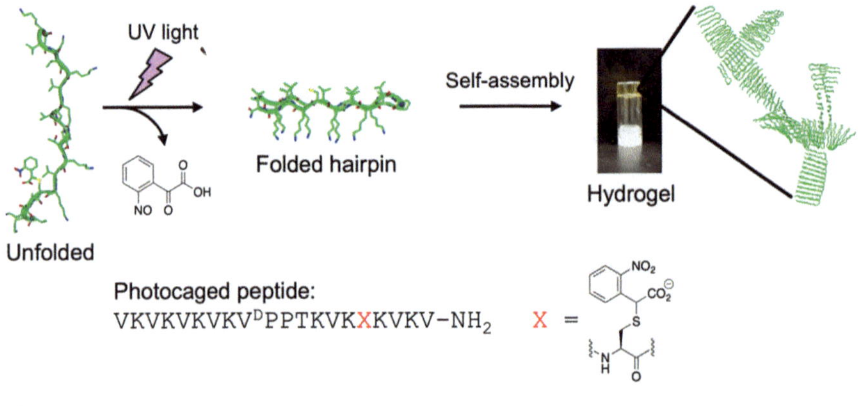

Fig. 3 Light-induced decaging and folding to give β-hairpin peptide resulting in the formation of hydrogels [51]. Copyright 2005 American Chemical Society

of PAs occurs due to hydrophobic interaction of the tails and hydrogen bonding along the β-sheet-forming peptide units (Fig. 4) [18]. Crucially, the bioactive peptide unit can be presented at the surface of the nanofibers. Following the first report of a PA by Stupp and co-workers [53], the group has extensively studied the properties of PAs and used PAs for therapeutic applications [54–59]. For example, neurite-promoting laminin epitope (IKVAV)-presenting PA nanofibers produced a gel-like solid and induced differentiation of cells into neurons [54].

Hamachi and co-workers developed stimuli-responsive hydrogels based on peptide self-assembly. In their first design, H_2O_2-reactive boronoarylmethoxycarbonyl (BAmoc)-containing self-assembling peptides were constructed for H_2O_2-induced destabilization of the self-assembled nanofibers, resulting in the gel–sol transition (Fig. 5) [60]. By using gels encapsulating specific enzymes, substrate-specific

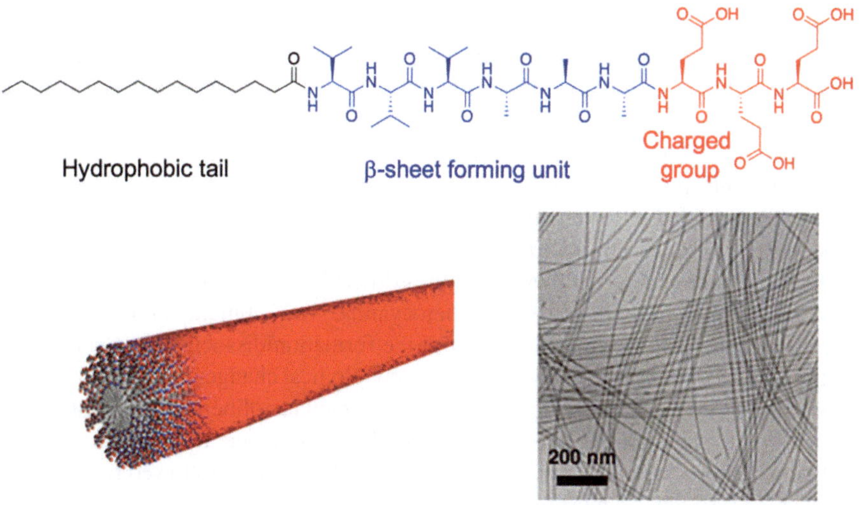

Fig. 4 Example of a peptide amphiphile (PA) (top), the self-assembled nanofibers (bottom left), and the cryo-transmission electron microscopy (TEM) image (bottom right) [18]. Copyright 2018 Royal Society of Chemistry

gel–sol transition was achieved and used as Boolean logic gates. Various types of stimuli-responsive hydrogels have been developed by the group [61–63]. Recently, this group reported peptide-based nanofibers with dynamic instability similar to that of microtubules, which are cytoskeletons introduced later in this chapter [64]. Dynamics is a promising property for next-generation soft matter.

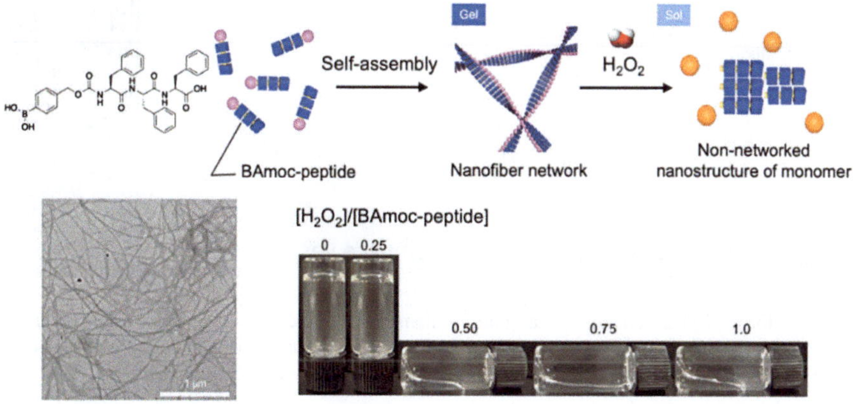

Fig. 5 Self-assembly of BAmoc-peptides to form a nanofiber network (gel) and H_2O_2-triggered conversion to a sol [60]. TEM image of the gel (bottom left) and photographs of the gels after the addition of H_2O_2 (bottom right). Copyright 2014 Springer Nature

Matsuura and co-workers used self-assembly of β-sheet-forming FKFEFKFE peptide to control the movement and shapes of micrometer-sized structures. First, a DNA-peptide conjugate containing FKFEFKFE and single-stranded DNA linked by a photocleavable amino acid was designed [65]. The conjugate cannot self-assemble due to the electrostatic repulsion of the DNA moiety; however, ultraviolet (UV) light-induced cleavage of the conjugate released the FKFEFKFE moiety that self-assembled to form nanofibers. The light-induced peptide nanofiber growth system was installed on giant liposomes [66] and DNA microspheres [67] for the light-induced propulsion of these structures driven by the peptide nanofiber growth. Recently, photochromic spiropyran/merocyanine was conjugated to a β-sheet-forming peptide unit to reversibly control the formation/dissociation of nanofibers, and the system was used to show dynamic morphological changes of giant unilamellar vesicles (Fig. 6) [68]. The spiropyran-peptide formed nanofibers, whereas photoisomerization to the merocyanine-peptide caused the nanofibers to dissociate. Encapsulation of merocyanine-peptide in giant unilamellar vesicles followed by photoisomerization resulted in a morphological change into worm-like vesicles. The dynamic and reversible morphological change of the vesicles has been used for soft matter and molecular robotics.

Intracellular self-assembly of peptides is an interesting avenue in the broader area of cell function control [69]. The basic design is the conjugation of a self-assembling peptide to an enzymatic recognition site. Upon uptake of the precursor into cells, the endogenous enzymes convert the precursor into the self-assembling form through specific reactions such as cleavage, phosphorylation, and oxidation, to cause cell death [70–73]. Peptide self-assembly has also been used as a tool for intracellular accumulation of proteins [74].

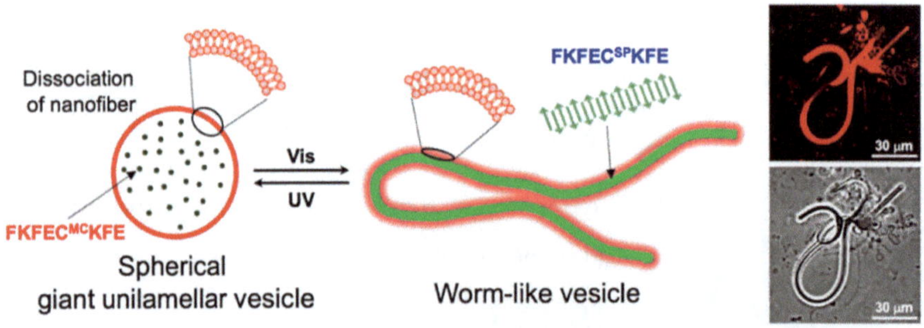

Fig. 6 Morphological change of a giant unilamellar vesicle to worm-like vesicles via the photoisomerization-induced formation/dissociation of peptide nanofibers and confocal laser scanning microscopy image of worm-like vesicles (right) [68]. Copyright 2023 Frontiers

3 Protein-Based Soft Matter

3.1 Cytoskeletons

Cytoskeletons are protein-based fibrous biopolymers that are not only important for cellular activity but also have unique properties as materials such as rigidity/flexibility, reversible formation/dissociation, and motility [36–38]. In this section, microtubule- and actin filament-based soft matter are described as representative cytoskeletons.

3.1.1 Microtubules

Microtubules are hollow tubular cytoskeletons consisting of tubulin dimers (Fig. 7). They are stiff structures and reversibly and randomly switch between the polymerized/depolymerized state (known as dynamic instability), controlled by the binding of GTP, and hydrolysis. Recent studies revealed that microtubules with partial defects, resulting from mechanical stress, can self-repair by incorporating new tubulins into their lattice [75–77]. One notable property of microtubules is the unidirectional motility of motor proteins such as kinesin and dynein along the microtubules using the energy of ATP. ATP-driven movement of microtubules is achieved by immobilizing the motor proteins on the substrates. The unique properties of microtubules have been used to construct various types of soft matter, particularly "active matter" [78–80].

Induction of motile microtubule self-organization enables the formation of dynamic microtubule bundles, generating fluid flow. These assembling structures are typically constructed using clustered kinesins formed by interaction between biotin-labeled kinesin and tetrameric streptavidin in the presence of depleting agents such as PEG and methyl cellulose [81–84]. The clustered kinesins bind and move along neighboring microtubules, inducing inter-microtubule sliding, resulting in the formation of active nematic fluids that exhibit spontaneous flow with autonomous motility (Fig. 8).

The dynamic self-organization of microtubules can be controlled by chemical approaches to construct molecular robots. Kakugo and co-workers conjugated

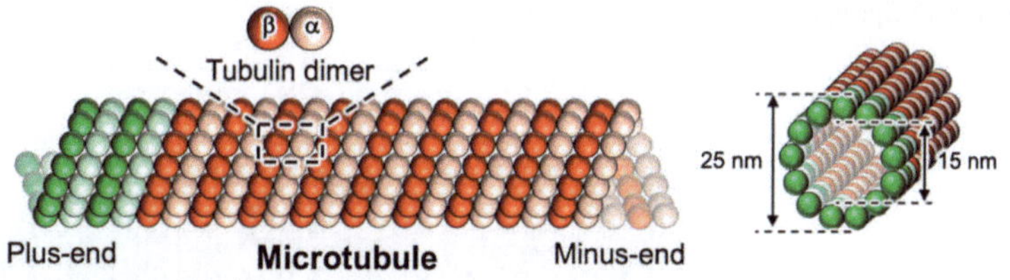

Fig. 7 Schematic illustration of a microtubule

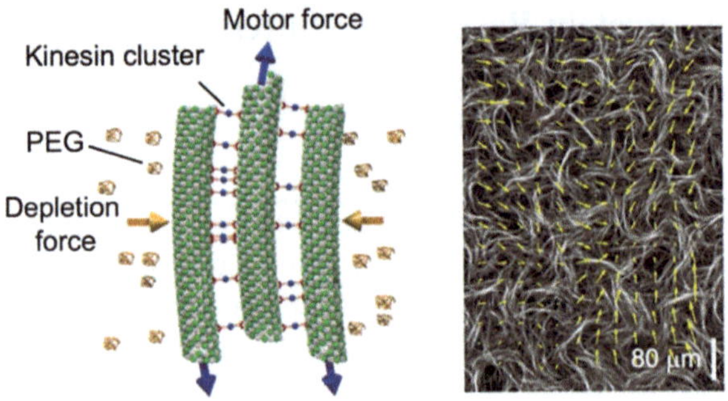

Fig. 8 Active gels constructed from microtubule-kinesin bundles with PEG depletion force and fluorescence microscopy image of active microtubule networks [82]. Copyright 2012 Springer Nature

complementary DNAs to the outer surface of separate microtubules to control the cooperative swarming behavior of the microtubules using external stimuli (Fig. 9) [85–87]. When photochromic azobenzene-bearing DNA was conjugated to the microtubules, the individual microtubules transitioned to the *cis*-state owing to the lower hybridization efficiency, while photoconversion to the *trans*-state allowed hybridization, leading to swarming of the microtubules (Fig. 9) [85]. Switching of the swarming behavior was reversibly controlled by *cis–trans* photoisomerization and used for cooperative cargo transportation [87].

Engineering the properties and structures of microtubules is important for the construction of microtubule-based soft matter with tailored properties. Matsuura and co-workers modulated microtubules by encapsulating nanomaterials using a Tau-derived peptide (TP) [79]. TP, designed from the microtubule-associated protein Tau, is a unit that binds to the inside pocket of microtubules [88]. Encapsulation of nanomaterials inside microtubules can be achieved by conjugation of TP. The properties of microtubules were affected by the encapsulated molecules, for instance, magnetic alignment of the microtubules was induced by encapsulation of magnetic CoPt nanoparticles [89] and increment of stabilization and rigidity of the microtubules followed by encapsulation of proteins [90, 91]. Encapsulation of gold [92]

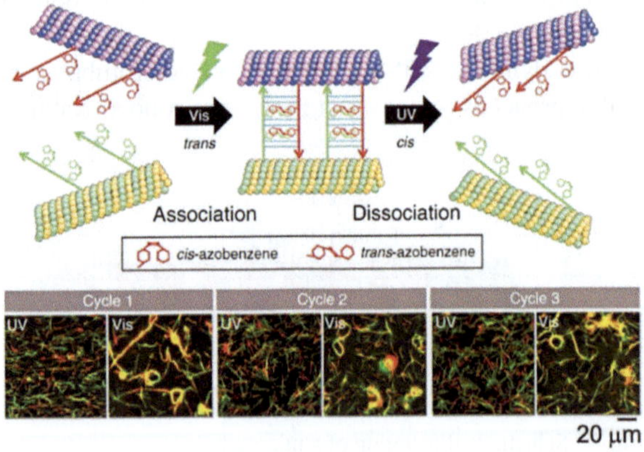

Fig. 9 Light-controlled association and dissociation of microtubules with azobenzene-containing DNA and the fluorescence microscopy images [85]. Copyright 2018 Springer Nature

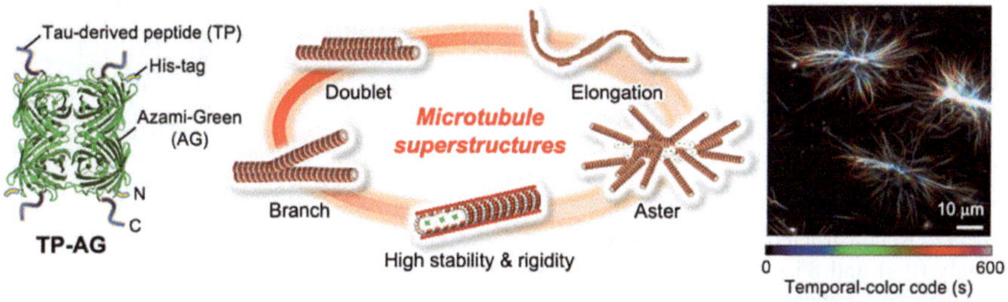

Fig. 10 Microtubule superstructures generated with Tau-derived peptide-fused Azami-Green (TP-AG) [91]. Fluorescence microscopy image of motile aster structures (right). Copyright 2022 AAAS

and silver [93] nanoparticles in microtubules was also achieved. Conjugation of photo-reactive molecules such as diazirine [94] and spiropyran/merocyanine [95] to TP enabled light-induced structural change of the microtubules. Notably, introducing molecules into microtubules showed little effect on the binding of kinesin to the outer surface, resulting in no inhibition of microtubule motility. Recently, TP was fused to the tetrameric protein Azami-Green (AG) for the generation of various microtubule superstructures (Fig. 10) [91]. The binding sites of the TP-fused AG (TP-AG) could be directed to the inside or outside of the microtubules by changing the timing of the incorporation of TP-AG. Binding of TP-AG to the inside stabilized the microtubules, whereas binding of TP-AG to the outside generated various microtubule superstructures, such as doublets and branches, by recruiting tubulins. Motile microtubule asters were also constructed using TP-AG (Fig. 10, right). Recently, TP-fused photoresponsive protein Dronpa was used to photocontrol the formation/dissociation of microtubule superstructures [96].

3.1.2 Actin Filaments

Actin filaments, which are formed by binding of ATP-actin monomers, are also well-studied cytoskeletons owing to their potential as active soft matter components (Fig. 11) [97]. Actin filaments are flexible compared with microtubules and form complex assembled structures such as branched networks, cross-linked bundles, and contractile bundles. Like microtubules, actin filaments show motility by combining motor proteins such as myosin II and ATP energy. The mechanical properties and ATP-driven motility of actin filaments are useful for constructing active soft matter, as summarized in a recent review [97].

Self-organization of actin filaments can be induced by myosin motors and actin cross-linking proteins, resulting in the formation of active gels and fluids [98–102].

Fig. 11 Schematic illustration of an actin filament

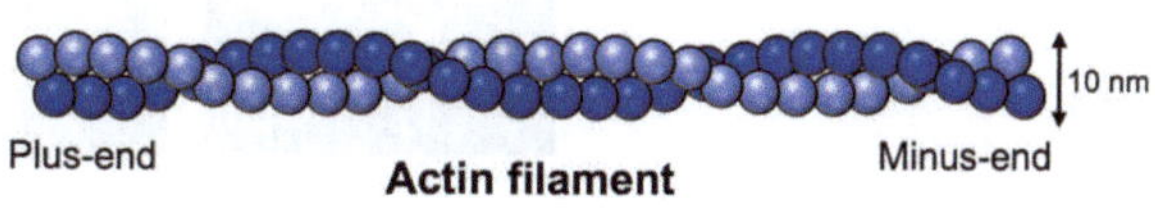

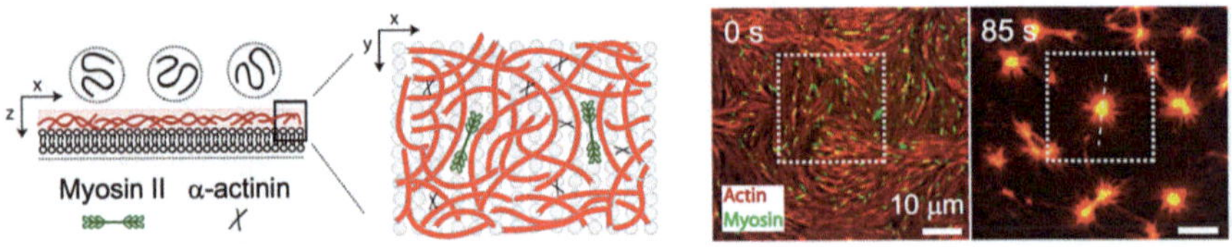

Fig. 12 Reconstructed contractile actomyosin cortex and fluorescence microscopy images immediately (0 s) and 85 s after myosin filaments formation (right) [102]. Copyright 2012 National Academy of Sciences

For example, filamin A protein was used to cross-link actin filaments to form the various types of network structures, and myosin stiffened the networks by pulling on the actin filaments to generate internal stress [100]. The system was applied to reconstruct the cell actomyosin cortex [102]. In this case, the actin filament network cross-linked with α-actinin on the model cell membrane showed myosin-mediated contraction (Fig. 12). The phenomenon is important not only for understanding the contraction mechanism in living cells, but also for constructing active matter. Recently, wave-like beating, which is a well-known phenomenon in the cilia and flagella, was observed using actin filament bundles in the presence of myosin motors [103].

Sophisticated architectures of actin filament networks can be constructed using micropatterning technology [104–108]. In the first example, the positions of the actin nucleation promoting factor pWA, comprising the C-terminal domains from the WASP/Scar proteins, were regulated on the micropatterned slide to initiate and promote actin polymerization at specific sites (Fig. 13) [104]. Higher-ordered architectures such as filopodium-like bundles were formed by changing the shape and orientation of the nucleation sites. Micropatterning is a promising technology for constructing tailored assembled structures with defined shapes.

Combining microtubules and actin filaments has recently emerged as a route to new materials. Extensive interaction of the two cytoskeletons was observed in cells and has been recognized as being important for many biological processes such as regulation of cell shape, cell migration, and cell division [109]. The networks of composite microtubules and actin filaments reconstituted in vitro exhibited distinct shapes, tunable mechanical properties, and emergent motility [110–114].

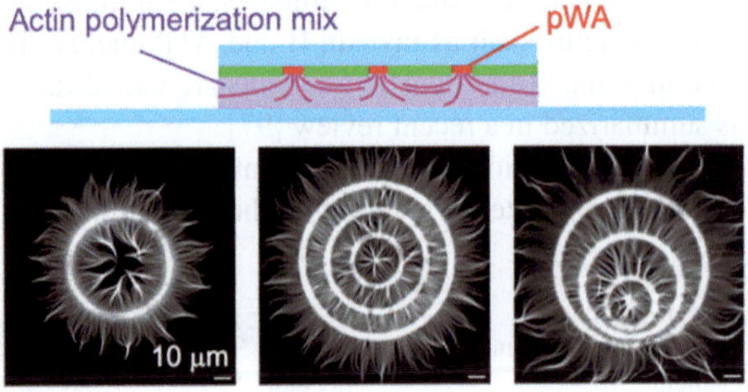

Fig. 13 Micropatterned bundles of actin filaments formed on nucleation circles and the fluorescence microscopy images [104]. Copyright 2010 Springer Nature

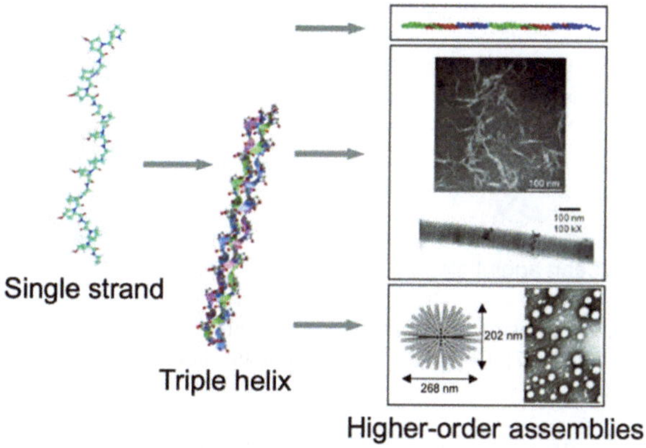

Fig. 14 Higher-order assembly of collagen mimetic peptides [117]. Copyright 2011 Royal Society of Chemistry

3.2 Protein Assembly

Protein-protein interaction has been explored and engineered to form protein assemblies with various forms such as fibers, tubes, sheets, spheres, and crystals. Detailed examples are described in the many comprehensive reviews [5–7, 12, 13, 16, 17, 23, 24]. In this section, several approaches for and examples of protein assembly are introduced.

A simple way of constructing protein assemblies is to use natural protein scaffolds with self-assembly properties, such as collagen [115, 116]. Natural collagen is a right-handed triple helix consisting of three polypeptide chains that are coiled in a left-handed polyproline II-type helix. Owing to its biocompatibility and high tensile strength, collagen is widely used for various biomaterials such as cell-adhering substrates, wound healing materials, and tissue engineering scaffolds. Collagen mimetic peptides have also shown self-assembly properties [117]. Depending on the sequences and conditions, various self-assembled structures of collagen mimetic peptides can be formed (Fig. 14).

The introduction of interacting units into protein scaffolds is useful for constructing protein assemblies. A simple method is the introduction of cysteines onto the surface of proteins to promote intermolecular disulfide bond formation for the construction of self-assembling structures. One example is the fabrication of nanotube structures from ring-shaped Hcp1 proteins by disulfide bond formation [118]. Specific interactions between receptor proteins and ligands are valuable for constructing tailored protein assemblies [119–127]. The biotin-(strept)avidin interaction [120, 123], heme-hemeprotein interaction [122, 124], and sugar-lectin (sugar binding protein) interaction [119, 125–127] are well-known pairs for constructing protein assemblies. For example, a microtubule-like protein assembly was constructed using a designed ligand that induced dual interactions, the *N*-acetyl-α-D-galactosamine (GalNAc)-soybean agglutinin (SBA) interaction and π-π stacking of rhodamine B (Fig. 15) [127]. Binding of tetrameric SBA to the GalNAc moiety of the ligand and the ligand dimerization of the rhodamine B moiety resulted in assembly

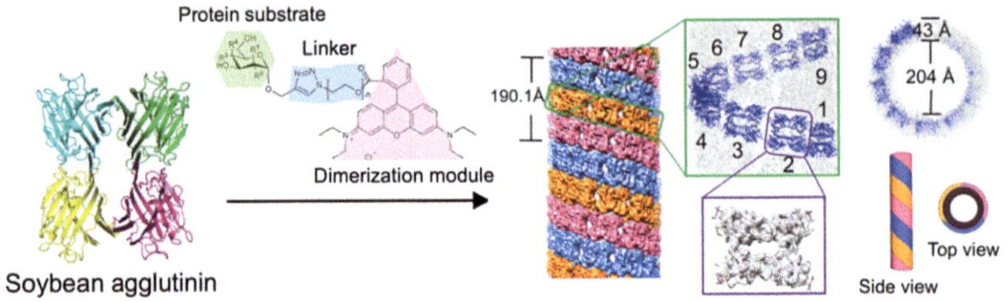

Fig. 15 Construction of soybean agglutinin microtubules using the lectin-sugar interaction and π-π stacking [127]. Copyright 2016 American Chemical Society

of the SBA into tubular structures. The formation and dissociation of the tubular structures could be controlled using the rhodamine B-binding ligand, β-cyclodextrin, and a stronger β-cyclodextrin binder, adamantane.

Chemical modification of artificial metal-binding ligands and introduction of natural metal-chelating amino acids such as histidine are useful approaches for the generation of metal coordination-mediated protein assembly. Through the careful design of the types and positions of metal-binding units, various one-dimensional (1D), two-dimensional (2D), and three-dimensional (3D) architectures have been constructed including tubes [128], wires [129], rings [130], 3D crystals [131], rods [132], planes [132], and cages [133]. For example, bipyridine-alanine was genetically incorporated into an acetyltransferase, a D_3-symmetric homohexamer protein, to generate various architectures through Ni^{2+} chelating (Fig. 16) [132]. The position of the bipyridine-alanine markedly affected the resulting architectures (1D rods, crystalline and noncrystalline 2D planes). Recently, monodisperse and ultra-stable protein cages were assembled by the coordination of gold (I) ions to the cysteine-substituted 11-mer protein ring, trp RNA-binding attenuation protein [133]. One of the merits of the metal-chelating method is the facile dissociation of the protein assembly using a strong metal chelator such as ethylenediaminetetraacetic acid (EDTA).

The cross-linking of protein scaffolds can generate hydrogels. Compared with conventional polymer-based hydrogels, protein hydrogels have several advantages such as well-defined protein structures that give homogeneous networks, biocompatibility, and stimuli-responsiveness due to the protein folding and unfolding. Various cross-linking strategies including covalent chemical reactions and noncovalent physical interactions have been applied, as summarized in a recent review [134]. In particular, protein-ligand interactions (e.g., SNAP-tag-O^6-benzylguanine and SpyCatcher-SpyTag) and protein-protein interactions (e.g., coiled-coil, split fluorescent protein, TIP-1-Kir pair) are protein-specific cross-linking strategies. Various protein-based hydrogels have been developed using these strategies [135–141]. For example, protein hydrogels were designed based on the crosslinker (CL; TIP-1-Kir pair) and load-bearing module (LBM; GB1, HP67, SH3 domains) (Fig. 17) [138]. The mechanical properties of the hydrogels can be predicted by the binding/unbinding of

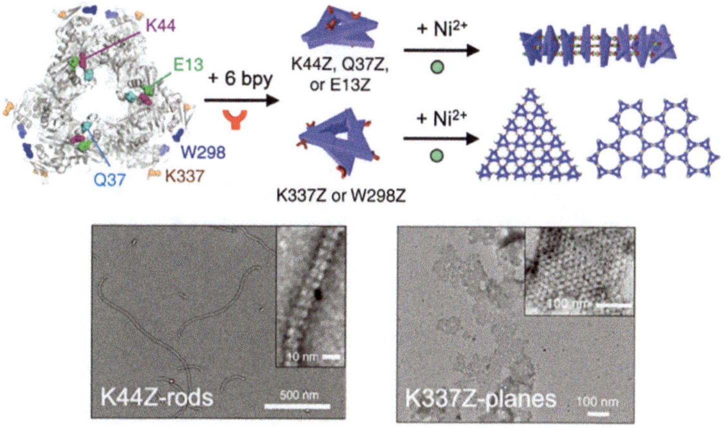

Fig. 16 1D and 2D protein assembly using metal-chelating amino acids and the TEM images [132]. Copyright 2019 Springer Nature

the CL and the folding/unfolding of the LBM. Recently, de novo design of protein hydrogels with programmable viscoelasticity was reported [141]. As such, protein hydrogels with predicted properties and stimuli-responsiveness can be designed using cutting-edge techniques.

De novo protein design was pioneered by Baker and co-workers to generate new proteins and protein assemblies with precisely designed structures [142–146]. In the context of soft matter, this group has reported a wide variety of de novo protein assemblies such as hydrogels [141], nanofibers [147, 148], antibody-displaying nanocages [149], 2D arrays [150], and shaft-rotor nanomachines [151]. The shaft-rotor nanomachines consisting of axle and rotor components were designed based on the rotational mechanism in ATPase that converts the biochemical energy of a proton pump into rotor rotation [151]. The axle-rotor systems assembled were designed to have different rotational states. Recently, complex protein assemblies such as strutted double rings, large polyhedral nanocages, and straight "train track" have been designed based on twistless helix repeat protein blocks (Fig. 18) [152]. The complex higher-order hetero-oligomers provide new types of nanomachines with dynamic properties.

Protein crystals are not only commonly used for structural determination but are also attractive solid materials due to their high porosity, biocompatibility, and flexibility. Furthermore, their amino acid compositions can be tailored through genetic or chemical modifications while retaining the original protein functions [6, 7, 153]. Tezcan and co-workers developed unique protein crystal-based materials such as dynamic 2D crystals [154, 155], polymer-integrated crystals [156, 157], and core-shell and Janus-type crystals [158]. The dynamic 2D crystals were constructed based on C_4-symmetric RhuA tetramers with cysteines introduced at the four corners (C98) to induce self-assembly via disulfide bond formation (Fig. 19) [154]. The self-assembly process was reversible in oxidizing and reducing conditions. Notably,

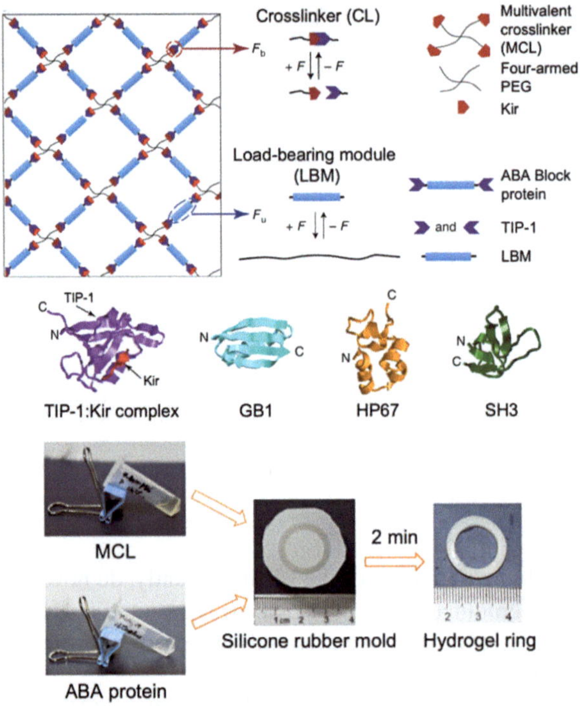

Fig. 17 Protein hydrogels formed by a crosslinker (CL) and load-bearing module (LBM) [138]. Copyright 2018 Springer Nature

the disulfide bonds were flexible enough to induce the structural change of the lattices in the open and closed states. In vivo incorporation of enzymes into protein crystals is useful for constructing stable and reusable enzymatic solid materials [159–161].

4 Sugar-Based Soft Matter

Mono-, oligo-, and polysaccharides are carbohydrate molecules that are often isolated and purified from natural sources. Carbohydrate molecules are useful building blocks for biomaterials because of their recognition properties, biocompatibility, and bioactivity. Hyaluronic acid, cellulose, chitosan, alginate, xanthan gum, and their derivatives are representative polysaccharides for diverse applications such as in chiral stationary phase, drug delivery, and tissue engineering [162–168]. In this section, several examples of sugar-based soft matter are introduced.

Chitosan is a representative linear polysaccharide composed of randomly distributed D-glucosamine and *N*-acetyl-D-glucosamine units, obtained by deacetylation of chitin (Fig. 20). Chitosan is a useful building block for the construction

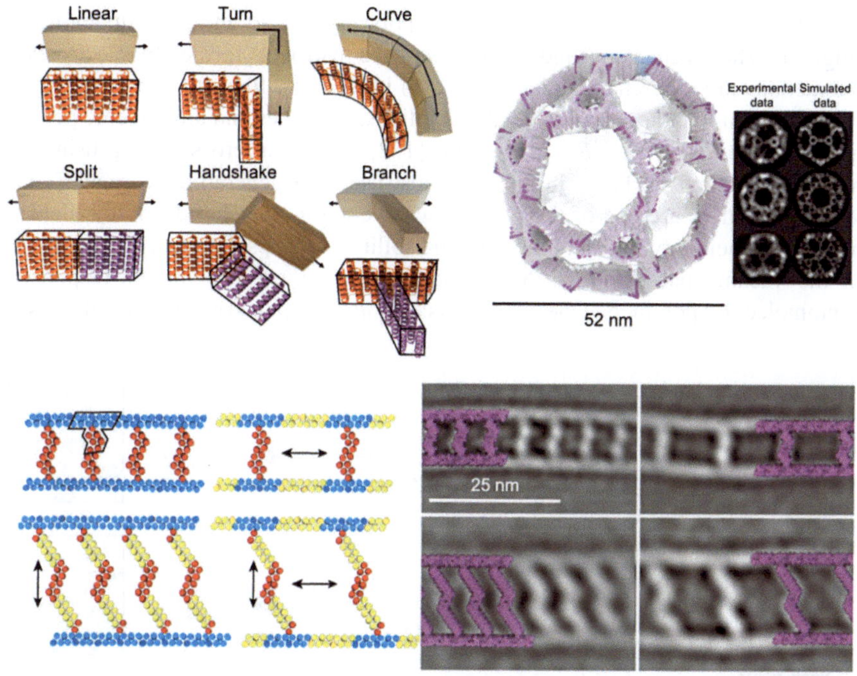

Fig. 18 Twistless helix repeat protein blocks and interaction modules (top left) for the construction of the polyhedral nanocages (top right) and the "train track" fibers [152]. Copyright 2024 Springer Nature

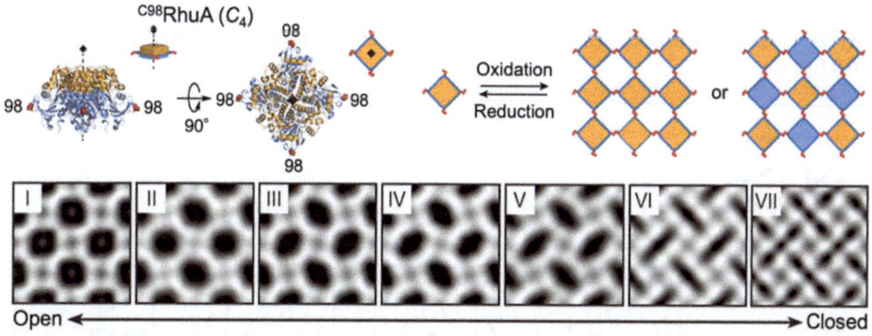

Fig. 19 The dynamic behavior of 2D crystal arrays of cysteine-modified RhuA tetramers and the reconstructed TEM images of distinct conformational states [154]. Copyright 2016 Springer Nature

of hydrogels because of its biocompatibility, biodegradability, and low immunogenicity [163, 164, 169]. Chitosan hydrogels with various structures including liquid gels, powders, and films can be prepared depending on the conditions. The main approach to the gelation of chitosan is physical interaction using anionic molecules (e.g., sulfates, citrates, phosphates, and metal ions), polyelectrolytes (e.g., DNA, alginate, and gelatin), and polymers (e.g., polyacrylic acid and polyethylenimine) (Fig. 20). The mechanisms and properties of the hydrogels formed by electrostatic interactions are well characterized (Fig. 21) [170, 171]. Recently, co-assembly of phosphoethanolamine-modified synthetic oligosaccharides and amylogenic peptide generated a model of an *E. coli* biofilm [172]. Chemical cross-linking using the reactive $-NH_2$ and $-OH$ units in chitosan is also useful for generating hydrogels [163].

Cyclodextrins are one of the best-known cyclic oligosaccharides in the field of host-guest chemistry owing to their unique ability to encapsulate specific molecules in the vacant spaces [173–175]. Cyclodextrins are used in stimuli-responsive supramolecular polymers. One example is chemical-responsive hydrogels that use a

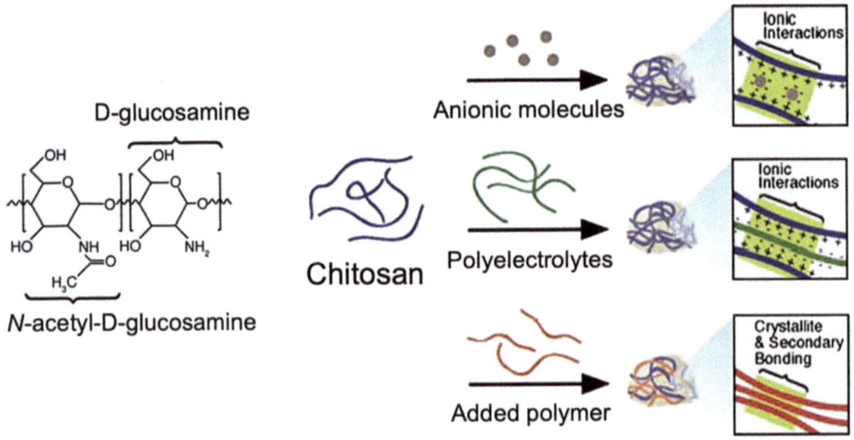

Fig. 20 Chemical structure of chitosan and assembly of chitosan-based hydrogels [163]. Copyright 2010 Elsevier

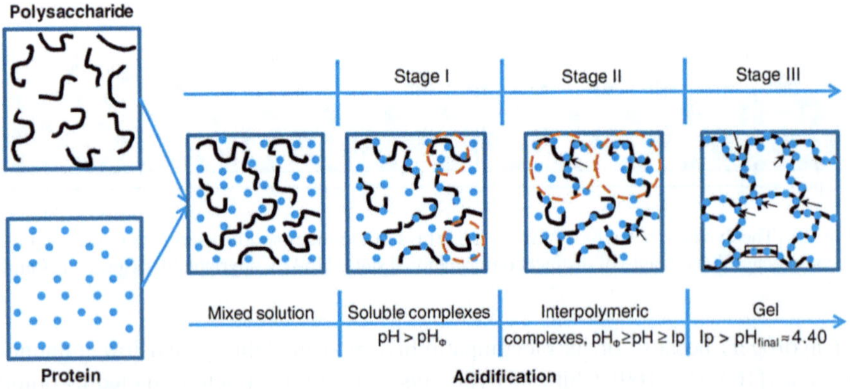

Fig. 21 Gel formation by electrostatic interaction between β-lactoglobulin and xanthan gum [171]. Copyright 2017 Elsevier

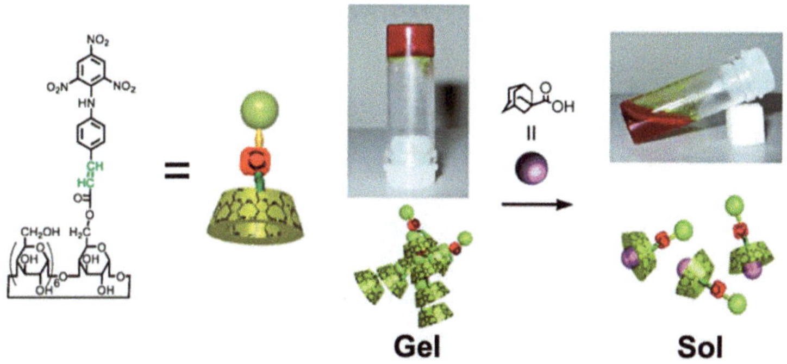

Fig. 22 Gel–sol transition of a β-cyclodextrin derivative induced by 1-adamantanecarboxylic acid [176]. Copyright 2007 John Wiley and Sons

β-cyclodextrin derivative (Fig. 22) [176]. Intermolecular interaction due to the incorporation of an aromatic moiety in the cavity of the β-cyclodextrin moiety formed fibrils, and hydrogels were subsequently generated by hydrogen bonding interactions between the β-cyclodextrin moieties. The gel–sol transition could be induced by the competitive guest 1-adamantanecarboxylic acid.

The self-assembly of artificial oligosaccharide derivatives has also been well-studied for the construction of supramolecular hydrogels. Chemical design of the oligosaccharide derivatives, primarily introducing hydrophobic moieties, affords self-assembled hydrogels [177–182]. A unique example is synthetic D-glucose disaccharide (DD) and L-glucose disaccharide (LL) enantiomers forming supramolecular assemblies (Fig. 23) [181]. DD and LL assembled into left-handed and right-handed helical fibers, respectively, through intermolecular interactions. The racemic mixture resulted in flat lamellae. Different morphologies of the assembled structures could be used as new sugar-based nanomaterials.

5 Summary

In this chapter, we overviewed soft matter based on biomaterials, focusing on peptides, proteins, and sugars. These biomaterials can self-assemble into nano- and micro-architectures with defined structures and functions. As described in the introduction, other biomaterials such as nucleic acids [40–42] and lipids [43, 44] are also important soft matter components. The biocompatibility and defined structures of biomaterials are useful for the precise design of self-assembled structures with specific functions. Careful tailoring of these self-assembled structures enables their use in various applications such as regenerative medicines, drug delivery, antibacterial and antiviral agents, vaccine materials, catalysts, bioelectronics, sensing, and biomineralization. In addition, one function of next-generation soft matter is expected

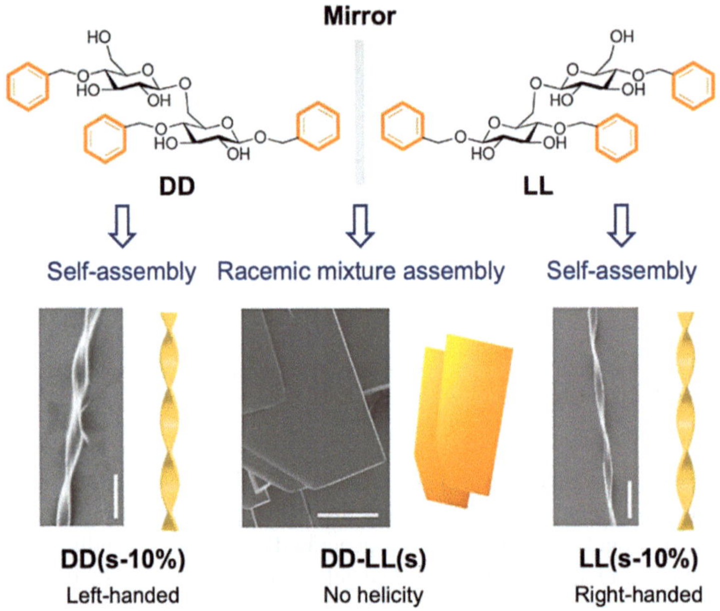

Fig. 23 Chemical structures of the synthetic D-glucose disaccharide DD and L-glucose disaccharide LL enantiomers and scanning electron microscopy (SEM) images of the assemblies [181]. Copyright 2020 John Wiley and Sons

to be dynamics mimicking natural systems such as bacterial movement [183]. Biomaterials are the main characters in liquid-liquid phase separation (LLPS) related to human health and diseases [184, 185]. Comprehensive research of biomaterial-based LLPS is important for understanding and controlling LLPS. In summary, biomaterials have great potential as components of soft matter for various biological and nanotechnological applications.

References

1. J.-L. Barrat, E.D. Gado, S.U. Egelhaaf, X. Mao, M. Dijkstra, D.J. Pine, S.K. Kumar, K. Bishop, O. Gang, A. Obermeyer, C.M. Papadakis, C. Tsitsilianis, I.I. Smalyukh, A. Hourlier-Fargette, S. Andrieux, W. Drenckhan, N. Wagner, R.P. Murphy, E.R. Weeks, R. Cerbino, Y. Han, L. Cipelletti, L. Ramos, W.C.K. Poon, J.A. Richards, I. Cohen, E.M. Furst, A. Nelson, S.L. Craig, R. Ganapathy, A.K. Sood, F. Sciortino, M. Mungan, S. Sastry, C. Scheibner, M. Fruchart, V. Vitelli, S.A. Ridout, M. Stern, I. Tah, G. Zhang, A.J. Liu, C.O. Osuji, Y. Xu, H.M. Shewan, J.R. Stokes, M. Merkel, P. Ronceray, J.-F. Rupprecht, O. Matsarskaia, F. Schreiber, F. Roosen-Runge, M.-E. Aubin-Tam, G.H. Koenderink, R.M. Espinosa-Marzal, J. Yus, J. Kwon, Soft matter roadmap. J. Phys. Mater. **7**, 012501 (2024)
2. E. Krieg, M.M.C. Bastings, P. Besenius, B. Rybtchinski, Supramolecular polymers in aqueous media. Chem. Rev. **116**, 2414–2477 (2016)

3. T. Shimizu, W. Ding, N. Kameta, Soft-matter nanotubes: A platform for diverse functions and applications. Chem. Rev. **120**, 2347–2407 (2020)
4. K. Matsuura, Synthetic approaches to construct viral capsid-like spherical nanomaterials. Chem. Commun. **54**, 8944–8959 (2018)
5. T.G.W. Edwardson, M.D. Levasseur, S. Tetter, A. Steinauer, M. Hori, D. Hilvert, Protein cages: From fundamentals to advanced applications. Chem. Rev. **122**, 9145–9197 (2022)
6. A.L. Margolin, M.A. Navia, Protein crystals as novel catalytic materials. Angew. Chem. Int. Ed. **40**, 2204–2222 (2001)
7. M. Kojima, S. Abe, T. Ueno, Engineering of protein crystals for use as solid biomaterials. Biomater. Sci. **10**, 354–367 (2022)
8. M. Abbas, W.P. Lipiński, J. Wang, E. Spruijt, Peptide-based coacervates as biomimetic protocells. Chem. Soc. Rev. **50**, 3690–3705 (2021)
9. A.B. Cook, S. Novosedlik, J.C.M. van Hest, Complex coacervate materials as artificial cells. Acc. Mater. Res. **4**, 287–298 (2023)
10. X. Du, J. Zhou, J. Shi, B. Xu, Supramolecular hydrogelators and hydrogels: from soft matter to molecular biomaterials. Chem. Rev. **115**, 13165–13307 (2015)
11. S. Das, D. Das, Rational design of peptide-based smart hydrogels for therapeutic applications. Front. Chem. **9**, 770102 (2021)
12. A. Fegan, B. White, J.C.T. Carlson, C.R. Wagner, Chemically controlled protein assembly: Techniques and applications. Chem. Rev. **110**, 3315–3336 (2010)
13. K. Matsuurua, Rational design of self-assembled proteins and peptides for nano- and micro-sized architectures. RSC Adv. **4**, 2942–2953 (2014)
14. L. Adler-Abramovich, E. Gazit, The physical properties of supramolecular peptide assemblies: from building block association to technological applications. Chem. Soc. Rev. **43**, 6881–6893 (2014)
15. E.D. Santis, M.G. Ryadnov, Peptide self-assembly for nanomaterials: the old new kid on the block. Chem. Soc. Rev. **44**, 8288–8300 (2015)
16. Y. Bai, Q. Luo, J. Liu, Protein self-assembly via supramolecular strategies. Chem. Soc. Rev. **45**, 2756–2767 (2016)
17. Q. Luo, C. Hou, Y. Bai, R. Wang, J. Liu, Protein assembly: Versatile approaches to construct highly ordered nanostructures. Chem. Rev. **116**, 13571–13632 (2016)
18. K. Sato, M.P. Hendricks, L.C. Palmer, S.I. Stupp, Peptide supramolecular materials for therapeutics. Chem. Soc. Rev. **47**, 7539–7551 (2018)
19. H. Inaba, K. Matsuura, Peptide nanomaterials designed from natural supramolecular systems. Chem. Rec. **19**, 843–858 (2019)
20. A. Levin, T.A. Hakala, L. Schnaider, G.J.L. Bernardes, E. Gazit, T.P.J. Knowles, Biomimetic peptide self-assembly for functional materials. Nat. Rev. Chem. **4**, 615–634 (2020)
21. N.J. Sinha, M.G. Langenstein, D.J. Pochan, C.J. Kloxin, J.G. Saven, Peptide design and self-assembly into targeted nanostructure and functional materials. Chem. Rev. **121**, 13915–13935 (2021)
22. F. Sheehan, D. Sementa, A. Jain, M. Kumar, M. Tayarani-Najjaran, D. Kroiss, R.V. Ulijn, Peptide-based supramolecular systems chemistry. Chem. Rev. **121**, 13869–13914 (2021)
23. J. Zhu, N. Avakyan, A. Kakkis, A.M. Hoffnagle, K. Han, Y. Li, Z. Zhang, T.S. Choi, Y. Na, C.-J. Yu, F.A. Tezcan, Protein assembly by design. Chem. Rev. **121**, 13701–13796 (2021)
24. L. Li, G. Chen, Precise assembly of proteins and carbohydrates for next-generation biomaterials. J. Am. Chem. Soc. **144**, 16232–16251 (2022)
25. K.Y. Lee, D.J. Mooney, Hydrogels for tissue engineering. Chem. Rev. **101**, 1869–1880 (2001)
26. R. Langer, D.A. Tirrell, Designing materials for biology and medicine. Nature **428**, 487–492 (2004)
27. M.P. Lutolf, J.A. Hubbell, Synthetic biomaterials as instructive extracellular microenvironments for morphogenesis in tissue engineering. Nat. Biotechnol. **23**, 47–55 (2005)
28. O.S. Fenton, K.N. Olafson, P.S. Pillai, M.J. Mitchell, R. Langer, Advances in biomaterials for drug delivery. Adv. Mater. **30**, 1705328 (2018)

29. C. Wang, T. Yokota, T. Someya, Natural biopolymer-based biocompatible conductors for stretchable bioelectronics. Chem. Rev. **121**, 2109–2146 (2021)
30. A.P. Liu, E.A. Appel, P.D. Ashby, B.M. Baker, E. Franco, L. Gu, K. Haynes, N.S. Joshi, A.M. Kloxin, P.H.J. Kouwer, J. Mittal, L. Morsut, V. Noireaux, S. Parekh, R. Schulman, S.K.Y. Tang, M.T. Valentine, S.L. Vega, W. Weber, N. Stephanopoulos, O. Chaudhuri, The living interface between synthetic biology and biomaterial design. Nat. Mater. **21**, 390–397 (2022)
31. R.J. Mart, R.D. Osborne, M.M. Stevens, R.V. Ulijn, Peptide-based stimuli-responsive biomaterials. Soft Matter **2**, 822–835 (2006)
32. V. Devika, P.J. Sreelekshmi, N. Rajeev, S.A. Lakshmi, A. Chandran, G.B. Gouthami, S. Sadanandan, Recent Advances in peptides-based stimuli-responsive materials for biomedical and therapeutic applications: a review. Mol. Pharm. **19**, 1999–2021 (2022)
33. K. Matsuura, H. Inaba, Photoresponsive peptide materials: Spatiotemporal control of self-assembly and biological functions. Biophysics Rev. **4**, 041303 (2023)
34. H. Zhou, Y. Zhu, B. Yang, Y. Huo, Y. Yin, X.-M. Jiang, W. Ji, Stimuli-responsive peptide hydrogels for biomedical applications. J. Mater. Chem. B **12**, 1748–1774 (2024)
35. M. Hagiya, A. Konagaya, S. Kobayashi, H. Saito, S. Murata, Molecular robots with sensors and intelligence. Acc. Chem. Res. **47**, 1681–1690 (2014)
36. D. Needleman, Z. Dogic, Active matter at the interface between materials science and cell biology. Nat. Rev. Mater. **2**, 17048 (2017)
37. G. Saper, H. Hess, Synthetic systems powered by biological molecular motors. Chem. Rev. **120**, 288–309 (2020)
38. C. Reuther, R. Catalano, A. Salhotra, V. Vemula, T. Korten, S. Diez, A. Månsson, Comparison of actin- and microtubule-based motility systems for application in functional nanodevices. New J. Phys. **23**, 075007 (2021)
39. S. Murata, T. Toyota, S.M. Nomura, T. Nakakuki, A. Kuzuya, Molecular cybernetics: Challenges toward cellular chemical artificial intelligence. Adv. Funct. Mater. **32**, 2201866 (2022)
40. U. Feldkamp, C.M. Niemeyer, Rational design of DNA nanoarchitectures. Angew. Chem. Int. Ed. **45**, 1856–1876 (2006)
41. F. Hong, F. Zhang, Y. Liu, H. Yan, D.N.A. Origami, Scaffolds for creating higher order structures. Chem. Rev. **117**, 12584–12640 (2017)
42. Y. Dong, C. Yao, Y. Zhu, L. Yang, D. Luo, D. Yang, DNA functional materials assembled from branched DNA: Design, synthesis, and applications. Chem. Rev. **120**, 9420–9481 (2020)
43. L.A. Estroff, A.D. Hamilton, Water gelation by small organic molecules. Chem. Rev. **104**, 1201–1218 (2004)
44. R. Tenchov, R. Bird, A.E. Curtze, Q. Zhou, Lipid nanoparticles–from liposomes to mRNA vaccine delivery, a landscape of research diversity and advancement. ACS Nano **15**, 16982–17015 (2021)
45. I.W. Hamley, Peptide fibrillization. Angew. Chem. Int. Ed. **46**, 8128–8147 (2007)
46. M. Reches, E. Gazit, Casting metal nanowires within discrete self-assembled peptide nanotubes. Science **300**, 625–627 (2003)
47. X. Yan, P. Zhu, J. Li, Self-assembly and application of diphenylalanine-based nanostructures. Chem. Soc. Rev. **39**, 1877–1890 (2010)
48. A. Levin, T.O. Mason, L. Adler-Abramovich, A.K. Buell, G. Meisl, C. Galvagnion, Y. Bram, S.A. Stratford, C.M. Dobson, T.P.J. Knowles, E. Gazit, Ostwald's rule of stages governs structural transitions and morphology of dipeptide supramolecular polymers. Nat. Commun. **5**, 5219 (2014)
49. L. Schnaider, S. Brahmachari, N.W. Schmidt, B. Mensa, S. Shaham-Niv, D. Bychenko, L. Adler-Abramovich, L.J.W. Shimon, S. Kolusheva, W.F. DeGrado, E. Gazit, Self-assembling dipeptide antibacterial nanostructures with membrane disrupting activity. Nat. Commun. **8**, 1365 (2017)
50. C.J. Bosques, B. Imperiali, Photolytic control of peptide self-assembly. J. Am. Chem. Soc. **125**, 7530–7531 (2003)

51. L.A. Haines, K. Rajagopal, B. Ozbas, D.A. Salick, D.J. Pochan, J.P. Schneider, Light-activated hydrogel formation via the triggered folding and self-assembly of a designed peptide. J. Am. Chem. Soc. **127**, 17025–17029 (2005)
52. Y. Matsuzawa, K. Ueki, M. Yoshida, N. Tamaoki, T. Nakamura, H. Sakai, M. Abe, Assembly and photoinduced organization of mono- and oligopeptide molecules containing an azobenzene moiety. Adv. Funct. Mater. **17**, 1507–1514 (2007)
53. J.D. Hartgerink, E. Beniash, S.I. Stupp, Self-assembly and mineralization of peptide-amphiphile nanofibers. Science **294**, 1684–1688 (2001)
54. G.A. Silva, C. Czeisler, K.L. Niece, E. Beniash, D.A. Harrington, J.A. Kessler, S.I. Stupp, Selective differentiation of neural progenitor cells by high-epitope density nanofibers. Science **303**, 1352–1355 (2004)
55. R.N. Shah, N.A. Shah, M.M. Del Rosario Lim, C. Hsieh, G. Nuber, S.I. Stupp, Supramolecular design of self-assembling nanofibers for cartilage regeneration. Proc. Natl. Acad. Sci. U.S.A. **107**, 3293–3298 (2010)
56. C.J. Newcomb, S. Sur, J.H. Ortony, O.-S. Lee, J.B. Matson, J. Boekhoven, J.M. Yu, G.C. Schatz, S.I. Stupp, Cell death versus cell survival instructed by supramolecular cohesion of nanostructures. Nat. Commun. **5**, 3321 (2014)
57. R. Freeman, M. Han, Z. Álvarez, J.A. Lewis, J.R. Wester, N. Stephanopoulos, M.T. McClendon, C. Lynsky, J.M. Godbe, H. Sangji, E. Luijten, S.I. Stupp, Reversible self-assembly of superstructured networks. Science **362**, 808–813 (2018)
58. Z. Álvarez, A.N. Kolberg-Edelbrock, I.R. Sasselli, J.A. Ortega, R. Qiu, Z. Syrgiannis, P.A. Mirau, F. Chen, S.M. Chin, S. Weigand, E. Kiskinis, S.I. Stupp, Bioactive scaffolds with enhanced supramolecular motion promote recovery from spinal cord injury. Science **374**, 848–856 (2021)
59. R. Qiu, I.R. Sasselli, Z. Álvarez, H. Sai, W. Ji, L.C. Palmer, S.I. Stupp, Supramolecular copolymers of peptides and lipidated peptides and their therapeutic potential. J. Am. Chem. Soc. **144**, 5562–5574 (2022)
60. M. Ikeda, T. Tanida, T. Yoshii, K. Kurotani, S. Onogi, K. Urayama, I. Hamachi, Installing logic-gate responses to a variety of biological substances in supramolecular hydrogel–enzyme hybrids. Nat. Chem. **6**, 511–518 (2014)
61. T. Yoshii, M. Ikeda, I. Hamachi, Two-photon-responsive supramolecular hydrogel for controlling materials motion in micrometer space. Angew. Chem. Int. Ed. **53**, 7264–7267 (2014)
62. H. Shigemitsu, T. Fujisaku, W. Tanaka, R. Kubota, S. Minami, K. Urayama, I. Hamachi, An adaptive supramolecular hydrogel comprising self-sorting double nanofibre networks. Nat. Nanotechnol. **13**, 165–172 (2018)
63. K. Nakamura, R. Kubota, T. Aoyama, K. Urayama, I. Hamachi, Four distinct network patterns of supramolecular/polymer composite hydrogels controlled by formation kinetics and interfiber interactions. Nat. Commun. **14**, 1696 (2023)
64. S. Torigoe, K. Nagao, R. Kubota, I. Hamachi, Emergence of dynamic instability by hybridizing synthetic self-assembled dipeptide fibers with surfactant micelles. J. Am. Chem. Soc. **146**, 5799–5805 (2024)
65. M. Furutani, A. Uemura, A. Shigenaga, C. Komiya, A. Otaka, K. Matsuura, A photoinduced growth system of peptide nanofibres addressed by DNA hybridization. Chem. Commun. **51**, 8020–8022 (2015)
66. H. Inaba, A. Uemura, K. Morishita, T. Kohiki, A. Shigenaga, A. Otaka, K. Matsuura, Light-induced propulsion of a giant liposome driven by peptide nanofibre growth. Sci. Rep. **8**, 6243 (2018)
67. H. Inaba, K. Hatta, K. Matsuura, Directional propulsion of DNA microspheres based on light-induced asymmetric growth of peptide nanofibers. ACS Appl. Bio Mater. **4**, 5425–5434 (2021)
68. Y. Liang, S. Ogawa, H. Inaba, K. Matsuura, Dramatic morphological changes in liposomes induced by peptide nanofibers reversibly polymerized and depolymerized by the photoisomerization of spiropyran. Front. Mol. Biosci. **10**, 1137885 (2023)

69. S. Chagri, D.Y.W. Ng, T. Weil, Designing bioresponsive nanomaterials for intracellular self-assembly. Nat. Rev. Chem. **6**, 320–338 (2022)
70. Z.M. Yang, K.M. Xu, Z.F. Guo, Z.H. Guo, B. Xu, Intracellular enzymatic formation of nanofibers results in hydrogelation and regulated cell death. Adv. Mater. **19**, 3152–3156 (2007)
71. A. Tanaka, Y. Fukuoka, Y. Morimoto, T. Honjo, D. Koda, M. Goto, T. Maruyama, Cancer cell death induced by the intracellular self-assembly of an enzyme-responsive supramolecular gelator. J. Am. Chem. Soc. **137**, 770–775 (2015)
72. K. Morita, K. Nishimura, S. Yamamoto, N. Shimizu, T. Yashiro, R. Kawabata, T. Aoi, A. Tamura, T. Maruyama, In situ synthesis of an anticancer peptide amphiphile using tyrosine kinase overexpressed in cancer cells. JACS Au **2**, 2023–2028 (2022)
73. M. Sun, C. Wang, M. Lv, Z. Fan, J. Du, Intracellular self-assembly of peptides to induce apoptosis against drug-resistant melanoma. J. Am. Chem. Soc. **144**, 7337–7345 (2022)
74. T. Miki, T. Nakai, M. Hashimoto, K. Kajiwara, H. Tsutsumi, H. Mihara, Intracellular artificial supramolecules based on de novo designed Y15 peptides. Nat. Commun. **12**, 3412 (2021)
75. L. Schaedel, K. John, J. Gaillard, M.V. Nachury, L. Blanchoin, M. Théry, Microtubules self-repair in response to mechanical stress. Nat. Mater. **14**, 1156–1163 (2015)
76. L. Schaedel, S. Triclin, D. Chrétien, A. Abrieu, C. Aumeier, J. Gaillard, L. Blanchoin, M. Théry, K. John, Lattice defects induce microtubule self-renewal. Nat. Phys. **15**, 830–838 (2019)
77. S. Triclin, D. Inoue, J. Gaillard, Z.M. Htet, M.E. DeSantis, D. Portran, E. Derivery, C. Aumeier, L. Schaedel, K. John, C. Leterrier, S.L. Reck-Peterson, L. Blanchoin, M. Théry, Self-repair protects microtubules from destruction by molecular motors. Nat. Mater. **20**, 883–891 (2021)
78. H. Hess, J.L. Ross, Non-equilibrium assembly of microtubules: from molecules to autonomous chemical robots. Chem. Soc. Rev. **46**, 5570–5587 (2017)
79. H. Inaba, K. Matsuura, Modulation of microtubule properties and functions by encapsulation of nanomaterials using a Tau-derived peptide. Bull. Chem. Soc. Jpn. **94**, 2100–2112 (2021)
80. A.M.R. Kabir, D. Inoue, A. Kakugo, Molecular swarm robots: recent progress and future challenges. Sci. Tech. Adv. Mater. **21**, 323–332 (2020)
81. F.J. Ndlec, T. Surrey, A.C. Maggs, S. Leibler, Self-organization of microtubules and motors. Nature **389**, 305–308 (1997)
82. T. Sanchez, D.T.N. Chen, S.J. DeCamp, M. Heymann, Z. Dogic, Spontaneous motion in hierarchically assembled active matter. Nature **491**, 431–434 (2012)
83. S.J. DeCamp, G.S. Redner, A. Baskaran, M.F. Hagan, Z. Dogic, Orientational order of motile defects in active nematics. Nat. Mater. **14**, 1110–1115 (2015)
84. G. Duclos, R. Adkins, D. Banerjee, M.S.E. Peterson, M. Varghese, I. Kolvin, A. Baskaran, R.A. Pelcovits, T.R. Powers, A. Baskaran, F. Toschi, M.F. Hagan, S.J. Streichan, V. Vitelli, D.A. Beller, Z. Dogic, Topological structure and dynamics of three-dimensional active nematics. Science **367**, 1120–1124 (2020)
85. J.J. Keya, R. Suzuki, A.M.R. Kabir, D. Inoue, H. Asanuma, K. Sada, H. Hess, A. Kuzuya, A. Kakugo, DNA-assisted swarm control in a biomolecular motor system. Nat. Commun. **9**, 453 (2018)
86. K. Matsuda, A.M.R. Kabir, N. Akamatsu, A. Saito, S. Ishikawa, T. Matsuyama, O. Ditzer, M.S. Islam, Y. Ohya, K. Sada, A. Konagaya, A. Kuzuya, A. Kakugo, Artificial smooth muscle model composed of hierarchically ordered microtubule asters mediated by DNA origami nanostructures. Nano Lett. **19**, 3933–3938 (2019)
87. M. Akter, J.J. Keya, K. Kayano, A.M.R. Kabir, D. Inoue, H. Hess, K. Sada, A. Kuzuya, H. Asanuma, A. Kakugo, Cooperative cargo transportation by a swarm of molecular machines. Sci. Robot. **7**, eabm0677 (2022)
88. H. Inaba, T. Yamamoto, A.M.R. Kabir, A. Kakugo, K. Sada, K. Matsuura, Molecular encapsulation inside microtubules based on Tau-derived peptides. Chem. Eur. J. **24**, 14958–14967 (2018)
89. H. Inaba, M. Yamada, R. Mst, A.M. Rashid, R. Kabir, A. Kakugo, K. Sada, K. Matsuura, Magnetic force-induced alignment of microtubules by encapsulation of CoPt nanoparticles using a Tau-derived peptide. Nano Lett. **20**, 5251–5258 (2020)

90. H. Inaba, T. Yamamoto, T. Iwasaki, A.M.R. Kabir, A. Kakugo, K. Sada, K. Matsuura, Stabilization of microtubules by encapsulation of the GFP using a Tau-derived peptide. Chem. Commun. **55**, 9072–9075 (2019)
91. H. Inaba, Y. Sueki, M. Ichikawa, A.M.R. Kabir, T. Iwasaki, H. Shigematsu, A. Kakugo, K. Sada, T. Tsukazaki, K. Matsuura, Generation of stable microtubule superstructures by binding of peptide-fused tetrameric proteins to inside and outside. Sci. Adv. **8**, eabq3817 (2022)
92. H. Inaba, A.M.R. Kabir, A. Kakugo, K. Sada, K. Matsuura, Structural changes of microtubules by encapsulation of gold nanoparticles using a Tau-derived peptide. Chem. Lett. **51**, 348–351 (2022)
93. H. Inaba, Y. Hori, A.M.R. Kabir, A. Kakugo, K. Sada, K. Matsuura, Construction of silver nanoparticles inside microtubules using Tau-derived peptide ligated with silver-binding peptide. Bull. Chem. Soc. Jpn. **96**, 1082–1087 (2023)
94. S. Watari, H. Inaba, T. Tamura, A.M.R. Kabir, A. Kakugo, K. Sada, I. Hamachi, K. Matsuura, Light-induced stabilization of microtubules by photo-crosslinking of a Tau-derived peptide. Chem. Commun. **58**, 9190–9193 (2022)
95. H. Inaba, M. Sakaguchi, S. Watari, S. Ogawa, A.M.R. Kabir, A. Kakugo, K. Sada, K. Matsuura, Reversible photocontrol of microtubule stability by spiropyran-conjugated Tau-derived peptides. ChemBioChem **24**, e202200782 (2023)
96. S. Watari, H. Inaba, Q.H. Lv, M. Ichikawa, T. Iwasaki, B. Wang, H. Tadakuma, A. Kakugo, K. Matsuura, Optical control of microtubule accumulation and dispersion by Tau-derived peptide-fused photo-responsive protein. JACS Au **5**, 791–801 (2025)
97. S. Banerjee, M.L. Gardel, U.S. Schwarz, The actin cytoskeleton as an active adaptive material. Annu. Rev. Condens. Matter Phys. **11**, 421–439 (2020)
98. D. Humphrey, C. Duggan, D. Saha, D. Smith, J. Käs, Active fluidization of polymer networks through molecular motors. Nature **416**, 413–416 (2002)
99. D. Smith, F. Ziebert, D. Humphrey, C. Duggan, M. Steinbeck, W. Zimmermann, J. Käs, Molecular motor-induced instabilities and cross linkers determine biopolymer organization. Biophys. J. **93**, 4445–4452 (2007)
100. G.H. Koenderink, Z. Dogic, F. Nakamura, P.M. Bendix, F.C. MacKintosh, J.H. Hartwig, T.P. Stossel, D.A. Weitz, An active biopolymer network controlled by molecular motors. Proc. Natl. Acad. Sci. U.S.A. **106**, 15192–15197 (2009)
101. M. Soares e Silva, M. Depken, B. Stuhrmann, M. Korsten, F.C. MacKintosh, G.H. Koenderink, Active multistage coarsening of actin networks driven by myosin motors. Proc. Natl. Acad. Sci. U.S.A. **108**, 9408–9413 (2011)
102. M.P. Murrell, M.L. Gardel, F-actin buckling coordinates contractility and severing in a biomimetic actomyosin cortex. Proc. Natl. Acad. Sci. U.S.A. **109**, 20820–20825 (2012)
103. M. Pochitaloff, M. Miranda, M. Richard, A. Chaiyasitdhi, Y. Takagi, W. Cao, E.M. De La Cruz, J.R. Sellers, J.-F. Joanny, F. Jülicher, L. Blanchoin, P. Martin, Flagella-like beating of actin bundles driven by self-organized myosin waves. Nat. Phys. **18**, 1240–1247 (2022)
104. A.-C. Reymann, J.-L. Martiel, T. Cambier, L. Blanchoin, R. Boujemaa-Paterski, M. Théry, Nucleation geometry governs ordered actin networks structures. Nat. Mater. **9**, 827–832 (2010)
105. A.-C. Reymann, R. Boujemaa-Paterski, J.-L. Martiel, C. Guérin, W. Cao, H.F. Chin, E.M. De La Cruz, M. Théry, L. Blanchoin, Actin network architecture can determine myosin motor activity. Science **336**, 1310–1314 (2012)
106. H. Ennomani, G. Letort, C. Guérin, J.-L. Martiel, W. Cao, F. Nédélec, E.M. De La Cruz, M. Théry, L. Blanchoin, Architecture and connectivity govern actin network contractility. Curr. Biol. **26**, 616–626 (2016)
107. A. Colin, M. Orhant-Prioux, C. Guérin, M. Savinov, W. Cao, B. Vianay, I. Scarfone, A. Roux, E.M. De La Cruz, A. Mogilner, M. Théry, L. Blanchoin, Friction patterns guide actin network contraction. Proc. Natl. Acad. Sci. U.S.A. **120**, e2300416120 (2023)
108. Y. Yamazaki, Y. Miyata, K. Morigaki, M. Miyazaki, Controlling physical and biochemical parameters of actin nucleation using a patterned model lipid membrane. Nano Lett. **24**, 1825–1834 (2024)

109. M. Dogterom, G.H. Koenderink, Actin–microtubule crosstalk in cell biology. Nat. Rev. Mol. Cell Biol. **20**, 38–54 (2019)
110. S.N. Ricketts, J.L. Ross, R.M. Robertson-Anderson, Co-entangled actin-microtubule composites exhibit tunable stiffness and power-law stress relaxation. Biophys. J. **115**, 1055–1067 (2018)
111. S.N. Ricketts, M.L. Francis, L. Farhadi, M.J. Rust, M. Das, J.L. Ross, R.M. Robertson-Anderson, Varying crosslinking motifs drive the mesoscale mechanics of actin-microtubule composites. Sci. Rep. **9**, 12831 (2019)
112. L. Farhadi, S.N. Ricketts, M.J. Rust, M. Das, R.M. Robertson-Anderson, J.L. Ross, Actin and microtubule crosslinkers tune mobility and control co-localization in a composite cytoskeletal network. Soft Matter **16**, 7191–7201 (2020)
113. G. Lee, G. Leech, M.J. Rust, M. Das, R.J. McGorty, J.L. Ross, R.M. Robertson-Anderson, Myosin-driven actin-microtubule networks exhibit self-organized contractile dynamics. Sci. Adv. **7**, eabe4334 (2021)
114. O. Kučera, J. Gaillard, C. Guérin, M. Théry, L. Blanchoin, Actin–microtubule dynamic composite forms responsive active matter with memory. Proc. Natl. Acad. Sci. U.S.A. **119**, e2209522119 (2022)
115. M.D. Shoulders, R.T. Raines, Collagen structure and stability. Annu. Rev. Biochem. **78**, 929–958 (2009)
116. S. Chattopadhyay, R.T. Raines, Collagen-based biomaterials for wound healing. Biopolymers **101**, 821–833 (2014)
117. S.M. Yu, Y. Li, D. Kim, Collagen mimetic peptides: progress towards functional applications. Soft Matter **7**, 7927–7938 (2011)
118. E.R. Ballister, A.H. Lai, R.N. Zuckermann, Y. Cheng, J.D. Mougous, In vitro self-assembly of tailorable nanotubes from a simple protein building block. Proc. Natl. Acad. Sci. U.S.A. **105**, 3733–3738 (2008)
119. N. Dotan, D. Arad, F. Frolow, A. Freeman, Self-assembly of a tetrahedral lectin into predesigned diamondlike protein crystals. Angew. Chem. Int. Ed. **38**, 2363–2366 (1999)
120. P. Ringler, G.E. Schulz, Self-assembly of proteins into designed networks. Science **302**, 106–109 (2003)
121. J.C.T. Carlson, S.S. Jena, M. Flenniken, T. Chou, R.A. Siegel, C.R. Wagner, Chemically controlled self-assembly of protein nanorings. J. Am. Chem. Soc. **128**, 7630–7638 (2006)
122. H. Kitagishi, K. Oohora, H. Yamaguchi, H. Sato, T. Matsuo, A. Harada, T. Hayashi, Supramolecular hemoprotein linear assembly by successive interprotein heme−heme pocket interactions. J. Am. Chem. Soc. **129**, 10326–10327 (2007)
123. S. Burazerovic, J. Gradinaru, J. Pierron, T.R. Ward, Hierarchical self-assembly of one-dimensional streptavidin bundles as a collagen mimetic for the biomineralization of calcite. Angew. Chem. Int. Ed. **46**, 5510–5514 (2007)
124. K. Oohora, A. Onoda, H. Kitagishi, H. Yamaguchi, A. Harada, T. Hayashi, A chemically-controlled supramolecular protein polymer formed by a myoglobin-based self-assembly system. Chem. Sci. **2**, 1033–1038 (2011)
125. D. Sicard, S. Cecioni, M. Iazykov, Y. Chevolot, S.E. Matthews, J.-P. Praly, E. Souteyrand, A. Imberty, S. Vidal, M. Phaner-Goutorbe, AFM investigation of *Pseudomonas aeruginosa* lectin LecA (PA-IL) filaments induced by multivalent glycoclusters. Chem. Commun. **47**, 9483–9485 (2011)
126. F. Sakai, G. Yang, M.S. Weiss, Y. Liu, G. Chen, M. Jiang, Protein crystalline frameworks with controllable interpenetration directed by dual supramolecular interactions. Nat. Commun. **5**, 4634 (2014)
127. G. Yang, X. Zhang, Z. Kochovski, Y. Zhang, B. Dai, F. Sakai, L. Jiang, Y. Lu, M. Ballauff, X. Li, C. Liu, G. Chen, M. Jiang, Precise and reversible protein-microtubule-like structure with helicity driven by dual supramolecular interactions. J. Am. Chem. Soc. **138**, 1932–1937 (2016)
128. S. Biswas, K. Kinbara, N. Oya, N. Ishii, H. Taguchi, T. Aida, A tubular biocontainer: metal ion-induced 1D assembly of a molecularly engineered chaperonin. J. Am. Chem. Soc. **131**, 7556–7557 (2009)

129. W. Zhang, Q. Luo, L. Miao, C. Hou, Y. Bai, Z. Dong, J. Xu, J. Liu, Self-assembly of glutathione S-transferase into nanowires. Nanoscale **4**, 5847–5851 (2012)
130. Y. Bai, Q. Luo, W. Zhang, L. Miao, J. Xu, H. Li, J. Liu, Highly ordered protein nanorings designed by accurate control of glutathione S-transferase self-assembly. J. Am. Chem. Soc. **135**, 10966–10969 (2013)
131. P.A. Sontz, J.B. Bailey, S. Ahn, F.A. Tezcan, A metal organic framework with spherical protein nodes: Rational chemical design of 3D protein crystals. J. Am. Chem. Soc. **137**, 11598–11601 (2015)
132. M. Yang, W.J. Song, Diverse protein assembly driven by metal and chelating amino acids with selectivity and tunability. Nat. Commun. **10**, 5545 (2019)
133. A.D. Malay, N. Miyazaki, A. Biela, S. Chakraborti, K. Majsterkiewicz, I. Stupka, C.S. Kaplan, A. Kowalczyk, B.M.A.G. Piette, G.K.A. Hochberg, D. Wu, T.P. Wrobel, A. Fineberg, M.S. Kushwah, M. Kelemen, P. Vavpetič, P. Pelicon, P. Kukura, J.L.P. Benesch, K. Iwasaki, J.G. Heddle, An ultra-stable gold-coordinated protein cage displaying reversible assembly. Nature **569**, 438–442 (2019)
134. Y. Li, B. Xue, Y. Cao, 100th anniversary of macromolecular science viewpoint: synthetic protein hydrogels. ACS Macro Lett. **9**, 512–524 (2020)
135. W.A. Petka, J.L. Harden, K.P. McGrath, D. Wirtz, D.A. Tirrell, Reversible hydrogels from self-assembling artificial proteins. Science **281**, 389–392 (1998)
136. J.D. Ehrick, S.K. Deo, T.W. Browning, L.G. Bachas, M.J. Madou, S. Daunert, Genetically engineered protein in hydrogels tailors stimuli-responsive characteristics. Nat. Mater. **4**, 298–302 (2005)
137. J. Fang, A. Mehlich, N. Koga, J. Huang, R. Koga, X. Gao, C. Hu, C. Jin, M. Rief, J. Kast, D. Baker, H. Li, Forced protein unfolding leads to highly elastic and tough protein hydrogels. Nat. Commun. **4**, 2974 (2013)
138. J. Wu, P. Li, C. Dong, H. Jiang, B. Xue, X. Gao, M. Qin, W. Wang, B. Chen, Y. Cao, Rationally designed synthetic protein hydrogels with predictable mechanical properties. Nat. Commun. **9**, 620 (2018)
139. H. Lei, L. Dong, Y. Li, J. Zhang, H. Chen, J. Wu, Y. Zhang, Q. Fan, B. Xue, M. Qin, B. Chen, Y. Cao, W. Wang, Stretchable hydrogels with low hysteresis and anti-fatigue fracture based on polyprotein cross-linkers. Nat. Commun. **11**, 4032 (2020)
140. L. Fu, L. Li, Q. Bian, B. Xue, J. Jin, J. Li, Y. Cao, Q. Jiang, H. Li, Cartilage-like protein hydrogels engineered via entanglement. Nature **618**, 740–747 (2023)
141. R. Mout, R.C. Bretherton, J. Decarreau, S. Lee, N. Gregorio, N.I. Edman, M. Ahlrichs, Y. Hsia, D.D. Sahtoe, G. Ueda, A. Sharma, R. Schulman, C.A. DeForest, D. Baker, De novo design of modular protein hydrogels with programmable intra- and extracellular viscoelasticity. Proc. Natl. Acad. Sci. U.S.A. **121**, e2309457121 (2024)
142. P.-S. Huang, S.E. Boyken, D. Baker, The coming of age of de novo protein design. Nature **537**, 320–327 (2016)
143. X. Pan, T. Kortemme, Recent advances in de novo protein design: principles, methods, and applications. J. Biol. Chem. **296**, 100558 (2021)
144. D.N. Woolfson, A Brief History of De novo protein design: minimal, rational, and computational. J. Mol. Biol. **433**, 167160 (2021)
145. B.B. Mallik, J. Stanislaw, T.M. Alawathurage, A. Khmelinskaia, De novo design of polyhedral protein assemblies: before and after the AI revolution. ChemBioChem **24**, e202300117 (2023)
146. T. Kortemme, De novo protein design—from new structures to programmable functions. Cell **187**, 526–544 (2024)
147. H. Shen, J.A. Fallas, E. Lynch, W. Sheffler, B. Parry, N. Jannetty, J. Decarreau, M. Wagenbach, J.J. Vicente, J. Chen, L. Wang, Q. Dowling, G. Oberdorfer, L. Stewart, L. Wordeman, J. De Yoreo, C. Jacobs-Wagner, J. Kollman, D. Baker, De novo design of self-assembling helical protein filaments. Science **362**, 705–709 (2018)
148. N.P. Bethel, A.J. Borst, F. Parmeggiani, M.J. Bick, T.J. Brunette, H. Nguyen, A. Kang, A.K. Bera, L. Carter, M.C. Miranda, R.D. Kibler, M. Lamb, X. Li, B. Sankaran, D. Baker, Precisely patterned nanofibres made from extendable protein multiplexes. Nat. Chem. **15**, 1664–1671 (2023)

149. R. Divine, H.V. Dang, G. Ueda, J.A. Fallas, I. Vulovic, W. Sheffler, S. Saini, Y.T. Zhao, I.X. Raj, P.A. Morawski, M.F. Jennewein, L.J. Homad, Y.-H. Wan, M.R. Tooley, F. Seeger, A. Etemadi, M.L. Fahning, J. Lazarovits, A. Roederer, A.C. Walls, L. Stewart, M. Mazloomi, N.P. King, D.J. Campbell, A.T. McGuire, L. Stamatatos, H. Ruohola-Baker, J. Mathieu, D. Veesler, D. Baker, Designed proteins assemble antibodies into modular nanocages. Science **372**, eabd9994 (2021)
150. A.J. Ben-Sasson, J.L. Watson, W. Sheffler, M.C. Johnson, A. Bittleston, L. Somasundaram, J. Decarreau, F. Jiao, J. Chen, I. Mela, A.A. Drabek, S.M. Jarrett, S.C. Blacklow, C.F. Kaminski, G.L. Hura, J.J. De Yoreo, J.M. Kollman, H. Ruohola-Baker, E. Derivery, D. Baker, Design of biologically active binary protein 2D materials. Nature **589**, 468–473 (2021)
151. A. Courbet, J. Hansen, Y. Hsia, N. Bethel, Y.-J. Park, C. Xu, A. Moyer, S.E. Boyken, G. Ueda, U. Nattermann, D. Nagarajan, D.-A. Silva, W. Sheffler, J. Quispe, A. Nord, N. King, P. Bradley, D. Veesler, J. Kollman, D. Baker, Computational design of mechanically coupled axle-rotor protein assemblies. Science **376**, 383–390 (2022)
152. T.F. Huddy, Y. Hsia, R.D. Kibler, J. Xu, N. Bethel, D. Nagarajan, R. Redler, P.J.Y. Leung, C. Weidle, A. Courbet, E.C. Yang, A.K. Bera, N. Coudray, S.J. Calise, F.A. Davila-Hernandez, H.L. Han, K.D. Carr, Z. Li, R. McHugh, G. Reggiano, A. Kang, B. Sankaran, M.S. Dickinson, B. Coventry, T.J. Brunette, Y. Liu, J. Dauparas, A.J. Borst, D. Ekiert, J.M. Kollman, G. Bhabha, D. Baker, Blueprinting extendable nanomaterials with standardized protein blocks. Nature **627**, 898–904 (2024)
153. T. Ueno, Porous protein crystals as reaction vessels. Chem. Eur. J. **19**, 9096–9102 (2013)
154. Y. Suzuki, G. Cardone, D. Restrepo, P.D. Zavattieri, T.S. Baker, F.A. Tezcan, Self-assembly of coherently dynamic, auxetic, two-dimensional protein crystals. Nature **533**, 369–373 (2016)
155. S. Zhang, R.G. Alberstein, J.J. De Yoreo, F.A. Tezcan, Assembly of a patchy protein into variable 2D lattices via tunable multiscale interactions. Nat. Commun. **11**, 3770 (2020)
156. L. Zhang, J.B. Bailey, R.H. Subramanian, A. Groisman, F.A. Tezcan, Hyperexpandable, self-healing macromolecular crystals with integrated polymer networks. Nature **557**, 86–91 (2018)
157. K. Han, Y. Na, L. Zhang, F.A. Tezcan, Dynamic, polymer-integrated crystals for efficient, reversible protein encapsulation. J. Am. Chem. Soc. **144**, 10139–10144 (2022)
158. K. Han, Z. Zhang, F.A. Tezcan, Spatially patterned, porous protein crystals as multifunctional materials. J. Am. Chem. Soc. **145**, 19932–19944 (2023)
159. B.S. Heater, Z. Yang, M.M. Lee, M.K. Chan, In vivo enzyme entrapment in a protein crystal. J. Am. Chem. Soc. **142**, 9879–9883 (2020)
160. T.K. Nguyen, S. Abe, M. Kasamatsu, B. Maity, K. Yamashita, K. Hirata, M. Kojima, T. Ueno, In-cell engineering of protein crystals with nanoporous structures for promoting cascade reactions. ACS Appl. Nano Mater. **4**, 1672–1681 (2021)
161. T. Pan, B. Maity, S. Abe, T. Morita, T. Ueno, In-cell engineering of protein crystals into hybrid solid catalysts for artificial photosynthesis. Nano Lett. **23**, 6744–6751 (2023)
162. Y. Okamoto, E. Yashima, Polysaccharide derivatives for chromatographic separation of enantiomers. Angew. Chem. Int. Ed. **37**, 1020–1043 (1998)
163. N. Bhattarai, J. Gunn, M. Zhang, Chitosan-based hydrogels for controlled, localized drug delivery. Adv. Drug Deliv. Rev. **62**, 83–99 (2010)
164. F. Croisier, C. Jérôme, Chitosan-based biomaterials for tissue engineering. Eur. Polym. J. **49**, 780–792 (2013)
165. N.B. Shelke, R. James, C.T. Laurencin, S.G. Kumbar, Polysaccharide biomaterials for drug delivery and regenerative engineering. Polym. Adv. Technol. **25**, 448–460 (2014)
166. S. Datta, S. Bhattacharya, Multifarious facets of sugar-derived molecular gels: molecular features, mechanisms of self-assembly and emerging applications. Chem. Soc. Rev. **44**, 5596–5637 (2015)
167. I.C. Carvalho, H.S. Mansur, A.G. Leonel, A.A.P. Mansur, Z.I.P. Lobato, Soft matter polysaccharide-based hydrogels as versatile bioengineered platforms for brain tissue repair and regeneration. Int. J. Biol. Macromol. **182**, 1091–1111 (2021)
168. Y. Hata, T. Serizawa, Self-assembly of cellulose for creating green materials with tailor-made nanostructures. J. Mater. Chem. B **9**, 3944–3966 (2021)

169. A. Anitha, S. Sowmya, P.T.S. Kumar, S. Deepthi, K.P. Chennazhi, H. Ehrlich, M. Tsurkan, R. Jayakumar, Chitin and chitosan in selected biomedical applications. Prog. Polym. Sci. **39**, 1644–1667 (2014)
170. J.-L. Doublier, C. Garnier, D. Renard, C. Sanchez, Protein–polysaccharide interactions. Curr. Opin. Colloid Interface Sci. **5**, 202–214 (2000)
171. X.T. Le, L.-E. Rioux, S.L. Turgeon, Formation and functional properties of protein–polysaccharide electrostatic hydrogels in comparison to protein or polysaccharide hydrogels. Adv. Colloid Interface Sci. **239**, 127–135 (2017)
172. T. Tyrikos-Ergas, S. Gim, J.-Y. Huang, S. Pinzón Martín, D. Varón Silva, P.H. Seeberger, M. Delbianco, Synthetic phosphoethanolamine-modified oligosaccharides reveal the importance of glycan length and substitution in biofilm-inspired assemblies. Nat. Commun. **13**, 3954 (2022)
173. M.E. Davis, M.E. Brewster, Cyclodextrin-based pharmaceutics: past, present and future. Nat. Rev. Drug Discov. **3**, 1023–1035 (2004)
174. A. Harada, Y. Takashima, H. Yamaguchi, Cyclodextrin-based supramolecular polymers. Chem. Soc. Rev. **38**, 875–882 (2009)
175. Z. Liu, Y. Liu, Multicharged cyclodextrin supramolecular assemblies. Chem. Soc. Rev. **51**, 4786–4827 (2022)
176. W. Deng, H. Yamaguchi, Y. Takashima, A. Harada, A chemical-responsive supramolecular hydrogel from modified cyclodextrins. Angew. Chem. Int. Ed. **46**, 5144–5147 (2007)
177. O. Gronwald, S. Shinkai, Sugar-integrated gelators of organic solvents. Chem. Eur. J. **7**, 4328–4334 (2001)
178. S. Kiyonaka, K. Sugiyasu, S. Shinkai, I. Hamachi, First thermally responsive supramolecular polymer based on glycosylated amino acid. J. Am. Chem. Soc. **124**, 10954–10955 (2002)
179. L.S. Birchall, S. Roy, V. Jayawarna, M. Hughes, E. Irvine, G.T. Okorogheye, N. Saudi, E.D. Santis, T. Tuttle, A.A. Edwards, R.V. Ulijn, Exploiting CH-π interactions in supramolecular hydrogels of aromatic carbohydrate amphiphiles. Chem. Sci. **2**, 1349–1355 (2011)
180. Y. Yu, S. Gim, D. Kim, Z.A. Arnon, E. Gazit, P.H. Seeberger, M. Delbianco, Oligosaccharides self-assemble and show intrinsic optical properties. J. Am. Chem. Soc. **141**, 4833–4838 (2019)
181. S. Gim, G. Fittolani, Y. Nishiyama, P.H. Seeberger, Y. Ogawa, M. Delbianco, Supramolecular assembly and chirality of synthetic carbohydrate materials. Angew. Chem. Int. Ed. **132**, 22766–22772 (2020)
182. N. Hribernik, D. Vargová, M.C.S. Dal Colle, J.H. Lim, G. Fittolani, Y. Yu, J. Fujihara, K. Ludwig, P.H. Seeberger, Y. Ogawa, M. Delbianco, Controlling the assembly of cellulose-based oligosaccharides through sequence modifications. Angew. Chem. Int. Ed. **62**, e202310357 (2023)
183. M.F. Copeland, D.B. Weibel, Bacterial swarming: a model system for studying dynamic self-assembly. Soft Matter **5**, 1174–1187 (2009)
184. S. Alberti, A. Gladfelter, T. Mittag, Considerations and challenges in studying liquid-liquid phase separation and biomolecular condensates. Cell **176**, 419–434 (2019)
185. B. Wang, L. Zhang, T. Dai, Z. Qin, H. Lu, L. Zhang, F. Zhou, Liquid–liquid phase separation in human health and diseases. Signal Transduct. Target. Ther. **6**, 290 (2021)

Magnetic Properties of Soft Matter

Yoshiaki Uchida

1 Introduction

When you hear the word "magnetism," you probably imagine a crystalline, dark-colored magnet. We do not doubt that magnetism is only a property of special solids that have spontaneous magnetization and attract other magnets and metals like iron. However, magnetism is a concept of responsiveness in a magnetic field, and all materials can be classified according to their responsiveness. While many different types of magnetism are known, diamagnetism and paramagnetism are the most fundamental. Most materials are diamagnetic, and their magnetic properties are much weaker than so-called magnets. Naturally, we cannot recognize their effects in daily life. It probably gives rise to our understanding of "magnetism."

Paramagnetism is based on orbital angular momentum and spin angular momentum. Since orbital angular momentum is often frozen for 2p and 3d electron spins, the spin sources that appear in soft matter, we should mainly consider spin angular momentum, commonly known as spin. Spin is the angular momentum of various elementary particles; it is the electron spin that is mainly responsible for the magnetic properties. The spin that this chapter deals with is also primarily electron spin. As you know, all materials possess electrons themselves. However, when two electrons with opposite signs in a single orbital pair up, the spin disappears. Therefore, when considering the magnetic properties exhibited by electron spin, the target materials have atoms and molecules with unpaired electrons. Materials with unpaired electrons become paramagnetic and have a positive magnetic susceptibility. A magnet attracts these materials. Meanwhile, materials without unpaired electrons are diamagnetic. A magnet weakly repels them; the magnetic susceptibility becomes negative. Section 2 illustrates the mechanism of paramagnetism and diamagnetism.

Y. Uchida (✉)
Graduate School of Engineering Science, The University of Osaka, Toyonaka, Osaka, Japan
e-mail: y.uchida.es@osaka-u.ac.jp

M. Funahashi (ed.), *Functional Soft Matter I*,
https://doi.org/10.1007/978-981-92-0108-2_9

The magnetism of a material depends on the environment in which the isolated electrons are located. It is not determined solely by the presence or absence of electron spins. When each electron spin of a material responds independently to an external magnetic field, the material works as a paramagnetic material. Meanwhile, there are ferromagnetic materials that are spontaneously magnetized even in the absence of an external magnetic field. In ferromagnetic materials, electron spins interact with each other to orient in the same direction. In this case, the surrounding electron spins can be said to be the environment for one electron spin. Various objects and fields act as an environment for electron spins. Section 3 illustrates the mechanism of the magnetic interactions.

For electron spins, electric currents and surrounding nuclei also act as the environment. If you can imagine electromagnetic induction, you can understand that the magnetic field caused by the electric current, that is, the motion of the electrons, affects the electron spin. You would also have the image of electrons moving around the nucleus. Looking at this from the electron side, one would imagine that the nucleus is moving around the electron. It has some effects like the electric current as the motion of charged particles with opposite signs to the electrons. It is called spin-orbit interaction.

Soft matter is basically composed of closed-shell molecular materials. Soft matter becomes paramagnetic when it contains open-shell atoms or molecules with unpaired electrons. The origin of the electron spin is called a spin source, and the spin sources of soft matter can be divided into metal ions (3d and 4f spins) and organic radicals (2p spins). Sections 4–7 demonstrate the examples and magnetic properties of the paramagnetic soft matter: polymers, liquid crystals, ionic liquids, and amphiphiles. Paramagnetic metal ions with unpaired electrons, such as iron(III) and copper(II) ions, work as spin sources. Complexes composed of paramagnetic metal ions become paramagnetic. To date, many kinds of paramagnetic soft matter, including metal complexes, have been reported and are still being actively studied. Another spin source is organic radicals. They are commonly found as intermediates in chemical reactions and have highly reactive unpaired electrons. Therefore, organic radicals give the impression of being unstable. However, several kinds of organic radicals have been reported to exhibit outstanding chemical stability due to resonance stabilization and steric inactivation. Soft matter composed of molecules incorporating these organic radicals also becomes paramagnetic. Section 8 displays the other properties of some paramagnetic soft matter.

Spin sources other than molecules include nanoparticles, nanorods, and nanoplates, which are miniaturized versions of conventional crystalline magnets. When nanoparticles are combined with molecular materials, they behave like single materials. The modification of particle surfaces has become highly controlled, and a wide variety of functional soft matter has been created by mixing and combining functions with the base soft matter. Various types of magnets are known, including plastic magnets made by mixing magnet powder with polymer [1] and ferromagnetic liquid crystals by dispersing magnetic nanoplates in diamagnetic liquid crystals [2]. Since the magnetic properties of magnets can be greatly modified by simple miniaturization, the boundary between molecules and particles is becoming blurred. Although their attractive nature should also be explained, this is beyond the scope of this chapter. We will leave the discussion of magnetic nanoparticles to another book [3].

2 Spins in Molecules

Paramagnetism and diamagnetism are fundamental to the magnetic properties of soft matter. Paramagnetism is the property that magnetization is positively proportional to the external magnetic field, as shown in Fig. 1a. Diamagnetism is the property that magnetization is negatively proportional to the external magnetic field, as shown in Fig. 1b. Paramagnetic materials go closer to magnets, while diamagnetic materials move away from them.

Although this chapter deals mainly with paramagnetism, we will introduce diamagnetism here because it plays an important role in all soft matter. All materials have diamagnetic susceptibilities. Electrons in a magnetic field rotate in a direction that cancels the external magnetic field, producing magnetization in the opposite direction of the magnetic field. And even among materials with electron spins, diamagnetic properties do not disappear. We cannot notice the effects of diamagnetic properties in magnets simply because their effect is much smaller than the effect of ferromagnetism. Normally, the diamagnetic susceptibility is so small that it appears not to respond to weak magnets. However, in a strong magnetic field or for materials with a large diamagnetic susceptibility, it may become visible as a pronounced effect: the Moses effect and magnetic levitation.

The paramagnetic soft materials treated in this chapter deal with phenomena near room temperature, where the material is soft. Their paramagnetic susceptibilities are inversely proportional to the absolute temperature, as shown in Fig. 1d. Since diamagnetic susceptibility is independent of temperature, as shown in Fig. 1c, the

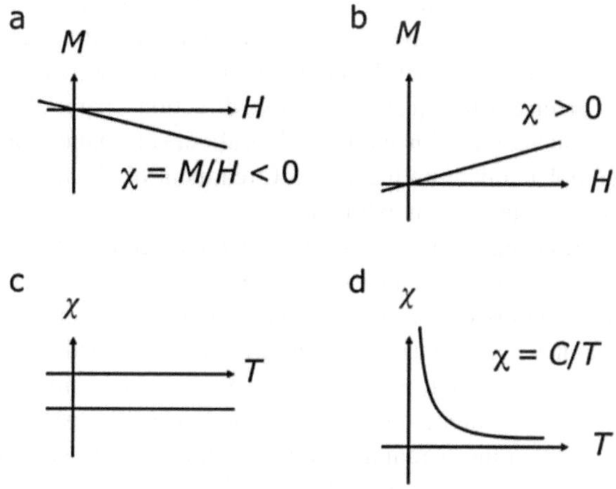

Fig. 1 Magnetization behavior of diamagnetic and paramagnetic materials. **a** Diamagnetic and **b** paramagnetic materials are negatively and positively magnetized in a magnetic field (*H*). **c** Diamagnetic susceptibility is independent of temperature (*T*). **d** Paramagnetic susceptibility of localized electron spin is inversely proportional to temperature

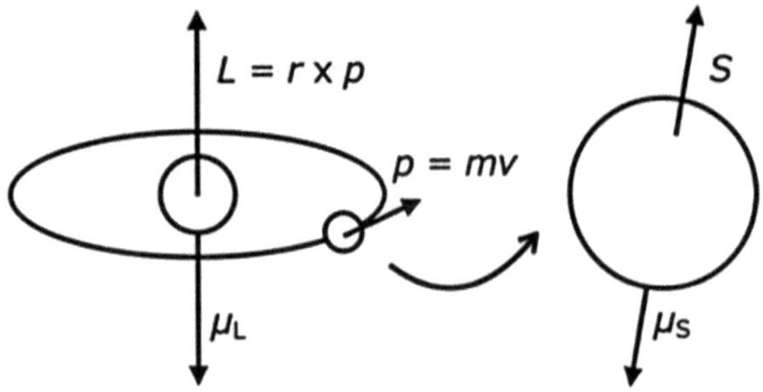

Fig. 2 Origin of paramagnetism. Orbital angular momentum (L) and its magnetic moment (μ_L) originate from the motion of an atom around its nucleus (p). Spin angular momentum (S) as the internal degree of freedom of the electron and its magnetic moment (μ_S)

paramagnetic susceptibility is often comparable to the diamagnetic susceptibility of the same compound in the room temperature range. It is often necessary to consider the effects of diamagnetism.

Paramagnetism mainly originates from orbital angular momentum and spin angular momentum of an electron. Orbital angular momentum generates a magnetic moment; it is perhaps easy to understand the orbital angular momentum when you imagine electrons orbiting around the nucleus of an atom, as shown in Fig. 2. Since atoms and ions intrinsically have degenerate orbitals, the magnetic moment derived from orbital angular momentum should be considered. For 4f electrons, we consider both orbital angular momentum and spin contributions because the intrinsic degeneracy remains. Meanwhile, when the degeneracy is often removed in molecules and complexes, the orbital angular momentum vanishes. This is called quenching of the orbital angular momentum. This occurs in the case of 2p and 3d electrons. Whenever materials have unpaired electrons, the spin angular momentum of the electrons is the origin of paramagnetism, as shown in Fig. 2.

Spin angular momentum is the inherent angular momentum of elementary and composite particles. As we have seen, electrons also have spin angular momentum, also simply referred to as electron spin. We tend to imagine that the spin angular momentum originates from the spinning of electrons. However, it is more appropriate to describe it as having angular momentum as if it were spinning. It would be best if you understood that the magnetic moment based on the internal degrees of freedom of an electron is quantized in two directions, parallel and antiparallel to the external magnetic field. Since this book is about soft matter, please refer to other books for a complete quantum mechanical treatment of electron spins [4]. Here, we will focus on the properties it exhibits.

All materials have electrons, but their electron spins are often canceled out. Most of the soft materials consist of organic compounds basically. Since organic compounds are composed of covalent bonds, which are pairs of two electrons with opposite magnetic moments, electron spins are canceled out. Therefore, most of the soft materials do not become paramagnetic. In addition, as mentioned above, orbital angular momentum is also quenched in such substances, making them diamagnetic. For obtaining paramagnetic soft matter, mixing magnetic materials in the form of particles is well known. However, in this chapter, we mainly focus on the method of making the material itself paramagnetic by giving it an electron spin. There are two ways to make soft matter paramagnetic: complexation and radicalization. Depending on the central metal, complexation can be further classified into transition metal complexes with 3d electrons and lanthanide complexes with 4f electrons.

Radical states of organic materials are normally unstable. There are two strategies to stabilize radicals as materials. One is the resonance by π-conjugation, and the other is the deactivation by steric hindrance. In the former case, spin polarization is delocalized by π-conjugated molecules, as typified by carbon-based radicals. In the latter case, the radical moiety is covered with a sterically bulky substituent, as typified by nitroxide radicals. Even carbon-based radicals benefit from steric hindrance, and even nitroxide radicals are stabilized by resonance between oxygen and nitrogen. Molecular structures will be discussed in more detail in later sections (Sects. 4–8).

Complexation with paramagnetic 3d metal ions gives materials paramagnetism. The orbital angular momentum is quenched for 3d electrons due to the ligand field. It can be neglected. The soft matter with 3d metal ions that exhibits spin crossover phenomena has been reported (Sect. 5) [5]. Besides, paramagnetic complexes containing 4f lanthanide metal ions such as La(III), Nd(III), Eu(III), Gd(III), Ho(III), and Yb(III) ions have been synthesized, and various magnetic properties have been reported. In the case of 4f electrons, the unpaired electrons exist in the inner shell, which is not affected by the ligand field. Therefore, the total angular momentum is the combination of orbital and spin angular momenta ($\boldsymbol{J} = \boldsymbol{L} + \boldsymbol{S}$). Their magnetic properties are generally stronger than paramagnetic soft materials with 3d metal ions. Molecular structures will be discussed in more detail in later sections (Sects. 4–8).

3 Magnetic Interactions in Organic Materials

This section outlines the origin of the ferromagnetism of organic materials based on paramagnetism and the interactions between electron spins. If you are designing your paramagnetic soft matter, you should understand these interactions. However, if you only want to know about actual examples of paramagnetic soft matter, you may skip this section.

The magnetization of an electron is the product of the magnetic moment of an electron and the expectation value of the spin angular momentum of an electron. The magnetic moment of an electron is $g\mu_B/2$, where g is g-factor and μ_B is Bohr magneton. The spin angular momentum is estimated using the spin operator and the spin wave function. If there is no interaction between spins, the expected value of the spin angular momentum can be obtained from the Boltzmann distribution. When there is no magnetic field, no magnetization exists, and it saturates as the magnetic field increases. Besides, the magnetization is inversely proportional to temperature, as shown in Fig. 1d. The magnetization draws a hyperbolic tangent curve, as shown in Fig. 3; $M = g\mu_B \tanh(g\mu_B H/k_B T)$. This simple magnetization property is called paramagnetism. The slope at the origin is usually referred to as the paramagnetic susceptibility (χ_{para}).

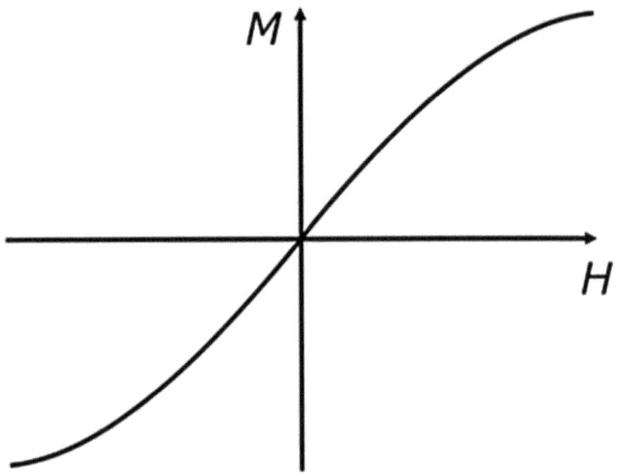

Fig. 3 Magnetization behavior of paramagnetic materials. The curve is almost linear near the origin and saturates as the magnetic field increases

Let us consider the interactions between spins. Spin produces a magnetic dipole moment. We can calculate the magnetic dipole moment by multiplying the permeability of the vacuum by the magnetic moment. Magnetic dipoles of electrons exhibit anisotropic interactions with each other. The interactions between dipoles (dipole-dipole interactions) can be calculated using the point-dipole approximation. If you have ever heard that spin is the element of a magnet, you would think that the dipole-dipole interactions are the origin of ferromagnetism. Although the dipole-dipole interactions are important for the magnetic properties of ferromagnetic materials, ferromagnetism does not originate from the dipole-dipole interactions.

Ferromagnetism can be explained by approximating interactions called molecular fields. It is nowadays called the mean-field approximation and is generalized to phenomena other than magnetic properties. The larger the molecular field is, the more the ferromagnetism overcomes thermal disordering; the material functions as a magnet up to higher temperatures. The temperature at which ferromagnetism transitions to paramagnetism is called the Curie temperature. Some magnets have Curie temperatures of about 1000 K. If we try to explain the large value using a molecular field, the interaction energy is estimated to be about 10^{-20} J. However, the energy of the dipole-dipole interactions is only about 10^{-25} J. We must consider interaction mechanisms other than the dipole-dipole interaction to explain ferromagnetism.

That interaction that stabilizes ferromagnetism is exchange interaction. Heisenberg introduced the exchange interaction between electrons for two-electron systems. Understanding the Heisenberg model allows us to understand ferromagnetism. First, we consider a spin system connected in one dimension, with the exchange interaction between the adjacent two spins as J_{ij}, where subscripts i and j denote ith and jth electrons. The interaction Hamiltonian can be written as $\hat{H} = -\sum_{i,j} J_{ij}\hat{S}_i \cdot \hat{S}_j$. Then, if J_{ij} is positive, the more aligned the spins are, the lower the energy. The magnetic ordering leads to ferromagnetism.

To achieve ferromagnetism, it is necessary to understand the properties of atoms and molecules and design them well. Exchange interaction is a quantum mechanical concept based on the Pauli exclusion principle. There can be no electrons with the same set of four quantum numbers. When no degeneracy occurs, electrons with different sets of principal, azimuthal, and magnetic quantum numbers (n, l, m_l) have different energies from each other. The electrons with different spin quantum numbers (m_s) are packed two by two, starting from the state with the lowest energy. For two or more electrons to have the same spin quantum number, the other quantum numbers must be different. Degeneracies with equal energy must occur for different principal, azimuthal, and magnetic quantum numbers. In the case of a single atom, there can be as many electrons with the same spin quantum number as there are degenerate orbitals. This is the multiplet state of a metal ion. Meanwhile, for molecules, multiple electrons must exist as unpaired electrons without forming bonds. The number of singly occupied molecular orbitals (SOMOs) must be equal to that of unpaired electrons. Moreover, if these SOMOs are not degenerate, two electrons will enter the lower energy SOMO, resulting in a HOMO. Furthermore, the SOMOs must overlap each other sufficiently in space. Most importantly, the exchange interaction must be positive. If these are satisfied, it is possible to create a stable multiplet state even within a molecule. If the energy difference between SOMOs is smaller than the exchange interaction energy, it will work as an approximate degeneracy.

For metal ions, the ligand field must be considered. For the metal ion itself, the degeneracy of the five 3d orbitals is important. We intuitively think that Fe(III) ion would be a high-spin state ($S = 5/2$). However, considering the ligand field, we can find that it is more complex. The high spin state only occurs when the splitting due to the ligand field is small. For lanthanides, we can follow the same procedure basically. The number of spins that are even more degenerate because they are less sensitive to the ligand field. And orbital angular momentum also acts. Therefore, it has a large magnetic moment. For example, Gd(III) ion has a high-spin state ($S = 7/2$). Because of its large magnetic moment, Gd(III) ion complexes are used as contrast agents in MRI. When these metal ions undergo positive exchange interactions in crystals, they further enter a high-spin state and undergo a ferromagnetic transition. The crystal of a vanadium complex shown in Fig. 4a shows ferromagnetism at room temperature [6]. Prussian blue, a kind of MOF, also shows ferromagnetism at room temperature [7]. However, it is rare for the same J_{ij} to be repeated in soft matter, and there are no examples of ferromagnetic transitions in soft matter at room temperature. However, single-molecule magnets incorporated into the soft matter are known, and they show a ferromagnetic transition in the very low-temperature range. In the room temperature range where the material is soft, they are paramagnetic.

To create ferromagnetism in organic radicals, we must consider intra- and intermolecular interactions: In the case of 2d spin, the ferromagnetic exchange interaction between SOMOs mentioned above is important. To create a stable multiplet state within a molecule, we use degenerate molecular orbitals in a π-electron system. First, the carbon atoms in a π-electron system with unpaired electrons are classified into two groups, one for each carbon. When the number of carbons in the two groups alternates differently, non-bonded molecular orbitals appear [8, 9]. When π-electron

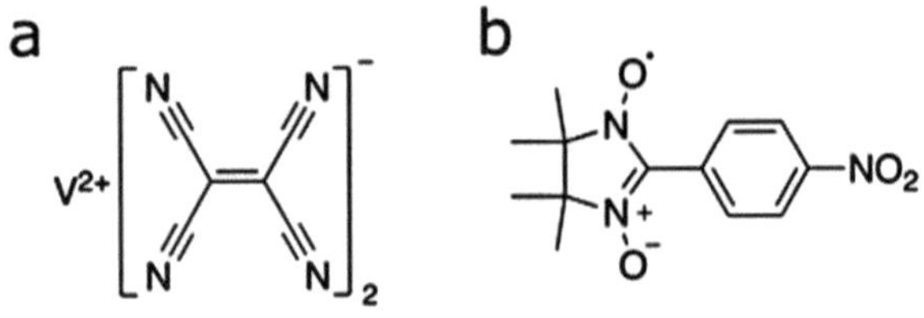

Fig. 4 Ferromagnetic organic compounds. **a** Vanadium complex named $V(TCNE)_x \cdot y(CH_2Cl_2)$ ($T_C > 350$ K). **b** Nitroxide radical named *p*-NPNN ($T_C = 0.65$ K)

systems with unpaired electrons are covalently bonded, the exchange interaction between the spins can become positive. Meanwhile, McConnell proposed a design guideline for creating multiplets between molecules [10]. This guideline focuses on the intramolecular spin density distribution. In a π-electron hydrocarbon chain with unpaired electrons, the positive spin density is spread to every other carbon atom. The carbon between two adjacent carbons with positive spin density has negative spin density. When an atom with a positive spin density in one molecule interacts with an atom with a negative spin density in the other molecule, positive exchange interactions develop between the molecules. Based on this guideline, some organic radical crystals showing ferromagnetic transition were synthesized; one example is shown in Fig. 4b [11]. However, the ferromagnetic transition is limited to a few K, making it difficult to use these materials as soft matter, even for organic materials. We will also illustrate examples of radical polymers that undergo a ferromagnetic transition in Sect. 4.

4 Paramagnetic Polymers

The most typical soft matter is polymers Polymer materials have the advantages of organic compounds: softness, tunability of molecular structures, and lightweight. Compared to inorganic materials used as structural materials, polymers are used closer to the human body. When you look around you, you find that you are surrounded by objects made of polymers. You will notice that natural and artificial polymers are used in clothing, foods, housing, and other areas that encounter the human body. Historically, fiber and rubber balls made of natural polymers have been known to be used since time immemorial. Synthetic polymers also began around the nineteenth century. Synthetic polymers have been used extensively since the 1930s up to the present day. They are defined as long chains of molecules bonded by covalent bonds. Recently, non-covalently bonded supramolecular polymers have also been well studied.

Polymers containing radicals or paramagnetic metal ions in the repeating units become paramagnetic. As magnetically controllable polymers, polymers mixed with ferromagnetic particles are very common. You perhaps have touched them as bendable magnets. Meanwhile, radical polymerization, in which neutral radical species are used as growth species in the polymerization process, is a major synthetic method [12–14]. Polymerization using metal ions as catalysts is also common [12]. The growth species is paramagnetic, but it is unstable and does not work as a material. However, most polymers do not have any paramagnetic moieties and are diamagnetic materials. Stable paramagnetic polymers are not common, but they have been investigated and many compounds have been reported.

As we saw in Sect. 3, the idea is to use the polymer backbone to induce the ferromagnetic interactions between radical moieties. It is theoretically predicted and experimentally confirmed that polymers can become ferromagnetic: one example is shown in Fig. 5a [8, 9, 15]. There were reports of the actual ferromagnetic polymer [16]. In this case, the diacetylene moieties polymerizing in two ways are mixed: 1,2-addition shown in Fig. 5b and 1,4-addition shown in Fig. 5c. It was reported that some samples showed the ferromagnetic transition temperature (Curie temperature) around 150–190 °C. Furthermore, carbonized fullerenes were reported to show a ferromagnetic phase with Curie temperatures around 500 K [17]. Although it had induced some reports on ferromagnetic carbonized fullerenes [18–20], the report on the ferromagnetism of the carbonized fullerenes was retracted because the ferromagnetic transition was found to be caused by the presence of ferromagnetic inorganic contamination [21]. After that, the reports on this theme have decreased. In the future, further careful research may lead to new and true discoveries. There are many other examples of radical polymers. Some focus on something other than magnetism; one is batteries (Sect. 8) [22, 23].

Polymers containing paramagnetic metal ions have also been actively produced recently. Various polymers containing complexes of 3d and 4f spins in the repeating unit are known, and they can be used for medical and other applications [24–27]. Paramagnetic polymers have been investigated for theranostic application, which combines both therapy and imaging; one example is shown in Fig. 5d [25, 28]. Besides, there are paramagnetic polymers that can cross the blood-brain barrier [29]. They could be used to detect and study foci of brain diseases such as epilepsy [29]. They are expected to be used in magnetic random-access memory (MRAM) and other applications; one example is shown in Fig. 5e [25, 30]. Organometallic frameworks (MOFs) and organic-inorganic hybrid perovskites (OIHPs) have also been well-studied as coordination polymers. Some of them are ferromagnetic [7]. However, since these are outside the scope of soft matter, we will only touch on them here.

5 Paramagnetic Liquid Crystals

Liquid crystals basically consist of molecular compounds like small molecules and polymers. They show liquid crystalline (LC) phases, which have fluidity and anisotropy. The suspensions of inorganic nanoparticles and biological nanoparticles like viruses also show LC phases. Small molecules showing LC phases are industrialized as the electrically switchable optical filters in displays. Some LC compounds are composites with ferromagnetic particles and exhibit fascinating properties. As

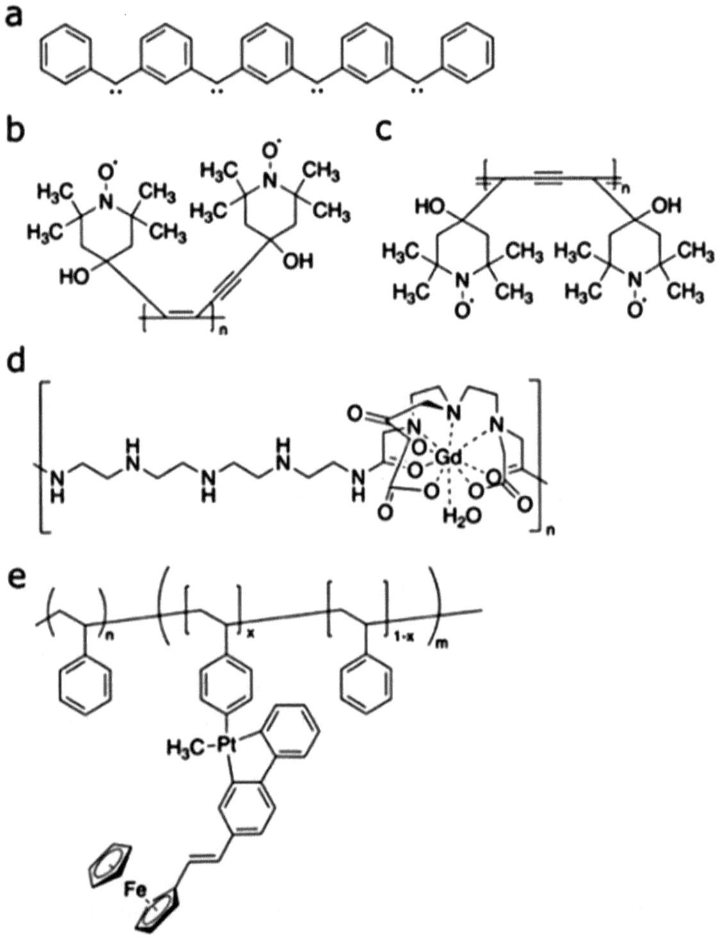

Fig. 5 Paramagnetic polymers. **a** *m*-Phenylenebis[(diphenylmethylen-3-yl)methylene] with nonet ground state. **b** 1,2-addition product and **c** 1,4-addition product of 1,4-bis-(2,2,6,6-tetramethyl-4-oxy-4-piperidyl-l-oxyl)-butadiyne. **d** MRI theranostic delivery agent with Gd(III) complex with cationic moiety to bind DNA. **e** Phase-separated block copolymer with a complex containing Fe and Pt centers as precursors of FePt nanoparticles

mentioned above, dispersing magnetic nanoplates in LC materials makes ferromagnetic LC composites [2]. In this section, we focus on diamagnetic and paramagnetic small molecules showing LC phases and illustrate the magnetic properties characteristic of LC materials.

Although most LC molecules are also diamagnetic like polymers, their magnetic anisotropy has been surprisingly well investigated [31]. This is because the anisotropy of LC phases is thought to be reflected in their magnetic properties. The mean-field approximation of LC phases is very similar to that of the magnetic properties. Most LC materials have diamagnetic anisotropy derived from the ring current of aromatic rings. The orientation of the LC molecules changes in response to an applied magnetic field. The absolute value of the diamagnetic susceptibility (χ_{dia}) perpendicular to the aromatic ring is larger than that parallel to the ring plane. Since the sign of χ_{dia} is negative, χ_{dia} parallel to the molecular long axis ($\chi_{dia,\parallel}$) is larger than that perpendicular to the molecular long axis ($\chi_{dia,\perp}$). We usually describe the anisotropy of χ_{dia} ($\Delta\chi_{dia} = \chi_{dia,\parallel} - \chi_{dia,\perp}$) as positive. Therefore, the LC molecules with aromatic rings orient parallel to the applied magnetic field. Since LC molecules without aromatic rings generally have negative $\Delta\chi_{dia}$, they orient perpendicular to the magnetic field. Some diamagnetic LC materials orient even in magnetic fields below 1 T.

Paramagnetic LC compounds have attracted attention with the intention of creating materials that respond to even weaker magnetic fields. Paramagnetic LC compounds are also divided into LC radicals and LC metal complexes (metallomesogens) [32]. The former exhibits paramagnetism derived from 2p electron spins, and the paramagnetism of the latter originates from 3d and 4f electron spins. The metallomesogens are easier to synthesize than LC radicals. The anisotropy of the paramagnetic susceptibility χ_{para} ($\Delta\chi_{para} = \chi_{para,\parallel} - \chi_{para,\perp}$) of paramagnetic LC compound depends on the spin source, and the order is 2p spin < 3d spin < 4f spin. LC radicals with 2p spin have very small $\Delta\chi_{para}$. Since it is smaller than $\Delta\chi_{dia}$, the anisotropy is mainly due to diamagnetism. Because of the low polarity of the LC radicals, the LC radicals reorientate like the normal diamagnetic LC compounds in a magnetic field; one example is shown in Fig. 6a [33]. Metallomesogens containing 3d transition metal ions have larger $\Delta\chi_{para}$ than LC radicals. When $\Delta\chi_{para}$ has the same sign as $\Delta\chi_{dia}$, the metallomesogen more easily orientates in a magnetic field; one example is shown in Fig. 6b [34]. The paramagnetic anisotropy of metallomesogens with 4f lanthanide ions have $\Delta\chi_{para}$ larger than metallomesogens containing 3d transition metal ions and it is also much larger than $\Delta\chi_{dia}$; one example is shown in Fig. 6c [35]. Due to the high polarity of the metallomesogens, the viscosity is so high that the magnetic anisotropy cannot induce the reorientation in the LC phases. Therefore, the magnetic field induced reorientation of metallomesogens occurs at the phase transition from isotropic phases to LC phases.

Paramagnetic liquid crystals were developed mainly to improve the efficiency of reorientation in a magnetic field. Still, along the way, two phenomena have been discovered, in which liquid crystallinity affects the magnetic properties. One is the coexistence of LC phases and thermal spin transition in metallomesogens, and the other is the magneto-LC effect of LC radicals.

One of the spin-crossover Fe(III) compounds shown in Fig. 6d exhibits an LC phase [5]. This metallomesogen shows a gradual spin-crossover behavior from low temperature to high temperature. After the transition to the high-spin state, the crystal phase transitions to the LC phase at 380 K. The jump in magnetization is observed even during the transition from the crystal phase to the LC phase. It indicates that the liquid crystallinity affects the magnetic properties.

The LC radicals have nearly isotropic paramagnetic susceptibility. Although radical liquid crystals are not very distinctive in terms of anisotropy, they have other advantages as materials. One is water resistance. It is possible to make LC

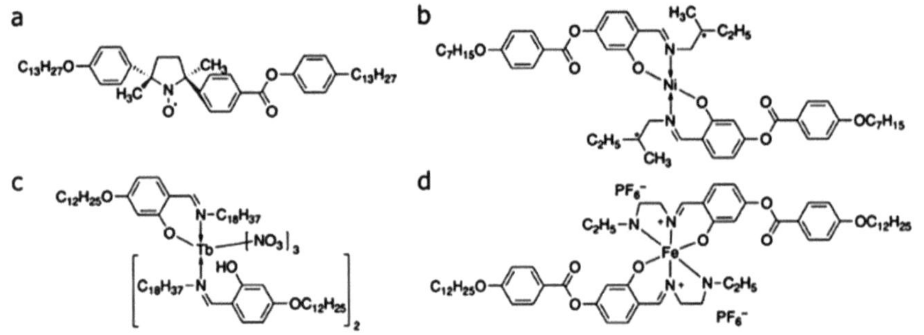

Fig. 6 Paramagnetic liquid crystals. **a** LC nitroxide radical showing magnetic-field-induced reorientation based on diamagnetic anisotropy. **b** Metallomesogen with 3d spin showing magnetic-field-induced reorientation based on the cooperation of the diamagnetic and paramagnetic anisotropy. **c** Metallomesogen with 4f spin showing magnetic-field-induced reorientation based on the paramagnetic anisotropy. **d** Metallomesogen with 3d spin showing spin-crossover behavior

droplets in water, which is generally difficult for metallomesogens. Since the paramagnetic susceptibility is larger than the diamagnetic susceptibility, the LC droplets are attracted to magnets [36]. Furthermore, an anomaly was observed; the paramagnetic susceptibility increases at the phase transition from crystal to LC phases [36, 37]. This phenomenon is called "magneto-LC effect." Since the anisotropy of paramagnetic susceptibility is too small to induce the effect, this phenomenon cannot be explained based on the paramagnetic anisotropy.

The magneto-LC effect was first observed in LC nitroxide radicals. The other type of LC radical has been reported to exhibit a similar phenomenon too [38]. Although intermolecular magnetic interactions should be the decisive factor, they are too weak to contribute to the increase in paramagnetic susceptibility up to around room temperature, where the liquid crystalline phase usually develops. Of course, ferromagnetic phases have never been observed in LC phases. When the Allot plots were performed for LC radicals represented by a molecule shown in Fig. 6a, they indicated that the intermolecular interactions are inhomogeneous [37]. This is not particularly surprising because molecules in LC phases have positional orders. However, the inhomogeneity alone cannot explain the increase in paramagnetic susceptibility near room temperature. The next finding is the effect of molecular motion [39]. It is usually recognized that if many molecules are in motion, the magnetic properties should approach those of simple paramagnetic materials. However, for some LC radicals, the paramagnetic susceptibility gradually increases when the molecules can move in translation after the transition from the LC glass state to the LC phase.

The following hypotheses have been theoretically explained [40] and are currently being tested experimentally. (i) The spin polarization lifetime of LC radicals is three orders of magnitude longer than that of metal ions. (ii) Even if the interaction itself is not large, the paramagnetic susceptibility increases with increasing coordination number. (iii) Molecular dynamics (MD) simulations suggest that the lifetime for the intermolecular contact is three orders of magnitude shorter than that for spin polarization. (iv) The ratio of the two lifetimes of spin polarization and intermolecular contact originates the increase in paramagnetic susceptibility.

If the hypothesis on the magneto-LC effect is correct, it could be explained by a similar logic of various interactions in LC phases. Similar discussions may also apply to other soft matter where molecules can move around. Low-energy magnetic interactions may be suitable as a probe of the internal structures of soft matter.

6 Paramagnetic Ionic Liquids

Ionic liquids are salts composed of cations and anions. Despite being salts, they melt near room temperature (typically − 30 °C to + 300 °C). In general, ionic liquids are not classified as soft matter, but when mixed with polymers or with colloidal particles, polymerized, or liquid crystallized, they constitute a variety of soft matter. Since this chapter deals with paramagnetism at the molecular level, we introduce paramagnetic ionic liquids as components of paramagnetic soft matter.

The first ionic liquid was reported in 1914 [41]. Ionic liquids are regarded to be safe liquids because of their outstanding stability and nonflammability. Some ionic liquids have low viscosity despite being ions. It is easy to separate and reuse them after chemical reactions. They can conduct electric current without the addition of any electrolyte and have a wide potential window. Ionic conductivity is generally reported to show around 10^{-5} to 10^{-2} S cm^{-1}. Besides, they also have high heat resistance, with little change in physical properties even up to + 400 °C. Their specific heat capacity allows them to be used as a medium for heat transfer. As a well-known advantage, vapor pressure is extremely low. Generally, they are used as non-volatile solvents. It makes ionic liquids nonflammable.

Depending on the type of ions chosen, various characteristics can be added to ionic liquids. Various uses of ionic liquids are promising. The most promising application of ionic liquids is electrolytes. From capacitors and lithium-ion batteries to fuel and solar cells, ionic liquids are attracting attention as materials that will facilitate development. Some ionic liquids neither dissolve in water nor in organic solvents, and this causes phase separation. There are also highly hydrophilic ionic liquids; they are water-soluble. They can disperse carbon nanotubes and cellulose, which have difficulty dispersing in other solvents. In recent years, due to the depletion of fossil resources and their impact on the environment, there has been a focus on the use of biomass as a renewable resource to replace oil resources. Among various biomass sources, cellulose, one of the main components of plant cell walls, is attracting attention as inedible biomass.

Most ionic liquids are also diamagnetic because no spin source is introduced. The 2p, 3d, and 4f spins can also be spin sources for paramagnetic ionic liquids [42]. In addition to their properties, ionic liquids can be endowed with features such as thermochromic behavior and luminescence. They are expected to be used in diverse

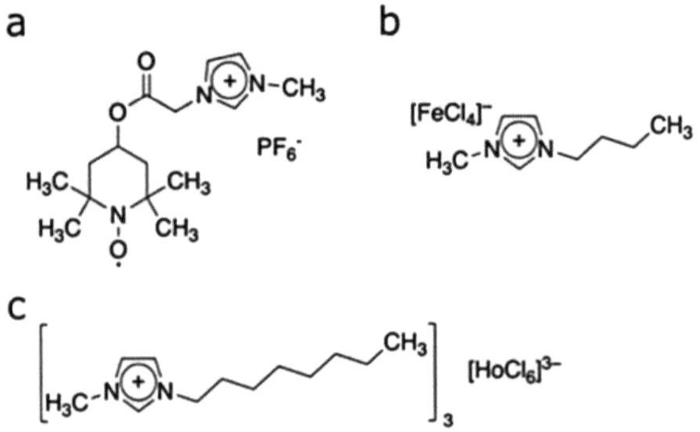

Fig. 7 Paramagnetic ionic liquids. **a** Paramagnetic ionic liquid with a nitroxide radical moiety as an oxidation catalyst. **b** Paramagnetic ionic liquid with 3d spin showing magnetic attraction. **c** Paramagnetic ionic liquid with 4f spin showing stronger magnetic attraction than that with 3d spin

applications such as gas trapping, DNA extraction, and sensing technology. Since ionic liquids are composed of ions, it is easy to introduce 3d and 4f spins as complex ions.

The characteristics of paramagnetic ionic liquids with 2p spin should be like those of polymers and LC compounds. It has been confirmed that it can function as an oxidation catalyst; one example is shown in Fig. 7a [43, 44]. It may be promising as a spin probe. Magnetic properties may also be interesting. When radicals are introduced into ionic liquid crystals, the paramagnetic susceptibility increases at the transition from crystal to LC phases like LC radicals, and it remains high even after crystallization [45]. The motion of ions is likely involved, and this will be of interest in the future [46, 47].

Paramagnetic ionic liquids with 3d spins are characterized by a large magnetic susceptibility due to high spin density. Ionic liquids with $[FeCl_4]^-$ as a counter anion shown in Fig. 7b were the first such paramagnetic ionic liquids reported [48]. Paramagnetic ionic liquids can be used for gas trapping, DNA extraction, and sensing technology [42].

Paramagnetic ionic liquids with 4f spins have also been reported. They are characterized by larger magnetic moments than 3d spins due to their spin multiplicities. In fact, lanthanide-containing ionic liquids with large paramagnetic susceptibilities have been reported; one example is shown in Fig. 7c [49]. Some compounds have paramagnetic susceptibility even an order of magnitude larger than paramagnetic ionic liquids with 3d spins. Potential applications include magnetic resonance imaging, biomedicine, environmental remediation, and mass transfer. They will bring new advances and technologies in materials science and analytical chemistry.

7 Paramagnetic Amphiphiles

Amphiphiles are a group of compounds that have both hydrophilic and hydrophobic moieties. There are ionic amphiphiles that also behave as ionic liquids. The intermolecular interactions based on covalently bonded two different parts determine the properties. Some amphiphiles induce gelation like polymers. The molecular assembly structure of amphiphiles can work in the same way as that of polymers. Phase-separated structures of block polymers have the same symmetry as the respective amphiphilic molecular assembly structures.

The amphiphiles form molecular aggregate structures such as micelles, vesicles, and lamellar structures. Micelles are used in detergents. They can solubilize and disperse hydrophilic and hydrophobic substances by weakening their surface tension to stabilize colloidal suspensions. They are also called surfactants and have other practical applications such as defoaming, coating, and lubrication. For properties of amphiphiles in general, please refer to the many books available [50]. Some aggregates have anisotropic shapes, and the interactions between them induce the anisotropy of the whole system. Then, the amphiphile solutions exhibit LC phases; one example is shown in Fig. 8a [51].

They are also mainly diamagnetic. Amphiphilic molecules without paramagnetic 2p, 3d, and 4f spins are diamagnetic. Paramagnetic amphiphiles are special surfactants with a magnetic response. The ability to manipulate self-assembly in a controlled manner by tuning the magnetic field makes amphiphiles an attractive option for a variety of applications, including drug delivery, catalysis, separation, oil field, and water treatment. Potential applications include biotechnology, water treatment, catalysis, and oil fields [52].

The characteristics of paramagnetic amphiphilic molecules with 2p spins should be basically similar to those of other soft matter with 2d spins. Paramagnetic micelles are expected to be used for MRI and theranostic applications [53, 54]. In common with radical ionic liquids, they are also promising as catalysts. Electrochemical oxidation

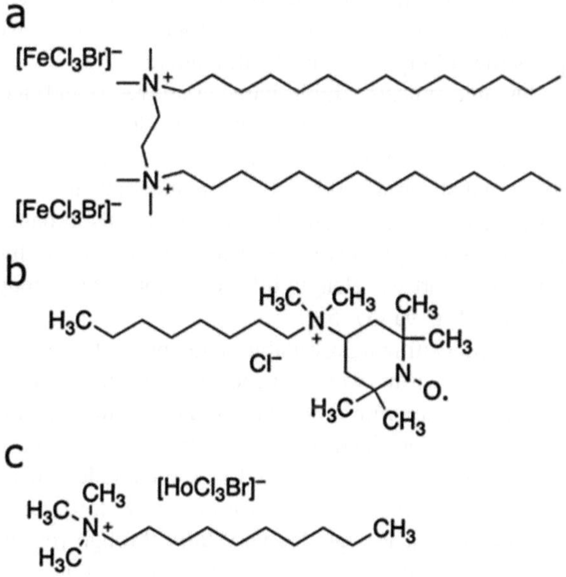

Fig. 8 Paramagnetic amphiphiles. **a** Paramagnetic Gemini amphiphile with 3d spin. **b** Paramagnetic amphiphile with nitroxide radical moiety. **c** Paramagnetic amphiphile with 4f spin showing a magnetic effect on surface tension

of alcohols in water is an environmentally friendly approach, but its oxidation is a major challenge for long-chain fatty alcohols because of their low reactivity and water solubility; surfactants functionalized with 2,2,6,6-tetramethylpiperidyl-1-oxy (i.e., TEMPO) are catalysts; one example is shown in Fig. 8b [55]. Indeed, it is an efficient catalyst for the electrochemical oxidation of long-chain fatty alcohols to fatty aldehydes and fatty acids. Magnetic properties are also an interesting possibility. It would be promising as a spin probe. This is a hybrid with LC materials, but if radicals are introduced into the amphiphilic molecule, it will exhibit lyotropic LC phases.

Paramagnetic amphiphiles with 3d spins are characterized by a large magnetic susceptibility due to their high spin density. Various types of cationic, anionic, nonionic, and zwitterionic magnetic surfactants have been synthesized; one example is shown in Fig. 8a [51].

There are also paramagnetic amphiphilic molecules with 4f spins. They have a larger magnetic moment than paramagnetic amphiphiles with 3d spin due to spin multiplicity. Indeed, large magnetic susceptibilities were observed. Besides, these surfactants have lower critical micelle concentrations than conventional surfactants and are more effective in reducing surface tension. They have also been reported to have a magnetic effect on surface tension; one example is shown in Fig. 8c [56].

8 Non-magnetic Applications of Paramagnetic Soft Matter

Paramagnetic soft matter exhibits characteristics other than magnetic properties. Soft matter containing paramagnetic metals does not significantly differ from those containing diamagnetic metals. However, organic radical soft matter exhibits characteristics other than magnetic properties. Here, we introduce two remarkable properties of organic radical soft matter.

Organic radicals exhibit characteristic redox and electromagnetic absorption properties. These properties originate from SOMOs that are introduced in Sect. 3; the energies between molecular states for molecules with SOMOs are appropriate for redox and absorption properties. Organic radicals that exhibit reversible redox properties can be used as cathode-active materials in batteries. In addition, the SOMOs reduce the energy between states, and they enable the absorption of near-infrared light and short-wavelength infrared among electromagnetic waves; one example is shown in Fig. 9a [57, 58].

Batteries utilizing reversible redox properties are known. Rechargeable batteries are well known and were launched; one example is shown in Fig. 9b [22]. This battery uses a polymer with a nitroxide radical in the repeating unit as the cathode active material, as described in Sect. 3 [23]. Furthermore, carbon-based organic radical microcrystals can also be used as the cathode active material to make secondary batteries; one example is shown in Fig. 9c [59]. One of the characteristics of this material is that it degrades very little through repeated charging and discharging compared to normal polymers with redox activity [60]. In addition, aqueous redox flow batteries are being developed as storage batteries for renewable energy because

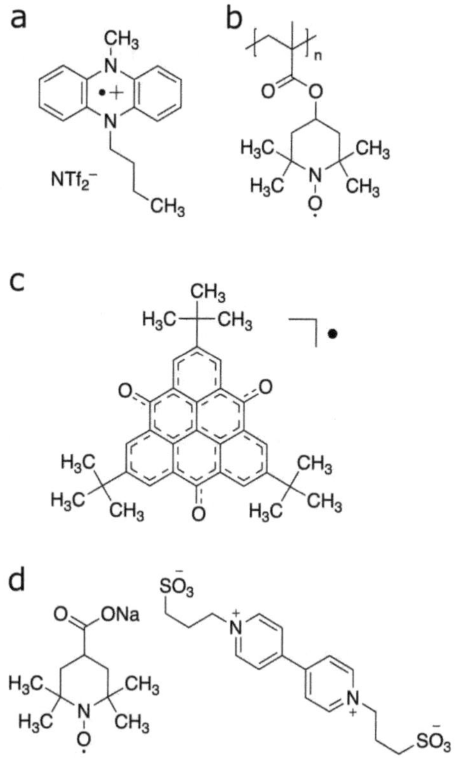

Fig. 9 Organic radical materials for dyes and batteries. **a** Cation radical showing stimuli-responsive switching of the near-infrared absorption. **b** Nitroxide radical polymer for cathode active material. **c** Tri-*tert*-butylated trioxotriangulene for cathode active material. **d** Nitroxide radical and viologen derivatives for catholyte and anolyte of organic redox flow battery

of their slow decomposition and large capacity. Nitroxide radicals are also strong candidates of the catholyte for organic redox flow batteries [61, 62]. Although anion-exchange membranes are mainly used in aqueous organic redox flow batteries, cation-exchange membranes are used when the sodium salt of a TEMPO derivative is used as the redox species; the pair of the catholyte and anolyte is shown in Fig. 9d [63].

Some organic radicals have characteristic near-infrared and short-wavelength infrared light absorption and emission [57, 58, 64, 65]. Some compounds show the external stimuli-responsive switching of the absorption. These materials are suitable for various applications: optical filters, thermal barrier films, photovoltaic cells, information storage materials, security inks, thermotherapy, and high-resolution imaging applications [58].

9 Summary

In this chapter, we introduced paramagnetic soft matter: polymers, liquid crystals, ionic liquids, and amphiphiles with 2p, 3d, and 4f electron spins. Depending on the magnitude of spin angular momentum and the contribution of orbital angular momentum, the magnetic susceptibility increases in the order 2p spin < 3d spin < 4f spin. The 2p spins must be stabilized to the extent that the normally unstable radical can be used as a material. Their properties are tuned by modifying the molecular structures. Meanwhile, paramagnetic soft matter with 3d and 4f spins are easy to synthesize and are stable. Their properties depend on which metal ion is incorporated. If one ligand works well, the magnetic properties can be easily tuned by swapping metal ions.

In the case of liquid crystals, it was necessary to consider not only the simple magnitude of the magnetic susceptibility but also the anisotropy of the magnetic susceptibility. Ionic liquids and surfactants, which are ionic substances by nature, are especially easy to introduce 3d spins and 4f spins as complex ions. In addition, some of the characteristic properties of paramagnetic soft matter other than its magnetic properties were also mentioned, and applications using both magnetic properties and other properties may be interesting. It is expected that various types of paramagnetic soft matter will continue to be developed and applied in the future. The mechanisms of diamagnetism, paramagnetism, and ferromagnetism described in Sects. 2 and 3 will be important for the readers to design new paramagnetic soft matter.

References

1. Ubaidillah, J. Sutrisno, A. Purwanto, S.A. Mazlan, Recent progress on magnetorheological solids: materials, fabrication, testing, and applications. Adv. Eng. Mater. **17**, 563–597 (2015)
2. A. Mertelj, D. Lisjak, M. Drofenik, M. Čopič, Ferromagnetism in suspensions of magnetic platelets in liquid crystal. Nature **504**, 237–241 (2013)
3. J.D. Vicente, *Magnetic Soft Matter: Fundamentals and Applications* (Royal Society of Chemistry, London, 2023)
4. M. Sands, R. Feynman, R. Leighton, *The Feynman Lectures on Physics, Vol. III: The New Millennium Edition: Quantum Mechanics* (Basic Books, New York, 2011)
5. Y. Galyametdinov, V. Ksenofontov, A. Prosvirin, I. Ovchinnikov, G. Ivanova, P. Gütlich, W. Haase, First example of coexistence of thermal spin transition and liquid-crystal properties. Angew. Chem. Int. Ed. **40**, 4269–4271 (2001)
6. J.M. Manriquez, G.T. Yee, R.S. McLean, A.J. Epstein, J.S. Miller, A room-temperature molecular/organic-based magnet. Science **252**, 1415–1417 (1991)
7. M. Verdaguer, G.S. Girolami, *Magnetism: Molecules to Materials V* (Wiley, New York, 2004), pp. 283–346
8. J. Higuchi, Zero-field splittings in molecular multiplets: spin—spin interaction of methylene derivatives. J. Chem. Phys. **38**, 1237–1245 (1963)
9. K. Itoh, Electron spin resonance of an aromatic hydrocarbon in its quintet ground state. Chem. Phys. Lett. **1**, 235–238 (1967)
10. H.M. McConnell, Ferromagnetism in solid free radicals. J. Chem. Phys. **39**, 1910–1910 (1963)
11. M. Kinoshita, P. Turek, M. Tamura, K. Nozawa, D. Shiomi, Y. Nakazawa, M. Ishikawa, M. Takahashi, K. Awaga, T. Inabe, Y. Maruyama, An organic radical ferromagnet. Chem. Lett. **20**, 1225–1228 (1991)
12. M. Kato, M. Kamigaito, M. Sawamoto, T. Higashimura, Polymerization of methyl methacrylate with the carbon tetrachloride/dichlorotris-(triphenylphosphine)ruthenium(II)/methylaluminum bis(2,6-di-tert-butylphenoxide) initiating system: possibility of living radical polymerization. Macromolecules **28**, 1721–1723 (1995)

13. D.A. Corbin, G.M. Miyake, Photoinduced organocatalyzed atom transfer radical polymerization (O-ATRP): precision polymer synthesis using organic photoredox catalysis. Chem. Rev. **122**, 1830–1874 (2022)
14. F. Juliá, T. Constantin, D. Leonori, Applications of halogen-atom transfer (XAT) for the generation of carbon radicals in synthetic photochemistry and photocatalysis. Chem. Rev. **122**, 2292–2352 (2022)
15. Y. Teki, T. Takui, K. Itoh, H. Iwamura, K. Kobayashi, Preparation and ESR detection of a ground-state nonet hydrocarbon as a model for one-dimensional organic ferromagnets. J. Am. Chem. Soc. **108**, 2147–2156 (1986)
16. Y.V. Korshak, T.V. Medvedeva, A.A. Ovchinnikov, V.N. Spector, Organic polymer ferromagnet. Nature **326**, 370–372 (1987)
17. T.L. Makarova, B. Sundqvist, R. Höhne, P. Esquinazi, Y. Kopelevich, P. Scharff, V.A. Davydov, L.S. Kashevarova, A.V. Rakhmanina, Magnetic carbon. Nature **413**, 716–718 (2001)
18. R.A. Wood, M.H. Lewis, M.R. Lees, S.M. Bennington, M.G. Cain, N. Kitamura, Ferromagnetic fullerene. J. Phys.: Condens. Matter **14**, L385 (2002)
19. V.N. Narozhnyi, K.-H. Müller, D. Eckert, A. Teresiak, L. Dunsch, V.A. Davydov, L.S. Kashevarova, A.V. Rakhmanina, Ferromagnetic carbon with enhanced curie temperature. Phys. B: Condens. Matter **329–333**, 1217–1218 (2003)
20. T.L. Makarova, K.-H. Han, P. Esquinazi, R.R. da Silva, Y. Kopelevich, I.B. Zakharova, B. Sundqvist, Magnetism in photopolymerized fullerenes. Carbon **41**, 1575–1584 (2003)
21. T.L. Makarova, B. Sundqvist, R. Höhne, P. Esquinazi, Y. Kopelevich, P. Scharff, V. Davydov, L.S. Kashevarova, A.V. Rakhmanina, Retraction note: magnetic carbon. Nature **440**, 707–707 (2006)
22. K. Nakahara, S. Iwasa, M. Satoh, Y. Morioka, J. Iriyama, M. Suguro, E. Hasegawa, Rechargeable batteries with organic radical cathodes. Chem. Phys. Lett. **359**, 351–354 (2002)
23. H. Nishide, S. Iwasa, Y.-J. Pu, T. Suga, K. Nakahara, M. Satoh, Organic radical battery: nitroxide polymers as a cathode-active material. Electrochim. Acta **50**, 827–831 (2004)
24. Y. Wang, D. Astruc, A.S. Abd-El-Aziz, Metallopolymers for advanced sustainable applications. Chem. Soc. Rev. **48**, 558–636 (2019)
25. H. Lian, X. Cheng, H. Hao, J. Han, M.-T. Lau, Z. Li, Z. Zhou, Q. Dong, W.-Y. Wong, Metal-containing organic compounds for memory and data storage applications. Chem. Soc. Rev. **51**, 1926–1982 (2022)
26. T. Krasia-Christoforou, T.K. Georgiou, Polymeric theranostics: using polymer-based systems for simultaneous imaging and therapy. J. Mater. Chem. B **1**, 3002–3025 (2013)
27. J.A. Chipman, J.F. Berry, Paramagnetic metal–metal bonded heterometallic complexes. Chem. Rev. **120**, 2409–2447 (2020)
28. J.M. Bryson, K.M. Fichter, W.-J. Chu, J.-H. Lee, J. Li, L.A. Madsen, P.M. McLendon, T.M. Reineke, Polymer beacons for luminescence and magnetic resonance imaging of DNA delivery. Proc. Natl. Acad. Sci. **106**, 16913–16918 (2009)
29. C. Wang, W. Sun, J. Zhang, J. Zhang, Q. Guo, X. Zhou, D. Fan, H. Liu, M. Qi, X. Gao, H. Xu, Z. Gao, M. Tian, H. Zhang, J. Wang, Z. Wei, N.J. Long, Y. Mao, C. Li, An electric-field-responsive paramagnetic contrast agent enhances the visualization of epileptic foci in mouse models of drug-resistant epilepsy. Nat. Biomed. Eng. **5**, 278–289 (2021)
30. S.-C. Yiu, A. Nunns, C.-L. Ho, J.H.-L. Ngai, Z. Meng, G. Li, J. Gwyther, G.R. Whittell, I. Manners, W.-Y. Wong, Nanostructured bimetallic block copolymers as precursors to magnetic FePt nanoparticles. Macromolecules **52**, 3176–3186 (2019)
31. P.G. de Gennes, *The Physics of Liquid Crystals*, 2nd edn. (Oxford University Press, Oxford, 2002)
32. R. Tamura, Y. Uchida, K., Suzuki, in *Handbook of Liquid Crystals*, vol. 8., (Chapter 28), (Wiley, New York, 2014)
33. Y. Uchida, R. Tamura, N. Ikuma, S. Shimono, J. Yamauchi, Y. Shimbo, H. Takezoe, Y. Aoki, H. Nohira, Magnetic-field-induced molecular alignment in an achiral liquid crystal spin-labeled by a nitroxyl group in the mesogen core. J. Mater. Chem. **19**, 415–418 (2009)

34. K. Griesar, Y. Galyametdinov, M. Athanassopoulou, I. Ovchinnikov, W. Haase, Paramagnetic liquid crystalline nickel(II) compounds. Adv. Mater. **6**, 381–384 (1994)
35. Y. Galyametdinov, M.A. Athanassopoulou, K. Griesar, O. Kharitonova, E.A. Soto Bustamante, L. Tinchurina, I. Ovchinnikov, W. Haase, Synthesis and magnetic investigations on rare-earth-containing liquid crystals with large magnetic anisotropy. Chem. Mater. **8**, 922–926 (1996)
36. Y. Uchida, N. Ikuma, R. Tamura, S. Shimono, Y. Noda, J. Yamauchi, Y. Aoki, H. Nohira, Unusual intermolecular magnetic interaction observed in an all-organic radical liquid crystal. J. Mater. Chem. **18**, 2950–2952 (2008)
37. Y. Uchida, K. Suzuki, R. Tamura, N. Ikuma, S. Shimono, Y. Noda, J. Yamauchi, Anisotropic and inhomogeneous magnetic interactions observed in all-organic nitroxide radical liquid crystals. J. Am. Chem. Soc. **132**, 9746–9752 (2010)
38. P. Ravat, T. Marszalek, W. Pisula, K. Müllen, M. Baumgarten, Positive magneto-LC effect in conjugated spin-bearing hexabenzocoronene. J. Am. Chem. Soc. **136**, 12860–12863 (2014)
39. S. Nakagami, T. Akita, D. Kiyohara, Y. Uchida, R. Tamura, N. Nishiyama, Molecular mobility effect on magnetic interactions in all-organic paramagnetic liquid crystal with nitroxide radical as a hydrogen-bonding acceptor. J. Phys. Chem. B **122**, 7409–7415 (2018)
40. Y. Uchida, G. Watanabe, T. Akita, N. Nishiyama, Thermal molecular motion can amplify intermolecular magnetic interactions. J. Phys. Chem. B **124**, 6175–6180 (2020)
41. V.N. Emel'yanenko, G. Boeck, S.P. Verevkin, R. Ludwig, Volatile times for the very first ionic liquid: understanding the vapor pressures and enthalpies of vaporization of ethylammonium nitrate. Chem. Eur. J. **20**, 11640–11645 (2014)
42. N.M. Figueiredo, I.V. Voroshylova, E.S.C. Ferreira, J.M.C. Marques, M.N.D.S. Cordeiro, Magnetic ionic liquids: current achievements and future perspectives with a focus on computational approaches. Chem. Rev. **124**, 3392–3415 (2024)
43. X.-E. Wu, L. Ma, M.-X. Ding, L.-X. Gao, TEMPO-derived task-specific ionic liquids for oxidation of alcohols. Synlett **2005**, 607–610 (**2005**)
44. W. Qian, E. Jin, W. Bao, Y. Zhang, Clean and selective oxidation of alcohols catalyzed by ion-supported TEMPO in water. Tetrahedron **62**, 556–562 (2006)
45. Y. Uchida, T. Sakaguchi, S. Oki, S. Shimono, J. Park, M. Sugiyama, S. Sato, E. Zaytseva, D.G. Mazhukin, R. Tamura, Magnetically manipulable ionic liquid crystals incorporating neutral radical moiety. ChemPlusChem **87** (2022)
46. Y. Yoshida, H. Tanaka, G. Saito, Organic paramagnetic ionic liquids based on anion containing 2,2,6,6-tetramethyl-1-piperidinyloxyl radical moiety. Chem. Lett. **36**, 1096–1097 (2007)
47. Y. Uchida, S. Oki, R. Tamura, T. Sakaguchi, K. Suzuki, K. Ishibashi, J. Yamauchi, Electric, electrochemical and magnetic properties of novel ionic liquid nitroxides, and their use as an EPR spin probe. J. Mater. Chem. **19**, 6877 (2009)
48. S. Hayashi, H. Hamaguchi, Discovery of a magnetic ionic liquid [bmim]$FeCl_4$. Chem. Lett. **33**, 1590–1591 (2004)
49. J.E. Knoop, V. Hammed, L.D. Yoder, A.O. Maselugbo, B.L. Sadiku, J.R. Alston, Synthesis, characterization, and magnetic properties of lanthanide-containing paramagnetic ionic liquids: an Evan's NMR study. ACS Appl. Eng. Mater. **1**, 2831–2846 (2023)
50. J.N. Israelachvili, *Intermolecular and Surface Forces*, third edn. (Academic Press, Burlington, 2010)
51. M. Yi, Z. Huang, J. Hao, Magnetic gemini surfactants. Langmuir **35**, 9538–9545 (2019)
52. F. Shehzad, S.M.S. Hussain, A.A. Adewunmi, A. Mahboob, M. Murtaza, M.S. Kamal, Magnetic surfactants: a review of recent progress in synthesis and applications. Adv. Colloid Interface Sci. **293**, 102441 (2021)
53. K. Nagura, Y. Takemoto, S. Moronaga, Y. Uchida, S. Shimono, A. Shiino, K. Tanigaki, T. Amano, F. Yoshino, Y. Noda, S. Koizumi, N. Komatsu, T. Kato, J. Yamauchi, R. Tamura, Preparation of robust metal-free magnetic nanoemulsions encapsulating low-molecular-weight nitroxide radicals and hydrophobic drugs directed toward MRI-visible targeted delivery. Chem. Eur. J. **23**, 15713–15720 (2017)
54. K. Nagura, A. Bogdanov, N. Chumakova, A.K. Vorobiev, S. Moronaga, H. Imai, T. Matsuda, Y. Noda, T. Maeda, S. Koizumi, K. Sakamoto, T. Amano, F. Yoshino, T. Kato, N. Komatsu,

R. Tamura, Size-tunable MRI-visible nitroxide-based magnetic mixed micelles: preparation, stability, and theranostic application. Nanotechnology **30**, 224002 (2019)
55. C.J. Mudugamuwa, Y. Xie, K. Zhang, T.P. Nicholls, J.M. Chalker, Z. Jia, Nitroxide radical surfactants enable electrocatalytic oxidation of fatty alcohols in water. Green Chem. **25**, 3086–3094 (2023)
56. P. Brown, A. Bushmelev, C.P. Butts, J.-C. Eloi, I. Grillo, P.J. Baker, A.M. Schmidt, J. Eastoe, Properties of new magnetic surfactants. Langmuir **29**, 3246–3251 (2013)
57. S. Suzuki, D. Yamaguchi, Y. Uchida, T. Naota, Hysteretic control of near-infrared transparency using a liquescent radical cation. Angew. Chem. Int. Ed. **60**, 8284–8288 (2021)
58. S. Suzuki, T. Sakai, S. Takagi, T. Naota, On-demand control of short-wave infrared light transparency based on stimuli-responsive association of tetrathiafulvalene radical cations. Angew. Chem. Int. Ed. **62**, e202308570 (2023)
59. Y. Morita, S. Nishida, T. Murata, M. Moriguchi, A. Ueda, M. Satoh, K. Arifuku, K. Sato, T. Takui, Organic tailored batteries materials using stable open-shell molecules with degenerate frontier orbitals. Nat. Mater. **10**, 947–951 (2011)
60. K. Oyaizu, T. Suga, K. Yoshimura, H. Nishide, Synthesis and characterization of radical-bearing polyethers as an electrode-active material for organic secondary batteries. Macromolecules **41**, 6646–6652 (2008)
61. D.G. Kwabi, Y. Ji, M.J. Aziz, Electrolyte lifetime in aqueous organic redox flow batteries: a critical review. Chem. Rev. **120**, 6467–6489 (2020)
62. F.R. Brushett, M.J. Aziz, K.E. Rodby, On lifetime and cost of redox-active organics for aqueous flow batteries. ACS Energy Lett. **5**, 879–884 (2020)
63. B. Liu, C.W. Tang, H. Jiang, G. Jia, T. Zhao, Carboxyl-functionalized TEMPO catholyte enabling high-cycling-stability and high-energy-density aqueous organic redox flow batteries. ACS Sustain. Chem. Eng. **9**, 6258–6265 (2021)
64. A. Tanushi, S. Kimura, T. Kusamoto, M. Tominaga, Y. Kitagawa, M. Nakano, H. Nishihara, NIR emission and acid-induced intramolecular electron transfer derived from a SOMO–HOMO converted non-Aufbau electronic structure. J. Phys. Chem. C **123**, 4417–4423 (2019)
65. Y. Ikabata, Q. Wang, T. Yoshikawa, A. Ueda, T. Murata, K. Kariyazono, M. Moriguchi, H. Okamoto, Y. Morita, H. Nakai, Near-infrared absorption of π-stacking columns composed of trioxotriangulene neutral radicals. Npj Quant. Mater. **2**, 1–7 (2017)

Synthesis and Electronic Properties of π-Conjugated Polymers

Yusei Tanaka, Masakazu Nagata, and Takuma Yasuda

1 Introduction

Organic compounds, including polymers, are generally considered insulators that do not conduct electricity. However, since the 1950s, research on the electrical conductivity of organic molecules has undergone rapid progress [1]. In 1954, Inokuchi and Akamatsu discovered Charge-Transfer (CT) complexes of perylene, a typical polycyclic aromatic hydrocarbon, and bromine, which exhibited characteristic semiconducting properties [2]. This pioneering work marked the beginning of research on organic semiconductors, and many important studies were continued thereafter based on the novel concept of "electrically conducting organic materials" (Fig. 1). In 1973, a highly conducting CT complex comprising Tetrathiafulvalene (TTF), a strong electron donor, and Tetracyanoquinodimethane (TCNQ), a strong electron acceptor, was reported [3, 4], triggering subsequent studies on synthetic metals and organic superconductors [5].

In the field of polymer science, Shirakawa et al. reported in 1977 that iodine doping imparts metallic properties to polyacetylene, producing metallic luster films with an increase in electrical conductivity by ten orders of magnitude [6, 7]. The discovery of electrically conductive plastics led to the award of the Nobel Prize in Chemistry to Heeger, MacDiarmid, and Shirakawa in 2000 [8–10]. Early research on conductive polymers in the 1980s focused primarily on insulator–metal transitions in the doped states and the associated high-conductivity behavior. Classical conductive polymers, such as polyacetylene, polypyrrole, polythiophene, and polyaniline (Fig. 2), have been intensively investigated, and their applications in solid electrolytic

Y. Tanaka · T. Yasuda (✉)
Department of Applied Chemistry, Graduate School of Engineering, Kyushu University, Fukuoka, Japan
e-mail: yasuda@ifrc.kyushu-u.ac.jp

M. Nagata · T. Yasuda
Institute for Advanced Study, Kyushu University, Fukuoka, Japan

M. Funahashi (ed.), *Functional Soft Matter I*,
https://doi.org/10.1007/978-981-92-0108-2_10

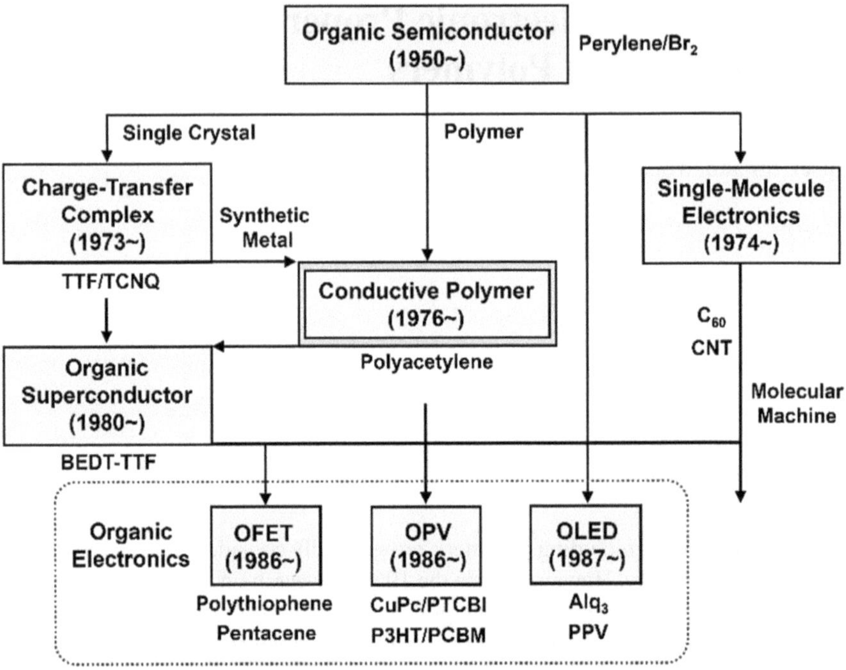

Fig. 1 Historical overview of conducting organic materials

capacitors, antistatic films, and electrode materials for batteries have advanced. For these conductive polymers, an elongated π-conjugated backbone with alternating single and double bonds (σ and π bonds) is a common structural feature essential for conducting properties.

Research interest in conductive polymers has shifted to their properties and functions as intrinsic semiconductors in their undoped neutral states. Since the late 1980s, studies on organic electronic devices using organic semiconductor materials, such as

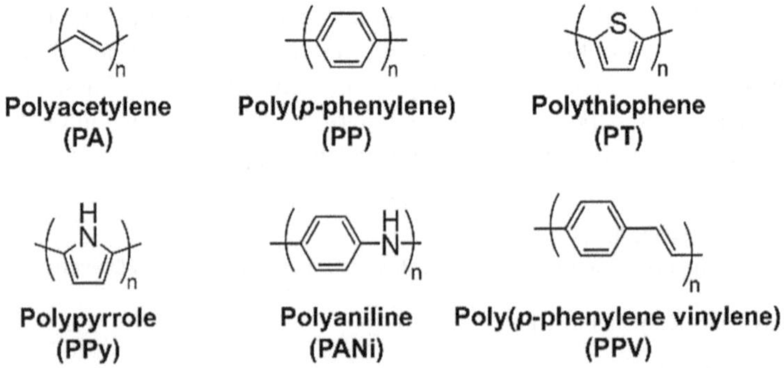

Fig. 2 Representative classical conductive polymers

Organic Field-Effect Transistors (OFETs) [11–14], Organic Photovoltaics (OPVs) [15–18], and Organic Light-Emitting Diodes (OLEDs) [19, 20], have made significant progress. These functional devices remain major research targets in the field of organic functional materials and are being commercialized. In particular, OLEDs are indispensable core display technologies for smartphones and TVs.

Compared with inorganic semiconductors characterized by silicon, organic semiconductors have potential advantages in terms of (i) diversity of material (molecular) design, (ii) high flexibility, and (iii) high processability, which can provide new added value. In particular, the unique solution processability of π-conjugated polymers enables large-scale manufacturing of thin-film organic electronic devices using printing techniques such as inkjet printing. To achieve high functionality, processability, and stability as actual materials, precise structural design and control of π-conjugated polymers are crucial. For instance, the sequence and regioregularity of the monomer units significantly affect the physicochemical properties and functions of the resulting polymers. With considerable advances in organometallic cross-coupling reactions, precise synthesis of π-conjugated polymers comprising a wide variety of functional monomer units has become possible.

Section 2 outlines basic synthetic methods for π-conjugated polymers, and based on this, Sect. 3 focuses on the regio-controlled polymerization methods for poly(3-alkylthiophene)s as representative semiconducting polymers. Section 4 discusses the changes in electronic states and properties of π-conjugated polymers via doping/de-doping. Finally, Sect. 5 summarizes the contents of this chapter and provides a perspective.

2 Synthetic Methods for π-Conjugated Polymers

2.1 Oxidative Polymerization

Chemical oxidative polymerization is a traditional synthetic method for conductive polymers in which the reaction of an electron-rich aromatic compound as a monomer with an oxidant (e.g., $FeCl_3$ or $MoCl_5$) yields the corresponding polymer. In 1963, Kovacic et al. reported the synthesis of poly(*p*-phenylene) based on the dehydrocoupling of benzene (referred to as the Kovacic method) using a catalyst-oxidant system composed of a Lewis acid and an oxidant [21, 22] (Fig. 3). Similarly, the oxidative polymerization of electron-rich thiophene and pyrrole with $FeCl_3$ as the oxidant yielded polythiophene and polypyrrole, respectively [23]. Unlike polyacetylene, which lacks environmental stability, polythiophene, polypyrrole, and their derivatives retain the highly conductive states required for long-term technical applications. However, most conductive polymers prepared via oxidative polymerization inevitably contain numerous structural and chemical defects.

Poly(3,4-ethylenedioxythiophene) (PEDOT) is currently one of the most prominent conductive polymers because of its high conductivity, environmental stability,

Fig. 3 Oxidative polymerization

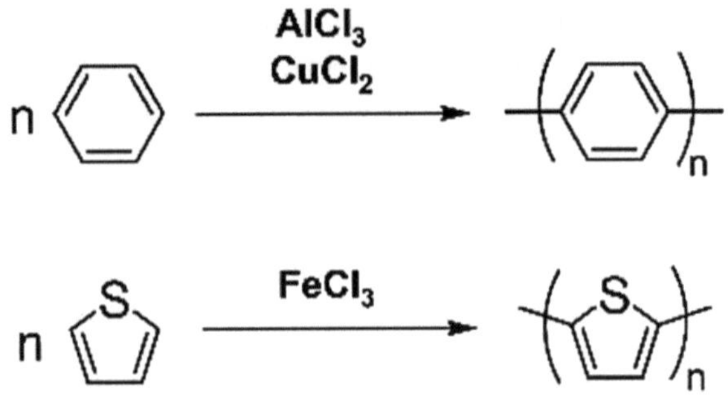

and transparency in thin films. PEDOT, which was first developed by Bayer AG in Germany in 1990, is an insoluble polymer [24]. However, polymerization of the EDOT monomer with sodium persulfate ($Na_2S_2O_8$) as an oxidant in an aqueous solution containing a Polystyrenesulfonic acid (PSS) polyelectrolyte yielded a highly processable aqueous dispersion of PEDOT/PSS [25] (Fig. 4). The PEDOT cations generated during polymerization form poly-ion complexes that are stabilized via Coulombic interactions with the sulfonate groups of PSS. Thin films of PEDOT/PSS are thus highly stable in air, with only minimal changes in conductivity even after heating at 100 °C for over 1000 h, leading to its practical use as a versatile conductive material.

Polyaniline, which can be prepared via the oxidative polymerization of aniline, is another important conductive polymer used in antistatic films and solid electrolytic capacitor electrodes. Aniline black, a traditional black dye, is also obtained by the oxidative condensation of aniline using $K_2Cr_2O_7$ and is relevant to the study of polyaniline. The structure of polyaniline is generally represented by repeating units comprising four monomers (tetrads), which undergo various changes upon oxidation/reduction as well as acid/base treatments (Fig. 5). Upon oxidative polymerization in

Fig. 4 Structure of PEDOT/PSS

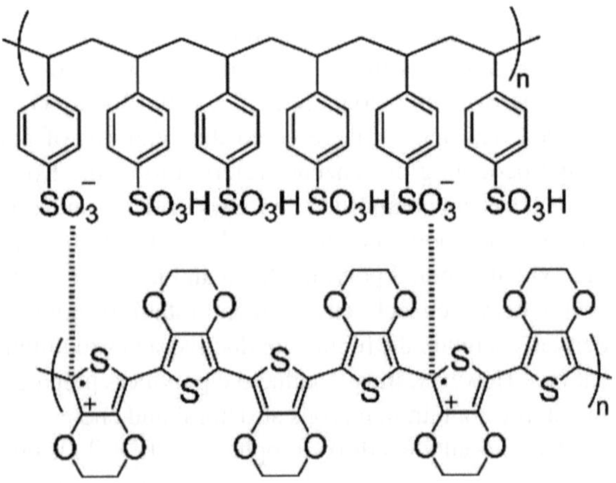

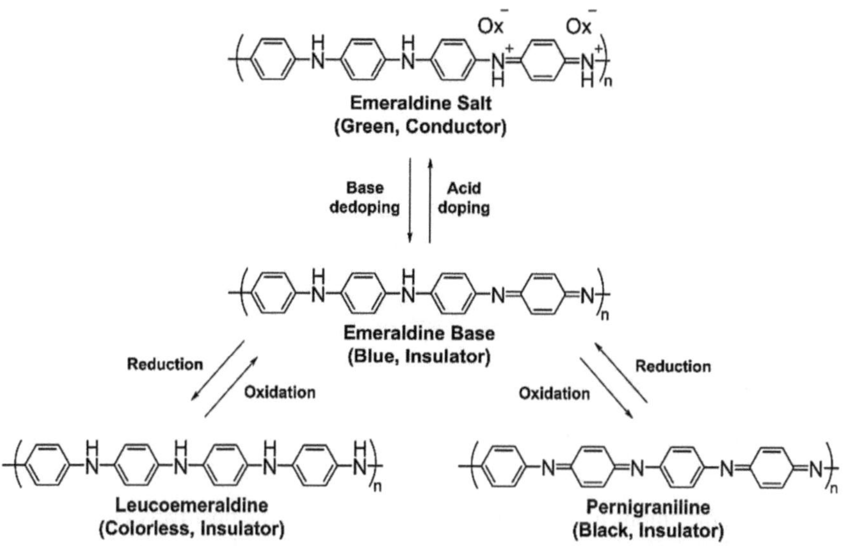

Fig. 5 Structural diversity of polyaniline

an acidic aqueous medium, polyaniline is obtained as a green (emerald), conductive emeraldine salt with both benzenoid and quinoid structures. Subsequent treatment with a base causes deprotonation to give a blue emeraldine base, which corresponds to a de-doped neutral state and is therefore not conductive. Thus, the electrical conductivity of polyaniline is significantly affected by the degree of protonation/deprotonation. Further reduction of the emeraldine base with hydrazine (H_2NNH_2) yields colorless leucoemeraldine in the fully reduced state. Conversely, the oxidation of the emeraldine base affords black pernigraniline in the fully oxidized state. The ability to reversibly change these four states is a feature of polyaniline not observed in other conductive polymers.

2.2 *Electropolymerization*

Electropolymerization (electrochemical polymerization), which was developed in the 1980s, is a simple but powerful method for fabricating solid films of conductive polymers on electrode surfaces. Although its polymerization mechanism is similar to that of oxidative polymerization, redox-driven electropolymerization does not require oxidizing reagents. In general, a three-electrode system (i.e., working, counter, and reference electrodes) filled with an electrolyte solution containing monomers is used for electropolymerization (Fig. 6). When a positive voltage is applied, the dissolved monomers (e.g., thiophene, pyrrole, and aniline) are electrochemically oxidized. Consequently, polymerization proceeds on the surface of the working electrode. In

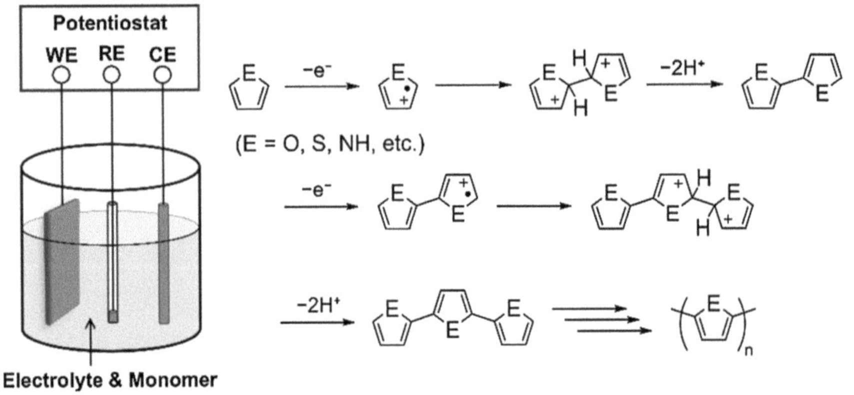

Fig. 6 Electropolymerization method

this process, the anions in the electrolyte are doped into the positively charged polymers, affording *p*-doped conducting polymer films. The advantage of electropolymerization is its ability to fabricate stable and homogeneous solid films, even for conductive polymers that are inherently not solution-processable owing to their low solubility. Moreover, the thickness of the polymer films can be controlled by varying the amount of electricity, and doping/de-doping can be switched depending on the applied voltage [26]. For electropolymerization based on the anodic oxidation described above, monomers are generally limited to electron-rich aromatic compounds.

2.3 *Fundamentals of Cross-Coupling Reactions*

Currently, transition-metal-catalyzed cross-coupling reactions are widely utilized as a powerful tool for the synthesis of a variety of functional organic compounds, including π-conjugated polymers. A key feature of this methodology is its versatility, which allows for the coupling of diverse aromatic units (or monomers) via the $C(sp^2)$–$C(sp^2)$ bond formation, thereby creating novel extended π-conjugated systems. Unlike oxidative polymerization and electropolymerization, polycondensation based on cross-coupling reactions (referred to as cross-coupling polymerization) can be applied to both electron-rich and electron-deficient aromatic units and can integrate two or more monomers with precise control of their bonding positions. This enabled the development of novel π-conjugated polymers with not only conventional *p*-type but also *n*-type conducting/semiconducting properties. The 2010 Nobel Prize in Chemistry was awarded to Heck, Negishi, and Suzuki for their contributions to the development of Pd-catalyzed cross-coupling reactions in organic synthesis [27, 28].

Figure 7 compiles representative cross-coupling reactions. These cross-coupling reactions are basically the reactions of organic electrophiles (Ar–X) such as aryl/

alkenyl halides (X = I, Br, Cl) or pseudohalides (X = OTf) with nucleophilic organometallic reagents (Ar′–M; M = MgX, Li, ZnX, SnR_3, $B(OR)_2$, SiR_3, etc.) in the presence of a Pd- or Ni-complex catalyst, yielding the cross-coupled products (Ar–Ar′) with newly formed C–C bonds. These reactions typically exhibit reactivity in the order of C–I > C–OTf ≈ C–Br > C–Cl. With the progress of organometallic chemistry in the 1970s, various types of cross-coupling reactions were discovered by applying Grignard reagents (Kumada–Tamao–Corriu coupling [29–31]), organolithium (Murahashi coupling [32]), organozinc (Negishi coupling [27, 33, 34]), organotin (Migita–Kosugi–Stille coupling [35, 36]), organoboron (Suzuki–Miyaura coupling [28, 37, 38]), and organosilane compounds (Hiyama coupling [39]) as organometallic reagents. In general, highly reactive (nucleophilic) organometallic reagents such as Grignard reagents suffer from low tolerance to active functional groups in the substrate, limiting their scope of applicability. Organotin reagents are comparatively stable and are widely used at the laboratory level; however, their toxicity remains a major concern. In contrast, boronic acids and boronic esters are very stable against water and oxygen, less toxic, and require no special operation. Therefore, Suzuki–Miyaura coupling has become a practical reaction that is most frequently used in industrial technologies. In this reaction, the reactivity of the boronic acids and boronic esters is significantly improved by the addition of a base.

Cross-coupling reactions of aryl halides (Ar–X) with terminal alkynes (Sonogashira–Hagihara coupling [40]) in the presence of a Pd catalyst and a Cu(I) salt are also useful in organic synthesis. In this reaction, a Cu(I) salt (typically CuI) is necessary as an auxiliary catalyst to produce a copper alkynide intermediate and to efficiently proceed with $C(sp^2)$–C(sp) coupling (Fig. 7). Moreover, cross-coupling reactions between aryl halides and terminal alkenes (Mizoroki–Heck coupling [41, 42]) proceed via a different reaction mechanism, resulting in the formation of a C–C bond between the vinylic C–H bond and the aryl group.

In addition to the foregoing C–C coupling reactions, another type of Pd-catalyzed cross-coupling reaction that can form C–N, C–O, C–S, and C–P bonds (Buchwald–Hartwig coupling [43–48]) is widely used as well in modern organic synthesis (Fig. 7). Currently, this reaction is essential for constructing the basic molecular frameworks of organic semiconductors such as triarylamine and *N*-arylcarbazole derivatives.

Figure 8 depicts the general mechanism of Pd-catalyzed cross-coupling reactions between Ar–X and Ar′–M, comprising three steps: (i) oxidative addition of Ar–X to $Pd(0)L_n$ catalyst (L_n: coordinating ligands), (ii) transmetalation between the formed Ar–Pd(II)L_n–X and organometallic Ar′–M, and (iii) reductive elimination to afford Ar–Ar′ via C–C bond formation, with regeneration of $Pd(0)L_n$ catalyst. The completion of this Pd(0)/Pd(II)-based catalytic cycle allows the cross-coupling reactions to proceed continuously, resulting in good yields of the coupled biaryl products (Ar–Ar′).

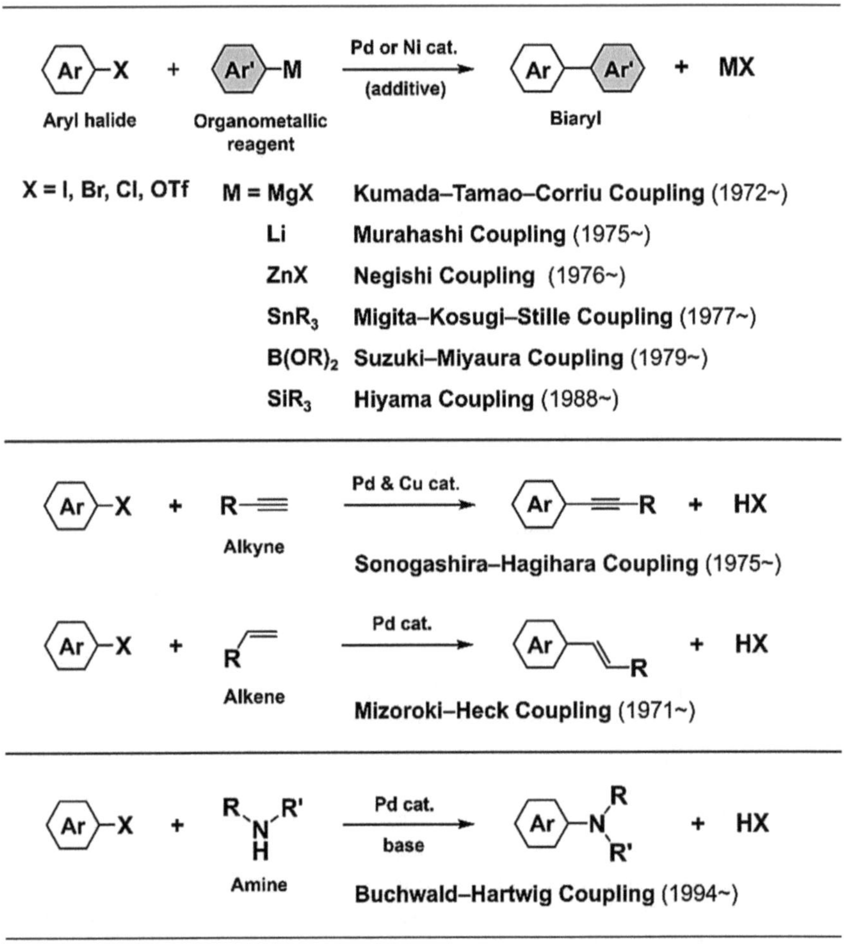

Fig. 7 Transition-metal-catalyzed cross-coupling reactions

2.4 *Cross-Coupling Polycondensation*

The application of cross-coupling reactions to bifunctional aromatic monomers is expected to afford the corresponding oligomers and polymers. The transition-metal-catalyzed synthesis of π-conjugated polymers was first reported by Yamamoto et al. in 1977; poly(*p*-phenylene)s [49, 50] and then polythiophenes (also known as polythienylene) [51, 52] were synthesized from 1,4-dibromobenzene and 2,5-dibromothiophene monomers, respectively. In this case, one of the C–Br bonds of the monomer first reacts with Mg to form a Grignard-type intermediate, followed by sequential coupling reactions to yield the corresponding polyarylene (Fig. 9a). This *AB*-type cross-coupling polycondensation approach, which employs a single

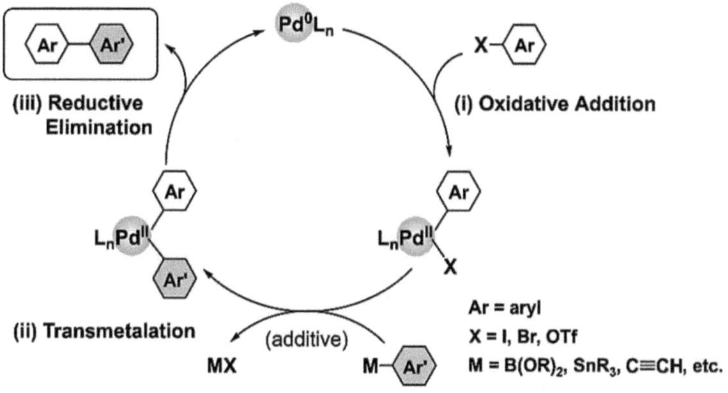

Fig. 8 Mechanism of Pd-catalyzed C–C cross-coupling reactions

monomer (X–Ar–M) possessing both halide and organometallic groups, is also applicable to bifunctional monomers with other organometallic groups (e.g., M = ZnX, SnR_3, and $B(OR)_2$). The use of bifunctional X–Ar–M monomers (*AB*-monomers) is often advantageous for achieving high-molecular-weight homopolymers in terms of ideal stoichiometry, high conversion rates, and the possibility of chain-growth polymerization (see Sect. 3 for details). Among these *AB*-monomers, X–Ar–SnR_3 and X–Ar–$B(OR)_2$ are fairly stable in oxygen and water and can be isolated and handled in air.

The *AA*/*BB*-type polycondensation approach employs two different comonomers with split halides and organometallic groups (Fig. 9b). This makes them particularly useful for the synthesis of alternating copolymers whose structures and properties can be fine-tuned. For instance, state-of-the-art donor–acceptor alternating copolymers for OPVs have been prepared by polycondensation between Br–Ar–Br and R_3Sn–Ar′–SnR_3 monomers. However, these *AA*/*BB*-type polycondensation methods often suffer from batch-to-batch variations in the properties of the polymers, owing to poor control of the molecular weight, polydispersity, and end-group uniformity.

The Ni(0)-mediated polycondensation of dihalo-monomers (*AA*-monomers) is well known as Yamamoto coupling polymerization (Fig. 9c), which has paved the way for a wide variety of π-conjugated polymers since the 1990s [53, 54]. The main advantage of Yamamoto coupling polymerization is that it is easy to handle, and simple X–Ar–X monomers without organometallic groups can be directly used for polycondensation. This enabled the synthesis of π-conjugated polymers even with electrophilic and/or protic functional groups. However, this method usually requires stoichiometric (not catalytic) amounts of $Ni(cod)_2$ reagent and 2,2′-bipyridyl (bpy) ligand for the monomer. In addition, Pd-catalyzed homopolymerization (*AA*-type polycondensation) of X–Ar–X monomers using hexamethylditin ($Me_3SnSnMe_3$) as a condensation agent has been achieved [55].

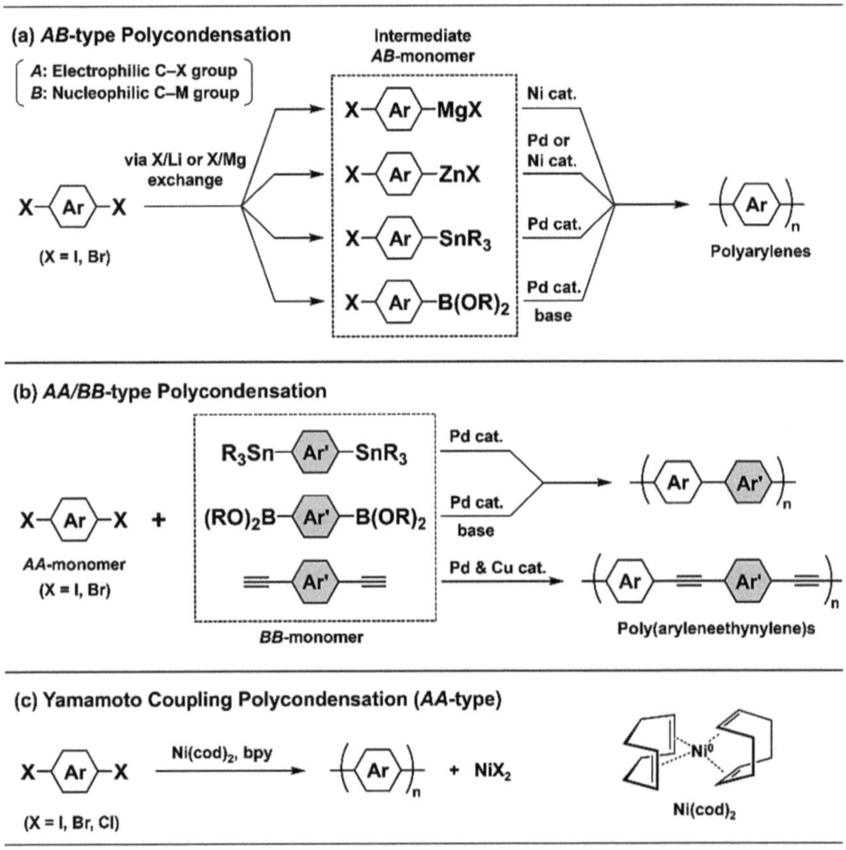

Fig. 9 Representative cross-coupling polycondensation methods

2.5 *Direct Arylation Polycondensation (DArP)*

In the 2000s, transition-metal-catalyzed direct arylation via C–H activation (C–H bond cleavage) emerged as a new type of cross-coupling reaction that played an important role in synthetic organic chemistry. Along this trend, direct arylation polycondensation (DArP) featuring C–H activation has recently received much attention as a promising "greener" synthetic method for π-conjugated polymers (Fig. 10; for reviews [56–60]). In contrast to classical cross-coupling polycondensation (see Sect. 2.4), this approach allows the use of unfunctionalized arenes as monomers, does not require prior preparation of organometallic monomers, and does not produce stoichiometric amounts of metal-containing waste. Thus, π-conjugated polymers can be synthesized more economically with fewer reaction steps. However, for DArP, it is usually difficult to completely avoid side reactions at undesired positions (which may cause structural defects in the polymer) because all C–H bonds in the monomer

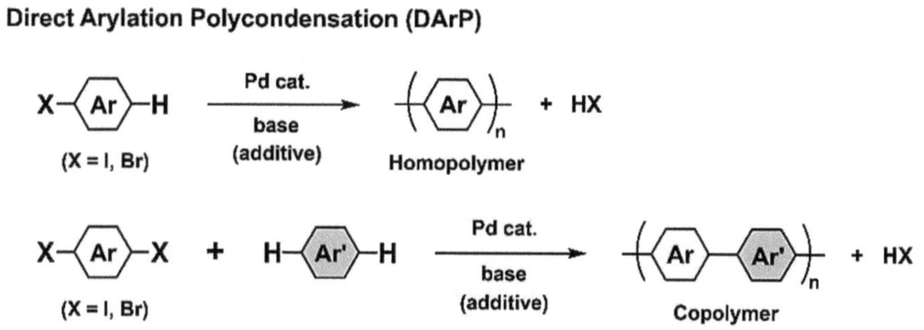

Fig. 10 General schemes for direct arylation polycondensation

can undergo reactions. Therefore, regioselective C–H activation is key to achieving efficient DArP.

The first DArP was reported by Lemaire et al. in 1999 [61], in which 2-iodo-3-hexylthiophene was used as the X–Ar–H monomer to afford poly(3-hexylthiophene) (P3HT) with a low molecular weight. Subsequently, in 2010, Ozawa et al. reported the successful DArP of P3HT with a high molecular weight and high regioregularity by adopting a special catalyst system [62] (see Sect. 3 for details), which has fueled a strong interest in DArP from many researchers. In 2011, Kanbara et al. reported the first *AA*/*BB*-type DArP with 1,2,4,5-tetrafluorobenzene as the H–Ar′–H monomer, resulting in high-molecular-weight copolymers [63]. The research field of DArP is relatively new, and the scope of applicable monomers will be further expanded.

2.6 Basic Theory of Polycondensation

When applying π-conjugated polymers as semiconductor materials for organic electronic devices, their molecular weight and polydispersity (molecular weight distribution) are important factors. In general, polymers with larger molecular weights, more uniform distributions, and fewer structural defects exhibit superior physical properties and device performances. The most common and convenient method for evaluating the molecular weight and polydispersity is Gel Permeation Chromatography (GPC), also known as Size Exclusion Chromatography (SEC).

In polycondensation (step-growth polymerization) reactions, variations in the initial stoichiometry of the monomers have a significant impact on the degree of polymerization. If the numbers of functional groups *A* and *B* in the *AA*- and *BB*-monomers are N_A and N_B, respectively, and their ratio is $r = N_A/N_B$, the initial total number of molecules in the system is given by $(N_A + N_B)/2 = N_A(1 + 1/r)$. The total number of molecules (or polymer chains) after polymerization is described as $[N_A(1—p) + N_B\ (1—rp)]/2$, where p is the reactivity. In this case, the number-average degree of polymerization (X_n) is expressed using Carothers' equation, as shown in formula (1).

$$X_n = \frac{\frac{N_A\left(1+\frac{1}{r}\right)}{2}}{\frac{\left[N_A(1-p)+N_B(1-rp)\right]}{2}} = \frac{1+r}{1+r-2rp} \approx \frac{1}{1-p} \tag{1}$$

Accordingly, if the *AA*- and *BB*-monomers are introduced in perfectly equimolar amounts ($r = 1$) and p is ideally 1, X_n will be infinite. However, if either monomer is added, even in small excess, X_n will be significantly reduced. For example, if the *AA*-monomer is 1 mol% excess to the *BB*-monomer, $r \approx 0.99$ and hence $X_n \approx 199$ at most. Assuming the synthesis of polythiophene, this condition corresponds to its number-average molecular weight ($M_n = X_n \cdot M_0$) of ~16,300. To prepare high-molecular-weight polymers in polycondensation, it is thus crucial that monomers react with each other in equimolar ratio.

The weight-average degree of polymerization is derived as $X_w = (1 + p)/(1—p)$. The Polydispersity Index (PDI), which is the ratio of the weight-average molecular weight (M_w) to M_n, is given by formula (2).

$$\mathrm{PDI} = \frac{M_w}{M_n} = \frac{X_w}{X_n} = 1 + p \tag{2}$$

Theoretically, the molecular weight distribution widens as polycondensation proceeds, resulting in a PDI approaching two. However, the synthesis of poly(3-alkylthiophene)s with a narrowly controlled molecular weight distribution has only been achieved since 2004. This topic is discussed in detail in Sect. 3.

3 Regio-Controlled Synthesis of Polythiophenes

Among the vast number of π-conjugated compounds, polythiophenes occupy a prominent position in both synthetic chemistry and materials science [64–68]. The synthesis of polythiophenes using organometallic cross-coupling was first accomplished in 1980 [51, 69]. Although unsubstituted polythiophene is poorly soluble and difficult to process, the introduction of alkyl chains at the C3 position significantly improves its solubility and solution processability [52, 70, 71]. In addition, couplings between such asymmetrical 3-substituted thiophene rings give rise to three different linkage modes: namely, head-to-tail (HT) with 2,5′-linkage, head-to-head (HH) with 2,2′-linkage, and tail-to-tail (TT) with 5,5′-linkage (Fig. 11). The steric hindrance between the C3 substituents in the HH units causes large torsion and reduces the planarity of the polymer backbone, thus resulting in degraded material properties. Therefore, the synthesis of regioregular poly(3-alkylthiophene)s (*rr*-P3RTs) with controlled consecutive HT units has been in the limelight since the 1990s.

The first synthesis of *rr*-P3RTs comprising predominantly HT couplings was reported by McCullough et al. in 1992 [72, 73] (Fig. 12a). The McCullough method employs 2-bromo-3-alkylthiophene as a monomer, which is subjected to lithiation with Lithium Diisopropylamide (LDA), followed by transmetalation with $MgBr_2$ to

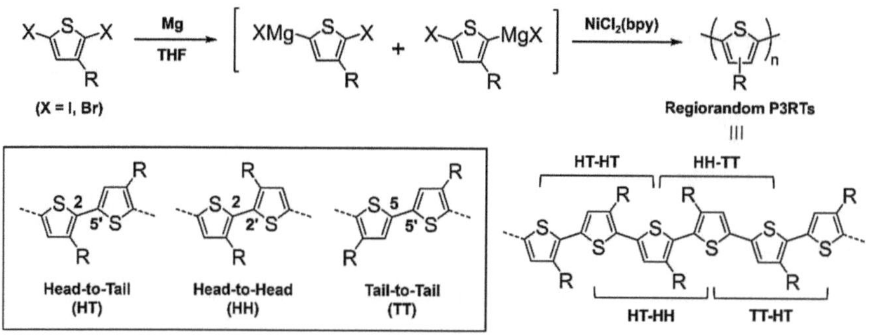

Fig. 11 Synthesis of regiorandom P3RTs via Yamamoto method and structures of three regioisomeric diads of 3-alkylthiophene

prepare 2-bromo-5-(bromomagnesio)-3-alkylthiophene intermediates. Subsequent treatment with a $NiCl_2$(dppp) (dppp = 1,3-bis(diphenylphosphino)propane) catalyst affords *rr*-P3RTs. The conductivity of poly(3-dodecylthiophene) synthesized in this manner increases to 1000 S cm^{-1} upon *p*-doping with iodine [72].

At approximately the same time, Rieke et al. reported an alternative polymerization method to obtain *rr*-P3RTs [74, 75] (Fig. 12b). In the Rieke method, 2,5-dibromo-3-alkylthiophenes are treated with highly reactive zinc, i.e., Rieke zinc (Zn*), to preferentially produce 2-bromo-5-(bromozincio)-3-alkylthiophenes as intermediates, which are then polymerized using a $NiCl_2$(dppe) (dppe = 1,2-bis(diphenylphosphino)ethane) catalyst. The use of 2-bromo-5-iodo-3-alkylthiophenes as monomers can improve the regioselectivity of the oxidative addition. However, when $Pd(PPh_3)_4$ is used as the catalyst instead of $NiCl_2$(dppe), totally regiorandom P3RTs are obtained. In the ^1H NMR spectra, *rr*-P3RTs exhibit a single aromatic peak at 6.98 ppm attributed to the HT-HT structure, whereas regiorandom P3RTs give four main aromatic peaks at 6.98 (HT-HT), 7.00 (TT-HT), 7.02 (HT-HH), and 7.05 ppm (HH-TT). On this basis, the proportion of HT-HT couplings (degree of regioregularity) can be estimated by integrating the HT-HT peak relative to other non-HT peaks [75].

In 1999, McCullough et al. reported a facile synthetic method for *rr*-P3RTs based on the Grignard metathesis, referred to as the GRIM method [76, 77] (Fig. 12c). In this method, 2,5-dibromo-3-alkylthiophenes first react with a simple Grignard reagent such as CH_3MgBr to form a mixture of organometallic intermediates by GRIM. Despite the poor regioselectivity under this GRIM condition, subsequent Ni-catalyzed polycondensation yields *rr*-P3HTs with high regioregularity, high M_n, and low PDI (1.2–1.5). The GRIM polymerization is further optimized by changing the monomer to 2-bromo-5-iodo-3-hexylthiophene, leading to ~100% GRIM regioselectivity [78, 79].

In 2004, Yokozawa et al. and McCullough et al. independently reported that the GRIM polymerization proceeds in a chain-growth (living polymerization) mechanism, producing *rr*-P3RTs with significantly low PDI (1.1–1.3) [78–81]. In this case,

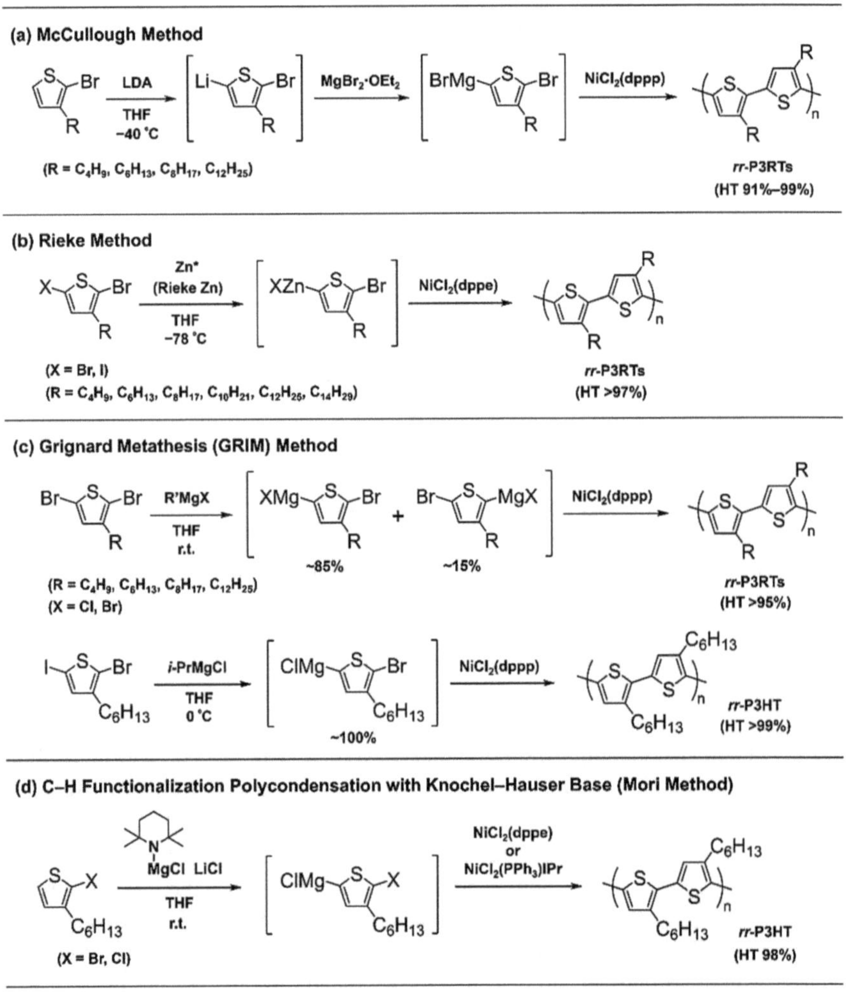

Fig. 12 Synthesis of *rr*-P3RTs via **a** McCullough method, **b** Rieke method, **c** GRIM method, and **d** C–H functionalization polycondensation

M_n could be controlled by the feed ratio of the monomer to the catalyst, while the PDI remained almost unchanged. The mechanism of this chain-growth polymerization, called catalyst-transfer polycondensation, is shown in Fig. 13. In the initial step, a Ni(II) complex linking two thiophene rings is formed. Subsequent coupling between the two thiophene rings gives rise to an active Ni(0) complex, which can migrate intramolecularly across the thiophene unit and be inserted into the terminal C–Br bond. Chain-growth polymerization continues through the coupling of **1** with the polymer end group, followed by intramolecular catalyst-transfer to the terminal C–Br bond of the newly elongated monomer unit. This catalyst-transfer polycondensation method can also be applied to the synthesis of other π-conjugated polymers such as

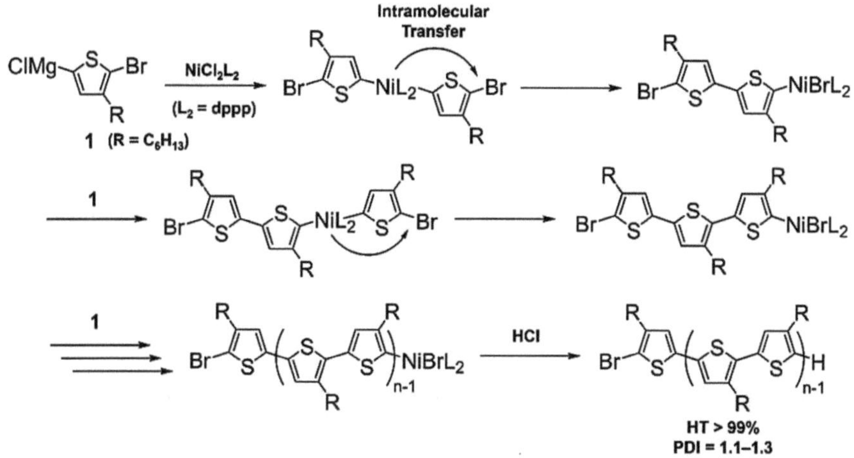

Fig. 13 Mechanism of chain-growth polymerization for *rr*-P3RTs

poly(*p*-phenylene)s [82, 83], polypyrroles [84], and polyfluorenes [85]. Furthermore, leveraging their living nature, this method enables the synthesis of a variety of block copolymers by the sequential addition of different aromatic monomers [83–88].

As reported by Mori et al. in 2011 [89, 90], *rr*-P3RTs can also be synthesized via Ni-catalyzed C–H functionalization polycondensation using Knochel–Hauser base (TMPMgCl·LiCl, where TMP = 2,2,6,6-tetramethylpiperidine), which undergoes regioselective deprotonation at the 5-position of 2-halo-3-alkylthiophene monomers at room temperature (Fig. 12d). Using a highly active Ni catalyst with an *N*-heterocyclic carbene ligand ($NiCl_2(PPh_3)$IPr, where IPr = 1,3-bis(2,6-diisopropylphenyl)imidazol-2-ylidene) instead of the conventional $NiCl_2$(dppp) catalyst, even 2-chloro-3-alkylthiophenes can be effectively polymerized to afford *rr*-P3RTs with high M_n and low PDI (~ 1.3).

As mentioned in Sect. 2.5, it was not until 2010 that Ozawa et al. successfully synthesized *rr*-P3RThs with high regioregularity (98%) and high M_n via DArP of 2-bromo-3-alkylthiophene [62] (Fig. 14). The polymerization takes place in THF at a high temperature (120–125 °C) and requires the combined use of the thermally stable Herrmann–Beller catalyst, electron-rich arylphosphine ligand such as $P(o\text{-}NMe_2(C_6H_4))_3$, and Cs_2CO_3 base. DArP can be regarded as an atom-economical and cost-effective alternative to conventional cross-coupling polycondensation because it allows the use of simple (hetero)aryl bromides as monomers without the need to prepare organometallic intermediates.

It is well known that *rr*-P3RTs self-assemble into a highly ordered lamellar nanostructure, in which the π-stacked polymer backbones alternate with layers of alkyl side chains [75] (Fig. 15). The X-Ray Diffraction (XRD) patterns of *rr*-P3RT films show periodic diffraction peaks corresponding to the first-, second-, and higher-order reflections of this characteristic lamellar nanostructure. In addition, a diffraction peak

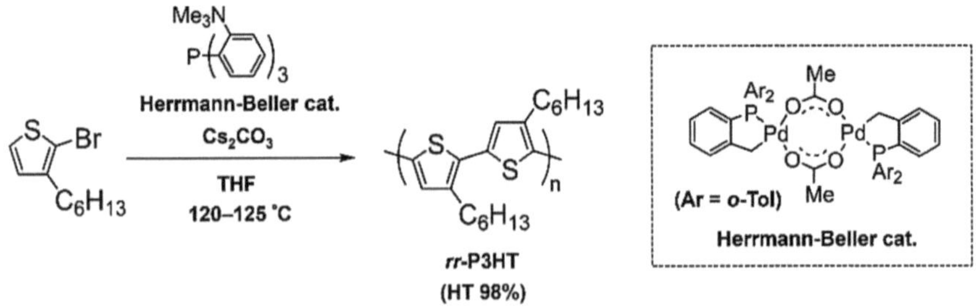

Fig. 14 Synthesis of *rr*-P3HT via DArP

originating from the π-π stacking period (~ 0.38 nm) between the polymer backbones is observable. The electronic performance of organic semiconductors strongly depends on their solid-state packing structures. This is because intermolecular electronic couplings arising from wavefunction overlap can dictate the charge transport properties [91]. In the packing structure of *rr*-P3RTs, charge transport in the lamellar stacking direction is slowest, whereas charge transport in the π-π stacking direction is relatively fast due to effective intermolecular electronic couplings. Charge transport along the backbone direction is also facile due to π-conjugation between the monomer units. The molecular weight, regioregularity, and processing conditions significantly affect the crystalline order and molecular orientation (edge-on or face-on) of the resulting P3RT films.

Fig. 15 Schematic of self-assembled structure of P3RTs with the edge-on orientation

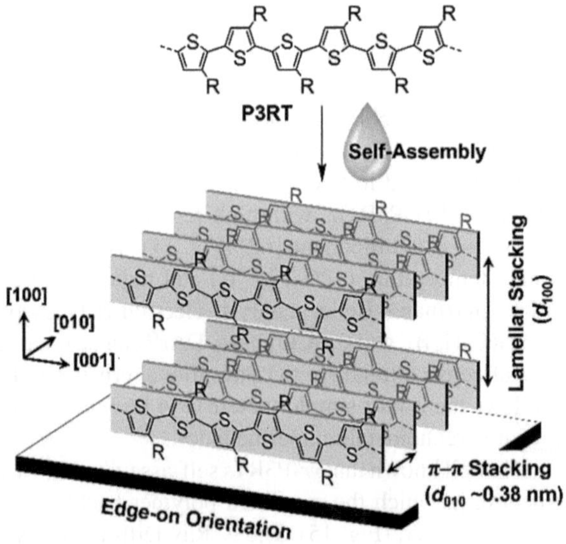

4 Modulation of Electronic Properties via Doping

4.1 Electronic Structure and Band Gap

In inorganic semiconductors, electronic energy levels are continuous because each constituent atom is strongly and consecutively covalently bonded. A Valence Band (VB) filled with electrons and an empty Conduction Band (CB) are formed, which are energetically separated by a band gap (E_g). By contrast, the electronic energy levels of organic molecules are generally discrete and discontinuous. However, π-conjugated polymers, which consist of consecutive structures of alternating single and double bonds, can be regarded as organic semiconductors with a band structure similar to that of inorganic semiconductors. While the notion of this "band" is justified only for the case of an infinite periodic structure, it de facto became common for conductive polymers already from the early days. Accordingly, in the field of organic semiconductors, the energy gap between the Highest Occupied Molecular Orbital (HOMO) and Lowest Unoccupied Molecular Orbital (LUMO) is often treated as E_g. The band structure of π-conjugated polymers originates from the interactions of π-orbitals (π-electrons) in the repeating units along the polymer chain. Figure 16 shows a systematic representation of the calculated energy levels for oligothiophenes to polythiophene [92, 93]. As the number of thiophene units increases, more energy levels are formed by hybridization of the molecular orbitals, leading to the formation of band-like structures rather than discrete energy levels. Concurrently, the HOMO–LUMO gap gradually decreases with increasing conjugation length, resulting in an E_g as narrow as ~ 2.0 eV for polythiophene. The Fermi level lies close to the middle of the band gap. In this perspective, organic semiconductors can usually be defined as π-conjugated compounds with an E_g of around 3.0 eV or less.

Fig. 16 Calculated energy levels of oligothiophenes and polythiophene. Adopted with permission from [93]. Copyright 2001 Elsevier

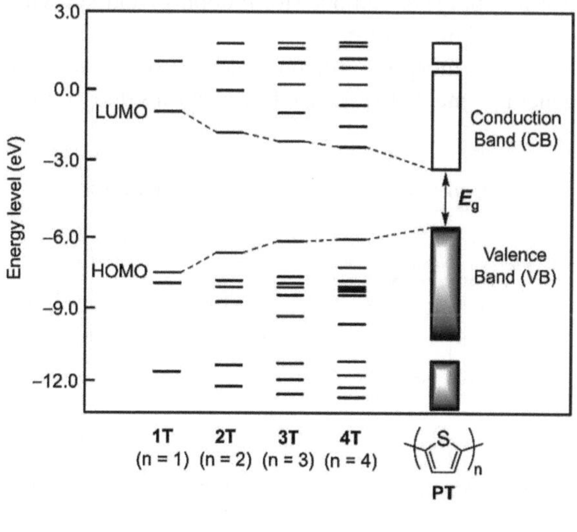

Similar to inorganic semiconductors, organic semiconductors can absorb light with photon energies greater than E_g. This is because electrons in the VB can be excited to different energy levels in the CB. For example, polythiophene with an E_g of ~2.0 eV absorbs ultraviolet to visible light with wavelengths of $\lambda \leq 620$ nm; polythiophene therefore appears dark red in color. In contrast, poly(*p*-phenylene) is a wide-gap organic semiconductor with an E_g of ~ 2.8 eV, hence its visible absorption is limited to $\lambda \leq 440$ nm, making it appear yellow in color. Thus, the optical properties, mainly absorption and emission, of π-conjugated polymers are primarily governed by their electronic structures.

4.2 Doping and Conductivity

With regard to electrical conductivity, undoped neutral-state π-conjugated polymers are generally either insulators or semiconductors, with relatively low conductivity of less than 10^{-5} S cm^{-1} (Fig. 17). Therefore, doping is necessary to render these materials highly conductive. A typical example is *trans*-polyacetylene (*trans*-PA), a semiconductor with a conductivity of ~10^{-5} S cm^{-1} in the neutral state [6, 7]. When chemically doped with iodine (I_2), its conductivity increases by up to ten orders of magnitude, reaching ~10^5 S cm^{-1} [94], which is almost comparable to those of metals. Thus, charge carriers responsible for electrical conduction can be generated by injecting holes by depriving electrons in the filled VB or by injecting electrons into the empty CB. The doping process of π-conjugated polymers is understood as a redox reaction. The doping of electron acceptors (e.g., I_2, $FeCl_3$) into polymers is oxidation, while the doping of electron donors (e.g., Na, K) is reduction, corresponding to *p*-doping and *n*-doping, respectively. In addition to the chemical doping described above, electrochemical doping is also possible by using conductive polymers as anode (for *p*-doping) or cathode (for *n*-doping) and applying voltages to the electrodes in an electrolyte solution.

Unlike inorganic silicon systems, one-dimensional conductive polymers are generally unable to produce free electrons due to strong electron–lattice interactions

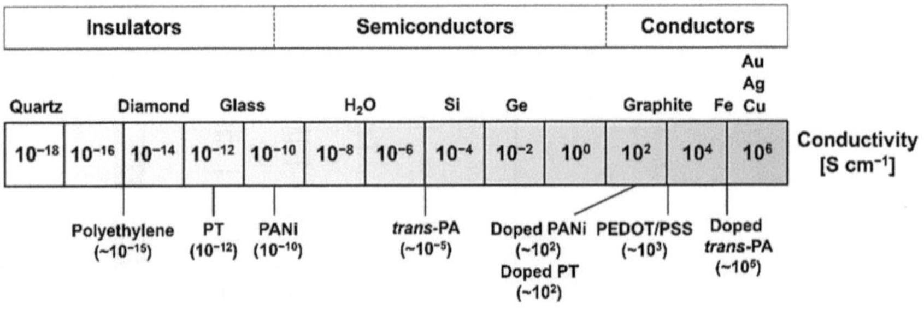

Fig. 17 Electrical conductivities of organic and inorganic materials

(or electron–phonon coupling), resulting in the appearance of soliton and polaron states with lattice distortions [95–97]. Charged solitons are generally accepted to be responsible for electrical conduction in the case of *trans*-PA (degenerate system) and polarons and bipolarons in the case of other conducting polymers, such as polythiophene (non-degenerate system).

4.3 Soliton and Polaron

In *trans*-PA, two symmetrical conjugated polyene structures (denoted phases A and B in Fig. 18a) are possible. These two structures are energetically equivalent and therefore degenerate. If these degenerate structures coexist in a single polymer chain, there would be one unpaired electron (i.e., π-radical) with lattice distortion at the boundary. The presence of π-radicals was confirmed using Electron Spin Resonance (ESR) spectroscopy. Such radical-centered kinks are called neutral solitons and can move along a polymer chain [95–97]. Neutral solitons are formed at a rate of one per several thousand CH units in the *trans*-PA chain and are spread over approximately 14 CH units. However, neutral solitons, which have no charge, do not contribute to conductivity. In terms of energy levels, neutral solitons corresponding to bonding defects can be regarded as impurity levels extracted from the original VB into the band gap.

The reactions of active unpaired electrons in neutral solitons with electron acceptors and donors give rise to positively and negatively charged solitons, respectively (Fig. 18b,c), which induce conductivity. When these charged solitons couple with neutral solitons, radical cations and anions, which are referred to as positive and negative polarons, respectively, are formed (Fig. 18d,e). As the doping level increases, the concentration of charged solitons in *trans*-PA increases, leading to a further enhancement in conductivity.

The critical difference between *trans*-PA and other conductive polymers is whether the ground-state energies are degenerate with respect to the alternation of single and double bonds in the backbone. For example, polythiophene and poly(*p*-phenylene) are non-degenerate systems and both can adopt benzenoid and quinoid structures with different energies (Fig. 19). In general, the aromatic benzenoid structure is more stable than the corresponding nonaromatic quinoid structure; therefore, the benzenoid structure is dominant in the ground state of most conductive polymers.

In these non-degenerate polymers, which do not have unpaired electrons in their ground states, electron transfer via doping takes place for the π-electrons of the aromatic rings. For example, when polythiophene is doped with electron acceptors (oxidants), π-electrons are stripped from the polymer to form positive polarons, which correspond to radical cations (Fig. 20a,b). Note that the conversion to the quinoid form by reorganization of the bonding alternation is endothermic; thus, polarons with quinoid structures can be formed in limited regions in the polymer chain. Further electron withdrawal via doping generates bipolarons with two positive charges and no spin (Fig. 20c), which can serve as charge carriers in the same manner as polarons.

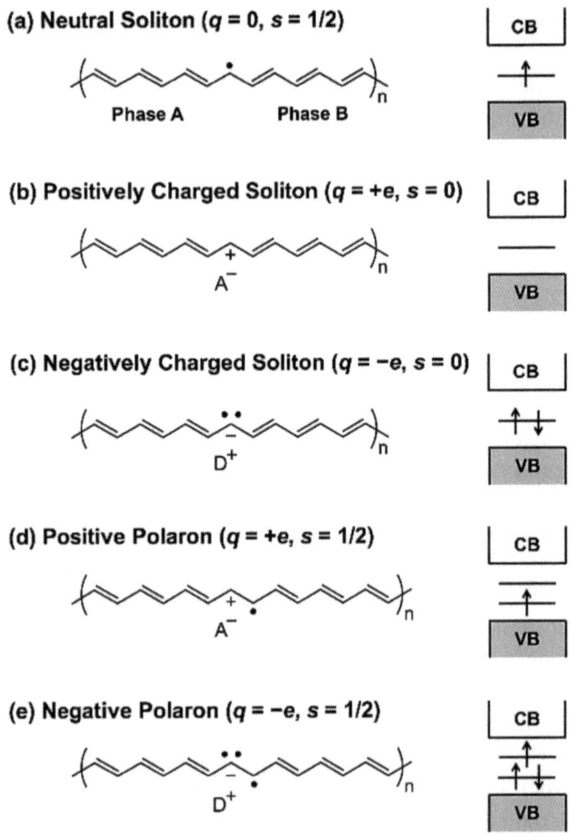

Fig. 18 Changes of geometric structures and electronic states in *trans*-polyacetylene upon *p*-doping with an acceptor (A) and *n*-doping with a donor (D): **a** neutral soliton, **b** positively charged soliton, **c** negatively charged soliton, **d** positive polaron, and **e** negative polaron

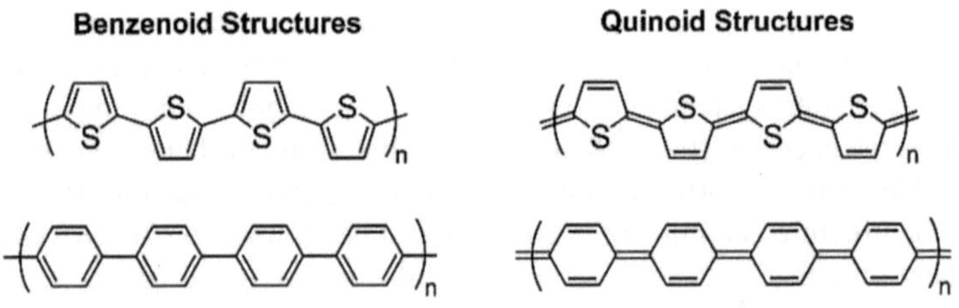

Fig. 19 Two non-degenerated structures of polythiophene and poly(*p*-phenylene)

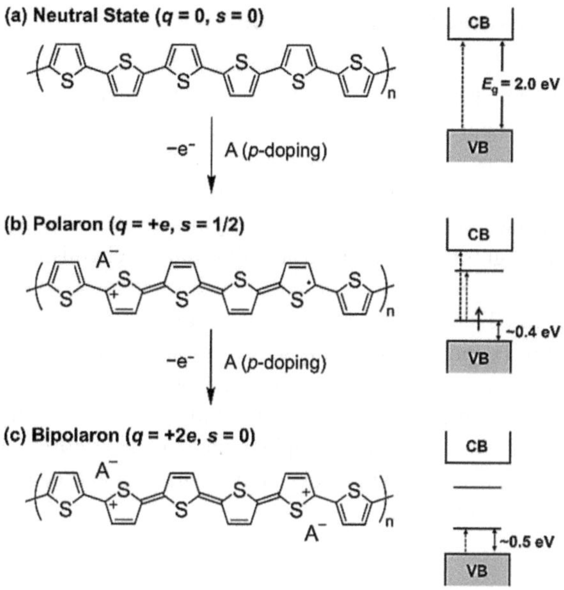

Fig. 20 Changes of geometric structures and electronic states in polythiophene upon *p*-doping with an acceptor (A): **a** neutral state, **b** positive polaron, and **c** positive bipolaron. The dashed arrows represent the main possible electronic transitions

With further doping, the bipolaron level widens, resulting in the formation of a band. Eventually, the bipolaron band overlaps and fuses with VB and CB, resulting in metallic conduction properties. Because polarons have a spin ($s = 1/2$) and bipolarons do not ($s = 0$), polarons can be selectively detected by ESR measurements.

The formation of polarons and bipolarons gives rise to localized electronic states (polaronic and bipolaronic energy levels) [98], resulting in the appearance of new absorption bands within the band gap in the electronic absorption spectra. Undoped neutral polythiophene exhibits broad absorptions in the range of 2.0–3.0 eV due to the electronic transition from the VB to CB. The initial absorption gradually decreases with *p*-doping. At the same time, a new absorption peak at intermediate energies (ca. 1.3–1.7 eV) accompanied by a peak at low energies (ca. 0.3–0.7 eV) emerges. As the doping level increases further, the intermediate-energy peak gradually decreases, whereas the low-energy peak increases and becomes dominant in the spectrum. The intermediate-energy peak (polaronic absorption) is attributed to combined electronic transitions, including those from the half-filled polaronic levels to the CB. The low-energy peak (bipolaronic absorption) primarily originates from the transitions from the VB to empty bipolaronic levels in the gap. However, the interpretation of the spectral behavior via doping/de-doping is complex, and much discussion is ongoing.

5 Summary and Perspective

In this chapter, the background, synthetic methods, and basic electronic properties of π-conjugated polymers have been overviewed. The discovery of conductive polyacetylene (Nobel Prize in Chemistry 2000) and the development of cross-coupling reactions (Nobel Prize in Chemistry 2010) undoubtedly triggered the dramatic advancement of π-conjugated polymer science. Furthermore, the history of this field highlights the importance of both synthetic chemistry and condensed-matter physics, evolving in unison. The emergence of innovative materials such as *rr*-P3HT and PEDOT/PSS has opened a new era of applications in printed electronics, including OFETs and OPVs. Owing to the virtually infinite diversity in chemical structures of π-conjugated polymers, precise design engineering of their electronic structures is key to achieving the desired functionality. Various high-performance organic electronic devices will be implemented in the future. The journey of exploration in π-conjugated polymer science over the past half century will continue with exciting new discoveries.

References

1. H. Akamatsu, H. Inokuchi, On the electrical conductivity of violanthrone, iso-violanthrone, and pyranthrone. J. Chem. Phys. **18**, 810–811 (1950)
2. H. Akamatsu, H. Inokuchi, Y. Matsunaga, Electrical conductivity of the perylene–bromine complex. Nature **173**, 168–169 (1954)
3. L.B. Coleman, M.J. Cohen, D.J. Sandman, F.G. Yamagishi, A.F. Garito, A.J. Heeger, Superconducting fluctuations and the Peierls instability in an organic solid. Solid State Commun. **12**, 1125–1132 (1973)
4. J. Ferraris, D.O. Cowan, V. Walatka Jr., J.H. Perlstein, Electron transfer in a new highly conducting donor–acceptor complex. J. Am. Chem. Soc. **95**, 948–949 (1973)
5. G. Saito, T. Enoki, K. Toriumi, H. Inokuchi, Two-dimensionality and suppression of metal-semiconductor transition in a new organic metal with alkylthio substituted TTF and perchlorate. Solid State Commun. **42**, 557–560 (1982)
6. H. Shirakawa, E.J. Louis, A.G. MacDiarmid, C.K. Chiang, A.J. Heeger, Synthesis of electrically conducting organic polymers: halogen derivatives of polyacetylene, $(CH)_x$. J. Chem. Soc. Chem. Commun. **578–580**, 578 (1977)
7. C.K. Chiang, C.R. Fincher Jr., Y.W. Park, A.J. Heeger, H. Shirakawa, E.J. Louis, S.C. Gau, A.G. MacDiarmid, Electrical conductivity in doped polyacetylene. Phys. Rev. Lett. **39**, 1098–1101 (1977)
8. A.J. Heeger, Semiconducting and metallic polymers: the fourth generation of polymeric materials (Nobel lecture). Angew. Chem. Int. Ed. **40**, 2591–2611 (2001)
9. A.G. MacDiarmid, "Synthetic metals": A novel role for organic polymers (Nobel lecture). Angew. Chem. Int. Ed. **40**, 2581–2590 (2001)
10. H. Shirakawa, The discovery of polyacetylene film: the dawning of an era of conducting polymers (Nobel lecture). Angew. Chem. Int. Ed. **40**, 2574–2580 (2001)
11. A. Tsumura, H. Koezuka, T. Ando, Macromolecular electronic device: field-effect transistor with a polythiophene thin film. Appl. Phys. Lett. **49**, 1210–1212 (1986)
12. H. Sirringhaus, N. Tessler, R.H. Friend, Integrated optoelectronic devices based on conjugated polymers. Science **280**, 1741–1744 (1998)

13. H. Sirringhaus, P.J. Brown, R.H. Friend, M.M. Nielsen, K. Bechgaard, B.M.W. Langeveld-Voss, A.J.H. Spiering, R.A.J. Janssen, E.W. Meijer, P. Herwig, D.M. de Leeuw, Two-dimensional charge transport in self-organized, high-mobility conjugated polymers. Nature **401**, 685–688 (1999)
14. I. McCulloch, M. Heeney, C. Bailey, K. Genevicius, I. MacDonald, M. Shkunov, D. Sparrowe, S. Tierney, R. Wagner, W. Zhang, M.L. Chabinyc, R.J. Kline, M.D. McGehee, M.F. Toney, Liquid-crystalline semiconducting polymers with high charge-carrier mobility. Nat. Mater. **5**, 328–333 (2006)
15. C.W. Tang, Two-layer organic photovoltaic cell. Appl. Phys. Lett. **48**, 183–185 (1986)
16. G. Yu, J. Gao, F. Wudl, A.J. Heeger, Polymer photovoltaic cells: Enhanced efficiencies via a network of internal donor-acceptor heterojunctions. Science **270**, 1789–1792 (1995)
17. Y. Kim, S. Cook, S.M. Tuladhar, S.A. Choulis, J. Nelson, J.R. Durrant, D.D.C. Bradley, M. Giles, I. McCulloch, C.-S. Ha, M. Ree, A strong regioregularity effect in self-organizing conjugated polymer films and high-efficiency polythiophene:Fullerene solar cells. Nat. Mater. **5**, 197–203 (2006)
18. Y. Lin, J. Wang, Z.-G. Zhang, H. Bai, Y. Li, D. Zhu, X. Zhan, An electron acceptor challenging fullerenes for efficient polymer solar cells. Adv. Mater. **27**, 1170–1174 (2015)
19. C.W. Tang, S.A. VanSlyke, Organic electroluminescent diodes. Appl. Phys. Lett. **51**, 913–915 (1987)
20. J.H. Burroughes, D.D.C. Bradley, A.R. Brown, R.N. Marks, K. Mackay, R.H. Friend, P.L. Burns, A.B. Holmes, Light-emitting diodes based on conjugated polymers. Nature **347**, 539–541 (1990)
21. P. Kovacic, A. Kyriakis, Polymerization of benzene to p-polyphenyl by aluminum chloride–cupric chloride. J. Am. Chem. Soc. **85**, 454–458 (1963)
22. P. Kovacic, M.B. Jones, Dehydro coupling of aromatic nuclei by catalyst–oxidant systems: poly(p-phenylene). Chem. Rev. **87**, 357–379 (1987)
23. K. Yoshino, S. Hayashi, R. Sugimoto, Preparation and properties of conducting heterocyclic polymer films by chemical method. Jpn. J. Appl. Phys. **23**, L899–L900 (1984)
24. G. Heywang, F. Jonas, Poly(alkylenedioxythiophene)s–new, very stable conducting polymers. Adv. Mater. **4**, 116–118 (1992)
25. L. Groenendaal, F. Jonas, D. Freitag, H. Pielartzik, J.R. Reynolds, Poly(3,4-ethylenedioxythiophene) and its derivatives: past, present, and future. Adv. Mater. **12**, 481–494 (2000)
26. J. Heinze, B.A. Frontana-Uribe, S. Ludwigs, Electrochemistry of conducting polymers–persistent models and new concept. Chem. Rev. **110**, 4724–4771 (2010)
27. E. Negishi, Magical power of transition metals: past, present, and future (Nobel lecture). Angew. Chem. Int. Ed. **50**, 6738–6764 (2010)
28. A. Suzuki, Cross-coupling reactions of organoboranes: an easy way to construct C–C bonds (Nobel lecture). Angew. Chem. Int. Ed. **50**, 6722–6737 (2010)
29. K. Tamao, K. Sumitani, M. Kumada, Selective carbon-carbon bond formation by cross-coupling of Grignard reagents with organic halides. Catalysis by nickel-phosphine complexes. J. Am. Chem. Soc. **94**, 4374–4376 (1972)
30. K. Tamao, K. Sumitani, Y. Kiso, M. Zembayashi, A. Fujioka, S. Kodama, I. Nakajima, A. Minato, M. Kumada, nickel-phosphine complex-catalyzed Grignard coupling. I. Cross-coupling of alkyl, aryl, and alkenyl Grignard reagents with aryl and alkenyl halides: general scope and limitations. Bull. Chem. Soc. Jpn. **49**, 1958–1969 (1976)
31. R.J.P. Corriu, J.P. Masse, Activation of Grignard reagents by transition-metal complexes. A new and simple synthesis of trans-stilbenes and polyphenyls. J. Chem. Soc. Chem. Commun. **144**, 144a (1972)
32. M. Yamamura, I. Moritani, S. Murahashi, The reaction of σ-vinylpalladium complexes with alkyllithiums. Stereospecific synthesizes of olefins from vinyl halides and alkyllithiums. J. Organomet. Chem. **91**, C39–C42 (1975)
33. A.O. King, N. Okukado, E. Negishi, Highly general stereo-, regio-, and chemo-selective synthesis of terminal and internal conjugated enynes by the Pd-catalysed reaction of alkylzinc reagents with alkenyl halides. J. Chem. Soc. Chem. Commun., 683–684 (1977)

34. E. Negishi, A.O. King, N. Okukado, Selective carbon-carbon bond formation via transition metal catalysis. 3. A highly selective synthesis of unsymmetrical biaryls and diarylmethanes by the nickel- or palladium-catalyzed reaction of aryl- and benzylzinc derivatives with aryl halides. J. Org. Chem. **42**, 1821–1823 (1977)
35. M. Kosugi, K. Sasazawa, Y. Shimizu, T. Migita, Reactions of allyltin compounds III. Allylation of aromatic halides with allyltributyltin in the presence of tetrakis(triphenylphosphine)palladium(0). Chem. Lett. **6**, 301–302 (1977)
36. D. Milstein, J.K. Stille, Palladium-catalyzed coupling of tetraorganotin compounds with aryl and benzyl halides. Synthetic utility and mechanism. J. Am. Chem. Soc. **101**, 4992–4998 (1979)
37. N. Miyaura, A. Suzuki, Stereoselective synthesis of arylated (E)-alkenes by the reaction of alk-1-enylboranes with aryl halides in the presence of palladium catalyst. J. Chem. Soc. Chem. Commun. **866–867**, 866 (1979)
38. N. Miyaura, A. Suzuki, Palladium-catalyzed cross-coupling reactions of organoboron compounds. Chem. Rev. **95**, 2457–2483 (1995)
39. Y. Hatanaka, T. Hiyama, Cross-coupling of organosilanes with organic halides mediated by a palladium catalyst and tris(diethylamino)sulfonium difluorotrimethylsilicate. J. Org. Chem. **53**, 918–920 (1988)
40. K. Sonogashira, Y. Tohda, N. Hagihara, A convenient synthesis of acetylenes: catalytic substitutions of acetylenic hydrogen with bromoalkenes, iodoarenes and bromopyridines. Tetrahedron Lett. **50**, 4467–4470 (1975)
41. T. Mizoroki, K. Mori, A. Ozaki, Arylation of olefin with aryl iodide catalyzed by palladium. Bull. Chem. Soc. Jpn. **44**, 581 (1971)
42. R.F. Heck, J.P. Nolley Jr., Palladium-catalyzed vinylic hydrogen substitution reactions with aryl, benzyl, and styryl halides. J. Org. Chem. **37**, 2320–2322 (1972)
43. A.S. Guram, R.A. Rennels, S.L. Buchwald, A simple catalytic method for the conversion of aryl bromides to arylamines. Angew. Chem. Int. Ed. **34**, 1348–1350 (1995)
44. J.P. Wolfe, S. Wagaw, J.-F. Marcoux, S.L. Buchwald, Rational development of practical catalysts for aromatic carbon–nitrogen bond formation. Acc. Chem. Res. **31**, 805–818 (1998)
45. J.F. Hartwig, Carbon–heteroatom bond-forming reductive elimination of amines, ethers, and sulfides. Acc. Chem. Res. **31**, 852–860 (1998)
46. J.F. Hartwig, Transition metal catalyzed synthesis of arylamines and arylethers from aryl halides and triflates: scope and mechanism. Angew. Chem. Int. Ed. **37**, 2046–2067 (1998)
47. D.S. Surry, S.L. Buchwald, Biaryl phosphane ligands in palladium-catalyzed amination. Angew. Chem. Int. Ed. **47**, 6338–6361 (2008)
48. D.S. Surry, S.L. Buchwald, Dialkylbiaryl phosphines in Pd-catalyzed amination: a user's guide. Chem. Sci. **2**, 27–50 (2011)
49. T. Yamamoto, A. Yamamoto, A novel type of polycondensation of polyhalogenated organic aromatic compounds producing thermostable polyphenylene type polymers promoted by nickel complexes. Chem. Lett. **6**, 353–356 (1977)
50. T. Yamamoto, Y. Hayashi, A. Yamamoto, A novel type of polycondensation utilizing transition metal-catalyzed C–C coupling. 1. Preparation of thermostable polyphenylene type polymers. Bull. Chem. Soc. Jpn. **51**, 2091–2097 (1978)
51. T. Yamamoto, K. Sanechika, A. Yamamoto, Preparation of thermostable and electric-conducting poly(2,5-thienylene). J. Polym. Sci., Polym. Lett. Ed. **18**, 9–12 (1980)
52. T. Yamamoto, K. Sanechika, A. Yamamoto, Preparation and characterization of poly(thienylene)s. Bull. Chem. Soc. Jpn. **56**, 1497–1502 (1983)
53. T. Yamamoto, A. Morita, T. Maruyama, Z.-H. Zhou, T. Kanbara, K. Sanechika, New method for the preparation of poly(2,5-thienylene), poly(p-phenylene), and related polymers. Polym. J. **22**, 187–190 (1990)
54. T. Yamamoto, Electrically conducting and thermally stable π-conjugated poly(arylene)s prepared by organometallic processes. Prog. Polym. Sci. **17**, 1153–1205 (1992)
55. T. Yasuda, Y. Sakai, S. Aramaki, T. Yamamoto, New coplanar $(ABA)_n$-type donor–acceptor π-conjugated copolymers constituted of alkylthiophene (unit a) and pyridazine (unit B): synthesis using hexamethylditin, self-organized solid structure, and optical and electrochemical properties of the copolymers. Chem. Mater. **17**, 6060–6068 (2005)

56. A. Facchetti, L. Vaccaro, A. Marrocchi, Semiconducting polymers prepared by direct arylation polycondensation. Angew. Chem. Int. Ed. **51**, 3520–3523 (2012)
57. S. Kowalski, S. Allard, K. Zilberberg, T. Riedl, U. Scherf, Direct arylation polycondensation as simplified alternative for the synthesis of conjugated (co)polymers. Prog. Polym. Sci. **38**, 1805–1814 (2013)
58. T. Bura, J.T. Blaskovits, M. Leclerc, Direct (hetero)arylation polymerization: trends and perspectives. J. Am. Chem. Soc. **138**, 10056–10071 (2016)
59. J.-R. Pouliot, F. Grenier, J.T. Blaskovits, S. Beaupré, M. Leclerc, Direct (hetero)arylation polymerization: Simplicity for conjugated polymer synthesis. Chem. Rev. **116**, 14225–14274 (2016)
60. J. Kuwabara, T. Kanbara, Facile synthesis of π-conjugated polymers vis direct arylation polycondensation. Bull. Chem. Soc. Jpn. **92**, 152–161 (2019)
61. M. Sévignon, J. Papillon, E. Schulz, M. Lemaire, New synthetic method for the polymerization of alkylthiophenes. Tetrahedron Lett. **40**, 5873–5876 (1999)
62. Q. Wang, R. Takita, Y. Kikuzaki, F. Ozawa, Palladium-catalyzed dehydrohalogenative polycondensation of 2-bromo-3-hexylthiophene: An efficient approach to head-to-tail poly(3-hexylthiophene). J. Am. Chem. Soc. **132**, 11420–11421 (2010)
63. W. Lu, J. Kuwabara, T. Kanbara, Polycondensation of dibromofluorene analogues with tetrafluorobenzene via direct arylation. Macromolecules **44**, 1252–1255 (2011)
64. D. Fichou (ed.), *Handbook of Oligo- and Polythiophenes* (Wiley-VCH, Weinheim, 1999)
65. J. Roncali, Conjugated poly(thiophenes): Synthesis, functionalization, and applications. Chem. Rev. **92**, 711–738 (1992)
66. R.D. McCullough, The chemistry of conducting polythiophenes. Adv. Mater. **10**, 93–116 (1998)
67. I.F. Perepichka, D.F. Perepichka, H. Meng, F. Wudl, Light-emitting polythiophenes. Adv. Mater. **17**, 2281–2305 (2005)
68. A. Marrocchi, D. Lanari, A. Facchetti, L. Vaccaro, Poly(3-hexylthiophene): synthetic methodologies and properties in bulk heterojunction solar cells. Energy Environ. Sci. **5**, 8457–8474 (2012)
69. J.W.-P. Lin, L.P. Dudek, Synthesis and properties of poly(2,5-thienylene). J. Polym. Sci., Polym. Chem. Ed. **18**, 2869–2873 (1980)
70. R.L. Elsenbaumer, K.Y. Jen, R. Oboodi, Processible and environmentally stable conducting polymers. Synth. Met. **15**, 169–174 (1986)
71. R. Sugimoto, S. Takeda, H.B. Gu, K. Yoshino, Preparation of soluble polythiophene derivatives utilizing transition metal halides as catalysts and their property. Chem. Express **1**, 635–638 (1986)
72. R.D. McCullough, R.D. Lowe, Enhanced electrical conductivity in regioselectively synthesized poly(3-alkylthiophenes). J. Chem. Soc. Chem. Commun. **70–72**, 70 (1992)
73. R.D. McCullough, R.D. Lowe, M. Jayaraman, D.L. Anderson, Design, synthesis, and control of conducting polymer architectures: Structurally homogeneous poly(3-alkylthiophenes). J. Org. Chem. **58**, 904–912 (1993)
74. T.-A. Chen, R.D. Rieke, The first regioregular head-to-tail poly(3-hexylthiophene-2,5-diyl) and a regiorandom isopolymer: Ni vs Pd catalysis of 2(5)-bromo-5(2)-(bromozincio)-3-hexylthiophene polymerization. J. Am. Chem. Soc. **114**, 10087–10088 (1992)
75. T.-A. Chen, X. Wu, R.D. Rieke, Regiocontrolled synthesis of poly(3-alkylthiophenes) mediated by Rieke zinc: Their characterization and solid-state properties. J. Am. Chem. Soc. **117**, 233–244 (1995)
76. R.S. Loewe, S.M. Khersonsky, R.D. McCullough, A simple method to prepare head-to-tail coupled, regioregular poly(3-alkylthiophenes) using Grignard metathesis. Adv. Mater. **11**, 250–253 (1999)
77. R.S. Loewe, P.C. Ewbank, J. Liu, L. Zhai, R.D. McCullough, Regioregular, head-to-tail coupled poly(3-alkylthiophenes) made easy by the GRIM method: Investigation of the reaction and the origin of regioselectivity. Macromolecules **34**, 4324–4333 (2001)
78. A. Yokoyama, R. Miyakoshi, T. Yokozawa, Chain-growth polymerization for poly(3-hexylthiophene) with a defined molecular weight and a low polydispersity. Macromolecules **37**, 1169–1171 (2004)

79. R. Miyakoshi, A. Yokoyama, T. Yokozawa, Catalyst-transfer polycondensation. Mechanism of Ni-catalyzed chain-growth polymerization leading to well-defined poly(3-hexylthiophene). J. Am. Chem. Soc. **127**, 17542–17547 (2005)
80. E.E. Sheina, J. Liu, M.C. Iovu, D.W. Laird, R.D. McCullough, Chain growth mechanism for regioregular nickel-initiated cross-coupling polymerization. Macromolecules **37**, 3526–3528 (2004)
81. M.C. Iovu, E.E. Sheina, R.R. Gil, R.D. McCullough, Experimental evidence for the quasi-"living" nature of the Grignard metathesis method for the synthesis of regioregular poly(3-alkylthiophenes). Macromolecules **38**, 8649–8656 (2005)
82. R. Miyakoshi, K. Shimono, A. Yokoyama, T. Yokozawa, Catalyst-transfer polycondensation for the synthesis of poly(p-phenylene) with controlled molecular weight and low polydispersity. J. Am. Chem. Soc. **128**, 16012–16013 (2006)
83. T. Yokozawa, A. Yokoyama, Chain-growth condensation polymerization for the synthesis of well-defined condensation polymers and π-conjugated polymers. Chem. Rev. **109**, 5595–5619 (2009)
84. A. Yokoyama, A. Kato, R. Miyakoshi, T. Yokozawa, Precision synthesis of poly(N-hexylpyrrole) and its deblock copolymer with poly(p-phenylene) via catalyst-transfer polycondensation. Macromolecules **41**, 7271–7273 (2008)
85. A.E. Javier, S.R. Varshney, R.D. McCullough, Chain-growth synthesis of polyfluorenes with low polydispersities, block copolymers of fluorene, and end-capped polyfluorenes: Toward new optoelectronic materials. Macromolecules **43**, 3233–3237 (2010)
86. K. Ohshimizu, M. Ueda, Well-controlled synthesis of block copolythiophenes. Macromolecules **41**, 5289–5294 (2008)
87. Y. Zhang, K. Tajima, K. Hashimoto, Nanostructure formation in poly(3-hexylthiophene-block-3-(2-ethylhexyl)thiophene)s. Macromolecules **42**, 7008–7015 (2009)
88. J. Hollinger, A.A. Jahnke, N. Coombs, D.S. Seferos, Controlling phase separation and optical properties in conjugated polymers through selenophene–thiophene copolymerization. J. Am. Chem. Soc. **132**, 8546–8547 (2010)
89. S. Tamba, S. Tanaka, Y. Okubo, H. Meguro, S. Okamoto, A. Mori, Nickel-catalyzed dehydrobrominative polycondensation for the practical preparation of regioregular poly(3-substituted thiophene)s. Chem. Lett. **40**, 398–399 (2011)
90. S. Tamba, K. Shono, A. Sugie, A. Mori, C–H functionalization polycondensation of chlorothiophenes in the presence of nickel catalyst with stoichiometric or catalytically generated magnesium amide. J. Am. Chem. Soc. **133**, 9700–9703 (2011)
91. V. Coropceanu, J. Cornil, D.A. da Silva Filho, Y. Olivier, R. Silbey, J.-L. Brédas, charge transport in organic semiconductors. Chem. Rev. **107**, 926–952 (2007)
92. U. Salzner, J.B. Lagowski, P.G. Pickup, R.A. Poirier, Comparison of geometries and electronic structures of polyacetylene, polyborole, polycyclopentadiene, polypyrrole, polyfuran, polysilole, polyphosphole, polythiophene, polyselenophene and polytellurophene. Synth. Met. **96**, 177–189 (1998)
93. H.A.M. van Mullekom, J.A.J.M. Vekemans, E.E. Havinga, E.W. Meijer, Developments in the chemistry and band gap engineering of donor–acceptor substituted conjugated polymers. Mater. Sci. Eng. **32**, 1–40 (2001)
94. H. Naarmann, N. Theophilou, New process for the production of metal-like, stable polyacetylene. Synth. Met. **22**, 1–8 (1987)
95. W.P. Su, J.R. Schrieffer, A.J. Heeger, Solitons in polyacetylene. Phys. Rev. Lett. **42**, 1698–1701 (1979)
96. A.J. Heeger, S. Kivelson, J.R. Schrieffer, W.-P. Su, Solitons in conducting polymer. Rev. Mod. Phys. **60**, 781–850 (1988)
97. J.L. Brédas, G.B. Street, Polarons, bipolarons, and solitons in conducting polymers. Acc. Chem. Res. **18**, 309–315 (1985)
98. J.L. Brédas, F. Wudl, A.J. Heeger, Polarons and bipolarons in doped polythiophene: A theoretical investigation. Solid State Commun. **63**, 577–580 (1987)

Ionic Liquids and Polymer Electrolytes

Takahiro Ichikawa and Hiroyuki Ohno

1 Introduction

Ionic liquids (ILs) are salts with low melting temperature (normally below 100 °C), and are composed of organic ions [1–6]. These salts have attracted considerable attention over the last three decades owing to their various unique PROPERTIES, such as low vapor pressure [7, 8], flame retardancy [9], high ionic conductivity [10], and selective gas solubility [11] (Fig. 1a). Recently, some ILs are considered to be advanced solvents alternatives to organic solvents owing to their unique and advanced properties.

Figure 1b shows typical examples of organic cations and anions that form room-temperature ILs. Imidazolium, ammonium, pyridinium, and phosphonium are representative organic cations used in the design of ILs. These salts consist of soft organic cations and charge-delocalized anions. The combination of these oppositely-charged ions weakens the electrostatic interactions between cations and anions and sterically hinders crystallization. Consequently, these organic salts exhibit considerably low melting and glass transition temperatures.

One of the most fascinating characteristics of ILs is that their chemical, physical, and thermal properties can be tuned by designing the structure of cation and anion pair [1–6]. Therefore, they have recently been called "designer solvents" [12]. ILs have been applied in a wide range of research fields, including reaction media [13] and biosciences [14]. This chapter describes the design, basic properties, and applications of ILs.

T. Ichikawa (✉) · H. Ohno
Department of Biotechnology and Life Science, Graduate School of Engineering, Tokyo University of Agriculture and Technology, 2-24-16 Nakacho, Koganei, Tokyo 184-8588, Japan
e-mail: t-ichi@cc.tuat.ac.jp

M. Funahashi (ed.), *Functional Soft Matter I*,
https://doi.org/10.1007/978-981-92-0108-2_11

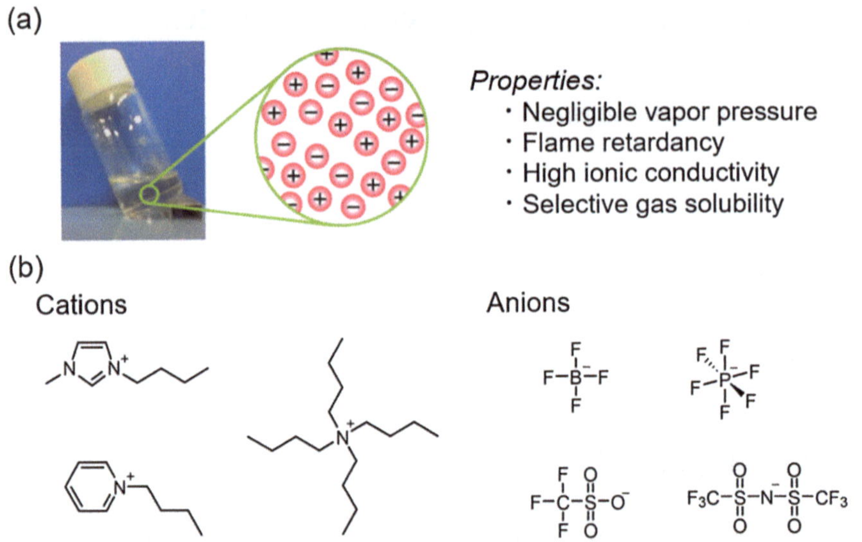

Fig. 1 **a** Photographic image of an IL and the intrinsic properties of ILs. **b** Representative component cations and anions to prepare ILs

2 Applications of ILs: Ion-Conductive Materials

2.1 Ion-Conductive ILs

Many ILs exhibit high ionic conductivity and wide electrochemical potential windows exceeding 3 V [15]. Furthermore, they are generally non-flammable and non-volatile. The ILs with "simple structure" ions are generally more stable than those with "complexed structure" ions, because the weakest bond breaks first at low temperature. Some ion-conductive ILs are thermally stable, and therefore, they have the potential to be applied as new liquid electrolytes. A number of ILs have already been designed, and the relationship between the ion structure and ionic conductivity has been investigated [16–19]. Several review articles have summarized the details of these studies [20–22].

Owing to their non-flammable characteristics, ILs are expected to be used as thermally stable alternatives to organic solvent electrolytes for lithium-ion batteries. However, most of these ILs, as compared with conventional organic solvent electrolytes, have drawbacks, such as high viscosity and low ionic conductivity. Hence, the development of lithium-ion batteries using IL electrolytes requires structural design of component ions. Several studies on the construction of IL-based lithium-ion batteries have recently been published [23–26]. However, owing to the high viscosity and medium ion conductivity of these ILs, the battery performance remains unsatisfactory. Several approaches have been proposed to overcome these drawbacks.

Watanabe et al. constructed IL/polymer complexes and examined their physicochemical properties, including their ionic conductivity [27]. Passerini et al. prepared poly(ethylene oxide) (PEO)-based polymer electrolytes using ILs and examined the lithium metal-polymer electrolyte batteries [28]. Critical reviews of polymer electrolytes containing ILs have been published [29–31]. ILs can be used not only for polymer electrolyte batteries but also for solid-electrolyte batteries. Thermal stability of the polymer electrolyte battery is usually better than those with liquid electrolytes. However, due to the less wettability of polymers with electrodes, interface resistance of polymer electrolyte battery is relatively large and induces morphological distortion. ILs were employed for improving the morphological instability at the lithium/solid-electrolyte interface during the charge/discharge process of lithium-ion batteries [32].

2.2 *Specific Ion Transporting ILs*

Room-temperature ILs can easily be prepared by neutralizing tertiary amines using an equimolar amount of a suitable acid (Fig. 2). Ohno et al. used HBF_4 to prepare a new class of onium salts by neutralizing various amines [33]. These ILs exhibited a high ionic conductivity of 10^{-2} S cm^{-1} at room temperature. ILs prepared using acid/base neutralization have potential to be used as protic ILs [34]. Although vapor pressure of conventional aprotic ILs are negligibly small, these protic ILs can be distilled because they are in an equilibrium state between the salt and the acid/base mixture [35]. Watanabe et al. reported that these protic ILs can be used as anhydrous proton conductors in fuel cells [36, 37]. Walsh et al. recently reported that pure protic ILs cannot support proton shuttling between fuel cell electrodes, whereas viable fuel cells can be fabricated by including dissolved acidic or basic proton shuttles [38]. These studies should pave the way for the development of neoteric electrolytes for fuel cells.

Some organic salts form plastic crystalline states in which the orientation of the component ions is disordered, while their positions are ordered [39]. Most of these materials, called "ionic plastic crystals," exhibit ionic conductivity, which is induced by the rotational motion of the component ions and motion of lattice defects [40]. MacFarlane et al. reported that the doping of ionic plastic crystals with a lithium salt results in fast lithium-ion conduction [41]. Alkylmethylpyrrolidinium-type plastic crystals (Fig. 3) containing 4.8 mol% $LiTf_2N$ exhibit high ionic conductivity. These

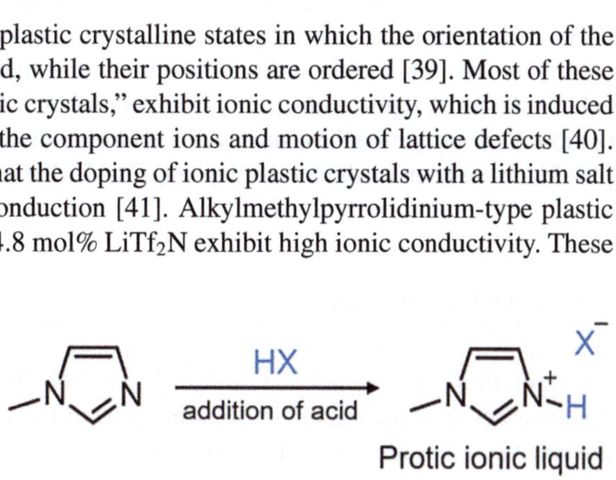

Fig. 2 Preparation scheme for a protic IL [33]

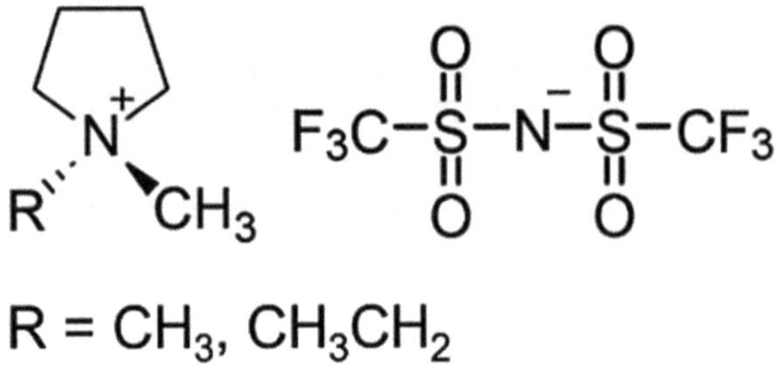

Fig. 3 Ion structure of representative ionic plastic crystals [41]

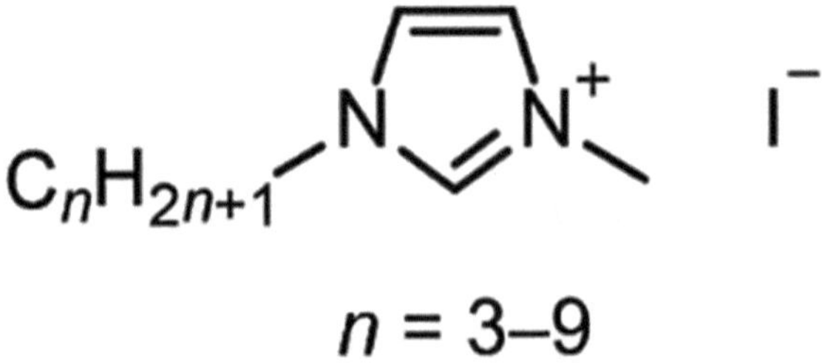

Fig. 4 Ion structure of ILs containing an iodide anion [45]

ion-conductive materials are attractive quasi-solid electrolytes for use in rechargeable lithium batteries [42, 43].

Dye-sensitized solar cells (DSSCs) are a class of solar cells with potential [44] comprising dye molecules, nanocrystalline metal oxides, and liquid electrolytes. The transportation of I/I_3 redox couples in liquid electrolytes is one of the key factors influencing the light-to-electricity conversion efficiency. The use of ILs as electrolytes in DSSCs has been investigated to overcome the serious problem of the low durability of conventional organic solvent electrolytes due to their volatility [45–47]. Yanagida et al. reported a series of 1-alkyl-3-methylimidazolium iodides with different alkyl chain lengths to clarify the effect of chain length (Fig. 4) [45]. DSSCs were prepared using a quasi-solid-state electrolyte composed of 1-hexyl-3-methylimidazolium iodide, iodine, and a low-molecular-weight gelator. The DSSCs exhibited a 5.0% light-to-electricity conversion efficiency under standard solar irradiation. Various approaches, such as the endowment of liquid-crystalline properties [48–51], have been studied to further improve IL-based DSSCs.

2.3 Zwitterion-Type ILs

The migration of the component ions of ILs, which disrupts the efficient transportation of target ions, such as Li^+ in lithium-ion batteries or H^+ in fuel cells, is one of the drawbacks of these ILs when they were used as ion-conductive electrolytes. Various approaches have been proposed to overcome these limitations. One prominent idea

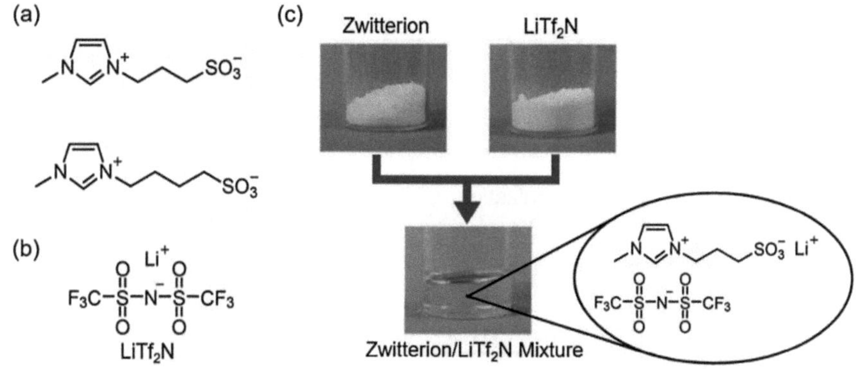

Fig. 5 Structure of imidazolium-based zwitterions **a** [52, 53] and $LiTf_2N$ **b**. **c** Photographic images of zwitterion, $LiTf_2N$, and their mixture

is the use of a zwitterion. Both cation and anion are covalently tethered to make a fixed ion pair [52, 53]. Figure 5 shows representative zwitterions based on imidazolium cations. These zwitterions are solids with melting temperatures exceeding approximately 150 °C. Ohno et al. found that the addition of equimolar amounts of lithium bis(trifluoromethanesulfonyl)imide ($LiTf_2N$) resulted in the formation of room-temperature liquids [52]. The decrease in crystallinity was attributed to the ion exchange between the anionic part of zwitterions and Tf_2N anion according to the hard and soft acids and bases principle [54]. The obtained liquid exhibited a high transference number for Li^+ because the zwitterions did not migrate under the potential gradient. The value of the transference number depends on certain parameters, such as the cation and anion structure of the zwitterion, the structure and chain length of the spacer between the cation and anion, and the anion species of the added salts. The use of zwitterions can create H^+-selective conducting liquids when using bis(trifluoromethanesulfonyl)imide (HTf_2N) instead of $LiTf_2N$ [55]. Based on this concept, new ion-conductive materials containing zwitterions have been proposed [56–63].

2.4 Zwitterionic Liquid Crystals

Zwitterions are useful for designing amphiphiles with self-organizing abilities. Zwitterionic structure can be found in our body. For example, phospholipids, one of representative natural amphiphiles, are amphiphiles that contain the zwitterionic structure to construct flexible but stable bilayer membranes. In 2011, Ichikawa and Ohno focused on the ability of zwitterions to form ion exchanges with specific acids and expected that the use of zwitterions as the headgroup of amphiphiles would lead to the formation of liquid-crystalline materials whose self-organization behavior could be widely tuned by the addition of acids [57–59]. Figure 6a presents a representative

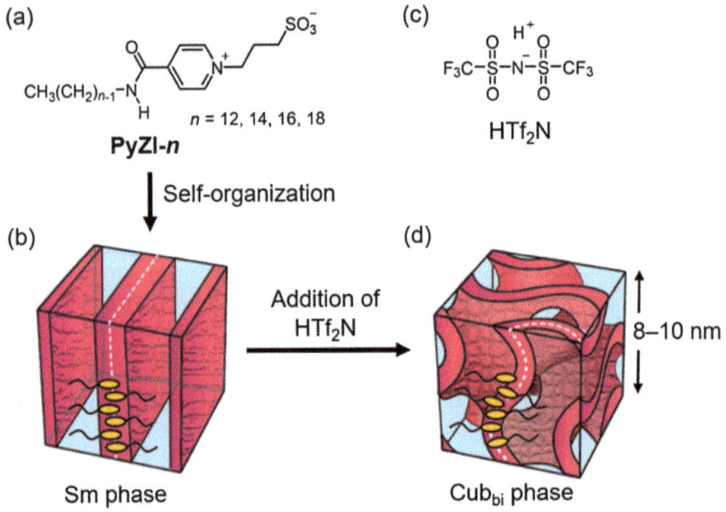

Fig. 6 **a** Ion structure of ***PyZI-n*** [58]. **b** Layered Sm phase formed by ***PyZI-n***. **c** Ion structure of HTf_2N. **d** Cub_{bi} phase formed by the ***PyZI-n***/HTf_2N mixture

molecular design. ***PyZI-n*** forms only smectic (Sm) phases with layered molecular assemblies (Fig. 6b). However, the addition of HTf_2N (Fig. 6c) to ***PyZI-n*** leads to the formation of bicontinuous cubic (Cub_{bi}) (Fig. 6d) and hexagonal columnar (Col_h) phases [58]. The formation of these phases with curved interfaces can be explained by the increase in the ionic part of ***PyZI-n*** owing to the formation of an ionic complex between the zwitterionic part and HTf_2N.

The sulfonic acid group of ***PyZI-n*** in the Cub_{bi} assembly formed by ***PyZI-n***/HTf_2N is densely aligned on a periodic minimal surface, the so-called gyroid minimal surface, to form a three-dimensional (3D) continuous hydrophilic interface. Because this hydrophilic interface is sandwiched between the hydrophobic ion pair composed of the pyridinium cation and Tf_2N anion, the addition of a small amount of water into the Cub_{bi} assembly leads to the formation of a 3D continuous water nanosheet with a thickness of approximately 0.5 nm. In the water uptake condition, **PyZI-14**/HTf_2N exhibits a considerably high ionic conductivity of 3.1×10^{-2} S cm^{-1} at 35 °C, which can be explained by proton hopping conduction through the water nanosheet.

A polymerizable amphiphilic zwitterion, **GZI-Diene**, was designed to apply these proton-conductive liquid crystals to polymer electrolytes (Fig. 7a) [64]. **GZI-Diene** formed a Cub_{bi} phase when a suitable amount of water and 0.5 mole HTf_2N was added to it. In situ polymerization of the mixture turned it into a self-standing polymer film, which preserved the gyroid nanostructure (Fig. 7b) and exhibited high proton conductivity depending on the water content. The proton conduction mechanism in the polymer film was found to be surface proton hopping conduction mechanism, which is enhanced due to the dense alignment of the sulfonate groups on the gyroid surface [65].

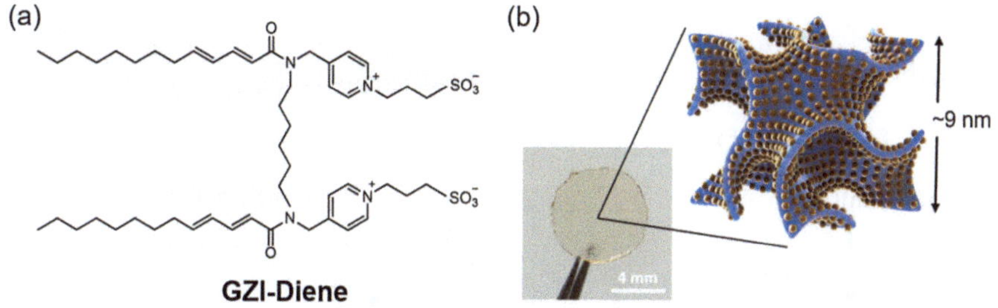

Fig. 7 **a** Ion structure of **GZI-Diene** [64]. **b** Photographic image of a gyroid nanostructured polymer film formed using **GZI-Diene**, **HTf$_2$N**, and water [65]

2.5 Polymerization of ILs

Since ILs are isotropic fluids, there has been a demand for the preparation of self-standing membranes with characteristics similar to those of ILs. In 1998, Ohno proposed the direct polymerization of ILs to achieve this [66]. Figure 8a shows the initially designed IL monomer, 1-ethyl-3-vinylimidazolium Tf$_2$N (**[EtVyIm][Tf$_2$N]**). A vinyl group was covalently introduced into the imidazolium cation ring. Polymerization of **[EtVyIm][Tf$_2$N]** yielded a polymer film (**Poly[EtVyIm][Tf$_2$N]**). Figure 8b shows the ionic conductivity of **[EtVyIm][Tf$_2$N]** before and after polymerization. The ionic conductivity of the polymerized ILs dropped approximately 1000-fold lower than that of **[EtVyIm][Tf$_2$N]**. This poor ionic conductivity of **Poly[EtVyIm][Tf$_2$N]** can be attributed to the large increase in the glass transition temperature (T_g) and reduced number of mobile ions. Despite the poor conductivity of these polymerized ILs [67–69], they have also been used in new applications such as gas separation membranes [70], stable matrices for quantum dots [71], and even enzyme encapsulation [72].

3 Application of ILs: Gas Absorbents

Advanced technologies for separating CO_2 from other gases have become increasingly important owing to the increasing demand for the purification of natural fuel gases and decreasing greenhouse gas emissions. Because CO_2, SO_2, and NH_3 are very soluble in some ILs [73–77], increasing attention has been paid to the use of ILs for such purposes. The weak acidity of the proton at the 2 position of dialkylimidazolium rings can be used to proceed an equimolar CO_2 capture [75, 76]. Rogers et al. reported that the high CO_2 solubility in imidazolium-based ILs could be partly attributed to chemisorption, as confirmed by spectroscopic and crystallographic analyses [76]. Figure 9 shows the proposed reaction scheme. Bubbling CO_2 into 1-ethyl-3-methylimidazolium acetate **[emIm][OAc]** in the absence of water leads to the formation of an imidazolium carboxylate, to which a CO_2 molecule is chemically

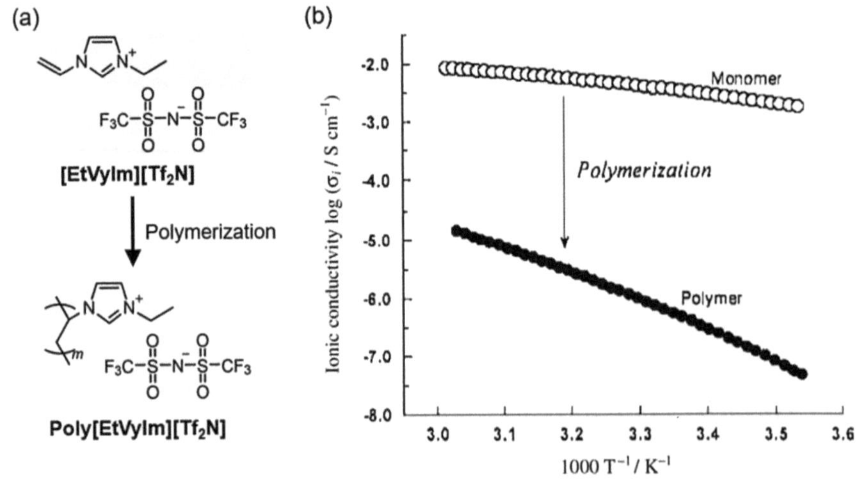

Fig. 8 **a** Ion structure of **[EtVyIm][Tf$_2$N]** and **Poly[EtVyIm][Tf$_2$N]** [66]. **b** Ionic conductivity of **[EtVyIm][Tf$_2$N]** before and after polymerization

attached. This idea is consistent with the experimental data for a CO_2 solubility of 30 mol% in an IL reported by Shiflett et al. [77].

New ILs have been proposed to improve the chemisorption ability of CO_2 gas [78]. Davis et al. designed imidazolium salts with amine groups that functioned as CO_2 gas-capture sites [78]. Figure 10 shows the proposed reactions between the imidazolium salts and CO_2 gas. This gas-capture site function is attributed to the formation of covalent bonds between the primary amine moiety of the imidazolium cation and CO_2.

The gas solubility of these ILs can reportedly be tuned with ion design [79, 80]. DePaoli et al. examined the solubility of CO_2 in a series of imidazolium-type ILs, including **[C$_8$F$_{13}$mIm][Tf$_2$N]** with a fluorine-substituted cation (Fig. 11a) [79]. The

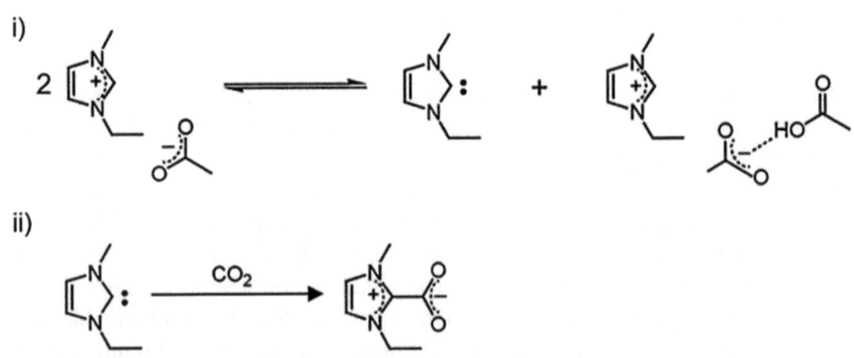

Fig. 9 Proposed reaction of **[emIm][OAc]** and CO_2 gas [76]

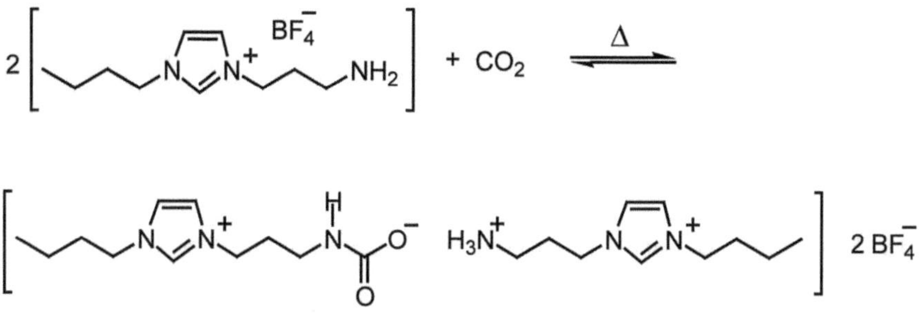

Fig. 10 Proposed reaction of imidazolium salts containing an amine moiety and CO_2 gas [78]

examined ILs exhibited significantly higher CO_2 solubilities in **[C_8F_{13}mIm][Tf_2N]**, indicating that the substitution of a hydrocarbon alkyl chain with a perfluoroalkyl chain enhanced the solubility of CO_2. Bara et al. designed polyethylene glycol (PEG)-functionalized ILs, **[PEG$_n$mIm][Tf_2N]** (Fig. 11b), and investigated the effect of PEG on their gas solubilities [80]. **[PEG$_n$mIm][Tf_2N]** exhibited a CO_2 solubility similar to that of analogous ILs with normal alkyl chains, while the solubilities of N_2 and CH_4 were lower in **[PEG$_n$mIm][Tf_2N]**. The CO_2/N_2 and/or CO_2/CH_4 solubilities in **[PEG$_n$mIm][Tf_2N]** were 30–75% higher than that in their corresponding alkyl analogs.

ILs have been suggested to be a potential candidate to prepare gas separation membranes. Introducing ILs into porous membranes using capillary forces, which yield supported IL membranes, is a facile method for fabricating gas separation membranes [81–85]. However, it is difficult to maintain fluidic ILs inside the membrane even under high pressure, which is required for high gas permeability. Poly(IL) membranes are potential materials capable of overcoming the disadvantage of supported IL membranes [70]. Gin and Noble developed novel gas separation membranes by polymerizing ILs [86, 87]. They designed and synthesized gemini imidazolium salts containing styrene groups as polymerizable moieties (Fig. 12). The photo-crosslinking of gemini-type imidazolium salts produced thin films. The obtained films exhibited low permeability to CO_2, N_2, CH_4, and H_2 gases. However,

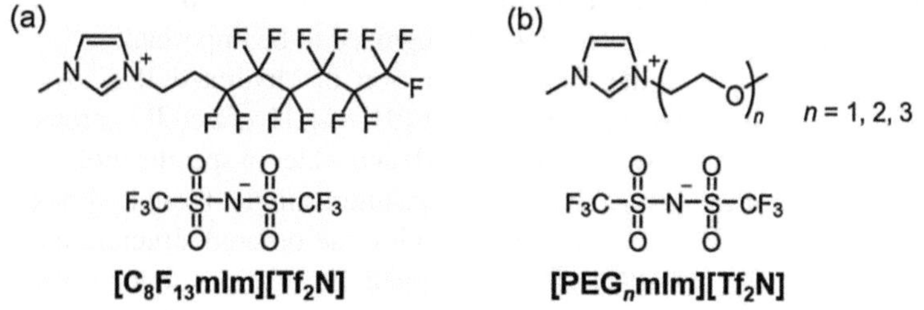

Fig. 11 **a** Ion structure of an IL containing a fluorine-substituted alkyl chain [79]. **b** Ion structure of a PEG-functionalized IL [80]

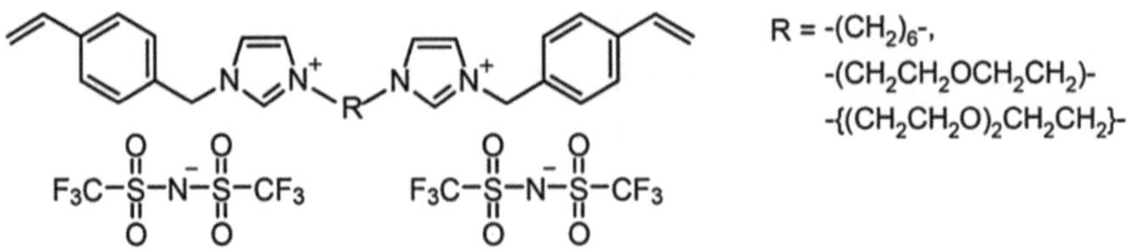

Fig. 12 IL monomers designed for the fabrication of gas separation membranes [86]

these films are of interest for other applications, such as gas barrier materials, where low gas permeation is desired.

4 Applications of ILs: Solvents for Biopolymer

Cellulose, which consists of polydisperse linear glucose polymer chains, is now recognized as a "green" building block for fabricating polymeric materials (Fig. 13a). However, because cellulose is insoluble in water and the most commonly used organic solvents owing to its strong hydrogen-bonding ability, the development of liquid media capable of effectively dissolving cellulose has attracted increasing interest. It has already been known that chloride anion is effective to dissolve cellulose but high temperature is needed. In 2002, Rogers et al. reported that 1-butyl-3-methylimidazolium chloride (**[bmIm][Cl]**) dissolved cellulose at approximately 80 °C (Fig. 13b) [88]. They indicated that ILs with strong hydrogen bond acceptor abilities are suitable for the dissolution of cellulose. Based on these findings, many attempts have been made to develop new ILs to dissolve cellulose. Fukaya et al. designed a series of alkylimidazolium salts containing phosphate anions [89]. They found that *N*-ethyl-*N′*-methylimidazolium methylphosphonate (**[emIm][(MeO)(H)PO$_2$]**) (Fig. 13c) dissolved 2–4 wt% cellulose under ambient conditions (Fig. 13d). The Kamlet–Taft parameters of **[emIm][(MeO)(H)PO$_2$]**, such as the hydrogen bond donating ability (α), hydrogen bonding accepting ability (β), and polarizability/dipolarity (π^*) of these ILs, were evaluated using specific solvatochromic dyes [90]. The relationship between the cellulose dissolving ability and these parameters related to polarity was recognized to be important.

Fujita et al. proposed the facile preparation of "hydrated ILs" by mixing a hydrophilic IL with a small amount of water [91–93]. Hydrated ILs, prepared using cholinium dihydrogen phosphate (**[Ch][dhp]**) and water in specific molar ratios, can dissolve biomolecules such as cytochrome *c*. Interestingly, these hydrated ILs can be used to dissolve enzymes while maintaining the ordered structure and activity of the enzymes (Fig. 14) [91]. These hydrated ILs were examined using differential scanning calorimetry (DSC) to determine the state of the water molecules [94]. These biocompatible ILs exhibited cold crystallization behavior when heated from low temperatures, which is similar to that of cell membrane surface and some biocompatible polymers [95].

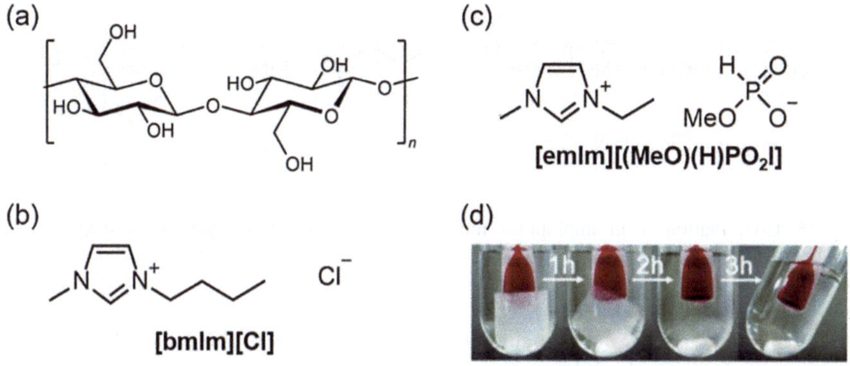

Fig. 13 **a** Structure of cellulose. **b** Ion structure of **[bmIm][Cl]** [88]. **c** Ion structure of **[emIm][(MeO)(H)PO$_2$]** [89]. **d** Photographic image of the dissolution of cellulose paper in **[emIm][(MeO)(H)PO$_2$]** at room temperature [89]

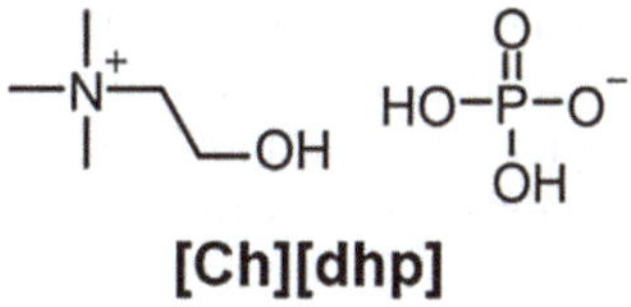

Fig. 14 Ion structure of [Ch][dhp] [91]

5 Applications of ILs: Self-organization Media of Amphiphiles

ILs have also been used as liquid media for the self-organization of amphiphilic molecules. The first such study was reported in the 1980s [96, 97]. Evans et al. reported the formation of micelles and lyotropic liquid crystals in molten salts such as *N*-ethylammonium nitrate [96, 97]. Subsequent studies reported the gelation of ILs by the addition of synthetic polymers [98–100]. Kimizuka et al. reported that the combination of amphiphilic molecules with multiple hydroxyl groups and ILs (Fig. 15) produces homogeneous mixtures, and the resultant mixtures form gel and liquid-crystalline states depending on the composition of the two components [101].

Protic ILs are a class of ILs produced by the equimolar complexation of acids and bases [33, 34]. Many protic ILs promote the self-assembly of conventional amphiphiles [102–104]. Drummond et al. reported that a conventional amphiphile, hexadecyltrimethylammonium bromide (**CTAB**) (Fig. 16a), exhibited hexagonal, cubic, and lamellar lyotropic liquid-crystalline phases in some specific protic ILs, as shown in Fig. 16b. The formation of the self-assembled structures was attributed to an entropic contribution to the free energy of association, analogous to the hydrophobic effect in water. The aggregate structures formed by these lyotropic liquid-crystalline

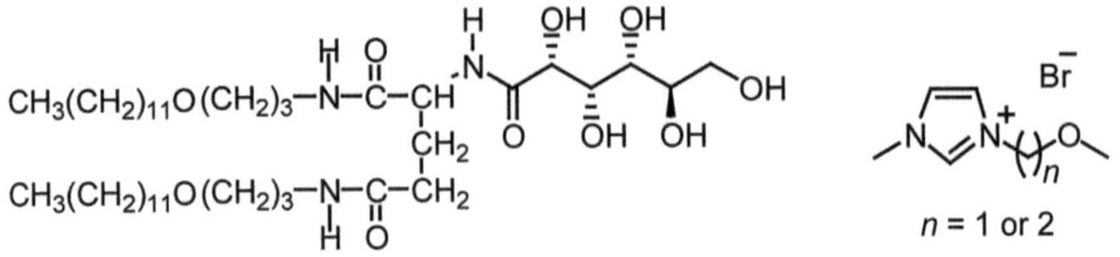

Fig. 15 Combination of an amphiphilic molecule and ILs that forms gel and lyotropic liquid-crystalline states [101]

systems depend on the cationic and anionic components of the protic ILs and their interactions with amphiphiles.

Amino acid ILs (AAILs) are a class of ILs containing natural amino acids in their component ions [105, 106]. Ohno et al. first designed AAILs using amino acids as anions (Fig. 17a) in 2005 [105]. The combination of the 1-ethyl-3-methylimidazolium cations, **[emIm]**, and natural amino acetate anions, **[Amino Acetate]**, yielded 20 types of ILs whose physicochemical properties varied widely depending on their anions (Fig. 17b) [105, 106]. Since their discovery, many studies have been conducted on AAILs for a variety of applications, including carbon dioxide absorption [107], phase-transfer catalysis [108], extraction of plant material [109], and long-term storage of DNA [110].

The high hydrogen bonding ability of AAILs, which is similar to that of water, is an important characteristic of AAILs. Focusing on this characteristic, the potential utility of AAILs as self-organizing media for amphiphiles was first investigated and reported by Ichikawa and Ohno in 2013 [111]. They found that although amphiphile **1** (Fig. 17c) forms only a Col_h phase, the addition of **[emIm][Amino Acetate]** to **1** leads to the formation of Cub_{bi} and Sm phases depending on the component ratio (Fig. 17d) [112]. It is of interest that the appearance of the phase diagrams is largely

Fig. 16 **a** Structure of the amphiphilic molecule **CTAB**. **b** Ions to prepare protic ILs for lyotropic liquid-crystalline systems containing ILs as solvents [102–104]

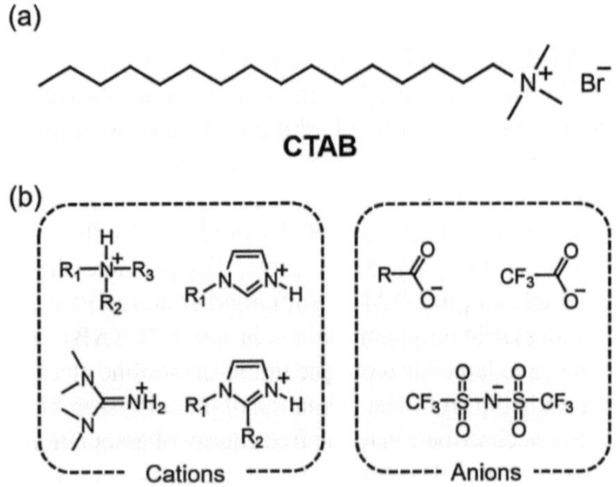

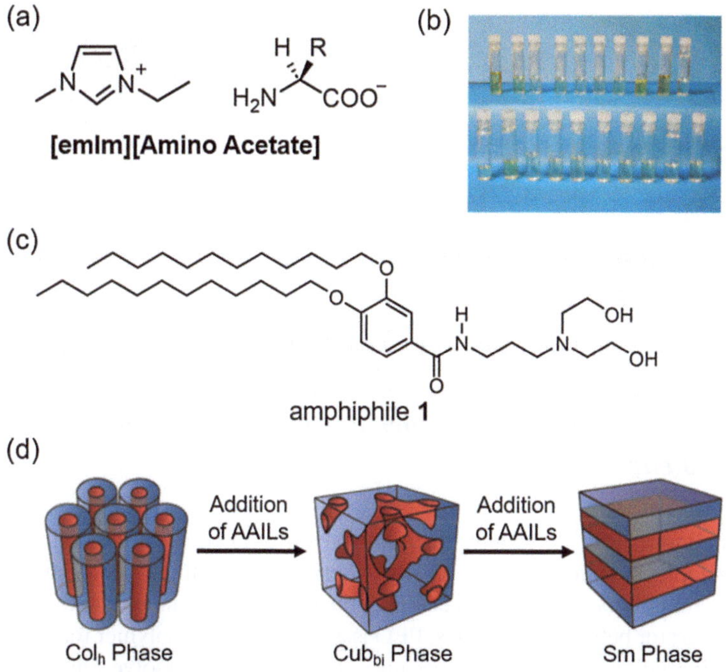

Fig. 17 **a** AAILs (**[emIm][Amino Acetate]**) [105]. **b** Photographic image of 20 types of **[emIm][Amino Acetate]** [105]. **c** Molecular structure of the artificially-designed amphiphilic molecule **1** that exhibits lyotropic liquid-crystalline behavior in AAILs [111]. **d** Schematic illustration of the nanosegregated molecular-assembled structure formed by **1** and AAILs

varied depending on the side group R in the **[Amino Acetate]**. It indicates that the self-organization of amphiphiles can be controlled not only by the modification of the amphiphile structures but also by the solvent design.

6 PEO-Based Polymer Electrolytes

Transport of ions is an important phenomenon when designing a wide variety of ionic devices and energy devices, such as battery and capacitor. Among these, ion-conductive solid is quite important for practical use. The development of ion-conducting polymers was first reported by Wright et al. in 1970s [113]. They successfully prepared the polymer electrolytes by creating the complexes of PEO and potassium thiocyanate. The ion conduction mechanism in the polymer electrolytes was explained by the segmental motion of the ethylene oxide chains that incorporate the ions. Figure 18 shows a schematic illustration of this mechanism.

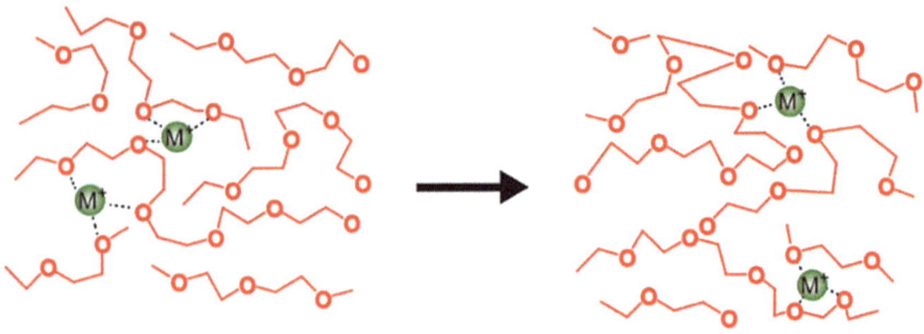

Fig. 18 Schematic illustration of ion conduction in PEOs

6.1 Liquid-Crystalline Polymer Electrolytes Containing PEO Moieties

Solid polymer electrolytes have been intensively studied since the early 1980s for the development of high-energy-density batteries such as lithium secondary batteries. These solid polymer electrolytes can play the roles of both an ion-conductive media and a separator between electrodes. PEO is a representative polymer for lithium-ion-conducting polymer electrolytes because of its ability to dissolve lithium salts and its low glass transition temperature.

Following a decade of studies on PEO/lithium salt systems, intensive attention has been focused on improving their functions and properties [114–116]. One of the most important aims is achieving high ionic conductivity and mechanical toughness, which are usually in a trade-off relationship. The introduction of liquid-crystalline properties into these materials is a promising strategy to improve their functions and properties. Wright et al. prepared amphiphilic polymers containing 5-alkoxy-3,4-phenylene units connected to PEO segments to construct a solvent-free, low-dimensional polymer electrolyte (Fig. 19) [117, 118]. Nanosegregation between the ionophobic alkyl chains and the ionophilic PEO segments led to the formation of layered nanostructures. Although the ionic conductivities of these polymers were considerably low at ambient temperature (in the order of 10^{-7} S cm^{-1}), the complexation with another polymer consisting of ethylene oxide units increased the ionic conductivity to >10^{-5} S cm^{-1} at ambient temperature.

Various liquid-crystalline polymer electrolytes containing PEO chains were designed in the late 1990s (Fig. 20) [119, 120]. Wegner et al. synthesized poly(*p*-phenylene) containing oligo(oxyethylene) side chains (Fig. 20a) to overcome the incompatibility between rigid rod polymers and flexible PEO chains. The polymer and lithium salt mixture exhibited ion conductivities in the order of 10^{-6} S cm^{-1} at ambient temperature. To further improve its ionic conductivity, the polymer was mixed with oligo(ethylene glycol) dimethyl ether with an average molecular weight of 550, which enhanced the ionic conductivity to the order of 10^{-5} S cm^{-1} at room temperature.

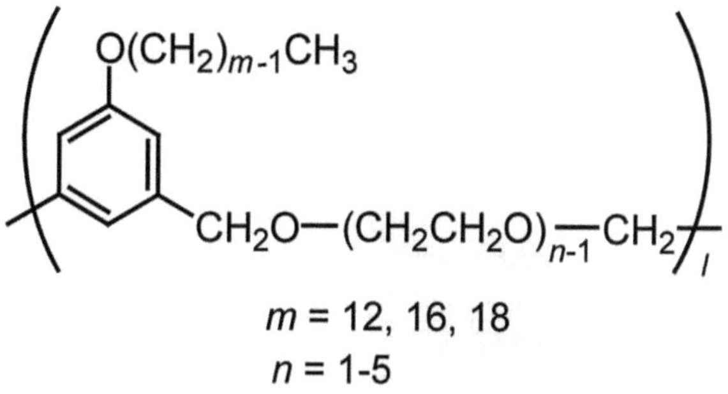

Fig. 19 Ion-conducting polymers containing PEO chains in the main chain of the polymers [117, 118]

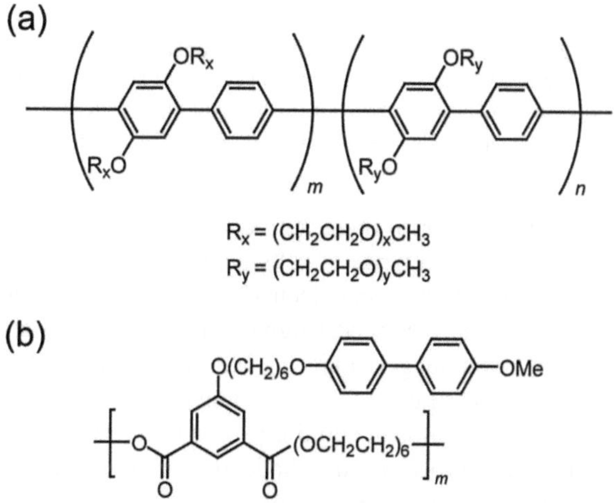

Fig. 20 **a** Structure of poly(*p*-phenylene) derivatives containing oligo(oxyethylene) side chains [119]. **b** Structure of a poly(oxyethylene)-based polymer containing mesogenic structures as their side chains [120]

6.2 Orientation Control of Liquid-Crystalline Electrolytes Containing PEO Moieties

Liquid-crystalline polymers form nanosegregated and anisotropic molecular-assembled structures. To enable anisotropic nanostructured materials to exhibit anisotropic functions, it is important to orient their nanostructures on the macroscopic scale. However, the orientation control of these liquid-crystalline polymers is challenging owing to the slow motion and entanglement of macromolecules.

Accordingly, Kato and Ohno focused on the use of low-molecular-weight liquid crystals [121, 122] because they are more easily aligned than liquid-crystalline polymers. They designed and synthesized dimeric compounds comprising two rigid mesogenic cores and a flexible oligo(oxyethylene) chain (Fig. 21a). The incorporation of $LiCF_3SO_3$ into these compounds resulted in the formation of Sm A phases (Fig. 21b) and significant stabilization of mesophases due to the ion–dipole interactions between lithium ions and oxyethylene moieties. These liquid-crystalline complexes spontaneously formed homeotropically aligned monodomains in the Sm A phase on a glass

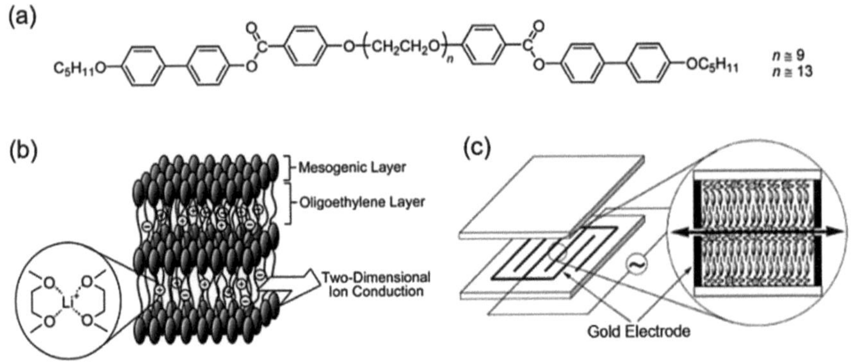

Fig. 21 **a** Molecular structure of ion-conductive Sm liquid-crystalline molecules consisting of two mesogenic parts and an oligo(oxyethylene) [121, 122]. **b** Schematic illustration of the two-dimensional (2D) ion conduction in Sm liquid-crystalline layer structures. **c** Schematic illustration of the comb-shaped gold electrodes used for measuring the ionic conductivity parallel to the layer [122]

substrate. The anisotropic ion conduction behavior of the complexes was demonstrated using two types of cells containing comb-shaped gold or indium tin oxide (ITO) coated transparent electrodes (Fig. 21c). The direction parallel to the layer in the Sm A phase exhibited a higher ionic conductivity at 180 °C of 5.5×10^{-4} S cm^{-1}. These results suggest that the use of low-molecular-weight liquid crystals is an advantageous strategy for developing anisotropic ion-conductive materials.

The preservation of liquid-crystalline nanostructures by in situ polymerization is a promising approach for the application of fluidic ion-conductive liquid crystals in the polymer electrolytes of lithium secondary batteries. Kato et al. designed a mesogenic monomer containing a PEO chain with a polymerizable methacrylate group (Fig. 22) [123]. Fluoro substituents were attached to the mesogenic core to reduce the liquid-crystalline temperature range. This monomer forms a homogeneous complex with lithium triflate ($LiOSO_2CF_3$), and the resultant complex exhibits the Sm A phase. In situ photopolymerization of the Sm A phase in the oriented state resulted in the formation of a self-standing polymer film in which the layered nanostructures were preserved (Fig. 22). The film exhibited anisotropic ion conduction behavior, and the conductivity in the direction parallel to the layer direction ($\sigma_{\parallel}$) was of the order of 10^{-6} S cm^{-1} at room temperature while that in the direction perpendicular to the layer direction ($\sigma_{\perp}$) was of the order of 10^{-9} S cm^{-1}. The conductivity anisotropy ($\sigma_{\parallel}/\sigma_{\perp}$) was calculated to be 100–1000.

6.3 *Liquid-Crystalline Electrolytes Containing ILs Moieties*

Dimensional control of ILs is also a potential approach for constructing such 2D ion-conductive materials [124]. ILs with liquid-crystalline properties are known as ionic

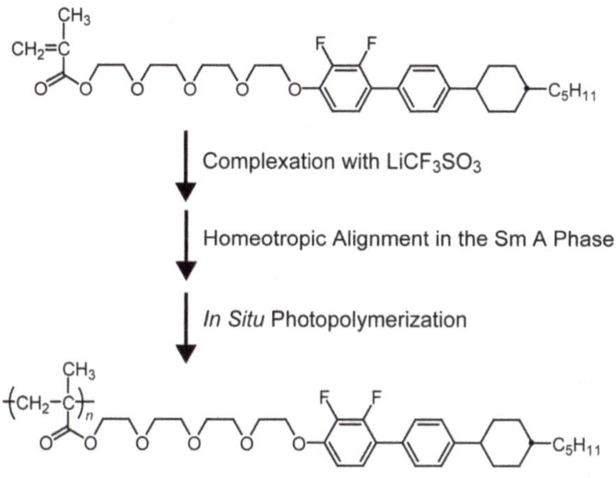

Fig. 22 Structure of a Sm liquid-crystalline monomer containing a PEO chain and preparation scheme for ion-conductive polymer films by the in situ polymerization of a Sm liquid-crystalline monomer [123]

liquid crystals (ILCs). Various ILCs have been designed to create nanostructured ion-conductive materials [124, 125]. Some representative studies on ILCs are described in Chap. 3–5. Kato et al. designed a rod-shaped ILC with an imidazolium structure at the periphery and a polymerizable methyl acrylate group at the other end (Fig. 23) [126], forming a layered Sm phase. In situ photopolymerization in the layered assembled states led to a freestanding polymer film, preserving the original layered structures composed of rigid ion-insulating and ion-conductive layers. The ionic conductivity of the film along the direction parallel to the ionic layers was 3.2×10^{-2} S cm^{-1} at 209 °C. This is the first example of an anisotropic ion-conducting polymer film with well-aligned layered nanostructures [126].

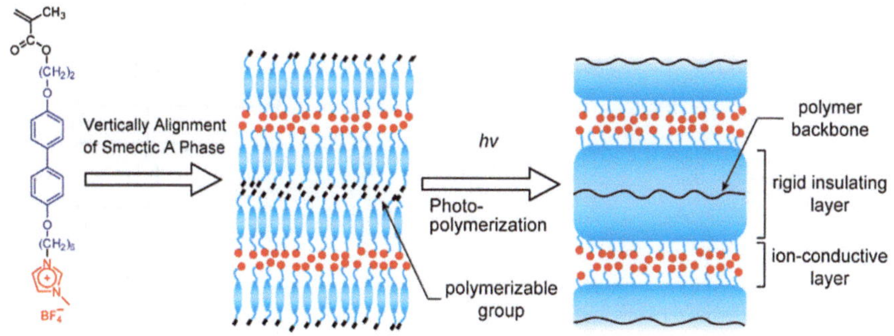

Fig. 23 Structure of a Sm liquid-crystalline monomer containing an imidazolium group and schematic illustration of two-dimensional ion-conductive polymer films

7 Proton-Conductive Polymer Electrolytes

Owing to the difference in the conduction mechanism of protons and lithium ions, proton-conductive polymer electrolytes require a completely different design principles from that used for lithium-ion-conductive polymer electrolytes. Nafion was developed by DuPont in the 1960s and is the most representative proton-conductive electrolyte (Fig. 24). Due to its high proton conductivity and chemical and mechanical toughness, Nafion remains the most commonly used polymer electrolyte membrane for fuel cells and other applications [127–129]. It is essentially important to add water into proton transporting matrix in the polymers. This also leads the temperature limit (~120 °C) for use. Numerous approaches have been developed over the past several decades to construct new proton-conductive polymer electrolytes. The main approach involves the use of rigid aromatic main-chain structures instead of perfluoro chains [130]. Other design approaches involve the use of self-organization. The use of liquid-crystalline materials, including the example described in Sect. **11.2.4** [57–65], has been studied by several groups. The use of protic ILs is one potential approach [33–38]. Various materials, such as metal-organic framework (MOF) [131], covalent-organic framework (COF) [132], and others [133], have also been employed.

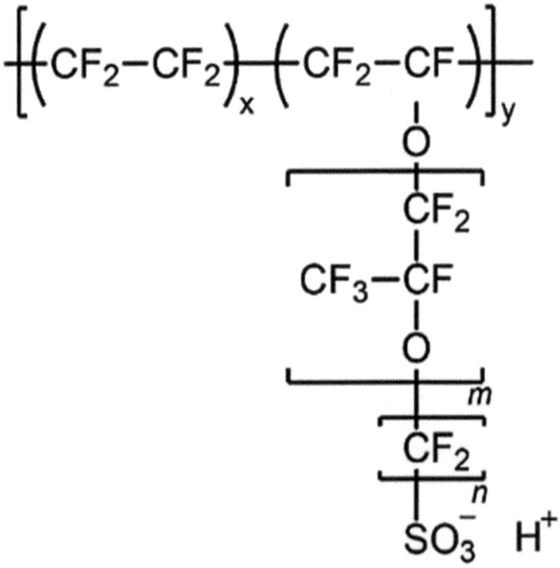

Fig. 24 Molecular structure of Nafion

8 Summary

ILs are new materials with unique physicochemical properties. The first half of this chapter demonstrates that the use of ILs enables a variety of phenomena that are difficult to achieve using conventional organic solvents. One of the most important applications of ILs is their use as electrolytes in various energy devices such as fuel cells, lithium-ion batteries, and solar cells. Suitable cation and anion designs are critical to achieve the conductivity of the target ions such as protons, lithium ions, and I/I_3 redox couples. The second half of the chapter reviews representative designs of polymer electrolytes. Some new molecular designs for improving the ionic conductivity of polymer electrolytes are described. Designing polymer electrolytes with incompatible functions, particularly high ionic conductivity and mechanical toughness, is still challenging. The development of these ionic functional materials should lead to the drastic game change in design of various energy devices.

References

1. T. Welton, Room-temperature ionic liquids. Solvents for synthesis and catalysis. Chem. Rev. **99**, 2071–2084 (1999)
2. D.R. MacFarlane, M. Forsyth, P.C. Howlett, M. Kar, S. Passerini, J.M. Pringle, H. Ohno, M. Watanabe, F. Yan, W. Zheng, S. Zhang, J. Zhang, Ionic liquids and their solid-state analogues as materials for energy generation and storage. Nat. Rev. Mater. **1**, 1–15 (2016)
3. H. Ohno (ed.), *Electrochemical Aspects of Ionic Liquids* (John Wiley & Sons, Hoboken, NJ, 2005)
4. H. Ohno, Functional design of ionic liquids. Bull. Chem. Soc. Jpn. **79**, 1665–1680 (2006)
5. P. Wasserscheid, W. Keim, Ionic liquids—New "solutions" for transition metal catalysis. Angew. Chem. Int. Ed. **39**, 3772–3789 (2000)
6. R. Hayes, G.G. Warr, R. Atkin, Structure and nanostructure in ionic liquids. Chem. Rev. **115**, 6357–6426 (2015)
7. M.J. Earle, J.M.S.S. Esperanca, M.A. Gilea, J.N. Canongia Lopes, L.P.N. Rebelo, J.W. Magee, K.R. Seddon, J.A. Widegren, The distillation and volatility of ionic liquids. Nature **439**, 831–834 (2006)
8. P. Wasserscheid, Volatile times for ionic liquids. Nature **439**, 797 (2006)
9. H. Nakagawa, Y. Fujino, S. Kozono, Y. Katayama, T. Nukuda, H. Sakaebe, H. Matsumoto, K. Tatsumi, Application of nonflammable electrolyte with room temperature ionic liquids (RTILs) for lithium-ion cells. J. Power Source **174**, 1021–1026 (2007)
10. L.S. Domingues, H.G. de Meloa, V.L. Martinshigh, Ionic liquids as potential electrolytes for sodium-ion batteries: An overview. Phys. Chem. Chem. Phys. **25**, 12650–12667 (2023)
11. J.L. Anderson, J.K. Dixon, J.F. Brennecke, Solubility of CO_2, CH_4, C_2H_6, C_2H_4, O_2, and N_2 in 1-Hexyl-3-methylpyridinium Bis(trifluoromethylsulfonyl)imide: Comparison to other ionic liquids. Acc. Chem. Res. **40**, 1208–1216 (2007)
12. M. Freemantle, Designer Solvents. Chem. Eng. News **76**, 32–37 (1998)
13. K. Seddon, Ionic liquids: Designer solvents for green synthesis. Chem. Eng. **730**, 33–35 (2002)
14. K. Fujita, H. Ohno, Hydrated ionic liquids: Perspective for bioscience. Chem. Rec. **23**, e202200282 (2023)
15. M. Armand, F. Endres, D.R. MacFarlane, H. Ohno, B. Scrosati, Ionic-liquid materials for the electrochemical challenges of the future. Nat. Mater. **8**, 621–629 (2009)

16. H. Tokuda, K. Hayamizu, K. Ishii, M.A.B.H. Susan, M. Watanabe, Physicochemical properties and structures of room temperature ionic liquids. 1. Variation of anionic species. J. Phys. Chem. B **108**, 16593–16600 (2004)
17. H. Tokuda, K. Hayamizu, K. Ishii, M.A.B.H. Susan, M. Watanabe, Physicochemical properties and structures of room temperature ionic liquids. 2. Variation of alkyl chain length in imidazolium cation. J. Phys. Chem. B **109**, 6103–6110 (2005)
18. P. Bonhôte, A.-P. Dias, N. Papageorgiou, K. Kalyanasundaram, M. Grätzel, Hydrophobic, highly conductive ambient-temperature molten salts. Inorg. Chem. **35**, 1168–1178 (1996)
19. J. Leys, R.N. Rajesh, P.C. Menon, C. Glorieux, S. Longuemart, P. Nockemann, M. Pellens, K. Binnemans, Influence of the anion on the electrical conductivity and glass formation of 1-butyl-3-methylimidazolium ionic liquids. J. Chem. Phys. **133**, 034503 (2010)
20. S. Zhang, N. Sun, X. He, X. Lu, X. Zhang, Physical properties of ionic liquids: Database and evaluation. J. Phys. Chem. Ref. Data **35**, 1475–1517 (2006)
21. A. Lewandowski, A. Świderska-Mocek, Ionic liquids as electrolytes for Li-ion batteries—An overview of electrochemical studies. J. Power Sources **194**, 601–609 (2009)
22. P. Nancarrow, A. Al-Othman, D.K. Mital, S. Dopking, Comprehensive analysis and correlation of ionic liquid conductivity data for energy applications. Energy **220**, 119761 (2021)
23. C. Sirisopanaporn, A. Fernicola, B. Scrosati, New, ionic liquid-based membranes for lithium battery application. J. Power Source **186**, 490–495 (2009)
24. A. Tsurumaki, M. Agostini, R. Poiana, L. Lombardo, E. Lufrano, C. Simari, A. Matic, I. Nicotera, S. Panero, M.A. Navarra, Enhanced safety and galvanostatic performance of high voltage lithium batteries by using ionic liquids. Electrochim. Acta **316**, 1–7 (2019)
25. M. Yamagata, K. Tanaka, Y. Tsuruda, Y. Sone, S. Fukuda, S. Nakasuka, M. Kono, M. Ishikawa, The first Lithium-ion battery with ionic liquid electrolyte demonstrated in extreme environment of space. Electrochemistry **83**, 918–924 (2015)
26. T.C. Nirmale, N.D. Khupse, R.S. Kalubarme, M.V. Kulkarni, A.J. Varma, B.B. Kale, Imidazolium-based Dicationic ionic liquid electrolyte: Strategy toward safer lithium-ion batteries. ACS Sustain. Chem. Eng. **10**, 8297–8304 (2022)
27. M. Watanabe, T. Mizumura, Conductivity study on ionic liquid/polymer complexes. Solid State Ionics **86–88**, 353–356 (1996)
28. J.-H. Shin, W.A. Henderson, S. Passerini, PEO-based polymer electrolytes with ionic liquids and their use in lithium metal-polymer electrolyte batteries. J. Electrochem. Soc. **152**, A978–A983 (2005)
29. I. Osada, H. de Vries, B. Scrosati, S. Passerini, Ionic-liquid-based polymer electrolytes for battery applications. Angew. Chem. Int. Ed. **55**, 500–513 (2016)
30. S. Passerini, M. Montanino, G.B. Appetecchi, Lithium polymer batteries based on ionic liquids, in *Polymers for Energy Storage and Conversion*, ed. by V. Mittal, (USA, John Wiley and Scriverner Publishing, 2013)
31. T. Ueki, M. Watanabe, Macromolecules in ionic liquids: Progress, challenges, and opportunities. Macromolecules **41**, 3739–3749 (2008)
32. T. Fuchs, B. Mogwitz, S.-K. Otto, S. Passerini, F.H. Richter, J. Janek, Working principle of an ionic liquid interlayer during Pressureless lithium stripping on $Li_{6.25}Al_{0.25}La_3Zr_2O_{12}$ (LLZO) garnet-type solid electrolyte. Batteries Supercaps **4**, 1145–1155 (2021)
33. M. Hirao, H. Sugimoto, H. Ohno, Preparation of novel room-temperature molten salts by neutralization of amines. J. Electrochem. Soc. **147**, 4168–4172 (2000)
34. T.L. Greaves, C.J. Drummond, Protic ionic liquids: Properties and applications. Chem. Rev. **108**, 206–237 (2008)
35. A.I. Bhatt, A.M. Bond, D.R. MacFarlane, J. Zhang, J.L. Scott, C.R. Strauss, P.I. Iotov, S.V. Kalcheva, A critical assessment of electrochemistry in a distillable room temperature ionic liquid, DIMCARB. Green Chem. **8**, 161–171 (2006)
36. M.A.B.H. Susan, A. Noda, S. Mitsushima, M. Watanabe, Brønsted acid–base ionic liquids and their use as new materials for anhydrous proton conductors. Chem. Commun., 938–939 (2003)

37. A. Noda, M.A.B.H. Susan, K. Kudo, S. Mitsushima, K. Hayamizu, M. Watanabe, Brønsted acid−base ionic liquids as proton-conducting nonaqueous electrolytes. J. Phys. Chem. B **107**, 4024–4033 (2003)
38. D.E. Smith, D.A. Walsh, The nature of proton shuttling in Protic ionic liquid fuel cells. Adv. Energy Mater. **9**, 1900744 (2019)
39. E.I. Cooper, C.A. Angell, Ambient temperature plastic crystal fast ion conductors (PLICFICS). Solid State Ionics **18**(19), 570–576 (1986)
40. D. Handra, J.H. Helmes, A. Majumdar, Ionic conductivity in ordered and disordered phases of plastic crystals. J. Electrochem. Soc. **141**, 1921–1927 (1994)
41. D.R. MacFarlane, J. Huang, M. Forsyth, Lithium-doped plastic crystal electrolytes exhibiting fast ion conduction for secondary batteries. Nature **402**, 792–794 (1999)
42. M.L. Thomas, K. Hatakeyama-Sato, S. Nanbu, M. Yoshizawa-Fujita, Organic ionic plastic crystals: Flexible solid electrolytes for lithium secondary batteries. Energy Adv. **2**, 748–764 (2023)
43. J.M. Pringle, P.C. Howlett, D.R. MacFarlane, M. Forsyth, Organic ionic plastic crystals: Recent advances. J. Mater. Chem. **20**, 2056–2062 (2010)
44. B. O'Regan, M. Grätzel, A low-cost, high-efficiency solar cell based on dye-sensitized colloidal TiO_2 films. Nature **353**, 737–740 (1991)
45. W. Kubo, T. Kitamura, K. Hanabusa, Y. Wada, S. Yanagida, Quasi-solid-state dye-sensitized solar cells using room temperature molten salts and a low molecular weight gelator. Chem. Commun., 374–375 (2002)
46. P. Wang, B. Wenger, R. Humphry-Baker, J.E. Moser, J. Teuscher, W. Kantlehner, J. Mezger, E.V. Stoyanov, S.M. Zakeeruddin, M. Grätzel, Charge separation and efficient light energy conversion in sensitized mesoscopic solar cells based on binary ionic liquids. J. Am. Chem. Soc. **127**, 6850–6856 (2005)
47. D. Kuang, P. Wang, S. Ito, S.M. Zakeeruddin, M. Grätzel, Stable mesoscopic dye-sensitized solar cells based on Tetracyanoborate ionic liquid electrolyte. J. Am. Chem. Soc. **128**, 7732–7733 (2006)
48. N. Yamanaka, R. Kawano, W. Kubo, T. Kitamura, Y. Wada, M. Watanabe, S. Yanagida, Ionic liquid crystal as a hole transport layer of dye-sensitized solar cells. Chem. Commun., 740–742 (2005)
49. D. Högberg, B. Soberats, R. Yatagai, S. Uchida, M. Yoshio, L. Kloo, H. Segawa, T. Kato, Liquid-crystalline dye-sensitized solar cells: Design of two-Dimensional Molecular Assemblies for efficient ion transport and thermal stability. Chem. Mater. **28**, 6493–6500 (2016)
50. D. Högberg, B. Soberats, S. Uchida, M. Yoshio, L. Kloo, H. Segawa, T. Kato, Nanostructured two-component liquid-crystalline electrolytes for high temperature dye-sensitized solar cells. Chem. Mater. **24**, 6496–6502 (2014)
51. R.D. Costa, F. Werner, X. Wang, P. Grönninger, S. Feihl, F.T.U. Kohler, P. Wasserscheid, S. Hibler, R. Beranek, K. Meyer, D.M. Guldi, Beneficial effects of liquid crystalline phases in solid-state dye-sensitized solar cells. Adv. Energy Mater. **3**, 657–665 (2013)
52. M. Yoshizawa, M. Hirao, K.I. Akita, H. Ohno, Ion conduction in zwitterionic-type molten salts and their polymers. J. Mater. Chem. **11**, 1057–1062 (2001)
53. M. Yoshizawa, A. Narita, H. Ohno, Design of Ionic Liquids for electrochemical applications. Aust. J. Chem. **57**, 139–144 (2004)
54. R.G. Pearson, Hard and soft acids and bases. J. Am. Chem. Soc. **85**, 3533–3539 (1963)
55. M. Yoshizawa, H. Ohno, Anhydrous proton transport system based on zwitterionic liquid and HTFSI. Chem. Commun., 1828–1829 (2004)
56. C. Tiyapiboonchaiya, J.M. Pringle, J. Sun, N. Byrne, P.C. Howlett, D.R. Macfarlane, M. Forsyth, The zwitterion effect in high-conductivity polyelectrolyte materials. Nat. Mater. **3**, 29–32 (2004)
57. S. Ueda, J. Kagimoto, T. Ichikawa, T. Kato, H. Ohno, Anisotropic proton-conductive materials formed by the self-organization of phosphonium-type zwitterions. Adv. Mater. **23**, 3071–3074 (2011)

58. T. Ichikawa, T. Kato, H. Ohno, 3D continuous water Nanosheet as a Gyroid minimal surface formed by Bicontinuous cubic liquid-crystalline zwitterions. J. Am. Chem. Soc. **134**, 11354–11357 (2012)
59. T. Kobayashi, T. Ichikawa, T. Kato, H. Ohno, Development of glassy Bicontinuous cubic liquid crystals for solid proton-conductive materials. Adv. Mater. **29**, 1604429 (2017)
60. T. Ichikawa, Zwitterions as building blocks for functional liquid crystals and block copolymers. Polym. J. **49**, 413–421 (2017)
61. O. Kim, K. Kim, U.H. Choi, M.J. Park, Tuning anhydrous proton conduction in single-ion polymers by crystalline ion channels. Nat. Commun. **9**, 5029 (2018)
62. S.D. Jones, H. Nguyen, P.M. Richardson, Y.-Q. Chen, K.E. Wyckoff, C.J. Hawker, R.J. Clément, G.H. Fredrickson, R.A. Segalman, Design of Polymeric Zwitterionic Solid Electrolytes with superionic lithium transport. ACS Cent. Sci. **8**, 169–175 (2022)
63. A. Shirole, P.M. Bakvand, P. Jannasch, Hydroxide ion conducting membranes dually functionalized with cationic and Zwitterionic groups. ACS Appl. Energy Mater. **6**, 7240–7249 (2023)
64. T. Kobayashi, Y.X. Li, A. Ono, X.B. Zeng, T. Ichikawa, Gyroid structured aqua-sheets with sub-nanometer thickness enabling 3D fast proton relay conduction. Chem. Sci. **10**, 6245–6253 (2019)
65. T. Ichikawa, T. Yamada, N. Aoki, Y. Maehara, K. Suda, T. Kobayashi, Surface proton hopping conduction mechanism dominant polymer electrolytes created by self-assembly of bicontinuous cubic liquid crystals. Chem. Sci. (2024). https://doi.org/10.1039/D4SC01211A
66. H. Ohno, K. Ito, Room-temperature molten salt polymers as a matrix for fast ion conduction. Chem. Lett., 751–752 (1998)
67. W. Ogihara, S. Washiro, H. Nakajima, H. Ohno, Effect of cation structure on the electrochemical and thermal properties of ion conductive polymers obtained from Polymerizable ionic liquids. Electrochim. Acta **51**, 2614–2619 (2006)
68. N. Nishimura, H. Ohno, 15th anniversary of polymerised ionic liquids. Polymer **55**, 3289–3297 (2014)
69. S. Washiro, M. Yoshizawa, H. Nakajima, H. Ohno, Highly ion conductive flexible films composed of network polymers based on Polymerizable ionic liquids. Polymer **45**, 1577–1582 (2004)
70. J. Tang, H. Tang, W. Sun, H. Plancher, M. Radosz, Y. Shen, Poly(ionic liquid)s: A new material with enhanced and fast CO_2 absorption. Chem. Commun., 3325–3327 (2005)
71. T. Nakashima, T. Kawai, Quantum dots–ionic liquid hybrids: Efficient extraction of cationic CdTe nanocrystals into an ionic liquid. Chem. Commun., 1643–1645 (2005)
72. K. Nakashima, N. Kamiya, D. Koda, T. Maruyamac, M. Goto, Enzyme encapsulation in microparticles composed of polymerized ionic liquids for highly active and reusable biocatalysts. Org. Biomol. Chem. **7**, 2353–2358 (2009)
73. M.B. Shiflett, A. Yokozeki, Chemical absorption of sulfur dioxide in room-temperature ionic liquids. Ind. Eng. Chem. Res. **49**, 1370–1377 (2010)
74. Z. Lei, C. Dai, B. Chen, Gas solubility in ionic liquids. Chem. Rev. **114**, 1289–1326 (2014)
75. C. Wang, H. Luo, X. Luo, H. Li, S. Dai, Equimolar CO_2 capture by imidazolium-based ionic liquids and superbase systems. Green Chem. **12**, 2019–2023 (2010)
76. G. Gurau, H. Rodrguez, S.P. Kelley, P. Janiczek, R.S. Kalb, R.D. Rogers, Demonstration of chemisorption of carbon dioxide in 1, 3-Dialkylimidazolium acetate ionic liquids. Angew. Chem. Int. Ed. **50**, 12024–12026 (2011)
77. M.B. Shiflett, D.J. Kasprzak, C.P. Junk, A. Yokozeki, Phase behavior of {carbon dioxide + [bmim][ac]} mixtures. J. Chem. Thermodyn. **40**, 25–31 (2008)
78. E.D. Bates, R.D. Mayton, I. Ntai, J.H. Davis Jr., CO_2 capture by a task-specific ionic liquid. J. Am. Chem. Soc. **124**, 926–927 (2002)
79. R.E. Baltus, B.H. Culbertson, S. Dai, H. Luo, D.W. DePaoli, Low-pressure solubility of carbon dioxide in room-temperature ionic liquids measured with a quartz crystal microbalance. J. Phys. Chem. B **108**, 721–727 (2004)

80. J.E. Bara, C.J. Gabriel, S. Lessmann, T.K. Carlisle, A. Finotello, D.L. Gin, R.D. Noble, Enhanced CO_2 separation selectivity in oligo(ethylene glycol) functionalized room-temperature ionic liquids. Ind. Eng. Chem. Res. **46**, 5380–5386 (2007)
81. Y.-Y. Jiang, Z. Zhou, Z. Jiao, L. Li, Y.-T. Wu, Z.-B. Zhang, SO_2 gas separation using supported ionic liquid membranes. J. Phys. Chem. B **111**, 5058–5061 (2007)
82. X. Han, D.W. Armstrong, Ionic liquids in separations. Acc. Chem. Res. **40**, 1079–1086 (2007)
83. P. Scovazzo, J. Kieft, D.A. Finan, C. Koval, D. DuBois, R. Noble, Gas separations using non-hexafluorophosphate $[PF_6]^-$ anion supported ionic liquid membranes. J. Membr. Sci. **238**, 57–63 (2004)
84. J. Ilconich, C. Myers, H. Pennline, D. Luebke, Experimental investigation of the permeability and selectivity of supported ionic liquid membranes for CO_2/He separation at temperatures up to 125 °C. J. Membr. Sci. **298**, 41–47 (2007)
85. D. Camper, J. Bara, C. Koval, R. Noble, Bulk-fluid solubility and membrane feasibility of Rmim-based room-temperature ionic liquids. Ind. Eng. Chem. Res. **45**, 6279–6283 (2006)
86. J.E. Bara, E.S. Hatakeyama, C.J. Gabriel, X. Zeng, S. Lessmann, D.L. Gin, R.D. Noble, Synthesis and light gas separations in cross-linked gemini room temperature ionic liquid polymer membranes. J. Membr. Sci. **316**, 186–191 (2008)
87. J.E. Bara, E.S. Hatakeyama, D.L. Gin, R.D. Noble, Improving CO_2 permeability in polymerized room-temperature ionic liquid gas separation membranes through the formation of a solid composite with a room-temperature ionic liquid. Polym. Adv. Technol. **19**, 1415–1420 (2008)
88. R.P. Swatloski, S.K. Spear, J.D. Holbrey, R.D. Rogers, Dissolution of Cellose with ionic liquids. J. Am. Chem. Soc. **124**, 4974–4975 (2002)
89. Y. Fukaya, K. Hayashi, M. Wada, H. Ohno, Cellulose dissolution with polar ionic liquids under mild conditions: Required factors for anions. Green Chem. **10**, 44–46 (2008)
90. H. Ohno, Y. Fukaya, Task specific ionic liquids for cellulose technology. Chem. Lett. **38**, 2–7 (2009)
91. K. Fujita, D.R. MacFarlane, M. Forsyth, Protein solubilising and stabilising ionic liquids. Chem. Commun., 4804–4806 (2005)
92. K. Fujita, D.R. MacFarlane, M. Forsyth, M. Yoshizawa-Fujita, K. Murata, N. Nakamura, H. Ohno, Solubility and stability of cytochrome c in hydrated ionic liquids: Effect of Oxo acid residues and Kosmotropicity. Biomacromolecules **8**, 2080–2086 (2007)
93. H. Ohno, K. Fujita, Y. Kohno, Is seven the minimum number of water molecules per ion pair for assured biological activity in ionic liquid–water mixtures? Phys. Chem. Chem. Phys. **17**, 14454–14460 (2015)
94. K. Fujita, Y. Nikawa, H. Ohno, Cold crystallisation behaviour of water molecules in ionic liquids as a screening method to evaluate biocompatibility of the hydrated ionic liquids. Chem. Commun. **49**, 3257–3259 (2013)
95. S. Morita, M. Tanaka, Y. Ozaki, Langmuir **23**, 3750–3761 (2007)
96. D.F. Evans, A. Yamauchi, G.J. Wei, V.A. Bloomfield, Micelle size in ethylammonium nitrate as determined by classical and quasi-elastic light scattering. J. Phys. Chem. **87**, 3537–3541 (1983)
97. D.F. Evans, E.W. Kaler, W.J. Benton, Liquid crystals in a fused salt: β, γ-distearoylphosphatidylcholine in *N*-ethylammonium nitrate. J. Phys. Chem. **87**, 533–535 (1983)
98. R.T. Carlin, J. Fuller, Ionic liquid–polymer gel catalytic membrane. Chem. Commun. **1345–1346** (1997)
99. Y. Saito, H. Kataoka, C. Capiglia, H. Yamamoto, Ionic conduction properties of PVDF—HFP type gel polymer electrolytes with lithium imide salts. J. Phys. Chem. B **104**, 2189–2192 (2000)
100. A. Noda, M. Watanabe, Highly conductive polymer electrolytes prepared by in situ polymerization of vinyl monomers in room temperature molten salts. Electrochim. Acta **45**, 1265–1270 (2000)

101. N. Kimizuka, T. Nakashima, Spontaneous self-assembly of glycolipid bilayer membranes in sugar-philic ionic liquids and formation of Ionogels. Langmuir **17**, 6759–6761 (2001)
102. T.L. Greaves, A. Weerawardena, I. Krodkiewska, C.J. Drummond, Protic ionic liquids: Physicochemical properties and behavior as Amphiphile self-assembly solvents. J. Phys. Chem. B **112**, 896–905 (2008)
103. T.L. Greaves, C.J. Drummond, Ionic liquids as amphiphile self-assembly media. Chem. Soc. Rev. **37**, 1709–1726 (2008)
104. C. Fong, T. Le, C.J. Drummond, Lyotropic liquid crystal engineering–ordered nanostructured small molecule amphiphile self-assembly materials by design. Chem. Soc. Rev. **41**, 1297–1322 (2012)
105. K. Fukumoto, M. Yoshizawa, H. Ohno, Room temperature ionic liquids from 20 natural amino acids. J. Am. Chem. Soc. **127**, 2398–2399 (2005)
106. H. Ohno, K. Fukumoto, Amino Acid Ionic Liquids. Acc. Chem. Res. **40**, 1122–1129 (2007)
107. N. Noorani, A. Mehrdad, Cholinium-amino acid ionic liquids as biocompatible agents for carbon dioxide absorption. J. Mole. Liq. **357**, 119078 (2022)
108. E. Szepiński, P. Smolarek, M.J. Milewska, J. Łuczak, Application of surface active amino acid ionic liquids as phase-transfer catalyst. J. Mole. Liq. **303**, 112607 (2020)
109. B. Roman, A. Muzykiewicz-Szymańska, P. Ossowicz-Rupniewska, A. Klimowicz, E. Janus, The application of amino acid ionic liquids as additives in the ultrasound-assisted extraction of plant material. RSC Adv. **11**, 25983–25994 (2021)
110. M. Khavani, A. Mehranfar, H. Vahid, Application of amino acid ionic liquids for increasing the stability of DNA in long term storage. J. Biomol. Struct. Dyn. **41**, 4383–4397 (2022)
111. T. Ichikawa, K. Fujimura, M. Yoshio, T. Kato, H. Ohno, Designer lyotropic liquid-crystalline systems containing amino acid ionic liquids as self-organisation media of amphiphiles. Chem. Commun. **49**, 11746–11748 (2013)
112. K. Fujimura, T. Ichikawa, M. Yoshio, T. Kato, H. Ohno, A comprehensive study on Lyotropic liquid–crystalline behavior of an Amphiphile in 20 kinds of amino acid ionic liquids. Chem. Asian J. **11**, 520–526 (2016)
113. J.M. Parker, P.V. Wright, Complexes of alkali metal ions with poly(ethylene oxide). Polymer **14**, 589 (1973)
114. Y. Tominaga, Ion-conductive polymer electrolytes based on poly(ethylene carbonate) and its derivatives. Polym. J. **49**, 291–299 (2017)
115. V.D. Noto, S. Lavina, G.A. Giffin, E. Negro, B. Scrosati, Polymer electrolytes: Present, past and future. Electrochim. Acta **57**, 4–13 (2011)
116. Z. Xue, D. He, X. Xie, Poly(ethylene oxide)-based electrolytes for lithium-ion batteries. J. Mater. Chem. A **3**, 19218–19253 (2015)
117. Y. Zheng, F. Chia, G. Ungar, P.V. Wright, Self-tracking in solvent-free, low-dimensional polymer electrolyte blends with lithium salts giving high ambient DC conductivity. Chem. Commun., 1459–1460 (2000)
118. Y. Zheng, J. Lui, G. Ungar, P.V. Wright, Solvent-free low-dimensional polymer electrolytes for lithium–polymer batteries. Chem. Record **4**, 176–191 (2004)
119. U. Lauter, W.H. Meyer, G. Wegner, Molecular composites from rigid-rod poly(p-phenylene)s with oligo(oxyethylene) side chains as novel polymer electrolytes. Macromolecules **30**, 2092–2101 (1997)
120. C.T. Imrie, M.D. Ingram, G.S. McHattie, Ion transport in glassy side-group liquid crystalline polymer electrolytes. Adv. Mater. **11**, 832–834 (1999)
121. T. Ohtake, M. Ogasawara, K. Ito-Akita, N. Nishina, S. Ujiie, H. Ohno, T. Kato, Liquid-crystalline complexes of Mesogenic dimers containing Oxyethylene moieties with $LiCF_3SO_3$: Self-organized ion conductive materials. Chem. Mater. **12**, 782–789 (2000)
122. K. Hoshino, K. Kanie, T. Ohtake, T. Mukai, M. Yoshizawa, S. Ujiie, H. Ohno, T. Kato, Ion-conductive liquid crystals: Formation of stable Smectic semi-bilayers by the introduction of Perfluoroalkyl moieties. Macromol. Chem. Phys. **203**, 1547–1555 (2002)
123. K. Kishimoto, M. Yoshio, T. Mukai, M. Yoshizawa, H. Ohno, T. Kato, Nanostructured anisotropic ion-conductive films. J. Am. Chem. Soc. **125**, 3196–3197 (2003)

124. T. Ichikawa, T. Kato, H. Ohno, Dimension control of ionic liquids. Chem. Commun. **55**, 8205–8214 (2019)
125. T. Kato, M. Yoshio, T. Ichikawa, B. Soberats, H. Ohno, M. Funahashi, Transport of ions and electrons in nanostructured liquid crystals. Nat. Rev. Mater. **2**, 17001 (2017)
126. K. Hoshino, M. Yoshio, T. Mukai, K. Kishimoto, H. Ohno, T. Kato, Nanostructured ion-conductive films: Layered assembly of a side-chain liquid-crystalline polymer with an imidazolium ionic moiety. J. Polym. Sci. Part A Polym. Chem. **41**, 3486–3492 (2003)
127. K.-D. Kreuer, Proton conductivity: Materials and applications. Chem. Mater. **8**, 610–641 (1996)
128. K.A. Mauritz, R.B. Moore, State of understanding of Nafion. Chem. Rev. **104**, 4535–4586 (2004)
129. A. Kusoglu, A.Z. Weber, New insights into Perfluorinated sulfonic-acid ionomers. Chem. Rev. **117**, 987–1104 (2017)
130. Q. Li, R. He, J.O. Jensen, N.J. Bjerrum, Approaches and recent development of polymer electrolyte membranes for fuel cells operating above 100 °C. Chem. Mater. **15**, 4896–4915 (2003)
131. D.-W. Lim, H. Kitagawa, Proton Transport in Metal–Organic Frameworks. Chem. Rev. **120**, 8416–8467 (2020)
132. B. Shi, X. Pang, S. Li, H. Wu, J. Shen, X. Wang, C. Fan, L. Cao, T. Zhu, M. Qiu, Z. Yin, Y. Kong, Y. Liu, M. Zhang, Y. Liu, F. Pan, Z. Jiang, Short hydrogen-bond network confined on COF surfaces enables ultrahigh proton conductivity. Nat. Commun. **13**, 6666 (2022)
133. Y. Nagao, Advancing sustainable energy: Structurally organized proton and hydroxide ion-conductive polymers. Curr. Opin. Electrochem. **44**, 101464 (2024)

Index

M. Funahashi (ed.), *Functional Soft Matter I*,
https://doi.org/10.1007/978-981-92-0108-2

Emerging Trends in Mechatronics

Series Editor

Aydin Azizi, Oxford, UK

This book series helps understand how Mechatronics will impact the practice and research of developing advanced techniques to model, control and optimize complex systems. It presents recent state of advances in mechatronics and related technologies including: Automatic Control, Robotics, Agent Based systems, Smart Manufacturing and Industry 4.0. The selected topics give an overview of the state-of-the-art and present new research results and prospects of the future development in the interdisciplinary field of mechatronic systems. The book series will provide up-to-date and useful knowledge for researchers and engineers involved in mechatronics and related fields.

Within the above dimensions, the scope of the book series welcomes high quality original research and review articles that cover a broad range of topics related to theoretical and applied aspects of modern mechatronics. Potential topics include, but are not limited to the following:

Controller design

Many mechatronic systems have challenging control difficulties due to the high nonlinear structures and time-varying dynamic behaviors. In addition to these, there are external disturbances, which cannot be predicted and change according to uncontrolled working environments. Conventional controllers are insufficient to solve the problems and to compensate the environmental disturbances, therefore designing efficient controllers for complex systems has a great importance in the current book series.

Sensor Design & Data Collection Approaches

Essential part of a mechatronics system is the measurement system that senses the variations in the physical parameters, such as temperature, pressure, displacement, and so on, and converts it to voltage or current. In mechatronic systems, accurate measurement of the dynamic variables plays a vital role for the actuators to function properly, therefore on of the aims of this book series, to focus on understanding what should be done to design accurate sensors and efficient data collection methods to improve the performance of mechatronic systems.

Optimization Techniques

Designing a complex mechatronic system involves multiple variables, objectives, constraints, and evaluation criteria as well as their nonlinearly coupled relationships. One of the challenging research areas of this book series is utilizing optimization techniques to design an optimal mechatronic system.

Artificial Intelligence

From the point of view of dynamics, mechatronic systems can be characterized by model uncertainties, high nonlinearities, complicated coupling, and stringent performance requirements, among others. To deal with these facts, this book series would like to focus on investigating and utilizing Artificial Intelligence techniques such as Neural Networks, Fuzzy logic, Neuro-fuzzy, evolutionary techniques etc. to model, design and optimize complex mechatronic systems.

Robotics

In the field of Robotics, there is a need of focusing on kinematic, dynamic, control and optimization of innovative robotic systems. This book series can introduce new and novel robot designs such as hybrid (serial-parallel) redundant manipulators that have a high potential of application in special fields like space robots. State of the art researches on selection of optimum kinematic solutions and path planning based on such an optimization, dynamic analysis and new control methods developments and application of artificial intelligence in this field can be published in this book series.

Smart manufacturing

Application of networked sensors and machinery equipment using internet and intranet in order to monitor and automation of the manufacturing process and improve the performance efficiency and is a point of interest. Advanced robotics, multi input-multi output control approaches combined with the artificial intelligence and optimization techniques, big data processing approaches, multi-scale modelling and simulation of dynamic sub-systems etc. are the hot topics that will be focused in this book series.

AGVs

Automated Guided Vehicle (AGVs) are going to be very popular is industry logistics, surveillance, defense and social applications in order to make processes safer and more cost efficient. Innovative AGVs designs for various missions, Robot Operating System usage on AGV control, Indoor and outdoor navigation and control algorithms, intelligent path planning techniques, sensor fusion, simultaneous application of GPS, INS and offline maps are the topics that are planned to be published in this book series.

Aydin Azizi
Editors

Mechatronic Innovations in Smart Grids, IoT, and Autonomous Systems

Springer

Editor
Aydin Azizi
School of Engineering, Computing and Mathematics
Oxford Brookes University
Oxford, UK

ISSN 2731-4855 ISSN 2731-4863 (electronic)
Emerging Trends in Mechatronics
ISBN 978-981-95-4639-8 ISBN 978-981-95-4640-4 (eBook)
https://doi.org/10.1007/978-981-95-4640-4

This Springer imprint is published by the registered company Springer Nature Singapore Pte Ltd.
The registered company address is: 152 Beach Road, #21-01/04 Gateway East, Singapore 189721, Singapore

Preface

The field of mechatronics has rapidly evolved in the past decade, driven by the need to address real-world challenges in energy, automation, and intelligent system design. This volume of the book series provides a multidisciplinary overview of innovations and practical implementations across energy systems, IoT, and robotics. The selected chapters originate from pioneering researchers working on case studies, experimental models, and intelligent algorithms aimed at enhancing sustainability and performance. The inclusion of both energy-focused studies and robotics-based innovations demonstrates how mechatronics serves as the backbone of Industry 5.0, bridging digitalization, resilience, and sustainability. This book aims to serve as a reference for academics, engineers, and practitioners seeking to expand their knowledge of applied mechatronic systems, as well as a roadmap for future research and industrial applications.

Oxford, UK

Aydin Azizi

About This Book

This book presents a collection of advanced research contributions focusing on the integration of mechatronic systems, smart grid technologies, and intelligent automation. The chapters cover diverse but interrelated areas including hybrid power systems, IoT-driven network simulations, renewable and conventional energy integration, as well as emerging robotics applications. Together, they provide an in-depth perspective on how modern mechatronic approaches are shaping the future of energy, automation, and intelligent system design. The book also highlights interdisciplinary methods where control systems, artificial intelligence, and computational tools intersect to deliver more resilient, efficient, and adaptable solutions.

Contents

Techno-Economic Analysis of Hybrid Systems for Enhancing Power Quality by HOMER Software: Case Study in Northern Cyprus

Derrick G. David and Cemal Kavalcıoğlu

1 Section I

1.1 Introduction

1.1.1 Statement of the Problem

Cyprus covers a land area of 9250 km^2, ranking it as the third largest island in the Mediterranean region, following Sicily and Malta. The northern portion of the island has an overall land area of 3355 km^2 (3.355 million acres). In this part of the world, the Cyprus Turkish Electricity Authority (KIB-TEK) handles all aspects of the energy industry, including generation, transmission, and distribution. KIB-TEK's energy generation capability, which has a total capacity of 346.3 MW, is however exclusively reliant on oil and petroleum products [1]. This capacity cannot be increased. On the other hand, AKSA Energy Kalecik Heavy Fuel-Oil Power Plant, whose contract expires with KIB-TEK in 2027 also operates a 153-MW installed capacity to provide Turkish Republic of Northern Cyprus (TRNC) with uninterrupted access to electrical [2].

The absence of a reactive electrical energy price is one of the major issues that must be addressed in the northern region of Cyprus. Because of this, consumers within the commercial and industrial industries are exempt from the obligation to

D. G. David
Department of Electrical and Electronic Engineering, Near East University, Nicosia, Turkey

C. Kavalcioğlu (✉)
Department of Electrical and Electronic Engineering, Near East University, Nicosia, Turkey

Research Center for Science, Technology and Engineering (BILTEM), Near East University, Nicosia, Turkey
e-mail: cemal.kavalcioglu@neu.edu.tr

A. Azizi (ed.), *Mechatronic Innovations in Smart Grids, IoT, and Autonomous Systems*, Emerging Trends in Mechatronics,
https://doi.org/10.1007/978-981-95-4640-4_1

install reactive power compensators and harmonic filters. Although this may appear to be beneficial in terms of cost, it greatly affects the quality of the power that is distributed to customers [3].

In this section of the world, poor power quality issues, in particular voltage sags, are rather common. Voltage drops can cause disruptions in daily activities, as well as damage to equipment, losses in production, and inconvenient situations for consumers. This has repercussions for several different industries, including the residential, commercial, and industrial sectors, as well as the vital infrastructure sector.

When attempting to solve these power quality issues, the relevance of putting into practice solutions for energy storage becomes immediately apparent. Energy storage devices have the potential to reduce the detrimental effects of voltage sags while simultaneously improving power quality. Energy storage systems improve grid stability, increase reliability, and minimize reliance on fossil fuels by storing excess electrical energy during a period of low demand and releasing it at periods of peak need [4, 5].

Integrating technologies that are both sustainable and intelligent is necessary if one wishes to improve the efficiency of solutions for energy storage. Energy storage devices can be charged using renewable sources of energy, such as solar and wind power, which can help reduce reliance on oil and other petroleum goods. In addition, smart technologies allow for intelligent management of energy as well as the optimization of energy storage systems, which further improves the performance of those systems.

To address the pressing problems associated with energy management, it is essential to install smart grid technologies. These technologies include sophisticated monitoring, control, and communication systems, in addition to solutions for the storage of energy that are environmentally friendly. In addition to these benefits, the smart grid can enhance system resilience, improve energy management, and make it easier to incorporate renewable energy sources. As a result, this will assist in the reduction of power quality issues and the promotion of an energy ecosystem that is both sustainable and reliable in Northern Cyprus.

The advantages and disadvantages of "Techno-Economic Analysis of Hybrid Systems for Enhancing Power Quality by HOMER Software: Case Study in Northern Cyprus" are presented in Table 1. This table offers a concise overview of the potential benefits and drawbacks that are associated with the implementation of energy storage solutions and smart technologies in Northern Cyprus. The

Table 1 Advantages and disadvantages of embarking on "Techno-Economic Analysis of Hybrid Systems for Enhancing Power Quality by HOMER Software: Case Study in Northern Cyprus"

Advantages	Disadvantages
Improved power quality	Initial investment costs
Economic benefits	Technical complexity
Environmental benefits	Regulatory and policy barriers
Enhanced energy security	Transition period
Technological innovation	Potential social impacts
Integration of smart grid technologies	Potential integration challenges

incorporation of smart grid technologies into the table is a recognition of the potential advantages and difficulties that are associated with the incorporation of advanced grid monitoring, control systems, and demand response mechanisms into the energy storage solutions and sustainable technologies that are being considered for Northern Cyprus.

1.2 Purpose of the Study

The objective of "Techno-Economic Analysis of Hybrid Systems for Enhancing Power Quality by HOMER Software: Case Study in Northern Cyprus" is to comprehensively address the prevalent power quality issues in Northern Cyprus and propose effective solutions. The study aims to achieve the following goals:

To investigate the power quality issues that are currently being experienced in Northern Cyprus and to ascertain the impact that these issues have on a variety of industries, including residential, commercial, industrial, and infrastructural sectors.

To explore the feasibility of utilizing energy storage devices to enhance the reliability and quality of power supply by addressing power quality issues including voltage variations and supply-demand imbalances.

To investigate environmentally friendly technologies, particularly renewable energy sources, for refueling energy storage devices and decreasing dependence on fossil fuels to advance sustainability and environmental conservation.

The purpose of this project is to investigate the possibility of incorporating intelligent technologies, such as sophisticated monitoring and control systems, to facilitate intelligent energy management and enhance the efficiency of energy storage systems inside the power grid.

To assess the economic viability and cost-effectiveness of deploying energy storage systems in Northern Cyprus, with a focus on improving electrical energy quality and grid stability.

To propose suggestions and guidelines for the successful deployment and integration of energy storage systems with improved sustainable and smart technologies in Northern Cyprus, to ensure that these systems operate well and contribute to an energy environment that is both sustainable and robust.

1.3 Research Question

The below research questions are crucial because they provide direction, focus, and academic rigor to this thesis. They ensure that this study is purposeful, well-defined, and contributes meaningfully to the field of research.

1. What particular problems with power quality are seen in Northern Cyprus, and how do these problems influence the various economic sectors?

2. To charge energy storage systems and promote a cleaner and greener energy future in Northern Cyprus, how can sustainable technologies, such as renewable energy sources, be successfully utilized?
3. What are the primary characteristics and capabilities of smart technologies that have the potential to increase the functionality and effectiveness of energy storage systems to enhance power quality in Northern Cyprus?
4. What are the financial considerations and cost implications that are linked with the implementation of energy storage systems for the betterment of power quality in Northern Cyprus?
5. What are some proposed techniques and guidelines for the successful deployment and integration of energy storage systems with reinforced environmentally friendly and intelligent technology in Northern Cyprus?
6. How can advanced grid monitoring and control systems, enabled by smart grid technologies, be leveraged to enhance the coordination and optimization of energy storage systems for improved power quality in Northern Cyprus?
7. What are the potential synergies between energy storage technologies and smart grid infrastructure in Northern Cyprus, and how can these synergies be harnessed to enable dynamic grid management, demand response, and integration of distributed energy resources for enhanced power quality and grid resilience?

1.4 Significance of the Study

To effectively address the problems with the electrical energy quality in Northern Cyprus, the current study topic is of critical importance. Improving power quality can be accomplished by putting into practice energy storage solutions that are supported by environmentally friendly and innovative technologies. Energy storage systems can store the excess electrical energy that is created during periods of low demand and release it during times of high demand, thus enhancing the quality of the power supply overall. Critical industries, such as healthcare, telecommunications, and data centers, can reap significant benefits from the capacity of energy storage solutions to deliver a source of power that is both consistent and reliable, even if the grid is unstable or there is an interruption in electrical energy. The reliability and effectiveness of diverse industries are improved when they receive power of a consistent quality, which in turn leads to increased output and economic expansion.

Moreover, integrating eco-friendly and smart technology into energy storage systems has the potential to yield various economic and environmental advantages [6]. Energy storage devices can be charged with renewable energy sources like solar and wind power, decreasing dependence on fossil fuels and lowering greenhouse gas emissions. This contributes to global initiatives aimed at combating climate change and advancing a cleaner and more eco-friendly energy industry.

Real-time monitoring of power quality metrics and intelligent energy management are both made possible by improved monitoring and control systems, which are examples of these kinds of smart technologies. This enables the optimal utilization of energy storage systems, which guarantees efficient energy distribution and reduces wastage to the greatest extent possible. In addition, smart technologies make it possible to implement demand response systems. This allows customers to take an active role in the management of their energy use, which in turn results in financial savings and a more sustainable energy ecology.

1.5 Limitations

Limited Energy Resource Options in HOMER Software: As a first-time user of the Hybrid Optimization Model for Electric Renewables (HOMER) software, one of the primary challenges encountered was the limited range of accessible energy resources within the software platform. While HOMER offers a comprehensive suite of renewable energy options including grid, hydro, solar, wind, thermal, and hydrogen, it does not include certain other potential energy sources such as nuclear, magnetic, or pressure-based systems. This limitation restricted the scope of potential energy solutions that could be explored and evaluated within the study.

Constraint on Load Capacity: Another limitation of the project arises from the predefined load capacity considered for the energy system, which was set at 11.27 kWh/day. This predetermined load capacity may not accurately reflect the energy demands of all potential consumers or scenarios, thereby limiting the generalizability and applicability of the proposed energy storage solution.

Limited Energy Source Consideration: The study focused primarily on evaluating the feasibility and performance of a hybrid energy system integrating only two energy sources: the utility grid and solar power. While these energy sources are commonly utilized and offer significant potential for renewable energy integration, the exclusion of other potential sources such as wind or hydroelectric power may limit the comprehensiveness of the analysis and the range of potential solutions considered.

Fixed Lifespan of the Project: A further limitation of the study stems from the fixed lifespan considered for the proposed energy system, set at 25 years. While this time frame aligns with typical operational lifespans for renewable energy infrastructure, it imposes constraints on the long-term sustainability and adaptability of the proposed solution. Factors such as technological advancements, changing energy policies, and evolving consumer preferences over time were not fully accounted for within this fixed lifespan, potentially impacting the relevance and effectiveness of the proposed energy storage solution in the future.

While the study offers valuable insights into the feasibility and economic viability of a hybrid energy storage solution for addressing power quality issues in Northern Cyprus, it is important to recognize and acknowledge these limitations. Future research efforts should aim to address these constraints by exploring a broader range of energy resources, considering diverse load capacities and scenarios, and adopting a more flexible and adaptive approach to project lifespan and technology integration within the HOMER software framework.

1.6 Summary of Chapter

This research comprises of the following five (5) sections:

Section I: This section serves as the introductory section of the research, presenting the problem statement, study objectives, research inquiries, study significance, limitations, and a summary of the thesis.

Section II: This section is the literature review; it gives a vivid explanation of the research on the power quality issues in Northern Cyprus, and the solutions to mitigate said challenges with the use of sustainable and smart technologies. Furthermore, this section also provides information on some successfully implemented energy storages around the world.

Section III: The methodology, it proposes the energy storage solution using simulations that were done by the HOMER software.

Section IV: This section explains the findings and discussion from the simulation.

Section V: This section consists of the conclusion, recommendations, references, and the appendices.

2 Section II

2.1 Literature Review

2.1.1 Overview of Power Quality Problems in Northern Cyprus

Transmission lines in the Turkish Republic of Northern Cyprus (TRNC) are categorized by their voltage levels: 132, 66 kV, and medium voltage lines ranging from 11 to 22 kV, along with low voltage lines of 415/240 V [1]. In 2008, the total length of transmission lines was 554 km. The installed capacity on the northern part of the island started at 60 MW in March 1995, increased to 120 MW in March 1996, and eventually reached 327.5 MW in 2008. In the same year, there was a 15.6% increase in the total power generated, resulting in a total of 1.22 GWh. The construction industry has been seeing substantial growth since 2004, and this trend is expected to persist for the next two decades. It was expected that total consumption will exceed 1 GW by 2020 [1].

The majority of the necessary electrical power is produced by four thermal power plants. The prolonged duration of electrical energy rationing during the initial half of 2022 underscores a significant drawback of depending on fossil fuels. Table 2 illustrates the distribution of electric power production in Northern Cyprus for the year 2021 [7].

Table 2 Generation mix in Northern Cyprus [7]

Generating unit	Output power (MW)	Production percentage (%)
Teknecik steam Turb.S.U. 1	191,765	11.67
Teknecik steam Turb.S.U. 2	196,278	11.95
Kalecik diesel generator	725,541	44.17
Teknecik diesel generator	435,794	26.53
Serhatköy PV power plant	1686	0.10
Total installed PV (MV)	91,673	5.58
TRNC total production	1,642,737	100

Due to the continuously growing need for electrical energy and the limitations imposed by the power infrastructure that is already in place, Northern Cyprus, along with a great number of other regions, is dealing with substantial power quality issues. These problems with power quality are having a negative impact on a number of different sectors, including the residential, commercial, and industrial ones. As a result, it is vital to get a comprehensive comprehension of the particular power quality issues that are present in Northern Cyprus in order to devise efficient solutions for energy storage and deploy improved sustainable and smart technologies.

In Northern Cyprus, power quality issues frequently manifest themselves as dips and spikes in the voltage. Voltage sags, also known as voltage dips, are temporary drops in voltage levels that have the potential to interrupt sensitive operations, damage electrical appliances, and even cause equipment to fail [8]. Voltage swells, on the other hand, are transitory rises in voltage levels that can cause equipment failure and premature aging of electrical components [9].

Harmonics presents yet another big challenge to the power quality in Northern Cyprus. Harmonics are unintended frequencies that disrupt the sinusoidal waveform of the voltage or current, which leads to increased losses, decreased efficiency, and overheating of electrical equipment. Harmonics are a result of several factors. Nonlinear loads, such as power electronics, variable speed drives, and arc furnaces, are capable of generating harmonics as they draw power [10].

In Northern Cyprus, it is not uncommon to experience power outages or brownouts. These unexpected and total blackouts of electrical energy can have significant repercussions, such as the interruption of essential services, financial losses, and inconvenience for both households and companies [11]. Failures in the infrastructure of the power system, natural calamities, and malfunctioning equipment are all potential causes of power outages.

In addition to these issues with power quality, Northern Cyprus also suffers from voltage unbalance, which can be defined as an unbalanced distribution of voltage across each of the three phases of the power supply [1]. Uneven loading of electrical equipment decreased efficiency, and greater energy consumption are all potential outcomes of voltage that is out of balance [1, 12].

The electrical energy quality issues that have been occurring in Northern Cyprus have had a substantial impact. Consumers in the residential sector are subject to frequent equipment failures, a shortened lifespan for their appliances, and the annoyance of power disruptions. Losses in production decreased productivity, and increased maintenance expenses are experienced in the commercial and industrial sectors. Because they rely on a constant supply of electrical energy to carry out their jobs, mission-critical industries like healthcare, telecommunications, and data centers are especially susceptible to problems with the quality of the power they get.

For this reason, gaining an awareness of the specific power quality issues that are prevalent in Northern Cyprus is essential for the development of practical solutions for energy storage as well as the implementation of improved environmentally friendly and intelligent technology. By resolving these power quality issues, Northern Cyprus will be able to improve the reliability and stability of its power supply, as well as the performance of a number of different sectors, and encourage sustainable and intelligent energy practices (Table 3 and Fig. 1).

Table 3 Total installed capacity (346.3 MW) [1]

Power stations	Power	Units (MW)
Teknecik	2 * 60 MW steam turbine	120
Teknecik	1 * 20 MW gas turbine	20
Teknecik	1 * 10 MW gas turbine	10
Dikmen	1 * 20 MW gas turbine	20
Kalecik	4 * 17.5 MW diesel generator	70
Teknecik	6 * 17.5 MW diesel generator	105
Guzelyurt	1.3 MWp photovoltaic plant	1.3

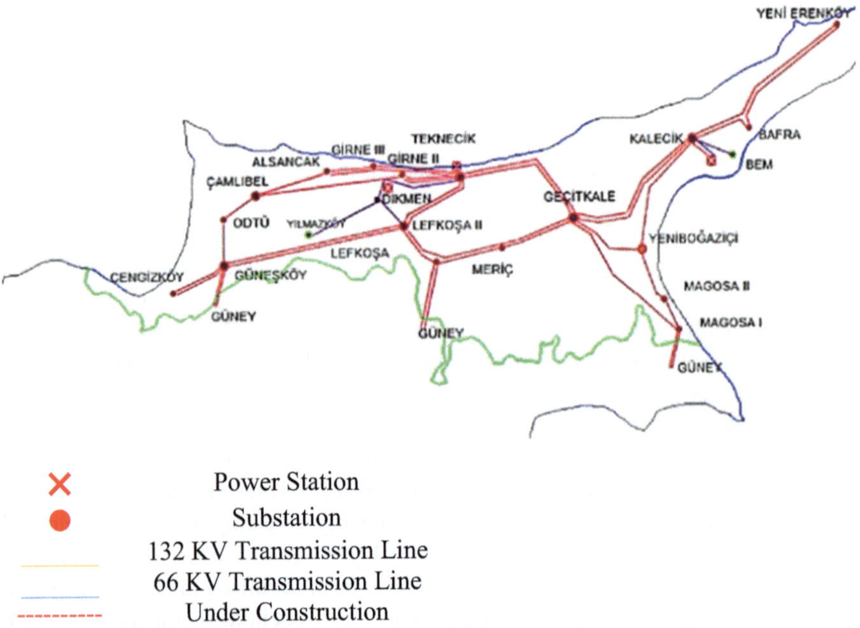

Fig. 1 North Cyprus electric network structure with high voltage transmission lines [1]

2.2 *Sustainable and Smart Technologies in Energy Storage*

Recently, there has been an increasing focus on integrating sustainable and smart technology into energy storage systems to enhance their performance, efficiency, and environmental impact [13]. This segment offers an overview of technologies that can be utilized to create sustainable and intelligent energy storage solutions, specifically to enhance power quality.

Sustainable technologies, such as renewable energy sources, are crucial for supplying energy storage systems with clean and renewable electrical energy. Solar photovoltaic (PV) and wind power are the two most commonly used kinds of renewable energy for charging energy storage systems. Solar photovoltaic (PV) systems convert solar light into electrical energy, while wind turbines produce power by harnessing the kinetic energy of the wind. Utilizing ecologically friendly technologies diminishes dependence on fossil fuels and mitigates the release of greenhouse gases, resulting in a cleaner and healthier world [6].

Technological improvements in monitoring and control systems enable real-time monitoring of power quality metrics, energy storage levels, and grid conditions. This data can be utilized to dynamically alter the functioning of energy storage systems, enhancing energy distribution efficiency and minimizing energy wastage. Consumers can actively regulate their energy usage based on real-time price or grid circumstances through demand response mechanisms enabled by smart technology; this promotes energy efficiency, leading to cost savings and fostering a more sustainable energy environment [14].

Energy storage systems can integrate smart technologies, renewable energy sources, and other sustainable and intelligent technology. Energy management systems can improve the charging and discharging cycles of energy storage systems to improve efficiency based on demand patterns and grid conditions. Energy storage systems can be integrated with energy-efficient technologies such as LED lighting or energy-efficient appliances to enhance energy efficiency and environmental sustainability. Including advanced materials and components, like high-performance batteries or supercapacitors, might enhance the efficiency and longevity of the energy storage systems [15].

Energy storage systems can yield financial and environmental advantages when constructed using eco-friendly and cutting-edge components. Utilizing sustainable energy sources decreases the emission of greenhouse gases and aids fight against climate change. Advanced technologies allow for efficient energy management, leading to reduced costs and higher customer involvement in the energy industry. Furthermore, integrating eco-friendly and smart technologies promotes a transition to a more resilient and environmentally sustainable energy infrastructure.

2.3 *Gap Analysis and Research Opportunities*

There has been significant advancement achieved relating to the field of energy storage systems with the purpose of improving power quality. Despite this, there are still a number of holes in knowledge and chances for further research that need to be filled. In this part, let me attempt to identify these gaps and propose prospective research avenues that could be pursued further.

The lack of comprehensive power quality data that is relevant to the region is one of the main gaps in addressing the power quality concerns that exist in Northern Cyprus. Comprehensive data on power quality plays a crucial role in comprehending the nature and scope of power quality issues, determining the core causes of those difficulties, and finding effective remedies for those problems. However, because these data are not available, it is difficult to make an accurate assessment of the current state of power quality in Northern Cyprus and to develop focused initiatives for its improvement.

The data that constitutes power quality includes various elements, including voltage fluctuations, harmonics, voltage sags and swells, and frequency variations. These parameters offer some insight into the power supply's reliability, stability, and overall effectiveness. It is difficult to determine the unique power quality difficulties that different sectors in Northern Cyprus, such as the residential, commercial, and industrial areas are experiencing when there is an absence or insufficiency of detailed information.

There are several reasons why we do not have access to detailed data regarding the quality of the power. To begin, there is a restricted quantity of power quality monitoring equipment that has been installed in the area. These instruments, like power quality testers and meters, are indispensable regarding measuring and documenting the various aspects of power quality. Due to the limited availability of such devices, the collection of real-time data is hindered, making it challenging to provide an accurate assessment of the power quality condition.

Second, there is a lack of standardized processes and rules for the collecting of data on electrical energy quality in Northern Cyprus's reporting system. In the lack of standardized procedures, the consistency and comparability of data regarding the quality of electrical energy across a variety of locations and periods of time is hindered. This makes it difficult to analyze trends, recognize patterns, and develop benchmarks for the performance of power quality.

In order to facilitate the gathering and exchange of data concerning power quality, there is a need for stakeholders, such as power utilities, regulatory agencies, and research institutes, to collaborate and coordinate with one another. There is a lack of communication between these groups at the moment, which has resulted in disjointed data collection activities and an absence of centralized power quality databases [16].

Policymakers, power utilities, and researchers in Northern Cyprus can enhance their understanding of power quality concerns by addressing the lack of comprehensive data available. This knowledge can be used to build specific strategies and solutions to enhance power quality and improve the dependability and effectiveness of the power supply.

Energy storage options for power quality issues in Northern Cyprus are still not widely used. Energy storage technologies are worldwide acknowledged for their capacity to increase grid stability, boost power quality, and support the incorporation of renewable energy sources [5]. Various challenges hinder the widespread adoption of energy storage technology in Northern Cyprus, and the high initial prices of energy storage devices are a key factor. Deploying energy storage technology such as batteries or flywheels may necessitate a significant initial expenditure [17]. The financial obstacle hinders power companies, businesses, and individuals from implementing energy storage technologies to tackle power quality issues; such issue is the restricted sources of income for energy storage systems in Northern Cyprus. The current regulatory framework may lack sufficient incentives or compensation methods for implementing and running energy storage technology.

Unclear policies and regulations on energy storage can deter investments and impede the widespread use of these technologies. Lack of information and understanding about the advantages and possible uses of energy storage devices can hinder their widespread adoption. Stakeholders, such as power utilities, legislators, and consumers may lack awareness of the potential and benefits of energy storage technologies in enhancing power quality and grid stability. This unawareness can lead to hesitancy in investing in and implementing energy storage systems. Stakeholders may tap into the advantages of energy storage systems in Northern Cyprus by addressing their limited implementation, which can enhance power quality and grid constancy. By implementing financial incentives, enabling legislation, raising awareness, and investing in research and development, Northern Cyprus can overcome obstacles and speed up the deployment of energy storage technologies [18].

It is crucial to incorporate sustainable and clean energy sources, such as solar and wind power, in order to advance toward a renewable energy future in Northern Cyprus. Renewable energy sources offer numerous benefits, including reduced greenhouse gas emissions, increased energy diversification, and enhanced energy security. The incorporation of renewable energy sources in Northern Cyprus is impacted by multiple variables, with the primary hindrance being the sporadic nature of renewable energy production. The generation of solar and wind power is dependent on meteorological conditions, resulting in fluctuations in energy production [19, 20]. This anomaly poses challenges to the stability of the system and the quality of the power. Advanced energy storage systems may store excess renewable energy during periods of high production and release it during periods of low output, ensuring a dependable and predictable energy supply.

Another factor to consider is the need for improvements in grid infrastructure to facilitate the integration of renewable energy sources. The existing grid infrastructure in Northern Cyprus may lack the necessary capacity to effectively handle the variable and widespread nature of renewable energy production. To effectively integrate renewable energy sources into the grid, it is crucial to implement improvements such as smart grid technology, grid automation, and improved monitoring systems. By carefully examining these factors and implementing the necessary strategies, Northern Cyprus has the capacity to successfully integrate renewable energy sources into its energy mix, reduce reliance on fossil fuels, and move toward a sustainable and environmentally aware energy future [4, 5].

Assessing the economic feasibility and doing a thorough cost-benefit analysis are essential for the effective execution of energy projects in North Cyprus. The research offers information on the financial viability, possible investment returns, and overall economic advantages of the initiatives [21]. Various factors impact the economic feasibility and cost-benefit analysis of energy projects in North Cyprus. The initial investment cost is a crucial element. Energy projects, such renewable energy installations or energy storage systems, sometimes require a substantial amount of initial capital, thereby evaluating the initial investment cost and comparing it with the possible long-term benefits and savings of the project is crucial. This involves taking into account issues like equipment costs, installation fees, and required grid infrastructure improvements.

Another aspect to take into account is the operating and maintenance expenses. Energy plants necessitate continuous maintenance and operational costs over their duration. It is essential to appropriately estimate these expenditures and include them in the cost-benefit investigation. Furthermore, it is important to take into account the accessibility and expenses associated with fuel or energy sources, such as solar radiation or wind resources, in order to assess the sustained operational expenses. The potential revenue or savings from energy initiatives significantly influence the cost-benefit analysis. Renewable energy projects can earn money by utilizing feed-in tariffs, net metering programs, or selling surplus energy to the grid [22, 23]. Evaluating the potential income and cost savings that projects can produce during their duration is crucial as well.

Additionally, the cost-benefit analysis should take into account the environmental and social advantages of energy initiatives. Renewable energy initiatives help decrease greenhouse gas emissions, enhance air quality, and support sustainable development. These environmental advantages, in addition to social benefits like employment generation and local economic growth, should be measured and factored into the comprehensive cost-benefit assessment. Various financial indicators and evaluation methods can be used to carry out a comprehensive cost-benefit investigation. The mentioned metrics are net present value, internal rate of return (IRR), payback period, and leveling cost of energy. The aforementioned criteria evaluate the financial sustainability, profitability, and return on investment of energy projects [24–26]. North Cyprus may make well-informed judgments on energy projects by considering economic viability and undertaking a thorough cost-benefit analysis. This analysis aids in identifying financially feasible projects, evaluating their potential return on investment, and ensuring the efficient deployment of resources for a sustainable and economically advantageous energy future.

Integrating smart grid technology is essential for updating the electrical energy grid in Northern Cyprus. This process incorporates cutting-edge technology, communication networks, and smart devices into the current electrical infrastructure to improve the effectiveness, dependability, and long-term viability of the grid. The integration of smart grids significantly depends on the implementation of advanced metering infrastructure (AMI) and is emerging as advanced power systems that transform the conventional operations of existing electrical networks, making it a crucial component in smart grids [27, 28]. Advanced metering infrastructure facilitates bidirectional communication between the utility company and customers, allowing for real-time monitoring of energy consumption, remote meter reading, and the implementation regarding demand response programs. AMI assists consumers by providing comprehensive data on their energy consumption, empowering them to make well-informed choices and advocating for energy preservation.

Another crucial element of smart grid integration is the deployment of distribution automation technologies. These systems use sensors, communication networks, and sophisticated control algorithms to monitor and operate the distribution network in real-time [29, 30]. Distribution automation systems improve the dependability and flexibility of the grid by identifying and isolating problems, enhancing load balancing, and providing self-healing capabilities. Renewable energy sources are a significant focus of smart grid integration in Northern Cyprus. The sporadic nature of renewable energy construction, including solar and wind, presents difficulties for grid stability and electrical energy quality. Advanced smart grid technologies, including sophisticated forecasting algorithms, energy storage systems, and grid management tools, can improve the incorporation of renewable energy sources into the grid and maintain a stable and dependable power supply.

Smart grid integration facilitates the execution of demand response systems. These programs encourage users to modify their energy consumption habits based on price signals or grid conditions. Demand response programs assist in balancing power supply and demand, reducing peak load, and improving grid stability by adjusting energy usage to off peak hours or decreasing consumption during high-demand periods.

Several initiatives might be implemented to enable the successful integration of smart grid technologies in Northern Cyprus. A supportive regulatory framework is required to promote the deployment of smart grid technology and provide incentives for utility companies and their customers to engage in grid modernization. Investments in infrastructure, like communication networks and data management systems, are crucial for facilitating smooth communication and data sharing across various parts of the smart grid [31].

This chapter aims to enhance Techno-Economic Analysis of Hybrid Systems for Enhancing Power Quality by the HOMER Software: Case Study in Northern Cyprus by addressing identified research gaps and researching highlighted research opportunities. The findings and recommendations can be used as a blueprint for policymakers, industry stakeholders, and researchers to create effective policies that enhance power quality and reinforce a resilient energy infrastructure.

2.4 Identification and Analysis of Power Quality Issues

An exhaustive analysis of the efficiency and dependability of the electrical system is required in order to identify power quality issues. This evaluation involves the measurement and examination of a variety of power quality metrics, such as changes in voltage, harmonics, voltage sags and swells, and frequency variations, among others. Researchers are able to acquire insights into the specific power quality features and detect any reoccurring concerns if they deploy power quality monitoring devices at important points within the power grid and collect data over a period of time.

After the data have been obtained, it is extremely imperative to analyze and interpret the outcomes in order to comprehend the fundamental problems that underlie the poor power quality. It is possible to use methods of data analysis such as statistical analysis, signal processing, and time-frequency analysis in order to recognize patterns, trends, and anomalies in the data pertaining to the power quality. This analysis assists in detecting the reasons contributing to problems with power quality, such as malfunctioning equipment, disturbances to the grid, or poor voltage control. In addition, sophisticated analytical techniques like as the wavelet transform and algorithms based on artificial intelligence can be utilized for the data to derive relevant insights from it and forecast the occurrence of future power quality problems.

In addition, an effect assessment on various Northern Cyprus industries should be taken into consideration during the investigation of power quality issues. Problems with the quality of the power supply can have negative impacts on sensitive equipment, which can result in the failure of the equipment, productivity losses, and increased costs for maintenance. When the economic impact of power quality concerns is quantified, stakeholders are better able to prioritize mitigation actions and effectively allocate resources. The impact assessment aids in identifying essential sectors that are most affected by power quality problems, such as healthcare facilities, data centers, and industrial operations. These sectors can be found by looking at the results of the impact assessment.

In conclusion, the identification and evaluation of power quality concerns in Northern Cyprus are essential phases in the process of developing energy storage solutions for power quality problems. Researchers and stakeholders can acquire significant insights into the specific power quality difficulties that are experienced in the region by implementing power quality monitoring equipment, doing data analysis, and assessing the impact on various industries. This knowledge will serve as a foundation for the growth of efficient energy storage solutions in addition to the implementation of stronger sustainable and smart technologies to improve the reliability and performance of the power system in Northern Cyprus (Table 4) [18, 32].

Table 4 Power analysis results of some industrial consumers [1]

Plant type	S (kVA)	P (kW)	Q (kVAr)	$U_{L\text{-}N}$ (V)	THD_v (%)	THD_i (%)	Pf
Bozkaya Mine Co.	325	200	260	233	6	35	0.56
Perissia Hotel	355	200	256	225	9	36	0.68
Koop Milk	709	554	443	228	25	67	0.78
Dr. B.N. Hospital	475	462	110	232	3	27	0.87
Okman Ltd	184	116	143	225	4	35	0.63
Astro Market	77	58	51	222	2	17	0.75

2.5 *Impact of Power Quality Problems on Various Stakeholders*

Power quality problems can have significant consequences on various stakeholders in Northern Cyprus, including residential consumers, commercial establishments, industrial sectors, and critical infrastructure. Understanding the impact of power quality issues on these stakeholders is crucial for developing effective energy storage solutions and implementing strengthened sustainable and smart technologies to address these problems.

Residential Consumers: Problems with the power quality are having a direct impact on residential customers in Northern Cyprus. A fluctuation in the voltage can result in the lights flickering, the destruction of electrical devices, and the suspension of regularly scheduled operations. Variations in frequency have the potential to interfere with the normal operation of sensitive equipment, such as medical devices used in the house. These problems not only make life more difficult for people but also result in financial losses owing to damaged equipment and an increase in the amount of energy that is consumed.

Commercial Establishments: Commercial enterprises, such as offices, retail stores, and hospitality sectors, are significantly impacted when there are issues with poor power quality. Fluctuations in voltage and harmonics can cause damage to electronic equipment, which can lead to costly repairs or replacements. A power supply that is unreliable and experiencing frequent outages can be disruptive to corporate operations, which can result in lost productivity, decreased customer satisfaction, and financial ramifications.

Industrial Sectors: The industrial sectors in Northern Cyprus have major hurdles as a result of concerns with the power quality. Manufacturing processes are susceptible to disturbances caused by voltage sags, harmonics, and power interruptions. These disruptions can result in production losses, increased downtime, and impaired product quality. These problems have an effect not only on the ability of businesses to turn a profit but also on their ability to compete effectively in the market.

Critical Infrastructure: Problems with the quality of the power supplied to essential infrastructure, such as hospitals, data centers, and transportation networks, can have catastrophic repercussions. Voltage dips and interruptions can be disruptive to medical equipment, which can put both patient safety and the delivery of

Table 5 The impact of power quality problems on various stakeholders

Stakeholder	Power quality issues
Residential consumers	Voltage sags, flickering lights, equipment damage
Commercial establishments	Voltage fluctuations, harmonics, equipment damage, productivity losses
Industrial sectors	Voltage sags, harmonics, power interruptions, production losses
Critical infrastructure	Voltage sags, interruptions, compromised services, safety hazards

healthcare at risk. Data centers are dependent on dependable sources of power in order to guarantee the consistency of their operations and their data. Problems with the quality of the power supply can result in the loss of data, the breakdown of systems, and even financial losses. Power that is consistent and available is essential to the efficient running of transportation networks like airports and railways. Problems with the quality of the power might result in cancellations, delays, and even safety issues.

The importance of power quality issues on different stakeholders highlights the necessity for efficient solutions to tackle these problems [33]. Energy storage systems are crucial for addressing power quality issues by offering voltage support, frequency management, and emergency power supply for use during power shortages. Implementing energy storage technologies help stakeholders reduce the adverse effects of power quality concerns, improve operational efficiency, and guarantee a dependable and sustainable power supply (Table 5).

2.6 *Evaluation Criteria for Energy Storage Selection*

When developing efficient solutions for problems with power quality, making the proper choice in terms of the energy storage technology to use is absolutely necessary. There are many different criteria that can be used to assess the various possibilities for the storage of energy. In the following paragraphs, let's look at some of the most important evaluation factors that might be of assistance throughout the choosing process.

The amount of energy that can be stored and then discharged is an extremely important consideration to make because the duration of time that the energy storage system can take to supply electrical energy is directly impacted by this element. It is essential to make certain that the energy storage capacity is in accordance with the particular power quality criteria that are in place in as well as the anticipated duration of power quality issues there.

The capacity of an energy storage system to deliver power instantly is what's meant to be referred to by the term "power rating". When selecting a system for the storage of energy, it is essential to take into account the power rating to ensure the system reliability can satisfy the peak power demands that occur during power quality incidents [34]. The power rating ought to be reviewed on the basis of the particular power quality difficulties that are experienced in Northern Cyprus, in addition to the anticipated shifts in the amount of power that is required.

In an energy storage system, response time is an important factor. It is the amount of time that passes between when a command is given to the system and when it begins supplying power. It is essential to have a quick response time in order to maintain power quality, particularly in circumstances where there is a drop in voltage or a change in frequency. It is vital to take into consideration the specific power quality challenges that are present in as well as the level of responsiveness that is needed while conducting an analysis of the reaction time of an energy storage system.

When discussing a system for the storage of energy, it is necessary to take into account how efficient it is. Evaluating the effectiveness of the system is absolutely necessary if one is to ensure that the accumulated energy is put to good use and prevent any energy from being wasted. The efficiency of the system is contingent on the particular energy storage technology that is utilized as well as the operating conditions that are present. As a result, it is essential while determining the effectiveness of a system for the storage of energy to take into account the aforementioned elements.

The number of times an energy storage system may be charged and discharged before experiencing a significant drop in performance is referred to as its cycle life, which is a vital element of an energy storage system [35]. When analyzing the system's long-term dependability and cost-effectiveness, this aspect is one of the most important considerations to take into account. If something has a higher cycle life, it means that it has a longer lifespan and requires less care. The cycle life ought to be examined with regard to the particular energy storage technology and its projected patterns of utilization.

When evaluating the viability of an energy storage system, it is critical to consider not only the cost of its original capital investment but also the costs of its ongoing operation and maintenance over the course of its lifetime. In order to ensure the system's continued economic sustainability, it is absolutely necessary to do a cost-benefit analysis. When determining how much it will cost, it is important to take into account things like the initial investment, the total cost during its lifetime, and any prospective revenue streams.

It is vital to examine the ecological consequences of an energy storage system to verify that it corresponds with sustainability goals; this must be done in addition to the cost of the system. The use of dangerous materials, an item's impact on the environment, and how it can be discarded when reaching the end of its lifespan are all important considerations. Life cycle assessments and environmental certifications are two methods that can be utilized to evaluate the impact on the environment.

Stakeholders can make well-informed judgments about the selection of energy storage technologies that most effectively meet the requirements for power quality in Northern Cyprus if they take into consideration the evaluation criteria outlined above.

2.7 Sustainable Energy Storage Solutions

There is a rising interest within the implementation of sustainable energy storage technologies in Northern Cyprus, with the goals of addressing power quality issues, promoting a more robust and environmentally friendly power infrastructure, and generally improving overall power reliability. These proposed resolutions include variety of technologies and approaches that put an emphasis on minimizing negative impacts on the surrounding environment while also maximizing resource productivity.

Using different types of renewable energy is a promising approach to achieving sustainable energy storage. By implementing energy storage systems that integrate solar and wind power, Northern Cyprus can greatly decrease its dependence on fossil fuels and lessen its greenhouse gas emissions. This combination enables the storage of surplus renewable energy produced thru peak energy demand for future usage during periods of reduced energy generation.

Utilizing advanced battery technology is crucial for creating sustainable energy storage solutions. Lithium-ion batteries offer higher energy density, lengthier cycle life, and higher efficiency compared to traditional lead-acid batteries. These technical improvements minimize the ecological footprint of energy storage systems and enhance their sustainability.

Implementing smart grid technology and demand response strategies can enhance the sustainability of energy storage solutions, along with utilizing advanced battery technologies. Smart grid technology enables real-time monitoring, management, and optimization of energy storage systems. This facilitates the more efficient utilization of stored energy and enhances interaction with the grid. Demand response solutions is defined as changing energy consumption patterns in response to grid conditions and pricing signals [36]. This can improve the efficiency of energy storage systems and decrease the total energy consumption.

Implementing these eco-friendly energy storage methods will benefit Northern Cyprus in multiple ways. Utilizing renewable energy sources decreases reliance on fossil fuels and contributes to decrease in greenhouse gas emissions. Ultimately, using smart grid technologies and demand response tactics enhances grid management, load balancing, and energy resource optimization.

Solving power quality issues in Northern Cyprus and promoting environmental sustainability and resiliency can be achieved by utilizing sustainable energy storage solutions, which provide a potential approach to solve these challenges. The integration of renewable energy sources, cutting-edge battery technologies, and smart grid strategies can improve the sustainability and efficiency of the power infrastructure, leading to improved power quality and facilitating the shift toward a more environmentally friendly and intelligent energy system.

2.8 Exploring Advanced Energy Storage Systems and Their Advantages

Smart energy storage technologies have emerged as a promising solution to tackle power quality concerns and promote the growth of sustainable and efficient energy systems; these technologies include enhanced monitoring, control, and optimization features that enable more efficient utilization of energy storage systems and integration with the grid [18].

Smart energy storage technologies have a substantial advantage in enhancing grid stability and dependability. These technologies can aid maintain equilibrium between supply and demand, minimize voltage swings, and improve power quality. They achieve this by actively monitoring the grid's condition and adjusting the energy storage activities in real-time. In Northern Cyprus, maintaining power quality is crucial due to its significant impact on various businesses.

Intelligent energy storage systems enable the implementation of demand response methods, these approaches involve adjusting energy usage patterns based on pricing signals and grid conditions. Consumers can effectively control their energy usage and help stabilize the grid by taking part in demand response programs. This improves energy storage system usage, reduces overall energy demand, and enhances energy efficiency.

Smart energy storage solutions have the capability to effectively incorporate renewable energy sources to provide an extra benefit. Renewable energy generation, like solar and wind power, is sporadic and subject to fluctuations. Intelligent energy storage systems can store excess renewable energy while generation is high and discharge it during periods of little generation or strong demand. Consequently, these systems can guarantee a more dependable and steady power supply.

Smart energy storage systems provide enhanced operational efficiency and cost-effectiveness; these technologies enhance the efficiency of energy storage systems by employing advanced algorithms and predictive analytic to improve charging and discharging cycles. Consequently, minimizing energy losses enhances the systems' performance to its maximum capacity and over time, this leads to improved efficiency in the system and cost reductions.

Smart energy storage technologies offer several advantages for improving power quality and establishing sustainable energy systems. Their superior monitoring, control, and optimization skills enable grid stability, involvement in demand response, effective integration of renewable energy sources, and better operational efficiency. By employing these technologies, Northern Cyprus can enhance its power quality, promote sustainability, and develop a more resilient and efficient energy infrastructure.

2.9 *Energy Storage Solutions for Enhancing Power Quality*

2.9.1 Examination of Energy Storage Options for Resolving Power Quality Issues

Efficiently analyzing possible energy storage technologies is crucial for addressing power quality issues in Northern Cyprus and enhancing the reliability and environmental friendliness of the power infrastructure. Energy storage systems can store surplus energy when demand is low and release it during periods of high demand or power oscillations, hence enhancing power quality and grid stability [37].

When exploring options for energy storage systems, it is crucial to consider the choice of storage technology. Research highlights that several energy storage technologies, including batteries, flywheels, and pumped hydro, have undergone thorough research and implementation to enhance power quality [13, 35, 38]. Every technology has distinct advantages and disadvantages. The decision on which technology to utilize should be made considering variables such as cost-efficiency, scalability, responsiveness, and environmental impact.

Batteries exhibit high energy densities, rapid response times, and great flexibility for deployment, this establishes them as a good type of energy storage technologies. They can provide immediate electrical energy during voltage drops and can help offset the sporadic generation of renewable energy. Lithium-ion batteries have garnered significant interest recently due to its excellent efficiency and long cycle life, nevertheless the cost and environmental consequences of this action must be thoroughly evaluated at all times [39].

Flywheels are energy storage systems that retain and release energy by harnessing the rotational energy produced by a spinning object. Their fast response times and high-power output make them suitable for addressing transient power quality issues [40]. Yet, their energy storage capacity is relatively limited compared to other technologies, perhaps requiring additional control systems for grid integration.

Pumped hydro storage technique harnesses the potential energy of water stored at different heights, this technology is widely used. It can store a large quantity of energy and release it gradually, making it ideal for tackling longstanding power quality challenges [41]. Nevertheless, implementation may be limited by geographical constraints and high initial expenses.

When researching alternative energy storage systems, it is crucial to take into account the distinctive power quality difficulties encountered and their specific characteristics. Voltage sags, voltage swells, and frequency fluctuations have been identified as common issues that might disrupt delicate equipment and affect several industries. The selected energy storage technology must provide the necessary power capacity and response time to effectively address these concerns.

When considering energy storage systems, assessing their economic viability is of utmost importance; assessing the financial viability of energy storage systems requires analyzing the original investment, ongoing costs, and potential revenue streams [42].

Additional emerging methods for storing energy consist of supercapacitors, compressed air energy storage (CAES), and hydrogen-based energy storage devices [41]. These technologies all have the potential to enhance electrical energy quality. Supercapacitors are well-suited for applications requiring temporary power support due to their high-power density and rapid response times, while CAES systems generate energy by holding compressed air in underground caverns and releasing it when there is a strong demand for power. Also, hydrogen-based energy storage systems can provide longer power backup by utilizing hydrogen as the energy carrier.

Smart grid is a top choice in the present era for upgrading electrical grid infrastructure, resulting in Northern Cyprus along with other regions in investigating the use of smart grid technology for this purpose. Enhancing power quality and resilience to outages relies on effectively integrating energy storage options and smart grid technologies. Smart grids rely on technologically improved communication, control, and monitoring systems to improve the integration of renewable energy sources, energy storage technologies, and demand-side management. Smart grids use real-time data analytic and prediction algorithms to provide dynamic load balancing, voltage regulation, and frequency management. This effectively addresses power quality problems including voltage swings and harmonics, and also facilitate dynamic load balancing.

Smart grid technologies enable dispersed energy resources and energy storage systems to interact seamlessly, enhancing energy management efficiency and grid stabilization. Smart grids utilize demand response systems and predictive maintenance algorithms for proactive grid management. This reduces the likelihood of power failures and enhances the overall dependability of the system. Moreover, implementing smart grid enabled micro-grids enhances the resilience of the power distribution network. In places susceptible to grid instabilities or intermittent power supplies, smart grid enabled micro-grids help reduce these risks (Tables 6 and 7).

PV systems are another system that should be taken into consideration. Despite the fact that they are not an energy storage solution in and of themselves, PV systems are a sustainable technology that can be combined with energy storage systems to boost the efficiency and sustainability of the energy storage systems. The integration of photovoltaic (PV) systems, batteries, and other energy-saving technologies may help to create an energy ecosystem that is more environmentally friendly and resource-effective.

Table 6 Smart grid objectives identified by DOE, USA [43]

Smart grid objectives
Modernize electricity infrastructure
Enhance reliability and resilience
Improve energy efficiency
Allow real-time monitoring and control
Facilitate integration of renewable energy
Empower consumers with energy management

Table 7 Comparison of existing grid and smart grid [43]

Aspect	Existing grid	Smart grid
Energy distribution	One-way distribution from power plants to consumers	Implementing a two-way flow system that combines distributed energy resources and energy storage to enhance distribution and usage efficiency
Monitoring and control	Limited real-time monitoring and control capabilities	Sophisticated monitoring and control systems for immediate grid management, demand response, and incorporation of renewable energy sources
Reliability and resilience	Limited self-healing capabilities, longer outage durations	Self-healing capabilities, predictive maintenance, and reduced outage durations through automated grid management and fault detection
Consumer engagement	Limited consumer participation and awareness	Empowerment of consumers through energy management tools, demand response programs, and real-time pricing information
Integration of renewables	Limited integration of renewable energy sources	Seamless integration of renewable energy sources, energy storage, and electric vehicles for a more sustainable and resilient grid

Solar photovoltaic (PV) systems are able to create power because they directly convert sunlight into electrical energy. PV systems are able to contribute to a reduction in dependency on fossil fuels and a mitigation of climate change since they are able to harness solar energy.

Solar photovoltaic (PV) systems can become an integral component of an environmentally friendly and technologically advanced energy storage solution if they are coupled with alternative variations of energy storage, such as battery energy storage. During times of strong sun irradiation, photovoltaic (PV) systems can produce more electrical energy than they need, which can be stored in batteries for future use. This integration makes it possible to exploit the use of solar power and brings about optimization in both the supply and demand of energy.

In the near future, Northern Cyprus will need to make a significant choice about its energy infrastructure, particularly in the field of electrical energy generation. Currently, oil products are being imported from many nations. Northern Cyprus is making efforts to decrease its reliance on imported oil by developing its own local energy resources. The primary factor for this phenomenon is its geographical position and the consistent exposure to solar radiation, with an annual average of 2700–3500 h of sunshine. The yearly average of global horizontal irradiation in Northern Cyprus ranges from 1900 to 2100 kWh/m^2. The highest global horizontal irradiation is found in the northwestern section of Northern Cyprus, with values ranging from 2000 to 2100 kWh/m^2 (Table 8). The findings suggest that the northern region of Cyprus experiences a substantial influx of solar energy, which has the potential to be harnessed for electrical energy production [44, 45].

The incorporation of intelligent technologies, like improved monitoring and control systems into photovoltaic and energy storage systems, has the potential to improve both of those technologies' overall performance and efficiency. These cutting-edge technologies make real-time monitoring, remote control, and

Table 8 PV plants within North Cyprus [1, 44]

PV plant	Capacity
Middle East Technical University	1 MW
Cyprus International University	1.3 MW
KKTCell Main Building	50 kW
Levent College	120 kW
Kaya Artemis Hotel Solar Power Station	3 MW
Turkcell Solar Power	0.9 MW
Döveç Group Solar Power Station	1.1 MW
Eziç Solar Power Station	1 MW
Concord Hotel Solar Power	3 MW
Limak Hotel Solar Power	3 MW
Serhatköy PV Power Plant	1.275 MW
Total	**15.745 MW**

optimization of the energy storage system possible. As a result, energy management, grid integration, and overall system reliability are all significantly enhanced.

Doing an efficient examination of potential solutions for energy storage is an extremely significant step in relation to resolving issues with the electrical energy quality in Northern Cyprus. Northern Cyprus is able to choose the most effective method of energy storage by conducting a thorough analysis of the available technologies, taking into account their potential benefits, potential drawbacks, and suitability for addressing certain problems with power quality. This analysis ought to take into consideration a variety of aspects, including cost-effectiveness, reaction time, scalability, and environmental impact. Northern Cyprus has the potential to improve its power quality, increase grid stability, and create the conditions for an energy future that is more sustainable and resilient if it adopts the appropriate energy storage options.

Wind energy, a fundamental component of sustainable energy, utilizes the motion energy of wind to produce electrical power. It has become a crucial option in addressing climate change and satisfying the world's energy needs in a sustainable manner. The system utilizes strategically placed turbines to efficiently harness wind power. The rotation of the blades by the wind causes a generator to operate, transforming mechanical energy into electrical power.

An eminent benefit of wind energy is its ecological sustainability. Wind power generation in contrast to fossil fuels emits no greenhouse gases, therefore helping to alleviate air pollution and decrease carbon footprints. Moreover, wind resources are plentiful and extensively spread out, presenting vast opportunities for generating energy in various geographical areas.

From an economic standpoint, wind energy offers significant advantages. After being installed, wind turbines have little operational expenses in comparison to other power plants, which helps to maintain energy affordability in the long run. Moreover, wind projects generate employment opportunities in production, installation, and maintenance, promoting economic expansion and local progress. Nevertheless, there are still obstacles that need to be overcome, such as the irregular and unpredictable nature of wind resources. This requires the efficient integration of wind power into grid systems and the implementation of energy storage technologies in order to guarantee a dependable supply of electrical energy [46, 47].

Despite the absence of wind turbine(s) in this research, past wind speed data were acquired from the meteorological department in Nicosia, Northern Cyprus. Wind speed parameters and wind energy potential were analyzed at chosen places, including Nicosia, Ercan, Girne, Güzelyurt, Dipkarpaz, Gazimağusa, YeniBoğaziçi, and Salamis, using ten distribution models. Moreover, the wind power density values observed in the analyzed areas varied between 38.76 and 134.29 W/m^2 at a height of 50 m. This indicates that the wind energy resources in these specific sites are categorized as low. According to the wind analysis, it has been determined that small-scale wind turbines are suitable for generating power in the researched regions [48].

2.9.2 Successful Energy Storage Implementations

This section provides insight on the wide variety of some energy storage technologies currently available and the successful use of those technologies in a variety of settings. They offer useful lessons and insights for Northern Cyprus in the process of finding acceptable energy storage options for the purpose of addressing power quality issues. Through the examination of these successful energy storage implementations, Northern Cyprus is provided with the opportunity to gain insight from the activities and events that took place in other regions and to modify the exemplary procedures to meet the particular demands of its own sector.

The Hornsdale Power Reserve, located in South Australia, houses the world's largest lithium-ion battery system (Fig. 2). The system can store a maximum of

Fig. 2 Hornsdale Power Reserve [49]

193.5 megawatt-hours (MWh) and has a power capacity of 150 megawatts (MW). It plays a crucial role in enhancing grid stability and incorporating renewable energy sources because to these attributes.

The Hornsdale Power Reserve offers a plethora of advantages to its users [50]. In the first place, it maintains the steadiness of the grid by reacting fast to shifts in the supply and demand for electrical energy, either by adding or subtracting power in a matter of milliseconds. This capability protects against power outages as well as changes in voltage.

The second benefit of having a power reserve is that it makes it easier to incorporate renewable energy sources into the system. In addition, the Hornsdale Power Reserve contributes to the grid by offering frequency regulation services. These services help to keep the grid's frequency constant and guarantee the effective operation of electrical appliances. The power reserve is strategically positioned next to wind farms, allowing for efficient energy transfer and decreasing transmission losses.

The Hornsdale Power Reserve has a considerable effect on the environment; it has assisted South Australia in making the shift to an energy mix that is cleaner and more sustainable, thereby reducing dependence on fossil fuels and bringing about a reduction in greenhouse gas emissions. The project has offered economic benefits to the region, such as the establishment of work possibilities during the construction phase as well as continuous employment opportunities for maintenance and operation [51, 52].

The facility's rapid reaction time, which can react to grid variations within milliseconds, and the cost savings it delivers by offering an alternative to expensive gas-fired peaker plants during periods of peak demand are two other key pieces of information and the facility can react to grid fluctuations within milliseconds. In the not-too-distant future, there are intentions to augment the storage of the Hornsdale Power Reserve, which will further strengthen its position as a global leader in the sector of energy storage [53].

The El Romero Solar Plant ranks among the world's largest photovoltaic (PV) solar power facilities, and is situated within the Atacama Desert, Chile (Fig. 3). The solar farm can generate a significant amount of clean and renewable energy due to its 246 (MW) capacity and the presence of about 776,000 solar panels spread out over 280 ha [54]. The primary benefit of the El Romero Solar Plant is its significant contribution to renewable energy generation; the plant mitigates greenhouse gas emissions and serves as a shield against the effects of climate change by harnessing solar energy. Furthermore, it aids Chile in attaining increased energy autonomy by reducing the nation's reliance on imported fossil fuels and diversifying its energy resources.

The building and operation of the solar power plant have boosted the local economy by creating new job opportunities. It achieves this by attracting investments and stimulating the progress of the renewable energy industry in Chile. The solar plant capitalizes on the intense sun exposure and vast expanses of flat terrain ideal for large solar projects due to its location in the Atacama Desert. The El Romero Solar Plant significantly benefits the surrounding ecosystem by reducing carbon dioxide emissions and supporting Chile's initiatives to decrease greenhouse gas

Fig. 3 El Romero Solar Plant

emissions. It aligns with the principles of sustainable development by offering renewable energy without exhausting natural resources or harming the environment.

Additionally, the plant is a demonstration of Chile's technological achievement in the field of renewable energy, since it demonstrates the country's capacity to effectively harness solar power.

The El Romero Solar Plant, which is connected to the national grid, generates enough electrical energy to satisfy the requirements of homes, businesses, and industries located throughout the entirety of Chile [55]. The El Romero Solar Plant, which is located on a huge tract of land, has the possibility for future growth, which would enable an even greater generation of renewable energy and contribute to Chile's efforts to achieve its sustainable development goals.

The Grand Ridge renewable energy center, owned entirely by Invenergy, utilizes lithium-ion battery technology for its energy storage project (Fig. 4). It is the largest facility of its kind globally, combining wind, solar, and advanced-energy storage in a single site. Grand Ridge contains multiple energy projects, including a 210 MW wind farm, a 20 MW solar project, a 31.5 MW storage unit, a 1.5 MW energy storage project, and a 3 MW storage project that is now being commissioned [57]. The project brings a number of advantages to the surrounding area as well as to the energy industry in general. In the first place, it improves the stability of the grid by offering possibilities for rapid response. The energy storage device is able to rapidly inject or absorb power within milliseconds, which assists in balancing the grid during fluctuations in the amount of electrical energy that is required and the amount of electrical energy that is supplied.

The project in LaSalle County, Illinois, benefits from its strategic location within a highly interconnected electrical grid, and this facilitates the effective transmission and dispersion of energy, therefore satisfying the energy requirements of the neighboring areas. Furthermore, this facility improves energy resilience and stability, which in turn reduces the likelihood of power outages and boosts the efficiency of the electrical grid as a whole. This is especially helpful during times of harsh weather or other emergencies when a reliable supply of power is essential.

Fig. 4 Grand Ridge Energy Storage Project [56]

Fig. 5 South Australian Virtual Power Plant (VPP) [58]

The South Australian Virtual Power Plant (VPP) is an advanced energy project that has garnered praise for its one-of-a-kind approach to the generation and distribution of electrical power (Fig. 5). In order to build a virtual power plant that is capable of generating and supplying electrical energy to the grid, it has a capacity of 250 megawatts (MW) and 650 megawatt-hours (MWh) of energy storage [58, 59]. This capacity allows it to aggregate the energy generated by individual solar panels and stored in domestic battery storage systems.

The ability of the VPP to improve the steadiness and dependability of the grid is the key advantage it offers, and it is able to react to shifts in both the supply of power and the demand since it collects all of the energy that is produced by household solar panels and stored in batteries within milliseconds. It is able to either inject or absorb electrical energy into the grid, which helps to maintain the system's equilibrium and prevents either blackouts or voltage swings [60].

The South Australian Virtual Power Plant is distributed throughout several residential neighborhoods in the state of South Australia, and it capitalizes on the dispersed distribution of resources by leveraging existing residential solar panels and battery storage systems, and can improve the use of these resources while reducing transmission losses. The VPP gives homeowners more authority by giving them better control over the amount of energy they use and the expenses associated with that use, resulting in participants' eligibility to receive a reduction in their monthly electrical energy bills as well as an increase in their level of energy independence.

The smart grid project on Jeju Island in South Korea aims to produce 1.2 gigawatts (GW) of electrical energy from renewable sources by 2030 (Fig. 6). Throughout the course of the project, more than one thousand charging stations for electric vehicles and multiple energy storage facilities that aid in the incorporation of renewable energy sources have been set up [61, 62]. The project involves creating a comprehensive energy management system that utilizes advanced technologies to improve the use of renewable energy sources, enhance grid stability, and decrease reliance on conventional power generation methods of relying on fossil fuel

Fig. 6 The smart grid project on Jeju Island in South Korea [61]

Fig. 7 Tomatoh Abira Solar Park 2 [64]

combustion.The construction of charging stations for electric vehicles supports the island's dedication to promoting ecologically responsible transportation and reducing carbon emissions.The smart grid project on Jeju Island seeks to boost the utilization of renewable energy, improve energy self-sufficiency, and establish a more sustainable and robust energy infrastructure for the island's residents [63].The solar park, with a capacity of 64.6 MW, was equipped with battery storage in order to comply with the regulations implemented by utility company HEPCO in 2015. A pioneering solar farm in Japan located on the island of Hokkaido has recently been finished. This solar farm stands out as one of the first in the country to incorporate battery storage, a feature that enables it to fulfill the demands of a local grid operator and utility. On July 1, Softbank's clean energy subsidiary SB Energy and finance entity Mitsubishi UFJ announced the completion of Tomatoh Abira Solar Park 2, a solar farm with a capacity of 64.6 MW and an onsite battery energy storage capacity of 19 MWh (Fig. 7) [64, 65].Japan's transmission and distribution networks are managed by ten distinct regional utilities. According to the regulations concerning renewable energy, utility companies are obligated to procure the electrical energy produced by renewable energy plants using the feed-in tariff (FiT) system, which was implemented in 2012 [66]. Hokkaido is the northernmost of Japan's primary inhabited islands and has little connectivity with Honshu, the adjacent island where the majority of the country's major cities, such as Tokyo, Kyoto, and Osaka, are located. In April 2015, HEPCO implemented technical regulations mandating the installation of measures to reduce output fluctuations in power producing equipment. Therefore, solar power businesses have the responsibility of selecting and installing equipment, control systems, and strategies to accomplish this task. Residential solar customers in Japan are increasingly installing batteries in their

Fig. 8 Dynamic pricing models in Copenhagen, Denmark [69]

homes for two primary reasons. Firstly, they want to be prepared for earthquakes and other natural disasters, during which having backup power can be advantageous; and secondly, the solar PV market for homes and businesses in Japan is shifting toward a model that emphasizes higher levels of self-consumption and moves away from feed-in tariff models [67, 68].

Dynamic pricing models have been applied in Copenhagen, Denmark, which has led to a revolution in the energy usage habits of over 100,000 clients (Fig. 8). Consumers have been incentivized by the city to alter their energy usage based on real-time pricing signals as a result of the city's adoption of dynamic pricing, which has led to an increase in energy consumption that is both more efficient and more environmentally friendly [70]. Consumers stand to gain from this program since it gives them more say over how much they spend on energy and also makes a contribution to the overall stability of the grid and the supervision of demand [71].

3 Section III

3.1 Methodology

3.1.1 Introduction

The contemporary society is faced with the urgent task of addressing the increasing need for energy while also assuring sustainability and dependability. Within the specific circumstances of Northern Cyprus, this difficulty is more noticeable, particularly during high-demand periods such as the extremely hot summer months spanning from June to September. The current grid infrastructure faces challenges in meeting these increased demands, which requires the investigation of alternate energy sources and cutting-edge technologies.

This section introduces a thorough methodology designed to meet the energy requirements of Northern Cyprus by improving power quality through the implementation of sustainable energy storage solutions and smart technology. The proposed technique entails a methodical procedure that includes gathering data, analyzing it, designing a system, and planning for its implementation.

The importance of this undertaking is emphasized by the physical and climatic features of Northern Cyprus. Due to its scorching and arid summers, the area offers ideal circumstances for exploiting sustainable energy sources, namely solar electrical energy. Merely implementing renewable energy sources is inadequate. Integrating these sources with sophisticated energy storage solutions and smart grid technology is crucial for maintaining stability and reliability in the energy supply.

The methodology described in this section is designed to systematically tackle different facets of the research undertaking. The process starts by thoroughly analyzing the instruments and materials used for collecting data, which involves using the Hybrid Optimization of Multiple Energy Resources (HOMER) software and obtaining real-time data from reliable sources like the National Aeronautics and Space Administration (NASA).

Following that, the section explores the participant demographic and sample study group, with a specific emphasis on the selected research site the Near East University (NEU) campus in Nicosia, Turkish Republic of Northern Cyprus. By doing thorough data analysis, which includes evaluating solar radiation, temperature profiles, and energy consumption patterns, we are able to obtain a full picture of the energy dynamics at the suggested site.

Expanding on the knowledge obtained from data analysis, the section then provides a thorough explanation of the system design process. This entails the choice of crucial elements such as photovoltaic (PV) panels, energy storage solutions, converters, and grid integration techniques. The selection of each component is based on its appropriateness for the specific application, taking into account criteria such as initial investment, effectiveness, and durability (Fig. 9).

3.2 Proposed Energy Storage Solutions

In this thesis, a proposed Enhancement of Power Quality in Northern Cyprus Using Sustainable Energy Storage Solutions and Smart Technologies is considered. Due to the electrical energy demand in Cyprus, with the current grid system that cannot meet up these demands especially in peak moments of the summer period between June to September and the utility grid system cannot be stretched as well, the need for an alternative energy source is paramount. Owning to the seasons experienced throughout the year in TRNC, renewable energy such as solar is viable due to the

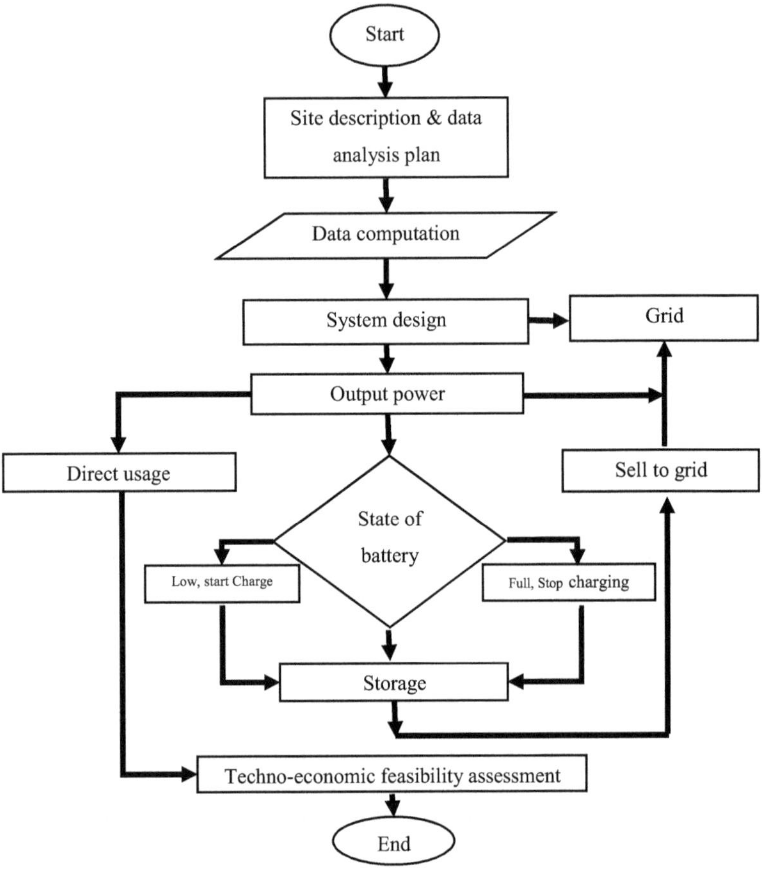

Fig. 9 Flow chart of the feasibility study

hot, dry summer nature experienced between the months June to September. It is also important to utilize a renewable energy resource that can help mitigate the challenge associated with power quality and stability issues.

3.3 Data Collection Tools/Materials

The Hybrid Optimization Model for Electric Renewables (HOMER) is an application software developed by the National Renewable Energy Laboratory (NREL) in the United States. The National Aeronautics and Space Administration (NASA), an autonomous entity in the United States responsible for overseeing the civil space program, aeronautics research, and space research, furnished the data in real time. As a result, they are able to provide the most recent information, pictures and videos from America's space agency, setting the standard for future space exploration and

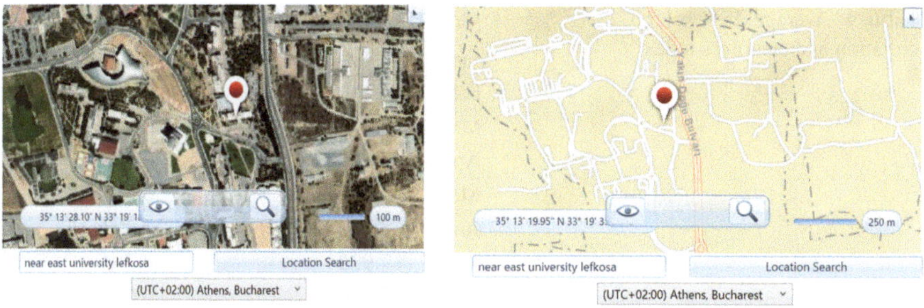

Fig. 10 Geographical location of site

scientific discovery. HOMER is a software tool that facilitates the design and analysis of smart grid systems. It accomplishes this by performing calculations on various combinations of potential designs, based on user inputs, and subsequently simulating the power system network. HOMER primarily performs simulation, optimization, and sensitivity analysis. HOMER can be adapted with a variety of modules, such as Hydro, Combined Heat & Power, Advanced Load, Advanced Grid, Hydrogen, Advanced Storage, etc. A combination of PV system with storage (battery) and grid to allow for simultaneous energy savings and sales was utilized.

3.4 Participants/Population and the Sample/Study Group

An assessment of the location is made before going into the energy system design, as indicated in Fig. 10, the site location considered as cased study for this thesis is at the near East University (NEU) campus, Nicosia, Turkish Republic of Northern Cyprus, longitude and latitude of 35°13′19.95″N and 33°19′39.69″N, respectively.

3.5 Data Analysis Plan

Table 9 and Fig. 11 provide data on the average daily solar radiation and clearness index received at the proposed site. In June, the radiation reaches its peak at 8.120 kWh/day, accompanied by a clearness index of 0.704. The area experiences an average annual solar radiation of 5.19 kWh/day.

Temperature is one key element considered with regards to the site before designing the system. Both Table 10 and Fig. 12 highlight the monthly temperature received at the proposed site with the month of August being the hottest.

The daily load profile as indicated in Fig. 13 demonstrates the hourly daily energy consumption recording a significant high load of 1 kW at the 18:00 h (6:00 pm). In Fig. 14, the seasonal monthly load profile is indicated experiencing its highest load in the month of July of about 2.5 kW.

Table 9 Average daily solar radiation and clearness index

Month	Daily radiation (kWh)	Clearness index
Jan	2.490	0.493
Feb	3.440	0.537
Mar	4.830	0.585
Apr	5.980	0.598
May	7.240	0.651
Jun	8.120	0.703
Jul	7.930	0.704
Aug	7.080	0.688
Sept	5.880	0.675
Oct	4.260	0.623
Nov	2.870	0.542
Dec	2.200	0.475

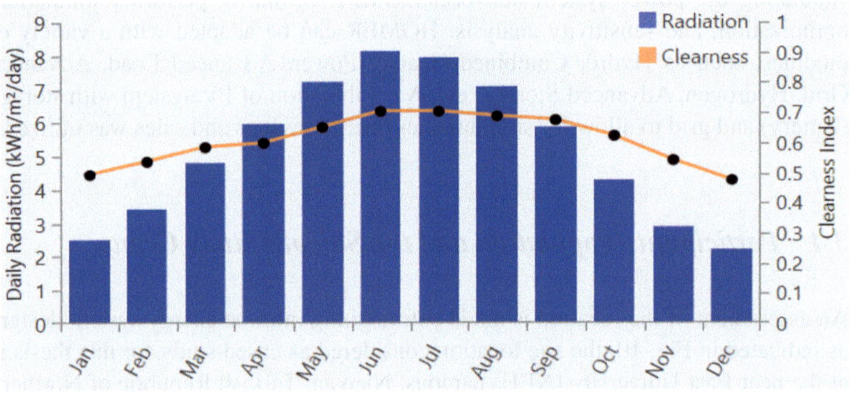

Fig. 11 The amount of solar radiation received at the proposed location

Table 10 Monthly temperature

Month	Average daily temperature (°C)
Jan	12.510
Feb	12.500
Mar	14.290
Apr	17.400
May	21.520
Jun	26.030
Jul	28.880
Aug	29.200
Sept	26.700
Oct	22.930
Nov	18.070
Dec	14.200

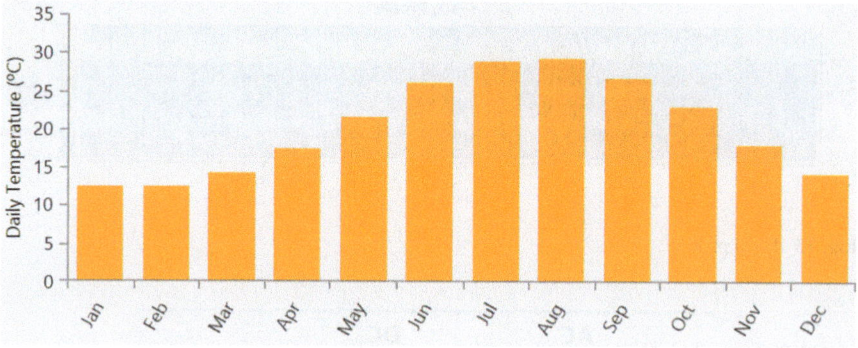

Fig. 12 Plot of monthly average temperature

Fig. 13 Daily load profile

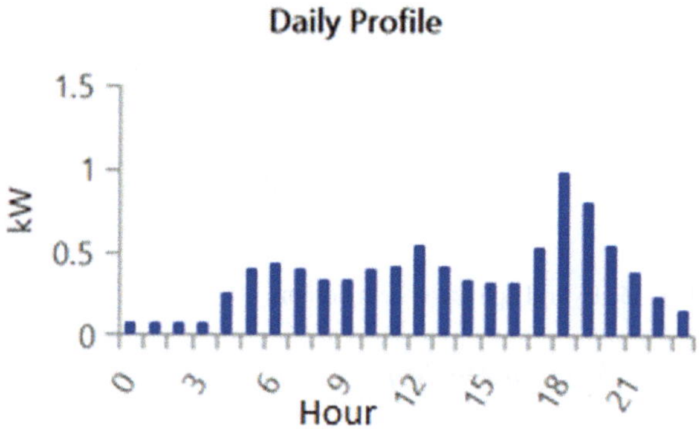

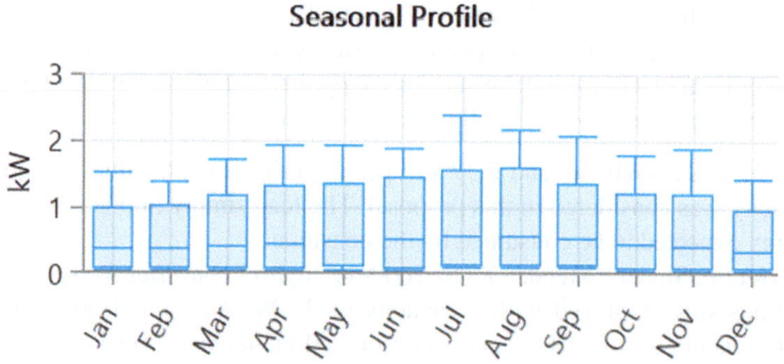

Fig. 14 Seasonal monthly load profile

A summarized load profile for both daily and yearly energy consumption is captured in Fig. 15. The colors indicate the various differentials load intensity during each hour of the day and also throughout the year with dark blue, light blue, green, and yellow arranged according to the order of capacity from low to high.

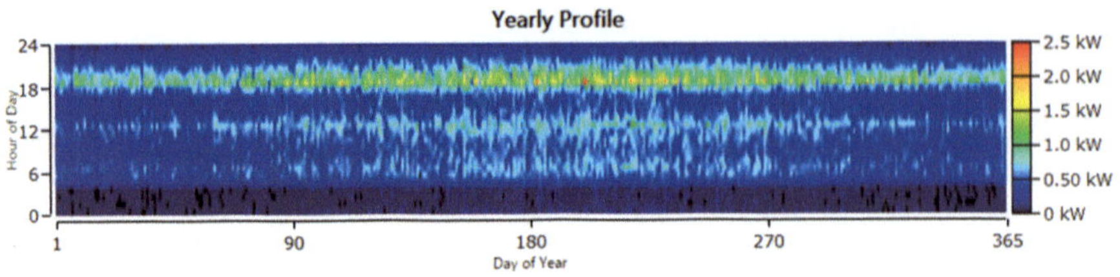

Fig. 15 Load profile

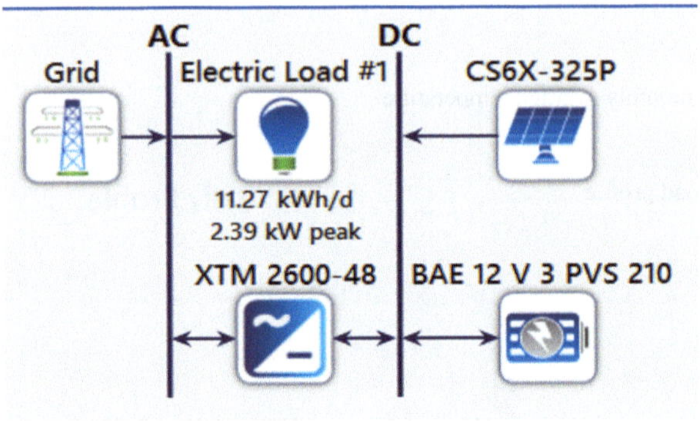

Fig. 16 Hybrid optimal system design

3.6 System Design

The design requires information such as the load capacity, PV panel, battery, converter, and utility grid as indicated in Fig. 16. The hybrid smart electrical energy system can switch from grid to renewable energy system in peak moment of high demand or total blackout, and the surplus energy generated can be stored in the battery during night hours when sun light can no longer be received.

Load: An 11.27 kWh/day and 2.39 kW peak considered residential in nature and capacity was considered in this proposal. The load simply implies the estimated energy expected to be consumed by the consumer.

Converter: A Studer "Xtender XTM 2600-48" hybrid converter for grid interconnections was employed with a capacity of 3 kW at a capital price of $1000, replacement cost of $1000, and operation and maintenance (O & M) of $10 per year. It has 96% efficiency and a lifetime of 10 years. In selecting a converter, its capacity should be at least 25% more than the peak hour load consumption, and in my case 3 kW was selected which is more than 25% the peak hour consumption load.

PV panel: A 72 polycrystalline cells Canadian CS6X-325P having a capacity of 325 W, with capital cost of $200 per panel, replacement cost of $200, O & M of $5 per year, lifetime of 25 years and conversion efficiency of 16.94%.

Storage (battery): A BAE SECURA SOLAR 12 V PVS 210 producing nominal voltage of 12 V with capital cost of each at $100, replacement cost of $100, O & M cost of $5/year, throughput of 2830 kW, and lifetime of 18 years. Its initial stage of charging is 100%, minimum state of charge is 30% and a string of four batteries was utilized to meet up the PV supplied voltage at the connecting bus of 48.0 V.

Grid: Cost of electrical energy in Turkish Republic of Northern Cyprus as of January 2024 for residential consumers is as follows: KIBTEK (2024), 0–250 kW for 2.8791 TL ($0.093), 251–500 kW for 5.9396 TL ($0.19), 501–750 kW for 6.3865 TL ($0.21), 751–1000 kW for 6.9226 TL ($0.22), 1001 kW and more than for 8.6269 TL ($0.28) per hour.

3.7 Summary of Section

This section presented a detailed approach to improving electrical energy quality in Northern Cyprus by implementing sustainable energy storage options and smart technologies. The methodology was designed to tackle different aspects of the research project, starting with gathering crucial data using tools like the Hybrid Optimization Model for Electric Renewables (HOMER) software and real-time data from reputable sources such as the National Aeronautics and Space Administration (NASA).

An analysis was conducted on the participant population and sample study group which focused on the Near East University (NEU) campus in Nicosia, Turkish Republic of Northern Cyprus, to acquire an enhanced comprehension of the energy dynamics at the proposed site. An in-depth analysis of data, which included evaluations of solar radiation, temperature profiles, and energy consumption patterns, established a strong basis for the following stages in the technique.

The methodology placed great importance on system design, namely in the selection of crucial components such as photovoltaic (PV) panels, energy storage solutions, converters, and grid integration mechanisms. The selection of each component was based on its appropriateness for the intended purpose, considering aspects such as initial investment, effectiveness, and durability.

Ultimately, a detailed plan was created to provide guidance for the actual execution of the system that was planned. The research intended to aid in the progress of sustainable energy solutions and the enhancement of power quality in Northern Cyprus by adhering to this systematic methodology. The research aimed to tackle the urgent energy concerns in the region and lay the foundation for a sustainable and dependable energy future by employing a methodology that included data collecting, analysis, system design, and implementation planning.

4 Section IV

4.1 Findings and Discussion

4.1.1 Introduction

Section 4 provides an overview of the results and discussion obtained from the execution and examination of the suggested hybrid smart energy system. The analysis focuses on four essential factors: the initial capital expenditure, net present cost (NPC), levelized cost of energy (LCOE), and operations and maintenance cost (O & M) of the system. These elements are crucial in evaluating the technological and economic feasibility of the system during its anticipated 25-year lifespan.

The section begins by demonstrating the economic consequences of the hybrid smart system using different measurements, such as the initial capital cost, NPC, and LCOE. Figure 17 visually illustrates the cost reductions achieved over the entire lifecycle of the system. Furthermore, Fig. 18 examines the expenses linked to various system components, providing valuable information about the allocation of costs and identifying potential opportunities for optimization.

Table 12 provides a comprehensive economic forecast for the hybrid smart system, allowing for easy comparisons among various system designs and assisting in the identification of the most financially efficient choice. The economic analysis evaluates various aspects, including capital costs, replacement costs, and O & M expenses, to ascertain the overall financial viability of the proposed system.

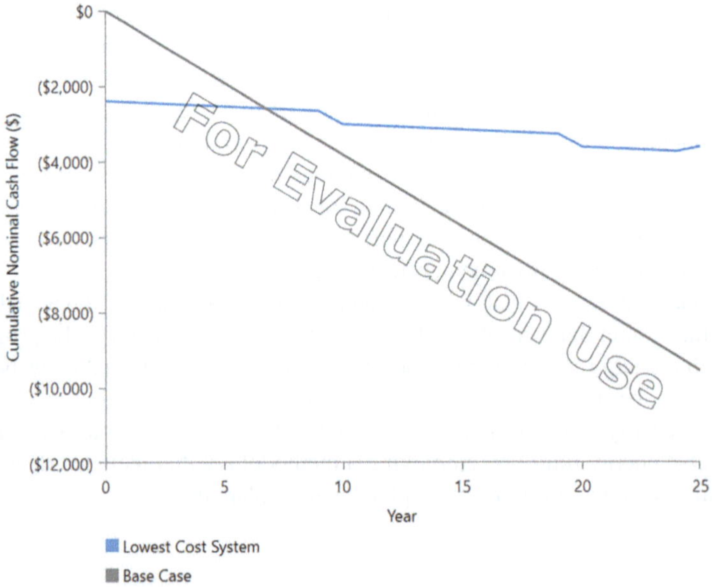

Fig. 17 Project lifetime cost estimation

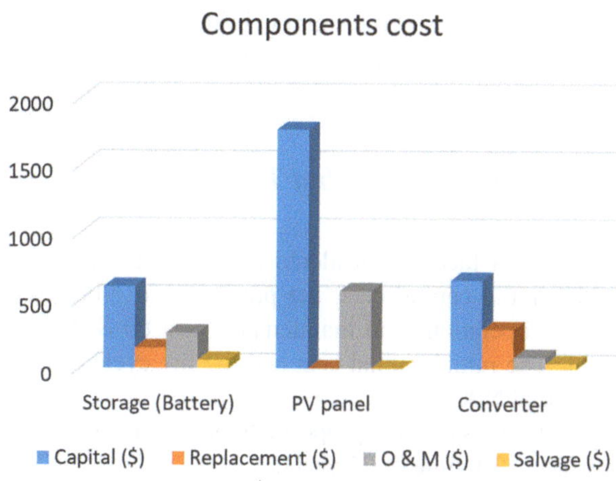

Fig. 18 Various components cost

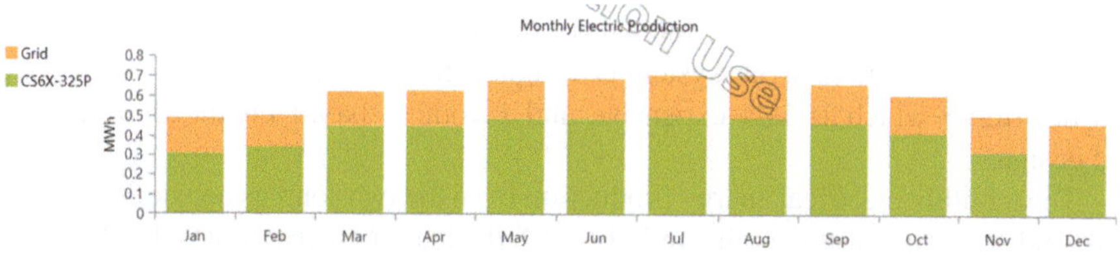

Fig. 19 Monthly electrical energy production

In addition, the section analyzes the monthly electrical energy generation from both the grid and solar sources, as shown in Fig. 19. The analysis emphasizes the fluctuation in solar energy generation over several months, emphasizing the significance of including energy production patterns in system design and optimization endeavors.

The section also explores the intricacies of solar-PV energy production, highlighting its capacity as an environmentally friendly and renewable energy source with negligible operational expenses. Table 15 presents a concise overview of the crucial information on solar-PV output, including significant observations on energy generation trends and effectiveness.

Furthermore, the discussion focuses on the significance of storage, specifically battery storage, in reducing grid oscillations and fulfilling peak demand. Figures 21 and 22 depict the daily and monthly levels of battery charge, demonstrating the system's capacity to store surplus energy for utilization during periods of high demand or power outage situations.

The evaluation of efficiency measures also prioritizes the attainment of objectives such as the provision of alternative energy sources, the storage of surplus electrical energy, and the reduction of expenses. The study effectively examines the techno-economic consequences of the smart hybrid energy system, emphasizing its role in addressing power quality concerns and mitigating carbon emissions.

4.2 Factors Considered in Such a Techno-Economical System

There are four important factors considered in such a techno-economical system and it includes the initial capital cost, net present cost (NPC), levelized cost of energy (LCOE), and operations and maintenance cost (O & M) of the system as shown in Table 11. The initial capital cost and the life cycle cost of the system is represented by the total NPC.

In Fig. 17, the plot shows how the proposed hybrid smart system will save money throughout the project's lifetime of 25 years.

The various components employed for the case study and their cost are shown in Fig. 18. The PV panel capital cost and O & M seems to be the highest, while the capital cost and replacement cost for the converter appears to be the highest.

The economic projection of the hybrid smart system is highlighted in Table 12. In cases where more than one system is designed, the economic comparison is made to determine which is less expensive and favorable based on the desired goal of design.

The monthly electrical energy production from the two sources considered which are grid and solar system is shown in Fig. 19, the lemon green denotes the PV panel (CS6X-325P) at the bottom and the orange color represents the grid at the top. The grid is consistent throughout each month of the year while the solar energy varies across various months of the year.

It is important that the amount of electrical energy produced is put into consideration as highlighted in Table 13. It shows the amount of electrical energy produced by the PV panel at 4957 kWh/year, covering 68.6% of electrical energy produced

Table 11 Estimated cost of the system

	Base case	Lowest cost system
NPC	$4945	$3026
Initial capital	$3016.33	$2396
O & M	$382.51/year	$48.71/year
LCOE	$0.0930/kWh	$0.0343/kWh

Table 12 The economics of the proposed system

Metric	Value
Present worth ($)	$979
Annual worth ($/year)	$76
Return on investment (%)	6.2
Internal rate of return (%)	9.2
Simple payback (year)	9.28
Discount payback (year)	14.46

Table 13 Electrical energy obtained from solar and grid

Production	(kWh/year)	%
Canadian Solar MaxPower CS6X-325P	4957	68.6
Grid purchases	2266	31.4
Total	7223	100

Table 14 Amount of electrical energy consumed and excess

Consumption	(kWh/year)	%
AC primary load	4113	59.8
Grid sales	2763	40.2
Total	6876	100

and the amount of electrical energy obtained from the grid is 2266 kWh/year indicating 31.4%.

As indicated in Fig. 16, the daily load consumption is 11.27 kWh/day; multiplying this amount with 365 (total number of days in a year) the amount of electrical energy consumed will be 4113.55 kWh/year as indicated in Table 14. The grid sales demonstrate the surplus electrical energy that is sold back to the utility grid to generate revenue for the consumer as captured in Table 14.

4.3 *Solar-PV Energy Production*

Solar energy provides us with the possibility of obtaining a clean energy source, and it almost requires no upkeep or operation costs. The different details of solar-PV output are summed up as in Table 15.

Figure 20 depicts the PV outputs power at various levels with the hours on the left, the power in kW on the extreme right, and the days of the year at the bottom. The black color from 0 kW to about 0.6 kW denotes no or very low power is generated, which mostly occurs during the end of the day and early hours of the day from 18:00 to 6:00 due to the absence of the sun, while the gray color from 0.6 to 1.2 kW indicates the early hours of the day 7:00 to 9:00 and toward the evening from 16:00 to 18:00 with low power generation, the purple color at 1.2–1.8 kW indicates an increase in power generation from 9:00 to 11:00 and 15:00 to 16:00, while the pink color between 1.8 and 2.4 kW indicates an increase in power generation from 11 am to 12 pm and 14:00 to 15:00, and finally, the yellow color from 2.4 to 3.0 kW denotes the peak hours of power generation by the PV panel from 12:00 to approximately 14:00.

4.4 *Storage (Battery)*

The battery is considered as the storage unit for this study due to the fluctuating nature of the grid electrical energy, and high demand during peak hours of which the grid system is not sufficient to cater for the demanded needs of a consumer. It is

Table 15 Solar PV details

Quality	Value	Unit
Rated capacity	2.87	kW
Mean output	0.566	kW
Mean output	13.6	kWh/day
Capacity factor	19.7	%
Total production	4957	kWh/year
PV penetration	121	%
Hours of operation	4376	h/year
Levelized cost	0.0364	$/kWh

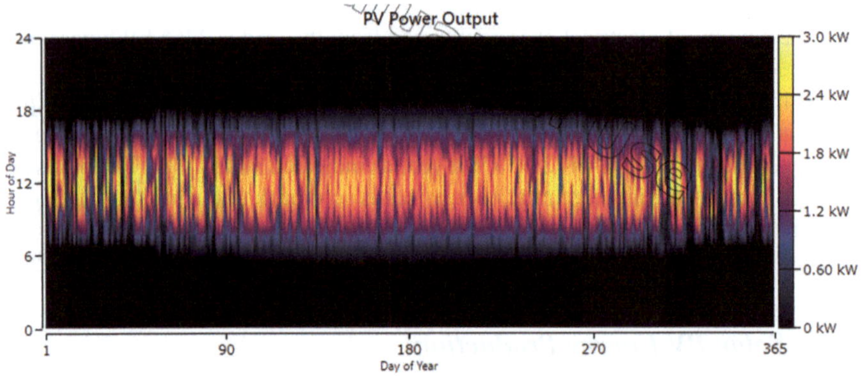

Fig. 20 PV power output

Table 16 A summary of battery details

Quality	Value	Unit
Batteries	4.00	qty.
String size	4.00	Batteries
Strings in parallel	1.00	Strings
Bus voltage	48.0	V
Autonomy	14.4	h
Storage wear cost	0.0383	$/kWh
Nominal capacity	9.65	kWh
Usable nominal capacity	6.75	kWh
Lifetime throughput	122	kWh
Expected life	18.0	year
Energy out	6.23	kWh/year
Storage depletion	6.75	kWh/year
Losses	0.527	kWh/year
Annual throughput	6.75	kWh/year
Annual EFCs	0.700	1/year
Average daily EFCs	0.00192	1/day

therefore essential to have an energy storage system to save some of the excess energy to use at peak moments or blackout—proposing a battery storage for this study (Table 16).

Figures 21 and 22 shows the level of charge experienced daily and monthly, respectively. According to this study during the simulation, the minimum battery level was set to 30% for it to start charging and full charge was set to 80% to stop charging. The different colors that are displayed correspond to different levels of charge that the battery is at. The black color indicates that the battery is very low, set at 30% rather than 0% so that the battery doesn't completely run down before it starts charging; dark blue indicates that the battery charge level is at 40%; light blue indicates that the battery is half charged at the 50% mark; light green indicates that the charging level is above average at 60%; yellow indicates that the battery is charged at 70%; and red indicates that the battery is fully charged at 80%. To help prolong the life of the battery, the maximum charge level was set to 80% rather than 100%, and the minimum charge level to 30% rather than 0% (Table 17).

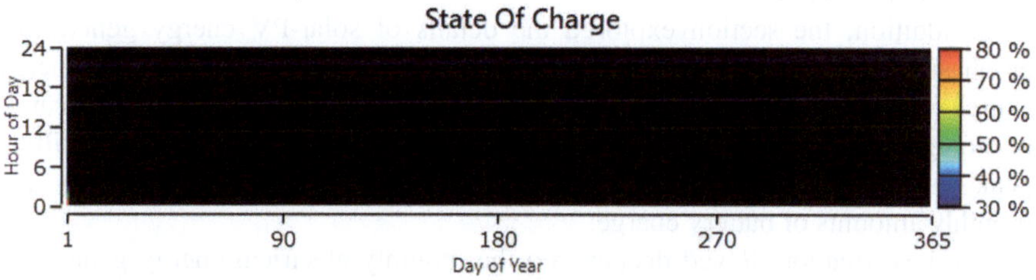

Fig. 21 Daily battery state of charge

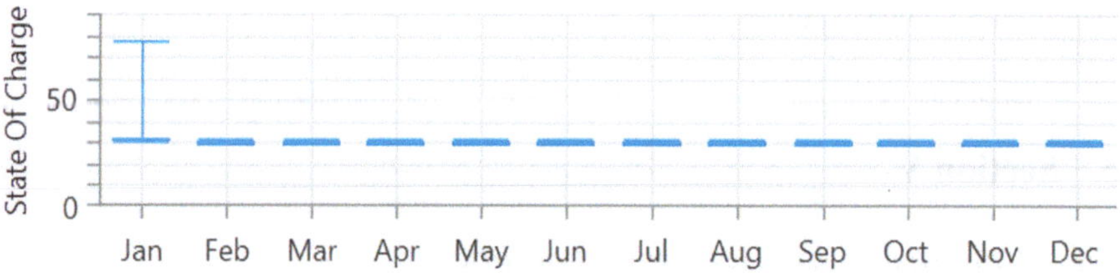

Fig. 22 Monthly battery state of charge

Table 17 Efficiency of the project

Efficiency
Successful investigation of the techno-economic impact of smart hybrid energy system
Goal of solving power quality problem was actualized by providing alternative energy source
Excess electrical energy generated was stored and sold back to national grid
Storage of energy actualized from PV system via battery
Low net present cost (NPC), cost of energy (COE), and operations and maintenance (O & M) was achieved
Environmentally friendly as there was no carbon emission

4.5 Efficiency of the Project

4.6 Summary of Section

Section 4 included an in-depth examination of the results obtained from the execution and assessment of the suggested hybrid smart energy system. The analysis centered on four essential factors: the primary capital expenditure, net present cost (NPC), levelized cost of energy (LCOE), and operations and maintenance cost (O & M) of the system.

The section began with analyzing the economic consequences of the hybrid smart system, demonstrating the financial benefits achieved throughout its estimated 25-year lifespan. The economic forecasts, displayed in Table 12, allowed for the comparison of several system designs, assisting in the identification of the most financially efficient choice.

In addition, the section explored the details of solar-PV energy generation, emphasizing its potential as an environmentally friendly and renewable energy source with low operational expenses. The discussion also covered the significance of storage, specifically battery storage, in reducing grid fluctuations and fulfilling peak demand. Figures 21 and 22 present detailed information on the daily and monthly amounts of battery charge.

The investigation delved deeper into the monthly electrical energy generation from both grid and solar sources, highlighting the fluctuation in solar energy production throughout several months. In addition, the efficiency measures assessed the system's capacity to offer alternate energy sources, store surplus electrical energy, and reduce expenses.

5 Section V

5.1 Conclusion and Recommendations

5.1.1 Conclusion

As electrical energy demand is on the increase, there is the need to meet up with this demand. With the static capacity of grid system which can't be further stretched, an alternative renewable and smart hybrid energy system is proposed in this study to tackle power quality problem resulting from the inconsistent nature of utility grid system as failure to mitigate this problem which could result into harmonics, losses, equipment malfunction and even failure of the system. The HOMER software was employed to simulate, improve, and analyze the results.

The smart system comprises of a PV panel, lead acid battery, converter, and grid. This smart system can switch from grid to renewable solar system during peak moments or total blackout and the excess energy realized can be stored in a battery and the rest sold back to the grid to end income for the consumer. The average annual solar radiation received at the location is 5.19 (kWh/day), the highest temperature of 28.880 in the month of March. The components utilized are 72 polycrystalline cells Canadian CS6X-325P PV panel, Studer "Xtender XTM 2600-48" converter, and A BAE SECURA SOLAR 12 V PVS 210 battery. The Initial Capital is estimated at $3016.33, NPC $4945, O & M $382.51/year, and LCOE $0.0930/kWh. The proposed hybrid smart energy system is able to produce 4957 kWh/year, the load consumption is 4113 kWh/year (11.27 kWh/day), sell 2763 kWh/year to the grid saving some energy for storage in a battery.

5.1.2 Recommendations

The case study area at NEU is classified as a residential region, not commercial, with a daily load capacity of 11.27 kWh/day that has potential for expansion. Increasing the load capacity allows for an increase in the number of PV panels and storage capacity. Other renewable energy sources like wind energy biomass and hydrogen could be studied in TRNC as future options.

References

1. Ozerdem OC, Biricik S (2011) Overview of energy system and major power quality problems in North Cyprus. Int J Tech Phys Probl Eng 8:71–75
2. Aksa Enerji Kibris (n.d.) Home. https://www.aksaenerjikibris.com
3. Hsu S (1996) Adaptive harmonic blocking compensators (order no. 9720358). ProQuest Dissertations & Theses Global (304312590). https://www.proquest.com/dissertations-theses/adaptive-harmonic-blocking-compensators/docview/304312590/se-2
4. Ellabban O, Abu-Rub H, Blaabjerg F (2014) Renewable energy resources: current status, future prospects and their enabling technology. Renew Sust Energ Rev 39:748–764
5. Suberu MY, Mustafa MW, Bashir N (2014) Energy storage systems for renewable energy power sector integration and mitigation of intermittency. Renew Sust Energ Rev 35:499–514
6. Bibri SE, Krogstie J, Kaboli A, Alahi A (2024) Smarter eco-cities and their leading-edge artificial intelligence of things solutions for environmental sustainability: a comprehensive systematic review. Environ Sci Ecotechnol 19:100330. https://doi.org/10.1016/j.ese.2023.100330
7. Tackie SN, Özerdem ÖC (2022) Performance evaluation and viability studies of photovoltaic power plants in North Cyprus. Int J Renew Energy Res 12(4):2237–2247
8. Neve VG, Pullawar PV, Kidile CH (2020) Power quality issues & detection methods for voltage sag and swell. Int J Res Biosci Agric Technol:71–79
9. Sharma A, Rajpurohit BS, Singh SN (2018) A review on economics of power quality: impact, assessment and mitigation. Renew Sust Energ Rev 88:363–372
10. Singh GK (2009) Power system harmonics research: a survey. Eur T Electr Power 19(2):151–172
11. Matthewman S, Byrd H (2014) Blackouts: a sociology of electrical power failure
12. Singh AK, Singh GK, Mitra R (2007) Some observations on definitions of voltage unbalance. In: 2007 39th North American power symposium. IEEE, Piscataway, pp 473–479
13. Koohi-Kamali S et al (2013) Emergence of energy storage technologies as the solution for reliable operation of smart power systems: a review. Renew Sust Energ Rev 25:135–165

14. Wang Q, Zhang C, Ding Y, Xydis G, Wang J, Østergaard J (2015) Review of real-time electrical energy markets for integrating distributed energy resources and demand response. Appl Energy 138:695–706
15. Smdani G, Islam MR, Ahmad Yahaya AN, Bin Safie SI (2023) Performance evaluation of advanced energy storage systems: a review. Energy Environ 34(4):1094–1141
16. Albarakati AJ, Boujoudar Y, Azeroual M, Eliysaouy L, Kotb H, Aljarbouh A et al (2022) Microgrid energy management and monitoring systems: a comprehensive review. Front Energy Res 10:1097858
17. Mongird K, Viswanathan V, Balducci P, Alam J, Fotedar V, Koritarov V, Hadjerioua B (2020) An evaluation of energy storage cost and performance characteristics. Energies 13(13):3307
18. Zame KK, Brehm CA, Nitica AT, Richard CL, Schweitzer GD III (2018) Smart grid and energy storage: policy recommendations. Renew Sust Energ Rev 82:1646–1654
19. Bett PE, Thornton HE (2016) The climatological relationships between wind and solar energy supply in Britain. Renew Energy 87:96–110
20. Ueckerdt F, Brecha R, Luderer G (2015) Analyzing major challenges of wind and solar variability in power systems. Renew Energy 81:1–10
21. Abolhosseini S, Heshmati A, Altmann J (2014) A review of renewable energy supply and energy efficiency technologies
22. Mugumya A (2017) Comparative cost-benefit analysis of hybrid-solar system using net metering: case study of Kyagalanyi coffee factory Uganda. Master's thesis
23. Sauhats A, Zemite L, Petrichenko L, Moshkin I, Jasevics A (2018) Estimating the economic impacts of net metering schemes for residential PV systems with profiling of power demand, generation, and market prices. Energies 11(11):3222
24. Sung S, Jung W (2019) Economic competitiveness evaluation of the energy sources: comparison between a financial model and levelized cost of electricity analysis. Energies 12(21):4101
25. Talavera DL, Muñoz-Cerón E, De La Casa J, Lozano-Arjona D, Theristis M, Pérez-Higueras PJ (2019) Complete procedure for the economic, financial and cost-competitiveness of photovoltaic systems with self-consumption. Energies 12(3):345
26. Vasanoja O, Volpe A (2023) Valuation in the energy storage sector-an investor perspective
27. Ghosal A, Conti M (2019) Key management systems for smart grid advanced metering infrastructure: a survey. IEEE Commun Surv Tutor 21(3):2831–2848
28. Kabalci Y (2016) A survey on smart metering and smart grid communication. Renew Sust Energ Rev 57:302–318
29. Amin SM (2011) Smart grid: overview, issues and opportunities. Advances and challenges in sensing, modeling, simulation, optimization and control. Eur J Control 17(5–6):547–567
30. Dileep GJRE (2020) A survey on smart grid technologies and applications. Renew Energy 146:2589–2625
31. Recioui A, Grainat Y (2022) Title of the chapter. In: Research anthology on smart grid and microgrid development. IGI Global, Hershey, pp 380–407. https://doi.org/10.4018/978-1-6684-3666-0.ch018
32. Molina MG (2017) Energy storage and power electronics technologies: a strong combination to empower the transformation to the smart grid. Proc IEEE 105(11):2191–2219
33. Passey R, Spooner T, MacGill I, Watt M, Syngellakis K (2011) The potential impacts of grid-connected distributed generation and how to address them: a review of technical and non-technical factors. Energy Policy 39(10):6280–6290
34. Moreno-Munoz A (2007) Power quality. Springer-Verlag, Berlin
35. Aneke M, Wang M (2016) Energy storage technologies and real life applications—a state of the art review. Appl Energy 179:350–377
36. Siano P (2014) Demand response and smart grids—a survey. Renew Sust Energ Rev 30:461–478
37. Krishan O, Suhag S (2019) An updated review of energy storage systems: classification and applications in distributed generation power systems incorporating renewable energy resources. Int J Energy Res 43(12):6171–6210

38. Abo-Khalil AG, Alobaid M (2023) A guide to the integration and utilization of energy storage systems with a focus on demand resource management and power quality enhancement. Sustainability 15(20):14680
39. Fan E, Li L, Wang Z, Lin J, Huang Y, Yao Y et al (2020) Sustainable recycling technology for Li-ion batteries and beyond: challenges and future prospects. Chem Rev 120(14):7020–7063
40. Brunet Y (ed) (2013) Energy storage. John Wiley & Sons, New York
41. Nikolaos PC, Marios F, Dimitris K (2023) A review of pumped hydro storage systems. Energies 16(11):4516
42. Eyer J, Corey G (2010) Energy storage for the electricity grid: benefits and market potential assessment guide, vol 20(10). Sandia National Laboratories, Albuquerque, p 5
43. Johansson B, Tjaden L, Malmström J (2010) The smart grid: an estimation of the energy and CO2 benefits. IEEE Trans Ind Electron
44. Maltini F, Minder R (2015) The Serhatköy photovoltaic power plant and the future of renewable energy on the Turkish Republic of Northern Cyprus: integrating solar photovoltaic and wind farms into electricity transmission and distribution networks. In: Bessède J-L (ed) Eco-friendly innovation in electricity transmission and distribution networks. Woodhead Publishing, Sawston. ISBN 9781782420101, pp 377–402. https://doi.org/10.1016/B978-1-78242-010-1.00018-5
45. Kassem Y, Çamur H, Alhuoti SMA (2020) Solar energy technology for Northern Cyprus: assessment, statistical analysis, and feasibility study. Energies 13(4):940. https://doi.org/10.3390/en13040940
46. Kaygusuz K (2009) Wind power for a clean and sustainable energy future. Energy Sources Part B Econ Plan Policy Part B(1):122–133. https://doi.org/10.1080/15567240701620390
47. Olabi AG, Obaideen K, Abdelkareem MA, AlMallahi MN, Shehata N, Alami AH, Mdallal A, Hassan AAM, Sayed ET (2023) Wind energy contribution to the sustainable development goals: case study on London Array. Sustainability 15(5):4641. https://doi.org/10.3390/su150504641
48. Alayat MM, Kassem Y, Çamur H (2018) Assessment of wind energy potential as a power generation source: a case study of eight selected locations in Northern Cyprus. Energies 11(10):2697. https://doi.org/10.3390/en11102697
49. Aurecon Group (n.d.) Hornsdale power reserve [Digital image]. https://www.aurecongroup.com/projects/energy/hornsdale-power-reserve
50. Papadopoulos AM (2020) Renewable energies and storage in small insular systems: potential, perspectives and a case study. Renew Energy 149:103–114
51. Arraño-Vargas F, Shen Z, Jiang S, Fletcher J, Konstantinou G (2022) Challenges and mitigation measures in power systems with high share of renewables—the Australian experience. Energies 15(2):429
52. Lal N, Price T, Kwek L, Wilson C, Billimoria F, Morrow T, et al (2021) Essential system services in grids dominated by renewable energy. arXiv preprint arXiv:2105.13534
53. Emblemsvåg J (2021) On the levelised cost of energy of solar photovoltaics. Int J Sustain Energy 40(8):755–780
54. Chapman RB (2020) Solar energy in Latin America: a review of the four leading markets. PQDT-Global
55. Zurita A, Castillejo-Cuberos A, García M, Mata-Torres C, Simsek Y, García R et al (2018) State of the art and future prospects for solar PV development in Chile. Renew Sust Energ Rev 92:701–727
56. Invenergy (n.d.) Grand ridge energy center. Invenergy, Chicago. https://invenergy.com/projects/case-studies/grand-ridge-energy-center
57. Power Technology (2021) Grand Ridge Battery Energy Storage System, US. Power Technology, New Delhi. https://www.power-technology.com/marketdata/grand-ridge-battery-energy-storage-system-us/
58. Teslarati (n.d.) Tesla virtual power plant in South Australia. Teslarati, San Francisco. https://www.teslarati.com/tesla-virtual-power-plant-south-australia/

59. Zhang J (2022) The concept, project and current status of virtual power plant: a review. J Phys Conf Ser 2152(1):012059
60. Nikolaidis P, Poullikkas A (2020) Sustainable services to enhance flexibility in the upcoming smart grids. In: Sustaining resources for tomorrow. Springer, Berlin, pp 245–274
61. Noh C-H, Kim I, Jang W, Kim C-H (2015) Recent trends in renewable energy resources for power generation in the Republic of Korea. Resources 4:751–764. https://doi.org/10.3390/resources4040751
62. U.S. Department of Energy (2011) South Korea smart grid revolution [PDF document]. Smart Grid.gov. https://www.smartgrid.gov/files/documents/South_Korea_Smart_Grid_Revolution_201112.pdf
63. Widergren SE, Paget ML, Secrest TJ, Balducci PJ, Orrell AC, Bloyd CN (n.d.) Using smart grids to enhance use of energy-efficiency and renewable-energy technologies. United States. https://doi.org/10.2172/1013938
64. Colthorpe A (2020) Solar farm fitted with batteries to meet grid output control requirements goes online in Japan. Energy Storage News. https://www.energy-storage.news/solar-farm-fitted-with-batteries-to-meet-grid-output-control-requirements-goes-online-in-japan/
65. Shah VR (2021) Tailoring crosslinked gelled electrolyte and probing its synergistic performance with polymer-ceramic hybrid separators for high energy density lithium-sulfur battery systems
66. Ayoub N, Yuji N (2012) Governmental intervention approaches to promote renewable energies special emphasis on Japanese feed-in tariff. Energy Policy 43:191–201
67. Armaroli N, Balzani V (2011) Towards an electricity-powered world. Energy Environ Sci 4(9):3193–3222
68. Kawahara T (2012) Systems analysis of the impacts of energy supply shortage in Kamaishi for resilience building after Great East Japan earthquake. Master Thesis Series in Environmental Studies and Sustainability Science
69. Startup Valley News (n.d.) Copenhagen-based startups. Startup Valley News. https://startupvalley.news/copenhagen-based-startups/
70. Stanelyte D, Radziukyniene N, Radziukynas V (2022) Overview of demand-response services: a review. Energies 15(5):1659
71. E.ON. (n.d.) E.ON tests dynamic pricing for public EV charging in Denmark. E.ON. https://www.eon.com/en/innovation/innovation-frontline/innovation-news/eon-tests-dynamic-pricing-for-public-ev-charging-in-denmark.html

Cisco's Role in IoT (Internet of Things) Simulations with Cisco Packet Tracer

Abdullah Maher Jumaah Alkarbooli and Cemal Kavalcioğlu

1 Section I

1.1 Introduction

1.1.1 Statement of the Problem

Smart buildings are characterized by their utilization of advanced technology and systematic procedures to enhance labor efficiency, safeguard the well-being of inhabitants, optimize operational effectiveness, and minimize their ecological footprint. Ensuring the safety and well-being of those living in various types of structures such as houses, companies, hospitals, and schools is of utmost importance. This includes taking measures to prevent mishaps that might lead to property damage, injuries, or even loss of life. The majority of catastrophes occur due to insufficient instruments for monitoring, detecting, and responding effectively to safeguard individuals and assets, and furthermore the authorities' negligence toward safety regulations and protocols. Hence, advances in the Internet of Things (IoT) is an important topic for increasing building security and safety monitoring. The intelligence and autonomous functioning of IoT are crucial for enhancing comfort, reducing expenses, and enhancing energy efficiency, while also enabling security, safety, and monitoring [1].

A. M. J. Alkarbooli
Department of Electrical and Electronic Engineering, Near East University, Nicosia, Turkey

C. Kavalcioğlu (✉)
Department of Electrical and Electronic Engineering, Near East University, Nicosia, Turkey

Research Center for Science, Technology and Engineering (BILTEM), Near East University, Nicosia, Turkey
e-mail: cemal.kavalcioglu@neu.edu.tr

A. Azizi (ed.), *Mechatronic Innovations in Smart Grids, IoT, and Autonomous Systems*, Emerging Trends in Mechatronics,
https://doi.org/10.1007/978-981-95-4640-4_2

In contrast to the technologies used during the third industrial revolution, smart buildings make use of a wide variety of cutting-edge technologies from the fourth industrial revolution. Technologies such as robots (AI), blockchain, radiofrequency identification, and biotechnology in action, 3D printing, drones, and nanotechnology are among the many examples. To clarify, the fourth industrial revolution involved an innovative digitalization process that combined clever algorithms and interactive technological advancements. On the other hand, the third industrial revolution focused only on digitization [2, 3].

Cisco developed Cisco Packet Tracer, a robust software specifically designed for simulating virtual networks, with a particular emphasis on wireless networks. Cisco Packet Tracer offers a genuine setting in which devices faithfully replicate their real-world functionalities. This functionality holds significant value for users, especially students. Prior to engaging with wireless and IoT devices in real-world circumstances, there possess the capability to monitor and interact with them in a simulated environment [4].

It is well recognized that effective security management and prioritization of network security has become a necessity in the IoT principle in order to stem the risks of breaches, hacking incidents, and piracy for organizations and companies using IoT technology, and managing the equipment responsible for transmitting and regulating operations in factories and buildings, while also safeguarding against data loss or leakage. IoT plays an important role in the areas of health and security by reducing the risks of deaths and injuries resulting from incidents such as fire or disruption of water and electricity pipelines in infrastructure. All these components are covered by IoT and have been successfully implemented. Conducting comprehensive studies on security concerns and implementing them in different ways, especially with regard to industrial organizations, provides great opportunities for academic and industrial research [5].

The aim of this research is to explain why information transfer is fast and secure and improving while most other publications in the literature only cover certain features of smart applications, such as those found in homes, offices, or educational settings utilizing Cisco Packet Tracer to examine contemporary IoT systems in smart buildings from a variety of insightful angles.

1.2 Statement of the Problem

IoT networks encounter several problems, including transmission speeds, security maintenance, and seamless control.

Appliances exert a significant impact on the electrical grid. Every day, we frequently leave lights, fans, and other electrical household appliances on unnecessarily or when the apartment is unoccupied. Energy is sometimes wasted because of hurry or carelessness. Irrespective of the situation, the need for energy consumption rises.

To enhance the security of networks by ensuring that IoT devices can bolster their own security is also striving. Currently, the network has little understanding of the data this should transmit and exclude. Devices can be compromised to launch attacks on other devices or the network. When it is read, the authors believe that this security issue, along with other IoT obstacles like scalability and interoperability problems, will be closer to being resolved [1].

Businesses face significant challenges when it comes to sending and integrating much larger amounts of data than ever before. Comprehensive data warehouses and traditional databases work together to achieve desired results. The widespread dissemination of data among consumers is a source of great concern due to the many obstacles that huge data represents in protecting the security of personal information and many of the privacy belonging to specific people or companies. Using IoT technology improves energy efficiency and reduces waste. As a result, environmental concerns are reduced [6].

Privacy and security concerns emerge when gathering and merging sensitive data from different sources on an IIoT platform. When consolidating data, this is crucial to explore methods for avoiding privacy breaches in combined data. This minimizes the risk of revealing confidential data in a database. Efforts to protect privacy and regulate statistical disclosure have been concentrated on recognizing individual records, but anticipating data leakage problems from data aggregation remains difficult [5].

1.3 Purpose of the Study

The purposes available in data transfer speed, security, and how to create a smart network architecture for that problem are also highlighted. This is crucial to elucidate the principles of working on this and how to utilize and manage it. Examined obstacles related to the necessity for sustainable solutions caused by finite resources and a growing population, leading to increased usage of current resources and develop a business strategy to connect all modern systems in smart buildings to the Internet and the Internet of Things cloud. The authors have examined the information and sought advice and assistance from professionals to identify the most important concerns and problems related to smart buildings. This highlighted issues in technology, the society that deals with it, politics, and economics as this is known.

Network simulators are necessary and advantageous tools for those engaged in network systems.

Establishing a laboratory setting in the present day for the purpose of interconnecting switches and routers is consistently advantageous or obligatory.

Virtual programs are currently being developed with the aim of conducting tests before establishing an actual connection. This allows for the identification of the connection being established and helps prevent errors that might lead to financial losses. An illustration of this is Packet Tracer, a software program created by Cisco and made available to consumers at no cost. Packet Tracer is robust software that enables users to create, visualize, and simulate networks. This provides a secure environment for developing, constructing, and resolving network issues without the risk of physical damage or electrical failures. The user interface is user-friendly, enabling effortless creation of structures through the use of drag-and-drop functionality [2].

IoT is the combination of tangible devices and software using complex algorithms and computational methods to enable intelligent responses to different environments. IoT devices may be connected to link various products and create a network to form an intelligent system. IoT devices' dynamic nature determines if these are active or inactive. An IoT device collects live data from its surrounding environment. The essence of IoT is its diversity and heterogeneity, which arise from the use of several platforms and networks. The security issues related to IoT are substantial because of the sensitive data involved and the comprehensive procedures being taken to reduce security threats. In the future, IoT components will increase substantially, posing challenges in management and supervision.

1.4 Research Questions

- What technologies are utilized in the smart systems and network of buildings, and how do these enhance security, work management, and sustainability?
- What are the economic advantages of smart buildings and their favorable influence on the environment?
- How do smart building owners manage and handle IoT devices?
- What are the security vulnerabilities that arise, what is the definition of cybersecurity in relation to smart building systems, and how can the security and privacy of smart buildings be upheld?
- What is the network topology, the functionality of the Cisco Packet Tracer emulator, and the types of devices employed?
- How do IoT devices and smart buildings provide human security and safety?
- What are the techniques that enhance productivity in the workplace?
- What are the current difficulties that need addressing, what are the benefits of our work, and how may they be resolved?
- What is the difference between smart buildings, homes, cities, and factories, and what is the comparison between them?
- What is the final cost of the finished task, and does this correspond to the achieved outcome?

1.5 Significance of the Study

The IoT is a vast and diverse field that may initially seem a little overwhelming because of all the many parts and protocols that this involves. The Internet of Things (IoT) may be seen as a collection of diverse advancements, protocols, and technologies that are occasionally utilized that are somewhat reliant on a specific sector. Though the diverse range of IoT components is intended to bring about many advantages in the areas of automation and productivity, this also brings with it new difficulties, such as managing the enormous numbers of devices and data that must be handled. The year 2008 signified the official commencement of the Internet of Things. In that year the quantity of Internet-connected gadgets surpassed the global human population. At that juncture, the tools initiated communication with one another. Kevin Ashton, who is credited with inventing the concept of the IoT in 1999 and keeping this up and running in the real world, is credited with finding this or giving this its name [1].

There will be 17 billion gadgets in 2024, according to reports, and 30 billion IoT devices are predicted to arrive by 2030. Work was done on simulation programs that represent a different virtual environment similar to the reality, where many programs were used, the most famous of which is Cisco Packet Tracer. The virtual laboratory is a computer environment that allows interactive simulations in real time, providing a virtual representation of real-life applications. This enables users to gain experience by conducting experiments and working on visible, fictitious forms within the computer. The process of education involves practical, tangible encounters. This can, however, be completed in a computer environment in a laboratory setting, or this cannot be completed in a real-world setting. Interactive modeling is another way that students can be shown applications that cannot be demonstrated in a tangible way [2, 6].

1.6 Starting of IoT

Internet of Things is a relatively old idea as it is believed to have originated at the end of the twentieth century; however, it is only in the twenty-first century that it has begun to emerge and gain popularity out of the shops. Usage of the term "**Internet of Things**" was first introduced in the year 1999 by **Kevin Ashton**, who was working at Procter & Gamble at that time. Ashton employed the term in his work to depict a system in which tangible items are fitted with sensors and other networks so that in future they can relay information to one another without involvement of people [1]. The concept of connected devices had been considered beforehand, but the previousness of several motives, including the wireless communication, the microelectronic and the computing power available at the end of the 1990s and the beginning of the 2000s, made the IoT more practicable and extensive.

Some of the first real-life applications of IoT emerged in industrial and supply chain applications where companies were on the lookout for new ways to track their products or streamline their logistics and inventory processes with the help of RFID. Of course, new generations of sensors took less space, cost less, and consumed less energy, and that pushed forward adoption of IoT solutions in spheres that are not directly related to industry, for example, healthcare, transport, and smart homes. The coming of powerful Internet connection speed like

4G and hopefully the 5G enables even more refined IoT systems since it provides better data transfer rates and minimal delay time. By the early part of the decade, IoT had evolved to being the core technology used in smart city, smart home, and industrial applications including energy management and predictive maintenance. Tablets, smartphones, smart watches, smart television, smart TVs examiner lighting, Attmail water boiler and many other IoT gadgets such as smart thermostats, wearable fitness trackers and connected home appliances started coming up in the market thus enhancing is fast adoption [2]. IoT has become the backbone of the fourth industrial revolution (Industry 4.0) across most industries, including agriculture, healthcare, and others, with the trend growing as more devices are connected to, and through, cloud-computing, artificial intelligence, and big data. Although the **Internet of Things** was conceived in 1999, it was implemented in the early twenty-first century and has since then advanced to become an omnipresent technology, which is applicable in both business and home settings.

The expansion of its application can be driven by enhancements in the network connection adaptability, improvement of the sensor frameworks, and the extensively expanding request for automation and data-driven decision across numerous industries [6, 7].

1.7 Software Used

Specifically for this thesis, **Cisco Packet Tracer** is used as the main simulation tool. This is a network emulation software package that let users plan, create, and test networks. It allows the modeling and emulation of numerous different configurations of a network, including those incorporating IoT devices, sensing, and activators. It is indispensable for this kind of functionality; constructing real networking setups costs a lot while this software can provide similar results. Cisco Packet Tracer's major strengths include an operability of a drag-and-drop interface together with embedded learning modules, fitness for both learning and professional use, smart building simulations as well as IoT management.

In addition, there are additional programs interoperating with Cisco Packet Tracer that were incorporated in the simulation to assist in configuring the desired device specs and behaviors and the addition of scripts for automation in Python. Due to the utilization of **Python** in IoT devices programming, new smart responses, continuous monitoring, and data management are created which improve the flexibility of the simulations significantly. Besides, **Wireshark** tool is used for the analysis of network packets in order to monitor data flow and security protocols. These tools together guarantee holistic solutions for modeling smart building networks to enable the thesis to assess the connectivity and operation of IoT systems and their security and performance as well.

1.8 Novelty of Research

The originality of this research is based on the use of Cisco Packet Tracer to implement and control the IoT-based smart building environment which was less explored up till now to give a practical and generalized approach toward the real-world understanding of IoT network. The specific novel contributions include:

1. **Integration of IoT Devices with Cisco Packet Tracer**: Unlike other standard network simulation research that uses Cisco Packet Tracer to simulate conventional networking components like switch and routers, this research adopts and incorporates IoT devices such as smart lighting, High Voltage Alternating Current systems, security sensors, temperature control devices among others into Cisco Packet Tracer. Indeed, this novel application provides an effective real use case scenario for IoT devices and enables the user to have a holistic view and control of the smart building.
2. **Real-Time Monitoring and Control**: The study also brings into the focus the application of Cisco Packet Tracer, in real-time data transmission, device monitoring, and control within a smart building. This aspect entails emulating the remote control of IoT devices using mobile applications and central server so as to get a feel of the actual operating environment of the IoT and its management together with data flow.
3. **Security and Data Privacy Simulation**: This study also entails the achievement of optimum security features including Access Control Lists, Data Encryption, and Authentication Protocols implemented in Cisco Packet Tracer. This makes it possible for IoT devices to transmit data securely as demonstrated by showing how cybersecurity challenges of IoT can be modeled and tested in a network.
4. **Virtual Representation of Physical Devices**: Thus, the research provides a new perspective on the creation of virtual IoT environments by emulating the physical interconnected IoT devices along with virtual local area networks (VLANs) and wireless APs. This makes a great impact in learning and testing the complicated IoT structures without a single physical device.
5. **Scalability and Cost-Efficiency**: The simulation of IoT networks through Cisco Packet Tracer make the designing and testing of smart building infrastructure cost efficient and possible on a large scale. It does not require costly hardware platforms, which makes it modern for the usage in research projects in science and engineering as well as in applications in industries.

Due to the fact that the research looks strictly at the simulation of smart building management with IoT devices, the idea conceived provides an integrated, coherent, and efficient framework based on the network theory, technologies of IoT, and security protocols implemented in a single functional application of Cisco Packet Tracer. In addition to this, it offers a novel perspective into IoT systems based on real-world applications and could hold information useful for the advance of smart structures (Fig. 1).

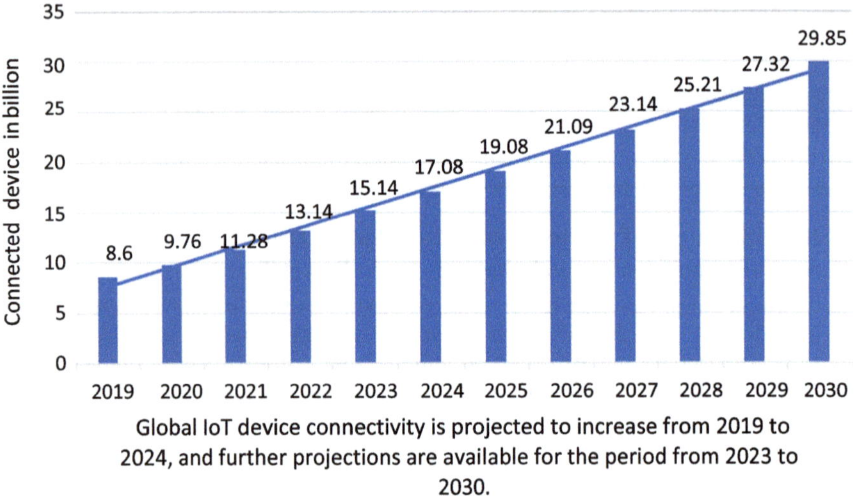

Fig. 1 Shows Statista's forecast for the number of connected devices [6]

Numerous systems have aided in computer analysis and simulation, as applications in a variety of disciplines and economics have evolved into systems that resemble human beings. Using a computer to create networks and transport data is one of their approaches and advancements. This provides a particular protocol for the simulation process, such as standalone surveillance systems. This leads to the creation of networks in the Internet of Things, as well as the identification of fundamentally particular algorithms and protocols that should be applied based on the significance of the network and the degree of network tool development [8].

The IoT will be implemented in all established capital cities and tourism destinations around the globe as a consequence of global initiatives and applications. This was also seen in the Gulf, namely in Musheireb, Doha, Qatar, a smart, green city that made full use of its infrastructure and mostly relied on the Internet for services. Consequently, the development of advanced and contemporary cities is greatly aided by the Internet of Things, and one element of these cities is the smart building system that is the subject of this study. This is driven by the idea of an innovative, intelligent architecture that is universally applicable. Applications developed using pre-existing systems and infrastructure make up the smart building system. This delivers the necessary notifications for temperature, gas emissions, humidity, and light by using environmental sensors. These are delivered via text message, connected to a core system that operates the building automatically and entirely, or provided via the Internet for a particular purpose [9].

2 Section II

2.1 Literature Review

2.1.1 Energy Efficiency, Smart Homes, and the Role of IoT in Smart Buildings

Energy efficiency, smart homes, and smart grids have all been popular subjects of discussion in recent times [10]. Smart buildings have the capability to comprehend and interpret both their internal systems and the external power grid. Smart buildings have the ability to instantly establish communication with smart grids [11].

The current smart buildings distinguish themselves from their predecessors via their responsiveness, agility, and adaptability [12]. For smart buildings to function effectively and to improve the quality of life for occupants in a personalized environment comprehensive data about the local community and surroundings are needed [13]. A smart building is not only a collection of individual controls, but rather a comprehensive and fully operational system. Smart buildings provide seamless communication between many components to create a consistent environment. The integration of the building's systems and construction and operation techniques is a crucial aspect of combining them, which is the primary emphasis of the concept. The authors emphasize the need for both horizontal and vertical integration of data to enable building occupants and facilities managers to get this [14]. In order to tackle the main variables that affect the progress of buildings, such as energy efficiency, durability, comfort, and happiness, it is important to design buildings that integrate intelligence, enterprise, control, materials, and construction into a unified system. The focus should be on emphasizing flexibility rather than just reacting to changes. The primary emphasis of smart buildings is in the operational aspects of the facility after their construction, rather than their architectural design. To meet the criteria for sustainability, a building must possess the ability to adapt its structure and improve its attributes based on the requirements of its inhabitants [15].

The IoT or IoE refers to a network of networked computer devices that have the ability to gather data from many sources and make informed choices based on that data. The word "thing" denotes tangible objects that may be distinctly recognized and communicate over a network. Physical objects include a wide range of items, including automobiles, cellphones, home appliances, toys, cameras, medical gadgets, industrial systems, animals, and buildings. Smart devices may be registered on the IoT server using a smartphone and thereafter accessed remotely using the same smartphone. "Cisco Packet Tracer" used several network and "Internet of Things" (IoT) devices to simplify the simulation process.

Moreover, future versions of "Cisco Packet Tracer" will include additional IoT devices, allowing for the creation of more intricate IoT simulations. Before deploying a network, its performance may be tested using simulation tools. A lot of people choose "Cisco Packet Tracer" over the other network modeling tools. Though other choices like NS-2, TOSSIM, OMNeT++, J-Sim, and Avrora are available, there are still more. An effective tool for simulating wireless networks, Cisco Packet Tracer was developed by Cisco. "Cisco Packet Tracer's" realistic environment accurately portrays the devices' real-world functionality. Users and students, in particular, will find this feature to be very useful. The use of various wireless and IoT devices in practical exercises might help people get ready for real-world applications [16, 17].

Generally seen as an expansion of the Internet, the IoT is causing a revolution in a number of industries. The growth of the Internet and its effects were acknowledged by the World Economic Forum in 2016, which referred to this as the "fourth Industrial Revolution" [1].

IOT is a technology that will greatly impact peoples' lives. This technology is utilized across several areas, such as agriculture, energy, healthcare, transportation, and others. This section will describe many practical applications of IOT.

The several goals of IoT include streamlining processes, cutting costs, creating novel products and business models, increasing customer involvement and satisfaction, and making the most of existing technology. Among these technologies are those pertaining to communication networks, information, the software, hardware, and sensing/control. IoT symbolizes the integration of systems from several sectors, including industrial, consumer, government, and commercial, and encompasses a vast array of applications. A wide range of fields are included in IoT, including digital agriculture, smart manufacturing, smart transportation systems, smart energy, digital health, smart cities, smart grids, smart homes and buildings, and many more.

Advancements in 5G technology provide a more fluid and uninterrupted connectivity among various devices. Global businesses and individuals must prepare themselves for significant transformations as 5G wireless networks are poised to become ubiquitous in the near future. The IoT serves as the foundation for intelligent city applications and produces enormous amounts of data. Figure 2 illustrates the possible uses of 5G and AI in intelligent buildings.

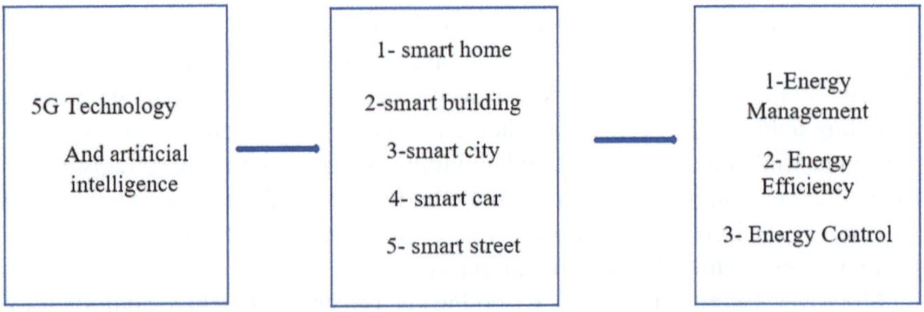

Fig. 2 Illustration of the uses of 5G and AI in smart buildings [6]

2.2 The Impact of 5G and IoT on Smart Cities, Smart Homes, and Industrial Sectors

The reliability and durability of networks may be impacted when 5G is used in areas that do not need strict process controls. Real-time processing of large volumes of data is also feasible. The system has the capability to process a restricted amount of data, if necessary, due to its use of 5G technology. 5G installations currently prioritize the IoT. This is widely used by many sectors and enterprises, and this has recently garnered significant positive feedback. The projected figure for the number of devices equipped with IoT capacity by December 2030 is around 29.85 billion, according to several estimations [2, 6].

When this comes to manufacturing, the IoT is all about efficiency and productivity gains. IoT devices have the potential to monitor and control production processes, detect corrosion in refinery pipes, and provide early warning of impending equipment failures so that repair may be promptly provided. Introducing the IoT in several sectors, including manufacturing, food, and automotive, might enhance work efficiency. Internet of Things (IoT) technology stands to have the greatest impact on the healthcare sector. Connecting smart devices like heart monitors and pacemakers to a network allows healthcare practitioners to continually monitor their patients via the usage of IoT. This paves the way for the ability to remotely observe, analyze, and modify their circumstances. Smartwatches and fitness trackers are just two examples of the numerous IoT gadgets that can make this easier to keep tab on peoples' health. IoT devices are used by a "smart city" to manage and supervise its infrastructure and transportation systems. The use of Internet of Things (IoT) devices in smart cities has the capacity to regulate several sectors that extend beyond transportation and infrastructure. For instance, this could assess energy systems, oversee water quality, and do more tasks [18].

Lighting, cameras, fans, fridges, air conditioners, smart thermostats, and door locks are all part of what is known as a "smart house" in the world of home automation. An Internet-connected computer or smartphone from anywhere can manage and control these devices remotely. The ability to remotely operate household appliances may provide homeowners with a sense of security, convenience, and efficiency. Energy savings and the elimination of potential dangers are two benefits of smart home technology. With home security systems like cameras, alarms, and detectors, homeowners can keep an eye on things from afar. With the help of Internet-connected devices like smartphones or computers, drivers of modern smart cars may operate their vehicles' systems from anywhere in the world. Being able to operate appliances from a distance gives homeowners a feeling of ease, convenience, and calm. Energy economy and safety are two areas where smart home technology really shines. Security systems, which could include cameras, detectors, and alarms, can be remotely monitored by homeowners [18, 19].

The intelligent entity or any related entity's behavior is controlled by this application. One such connection is between a pressure sensor and a pump. The control application quickens the pump's speed the moment this senses a drop in pressure.

Because it is not possible to easily code the various components needed to manage an IoT network into a single IoT device, control applications are required. Possible causes include the intricacy of the intended updates being beyond the capabilities of the local system or the fact that the factors influencing the modifications are components of faraway IoT devices. Analytics and control features are included in a number of powerful IoT applications. In most cases, the analytics module is used to review data acquired by intelligent entities.

The results of this processing may be used to change the behavior of intelligent systems or creatures that interact with them. The control module is used to send commands to change behavior. Determining the amount of control required for the specific use case and comparing this with the available analytics capabilities is critical when assessing an IoT data and analytics solution [1].

"Cisco Packet Tracer" is a robust simulation of virtual networks program utilized for learning and comprehending various concepts in computer networks. Cisco created the tool to provide students and users with a practical understanding of networking technologies. Cisco Packet Tracer allows users to construct and simulate networks using virtual devices, including hubs, routers, and switches. Cisco Packet Tracer allows the modeling of networks without the need for actual hardware [4, 20].

There is one that concerns the physical self and another that concerns the mental self. The physical view provides a visible depiction of the virtual network devices, while the logical view enables users to organize and link them. This may add more functionality to the devices in the physical display by inserting them into the slots that already exist. In its surroundings, the simulation software accurately replicates real-world equipment. Consumers benefit greatly from this as this allows them to get used to devices before they use the real thing [4]. Several protocols are supported by "Cisco Packet Tracer". Packet Tracer's supported protocols are shown in Table 1 [21].

Table 1 Cisco Packet Tracer supports the protocols listed [4]

Layers	The protocols
Application	Config and calls for FTP, SMTP, POP3, HTTP, TFTP, Telnet, SSH, DNS, DHCP, NTP, SNMP, AAA, ISR VoIP, SCCP, and more call manager express, ISR command support
Transportation System	Layer 3 quality of service, network address translation (NAT), CBAL, IPv4, UDP, TCP Nagle Algorithm, and IP fragmentation are all topics of interest. The RTP network supports several protocols like BGP, IPv4, ICMP, ARP, IPv6, ICMPv6, IPSec, RIPv1/v2/ng, MultiArea OSPF, EIGRP, Static Routing, Multilayer Switching, Intrusion Protection System on the ISR, GRE VPN, and IPSec VPN
Interface for Network Access	Protocols such as Interface Ethernet, HDLC, Frame Relay, PPP, PPPoE, STP, RSTP, VTP, DTP, CDP, 802.1q, PAgP, L2 QoS, SLARP, Simple WEP, WPA, and EAP

2.3 The Role of Cisco Packet Tracer in IoT Simulations and Smart Technology Integration

A number of new capabilities in Cisco Packet Tracer's latest release facilitate the simulation of IoT scenarios. Also included are smart gadgets, sensors, actuators, and microcontrollers, among other features. Smart windows, fans, lighting, and alarm sirens are all part of the smart home ecosystem that packet tracer aims to capture. Furthermore, sensors may be used to gauge CO_2, temperature, humidity, and water level. Numerous connection choices are available in the upgraded packet tracer, including optic Fast Ethernet, Internet of Things (IoT) bespoke cables, straight copper cables, and crossover copper cables. Another choice is the auto-wiring feature, which lets the gadget determine the best cable to link two devices.

The new version's ability to program various sorts of devices is one of its primary strengths. Many other programming languages may be used with it, including Blocky, Python, and JavaScript. Other ways, such cable connections and wireless connections, may be used to connect them [22]. Smart homes, smart industries, and smart cities are just a few examples of the Internet of Things (IoT) applications that may be developed and simulated with the help of Cisco Packet Tracer. One outstanding feature of Cisco Packet Tracer is its ability to simulate real-life device interactions. Furthermore, its multiuser capabilities allow several users to work together to build a virtual network on top of an underlying physical network [21]. An Internet-based home automation system, or "smart house," is the only subject of this thesis. The purpose of this study is to examine how the enhanced packet tracer makes use of smart devices.

In a nutshell, a smart home is one that has several smart appliances, including windows, lights, a coffee maker, and fans. This can control these gadgets from anywhere with an Internet-connected computer or smartphone. The benefits of a smart home include increased comfort, safety, efficiency, and peace of mind for the homeowner. Smart thermostats and smart lighting are examples of intelligent technology that have the potential to enhance energy conservation via decreased energy use and associated costs. A smart home's capacity to automate processes is its primary benefit, although improved security is a major plus. With the ability to operate their devices from a distance, homeowners can keep an eye on their belongings and quickly deal with any problems that may develop on their property. The ease this offers is where its comfort really shines. The coordinates are given as in the given data. A smart home gives its owners the freedom to manage and keep tabs on all of their home appliances from anywhere in the world, at any time ([22]; Kumar n.d.).

As part of the industry 4.0 standard, smart building infrastructure may be more effectively managed using façade inspection systems that use sophisticated fifth-generation technology and artificial intelligence. The industry 4.0 framework for integrating intelligent building infrastructure is comprehensively summarized in Fig. 2. The goal is to design a working model of a system that uses drones to inspect building exteriors. Instantaneous high-resolution picture and film capture is within the realm of possibility with this technology. Photos or videos will be sent to an AI-powered remote defect detection system for evaluation after authorization is granted. Figure 3 shows how 5G and VR are being used together in the field of education [6].

A worldwide network of interconnected computing, networking, and sensing devices, services, and information assets is the goal of the IoT.

The IoT allows for the seamless connectivity of all the things around us over the Internet. Elements essential to the "Internet of Things" include microcontrollers, microprocessors, wireless sensor networks, 2G/3G/4G, GSM, GPRS, RFID, Wi-Fi, and GPS. It is believed that these technologies make it easier to create apps for the "Internet of Things." To integrate "things" with "intelligence," the IoT's defining characteristic, the first two groups are necessary [6]. Although the third group isn't strictly necessary for the IoT to work, this will inevitably crop up as a result of its widespread use [23].

The IoT is not a standalone technology but rather the result of several different software and hardware platforms coming together. Solutions that depend on information technology are provided via the Internet of Things, which allows data storage, retrieval, and processing. In addition, this incorporates communication technology, which includes all technological tools used for interacting with other people.

Technological developments that facilitate the management and operation of the IoT through current and future interoperable information and communication technologies enable infrastructures that support enhanced services provided by both digital and physical objects. So, it is possible that the number of nearby things that can communicate over the Internet will grow, leading to the creation of a vast system of linked gadgets. Microcontrollers, microprocessors, wireless sensor networks, WLANs, GPS, and machine-to-machine communication are all part of the Internet of Things. The majority of these applications center on technology that make other processes or activities easier or more accessible.

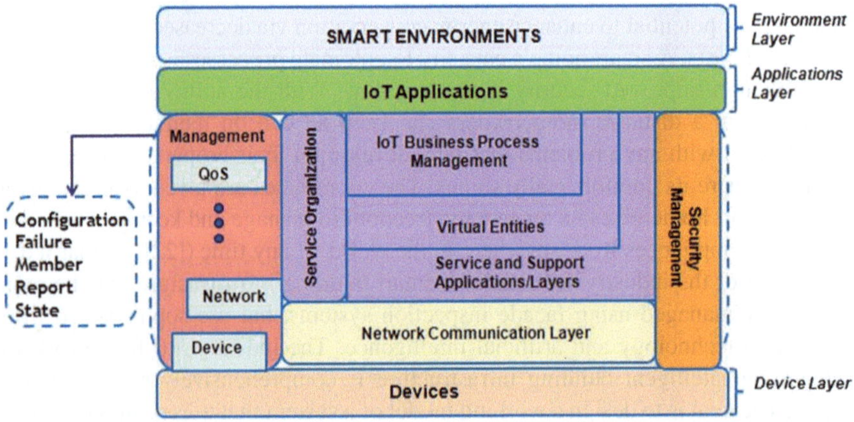

Fig. 3 IoT reference architecture design [27]

The first two groups might be seen as the building blocks of what people frequently call "things" online, or the "intelligence" that these objects contain. Though the third set isn't strictly necessary for survival, this is an intrinsic necessity that has a major impact on overall effectiveness.

The technology behind things is not a piece of software or hardware, but rather a collection of them. The "Things" relies on software and hardware for data storage, retrieval, and processing, all of which are crucial parts of information technology. There are electronic systems within this technological sector that are tailored to satisfy the needs of people or groups.

Traditional manufacturing organizations have encountered many challenges due to the fourth industrial revolution, typified by the adoption of smart factory concepts. Smart factories, as crucial components of a highly advanced and interconnected society, need to be able to effectively handle the increasing complexity of their surroundings, exhibit decreased vulnerability to interruptions, and attain enhanced production efficiency [24]. This represents a significant transition from the current system of manufacturing that is controlled from a central location to a decentralized approach. The execution of this stage is now underway, facilitated by the ability for manufacturing resources, personnel, and even individual commodities to seamlessly interact with one other without any obstacles. An integral part of this change is the integration of IoT protocols and technology into manufacturing procedures. Incorporating smart electronic components into manufacturing processes and making use of them all through a product's lifetime is the goal of the "Industrial Internet of Things" (IIoT) [25].

On a worldwide and regional scale, this system operates as an evolving information network. Companies in the industrial sector may improve and test out new application ideas with the use of the "Industrial Internet of Things" (IIoT). Predictive maintenance and machine health analysis are two other examples of more traditional fields that make use of data mining [8]. "Internet of Everything" (IoE), "Industrial Internet of Things" (IIoT), and "Consumer Internet of Things" (CIoT) are common terms for the many components of Internet connection in home appliances, vehicles, and other systems [16].

Through the use of mobile devices, cloud storage, big data, and various forms of sophisticated analytics (such as predictive, cognitive, real-time, and contextual), the IoT allows for the control and manipulation of both real-world and virtual things. Applications programming interfaces (APIs) that are accessible from inside applications, data modeling, and protocols or configurations of protocols are all necessities for IoT systems. Theoretically, an IoT platform might participate in more than one ecosystem. Improving the performance of smart applications, managing devices, collecting and analyzing data, and handling communication protocols (both software and hardware) are all functions of an IoT platform [26].

The IoT is a comprehensive term that encompasses many applications, technologies, and procedures aimed at transforming society digitally. This is generally recognized as the most crucial technology for the society's digital transformation. People often use more precise terminology when discussing the "Internet of Things" to distinguish between various application scenarios and the associated possibilities and challenges. The term "Consumer Internet of Things" (CIoT) is used to describe the utilization of numerous physical personal devices, such as smartphones, wearables, fashion items, and the growing number of smart home devices [27]. On the other hand, the term "Industrial Internet of Things" refers to the application of IoT in industrial operations [28]. The term "Internet of Everything" (IoE) is favored by certain individuals because of its all-encompassing and multi-device characteristics, as opposed to the term "Internet of Things". The term IoT refers to a transformative concept that incorporates several aspects like as processes, people, benefits, outcomes, and significant real-world opportunities, independent of the precise terminology used. All components of this ecosystem are interconnected; this encompasses not just communication between machines, but also communication between humans and between humans and machines via technology.

The safety of electronic gadgets has been the subject of earlier studies. The security of data transfers in the IIoT cannot be guaranteed just by using encryption and authentication control mechanisms. Information gathered from many sources permeates the IIoT architecture at every level, including the device and fog layers [29]. This section provides a high-level overview of the security concerns that should be investigated further in relation to substantial IIoT data transportation. This is critical to consider these elements extensively before building an IIoT system in IIoT Layers 4 and 5. In the realm of communication management, Cisco Reference makes use of bidirectional data transmission [30]. When dealing with sensitive industrial data, this is essential to ensure the security of data transmission and communication. Ensuring the protection of sensitive information from unwanted access is the responsibility of secure communication methods. Furthermore, this lessens the likelihood of data leakage and manipulation attacks like eavesdropping and man-in-the-middle by fixing weaknesses in data transmission routes. By using encryption methods such as Transport Layer Security (TLS), data is protected while being sent. However, a security hole in April 2014 let an outsider access TLS-protected data. Thus, in order to ensure the safe transfer of massive amounts of data, the IIoT (Industrial Internet of Things) requires more emphasis and attention [5, 31].

Based on the work of Viswanath et al. [32], a home system was proposed parts of the "Internet of Things" and modern software architectures make up this system. The authors had not only developed the necessary software systems but also a method for incorporating IoT devices into the building process of new houses. All of the products were thoroughly tested using a "Universal Home Gateway" (UHG) that has a variety of sensors, smart plugs, actuators, and smart meters [6].

A growing number of people's reliance on mobile devices has prompted the creation of the 5G network. Also, new and exciting company concepts will be easier to come up with. The main problem is that building design is not changeable after it is built; hence, this is not practical to allow 5G-related activities inside.

Consequently, due to the need for alteration, integrating an existing structure into a smart city poses a significant challenge. There will likely be a dramatic increase in mobile broadband traffic and data volume in the next few years. The extensive adoption of mobile broadband in many contexts is likely the primary cause of this. Moreover, 5G will allow for the creation of novel and flexible services in addition

Table 2 The primary objectives of intelligent buildings

Reference	Objectives	Prerequisites	Explanations
Tushar et al. [30]	Using geolocation services	Make sure the target locations are accurate	The efficiency of service offering is enhanced by the monitoring of personnel and other building resources
Del Rio et al. [15]	Optimizing the use of energy	Establish communication with the surrounding environment, whether this is between buildings or between a building and the infrastructure	To achieve a Net Zero Building, the energy usage of the building should be maximized without sacrificing on safety or quality of life
Katona et al. [35]	Management of facilities	Ensure that there is seamless communication between the gadgets and equipment within the building	Saving time and money on building operations and maintenance is possible via the implementation of maintenance procedures and the efficient coordination of resource use and administration
Jia et al. [36]	Satisfaction of indoor occupants	Determine the members' typical patterns of conduct	Adapting climatic conditions based on human preferences has the capacity to improve both health and productivity

to supporting the extension of current mobile broadband services. Applications with small, moderate, big, and time-sensitive data needs will all be covered by 5G [33]. The ease and convenience of life for those living in smart buildings is ensured by a complex web of linked systems, gadgets, controllers, and sensors. One feature of smart buildings is their ability to accommodate a communication network that may be managed remotely [34]. These duties are mostly provided by intelligent buildings, as seen in Table 2.

2.4 *The Economic and Technological Impact of IoT and Network Simulations in Smart Infrastructure*

Many observers feel that the world is on the brink of a transformative era marked by revolutionary developments driven by information and communication technology (ICT). Part of this invention is progress in communications technology (CT) that enables and establishes networks for communication between objects and the wider Internet, generally referred to as the IoT. According to Manyika et al.'s estimate, IoT is projected to have a substantial economic effect of $3900–$11,100 billion annually by 2025. The projected impact is anticipated to be influenced by several variables, including declining hardware costs, developments in computer technology, cloud storage capabilities, enhanced Internet speeds, and more economical connectivity possibilities. Consequently, there will be a dramatic increase in the number of Internet-connected devices and gadgets [37].

The economic modeling of IoT is inadequate. The current economic business models based on IoT lack significant disruption and innovation. Within the realm of IIoT, the prevailing economic models generally concentrate on minimizing operational expenses, namely by means of technical advancements in various operations. Within the consumer IoT sector, the majority of enterprises utilize IoT goods and services as supplementary components that can be standardized to generate value and facilitate expansion for their primary activities. The expenses associated with the design, development, implementation, and operation of IoT services are either unclear or inadequately evaluated. As a result, there are underdeveloped and unpredictable IoT markets present at the same time as uncertainty regarding overall operational costs, potential economic consequences, emerging responsibility obligations, and privacy legislation. Consolidation and agreement on a mutually agreed-upon set of criteria for IoT sector are ambiguous and subject to varying interpretations. Presently, global standards organizations are actively involved in the ongoing development. There is currently a lack of structure and uniformity in the IoT industry, which hinders technological compatibility and increases economic and societal risks. Enhancing compatibility among technologies and standards, with a focus on safety and security, would streamline the process of generating economic worth [38].

A power management system based on the IoT is a very efficient method for electricity management. The recent progress in the IoT has allowed scholars and industry professionals to acknowledge its importance in energy management systems. The use of Internet Protocol (IP)-enabled services has been shown to be effective in conserving energy [39]. The selection of IoT network technology has a direct impact on the attainable connection architecture. Each technology was intentionally developed to ascertain the distinct criteria for connection, encompassing the elements that need to be linked, the specific locations where this should be connected, the volume of data to be transferred, and the temporal and spatial aspects of transmission. The use cases identified the most suitable frequency band and frame structure that align with the anticipated data flow (including packet size and transmission intervals), as well as the various topologies exhibited by these use cases.

Three common topological configurations are star, mesh, and peer-to-peer, which are used for establishing an IoT network. Numerous networks make use of the star topology; this include Bluetooth, LTE, LPWA, and other short-range technologies. In star topologies, all communication with endpoints is handled by a single central base station or controller.

An efficient access network architecture can be designed to simplify the installation and maintenance of the system. The improvement of data networks will enable smooth system and forwarding operations, as well as adaptive network control, by facilitating the integration of new network services and streamlining processes [6].

2.5 *Network Simulators Are Vital Tools for Individuals Engaged in Network Systems*

Creating a direct connection between switches and routers in a laboratory setting would not always be feasible, and even if this were, this might not be essential. Presently, there are specialized virtual software applications specifically developed for the express purpose of administering examinations. "Packet Tracer" is a client-accessible application developed by Cisco. A powerful software tool, Packet Tracer, provides a safe environment for designing, implementing, and fixing network problems by letting users visualize and simulate networks. The user interface (UI) is intentionally crafted to be intuitive and straightforward, enabling effortless creation of the topology with simple drag-and-drop functionality [40].

Network simulation is the process of constructing a virtual model of a network and evaluating its functionality without the need for actual implementation. Network simulator programs are predominantly utilized by firms engaged in the creation of network products for the purposes of training and design. CISCO Company now uses simulator software instead of laboratory programs for educational reasons, particularly in the CCNA, CCNP, and related levels. This may utilize Cisco network devices and architecture with "Packet Tracer", a network simulation application, without actually owning any of the hardware. Software like "Packet Tracer" makes this easy to set up devices and design network topologies. This platform is particularly advantageous for students preparing for Cisco certification tests since this provides a conducive learning environment [41].

Tracer is a powerful visualization and simulation tool that enables users to develop, build, and troubleshoot network issues in a protected environment. The intuitive design of the user interface facilitates the easy creation of the topology through simple drag-and-drop functionality.

This possess the capability to effortlessly append and detach interfaces on the gadget according to one's own judgment. Moreover, this may easily assign the interfaces by choosing the appropriate devices.

Today, diverse devices, including computers, servers, switches, broadcast devices, sensors, phones, and printers, interconnect to form networks. Mobile devices, whether connected via wired or wireless communication technologies. The authors might consider computers used in professional or domestic settings as constituents of a network. As the Internet functions as a network, there are only constraints on speed and data use. Different networks possess the capability to interchange resources or documents over the Internet [2].

An important benefit of using "Cisco Packet Tracer" for simulating IoT applications is its ability to seamlessly incorporate physical layers with network components. The system has included "Internet of Things" devices. The primary categories include microcontrollers, sensors, actuators, and smart devices. The graphic showcases a variety of sophisticated home appliances that could potentially feature in IoT scenarios. Smart gadgets, whether linked wirelessly or by a cable, are electrical appliances that have the ability to connect to a network. There are currently existing

Python programs that enable users to efficiently create interfaces and behavior patterns. The sensors consist of intelligent lighting systems, air conditioners, coffee makers, alarms, RFID readers, and a wide range of other sensors, such as those for temperature, humidity, carbon dioxide, and water level.

Promising opportunities for progress and improvement are strengthening the security monitoring system inside the IoT architecture. Either the development of more accurate triggering systems or the integration of more sophisticated detectors may achieve this. Smoke, carbon monoxide, and fire detectors are among the safety equipment that may be put in a house. In the event of detecting a hazardous situation, this may be required to open doors and windows, activate fire sprinkler systems, or enhance air circulation.

The user contemplated the prospects of using artificial intelligence in the administration of intelligent cities and buildings, and suggested the concept of a sophisticated smart building situated in a highly intricate urban environment. Concerns over the use of new technology in institutions are justified, since this has the potential to compromise individuals' security and privacy. Consequently, these supported the implementation of digital rights management to protect intellectual property in the digital domain.

IoT smart buildings may enhance operational performance and minimize energy usage by using sensor data. Integrating "Internet of Things" devices into smart buildings enables effective management and monitoring of energy use [42]. IoT gathers and analyzes environmental factors such as humidity, temperature, and pressure to assist in energy conservation for smart buildings. Sensors are connected to IoT monitor and control the lighting system of the intelligent building. These sensors activate and deactivate the lights as required. IoT technology may improve emergency management and response, leading to better results in hazardous situations. The IoT has greatly enhanced the comprehension of safety systems by connecting sensors and delivering real-time data to managers, rescuers, and individuals in hazardous situations. Figure 6 illustrates the potential improvement in user-friendliness and convenience that may be achieved by integrating these sorts of applications into structured intelligent systems [6].

A major assault known as Dyn was launched on October 21, 2016, by Mirai virus. Several distributed denial of service (DDoS) attempts followed, knocking services down. Not only that, Reddit, Twitter, Netflix, Spotify, and Airbnb were all hit hard by this assault as well. The findings indicate that the network was able to get unauthorized access to a number of networked devices, such as IP cameras, printers, and baby monitors. The targeting of IoT networks and devices, however, poses a risk to user privacy [26].

The purpose of this thesis was to simulate the numerous sensor-based components of IoT in order to provide students real-world situations to learn about the IoT. For this setup to operate, the network architecture and backend system must be well-designed to provide efficient processing and analysis of sensor data (Fig. 3). Because of its long history of use in Cisco networking education, "Cisco Packet Tracer" has been selected for the simulations. The wide variety of network components is a standout feature of the tool. Users may set up virtual networks by linking and configuring different devices. Users are able to link smart components, devices, sensors, actuators, and microcontroller-like devices like Arudino or Raspberry Pi to the network using the newest version of Cisco's tool, which features IoT capabilities. Popular programming languages like Python and Java make this easy to connect IoT devices to preexisting applications. Because of this reasoning, "Cisco Packet Tracer" is a great resource for making IoT-related classroom activities and workouts. In order to assist student grasp the potential of Cisco Packet Tracer as this pertains to the IoT, this curriculum attempted to provide four distinct predefined scenarios. A brief description of the gadget, with emphasis on its IoT features.

2.6 *Theoretical Framework*

This refers to infrastructure, specifically the ability to understand and implement various networking concepts, including LANs, WANs, routing, and switching. Using this knowledge, Cisco Packet Tracer can be used to develop solutions for the Internet of Things. In theory, this is the optimal method for establishing a network that enables devices to intercommunicate and facilitates the transmission of data. Protocols and standards such as HTTP, CoAP, and MQTT play a critical role in facilitating successful communication between the network infrastructure and IoT devices. This provide seamless communication and optimal functionality across all components of the "Internet of Things" system.

Utilizing security measures like firewalls and VLANs in the Cisco Packet Tracer simulator aligns with expertise in cybersecurity. This encompasses ensuring data confidentiality on IoT devices, safeguarding the integrity of the devices against unauthorized attacks and cyber threats, and employing access control lists (ACLs) as a means of control. The integration of security measures in Cisco Packet Tracer ensures network protection on the IoT for the business project. This encompasses specific protocols and various systems for communication, authentication approval, encryption, and control. This can configure firewalls and virtual private networks to protect the network and the intrusion detection system (IDS).

Data processing theories encompass the theoretical framework of sensors and execution engines that function as simulators, as well as processing techniques like cloud computing. These theories are applied in the design and setup of IoT devices, as well as in the simulation of workflow and processing. The theory enables the direct acquisition of information, its analysis, and the decision-making process within the implementation of the devices. Quality of service is a fundamental concept that defines the prioritization of network traffic and regulates this to ensure the proper functioning of the Internet service in the simulator. Service quality strategies optimize the user experience and system responsiveness by giving priority to information transfer, data transmission, and network resource allocation.

The theoretical framework is contingent upon the components established inside the practical framework. Consequently, the functioning and discourse around the practical framework structure will be influenced by these components. Thus, the devices required for the IoT network are used inside the Cisco Packet Tracer application offered by Cisco. This includes the utilization of routers, servers, and switches, along with other accessible network devices. The simulator incorporates a diverse array of IoT devices, including broadcasting, receiving, and remote-control functionalities. Therefore, comprehension and proficiency in various network concepts will be gained, enabling us to discuss them within a theoretical framework. This applies to both local networks and large-scale networks, as well as communication between local and wide-scale networks.

2.7 Related Research

"The Role of ML, AI, and 5G Technology in Smart Energy and Smart Building Management" explores the integration of 5G, smart energy, and artificial intelligence (AI) in this subject. This article provides a concise overview of research that demonstrates how intelligent buildings may use machine learning and artificial intelligence to automate various operations. Examples of this include regulating the building's inside climate, overseeing security systems, and performing continuous and automated maintenance. This entails using IoT devices to monitor and control communication across various network devices in intelligent buildings. The goal is to provide services that improve the overall experience and safety of those who live in these buildings. In this study, the authors also explore the use of 5G networks to enhance work speeds and data transfer. This demonstrated that using a higher frequency band in 5G, which operates as radio waves, reduces transmission efficiency across short distances and in rural regions. Furthermore, the availability of communications technologies like the fifth generation (5G) raises concerns about the vulnerability of IoT devices to electronic hacker assaults. The article highlights the significant impact of 5G technology advancements on the growth of smart buildings. This emphasizes the significance of utilizing this technology to analyze vast amounts of data, including machine learning and artificial intelligence, in order to automate decision-making processes and enhance energy efficiency. The article aims to explore the role of machine learning and artificial intelligence technologies in the fifth generation of smart buildings. It also emphasizes the benefits and challenges of these technologies, provides insights into their capabilities, and calls for further research and technological advancements in this field [6, 7].

These methods developed a protocol to create and build a computer network using Cisco Packet Tracer, which led to the creation of a complex and extensive computer network. The authors confirmed the network's operations and functionalities by deploying five network scenarios within a hotel. The essay emphasizes the importance of the Cisco Packet Tracer network simulator for gaining information and participating in hands-on activities connected to computer networks. To summarize the essay, the authors effectively constructed a customized network using the Cisco Packet Tracer simulator, employing a thorough and advanced design and implementation methodology without the necessity of physical components.

Furthermore, these developed a tool to assess the members' expertise and conducted network simulations to verify the network's precision and effectiveness. The paper highlights the importance of using network simulators, such as the Cisco Packet Tracer simulator, in both educational and professional environments [43].

This academic paper aims to provide a basic and comprehensive understanding of the IoT and its network of networked devices. The IoT paves the way for smart devices to do things like locate, track, monitor, and manage themselves, as well as share data with one another. A vast array of things, from electronics to transportation to household appliances to medical equipment, and beyond, are all part of the Internet of Things, as the authors stress.

This presentation provides the framework for the IoT by covering a variety of wired and wireless technologies, including Ethernet, Wi-Fi, Bluetooth, ZigBee, GSM, and GPRS. Reducing power consumption, increasing data transmission speeds, improving security, and increasing reliability are some of the specific needs of IoT applications that the authors highlight as requiring communication technology adaptation.

A vast number of interconnected devices, the ability to dynamically modify their statuses, a variety of devices, the existence of services related to these devices, and the capability to connect devices are all fundamental components of the IoT. The authors concur that this is very difficult to handle the enormous volumes of data produced by IoT devices while simultaneously ensuring their security [4].

This article takes a look at the IIoT security issues by comparing and contrasting the Cisco and Microsoft reference models. Two major advantages that companies obtain from the IIoT, according to the authors, are increased production and preventive maintenance. The need of fixing its serious security flaws, however, is stressed by them.

Concerns about the security of IoT as this pertains to cloud computing are detailed in this article. Data gathering and compression is the primary focus of this layer. Supporting research and improvements in the area of "Internet of Things" security is the primary goal of this endeavor. As a basis for their research, the researchers have used Cisco and Azure IoT designs.

There are two tiers of security risk analysis conducted by Cisco standard architecture model researchers. In addition, these are aware of the need of following IIoT security protocols.

Part one of the piece delves into the relevance of the IIoT and its consequences for many businesses, offering thorough information. When businesses embrace IoT technology, there is a pressing need to address security concerns. IoT security flaws, in different use cases, especially in manufacturing, are the main topic of this article.

The essay evaluates other studies and surveys that have investigated IoT security issues and offers a thorough evaluation of IoT security. In order to address security problems at various levels, the research compares and contrasts several IoT architectures.

Afterward, the authors present an all-inclusive IoT architectural framework developed for the IIoT. The ideal architecture for the client would include features like real-time data collecting and analysis, customizable data routing to meet unique business needs, and bidirectional data interchange.

An exhaustive list of publications is provided in the complete list of the evaluated papers.

Examining and evaluating various vulnerabilities and issues, the research delves deeply into the IIoT security ecosystem. Additional research is required to adequately handle security concerns in the industrial IoT industry. The use of reference models developed by companies like Cisco and Microsoft is suggested in this statement [5].

The "Internet of Things" Simulations using "Cisco Packet Tracer" article is a master's thesis. Building functional models of the IoT using Cisco Packet Tracer was the primary goal of the thesis. IoT course at the university was going to benefit from these simulations. The author's objective was to provide pre-configured IoT scenarios to assist students in acquiring a practical comprehension of different IoT sensor-based components, network topologies, and backend intelligence systems employed for assessing sensor data. The main emphasis of the four Cisco Packet Tracer IoT simulations is on smart home, smart campus, and smart industrial applications. The simulations included a thorough network structure, IoT devices, complex backend algorithms, and realistic examples of microcontroller programming. The thesis included a thorough and exhaustive analysis of each simulation, including in-depth explanations. The positive feedback received from both the students and the IoT teacher indicates that the thesis work was considered advantageous. It is suggested that future versions of the IoT course have a higher quantity of hands-on assignments. Furthermore, the author suggested employing tangible hardware technologies such as the Raspberry Pi and Arduino, as well as investigating sophisticated IoT simulator tools. Cisco Packet Tracer was utilized to develop realistic and meaningful IoT simulation scenarios for academic research purposes. The simulations aimed to enhance students' comprehension of IoT principles and offer hands-on experience with IoT components and network configurations [7].

This article, titled "Industrial Internet of Things: A Systematic Literature Review and Insights," aims to provide a thorough study of the IIoT. This focuses on four key research topics to give a full understanding of the issue. Initially, the authors emphasize the importance of IIoT in the context of intelligent manufacturing and the fourth industrial revolution. This emphasizes the need for a comprehensive and unbiased examination of the existing literature on this topic. The authors use a blend of qualitative and quantitative analytical approaches to conduct their systematic literature review (SLR). Scopus, IEEE Xplore, and Science Direct are search engines that enable users to refine their academic literature search specifically to papers related to IIoT. Following a comprehensive evaluation, items are either included or excluded based on stringent criteria. To continue with additional testing, author only evaluated things that satisfy the defined criteria. The primary research inquiries that this initiative aims to address are: organizations involved in the IIoT (Industrial Internet of Things) initiative have chosen to withhold their identities, locations, and project completion timelines.

The Industrial Internet of Things (IIoT) utilizes the following fundamental protocols and technologies to enhance communication: Regarding IIoT, which areas of research are considered the most crucial? The IIoT is primarily used by the energy, transportation, healthcare, and industrial sectors. After a comprehensive analysis of the data, the findings and interpretations are reported. The IIoT research extensively explores several subjects such as authors, publications, geographical areas, and companies. Furthermore, this play a crucial role in the development and establishment of the fundamental communication protocols and technologies of the IIoT.

This study gives a priority to the establishment of tangible commercial applications and the implementation of thorough research programs. The study's last part offers a succinct summary of the review's strengths and weaknesses. The book emphasizes the importance of data acquired via systematic literature reviews (SLRs) and offers suggestions for prospective topics of future study in the IIoT business. This article provides a comprehensive evaluation of the most recent research on the Industrial Internet of Things (IIoT). Comprehensive coverage is provided on scientists, technologies, research efforts, IIoT benchmarks, and IIoT installations. After thoroughly examining an area of the literature that has not been previously investigated, the authors of this study provide suggestions for further research in this topic [8].

"(IoT) for Building Smart Home Systems" takes a look at the concept of using IoT technology to create smart home systems. When this comes to building an intelligent and linked home, the authors stress the significance of the "Internet of Things".

A smart home system's characteristics and practical uses are explained in full and with clarity in the study. Environmental data distribution to users, environment monitoring with sensors and cameras, activity and equipment management, and intelligence integration with AI systems are all part of the tasks. In security settings, the writers stress how important intelligence is.

Incorporating energy-saving smart lighting, monitoring and managing smart household gadgets, increasing security by detecting unwanted access, and assuring safety by detecting smoke and gas are just a few of the many applications of a smart home system that the article briefly summarizes.

This article takes a look at how the Frugal Labs IoT Platform (FLIP) came to be, highlighting this as a major step forward in the development of smart homes that can connect to the Internet. In order to oversee and control the smart home environment, the authors suggest implementing a system that uses FLIP. Unfortunately, since the material is truncated, the public component of the study does not provide specific information on the FLIP design and its implementation.

Part of the article's main argument is that the IoT has the ability to build AI-enabled smart home systems. In addition, this provides a brief summary of the FLIP platform, which may be used to integrate IoT capabilities for smart home monitoring and management [3].

This article explores the process of creating and implementing IoT systems using "Cisco Packet Tracer". The phrase "Design and Simulation of IoT Systems Using the Cisco Packet Tracer" is the title of the research. The authors' suggested IoT control system is specifically designed to target a fertilizer producing facility. The first part of the study examines model-based and mashup-based techniques, which are the primary architectural methodologies used in constructing IoT systems. For the development of customized applications, mashup techniques are the most suitable option, while model-based approaches provide a more expressive and abstract means of describing systems. The intelligent entities and services provided in Cisco Packet Tracer software may be categorized into four broad groups: industrial, power grid, smart city, and residential. The authors use this application. The software incorporates several hardware components such as microcontrollers, sensors, actuators, and single-board computers. The IoT solution developed by the authors is tailored specifically for a fertilizer production facility, using this platform. The system attempts to enhance three crucial internal process plants: steam generation, nitric acid synthesis, and ammonium nitrate manufacture. Modern technology enables databases, Human–Machine Interface, and robots to interact with one other via various means. An IoT system enables the continuous monitoring of operational conditions and the immediate correction of any problems in real-time. Continuous monitoring of critical operational elements such as steam temperature, fuel supply rates, pollution levels, and changing temperature and pressure levels guarantees the maintenance of top-notch quality, safety, and efficiency. This article focuses on the industrial sector and explores the potential of "Internet of Things" technology to enhance smart factory operations and integrated value chain manufacturing. The research explores the importance of cloud computing for IoT applications and highlights how IoT technology may improve logistical services, collaboration, and efficiency. The authors examine the challenges associated with the use of IoT technology, including the initial costs, vulnerabilities in cybersecurity, and the configuration of the devices. "Internet of Things" advocates argue that the infrastructure should give priority to investigating modular programming, interoperability, and reusability. This should also promote adaptability, nimbleness, and ease of maintenance. Furthermore, the study explores the challenges associated with interoperability, network accessibility, and the migration from IPv4 to IPv6. The authors choose "Cisco Packet Tracer" as the foundation for their IoT solution due to their strong belief in its simulation capabilities and its ability to adapt to various network components and IoT characteristics. The authors offer a detailed explanation of how to use a visual programming language (VPL) to construct and evaluate an IoT solution on the given platform. This endeavor has significantly progressed the research and practical use of IoT systems. This article provides valuable tips for developing IoT applications, focusing on the use of "Cisco Packet Tracer" and visual programming. The case study primarily focuses on the fertilizer manufacturing industry. The objective of the essay is to promote equity in the development and implementation of the IoT by suggesting a rapid deployment solution that utilizes a digital platform equipped with pre-existing IoT objects and programming tools [2].

The purpose of this thesis is to provide a learning platform for students to design, build, and manage IoT systems via the use of a simulation tool. Because of this, this will have a better grasp of the concepts supporting IoT networks. Virtual networks, sometimes called wireless networks, may be set up and replicated with the use of

Cisco Packet Tracer software without the need for physical network hardware. Cisco Packet Tracer promotes diversity by its inclusivity and ability to work seamlessly with many operating systems.

The primary aim of the thesis is to build a home automation system, sometimes referred to as a "smart house," utilizing Cisco Packet Tracer. To establish a smart home, one must install a range of devices and components within the virtual network. The range of goods include cutting-edge office servers, wide-area network configurations, intelligent cars, state-of-the-art lighting systems, residential gateways, servers specifically designed for IoT applications, DNS servers, and smartphones. The author presents a systematic methodology, computational mechanism, and visual depiction of the design process, along with the outcomes of the developed smart home system.

The thesis finishes by highlighting the significance of IoT in many domains, along with the important instructional resources provided by Cisco Packet Tracer for comprehending and modeling IoT networks. The author showcases the importance of this technology by constructing a simulated environment and devising an Internet-connected smart home system within this [17].

First, the authors define the term IoT, which refers to a system of interconnected computing devices, appliances, and other physical items that use software and sensors to collect and exchange data. This article examines the characteristics and growth rate of the "Internet of Things". Furthermore, this will provide an in-depth analysis of the architecture and many applications of IoT, with an emphasis on the mechanization of domestic tasks. The technique aims to improve energy efficiency and optimize numerous activities in a smart house. The optimal architectural approach is to utilize protocols such as Modbus or Zigbee to establish connections between devices and an edge gateway. Subsequently, the edge gateway employs a backend storage solution to securely store the data in the cloud. The technology facilitates the remote surveillance and management of equipment, with a specific emphasis on conserving energy.

The thesis conducts a comprehensive analysis of the notion of home energy management systems and explores the correlation between home automation and the Internet of Things. The article examines the significance of solar energy, the present condition of Bangladesh's electricity supply, and the necessity for effective scheduling. The authors present a thorough and detailed elucidation of the structure of the proposed system, encompassing a visual representation and automated functionalities. The prototype includes additional project features, such as temperature monitoring, a smart water pump, a smart waste bin, automated control of lights and doors, adjustable lighting intensity, scheduling and monitoring of AC power usage, and alerts for smoke and gas detectors. In addition, the article examines the protocols utilized by the system, including TCP, IP, MQTT, and HTTP [30].

The thesis provides a comprehensive elucidation of the hardware and software integration of IoT devices, encompassing the Arduino Mega and ESP 8266 NodeMCU, as well as other sensors, motors, and modules. The software tools utilized comprise Texmaker, Thing Speak, the Arduino IDE, and Homer Pro for simulation.

The page offers a comprehensive description of the various system functions, including extensive information on the algorithms and control flow associated with each function. The tasks covered in this scope include managing electricity consumption in air conditioning units, monitoring and regulating temperature, controlling hallway lighting, operating automated doors, online control of the main door, regulating water pumps based on water levels, automating trash cans to open automatically, adjusting light intensity, and detecting smoke and flammable gases. The book offers a comprehensive elucidation of data monitoring.

The thesis concludes with a portion that specifically examines the modeling of power generation, with a strong emphasis on renewable energy sources.

This thesis introduces a system that utilizes the to automate and control energy in a smart home. The website offers extensive information on several control options, along with a thorough explanation of hardware, program execution, and organization. The objective is to minimize energy use while enabling consumers to remotely see and manage their domestic devices [16].

Study focuses on the practical application of "Cisco Packet Tracer" simulation for the development of a smart home system. The article elucidates the utilization of IoT technology in a "smart house" to automate various domestic functions, including lighting management, temperature regulation, and security assurance. The study centers on utilizing the recently developed Cisco Packet Tracer simulator, which integrates boards, sensors, IoT devices, and programming languages particularly built for home automation. The author justifies the selection of the most recent iteration of Cisco Packet Tracer, which combines IoT devices with traditional networking equipment. This new edition allows users to utilize a diverse array of digital devices in order to construct and customize intelligent homes and urban environments. Students can investigate IoT problems using the simulation tool, which provides an authentic framework for modeling and visualizing IoT devices. The techniques section offers a thorough elucidation of the process for establishing a home gateway. The Home Gateway functions as a primary hub for linking and managing diverse intelligent devices inside a household. In addition, the microcontroller (MCU-PT) board serves as a programming environment for managing smart devices. This supports programming languages such as Python, Visual Basic, and JavaScript. Additionally, this acts as an intermediary for connecting these devices. During the installation process, this is essential to configure and set up several devices, such as the DHCP server, Home Gateway, and ISP router. Moreover, this is crucial to complete the registration process for the Internet of Everything (IOE) device. The author claims that any authorized user may control and monitor smart devices using a web interface. In conclusion, this article details a workable approach to building a smart home with the help of the Cisco Packet Tracer simulator. IoT devices, sensors, and programming languages have the ability to automate and enhance several aspects of daily living in a home, according to the author [44].

3 Section III

3.1 Methodology

3.1.1 Section Introduction

The study uses a technology known as smart buildings, where IoT devices facilitate building administration. Cisco devices specifically link these devices to the building's systems. Cisco created the simulation tool, Cisco Packet Tracer, for this research.

An extensive review that included past studies and numerous references on the topic of the IoT is conducted. The goal was to determine if there is a survey or simulation study that can support this research and the thesis work, thereby confirming its validity. This research included an extensive evaluation of a substantial number of pertinent papers, journals, articles, references, and websites. These numerous sources provide us with a framework to identify the research interests in the integration of Cisco technology and the Internet of Things, while also highlighting potential areas that require further study.

The project starts by using commonplace technologies, such as mobile devices, which are more prevalent than laptop computers in one's everyday lives. Through these devices, users may access the website for the smart building and authenticate themselves by providing a username and password. Data and information are sent across the Internet by establishing communication with the tower. Etisalat provides support for fourth or fifth generation services in order to enhance the speed and efficiency of data management and transmission. This is particularly beneficial for the functioning of devices, especially those related to security and emergency services.

There will be dedicated servers for hosting the website, as well as servers for establishing connections between the website, the network, and the Internet, and for communicating with a multilayer router. Authentication with the mobile phone and computer relies on the usage of IP addresses for both the private network and the Internet. Additionally, an IP is generated for the DNS protocol to enable communication with all devices on the website. This protocol is implemented on a server, resulting in the creation of another address on a separate server. This address indicates both the information and the name of the web site from which the information is sourced.

The data is evaluated either in real-time or by optimizing the network operator's ability to expedite the data transmission route. The devices included in the Cisco Packet Tracer simulator include lighting and air conditioning devices, monitoring systems, watering systems, security sensors, detecting sensors, and temperature control devices. Every business initiative requires an infrastructure. A virtual network is created to mimic the functioning of actual devices, including their physical aspects. Routers, switches, and wireless access points are interconnected, and virtual local area networks (VLANs) are established to segregate the devices from ordinary network traffic. This facilitates data management and analysis in simulations, especially for gathering data from IoT devices. Transferring data to the central server and the Internet involves using Cisco Packet Tracer to analyze basic data in terms of security and privacy. This includes implementing security measures like access control lists, network encryption, authentication display on security devices, and authentication protocols. Creating basic apps in the using the Cisco Packet Tracer simulator to control devices and monitor tasks. Connecting devices with virtual apps running on Cisco Packet Tracer. The suggested implementation of Cisco IoT with simulation using Cisco Packet Tracer offers a methodical, comprehensible, and scientific approach to studying IoT technologies in a controlled setting. By using the functionalities of Cisco Packet Tracer, academic and professional organizations may get valuable insights into strategically operating and building a realistic IoT network (Fig. 4).

3.2 About Research

The thesis, titled "Cisco's Role in IOT (Internet of Things) Simulations with Cisco Packet Tracer" explores the application of Cisco Packet Tracer as a simulation tool to design and manage IoT-enabled smart buildings. It focuses on how Cisco's networking technologies facilitate comprehensive monitoring, remote control, and enhanced security in IoT environments. The study aims to simulate the use of various IoT devices, such as lighting systems, security sensors, temperature controllers, and air conditioning, within a smart building using Cisco Packet Tracer. The research highlights the significance of creating a virtual network infrastructure, including routers, switches, VLANs, and servers, to manage IoT systems effectively while addressing security concerns like data encryption and access control. By leveraging Cisco Packet Tracer, the thesis provides insights into developing a secure, efficient, and scalable network architecture for IoT applications, particularly in smart buildings, offering valuable knowledge to both academic and professional fields.

Cisco's IoT solutions use industry-standard protocols and interfaces to provide secure and scalable device connectivity, enabling seamless integration and interoperability. Cisco assists organizations in enhancing their operations by simplifying the management and examination of IoT data, therefore enabling them to get important insights.

Businesses should expect enhanced operational efficiency and increased productivity as a result of using Cisco's approach to designing IoT solutions.

- Enhanced supervision and administration of IoT configurations.
- Improved compliance with industry regulations and a more robust security stance.
- Novel opportunities for generating cash and expediting innovation. Ultimately, enterprises may use Cisco's methodology for creating IoT solutions as a blue-

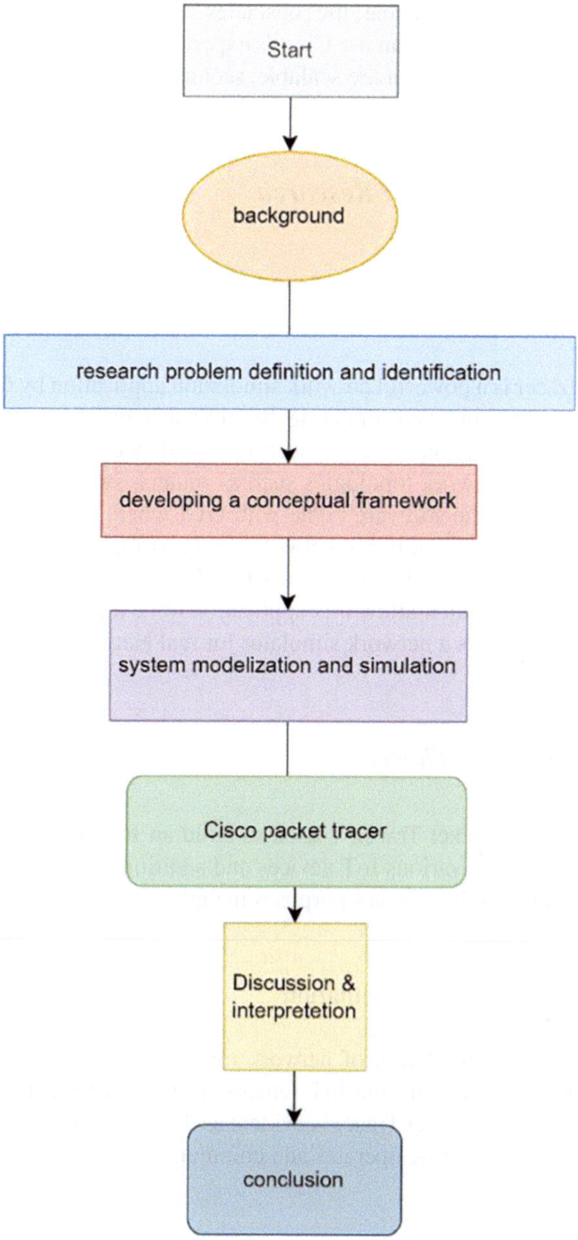

Fig. 4 Work flow diagram

print to effectively overcome the obstacles associated with this emerging technology. Organizations can use Cisco's expertise and cutting-edge technology to create IoT ecosystems that are scalable, secure, and innovative.

3.3 *Software Used in the Research*

3.3.1 Cisco Packet Tracer

General Information

Cisco Packet Tracer is a powerful network simulation application by Cisco Systems, which is applied in creating and emulating the intricate network schemas. Introduced as an educational application, Packet Tracer was developed and enhanced to accommodate a variety of network topologies such as routers, switches, servers and IoT applications. Most of the software come with GUI where one can simulation the flow of data between devices, hence network can be virtually set up without physical components. Cisco Packet Tracer offers IPv4/IPv6 protocols, routing, wireless and security features, which allow this application to be a perfect tool for learning Cisco Networking and as a network simulator for real Networks.

3.4 *Purpose in the Thesis*

In this thesis, Cisco Packet Tracer is used to build an IoT-enabled smart building network scenario where various IoT devices and addition to network styles may be tested and investigated. Its primary purposes include:

3.4.1 Network Design and Simulation

The software enables emulation of network topology, real-life devices including routers, switches, servers, and the IoT sensors. In the implementation part of the thesis, the use of Cisco Packet Tracer is evident as the thesis shows how the network of devices in a smart building operates and communicates.

3.4.2 IoT Device Simulation

In Cisco Packet Tracer, there are many IoT devices available such as smart lighting, HVAC, security sensors and so on which are there in a smart building model. It allows one to capture and represent the actual processes and data collecting and controlling through the network as those used in IoT devices.

3.4.3 Security Implementation

The thesis takes advantage of the security features available in Packet Tracer to demonstrate and assess the protection of IoT networks. To add, the simulation also provides configurations to access control lists (ACLs), encryption protocols, and AAA (Authentication, Authorization, Accounting) protocols that help secure the data to prevent unauthorized access of any network threats.

3.4.4 Remote Monitoring and Control

One of the important features exhibited in the thesis is the capability to manage IoT devices using mobile devices as well as with cloud technology. Remote administration of the smart building systems is possible in Cisco Packet Tracer which means a very practical experience of administering IoT devices while in another location.

3.4.5 Cloud Integration

This is indeed true as the software also provides for cloud based data management simulation through which the virtual building can store data on cloud and control the IoT devices through cloud network. This feature also indicates how IoT solutions can be scaled with the ability of providing information on the state of affairs in real time.

3.4.6 Performance Analysis

In line with the objective of the thesis, the real time and simulation mode of the software is utilized where the IoT network is evaluated based on parameters such as data transfer rate, security, and response time of the devices. As a result, it is possible to better understand how IoT devices work in the context of a smart building and how network configurations may influence the general performance.

Therefore, the thesis, using Cisco Packet Tracer simulation software, demonstrates how to simulate and enhance the IoT technology for application in managing smart buildings with minimal risks of security concerns, low energy consumption, and poor scalability.

3.5 IoT Tools Used

The thesis incorporates several contemporary IoT tools and technologies to model smart buildings with IoT technologies, primarily working with Cisco Packet Tracer. Cisco Packet Tracer took a responsibility of the core simulation environment through which new IoT virtual networks involving sensors, actuator, or smart systems are designed and controlled. Examples of such devices are temperature sensors, humidity sensors, passive motion sensors, and fire sensors and actuators like advanced smart lighting systems and HVAC systems to mention but a few, and these devices can all be monitored remotely. Another key component is cloud integration where IoT devices can save and administer data in the cloud thus providing for capabilities and reach. To keep data communications between IoT devices and servers secure, there are security solutions such as: AAA protocol, Encryption, Access Control Lists (ACL). Further, in the simulation, mobile devices are utilized to control the devices wirelessly and exemplify the practicability of IoT systems. The multilayer switches DNS servers and VLANs improve the flow of data in the network and make the devices within the virtual network more secure and easy to manage. In general, these IoT tools in Cisco Packet Tracer can be seen as a useful and economic way for implementing and training safe and large-scale IoT concepts for smart buildings.

3.6 Mathematical Formulas

Even though this thesis is more oriented toward IoT and network designs with simulations in Cisco Packet Tracer, the identified items can be supported by mathematical formulas to define some values and metrics of transmission, performance, security, or efficiency. Below are some relevant mathematical formulas that could apply to the context of IoT and network simulations:

3.6.1 Data Transmission Rate (Throughput)

The data transmission rate (throughput) is the rate at which data is successfully transmitted over a network. It is given by:

$$R = \frac{D}{T}$$

where:

- R is the throughput (bits per second, bps)
- D is the amount of data transferred (in bits)
- T is the time taken to transfer the data (in seconds)

3.6.2 Propagation Delay

The time taken for a signal to travel from the sender to the receiver is known as propagation delay, and it is given by:

$$\text{Propagation Delay} = \frac{d}{v}$$

where:

- d is the distance between the sender and the receiver (in meters),
- v is the propagation speed of the signal in the medium (in meters per second).

3.6.3 Bandwidth-Delay Product

The bandwidth-delay product is a measure of the amount of data that can be in transit in the network at any given time:

$$\text{BDP} = B \times \text{RTT}$$

where:

- B is the bandwidth of the network (in bps)
- RTT is the round-trip time (in seconds)

3.6.4 Latency

Network latency, the time delay experienced in a system, can be calculated as:

$$\text{Total Latency} = \text{Transmission Delay} + \text{Propagation Delay} + \text{Queuing Delay} + \text{Processing Delay}$$

3.6.5 Energy Efficiency of IoT Devices

The energy consumption for a single IoT device can be calculated as:

$$E = P \times t$$

where:

- E is the energy consumed (in Joules)
- P is the power consumption of the device (in Watts)
- t is the time the device is active (in seconds)

3.6.6 Packet Loss Rate

Packet loss rate is a crucial measure in network performance, representing the ratio of lost packets to total packets sent:

$$\text{Packet Loss Rate} = \text{Total Number of Packets SentNumber of Lost Packets}$$

3.6.7 Network Efficiency

Network efficiency can be measured using the formula:

$$\text{Efficiency} = \frac{\text{Useful Data Transmitted}}{\text{Total Data Transmitted}} \times 100\%$$

3.6.8 Security (Encryption Time)

The time required to encrypt data in a network, especially IoT devices, is crucial for security analysis:

$$T_e = SE$$

where:

- T_e is the encryption time (in seconds)
- S is the size of the data (in bits)
- E is the encryption rate (in bits per second)

These formulas assist in determining the achievement, effectiveness, and protection of the emulated IoT network based on the Cisco Packet Tracer. They can be used in the performance analysis and evaluation of the Smart building IoT system described in this thesis.

These formulas assist in determining the achievement, effectiveness, and protection of the emulated IoT network based on the Cisco Packet Tracer. They can be used in the performance analysis and evaluation of the Smart building IoT system described in this thesis.

3.7 *Data Used in This Study*

The data used in this thesis majorly focuses on the emulation of IoT devices that are integrated into a smart building network with the help of Cisco Packet Tracer. Data can be grouped into various types depending on the aspect of IoT functioning, network performance, and devices' capabilities. Below is a breakdown of the key types of data used in the simulation:

3.7.1 IoT Device Data

IoT data created from a number of embedded systems like temperature and motion sensors and controlling systems such as lighting and security sensors are incorporated into the simulation. This information is constituted of measures gathered from different sensors such as temperature values, motion detected or light levels they send the data to the central server for monitoring and command objectives. For instance temperature sensors have constant data rate stream values depicting temperature while motion detectors produce discrete data set values namely: Motion detected/not detected.

3.7.2 Network Configuration Data

The thesis utilizes the network configuration data to configure the smart building environment. Such data is born AQ30information such as IP addresses, subnet masks, VLAN, routing that affects connection of IoT devices into the network. This also makes the configuration data capable of making certain segments pass through and others not to so that different devices can interconnect freely.

3.7.3 Security Data

In this research, security-related data takes paramount importance. This entails traffic encryption data, authentication codes as well as access control data. Through use of security protocols such as SSL/TLS all data packets are encrypted, while authentication tokens are sent over the network to ensure identity of devices or user. The simulation also utilizes data for controlling the ACLs and the authenticating credentials for the IoT devices to reduce and/or avoid unauthorized access.

3.7.4 Real-Time Data Transmission

The data transmission between IoT devices and the central server is tracked in real-time, simulating the flow of information within the network. This data includes packet size, transmission times, and any delays or losses encountered during communication. By observing real-time data, the thesis evaluates the network's ability to handle simultaneous communications from multiple IoT devices.

3.7.5 Cloud Data

Data sent to and stored in the cloud is also simulated in the thesis. This includes logs of sensor data, device statuses, and control commands that are stored remotely. The cloud-based data is accessible via mobile devices, allowing users to remotely monitor and manage the building's IoT devices. The cloud data also represents how large-scale IoT networks can store and retrieve data in real-time.

3.8 Proposed Cisco IoT Solution

Various recommendations might be proposed, but one particularly significant proposal that has been deliberated is to focus on enhancing proficiency using the Cisco Packet Tracer simulator tool, since this offers suitable options. The primary objectives of the suggested solutions are to facilitate comprehensive monitoring and maintenance of the building, allow remote control, and guarantee the security and confidentiality of data in the Internet of Things.

3.9 Smart Building Implementation Tool

The author used tools and materials with the help of the packet tracer simulator, the first of which began with using the mobile device, which is available with packet tracer tools, a communication tower, and a central server that is considered a long-range external network (Table 3). There are also many similar devices available for control, but the mobile device was used because this is more widely used among the general public and devices such as Tablet, laptop, desktop, etc. (Fig. 5).

The physical component of each device can be seen when clicking on this and using its ports in a manner similar to the reality, and switching the ports as needed, whether wired ports to wireless ports or changing them to various types of wired

Table 3 Devices used in the simulation [17]

No.	Devices	Function
1.	Smart phone	Used to remotely access smart devices
2.	Cell tower	Used to connect the smartphone to the Internet
3.	Central office server	Using to connecting cell tower to router and vice versa
4.	Multilayer switch	Used to connect the cellular network to the Internet servers
5.	Switches	Used to connect IoT and DNS servers
6.	IoT server	Used to control smart devices registered on it
7.	DNS server	Used to access smart devices by domain name
8.	Cloud	Used to store data on the cloud
9.	DSL modem	Used to connect the cloud and the building router
10.	Wireless router	Used to broadcast a wireless signal to IoT devices
11.	Cable modem	Used to wireless router to cloud
12.	IoT devices	Used to make the building smart

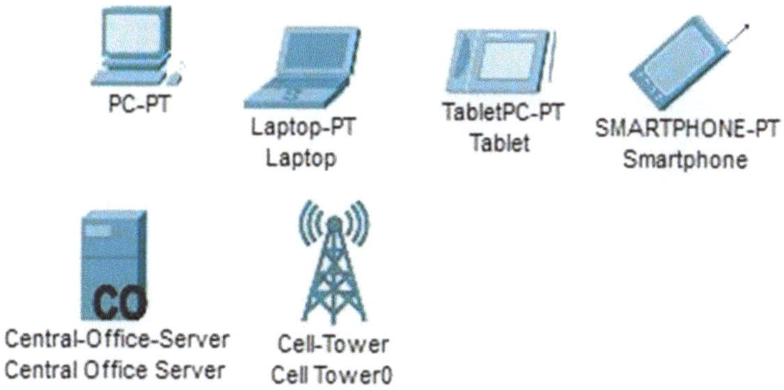

Fig. 5 Control and external communication devices [1]

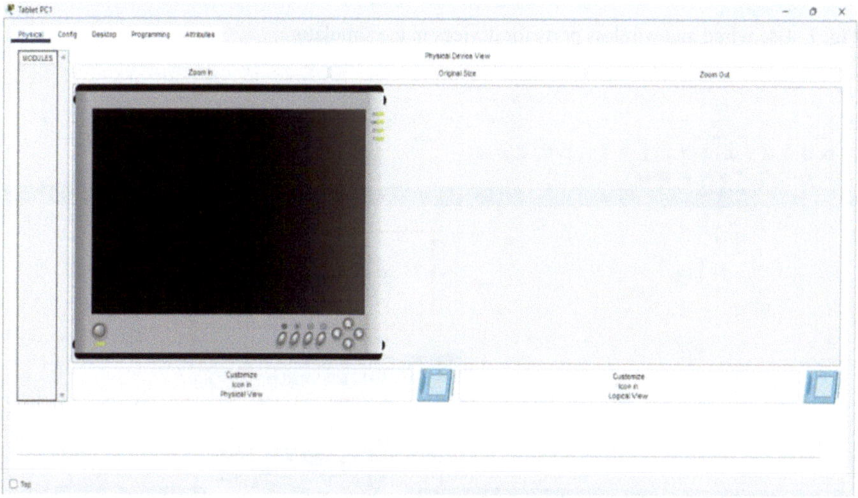

Fig. 6 The physical appearance of the devices inside the simulator

ports, similar to what is done in reality. Just turn off the device, disconnect this from the power supply, change the port, and then turn this back as shown in Figs. 6 and 7.

Among the devices that were used, many of which the simulator provides, depending on the services provided by the device or the need for them, whether in connecting communications or networks, and even IoT devices, are Switch, Router, Multilayer Switch, and are devices that help connect two or more devices or two or more networks, or are multitasking to form an integrated network work system Fig. 8 Device icon in the Cisco packet tracer simulator and real devices.

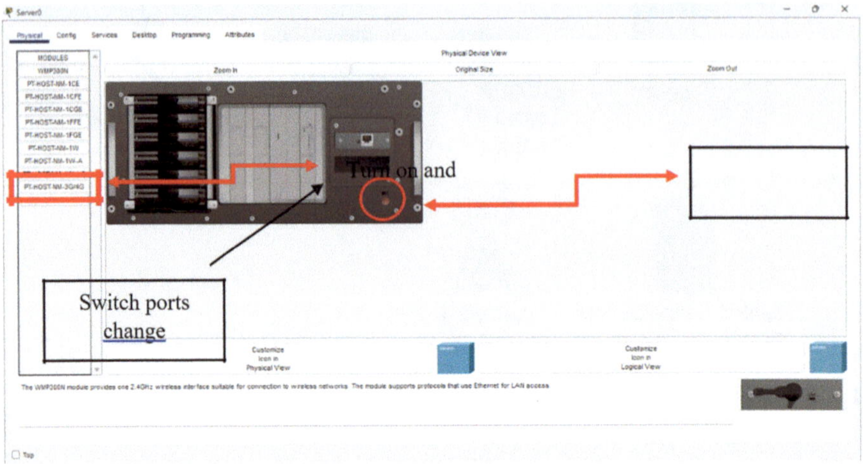

Fig. 7 Use wired and wireless ports for devices in the simulator

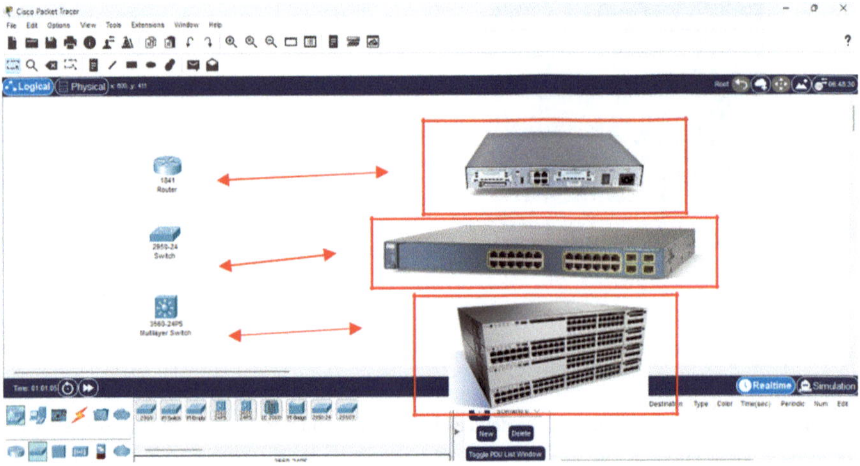

Fig. 8 Device icon and real devices

3.10 *Participants/Population and the Sample/Study Group*

The labor market has distinct requirements and demands for various goods and services, including food, automobiles, home appliances, and building materials. This is evident that there is a growing global reliance on the Internet of Things (IoT) for daily necessities in sectors such as businesses, factories, residential properties, streets, and large-scale structures. Modern banks now require advanced security systems that integrate with smart devices, including Internet-enabled devices. Similarly, hotels and large buildings demand sophisticated amenities and services such as carbon monoxide detectors, surveillance cameras, fire detectors, alarms, lighting, locks, and various other components. Furthermore, these security systems are also utilized in today's factories as part of the Internet of Industrial Things. The development of Internet of Things (IoT) devices has started. The growth of consumption in various parts of the world has led to a significant increase in the number of devices used by the population. Between 2019 and 2024, the number of devices worldwide is projected to rise from 8.6 million to 17.08 million, with further exponential growth expected in the following years. Hence, Cisco is developing its own emulator that previously operated on network devices and is now capable of linking them to contemporary additions that facilitate the connection and integration of IoT devices with its network devices, including impressive real-time technologies. The use of these technologies has become prevalent, well recognized, and highly sought after, particularly for newly constructed structures aiming to align with modernity and progress. Individuals possess the right to privacy, and the matter of privacy is a fundamental aspect of human existence. Thus, Cisco has built robust security measures and protections on its own devices as well as linked IoT devices to provide strong protection against hacking and cyber threats worldwide, thus ensuring enhanced privacy. This has resulted in their use in a comforting way without any issues or reasons for concern. These years demonstrate that a significant number of people are consistently connecting to these devices and accessing the Internet over secure and dependable networks (Fig. 9).

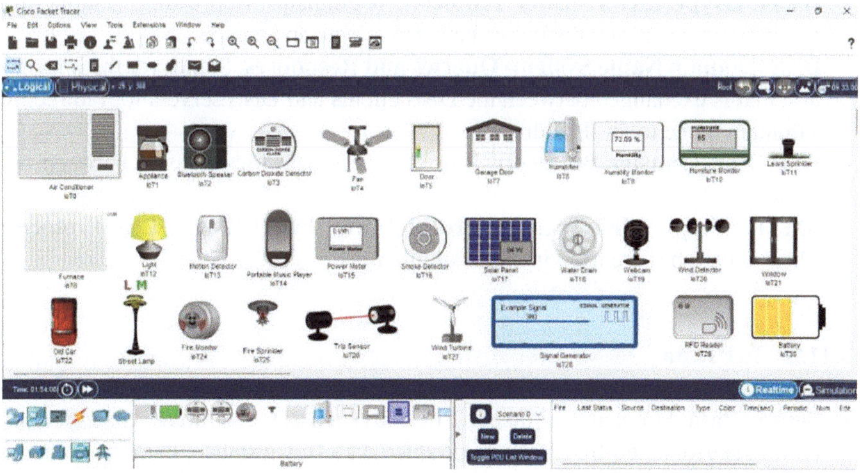

Fig. 9 IoT devices in the simulator

3.11 Data Type Used in Cisco Packet Tracer

In Cisco Packet Tracer, different forms of data are implemented and passed through the networks in order to mimic the real life networks. These data types stand for network packets, commands as well as system operations that allow for proper network simulation. The key data types utilized in Cisco Packet Tracer include:

3.11.1 Network Packets

- **IPv4 and IPv6 Packets**: These are the basic data structures that are exchanged over the networks, and in Cisco Packet Tracer, addressing can be of IPv4 or IPv6 type.
- **TCP (Transmission Control Protocol) and UDP (User Datagram Protocol) Packets**: TCP is designed to provide a confirmation that all data are transferred which provides a greater level of reliability than UDP, which is a connectionless protocol which sends data as fast as it can.
- **ICMP (Internet Control Message Protocol) Packets**: Utilized for such networks' messages like error, diagnostic information, operative, used for ping or traceroute.

3.11.2 Application Layer Data

- **HTTP (Hypertext Transfer Protocol)**: It emulates Web traffic, sending and receiving requests and responses between clients and servers.
- **DNS (Domain Name System) Queries and Responses**: Stands for the information that is exchanged between the DNS clients and DNS servers for redirecting a domain name to an IP address.
- **FTP (File Transfer Protocol)**: It used for emulate files transfer between two devices.
- **SMTP (Simple Mail Transfer Protocol) and POP3 (Post Office Protocol)**: These data types are used in email simulations.

3.11.3 IoT Data

- **Sensor Data**: For example, fake IoT devices such as temperature sensor devices, motion sensors, and light sensors produce data (for instance, numeric value for the temperature, motion detected or not and so on) which are then channeled through the network.
- **Actuator Commands**: Consumers get a command from the IoT devices like smart lighting systems or HVAC systems to establish a connection at the user's desired setting or to turn them on or off, for instance.

3.11.4 Security Data

- **Encrypted Packets**: They are data that are encrypted by using such protocols as the SSL/TLS (Transport Layer Security) for secure transfer.
- **Access Control Lists (ACLs)**: Information that identifies the access rights and limitations for the network devices depending upon the IP address, protocols or ports.
- **Authentication and Authorization Data**: These include User-ids and token-based security data such as those used in protocols like RADIUS or AAA (Authentication, Authorization, Accounting).

3.11.5 Routing and Switching Data

- **Routing Protocols**: In Cisco Packet Tracer, data exchange for the routing protocols is also made regarding RIP, OSPF, and EIGRP.
- **Switching Data**: Settings of VLANs, MAC addresses and STP that guarantee the network topology and loop free.

3.11.6 Real-Time and Simulated Data

- **Real-Time Data**: Unlike most of the current software that only creates a topological representation of the network and the devices, Cisco Packet Tracer provides real-time data flow where one can actually see actual transmission of packets between the connected devices.
- **Simulation Mode Data**: In this mode, Cisco Packet Tracer dramatically creates data to help users define the behavior in networks basing on certain scenarios even if actual data transmission is unsuccessful.

These data types collectively turn into easy to manage in the simulation environment to help the users in comprehending the relation between the devices, protocols and the security system prevailing in it.

3.12 Data Analysis Plan

IoT devices are a type of device that contain sensors, programs, and operating technologies that are linked with operating devices and systems and are programmed automatically to work, receive information and data, and implement them. These are diverse in home appliances, industrial devices, and large buildings to facilitate control operations, safety, luxury, assistance devices, and other needs frequently designed to do tasks autonomously using predetermined criteria or algorithms.

It is programmed and equipped to work on what this was manufactured for. Most of them contain sensors such as motion sensors, lighting sensors, cameras, carbon

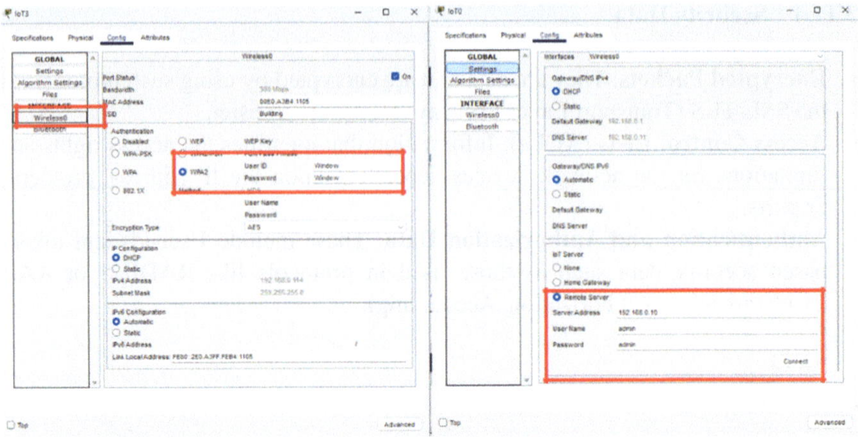

Fig. 10 Network name, device code the server in IoT, IP address, and access code

dioxide sensors, fires, carbon monoxide, and humidity sensors. For example, a certain movement is sensed at a distance of 4 m, and data is sent that a moving object was detected at a distance of 4 m from its location. Here, the sensor sent waves and at the same time received opposite frequency waves. This measured the distance and sent the data accurately to the router and then to the rest of the network until this reached the smartphone and displayed the information. The data are sent at a high capacity due to the use of communication towers and devices that support fourth and fifth generation Internet networks.

Each device of the IoT devices has its data encrypted to prevent this from being hacked and changing the data reading process. This encryption is done by adding an IP address, a code, and a network login name, and adding the name and code of the IoT device to the server controlling the IoT devices to maintain the secret of data security in transmission and reading (Fig. 10).

3.13 System Design

The network is designed to manage the operations of an intelligent building, as seen in Fig. 8. The implementation has four components: a smart building integrated with IoT devices, an IoT server, a 4G network, and a cloud platform. The first phase entails smartphones using a cellular network to access the Internet and establish connections with distant devices via tower and central server. The subsequent phase involves the implementation of a stringent network and registration process for all devices, in order to facilitate the operation of the IoT. The device is linked to a DNS server which converts user-friendly domain names (e.g., www.Cisco.com) into numerical IP addresses (e.g., 192.168.0.1). This enables the uploading of Internet files. Additionally, a portion of a wide area network (WAN) is cloud-based and connected to the building's Wi-Fi router through a cable modem. The final section

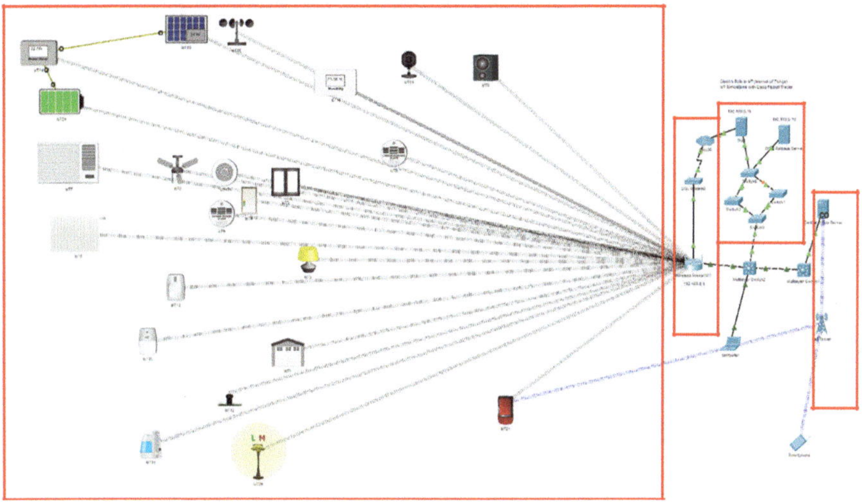

Fig. 11 The IoT network connected to the building

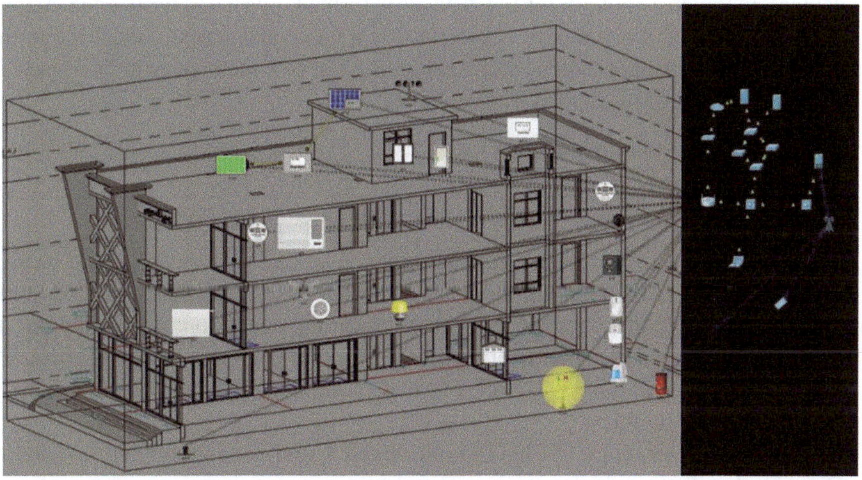

Fig. 12 Apply the project to a virtual building [17]

includes the digital identification number used in 4G networks as well as the fourth fundamental component of IoT devices (Figs. 11 and 12).

The first section in which the communication tower is connected to a central office server supports the 4G network. The mobile device is connected to the tower and the central server device with a multilayer switch, which is considered a device for connecting networks and devices (Fig. 13).

The second section is the servers and switches section with multilayer switching. There are two servers. The first is a DNS server that translates domain names that can be read, such as a website or IP address. The other server is a server for IoT

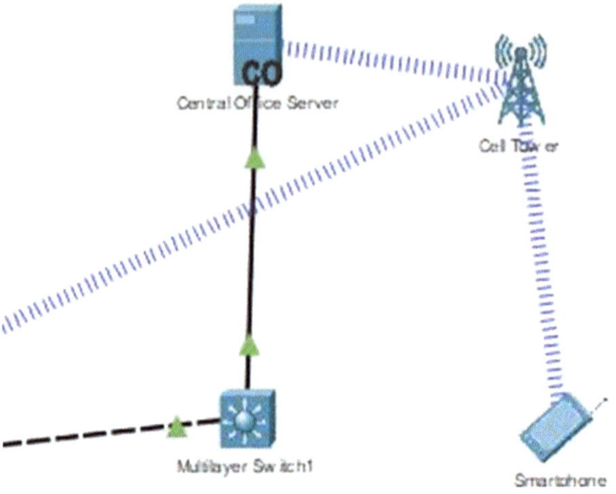

Fig. 13 Network Internet connectivity [30]

devices, in which a network for IoT devices is formed, given a security code, and all devices are added. Each device is given its own name and access code through the Authentication, Authorization, and Accounting (AAA) protocol, which is used in network security to manage user access:

Authentication: Verifying the user's identity.
Authorization: Specifies which resources the user can access.
Accounting: Tracks user activities for auditing and billing purposes.

Four switches are connected to each other to ensure two ways to send data to prevent service interruption if problems occur in the first way, where all switch ports work except one port to avoid FLOODING, meaning confusion of information, its circulation in the same network, and its loss. One port is chosen to turn off between devices and if one of them is cut off. Methods: The rest of the ports work automatically after a few minutes.

The network topology in Fig. 14 is the smart building environment modeled in Cisco Packet Tracer which uses secure and segmented connections. There are two interconnected devices, Internet Server (IP: 168.0.11) and IoT Radius Server (IP: 192.168.0.10), connected to a central switch Switch0. Switch0 connects with other switches (Switch1, Switch2, Switch3) that further segment out this network to various devices. The Multilayer Switch2 performs not only routing but also switching facilitating data transfer from VLAN or subnetwork to another. The green arrows point to the functional societal relationships through which information flows effectively within the network. This design enables introduction and connection of IoT devices as well as secure data transfer.

Figure 15 illustrates the implementation of the AAA service on an IoT and Radius Server in Cisco Packet Tracer. To authenticate, the server uses Radius Port 1645. The client with the Building with IP 192.168.0.1 is connected with the help of the Radius protocol with a protection with the key (pass123). Also some of the IoT

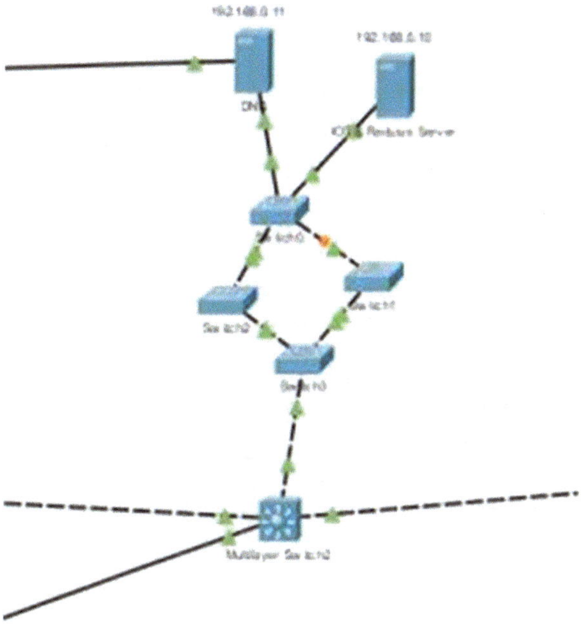

Fig. 14 Servers part controlling IoT

devices like AC, battery, carbon monoxide sensors were configured with the username and password to be able to access and control the devices.

The IoT protocol is accessed via the web server and subsequently activated to enable communication with IoT devices. As for the DNS server, the IP address of the IoT server will be added along with its name and login code.

Figure 16 represents the configuration of IoT Registration Server in Cisco Packet Tracer. At this time, the registration service is enabled, which is based on HTTP/HTTPS. A default admin account with username and password as admin is also provided for the purpose of authentication. Such a setting enables a user to deal with and authorize the IoT devices that are accessing the network using HTTP or HTTPS channels.

Figure 17 illustrates how DNS service is done in Cisco Packet Tracer. The DNS service at the current time is turned on and a resource record for a given client Building has an A Record type of name to the IP address 192.168.0.10. This setup makes it easy for the names in the network to be recognized by the devices on the network. It means that through the name "Building" it can be easily recognized from the IP address.

In the third part of the network, the cloud network was connected in order to simulate a wide-area network (WAN) connection, which represents the Internet or other external networks. This allows the formation of different types of WAN connections. This simulation helps in designing and testing network scenarios that include remote communication. The system is connected through DSL (Digital Subscriber Line), enabling the transfer of digital data from the cloud to the router, which subsequently forwards the information to the IoT devices (Fig. 18).

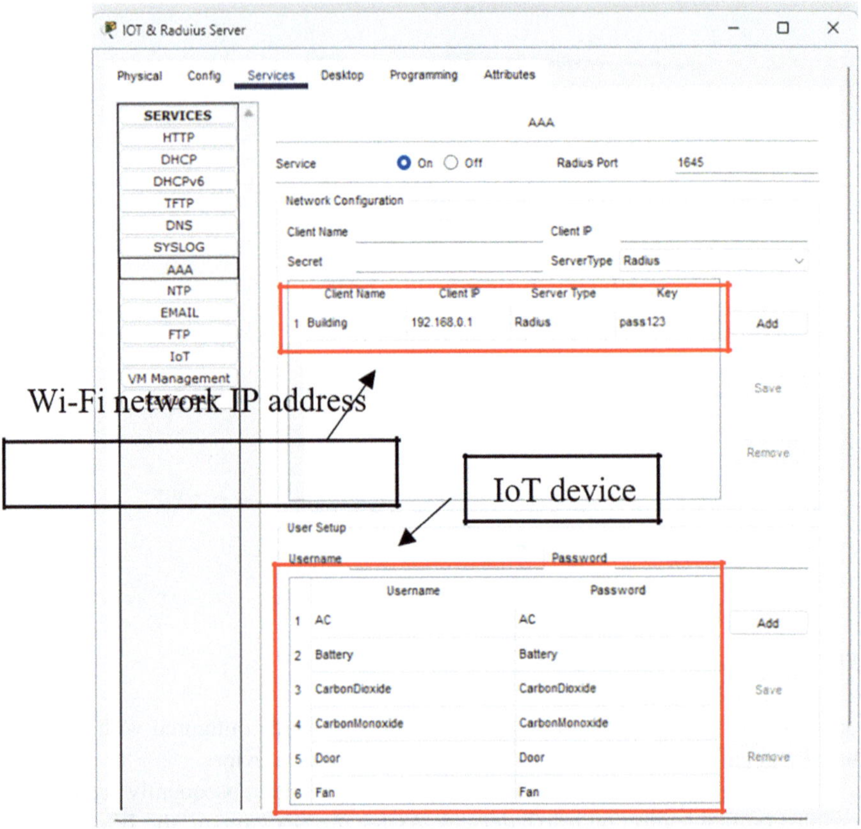

Fig. 15 IoT server

Work was done on the router, adding the network name and DNS server address, adding the web server address and access code, and changing the security mode (Figs. 19, 20 and 21).

The final stage is the IoT devices inside the building and their connection, where the network name, code, and name of each device are added for authentication between the IoT device and the server via the router. All ofi this is in the wireless box and in the settings of the device; the name and network access code and the IP address of the server that owns the network and IoT information are added (Fig. 22).

3.14 Summary of Section

This section covers the methodology for a research study that examines smart building management utilizing Cisco Packet Tracer, a simulation tool, and IoT technologies. This study utilizes IoT devices managed by Cisco in smart buildings. The

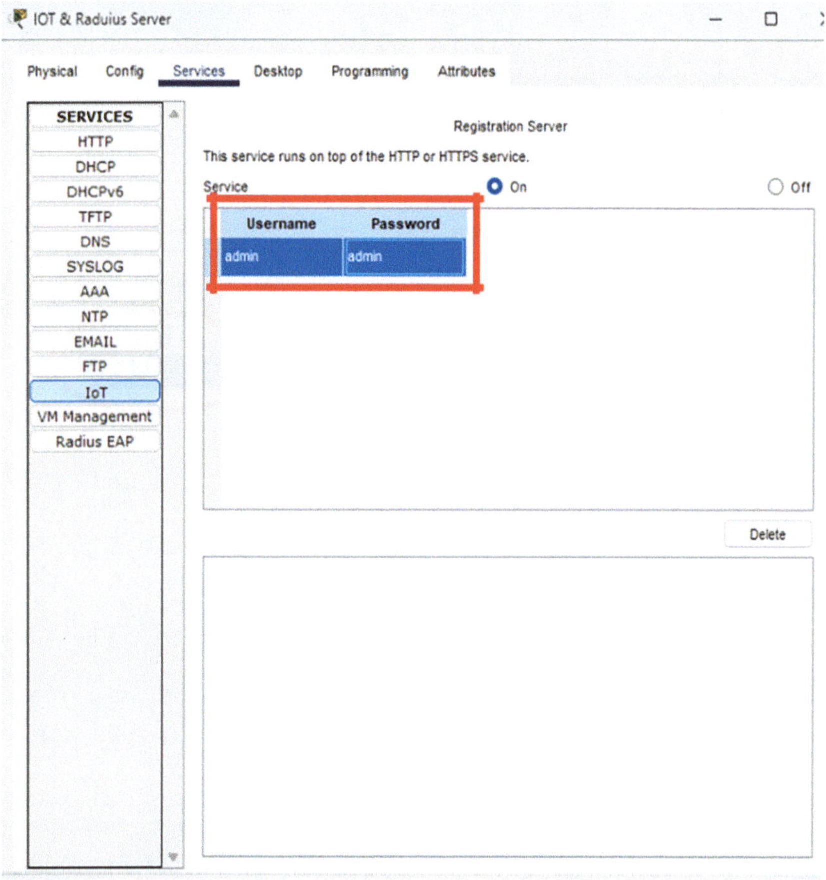

Fig. 16 IoT and Radius Server

authors conducted a comprehensive literature evaluation to verify this study on the subject of IoT, finding relevant research in the process. The objective of this study is to enhance the comprehension of the optimal use of the Cisco Packet Tracer simulator. The primary objectives are to provide remote control, facilitate comprehensive building monitoring and maintenance, and ensure data security and confidentiality. An effective method for evaluating the network operator's ability to enhance data transmission speed is to use a simulator to observe the real-time data transmission process. The simulator includes several components of the Internet of Things (IoT), such as lighting, HVAC, monitoring systems, security sensors, and temperature control devices. The objective of constructing a virtual network is to replicate the appearance and functionality of actual devices with utmost accuracy. The simulations include a range of security measures, including authentication protocols, network encryption, and access control lists. The Cisco Packet Tracer simulator is used to construct basic IoT apps for managing devices and monitoring activities.

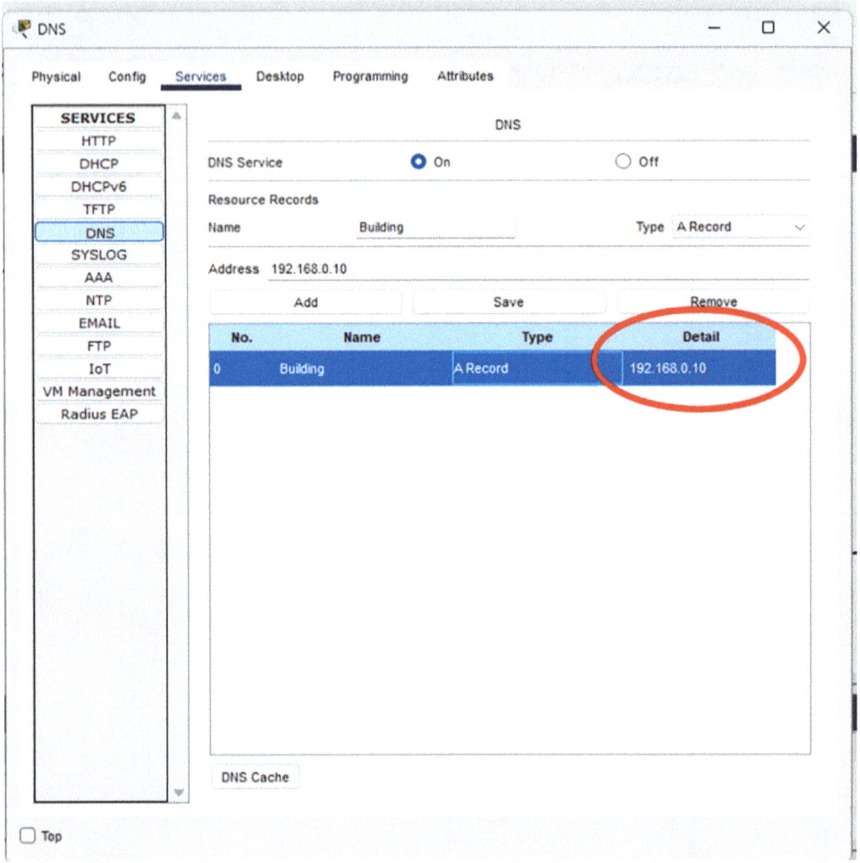

Fig. 17 DNS server

Data Collection Instruments and Equipment: The Cisco Packet Tracer simulator was used to represent many elements of a network, including mobile devices, communication towers, central servers, switches, routers, and the Internet of Things (IoT). The capability to modify the physical components of devices and to switch between wired and wireless connections is provided. The section states that a wide range of sectors, such as corporations, residential real estate, manufacturing facilities, and huge structures, are reliant on the Internet of Things (IoT). The development of IoT devices is rapidly increasing, and their worldwide deployment is projected to grow in the coming years. Essentially, the section outlines the study methodology that investigated the integration of IoT technology into the management of smart buildings. This was achieved by using Cisco's IoT solutions and the Cisco Packet Tracer modeling tool.

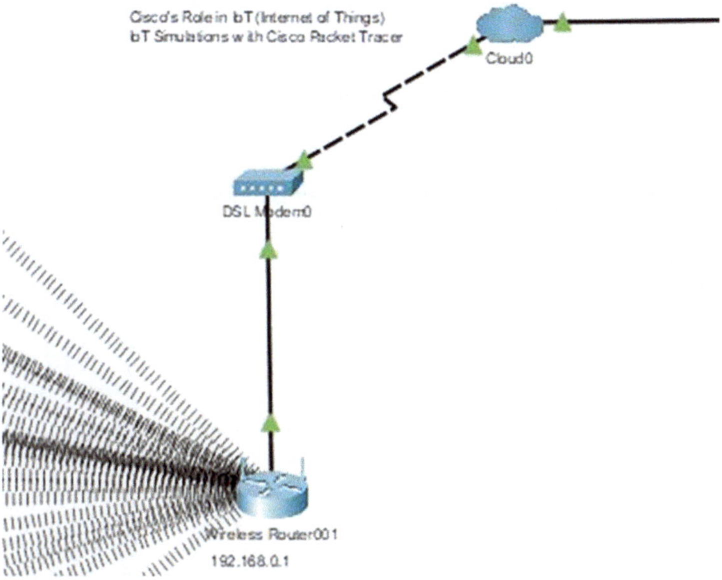

Fig. 18 The cloud and wireless router part

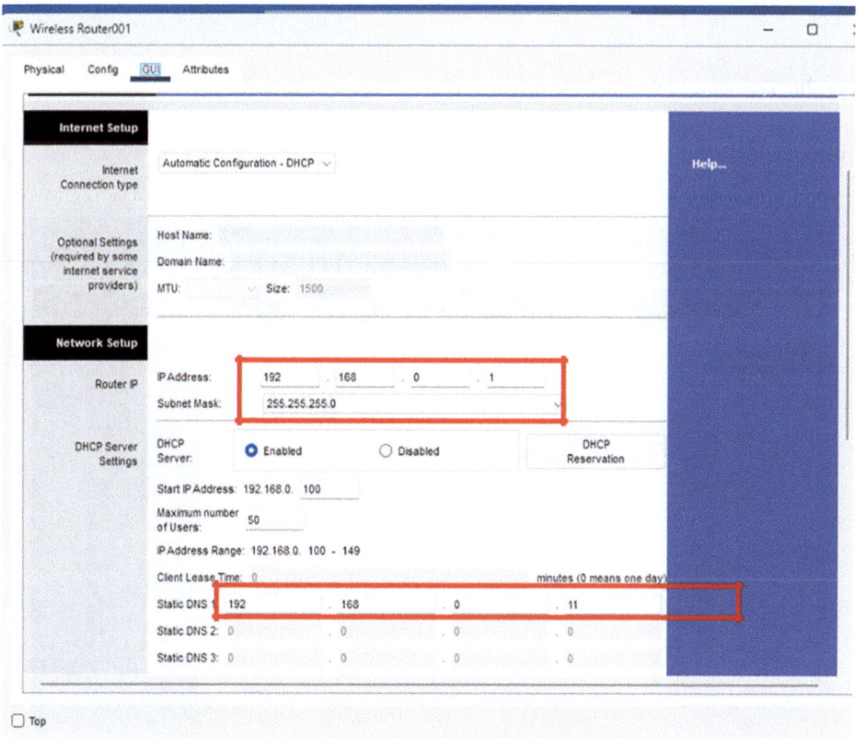

Fig. 19 The IP address of the router and the IP address of the DNS server inside the router

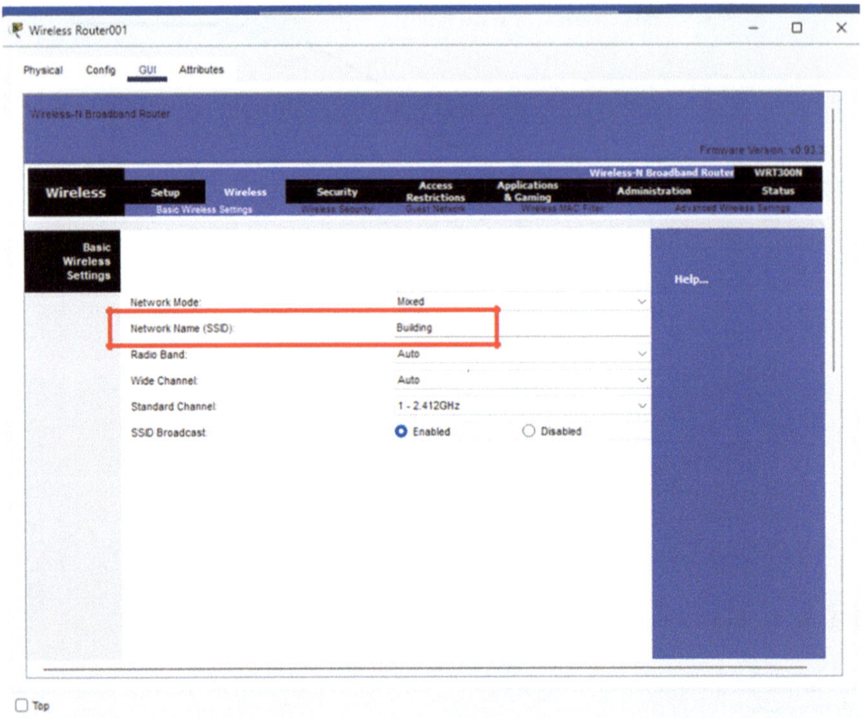

Fig. 20 The name of the network that the router will be working with

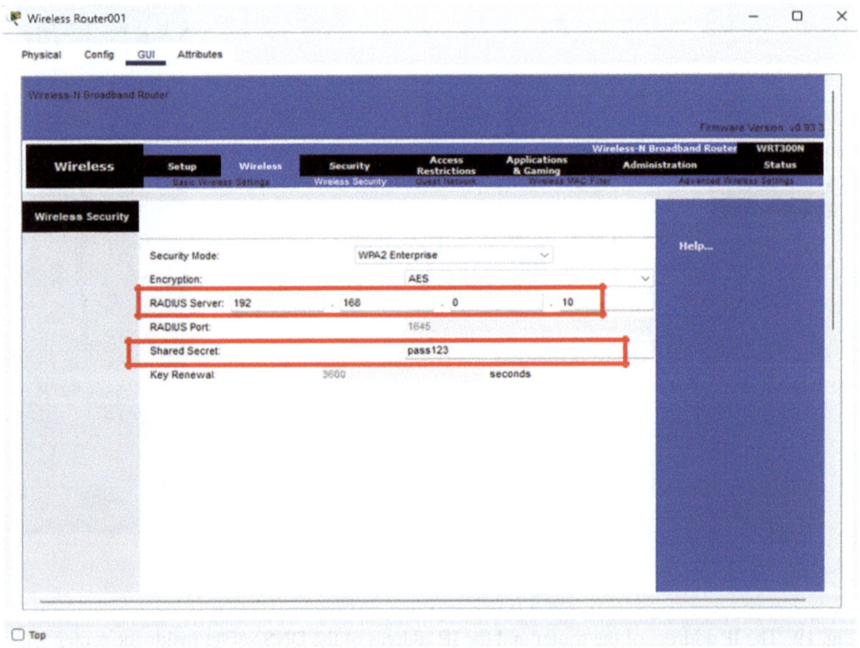

Fig. 21 The address of the web server connected to IoT and password

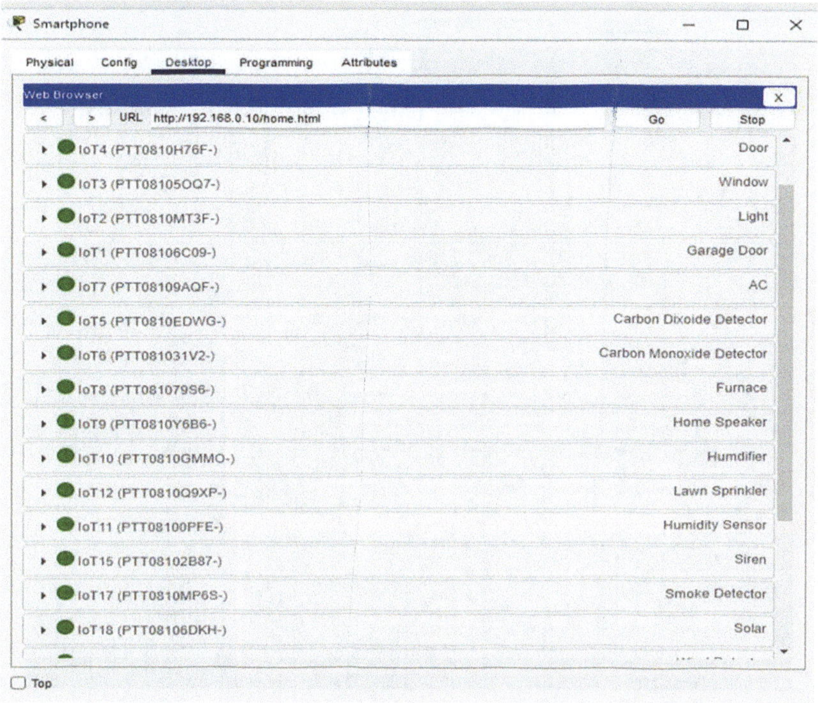

Fig. 22 Control all IoT devices via the website

4 Section IV

4.1 Findings and Discussion

4.1.1 Section Introduction

The previous section discussed the relationship between Cisco network devices and IoT devices and their relationship in operating, controlling and sending data through them. The work system that was applied to a building was simulated to become a smart building whose network operates by managing Cisco devices on IoT devices. The network was built on the Cisco Packet Tracer simulator. By taking advantage of the simulator to provide all the necessary devices to implement the project completely from all aspects, valuable and appropriate results were reached related to the project's work strategy.

4.2 Data Flows and Arrives Properly and Without Any Errors in the Information

Data is exchanged as packets between Cisco devices, with acknowledgment messages sent and returned by the corresponding device. There are several ways to use data transfer, and the following was used:

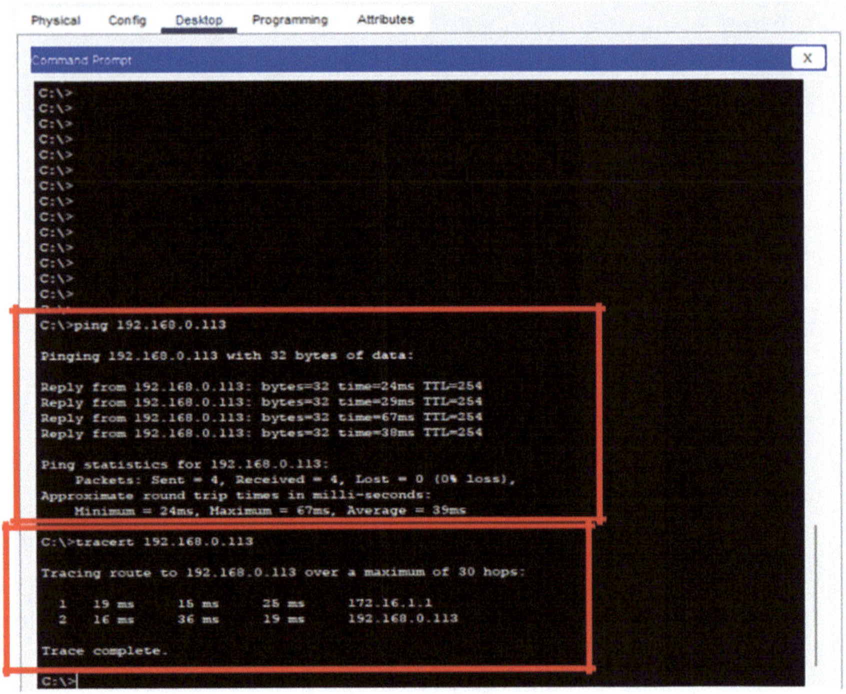

Fig. 23 Transport speed, knowledge of the transport route, and error rate

Ethernet is the preferred standard for data transport in LANs. Ethernet connections facilitate the connecting of devices to switches. Cisco switches use media access control (MAC) addresses to facilitate the transmission of packets across Ethernet protocols such as Gigabit Ethernet and Fast Ethernet. Layer 3 switches: These integrated devices are well-suited for high-speed applications due to their ability to enhance switching and routing operations. IP routing enables packets to move at high velocities.

To find out if the devices are connected correctly and if the data is arriving properly or if there is an error, the ping command from Command Prompt and the tracert command to find out the data transfer route were used. Figure 23 illustrates that the error rate is zero, the access rate is 100%, and the device's route to the central server is correct.

4.3 Simulation Results and Readings

The devices can be operated, and the results of their performance can be displayed through a mobile phone. Enter via the web and enter the network address, name, and access code. A list of IoT devices will be opened for us, and all devices can be viewed and controlled via the mobile phone (Figs. 24 and 25).

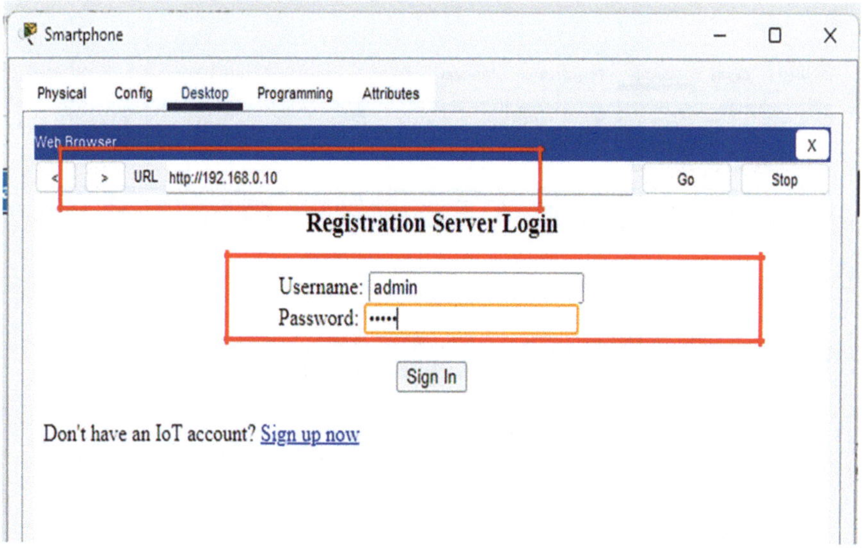

Fig. 24 IP address, name, and password for IoT devices

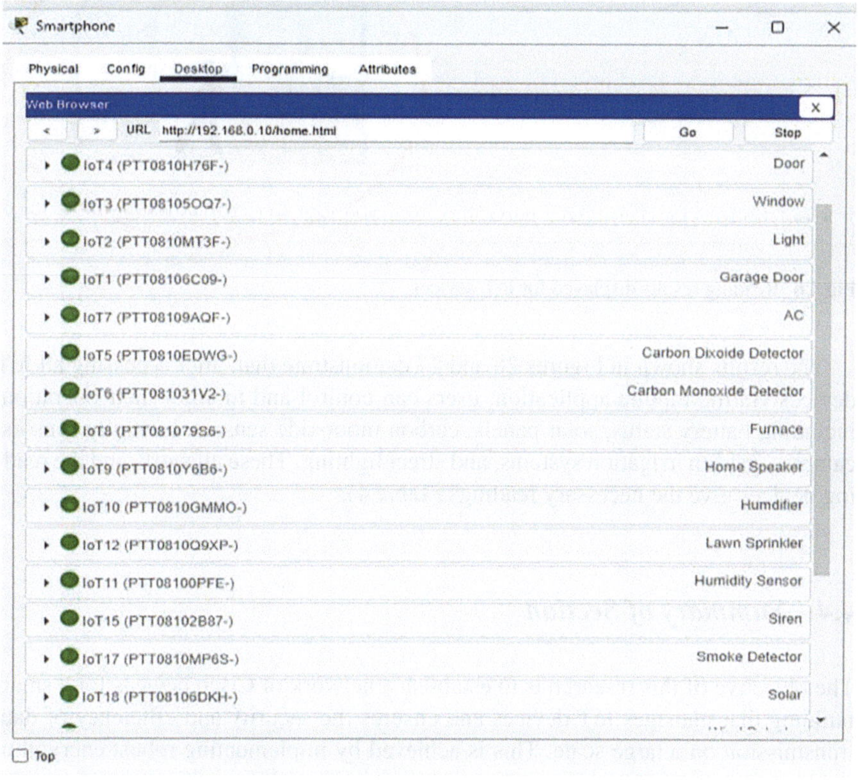

Fig. 25 Control all IoT devices via the website

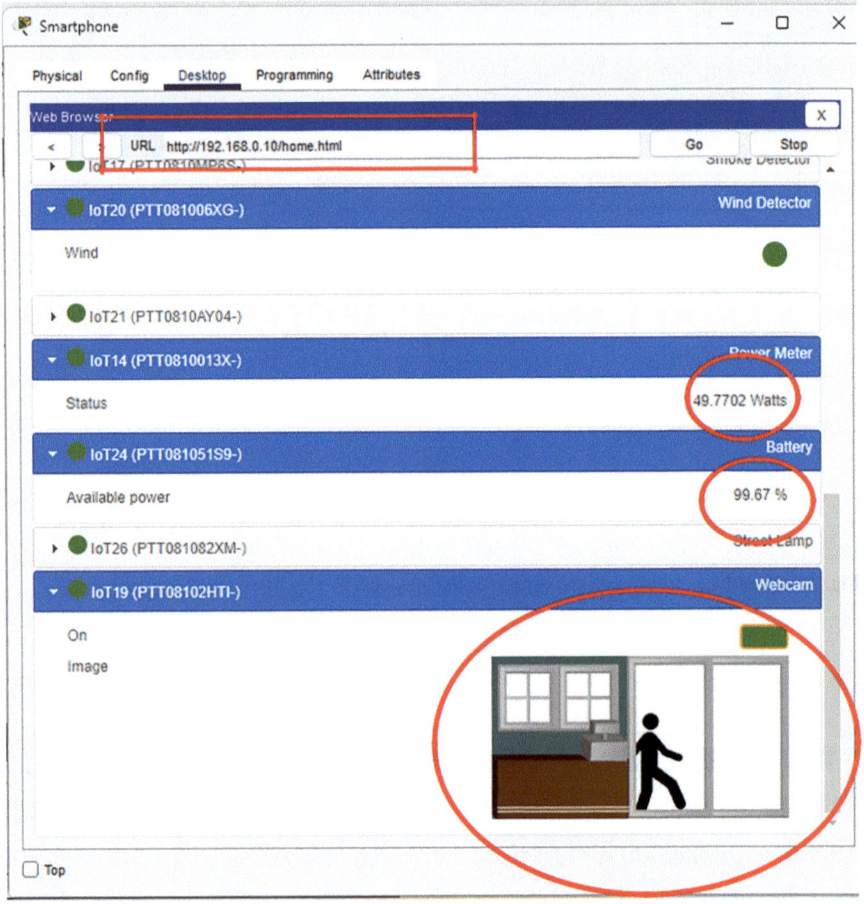

Fig. 26 Reading results displayed for IoT devices

The results shown in Figures 26 and 27 demonstrate that, after accessing all IoT devices via the mobile application, users can control and monitor their operation, including battery status, solar panels, carbon monoxide sensors, humidity sensors, cameras, garden irrigation systems, and street lighting. These all work, and the reading devices give the necessary readings (Table 4).

4.4 Summary of Section

The objective of this research is to establish a network of Cisco devices for a smart building that manages IoT devices and ensures the security and efficiency of data transmission on a large scale. This is achieved by implementing robust encryption

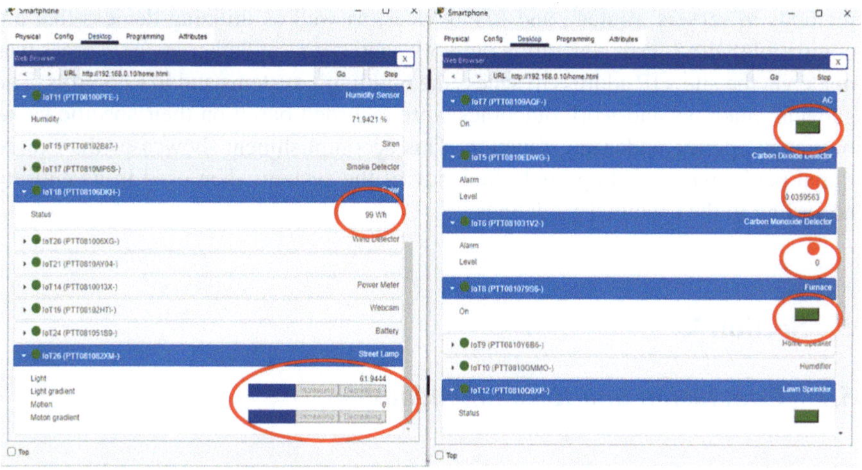

Fig. 27 Reading results displayed for IoT devices

Table 4 Results of readings from IoT devices

Devices	Results
AC	On
Battery	100%
Carbon dioxide	0.036
Carbon monoxide	0%
Door	On
Fan	On
Garage door	On
Humidifier	On
Humidity monitor	71.9421
Lawn sprinkler	On
Light	Off/dim/on
Motion detector	On
Power meter	136.426 W
Siren	On
Smart car	Connected
Smoke detector	0%
Solar panel	99 W/h
Speaker	−1 signal
Street lamp	Light: 61.9444
	Light gradient: no change
	Motion: 0
	Motion gradient: no change
Webcam	On
	Image
Wind detector	Wind
Window	On
Furnace	On

methods in servers, routers, and IoT devices, as well as utilizing devices that are compatible with fourth generation network sand speed of data transfer. Access was made via the site's IP address to access the building's systems and IoT controls. The gadgets' readings and work outcomes were recorded based on their specific capabilities to operate under any situation. This accomplishment showcases the exceptional performance and optimal efficiency of the system when used in its entirety according to the specified guidelines.

5 Section V

5.1 Conclusion and Recommendations

The study was a demonstrative endeavor on the construction of an intelligent network for IoT devices. The simulation application was used to replicate the physical configuration of the devices and establish a connection with the Cisco Packet Tracer simulator. Currently, IoT devices play a crucial role in all aspects of life and provide advanced features to different types of buildings, including industrial, healthcare, and civic structures. Hence, this was necessary to implement the simulation to provide an authentic setting for the thesis, as this encounters several challenges in terms of transmission and communication rates, network security issues, cyber assaults, and approaches to linking internal networks in case of a fragile network structure. Hence, there was a compelling incentive to do the study in order to address several issues. The Cisco Packet Tracer simulator was selected for its ability to provide a comprehensive range of integrated devices, sensors, cables, servers, and input codes that can accurately depict their outcomes when linked correctly. This feature sets this simulator apart as the most superior option for simulating work in the IoT at the current moment. The objective was to simulate a smart building utilizing the most up-to-date version available (Cisco Packet Tracer 8.2.1) due to its superior capability in showcasing the various versions of devices and sensors for IoT applications. The used gadgets include a wireless router, multilayer switch, cable modem, IoT servers, DNS server, switch, communication tower, central office server, and smartphone. The network is established by the formation of groups, beginning with the smartphone and extending to IoT devices. This is achieved by assigning names, IP addresses, and network access codes to each device, which facilitates communication coordination and ensures seamless integration within the network. The gadgets in this version provide connectivity to the fourth generation network. The IoT server records all devices along with their access codes and addresses, allowing them to be accessed using a smartphone. The Cisco Packet Tracer simulation application, produced by Cisco, a corporation specializing in network gear, facilitated all of these tasks. This simulation application is regarded as a realistic and instructional design tool that can be trusted for network design and configuration. The work conducted on connecting IoT devices was meticulous and thorough, including all network intricacies. Additional devices and design techniques for networks will be included in future upgrades of the application, enabling the exploration of more intricate ways in projects and designs in the years to come.

5.1.1 Solution of an Existing Problem

In the Conclusion section of the thesis, it should be clearly expressed that this research has offered a solution to existing problems in the design and management of IoT networks by tryout based on the latest version of Cisco Packet Tracer (8.2.1). To this end, the following issues are captured by this version: network security, data transmission reliability, and device compatibility in a smart building context. By employing the updated simulation tool, the study is successful in providing insights of how IoT devices could be integrated, managed, and controlled in the real-time while potentially offering high-security features. The availability of complex features such as multilayer switching, VLAN, and secure data encryption has been seen to provide actual upgrades from prior versions that allows for a better management of the network traffic and secure communication between IoT devices. This advance proposes a new solution approach to tackling the challenges associated with IoT device integration into smart network, thus offering scalability, security, and efficiency into the future IoT uses in industrial, health, and civil structures application areas.

5.1.2 Recommendation

This thesis focused on the simulation of IoT using simulation and making secure and fast transmission methods. Therefore, further research can be conducted if the simulator is equipped with more devices around the IoT and connected to the streets of the smart city, or a comparison is made between Cisco Packet Tracer and other programs that support work on the IoT such as Fritzing, NetSim, or an integration of the IoT with the feature of artificial intelligence.

References

1. Hanes D, Salgueiro G, Grossetete P, Barton R, Henry J (2017) IoT fundamentals: networking technologies, protocols, and use cases for the internet of things. Cisco Press, Indianapolis
2. Gwangwava N, Mubvirwi TB (2021) Design and simulation of IoT systems using the Cisco Packet Tracer. Adv Internet Things 11(2):59–76. https://doi.org/10.4236/ait.2021.112005
3. Malche T (2017) System. https://doi.org/10.1109/I-SMAC.2017.8058258
4. Patel KK, Patel SM (2016) Internet of things-IOT: definition, characteristics, architecture, enabling technologies, application & future challenges

5. Bakhshi Z, Balador A, Mustafa J (2018) Industrial IoT security threats and concerns by considering Cisco and Microsoft IoT reference models, pp 173–178
6. Mazhar T, Malik MA, Haq I, Rozeela I, Ullah I, Khan MA, Adhikari D, Ben Othman MT, Hamam H (2022) The role of ML, AI and 5G technology in smart energy and smart building management. Electronics 11(23):3960
7. Finardi A (2018) IoT simulations with Cisco Packet Tracer
8. Liao Y, De Freitas E, Loures R, Deschamps F (2021) Industrial internet of things: a systematic literature review and insights. 4662(c). https://doi.org/10.1109/JIOT.2018.2834151
9. Peña-Cabrera M, Lomas V, Lefranc G (2019) Fourth industrial revolution and its impact on society. In: 2019 IEEE CHILEAN conference on electrical, electronics engineering, information and communication technologies (CHILECON), pp 1–6
10. Marinakis V (2020) Big data for energy management and energy-efficient buildings. Energies 13(7):1555
11. Hecht B, Valaskova K, Kral P, Rowland Z (2019) The digital governance of smart city networks: information technology-driven economy, citizen-centered big data, and sustainable urban development. Geopolit Hist Int Relat 11(1):128–133
12. Li H, Wei T, Ren A, Zhu Q, Wang Y (2017) Deep reinforcement learning: framework, applications, and embedded implementations. In: 2017 IEEE/ACM international conference on computer-aided design (ICCAD), pp 847–854
13. Ramchurn SD, Vytelingum P, Rogers A, Jennings NR (2012) Putting the 'smarts' into the smart grid: a grand challenge for artificial intelligence. Commun ACM 55(4):86–97
14. Allam Z, Newman P (2018) Redefining the smart city: culture, metabolism and governance. Smart Cities 1(1):4–25
15. Del Rio DDF, Sovacool BK, Bergman N, Makuch KE (2020) Critically reviewing smart home technology applications and business models in Europe. Energy Policy 144:111631
16. Saha S, Ishraque H, Islam M, Rahman M (2019) IoT based smart home automation and energy management, pp 133–143. http://dspace.bracu.ac.bd/xmlui/handle/10361/12720
17. Thera D (2020) Internet of things simulation using Cisco Packet Tracer, pp 1–48
18. Jesin A (2014) Packet tracer network simulator. Packt Publishing Ltd, Birmingham
19. Flifel RK (2019) The role of packet tracer in learning wireless networks and managing IoT devices. ISeCure 11(3):35
20. Javid SR (2014) Role of packet tracer in learning computer networks. Int J Adv Res Comput Commun Eng 3(5):6508–6511
21. Kumar PP, Krishna M, Ramprakash MR (2019) Design and implementation of smart home using Cisco Packet Tracer simulator 7.2. Int J Innov Technol Explor Eng 8(11S):107–111
22. Ashok GLP, Akram PS, Neelima MS, Nagasaikumar J, Vamshi A (2020) Implementation of smart home by using packet tracer. Int J Sci Technol Res 9(2):678–685
23. Vermesan O, Friess P (2014) Internet of things applications—from research and innovation to market deployment. Taylor & Francis, Milton Park
24. Wang S, Wan J, Zhang D, Li D, Zhang C (2016) Towards smart factory for industry 4.0: a self-organized multi-agent system with big data based feedback and coordination. Comput Netw 101:158–168
25. Zhang Q, Zhu C, Yang LT, Chen Z, Zhao L, Li P (2017) An incremental CFS algorithm for clustering large data in industrial internet of things. IEEE Trans Industr Inform 13(3):1193–1201
26. Nativi S, Kotsev A, Scudo P, Benetta AD, Perego A (2020) TRANSFORMATION (web of things and digital twins) a multi-facets analysis. https://doi.org/10.2760/553243
27. Doyduk HBB, Bayarçelik EB (2019) Consumers' acceptance of internet of things technology. İstanbul Gelişim Üniversitesi Sosyal Bilimler Dergisi 6(2):351–371
28. Mathews-Hunt K (2017) consumeR-IOT: where every thing collides
29. Kuusijärvi J, Savola R, Savolainen P, Evesti A (2016) Mitigating IoT security threats with a trusted network element. In: 2016 11th international conference for internet technology and secured transactions (ICITST), pp 260–265

30. Tushar W, Wijerathne N, Li W-T, Yuen C, Poor HV, Saha TK, Wood KL (2018) Internet of things for green building management: disruptive innovations through low-cost sensor technology and artificial intelligence. IEEE Signal Process Mag 35(5):100–110
31. Durumeric Z, Li F, Kasten J, Amann J, Beekman J, Payer M, Weaver N, Adrian D, Paxson V, Bailey M (2014) The matter of heartbleed. In: Proceedings of the 2014 conference on internet measurement conference, pp 475–488
32. Viswanath SK, Yuen C, Tushar W, Li WT, Wen CK, Hu K, Chen C, Liu X (2016) System design of the internet of things for residential smart grid. IEEE Wirel Commun *23*(5):90–98. https://doi.org/10.1109/MWC.2016.7721747
33. Blanco B, Fajardo JO, Giannoulakis I, Kafetzakis E, Peng S, Pérez-Romero J, Trajkovska I, Khodashenas PS, Goratti L, Paolino M (2017) Technology pillars in the architecture of future 5G mobile networks: NFV, MEC and SDN. Comput Stand Interfaces 54:216–228
34. Rego A, Ramírez PLG, Jimenez JM, Lloret J (2022) Artificial intelligent system for multimedia services in smart home environments. Clust Comput 25(3):2085–2105
35. Katona A, Panfilov P, Katalinic B (2018) Building predictive maintenance framework for smart environment application systems. In: Proceedings of the 29th DAAAM international symposium, pp 460–470
36. Jia M, Komeily A, Wang Y, Srinivasan RS (2019) Adopting internet of things for the development of smart buildings: a review of enabling technologies and applications. Autom Constr 101:111–126
37. Jeong W-S, Kim S-H, Min K-S (2013) An analysis of the economic effects for the IoT industry. J Internet Comput Serv 14(5):119–128
38. Nicolescu R, Huth M, Radanliev P, De Roure D (2018) State of the art in IoT-beyond economic value. London. https://iotuk.org.uk/wpcontent/uploads/2018/08/state-of-the-art-in-iot%2D%2Dbeyond-economic-value2.pdf
39. Fakeeh KA (2016) An IoT based smart power management system for technical university. Int J Comput Appl 149(1):39–45
40. Hao J, Wu J, Guo C (2011) Modeling and simulation of CAN network based on OPNET. In: 2011 IEEE 3rd international conference on communication software and networks, pp 577–581
41. Khan SN, Kalil MA, Mitschele-Thiel A (2013) crSimulator: a discrete simulation model for cognitive radio ad hoc networks in OMNeT++. In: 6th joint IFIP wireless and mobile networking conference (WMNC), pp 1–7
42. Ahsan M, Based MA, Haider J, Rodrigues EMG (2021) Smart monitoring and controlling of appliances using LoRa based IoT system. Designs 5(1):17
43. Kurnaz S, Abdulkareem MM, Yaseen SA (2018) Implementation of Cisco Packet Tracer in advance computer network. AURUM J Eng Syst Archit 2(1):33–47
44. Shemsi I (2018) Implementing smart home using Cisco Packet Tracer simulator. Int J Eng Sci Invent Res Dev 4(VII)

Design a Resilient Smart Grid System for Enhanced Efficiency and Reliability with Conventional and Renewable Energy Sources in Iraq

Hudhaifa Dhari Mahmood Mahmood and Cemal Kavalcioğlu

1 Section I

1.1 Introduction

The traditional electricity grid has deteriorated since its establishment and extensive usage around the globe. Generation, transmission, distribution, and consumption were the four main parts of the grid in the past [1]. A broad variety of power production systems are included in bulk generation, including hydro generators, thermos generators, nuclear power sources, combined heat and power (CHP) facilities, and many more. The dependability and quality of the power are compromised due to several faults in the deteriorated utilities. Voltage instability, irregular power outages, curtailments, imbalanced or excessive load conditions, and blackouts are the main causes of power system faults. To get over these restrictions, standard grid monitoring and control systems have been enhanced and integrated [2]. Every year since the conventional power distribution system was put into place, the world's energy consumption has gone up. Many energy and demand-side management (DSM) initiatives have been launched by governments and energy providers in response to the surge in demand. For decades, laws have been in place that permit more distributed generation (DG). According to Kabalci and Kabalci [2], distributed generation (DG) initiatives and renewable energy sources (RESs) are both on

H. D. M. Mahmood
Department of Electrical and Electronic Engineering, Near East University, Nicosia, Turkey

C. Kavalcioğlu (✉)
Department of Electrical and Electronic Engineering, Near East University, Nicosia, Turkey

Research Center for Science, Technology and Engineering (BILTEM), Near East University, Nicosia, Turkey
e-mail: cemal.kavalcioglu@neu.edu.tr

A. Azizi (ed.), *Mechatronic Innovations in Smart Grids, IoT, and Autonomous Systems*, Emerging Trends in Mechatronics,
https://doi.org/10.1007/978-981-95-4640-4_3

the rise. Research and advancements in the management of traditional grids have brought attention to the need for systems based on communication. To regulate the source and load management systems, monitor the consumption, distribution, and generation rates, and so forth, these criteria were crucial. Because of this, the smart grid is better now. One modern concept that includes the capacity to monitor and operate grid management systems is the "smart grid," a phrase that was first used in the early 2000s [3, 4]. Through the integration of both physical and virtual communication networks with the traditional grid, the smart grid enhances the control and communication capabilities of the energy network. According to Kabalcı [1], the smart grid is vital for facilitating the two-way flow of power and communication inside the power network.

The smart grid infrastructure is a data communication network that transmits several signals for measurement, monitoring, control, management, and oversight. Any component of the utility grid, including microgrids, distribution, consumption, transmission, and bulk generation, may include the smart grid interface. The communication interface and medium must provide rapid, trustworthy, and reliable transmission. Several white papers, reference books, standards, legislation, and applications have been produced as a consequence of the smart grid idea being refined by various research teams. According to public law ([5]; "US State Passes Law to Make Retailers Pay Banks if Compromised," 2007), the US Department of Energy is tasked with defining the smart grid and its essential characteristics by the Energy Independence and Security Act of 2007. At this point, everyone agrees that the smart grid is more of a motivational force than a mere instrument for technical advancement. Several policy components are detailed in the law. These include the electrical grid's modernization, the smart grid's security measures, the interoperability framework, the creation of a smart grid task force and advisory committee, and smart grid-related R&D initiatives.

The following characteristics and requirements for smart grid classification have been articulated in public statutes ("US State Passes Law to Make Retailers Pay Banks if Compromised," 2007):

- Improving the electric grid's efficiency, security, and dependability via the application of digital information and control technologies.
- Improving grid administration and resource consumption efficiency via robust cyber-security mechanisms.
- Renewable resource use, deployment, and integration of distributed generation and resources.
- Resources that are energy-efficient, customer-focused, and responsive to consumer needs are being developed and used.
- Real-time, automated, and interactive technologies that improve the functioning of consumer devices and appliances are what "smart" technologies are all about. Automating distribution, monitoring, and sharing data about the power grid's status and operations are all tasks that these technologies help with.
- The merging of smart devices with consumer electronics.

- The use and incorporation of state-of-the-art technology for peak shavings and power storage, such as thermal storage air conditioning, and electric vehicles (both plug-in and hybrid).
- Providing clients with prompt access to relevant information and options for control.
- The establishment of protocols for the transmission and interoperability of devices, including infrastructure, that are linked to the power grid.
- The process of identifying and eliminating unreasonable or unnecessary barriers that hinder the acceptance and implementation of smart grid services, activities, and technology.

Representing a sophisticated grid system, the Electric Power Research Institute (EPRI) has proposed the moniker IntelliGrid as the official descriptor, redefining the word "smart grid" in the process. In the context of utility infrastructure, the phrase "smart grid" describes the combination of electrical and informational technology. There is no text given by the user. Various articles and whitepapers propose a smart grid as an integrated system of electrical and communication technologies [6]. The smart grid is an improved electric power infrastructure that meets the needs of many end-use applications via the integration of communications, information, and power technologies. According to IEEE Std 2030-2011 [7], the definition is brief and widely accepted. By integrating advanced information and communication technology (ICT) into the conventional power grid, the smart grid has been developed to improve its operational efficiency. An additional benefit of the smart grid is the creation of a cyber-secure communication connection that allows data and information to flow in both directions. This led to the integration of AI into the traditional grid, which greatly improved the effectiveness of grid systems' diagnostic and troubleshooting procedures. Traditional grid operations such as generation, transmission, distribution, and consumption now include computational intelligence. The result is that the enhanced grid has been superseded by a new infrastructure for transmitting data and power that is far more secure, dependable, controlled, and efficient. Smart grids use distributed generation (DG) and decentralized production facilities, as opposed to conventional grids that rely on centralized production facilities. Recently dealing with the possibilities of decentralized production, measurement and monitoring systems have been updated so that they can monitor themselves via the smart grid. It has improved to a level where it has become possible to provide electricity and two-way communications in general. Unlike the traditional grid, the smart grid differs in several aspects, one of which is the use of digital meters in smart sensors for devices. Also, the new smart grid can fix its problems unlike older architectures that are fixed manually or locally [8–10]. Over time, improving and developing the smart grid requires adding new features and technologies to its existing architecture. Wireless systems that have received a lot of attention in the field of smart sensing grids include renewable energy sources (RESs), distributed generation (DG), smart metering systems for active and reactive power, sensing supervisory control and data acquisition (SCADA) systems, and improved near and far wired control systems and wireless, as they are all considered intelligent communication interfaces in sensor networks [11]. Improvements to various network services and functions have improved smart grid operations, while upgrades to legacy systems have made it easier to move from traditional grid operations to intelligence-based grid operations. In addition, numerous communications networks have been established to ensure the highest standards of data transmission reliability and quality for use in control, measurement, and monitoring applications.

1.1.1 Energy Requirements of Iraq

Iraq's total energy needs have been steadily increasing over the past few decades due to its growing population, economic development, and infrastructural expansion. The country's energy demand is primarily driven by residential, industrial, and commercial sectors, with a significant portion of the population relying on electricity for daily activities and industrial operations.

As of recent estimates, Iraq's peak electricity demand has surpassed 32,000 MW, but the installed capacity has lagged behind, leading to widespread power shortages, especially during the summer months when demand is at its highest. The gap between the actual installed capacity and the desired capacity has necessitated the need for importing electricity from neighboring countries and investing in new power generation projects, including renewable energy sources like solar and wind, to meet the growing demand. Iraq's energy infrastructure has faced challenges due to aging equipment, insufficient maintenance, and impacts from years of conflict, which have further exacerbated the energy deficit. The government has been working on various initiatives to increase capacity, reduce losses in the distribution network, and incorporate more renewable energy sources to diversify the energy mix and improve reliability. The demand continues to outstrip supply, making energy management a critical issue for the country's sustainable development [10].

1.2 Statement of the Problem

For many years, the problem of providing electricity, or rather the lack of electricity, has been a major problem in Iraq, as there are several main reasons for this, including:

Dilapidated and old infrastructure: Poor investment and maintenance for decades. The issue of electricity in Iraq has been getting worse and has not been addressed properly, which has led to a deterioration in its condition and a decline in its level of efficiency.

Increasing demand: The population and economic development of the country, Iraq, has increased the electricity demand significantly, exceeding the realistic capabilities of the electrical system to meet this demand.

Reliance on foreign fuel sources: Most power generation plants were and still are largely dependent on fuel imported from neighboring countries, which generated an increase in exchange rates and difficulty adapting to fluctuations in global fuel prices.

Political conflicts and terrorism: The increase in violence and political conflicts in Iraq resulted in sabotage of the electricity infrastructure, which led to the obstruction of its maintenance and development efforts.

1.3 Purpose of the Study

There are several main goals for establishing electric power plants using solar panels and wind turbines:

1. **Filling the deficit for basic needs and increasing electricity production**:
   Increasing total electrical energy production is important in Iraq, especially by adding renewable and clean energy sources to the country's traditional energy mix. This, in turn, will help bridge the gap between demand and the current supply of electricity, which is clearly in a large deficit.
2. **Diversifying energy sources**:
   Diversifying the energy sources used to generate electricity is important, which is why Iraq is seeking to achieve it, so that it will reduce its exclusive dependence on fossil fuels that generate environmental pollution.
   In addition, it in turn enhances the security of energy supplies and sources in the country.
3. **Maintaining no increase in environmental pollution by reducing emissions**:
   The best, most sustainable and environmentally friendly option is renewable energy compared to fossil fuels.
4. **Development of local industries and economic growth**:
   Renewable energy investments in this field help develop new industries, develop national competencies and expertise, and provide job opportunities in this regard.

In general, these proposals aim to improve the supply of electricity in Iraq, and help diversify its sources, which enhances environmental sustainability and advances economic development in Iraq.

1.4 Research Questions/Proposals

1.4.1 Research Questions

1. How can a resilient smart grid system be designed to enhance the efficiency and reliability of the power grid in Iraq, integrating both conventional and renewable energy sources?

2. What are the technical challenges and solutions in implementing a smart grid system in Iraq's power infrastructure, considering the existing issues like infrastructure deterioration and frequent power outages?
3. How can the integration of renewable energy sources, such as solar and wind power, improve the overall performance and sustainability of the Iraqi power grid?
4. What are the optimal strategies and control mechanisms required to effectively manage the coordination and load balancing between conventional and renewable energy sources in the proposed smart grid system?
5. What are the economic and environmental benefits of transitioning to a smart grid system powered by a mix of conventional and renewable energy sources in Iraq?

1.4.2 Proposed Ideas

1. Design a resilient smart grid system for Iraq that integrates both conventional and renewable energy sources to enhance the efficiency and reliability of the power distribution network.
2. Incorporate solar power plants as one of the renewable energy sources to be integrated into the smart grid system.
3. Explore the use of wind power stations as another renewable energy option for the smart grid, as they do not cause any environmental damage, unlike conventional power plants.
4. Develop electrical circuits and simulate the smart grid system using MATLAB to model the interconnections between different power generation projects and assess the feasibility of implementation.
5. Reducing dependence on fossil fuel stations, and replacing them with stable and advanced electrical supplies to meet the requirements of industrial, commercial, and domestic loads in Iraq.
6. Working to reduce the challenges that hinder electricity, including the deterioration and collapse of infrastructure and the increasing demand for electricity.
7. Design a smart sensor network for the electricity network to adapt to the situation of the electrical network and effectively improve its reality by sensing its conditions and conditions.

1.5 Basic Region of Study

The civil capital of Iraq, Baghdad, is an important center of electrical connectivity in the country. The city's electrical system is integrated with that of the surrounding region, but it is a major problem due to an old system, frequent blackouts, and increasing demand for electricity. Baghdad has a diverse power generation system which comprises of thermal stations, gas turbines, and few hydro power stations. But, most of these systems work far below their designed capacities because of regular maintenance problems, fuel availability problems, and past conflicts. Similar to the generation, distribution of electricity in the city also face issues of technical as well as nontechnical losses which put pressure on the available supply of power. The grid's current state is, however, insufficient as the population and industries in Baghdad expands, thus the need for an enhanced and improved electrical supply system. This includes development of new infrastructure, incorporation of renewable energy resources, and improvement of grid control systems to cater to the present and future energy needs of the region. Mitigating these challenges is important to the whole stability and development of Baghdad and its surroundings.

1.6 Novelty of Research

The uniqueness of this study is formulated in the proposed smart grid system that is specially designed to combine the use of traditional and renewable energy sources for the improvement of the efficiency and reliability of the power system in Iraq. Unlike power system models that have been developed in the past, where the focus was on conventional and renewable energy systems, this research develops a hybrid model using the energy scenario and problems of Iraq.

Key innovations include:

1. **Hybrid Energy Integration**: The research presents a novel concept of both conventional (e.g., diesel generators) and RE sources (e.g., solar and wind) interconnected in smart grid environment. This approach optimizes the utilization of renewable energy with the use of conventional sources of energy especially when the renewable source of energy is not generating optimum power.
2. **Resilience and Reliability**: Reliability is also considered in the design since new grid management techniques are adopted to deal with supply and demand volatility to stabilize and reduce disruptions. This is especially important for Iraq given that energy infrastructure in the country is very much at risk.
3. **Smart Grid Technology**: It utilizes the new thinking of smart grid technologies such as real-time monitoring, automation control systems as well as predictive analysis on energy distribution and utilization. This smart grid system has the capability of responding to different situations like change in weather which affects the renewable power production, hence making the grid more efficient.
4. **Localized Solutions**: The study on the smart grid takes into account the specific environmental and infrastructure characteristics of Iraq and the local demand for energy and the capability of the existing grid and the available resources. This localized perspective guarantees that the proposed system is not only theoretically feasible, but is also implementable in the Iraqi environment.
5. **Sustainability and Environmental Impact**: The research also addresses sustainability objectives through advocating for the use of renewable energy and minimizing reliance on fossil fuels with a feasible way for Iraq to embrace cleaner energy sources.

1.7 *Significance of the Study*

The use of farms (photovoltaic and wind energy) is important and has a significant impact for several reasons.

1.7.1 Addressing the Major Electricity Shortage

During the peak season, which is summer, major electricity shortages result. Large-scale renewable energy projects such as (PV and wind farms) increase electricity generation and improve energy supply.

1.7.2 Diversifying the Energy Mix

Natural gas and oil are fossil fuels that are considered major sources of electricity generation in Iraq. Incorporating renewable energy sources such as solar and wind energy into these traditional sources would enhance the reliability of power generation and increase demand.

1.7.3 Environmental Benefits

Lower environmental impact using renewable energy, such as photovoltaic and wind technology, compared to traditional power generation in reducing greenhouse gas emissions, promoting sustainable development and reducing air pollution.

1.7.4 Economic Opportunities

Creating new job opportunities in case of investment in renewable energy projects in Iraq.

In addition, it supports the diversification of the Iraqi economy.

1.7.5 Energy Security

Relying on renewable energy resources contributes to mitigating geopolitical risks and ensuring a more stable energy supply.

1.7.6 Technological Improvement

Establishing photovoltaic and wind farms in Iraq can promote the adoption of new technologies such as advanced renewable energy, and encourage local capabilities in adapting to them.

2 Section II

2.1 Literature Review

One of the problems that led to the slowdown in the increase in energy consumption and the deterioration of the electricity market is voltage instability. A stable power system generates the ability to continue to operate reliably, adapting to conditions in all nodes even after a disturbance occurs. This stabilizes the voltage. In the past, power was generated and controlled by vertically integrated utility companies via electromechanical networks. Recently, many operational problems have appeared in the power grid, including conflicting turn-on and turn-off schedules and the increasing integration of renewable energy sources periodically. Because of the lack of awareness among the management personnel and the prevalence of both physical and cyber-attacks, these concerns lead to disastrous events that no one could have predicted. Voltage fluctuations are a common problem for consumers, who are also hoping for better power supply services and greater quality overall. Improving the electric grid's dependability and efficiency via the use of cutting-edge electronics and computer algorithms is essential for overcoming these challenges. Power system stability is becoming more important due to the increasing need for long-distance power exchanges.

According to the kind of disturbance being evaluated, the grid's stability is defined as its ability to withstand disturbances. Electric utilities, research facilities, and other government agencies have emerged to address these challenges and oversee the creation of future grids (also known as "grid savvy," "intelligent grid," and "smart grid"). Distributing electricity more efficiently, reliably, and with less human intervention has been the goal of smart grid technology, which makes use of two-way communications and pervasive computing capabilities. In addition to enabling the transfer of electricity between consumers and suppliers, the smart grid controls digital appliances to improve efficiency, reliability, and visibility, all while reducing energy consumption. It provides relevant component protection and monitoring automatically. Beginning with generators and continuing through the transmission network and distribution system, the whole energy supply chain is covered in the paper by Rahimi and Ipakchi [12]. It delves further into the system's applications for both commercial and residential customers, who may manage their energy use using smart thermostats and other devices. Various aspects of smart grid technology as it pertains to the power sector are investigated in this study. In addition, the smart grid will also be discussed, as well as the challenges that have so far been faced in implementing them. System for intelligent allocation of power: Banking, healthcare, industries, transportation, and power grids are just a few areas that have seen operations transformed by the recent advancements in communication and information technology [13–15].

The core principle of the smart grid is to enhance grid security and performance via cost-effective operations, maintenance, and system planning, allow grid observation, and manage assets. It is believed that the new grid will be able to self-correct, reconfigure, and restore itself with the use of smart grid technologies. In 2005, Amin and Wollenberg coined the term "smart grid" for the first time. The United States Department of Energy (DOE) defines the current grid endeavor as the integration of distribution and transmission level sensing technologies, control approaches, and integrated communication into the current power system. North American, Chinese, and European developed countries are implementing state-of-the-art power system approaches. "Telegestore," the world's largest and most pioneering smart grid project, is only one example of how many countries have already enjoyed the benefits of smart cities. The company built its meters, system software, and other associated components in Italy in 2005 as part of this initiative. The widespread adoption of this project has set a standard for the efficient and lucrative rollout of new smart grid technology [16].

The smart grid has been under active development in Austin, Texas, USA, since 2003. Smart grid technologies provide attractive technical and financial solutions when applied to today's electricity grids. A smart grid is a system that generates and distributes power. Transmission lines are reduced due to this system's automated fault detection and repair capabilities. A smart grid is a distributed system that can detect problems, optimize voltage, and change power distribution automatically based on real-time data collected from meters and sensors. Smart grid technology enhances real power flow while decreasing reactive power flow, which lowers transmission losses. Dispersed sources and renewable energy are also possible components. The technology is equipped with characteristics that detect theft and allow for two-way communication; it also functions in real-time. Sensor networks, wireless mesh networks, and networked intelligent technologies are just a few of the technologies included in the smart grid. A smart grid system and its associated gadgets have been conceptualized by the National Institute of Standards and Technology (NIST). According to Locke and Gallagher [17], this model is used to describe different parts of electrical systems. There are seven subfields under this conceptual framework. There are several smart grid stakeholders in each sector. The smart grid paradigm suggested by NIST is shown in Fig. 1 [18].

The smart grid infrastructure comprises three primary subsystems: smart energy, information, and communication. Energy production in the traditional power system is concentrated at a small number of centralized power plants, and the system only runs in one direction. After generation, the transmission infrastructure carries the generated electricity. Due to the smart grid's distribution infrastructure's ability to include solar plants and wind turbines, energy production patterns are more flexible than with the traditional power system.

Technologies for smart grids: According to Yu et al. [19], there are five primary domains in smart grid communication technologies: sensing and measurement, improved components, decision support and interfaces, standards and groups, and interactive communications. For commercial, industrial, and residential users, the smart grid distributes electricity effectively from centralized and dispersed power generators. Smart monitoring and metering systems may track energy consumption in real time via communication infrastructure. Over the communication infrastructure, the smart grid's control centers, specialized software, and intelligent

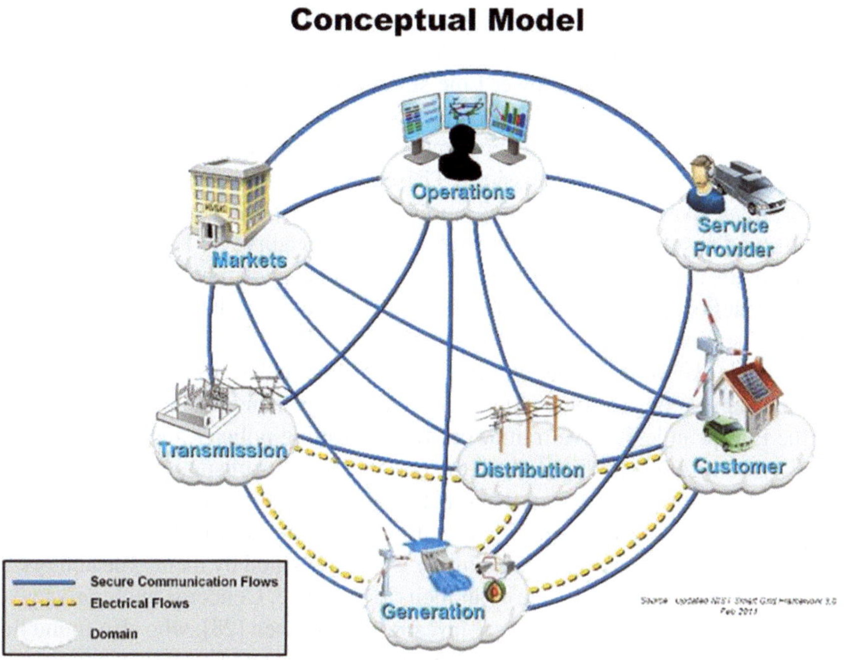

Fig. 1 Conceptual model of smart grids

equipment talk to one another. Smart grid operations cannot be effective without a reliable communication infrastructure [20]. Current electrical utility-wide area networks use various wireless technologies, power line communication, copper wireline, wired and fiber optics, and other communication technologies. Data transfer makes use of a variety of communication protocols, including GSM, WiMAX, and WLAN [21]. Smart grid applications, including physical security, distribution feeder automation, generation plant automation, ERP systems, and supervisory control and data acquisition (SCADA) and energy management systems (EMS) are made possible by these technologies.

Transmission and reception in conventional power grids are unidirectional and dependent on passive components. As a consequence of proactive distribution's transformation, the customer's position is naturally evolving as products and services are transferred between suppliers and consumers. Electrical infrastructures of the future, known as smart grids, will allow for two-way communication between power providers and their customers. The quality of these subsystems may be improved by reading a variety of books. The building of future electrical networks begins with smart grid programs. Boulder, Colorado's smart grid project, was finished in 2008. To facilitate control via smart plugs and devices, the project integrated the home automation network with smart meters [22]. Hydro One, a Canadian firm based in Ontario, used Trilliant's industry-standard communication infrastructure to install a smart grid system. Nearly one and a half million people benefited from this program in 2010. According to Loeff [23], this system was awarded the Utility Planning Network Award in 2007. German model city Mannheim served as the site for the Broadband Power Line smart grid project's implementation, which is abbreviated as MoMa. Utilizing smart city technologies, industrialized countries have effectively tackled their environmental issues, such as substantial greenhouse gas emissions and carbon emissions. These countries have integrated cutting-edge innovations like home monitoring applications and bidirectional power systems. Smart grid systems have been the subject of many surveys. Hassan and Radman [24] provide a synopsis of the smart grid's core concept, technology, and implementation benefits and drawbacks in their paper. The author elaborated on the role of management in developing a holistic strategy for the smart grid. The current smart grid standards were thoroughly examined by Samuelsson et al. [25], who also offered suggestions for future smart grid technology standards. In a concise review of the European legislative framework for controlling policies and metering operations, Vasconcelos [26] highlighted the possible benefits of smart meters. The smart grid distribution system was the subject of an industrial viewpoint research by Brown and Suryanarayanan [27]. The significance of these technologies for smart distribution system research in the future was highlighted by them. The authors Yan et al. analyzed smart grid security in their 2012 article. Concerns about privacy and security in smart grid systems were investigated by Chen [28], who also found links to internet cyber security. In their 2006 study, Gungor and Lambert examined electric system communication networks, outlining the architecture of hybrid networks and heterogeneous systems as well as the criteria for their applications. For smart grid systems, Akyol et al. [29] investigated all possible means of communication. Electric system communication architecture, comprising technology, requirements, roles, and research issues, was investigated by Wang et al. [30]. Network deployment in power system settings was another area the author investigated. Research has proposed and classified smart energy into many energy subsystems, such as power generation, transmission, and distribution. Fossil fuels, nuclear energy, wind energy, solar energy, and natural gas are a wide range of sources that can generate electrical energy, among others. This section provides a summary of previous studies that addressed the topics of smart grid use in the electricity generation, transmission, and distribution sectors. To overcome most of the challenges in the field of electricity generation, Andersen et al. [31] present a service-oriented architecture (SOA) software architecture for a virtual flexible power plant. In addition, the synthesis of another experiment [32] came as a framework for coordinating and adapting the work of different organizations. Functional models are needed to implement this method and for all parts of the system. To enhance the power balance and constraints of the network, Jansen et al. [33] propose a virtual factory equipped with a trip prediction system; this strategy uses a centralized approach. Another strategy to increase the proportion of power grid producers using RES was proposed by Lombardi et al. [34]. Delving into the intricate architecture and the challenges of constructing a high-tech virtual power plant, the author covered all the bases. The smart grid community has recently been focusing on incentives and technical and economic issues [35]. With a combined budget of €1.8 billion, the smart grid database documented 281 smart grid projects in Switzerland, Norway, and Croatia in 2012.

Guidelines for smart power systems: The United States Department of Energy (DOE) began hosting seminars on the topic of distributed energy resource integration in 2001. The seminars mainly included topics like controls and communication. In 2007, the Energy Independence and Security Act was passed by the United States Congress, marking the beginning of a strategy for smart grid implementation. This legislation also set up a financing mechanism for smart grid investment, along with an advisory council and an intergovernmental agency task force. According to Lightner and Widergren [36], the legislation primarily aimed at funding smart grid-related research, development, and demonstration projects. The Recovery Act of 2009 is the subject of the second act; it provides funding of $3.4 billion for the smart grid and $615 million for the grand program. Various standards have been implemented in many fields, countries, and organizations.

2.2 *Theoretical Background*

2.2.1 Fundamental Concepts of Smart Grid Systems

The Smart Grid: An Introduction to the Smart Grid and the Smart Grid System Report are two crucial publications by the United States Department of Energy (DOE). An Introduction to the Smart Grid [37] explains how digital technology may make the power system more efficient, reliable, and safe. This encompasses the whole spectrum, from massive energy generation to distribution to consumers, including the ever-increasing use of distributed energy resources for both generation and storage. The Department of Energy gives more details in their Smart Grid System Report ("DOE Awards 'Smart Grid' and ARPA-E Grants," [38]) about how electric system operations, maintenance, and planning are being optimized dynamically using the same information networks that are transforming other parts of the economy. The smart grid design sheds light on the parts of the integrated, interoperable, energy-efficient system that overcome the shortcomings of the old system from a holistic viewpoint. The five main parts that make up the grid are:

- Improving the power system
- Advancements in AI
- The network for interaction
- Cybersecurity, interoperability, for standards
- Changes in the environment, climate, and renewable energy

2.2.2 Improvements to the Power System

Improvements to the smart grid's power system are being made at every level. At the level of individual generations, these advancements take the shape of smart grid devices that link distributed resources to the smart grid and communication components that allow for real-time data transfer. The smart transmission network makes use of distributed generation's adaptability and demand predictability, as well as self-monitoring and self-healing capabilities. To make the most of smart transmission, one must be able to handle data in real time. Distributed energy generation (DER) systems include metering and monitoring infrastructure, customer-focused "EDGE" technologies like smart meters, consumer-utility control communication links, energy management components, an Automated Meter Infrastructure (AMI) that allows for real-time pricing communication between customers and the utility, and components for fault detection, voltage optimization, and load transfer. Parts for distribution automation are also crucial. At each level of the grid, the smart grid environment calls for improved sensing, metering, and measurement tools. The vital parts are monitoring the electricity market and its smart grid.

Detecting and responding to power outages, assessing equipment health, evaluating network health, preventing energy theft, facilitating demand side management, and various network monitoring functions that enhance long-term sustainability, avoiding degradation, and ease of maintenance and remediation are some of the many advantages offered by sensor technology. Real-time measurements are critical to the success of smart grid implementation. Methods and tools such as state estimates and phase measurement units (PMUs) may help improve the electrical grid's system reliability. Developing components and strategies to regulate the fluctuations of renewable energy sources properly is also necessary for their integration into the smart grid. Technology that facilitates job planning and execution in the face of uncertainty will be required.

2.2.3 Progress in AI Research and Development

Computational intelligence methods are needed to provide the flexibility, self-repairing capability, efficacy, and reliability of the power systems for the smart grid and meet all requirements. Tools cannot be designed or computed without a standard set of performance metrics.

(a) Compatibility and control
(b) Reliability
(c) Adaptability and durability
(d) Taking preventative measures and ensuring safety
(e) Practicality
(f) Unpredictability
(g) Efficiency
(h) Being sensitive means one can pick up on subtle changes in a given environment or stimulation
(i) Consistency
(j) Research into motion and forces

Intelligence systems, AI, and hybrid approaches combining static/classical optimization with learning algorithms/heuristics will all be part of the analytical methodology. Adaptive dynamic programming (ADP) and evolutionary programming methodologies [39, 40] have achieved notable strides in this area. Tasks like unit commitment, restoration, and reconfiguration, which involve allocating resources, will become much easier with the development of new adaptive and stochastic optimization approaches. Computational approaches, including improved classical tools (such as intelligent tools, decision support systems, and static optimization tools), computational intelligence techniques, and advanced dynamic techniques, will be part of the revised curriculum.

2.2.4 Communications Network

One of the many available communication technologies can be utilized right now without shelling out a ton of money for a brand-new communications infrastructure. To become a dynamic and interactive "mega-infrastructure" for real-time information and power exchange, the smart grid will use modern high-speed, fully integrated, two-way communication technologies. A broader expansion of communication and telecommunications curricula is necessary to accommodate the emergence of communication technology components that go beyond conventional SCADA and PLC systems. The use of new digital technologies in metering and measurement enables two-way communications, various inputs (such as pricing signals, time-of-day tariff, and RTO curtailments for congestion relief), and various outputs (such as real-time consumption data, power quality, and electric parameters). The capacity to link and detach, as well as interfaces with generators, grid operators, and client portals for better power metering, are all made possible by these technologies. An assortment of communication network topologies, including LANs, HANs, and NANs, must be considered throughout the smart grid's development. To make the most of the transmission grid's capacity and slow the spread of interruptions, utilities build wide area monitoring systems (WAMS). WAMS use GPS satellites and network-distributed sensors to precisely time-stamp measurements in the power transmission system.

2.2.5 Cybersecurity, Interoperability, and Common Standards

Smart Grid Initiatives White Paper [41] states that numerous prestigious standards organizations are hard at work developing guidelines for the power industry's many smart grid applications. These organizations include NIST, the IEEE, NERC, the Internet Engineering Task Force (IETF), ANSI, NEC, and WoWW.

2.2.6 Characteristics and Challenges Associated with Conventional Energy Sources

It is important to consider certain features and difficulties when incorporating traditional energy sources like coal, natural gas, and oil into smart grid systems.

2.2.7 Attributes of Traditional Energy Sources

Availability and Reliability: Conventional energy sources are abundant, highly reliable, and continuous. The availability of renewable energy sources is a reliable and useful source to ensure the stability and reliability of the energy system.

Establishing an advanced and integrated infrastructure: Traditional energy sources have an advanced infrastructure. These sources are often used with a connection to existing network infrastructure, so that generation can be quickly increased or decreased to meet and adapt to grid needs.

2.2.8 Smart Grids and Their Connection to Traditional Energy Sources

Environmental Impact: Traditional energy sources produce challenges in harmful environmental issues such as the release of greenhouse gases and air pollution. They can be connected within smart grids to shift toward cleaner and more sustainable energy. Flexibility and adaptability are key features of smart grids because they are designed to integrate intermittent renewable energy sources more efficiently and reliably. Traditional energy sources represent the limited ability to quickly increase or decrease production and the deterioration of grid stability.

Constrained Efficiency: Conventional energy sources are limited in their capabilities in terms of their overall effectiveness. In the form of heat, a large amount of energy produced during the generation process is wasted. In smart grids, the energy efficiency of the electrical system can be maximized. Traditional energy sources are centralized and require a large production, transmission, and distribution infrastructure. Decentralizing the grid and micro grids from dispersed energy resources enhance their integration into smart grids. A situation in which traditional energy sources cannot adapt to new technological technologies in an evolving energy environment. The process of enhancing existing power plants and integrating advanced management and monitoring systems can create high overhead and complexity for the network.

These difficulties above can be addressed or their effects mitigated, as it requires developing comprehensive strategies that combine technical achievements, government frameworks, and market incentives in a way that ensures a balance of excellent performance, cost, complexity, and assistance for a more sustainable energy future by addressing these difficulties.

2.3 *Related Work*

Power quality (PQ) generates many concerns. The need for smart PQ monitoring in the grid is the focus of the seminal study conducted by Shahidul Haq Laskar and Mohibullah entitled (Power Quality Issues and the Need for Smart PQ Monitoring in a Smart Grid Environment). The potential financial losses were considered and it is their contemplation of what has resulted from poor quality and how important it is to utilities, consumers, and end users. The research focused on the global economic losses associated with poor connectivity, as PQ difficulties affected many networks. A comprehensive study was conducted to identify various PQ problems in many countries. The researchers emphasized the need for interested parties and regulatory agencies to take action to improve power quality for both utilities and end customers, pointing out the substantial financial implications of poor PQ on a country's economy. They also suggested a smart system to monitor power quality that can identify various disruptions to the power grid.

By giving accurate and fast information regarding PQ problems, the system hopes to help adopt suitable mitigation methods. Smart grid environments need sophisticated PQ monitoring, which the researchers highlighted as crucial for resolving PQ-related issues [42]. In his thesis titled "Research on Power Quality Problems Based on Smart Grid and New Energy Generation," Jingyue Zhang investigated power quality issues within the framework of smart grids and innovative energy production. The study set out to do three main things: (1) examine the state of power quality analysis both nationally and internationally, (2) determine the nature and extent of power quality issues related to renewable energy sources, and (3) draw conclusions about the possible solutions to these problems. Zhang began by outlining the growing importance of power quality issues caused by nonlinear electrical devices connected to the power grid as a means to accomplish these goals. When building a smart grid, it was stressed that fixing power quality problems was crucial. Next, in the analysis of power quality, global and local trends are discussed in this article, both in terms of their potential for growth and adaptation in the future. In addition, Zhang elaborates on many issues related to power quality and proposes solutions to these concerns. This section deals with solving the obstacles when integrating renewable energy sources into the grid system and ensuring power quality. Finally, in the era of smart grid systems, the current situation is to measure the quality of electricity and take possible measures to solve or mitigate it. The advantages of a smart grid including economy, reliability, self-healing, and high efficiency are confirmed. In addition, a study is conducted to discuss the positive aspects that will help improve renewable energy production, such as reducing transmission losses, increasing power generation rates, and adapting to the environment. To understand and identify the obstacles and provide possible solutions.

Zhang [43] conducted a comprehensive and detailed study of power quality issues related to the smart grid in light of technological development and renewable energy sources.

A comprehensive overview of smart grids used in energy systems in a research article titled "Smart Grid Technologies in Energy Systems: An Overview". The next generation will be the availability of smart grids for power grids that allow and assist the two-way flow of data and energy. They also emphasized the importance of sensing and communications that make the power system smart in addition to its remote control and management projects after reviewing many such initiatives in wealthy nations. The importance of smart grid technology in enhancing power sector dependability, control, safety, efficiency, and transparency was emphasized. The purpose of this article was to provide a synopsis of smart grid technology and how it may improve electricity distribution networks [44].

A new rule-based system design technique for power system automation and control within the framework of smart grids was developed by Hongrui Liu, Zelda B. Zabinsky, and Wolf Kohn in their study titled "Rule-based Control System Design for Smart Grids". Distributed or renewable power resources and modern information technologies add complexity and uncertainty to the energy system, which they sought to resolve. Traditional mathematical models used by EMSs are notoriously labor-intensive to create and run, and they are not adaptable enough to include operational rules for various generating sources (e.g., wind, solar, and hydro) operating under a wide range of circumstances and loads.

They suggested a rule-based system model to circumvent these restrictions and enable power system operators to model their operations based on their experience directly. Because of this, the power system can react rapidly to changing circumstances in real-time. This approach takes a feedback control architecture and models the rule-based system as an optimum control issue. Researchers derived action rules for power system substation operations that minimize cost while achieving operator-configured preferences by addressing the optimum control issue.

The suggested approach offers a structured tool for smart grid rule-based system design by combining real-time data with optimum control, environmental restrictions, and human knowledge. Its stated goal is better, more practical ways of controlling and automating electricity systems. The researchers proved that their methods worked by numerically simulating a modest power system.

The overarching goal of the research was to create a rule-based control system design methodology that would allow power system operators who might not have much training or background with computers or mathematical models to directly model their operations and achieve the performance they want even when faced with unpredictable and unpredictable changes [45].

In their study titled "A Distributed Control Approach for Enhancing Smart Grid Transient Stability and Resilience," M. Ayar, S. Obuz, R. D. Trevizan, A. S. Bretas, and H. Latchman acknowledged that the growing use of renewable energy sources with low inertia and information technologies in smart grids has brought about uncertainties, as well as security and transient stability issues. The need for a robust controller design that takes cyber and physical disturbances into account was highlighted, as is the necessity to improve smart grid stability margins.

The creation of a distributed nonlinear robust controller was a major accomplishment of the study. The problems caused by cyber-physical disruptions and long communication delays inspired the creation of this controller. Using phasor measuring units (PMUs), it could receive measurements in real time, which was great for control. The controller also helped stabilize the frequency fluctuations of the synchronous generators (SG) after a disturbance by acting on the distributed storage systems (DSS) to inject or absorb power.

The system's reliance on communication caused time delays and cyber-security vulnerabilities. Latency was inherent and may be worsened during assaults like denial of service. The suggested controller was built to withstand delay and additive disturbances, which would help reduce these difficulties. A new method for compensating for temporal delays was devised to guarantee precise and prompt control operations in the closed-loop system. This signal is then used to inject the system. Addressing measurement errors that may impact stability was another area of interest for the researchers. Because of cyber and physical constraints, including sensor noise, sampling rate, and the capacity of the utilized DSS, the suggested controller was built to be robust to uncertainties and additive disturbances.

The researchers conducted the system's stability study using unique Lyapunov-Krasovskii functionals. By using these functionals, they could guarantee the stability of the controlled system by ensuring that all tracking error signals were globally uniformly and eventually confined. The simulation results confirmed that the suggested control structure was successful. The suggested technique was feasible and resilient under realistic restrictions in cyber-physical systems, as proven by these findings. To sum up, they improved smart grids' transient stability and resilience by creating a distributed control method. To guarantee the safe and dependable functioning of smart grids, the suggested controller sought to enhance the stability margins of synchronous generators by tackling issues connected to communication delays, cyber-security, and uncertainties [46].

As far back as 2020, Iraqi electric power system engineer Faisal Theyab Abed was thinking about how to best teach students about smart grid energy efficiency. Abed spoke on smart grid integration, focusing on the energy sector and current initiatives in Iraq. The essay emphasized the merits of optimizing energy production and attaining greater performance levels by using smart grid-based design and efficient methodologies. Among Abed's many points of view on smart grid technology were solar system integration and Iraq-specific implementation details. To improve energy production, distribution, and overall performance, smart grids are crucial, as the article highlighted. Power, security, business, international relations, and finance were among the many areas covered in connection to Iraq's development and prosperity. Problems with power system stability, inefficient power transmission, and regulation, and theft were among the concerns that the researcher explored about Iraq's energy production and distribution. Improving the quality, efficiency, and stability of Iraq's power system is urgently needed, as the article's analytical statistics on the country's energy capacity and demand demonstrate.

In addition, the researcher detailed smart energy initiatives in Iraq, with an emphasis on green power and smart grid integration. Various projects and their capacity in various parts of Iraq were covered in the article. It demonstrated how smart grid integration may solve power stability problems.

The article also briefly discussed how smart grid technology makes use of solar photovoltaic cells. It detailed how photovoltaic cells generate and separate charge carriers, as well as the steps involved in turning solar light into energy. In sum, Abed's goal was to enlighten Iraqi engineers about smart grids' efficient energy models and how to use them in contemporary electric power systems. An extensive review of the topic was provided in the essay, with an emphasis on the possible gains and developments in the area [47].

The significance of smart grids in creating smart cities was further investigated in 2019 by Farmanbar, M., Parham, K., Arild, Y., and Rong, C. Although they touched on the idea of a "smart city," they stressed that incorporating ICT into urban planning does not automatically render a city "smart." Alternatively, they proposed the idea of a "smart city"—a community that integrates its physical, social, commercial, and information and communication technology (ICT) infrastructures—to increase the city's intelligence and strike a balance between the supply and demand for different services. Cities are responsible for a disproportionate share of the world's energy consumption (between 75% and 80%) and greenhouse gas emissions (80%), according to the study's authors. The integration of renewable energy sources into smart grids was seen as a suitable approach to satisfy the sustainable energy needs of smart cities, considering the scarcity of fossil fuel sources and the expanding city population.

One of the main features of the eco-friendly cities of the future is smart grids. They provide a way for renewable and nonrenewable energy sources to combine, lessening pollution, boosting efficiency, and ensuring consistent electricity prices and service. A practical answer for contemporary cities, smart grids provide real-time monitoring and control features that conventional, non-smart energy systems do not. The researchers stressed this.

The research also emphasized smart grids' function in building energy management. Smart energy systems enhance resource use, connect smart grids to buildings, and give new services to residents while also providing economic and corporate value. One of the most important parts of creating smart cities was connecting smart grids to buildings. Smart grids weren't the only connected subject that the researchers explored. As part of their investigation of smart city infrastructure, they looked into solar and wind power, energy storage, micro- and nanonetworks, and smart water systems. Sustainable and effective energy management was greatly assisted by these technologies, which were seen as complementary to smart grids.

Finally, the study delves into real-world implementations and achievements in the subject by reviewing significant smart city initiatives in Europe. For academics and experts working on smart grid audits, operations, monitoring, and control, this study sought to provide a more holistic approach. Wind turbines and photovoltaic (PV) arrays, as well as the control unit and battery, are shown in Fig. 2. The researchers thoroughly examined smart grids within the framework of smart cities. Smart grids were brought up, along with their integration with different technologies and their ability to promote sustainable energy management and optimization in the context of urbanization and its associated difficulties [48].

Advanced research on edge computing and its smart grid applications was conducted in 2020 by A. Adeniran, M. A. Hasnat, M. Hosseinzadeh, H. Khamfroush, and M. Rahnamay-Naeini. The need to handle the rising communication and processing load brought about by the increasing amount of data created by smart grids is emphasized by the author as the driving force behind the adoption of edge computing in this context. Monitoring, load management, renewable resource

(A) Wind Turbine and Photovoltaic PV Setup

(B) PV Rays

(C) Central Control unit and Battery

Fig. 2 Mybox platform, University of Stavanger. (**a**) Wind turbine and photovoltaic PV setup. (**b**) PV rays. (**c**) Central control unit and battery

integration, and other complicated smart grid operations all need real-time data processing. Data transfers to central servers for processing are a common part of traditional methods, but they might slow down processes that need to be completed quickly. In contrast, edge computing enables data processing to be placed at the periphery of the smart grid, close to the data source. The paper focuses on the benefits of edge computing within the smart grid framework. One of these benefits is the ability to perform real-time data analytics along with reduced latency, increased responsiveness, support for heterogeneous devices, location awareness, and enhanced security and privacy. Smart grids can manage resources on demand and adapt to them, execute mission-critical applications efficiently and quickly, and support distributed machine learning methods using edge computing technology. The author delves into the specific uses of edge computing in smart grids, focusing on situational awareness in smart transport networks and improving metering infrastructure. Through local data processing and real-time decision-making, these examples illustrate how edge computing can improve the functionality and performance of a smart grid system. In addition, the paper outlines smart grids that can connect to the edge, focusing on how these networks facilitate transport network operations. Algorithms are used to optimize the edge layer's design, including the placement of edge servers and their connections to phase measurement units (PMUs). Geographic and resource constraints, as well as concerns about communication technologies, are among the many aspects that are considered during optimization. The proposed optimization strategy and architecture are tested on an IEEE 118 bus system to see how well it performs.

Finally, the essay delves further into how edge computing might benefit smart grids. To tackle the problems caused by the ever-increasing data volume in smart grids, it proposes a framework for building and optimizing smart grid designs that make use of edge computing. The study lays the groundwork for future research and development in smart grids that are enabled by the edge, and it highlights how crucial real-time processing and localized decision-making are for the dependable and efficient functioning of such systems [49].

Earlier this year (2018), Kamal Al Khuffash gave some history and context on smart grids. This study looks at the conventional power grid model, which involves a unidirectional power transfer from generators to homes and businesses. It draws attention to the problems with the conventional grid, such as carbon emissions, system outages, and disruptions. The researcher goes on to propose a smart grid as a way to address these issues. This article delves into what a smart grid is and how it fits the bill that was passed in 2007 to ensure our energy independence and safety. The primary goal of a smart grid is the efficient and regulated transfer of energy from power plants to homes and businesses via the use of modern communication and automation systems, as well as the integration of renewable energy sources. Parts of a smart grid are also covered in the piece. A key component that allows utilities and customers to communicate back and forth is the smart meter. It emphasizes the function of communication-capable transmission and distribution equipment. The significance of a communication network for the prompt data exchange and the grid monitoring is highlighted. Consumer gadgets like in-house displays and online portals are suggested to further increase customer knowledge and control over energy use.

A deeper dive into how smart networks incorporate renewable energy sources and load control strategies is underway. Energy storage, flexible demand, load control, and combined heat power production are possible solutions to the problems and advantages of integrating renewable energy sources. A more efficient and balanced load profile may be achieved via the use of load shifting and demand response, the two methods of load management. The researcher gives a general description of smart grids, explains what they are and how they work, and then talks about the parts and tactics needed to put them into action [50].

A 2011 study by Özerdem, C. Ö. and Biricik, S. surveyed North Cyprus's power grid and identified its most pressing power quality issues. Under the jurisdiction of the Cyprus Turkish Electricity Authority (KIB-TEK), they deliberated over the generation, transmission, and distribution of electricity in the island's northern half. According to reports, KIB-TEK's overall generating capacity is 346.3 MW, and the company gets the majority of its power from petroleum and oil. The researchers brought attention to the fact that North Cyprus does not have a reactive power tariff.

As a result, commercial and industrial users are not obligated to install harmonic filters or reactive power compensators. It was observed that this circumstance significantly affected the electricity quality. As detailed in the article, agricultural services, tourism, and government all play a significant role in the northern island's economy. Because of its position and embargoes, the economy is highly dependent on financial help from Turkey. The transmission and distribution infrastructure, as well as the power system in North Cyprus, were detailed. The writers covered power system losses, installed capacity, and generation. In terms of long-term investments, they proposed a wind farm and a photovoltaic (PV) facility to harness renewable energy for power production. In closing, the researchers summarized the power quality problems and North Cyprus's energy system, illuminating the region's problems and possible future advancements [51].

Peter Palensky and Friederich Kupzog summarized the present status of "smart" grid studies and pilot programs in 2013. From distribution transmission, they covered all the bases when it came to conventional power grid systems and how smart components may fit in. Rising demand and outdated infrastructure are two of the main reasons why smart grids are being developed, as discussed in the article. Another driving is the desire for more sustainability and safety.

The study's authors stressed how IT facilitates collaboration among decentralized power sources, local regulation, and international energy markets. They spoke on the ways smart grids may improve the electrical system's efficiency, resilience, and environmental impact. A basic outline of what is still required for more improvement, as well as an introduction to the issue and an overview of current efforts in smart grid research and demonstration projects, were presented in the article. Electric vehicles, smart metering, microgrids, super grids, smart transmission and distribution, demand response, modeling and simulation, demonstration projects, costs, risks, and limitations were among the many components and facets of smart grids discussed in the article. In sum, the researchers set out to provide an exhaustive review of smart grid technology, including its possible advantages and the obstacles that must be overcome for it to be put into practice [52].

Çolak, R. Bayındır, and S. Sağıroğlu (2020), after researching how smart grid technologies might affect national grids, made recommendations for transforming traditional grid systems into smart grid ones. Classical grid infrastructure's shortcomings such as antiquated technology and insufficient controllability and monitorability were brought to light. They stressed that smart grid technologies provide advanced means of managing and monitoring the power system, allowing for the efficient use of power sources with little loss and unlawful consumption, and for the early detection of vulnerabilities and power collapse. The researchers covered a lot of ground in their discussion of smart grid systems, including topics such as smart metering, connecting vehicles to the grid, integrating renewable energy sources, and managing electrical energy from production to end users. Smart grids, they said, make it possible for electricity to flow in both directions, for renewable energy sources to be integrated, and for prosumers, or consumers who can also create energy, to be involved. Smart grid systems have several advantages that the researchers have pointed out. These include improved security, better accuracy and efficacy, adaptability, interoperability, maintenance, scalability, dependability, sustainability, and optimality. They stressed that smart grids may reduce transmission and distribution losses, power changes in frequency and voltage, and power outages.

Power production, transmission, distribution, consumption, and market/operation units are all fundamental components of a smart grid system, which the researchers also covered. They drew parallels between this system and the traditional power grid and stressed the need to integrate renewable energy sources into the smart grid.

In sum, the study's authors shed light on smart grid technologies' prospective benefits and offered suggestions for how authorities may make the switch from traditional grid systems to smart grid ones [53].

Researchers Maruf et al. [54] set out to determine what changes would be necessary for smart grid technology to be used in Bangladesh. In particular, they sought to learn the fundamentals of smart grid technology and how to adapt it to the circumstances in Bangladesh. Based on the present state of the electrical industry in Bangladesh, the researchers also assessed a possible cost model for implementing smart grids.

To understand the deployment process, researchers in India looked at the smart grid system, which is in a similar situation to Bangladesh. The traditional grid system in Bangladesh suffers from problems such as inadequate metering, security concerns, inefficient power transmission and distribution, grid failure, and other constraints and problems. Implementing smart meters, upgrading distributed power generation to automated systems, integrating renewable energy, implementing a two-way communication system, and integrating energy storage solutions are the key features that the researchers recommended for the adaptation process based on these challenges. Using information collected from the electricity industry, government policies, and subject matter experts, for introducing smart grids, researchers in Bangladesh also created a cost model. They analyzed the current state of the electricity industry to ensure a smooth rollout of smart grid technology and identified necessary adjustments. The objective of the study was to identify the processes, barriers, and financial consequences of introducing smart grid technology in the country considering the specific circumstances and needs of Bangladesh.

Control of demand response systems for smart grids is an important focus as it was conducted by M. Mahmoudi, A. Al-Barakani, A. Al-Abbasi, A. M. Darsharif, and M. Meliani in 2020. Smart grids have superior and excellent capabilities in tracking demand response and energy usage in real-time due to their integration and adaptation with distributed systems and information technology. This article's introduction draws attention to the shortcomings of current power grids, namely their inefficiency and lack of bi-directionality in converting fuel energy into electricity. The researchers highlighted the need for efficient, self-regulating, and reliable grid systems that can handle remote and sub-distributed renewable energy production. The researchers first provided a comprehensive description of smart grids and their different components, highlighting the importance of demand response due to its vital role in the operation of the smart grid. They also discussed how demand response can help customers reschedule their energy usage, which contributes to reducing operational expenses and postponing future capacity expansions. The researchers reviewed a range of studies that addressed progress in the field of demand response, noting how these studies addressed the challenges associated with this strategy. Topics covered included load shifting, scheduling mechanisms, and heuristic optimization, to maximize the benefits of demand response, enhance network flexibility, and improve energy consumption patterns.

Furthermore, the study's authors emphasized two distinct approaches to smart grid demand response control: the Multi-Agent System (MAS) and the Virtual Power Plants (VPP). In MAS, several agents work together to maximize efficiency in terms of energy use. Researchers reviewed studies that used MAS to lower smart distribution network feeder costs and peak loads by taking the upstream grid, distributed generation and demand respond resources into account. In addition, the researchers compiled a synopsis of the VPP modeling approaches used by other scholars. Voluntary Power Purchase (VPP) programs aim to optimize power costs, reduce customer use, and maximize market advantages by aggregating and managing distributed energy resources.

Finally, Meliani [55] investigated demand response in smart grid control techniques, such as MAS and VPP methods. They highlighted the successes and failures of recent research on this topic. This article hopes to add to the knowledge of how control systems can make smart grids more flexible, efficient, and environmentally friendly.

3 Section III

3.1 Methodology

3.1.1 Introduction

Smart grids are advanced power distribution systems that enhance the reliability, efficiency, and sustainability of energy networks via the use of intelligent infrastructure and cutting-edge technologies. By including two-way communication, real-time monitoring, and automation capabilities, these power grids represent a significant improvement compared to traditional ones.

The primary goal of a smart grid is to optimize efficiency in generating, distributing, and consuming electricity. The smart grid is a system that combines digital communication and control technologies. It offers several benefits for utility companies, consumers, and the environment. The ability to gather and analyze large amounts of data in real-time is an essential element of smart grids. Smart meters and other advanced sensors are strategically placed across the grid to collect data on power use, equipment efficiency, and weather conditions. A centralized management system gathers and analyzes this data to enhance grid operations and make well-informed decisions.

Smart grids enable more efficient energy management by using demand response technologies. During periods of increased demand, utility companies may use these systems to communicate with consumers and regulate power consumption. Smart grids have the potential to reduce system load and maybe avert brownouts and blackouts by incentivizing consumers to restrict their use during certain hours. Incorporating renewable energy sources is a crucial element of intelligent networks. Smart grids facilitate the seamless integration of decentralized energy resources such as solar panels, wind turbines, and other renewable energy sources into the power grid, a need that grows in significance as their use expands. They enable real-time monitoring of energy output and provide effective solutions for the storage and distribution of renewable electricity.

Smart grids have the potential to enhance grid reliability via self-repair capabilities. The grid's ability to automatically identify, isolate, and reroute power faults enables it to quickly restore service in the case of an outage or malfunction. Consequently, the reliability of the power supply is improved and the amount of time when the system is not operational is reduced.

Furthermore, smart grids enhance the overall sustainability of the energy business. They facilitate the transition to a low-carbon economy by enhancing the efficiency of energy production and consumption, hence decreasing the release of greenhouse gases. In addition, they enable the efficient integration of renewable energy sources, such as electric vehicles and energy storage systems, therefore promoting sustainable energy practices. In conclusion, smart grids represent a significant advancement in the modernization of electrical networks. Using state-of-the-art technology and data-driven methodologies provides several benefits like enhanced efficiency, reliability, and sustainability. Smart grids are essential for influencing the future of the energy industry. They do this by enabling the integration of renewable energy sources, improving the power grid's resilience, and allowing customers to make informed decisions about their energy use.

The thesis focuses on the incorporation of renewable energy resources, more specifically wind and solar energy into a diesel based independent power system. The main objective is to increase the efficiency of producing electricity through the use of clean energy resources to supply electricity needs of the users in residential and industrial sectors. The emphasis is placed on creating and modeling the integrated system to supply the facilities with the renewable power sources to minimize fuel usage and emissions as well as the overall cost of the energy solution. The conclusions of the thesis explain the relationship between production and consumption of energy and stress the fact that renewable source can play an important role in the energy industry while reducing the number of demand load growth. Based on complex computations and modeling, the thesis also gives practical recommendations for the application of hybrid systems for energy systems; thus, it outlines a realistic approach to sustainable energy utilization.

3.1.2 Wind Energy Potential

It is worthy to notice that the wind speed is at its highest in summer in Baghdad, which is in synergy with the demand for electricity. Because the complication of the region is rather low and variable, the Baghdad has Weibull shape factor of approximately 2.0–2.5, which is evident in the analysis of long-term wind data to determine wind speed appropriate for this reveals that the distribution is relatively narrow suitable for wind turbine operations. The geographic features such as the flat topography offer favorable conditions for the establishment of wind farms with little interference.

Several wind resource assessment studies have also found many potential sites within 50–100 km from Baghdad city that can accommodate utility-scale wind power stations of 100 MW and above.

3.1.3 Solar Energy Potential

In Baghdad, solar irradiation is greater than 6 kWh/m^2 per day, classifying the sun's rays for photovoltaic power as among the best in the world. Solar resources fluctuate slightly throughout the year in the region, and their ability is slightly reduced in the winter season.

Temperatures are high, often reaching 40 °C and above, making the efficiency of the photovoltaic panels better than that in cooler areas.

Dust and haze are the two main issues. Solar panels need frequent washing; however, new anti-soiling coatings are available in the market.

Wide stretches of unutilized desert territory exist in the Baghdad governorate and nearby areas, suitable for setting up gigantic utility-scale solar power plants. Several locations close to Baghdad have been suggested to establish CSP plant in addition to photovoltaic solar farm plants.

The current study seeks to establish that the current situation offers a suitable chance to diversify, integrate, and maximize the exploitation of wind and solar resources in the Baghdad region for efficient and sustainable renewable energy production to power the city and its environs. Wind and solar technologies could be installed on a scale of hundreds of megawatts to add value to the country's energy mix.

3.2 Proposed Smart Grids Solutions

Smart grid technology plays an important role, for example, in improving energy metering infrastructure to enhance energy efficiency, improve distribution, and reduce electricity losses. In addition, smart grids can handle grid disturbances and outages by adapting to them at a faster rate. Smart grids enhance and control renewable energy sources within the power grid (Fig. 3).

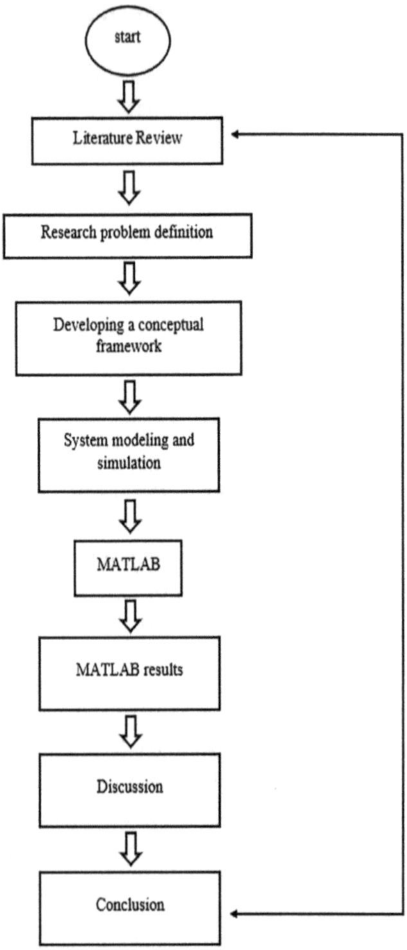

Fig. 3 Thesis work flow (on draw.io)

3.3 Data Collection Tools/Materials

MATLAB (Matrix Laboratory) is a large and widely used software platform for simulation that can be relied upon in various engineering and scientific applications due to the following important key advantages it offers.

- **Powerful Numerical Computing**:

  MATLAB is designed to perform calculations efficiently and robustly and is suitable for solving complex mathematical problems such as differential equations, matrices, etc. It also provides various functions, libraries, and tools such as numerical analysis, signal processing, control systems, and other practical technical applications, especially engineering.

- **Visualization and Plotting**:
  It allows users to create charts and graphs using the powerful visualization capabilities of MATLAB. Multiple charting functions can also be easily integrated into the simulation workflow.
- **Rapid Prototyping and Iterative Development**:
  Develop rapid prototypes to test and refine design concepts efficiently from the MATLAB interactive environment. Rapid testing and debugging are done through an iterative approach.
- **MATLAB Contains a Wide Range of Tools and Libraries that Cater to Various Technical and Scientific Fields**:
  MATLAB's integration with other software tools, such as Simulink for system-level simulation and Simulink Coder for code generation, facilitates data exchange integration and simulation workflow development.
- **Cross-Platform Compatibility**:
  MATLAB offers compatibility with many platforms such as Windows, macOS, and Linux.
- A large and interactive user community on the MATLAB platform where information is shared and used to develop and solve programming problems for various aspects of the program.

3.4 Mathematical Equations

3.4.1 Energy Balance Equation

The total energy supply E_{total} at any time t must equal the total energy demand $D(t)$. This can be represented as:

$$E_{\text{total}}\left(t\right) = E_{\text{conv}}\left(t\right) + E_{\text{renew}}\left(t\right) \tag{1}$$

$$E_{\text{total}}\left(t\right) = D\left(t\right) \tag{2}$$

Where:

- $E_{conv}(t)$ is the energy produced by conventional sources (e.g., diesel generators) at time t.
- $E_{renew(t)}$ is the energy produced by renewable sources (e.g., solar, wind) at time t.

3.4.2 Power Output from Renewable Sources

For a wind turbine, the power output $P_{wind}(t)$ can be modeled by:

$$P_{\text{wind}}\left(t\right) = \frac{1}{2} \cdot \rho \cdot A \cdot v\left(t\right)^3 \cdot \eta \tag{3}$$

Where:

- ρ is the air density (kg/m^3).
- A is the area swept by the turbine blades (m^2).
- $v(t)$ is the wind speed at time t (m/s).
- η is the efficiency of the turbine.

For solar panels, the power output $P_{\text{solar}}(t)$ is given by:

$$P_{\text{solar}}(t) = G(t) \cdot A \cdot \eta_{\text{solar}} \tag{4}$$

Where:

- $G(t)$ is the solar irradiance at time t (W/m^2).
- A is the area of the solar panels (m^2).
- η_{solar} is the efficiency of the solar panels.

3.4.3 Grid Efficiency Calculation

The overall efficiency η_{grid} of the smart grid system can be defined as the ratio of the total energy delivered to the load $E_{\text{load}(t)}$ to the total energy generated $E_{\text{gen}}(t)$:

$$\eta_{\text{grid}} = \frac{\int_T^0 E_{\text{load}}(t)\,dt}{\int_T^0 E_{gen}(t)\,dt} \tag{5}$$

Where:

- T is the total time period under consideration.

3.4.4 Cost Function for Energy Generation

The cost C_{total} of generating energy from both conventional and renewable sources can be modeled as:

$$C_{\text{total}} = C_{\text{conv}} + C_{\text{renew}} \tag{6}$$

Where:

- $C_{\text{conv}} = C_{\text{fuel}} \cdot E_{\text{conv}}$ the cost associated with conventional energy generation, which depends on fuel cost C_{fuel} and energy produced by conventional sources E_{conv}.
- C_{renew} is the cost associated with renewable energy generation, which could include installation, maintenance, and operational costs.

3.5 Participants/Population and the Sample/Study Group

Implementing smart grid technologies is beneficial in the electricity sector in Iraq. Some of the main reasons why one should implement a smart grid in Iraq are:

1. Enhancing reliability: The reliability of the electricity grid in Iraq is greatly enhanced by the implementation of a smart grid, such as advanced metering infrastructure and automated control systems. This may generate lower power outages, improve load management, and make electricity distribution more efficient. In addition, it helps solve some of the challenges of electricity supply.
2. Integration of Renewable Energy: Smart grids have the potential to facilitate the integration of renewable energy sources, such as solar and wind, which in turn reduces dependence on fossil fuels and their harmful impact on the environment.
3. Improving the increasing demand side: Using advanced metering and real-time pricing for smart grids. In addition, demand response programs and enabling consumers to control remotely. This can ease the burden on the electricity grid during high demand.
4. Improved Grid Resilience:
   It makes it adaptable to natural disasters, cyber threats, etc. In addition, it ensures a more reliable power supply.
5. Economic Benefits:
   Implementing smart grid technology will attract more international investments and create new job opportunities in Iraq's energy industry, enhancing productivity and quality of life.

3.6 Data Type Used in the MATLAB Program

MATLAB which stands for Matrix Laboratory is a popular software environment particularly for engineering and scientific purposes because of the strength in numerical computation. It is used for calculations, for example, to calculate the values of a differential equation, work with matrices, and perform other calculations. MATLAB has numerous products and services in the form of functions, libraries, and tools that are useful in different technical fields, such as numerical computation, signal processing, and control systems, among others, making it an invaluable tool in most engineering disciplines.

MATLAB is also famous for producing high-quality plots and figures in addition to its computational ability. Users can also make detailed drawings of charts and graphs that can easily be incorporated into the simulation processes. This feature will prove most valuable for engineers and scientists who require visual clarity of data and simulation outcomes.

MATLAB is also quite advantageous in allowing the user to follow a rapid prototyping model and engage in iterative development. Due to the interactive nature of the approach, prototypes can be created and tested quickly, and necessary improvements can be made iteratively. This capability is vital in managing simulations and, in particular, in debugging and optimizing them in the minimum amount of time possible.

In the aspect of data integration, MATLAB also has an added advantage as it supports integration with other tools. For example, Simulink, a software that is integrated with MATLAB for system-level simulation is used. Simulink Coder on the other hand is used to generate code from models. They make the workflow easier especially when developing a project that demands use of many tools at once.

Furthermore, MATLAB is compatible with different operating systems; one can use it in Windows, Mac OS X, and Linux. This flexibility also guarantees that a user can be able to use or run MATLAB on the systems of his or her choice without any problems. Besides the strong and active user base, this is a great advantage for the users of the community since they are able to get plenty of information and resources from the community members as they solve programming issues thus improving the experience of the users. All these features make MATLAB to be a useful tool in simulation and analysis in engineering and research disciplines.

3.7 Data Analysis Plan

Recently, major challenges have been faced in the electricity sector in Iraq, which have major impacts on the country's economy and the daily lives of individuals. Below are some of the major problems of electricity in Iraq:

- Insufficient Electricity Generation:
  - Especially in the summer, frequent power outages as the increasing demand and need for electricity are not met.
  - Natural gas and oil are the sources and credits for generating electricity that are not sufficient to meet the needs.
  - Conflict and instability in the general conditions of the country have caused damage to the energy infrastructure as it has increased the electricity deficit.
- Aging and Dilapidated Infrastructure:
  - Electricity transmission and distribution networks are old and almost dilapidated.
  - Neglect, lack of maintenance, and damage to the infrastructure of the electrical network.
  - Loss of balance in distributing electricity appropriately according to needs, which has caused malfunctions and failures in this aspect.
- Fuel Shortages and Mismanagement:
  - Iraq has faced challenges in securing adequate supplies of natural gas and other.
  - Securing sufficient supplies of natural gas is still a challenge in Iraq, affecting the electricity situation and the operation of power plants.

  - Inefficient distribution of fuel has exacerbated electricity problems in terms of fuel supplies.
- Uneven Electricity Access:
  - Electricity distribution varies in terms of access and reliability, so there are severe outages in some areas.
  - In rural and remote areas, access to electricity is limited or unreliable.
- Lack of Investment and Reforms:
  - Difficulty in attracting investments in the electricity sector in Iraq, whether local or foreign.
  - Also, improving the electricity sector in this aspect is minimal, and increasing efficiency is slow.

The long-term consequences of the above-mentioned obstacles or problems in electricity in Iraq, including the economic aspect, infrastructure development, problems of limited energy sources, mismanagement, failures in distribution, deterioration in maintenance, and other matters in this regard. Research and studies focus on energy investment projects based on smart grids and energy harvesting. These are topics with an effective development vision. The smart grid combines substations of the production sources and energy transmission lines to enable adaptation in more efficient, flexible, and effective energy and electricity production in Iraq. The implementation of a smart grid enables the precise and efficient automated control and supply of electricity to the channels with a minimal margin of error. The electricity production domain and its associated power elevation are highly effective and growing industries in Iraq. In 2013, the electrical capacity in Iraq was around 10,000 MW, which increased significantly in the following years. Furthermore, there are certain situations in which the lack of energy in Iraq is evident. In 2016, the average peak electricity reached 4280 MW. Furthermore, power is being supplied as a subsidy, resulting in a significant rise in the demand for electricity. In 1917, energy and electricity originated in Iraq, and the Khan Dala building became the first site to install the first electric machine. After the battle in 2003, there was a substantial surge in the demand for energy and its related resources. Consequently, significant measures were taken to effectively address this heightened demand via the execution of extensive projects.

Table 1 clearly compares the installed and desired energy capabilities in Iraq over the years, showing how the gap between installed and desired capacity has been changing. The production and distribution of energy in Iraq encounter obstacles and constraints, such as instability in the power system and inefficiency in power transmission and control. Insufficient oversight of voltage, frequency, and losses caused by theft (Fig. 4).

Table 2 presents a detailed descriptive analysis of the energy production and distribution for the year 2024. It offers the perspective of the total energy generation and subsequent distribution losses at different successive stages. The total energy generated equals to 74,167,727 MWh, which means that the system operates at its maximum capacity. However, this energy output is accompanied by some

Table 1 Energy capacity and demand in Iraq

Year	Installed capability (MW)	Desired capability (MW)
1990	8000	7500
1995	6000	8000
2003	3000	6000
2006	4000	7000
2008	5500	8500
2010	6800	9500
2016	13,500	15,000
2017	22,000	24,000
2018	24,500	26,000
2019	26,000	28,000
2020	26,500	29,000
2021	27,800	30,500
2022	29,100	32,000
2023	31,500	34,200
2024	34,000	37,200
2025 (estimated)	35,500	38,800

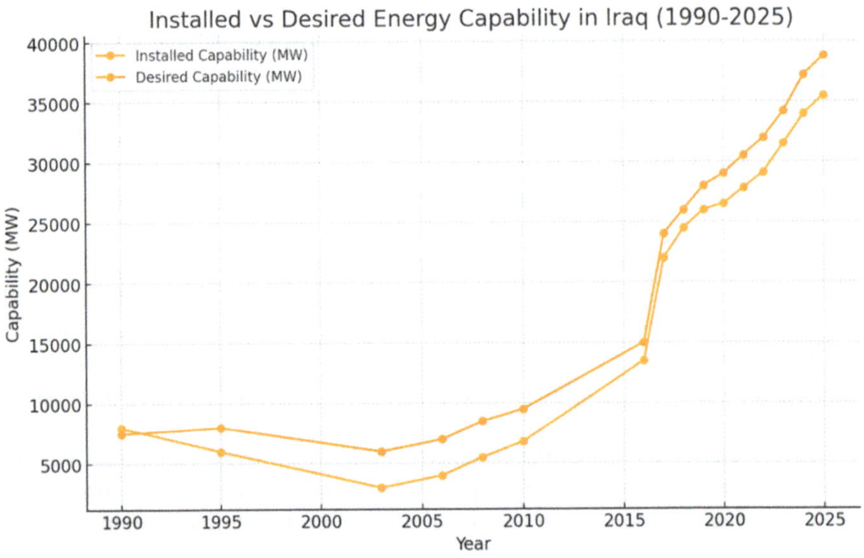

Fig. 4 Installed vs. desired energy capability in Iraq (1990–2025) [47]

Table 2 Analyzing the power system in Iraq (Updated table for 2024) [47]

No.	%	MWH	Specifics
1	100	74,167,727	Overall energy
2	4.4	3,263,434	Power plant failures
3	6.8	5,072,483	Distribution system losses
4	25	18,541,932	Distribution grid losses
5	63.8	47,289,878	Net energy sales distribution

inefficiencies and losses, which are discussed below. Failures in power plants lead to a loss of 4% of the total energy, amounting to 3,263,434 MWh out of the total energy generated. This percentage reveals the importance of more effective maintenance procedures and better standards of working in power generation plants to reduce such failures and provide more dependable energy supply.

A total of 5,072,483 MWh of the total energy, or 8%, is lost in the distribution system. These losses could be due to problems within the transmission system, such as old infrastructure, opposition in the transmission wires, or technical problems that hinder the efficient flow of energy from the generation station to the distribution point.

A huge percentage of 25% of the energy is also transmitted within the distribution grid without being used, totaling 18,541,932 MWh. This figure shows great difficulties in delivering electricity to consumers in the last mile. The causes of these grid losses may be theft, low level of metering, poor management of the grid, and technical losses in the last mile of the distribution. Despite these losses, out of the total generated energy, which stood at 47,289,878 MWh, only 8% is successfully delivered to the end-users. It also shows this company delivers most of the generated power to consumers in the market. Nevertheless, the results of the study strongly underscore the imperative for any energy loss reduction interventions at every stage of the supply chain. Reducing the losses in power plants, transmission, and distribution networks can, therefore, greatly improve reliability and energy usage by consumers, thereby increasing overall system efficiency (Figs. 5 and 6; Table 3).

The enhanced chart shows the difference in the name rating (MW) and the actual rating (MW) for various types of power plants. The chart represents the contrast between the designed power plant capacities and the flow capacities of the power plants. Smart grid models and renewable energy initiatives in Iraq. Currently, Iraq is implementing many key projects aim to integrate electricity systems effectively using intelligent energy technologies (Table 4).

The incorporation of smart grid technology is very helpful in addressing the challenges related to electrical stability in Iraq. The technique offers enhanced precision and efficiency by using smart grid-based technology.

After reading, reviewing, and analyzing this information and statistics, it is clear that the use of smart grids is important and valuable and will, in turn, solve many of Iraq's electrical problems.

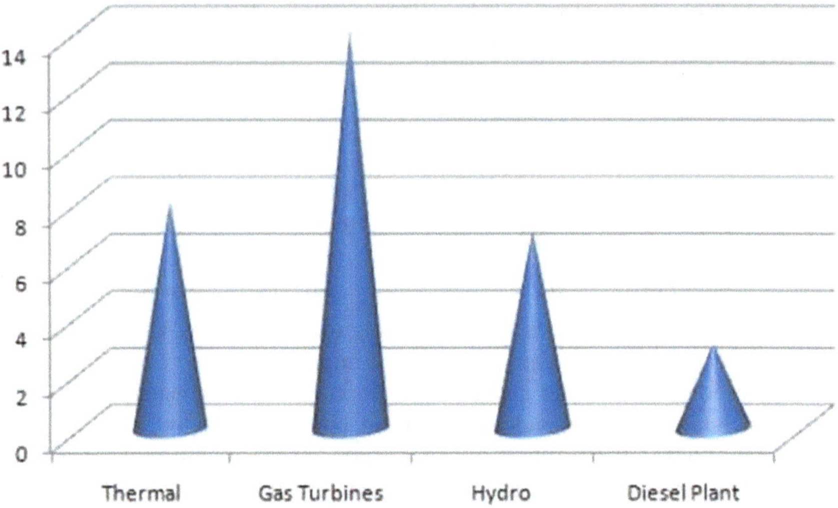

Fig. 5 Energy taxonomy projects in Iraq [47]

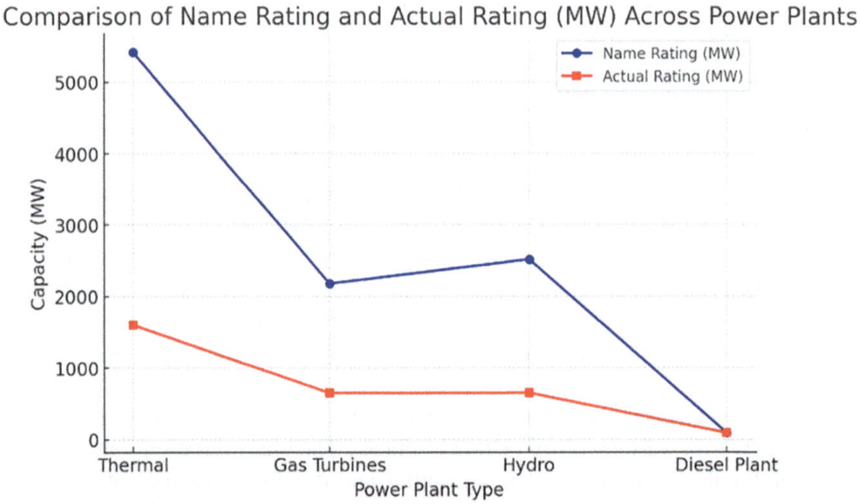

Fig. 6 Comparison of name rating and actual rating (MW) across power plants [47]

Table 3 Energy taxonomy projects in Iraq until 2024 [47]

Specify	Count	Designation rating (MW)	Current rating (MW)
Heat energy units	8	5415	1600
Gas turbines units	14	2181	650
Hydro units	7	2518	650
Diesel units	3	87	87

Table 4 Intelligent energy initiatives in Iraq [47]

Name	Power output (MW)	Place
The Hemrin Dam	50	Diyaala Province
Mosol Dam Regulator	62	Ninaawa Province
Samaarra Barrage	84	Salah Aldin Province
Adhaime Dam	27	Salah Aldin Province
Darbendikhan Dam	248	Sulaymaneyah Province
Hadetha Dam	660	Al Anbar Province
Dokan Dam	400	Sulaymaneyah Province
Mosol Dam	1052	Ninaawa Province

3.8 System Design

First, a diagram representing the smart grid will be designed using MATLAB. The diagram consists of power generators composed of diesel generators and clean power generators (wind turbines and solar panels). Circuits will be used to represent the energy-consuming loads, which represent houses, residential buildings, factories, and commercial facilities.

MATLAB provides ready-made and diverse diagrams to be used to link and simulate various projects, including:

3.8.1 Diesel Generator

Diesel generators are a type of power generation system that uses a diesel engine to drive an electrical generator. They are commonly used as backup or emergency power sources, as well as in remote or off grid locations where other power sources may not be available.

Some important charactersistics of diesel generators:

Fuel Efficiency: Diesel engines are generally more fuel-efficient compared to gasoline engines, making diesel generators a cost-effective power solution.

Durability: Diesel engines are known for their robust design and long operational lifespan, often lasting thousands of hours of use.

Power Output: Diesel generators are available in a wide range of power outputs, from small portable units to large industrial-scale generators.

Reliability: Diesel generators are considered highly reliable power sources, with fewer maintenance requirements compared to other generator types.

Environmental Impact: While diesel generators produce emissions, modern models have improved emissions control systems to reduce their environmental impact.

$$P = \mathrm{DEpGE} \tag{7}$$

P: Output power (kW).

DEp: the rated power output of the diesel engine (kW).

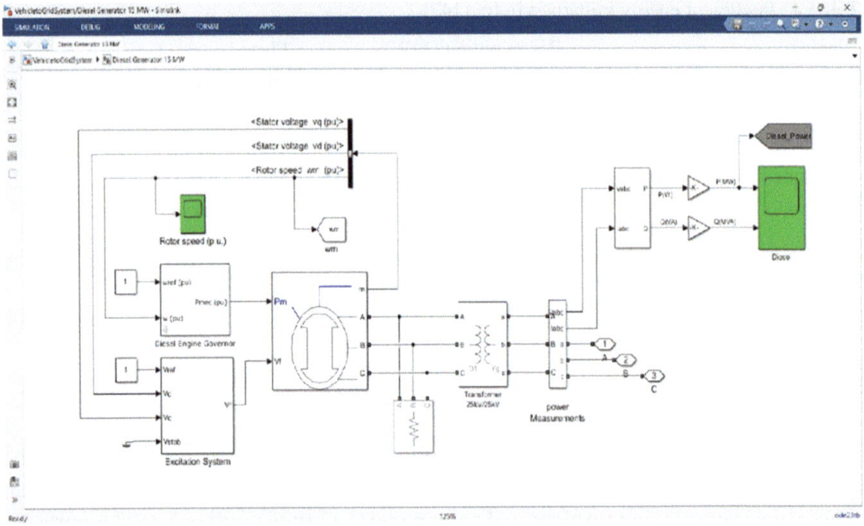

Fig. 7 Diesel generator simulation

GE: the efficiency of the generator, typically around 0.9 or 90%.

Fig. 7 is an integrated circuit provided by MATLAB, which represents the mechanism of operation of a diesel generator.

3.8.2 Energy Generators That Are Both Clean and Renewable

When discussing clean and renewable energy producers, there are numerous crucial technologies to take into account:

Solar Power: Solar photovoltaic (PV) panels that directly convert sunlight into electrical energy. Solar thermal systems use the thermal energy from the sun to produce steam and power turbines. Wind power refers to the use of wind turbines to convert the kinetic energy of wind into electrical energy.

Wind farms, both offshore and onshore, use several wind turbines. Recently, some breakthroughs have been observed in renewable energy technology, including increased conversion efficiency, lower prices, and increased global use. It is environmentally friendly in producing energy that does not depend on fossil fuels. Variables such as access to resources, geographical location, scalability, and compatibility with existing power grids are determinants for testing a renewable energy generator. Increasing the use of renewable energy sources helps reduce greenhouse gas emissions and address negative climate change, so many countries and regions have become active in this matter.

3.8.3 Energy Generators That Are Both Clean and Renewable

When discussing clean and renewable energy producers, there are numerous crucial technologies to take into account:

Solar Power: Solar photovoltaic (PV) panels that directly convert sunlight into electrical energy. Solar thermal systems use the thermal energy from the sun to produce steam and power turbines. Wind power refers to the use of wind turbines to convert the kinetic energy of wind into electrical energy.

Wind farms, both offshore and onshore, use several wind turbines. Recently, some breakthroughs have been observed in renewable energy technology, including increased conversion efficiency, lower prices, and increased global use. It is environmentally friendly in producing energy that does not depend on fossil fuels. Variables such as access to resources, geographical location, scalability, and compatibility with existing power grids are determinants for testing a renewable energy generator. Increasing the use of renewable energy sources helps reduce greenhouse gas emissions and address negative climate change, so many countries and regions have become active in this matter.

Solar Power

Solar photovoltaic systems convert sunlight directly into electrical energy using photovoltaic cells, which are often made of semiconductors manufactured on silicon. Sunlight interacts with these cells, producing an electrical current that can be harnessed and used to provide electricity to homes and businesses, or integrated into the electrical grid. The main benefits of solar energy technology are:

1. Producing electrical energy without releasing any harmful gases and does not cause any pollution to the environment, making it an environmentally friendly energy source.
2. Low cost: Recently, the costs associated with solar energy equipment have significantly reduced.

   These systems can be developed and installed, as their size and design can be modified. They also provide a variety of uses, such as being installed on residential roofs or large farms.
3. Distributed generation: Decentralized electricity production by solar energy, closer to where it is used.
4. Reduced maintenance: Solar energy systems, after installation, require minimal maintenance in line with their lifespan.

Several Problems and Limitations of Solar Energy

Since solar energy production depends on sunlight, it is subject to intermittency. It fluctuates during the day and is affected by weather conditions.

Several Problems and Limitations

Solar power production is subject to intermittency since it relies on the presence of sunshine, which fluctuates during the day and is influenced by weather conditions.

Storage needs—To address the issue of irregularity, energy storage options such as batteries are frequently necessary to store surplus solar power for future utilization.

Land use—Utility-scale solar farms need extensive land expanses, which might raise concerns about land usage and environmental consequences.

Grid integration—Successful incorporation of distributed solar PV into existing electricity networks requires sophisticated grid management and infrastructure enhancements.

$$E = ArH\mathrm{PR} \tag{8}$$

A: total area of the panel (m^2)
r: solar panel yield (%)
H: annual average solar radiation on tilted panels.
PR: performance ratio, constant for losses (range between 0.5 and 0.9, default value = 0.75).

Figure 8 is an integrated circuit provided by MATLAB, which represents the mechanism of operation of a solar PV system.

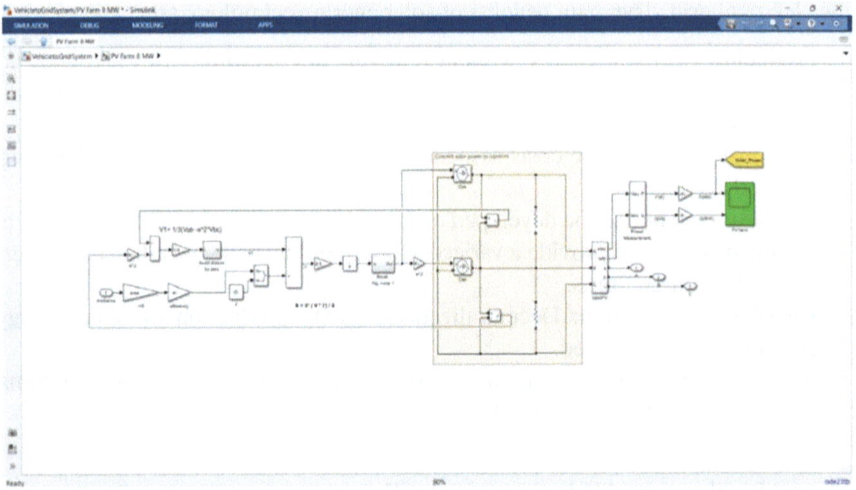

Fig. 8 Solar PV simulation

Wind Power

Wind power is a notable kind of renewable energy with substantial progress and improvements recently. Now, let's analyze the fundamental elements of wind power: Operational mechanism:

Wind turbines transform the mechanical energy generated by wind into electrical energy. The turbine's blades rotate a generator, generating power. The user did not provide any text. Wind turbines may be built on land or sea, with offshore wind farms benefiting from more powerful and reliable wind resources. Benefits of wind power:

1. Wind power production is a renewable and clean energy source that produces no emissions and is ecologically favorable.
2. Cost-competitiveness: The expenses associated with wind power have significantly decreased, resulting in it becoming more and more economically competitive with fossil fuels.
3. Abundant resource: Wind is an abundant and widely available renewable resource across many regions of the world.
4. Scalability: Wind power can be deployed at various scales, from small individual turbines to massive wind farms.
5. Land use: Wind farms can coexist with other land uses like agriculture, minimizing land-use conflicts.

Challenges and limitations:

- Intermittency: Wind power generation is variable and dependent on the availability of wind, which can be unpredictable.
- Grid integration: Integrating large-scale wind power into electrical grids requires advanced grid management and energy storage solutions.
- Environmental impacts: Concerns have been raised about the potential impacts of wind farms on wildlife, particularly birds and bats.
- Visual and noise impacts: Large wind turbines can have visual and noise impacts on local communities, which needs to be carefully managed.

$$P = 0.5Cp\,\rho\pi R^2 V^3 \tag{9}$$

P: wind power.
Cp: coefficient of performance (efficiency factor, in percent).
ρ: air density (in kg/m^3).
R: blade length (in meters).
V: wind speed (in meters per).

Figure 9 is an integrated circuit provided by MATLAB, which represents the operation mechanism of a wind power system.

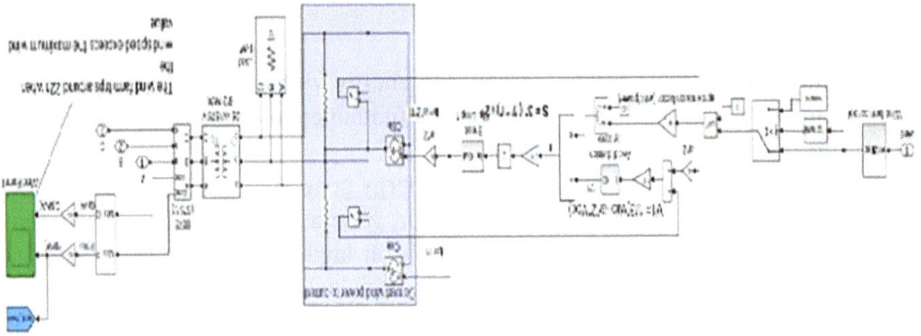

Fig. 9 Wind turbine simulation

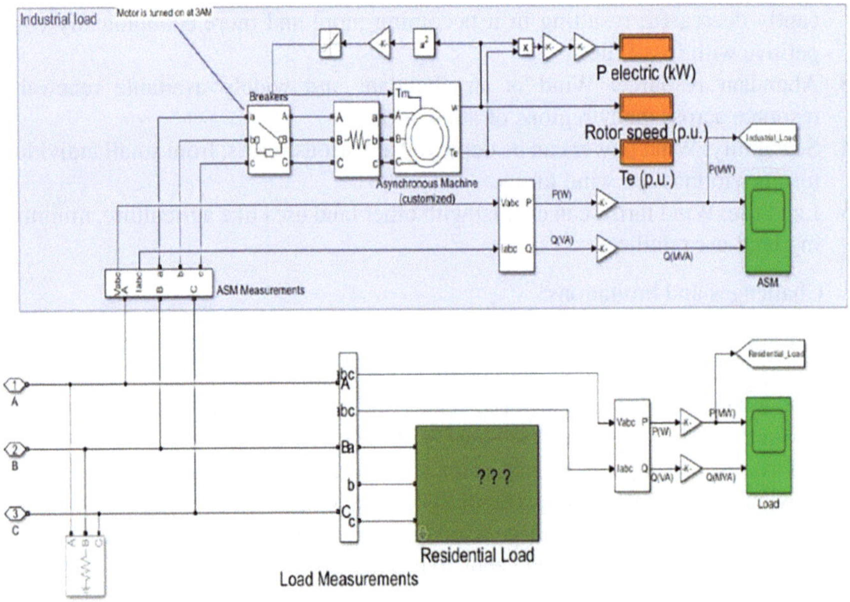

Fig. 10 Residential and industrial loads simulation

3.8.4 Residential and Industrial Loads

MATLAB provides special circuits that simulate residential loads represented by homes and residential buildings and industrial loads represented by commercial factories and plants, which can be used to simulate various projects.

Figure 10 is an integrated circuit provided by MATLAB, which represents the operation mechanism of residential and industrial loads.

The electrical circuit representing the diesel engine has been connected to the electrical circuit representing the wind turbines, the circuit representing the solar

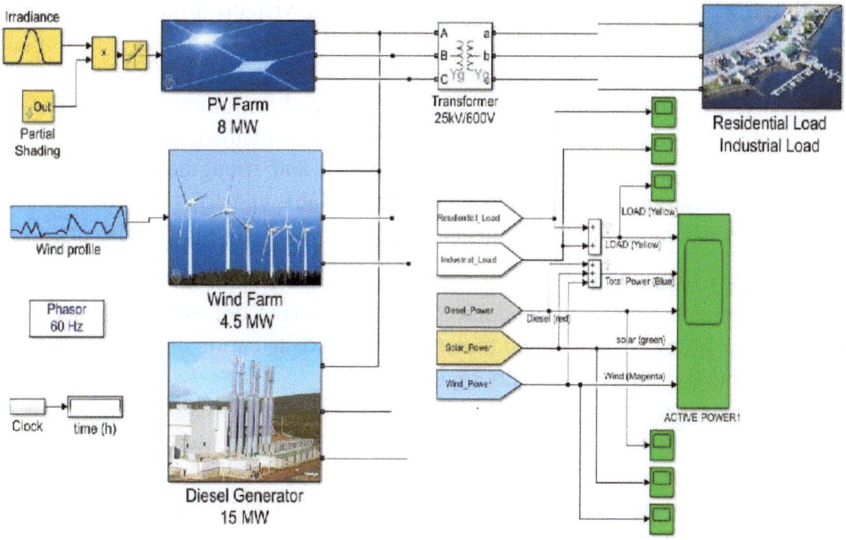

Fig. 11 Smart grid simulation

panels, and a power converter, where the power converter converts high-voltage energy into low-voltage energy suitable for consumption by consumers.

The energy generated by the engines shown in Figs. 10 and 11 is the result of 24 h of continuous work. To show the results of these electrical circuits, several readers have been connected to the waves resulting from the work of the simulators. These products and waves will be reviewed and discussed in the next chapter.

3.9 Summary of Chapter

This chapter focuses on the technique used in this thesis and provides an overview of smart grids and sophisticated power distribution systems that use state-of-the-art technology and intelligent architecture to enhance energy networks' effectiveness, dependability, and eco-friendliness.

The primary goals of smart grids are to enhance the efficiency of energy production, distribution, and consumption by using digital communication and control technology. Smart grids can instantly collect and analyze large amounts of data, integrate renewable energy, improve the reliability of the smart grid, and enhance the system's sustainability.

The following section presents the solutions that have been proposed for smart grids, including increasing the grid's efficiency and reliability, improving and developing renewable energy, and reducing its carbon footprint.

The next section details the tools and materials used for data collection, focusing on the capabilities of MATLAB for high-performance simulation and analysis.

MATLAB's powerful numerical computing abilities, visualization tools, rapid prototyping, and cross-platform compatibility make it an ideal tool for simulating and analyzing the smart grid system in Iraq.

Deploying smart grid technologies in Iraq is crucial for improving the reliability and efficiency of the electrical grid. These technologies enhance the integration of renewable energy, optimize demand management, and strengthen grid resilience. By adopting smart grids, Iraq can achieve a more stable and efficient power system, facilitating sustainable development and energy security. This section also discusses:

1. Electricity sector issues:
   Inadequate electricity generation to meet growing demand and aging infrastructure, along with outdated transmission and distribution methods.
2. Importance of smart grid technologies:
   Better integration and optimization of electricity generation, more precise and reliable control and distribution, and a significant area for research and development.
3. Statistical data about the electrical capacity and demand in Iraq:
   Focus on changes in installed capacity and demand between 1995 and 2016, and examination of causes of losses and inefficiencies in the power system.
4. Projects on Implementing Smart Grid Technology and Promoting Renewable Energy in Iraq: Overview of major initiatives and their impact on stabilizing Iraq's power grid.
5. Presentation of several major hydroelectric projects. Importance of these initiatives to stabilize Iraq's power grid.

Section 3.8 discusses:

1. Diesel Generators:
   Diesel generators are a type of power generation system that uses a diesel engine to drive an electrical generator. Key characteristics include fuel efficiency, durability, wide power output range, and reliability. Figure 7 shows the MATLAB simulation of a diesel generator.
2. Clean and Renewable Energy Generators:
   (a) Solar Power:
       Solar photovoltaic (PV) systems convert sunlight directly into electricity. Advantages include renewable and clean energy, decreasing costs, scalability, distributed generation, and low maintenance. Challenges include intermittency and storage requirements. Figure 8 shows the MATLAB simulation of a solar PV system.
   (b) Wind Power:
       Wind turbines convert wind kinetic energy into electrical energy. Advantages include renewable and clean energy, cost-competitiveness, abundant resources, scalability, and land use. Challenges include intermittency and grid integration. Figure 9 shows the MATLAB simulation of a wind power system.

3. Residential and Industrial Loads:
   MATLAB provides special circuits to simulate residential and industrial loads (homes, buildings) (factories, plants). Figure 10 shows the MATLAB simulation of these loads.
4. Smart Grid Simulation:
   The electrical circuits representing the diesel engine, wind turbines, and solar panels are connected to a power converter. The power converter converts high-voltage energy into low-voltage energy suitable for consumer consumption. Figure 11 shows the overall smart grid simulation in MATLAB, including integrating the various components.

4 Section IV

4.1 Findings and Discussion

4.1.1 Introduction

Electrical circuits representing diesel generators and circuits representing clean energy consisting of solar panels and wind turbines have been connected. Electrical circuits represented the residential load and industrial load. Coordination has been made between energy generators and clean energy to make the most of clean energy sources to produce highly efficient energy that meets the needs of energy consumers without significant loss of energy. The results obtained from this research will be reviewed in an expanded and more detailed manner in the following paragraph.

4.2 Simulation Results

Figure 12 is a chart representing the energy produced by the diesel generator. The X-axis represents the amount of energy produced (MW), and the Y-axis represents the time during which the experiment was conducted, which is 24 h.

As it can be seen, the wave that represents the energy produced by the diesel generator has a difference, and this difference changes according to the energy required from it.

Figure 13 is a chart representing the energy produced by wind turbines. The x-axis represents the amount of energy produced (MW), and the y-axis represents the time during which the experiment was conducted, which is 24 h.

As can be noticed, the wave that represents the energy produced by the wind turbines differs, and this difference changes according to the strength of the wind during 1 day.

Figure 14 is a chart representing the energy produced by solar panels. The x-axis represents the amount of energy produced (MW), and the y-axis represents the time during which the experiment was conducted, which is 24 h.

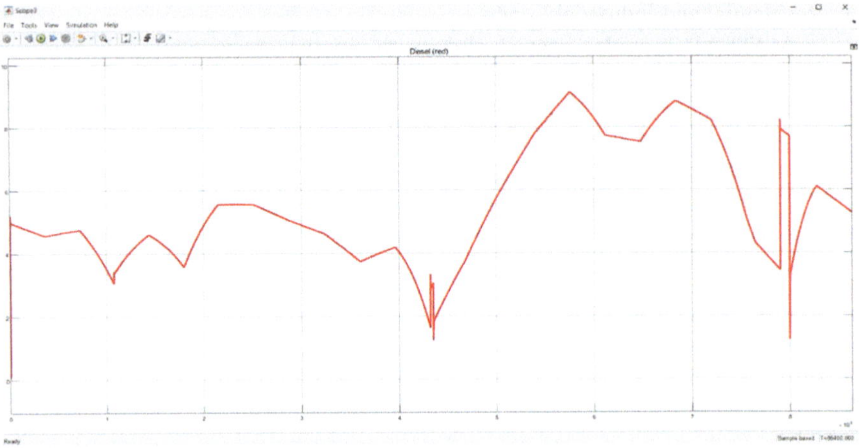

Fig. 12 Energy produced by the diesel generator

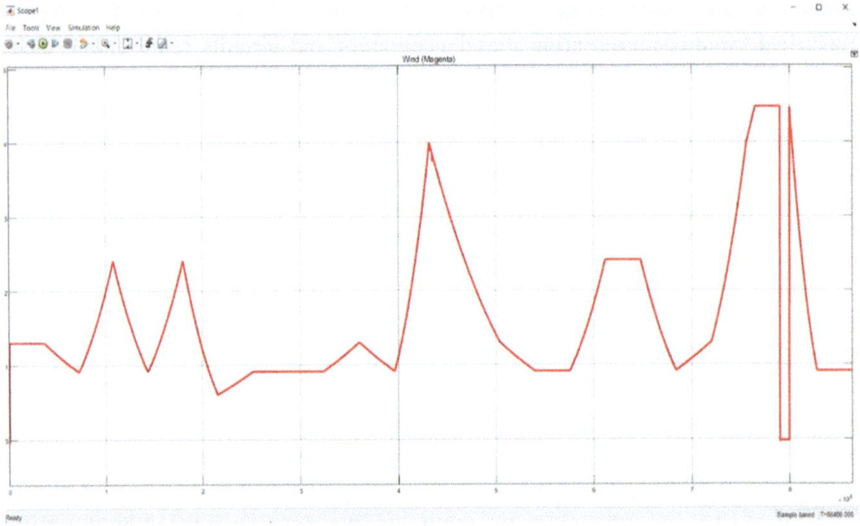

Fig. 13 Energy produced by wind turbines

As can be seen, the wave that represents the energy produced by solar panels differs, and this difference changes due to the sun's absence for a certain period during 1 day.

Table 5 approximates the wind power output at specific time intervals. The values are derived from the visual representation of the graph provided.

Figure 15 is a chart that represents the energy consumed by homes and residential buildings. The x-axis represents the amount of energy consumed (MW), and the y-axis represents the time during which the experiment was conducted, which is 24 h.

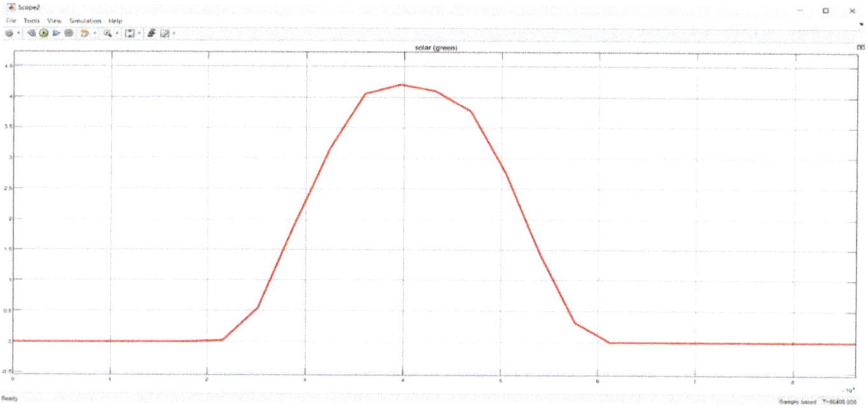

Fig. 14 Energy produced by solar panels

Table 5 Wind power output at specific intervals

Time interval ($\times 10^4$ s)	Wind power (MW)
0.0	0.0
1.0	2.0
2.0	1.5
3.0	1.0
4.0	4.5
5.0	2.5
6.0	3.0
7.0	4.0
8.0	1.0
8.5	0.5

The diagram shows that energy consumption began very quickly, given that homes and residential buildings consume energy continuously throughout the day.

Figure 16 is a chart that represents the energy consumed by factories and commercial laboratories. The x-axis represents the amount of energy consumed (MW), and the y-axis represents the time during which the experiment was conducted, which is 24 h.

The diagram shows that it took some time for energy consumption to begin, as they are factories and commercial factories, where their energy consumption is not continuous throughout the day due to rest periods for factories and factories.

Figure 17 is a chart representing the energy consumed by all consumers, represented by homes, residential buildings, and factories. The x-axis represents the amount of energy consumed (MW), and the y-axis represents the time during which the experiment was conducted, which is 24 h.

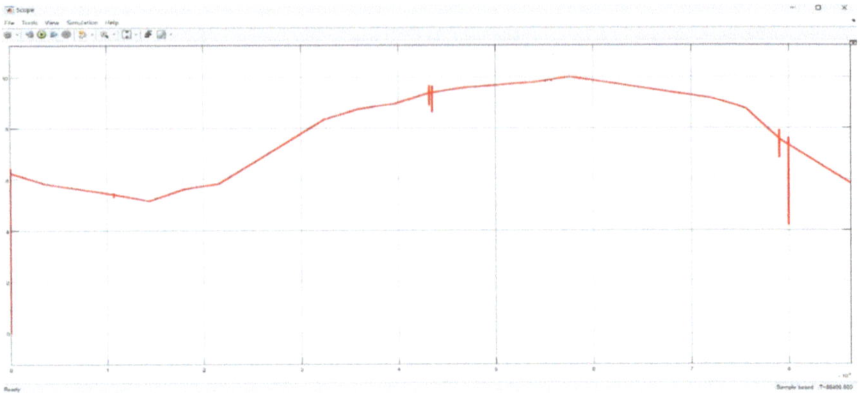

Fig. 15 Energy consumed by homes and residential buildings

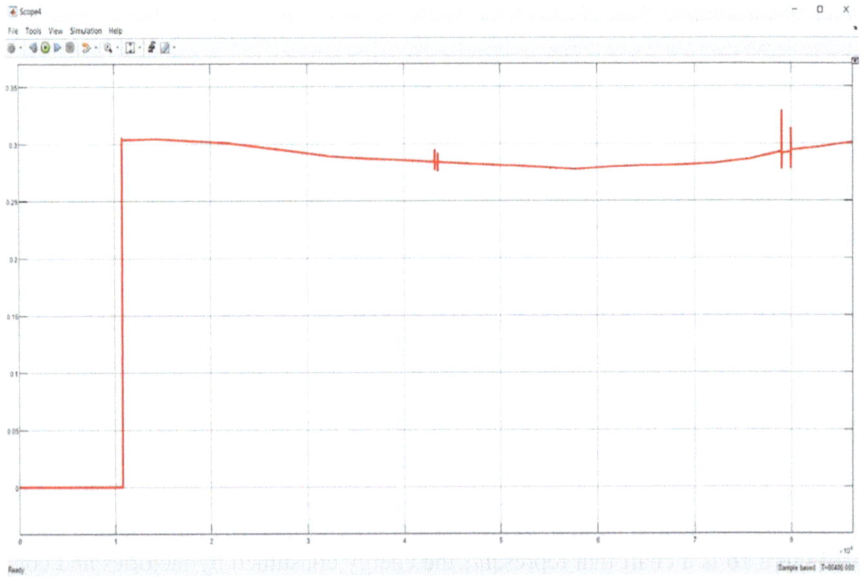

Fig. 16 Energy consumed by factories and commercial laboratories

Figure 18 is a chart that represents the energy produced by diesel generators and clean energy generators (wind turbines and solar panels), where the x-axis represents the amount of energy consumed (MW) and the y-axis represents the time during which the experiment was conducted, which is 24 h. The wave in green represents the energy produced by solar panels, the wave in magenta represents the energy produced by wind turbines, the wave in red represents the energy produced by diesel generators, and the wave in blue represents the energy produced by all generators. The yellow wave represents the energy consumed by all consumers represented

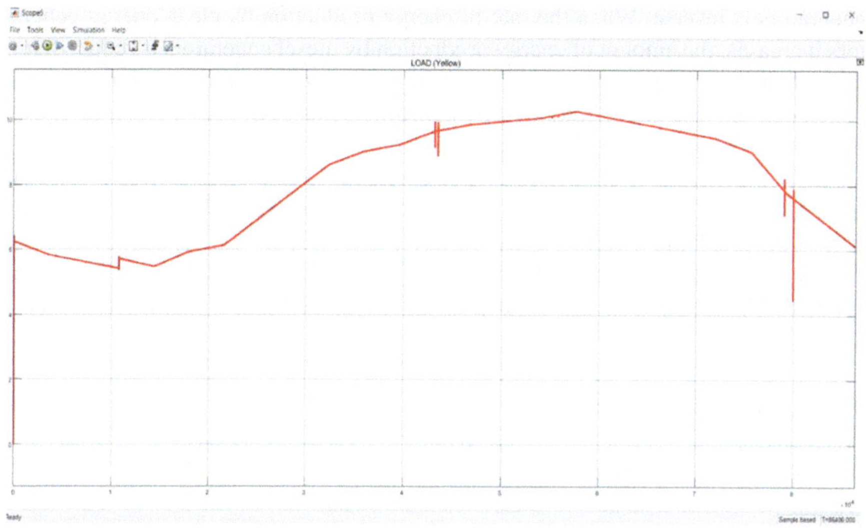

Fig. 17 Energy consumed by all consumers

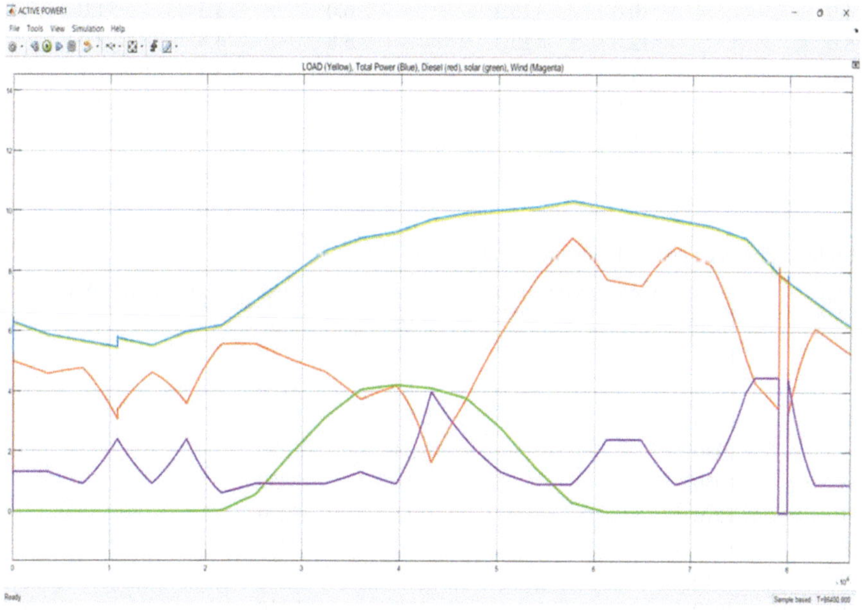

Fig. 18 Overall energy balance

by homes, residential buildings, factories, and commercial factories. Priority was given to producing energy for clean energy generators to reduce fuel consumption and reduce environmental pollution resulting from fuel combustion in diesel generators. It is noted that the relationship between clean energy generators and diesel generators is inverse. When the rate of energy production by clean energy generators increases, the amount of energy production by diesel generators is reduced. It is noted that the energy produced is equal to the energy consumed. From this, it is concluded that the energy required by consumers has been provided at the lowest possible cost due to using clean energy generators.

Table 6 generalizes the power output observed from the graph at specific time intervals. The numbers in the table are approximate based on the visual interpretation of the graph provided.

According to Table 7, the total amount of electricity produced during June 2024 is 65,200 kWh, equivalent to 65.2 megawatt-hours (MWh) or 6.52 megawatts (MW).

Table 6 Energy source power output

Time interval ($\times 10^4$ s)	Load (MW)	Total power (MW)	Diesel (MW)	Solar (MW)	Wind (MW)
0.0	6.0	6.0	4.0	0.0	1.5
1.0	6.2	6.3	3.8	0.0	1.4
2.0	6.8	7.0	4.2	1.2	1.3
3.0	8.5	8.6	5.5	2.0	1.1
4.0	10.0	10.2	6.0	3.5	1.0
5.0	12.0	12.3	5.8	4.5	2.0
6.0	11.8	12.1	5.2	5.2	1.7
7.0	10.0	10.5	4.5	4.0	2.0
8.0	8.0	8.3	3.0	2.5	1.5
8.5	6.5	7.0	3.5	1.5	1.2

Table 7 Produced power during the month of June 2024

Day	Electricity produced (kWh)	Day	Electricity produced (kWh)
1	1850	16	2150
2	1870	17	2170
3	1890	18	2190
4	1910	19	2210
5	1930	20	2230
6	1950	21	2250
7	1970	22	2270
8	1990	23	2290
9	2010	24	2310
10	2030	25	2330
11	2050	26	2350
12	2070	27	2370
13	2090	28	2390
14	2110	29	2410
15	2130	30	2430
Total		65,200 kWh	

Table 8 Produced power during the month of January 2024

Day	Electricity produced (kWh)	Day	Electricity produced (kWh)
1	1450	16	1750
2	1470	17	1770
3	1490	18	1790
4	1510	19	1810
5	1530	20	1830
6	1550	21	1850
7	1570	22	1870
8	1590	23	1890
9	1610	24	1910
10	1630	25	1930
11	1650	26	1950
12	1670	27	1970
13	1690	28	1990
14	1710	29	2010
15	1730	30	2030
Total		53,750 kWh	

According to Table 8, the total amount of electricity produced during January 2024 is 53,750 kWh, equivalent to 53.75 megawatt-hours (MWh) or 5.375 megawatts (MW).

4.3 *Summary of Chapter*

The chapter presents the simulation results from connecting electrical circuits representing diesel generators, solar panels, and wind turbines to represent the energy generation system. It also includes circuits representing residential and industrial loads as the energy consumers.

The key results and observations include:

4.3.1 Energy Production

The energy production from the diesel generator fluctuates based on the energy demand.

The energy production from wind turbines varies based on the wind strength throughout the day.

The energy production from solar panels varies based on the presence of sunlight during the day.

4.3.2 Energy Consumption

Residential and home energy consumption starts almost immediately and remains relatively continuous throughout the day.

Industrial and commercial energy consumption ramps up after some time as they have periods of rest and nonoperation.

4.3.3 Overall Energy Balance

The total energy produced by all the generators (diesel, wind, solar) matches the total energy consumed by all the loads (residential, industrial).

There is an inverse relationship between clean energy generation (wind, solar) and diesel generator output. As clean energy production increases, diesel generator output decreases.

This coordination between the energy generators ensures an efficient energy supply to meet consumer demands at the lowest possible cost by prioritizing the use of clean energy sources.

The chapter provides detailed graphical representations of energy production and consumption patterns over 24 h, demonstrating the effectiveness of the integrated energy system simulation.

5 Section V

5.1 Conclusion and Recommendation

5.1.1 Conclusion

The conventional energy system, originally constructed and created some decades ago, has gradually degraded over time as a result of several issues. These challenges include voltage instability, irregular power outages, curtailments, unbalanced or excessive load circumstances, and blackouts. The emergence of the "smart grid" has provided a disruptive alternative to address the limits and update the electricity infrastructure.

The SG represents a significant advancement in the integration of electrical and information technologies. By merging the traditional power grid with advanced communication networks, the smart grid enables a bidirectional flow of power and information. This enhanced connectivity and data exchange facilitate improved monitoring, control, and management of the entire power system, from generation to consumption.

Key characteristics of the smart grid include:

Improved efficiency, security, and reliability of the electrical grid through the application of digital information and control technologies.

Deploying renewable energy sources, increasing their integration, and also deploying distributed generation resources in the grid.

New and advanced capabilities can be enabled by integrating smart devices with the electronics that consume work. Identifying and then removing unreasonable or unnecessary barriers, especially those that directly hinder and establish smart grid technologies and services.

The smart grid includes a range of advanced technologies, including distributed generation and decentralized sub-generation facilities.

Research and development studies are ongoing in renewable energy sources, metering infrastructure, and supervisory control systems to improve the capabilities of the smart grid.

5.2 Recommendation

1. Integration and development in renewable energy: through future research and exploration of more advanced and improved technologies in adapting to the performance of renewable energy sources.
2. Distributed generation management: Future studies may focus on developing control and optimization algorithms for managing distributed generation resources, including structure adaptation between sub-distributed generation units and the main grid.
3. Metering infrastructure improvements: This can be improved, such as improving data analytics and auditing, and enabling real-time pricing to ensure the reliability of the use of measures, to manage advanced demand.
4. Data cybersecurity and reliability: Exploring advanced security measures in information security, such as blockchain-based solutions, intrusion detection systems, and data authentication techniques.
5. Resisting and recovering from various power outages at the lowest possible cost and speed, including natural disasters and potential cyber-attacks.
6. Future studies may contribute to advanced data analysis to enhance grid operations, such as using machine learning and artificial intelligence.
7. Interoperability: Help improve flexible interoperability frameworks for different smart grid components, regardless of vendor or technology.
8. Grid edge technologies: Examine the coordination and control mechanisms required for end-grids and sub-grids to manage smart grid resources.
9. Prioritize the integration and optimization of energy storage devices, including batteries, inverters, and inverters. Additionally, helps integrate renewable energy sources.

References

1. Kabalcı Y (2016) A survey on smart metering and smart grid communication. Renew Sustain Energy Rev 57:302–318. https://doi.org/10.1016/j.rser.2015.12.114
2. Kabalci E, Kabalci Y (2018) A wireless metering and monitoring system for solar string inverters. Int J Electr Power Energy Syst 96:282–295. https://doi.org/10.1016/j.ijepes.2017.10.013
3. Kabalci E (2015) A smart monitoring infrastructure design for distributed renewable energy systems. Energy Convers Manag 90:336–346. https://doi.org/10.1016/j.enconman.2014.10.062
4. Kabalci E, Kabalci Y (2013) A measurement and power line communication system design for renewable smart grids. Meas Sci Rev 13(5):248–252. https://doi.org/10.2478/msr-2013-0037
5. Roberts M (2012) Managing the insider threat: no dark corners. By Nick Catranzos. Boca Raton, FL.: CRC Press, 2012. J Strateg Secur 5(4):127–130. https://doi.org/10.5038/1944-0472.5.4.10
6. Yoldaş Y, Önen A, Muyeen S, Vasilakos AV, Alan R (2017) Enhancing smart grid with microgrids: challenges and opportunities. Renew Sust Energ Rev 72:205–214. https://doi.org/10.1016/j.rser.2017.01.064
7. Xu W, Wang W (2010) Power electronic signaling technology—a new class of power electronics applications. IEEE Trans Smart Grid 1(3):332–339. https://doi.org/10.1109/tsg.2010.2066293
8. Fang X, Misra S, Xue G, Yang D (2012) Smart grid—the new and improved power grid: a survey. IEEE Commun Surv Tutor 14(4):944–980. https://doi.org/10.1109/surv.2011.101911.00087
9. Li F, Qiao W, Sun H, Wan H, Wang J, Xia Y, Xu Z, Zhang P (2010) Smart transmission grid: vision and framework. IEEE Trans Smart Grid 1(2):168–177. https://doi.org/10.1109/tsg.2010.2053726
10. Nafi N, Ahmed K, Gregory A, Datta M (2016) A survey of smart grid architectures, applications, benefits, and standardization. J Netw Comput Appl 76:23–36. https://doi.org/10.1016/j.jnca.2016.10.003
11. Deshpande JG, Kim E, Thottan M (2011) Differentiated services QoS in smart grid communication networks. Bell Labs Tech J 16(3):61–81. https://doi.org/10.1002/bltj.20522
12. Rahimi F, Ipakchi A (2010) Demand response as a market resource under the smart grid paradigm. IEEE T Smart Grid 1(1):82–88
13. Foster I, Zhao Y, Raicu I, Lu S (2008) Cloud computing and grid computing 360-degree compared. In: Proceeding of IEEE grid computing environments workshop (GCE'08)
14. Qureshi K, Abdullah A (2014) Adaptation of wireless sensor networks in industries and their architecture, standards, and applications. World Appl Sci J 30(10):1218–1223
15. Qureshi K, Abdullah A, Anwar R (2014) The evolution in health care with information and communication technologies. In: Proceeding of 2nd international conference of applied information and communications technology-2014. Elsevier, Oman
16. Mavridou A, Papa M (2012) A situational awareness architecture for the smart grid. Global security, safety and sustainability and eDemocracy, LNICST 99. Springer-Verlag, Berlin, pp 229–236
17. Locke G, Gallagher P (2010) NIST framework and roadmap for smart grid interoperability standards, release 1.0. National Institute of Standards and Technology, Gaithersburg, p 33
18. Smart Grid Conceptual Model I NIST (2012) NIST. https://www.nist.gov/image/conceptualmodel20140204-28feb2014jpg
19. Yu R, Zhang Y, Gjessing S, Yuen C, Xie S, Guizani M (2011) Cognitive radio-based hierarchical communications infrastructure for smart grid. IEEE Netw 25(5):6–14
20. Vaccaro A, Villacci D (2005) Performance analysis of low earth orbit satellites for power system communication. Electr Power Syst Res 73(3):287–294
21. Ghassemi A, Bavarian S, Lampe L (2010) Cognitive radio for smart grid communications. In: Proceeding of 1st IEEE international conference on smart grid communications (SmartGridComm)
22. Loeff B (2008) AMI anatomy: core technologies in advanced metering. Ultrimetrics Newsletter (Automatic Meter Reading Association (Utilimetrics))

23. Loeff B (2007) Demanding standards: hydro one aims to leverage AMI via interoperability. Electric Light and Power. http://www.elp.com/index/display/articledisplay/309361/articles/electriclightpower/meetering/2007/10/demandingstandards-hydro-one-aims-to-leverage-ami-viainteroperability.htm
24. Hassan R, Radman G (2010) Survey on smart grid. In: Proceedings of the IEEE SoutheastCon
25. Samuelsson O, Hemmingsson M, Nielsen A, Pedersen K, Rasmussen J (2006) Monitoring of power system events at transmission and distribution levels. IEEE T Power Syst 21(2):1007–1008
26. Vasconcelos J (2008) Survey of regulatory and technological developments concerning smart metering in the European Union electricity market. EUI RSCAS PP; 2008/01; Florence School of Regulation
27. Brown H, Suryanarayanan S (2009) A survey seeking a definition of a smart distribution system. In: Proceeding of North American power symposium (NAPS), pp 1–7
28. Chen T (2010) Survey of cyber security issues in smart grids. In: Proceeding of SPIE 7709, cyber security, situation management, and impact assessment II; and visual analytics for homeland defense and security II, 77090D
29. Akyol B, Kirkham H, Clements S, Hadley M (2010) A survey of wireless communications for the electric power system. Prepared for the US Department of Energy
30. Wang W, Xu Y, Khanna M (2011) A survey on the communication architectures in smart grid. Comput Netw 55(15):3604–3629
31. Andersen P, Poulsen B, Decker M, Træholt C, Ostergaard J (2008) Evaluation of a generic virtual power plant framework using service-oriented architecture. In: Proceeding of IEEE 2nd international power and energy conference (PECon, 2008)
32. Caldon R, Patria A, Turri R (2004) Optimal control of a distribution system with a virtual power plant. Bulk power system dynamics and control, Cortina d'Ampezzo, Italy
33. Jansen B, Binding C, Sundstrom O, Gantenbein D (2010) Architecture and communication of an electric vehicle virtual power plant. In: Proceeding of 1st IEEE international conference on smart grid communications (SmartGridComm)
34. Lombardi P, Powalko M, Rudion K (2009) Optimal operation of a virtual power plant. In: Proceeding of IEEE power and energy society general meeting (PES'09)
35. Verbong G, Beemsterboer S, Sengers F (2013) Smart grids or smart users? Involving users in developing a low-carbon electricity economy. Energy Policy 52:117–125
36. Lightner E, Widergren S (2010) An orderly transition to a transformed electricity system. IEEE Trans Smart Grid 1(1):3–10
37. Resources, U. S. C. S. C. O. E. A. N. (2009) Smart grid initiatives and technologies. http://books.google.ie/books?id=TS7vcZby2koC&printsec=frontcover&dq=U.S.+Depart ment+of+Energy,+%E2%80%9CThe+Smart+Grid:+An+Introduction+and+Smart+Grid +System+Report%E2%80%9D+USA,+2009&hl=&cd=1&source=gbs_api
38. DOE awards "smart grid" and ARPA-E grants (2009) Phys Today. https://doi.org/10.1063/pt.4.1274
39. Momoh J (2012) Smart grid. John Wiley & Sons, New York. http://books.google.ie/books?id=tHmmCUrQP2gC&printsec=frontcover&dq=G.+Venay agamoorthy,+%E2%80%9CEvolution+of+Smart+Grids+%E2%80%93+Challenges+and +Promising+Technologies%E2%80%9D,+Panel+Presentation+at+the+national+Worksh op+on+Research+directions+for+Future+Cyber-Physical+Energy+Systems.&hl=&cd=1&source=gbs_api
40. PES (2009) General meeting (2008). IEEE Power Energy Mag 6(6):87–87. https://doi.org/10.1109/mpe.2008.930346
41. Smart Grid Initiatives White Paper (n.d.) OSI. https://www.osii.com/files/smartgridinitiativeswhitepaper.pdf. Accessed 17 Apr 2024
42. Mohibullah L, Laskar S (2012) Power quality issues and need of intelligent PQ monitoring in the smart grid environment. In: 7th international universities power engineering conference (UPEC), Uxbridge, UK, 2012, pp 1–6. https://doi.org/10.1109/UPEC.2012.6398437

43. Zhang J (2019) Research on power quality problems based on smart grid and new energy generation. AIP Conf Proc 2066(1):020022. https://doi.org/10.1063/1.5089064
44. Larik RM, Wazir Mustafa M, Hussain Qazi S (2015) Smart grid technologies in power systems: an overview. Res J Appl Sci Eng Technol 11(6):633–638. https://doi.org/10.19026/rjaset.11.2024
45. Liu H, Zabinsky Z, Kohn W (2010) Rule-based control system design for smart grids. In: IEEE PES general meeting, Minneapolis, MN, USA, 2010, pp 1–5. https://doi.org/10.1109/PES.2010.5589410
46. Ayar M, Obuz S, Trevizan RD, Bretas AS, Latchman HA (2017) A distributed control approach for enhancing smart grid transient stability and resilience. IEEE Trans Smart Grid 8(6):3035–3044. https://doi.org/10.1109/tsg.2017.2714982
47. Abed F, Alrikabi H, Ibrahim IA (2020) Efficient energy of smart grid education models for modern electric power system engineering in Iraq. IOP Conf Ser Mater Sci Eng 870(1):012049. https://doi.org/10.1088/1757-899x/870/1/012049
48. Farmanbar M, Parham K, Arild Y, Rong C (2019) A widespread review of smart grids towards smart cities. Energies 12(23):4484. https://doi.org/10.3390/en12234484
49. Adeniran A, Hasnat M, Hosseinzadeh M, Khamfroush H, Rahnamay-Naeini M (2020) Edge layer design and optimization for smart grids. In: 2020 IEEE international conference on communications, control, and computing technologies for smart grids (SmartGridComm), Tempe, AZ, USA, 2020, pp 1–6. https://doi.org/10.1109/SmartGridComm47815.2020.9302936
50. Khuffash KA (2018) Smart grids—overview and background information. Elsevier, Amsterdam. https://doi.org/10.1016/b978-0-12-803128-5.00001-5
51. Özerdem C, Biricik S (2011) Overview of energy system and major power quality problems in North Cyprus. ResearchGate. https://www.researchgate.net/publication/274733683_Overview_of_Energy_System_an d_Major_Power_Quality_Problems_in_North_Cyprus
52. Palensky P, Kupzog F (2013) Smart grids. Annu Rev Environ Resour 38(1):201–226. https://doi.org/10.1146/annurev-environ-031312-102947
53. Colak I, Bayindir R, Sagiroglu S (2020) The effects of the smart grid system on the national grids. In: 8th international conference on smart grid (icSmartGrid), Paris, France, 2020, pp 122–126. https://doi.org/10.1109/icSmartGrid49881.2020.9144891
54. Maruf M, Haq M, Dey S, Mansur A, Shihavuddin A (2020) Adaptation for sustainable implementation of smart grid in developing countries like Bangladesh. Energy Rep 6:2520–2530. https://doi.org/10.1016/j.egyr.2020.09.010
55. Meliani M, Barkany A, Abbassi I, Darcherif M, Mahmoudi M (2020) Control system in the smart grid: state of the art and opportunities. In: 2020 IEEE 13th international colloquium of logistics and supply chain management (LOGISTIQUA), Fez, Morocco, 2020, pp 1–6. https://doi.org/10.1109/LOGISTIQUA49782.2020.9353878

Bridging Air and Water: Intelligent Design and Application of a Coaxial Hybrid Drone for Dual-Environment Mobility

Mohamed Abdelwahab Yassin, Mohammad Zeidani, Abdullah Al Mughrabi, and Abdullah Nasarallah

1 Section I

1.1 Introduction

1.1.1 Overview

Unmanned aerial vehicles (UAVs) and unmanned underwater vehicles (UUVs) have gained significant attention in recent years due to their versatility and increasing affordability. These vehicles were normally designed to excel in their respective domains UAVs for aerial operations and UUVs for underwater exploration [1]. But some applications, like mapping remote areas, inspecting offshore oil platforms, ship hulls, gas pipelines, and military operations, need a vehicle that can be effective in both aerial and underwater conditions. The traditional response to these kinds of tasks is the application of several vehicles, where each one has a separate function, which proves to be costly and inefficient when the inspection of both the submerged and the non-submerged parts of a structure simultaneously is required.

For such reasons, hybrid aquatic-aerial vehicles come into play as a possible solution. These vehicles combine the capabilities of UAVs and UUVs so that they can work perfectly in both air and underwater environments. A fully-featured hybrid vehicle may conduct aerial flight, water surface operations, underwater diving, underwater suspension, and water surface loitering—all functions that give the hybrid vehicle a much larger lead over conventional UAVs and UUVs. However, the

M. Abdelwahab Yassin (✉) · M. Zeidani · A. Al Mughrabi · A. Nasarallah
Department of Mechatronic Engineering, Near East University, Nicosia, Turkey

A. Azizi (ed.), *Mechatronic Innovations in Smart Grids, IoT, and Autonomous Systems*, Emerging Trends in Mechatronics,
https://doi.org/10.1007/978-981-95-4640-4_4

development of such a hybrid vehicle presents a range of complex engineering challenges, including an efficient propulsion system, stable in both environments, with a smooth transition between the air and water [2].

This project deals with the design, modeling, tasting, and stability control of a fully featured aquatic-aerial aerial-aquatic coaxial drone. The vehicle should be capable of operating autonomously in both aerial and underwater environments, closing the gap between UAVs and UUVs. The main objectives of this project are:

- **Vehicle Waterproofing**: The electronics and batteries of the vehicle must be properly sealed to protect them from water [3].
- **Air and Underwater Stability**: Designing the vehicle's airframe and propulsion systems to maintain stability in both environments [4].
- **Seamless Transition Between Air and Water**: Developing mechanisms to smoothly transition from flight to underwater operation without causing mechanical stress or damage [5].
- **Depth Control Underwater**: Integrating a ballast system for precise control of the vehicle's depth while submerged [6].
- **Minimal Load on the Vehicle's Propulsion System Underwater**: Optimizing the propulsion system for energy efficiency during underwater operations [7].
- **Wireless Communication**: Implementing a wireless communication system to control the vehicle remotely without the need for physical tethers [8].

The project will address these challenges by developing a hybrid aerial-aquatic coaxial drone capable of dual-mode operations with more efficiency, lower costs, and greater operational flexibility, but also opening up new possibilities for applications in environmental monitoring, search and rescue, and military reconnaissance.

Figure 1 illustrates the full CAD model of the drone, highlighting the coaxial rotor system on top, dual underwater thrusters mounted laterally in green housings, a cylindrical central body, and stabilizing fins for hydrodynamic control. The design supports vertical flight and submerged navigation using distinct propulsion systems integrated into a unified frame.

1.1.2 Goal of the Project

Theoretical design and development of an aerial-aquatic hybrid aerial-aquatic coaxial drone that could actually help to overcome some of the problems presented by the current hybrid aerial-aquatic coaxial drone technologies. It shall concentrate on an improved swashplate-based air-to-water transition mechanism, energy efficiency, structural durability, and adaptability to different environments. This project, therefore, looks forward to drawing from existing research to fill the gaps in the existing

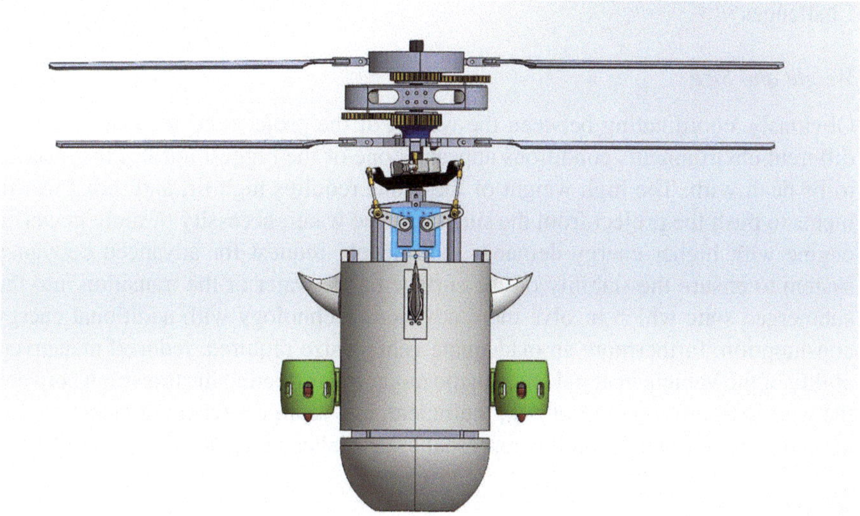

Fig. 1 Front view of the hybrid aerial-aquatic coaxial drone (H.A.A.C.D)

literature to provide a basis on which a very efficient and effective aerial-aquatic coaxial drone that can easily operate both in aquatic and aerial environments will be designed.

The project will explore the following key areas:

- Designing effective transition systems to enable seamless aerial and undersea mode changes.
- Enhancing the use of energy enables longer operating times for both in the air and underwater operations.
- Improving structural designs for both underwater and aircraft operations by utilizing materials that strike a compromise between durability and weight reduction.
- Implementing bio-inspired propulsion methods would enhance efficiency and maneuverability in both environments.
- Addressing challenges related to depth control and stability to improve underwater performance.
- Developing useful aerial-aquatic coaxial drone applications with an emphasis on areas including military reconnaissance, submerged structure inspection, and environmental monitoring.

This theoretical proposition would be of great value for any design or construction of a hybrid aerial-aquatic coaxial drone and even an introduction to practical realization, especially regarding future research on multi-environment unmanned systems.

Challenges

Weight and Size

Obviously, coordinating between the weight of the project and its size within the different environments conditions appear as one of the biggest hurdles that needed to be dealt with. The high weight of the drone requires high lift and thrust instruments to push the project from the surface of the water, necessity of more powerful engine with higher energy demands, and deeply request for advanced buoyancy system to ensure the stability on the surface of the water or the transition into the submerged state which involve more advanced technology with additional energy consumption. furthermore an inadequate vehicle size required, reduced maneuverability of the Vehicle in aerial and aquatic mode with affecting the transition between the water and air to be full of risk, inefficient, less seamless reaching facing a great air and water resistance, all this represent structural challenges to be solved [9].

Battery Life and Power Management

The process of receiving information and sending commands to the HAAV for the purposes of controlling maneuverability is much easier in aerial mode than it is in aquatic mode, but again, both the environments are to be clearly distinguished from one another since control methods and strategies can only be applied appropriately thereafter.

It also has to overcome adaptation challenges due to changes in environment conditions. The vehicle has to be equipped with a strategy set that will allow for modifications in its motion based on the current environmental scenario, such as changes in weather conditions. There are various concerns linked with sensor activity and integration due to variability in the two media of air and water. These include performance efficiency in both aerial and aquatic modes and functional preservation during transition from one to the other [10].

It is also necessary that the control system be able to handle changes in temperature, pressure, and other environmental conditions. Such changes can easily have large effects on the behavior of sensors and the overall control system of the vehicle, placing strong demands on design solutions to ensure reliable operation in both mediums [10].

Transition and Waterproof Methods

The dynamically approach for designing the entry and exit phases of the HAAV vehicle from the water is based on numerous theories. The entry of the vehicle into the water involves a gradually deceleration of its speed while the water exiting technique required generation of high lift force and adequate thrust, with ensuring thermal management between the air and the water temperature. The transition between the environments required an adaptable control to apply various methods and ensure efficient performance between the regions. It also includes the proper use of the methods, techniques, and strategies with extremely perfect integration between the sensors and high navigation system to avoid obstacles, which are another challenge for seamless transition. Equally important, Ensuring the High water pressure is crucial sector in HAAV project. It embrace choose for actual material that act as wall that conserve the instruments and devices from corruption, guarantee the achievement of the vehicle mission under specific depth in effective manner and ensure the efficient and effective operation of the utilized sensors like camera, sonar, ultrasonic sensor. The Inaccurate selection of the structural thickness can lead to excessive vehicle weight, which means more power is required to operate, reduced maneuverability, and vehicle performance is affected in both modes.

1.2 Contribution of the Project

The following work will develop and simulate a hybrid aerial-aquatic vehicle that can work effectively both in water and in air. This eliminates the need for using two separate vehicles—one for underwater and one for an aerial mission—by packing this single integrated system with both unmanned underwater vehicles and unmanned aerial vehicles.
The main idea is to have a single vehicle for several needs, which can easily make transitions from flying in the air down to diving in water and vice versa. Further, this will be much more suitable for applications such as pipeline, oil rigs, and other marine infrastructural surveys, environmental monitoring, search, and rescue operations, among others. The hybrid concept aims to increase operational effectiveness by lowering costs and boosting mission flexibility by including both aerial and submerged components. Key innovations will include:

- Smooth transition between air and water that ensures reduced impact during the switch.
- Waterproofing of the vehicle's electronics and propulsion system, protecting them during underwater operations.
- Energy efficiency in treader-based propulsion for longer operation time.
- Fully advanced communication systems operative under both water and air and need no tether to work.

These innovations will, therefore, enable the project to bridge the gap between conventional UAVs and UUVs by developing a cost-effective, multipurpose vehicle solution for improved aerial and underwater operations. This hybrid vehicle will improve mission flexibility, reduce operational costs, and open up new perspectives for those tasks that require both environments.

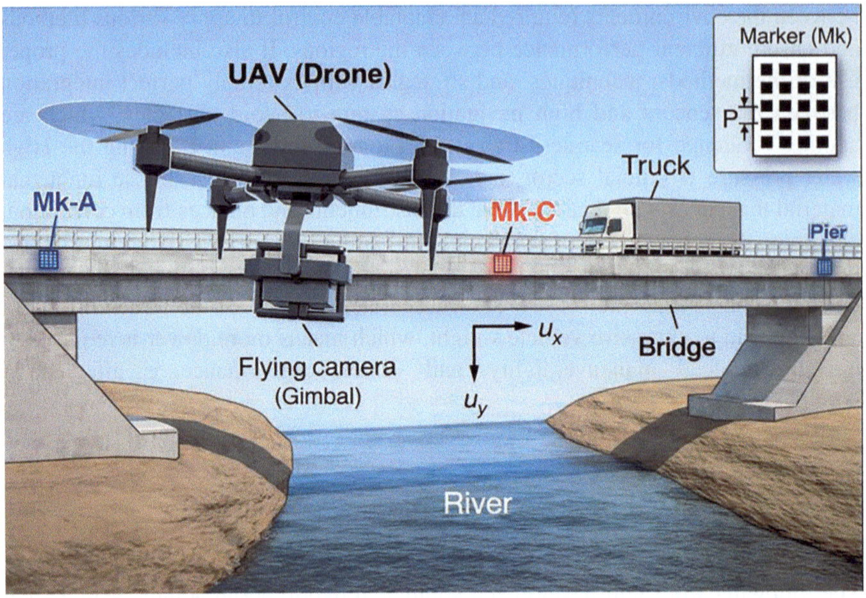

Fig. 2 Overview of the measurement system based on drone aerial photography by utilizing the moiré phase analysis methodology [11]

Mark-A, Mark-B, and Mark-C in Fig. 2 are positional reference points, often used for calibration, alignment, or monitoring purposes in relation to the UAV's operation. Their structure is inspired by patterns found in insects, which may involve symmetrical or geometric shapes for enhanced tracking accuracy [11].

The UAV (unmanned aerial vehicle) uses these markers for spatial orientation, navigation, or precision tasks. The pitch size, denoted as PPP, refers to the distance or interval between features in the marker's structure, playing a crucial role in maintaining accurate measurements or alignment during UAV operations.

1.3 Novelty

This project will fill the gaps in existing hybrid aerial-aquatic coaxial drones with several innovations. Table 1 shows the key innovations, the gap between each address, and the proposed solutions to be implemented in this project. It gives more details on gaps in current technology and proposed solutions for HAAV drone.

The project budget provides an estimate of the necessary expenses and quantities of the components, which will be brought together to form a hybrid aerial underwater vehicle (HAUV), which would perform well in both environments. These costs

Table 1 Key innovations, gaps in current technology, and proposed solutions for HAAV drone

	Gap in current technology	Proposed solution
Hybrid integration of UAVs and UUVs	Current UAVs and UUVs operate separately, requiring multiple systems for dual-environment tasks	A single platform capable of both aerial and underwater operations, reducing costs and enhancing flexibility
Smooth transition mechanism	Many hybrid systems face instability and inefficiency during the transition between air and water	A unique transition mechanism that ensures smooth, efficient switching between aerial and underwater modes
Waterproofing and durability	Existing hybrid drones often fail to protect electronics and propulsion from underwater conditions	Advanced waterproofing and corrosion-resistant materials to ensure reliable operation in both environments
Energy efficiency optimization	Hybrid systems struggle to balance energy consumption between aerial and underwater propulsion	Lightweight design, bio-inspired propulsion, and optimized power management to extend operational time
Tetherless communication system	Hybrid vehicles often rely on tethers or face communication issues when transitioning between environments	A robust communication system that works seamlessly in both air and underwater without tethers
Practical multi-environment applications	Traditional UAVs and UUVs are limited to single-environment use, which complicates multi-domain operations	A hybrid platform designed for applications like environmental monitoring, inspection of underwater structures, etc.

are divided into different specific categories for which the budget is needed to enable effective functionality of the drone.

The structural frame consists of a main frame and a waterproof structural frame: the aerodynamic flight structure provides protection against water ingress. Brushless motors and electronic speed controllers (ESCs) are responsible for aerial propulsion. Underwater motors propel the vehicle underwater. A flight controller like the Pixhawk PX4 then stabilizes and maneuvers the vehicle through airspace, complemented with waterproof controllers for seamless mode transitions. LiPo 3S/4S batteries are to be exchanged through a power board and power the devices for both domains.

Some of the key sensors will be assisting in navigation, environment monitoring, and performance monitoring with respect to the conditions in which the vehicle will be operating include GPS, pressure, altitude, temperature, and speed sensors.

Other components of these vehicles will include a magnetometer—orientation aware area housing for electronics and cooling systems associated with temperature control—that will further increase the reliability and safety of operation.

An HD camera should capture the environment in both air and water, and specially designed connectors will ensure water resistance.

This budget ranges from $300 to $1000 depending on quality and the specific components selected. Such a range allows for cost reduction while complying with the technical and operational needs of the project (Table 2).

Table 2 Comprehensive component list for hybrid aerial-aquatic drone

	Component	Description	Unit cost (USD)	Unit amount	Total (USD)
	3D printed main frame	Drone body (aerodynamic design for flight)	\$20 to \$50	1	\$20 to \$50
	Manufactured/3D printed external underwater frame	Waterproof frame for aquatic mode (body)	\$30 to \$70	1	\$30 to \$70
	Brushless motors	4× motors for aerial flight	\$10 to \$25 per motor	2	\$40 to \$100
	ESC (electronic speed controllers)	Controls motor speed for aerial/underwater motion	\$5 to \$15 per ESC	4	\$20 to \$60
	Flight controller (Pixhawk PX4)	Flight stabilization and navigation for aerial mode	\$120	1	\$120
	Servo motor MG946R	Acting as an actuator to control the movant	35\$	5	175\$
	Propellers	Propellers for aerial flight (plus underwater propellers)	\$5 to \$10 per pair	2	\$10 to \$20
	Battery (LiPo 3S/4S)	High-performance battery for drone flight and underwater motion	\$15 to \$40	2	\$30 to \$80
	GPS module	For aerial navigation and tracking	\$10 to \$30	1	\$10 to \$30
	Camera	HD camera for taking photos/videos in air and underwater	\$20 to \$50	1	\$20 to \$50
	Waterproofing components	Seals, coatings, or waterproof housing for electronics	\$10 to \$30	1	\$10 to \$30

Table 2 (continued)

	Component	Description	Unit cost (USD)	Unit amount	Total (USD)
	Underwater motors	Motors designed for underwater propulsion	$10 to $30 per motor	2	$20 to $60
	Pressure sensors	For detecting depth underwater	$10 to $30	1	$10 to $30
	Temperature sensors	To monitor temperature in both environments	$5 to $15	2	$10 to $30
	Altitude sensors	To monitor altitude in aerial mode	$5 to $20	1	$5 to $20
	Magnetometer	For heading and orientation (useful for GPS)	$10 to $30	1	$10 to $30
	Waterproof housing for electronics	Protective casing for flight controller, battery, etc.	$20 to $40	1	$20 to $40
	Speed sensors	For detecting speed in aquatic mode	$10 to $20	1	$10 to $20
	Power distribution board	Distributes power from battery to various components	$10 to $30	1	$10 to $30
	Miscellaneous cables and connectors	Power wires, servos, connectors, etc.	$5 to $30	1	$5 to $30
	Waterproof battery connectors	Specialized connectors to prevent water ingress	$5 to $10	2	$10 to $20
	Software development tools	Licensing or tools for programming	$0 to $50	1	$0 to $50
	Total	**Sum of all components**	–	–	**$300 to $1000**

2 Section II

2.1 Literature Review

2.1.1 Theoretical Review

Aerial Drone Systems

Aerial aerial-aquatic dual rotor coaxial drones have undergone rapid development, especially in terms of propulsion, lightweight materials, and energy systems. In this domain, the dominant designs, aerial-aquatic quad copter drones and fixed-wing, are specifically tailored for different applications, showing unique strengths. Quadcopters offer superior maneuverability and stability, which could be employed in localized operations such as surveillance and inspection. Fixed-wing drones excel in covering large areas with efficiency and are usually employed in tasks such as agricultural mapping and environmental monitoring.

Critical areas within aerial-aquatic quad copter drones are generally concerned with flight endurance and power efficiency. LiPo batteries even though are very lightweight, they are power-dense batteries and bring forth critical limits to flying time, particularly for high payload capacities. Advancements with respect to energy systems—therewith including hybrid propulsion and solar-assisted propulsion—promise improvement of operation ranges, which yet stays under strong pressure due to the necessary trade-off between mass and efficiency. Besides this, structural issues like weight reduction without losing mechanical strength have also influenced the introduction of advanced composite materials and optimized designs.

Research also focuses on flight stability and control mechanisms. In fact, studies have already proved the efficiency of advanced algorithms to maintain stability under all environmental conditions, from strong winds to sudden altitude changes. These developments are so crucial for reliable performance that, in hybrid systems, aerial stability is directly related to successful transitions into underwater operations.

Dual Rotor Coaxial Drones

Dual rotor coaxial drones, characterized by two counter-rotating rotors mounted along the same axis, have garnered significant attention for their aerodynamic efficiency, compact structural design, and enhanced stability. The coaxial configuration eliminates the need for a tail rotor—common in traditional helicopter systems—by balancing torque internally between the opposing rotors, resulting in improved yaw control and greater mechanical simplicity. This rotor arrangement enhances lift generation without increasing the horizontal footprint, making coaxial drones ideal for applications in confined spaces, such as urban navigation, inspection of vertical infrastructure, and indoor mapping. Additionally, the configuration provides increased thrust-to-weight ratios and redundancy, which contribute to improved

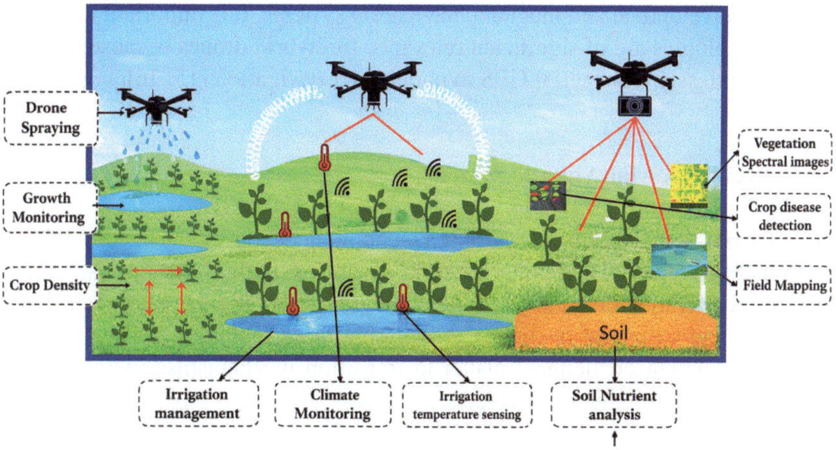

Fig. 3 Unmanned aerial vehicles (UAVs): an adoptable technology for precise and smart farming [12]

control in windy conditions and safer flight in mission-critical operations. Recent research and prototyping efforts have demonstrated that coaxial systems offer superior vertical lift performance and energy efficiency compared to conventional single-rotor and quadrotor designs (Fig. 3) [1, 2].

Underwater Drone Systems

Underwater drones, or unmanned underwater vehicles, have attained major leaps in propulsion, waterproofing, and material durability. Dominantly, the systems are based on thrusters for propulsion, which offer precision in control while submerged. However, other forms of propulsion are being developed based on bio-imitated designs that effectively propel like fish, especially with efficiency and adaptability in varied underwater terrains [13]. Waterproofing and resistance of the systems to the sea environment, such as salinity and pressure, come first. Research has enabled substantial advances in the use of anticorrosion materials, strong sealing, for long service life and reliability. Besides, it enables drones to dive deeper, and their applications expand from mere deep-sea observation up to deep resource exploitation [14]. Energy efficiency remains one of the key limitations to UUV systems, the majority of which depend on high-capacity batteries that must be frequently recharged. These are coupled with recent advancements in energy harvesting, which has used underwater currents and thermal gradients. However, most of them are yet to find mainstream usage in real applications. These reasons indicate that innovative energy solutions in hybrid systems are required [15]. Besides propulsion and energy, the underwater drone must also navigate and communicate challenges. The use of acoustic signals in underwater communication, therefore, has led to a great limitation in GPS accessibility for underwater communication, thus influencing research into alternative optical and magnetic navigation systems. It is important to note that these technologies are of significant relevance for hybrid drones because they must switch seamlessly from aerial GPS to underwater navigation [15, 16].

2.1.2 Hybrid Aerial-Aquatic Systems

Hybrid aerial-aquatic drones represent a technological convergence, combining the functionalities of aerial and underwater drones into a single, versatile system. Their design and operation demand a seamless integration of propulsion systems, energy efficiency, and structural resilience. Addressing these requirements involves overcoming significant challenges related to transition mechanisms, energy management, and structural integrity [17–22].

2.2 Propulsion Systems and Flight Modes

Indeed, many studies have similar concepts regarding the use of multirotor designs like propulsion systems and flight modes in dual-rotor coaxial drones.
Dual-rotor coaxial drones represent a promising architecture for hybrid aerial-aquatic operation, offering mechanical simplicity, compact structure, and balanced thrust distribution. In aerial mode, the coaxial configuration—featuring two counter-rotating rotors mounted on the same axis—enhances yaw stability, eliminates the need for a tail rotor, and supports vertical takeoff and landing (VTOL) with reduced aerodynamic drag. These advantages make coaxial designs particularly effective for hybrid drones that must operate reliably in both air and water.

Underwater mobility in coaxial aerial-aquatic drones is typically enabled through additional thrusters, often located laterally or at the rear. To improve hydrodynamic control and minimize energy consumption, these thrusters are frequently supported by fin-based control mechanisms. Such fins, actuated or passive, are inspired by aquatic life and provide improved maneuverability and directional stability underwater. The AquaMAV project demonstrated the effectiveness of biomimetic fin systems in reducing energy requirements during submerged operations, thereby enhancing overall endurance and control precision [23].

Compared to conventional multirotor designs, coaxial dual-rotor platforms reduce structural complexity and weight while retaining sufficient control authority. This makes them ideal for integrated dual-environment deployment. When combined with underwater fins and adaptive control algorithms, dual-rotor coaxial drones can efficiently navigate complex transitions between flight and underwater locomotion, offering a compact and robust solution for multi-domain missions [24, 25].

2.3 *Synthesis and Critical Analysis*

The body of literature on hybrid aerial-aquatic drones reveals several key trends and patterns, particularly around propulsion systems, structural design, materials, and energy management.

2.3.1 Synthesis of Findings

The trend and patterns in the reviewed literature on hybrid aerial-aquatic drones are highlighted in this section, covering essential features on propulsion systems, design, materials, and energy use.

2.3.2 Transition Mechanisms

Transitioning between air and water remains one of the biggest challenges in hybrid drone systems. Two common ways this has been addressed in research involve dual-mode propulsion systems and adaptive or folding mechanisms.

The Tandem Dual Rotor UAV has a special propulsion system that works for both flying in the air and swimming in the water. This lets the UAV switch easily between flying and swimming. However, these systems can be complicated and not very efficient with energy, as observed in the Tandem Dual Rotor project [26].

Another common feature is folding or morphing mechanisms, where the drone's structure changes to switch between aerial and aquatic modes. The TJ Flying Fish project follows this approach with its retractable wings, which fold into a more compact form suitable for underwater propulsion. These mechanisms, however, bring challenges in terms of structural integrity and durability while changing between the greatly different environments of air and water [24].

2.3.3 Energy Management

Energy consumption is a recurring challenge in hybrid drones since they require multiple power sources for aerial and underwater propulsion. Lithium-polymer (LiPo) batteries are still the standard power source because of their high energy density, but they often become the limiting factor in the endurance of these drones. The AquaMAV project, for example, demonstrates such limitations of LiPo batteries, especially for hybrid drones that have to support both aerial flight and submersion operations. These batteries, though efficient, limit the operational time, especially for demanding tasks that require both aerial and underwater capabilities [10, 27].

In order to increase operational time, alternative energy sources such as solar panels and fuel cells have been looked at. The Loon Copter project has looked at solar panels in order to supplement energy consumption, although it was found that solar panels add weight and require large surface areas, which impacts the drone's flight performance. Along the same line, the TJ Flying Fish project has also explored the use of fuel cells and found that hybrid drones equipped with small-scale fuel cells have better energy efficiency in extended operation missions. However, the technological advancement of fuel cells for application in drones is still in its infancy, and the systems currently developed remain too bulky to be practically integrated into the existing hybrid drone designs [10, 24].

2.3.4 Structural Design and Materials

Using energy in hybrid drones is a common problem because they need different power sources (for flying in the air and moving underwater). Lithium-polymer (LiPo) batteries are still the main power source because they hold a lot of energy, but they usually limit how long these drones can work. The AquaMAV project shows that LiPo batteries are not suitable, especially when it comes to hybrid drones that have to fly and go underwater. These will work quite well but make the use of the device limited, especially in the case of challenging tasks where flying and swimming capabilities would be highly demanded [27].

To make the operational time longer, other energy sources like solar panels and fuel cells have been looked at. The Loon Copter project checked out solar panels to help with energy use, but it was discovered that solar panels are heavy and need a lot of space, which affects how well the drone can fly. The TJ Flying Fish project has also studied fuel cells. In this project, hybrid drones with small fuel cells showed better energy efficiency for long tasks. However, the fuel cells are not yet fully developed for use in drones, and the systems are too large to be used practically in today's hybrid drone designs (Fig. 4) [23, 24].

The proposed design incorporates a streamlined and aerodynamically optimized structure, as depicted in the 3D cross-sectional model. The vehicle features a lightweight outer shell with a carefully engineered internal framework to house critical components securely. The front section integrates advanced electronic modules for control and navigation, while the central compartment is optimized for energy storage, utilizing cylindrical battery or fuel cell arrangements. Structural frames, made from lightweight materials, provide durability and alignment for the internal systems. A propeller-driven propulsion system at the rear ensures efficient thrust generation. This innovative design is tailored for high performance and efficiency, making it ideal for applications in unmanned aerial vehicles (UAVs) or other lightweight, energy-efficient platforms.

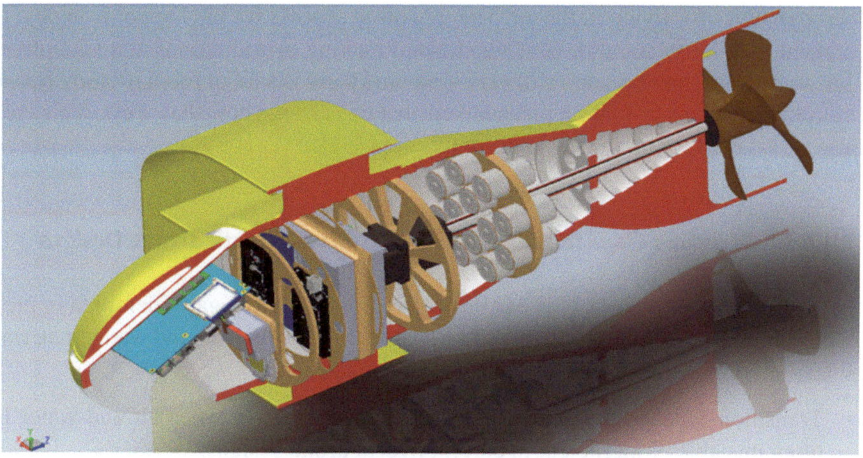

Fig. 4 Prospective cross-section of the autonomous underwater vehicles (AUV) Albacore: the interior sections and supports are visible [28]

2.4 Gaps and Unanswered Questions

2.4.1 Energy Efficiency and Endurance

There is a critical gap in the literature regarding long-term energy management for hybrid drones. Although much has been written about battery technology, there is a lack of research into hybrid energy sources that can balance the power requirements of both aerial and underwater operations over extended periods. Few studies address how to manage power transitions efficiently, especially during long-duration missions [29].

2.4.2 Robust Transition Mechanisms

The other challenge is the smooth transition between air and water. Only a few examples, like those from Rockenbauer et al. [30], have presented systems capable of moving in both air and water, but these transitions are usually very slow and inefficient. In the paper, Rockenbauer et al. [30] introduce the Dipper vehicle—an unmanned vehicle for fast transitions between flying and swimming—with the aim of responding to this challenge. The Dipper features a very special propulsion system that allows it to switch from air to water with ease, using a mechanism which adjusts for both environments. It includes actuators that change the shape of the vehicle, like adjusting its buoyancy for moving in water and changing its aerodynamics for flying in the air. The transition process for the Dipper is in development, but this becomes a vital step toward making hybrid drones more adaptive. The transitions, however, are still very slow, and there is a lot of room to study better morphing systems or folding mechanisms that can change how they work. This creates a vast field for more new ideas in this area [31].

2.4.3 Addressing Gaps in Existing Hybrid Aerial-Aquatic Drone Designs

In this section, we discuss how our project addresses the key gaps identified in previous sections, including challenges in transitioning between air and water, material selection, propulsion efficiency, and energy management.

- Transition Mechanism**Identified Gap**: The transition between air and water is often unstable or inefficient in current hybrid drone designs.
- **Solution**: We will use a retractable wing system with servo motors, allowing for a smooth transition between flight and underwater modes. This design minimizes complexity and weight while ensuring stability during transitions. Additionally, Internal Measurement Unit (IMU) sensors will monitor the drone's orientation and adjust the propulsion systems in real time [32].

- Material Selection**Identified Gap**: Expensive materials like titanium and lengthy production times for custom carbon fiber components limit the affordability and speed of development.
- **Solution**: We will use carbon fiber for the chassis for its strength-to-weight ratio, and 3D printed thermoplastic parts (e.g., ABS or nylon) for the body. These materials are cost-effective, lightweight, and can be rapidly produced, enabling quicker iterations and reduced costs. The 3D printed parts will be coated with waterproofing resin to ensure durability in aquatic environments [33].

- Propulsion System Efficiency**Identified Gap**: Existing hybrid drones often struggle to balance propulsion efficiency between flight and aquatic operation.
- **Solution**: We will utilize ducted fan thrusters for underwater propulsion, offering better efficiency and resistance to debris. For flight, we will use brushless DC motors paired with foldable carbon fiber propellers, reducing drag during underwater operations. These combined propulsion systems will ensure effective performance in both mediums.

- Energy Management**Identified Gap**: Hybrid drones face significant challenges in managing power across two distinct propulsion systems, often leading to limited battery life.
- **Solution**: We will implement a modular battery system with an energy management system (EMS) to efficiently allocate power between the aerial and underwater systems. Additionally, solar panels or regenerative charging will extend operational time during surface activities.

- Stability and Control**Identified Gap**: Instability during transitions between flight and underwater environments can compromise the drone's performance.
- **Solution**: A closed-loop control system using IMU and pressure sensors will ensure the drone remains stable during transitions. Adaptive algorithms will adjust the propulsion systems to maintain optimal performance in both environments [34].

- Real-World Testing**Identified Gap**: Many hybrid drones perform well in controlled conditions but fail to adapt to real-world scenarios.
- **Solution**: Extensive field testing will be conducted in both aerial and aquatic environments to evaluate performance under varying conditions, such as wind, currents, and payload variations. This will help fine-tune the drone for reliable operation in real-world scenarios.

Highlights include

- **Fixed-wing HAUVs**: High underwater endurance but limited diving ability.
- **Multi-rotor HAUVs**: Efficient vertical takeoff and landing with moderate endurance.
- **Multimodal HAUVs**: Superior versatility with balanced aerial and underwater performance.

The radar charts illustrate performance comparisons in metrics such as aerial speed, underwater speed, endurance, and diving ability. These insights help assess suitability for specific hybrid operational needs.

2.5 *Theories Used*

2.5.1 Control Design

The coaxial dual-rotor drone presents unique challenges for stable flight, especially due to the aerodynamic coupling between the counter-rotating rotors and the reduction in yaw authority compared to traditional quadcopters. Like the quadcopter, the coaxial configuration operates using a closed-loop control system, and stabilization is achieved by precisely modulating the angular velocities of the two main rotors and the underwater thrusters during aquatic operation. The primary control inputs include collective thrust (T) and torques along the three rotational axes—roll (ϕ), pitch (θ), and yaw (ψ), In this configuration, the two coaxial rotors are designated with angular velocities ω_1 and ω_2. These angular velocities are used to generate the necessary lift and to induce rotational moments by introducing differential speeds. The stabilization of the system focuses on controlling altitude (z-axis), and the rotational orientation: roll (ϕ), pitch (θ), and yaw (ψ). Assuming hover conditions and small angular displacements, the system dynamics can be linearized for simplification. Under these assumptions, according to the formulation presented in [35, 36], the simplified dynamic equations for control design are:

$$z = -g + \left(\cos(\theta)\cos(\varnothing)\right)\frac{T}{m}$$

$$\varnothing = \frac{\tau_{\varnothing}}{I_{xx}}$$

$$\theta = \frac{\tau_{\theta}}{I_{yy}}$$

$$\psi = \frac{\tau_{\psi}}{I_{zz}}$$

Where:

- T: Total thrust generated by both rotors.
- $\tau_{\varnothing}$, $\tau_{\theta,}\tau_{\psi}$: Torques around roll, pitch, and yaw axes
- I_{xx}, I_{yy}, I_{zz}: Moments of inertia about the respective axes.

2.5.2 PID Controller

The proportional-integral-derivative (PID) controller remains a core strategy due to its simplicity and robustness. The parallel PID structure is used, allowing independent tuning of proportional (K_p), integral (K_i), and derivative (K_D) components. Based on the model established in [37], the control signal $u(t)$ is expressed as:

$$e(t) = x_d(t) - x(t)$$

$$u(t) = K_P e(t) + k_I \int_0^t e(T)\,dT + K_D \frac{de(t)}{dt}$$

Where:

- $e(t)$: Error between desired and current state
- x_d: Desired state
- $x(t)$: Measured state.

The system is controlled along four degrees of freedom: vertical motion (altitude) and the three attitude angles (ϕ, θ, ψ). The corresponding control inputs (T, $\tau_{\varnothing}$, $\tau_{\theta,}\tau_{\psi}$) are derived using PD controllers: This expression has been previously validated in [37].

$$T = \left(g + K_{z,D}\left(\dot{z}_d - \dot{z} \right) + K_{z,P}\left(z_d - z \right) \right) \frac{m}{C_\phi C_\theta}$$

$$\tau_\phi = \left(K_{\phi,D}\left(\dot{\phi}_d - \dot{\phi} \right) + K_{\phi,P}\left(\phi_d - \phi \right) \right) I_{xx}$$

$$\tau_\theta = \left(K_{\theta,D}\left(\dot{\theta}_d - \dot{\theta} \right) + K_{\theta,P}\left(\theta_d - \theta \right) \right) I_{yy}$$

$$\tau_\psi = \left(K_{\psi,D}\left(\dot{\psi}_d - \dot{\psi} \right) + K_{\psi,P}\left(\psi_d - \psi \right) \right) I_{zz}.$$

Using these torques and thrusts, following the derivation in [35], the angular velocities for the two coaxial rotors can be expressed as:

$$\omega_1^2 = \frac{T}{2k} - \frac{\tau_\psi}{2b}$$

$$\omega_2^2 = \frac{T}{2k} + \frac{\tau_\psi}{2b}$$

Where:

- k: Lift coefficient,
- b: Drag coefficient (yaw torque generation).

2.5.3 Position Controller

While the attitude and altitude controllers ensure system stability, an outer-loop position controller is needed to navigate the drone toward a target waypoint. In the case of the coaxial drone, horizontal movement (x and y axes) is achieved by tilting via pitch (θ) and roll (ϕ) angles. GPS coordinates or vision systems are used to obtain position estimates [37].

A PD controller is applied for horizontal translation:

$$u(t) = K_P e(t) + K_D \frac{\mathrm{d}e(t)}{\mathrm{d}t}$$

Where $e(t) = p_i - p_i$ and $\dot{e}(t) = \dot{p}_i - \dot{p}_0$ represent the error position and velocity state vectors, respectively.

And $p = [x_0 y_0]^T$ and $\dot{p}_0 = [\dot{x}_0 \dot{y}_0]^T$ represent the state vector is defined by the difference between the reference states.

The target states $\dot{p}_i$ and p_i the controller's output is the control command $u(t) = [u_\theta u_\phi]^T$,which acts as the input to the attitude controller. Here, the u and u are responsible for the horizontal translations of the quadcopter according to the position estimates by GPS or vision systems. Proportional and derivative gains, k_P and k_D respectively, are tuned to achieving better tracking [37].

2.5.4 Fluid Dynamic

To deal with the above-mentioned challenges, we studied the dynamic modeling and how to control the hybrid aerial aquatic vehicle (HEAVV) in the water and air environments. One of its most important pillars was the investigation of aerodynamics and hydrodynamics forces like the aerial and the fluid dynamics when describing the movement of the project in both regions. Our project is built on combining between the aerial and aquatic mechanisms, maintaining the effective performance of the vehicle in both mediums, study the external forces that can effect on its maneuverability and efficiency with utilize the adequate strategies during the operation. Considering the contradictory characteristics of air and water an overall comprehension of the fluid dynamic is essential [37, 38].

2.5.5 Bernoulli's Principle

The Bernoulli principle is considered as the cornerstone in the world of fluid dynamics, where it plays a crucial role in most aerodynamic and other engineering innovations, which deeply interconnected with our project. This principle gives an insight into the behavior of fluids under varying velocity, pressure, and other physical conditions, which is essential for analyzing fluid-dynamic interactions in different environments for our studies in transition manner that revolve around the methods that can apply against the pressure difference between the aerial and aquatic environments, with emphasis on appropriate technologies to ensure coordination between the system behavior with adjust the velocity and the variability in the fluid density. Bernoulli's principle stipulates the drop in pressure or the decrease in the potential energy helps explain increase in fluids. It is critical to understand how the lift is generated around the wing by difference in air pressure, together with air flow direction and the plane movement to generate thrust, which explain why the plane fly, in addition to elucidate the maneuverable movement of the projects under various pressures for underwater manner Fig. 5 illustrates a typical aero foil.

Figure 5 shows the aerodynamics of an aero foil. The teardrop shape causes lift, owing to pressure differences: the high-speed flow over the top of the aero foil pulls the pressure down, while the lower speed underneath sucks the pressure up. Drag is a resistive force, parallel to the airflow, which acts against motion. This principle relates the pressure, velocity, and elevation of an incompressible, frictionless fluid along a streamline, assuming steady flow:

$$P + ½(\rho v \wedge 2) + \rho g h = \text{constant}$$

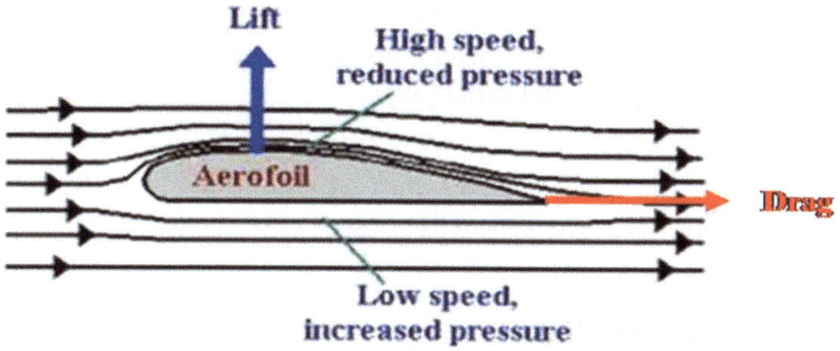

Fig. 5 Illustration of a typical aero foil cross-section for low-speed flight [11]

2.5.6 Drag Coefficient

Among those applied in fluid dynamics, drag coefficient is the simple justification of the resistance that was generated onto a body moving through a fluidic medium. This coefficient considers dimensional differences of an object against its motion within the fluid medium, whether on water or air. It therefore gives insight into the resistive forces during motion and their effects on the efficiency of an object by measuring the interaction forces between the body and the surrounding fluid. Scientifically, the drag coefficient is defined to be a dimensionless number that plays a very important role in envisioning a selected object's hydrodynamic and aerodynamic characteristics relating to any medium through which it is motioned. It actually fulfills the purpose of quantifying the aerodynamic drag force acting on an object—the magnitude of which highly changes between air and water—for a hybrid aerial-aquatic vehicle.

In this case, the drag coefficient is dependent on the angle of attack, velocity, and specific motions of the vehicle in both the aerial and aquatic environments. Such variables are analyzed during the simulation to understand the kind of resistance forces at play in each environment and how they affect the performance of the vehicle.

The speed of the propeller in air is usually higher than that in water because of the difference in densities of the fluids. Water is denser compared to air, and thus there is more resistance that the propeller faces in the aquatic environment. This reduces the speed of the propeller underwater compared to operation in the air. For overcoming this, the vehicle propulsion has to be so designed as to make necessary corrections for drag coefficient of the different media [39, 40].

A propulsion system that is compatible with both aquatic and aerial applications has to be employed to ensure maximum mobility and maneuverability within the mediums. The speed of the propellers will have to be controlled based on drag coefficients within both mediums. For instance, low drag coefficient: As a result of the high aerodynamic shape of the body, it offers less resistance to air; hence, it travels or moves through the air with much speed and efficiency. High drag coefficient: A body in an iceberg shape may be extremely useful for propulsion in the water but is less effective in providing aerodynamics, which creates much higher drag inside the air. These might make this hybrid vehicle achieve a perfect balance of efficiency with performance in each environment, considering the possible drag coefficient both in air and water, aquatic and aerial [39].

$$F_d = \frac{1}{2}\rho u^2 C_d A$$

2.5.7 Buoyancy and Stability

Hybrid aerial underwater vehicle is a novelty able to fly and swim, which is extensively suitable for missions like water sampling, observing semi-submerged structure, and underwater exploration, etc. Motivated by the efficiency of fixed-wing unmanned aerial vehicles (UAVs) and underwater gliders in their own specific environments and the maneuverability of rotary-wing UAVs, this paper presents an improved design of a multimodal HAUV capable of level and vertical flight, hovering, and underwater glide. Specially, to balance flight payload and weight under water, an innovative configuration is proposed, which includes a newly developed lightweight pneumatic buoyancy system and excludes the linear actuator commonly used for pitch control of gliders. Moreover, motor arms can fold for better hydrodynamics. All these tradeoffs demand an adequate match between the fuselage aerodynamics and propulsion property, and special management of buoyancy and weight to guarantee predicted performances. Therefore, key design principles are proposed and elaborated. Based on the principles, a prototype, named Nezha III, was fabricated and tested. The prototype's performance characterization in the regions of underwater, flight, and water/air transition are presented. The results demonstrate the desired performance of the prototype under different modes, and notably prove its outstanding capability of diving to 50 m depth.

- Use a lightweight super high-pressure pneumatic buoyance control system as a substitute for conventional buoyancy system of UGs. This system is testified to enable dives to the depth of 50 m for our prototype, which to our best knowledge makes the vehicle be the first one of its kind that can make such deep dive.
- Make a trade-off design that abandoned the translational mechanism (but keep the rotational one for tuning glide) of the inner movable mass commonly used in UGs to further balance the flight payload and the underwater weight. Due to the inability of longitudinally regulating the mass distribution for the vehicle, the buoyancy–pitch coupling of the vehicle is studied in depth and took full advantage of as an innovative strategy for pitch control of planar glide.
- Design folding rotor arms for better hydrodynamics underwater, and theoretically and practically address the consequent overturn caused by rise of the center of gravity (CG) during the unfolding process when the vehicle prepares to take off from the surface [39].

3 Section III

3.1 Methodology

3.1.1 Overview

The methodology adopted for this project was structured to ensure a systematic and multidisciplinary approach to the design, simulation, and virtual validation of a dual-mode hybrid drone capable of operating in both aerial and underwater environments. The design philosophy was driven by three primary constraints: operational duality (air and water), mass limitation (maximum takeoff weight of 5 kg), and the absence of a physical prototype, requiring all performance assessments to be carried out through simulation and virtual modeling.

The development process was divided into six integrated phases:

1. **System Requirements Definition**
This phase involved specifying functional and performance requirements for the drone, including size, weight, thrust, buoyancy, and control parameters. These requirements were established based on environmental demands, energy availability, material limitations, and mission objectives.
2. **Mechanical Design and Material Selection**
The drone's structure was modeled using SolidWorks 2023, incorporating a cylindrical ABS frame, aluminum shafts, and iron gears. The coaxial configuration was selected to optimize lift-to-weight efficiency and minimize rotational torque. Material choices were guided by a trade-off between strength, weight, and corrosion resistance.
3. **Propulsion and Electrical Integration**
Dual propulsion subsystems were developed: Coaxial brushless DC (BLDC) motors with 40A ESCs for aerial mode, and waterproof DC thrusters for submerged propulsion. A 4S 6500 mAh LiPo battery served as the central power source, distributed via a power distribution board (PDB) and regulated by a battery elimination circuit (BEC). Core components included a Pixhawk 2.4.8 flight controller, five servos, a telemetry module, a buzzer, and a manual mode-switching relay.
4. **Control System Configuration**
The control architecture was implemented using PX4 open-source firmware, interfaced with QGroundControl software. Flight and underwater navigation logic were programmed into separate modes, with manual switching facilitated by the FlySky FS-i6 transmitter and FS-iA6 receiver. Servo actuation and mode transitions were mapped to dedicated signal channels.
5. **Movement Analysis**
The drone's motion control capabilities were categorized by two operational environments: aerial and aquatic. In aerial mode, movement is achieved through thrust differential between the coaxial rotors. Vertical motion (along the *Z*-axis) is controlled by simultaneous throttle adjustment, while directional control (roll, pitch, and yaw) is realized through coordinated tilting of the rotor assembly. The

swashplate mechanism provides angular offset up to ±15°, enabling smooth forward, backward, and lateral tilts.

In aquatic mode, two side-mounted waterproof thrusters and servo-actuated fins control movement. Forward and reverse motion is produced by synchronous or counter-thrusting of the propellers. Fins aid in pitch and depth adjustments, while differential thrusting enables yaw and lateral translations. This configuration ensures six degrees of freedom in water, enabling 3D maneuverability. The coordinated use of fins and thrusters maintains stability, allowing precise underwater navigation. Figure references (e.g., rotational patterns and axis notations) illustrate control strategies applied in both mediums.

6. **Computational Modeling and Simulation**

Aerodynamic and hydrodynamic simulations were conducted using SolidWorks Flow Simulation. Computational fluid dynamics (CFD) was employed to analyze drag, lift, and pressure distribution in both air and water environments. Additionally, finite element analysis (FEA) was applied to evaluate structural stresses and deformation under expected load conditions.

7. **Virtual Testing and System Validation**

The complete system was evaluated exclusively through virtual prototyping. Circuit logic and signal routing were verified using Proteus and EasyEDA, while control performance and dynamic behavior were inferred from simulation outputs. Since no physical hardware was constructed, all validation relied on accurate modeling, boundary condition definition, and parameter tuning. Each stage of this methodology was executed to ensure that all subsystems could be integrated into a coherent, functional, and simulation-verified drone architecture. Emphasis was placed on reliability, power efficiency, modularity, and mechanical integrity in both operational environments.

3.2 *Workflow*

3.2.1 Workflow Overview

The project H.A.A.C.D was developed in a structured and iterative manner, involving mechanics, electronics, and software design. The project was in full simulation and the process was a mix of academic research, design iteration, and system-level integration.

3.2.2 Research Operation and Problem Analysis

A detailed literature review was conducted to identify the key constraints and performance limitations of UAVs and UUVs. The research focus was on propulsion efficiency, power density, waterproofing strategies, and control architecture for both aerial and aquatic applications. This study defined fundamental requirements and led to the identification of weaknesses in current hybrid vehicle designs.

High Level (Concept) Design and Configuration Assessment

A series of initial settings have been tested:

- Conventional waterproof quadcopters.
- Airborne drones with removable buoyancy bodies.
- Bio-inspired morphing mechanisms.

The closed final design was chosen through comparison—coaxial aerial propulsion, hydrodynamically efficient, cylindrical body, underwater thrusters on the sides of the cylinder for submerged propulsion. This provided equilibrium, reduced drag, and eased its integration.

Design and CAD Modeling

The mechanical design and CAD model of the cutter were developed using optional software such as CATIA.
The mechanical design was realized in SolidWorks which included:

- Main body is cylinder type (length of 70 cm, diameter of 20 cm).
- Coaxial, counter-rotating rotor mounted above the fuselage.
- Sealed electronics and battery housing.
- Port holes for side mount thrusters and servo-fin fittings.

Primary design requirements were well-balanced weight, fluid aerodynamics, waterproofing, and 3D printability for future fabrication opportunities.

Simulation and Validation of the Performance

The performance evaluation of the system was carried out using simulation tools:

- CFD simulation with SolidWorks Flow Simulation for drag and flow characteristics.
- FEA (ANSYS and SolidWorks) for structural deformation and stress.
- Modeling of flight and submerged behavior subject to dynamic loads.

Results validated thrust balance, reasonable drag coefficients, and absence of high-stress concentrations.

Design and Simulation of Electrical System

Visualization Morphology of the Electronic Assembly

The electronic assembly was drawn using EasyEDA, which is composed of: (1) the smoky gray rectangle, (2) the glass tube, (3) inner surface of the brown tube, and (4) outer surface of the brown tube.

- A 4S 6500mAh LiPo battery
- 2 × 40A ESCs for BLDC motors
- 2 × ESCs The speed controller (ESC) for underwater thrusters
- 5× serviceable for stylolite
- BEC and PDB can be used to regulate the voltage for the product, and the power distribution board supplies to other parts of the multirotor

Circuit stability was simulated by using anticipated current draws for flight and aquatic conditions, and protection techniques were specified.

Control and Communication Configuration

PX4 firmware was uploaded to a Pixhawk 2.4.8 that was set up through QGroundControl. The following control channel assignments were used:

- CH1: Throttle
- CH2: Roll/Yaw
- CH3: Forward/Reverse thruster command
- CH4: Fin trim
- CH5: Mode switch
- CH6: Buzzer/manual cutoff

Signal paths and mode-switching sequence logic were emulated and relay action was modeled to shaft in/out of one of power lines according to the environment [41].

Virtual Integration and Testing Framework

All the parts were pieced together in the logical order of things:

- Power draw benchmarks were tested in several load levels (low/mid/high).
- Actuator routing simulated by mode-switching.
- Stability and alignment of the CG were confirmed in the 3D model.
- No interference, no thermal overload were predicted in simulations.

The project resulted in a high-fidelity virtual twin of the drone to be used for future physical prototyping in other phases.

This orderly process not only maintained technical integratability and integrity, but also created the good physical basing engineering wise for the future realization of the hybrid aerial aquatic coaxial drone.

Mechanical Design and CAD Modeling Civil/Structural Design Development.

Before starting with the CAD designs, first, I had to come up with a design for the drone body that was modular for both types of propulsion and could accommodate all kinds of internal placements. SolidWorks 2023 was utilized for the design of the device to enable high-precision part modeling, assembly simulations, and verification of tolerances.

The center body was fully simulated as a hollow ABS plastic cylindrical tube with enclosures at each end for sensitive electronics. Coaxial BLDC motor was mounted on the top of the frame with aluminum mount. Ring-beams were created for waterproof thruster pods to be held in side flanges. Designed geometric shape holes were left for the servo-actuated fins to turn in the last third of the body.

The following constituents were also modeled:

- Pixhawk and PDB internal installation constraints.
- Sliding battery tray for fast and simple battery placement and removal.
- Isolation bushings for IMU shock-isolation.
- Flanged watertight opening for sensor cables and telemetry lines.

The entire assembly was verified in SolidWorks by performing motion analysis to ensure that there was no mechanical interference during mode change. Equivalent loads applied were to physical Fabrication, but also the basis for carrying out mass property verity, accurate aerodynamics/hydrodynamics profiling marked in the model for further FEA simulation. The Fig. 6 showing the work flow.

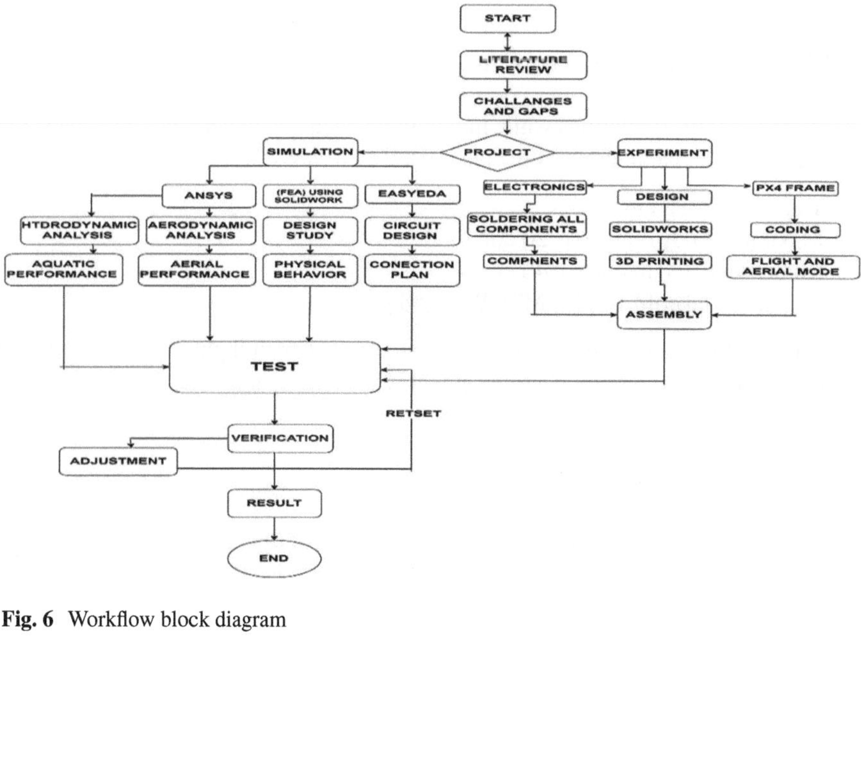

Fig. 6 Workflow block diagram

3.3 System Requirements and Design Criteria

The development of a hybrid aerial-aquatic drone requires the integration of aeronautical and marine engineering principles within a unified platform. To ensure feasibility and system coherence, clearly defined design requirements were established. These requirements governed the design, material selection, component integration, and simulation validation phases of the project. All system specifications were derived from functional goals, environmental constraints, and resource limitations.

3.3.1 Operational Objectives

The primary objective of the hybrid aerial-aquatic drone (HAAD) system is to function reliably in two distinct environments—air and water—while using a single, modular hardware platform. The drone must be capable of:

- Achieving stable vertical takeoff and landing (VTOL) in air using a coaxial propulsion setup.
- Transitioning from aerial mode to underwater mode through manual control.
- Performing controlled underwater movement using thrusters and fin-actuated navigation.
- Maintaining structural integrity and waterproofing at shallow operating depths ($\leq$10 m).
- Supporting telemetry and live feedback systems in aerial mode.
- Operating within the power constraints of a 4S 6500 mAh LiPo battery.

3.3.2 Dimensional and Mass Constraints

To meet aerial lift limitations while maintaining adequate underwater buoyancy, the drone's physical parameters were constrained as follows:

- Total length: 70 cm.
- Maximum body diameter: 20 cm.
- Rotor blade length (each): 40 cm.
- Maximum takeoff weight (MTOW): $\leq$5 kg.

These values were selected to strike a balance between flight efficiency, aquatic stability, and ease of component placement within the central chassis.

3.3.3 Propulsion System Specifications

The propulsion system is bifurcated into two modes of operation:

- Aerial propulsion:
  - 2 brushless DC (BLDC) motors arranged coaxially

  - Controlled via 40A ESCs
  - Vertically aligned for lift and altitude control

- Underwater propulsion:
  - 2 waterproof 12–24 V DC thrusters
  - Controlled by ESCs routed through waterproof cabling
  - Stabilized using 3 servo-actuated control fins

Mode switching is manually activated via a transmitter and mapped through the flight controller using PWM (Pulse Width Modulation) signal redirection.

3.3.4 Material and Structural Considerations

Material selection was critical in achieving mechanical strength, corrosion resistance, and weight minimization (Table 3).

These materials were chosen for their mechanical properties and compatibility with both air and water environments.

3.3.5 Power and Electrical Design

The electrical system was designed to support dual-mode operation while maintaining thermal stability and energy efficiency:

- Power supply: 4S 14.8 V 6500 mAh LiPo battery.
- Power distribution: Via a PDB and a battery elimination circuit (BEC).
- Flight controller: Pixhawk 2.4.8, configured with PX4 firmware.
- Servos:
  - 2 for aerial stabilization (e.g., control surfaces or camera gimbal)
  - 3 for aquatic fin control
- Auxiliary modules:
  - Telemetry radio (915 MHz, 5 V)
  - Buzzer and OLED display for diagnostics
  - Shock absorber mount for controller damping

Table 3 Different components and its material

Component	Material	Justification
Frame (body)	ABS	Lightweight, waterproof, easy to manufacture
Shaft	Aluminum	High strength-to-weight ratio, corrosion resistant
Gear mechanism	Iron	High torque resistance and mechanical durability

3.3.6 Communication and Control System

The control system was developed for remote manual operation using:

- Transmitter: FlySky FS-i6.
- Receiver: FS-iA6 (6-channel).
- Flight software: PX4 v1.13.
- Ground station: QGroundControl.

Manual switching between aerial and underwater modes is performed by reassigning actuator signals via the transmitter interface. A relay module enables dynamic power routing between systems as needed [41].

3.4 Mechanical Design: Subsystem-Based Breakdown

3.4.1 Main Frame and Body Shell

The structure of the HAAD Drone has two main parts—upper portion (hollow cylindrical shell) and camera dome (second part of the external frame)—as shown in Fig. 7a.

1. Upper portion—Hollow cylindrical shell (Fig. 7b):

   - Defines the main outer body housing.
   - Encloses electrical apparatus and internal frame.
   - Dimensions:
   - Diameter: 20 cm.
   - Length: 70 cm.

Functions:

- Aerodynamic shaping.
- Mechanical guarding.

Material: ABS (acrylonitrile butadiene styrene).
Benefits:

- Impact resistance.
- Lightweight.
- Long-term use.
- Better protection.

2. Camera dome (second part of the external frame) (Fig. 7c):

   - Covers the onboard camera for protection.
   - Constructed of clear acrylic.
   - No visual handles (to enhance imaging conditions).
   - No breaks in the field of view (prevents water collection).

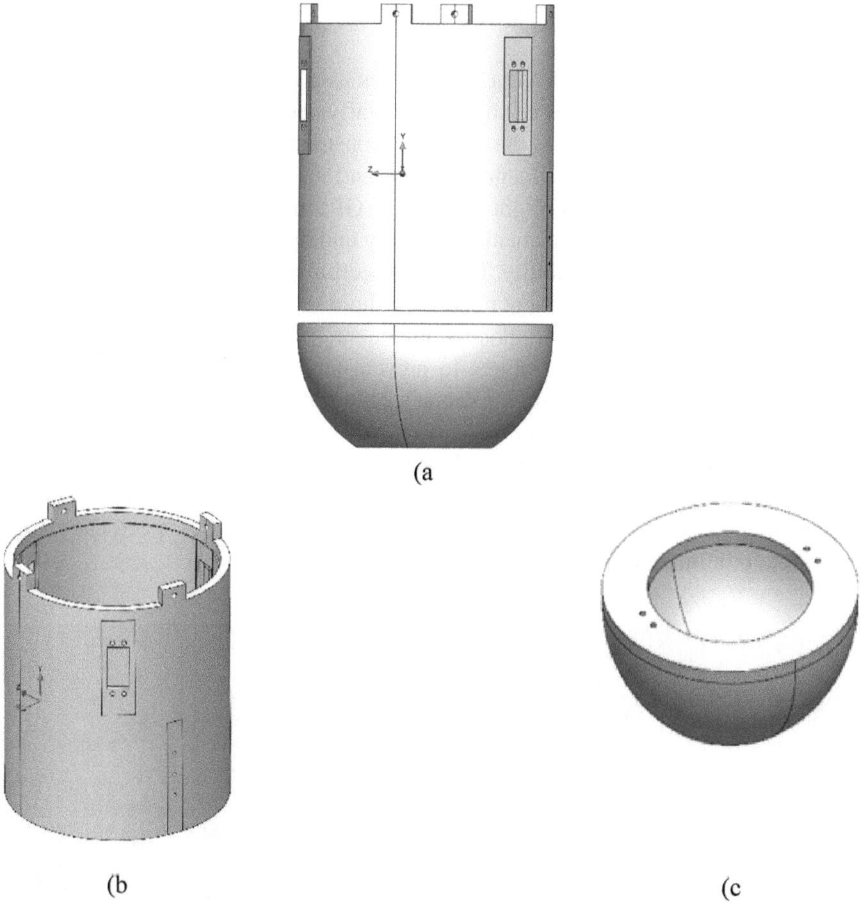

Fig. 7 (**a**) Cylindrical ABC hollow cylindrical shell. (**b**) Upper portion. (**c**) Camera dome (second part of the external frame)

Provides high optical clarity and structural integrity under dynamic pressure

3. Main functions of the external frame:

- Enclosing and protecting internal electrical components.
- Ensuring proper sealing

Incorporating seals (gaskets and grooves).

- Lightweight body provides:
- Sleek aerodynamic shape.
- Reduces drag.
- Prevents vortex generation.
- Increases stability, controllability, and hydrodynamic efficiency.

3.4.2 Internal Supporting Frame

The internal frame of the HAAD Drone serves as a critical structural component designed to reinforce the external shell, particularly under underwater pressure conditions. As shown in Fig. 8c, the frame is constructed with multiple mounting shelves and dedicated compartments to house and secure essential electronic modules such as the Pixhawk 4 flight controller, GPS module, and ESC units. The frame's geometry provides mechanical stability and organizes internal components to optimize space and accessibility. The lower section of the frame (Fig. 8b) features a specially designed compartment to securely hold the LiPo battery. Given that the battery represents the heaviest onboard component, its mounting bay includes structural supports and retention features to prevent any movement during operation. This is essential for maintaining the drone's center of gravity and preventing instability during flight or underwater maneuvers, where sudden shifts in mass distribution could compromise control and balance.

Additionally, the top section of the frame incorporates a geometric sealing design resembling a sleeve or interlocking cover, As shown in (Fig. 8c) specifically engineered to minimize water ingress into the upper housing.

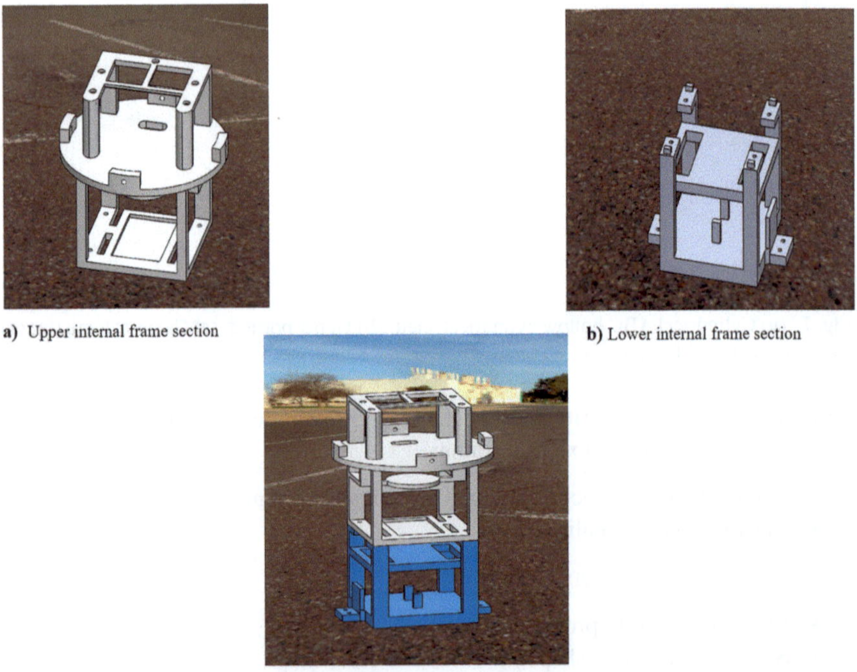

a) Upper internal frame section

b) Lower internal frame section

c) Fully assembled internal supporting frame

Fig. 8 Fully assembled internal frame structure of the HAAD drone

This sealing interface adds an extra layer of waterproofing protection, further safeguarding the internal electronics from exposure to external fluids during submerged operation.

3.4.3 Coaxial Propulsion Assembly

Dual BLDC Motors (Coaxial Top-Mounted)

The HAAD Drone adopts a pair of brushless DC motors integrated in an upper part of the body. Each motor is located between the upper and lower rotary blades of the coaxial propeller. The motors are contained in protective housings, which protect the components and have ventilation openings for air to flow through for enhanced heat dissipation while the motors are running as can be seen in Fig. 9.

The two engines are arranged to spin in opposite directions (contra-rotating) to provide more balance of torques and better use of the engine power. This arrangement enables the drone to be stable, minimize gyroscopic impact, and be more maneuverable in air and in water.

HAAD Drone uses high-speed 1500 KV brushless DC (BLDC) motors to provide the required thrust for lifting into the air. With the ability of each to deliver up to 90 N of thrust, or 180 N together, the motors provide more than enough to lift the drone's weight and ample reserve thrust for maneuverability and stable flight. The 1500 KV rating means the motor spins at 1500 revolutions per minute (RPM) per voltage, and due to the high KV, the blades can spool up quickly for increased performance and thrust. The chosen motor with high KV is suitable for the coaxial propeller driving system, which can realize that the drone takes off or lands vertically, hovers, and quickly switches between air and water modes. The dual BLDC motor is surrounded by a protective cover having a center hole therein. This hole has

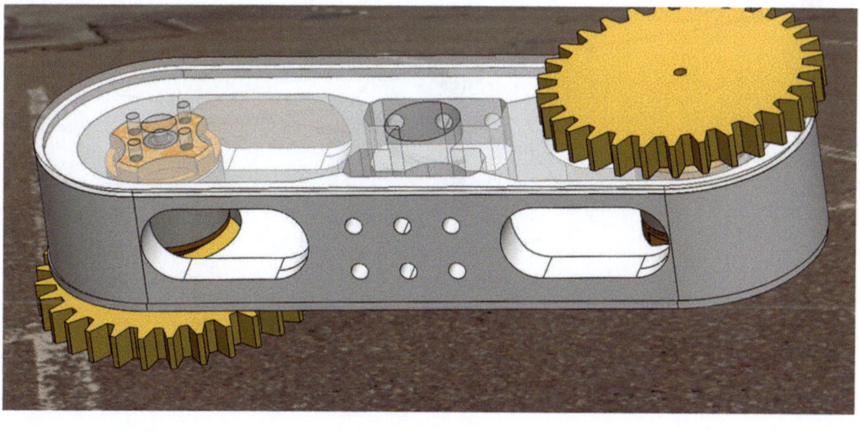

Fig. 9 Dual BLDC motors cover and mounted part

two important roles: it forms the passage for the metal shaft and mechanically connects the motors and the coaxial propeller system, and serves as a mounting interface to keep the motor cover in position. This structure provides for structural alignment, backlash-free torque transmission, and serviceability directly around the motor's housing while retaining the advantages of an aerodynamic and thermally efficient motor housing.

3.4.4 Rotor Blade Length: 40 cm (Each)

The HAAD Drone features a coaxial rotor system comprising a pair of counter-rotating folding aerodynamic rotor blades having a length of 40 cm. These blades can reach a maximum thrust force of 90 N when combined with high rpm brushless DC motors.
The plurality of blades is secured to a common rotary shaft, and is configured to swing to the right or left by slightly bending with the control axis as a fulcrum (bias so that the amplitude of bending can be larger). The blades have a passive flexibility so that no substantial force is applied thereto during a rapid movement or an unexpected impact thereof in the air and underwater as shown in Fig. 10.

Each blade is connected to its own motor, which is coupled via a gear-driven transmission in the propulsion system. This gear on the top rotor is mounted below the blade axle and on the bottom rotor above the axle. Both gears are coupled to the main drive gears of the brushless DC motors allowing synchronized and counter-rotating operation, necessary for lift symmetry and torque cancellation in coaxial layout.

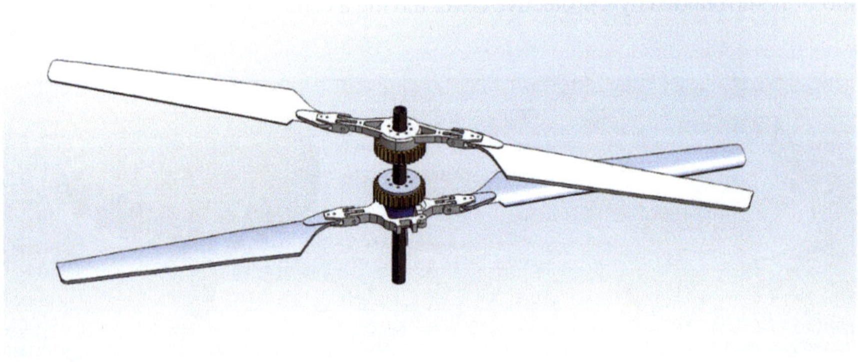

Fig. 10 Coaxial rotor and gear transmission assembly of the HAAD Drone

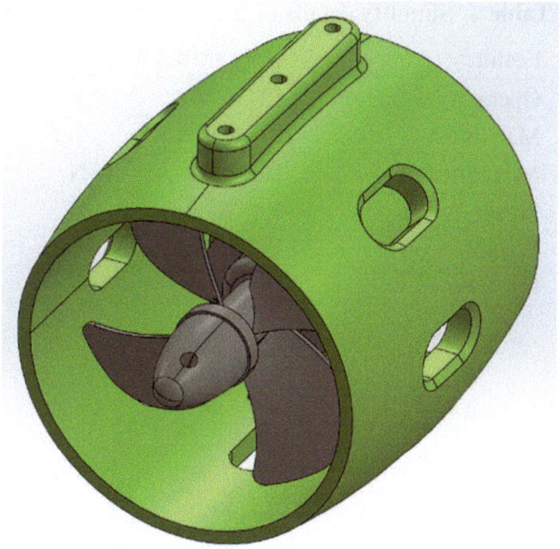

Fig. 11 U01 brushless underwater thruster

3.4.5 Underwater Thruster Pods

U01 Brushless Underwater Thruster

Figure 11 shows the U01 thruster, which is a lightweight, brushless underwater propulsion unit typically used in academic and DIY applications. It is compact, enclosed in a ducted shroud, and powered by a 12–16 V input. It delivers approximately 2 kgf of thrust, which corresponds to roughly 19.6 N. The propeller design matches the 3-blade configuration seen in the modeled thruster, and its outer casing is similar in proportion (Table 4).

- Key specifications:
- Voltage: 12–16 V
- Max power: ~390 W
- Max thrust: ~2 kgf (≈19.6 N)
- Current draw: ~17 A
- Weight: ~178.

3.4.6 Servo-Controlled Fins

In the aquatic drone mode, movement is controlled with a set of three servo-actuated fins, which are driven by waterproof servos. These fins are vital for guiding the vehicle in attitude and motion while in the water. The guiding fin (Fig. 12a) is the leading, integral part of each fin assembly and is the immediate actor in altering the direction of the drone underwater. The guide fin is mounted to a

Table 4 Simplify details of the U01 brushless underwater thruster

Feature	U01 thruster	Unit	Remarks
Operating voltage	12–16 V	V	
Max thrust	2 kgf	kgf	T200 offers 2–3× more thrust
Max thrust	19.6 N	N	
Power	390 W	W	Depends on voltage input
Weight	178 g	g	T200 is significantly heavier
Use case	DIY/ROV	–	T200 is better for mission-critical ops

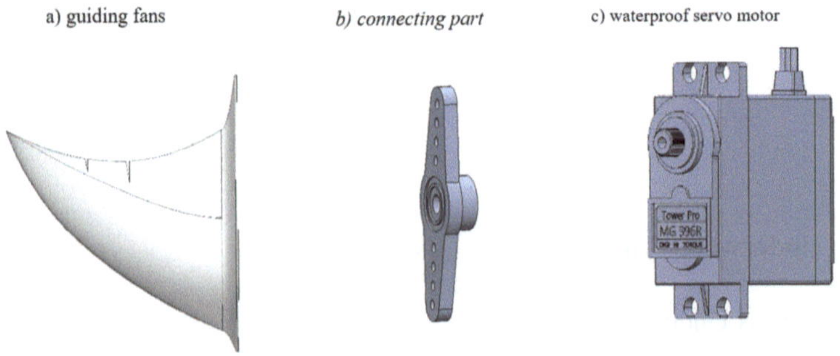

Fig. 12 Servo-actuated fins: (**a**) guiding fans; (**b**) connecting part; (**c**) waterproof servo motor

microcontroller-programmable servo motor (Fig. 12c) through a proprietary T-shaped plastic link to transmit movements in rotation from the motor to the fin on a 1:1 basis with high precision and mechanical fidelity (Fig. 12b). This layout can adjust the real-time fin to balance the underwater flight of the drone and can perform complex motion behaviors such as turn, dive, and suspended.

3.5 Material Selection and Structural Validation

Developing a mixed flight-and-aquatic type of vehicle requires materials which can function under different mechanical loading and environments. The material selection of the hybrid aerial-aquatic drone (HAAD) was thoughtfully guided by the requirement that both strength, weight, corrosion resistance, and cost played a role. Each unit was studied according to its functional role and to the pollution (air, water, vibration) and to the way it interacts with its neighboring sub-systems. Using finite element analysis (FEA), critical stress areas could be confirmed for mechanical integrity under both aerial lift and underwater propulsion. The primary structure of the drone, including its cylindrical body and inner compartments, was 3D printed in ABS plastic.

The thermoplastic polymer was chosen because of a good balance between strength and weight, good water resistance, and compatibility with rapid prototyping techniques including 3D printing. The strong material is resistant to crash damage and perfect for minor crashes that you might encounter while landing or touching down on water. Also ABS maintains rigidity and stability even in temperature and moisture changes. Aluminum alloy was selected for the parts exposed to torsion, as well as those which need to be low-mass parts (the central shaft structure for concentric propellers). Its low weight means less inertia and load on the motors, and its resistance to corrosion means it can take quick dunks underwater when sealed or coated. Aluminum also helps dissipate heat from the BLDC motors during long flights. All gearing parts chain connected to thrusters and the control fins were made of iron-alloy. Iron has excellent resistance to mechanical wear, and it can be used effectively where strong mechanical loads are concentrated. But since iron is subject to rust, these parts were entirely housed and sealed, then lubricated, to avoid contact with moisture and with seawater.

The following summarizes the key material assignments:

- ABS Plastic: Used for the main frame, outer shell, and fin surfaces due to its waterproof nature and fabrication ease.
- Aluminum Alloy: Selected for the central rotor shaft and internal bracing for its lightness and stiffness.
- Iron (Alloyed): Applied in gearing components where torque resistance is essential.
- Stainless Steel: Used for bolts, shafts, and fasteners to ensure rust prevention under aquatic conditions.

Material properties were assigned directly in the SolidWorks CAD environment to conduct mass property analyses and to confirm that the total system weight remained under the 5 kg threshold. A center-of-mass analysis confirmed that the weight distribution was well-aligned with the vertical thrust axis, which is critical for flight stability.

To ensure that the selected materials would withstand real-world operating stresses, structural validation was conducted using FEA (Finite Element Analysis) in SolidWorks Simulation. Multiple load scenarios were applied to the drone's structure, including vertical compression during hard landings, torsional forces from propeller spin-up, and lateral hydrodynamic loads on the underwater fins.

Simulation parameters included:

- Material models: Linear elastic with real-world densities and Young's modulus values.
- Load cases:
  - 20 N downward impact force on the frame to simulate landing.
  - 5 Nm torque on the shaft during motor rotation.
  - 10 N lateral force on each fin to replicate aquatic maneuvering pressure.

Results showed that the maximum Von Mises stress remained well below material yield points across all components. For the ABS body, stresses reached approximately 55% of its allowable limit, while the aluminum and iron components remained within a Factor of Safety (FoS) of 1.8–2.5. Deformations across the entire assembly were minimal (less than 1.5 mm), ensuring structural rigidity during operation.

The drone's waterproofing strategy was also considered during material selection. ABS inherently resists moisture absorption, while aluminum surfaces were treated with anodized coatings. Iron gearsets were installed within sealed compartments filled with anti-corrosive grease. Additional waterproofing was achieved through the use of O-rings, silicone-based sealants, and gasketed joints at access points.

3.6 Electrical System Architecture and Power Consumption Study

The electrical subsystem of the hybrid aerial-aquatic coaxial drone (H.A.A.C.D) was engineered to meet the complex demands of dual-mode operation while ensuring stability, safety, and efficiency. This section presents a structured and detailed overview of the components, circuit topology, power management strategies, and consumption metrics, highlighting the engineering decisions made to achieve optimal performance under diverse operational scenarios.

3.6.1 Power Supply and Distribution Design

At the core of the electrical architecture is a 4S 6500 mAh LiPo battery (14.8 V, 96.2 Wh), selected for its high discharge capacity, energy density, and compatibility with both aerial and aquatic propulsion systems. Power is routed through a Power Distribution Board (PDB), which channels high current to propulsion ESCs, and a 5 V 3A UBEC, which ensures regulated voltage to sensitive control electronics.
Key distribution principles include:

- Dual power rail separation: High-power (motors, ESCs) and low-power (Pixhawk, servos, sensors) circuits are isolated to prevent noise and voltage drops.
- Central grounding strategy: All grounds terminate at the PDB to minimize ground loop interference.
- Real-time voltage monitoring: Integrated voltage/current sensors relay data to Pixhawk telemetry for system feedback and failsafe triggers.

3.6.2 Component Inventory and Functional Mapping

Each electrical component was mapped according to its operational role, power requirements, and mode of activation. Table 5 summarizes major components:

Figure 13 visually represents the functional layout of the main electrical and control subsystems integrated into the hybrid aerial-aquatic coaxial drone (H.A.A.C.D). At the center is the Pixhawk 2.4.8 flight controller, which coordinates all signals and feedback loops. Two BLDC motors are shown at the top for coaxial

Table 5 Components used

Component	Quantity	Voltage (V)	Current draw	Mode	Function
Pixhawk 2.4.8 FC	1	5	0.25 A	Both	Main flight controller
FS-iA6B receiver	1	5	0.2 A	Aerial	Signal reception from FlySky FS-i6
BLDC motors (coaxial)	2	14.8	15–25 A (each)	Aerial	Vertical lift and thrust
ESCs (40A)	2	14.8	Load-dependent	Aerial	Motor speed regulation
Underwater thrusters	2	14.8	3–10 A (each)	Aquatic	Submerged propulsion
ESCs for thrusters	2	14.8	Load-dependent	Aquatic	Thruster control
Servos (waterproof)	5	5	0.25–0.35 A	Both	Fin actuation and direction control
Telemetry module (915 MHz)	1	5	0.2 A	Aerial	Data transmission to GCS
Neo M8N GPS	1	5	0.1 A	Aerial	Position and orientation data
OLED display	1	5	0.1 A	Both	Visual system status feedback
RGB LEDs and buzzer	1 set	5	0.2 A	Both	Arming, warnings, and visual cues

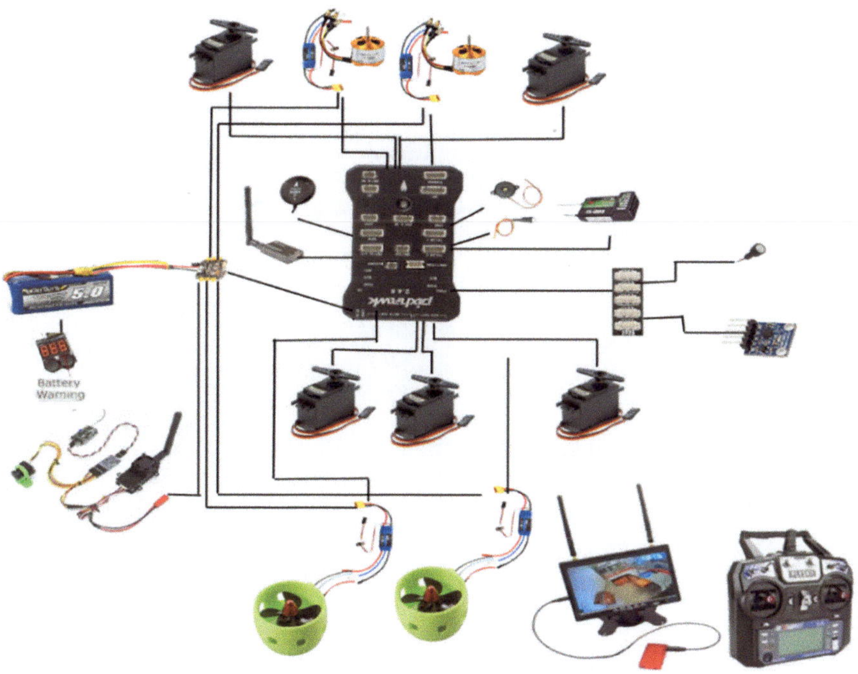

Fig. 13 Functional block diagram of the. H.A.A.C.D control system

lift in aerial mode, controlled via ESCs. Five servos are deployed—two for rotor tilting (flight control) and three for underwater fin actuation. Two green underwater thrusters are positioned at the bottom, dedicated to aquatic propulsion. Peripheral components include a GPS module, telemetry radio, OLED display, buzzer, battery voltage sensor, relay module, and camera system. The drone is powered by a 4S 6500 mAh LiPo battery routed through a power module and voltage regulator. Communication is enabled via a FlySky FS-i6 transmitter/receiver system. This diagram simplifies the high-level connections between power sources, signal channels, actuators, sensors, and ground control units, providing a clear understanding of system integration and operational flow.

This schematic in Fig. 14 illustrates the full electrical and signal wiring layout of the hybrid aerial-aquatic coaxial drone (H.A.A.C.D), centered around the Pixhawk 2.4.8 flight controller. The system integrates two primary BLDC motors (M1, M2) for coaxial aerial propulsion and two additional underwater thrusters via ESCs for aquatic mobility. Power distribution is managed through a 4S 6500 mAh LiPo battery, connected to multiple BECs for 5 V regulation and a power module for voltage/current monitoring. Signal lines route through various auxiliary modules

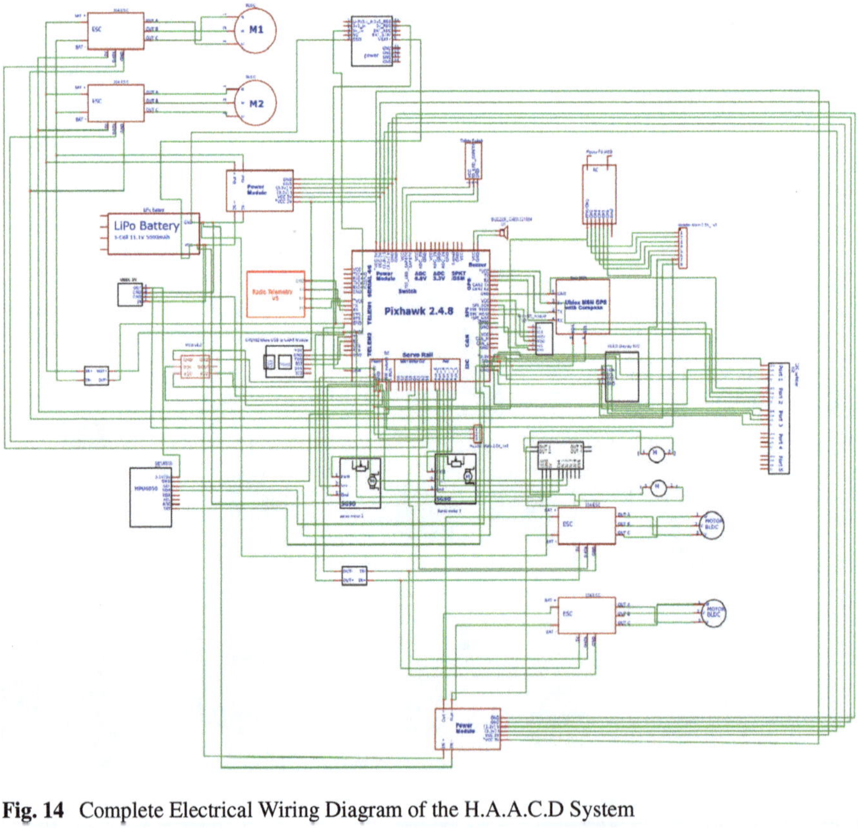

Fig. 14 Complete Electrical Wiring Diagram of the H.A.A.C.D System

including GPS, telemetry radio, relays, OLED display, servos (for fins and rotor control), and a buzzer.

The circuit includes safety relays for mode switching and interfaces with multiple PWM channels and I^2C lines to maintain control across both aerial and underwater environments. This schematic ensures logical separation of power and logic signals, highlighting a modular and simulation-tested architecture for dual-domain navigation.

3.6.3 Operational Modes and Load Profiles

The drone operates under two primary modes, each activating specific subsystems:

- Aerial ModeActive Systems: BLDC motors, ESCs, Pixhawk, GPS, telemetry, two aerial-mode servos, FS-iA6B receiver, buzzer, LEDs.
- Inactive Systems: Underwater thrusters, three underwater-mode servos.
- Estimated Load: 21.5 A at 14.8 V → ~318 W (typical); 30 A max → ~445 W (peak).
- Battery Runtime:
  - Moderate flight (318 W): ~12.4 min.
  - Aggressive thrust (445 W): ~8.5 min.
- Aquatic ModeActive Systems: Underwater thrusters, three waterproof servos, Pixhawk, OLED display.
- Inactive Systems: BLDC motors, telemetry, GPS, receiver (submerged signal limits).
- Load Scenarios:
  - Low Load (3 A per thruster): ~181.5 W → ~20.8 min.
  - Moderate Load (5 A per thruster): ~300 W → ~12.6 min.
  - High Load (10 A per thruster): ~595.9 W → ~6.35 min.

Mode switching is controlled via relay logic linked to Pixhawk and toggled through CH5 on the transmitter. Power draw dynamically shifts based on which propulsion and control surfaces are active.

3.6.4 Circuit Protection and Redundancy

Reliability and safety were central to circuit design. The following protection mechanisms were implemented:

- **Current limiting** via ESCs and UBEC.
- **Power-on sequencing** to prevent ESC brownouts.
- **Fail-safe logic** in Pixhawk firmware for overcurrent or voltage drop events.
- **Emergency cutoff switch** (manual kill switch via CH6).
- **Fused power lines** on high-current branches from PDB.
- **Visual alerts** via LED status indicators and OLED warnings.

3.6.5 System Integration and Cabling Architecture

The electrical layout was developed to minimize electromagnetic interference (EMI), ensure thermal balance, and simplify maintenance:

- **Twisted pair and shielded cables** for telemetry and servo lines.
- **Heatshrunk ESC connections** with thermal pads for cooling.
- **Vibration isolation mounts** for Pixhawk to reduce noise in IMU readings.
- **Color-coded wiring** and labeled connectors for fault tracing.

A master wiring diagram and block schematic were produced in EasyEDA and cross-verified with simulation loads. All component connections, routing paths, and ground returns were simulated before virtual validation.

3.7 Control and Communication System

The control and communication infrastructure of the hybrid aerial-aquatic coaxial drone (H.A.A.C.D) was meticulously developed to guarantee operational stability, responsive manual control, and reliable data feedback during aerial and aquatic missions. This section merges the architectural overview from simulation-based validation with a detailed communication systems study, focusing on how the components integrate to enable full-system functionality.

3.7.1 Flight Controller Configuration

The control core of the drone is built around the Pixhawk 2.4.8 flight controller, running PX4 firmware. This configuration provides real-time signal processing, actuator control, and environmental feedback. The firmware was fine-tuned via QGroundControl to support two operational profiles: aerial (coaxial lift) and aquatic (underwater thruster propulsion). Manual mode was chosen for its simplicity and responsiveness in prototype testing, and automatic GPS-based navigation was excluded.
The Pixhawk interprets PWM inputs from the receiver and commands outputs to:

- Two BLDC motors (for coaxial aerial thrust).
- Two underwater thrusters (for aquatic propulsion).
- Three waterproof servo motors (for aquatic stability and maneuvering).
- A relay module for mode-switching.
- Peripheral devices (buzzer, telemetry, OLED display).

Table 6 Receiver channels assignments

Channel	Assigned function
CH1	Throttle (coaxial BLDC motors)
CH2	Roll + yaw (combined joystick axis)
CH3	Forward/reverse (aquatic thrusters)
CH4	Underwater servo (fin pitch or trim)
CH5	Mode-switching relay (aerial ↔ aquatic)
CH6	Auxiliary (e.g., buzzer trigger)

3.7.2 Manual Transmitter and Receiver Setup

A FlySky FS-i6 transmitter and FS-iA6 receiver were chosen as the primary manual interface. This six-channel, 2.4 GHz system provides reliable medium-range control with minimal latency (~12 to 25 ms total). Channel mapping was configured as presented in Table 6.

The combined roll and yaw function (CH2) is viable due to the mechanical stability of coaxial propulsion, which inherently balances torque without aerodynamic surfaces.

3.7.3 Mode Switching Logic

Mode transitions between aerial and aquatic environments are manually executed via CH5. This channel triggers a relay module interfaced with the Pixhawk, which reroutes signal outputs:

- Aerial Mode: BLDC motors active, aquatic systems powered down.
- Aquatic Mode: Underwater thrusters and servos active, BLDC motors disabled.

PWM output redirection is managed via PX4 mixer configuration, ensuring safe electrical isolation and response prioritization.

3.7.4 Telemetry and Feedback

A SiK telemetry radio operating at 915 MHz connects the Pixhawk TELEM1 port to a ground control station (e.g., Mission Planner or QGroundControl). Key specs include:

- Range: 300–500 m (standard antenna), up to 50 km (5 dBi antenna).
- Baud Rate: 57,600 bps (standard).
- Latency: 10–20 ms.
- Protocol: MAVLink.
- Error Correction: FEC capable of correcting 25% of bit errors.

This telemetry system supports real-time monitoring of orientation, battery voltage, system logs, and actuator responses.

3.7.5 GPS and Auxiliary Systems

Although GPS-based navigation was not activated, the drone includes a u-blox NEO-M8N GNSS module for future integration. Specifications include:

- Position accuracy: 2.5 m CEP.
- Update rate: Up to 18 Hz.
- Channels: 72 GNSS support (GPS, GLONASS, Galileo).

Other support systems include:

- A buzzer for arming status and alerts.
- An OLED display for basic output diagnostics.
- Safety capacitors and shielding to reduce EMI and voltage ripple.

3.7.6 Signal Optimization and Noise Management

To ensure clean signal paths and robust EMI mitigation:

- Power and signal wires are segregated.
- ESCs are decoupled with ceramic capacitors.
- The Pixhawk is mounted on a vibration-isolated base.
- Shielded cables are used for telemetry and servo lines.

This integrated control and communication architecture ensures the drone can reliably transition between aerial lift and aquatic thrust modes, with minimized latency and maximum operator control.

3.8 Simulation and Virtual Testing

To validate the dual-environment functionality of the hybrid aerial-aquatic coaxial drone (H.A.A.C.D) without a physical prototype, simulation-based evaluation was conducted using industry-standard tools. The drone's aerodynamic and hydrodynamic performance, as well as its structural resilience, were analyzed through Computational Fluid Dynamics (CFD) and Finite Element Analysis (FEA) using SolidWorks Simulation Suite. These simulations ensured that the drone design met performance, safety, and reliability requirements prior to physical manufacturing.

3.8.1 Computational Fluid Dynamics (CFD) Analysis

CFD simulations were conducted to evaluate the fluid flow behavior and dynamic pressure interactions acting on the drone during both flight and submerged operations. The study covered:

- Aerial ModeObjective: Assess lift generation by the coaxial propellers and airflow distribution across the drone's body.
- Setup:
  - Air domain modeled with atmospheric pressure boundaries.
  - Inlet velocity approximated based on theoretical rotor RPM.
  - Rotor-induced wake and vortex behavior were evaluated using streamline and velocity field outputs.
- Outcomes:
  - Uniform pressure distribution was observed around the cylindrical frame.
  - Minimal aerodynamic drag due to compact body shape.
  - Balanced thrust from upper and lower rotors confirmed by symmetrical flow patterns.
- Aquatic ModeObjective: Analyze underwater thrust behavior and assess hydrodynamic drag.
- Setup:
  - Water flow domain modeled with laminar-turbulent interaction.
  - Side-mounted thrusters activated with an inlet velocity of 1.2 m/s.
  - Fin stabilization modeled via virtual control surfaces.
- Outcomes:
  - Identified localized pressure zones around the nose cone and fin surfaces.
  - Confirmed that hydrodynamic drag is lowest when the drone maintains a near-horizontal alignment.
  - Flow separation minimized by conical rear geometry.

Mesh refinement was applied at high-gradient regions (rotor tips, thruster outlets, and fin edges). Streamline visualization and velocity contours were used to qualitatively assess flow performance in both domains.

3.8.2 Finite Element Analysis (FEA)

FEA was utilized to ensure that the mechanical structure could withstand operational loads in both air and water environments. The key structural components evaluated include:

- Frame (ABS): Modeled for impact loads during vertical landings.
- Central Shaft (Aluminum): Tested under torsional stress from coaxial motor torque.
- Gears (Iron): Analyzed for mesh stress during motor engagement.

- Load Cases SimulatedVertical Landing Compression: 25 N applied force distributed over four contact points.
- Rotor-Induced Torque: 5 Nm applied at both ends of the coaxial shaft.

- Underwater Lateral Drag: 10 N distributed force across fin surfaces.
- ResultsMaximum von Mises stress remained below 40% of yield strength for all materials.
- Factor of safety across components exceeded 1.8 under all scenarios.
- Maximum deflection recorded was 1.43 mm on the shaft under full torque.
- No structural resonances observed in modal analysis within operational RPM.

3.8.3 System Stability and Dynamic Assessment

The simulations also provided indirect verification of system stability:

- Center of Gravity (CG) aligned closely with the thrust vector in aerial mode, minimizing torque imbalances.
- Symmetrical thrust vectoring confirmed stable hover and transition performance.
- Underwater maneuverability validated through servo-controlled fin deflection and thruster balance tests.

The successful results across all simulation domains confirmed that the H.A.A.C.D system is structurally sound, fluid-dynamically efficient, and balanced for both aerial and aquatic applications.

3.9 Movement Analysis

The hybrid aerial-aquatic coaxial drone (H.A.A.C.D) was engineered to operate in both aerial and underwater environments by utilizing a distinct propulsion mechanism and control scheme for each domain. This section provides a structured movement analysis, describing how the drone achieves various translational and rotational motions in both mediums through coordinated control of rotors, thrusters, and fins.

3.9.1 Aerial Movement

In aerial mode, the drone uses a dual coaxial rotor configuration to achieve vertical lift and directional control. Each rotor spins in the opposite direction to counteract torque and enhance yaw stability. The control strategy in this mode is based on manipulating collective thrust and generating angular moments through rotor speed differentials and mechanical deflection.

- **Vertical Movement (Z-axis)**:
  - The drone moves upward by increasing the total thrust generated by both coaxial rotors.
  - Descent is achieved by reducing rotor speeds uniformly.

- **Pitch and Roll (Tilting)**:
  - Forward/backward (pitch) or side-to-side (roll) motion is initiated by deflecting the rotor head mechanism to tilt the entire drone in the desired direction.
  - A small tilt angle (~15°) results in a forward horizontal vector while maintaining lift.

Figure 15 illustrates the two primary movement modes of the H.A.A.C.D in aerial flight. In panel (a), the coaxial rotor mechanism is shown generating vertical thrust along the *Z*-axis. The counter-rotating blades are responsible for lift and yaw stability.

The upward force is centrally aligned with the drone's vertical axis, supporting stable hover and altitude control. In panel (b), the drone's dynamic roll and pitch movement is depicted. Here, the rotor head is tilted approximately 15°, generating a forward or directional thrust component. This tilt enables horizontal motion by redirecting a portion of the vertical thrust, resulting in controlled navigation through pitch and roll adjustments. Together, these figures demonstrate the full aerial motion capabilities of the drone using only two main coaxial rotors and a mechanical tilting mechanism.

3.9.2 Aquatic Movement

When submerged, the drone transitions to aquatic mode, where it relies on a combination of side-mounted thrusters and tail fins for navigation. The motion control underwater includes translational movement in all three axes and rotational (yaw) control via differential thrust.

- **Forward Motion (Y-axis)**:
  - Both thrusters operate at equal thrust, propelling the drone forward along its longitudinal axis.

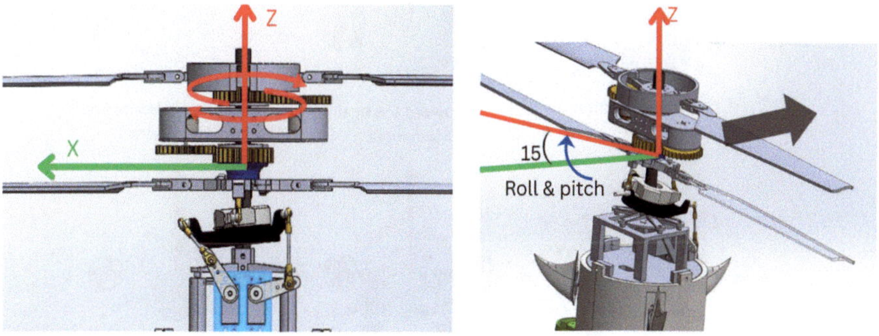

Fig. 15 Aerial movement diagram: shows thrust vector direction, rotor rotation, and tilt angles used for roll and pitch during flight

- **Vertical Movement** (**Z-axis**):
  - Vertical ascent or descent is achieved by adjusting fin orientation to direct water flow upward or downward.
- **Yaw Rotation** (**ψ-axis**):
  - By applying differential thrust to the left and right thrusters, the drone rotates about its vertical axis.
- **Lateral Movement** (**X-axis**):
  - Fins are actuated to redirect thrust sideways, enabling horizontal strafing left or right.

Figure 16 presents a comprehensive overview of six fundamental movement types performed by the H.A.A.C.D while in aquatic mode. In Fig. 16a, the drone executes forward motion by engaging both side-mounted thrusters at equal thrust, generating linear propulsion along the longitudinal axis.

Figure 16b illustrates yaw rotation, where the drone turns around its vertical axis by applying differential thrust to the left and right thrusters. In Fig. 16c , upward vertical movement is achieved by deflecting the fins downward, forcing water downward and lifting the drone.

Conversely, Fig. 16d shows downward motion, accomplished by redirecting the fins upward to generate downward thrust. Figure16e demonstrates leftward translation, achieved through asymmetric fin control that redirects thrust laterally to the left. Finally, Fig. 16f displays rightward movement through the same mechanism, but with thrust redirected to the right. Together, these movements demonstrate how the drone utilizes coordinated thruster output and dynamic fin positioning to achieve precise 3D mobility and stability underwater.

This movement analysis provides the conceptual framework for drone locomotion in both domains. It informs the control logic described in chapter "Design a

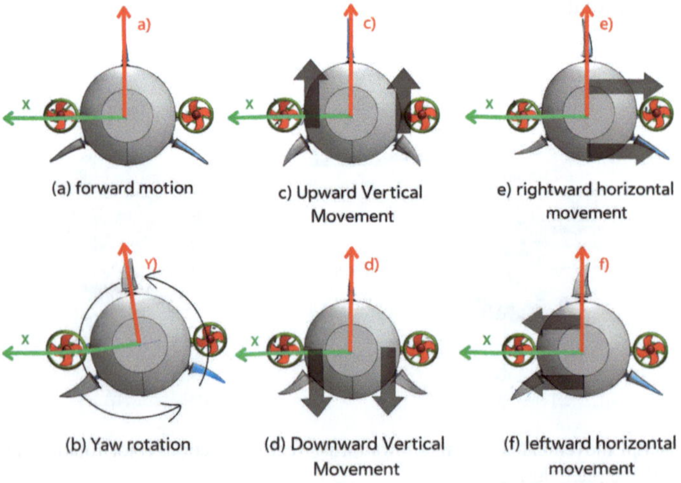

Fig. 16 Aquatic movement diagram: Illustrates underwater directional control using side thrusters and fin actuation

Resilient Smart Grid System for Enhanced Efficiency and Reliability with Conventional and Renewable Energy Sources in Iraq", guides actuator selection, and supports the drone's simulation validation strategy. Each mode—whether aerial or aquatic—relies on coordinated control of limited actuators to achieve full 3D movement, ensuring that the H.A.A.C.D remains stable and responsive throughout its mission profile.

4 Section IV

4.1 Results and Discussion

4.1.1 Introduction to Underwater Dynamic CFD Simulation

The hydrodynamic performance of the H.A.A.C.D during an underwater operation was evaluated by means of computational fluid dynamics (CFD) analysis. This simulation is designed to model the underwater flow field around the H.A.A.C.D. and quantify the resulting hydrodynamic forces and pressure distribution (e.g., drag and surface pressure), including key flow features such as separation and wake development. Although high-density, incompressible water creates a great deal of drag and complicated flow separation, this would make hydrodynamic studies essential for validating maneuverability, stability, and thruster efficiency, With perfectible water motions simulation under time-invariant flow conditions, combined with key parameters such as velocity gradients, shear forces, and pressure distributions, resonant frequencies are determined to support the future development of the drone aquatic propulsion system and a reliable dual-environment operating condition, The CFD model was set up to simulate the steady-state external to the body influences, such as thrust alignment, flow streamlines behavior, and surface pressure load cellular, to aid in the design optimization process.

4.1.2 Underwater Dynamic CFD Simulation Results

CFD modeling of the HAAD Drone in the submerged state was carried out to investigate its hydrodynamics. In the goal convergence plot, full convergence to all defined engineering goals implicates the numerical stability and solution reliability up to 240 iterations. Using the method of calculation, velocity, force, friction, and torques were analyzed in this study for three directions, demonstrating valuable information of motion of the drones in water. The average magnitude of the velocity was 7.9646 km/h with corresponding components along x, y, and z propagation axes:

- $Vx = 0.0022$ km/h
- $Vy = 7.9634$ km/h
- $Vz = -0.00015$ km/h

indicating a uniform movement forward without significant sideways or upward deviation. The sum of the hydrodynamic forces (other than drag) on the vehicle, 124.35 N, is overwhelmingly oriented along the *Y*-axis, and the normal force component was 123.014 N in the same downward direction. The friction forces, wherein the *Y*-component (1.3557 N) is dominant, indicate the skin drag due to boundary layer effects at underwater running condition INSTM was another priority in order to design it as less as possible:

- $\tau x = 0.3957$ Nm
- $\tau y = -0.6605$ Nm
- $\tau z = -7.1718$ Nm

The strong *Z*-torque indicates significant rotational effects, possibly due to non-axisymmetric thrust forces or geometry-induced flow separation, The oscillating convergence curves of the torque and friction components (especially green, red, and magenta curves) in the normalized convergence plot indicate a transient drag and moment stabilization before reaching a steady-state range. The convergence history and averaged value trends of velocity, force, and torque goal are shown in Fig. 17 and fully given in Table 7.

Overall, the CFD output confirms efficient underwater navigation, with high propulsion stability along the primary motion axis and manageable hydrodynamic loads. The simulation supports the drone's dual environment adaptability and provides essential performance benchmarks for underwater control system refinement and mechanical design validation.

Figure 18 shows the distribution of static pressure plotted over the frontal area of HAAD Drone in submerged flow field. The pressure distribution varies from about

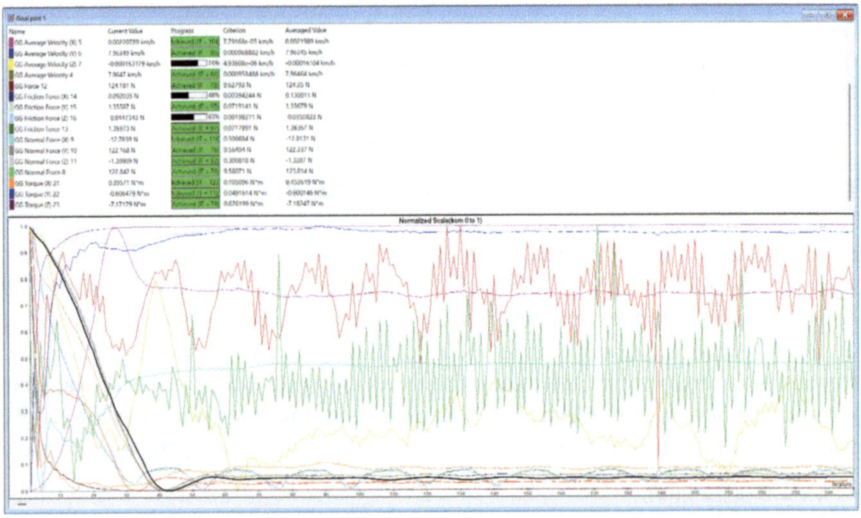

Fig. 17 Convergence history and averaged value trends of velocity, force, and torque goals during underwater CFD simulation

Table 7 Underwater CFD simulation results

Goal name	Unit	Averaged value
Average velocity (*X*)	km/h	0.002199
Average velocity (*Y*)	km/h	7.963450
Average velocity (*Z*)	km/h	−0.000160
Average velocity	km/h	7.964640
Total force	N	124.350000
Friction force (*X*)	N	0.092005
Friction force (*Y*)	N	1.355679
Friction force (*Z*)	N	−0.035082
Friction force	N	1.363570
Normal force (*X*)	N	−12.813100
Normal force (*Y*)	N	122.337000
Normal force (*Z*)	N	−1.328700
Normal force	N	123.014000
Torque (*X*)	N.m	0.453619
Torque (*Y*)	N.m	−0.600146
Torque (*Z*)	N.m	−7.182470

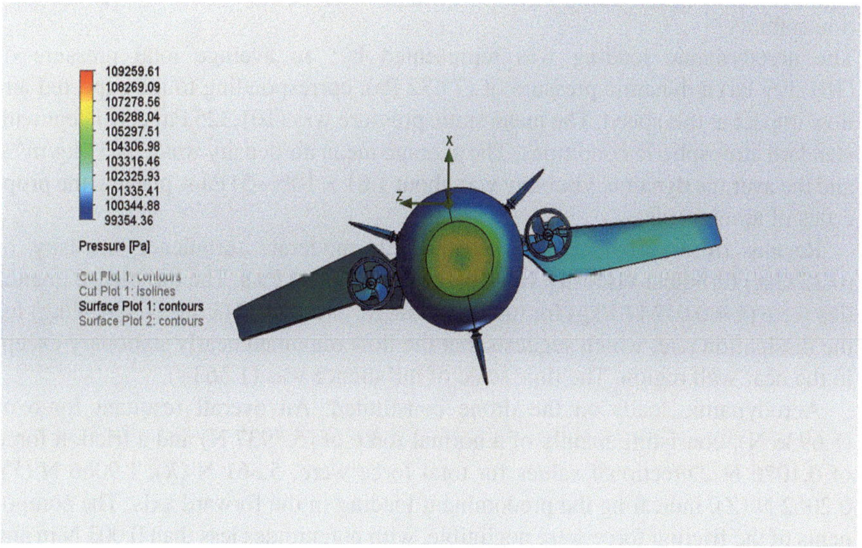

Fig. 18 Surface pressure distribution on the frontal body of the HAAD Drone during underwater CFD simulation

99,354 Pa (deep blue) to 109,259 Pa (bright red) and indicates a high-pressure region at the nose of the spherical body facing the positive *X*-axis. These high-pressure regions are also considered to be stagnation points in which the inflowing water is retarded and compressed to generate local pressure. Reduced pressure levels are found on the side faces and the rotor arms, indicating flow acceleration and pressure decay associated with bending and surface diffusion.

The pressure gradient symmetry is the evidence of hydrodynamic loading symmetry across the drone geometry. Suppression of lateral flow separation appears to be one of the reasons why pressure is fairly constant around the circular body. This analysis is critical for drag forces, stress locations in structure, and for guiding improvements in hull design for improved underwater stability and energy economy. The maximum operational depth of HAAD Drone in the underwater CFD simulation was associated with the applied ambient pressure of 101,325 Pa, which represents atmospheric pressure at sea level. With normal hydrostatic pressure gradient in fresh water (9800 Pa/m), this is about 10.3 m.

4.1.3 Aerial CFD Simulation Results

In order to analyze the drone's (HAAD-Drone) aerodynamical behavior during the flight, a numerical approach was undertaken, also in SOLIDWORKS, using the SOLIDWORKS Flow Simulation environment and a computational fluid dynamics (CFD) simulation under steady-state, external flow conditions. The inlet condition was 80 km/h, which is close to the standard cruising state. Convergence of the simulation was obtained for all objectives defined, verifying numerical fidelity and solution stability.

The aerodynamic loading was represented by: an average total pressure of (101,399 Pa) a dynamic pressure of (74.32 Pa), corresponding to the expected airflow impact at this speed. The mean static pressure was (101,325 Pa) consistent with standard atmospheric conditions. The average mean air density was 1.2037 kg/m^3, and the average dynamic viscosity was about 1.81 × 10^(−5) Pa·s, proving the properties of ambient air.

Results from turbulent analysis showed: moderate turbulence intensity of (0.3223%) turbulent viscosity value of 1.36 × 10^(−4) Pa·s. The turbulence quantities were ($k = 0.01247$ J/kg) for turbulent kinetic energy and ($k = 0.16996$ W/kg) for the dissipation rate, which suggests that the flow remained nearly stationary except in the near wall region. The time scale of turbulence was (1.563 s).

Aerodynamic loads on the drone constituted: An overall resultant force of (5.6936 N), consisting mainly of a normal force of (5.5937 N) and a friction force of 0.1076 N. Directional values for total force were: 5.361 N (X), 1.9066 N (Y), 0.2062 N (Z), indicating the predominant loading in the forward axis. The components of the friction force were negligible, with magnitudes less than 0.003 N in any direction, indicating the low skin friction of the streamlined model.

The torque values show small-level rotary swing about all three axes: (0.1300 N·m (X)), (0.1002 N·m (Y)), and (0.2707 N·m (Z)). Both pitch, roll, and yaw stability are evaluated in those moments.

In general, the simulation affirms appropriate aerodynamic performance at cruise velocity with stable development of forces and moments, low drag, and a low level of turbulence. It can be seen that the flight stability and structural integrity of the HAAD Drone are corroborated by the above results of the HAAD Drone in the aerial operation.

The (Table 8) details the average aerodynamic and flow properties of the HAAD, which are extracted and calculated based on the virtual airborne flight. The simulation was conducted at normal atmospheric conditions, with an average fluid density of (1.20 kg/m^3), a reference static pressure of (101,325 Pa). The mean dynamic pressure was (74.32 Pa), suggesting a moderate influence of the momentum of the ingoing flow around the drone.

Flow thermodynamic properties: mean total temperature (20.11 °C) static fluid temperature (20.05 °C), corroborate near-isothermal flow, in line with low Mach number regime. Viscosity is as in Fig. 18 keff *L*/*L* is the turbulent viscosity, νTL, and the dynamic viscosity of the fluid is 1.8×10^{-5} Pa·s. $\nu TL = 1.36 \times 10^{-4}$ Pa·s, indicating developed turbulence in the wake.

The magnitude of the turbulence parameters such as turbulence intensity (0.32%) turbulence kinetic energy (0.0125 J/kg), dissipation rate (0.17 W/kg), and turbulence time scale (1.56 s) suggests a moderate unsteady effect downstream of the rotors and the fuselage.

The net aerodynamic forces and moments on the drone are inferred from force and moment records. The overall drag force is 5.69 N, mainly in the *X*-direction, as a result of the head add-on geometry. Normal forces contribute 5.59 N, while frictional forces are low (0.11 N) in a low-speed flow over a somewhat bluff geometry. The drone suffers from rotation torques around all three axes, with the highest of 0.27 N m occurring around the *Z*-axis due to propeller-induced imbalances.

These parameters offer an insight into the aerodynamic stability, drag behavior, and loading pattern necessary for the improvement of flight performance and control strategies (Table 8).

Figure 19a indicates isosurfaces of vorticity around the HAAD Drone, emphasizing intense vortex generation in the proximity of the rotor hubs and upper body as a result of flow separation and local rotational shear. These vortices create a wake downstream that produces an asymmetric flow, which can result in yaw and pitch oscillations. This unsteady performance increases induced drag and decreases aero efficiency; for this reason, it is important to control vortices for stability and energy performance improvement.

Figure 19b represents the velocity vector field in all the space during the flight. Flow is still uniform until the flow hits the body of the drone, as separation is formed around the cylinder body and below the rotors, creating a wake. This means moderate form drag/low pressure areas behind the drone. This pattern is characteristic of blunt-body flow, where early separation forms a wake and increases overall aerodynamic drag while creating a low-pressure region behind the drone. Trait of the blunt body flow behavior with added overall aerodynamic drag.

4.1.4 Finite Analysis Simulation FAS

To assess the resistance of the structure of HAAD Drone to the hydrostatic pressure and to aid in the selection of materials, a series of simulations (FEA) were performed in SOLIDWORKS Simulation. The objective was to establish the maximum

Table 8 Aerial CFD simulation results

Goal name	Unit	Averaged value
Average density (fluid)	kg/m^3	1.203710
Average dynamic pressure	Pa	74.324700
Average dynamic viscosity	Pa s	0.000018
Average static pressure	Pa	101325.000000
Average total pressure	Pa	101399.000000
Average temperature (fluid)	°C	20.050000
Average total temperature	°C	20.111300
Turbulence intensity	%	0.322339
Turbulent viscosity	Pa s	0.000136
Turbulent dissipation	W/kg	0.169960
Turbulent kinetic energy	J/kg	0.012466
Turbulent time	s	1.563350
Friction force (*X*)	N	−0.107574
Friction force (*Y*)	N	−0.003374
Friction force (*Z*)	N	0.002652
Friction force	N	0.107629
Normal force (*X*)	N	−5.253500
Normal force (*Y*)	N	1.909740
Normal force (*Z*)	N	−0.208890
Normal force	N	5.593740
Total force (*X*)	N	−5.361040
Total force (*Y*)	N	−1.906630
Total force (*Z*)	N	−0.206237
Total force	N	5.693640
Torque (*X*)	N m	0.129990
Torque (*Y*)	N m	0.100232
Torque (*Z*)	N m	0.270739

a) B)

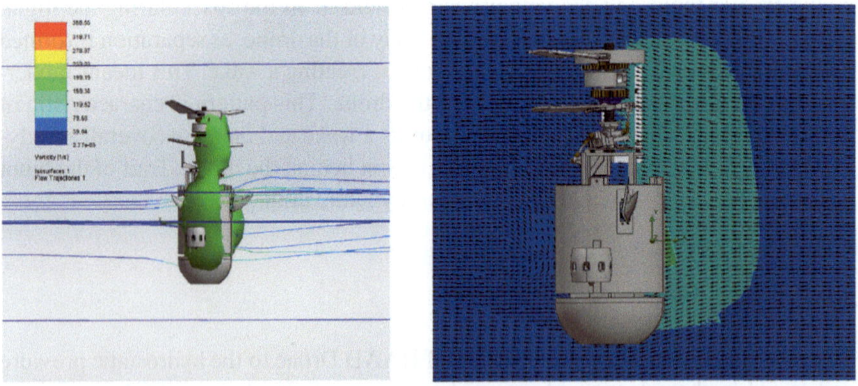

Fig. 19 Aerodynamic flow behavior around the H.A.A.C.D during aerial flight. (**a**) vorticity iso-surfaces; (**b**) velocity vector field with wake formation

freshwater operating depth that the drone's fuselage could endure before suffering damage that would render the vehicle's structure ineffective. They were investigated in hydrostatic conditions at isothermal, homogeneous material properties under the static pressure assumption.
This first simulation was driven in ABS, a typical material for prototyping use and low carbon content product. The results indicate that ABS can endure pressure up to about 2 m of FW head. This weakness is due to ABS's relatively low tensile strength and flexibility, which was unacceptable for underwater work in other than very shallow conditions. Therefore, ABS was considered inadequate for the HAAD Drone's underwater designs.

Second simulation is performed with aluminum 6061-T6, which is very commonly used material in UAV and aerospace. The aluminum body remained structurally intact up to a pressure representative of a depth of over 12 m. Although it's much stronger and offers corrosion resistance, aluminum adds significant mass because weight is highly undesirable, especially when in the air. Additional weight would also be detrimental to the drone's thrust-to-weight ratio, power consumption, and underwater maneuverability, which makes aluminum less desirable for a hybrid system required to operate efficiently in both air and water.

Additional simulations with stainless steel (from 304 to 316 L), showed an even greater structural robustness, keeping the structure intact above conditions higher than 12 m. Its high steel density, however, rendered it the heaviest of the tested materials. Although its mechanical strength was incomparable, the mass was unacceptable in limiting the lift capability as well as the power efficiency. This made stainless steel structurally feasible but impractical for dual-environment drone.

The last simulation was presented with CFRP, a composite material with low weight and high stiffness. Under the reference conditions external hydrostatic pressures equivalent to depths up to 10 m in external pressure were applied on the carbon fiber structure (61,628 N/m^2 in seawater and 100,710 N/m^2 in freshwater). Generally, CFRP proved to be the optimum compromise between mechanical robustness and minimum mass, allowing swimming and flying agility to be retained. Due to those performance and weight characteristics, we chose carbon fiber as the final material for the body of the HAAD Drone.

All simulations have been performed at rest pressure, where the hydrostatic pressure gradient is 9800 N/m^2 per meter of depth. The contact pressure loads were distributed evenly over the external surfaces. No dynamic loading or cyclic loading was considered in the simulations, possibly a subject to future design optimization.

In conclusion, it was decided to select carbon fiber composite as the most preferable material of the HAAD Drone's hybrid flight envelope. It also has the ability of underwater operations at a maximum depth of 10 m, keeping the UAV aerodynamic performance and flight stability features by reflection of the mission purpose of the aerial-aquatic system.

Table 9 lists the assessment of candidate materials for the body of the H.A.A.C.D in terms of their properties for underwater flight, the strength required to withstand the forces experienced during landing in water, and the effect on aerodynamics.

Table 9 Comparative summary of material simulation results

Material	Max depth (m)	Structural integrity	Weight impact	Conclusion
ABS plastic	~2	Failed beyond shallow depths	Very low (lightweight)	Rejected due to insufficient pressure tolerance
Aluminum alloy	>12	Excellent resistance	Moderate (adds weight)	Strong but compromises aerial efficiency
Carbon fiber	10	High strength and stable geometry	Very low (ideal)	Selected for final design

The research was performed on the following three materials:

- ABS (acrylonitrile butadiene styrene) plastic.
- Aluminum alloy.
- Carbon fiber.

Although a lightweight and easy-to-process material, ABS plastic did not bear loads even at shallow depths (~2 m), which may render it inadequate for underwater applications, where hydrostatic pressure is an influential factor.

Aluminum alloy was of high strength and pressure resistance to a depth over 12 m; however, its weight is a daunting issue for aerial handling and energy efficiency.

Carbon fiber was a good compromise between strength and weight and could withstand some pressure (up to 10 m) while keeping the mass to a minimum, so the decision was to use carbon fiber as the best material for the pressured structural parts in the drone.

4.1.5 Signal Results

The integrity, structure, and performance of the H.A.A.C.D's communication and signal management system were critically evaluated during system integration and simulated validation. This section details how control commands, telemetry data, and sensor feedback were routed, processed, and verified to ensure reliable operation under both aerial and aquatic configurations. All signal tests were performed within the integrated framework using the Pixhawk 2.4.8 flight controller, supported by PX4 firmware and QGroundControl interface.

The core control unit, Pixhawk 2.4.8, supports PWM, UART, and I^2C protocols, which enabled the integration of multiple components such as motors, servos, telemetry, GPS, and sensor modules. The system was engineered to minimize pin congestion while ensuring signal clarity and operational efficiency. PPM (Pulse Position Modulation) encoding was used to consolidate the receiver channels, thereby reducing the number of required input pins and simplifying the wiring architecture. Table 10 summarizes the full channel allocation and their respective functional roles.

Table 10 Channel allocation and functional signal mapping for H.A.A.C.D communication system

Channel	Assigned function	Purpose
PWM CH1	Throttle	Controls coaxial rotor speed
PWM CH2	Roll/yaw (combined control)	Tilts swashplate for orientation
PWM CH3	Underwater thruster control	Forward/reverse aquatic motion
PWM CH4	Trim control for fins	Adjusts underwater pitch and roll
PWM CH5	Manual mode switch (air/water)	Relay toggle and signal rerouting
PWM CH6	Buzzer and emergency kill switch	Alerts and safety override
UART1	915 MHz telemetry module	Data uplink/downlink to ground
UART2	GPS module	Positional tracking (5 Hz)
I^2C Bus	OLED display, barometric pressure	Visual output and altitude sensing
PPM/SBUS	FlySky FS-iA6 receiver	6-channel pilot signal input

During aerial operation, signal performance was characterized by stable PWM pulses with minimal jitter (±2 μs), low latency (under 25 ms from command to actuation), and robust telemetry communication at 10 Hz. GPS acquisition was swift, achieving a fix in under 6 s with sub-2.5 m accuracy. No signal degradation was noted under varied power loading due to stable voltage regulation from onboard BECs. In aquatic mode, signal stability was slightly more constrained due to the nature of underwater communication. Thruster control was switched via a dual-channel relay, which reliably activated within 43 ms. Electromagnetic interference from high-current ESCs was effectively mitigated using twisted-pair cables and ferrite cores. As expected, GPS and telemetry modules experienced signal attenuation underwater, limiting their function. Nevertheless, all servo signals remained stable up to depths of 1.5 m.

This graph in Fig. 20 illustrates the relationship between electromagnetic signal attenuation (in dB/m) and frequency (in kHz) when transmitting through water. As shown, attenuation increases exponentially with frequency. Extremely low frequency (ELF) and very low frequency (VLF) signals—typically below 10 kHz—experience minimal attenuation and can penetrate water to significant depths. In contrast, signals in the very high frequency (VHF) and ultra high frequency (UHF) ranges (above 30 kHz) suffer rapid attenuation, rendering them unsuitable for submerged communication beyond shallow depths. This behavior highlights the challenge of maintaining reliable telemetry or RF communication underwater and justifies the H.A.A.C.D's use of mode switching and onboard autonomy for aquatic navigation.

The mode-switching mechanism, initiated via CH5, triggered a seamless transition between aerial and aquatic configurations. Relay engagement and propulsion line switching introduced only a 30–50 ms delay. Importantly, no signal dropout was recorded, and control command continuity was maintained throughout the transition. Failsafe mechanisms, including a kill switch and manual cutoff, were tested and verified under simulated fault conditions.

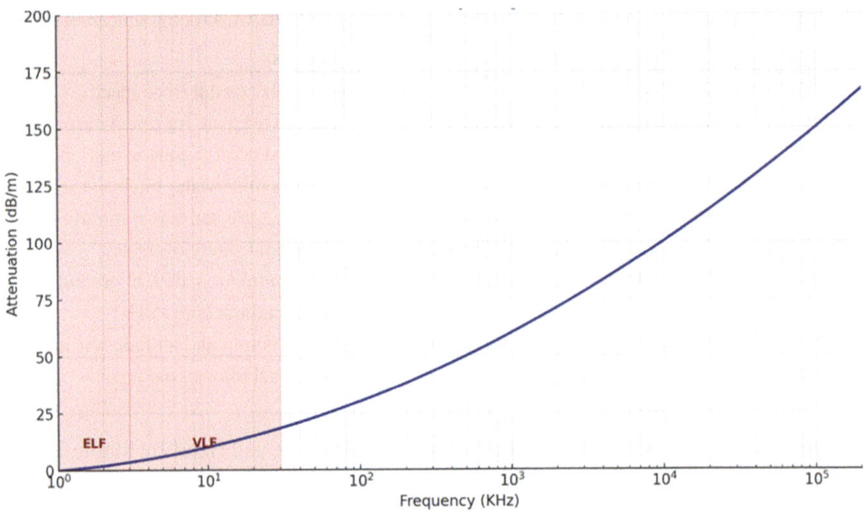

Fig. 20 Signal attenuation in water vs. frequency spectrum

4.1.6 Comparative Analysis: Literature Review vs. Simulation Results

Theoretical Expectations from Literature

Previous literature identifies several critical engineering targets for hybrid aerial-aquatic drones, particularly concerning propulsion efficiency, energy limitations, hydrodynamic/aerodynamic stability, and structural material selection [1, 2, 13–15, 17, 26]. Dual-rotor coaxial systems were highlighted for their compact vertical lift architecture, eliminating tail rotors and improving yaw control [1]. In aquatic domains, research emphasized thruster propulsion systems assisted by biomimetic fin-based mechanisms, focusing on maneuverability, pressure resistance, and energy conservation [2, 14].

Material expectations, as surveyed in prior works, highlighted trade-offs between weight and strength. While aluminum alloys and stainless steels offered structural robustness for deeper submersion, their density severely compromised aerial performance. Lightweight composites, such as carbon fiber, were suggested as optimal due to their superior strength-to-weight ratio and resistance to hydrostatic pressure at moderate depths [15, 17].

On energy management, the literature flagged LiPo batteries as bottlenecks in dual-mode endurance [27], with hybrid systems still constrained by energy capacity and mass limitations. Hydrodynamic efficiency, pressure loads, and turbulence behavior during transitions were also outlined as major concerns, particularly around flow separation, induced drag, and torque generation [2, 26].

Real-World Simulation Findings

Underwater CFD Analysis

The HAAD drone demonstrated efficient hydrodynamic performance under submerged conditions. The average velocity was 7.96 km/h, with total hydrodynamic force recorded at 124.35 N, dominated by the *Y*-axis, confirming streamlined forward propulsion. Normal forces (~123.01 N) indicated effective thrust alignment, while frictional resistance was minimal at ~1.36 N.

The simulation highlighted significant torque around the *Z*-axis ($\tau_x = 0.45$ Nm, τ_y = −0.60 Nm, τ_z = −7.18 Nm), implying possible asymmetries in thruster layout or flow-induced vortices. Pressure contour maps revealed stagnation zones ($P \approx 109{,}259$ Pa) at the nose with smooth gradients laterally—indicating minimal flow separation. The system remained stable at depths of ~10.3 m, modeled with an ambient pressure of 101,325 Pa.

Aerial CFD Analysis

At an inlet speed of 80 km/h, the HAAD drone showed strong aerodynamic properties. Total aerodynamic force was 5.69 N, with most of the force attributed to normal loading (5.59 N) and minimal skin friction (0.1076 N). Average static and total pressures (101,325 and 101,399 Pa) reflected standard atmospheric behavior.
Turbulence intensity remained low at 0.32%, and torques in all axes were minor (max 0.27 Nm), confirming smooth flow fields. Velocity vector visualizations illustrated mild wake regions and controlled flow separation, suggesting reduced drag. The observed aerodynamic stability aligns with theoretical expectations of coaxial systems for VTOL and cruise flight.

Finite Element Analysis (FEA) of Structural Materials

Acrylonitrile butadiene styrene (ABS) failed beyond 2 m depth. Aluminum endured >12 m but added excessive weight, impacting flight. Stainless steel showed high pressure resistance but extreme mass. Carbon fiber reinforced polymer (CFRP), selected for the final design, survived pressures up to 10 m with optimal weight characteristics, aligning with literature suggesting CFRP as a structural material for hybrid UAVs [15] as summarized in (Table 11).

Comparative Summary

Implications and Design Reflections

The simulation results for the HAAD drone confirm most literature-based performance expectations. Both aerodynamic and hydrodynamic profiles meet the operational thresholds predicted by prior work, especially in coaxial rotor efficiency and

Table 11 Comparison between literature expectations and simulated results for H.A.A.C.D performance metrics

Parameter	Literature expectations	Simulated findings
Hydrodynamic velocity	Moderate (~5–8 km/h) for thruster-propelled systems [14]	7.96 km/h forward velocity achieved
Underwater pressure tolerance	10–12 m depth using composites like CFRP [17]	Withstood ~10.3 m depth using CFRP
Torque behavior (underwater)	Risk of high Z-torque from flow asymmetries [1, 2]	$\tau\_z \approx -7.18$ nm, confirming expected rotational loading
Aerodynamic lift and stability	Expected low drag and steady flow in coaxial systems [1, 26]	Stable airflow, low turbulence (0.32%), minor torque
Material efficiency	CFRP proposed as optimal for dual mode due to high strength/low mass [15]	CFRP selected, validated in FEA
Energy constraints	LiPo limitations reported (short endurance), need for optimization [24, 27]	LiPo used; results show viable operation, but energy remains a limit
Drag and pressure behavior	Pressure peaking at stagnation points; flow separation at edges [2]	Pressure: 99,354–109,259 pa, flow separation minimal

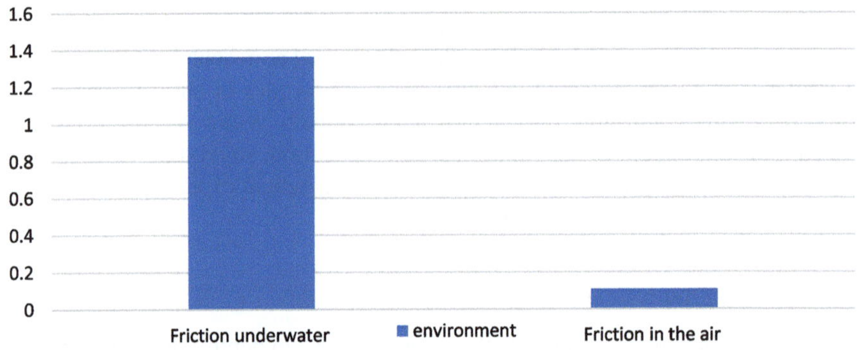

Fig. 21 Comparison of frictional drag force in aerial and underwater environments, illustrating the influence of fluid density on surface resistance

streamlined underwater motion. The torque deviations identified in *Z*-axis rotation reinforce previous concerns around asymmetry and warrant control optimization.

Material selection via FEA supports scholarly consensus: CFRP strikes the best compromise between underwater resistance and aerial agility. However, as highlighted in both literature and simulation, energy limitations from LiPo batteries remain unresolved for longer hybrid missions. Figure 21 demonstrates the difference between the drug in the air and underwater.

Ultimately, this comparison validates the HAAD design's alignment with contemporary engineering theory, while also revealing areas—like torque balancing and battery efficiency—that would benefit from further refinement.

Signal System Discussion and Comparative Analysis

The communication and signal system architecture designed for the H.A.A.C.D was evaluated with respect to operational requirements across aerial and submerged environments. In this section, we compare our findings with validated research literature to assess the effectiveness and engineering decisions made in the control and telemetry subsystem.

During aerial operation, our 915 MHz telemetry system provided reliable two-way communication with a ground station, maintaining update rates of approximately 10 Hz and latency under 25 ms. These results align with the communication performance of LoRa and 915 MHz telemetry modules in UAV applications, as observed in studies such as Kandeepan et al. [42], which report stable communication for line-of-sight ranges up to 10 km using sub-GHz frequency bands. Moreover, 915 MHz is shown to offer excellent penetration and noise immunity in urban and semi-urban environments, validating its selection for our aerial configuration.

However, when submerged, our system encountered expected performance degradation. The attenuation of electromagnetic waves in water increases sharply with frequency, particularly beyond 30 kHz. Experimental data presented in Prior et al. [43] and Santos et al. [44] confirm that RF signals in the MHz and GHz bands—such as GPS (1.5 GHz) and telemetry (915 MHz)—suffer over 100 dB/m attenuation in freshwater, making real-time wireless communication impractical below 1.5 m. Our observation of near-complete signal loss below this threshold directly supports these findings.

In response, we adopted a manual relay-based switching system to decouple aerial and aquatic subsystems, enabling the drone to function autonomously when submerged. While advanced underwater drones use acoustic modems or optical links (as explored in Akyildiz et al. [45]), our simpler fallback solution is supported by the engineering trade-offs in lightweight aerial platforms discussed in Jornet et al. [46].

The integrity of our signal transmission system was further enhanced by EMI suppression methods. We implemented twisted-pair routing and ferrite bead filtering for all high-current lines near ESCs and thrusters. This approach is in agreement with EMI shielding best practices for UAVs documented in Seong et al. [47], where twisted wiring combined with localized filtering was found effective in eliminating PWM and sensor line interference in multirotor drones.

Additionally, the decision to optimize signal channel allocation via PPM signal multiplexing reduced physical pin usage on the Pixhawk. This allowed 10+ device connections without signal congestion or processing lag. Similar architecture has been recommended in UAV control integration frameworks such as those described in the PX4 Dev Guide and practical implementations by the ArduPilot community.

5 Section V

5.1 Conclusion

The hybrid aerial-aquatic coaxial drone research and development is a leap in the UVS (unmanned vehicle system) study due to the operational limitations of the existing unmanned single-environment aerial and aquatic vehicles, In this work, we proved that both operations, aerial and underwater, are viable, and showed a full simulation and virtual validation, viz., dual-mode drone, capable of flying and diving using a single, unified control and propulsion architecture. They looked at the design limits of current flying and underwater vehicles, and, in order to fix that, they aimed to build a single vehicle that could easily switch between modes of flight.
The H.A.A.C.D. capabilities included an aerial lift coaxial rotor system and side thrusters for underwater propulsion, all squeezed into a small, cylindrical, ABS chassis. It has put the waterproof structure and energy into the top concern to make sure one can use them without any problem in those areas. It was mainly a matter of material choice; in order to achieve an acceptable weight/strength combination, the balance was struck at corrosion resistance, The main frame was made from ABS due to its high strength-to-density ratio and waterproof properties ([the rest of the design is] constructed in aluminum for the shaft and iron alloy for the gears). Finite element analysis (FEA) verified that the structure could withstand operational loads, including hydrostatic loads that correspond to depths of 10.3 m with factors of safety of greater than 1.8 for all components, The electrical and control were specifically designed for "both mode" operation. A 4s 6500 mAh LiPo battery supplied the main electricity, controlled through a power distribution board (PDB) and a UBEC. The flight of the air and the water can both be controlled by the flight controller Pixhawk 2.4.8. The control task is completed by PX4 firmware, and the control mode of the two can be switched by manual mode through the FlySky FS-i6 transmitter. The communication system supported real-time telemetry for aerial task and strong signal routing for underwater manipulation to enhance the flexibility and security of the whole system. Performance validation was based on computational fluid dynamics (CFD) simulations. In flight mode, the drone presented a full aerodynamic force of 5.69 N, as well as a very small frictional loss and a uniform stream field, indicating lift force that was effectively induced and low drag. Turbulence intensity was low (0.32%), which helped ensure a smooth flight. Underwater, the drone realized a hydrodynamic force of 124.35 N at a speed of 7.96 km/h, coupled with efficient thrust alignment and controllable skin friction.

The solution was analyzed by pressure distribution, and the corresponding hydrodynamic smoothness and substantially reduced flow separations contribute to stability and energy-efficient underwater range. The motion analysis showed that the drone was capable of full 3D movement in both environments. In flight, the rotor system dealt with lift, yaw control, and agile flight using a mechanical ratcheting tilt-system on the coaxial rotors. Submerged, side thrusters and servo-controlled fins delivered exact positioning and rotation, with the control algorithms ensuring smooth maneuvers and strong stability.

The project methodology was a systematic simulation-based process that included literature review, conceptual design, CAD modeling, integration of electrical and control systems, and virtual test. All subsystems were demonstrated in a high fidelity digital twin to prove the design met or exceeded all operational requirements before being physically prototyped. Although there is no hardware prototype, the simulation results strongly support that the H.A.A.C.D architecture is feasible and stable.

This project solved these above crucial waterproofing, energy management, material selection, dual mode control and pavement implementation and real-world use problems, which provides foundation for future physical implementation and real-world application.

Conclusively, the H.A.A.C.D project provides an established cheaper alternative for dual-environment use targeting environmental monitoring, infrastructure surveillance, search and rescue, military surveillance, etc. The proposed research addresses the critical gaps in the literature and presents novel engineering approaches, providing a scalable basis to next generation hybrid unmanned systems,

Our efforts will be concentrated on physical prototyping, full-scale endurance, automated navigation, and field testing that will lead to increase in the operational potential of such promising technology.

References

1. Yang X, Wang T, Liang J, Yao G, Liu M (2015) Survey on the novel hybrid aquatic–aerial amphibious aircraft: aquatic unmanned aerial vehicle (AquaUAV). Prog Aerospace Sci 74:131
2. Horn PM, Pinheiro RB, Grando, Da Silva CB, Neto AA, Drews PLJ (2020) A novel concept for hybrid unmanned aerial underwater vehicles focused on aquatic performance. In: 2020 Latin American robotics symposium (LARS), 2020 Brazilian, 2020. Accessed 27 Dec 2024
3. Nam H, Lee S, Lee H-T, Lee H-G, Lee K-J (2024) Electric propulsion system analysis and optimization for multi-rotor drones. Accessed 4 Dec 2024
4. Wu Y, Duan Y, Wei Y, An D, Liu J (2022) Application of intelligent and unmanned equipment in aquaculture: a review. Comput Electron Agric 199:107201. Accessed 27 Dec 2024
5. Zeng Z, Lyu C, Bi Y, Jin Y, Lu D, Lian L (2022) Review of hybrid aerial underwater vehicle: cross-domain mobility and transitions control. Ocean Eng 248:110840. Accessed 27 Dec 2024
6. Kumar A, Ahuja N, Thapliyal M, Dutt S, Kumar T et al (2023) Blockchain for unmanned underwater drones: research issues, challenges, trends and future directions. J Netw Comput Appl 215:103649. Accessed 27 Dec 2024
7. Cho H et al (2020) Study on control system of integrated unmanned surface vehicle and underwater vehicle. Sensors 20(9):2633. Accessed 27 Dec 2024
8. İlçi V, Gülal E, Alkan RM (2020) Performance comparison of 2.4 and 5 GHz WiFi signals and proposing a new method for mobile indoor positioning. Wirel Pers Commun 110(3):1493–1511. https://doi.org/10.1007/S11277-019-06797-X
9. Hoek Spaans RI et al (2024) Ethical considerations related to drone use for environment and health research: a scoping review protocol. PLoS One 19:e0287270. https://doi.org/10.1371/journal.pone.0287270

10. Wang B et al (2020) Current technologies and challenges of applying fuel cell hybrid propulsion systems in unmanned aerial vehicles. Prog Aerospace Sci 116:100620. Accessed 29 Dec 2024
11. Ri S, Ye J, Toyama N, Ogura N (2024) Drone-based displacement measurement of infrastructures utilizing phase information. Nat Commun 15(1):429
12. Makam S, Komatineni BK, Meena SS, Meena U (2024) Unmanned aerial vehicles (UAVs): an adoptable technology for precise and smart farming. Discov Internet Things 4(1):12. https://doi.org/10.1007/s43926-024-00066-5. Accepted 2 Sep 2024
13. Sibenac M, Podder T, Kirkwood W, Thomas H (2004) Autonomous underwater vehicles for ocean research: current needs and state of the art technologies. Mar Technol Soc J 38(2):63–72. Accessed 27 Dec 2024
14. Wang X, Shang J, Luo Z, Tang L, Zhang X, Li J (2012) Reviews of power systems and environmental energy conversion for unmanned underwater vehicles. Renew Sustain Energy Rev 16:1958–1970. Accessed 27 Dec 2024
15. Tan YH, Chen BM (2021) Survey on the development of aerial-aquatic hybrid vehicles. Unmanned Syst 9(3):263–282. https://doi.org/10.1142/S2301385021410028
16. Suming Q, Weicheng C (2019) An overview on aquatic unmanned aerial vehicles. Ann Rev Res 5(3). https://doi.org/10.19080/ARR.2019.05.555663
17. Alzu'bi H, Mansour I, Rawashdeh O (2018) Loon copter: implementation of a hybrid unmanned aquatic–aerial quadcopter with active buoyancy control. J Field Robot 35(5):764–778. https://doi.org/10.1002/ROB.21777
18. Farinha AT et al (2022) Off-shore and underwater sampling of aquatic environments with the aerial-aquatic drone MEDUSA. Front Environ Sci 10:1023269. https://doi.org/10.3389/FENVS.2022.1023269/FULL
19. Yao G et al (2023) Review of hybrid aquatic-aerial vehicle (HAAV): classifications, current status, applications, challenges and technology perspectives. Prog Aerospace Sci 139:100902. Accessed 4 Dec 2024
20. Kim EJ, Nam SH, Koo JW, Hwang TM (2021) Hybrid approach of unmanned aerial vehicle and unmanned surface vehicle for assessment of chlorophyll-a imagery using spectral indices in stream, South Korea. Water (Basel) 13(14):1930. https://doi.org/10.3390/W13141930
21. Sun Y et al (2023) Design and theoretical research on aerial-aquatic vehicles: a review. J Bionic Eng 20(6):2512–2541. https://doi.org/10.1007/S42235-023-00418-X
22. Nishitani A, Kawada R, Kojima J (2022) Development of combined aerial and underwater drone system. In: A OCEANS 2022, Hampton Roads, 2022. Accessed 29 Dec 2024
23. Kovac M, Wood RJ, Yim MK (2017) AquaMAV: bio-inspired design for aerialaquatic locomotion. Sci Robot 2(12):eaan5453. https://doi.org/10.1126/scirobotics.aan5453
24. Fernandez BM, Jones AF, Yanco H (2022) Coaxial drone design for multimodal operation: challenges and opportunities. IEEE Robot Autom Lett 7(2):1830–1837. https://doi.org/10.1109/LRA.2022.3143789
25. Matlock J, Warwick S, Sharikov P, Richards J, Suleman A (2019) Evaluation of energy efficient propulsion technologies for unmanned aerial vehicles. Trans Can Soc Mech Eng 43(4):481–489. https://doi.org/10.1139/tcsme-2018-0231
26. Wu S, Shao M, Wu S, He Z, Wang H, Zhang J, You Y (2024) Design and demonstration of a tandem dual-rotor aerial–aquatic vehicle. Drones 8(3):100. Accessed 4 Dec 2024
27. Zufferey R, Armanini S, Farinha A, Kovac M (2019) Adaptive morphology in aerial-aquatic robots. Accessed 27 Dec 2024
28. Petritoli E, Cagnetti M, Leccese F (2020) Simulation of autonomous underwater vehicles (AUVs) swarm diffusion. Sensors 20(17):4950. https://doi.org/10.3390/s20174950
29. Maia MM, Diez FJ (2016) Demonstration of an aerial and submersible vehicle capable of flight and underwater navigation with seamless air-water transition. XPONENTIAL 2016—an AUVSI experience, 2016

30. Rockenbauer FM, Jeger S, Beltran L, Berger M, Harms M, Kaufmann N, Rauch M, et al (2021) Dipper: a dynamically transitioning aerial-aquatic unmanned vehicle. Robot Sci Syst. Accessed 29 Dec 2024
31. Bogue R (2019) Bioinspired designs impart robots with unique capabilities. Ind Robot 46(5):561–567. https://doi.org/10.1108/IR-05-2019-0100/FULL/HTML
32. Bacciaglia A, Guo D, Marzocca P, Bil C, Ceruti A (2018) Bimodal unmanned vehicle: propulsion system integration and water/air interface testing. In: 31st congress of the International Council of the Aeronautical Sciences, Belo, 2018. Accessed 29 Dec 2024
33. Baltić MZ, Vasić MR, Vorkapić MD, Bajić DM, Piteľ J, Svoboda P, Vencl A (2024) PETG as an alternative material for the production of drone spare parts. Polymers 16(21):2976. Accessed 29 Dec 2024
34. Huang D, et al (2023) Underwater motions analysis and control of a coupling-tiltable unmanned aerial-aquatic quadrotor. Accessed 29 Dec 2024
35. Gao T, Lin Y (2019) Model analysis, design and experiment of a fan-wing underwater vehicle. Ocean Eng 187:106101. Accessed 29 Dec 2024
36. Ma Z, Feng J, Yang J (2018) Research on vertical air-water transmedia control of hybrid unmanned aerial underwater vehicles based on adaptive sliding mode dynamical surface control. Int J Adv Robot Syst 15(2). https://doi.org/10.1177/172988141
37. Bi Y, Jin Y, Lyu C, Zeng Z, Lian L (2022) Nezha-Mini: design and locomotion of a miniature low-cost hybrid aerial underwater vehicle. IEEE Robot Autom Lett 7(3):6669–6676. https://doi.org/10.1109/LRA.2022.3179673
38. Roll J (2020) Principles & applications of insect flight. Accessed 29 Dec 2024
39. Al-Fetyani M, Hayajneh M, Alsharkawi A (2021) Design of an executable ANFIS-based control system to improve the attitude and altitude performances of a quadcopter drone. Int J Autom Comput 18(1):124–140. https://doi.org/10.1007/s11633-020-1251-2
40. Du W, Bao X, Xu J, Wei W (2006) Computational fluid dynamics (CFD) modeling of spouted bed: assessment of drag coefficient correlations. Chem Eng Sci 61(5):1401–1420
41. Goh C, Leow C, Nordin R (2023) Energy efficiency of unmanned aerial vehicle with reconfigurable intelligent surfaces: a comparative study. Drones 7(2):98. https://doi.org/10.3390/drones7020098
42. Kandeepan S, Gomez K, Reynaud L, Khoshkholghi MA (2014) Aerial-terrestrial communications: terrestrial coverage extension using UAVs. In: Proceedings of the IEEE Globecom workshops, 2014, pp 1450–1455
43. Prior M, Rixon M, Otter C (2011) Propagation of radio waves through seawater. DSTO-GD-0654. Defence Science and Technology Organisation (DSTO), Rawalpindi
44. Santos MF, Dias PN (2016) Analysis of radio frequency communication in water: limitations and applications. In: Proceedings of the 2016 international conference on wireless network and mobile communications (WINCOM), 2016
45. Akyildiz IF, Pompili D, Melodia T (2005) Underwater acoustic sensor networks: research challenges. Ad Hoc Netw 3(3):257–279
46. Jornet JM, Akyildiz IF (2008) Channel modeling and capacity analysis for electromagnetic wireless nanonetworks in the terahertz band. IEEE Trans Wirel Commun 10(10):3211–3221
47. Seong JY, Lee DJ, Shin YJ (2020) Noise mitigation techniques for EMI in UAV sensor wiring. Int J Aeronaut Space Sci 21(2):327–336

Water Level Tracking System by Using Online Arduino

Cagri Ozkan and Boran Sekeroglu

1 Section I

1.1 Introduction

It is a known fact that there is a water cut problem in Cyprus and many people suffer from it. With this project we aim to stop this suffering and cut back workforce, cost, and time.

Another aim of this system is to take the fire pits under control which are used widely around the world and hard to control because of their position. The motivation here is to take this under control to spend only in times of need and to use it efficiently since it is the source of life, and we can observe that there have been many natural disasters resulting in diminishing of our water resources. In many great forest fires there are many parts of the forests which are not near a water resource.

In these regions we can say that water tanks are vital for firefight. In such regions the water tanks should be always under control and the geographical features of the region should be well known so that in a natural disaster (like big forest fire) the water tanks can be full and helps us to protect the environment. This system will both check the water level of the tank and will give information on the features of the region to the fire fighters. Since the team who will intervene with the fire will go to the region with this information a waste of time will be prevented also, and money and material will not be unnecessarily spent.

The study will mitigate potential risks by regularly monitoring the water level, thereby preventing the tank from running empty. Since water tanks require frequent

C. Ozkan (✉) · B. Sekeroglu
Department of Information Systems Engineering, Near East University, Nicosia, Turkey
e-mail: cagri.ozkan@neu.edu.tr

A. Azizi (ed.), *Mechatronic Innovations in Smart Grids, IoT, and Autonomous Systems*, Emerging Trends in Mechatronics,
https://doi.org/10.1007/978-981-95-4640-4_5

inspections, this system will also reduce the associated workforce burden. With this system we can check the water level and if needed we can get a warning when the level is low.

The system is open to renovations and adaptation to use in automatization systems in city water tanks.

The aim is to use this system in water tanks for fire fight, water storage, and agricultural irrigation or for any kind of water tank that needs remote controls and checks. This system works on a Wi-Fi base and it is adapted to android operating system; it works via Internet with wireless connection. The software that is used in the system is software specific to android. The proposed system can be controlled wherever we are with its technological android interface; by looking at the screen we can check any kinds of liquids or certain kinds of concrete's level.

The applications which allow wireless communication devices for a safe access to information are very common. With wireless access to information we can achieve work safety, with flexible control and lower prices.

In this study we aim at saving power, achieve higher work safety, flexible control, and lower prices by providing wireless remote control of water pumps. There is not enough study on this subject in national literature. The most important difference of this study from the others is that a new code has been developed for giving and receiving parts.

In 2010, Başarslan et al. conducted a study by using an Rf sensor with a telemetry application; and a Short Distance RF Sensor and Telemetry Application Work that is mostly used in long distances. These RF systems use RF data modems which provide communication with transmitting radio vibes through Internet when in the harder situations like on high mountains or in noisy places. In this way, communication between distant locations was made possible.

In the study by Fidan and Karasekreter [1], an SMS control was used which is one of the remote controlling systems that is used in GSM/SMS based irrigation automatization. It was a system which checks the water level in the tank according to arranged date and hour and gives a notification by SMS.

Çakır and Çalış carried out a study in 2008 on Remote Controlled Automatic Irrigation System and Application. A remote irrigation system was built by using one of the old control mechanism, PIC 16F877. In this system, remote irrigation can be carried out either automatically or manually via GSM. When on automatic, the system compares the given value and the value that the plant needs and does the irrigation accordingly. This leads to saving of the water. While working on the manual mode, the same control was achieved by SCADA interface via Internet. In this way a saving on workforce, price, and time was achieved.

In a study on Scada System Design for Liquid Level, the liquid control system was developed depending on the resistance by processing the information taken from the water gauge. By using the interface program, the values can be seen on the screen [2].

Özden and Dursun [3] have intended to develop a system with radiofrequency control of the water in the water tank with the centrifugal pump. Two sensors were used for the float buoy in which the pump has flooded. With the help of these sensors the water level of the reservoir is controlled and the pump floods water. UFM-A12 WPA module of 868 MHz UDEA with 10 km distance is used in the open area in the radiofrequency communication system. The data sheet of the RF module is provided by Microchip's PIC18F452 microcontroller. In this project, which is made with a low cost, the control of the water pump at 1600 m distance is achieved by wireless communication with no problem.

Altın and Bulut [4], in their work on Bluetooth-linked Ultrasonic Liquid Level Meter Design and Industrial Process Applications, developed a device that aims to control the level of substances in liquid tanks in factories with ultrasonic sensors. The data obtained with the help of the sensors reflect the LCD panel connected to the system, while the Bluetooth transmitter can also send data to another PC and phone. In this way you can also control how the system works from different places. In this device, the system tanks were measured at certain intervals and error rates were found with the data of the existing device. As a result, this device has been designed to be used in areas such as chemistry, automotive, textile, paint factories at a lower cost compared to the other systems that were made.

Korkmaz and Korkmaz [5] have aimed to control the current usage and security systems of screen devices with mobile communication systems in the work called remote control of electrical devices and security systems with mobile phones. They have been involved in research to bring the life criterions that existed throughout the lives of human beings to the top so the final state of electronic systems used for home and commercial purposes has now entered into life as automation.

Since cellular network and communication are very efficient, they offer use and preference options. The remote access operation is performed by giving energy to the devices. Therefore, it is possible to control the system and devices (mobile system) and electronic devices such as TV, PC, audio. It is the process of using the systems used in the home or commercial areas by combining the mobile devices of the electric devices and using the network as the automation channel.

1.1.1 Explanation of Purpose and Usage Areas of Water Level Control Used in the System

The system provides remote monitoring and control of temperature and water level. When the temperature or water level goes beyond the predefined limits, real-time alerts are sent to our Android devices. Notifications are repeated at regular intervals until the set level returns to normal. With this, we aimed to notify the user certainly. After the alarm is activated, the user has the opportunity to silence the alarm as soon as the user notifies the required locations or as he goes to the system to complete his own checks.

The aim of this system is to control the wells that are ready to be used during the fire and to make them continuously informed.

We intend to avoid situations such as the possibility of empty tanks at the time of need, such as the freezing of water in cold regions or the possibility of water evaporation in very hot regions. So there is always as much water as you need.

Because the main purpose of the fire wells is to save life and nature when there are big fires. These wells which have such an important task should be under constant control and should not be overlooked since accidents may occur.

We wanted to make sure that it was easy to get access to it by taking into account the mountainous areas where the wells are located. In this case, the condition of the wells and the ambient air temperature will be informed and the regional studies and analyzes will be made so that the wells can be used continuously and regularly at the time of need. By controlling the water levels, the evaporation rates or the probability of freezing according to the ambient conditions can be done in the risk analysis. Through remote access, it is possible to make reinforcement plans for wells in required periods.

1.1.2 Purpose of Water Tanks for Forest Fires

Water is usually used to extinguish forest fires. Fires in risky areas generally tend to grow bigger. Therefore, there is a great need for water resources to extinguish growing forest fires. However, in the forests and in hilly areas, it is difficult to find water supply. Before the water tanks for forest fires were built, the dams, the lakes, or the rivers in the forests were utilized. However, the fire does not always come out where the water source is.

Therefore, to make it easy to access the water source in the risky forested areas in terms of fire, water sources were constructed since it is the number one material for fire fighting (there are water tanks every 5 km). Even if a fire broke out in any of these risky areas, it was possible to refil the water that we used to extinguish the fire and water tankers and even the helicopters repeatedly because there were many local fire pools.

If we assume that there is no water source or water sources are distant, the fire will not be able to be intervened because the water is over and the fire will grow bigger because we lose time by filling up water tankers and planes with water again and again. These pools for fire extinguishing provide a great deal of time for vehicles to refill their water. We want to make our system compatible and useful for many places and situation in order to observe problems in the regions we have lived and to find solutions to them. That's why we added control of the water tanks on the houses.

Thanks to the water storage system in the houses, the storage and filling systems that meet the water needs of all the households are controlled and the faults are minimized. So we built an online follow-up platform so that people in these areas could benefit from their cleaning and water needs, and not be thirsty in the face of water engine, buoyage failures.

The level of water in the reservoir can be monitored by operating the motor remotely when measuring the water levels online and observing if the level has decreased in any case and that the reservoir has not been filled even though it is on the day of filling. This will make it possible to observe whether there is a problem in the system. If the level gets not any higher even when the motor is activated remotely, there will be options such as electricity, water interruption or engine malfunction, and the solution will be easy to reach after the user has checked it.

Further water detection of the water level sensor at the bottom of the tank means that the float is continuing and the engine is still pumping water, so that the engine that is still trying to press when the tank is full will be shut down remotely.

Thanks to all these features, it is aimed to contribute to the budget of the families by planning to prevent the people from being deprived of water as well as preventing any defects that may arise.

The water level in the reservoir can be seen instantly and monitored, and at this point we can instantly monitor how much water there is in our depot from our mobile phone.

1.1.3 Forest Fire Pools

Forest fire pools are selected according to the conditions. It is vulnerable to fire and is installed in areas that may be at risk when the fire breaks out. As these areas are wide, the distance between these pools is established at intervals of 5 km. They are usually installed in areas where the waters of the air vehicles can comfortably reach their backs. The selection of pools is an important criterion to be a source of water while locating locations. It is important for the fire season to ensure the continuity of water in the pool.

1.1.4 How to Create Forest Fire Pools Procedure

Oncc thc appropriate location is determined, it is installed in the area according to the scored project. Which materials are to be decided on (concrete pools, membrane pools)?

1.1.5 The Control of Forest Fire Pools: Which Department and Procedure?

The water levels of the fire pools, which are within the boundaries of each forest management concession, are monitored at certain intervals during the fire season (by visiting the pools and observing).

1.1.6 The Materials Used in the Current System and the Filling System

Pool filling is usually provided directly from the water supply. The water flows from the water source to the pool with the help of the pipes pulled to the pool, so the filling takes place. In the pools where there is no water source, it is filled and monitored by the water tankers. Filling and malfunctioning of the pool is controlled by observing the point where the pool is located.

1.1.7 Purpose of Water Storages in TRNC

Water reservoirs are very long-term investments, and when water is cut off from the incoming water source, they provide water where they are located, which is a vital source of human life. In case water is cut off, water reserves stored as spare reserves prevent people from being a victim. In this respect, it determines how long the water will remain in the depot and whether the resource will last until the water supply is reached.

1.1.8 Current Filling System in TRNC

The municipal water given by the municipalities filling the water reservoir is provided directly from the place where the water source is located and filling of the water reservoirs takes place. When the water is turned off by the municipality or due to any problem, it can be carried out by the private water companies outside with special tools. It protects people from great victimization and allows them to continue their lives.

2 Section II

2.1 Previous Projects and Arduino Description

2.1.1 Introducing Arduino

Arduino is an electronic and software based development platform designed to develop interactive projects. The reason Arduino is preferred is that it is easy to use and open source. Individuals and institutions can design and build their Arduino in their own projects. Arduino's projects are easy to use and projects are faster, more stable, advanced technology can be easily integrated into the board, and it is cheaper in terms of cost.

2.1.2 Arduino's Software

The open source Arduino Software is software that is completely free to users. The most important reason for choosing Arduino is Arduino libraries, which allow anyone to program without having to be knowledgeable about the microcontroller. You can see how the program is written by looking at the library part of the written program. Also, the programming codes in the Library section offers the opportunity to develop the way we want to be able to change them [6].

2.1.3 Project Information Designed with Arduino

With Arduino, computer controlled circuits can be made. It is not just the computer, the HC-05 and HC-06 Bluetooth Module with the Bluetooth card that contains each device, thanks to our management we provide. If you give an example of this, you can make cubes that can make your home decorations beautiful with LED lights. Write articles, with RGB LEDs you can play with the colors, you can give colors according to the temperature of the environment. The Arduino board is used, for example, to detect obstacles, monitor interference with the help of sensors, and control robots that change the direction of your plants and watering systems. He noticed a certain color and followed the car that drew pictures of robots, 3D printers, and several programming projects. As more advanced technologies, such as Internet-connected processor devices, become available. In this way, applicability is improved, and the use of robotics and Arduino-controlled machinery in industry has become easier. One of the most striking things about Arduino is that it is fun educational material for children, but it can become a genius in the hands of advanced technology programmers.

2.1.4 Arduino Usage Areas and Features

With Arduino, systems that can easily interact with the environment can be designed. By processing the signals from the sensors, systems and robots that interact with the environment can be designed. The most important feature of Arduino is that it is an open source development platform, so we can design and use our own software as we want. Since the codes are not hidden in the works, these works can be easily accessed by the users and one can easily program microcontrollers with Arduino libraries. Due to its analog and digital inputs, both 1 data can be processed. For example, we can feed the fish in the aquarium automatically at the desired time intervals, we can turn the light on and off, or when we enter the parking lot of a shopping mall to park our car, it can help us find the vacant parking areas by giving a light warning. In short, we can easily build the system we want with Arduino UNO according to the power of thought all over our lives. With Arduino, many more things can be done. Bluetooth scales, Line following robots, intelligent home systems, agricultural technology etc. can be realized. Originally designed to work on the outside world, reactions such as temperature, sound, motion, light can be created. Arduino also has various modules and cards designed to solve different needs.

2.1.5 Arduino Card Types

Today, new Arduino cards are emerging day by day. Arduino cards in general are:

- Arduino Uno
- Arduino Leonardo
- Arduino Due
- Arduino Yun
- Arduino Tre
- Arduino Micro
- Arduino Robot
- Arduino Esplora
- Arduino Mega ADK
- Arduino Ethernet
- Arduino Mega 2560
- Arduino Mini
- LilyPad Arduino USB
- LilyPad Arduino Simple
- LilyPad Arduino SimpleSnap
- LilyPad Arduino
- Arduino Nano
- Arduino Pro Mini
- Arduino Pro
- Arduino Fio

Arduino Uno is the most widely used card among these cards. Arduino Uno will be examined; ATMega328 is a microcontroller based card. It has 14 digital input/output pins (6 can be used as PWM output pin), 6 analog inputs, 16 MHz crystal, USB socket, power socket, ICSP connector and reset key [7].

It contains all of the required instruction for the operation of the microcontroller on the card. It can be connected to the computer via USB cable easily. It can be operated with adapter or battery.

2.1.6 Arduino Circuit Board and Features

The Arduino Uno model described in this example has the most basic functions. The price is also more convenient. This card is therefore used as a tutorial model. In this respect, both Arduino Uno models are favored by both project developers and programmers who are entering programming. See Fig. 1 Arduino Uno card below.

The material layout of the Arduino Uno card is as follows. Figure 2 clearly shows the placement and interconnection of the materials. With this diagram, if there is a fault in our card, it can help me to resolve the faults by following the connections. We can examine the structure of Figs. 2 and 3 detail.

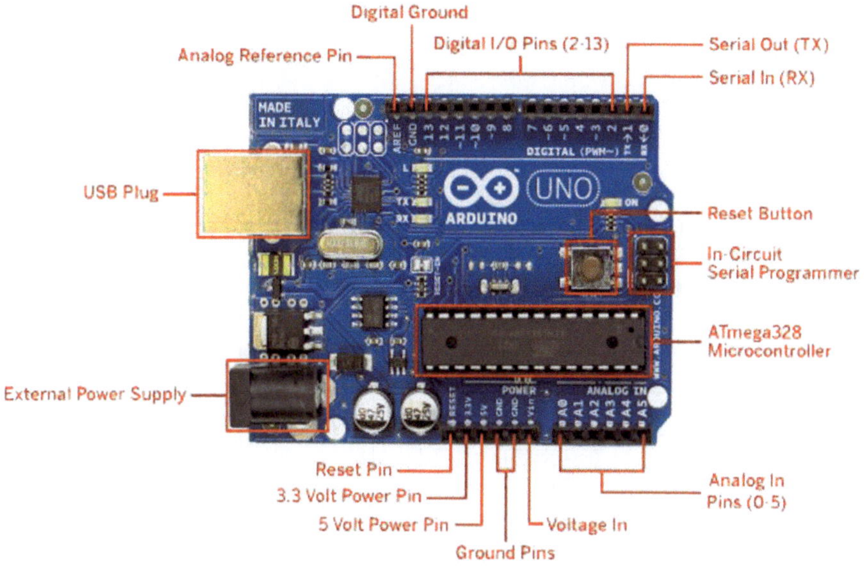

Fig. 1 Arduino Uno

The technical specifications are shown in detail in Table 1 [8].

Arduino Uno microcontroller is a card with ATMega328. There is a USB input and an external power supply as in the nano card. In addition, the special pins and other pins on the Uno card are the same as the nano card. Arduino Uno cards; Arduino Uno SMD, Arduino Uno R2, and Arduino Uno R3 have slight differences. Only new arrangements have been made on the Arduino Uno R3 card. Arduino Uno R3 along with some new additions [9].

- SDA and SCL pins are added next to an extra AREF pin.
- Added pins to support the reset button and to further strengthen this button. When there is any problem, the negative risk is used to reduce minimum.
- The ATMega16U2 chip is used instead of FTDI and ATMega8U2 to enable communication and programming to transfer data faster via USB.

2.1.7 Arduino Memory

The Arduino Uno microcontroller ATMega328 has 32 KB of flash memory. But the Arduino bootloader uses a field memory 32 KB 0.5 KB. The Arduino Uno card has 2 KB of RAM and 1 KB of EEPROM memory space [10].

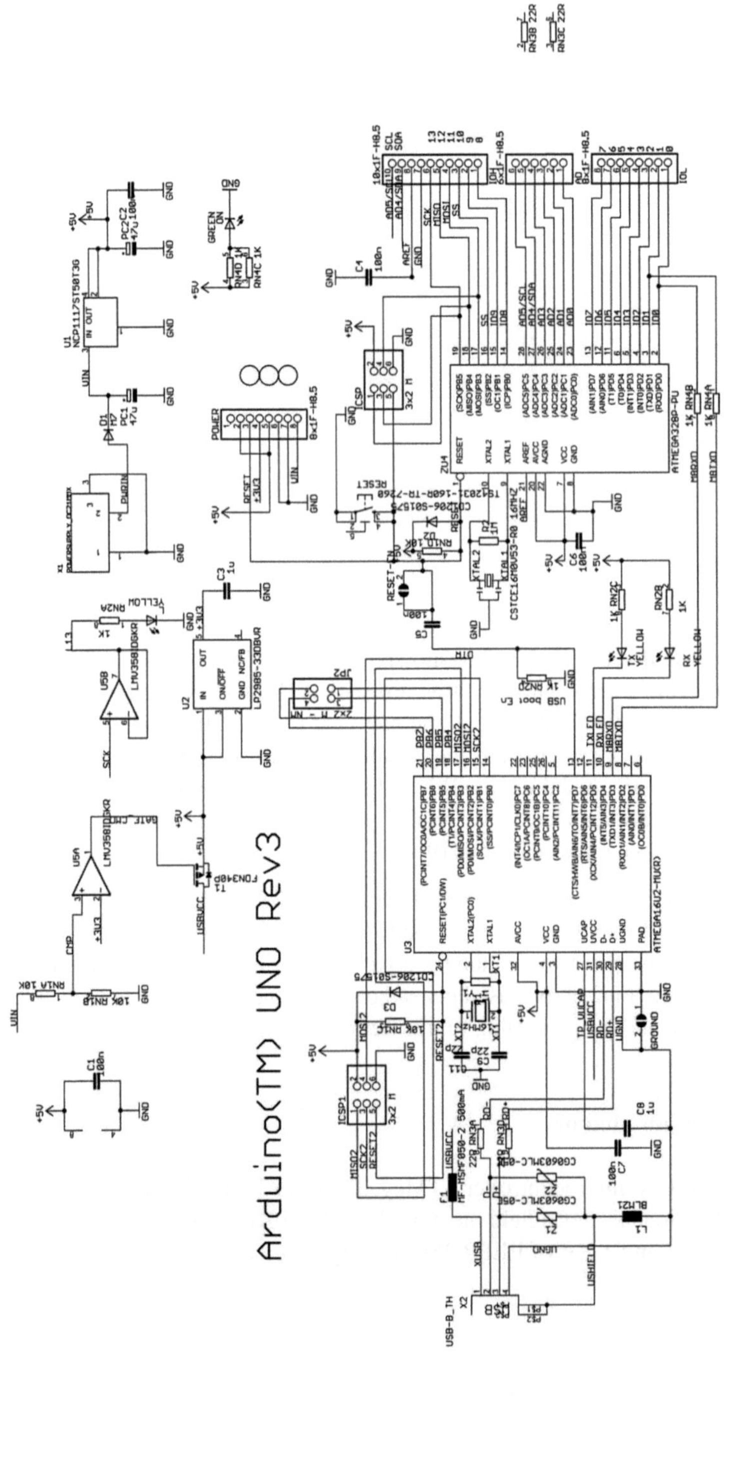

Fig. 2 Arduino Uno Schematic

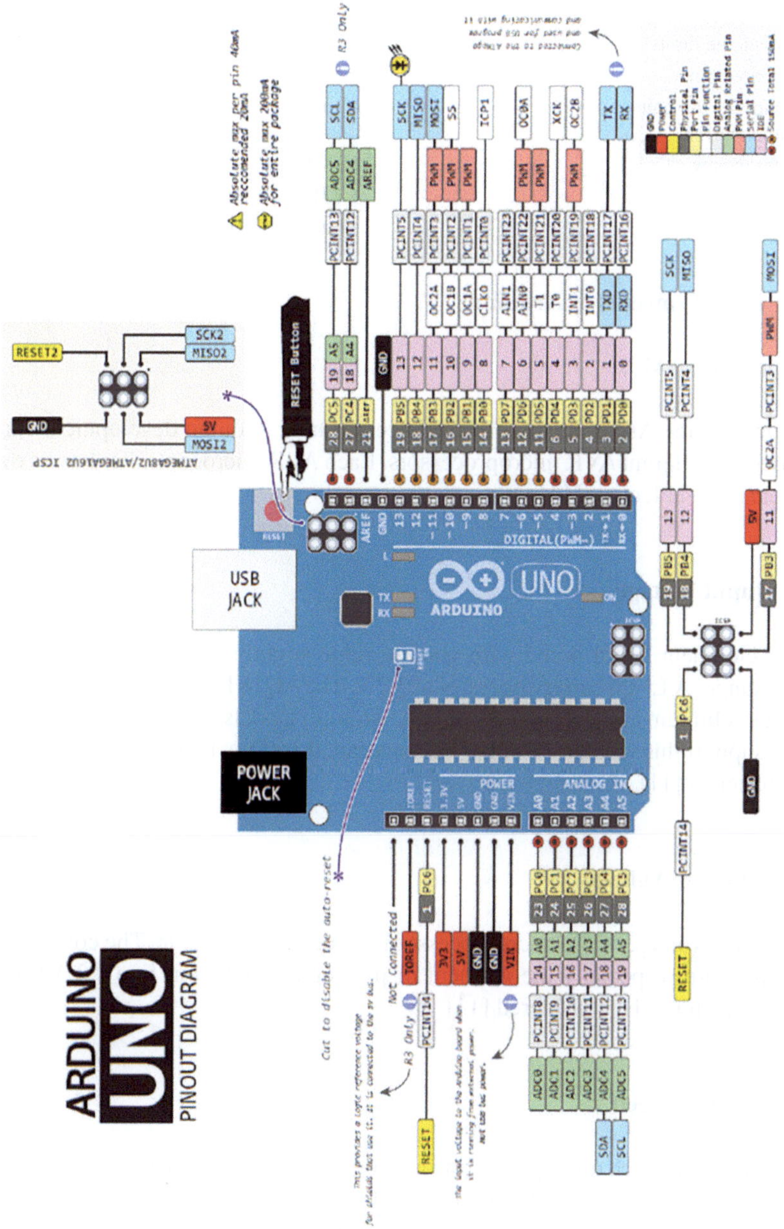

Fig. 3 Arduino Uno pin diagram

Table 1 Technical specifications of Arduino Uno

Microcontroller	Atmega328
Working voltage	+5 V DC
Recommended feed voltage	7–12 V DC
Supply voltage limits	6–20 V
Analog input pin	6 piece
Maximum for I/O units DC output current	40 mA
Clock frequency	16 MHZ
EEPROM	1 KB
I/O number	14 piece (6 PWM)

2.1.8 Basic Concepts of Arduino

Microprocessor (MP)

The center of the Arduino is the microprocessor unit. Arduino development cards are based on different AVR microprocessors. Each AVR microcontroller has its own functionality and feature [11].

2.1.9 Input Voltage

The development board is fed with voltage value slightly higher than the highest voltage range. A Li-Po battery operates at 3.7 V. The AQ18 Li-Po battery is a battery that houses lithium and polymer chemicals. Arduino models already available in the market support this voltage. Arduino variants can, therefore, be fed directly to 3.7 V Li-Po batteries [11].

2.1.10 System Voltage

The working voltage of the microprocessor is inside the card value. The compatibility of this card (especially the moment of passing a value from 5 to 3.3 V) is an important factor to be considered [11].

2.1.11 Clock Speed

It is the speed at which microprocessors are connected. The microprocessors depend on the speed at which the instructions run. But a few rare cases can happen. Many ATMega microprocessors support a clock speed of 8 MHz while the voltage value is 3 V, while the voltage value supports 16 MHz at 5 V [12].

2.1.12 Digital I/O

The total number of digital inputs and outputs are on the Arduino board. These are called input or output, while others are designed to be PWM [11].

2.1.13 Analog Input

The sum of the available analog inputs are on the Arduino card. When naming analog pins, first write "A" followed by the numbers next to it. This allows us to read the analog values through the Analog-to-Digital Converter (ADC) in the ATMEGA chip. If we need the analog inputs, more output/input as we can use it [11].

2.1.14 PWM (Pulse Width Modulation)

It is the total number of digital inputs/outputs that have the capability of generating signals. The operating logic of the analog outputs the PWM signal as the logic works. The analog voltage 0 V system voltage of the Arduino board with a value of the value range provides the possibility of deception [11].

2.1.15 Universal Asynchronous Receiver and Transmitter (UART)

Provided by the Arduino board, the serial connection is the total number of lines different from each other. A lot on the Arduino board digital input/output pins 0 and 1 is twice that of the series. The pins obtained are shared with serial programming port. Some cards have more than one Arduino Universal Asynchronous Receiver Transmitter (UART). All serial ports at a time can support inputs. The Arduino Board has at least one UART for programming all. But some of the pins in the Arduino board are not accessible [13].

2.1.16 Flash Memory

Flash Memory is a type of memory that can be rewritten and erased without losing the information it contains even during power failure. Information and data are referred to as the maximum memory that can be stored. The structure of flash memory is similar to that of RAM, and its use is similar to that of hard disks. The structure of flash memories is not mechanical—it is electronic. But we cannot use all of the memory, because a certain portion is reserved to be used by the bootloader (usually between 0.5 and 2 KB) [11].

2.1.17 Bootloader

If we describe the microprocessor as Arduino's brain, we can qualify it as a bootloader personality. The bootloader is located inside the ATMega processor and allows us to load for hardware programming via the serial port. The reason is that different cards have more than one Arduino, microcontroller, and programming interface, each with different functions. Each microprocessor and program interface has a different bootloader program. The source codes for the bootloader can also be found for Arduino distribution. All Arduino bootloaders allow you to load code from the Arduino IDE software [14].

2.1.18 Programming Interface

To program the Arduino Development Board allows establishing a connection with the computer. Some Arduino cards include USB Jack. We can easily connect them to a computer via USB cable. Some Arduino cards have USB jacks and some have Headers. Arduino cards of this type are possible with our FTDI Basic breakout or FTDI cable connection. The serial pins of the Arduino Mini cards are like a scheduler. But it does not support FTDI header.

Each carrying embedded Arduino USB jack, USB includes various additional equipment for conversions. Some do not require additional hardware on the Arduino board ready because microprocessors have embedded USB support [14].

2.1.19 Arduino Language

C is a general-purpose programming language. The Arduino can be programmed in C and provides faster execution. However, the most common language for Arduino programming is C#. [15].

2.1.20 Previous Projects with Arduino

Depending on the developing technology, has been a rapid increase in smart home systems and provides great convenience for people with studies in this direction. Developed to make people's lives easier, these systems offer us comfort and peace. In these studies, the smart home room lighting system, closing and opening the garage door to provide smart control were implemented using the Arduino UNO. Depending on these, the smart system control can be provided in a format convenient and useful for the home.

2.1.21 Robot Hand Performing That Copy Finger Motion

In a recent study, the movements of the operator's hand, the fingers a glove that is worn on a robotic arm has been realized with technology designed and repetitive. The hand model was prepared via a 3D printer. The flexible sensors were placed in normal gloves, finger movements were captured and were converted into electrical signals, and then these values are processed by the microController, the Arduino Uno with the system undergoes the action of the fingertips.

2.1.22 Wireless Sensor for Forest Fire Detection

Early detection of fire disasters is necessary to intervene quickly and to develop an early detection system. The Wireless Sensor Network (WSN) detects information such as temperature and humidity in real time quickly by placing it in a large number of forests and provides information to the fire intervention center and attempts are made to prevent fires. In the infrastructure of this system, the Arduino Uno system is used.

2.1.23 Development of Rotating Wing Control and Control Software with Arduino Development Card

Unmanned aerial vehicles can be considered as indispensable intelligence defense or even attack vehicles in today's conditions. These tools act according to a specific plan. In a weapons system with moving non-uniformity and in off-road conditions, the percentage of barrel strokes towards the target region must remain high for shots. For this reason, the position of the weapon system must be determined. The changes in the position of this weapon system are identified when the detected change in position of the guiding barrel, the barrel engines via Arduino using the system to move in the opposite direction is provided.

2.1.24 Fuel Cell-Powered Electric Power of a Vehicle, Temperature, Relative Humidity, and Speed of Instant Monitoring and Control

Fuel cell-powered electric power of a vehicle, temperature, relative humidity, and speed control with Arduino UNO and card design and instant monitoring of the samples was carried out. The basic function of the vehicle speed data. The data are easily obtained and made available by the Arduino.

2.1.25 Wireless Fidelity (WiFi)

Wi-Fi emerged as an abbreviation of the words "Wireless Fidelity". Wireless Fidelity is a term used to describe high-speed wireless network connections over short distances between Wi-Fi device, mobile computing devices such as laptop computers, and the Internet. They are sometimes referred to as WLANs or wireless local area networks. It is a technology unit that enables the connection of a personal computer, mobile phone, camera, audio player, tablet, game console and even Internet from TV. Portable devices such as laptops are connected to the wireless access point by means of nearby wireless access points, enabling the connection of the device to the local network, that is, the entry of the Internet.

For example, your wireless access point, your wireless box, the machine that will be connected to your computer connected to this box, and your mobile phone connected to the Wi-Fi network of Wireless can connect to this network and can be schematized as an incoming client [16].

2.1.26 How Does It Work?

Wireless network ports are actually systems that operate in the same way as router modems we know and produce small radio waves. Wi-Fi standards are classified as 802.11a, b, g and n according to the types and characteristics. The most widely used is 802.11b and has a spreading range of 2.4 GHz. However, it is possible to connect up to 11 megabits with 802.11b. However, with 802.11g, it is possible to reach speeds of 54 Mbit/s and 802.11n/140 Mbit/s. Today, almost all laptop computers have integrated Wi-Fi receivers. Those who are not available can easily acquire this feature with PCMCIA cards. Also, wireless network systems work with radiofrequencies [16].

2.1.27 Android

Android is a mobile operating system developed by the Open Handset Alliance for mobile devices.The Android app has reached and is still reaching widespread proportions with Google. Android is Linux based, open source free software that can be written and designed by both users and programmers. Linux is open source, but Google only allows a certain portion of this code structure to be accessed. Android operating systems are used in mobile phones and tablets and are a useful application for devices that are rooted in Android. One of the best advantages of using tablets is that most applications are provided to users free of charge, and user-developed free and paid applications allow millions of people to do so [17].

2.1.28 Remote Control System

Remote control system is a control system that works with GSM infrastructure that can instantly transmit the data of the whole working time of the device to the authorized person in order to provide control such as water pools and fire pools in the TRNC and intervene if necessary.

What are the benefits of the remote control system? [18].

- Savings from workload
- Save time
- Point determination of the solution

2.1.29 Solar Energy

Due to the formation of the sun and the Earth, the sun has been an endless energy source for the Earth. This energy source has become more useful with a renewable energy technologies, i.e., solar cell. The ultraviolet rays from the sun falling on the solar cell are converted into electrical energy. The fact that there is no other cost after the system is installed contributes economically to the country and the individuals.

Solar energy is now widely used. Solar energy is used, for example, in traffic lights, garden lighting, hot water supply, calculator, solar powered cars, and street lighting [19].

2.1.30 3G Modem

The speed of 3G mobile broadband Internet connection ease the use of technology. 3G in English means the Third Generation, and the Turkish term means the same. It is a connection technology that enables mobile broadband Internet access. One of the 3G mobile modems that is available today. 3G mobile Internet with GPRS/EDGE-supported mobile 3G modem, wireless 3G compatible. You can connect to the Internet from anywhere in the world, fast and easy.

With the 3G mobile modem, it is possible to easily perform banking transactions, send SMS messages while on the move, wirelessly, easily and quickly without interrupting your phone, you can connect anywhere you want [20].

2.1.31 2.20 Cloud System

Capacities of the devices are insufficient due to the large size of the stored data. The cloud system is used as a solution to this. Cloud system is an online storage service that allows us to access the data we have uploaded from the Internet through any medium with Internet. It is used in two ways as an application [21].

1. Providing access through the network, management, and trading software and the use of the cloud system.
2. Implementation of the cloud system with the management of each user site separately from the central locations.

3 Section III

3.1 Methodology

3.1.1 System Design

The existing systems are designed using the theme of Arduino processors for developing mobile and other systems. Advanced technologies and also an infrastructure and technology gives us a great chance to receive and intervene in many areas. In order to benefit from these systems and to take samples from these studies, the water reservoirs, and forest fire pools are detailed by focusing on the solutions required to reduce the workload of the people. All the results are considered and a system design is needed in the following way.

3.1.2 System Features

- Weather measurement (ambient temperature).
- Measuring the water temperature of fire pools and water tanks.
- Control of fire pools and lower and upper limits of water in water tanks.
- Two-way communication to receive and send information.
- Easy management panel via Android system.
- Many users access at the same time.
- Instant alarm system for all users.
- User-specific identification of alarm levels.
- Addable module design.
- Easy adaptation to different modules and system identification.
- Water motor and perimeter device controls (on-off) in headlight well systems.
- Low energy consumption.
- Working with Wi-Fi modem.
- Easy installation.

3.1.3 How the System Works

It can be connected to the Internet via the Wi-Fi sensor located on the timescale. Thanks to the sensors connected to it, the data related to the environmental conditions are recorded on the Internet.

This allows us to reach the desired data from the medium. Even if it is desired to intervene in any system considering the ambient conditions, it can have remote control ability thanks to the relays added to the exit of the device.

The important thing here is that the cloud system is reachable by multiple users at the same time. It can be controlled by many people at the same time. The design of the system in this way is to extract the highest levels of safety in the environment, such as environmental disasters (fires, etc.), which may arise from the main user or control element.

In order to provide the control of the water reservoirs in the TRNC region, the example scheme flow of the water reservoir operating system is explained in Fig. 4. As seen in Fig. 4, the Arduino is circulated in the water tank, then the data is transferred via the Internet (modem) and the information is transmitted through the android program on the users' phones.

In Fig. 5 the fire pool operating system is described by the example scheme flow. As shown in the figure, the data from the fire pool is collected via the depot and Arduino cycle, and Internet information is obtained via the Wi-Fi sensor; afterward, the information can be accessed through the Android program on users' phones (Fig. 6).

3.1.4 Materials and Programs Used in the Lower System of Our System

It is possible to write applications using different programs. We have created the software in our project by using different sources. Thanks to the ai2.appinventor program we could easily work with our examples and work, so we preferred to work on it. The program is running online and you can sample it through many ready-made templates. The desired android programs can be written on the program supported by the training videos.

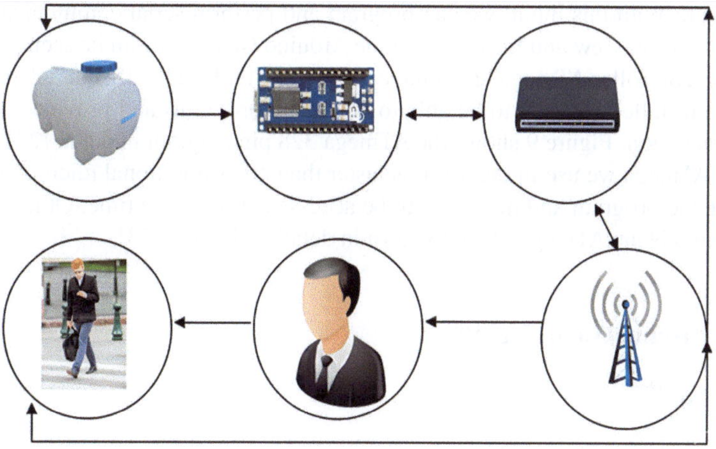

Fig. 4 Water storage system

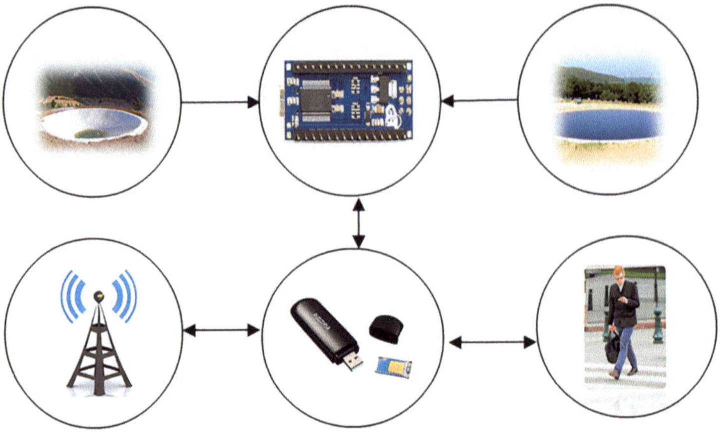

Fig. 5 Fire pool working system

Figure 7 shows the application screen of the android application that will be used to access information for the user in our work. The user can conveniently view the desired operation and use the desired information with this application.

3.1.5 Materials Used in Electronic Infrastructure of the Timeshare

ATmega328 Microcontroller, our Arduino Nano card, which is used in our work, is manufactured by Atmel Company. The ATmega328 (on the 3.X version cards) or the ATmega168 (on the 2.X version cards) are small development cards that plug into the breadboards. Although it appears as an Arduino Uno card development card in the shape, the Arduino Nano card has an integrated look. The Arduino Nano card is similar in character to Arduino Uno features. There is a mini USB entry on the Arduino Nano card. With this input, we can program and perform serial communication. In Fig. 8, the front view and back view of the Arduino Nano card can be seen [22].

Microcontroller ATmega328 Nano card: The FTDI FT232 USB-serial converter must be installed in order to be able to download programs and provide computer communication. Figure 9 shows the ATmega 328 pin diagram in detail [22].

The ATmega we use in our work is faster than other traditional microcontrollers because the program and the data can be accessed at the same time. Other features of Arduino Nano ATmega328 are shown in detail in Table 2 [23].

3.1.6 Arduino Nano (Fig. 10)

3.1.7 Power

Arduino Nano requires a USB or external power supply when the power supply is running. The input voltage limits for the external power supply must be between 6 and 20 V. But the recommended level is between 7 and 12 V. Because the external

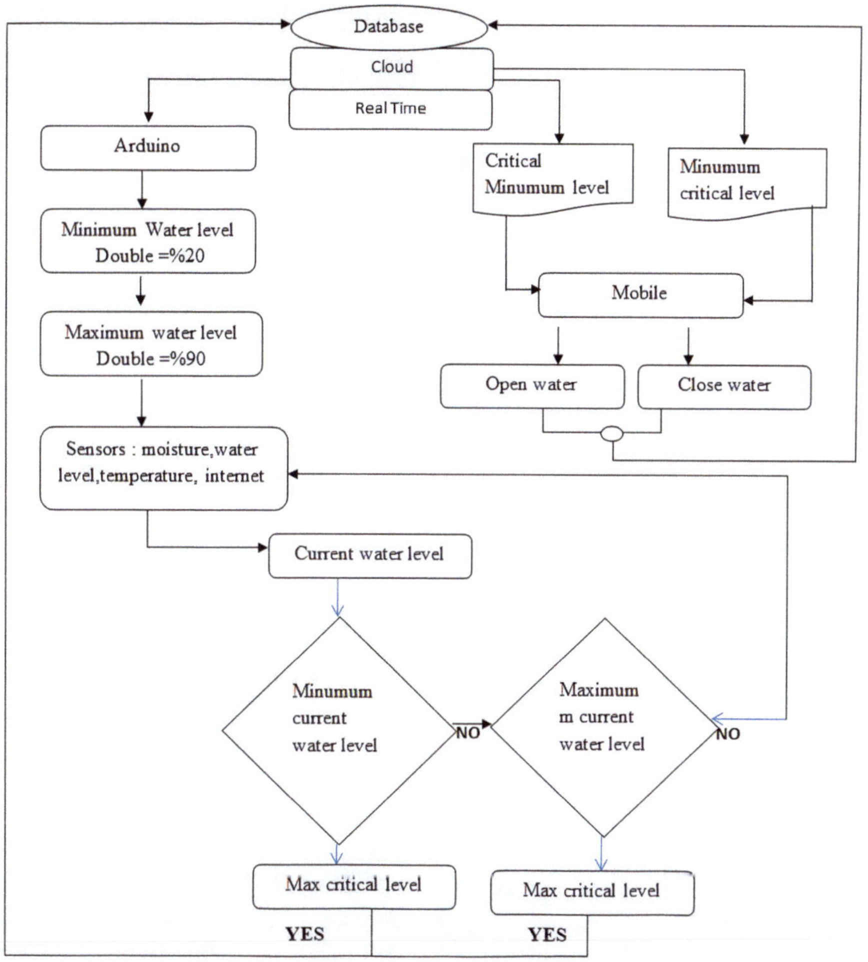

Fig. 6 Flow chart of application of simple module

power supply may not operate regularly under 7 V. VIN is used as the voltage input pin between 7 and 12 V. GND pins are used for ground pins [24].

3.1.8 Inputs and Outputs

Arduino Nano microcontroller has 14 digital input/output pin, 6 of them are used as PWM output. The input codes of pins are used as PinMode (PinNo, INPUT) and the output codes are as PinMode (PinNo, OUTPUT) and digitalRed. Pins work with +5 V. Apart from these pins, there are also some special function pins [24].

Serial Communication, 0 (RX) and 1 (TX) Pin: Serial communication pin TTL serial receive data (receive-RX) and transmit data (transmit-TX).

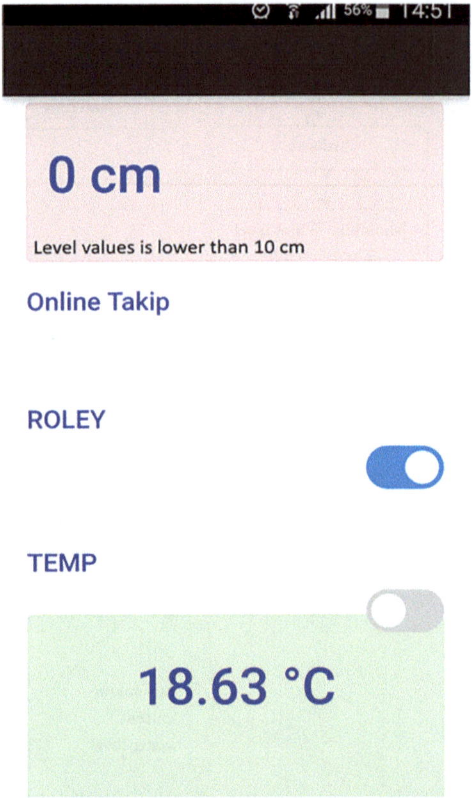

Fig. 7 Android user screen

Fig. 8 View of the front and back of the Arduino Nano card

- External Interrupt, 2 (Interrupt 0) and 3 (Interrupt 1) Pin: The cylinder that triggers the ability to perform the interrupt.
- PWM Pin: It cannot reach to voltage using PWM pin (5/256 V). PWM can be used as an output pin with 8 bit resolution.
- SPI 10 (SS), 11 (MOSI), 12 (MISO), 13 (SCK) Pin: These pins provide the SPI communication and access to the library.
- LED 13: This pin is used to connect to digital Led 13. It goes on when the value is high (High) and goes out when it is low (Low).
- Analog Pin: Used as input pin. It is preceded by the letter A (such as A0, A1 ...). These pins communicate with the intended sensors.

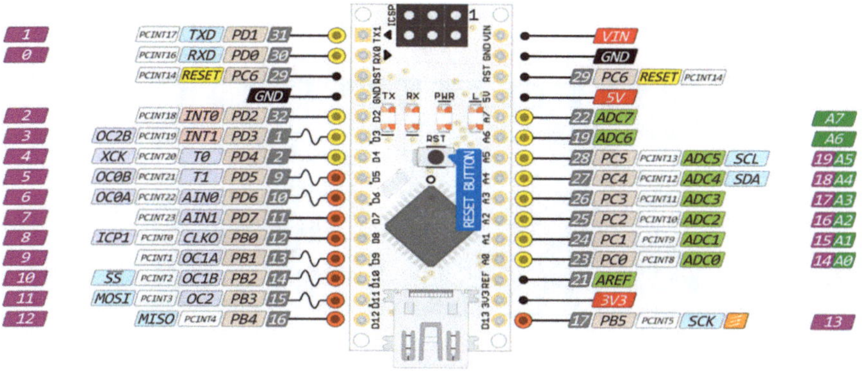

Fig. 9 Atmega 328 pin diagram

Table 2 General features of Arduino Nano ATmega328 microcontroller

High performance microcontroller, low power spending 8 bit RISC processor
131 units assembly commands, generally single cycle
32 units 8 bitlik general recorder
Full static operation support
Working speed max 20 MHZ
32 KB flash memory
1 KB EEPROM
2 KB internal static RAM
Flash memory read/write number: 10,000 (ten thousand)
EEPROM read/write number: 100,000 (a hunderd thousand)
Data recording time: in 85 temperature, 20 years, in 25 temperature, 100 years
2 units 8 bit counter/timer
1 unit 16 bit counter/timer
6 units 10 bit ADC
Programmable sequence USART
SPI connection support
I2C connection support
Programmable watchdog timer
Internal and external interruption properties
Stand-by mode and when signal entering, properties of wake up
23 units programmable input/output ports
Supply, between 1.8 and 5.5 V
Working between in −40° and +85°

Fig. 10 Arduino Nano ATmega 328 Pin Diagram

- TWI: uses A5 or SCL and A4 or SDA pin Wire library to provide TWI communication.
- Analog Reference (AREF): Analog input is used as the reference voltage. This is to ensure that our pinpoint precision analogue measurements can be accurately measured. It is used as function analog Reference ().
- Reset: Arduino and the codes we have installed reboot when the reset button is pressed.
- VIN Pin: Voltage input pin from 7 to 12 V to which we connect the external power supply.
- GND Pin: Grounding pins that provide neutralization on the card.
- 5 V: This pin output from regulator gives 5 V output. If only a card working via USB 5 V, it gives 5 V value from USB directly as output from this pin. However, simultaneous entry with a 5 V pin is possible. If power is supplied to the board via VIN (7–12 V), the 5 V output from the regulator is output directly from this pin. It can output maximum 450 mA as output pin.
- 3.3 V: The output pin of the regulator on the Arduino Nano card is 3.3 V. It can give maximum 50 mA as output pin.

3.1.9 Arduino Nano Memory

The Arduino Nano ATMega328 type microcontroller has 32 KB of flash memory. However, it can use 30 KB of memory. The remaining 2 KB of memory is used by the bootloader. There is also 2 KB SRAM and 1 KB EEPROM memory area.

3.1.10 Heat Sensor

We preferred a sensor that is capable of digital temperature measurements. Since this sensor is also a feature that has digital data transmission, it can perform in many temperature measurements in different ways over a single line. The temperature sensor and diagram are shown in detail in Fig. 11 [25].

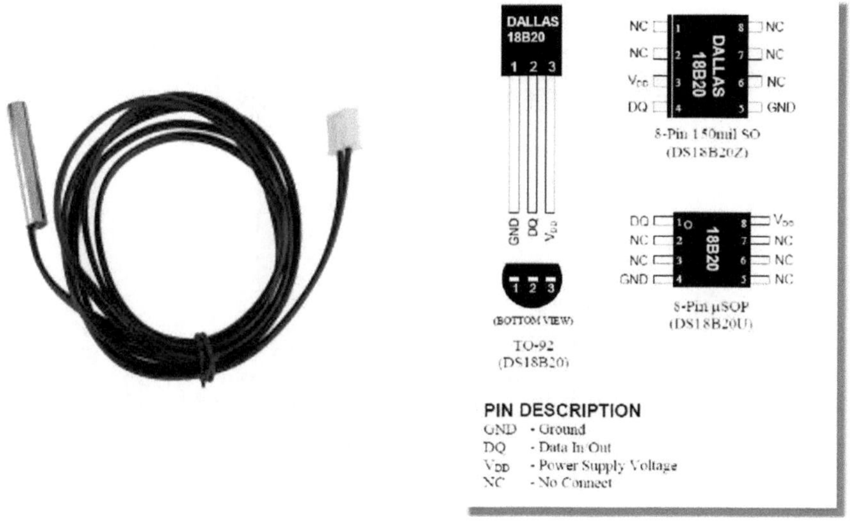

Fig. 11 Heat sensor and its diagram

3.1.11 Features

- It can communicate over a single line using the interface with the microcontroller.
- Each device has 64 bits of serial code, which is specified and unique in ROM memory during production. This code communicates with multiple devices over the same line.
- No external hardware is required.
- The supply voltage can be supplied via the data line (the voltage value is between 3.0 and 5.5 V).
- Temperature gradients ranging from −49 to +126 °C may be measured.
- Sensitivity to −8 to +84 °C is ±0.5 °C.
- Has user defined sensitivity between 9 and 12 bits.
- Conversion of the temperature value to a 12-bit code is a maximum of 750 ms.
- User has defined and permanent alarm setting.
- Have 8-pin SO (150 mil), 8-pin SOP, and 3-pin TO-92 package types as shown [26].

The DS18B20 is a 12-bit temperature sensor that uses the 1Wire protocol. Because of the need for only one port to communicate, it is an advanced temperature sensor that can be used in many applications with low energy requirement and high resolution. Each DS18B20 integration has a unique serial code of 48 bits (8 bit CRC code + 48 bit serial number + 8 bit family code), which is determined during production and stored in the ROM memory. This makes it possible to communicate with multiple DS18B20 integrations on the same line.

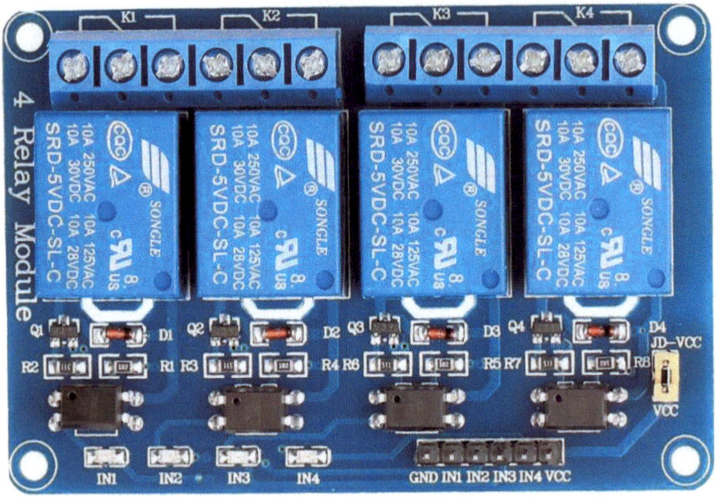

Fig. 12 Arduino Relay

3.1.12 Relay

An electromagnetic system is a switch that is used to provide electrical control over the circuit. It is an element operated by the electromagnet to operate a high-power receiver (load) with a low-value current passing through the relay. As long as there is no load on the relay, it is passive. The relays are also capable of operating with both the AC and DC voltage types. Relays with multiple contact structures in a single device can simultaneously open and close multiple loads simultaneously. Thanks to these features, the relays are more advantageous than thyristors and triacs. The disadvantage of the relays is that they can frequently break down because they are working mechanically. It needs to be able to operate with an effect (magnetic field, current, voltage, temperature, etc.) in areas where relay circuits cannot enter. Figure 12: Arduino relay picture is visible.

3.1.13 Ultrasonic Sensors

It is one of the most common sensor types used with Arduino. Ultrasonic sound waves can be measured by sensors. It consists of a receiver and a transmitter. Ultrasonic sound waves have sound waves that the human ear cannot hear. They are defined as sound waves ranging from 20 KHz to 1 GHz. In our work, we will use ultrasonic sensor Hc-rs04 ultrasonic sound wave at the frequency of 40 KHz produces. These sensors cause the ultrasonic sound wave generated by the trig pin to be emitted at a frequency of 40 KHz. The emitted sound waves are multiplied by any object and the sensor returns, in which case the echo pie is activated. This time the time between the two signals is calculated and the distance from the cismin sensor

Fig. 13 View of the front and back of the Hc-rs04 ultrasonic card

is found. Figure 13 shows the measurement of fluid with Arduino Hc-RS04 ultrasonic sensor (Fig. 14).

3.1.14 Wi-Fi esp8266

It is an electronic wireless communication chip that communicates with wireless electronic devices using the TCP/IP Internet protocol, performs programming for individual unique uses, and houses microprocessors. The Wi-Fi module receives its own private IP as any device connected to the network after joining the Internet network.

With this feature, we can send signals to this device wirelessly from the local area. If you want to control this device from anywhere connected to the Internet then we can do it by making the necessary prompts. Figure 15 shows Arduino Wi-Fi 5 esp8266.

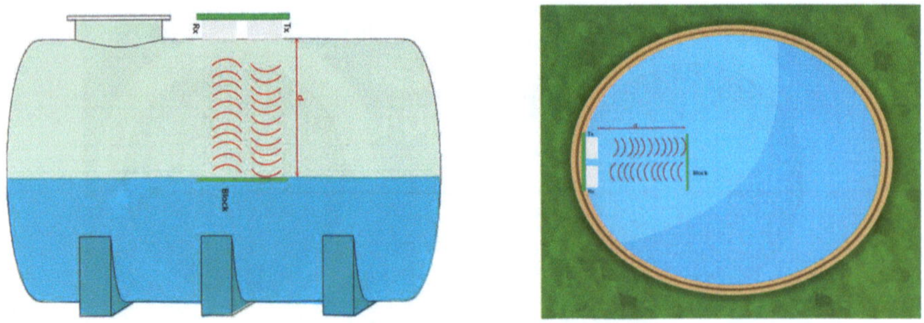

Fig. 14 Water storage and fire pool

Fig. 15 Arduino 5 Wi-Fi esp8266

3.1.15 Solar Panel

On solar panels, an energy source, there are many solar cells that absorb solar energy. Solar panels are a kind of system that converts sunlight into electricity. When sunlight falls on working panels, direct current begins to be produced in the panel. Solar energy panels are connected in series or parallel according to the preferred power. Where there is a need the panels can meet all your electricity needs. The energy of a solar cell is measured by its efficiency. The solar panels change their direction according to the seasons, allowing for adequate yield in all seasons.

In places where there is no electricity, it is widely used in fields where there is a lot of sunlight and in feeding of electronic materials in fields and mountainous areas. Figure 16 shows a solar panel [19].

3.1.16 Battery

It is a device that stores electrical energy by converting it into chemical energy. The energy that the device stores chemically can be converted back to electricity when it is connected to any electrical circuit [27] (Fig. 17).

Fig. 16 Solar panel

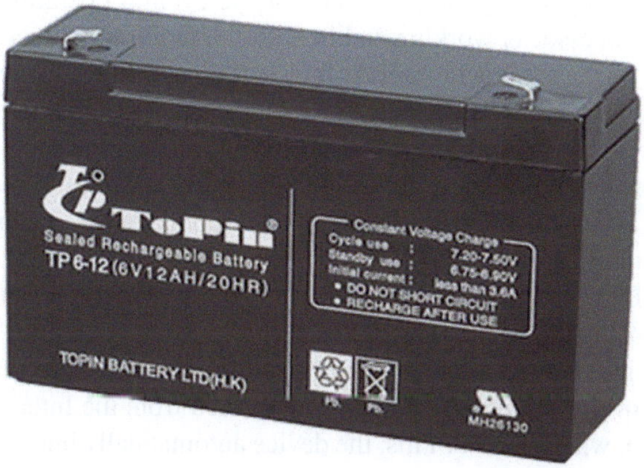

Fig. 17 Battery

4 Section IV

4.1 Designed Device Circuit Information

4.1.1 Overview

In the current project, we have been able to access remote fire pool data and intervene in the system. We have designed our system so that it can be integrated into older systems, taking into account the old devices. The system has two remote controls. It is the screen that the device opens when the service officer primarily sets parameters and performs remote fault interventions. The other is the screen where the user sets the parameter controls. The control checks the staff parameters from here. In the system, the temperature and humidity sensors convert the physical quantities into signals and enable them to be monitored from remote locations. You also have information about environmental conditions.

This information can assist in the analysis of different areas or intervention times and planning arrangements at the point of implementation. The planning process emerges as a result of prepared and planned data analyses, without being aware of the situations to be addressed when the area to be reached and the places to be visited are known, and providing assistance and facilities for a better prepared and easily accessible team.

4.1.2 Working Principle

The system at work can be operated from mains voltage or 9-V sources. The voltage from the supply source together with the voltage integrals on the Arduino Nano card makes the necessary voltage adjustments for the cycling operating conditions. In this way, our processor is working stably with the required voltage. Thanks to the Wi-Fi module we have added to our Arduino mega card, it can be connected to the Internet internally wirelessly and has the ability to be controlled online.

This gives us the ability to access and control information remotely. Thanks to the heat sensor which is used at times, the temperature values in the fire pools are taken and the effect of the water inside the fire pools can be monitored from the weather conditions.

The humidity sensor senses the humidity in the environment and thus provides humidity control in the environment.

Measurements of all parameters have the ability to control another module. The average value of the received heat can be monitored from the Internet.

For example, when a sensor fails, the device automatically interrogates the failed sensor and records the time of the last received data. Then, thanks to the non-renewable temperature watch, it helps to understand whether it is defective or not. As a result, we can find out whether the electronics and plug-ins of the cycle are working. According to this result, a preliminary feasibility is achieved in order to get ready in case of a failure, and important information is obtained in order to be able to take precautions focused on the solution.

Controlling large loads for environmental controls that may be needed in fire pools with rollover rolls is possible. Thanks to these roles, remote access is provided to enable and accommodate many of the required system controls.

The materials used in the timescale system allow for long time usage with the battery. Our materials with low power consumption and low operating voltages are offered for use with a small solar panel for many years to work. This ensures that we are constantly aware of remote-centered fire pools and that we can easily plan by conducting a pre-feasibility study of environmental issues.

4.1.3 Modular Circuit Diagram Impressions

The system at the time of departure first checks the Internet connection after opening in basic order. Then it makes the Internet connection and transfers the data from the sensors connected to the circuit to the cloud and then inquires if there are any commands from the find. By comparing the sensor information transmitted to the cloud with the information set by the user, it can check the alarm conditions and inform the user accordingly (Figs. 18, 19 and 20).

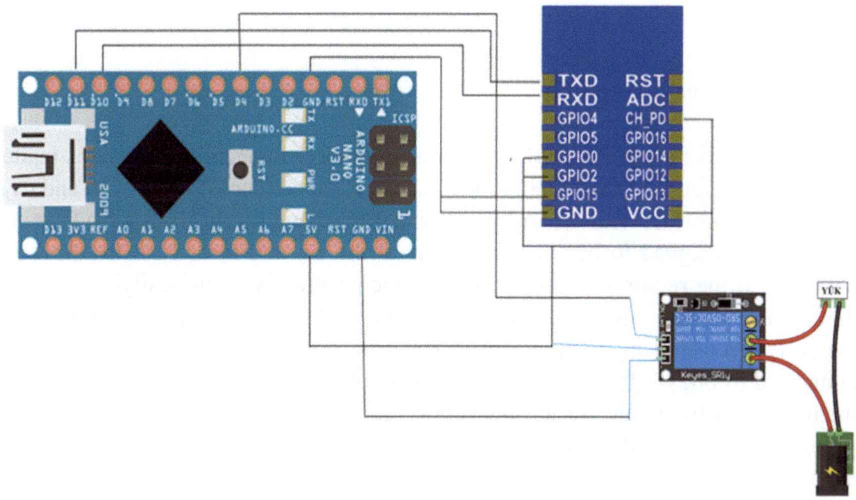

Fig. 18 Online role control module

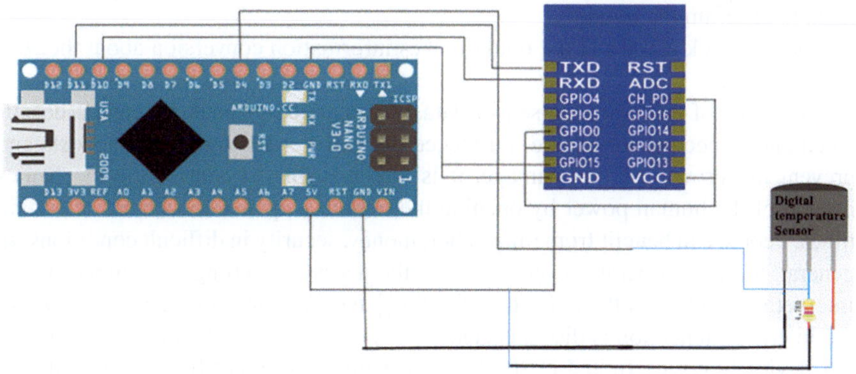

Fig. 19 Online temperature meter module

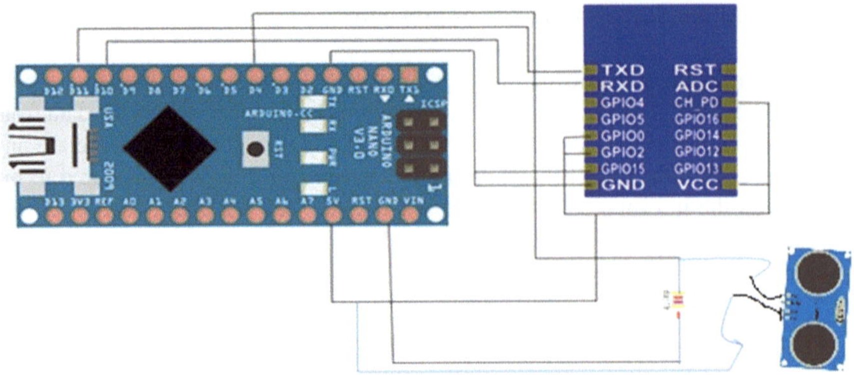

Fig. 20 Online ultra sensor module

As mentioned in the circuit diagram, the necessary connections have been made. The Rx and tx ends of the Esp8266 Wi-Fi sensor are connected to the d10 and d11 pins to communicate with the Arduino Nano. The reason for this is that the PC control is then designed to be used separately at the Rx and tx ends of the Arduino nanowire at the required moments. Due to the program's settings, digital pins are defined for Wi-Fi communication and left idle so the reading and writing units of the army can use them simultaneously. The heat sensor uses a digital sensor and is connected to one of the set digital pins and the temperature values of the environment are read by the necessary algorithm. Moreover, thanks to the float, which is placed at the level of the depot, a diagram has been created to perceive the changes at that level. The data received from these sensors are on-line for device controls (on-off) which may be needed later. With relays, it is possible to cut off or switch on the power of more powerful devices. The relays connected to the Arduino operate independently of the received sensor data and can be controlled by anyone authorized to program the phone.

The feedback feature of the relays makes information conversion about the controlled device.

By means of this distorted sensor data, a recognized mechanism can be deactivated and a mechanism can be introduced again. In order to reduce the costs and prevent the growth of this damage, it is also possible to control the mechanics instead of the human power by opening the remotely opened mechanics at certain times. People can benefit from time, labor, money, security in difficult conditions. In general, the cycle operates every 5 s after the necessary settings are turned on; an Internet connection is then checked. On this page, we can observe whether or not the Internet connection is disconnected from the program on the phone. As long as our device is not corrupted or the Internet connection is not broken, the Internet connection control data is sent and the operation data can be checked at this address. Once the Internet connection is complete, the connected sensor data is processed and checked with the sequence. You can see the sensor data transferred to the cloud by our phone.

The greatest development in our timeshare is that we have measured values from the circuits as anticipation. In the past, the systems measured within themselves and controlled the alarm levels and provided alarms through the algorithm in it. The requested changes can only be made through the device and the device must be serviced on-site or moved to the manufacturer's office. In order to remove this problem, all the algorithms in the circuit were removed from the center and only the sensor data was edited to retrieve the sensor information, and only the transferred data was recorded. Later, the data obtained from the bullet was processed in an online environment and continuously monitored. Once the alarm levels have been adjusted as desired, the data is then stored in the cloud. At the same time, different alarm levels and information retrieval procedures of different users were established. The alarm is activated or deactivated to allow the user to choose whether to receive an alarm or to view the alarm at any time. In contrast to the old systems, the notification sound of the phone is made by a method which is consistently provided with the repetition until Facebook or WhatsApp is canceled after the sample is taken.

In order to connect to the Internet, we connect to the network where the Wi-Fi sensor which is located in the circulation from the phone is created. Thanks to this connection, we can write our username and password in the wireless network wirelessly. Later, when the battery is turned off and the battery is plugged again, the username and password that we wrote in the cycle are automatically set and the wireless network is connected. Once connected to the network, it is now possible to make sensor evaluations based on Arduino sensor data. The subsequent set of data is transferred to the cloud environment prepared for transfer to all users.

The solar power is supplied by solar energy from the battery and it is possible to expand the usage area with its low power consumption and offer great facilities. With low power consumption, the sensor data to be received from the environment can be improved day by day. One of the main purposes of the design is that it is suitable for every situation and the communication techniques can be renewed. In this way, the user can receive notifications independently of each other and set their own alarm levels at the same time. Thanks to its unique adjustable sensor levels, it can make user sequences. In addition, because all the data are recorded in the database as hours and dates, historical situation evaluation and analysis can be performed.

5 Section V

5.1 Conclusion

The circuit is aware that the fire pools built to protect nature are at maximum level when needed. In this way, we are continuously informed about the fire pools that are far away and the necessary institutions can make plans according to this information. The evolving technology adds to our ability to remotely control and receive data from our systems every day. This is why we have been using the sensors for the transmission and transport of the sensors to the Internet. This provides a profit in labor, time, and finance to the institutions. Besides, it can be improved if it has a suitable infrastructure for control structures that can be added on.

Our circuit provides continuous control for a better life and provides a new perspective on environmentalism by providing information on forest fires and environmental conditions.

5.1.1 Its Advantages

- Looking at past products SMS was used. In our time, there is direct communication over the Internet.
- Instead of paying for each SMS, you can pay the lowest price and make process on the Internet.
- Notifications are not charged separately, and the number of users placed on this number is reported in the most appropriate conditions.
- Unlimited users can be defined at the same time in our system.
- And each user can set their own alarm levels.
- In the old system, the SMS were automatically picked up by the alarms in the alarm system.
- In our system, the number of users is the same, so the control capability is increased.
- Each individual has an SMS and the data is under the control of the data base.
- By this way, backward information can be checked and analysis can be made.
- The user can turn off this alarm after the alarm has been received if they want.
- The SMS are designed on a perpetual basis and they ring as long as the alarm is active.

References

1. Fidan U, Karasekreter N (2011) Realized and application of GSM/SMS-based automated irrigation control unit. New World Sci Acad 6:71–77
2. Adiyan A (2012) Sıvı seviye kontrolü için scada sistem tasarımı. Doctoral dissertation, DEÜ Fen Bilimleri Enstitüsü
3. Özden S, Dursun M (2010) Radyo Frekansı ile Düşük Maliyetli Su Seviyesi Kontrolü. Politeknik Dergisi 13(4):313–317
4. Altın S, Bulut F (2016) Bluetooth Bağlantılı Ultrasonik Sıvı Seviyesi Ölçer Tasarımı ve Endüstriyel Proses Uygulamaları. Mühendislik ve Teknoloji Bilimleri Dergisi 4(1):19–21
5. Korkmaz Y, Korkmaz F (2007) Elektrikli Cihazlar ve Güvenlik Sistemlerinin Cep Telefonu ile Uzaktan Denetlenmesi. Politeknik Dergisi 10(1):15–19
6. Oxer J, Blemings H (2011) Practical Arduino: cool projects for open source hardware. Apress, New York
7. Arduino (2016) Arduino products. https://www.arduino.cc/en/Main/Products. Accessed 26 Dec 2016

8. Susanto H, Pramana R, Mujahidin M (2011) Perancangan Sistem Telemetri Wireless Untuk Mengukur Suhu Dan Kelembaban Berbasis Arduino Uno R3 Atmega328p Dan Xbee Pr. Universitas Maritim Raja Ali Haji, Tanjung Pinang
9. Badamasi YA (2014) The working principle of an Arduino. In: 2014 11th international conference on electronics, computer and computation (ICECCO). IEEE, Piscataway, pp 1–4
10. Margolis M (2011) Arduino cookbook. O'Reilly Media, Inc., Sebastopol
11. Barrett SF (2013) Arduino microcontroller processing for everyone! Synth Lect Digit Circuits Syst 8(4):1–513
12. Ramakrishnan A, Conrad JM (2011) Analysis of floating point operations in microcontrollers. In: Southeastcon, 2011 proceedings of IEEE. IEEE, Piscataway, pp 97–100
13. Nguyen V (2014) Implementation of Linux GPIO Device Driver on Raspberry Pi Platform
14. Evans B (2011) Beginning Arduino Programming. Apress, New York
15. Bayle J (2013) C programming for Arduino. Packt Publishing Ltd, Birmingham
16. Molisch AF (2012) Wireless communications, vol 34. John Wiley & Sons, New York
17. Developers A (2011) What is Android. http://sites.google.com/site/amitsahain/Andoid%2D%2Dtech.pdf. Accessed 26 Dec 2016
18. Feher K (2011) U.S. Patent No. 7,904,041. U.S. Patent and Trademark Office, Washington, DC
19. Duffie JA, Beckman WA (1974) Solar energy thermal processes. University of Wisconsin-Madison, Solar Energy Laboratory, Madison, WI
20. Urien P (2011) Convergent identity: seamless OpenID services for 3G dongles using SSL enabled USIM smart cards. In: 2011 IEEE consumer communications and networking conference (CCNC). IEEE, Piscataway, pp 830–831
21. Wang L, Von Laszewski G, Younge A, He X, Kunze M, Tao J, Fu C (2010) Cloud computing: a perspective study. N Gener Comput 28(2):137–146
22. Tudor D, Dobrescu L, Dobrescu D (2015) Ultrasonic electronic system for blind people navigation. In: E-health and bioengineering conference (EHB), 2015. IEEE, Piscataway, pp 1–4
23. Wilcher D (2012) Learn electronics with Arduino. Apress, New York
24. Hughes JM (2016) Arduino: a technical reference: a handbook for technicians, engineers, and makers. O'Reilly Media, Inc., Sebastopol
25. Vařacha P, Mastorakis N, Jašek R, Pospíšilík M, Chramcov B, Sámek D (2012) Technical devices for supervising of a household via interned based on Arduino microcontroller. In: 12th WSEAS international conference on applied informatics and communications, Istanbul, Turkey
26. Resolution DP (2008) 1-wire digital thermometer data sheet. Maxim Integrated, Wilmington
27. Upset (2015) How the battery works. https://upset.com.tr/aku-nedir-ve-nasil-calisir/. Accessed 26 Jan 2016

MIX
Papier aus verantwortungsvollen Quellen
Paper from responsible sources
FSC® C105338

If you have any concerns about our products,
you can contact us on
ProductSafety@springernature.com

In case Publisher is established outside the EU,
the EU authorized representative is:
Springer Nature Customer Service Center GmbH
Europaplatz 3, 69115 Heidelberg, Germany

Printed by Libri Plureos GmbH
in Hamburg, Germany